CW00323487

France
2010

Sommaire Contents

Mode d'emploi

INFORMATIONS TOURISTIQUES

Distances depuis les villes principales, offices de tourisme, sites touristiques locaux, moyens de transports, golfs et loisirs...

ABBEVILLE – 80 Somme – 301 E7 – 24 000 h. – alt. 8 m – ⊠

🛈 Nord Pas-de-Calais Picardie

▶ Paris 186 – Amiens 51 – Boulogne-sur-Mer 79 –

🛫 d'Avignon – ℰ 04 90 81 51 51, par N3 et N7 : 8 k

🛈 Office de tourisme, 1 place de l'Amiral Courbe
– office.tourisme.abbeville@wanadoo.fr – Fa

🏌 d'Abbeville, Route du Val par rte St-Valèry-
– Fax 03 22 24 49 61 - ⊠ 80132

◉ Vitraux contemporains★★ de l'église du
St-Vulfran – Musée Boucher de Perthes,

◉ Vallée de la Somme★ SE – Château de

L'HÉBERGEMENT

De 🏛🏛🏛 à 🏠, 🏠 :
catégories de confort.
En rouge 🏛🏛🏛 ... 🏠,🏠 :
les plus agréables.

Les Jardins du Château
🏛🏛🏛
24 rue des Tanneurs – ℰ 04 79 01 46 46
welrome@hoteljardins.com – Fax 04 7
1 ch (1/2 P seult), 17 suites 250/440
Rest Le Cœur d'Or – ℰ 04 79 01 46
Rest Terrasses du Cœur d'Or – (fe
● Comme à la montagne ! Lauze, p
de luxeux chalets. Superbes chan
Décor tout bois et coins "cosy" au

LES MEILLEURES ADRESSES À PETITS PRIX

😊 Bib Gourmand.
🏨 Bib Hôtel.

Le Relais
🏠
rte de Boulogne, D 541 : 1 km
– Fax 04 75 46 92 96 – Ferm
42 ch – ♦40/60 € ♦♦60/8
● Sur la route de la mer, un
bien équipé. Petit salon

LES RESTAURANTS

De 🍴🍴🍴🍴🍴 à 🍴 : catégories de
confort. En rouge 🍴🍴🍴🍴🍴 ... 🍴 :
les plus agréables.

Atelier des Save
🍴🍴🍴
10 chaussée des Boi
– Fax 04 93 38 97 9
Rest (dîner seult)
Spéc. Homard
truffe. Galette
● Élégante ve
raffiné pour u

LES TABLES ÉTOILÉES

🏵🏵🏵 Vaut le voyage.
🏵🏵 Mérite un détour.
🏵 Très bonne cuisine.
(Entre parenthèses : nom du chef-propriétaire)

L'Escale

4

LOCALISER LA VILLE

Repérage de la localité sur
la carte régionale en fin de guide
(n° de la carte et coordonnées).

36 A1

00

en 106

03 22 24 27 92
22 31 08 26
nme : 4 km, ℰ 03 22 24 98 5

épulcre – Façade ★ de la collégiale

M

atelle ★

< 🛗 ✂ 🔧 ↕ 🗣

🛎 ⚒ 🗛 VISA ⓜ ⒜

AX**b**

**AUTRES
PUBLICATIONS MICHELIN**

Références de la carte et du Guide Vert
Michelin où vous retrouverez la localité.

**LOCALISER
L'ÉTABLISSEMENT**

Localisation sur le plan de ville (coordonnées et indice).

46 40 – Fermé mi-déc.-mi-avril
duplex 300 €
iner seult) Menu 28 € – Carte 35/65 €
undi) Menu 60 € – Carte 75/90 € ※
t bois "vieilli" composent cet étonnant ensemble
, équipées high-tech et toutes dotées d'une loggia.
d'Or. Cuisine simple du terroir aux Terrasses.

**DESCRIPTION
DE L'ÉTABLISSEMENT**

Atmosphère, style,
caractère et spécialités.

🛜 ⚒ 🗛 🚗 🔧 VISA ⒜

CZ**a**

04 75 46 57 22 – info@lerelais.com
oct.-18 nov., 19-30 déc., dim. soir
Rest – Menu 26 € (déj. en sem.) – Carte 32/75 €
installé dans un ancien relais de poste restauré avec goût et
vec cheminée, et bibliothèque pour les soirs de brouillard.

🛜 🖥 🗛 VISA ⓜ ⒜

DS**e**

**LES HÔTELS
TRANQUILLES**

🦋 hôtel tranquille.
🦋 hôtel très tranquille.

**ÉQUIPEMENTS
ET SERVICES**

(Gilles Prouvet)
04 92 98 77 41 – ateliersdesaveurs@info.abbeville.com
rmé 14 nov. au 30 déc., dim.
nu 75/190 € – Carte 100/140 € – Ficelle picarde à la
é au citron. Noix de ris de veau aux épices. **Vins** Pacherenc du Vic-Bilh.
ée aux pommes. décor d'inspiration Napoléon III : un cadre
ouvrant sur le ciel et sobre décor d'inspiration
sine unissant saveurs maritimes, régionales et normandes.

🛜 ⚒ VISA

AU**d**

PRIX

arde
ℰ 04 93 61 39 07 – escalepicarde@free.fr – Fax 04 93 67 81 78
€ – Carte 32/45 €
de bistrot de quartier, qui a ses habitués. Au comptoir comme
jour, on redécouvre les plats de toujours.

🗛 VISA ⓜ ⒜

04 93 67 81 78

AZ**f**

me

5

Engagements

« Ce guide est né avec le siècle et il durera autant que lui. »

Cet avant-propos de la première édition du Guide MICHELIN 1900 est devenu célèbre au fil des années et s'est révélé prémonitoire. Si le Guide est aujourd'hui autant lu à travers le monde, c'est notamment grâce à la constance de son engagement vis-à-vis de ses lecteurs.
Nous voulons ici le réaffirmer.

Les engagements du Guide Michelin :

La visite anonyme : les inspecteurs testent de façon anonyme et régulière les tables et les chambres afin d'apprécier le niveau des prestations offertes à tout client. Ils paient leurs additions et peuvent se présenter pour obtenir des renseignements supplémentaires sur les établissements. Le courrier des lecteurs nous fournit par ailleurs une information précieuse pour orienter nos visites.

L'indépendance : la sélection des établissements s'effectue en toute indépendance, dans le seul intérêt du lecteur. Les décisions sont discutées collégialement par les inspecteurs et le rédacteur en chef. Les plus hautes distinctions sont décidées à un niveau européen. L'inscription des établissements dans le guide est totalement gratuite.

La sélection : le Guide offre une sélection des meilleurs hôtels et restaurants dans toutes les catégories de confort et de prix. Celle-ci résulte de l'application rigoureuse d'une même méthode par tous les inspecteurs.

La mise à jour annuelle : chaque année toutes les informations pratiques, les classements et les distinctions sont revus et mis à jour afin d'offrir l'information la plus fiable.

L'homogénéité de la sélection : les critères de classification sont identiques pour tous les pays couverts par le Guide Michelin.

… et un seul objectif : tout mettre en oeuvre pour aider le lecteur à faire de chaque sortie un moment de plaisir, conformément à la mission que s'est donnée Michelin : contribuer à une meilleure mobilité.

Édito

Cher lecteur,

Nous avons le plaisir de vous proposer notre 101ᵉ édition du Guide MICHELIN France. Cette sélection des meilleurs hôtels et restaurants dans chaque catégorie de prix est effectuée par une équipe d'inspecteurs professionnels, de formation hôtelière. Tous les ans, ceux-ci sillonnent le pays pour visiter de nouveaux établissements et vérifier le niveau des prestations de ceux déjà cités dans le guide.

Au sein de la sélection, nous reconnaissons également chaque année les meilleures tables, en leur décernant de ✿ à ✿✿✿. Ces étoiles distinguent les établissements qui proposent la meilleure qualité culinaire, dans tous les styles, en tenant compte du choix des produits, de la personnalité de la cuisine, de la maîtrise des cuissons et des saveurs, du rapport qualité/prix ainsi que de la constance. Cette année encore, de nombreuses tables ont été remarquées pour l'évolution de leur cuisine : un « **N** » accompagne les nouveaux promus de ce millésime 2010, annonçant leur arrivée parmi les établissements couronnés d'une, de deux ou de trois étoiles.

De plus, nous signalons les établissements « espoirs » pour la distinction supérieure. Ces établissements, repérés en rouge dans notre liste et dans nos pages, sont les meilleurs de leur catégorie. Ils pourront accéder à la distinction supérieure dès lors que la régularité de leurs prestations, dans le temps et, sur l'ensemble de la carte, aura progressé. Par cette mention spéciale, nous entendons vous faire connaître les tables qui constituent, à nos yeux, les espoirs de la gastronomie de demain.

Votre avis nous intéresse, en particulier sur ces « espoirs ». N'hésitez donc pas à nous écrire ; votre participation est importante pour orienter nos visites et améliorer sans cesse votre Guide.

Merci encore de votre fidélité. Nous vous souhaitons de bons voyages avec le Guide MICHELIN 2010.

Consultez le Guide Michelin sur **www.viamichelin.com**
et écrivez-vous à : **leguidemichelin-france@fr.michelin.com**

Classement
& distinctions

LES CATÉGORIES DE CONFORT

Le guide MICHELIN retient dans sa sélection les meilleures adresses dans chaque
catégorie de confort et de prix. Les établissements sélectionnés sont classés selon
leur confort et cités par ordre de préférence dans chaque catégorie.

🏨🏨🏨	🌣🌣🌣🌣🌣	**Grand luxe et tradition**
🏨🏨🏨	🌣🌣🌣🌣	**Grand confort**
🏨🏨🏨	🌣🌣🌣	**Très confortable**
🏨🏨	🌣🌣	**De bon confort**
🏨	🌣	**Assez confortable**
🏠		**Maison d'hôtes**
sans rest		**L'hôtel n'a pas de restaurant**
avec ch		**Le restaurant possède des chambres**

LES DISTINCTIONS

Pour vous aider à faire le meilleur choix, certaines adresses particulièrement remarquables ont reçu cette année une distinction.

Pour les adresses distinguées par une étoile ou un Bib Gourmand, la mention
« **Rest** » apparaît en rouge dans le descriptif de l'établissement.

Pour les adresses distinguées par un Bib Hôtel, la mention « **ch** » apparaît en bleu
dans le descriptif de l'établissement.

LES ÉTOILES : LES MEILLEURES TABLES

Les étoiles distinguent les établissements, tous styles de cuisine confondus, qui
proposent la meilleure qualité de cuisine. Les critères retenus sont : le choix des
produits, la personnalité de la cuisine, la maîtrise des cuissons et des saveurs, le
rapport qualité-prix ainsi que la régularité.

❀❀❀	**Cuisine remarquable, cette table vaut le voyage**
26	On y mange toujours très bien, parfois merveilleusement.
❀❀	**Cuisine excellente, cette table mérite un détour**
77	
❀	**Une très bonne cuisine dans sa catégorie**
455	

LES BIBS : LES MEILLEURES ADRESSES À PETIT PRIX

😊	**Bib Gourmand**
555	Établissement proposant une cuisine de qualité au prix maximum
	de 29 € en province et 35 € à Paris (prix d'un repas hors boisson).
	En province, il s'agit le plus souvent d'une cuisine de type régional.

|🏨| **Bib Hôtel**

281 Établissement offrant une prestation de qualité avec une majorité de chambres au prix maximum de 75 € en province et 90 € dans les grandes villes et stations touristiques importantes (prix pour 2 personnes, hors petit-déjeuner).

LES ADRESSES LES PLUS AGRÉABLES

Le rouge signale les établissements particulièrement agréables. Cela peut tenir au caractère de l'édifice, à l'originalité du décor, au site, à l'accueil ou aux services proposés.

🏠 à 🏠🏠🏠🏠   **Hôtels agréables**

⌂   **Maisons d'hôtes agréables**

X à XXXXX   **Restaurants agréables**

LES MENTIONS PARTICULIÈRES

En dehors des distinctions décernées aux établissements, les inspecteurs MICHELIN apprécient d'autres critères souvent importants dans le choix d'un établissement.

SITUATION

Vous cherchez un établissement tranquille ou offrant une vue attractive ? Suivez les symboles suivants :

🦢   **Hôtel tranquille**

🦢   **Hôtel très tranquille**

≼   **Vue intéressante**

≼   **Vue exceptionnelle**

CARTE DES VINS

Vous cherchez un restaurant dont la carte des vins offre un choix particulièrement intéressant ?
Suivez le symbole suivant :

🍇   **Carte des vins particulièrement attractive**

Toutefois, ne comparez pas la carte présentée par le sommelier d'un grand restaurant avec celle d'une auberge dont le patron se passionne pour les vins de sa région.

Équipements & services

30 ch	Nombre de chambres
	Jardin de repos – Parc
	Repas servi au jardin ou en terrasse
	Piscine de plein air / couverte
	Bel espace de bien-être et de relaxation
	Salle de remise en forme – Court de tennis
	Ascenseur – Aménagements pour personnes à mobilité réduite
	Air conditionné
	Connexion Internet Wifi/ADSL dans les chambres
	Salons pour repas privés
	Salles de conférences
	Restaurant proposant un service voiturier (pourboire d'usage)
	Parking / parking clos réservé à la clientèle
	Garage (généralement payant)
	Accès interdit aux chiens
	Station de métro la plus proche
Ouvert / Fermé mai-oct	Période d'ouverture ou de fermeture communiquée par l'hôtelier

TABLES D'HÔTES

Les tables d'hôtes sont réservées exclusivement aux résidents.
Elles ne sont généralement proposées que le soir, le plus souvent sur réservation et pas forcément tous les jours.
Aussi, pensez à vérifier les jours de fermeture et à réserver votre dîner si vous souhaitez profiter de la table lors de votre séjour.

Les prix indiqués dans ce guide ont été établis à l'automne 2009. Ils sont susceptibles de modifications, notamment en cas de variation des prix des biens et des services. Ils s'entendent taxes et service compris. Aucune majoration ne doit figurer sur votre note sauf éventuellement la taxe de séjour. Les hôteliers et restaurateurs se sont engagés, sous leur propre responsabilité, à appliquer ces prix aux clients. À l'occasion de certaines manifestations : congrès, foires, salons, festivals, événements sportifs…, les prix demandés par les hôteliers peuvent être sensiblement majorés. Par ailleurs, renseignez-vous pour connaître les éventuelles conditions avantageuses accordées par les hôteliers.

RÉSERVATION ET ARRHES

Pour la confirmation de la réservation certains établissements demandent le numéro de carte de paiement ou un versement d'arrhes. Il s'agit d'un dépôt-garantie qui engage l'établissement comme le client. Bien demander à l'hôtelier de vous fournir dans sa lettre d'accord toutes précisions utiles sur la réservation et les conditions de séjour.

CARTES DE PAIEMENT

Cartes de paiement acceptées :

VISA **MC** **AE** **DC** Visa – MasterCard – American Express – Diners Club

CHAMBRES

ch – 🛇 50/80 €	Prix des chambres minimum / maximum pour 1 personne
ch – 🛇🛇 60/100 €	Prix des chambres minimum / maximum pour 2 personnes
⌷ 9 €	Prix du petit-déjeuner
ch ⌷	Petit-déjeuner compris

DEMI-PENSION

½ P 50/70 € Prix de la demi-pension mini / maxi (chambre, petit-déjeuner et un repas) par personne. Ces prix s'entendent pour une chambre double occupée par deux personnes pour un séjour de trois jours minimum. Une personne seule occupant une chambre double se voit souvent appliquer une majoration. La plupart des hôtels de séjour pratiquent également la pension complète.

RESTAURANT

(13 €)	Formule entrée-plat ou plat-dessert au déjeuner en semaine
⌘	Menu à moins de 19 €
Menu 15 € (déj.)	Menu uniquement servi au déjeuner
Menu 17 € (sem.)	Menu uniquement servi en semaine
Menu 16/38 €	Menu le moins cher / le plus cher
Carte 24/48 €	**Repas à la carte hors boisson**
	Le premier prix correspond à un repas simple comprenant une entrée, un plat et un dessert. Le deuxième prix concerne un repas plus complet (avec spécialité) comprenant deux plats, fromage et dessert.
bc	Boisson comprise

Villes

GÉNÉRALITÉS

63300	Numéro de code postal de la localité
	les deux premiers chiffres correspondent au numéro de département
✉ 57130 Ars	Numéro de code postal et nom de la commune de destination
P ‹**SP**›	Préfecture – Sous-préfecture
337 E5	Numéro de la carte « DEPARTEMENTS France » MICHELIN et coordonnées permettant de se repérer sur la carte
Jura	Voir le Guide Vert MICHELIN de la région
1057 h.	Nombre d'habitants (source : www.insee.fr)
alt. 75	Altitude de la localité
Sta. therm.	Station thermale
1200/1900	Altitude de la station et altitude maximum atteinte par les remontées mécaniques
🚡 2	Nombre de téléphériques ou télécabines
🚠 14	Nombre de remonte-pentes et télésièges
🎿	Ski de fond
BY **b**	Lettres repérant un emplacement sur le plan de ville
🏌 9	Golf et nombre de trous
✳ ‹	Panorama, point de vue
✈ 🚗	Aéroport – Localité desservie par train-auto
	Renseignements au numéro de téléphone indiqué
🚢	Transports maritimes
🚤	Transports maritimes pour passagers seulement
🛈	Information touristique

INFORMATIONS TOURISTIQUES

INTÉRÊT TOURISTIQUE

★★★	Vaut le voyage
★★	Mérite un détour
★	Intéressant

Les musées sont généralement fermés le mardi

SITUATION DU SITE

👁	A voir dans la ville
🧭	A voir aux environs de la ville
N, S, E, O	La curiosité est située : au Nord, au Sud, à l'Est, à l'Ouest
② ④	On s'y rend par la sortie ② ou ④ repérée par le même signe sur le plan du guide
6 km	Distance en kilomètres

Plans

- ● ▢ Hôtels
- ● ■ Restaurants

CURIOSITÉS

▰ ▰ ⊡ Bâtiment intéressant
Édifice religieux intéressant :
⛪⛪♀♂ ⛪⛪♀♂ - Catholique – Protestant

VOIRIE

═══	═══	Autoroute, double chaussée de type autoroutier
④	④	Échangeurs numérotés : complet, partiels
═══	═══	Grande voie de circulation
◄── ◄	⌁⌁⌁⌁	Sens unique – Rue réglementée ou impraticable
═══	═══	Rue piétonne – Tramway
R. Pasteur 🅿	🅿	Rue commerçante – Parking – Parking Relais
✛	⌇⌇ ⌇⌇	Porte – Passage sous voûte – Tunnel
▄▄▙	🚉	Gare et voie ferrée – Auto-Train
▫▪▪▪▪▫	▫▪▪▫	Funiculaire – Téléphérique, télécabine
△	🅱	Pont mobile – Bac pour autos

SIGNES DIVERS

🛈	Information touristique
☪ ✡	Mosquée – Synagogue
● ∴ ✹ ⬡	Tour – Ruines – Moulin à vent – Château d'eau
⬚ † † ⳇ	Jardin, parc, bois – Cimetière – Calvaire
○ ⛳ 🏇 ⛸	Stade – Golf – Hippodrome – Patinoire
⚓ ⬗ ▨ ▧	Piscine de plein air, couverte
⬟ 🔭 ▬	Vue – Panorama – Table d'orientation
■ ○ ○	Monument – Fontaine – Usine
🛒 🎬	Centre commercial – Cinéma Multiplex
⚓ 🔦 📡	Port de plaisance – Phare – Tour de télécommunications
✈ ● 🚇 S.N.C.F.	Aéroport – Station de métro – Gare routière
⛴ ⛴	Transport par bateau : passagers et voitures, passagers seulement
③	Pastille de sortie de ville
⊠ ✆	Bureau principal de poste restante et Téléphone
⊞ ⊟ ⚔	Hôpital – Marché couvert – Caserne
▨ ▨	Bâtiment public repéré par une lettre :
A C	- Chambre d'agriculture – Chambre de commerce
G⚑ H J	- Gendarmerie – Hôtel de ville – Palais de justice
M P T	- Musée – Préfecture, sous-préfecture – Théâtre
U	- Université, grande école
POL	- Police (commissariat central)
▨ 18T ⑱	Passage bas (inf. à 4 m 50) – Charge limitée (inf. à 19 t)

Attention : en France, nouvelle numérotation en cours des routes nationales et départementales.

13

How to use this guide

TOURIST INFORMATION

Distances from the main towns,
tourist offices, local tourist attractions,
means of transport, golf courses
and leisure activities...

ABBEVILLE – 80 Somme – 301 E7 – 24 000 h. – alt. 8 m – ⊠ 8
Nord Pas-de-Calais Picardie

▶ Paris 186 – Amiens 51 – Boulogne-sur-Mer 79 – R
✈ d'Avignon – ℰ 04 90 81 51 51, par N3 et N7 : 8 km
ⓘ Office de tourisme, 1 place de l'Amiral Courbet,
  – office.tourisme.abbeville@wanadoo.fr – Fax
🏌 d'Abbeville, Route du Val par rte St-Valéry-s-S
  – Fax 03 22 24 49 61 – ⊠ 80132
◉ Vitraux contemporains ★★ de l'église du St
  St-Vulfran – Musée Boucher de Perthes ★
◈ Vallée de la Somme ★ SE – Château de B

LODGING

From 🏨🏨🏨 to 🏠, ✿:
categories of comfort.
In red 🏨🏨🏨 ... 🏠, ✿:
the most pleasant.

Les Jardins du Château – ℰ 04 79 01 46 46
24 rue des Tanneurs – ℰ 04 79 01 46 46
welcome@hoteljardins.com – Fax 04 79
15 ch (1/2 P seult), 17 suites 250/440 €
Rest Le Cœur d'Or – ℰ 04 79 01 46 46
Rest Terrasses du Cœur d'Or – (fern
  ♦ Comme à la montagne ! Lauze, pier
  de luxueux chalets. Superbes chamb
  Décor tout bois et coins "cosy" au Cc

GOOD FOOD & ACCOMMODATION AT MODERATE PRICES

🍴 Bib Gourmand.
🏨 Bib Hotel.

Le Relais 🦢
rte de Boulogne, D 541 : 1 km –
  – Fax 04 75 46 92 96 – Fermé
42 ch – 🛏40/60 € 🛏🛏60/85 €
  ♦ Sur la route de la mer, un hô
  bien équipé. Petit salon cos

RESTAURANTS

From 🍴🍴🍴🍴 to 🍴:
categories of comfort.
In red 🍴🍴🍴🍴 ... 🍴:
the most pleasant.

Atelier des Saveu
10 chaussée des Bois –
  – Fax 04 93 38 97 90 –
Rest (dîner seult) –
Spéc. Homard po
  truffe. Galette so
  ♦ Élégante verrie
  raffiné pour une

STARS

❄❄❄ Worth a special journey.
❄❄ Worth a detour.
❄ A very good restaurant.
(In brackets: name of the Chef-owner)

14

L'Escale

LOCATING THE TOWN

Locate the town on the map at the end of the guide (map number and coordinates).

36 A1

OTHER MICHELIN PUBLICATIONS

References for the Michelin map and Green Guide which cover the area.

n 106

3 22 24 27 92

2 31 08 26

me : 4 km, ℰ 03 22 24 98 5

LOCATING THE ESTABLISHMENT

Located on the town plan (coordinates and letters giving the location).

pulcre – Façade★ de la collégiale

≼ 🎋 ╳ 🖵 ⅃⅍ ((ᵖ))

🕌 ♿ 🅰️🅲 🖧 ♿ 🆅🅸🆂🅰 🅼🅾 🅰🅴

AXb

ielle★

DESCRIPTION OF THE ESTABLISHMENT

Atmosphere, style, character and specialities.

6 40 – Fermé mi-déc.-mi-avril

uplex 300 €

er seul) Menu 28 € – Carte 35/65 €

ndi) Menu 60 € – Carte 75/90 € 🍴 bois "vieilli" composent cet étonnant ensemble

equipées high-tech et toutes dotées d'une loggia.

d'Or. Cuisine simple du terroir aux Terrasses.

QUIET HOTELS

🛏 quiet hotel.

🛏 very quiet hotel.

🚋 ♿ 🅰🅲 🍴 ♿ 🆅🅸🆂🅰 🅰🅴

CZa

4 75 46 57 22 – info@lerelais.com

ct.-18 nov., 19-30 déc. en sem.) – Carte 32/75 €

est – Menu 26 € (déj. en sem.) – Carte 32/75 €

nstallé dans un ancien relais de poste restauré avec goût et

ec cheminée, et bibliothèque pour les soirs de brouillard.

FACILITIES & SERVICES

🍴 🏠 🅰🅲 🆅🅸🆂🅰 🅼🅾 🅰🅴

DSe

illes Prouvet)

4 92 98 77 41 – ateliersdesaveurs@info.abbeville.com

mé 14 nov. au 30 déc., dim.

u 75/190 € – Carte 100/140 €. Ficelle picarde à la

au citron. Noix de ris de veau aux épices. Ficelle picarde à la

e aux pommes. **Vins** Pacherenc du Vic-Bilh.

uvrant sur le ciel et sobre décor d'inspiration Napoléon III : un cadre

ine unissant saveurs maritimes, régionales et normandes.

PRICES

🍴 ♿ 🆅🅸🆂🅰

AUd

rde

04 93 61 39 07 – escalepicarde@free.fr – Fax 04 93 67 81 78

– Carte 32/45 €

bistrot de quartier, qui a ses habitués. Au comptoir comme

jour, on redécouvre les plats de toujours.

🅰🅲 🆅🅸🆂🅰 🅼🅾 🅰🅴

AZf

04 93 67 81 78

omme

Commitments

"This volume was created at the turn of the century and will last at least as long".

This foreword to the very first edition of the MICHELIN guide, written in 1900, has become famous over the years and the guide has lived up to the prediction. It is read across the world and the key to its popularity is the consistency of its commitment to its readers, which is based on the following promises.

The MICHELIN guide's commitments:

Anonymous inspections: our inspectors make regular and anonymous visits to hotels and restaurants to gauge the quality of products and services offered to an ordinary customer. They settle their own bill and may then introduce themselves and ask for more information about the establishment. Our readers' comments are also a valuable source of information, which we can then follow up with another visit of our own.

Independence: Our choice of establishments is a completely independent one, made for the benefit of our readers alone. The decisions to be taken are discussed around the table by the inspectors and the editor. The most important awards are decided at a European level. Inclusion in the guide is completely free of charge.

Selection and choice: The guide offers a selection of the best hotels and restaurants in every category of comfort and price. This is only possible because all the inspectors rigorously apply the same methods.

Annual updates: All the practical information, the classifications and awards are revised and updated every single year to give the most reliable information possible.

Consistency: The criteria for the classifications are the same in every country covered by the MICHELIN guide.

... and our aim: to do everything possible to make travel, holidays and eating out a pleasure, as part of MICHELIN's ongoing commitment to improving travel and mobility.

Dear reader

Dear reader,

We are delighted to introduce the 101ˢᵗ edition of The MICHELIN guide France. This selection of the best hotels and restaurants in every price category is chosen by a team of full-time inspectors with a professional background in the industry. They cover every corner of the country, visiting new establishments and testing the quality and consistency of the hotels and restaurants already listed in the guide.

Every year we pick out the best restaurants by awarding them from ✿ to ✿✿✿. Michelin stars are awarded to establishments serving cuisine, of whatever style, which is of the highest quality, taking into consideration the quality of ingredients, the flair and skill in their preparation, the combination of flavours, the value for money and the consistency of culinary standards.

Newly promoted restaurants which, over the last year, have raised the quality of their cooking to a new level, whether they have gained a first star, risen from one to two stars, or moved from two to three, are marked with an '**N**' next to their entry to signal their new status in 2010.

We have also picked out a selection of "Rising Stars". These establishments, listed in red, are the best in their present category. They have the potential to rise further, and already have an element of superior quality; as soon as they produce this quality consistently, and in all aspects of their cuisine, they will be hot tips for a higher award. We've highlighted these promising restaurants so you can try them for yourselves; we think they offer a foretaste of the gastronomy of the future.

We're very interested to hear what you think of our selection, particularly the "Rising Stars", so please continue to send us your comments. Your opinions and suggestions help to shape your guide, and help us to keep improving it, year after year.

Thank you for your support. We hope you enjoy travelling with the MICHELIN guide 2010.

Consult the Michelin Guide at www.ViaMichelin.com
and write to us at: leguidemichelin-france@fr.michelin.com

Classification & awards

CATEGORIES OF COMFORT

The MICHELIN guide selection lists the best hotels and restaurants in each category of comfort and price. The establishments we choose are classified according to their levels of comfort and, within each category, are listed in order of preference.

🏨🏨🏨🏨	XXXXX	**Luxury in the traditional style**
🏨🏨🏨	XXXX	**Top class comfort**
🏨🏨	XXX	**Very comfortable**
🏨	XX	**Comfortable**
🏨	X	**Quite comfortable**
↑		**Guesthouse**
sans rest		**This hotel has no restaurant**
avec ch		**This restaurant also offers accommodation**

THE AWARDS

To help you make the best choice, some exceptional establishments have been given an award in this year's guide.

For those awarded a star or a Bib Gourmand, the mention "**Rest**" appears in red in the description of the establishment.

For those awarded a Bib Hotel, the mention "**ch**" appears in blue in the description of the establishment.

THE STARS: THE BEST CUISINE

MICHELIN stars are awarded to establishments serving cuisine, of whatever style, which is of the highest quality. The cuisine is judged on the quality of ingredients, the flair and skill in their preparation, the combination of flavours, the value for money and the consistency of culinary standards.

✿✿✿	**Exceptional cuisine, worth a special journey**
26	One always eats extremely well here, sometimes superbly.
✿✿	**Excellent cooking, worth a detour**
77	
✿	**A very good restaurant in its category**
455	

THE BIB : GOOD FOOD
AND ACCOMMODATION AT MODERATE PRICES

🕙	**Bib Gourmand**
555	Establishment offering good quality cuisine at a maximum price of 29 € or 35 € in the Paris region (price of a meal not including drinks). Outside the Paris region, these establishments generally specialise in regional cooking.
🛏	**Bib Hotel**
281	Establishment offering good levels of comfort and service, with most rooms priced at a maximum price of 75 € or under 90 € in the main cities and popular tourist resorts (price of a room for 2 people not including breakfast).

PLEASANT HOTELS AND RESTAURANTS

Symbols shown in red indicate particularly pleasant or restful establishments: the character of the building, its décor, the setting, the welcome and services offered may all contribute to this special appeal.

🏠 to 🏨🏨🏨		**Pleasant hotels**
	🏡	**Pleasant guesthouses**
✗ to ✗✗✗✗✗		**Pleasant restaurants**

OTHER SPECIAL FEATURES

As well as the categories and awards given to the establishment, MICHELIN inspectors also make special note of other criteria which can be important when choosing an establishment.

LOCATION

If you are looking for a particularly restful establishment, or one with a special view, look out for the following symbols:

🐿	**Quiet hotel**
🐿	**Very quiet hotel**
←	**Interesting view**
←	**Exceptional view**

WINE LIST

If you are looking for an establishment with a particularly interesting wine list, look out for the following symbol:

🍷	**Particularly interesting wine list**
	This symbol might cover the list presented by a sommelier in a luxury restaurant or that of a simple inn where the owner has a passion for wine. The two lists will offer something exceptional but very different, so beware of comparing them by each other's standards.

Facilities & services

30 ch	Number of rooms
🚜 🐎	Garden – Park
🏠	Meals served in garden or on terrace
⌇ ⌇	Swimming pool: outdoor or indoor
Spa	An extensive facility for relaxation and well-being
🏋 🎾	Exercise room – Tennis court
🛗 ♿	Lift – Establishment at least partly accessible to those of restricted mobility
AC	Air conditioning
📶 📞	Wireless/broadband connection in bedrooms
🍽	Private dining rooms
🏛	Equipped conference room
🅿	Restaurant offering valet parking (tipping customary)
P P	Car park / Enclosed car park for customers only
🚘	Garage (additional charge in most cases)
🐕	No dogs allowed
Ⓜ	Nearest metro station
Ouvert / Fermé mai-oct	Dates when open or closed as indicated by the hotelier.

TABLES D'HÔTES

Tables d'hôtes serve meals – generally dinner – to residents and by reservation only.
Meals are not always available every day of the week, so don't forget to check opening times and to reserve a table if you wish to dine during your stay.

Prices quoted in this guide were supplied in autumn 2009. They are subject to alteration if goods and service costs are revised.

By supplying the information, hotels and restaurants have undertaken to maintain these rates for our readers.

In some towns, when commercial, cultural or sporting events are taking place the hotel rates are likely to be considerably higher.

Out of season, certain establishments offer special rates. Ask when booking.

RESERVATION AND DEPOSITS

Some establishments will ask you to confirm your reservation by giving your credit card number or require a deposit which confirms the commitment of both the customer and the establishment. Ask the hotelier to provide you with all the terms and conditions applicable to your reservation in their written confirmation.

CREDIT CARDS

Credit cards accepted by the establishment:

VISA **MC** **AE** **DC**   Visa – MasterCard – American Express – Diners Club

ROOMS

ch – 🛉 50/80 €	Lowest price / highest price for a single room
ch – 🛉🛉 60/100 €	Lowest price / highest price for a double or a twin room
⌴ 9 €	Price of breakfast
ch ⌴	Breakfast included

HALF BOARD

½ P 50/70 €   Lowest and highest prices for half board (room, breakfast and a meal) per person. These prices are valid for a double room occupied by two people for a minimum stay of three nights. If a single person occupies a double room a supplement may apply. Most of the hotels also offer full board terms on request.

RESTAURANT

(13 €)	2 course meal, on weekday lunchtimes
⊜⊝	Menu for less than 19 €
Menu 15 € (déj.)	Set menu served only at lunchtime
Menu 17 € (sem.)	Set menu served only on weekdays
Menu 16/38 €	Cheapest set meal / Highest set menu
Carte 24/48 €	**A la carte meal**, drinks not included. The first figure is for a plain meal and includes first course, main dish of the day and dessert. The second price is for a fuller meal (with speciality) including starter, main course, cheese and dessert.
bc	House wine included

Towns

GENERAL INFORMATION

63300	Local postal number *the first two numbers are the same as the département number*
⊠ 57130 Ars	Postal number and the name of the postal area
P ⟨**SP**⟩	Prefecture – Sub-prefecture
337 E5	Number of the appropriate sheet and grid square reference of the Michelin road map in the "DEPARTEMENTS France" MICHELIN series
🗌 Jura	See the regional MICHELIN Green Guide
1057 h.	Population (source: www.insee.fr)
alt. 75	Altitude (in metres)
Sta. therm.	Spa
1200/1900	Altitude of resort and highest point reached by lifts
🚡 2	Number of cable-cars
🎿 14	Number of ski and chair-lifts
🎿	Cross-country skiing
BY **b**	Letters giving the location of a place on a town plan
🏌	Golf course and number of holes
✳ ⇇	Panoramic view, viewpoint
✈ 🚆	Airport – Places with motorail pick-up point. *Further information from phone number listed*
🚢 🚆	Shipping line – Passenger transport only
ℹ	Tourist information

TOURIST INFORMATION

STAR-RATING

★★★	Highly recommended
★★	Recommended
★	Interesting *Museums and art galleries are generally closed on Tuesday*

LOCATION

👁	Sights in town
⊙	On the outskirts
N, S, E, O	The sight lies north, south, east or west of the town
② ④	Signs ② or ④ on the town plan show the road leading to a place of interest and correspond to the same signs on MICHELIN road maps.
6 km	Distance in kilometres

Town plans

●	□	Hotels
●	■	Restaurants

SIGHTS

Place of interest
Interesting place of worship:
- Catholic – Protestant

ROAD

Motorway, dual carriageway
Numbered junctions : complete, limited
Major thoroughfare
One-way street – Unsuitable for traffic or street subject to restrictions
Pedestrian street – Tramway
R. Pasteur Shopping street – Car park – Park and Ride
Gateway – Street passing under arch – Tunnel
Station and railway – Motorail
Funicular – Cable-car
Lever bridge – Car ferry

VARIOUS SIGNS

Tourist Information Centre
Mosque – Synagogue
Tower – Ruins – Windmill – Water tower
Garden, park, wood – Cemetery – Cross
Stadium – Golf course – Racecourse – Skating rink
Outdoor or indoor swimming pool
View – Panorama – Viewing table
Monument – Fountain – Factory
Shopping centre – Multiplex Cinema
Pleasure boat harbour – Lighthouse – Communications tower
Airport – Underground station – Coach station
Ferry services : passengers and cars, passengers only
Reference number common to town plans
Main post office with poste restante and telephone
Hospital – Covered market – Barracks
Public buildings located by letter :

A	C	- Chamber of Agriculture – Chamber of Commerce
G	H	J	- Gendarmerie – Town Hall – Law Courts
M	P	T	- Museum – Prefecture or sub-prefecture – Theatre
	U		- University, College
	POL.		- Police (in large towns police headquarters)

Low headroom (15 ft. max.) – Load limit (under 19 t)

Please note: the *route nationale* and *route départementale* road numbers ar currently being changed in France.

Hotels

Restaurants

SIGHTS

Place of interest

Interesting place of worship

Catholic – Protestant

ROADS

Motorway in built-up area

Numbered junctions: complete, limited

Major junction – roundabout

One-way street – Unsuitable for traffic or street subject to restrictions

Pedestrian street – Tramway

Shopping street – Car park – Park and Ride

Gateway – Street passing under a – Tunnel

Station and railway – Motorail

Funicular – Cable-car

Lever bridge – Car ferry

VARIOUS SIGNS

Tourist Information Centre

Mosque – Synagogue

Tower – Ruins – Windmill – Water tower

Garden, park, wood – Cemetery – Cross

Stadium – Golf course – Racecourse – Skating rink

Outdoor or indoor swimming pool

View – Panorama – Viewing table

Monument – Fountain – Factory

Shopping centre – Multiplex Cinema

Pleasure boat harbour – Lighthouse – Communications tower

Airport – Underground station – Coach station

Ferry services: passengers and cars, passengers only

Reference number common to town plans

Main post office with poste restante – Telephone

Hospital – Covered market – Barracks

Public building located by a letter:

Chamber of Agriculture – Chamber of Commerce

Gendarmerie – Town Hall – Law Courts

Museum – Prefecture or sub-prefecture – Theatre

University, College

Police (in larger towns: police headquarters)

Low season: Stade mobil-home limit for use (91)

Distinctions 2010

Awards 2010

Les Tables étoilées 2010

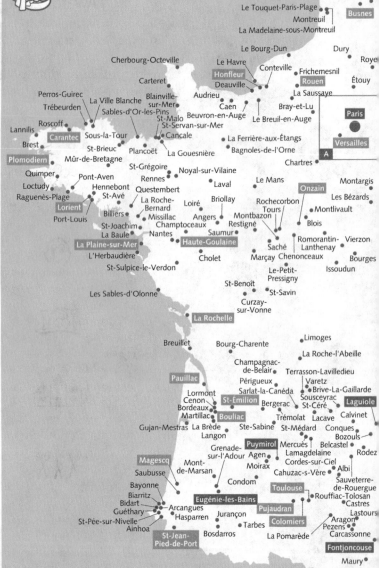

Wimereux
Boulogne-sur-Mer
Le Touquet-Paris-Plage
Montreuil
La Madelaine-sous-Montreuil
Laventie
Busnes

Le Bourg-Dun
Dury
Roye

Le Havre
Honfleur
Conteville
Deauville
Frichemesnil
Rouen
Étouy

Cherbourg-Octeville
Carteret
Audrieu
La Saussaye
Bray-et-Lu
Paris

Perros-Guirec
La Ville Blanche
Trébeurden
Blainville-sur-Mer
Sables-d'Or-les-Pins
Caen
Beuvron-en-Auge
Le Breuil-en-Auge
Versailles

Roscoff
St-Malo
St-Servan-sur-Mer
Cancale
A

Lannilis
Carantec
Sous-la-Tour
St-Brieuc
La Ferrière-aux-Étangs
Bagnoles-de-l'Orne

Brest
Plancoët
La Gouesnière

Plomodiern
Mûr-de-Bretagne
St-Grégoire
Chartres

Quimper
Pont-Aven
Rennes
Noyal-sur-Vilaine
Le Mans
Montargis

Loctudy
Hennebont
Questembert
Laval
Onzain
Les Bézards

Raguenès-Plage
St-Avé
Loiré
Briollay
Rochecorbon
Montlivault

Lorient
Billiers
La Roche-Bernard
Angers
Tours
Blois

Port-Louis
St-Joachim
Missillac
Champtoceaux
Montbazon
Romorantin-Lanthenay
Vierzon

La Baule
Nantes
Restigné
Saché
Chenonceaux
Bourges

La Plaine-sur-Mer
Haute-Goulaine
Saumur
Marçay
Issoudun

L'Herbaudière
Cholet
Le-Petit-Pressigny

St-Sulpice-le-Verdon
St-Benoît
St-Savin

Les Sables-d'Olonne
Curzay-sur-Vonne

La Rochelle

Breuillet
Bourg-Charente
Limoges
La Roche-l'Abeille

Champagnac-de-Belair
Terrasson-Lavilledieu
Varetz

Pauillac
Périgueux
Brive-La-Gaillarde

Lormont
Sarlat-la-Canéda
Sousceyrac
Laguiole

Cenon
St-Émilion
Bergerac
St-Céré
Calvinet

Bordeaux
Martillac
Bouliac
Trémolat
Lacave
Conques

Gujan-Mestras
La Brède
Ste-Sabine
St-Médard
Bozouls

Langon
Puymirol
Mercuès
Belcastel
Rodez

Grenade-sur-l'Adour
Agen
Lamagdelaine
Cordes-sur-Ciel

Magescq
Moirax
Cahuzac-s-Vère
Albi

Saubusse
Mont-de-Marsan
Condom
Sauveterre-de-Rouergue

Bayonne
Toulouse
Rouffiac-Tolosan
Castres

Biarritz
Eugénie-les-Bains
Pujaudran
Lastours

Bidart
Arcangues
Colomiers
Aragon

Guéthary
Hasparren
Jurançon
Pezens
Carcassonne

St-Pée-sur-Nivelle
Tarbes
La Pomarède

Ainhoa
Bosdarros
Fontjoncouse

St-Jean-Pied-de-Port
Maury

Bondues
Lille
Ligny-en-Cambrésis
Rethondes
Courcelles-sur-Vesle
Reuilly-Sauvigny
Reims
Montchenot
Vinay
Épernay
Châlons-en-Champagne
Pont-Ste-Marie
Sens
Colombey-les-Deux-Églises
Joigny
Chablis
Prenois
Vauchoux
St-Père
La Bussière-sur-Ouche
Dijon
Montbéliard
Saulieu
Pernand-Vergelesses
Chamesol
Sampans
Bonnétage
Beaune
Dole
Villers-le-Lac
Nevers
Chassagne-Montrachet
Levernois
Port-Lesney
Morteau
Montceau-les-Mines
Chagny **Arbois**
Malbuisson
St-Rémy
Sennecey-le-Grand
Tournus

Sarreguemines
Zoufftgen
Phalsbourg
Stiring-Wendel
Bitche
Untermuhlthal
Hagondange
Lembach
Metz
Gundershoffen
Sarrebourg
Marlenheim
languimberg
Belleville
Nancy
Obernai
Strasbourg
Rosheim
Lunéville
C
Épinal
Illhaeusern
Mulhouse
Riedisheim
Landser
Sierentz
Danjoutin

D
Ambierle **Roanne** **Vonnas**
Vichy
Chamonix-Mont-Blanc
Clermont-Ferrand
Chasselay **Mionnay** Annecy
Bort-l'Étang
Megève
St-Just-St-Rambert **Lyon** St Martin-de-Belleville
Le-Bourget-du-Lac
Charbonnières-les-Bains **Vienne** **Courchevel 1850**
St-Bonnet-le-Froid Val-Thorens
Pont-de-l'Isère **Uriage-les-Bains**
Le Puy-en-Velay
Corrençon-en-Vercors
Les Deux-Alpes
Chaudes-Aigues
Alleyras
Lamastre
St-Agrève
Granges-les-Beaumont
Montélimar
Valence

Tourrettes
Les Baux-de-Provence **B**
Grasse
La Turbie
Collias
Moustiers-Ste-Marie
Vence
E
Bonnieux
Monte-Carlo
Garons
Tourtour
Callas
Èze
Arles
Lorgues
Beaulieu-sur-Mer
Gignac
Eygalières
Cannes
Tornac
Le Castellet
Montpellier
La Napoule
Béziers
Marseille
St-Tropez
Narbonne
Bormes-les-Mimosas
Ile de Porquerolles
Perpignan
St-Cyprien
Collioure
Laroque-des-Albères

Erbalunga
Lumio
St-Florent
Calvi
L'Île Rousse
Ajaccio
Cala Rossa
Porto-Vecchio

Les Tables étoilées 2010

La couleur correspond à l'établissement
le plus étoilé de la localité.

Ile-de-France

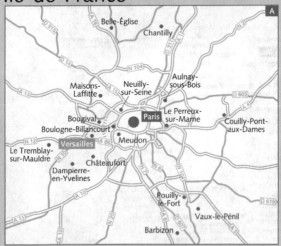

Provence

Alsace

Rhône-Alpes

Côte-d'Azur

Les Tables étoilées

Starred establishments

✿✿✿ 2010

Baerenthal / Untermuhlthal (57)	L'Arnsbourg
Chagny (71)	Maison Lameloise7
Eugénie-les-Bains (40)	Les Prés d'Eugénie
Fontjoncouse (11)	Auberge du Vieux Puits **N**
Illhaeusern (68)	Auberge de l'Ill
Joigny (89)	La Côte St-Jacques
Laguiole (12)	Bras
Lyon (69)	Paul Bocuse
Marseille (13)	Le Petit Nice
Monte-Carlo (MC)	Le Louis XV-Alain Ducasse
Paris 1ᵉʳ	Le Meurice
Paris 4e	L'Ambroisie
Paris 7e	Arpège
Paris 8e	Alain Ducasse au Plaza Athénée
Paris 8e	Le Bristol
Paris 8e	Ledoyen
Paris 8e	Pierre Gagnaire
Paris 16e	Astrance
Paris 16e	Le Pré Catelan
Paris 17e	Guy Savoy
Puymirol (47)	Michel Trama
Roanne (42)	Troisgros
Saint-Bonnet-le-Froid (43)	Régis et Jacques Marcon
Saulieu (21)	Le Relais Bernard Loiseau
Valence (26)	Pic
Vonnas (01)	Georges Blanc

❀❀ 2010

→ *En rouge les espoirs 2010 pour* ❀❀❀   → *In red the 2010 Rising Stars for* ❀❀❀

Annecy (74)	Le Clos des Sens
Arbois (39)	Jean-Paul Jeunet
Arles (13)	L'Atelier de Jean-Luc Rabanel
Les Baux-de-Provence (13)	
	L'Oustaù de Baumanière
Beaulieu-sur-Mer (06)	
	La Réserve de Beaulieu
Béthune / Busnes (62)	
	Le Château de Beaulieu
Bonnieux (84)	La Bastide de Capelongue
Bordeaux / Bouliac (33)	Le St-James
Le-Bourget-du-Lac (73)	Le Bateau Ivre
Cannes (06)	La Palme d'Or
Carantec (29)	
	L'Hôtel de Carantec-Patrick Jeffroy
Le Castellet (83)	Du Castellet N
Chamonix-Mont-Blanc (74)	
	Hameau Albert 1er
Chasselay (69)	Guy Lassausaie
Courchevel / Courchevel 1850 (73)	
	Les Airelles N
Courchevel / Courchevel 1850 (73)	
	Le Bateau Ivre
Courchevel / Courchevel 1850 (73)	
	Le Chabichou
Courchevel / Courchevel 1850 (73)	
	Cheval Blanc N
Eygalières (13)	Maison Bru
Èze (06)	Château de la Chèvre d'Or
Grasse (06)	La Bastide St-Antoine
Gundershoffen (67)	Au Cygne
Honfleur (14)	Sa. Qua. Na N
L'Isle-Jourdain / Pujaudran (32)	
	Le Puits St-Jacques
Lorient (56)	L'Amphitryon
Lyon (69)	Auberge de l'Île
Lyon (69)	Mère Brazier
Lyon (69)	Nicolas Le Bec
Lyon / Charbonnières-les-Bains (69)	
	Philippe Gauvreau
Magescq (40)	Relais de la Poste
Mandelieu / La Napoule (06)	L'Oasis
Megève / Leutaz (74)	Flocons de Sel
Mionnay (01)	Alain Chapel
Monte-Carlo (MC)	
	Joël Robuchon Monte-Carlo
Montpellier (34)	Le Jardin des Sens

Nantes / Haute-Goulaine (44)	
	Manoir de la Boulaie
Nîmes / Garons (30)	Alexandre
Obernai (67)	La Fourchette des Ducs
Onzain (41)	Domaine des Hauts de Loire
Paris 1er	Carré des Feuillants
Paris 1er	L'Espadon
Paris 1er	Le Grand Véfour
Paris 6e	Relais Louis XIII
Paris 7e	L'Atelier de Joël Robuchon
Paris 8e	Apicius
Paris 8e	Le Cinq
Paris 8e	Lasserre
Paris 8e	Senderens
Paris 8e	Taillevent
Paris 16e	La Table de Joël Robuchon
Paris 17e	Bigarrade N
Paris 17e	Michel Rostang
Pauillac (33)	Château Cordeillan Bages
La Plaine-sur-Mer (44)	Anne de Bretagne N
Plomodiern (29)	Auberge des Glazicks N
Pont-du-Gard / Collias (30)	
	Hostellerie Le Castellas
Porto-Vecchio (2A)	Casadelmar
Reims (51)	L'Assiette Champenoise
La Rochelle (17)	
	Richard et Christopher Coutanceau
Romans-sur-Isère /	
Granges-les-Beaumont (26)	Les Cèdres
Rouen (76)	Gill
Saint-Émilion (33)	Hostellerie de Plaisance
Saint-Jean-Pied-de-Port (64)	Les Pyrénées
Saint-Just-Saint-Rambert (42)	
	Le Neuvième Art
Saint-Martin-de-Belleville (73)	La Bouitte
Saint-Tropez (83)	Résidence de la Pinède N
Sens (89)	La Madeleine
Toulouse (31)	Michel Sarran
Toulouse / Colomiers (31)	L'Amphitryon
Tourrettes (83)	Faventia
La Turbie (06)	Hostellerie Jérôme
Uriage-les-Bains (38)	Grand Hôtel
Val-Thorens (73)	L'Oxalys N
Vence (06)	Château St-Martin et Spa N
Versailles (78)	Gordon Ramsay au Trianon
Vézelay / Saint-Père (89)	L'Espérance
Vienne (38)	La Pyramide

→ N *Nouveau*   → *New*

❀ 2010

→ *En rouge les espoirs 2010 pour* ❀❀   → *In red the 2010 Rising Stars for* ❀❀

Agen (47)	Mariottat
Agen / Moirax (47)	Auberge le Prieuré
Ainhoa (64)	Ithurria
Aix-en-Provence (13)	Le Clos de la Violette
Aix-en-Provence (13)	Pierre Reboul
Ajaccio (2A)	Palm Beach **N**
Albi (81)	L'Esprit du Vin
Alleyras (43)	Le Haut-Allier
Ambierle (42)	Le Prieuré
Amiens / Dury (80)	L'Aubergade
Andrézieux-Bouthéon (42)	Les Iris
Anduze / Tornac (30)	
	Les Demeures du Ranquet
Angers (49)	Le Favre d'Anne
Angers (49)	Une Île **N**
Annecy (74)	Le Belvédère
Annecy (74)	La Ciboulette
Antibes (06)	Le Figuier de St-Esprit **N**
Antibes / Cap d'Antibes (06)	Bacon
Antibes / Cap d'Antibes (06)	Le Pavillon **N**
Antibes / Cap d'Antibes (06)	Les Pêcheurs
Arles (13)	La Chassagnette
Arles (13)	Le Cilantro
Aulnay-sous-Bois (93)	
	Auberge des Saints Pères
Avignon (84)	Christian Étienne
Avignon (84)	La Mirande
Avignon (84)	Le Saule Pleureur
Azay-le-Rideau / Saché (37)	
	Auberge du XIIᵉ Siècle
Bagnoles-de-l'Orne (61)	Le Manoir du Lys
Bagnols (69)	Château de Bagnols
Barbizon (77)	Les Pléiades
Barneville-Carteret / Carteret (50)	
	De la Marine
La Baule (44)	Castel Marie-Louise
Les Baux-de-Provence (13)	La Cabro d'Or
Bayeux / Audrieu (14)	Château d'Audrieu
Bayonne (64)	Auberge du Cheval Blanc
Beaune (21)	Le Bénaton
Beaune (21)	Loiseau des Vignes **N**
Beaune / Levernois (21)	
	Hostellerie de Levernois
Beaune / Pernand-Vergelesses (21)	
	Le Charlemagne
Belcastel (12)	Vieux Pont
Belfort / Danjoutin (90)	Le Pot d'Étain
Belle-Église (60)	La Grange de Belle-Église
Belleville (54)	Le Bistroquet

Bergerac / Moulin de Malfourat (24)	
	La Tour des Vents **N**
Beuvron-en-Auge (14)	Le Pavé d'Auge
Les Bézards (45)	Auberge des Templiers
Béziers (34)	L'Ambassade
Béziers (34)	Octopus
Biarritz (64)	Du Palais
Biarritz (64)	Les Rosiers
Biarritz / Arcangues (64)	Le Moulin d'Alotz
Bidart (64)	
	Table et Hostellerie des Frères Ibarboure
Billiers (56)	Domaine de Rochevilaine
Biot (06)	Les Terraillers
Bitche (57)	Le Strasbourg
Blainville-sur-Mer (50)	Le Mascaret
Blois (41)	Au Rendez-vous des Pêcheurs
Blois (41)	Le Médicis
Blois (41)	L'Orangerie du Château
Bonnétage (25)	L'Étang du Moulin
Bordeaux (33)	Le Chapon Fin
Bordeaux (33)	Le Gabriel **N**
Bordeaux (33)	Le Pavillon des Boulevards
Bordeaux (33)	Le Pressoir d'Argent **N**
Bordeaux / Cenon (33)	La Cape
Bordeaux / Lormont (33)	Jean-Marie Amat
Bordeaux / Martillac (33)	
	Les Sources de Caudalie **N**
Bormes-les-Mimosas (83)	La Rastègue **N**
Bosdarros (64)	Auberge Labarthe
Bougival (78)	Le Camélia
Boulogne-Billancourt (92)	
	Au Comte de Gascogne
Boulogne-Billancourt (92)	Ducoté Cuisine
Boulogne-sur-Mer (62)	La Matelote
Le Bourg-Dun (76)	Auberge du Dun
Bourg-en-Bresse / Péronnas (01)	La Marelle
Bourges (18)	Le d'Antan Sancerrois
Bourges (18)	Le Piet à Terre
Le-Bourget-du-Lac (73)	Auberge Lamartine
Le-Bourget-du-Lac / Les Catons (73)	Atmosphères
Bourgueil / Restigné (37)	
	Manoir de Restigné **N**
Bozouls (12)	Le Belvédère **N**
Brantôme / Champagnac-de-Belair (24)	
	Le Moulin du Roc
Bray-et-Lû (95)	Les Jardins d'Épicure **N**
La Brède (33)	La Table de Montesquieu **N**
Brest (29)	L'Armen **N**

Le Breuil-en-Auge (14)	Le Dauphin
Breuillet (17)	L'Aquarelle N
Briollay (49)	Château de Noirieux
Brive-la-Gaillarde (19)	Château de Lacan N
Brive-la-Gaillarde / Varetz (19)	
	Château de Castel Novel N
La Bussière-sur-Ouche (21)	
	Abbaye de la Bussière
La Cadière-d'Azur (83)	Hostellerie Bérard
Caen (14)	
	Stéphane Carbone - Restaurant Incognito
Cagnes-sur-Mer (06)	Josy-Jo
Cahors / Lamagdelaine (46)	
	Claude et Richard Marco
Cahors / Mercuès (46)	Château de Mercuès
Cahuzac-sur-Vère (81)	Château de Salettes
Cahuzac-sur-Vère (81)	La Falaise
Callas (83)	
	Hostellerie Les Gorges de Pennafort
Calvi (2B)	Emile's
Calvi (2B)	La Villa
Calvinet (15)	Beauséjour
Cancale (35)	Le Coquillage N
Cannes (06)	Le Park 45 N
Carcassonne (11)	De La Cité
Carcassonne (11)	Domaine d'Auriac
Carcassonne (11)	Le Parc Franck Putelat
Carcassonne / Aragon (11)	Bergerie
Carcassonne / Pezens (11)	L'Ambrosia N
Cassis (13)	La Villa Madie
Castres (81)	Bistrot Saveurs N
La Celle (83)	
	Hostellerie de l'Abbaye de la Celle
Chablis (89)	Hostellerie des Clos
Chaintré (71)	La Table de Chaintré
Châlons-en-Champagne (51)	D'Angleterre
Chalon-sur-Saône / Saint-Rémy (71)	
	Moulin de Martorey
Chamesol (25)	Mon Plaisir
Chamonix-Mont-Blanc (74)	Le Bistrot
Champtoceaux (49)	Les Jardins de la Forge
Chantilly (60)	Dolce Chantilly
La Chapelle-de-Guinchay (71)	La Poularde
Chartres (28)	Le Grand Monarque
Chassagne-Montrachet (21)	Le Chassagne
Château-Arnoux-Saint-Auban (04)	
	La Bonne Étape
Châteaufort (78)	La Belle Époque
Chaudes-Aigues (15)	Serge Vieira N
Chenonceaux (37)	
	Auberge du Bon Laboureur
Cherbourg-Octeville (50)	Le Pily N
Chinon / Marçay (37)	Château de Marçay
Cholet (49)	Au Passé Simple

Clères / Frichemesnil (76)	Au Souper Fin
Clermont / Étouy (60)	L'Orée de la Forêt
Clermont-Ferrand (63)	Apicius N
Clermont-Ferrand (63)	Emmanuel Hodencq
Clermont-Ferrand (63)	Fleur de Sel N
Clermont-Ferrand (63)	Jean-Claude Leclerc
Collioure (66)	Relais des Trois Mas
Colmar (68)	JY'S
Colmar (68)	Rendez-vous de Chasse
Colombey-les-Deux-Églises (52)	
	Hostellerie la Montagne
Compiègne / Rethondes (60)	Alain Blot
Condom (32)	La Table des Cordeliers
Conques (12)	Le Moulin de Cambelong
Conteville (27)	Auberge du Vieux Logis
Cordes-sur-Ciel (81)	Le Grand Écuyer
Cordon (74)	Les Roches Fleuries
Couilly-Pont-aux-Dames (77)	
	Auberge de la Brie
Courcelles-sur-Vesle (02)	
	Château de Courcelles
Courchevel / Courchevel 1850 (73)	
	Il Vino d'Enrico Bernardo N
Courchevel / Courchevel 1850 (73)	
	Le Kilimandjaro
Courchevel / Le-Praz (73)	Azimut N
Courchevel / La Tania (73)	Le Farçon
Cucuron (84)	La Petite Maison
Curzay-sur-Vonne (86)	Château de Curzay
Dampierre-en-Yvelines (78)	
	Auberge du Château "Table des Blot"
Deauville (14)	Royal-Barrière
Les Deux-Alpes (38)	Chalet Mounier
Dijon (21)	Hostellerie du Chapeau Rouge
Dijon (21)	Pré aux Clercs
Dijon (21)	Stéphane Derbord
Dijon / Prenois (21)	Auberge de la Charme
Dole (39)	La Chaumière
Dole / Sampans (39)	Château du Mont Joly
Douvaine (74)	Ô Flaveurs
Eguisheim (68)	Caveau d'Eguisheim
Épernay (51)	Les Berceaux
Épernay / Vinay (51)	
	Hostellerie La Briqueterie
Épinal (88)	Ducs de Lorraine
Erbalunga (2B)	Le Pirate
Èze (06)	Château Eza
Flers / La Ferrière-aux-Étangs (61)	
	Auberge de la Mine
Fleurie (69)	Le Cep
Forbach / Stiring-Wendel (57)	
	La Bonne Auberge

➡ **N** *Nouveau*   ➡ *New*

Gérardmer / Bas-Rupts (88)	Les Bas-Rupts
Gignac (34)	de Lauzun
Gordes (84)	Les Bories et Spa
La Gouesnière (35)	Maison Tirel-Guérin
Grasse (06)	Lou Fassum "La Tourmaline"
Grenade-sur-l'Adour (40)	
	Pain Adour et Fantaisie
Guéthary (64)	Brikéténia **N**
Gujan-Mestras (33)	La Guérinière
Hagondange (57)	Quai des Saveurs
Hasparren (64)	Ferme Hégia
Le Havre (76)	Jean-Luc Tartarin
Hennebont (56)	Château de Locguénolé
Île de Noirmoutier / L'Herbaudière (85)	
	La Marine
Île de Porquerolles (83)	Mas du Langoustier
L'Île-Rousse (2B)	Pasquale Paoli
L'Isle-sur-la-Sorgue (84)	Le Vivier
Issoudun (36)	Rest. La Cognette
Istres (13)	La Table de Sébastien **N**
Jarnac / Bourg-Charente (16)	La Ribaudière
Jongieux (73)	Auberge Les Morainières
Joucas (84)	Hostellerie Le Phébus
Kaysersberg (68)	Chambard
Lacave (46)	Château de la Treyne
Lacave (46)	Pont de l'Ouysse
Laguiole (12)	Grand Hôtel Auguy
Lamastre (07)	Midi
Langon (33)	Claude Darroze
Languimberg (57)	Chez Michèle
Lannilis (29)	Auberge des Abers
Lannion / La Ville Blanche (22)	
	La Ville Blanche
Laroque-des-Albères (66)	Les Palmiers **N**
Lastours (11)	Le Puits du Trésor
Laval (53)	Bistro de Paris
Laventie (62)	Le Cerisier
Lembach (67)	Auberge du Cheval Blanc
Lezoux / Bort-l'Étang (63)	
	Château de Codignat
Lièpvre / La Vancelle (67)	
	Auberge Frankenbourg
Ligny-en-Cambrésis (59)	Château de Ligny
Lille (59)	A L'Huîtrière
Lille (59)	La Laiterie
Lille (59)	Le Sébastopol
Lille / Bondues (59)	Val d'Auge
Limoges (87)	Amphitryon
Loctudy (29)	Auberge Pen Ar Vir **N**
Loiré (49)	Auberge de la Diligence
Lorgues (83)	Bruno
Lorient (56)	Henri et Joseph
Lourmarin (84)	Auberge La Fenière
Lumio (2B)	Chez Charles **N**

Lunéville (54)	Château d'Adoménil
Lyon (69)	L'Alexandrin
Lyon (69)	Auberge de Fond Rose
Lyon (69)	Christian Têtedoie
Lyon (69)	Le Gourmet de Sèze
Lyon (69)	Maison Clovis **N**
Lyon (69)	Pierre Orsi
Lyon (69)	Les Terrasses de Lyon
Lyon (69)	Les Trois Dômes
Lyon / Rillieux-la-Pape (69)	Larivoire
Mâcon (71)	Pierre
Maisons-Laffitte (78)	Tastevin
Malbuisson (25)	Le Bon Accueil
Le Mans (72)	Le Beaulieu
Marlenheim (67)	Le Cerf
Marseille (13)	L'Épuisette
Marseille (13)	Péron
Marseille (13)	Une Table au Sud
Maury (66)	Pascal Borrell
Melun / Vaux-le-Pénil (77)	La Table St-Just
Menton (06)	Mirazur
Menton (06)	Paris Rome
Metz (57)	Citadelle
Metz (57)	L'Écluse
Meudon (92)	L'Escarbille
Missillac (44)	La Bretesche
Montargis (45)	La Gloire
Montauroux (83)	Auberge Eric Maio
Montbazon (37)	Chancelière "Jeu de Cartes"
Montbéliard (25)	Le St-Martin
Montceau-les-Mines (71)	Le France
Mont-de-Marsan (40)	Les Clefs d'Argent
Monte-Carlo (MC)	Grill de l'Hôtel de Paris
Monte-Carlo (MC)	Mandarine
Monte-Carlo (MC)	Yoshi **N**
Montélimar (26)	Le Balthazar **N**
Montlivault (41)	La Maison d'à Côté
Montpellier (34)	La Réserve Rimbaud **N**
Montreuil (62)	Château de Montreuil
Montreuil / La Madelaine-sous-Montreuil (62)	Auberge de la Grenouillère
Montrevel-en-Bresse (01)	Léa
Morteau (25)	Auberge de la Roche
Mougins (06)	Mas Candille
Mougins (06)	Le Moulin de Mougins **N**
Moustiers-Sainte-Marie (04)	
	Bastide de Moustiers
Mulhouse (68)	Il Cortile
Mulhouse / Landser (68)	Hostellerie Paulus
Mulhouse / Riedisheim (68)	La Poste
Munster / Wihr-au-Val (68)	Nouvelle Auberge
Mûr-de-Bretagne (22)	Auberge Grand'Maison
Nancy (54)	Le Grenier à Sel
Nantes (44)	L'Atlantide

➡ **N** *Nouveau*   ➡ *New*

Narbonne (11)	La Table St-Crescent
Neuilly-sur-Seine (92)	La Truffe Noire
Nevers (58)	Jean-Michel Couron
Nevez / Raguenès-Plages (29)	Ar Men Du **N**
Nice (06)	Aphrodite **N**
Nice (06)	L'Aromate **N**
Nice (06)	Chantecler
Nice (06)	Keisuke Matsushima
Nice (06)	L'Univers-Christian Plumail
Nîmes (30)	Le Lisita
Obernai (67)	Le Bistro des Saveurs
Orange / Sérignan-du-Comtat (84)	
	Le Pré du Moulin
Paris 1ᵉʳ	Yam'Tcha **N**
Paris 2ᵉ	Le Céladon
Paris 2ᵉ	Passage 53 **N**
Paris 2ᵉ	Pur'
Paris 4ᵉ	Benoit
Paris 5ᵉ	La Tour d'Argent
Paris 6ᵉ	Fogón
Paris 6ᵉ	Hélène Darroze
Paris 6ᵉ	Jacques Cagna
Paris 6ᵉ	Paris
Paris 6ᵉ	Le Restaurant
Paris 6ᵉ	Ze Kitchen Galerie
Paris 7ᵉ	Aida
Paris 7ᵉ	Auguste
Paris 7ᵉ	Les Fables de La Fontaine
Paris 7ᵉ	Gaya Rive Gauche par Pierre Gagnaire
Paris 7ᵉ	Il Vino d'Enrico Bernardo
Paris 7ᵉ	Le Jules Verne
Paris 7ᵉ	Le Divellec
Paris 7ᵉ	35 ° Ouest
Paris 7ᵉ	Vin sur Vin
Paris 7ᵉ	Le Violon d'Ingres
Paris 8ᵉ	L'Angle du Faubourg
Paris 8ᵉ	L'Arôme
Paris 8ᵉ	Le Chiberta
Paris 8ᵉ	Dominique Bouchet
Paris 8ᵉ	Laurent
Paris 8ᵉ	Stella Maris
Paris 8ᵉ	La Table du Lancaster
Paris 9ᵉ	Jean
Paris 12ᵉ	Au Trou Gascon
Paris 14ᵉ	Montparnasse'25
Paris 16ᵉ	etc...
Paris 16ᵉ	La Grande Cascade
Paris 16ᵉ	Hiramatsu
Paris 16ᵉ	Passiflore
Paris 16ᵉ	Le Pergolèse
Paris 16ᵉ	Relais d'Auteuil
Paris 16ᵉ	La Table du Baltimore
Paris 17ᵉ	Agapé
Paris 17ᵉ	La Braisière

Pau / Jurançon (64)	Chez Ruffet
Peillon (06)	Auberge de la Madone
Périgueux (24)	L'Essentiel
Perpignan (66)	Le Chap'
Perpignan (66)	La Galinette
Le Perreux-sur-Marne (94)	Les Magnolias
Perros-Guirec (22)	L'Agapa **N**
Perros-Guirec (22)	La Clarté
Le-Petit-Pressigny (37)	La Promenade
Phalsbourg (57)	Au Soldat de l'An II
Plancoët (22)	
	Maxime et Jean-Pierre Crouzil et Hôtel L'Ecrin
Poitiers / Saint-Benoît (86)	
	Passions et Gourmandises
La Pomarède (11)	
	Hostellerie du Château de la Pomarède
Pont-Aven (29)	Le Moulin de Rosmadec
Pont-Aven (29)	La Taupinière
Pont-du-Gard / Castillon-du-Gard (30)	
	Le Vieux Castillon
Port-Lesney (39)	Château de Germigney
Port-Louis (56)	Avel Vor
Porto-Vecchio (2A)	Belvédère
Porto-Vecchio (2A)	
	Grand Hôtel de Cala Rossa
Port-sur-Saône / Vauchoux (70)	
	Château de Vauchoux
Pujaut (30)	Entre Vigne et Garrigue
Le Puy-en-Velay (43)	François Gagnaire
Questembert (56)	Le Bretagne et sa Résidence
Quimper (29)	La Roseraie de Bel Air
Reims (51)	Le Foch
Reims (51)	Le Millénaire
Reims / Montchenot (51)	Grand Cerf
Rennes (35)	Coq-Gadby
Rennes (35)	La Fontaine aux Perles
Rennes / Noyal-sur-Vilaine (35)	
	Auberge du Pont d'Acigné
Rennes / Saint-Grégoire (35)	Le Saison
Reuilly-Sauvigny (02)	Auberge Le Relais
Rhinau (67)	Au Vieux Couvent
Ribeauvillé (68)	
	Au Valet de Coeur et Hostel de la Pépinière
Riquewihr (68)	Table du Gourmet
Riquewihr / Zellenberg (68)	Maximilien
La Roche-Bernard (56)	L'Auberge Bretonne
La Roche-l'Abeille (87)	Le Moulin de la Gorce
Rodez (12)	Goûts et Couleurs
Romorantin-Lanthenay (41)	
	Grand Hôtel du Lion d'Or
Roscoff (29)	Le Brittany
Roscoff (29)	Le Temps de Vivre
Rosheim (67)	Hostellerie du Rosenmeer

➜ **N** *Nouveau*   ➜ *New*

Rouffach (68)	Philippe Bohrer
Le Rouret (06)	Le Clos St-Pierre
Roye (80)	La Flamiche
Les Sables-d'Olonne /	
à l'anse de Cayola (85)	Cayola
Sables-d'Or-les-Pins (22)	
	La Voile d'Or - La Lagune
Saint-Agrève (07)	Faurie
Saint-Brieuc (22)	Aux Pesked
Saint-Brieuc (22)	Youpala Bistrot
Saint-Brieuc / Sous-la-Tour (22)	La Vieille Tour
Saint-Céré (46)	Les Trois Soleils de Montal
Saint-Cyprien (66)	L'Île de la Lagune
Saint-Étienne (42)	Nouvelle
Saint-Florent (2B)	La Roya
Saint-Jean-Cap-Ferrat (06)	Le Cap
Saint-Joachim (44)	La Mare aux Oiseaux
Saint-Julien-en-Genevois / Bossey (74)	
	La Ferme de l'Hospital
Saint-Malo (35)	Le Chalut
Saint-Malo (35)	À la Duchesse Anne
Saint-Malo / Saint-Servan-sur-Mer (35)	
	Le St-Placide
Saint-Martin-du-Var (06)	
	Jean-François Issautier
Saint-Médard (46)	Gindreau
Saint-Paul (06)	Le Saint-Paul
Saint-Pée-sur-Nivelle (64)	L'Auberge Basque
Saint-Rémy-de-Provence (13)	
	La Maison Jaune
Saint-Rémy-de-Provence (13)	
	La Maison de Bournissac
Saint-Rémy-de-Provence (13)	Marc de Passorio
Saint-Savin (86)	Christophe Cadieu
Saint-Sulpice-le-Verdon (85)	
Thierry Drapeau	Logis de la Chabotterie
Saint-Tropez (83)	Villa Belrose
Sainte-Sabine (24)	
	Étincelles-La Gentilhommière
Sarlat-la-Canéda (24)	Le Grand Bleu
Sarrebourg (57)	Mathis
Sarreguemines (57)	Auberge St-Walfrid
Saubusse (40)	Villa Stings
Saumur (49)	Le Gambetta **N**
La Saussaye (27)	Manoir des Saules
Sauveterre-de-Rouergue (12)	Le Sénéchal
Sénart / Pouilly-le-Fort (77)	Le Pouilly
Sennecey-le-Grand (71)	L'Amaryllis
Sierentz (68)	Auberge St-Laurent
Sousceyrac (46)	Au Déjeuner de Sousceyrac
Strasbourg (67)	Au Crocodile
Strasbourg (67)	Buerehiesel
Strasbourg (67)	La Casserole
Strasbourg (67)	Umami
Talloires (74)	L'Auberge du Père Bise
Tarbes (65)	L'Ambroisie
Terrasson-Lavilledieu (24)	L'Imaginaire
Thoiry (01)	Les Cépages
Thonon-les-Bains (74)	Le Prieuré
Toulouse (31)	En Marge
Toulouse (31)	Metropolitan
Toulouse / Rouffiac-Tolosan (31)	Ô Saveurs
Le Touquet-Paris-Plage (62)	Westminster
Tournus (71)	Aux Terrasses
Tournus (71)	Rest. Greuze
Tours (37)	Charles Barrier
Tours (37)	La Roche Le Roy
Tours / Rochecorbon (37)	Les Hautes Roches
Tourtour (83)	Les Chênes Verts
Trébeurden (22)	Manoir de Lan-Kerellec
Le Tremblay-sur-Mauldre (78)	
	Laurent Trochain
Trémolat (24)	Vieux Logis
Troyes / Pont-Sainte-Marie (10)	
	Hostellerie de Pont-Ste-Marie
Vaison-la-Romaine (84)	Le Moulin à Huile
Vaison-la-Romaine / Roaix (84)	
	Le Grand Pré
Val-d'Isère (73)	Les Barmes de l'Ours
Valence (26)	La Cachette
Valence (26)	Flaveurs
Valence / Pont-de-l'Isère (26)	
	Michel Chabran
Vannes / Saint-Avé (56)	Le Pressoir
Vence (06)	Les Bacchanales
Ventabren (13)	La Table de Ventabren
Versailles (78)	L'Angélique
Vichy (03)	Maison Decoret
Vienne / Chonas-l'Amballan (38)	
	Domaine de Clairefontaine
Vierzon (18)	La Maison de Célestin
Villard-de-Lans /	
Corrençon-en-Vercors (38)	du Golf
Villeneuve-lès-Avignon (30)	Le Prieuré **N**
Villers-le-Lac (25)	Le France
Viré (71)	Frédéric Carrion Cuisine Hôtel
Westhalten (68)	Auberge du Cheval Blanc
Wimereux (62)	Epicure
Zoufftgen (57)	La Lorraine

→ **N** *Nouveau*   → *New*

LES ESPOIRS 2010 POUR ✿

Bordeaux (33)	7ème Péché
Cancale (35)	Côté Mer
Clermont-Ferrand (63)	Le Pré Carré
Le Lavandou / Aiguebelle (83)	Le Sub
Saverne (67)	Kasbür
Tours (37)	Barju
Vaux-en-Beaujolais (69)	Auberge de Clochemerle

Bib Gourmand

Repas soignés à prix modérés
Good food at moderate prices

Abbeville (80)	La Corne	**Ax-les-Thermes (09)**	Le Chalet
Agen (47)	Le Margoton	**Azay-le-Rideau (37)**	L'Aigle d'Or
Aguessac (12)	Auberge le Rascalat **N**	**Baden (56)**	Le Gavrinis
Aiguebelette-le-Lac / Novalaise (73)		**Bâgé-le-Châtel (01)**	La Table Bâgésienne
	Le Chalet du Lac	**Bagnères-de-Bigorre (65)**	
Aire-sur-la-Lys / Isbergues (62)	Le Buffet		L'Auberge Gourmande
Aix-en-Provence / Le Canet (13)		**Bagnoles-de-l'Orne (61)**	Ô Gayot
	L'Auberge Provençale	**Ban-de-Laveline (88)**	Auberge Lorraine
Aix-les-Bains (73)	Auberge St-Simond	**Bandol (83)**	Le Clocher
Aizenay (85)	La Sittelle	**Barr (67)**	Aux Saisons Gourmandes
Ajaccio (2A)	U Licettu	**Bar-sur-Aube (10)**	La Toque Baralbine
Albi (81)	La Table du Sommelier	**Bastia (2B)**	La Corniche
Alès / Méjannes-lès-Alès (30)		**La Bâtie-Divisin (38)**	L'Olivier
	Auberge des Voutins	**Bayonne (64)**	Le Bayonnais
Altwiller (67)	L'Écluse 16	**Bayonne (64)**	François Miura
Ambert (63)	Les Copains	**Beaune (21)**	La Ciboulette
Ambronay (01)	Auberge de l'Abbaye	**Beaune (21)**	Koki **N**
Amiens (80)	Au Relais des Orfèvres	**Beaune / Ladoix-Serrigny (21)**	
Ammerschwihr (68)	Aux Armes de France		Les Terrasses de Corton
Amphion-les-Bains (74)	Le Tilleul **N**	**Beaune / Levernois (21)**	La Garaudière
Ancenis (44)	La Toile à Beurre	**Beauvais (60)**	La Baie d'Halong **N**
Andernos-les-Bains (33)	Market **N**	**Beauzac (43)**	L'Air du Temps
Angers (49)	Le Petit Comptoir **N**	**Beauzac / Bransac (43)**	La Table du Barret
Angers (49)	Le Relais	**Bédarieux / Villemagne-l'Argentière (34)**	
Angoulême (16)	L'Aromate		Auberge de l'Abbaye
Angoulême (16)	Le Terminus	**Bellême / Nocé (61)**	Auberge des 3 J.
Annecy (74)	Café Brunet	**Belleville (69)**	Le Beaujolais
Annecy (74)	Contresens	**Bergheim (68)**	Wistub du Sommelier
Annonay (07)	Marc et Christine	**La Bernerie-en-Retz (44)**	L'Artimon
Antibes (06)	Oscar's	**Béthune / Busnes (62)**	Le Jardin d'Alice
Antraigues-sur-Volane (07)	La Remise	**Beuil (06)**	L'Escapade **N**
Argoules (80)	Auberge du Coq-en-Pâte	**Biarritz (64)**	Le Clos Basque
Asnières-sur-Seine (92)	La Petite Auberge	**Blangy-sur-Bresle (76)**	Les Pieds dans le Plat
Aube (61)	Auberge St-James	**Blienschwiller (67)**	Le Pressoir de Bacchus
Auderville (50)	La Malle aux Épices **N**	**Blois / Molineuf (41)**	La Poste
Aumont-Aubrac (48)	Le Compostelle	**Bois-Colombes (92)**	Le Chefson
Aurillac (15)	Quatre Saisons **N**	**Bonlieu (39)**	Poutre
Autun (71)	Le Chapitre	**Bonneuil-Matours (86)**	Le Pavillon Bleu
Auxerre (89)	Le Bourgogne	**Bonneville / Vougy (74)**	Capucin Gourmand
Auxerre / Vincelottes (89)	Auberge Les Tilleuls	**Bonnieux (84)**	L'Arôme **N**
Avallon / Valloux (89)	Auberge des Chenêts	**Bonny-sur-Loire (45)**	Des Voyageurs
Avignon (84)	L'Essentiel	**Bordeaux (33)**	Auberge' Inn

→ **N** *Nouveau* 😊   → *New* 😊

Bordeaux / Bouliac (33)	Café de l'Espérance **N**
Boudes (63)	Le Boudes La Vigne
Boulogne-sur-Mer (62)	Rest. de Nausicaa **N**
Bourg-en-Bresse (01)	Mets et Vins
Bourg-en-Bresse (01)	Les Quatre Saisons
Bourg-Saint-Maurice (73)	L'Arssiban
Bourth (27)	Auberge Chantecler
Bouzel (63)	L'Auberge du Ver Luisant
Bozouls (12)	A la Route d'Argent
Bracieux (41)	Rendez-vous des Gourmets
La Bresse (88)	Le Clos des Hortensias
Brest (29)	L'Imaginaire **N**
Bretenoux / Port-de-Gagnac (46)	
	Hostellerie Belle Rive
Briançon (05)	Le Péché Gourmand
Brive-la-Gaillarde (19)	La Toupine
Brou (28)	L'Ascalier
Buellas (01)	L'Auberge Bressane
Buxy (71)	Aux Années Vins
Buzançais (36)	L'Hermitage
Cabourg / Dives-sur-Mer (14)	
	Chez le Bougnat
Caen (14)	Le Bouchon du Vaugueux
Caen (14)	Café Mancel
Cahors (46)	La Garenne
Cahors (46)	L'Ô à la Bouche
Calais (62)	Au Côte d'Argent
Calais (62)	Histoire Ancienne **N**
Cambrai (59)	Auberge Fontenoise
Cancale (35)	Surcouf
Carignan (08)	La Gourmandière
Carpentras / Beaumes-de-Venise (84)	
	Dolium **N**
Casteljaloux (47)	La Vieille Auberge
Castellane / La Garde (04)	Auberge du Teillon
Castéra-Verduzan (32)	Le Florida
Castres / Burlats (81)	Les Mets d'Adélaïde
Caussade / Monteils (82)	Le Clos Monteils
Cauterets (65)	L' Abri du Benques
Challans / La Garnache (85)	
	Le Petit St-Thomas
Chalon-sur-Saône (71)	Auberge des Alouettes
Chalon-sur-Saône / Saint-Loup-	
de-Varennes (71)	Le Saint Loup
Chambolle-Musigny (21)	Le Chambolle
Chamonix-Mont-Blanc (74)	Atmosphère
Chamonix-Mont-Blanc (74)	La Maison Carrier
Chamonix-Mont-Blanc / Les Praz-	
de-Chamonix (74)	La Cabane des Praz
Chandolas (07)	Auberge les Murets
La Chapelle-d'Abondance (74)	L'Ensoleillé
La Chapelle-d'Abondance (74)	
	Les Gentianettes

Charleville-Mézières (08)	
	La Table d'Arthur «R»
Charroux (03)	Ferme Saint-Sébastien
Châtelaillon-Plage (17)	Les Flots
Châtellerault (86)	Bernard Gautier
Châtillon (92)	Barbezingue **N**
Chavanoz (38)	Aux Berges du Rhône
Chazey-sur-Ain (01)	La Louizarde **N**
Chénérailles (23)	Le Coq d'Or
Cherbourg-Octeville (50)	Café de Paris
Chilleurs-aux-Bois (45)	Le Lancelot
Chinon (37)	L'Océanic
Chisseaux (37)	Auberge du Cheval Rouge
Clères (76)	Auberge du Moulin
Clermont-Ferrand (63)	Amphitryon Capucine
Clermont-Ferrand / Orcines (63)	
	Auberge de la Baraque
Clisson / Gétigné (44)	La Gétignière
Coirac (33)	Le Flore **N**
Col de la Schlucht (88)	Le Collet
Coligny (01)	Au Petit Relais
La Colle-sur-Loup (06)	Le Blanc Manger **N**
Colmar (68)	Aux Trois Poissons
Colmar (68)	Chez Hansi
Colmar (68)	Côté Cour **N**
Colmar / Ingersheim (68)	
	La Taverne Alsacienne
Combeaufontaine (70)	Le Balcon
Conilhac-Corbières (11)	Auberge Coté Jardin
Contamine-sur-Arve (74)	Le Tourne Bride
Cosne-Cours-sur-Loire (58)	Chat **N**
Coullons (45)	La Canardière
Coulon (79)	Le Central
Coutances (50)	Le Clos des Sens **N**
Le Creusot / Montcenis (71)	Le Montcenis
Le Croisic (44)	Le Saint-Alys
Crozon (29)	Le Mutin Gourmand
Daglan (24)	Le Petit Paris
Dax (40)	L'Amphitryon
Deauville / Touques (14)	Les Landiers
Deauville / Touques (14)	L'Orangeraie
Dijon (21)	Du Nord
Dijon / Chenôve (21)	Le Clos du Roy
Dinan (22)	Au Coin du Feu
Dole / Parcey (39)	Les Jardins Fleuris **N**
Doué-la-Fontaine (49)	Auberge Bienvenue
Draguignan / Flayosc (83)	L'Oustaou
Dreux / Cherisy (28)	Le Vallon de Chérisy
Dunes (82)	Les Templiers
Dunières (43)	La Tour
Dunkerque /	
Coudekerque-Branche (59)	Le Soubise
Eguisheim (68)	Le Pavillon Gourmand **N**
Entraygues-sur-Truyère (12)	Les Deux Vallées **N**

Épernay (51)	La Grillade Gourmande
Espalion (12)	Le Méjane
Évron (53)	Au Relais du Gué de Selle
Évron (53)	La Toque des Coëvrons
Eygalières (13)	Sous Les Micocouliers
Les Eyzies-de-Tayac (24)	La Métairie
Faverges (74)	Florimont
Favières (80)	La Clé des Champs
Fayence (83)	La Table d'Yves
Fléré-la-Rivière (36)	Le Relais du Berry
Flers (61)	Au Bout de la Rue
Florac (48)	Des Gorges du Tarn
Florac / Cocurès (48)	La Lozerette
Fontenay-le-Comte / Saint-Hilaire-des-Loges (85)	Le Pantagruelion
Fontvieille (13)	Le Patio
Fontvieille (13)	La Table du Meunier
Fouday (67)	Julien
Fouesnant / Cap-Coz (29)	De la Pointe du Cap Coz
Fougères (35)	Haute Sève
Francescas (47)	Le Relais de la Hire
Fréjus (83)	L'Amandier
Froncles-Buxières (52)	Au Château
Gasny (27)	Auberge du Prieuré Normand
Gassin (83)	Auberge la Verdoyante
Geneston (44)	Le Pélican
Gevrey-Chambertin (21)	Chez Guy
Gigondas (84)	Les Florets
Gilette / Vescous (06)	La Capeline
Godewaersvelde (59)	L'Estaminet du Centre N
Gourdon (46)	Hostellerie de la Bouriane
Grandcamp-Maisy (14)	La Marée
Grandvillers (88)	Europe et Commerce
Grenoble (38)	Le Coup de Torchon
Gresse-en-Vercors (38)	Le Chalet
Le Gua (17)	Le Moulin de Châlons
La Guerche-de-Bretagne (35)	La Calèche
Guilliers (56)	Au Relais du Porhoët
Le Havre (76)	La Petite Auberge
Honfleur (14)	Le Bréard
Houlgate (14)	L'Eden
Île de Noirmoutier / L'Herbaudière (85)	La Table d'Elise N
L'Isle-sur-la-Sorgue (84)	L'Oustau de l'Isle
L'Isle-sur-Serein (89)	Auberge du Pot d'Étain
Lanarce (07)	Le Provence
Langon / Saint-Macaire (33)	Abricotier
Largentière / Sanilhac (07)	Auberge de la Tour de Brison
Larrau (64)	Etchemaïté
Leutenheim (67)	Auberge Au Vieux Couvent
Libourne (33)	Chez Servais
Liessies (59)	Le Carillon
Lille / Capinghem (59)	La Marmite de Pierrot
Lille / Gruson (59)	L'Arbre N
Limoges (87)	La Table du Couvent-Paroles de Chef N
Limoges (87)	Le Vanteaux
Lorient (56)	Le Yachtman N
Lorris (45)	Guillaume de Lorris
Lourdes (65)	Alexandra
Le Luc (83)	Le Gourmandin
Luché-Pringé (72)	Auberge du Port des Roches
Lunel (34)	Chodoreille
Lyon (69)	Daniel et Denise
Lyon (69)	Léon de Lyon
Lyon (69)	M
Lyon (69)	Mon Bistrot à Moi N
Lyon (69)	Les Oliviers
Lyon (69)	L'Ouest
Lyon (69)	La Terrasse St-Clair N
Lyon (69)	33 Cité
Lyon (69)	Le Verre et l'Assiette
Lys-Saint-Georges (36)	Auberge La Forge
Madiran (65)	Le Prieuré
Magalas (34)	Ô. Bontemps
Mancey (71)	Auberge du Col des Chèvres
Mandelieu / La Napoule (06)	Les Bartavelles N
Mansle / Luxé (16)	Auberge du Cheval Blanc
Margaux / Arcins (33)	Le Lion d'Or
Marnans (38)	Auberge de Marnans
	«Atelier Nicolas Grandclaude» N
Mazaye (63)	Auberge de Mazayes
Megève (74)	Flocons Village N
Mende (48)	La Safranière
Menton / Monti (06)	Pierrot-Pierrette N
Messery (74)	Atelier des Saveurs
Meyronne (46)	La Terrasse
Millau (12)	Capion N
Mirebel (39)	Mirabilis N
Mittelbergheim (67)	Am Lindeplatzel
Mittelbergheim (67)	Gilg
Monestier-de-Clermont (38)	Au Sans Souci
Montbard / Saint-Rémy (21)	La Mirabelle
Montbrison / Savigneux (42)	Yves Thollot
Montceau-les-Mines / Blanzy (71)	Le Plessis N
Montech (82)	La Maison de l'Éclusier
Montélimar (26)	Aux Gourmands N
Montélimar (26)	Jéroboam N
Montmorillon (86)	Hôtel de France et Lucullus
Montpellier (34)	Prouhèze Saveurs
Montpon-Ménestérol / Ménestérol (24)	Auberge de l'Eclade
Montsalvy (15)	L'Auberge Fleurie
Montsoreau (49)	Diane de Méridor
Morlaix (29)	L'Estaminet N

➔ **N** *Nouveau* 🔒   ➔ **New** 🔒

Moustiers-Sainte-Marie (04)	Treille Muscate **N**	**Paris 7ᵉ**	Au Bon Accueil
Mouzon (08)	Les Échevins	**Paris 7ᵉ**	Café Constant
Mur-de-Barrez (12)	Auberge du Barrez	**Paris 7ᵉ**	Chez les Anges
Nancy (54)	V Four	**Paris 7ᵉ**	Le Clarisse **N**
Nantes (44)	La Divate	**Paris 7ᵉ**	Le Clos des Gourmets
Nantes / Couëron (44)	Le François II	**Paris 7ᵉ**	Les Cocottes
Nantes / Saint-Herblain (44)	Les Caudalies	**Paris 7ᵉ**	P'tit Troquet **N**
Narbonne / Bages (11)	Le Portanel	**Paris 8ᵉ**	Le Bouco **N**
Natzwiller (67)	Auberge Metzger	**Paris 9ᵉ**	Carte Blanche **N**
Nestier (65)	Relais du Castéra	**Paris 9ᵉ**	La Petite Sirène de Copenhague
Neufchâtel-sur-Aisne (02)	Le Jardin	**Paris 9ᵉ**	Le Pré Cadet
Neuillé-le-Lierre (37)	Auberge de la Brenne	**Paris 10ᵉ**	Café Panique
Nevers (58)	Le Bengy	**Paris 10ᵉ**	Chez Michel
Nevers / Sauvigny-les-Bois (58)		**Paris 11ᵉ**	Auberge Pyrénées Cévennes
	Moulin de l'Étang	**Paris 11ᵉ**	Bistrot Paul Bert
Neyrac-les-Bains (07)	Du Levant	**Paris 11ᵉ**	Caffé dei Cioppi **N**
Nice (06)	Au Rendez-vous des Amis	**Paris 11ᵉ**	Mansouria
Nice (06)	Les Pêcheurs **N**	**Paris 11ᵉ**	Villaret **N**
Niedersteinbach (67)	Cheval Blanc	**Paris 12ᵉ**	L'Auberge Aveyronnaise
Nîmes (30)	Aux Plaisirs des Halles	**Paris 12ᵉ**	Jean-Pierre Frelet
Nîmes (30)	Le Bouchon et L'Assiette	**Paris 13ᵉ**	Les Cailloux
Noailhac (81)	Hostellerie d'Oc	**Paris 13ᵉ**	Impérial Choisy
Nogent-le-Roi (28)	Relais des Remparts	**Paris 13ᵉ**	L'Ourcine
Nogent-sur-Seine (10)	Beau Rivage	**Paris 14ᵉ**	La Cantine du Troquet
Notre-Dame-de-Bellecombe (73)		**Paris 14ᵉ**	La Cerisaie
	La Ferme de Victorine	**Paris 14ᵉ**	L'Entêtée
Noyalo (56)	L'Hortensia	**Paris 14ᵉ**	Maison Courtine **N**
Nuits-Saint-Georges (21)	La Cabotte	**Paris 14ᵉ**	Millésimes 62 **N**
Nyons (26)	Le Petit Caveau	**Paris 14ᵉ**	L'Ordonnance **N**
Obernai / Ottrott (67)	À l'Ami Fritz	**Paris 14ᵉ**	La Régalade
Oisly (41)	St-Vincent	**Paris 15ᵉ**	Le Bélisaire
Orange (84)	Au Petit Patio **N**	**Paris 15ᵉ**	Beurre Noisette
Orange (84)	Le Parvis	**Paris 15ᵉ**	Caroubier
Orléans (45)	La Dariole	**Paris 15ᵉ**	Le Grand Pan
Orléans (45)	Eugène	**Paris 15ᵉ**	L'Inattendu **N**
Orléans / Olivet (45)	La Laurendière	**Paris 15ᵉ**	Jadis
Ornans (25)	Courbet	**Paris 15ᵉ**	L'Os à Moelle
Oucques (41)	Du Commerce	**Paris 15ᵉ**	Stéphane Martin
Pailherols (15)	Auberge des Montagnes	**Paris 15ᵉ**	Le Troquet
Pamiers (09)	De France	**Paris 16ᵉ**	A et M Restaurant
Paris 1ᵉʳ	Zen	**Paris 16ᵉ**	Chez Géraud
Paris 2ᵉ	Aux Lyonnais	**Paris 16ᵉ**	Mets Gusto **N**
Paris 2ᵉ	Frenchie **N**	**Paris 17ᵉ**	L'Accolade **N**
Paris 3ᵉ	Ambassade d'Auvergne	**Paris 17ᵉ**	L'Entredgeu
Paris 3ᵉ	Café des Musées	**Paris 17ᵉ**	Graindorge
Paris 3ᵉ	Pramil	**Paris 17ᵉ**	Hier et Aujourd'hui **N**
Paris 4ᵉ	Suan Thaï	**Paris 17ᵉ**	Meating
Paris 5ᵉ	Ribouldingue	**Paris 18ᵉ**	L'Oxalis **N**
Paris 6ᵉ	L'Épi Dupin	**Paris 18ᵉ**	La Table d'Eugène
Paris 6ᵉ	L'Épigramme	**Paris 20ᵉ**	Les Allobroges **N**
Paris 6ᵉ	La Maison du Jardin	**Paris 20ᵉ**	Le Baratin
Paris 6ᵉ	Le Timbre	**Pau / Lescar (64)**	La Terrasse
Paris 7ᵉ	L'Affriolé	**Pauillac (33)**	Café Lavinal
Paris 7ᵉ	L'Agassin **N**	**Perpignan (66)**	Les Antiquaires

➜ **N** *Nouveau* 😊　　➜ **New** 😊

➜ **N** *Nouveau* 😊   ➜ *New* 😊

➜ **N** Nouveau 🕙 ➜ **New** 🕙

Bib Hôtel

Bonnes nuits à petits prix en province
Good accommodation at moderate prices outside the Paris region

➜ **N** *Nouveau* 🔯   ➜ **New** 🔯

Chaumont / Chamarandes (52)	
	Au Rendez-Vous des Amis
Chauvigny (86)	Lion d'Or
Chépy (80)	L'Auberge Picarde
Cherbourg (50)	La Renaissance
Cherbourg (50)	Louvre **N**
Chézery-Forens (01)	Commerce
Chinon (37)	Diderot
Col de la Schlucht (88)	Le Collet
Colmar / Sainte-Croix-en-Plaine (68)	
	Au Moulin **N**
Comps-sur-Artuby (83)	Grand Hôtel Bain
Concarneau (29)	Des Halles **N**
Coti-Chiavari (2A)	Le Belvédère
Coulombiers (86)	Auberge le Centre Poitou **N**
Coulon (79)	Le Central
Cour-Cheverny (41)	St-Hubert
La Courtine (23)	Au Petit Breuil
Coutras (33)	Henri IV
Crozon (29)	De la Presqu'île
Cruis (04)	Auberge de l'Abbaye
Dambach-la-Ville (67)	Le Vignoble
Damgan (56)	Albatros
Donzenac (19)	Relais du Bas Limousin
Doué-la-Fontaine (49)	Auberge Bienvenue
Entraygues-sur-Truyère / Le Fel (12)	
	Auberge du Fel
Épaignes (27)	L'Auberge du Beau Carré
Erquy (22)	Beauséjour
Eymet (24)	Les Vieilles Pierres
Le Falgoux (15)	Des Voyageurs
La Ferté-Saint-Cyr (41)	Saint-Cyr
Florac / Cocurès (48)	La Lozerette
Fouesnant / Cap-Coz (29)	Belle-Vue
Fougères (35)	Les Voyageurs
Gaillac (81)	La Verrerie
Gérardmer (88)	Gérard d'Alsace
Giffaumont-Champaubert (51)	
	Le Cheval Blanc
Gimel-les-Cascades (19)	Hostellerie de la Vallée
Gordes (84)	Auberge de Carcarille
Goumois (25)	Le Moulin du Plain
Guebwiller (68)	Domaine du Lac
Guilliers (56)	Au Relais du Porhoët
Hagetmau (40)	Le Jambon
Hesdin (62)	Trois Fontaines
Les Houches (74)	Auberge Le Montagny
Île-de-Sein (29)	Ar Men
Illhaeusern (68)	Les Hirondelles
L'Isle-d'Abeau (38)	Le Relais du Çatey
L'Isle-sur-Serein (89)	Auberge du Pot d'Étain
Itxassou (64)	Le Chêne
Jonzac / Clam (17)	Le Vieux Logis
Jougne (25)	La Couronne

Juan-les-Pins (06)	Eden Hôtel **N**
Juvigny-sous-Andaine (61)	Au Bon Accueil
Kaysersberg (68)	Constantin
Kilstett (67)	Oberlé
Lacapelle-Viescamp (15)	Du Lac
Lac Chambon (63)	Le Grillon
Laguiole (12)	Régis
Lamoura (39)	La Spatule **N**
Lanarce (07)	Le Provence
Largentière / Sanilhac (07)	
	Auberge de la Tour de Brison
Larrau (64)	Etchemaïté
Lascelle (15)	Du Lac des Graves
Lodève (34)	Paix
Lorient (56)	Astoria
Loudéac (22)	Voyageurs
Lucinges (74)	Le Bonheur dans Le Pré **N**
Luz-Saint-Sauveur / Esquièze-Sère (65)	
	Terminus
Mansle (16)	Beau Rivage **N**
Margès (26)	Auberge Le Pont du Chalon
Mauriac (15)	Auv'Hôtel
Mazaye (63)	Auberge de Mazayes
Melle (79)	Les Glycines
Métabief (25)	Étoile des Neiges
Meyrueis (48)	Family Hôtel
Meyrueis (48)	Du Mont Aigoual
Mittelhausen (67)	À l'Étoile
Molsheim (67)	Le Bugatti
Les Molunes (39)	Le Pré Fillet
Monestier-de-Clermont (38)	Au Sans Souci
Montargis / Amilly (45)	Le Belvédère
Montauban (82)	Du Commerce
Montélier (26)	La Martinière
Montigny-la-Resle (89)	Le Soleil d'Or
Montluel (01)	Petit Casset
Montmelard (71)	Le St-Cyr
Montpellier (34)	Du Parc
Montpellier (34)	Ulysse
Montsalvy (15)	L'Auberge Fleurie
Mont-Saxonnex (74)	Jalouvre **N**
Mortagne-au-Perche (61)	Du Tribunal
Morteau / Les Combes (25)	
	L'Auberge de la Motte
Mulhouse / Frœningen (68)	
	Auberge de Froeningen
Najac (12)	L'Oustal del Barry **N**
Nantua (01)	L'Embarcadère
Natzwiller (67)	Auberge Metzger
Niederschaeffolsheim (67)	Au Bœuf Rouge
Niedersteinbach (67)	Cheval Blanc
Nogent-le-Rotrou (28)	Brit Hôtel du Perche
Nogent-le-Rotrou (28)	Sully
Nogent-sur-Seine (10)	Beau Rivage

➜ **N** *Nouveau* 🔟   ➜ **New** 🔟

Les Nonières (26)	Mont-Barral **N**
Nontron (24)	Grand Hôtel
Le Nouvion-en-Thiérache (02)	Paix
Noyalo (56)	L'Hortensia
Oberhaslach (67)	Hostellerie St-Florent
Obersteinbach (67)	Anthon
Omonville-la-Petite (50)	Fossardière **N**
Orléans (45)	Marguerite
Pailherols (15)	Auberge des Montagnes
Paimpol / Ploubazlanec (22)	
	Les Agapanthes
Patrimonio (2B)	Du Vignoble
Pau (64)	Le Bourbon
Pégomas (06)	Bosquet
Pierre-Buffière (87)	La Providence
Pierrefort (15)	Du Midi
Pont-Aven (29)	Les Ajoncs d'Or
Pont-de-Vaux (01)	Les Platanes
Pont-du-Bouchet (63)	La Crémaillère
Port-Manech (29)	Du Port et de l'Aven **N**
Le Pouldu (29)	Le Panoramique
Quarré-les-Tombes (89)	Le Morvan
Quédillac (35)	Le Relais de la Rance
Quintin (22)	Du Commerce
Reipertswiller (67)	La Couronne
Rennes (35)	Britannia
Rennes (35)	Des Lices
Rieumes (31)	Auberge les Palmiers
Riom-Ès-Montagnes (15)	St-Georges
Roanne (42)	Grand Hôtel **N**
La Rochette (73)	Du Parc
Romagnieu (38)	
	Auberge les Forges de la Massotte
Ronchamp / Champagney (70)	
	Le Pré Serroux
Roure (06)	Auberge le Robur **N**
Rouvres-en-Xaintois (88)	Burnel
Les Sables-d'Olonne (85)	Antoine
Les Sables-d'Olonne (85)	Arc en Ciel
Les Sables-d'Olonne (85)	Les Embruns
Saillagouse (66)	
	Planes (La Vieille Maison Cerdane)
Saint-Agnan (58)	La Vieille Auberge
Saint-Ambroix / Larnac (30)	Le Clos des Arts
Saint-Bonnet-en-Champsaur (05)	
	La Crémaillère
Saint-Chély-d'Apcher / La Garde (48)	
	Le Rocher Blanc
Saint-Disdier (05)	La Neyrette
Saint-Flour (15)	L'Ander **N**
Saint-Flour (15)	Auberge de La Providence
Saint-Gervais-d'Auvergne (63)	
	Le Relais d'Auvergne
Saint-Guénolé (29)	Ondines **N**
Saint-Jean-de-Maurienne (73)	St-Georges
Saint-Jean-du-Bruel (12)	Du Midi-Papillon
Saint-Jean-en-Royans / Col	
de la Machine (26)	Du Col de la Machine
Saint-Lary (09)	Auberge de l'Isard
Saint-Louis (68)	Berlioz **N**
Saint-Malo (35)	San Pedro
Saint-Rémy-de-Provence (13)	L'Amandière
Saint-Valery-en-Caux (76)	Les Remparts
Sainte-Menéhould (51)	Le Cheval Rouge
Saintes (17)	L'Avenue
Saintes-Maries-de-la-Mer (13)	Pont Blanc
Salies-de-Béarn /	
Castagnède (64)	La Belle Auberge
Salins-les-Bains (39)	Charles Sander **N**
Sallanches (74)	Auberge de l'Orangerie
Sand (67)	Hostellerie la Charrue
Sarlat-la-Canéda (24)	Le Mas de Castel
Sarlat-la-Canéda (24)	Le Mas del Pechs
Sarreguemines (57)	Amadeus
Sars-Poteries (59)	Marquais
Saugues (43)	La Terrasse
Sauveterre-de-Béarn (64)	
	La Maison de Navarre
Saverne (67)	Le Clos de la Garenne
Sées / Macé (61)	Île de Sées
Semblançay (37)	La Mère Hamard
Semur-en-Auxois (21)	Les Cymaises
Senones (88)	Au Bon Gîte
Servon (50)	Auberge du Terroir
Solignac (87)	St-Éloi **N**
Sommières (30)	De l'Estelou
Sondernach (68)	A l'Orée du Bois
Souillac (46)	Le Quercy
Sousceyrac (46)	Au Déjeuner de Sousceyrac
Strasbourg / Blaesheim (67)	Au Bœuf
Strasbourg / Entzheim (67)	Père Benoit
Tain-l'Hermitage (26)	Les 2 Côteaux
Thann (68)	Aux Sapins
Le Thillot / Le Ménil (88)	Les Sapins
Thizy (69)	La Terrasse
Tournon-sur-Rhône (07)	Les Amandiers
Uriage-les-Bains (38)	Les Mésanges
Uzès (30)	Le Patio de Violette
Valence-sur-Baïse (32)	La Ferme de Flaran
Valgorge (07)	Le Tanargue
Valleraugue (30)	Auberge Cévenole
Valmont (76)	Le Bec au Cauchois
Vaux-en-Beaujolais (69)	
	Auberge de Clochemerle **N**
Vaux-sous-Aubigny (52)	Le Vauxois
Vézelay / Pierre-Perthuis (89)	
	Les Deux Ponts
Viaduc-de-Garabit (15)	Beau Site

➜ **N** *Nouveau* 🍽   ➜ **New** 🍽

Hébergements agréables

Pleasant accommodation

Antibes / Cap d'Antibes (06)	Du Cap
La Baule (44)	Hermitage Barrière
Beaulieu-sur-Mer (06)	
	La Réserve de Beaulieu et Spa
Biarritz (64)	Du Palais
Cannes (06)	Carlton Inter Continental
Cannes (06)	Majestic Barrière
Cannes (06)	Martinez
Courchevel / Courchevel 1850 (73)	
	Les Airelles
Deauville (14)	Normandy-Barrière
Deauville (14)	Royal-Barrière
Évian-les-Bains (74)	Royal
Monte-Carlo (MC)	Paris
Nice (06)	Negresco
Paris 1er	Le Meurice
Paris 1er	Ritz
Paris 8e	Le Bristol
Paris 8e	Crillon
Paris 8e	Four Seasons George V
Paris 8e	Plaza Athénée
Paris 9e	Intercontinental Le Grand
Paris 16e	Raphael
Saint-Jean-Cap-Ferrat (06)	
	Grand Hôtel du Cap Ferrat
Saint-Tropez (83)	Byblos
Saint-Tropez (83)	Château de la Messardière
Tourrettes (83)	
	Four Seasons Resort Provence at Terre Blanche

Ablis (78)	Château d'Esclimont
Aix-en-Provence (13)	Villa Gallici
Antibes / Cap d'Antibes (06)	Impérial Garoupe
Avallon / Vault-de-Lugny (89)	
	Château de Vault de Lugny
Avignon (84)	La Mirande
Bagnols (69)	Château de Bagnols
Beaune (21)	Le Cep
Beaune / Levernois (21)	
	Hostellerie de Levernois
Belle-Île / Port-Goulphar (56)	Castel Clara
Béthune / Busnes (62)	Le Château de Beaulieu
Les Bézards (45)	Auberge des Templiers
Bidarray (64)	Ostapé
Billiers (56)	Domaine de Rochevilaine
Bordeaux (33)	The Regent Grand Hotel
Bordeaux / Martillac (33)	
	Les Sources de Caudalie
Briollay (49)	Château de Noirieux
Brive-la-Gaillarde / Varetz (19)	
	Château de Castel Novel
Cahors / Mercuès (46)	Château de Mercuès
Calvi (2B)	La Villa
Cannes (06)	3.14 Hôtel
Carcassonne (11)	De La Cité
Le Castellet / Le Castellet (83)	
	Du Castellet Resort
Cavalière (83)	Le Club de Cavalière et Spa
Chamonix-Mont-Blanc (74)	Hameau Albert 1er
Colroy-la-Roche (67)	
	Hostellerie La Cheneaudière
Courcelles-sur-Vesle (02)	
	Château de Courcelles
Courchevel / Courchevel 1850 (73)	
	Amanresorts Le Mélézin
Courchevel / Courchevel 1850 (73)	
	Cheval Blanc
Courchevel / Courchevel 1850 (73)	
	Le Kilimandjaro
Curzay-sur-Vonne (86)	Château de Curzay
Divonne-les-Bains (01)	Le Grand Hôtel
Eugénie-les-Bains (40)	Les Prés d'Eugénie
Évian-les-Bains (74)	Ermitage
Èze (06)	Château de la Chèvre d'Or
Èze-Bord-de-Mer (06)	Cap Estel
Figeac (46)	Château du Viguier du Roy
Forcalquier / Mane (04)	Couvent des Minimes
Gordes (84)	La Bastide de Gordes et Spa

Grasse (06)	La Bastide St-Antoine
Honfleur (14)	La Ferme St-Siméon
Île de Ré / La Flotte (17)	Richelieu
Joigny (89)	La Côte St-Jacques
Juan-les-Pins (06)	Juana
Lacave (46)	Château de la Treyne
Ligny-en-Cambrésis (59)	Château de Ligny
Lille (59)	L'Hermitage Gantois
Luynes (37)	Domaine de Beauvois
Lyon (69)	Cour des Loges
Lyon (69)	Villa Florentine
Lyon / Charbonnières-les-Bains (69)	
	Le Pavillon de la Rotonde
Megève (74)	Le Fer à Cheval
Megève (74)	Les Fermes de Marie
Megève (74)	Lodge Park
Mirambeau (17)	Château de Mirambeau
Montbazon (37)	Château d'Artigny
Monte-Carlo (MC)	Hermitage
Monte-Carlo (MC)	
	Monte Carlo Bay Hôtel and Resort
Monte-Carlo (MC)	Métropole
Monte-Carlo / Monte-Carlo-Beach (MC)	
	Monte-Carlo Beach Hôtel
Mougins (06)	Mas Candille
Onzain (41)	Domaine des Hauts de Loire
Paris 1ᵉʳ	Costes
Paris 1ᵉʳ	De Vendôme
Paris 3ᵉ	Murano Resort
Paris 3ᵉ	Pavillon de la Reine
Paris 8ᵉ	Champs-Élysées Plaza
Paris 8ᵉ	Napoléon
Paris 9ᵉ	Scribe
Paris 16ᵉ	St-James Paris

Perros-Guirec (22)	L'Agapa
Pont-du-Gard / Castillon-du-Gard (30)	
	Le Vieux Castillon
Porticcio (2A)	Le Maquis
Porto-Vecchio (2A)	Casadelmar
Porto-Vecchio (2A)	Grand Hôtel de Cala Rossa
Pouilly-en-Auxois / Chailly-sur-Armançon (21)	Château de Chailly
Puymirol (47)	Michel Trama
Ramatuelle (83)	La Réserve Ramatuelle
Reims (51)	Château les Crayères
Roanne (42)	Troisgros
Saint-Émilion (33)	Hostellerie de Plaisance
Saint-Jean-Cap-Ferrat (06)	La Voile d'Or
Saint-Jean-Cap-Ferrat (06)	Royal Riviera
Saint-Tropez (83)	La Bastide de St-Tropez
Saint-Tropez (83)	Résidence de la Pinède
Saint-Tropez (83)	Villa Belrose
Saint-Tropez (83)	Villa Marie
Sainte-Foy-la-Grande (33)	
	Château des Vigiers
Saulieu (21)	Le Relais Bernard Loiseau
Strasbourg (67)	Régent Petite France
Talloires (74)	L'Auberge du Père Bise
Valence (26)	Pic
Versailles (78)	Trianon Palace
Vienne (38)	La Pyramide
Villeneuve-lès-Avignon (30)	Le Prieuré
Vitrac (24)	Domaine de Rochebois
Vonnas (01)	Georges Blanc
Vougeot / Gilly-lès-Cîteaux (21)	
	Château de Gilly

Aigues-Mortes (30)	Villa Mazarin
Aillant-sur-Tholon (89)	Domaine du Roncemay
Aix-en-Provence (13)	Le Pigonnet
Aix-en-Provence / Celony (13)	
	Le Mas d'Entremont
Ajaccio (2A)	Palazzu U Domu
Albi (81)	La Réserve
Alpe-d'Huez (38)	Au Chamois d'Or
Amboise (37)	Le Choiseul
Amboise (37)	Le Manoir Les Minimes
Antibes / Cap d'Antibes (06)	
	Cap d' Antibes Beach Hôtel
Arles (13)	L'Hôtel Particulier
Aubusson (23)	Château Sallandrouze
Avignon / Montfavet (84)	Hostellerie Les Frênes
Avignon / Le Pontet (84)	Auberge de Cassagne
Bagnoles-de-l'Orne (61)	Le Manoir du Lys
Bagnols-sur-Cèze (30)	Château de Montcaud

Barbizon (77)	Hôtellerie du Bas-Bréau
La Baule (44)	Castel Marie-Louise
Les Baux-de-Provence (13)	La Cabro d'Or
Bayeux (14)	Château de Sully
Bayeux / Audrieu (14)	Château d'Audrieu
Beaune (21)	L'Hôtel
Belleville / Pizay (69)	Château de Pizay
Bénodet / Sainte-Marine (29)	Villa Tri Men
Béthune / Gosnay (62)	
	Chartreuse du Val St-Esprit
Biarritz (64)	Beaumanoir
Biarritz (64)	café de Paris
Biarritz / Lac de Brindos (64)	
	Château de Brindos
Bordeaux / Bouliac (33)	Le St-James
Boulogne-sur-Mer (62)	La Matelote
Le-Bourget-du-Lac (73)	Ombremont
Bourgueil / Restigné (37)	Manoir de Restigné

Agde / Le Cap-d'Agde (34) La Bergerie du Cap
Aisonville-et-Bernoville (02) Le 1748
Aix-en-Provence (13) Bastide du Cours
Ajaccio (2A) Les Mouettes
Alençon / Saint-Paterne (72) Château de
St-Paterne
Alleyras (43) Haut-Allier
Amboise (37) Château de Pray
Anduze / Tornac (30)
Les Demeures du Ranquet
Argelès-sur-Mer (66) Auberge du Roua
Argelès-sur-Mer (66) Le Cottage
Argenton-sur-Creuse / Bouesse (36)
Château de Bouesse
Auribeau-sur-Siagne (06)
Auberge de la Vignette Haute
Auxerre (89) Le Parc des Maréchaux
Bagnoles-de-l'Orne (61) Bois Joli
Barneville-Carteret / Carteret (50) Des Ormes
Les Baux-de-Provence (13) La Riboto de Taven
Les Baux-de-Provence (13) Mas de l'Oulivié
Bayonne (64) Villa Hôtel
Beaulieu (07) La Santoline
Beaune / Montagny-lès-Beaune (21) Le Clos
Beaune / Savigny-lès-Beaune (21)
Le Hameau de Barboron
Beaurepaire (85) Château de la Richerie
Bédarieux / Hérépian (34)
Le Couvent d'Hérépian
Belle-Île / Bangor (56) La Désirade
Bergerac (24) Château Rauly-Saulieut
Bergerac / Saint-Nexans (24)
La Chartreuse du Bignac
Bermicourt (62) La Cour de Rémi
Besançon (25) Charles Quint
Biarritz (64) Le Château du Clair de Lune
Bidart (64) L'Hacienda
Bidart (64) Villa L'Arche
Bize-Minervois (11) La Bastide Cabezac
Bonifacio (2A) Genovese
Bonnat (23) L'Orangerie
Bourges (18) D'Angleterre
Cambremer (14) Château Les Bruyères
Canet-en-Roussillon / Canet-Plage (66)
Mas de la Plage
Cangey (37) Le Fleuray
Cannes (06) Cavendish
Carcassonne (11) Du Château
Carpentras / Monteux (84)
Domaine de Bournereau
Carsac-Aillac (24) La Villa Romaine
Céret (66) Le Mas Trilles
Chablis (89) Du Vieux Moulin
Chablis (89) Hostellerie des Clos
Chamonix-Mont-Blanc / Le Lavancher (74)
Les Chalets de Philippe
Châteaudun / Flacey (28)
Domaine de Moresville
Le Châtelet / Notre-Dame d'Orsan (18)
La Maison d'Orsan
Châtillon-sur-Chalaronne (01) La Tour
La Colle-sur-Loup (06) L'Abbaye
Concarneau (29) Sables Blancs
Conques (12) Le Moulin de Cambelong

Crépon (14) Ferme de la Rançonnière
Deauville (14) 81 L'Hôtel
Les Deux-Alpes (38) Chalet Mounier
Épernay (51) La Villa Eugène
Erbalunga (2B) Castel'Brando
Ermenonville (60) Le Prieuré
Eugénie-les-Bains (40) La Maison Rose
Les Eyzies-de-Tayac (24) Ferme Lamy
Fayence (83) Moulin de la Camandoule
Fontaine-de-Vaucluse (84) Du Poète
Fort-Mahon-Plage (80) Auberge Le Fiacre
Fréjus (83) L'Aréna
La Gacilly (56) Grée des Landes
Gensac (33) Château de Sanse
Gex / Échenevex (01) Auberge des Chasseurs
Goumois (25) Taillard
Graveson (13) Moulin d'Aure
Grignan (26) Le Clair de la Plume
Guéthary (64) Villa Catarie
Gundershoffen (67) Le Moulin
Hauteluce (73) La Ferme du Chozal
Le Havre (76) Vent d'Ouest
Honfleur (14) absinthe
Honfleur (14) La Chaumière
Honfleur (14) Les Maisons de Léa
Honfleur (14) maison de Lucie
Honfleur (14) écrin
Île de Noirmoutier /
Noirmoutier-en-l'Île (85) Fleur de Sel
Île de Port-Cros (83) Le Manoir
Île de Ré / Saint-Martin-de-Ré (17)
Clos St-Martin
Île de Ré / Saint-Martin-de-Ré (17)
Domaine de la Baronnie
L'Île-Rousse (2B) U Palazzu
L'Isle-sur-la-Sorgue (84)
Hostellerie La Grangette
Juan-les-Pins (06) La Villa
Juan-les-Pins (06) Ste-Valérie
Jumièges (76) Le Clos des Fontaines
Lacabarède (81) Demeure de Flore
Lapoutroie (68) Les Alisiers
Lille / Emmerin (59) La Howarderie
Limoux (11) Grand Hôtel Moderne et Pigeon
Lourmarin (84) La Bastide de Lourmarin
Lumbres (62) Moulin de Mombreux
Lyons-la-Forêt (27) La Licorne
Madières (34) Château de Madières
La Malène (48) Manoir de Montesquiou
Marlenheim (67) Le Cerf
Marsolan (32) Lous Grits
Martel (46) Relais Ste-Anne
Maussane-les-Alpilles / Paradou (13)
Du Côté des Olivades
Megève (74) Au Coin du Feu
Mende (48) De France
Ménerbes (84) La Bastide de Marie
Meyronne (46) La Terrasse
Monpazier (24) Edward 1er
Montpellier (34) D'Aragon
Montpellier / Castries (34) Disini
Montsoreau (49) La Marine de Loire
Morzine (74) Bergerie
Moudeyres (43) Le Pré Bossu

Restaurants agréables

Pleasant restaurants

XXXXX

Antibes / Cap d'Antibes (06)	Eden Roc
Les Baux-de-Provence (13)	
	L'Oustaù de Baumanière
Illhaeusern (68)	Auberge de l'Ill
Lyon (69)	Paul Bocuse
Monte-Carlo (MC)	Le Louis XV-Alain Ducasse
Paris 1ᵉʳ	L'Espadon
Paris 1ᵉʳ	Le Meurice
Paris 5ᵉ	La Tour d'Argent
Paris 8ᵉ	Alain Ducasse au Plaza Athénée
Paris 8ᵉ	Le Bristol
Paris 8ᵉ	Le Cinq
Paris 8ᵉ	Lasserre
Paris 8ᵉ	Ledoyen
Paris 8ᵉ	Taillevent
Paris 16ᵉ	Le Pré Catelan

XXXX

Baerenthal / Untermuhlthal (57)	L'Arnsbourg
Bordeaux (33)	Le Pressoir d'Argent
Le-Bourget-du-Lac (73)	Le Bateau Ivre
Cannes (06)	La Palme d'Or
Lyon (69)	Pierre Orsi
Lyon / Charbonnières-les-Bains (69)	
	Philippe Gauvreau
Mandelieu / La Napoule (06)	L'Oasis
Mionnay (01)	Alain Chapel
Monte-Carlo (MC)	Grill de l'Hôtel de Paris
Monte-Carlo (MC)	Joël Robuchon Monte-Carlo
Montpellier (34)	Le Jardin des Sens
Nice (06)	Chantecler
Nîmes / Garons (30)	Alexandre
Paris 1ᵉʳ	Le Grand Véfour
Paris 4ᵉ	L'Ambroisie
Paris 8ᵉ	Apicius
Paris 16ᵉ	La Grande Cascade
La Rochelle (17)	
	Richard et Christopher Coutanceau
Romans-sur-Isère /	
Granges-les-Beaumont (26)	Les Cèdres
Saint-Bonnet-le-Froid (43)	
	Régis et Jacques Marcon
Tourrettes (83)	Faventia
Versailles (78)	Gordon Ramsay au Trianon

XXX

Agen (47)	Mariottat
Aix-en-Provence (13)	Le Clos de la Violette
Annecy (74)	Clos des Sens
Antibes / Cap d'Antibes (06)	Bacon
Antibes / Cap d'Antibes (06)	Le Pavillon
Antibes / Cap d'Antibes (06)	Les Pêcheurs
Avignon (84)	Christian Étienne
Balleroy (14)	Manoir de la Drôme
Bayonne (64)	Auberge du Cheval Blanc
Belle-Église (60)	La Grange de Belle-Église
Bidart (64)	
	Table et Hostellerie des Frères Ibarboure
Biot (06)	Les Terraillers
Bonnieux (84)	La Bastide de Capelongue
Bordeaux (33)	Le Gabriel
Boulogne-sur-Mer (62)	La Matelote
Cassis (13)	La Villa Madie
Chalon-sur-Saône / Saint-Rémy (71)	
	Moulin de Martorey
Champtoceaux (49)	Les Jardins de la Forge
Chasselay (69)	Guy Lassausaie
Chaudes-Aigues (15)	Serge Vieira
Clisson (44)	La Bonne Auberge
Compiègne / Rethondes (60)	Alain Blot

Conteville (27)	Auberge du Vieux Logis
Courchevel / Courchevel 1850 (73)	
	Le Bateau Ivre
Dijon (21)	Pré aux Clercs
Dole / Sampans (39)	Château du Mont Joly
Dunkerque /	
Coudekerque-Branche (59)	Le Soubise
Eygalières (13)	Maison Bru
Fayence (83)	Le Castellaras
Fontjoncouse (11)	Auberge du Vieux Puits
Forbach / Stiring-Wendel (57)	
	La Bonne Auberge
Grenade-sur-l'Adour (40)	
	Pain Adour et Fantaisie
Gundershoffen (67)	Au Cygne
Jarnac / Bourg-Charente (16)	La Ribaudière
Lille (59)	A L'Huîtrière
Lourmarin (84)	Auberge La Fenière
Lyon (69)	Nicolas Le Bec
Lyon (69)	Les Terrasses de Lyon
Lyon (69)	Les Trois Dômes
Maisons-Laffitte (78)	Tastevin
Malbuisson (25)	Le Bon Accueil
Megève / Leutaz (74)	Flocons de Sel
Montpellier / Lattes (34)	Domaine de Soriech
Moulins (03)	Le Clos de Bourgogne
Mulhouse (68)	Il Cortile
Nantes / Haute-Goulaine (44)	
	Manoir de la Boulaie
Obernai (67)	La Fourchette des Ducs
Orléans / Olivet (45)	Le Rivage
Ozoir-la-Ferrière (77)	La Gueulardière
Paris 6ᵉ	Paris
Paris 7ᵉ	Le Jules Verne
Paris 8ᵉ	Les Enfants Terribles
Paris 8ᵉ	Senderens
Paris 16ᵉ	Prunier
Pau (64)	Au Fin Gourmet
Pont-Aven (29)	Le Moulin de Rosmadec
Port-sur-Saône / Vauchoux (70)	
	Château de Vauchoux
Le Puy-en-Velay (43)	François Gagnaire
Questembert (56)	Le Bretagne et sa Résidence
Reims / Montchenot (51)	Grand Cerf
Riquewihr (68)	Table du Gourmet
La Roche-Bernard (56)	L'Auberge Bretonne
La Roche-l'Abeille (87)	Le Moulin de la Gorce
Saint-Germain-en-Laye (78)	Cazaudehore
Saint-Saturnin-lès-Apt (84)	
	Domaine des Andéols
Saint-Sulpice-le-Verdon (85)	
	Thierry Drapeau Logis de la Chabotterie
Sierentz (68)	Auberge St-Laurent
Strasbourg (67)	Buerehiesel
Toulon (83)	Les Pins Penchés
Toulouse / Colomiers (31)	L'Amphitryon
Tournus (71)	Rest. Greuze
Vannes / Saint-Avé (56)	Le Pressoir
Villeneuve-le-Comte (77)	A la Bonne Marmite
Zoufftgen (57)	La Lorraine

Aire-sur-la-Lys / Isbergues (62)	Le Buffet
Ajaccio (2A)	Palm Beach
Albi (81)	L'Esprit du Vin
Alès / Saint-Privat-des-Vieux (30)	
	Le Vertige des Senteurs
Antibes (06)	Bastion
Antibes (06)	Oscar's
Arcachon (33)	Le Patio
Ay (51)	Le Vieux Puits
Azay-le-Rideau / Saché (37)	
	Auberge du XIIe Siècle
Bannegon (18)	Moulin de Chaméron
Le Bar-sur-Loup (06)	La Jarrerie
Beaune (21)	Caveau des Arches
Beaune (21)	Loiseau des Vignes
Bédoin (84)	Le Mas des Vignes
Belcastel (12)	Vieux Pont
Biarritz (64)	Campagne et Gourmandise
Biot (06)	Jarrier
Blainville-sur-Mer (50)	Le Mascaret
Le-Bourget-du-Lac (73)	La Grange à Sel
Bray-et-Lû (95)	Les Jardins d'Epicure
Le Breuil-en-Auge (14)	Le Dauphin
Bully (69)	Auberge du Château
Cancale (35)	Le Coquillage
Chaintré (71)	La Table de Chaintré
Chamonix-Mont-Blanc (74)	La Maison Carrier
Chamonix-Mont-Blanc / Les Praz-	
de-Chamonix (74)	La Cabane des Praz
Charroux (03)	Ferme Saint-Sébastien
Châtillon-sur-Chalaronne /	
L'Abergement-Clémenciat (01)	St-Lazare
Chénas (69)	Platanes de Chénas
Clermont-Ferrand (63)	Le Pré Carré
Clermont-l'Hérault /	
Saint-Guiraud (34)	Le Mimosa
Couilly-Pont-aux-Dames (77)	
	Auberge de la Brie
Divonne-les-Bains (01)	Le Rectiligne
Eugénie-les-Bains (40)	La Ferme aux Grives
Falicon (06)	Parcours
Ferrières-les-Verreries (34)	
	La Cour-Mas de Baumes
Fontevraud-l'Abbaye (49)	Licorne
Gordes (84)	Le Mas Tourteron
Groisy (74)	Auberge de Groisy
Le Havre (76)	Jean-Luc Tartarin
Île de Ré / Saint-Martin-de-Ré (17)	Bô

✄

Pour en savoir plus
Further information

Vignobles
& Spécialités régionales

Vineyards & Regional Specialities

① NORMANDIE

Demoiselles de Cherbourg à la nage,
Andouille de Vire,
Sole dieppoise,
Poulet Vallée d'Auge,
Tripes à la mode de Caen,
Canard à la rouennaise,
Agneau de pré-salé,
Camembert, Livarot, Pont-l'Évêque,
Neufchâtel,
Tarte aux pommes au calvados,
Crêpes à la normande, Douillons

② BRETAGNE

Fruits de mer, Crustacés, Huîtres de Belon,
Galettes au sarrazin/blé noir, Charcuteries,
Andouille de Guéméné, St-Jacques à la bretonne,
Homard à l'armoricaine,
Poissons : bar, turbot, lieu jaune,
maquereau, etc.,
Cotriade, Kig Ha Farz,
Légumes : artichaut, chou-fleur, etc.,
Crêpes, Gâteau breton, Far, Kouing-aman

③ VAL DE LOIRE

Rillettes de Tours, Andouillette au vouvray,
Poissons de rivière : brochet, sandre, etc.,
Saumon beurre blanc, Gibier de Sologne,
Fromages de chèvre : Ste-Maure, Valençay,
Crémet d'Angers, Macarons, Nougat glacé,
Pithiviers, Tarte tatin

④ SUD-OUEST

Garbure, Ttoro, Jambon de Bayonne,
Foie gras, Omelette aux truffes,
Pipérade, Lamproie à la bordelaise,
Poulet basquaise, Cassoulet,
Confit de canard ou d'oie,
Cèpes à la bordelaise,
Tomme de brebis, Roquefort,
Gâteau basque, Pruneaux à l'armagnac

⑤ CENTRE-AUVERGNE

Cochonnailles, Tripous,
Champignons : cèpes, girolles, etc.,
Pâté bourbonnais, Aligot, Potée auvergnate,
Chou farci, Pounti, Lentilles du Puy,
Cantal, St-Nectaire, Fourme d'Ambert,
Flognarde, Gâteau à la broche

⑬ NORD-PICARDIE

Moules, Ficelle picarde,
Flamiche aux poireaux,
Poissons : sole, turbot, etc.,
Potjevlesch, Waterzoï,
Gibier d'eau,
Lapin à la bière, Hochepot,
Boulette d'Avesnes,
Maroilles, Gaufres

⑫ BOURGOGNE

Jambon persillé,
Gougère,
Escargots de Bourgogne,
Œufs en meurette,
Pochouse, Coq au vin,
Jambon chaud à la crème,
Viande de charolais,
Bœuf bourguignon,
Époisses, Poire dijonnaise,
Desserts au pain d'épice

⑪ ALSACE-LORRAINE

Charcuterie, Presskopf,
Quiche lorraine, Tarte à l'oignon,
Grenouilles, Asperges,
Poissons : sandre, carpe, anguille,
Coq au riesling, Spaetzle,
Choucroute, Baeckeoffe,
Gibiers : biche, chevreuil, sanglier,
Munster, Kougelhopf,
Tarte aux mirabelles ou aux
quetsches, Vacherin glacé

⑩ FRANCHE-COMTÉ/JURA

Jésus de Morteau, Saucisse de Montbéliard,
Croûte aux morilles, Soufflé au fromage,
Poissons de lac et rivières : brochet, truite,
Grenouilles, Coq au vin jaune, Comté, Vacherin,
Morbier, Cancoillotte, Gaudes au maïs

⑨ LYONNAIS-PAYS BRESSAN

Rosette de Lyon, Grenouilles de la Dombes,
Gâteau de foies blonds, Quenelles de brochet,
Saucisson truffé pistaché, Poularde demi-deuil,
Tablier de sapeur, Cardons à la moelle,
Volailles de Bresse à la crème,
Cervelle de canut, Bugnes

⑧ SAVOIE-DAUPHINÉ

Gratin de queues d'écrevisses,
Poissons de lac : omble chevalier, perche, féra,
Ravioles du Royans, Fondue, Raclette, Tartiflette,
Diots au vin blanc, Fricassée de caïon, Potée savoyarde,
Farçon, Farcement, Gratin dauphinois,
Beaufort, Reblochon, Tomme de Savoie,
St-Marcellin, Gâteau de Savoie, Gâteau aux noix,
Tarte aux myrtilles

⑦ PROVENCE-MÉDITERRANÉE

Aïoli, Pissaladière, Salade niçoise, Bouillabaisse,
Anchois de Collioure, Loup grillé au fenouil,
Brandade nîmoise, Bourride sétoise,
Pieds paquets à la marseillaise, Petits farcis niçois,
Daube provençale,
Agneau de Sisteron,
Picodon, Crème catalane,
Calissons, Fruits confits

⑥ CORSE

Jambon, Figatelli,
Lonzo, Coppa,
Langouste,
Omelette au brocciu,
Civet de sanglier,
Chevreau,
Fromages de brebis (Niolu),
Flan de châtaignes,
Fiadone

BORDEAUX	
Pomerol	→ Vignobles
Tursan	→ Vineyards
→ Vineyards

⑦ CORSE

Jambon

→ Spécialités régionales
→ Regional specialities

Choisir le bon vin
Choosing a good wine

	1997	1998	1999	2000	2001	2002	2003	2004	2005	2006	2007	2008
Alsace												
Bordeaux blanc												
Bordeaux rouge												
Bourgogne blanc												
Bourgogne rouge												
Beaujolais												
Champagne												
Côtes du Rhône Septentrionales												
Côtes du Rhône Méridionales												
Provence												
Languedoc *Roussillon*												
Val de Loire *Muscadet*												
Val de Loire *Anjou-Touraine*												
Val de Loire *Pouilly-Sancerre*												

 Grandes années
→ Great years

 Bonnes années
→ Good years

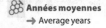 **Années moyennes**
→ Average years

Les grandes années depuis 1970 :
1970 - 1975 - 1979 - 1982 - 1985 - 1989 - 1990 - 1996 - 2005
→ The greatest vintages since 1970

ASSOCIER LES METS & LES VINS
→ **Suggestions for complementary dishes and wines**

→ **CRUSTACÉS & COQUILLAGES** Blancs secs → SHELLFISH : Dry whites	Alsace Bordeaux Bourgogne Côtes du Rhône Provence Languedoc-Roussillon Val de Loire	Sylvaner/Riesling Entre-deux-Mers Chablis/Mâcon Villages S' Joseph Cassis/Palette Picpoul de Pinet Muscadet/Montlouis
→ **POISSONS** Blancs secs → FISH : Dry whites	Alsace Bordeaux Bourgogne Côtes du Rhône Provence Corse Languedoc-Roussillon Val de Loire	Riesling Pessac-Léognan/Graves Meursault/Chassagne-Montrachet Hermitage/Condrieu Bellet/Bandol Patrimonio Coteaux du Languedoc Sancerre/Menetou-Salon
→ **VOLAILLES & CHARCUTERIES** Blancs et rouges légers → POULTRY : Whites and light reds	Alsace Champagne Bordeaux Bourgogne Beaujolais Côtes du Rhône Provence Corse Languedoc-Roussillon Val de Loire	Pinot gris/Pinot noir Coteaux Champenois blanc et rouge Côtes de Bourg/Blaye/Castillon Mâcon/S' Romain Beaujolais Villages Tavel (rosé)/Côtes du Ventoux Coteaux d'Aix-en-Provence Coteaux d'Ajaccio/Porto-Vecchio Faugères Anjou/Vouvray
→ **VIANDES** Rouges → MEATS : Reds	Bordeaux/Sud-Ouest Bourgogne Beaujolais Côtes du Rhône Provence Languedoc-Roussillon Val de Loire	Médoc/S' Émilion/Buzet Volnay/Hautes Côtes de Beaune Moulin à Vent/Morgon Vacqueyras/Gigondas Bandol/Côtes de Provence Fitou/Minervois Bourgueil/Saumur
→ **GIBIER** Rouges corsés → GAME : Hearty reds	Bordeaux/Sud-Ouest Bourgogne Côtes du Rhône Languedoc-Roussillon Val de Loire	Pauillac/S' Estèphe/Madiran/Cahors Pommard/Gevrey-Chambertin Côte-Rotie/Cornas Corbières/Collioure Chinon
→ **FROMAGES** Blancs et rouges → CHEESES : Whites and reds	Alsace Bordeaux Bourgogne Beaujolais Côtes du Rhône Languedoc-Roussillon Jura/Savoie Val de Loire	Gewurztraminer S' Julien/Pomerol/Margaux Pouilly-Fuissé/Santenay S' Amour/Fleurie Hermitage/Châteauneuf-du-Pape S' Chinian Vin Jaune/Chignin Pouilly-Fumé/Valençay
→ **DESSERTS** Vins de desserts → DESSERTS : Dessert wines	Alsace Champagne Bordeaux/Sud-Ouest Bourgogne Jura/Bugey Côtes du Rhône Languedoc-Roussillon Val de Loire	Muscat d'Alsace/Crémant d'Alsace Champagne blanc et rosé Sauternes/Monbazillac/Jurançon Crémant de Bourgogne Vin de Paille/Cerdon Muscat de Beaumes-de-Venise Banyuls/Maury/Muscats/Limoux Coteaux du Layon/Bonnezeaux

→ *Région vinicole* → *Region of production*

→ *Appellation* → *Appellation*

Vous CONNAISSEZ le guide MICHELIN

...CONNAISSEZ-VOUS VRAIMENT MICHELIN ?

● Données au 31/12/2008

MICHELIN
Une meilleure façon d'avancer

N°1 mondial des pneumatiques avec **17,1 %** du marché

Une présence commerciale dans plus de **170 pays**

Une implantation industrielle
au cœur des marchés

68 sites industriels dans **19** pays ont produit en 2008 :

- **177** millions de pneus
- **16** millions de cartes et guides

Des équipes très internationales

Plus de **117 500** employés* de toutes cultures
sur tous les continents dont **6 000** personnes employés
dans les centres de R&D en Europe, aux Etats-Unis, en Asie.

*110 252 en équivalents temps plein

Le groupe Michelin
en un coup d'œil

Michelin présent
en compétition

A fin 2008

- **24h du Mans**
  11 années de victoires consécutives

- **Endurance 2008**
  - 5 victoires sur 5 épreuves
  en Le Mans Series
  - 10 victoires sur 10 épreuves
  en American Le Mans Series

- **Paris-Dakar**
  Depuis le début de l'épreuve, le groupe
  Michelin remporte toutes les catégories

- **Moto GP**
  26 titres de champion du monde
  des pilotes en catégorie reine

- **Trial**
  Tous les titres de champion du monde
  depuis 1981 (sauf 1992)

Michelin, implanté près de ses clients

○ **68 sites de production dans 19 pays**

- Algérie
- Allemagne
- Brésil
- Canada
- Chine
- Colombie
- Espagne
- Etats-Unis
- France
- Hongrie
- Italie
- Japon
- Mexique
- Pologne
- Roumanie
- Royaume-Uni
- Russie
- Serbie
- Taïlande

○ **Un centre de Technologies réparti sur 3 continents**

- Amérique du Nord
- Asie
- Europe

○ **2 plantations d'hévéa**
- Brésil

Notre mission

Contribuer, de manière durable, au progrès de la mobilité des personnes et des biens en facilitant la liberté, la sécurité, l'efficacité et aussi le plaisir de se déplacer.

ENERGY SAVER

Michelin s'engage pour l'environnement

Michelin, 1er producteur mondial de pneus à basse résistance au roulement, contribue à la diminution de la consommation de carburant et des émissions de gaz par les véhicules.

Michelin développe, pour ses produits, les technologies les plus avancées afin de :
- diminuer la consommation de carburant, tout en améliorant les autres performances du pneumatique ;
- allonger la durée de vie pour réduire le nombre de pneus à traiter en fin de vie ;
- privilégier les matières premières à faible impact sur l'environnement.

Par ailleurs, à fin 2008, 99,5 % de la production de pneumatiques en tonnage est réalisé dans des usines certifiées ISO 14001*.
Michelin est engagé dans la mise en œuvre de filières de valorisation des pneus en fin de vie.

*certification environnementale

Tourisme camionnette

Poids lourd

Michelin
au service de la mobilité

Génie civil

Avion

Agricole

Deux roues   **Distribution**

Partenaire des constructeurs, à l'écoute des utilisateurs,
présent en compétition et dans tous les circuits de distribution,
Michelin ne cesse d'innover pour servir
la mobilité d'aujourd'hui et inventer celle de demain.

Cartes   **ViaMichelin,**   **Michelin**
et Guides   des services   **Lifestyle,**
                    d'aide au   des accessoires
                    voyage   pour vos
                                                  déplacements

MICHELIN
joue l'équilibre des performances

- **Longévité des pneumatiques**
- **Economies de carburant**
- **Sécurité sur la route**

... les pneus MICHELIN vous offrent les meilleures performances,
sans en sacrifier aucune.

Le pneu MICHELIN
un concentré de technologie

1 **Bande de roulement**
Une épaisse couche de gomme
assure le contact avec le sol.
Elle doit évacuer l'eau
et durer très longtemps.

2 **Armature de sommet**
Cette double ou triple ceinture armée
est à la fois souple verticalement
et très rigide transversalement.
Elle procure la puissance de guidage.

3 **Flancs**
Ils recouvrent et protègent la carcasse
textile dont le rôle est de relier la bande
de roulement du pneu à la jante.

4 **Talons d'accrochage à la jante**
Grâce aux tringles internes,
ils serrent solidement le pneu
à la jante pour les rendre solidaires.

5 **Gomme intérieure d'étanchéité**
Elle procure au pneu l'étanchéité
qui maintient le gonflage à la bonne
pression.

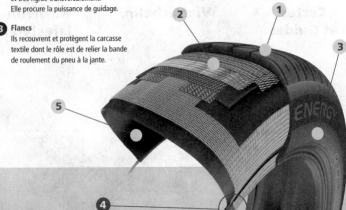

Suivez les conseils
du bonhomme MICHELIN

Pour gagner en sécurité

- Je roule avec une pression adaptée
- Je vérifie ma pression tous les mois
- Je fais contrôler régulièrement mon véhicule
- Je contrôle régulièrement l'aspect
  de mes pneus (usure, déformations)
- J'adopte une conduite souple
- J'adapte mes pneus à la saison

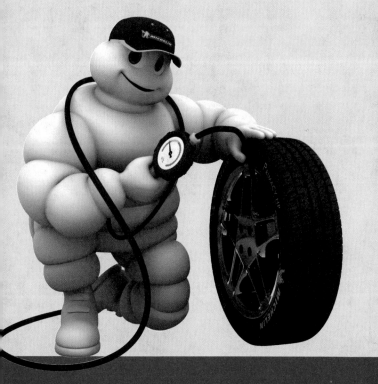

www.michelin.com
www.michelin.(votre extension pays - ex : fr pour France)

You know
the MICHELIN guide

...DO YOU REALLY KNOW **MICHELIN**?

• Data 31/12/2008

The world No.1 in tires with 17.1% of the market

A business presence in over 170 countries

A manufacturing footprint
at the heart of markets

In 2008 **68** industrial sites in **19** countries produced:

- **177** million tires
- **16** million maps and guides

Highly international teams

Over **117 500** employees* from all cultures on all continents

including **6 000** people employed in R&D centers in Europe, the US and Asia.

*110,252 full-time equivalent staff

The Michelin Group
at a glance

Michelin competes

At the end of 2008

Le Mans 24-hour race
11 consecutive years of victories

Endurance 2008
- 5 victories on 5 stages in Le Mans Series
- 10 victories on 10 stages in American Le Mans Series

Paris-Dakar
Since the beginning of the event, the Michelin group has won in all categories

Moto GP
26 Drivers' World Champion titles in the premier category

Trial
Every World Champion title since 1981 (except 1992)

Michelin, established close to its customers

Our mission

To make a sustainable contribution to progress in the mobility of goods and people by enhancing freedom of movement, safety, efficiency and pleasure when on the move.

Michelin committed to environmental-friendliness

Michelin, world leader in low rolling resistance tires, actively reduces fuel consumption and vehicle gas emission.

For its products, Michelin develops state-of-the-art technologies in order to:
- Reduce fuel consumption, while improving overall tire performance.
- Increase life cycle to reduce the number of tires to be processed at the end of their useful lives;
- Use raw materials which have a low impact on the environment.

Furthermore, at the end of 2008, 99.5% of tire production in volume was carried out in ISO 14001* certified plants.

Michelin is committed to implementing recycling channels for end-of-life tires.

*environmental certification

**Passenger Car
Light Truck**

Truck

Michelin
a key mobility enabler

Earthmover

Aircraft

Agricultural

Two-wheel　　　　　　　　**Distribution**

Partnered with vehicle manufacturers, in tune with users,
active in competition and in all the distribution channels,
Michelinis continually innovating to promote mobility today
and to invent that of tomorrow.

Maps and　　　**ViaMichelin,**　　　　**Michelin**
Guides　　　　　travel　　　　　　　　　**Lifestyle,**
　　　　　　　　　assistance　　　　for your travel
　　　　　　　　　services　　　　　　accessories

MICHELIN
plays on balanced performance

- **Long tire life**
- **Fuel savings**
- ○ **Safety on the road**

... MICHELIN tires provide you with the best performance, without making a single sacrifice.

The MICHELIN tire pure technology

1 Tread
A thick layer of rubber provides contact with the ground. It has to channel water away and last as long as possible.

2 Crown plies
This double or triple reinforced belt has both vertical flexibility and high lateral rigidity. It provides the steering capacity.

3 Sidewalls
These cover and protect the textile casing whose role is to attach the tire tread to the wheel rim.

4 Bead area for attachment to the rim
Its internal bead wire clamps the tire firmly against the wheel rim.

5 Inner liner
This makes the tire almost totally impermeable and maintains the correct inflation pressure.

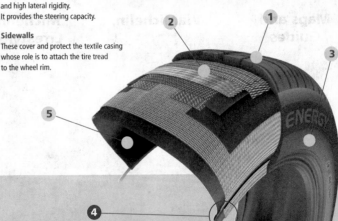

Heed
the MICHELIN Man's advice

To improve safety:

- I drive with the correct tire pressure
- I check the tire pressure every month
- I have my car regularly serviced
- I regularly check the appearance of my tires (wear, deformation)
- I am responsive behind the wheel
- change my tires according to the season

www.michelin.com
www.michelin.(your country extension – e.g. .fr for France)

Villes
de A à Z

Towns
from A to Z

ABBEVILLE ⟨SP⟩ – 80 Somme – **301** E7 – 24 052 h. – alt. 8 m

36 A1

– ✉ 80100 ▮ Nord Pas-de-Calais Picardie

▶ Paris 186 – Amiens 51 – Boulogne-sur-Mer 79 – Rouen 106

🏌 d'Abbeville Route du Val, par rte St-Valèry-s-Somme : 4 km, ℰ 03 22 24 98 58

◉ Vitraux contemporains★★ de l'église du St-Sépulcre - Façade★ de la collégiale St-Vulfran - Musée Boucher de Perthes★ BY **M.**

◪ Vallée de la Somme★ SE - Château de Bagatelle★ S.

🏨 **Mercure Hôtel de France**　　🎥 ﾖ 🅰🅺 🛇 ch, ⁉ 🕍 🆚 🆚 🆚 🅰🅴 ⓘ

☜ *19 pl.du Pilori* – ℰ 03 22 24 00 42 – www.mercure.com – Fax 03 22 24 26 15

72 ch – ♥95/115 € ♥♥112/135 €, � 13 €　　　　　　　　　　BY**a**

Rest – (17 €) Menu 19 € – Carte 25/50 €

◆ Ce grand établissement central à façade en briques abrite des chambres fraîches et bien équipées, ainsi qu'une suite avec baignoire balnéo. Bar feutré, façon bar à vin. Lumineuse salle à manger-véranda et coin rôtisserie ; grillades et cuisine traditionnelle.

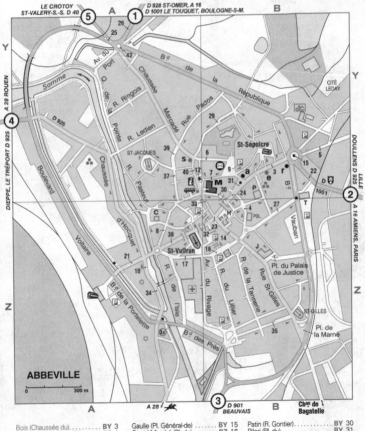

Relais Vauban sans rest ✕ ⁽ᵗᵖ⁾ VISA ◑ AE
4 bd Vauban – ℰ 03 22 25 38 00 – www.relais-vauban.com – Fax 03 22 31 75 97
– Fermé 1er- 9 mars et 18 déc.- 3 janv. BYr
22 ch – ♦54/57 € ♦♦56/64 €, ☑ 9 €
• Sur un boulevard passant, non loin du centre-ville, petit hôtel disposant de chambres lumineuses et fonctionnelles. Accueil aimable et tenue impeccable.

La Fermette des Prés de Mautort sans rest ⌂ ⊠ ⃞ P
10 imp. de la Croix, par ⑤ – ℰ 03 22 24 57 62 – Fax 03 22 24 57 62
3 ch ☑ – ♦50 € ♦♦65 €
• Fermette typique du pays disposant de chambres de bon confort pour des nuits au calme. Petit-déjeuner dans la véranda ou en terrasse face au jardin (piscine couverte).

✕✕ **L'Escale en Picardie** ✕ VISA ◑ AE
15 r. des Teinturiers – ℰ 03 22 24 21 51 – Fermé 19 août-5 sept., 16 fév.-2 mars, jeudi soir, dim. soir, lundi et fériés AYs
Rest – Menu 22 € (déj. en sem.), 25/65 € – Carte 38/63 €
• Goûteuse cuisine de la mer à déguster sous les poutres d'une salle rustique où trône une cheminée en pierre : une escale picarde gourmande où l'accueil est charmant.

✕ **La Corne** ⇔ VISA ◑ AE
32 chaussée du Bois – ℰ 03 22 24 06 34 – Fax 03 22 24 03 65 – Fermé
15 juil.-4 août, 21 déc.-4 janv., merc. soir, sam. midi et dim. BYe
Rest – (15 €) Menu 24 € – Carte 27/45 €
• La façade bleue de cette vieille maison abbevilloise dissimule un agréable intérieur rétro où l'on apprécie de généreux plats bistrotiers : ris de veau, andouillette...

à St-Riquier 9 km par ②, D 925 – 1 246 h. – alt. 29 m – ⊠ 80135
🛈 Syndicat d'initiative, le Beffroi ℰ 03 22 28 91 72, Fax 03 22 28 02 73

Jean de Bruges sans rest ▯ ⁽ᵗᵖ⁾ VISA ◑
18 pl. de l'Église – ℰ 03 22 28 30 30 – www.hotel-jean-de-bruges.com
– Fax 03 22 28 00 69
11 ch – ♦85/104 € ♦♦95/230 €, ☑ 14 €
• Sur le parvis de l'abbatiale, élégante demeure du 17e s. en pierres blanches. Chambres de caractère, dotées d'un mobilier ancien. Salle des petits-déjeuners sous verrière.

à Mareuil-Caubert 4 km au Sud par D 928 (direction hippodrome puis route de Rouen) – 922 h. – alt. 12 m – ⊠ 80132

✕ **Auberge du Colvert** P VISA ◑
4 rte de Rouen – ℰ 03 22 31 32 32 – Fax 03 22 31 32 32 – Fermé 1 sem. en juil., 1 sem. en août, lundi soir de sept. à juin, dim. soir, mardi soir et merc.
Rest – (14 €) Menu 20/32 € – Carte 31/39 €
• Des boiseries habillent la salle de cette auberge champêtre éclairée par de larges baies et réchauffée par une cheminée suspendue. Plats traditionnels rythmés par les saisons.

L'ABERGEMENT-CLÉMENCIAT – 01 Ain – 328 C4 – rattaché à Châtillon-sur-Chalaronne

ABLIS – 78 Yvelines – 311 G4 – 3 142 h. – alt. 151 m – ⊠ 78660 18 A2
▸ Paris 62 – Chartres 31 – Mantes-la-Jolie 64 – Orléans 79
🛈 Syndicat d'initiative, Hôtel de Ville ℰ 01 30 46 06 06, Fax 01 30 46 06 07

à l'Ouest 6 km par D 168

Château d'Esclimont ⌂ ≤ ۞ ⇪ ⌷ ✕ ▯ & ch, ⁽ᵗᵖ⁾ ⚶ P
2 r. Château d'Esclimont ⊠ 28700 Saint-Symphorien-le-Château VISA ◑ AE ①
– ℰ 02 37 31 15 15 – www.esclimont.fr – Fax 02 37 31 57 91
52 ch – ♦180/395 € ♦♦180/395 €, ☑ 24 € – 4 suites
Rest – (43 €) Menu 59 € (dîner)/89 € – Carte 85/100 € ⊛
• Goûtez à la vie de château dans cette belle demeure des 15e et 16e s., ancienne résidence des La Rochefoucauld. Magnifique parc avec étang, rivière et jardin à la française. Cuisine actuelle servie dans la salle de style 18e s. ou dans celle réputée pour ses cuirs de Cordoue.

ABRESCHVILLER – 57 Moselle – **307** N7 – 1 481 h. – alt. 340 m   27 D2
– ⊠ 57560 ▐ Alsace Lorraine

    ▶ Paris 433 – Baccarat 46 – Lunéville 62 – Phalsbourg 23
    🛈 Office de tourisme, 78, rue Jordy ✆ 03 87 03 77 26, Fax 03 87 03 77 26

  XX **Auberge de la Forêt**   🚗 🛋 & 🖾 **P** 🆅🆂🅰 ⓒⓒ
276 r. des Verriers, à Lettenbach : 0,5 km – ✆ 03 87 03 71 78
– www.aubergedelaforet57.com – Fax 03 87 03 79 96
– Fermé 11-21 oct., 30 déc.-15 janv., mardi soir et lundi
Rest – (12 €) Menu 26/45 € – Carte 33/52 €
   ♦ Pimpante auberge de village abritant de coquettes salles à manger ; la plus récente présente un agréable cadre contemporain. Cuisine traditionnelle et spécialités régionales.

ABREST – 03 Allier – **326** H6 – rattaché à Vichy

ACCOLAY – 89 Yonne – **319** F6 – 462 h. – alt. 125 m – ⊠ 89460   7 B2
▐ Bourgogne

    ▶ Paris 188 – Avallon 31 – Auxerre 23 – Tonnerre 40

  XX **Hostellerie de la Fontaine** avec ch ⊰   🚗 🛋 🆅🆂🅰 ⓒⓒ 🅰🅴
16 r. Reigny – ✆ 03 86 81 54 02 – www.coeurdelyonne.com – Fax 03 86 81 52 78
– Ouvert 14 fév.-15 nov., et fermé dim. soir du 1ᵉʳoct. au 31 mars, mardi midi et lundi
10 ch – ♦53/56 € ♦♦54/56 €, ⊒ 9 € – ½ P 62 €
Rest – (15 €) Menu 26/50 € – Carte 31/54 €
   ♦ Maison bourguignonne au cœur d'un paisible village de la vallée de la Cure. On sert les repas dans les anciens chais ou, si le temps le permet, dans l'agréable jardin fleuri.

ACQUIGNY – 27 Eure – **304** H6 – 1 614 h. – alt. 19 m – ⊠ 27400   33 D2
    ▶ Paris 105 – Évreux 22 – Mantes-la-Jolie 54 – Rouen 38

  XX **L'Hostellerie d'Acquigny**   🛋 **P** 🆅🆂🅰 ⓒⓒ
1 r. d'Evreux – ✆ 02 32 50 20 05 – www.hostellerie-acquigny.fr
– Fax 02 32 50 56 04 – Fermé 19 juil.-10 août, 8-22 fév., lundi et mardi
Rest – (18 €) Menu 30/73 € bc – Carte 39/70 €
   ♦ Cuisine au goût du jour et suggestions du marché à apprécier dans l'ambiance douillette et feutrée d'une salle aux tons chauds, discrètement contemporaine.

  X **La Table du Béarnais**   🛋 **P** 🆅🆂🅰 ⓒⓒ
  ⓒⓔ *40 r. A.-Briand – ✆ 02 32 40 37 73 – Fermé 20-27 sept., 22 déc.-2 janv., jeudi soir, dim. soir et lundi*
Rest – Menu 14 €, 23/49 € – Carte 50/76 €
   ♦ Cette jolie maison vous reçoit dans deux salles d'esprit rustique (poutres apparentes, chandeliers sur les tables). Le Béarn et les Landes s'invitent dans les goûteuses assiettes.

LES ADRETS-DE-L'ESTÉREL – 83 Var – **340** P4 – 2 063 h.   42 E2
– alt. 295 m – ⊠ 83600

    ▶ Paris 881 – Cannes 26 – Draguignan 44 – Fréjus 17
    🛈 Office de tourisme, place de la Mairie ✆ 04 94 40 93 57, Fax 04.94.19.36.69
    🄖 Massif de l'Estérel ★★★ ▐ Côte d'Azur

  🏠 **La Verrerie** sans rest ⊰   🚗 🖇 **P** 🆅🆂🅰 ⓒⓒ
Chemin de la Verrerie – ✆ 04 94 40 93 51 – www.laverrerie.com
– Fax 04 94 44 10 35
7 ch – ♦50/75 € ♦♦50/75 €, ⊒ 8 €
   ♦ Bâtisse azuréenne située aux confins du village, appréciable pour la douceur de son environnement. Chambres simples, de style néo-rustique, fraîches et spacieuses.

au Sud-Est 3 km par D 237 et D N7 – ⊠ 83600 Les Adrets-de-l'Esterel

  🏠🏠 **Auberge des Adrets**   🚗 🛋 🛋 🖾 ch, 🖇 **P** ⓒⓒ
– ✆ 04 94 82 11 82 – www.auberge-adrets.com – Fax 04 94 82 11 80
– Ouvert 1ᵉʳavril-26 sept.
10 ch – ♦128/148 € ♦♦166/229 €, ⊒ 20 € – ½ P 148/166 €   **Rest** – Menu 45 €
   ♦ Demeure de caractère où chaque chambre est personnalisée par un beau mobilier. Salon chaleureux, agréable petite piscine et joli jardin verdoyant avec hamacs. Restaurant élégant et cosy. La terrasse offre une vue splendide sur le massif de l'Esterel.

AFA – 2A Corse-du-Sud – **345** B8 – voir à Corse (Ajaccio)

AFFIEUX – 19 Corrèze – **329** L2 – **366** h. – alt. 480 m – ⊠ 19260   **25** C2
    ◘ Paris 472 – Limoges 83 – Tulle 39 – Brive-la-Gaillarde 64

X   **Le Cantou**   🎇 ⇔ **P.** 𝗩𝗜𝗦𝗔 ⓒⓞ AE ⓞ
🍽   *au bourg* – ℰ 05 55 98 13 67 – *Fax* 05 55 98 13 67 – *Fermé 2-7 janv., dim. soir et merc.*
    Rest – (11 €) Menu 15 € (déj.), 23/45 € – Carte environ 40 €
    ♦ L'hiver, on apprécie la petite salle rustique et son cantou ; l'été, on préfère la véranda. Et
    en toute saison, on se régale de goûteux plats mi-traditionnels mi-régionaux.

AGDE – 34 Hérault – **339** F9 – 21 293 h. – alt. 5 m – Casino : au Cap   **23** C2
d'Agde BY – ⊠ 34300 ▮ Languedoc Roussillon
    ◘ Paris 754 – Béziers 24 – Lodève 60 – Millau 118
    🛈 Office de tourisme, 1, place Molière ℰ 04 67 94 29 68, Fax 04 67 94 03 50
    🖥 du Cap-d'Agde à Le Cap-d'Agde 4 avenue des Alizés, S : 4 km par D 32,
    ℰ 04 67 26 54 40
    ◎ Ancienne cathédrale St-Étienne★.

🏠   **Athéna** sans rest   🍽 & 𝗔𝗖 ⁿ⁷ **P.** ⌂ 𝗩𝗜𝗦𝗔 ⓒⓞ
    18 r. de La Haye, rte Cap d'Agde, D 32^{E10} – ℰ 04 67 94 21 90
    – *www.hotel-athena-agde.com* – *Fax* 04 67 94 80 80 – *Fermé fév.*
    32 ch – †48/90 € ††48/90 €, ⚏ 7 €
    ♦ Hôtel situé aux portes de la ville. Chambres bien équipées et décorées dans un style pro-
    vençal sobre (certaines avec terrasse ou loggia), plus tranquilles sur l'arrière.

XX   **La Table de Stéphane**   🎇 𝗔𝗖 𝗩𝗜𝗦𝗔 ⓒⓞ
    2 r. des Moulins-à-Huile, (ZI Les Sept Fonts) – ℰ 04 67 26 45 22
    – *www.latabledestephane.com* – *Fax* 04 67 26 45 22 – *Fermé 20-30 oct.,*
    2-9 janv., dim. soir sauf du 12 juil. au 30 août, sam. midi et lundi
    Rest – (prévenir) (15 €) Menu 25/50 € – Carte 45/55 € 🍷
    ♦ Mets au goût du jour et beau choix de vins du Languedoc-Roussillon à apprécier dans un
    cadre actuel égayé de teintes pastel ou sur la terrasse ombragée. Apéritif et café au salon.

XX   **Le Bistrot d'Hervé**   🎇 & 𝗔𝗖 𝗩𝗜𝗦𝗔 ⓒⓞ
    47 r. Brescou – ℰ 04 67 62 30 69 – *www.bistroherve.com* – *Fax* 04 67 62 30 72
    – *Fermé vacances de Noël, vacances de fév., sam. midi, dim. midi et merc.*
    Rest – (nombre de couverts limité, prévenir) (16 €) Carte 29/48 €
    ♦ Une cuisine au goût du jour vous attend dans la salle à manger moderne et sans superflu
    de ce bistrot et, si le temps le permet, dans la cour, très agréable sous le soleil.

X   **Larcen**   🎇 𝗩𝗜𝗦𝗔 ⓒⓞ AE
    41 r. Brescou – ℰ 04 67 00 01 01 – *Fermé dim. et lundi*
    Rest – Carte 33/44 €
    ♦ Une baie vitrée permet de voir les cuisines depuis la salle à manger, spacieuse et contem-
    poraine. Belle terrasse avec bassin, palmiers et bougainvilliers. Carte au goût du jour.

à La Tamarissière 4 km au Sud-Ouest par D 32^{E12} – ⊠ 34300

X   **Le K Lamar**   🎇 𝗔𝗖 𝗩𝗜𝗦𝗔 ⓒⓞ AE
    33 quai Théophile-Cornu – ℰ 04 67 94 05 06 – *www.restaurant-klamar.com*
    – *Fax* 04 67 01 45 60 – *Fermé 1ᵉʳ-15 janv., dim. soir et lundi sauf du 15 juin au 15 sept.*
    Rest – (16 €) Menu 28/54 € – Carte 33/62 €
    ♦ Au bord de l'Hérault, maison cosy aux couleurs du Sud dont l'agréable terrasse, ombragée
    par une canisse, fait face à l'eau. Cuisine soignée axée poissons (criée toute proche).

au Grau d'Agde 4 km au Sud-Ouest par D 32^E – ⊠ 34300

XX   **L'Adagio**   ≤ 🎇 𝗔𝗖 𝗩𝗜𝗦𝗔 ⓒⓞ AE
    3 quai Cdt-Méric – ℰ 04 67 21 13 00 – *Fax* 04 67 21 13 00 – *Fermé 1ᵉʳ déc.-15 janv.,*
    dim. soir, jeudi midi de janv. à mars et merc. sauf le soir en saison
    Rest – (15 €) Menu 25 € (sem.), 21/37 € – Carte environ 38 € 🍷
    ♦ Cuisine régionale dans une salle à manger claire, dotée d'un joli mobilier en fer forgé. En
    terrasse, face à l'Hérault, le va-et-vient des bateaux animera votre repas.

au Cap d'Agde 5 km au Sud-Est par D 32^{E10} – ⊠ 34300

    🛈 Office de tourisme, rond-point du Bon Accueil ℰ 04 67 01 04 04,
    Fax 04 67 26 22 99
    ◎ Ephèbe d'Agde★★ au musée de l'Ephèbe.

Plans pages suivantes

LE CAP D'AGDE

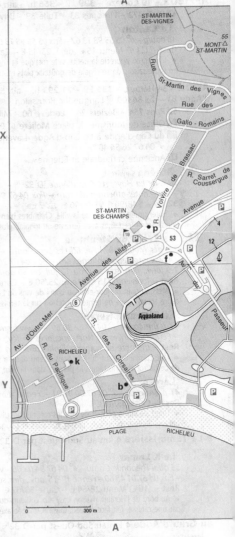

 Du Golfe 🍴 🌊 ♨ 👤 🆑 📶 🅿️ 🅥🅘🅢🅐 ⊙⊙ 🅐🅔

Île des Loisirs – ☏ 04 67 26 87 03
– www.hotel-golfe.com
– Fax 04 67 26 26 89
– *Ouvert avril-oct.*
49 ch – ♦95/180 € ♦♦95/180 €, � 15 € – 3 suites
BY**m**
Rest *Caladoc* – voir ci-après
♦ La façade ocre de cet hôtel situé sur la fameuse île vouée aux loisirs dissimule d'élégantes chambres dans l'air du temps (côté station ou piscine) et un beau fitness.

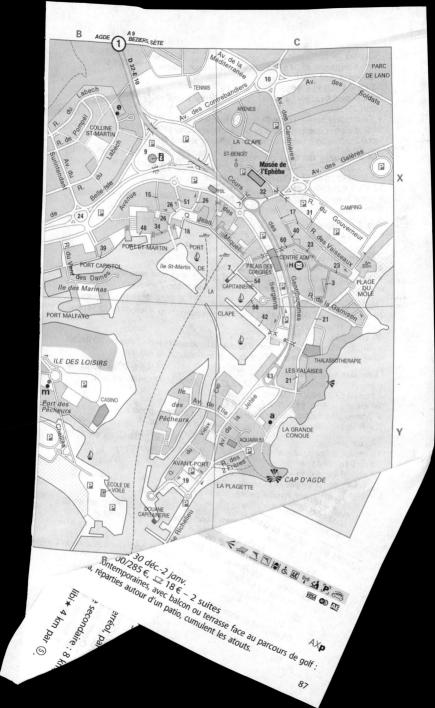

Capaô
🚗 🍴 🏊 ⛵ ⛉ rest, AC ch, ⛉ ⛉ VISA ⚫ AE

r. des Corsaires – ☎ 04 67 26 99 44 – www.capao.com – Fax 04 67 26 55 41
– Ouvert 3 avril-3 oct.   AY**b**
55 ch – ⬧85/155 € ⬧⬧85/155 €, ⛉ 12 €
Rest Capaô Beach – ☎ 04 67 26 41 25 (fermé mardi soir et lundi)
Carte 25/55 €
♦ Ce complexe hôtelier proche de la plage Richelieu propose de nombreuses activités sportives. Spacieuses chambres dotées de balcons. Espace forme (sauna et hammam). À midi, au Capaô Beach, salades, poissons, crustacés et grillades au bord de l'eau.

La Bergerie du Cap sans rest 🛏
⛉ AC ⛉ P VISA ⚫ AE

4 av. Cassiopée - CX – ☎ 04 67 01 71 35 – www.labergerieducap.com
– Fax 04 67 26 14 11 – Ouvert 2 avril-25 sept.
12 ch – ⬧89/260 € ⬧⬧89/260 €, ⛉ 16 €
♦ Cette bergerie du 18ᵉ s. convertie en hôtel abrite des chambres (quelques duplex) de divers styles, toutes cosy. Terrasse face à l'agréable piscine bordée de plantes, jacuzzi.

La Grande Conque sans rest 🛏
≤ ⛉ AC ⛉ ⛉ P VISA ⚫

r. Estruque, La Grande Conque – ☎ 04 67 26 11 42
– www.hotelgrandeconque.com – Fax 04 67 26 24 15   CY**a**
– Ouvert avril-oct.
20 ch – ⬧80/130 € ⬧⬧105/130 €, ⛉ 13 €
♦ Juché sur une falaise de basalte, cet hôtel bénéficie d'un beau panorama sur la mer et une plage de sable noir. Chambres fonctionnelles agrémentées d'une loggia.

Hélios sans rest
🚗 ⛉ ⛉ AC ⛉ P VISA ⚫ AE ⓿

12 r. Labech – ☎ 04 67 01 37 68 – www.hotel-helios.com – Fax 04 67 01 54 68
– Ouvert 1ᵉʳ avril-30 sept.   BX**e**
40 ch – ⬧65/125 € ⬧⬧65/125 €, ⛉ 10 €
♦ Élégant bâtiment de style provençal au cœur d'un admirable jardin. Salon-bar, piscine, terrasses ensoleillées et chambres offrant un décor contemporain ou exotique.

Les Grenadines sans rest 🛏
⛉ ⛉ AC ⛉ P VISA ⚫ AE ⓿

6 impasse Marie-Céleste – ☎ 04 67 26 27 40 – www.hotelgrenadines.com
– Fax 04 67 26 10 80 – Ouvert 15 fév.-4 nov.   AY**k**
20 ch – ⬧58/98 € ⬧⬧58/118 €, ⛉ 10 €
♦ Adresse plaisante pour son ambiance familiale et ses chambres pratiques. La proximité des plages, de l'Aqualand et de l'Île des Loisirs séduira petits et grands.

Azur sans rest
⛉ ⛉ AC ⛉ ⛉ P VISA ⚫ AE ⓿

18 av. Îles d'Amérique – ☎ 04 67 26 98 22 – www.hotelazur.com
– Fax 04 67 26 48 14   AX**f**
34 ch – ⬧49/96 € ⬧⬧49/96 €, ⛉ 8,50 €
♦ Une situation privilégiée au centre de la station, des chambres bien équipées – certaines ... mezzanine – et une agréable piscine : tels sont les atouts de cet hôtel.

🍴 P VISA ⚫ AE

Res... Hôtel du Golfe
♦ Mo... ☎ 04 67 26 87 18 – www.hotel-golfe.com – Fax 04 67 26 26 89
du jour... fermé dim. et lundi sauf en juil.-août   BY**m**
...itu 25 € – Carte 35/45 € 🍴

AGEN P – 47... ...vengé, palétuvier) : un décor zen pour une cuisine au goût
– ✉ 47000 🏨 Aquitu... ...engé en verre honore les vins du Languedoc.

📍 Paris 662...   4 C2
☎ d'Agen-la-Ga...
🛈 Office de touris...
Fax 05 53 47 29 9...
🛫 Agen Bon-Encontre... ☎... ...728 h. – alt. 50 m
Toulouse : 7 km, ...
🚗 de Pleneselve à Bon-E... ...59
☎ 05 53 67 52 65...   ...26 09,
👁 Musée des Beaux-Arts★★   ...rte de

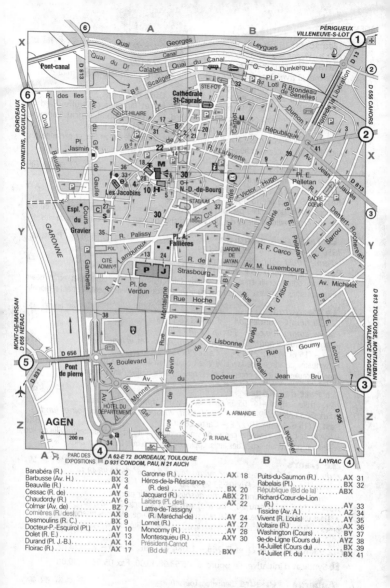

AGEN

Château des Jacobins sans rest 🍃

1 ter pl. des Jacobins
- 📞 05 53 47 03 31
- www.chateau-des-jacobins.com
- Fax 05 53 47 02 80

AYf

14 ch 🛏 – 🛇80 € 🛇🛇140/160 €

◆ Meubles et objets anciens donnent à cet hôtel particulier, construit en 1830 pour le comte de Cassaigneau, un esprit "vieille demeure bourgeoise". Chambres de belle ampleur.

89

✗✗✗ **Mariottat** (Eric Mariottat) 🛜 👤 AC 🔄 P VISA ◯◯
❀ 25 r. L.-Vivent – ☏ 05 53 77 99 77
– www.restaurant-mariottat.com – Fax 05 53 77 99 79
– Fermé 28 avril-3 mai, 27 oct.-3 nov., 24-27 déc., 15-28 fév., merc. midi de nov.
à avril, sam. midi, dim. soir et lundi   AYs
Rest – Menu 28 € (déj. en sem.), 45/78 € – Carte 62/75 €🏱
Spéc. Œuf de poule à la purée de ratte, jus et lamelles de truffe. Pied de
cochon noir de Gascogne farci au homard. Le "vert", fenouil, avocat, verveine,
huile d'olive, pomme granny smith. **Vins** Buzet, Côtes de Duras.
◆ Intérieur bourgeois cossu, agréable terrasse d'été, cuisine de saison fine et personnalisée,
carte des vins étoffée : cet hôtel particulier du 19ᵉ s. séduit les gourmets agenais.

✗✗ **Le Washington**   🛜 AC 🔄 VISA ◯◯ ◑
7 cours Washington – ☏ 05 53 48 25 50 – www.le-washington.com
– Fax 05 53 48 25 55 – Fermé 31 juil.-23 août, sam. et dim.   AYr
Rest – (15 € bc) Menu 38 € – Carte 30/65 €
◆ Dans une maison édifiée par l'architecte Charles Garnier, restaurant contemporain où l'on
sert une carte traditionnelle et des plats du marché soutenus par un beau choix de vins.

✗✗ **La Table d' Armandie**   🛜 👤 AC 🌿 P VISA ◯◯
❀ 1350 av. du Midi – ☏ 05 53 96 15 15
– Fermé 10-23 août, dim. et lundi   AZa
Rest – (13 €) Menu 15 € (déj.)/45 € – Carte 40/55 €
◆ Décor contemporain épuré avec grande table d'hôte, cuisine ouverte et écran géant
(retransmissions sportives). Suggestions du marché et carte des vins essentiellement régionale.

✗✗ **Le Margoton**   AC VISA ◯◯ AE ◑
❀ 52 r. Richard-Coeur-de-Lion – ☏ 05 53 48 11 55
– www.lemargoton.com – Fax 05 53 48 11 55
– Fermé 18 juil.-4 août, 22 déc.-6 janv., sam. midi, dim. et lundi   AYe
Rest – (15 €) Menu 24/35 € – Carte 40/55 €
◆ Sympathique adresse de la vieille ville : accueil familial, décor à base de matériaux traditionnels, couleurs cosy et notes actuelles. Appétissante cuisine dans l'air du temps.

✗ **La Part des Anges**   🛜 VISA ◯◯
❀ 14 r. Émile-Sentini – ☏ 05 53 68 31 00 – www.lapartdesanges.eu
– Fax 05 53 68 03 21 – Fermé 15-31 août, vacances de fév., dim. soir et lundi
Rest – (15 €) Menu 19/27 € – Carte 28/36 €   BXu
◆ Livres de cuisine et vieilles caisses de vin ornent ce petit restaurant du centre-ville où l'on
se sent un peu comme chez des amis. Copieux plats du terroir à prix tout doux.

✗ **Le Tram's**   🛜 👤 AC 🔄 P VISA ◯◯ AE
r. du Trech, ZAC Agen-Sud par av. du Midi – ZA – ☏ 05 53 98 48 14
– www.letrams.com – Fax 05 53 98 49 25
– Fermé 8-22 août, lundi soir, mardi soir, merc. soir et dim.
Rest – (14 €) Menu 20 € bc (déj. en sem.) – Carte 25/38 €🏱
◆ Dans un décor branché, ce restaurant situé au cœur d'une ZAC vous réserve quelques surprises : cuisine fusion, recettes du terroir gascon ou spécialités de plats en cocotte.

à Moirax 9 km par ④, N 21 et D 268 – 1 084 h. – alt. 154 m – ✉ 47310

🖪 Syndicat d'initiative, Le bourg ☏ 05.53.68.30.00, Fax 05.53.68.30.00

✗✗ **Auberge le Prieuré** (Benjamin Toursel)   🛜 👤 AC VISA ◯◯
❀ Le Bourg – ☏ 05 53 47 59 55 – www.aubergeduprieuredemoirax.fr
– Fax 05 53 68 02 01 – Fermé vacances de printemps, de la Toussaint, de fév.,
dim. soir, lundi et mardi
Rest – (nombre de couverts limité, prévenir) (40 € bc) Menu 60 €
– Carte 50/53 €
Spéc. Langoustines en cappuccino de fenouil. Rouleau de thon au ketchup
framboise-poivron (été). Nem au chocolat et milkshake aux fruits de la pas-
sion. **Vins** Cahors, Côtes de Duras.
◆ Délicieuse cuisine personnalisée en cette belle maison de village, plusieurs fois centenaire.
Le lieu a beaucoup de charme : intérieur campagnard (photos) et terrasse ombragée.

au Sud-Ouest 12 km par ④, rte d'Auch (N 21) puis D 268 – ⊠ 47310 Laplume

Château de Lassalle ⚲   🐾 😤 ⿻ ⚙ ch. ⁏⁏ 🏌 **P** VISA ⚫ AE
Brimont – 𝒞 05 53 95 10 58 – www.chateaudelassalle.com – Fax 05 53 95 13 01
– Fermé vacances de Noël, de fév., sam. et dim. du 1er nov. au 30 avril
18 ch – 🛏89/149 € 🛏🛏89/179 €, ⊇ 13 € – ½ P 98/128 €
Rest – *(dîner seult)* (28 €) Menu 34/44 € – Carte 24/56 €
♦ Douillettes chambres contemporaines (bois, pierre, tons clairs) et délicieuse ambiance guesthouse pour cette demeure du 18e s. nichée dans un parc de 8 ha. Séjours à thème. Restaurant sous verrière ou dans l'ex-salle des gardes (11e s.) ; carte traditionnelle.

à Brax 6 km par ⑤ et D 119 – 1 742 h. – alt. 49 m – ⊠ 47310

Au Colombier du Touron   😤 😤 AC ch. ⁏⁏ 🏌 **P** VISA ⚫
187 av. des Landes – 𝒞 05 53 87 87 91 – www.colombierdutouron.com
– Fax 05 53 87 82 37 – Fermé vacances de la Toussaint et 1 sem. en fév.
9 ch – 🛏49/57 € 🛏🛏58/69 €, ⊇ 10 € – ½ P 58/65 €
Rest – *(fermé dim. soir et lundi)* (14 €) Menu 29/45 € – Carte 33/55 €
♦ L'enseigne évoque le colombier du 18e s. qui jouxte l'hôtel. Chambres de bonne ampleur, colorées et progressivement rénovées. Cuisine gasconne proposée dans la confortable salle à manger, largement ouverte sur le jardin, ou sur la terrasse ombragée.

AGNEAUX – 50 Manche – **303** F5 – rattaché à St-LÔ

AGNIERES-EN-DEVOLUY – 05 Hautes-Alpes – **334** D4 – 259 h.   **40** B1
– alt. 1 263 m – ⊠ 05250

🄳 Paris 690 – Marseille 204 – Gap 42 – Vizille 73

Le Refuge de l'Eterlou sans rest   ≼ 😤 & ⁏⁏ **P** VISA ⚫
La Joue du Loup, 4 km à l'Est – 𝒞 04 92 23 33 80 – www.hotel-eterlou.com
– Fax 04 92 23 19 13 – Ouvert 16 juin-15 oct. et 19 déc.-20 avril
6 ch – 🛏60/70 € 🛏🛏75/85 €, ⊇ 9 €
♦ Une belle adresse sur les hauteurs de la station. Chalet moderne engageant : décoration "tout bois" pour la salle des petits-déjeuners et les chambres spacieuses d'esprit actuel.

AGUESSAC – 12 Aveyron – **338** K6 – 832 h. – alt. 375 m – ⊠ 12520   **29** D2
🄳 Paris 628 – Florac 76 – Mende 87 – Millau 9

Auberge le Rascalat   😤 😤 ⿻ ⚘ rest. ⁏⁏ **P** 🛜 VISA ⚫ AE
2 km rte de Verrières sur D 809 – 𝒞 05 65 59 80 43 – www.auberge-lerascalat.fr
– Fax 05 65 59 73 90 – Ouvert 2 avril-2 nov.
14 ch – 🛏60/70 € 🛏🛏60/70 €, ⊇ 11 € – ½ P 58/68 €
Rest – *(fermé lundi midi, mardi midi, merc. midi et jeudi midi)* Menu 24/48 €
– Carte 40/60 €
♦ Ex-moulin à huile situé entre Causses et rivière. Chambres campagnardes, petit-déjeuner sous les voûtes de la cave ; piscine à débordement. Table bourgeoise où l'on apprécie une cuisine franche et goûteuse (agneau du pays rôti à la broche dans la cheminée).

AHETZE – 64 Pyrénées-Atlantiques – **342** C2 – 1 468 h. – alt. 28 m   **3** A3
– ⊠ 64210

🄳 Paris 767 – Bordeaux 207 – Pau 127 – Donostia-San Sebastián 52

✕ **La Ferme Ostalapia** avec ch ⚲   😤 **P** VISA ⚫
chemin d'Ostalapia, 3 km au Sud par D 855 – 𝒞 05 59 54 73 79
– www.ostalapia.com – Fax 05 59 54 98 85 – Fermé 15 déc.-1er fév., merc., jeudi
sauf juil.-août et le midi en juil.-août
5 ch – 🛏65/155 € 🛏🛏65/155 €, ⊇ 10 €   **Rest** – (15 €) Carte 28/45 €
♦ Ancienne ferme du pays dont la réputation locale n'est plus à faire. Cuisine du terroir servie dans deux salles à manger typiquement basques ou en terrasse face aux montagnes. Chambres d'hôtes coquettes et rustiques, bien tenues.

L'AIGLE – 61 Orne – **310** M2 – 8 415 h. – alt. 220 m – ⊠ 61300   **33** C2
Normandie Vallée de la Seine

🄳 Paris 137 – Alençon 68 – Chartres 79 – Dreux 61
🄸 Office de tourisme, place Fulbert-de-Beina 𝒞 02 33 24 12 40, Fax 02 33 34 23 77

Du Dauphin

🛏️ 🛜 🖩 VISA ⊕ AE ⊕

pl. de la Halle – ⌀ 02 33 84 18 00 – www.hoteldudauphin.free.fr
– *Fax 02 33 34 09 28*
30 ch – ♦62/85 € ♦♦62/85 €, ☲ 10 € – ½ P 72 €
Rest – *(fermé dim. soir)* Menu 35/40 € – Carte 55/93 €
Rest *La Renaissance* – (12 €) Menu 15 € – Carte 15/41 €

◆ Le plus ancien des deux bâtiments hébergeait déjà une hôtellerie en 1618. Chambres au confort actuel, salon-cheminée, boutique de produits régionaux. Carte dans l'air du temps et cadre traditionnel au restaurant. Joli décor de brasserie rétro à La Renaissance.

rte de Dreux 3,5 km à l'Est sur N 26 – ⊠ 61300 St-Michel-Tuboeuf

XX Auberge St-Michel

P VISA ⊕ AE

– ⌀ 02 33 24 20 12 – Fax 02 33 34 96 62 – Fermé mardi soir, merc. soir et jeudi
Rest – Menu 18 € bc (déj. en sem.)/28 € – Carte 38/70 €

◆ Le salon d'antiquités, original et cossu, donne le ton de cette élégante auberge de pays. Chaleureuses petites salles rustiques disposées en enfilade et recettes du terroir.

AIGUEBELETTE-LE-LAC – 73 Savoie – **333** H4 – 220 h. – alt. 410 m   **46** F2
– ⊠ 73610 ▌ Alpes du Nord

▶ Paris 552 – Belley 34 – Chambéry 22 – Grenoble 76
◉ Lac★ - Panorama★★ sur la route du col de l'Épine N.

à la Combe (rive Est) 4 km par D 921ᵈ – ⊠ 73610

XX La Combe "chez Michelon" avec ch ⌂   ≤ 🖼 🕺 ch, P VISA ⊕

– ⌀ 04 79 36 05 02 – www.chez-michelon.fr – Fax 04 79 44 11 93
– *Fermé mi nov.-mi déc., lundi sauf le midi d' avril à sept. et mardi*
5 ch – ♦59/71 € ♦♦59/71 €, ☲ 8,50 € – ½ P 76 €
Rest – (19 €) Menu 22/48 € – Carte 35/63 € 🍷

◆ Accueillante maison au cadre naturel privilégié ; sublime carte de vins régionaux escortant plats traditionnels, spécialités de poissons des lacs d'Annecy ou du Bourget.

à Novalaise-Lac (rive Ouest) 7 km par D 921 – 1 661 h. – alt. 427 m – ⊠ 73470

🏠 Le Chalet du Lac

≤ 🚗 🖼 🕊️ P VISA ⊕ AE ⊕

Le Neyret – ⌀ 04 79 36 02 19 – www.le-chaletdulac.com – Fax 04 79 36 04 22
– *Fermé 2 janv.-5 fév.*
13 ch – ♦72/82 € ♦♦72/82 €, ☲ 9 € – ½ P 35/40 €
Rest – *(fermé mardi soir et merc. d'oct. à mi-mars)* Menu 22 € (déj. en sem.),
29/89 € – Carte 51/84 €

◆ Pour se ressourcer en pleine nature, sur le lac d'Aiguebelette, chalet proposant des chambres simples, avec vue sur les flots. Goûteuse cuisine actuelle servie dans un cadre élégant et lumineux ou sur la terrasse panoramique. Carte d'été sur la plage au Marin d'eau douce.

à St-Alban-de-Montbel (rive Ouest) 7 km par D 921 – 554 h. – alt. 400 m
– ⊠ 73610

🏠 Les Lodges du Lac

🚗 🖼 🏊 🕊️ 🖩 P VISA ⊕

La Curiaz, D 921 – ⌀ 04 79 36 00 10 – www.leslodgesdulac.com – Fermé dim.
soir, mardi midi et lundi du 15 sept. au 21 juin
13 ch – ♦50/70 € ♦♦50/70 €, ☲ 8 € – 3 suites – ½ P 51/61 €
Rest – *(fermé 1ᵉʳ-15 oct. et une sem. à Noël)* Menu 14 € (déj. en sem.), 19/26 €
– Carte 25/40 €

◆ Hôtel situé en retrait du lac. Les chambres de l'annexe donnent de plain-pied sur le jardin ; les duplex conviennent particulièrement aux familles. Barques sur place. Au restaurant, cuisine traditionnelle et menus diététiques sur demande.

AIGUEBELLE – 83 Var – **340** N7 – rattaché au Lavandou

AIGUES-MORTES – 30 Gard – **339** K7 – 7 115 h. – alt. 3 m – ⊠ 30220   **23** C2
▌ Languedoc Roussillon

▶ Paris 745 – Arles 49 – Montpellier 38 – Nîmes 42
🛈 Office de tourisme, place Saint-Louis ⌀ 04 66 53 73 00, Fax 04 66 53 65 94
◉ Remparts★★ et tour de Constance★★ : ✳★★ - Eglise Notre-Dame des Sablons★.

Villa Mazarin sans rest 🖨 🖼 ௹ ௹ 📱 ௹ ᾥ ᾧ 🚗 VISA ◑ AE

35 bd Gambetta – ௹ 04 66 73 90 48 – www.villamazarin.com
– Fax 04 66 73 90 49 – Fermé 11 janv.-11 fév.
20 ch – ♦180 € ♦♦300 €, ☲ 14 €

◆ Ce superbe hôtel particulier vous accueille dans ses salons raffinés et son beau jardin ombragé de vieux platanes. Chambres confortables, piscine intérieure et espace détente.

St-Louis sans rest ᾧᾧ 🚗 VISA ◑ AE

10 r. Am.-Courbet – ௹ 04 66 53 72 68 – www.lesaintlouis.fr – Fax 04 66 53 75 92
– Ouvert 27 mars-23 oct.
22 ch – ♦62/94 € ♦♦79/102 €, ☲ 10 €

◆ Intra-muros, à deux pas de la tour de Constance, élégante bâtisse du 18ᵉ s. dont les chambres, confortables et colorées, sont plus spacieuses au 2ᵉ étage.

Canal sans rest 🖼 ௹ 📱 ᾧᾧ ᾥ 🅿 🚗 VISA ◑

440 rte de Nîmes – ௹ 04 66 80 50 04 – www.hotelcanal.fr – Fax 04 66 80 50 32
– Fermé 15 nov.-16 déc. et 8 janv.-8 fév.
25 ch – ♦68/132 € ♦♦68/152 €, ☲ 12 €

◆ À l'entrée de la ville, face au canal, hôtel d'esprit contemporain. Les chambres, fonctionnelles et climatisées, bénéficient d'une bonne insonorisation. Piscine et solarium.

XX **Les Arcades** avec ch ⌂ 🖨 📱 ᾧᾧ VISA ◑ AE

23 bd Gambetta – ௹ 04 66 53 81 13 – www.les-arcades.fr – Fax 04 66 53 75 46
– Fermé mardi midi, jeudi midi et lundi sauf le soir en juil.-août
9 ch ☲ – ♦105/135 € ♦♦108/145 €
Rest – (22 €) Menu 29/48 € – Carte 46/62 €

◆ Cadre provençal raffiné (pierres apparentes), terrasse dressée sous les arcades, cuisine du terroir et chambres plaisantes dans cette belle maison du 16ᵉ s., très tranquille.

XX **La Salicorne** 🖨 📱 VISA ◑

9 r. Alsace-Lorraine – ௹ 04 66 53 62 67 – www.la-salicorne.com – Fermé
3 janv.-7 fév. et jeudi sauf vacances scolaires
Rest – (dîner seult) Carte 40/70 €

◆ Pierres et poutres apparentes, cheminée, fer forgé, jolie terrasse d'été et saveurs aux accents du Sud : un concentré de Provence à découvrir derrière l'église des Sablons.

AILLANT-SUR-THOLON – 89 Yonne – **319** D4 – 1 416 h. – alt. 112 m   7 B1
– ✉ 89110

▶ Paris 144 – Auxerre 20 – Briare 70 – Clamecy 61
🔠 Office de tourisme, 1, cour de la Halle aux Grains ௹ 03 86 63 54 17,
Fax 03 86 63 54 17
🔠 du Roncemay Domaine et Golf du Roncemay, Chassy, ௹ 03 86 73 50 50

au Sud-Ouest 7 km par D 955, D 57 et rte secondaire – ✉ 89110 Chassy

Domaine du Roncemay ⌂ ⟨ 🖨 ௹ 🖨 🖼 ௹ 🍽 ௹ ch, 📱 ch, ᾧᾧ
– ௹ 03 86 73 50 50 – www.roncemay.com ᾥ 🅿 VISA ◑ AE ◑
– Fax 03 86 73 69 46 – Fermé déc., janv. et fév.
18 ch – ♦100/120 € ♦♦180/220 €, ☲ 18 € – 3 suites – ½ P 118/175 €
Rest – (fermé lundi hors saison) (dîner seult) Menu 35 €, 45/54 € – Carte 59/75 €
◆ Ce bel hôtel construit dans la pure tradition régionale est associé à un vaste golf. Séduisantes chambres rustiques. Fitness doté d'un superbe hammam. Cuisine actuelle aux notes bourguignonnes servie dans une agréable salle ouverte sur le parc.

AIMARGUES – 30 Gard – **339** K6 – 4 173 h. – alt. 6 m – ✉ 30470   23 C2
▶ Paris 740 – Montpellier 40 – Aigues-Mortes 16 – Alès 62

XX **Un Mazet sous les platanes** 🖨 VISA ◑

3 bd St-Louis – ௹ 04 66 51 73 03 – Fax 04 66 51 73 03 – Fermé 20 déc.-19 janv.,
sam. midi, dim. midi et lundi
Rest – (15 €) Menu 28 €

◆ Jolie maison dotée d'une cour-terrasse offrant la vue sur les cuisines. Coquettes salles à manger panachant, à l'instar de la carte, influences provençales et orientales.

AINCILLE – 64 Pyrénées-Atlantiques – **342** E6 – rattaché à St-Jean-Pied-de-Port

AINHOA – 64 Pyrénées-Atlantiques – **342** C5 – 648 h. – alt. 130 m   **3** A3
– ⊠ 64250 ▮ Pays Basque et Navarre

   ▶ Paris 791 – Bayonne 28 – Biarritz 29 – Cambo-les-Bains 11

   ◉ Village basque caractéristique★.

ⳐⳐⳐ   **Ithurria** (Xavier Isabal)   ⚏ ☷ 𝗟𝟒 🄵 🄰🄲 ⁽ᵗ⁾ ⳾ 𝗣 𝘷𝘪𝘴𝘢 ◍ 🄰🄴 ①
✿   pl. du Fronton – ℰ 05 59 29 92 11 – www.ithurria.com – Fax 05 59 29 81 28
    – Ouvert 1ᵉʳavril-1ᵉʳnov.
    28 ch – ♦95/115 € ♦♦140/160 €, ⊇ 12 € – ½ P 110/125 €
    Rest – (fermé jeudi midi sauf juil.-août et merc.) (prévenir le week-end)
    Menu 36/59 € – Carte 52/78 € ⅜
    Spéc. Rossini de pied de porc, foie gras poêlé et mesclun de salade. Ventrè-
che de thon et chipirons sautés en persillade (juin à août). Millefeuille renversé aux fruits rouges, crème à la vanille. **Vins** Irouléguy, Jurançon sec.
    ♦ Belle maison basque du 17ᵉ s. face au fronton de pelote du village. Salon bourgeois, cham-
bres confortables (meubles chinés). Vieux fourneaux, poutres, tomettes, cheminée et bibelots
en cuivre font le charme du restaurant ; appétissante cuisine régionale un peu allégée.

ⳐⳐⳐ   **Argi Eder** ⌂   ⪕ ⚏ ⅁ ⌸ ☷ ✕ ⅄ 🄰🄲 ⅊ ⁽ᵗ⁾ ⳾ 𝗣 𝘷𝘪𝘴𝘢 ◍ 🄰🄴 ①
    rte de la Chapelle – ℰ 05 59 93 72 00 – www.argi-eder.com – Fax 05 59 93 72 13
    – Ouvert 1ᵉʳ avril-14 nov.
    19 ch – ♦95/125 € ♦♦95/125 €, ⊇ 13 € – 7 suites – ½ P 90/126 €
    Rest – (fermé merc. sauf le soir en juil.-août, lundi midi et vend. midi)
    Menu 29/48 € – Carte 50/60 € ⅜
    ♦ À flanc de colline, grande bâtisse régionale et sa piscine dans un parc tourné vers la cam-
pagne. Vastes chambres refaites et joli salon-bar (belle collection d'armagnacs). Salle à manger basque ; plats du terroir et superbe carte de bordeaux.

✕✕   **Oppoca** avec ch   ⌸ 🄰🄲 ch, ⁽ᵗ⁾ 𝗣 𝘷𝘪𝘴𝘢 ◍
    r. Principale – ℰ 05 59 29 90 72 – www.oppoca.com – Fax 05 59 29 81 03
    – Fermé 15 nov.-16 déc., 5 janv.-5 fév., dim. soir et lundi
    10 ch – ♦65/110 € ♦♦75/120 €, ⊇ 9 €
    Rest – (20 €) Menu 28/60 € – Carte 49/76 €
    ♦ Deux salles rustiques rafraîchies dans cette auberge du pays : l'une avec vaisselier et meu-
bles basques, l'autre plus claire, côté jardin. Terrasse. Chambres neuves,
confortables et bien équipées.

AIRAINES – 80 Somme – **301** E8 – 2 101 h. – alt. 30 m – ⊠ 80270   **36** A1
▮ Nord Pas-de-Calais Picardie

   ▶ Paris 172 – Abbeville 22 – Amiens 30 – Beauvais 69

   🄸 Syndicat d'initiative, place de la Mairie ℰ 03 22 29 34 07, Fax 03 22 29 47 50

à Allery 5 km à l'Ouest par D 936 – 759 h. – alt. 50 m – ⊠ 80270

✕   **Relais Forestier du Pont d'Hure**   ⅊ 𝗣 𝘷𝘪𝘴𝘢 ◍ 🄰🄴
⊖   rte du Treport – ℰ 03 22 29 42 10 – www.pontdhure.com – Fax 03 22 27 22 91
    – Fermé 1ᵉʳ-19 août, 2-20 janv. et le soir sauf sam.
    Rest – (13 €) Menu 18 € (sem.)/37 € – Carte 20/60 €
    ♦ Après une promenade en forêt, restaurez-vous dans le cadre campagnard de ce relais
décoré de trophées de chasse. Au programme, rôtisserie et grillades au feu de bois.

AIRE-SUR-L'ADOUR – 40 Landes – **335** J12 – 6 089 h. – alt. 80 m   **3** B3
– ⊠ 40800 ▮ Aquitaine

   ▶ Paris 722 – Auch 84 – Condom 68 – Dax 77

   🄸 Office de tourisme, place Général-de-Gaulle ℰ 05 58 71 64 70,
    Fax 05 58 71 64 70

   ◉ Sarcophage de Ste-Quitterie★ dans l'église St-Pierre-du-Mas.

✕   **Chez l'Ahumat** avec ch   𝗣 𝘷𝘪𝘴𝘢 ◍
⊖   2 r. Mendès-France – ℰ 05 58 71 82 61 – Fermé 17-31 mars, 1ᵉʳ-16 sept.
    13 ch – ♦31/45 € ♦♦40/45 €, ⊇ 5 €
    Rest – (fermé mardi soir et merc.) Menu 11/30 € – Carte 20/28 €
    ♦ Restaurant tenu par la même famille depuis trois générations. Salles rustiques agrémentées
d'une collection d'assiettes anciennes ; cuisine régionale.

rte de Bordeaux par N 124 – ⊠ 40270 Cazères-sur-l'Adour

🏠 **Aliotel** ॐ ᗡ ⊼ ※ ৬ ch, AK ᵞᵢ ৯ P VISA ◑
⊖ – ℰ 05 58 71 72 72 – Fax 05 58 71 81 94
34 ch – ♦41 € ♦♦47 €, ☲ 6 € **Rest** – Menu 12 € bc/14 € bc
• Établissement fonctionnel offrant de petites chambres standardisées, pratiques et bien insonorisées. Équipements sportifs bien conçus, ouverts sur la nature. Repas sans prétention servis dans une vaste salle à manger aux allures de cafétéria.

à Ségos (32 Gers) 9 km par N 134 et D 260 – 250 h. – alt. 111 m – ⊠ 32400

🏠🏠🏠 **Domaine de Bassibé** ॐ ᗡ ⊼ ᵞᵢ P VISA ◑ AE ◐
⊖ – ℰ 05 62 09 46 71 – www.bassibe.fr – Fax 05 62 08 40 15
– Ouvert 1ᵉʳ avril-2 janv. et fermé mardi et merc. sauf juil.-août
9 ch – ♦140/215 € ♦♦140/215 €, ☲ 16 € – 7 suites – ½ P 132/170 €
Rest – (dîner seult sauf sam., dim. et juil.-août) Menu 49 €
• En pleine campagne, cette propriété cultive le romantisme avec ses chambres coquettes et douillettes, logées dans une ancienne grange reconstruite. Bon accueil. Restaurant aménagé dans l'ancien pressoir et paisible terrasse à l'ombre des platanes ; cuisine classique.

🏠 **Minvielle et les Oliviers** ॐ ৬ ch, AK rest, ᵞᵢ P VISA ◑ AE
⊖ – ℰ 05 62 09 40 90 – Fax 05 62 08 48 62
🍽 **18 ch** – ♦43/50 € ♦♦50/57 €, ☲ 7 € – ½ P 50/55 €
Rest – (fermé sam. midi et dim. soir) (13 € bc) Menu 19/28 € – Carte 32/40 €
• Dans un petit village du Gers, construction moderne d'esprit régional. Les chambres de l'annexe, plus récentes, proposent un coquet décor provençal et un grand balcon. Vaste salle à manger rustique où l'on sert une cuisine traditionnelle.

AIRE-SUR-LA-LYS – 62 Pas-de-Calais – **301** H4 – 9 606 h. – alt. 30 m   30 B2
– ⊠ 62120 ▌ Nord Pas-de-Calais Picardie
▶ Paris 236 – Arras 56 – Boulogne-sur-Mer 68 – Calais 60
🅹 Office de tourisme, Grand-Place ℰ 03 21 39 65 66, Fax 03 21 39 65 66
◉ Bailliage★ - Tour★ de la Collégiale St-Pierre★.

🏠🏠 **Hostellerie des 3 Mousquetaires** ॐ ᗡ ৯ P VISA ◑ AE
Château de la Redoute, rte de Béthune (D 943) – ℰ 03 21 39 01 11
– www.hostelleriedes3mousquetaires.com – Fax 03 21 39 50 10 – Fermé
21 déc.-10 janv.
33 ch – ♦55/110 € ♦♦110/150 €, ☲ 15 € – 2 suites
Rest – (18 €) Menu 22 € (déj. en sem.), 25/46 € – Carte 61/75 €
• Charme bucolique d'une demeure du 19ᵉ s. dans un parc agrémenté d'une pièce d'eau et d'arbres centenaires. Chambres personnalisées. Cuisines visibles de tous ou baies tournées sur la vallée de la Lys : le restaurant laisse le choix du spectacle.

à Isbergues 6 km au Sud-Est par D 187 – 9 503 h. – alt. 25 m – ⊠ 62330

XX **Le Buffet** avec ch ᗡ AK rest, ᵞᵢ VISA ◑
⊖ 22 r. de la Gare – ℰ 03 21 25 82 40 – www.le-buffet.com – Fax 03 21 27 86 42
😊 – Fermé 2-21 août, vacances de fév., lundi sauf fériés le midi et dim. soir
5 ch – ♦62 € ♦♦70 €, ☲ 10 € **Rest** – (16 €) Menu 19/88 € – Carte 50/75 €
• L'ancien buffet de la gare a aujourd'hui fière allure : deux élégantes salles à manger, mise en place soignée et goûteuse cuisine régionale concoctée selon le marché. Chambres confortables entièrement rénovées.

AISONVILLE-ET-BERNOVILLE – 02 Aisne – **306** D3 – 297 h.   37 C1
– alt. 155 m – ⊠ 02110
▶ Paris 200 – Amiens 115 – Laon 50 – Saint-Quentin 31

🏠🏠 **Le 1748** ॐ ᗡ ⊼ ॐ ᵞᵢ ৯ P VISA ◑
9 r. de Condé – ℰ 03 23 66 85 85 – http://le1748.monsite.orange.fr
– Fax 03 23 66 85 70 – Fermé 2-12 janv.
16 ch – ♦56 € ♦♦56 €, ☲ 9 € – ½ P 59 € **Rest** – (dîner seult) Carte 28/53 €
• Un hôtel d'exception logé dans l'ancienne ferme d'un château et dans ses écuries, répertoriées parmi les plus belles de France. Chambres douillettes et personnalisées. Plats du terroir et bière locale, la Bernoville, servis dans un cadre d'esprit estaminet.

AIX (ÎLE-D') – 17 Charente-Maritime – **324** C3 – voir à Île-d'Aix

– 142 534 h. – alt. 206 m – Casino AV – ⊠ 13100 ▯ Provence

▶ Paris 752 – Avignon 82 – Marseille 30 – Nice 177

🖪 Office de tourisme, 2, place du Général-de-Gaulle ℰ 04 42 16 11 61,
Fax 04 42 16 11 62

🖬 Set Golf 1335 chemin de Granet, O : 6 km par D 17, ℰ 04 42 29 63 69

🖪 d'Aix-Marseille à Les Milles Domaine de Riquetti, par rte de Marignane et
D 9 : 8 km, ℰ 04 42 24 20 41

🖪 Sainte-Victoire Golf Club à Fuveau "Lieu dit ""Château l'Arc""",
par rte d'Aubagne et D 6 : 14 km, ℰ 04 42 29 83 43

◉ Le Vieil Aix★★ - Cours Mirabeau★★ - Cathédrale St-Sauveur★ : triptyque
du Buisson Ardent★★ - Cloître★ BX **B**[8] - Place Albertas★ BY **3** - Place★ de
l'hôtel de ville BY **37** - Cour★ de l'hôtel de ville BY **H** - Quartier Mazarin★ :
fontaine des Quatre-Dauphins★ BY **D** - Musée Granet★ CY **M**[6] - Musée
des Tapisseries★ BX **M**[2] - Fondation Vasarely★ AV **M**[5].

🏠🏠🏠 **Villa Gallici** ॐ   ⟨ 🚗 🛋 🎱 ॐ ch, 🅐🅚 📶 🅿 *VISA* 🅾🅾 🅐🅔 ⓪
18 bis av. de la Violette
– ℰ 04 42 23 29 23
– www.villagallici.com
– Fax 04 42 96 30 45
– Fermé 20-26 déc. et 3 janv.-6 fév.   BV**k**
17 ch – ♥230/410 € ♥♥230/410 €, ⊊ 30 € – 5 suites
Rest – *(fermé mardi et merc. d'oct. à mai) (nombre de couverts limité, prévenir)*
(45 €) Carte environ 90 €

◆ Platanes, cyprès, fontaine, piscine, cigales... ou le cadre idylliquement provençal de cette
villa juchée sur les hauteurs d'Aix. Chambres personnalisées au charme très 19ᵉ s. Cuisine
classique gorgée de soleil. L'été, profitez de la ravissante terrasse ombragée.

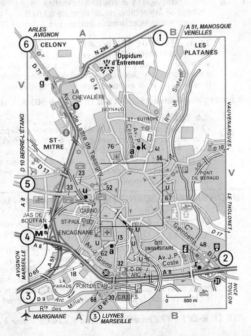

AIX-EN-PROVENCE

Hôtels et maisons d'hôtes, boutiques déco et artisans, restos et adresses gourmandes, découvrez notre art de vivre

www.cotemaison.fr

ViaMichelin

Domaine de Mesperleuc

Rue de la Mer
29710 Pouldreuzic

depuis|vers|via
cette adresse

+ infos   Réserver

*Clic je choisis,
clic je réserve !*

Document non contractuel - Photo : © Tilio & Paolo

RÉSERVATION HÔTELIÈRE SUR

www.ViaMichelin.com

Préparez votre itinéraire sur le site ViaMichelin pour optimiser tous vos déplacements. Vous pouvez comparer différents parcours, sélectionner vos étapes gourmandes, découvrir les sites à ne pas manquer...
Et pour plus de confort, réservez en ligne votre hôtel en fonction de vos préférences (parking, restaurant...) et des disponibilités en temps réel auprès de 100 000 hôtels dans le monde (indépendants ou chaînes hôtelières).

- *Pas de frais de réservation*
- *Pas de frais d'annulation*
- *Les meilleurs prix du marché*
- *La possibilité de sélectionner et de filtrer les hôtels du guide MICHELIN*

MICHELIN
Une meilleure façon d'avancer

AIX-EN-PROVENCE

🏨 Le Pigonnet ⤳

≤ 🕭 🏡 🏊 £₅ 📶 🗚 📡 🏖 🅿 VISA ⓶ AE ①

5 av. du Pigonnet ✉ 13090 – 𝒞 04 42 59 02 90 – www.hotelpigonnet.com
– Fax 04 42 59 47 77

AVa

50 ch – †155/525 € ††155/525 €, ☲ 21 €
Rest – (fermé 18 oct.-31 mars, sam. midi et dim.) (29 €) Menu 39/65 €
– Carte 44/72 €

♦ Dans cette maison au calme, avec parc fleuri et vue sur la Sainte-Victoire, Cézanne s'imprégna des parfums et couleurs de la Provence. Décor cosy, romantique et cossu. Élégantes salles à manger et terrasse tournées sur la verdure ; carte au goût du jour.

🏨 Aquabella

🏡 🏊 £₅ 📶 🗚 🐾 📡 ₤ 🏖 🅿 VISA ⓶ AE ①

2 r. des Étuves – 𝒞 04 42 99 15 00 – www.aquabella.fr – Fax 04 42 99 15 01

AXa

110 ch – †149/169 € ††169/195 €, ☲ 18 € – ½ P 129 €
Rest L'Orangerie – 𝒞 04 42 99 15 13 – Menu 24/39 € – Carte 40/65 €

♦ Accolé aux Thermes Sextius, hôtel moderne offrant une ambiance provençale stylisée, bien dans l'air du temps. Aux derniers étages, chambres avec terrasse et vue sur la ville. Restaurant contemporain à la structure "verre et acier" ; terrasse face à la piscine.

Grand Hôtel Mercure Roi René

24 bd du Roi-René – ℰ 04 42 37 61 00
– www.grand-hotel-roi-rene-aix-en-provence.com – Fax 04 42 37 61 11
134 ch – †135/310 € ††135/330 €, � 23 € – 3 suites   BZ**b**
Rest *La Table du Roi* – (26 €) Menu 38 €

• Si l'architecture de cet hôtel s'inspire sobrement du style régional, les chambres dévoilent un décor contemporain et zen. Patio fleuri et piscine. Cuisine classique au restaurant La Table du Roi (en cours de rénovation).

Des Augustins sans rest

3 r. de la Masse – ℰ 04 42 27 28 59 – www.hotel-augustins.com
– Fax 04 42 26 74 87   BY**x**
29 ch – †120/200 € ††135/250 €, ⊇ 10 €

• Patrimoine historique qui hébergea en son temps Luther, ce couvent du 15e s. abrite de belles chambres personnalisées, au confort actuel. Réception dans la chapelle du 12e s.

Le Galice

5 rte Galice – ℰ 04 42 52 75 27 – www.bestwestern-legalice.com
– Fax 04 42 52 75 28   AV**u**
90 ch – †99/140 € ††99/140 €, ⊇ 12 €
Rest – *(fermé sam. midi et dim.)* (16 €) Carte 28/38 €

• Derrière la façade vitrée de ce bâtiment moderne, retrouvez le confort de chambres spacieuses, insonorisées et bien équipées ; les plus agréables donnent sur la piscine. Cuisine traditionnelle aux touches méditerranéennes servie dans un cadre cosy ou sur la terrasse.

Novotel Beaumanoir

r. Marcel-Arnaud, Résidence Beaumanoir, sortie autoroute 3 Sautets
– ℰ 04 42 91 15 15 – www.novotel.com – Fax 04 42 91 15 05   BV**r**
102 ch – †120/140 € ††120/140 €, ⊇ 14 €   **Rest** – (16 €) Carte 24/35 €

• Chambres confortables à l'image de l'esprit de la chaîne, majoritairement rénovées. L'hôtel jouit d'un environnement assez calme, avec jardin paysager et minicircuit botanique. Salle à manger claire et actuelle prolongée d'une terrasse donnant sur la piscine.

Bastide du Cours

43-47 cours Mirabeau – ℰ 04 42 26 10 06 – www.bastideducours.com
– Fax 04 42 93 07 65   BY**e**
11 ch – †145/245 € ††145/245 €, ⊇ 6,50 € – 4 suites
Rest – Menu 20 € (déj.), 26/40 € – Carte 35/57 €

• Cette grande maison dispose de confortables chambres bien équipées et personnalisées à l'ancienne. Quatre d'entre elles donnent sur le cours Mirabeau. Restaurant-brasserie dans l'air du temps, ambiance cosy (salons aux tons chauds, bibliothèques, fauteuils en rotin).

Cézanne sans rest

40 av. Victor-Hugo – ℰ 04 42 91 11 11 – www.hotelaix.com/cezanne
– Fax 04 42 91 11 10   BZ**h**
55 ch – †159/229 € ††179/249 €, ⊇ 19 € – 2 suites

• Business center, wi-fi, minibar gratuit dans les chambres, open bar et corbeilles de fruits : des attentions qui font la différence ! Hall contemporain et chambres rénovées.

St-Christophe

2 av. Victor-Hugo – ℰ 04 42 26 01 24 – www.hotel-saintchristophe.com
– Fax 04 42 38 53 17   BY**a**
67 ch – †80/87 € ††87/97 €, ⊇ 11 € – 12 suites
Rest *Brasserie Léopold* – Menu 19/25 € – Carte 24/43 €

• Cet hôtel décline aussi bien le charme des années 1930 que l'esprit provençal dans ses chambres fonctionnelles, parfois avec terrasse. Cuisine régionale et plats de brasserie proposés dans un joli cadre Art déco ou sur la terrasse-trottoir les jours d'été.

Le Globe sans rest

74 cours Sextius – ℰ 04 42 26 03 58 – www.hotelduglobe.com
– Fax 04 42 26 13 68 – Fermé 20 déc.-20 janv.   AY**e**
46 ch – †59/62 € ††74/78 €, ⊇ 8 €

• Bâtisse jaune abritant des chambres sans luxe, mais bien insonorisées, rigoureusement tenues et pas trop chères. Hall rénové dans les tons chauds. Terrasse-solarium sur le toit.

⌂ **Le Manoir** sans rest   🛗 ⚇ **P** VISA ◐◐ AE ⓪
8 r. Entrecasteaux – ℰ 04 42 26 27 20 – www.hotelmanoir.com
– Fax 04 42 27 17 97 – Fermé 5 au 31 janv.   AY**d**
40 ch – ♥65 € ♥♥78/97 €, ⌑ 8 €
◆ Ancien monastère reconverti en fabrique de chapeaux puis en hôtel, modeste mais bien
tenu et peu à peu refait. Une partie du cloître est aménagée en terrasse d'été. Salon rétro.

XXX **Le Clos de la Violette** (Jean-Marc Banzo)   🛋 AC ⚇ ⇄ VISA ◐◐ AE
☸   10 av. de la Violette – ℰ 04 42 23 30 71 – www.closdelaviolette.fr
– Fax 04 42 21 93 03 – Fermé 1er-17 août, 19 fév.-7 mars, dim. et lundi
Rest – (nombre de couverts limité, prévenir) Menu 50 € (sem.)/130 €   BV**a**
– Carte 100/120 €🕮
Spéc. Charlotte de truffes noires (déc. à avril). Éclaté de pigeon en sanguette.
Biscuit sablé de brousse battue à la vanille. **Vins** Coteaux d'Aix-en-Provence,
Palette.
◆ Situé dans un jardin à l'écart du vieux centre, Le Clos de la Violette a fait peau neuve :
camaïeu de bruns pour le côté feutré, larges baies vitrées et terrasse au vert.

XX **Les 2 Frères**   🛋 & AC **P** VISA ◐◐ AE
4 av. Reine-Astrid – ℰ 04 42 27 90 32 – www.les2freres.com – Fax 04 42 12 47 08
Rest – (19 €) Menu 25 € (dîner en sem.)/31 € – Carte 46/70 €   AZ**s**
◆ En cuisine, le frère aîné réalise d'appétissants plats actuels, retransmis sur plusieurs
écrans en salle où le cadet reçoit les hôtes. Ambiance de bistrot trendy, belle terrasse.

XX **Amphitryon**   🛋 AC VISA ◐◐ AE
2 r. Paul-Doumer – ℰ 04 42 26 54 10 – www.restaurant-anphitryon.fr
– Fax 04 42 38 36 15 – Fermé 15 août-1er sept., dim. et lundi   BY**s**
Rest – (20 €) Menu 23 € (déj.), 28/40 € – Carte 45/55 €
◆ Près du cours Mirabeau, dans un décor mi-classique, mi-actuel, en salle ou au comptoir
(plus informel), goûtez une cuisine régionale servie avec enthousiasme. Calme patio.

X **Pierre Reboul**   AC VISA ◐◐ AE
☸   11 Petite-Rue-St-Jean – ℰ 04 42 20 58 26 – www.restaurant-pierre-reboul.com
– Fax 04 42 38 79 67 – Fermé dim. et lundi   CY**a**
Rest – (nombre de couverts limité, prévenir) Menu 39/120 €
Spéc. Foie gras poêlé, pomme passion. Truffe noire (hiver). Fraises de Provence en mini cornet et soupe pétillante (été). **Vins** Vin de pays des Portes
de Méditerranée, Cassis.
◆ Au cœur de la vieille ville, dans un cadre élégant, résolument contemporain, le chef signe
une séduisante cuisine inventive qui fait la part belle aux produits.

X **Le Passage**   🛋 & AC ⇄ VISA ◐◐ AE
10 r. Villars – ℰ 04 42 37 09 00 – www.le-passage.fr – Fax 04 42 37 09 09
Rest – (13 € bc) Menu 25/35 € – Carte 32/59 €   BY**b**
◆ Métal, passerelles et mobilier contemporain rajeunissent cette confiserie du 19e s. faisant
restaurant, œnothèque et école de cuisine. Bistrot thaï au deuxième étage.

X **Le Formal**   AC ⚇ VISA ◐◐ AE ⓪
32 r. Espariat – ℰ 04 42 27 08 31 – Fax 04 42 27 08 31
– Fermé 23 août-6 sept., sam. midi, dim. et lundi   BY**w**
Rest – (20 €) Menu 24 € bc (déj. en sem.), 36/60 € – Carte environ 43 €
◆ Restaurant situé dans de belles caves voûtées du 15e s., accueillant des expositions de
tableaux. Autre objet de spectacle, la cuisine, inventive et bien tournée.

X **Chez Féraud**   AC VISA ◐◐ AE
8 r. du Puits-Juif – ℰ 04 42 63 07 27 – Fermé août, dim. et lundi   BY**k**
Rest – (22 €) Menu 30 € – Carte 40/50 €
◆ Dissimulée dans une ruelle du vieil Aix, sympathique adresse familiale recelant un puits
du 12e s. Recettes provençales (soupe au pistou, daube) et grillades préparées en salle.

X **Yamato**   🛋 AC VISA ◐◐ AE
21 av. des Belges – ℰ 04 42 38 00 20 – www.restaurant-yamato.fr
– Fax 04 42 38 52 65 – Fermé lundi sauf le soir en juil. et mardi midi
Rest – Menu 43/98 € – Carte 42/95 €🕮   AZ**e**
◆ Madame Yuriko, propriétaire de ce restaurant dédié à la cuisine japonaise, vous accueille
en costume traditionnel. Salon nippon, véranda, terrasse, jardin. Menus "découvertes".

✗ **Yôji** ⬚ 🅰🅺 🕸 𝘃𝗜𝗦𝗔 ⬤⬤ 🄰🄴
😊 7 av. Victor-Hugo – ☎ 04 42 38 48 76 – www.yoji.fr – Fax 04 42 38 47 01 – Fermé
lundi midi et dim. BY**g**
Rest – Menu 17 € (déj.), 23/30 € – Carte 22/60 €
♦ On peut se trouver au cœur de "l'empire du soleil" et vouloir s'évader au pays du Soleil
Levant : cuisine japonaise, barbecue coréen et bar à sushis dans un décor zen.

✗ **Ze Bistro** 🅰🅺 𝘃𝗜𝗦𝗔 ⬤⬤ 🄰🄴
7 r. de la Couronne – ☎ 04 42 39 81 88 – Fermé 3-30 août, 24 déc.-3 janv., sam.
midi, dim. et lundi BY**d**
Rest – (22 €) Menu 32/35 € – Carte environ 32 €
♦ La courte carte change au gré du marché et des artisans locaux. Cuisine inventive tournée
vers la Méditerranée, avec quelques escapades du côté de l'Asie.

rte de St-Canadet 9 km par ①, D 96 et D 13

⟨⟩ **Domaine de La Brillane** sans rest ⌂ ⬅ 🚐 🅰🅺 🕸 🕯 🄿 𝘃𝗜𝗦𝗔 ⬤⬤
195 rte de Couteron, par D 13 et rte secondaire – ☎ 04 42 54 21 44
– www.labrillane.com – Fax 04 42 54 31 25
5 ch ⌂ – ♦130/160 € ♦♦130/160 €
♦ Chambres douillettes aux noms de cépages, vue sur les vignes ou la montagne Ste-Victoire, dégustation de bons vins bio du domaine... Un paradis pour les amoureux de Bacchus !

au Canet 8 km par ② par D 7n – ✉ 13100 Beaurecueil

✗✗ **L'Auberge Provençale** ⬚ 🅰🅺 🄿 𝘃𝗜𝗦𝗔 ⬤⬤ ⓪
😊 imp. de Provence, au lieu-dit Le Canet de Meyreuil – ☎ 04 42 58 68 54
– www.auberge-provencale.fr – Fax 04 42 58 68 05 – Fermé 13-30 juil.,
24-28 déc., mardi sauf le midi de sept. à mai et merc.
Rest – Menu 25/50 € – Carte 54/65 €🏵
♦ Jolie auberge de bord de route disposant de plaisantes salles à manger méridionales. Cuisine traditionnelle, généreuse et soignée ; belle carte de vins régionaux.

à Beaurecueil 10 km par ②, N 7 et D 58 – 611 h. – alt. 254 m – ✉ 13100

✗✗ **La Table de Beaurecueil** ⬚ 🅰🅺 ⇔ 🄿 𝘃𝗜𝗦𝗔 ⬤⬤
66 rte de Meyreuil, allée des Muriers – ☎ 04 42 66 94 98
– www.latabledebeaurecueil.com – Fax 04 42 66 85 96 – Fermé dim.soir, lundi et
merc.
Rest – (20 €) Menu 28/62 €
♦ Dans une ancienne bergerie entièrement rénovée (décor contemporain, agrémenté de
quelques touches rustiques), cuisine régionale du terroir réalisée avec de bons produits.

par ③ 5 km D9 ou A 51, sortie Les Milles

🏨🏨🏨 **Château de la Pioline** 🚐 ⬚ 🏊 📶 🅰🅺 ch, 🕯 🕸 🄿 𝘃𝗜𝗦𝗔 ⬤⬤ 🄰🄴 ⓪
260 r. Guillaume-du-Vair ✉ 13546 Aix-en-Provence – ☎ 04 42 52 27 27
– www.chateaudelapioline.fr – Fax 04 42 52 27 28
30 ch – ♦170/370 € ♦♦170/370 €, ⌂ 20 € – 3 suites
Rest – (fermé dim.) (32 €) Menu 39 €
♦ Belle demeure, classée monument historique, abritant de vastes chambres joliment meublées ; celles de l'aile récente, plus petites, ont une terrasse. Jardin à la française. Restaurant
de style Louis XVI décoré d'esquisses au fusain ; plats classiques.

à Celony 3 km sur D 7n – ✉ 13090 Aix en Provence

🏨🏨 **Le Mas d'Entremont** ⌂ ⬅ 🕯 🚐 🏊 🛵 🕸 📶 🅰🅺 ch, 🍴 🕸 🄿 𝘃𝗜𝗦𝗔 ⬤⬤
315 rte Nationale 7 – ☎ 04 42 17 42 42 – www.masdentremont.com
– Fax 04 42 21 15 83 – Ouvert 15 mars-31 oct. AV**g**
14 ch – ♦150/165 € ♦♦150/260 €, ⌂ 19 € – 6 suites – ½ P 130/186 €
Rest – (fermé dim. soir et lundi midi) (39 €) Menu 41/46 € – Carte 56/67 €
♦ Sur les hauteurs d'Aix, belle bastide ocre nichée dans un parc avec bassin, jeux d'eau et
colonnes antiques. Grandes chambres personnalisées et suites. Chaleureux restaurant d'hiver
et divine terrasse ombragée l'été. Cuisine classique de saison.

AIX-LES-BAINS - 73 Savoie - **333** I3 - **27 375 h. - alt. 200 m - Stat. therm. : mi janv.-mi déc. - Casinos : Grand Cercle** CZ, **Nouveau Casino** BZ - ✉ **73100** Alpes du Nord **46** F2

Paris 539 - Annecy 34 - Bourg-en-Bresse 115 - Chambéry 18

de Chambéry-Savoie : ☎ 04 79 54 49 54, à Viviers-du-Lac par ③ : 8 km.

Office de tourisme, pl. Maurice Mollard ☎ 04 79 88 68 00, Fax 04 79 88 68 01

d'Aix-les-Bains Av. du Golf, par rte de Chambéry : 3 km, ☎ 04 79 61 23 35

Esplanade du Lac★ - Escalier★ de l'Hôtel de Ville CZ **H** - Musée Faure★ - Vestiges Romains★ - Casino Grand Cercle★.

Lac du Bourget★★ - Abbaye de Hautecombe★★ - Les Bauges★.

Plan page suivante

Radisson Blu ch,
av. Ch.-de-Gaulle - ☎ 04 79 34 19 19 - www.radissonblu.com/hotel-aixlesbains - Fax 04 79 88 11 49 CZ**x**
92 ch - †98/170 € ††118/190 €, ☐ 18 € - 10 suites - ½ P 85/98 €
Rest - (19 € bc) Menu 24 € - Carte 36/50 €
◆ Au cœur du parc du casino, doté d'un jardin japonais, imposant hôtel moderne dont les chambres, fonctionnelles, bénéficient d'équipements complets. Spa. Espaces séminaires. Petite carte d'inspiration brasserie servie dans un décor actuel ou sur l'agréable terrasse.

Mercure Ariana ch, rest,
111 av. de Marlioz, à Marlioz : 1,5 km - ☎ 04 79 61 79 79 - www.mercure.com - Fax 04 79 61 79 00 AX**a**
60 ch - †100/168 € ††112/186 €, ☐ 16 € - ½ P 89/126 €
Rest - (23 €) Menu 28 € - Carte 42/58 €
◆ Dans le parc des thermes de Marlioz, cet établissement dispose de chambres spacieuses et d'un centre de balnéothérapie dernier cri, décoré à la manière d'un bateau. Lumineuse salle à manger et plaisante terrasse tournée vers un parc ombragé d'arbres centenaires.

Astoria ch,
pl. des Thermes - ☎ 04 79 35 12 28 - www.hotelastoria.fr - Fax 04 79 35 11 05 - Ouvert 1er avril-30 nov. CZ**z**
94 ch - †85 € ††105 €, ☐ 11 € **Rest** - (16 €) Menu 24 €
◆ Cet ancien palace (1906) situé face aux thermes témoigne du passé fastueux d'Aix-les-Bains. Décor Belle Époque habilement rénové, confort moderne et chambres agréables. Le style Art nouveau a été préservé dans la grande et élégante salle à manger.

Le Manoir rest,
37 r. Georges-1er - ☎ 04 79 61 44 00 - www.hotel-lemanoir.com - Fax 04 79 35 67 67 - Fermé 19 déc.-9 janv. CZ**r**
73 ch - †89/130 € ††99/170 €, ☐ 14 € - 4 suites - ½ P 89/130 €
Rest - (24 €) Menu 29/69 € - Carte 33/64 €
◆ Hôtel aménagé dans les dépendances des anciens palaces Splendide et Royal. La Villa Grimotière, de style 1900, abrite les chambres les plus raffinées. Paisible jardin fleuri, espace bien-être. Salle à manger prolongée d'une véranda ouverte sur la verdure. Agréable terrasse.

Agora ch, rest,
1 av. de Marlioz - ☎ 04 79 34 20 20 - www.hotel-agora.com - Fax 04 79 34 20 30 - Fermé 18 déc.-4 janv. CZ**u**
61 ch - †69/92 € ††81/104 €, ☐ 13 € - ½ P 72/83 €
Rest - Menu 20 € - Carte 22/50 €
◆ Adoptez cet hôtel pour sa situation centrale et la bonne qualité de ses aménagements. Chambres fonctionnelles (plus calmes sur l'arrière). Piscine, sauna, hammam. Restaurant résolument contemporain ; cuisine internationale (tajine, wok, tartare...).

Grand Hôtel du Parc rest,
28 r. de Chambéry - ☎ 04 79 61 29 11 - www.grand-hotel-du-parc.com - Fax 04 79 88 33 49 - Fermé 20 déc.-4 fév. CZ**n**
38 ch - †59/71 € ††59/83 €, ☐ 10 € - ½ P 60/75 €
Rest ***La Bonne Fourchette*** - *(fermé merc. midi hors saison, dim. soir et lundi)* Menu 19 € (déj. en sem.), 28/70 € - Carte 45/75 €
◆ Immeuble bâti en 1817 près du théâtre de verdure. Chambres simples et spacieuses. Le salon a conservé son joli décor d'origine. À La Bonne Fourchette, salle à manger agréablement rétro et carte traditionnelle.

AIX-LES-BAINS

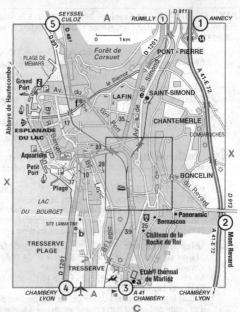

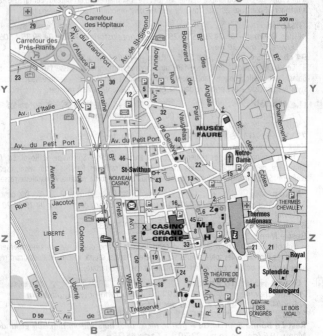

Auberge St-Simond 🚗 🞐 🕉 & ch, 🕪 🕸 P VISA ⚌ AE
130 av. St-Simond – 𝒞 04 79 88 35 02 – www.saintsimond.com
– Fax 04 79 88 38 45 – Fermé 15 déc.-25 janv., lundi midi d' oct. à avril et dim.
soir **AXe**
24 ch – ♦60 € ♦♦62/78 €, ⚏ 10 € – ½ P 55/71 €
Rest – Menu 23 € (déj. en sem.), 29/38 € – Carte 39/53 €
♦ Auberge appréciée pour son ambiance conviviale, ses chambres personnalisées bien tenues et son jardin doté d'une jolie piscine d'été. Cuisine de tradition simple et soignée. Terrasse à la belle saison.

Revotel sans rest 🛗 🞐 🕪 VISA ⚌
198 r. de Genève – 𝒞 04 79 35 03 37 – www.revotel.fr – Fax 04 79 88 82 99
– Fermé 1er déc.-5 fév. **CZv**
18 ch – ♦34/42 € ♦♦34/42 €, ⚏ 6 €
♦ Adresse pour petits budgets, à proximité des quartiers animés. Mobilier "seventies" et aménagements fonctionnels dans les chambres (plus tranquilles sur l'arrière). Bon accueil.

XX Auberge du Pont Rouge 🞐 VISA ⚌
151 av. du Grand-Port – 𝒞 04 79 63 43 90 – Fax 04 79 63 43 90 – Fermé dim. soir,
mardi soir, merc. soir et lundi **AXf**
Rest – (22 €) Menu 34/38 € – Carte 30/48 €
♦ Profitez d'un cadre chaleureux et moderne (tons rouges) et d'une terrasse aux beaux jours. Menus du marché à l'ardoise, incontournables spécialités du Sud-Ouest et poissons du lac.

X L'Annexe 🞐 VISA ⚌ AE
205 bord du Lac – 𝒞 04 79 35 25 64 – www.restaurant-lannexe.com
– Fax 04 79 35 20 45 – Fermé 19 déc.-3 janv., 15 fév.-1er mars, dim. et lundi
Rest – (12 €) Menu 16 € (déj. en sem.), 27/40 € – Carte 27/58 € **AXb**
♦ Ce pavillon moderne, dominant le lac, vous reçoit dans un cadre contemporain épuré ou sur sa terrasse panoramique meublée en teck. Cuisine fusion.

AIZENAY – 85 Vendée – **316** G7 – 7 334 h. – alt. 62 m – ⊠ 85190 **34 B3**
🗗 Paris 435 – Challans 26 – Nantes 60 – La Roche-sur-Yon 18
🛈 Office de tourisme, avenue de la Gare 𝒞 02 51 94 62 72, Fax 02 51 94 62 72

XX La Sittelle ✧ P VISA ⚌ AE
33 r. Mar- Leclerc – 𝒞 02 51 34 79 90 – Fax 02 51 94 81 77 – Fermé août,
1er-7 janv., lundi et le soir sauf sam.
Rest – (nombre de couverts limité, prévenir) Menu 24/35 €
♦ Cheminées en briques, plafonds moulurés, parquet à l'ancienne : les salles de cette discrète maison bourgeoise sont raffinées. Cuisine classique soignée et personnalisée.

AJACCIO – 2A Corse-du-Sud – **345** B8 – voir à Corse

ALBAN – 81 Tarn – **338** G7 – 940 h. – alt. 600 m – ⊠ 81250 **29 C2**
🗗 Paris 723 – Albi 29 – Castres 54 – Toulouse 106
🛈 Syndicat d'initiative, 21, place des Tilleuls 𝒞 05 63 55 93 90,
Fax 05 63 55 93 90

X Au Bon Accueil avec ch 🚗 P VISA ⚌ AE
49 av. de Millau – 𝒞 05 63 55 81 03 – Fax 05 63 55 82 97 – Fermé janv.
11 ch – ♦48/69 € ♦♦48/69 €, ⚏ 8 € – ½ P 55/60 €
Rest – (fermé vend. soir, dim. soir et lundi) (17 €) Menu 23/35 € – Carte 30/55 €
♦ Pratique pour l'étape, entre Albi et Millau, cette petite auberge familiale propose une généreuse cuisine traditionnelle. Cadre rustique (boiseries et poutres d'origine). Chambres simples et rafraîchies, plus au calme sur l'arrière.

ALBERT – 80 Somme – **301** I8 – 10 079 h. – alt. 65 m – ⊠ 80300 **36 B1**
🞖 Nord Pas-de-Calais Picardie
🗗 Paris 156 – Amiens 30 – Arras 50 – St-Quentin 53
🛈 Office de tourisme, 9, rue Léon Gambetta 𝒞 03 22 75 16 42,
Fax 03 22 75 11 72

🏨 **Royal Picardie** ✵ ⅃ ch. 🔠 ⅌ ⁙ 🛆 🄿 𝚅𝙸𝚂𝙰 ◍ 🄰🄴

138 av. du Gén. Leclerc, (rte d'Amiens) – ℰ 03 22 75 37 00
– www.royalpicardie.com – Fax 03 22 75 60 19 – Fermé 20 déc.-2 janv.
23 ch – ♦92/153 € ♦♦92/153 €, ⌑ 11 €
Rest – *(dîner seult)* Menu 21 € (sem.), 27/39 € – Carte 26/60 €
♦ Édifice imposant en sortie de ville proposant des chambres fonctionnelles. Quelques détails soignés : les presse-pantalons électriques et les plateaux de courtoisie. Côté restauration, carte traditionnelle servie dans une salle à manger garnie de mobilier Louis XIII.

à Authuille 5 km au Nord par D 50 – 165 h. – alt. 85 m – ⊠ 80300

✕✕ **Auberge de la Vallée d'Ancre** 🔠 ⇔ 𝚅𝙸𝚂𝙰 ◍

6 r. Moulin – ℰ 03 22 75 15 18 – Fermé 16 août-2 sept., 8-22 fév., dim. soir, merc. soir et lundi
Rest – Menu 23/33 € – Carte 50/85 €
♦ Au bord d'une rivière, sympathique auberge de pays. L'accueil y est charmant et les habitués saluent le chef qui mitonne, dans sa cuisine ouverte, des plats de tradition.

ALBERTVILLE ◐ – 73 Savoie – **333** L3 – 18 009 h. – alt. 344 m   **46** F2
– ⊠ 73200 ▌ Alpes du Nord

🚩 Paris 581 – Annecy 46 – Chambéry 51 – Chamonix-Mont-Blanc 64
🛈 Office de tourisme, place de l'Europe ℰ 04 79 32 04 22, Fax 04 79 32 87 09
◉ Bourg de Conflans★, porte de Savoie ≼★ Grande Place★ - Route du fort du Mont ★★

🏨 **Million** 🔆 🈺 🔠 rest. ⁙ 🛆 🄿 🚗 𝚅𝙸𝚂𝙰 ◍ 🄰🄴 ⓪

8 pl. de la Liberté – ℰ 04 79 32 25 15 – www.hotelmillion.com
– Fax 04 79 32 25 36 – Fermé 19 avril-2 mai
26 ch ⌑ – ♦93/110 € ♦♦137/165 € – ½ P 88/105 €
Rest – *(fermé sam. midi, dim. soir et lundi)* Menu 28/68 € – Carte 64/77 €
♦ Cette fière demeure du centre-ville abrite un hôtel depuis 1770. Les chambres, en partie climatisées, sont garnies de meubles de styles variés. La salle de restaurant ouvre sur une agréable terrasse verdoyante. Cuisine au goût du jour.

✕ **Le Bistrot Gourmand** 𝚅𝙸𝚂𝙰 ◍

8 pl. Charles-Albert – ℰ 04 79 32 79 06 – Fax 04 79 31 77 30 – Fermé en août, vacances de Noël, dim. soir, mardi soir et merc.
Rest – (15 €) Menu 23 € (déj. en sem.)/35 € – Carte 40/70 €
♦ Ambiance simple et conviviale dans ce restaurant aux allures de bistrot. On aperçoit l'animation des cuisines depuis la salle à manger. Cuisine renouvelée au fil des saisons.

à Monthion 7 km au Sud par rte de Chambéry (sortie 26) et D 64 – ⊠ 73200

✕✕ **Les 16 Clochers** ≼ 🔆 ⅌ 🄿 𝚅𝙸𝚂𝙰 ◍

91 chemin des 16 Clochers – ℰ 04 79 31 30 39 – Fax 04 79 31 30 39 – Fermé 14-21 avril, 1er-8 sept., 23 déc.-15 janv., dim. soir, mardi soir et lundi
Rest – (24 €) Menu 33/55 € – Carte 54/86 €
♦ Chaleureux intérieur façon chalet et terrasse d'été panoramique offrant une vue superbe sur la vallée et les montagnes. La cuisine, traditionnelle, ose les saveurs créatives.

ALBI 🄿 – 81 Tarn – **338** E7 – 48 712 h. – alt. 174 m – ⊠ 81000   **29** C2
▌ Midi-Toulousain

🚩 Paris 694 – Béziers 150 – Clermont-Ferrand 286 – Toulouse 76
🛈 Office de tourisme, place Sainte-Cécile ℰ 05 63 49 48 80, Fax 05 63 49 48 98
🄖 Albi Lasbordes Château de Lasbordes, O : 4 km par r. de la Berchère, ℰ 05 63 54 98 07
🄖 de Florentin-Gaillac à Marssac-sur-Tarn Al Bosc, par rte de Toulouse : 11 km, ℰ 05 63 55 20 50
Circuit automobile ℰ 05 63 43 23 00, 2 km par ⑤.
◉ Cathédrale Ste-Cécile★★★ : Jubé★★★ - Palais de la Berbie★ : musée Toulouse-Lautrec★★ - Le Vieil Albi★★ : hôtel Reynès★ Z **C** - Pont Vieux★ - Pharmacie des Pénitents★ - ≼★ depuis les moulins albigeois.

ALBI

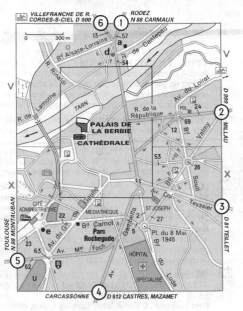

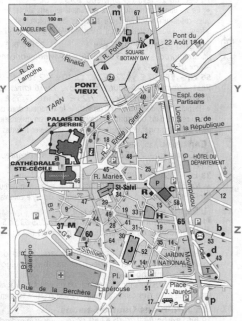

La Réserve ⚐ ≤ ⵠ 🏠 ⵙ 🌺 🎦 ⬥ ch, 🅰🅒 🎱 🛁 🅿 𝕍𝕀𝕊𝔸 ⓄⓄ 🅰🅔

rte de Cordes, 3 km par ⑥ – ℰ 05 63 60 80 80 – www.relaischateaux.fr/reservealbi
– Fax 05 63 47 63 60 – Ouvert 1ᵉʳ mai-30 sept.

23 ch – 🛏168/478 € 🛏🛏168/478 €, � 20 € – 2 suites

Rest – (fermé le midi sauf dim.) Menu 45/60 € – Carte 70/90 €

◆ Dans un parc au bord du Tarn, grande villa accueillante dont les chambres personnalisées (mobilier chiné et contemporain) ont vue sur la piscine et la reposante rivière. Lumineuse salle à manger actuelle et vaste terrasse surplombant le cours d'eau.

Hostellerie St-Antoine sans rest 🚗 🎦 🅰🅒 🎱 🛁 🅿 𝕍𝕀𝕊𝔸 ⓄⓄ 🅰🅔 ⓄⒹ

17 r. St-Antoine – ℰ 05 63 54 04 04 – www.hotel-saint-antoine-albi.com
– Fax 05 63 47 10 47   Zd

42 ch – 🛏88/175 € 🛏🛏95/235 €, ⊯ 18 € – 2 suites

◆ Dans cet hôtel fondé en 1734 (l'un des plus vieux de France), le jardin et le mobilier ancien recréent l'atmosphère douillette des maisons d'antan, le confort moderne en plus.

Chiffre 🎦 🅰🅒 🌺 rest, 🛁 🅿 🗔 𝕍𝕀𝕊𝔸 ⓄⓄ 🅰🅔

50 r. Séré-de-Rivières – ℰ 05 63 48 58 48 – www.hotelchiffre.com
– Fax 05 63 38 11 15 – Fermé 15 déc.-15 janv.   Zb

36 ch – 🛏57/169 € 🛏🛏67/169 €, ⊯ 15 € – 2 suites – ½ P 68/87 €

Rest – (fermé sam. et dim.) (dîner seult) Menu 20/27 € – Carte 26/42 €

◆ Cet ex-relais de poste entoure un patio. Les chambres, raffinées et personnalisées, sont progressivement rénovées. Plats traditionnels servis dans une salle de restaurant chaleureuse (murs lambrissés, cadre cossu et bar marin).

Mercure ≤ 🎍 🎦 ⬥ ch, 🅰🅒 🌺 rest, 🅿 🅿 𝕍𝕀𝕊𝔸 ⓄⓄ 🅰🅔 ⓄⒹ

41 bis r. Porta – ℰ 05 63 47 66 66 – Fax 05 63 46 18 40   Yn

56 ch – 🛏97 € 🛏🛏112 €, ⊯ 12 €

Rest – (fermé 20 déc.-4 janv., sam. midi, dim. midi et le soir du vend. au dim. du 1ᵉʳ déc. au 28 fév.) (17 €) Menu 20/52 € bc – Carte 30/44 €

◆ Ce moulin à farine du 18ᵉ s. dominant le Tarn abrite, derrière sa typique façade en briques roses, un hôtel au cadre sobre et au confort moderne. Le restaurant et la terrasse offrent une vue imprenable sur la cathédrale ; cuisine dans l'air du temps.

Grand Hôtel d'Orléans 🎍 🏊 🎦 ⬥ rest, 🅰🅒 🎱 🛁 🗔 𝕍𝕀𝕊𝔸 ⓄⓄ 🅰🅔
⊛⊛

pl. Stalingrad – ℰ 05 63 54 16 56 – www.hotel-orleans-albi.com
– Fax 05 63 54 43 41   Xe

56 ch – 🛏62/97 € 🛏🛏72/122 €, ⊯ 10 € – 2 suites – ½ P 67/91 €

Rest – (fermé 1ᵉʳ-15 août, 1ᵉʳ-11 nov., 1ᵉʳ-16 janv., 15-21 fév., sam. sauf le soir d'avril à oct. et dim.) Menu 17/23 € – Carte 27/55 €

◆ Depuis 1902, de père en fils, on installe le voyageur dans des chambres fonctionnelles peu à peu revues dans un esprit contemporain, pour un quiet séjour au pays de Lautrec. Confortable salle à manger, terrasse autour de la piscine et recettes traditionnelles.

Cantepau sans rest 🎦 ⬥ 🎱 🅿 🗔 𝕍𝕀𝕊𝔸 ⓄⓄ 🅰🅔

9 r. Cantepau – ℰ 05 63 60 75 80 – www.hotelcantepau.fr – Fax 05 63 60 01 61
– Fermé 23-31 déc.   Va

33 ch – 🛏54/69 € 🛏🛏54/75 €, ⊯ 9 €

◆ Meubles en osier et rotin, tons crème et tabac, ventilateurs : le décor de ce petit hôtel familial situé dans une rue tranquille s'inspire du style colonial. Accueil aimable.

XX **L'Esprit du Vin** (David Enjalran) 🅰🅒 𝕍𝕀𝕊𝔸 ⓄⓄ 🅰🅔
⊛

11 quai Choiseul – ℰ 05 63 54 60 44 – Fax 05 63 54 54 79 – Fermé dim. et lundi
Rest – (nombre de couverts limité, prévenir) (23 €) Menu 27 €   Yq
(déj.), 75/95 € – Carte 74/100 €

Spéc. La Saint-Jacques et le camembert, risotto de pomme de terre (oct. à mars). Le terre et mer : pigeon et gambas, boulgour au citron confit (mai à sept.). Coulant chocolat-cigare et caramel (oct. à fév.). **Vins** Gaillac.

◆ Chaleureux restaurant dans une maison du vieil Albi. Magnifique salle logée sous des voûtes, et une autre plus contemporaine. Cuisine créative tout en finesse et subtilité.

XX **Le Jardin des Quatre Saisons** 🎍 🅰🅒 𝕍𝕀𝕊𝔸 ⓄⓄ 🅰🅔

19 bd Strasbourg – ℰ 05 63 60 77 76 – www.lejardindes4saisons.fr.st
– Fax 05 63 60 77 76 – Fermé dim. soir et lundi   Vd

Rest – (13 €) Menu 24/35 € 🕮

◆ Deux attrayantes salles à manger colorées : l'une avec cheminée et l'autre agrémentée de tableaux et plantes vertes. Généreuse cuisine traditionnelle et belle carte des vins.

Le Lautrec 🛋 VISA ©® AE
13 r. Toulouse-Lautrec – ℰ 05 63 54 86 55 – www.restaurant-le-lautrec.com
– Fax 05 63 54 86 55 – Fermé 24 août-1ᵉʳ sept., vacances de la Toussaint,
18-25 fév., dim. sauf le midi de sept. à juin et lundi   Zt
Rest – Menu 15 € (sem.)/50 € bc – Carte environ 35 €
• Cachet naturel préservé dans ces anciennes écuries où trône un vieux puits chargé d'histoire. Patio-terrasse pour les beaux jours et recettes à base de produits frais régionaux.

La Table du Sommelier 🛋 AC VISA ©®
20 r. Porta – ℰ 05 63 46 20 10 – www.latabledusommelier.com
– Fax 05 63 36 58 51 – Fermé dim. et lundi   Ym
Rest – (13 €) Menu 16 € (déj.), 25/45 € bc⌂
• L'enseigne et les caisses de bois empilées dans l'entrée annoncent la couleur. Petits plats bistrotiers revisités accompagnés, comme il se doit, d'une belle sélection de vin.

L'Epicurien 🛋 ⌂ AC VISA ©® AE
42 pl. Jean-Jaurès – ℰ 05 63 53 10 70 – www.restaurantlepicurien.com
– Fax 05 63 43 16 90 – Fermé dim. et lundi   Zp
Rest – (16 €) Menu 26/68 € – Carte 37/69 €
• C'est l'adresse branchée d'Albi. Cadre épuré mais néanmoins chaleureux avec ses banquettes, ses baies vitrées et sa vue directe sur les cuisines. Carte dans l'air du temps.

La Fourchette Adroite 🛋 VISA ©®
7 pl. de l' Archevêché – ℰ 05 63 49 77 81 – Fax 05 63 49 77 81   Yf
Rest – (11 €) Menu 16 € (déj.), 28/42 € bc – Carte 45/45 € le soir
• Une architecture moderne dans un cadre ancien : ce restaurant aux allures de loft se révèle aussi tendance que convivial. Cuisine inventive, bien en phase avec le concept.

Stéphane Laurens 🛋 AC VISA ©® AE
10 pl. Monseigneur-Mignot – ℰ 05 63 43 62 41 – www.stephanelaurens.com
– Fax 05 63 43 67 79   Ya
Rest – Carte 20/72 €
• Cette belle maison dévoile deux impressionnantes salles (hautes et profondes) au style épuré quelque peu japonisant. Plats traditionnels remis au goût du jour, riches en saveurs.

à Castelnau-de-Lévis 7 km par ⑥, D 600 et D 1 – 1 520 h. – alt. 221 m
– ✉ 81150

La Taverne avec ch 🛋 📶 ⌂ rest. AC 🍴 VISA ©® AE
r. Aubijoux – ℰ 05 63 60 90 16 – www.tavernebesson.com – Fax 05 63 60 96 73
8 ch – †58/65 € ††58/85 €, 🗌 9 €
Rest – *(fermé vacances de fév., dim. soir et lundi hors saison)* Menu 20/53 €
– Carte 42/60 €
• Ancienne coopérative boulangère dont les fours en briques agrémentent l'une des deux confortables salles à manger. Cuisine raffinée s'inspirant du terroir et de la tradition.

ALENÇON ℙ – 61 Orne – 310 J4 – 28 458 h. – alt. 135 m – ✉ 61000   33 C3
🎯 Normandie Cotentin

▶ Paris 190 – Chartres 119 – Évreux 119 – Laval 90
🅸 Office de tourisme, place de la Magdeleine ℰ 02 33 80 66 33,
  Fax 02 33 80 66 32
🏌 d'Alençon-en-Arçonnay à Arçonnay Le Petit Maleffre, par rte du Mans :
  3 km, ℰ 02 33 28 56 67
◉ Église Notre-Dame★ - Musée des Beaux-Arts et de la Dentelle★ :
  collection de dentelles★ BZ **M²**.

Plan page suivante

Mercure sans rest 📶 ⌂ 🍴 ♨ ℙ VISA ©® AE ⓘ
187 av. Gén- Leclerc, 2 km par ④ – ℰ 02 33 28 64 64 – www.mercure.com
– Fax 02 33 28 64 72 – Fermé 23 déc.-3 janv.
53 ch – †72/75 € ††74/80 €, 🗌 10 €
• Établissement situé dans une petite zone commerciale. Les chambres, pratiques et bien insonorisées, sont toutes rénovées (style plus contemporain au 2ᵉ étage). Plaisant salon-bar.

ALENÇON

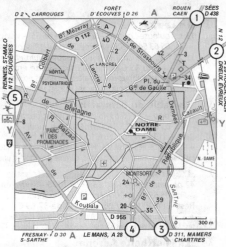

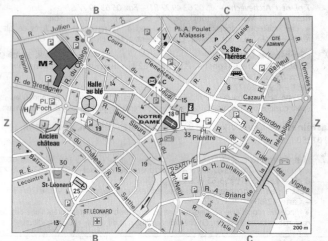

🏠 **Des Ducs** sans rest   🅿 VISA ⏺⬤

50 av. Wilson – ℰ 02 33 29 03 93
– www.hoteldesducs-alencon.fr – Fax 02 33 29 28 59
– *Fermé 9-15 août*   **AY**r
24 ch – 🛏53/59 € 🛏🛏59/69 €, ⬭ 7,50 €

◆ Véritable cure de jouvence pour cet hôtel face à la gare, qui a pour atout des chambres modernes (couleurs tendance), fonctionnelles et bien équipées. Bar, jardin et terrasse.

🏠 **Ibis** sans rest   📶 ⅏ VISA ⏺⬤ AE ⓪

13 pl. Poulet-Malassis – ℰ 02 33 80 67 67 – www.ibishotel.com
– *Fax 02 33 26 02 88*   **CZ**y
52 ch – 🛏64/75 € 🛏🛏64/75 €, ⬭ 8 €

◆ À deux pas du centre-ville et dans un quartier résidentiel calme. Mobilier contemporain dans les chambres et la salle des petits-déjeuners. Ambiance feutrée au salon-bar.

XX **Au Petit Vatel** ⇔ VISA ⚫ AE
72 pl. Cdt-Desmeulles – ℰ 02 33 26 23 78 – Fax 02 33 82 64 57 – Fermé
21 juil.-11 août, 17 fév.-3 mars, dim. soir, mardi soir et merc. BZ**s**
Rest – (17 € bc) Menu 20/70 € bc – Carte 35/72 €
♦ Il règne une atmosphère champêtre dans cette maison en pierres du pays. Tons pastel et
exposition de tableaux à l'intérieur. Cuisine sans fausse note qui fleure bon le terroir.

par ① N 138 et rte secondaire

⛩ **Château de Sarceaux** ⊰ ⚙ ⌂ ⓦ **P** VISA ⚫
⊠ 61250 Valframbert – ℰ 02 33 28 85 11 – www.chateau-de-sarceaux.com
– Fax 02 33 28 85 11 – Fermé 7 janv.-11 fév.
5 ch ⊆ – †115/150 € ††115/150 € **Table d'hôte** – Menu 49 € bc
♦ Un parc de 12 ha avec étang entoure ce château des 17e et 19e s. dont les chambres raffinées, décorées d'authentiques meubles et tableaux de famille, sont toutes orientées au sud.
Dîner aux chandelles à la table d'hôte ; registre culinaire traditionnel.

à St-Paterne (72 Sarthe) 4 km par ③ – 1 604 h. – alt. 160 m – ⊠ 72610

⛩ **Château de St-Paterne** ⊰ ⚙ ⌂ ⓦ **P** VISA ⚫ AE
4 r. de la Gaieté – ℰ 02 33 27 54 71 – www.chateau-saintpaterne.com
– Fax 02 33 29 16 71 – Fermé 1ᵉʳ janv.-15 mars
10 ch – †135/240 € ††135/240 €, ⊆ 13 €
Rest – (dîner seult) (résidents seult) Menu 47 €
♦ Un séjour romantique vous attend dans ce château avec son grand parc aux arbres sécula-
res. Salon d'époque, décor personnalisé des chambres (historique ou plus tendance). Ambiance
chaleureuse autour de repas aux chandelles préparés par le châtelain (menu unique).

ALÉRIA – 2B Haute-Corse – 345 G7 – voir à Corse

ALÈS ◉ – 30 Gard – 339 J4 – 39 943 h. – alt. 136 m – ⊠ 30100 **23** C1
█ Languedoc Roussillon

▶ Paris 706 – Albi 226 – Avignon 72 – Montpellier 70
🄸 Office de tourisme, place de la Mairie ℰ 04 66 52 32 15, Fax 04 66 52 57 09
◉ Musée minéralogique de l'Ecole des Mines★ N - Musée-bibliothèque
Pierre-André-Benoit★ O : 2 km - Mine-témoin★ O : 3 km.

Plan page suivante

⛩ **Ibis** sans rest 📶 ৬ AK ⓦ ⌂ VISA ⚫ AE ①
18 r. E.-Quinet – ℰ 04 66 52 27 07 – www.ibishotel.com – Fax 04 66 52 36 33
75 ch – †55/75 € ††55/75 €, ⊆ 8 € B**e**
♦ Bâtiment des années 1970 situé au cœur d'Alès. Les chambres, spacieuses et bien insonorisées, sont toutes rénovées. Bar-salon. Local à vélos.

XX **Le Riche** avec ch AK ⓦ VISA ⚫ AE
42 pl. Sémard – ℰ 04 66 86 00 33 – www.leriche.fr – Fax 04 66 30 02 63
– Fermé août B**n**
19 ch – †52 € ††68 €, ⊆ 8,50 € – ½ P 54 €
Rest – Menu 21/50 € – Carte 40/55 €
♦ Bel immeuble du début du 20ᵉ s. Sous un haut plafond, salle à manger Art nouveau aux
lambris restaurés et aux couleurs vives. Cuisine classique. Chambres au design contemporain.

X **L'Atelier des Saveurs** ⌂ VISA ⚫ AE
16 fg de Rochebelle – ℰ 04 66 86 27 77 – www.latelierdessaveurs.net
– Fax 04 66 86 80 85 – Fermé 23 août-12 sept., sam. midi, dim. soir et lundi
Rest – (19 €) Menu 29/68 € – Carte 40/71 € A**t**
♦ Lumineux intérieur un brin champêtre, délicieux patio ombragé, ambiance conviviale et
attrayantes recettes actuelles où s'invitent les saveurs du Sud : laissez-vous bercer...

à St-Martin-de-Valgalgues 2 km par ① – 4 166 h. – alt. 148 m – ⊠ 30520

⛩ **Le Mas de la Filoselle** ⌧ AK rest,
344 r. du 19 mars 1962 – ℰ 06 61 23 19 75 – http://filoselle.free.fr
⚙ **4 ch** ⊆ – †69 € ††80 € – ½ P 65 € **Table d'hôte** – Menu 18 € bc, 25 € bc
♦ On se sent très vite chez soi dans cette ex-magnanerie perchée sur les hauteurs du village. Ravissantes chambres thématiques (Lavande, Olivier, etc.) et beau jardin en terrasses.

ALÈS

à St-Hilaire-de-Brethmas 3 km par ② et D 936 – 4 257 h. – alt. 125 m – ⊠ 30560

⬆ **Comptoir St-Hilaire** ⬥   ⟨ 🛋 🏊 ℅ ⁗ 🅿 🆅🆂🅰 ⊚ 🅰🅴

Mas de la Rouquette, 2 km à l'Est – ℰ 04 66 30 82 65
– www.comptoir-saint-hilaire.com – Fax 04 66 25 64 02 – Fermé 15 mars-1er avril
et 15 nov.-15 déc.

5 ch ⊐ – ♦250/390 € ♦♦250/390 €   **Table d'hôte** – Menu 50 € bc

♦ Catherine Painvin a entièrement repensé ce mas du 17e s. : chambres et suites follement originales, luxe omniprésent mais discret, superbe parc avec les Cévennes à perte de vue. Avec ses dîners à thèmes, la table d'hôte procure des moments inédits et magiques.

✗✗✗ **Auberge de St-Hilaire**   🚗 🛋 ⅋ 🅰🅲 ⟺ 🅿 🆅🆂🅰 ⊚

5 r. André Schenk – ℰ 04 66 30 11 42 – www.aubergesainthilaire.com
– Fax 04 66 86 72 79 – Fermé dim. soir et lundi

Rest – Menu 25/65 € – Carte 55/80 €

♦ Goûteuse cuisine classique revisitée pour cet élégant pavillon recelant une confortable salle mi-contemporaine, mi-méridionale. Agréable terrasse d'été où trône un olivier.

à St-Privat-des-Vieux 4 km par ②, rte de Montélimar, D 216 et rte secondaire – 4 314 h. – alt. 180 m – ⊠ 30340

✗✗ **Le Vertige des Senteurs**   🚗 🛋 ⅋ ⟺ 🅿 🆅🆂🅰 ⊚ 🅰🅴

35 chemin de l'Usclade – ℰ 04 66 91 08 84 – www.vertige-des-senteurs.fr
– Fax 04 66 91 08 84 – Fermé 1er-10 janv., sam. midi en juil.-août, dim. soir et
lundi

Rest – (19 €) Menu 35/70 €

♦ Joli mas restauré proposant des plats inventifs et soignés. Salles contemporaines raffinées (une avec cheminée) d'où le regard se perd sur les Cévennes. Boutique et cave à vins.

à Méjannes-lès-Alès 7,5 km par ② et D 981 – 1 026 h. – alt. 141 m – ⊠ 30340

XX **Auberge des Voutins**   ☆ 🅰 ⇆ 🄿 ᴠɪꜱᴀ ☯ ᴀᴇ
🙂 *rte d'Uzès* – ℰ 04 66 61 38 03 – Fax 04 66 61 04 19 – *Fermé mardi midi, dim. soir et lundi sauf fériés*
Rest – Menu 28/60 € – Carte 50/60 €
♦ Maison de pays bien protégée de la route par un rideau d'arbres. Recettes traditionnelles à goûter dans une salle à manger campagnarde ou sur la terrasse, à l'ombre d'un tilleul.

ALFORTVILLE – 94 Val-de-Marne – **312** D3 – **101** 27 – **voir à Paris, Environs**

ALGAJOLA – 2B Haute-Corse – **345** C4 – **voir à Corse**

ALISE-STE-REINE – 21 Côte-d'Or – **320** G4 – **rattaché à Venarey-les-Laumes**

ALIX – 69 Rhône – **327** G4 – 686 h. – alt. 287 m – ⊠ 69380   **43** E1
▶ Paris 442 – L'Arbresle 12 – Lyon 28 – Villefranche-sur-Saône 12

XX **Le Vieux Moulin**   ☆ 🄿 ᴠɪꜱᴀ ☯
chemin du Vieux-Moulin – ℰ 04 78 43 91 66 – www.lemoulindalix.com
– Fax 04 78 47 98 46 – *Fermé lundi et mardi*
Rest – Menu 25/52 € – Carte 27/56 €
♦ Moulin rhodanien en pierre converti en auberge villageoise. Intérieur champêtre et paisible terrasse ombragée, très prisée en été. Carte traditionnelle et suggestions du moment.

ALLAS-LES-MINES – 24 Dordogne – **329** H6 – **rattaché à St-Cyprien**

ALLEINS – 13 Bouches-du-Rhône – **340** F3 – 2 368 h. – alt. 180 m   **42** E1
– ⊠ 13980
▶ Paris 725 – Marseille 63 – Aix-en-Provence 34 – Avignon 47

⌂ **Domaine de Méjeans**   ⊠ 🌊 🅰 ch, ⁋ 🄿 ᴠɪꜱᴀ ☯
R.D.71B – ℰ 04 90 57 31 74 – www.domainedemejeans.com – Fax 04 90 57 31 74
5 ch ⊑ – †150/180 € ††160/220 €   **Table d'hôte** – Menu 35/45 €
♦ Une allée de peupliers mène à cette demeure confortable et luxueuse. Un domaine profitant du calme (étang, jardin, piscine), doté de chambres cossues et bien équipées.

ALLERY – 80 Somme – **301** E8 – **rattaché à Airaines**

ALLEVARD – 38 Isère – **333** J5 – 3 853 h. – alt. 470 m – Sports d'hiver :   **46** F2
au Collet d'Allevard 1 450/2 100 m ⛷13 – Stat. therm. : début mars-mi-oct.
– Casino – ⊠ 38580 ▮ Alpes du Nord
▶ Paris 593 – Albertville 50 – Chambéry 33 – Grenoble 40
🛈 Office de tourisme, place de la Résistance ℰ 04 76 45 10 11,
  Fax 04 76 97 59 32
◉ Route du Collet★★ par D525ᴬ.

Plan page suivante

⌂ **Les Alpes**   🅰 rest, ⁋ ᴠɪꜱᴀ ☯ ᴀᴇ
🈺 *pl. du Temple* – ℰ 04 76 45 94 10 – www.lesalpesallevard.com
📺 – Fax 04 76 45 80 81 – *Fermé 10-26 avril, 23 oct.-4 nov. et dim. soir en hiver*
15 ch – †54 € ††59/67 €, ⊑ 10 € – ½ P 65/81 €   **d**
Rest – *(fermé sam. midi hors saison, vend. soir et dim. soir)* (13 €) Menu 16 €
(déj. en sem.), 31/51 € – Carte 31/41 €
♦ Cet hôtel familial, repérable à sa façade jaune et verte, se trouve au cœur de la station thermale. Chambres assez vastes, personnalisées et propres. Salle à manger récemment refaite dans un style classique, au diapason d'une cuisine traditionnelle.

ALLEVARD

Rues piétonnes en
saison thermale

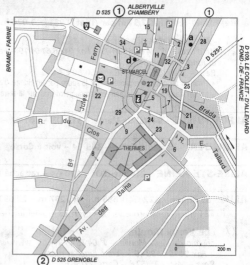

à Pinsot 7 km au Sud par D 525 A – 180 h. – alt. 730 m – ⊠ 38580

Pic de la Belle Étoile ⬙   ⟨ 🚗 🛜 🖵 🔾 🔾 ⌨ 🛠 🄿 VISA 🆗 ﷼

– ℰ 04 76 45 89 45 – www.pbetoile.com – Fax 04 76 45 89 46
– Fermé 24 avril-10 mai, 16 juil.-12 août, 22 oct.-2 nov., vend. soir, sam. et dim.
sauf 2-9 avril, 12-19 août, 18 déc.-2 janv. et 6 fév.-6 mars
40 ch – ☗69/101 € ☗☗85/126 €, � 13 € – ½ P 81/103 €
Rest – (14 €) Menu 20/47 €

♦ À l'entrée du village, imposante maison régionale récemment agrandie dont le jardin
dégringole jusqu'à un torrent. Optez pour les chambres situées dans l'aile neuve. Recettes
traditionnelles et régionales servies dans une salle à manger moderne ou en terrasse.

au Sud 17 km par D 525A et rtre secondaire - ⊠ 38580 Allevard

Auberge Nemoz ⬙   ⟨ 🚗 🔾 🄿 VISA 🆗
au hameau "La Martinette" – ℰ 04 76 45 03 10
– www.auberge-nemoz.com – Fax 04 76 45 03 10
– Fermé 14-28 avril et nov.
5 ch ⊂ – ☗85 € ☗☗95 €   **Table d'hôte** – Menu 20/26 €

♦ Dans la vallée du Haut Bréda, chalet en bois et en pierre abritant des chambres personnalisées (meubles anciens et objets de famille). Promenades à cheval ou en raquettes (l'hiver).
Restaurant rustique et très convivial ; la cheminée sert aux raclettes. Plats du terroir.

ALLEX – 26 Drôme – 332 C5 – 2 369 h. – alt. 160 m – ⊠ 26400   44 B3

▶ Paris 588 – Lyon 126 – Valence 24 – Romans-sur-Isère 46

🛈 Syndicat d'initiative, avenue Henri Seguin ℰ 04 75 62 73 13,
Fax 04 75 62 69 20

La Petite Aiguebonne sans rest ⬙   🚗 🔾 🄿
chemin d'Aiguebonne, 2 km à l'Est par D 93 – ℰ 04 75 62 60 68
– www.petite-aiguebonne.com
5 ch – ☗85/100 € ☗☗85/120 €, ⊂ 5 €

♦ Zanzibar, Pondichéry, Toscane, Louisiane... Autant d'inspirations décoratives pour les
coquettes chambres de cette vieille ferme drômoise (13ᵉ s.), fort bien équipées.

ALLEYRAS – 43 Haute-Loire – 331 E4 – 176 h. – alt. 779 m – ⊠ 43580　　6 C3

　　▶ Paris 549 – Brioude 71 – Langogne 43 – Le Puy-en-Velay 32

🏠🏠　　**Le Haut-Allier** (Philippe Brun) ⤷　　≼ ᴛᴀ 🎐 ☾ 🖭 rest, ˝|˝ ᵼᴬ P

❀　　*2 km au Pont d'Alleyras, au Nord par D 40* – ℰ *04 71 57 57 63*　　ᴠɪsᴀ ◑ ᴀᴇ
　　– www.hotel-lehautallier.com – Fax 04 71 57 57 99
　　– Ouvert de mi-mars à mi-nov. et fermé lundi et mardi sauf juil.-août et fériés
　　12 ch – ♦95/120 € ♦♦95/120 €, ⊆ 14 € – ½ P 98/115 €
　　Rest – *(fermé lundi et mardi sauf le soir en juil.-août et fériés)* Menu 28 € (déj.
　　en sem.), 48/90 € – Carte 55/80 € ⅋

　　Spéc. Interprétation autour des champignons de saison. Agneau du marché
　　de Saugues en deux apprêts. Lait du Gévaudan glacé, fruits rouges des
　　monts du Velay et cœur de gaufre (juin à sept.). **Vins** Saint-Joseph, Boudes.
　　♦ Belle adresse dans un hameau reculé, aux confins des gorges de l'Allier. Confort bourgeois
　　sans ostentation, calme, tenue parfaite, accueil charmant... Au restaurant, cuisine étudiée à
　　base d'excellents produits, navigant entre terroir et invention.

LES ALLUES – 73 Savoie – 333 M5 – **rattaché à Méribel**

ALLY – 15 Cantal – 330 B3 – 671 h. – alt. 720 m – ⊠ 15700　　5 A3

　　▶ Paris 532 – Clermont-Ferrand 119 – Aurillac 46 – Tulle 71

🏠　　**Château de la Vigne** sans rest ⤷　　🐾 P

　　1 km au Nord-Est par D 680 – ℰ *04 71 69 00 20* – *www.chateaudelavigne.com*
　　– Fax 04 71 69 00 20 – Ouvert avril-oct.
　　3 ch – ♦110/130 € ♦♦110/130 €, ⊆ 8 €
　　♦ Dans la même famille depuis son édification (15ᵉ-18ᵉ s.), ce château propose des cham-
　　bres dont le décor traverse les époques : la "Louis XV", la "Troubadour", la "Directoire"...

ALOXE-CORTON – 21 Côte-d'Or – 320 J7 – **rattaché à Beaune**

ALPE D'HUEZ – 38 Isère – 333 J7 – 1 479 h. – alt. 1 860 m – **Sports**　　45 C2
d'hiver : 1 250/3 330 m 🎿15 🎿69 🎿 – ⊠ 38750 ▯ **Alpes du Nord**

　　▶ Paris 625 – Le Bourg-d'Oisans 12 – Briançon 71 – Grenoble 63
　　Altiport ℰ *04 76 11 21 73, SE.*
　　🛈 Office de tourisme, place Paganon ℰ *04 76 11 44 44*
　　◉ Pic du Lac Blanc ❄★★★ par téléphérique - Route de Villars-
　　Reculas★ 4 km par D 211ᴮ.

Plan page suivante

🏠🏠🏠　　**Au Chamois d'Or** ⤷　　≼ 🏡 🖼 🆗 ❄ 🎐 🖧 ch, ˝|˝ ᵼᴬ P 🚗 ᴠɪsᴀ ◑

　　rd-pt des pistes – ℰ *04 76 80 31 32* – *www.chamoisdor-alpedhuez.com*
　　– Fax 04 76 80 34 90 – Ouvert 15 déc.-20 avril　　Be
　　40 ch ⊆ – ♦250/530 € ♦♦270/560 € – 5 suites – ½ P 180/305 €
　　Rest – Menu 33 € (déj.), 38/62 € – Carte 35/75 €
　　♦ Grand chalet au pied des pistes : intérieur relooké, spa complet, espace enfants, terrasse
　　plein sud et chambres chaleureuses (certaines ont vue sur le massif de l'Oisans). Joli restau-
　　rant dans le style montagnard chic et cuisine classique bien faite.

🏠🏠　　**Le Printemps de Juliette** sans rest　　≼ 🎐 🖧 ˝|˝ 🚗 ᴠɪsᴀ ◑ ᴀᴇ

　　av. des Jeux – ℰ *04 76 11 44 38* – *www.leprintempsdejuliette.com*
　　– Fax 04 76 11 44 37　　Ba
　　8 ch – ♦100/400 € ♦♦100/400 €, ⊆ 12 € – 4 suites
　　♦ Une véritable bonbonnière au cœur de la station : chambres et suite personnalisées dans
　　les tons pastel (balcons), salon de thé animé par un saxophoniste certains soirs en saison.

🏠　　**Le Dôme**　　≼ 🎐 ˝|˝ 🖧 P 🚗 ᴠɪsᴀ ◑

　　pl. du Cognet – ℰ *04 76 80 32 11* – *www.dome-alpedhuez.com*
　　– Fax 04 76 80 66 48 – Ouvert juil.-août et déc.-avril　　Bq
　　23 ch – ♦82/182 € ♦♦98/182 €, ⊆ 13 € – ½ P 105/146 €
　　Rest – *(ouvert déc.-avril)* (19 €) Menu 30 € – Carte 28/50 €
　　♦ Hôtel fondé par le grand-père de l'actuel patron, à l'emplacement de l'ex-refuge du Tou-
　　ring Club. Chambres récemment refaites, dans l'esprit local. Galerie marchande. Petite salle à
　　manger à l'atmosphère montagnarde ; plats traditionnels et régionaux.

ALPE D'HUEZ

Bergers (Chemin des)........ B 2

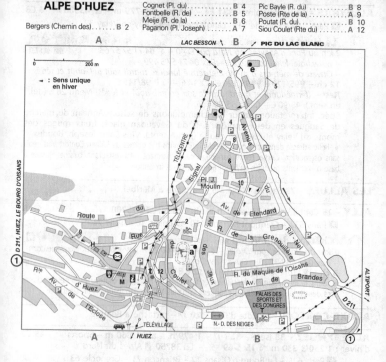

✕ Au P'tit Creux

📶 VISA ◯◯ AE

chemin des Bergers – ℰ 04 76 80 62 80 – Fax 04 76 80 39 37
– Fermé 1er mai-1er juin, 11 nov.-6 déc., lundi midi, mardi midi du
1er janv. au 1er mai, lundi soir et mardi soir du 1er sept. au 11 nov.
Rest – (prévenir) Menu 48 € – Carte 28/55 €

At

♦ Boiseries anciennes, nappage beige et rouge et chaises en paille composent le nouveau
décor alpin de ce coquet restaurant agrandi d'une véranda. Cuisine traditionnelle.

à Huez 3,5 km au Sud-Ouest par D 211 – 1 327 h. – alt. 1 495 m – ⊠ 38750

🏠 L' Ancolie ⑤

📶 🗗 🛠 🐾 🅿 VISA ◯◯

av. de l'Église – ℰ 04 76 11 13 13 – www.ancolie-hotel.com – Fax 04 76 11 13 11
– Ouvert 1er juin-22 août, 2-30 sept. et 1er déc.-24 avril
16 ch – †59/106 € ††68/115 €, ☑ 8 € – ½ P 67/91 €
Rest – (15 €) Menu 18 € (déj.), 25/38 € – Carte 30/52 €

♦ Belle maison de pays située dans un vieux village préservé. Intérieur rénové dans un
esprit montagnard (décor "pierre et bois"), chambres coquettes et environnement paisible.
Cuisine traditionnelle, fondues au fromage et jolie vue sur l'Oisans.

ALPUECH – 12 Aveyron – **338** J2 – **rattaché à Laguiole**

ALTENSTADT – 67 Bas-Rhin – **315** L2 – **rattaché à Wissembourg**

ALTHEN-DES-PALUDS – 84 Vaucluse – **332** C9 – 2 375 h. – alt. 34 m   **42** E1
– ⊠ 84210

▶ Paris 676 – Avignon 18 – Carpentras 12 – Cavaillon 24

Hostellerie du Moulin de la Roque ♨ 🔊 🛏 ☕ ✕ 🚗 🛎 🏧 ✗
rte de la Roque – ✆ 04 90 62 14 62   🍴 🔊 🄵 🄿 🄿 VISA ©◉
– www.moulin-de-la-roque.com – Fax 04 90 62 18 50
28 ch – ♦65/100 € ♦♦70/140 €, ☕ 10 € – ½ P 70/140 €
Rest – (fermé lundi sauf le soir en saison, sam. midi et dim. soir hors saison)
(27 €) Menu 37 € – Carte 55/70 €
♦ Une belle allée de platanes conduit à ce moulin du 17e s. Chambres personnalisées, ouvertes sur le parc traversé par la Sorgue (pêche). Cuisine de saison à savourer dans la plaisante salle à manger bourgeoise ou sur la terrasse ombragée.

ALTKIRCH ✍ – 68 Haut-Rhin – 315 H11 – 5 575 h. – alt. 312 m   **1 A3**
– ✉ 68130 📘 Alsace Lorraine

  ▶ Paris 457 – Basel 33 – Belfort 35 – Montbéliard 52
  🏢 Office de tourisme, 5, place Xavier Jourdain ✆ 03 89 40 02 90,
     Fax 03 89 40 02 90
  ⛳ de la Largue à Seppois-le-Bas Rue du Golf, S : 23 km par D 432,
     ✆ 03 89 07 67 67

à Wahlbach 10 km à l'Est par D 419 et D 19ᴮ – 401 h. – alt. 320 m – ✉ 68130

✕✕   **Auberge de la Gloriette** avec ch   🚗 🔊 🄰🄲 rest, 🍴 🔊 🄿 VISA ©◉ 🄰🄴
9 r. Principale – ✆ 03 89 07 81 49 – www.lagloriette68.com – Fax 03 89 07 40 56
– Fermé 26 janv.-10 fév.
10 ch – ♦46 € ♦♦60 €, ☕ 9 €
Rest – (fermé lundi et mardi) (13 €) Menu 25 € (sem.)/58 € – Carte 13/58 €
♦ Cadre engageant mêlant l'ancien et le moderne dans cette ferme proposant une cuisine classique soignée. Chambres plus confortables (mobilier chiné) dans le bâtiment principal.

ALTWILLER – 67 Bas-Rhin – 315 F3 – 411 h. – alt. 220 m – ✉ 67260   **1 A1**

  ▶ Paris 412 – Metz 86 – Nancy 73 – Le Haras 10

✕   **L'Écluse 16**   🚗 🄿 VISA ©◉
⊜   Bonne Fontaine, Sud-Est : 3,5 km – ✆ 03 88 00 90 42
     – www.ecluse16.com – Fax 03 88 00 91 94
(⊜)   – Fermé 2 sem. début mars, lundi et mardi
     Rest – Menu 18 € (sem.), 28/40 €
♦ Cet ancien relais de halage posé au bord du canal des Houillères de la Sarre abrite une lumineuse salle à manger au décor simple. On y sert une goûteuse cuisine actuelle.

ALVIGNAC – 46 Lot – 337 G3 – 638 h. – alt. 400 m – ✉ 46500   **29 C1**

  ▶ Paris 529 – Brive-la-Gaillarde 52 – Cahors 65 – Figeac 43
  🏢 Syndicat d'initiative, le bourg ✆ 05 65 33 66 42, Fax 05 65 33 60 62

🏠   **Du Château**   🚗 🔊 VISA ©◉
⊜   rte de Rocamadour Padirac – ✆ 05 65 33 60 14
     – www.hotel-chateau-alvignac.com – Fax 05 65 33 69 28
     – Ouvert 2 avril-31 oct.
28 ch – ♦40/45 € ♦♦40/45 €, ☕ 7 € – ½ P 45/48 €
Rest – (fermé merc. soir et dim. soir sauf juil.-août) Menu 13 € (déj. en sem.),
16/26 € – Carte 13/36 €
♦ Adossée à l'église, bâtisse séculaire à la façade en pierre tapissée de vigne vierge. Chambres fonctionnelles et bien tenues, progressivement rajeunies. Agréable jardin. Salle à manger simple et chaleureuse en accord avec la cuisine du terroir.

AMBÉRIEUX-EN-DOMBES – 01 Ain – 328 C5 – 1 436 h. – alt. 296 m   **43 E1**
– ✉ 01330

  ▶ Paris 437 – Bourg-en-Bresse 40 – Lyon 35 – Mâcon 43
  🏢 Syndicat d'initiative, 289, rue Gombette ✆ 04 74 00 84 15,
     Fax 04 74 00 84 04

🏠 **Auberge des Bichonnières**　　　　🖨 🛜 �📶 **P** 𝘝𝘐𝘚𝘈 ⓐ

545 rte du 3-Septembre-1944 – 𝒞 04 74 00 82 07
– www.aubergedesbichonnieres.com – Fax 04 74 00 89 61 – Fermé
20 déc.-25 janv., dim. soir sauf hôtel en juil.-août
9 ch – ✝50 € ✝✝56/66 €, � 8 € – ½ P 59/72 €
Rest – *(fermé mardi midi et lundi en juil.-août) (nombre de couverts limité,*
prévenir) (18 € bc) Menu 25/33 € – Carte 40/54 €
◆ Cette ancienne ferme typique de la Dombes abrite des chambres proprettes, ornées de
fresques représentant des scènes champêtres. En été, on s'attable volontiers dans l'avenante cour-terrasse fleurie. Cuisine mi-classique, mi-terroir à goûter dans un cadre rustique.

AMBERT ⊲⊳ – **63 Puy-de-Dôme** – **326** J9 – **7 057 h.** – **alt. 535 m**　　**6** C2
– ✉ **63600** ▍ Auvergne

▶ Paris 438 – Brioude 63 – Clermont-Ferrand 77 – Thiers 53
🛈 Office de tourisme, 4, pl. de Hôtel de Ville 𝒞 04 73 82 61 90, Fax 04 73 82 48 36
◎ Église St-Jean★ - Vallée de la Dore★ N et S - Moulin Richard-de-
Bas★ 5,5 km à l'Est par D 996 - Musée de la Fourme et du fromage - Train
panoramique★ (juil.-août).

✗✗ **Les Copains** avec ch　　　　🅰🄲 �📶 𝘝𝘐𝘚𝘈 ⓐ
⊖⊖　*42 bd Henri-IV - 𝒞 04 73 82 01 02 – www.hotelrestaurantlescopains.com*
🙂　*– Fax 04 73 82 67 34 – Fermé 16-25 avril, 10 sept.-10 oct., 19 fév.-1er mars, dim.*
soir, sam. et soir fériés
10 ch – ✝48 € ✝✝48/60 €, � 7 € – ½ P 50/70 €
Rest – Menu 13 € (déj. en sem.), 25/52 € – Carte 33/44 €
◆ Face à la pittoresque rotonde (mairie) célébrée par Jules Romains dans Les Copains. Plats
régionaux et fameuse fourme à déguster dans une salle aux couleurs ensoleillées.

AMBIALET – **81 Tarn** – **338** G7 – **439 h.** – **alt. 220 m** – ✉ **81430**　　**29** C2
▍ Midi-Toulousain

▶ Paris 718 – Albi 23 – Castres 55 – Lacaune 52
🛈 Syndicat d'initiative, le bourg 𝒞 05 63 55 39 14, Fax 05 63 55 39 14
◎ Site★.

🏠 **Du Pont**　　　⟨ 🖨 🛜 ⌣ 🅰🄲 ♨ **P** 𝘝𝘐𝘚𝘈 ⓐ 𝘈𝘌 ⓞ
– 𝒞 05 63 55 32 07 – www.hotel-du-pont.com – Fermé mi-nov. à mi-fév.
20 ch – ✝60/63 € ✝✝65/68 €, � 8 € – ½ P 63/66 €
Rest – (15 €) Menu 22/48 € bc – Carte 39/64 €
◆ Au bord du Tarn, maison régionale ayant vue sur Ambialet et son prieuré. Chambres fraîches, climatisées, ouvertes sur la campagne ou sur la rivière. Attablez-vous dans la salle à
manger rustique ou sur la terrasse panoramique, autour de petits plats traditionnels.

AMBIERLE – **42 Loire** – **327** C3 – **1 811 h.** – **alt. 467 m** – ✉ **42820**　　**44** A1
▍ Lyon Drôme Ardèche

▶ Paris 379 – Lapalisse 33 – Roanne 18 – Thiers 81
◎ Église★.

✗✗✗ **Le Prieuré** (Thierry Fernandes)　　　　🛜 🅰🄲 𝘝𝘐𝘚𝘈 ⓐ
⊛　*r. de la Mairie - 𝒞 04 77 65 63 24 – www.restaurant-le-prieure-ambierle.fr*
– Fax 04 77 65 69 90 – Fermé dim. soir, mardi et merc.
Rest – Menu 30 € (sem.)/75 € – Carte 65/80 €
Spéc. Duo de foie gras de canard. Pièce de ris de veau piqué d'un bois de
réglisse, caramélisé dans son jus. Sphère chocolat, craquant praliné et chan-
tilly caramel. **Vins** Viognier, Côte Roannaise.
◆ Au centre du village, face à un ancien prieuré, restaurant confortable au décor épuré.
Accueil aimable et cuisine tout en finesse, pleine de caractère et de saveurs.

AMBOISE – **37 Indre-et-Loire** – **317** O4 – **12 691 h.** – **alt. 60 m**　　**11** A1
– ✉ **37400** ▍ Châteaux de la Loire

▶ Paris 223 – Blois 36 – Loches 37 – Tours 27
🛈 Office de tourisme, quai Général de Gaulle 𝒞 02 47 57 09 28,
Fax 02 47 57 14 35
◎ Château★★ : ⟨≤★★ de la terrasse, ⟨≤★★ de la tour des Minimes - Clos-
Lucé★ - Pagode de Chanteloup★ 3 km par ④.

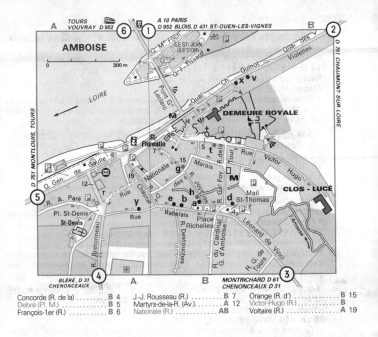

AMBOISE

Concorde (R. de la)	B 4	J.-J. Rousseau (R.)	B 7	Orange (R. d')	B 15
Debré (Pl. M.)	B 5	Martyrs-de-la-R. (Av.)	A 12	Victor-Hugo (R.)	B
François-1er (R.)	B 6	Nationale (R.)	AB	Voltaire (R.)	A 19

🏠 Le Choiseul ⬅ 🚗 🍴 ♨ 🅰🅲 📶 🛁 🅿 ♨ VISA 🌐 AE ⓘ

36 quai Ch.-Guinot – ☎ 02 47 30 45 45 – www.le-choiseul.com
– Fax 02 47 30 46 10   **Bv**

32 ch – ♦128/290 € ♦♦128/290 €, ☕ 22 € – 4 suites
Rest *Le 36* – (26 €) Menu 33 € (déj.)/80 € – Carte 56/90 € le soir

◆ Belle propriété érigée face à la Loire, avec petit parc fleuri et piscine. Chambres bourgeoises. Au 36, recettes au goût du jour servies dans une salle lumineuse (vue sur le fleuve ou sur les jardins à l'italienne) ou en terrasse.

🏠 Le Manoir Les Minimes sans rest ⬅ 🚗 🅱 🅰🅲 🛁 📶 🅿 VISA 🌐

34 quai Ch.-Guinot – ☎ 02 47 30 40 40 – www.manoirlesminimes.com
– Fax 02 47 30 40 77   **Bx**

13 ch – ♦122/190 € ♦♦122/190 €, ☕ 18 € – 2 suites

◆ Cette demeure (18e s.) des quais de la Loire vous réserve un accueil attentionné. Beaux salons bourgeois et chambres raffinées garnies de superbes meubles de divers styles.

🏠 Le Manoir St Thomas sans rest 🚗 ♨ 🅱 🅰🅲 ☎ 🅿 VISA 🌐 AE

1 Mail St-Thomas – ☎ 02 47 23 21 82
– www.manoir-saint-thomas.com – Fax 02 47 23 24 96
– Fermé 12 nov.-15 déc. et janv.   **Bd**

8 ch – ♦120/170 € ♦♦120/180 €, ☕ 12 € – 2 suites

◆ Ce manoir Renaissance met tout en œuvre pour le confort de ses clients. Jardin avec piscine, agréables salons et chambres de caractère (poutres apparentes ou plafonds peints).

🏠 Novotel 🌱 ⬅ 🚗 🍴 ♨ 🍽 📶 🖼 🅰🅲 📶 🛁 🅿 VISA 🌐 AE ⓘ

17 rue des Sablonnières, 2 km au Sud par ③ rte de Chenonceaux
– ☎ 02 47 57 42 07 – www.novotel.com – Fax 02 47 30 40 76

121 ch – ♦115/155 € ♦♦115/155 €, ☕ 14 €
Rest – (13 €) Menu 16 € – Carte 25/35 €

◆ Ce bâtiment domine Amboise et la vallée de la Loire. Chambres spacieuses et de style actuel, à l'image du dernier concept de la chaîne ; certaines ont vue sur le château. Salle à manger trendy et carte "Novotel Café", conformes au nouveau look de l'enseigne.

Château de Pray ⌂ ≤ 🍷 🌳 🏊 ✂ 🏋 ⚓ P VISA ⦿ AE ⓞ
3 km, rte de Chargé par ② et D 751 – ℰ 02 47 57 23 67 – http://praycastel.online.fr – Fax 02 47 57 32 50 – Fermé 15 nov.-1ᵉʳ déc. et 4-28 janv.
19 ch – ♦120/195 € ♦♦120/195 €, � 15 € – ½ P 120/160 €
Rest – *(fermé lundi et mardi sauf le soir d'avril a oct. et sauf fériés)*
Menu 52/65 € – Carte 68/95 €
◆ Dans un vaste parc arboré, ancienne forteresse datant des croisades puis agrandie au 17ᵉ s. Chambres au mobilier de style. Salle à manger d'esprit Renaissance où l'on déguste une cuisine au goût du jour ; terrasse dominant le potager.

Clos d' Amboise sans rest 🚗 🌳 🎠 ⚓ AK ✂ ⁽ⁱ⁾ P VISA ⦿ AE
27 r. Rabelais – ℰ 02 47 30 10 20 – www.leclosamboise.com – Fax 02 47 57 33 43 – Ouvert 7 fév.-27 nov.   B**b**
17 ch – ♦75/139 € ♦♦75/139 €, �⊃ 12 €
◆ Un beau parc avec piscine chauffée et de coquettes chambres font l'attrait de cette maison de maître proche du château. Fitness et sauna logés dans d'anciennes écuries.

Domaine de l'Arbrelle ⌂ 🍷 🌳 🎠 ⚓ AK ✂ ⁽ⁱ⁾ ⚓ P VISA ⦿ AE
Berthellerie, par D31 – ℰ 02 47 57 57 17 – www.arbrelle.com – Fax 02 47 57 64 89 – Fermé 20 nov.-15 janv.
21 ch – ♦72/140 € ♦♦72/140 €, ⊃ 11 € – ½ P 69/84 €
Rest – *(dîner seult)* Menu 26 €, 34/41 € – Carte 41/54 €
◆ Au cœur d'un parc situé en lisière de forêt, établissement abritant un salon cossu et d'agréables chambres contemporaines. Petite salle à manger de style rustico-bourgeois ; pergola et terrasse tournées sur le jardin.

Le Vinci Loire Valley sans rest 🚗 ⚓ AK ✂ ⁽ⁱ⁾ P VISA ⦿ AE
12 av. E. Gounin, 1 km au Sud par ④ – ℰ 02 47 57 10 90 – www.vinciloirevalley.com – Fax 02 47 57 17 52
26 ch – ♦61/95 € ♦♦61/95 €, ⊃ 12 €
◆ Cet hôtel des faubourgs de la ville a bénéficié d'un programme de rénovation et affiche un décor aux lignes contemporaines. Chambres confortables et bien équipées.

Le Blason sans rest ⚓ ⁽ⁱ⁾ 🚗 VISA
11 pl. Richelieu – ℰ 02 47 23 22 41 – www.leblason.fr – Fax 02 47 57 56 18 – Fermé 9 janv.-9 fév.   B**a**
26 ch – ♦45/60 € ♦♦49/60 €, ⊃ 8 €
◆ Une engageante façade à colombages du 15ᵉ s. fait le charme de cet hôtel situé sur une placette légèrement en retrait du centre-ville. Chambres pratiques.

Vieux Manoir sans rest 🚗 AK ⁽ⁱ⁾ P VISA ⦿
13 r. Rabelais – ℰ 02 47 30 41 27 – www.le-vieux-manoir.com – Fax 02 47 30 41 27 – Ouvert 15 fév.-15 nov.   A**y**
6 ch ⊃ – ♦135/170 € ♦♦145/185 €
◆ Dans un jardin à la française, maison bourgeoise (18ᵉ s.) et son pavillon abritant un appartement de charme. Chambres décorées à la mode rétro : armoires et tableaux anciens.

Au Charme Rabelaisien sans rest 🚗 🌳 ⁽ⁱ⁾ P VISA ⦿ ⓞ
25 r. Rabelais – ℰ 02 47 57 53 84 – www.au-charme-rabelaisien.com – Fax 02 22 44 19 24 – Ouvert 15 fév.-15 nov.   B**e**
3 ch ⊃ – ♦80/90 € ♦♦125/145 €
◆ Cette demeure bourgeoise qui abrita banque, école et étude notariale, propose aujourd'hui des chambres soignées. Accueil familial et tranquillité ; petit jardin avec piscine.

XXX Le Pavillon des Lys avec ch 🌳 AK ⁽ⁱ⁾ ⦿ ⓞ
9 r. Orange – ℰ 02 47 30 01 01 – www.pavillondeslys.com – Fax 02 47 30 01 90 – Fermé 15 nov.-10 déc., 10-31 janv., mardi et le midi sauf sam. et dim.
7 ch – ♦98/230 € ♦♦98/230 €, ⊃ 14 €   B**g**
Rest – Menu 28 € (dîner)/39 €
◆ Cette demeure (18ᵉ s.) dispose de deux petites salles à manger cossues. En été, terrasse dressée dans la cour intérieure. Cuisine du marché inventive ; menu légumes.

XX L'Alliance 🌳 VISA ⦿
14 r. Joyeuse – ℰ 02 47 30 52 13 – www.lalliance-amboise.fr – Fax 02 47 30 52 13 – Fermé 2 janv.-13 fév., mardi et merc. sauf le soir de juin à août   B**h**
Rest – (16 €) Menu 21/50 € – Carte 36/46 €
◆ À deux pas du centre-ville, engageant restaurant tenu par un jeune couple : décoration actuelle pour la salle ; fer forgé pour la terrasse-véranda. Carte au goût du jour.

❌ **L'Épicerie** 🕎 VISA ⊙⊙ AE
🍽 46 pl. M-Debré – ℰ 02 47 57 08 94 – Fax 02 47 57 08 89 – Fermé 1ᵉʳ déc.-22 janv., Bt
lundi et mardi sauf de juil. à sept.
Rest – Menu 12 € (déj. en sem.)/34 € – Carte 26/60 €
◆ Maison à colombages (1338) et sympathique terrasse profitant d'une situation privilégiée face au château. Intérieur rustique où l'on mange au coude à coude. Cuisine régionale.

à St-Ouen-les-Vignes 6,5 km par ① et D 431 – 1 033 h. – alt. 80 m – ⊠ 37530

❌❌❌ **L'Aubinière** avec ch ॐ 🚗 🕎 🏊 AC rest, 🕊 ⚐ P VISA ⊙⊙ AE
29 r. Jules-Gautier – ℰ 02 47 30 15 29 – www.aubiniere.com – Fax 02 47 30 02 44
– Fermé 15 fév.-25 mars
6 ch – †90/105 € ††90/135 €, ☑ 12 € – ½ P 105/135 €
Rest – (fermé dim. soir d'oct. à mai, merc. sauf le soir de juin à sept. et lundi)
(18 €) Menu 24 € (déj. en sem.), 34/60 € – Carte 50/68 € 🍷
◆ Belle salle à manger, terrasse tournée sur un jardin, cuisine actuelle, cave riche en vins régionaux et chambres douillettes en sus : cette auberge a tout pour plaire.

à Limeray 7 km par ① et D 952 – 1 055 h. – alt. 70 m – ⊠ 37530

❌❌ **Auberge de Launay** avec ch 🚗 🕎 & AC ch, 🕊 P P VISA ⊙⊙
9 r. de la Rivière – ℰ 02 47 30 16 82 – www.aubergedelaunay.com
– Fax 02 47 30 15 16 – Fermé mi-déc.-mi-janv.
15 ch – †56/75 € ††56/75 €, ☑ 15 € – ½ P 51/62 €
Rest – (fermé dim. soir de nov. à avril et sam. midi) (20 €) Menu 24/36 € 🍷
◆ Cette ancienne ferme (18ᵉ s.) abrite une jolie salle campagnarde, une véranda et une agréable terrasse. Herbes et légumes du potager. Chambres rénovées dans des tons chauds.

44 B1

AMBRONAY – 01 Ain – 328 F4 – 2 241 h. – alt. 250 m – ⊠ 01500
🟦 Franche-Comté Jura

▶ Paris 463 – Belley 53 – Bourg-en-Bresse 28 – Lyon 59

❌ **Auberge de l'Abbaye** 🕎 VISA ⊙⊙
🍽 47 pl. des Anciens-Combattants – ℰ 04 74 46 42 54
– www.aubergedelabbaye-ambronay.com – Fermé 6-10 avril, 27 juil.-10 août,
16-26 oct., merc. soir, dim. soir et lundi
Rest – Menu 29/40 € 🍷
◆ Une adorable auberge dont le chef annonce de vive voix l'appétissant menu unique que lui a inspiré le marché. On peut aller choisir sa bouteille soi-même dans la cave voûtée.

❌ **Le Comptoir des Moines** 🕎 VISA ⊙⊙
45 pl. des Anciens-Combattants – ℰ 04 74 36 56 28
– www.aubergedelabbaye-ambronay.com – Fermé merc. soir, dim. et lundi
Rest – (18 €) Menu 23/29 € – Carte 25/30 €
◆ Dans ce bistrot gourmand au décor d'épicerie villageoise (bouteilles de vins et conserves en vente), la cuisine simple, généreuse et canaille s'affiche à l'ardoise, à prix sages.

L'AMÉLIE-SUR-MER – 33 Gironde – 335 E2 – rattaché à Soulac-sur-Mer

36 B2

AMIENS P – 80 Somme – 301 G8 – 136 105 h. – Agglo. 160 815 h.
– alt. 34 m – ⊠ 80000 🟦 Nord Pas-de-Calais Picardie

▶ Paris 142 – Lille 123 – Reims 173 – Rouen 122
🟦 Office de tourisme, 6 bis, rue Dusevel ℰ 03 22 71 60 50, Fax 03 22 71 60 51
🔵 d'Amiens à Querrieu D 929, par rte d'Albert : 7 km, ℰ 03 22 93 04 26
🔵 de Salouel à Salouel Rue Robert Mallet, SO : 5 km, ℰ 03 22 95 40 49
🔵 Cathédrale Notre-Dame ★★★ (stalles ★★★) - Hortillonnages ★ - Hôtel de Berny ★ CY M³ - Quartier St-Leu ★ - Musée de Picardie ★★ - Théâtre de marionnettes "ché cabotans d'Amiens" CY T².

Plans pages suivantes

🏨 **Mercure** 📶 & AC 🕊 ⚐ 🚗 ⊙⊙ AE ⊙
21 r. Flatters – ℰ 03 22 80 60 60 – www.mercure.com – Fax 03 22 80 60 61 CYb
99 ch – †110/140 € ††125/155 €, ☑ 15 € – 3 suites
Rest – (14 €) Menu 25 € – Carte environ 30 €
◆ À côté de la cathédrale, ce nouvel hôtel propose de grandes chambres à la décoration actuelle (mobilier contemporain), avec coin salon pour les catégories supérieures. Au restaurant, cuisine au goût du jour évoluant au gré des saisons.

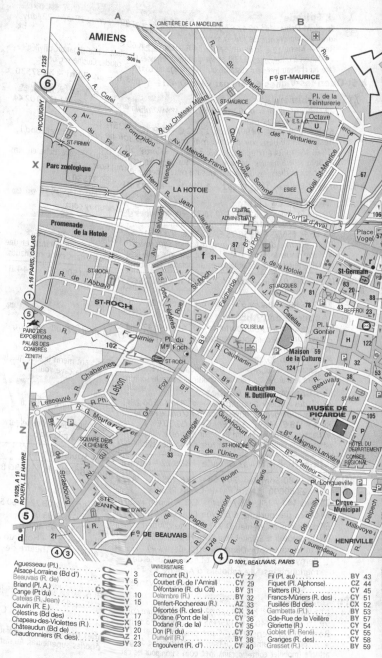

AMIENS

0 ___ 300 m

CIMETIÈRE DE LA MADELEINE

F^g ST-MAURICE

Pl. de la Teinturerie

Parc zoologique

LA HOTOIE

Promenade de la Hotoie

ST-ROCH

R. de l'Abbaye

ST-ROCH

PARC DES EXPOSITIONS
PALAIS DES CONGRÈS
ZENITH

Pl. du M^{al} Foch

COLISEUM

Maison de la Culture

Auditorium H. Dutilleux

MUSÉE DE PICARDIE

SQUARE DES 4 CHÊNES

ST-HONORÉ

R. de l'Union

STE-JEANNE D'ARC

F^g DE BEAUVAIS

HÔTEL DU DÉPARTEMENT
CONSEIL RÉGIONAL

Pl. Longueville

Cirque Municipal

HENRIVILLE

120

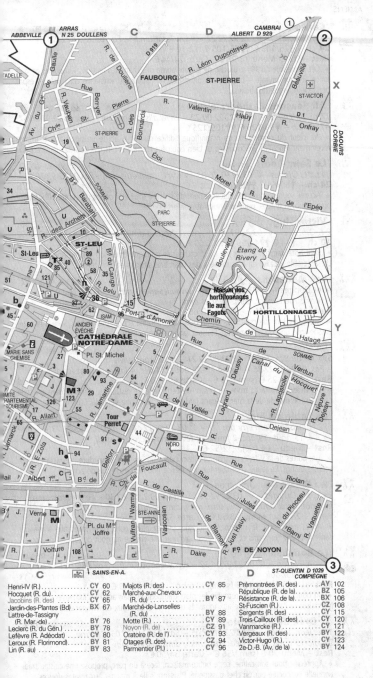

Carlton
⌷ AC rest, ⌁ SA VISA 👁 AE ⓪

42 r. Noyon – ✆ *03 22 97 72 22 – www.lecarlton.fr – Fax 03 22 97 72 00*
24 ch – ✝75/105 € ✝✝75/105 €, ⌷ 10 €   CZ**s**
Rest – (13 €) Menu 18/28 € – Carte 24/44 €
♦ Cet immeuble du 19ᵉ s. proche de la gare abrite des chambres feutrées – mobilier en bois foncé, fresque murale – très bien insonorisées. Au restaurant, ambiance conviviale et esprit brasserie (banquettes, boxes...).

All Seasons Cathédrale *sans rest*
⌷ ⌖ AC ⌁ SA VISA 👁 AE ⓪

17 pl. au Feurre – ✆ *03 22 22 00 20 – www.allseasons.com – Fax 03 22 91 86 57*
47 ch – ✝99/125 € ✝✝109/125 €   BY**r**
♦ Au cœur du centre-ville, ce magnifique édifice du 18ᵉ s. abrite un hôtel aux chambres récemment rénovées, insonorisées et bien équipées (certaines conçues pour les familles).

Le Saint-Louis *sans rest*
⌁ SA VISA 👁 AE

24 r. des Otages – ✆ *03 22 91 76 03 – www.le-saintlouis.com – Fax 03 22 92 78 75*
24 ch – ✝60/64 € ✝✝60/64 €, ⌷ 8 €   CZ**h**
♦ Accueil souriant dans cet établissement de charme situé aux portes du centre-ville. Chambres très bien tenues, pour des nuits au confort douillet.

Victor Hugo *sans rest*
⌁ VISA 👁

2 r. Oratoire – ✆ *03 22 91 57 91 – www.hotel-a-amiens.com – Fax 03 22 92 74 02*
10 ch – ✝44 € ✝✝44/59 €, ⌷ 6,50 €   CY**v**
♦ Petit hôtel familial à deux pas de la cathédrale gothique et de son célèbre Ange pleureur. Un vénérable escalier en bois mène à des chambres simples et bien tenues.

Les Marissons
⌖ AC VISA 👁 AE ⓪

pont Dodane – ✆ *03 22 92 96 66 – www.les-marissons.fr – Fax 03 22 91 50 50*
– Fermé merc. midi, sam. midi et dim.   CY**n**
Rest – Menu 19/46 € – Carte 50/65 €
♦ Atelier de bateaux du 15ᵉ s. sur un bras de la Somme du quartier St-Leu. Salle à manger cossue sous une belle charpente. Plaisant jardin-terrasse. Plats classiques.

Le Vivier
⌖ ⌖ AC P VISA 👁 AE

593 rte de Rouen – ✆ *03 22 89 12 21 – restaurantlevivieramiens.com*
– Fax 03 22 45 27 36 – Fermé 1ᵉʳ-23 août, 24 déc.-4 janv., dim. et lundi
Rest – Menu 25 € (sem.)/75 € – Carte 60/100 €   AZ**d**
♦ Un vivier à crustacés trône au centre de cette salle de restaurant, décorée dans un style célébrant le monde de la mer. Élégant jardin d'hiver sous une véranda. Cuisine iodée.

La Table du Marais
⌖ VISA 👁 AE

472 chaussée Jules-Ferry par ③ *–* ✆ *03 22 46 17 44 – Fax 03 22 95 21 73 – Fermé 25 juil.-15 août, 19 déc.-2 janv., 20 fév.-6 mars, dim. et lundi*
Rest – Menu 24 € (déj.), 32/52 €
♦ Aux portes de la ville, cette maison s'inscrit dans un paysage de verdure ; terrasse tournée vers les étangs. Le jeune chef talentueux y réalise une délicieuse cuisine actuelle.

Au Relais des Orfèvres
VISA 👁 AE

14 r. des Orfèvres – ✆ *03 22 92 36 01 – Fax 03 22 91 83 30 – Fermé trois sem. en août, deux sem. en fév., sam. midi, dim. et lundi*   CY**m**
Rest – (23 € bc) Menu 28/52 € – Carte 52/64 €
♦ Après avoir visité la superbe cathédrale, prenez place dans cette jolie salle à manger contemporaine (tons gris et rouge) pour savourer une cuisine au goût du jour à prix doux.

Le Bouchon
⌖ AC VISA 👁

10 r. A.-Fatton – ✆ *03 22 92 14 32 – www.lebouchon.fr – Fax 03 22 91 12 58*
– Fermé dim. soir   CY**t**
Rest – (12 €) Menu 18 € (sem.)/38 € bc – Carte 29/49 €
♦ Un bouchon chic où l'on retrouve les plats traditionnels mais aussi les fameuses spécialités lyonnaises (à l'ardoise). Cadre aux tonalités tendance et tableaux contemporains.

L' Orée de la Hotoie
⌖ VISA 👁 AE ⓪

17 r. Jean-Jaurès – ✆ *03 22 91 37 05 – Fax 03 22 9137 05 – Fermé 25 juil.-15 août, 21-28 déc., sam. midi, dim. soir et lundi*   BY**f**
Rest – Menu 20 € (sem.)/56 € – Carte 34/50 €
♦ Appréciée pour son calme, cette petite maison, face à un parc, propose une cuisine traditionnelle concoctée par un chef passionné. Plaisante salle à manger aux teintes douces.

rte de Roye 7 km par ③, N 29 et D 934

🏨 **Novotel** 🐕 ⬜ 🏥 ⬛ & ch, Ⓚ ¹⁄₄ 🛁 🅿 VISA ⚫ AE ①
bd Michel-Strogoff ⊠ *80440 Boves* – ℰ *03 22 50 42 42* – *www.novotel.com*
– *Fax 03 22 50 42 49*
94 ch – ♦108/137 €, ♦♦108/137 €, ⬡ 14 €   **Rest** – (16 €) Carte 30/60 €
♦ Rénovation réussie pour cet hôtel des années 1970 : chambres répondant aux derniers critères de confort Novotel et salles de bains façon "cabine de bateau". Salle à manger actuelle
ouverte sur la terrasse dressée au bord de la piscine ; carte traditionnelle.

à Dury 6 km par ④ – 1 239 h. – alt. 115 m – ⊠ 80480

🏠 **Petit Château** sans rest ⬜ 🅿
2 r. Grimaux – ℰ *03 22 95 29 52* – *pageperso-orange.fr/am.saguez/*
– *Fax 03 22 95 29 52*
5 ch ⬡ – ♦55 € ♦♦78 €
♦ Un accueil charmant vous attend dans cette ancienne ferme, jadis dépendance du château
local. Si vous aimez les voitures anciennes, le patron vous ouvrira les portes de son atelier.

XXX **L'Aubergade** (Eric Boutté) ⌯ VISA ⚫ AE
☆ *78 rte Nationale* – ℰ *03 22 89 51 41* – *www.aubergade-dury.com*
– *Fax 03 22 95 44 05* – *Fermé 4-20 avril, 8-24 août, 19 déc.-4 janv., dim. et lundi*
Rest – Menu 39/75 € – Carte 69/100 €
Spéc. Coquilles Saint-Jacques (oct. à avril). Le véritable chou farci "hommage
à Jean Delaveyne". Boule craquante de chocolat noir (oct. à mai).
♦ Matériaux naturels et touches contemporaines composent le nouveau décor de la salle à
manger ; une verrière ouvre sur la terrasse. Savoureuse carte au goût du jour.

X **La Bonne Auberge** VISA ⚫
63 rte Nationale – ℰ *03 22 95 03 33* – *Fermé 13 juil.-4 août, mardi et merc.*
Rest – (20 €) Menu 25 € (sem.), 37/50 € – Carte 40/60 €
♦ Cette pimpante façade régionale est abondamment fleurie en été. Dans la salle à manger,
récemment rajeunie, vous sera proposée une cuisine au goût du jour.

AMILLY – 45 Loiret – 318 N4 – rattaché à Montargis

AMMERSCHWIHR – 68 Haut-Rhin – 315 H8 – 1 875 h. – alt. 215 m   2 C2
– ⊠ 68770 ▮ Alsace Lorraine

▶ Paris 441 – Colmar 49 – Gérardmer 49 – St-Dié 44

🏠 **A l'Arbre Vert** ⌘ ¹⁄₄ 🛁 VISA ⚫ AE ①
7 r. des Cigognes – ℰ *03 89 47 12 23* – *www.arbre-vert.net* – *Fax 03 89 78 27 21*
– *Fermé 9-25 fév., lundi de nov. à avril et mardi*
17 ch – ♦45 € ♦♦51/75 €, ⬡ 10 € – ½ P 61 €
Rest – (dîner seult) (17 €) Menu 26/49 € – Carte 38/51 €
♦ Dans un village au pied de coteaux plantés de vignes, maison alsacienne abritant des
chambres fonctionnelles, plus grandes et actuelles à l'annexe. Au restaurant, belles boiseries
sculptées de scènes vigneronnes et cuisine régionale soignée. Service agréable.

XXX **Aux Armes de France** avec ch ⌂ ¹⁄₄ 🛁 VISA ⚫ AE ①
☺ *1 Grand'Rue* – ℰ *03 89 47 10 12* – *www.armesfrance.fr* – *Fax 03 89 47 38 12*
– *Fermé merc.*
10 ch – ♦70/85 € ♦♦70/95 €, ⬡ 12 €
Rest – Menu 29/49 € – Carte 39/79 €🍷
♦ Poussez la porte de cette hôtellerie de style régional pour découvrir les saveurs d'une
carte classique pimentée de modernité, dans un cadre alsacien actualisé et cossu. Terrasse à
la belle saison.

X **Aux Trois Merles** ⌯ 🏥 🅿 VISA ⚫
😊 *5 r. de la 5ème Division Blindée* – ℰ *03 89 78 24 35* – *www.troismerles.com*
– *Fax 03 89 78 13 06* – *Fermé sam. midi, dim. soir et lundi*
Rest – (11 €) Menu 15 € (déj. en sem.), 22/28 € – Carte 32/45 €
♦ Plaisante adresse située dans l'un des villages de la célèbre route des Vins. Intérieur sage-
ment rustique, terrasse ombragée tournée vers le jardin et cuisine traditionnelle.

AMNÉVILLE – 57 Moselle – **307** H3 – 10 172 h. – alt. 162 m – Stat. therm. : début mars-début déc. – Casino – ⌗ 57360 ▌Alsace Lorraine **26** B1

> ▶ Paris 319 – Briey 17 – Metz 21 – Thionville 16
> ▯ Office de tourisme, 2, rue du casino ℰ 03 87 70 10 40, Fax 03 87 71 90 94
> ▬ d'Amnéville BP 99, S : 2 km, ℰ 03 87 71 30 13
> ⊚ Parc zoologique du bois de Coulange★★.
> ⊚ Parc d'attraction Walibi-Schtroumpf★ 3 km S.

au Parc de Loisirs 2,5 km, bois de Coulange au Sud – ⌗ 57360 Amnéville

🏨 **Diane** sans rest ▐ 📶 ♨ 🆚 ⚫ 🅰
r. de la Source – ℰ *03 87 70 16 33* – *Fax 03 87 72 36 72*
48 ch – ♦71 € ♦♦80 €, ⌑ 9 € – 3 suites
♦ Au cœur du parc de loisirs, hôtel disposant de chambres confortables, décorées dans un style sobre et contemporain. Salle des petits-déjeuners ouverte sur la nature.

🍴 **La Forêt** 🍽 🆎 🆚 ⚫ 🅰
1 r. de la Source – ℰ *03 87 70 34 34* – *www.restaurant-laforet.com*
– Fax 03 87 70 34 25 – Fermé 26 juil.-9 août, 23 déc.-6 janv., dim. soir, lundi et soirs fériés
Rest – Menu 20 € (sem.)/42 € – Carte 32/55 €🍷
♦ Carte traditionnelle à l'affiche de cette table familiale. À déguster dans l'ample et claire salle relookée ou sur la terrasse, face au bois de Coulange. Belle carte de vins.

AMOU – 40 Landes – **335** G13 – 1 567 h. – alt. 44 m – ⌗ 40330 **3** B3

> ▶ Paris 760 – Aire-sur-l'Adour 51 – Dax 31 – Mont-de-Marsan 47
> ▯ Office de tourisme, 10, place de la poste ℰ 05 58 89 02 25,
>   Fax 05 58 89 02 25

🏨 **Au Feu de Bois** 🍽 🍴 ⊠ & ♫ 🅿 🆚 ⚫ ⓞ
20 av. des Pyrénées – ℰ *05 58 89 06 76* – *www.hotel-aufeudebois.fr*
– Fax 05 58 89 05 95 – Fermé 24-27 déc. et 16-23 janv.
11 ch – ♦50/75 € ♦♦50/75 €, ⌑ 9 € – ½ P 72/102 €
Rest – (12 € bc) Menu 20/40 € – Carte 24/45 €
♦ Cet ancien relais routier a fait peau neuve et propose dorénavant un ensemble confortable, bien dans l'air du temps. Bar cosy, agréable salon, chambres actuelles et feutrées. Au restaurant, espace contemporain associant pierre et bois. Cuisine traditionnelle.

🏠 **Le Commerce** 🍽 ♫ ♨ 🚗 🆚 ⚫ 🅰
♋ *(près de l'église)* – ℰ *05 58 89 02 28* – *www.hotel-lecommerceamou.com*
– Fax 05 58 89 24 45 – Fermé 10 nov.-1er déc., 9-22 fév., dim. soir et lundi sauf juil.-août
15 ch – ♦55 € ♦♦60/70 €, ⌑ 7 € – ½ P 90 €
Rest – Menu 15 € (sem.)/32 € – Carte 35/50 €
♦ Affaire familiale ayant su garder tout le charme des anciennes auberges de village. Chambres d'une excellente tenue, bar au rez-de-chaussée. Spécialités maison (pâté, terrine et confit) servies dans la salle à manger joliment campagnarde ou sous la tonnelle.

AMPHION-LES-BAINS – 74 Haute-Savoie – **328** M2 – ⌗ 74500 **46** F1
▌Alpes du Nord

> ▶ Paris 573 – Annecy 81 – Évian-les-Bains 4 – Genève 40
> ▯ Office de tourisme, 215, rue de la Plage ℰ 04 50 70 00 63,
>   Fax 04 50 70 03 03

🍴 **Le Tilleul** avec ch 🍽 🍴 ▐ 🆎 rest, ♫ 🅿 🆚 ⚫ 🅰 ⓞ
♋ *252 RN5* – ℰ *04 50 70 00 39* – *www.letilleul.com* – *Fax 04 50 70 05 57* – *Fermé 22 déc.-5 janv., dim. soir et lundi sauf en juil.-août*
19 ch – ♦61/85 € ♦♦65/100 €, ⌑ 9 € – ½ P 68/78 €
Rest – (18 €) Menu 26/43 € – Carte 32/74 €
♦ De belles surprises culinaires vous attendent dans cette maison anodine en bord de route. Décor rétro et cuisine classique gourmande ; spécialités de perches et féras du Léman. Chambres simples ; préférez celles sur l'arrière plus calmes.

AMPUIS – 69 Rhône – **327** H7 – **2 497 h.** – alt. 150 m – ⊠ 69420   **44** B2

> ▶ Paris 492 – Condrieu 5 – Givors 17 – Lyon 37

🏠 **Le Domaine des Vignes** sans rest   ⏚ & 🖭 ⟨ᵖ⟩ 🔏 **P** 🚾 ⓒⓞ 🖭
41 rte Taquière – D 386 – ℰ 04 74 59 21 24 – www.hoteldomainedesvignes.com
– Fax 04 37 02 20 09
12 ch ⊃ – †75 € ††85 €
♦ Confort et modernité caractérisent cette grande villa au cœur du célèbre vignoble de la Côte Rôtie. Jolies chambres dans l'air du temps agrémentées de tableaux. Une valeur sûre.

ANCENIS ◉ – **44 Loire-Atlantique** – **316** I3 – **7 407 h.** – alt. 13 m   **34** B2
– ⊠ 44150 ▯ Châteaux de la Loire

> ▶ Paris 347 – Angers 55 – Châteaubriant 48 – Cholet 49
> 🇮 Office de tourisme, 27, rue du Château ℰ 02 40 83 07 44,
> Fax 02 40 83 07 44

🏨 **Akwaba**   ▯ & 🖭 rest, ⟨ᵖ⟩ **P** 🚾 ⓒⓞ 🖭
bd Dr-Moutel – ℰ 02 40 83 30 30 – www.hotel-akwaba.com
– Fax 02 40 83 25 10
57 ch – †60 € ††66 €, ⊃ 8 € – 1 suite
Rest – (fermé en août, sam. midi et dim. midi) (12 €) Menu 30 € – Carte 22/35 €
♦ "Bienvenue" ivoirien dans cet hôtel situé au cœur d'un petit centre commercial. Chambres fonctionnelles et rénovées dans un style actuel. Salon et salle à manger d'esprit contemporain proposant une cuisine épicée tournée vers le Sud.

🍴🍴 **La Charbonnière**   ⟨ < 🍽 🛋 & 🖭 **P** 🚾 ⓒⓞ 🖭
au bord de la Loire par bd Joubert – ℰ 02 40 83 25 17
– www.restaurant-la-charbonniere.com – Fax 02 40 98 85 00
– Fermé sam. midi d'oct. à mars, dim. soir, merc. soir et soirs fériés
Rest – Menu 13/22 € – Carte 50/78 €
♦ Espace et tranquillité caractérisent ce lieu : la véranda et la terrasse dressée dans le jardin offrent une jolie vue sur la Loire et le pont suspendu. Plats traditionnels.

🍴🍴 **Les Terrasses de Bel Air**   🛋 🖭 **P** 🚾 ⓒⓞ 🖭
1 km à l'Est rte d'Angers – ℰ 02 40 83 02 87
– terrassebelair.free.fr – Fax 02 40 83 33 46
– Fermé 1ᵉʳ-12 juil., dim. soir et lundi
Rest – Menu 15 € (déj. en sem.), 24/50 €
♦ En bordure de route, une maison décorée dans l'esprit d'un intérieur cosy : cheminée, parquet et mobilier de style. Terrasse couverte tournée vers la Loire. Cuisine classique.

🍴 **La Toile à Beurre**   🛋 🚾 ⓒⓞ 🖭
82 r. St-Pierre – ℰ 02 40 98 89 64 – Fax 02 40 96 01 49
– Fermé 17-31 mars, 1ᵉʳ-18 sept., dim. soir, lundi et mardi
Rest – (19 €) Menu 26/55 € – Carte 34/45 €
♦ Pierres, poutres, tomettes et belle cheminée composent l'authentique cadre rustique de cette maison bâtie en 1753. Jolie terrasse. Plats traditionnels et poissons de la Loire.

ANCY-LE-FRANC – 89 Yonne – **319** H5 – **1 089 h.** – alt. 180 m   **7** B1
– ⊠ 89160 ▯ Bourgogne

> ▶ Paris 215 – Auxerre 54 – Châtillon-sur-Seine 38 – Montbard 27
> 🇮 Syndicat d'initiative, 59, Grande Rue ℰ 03 86 75 03 15, Fax 03 86 75 04 41
> ◉ Château★★.

🏠 **Hostellerie du Centre**   🛋 ▯ 🖭 ch, ⟨ᵖ⟩ 🔏 **P** 🚾 ⓒⓞ 🖭
34 Grande-Rue – ℰ 03 86 75 15 11
– www.hostellerie-du-centre.com – Fax 03 86 75 14 13
– Fermé 18 janv.-10 fév., dim. soir et lundi du 15 nov.-15 mars
22 ch – †44/54 € ††49/62 €, ⊃ 7 € – ½ P 44/54 €
Rest – (12 €) Menu 17/45 € – Carte 25/65 €
♦ Petit immeuble ancien disposant de chambres pratiques et fraîches (moquette ou parquet), plus spacieuses à l'annexe. La piscine couverte permet de se détendre toute l'année. Sobre salle à manger, recettes traditionnelles et quelques spécialités bourguignonnes.

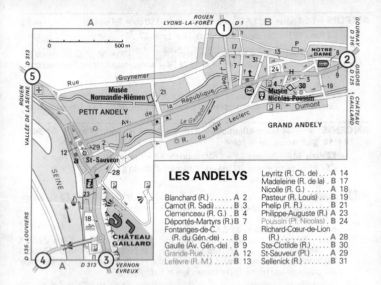

LES ANDELYS

Blanchard (R.) . . . . . . A 2
Carnot (R. Sadi) . . . . . A 3
Clemenceau (R. G.) . . . B 4
Déportés-Martyrs (R.) . B 7
Fontanges-de-C.
  (R. du Gén.-de) . . . A 8
Gaulle (Av. Gén.-de) . . B 9
Grande-Rue . . . . A 12
Lefèvre (R. M.) . . . . . B 13

Leyritz (R. Ch. de) . . . A 14
Madeleine (R. de la) . B 17
Nicolle (R. G.) . . . . . A 18
Pasteur (R. Louis) . . . B 19
Phelip (R. R.) . . . . . . B 21
Philippe-Auguste (R.) A 23
Poussin (Pl. Nicolas) . B 24
Richard-Cœur-de-Lion
  (R.) . . . . A 28
Ste-Clotilde (R.) . . . . B 30
St-Sauveur (Pl.) . . . . A 29
Sellenick (R.) . . . . . . B 31

LES ANDELYS ⬠ – 27 Eure – 304 I6 – 8 318 h. – alt. 28 m   **33** D2
– ✉ 27700 🏛 Normandie Vallée de la Seine

🅟 Paris 93 – Évreux 38 – Gisors 30 – Mantes-la-Jolie 54

🅘 Syndicat d'initiative, rue Philippe Auguste ℰ 02 32 54 41 93,
Fax 02 32 54 41 93

◉ Ruines du Château Gaillard★★ ≤★★ - Église Notre-Dame★.

XXX **La Chaîne d'Or** avec ch ⬠   ≤ 🚗 🛜 ⚙ 🅟 VISA ⓪ AE
25 r. Grande – ℰ 02 32 54 00 31 – www.hotel-lachainedor.com
– Fax 02 32 54 05 68 – Fermé 15-23 nov., 20-28 déc., 2-22 janv., vacances de fév.,
dim. soir, lundi et mardi de nov. à avril   A**a**
12 ch – †85/140 € ††85/140 €, ☐ 12 €
Rest – (19 €) Menu 26 € (déj. en sem.), 46/88 € – Carte 56/78 €
♦ Ce relais de poste du 18ᵉ s. faisait aussi office d'octroi : une chaîne barrait alors la Seine.
Élégante salle à manger tournée vers le fleuve et cuisine au goût du jour.

XX **De Paris** avec ch   🛜 📶 ⚙ 🅟 VISA ⓪
10 av. de la République – ℰ 02 32 54 00 33 – Fax 02 32 54 65 92   B**t**
11 ch – †56/65 € ††56/65 €, ☐ 8 € – ½ P 80 €
Rest – (fermé dim. soir, lundi midi et merc.) (17 €) Menu 24/38 €
– Carte 25/44 €
♦ Ce restaurant, logé dans une maison de maître (1880), a élégamment repensé sa décoration dans un esprit classique et intimiste. Cuisine traditionnelle et agréable cour-terrasse. Les
chambres sont sobrement aménagées (trois plus actuelles dans l'annexe).

ANDERNOS-LES-BAINS – 33 Gironde – 335 E6 – 10 278 h. – alt. 4 m   **3** B1
– ✉ 33510 🏛 Aquitaine

🅟 Paris 611 – Arcachon 41 – Bordeaux 53 – Mont-de-Marsan 123

🅘 Office de tourisme, esplanade du Broustic ℰ 05 56 82 02 95,
Fax 05 56 82 14 29

X **Market**   🛜 ♿ AC VISA ⓪
😊 16 av. Pasteur – ℰ 05 56 82 55 63 – www.restaurantmarket.net
– Fax 05 56 82 55 63 – Fermé fév., sam. midi, lundi midi et dim.
Rest – (16 €) Menu 29 € – Carte 31/46 €
♦ Cuisine actuelle soignée, mêlant saveurs du monde et beaux produits, dans un cadre très
contemporain, faisant face au jardin municipal Louis-David (terrasse).

ANDLAU – 67 Bas-Rhin – **315** I6 – **1 844 h.** – alt. 215 m – ⊠ 67140   **2** C1
▌Alsace Lorraine

> ◘ Paris 501 – Erstein 25 – Le Hohwald 8 – Molsheim 25
> 🛈 Syndicat d'initiative, 5, rue du Général-de-Gaulle   ✆ 03 88 08 22 57,
>   Fax 03 88 08 42 22
> ◉ Église St-Pierre-et-St-Paul★ : portail★★, crypte★.

🏠 **Zinckhotel** sans rest   🖨 ⅌ 🕍 🅿 🆚 ⚫ 🆎
   13 r. de la Marne – ✆ 03 88 08 27 30 – www.zinckhotel.com – Fax 03 88 08 42 50
   18 ch – ♦55/105 € ♦♦55/105 €, � 11 €
   ♦ Ancien moulin à l'esprit décalé : chambres personnalisées (zen, pop, jazzy, Empire), couloirs semblables à des ponts de bateau... L'annexe contemporaine donne sur le vignoble.

🏠 **Kastelberg** ॐ   🖨 🍴 🕍 🅿 🆚 ⚫ 🆎
⊘ 10 r. Gén.-Koenig – ✆ 03 88 08 97 83 – www.kastelberg.com – Fax 03 88 08 48 34
   29 ch – ♦60 € ♦♦64/77 €, ⊒ 10 € – ½ P 63/69 €
   Rest – (ouvert 1er avril-2 nov. et 28 nov.-4 janv.) (dîner seult) Menu 17 €, 28/45 €
   – Carte 23/68 €
   ♦ Au cœur des vignes, une plaisante façade alsacienne caché des chambres sobres et fonctionnelles (mansardées ou avec balcon). Au restaurant, rustique mais coquet avec ses tables bien dressées, vous attend une cuisine familiale du terroir.

🍴🍴 **Boeuf Rouge**   🍴 🆚 ⚫ 🆎
⊘ 6 r. du Dr-Stoltz – ✆ 03 88 08 96 26 – Fax 03 88 08 99 29 – Fermé
   23 juin-9 juil., 8-21 fév., merc. et jeudi sauf du 11 juil. au 30 sept.
   Rest – (10 €) Menu 16/30 € – Carte 32/55 €
   ♦ Ce restaurant convivial typiquement alsacien est aménagé dans un ancien relais de poste (17e s.). On y mange des spécialités locales, dans une élégante salle lambrissée.

ANDORRE (PRINCIPAUTE D') – **343** H9 – voir en fin de guide

ANDREZÉ – 49 Maine-et-Loire – **317** D5 – **1 798 h.** – alt. 87 m   **34** B2
– ⊠ 49600

> ◘ Paris 371 – Angers 80 – Nantes 62 – La Roche-sur-Yon 84

🏠 **Le Château de la Morinière** ॐ   ⅌ 🛰 🆚 ⚫
   – ✆ 02 41 75 40 30 – www.chateau-de-la-moriniere.com
   5 ch ⊒ – ♦83/89 € ♦♦83/89 €   **Table d'hôte** – Menu 33 € bc
   ♦ Construit sur les ruines d'un château médiéval détruit pendant les guerres de Vendée, édifice romantique d'architecture Napoléon III. Chambres personnalisées, au grand calme. Dîner aux chandelles autour de la table d'hôte. Cours de cuisine.

> Pour bien utiliser votre guide, consultez son mode d'emploi situé en pages
> d'introduction : symboles, classements, abréviations et autres signes
> n'auront plus de mystère pour vous !

ANDRÉZIEUX-BOUTHÉON – 42 Loire – **327** E6 – **9 508 h.**   **44** A2
– alt. 395 m – ⊠ 42160

> ◘ Paris 460 – Lyon 76 – Montbrison 20 – Roanne 71
> 🛈 Office de tourisme, 11, rue Charles-de-Gaulle   ✆ 0477553703,
>   Fax 0477558846
> ◉ Lac de retenue de Grangent★★ S : 9 km ▌Lyon Drôme Ardèche.

🏠🏠🏠 **Novotel**   🖨 🍴 🏊 ▯ 👥 🕍 🅰 rest, 🕻 🕍 🅿 🆚 ⚫ 🆎 ⓪
⊘ 1 r. 18-juin-1827 – ✆ 04 77 36 10 50 – www.accorhotels.com – Fax 04 77 36 10 57
   98 ch – ♦79/129 € ♦♦79/129 €, ⊒ 14 €
   Rest – (12 €) Menu 16 € – Carte 18/38 €
   ♦ Hôtel de chaîne bâti en 1974, bien conservé. Hall, salon et bar spacieux ; pool de salles de réunion. Préférez les chambres dernièrement redécorées. Le restaurant bénéficie d'un cadre contemporain simple et gai. Terrasse face à la piscine.

XXX   **Les Iris** (Lionel Githenay) avec ch   🚗 🛜 🍴 📶 🅿 📠 VISA ⓪

😊   *32 av. J.-Martouret, (en direction de la gare) –* 𝒞 *04 77 36 09 09*
  – www.les-iris.com – Fax 04 77 36 09 00 – Fermé 16-24 août, 2-18 janv. et dim. soir
  10 ch – †75 € †† 85 €, � 12 € – ½ P 89 €
  Rest – *(fermé dim. soir, lundi et mardi)* (33 €) Menu 46/95 € – Carte 68/90 €
  Spéc. Salade de homard et confiture de pommes à l'eau de mirabelle (juin à
  août). Pigeon "comme un rôti" à la lièvre, racines de persil (mars à
  mai). Moelleux au potimarron et topinambour, glace au cèpe (oct. à déc.).
  Vins Vin de pays d'Urfé, Côtes du Forez.
  ♦ Belle cuisine inventive servie dans un cadre plaisant, ayant retrouvé son lustre grâce à
  une rénovation. Décor classique désormais agrémenté de touches design : parquet, moulures,
  teintes et mobilier tendance. Petites chambres à l'annexe ; certaines sur jardin.

ANDUZE – 30 Gard – 339 |4 – 3 262 h. – alt. 135 m – ⌧ 30140   **23** C2
▌Languedoc Roussillon

  🅳 Paris 718 – Montpellier 60 – Alès 15 – Florac 68
  🅸 Office de tourisme, plan de Brie 𝒞 04 66 61 98 17, Fax 04 66 61 79 77
  🅾 Bambouseraie de Prafrance★★ N : 3 km par D 129.
  🅶 Grottes de Trabuc★★ NO : 11 km - Le Mas soubeyran : musée du
  Désert★ (souvenirs protestants 17e-18e s.) NO : 7 km.

au Nord-Ouest par rte de St-Jean-du-Gard – ⌧ 30140 Anduze

🏠   **La Porte des Cévennes**   ≤ 🚗 🛜 🍴 ♨ 🆎 🍴 📶 🅿 VISA ⓪ AE
  à 3 km – 𝒞 *04 66 61 99 44 – www.porte-cevennes.com – Fax 04 66 61 73 65*
  – Ouvert 1er avril-15 oct.
  38 ch – †76/83 € ††76/83 €, ⊇ 10 € – ½ P 68/72 €
  Rest – *(dîner seult)* Menu 24/30 € – Carte 30/53 €
  ♦ Non loin de la bambouseraie où fut tourné "Le Salaire de la peur", paisible maison dispo-
  sant de grandes chambres fonctionnelles pour la moitié tournées sur la vallée du Gardon.
  Table traditionnelle au décor champêtre, et terrasse panoramique en prime.

XX   **Le Moulin de Corbès** avec ch   🚗 🛜 🍴 📶 🅿 VISA ⓪
  à 4 km – 𝒞 *04 66 61 61 83 – www.moulin-corbes.com – Fax 04 66 61 68 06*
  5 ch – †80/90 € ††80/90 €, ⊇ 12 €   **Rest** – Menu 36/50 € – Carte 60/70 €
  ♦ Sur les bords du Gardon, ce restaurant lumineux vous reçoit dans trois salons ensoleillés,
  décorés sur le thème du vin (stage de dégustation). Chambres fonctionnelles et calmes.

à Générargues 5,5 km au Nord-Ouest par D 129 et D 50 – 684 h. – alt. 160 m
– ⌧ 30140

🏠   **Auberge des Trois Barbus**   ≤ 🚗 🛜 🍴 🆎 🅿 VISA ⓪ AE
  rte de Mialet – 𝒞 *04 66 61 72 12 – www.aubergeles3barbus.com*
  – Fax 04 66 61 72 74 – Fermé 2 janv.-fin mars, dim. soir et lundi d'oct. à avril,
  mardi en nov. et déc.
  32 ch – †61/138 € ††61/138 €, ⊇ 10 € – ½ P 65/98 €
  Rest – *(Fermé lundi et mardi midi de mai à sept.)* (15 €) Menu 27/49 €
  – Carte 45/55 €
  ♦ Cet hôtel bâti à flanc de coteau aux confins du "Désert" cévenol dispose de grandes
  chambres garnies de meubles régionaux et orientées sur la vallée des Camisards. Restaurant
  soigné. Au menu, carte classique (produits frais) ; grillades au bord de la piscine.

à Tornac 6 km au Sud-Est par D 982 – 844 h. – alt. 140 m – ⌧ 30140

🏠   **Les Demeures du Ranquet**   🛝 🛜 🍴 ♨ ch, 🆎 📶 🆑 🅿
😊   *rte St-Hippolyte-du-Fort : 2 km –* 𝒞 *04 66 77 51 63*   VISA ⓪ AE
  – www.ranquet.com – Fax 04 66 77 55 62 – Fermé 15 nov.-15 déc.
  10 ch – †135/185 € ††135/185 €, ⊇ 16 € – ½ P 130/160 €
  Rest – *(fermé mardi et merc. du 16 sept. au 31 mai, lundi midi, mardi midi et*
  merc. midi du 1er juin au 15 sept.) (28 €) Menu 38/78 € – Carte 66/80 €
  Spéc. Les deux foies gras. Bourride phocéenne. Trois chocolats en trois plaisirs
  (automne-hiver). **Vins** Vin de pays d'Oc, Coteaux du Languedoc.
  ♦ Ce charmant mas cévenol (11e s.) et ses pavillons récents ont pour cadre un beau parc niché
  dans le maquis. Chambres contemporaines, toutes avec terrasse privative. Cuisine actuelle aux
  influences méditerranéennes, à base des produits du potager et du jardin aromatique.

ANET – 28 Eure-et-Loir – 311 E2 – 2 633 h. – alt. 73 m – ⊠ 28260

▶ Paris 76 – Chartres 51 – Dreux 16 – Évreux 37

🖪 Syndicat d'initiative, 8, rue Delacroix ℰ 02 37 41 49 09, Fax 02 37 41 49 09

◉ Château★ ▮ Normandie Vallée de la Seine.

※※ **Auberge de la Rose** ⇔ 𝖵𝖨𝖲𝖠 ⦿
6 r. Ch.-Lechevrel – ℰ 02 37 41 90 64 – Fax 02 37 41 47 88 – Fermé
12 déc.-3 janv., dim. soir et lundi
Rest – Menu 25 € – Carte 43/66 €
♦ Une auberge familiale déjà citée au Guide Michelin en 1900 ! Repas traditionnels servis dans trois salles à manger soignées et dotées de mobilier de style Louis XIII.

※※ **Manoir d'Anet** 𝖵𝖨𝖲𝖠 ⦿
3 pl. du Château – ℰ 02 37 41 91 05 – www.lemanoirdanet.com
– Fax 02 37 41 91 04 – Fermé mardi et merc.
Rest – Menu 26 € (sem.)/48 € – Carte 45/80 €
♦ Table idéalement située face au château de Diane de Poitiers. Une imposante cheminée en pierre trône au milieu de la salle à manger rustique et fleurie. Bar-salon de thé.

ANGERS 🅿 – 49 Maine-et-Loire – 317 F4 – 152 337 h.
– Agglo. 226 843 h. – alt. 41 m – ⊠ 49000 ▮ Châteaux de la Loire

▶ Paris 294 – Laval 79 – Le Mans 97 – Nantes 88

✈ Aéroport d'Angers-Loire, ℰ02 41 33 50 20, par ① : 20 km.

🖪 Office de tourisme, 7, place Kennedy ℰ 02 41 23 50 00, Fax 02 41 23 50 09

🖫 d'Avrillé à Avrillé Château de la Perrière, NO : 5 km par D 175,
ℰ 02 41 69 22 50

🖫 d'Angers à Brissac-Quincé Moulin de Pistrait, par rte de Cholet et D 751 :
8 km, ℰ02 41 91 96 56

🖫 Golf d'Anjou à Champigné Route de Cheffes, N : 24 km par D 775 et
D 768, ℰ02 41 42 01 01

◉ Château★★★ : tenture de l'Apocalypse★★★, tenture de la Passion et
Tapisseries mille-fleurs★★, ≤★ de la tour du Moulin - Vieille ville★ :
cathédrale★, galerie romane★★ de la préfecture★ BZ **P**, galerie David
d'Angers★ BZ **B**, - Maison d'Adam★ BYZ **K** - Hôtel Pincé★ - Choeur★★ de
l'église St-Serge★ - Musée Jean Lurçat et de la Tapisserie contemporaine★★
dans l'ancien hôpital St-Jean - La Doutre★ AY - Musée régional de l'Air★.

◖ Château de Pignerolle★ : musée européen de la Communication★★ E :
8 km par D 61.

Plans pages suivantes

🏠🏠🏠 **Anjou** 🛗 🄰🄲 📶 🕸 ☎ 𝖵𝖨𝖲𝖠 ⦿ 🄰🄴 ⦿
1 bd Mar.- Foch – ℰ 02 41 21 12 11 – www.hoteldanjou.fr – Fax 02 41 87 22 21
53 ch – ♦111/175 € ♦♦111/175 €, ⊇ 16 € CZ**h**
Rest *La Salamandre* – ℰ 02 41 88 99 55 *(fermé dim. sauf le midi de sept.
à juin)* (20 €) Menu 26 € (sem.)/75 € – Carte 44/65 €
♦ Cet immeuble bâti en 1845 offre une belle décoration intérieure : salons ornés de mosaïques Art déco et chambres cossues, meublées dans des styles variés. Au restaurant, séduisante atmosphère Renaissance : fresques, plafond à la française et salamandres...

🏠🏠🏠 **Hôtel de France** 🛗 🄰🄲 🕸 📶 🕸 𝖵𝖨𝖲𝖠 ⦿ 🄰🄴 ⦿
8 pl. de la Gare – ℰ 02 41 88 49 42 – www.hoteldefrance-angers.com
– Fax 02 41 87 19 50 AZ**t**
55 ch – ♦80/165 € ♦♦80/165 €, ⊇ 14 € – 1 suite
Rest *Les Plantagenêts* – ℰ 02 41 88 02 27 *(fermé août, sam. midi et dim. soir)*
(21 €) Menu 31/45 € – Carte 46/57 €
♦ Chambres cossues et bien équipées, petits coins-salons, salle de séminaires et bon petit-
déjeuner (produits locaux) : la clientèle d'affaires – entre autres – apprécie. Cadre dans l'air
du temps, cuisine actuelle et bon choix de vins du cru aux Plantagenêts.

🏠🏠 **Du Mail** sans rest 🕸 📶 🅿 𝖵𝖨𝖲𝖠 ⦿ 🄰🄴
8 r. des Ursules – ℰ 02 41 25 05 25 – www.hotel-du-mail.com – Fax 02 41 86 91 20
26 ch – ♦40/80 € ♦♦60/95 €, ⊇ 10 € CY**b**
♦ Hôtel de caractère établi dans une discrète demeure du 17ᵉ s. (ancien couvent). Chambres
personnalisées, pour la plupart assez vastes.

ANGERS

Alsace (R. d') CZ
Aragon (Av. Yolande d') AY 2
Baudrière (R.) BY 5
Beaurepaire (R.) AY
Bichat (R.) AY 8
Bon-Pasteur (Bd du) AY 9
Bout-du-Monde (Prom. du) AY 12
Bressigny (R.) CZ
Chaperonnière (R.) BYZ 15
Commerce (R. du) CY 19
David-d'Angers (R.) CY 21
Denis-Papin (R.) BZ 22
Droits-de-l'Homme (Av. des) CY 25
Espine (R. de l') BY 27
Estoile (Sq. J. de l') AY 28
Foch (Bd du Mar.) BCZ
Freppel (Pl.) BY 31
Gare (R. de la) BZ 32
Laiterie (Pl.) AY
Lenepveu (R.) CY 40
Lices (R. des) BZ
Lionnaise (R.) AY
Lise (R. P.) CY 43
Marceau (R.) AZ 45
Mirault (Bd) BY 49
Mondain-Chanlouineau (Sq.) BY 51
Oisellerie (R.) BY 53
Parcheminerie (R.) BY 54
Pasteur (Av.) CY 55
Pilori (Pl. du) CY 56
Plantagenêt (R.) BY 57
Pocquet-de-Livonnières (R.) CY 58
Poëliers (R. des) CY 59
Pompidou (Allées) CY 60
Prés.-Kennedy (Place du) AZ 62
Ralliement (Pl. du) BY 66
Résistance-et-de-la-Déport. (Bd) CY 68
Robert (Bd) BY 69
La Rochefoucauld Liancourt (Pl.) ABY 38
Roë (R. de la) BY 70
Ronceray (Bd du) AY 71
Ste-Croix (Pl.) BZ 86
St-Aignan (R.) AY 72
St-Aubin (R.) BZ 73
St-Étienne (R.) CY 75
St-Julien (R.) BCZ
St-Laud (R.) BY 77
St-Lazare (R.) AY 79
St-Martin (R.) BZ 80
St-Maurice (Mtée) BY 82
St-Maurille (R.) CY 83
St-Michel (Bd) CY 84
St-Samson (R.) CY 85
Talot (R.) BZ 89
Tonneliers (R. des) AY 90
Ursules (R. des) CY 91
Voltaire (R.) BZ 93
8-Mai-1945 (Av. du) CZ 94

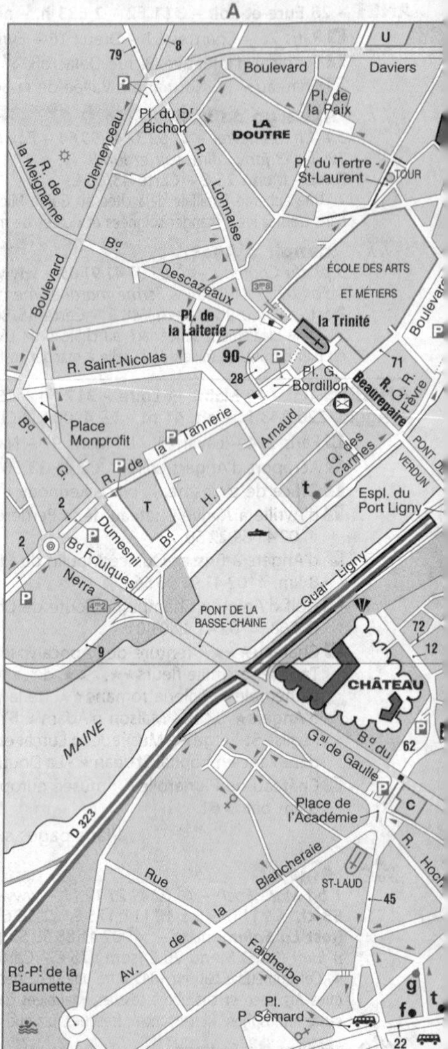

Le Progrès sans rest

26 av. D.-Papin – ✆ 02 41 88 10 14
– www.hotelleprogres.com – Fax 02 41 87 82 93
– Fermé 6-15 août et 24 déc.-3 janv. AZ**f**
41 ch – †59/63 € ††59/70 €, ☐ 8 €

◆ Face à la gare, adresse accueillante mettant à votre disposition ses chambres actuelles, claires et pratiques. Agréable salle où l'on petit-déjeune devant une courette fleurie.

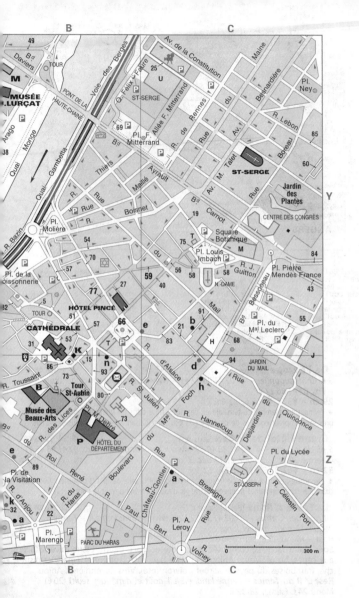

Continental sans rest 🖼 🅰🅲 ℀ 🛜 VISA ◑❸ AE ①
14 r. L.-de-Romain – ℰ 02 41 86 94 94
– www.hotellecontinental.com
– Fax 02 41 86 96 60   BYZ**n**
25 ch – ✝50/79 € ✝✝61/84 €, ☐ 10 €
♦ Situation centrale, chambres lumineuses, récemment refaites et bien tenues, bonne insonorisation, salle des petits-déjeuners colorée, prix sages sont les atouts de cet hôtel.

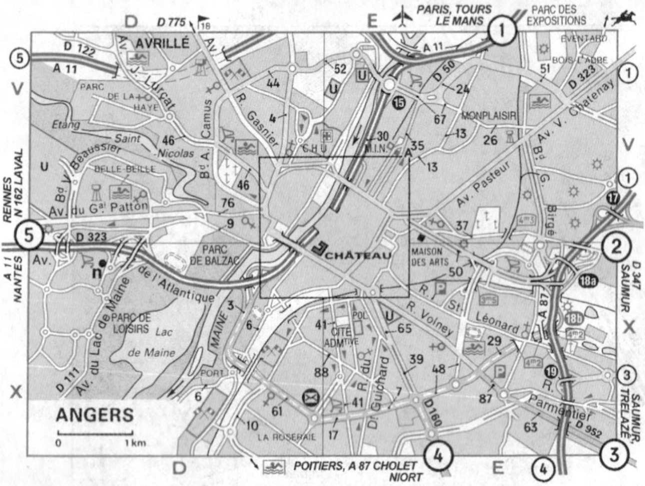

Barangé (Bd Ch.)	DX	3	Estienne d'Orves (Bd)	EX	29	Monplaisir (Bd de)	EV	51
Barra (R.)	DV	4	Félix-Faure (Q.)	EV	30	Montaigne (Av.)	EX	50
Baumette (Pr. de la)	DX	6	Joxe (Av. J.)	EV	35	Moulin (Bd J.)	DEV	52
Bedier (Bd J.)	EX	7	Larevellière (R.)	EV	37	Portet (Bd J.)	DX	61
Bon-Pasteur (Bd)	DV	9	Lattre-de-Tassigny (Bd de)	EX	39	Pyramide (Rte de la)	EX	63
Bouchemaine (Rte de)	DX	10	Letanduère (R. de)	EX	41	Rabelais (R.)	EX	65
Chalouère (R. de la)	EV	13	Lizé (R. du Gén.)	DV	44	Ramon (Bd G.)	EV	67
Chaumin (Bd E.)	EX	17	Meignanne (R. de la)	DV	46	St-Jacques (R.)	DV	76
Doyenné (Bd du)	EV	24	Millot (Bd J.)	EX	48	Saumuroise (R.)	EX	87
Dunant (Bd H.)	EV	26				Strasbourg (Bd de)	DEX	88

De l'Europe sans rest

3 r. Châteaugontier – ✆ 02 41 88 67 45 – www.hoteldeleurope-angers.com – Fax 02 41 86 17 42 CZ**a**

29 ch – 🚹57 € 🚹🚹68 €, ☕ 8 €

◆ Sympathique ambiance familiale en cet hôtel situé dans un quartier commerçant. Chambres sans ampleur égayées de chaleureuses couleurs. Plaisante salle des petits-déjeuners.

Grand Hôtel de la Gare sans rest

5 pl. de la Gare – ✆ 02 41 88 40 69 – www.hotel-angers.fr – Fax 02 41 88 45 41 – Fermé 30 juil.-23 août, et 17 déc.-3 janv. BZ**a**

52 ch – 🚹67/82 € 🚹🚹67/82 €, ☕ 9 €

◆ Un artiste-peintre a égayé de fresques les couloirs et la salle des petits-déjeuners. Coquettes chambres contemporaines tournées vers le jet d'eau qui trône devant la gare.

Le Favre d'Anne (Pascal Favre d'Anne)

18 quai des Carmes – ✆ 02 41 36 12 12 – www.lefavredanne.fr – Fermé 26 juil.-13 août, dim. et lundi AY**t**

Rest – Menu 40 € (sem.)/90 €

Spéc. Saint-Jacques, compotée d'échalote et glace beurre blanc (hiver). Tarte aux cèpes, bœuf "Maine Anjou" et jus de baie rose (automne). Financier pistache, framboises du pays et sorbet poivron (été). **Vins** Savennières, Anjou.

Rest *L' R du Temps* – *(fermé lundi en juil.-août et dim.) (déj. seult)* (20 €) Menu 24 € (sem.), 28/32 €

◆ Dans cet hôtel particulier, le chef propose une belle cuisine actuelle et créative qui a déjà séduit sa clientèle. Cadre contemporain et petite vue sur le château et la Maine. L'R du Temps porte bien son nom : décor actuel pour des plats tendance.

Le Relais

9 r. de la Gare – ✆ 02 41 88 42 51 – www.destination.anjou.com/relais – Fax 02 41 24 75 20 – Fermé 1er-10 mai, 8-31 août, 23 déc.-4 janv., dim. et lundi

Rest – (24 €) Menu 28/48 € BZ**k**

◆ Banquettes, sol en mosaïque, belles fresques sur le thème du vin et du "bien vivre" résument ce lieu contemporain, sobre mais élégant. Appétissante cuisine traditionnelle.

XX · **Provence Caffé** · 🔒 VISA ©®
🍴 *9 pl. Ralliement – ℰ 02 41 87 44 15 – www.provence-caffe.com*
– Fax 02 41 87 44 15 – Fermé dim. et lundi · BCY**e**
Rest – *(prévenir)* (14 €) Menu 18 € (sem.)/32 € – Carte 29/38 €
♦ Mobilier design, éclairages tamisés et fond musical : nouvelle ambiance lounge et épu-
rée pour ce "Caffé" demeurant fidèle aux saveurs du Sud (épices, poissons, etc.).

XX · **Une Île** (Gérard Bossé) · ໕ 🔒 VISA ©®
🌸 *9 r. Max-Richard – ℰ 02 41 19 14 48 – www.une-ile.fr – Fermé 16 août-5 sept.,*
2-9 janv., sam. sauf le soir d'oct. à avril et dim. · AZ**g**
Rest – *(nombre de couverts limité, prévenir)* (30 €) Menu 50/80 € – Carte 58/82 € ✦
Spéc. Foie gras grillé. Turbot beurre blanc. Tatin à la pépin cogna
♦ Cuisine actuelle et précise, dans le respect des saveurs, à base d'excellents produits et qui
suit les saisons... Bel intérieur contemporain nimbé de lumière. Accostez cette île !

X · **Le Petit Comptoir** · 🔒 VISA ©®
🙂 *40 r. David-d'Angers – ℰ 02 41 88 81 57 – Fax 02 41 88 81 57*
– Fermé 28 juil.-18 août, 5-12 mai, 19-31 janv., dim. et lundi · CZ**d**
Rest – (18 €) Menu 29 €
♦ La façade rouge carmin de ce bistrot angevin dissimule une salle à manger exiguë mais
chaleureuse. Ambiance décontractée et généreuse cuisine exprimant une belle inventivité.

X · **Le Crèmet d' Anjou** · ໕ 🔒 VISA ©®
21 r. Delaâge – ℰ 02 41 88 38 38 – Fax 02 41 88 38 38 – Fermé 20 juil.-20 août,
24 déc.-4 janv., sam. et dim. · BZ**e**
Rest – (14 €) Menu 22/28 €
♦ Du nom d'un fameux dessert régional, enseigne réputée pour la joyeuse ambiance distil-
lée par le patron et pour ses robustes plats traditionnels, préparés sous vos yeux.

à Trélazé par ③ – 12 207 h. – alt. 20 m – ⊠ 49800

🏨 · **Hôtel de Loire** · 🍴 🛎 ໕ 🔒 ⥂ 🚼 P 🛜 VISA ©®
🍴 *328 r. Jean-Jaurès – ℰ 02 41 818 918 – www.hoteldeloire.com – Fax 02 41 818 920*
49 ch – †69/79 € ††76/100 €, ☑ 8,50 €
Rest – (12 €) Menu 15 € (déj. en sem.)/20 € – Carte 26/48 €
♦ Cet hôtel récent qui borde un axe fréquenté abrite des chambres aménagées avec une
séduisante simplicité (mobilier épuré façon acajou, tons chocolat...). Au restaurant, décor
contemporain agrémenté de références à la Loire et repas de type brasserie.

à l'Ouest – ⊠ 49000 Angers

🏨 · **Mercure Lac de Maine** · 🛎 🔒 📶 🚼 P VISA ©® AE ①
🍴 *2 allée du Grand-Launay – ℰ 02 41 48 02 12 – www.mercure.com*
– Fax 02 41 48 57 51 · DX**n**
77 ch – †55/195 € ††65/210 €, ☑ 14 €
Rest *Le Diffen* – *(fermé sam. et dim.)* Menu 18/24 € – Carte 32/45 €
♦ Derrière une façade un peu austère, un hôtel presque entièrement rénové : chambres
fonctionnelles, bien équipées et bien insonorisées, belle structure pour séminaires. Plats traditionnels servis dans une grande salle tendance : tons vifs, claustras design.

à Beaucouzé 7 km par ⑤ – 4 677 h. – alt. 54 m – ⊠ 49070

XXX · **L'Hoirie** · 🍴 ໕ 🔒 ⥂ P VISA ©® AE
r. Henri-Faris, (Zone commerciale D 723) – ℰ 02 41 72 06 09 – Fax 02 41 36 35 48
– Fermé dim. soir et lundi
Rest – Menu 24 € (sem.)/55 € – Carte 40/62 €
♦ Salle à manger-véranda claire et moderne, cuisine actuelle et poissons sauvages pour
cette table proche de la rocade, où défile à midi la clientèle d'affaires.

au Nord-Ouest 8 km rte de Laval par N 162 - DV – ⊠ 49240 Avrillé

🏠 · **Le Cavier** · 🚗 🍴 ⥁ 🔒 rest, 📶 🚼 P VISA ©® AE
La Croix-Cadeau – ℰ 02 41 42 30 45 – Fax 02 41 42 40 32
43 ch – †60/76 € ††60/76 €, ☑ 9 € – ½ P 49/61 €
Rest – *(fermé 19 déc.-3 janv. et dim.)* Menu 20/41 € – Carte 39/57 €
♦ Un moulin à vent de 1730 permet de repérer facilement cette construction récente offrant
3 types de chambres : anciennes et rustiques, petites et pratiques, ou plus spacieuses. Insolite
restaurant dont les salles occupent les ex-caves de stockage de la farine.

ANGERVILLE – 91 Essonne – **312** A6 – 3 384 h. – alt. 141 m   18 B3
– ⊠ 91670

   ▶ Paris 70 – Ablis 29 – Chartres 46 – Étampes 21

🔠 **France**   🕭 🖪 ❦ ⚹ 🅿 ᴠɪѕᴀ ⚠ ᴀᴇ
2 pl. du Marché – 𝒞 *01 69 95 11 30 – www.hotelfrance3.com*
– Fax 01 64 95 39 59 – Fermé dim. et lundi midi
20 ch – †75/106 € ††106/140 €, ⊇ 13 €   **Rest** – Menu 29 € – Carte 35/60 €
◆ Tommettes vernies du 16ᵉ s., petits coins-salons, objets chinés, chambres coquettes et confortables ornées de mobilier de style... Une auberge rustique pétrie de charme. Une cheminée en pierres réchauffe l'élégante salle de restaurant. Cuisine traditionnelle.

ANGLARDS-DE-ST-FLOUR – 15 Cantal – **330** G5 – rattaché à Viaduc de Garabit

---

ANGLARS-JUILLAC – 46 Lot – **337** D5 – rattaché à Puy-l'Évêque

---

LES ANGLES – 30 Gard – **339** N5 – rattaché à Villeneuve-lès-Avignon

---

ANGLES-SUR-L'ANGLIN – 86 Vienne – **322** L4 – 388 h. – alt. 100 m   39 D1
– ⊠ 86260 ▍ Poitou Vendée Charentes

   ▶ Paris 336 – Châteauroux 78 – Châtellerault 34 – Montmorillon 34
   🄸 Office de tourisme, 1, rue de l'Église 𝒞 05 49 48 86 87, Fax 05 49 48 27 55
   ☺ Site ★ - Ruines du château ★.

🔠 **Le Relais du Lyon d'Or** ⌂   🖂 🕭 � ch, ❦ 🅿 ᴠɪѕᴀ ⚠
4 r. d'Enfer – 𝒞 *05 49 48 32 53 – www.lyondor.com – Fax 05 49 84 02 28*
10 ch – †75/135 € ††85/135 €, ⊇ 15 € – ½ P 78/108 €
Rest – *(ouvert 21 mars-7 nov.) (dîner seult)* Carte 31/45 €
◆ Cette maison du 14ᵉ s. propose de jolies chambres garnies d'un mobilier chiné et un délicieux jardin de repos. Repas servis auprès de l'âtre ou dans la cour si le temps le permet. Livre de cave élaboré par le propriétaire, ex-négociant en vins.

ANGLET – 64 Pyrénées-Atlantiques – **342** C4 – 37 646 h. – alt. 20 m   3 A3
– ⊠ 64600 ▍ Pays Basque et Navarre

   ▶ Paris 769 – Bayonne 5 – Biarritz 4 – Cambo-les-Bains 18
   ✈ de Biarritz-Anglet-Bayonne 𝒞05 59 43 83 83, SO : 2 km.
   🄸 Office de tourisme, 1, avenue de la Chambre d'Amour 𝒞 05 59 03 77 01, Fax 05 59 03 55 91
   🄸⃝ de Chiberta 104 boulevard des Plages, N : 5 km par D 5, 𝒞 05 59 52 51 10

Plan : voir Biarritz-Anglet-Bayonne

🔠 **De Chiberta et du Golf** ⌂   ≤ 🖂 🕭 🏊 ▩ 🛗 ⅙ ch, 🅺 ch, ⚹ 🅿
104 bd des Plages – 𝒞 *05 59 58 48 48*   ᴠɪѕᴀ ⚠ ᴀᴇ ①
– www.hmc-hotels.com – Fax 05 59 63 57 84   ABX
92 ch – †120/225 € ††120/280 €, ⊇ 14 €   **Rest** – Menu 27 € – Carte 37/52 €
◆ Cette demeure des années 1920 située le long du prestigieux golf de Chiberta dispose de chambres confortables offrant une vue sur les greens et le lac. Salle à manger-véranda et jolie terrasse ombragée ; carte traditionnelle.

🔠 **Atlanthal** ⌂   ≤ 🕭 🏊 ▩ ⊛ 🄵ō 🛗 ⅙ 🅺 ❦ ⚹ 🅿 ᴠɪѕᴀ ⚠ ᴀᴇ ①
153 bd des Plages – 𝒞 *0 825 12 64 64 – www.biarritz-thalasso.com*
– Fax 05 59 52 75 87   ABX
99 ch ⊇ – †112/271 € ††164/398 €   **Rest** – Menu 29/40 € – Carte 20/40 €
◆ Complexe moderne érigé en temple du bien-être avec ses centre de thalassothérapie et fitness très complets. Vue idéale sur l'Atlantique. Chambres spacieuses. Cuisine traditionnelle au restaurant-véranda tourné vers le large. Plats basques et bar à tapas en appoint.

✕✕ **La Fleur de Sel**   🕭 ❖ ᴠɪѕᴀ ⚠ ᴀᴇ ①
5 av. de la Fôret – 𝒞 *05 59 63 88 66 – Fermé 22 fév.-8 mars,*
28 juin-5 juil., 16-29 nov., mardi midi en juil.-août, dim. soir de sept. à juin, merc.
midi et lundi   BXa
Rest – Carte 35/45 €
◆ Cette maison conviviale abrite une spacieuse et lumineuse salle à manger, ouverte sur une terrasse d'été. Décoration actuelle et cuisine traditionnelle au diapason du marché.

▶ Paris 447 – Bordeaux 119 – Limoges 105 – Niort 116

✈ d'Angoulême-Brie Champniers : ℰ 05 45 69 88 09, 15 km au NE

🛈 Office de tourisme, 7 bis, rue du Chat ℰ 05 45 95 16 84, Fax 05 45 95 91 76

🏌 de l'Hirondelle Chemin de l'Hirondelle, S : 2 km, ℰ 05 45 61 16 94

◉ Site★ - La Ville haute★★ - Cathédrale St-Pierre★★ : façade★★ Y F -
La Cité de la bande dessinée et de l'image ★★ Y - Musée d'Angoulême★ :
Le Casque d'Agris★★.

Plan page suivante

🏨 **Mercure Hôtel de France** 🚗 🖧 📶 ♿ 📶 ☇ 🛆 🤝 🆅🆂🅰 ⓒ🅾 🅰🅴 ⓞ
1 pl. des Halles Centrales – ℰ 05 45 95 47 95 – Fax 05 45 92 02 70   Y**e**
89 ch – ♦88/114 € ♦♦98/124 €, ⌐ 14 €
Rest – *(fermé dim. midi et sam.)* Menu 25/50 € – Carte 23/34 €
◆ L'hôtel occupe la maison natale de Guez de Balzac agrandie d'une aile moderne. Agréables chambres de style actuel et joli jardin avec échappée sur la Charente. Petite salle à manger contemporaine ouverte sur une paisible terrasse d'été.

🏠 **L'Épi d'Or** sans rest 🖧 ⚗ 📶 ♿ 🅿 🆅🆂🅰 ⓒ🅾 🅰🅴
66 bd René Chabasse – ℰ 05 45 95 67 64 – www.hotel-epidor.fr
– *Fax 05 45 92 97 23*   X**v**
33 ch – ♦62/85 € ♦♦62/85 €, ⌐ 8,50 €
◆ Adresse pratique à deux pas de la place Victor-Hugo où se tient un marché animé. Les chambres, en majorité rénovées dans un style actuel épuré, sont plus calmes à l'arrière.

🏠 **Le Palma** 📶 ch, 📶 🆅🆂🅰 ⓒ🅾 🅰🅴 ⓞ
⚭ *4 rampe d'Aguesseau* – ℰ 05 45 95 22 89 – www.restaurant-hotel-palma.com
– *Fax 05 45 94 26 66 – Fermé 19 déc.-5 janv., sam. midi et dim.*   Y**u**
9 ch – ♦62 € ♦♦68 €, ⌐ 8 € – ½ P 55 €
Rest – *(12 €)* Menu 15/34 € – Carte 35/45 €
◆ Confortables chambres soigneusement décorées et garnies d'un mobilier en bois massif brut ou peint. Restaurant sobre et lumineux (carte traditionnelle) comprenant une salle spécialement dédiée aux plats du jour et à quelques spécialités espagnoles.

🏠 **Champ Fleuri** sans rest ⚘ ≼ 🚗 ⅃ 📶 🅿
Chemin de l'Hirondelle, (au golf), 2 km, au sud du plan – ℰ 06 85 34 47 68
– *www.champ-fleuri.com*
5 ch ⌐ – ♦80 € ♦♦80 €
◆ Belle maison ancienne dans un jardin clos, attenante au golf. Jolies chambres personnalisées, vue panoramique sur Angoulême, terrasse et piscine : la ville à la campagne.

🍴🍴 **Le Terminus** 🖧 📶 ⇔ 🆅🆂🅰 ⓒ🅾 🅰🅴 ⓞ
⚭ *3 pl. de la Gare* – ℰ 05 45 95 27 13 – www.le-terminus.com – Fax 05 45 94 04 09
– *Fermé dim.*   Y**n**
Rest – *(15 €)* Menu 25/31 € – Carte 48/60 €
◆ Face à la gare, cette brasserie contemporaine chic propose une cuisine au goût du jour qui s'enrichit des arrivages de la côte atlantique. Belle terrasse.

🍴 **Agape** 🆅🆂🅰 ⓒ🅾 🅰🅴
⚭ *16 pl. du Palet* – ℰ 05 45 95 18 13 – Fax 05 45 95 18 13 – Fermé 9-22 août et
1er-9 janv.   Y**b**
Rest – *(nombre de couverts limité, prévenir)* Menu 16 € (déj. en sem.), 28/68 €
– Carte 36/78 €
◆ Bistrot dans l'air du temps en léger retrait de l'animation du vieux centre. Cuisine du marché proposée à l'ardoise avec des menus "Mer" et "Terre" variant au gré des saisons.

🍴 **L'Aromate** ⇔ 🆅🆂🅰 ⓒ🅾
⚭ *41 bd René Chabasse* – ℰ 05 45 92 62 18 – Fermé 2-22 août et lundi
⚭ **Rest** – *(déj. seult) (nombre de couverts limité, prévenir)* Menu 15 €   X**f**
(sem.), 23/30 €
◆ Accueil charmant, convivialité d'un cadre rustique sans chichi, belle cuisine traditionnelle un brin actualisée : ce petit bistrot de quartier ne désemplit pas.

ANGOULÊME

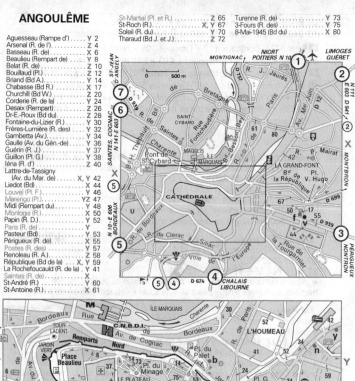

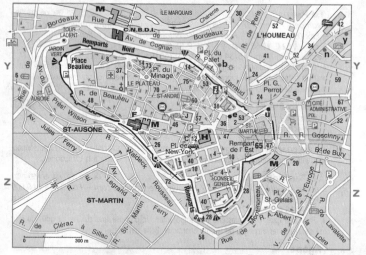

Côté Gourmet

🍴   🄰🄲 🆅🄸🅂🄰 ⚫❾ 🄰🄴

23 pl. de la Gare – ℰ 05 45 95 00 27 – Fax 05 45 95 00 27 – Fermé 2-8 mars, 2-24 août, mardi soir, sam. midi et dim.   **Yy**

Rest – (15 € bc) Menu 23/33 € – Carte 25/40 €

♦ Décor de bistrot moderne à l'étage, tables hautes au rez-de-chaussée, confort simple et cuisine dans l'air du temps : une adresse bienvenue pour les gourmets angoumois.

La Cité

🍴   🈴 🆅🄸🅂🄰 ⚫❾ 🄰🄴
⊜

28 r. St-Roch – ℰ 05 45 92 42 69 – Fermé 2-25 août, 15 fév.-3 mars, dim. et lundi

Rest – Menu 13 € (déj. en sem.), 18/29 € – Carte 22/36 €   **Ys**

♦ Mobilier d'esprit rustique et tons frais et lumineux composent le cadre de cet établissement familial qui propose une cuisine traditionnelle axée sur le poisson.

à Soyaux 4 km par ③ – 10 386 h. – alt. 133 m – ⌂ 16800

XX **La Cigogne** ⟨⟨ 🕭 ⇔ 🅿 VISA ⦾ 🄰🄴
5 imp. Cabane Bambou, à la Mairie, prendre r. A.-Briand et 1,5 km
– ℰ 05 45 95 89 23 – www.la-cigogne-angouleme.com – Fermé 1er-15 mars,
25 oct.-10 nov., 23 déc.-3 janv., merc. soir, dim. soir et lundi
Rest – (22 € bc) Menu 38/50 € – Carte 37/67 €
♦ Accolée à une ancienne champignonnière, salle au décor sobre et contemporain ; lumineuse véranda et terrasse côté campagne. Cuisine au goût du jour à base de produits locaux.

à Roullet 14 km par ⑤ et N 10, dir. Bordeaux – 3 662 h. – alt. 50 m – ⌂ 16440

🏠 **La Vieille Étable** ॐ ♦ 🍴 🍽 ⅋ & 🕪 🛁 🅿 VISA ⦾ 🄰🄴
⦾ *rte Mouthiers : 1,5 km – ℰ 05 45 66 31 75 – www.hotel-vieille-etable.com*
– Fax 05 45 66 47 45 – Fermé dim. soir d'oct. à mi-mai
29 ch – †70/125 € ††70/145 €, ⌂ 14 € – ½ P 95/110 €
Rest – (13 €) Menu 18 € (sem.)/37 € – Carte 44/68 €
♦ Au calme, cette ferme restaurée et ses dépendances abritent des chambres conçues comme un motel (certaines sont climatisées). Beau parc avec plan d'eau, piscine et tennis. Carte traditionnelle servie dans une salle bourgeoise ou sous la véranda face au parc.

ANNECY 🅿 – 74 Haute-Savoie – 328 J5 – 51 023 h.   **46** F1
– Agglo. 136 815 h. – alt. 448 m – Casino : l'Impérial – ⌂ 74000 ▌Alpes du Nord

▶ Paris 536 – Aix-les-Bains 34 – Genève 42 – Lyon 138

🛫 d'Annecy-Haute-Savoieℰ 04 50 27 30 06, par N 508 BU et D 14 : 4 km.

🛈 Office de tourisme, 1, rue Jean Jaurès, Bonlieu ℰ 04 50 45 00 33,
Fax 04 50 51 87 20

🏌 du Belvédère à Saint-Martin-Bellevue Chef Lieu, par rte de la Roche-sur-
Foron : 6 km, ℰ 04 50 60 31 78

🏌 du Lac d'Annecy à Veyrier-du-Lac Route du Golf, par rte de Talloires :
10 km, ℰ 04 50 60 12 89

🏌 de Giez-Lac-d'Annecy à Giez, par rte d'Albertville : 24 km, ℰ 04 50 44 48 41

◉ Le Vieil Annecy★★ : Descente de Croix★ dans l'église St-Maurice EY **E**,
Palais de l'Isle★★ EY **M²**, rue Ste-Claire★ – pont sur le Thiou ❮★ EY **N**
– Musée-château d'Annecy★ – Les Jardins de l'Europe★ – Les bords du
lac★★ ❮★*.

◉ Tour du lac★★★ – Gorges du Fier★★ : 11 km par D 16 BV - Col de la
Forclaz★★ - Forêt du crêt du Maure★ : ❮★★ 3 km par D 41 CV.

Plans pages suivantes

🏨 **L'Impérial Palace** ॐ ❮ 🕭 ⊛ 🛁 📶 🍴 ch, 🅼 🕪 🛁 VISA ⦾ 🄰🄴 ⓪
allée de l'Impérial – ℰ 04 50 09 30 00 – www.hotel-imperial-palace.com
– Fax 04 50 09 33 33   CV**s**
91 ch – †300/450 € ††300/450 €, ⌂ 25 € – 8 suites
Rest *La Voile* – Menu 30 € (déj. en sem.)/34 € – Carte 38/83 €
♦ Ce grand hôtel de 1913 se dresse fièrement dans un parc au bord du lac. Chambres sobres et bien équipées (la plupart avec vue), centre de congrès, casino et institut de beauté. Belle salle à manger et sa superbe terrasse ouverte sur les flots et les jardins.

🏨 **Les Trésoms** ॐ ❮ 🚣 🕭 🍽 ⊛ 🛁 🍴 🍽 🕪 🛁 🅿 VISA ⦾ 🄰🄴 ⓪
3 bd de la Corniche – ℰ 04 50 51 43 84 – www.lestresoms.com
– Fax 04 50 45 56 49   CV**f**
50 ch – †119/219 € ††139/269 €, ⌂ 16 €
Rest *La Rotonde* – (fermé sam. midi, dim. soir, lundi et le midi du 15 juil. au
30 août) Menu 29 € (déj. en sem.), 49/89 € – Carte 65/85 €
Rest *La Coupole* – (fermé mardi soir, merc. soir, jeudi soir et le midi sauf juil.-août)
Menu 35 € – Carte 35/45 €
♦ Dans un calme jardin, demeure des années 1930 rénovée mais gardant son cachet Art déco. Chambres aux tons chauds, pour moitié tournées vers le lac. Spa. Cuisine dans l'air du temps à La Rotonde (panorama splendide en terrasse). Repas plus simples à La Coupole.

ANNECY

Aléry (Av. d') . . . . **BV** 4
Aléry (Gde-R. d') . . . . **BV** 7
Balmettes (Fg des) . . . . **CV** 10
Beauregard (Av. de) . . . . **BV** 13
Bel-Air (R. du) . . . . **CU** 15
Bordeaux (R. Henry) . . . . . . **CU** 18
Boschetti (Av. Lucien) . . . . **BCV** 21
Chambéry (Av. de) . . . . **BV** 23
Chevêne (Av. de) . . . . **BV** 29
Corniche (Bd de la) . . . . **CV** 32
Crête (R. de la) . . . . **BU** 38
Crêt-de-Maure (Av. du) . . . . . **CV** 35
Fins Nord (Ch. des) . . . . . . **BCU** 45
Hirondelles (Av. des) . . . . . . **BV** 52
Leclerc (R. du Mar.) . . . . **BU** 59
Loverchy (Av. de) . . . . **BV** 63
Martyrs-de-la-Déportation
(R. des) . . . . **CU** 64
Mendès-France (Av. Pierre) . **BV** 65
Mermoz (R. Jean) . . . . **CU** 66
Novel (Av. de) . . . . **CU** 69
Perréard (Av. Germain) . . . . **BU** 73
Pont-Neuf (Av. du) . . . . **BV** 77
Prélevet (Av. de) . . . . **BV** 79
Prés-Riants (R. des) . . . . **CU** 81
Saint-Exupéry (R. A.-de) . . . . **CU** 86
Stade (Av. du) . . . . **BCU** 92
Theuriet (R. André) . . . . **CV** 93
Thônes (Av. de) . . . . **CU** 94
Trésum (Av. de) . . . . **CV** 97
Trois-Fontaines
(Av. des) . . . . **BV** 98
Val-Vert (R. du) . . . . **BV** 99

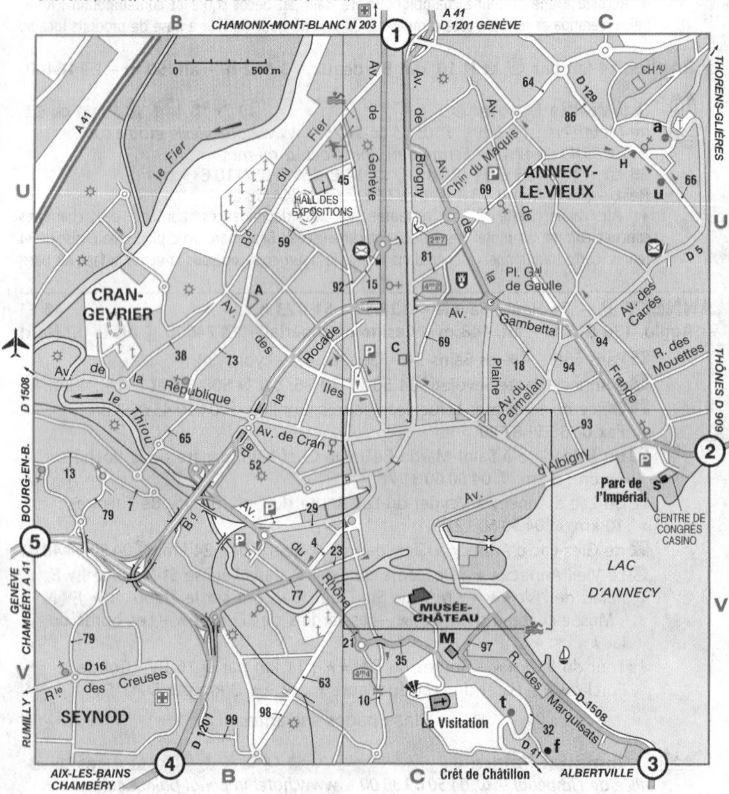

Le Pré Carré sans rest
27 r. Sommeiller – ✆ 04 50 52 14 14
– Fax 04 50 63 26 19 EX**b**
27 ch – 🚹152/202 € 🚹🚹182/232 €, ☕ 14 € – 2 suites
◆ Ancien cinéma proche de la vieille ville et du lac. Chambres très contemporaines, dans un camaïeu de tons sobres. Petit-déjeuner sous une verrière. Jacuzzi, sauna.

Novotel Atria
1 av. Berthollet – ✆ 04 50 33 54 54 – www.novotel.com
– Fax 04 50 45 50 68 DX**h**
95 ch – 🚹85/175 € 🚹🚹85/175 €, ☕ 14 € – ½ P 70/115 €
Rest – (12 €) Menu 18/22 € – Carte 16/42 €
◆ Derrière la gare, bâtiment en verre attenant à un centre de congrès. Les chambres sont confortables et insonorisées, et l'accueil tout sourire. Le restaurant, décoré dans des tonalités tendance, propose un bon panel de formules au goût du jour.

ANNECY

🏨🏨 **Splendid** sans rest · 📶 ⅜ 📶 📶 VISA ◑ AE

4 quai E.-Chappuis – ℰ 04 50 45 20 00 – www.splendidhotel.fr
– Fax 04 50 45 52 23 · EY**d**
47 ch – ♦110/140 € ♦♦120/160 €, ⏥ 14 €

◆ Agréablement placé au bord du canal du Vassé, entre le centre historique et le lac, cet hôtel d'esprit Art déco a de grandes chambres pratiques et bien isolées. Salon-bar cossu.

🏨 **Allobroges Park** sans rest · 📶 📶 ⅜ 📶 P VISA ◑ AE

11 r. Sommeiller – ℰ 04 50 45 03 11 – www.allobroges.com
– Fax 04 50 51 88 32 · DY**n**
47 ch – ♦79/89 € ♦♦89/99 €, ⏥ 8,50 €

◆ Établissement du centre-ville. Rénovation réussie pour les chambres entièrement refaites, décorées dans un style actuel misant sur les coloris rouge, chocolat et beige.

🏨 **Mercure** sans rest · 📶 📶 ⅜ 📶 VISA ◑ AE

26 r. Vaugelas – ℰ 04 50 45 59 80 – www.mercure.com
– Fax 04 50 45 21 99 · DY**a**
39 ch – ♦78/165 € ♦♦88/165 €, ⏥ 14 €

◆ Cet hôtel de chaîne du centre-ville vous assure des nuits tranquilles dans des chambres bien rénovées, affichant un style sobrement contemporain (grands lits, écrans plats).

🏨 **De Bonlieu** sans rest · 📶 ⅜ 📶 📶 ⅜ P VISA ◑ AE ◐

5 r. Bonlieu – ℰ 04 50 45 17 16 – www.annecybonlieuhotel.fr
– Fax 04 50 45 11 48 – Fermé 30 oct.-15 nov. · EX**a**
35 ch – ♦82/106 € ♦♦90/114 €, ⏥ 11 €

◆ Dans une rue calme du centre-ville, petit hôtel moderne proposant des chambres pratiques, agencées de façon contemporaine et reposante.

139

Amiral sans rest
🛗 ⬧ ⬧ 🅿 VISA ⬧ AE

61 r. Centrale, à Annecy-le-Vieux par ② ✉ 74940 – ℰ 04 50 23 29 26
– www.amiral-hotel.com – Fax 04 50 23 74 18
38 ch – ♦60/65 € ♦♦70/140 €, ⬧ 8,50 €

♦ Ce établissement récent, idéal pour une villégiature à proximité du lac et de ses plages, abrite des chambres fonctionnelles. Offre de location de vélos.

Kyriad Centre sans rest
✧ ⬧ VISA ⬧ AE

1 fg Balmettes – ℰ 04 50 45 04 12 – www.annecy-hotel-kyriad.com
– Fax 04 50 45 90 92 DY**t**
24 ch – ♦60/84 € ♦♦60/84 €, ⬧ 8 €

♦ Coincée dans le vieil Annecy, cette bâtisse du 16ᵉ s. refait progressivement peau neuve. Chambres de tailles diverses, sobrement meublées et égayées de tissus jaunes et bleus.

Nord sans rest
🛗 AC ⬧ VISA ⬧ AE

24 r. Sommeiller – ℰ 04 50 45 08 78 – www.annecy-hotel-du-nord.com
– Fax 04 50 51 22 04 DY**f**
30 ch – ♦45/68 € ♦♦59/68 €, ⬧ 7 €

♦ Idéalement situé en plein centre-ville, ce petit hôtel sans prétention se révèle fort commode pour un séjour de découverte. Chambres fonctionnelles et accueil familial.

Le Clos des Sens (Laurent Petit) avec ch 🐾
🏡 🛗 ⬧ VISA ⬧ AE ⓘ

13 r. J.-Mermoz – ℰ 04 50 23 07 90 – www.closdessens.com
– Fax 04 50 66 56 54 – Fermé 26 avril-3 mai, 30 août-16 sept., 1ᵉʳ-12 janv., dim.
sauf le soir en juil.-août, mardi midi et lundi CU**u**
5 ch – ♦180/230 € ♦♦180/230 €, ⬧ 17 €
Rest – (33 €) Menu 48/100 € – Carte 80/100 €🍷
Spéc. Tarte fine de légumes "sans pâte". Féra du lac d'Annecy (mars à oct.). Papier de sucre kalamansi. **Vins** Chignin-Bergeron, Rousette de Marestel.

♦ Cadre à l'élégance épurée et terrasse dominant Annecy, pour une cuisine fine et inventive, escortée d'une magnifique sélection de vins. Chambres originales et raffinées.

La Ciboulette (Georges Paccard)
🏡 VISA ⬧

10 r. Vaugelas, (cour du Pré Carré) – ℰ 04 50 45 74 57
– www.laciboulette-annecy.com – Fermé 1ᵉʳ-24 juil., vacances de la
Toussaint, de fév., dim. et lundi EY**v**
Rest – Menu 29 € (sem.)/58 € – Carte 70/90 €🍷
Spéc. Homard bleu de Bretagne à la coque, rissolles de pommes de terre aux cèpes (automne). Carré d'agneau de pré salé, pimpiolet de montagne et beignet de sauge (été). Soufflé chaud aux herbes des Pères Chartreux et framboises. **Vins** Chignin-Bergeron, Mondeuse.

♦ Un restaurant au décor étudié et de bon goût, mi-classique, mi-contemporain. On y prépare une belle cuisine dans l'air du temps sur des bases classiques.

Le Belvédère (Vincent Lugrin) avec ch 🐾
⬦ 🏡 ⬧ 🅿 VISA ⬧ AE

7 chemin Belvédère, 2 km, rte Semnoz au Sud-Est par r. Marquisat
– ℰ 04 50 45 04 90 – www.belvedere-annecy.com
– Fax 04 50 45 67 25 – Fermé 4-11 nov., janv., mardi sauf le soir de juin à sept.,
dim. soir et merc. CV**t**
5 ch – ♦85/145 € ♦♦85/145 €, ⬧ 12 € – ½ P 98/113 €
Rest – Menu 28 € (déj.), 42/85 € – Carte 60/90 €
Spéc. Foie gras de canard maison aux perles de vanille. Omble chevalier cuit à la plancha. Cigare au chocolat noir fourré d'une mousse au café. **Vins** Chignin-Bergeron, Mondeuse d'Arbin.

♦ Appétissante cuisine actuelle à déguster dans ce restaurant surplombant le lac d'Annecy. Agréable terrasse d'été et chambres au calme, où l'on profite du panorama.

Le Bilboquet
VISA ⬧

14 fg Ste-Claire – ℰ 04 50 45 21 68 – www.restaurant-lebilboquet.fr
– Fax 04 50 45 21 68 – Fermé 15 fév.-10 mars, dim. sauf le soir en juil.-août et
lundi DY**m**
Rest – Menu 18 € (déj. en sem.), 27/46 € – Carte 40/55 €

♦ Les vieux murs épais garantissent une certaine fraîcheur dans cet agréable restaurant qui jouxte la porte Ste-Claire. Saveurs traditionnelles au gré du marché.

XX **Auberge du Lyonnais** avec ch   🛜 VISA 🐠 AE
*9 r. de la République – 𝒞 04 50 51 26 10 – www.auberge-du-lyonnais.com
– Fax 04 50 51 05 04 – Fermé 16-26 nov. et 18-28 janv.*   DY**p**
10 ch – ♦45/70 € ♦♦50/75 €, ⌷ 8 €
Rest – Menu 24 € (sem.)/41 € – Carte 50/64 €
• Cette vieille maison du centre historique entre deux bras du canal du Thiou vous accueille dans une salle d'esprit marin (terrasse au fil de l'eau). La carte valorise le poisson et des recettes au goût du jour. Chambres fonctionnelles de style montagnard.

XX **Auberge de Savoie**   🛜 VISA 🐠 AE
*1 pl. St-François – 𝒞 04 50 45 03 05 – www.aubergedesavoie.fr – Fax 04 50 51 18 28
– Fermé 24 oct.-10 nov., 3-13 janv., mardi sauf juil.-août et merc.*   EY**n**
Rest – (21 €) Menu 27/59 € – Carte 60/75 €
• Accueil et service très pros dans ce restaurant contemporain et chaleureux, adossé à l'église St-François. La terrasse sur une petite place a vue sur le Thiou et le château.

XX **La Brasserie St-Maurice**   🛜 VISA 🐠 AE
*7 r. Collège-Chapuisien – 𝒞 04 50 51 24 49 – www.stmau.com
– Fax 04 50 51 24 49 – Fermé dim. et lundi*   EY**r**
Rest – (19 €) Menu 26/42 € – Carte 31/55 €
• Restaurant aménagé dans une maison de 1675. Salle à manger à l'étage joliment décorée, avec de belles colonnes en bois d'origine. Terrasse d'été, carte traditionnelle.

X **Contresens**   🛜 AC VISA 🐠 AE
☺ *10 r. de la Poste – 𝒞 04 50 51 22 10 – www.closdessens.com – Fax 04 50 51 34 26
– Fermé 28 déc.-10 janv., dim. et lundi*   DY**b**
Rest – (21 €) Menu 26 €
• On mange un peu au coude à coude et le "Tout-Annecy" se presse dans ce restaurant proposant une séduisante cuisine actuelle et ludique, façon bistrot moderne. Terrasse-trottoir.

X **Café Brunet**   VISA 🐠 AE
☺ *18 pl. Gabriel-Fauré – 𝒞 04 50 27 65 65 – www.closdessens.com
– Fax 04 50 05 04 67 – Fermé 1er-15 janv., dim. sauf le midi en juil.-août et lundi*
Rest – (22 €) Menu 28 € – Carte 65/85 €   CU**a**
• Le temps n'a pas de prise sur ce café de 1875 (terrasse, jeu de boules). Devenu l'annexe du "Clos des Sens", il garde l'âme d'un authentique bistrot. Cuisine canaille et plats mijotés.

X **Nature et Saveur**   🛜 VISA 🐠
pl. des Cordeliers – 𝒞 04 50 45 82 29 – www.nature-saveur.com – Fermé vacances de Noël, dim. et lundi   DY**r**
Rest – (déj. seult) (nombre de couverts limité, prévenir) Menu 29/39 € bc
• Une cuisine créative et personnelle de produits choisis, misant sur le goût et la qualité nutritionnelle, tel est le credo de Laurence Salomon, naturopathe et chef passionnée.

à Sévrier 6 km au Sud par ③ – 3 922 h. – alt. 456 m – ⊠ 74320

🛈 Office de tourisme, 𝒞 04 50 52 40 56, Fax 04 50 52 48 66
🎦 Musée de la Cloche★.

🏠🏠 **Auberge de Létraz**   ≤ 🚗 🛜 ⛲ 🎐 📶 P VISA 🐠 AE ⓪
*921 rte d'Albertville – 𝒞 04 50 52 40 36 – www.auberge-de-letraz.com
– Fax 04 50 52 63 36*
22 ch – ♦60/183 € ♦♦60/183 €, ⌷ 17 € – 1 suite
Rest – (fermé de mi-nov. à mi-déc., dim. soir et lundi d'oct. à mai) (26 €)
Menu 30 € (sem.)/75 € – Carte 65/85 €
• Le jardin de cet hôtel occupe une situation de choix face au lac. Les chambres, refaites dans un style actuel, sont plus calmes côté flots. Salle de restaurant et terrasse tournés vers le joyau d'Annecy. Registre culinaire traditionnel actualisé.

à Pringy 8 km au Nord par ① et rte secondaire – 3 249 h. – alt. 483 m – ⊠ 74370

XX **Le Clos du Château**   🛜 ♿ P VISA 🐠 AE
*70 rte Cuvat, dir. Promery – 𝒞 04 50 66 82 23 – www.le-clos-du-chateau.com
– Fax 04 50 66 87 18 – Fermé 27 juil.-18 août, 21 déc.-5 janv., dim. soir, merc. soir et lundi*
Rest – (18 €) Menu 21 € (déj. en sem.), 31/54 € – Carte 44/66 €
• Adresse à l'agréable cadre contemporain épuré. Goûteuse cuisine dans l'air du temps mitonnée par un jeune chef talentueux, avec un "menu affaires" particulièrement raisonnable.

ANNEMASSE – 74 Haute-Savoie – 328 K3 – 28 572 h. –
Agglo. 106 673 h. – alt. 432 m – Casino : Grand Casino – ⊠ 74100

▶ Paris 538 – Annecy 46 – Bonneville 22 – Genève 8

🖪 Office de tourisme, place de la Gare ℰ 04 50 95 07 10, Fax 04 50 37 11 71

🏨🏨🏨 **Mercure** 🖛 🕼 ⛴ |📶| ♿ 🔢 ch, 🕼 🎿 P VISA ⨂ AE ⑩
9 r. des Jardins, par ③ et rte Gaillard ⊠ 74240 – ℰ 04 50 92 05 25
– www.mercure.com – Fax 04 50 87 14 50
78 ch – †69/179 € ††79/189 €, ⊆ 17 € **Rest** – (16 € bc) Carte 21/40 €
◆ Localisé à proximité de l'autoroute, cet hôtel profite d'alentours très verts où chemine une rivière. Chambres assez spacieuses, confortables et bien insonorisées. Restaurant rénové dans un style moderne, terrasse face à la piscine et cuisine traditionnelle.

🏨🏨 **La Place** sans rest |📶| 🕼 P VISA ⨂ AE
10 pl. J.-Deffaugt – ℰ 04 50 92 06 44 – *www.laplacehotel.com* – Fax 04 50 87 07 45
43 ch – †59 € ††77 €, ⊆ 8 € Y**n**
◆ Un beau salon design, des chambres d'esprit contemporain sobre et épuré et un accueil des plus sympathique, voici une étape centrale agréable sur la route de la Suisse.

à Gaillard 3 km au Sud-Ouest – 11 507 h. – alt. 425 m – ⊠ 74240

✕✕ **La Pagerie** 🕼 🕼 🔢 VISA ⨂
12 r. de la Libération – ℰ 04 50 38 34 00 – *www.restaurantlapagerie.com*
Rest – Menu 24 € (déj. en sem.)/45 € – Carte 41/74 €
◆ Derrière cette façade anodine, on se régale d'une cuisine traditionnelle soignée utilisant les produits de la région (poissons du lac, légumes, bœuf simmenthal). Cadre feutré.

ANNONAY – 07 Ardèche – 331 K2 – 17 088 h. – alt. 350 m – ⊠ 07100 44 B2
▌ Lyon Drôme Ardèche

▶ Paris 529 – St-Étienne 44 – Valence 56 – Yssingeaux 57

🖪 Office de tourisme, place des Cordeliers ℰ 04 75 33 24 51, Fax 04 75 32 47 79

🖪 du Domaine de Saint-Clair Le Pelou, par rte de Serrières et D 820 : 6 km,
ℰ 04 75 67 03 84

🖪 d'Albon à Saint-Rambert-d'Albon Château de Senaud, E : 19 km par D 82,
ℰ 04 75 03 03 90

✕✕ **Marc et Christine** 🕼 VISA ⨂
😊 *29 av. Marc-Seguin* – ℰ 04 75 33 46 97 – *Fermé 19-26 avril,*
16-30 août, 7-14 mars, dim. soir et lundi
Rest – Menu 20/49 € 🕮
◆ Découvrez ce bistrot familial et gourmand, légèrement excentré. On s'y régale d'une cuisine traditionnelle de produits du terroir dans une ambiance délicieusement provinciale.

au Golf de Gourdan 6,5 km au Nord par D 519 et D 820 – ⊠ 07430 Annonay

🏨🏨 **Domaine du Golf de Saint Clair** 🌿 🖛 🕼 ⛴ 🎿 🖪 |📶| 🕼 ch,
rte du Golf – ℰ 04 75 67 01 00 🔢 ch, 🕼 🎿 P VISA ⨂ AE ⑩
– www.domainestclair.fr – Fax 04 75 67 07 38
54 ch – †105/115 € ††120/130 €, ⊆ 14 € – 2 suites – ½ P 102 €
Rest – *(fermé 24 déc.-3 janv.)* Menu 28 € – Carte 28/35 €
◆ Idéal pour une clientèle d'affaires, cet hôtel rénové profite de la tranquillité de son site, un golf. Chambres d'esprit contemporain (la plupart avec balcon). Centre de soins. Restaurant logé dans une grange, sous une grande charpente. Cuisine traditionnelle.

à St-Marcel-lès-Annonay 8,5 km au Nord-Ouest par D 206 et D 820 – 1 226 h. – alt. 450 m – ⊠ 07100

🏨🏨 **Auberge du Lac** ⩽ 🕼 ⛴ |📶| 🕼 🎿 P VISA ⨂ AE
Le Ternay – ℰ 04 75 67 12 03 – *www.aubergedulac.fr* – Fax 04 75 34 90 20
– Fermé janv. et vacances de la Toussaint
12 ch – †85/150 € ††85/150 €, ⊆ 12 € – ½ P 85/117 €
Rest – *(fermé dim. soir, mardi midi et lundi)* (28 €) Menu 35/45 €
◆ Face au barrage, ancienne auberge métamorphosée en maison luxueuse et cosy. Chambres personnalisées sur le thème des fleurs, très bien équipées. Solarium sur le toit. Piscine à débordement. Salle à manger provençale et terrasse d'où l'on admire le lac et le Pilat.

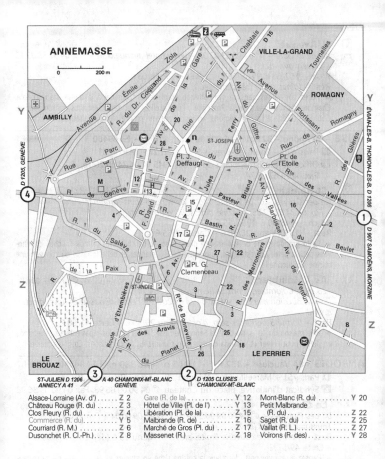

ANNEMASSE

à St-Julien-Molin-Molette 10,5 km au Nord-Ouest par D 206 et D 306
– 1 177 h. – alt. 589 m – ⊠ 42220

⌂⌂ **La Rivoire** ⌖   ⟨ 🚗 🛋 🅿

    à la Rivoire, 4 km au Sud par route communale
    – 𝒞 04 77 39 65 44
    – www.larivoire.net
    5 ch ⌓ – 🛏50/55 € 🛏🛏60/65 € – ½ P 50/70 €
    Table d'hôte – Menu 20 € bc

    ♦ Noble demeure à tour ronde, datant probablement du 15ᵉ s. Chambres fraîches aux noms
de couleurs ; jolie vue sur la vallée de la Déome et les premières collines ardéchoises. À
table, on se régale de charcuteries paysannes et de légumes du potager familial.

ANNOT – 04 Alpes-de-Haute-Provence – 334 I9 – 1 015 h. – alt. 708 m   41 C2
– ⊠ 04240 ▯ Alpes du Sud

    ▷ Paris 812 – Castellane 31 – Digne-les-Bains 69 – Manosque 112
    🛈 Office de tourisme, boulevard Saint-Pierre 𝒞 04 92 83 23 03,
    Fax 04 92 83 30 63
    ◉ Vieille ville★ - Clue de Rouaine★ S : 4 km.

ANNOT

🏠 L'Avenue 🛜 ⚡ 📶 VISA 🅾️

av. de la Gare – ℰ 04 92 83 22 07 – www.hotel-avenue.com – Fax 04 92 83 33 13
– Ouvert avril-oct.
9 ch – †62/66 € ††65/68 €, ⌷ 9 € – ½ P 58/68 €
Rest – (dîner seult) (résidents seult) Menu 22/32 €
♦ Posez vos valises dans ce sympathique établissement familial à la tenue irréprochable.
Chambres aux couleurs de la Provence ; l'une d'elles, avec salon, est plus contemporaine.
Goûteuse cuisine à l'accent régional au restaurant, qui profite d'une miniterrasse-trottoir.

ANSE – 69 Rhône – **327** H4 – 4 996 h. – alt. 170 m – ⌷ 69480   43 E1
❱ Paris 436 – Bourg-en-Bresse 57 – Lyon 27 – Mâcon 51
🅸 Office de tourisme, place du 8 mai 1945 ℰ 04 74 60 26 16,
Fax 04 74 67 29 74

🏠 St-Romain 🌿 🛜 🛜 ⚙ 📶 ⚙ 🅿 VISA 🅾️ AE

rte des Graves – ℰ 04 74 60 24 46 – www.hotel-saint-romain.fr
– Fax 04 74 67 12 85 – Fermé dim. soir de nov. à avril
23 ch – †48/50 € ††50/55 €, ⌷ 9 €
Rest – (15 €) Menu 20/38 € – Carte 27/55 €
♦ Cette grande ferme beaujolaise en pierre dispose de chambres calmes, fraîches et rénovées petit à petit. Au restaurant, lumineuse salle à manger et belle terrasse où l'on sert une
cuisine traditionnelle.

✕✕ Au Colombier ⚡ 🛜 🛜 ⚙ ⇔ 🅿 VISA 🅾️ AE

126 allée Colombier, (Pont St Bernard) – ℰ 04 74 67 04 68
– www.aucolombier.com – Fax 04 74 67 20 30 – Fermé dim. soir et lundi d'oct.
à avril
Rest – (fermé 3 dernières sem. d'oct.) Menu 29/49 € – Carte 41/58 €
♦ Jolie maison du 18e s. bordant la Saône. Terrasse fleurie pour les repas estivaux, cheminée
en pierre pour l'hiver et véranda couverte de chaume en toutes saisons. Cuisine actuelle.

ANSOUIS – 84 Vaucluse – **332** F11 – 1 105 h. – alt. 380 m – ⌷ 84240   40 B2
❱ Paris 751 – Marseille 63 – Avignon 79 – Aix-en-Provence 35
🅸 Syndicat d'initiative, place du Château ℰ 04 90 09 86 98, Fax 04 90 09 86 98

✕ La Closerie 🛜 ⇔ VISA 🅾️

bd des Platanes – ℰ 04 90 09 90 54 – Fax 04 90 09 90 54 – Fermé vacances de la
Toussaint et 1er-15 janv.
Rest – (nombre de couverts limité, prévenir) Menu 23 € (déj. en sem.)/35 €
– Carte 49/57 €
♦ Pensez à réserver pour découvrir la cuisine riche en saveurs et en parfums de ce restau-
rant. Le chef inspiré renouvelle souvent ses menus. Jolie terrasse face au Luberon.

ANTHY-SUR-LÉMAN – 74 Haute-Savoie – **328** L2 – **rattaché à Thonon-les-
Bains**

ANTIBES – 06 Alpes-Maritimes – **341** D6 – 75 820 h. – alt. 2 m   42 E2
– Casino : "la Siesta" bord de mer par ① – ⌷ 06600 ▮ Côte d'Azur
❱ Paris 909 – Aix-en-Provence 160 – Cannes 11 – Nice 21
🅸 Office de tourisme, 11, place du Général-de-Gaulle ℰ 04 92 90 53 00,
Fax 04 92 90 53 01
◉ Vieille ville★: Promenade Amiral-de-Grasse ≤★ DXY - Château Grimaldi
(Déposition de Croix★, Musée donation Picasso★) DX - Musée Peynet et
de la Caricature★ DX **M²** - Marineland★ 4 km par ①.

Plans pages suivantes

🏠 Le Petit Castel sans rest 🆑 📶 🅿 VISA 🅾️

22 chemin des Sables – ℰ 04 93 61 59 37 – www.lepetitcastel.fr
– Fax 04 93 67 51 28   BU**b**
16 ch ⌷ – †92/172 € ††98/178 €
♦ Accueil convivial dans ce pavillon d'un quartier résidentiel. Chambres entièrement rénovées affichant une déco dans l'air du temps, solarium-jacuzzi, vélos à disposition.

144

ANTIBES

Châtaignier (Av. du)	AU	13
Contrebandiers (Ch. des)	BV	16
Ferrié (Av. Gén.)	AU	26
Gardiole-Bacon (Bd)	BUV	31
Garoupe (Bd de la)	BV	33
Garoupe (Ch. de la)	BV	34
Grec (Av. Jules)	ABU	38
Malespine (Av.)	BV	50
Phare (Rte du)	BV	62
Raymond (Ch.)	BV	64
Reibaud (Av.)	AU	65
Salis (Av. de la)	BV	77
Sella (Av. André)	BV	78
Tamisier (Ch. du)	BV	79
Tour-Gandolphe (Av. de la)	BV	82
Vautrin (Bd. du Gén.)	BU	84
11-Novembre (Av. du)	BU	91

Flèche noire Sens unique en saison

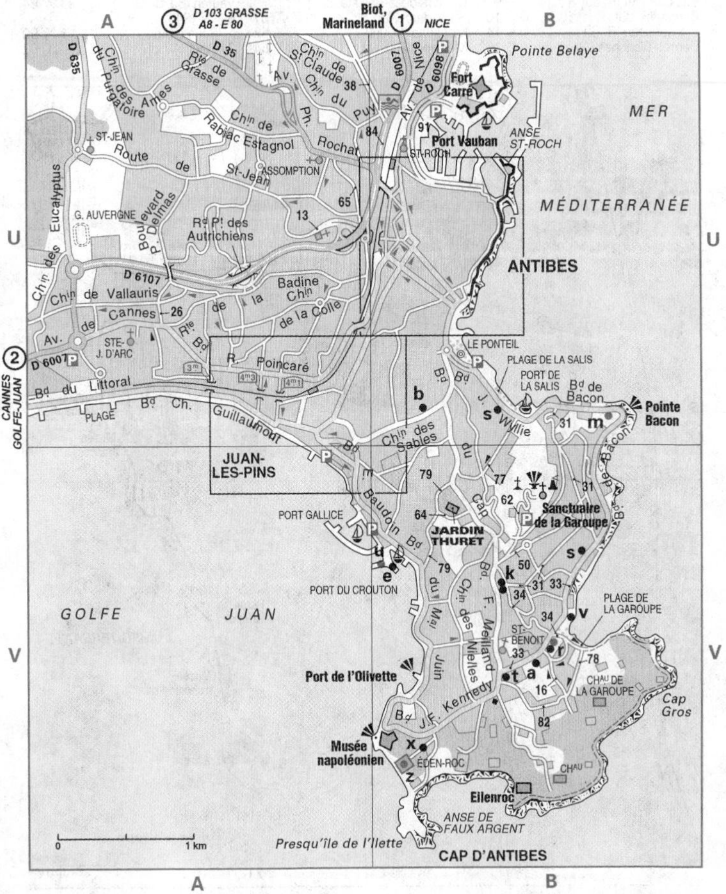

Josse sans rest
8 bd James-Wyllie – ✆ 04 92 93 38 38 – www.hotel-josse.com
– Fax 04 92 93 38 39 BU**s**
26 ch – 🚹91/165 € 🚹🚹102/183 €, ☕ 11 €
◆ Une adresse tout en sobriété mais bien pratique : près de la plage de la Salis, chambres simples avec balcon (trois "familiales"), certaines tournées vers la grande bleue.

Mas Djoliba sans rest
29 av. de Provence – ✆ 04 93 34 02 48 – www.hotel-djoliba.com
– Fax 04 93 34 05 81 – Ouvert 10 mars-12 nov. CY**d**
13 ch – 🚹85/100 € 🚹🚹90/188 €, ☕ 12 €
◆ Relaxez-vous entre palmiers et bougainvillées, à la piscine ou dans les coquettes chambres de cette villa 1920 ; celle du dernier étage offre une terrasse avec vue sur le Cap.

ANTIBES

Albert 1er (Bd) . . . . **CDY**
Alger (R. d') . . . . **CX** 3
Arazy (R.) . . . . **DXY** 4
Barnaud (Pl. Amiral) . . . . **DY** 6
Barquier (Av.) . . . . **DY** 8
Bas-Castelet (R. du) . . . . **DY** 9
Bateau (R. du). . . . . **DX** 10
Clemenceau (R. G.) . . . . **DX** 14
Dames-Blanches (Av. des). . **CY** 19
Directeur Chaudon (R.) . . . . **CY** 20
Docteur Rostan (R. du) . . . . **DX** 24
Gambetta (Av.) . . . . **CX** 30
Gaulle (Pl. du Gén.-de). . . . **CXY**
Grand-Cavalier (Av. du). . . . . **CX** 37
Guynemer (Pl.) . . . . **CX** 40
Haut-Castelet (R. du) . . . . . . **DY** 42
Horloge (R. de l') . . . . **DX** 43
Martyrs-de-la-Résistance (Pl. des) . . . . **CDX** 51
Masséna (Cours) . . . . **DX** 52
Meissonnier (Av.). . . . . **CDY** 54
Nationale (Pl.) . . . . **DX** 55
Orme (R. de l') . . . . **DX** 57
République (R. de la) . . . . . **CDX** 67
Revely (R. du) . . . . **DX** 68
Revennes (R. des) . . . . **DY** 69
St-Roch (Av.) . . . . **CX** 72
Saleurs (Rampe des) . . . . . . **DX** 75
Tourraque (R. de la) . . . . **DY** 83
Vautrin (Bd. du Gén.) . . . . . . **CX** 84
8-Mai 1945 (Square du) . . . . **DX** 90
24-Août (Av. du) . . . . **CY** 92

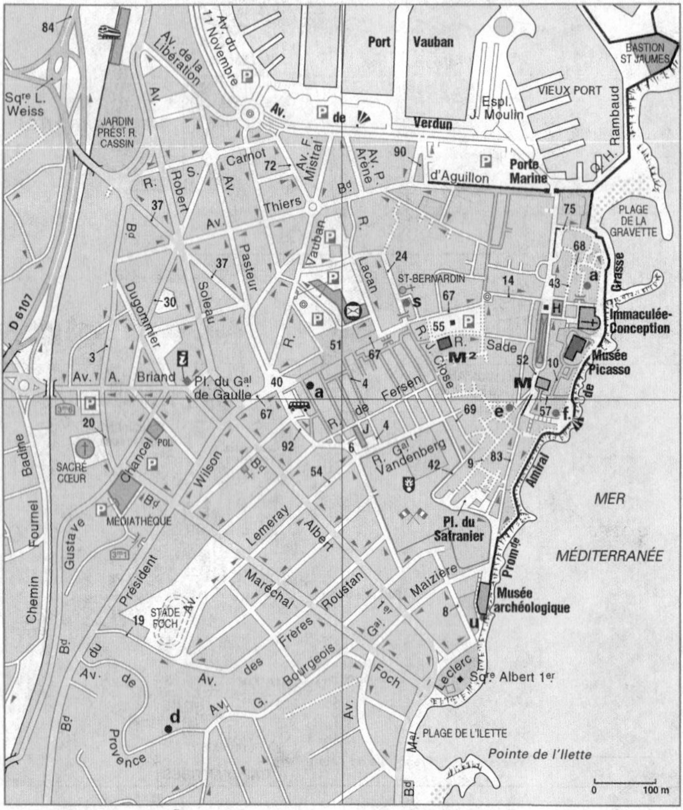

Modern Hôtel sans rest

1 r. Fourmilière – ✆ 04 92 90 59 05 – www.modernhotel06.com – Fax 04 92 90 59 06 – Fermé 15 déc.-15 janv. CX**a**

17 ch – 66/68 € 66/85 €, ☕ 6 €

◆ Cet hôtel situé à l'entrée de la zone piétonne abrite des chambres à la décoration sobre, bénéficiant d'une literie confortable et d'un mobilier fonctionnel.

XXX Les Vieux Murs

25 promenade Amiral-de-Grasse – ✆ 04 93 34 06 73 – www.lesvieuxmurs.com – Fax 04 93 34 81 08 – Fermé 15-30 nov., mardi midi d'oct. à mi-juin et lundi

Rest – (29 €) Menu 34 € (déj.), 44/60 € – Carte 60/88 € DY**f**

◆ Un chaleureux décor aux tons orangés et une belle terrasse vous attendent dans cette maison située sur les remparts, face à la mer. Cuisine actuelle. Bar lounge (expositions).

XXX **Le Figuier de St-Esprit** (Christian Morisset) 🎄 AC VISA ⦿ AE
🏵 *14 r. St-Esprit – ℰ 04 93 34 50 12 – www.christianmorisset.fr – Fax 04 93 34 94 25*
– Fermé lundi midi, merc. midi et mardi   DXa
Rest – (29 € bc) Menu 55/110 € bc – Carte 85/115 €
Spéc. Foie gras frais de canard des Landes. Pêche locale du jour aux légumes de saison. Moelleux chaud au chocolat guanaja.
♦ Dans le vieux Antibes, entre mer et ville, cette maison de pays embaume d'une cuisine provençale aux saveurs authentiques. Patio intimiste, tout en pierre, sous le figuier. Service décontracté.

XX **Le Bastion**   🎄 AC VISA ⦿ AE
1 av. Général-Maizière – ℰ 04 93 34 59 86 – www.restaurant-bastion.com
Rest – (20 €) Menu 40 € (dîner) – Carte 50/90 € le soir   DYu
♦ Sur la terrasse, le temps s'arrête face à la mer. Autre ambiance à l'intérieur, chic et design, avec bar lounge. Cuisine inventive faisant un clin d'œil aux cinq continents.

XX **Oscar's**   AC VISA ⦿ AE
😊 *8 r. Rostan – ℰ 04 93 34 90 14 – www.oscars-antibes.com – Fax 04 93 34 90 14*
– Fermé 1er-15 juin, 20 déc.-7 janv., dim. et lundi   DXs
Rest – (nombre de couverts limité, prévenir) Menu 28/56 € – Carte 76/98 €
♦ Laissez-vous surprendre par ce décor original de niches agrémentées de sculptures et paysages antiquisants. La goûteuse cuisine italo-provençale assure le succès de la maison.

X **L' Armoise**   AC VISA ⦿
2 r. de la Tourraque – ℰ 04 92 94 96 13 – Fermé 1 sem. en juin, 28 nov.-6 déc.,
mardi midi, merc. midi et lundi   DYe
Rest – Menu 34 € – Carte 40/55 €
♦ Convivialité assurée dans ce restaurant de poche où la salle, actuelle, ouvre sur les cuisines. Suggestions à l'ardoise élaborées avec des produits frais (marché provençal).

À la réservation, faites-vous bien préciser le prix et la catégorie de la chambre.

rte de Nice par ① et D 6007 – ✉ 06600 Antibes

🏨 **Baie des Anges-Thalazur**   ≤ 🎄 ⌨ ⎙ ⦿ ♠ ⭐ ⚹ ch, AC ⚹ rest, ⍦
770 chemin Moyennes-Breguières, (près de l'hôpital)   ♠ P VISA ⦿ AE ⓞ
– ℰ 04 92 91 82 00 – www.thalazur.fr – Fax 04 93 65 94 14 – Fermé 1er-15 déc.
164 ch – ♦70/174 € ♦♦95/305 €, ⊐ 15 €
Rest – (24 € bc) Menu 33 € – Carte 34/60 €
♦ Sur les collines d'Antibes, hôtel lié à un centre de thalassothérapie disposant de grandes chambres bien équipées (certaines ont vue sur la baie). Trois piscines panoramiques. Plats traditionnels ou diététiques servis dans la salle à manger et sur la superbe terrasse.

🏠 **Bleu Marine** sans rest   🖥 AC ⚹ ⍦ P VISA ⦿ AE ⓞ
chemin des 4 Chemins, (près de l'hôpital) – ℰ 04 93 74 84 84
– www.bleumarineantibes.com – Fax 04 93 95 90 26
18 ch – ♦59/66 € ♦♦69/84 €, ⊐ 7 €
♦ Construction récente à proximité de l'hôpital. Les chambres, fonctionnelles et pratiques, sont bien entretenues. Celles des étages supérieurs profitent d'une échappée sur la mer.

CAP D'ANTIBES – 06 Alpes-Maritimes – ✉ 06160 Juan les Pins   42 E2

▶ Paris 922 – Marseille 174 – Nice 35 – Antibes 6
◉ Plateau de la Garoupe ❋★★ - Jardin Thuret★ BV - ≤★ Pointe Bacon
- ≤★ de la plate-forme du bastion (musée naval) ABV.

🏨🏨 **Du Cap** 🌿   ≤ ⍾ ⌨ ⦿ ♠ ⚹ 🖥 ♠ rest, AC ⚹ ⍦ ♠ 🔥 VISA ⦿ AE ⓞ
bd JF-Kennedy – ℰ 04 93 61 39 01 – www.hotel-du-cap-eden-roc.com
– Fax 04 93 67 76 04 – Ouvert 9 avril-18 oct.   BVx
110 ch – ♦350/460 € ♦♦350/1450 €, ⊐ 36 € – 12 suites
Rest *Eden Roc* – voir ci-après
♦ Passage obligé de la jet-set, ce majestueux palace du 19e s. est niché dans un grand parc fleuri face à la mer. Luxe, raffinement, espace et calme en font un lieu magique.

Impérial Garoupe 🦢   🚗 🏖 ⚒ 🏨 🖥 AC 🛎 🏖 🅿 🚘 VISA ⊕ AE ⓪
770 chemin Garoupe – ℰ *04 92 93 31 61*
– www.imperial-garoupe.com – Fax 04 92 93 31 62
– Ouvert 19 avril-25 oct.   BV**r**
30 ch – ♦295/670 € ♦♦295/670 €, ⊇ 30 € – 4 suites
Rest *Le Pavillon* – voir ci-après
Rest *Le Pavillon Beach* – *(ouvert 1ᵉʳjuin-15 sept.) (déj. seult)* Carte 50/70 €
♦ Belle demeure méditerranéenne entourée d'une végétation luxuriante. Chambres très raffinées, avec balcon, terrasse ou même petit jardin privé. Au restaurant de plage (l'été), cuisine soignée tournée vers l'Orient.

Cap d' Antibes Beach Hôtel   ⪕ 🚗 🏖 ⚒ AC 🛎 🚘 VISA ⊕ AE ⓪
10 bd Mar. Juin – ℰ *04 92 93 13 30*
– www.ca-beachhotel.com – Fax 04 92 93 15 04
– Ouvert 14 mars-31 oct.   BV**e**
22 ch – ♦390/900 € ♦♦390/900 €, ⊇ 29 € – 5 suites
Rest *Les Pêcheurs* – voir ci-après
Rest *La Plage* – *(ouvert d'avril à mi-oct.) (déj. seult)* Carte 43/72 €
♦ Nouvelle adresse luxueuse, alliant chic balnéaire, design épuré et vue imprenable sur la Méditerranée, le cap et les îles de Lérens. Chambres lumineuses décorées de fresques marines. À La Plage, carte simple servie sous les pins maritimes.

Vogue Hôtel Don César   ⪕ 🏖 ⚒ 🏨 & ch, AC 🛎 🅿 🚘
46 bd de la Garoupe – ℰ *04 93 67 15 30*   VISA ⊕ AE ⓪
– www.voguehotel.fr – Fax 09 72 12 61 66
– Ouvert 13 mars-5 nov.   BV**s**
20 ch – ♦165/495 € ♦♦165/495 €, ⊇ 19 €
Rest – *(ouvert 1ᵉʳ mai-30 sept. et fermé dim. et lundi) (dîner seult) (nombre de couverts limité, prévenir)* Menu 39 € – Carte 50/62 €
♦ Parmi les atouts de cette grande villa méditerranéenne : une terrasse privée sur la mer pour chacune des chambres – toutes très cossues – et une belle piscine à débordement. Salle à manger intime ; cuisine inventive où s'illustrent les produits régionaux.

La Baie Dorée 🦢   ⪕ 🏖 ⊡ AC 🛎 🏖 🅿 VISA ⊕ AE ⓪
579 bd la Garoupe – ℰ *04 93 67 30 67 – www.baiedoree.com*
– Fax 04 92 93 76 39   BV**v**
17 ch – ♦240/520 € ♦♦240/520 €, ⊇ 20 €
Rest – *(ouvert d'avril à sept.)* Carte 60/90 €
♦ Cette lumineuse villa méridionale a les pieds dans l'eau. Les chambres, accueillantes et soignées, avec terrasse ou balcon, donnent toutes sur la baie. Ponton privé. Aux beaux jours, on dresse les tables du restaurant face à la mer (cuisine aux saveurs iodées).

Beau Site sans rest   ⊡ 🖥 AC 🛎 🅿 VISA ⊕ AE
141 bd Kennedy – ℰ *04 93 61 53 43*
– www.hotelbeausite.net – Fax 04 93 67 78 16
– Ouvert 15 mars-5 nov.   BV**t**
27 ch – ♦70/135 € ♦♦80/155 €, ⊇ 13 € – 2 suites
♦ Terrasse ombragée d'essences méditerranéennes, agréable piscine et charmantes chambres au mobilier peint dans le style régional du 18ᵉ s. : un lieu qui respire la Provence !

La Garoupe et Gardiole sans rest   🚗 ⊡ AC ⚿ 🅿 VISA ⊕ AE
60 chemin Garoupe – ℰ *04 92 93 33 33*
– www.hotel-lagaroupe-gardiole.com – Fax 04 93 67 61 87
– Ouvert 1ᵉʳ avril-18 oct.   BV**k**
37 ch – ♦78/130 € ♦♦98/175 €, ⊇ 12 €
♦ Piscine, jardin et belle terrasse-pergola participent au charme de ces jolies maisons décorées à la provençale. Chambres fraîches à la Garoupe et rustiques à la Gardiole.

Castel Garoupe sans rest 🦢   🚗 ⊡ ✴ AC ⚿ 🅿 VISA ⊕ AE
959 bd la Garoupe – ℰ *04 93 61 36 51 – www.castel-garoupe.com*
– Fax 04 93 67 74 88 – Ouvert de mars à oct.   BV**a**
25 ch – ♦98/148 € ♦♦130/172 €, ⊇ 10 € – 3 suites
♦ Intérieur mêlant mobilier ancien et objets chinés. Chambres confortables, toutes avec balcon ou terrasse. Piscine protégée dans un jardin, tennis et terrain de pétanque.

ⅩⅩⅩⅩⅩ **Eden Roc** – Hôtel du Cap ⟨ 🛜 🖾 ⅏ 🅿 ⅦⅦ ⓒⓞ 🅐🅔 ⓞ
bd JF-Kennedy – 𝓒 *04 93 61 39 01 – www.hotel-du-cap-eden-roc.com*
– Fax 04 93 67 76 04 – Ouvert 9 avril-18 oct. BV**z**
Rest – Carte 115/280 € 🍴
♦ Superbe villa isolée sur un roc en bordure de mer : difficile de trouver meilleure situation
pour goûter au luxe d'un lieu mythique où s'attabler sur la terrasse est un "must".

ⅩⅩⅩ **Le Pavillon** – Impérial Garoupe 🚇 🛜 🖾 ⅏ 🅿 ⅦⅦ ⓒⓞ 🅐🅔 ⓞ
✿ *–* 𝓒 *04 92 93 31 64 – www.imperial-garoupe.com – Fax 04 92 93 31 62*
– Ouvert 19 avril-25 oct. BV**r**
Rest – *(fermé le midi du 1er juin au 15 sept. et merc. sauf du 1er juin au 15 sept.)*
Carte 75/100 €
Spéc. Pyramide de gambas aux saveurs du Sud. Dos de veau cuisiné au
beurre demi-sel et langoustine sautée. Soufflé chaud aux zestes de citron
jaune.
♦ La terrasse sous les arbres est un hymne au romantisme, surtout éclairée à la bougie la
nuit venue… Moment d'exception porté par des mets superbes, graphiques autant que goû-
teux, signés par un chef généreux et attentionné.

ⅩⅩⅩ **Bacon** ⟨ 🛜 🖾 ⅏ ⌷ soir, 🅿 ⅦⅦ ⓒⓞ 🅐🅔 ⓞ
✿ *bd Bacon –* 𝓒 *04 93 61 50 02 – www.restaurantdebacon.com*
– Fax 04 93 61 65 19 – Ouvert 1er mars-31 oct. et fermé mardi midi et lundi
Rest – Menu 49 € (déj. en sem.) – Carte 100/230 € BU**m**
Spéc. Délices de loup aux truffes. Bouillabaisse. Millefeuille tiède. **Vins** Bellet,
Côtes de Provence.
♦ Belle histoire que celle de cette "guinguette" familiale (1948) devenue une référence en
matière de cuisine de la mer. Côté décor, élégance discrète et flots bleus à l'infini.

ⅩⅩⅩ **Les Pêcheurs** – Cap d'Antibes Beach Hôtel ⟨ 🚇 🛜 🍴 🕭 🖾 ⌷
✿ *10 bd Mar. Juin –* 𝓒 *04 92 93 13 30* ⅦⅦ ⓒⓞ 🅐🅔 ⓞ
– www.lespecheurs-lecap.com – Fax 04 92 93 15 04 – Ouvert 15 mars-1er nov.
Rest – *(dîner seult)* Menu 78/98 € – Carte 89/156 € BV**u**
Spéc. Langoustines des côtes bretonnes aux agrumes. Saint-pierre piqué aux olives taggiasche, supions au saté et gnocchi à l'encre (printemps-été). Citron en
texture crémeuse, comète glacée aux calissons d'Aix. **Vins** Côtes de Provence, Bellet.
♦ Subtile cuisine du Sud avec pour spécialité le poisson de la Méditerranée grillé aux herbes.
Décor moderne et terrasse panoramique ombragée par des toiles en forme de voile.

ANTONY – 92 Hauts-de-Seine – 311 J3 – 101 25 – **Voir à Paris, Environs**

ANTRAIGUES-SUR-VOLANE – 07 Ardèche – 331 I5 – 583 h. 44 A3
– alt. 470 m – ⊠ 07530 ▌Lyon Drôme Ardèche
　　▶ Paris 637 – Aubenas 15 – Lamastre 58 – Langogne 67
　　🖥 Syndicat d'initiative, le village 𝓒 04 75 88 23 06, Fax 04 75 88 23 06

Ⅹ **La Remise** ⅏ 🅿
🐾 *au pont de l'Huile –* 𝓒 *04 75 38 70 74 – Fermé 21-29 juin, 6-14 sept.,*
16 déc.-5 janv., dim. soir, jeudi soir et vend. sauf juil.-août
Rest – *(prévenir)* Menu 22/35 €
♦ Ici, le patron propose oralement ses recettes du terroir choisies en fonction du marché.
"Bonne franquette" et nappes à carreaux dans une vieille grange ardéchoise.

ANZIN-ST-AUBIN – 62 Pas-de-Calais – 301 J6 – **rattaché à Arras**

AOSTE – 38 Isère – 333 G4 – 2 000 h. – alt. 221 m – ⊠ 38490 45 C2
▌Alpes du Nord
　　▶ Paris 512 – Belley 25 – Chambéry 37 – Grenoble 55

à la Gare de l'Est 2 km au Nord-Est sur D 1516 – ⊠ 38490 Aoste

ⅩⅩⅩ **Au Coq en Velours** avec ch 🚇 🛜 🕭 🍴 🅿 ⅦⅦ ⓒⓞ 🅐🅔
🐾 *1800 rte de St-Genix –* 𝓒 *04 76 31 60 04 – www.au-coq-en-velours.com*
– Fax 04 76 31 77 55 – Fermé janv., jeudi soir (sauf hôtel), dim. soir et lundi
7 ch – ♦68/78 € ♦♦68/78 €, ⊒ 10 € **Rest** – (20 €) Menu 29/59 €
♦ Décor actuel sur le thème du coq, jardin-terrasse fleuri, alléchante carte mi-bressane, mi-
dauphinoise : une bonne auberge de village, tenue par la même famille depuis 1900. Chambres spacieuses, bien au calme face au jardin.

149

APPOIGNY – 89 Yonne – **319** E4 – rattaché à Auxerre

APT ◉ – **84** Vaucluse – **332** F10 – **11 229 h.** – alt. 250 m – ⊠ 84400   **42** E1
▮ Provence

> ▶ Paris 728 – Aix-en-Provence 56 – Avignon 54 – Digne-les-Bains 91
> 🖥 Office de tourisme, 20, avenue Ph. de Girard ℰ 04 90 74 03 18,
> Fax 04 90 04 64 30

⌂ **Le Couvent** sans rest   ⌇ ⸙ *VISA* ⦿ ⓘ
36 r. Louis-Rousset – ℰ 04 90 04 55 36 – www.loucouvent.com   B**d**
5 ch ⊡ – ♦90/125 € ♦♦95/140 €
◆ Dans les murs de cet ancien couvent (17ᵉ s.), vous oublierez que vous êtes en plein centre-ville. Chambres de charme ouvrant sur le jardin. Petit-déjeuner sous les voûtes du réfectoire.

✗ **La Manade**   ⌂ A̶C̶ *VISA* ⦿
8 r. René-Cassin – ℰ 04 90 04 79 06 – Fermé 20 déc.-20 janv., dim. soir et jeudi
soir en hiver, sam. midi, mardi soir et merc.   B**b**
Rest – (15 €) Menu 25/31 € – Carte environ 37 € le soir
◆ Près de la place Jean-Jaurès, ce restaurant compte deux salles rustiques et une petite ter-rasse où est proposé un choix de recettes régionales renouvelées au fil des saisons.

à Saignon 4 km au Sud-Est par D 48 – **1 039 h.** – alt. 450 m – ⊠ 84400

⌂ **Auberge du Presbytère** ⤸   ≤ ⌂ ⅙ ch, ⸙ *VISA* ⦿
pl. de la fontaine – ℰ 04 90 74 11 50 – www.auberge-presbytere.com
– Fax 04 90 04 68 51 – fermé mi-janv. à fin-fév.
16 ch – ♦55/150€ ♦♦55/150 €, ⊡ 12 €   **Rest** – (prévenir) Menu 28 €
◆ Mobilier ancien, tomettes, poutres apparentes et cheminée préservent l'âme de cette déli-cieuse maison. Chambres coquettes, dont deux avec terrasse offrant une vue unique. Jolie salle à manger-véranda, patio et terrasse dressée le midi sur la place du village.

⌂ **Chambre de Séjour avec Vue** sans rest   ⌷
r. de la Burgade – ℰ 04 90 04 85 01 – www.chambreavecvue.com
– Fax 04 90 04 85 01 – Ouvert mars à nov.
5 ch ⊡ – ♦80 € ♦♦80/100 €
◆ Maison d'hôtes, mais aussi lieu d'échange culturel et résidence d'artistes. Œuvres contem-poraines partout et chambres minimalistes décorées avec la précision d'un collectionneur.

ARAGON – 11 Aude – **344** E3 – rattaché à Carcassonne

ARBIGNY – 01 Ain – **328** C2 – **349 h.** – alt. 280 m – ⊠ 01190   **44** B1

> ▶ Paris 381 – Lyon 99 – Bourg-en-Bresse 61 – Chalon-sur-Saône 42

⌂ **Moulin de la Brevette** sans rest ⤸   ⇆ ⸙ **P** *VISA* ⦿ ⓘ
rte de Cuisery – ℰ 03 85 36 49 27 – www.hotel-macon.net – Fax 03 85 30 66 91
– Fermé une sem. en fév. et vacances de la Toussaint
17 ch – ♦48 € ♦♦53 €, ⊡ 8 €
◆ Au calme dans la verdure, ce moulin du 18ᵉ s. en bord de rivière propose des chambres simples et fraîches. Petit-déjeuner dans une salle à manger champêtre ou dans la cour.

ARBOIS – 39 Jura – **321** E5 – **3 509 h.** – alt. 350 m – ⊠ 39600   **16** B2
▮ Franche-Comté Jura

> ▶ Paris 407 – Besançon 46 – Dole 34 – Lons-le-Saunier 40
> 🖥 Office de tourisme, 10, rue de l'Hôtel de Ville ℰ 03 84 66 55 50,
> Fax 03 84 66 25 50
> ◉ Maison paternelle de Pasteur★ - Reculée des Planches★★ et grottes des
> Planches★ E : 4,5 km par D 107 - Cirque du Fer à Cheval★ S : 7 km par
> D 469 puis 15 mn - Église Saint-Just★.

⌂ **Messageries** sans rest   ⸙ ⤸ *VISA* ⦿
r. de Courcelles – ℰ 03 84 66 15 45 – www.hoteldesmessageries.com
– Fax 03 84 37 41 09 – Fermé déc. et janv.
26 ch – ♦53 € ♦♦71 €, ⊡ 9 €
◆ Sur une artère fréquentée, vieux relais de poste à la façade recouverte de lierre jouxtant un petit café. Chambres plus tranquilles sur l'arrière.

⋔ **Closerie les Capucines** sans rest   ⊞ ⅃ ⁽ꝏ⁾ VISA ◐◐

7 r. de la Bourgogne – ℰ 03 84 66 17 38 – www.closerielescapucines.com
– Fax 03 84 66 21 58 – Fermé 23 déc.-31 janv.
5 ch ⬡ – ♦105/120 € ♦♦105/120 €
♦ Cet ancien couvent du 17ᵉ s. se veut confortable, calme et authentique. Pari réussi grâce à des chambres contemporaines personnalisées, un patio exquis, un jardin coquet...

XXX **Jean-Paul Jeunet** avec ch |⊜| AC rest, ⁽ꝏ⁾ ⅏ VISA ◐◐ AE ①
❀❀ *9 r. de l'Hôtel-de-Ville* – ℰ 03 84 66 05 67 – www.jeanpauljeunet.com
– Fax 03 84 66 24 20 – Fermé déc., janv., mardi et merc. sauf le soir de juil. à mi-sept.
12 ch – ♦115/145 €, ⬡ 17 € – ½ P 118/130 €
Rest – Menu 55 € (sem.)/135 € – Carte 82/110 € ஃ
Spéc. Écrevisse, truffe et pomme de terre. Poularde de Bresse aux morilles et vin jaune. Rhubarbe et gentiane (saison). **Vins** Arbois-Pupillin, Château-Chalon.
♦ Élégante salle rustique, cuisine du terroir saupoudrée d'inventivité et superbe carte des vins : la recette gagnante de cette halte gourmande, au cœur d'Arbois.

Le Prieuré 館 ♨   ⊞ P VISA ◐◐
– ℰ 03 84 66 05 67 – www.jeanpauljeunet.com – Fax 03 84 66 24 20
– Fermé déc., janv., mardi et merc. de mi-sept. à juin
7 ch – ♦72 € ♦♦88 €, ⬡ 17 €
♦ À 200 m de la maison mère, dans une demeure du 17ᵉ s. dotée d'un agréable jardin fleuri, chambres au confort bourgeois, d'un charme suranné.

XXX **Les Caudalies** avec ch   ⊞ ⅓ AC rest, ⁽ꝏ⁾ ⅏ P P VISA ◐◐
⊜ *20 av. Pasteur* – ℰ 03 84 73 06 54 – www.lescaudalies.fr – Fax 03 84 66 29 51
9 ch ⬡ – ♦60/95 € ♦♦85/125 €
Rest – (fermé 8-24 fév., mardi de sept. à juin et lundi) Menu 18 € (déj. en sem.), 36/70 € bc – Carte 34/69 € ஃ
♦ Au cœur des vignobles, cuisine au goût du jour soignée, servie dans une salle lumineuse, avec mobilier et parquet en bois clair. Vue sur le parc. L'hôtel, sis dans un ancien manoir du 19ᵉ s., propose des chambres toutes différentes, spacieuses et de bon confort.

XX **La Balance Mets et Vins**   ⅓ ⇔ VISA ◐◐
47 r. de Courcelles – ℰ 03 84 37 45 00 – www.labalance.fr – Fax 03 84 66 14 55
– Fermé 23-30 juin, 19 déc.-3 mars, mardi soir de sept. à juin et merc.
Rest – (17 € bc) Menu 23/55 € – Carte 37/49 € ஃ
♦ Nombreuses recettes réalisées en accord avec les vins du Jura et relevées de quelques épices du monde. Décor intérieur épuré et agréable terrasse.

XX **Le Caveau d'Arbois**   AC P VISA ◐◐ AE ①
⊜ *3 rte de Besançon* – ℰ 03 84 66 10 70 – www.caveau-arbois.com
– Fax 03 84 37 49 62 – Fermé dim. soir et lundi
Rest – (14 € bc) Menu 19/29 € – Carte 28/48 €
♦ À l'orée d'Arbois, maison de pays où les saveurs du terroir jurassien se révèlent dans un nouveau décor chaleureux et moderne. Un lustre conique original éclaire chaque table.

à Pupillin 3 km au Sud par D 469 et D 248 – **321** E5 – 246 h. – alt. 450 m – ⊠ 39600

X **Le Grapiot**   ⅓ ⅓ AC ⇔ P VISA ◐◐
⊜ *r. Bagier* ⊠ 39600 – ℰ 03 84 37 49 44 – Fermé 1ᵉʳ-10 juil., mardi hors saison et lundi
Rest – Menu 16 € (déj. en sem.)/53 € – Carte 28/38 €
♦ Une cuisine du terroir revisitée, de bons produits locaux et un chef au vrai savoir-faire font de cette adresse, au cadre rustique, une halte culinaire fort recommandable.

ARBONNE – 64 Pyrénées-Atlantiques – **342** C4 – **rattaché à Biarritz**

L'ARBRESLE – 69 Rhône – **327** G4 – 6 020 h. – alt. 230 m – ⊠ 69210   **43** E1
▶ Paris 453 – Lyon 28 – Mâcon 68 – Roanne 58
🔎 Office de tourisme, 18, place Sapéon ℰ 04 74 01 48 87

X **Capucin**   ⅓ VISA ◐◐
⊜ *27 r. P.-Brossolette* – ℰ 04 37 58 02 47 – Fermé 1ᵉʳ-23 août, 20 déc.-4 janv., dim. et lundi
Rest – (14 € bc) Menu 19/31 € – Carte 25/40 € le soir
♦ Cette maison du 17ᵉ s. borde une rue piétonne où l'on dresse quelques tables en été. Pierres apparentes et chaises rustiques dans la salle où l'on sert une cuisine traditionnelle.

ARCACHON – 33 Gironde – **335** D7 – 12 153 h. – alt. 5 m – Casino BZ   **3** B2
– ✉ 33120 ▮ Aquitaine

▶ Paris 650 – Agen 196 – Bayonne 181 – Bordeaux 67

🛈 Office de tourisme, esplanade G. Pompidou 𝒞 05 57 52 97 97, Fax 05 57 52 97 77

🖪 d'Arcachon à La Teste-de-Buch 35 boulevard d'Arcachon, 𝒞 05 56 54 44 00

◙ Front de mer★ : ≼★ de la jetée - Boulevard de la Mer★ - La Ville d'Hiver★ - Musée de la maquette marine : port★ BZ **M.**

🎋🗛   **Ville d'Hiver**   🚗 🛆 🏊 AC ☏ 🅿 *VISA* ⓿ AE
20 av. Victor-Hugo – 𝒞 05 56 66 10 36 – www.hotelvilledhiver.com
– Fax 05 56 66 13 14   BZ**f**
12 ch – ♥125/225 € ♥♥125/225 €, ⊡ 12 €
Rest – (18 €) Menu 25 € – Carte 30/55 €
◆ Hôtel flambant neuf créé dans d'anciens bâtiments de la Compagnie générale des eaux. L'usine (19ᵉ s.) et deux pavillons de style balnéaire abritent de belles chambres contemporaines, avec balcon. Espace bien-être. Restaurant au décor rétro, avec spécialités à l'ardoise.

🗛🗛   **Point France** sans rest   🛗 AC ☏ 🌀 *VISA* ⓿ AE ⓘ
1 r. Grenier – 𝒞 05 56 83 46 74 – www.hotel-point-france.com
– Fax 05 56 22 53 24 – Ouvert de mars à début nov.   BZ**q**
34 ch – ♥89/190 € ♥♥98/190 €, ⊡ 13 €
◆ Plaisant hôtel des années 1970 dont les chambres, refaites, sont décorées selon des styles différents, allant du moderne au plus ethnique. Certaines ont une terrasse côté mer.

🏠   **Le Dauphin** sans rest ᔓ   🛆 🏊 ዼ AC ☏ 🛝 🅿 *VISA* ⓿ AE
7 av. Gounod – 𝒞 05 56 83 02 89 – www.dauphin-arcachon.com – Fax 05 56 54 84 90
50 ch – ♥68/110 € ♥♥78/120 €, ⊡ 9 €   BZ**a**
◆ Située dans un quartier résidentiel, cette villa arcachonnaise (18ᵉ s.) dispose de petites chambres sobres, certaines avec balcon. Copieux petit-déjeuner et agréable piscine.

🍴🍴   **Le Patio**   🈂 *VISA* ⓿ AE ⓘ
10 bd de la Plage – 𝒞 05 56 83 02 72 – www.lepatio-thierryrenou.com
– Fax 05 56 54 89 98 – Fermé 18-31 oct., 16-28 fév., dim. soir et lundi
Rest – (37 € bc) Menu 53/70 € – Carte 70/85 €   BX**t**
◆ Ce restaurant au décor actuel abrite une jolie salle colorée, ouverte sur un patio (terrasse). Cuisine de la mer inventive et soignée, métissée de quelques notes asiatiques.

🍴🍴   **Aux Mille Saveurs**   AC *VISA* ⓿
25 bd Gén.-Leclerc – 𝒞 05 56 83 40 28 – www.auxmillesaveurs.com – Fax 05 56 83 12 14
– Fermé 25 oct.-5 nov., 20-28 fév., dim. soir sauf juil.-août, mardi soir sauf août et merc.
Rest – Menu 20 € (déj. en sem.), 30/48 € – Carte 44/63 €   BZ**e**
◆ Mille saveurs vous attendent dans l'assiette, flirtant avec l'air du temps et subtilement relevée d'épices. Grande salle à manger aux couleurs pastel, agrandie d'une véranda.

🍴   **Chez Yvette**   AC *VISA* ⓿ AE ⓘ
59 bd Gén.-Leclerc – 𝒞 05 56 83 05 11 – Fax 05 56 22 51 62   BZ**b**
Rest – Menu 24 € – Carte 31/63 €
◆ Une institution locale, gérée par une famille d'ostréiculteurs depuis une quarantaine d'années et réputée pour ses produits de la mer. Le cadre est nautique, et l'ambiance animée.

aux Abatilles 2 km au Sud-Ouest – ✉ 33120 Arcachon

🎋🏨   **Novotel** ᔓ   🈂 🏊 ዼ AC ☏ 🛝 🅿 *VISA* ⓿ AE ⓘ
av. du Parc – 𝒞 05 57 72 06 72 – www.thalazur.com – Fax 05 57 72 06 82
– Fermé 4-17 janv.   AX**b**
94 ch – ♥123/188 € ♥♥152/188 €, ⊡ 15 €
Rest Côté d'Arguin – (15 €) Menu 29/39 € – Carte 40/70 €
◆ Dans une pinède à 150 m de la plage, Novotel récent associé à un centre de thalassothérapie. Les chambres sont modernes et confortables. Belle piscine et solarium en terrasse. Au Côté d'Arguin, attrayante carte aux saveurs iodées, menus minceur et bon choix de bordeaux.

🗛🗛   **Parc** sans rest ᔓ   🛗 🈂 🅿 *VISA* ⓿
5 av. du Parc – 𝒞 05 56 83 10 58 – www.hotelduparc-arcachon.com
– Fax 05 56 54 05 30 – Ouvert 1ᵉʳ mai-30 sept.   AX**s**
30 ch ⊡ – ♥70/98 € ♥♥78/109 €
◆ Au calme, entouré de pins, cet hôtel familial, tenu par la deuxième génération, a subi une vraie cure de jouvence. Grandes chambres confortables dotées de balcons.

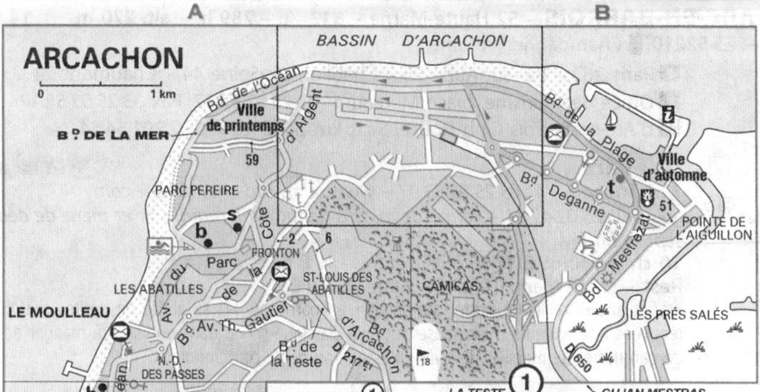

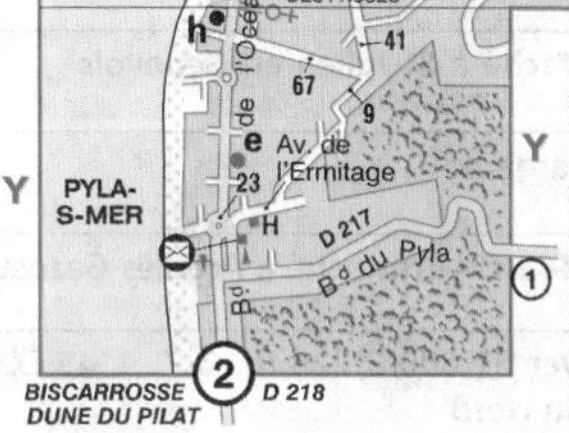

Abatilles (Av. des) . . . . . . **AX** 2	Lattre-de-Tassigny (R. Mar.-de) . . . . **AZ** 38
Balde (Allée Jean) . . . . . **AX** 6	Legallais (R. François) . . . **AZ** 39
Bellevue (Av. de) . . . . **AY** 9	Lyautey (Av. Mar.). . . . . **AXY** 41
Chapelle (Allée de la) . . . . **AZ** 16	Michelet (R. Jules). . . . . . **BX** 51
Expert (R. Roger) . . . . **AZ** 21	Molière (R.) . . . . **BZ** 53
Figuier (Rd-Pt du) . . . . **AY** 23	Parc Péreire (Av. du) . . . . **AX** 59
Gambetta (Av.) . . . . **BZ**	Plage (Bd de la) . . . . **ABZ**
Gaulle (Av. Gén.-de) . . . . . **BZ** 25	Pompidou (Espl. G.) . . . . . **BZ** 64
Héricart-de-Thury (Crs) . . . . **BZ** 31	Prés. Roosevelt (Pl.) . . . . . **BZ** 65
Lamarque-de-Plaisance (Cours) . . . . **ABZ**	St-François-Xavier (Av.) . . . . **AY** 67
Lamartine (AV. de) . . . . . . **BZ** 35	Thiers (Pl.) . . . . **BZ** 71

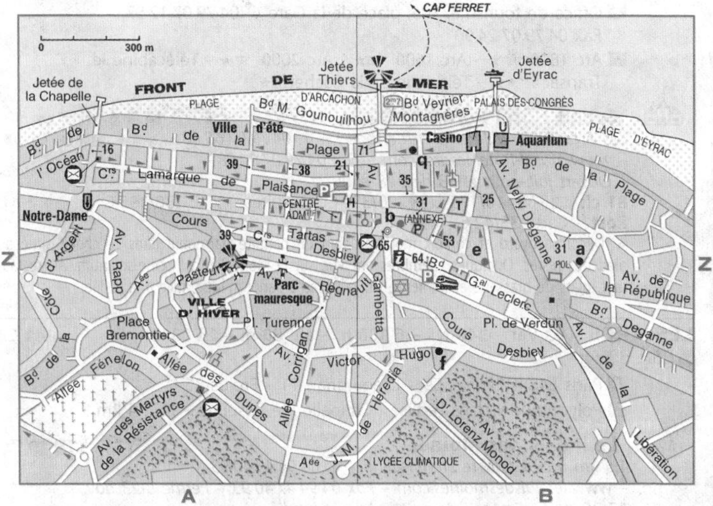

au Moulleau 5 km au Sud-Ouest – ✉ 33120 Arcachon

Yatt sans rest

253 bd Côte-d'Argent – ✆ 05 57 72 03 72 – www.yatt-hotel.com.
– Fax 05 56 22 51 34 – Ouvert d'avril à oct. AY**h**

28 ch – 50/110 € 50/110 €, ☕ 7 €

◆ Derrière une façade d'un blanc éclatant, vous trouverez des chambres simples et bien tenues, au décor nautique, un peu moins spacieuses au 1er étage. Petit-déjeuner buffet.

ARCANGUES – 64 Pyrénées-Atlantiques – **342** C4 – **rattaché à Biarritz**

ARC-EN-BARROIS – 52 Haute-Marne – **313** K6 – 789 h. – alt. 270 m   14 C3
– ⊠ 52210 ▯ Champagne Ardenne

▶ Paris 263 – Bar-sur-Aube 55 – Châtillon-sur-Seine 44 – Chaumont 24
🄳 Office de tourisme, place Moreau ℰ 03 25 02 52 17, Fax 03 25 02 52 17
🄾 d'Arc-en-Barrois Club House, S : 1 km par D 6, ℰ 03 25 01 54 54

▯ **Du Parc**   ⇞ 🖀 🕸 🔧 VISA ⬤⬤
1 pl. Moreau – ℰ 03 25 02 53 07 – *www.relais-sud-champagne.com*
– Fax 03 25 02 42 84 – Fermé de mars à début avril, mardi soir et merc. de début
sept. à fin fév.
16 ch – ♦60/65 € ♦♦60/65 €, � 8 € – ½ P 62 €
Rest – (14 €) Menu 19/42 € – Carte 28/60 €
♦ Cet ancien relais de poste, qui daterait en partie du 17ᵉ s., abrite de petites chambres
rénovées aux couleurs chaleureuses. Cuisine classique servie dans une salle à manger dotée
de parquet et de mobilier de style ; brasserie au décor contemporain.

ARCHAMPS – 74 Haute-Savoie – **328** J4 – rattaché à St-Julien-en-Genevois

---

ARCINS – 33 Gironde – **335** G4 – rattaché à Margaux

ARCIZANS-AVANT – 65 Hautes-Pyrénées – **342** L7 – rattaché à Argelès-Gazost

---

LES ARCS – 73 Savoie – **333** N4 – Sports d'hiver : 1 600/3 226 m ⭢⭢7   45 D2
⭢⭢54 🎿 – ⊠ 73700 Bourg St Maurice ▯ Alpes du Nord

▶ Paris 644 – Albertville 64 – Bourg-St-Maurice 11 – Chambéry 113
🄳 Office de tourisme, 105, place de la Gare ℰ 04 79 07 12 57,
  Fax 04 79 07 24 90
◉ Arc 1800 ❋★ - Arc 1600 ⬔★ - Arc 2000 ⬔★ - Télécabine le
  Transac❋★★ - Télésiège de la Cachette★.

▯ **Grand Hôtel Paradiso** ⬦   ⬔ 🖀 🏊 ᵏₐ 🕸 🔧 ch, 🕸 🔧 ⬤
Les Arcs 1800, (village Charmettoger) – ℰ 04 79 07 65 00   VISA ⬤⬤ AE ⓘ
– www.grand-hotel-lesarcs.com – Fax 04 79 07 64 08
– Ouvert juil.-août et 23 déc.-18 avril
81 ch � – ♦110/175 € ♦♦220/350 € – 6 suites – ½ P 130/195 €
Rest – Carte 35/42 €
♦ Décor savoyard et confort moderne sont en parfaite harmonie dans ce chalet situé au
pied des pistes. Quelques chambres ont vue sur le Mont-Blanc. Piscine-solarium. Au restaurant, plats de brasserie et farniente sur la terrasse panoramique, face à la vallée.

LES ARCS – 83 Var – **340** N5 – 6 108 h. – alt. 80 m – ⊠ 83460   41 C3
▯ Côte d'Azur

▶ Paris 848 – Cannes 59 – Draguignan 11 – Fréjus 25
◉ Polyptyque★ dans l'église - Chapelle Ste-Roseline★ NE : 4 km.

🕱🕱🕱 **Le Relais des Moines**   🕸 🖀 🏊 🄰🄺 🄿 VISA ⬤⬤ AE
1,5 km à l'Est par rte Ste-Roseline – ℰ 04 94 47 40 93
– www.lerelaisdesmoines.com – Fax 04 94 47 40 93 – Fermé 8-23 nov.,
17-25 janv., dim. soir de sept. à juin et lundi
Rest – (25 € bc) Menu 35/79 € – Carte 50/75 €
♦ Cette bergerie à flanc de colline abritait jadis des moines. Cadre chaleureux rehaussé d'arcades en pierre du 16ᵉ s. et terrasse ombragée pour apprécier des plats contemporains.

🕱🕱 **Logis du Guetteur** avec ch ⬦   ⬔ 🖀 🏊 🄰🄺 ch, 🕸 🄿 VISA ⬤⬤ AE ⓘ
au village médiéval – ℰ 04 94 99 51 10 – *www.logisduguetteur.com*
– Fax 04 94 99 51 29 – Fermé 8 fév.-16 mars
13 ch – ♦130/225 € ♦♦130/225 €, � 17 €
Rest – Menu 26/95 € – Carte 66/127 €
♦ Découvrez le charme pittoresque d'une demeure médiévale (11ᵉ s.) avec son donjon. Sal-
les à manger logées sous les voûtes séculaires, terrasse panoramique et cuisine actuelle.
Chambres de style rustique bourgeois au cœur de cette bâtisse de caractère.

ARC-SUR-TILLE – 21 Côte-d'Or – **320** L5 – 2 458 h. – alt. 219 m   8 D1
– ✉ 21560

▶ Paris 323 – Avallon 119 – Besançon 97 – Dijon 13

🏠 **Auberge Les Marronniers**   ☎ ⁽ᵖ⁾ **P** _VISA_ ⚫ **AE**
16 r. de Dijon – 𝒞 03 80 37 09 62 – Fax 03 80 37 24 94
18 ch – †65 € ††65 €, ☲ 10 €
Rest – (23 €) Menu 36/60 € – Carte 35/60 €
♦ Chambres spacieuses et simples dotées de salles de bains bien conçues. Au restaurant, décor champêtre, vivier à crustacés et carte orientée poissons ; jolie terrasse dressée l'été sous les marronniers centenaires.

ARDENAIS – 18 Cher – **323** K7 – 190 h. – alt. 233 m – ✉ 18170   12 C3

▶ Paris 299 – Orléans 173 – Bourges 66 – Montluçon 46

⌂ **Domaine de Vilotte** ⌘   ♫ **P** _VISA_ ⚫
4 km au Sud par D 38 – 𝒞 02 48 96 04 96 – www.domainedevilotte.com
– Fax 02 48 96 04 96 – Ouvert d'avril à oct.
5 ch ☲ – †80 € ††90 €
Table d'hôte – Menu 20/25 € bc
♦ Découvrez le charme bucolique de ce domaine familial entouré d'un superbe parc avec étang, au milieu de la campagne. Bel intérieur de style Empire patiné par le temps. Table d'hôte installée dans une cuisine d'antan (casseroles en cuivre, poutres) ; plats du terroir.

ARDENTES – 36 Indre – **323** H6 – 3 582 h. – alt. 172 m – ✉ 36120   12 C3
▌Limousin Berry

▶ Paris 275 – Argenton-sur-Creuse 43 – Bourges 66 – Châteauroux 14

✗✗ **La Gare**   ☎ **P** _VISA_ ⚫
2 av. de la Gare – 𝒞 02 54 36 20 24 – Fax 02 54 36 92 07
– Fermé 21 juil.-12 août, 22 fév.-8 mars, dim. soir, merc. soir, lundi
et soirs fériés
Rest – Menu 23 € (sem.)/31 €
♦ Dans un quartier calme proche de l'ancienne gare, façade assez anodine abritant une salle de restaurant rustique et soignée, coiffée de poutres apparentes. Cuisine traditionnelle copieuse.

ARDRES – 62 Pas-de-Calais – **301** E2 – 4 191 h. – alt. 11 m – ✉ 62610   30 A1
▌Nord Pas-de-Calais Picardie

▶ Paris 273 – Calais 18 – Arras 93 – Boulogne-sur-Mer 38
🛈 Office de tourisme, place d'Armes 𝒞 03 21 35 28 51, Fax 03 21 35 28 51

✗✗ **Le François 1er**   _VISA_ ⚫
pl. des Armes – 𝒞 03 21 85 94 00 – www.lefrancois1er.com – Fax 03 21 85 87 53
– Fermé 1ᵉʳ-13 sept., 26 déc.-12 janv., dim. soir, merc. soir et lundi
Rest – (13 €) Menu 25/49 € – Carte 52/65 €
♦ Belle demeure sur la pittoresque Grand'Place. La blancheur des murs met en valeur le parquet et les belles poutres de la salle à manger, sobrement élégante. Cuisine actuelle.

ARÊCHES – 73 Savoie – **333** M3 – alt. 1 080 m – Sports d'hiver :   45 D1
1 050/2 300 m ✆15 ⟟ – ✉ 73270 Beaufort sur Doron ▌Alpes du Nord

▶ Paris 606 – Albertville 26 – Chambéry 77 – Megève 42
🛈 Office de tourisme, route Grand Mont 𝒞 04 79 38 37 57,
Fax 04 79 38 16 70
◉ Hameau de Boudin ★ E : 2 km.

🏠 **Auberge du Poncellamont** ⌘   ≤ 🚗 ☎ ⁽ᵖ⁾ **P** _VISA_ ⚫
🏥 – 𝒞 04 79 38 10 23 – hotel-poncellamont-areches.com – Fax 04 79 38 13 98
– Ouvert 15 juin-15 sept. et 20 déc.-15 avril et fermé dim. soir, lundi midi et merc.
hors saison
14 ch – †60/70 € ††60/75 €, ☲ 10 € – ½ P 66 €
Rest – Menu 20/40 €
♦ Dans le village, chalet savoyard abondamment fleuri en été. Chambres simples et pratiques ; certaines sont mansardées, d'autres pourvues de balcons. Agréable salle à manger campagnarde et terrasse bercée par le murmure d'une fontaine.

ARÈS – 33 Gironde – **335** E6 – 5 341 h. – alt. 6 m – ⊠ 33740　　　　**3** B1

▌ Pays Basque et Navarre

> ▶ Paris 627 – Arcachon 47 – Bordeaux 48
>
> ▯ Office de tourisme, esplanade G. Dartiquelongue ℰ 05 56 60 91 85, Fax 05 56 60 39 41
>
> ▣ des Aiguilles Vertes à Lanton Route de Bordeaux, SE : 12 km, ℰ 05 56 82 95 71

XX　**St-Éloi** avec ch　　　　　　　　　　　　　　　　　　　　　　☆ ℉
　　11 bd Aérium
　　– *Fermé 5 janv.-10 fév., merc. soir, dim. soir et lundi du 15 sept. au 15 juin*
　　8 ch – ♦55/65 € ♦♦60/85 €, � 8 € – ½ P 45/55 €
　　Rest – (18 €) Menu 32 € (sem.)/58 €❀
　　◆ Agréable salle à manger contemporaine, terrasse, cuisine traditionnelle et chambres eth-
　　niques ou marines vous attendent en cette maison balnéaire blanche proche du bassin
　　d'Arcachon.

ARGELÈS-GAZOST ⊛ – 65 Hautes-Pyrénées – **342** L6 – 3 254 h.　　**28** A3
– alt. 462 m – Stat. therm. : mi avril-fin oct. – Casino Y – ⊠ 65400

▌ Midi-Toulousain

> ▶ Paris 863 – Lourdes 13 – Pau 58 – Tarbes 32
>
> ▯ Office de tourisme, 15, place République ℰ 05 62 97 00 25, Fax 05 62 97 50 60

🏨　**Le Miramont**　　　　　🚗 ▮🈑 rest, ❅ ch, ℉ 🅿 🆅🆂🅰 ⓪🅰🄴 ⓪
　　44 av. des Pyrénées – ℰ 05 62 97 01 26
　　– *www.bestwestern-lemiramont.com* – *Fax 05 62 97 56 67*
　　– *Fermé mi-nov. à mi-déc.*　　　　　　　　　　　　　　　　　　Zn
　　19 ch – ♦54/165 € ♦♦67/165 €, ⊻ 12 € – ½ P 53/116 €
　　Rest – *(fermé merc. sauf le soir en juil.-août) (prévenir le week-end)* (19 €)
　　Menu 23/37 € – Carte environ 43 €
　　◆ Cette villa blanche des années 1930, au look paquebot, profite d'un joli jardin et abrite
　　des chambres de bon confort. Restaurant lumineux agrémenté d'une véranda pour déguster
　　des plats actuels soignés.

🏨　**Les Cimes** ♨　　　　　🚗 🏠 ▯ ▮🈑 rest, ℉ 🛗 🅿 🆅🆂🅰 ⓪
❀　　*pl. Ourout* – ℰ 05 62 97 00 10 – *www.hotel-lescimes.com* – *Fax 05 62 97 10 19*
　　– *Fermé 2 nov.-25 déc. et 2 janv.-5 fév.*　　　　　　　　　　　　Za
　　26 ch – ♦48/59 € ♦♦64/76 €, ⊻ 10 € – ½ P 55/68 €
　　Rest – (9 € bc) Menu 17/45 € – Carte 16/40 €
　　◆ Grand édifice disposant de chambres diversement agencées et pour certaines dotées d'un
　　balcon. Petit-déjeuner dans l'agréable patio fleuri ; piscine couverte. Carte traditionnelle au
　　restaurant ouvert sur la verdure.

🏨　**Soleil Levant**　　　　　🚗 🏠 ▮🈑 rest, ℉ 🅿 🆅🆂🅰 ⓪🅰🄴 ⓪
❀　　*17 av. des Pyrénées* – ℰ 05 62 97 08 68
　　– *www.hotel-soleil-levant-argeles.com* – *Fax 05 62 97 04 60*
　　– *Fermé 22 nov.-23 déc. et 2 janv.-1ᵉʳ fevrier*　　　　　　　　　Yt
　　32 ch ⊻ – ♦45/54 € ♦♦45/54 € – ½ P 46/51 €　　**Rest** – Menu 14 € (sem.)/44 €
　　◆ Adresse familiale depuis trois générations, située dans la ville basse. Chambres fonction-
　　nelles et pratiques ; certaines ont vue sur les sommets alentour. Bar, salon, terrasse et jardin
　　fleuri. Cuisine traditionnelle au restaurant.

à St-Savin 3 km au Sud par D 101 - Z – 377 h. – alt. 580 m – ⊠ 65400

> ◉ Site ★ de la chapelle de Piétat S : 1 km.

XXX　**Le Viscos** avec ch　　　　　　　　🏠 ♿ rest, 🈑 ℉ 🅿 🆅🆂🅰 ⓪🅰🄴 ⓪
　　1 r. Lamarque – ℰ 05 62 97 02 28 – *www.hotel-leviscos.com* – *Fax 05 62 97 04 95*
　　– *Fermé 3 sem. en janv., dim. soir et lundi sauf vacances scolaires*
　　10 ch – ♦75/112 € ♦♦75/112 €, ⊻ 11 € – ½ P 78/88 €
　　Rest – (23 €) Menu 27/89 € – Carte 45/80 €
　　◆ Auberge familiale cultivant la tradition du bon accueil depuis 1840. Salle ouverte sur la
　　terrasse avec vue sur les cimes et fine cuisine au goût du jour. Chambres douillettes.

ARGELÈS-GAZOST

à **Arcizans-Avant** 4,5 km au Sud par D 101 et D 13 – 352 h. – alt. 640 m – ⌧ 65400

Auberge Le Cabaliros avec ch
16 r. de l'Eglise – ✆ 05 62 97 04 31 – www.auberge-cabaliros.com
– Fax 05 62 97 91 48 – Fermé début nov. à début fév., mardi et merc. sauf juil.-août
8 ch – †47/61 € ††61/68 €, ⌷ 11 € – ½ P 55/58 €
Rest – (18 €) Menu 21/33 € – Carte 30/52 €
◆ Auberge villageoise tournée vers les cimes pyrénéennes. Splendide panorama de la terrasse
prolongeant la salle rustique où un feu de bûches crépite en hiver. Petits plats du terroir ; chambres pratiques.

ARGELÈS-SUR-MER – 66 Pyrénées-Orientales – **344** J7 – **9 928 h.** **22** B3
– alt. 19 m – Casino : à Argelès-Plage BV – ✉ 66700 Languedoc Roussillon

Paris 872 – Céret 28 – Perpignan 22 – Port-Vendres 9

Office de tourisme, place de l'Europe ✆ 04 68 81 15 85, Fax 04 68 81 16 01

Le Cottage sans rest

21 r. Arthur-Rimbaud – ✆ 04 68 81 07 33
– www.hotel-lecottage.com – Fax 04 68 81 59 69
– Ouvert 1er avril-16 oct. DY**a**

33 ch – 70/220 € 70/220 €, 15 € – 5 suites

◆ Hôtel moderne doté d'espaces de loisirs et de détente (piscine, minigolf, jacuzzi, hammam). Les coquettes chambres bénéficient de la tranquillité du jardin et du quartier.

Château Valmy sans rest

chemin de Valmy – ✆ 04 68 95 95 25
– www.chateau-valmy.com – Fax 04 68 81 15 18
– Ouvert d'avril à nov. AX**a**

5 ch – 180/370 € 180/370 €

◆ Ce château érigé en 1900 par un architecte danois se dresse majestueusement au cœur du vignoble. Chambres haut de gamme, splendide vue sur mer et dégustations de vins au chai.

ARGELÈS-SUR-MER

Albères (Bd des) .... **BV** 2
Arrivée (Rond-Point de l') .... **BV** 6
Buisson (Allée Ferdinand) .... **AV** 10
Charlemagne (Av. de) .... **BX** 16
Corbières (Av. des) .... **BV** 17
Gaulle (Av. du Gén.-de) .... **BV** 21
Grau (Av. du) .... **BX** 24
Méditerranée (Bd de la) .... **BV** 29
Mimosas (Av. des) .... **BV** 30
Pins (Allée des) .... **BV** 37
Pins (Av. des) .... **BV** 38
Platanes (Av. des) .... **BV** 39
Port (R. du) .... **BX** 40
Racou (Allée du) .... **BVX** 42
Ste-Madeleine (Chemin) .... **AX** 43
Trabucaires (R. des) .... **AV** 44
14-Juillet (R. du) .... **AV** 49

Zone piétonne en saison

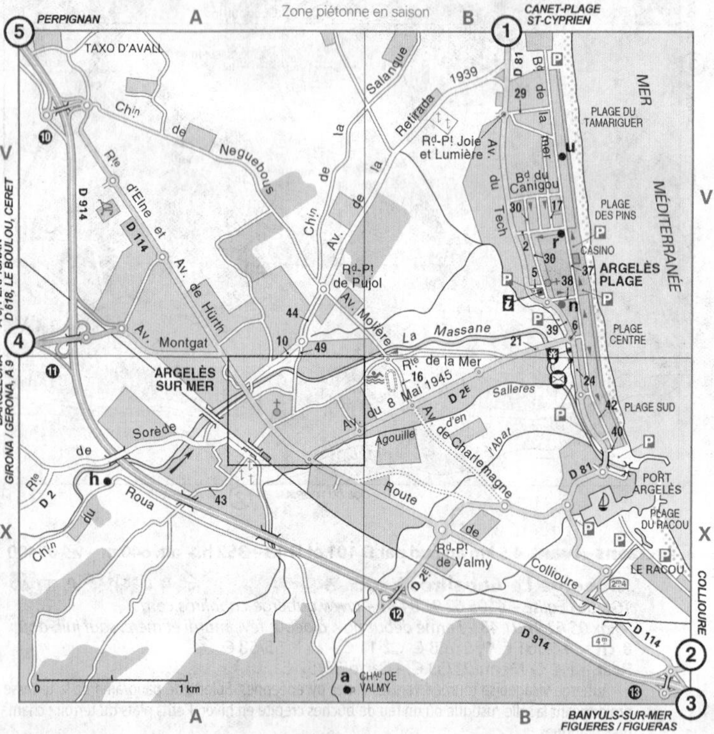

ARGELÈS-SUR-MER

Albert (R. Marcelin) . . . . CY 3
Bel Air (R. de) . . . . CY 7
Blanqui (R.) . . . . CY 9
Castellans (Pl. des) . . . . CY 13
Castellans (R.) . . . . CY 14
Desclot (R.) . . . . CY 18
Gambetta (R.) . . . . CDZ 20
Gendarmerie (R. de la) . . . . . . CDZ 22
Jean-Jaurès (R.) . . . . CY 26
Libération (Av. de la) . . . . . . CDYZ
Majorque (R. de) . . . . CY 27
Morata (R. Juan) . . . . CY 32
Nationale (Rte) . . . . CYZ
Notre-Dame-de-Vie (Rte) . . . . . CZ 33
Paix (R. de la) . . . . CY 35
Remparts (R. des) . . . . CY 41
République (Pl. de la) . . . . CY 42
République (R. de la) . . . . CY
Travail (R. du) . . . . CY 45
Wilson (R.) . . . . CZ 47
11-Novembre (Av. du) . . . . CY 48

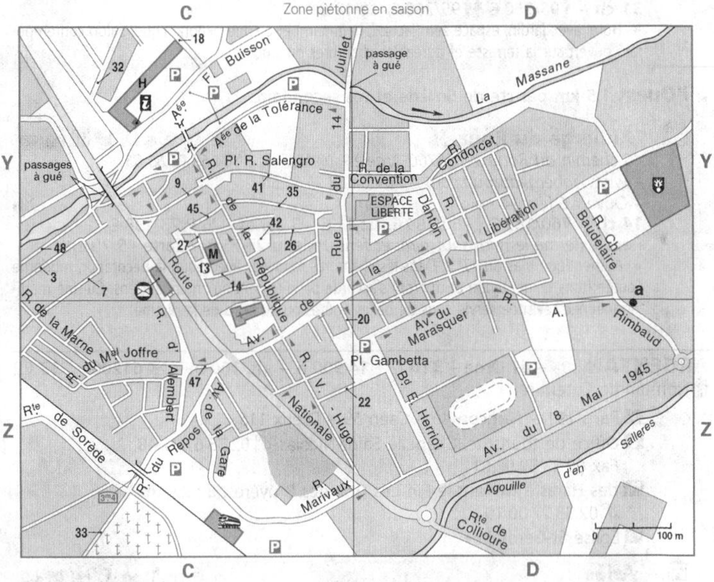

à Argelès-Plage 2,5 km à l'Est – ✉ **66700 Argelès-sur-Mer – 9 869 h.**
Languedoc Roussillon
SE : Côte Vermeille★★.

Grand Hôtel du Lido
50 bd de la Mer – ✆ 04 68 81 10 32 – www.hotel-le-lido.com – Fax 04 68 81 51 89 – Ouvert 2 avril-2 oct. BV**u**
66 ch – †84/215 € ††84/215 €, ☕ 11 € – ½ P 78/147 €
Rest – (19 € bc) Menu 26 € (déj.), 28/41 € – Carte 36/55 € le soir
◆ Agréablement posé en bord de plage, le Lido abrite des chambres colorées et bien équipées avec balcons, la plupart tournés vers la mer. Salle à manger-véranda, terrasses ombragées et fleuries pour une cuisine traditionnelle (buffets mercredi et dimanche).

De la Plage des Pins sans rest
allée des Pins – ✆ 04 68 81 09 05 – www.plage-des-pins.com – Fax 04 68 55 19 12 – Ouvert 22 mai- 27 sept. BV**r**
50 ch – †65/150 € ††75/180 €, ☕ 10 €
◆ Cette grande bâtisse face à la Méditerranée bénéficie de chambres sobres et fonctionnelles, toutes dotées de balcons. Celles côté mer offrent plus d'ampleur. Belle piscine.

L'Amadeus
av. des Platanes – ✆ 04 68 81 12 38 – www.lamadeus.fr – Fax 04 68 81 12 38 – Fermé 12 nov.-20 déc., 2 janv.-2 fév., lundi et mardi sauf le soir en saison et merc. midi du 16 juin au 14 sept. BV**n**
Rest – (16 €) Menu 21 € bc (déj. en sem.), 25/40 € – Carte 43/80 €
◆ Spécialités régionales dans une salle à manger contemporaine avec cheminée et plantes vertes, ou sur une agréable terrasse en zone piétonne ; calme patio sur l'arrière.

rte de Collioure 4 km – ⊠ 66700 Argelès-sur-Mer

🏨 **Les Mouettes** sans rest ≼ 🚗 ⛱ ৬ Ⅶ ⁽ᵗ⁾ 🛁 🄿 ⅥⅤⅤⅤ 🄌 🄰🄴 ①
La Corniche – 𝒞 04 68 81 82 83
– *www.hotel-lesmouettes.com* – *Fax 04 68 81 32 73*
– *Ouvert 4 avril-12 oct.*
31 ch – ♦95/260 €, ♦♦95/260 €, ⊑ 13 €
◆ Hôtel avec jardin, espace zen (jacuzzi, hammam) et piscine panoramique. Salon contemporain ouvert sur la terrasse et agréables chambres ou studios.

à l'Ouest 1,5 km par rte de Sorède et rte secondaire

🏨 **Auberge du Roua** ⌖ 🚗 🏠 ⛱ ৬ Ⅶ ⁽ᵗ⁾ 🄿 ⅥⅤⅤⅤ 🄌
46 chemin du Roua ⊠ 66700 Argelès-sur-Mer – 𝒞 04 68 95 85 85
– *www.aubergeduroua.com* – *Fax 04 68 95 83 50*
– *Ouvert 6 fév.-14 nov.*   AX**h**
14 ch – ♦60/189 €, ♦♦60/189 €, ⊑ 11 € – 3 suites – ½ P 73/138 €
Rest – *(fermé le midi sauf dim. et fériés)* Menu 27/75 € – Carte 45/70 €🍷
◆ Authentique mas du 17e s. Dans les chambres rénovées avec goût, la décoration moderne épurée (tons beige, taupe et marron) s'accorde parfaitement aux murs anciens. Cuisine méditerranéenne revisitée servie sous de belles voûtes ou au bord de la piscine.

ARGENTAN ◉ – **61** Orne – **310** I2 – 14 900 h. – alt. 160 m – ⊠ 61200   **33** C2
▌ Normandie Cotentin
  ▶ Paris 191 – Alençon 46 – Caen 59 – Dreux 115
  🚩 Office de tourisme, Chapelle Saint-Nicolas 𝒞 02 33 67 12 48,
    Fax 02 33 39 96 61
  🏌 des Haras à Nonant-le-Pin Les Grandes Bruyères, E : 22 km,
    𝒞 02 33 27 00 19
  ◎ Église St-Germain★.

🏠 **Ariès** 🏠 ৬ ch, ⁽ᵗ⁾ 🛁 🄿 ⅥⅤⅤⅤ 🄌 🄰🄴
⌘ *Z.A. Beurrerie, 1 km par D 916* – 𝒞 02 33 39 13 13 – *www.arieshotel.fr*
– *Fax 02 33 39 34 71*
43 ch – ♦46/52 €, ♦♦52/62 €, ⊑ 7 € – ½ P 61/75 €
Rest – *(fermé vend. soir, sam. et dim.)* (13 €) Menu 16/32 € – Carte 28/58 €
◆ À proximité d'un axe à forte circulation, hôtel moderne simple et très bien insonorisé. Chambres fonctionnelles de conception identique. Au restaurant, salle claire et spacieuse, mobilier de bistrot, carte classique, formules buffets et plats du jour.

XXX **La Renaissance** avec ch 🏠 ⁽ᵗ⁾ 🄿 ⅥⅤⅤⅤ 🄌 🄰🄴 ①
20 av. 2e-Division-Blindée – 𝒞 02 33 36 14 20
– *www.hotel-larenaissance.com* – *Fax 02 33 36 65 50*
– *Fermé 26 juil.-16 août, 27 fév.-7 mars et dim. soir*
14 ch – ♦59/81 €, ♦♦64/85 €, ⊑ 10 € – ½ P 71/97 €
Rest – *(fermé lundi)* (18 €) Menu 27/65 € – Carte 61/71 €
◆ De grandes baies vitrées donnant sur le jardin éclairent cette salle à manger bourgeoise ornée d'une cheminée d'inspiration Renaissance. Belle cuisine inventive. Chambres agréables pour l'étape.

au Nord-Est 11 km par N 26 et D 729

🏨 **Pavillon de Gouffern** ⌖ ≼ 🐾 ⛱ ✕ ✕ ⁽ᵗ⁾ 🛁 🄿 ⅥⅤⅤⅤ 🄌 🄰🄴 ①
l'Orée du bois ⊠ 61310 Silly-en-Gouffern – 𝒞 02 33 36 64 26
– *www.pavillondegouffern.com* – *Fax 02 33 36 53 81*
20 ch – ♦60/160 €, ♦♦70/200 €, ⊑ 12 € – ½ P 125/175 €
Rest – Menu 25/55 € bc – Carte environ 41 €
◆ Dans un parc entouré de bois, pavillon de chasse du 19e s. avec façade à colombages. Chambres spacieuses, aménagées dans un esprit contemporain. Les deux salles à manger, relookées au goût du jour, offrent une belle vue sur le domaine. Cuisine traditionnelle.

à Fontenai-sur-Orne 4,5 km au Sud-Ouest – 263 h. – alt. 65 m – ✉ 61200

XX **Faisan Doré** avec ch
– ✆ *02 33 67 18 11 – www.lefaisandore.com – Fax 02 33 35 82 15*
– Fermé 1er-15 août, sam. midi et dim. soir
16 ch – †60/150 € ††60/150 €, ☕ 9 €
Rest – (17 €) Menu 23 € (sem.)/75 € bc – Carte 38/57 €
◆ Une auberge normande située au bord d'une route fréquentée. La salle à manger, précédée d'un bar-salon cosy, ose le papier peint fleuri et les couleurs vives. Carte régionale. Chambres progressivement rénovées (style contemporain et teinte chocolat dominante).

ARGENTAT – 19 Corrèze – **329** M5 – **3 119 h.** – alt. 183 m – ✉ 19400 **25** C3
Limousin Berry

Paris 503 – Aurillac 54 – Brive-la-Gaillarde 45 – Mauriac 49
Office de tourisme, place da Maïa ✆ 05 55 28 16 05, Fax 05 55 28 45 16

Le Sablier du Temps rest,
13 r. J.-Vachal – ✆ 05 55 28 94 90 – www.sablier-du-temps.com
– Fax 05 55 28 94 99 – Fermé 5 janv.-9 fév.
24 ch – †48/55 € ††50/88 €, ☕ 8 € – ½ P 48/70 €
Rest – *(fermé vend. d'oct. à avril)* (11 €) Menu 21 €, 23/43 € – Carte 30/65 €
◆ Un jardin arboré agrémenté d'une piscine entoure cet hôtel proche du centre-ville. Les chambres, actuelles, sont progressivement personnalisées et très bien tenues. Cuisine du terroir servie dans une grande salle à manger-véranda ouvrant sur la terrasse.

Fouillade rest,
11 pl. Gambetta – ✆ 05 55 28 10 17 – www.fouillade.com – Fax 05 55 28 90 52
– Fermé 26 nov.-26 déc.
15 ch – †50/52 € ††52/71 €, ☕ 7 € – ½ P 44/52 €
Rest – *(fermé dim. soir et lundi du 15 sept. au 15 juin)* (11 €) Menu 14 € (sem.)/ 39 € – Carte 23/60 €
◆ Hôtel au calme vous hébergeant dans des chambres au mobilier fonctionnel de style actuel et dotées de lits confortables. Plats traditionnels aux accents régionaux servis sous les poutres de la salle à manger rustique ; terrasse en façade.

XX **Saint-Jacques**
39 av. Foch – ✆ 05 55 28 89 87 – Fax 05 55 28 86 41 – Fermé 1er-23 mars, 28 sept.-12 oct., dim. soir d'oct. à avril et lundi
Rest – (14 €) Menu 19 € (sem.)/55 € – Carte 41/70 €
◆ Monsieur réalise une goûteuse cuisine actuelle tandis que madame prend soin de vous accueillir. Salle confortable et raffinée, véranda et belle terrasse ombragée.

X **Auberge des Gabariers**
15 quai Lestourgie – ✆ 05 55 28 05 87 – Fax 05 55 28 69 63
– Ouvert 1er avril-1er nov. et fermé mardi soir et merc.
Rest – (16 €) Menu 27/36 € – Carte 37/54 €
◆ Jolie maison du 16e s. en bord de Dordogne. Salle à manger rustique à souhait, cuisine à la broche et terrasse riveraine ombragée par un tilleul. Chambres charmantes tournées vers les flots.

ARGENTEUIL – 95 Val-d'Oise – **305** E7 – **101** 14 – voir à Paris, Environs

---

ARGENTIÈRE – 74 Haute-Savoie – **328** O5 – alt. 1 252 m – Sports d'hiver : voir Chamonix – ✉ 74400 Alpes du Nord **45** D1

Paris 619 – Annecy 106 – Chamonix-Mont-Blanc 10 – Vallorcine 10
Office de tourisme, 24, route du village ✆ 04 50 54 02 14, Fax 04 50 54 06 39
Aiguille des Grands Montets★★★ : ❋★★★ - Réserve naturelle des Aiguilles Rouges★★★ N : 3 km - Col de la Balme★★ : ❋★★.

Grands Montets sans rest
340 chemin des Arberons, (près du téléphérique de Lognan) – ✆ 04 50 54 06 66 – www.hotel-grands-montets.com – Fax 04 50 54 05 42 – Ouvert 26 juin-29 août et 17 déc.-1er mai
45 ch ☕ – †115/190 € ††125/250 € – 3 suites
◆ Cet hôtel a de séduisants atouts : calme, proximité du téléphérique, décor régional au bar-salon, belle piscine, fitness et chambres avec vue. Préférez celles récemment rénovées.

Montana ≼ 🚗 🛋 📶 ६ ch, ⏱ 🅿 🆅🆂🅰 ⚫ 🅰🅴 ⓪

24 clos du Montana – ☎ *04 50 54 14 99 – www.hotel-montana.fr*
– Fax 04 50 54 03 40 – Ouvert 30 juin-30 sept. et 8 déc.-11 mai
24 ch ☐ – ♦105/181 € ♦♦120/198 €
Rest – *(ouvert 30 juin-30 sept.) (dîner seult) (résidents seult)* Menu 28 €
◆ Une adresse recherchée pour son ambiance familiale, particulièrement chaleureuse et amicale. Chambres sobrement meublées, dotées de balcons tournés vers les Grands Montets. Restaurant au décor alpin, terrasse face aux montagnes et plats traditionnels simples.

ARGENTON-SUR-CREUSE – 36 Indre – **323** F7 – 5 185 h.   **11** B3
– alt. 100 m – ⊠ 36200 ▌Limousin Berry

▶ Paris 297 – Châteauroux 32 – Limoges 93 – Montluçon 103
🛈 Office de tourisme, 13, place de la République ☎ 02 54 24 05 30, Fax 02 54 24 28 13
◉ Vieux pont ≼★ - ≼★ de la terrasse de la chapelle N.-D.-des-Bancs.

🏠 **Manoir de Boisvillers** sans rest ॐ   🚗 ⛎ 🏊 🅿 🆅🆂🅰 ⚫

11 r. Moulin-de-Bord – ☎ *02 54 24 13 88 – www.manoir-de-boisvillers.com*
– Fax 02 54 24 27 83 – Fermé 4 janv.-1er fév.   **e**
16 ch – ♦55/111 € ♦♦59/111 €, ☐ 8 €
◆ Belle demeure bourgeoise du 18e s. posée sur une rive de la Creuse. Chambres de style, ethniques ou rustiques, salon contemporain et agréable jardin autour de la piscine.

🏠 **Le Cheval Noir**   🛋 🅰🅲 rest, ⏱ 🅿 🆅🆂🅰 ⚫
☎☎ *27 r. Auclert-Descottes –* ☎ *02 54 24 00 06 – www.le-chevalnoir.fr*
– Fax 02 54 24 11 22 – Fermé dim. soir hors saison   **n**
20 ch – ♦55 € ♦♦65 €, ☐ 7 €
Rest – (10 €) Menu 15 € (déj.), 22/30 € – Carte 26/45 €
◆ Ancien relais de poste, géré de père en fils depuis plus d'un siècle. Chambres sobres, de styles et de tailles variés. Salle à manger contemporaine et terrasse dans une cour fleurie. Cuisine traditionnelle complétée, à midi, d'une petite formule du jour.

ARGENTON-SUR-CREUSE

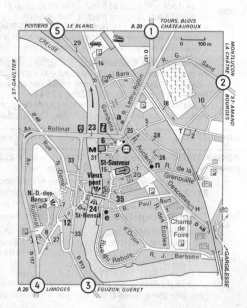

X **La Source** 🛐 VISA 🐵 AE

9 r. Ledru-rollin – 𝒞 02 54 24 30 21 – Fax 02 54 24 30 21
– Fermé 1 sem. vacances de la Toussaint, 1 sem. vacances de fév., mardi soir et
merc. **a**
Rest – Menu 24/40 € – Carte 32/37 €

♦ Une adresse familiale occupant un ex-relais postal. Deux salles à manger (l'une rustique, l'autre plus classique ornée de fresques murales) et cuisine traditionnelle.

à Bouësse 11 km par ② – 391 h. – alt. 185 m – ⊠ 36200

🏨 **Château de Bouesse** ⥱ ⟨ 🕭 🛐 ⁗ 🐟 🅿 VISA 🐵 AE

– 𝒞 02 54 25 12 20 – www.chateau-bouesse.com
– Fax 02 54 25 12 30 – Ouvert 2 avril-1er janv. et fermé lundi et mardi sauf du 16 mai au 30 sept.
8 ch – †125 € ††125/160 €, ⊇ 12 € – 4 suites – ½ P 95/127 €
Rest – *(fermé mardi sauf juil.-août et lundi)* Menu 22 € (déj. en sem.), 36/48 €
– Carte 52/67 €

♦ Jeanne d'Arc aurait séjourné en ce château du 13e s. entouré d'un parc. L'intérieur allie style médiéval et confort moderne. Chambres au mobilier ancien, dont une magnifique au donjon. Au restaurant : décor du 18e s. et repas dans l'air du temps.

ARGENT-SUR-SAULDRE – 18 Cher – 323 K1 – 2 285 h. – alt. 171 m 12 C2
– ⊠ 18410 ▌ Limousin Berry

❑ Paris 171 – Bourges 57 – Cosne-sur-Loire 46 – Gien 22

XX **Relais du Cor d'Argent** avec ch 🛐 VISA 🐵
🐾 *39 r. Nationale – 𝒞 02 48 73 63 49 – www.lecordargent.com*
– Fax 02 48 73 37 55 – Fermé 24 août-2 sept., 16-25 nov., 15 fév.-18 mars, mardi et merc.
7 ch – †41/45 € ††41/53 €, ⊇ 7 € – ½ P 45 €
Rest – Menu 18 € (sem.)/57 € – Carte 38/70 €

♦ La bâtisse est abondamment fleurie l'été. Sobres salles à manger où l'on propose une cuisine traditionnelle variant selon le marché. Petites chambres simples.

ARGOULES – 80 Somme – 301 E5 – 335 h. – alt. 18 m – ⊠ 80120 36 A1
▌ Nord Pas-de-Calais Picardie

❑ Paris 217 – Abbeville 34 – Amiens 82 – Calais 93
◎ Abbaye★★ et jardins★★ de Valloires NO : 2 km.

X **Auberge du Coq-en-Pâte** 🛐 VISA 🐵
🐾 *37 rte de Valloires – 𝒞 03 22 29 92 09 – Fax 03 22 29 92 09*
– Fermé 20-27 avril, 31 août-14 sept., trois sem. en janv., mardi sauf le midi en saison, dim. soir et lundi sauf fériés
Rest – *(nombre de couverts limité, prévenir)* Menu 20 € – Carte 23/45 €

♦ Coquette maisonnette proche de l'abbaye de Valloires. Salle à manger égayée de gravures et peintures à thème animalier. Goûteux petits plats mi-traditionnels, mi-actuels.

ARLEMPDES – 43 Haute-Loire – 331 F4 – 129 h. – alt. 840 m – ⊠ 43490 6 C3
▌ Lyon Drôme Ardèche

❑ Paris 559 – Aubenas 67 – Langogne 27 – Le Puy-en-Velay 29
◎ Site★★.

🏠 **Le Manoir** ⥱ ⟨ 🛐 ⁗ ch, VISA 🐵 AE
🐾 *– 𝒞 04 71 57 17 14 – Fax 04 71 57 19 68*
– Ouvert 15 mars-25 oct. et fermé dim. soir
13 ch – †35 € ††35/45 €, ⊇ 8 € – ½ P 44 €
Rest – Menu 17 € (sem.)/40 €

♦ Maison de pays blottie au cœur d'un village pittoresque baigné par la Loire. Chambres simples (rénovées dans un style actuel au 1er étage) et ambiance familiale. Carte traditionnelle à séquences régionales ; parements de pierre et jolie cheminée en salle.

▶ Paris 719 – Aix-en-Provence 77 – Avignon 37 – Marseille 94

🚺 Office de tourisme, boulevard des Lices ✆ 04 90 18 41 20, Fax 04 90 18 41 29

👁 Arènes★★ - Théâtre antique★★ - Cloître St-Trophime★★ et église★ :
portail★★ - Les Alyscamps★ - Palais Constantin★ Y **S** - Hôtel de ville :
voûte★ du vestibule Z **H** - Cryptoportiques★ Z **E** - Musée de l'Arles
antique★★ (sarcophages★★) - Museon Arlaten★ Z **M⁶** - Musée Réattu★ Y
M⁴ - Ruines de l'abbaye de Montmajour★ 5 km par ①.

🏠🏠🏠 Jules César 🦢   🚗 🚷 ⌇ 🅰🅲 ⅍ 🚭 🚾 🅰🅴 ⑩

bd des Lices – ✆ 04 90 52 52 52 – www.hotel-julescesar.fr – Fax 04 90 52 52 53
– Fermé dim. soir de nov. à mars   Z**b**
50 ch – †144/250 € ††144/250 €, ⥂ 20 € – 1 suite
Rest *Lou Marquès* – (fermé sam. midi, dim. soir et lundi de nov. à mars) (21 €)
Menu 28/75 € – Carte 54/100 €

◆ Cet ex-couvent de carmélites cerné de jardins clos respire l'élégance et la sérénité. Chambres meublées d'ancien, salles de réunion voûtées, cloître et chapelle avec retable baroque. Délicieuse terrasse et saveurs du Sud mâtinées de modernité au Lou Marquès.

🏠🏠🏠 Nord Pinus   🚷 📳 🅰🅲 ch, 🎵 🚭 🚾 🅰🅴 ⑩

pl. du Forum – ✆ 04 90 93 44 44 – www.nord-pinus.com – Fax 04 90 93 34 00
– Ouvert 15 fév.-15 nov.   Z**t**
24 ch – †150/175 € ††150/240 €, ⥂ 20 € – 2 suites
Rest – (ouvert 15 mars-15 nov. et fermé lundi et mardi) Menu 30 € (déj.),
35/40 € – Carte 30/40 €

◆ Cocteau, Picasso ou encore Dominguin (son "traje de luces" illumine le bar) séjournèrent dans cette institution arlésienne au superbe décor "baroque et corrida". Agréable salle à manger aménagée dans un esprit Art déco ; plaisante carte de brasserie.

🏠🏠🏠 L'Hôtel Particulier 🦢   🚗 🚷 ⌇ 🅰🅲 ch, 🎵 🅿 🚾 🚗 🅰🅴

4 r. de la Monnaie – ✆ 04 90 52 51 40 – www.hotel-particulier.com
– Fax 04 90 96 16 70   Z**d**
9 ch – †209/289 € ††209/289 €, ⥂ 22 € – 5 suites – ½ P 175/210 €
Rest – (21 €) Menu 55 € (dîner) – Carte 55/67 €

◆ Superbe hôtel particulier du quartier de la Roquette. Intérieur raffiné mariant l'ancien et le moderne, chambres personnalisées, ravissante cour-jardin, sauna, hammam, etc. Restauration dans l'air du temps à base de produits frais.

🏠🏠🏠 D'Arlatan sans rest   🚗 ⌇ 📳 🅰🅲 🎵 ⅍ 🚭 🚾 🚗 🅰🅴 ⑩

26 r. Sauvage, (près de la pl. du Forum) – ✆ 04 90 93 56 66
– www.hotel-arlatan.fr – Fax 04 90 49 68 45 – Ouvert 1ᵉʳ avril-19 nov.
41 ch – †85/157 € ††85/157 €, ⥂ 15 € – 7 suites   Y**f**

◆ Le passé de cette gracieuse demeure du 15ᵉ s. (fondations du 4ᵉ s.) revit au travers de son exposition de vestiges archéologiques. Décor personnalisé, beau mobilier ancien.

🏠🏠 Calendal sans rest 🦢   🚗 ⌇ 📳 ⅍ 🎵 🚭 🚾 🚗 🅰🅴 ⑩

5 r. Porte-de-Laure – ✆ 04 90 96 11 89 – www.lecalendal.com
– Fax 04 90 96 05 84 – Fermé 3-31 janv.   Z**s**
38 ch – †79/99 € ††89/159 €, ⥂ 12 €

◆ Ravissantes chambres aux couleurs ensoleillées, regardant le théâtre antique, les arènes ou encore le beau jardin. Salon de thé. Salades provençales pour les déjeuners estivaux.

🏠🏠 Mireille   🚷 ⌇ 🅰🅲 🎵 🚭 🚾 🚗 🅰🅴 ⑩

2 pl. St-Pierre, (à Trinquetaille) – ✆ 04 90 93 70 74 – www.hotel-mireille.com
– Fax 04 90 93 87 28 – Fermé 4 janv.-28 fév.   Y**h**
34 ch – †79/135 € ††89/157 €, ⥂ 14 € – ½ P 89/123 €
Rest – (fermé lundi midi et dim.) Menu 27/32 € – Carte 38/49 €

◆ Maisons excentrées sur la rive droite du Rhône, aux coquettes chambres provençales. Accueil soigné, petit-déjeuner de qualité et boutique de produits du terroir. Agréable terrasse bordée de muriers et agrémentée d'une piscine. Au menu : cuisine traditionnelle.

🏠 Amphithéâtre sans rest   🅰🅲 🎵 🚾 🚗 🅰🅴 ⑩

5 r. Diderot – ✆ 04 90 96 10 30 – www.hotelamphitheatre.fr – Fax 04 90 93 98 69
25 ch – †50/55 € ††65/95 €, ⥂ 8 € – 3 suites   Z**n**

◆ Ce bel immeuble du 17ᵉ s. cache des chambres refaites et cosy, celles de l'hôtel particulier mitoyen sont plus vastes et raffinées. Jolie salle des petits-déjeuners.

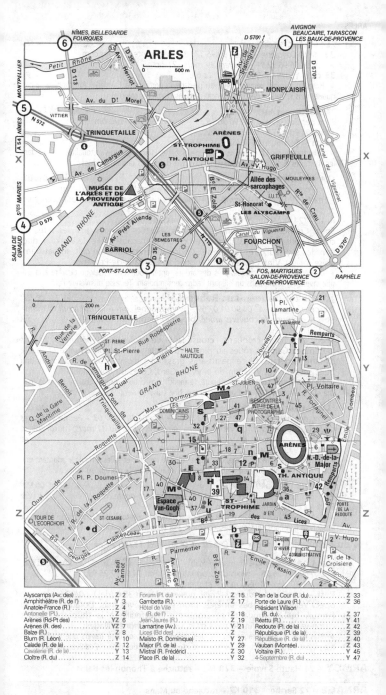

ARLES

🏠 **Les Acacias** sans rest   🛎 AC ✂ 📶 VISA 🆗 AE

2 r. de la Cavalerie – ℰ 04 90 96 37 88 – www.hotel-acacias.com
– Fax 04 90 96 32 51 – Ouvert 29 mars -21 oct.   Y**t**
33 ch – †51/94 € ††51/94 €, ☲ 6 €

♦ Hôtel totalement remis à neuf, au pied de la porte de la Cavalerie. Atmosphère camarguaise dans le hall et décor provençal dans les chambres colorées.

🏠 **Muette** sans rest   AC 📶 🌐 VISA 🆗 AE ⓪

15 r. des Suisses – ℰ 04 90 96 15 39 – www.hotel-muette.com
– Fax 04 90 49 73 16 – Fermé fév.   Y**q**
18 ch – †48/60 € ††48/65 €, ☲ 8 €

♦ Belle façade du 12ᵉ s. donnant sur une placette. Pierres, poutres et tonalités du sud dans les chambres. Salle des petits-déjeuners égayée de photos tauromachiques.

✕✕ **Le Cilantro** (Jérôme Laurent)   🌫 ⅃ AC VISA 🆗

31 r. Porte-de-Laure – ℰ 04 90 18 25 05 – www.restaurantcilantro.com
– Fax 04 90 18 25 10 – Fermé 7-14 nov., lundi sauf le soir en juil.-août, sam. midi
et dim.   Z**a**
Rest – (24 €) Menu 29 € (déj.), 65/99 € – Carte environ 65 €
Spéc. Cromesquis d'encornets, supions, alliacées braisées, jus des têtes au citron confit (printemps). Pigeon en croûte de cacao et fève de Tonka, réduction des sucs au xérès (automne). Chocolat Venezuela juste cuit, sorbet framboise (hiver). **Vins** Coteaux du Languedoc, Les Baux-de-Provence.

♦ Derrière le théâtre antique, près des arènes, optez pour cette enseigne discrète à la cuisine inventive, servie dans un élégant cadre contemporain. Terrasse bienvenue l'été.

✕ **L'Atelier de Jean-Luc Rabanel**   🌫 AC VISA 🆗 AE

7 r. des Carmes – ℰ 04 90 91 07 69 – www.rabanel.com – Fermé lundi et mardi
Rest – (nombre de couverts limité, prévenir) Menu 45 € (déj.),   Z**k**
85/150 € bc
Spéc. Artichaut croquant, croustillant de polenta et légumes confits (automne). Gambas rôties au piment d'Espelette, émulsion d'huître et feuille d'huître végétale. Glace pastis-anis gras, tuile d'olive noire et calisson aux fruits secs (hiver). **Vins** Vin de pays du Gard, Côtes du Roussillon.

♦ Dans ce bistrot contemporain épuré, le menu (sans choix possible) change selon le marché et l'inspiration d'un chef adepte du bio. Une cuisine inventive digne d'éloges.

✕ **Le Jardin de Manon**   🌫 VISA 🆗 AE

14 av. des Alyscamps – ℰ 04 90 93 38 68 – Fax 04 90 49 62 03 – Fermé vacances
de la Toussaint, vacances de fév., dim. soir du 20 sept. au 31 mars, mardi soir et
merc.   Z**r**
Rest – (19 €) Menu 21/38 € – Carte 33/48 €

♦ Carte dans la note régionale, composée selon le marché, et salles à manger adoptant une allure actuelle. Belle terrasse ombragée située à l'arrière de la maison, au calme.

✕ **Bistrot "À Côté"**   🌫 ⅃ AC VISA 🆗 AE

21 r. des Carmes – ℰ 04 90 47 61 13 – www.bistro-acote.com   Z**u**
Rest – (23 €) Menu 29 € (sem.) – Carte 30/40 €

♦ L'annexe de Jean-Luc Rabanel, à côté de son Atelier : atmosphère décontractée à la mode espagnole (jambons, vins exposés, comptoir...) et qualité des produits au rendez-vous.

rte du Sambuc 17 km par ④, D 570 et D 36 – ✉ 13200 Arles

✕ **La Chassagnette** (Armand Arnal)   🚗 🌫 ⅃ AC ✿ P VISA 🆗 AE ⓪

– ℰ 04 90 97 26 96 – www.chassagnette.fr – Fax 04 90 97 26 95
– Fermé 20 déc.-20 fév., mardi et merc.
Rest – (nombre de couverts limité, prévenir) Menu 35 € (déj.), 60/90 €
Spéc. Velouté d'herbes amères, brousse de chèvre frais. Dorade fumée au fenouil, bulbes fondants et croquants. Millefeuille à la rhubarbe, sorbet citron-vanille. **Vins** Vin de pays d'Oc, Côtes du Rhône-Villages.

♦ Mas isolé et son potager bio. Le chef défend sa philosophie à travers une cuisine épurée misant sur le respect des saisons et la mise en valeur des produits cultivés sur place.

ARMOY – 74 Haute-Savoie – 328 M2 – **rattaché à Thonon-les-Bains**

ARNAGE – 72 Sarthe – 310 K7 – **rattaché au Mans**

ARNAY-LE-DUC – 21 Côte-d'Or – **320** G7 – 1 708 h. – alt. 375 m   8 C2
– ⌧ 21230 ▊ Bourgogne

▶ Paris 285 – Autun 28 – Beaune 36 – Chagny 38

🖈 Office de tourisme, 15, rue Saint-Jacques ℰ 03 80 90 07 55, Fax 03 80 90 07 55

🏨 **Chez Camille**   ᵗᵗ ᴾ ᵛⁱˢᵃ ⑳ ᴬᴱ ①
1 pl. Edouard-Herriot – ℰ *03 80 90 01 38 – www.chez-camille.fr – Fax 03 80 90 04 64*
11 ch – ✝79 € ✝✝79 €, ⌷ 9 € – ½ P 85 €   **Rest** – Menu 22/45 €

♦ Chambres personnalisées, plutôt cosy. Certaines jouissent du privilège d'un petit salon ;
d'autres, au second étage, font admirer leur charpente apparente. Plats aux accents bourguignons à déguster dans une salle de style jardin d'hiver avec verrière.

LES ARQUES – 46 Lot – **337** D4 – 173 h. – alt. 254 m – ⌧ 46250   28 B1
▊ Périgord Quercy

▶ Paris 569 – Cahors 28 – Gourdon 27 – Villefranche-du-Périgord 19

◉ Église St-Laurent★ : Christ★ et Pietà★ - Fresques murales★ de l'église
St-André-des-Arques.

✕ **La Récréation**   ᖇ ᵛⁱˢᵃ ⑳
le bourg – ℰ *05 65 22 88 08 – Ouvert de mars à oct. et fermé merc. et jeudi*
Rest – Menu 20 € (déj. en sem.)/33 €

♦ L'école est finie ! À la place, une sympathique maison, un brin nostalgique : classe-salle à
manger, préau-terrasse, jardin potager dans la cour de récré. Plats actuels.

ARRADON – 56 Morbihan – **308** O9 – rattaché à Vannes

ARRAS ℙ – 62 Pas-de-Calais – **301** J6 – 42 015 h. – Agglo. 124 206 h.   30 B2
– alt. 72 m – ⌧ 62000 ▊ Nord Pas-de-Calais Picardie

▶ Paris 179 – Amiens 69 – Calais 110 – Charleville-Mézières 159

🖈 Office de tourisme, place des Héros ℰ 03 21 51 26 95, Fax 03 21 71 07 34

⛳ d'Arras à Anzin-Saint-Aubin Rue Briquet Taillandier, NO : 5 km par D 341,
ℰ 03 21 50 24 24

◉ Grand'Place★★★ et Place des Héros★★★ - Hôtel de Ville et beffroi★ BY **H**
- Ancienne abbaye St-Vaast★★ : musée des Beaux-Arts★.

Plans pages suivantes

🏨 **De l'Univers** ⌂   🖩 & ch. ⌘ ᵗᵗ ⌥ ᴾ ᵛⁱˢᵃ ⑳ ᴬᴱ ①
3 pl. de la Croix-Rouge – ℰ *03 21 71 34 01 – www.hotel-univers-arras.com*
– Fax 03 21 71 41 42   BZv
38 ch – ✝115/160 € ✝✝129/180 €, ⌷ 14 €
Rest – (19 €) Menu 26 € (sem.)/59 € – Carte 39/73 €

♦ Monastère, puis hôpital et enfin hôtel : cette élégante et paisible demeure du 16ᵉ s. abrite
de belles chambres personnalisées ; certaines affichent une influence provençale. Plaisant
décor et appétissante cuisine au goût du jour au restaurant.

🏨 **D'Angleterre** sans rest   🖩 & ᴬᴷ ᵗᵗ ⌥ ᵛⁱˢᵃ ⑳ ᴬᴱ
7 pl. Foch – ℰ *03 21 51 51 16 – www.hotelangleterre.info – Fax 03 21 71 38 20*
– Fermé 19 déc.-2 janv.   CZr
19 ch – ✝79/130 € ✝✝99/145 €, ⌷ 13 €

♦ À proximité de la gare TGV, cet édifice régional en briques datant de 1929 propose des
chambres au mobilier de style, spacieuses et bien équipées. Salon-bar british.

🏨 **Mercure Atria**   🖩 & ch. ᵗᵗ ⌥ ᵛⁱˢᵃ ⑳ ᴬᴱ ①
58 bd Carnot – ℰ *03 21 23 88 88 – www.mercure.com – Fax 03 21 23 88 89*
80 ch – ✝85/145 € ✝✝95/155 €, ⌷ 15 € – ½ P 79 €   CZb
Rest – *(fermé sam. midi, dim. midi et fériés le midi)* (15 €) Carte 20/35 €

♦ Derrière sa façade de verre et de briques, cet hôtel du centre d'affaires cache des chambres rénovées dans un esprit contemporain : mobilier en bois clair et couleurs tendance. Restaurant au cadre très sobre agrémenté de plantes vertes et de compositions florales.

🏨 **Moderne** sans rest   🖩 ᵗᵗ ⌥ ᵛⁱˢᵃ ⑳ ᴬᴱ ①
1 bd de Faidherbe – ℰ *03 21 23 39 57 – www.hotel-moderne-arras.com*
– Fax 03 21 71 55 42 – Fermé 20 déc.-3 janv.   CZm
50 ch – ✝69/129 € ✝✝79/129 €, ⌷ 8,50 €

♦ Face à la gare et à deux pas de la Grand'Place, ce bel immeuble (1920) abrite des chambres garnies d'un mobilier simple et fonctionnel, égayées de tissus colorés.

ARRAS

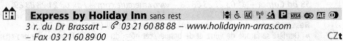

🏨 **Express by Holiday Inn** sans rest   📶 ⑤ 🖂 🎤 🕍 🅿 ⓋⓈⒶ ⚭ 🅐🅔 ①
3 r. du Dr Brassart – ℰ 03 21 60 88 88 – www.holidayinn-arras.com
– Fax 03 21 60 89 00   **CZt**
98 ch ☑ – †98/150 € ††98/150 €
  ◆ Architecture contemporaine située à proximité immédiate de la gare. Chambres modernes dotées d'équipements parfaitement adaptés aux besoins d'une clientèle d'affaires.

🏠 **Ibis** sans rest   📶 ⑤ 🖂 🎤 ⓋⓈⒶ ⚭ 🅐🅔 ①
11 r. de la Justice – ℰ 03 21 23 61 61 – www.ibishotel.com – Fax 03 21 71 31 31
63 ch – †60/100 € ††60/100 €, ☑ 8 €   **CZn**
  ◆ Adresse idéalement postée entre les deux magnifiques places arrageoises. Les chambres offrent peu d'ampleur mais elles sont fonctionnelles et insonorisées.

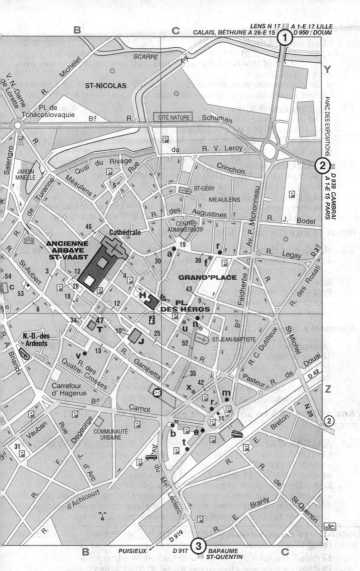

🏠 **3 Luppars** sans rest   🛗 ⚐ ⁽ᵖ⁾ 𝗩𝗜𝗦𝗔 ⚫⚫ 𝗔𝗘 ⓪
49 Grand'Place – ℰ 03 21 60 02 03 – www.ostel-les-3luppars.com – Fax 03 21 24 24 80
42 ch – ♦60/70 € ♦♦75 €, ⌕ 8 €   CY**r**
  ♦ La plus ancienne demeure d'Arras (1467, superbe façade gothique) propose des chambres
simplement agencées ; celles sur l'arrière sont plus calmes.

🏠 **La Corne d'Or** sans rest   ⁽ᵖ⁾ 🅿 ⌂ 𝗩𝗜𝗦𝗔 ⚫⚫
1 pl. Guy-Mollet – ℰ 03 21 58 85 94 – www.lamaisondhotes.com – Fermé de
fin juil. à mi-août   CY**a**
5 ch – ♦68/89 € ♦♦78/115 €, ⌕ 8,50 €
  ♦ Savourez l'atmosphère romantique et le raffinement décoratif de cet hôtel particulier
remanié au 18ᵉ s. Chambres classiques ou contemporaines, loft mansardé, superbes caves.

169

XXX **La Faisanderie** VISA ⓂⒸ AE

45 Grand'Place – ✆ 03 21 48 20 76 – www.restaurant-la-faisanderie.com – Fax 03 21 50 89 18 – Fermé 3-24 août, jeudi midi, dim. soir, lundi et soirs fériés

Rest – Menu 30/45 € CY**f**

◆ Sur la somptueuse place, demeure du 17e s. abritant une belle cave où d'imposantes colonnes en pierre soutiennent de vénérables voûtes en briques ; cuisine au goût du jour.

XX **La Coupole d'Arras** VISA ⓂⒸ AE ◑

26 bd de Strasbourg – ✆ 03 21 71 88 44 – Fax 03 21 71 52 46 CZ**x**

Rest – Menu 25/30 € – Carte 28/66 €

◆ Grand restaurant aux allures de brasserie des années folles : reproductions de Mucha, vitraux, mobilier Art déco, etc. Plats traditionnels et bon choix de pâtisseries maison.

XX **La Clef des Sens** ☂ ♿ AC VISA ⓂⒸ AE

60 pl. des Héros – ✆ 03 21 51 00 50 – www.laclefdessens.com – Fax 03 21 71 25 15 – Fermé 24 déc.-11 janv. CZ**u**

Rest – (16 €) Menu 26/59 € – Carte 31/80 €

◆ Boiseries rouges, banquettes, vivier à homards : décor et carte ad hoc pour cette brasserie bordant la place des Héros. Vue sur le beffroi depuis le 1er étage et la terrasse.

à Rœux **14 km à l'Est par ①, N 50, D 33 et D 42 – 1 379 h. – alt. 59 m – ✉ 62118**

XX **Le Grand Bleu** ⋖ ☂ ♿ VISA ⓂⒸ AE

41 r. Henri-Robert – ✆ 03 21 55 41 74 – www.legrandbleu-roeux.fr – Fax 03 21 55 41 74 – Fermé 1er-15 oct., sam. midi, lundi et le soir sauf vend. et sam.

Rest – (22 €) Menu 28 € (déj. en sem.), 35/65 €

◆ Cette maison de style chalet vous accueille dans une salle colorée ou sur une agréable terrasse face au lac dès les beaux jours. Cuisine actuelle bien alléchante.

à Mercatel **8 km par ③, D 917 et D 34 – 629 h. – alt. 88 m – ✉ 62217**

X **Mercator** VISA ⓂⒸ AE

24 r. de la Mairie – ✆ 03 21 73 48 33 – Fax 03 21 22 09 39 – Fermé 8-14 mars, 2-15 août, sam. midi, lundi et le soir sauf vend. et sam.

Rest – (18 €) Menu 27/38 € – Carte 35/70 €

◆ Ambiance familiale, sobre salle à manger néo-rustique et plats traditionnels escortés de vins soigneusement choisis : à deux pas d'Arras, projetez donc un repas au Mercator.

à Anzin-St-Aubin **5 km au Nord-Ouest par D 341 – 2 655 h. – alt. 71 m – ✉ 62223**

⌂⌂⌂ **Du Golf d'Arras** 🐴 ⋖ ⛱ ☂ ⇕ ♿ AC 📶 👤 🅿 VISA ⓂⒸ AE ◑

r. Briquet-Tallandier – ✆ 03 21 50 45 04 – www.golf-arras.com – Fax 03 21 15 07 00

64 ch – 👤89/250 € 👥99/250 €, ☕ 14 € – 8 suites

Rest – *(fermé lundi soir et mardi soir)* Menu 24/49 € bc

◆ À l'entrée d'un golf 18 trous, construction en bois dont l'architecture s'inspire de la Louisiane. Chambres claires et raffinées donnant pour la plupart sur les greens. Répertoire culinaire au goût du jour et cadre lumineux pour une pause entre deux swings.

ARREAU – 65 Hautes-Pyrénées – **342** O7 – **838 h.** – **alt. 705 m** **28** A3
– ✉ **65240** 📗 Midi-Toulousain

▶ Paris 818 – Auch 91 – Bagnères-de-Luchon 34 – Lourdes 81

ℹ Office de tourisme, Château des Nestes ✆ 05 62 98 63 15, Fax 05 62 40 12 32

◉ Vallée d'Aure★ S - ☀★★★ du col d'Aspin NO : 13 km.

⌂⌂ **Angleterre** 🐴 ⛱ ≈ ⇕ ♿ ch, ⊘ 📶 👤 🅿 VISA ⓂⒸ AE

18 rte de Luchon – ✆ 05 62 98 63 30 – www.hotel-angleterre-arreau.com – Fax 05 62 98 69 66 – Ouvert de mi-mai à mi-oct., week-ends et vacances scolaires du 26 déc. à fin mars et fermé lundi en mai-juin et sept.

16 ch – 👤70/75 € 👥80/125 €, ☕ 10 € – ½ P 75/98 €

Rest – *(dîner seult)* Menu 20 €, 26/40 €

◆ Dans un petit village typique de la vallée, ancien relais de poste transformé en hôtel de caractère. Un bel escalier dessert les chambres coquettes et bien entretenues. Cuisine traditionnelle et cadre campagnard revu et corrigé au restaurant. Salon-bar cosy.

ARROMANCHES-LES-BAINS – 14 Calvados – 303 I3 – 602 h.   32 B2
– alt. 15 m – ⊠ 14117 ▯ Normandie Cotentin

▶ Paris 266 – Bayeux 11 – Caen 34 – St-Lô 46

🛈 Office de tourisme, 2, rue du Maréchal Joffre ℰ 02 31 22 36 45, Fax 02 31 22 92 06

◉ Musée du débarquement - La Côte du Bessin★ O.

La Marine   ≤ 🎇 📶 ⅋ 𝕄 rest, ⅋ 🅿 𝚅𝙸𝚂𝙰 ⊙⊙ 𝔸𝔼
1 quai du Canada – ℰ 02 31 22 34 19 – www.hotel-de-la-marine.fr
– Fax 02 31 22 98 80 – Ouvert 6 fév.-11 nov.
28 ch – †61/90 € ††61/110 €, ⊑ 10 € – ½ P 65/90 €
Rest – Menu 22/35 € – Carte 35/65 €
♦ Les chambres récemment rajeunies de cette maison (1837) profitent pour la plupart d'une vue imprenable sur la Manche. Boutique de vins, épicerie fine et art de la table. Cuisine traditionnelle au restaurant de style actuel, dont les baies vitrées contemplent les flots.

à Manvieux 2,5 km au Sud-Ouest par D 516 et D 514 – 303 I3 – 112 h.
– alt. 53 m – ⊠ 14117

La Gentilhommière sans rest ⑤   🚗 🅿
4 r. du Port, lieu dit L'Eglise – ℰ 02 31 51 97 91
– www.lagentilhommiere-arromanches.com – Fax 02 31 10 03 17
5 ch – †65 € ††65 €
♦ Cette demeure en pierre du 18ᵉ s. garantit des nuits paisibles dans ses chambres, personnalisées par une couleur. Brioche, confitures et yaourt maison au petit-déjeuner.

à La Rosière 3 km au Sud-Ouest par rte de Bayeux – ⊠14117 Tracy-sur-Mer

La Rosière sans rest   🚗 ⅋ 🅿 𝚅𝙸𝚂𝙰 ⊙⊙
14 rte de Bayeux – ℰ 02 31 22 36 17 – www.hotel-larosiere-arromanches.com
– Fax 02 31 22 19 33 – Ouvert 13 mars-11 nov.
24 ch ⊑ – †52/126 € ††52/126 €
♦ Un ensemble de bâtiments, en léger retrait de la route. Les chambres fonctionnelles, très bien tenues, à majorité de plain-pied, donnent sur le jardin. Petit-déjeuner buffet.

ARS-EN-RÉ – 17 Charente-Maritime – 324 A2 – voir à Île de Ré

ARTRES – 59 Nord – 302 J6 – rattaché à Valenciennes

ARVIEU – 12 Aveyron – 338 H5 – 865 h. – alt. 730 m – ⊠ 12120   29 D2
▶ Paris 663 – Albi 66 – Millau 59 – Rodez 31

🛈 Syndicat d'initiative, Le Bourg ℰ 05 65 46 71 06, Fax 05 65 63 19 16

Au Bon Accueil   𝚅𝙸𝚂𝙰 ⊙⊙
pl. du Marché – ℰ 05 65 46 72 13 – www.aubon-accueil.com
– Fax 05 65 74 28 95 – Fermé 15 déc.-20 janv.
11 ch – †43/48 € ††43/48 €, ⊑ 7 € – ½ P 43/45 €
Rest – (12 € bc) Menu 19/26 € – Carte 24/47 €
♦ Les villageois se retrouvent au bar de cette charmante auberge installée sur la place centrale du bourg. Quelques chambres ont été rénovées et toutes sont bien tenues. Au restaurant, décor rustique et carte traditionnelle simple, avec quelques plats du pays.

ARVIEUX – 05 Hautes-Alpes – 334 I4 – 348 h. – alt. 1 550 m – ⊠ 05350   41 C1
▯ Alpes du Sud

▶ Paris 782 – Briançon 55 – Gap 80 – Marseille 254

🛈 Office de tourisme, la ville ℰ 04 92 46 75 76, Fax 04 92 46 83 03

La Ferme de l'Izoard ⑤   ≤ 🚗 🎇 ℑ ⬥ ⅋ 🅿 🐾 𝚅𝙸𝚂𝙰 ⊙⊙
La Chalp, rte du Col – ℰ 04 92 46 89 00 – www.laferme.fr – Fax 04 92 46 82 37
– Fermé avril et 29 sept.-19 déc.
23 ch – †60/161 € ††60/161 €, ⊑ 11 € – 3 suites – ½ P 61/111 €
Rest – (fermé mardi midi et jeudi midi hors vacances scolaires) (15 €)
Menu 33/51 € – Carte 23/49 €
♦ Bâtiment aux allures de ferme traditionnelle queyrassine. Chambres spacieuses, décorées dans une veine locale et dotées d'un balcon ou d'une terrasse, avec vue sur la vallée. À table, spécialités du terroir et grillades au feu de bois préparées devant le client.

ARZ (ÎLE-D') – **56 Morbihan** – **308** O9 – **voir à Île-d'Arz**

ARZON – **56 Morbihan** – **308** N9 – **2 170 h.** – **alt. 9 m** – **Casino** **9** A3
– ✉ **56640** ▌Bretagne

▶ Paris 487 – Auray 52 – Lorient 94 – Quiberon 81
ℹ Office de tourisme, rond-point du Crouesty ✆ 02 97 53 69 69, Fax 02 97 53 76 10
◉ Tumulus de Tumiac ou butte de César ✳★ E : 2 km puis 30 mn.

au Port du Crouesty **2 km au Sud-Ouest** – ✉ **56640 Arzon**

⌂⌂⌂⌂ **Miramar** ♘ ⋞ 🏊 Spa 🏋 ⇅ ♿ ch, A/C 📶 👥 🅿 🚗 VISA MC AE DC
– ✆ 02 97 53 49 00 – www.miramarcrouesty.com – Fax 02 97 53 49 99
– Fermé janv.
104 ch – 👤96/240 € 👥112/300 €, ☕ 18 € – 12 suites
Rest ***Le Diététique*** – Menu 40 € – Carte 50/80 €
Rest ***Ruban Bleu*** – (28 €) Menu 40/75 € – Carte 50/82 €
◆ Arrimé à la pointe de la presqu'île de Rhuys, cet hôtel-centre de thalassothérapie, profilé comme un paquebot, vous loge dans de grandes chambres standardisées (avec loggia). Le Diététique propose des plats basses calories. Cuisine traditionnelle inspirée du marché et belle vue sur l'océan au Ruban Bleu.

⌂ **Le Crouesty** sans rest 📶 🅿 VISA MC AE
r. du Croisty – ✆ 02 97 53 87 91
– www.hotellecrouesty.com – Fax 02 97 53 66 76
– Ouvert vacances de fév.-15 nov.
26 ch – 👤69/125 € 👥69/125 €, ☕ 10 €
◆ Entre le golfe du Morbihan et l'océan, en bordure du port de plaisance et d'un parc arboré, demeure néobretonne rénovée en 2009. Intérieur contemporain lumineux et agréable.

à Port Navalo **3 km à l'Ouest** – ✉ **56640 Arzon**

XXX **Grand Largue** ⋞ ⛱ ♿ VISA MC
à l'embarcadère – ✆ 02 97 53 71 58
– www.grand.largue.ifrance.com – Fax 02 97 53 92 20
– Fermé 12 nov.-25 déc., 5 janv.-10 fév., mardi sauf juil.-août et lundi
Rest – Menu 35 € (sem.)/78 € – Carte 50/80 €
Rest ***Le P'tit Zeph*** – ✆ 02 97 49 40 34 – Menu 28 € – Carte 35/52 €
◆ Cette villa fièrement dressée à l'entrée du golfe du Morbihan vous convie à savourer une cuisine du grand large inventive, avec vue panoramique sur le ballet des bateaux. Au P'tit Zeph, plats bistrotiers de poissons et fruits de mer proposés à l'ardoise.

ASLONNES – **86 Vienne** – **322** I6 – **rattaché à Poitiers**

ASNIÈRES-SUR-SEINE – **92 Hauts-de-Seine** – **311** J2 – **101** 15 – **voir à Paris, Environs**

ASPRES-LES-CORPS – **05 Hautes-Alpes** – **334** D4 – **rattaché à Corps**

ASTAFFORT – **47 Lot-et-Garonne** – **336** F5 – **1 989 h.** – **alt. 65 m** **4** C2
– ✉ **47220**

▶ Paris 674 – Agen 19 – Auvillar 29 – Condom 31
ℹ Syndicat d'initiative, 13 place de la Nation ✆ 05 53 67 13 33, Fax 05 53 67 13 33

XXX **Une Auberge en Gascogne** ⛱ ⊡ 🅿 VISA MC AE
9 fg. Corné, (face à la poste) – ✆ 05 53 67 10 27
– www.une-auberge-en-gascogne.com – Fax 05 53 67 10 22
– Fermé 1er-15 janv., dim. soir et lundi midi d'oct. à mai, jeudi midi et merc.
Rest – (23 €) Menu 42/80 € ❀
◆ Salle spacieuse d'esprit contemporain (murs gris taupe) et, sur l'arrière, agréable terrasse ombragée. Cuisine inventive présentée sous forme de menus surprises.

ATTICHY – 60 Oise – **305** J4 – 1 917 h. – alt. 73 m – ⊠ 60350   **37** C2

▶ Paris 101 – Compiègne 18 – Laon 62 – Noyon 26

XX **La Croix d'Or** avec ch   **P** VISA ☻☻
⇔ 13 r. Tondu-de-Metz – ℰ 03 44 42 15 37 – www.croixdor.com
– Fax 03 44 42 15 37
4 ch ⊷ – ♥35 € ♥♥43 €
Rest – *(fermé dim. soir, mardi soir et lundi)* (14 €) Menu 17 € (sem.)/58 €
♦ Ces deux maisons régionales encadrent une cour. Dans l'une, salle de restaurant contemporaine où l'on sert une cuisine actuelle, dans l'autre, chambres simples et pratiques.

ATTIGNAT – 01 Ain – **328** D3 – 2 487 h. – alt. 227 m – ⊠ 01340   **44** B1

▶ Paris 420 – Bourg-en-Bresse 13 – Lons-le-Saunier 76 – Louhans 46

XX **Dominique Marcepoil** avec ch   🚗 🍴 ☲ ⁿ⁰ 🕍 **P** VISA ☻☻ AE
481 Grande Rue, (D 975) – ℰ 04 74 30 92 24 – www.marcepoil.com
– Fax 04 74 25 93 48 – Fermé 15-22 août, 26-31 déc., lundi midi et dim.
12 ch – ♥57 € ♥♥63/71 €, ⊷ 10 € – ½ P 72 €
Rest – Menu 25/60 € – Carte 39/84 €
♦ Grenouilles, poulets de Bresse... les incontournables de la région dans votre assiette ! Des recettes actualisées sont également ici à l'honneur. Chambres calmes côté piscine.

AUBAGNE – 13 Bouches-du-Rhône – **340** I6 – 44 682 h. – alt. 102 m   **40** B3
– ⊠ 13400 🁢 Provence

▶ Paris 788 – Aix-en-Provence 39 – Brignoles 48 – Marseille 18
🛈 Office de tourisme, 8, cours Barthélémy ℰ 04 42 03 49 98,
Fax 04 42 03 83 62

🏠 **Souléia**   🍴 🛗 & 🖥 ⁿ⁰ VISA ☻☻ AE ⓪
4 cours Voltaire – ℰ 04 42 18 64 40 – www.hotel-souleia.com
– Fax 04 42 08 13 21
72 ch – ♥85/112 € ♥♥85/112 €, ⊷ 10 € – ½ P 108/110 €
Rest – *(fermé sam. soir, dim. midi et vend.)* (11 €) Menu 20 € bc – Carte 17/37 €
♦ Dans la capitale du santon, bâtiment moderne avec des chambres au confort fonctionnel (TV par satellite), certaines dotées de terrasse privée. Au rez-de-chaussée, brasserie ouverte sur la place. Restaurant panoramique sur le toit (solarium) aux menus traditionnels.

XX **Les Arômes**   VISA ☻☻
8 r. Moussard – ℰ 04 42 03 72 93 – Fax 04 42 03 72 93 – Fermé mardi soir, merc.
soir, sam. midi, dim. et lundi
Rest – (22 €) Menu 29 € – Carte 45/70 €
♦ Vous êtes reçu comme à la maison dans ce restaurant familial soigneusement décoré par la maîtresse des lieux. Recettes traditionnelles revisitées, courte carte de saison.

à St-Pierre-lès-Aubagne 5 km au Nord par D 96 ou D 43 – ⊠ 13400

🏠🏠 **Hostellerie de la Source** sans rest ॐ   🔔 🖥 🍴 & 🖥 ⁿ⁰ 🕍 **P**
– ℰ 04 42 04 09 19 – hostelleriedelasource.com   VISA ☻☻ AE ⓪
– Fax 04 42 04 58 72
26 ch – ♥73/84 € ♥♥90/176 €, ⊷ 12 €
♦ Dans un parc arboré d'où jaillit la source de l'hôtel, demeure du 17ᵉ s. complétée d'une annexe récente. Chambres bien tenues et belle piscine coiffée d'une verrière.

au Nord 4 km par D 44 et rte secondaire

XX **La Ferme**   🍴 🎇 **P** VISA ☻☻
La Font de Mai, (chemin Ruissatel) ⊠ 13400 Aubagne – ℰ 04 42 03 29 67
– www.aubergelaferme.com – Fermé août, vacances de fév., sam. midi, lundi
et le soir sauf vend. et sam.
Rest – Menu 50 € – Carte 50/80 €
♦ Hors du temps, maison en pleine garrigue, au cœur du pays de Pagnol, servant une copieuse cuisine du marché. Repas à l'ombre du vieux chêne ou dans la salle cosy et provençale.

173

AUBAZINE – 19 Corrèze – **329** L4 – 807 h. – alt. 345 m – ⊠ 19190   **25** C3

▌ Périgord Quercy

> ▶ Paris 480 – Aurillac 86 – Brive-la-Gaillarde 14 – St-Céré 50
> ⓘ Office de tourisme, le bourg ℰ 05 55 25 79 93, Fax 05 55 25 79 93
> ⓖ d'Aubazine à Beynat Complexe Touristique Coiroux, E : 4 km, ℰ 05 55 27 26 93
> ◉ Abbaye cistercienne St-Étienne★ : clocher★, mobilier★, tombeau de
> St-Étienne★★, armoire liturgique★.

🏠 **De la Tour**   ⁽ᵗ⁾ VISA ☺

pl. de l'Église – ℰ 05 55 25 71 17 – www.hoteldelatour19.com
– Fax 05 55 84 61 83 – Fermé 4-15 janv., dim. soir et lundi midi sauf juil.-août
17 ch – †52/62 € ††52/73 €, ⌑ 8 € – ½ P 62/97 €
Rest – Menu 22 € (sem.)/29 € – Carte 31/67 €

◆ Face à l'abbaye, vieille maison de caractère flanquée d'une tour. Chambres anciennes égayées de papiers peints colorés. Cuisine régionale servie dans des salles rustiques agrémentées de cuivres et d'étains.

AUBE – 61 Orne – **310** M2 – 1 460 h. – alt. 230 m – ⊠ 61270   **33** C3

▌ Normandie Vallée de la Seine

> ▶ Paris 144 – L'Aigle 7 – Alençon 55 – Argentan 47

✂ **Auberge St-James**   VISA ☺

62 rte de Paris – ℰ 02 33 24 01 40 – Fermé dim. soir, mardi soir et merc.
Rest – Menu 17/30 € – Carte 35/44 €

◆ Une adresse simple et sympathique à dénicher dans le village où vécut la comtesse de Ségur. La carte est composée de goûteux petits plats issus de diverses régions françaises.

AUBENAS – 07 Ardèche – **331** I6 – 11 773 h. – alt. 330 m – ⊠ 07200   **44** A3

▌ Lyon Drôme Ardèche

> ▶ Paris 627 – Alès 76 – Montélimar 41 – Privas 32
> ⓘ Office de tourisme, 4, boulevard Gambetta ℰ 04 75 89 02 03,
> Fax 04 75 89 02 04
> ◉ Site★ - Façade★ du château.

🏠 **Ibis** sans rest   ⛆ 🛋 ⅙ 📠 ⁽ᵗ⁾ 🔧 P VISA ☺ AE ①

rte de Montélimar – ℰ 04 75 35 44 45 – www.ibishotel.com – Fax 04 75 93 01 01
63 ch – †69/76 € ††69/76 €, ⌑ 8 €

◆ À la sortie sud de la ville, un Ibis disposant de chambres conformes aux normes de la chaîne. Petite restauration sur place, terrasse et piscine.

✂ **Le Coyote**   🛋 VISA ☺

13 bd Jean Mathon – ℰ 04 75 35 01 28 – Fax 04 75 35 01 28
Rest – *(nombre de couverts limité, prévenir)* (16 €) Menu 18 € (déj. en sem.),
21/30 € – Carte 26/40 €

◆ Ici, de nombreux fidèles se régalent de recettes du marché, traditionnelles et savoureuses, préparées par un homme de métier. Cadre rafraîchi en 2009.

AUBETERRE-SUR-DRONNE – 16 Charente – **324** L8 – 418 h.   **39** C3
– alt. 72 m – ⊠ 16390 ▌ Poitou Vendée Charentes

> ▶ Paris 494 – Angoulême 48 – Bordeaux 90 – Périgueux 54
> ⓘ Office de tourisme, place du Château ℰ 05 45 98 57 18, Fax 05 45 98 54 13
> ⓖ d'Aubeterre à Saint-Séverin Le Manoir de Longeveau, NE : 7 km par D 17
> et D 78, ℰ 05 45 98 55 13
> ◉ Église monolithe★★.

🏠 **Hostellerie du Périgord**   🚗 🛋 ⅃ ⅙ 📠 rest, 🕻 P VISA ☺

(quartier Plaisance) – ℰ 05 45 98 50 46 – www.hostellerie-perigord.com
– Fax 05 45 98 31 69 – Fermé 2 sem. en janv.
12 ch – †48 € ††56/70 €, ⌑ 7 € – ½ P 65 €
Rest – *(fermé dim. soir et lundi)* Menu 17 € (déj. en sem.), 33/44 €
– Carte environ 38 €

◆ Au pied de l'un des plus beaux villages de France, cet hôtel familial, couvert de vigne vierge, propose des chambres fraîches et fonctionnelles, insonorisées et bien tenues. Au restaurant, carte mi-traditionnelle, mi-actuelle. Véranda côté jardin et piscine.

AUBIGNY-SUR-NÈRE – 18 Cher – 323 K2 – 5 775 h. – alt. 180 m 12 C2
– ⊠ 18700 ▮ Limousin Berry

▶ Paris 180 – Orléans 67 – Bourges 48 – Cosne-Cours-sur-Loire 41

🛈 Office de tourisme, 1, rue de l'Église ℰ 02 48 58 40 20, Fax 02 48 58 59 13

La Chaumière 🔤 rest, 🖳 🅿 𝚅𝙸𝚂𝙰 ⦿
2 r. Paul-Lasnier – ℰ 02 48 58 04 01 – www.hotel-restaurant-la-chaumiere.com
– Fax 02 48 58 10 31 – fermé 9-23 août, 15 fév.-13 mars et dim. soir
sauf juil.-août et fériés
19 ch – †56/81 € ††72/130 €, � 12 € – ½ P 63/66 €
Rest – (fermé dim. soir et lundi sauf le soir en juil.-août et fériés) Menu 19 €
(sem.)/55 € – Carte 34/50 €

◆ Une bâtisse ancienne qui soigne son image : de confortables chambres personnalisées
(pierre et bois) et deux jolies salles rustiques pour déguster une cuisine traditionnelle.

Villa Stuart 🔳 ⛶ ⅍ 🖳 🕍 🅿 𝚅𝙸𝚂𝙰 ⦿
12 av. de Paris – ℰ 02 48 58 93 30 – www.villastuart.com
5 ch ⊒ – †72 € ††84/100 €
Table d'hôte – Menu 27 € bc

◆ Agréable séjour dans cette belle demeure bourgeoise. Chambres spacieuses et claires, décorées selon des thèmes variés (voyage, art, histoire...). Chefs en herbe, réjouissez-
vous ! Le propriétaire réalise ses propres confitures et propose des cours de cuisine.

Le Bien Aller 🔤 ⇔ 𝚅𝙸𝚂𝙰 ⦿ 𝙰𝙴 ⓪
3 r. des Dames – ℰ 02 48 58 03 92 – Fermé mardi soir et merc. soir
Rest – (17 €) Menu 24 €

◆ Chaleureux intérieur de style bistrot, bar à vins et cuisine axée sur le terroir. Vous compo-
serez votre menu à partir des suggestions inscrites chaque jour sur l'ardoise.

AUBRAC – 12 Aveyron – 338 J3 – alt. 1 300 m – ⊠ 12470 29 D1
▮ Languedoc Roussillon

▶ Paris 581 – Aurillac 97 – Mende 66 – Rodez 56

La Dômerie 🌤 🔳 📶 ⅍ 𝚅𝙸𝚂𝙰 ⦿ 𝙰𝙴 ⓪
– ℰ 05 65 44 28 42 – www.hoteldomerie.com – Fax 05 65 44 21 47
– Ouvert 1er avril-16 oct.
24 ch – †67/93 € ††67/93 €, ⊒ 12 € – ½ P 67/77 €
Rest – (fermé le midi du lundi au vend. et merc. soir sauf août) Menu 23/43 €
– Carte 24/52 €

◆ Belle demeure en basalte et granit au centre du village ; quelques chambres rénovées, la
plupart étant rustiques. Au restaurant, la viande d'Aubrac est à l'honneur : les femmes de la
famille se succèdent aux fourneaux depuis cinq générations !

AUBUSSON – ⬳ – 23 Creuse – 325 K5 – 4 239 h. – alt. 440 m 25 C2
– ⊠ 23200 ▮ Limousin Berry

▶ Paris 387 – Clermont-Ferrand 91 – Guéret 41 – Limoges 89

🛈 Office de tourisme, rue Vieille ℰ 05 55 66 32 12, Fax 05 55 83 84 51

◉ Musée départemental de la Tapisserie★ (Centre Culturel Jean-Lurçat).

Château Sallandrouze sans rest 🔳 📶 ⅍ 🖳 🕍 🅿
24 r. St-Jean – ℰ 05 55 67 53 92 – www.sallandrouze.com – Fax 05 55 83 01 55
– Ouvert mars-nov.
10 ch – †120 € ††230 €, ⊒ 15 €

◆ À deux pas du centre, petit château de 1888 magnifiquement rénové : dans un décor
éclectique qui transporte au 19e s., salons et chambres sont romantiques à souhait. Beaux
équipements et grand confort.

Villa Adonis sans rest 🔳 ⅍ 🖳 🅿 ☁ 𝚅𝙸𝚂𝙰 ⦿ 𝙰𝙴
14 av. de la République – ℰ 05 55 66 46 00 – www.villa-adonis.com
– Fax 05 55 66 17 90 – Fermé 26 déc.-3 janv. **e**
10 ch – †55/65 € ††55/65 €, ⊒ 7 €

◆ Cette maison en pierre cache un intérieur contemporain soigné et cosy. Chambres confortables avec, côté jardin, vue sur un superbe séquoïa en bordure de rivière.

🏨 Le France ⌂ 🖥 🛰 🚲 VISA ⓾ AE

6 r. des Déportés – ℰ 05 55 66 10 22 – www.aubussonlefrance.com
– Fax 05 55 66 88 64

a

21 ch – †59 € ††59 €, ⌷ 12 € – ½ P 50/63 €
Rest – *(fermé dim. soir du 1er nov. au 14 mars)* Menu 20/35 €
– Carte 27/45 €

♦ Près de l'église Ste-Croix, jolie demeure du 18e s. aux chambres confortables et aménagées avec goût (meubles chinés, tissus choisis). Petit espace détente. Élégante salle à manger et terrasse dressée dans la cour intérieure ; cuisine traditionnelle de belle tenue.

AUCH P – 32 Gers – 336 F8 – 21 545 h. – alt. 169 m – ⌧ 32000   28 B2

📱 Midi-Toulousain

▶ Paris 713 – Agen 74 – Bordeaux 205 – Tarbes 74

🛈 Office de tourisme, 1, rue Dessoles ℰ 05 62 05 22 89,
Fax 05 62 05 92 04

🏌 d'Auch-Embats, O : 5 km par D 924, ℰ 05 62 61 10 11

🏌 de Gascogne à Masseube Les Stournes, S : 25 km, ℰ 05 62 66 03 10

👁 Cathédrale Ste-Marie★★ : stalles★★★, vitraux★★.

⌂ **Château les Charmettes** sans rest 🐾   🔊 ⌷ ✕ & 🅰🅲 🛜 **P**.   🆅🅸🆂🅰 ⓒⓔ 🅰🅴

21 rte de Duran, 2 km à l'Ouest par D 924 et D 148
– 🕻 05 62 62 10 10 – www.chateaulescharmettes.com – Fax 05 62 62 02 62
6 ch – ♦120/160 € ♦♦160/345 €, ☷ 20 €

♦ Luxueuse maison d'hôtes dotée de chambres au décor personnalisé (chacune a sa théma-tique) et parfaitement équipées. Jacuzzi dans les suites. Parc, piscine... Une belle adresse.

✕ **La Table d'Oste**   🏠 🅰🅲 🆅🅸🆂🅰 ⓒⓔ 🅰🅴

7 r. Lamartine – 🕻 05 62 05 55 62 – www.table-oste-restaurant.com
🍴 *– Fax 05 62 05 55 62 – Fermé 14-21 juin, 15-17 août, 20 sept.-11 oct., sam. soir*
en été, lundi midi et dim.   AY**b**
Rest – *(nombre de couverts limité, prévenir)* Menu 16 € (déj. en sem.), 25/48 €
– Carte 25/48 €

♦ Recettes du terroir gascon à savourer dans la salle à manger rustique (poutres apparentes, bibelots anciens) ou sur la terrasse d'été dressée côté rue. Ambiance familiale.

rte d'Agen 7 km par ① – ✉ 32810 Montaux-les-Créneaux

✕✕ **Le Papillon**   🚗 🏠 🅰🅲 **P**. 🆅🅸🆂🅰 ⓒⓔ ⓞ

N 21 – 🕻 05 62 65 51 29 – www.restaurant-lepapillon.com – Fax 05 62 65 54 33
🍴 *– Fermé 5-12 juil., 30 août-6 sept., 22 fév.-7 mars, dim. soir et lundi*
Rest – Menu 15 € (déj. en sem.), 27/42 € – Carte environ 40 €

♦ Bonne cuisine du chef qui joue sur un registre traditionnel bien maîtrisé. Tout est fait mai-son. Cadre contemporain et lumineux dans la salle ; terrasse aux beaux jours.

AUDERVILLE – 50 Manche – 303 A1 – 287 h. – alt. 55 m – ✉ 50440   **32** A1
▌Normandie Cotentin

　🅳 Paris 382 – Caen 149 – Saint-Lô 113 – Cherbourg 29
　🅸 Office de tourisme, gare Maritime 🕻 02 33 04 50 26

✕ **Auberge de Goury**   🏠 🅰🅲 **P**. 🆅🅸🆂🅰 ⓒⓔ 🅰🅴

Port de Goury – 🕻 02 33 52 77 01 – Fermé janv., dim. soir sauf du 14 juil.-15 sept.
🍴 *et lundi*
Rest – Menu 18/55 € – Carte 26/57 €

♦ Le chef, figure de la région, concocte une cuisine marine, avec de beaux produits de la mer, et terrienne, avec des viandes grillées dans la cheminée. Belle maison en granit.

✕ **La Malle aux Épices**   🆅🅸🆂🅰 ⓒⓔ

– 🕻 02 33 52 77 44 – www.lamalleauxepices.com – fermé mi fév.-mi mars, dim.
🍴 *soir, lundi soir et mardi*
㊇ **Rest** – *(prévenir)* Menu 14 € (sem.)/24 € – Carte 25/45 €

♦ Atmosphère conviviale dans ce restaurant de la Hague qui fait office de point presse et de café du village. Goûteuse cuisine inventive agrémentée d'épices en provenance d'Asie.

AUDIERNE – 29 Finistère – 308 D6 – 2 321 h. – alt. 5 m – ✉ 29770   **9** A2
▌Bretagne

　🅳 Paris 599 – Douarnenez 21 – Pointe du Raz 16 – Pont-l'Abbé 32
　🅸 Office de tourisme, 8, rue Victor Hugo 🕻 02 98 70 12 20, Fax 02 98 70 20 20
　◎ Site★ - Planète Aquarium★★.

🏨 **Le Goyen**   ≤ 🏠 📶 🛜 🔊 🆅🅸🆂🅰 ⓒⓔ 🅰🅴 ⓞ

pl. J. Simon, (sur le port) – 🕻 02 98 70 08 88 – www.le-goyen.com
– Fax 02 98 70 18 77 – Ouvert 1ᵉʳ avril-14 nov. et vacances de fév.
26 ch – ♦85/112 € ♦♦85/181 €, ☷ 12 € – ½ P 95/133 €
Rest – (20 €) Menu 29/59 € – Carte 48/61 €

♦ Grand hôtel situé sur les quais, face au port et à l'estuaire du Goyen. Avec leur mobilier traditionnel, leurs tissus fleuris et colorés, les chambres dégagent un charme cosy. Cuisine au goût du jour personnalisée à déguster devant le ballet des bateaux.

🏨 **De la Plage**   ≤ 🔊 🛜 🔊 **P**. 🆅🅸🆂🅰 ⓒⓔ

21 bd E. Brusq, à la plage – 🕻 02 98 70 01 07 – www.hotel-finistere.com
– Fax 02 98 75 04 69 – Ouvert 1ᵉʳ avril-31 oct.
22 ch – ♦55/90 € ♦♦55/90 €, ☷ 9 € – ½ P 59/90 €
Rest – *(dîner seult)* Carte 30/38 €

♦ Maison bien tenue face à la plage et l'océan ; chambres au décor actuel (certaines avec loggia) et salles à manger marines avec vue panoramique.

Au Roi Gradlon ⇐ Ⓚ rest, ℙ ⅦⅨⅣ ◎ Ⅿ ◎
à la plage – ℰ 02 98 70 04 51 – www.auroigradlon.com – Fax 02 98 70 14 73
– Fermé 15 déc.-6 fév.
19 ch – †46/99 € ††46/99 €, ⌧ 11 € – ½ P 61/79 €
Rest – *(fermé merc. hors saison)* (12 € bc) Menu 25/50 € – Carte 33/55 €
♦ Établissement aux chambres fonctionnelles ; la plupart sont tournées vers l'Atlantique.
L'accès direct à la plage offre la perspective de belles balades. Sobre salle à manger ouverte
sur la baie d'Audierne : la table met à l'honneur les produits de l'océan.

XX **L'Iroise** 🏡 ₺ ⅦⅨⅣ ◎ Ⅿ
8 quai Camille-Pelletan – ℰ 02 98 70 15 80 – www.restaurant-liroise.com
– Fax 02 98 70 20 82 – Fermé 5-31 janv., lundi soir et mardi sauf du 15 juil. au
31 août
Rest – Menu 25/59 €
♦ Posée sur le port, cette maison bretonne à la jolie façade est, à juste titre, fort engageante : cuisine créative et raffinée servie dans une élégante salle dressée avec soin.

AUDINCOURT – 25 Doubs – **321** L2 – 14 637 h. – alt. 323 m **17** C1
– ⊠ 25400 ▌ Franche-Comté Jura
▯ Paris 476 – Basel 96 – Belfort 21 – Besançon 75
◉ Église du Sacré-Coeur : baptistère★ AY **B.**

Voir plan de Montbéliard agglomération.

Les Tilleuls *sans rest* 🛋 ⅊ Ⓚ ⁕ ℙ ⅦⅨⅣ ◎ Ⅿ
51 r. Foch – ℰ 03 81 30 77 00 – Fax 03 81 30 57 20 Y**s**
47 ch – †50/72 € ††60/78 €, ⌧ 8 €
♦ Hôtel composé d'une maison ancienne rénovée et d'annexes où sont aménagées des
chambres fonctionnelles et bien équipées. Jardin agrémenté d'une pergola.

à Taillecourt 1,5 km au Nord, rte de Sochaux – 1 045 h. – alt. 330 m – ⊠ 25400

XXX **Auberge La Gogoline** 🛋 🏡 ℙ ⅦⅨⅣ ◎ Ⅿ ◎
20 r. Croisée – ℰ 03 81 94 54 82 – Fax 03 81 95 20 42 – Fermé 1er-15 mars,
1er-23 sept., sam. midi, dim. soir et mardi Y**k**
Rest – Menu 28 € (sem.)/48 € – Carte 48/74 € ⅋
♦ Préservée de la zone commerciale par son jardin, cette maison façon "chaumière" cache
un confortable intérieur rustico-bourgeois. Carte traditionnelle et bon choix de vins.

AUDRESSEIN – 09 Ariège – **343** E7 – 118 h. – alt. 509 m – ⊠ 09800 **28** B3
▯ Paris 788 – Bagnères-de-Luchon 68 – St-Gaudens 62 – St-Girons 13

XX **L'Auberge d'Audressein** 🏡 Ⓚ ⅦⅨⅣ ◎
🍸 – ℰ 05 61 96 11 80 – www.auberge-audressein.com – Fax 05 61 96 82 96
– Ouvert 2 mars -29 sept. et fermé dim. soir et lundi
Rest – Menu 16/48 € – Carte 35/65 €
♦ Ces vieux murs de pierre abritaient une forge au 19e s. Salle à manger aux tons chauds,
agréable véranda surplombant la rivière et cuisine inspirée par le terroir.

AUDRIEU – 14 Calvados – **303** I4 – **rattaché à Bayeux**

AUGEROLLES – 63 Puy-de-Dôme – **326** I8 – 908 h. – alt. 540 m **6** C2
– ⊠ 63930
▯ Paris 411 – Clermont-Ferrand 61 – Montluçon 149 – Roanne 65

X **Les Chênes** ₺ ⟳ ℙ ⅦⅨⅣ ◎
🍸 rte de Piboulet, 1 km à l'Ouest par D 42 – ℰ 04 73 53 50 34
– www.restaurant-les-chenes.com – Fax 04 73 53 52 20 – Fermé 30 juin-13 juil.,
24 déc.-3 janv., 13-20 fév., mardi soir sauf juil.-août, sam. soir, dim. soir et lundi soir
Rest – (12 € bc) Menu 19 € (sem.)/47 €
♦ Auberge familiale abritant une salle à manger mi-rustique, mi-contemporaine et une terrasse en bois. L'appétissante cuisine traditionnelle valorise les produits locaux.

AUGERVILLE-LA-RIVIÈRE – 45 Loiret – **318** L2 – 228 h. – alt. 100 m **12** C1
– ⊠ 45330
▯ Paris 92 – Orléans 76 – Évry 59 – Corbeil-Essonnes 62

ⒽⒶⒶⒶ **Château d'Augerville** ⑤   🔊 📺 🎤 🕎 ch. 🕽 🖆 🅿 VISA ⑩ AE
pl. du Château – 𝒞 02 38 32 12 07 – www.chateau-augerville.com
– Fax 02 38 32 12 15
38 ch – ♦135/265 € ♦♦175/265 €, ☒ 16 € – 2 suites
Rest – (20 €) Menu 51 € – Carte 50/72 €
♦ Confortables chambres signées de l'architecte Patrick Ribes, superbe domaine de 112 ha et son parcours 18 trous : ce château médiéval est un paradis pour golfeurs. Belle salle à manger (boiseries en chêne) et courte carte actuelle.

AULLÈNE – 2A Corse-du-Sud – **345** D9 – **voir à Corse**

AULNAY – 17 Charente-Maritime – **324** H3 – **1 467 h.** – alt. 63 m   **38** B2
– ✉ **17470** ▯ Poitou Vendée Charentes
   🚹 Paris 424 – Angoulême 66 – Niort 41 – Poitiers 87
   🚻 Office de tourisme, 290, avenue de l'Église 𝒞 05 46 33 14 44, Fax 05 46 33 15 46
   ◉ Église St-Pierre★★.

Ⓗ **Du Donjon** sans rest   & 🕾 VISA ⑩
▣◎ 4 r. des Hivers – 𝒞 05 46 33 67 67 – www.hoteldudonjon.com
– Fax 05 46 33 67 64 – Fermé 12-21 fév.
10 ch – ♦55/69 € ♦♦55/76 €, ☒ 7 €
♦ Charmante maison saintongeaise non loin de l'église St-Pierre. Intérieur décoré avec goût : pierres et poutres anciennes, mobilier rustique et confort moderne. Agréable jardin.

AULNAY-SOUS-BOIS – 93 Seine-Saint-Denis – **305** F7 – **101** 18 – **voir à Paris, Environs**

AULON – 65 Hautes-Pyrénées – **342** N7 – **77 h.** – alt. 1 213 m – ✉ **65240**   **28** A3
   🚹 Paris 830 – Bagnères-de-Luchon 44 – Col d'Aspin 24 – Lannemezan 38

✗ **Auberge des Aryelets**   🕋 VISA ⑩
Pl. du Village – 𝒞 05 62 39 95 59 – auberge.aulon@orange.fr – Fax 05 62 39 95 59
– Fermé 12 nov.-17 déc., dim. soir, lundi et mardi hors vacances scolaires
Rest – (18 €) Menu 22/36 € – Carte environ 47 €
♦ Petite maison en pierres de taille qui a su préserver sa rusticité et son authenticité. Cuisine de pays généreuse, élaborée avec de bons produits et ambiance conviviale.

AUMALE – 76 Seine-Maritime – **304** K3 – **2 447 h.** – alt. 130 m   **33** D1
– ✉ **76390** ▯ Normandie Vallée de la Seine
   🚹 Paris 136 – Amiens 48 – Beauvais 49 – Dieppe 69
   🚻 Syndicat d'initiative, rue Centrale 𝒞 02 35 93 41 68, Fax 02 35 93 41 68

ⒽⒶ **Villa des Houx**   🛋 🕋 🎤 & ch. 🕾 🖆 🅿 🕿 VISA ⑩
⊕ 6 av. Gén.-de-Gaulle – 𝒞 02 35 93 93 30 – www.villa-des-houx.com
– Fax 02 35 93 03 94 – Fermé 1er janv.-8 fév. et dim. soir du 15 sept. au 15 mai sauf fériés
22 ch – ♦65/85 € ♦♦70/120 €, ☒ 9 € – ½ P 70/90 €
Rest – (fermé dim. soir et lundi du 15 sept. au 15 mai sauf fériés) Menu 17 € (sem.)/38 € – Carte 38/45 €
♦ Cette hostellerie familiale arbore une jolie façade à colombages. Vous y dormirez la conscience tranquille dans des chambres tout confort. Salle à manger, véranda et terrasse d'été ouvrent sur le paisible jardin. Carte classique inspirée du terroir.

AUMONT-AUBRAC – 48 Lozère – **330** H6 – **1 092 h.** – alt. 1 040 m   **23** C1
– ✉ **48130**
   🚹 Paris 549 – Aurillac 115 – Espalion 57 – Marvejols 25
   🚻 Office de tourisme, rue de l'Église 𝒞 04 66 42 88 70, Fax 04 66 42 88 70

Grand Hôtel Prouhèze

2 rte du Languedoc – ✆ 04 66 42 80 07 – www.prouheze.com – Fax 04 66 42 87 78 – Fermé 2 nov.-1er déc. et 18 janv.-10 fév.

23 ch – 50/90 € 50/90 €, ☕ 12 € – ½ P 96 €

Rest *Le Compostelle* – voir ci-après

Rest – *(ouvert 13 mars-1er nov. et fermé le midi sauf sam., dim. et fériés)* Carte 58/64 €

◆ Sur la place de la gare, cette demeure familiale propose des chambres à la décoration harmonieuse et colorée, mêlant la simplicité des lignes actuelles aux détails anciens. Goûteuse cuisine du terroir et vins du Languedoc servis dans un cadre chaleureux.

Chez Camillou

10 rte du Languedoc – ✆ 04 66 42 80 22 – www.hotel-camillou.com – Fax 04 66 42 93 70 – Ouvert 1er avril-31 oct.

37 ch – 67 € 67/160 €, ☕ 10 € – 3 suites – ½ P 57/101 €

Rest *Cyril Attrazic* – ✆ 04 66 42 86 14 *(fermé de mi-janv. à mi-fév., dim. soir, lundi et mardi midi sauf août)* Menu 25 € (sem.)/109 € bc – Carte 54/75 €

Rest *Le Gabale* – ✆ 04 66 42 86 14 – (13 €) Menu 15/32 € – Carte 29/42 €

◆ En léger retrait de la nationale, deux bâtiments récents dans un environnement boisé. Les chambres, de bonne ampleur, arborent une décoration de style rustique. Belle salle à manger contemporaine où l'on sert une cuisine actuelle aux accents régionaux. Recettes du terroir au Gabale.

Le Compostelle – Grand Hôtel Prouhèze

2 rte du Languedoc – ✆ 04 66 42 80 07 – www.prouheze.com – Fax 04 66 42 87 78 – Fermé 2 nov.-2 déc., 18 janv.-9 fév., lundi soir, merc. midi et mardi de déc. à mars

Rest – (19 €) Menu 23/30 € – Carte 30/42 €

◆ Aligot, chou farci, tripoux... tout l'Aubrac dans votre assiette ! Les recettes du terroir sont mises à l'honneur dans ce petit bistrot au charme très campagnard.

AUNAY-SUR-ODON – 14 Calvados – 303 I5 – 2 939 h. – alt. 188 m – ✉ 14260 Normandie Cotentin — 32 B2

Paris 269 – Caen 36 – Falaise 42 – Flers 37

Office de tourisme, rue Verdun ✆ 02 31 77 60 32, Fax 02 31 77 65 46

St-Michel avec ch

6 r. de Caen – ✆ 02 31 77 63 16 – Fax 02 31 77 05 83 – Fermé lundi sauf le soir en juil.-août et dim. soir de sept. à juin

6 ch – 47 € 47 €, ☕ 8 € – ½ P 48 €

Rest – Menu 15 € (sem.)/45 € – Carte 37/50 €

◆ Sobre petite auberge familiale où l'on prépare une cuisine traditionnelle dans la note régionale. Salle à manger confortable et lumineuse. Chambres simples et pratiques.

AUPS – 83 Var – 340 M4 – 2 029 h. – alt. 496 m – ✉ 83630 Côte d'Azur — 41 C3

Paris 818 – Aix-en-Provence 90 – Digne-les-Bains 78 – Draguignan 29

Syndicat d'initiative, place Frédéric Mistral ✆ 04 94 84 00 69, Fax 04 94 84 00 69

Des Gourmets

5 r. Voltaire – ✆ 04 94 70 14 97 – Fermé 22 juin-10 juil., 30 nov.-18 déc., dim. soir sauf juil.-août et lundi

Rest – (17 €) Menu 24/37 €

◆ Adresse familiale dans ce village où se tient le plus important marché aux truffes du Var. Cadre coloré, égayé de fresques murales évoquant la Provence. Cuisine traditionnelle.

à Moissac-Bellevue 7 km à l'Ouest par D9 – 263 h. – alt. 599 m – ✉ 83630

Bastide du Calalou

rte de Baudinard – ✆ 04 94 70 17 91 – www.bastide-du-calalou.com – Fax 04 94 70 50 11

31 ch – 78/210 € 78/297 €, ☕ 16 €

Rest – Menu 22 € (déj.), 35/80 € – Carte environ 55 €

◆ Sur les hauteurs du village, grande bastide dominant les paysages du Var. Chambres meublées avec soin et décorées de peintures à l'ancienne, œuvres de la propriétaire. Carte du terroir dans la salle provençale ou sur la terrasse fleurie et ombragée.

▌Bretagne

▶ Paris 477 – Lorient 41 – Pontivy 54 – Quimper 102

📞 ℰ 3635 et tapez 42 (0,34 €/mn)

🛈 Office de tourisme, 20, rue du Lait ℰ 02 97 24 09 75,
Fax 02 97 50 80 75

◎ Quartier St-Goustan★ - Promenade du Loch★ - Église St-Gildas★ -
Ste-Avoye : Jubé★ et charpente★ de l'église 4 km par ①.

🏠 **Auditel le Branhoc** sans rest   🚗 ᴄ ⁿ ᵴᴬ **P** 🚗 ⚈ ⚈

à 1,5 km rte du Bono – ℰ 02 97 56 41 55 – www.auditel-hotel.fr
– Fax 02 97 56 41 35

29 ch – ▮49/79 € ▮▮52/82 €, ⊇ 8,50 €

♦ Cet hôtel a fait peau neuve : meilleure fonctionnalité et tenue impeccable des chambres (vue sur le jardin), création d'un salon cosy. Accueil sympathique.

XXX **Closerie de Kerdrain**   🚗 🏠 ᴄ ⟳ **P** 🚗 ⚈ ⚈

20 r. L.-Billet – ℰ 02 97 56 61 27 – www.lacloseriedekerdrain.com
– Fax 02 97 24 15 79 – Fermé 4-26 janv., dim. soir sauf de Pâques au 5 sept.,
lundi et mardi de sept. à Pâques   **s**

Rest – (25 €) Menu 35/90 € – Carte 57/83 € 🏵

♦ Dans un jardin fleuri, manoir breton du 17ᵉ s. au parfait décor classique, avec boiseries et tentures. Copieuse cuisine actuelle, avec quelques belles associations de saveurs.

X **La Table des Marées**   🏠 ⁿ 🚗 ⚈

16 r. Jeu-de-Paume – ℰ 02 97 56 63 60 – www.latabledesmarees.com
– Fermé 1 sem. en mars, 3 sem. en oct., 1 sem. en déc., sam. midi, dim.
et lundi   **a**

Rest – Menu 27/37 €

♦ Une table au goût du jour où la carte évolue en fonction des arrivages. Le décor intimiste marie le mobilier moderne au cadre ancien (vieilles pierres et âtre).

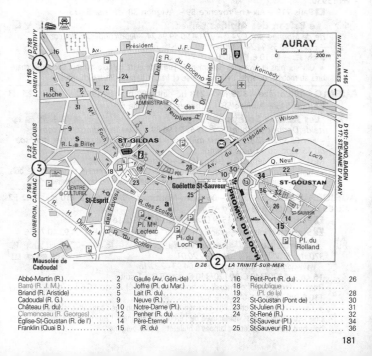

✗ **La Chebaudière**   ⌘ ⟷ VISA ⚫⚫
⊖⊖ *6 r. Abbé-J.-Martin –* ℰ *02 97 24 09 84 – Fermé 1 sem. en juin,*
   1 sem. en oct., 1 sem. en fév., mardi soir, dim. soir et merc.   n
   Rest – Menu 19 € (sem.)/40 € – Carte 33/44 €
   ◆ Façade fraîchement rénovée pour cette petite adresse de quartier où l'on mitonne une
   cuisine dans l'air du temps. Salle à manger sagement contemporaine.

au golf de St-Laurent 10 km par ③, D 22 et rte secondaire – ⊠ 56400 Auray

🏨 **Du Golf de St-Laurent** sans rest ⌂   🐾 ⊼ & rest, ⁞¹ ⌁ P VISA ⚫⚫
   – ℰ *02 97 56 88 88 – www.hotel-golf-saint-laurent.com – Fax 02 97 56 88 28*
   – Fermé 1ᵉʳ oct.-1ᵉʳ avril
   42 ch – ♦89/169 € ♦♦89/169 €, � 12 €
   ◆ Le site du très beau green garantit le grand calme ; à noter, un golf électronique à dispo-
   sition. Chambres fonctionnelles dotées de terrasses privatives.

AUREC-SUR-LOIRE – 43 Haute-Loire – 331 H1 – 5 229 h. – alt. 435 m   6 D2
– ⊠ 43110
   ▶ Paris 536 – Firminy 11 – Le Puy-en-Velay 56 – St-Étienne 22
   🅸 Office de tourisme, Château du Moine-Sacristain ℰ 04 77 35 42 65,
      Fax 04 77 35 32 46

🏠 **Les Cèdres Bleus**   🐾 🍽 & ch, 🅺 rest, ⁞¹ ⌁ P VISA ⚫⚫ AE
⤫   *23 r. de la Rivière –* ℰ *04 77 35 48 48 – www.lescedresbleus.com*
   – Fax 04 77 35 37 04 – Fermé 16-29 août, 2 janv.-2 fév. et dim. soir
   15 ch ⊒ – ♦52 € ♦♦86/89 € – ½ P 63/71 €
   Rest – *(fermé dim. soir, lundi midi et mardi midi)* (18 €) Menu 21 € (sem.)/88 €
   – Carte 32/73 €
   ◆ Adresse située entre les gorges de la Loire et le lac de Grangent. Chambres fonctionnelles
   et bien équipées, réparties dans trois chalets en bois, au cœur d'un agréable parc arboré.
   Cuisine traditionnelle à déguster dans la salle panoramique ou sur la terrasse.

AUREILLE – 13 Bouches-du-Rhône – 340 E3 – 1 450 h. – alt. 134 m   42 E1
– ⊠ 13930
   ▶ Paris 719 – Aix-en-Provence 59 – Avignon 38 – Marseille 73

🏠 **Le Balcon des Alpilles** sans rest ⌂   🐾 ⊼ ❊ ⁞¹ P
   rte de Mouries, par D24 ᴬ – ℰ *04 90 59 94 24 – lebalcondesalpilles.com*
   – Fax 04 90 59 94 24 – Ouvert 1ᵉʳ avril-1ᵉʳ nov.
   5 ch ⊒ – ♦110 € ♦♦130 €
   ◆ Oliviers, pins et lavandins parfument le jardin de cette paisible maison. Coquettes chambres au mobilier de style. Délicieuse table et fraîche terrasse. Piscine chauffée.

AURIAC – 19 Corrèze – 329 N4 – 218 h. – alt. 608 m – ⊠ 19220   25 C3
   ▶ Paris 545 – Aurillac 58 – Limoges 153 – Tulle 61

✗ **Les Jardins Sothys**   ⟨ 🐾 🍽 & P VISA ⚫⚫
   rte de Darazac-Le-Bourg – ℰ *05 55 91 96 89 – www.lesjardinssothys.com*
   – Fax 05 55 28 47 89 – Ouvert mi-mars à mi-nov. et fermé mardi soir, dim. soir
   du 15 sept. au 11 nov. et lundi.
   Rest – (14 €) Menu 20 € (sem.)/41 € – Carte 34/42 €
   ◆ Dans la campagne, construction récente respectant l'environnement : charpente de bois,
   murs en pierres locales, jardin botanique. Décor actuel, cuisine un brin inventive.

AURIBEAU-SUR-SIAGNE – 06 Alpes-Maritimes – 341 C6 – 2 710 h.   42 E2
– alt. 85 m – ⊠ 06810 ▮ Côte d'Azur
   ▶ Paris 900 – Cannes 15 – Draguignan 62 – Grasse 9
   🅸 Syndicat d'initiative, place en Aïre ℰ 04 93 40 79 56, Fax 04 93 40 79 56

🏨 **Auberge de la Vignette Haute** ⌂   ⟨ 🐾 🍽 ⊼ & ch, 🅺 ⁞¹ P
   370 rte du Village – ℰ *04 93 42 20 01*   ⌣ VISA ⚫⚫ AE
   – www.vignettehaute.com – Fax 04 93 42 31 16
   16 ch – ♦120/340 € ♦♦120/340 €, ⊒ 15 € – 1 suite
   Rest – *(fermé lundi et mardi de nov. à avril)* (35 €) Menu 45 € bc (déj.), 95 € bc/
   110 € bc – Carte 64/93 € le soir
   ◆ Confort, charme et originalité caractérisent cette ex-auberge : antiquités, objets chinés, piscine façon "bains turcs", minimusée de l'érotisme... Étonnant ! Au restaurant, vieilles pierres,
   bois brut, vaisselle en étain, lampes à huile et... petite bergerie.

📗 Auvergne

▶ Paris 557 – Brive-la-Gaillarde 98 – Clermont-Ferrand 158 – Montauban 174

🛪 Aurillac ✆ 04 71 64 50 00 par ③ : 3 km.

🛈 Office de tourisme, 7 rue des Carmes ✆ 04 71 48 46 58, Fax 04 71 48 99 39

🏌₁₈ de Haute-Auvergne à Arpajon-sur-Cère La Bladade, SO par N 122 et D 153 : 7km, ✆ 04 71 47 73 75

🏌₉ de Vézac Aurillac à Vézac Mairie, SE par D 990 : 8 km, ✆ 04 71 62 44 11

◎ Château St-Étienne : muséum des Volcans ★.

🏨 **Grand Hôtel de Bordeaux** sans rest   🛗 AC 📶 🕸 🚗 VISA ⓸ AE

2 av. de la République – ✆ 04 71 48 01 84 – www.hotel-de-bordeaux.fr
– Fax 04 71 48 49 93 – Fermé 19 déc.-3 janv.   BYr
33 ch – ♦66/88 € ♦♦88/98 €, ⌶ 11 € – 1 suite

♦ Bel immeuble du début du 20e s. aux chambres claires, confortables et actuelles (mobilier de style ou rotin).

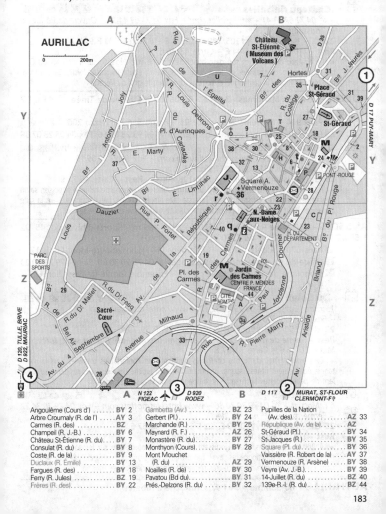

🏠 **Delcher** 🕿 📺 🔥 ch, ¶¶ 🛁 **P** 🍴 🅥🅢🅐 🆎

20 r. Carmes – ℰ 04 71 48 01 69 – www.hotel-delcher.com – Fax 04 71 48 86 66
– Fermé 11-18 avril, 15 juil.-3 août et 19 déc.-4 janv. BZ**q**
23 ch – ♦47 € ♦♦52 €, ☑ 7 € – ½ P 50 €
Rest – (fermé dim. soir et fériés) (14 €) Menu 18/30 € – Carte environ 28 €
♦ L'artiste danois Gorm Hansen a séjourné dans cet hôtel en 1912 et payé son séjour en
fresques reproduisant les paysages environnants. Chambres plus récentes et calmes à l'annexe. Cuisine traditionnelle servie, en été, dans la cour-terrasse.

✗ **Quatre Saisons** 🔥 🄰🄲 🅥🅢🅐 🆎

10 r. Champeil – ℰ 04 71 64 85 38 – Fermé 24-30 août,25 oct.-2 nov., une sem.
en fév., dim. soir, mardi midi et lundi BY**t**
Rest – (18 €) Menu 27/54 € – Carte 31/55 €
♦ Goûteuse cuisine du marché réalisée à la minute (avec les herbes du potager) et poissons
livrés tous les matins : la qualité de l'assiette fait oublier le cadre sans chichi.

à Vézac par ③, D 920 et D 990 : 10 km – 1 073 h. – alt. 650 m – ⊠ 15130

🏨 **Château de Salles** 🔌 ≼ ⏸ 🕿 ⛳ ⅃ 🛠 ℅ 🔥 ch, 🛁 **P** 🅥🅢🅐 🆎 ①
– ℰ 04 71 62 41 41 – www.salles.com – Fax 04 71 62 44 14 – Ouvert de Pâques à
la Toussaint
22 ch – ♦105/169 € ♦♦105/169 €, ☑ 14 € – 8 suites – ½ P 92/124 €
Rest – (19 €) Menu 24/44 € – Carte 43/46 €
♦ Ce château du 15ᵉ s. et son parc bénéficient d'une vue dégagée sur les monts du Cantal. Chambres personnalisées et deux duplex originaux ; équipements de loisirs. Salle à manger-véranda face à la campagne et terrasse dominant le golf de Vézac.

AURON – 06 Alpes-Maritimes – 341 C2 – ⊠ 06660 St-Etienne-de-Tinée 41 C-D2
📗 Alpes du Sud

◗ Paris 914 – Marseille 263 – Nice 93 – Borgo San Dalmazzo 206
🏤 Office de tourisme, avenue de Malhira ℰ 04 93 23 02 66, Fax 04 93 23 07 39

🏨 **Le Chalet d'Auron** 🔌 ≼ 🛋 🕿 🛠 🔥 ch, ¶¶ rest, ¶¶ **P** 🅥🅢🅐
– ℰ 04 93 23 00 21 – www.chaletdauron.com – Fax 04 93 23 09 19
– Ouvert 29 juin-31 août et 11 déc.-31 mars
15 ch (½ P seult) – 2 suites – ½ P 108/400 € **Rest** – Carte 46/71 €
♦ Totalement rénové, ce chalet offre une atmosphère montagnarde raffinée avec son salon
cosy et ses chambres personnalisées. Terrasse face aux monts. Piscine, hammam. Dans la salle
à manger "tout bois", le chef propose une cuisine traditionnelle orientée terroir.

AUSSOIS – 73 Savoie – 333 N6 – 668 h. – alt. 1 489 m – Sports d'hiver : 45 D2
1 500/2 750 m ≰11 ≰ – ⊠ 73500 📗 Alpes du Nord

◗ Paris 670 – Albertville 97 – Chambéry 110 – Lanslebourg-Mont-Cenis 17
🏤 Office de tourisme, route des Barrages ℰ 04 79 20 30 80, Fax 04 79 20 40 23
◉ Monolithe de Sardières★ NE : 3 km - Ensemble fortifié de l'Esseillon★ S :
4 km.

🏨 **Du Soleil** 🔌 ≼ 🛠 🃋 🔥 ch, ¶¶ **P** 🅥🅢🅐 🆎
15 r. de l'Église – ℰ 04 79 20 32 42 – www.hotel-du-soleil.com
– Fax 04 79 20 37 78
22 ch – ♦50/80 € ♦♦65/106 €, ☑ 10 € – ½ P 59/79 €
Rest – (fermé de mi-avril à mi-juin et de mi-oct. à mi-déc.) (dîner seult) (prévenir)
Menu 20/36 € – Carte 33/57 €
♦ Ce plaisant hôtel abrite des chambres pimpantes et confortables tournées vers la montagne ; équipement fitness, sauna, hammam... Accueil proche du client. Les résidents se régalent de belles recettes du marché accompagnées de vins sélectionnés.

🏠 **Les Mottets** ≼ ¶¶ **P** 🅥🅢🅐 🆎 ①
6 r. Mottets – ℰ 04 79 20 30 86 – www.hotel-lesmottets.com – Fax 04 79 20 34 22
– Fermé mai et 1ᵉʳ nov.-14 déc.
25 ch – ♦42/49 € ♦♦60/80 €, ☑ 9 € – ½ P 58/67 €
Rest – (14 €) Menu 18/35 € – Carte 25/43 €
♦ À 200 m des pistes, chalet jouissant d'un beau point de vue sur les sommets environnants. Chambres fonctionnelles, avec balcon côté village, à prix raisonnables. On se régale
dans un cadre rustique de spécialités régionales, pâtisseries, glaces maison.

AUTHUILLE – 80 Somme – 301 J7 – rattaché à Albert

AUTRANS – 38 Isère – **333** G6 – 1 663 h. – alt. 1 050 m – **Sports** 45 C2
d'hiver : 1 050/1 710 m ⚡13 ⚡ – ⊠ 38880 ▮ Alpes du Nord

▶ Paris 586 – Grenoble 36 – Romans-sur-Isère 58 – St-Marcellin 47

🛈 Office de tourisme, rue du Cinéma 𝒞 04 76 95 30 70, Fax 04 76 95 38 63

🏠 **La Poste**   🚗 🛋 ▢ ﹩ 🛗 ⚒ ⁽ᵗ⁾ 🏊 𝘝𝘐𝘚𝘈 ⓒⓞ 𝘈𝘌
– 𝒞 04 76 95 31 03 – www.hotel-barnier.com – Fax 04 76 95 30 17 – Ouvert
11 mai-18 oct. et 4 déc.-18 avril
29 ch – ♦68/95 € ♦♦72/102 €, ⊑ 10 € – ½ P 65/80 €
Rest – (fermé dim. soir et lundi sauf juil.-août et 20 déc.-14 mars) Menu 24/45 €
– Carte 34/56 €
♦ Au cœur du village, avenante maison tenue par la même famille depuis 1937. Chambres
rustiques peu à peu rénovées. Ici et là, huiles sur bois anciennes. Sauna et hammam. Chaleureuse salle lambrissée, tables joliment dressées, plats traditionnels et régionaux.

🏠 **Les Tilleuls**   🛋 ▤ ⚒ rest, ⁽ᵗ⁾ ℙ 𝘝𝘐𝘚𝘈 ⓒⓞ 𝘈𝘌
🏡 la Côte – 𝒞 04 76 95 32 34 – www.hotel-tilleuls.com – Fax 04 76 95 31 58
– Fermé 12 avril-6 mai, 18 oct.-10 nov., mardi soir et merc. hors saison et hors
vacances scolaires
18 ch – ♦51/64 € ♦♦58/78 €, ⊑ 9 € – 2 suites – ½ P 58/68 €
Rest – Menu 21/42 € – Carte 31/56 €
♦ Près du centre de cette station incluse dans le Parc naturel régional du Vercors, accueillante bâtisse aux chambres fonctionnelles et bien tenues, dont six refaites à neuf. Cuisine
classique, gibier en saison et une spécialité maison : la caillette.

à Méaudre 5,5 km au Sud par D 106ᶜ – 1 199 h. – alt. 1 012 m – **Sports d'hiver :**
1000/1600 m ⚡10 ⚡ – ⊠ 38112

🛈 Office de tourisme, le Village 𝒞 04 76 95 20 68, Fax 04 76 95 25 93

🍴 **Auberge du Furon** avec ch   🛋 ⁽ᵗ⁾ ℙ 𝘝𝘐𝘚𝘈 ⓒⓞ 𝘈𝘌
🕸 La Combe – 𝒞 04 76 95 21 47 – www.auberge-furon.fr – Fax 04 83 07 53 63
9 ch – ♦55/60 € ♦♦55/60 €, ⊑ 9 €
Rest – (fermé merc. soir, dim. soir et lundi sauf juil.-août et sauf vacances
de fév.) Menu 15/30 € – Carte 27/36 €
♦ Carte traditionnelle changée régulièrement et plats régionaux font l'attrait de ce petit chalet au décor sagement montagnard, situé au pied des pistes. Chambres dans le style local.

AUTREVILLE – 88 Vosges – **314** D2 – 160 h. – alt. 310 m – ⊠ 88300 26 B2
▶ Paris 313 – Nancy 45 – Neufchâteau 20 – Toul 24

🏠 **Le Relais Rose**   🚗 🛋 ℙ 🚗 𝘝𝘐𝘚𝘈 ⓒⓞ 𝘈𝘌
🕸 24 r. Neufchâteau – 𝒞 03 83 52 04 98 – Fax 03 83 52 06 03
16 ch – ♦45/70 € ♦♦65/90 €, ⊑ 8,50 € – ½ P 60/75 €
Rest – Menu 13 € (déj. en sem.), 21/30 € – Carte 27/45 €
♦ Accueil jovial dans cet hôtel au confort douillet. Chambres décorées de meubles de
famille de tous styles ; l'effet est un peu kitsch mais chaleureux. La carte affiche ici une cuisine classique, voire rustique, avec une spécialité : le cassoulet. Jolie terrasse.

AUTUN ⬳ – 71 Saône-et-Loire – **320** F8 – 14 806 h. – alt. 326 m 8 C2
– ⊠ 71400 ▮ Bourgogne

▶ Paris 287 – Avallon 78 – Chalon-sur-Saône 51 – Dijon 85

🛈 Office de tourisme, 2, avenue Charles de Gaulle 𝒞 03 85 86 80 38,
Fax 03 85 86 80 49

🏌 d'Autun Le Plan d'Eau du Vallon, par rte de Chalon-s-Saône : 3 km,
𝒞 03 85 52 09 28

📷 Cathédrale St-Lazare★★ (tympan★★★, chapiteau★★) - Musée Rolin★ (la
Tentation d'Eve★★, Nativité au cardinal Rolin★★, vierge d'Autun★★) BZ
M² - Porte St-André★ - Grilles★ du lycée Bonaparte AZ **B**
- Manuscrits★ (bibliothèque de l'Hôtel de Ville) BZ **H.**

Plan page suivante

AUTUN

Croix de la Libération / D 256

🏠 **La Tête Noire** 🖼️ 🍽️ rest. 🛜 🅿️ VISA ◎ AE

😊 3 r. Arquebuse – ℰ 03 85 86 59 99 – www.hoteltetenoire.fr – Fax 03 85 86 33 90
– Fermé 20 déc.-26 janv. BZ**n**

🍽️ **31 ch** – ♦64/75 € ♦♦75/92 €, ☷ 10 € – ½ P 58/70 €
Rest – (15 €) Menu 17/45 € – Carte 25/50 €
♦ Adresse du centre-ville dont les chambres, garnies d'un mobilier rustique en bois peint, s'avèrent pratiques et bien insonorisées. Accueil familial. À table, carte régionale et menu terroir.

🏠 **Ibis** 🍽️ ♿ ch. 🖼️ 🛜 🅿️ VISA ◎ AE ①

2 km rte Chalon par ③ – ℰ 03 85 52 00 00 – www.ibishotel.com
– Fax 03 85 52 20 20
46 ch – ♦56/65 € ♦♦56/70 €, ☷ 8 € **Rest** – (dîner seult) (18 €) Menu 24 €
♦ Cet Ibis, installé au bord d'un plan d'eau (base de loisirs) et à deux pas du centre-ville historique, profite de chambres fonctionnelles aux dernières normes de la chaîne. Restaurant convivial et cuisine traditionnelle.

⛰ **Le Moulin Renaudiots** 🐾   🚗 🌤 📶 **P**
chemin du Vieux-Moulin, 5 km au Sud-Est par N 80 et D 978 – ⌀ *03 85 86 97 10*
– www.moulinrenaudiots.com – Fermé janv.
5 ch ⬚ – †110/140 € ††120/150 €
Table d'hôte – *(fermé lundi, merc., vend. et dim.)* Menu 40 € bc
♦ Magnifique villa couverte de vigne vierge et son jardin à la française. Décor intérieur élégamment minimaliste, contemporain et confortable, qui invite à la sérénité. Grande table d'hôte pour les petits-déjeuners composés de produits artisanaux et les repas.

⛰ **Maison Sainte-Barbe** sans rest   🚗 🌤 **P**
7 pl. Ste-Barbe – ⌀ *03 85 86 24 77 – www.maisonsaintebarbe.com*
– Fax 03 85 86 19 28   BZ**t**
4 ch ⬚ – †60 € ††65 €
♦ Ancien logis de chanoines (15e-18e s.) au pied de la cathédrale. Grandes chambres personnalisées, jolie salle des petits-déjeuners agrémentée de meubles anciens, jardin clos.

✕✕ **Le Chalet Bleu**   🆊 **VISA** 🕸 **AE**
🐾   *3 r. Jeannin –* ⌀ *03 85 86 27 30 – www.lechaletbleu.com – Fax 03 85 52 74 56*
– Fermé 1er-5 janv., 1er-21 fév., lundi soir, mardi et dim. soir sauf juil.-août
Rest – Menu 17 € (sem.)/58 € – Carte 32/56 €   BYZ**s**
♦ Derrière une devanture vitrée, salle à manger aux murs ornés de fresques représentant des paysages et jardins imaginaires. Carte mariant tradition et terroir ; menus thématiques les vendredis soirs.

✕ **Le Chapitre**   **VISA** 🕸 **AE**
🐾   *11 pl. du Terreau –* ⌀ *03 85 52 04 01 – www.lechapitre71.com – Fermé*
20-27 déc., 15-28 fév., dim. soir et lundi   BZ**d**
Rest – *(nombre de couverts limité, prévenir)* (15 €) Menu 28 € – Carte environ 36 €
♦ Au pied de la cathédrale, petit restaurant qui réjouit par sa goûteuse cuisine actuelle. Salle lumineuse, mobilier en fer forgé et ambiance romantique le soir grâce aux bougies.

AUVERS – 77 Seine-et-Marne – **312** D5 – rattaché à Milly-la-Forêt (Essonne)

AUVERS-SUR-OISE – 95 Val-d'Oise – **305** E6 – **106** 6 – **101** 3 – voir à Paris, Environs

---

AUVILLAR – 82 Tarn-et-Garonne – **337** B7 – 985 h. – alt. 141 m   **28** B2
– ⊠ 82340

◧ Paris 652 – Agen 28 – Montauban 42 – Auch 62
🛈 Office de tourisme, place de la Halle ⌀ 05 63 39 89 82, Fax 05 63 39 89 82

✕✕ **L'Horloge** avec ch   🌤 🌤 🏊 **VISA** 🕸
🐾   *pl. de l'Horloge –* ⌀ *05 63 39 91 61 – www.horlogeauvillar.monsite.orange.fr*
– Fermé 17 déc.-6 janv., sam. midi et vend. du 15 oct. au 15 avril
10 ch – †50/54 € ††54/79 €, ⬚ 10 €
Rest – *(fermé vend. sauf le soir en juil.-août et sam. midi)* Menu 25/85 €
– Carte 44/90 €
Rest *Le Bouchon* – *(fermé sam. sauf juil.-août et vend.)* (déj. seult) (14 €)
Menu 17 € – Carte 20/26 €
♦ Jouxtant l'élégante tour de l'Horloge, ravissante maison aux volets vert tendre et sa terrasse sous les platanes. Cadre actuel de bon ton. Recettes et vins de la région. À l'heure du déjeuner, Le Bouchon propose des petits plats bistrot orientés terroir.

à Bardigues 4 km au Sud par D 11 – 252 h. – alt. 160 m – ⊠ 82340

✕✕ **Auberge de Bardigues**   🌤 ⚹ **AE** **VISA** 🕸
🐾   *au bourg –* ⌀ *05 63 39 05 58 – www.aubergedebardigues.com – Fermé dim. soir et lundi*
Rest – (12 € bc) Menu 16 € bc (déj. en sem.), 28/54 € bc
♦ Adresse familiale tenue entre frères au cœur d'un agréable petit village rural. Terrasse panoramique, déco contemporaine et cuisine de "bistrot-gastro".

AUXERRE ℙ – 89 Yonne – 🗺 319 E5 – 37 419 h. – alt. 130 m – ⊠ 89000   7 B1

▌ Bourgogne

▶ Paris 166 – Bourges 144 – Chalon-sur-Saône 176 – Dijon 152

🖈 Office de tourisme, 1-2, quai de la République ℰ 03 86 52 06 19,
Fax 03 86 51 23 27

◉ Cathédrale St-Étienne★★ (vitraux★★, crypte★, trésor★) - Ancienne
abbaye St-Germain★★ (crypte★★).

🄶 Gy-l'Évêque : Christ aux Orties★ de la chapelle 9,5 km par ③.

🏨 **Le Parc des Maréchaux** sans rest   🕭 🚬 🛗 🄰🄲 ⁿ 🄿 𝘝𝘐𝘚𝘈 ⓬ 🄰🄴 ⓿

*6 av. Foch – ℰ 03 86 51 43 77 – www.hotel-parcmarechaux.com
– Fax 03 86 51 31 72*   AZ**u**

25 ch – ✝79/113 € ✝✝90/134 €, 🖙 12 €

♦ Demeure Napoléon III aux jolies chambres cosy, meublées dans le style Empire ; plus de
calme côté parc. Bar feutré habillé de velours rouge.

Normandie sans rest
🛅 ⚑ AK 🛰 🏋 🈂 VISA 🚫 AE ①

41 bd Vauban – ℰ 03 86 52 57 80 – www.hotelnormandie.fr – Fax 03 86 51 54 33
– Fermé 18 déc.-2 janv. AY**b**
47 ch – †69/77 € ††69/99 €, ⌑ 9 €

◆ Cette demeure bourgeoise a tout pour plaire : paisible cour-terrasse, chambres confortables (optez pour la maison principale), salon-bar meublé Art déco, billard et fitness.

Le Maxime sans rest
⚑ AK 🛰 🏋 P VISA 🚫 AE ①

2 quai de la Marine – ℰ 03 86 52 14 19 – www.lemaxime.com
– Fax 03 86 52 21 70 BY**f**
26 ch – †73/83 € ††83/145 €, ⌑ 11 €

◆ Sur les bords de l'Yonne, ex-grenier à sel reconverti en hôtel familial au 19ᵉ s. Chambres joliment rénovées (mobilier de style), avec vue sur le fleuve ou au calme côté cour.

XXX Le Jardin Gourmand
🍽 🍴 ↻ VISA 🚫

56 bd Vauban – ℰ 03 86 51 53 52
– www.lejardingourmand.com – Fax 03 86 52 33 82
– Fermé 9-18 mars, 15 juin-1ᵉʳ juil., 31 août-9 sept., 12-27 nov., mardi et merc.
Rest – (49 €) Menu 60/100 € – Carte 75/100 € AY**d**

◆ Ex-maison de vigneron au cadre intime et feutré, où le chef concocte une cuisine moderne tout en finesse, ensoleillée par les légumes de son potager. Service aux petits soins.

XX La Salamandre
AK ↻ VISA 🚫 AE

84 r. de Paris – ℰ 03 86 52 87 87 – www.lasalamandre-auxerre.fr
– Fermé merc. soir, sam. midi, dim. et fériés AY**a**
Rest – Menu 40/72 € – Carte 50/100 €

◆ Apprécié pour sa cuisine à base de poissons (sauvages) et de fruits de mer, ce restaurant du vieil Auxerre vous accueille dans une salle récemment refaite, d'esprit actuel.

X Le Bourgogne
🍴 ⴴ AK P VISA 🚫

15 r. Preuilly – ℰ 03 86 51 57 50 – www.lebourgogne.fr
– Fax 03 86 51 57 50 – Fermé 25 avril-3 mai, 8-23 août, 19 déc.-3 janv., jeudi soir,
dim., lundi et fériés BZ**e**
Rest – (nombre de couverts limité, prévenir) Menu 29 €

◆ Sympathique cadre rustique, belle terrasse d'été et petits plats du marché aussi appétissants sur l'ardoise que dans l'assiette : reconversion réussie pour cet ancien garage !

X La P'tite Beursaude
AK VISA 🚫

55 r. Joubert – ℰ 03 86 51 10 21 – Fax 03 86 51 10 21
– Fermé 28 juin-6 juil., 28 déc.-11 janv., mardi et merc. BZ**t**
Rest – (19 €) Menu 25/28 € – Carte 30/46 €

◆ Chaleureux intérieur rustique, service en costume régional, ambiance au beau fixe et cuisine bourguignonne préparée sous vos yeux : une adresse charmante, en toute simplicité.

à Champs-sur-Yonne 10 Km par ② et D 606 – 1 557 h. – alt. 110 m – ⊠ 89290

Mas des Lilas sans rest
🍽 AK 🛰 🏋 P VISA 🚫

Hameau de La La Cour Barrée – ℰ 03 86 53 60 55
– www.lemasdeslilas.com – Fax 03 86 53 30 81
– Fermé 23 oct.-4 nov.
16 ch – †64 € ††64 €, ⌑ 8 €

◆ Ces pavillons nichés dans un plaisant jardin fleuri abritent de petites chambres bien tenues ; toutes sont de plain-pied et bénéficient d'une terrasse ouverte sur la verdure.

à Vincelottes 16 km par ② D 606 et D 38 – 312 h. – alt. 110 m – ⊠ 89290

XX Auberge Les Tilleuls avec ch
🍴 VISA 🚫 AE

12 quai de l'Yonne – ℰ 03 86 42 22 13
– www.auberge-les-tilleuls.com – Fax 03 86 42 23 51
– Fermé 20 déc.-24 fév., mardi et merc.
5 ch ⌑ – †68/79 € ††80/102 € – ½ P 65/76 €
Rest – (15 € bc) Menu 27/59 € – Carte 46/98 € 🍷

◆ Étape bucolique au bord de l'Yonne. Jolies salles ornées de tableaux d'artistes du pays et belle terrasse à fleur d'eau. Carte traditionnelle ; bon choix de bourgognes.

à Chevannes 8 km par ③ et D1 – 2 120 h. – alt. 170 m – ✉ 89240

XX **La Chamaille** avec ch ⚑   🕭 🛋 🕸 ch, 🔊 **P** 🟥 ⦿
4 rte Boiloup – ✆ 03 86 41 24 80 – www.lachamaille.fr – Fax 03 86 41 34 80
– Fermé 25 oct.-3 nov., 21 fév.-8 mars, dim. soir et lundi
3 ch – †40/50 € ††50/60 €, ⊐ 10 € – ½ P 50/60 €
Rest – Menu 39/55 € – Carte 50/77 €
♦ Atmosphère agreste d'une ferme d'autrefois nichée dans la verdure. Véranda ouverte sur
le parc fleuri traversé par un ruisseau où barbotent les canards. Cuisine actuelle.

à Villefargeau 5,5 km par ④ – 852 h. – alt. 130 m – ✉ 89240

🏠 **Le Petit Manoir des Bruyères**   🕭 🛋 🕸 **P** 🟥 ⦿ 🅰🅴 ⓪
Les Bruyères, 4 km à l'Ouest – ✆ 03 86 41 32 82
– www.petit-manoir-bruyeres.com – Fax 03 86 41 28 57
5 ch ⊐ – †140/220 € ††140/220 € **Table d'hôte** – Menu 46 €
♦ Ce manoir au toit de tuiles vernissées est un véritable havre de paix à l'orée d'une forêt.
Chambres raffinées (18e s.) et suite royale "Montespan". Cueillette des champignons en saison. Table d'hôte richement dressée devant la cheminée Louis XIII. Plats bourguignons.

à Appoigny 8 km par ⑤ et D 606 – 3 091 h. – alt. 110 m – ✉ 89380

🖪 Syndicat d'initiative, 4, rue du Fer à Cheval ✆ 03 86 53 20 90

🏠 **Le Puits d'Athie** ⚑   🚘 **P**
1 r. de l'Abreuvoir – ✆ 03 86 53 10 59 – www.puitsdathie.com
– Fax 03 86 53 10 59 – Fermé janv.-fév.
4 ch ⊐ – †75/160 € ††75/160 € **Table d'hôte** – Menu 45 € bc
♦ Les chambres personnalisées de cette demeure bourguignonne ravissent les yeux, en particulier Mykonos, habillée de bleu et blanc, et Porte d'Orient, décorée d'une authentique
porte du Rajasthan. La patronne concocte des plats régionaux ou méditerranéens.

AVALLON ⊛ – 89 Yonne – **319** G7 – 7 483 h. – alt. 250 m – ✉ 89200   7 B2
▌Bourgogne

▣ Paris 222 – Auxerre 51 – Beaune 103 – Chaumont 134
🖪 Syndicat d'initiative, 6, rue Bocquillot ✆ 03 86 34 14 19, Fax 03 86 34 28 29
◙ Site ★ - Ville fortifiée ★ : Portails ★ de l'église St-Lazare - Miserere ★ du
musée de l'Avallonnais **M¹** - Vallée du Cousin ★ S par D 427.

🏨 **Hostellerie de la Poste**   🗦 🔊 **P** 🟥 ⦿ 🅰🅴 ⓪
⦿ 13 pl. Vauban – ✆ 03 86 34 16 16 – www.hostelleriedelaposte.com
– Fax 03 86 34 19 19 – Fermé janv. et fév.   **b**
30 ch – †93/113 € ††132/205 €, ⊐ 13 €
Rest – (ouvert 23 mars-30 nov. et fermé dim. et lundi) (dîner seult)
Menu 23/44 € – Carte 36/42 €
Rest Bistrot – (fermé dim. et lundi) (déj. seult) (11 €) Menu 15 €
♦ Ce beau relais de poste bourguignon bâti en 1707 hébergea, entre autres, Napoléon Ier
et... Kennedy ! Jolies chambres personnalisées. Les restaurant, aménagé dans les anciennes
écuries, propose une cuisine classique. Formule bistrot au déjeuner.

🏨 **Avallon Vauban** sans rest   🕭 🗦 🅰🅺 🕆 🔊 **P** 🟥 ⦿ 🅰🅴 ⓪
53 r. de Paris – ✆ 03 86 34 36 99 – www.avallonvaubanhotel.com
– Fax 03 86 31 66 31   **r**
26 ch – †54/61 € ††54/61 €, ⊐ 8,50 €
♦ Bordant un carrefour animé, hôtel familial ouvert sur un vaste parc où sont disséminées
des sculptures du patron-artiste. Chambres confortables, plus tranquilles sur l'arrière.

X **Le Gourmillon**   🅰🅺 🟥 ⦿ 🅰🅴
⦿ 8 r. de Lyon – ✆ 03 86 31 62 01 – www.legourmillon.com – Fax 03 86 31 62 01
– Fermé 11-24 janv., jeudi soir hors saison et dim. soir   **v**
Rest – (11 € bc) Menu 18/34 € – Carte 25/42 €
♦ Petite adresse familiale du centre-ville où simplicité rime avec générosité. Fraîche salle à
manger sagement champêtre. Les menus font la part belle au terroir.

AVALLON

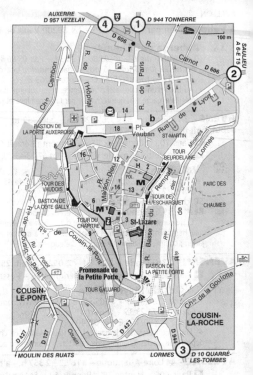

rte de Saulieu 6 km par ② – ⊠ 89200 Avallon

Le Relais Fleuri   🕭 🦌 ✕ 🕭 ⅌ ch. ⚍ 🛏 🦶 **P** 🗾 ⚫◑ ᴁ ①
La Cerce – ℰ 03 86 34 02 85 – www.relais-fleuri.com – Fax 03 86 34 09 98
48 ch – †82/95 € ††82/95 €, ⊆ 14 € – ½ P 84 €
Rest – Menu 22/56 € – Carte 33/60 €
♦ Cet hôtel situé sur la route de Saulieu abrite des chambres fonctionnelles de type motel, de plain-pied avec un parc de 4 ha doté de tennis et d'une piscine chauffée. Élégante salle à manger rustique, cuisine régionale revisitée et cave riche en bourgognes.

à Pontaubert 5 km par ④ et D 957 – 390 h. – alt. 160 m – ⊠ 89200

Les Fleurs avec ch   🖼 🏠 ⅌ **P** 🗾 ⚫◑ ᴁ
*69 rte de Vézelay – ℰ 03 86 34 13 81 – www.hotel-lesfleurs.com
– Fax 03 86 34 23 32 – Fermé 18 déc.-3 fév.*
7 ch – †51 € ††53 €, ⊆ 8 €
Rest – *(fermé jeudi sauf du 1ᵉʳ juil. au 15 sept. et merc.)* Menu 18 € (sem.)/43 € – Carte 26/48 €
♦ Auberge familiale sympathique, qui propose des plats traditionnels et régionaux dans un décor classique ou sur la terrasse dressée face au jardin. Chambres rafraîchies.

à Vault de Lugny 6 km par ④ et D 142 – 326 h. – alt. 148 m – ⊠ 89200

Château de Vault de Lugny 🕭   ≤ 🕭 🏠 🖼 ✕ ⅌ **P** 🚲
11 r. du Château – ℰ 03 86 34 07 86 – www.lugny.fr   🗾 ⚫◑ ᴁ ①
– Fax 03 86 34 16 36 – Ouvert 2 avril-2 nov.
14 ch – †185/495 € ††185/495 €, ⊆ 32 € – 2 suites
Rest – *(dîner seult)* Menu 65/105 € – Carte 56/115 €🍴
♦ Ce luxueux château du 16ᵉ s. cultive la tradition. Ses atouts : un parc et un potager superbes, une piscine logée dans une dépendance voûtée et un site idylliquement calme.

191

à Valloux 6 km par ④ et D 606 – ⊠ 89200 Vault de Lugny

※※ **Auberge des Chenêts**　　　　　　　　　　AK VISA ☎ AE
🖼 *10 rte Nationale 6 – ✆ 03 86 34 23 34 – Fax 03 86 34 21 24*
　– Fermé 22 juin-5 juil., 15 nov.-8 déc., mardi d'oct. à mars, dim. soir et lundi
Rest – (17 €) Menu 25/54 € – Carte 53/63 €
　♦ Au bord d'une route assez fréquentée, cette auberge de campagne est une adresse bien
appréciable. Cadre rustique réchauffé par une cheminée et plats d'inspiration bourguignonne.

AVÈNE – 34 Hérault – 339 D6 – 289 h. – alt. 350 m – Stat. therm. :　　22 B2
début avril-fin oct. – ⊠ 34260
　▶ Paris 705 – Bédarieux 25 – Clermont-l'Hérault 51 – Montpellier 83
　🅱 Office de tourisme, le Village ✆ 04 67 23 43 38, Fax 04 67 23 16 95

🏨 **Val d'Orb** ⌂　　　　　⇐ 🐾 🏊 ※ ⅋ & ch, ⅋ P VISA ☎ AE
Les Bains-d'Avène, aux Thermes – ✆ 04 67 23 44 45 – Fax 04 67 23 39 07
– Ouvert 23 mars-31 oct.
58 ch – †91/96 € ††96/102 €, � 9 € – ½ P 70/81 €
Rest – (19 €) Menu 25 € – Carte environ 30 €
　♦ Cette construction moderne, blottie dans un vallon verdoyant, est intégrée au centre ther-
mal. Hébergement fonctionnel et spacieux. Salle à manger actuelle et terrasse donnant sur le
jardin ; cuisine traditionnelle et plats diététiques.

AVENSAN – 33 Gironde – 335 G4 – 2 052 h. – alt. 25 m – ⊠ 33480　　3 B1
　▶ Paris 589 – Bordeaux 30 – Mérignac 28 – Pessac 34

🏠 **Le Clos de Meyre** sans rest　　　🚗 🏊 ※ ⅋ ⅋ P VISA ☎ AE
16 rte de Castelnau – ✆ 05 56 58 22 84 – www.chateaumeyre.com
– Fax 05 57 71 23 35 – Ouvert 1er mars-1er nov.
9 ch � – †80/150 € ††90/240 €
　♦ Entre vignobles de Margaux et de Haut Médoc, ce château est une propriété viticole
depuis trois siècles. Chambres de caractère, classiques ou actuelles. Piscine d'été, tennis.

AVESSAC – 44 Loire-Atlantique – 316 E2 – 2 357 h. – alt. 55 m – ⊠ 44460　　34 A2
　▶ Paris 406 – Nantes 78 – Rennes 63 – St-Nazaire 54

au Sud-Est 3 km par D 131 (direction Plessé)

※※ **Restaurant d'Edouard**　　　　　　　　　& P VISA ☎
La Villa en Pierre ⊠ 44460 Avessac – ✆ 02 99 91 08 89 – www.edouardset.com
– Fax 02 99 91 02 44 – Fermé 14 juil.-20 sept., lundi, mardi, merc. et jeudi
Rest – Menu 29 €, 39/59 € – Carte 48/63 €
　♦ Restaurant en pleine campagne (ex-ferme) au décor actuel étudié : cheminée, pierres
apparentes, chaises design, vaisselle moderne. Cuisine au goût du jour rythmée par le marché.

AVIGNON P – 84 Vaucluse – 332 B10 – 92 454 h. – Agglo. 253 580 h.　　42 E1
– alt. 21 m – ⊠ 84000 🏛 Provence
　▶ Paris 682 – Aix-en-Provence 82 – Arles 37 – Marseille 98
　🛬 d'Avignon : ✆ 04 90 81 51 53, par ③ et N 7 : 9 km.
　🚅 ✆ 3635 et tapez 42 (0,34 €/mn)
　🅱 Office de tourisme, 41, cours Jean Jaurès ✆ 04 32 74 32 74, Fax 04 90 82 95 03
　⛳ de Châteaublanc à Morières-lès-Avignon Les Plans, E : 8 km par D 58,
　✆ 04 90 33 39 08
　⛳ du Grand Avignon à Vedène Les Chênes Verts, E : 9 km par D 28,
　✆ 04 90 31 49 94
　◉ Palais des Papes★★★ : ⇐★★ de la terrasse des Dignitaires - Rocher des
　Doms ⇐★★ - Pont St-Bénézet★★ - Remparts★ - Vieux hôtels★ (rue Roi-
　René) EZ F² - Coupole★ de la cathédrale Notre-Dame-des-Doms
　- Façade★ de l'hôtel des Monnaies EY **K** - Vantaux★ de l'église St-Pierre EY
　- Retable★ de l'église St-Didier EZ - Musées : Petit Palais★★ EY, Calvet★
　EZ **M²**, Lapidaire★ EZ **M⁴**, Louis Vouland (faïences★) DYZ**M⁵** - Fondation
　Angladon-Dubrujeaud★★ EZ **M¹**.

Plans pages suivantes

La Mirande ⌖ ≤ 🚗 🛋 🎧 🅰🅺 ⁽ᵖ⁾ 🖕 🍸 VISA ⓪ AE ⓪
4 pl. Amirande – ℰ 04 90 85 93 93 – www.la-mirande.fr – Fax 04 90 86 26 85
20 ch – ♦310/540 € ♦♦310/540 €, ⌷ 26 € – 1 suite   EY**g**
Rest – *(fermé 3 janv.-6 fév., mardi et merc.)* Menu 31 € (déj. en sem.), 67/93 €
– Carte 83/112 €⌂
Spéc. Tourte de canard au foie gras, feuilles de salade au vinaigre balsamique
(automne-hiver). Agneau bio de l'Aveyron, pois chiches et gremolata (été-
automne). Poire Belle Hélène "à ma façon" (automne-hiver). **Vins** Châteauneuf-du-Pape blanc et rouge.
♦ Décoration dans le goût provençal du 18ᵉ s., meubles d'antiquaires, objets d'art, détails
ultra raffinés... La Mirande est un lieu superbe, tout simplement. Carte inventive et jolie terrasse-jardin au restaurant ; table d'hôte le soir dans les anciennes cuisines (menu unique).

D'Europe ⌖ 🛋 🎧 🅰🅺 ⁽ᵖ⁾ 🖕 🍸 VISA ⓪ AE ⓪
12 pl. Crillon – ℰ 04 90 14 76 76 – www.heurope.com – Fax 04 90 14 76 71
41 ch – ♦175/480 € ♦♦195/480 €, ⌷ 17 € – 3 suites   EY**d**
Rest – Menu 35 € (déj.), 46/120 € – Carte 70/130 €
♦ Décor raffiné dans cet hôtel particulier du 16ᵉ s. au cœur de la Cité. Certaines suites
offrent une échappée sur le palais des Papes. Salles à manger classiques et agréable terrasse bercée par le murmure d'une fontaine...

Cloître St-Louis ⌖ 🛋 🏊 ⌷⌂ 🅵ⁿ 🖕 🅰🅺 ch, 🍸 P VISA ⓪ ⓪
20 r. Portail-Boquier – ℰ 04 90 27 55 55 – www.cloitre-saint-louis.com
– Fax 04 90 82 24 01   EZ**s**
80 ch ⌷ – ♦175/350 € ♦♦175/350 €
Rest – *(fermé 23 oct.-3 nov., 19 fév.-6 mars et sam. midi)* (18 €) Menu 34 €
– Carte 40/50 €
♦ L'hôtel occupe un cloître du 16ᵉ s. et une aile tout en verre et acier. Les chambres allient
sobriété moderne et charme des vieilles pierres. Piscine et terrasse sur le toit. Restaurant
dans les galeries, ouvertes l'été sur la paisible cour aux platanes centenaires.

Avignon Grand Hôtel sans rest 🏊 🖕 🅰🅺 🍸 P 🛋 VISA ⓪ AE ⓪
34 bd St-Roch, (à la gare) – ℰ 04 90 80 98 09 – www.avignon-grand-hotel.com
– Fax 04 90 80 98 10   EZ**t**
122 ch – ♦175/336 € ♦♦175/336 €, ⌷ 16 €
♦ Inspirations médiévale et provençale dans cet établissement situé au pied des remparts.
Chambres, suites ou duplex et petite piscine ronde perchée sur le toit.

Mercure Pont d'Avignon sans rest ⌖ 🖕 🅰🅺 ⁽ᵖ⁾ 🍸 🛋
r. Ferruce, quartier Balance – ℰ 04 90 80 93 93   VISA ⓪ AE ⓪
– www.mercure.com – Fax 04 90 80 93 94   EY**r**
87 ch – ♦115/160 € ♦♦125/170 €, ⌷ 13 €
♦ Mobilier et tissus de style provençal apportent une petite touche régionale aux chambres
pratiques, claires et calmes. Agréable salle des petits-déjeuners.

Mercure Cité des Papes ⌖ 🖕 🅰🅺 ⁽ᵖ⁾ 🍸 VISA ⓪ AE ⓪
1 r. J.-Vilar – ℰ 04 90 80 93 00 – www.mercure.com – Fax 04 90 80 93 01
89 ch – ♦115/160 € ♦♦125/170 €, ⌷ 13 €   EY**b**
Rest *Les Domaines* – ℰ 04 90 81 00 68 – Carte 22/33 €
♦ Établissement des années 1970 judicieusement placé au cœur de la cité des Papes. Les
chambres, de bon confort, s'agrémentent de jolies touches décoratives provençales. Le restaurant vous accueille dans une salle au look actuel, ou en terrasse aux beaux jours.

Express by Holiday Inn sans rest 🖕 🏊 🅰🅺 ⁽ᵖ⁾ 🍸 P VISA ⓪ AE ⓪
2 r. Mère-Térésa, Avenue de la Gare TGV – ℰ 04 32 76 88 00
– www.expressbyholidayinn.fr – Fax 04 32 76 89 00
100 ch ⌷ – ♦70/150 € ♦♦70/150 €   AX**a**
♦ Cet hôtel proche de la gare TGV possède les avantages d'une construction récente : insonorisation performante, équipements modernes complets, espace et sage déco contemporaine.

Bristol sans rest 🖕 🅰🅺 ⁽ᵖ⁾ 🍸 🛋 VISA ⓪ AE ⓪
44 cours Jean-Jaurès – ℰ 04 90 16 48 48 – www.bristol-avignon.com
– Fax 04 90 86 22 72   EZ**m**
65 ch – ♦61/98 € ♦♦82/120 €, ⌷ 11 € – 2 suites
♦ Emplacement parfait entre la gare et les quartiers animés pour cet immeuble qui abritait
déjà un hôtel dans les années 1920. Chambres en cours de rénovation.

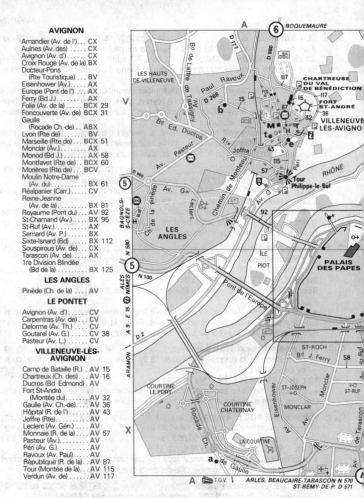

🏠 **De Blauvac** sans rest   ((¹)) VISA ⓪ AE
11 r. de la Bancasse – ☷ 04 90 86 34 11 – www.hotel-blauvac.com – Fax 04 90 86 27 41
16 ch – ✝65/82 € ✝✝70/92 €, ⊐ 8 €   EY**m**
• L'ex-résidence du marquis de Blauvac (17e s.) a conservé des traces de son passé : les murs des chambres laissent souvent apparaître la pierre d'origine. Déco rustico-provençale.

🏠 **Le Colbert** sans rest   AC ((¹)) VISA ⓪ AE
7 r. Agricol Perdiguier – ☷ 04 90 86 20 20 – www.avignon-hotel-colbert.com
– Fax 04 90 85 97 00 – Ouvert 2 mars-31 oct.
14 ch – ✝55/112 € ✝✝68/120 €, ⊐ 10 €   EZ**a**
• Simplicité et esprit "comme à la maison" dans les chambres (murs patinés, objets de bro-cante, affiches). Le plus de cet hôtel discret : son délicieux patio où trône un palmier.

🏠 **Lumani** sans rest   🚗 ((¹)) VISA ⓪
37 rempart St-Lazare – ☷ 04 90 82 94 11 – www.avignon-lumani.com – Fermé 4 nov.-25 déc. et 7 janv.-7 mars
5 ch ⊐ – ✝90/170 € ✝✝90/170 €   FY**a**
• Les propriétaires de cette maison du 19e s. reçoivent hôtes et artistes comme des amis. Intérieur mariant ancien, moderne et matériaux naturels. Ateliers d'art, jardin clos.

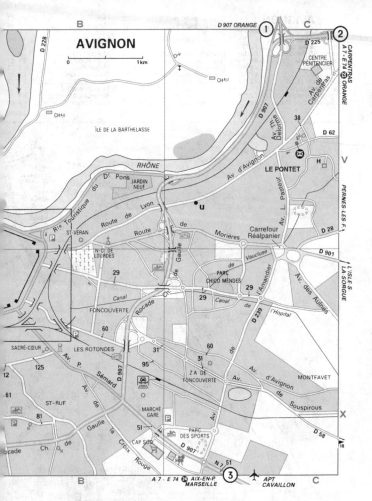

Villa Agapè sans rest 🔄 AC 🎧
13 r. St-Agricol – ℰ 04 90 85 21 92
– www.villa-agape.com – Fax 04 90 82 93 34
– Fermé 3-19 avril, juil. et vacances de la Toussaint   EY**x**
3 ch ☑ – †100/160 € ††100/160 €

♦ Inattendu... La villa Agapè est une véritable – et douillette – petite maison posée sur le toit d'un immeuble du centre historique ! Avec piscine et terrasse fleurie en prime.

Christian Étienne 🛖 AC VISA ◐ AE
10 r. Mons – ℰ 04 90 86 16 50
– www.christian-etienne.fr – Fax 04 90 86 67 09
– Fermé dim. et lundi sauf en juil.   EY**h**
Rest – Menu 31 € (déj.), 65 € bc/125 € – Carte 62/116 €🍷
Spéc. Menu "tomate" (15 juin au 15 sept.). Menu "légumes d'automne" (15 sept. au 15 déc.). Menu "homard". **Vins** Côtes du Rhône-Villages, Vin de pays de la Principauté d'Orange.

♦ Demeure des 13ᵉ et 14ᵉ s. accolée au palais des Papes. Dans ce cadre chargé d'histoire, C. Etienne réalise une belle cuisine rendant hommage aux produits de sa Provence natale.

195

AVIGNON

F

✗✗✗ Hiély-Lucullus 🔠 ✥ 𝗩𝗜𝗦𝗔 ⊕ 𝗔𝗘

5 r. de la République, (1er étage) – ℰ 04 90 86 17 07
– www.hiely-lucullus.com – Fax 04 90 86 32 38
– fermé 6-12 mai, 28 juin-11 juil., jeudi midi, sam. midi et merc. EYn
Rest – (19 €) Menu 25 € (déj. en sem.), 40/60 € – Carte 55/85 €

◆ La nouvelle équipe et le décor Belle Époque rajeuni (vitraux, boiseries ouvragées) apportent un second souffle à cette institution. Cuisine classique revisitée.

✗✗ La Fourchette 🔠 𝗩𝗜𝗦𝗔 ⊕

17 r. Racine – ℰ 04 90 85 20 93 – Fax 04 90 85 57 60 – Fermé 1er-22 août, sam. et dim.
Rest – (nombre de couverts limité, prévenir) (25 €) Menu 31 € EYu

◆ Collections de fourchettes, cigales, photos, cartes de vœux, bibelots : ce bistrot – au décor chargé mais charmant – affiche souvent complet. Cuisine aux savoureux accents du Sud.

✗✗ Piedoie 🔠 𝗩𝗜𝗦𝗔 ⊕
⊕

26 r. 3-Faucons – ℰ 04 90 86 51 53 – Fermé fin août, vacances de fév., mardi et merc.
Rest – (15 €) Menu 18/29 € EZd

◆ Poutres, parquet, murs blancs et tableaux contemporains composent un cadre à la fois sobre et agréable. Le chef, attentif aux saisons, propose des plats du marché assez créatifs.

✗✗ Le Moutardier du Pape 🍽 🔠 𝗩𝗜𝗦𝗔 ⊕ 𝗔𝗘

15 pl. du Palais-des-Papes – ℰ 04 90 85 34 76 – www.restaurant-moutardier.fr
– Fax 04 90 86 42 18 – fermé 15 nov.-28 fév. EYz
Rest – (23 €) Menu 32/48 € – Carte 39/67 €

◆ Avec ses fresques évoquant le moutardier du pape, l'intérieur a du caractère, mais optez pour la terrasse et sa vue "plein cadre" sur le palais. Accords vins au verre et mets.

✗ Les 5 Sens 🍽 🔠 𝗩𝗜𝗦𝗔 ⊕ 𝗔𝗘

18 r. Joseph-Vernet, (pl. Plaisance) – ℰ 04 90 85 26 51
– www.restaurantles5sens.com – Fermé dim. et lundi EYa
Rest – (20 €) Menu 38/45 € – Carte 55/80 €

◆ Mobilier tendance et couleurs chaudes s'associent avec élégance dans ce restaurant servant une cuisine dans l'air du temps qui ravit les papilles.

✗ L'Essentiel 🍽 ⅙ 🔠 𝗩𝗜𝗦𝗔 ⊕ 𝗔𝗘
⊕

2 r. Petite-Fusterie – ℰ 04 90 85 87 12 – www.restaurantlessentiel.com
– Fermé 6-22 fév., dim. et merc. EYy
Rest – (17 €) Menu 28/39 € – Carte 38/51 €

◆ Cette table va à l'essentiel et réjouira les amateurs d'une cuisine généreuse, aux saveurs franco-italiennes ensoleillées. Le décor, lui, joue la carte de la modernité épurée.

✗ Brunel 🍽 🔠 𝗩𝗜𝗦𝗔 ⊕
⊕

46 r. Balance – ℰ 04 90 85 24 83 – www.restaurantbrunel.fr – Fax 04 90 86 26 67
– Fermé vacances de Noël, dim. et lundi sauf en juil. EYe
Rest – (15 € bc) Menu 17 € (déj.), 30/37 € – Carte 25/35 €

◆ Décor contemporain minimaliste pour ce bistrot dans le vent proposant, le soir, une carte aux accents provençaux et, au déjeuner, une formule plus resserrée (plat du jour).

✗ L'Isle Sonnante 🍽 🔠 𝗩𝗜𝗦𝗔 ⊕ 𝗔𝗘

7 r. Racine – ℰ 04 90 82 56 01 – www.lislesonnante.com – Fax 04 90 82 56 01
– Fermé 1er-9 août, vacances de la Toussaint, vacances de fév., dim. et lundi
Rest – (17 €) Menu 25/45 € – Carte 39/49 € EYv

◆ Derrière l'opéra, une petite devanture en bois abritant une table sympathique. Intérieur cosy, façon bistrot amélioré, mariant rustique et tons chauds. Cuisine aux saveurs du Sud.

dans l'île de la Barthelasse 5 km au Nord par D 228 et rte secondaire
– ✉ 84000 Avignon

🏠 La Ferme ⌂ 🍽 🔟 🔠 ch, ✂ ch, 🎼 🅿 𝗩𝗜𝗦𝗔 ⊕ 𝗔𝗘
🍽

110 chemin des Bois – ℰ 04 90 82 57 53 – www.hotel-laferme.com
– Fax 04 90 27 15 47 – Fermé 19 déc.-25 janv.
20 ch – ♦67/74 € ♦♦77/96 €, � 10 € – ½ P 69/80 €
Rest – (dîner seult) Menu 24/41 €

◆ Cette ferme se révèle une adresse idéale pour ceux qui recherchent le calme sans trop s'éloigner d'Avignon. Grandes chambres simples, mobilier peint de style provençal. Salle à manger campagnarde avec poutres apparentes, cheminée et vieilles pierres. Terrasse ombragée.

au Pontet 6 km vers ② par rte de Lyon – 17 365 h. – alt. 40 m – ✉ 84130

⌂⌂⌂   Auberge de Cassagne ⌾   🖼 🖼 ⛉ 🖼 🖼 ⅃⅃ ⛊ 🖼 ⅋ ⅄ 🅿
450 allée de Cassagne – 𝒞 04 90 31 04 18   VISA ⦿ AE ①
– www.aubergedecassagne.com – Fax 04 90 32 25 09
– Fermé 2-28 janv.
45 ch – †115/467 € ††115/467 €, ⊇ 25 € – 3 suites – ½ P 148/324 €
Rest – (33 €) Menu 59/94 € – Carte 90/139 €🕮
   ♦ Fitness, hammam, sauna, piscine : dans cette bastide de 1850, tout concourt au bien-être des clients. Chambres provençales tournées vers le jardin. Cuisine au goût du jour et intéressante sélection de vins.

⌂⌂⌂   Les Agassins ⌾   🖼 🖼 🖼 ⛉ 🖼 🖼 🖼 ⅋ ⅄ 🅿 VISA ⦿ AE ①
52 av. Ch.-de-Gaulle – 𝒞 04 90 32 42 91 – www.agassins.com
– Fax 04 90 32 08 29 – Fermé janv. et fév.   CV**u**
26 ch (½ P seult) – ½ P 105/185 €
Rest – (fermé sam. midi de nov. à mars) (17 €) Menu 29/62 € – Carte 51/76 €🕮
   ♦ Une grande maison d'allure régionale dans un jardin fleuri. Les chambres (meubles en rotin, couleurs du Sud) possèdent presque toutes une miniterrasse. Salle à manger ensoleillée et tables dressées dans la cour arborée en été ; mets et vins honorent la Provence.

à Montfavet - CX – ✉ 84140

⌂⌂⌂   Hostellerie Les Frênes ⌾   ⅋ 🖼 ⛉ 🖼 🖼 🖼 ⅋ 🅿 VISA ⦿ AE ①
645 av. Vertes-Rives – 𝒞 04 90 31 17 93 – www.lesfrenes.com
– Fax 04 90 23 95 03 – Ouvert mars-nov.
12 ch – †120/390 € ††120/390 €, ⊇ 20 € – 6 suites
Rest – (26 €) Menu 47/67 € – Carte 65/85 €
   ♦ Dans un parc, gracieuse demeure bourgeoise (1800) et ses dépendances plus récentes enfouies sous la végétation. Chambres de style, contemporaines ou méridionales. Salle à manger relookée dans un esprit actuel cossu et superbe terrasse sous de vieux platanes.

à l'aéroport 8 km par ③ – ✉ 84140

⌂🖼   Paradou   🖼 🖼 ⛉ 🍴 ⅃ ch, 🖼 ⅋ 🅿 VISA ⦿ AE ①
⊗   – 𝒞 04 90 84 18 30 – www.hotel-paradou.fr – Fax 04 90 84 19 16
60 ch – †95/140 € ††110/170 €, ⊇ 12 € – ½ P 75/95 €
Rest – (fermé dim. sauf le soir d'avril à sept.) Menu 19 € (sem.)/39 €
– Carte 21/50 €
   ♦ On oublie vite l'architecture passe-partout, une fois la porte franchie : l'ensemble se révèle accueillant et confortable. Chambres personnalisées, avec balcon ou miniterrasse. Au restaurant, déco simple façon bistrot, cuisine et vins régionaux.

rte de Carpentras 12 km par ② D 942, sortie Althen-des-Paluds

XXX   Le Saule Pleureur (Laurent Azoulay)   🖼 🖼 🖼 🅿 VISA ⦿ AE
⊰⊱   145 chemin de Beauregard ✉ 84180 Monteux – 𝒞 04 90 62 01 35
– www.le-saule-pleureur.com – Fax 04 90 62 10 90 – Fermé 2-10 janv., dim. soir, lundi sauf fériés et sam. midi sauf juil.-août
Rest – (29 €) Menu 39 € (sem.)/89 € – Carte 65/95 €
Spéc. Tomates de Provence dans tous leurs états (juil.-août). Menu "truffe noire du Vaucluse" (15 déc. au 15 mars). Chocolats de l'opéra en touches gourmandes, sorbet cacao intense. **Vins** Vin de pays de Vaucluse viognier, Châteauneuf-du-Pape.
   ♦ Une grande villa protégée par un jardin fleuri qui fait oublier la voie express toute proche. Service aimable et attentif. Cuisine généreuse et délicate, sagement créative.

*Voir aussi ressources hôtelières de **Villeneuve-lès-Avignon***

AVIGNON (Aéroport d') – 84 Vaucluse – **332** C10 – rattaché à Avignon

---

AVORIAZ – 74 Haute-Savoie – **328** N3 – rattaché à Morzine

▶ Paris 337 – Caen 105 – Rennes 85 – St-Lô 58

🛈 Office de tourisme, 2, rue Général-de-Gaulle ✆ 02 33 58 00 22,
Fax 02 33 68 13 29

👁 Manuscrits★★ du Mont-St-Michel (musée) - Jardin des Plantes : ❄★ - La
"plate-forme" ❄★.

🏨 **La Croix d'Or** 🍃 🚗 📶 ⚐ 🅿 VISA ⚫⚫ AE

🍽 83 r. de la Constitution – ✆ 02 33 58 04 88 – www.hoteldelacroixdor.fr
– Fax 02 33 58 06 95 – Fermé 1er-20 janv. et dim. soir du 15 oct. au 1er avril
27 ch – ✝60/80 € ✝✝74/105 €, ☑ 9 € – ½ P 76/93 €   BZ**s**
Rest – Menu 18 € (déj. en sem.), 27/49 € – Carte 40/72 €
♦ Façade à ossature de bois, beau hall-salon (mobilier régional) et jardin fleuri que regardent la plupart des agréables chambres dans cet ancien relais de poste du 17e s. Authentique cachet normand dans la salle à manger ; carte classique et régionale.

🏨 **La Ramade** sans rest 🚗 ⅙ ℥ 📶 🅿 VISA ⚫⚫ AE

2 r. de la Côte, 1 km par ④ à Marcey les Grèves – ✆ 02 33 58 27 40
– www.laramade.fr – Fax 02 33 58 29 30 – Fermé 20-30 nov. et 28 déc.-4 fév.
12 ch – ✝75/126 € ✝✝75/190 €, ☑ 10 €
♦ Demeure bourgeoise des années 1950 proposant des chambres douillettes et personnalisées sur le thème floral, ou une suite familiale pour cinq personnes. Verrière à l'ancienne.

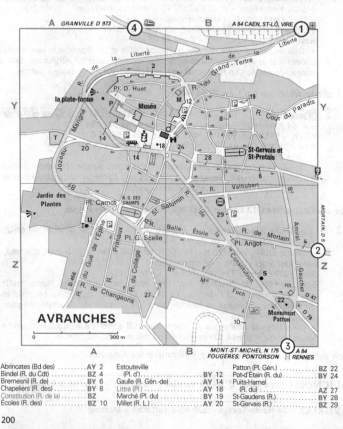

🏠 **Au Jardin des Plantes** ⌖ & ch, ☎ ⚐ 𝚟𝚒𝚜𝚊 ⊚ 🅰🅴 ⓞ
🕭 10 pl. Carnot – ℰ 02 33 58 03 68 – www.le-jardin-des-plantes.fr
– Fax 02 33 60 01 72   AZ**u**
19 ch – ♦50/98 € ♦♦50/98 €, ⚏ 11 € – ½ P 70 €
Rest – (13 €) Menu 17/45 € – Carte 33/67 €
♦ Cet hôtel jouxte l'entrée du jardin des plantes ; l'accueil se fait au bar. Chambres rustiques, plus spacieuses dans le bâtiment arrière. La salle à manger aux allures de brasserie ouvre ses grandes baies vitrés côté place. Registre culinaire traditionnel.

à St-Quentin-sur-le-Homme 5 km au Sud-Est par D 78 BZ – 1 195 h.
– alt. 55 m – ⌧ 50220

🍴🍴🍴 **Le Gué du Holme** avec ch ⌖   ⌖ & ch, ☫ 🅿 𝚟𝚒𝚜𝚊 ⊚ 🅰🅴
14 r. des Estuaires – ℰ 02 33 60 63 76 – www.le-gue-du-holme.com
– Fax 02 33 60 63 57
10 ch – ♦58/65 € ♦♦65/95 €, ⚏ 11 €
Rest – (fermé dim. soir sauf juil.-août, sam. midi et lundi.) (18 €) Menu 29/64 €
– Carte 45/70 €
♦ Maison en pierres du pays agrémentée d'une façade moderne en bois. Deux salles à manger d'élégance classique pour une cuisine au gré des saisons. Chambres au calme bien tenues.

AX-LES-THERMES – 09 Ariège – 343 J8 – 1 509 h. – alt. 720 m   29 C3
– Sports d'hiver : au Saquet par route du plateau de Bonascre★ (8km) et
télécabine 1 400/2 400 m ⛷ 1 ⛷ 15 ⚡ – Stat. therm. : toute l'année – Casino
– ⌧ 09110 🕮 Midi-Toulousain
   ▶ Paris 803 – Andorra-la-Vella 59 – Carcassonne 106 – Foix 44
   Tunnel de Puymorens : péage en 2009, aller simple : autos 5,90 €, auto et
      caravane 12 €, P.L 19,40 à 31,60 €, deux-roues 3,60 €. Tarifs spéciaux A.R :
      renseignements ℰ 04 68 04 97 20.
   🛈 Office de tourisme, 6, avenueThéophile Delcassé ℰ 05 61 64 60 60,
      Fax 05 61 64 68 18
   ◉ Vallée d'Orlu★ au SE.

🏨 **Le Chalet**   ⌖ 🖥 & ch, ⌦ rest, 𝚟𝚒𝚜𝚊 ⊚ 🅰🅴 ⓞ
🕭 4 av. Turrel – ℰ 05 61 64 24 31 – www.le-chalet.fr – Fax 05 61 03 55 50 – Fermé
10 nov.-5 déc.
19 ch – ♦55/72 € ♦♦55/72 €, ⚏ 9 € – ½ P 57/65 €
Rest – (fermé dim. soir et lundi soir hors vacances scolaires et lundi midi) (22 €)
Menu 26/50 € – Carte environ 47 €
♦ Hôtel-chalet entièrement rénové. Les chambres, contemporaines et reposantes, disposent d'équipements modernes et certaines sont dotées d'un balcon. Lumineuse salle à manger aux tons beiges et terrasse dominant une rivière. Savoureuse cuisine actuelle.

🍴🍴 **L'Orry Le Saquet** avec ch   ⌖ ☫ 🅿 𝚟𝚒𝚜𝚊 ⊚ 🅰🅴
1 km au Sud par N 20 – ℰ 05 61 64 31 30 – www.auberge-lorry.com
– Fax 05 61 64 00 31 – Fermé vacances de printemps, nov., dim. soir et merc.
15 ch – ♦60/100 € ♦♦60/100 €, ⚏ 12 € – ½ P 54/60 €
Rest – (dîner seult sauf sam. et dim.) (16 € bc) Menu 35/45 €
♦ Bâtisses aux allures de chalet situées sur la route de l'Andorre. Restaurant aménagé dans l'esprit des auberges de campagne. Cours de cuisine deux samedis par mois. Chambres sobres et fonctionnelles.

AY – 51 Marne – 306 F8 – 4 190 h. – alt. 76 m – ⌧ 51160   13 B2
   ▶ Paris 146 – Reims 29 – Château-Thierry 60 – Épernay 4

🏨 **Castel Jeanson** sans rest ⌖   ⌖ 🖥 🖥 & 🅺 ⌦ ☫ 🅿 ⌖ 𝚟𝚒𝚜𝚊 ⊚
24 r. Jeanson – ℰ 03 26 54 21 75 – www.casteljeanson.fr – Fax 03 26 54 32 19
– Fermé 22 déc.-20 janv.
15 ch – ♦110/220 € ♦♦110/220 €, ⚏ 13 € – 2 suites
♦ Le joyau de cet hôtel particulier du 19e s. : la superbe verrière de style Art nouveau côté piscine. Chambres agréables, salon-bibliothèque et dégustation de champagne maison.

⚒ **Le Manoir des Charmes** sans rest ॐ   🚗 📶 📡 **P** 𝘝𝘐𝘚𝘈 ⚫⚫
83 bd Charles de Gaulle – ℰ *03 26 54 58 49 – www.lemanoirdescharmes.com*
– Fermé 24 déc.-13 fév.
5 ch ☐ – †110 € ††140 €
♦ Belle demeure bâtie en 1906, ouverte sur un jardin. Chambres garnies de meubles chinés par la propriétaire, passionnée de brocante. Petit-déjeuner sous une magnifique verrière.

XX **Le Vieux Puits**   📡 𝘝𝘐𝘚𝘈 ⚫⚫
18 r. Roger-Sondag – ℰ *03 26 56 96 53 – www.levieuxpuits.com*
– Fax 03 26 56 96 54 – Fermé 15-30 août, merc. et jeudi
Rest – (25 €) Menu 35/60 € – Carte 53/89 €
♦ Cette maison abrite deux salles : l'une bourgeoise, l'autre rustique – très soignées. Terrasse dressée dans la cour fleurie, autour du vieux puits. Beau choix de champagne.

AYGUESVIVES – 31 Haute-Garonne – **343** H4 – 2 143 h. – alt. 164 m   **29** C2
– ⊠ 31450 ▌Midi-Toulousain
  ▶ Paris 704 – Colomiers 36 – Toulouse 25 – Tournefeuille 38

⚒ **La Pradasse** sans rest ॐ   🚗 🍴 ♿ 🅐🅚 📶 **P** 𝘝𝘐𝘚𝘈 ⚫⚫
39 chemin de Toulouse, D 16 – ℰ *05 61 81 55 96 – www.lapradasse.com*
– Fax 05 61 81 55 96
5 ch ☐ – †74/79 € ††89/98 €
♦ Cette grange superbement restaurée abrite des chambres qui rivalisent de charme dans leur décor en brique, bois et fer forgé conçu par les propriétaires. Délicieux parc avec étang.

AY-SUR-MOSELLE – 57 Moselle – **307** I3 – 1 550 h. – alt. 160 m   **26** B1
– ⊠ 57300
  ▶ Paris 327 – Briey 31 – Metz 17 – Saarlouis 56

XX **Le Martin Pêcheur**   🚗 📡 🅐🅚 ⇔ **P** 𝘝𝘐𝘚𝘈 ⚫⚫
1 rte d'Hagondange – ℰ *03 87 71 42 31 – Fax 03 87 71 42 31 – Fermé 19-26 avril,*
16 août-1ᵉʳ sept., 25 oct.-2 nov., 21-28 fév., merc. soir, sam. midi, dim. soir et lundi
Rest – (30 €) Menu 40 € (déj. en sem.), 58 € bc/100 € bc – Carte 56/75 €🍷
♦ Entre canal et Moselle, ex-maison de pêcheurs (1928) agrémentée d'un beau jardin où l'on s'attable en été. Accueil avenant, salles colorées, cuisine actuelle et cave bien fournie.

AYTRÉ – 17 Charente-Maritime – **324** D3 – **rattaché à La Rochelle**

AZAY-LE-RIDEAU – 37 Indre-et-Loire – **317** L5 – 3 337 h. – alt. 51 m   **11** A2
– ⊠ 37190 ▌Châteaux de la Loire
  ▶ Paris 265 – Châtellerault 61 – Chinon 21 – Loches 58
  🛈 Office de tourisme, 4, rue du Château ℰ 02 47 45 44 40, Fax 02 47 45 31 46
  ◎ Château★★★ - Façade★ de l'église St-Symphorien.

🏠 **Des Châteaux**   📡 ♿ 📶 **P** 𝘝𝘐𝘚𝘈 ⚫⚫
2 rte de Villandry – ℰ *02 47 45 68 00 – www.hoteldeschateaux.com*
– Fax 02 47 45 68 29 – Ouvert 15 fév.-6 nov.
27 ch – †56/68 € ††61/79 €, ☐ 10 € – ½ P 56/65 €
Rest – (dîner seult) Menu 21/28 € – Carte 24/30 €
♦ Étape idéale sur la route des châteaux qui jalonnent votre itinéraire touristique, cet hôtel, peu à peu rénové, dispose de coquettes chambres gaies et colorées. Au restaurant, cuisine traditionnelle mitonnée par la patronne.

🏠 **De Biencourt** sans rest   📶 📡 𝘝𝘐𝘚𝘈 ⚫⚫
7 r. Balzac – ℰ *02 47 45 20 75 – www.hotelbiencourt.com – Fax 02 47 45 91 73*
– Ouvert 20 mars-5 nov.
15 ch – †56/59 € ††56/59 €, ☐ 8 €
♦ Près du château, maison du 18ᵉ s. ayant abrité une école dont le décor porte la trace. Meubles de style rustique ou Directoire. Petit-déjeuner dans la salle refaite ou au patio.

XX **L'Aigle d'Or**   📡 🅐🅚 ⇔ 𝘝𝘐𝘚𝘈 ⚫⚫
10 av. A.-Riché – ℰ *02 47 45 24 58 – Fax 02 47 45 90 18 – Fermé 1ᵉʳ-8 sept.,*
12-28 nov., 18 janv.-5 mars, lundi soir de déc. à avril, mardi soir
sauf juil.-août, dim. soir et merc.
Rest – (prévenir) (20 €) Menu 27/72 € – Carte 30/55 €🍷
♦ Goûteuse cuisine traditionnelle servie dans l'atmosphère feutrée d'une salle à manger coiffée de poutres apparentes et agrémentée de compositions florales. Accueil aimable.

à Saché 6,5 km à l'Est par D 17 – 1 160 h. – alt. 78 m – ✉ 37190

XX **Auberge du XIIe Siècle** (Xavier Aubrun et Thierry Jimenez)
🕊 *1 r. du Château – ℰ 02 47 26 88 77 – Fax 02 47 26 88 21*   *VISA ☺☺*
– Fermé 31 mai-9 juin, 30 août-8 sept., 14-24 nov., deux sem.
en janv., dim. soir, mardi midi et lundi
Rest – *(prévenir le week-end)* Menu 35/85 € – Carte environ 80 €
Spéc. Raviole de foie gras, jus à l'échalote. Turbot rôti aux écrevisses, fricassée
d'artichauts. Marbré au chocolat fondant. **Vins** Chinon, Touraine Azay-le-Rideau.
♦ Vénérable auberge à colombages où Balzac avait ses habitudes à deux pas du château qui
l'accueillit si souvent. Cadre rustique bien conservé. Recettes classiques.

BADEN – 56 Morbihan – 308 N9 – 3 899 h. – alt. 28 m – ✉ 56870   **9** A3
🗐 Paris 473 – Auray 9 – Lorient 52 – Quiberon 40

🏠 **Le Gavrinis**   🚗 🕊 & rest, 📞 🅿 *VISA ☺☺*
☺☺ *1 r. de L'Île Gavrinis, 2 km à Toulbroch par rte Vannes – ℰ 02 97 57 00 82*
☺ *– www.gavrinis.com – Fax 02 97 57 09 47 – Fermé 15-30 nov. et 9 janv.-8 fév.*
18 ch – †50/115 € ††50/115 €, � 12 € – ½ P 59/83 €
Rest – *(Fermé dim. soir hors saison, lundi sauf le soir du 15 juin au 15 sept. et
sam. midi)* (15 €) Menu 19 € (déj. en sem.), 27/62 € – Carte 31/70 €
♦ Cette maison néobretonne, entourée par un beau jardin, subit une cure de rajeunissement. Priorité donnée au confort et à la sobriété. Belle cuisine actuelle assise sur des bases
régionales. Table harmonieuse et terrasse ravissante.

BAERENTHAL – 57 Moselle – 307 Q5 – 703 h. – alt. 220 m – ✉ 57230   **27** D1
🗐 Paris 449 – Bitche 15 – Haguenau 33 – Strasbourg 62
🛈 Office de tourisme, 1, rue du Printemps d'Alsace ℰ 03 87 06 50 26,
Fax 03 87 06 62 33

🏠 **Le Kirchberg** sans rest 🍃   🚗 & 🅿 *VISA ☺☺*
🕊 *8 imp. de la Forêt – ℰ 03 87 98 97 70 – www.le-kirchberg.com*
– Fax 03 87 98 97 91 – Fermé 2 janv.-8 fév.
20 ch – †41/47 € ††52/66 €, ⊿ 11 €
♦ Hôtel de notre temps établi au cœur du parc régional. Chambres actuelles fraîches et nettes (dix avec cuisinette) à choisir sur l'arrière pour la vue vosgienne. Air pur garanti !

à Untermuhlthal 4 km au Sud-Est par D 87 – ✉ 57230 Baerenthal

XXXX **L'Arnsbourg** (Jean-Georges Klein)   🚗 🄰🄲 ⅏ 🅿 *VISA ☺☺* 🄰🄴 ⓘ
☺☺☺ *– ℰ 03 87 06 50 85 – www.arnsbourg.com – Fax 03 87 06 57 67 – Fermé
31 août-15 sept., 30 déc.-27 janv., mardi et merc.*
Rest – *(prévenir le week-end)* Menu 65 € (déj. en sem.), 125/160 €
– Carte 105/140 €
Spéc. Émulsion de pommes de terre et truffe. Saint-pierre infusé au laurier en
croûte de sel. Tartelette tiède au chocolat râpé de fève de Tonka, crème gla-
cée au grué de cacao. **Vins** Riesling, Pinot gris.
♦ En pleine campagne vosgienne, maison à fière allure vous conviant aux plaisirs d'un repas
délicieusement inventif dans une élégante salle aux notes actuelles surplombant la Zinsel.

K 🏠🏠🏠   ⩽ 🚗 🄸 & ⅏ 📶 🅿 *VISA ☺☺*
– ℰ 03 87 27 05 60 – Fax 03 87 06 88 65
12 ch – †220/280 € ††220/280 €, ⊿ 27 € – 6 suites
♦ Appréciez une architecture moderne tout en transparence qui fait entrer la nature dans de
confortables chambres aux lignes épurées.

BAFFIE – 63 Puy-de-Dôme – 326 J10 – 115 h. – alt. 850 m – ✉ 63600   **6** C2
🗐 Paris 457 – Clermont-Ferrand 90 – Issoire 69 – Montbrison 44

X **Le Relais du Vermont**   & ⅏ *VISA ☺☺*
☺☺ *au Col de Chemintrand – ℰ 04 73 95 34 75 – www.relaisduvermont.com*
– Fermé 21 déc.-8 fév., dim. soir, mardi soir hors saison et lundi
Rest – (12 € bc) Menu 16/27 €
♦ Ancien relais de diligences (1870) érigé sur un col d'où l'on profite d'une belle vue. Plats
du terroir et séduisants desserts servis dans un agréable cadre rustique.

BÂGÉ-LE-CHÂTEL – 01 Ain – 328 C3 – 802 h. – alt. 209 m – ⊠ 01380   44 B1

▶ Paris 396 – Bourg-en-Bresse 35 – Mâcon 11 – Pont-de-Veyle 7

🖬 Syndicat d'initiative, 2, rue Marsale 𝒞 03 85 30 56 66, Fax 03 85 30 56 66

XX
La Table Bâgésienne   🏠 VISA ⓸⓪ AE ①
19 Grande Rue – 𝒞 03 85 30 54 22 – Fax 03 85 30 58 33 – Fermé 26 juil.-8 août,
20-26 déc., 15-27 fév., lundi soir, mardi soir et merc.
Rest – Menu 19 € (déj. en sem.), 25/60 € – Carte 50/76 €
♦ Nouveau décor dans les tons gris, lin et cacao pour cette table à l'ambiance plus contemporaine. Cuisine régionale actualisée et généreuse. Terrasse ombragée par un tilleul.

BAGES – 11 Aude – 344 I4 – rattaché à Narbonne

BAGNÈRES-DE-BIGORRE ◀▶ – 65 Hautes-Pyrénées – 342 M4   28 A3
– 8 030 h. – alt. 551 m – Stat. therm. : mi mars-fin nov. – Casino – ⊠ 65200
▌ Midi-Toulousain

▶ Paris 829 – Lourdes 24 – Pau 66 – St-Gaudens 65

🖬 Office de tourisme, 3, allées Tournefort 𝒞 05 62 95 50 71, Fax 05 62 95 33 13

🖫 de la Bigorre à Pouzac Quartier Serre Devant, NE par D 938 : 3 km,
𝒞 05 62 91 06 20

◎ Parc thermal de Salut★ par Av. Pierre-Noguès - Grotte de Médous★★ SE :
2,5 km par D 935.

🏠
La Résidence ⌂   ⟵ ◫ ⛵ 𝄞 ⛲ ⚿ ch, **P** VISA ⓸⓪
Vallon de Salut – 𝒞 05 62 91 19 19 – www.residotel.com – Fax 05 62 95 29 88
– Ouvert 2 mai-30 sept.
26 ch (½ P seult) – 3 suites – ½ P 70/80 €   **Rest** – (résidents seult)
♦ Au calme, dans le cadre champêtre du parc de la station thermale. Les chambres sont spacieuses (certaines avec balcon) et ouvrent sur le vallon de Salut. Agréable salon-vidéothèque. Salle à manger rustique et cossue pour une cuisine traditionnelle.

↑
Les Petites Vosges sans rest   AK VISA ⓸⓪
17 bd Carnot – 𝒞 05 62 91 55 30 – www.lespetitesvosges.com – Fermé 12-30 nov.
4 ch ⌂ – †65/70 € ††75/90 €
♦ Le mélange d'ancien et de contemporain redonnent à cette maison une vitalité empreinte d'originalité. Chambres douillettes et salon de thé raffiné. La propriétaire saura vous conseiller de belles randonnées dans les environs.

X
L' Auberge Gourmande   VISA ⓸⓪
1 bd Hyperon – 𝒞 05 62 95 52 01 – Fax 05 62 95 52 01 – Fermé 15-30 nov., mardi
sauf juil.-août et lundi
Rest – Menu 13 € (déj. en sem.), 19/52 € – Carte 33/59 €
♦ Cette jolie maison de pays abrite une salle élégante où vous appréciez la cuisine du chef qui revisite, sans esbroufe mais avec maîtrise, les terroirs du Sud et du Sud-Ouest.

à Gerde Sud 2 km par rte de Campan – 1 140 h. – alt. 570 m – ⊠ 65200

🏠🏠
Le Relais des Pyrénées sans rest ⌂   ⟵ 🖥 ⚙ ⚎ ⚿ **P** VISA ⓸⓪ AE ①
1 av. 8-Mai-1945 – 𝒞 05 62 44 66 67 – www.relais-des-pyrenees.com
– Fax 05 62 44 90 14
51 ch – †75/88 € ††83/96 €, ⌂ 10 €
♦ Ancienne usine textile sur les rives de l'Adour, aux pieds du Pic du Midi. Chambres modernes (mobilier en bois clair et couettes) et quelques duplex. Belle vue sur les Pyrénées.

à Beaudéan 4,5 km au Sud par rte de Campan (D 935) – 389 h. – alt. 625 m
– ⊠ 65710

🖬 Office de tourisme, place de la Mairie 𝒞 05 62 91 79 92

◎ Vallée de Lesponne★ SO.

🏠
Le Catala ⌂   🖥 ⚿ ⚎ ⚙ **P** VISA ⓸⓪ AE
12 r. Larrey – 𝒞 05 62 91 75 20 – www.le-catala-hotel-pyrenees.com
– Fax 05 62 91 79 72 – Fermé 1ᵉʳ-8 mai, 1ᵉʳ-8 nov., vacances de Noël et dim. sauf
vacances scolaires
24 ch – †50 € ††52 €, ⌂ 10 € – 3 suites – ½ P 52/65 €
Rest – (dîner seult) (résidents seult)
♦ La façade discrète de cet hôtel bigourdan dissimule un intérieur original : les fresques peintes sur les portes annoncent le décor thématique des chambres (sport, histoire, etc.).

à Lesponne **8 km au Sud par D 935 et D 29 – ✉ 65710 Campan**

Domaine de Ramonjuan rest,
– ✆ *05 62 91 75 75 – www.ramonjuan.com – Fax 05 62 91 74 54*
17 ch – †60/100 € ††60/100 €, ☕ 10 € – ½ P 60/85 €
Rest – *(fermé 10-26 nov., dim. et lundi) (dîner seult) (résidents seult)* Menu 21 €, 30/45 €
♦ Cette vieille ferme de montagne reconvertie en hôtellerie offre de bons équipements de loisirs. Chambres rustiques et studios modernes. On apprécie une cuisine régionale dans la salle à manger-véranda ou sur la terrasse d'été.

BAGNÈRES-DE-LUCHON – 31 Haute-Garonne – 343 B8 – 2 619 h. 28 B3
– alt. 630 m – Sports d'hiver : à Superbagnères, 1 440/2 260 m 1 14
– Stat. therm. : début mars-fin oct. – Casino Y – **✉ 31110** Midi-Toulousain

Paris 814 – St-Gaudens 48 – Tarbes 98 – Toulouse 141
Office de tourisme, 18, allée d'Étigny ✆ 05 61 79 21 21, Fax 05 61 79 11 23
de Luchon Route de Montauban, ✆ 05 61 79 03 27

Plan page suivante

D'Étigny rest,
face établ. thermal – ✆ 05 61 79 01 42 – www.hotel-etigny.com
– Fax 05 61 79 80 64 – Ouvert 1er mai-23 oct. Z**k**
63 ch – †49/125 € ††49/125 €, ☕ 10 € – 5 suites – ½ P 50/88 €
Rest – (14 €) Menu 19/49 € – Carte 35/62 €
♦ En face des thermes, ancien hôtel particulier (19e s.) tenu par la même famille depuis quatre générations. Chambres classiques, peu à peu rénovées. Cuisine au goût du jour servie dans la salle à manger habillée de boiseries.

Acta sans rest
19 allées d'Etigny – ✆ 05 61 79 56 97 – www.hotelluchon.com
– Fax 05 61 95 43 96 Y**z**
44 ch – †65/105 € ††79/130 €, ☕ 12 € – 3 suites
♦ Hommes d'affaires et skieurs apprécient cet hôtel moderne pour sa situation centrale et ses jolies chambres parfaitement équipées. Agréable piscine intérieure et espace fitness.

La Rencluse
à St-Mamet – ✆ 05 61 79 02 81 – www.hotel-larencluse.com – Fax 05 61 79 82 99
– Ouvert 2 mai-10 oct., vacances de Noël et de fév. Z**y**
24 ch – †46/53 € ††53/56 €, ☕ 8 € – ½ P 54/58 €
Rest – Menu 15 € (sem.)/26 € – Carte 25/35 €
♦ Sympathique auberge familiale sur la route de l'Espagne. Chambres de style montagnard au décor chaleureux (plus simples à l'annexe), certaines avec jolie vue sur les hauteurs. Salle à manger rustique ou pergola en saison pour apprécier une cuisine traditionnelle.

Pavillon Sévigné
2 av. Jacques-Barrau – ✆ 05 61 79 31 50 – www.pavillonsevigne.com
5 ch ☕ – †70/80 € ††80/90 € – ½ P 65/105 € Z**z**
Table d'hôte – Menu 25 € bc
♦ Fresques murales, escalier en bois, meubles anciens chinés ou de famille : tout le cachet d'un paisible manoir du 19e s., avec équipements modernes et accueil délicieux. À la table d'hôte, menu unique à déguster dans l'agréable salle à manger ouverte sur le jardin.

XX **L'Heptameron des Gourmets**
3 bd Charles-de-Gaulle – ✆ 05 61 79 78 55 – www.heptamerondesgourmets.com
– Fermé 15 nov.-17déc. et lundi X**a**
Rest – *(dîner seult) (prévenir)* Menu 55 €
♦ Ambiance raffinée et tout en convivialité dans ce retaurant installé dans la maison même des propriétaires ! Menu unique composé au fil du marché, assorti de vins choisis.

Ne confondez pas les couverts X et les étoiles ✲ ! Les couverts définissent une catégorie de confort et de service. L'étoile couronne uniquement la qualité de la cuisine, quel que soit le standing de la maison.

BAGNÈRES-DE-LUCHON

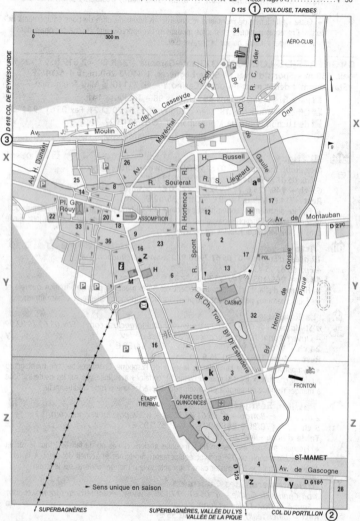

à St-Paul-d'Oueil 8 km par ③, D618 et D51 – 53 h. – alt. 1 000 m – ⊠ 31110

⛺ **Maison Jeanne** sans rest 🐾

– ☎ 05 61 79 81 63 – www.maison-jeanne-luchon.com – Fax 05 61 79 81 63

4 ch ⊇ – †65 € ††76 €

♦ Accueil fort chaleureux dans cette maison de pays ouverte sur un jardin et sur la montagne. Chambres décorées de meubles de famille et de pochoirs réalisés par la propriétaire.

BAGNOLES-DE-L'ORNE – 61 Orne – 310 G3 – 2 488 h. – alt. 140 m   **32** B3
– Stat. therm. : mi mars-fin oct. – Casino A – ⊠ 61140 ▍ Normandie Cotentin

▶ Paris 236 – Alençon 48 – Argentan 39 – Domfront 19

🏢 Office de tourisme, place du Marché ☏ 02 33 37 85 66,
    Fax 02 33 30 06 75

🏌 de Bagnoles-de-l'Orne Route de Domfront, ☏ 02 33 37 81 42

👁 Site★ - Lac★ - Parc de l'établissement thermal★.

Le Manoir du Lys (Franck Quinton) ⊗   ♨ 🍴 ⊼ 🄽 ✕ 🛏 ☖ 🄿
2 km rte Juvigny-sous-Andaine par ③ – ☏ 02 33 37 80 69   VISA ⓄⓈ ⒶⒺ ①
– www.manoir-du-lys.fr – Fax 02 33 30 05 80
– Fermé 2 janv.-13 fév., dim. soir, mardi midi et lundi de nov. à avril
sauf Pâques
23 ch – †80/220 € ††125/300 €, ⊇ 16 € – 7 suites – ½ P 104/214 €
Rest – *(fermé mardi midi, merc. midi et lundi de mai à oct.)* Menu 40/110 €
– Carte 62/100 € 🍷
Spéc. Andouille de Vire en papillote transparente et foin vert, crème au camembert. Pigonneau rôti entier, jus clair au cidre et jeunes navets. Macaron à la crème tendre, champignons des bois et sorbet trompette.
♦ Au milieu des bois, belle demeure normande avec son parc. Chambres personnalisées réparties entre le manoir et un original pavillon (les plus récentes et les plus spacieuses). Cuisine régionale servie dans une superbe salle à manger d'esprit contemporain ou sur une exquise terrasse.

Nouvel Hôtel   🍴 🛗 🄰🄲 rest. ✕ 🛏 🄿 🔚 VISA ⓄⓈ
8 av. Dr-P.-Noal – ☏ 02 33 30 75 00 – www.nouvel-hotel-bagnoles.fr
– Fax 02 33 30 75 13 – Ouvert d'avril à oct.   A e
30 ch – †50/54 € ††64/69 €, ⊇ 8,50 € – ½ P 64/74 €
Rest – Menu 19 € (sem.)/45 € – Carte 28/50 €
♦ Cette jolie villa du début du 20ᵉ s. bénéficie de chambres fonctionnelles, plaisantes et bien insonorisées. Salon doté d'un piano et paisible jardin fleuri. Trois salles dont une occupant l'agréable véranda ; menus traditionnels, diététiques et végétariens.

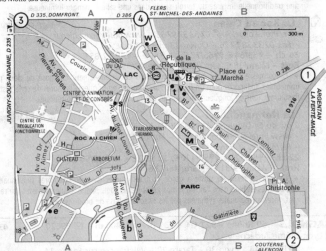

207

Bois Joli 🕭
🔔 🛉 AC rest, ¶ P VISA ◑ AE ⑪

av. Ph.-du-Rozier – ℰ 02 33 37 92 77 – www.hotelboisjoli.com
– Fax 02 33 37 07 56
A w
20 ch – †76/160 € ††76/160 €, ⊐ 11 € – ½ P 68/113 €
Rest – Menu 21/63 € – Carte 35/80 €

◆ Élégante maison anglo-normande du 19ᵉ s. dans un parc arboré. Intérieur cossu, meubles anciens, chambres coquettes et très romantiques. Salle à manger avec beaux lambris d'origine et cheminée en bois sculpté ; courte carte traditionnelle aux accents du terroir.

Ô Gayot
🛋 🛉 & rest, ¶ VISA ◑

2 av. de la Ferté-Macé – ℰ 02 33 38 44 01
– www.ogayot.com – Fax 02 33 38 47 71
– Fermé dim. soir du 15 nov. au 1ᵉʳ avril
A u
16 ch – †49/95 € ††49/95 €, ⊐ 8,50 € – ½ P 48/71 €
Rest – *(fermé jeudi sauf en août, lundi midi du 15 nov. au 1ᵉʳ avril et dim. soir)*
(15 €) Menu 19 € (sem.)/27 € – Carte environ 25 €

◆ Au centre de la station thermale, hôtel au concept "tout en un" : chambres épurées, sur le thème de l'eau ou de la forêt ; bar, salon de thé, boutique de produits régionaux. Bistrot contemporain où vous attend une cuisine actuelle à prix attractifs. Terrasse.

Bagnoles Hôtel
🛋 🛉 & ch, ¶ P VISA ◑ AE

6 pl. de la République – ℰ 02 33 37 86 79 – www.bagnoles-hotel.com
– Fax 02 33 30 19 74
A t
20 ch – †69/89 € ††69/99 €, ⊐ 9 € – ½ P 58/73 €
Rest Bistrot Gourmand – (16 €) Menu 21 € – Carte 28/36 €

◆ Cet hôtel récemment rénové abrite des chambres fonctionnelles aux couleurs tendance, chaudes et reposantes. La plupart disposent d'un balcon couvert ou d'une terrasse aménagée. Ambiance bistrot chic au restaurant, moderne ; goûteuse cuisine du marché.

Les Camélias
🚗 🛉 ¶ P VISA ◑ AE ⑪

av. Château-de-Couterne – ℰ 02 33 37 93 11
– www.cameliashotel.com – Fax 02 33 37 48 32
– Ouvert 9 mars-31 déc. et fermé dim. soir, mardi midi et lundi du 1ᵉʳ nov. au 31 déc.
A b
26 ch – †50/64 € ††55/69 €, ⊐ 8,50 € – ½ P 45/57 €
Rest – Menu 20 €

◆ Au cœur d'un quartier pavillonnaire, maison normande du début du 20ᵉ s. appréciée pour son calme et son jardin fleuri. Chambres régulièrement rafraîchies, pratiques et colorées. Cuisine traditionnelle inspirée du terroir servie dans une salle à manger lumineuse.

Le Roc au Chien
🚗 🛉 ¶ ʃÅ P VISA ◑

10 r. Prof.-Louvel – ℰ 02 33 37 97 33 – www.hotelrocauchien.fr
– Fax 02 33 38 17 76 – Ouvert 13 mars-14 nov.
A s
36 ch – †53/64 € ††65/78 €, ⊐ 8,50 € – ½ P 72/85 €
Rest – Menu 18 € (sem.)/32 € – Carte 27/35 €

◆ La comtesse de Ségur aurait séjourné dans cet établissement composé de deux petits immeubles juxtaposés dont un flanqué d'une tourelle en briques. Chambres de style rustique. Restaurant tout en longueur, tourné côté rue ; plats régionaux et diététiques.

Le Normandie
🛉 ¶ P VISA ◑ AE

2 av. du Dr-Lemuet – ℰ 02 33 30 71 30
– www.hotel-le-normandie.com – Fax 02 33 30 71 31
– Fermé déc. et janv.
B v
22 ch – †50/120 € ††50/120 €, ⊐ 8,50 € – ½ P 32/90 €
Rest – Menu 19/31 € – Carte 45/72 €

◆ Cet ancien relais de poste a gardé tout son cachet d'antan. Chambres personnalisées, confortables et bien dans l'air du temps : mobilier en bois patiné, couleurs pastel. Au restaurant, recettes régionales rythmées par les saisons, à base de produits locaux.

BAGNOLS – 69 Rhône – **327** G4 – 731 h. – alt. 400 m – ⊠ 69620
43 E1
▌ Lyon Drôme Ardèche

▶ Paris 444 – Lyon 30 – Tarare 20 – Villefranche-sur-Saône 14

Château de Bagnols ⌂ ⟨ ◍ ⌘ ⌂ 🛏 ⚹ ch, ⚹ 🌐 🐕 **P**
– ☏ 04 74 71 40 00 – www.chateaudebagnols.fr — ▨ ⓿ Ⓐ ⓪
– Fax 04 74 71 40 49
16 ch – 🚹480/2700 € 🚹🚹480/2700 €, ⚟ 37 € – 5 suites – ½ P 759/2774 €
Rest – Menu 80/130 € – Carte 95/144 €🕮
Spéc. Tatin de pommes de terre au pied de cochon et sa fricassée de champignons (automne). Poularde de Bresse à la broche, gras de cuisses confits. Soufflé chaud au citron, marmelade de citrons broyés. **Vins** Mâcon-Villages, Morgon.
♦ Jardins ouverts sur la campagne beaujolaise, accès par pont-levis, fresques Renaissance restaurées et superbes chambres personnalisées : c'est la vie de château ! Séduisante cuisine servie dans la majestueuse salle des gardes (cheminée gothique et meubles ancestraux).

BAGNOLS-SUR-CÈZE – 30 Gard – 339 M4 – 18 545 h. – alt. 51 m — 23 D1
– ⌂ 30200 ▮ Languedoc Roussillon
▶ Paris 653 – Alès 54 – Avignon 34 – Nîmes 56
🅳 Office de tourisme, Espace Saint-Gilles ☏ 04 66 89 54 61, Fax 04 66 89 83 38
◙ Musée d'Art moderne Albert-André★.
◙ Site★ de Roques-sur-Cèze.

Château du Val de Cèze ⌂ ⟨ ⌂ ⚹ 🛏 ⚹ ch, 🅼 🌐 🐕 **P** ▨ ⓿ Ⓐ
69 r. Léon Fontaine, 1 km rte d'Avignon – ☏ 04 66 89 61 26
– www.sud-provence.com – Fax 04 66 89 97 37 – Fermé 23 août-6 sept. et
19 déc.-2 janv.
22 ch – 🚹85/120 € 🚹🚹95/130 €, ⚟ 12 € – 1 suite – ½ P 78/99 €
Rest – (fermé sam. de juin à sept., lundi d'oct. à mai et dim.) (19 €) Menu 25/45 €
♦ Château du 17e s. où l'on profite des salons. Chambres provençales (fer forgé, tomettes, tissus colorés), logées dans des pavillons récents au cœur du parc (piscine, tennis). Le restaurant propose une cuisine du marché, élaborée au fil des saisons.

rte d'Alès 5 km Ouest par D 6 et D 143

Château de Montcaud ⌂ ⟨ ⌂ ⚹ 🛁 ⚹ ⌂ ch, 🅼 🌐 🐕 **P**
Hameau de Combe ⌂ 30200 Bagnols-sur-Cèze — ▨ ⓿ Ⓐ ⓪
– ☏ 04 66 89 60 60 – www.chateau-de-montcaud.com – Fax 04 66 89 45 04
– Ouvert 6 mai-25 oct.
26 ch – 🚹170/360 € 🚹🚹180/390 €, ⚟ 23 € – 2 suites – ½ P 185/345 €
Rest Les Jardins de Montcaud – (fermé le midi sauf dim. en saison) Menu 45 €, 57/75 €
Rest Bistrot de Montcaud – (déj. seult) (20 €) Carte environ 28 €
♦ Noble demeure du 19e s. entourée d'un parc soigné. Meubles de style et tons chauds personnalisent les chambres de ce havre de paix. Table traditionnelle d'un provençal chic et beau patio aux Jardins de Montcaud. Choix simplifié au Bistrot ; brunch dominical jazzy en été.

BAIE DES TRÉPASSÉS – 29 Finistère – 308 C6 – rattaché à Pointe du Raz

BAILLARGUES – 34 Hérault – 339 J7 – rattaché à Montpellier

BAILLEUL – 59 Nord – 302 E3 – 13 616 h. – alt. 44 m – ⌂ 59270 — 30 B2
▮ Nord Pas-de-Calais Picardie
▶ Paris 244 – Armentières 13 – Béthune 31 – Dunkerque 44
🅳 Office de tourisme, 3, Grand'place ☏ 03 28 43 81 00, Fax 03 28 43 81 01
◙ ⚹★ du beffroi.

Belle Hôtel sans rest ⌂ 🐕 **P** ▨ ⓿ Ⓐ ⓪
19 r. de Lille – ☏ 03 28 49 19 00 – www.bellehotel.fr – Fax 03 28 49 22 11 – Fermé
9-22 août, 24 déc.-2 janv.
31 ch – 🚹85/160 € 🚹🚹85/160 €, ⚟ 13 €
♦ Deux jolies maisons typiquement flamandes. Chambres spacieuses et raffinées (meubles de style) dans l'une ; plus actuelles et tout aussi confortables dans l'autre.

BAIROLS – 06 Alpes-Maritimes – 341 D4 – 103 h. – alt. 850 m — 41 D2
– ⌂ 06420
▶ Paris 836 – Digne-les-Bains 120 – Grasse 74 – Nice 53

☆ Auberge du Moulin ⩽

4 r. Lou-Coulet – ☎ 04 93 02 92 93 – Fermé 15 nov.-15 déc. et lundi
Rest – *(nombre de couverts limité, prévenir)* Menu 25/35 €

◆ Ancien moulin situé au cœur d'un village médiéval perché. Menu (unique) italien et joli cadre rustique décontracté : aphorismes du patron et vieux rouages animent la salle.

BAIX – 07 Ardèche – 331 K5 – 1 010 h. – alt. 80 m – ☒ 07210   **44** B3

🖪 Paris 588 – Crest 30 – Montélimar 22 – Privas 18

🏠 Les Quatre Vents sans rest ॐ   🖨 P VISA ◐◐

*rte Chomérac, 2 km au Nord-Ouest – ☎ 04 75 85 80 64 – Fax 04 75 85 05 30
– Fermé 26 déc.-17 janv.*
20 ch – ♦46/52 €, ♦♦49/55 €, � 7 €

◆ Façade ocre et volets bleus pour ces deux bâtiments en léger retrait d'une route passante. Chambres pratiques rénovées. Petits-déjeuners d'été en terrasse, avec vue champêtre.

☆☆ Les Quatre Vents   🖨 🛒 AC ⟺ P VISA ◐◐

*rte Chomérac, 2 km au Nord-Ouest – ☎ 04 75 85 84 49
– www.restaurantles4vents.fr – Fax 04 75 85 84 49 – Fermé 26 déc.-15 janv., sam. midi et dim. soir*
Rest – (14 €) Menu 22 € (sem.)/56 € – Carte 40/66 €

◆ Au restaurant : charpente apparente, décor revu et coloré, orné de tableaux et d'un trompe-l'oeil, cuisine actuelle.

BALARUC-LES-BAINS – 34 Hérault – 339 H8 – 6 232 h. – alt. 3 m   **23** C2
– Stat. therm. : début mars.-mi déc. – Casino – ☒ 34540 🏛 Languedoc Roussillon

🖪 Paris 781 – Agde 32 – Béziers 52 – Frontignan 8

🛈 Syndicat d'initiative, Pavillon Sévigné ☎ 04 67 46 81 46, Fax 04 67 46 81 54

☆☆☆ Le St-Clair   ⩽ 🛒 VISA ◐◐

*quai du Port – ☎ 04 67 48 48 91 – www.restaurant-saintclair.com
– Fax 04 67 18 86 96 – Fermé 4 janv.-5 fév.*
Rest – (20 €) Menu 30/60 € – Carte 60/79 €

◆ Salle-véranda de style bourgeois donnant sur le quai, et terrasse agrémentée de palmiers face au bassin de Thau. Incontournable pour les amateurs de poissons et coquillages !

BALDERSHEIM – 68 Haut-Rhin – 315 I10 – rattaché à Mulhouse

BÂLINES – 27 Eure – 304 F9 – rattaché à Verneuil-sur-Avre

BALLEROY – 14 Calvados – 303 G4 – 754 h. – alt. 70 m – ☒ 14490   **32** B2
🏛 Normandie Cotentin

🖪 Paris 276 – Bayeux 16 – Caen 42 – St-Lô 23

◎ Château★.

☆☆☆ Manoir de la Drôme   🖨 ❀ P VISA ◐◐ AE

*129 r. des Forges – ☎ 02 31 21 60 94 – www.manoir-de-la-drome.com
– Fax 02 31 21 88 67 – Fermé 26 oct.-4 nov., 10-28 fév., dim. soir, lundi et merc.*
Rest – Menu 49/70 € – Carte 64/89 €

◆ Cet ensemble de caractère (17ᵉ s.) fut la propriété d'un maître de forge. Dégustez des repas classiques dans un cadre soigné. Agréable jardin fleuri où se glisse la Drôme.

LA BALME-DE-THUY – 74 Haute-Savoie – 328 K5 – rattaché à Thônes

---

BALOT – 21 Côte-d'Or – 320 G3 – 91 h. – alt. 272 m – ☒ 21330   **8** C1
🖪 Paris 235 – Auxerre 74 – Chaumont 74 – Dijon 82

🏠 Auberge de la Baume   ❀ ch, "¶" VISA ◐◐ AE

*r. d'en haut – ☎ 03 80 81 40 15 – www.aubergedelabaume.com
– Fax 03 80 81 62 87 – Fermé 24 déc.-3 janv.*
10 ch – ♦60 € ♦♦60 €, ⊒ 8 € – ½ P 65/68 €
Rest – Menu 17 € (déj. en sem.), 24/33 € – Carte 25/42 €

◆ Cette auberge située face à l'église vous réserve un accueil attentionné et propose des chambres fonctionnelles, bien tenues. Belle collection de soupières anciennes dans la salle rustique dotée d'une grande cheminée. Cuisine traditionnelle.

BAMBECQUE – 59 Nord – **302** D2 – 673 h. – alt. 8 m – ⊠ 59470 30 B1

> ▶ Paris 271 – Calais 65 – Dunkerque 24 – Hazebrouck 26

XX **La Vieille Forge** *VISA* ⊕⊙
38 r. Principale – ℰ 03 28 27 60 67 – Fax 03 28 27 60 67 – Fermé dim. soir, lundi, mardi, merc. et jeudi
Rest – (32 €) Menu 38/60 € bc
♦ Une superbe cheminée (vestige de l'ancienne forge) trône dans la belle salle à manger rustique. La carte se décline en formules que le convive compose au gré de ses envies.

BAN-DE-LAVELINE – 88 Vosges – **314** K3 – 1 260 h. – alt. 427 m 27 D3
– ⊠ 88520

> ▶ Paris 411 – Colmar 59 – Épinal 67 – St-Dié 14

XX **Auberge Lorraine** avec ch 🚗 🛜 📶 **P** *VISA* ⊕⊙
⊛ *5 r. du 8 mai – ℰ 03 29 51 78 17 – www.auberge-lorraine.com*
🅰 *– Fax 03 29 51 71 72 – Fermé dim. soir et lundi*
📺 **7 ch** – †34/49 € ††40/65 €, ⊇ 8 € – ½ P 47/57 €
Rest – (14 €) Menu 17 € (déj. en sem.), 24/40 € – Carte 27/58 €
♦ Plaisante étape gourmande en pays vosgien : ambiance de maison de poupée et service aux petits soins pour amateurs de plats du terroir, généreux et francs. Les chambres au décor chaleureux et douillet sont spacieuses et pratiques. Espace détente.

BANDOL – 83 Var – **340** J7 – 8 647 h. – alt. 1 m – Casino Y – ⊠ 83150 40 B3
▊ Côte d'Azur

> ▶ Paris 818 – Aix-en-Provence 68 – Marseille 48 – Toulon 18
>
> 🛥 Accès à l'Île de Bendor par vedette (traversée 7mn) ℰ 04 94 29 44 34.
>
> 🛈 Office de tourisme, allées Vivien ℰ 04 94 29 41 35, Fax 04 94 32 50 39
>
> 🏌18 de Frégate à Saint-Cyr-sur-Mer Route de Bandol, par rte de Marseille : 4 km, ℰ 04 94 29 38 00
>
> ◎ Allées Jean-Moulin ★.

🏠 **Golf Hôtel** ⇐ 🛜 ᴀᴄ ch, 🛜 **P** *VISA* ⊕⊙
sur plage Renécros par bd L. Lumière - Z – ℰ 04 94 29 45 83 – www.golfhotel.fr
– Fax 04 94 32 42 47 – Ouvert mi-mars- mi-oct.
24 ch – †62/85 € ††62/80 €, ⊇ 10 €
Rest – *(ouvert avril à fin- sept. et fermé le soir sauf du 21 juin au 12 sept.)*
Menu 22 € – Carte 32/45 €
♦ Ancrée dans le sable fin et les pieds dans l'eau, cette villa des années 1900 abrite un hôtel accueillant. Chambres d'ampleur variable ; certaines avec loggias ou balcons. Restaurant de plage en saison.

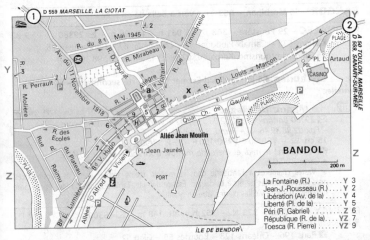

🏠 **Bel Ombra** ॐ   🕯 ✥ rest, 𝘝𝘐𝘚𝘈 ⦿ 𝗔𝗘

r. de la Fontaine - Y – ℰ 04 94 29 40 90 – www.hotel-belombra-bandol.com
– Fax 04 94 25 01 11 – Ouvert 1ᵉʳ avril-15 oct.
20 ch *(½ P seult en juil-août)* – †59/72 € ††69/90 €, ⬚ 8 € – ½ P 66/76 €
Rest – *(ouvert 1ᵉʳ juil. -20 sept.) (dîner seult) (résidents seult)* Menu 23 €

◆ Adresse conviviale dans un quartier calme, en retrait de l'animation estivale. Chambres fonctionnelles d'esprit actuel, certaines dotées d'une mezzanine (pratique pour les familles). Restauration en demi-pension pour les résidents.

🏠 **Les Galets**   ⩽ 🕯 𝗔𝗖 rest, ✥ 𝗣 𝘝𝘐𝘚𝘈 ⦿ 𝗔𝗘 ⓞ

49 montée Voisin, par ② – ℰ 04 94 29 43 46 – www.lesgalets-bandol.com
– Fax 04 94 32 44 36 – Ouvert 10 janv.-12 nov.
20 ch – †65/70 € ††80/85 €, ⬚ 8 € – ½ P 68/79 €
Rest – *(18 €)* Menu 23/30 € – Carte 30/36 €

◆ Cet hôtel bâti à flanc de colline bénéficie d'une vue imprenable sur la mer. Chambres sobres et lumineuses, disposant en majorité d'un balcon face à la grande bleue. On apprécie une cuisine traditionnelle dans la salle rustique ou sur la terrasse panoramique.

✗✗ **L'Espérance**   🕯 𝗔𝗖 𝘝𝘐𝘚𝘈 ⦿

21 r. L. Marçon – ℰ 04 94 05 85 29 – www.restaurant-lesperance.com
– Fax 04 94 05 85 29 – Fermé vend. midi de juil. à sept., mardi sauf le soir de juil.
à sept., dim. soir d'oct. à mars et lundi   Y**x**
Rest – *(25 € bc)* Menu 29/59 € – Carte 44/58 €

◆ Sympathique restaurant familial situé à l'écart de l'agitation touristique. Cuisine raffinée aux accents du Sud servie dans un cadre frais décoré de touches provençales.

✗ **Le Clocher**   🕯 𝘝𝘐𝘚𝘈 ⦿

🙂 *1 r. de la Paroisse – ℰ 04 94 32 47 65 – Fermé dim. soir et merc.*   Y**a**
Rest – *(nombre de couverts limité, prévenir)* *(12 €)* Menu 28/35 €
– Carte environ 40 €

◆ Accueil charmant, décor contemporain façon bistrot, terrasse dans la ruelle et belle cuisine au goût du jour : ce petit restaurant du vieux Bandol a le vent en poupe.

par ② 1,5 km et rte de Sanary

✗✗ **Le Castel** avec ch ॐ   🕯 𝗣 𝘝𝘐𝘚𝘈 ⦿ 𝗔𝗘

925 rte de la Canolle ✉ 83110 Sanary-sur-Mer – ℰ 04 94 29 82 98
– Fax 04 94 32 53 32 – Fermé 15 janv.-28 fév. et dim. soir du 15 nov. au 15 janv.
9 ch – †64 € ††76 €, ⬚ 8,50 € – ½ P 71 €
Rest – *(prévenir)* Menu 34 € – Carte 52/75 €

◆ Petite auberge familiale – avec sa coquette salle rustique – où le chef concocte une cuisine traditionnelle authentique et simple. Chambres sobres, en majorité de plain-pied.

BANGOR – 56 Morbihan – 063 11 – **voir à Belle-Île-en-Mer**

BANNALEC – 29 Finistère – **308** I7 – 5 061 h. – alt. 98 m – ✉ 29380   **9** B2
   ▶ Paris 535 – Carhaix-Plouguer 51 – Châteaulin 67 – Concarneau 25
   🖪 Office de tourisme, Kerbail ℰ 02 98 39 43 34, Fax 02 98 39 53 44

rte de St-Thurien 4,5 km au Nord-Est par D 23 et rte secondaire – ✉ 29380
Bannalec

🏠 **Le Manoir du Ménec** ॐ   ⑩ 🖵 🛁 ✥ 📶 𝗣 𝘝𝘐𝘚𝘈 ⦿

✉ *29380 Bannalec – ℰ 02 98 39 47 47 – www.manoirdumenec.com*
– Fax 02 98 39 46 17 – Fermé 3 janv.-12 fév.
15 ch ⬚ – †80/90 € ††90/100 € – ½ P 58/90 €
Rest – *(fermé le midi et merc. de mi nov. à mi mars)* Menu 20/40 €
– Carte 30/50 €

◆ Vastes chambres à l'ancienne dans le manoir, moins amples dans les dépendances, mais souvent dotées de lits à baldaquin. Espace détente. Table au goût du jour et au cadre rustique : poutres, vieilles pierres, âtre en granit.

BANNAY – 18 Cher – **323** N2 – 752 h. – alt. 148 m – ✉ 18300   **12** D2
▮ Limousin Berry

   ▶ Paris 196 – Orléans 128 – Bourges 55 – Gien 52

🍴 **La Buissonnière** avec ch ☂ ♿ ch, 📶 VISA MC

⊜ *58 r. du Canal – ✆ 02 48 72 42 07 – www.labuissonniere.fr – Fax 02 48 72 35 90 – Fermé mardi midi, dim. soir et lundi*

7 ch – 👤54/76 € 👥54/76 €, ☕ 8,50 € **Rest** – (14 €) Menu 19/25 €

◆ Maison 1900 face au canal de la Loire. Saveurs dans l'air du temps à déguster dans une salle minimaliste dominée par le blanc, ou sous la pergola verdoyante. Pavillon avec des chambres contemporaines en rez-de-jardin et à l'étage desservi par une coursive.

BANNEGON – **18 Cher** – **323** M6 – **270 h.** – **alt. 180 m** – ✉ **18210** **12** D3

▶ Paris 284 – Bourges 43 – Moulins 70 – St-Amand-Montrond 22

🍴🍴 **Moulin de Chaméron** avec ch 🐸 ⛱ ☂ ⛱ 🅿 VISA MC AE

– ✆ 02 48 61 84 48 – www.moulindechameron.fr.st/ – Fax 02 48 61 86 62 – Ouvert 15 mars-30 nov. et fermé mardi midi et lundi hors saison

13 ch – 👤69/92 € 👥69/113 €, ☕ 13 € **Rest** – Menu 26/48 € – Carte 42/52 €

◆ Dans un cadre bucolique à souhait, moulin du 18ᵉ s. hébergeant un plaisant restaurant et un musée de la meunerie. La partie hôtel, plus récente, abrite des chambres sobres.

BANYULS-SUR-MER – **66 Pyrénées-Orientales** – **344** J8 – **4 632 h.** – **alt. 1 m** – ✉ **66650** ▮ Languedoc Roussillon **22** B3

▶ Paris 887 – Cerbère 11 – Perpignan 37 – Port-Vendres 7

ℹ Office de tourisme, avenue de la République ✆ 04 68 88 31 58, Fax 04 68 88 36 84

👁 ✳★★ du cap Réderis E : 2 km.

🏠🏠 **Les Elmes** ← ☂ 🛗 ♿ AC 📶 🎓 🅿 VISA MC AE ⓓ

plage des Elmes – ✆ 04 68 88 03 12 – www.hotel.des.elmes.com – Fax 04 68 88 53 03

31 ch – 👤48/122 € 👥48/122 €, ☕ 10 €

Rest *Littorine* – *(fermé 11 nov.-10 déc. et le midi du lundi au merc.)* Menu 28/48 € – Carte 37/51 € ❀

◆ Accueillant hôtel situé en bord de plage. Les chambres, de tailles variables, affichent un cadre moderne (style boisé marin pour celles rénovées au 2ᵉ étage). Poissons et coquillages jouent les vedettes au restaurant avec terrasse ouvert sur la Méditerranée.

LA BARAQUE – **63 Puy-de-Dôme** – **326** F8 – **rattaché à Clermont-Ferrand**

BARAQUEVILLE – **12 Aveyron** – **338** G5 – **2 838 h.** – **alt. 792 m** – ✉ **12160** **29** C1

▶ Paris 639 – Albi 58 – Millau 75 – Rodez 17

ℹ Syndicat d'initiative, place du Marché ✆ 05 65 69 10 78, Fax 05 65 71 10 19

🏠🏠 **Segala Plein Ciel** ← 🌳 ☂ ⛱ 🎾 🛗 ♿ ch, AC rest, 📶 🎓 🅿 🚗 VISA MC

rte d'Albi – ✆ 05 65 69 03 45 – www.hotel-segala-pleinciel.com – Fax 05 65 70 14 54 – Fermé dim. soir et vend. sauf juil., août et sept.

46 ch – 👤50/75 € 👥50/75 €, ☕ 8 € – ½ P 55 €

Rest – Menu 20/45 € – Carte 45/60 €

◆ Sur les hauteurs du bourg, bâtisse des années 1970 et son parc. Grandes chambres d'esprit japonais ou canadien, avec balcon ou terrasse tournés vers la vallée. Salle à manger panoramique au décor marin original ; cuisine régionale avec quelques incursions côté mer.

BARATIER – **05 Hautes-Alpes** – **334** G5 – **517 h.** – **alt. 855 m** – ✉ **05200** **41** C1

▶ Paris 705 – Gap 40 – Grenoble 143 – Marseille 215

🏠 **Les Peupliers** 🐸 ← ☂ ⛱ 📶 🅿 VISA MC AE

⊜ *chemin de Lesdier – ✆ 04 92 43 03 47 – www.hotel-les-peupliers.com – Fax 04 92 43 41 49 – Fermé 5-29 avril et 26 sept.-28 oct.*

☺ **24 ch** – 👤44 € 👥61/68 €, ☕ 8 € – ½ P 58/61 €

Rest – *(fermé mardi midi, merc. midi, jeudi midi et vend. midi sauf juil.-août)* Menu 18/39 € – Carte 23/43 €

◆ Dans un village tranquille, cet avenant chalet aux abords verdoyants profite de coquettes chambres montagnardes ; certaines avec balcon et vue sur un lac. Espace détente. Salle à manger alpine où l'on sert une cuisine actuelle à base de produits du terroir.

BARBASTE – 47 Lot-et-Garonne – **336** D4 – 1 472 h. – alt. 45 m   **4** C2
– ✉ 47230 ▐ Aquitaine

▶ Paris 703 – Agen 34 – Bordeaux 125 – Villeneuve-sur-Lot 50

🖪 Syndicat d'initiative, place de la Mairie ℰ 05 53 65 84 85, Fax 05 53 65 51 38

⌂   **La Cascade aux Fées** ॐ   ⏲ ☆ ⵣ ⁿ P
3 r. de la Riberotte – ℰ 05 53 97 05 96 – www.cascade-aux-fees.com
– Ouvert avril-nov.
4 ch – ♦72/90 € ♦♦100/120 €, ⌕ 9 €   **Table d'hôte** – Menu 25 € bc/35 € bc
♦ Donnant sur un superbe parc fleuri bordé par la Gélise, cette demeure du 18ᵉ s. vous
recevra chaleureusement. Décoration simple mais soignée (meubles anciens). Cuisine familiale à la table d'hôte qui s'affiche bourgeoise en salle, ombragée en terrasse.

BARBAZAN – 31 Haute-Garonne – **343** B6 – 438 h. – alt. 464 m   **28** B3
– ✉ 31510

▶ Paris 779 – Bagnères-de-Luchon 32 – Lannemezan 27 – St-Gaudens 14

🖪 Syndicat d'initiative, le village ℰ 05 61 88 35 64, Fax 05 61 88 35 64

✗✗   **Hostellerie de l'Aristou** avec ch ॐ   ⏲ ☆ ℅ ⁿ P VISA ◯◯
rte de Sauveterre – ℰ 05 61 88 30 67 – Fax 05 61 95 55 66 – Fermé 12 nov.-13 fév.
6 ch – ♦65/70 € ♦♦65/70 €, ⌕ 9 € – ½ P 60 €
Rest – (fermé le midi du lundi au jeudi de mai à fin août, dim. soir, lundi
et mardi midi de sept. à fin avril) Menu 22 € (sem.)/38 € – Carte 35/60 €
♦ Cette ferme du 19ᵉ s. convertie en auberge champêtre offre deux accueillantes salles à
manger et une petite terrasse. Chambres garnies de meubles rustiques ou de style.

LA BARBEN – 13 Bouches-du-Rhône – **340** G4 – **rattaché à Salon-de-Provence**

BARBENTANE – 13 Bouches-du-Rhône – **340** D2 – 3 711 h. – alt. 40 m   **42** E1
– ✉ 13570 ▐ Provence

▶ Paris 692 – Avignon 10 – Arles 33 – Marseille 103

🖪 Office de tourisme, 4, le Cours ℰ 04 90 90 85 86, Fax 04 90 95 60 02

◉ Château★★.

⌂   **Castel Mouisson** sans rest ॐ   ⏲ ⵣ ℅ ⁿ P VISA ◯◯
chemin sous les Roches – ℰ 04 90 95 51 17 – www.hotel-castelmouisson.com
– Fax 04 90 95 67 63 – Ouvert 16 mars-14 oct.
17 ch – ♦49/69 € ♦♦49/72 €, ⌕ 9 €
♦ Cette agréable maison provençale au pied de la Montagnette propose des chambres simples et champêtres, ouvertes sur le beau et vaste jardin arboré. Chaleureux et familial.

BARBERAZ – 73 Savoie – **333** I4 – **rattaché à Chambéry**

BARBEZIEUX-ST-HILAIRE – 16 Charente – **324** J7 – 4 646 h.   **38** B3
– alt. 100 m – ✉ 16300 ▐ Poitou Vendée Charentes

▶ Paris 480 – Bordeaux 84 – Angoulême 36 – Cognac 36

🖪 Office de tourisme, Le Château ℰ 05 45 78 91 04, Fax 05 45 78 91 04

🏠   **La Boule d'Or**   ⏲ ☆ 🖪 & rest, ⁿ 🕾 VISA ◯◯ AE ◯
🕾   9 bd Gambetta – ℰ 05 45 78 64 13 – www.labouledor.net – Fax 05 45 78 63 83
– Fermé 22 déc.-4 janv., vend. soir et dim. soir d'oct. à avril
18 ch – ♦55 € ♦♦55 €, ⌕ 6 € – ½ P 49 €
Rest – Menu 13/35 € – Carte 22/42 €
♦ Au centre de la "capitale" de la Petite Champagne cognaçaise, accueillante maison de
1852 aux grandes chambres fonctionnelles. Salle à manger rénovée, misant sur la
sobriété ; paisible terrasse ombragée d'un marronnier centenaire. Cuisine traditionnelle.

à La Magdeleine 8 km au Nord-Ouest par D 1 et D 151 – 119 h. – alt. 153 m
– ✉ 16240

⌂   **Le Logis du Paradis** ॐ   ⏲ ☆ ⵣ ℅ ⁿ P VISA ◯◯
🕾   – ℰ 05 45 35 39 43 – www.logisduparadis.com – Fermé de mi-janv. à fin fév.
5 ch ⌕ – ♦75/100 € ♦♦85/110 €   **Table d'hôte** – Menu 19 € bc/39 € bc
♦ Au cœur du vignoble, chambres d'hôtes cosy et feutrées, aménagées dans une ancienne
distillerie de Cognac (1712) comptant plusieurs bâtiments. À table, cuisine régionale sous
influences internationales. Dégustation de pineau et de cognac. Terrasse ombragée.

BARBIZON – 77 Seine-et-Marne – **312** E5 – 1 571 h. – alt. 80 m   **19** C3
– ✉ 77630 ▮ Île de France

> ▶ Paris 56 – Étampes 41 – Fontainebleau 10 – Melun 13
>
> 🛈 Office de tourisme, 41, Grande Rue   ℰ 01 60 66 41 87, Fax 01 60 66 41 87
>
> 🖽 Cély Golf Club à Cély Route de Saint Germain, O : 9 km par D64 et D11,
>   ℰ 01 64 38 03 07
>
> ◉ Auberge du Père Ganne★.

🛏️ Hôtellerie du Bas-Bréau 🕭   🔊 🛱 ⌁ 🖾 ch, 🍴 🕸 🅿 🖂
22 r. Grande-Rue – ℰ *01 60 66 40 05*   🆅🅸🆂🅰 ⚹ 🅰🅴 ⓪
– *www.bas-breau.com* – *Fax 01 60 69 22 89*
16 ch – 🛏150/180 € 🛏🛏200/390 €, ⌑ 25 € – 4 suites
Rest – Menu 50 € bc (sem.)/100 € – Carte 80/110 €🕸
◆ Les séjours de R. L. Stevenson et de peintres célèbres ont fait la réputation de ce lieu. Belles chambres personnalisées donnant sur le parc aux mille fleurs. Décor bourgeois dans la salle à manger, terrasse ombragée et cuisine classique (gibier en saison).

🛏️ Les Pléiades   🛱 ⌁ 🔲 🎣🛋🕭 ⌖ 🍴 🕸 🅿 🆅🅸🆂🅰 ⚹ 🅰🅴 ⓪
🎗   *21 Grande Rue* – ℰ *01 60 66 40 25* – *www.hotel-les-pleiades.com*
– *Fax 0160 66 89 69*
20 ch – 🛏210/360 € 🛏🛏210/360 €, ⌑ 20 € – 3 suites
Rest – *(fermé dim. soir, lundi, mardi et merc.)* (55 €) Menu 75/135 €
– Carte 90/110 €
Spéc. Nougat de foie gras au croustillant Carambar, caviar de melon et biscotte de pain d'épice. Noisettes de filet de bœuf cuit en basse température et son jus à la réglisse. Liaison fatale de chocolat, daiquiri banane.
Rest *L'Atelier* – *(fermé dim. soir)* Carte 35/59 €
◆ Cet hôtel des années 1920, entièrement repensé, célèbre l'art de vivre : chambres contemporaines, espace bien-être, expos de peintures et de sculptures, piscine. Dégustez des recettes actuelles renouvelées au fil des saisons dans un cadre élégant (objets anciens, cheminée). Carte brasserie à l'Atelier.

🛏️ Hostellerie La Clé d'Or   🛱 🛱 🍴 🕸 🅿 🆅🅸🆂🅰 ⚹ 🅰🅴
73 Grande-Rue – ℰ *01 60 66 40 96* – *www.hotel-restaurant-cledor.com*
– *Fax 01 60 66 42 71*
16 ch – 🛏56 € 🛏🛏87 €, ⌑ 11 € – ½ P 82 €
Rest – *(fermé dim. soir de mi-oct. à mars)* Menu 32/42 € – Carte 45/88 €🕸
◆ Ancien relais de poste (18ᵉ s.) où les chambres, toutes personnalisées, se répartissent autour d'un jardin intérieur. Cuisine traditionnelle à déguster selon la saison dans une salle à manger cossue ou sur la terrasse. Large choix de vins (250 références).

🗙🗙🗙 L'Angélus   🛱 🖾 🅿 🆅🅸🆂🅰 ⚹ 🅰🅴
31 r. Grande-Rue – ℰ *01 60 66 40 30*
– *www.langelus-restauration.com* – *Fax 01 60 66 42 12*
– *Fermé lundi et mardi*
Rest – Menu 29 € (sem.)/36 € – Carte 25/62 €
◆ Pimpante auberge rustique et sa terrasse ombragée, dont l'enseigne rend hommage à l'une des plus fameuses œuvres de Millet, peinte à Barbizon. Carte traditionnelle.

BARBOTAN-LES-THERMES – 32 Gers – **336** B6 – Stat. therm. :   **28** A2
fin fév.-fin nov. – Casino – ✉ 32150 Cazaubon ▮ Midi-Toulousain

> ▶ Paris 703 – Aire-sur-l'Adour 37 – Auch 75 – Condom 37
>
> 🛈 Office de tourisme, place Armagnac   ℰ 05 62 69 52 13, Fax 05 62 69 57 71

🛏️ De la Paix   🛱 ⌁ 🗲 rest, 🍴 🅿 🆅🅸🆂🅰 ⚹ 🅰🅴
🖂   *24 av. des Thermes* – ℰ *05 62 69 52 06*
– *www.hotel-paix.fr* – *Fax 05 62 09 55 73*
– *Ouvert 16 mars-14 nov.*
29 ch – 🛏45 € 🛏🛏50/75 €, ⌑ 7 € – ½ P 65/70 €
Rest – Menu 16/26 € – Carte 18/38 €
◆ Ce bâtiment moderne, proche de l'église et du centre thermal, bénéficie de chambres spacieuses et bien tenues, garnies d'un mobilier plutôt simple. Au restaurant, grande salle rustique claire et lumineuse, où l'on sert une cuisine traditionnelle.

Les Fleurs de Lees 🛜 ⤳ ㉦ ch, ℀ 🎧 P VISA ⚌ ⑩
24 av. Henri IV, rte d'Agen – ℰ 05 62 08 36 36 – www.fleursdelees.com
– Fax 05 62 08 36 37 – Ouvert avril-nov.
16 ch – †65/125 € ††65/125 €, �� 9 € – ½ P 58/85 €
Rest – (22 €) Menu 28/50 € bc – Carte 41/63 €
◆ Pimpante maison au cœur de l'Armagnac. Chambres feutrées, parfois avec terrasse. Quelques grandes chambres à thème ("Afrique", "Asie", "Inde", etc.). Meubles et objets de Dubaï ornent le restaurant ; la cuisine panache parfums du monde et saveurs régionales.

Cante Grit 🛜 🎧 P VISA ⚌ AE
51 av. des Thermes – ℰ 05 62 69 52 12 – www.cantegrit.com
– Fax 05 62 69 53 98 – Ouvert 16 mars-14 nov.
20 ch – †55 € ††65 €, ⊡ 9 € – ½ P 79 €   **Rest** – Menu 18 €
◆ Cette villa bourgeoise (1930), tapissée de vigne vierge, jouit d'un certain cachet (poutres, cheminée). Elle propose de sobres chambres au style rustique. Ambiance familiale. Cuisine traditionnelle servie dans la chaleureuse salle à manger ou sur la terrasse.

Beauséjour 🚗 🛜 ⤳ ㉦ ch, AC P VISA ⚌
6 av. des Thermes – ℰ 05 62 08 30 30 – Fax 05 62 09 50 78
– Ouvert de mars à nov.
22 ch – †36/75 € ††36/85 €, ⊡ 10 € – ½ P 45/60 €
Rest – Menu 19 € (déj. en sem.)/40 €
◆ Grande maison de style régional renfermant des chambres classiques, coquettement rénovées, et un petit salon d'esprit british. Joli jardin arboré. Repas diététiques à la demande, servis dans deux salles (dont une d'esprit contemporain) ou en terrasse.

Aubergade 🛜 ⤳ AC rest, 🎧 VISA ⚌
13 av. des Thermes – ℰ 05 62 69 55 43 – www.hotel-aubergade-barbotan.com
– Fax 05 62 69 52 09 – Ouvert 1er mars-30 nov.
18 ch – †38/42 € ††42/57 €, ⊡ 8 € – ½ P 40/50 €
Rest – (10 €) Menu 12/36 € – Carte 28/43 €
◆ À l'entrée de la station thermale, maison familiale dotée de chambres fonctionnelles, majoritairement tournées vers l'arrière (vue sur le patio avec piscine). Agréable salle à manger lumineuse et carte traditionnelle ou diététique (pour les curistes).

BARCELONNETTE ◈ – 04 Alpes-de-Haute-Provence – 334 H6   41 C2
– 2 818 h. – alt. 1 135 m – Sports d'hiver : Le Sauze/Super Sauze 1 400/2 000 m
🎿23 🎿 et Pra-Loup 1 500/2 600 m 🎿 🎿29 🎿 – ⊠ 04400 ▊ Alpes du Sud
▶ Paris 733 – Briançon 86 – Cannes 161 – Digne-les-Bains 88
🛈 Office de tourisme, place Frédéric Mistral ℰ 04 92 81 04 71,
Fax 04 92 81 22 67
◉ Église de St-Pons★ NO : 2 km.

Azteca sans rest ॐ 🛗 🏄 P VISA ⚌
3 r. François-Arnaud – ℰ 04 92 81 46 36 – www.azteca-hotel.fr
– Fax 04 92 81 43 92 – Fermé 11 nov.-6 déc.
27 ch – †62/112 € ††62/112 €, ⊡ 12 €
◆ Jolie villa où meubles et objets artisanaux mexicains composent un décor original évoquant l'épopée des "Barcelonnettes" au Mexique. Trois chambres déclinent ce thème.

Le Passe-Montagne 🛜 ℀ P VISA ⚌ AE
à 3 km, rte Col de la Cayolle – ℰ 04 92 81 08 58 – Fax 04 92 81 08 58 – Fermé
5-30 juin, 18-24 oct., 12 nov.-22 déc., le midi en hiver sauf le dim., mardi et merc.
Rest – (prévenir) (21 €) Menu 25/30 € – Carte 32/49 €
◆ Ambiance conviviale et cadre rustique alpin en ce petit chalet implanté à l'orée d'une pinède. Cuisine régionale sans chichi : montagnarde l'hiver et provençale l'été.

à St-Pons 2 km au Nord-Ouest par D 900 et D 9 – ⊠ 04400

Domaine de Lara sans rest ॐ ≼ ⅃ ℀ P
– ℰ 04 92 81 52 81 – www.domainedelara.com – Fax 04 92 81 07 76 – Fermé
25 juin-4 juil. et 12 nov.-19 déc.
5 ch ⊡ – †81/90 € ††86/95 €
◆ Dans un parc avec une belle vue sur les sommets, bastide provençale et de caractère (poutres, tomettes, vieilles pierres, mobilier de famille, style cosy). Petit-déjeuner soigné.

à Jausiers 8 km au Nord-Est par D 900 – 1 013 h. – alt. 1 240 m – ⊠ 04850

🛈 Office de tourisme, Principale ℰ 04 92 81 21 45, Fax 04 92 81 59 35

XX **Villa Morelia** avec ch ⌂   🚗 🛜 ⅃ ⑪ **P** VISA ⲟⲟ AE ①
– ℰ 04 92 84 67 78 – www.villa-morelia.com – Fax 04 92 84 65 47
– Fermé 28 mars-30 avril et 14 nov.-27 déc.
24 ch – ✝100/120 € ✝✝150/350 €, � 20 €
Rest – (fermé dim., lundi et mardi sauf juin, juil. et août) (dîner seult de sept.
à mai) (prévenir) Menu 68 €
♦ Construite en 1900, cette fière villa "mexicaine" a gardé son cachet. Chambres soignées,
jolie salle à manger et terrasse sur l'arrière face au jardin. Cuisine du marché assez inventive.

à Pra-Loup 8,5 km au Sud-Ouest par D 902, D 908 et D 109 – ⊠ 04400 Uvernet
Fours – Sports d'hiver : 1 500/2 600 m ✔ 3 ✔ 29 ✔

🛈 Office de tourisme, Maison de Pra-Loup ℰ 04 92 84 10 04,
Fax 04 92 84 02 93

🏠 **Le Prieuré de Molanès**   🚗 🛜 ⅃ ⅍ rest, **P**, VISA ⲟⲟ
à Molanès – ℰ 04 92 84 11 43 – www.prieure-praloup.com – Fax 04 92 84 01 88
– Ouvert 5 juin-21 sept. et 15 déc.-20 avril
13 ch – ✝55/65 € ✝✝65/75 €, ⊆ 9 € – ½ P 65/78 €
Rest – (dîner seult) (14 €) Menu 20/26 € – Carte 29/49 €
♦ Près du télécabine, ex-prieuré devenu une hôtellerie familiale, estimée pour son atmosphère montagnarde et ses chambres sobres et rustiques. Repas régional axé terroir, dans
un cadre agreste et chaleureux (poutres, cheminée, outils paysans).

BARCUS – 64 Pyrénées-Atlantiques – 342 H5 – 741 h. – alt. 230 m   **3** B3
– ⊠ 64130

▶ Paris 813 – Mauléon-Licharre 14 – Oloron-Ste-Marie 18 – Pau 52

XXX **Chilo** avec ch ⌂   🚗 🛜 ⅃ **P** VISA ⲟⲟ AE ①
– ℰ 05 59 28 90 79 – www.hotel-chilo.com – Fax 05 59 28 94 49
– Fermé 3-22 janv., dim. soir, lundi et mardi midi du 11 nov. au 30 avril
11 ch ⊆ – ✝63/82 € ✝✝65/105 € – ½ P 70/91 €
Rest – (13 €) Menu 20/68 € – Carte 45/67 €
♦ Belle maison de pays située au cœur d'un paisible village. Cuisine régionale servie dans
une chaleureuse salle à manger ouverte sur un jardin et une piscine, face à la montagne.

BARDIGUES – 82 Tarn-et-Garonne – 337 B7 – rattaché à Auvillar

---

BARFLEUR – 50 Manche – 303 E1 – 644 h. – alt. 5 m – ⊠ 50760   **32** A1
▌ Normandie Cotentin

▶ Paris 355 – Carentan 48 – Cherbourg 29 – St-Lô 75

🛈 Office de tourisme, 2, rond-point le Conquérant ℰ 02 33 54 02 48,
Fax 02 33 54 02 48

◎ Phare de la Pointe de Barfleur : ⁂★★ N : 4 km - Intérieur★ de l'église de
Montfarville 2 km S.

🏠 **Le Conquérant**   🚗 ⅍ **P** VISA ⲟⲟ
⊕ 18 r. St-Thomas-Becket – ℰ 02 33 54 00 82 – www.hotel-leconquerant.com
– Fax 02 33 54 65 25 – Ouvert 15 mars-15 nov.
10 ch – ✝71/109 € ✝✝71/109 €, ⊆ 12 €
Rest – (dîner seult) (résidents seult) Menu 15/31 € – Carte 20/40 €
♦ À deux pas du port, belle demeure du 17e s. en granit avec son jardin clos à la française.
Charmant accueil familial ; chambres rafraîchies, plus au calme sur l'arrière. Crêpes et galettes
préparées à l'ancienne, proposées sur réservation.

XX **Moderne**   🛜 **P** VISA ⲟⲟ AE ①
1 pl. Gén.-de-Gaulle – ℰ 02 33 23 12 44
– www.hotel-restaurant-moderne-barfleur.com – Fermé mardi soir du
16 sept.-13 juil. et merc.
Rest – Menu 20 € (sem.)/40 € – Carte 45/48 €
♦ Recettes traditionnelles revisitées et incontournables produits de la pêche locale vous
attendent dans ce restaurant qui déborde, en été, sur une plaisante terrasse.

LA BARGE – 15 Cantal – **330** G4 – rattaché à St-Flour

LES BARILS – 27 Eure – **304** E9 – rattaché à Verneuil-sur-Avre

BARJAC – 30 Gard – **339** L3 – 1 498 h. – alt. 171 m – ⌗ 30430   **23** D1

> **🖪** Paris 666 – Alès 34 – Aubenas 45 – Mende 114
>
> **🛈** Office de tourisme, place Charles Guynet ☎ 04 66 24 53 44,
> Fax 04 66 60 23 08

🏠 **Le Mas du Terme** ⬙   🚗 🛋 🏊 ﾑ ch, 🄰🄲 ch, ⁕ 🄿 VISA ◑◐
4 km au Sud-Est par D 901 et rte secondaire – ☎ 04 66 24 56 31
– www.masduterme.com – Fax 04 66 24 58 54 – Ouvert 15 mars-15 nov.
30 ch – ✝90/136 € ✝✝90/236 €, ☷ 14 € – ½ P 89/163 €
Rest – (34 €) Menu 42 € – Carte 38/54 €
◆ Cette ex-magnanerie entourée de vignobles est située à deux tours de roue du féerique
aven d'Orgnac. Chambres simples au décor d'inspiration provençale. Côté restaurant, belles
voûtes du 18ᵉ s., mobilier contemporain, terrasse-patio et cuisine classique.

BAR-LE-DUC 🄿 – 55 Meuse – **307** B6 – 16 041 h. – alt. 188 m   **26** A2
– ⌗ 55000 ▯ Alsace Lorraine

> **🖪** Paris 255 – Metz 97 – Nancy 84 – Reims 113
>
> **🛈** Office de tourisme, 7, rue Jeanne d'Arc ☎ 03 29 79 11 13,
> Fax 03 29 79 21 95
>
> **🖽** de Combles-en-Barrois à Combles-en-Barrois 38 rue Basse, par rte de
> St-Dizier : 5 km, ☎ 03 29 63 28 28
>
> **◉** "le Transi" (statue)★★ dans l'église St-Étienne

✗ **Bistro St-Jean**   🄰🄲 VISA ◑◐
132 bd de La Rochelle – ☎ 03 29 45 40 40 – www.bistrosaintjean.fr – Fermé sam.
midi, lundi soir et dim.
Rest – (21 €) Menu 30 € – Carte 36/46 €
◆ Aménagé dans une ancienne épicerie, un bistrot typique – bar, banquettes, vieilles affiches – proposant une savoureuse carte saisonnière (plats bistrotiers et produits de la mer).

à Trémont-sur-Saulx 9,5 km au Sud-Ouest par D 3 – 642 h. – alt. 166 m
– ⌗ 55000

🏠 **La Source** ⬙   🚗 🛋 ﾵ 🄰🄲 rest, ⅗ rest, ⁕ 🏋 🄿 VISA ◑◐ 🄰🄴
2 r. de Beurey – ☎ 03 29 75 45 22 – www.hotel-restaurant-lasource.fr
– Fax 03 29 75 48 55 – Fermé 2-24 août, 2-18 janv., dim. soir et lundi midi
24 ch – ✝68/115 € ✝✝77/130 €, ☷ 10 € – ½ P 78 €
Rest – (26 €) Menu 29/56 € – Carte 28/67 €
◆ Motel des années 1980 profitant d'un cadre campagnard. Chambres fonctionnelles – dont
deux plus vastes – très bien tenues. Accueil sympathique. Restaurant flirtant avec la tradition
qui s'invite dans le décor et dans l'assiette (truffe en saison).

BARNEVILLE-CARTERET – 50 Manche – **303** B3 – 2 334 h.   **32** A2
– alt. 47 m – ⌗ 50270 ▯ Normandie Cotentin

> **🖪** Paris 356 – Carentan 43 – Cherbourg 39 – Coutances 47
>
> **🛈** Office de tourisme, 10, rue des Ecoles ☎ 02 33 04 90 58, Fax 02 33 04 93 24
>
> **🖽** de la Côte-des-Isles à Saint-Jean-de-la-Rivière Chemin des Mielles, SE :
> 5 km par D 90, ☎ 02 33 93 44 85

à Barneville-Plage

🏠 **Des Isles**   ⬙ ﾵ ⁕ 🏋 VISA ◑◐ 🄰🄴 ◑
9 bd Maritime – ☎ 02 33 04 90 76 – www.hoteldesisles.com – Fax 02 33 94 53 83
– Fermé 8 fév.-11 mars
30 ch – ✝75/125 € ✝✝75/125 €, ☷ 12 € – ½ P 72/97 €
Rest – Menu 24/29 € – Carte 27/64 €
◆ Face à la mer, cet hôtel dispose de chambres de diverses tailles à la décoration marine
(tons bleus, couettes moelleuses). Piscine et jacuzzi. Buffet d'entrées et de desserts à volonté
pour des repas décontractés.

à Carteret – 2 324 h.

🖼 Office de tourisme, 10, rue des Ecoles ℰ 02.33.04.90.58, Fax 02.33.04.93.24
◻ Table d'orientation ≤ ★.

De la Marine (Laurent Cesne) ⚶ ≤ 🛋 📶 🛗 📧 rest, 🛜 🍴 🏊 🅿
11 r. de Paris – ℰ 02 33 53 83 31 – www.hotelmarine.com 📧 🆚 🕭 🕭
– Fax 02 33 53 39 60 – Fermé 23 déc.-20 fév.
26 ch – ♦90/260 € ♦♦90/260 €, � 15 € – ½ P 99/184 €
Rest – (ouvert 15 mars-10 nov. et fermé dim. soir, jeudi midi et lundi
en mars, oct. et nov., lundi midi et jeudi midi en avril, mai, juin et sept.)
Menu 36/89 € – Carte 65/94 €
Spéc. Petits tournedos de tête de veau en ravigote, pommes de terre nouvelles et truffe d'été (saison). Saint-pierre étuvé au beurre d'algue et petits
coquillages. Financier à la rhubarbe, poêlée de fraises à l'huile de cumbawa,
sorbet fromage blanc (été).
♦ Quasiment les pieds dans l'eau, cette maison est tenue par la même famille depuis 1876. La plupart des nouvelles chambres, spacieuses et modernes, ont une terrasse côté port. Belle vue sur la
mer du restaurant panoramique et de sa terrasse ; goûteuse cuisine inventive valorisant le produit.

Des Ormes ⚶ ≤ 🚗 🛗 📧 ch, 🍴 🅿 🆚 🕭 🕭
quai Barbey d'Aurevilly – ℰ 02 33 52 23 50 – www.hoteldesormes.fr
– Fax 02 33 52 91 65 – Fermé janv.
12 ch – ♦79/175 € ♦♦79/175 €, ⊒ 14 € – ½ P 85/130 €
Rest – (fermé dim. soir, lundi et mardi hors saison, lundi midi et mardi midi en
saison) Menu 35/45 € – Carte 42/58 €
♦ Face au port de plaisance, demeure du 19e s. rénovée avec raffinement. Chambres délicieuses, salon cosy et beau jardin fleuri en saison. Élégante salle à manger contemporaine
d'esprit romantique où l'on déguste une cuisine "terre et mer".

BARON – 60 Oise – 305 H5 – 779 h. – alt. 80 m – ⊠ 60300   36 B3
🏛 Île de France

➲ Paris 65 – Amiens 110 – Argenteuil 63 – Montreuil 55

Le Domaine de Cyclone sans rest ⚶ ≤ 🐾 🍴 🅿
2 r. de la Gonesse – ℰ 06 08 98 05 50 – Fax 03 44 54 26 10
5 ch ⊒ – ♦70 € ♦♦80/90 €
♦ Jeanne d'Arc aurait dormi dans la tour de ce château. Les hôtes d'aujourd'hui occupent
des chambres très soignées, donnant presque toutes sur le parc. Promenades à cheval.

LE BARP – 33 Gironde – 335 G7 – 4 293 h. – alt. 72 m – ⊠ 33114   3 B2

➲ Paris 604 – Bordeaux 45 – Mérignac 41 – Pessac 32

Le Résinier avec ch 🚗 🍽 🍴 🅿 🆚 🕭
68 av. des Pyrénées, D 10 – ℰ 05 56 88 60 07 – www.leresinier.com
– Fax 05 56 88 67 37
8 ch – ♦55 € ♦♦74 €, ⊒ 9 €
Rest – (16 €) Menu 18 € (sem.)/55 € – Carte 38/63 €
♦ Cette maison de pays convivial rappelle l'atmosphère d'une auberge d'autrefois. Cuisine
traditionnelle axée sur le terroir et vins à choisir dans la cave. Terrasse sous une vigne. Chambres confortables, rénovées en 2009 sur des thèmes "nature" liés à la région.

BARR – 67 Bas-Rhin – 315 I6 – 6 599 h. – alt. 200 m – ⊠ 67140   2 C1
🏛 Alsace Lorraine

➲ Paris 495 – Colmar 43 – Le Hohwald 12 – Saverne 46
🖼 Office de tourisme, pl. de l'Hôtel de Ville ℰ 03 88 08 66 65, Fax 03 88 08 66 51

Aux Saisons Gourmandes 🚗 🅿 🆚 🕭
23 r. Kirneck – ℰ 03 88 08 12 77 – www.saisons-gourmandes.com
– Fax 03 88 08 12 77 – Fermé 6-22 juil., 3-14 janv., vacances de fév., dim. soir
de janv. à avril, mardi et merc.
Rest – Menu 17 € (déj. en sem.), 25/41 € – Carte 33/46 €
♦ Cette jolie maison à colombages du centre-ville affiche un décor sobrement contemporain
et propose une cuisine de marché, qui revisite en douceur la tradition.

rte du Mont Ste-Odile par D 854

🏠 Château d'Andlau ॐ   🚗 📶 P 🆅🅸🆂🅰 ⓦⓞ ⒜⒠ ①
113 r. vallée St Ulrich, à 2 km ⊠ *67140 Barr –* 𝒞 *03 88 08 96 78*
– www.hotelchateauandlau.fr – Fax 03 88 08 00 93 – Fermé 14-25 nov. et
2-24 janv.
22 ch – †49/59 € **††**55/73 €, ⊡ 9 € – ½ P 62/71 €
Rest – *(ouvert le soir du mardi au sam., dim. midi et fériés)* Menu 27/40 €⋒
♦ Nuits sereines en perspective dans ce sympathique hôtel au cadre bucolique et aux chambres simples et rustiques. Salle à manger bourgeoise, mets classiques et superbe carte des vins du monde, présentée comme un manuel d'œnologie et primée pour son originalité.

LE BARROUX – 84 Vaucluse – 332 D9 – 615 h. – alt. 325 m – ⊠ 84330   42 E1
▌Provence

▶ Paris 684 – Avignon 38 – Carpentras 12 – Vaison-la-Romaine 16

🏠 Les Géraniums ॐ   ≼ 🚗 🍴 🅺 rest, 🍴 📶 P 🆅🅸🆂🅰 ⓦⓞ ⒜⒠
pl. de la Croix – 𝒞 *04 90 62 41 08 – www.hotel-lesgeraniums.com*
– Fax 04 90 62 56 48 – Ouvert 15 mars-31 oct. et 20 déc.-3 janv.
20 ch – †65 € **††**65 €, ⊡ 10 € – ½ P 65 €
Rest *Saveurs et Terroirs* – *(fermé mardi et merc. de mars à avril et d'oct.*
a déc.) (19 €) Menu 28/35 € – Carte 42/50 €
♦ Dans un village perché sur un piton rocheux, avec un château du 12ᵉ s. Cette maison ancienne abrite des chambres sobres et rustiques. Le restaurant met à l'honneur les plats du terroir. Salle à manger coiffée d'une charpente, terrasse fleurie.

🏠 L'Aube Safran ॐ   🚗 🍴 🍸 📶 P 🆅🅸🆂🅰 ⓦⓞ
chemin du Patifiage – 𝒞 *04 90 62 66 91 – www.aube-safran.com*
– Fax 04 90 62 66 91 – Ouvert 15 mars-15 nov.
5 ch ⊡ – **†**125/165 € **††**130/170 €
Table d'hôte – Menu 40 € bc
♦ Les hôtes de ce mas ont tout quitté pour ce lieu idyllique perdu au pied du Mont Ventoux, où ils font revivre la culture du safran, abandonnée à la fin du 19ᵉ s. Table d'hôtes deux fois par semaine : la fleur-épice accomode les divers plats du terroir. Vente de beaux produits.

✕✕ Gajulea   ≼ 🍴 ♿ 🅺 🆅🅸🆂🅰 ⓦⓞ ⒜⒠
201 cours Louise-Raymond – 𝒞 *04 90 62 36 94 – www.gajulea.fr – Fermé*
2-15 mars, 2-15 nov. et le midi sauf dim.
Rest – *(nombre de couverts limité, prévenir)* Menu 34 €, 57/67 €
♦ Restaurant cossu aménagé dans un ancien entrepôt. De la terrasse, superbe vue plongeante sur la garrigue ! Belles saveurs provençales et vins à choisir dans la cave vitrée.

BAR-SUR-AUBE – ⓢ – 10 Aube – 313 I4 – 5 492 h. – alt. 190 m   14 C3
– ⊠ 10200 ▌Champagne Ardenne

▶ Paris 230 – Châtillon-sur-Seine 60 – Chaumont 41 – Troyes 53
🛈 Office de tourisme, Place de l'Hôtel de Ville 𝒞 03 25 27 24 25,
   Fax 03 25 27 40 02
◉ Église St-Pierre★.

🏠 Le Saint-Nicolas sans rest   🍸 ♿ 🅺 🆅🅸🆂🅰 ⓦⓞ
2 r. du Gén.-de-Gaulle – 𝒞 *03 25 25 27 08 65 – www.lesaintnicolas.com*
– Fax 03 25 27 60 31
27 ch – †65 € **††**68 €, ⊡ 9 €
♦ Les chambres de ces jolies maisons en pierre, assez simples mais agréables, s'articulent autour de la piscine. Établissement calme, un peu à l'écart du centre-ville.

✕✕ La Toque Baralbine   🍴 🆅🅸🆂🅰 ⓦⓞ ⒜⒠ ①
⊛ *18 r. Nationale –* 𝒞 *03 25 27 20 34 – www.toquebaralbine.fr.st*
– Fax 03 25 27 20 34 – Fermé dim. soir sauf juil.-août et lundi
Rest – (18 €) Menu 22 € (sem.), 26/58 € – Carte 44/59 €
♦ Dégustez, dans la chaleureuse salle à manger ou sur la terrasse fleurie aux beaux jours, une cuisine actuelle bien faite où pointe l'accent du terroir.

LE BAR-SUR-LOUP – 06 Alpes-Maritimes – **341** C5 – **2 726 h.**   **42** E2
– alt. 320 m – ⊠ 06620 ▮ Côte d'Azur

> ▸ Paris 916 – Grasse 10 – Nice 31 – Vence 15
> ▯ Office de tourisme, place Francis Paulet ℰ 04 93 42 72 21, Fax 04 93 42 92 60
> ◉ Site★ - Danse macabre★ (peintures sur bois) dans l'église St-Jacques
>   - ≼★ de la place de l'église.

✕✕   **La Jarrerie**   🛱 ✼ 𝚅𝙸𝚂𝙰 ◍◍ 𝙰𝙴 ⓪
8 av. de l'Amiral de Grasse – ℰ *04 93 42 92 92* – *www.restaurant-la-jarrerie.com*
– Fax 04 93 42 91 22 – Fermé 26 oct.-4 nov., 2-31 janv., merc. sauf le soir de mai
à sept. et mardi
Rest – (19 €) Menu 27/49 € – Carte 39/52 €
◆ Autrefois monastère, puis conserverie et parfumerie, cette bâtisse régionale du 17ᵉ s.
abrite une grande salle à manger rustique avec cheminée, pierres et poutres apparentes.

✕✕   **Hostellerie du Château** avec ch ⅏   🛱 ✼ 𝚅𝙸𝚂𝙰 ◍◍ 𝙰𝙴
6 pl. F.- Paulet – ℰ *04 93 42 41 10* – *www.lhostellerieduchateau.com*
– Fax 04 93 42 69 32
6 ch – ♦130/160 € ♦♦150/180 €, ⊇ 15 €
Rest – *(fermé 15 déc.-1ᵉʳ fév., mardi midi, dim. soir et lundi)* (22 €) Menu 33/68 €
– Carte 38/76 €
◆ Élégant cadre contemporain (terrasse avec vue à l'étage) et savoureuse carte au goût du
jour. Des chambres provençales raffinées (meubles anciens, bois précieux, tomettes) caractérisent ce château ayant appartenu aux comtes de Grasse. Certaines surplombent la vallée.

✕✕   **L'École des Filles**   🛱 𝙿 𝚅𝙸𝚂𝙰 ◍◍
380 av. Amiral-de-Grasse – ℰ *04 93 09 40 20* – *www.restauranteforcoledesfilles.fr*
– Fermé dim. soir et lundi
Rest – (24 €) Menu 39/65 € – Carte environ 45 €
◆ Deux pimpantes petites salles à manger hébergées dans une ancienne école communale
(1929) pour se régaler de recettes bien d'aujourd'hui. Terrasse dans la cour de récréation.

BAR-SUR-SEINE – 10 Aube – **313** G5 – **3 430 h.** – alt. 157 m   **13** B3
– ⊠ 10110 ▮ Champagne Ardenne

> ▸ Paris 197 – Bar-sur-Aube 37 – Châtillon-sur-Seine 36 – St-Florentin 57
> ▯ Office de tourisme, 33, rue Gambetta ℰ 03 25 29 94 43, Fax 03 25 29 70 21
> ◉ Intérieur★ de l'église St-Étienne.

✕   **Du Commerce** avec ch   𝙰𝙲 rest, ✼ ch, ⁇ 𝔖 𝙿 𝚅𝙸𝚂𝙰 ◍◍
   30 r. de la République – ℰ *03 25 29 86 36* – *www.hotelrestaurantducommerce.fr*
   – Fax 03 25 29 64 87 – Fermé 21-28 fév., vend. soir et dim.
13 ch – ♦45 € ♦♦47 €, ⊇ 7 € – ½ P 44 €
Rest – (11 €) Menu 13 € (sem.)/38 € – Carte 30/73 €
◆ Cuisine traditionnelle réalisée avec de bons produits régionaux, servie dans une salle rustique avec colombages et cheminée. Petites chambres au confort simple. Prix serrés.

près échangeur 9 km autoroute A5, Nord-Est par D 443

🏨   **Le Val Moret**   🛱 & 𝙰𝙲 rest, ✼ ⁇ 𝔖 𝙿 𝚅𝙸𝚂𝙰 ◍◍ 𝙰𝙴
   ⊠ *10110 Magnant* – ℰ *03 25 29 85 12* – *www.le-val-moret.com* – *Fax 03 25 29 70 81*
42 ch – ♦58/87 € ♦♦58/87 €, ⊇ 10 €
Rest – Menu 15 € (sem.)/47 € – Carte 25/64 €
◆ Près de l'autoroute (mais sans nuisances sonores), quatre bâtiments de plain-pied de type
motel ; chambres fonctionnelles et assez spacieuses. Aire de jeux pour les enfants. Salles à
manger actuelles dont une en véranda ; carte traditionnelle et plats régionaux.

à Bourguignons 4 km au Nord par N 71 – 282 h. – alt. 156 m – ⊠ 10110

✕✕   **Domaine de Foolz** avec ch ⅏   🚗 🛱 🖾 & 𝙰𝙲 rest, 𝔖 𝙿 𝚅𝙸𝚂𝙰 ◍◍
   N 71 – ℰ *03 25 29 06 83* – *www.domainedefoolz.com* – *Fax 03 25 29 76 80*
   – Fermé 15-31 août, 20 fév.-10 mars, dim. et lundi
11 ch – ♦75 € ♦♦75 €, ⊇ 8 €   **Rest** – (18 €) Menu 23/72 € – Carte 30/60 €
◆ Dans un cadre verdoyant, cette maison champenoise réhabilitée propose une honnête cuisine traditionnelle. Bonne carte de champagnes. Le Domaine dispose de onze chalets en bois
avec terrasse indépendante. Une adresse bucolique.

BAS-RUPTS – 88 Vosges – **314** J4 – rattaché à Gérardmer

BASSAC – 16 Charente – **324** I6 – rattaché à Jarnac

BASSE-GOULAINE – 44 Loire-Atlantique – **316** H4 – rattaché à Nantes

---

BASTELICA – 2A Corse-du-Sud – **345** D7 – voir à Corse

BASTIA – 2B Haute-Corse – **345** F3 – voir à Corse

LA BASTIDE – 83 Var – **340** O3 – 175 h. – alt. 1 000 m – ⊠ 83840   **41** C2

▶ Paris 813 – Castellane 25 – Digne-les-Bains 78 – Draguignan 43

Du Lachens ⊗   🚗 ☆ ⁽ꜰ⁾ 🅟 🆅🅸🆂🅰 ⚫⚫

Le Bas Village – ℰ 04 94 76 80 01 – www.hoteldulachens.com
– Fax 04 94 76 80 54 – Fermé janv., fév. et mardi sauf de juin à août
13 ch – †52 € ††58 €, ⊇ 8 € – ½ P 58 €
Rest – (résidents seult) Menu 19/24 € – Carte 29/38 €

♦ Dans un hameau "perdu" du haut Var, maison provençale traditionnelle disposant de chambres pratiques et bien tenues. Agréable jardin. Carte privilégiant les viandes, à déguster dans une salle campagnarde ou en terrasse.

LA BASTIDE-CLAIRENCE – 64 Pyrénées-Atlantiques – **342** E2   **3** B3
– 990 h. – alt. 50 m – ⊠ 64240

▶ Paris 771 – Bayonne 27 – Irun 59 – Bordeaux 185
🄸 Office de tourisme, Place des Arceaux ℰ 05 59 29 65 05, Fax 05 59 29 65 05

Maison Maxana   🚗 ⅃ ⃒⃥ ⁽ꜰ⁾ 🆅🅸🆂🅰 ⚫⚫

r. Notre-Dame – ℰ 05 59 70 10 10 – www.maison-maxana.com
5 ch ⊇ – †81/111 € ††92/122 €   **Table d'hôte** – Menu 35 € bc

♦ Rêveries, Romances, Voyages… Les noms des chambres de cette maison basque donnent le ton : mariage réussi de meubles anciens et d'éléments africains, asiatiques ou contemporains. Plats régionaux et recettes d'ailleurs servis à la table d'hôte (sur réservation).

LA BASTIDE-DES-JOURDANS – 84 Vaucluse – **332** G11 – 1 211 h.   **40** B2
– alt. 412 m – ⊠ 84240

▶ Paris 762 – Aix-en-Provence 39 – Apt 40 – Digne-les-Bains 77

Auberge du Cheval Blanc avec ch   🚗 🅰🅲 🕏 🅿 🆅🅸🆂🅰 ⚫⚫

– ℰ 04 90 77 81 08 – Fax 04 90 77 86 51 – Fermé fév. et jeudi
4 ch – †70 € ††70 €, ⊇ 10 € – ½ P 70 €
Rest – (19 € bc) Menu 30 € – Carte 45/55 €

♦ Demeure provençale située au cœur du village. Salle à manger bourgeoise aux couleurs du Midi et généreuse cuisine aux accents du terroir. Coquettes chambres personnalisées.

LA BÂTIE-DIVISIN – 38 Isère – **333** G4 – 846 h. – alt. 521 m   **45** C2
– ⊠ 38490

▶ Paris 539 – Lyon 82 – Grenoble 45 – Chambéry 41

L'Olivier   🚗 ঙ ⇔ 🅿 🆅🅸🆂🅰 ⚫⚫ 🅰🅴

100 rte du Vernay, Les Etrets – ℰ 04 76 31 00 60 – www.restaurant-l-olivier.com
– Fax 04 76 31 00 60 – Fermé 26 oct.-9 nov., 15 fév.-1ᵉʳ mars, dim. soir et lundi
Rest – (13 €) Menu 17 € (sem.), 22/50 € – Carte 20/50 €

♦ L'enseigne évoque l'un des produits préférés du chef, qui mitonne des plats fins et actuels essentiellement à l'huile d'olive. Salle à manger contemporaine et jardin-terrasse.

LA BÂTIE-NEUVE – 05 Hautes-Alpes – **334** F5 – rattaché à Gap

---

BATZ (ÎLE-DE-) – 29 Finistère – **308** G2 – voir à Île-de-Batz

---

BATZ-SUR-MER – 44 Loire-Atlantique – **316** B4 – 3 217 h. – alt. 12 m   **34** A2
– ⊠ 44740 ▮ Bretagne

▶ Paris 457 – La Baule 7 – Nantes 84 – Redon 64
🄸 Syndicat d'initiative, 25, rue de la Plage ℰ 02 40 23 92 36, Fax 02 40 23 74 10
◎ ☀ ★★ de l'église St-Guénolé★ - Chapelle N.-D. du Mûrier★ - Excursions guidées★ dans les marais (musée des Marais salants) - La Côte Sauvage★.

Le Lichen sans rest ⌘ ≤ 🚗 **P** **VISA** **©©** **AE**
Baie du Manerick - Côte Sauvage, 2 km au Sud-Est par D 45 – ℰ *02 40 23 91 92*
– www.le-lichen.com - Fax 02 40 23 84 88
17 ch – †65/230 € ††70/230 €, ⌷ 12 €
♦ Sur la Côte sauvage, vaste villa néo-bretonne (1956) jouissant du spectacle unique de l'océan. La moitié des chambres, fraîches et assez grandes, donne sur les flots.

LA BAULE – 44 Loire-Atlantique – **316** B4 – 16 095 h. – alt. 31 m **34** A2
– Casino : Grand Casino BZ – ⌧ 44500 ▌ Bretagne

▶ Paris 450 – Nantes 76 – Rennes 120 – St-Nazaire 19
🛈 Office de tourisme, 8, place de la Victoire ℰ 02 40 24 34 44, Fax 02 40 11 08 10
🖪 de Guérande Ville Blanche, par rte de Nantes : 6 km,
    ℰ 02 40 66 43 21
🖪 de La Baule à Saint-André-des-Eaux Domaine de Saint Denac, NE : 9 km,
    ℰ 02 40 60 46 18
◎ Front de mer★ - Parc des Dryades★ DZ.

Plan page suivante

Hermitage Barrière ⌘ ≤ 🚗 🛋 🔳 🖪 🖳 ⅄ ch. 🔟 🛎 ⌘ **P**
5 espl. Lucien-Barrière – ℰ *02 40 11 46 46* **VISA** **©©** **AE** **①**
– www.hermitage-barriere.com - Fax 02 40 11 46 45 – Ouvert 2 avril-24 sept.,
22 oct.-3 nov. et 27 déc.-2 janv. BZ**h**
202 ch – †206/925 € ††206/925 €, ⌷ 24 € – 5 suites
Rest *La Terrasse* – *(ouvert vacances de Pâques, de la Toussaint, de Noël et juil.-*
août) (35 €) Menu 48 € (déj.) – Carte 34/75 € le soir
Rest *L' Eden Beach* – *(Ouvert mi avril-4 nov., 27 déc.-3 janv., dim. midi et sam.*
hors saison) (24 €) Menu 27/34 € – Carte 40/90 €
♦ Palace des années 1920 dressant son imposante architecture anglo-normande devant l'océan. Chambres personnalisées avec vue sur les flots ou le jardin. Piscine, hammam, fitness. Décor fastueux et cuisine classique à La Terrasse. Poissons et fruits de mer à l'Eden Beach.

Royal-Thalasso Barrière ⌘ ≤ ⅄ 🚗 🛋 🔳 🖪 🖳 ⅄ 🔟 ⌘ **P** 🚗
6 av. Pierre Loti – ℰ *02 40 11 48 48* **VISA** **©©** **AE** **①**
– www.lucienbarriere.com - Fax 02 40 11 48 45 – Fermé 5-20 déc. BZ**t**
91 ch – †188/575 € ††188/575 €, ⌷ 24 € – 6 suites
Rest *La Rotonde* – Menu 43 € – Carte 51/67 €
Rest *Le Ponton* – ℰ *02 40 60 52 05 (fermé le soir d'oct. à mars et vacances*
scolaires) (22 € bc) Carte 30/72 €
♦ Dans un parc face à la mer, bel édifice séculaire relié à un centre moderne de thalassothérapie. Harmonie de meubles de style et de tissus chatoyants dans les chambres. Cuisine traditionnelle et diététique à La Rotonde. Restauration de plage au Ponton.

Castel Marie-Louise ⌘ ≤ 🚗 🛋 ⅄ 🖳 🔟 **P** **VISA** **©©** **AE** **①**
❄ *1 av. Andrieu –* ℰ *02 40 11 48 38 – www.castel-marie-louise.com*
– Fax 02 40 11 48 35 – Fermé 3 janv.-3 fév. BZ**g**
31 ch – †176/709 € ††176/709 €, ⌷ 20 € – 2 suites – ½ P 170/437 €
Rest – *(fermé le midi sauf sam. en juil.-août et sauf dim.)* Menu 57/98 €
– Carte 72/110 € 🏵
Spéc. Pigeonneau au foie gras cuit rosé, amande et shiso, sorbet roquette. Cochon noir, épaule cuite lentement, jus d'épices et fruits rôtis. Fraises de pays, gelée de pomme verte, guimauve glacée et sorbet basilic (été). **Vins** Muscadet de Sèvre-et-Maine sur lie, Saumur.
♦ Ce charmant manoir Belle Époque, entouré d'un jardin soigné, dégage une atmosphère cosy. Chambres au calme, décorées avec goût (mobilier ancien). Restaurant feutré, aménagé à la manière d'un cottage anglais et terrasse ombragée de pins. Belle cuisine actuelle.

Bellevue Plage ⌘ ≤ 🖳 🔟 rest, 🎎 **P** **P** **VISA** **©©** **AE**
27 bd de l'Océan – ℰ *02 40 60 28 55 – www.hotel-bellevue-plage.fr*
– Fax 02 40 60 10 18 – Fermé 15 déc.-10 fév. DZ**r**
35 ch – †95/195 € ††95/195 €, ⌷ 13 €
Rest *La Véranda* – voir ci-après
♦ Orientation design et moderne pour cet hôtel très bien tenu. Chambres colorées et épurées, côté mer ou côté pins. Terrasse au dernier étage surplombant la baie.

223

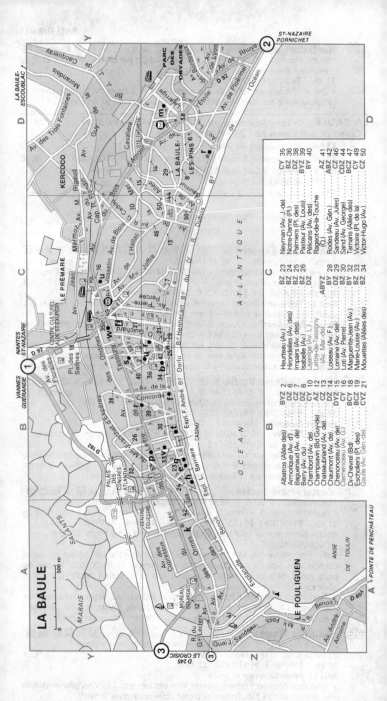

LA BAULE

500 m

224

Mercure Majestic ⇐ 🛎 ও 🅐🅚 🕪 ⚿ 🅿 🆅🅸🆂🅰 ⓿ 🅰🅴 ⓪
espl. Lucien-Barrière – ℰ 02 40 60 24 86 – www.hotelmercure-labaule.com
– Fax 02 40 42 03 13   BZ**e**
83 ch – ♦95/245 € ♦♦105/260 €, ⊈ 16 €
Rest *Le Ruban Bleu* – (18 €) Menu 24/36 € – Carte 30/40 €
• Cet ancien palace, situé en bord de plage et près du casino, vit une seconde jeunesse grâce à sa totale rénovation dans un esprit Art déco réactualisé. Le cadre et le nom du restaurant évoquent l'époque de la légendaire course au Ruban bleu. Plats traditionnels.

St-Christophe ⚘ 🍽 🖿 🕪 ⚿ 🅿 🆅🅸🆂🅰 ⓿ 🅰🅴 ⓪
pl. Notre-Dame – ℰ 02 40 62 40 00 – www.st-christophe.com – Fax 02 40 62 40 40
45 ch – ♦68/194 € ♦♦68/194 €, ⊈ 11 €   BZ**u**
Rest – *(fermé 1ᵉʳ oct.-18 déc.)* (18 €) Menu 29/39 € – Carte 34/44 €
• Quatre villas balnéaires et familiales (trois du début du 20ᵉ s., une récente) au sein d'un beau jardin paisible. Le style des chambres varie, tantôt ancien, tantôt moderne. Cuisine classique servie dans une salle haute en couleurs et sur la terrasse verdoyante en été.

Brittany sans rest 🅐🅚 🕪 🆅🅸🆂🅰 ⓿ 🅰🅴 ⓪
7 av. des Impairs – ℰ 02 40 60 30 25 – www.brittanylabaule.com – Fax 02 40 24 37 30
19 ch – ♦100/195 € ♦♦100/195 €, ⊈ 13 €   BZ**b**
• Chambres personnalisées et bien équipées (mobilier moderne, TV écran plat, douche à jet), toit-solarium et salon-cheminée cosy : une maison des années 30 joliment rénovée.

Concorde sans rest 🛎 🕉 🖘 🆅🅸🆂🅰 ⓿
1 bis av. Concorde – ℰ 02 40 60 23 09 – www.hotel-la-concorde.com
– Fax 02 40 42 72 14 – Ouvert 2 avril-28 sept.   BZ**f**
47 ch – ♦77/135 € ♦♦77/135 €, ⊈ 10 €
• Demeure familiale (architecture balnéaire 1900, remaniée depuis), tout de blanc et de bleu, aux chambres d'un charme désuet. Certaines, avec balcon ou terrasse, regardent la mer.

Lutetia et rest. le Rossini 🖘 ও ch, 🕉 rest, 🕪 🅿 🆅🅸🆂🅰 ⓿ 🅰🅴
13 av. Olivier-Guichard – ℰ 02 40 60 25 81 – www.lutetia-labaule.com
– Fax 02 40 42 73 52   CZ**r**
26 ch – ♦49/59 € ♦♦69/185 €, ⊈ 12 € – ½ P 80/140 €
Rest – *(fermé 15-30 nov., 3 janv.-6 mars, dim. soir, lundi soir du 1ᵉʳ sept. au 30 juin, lundi midi et mardi midi)* (17 €) Menu 23/47 € bc – Carte 49/62 €
• Les chambres se répartissent entre Le Lutétia proprement dit, hôtel à la façade Art déco, et une villa des années 1930. Fraîches et cosy, elles sont décorées avec soin. Le restaurant, plutôt traditionnel, fait la part belle aux produits de la mer.

La Mascotte ⚘ 🖘 🖘 🅐🅚 rest, 🕉 rest, 🕪 🖘 🆅🅸🆂🅰 ⓿ 🅰🅴 ⓪
26 av. Marie-Louise – ℰ 02 40 60 26 55 – www.hotel-lamascotte.com
– Fax 02 40 60 15 67   BZ**v**
23 ch – ♦68/112 € ♦♦68/112 €, ⊈ 8,50 € – ½ P 66/85 €
Rest – *(ouvert 1ᵉʳ mars-5 nov.) (résidents seult)* Menu 23 €
• Dans un quartier résidentiel, à 50 m de la plage, cet hôtel fonctionnel profite d'un jardin arboré (pins et palmiers). Les plus grandes chambres occupent l'aile récente.

Alcyon sans rest 🛎 🕪 ⚿ 🅿 🆅🅸🆂🅰 ⓿ 🅰🅴
19 av. Pétrels – ℰ 02 40 60 19 37 – www.alcyon-hotel.com – Fax 02 40 42 71 33
– Fermé 4-24 janv.   BY**s**
32 ch – ♦72/130 € ♦♦72/130 €, ⊈ 12 €
• Côté marché, façade en angle garnie de balcons, à l'exception du dernier étage. Confort et bonne isolation dans les chambres, successivement refaites. Grand bar.

Villa Cap d'Ail sans rest 🕪 🆅🅸🆂🅰 ⓿
145 av.de Lattre-de-Tassigny – ℰ 02 40 60 29 30 – www.villacapdail.com
– Fax 02 40 11 03 96   BZ**p**
22 ch – ♦60/85 € ♦♦69/140 €, ⊈ 12 €
• À 100 m de la plage. Cette villa bauloise, rénovée dans un style actuel (touches design, tons lumineux), a conservé son charme originel des années vingt. Ambiance familiale.

Le Marini sans rest 🔲 🖆 🛎 ⚿ 🆅🅸🆂🅰 ⓿ 🅰🅴
22 av. G.-Clemenceau – ℰ 02 40 60 23 29 – Fax 02 40 11 16 98   CY**u**
33 ch – ♦52/79 € ♦♦62/89 €, ⊈ 8 €
• Dans une grande maison régionale, chambres de bon confort à la décoration soignée (quelques meubles anciens) et bar à l'esprit british. Agréable piscine couverte et chauffée.

🏠 Hostellerie du Bois 🚿 🍴 📶 VISA ⓪ AE ⓪

65 av Lajarrige – 𝒞 02 40 60 24 78 – www.hostellerie-du-bois.com
– Fax 02 40 42 05 88 – ouvert 14 mars-15 nov. DZ**m**
15 ch – †60/78 € ††60/78 €, ⏘ 7 € – ½ P 59/66 €
Rest – *(dîner seult) (résidents seult)* Menu 22 €

♦ Maison à colombages (1923) au charme vieille France préservé, tant dans les chambres que dans le reste de l'hôtel, bien tenu et orné d'objets rapportés de voyages. Jardin. Petit-déjeuner servi dans une salle rustique et feutrée ; repas le soir, pour les résidents.

🏠 St-Pierre sans rest 📶 VISA ⓪ AE

124 av. du Mar. de Lattre-de-Tassigny – 𝒞 02 40 24 05 41
– www.hotel-saint-pierre.com – Fax 02 40 11 03 41 BYZ**r**
19 ch – †55/65 € ††64/84 €, ⏘ 9 €

♦ L'accueil aimable et les prix doux font de cette villa typique, habillée de colombages bleus, une bonne adresse. Chambres discrètement marines. Petit-déjeuner sous la véranda.

🏠 Les Dunes sans rest 📶 🞉 📶 P VISA ⓪ AE

277 av. de Lattre-de-Tassigny – 𝒞 02 51 75 07 10 – www.hotel-des-dunes.com
– Fax 02 51 75 07 11 CY**w**
32 ch – †47/95 € ††51/95 €, ⏘ 8 €

♦ Sympathique adresse, raisonnable dans ses tarifs, familiale dans l'âme, bien tenue et fonctionnelle (plus calme sur l'arrière) : un bon plan dans cette station balnéaire prisée.

✗✗ La Véranda – Hôtel Bellevue Plage ⩽ AK VISA ⓪ AE

27 bd de l'Océan – 𝒞 02 40 60 57 77 – www.restaurant-laveranda.com
– Fax 02 40 24 00 22 – Fermé 15 déc.-1er fév., merc. de sept. à juin et lundi sauf le soir en juil.-août DZ**r**
Rest – (20 € bc) Menu 39/75 € – Carte 60/120 €

♦ Lumineuse et sobre salle à manger contemporaine où l'on déguste, sur deux niveaux et sous une véranda, une savoureuse cuisine au goût du jour. La plupart des tables ont vue sur la plage.

✗ Carpe Diem ⟷ VISA ⓪ AE

29 av. J. Boutroux, 5 km au Nord par rte du Golf de la Baule – 𝒞 02 40 24 13 14
– www.le-carpediem.fr – Fermé dim. soir
Rest – (15 €) Menu 18/34 €

♦ Près du golf, profitez de cette bonne table rustique – poutres apparentes, cheminée en pierre, mobilier en bois – qui mise sur une cuisine dans l'air du temps sérieuse.

✗ La Ferme du Grand Clos 📶 VISA ⓪

52 av. de Lattre-de-Tassigny – 𝒞 02 40 60 03 30 – www.lafermedugrandclos.com
– Fax 02 90 80 13 75 – Fermé 22 nov.-26 déc., mardi et merc. d'oct. à mars sauf vacances scolaires et lundi AZ**k**
Rest – Carte 18/35 €

♦ Au fond d'un jardin, cette ferme plus que centenaire abrite une salle rustique et simple, ouverte sur les fourneaux où l'on prépare galettes et autres spécialités régionales.

au Golf 7 km au Nord par N 171 – ⊠ 44117 St-André-des-Eaux

🏨 Du Golf International 🞉 ⩽ 🞉 🍴 🏊 ⅋ ch, 🔧 P 🞉 VISA ⓪ AE ⓪

rte de Brangouré – 𝒞 02 40 17 57 57 – www.lucienbarriere.com
– Fax 02 40 17 57 58 – Ouvert avril- oct.
119 ch – †86/361 € ††86/361 €, ⏘ 19 € – 55 suites
Rest *Le Green* – *(fermé le midi sauf en juil.-août)* (18 €) Menu 25 € – Carte 35/40 €

♦ Complexe hôtelier et son parc au cœur d'un vaste golf. Spacieuses chambres bien conçues et quelques villas indépendantes disponibles à la location. Club pour enfants. Repas traditionnel avec vue sur la piscine ou la verdure au Green, restaurant à l'allure british.

LA BAUME – 74 Haute-Savoie – 328 M3 – 252 h. – alt. 730 m 46 F1
– ⊠ 74430

🖸 Paris 597 – Lyon 214 – Annecy 95 – Genève 52

🏠 La Ferme aux Ours 🞉 ⩽ 🚿 📶 P

La Voagère – 𝒞 04 50 72 19 88 – www.lafermeauxours.com – Fermé nov.
4 ch ⏘ – †90/105 € ††98/115 € **Table d'hôte** – Menu 28 € bc

♦ Belle ferme savoyarde isolée, dominant la vallée. Jolies chambres douillettes (collection d'ours en peluche) et accueil charmant de la propriétaire, férue de randonnées. Sauna.

BAUME-LES-DAMES – 25 Doubs – **321** I2 – 5 349 h. – alt. 280 m   **17** C2
– ⊠ 25110 ▮ Franche-Comté Jura

▶ Paris 440 – Belfort 62 – Besançon 30 – Lure 45
🛈 Office de tourisme, 8, rue de Provence ℰ 03 81 84 27 98, Fax 03 81 84 15 61
🏌 du Château de Bournel à Cubry, N : 20 km par D 50, ℰ 03 81 86 00 10

XXX   **Hostellerie du Château d'As** avec ch   ← 🏫 ⁽ᵗ⁾ **P** 𝗩𝗜𝗦𝗔 ⓒⓞ 𝖠𝖤
    24 r. Château-Gaillard – ℰ 03 81 84 00 66 – www.chateau-das.fr
    – Fax 03 81 84 39 67 – Fermé mi-oct. à mi-nov., dim. soir, mardi midi et lundi
6 ch – 🛏67/81 € 🛏🛏67/81 €, � 10 € – ½ P 64/70 €
Rest – Menu 19 € (déj. en sem.), 31/69 € – Carte 44/77 €
♦ Cette grande villa des années 1930 cultive une atmosphère d'antan. Élégante et lumineuse salle à manger (superbe lustre en nacre) pour une cuisine actuelle. Chambres spacieuses.

Comment choisir, dans une localité, entre deux adresses de même catégorie ?
Sachez que dans chacune d'elles, les établissements sont classés par ordre de
préférence : les meilleures adresses d'abord.

LES BAUX-DE-PROVENCE – 13 Bouches-du-Rhône – **340** D3   **42** E1
– 381 h. – alt. 185 m – ⊠ 13520 ▮ Provence

▶ Paris 712 – Arles 20 – Avignon 30 – Marseille 86
🛈 Office de tourisme, Maison du Roy ℰ 04 90 54 34 39, Fax 04 90 54 51 15
🏌 des Baux-de-Provence Domaine de Manville, S : 2 km, ℰ 04 90 54 40 20
◉ Site★★★ – Village★★★ : Place★ et église St-Vincent★ – Château★ : ☀★★
   – Monument Charloun Rieu ←★ – Tour Paravelle ←★ – Musée Yves-
Brayer★ – Cathédrale d'Images★ N : 1 km par D 27 - ☀★★★ sur le village
N : 2,5 km par D 27.

dans le Vallon

🏠   **La Riboto de Taven** ⌘   ← 🏫 🏫 ⛲ & ch, 🅐🅒 ch, ⛳ **P** 𝗩𝗜𝗦𝗔 ⓒⓞ 𝖠𝖤
    – ℰ 04 90 54 34 23 – www.riboto-de-taven.fr – Fax 04 90 54 38 88
    – *Fermé 5 janv.-12 mars*
5 ch – 🛏180/290 € 🛏🛏180/290 €, ⊂⊃ 20 € – 1 suite – ½ P 150/200 €
Rest – *(fermé merc.) (dîner seult) (résidents seult)* Menu 55 €
♦ Cet insolite mas ravit les yeux : vue imprenable sur les Baux, jardin fleuri, agréable piscine
et chambres décorées avec goût (deux d'entre elles sont troglodytiques). Belle charpente
apparente et grande cheminée dans la salle à manger, cuisine du marché.

XXXXX   **L'Oustaù de Baumanière** avec ch ⌘   ← 🏫 🏫 ⛲ 🔟 🀫 & 🅐🅒 ⁽ᵗ⁾
🕸🕸   – ℰ 04 90 54 33 07   ✉ᵗ **P** 𝗩𝗜𝗦𝗔 ⓒⓞ 𝖠𝖤 ⓞ
    – www.oustaudebaumaniere.com – Fax 04 90 54 40 46
    – *Ouvert mars-nov. et fermé mardi soir, jeudi midi et merc. de mars à avril et*
    d'oct à nov.
16 ch – 🛏245/430 € 🛏🛏245/430 €, ⊂⊃ 22 € – ½ P 265/380 €
Rest – (95 €) Menu 120/175 € – Carte 131/203 €🍷
Spéc. Œuf de poule, eau d'un gaspacho, jus et condiment. Rouget barbet de
Méditerranée juste saisi, tomate, basilic et fleur de thym en vinaigrette. Mille-
feuille "tradition Baumanière". **Vins** Les Baux-de-Provence.
♦ Demeure du 16ᵉ s. aux voûtes séculaires, superbe terrasse avec les Alpilles en toile de
fond : un lieu magique pour une cuisine gorgée de soleil. Belle cave. Confortables chambres
et suites distinguées réparties entre la maison et le petit mas La Guigou.

   Le Manoir 🏠🏠 ⌘   ← 🏫 🔟 🀫 🅐🅒 ⁽ᵗ⁾ **P** 𝗩𝗜𝗦𝗔 ⓒⓞ 𝖠𝖤 ⓞ
    à 1 km rte d'Arles par D 27 – ℰ 04 90 54 33 07 – www.oustaudebaumaniere.com
    – *Fax 04 90 54 40 46*
7 ch – 🛏245/430 € 🛏🛏245/430 €, ⊂⊃ 22 € – 7 suites – ½ P 265/380 €
♦ Les chambres de cette élégante bastide conjuguent confort, raffinement et charme provençal d'antan. Parc arboré (dont un splendide platane séculaire) et jardin à la française.

rte d'Arles Sud-Ouest par D 27

La Cabro d'Or ⌂
à 1 km – 𝒞 04 90 54 33 21 – www.lacabrocor.com – Fax 04 90 54 45 98
– Fermé dim. et lundi de mi-oct. à fin mars
21 ch – ♦170/370 € ♦♦170/370 €, ⊇ 20 € – 7 suites – ½ P 160/335 €
Rest – (fermé dim. soir, lundi et mardi midi de mi-oct. à fin mars) Menu 49 € bc
(déj. en sem.), 66/110 € – Carte 95/102 €
Spéc. Fines ravioles de langoustines aux courgettes et poireaux. Dos de loup
cuit sur sa peau, étuvée de fenouil croquant à l'huile de basilic, tourteau.
Volupté au miel de Provence, fruits rouges de saison marinés aux olivettes
confites. **Vins** Les-Baux-de-Provence.
♦ Chambres élégantes, ravissant jardin fleuri, nombreux loisirs dont un centre d'équitation rendent cette étape champêtre chic des plus agréables. Restaurant cosy et raffiné, terrasse sous les tilleuls et belle cuisine au goût du jour... L'art de vivre à la provençale !

Mas de l'Oulivié sans rest ⌂
Quartier les Arcoules, à 2,5 km – 𝒞 04 90 54 35 78 – www.masdeloulivie.com
– Fax 04 90 54 44 31 – Ouvert 26 mars-13 nov.
27 ch – ♦110/280 € ♦♦110/280 €, ⊇ 14 € – 2 suites
♦ Un mas déstressant au cœur d'une oliveraie : chambres au décor méridional, jardin avec
piscine à débordement, massages. Petite restauration au déjeuner pour les résidents.

Auberge de la Benvengudo ⌂
Vallon de l'Arcoule, D78F, à 2 km – 𝒞 04 90 54 32 54
– www.benvengudo.fr – Fax 04 90 54 42 58 – Ouvert 20 mars-2 nov.
21 ch – ♦110/205 € ♦♦110/205 €, ⊇ 15 € – 4 suites – ½ P 108/155 €
Rest – (fermé merc.) (dîner seult) Menu 45 €
♦ Authentique bastide à l'intérieur de style classique provençal, décliné dans une gamme de
blancs. Meubles, objets et tableaux choisis dans les chambres. À table, menu régional selon
le marché et cadre rénové préservant une touche locale.

BAVAY – 59 Nord – **302** K6 – 3 396 h. – alt. 148 m – ⊠ 59570   **31** D2
Nord Pas-de-Calais Picardie

▶ Paris 229 – Avesnes-sur-Helpe 24 – Lille 79 – Maubeuge 15
🅸 Office de tourisme, rue Saint-Maur 𝒞 03 27 39 81 65, Fax 03 27 39 81 65

Le Bagacum
r. Audignies – 𝒞 03 27 66 87 00 – www.bagacum.com – Fax 03 27 66 86 44
– Fermé dim. soir et lundi sauf fériés
Rest – Menu 27 € bc (déj. en sem.), 34/50 € bc – Carte 45/75 €
♦ Charpente apparente, vieux objets agricoles, bibelots et tableaux font le cachet de
cette ancienne grange du 19ᵉ s. disposant d'une terrasse fleurie. Cuisine traditionnelle.

Le Bourgogne
porte Gommeries – 𝒞 03 27 63 12 58 – www.restaurantlebourgogne.fr
– Fax 03 27 66 99 74 – Fermé 2-28 août, lundi et le soir sauf vend. et sam.
Rest – Menu 20 € (sem.)/54 € – Carte 38/66 €
♦ Bordant un axe animé, accueillante maison typique du Nord. Agréable terrasse d'été. La
cuisine oscille entre tradition et invention, et la cave fait la part belle aux bourgognes.

BAVELLA (COL DE) – 2A Corse-du-Sud – **345** E9 – voir à Corse

---

BAYARD (COL) – 05 Hautes-Alpes – **334** E5 – voir à Col Bayard

---

BAYEUX ◉ – 14 Calvados – **303** H4 – 14 466 h. – alt. 50 m – ⊠ 14400   **32** B2
Normandie Cotentin

▶ Paris 265 – Caen 31 – Cherbourg 95 – Flers 69
🅸 Office de tourisme, pont Saint-Jean 𝒞 02 31 51 28 28, Fax 02 31 51 28 29
🅰🅢 Bayeux Omaha Beach Golf à Port-en-Bessin Ferme Saint Sauveur, par
rte de Port-en-Bessin et D 514 : 11 km, 𝒞 02 31 22 12 12
◉ Tapisserie dite "de la reine Mathilde" ★★★ - Cathédrale Notre-Dame★★
- Musée-mémorial de la bataille de Normandie★ Y **M¹** - Maison à
colombage★ (rue St-Martin) Z**N.**

BAYEUX

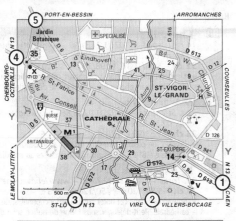

Le Lion d'Or �️　🙒 ⓛ 🏫 ⓟ 🆅🆂🅰 ⓒⓞ 🅰🅴 ⓞ

71 r. St-Jean – ⓒ 02 31 92 06 90 – www.liondor-bayeux.fr – Fax 02 31 22 15 64
27 ch – †85/185 € ††85/185 €, ⌷ 12 € – 1 suite – ½ P 79/139 €　　　　**Z**e
Rest – *(fermé 20 déc.-14 janv., dim. soir, lundi soir de mi nov. à mi mars, lundi midi, mardi midi et sam. midi)* Menu 16 € (déj.), 25/47 € – Carte 45/63 €
♦ Cet ancien relais de poste du 18e s. précédé d'une jolie cour pavée abrite des chambres calmes d'ambiances différentes. Celles de l'annexe sont récentes et actuelles. Table traditionnelle et soignée. Des photos des célébrités passées en ces lieux ornent le salon feutré.

Novotel 　🚗 🙒 ⌂ ⓛ 🏫 ⓜ ch, ⓦ 🈟 ⓟ 🆅🆂🅰 ⓒⓞ 🅰🅴 ⓞ

117 r. St-Patrice – ⓒ 02 31 92 16 11 – www.novotel.com – Fax 02 31 21 88 76
77 ch – †75/95 € ††75/150 €, ⌷ 14 €　　　　　　　　　　　　　　**Y**x
Rest – *(fermé le midi en juil.-août)* (17 €) Menu 20 € – Carte 20/35 €
♦ Hôtel relooké aux dernières normes de la chaîne : bar et salons modernes, chambres pratiques dans l'air du temps. Le restaurant d'esprit bistrot s'ouvre sur une terrasse face à la piscine. Carte et suggestions à l'ardoise assorties d'un bon choix de vins au verre.

Château de Bellefontaine sans rest 🌲　🌢 🙒 ⓛ 🏫 ⓟ

49 r. Bellefontaine – ⓒ 02 31 22 00 10　　　　　　　　　　🆅🆂🅰 ⓒⓞ 🅰🅴
– www.hotel-bellefontaine.com – Fax 02 31 22 19 09 – Fermé 2 janv.-2 fév.
20 ch – †70/120 € ††75/150 €, ⌷ 12 €　　　　　　　　　　　　**Y**v
♦ Un parc arboré avec un plan d'eau sert d'écrin à ce château du 18e s. aux chambres de style (Louis XIII, Empire). Duplex plus actuels pour les familles, dans les anciennes écuries.

229

Churchill sans rest   🕭 ⚘ 📶 *VISA* ⊚

14 r. St-Jean – ℰ 02 31 21 31 80 – www.hotel-churchill.fr – Fax 02 31 21 41 66
– Ouvert de mars à nov.

Zh

32 ch – †85/108 € ††98/160 €, ⊊ 10 €

♦ Un hôtel plein d'attrait : chambres cosy (mobilier Louis XVI), salle lumineuse servant de salon de thé, bar, photos historiques sur le débarquement, épicerie fine, boutique de déco.

D'Argouges sans rest ॐ   🚗 🕭 ⚘ 📶 **P** 🗺 *VISA* ⊚ ⓘ

21 r. St-Patrice – ℰ 02 31 92 88 86 – www.hotel-dargouges.com
– Fax 02 31 92 69 16

Zn

28 ch – †68/90 € ††88/121 €, ⊊ 12 €

♦ Profitez, en plein centre-ville, du calme du délicieux jardin qui accueille ces deux maisons de caractère (18ᵉ s.). Belles chambres rénovées au mobilier ancien ; salons classiques.

Le Bayeux sans rest ॐ   🕭 📶 *VISA* ⊚

9 r. Tardif – ℰ 02 31 92 70 08 – www.lebayeux.net – Fax 02 31 21 15 74

Zm

29 ch – †50/120 € ††50/120 €, ⊊ 8 €

♦ Bon accueil dans cet hôtel familial et fonctionnel, situé dans une rue calme, à deux pas de la cathédrale. Petit-déjeuner sous forme de buffet, servi dans un cadre rustique.

Tardif Noble Guesthouse sans rest ॐ   🚗 **P** *VISA* ⊚

16 r. de Nesmond – ℰ 02 31 92 67 72 – www.hoteltardif.com
– Fax 02 31 92 67 72

Zf

5 ch – †50/140 € ††70/170 €, ⊊ 8 €

♦ Un ancien hôtel particulier avec un jardin, à deux minutes du centre historique. Meubles de style, tapisseries et tableaux confèrent un cachet certain aux chambres et au salon.

XX **La Rapière**   ⚘ *VISA* ⊚ AE ⓘ

53 r. St-Jean – ℰ 02 31 21 05 45 – www.larapiere.net – Fax 02 31 21 11 81
– Fermé 22 déc.-22 janv., merc. et jeudi

Zp

Rest – Menu 15 € (déj. en sem.), 27,50/33,50 € – Carte 38/60 €

♦ Dans une rue pittoresque du vieux Bayeux, une maison du 15ᵉ s. au bel intérieur rustique, décoré d'épées croisées et de tableaux. Goûteuse cuisine du terroir normand.

XX **La Coline d'Enzo**   🔛 *VISA* ⊚

2 r. des Bouchers – ℰ 02 31 92 03 01 – Fermé 28 juin-5 juil., mardi soir de nov. à fin avril, sam. midi, dim. et lundi

Zb

Rest – (14 €) Menu 24/35 € – Carte 37/52 €

♦ Les propriétaires de ce restaurant (du nom de leurs deux enfants) proposent une table actuelle, où dominent le marron, le turquoise, les poutres et pierres. Terrasse-trottoir.

X **Le Bistrot de Paris**   🕭 AC *VISA* ⊚

pl. St-Patrice – ℰ 02 31 92 00 82 – Fax 02 31 92 00 82 – Fermé
16-29 août, 16 fév.-2 mars, lundi soir, merc. soir et dim.

Zt

Rest – (14 €) Menu 18/29 € – Carte 25/36 €

♦ Mobilier, miroirs et cuivres reconstituent le décor et l'atmosphère d'un bistrot à l'ancienne. Cuisine traditionnelle et ardoise du jour ; formules plus simples à l'Annexe voisine.

X **Le Pommier**   🔛 🕭 *VISA* ⊚ AE ⓘ

40 r. des Cuisiniers – ℰ 02 31 21 52 10 – www.restaurantlepommier.com
– Fax 02 31 21 06 01 – Fermé 15 déc.-15 janv. et dim. du 1ᵉʳnov. au 31 mars

Rest – (17 €) Menu 23/35 € – Carte 28/48 €

Zs

♦ L'enseigne annonce d'emblée la couleur : ici, on revendique une carte normande, qui ne manque pas de finesse. Ambiance décontractée mariant rustique et détails contemporains.

rte de Port-en-Bessin 3 km par ⑤

Château de Sully ॐ   🎐 🈁 🎱 🕭 ch, 🍴 🕹 **P** *VISA* ⊚ AE ⓘ

rte de Port-en-Bessin ⊠ 14400 Bayeux – ℰ 02 31 22 29 48
– www.chateau-de-sully.com – Fax 02 31 22 64 77 – Fermé 7 déc.-14 janv.

22 ch – †150/260 € ††170/260 €, ⊊ 18 € – 1 suite

Rest – (fermé le midi sauf dim.) (dîner seult) (nombre de couverts limité, prévenir) Menu 39/85 € – Carte 50/75 €

♦ Parc et château de charme (18ᵉ s.) pour un séjour détente. Les chambres personnalisées cultivent un luxe discret. Piscine, jacuzzi, sauna. Le restaurant propose deux cadres, l'un classique, l'autre plus actuel (véranda). Cuisine au goût du jour à base de beaux produits, souvent bio.

à Audrieu 13 km par ① et D 158 – 953 h. – alt. 71 m – ⌖ 14250

🏠 **Château d'Audrieu** ⌖   ⟨ 🕭 ⌇ 🛰 P VISA ⚈ AE ①
   – ℰ 02 31 80 21 52 – www.chateaudaudrieu.com – Fax 02 31 80 24 73
– Fermé 4 janv.-13 fév.
25 ch – †155/165 € ††155/165 €, ⌷ 26 € – 4 suites – ½ P 180/313 €
Rest – (fermé lundi et le midi sauf sam., dim. et fériés) Menu 39/99 €
– Carte 64/84 € ⌘

Spéc. Fines ravioles de langoustines et bisque aux parfums d'agrumes. Bar de
nos côtes, figues rôties au balsamique et jus tranché. Tarte fine aux figues et
sorbet au lait entier.

◆ Ce château du 18ᵉ s., classé monument historique, isolé au sein d'un immense et ravissant
parc, abrite de vastes chambres (meubles anciens). Salles à manger très châtelaines, cuisine
inventive et soignée accompagnée d'une carte des vins étoffée pour gourmets raffinés.

BAYONNE ⟨⟩ – 64 Pyrénées-Atlantiques – 342 D2 – 44 406 h. –   **3** A3
Agglo. 178 965 h. – alt. 3 m – ⌖ 64100 ▊ Pays Basque et Navarre

▶ Paris 765 – Bordeaux 183 – Biarritz 9 – Pamplona 109
🛧 de Biarritz-Anglet-Bayonne : ℰ 05 59 43 83 83, SO : 5 km par N 10 AZ.
🛈 Office de tourisme, place des Basques ℰ 08 20 42 64 64, Fax 05 59 59 37 55
🏴 Makila Golf Club à Bassussarry Route de Cambo, S : 6 km par D 932,
    ℰ 05 59 58 42 42

◉ Cathédrale Ste-Marie★ et Cloître★ **B** - Fêtes★ (début août) - Musée
    Bonnat★★ BY **M²** - Musée basque★★★.

Accès et sorties : voir à Biarritz.

Plan page suivante

🏠 **La Villa Hôtel** sans rest ⌖   ▱ & AK ⌇ 🛰 P VISA ⚈
12 chemin de Jaquette – ℰ 05 59 03 01 20 – www.bayonne-hotel-lavilla.com
– Fax 05 59 58 76 30   BZ**d**
10 ch – †90/180 € ††90/180 €, ⌷ 15 €
◆ Au grand calme et entourée d'un jardin d'inspiration italienne, maison de maître offrant
une vue sur la Nive et les Pyrénées. Chambres personnalisées de meubles anciens chinés.

XXX **Auberge du Cheval Blanc** (Jean-Claude Tellechea)   AK ⌯ VISA ⚈ AE
68 r. Bourgneuf – ℰ 05 59 59 01 33 – Fax 05 59 59 52 26 – Fermé 5-12 juil.,
28 juil.-2 août, 1ᵉʳ-9 nov., 21 fév.-17 mars, sam. midi, dim. soir et lundi
Rest – Menu 30 € (sem.)/88 € – Carte 55/75 €   BZ**b**
Spéc. Pressé de truite fumée maison, foie gras et poires réduites au porto
(printemps). Parmentier de xamango au jus de veau truffé. Soufflé chaud au
Grand Marnier. **Vins** Jurançon, Irouléguy.
◆ Relais de poste du 18ᵉ s. tenu par la même famille depuis 1959. Salles en blanc et rouge
basque, ornées de photos du pays. Savoureuse cuisine du terroir, bon choix d'irouléguys.

XX **François Miura**   AK VISA ⚈ AE
24 r. Marengo – ℰ 05 59 59 49 89 – Fermé mars, dim. soir et merc.
Rest – Menu 21/32 € – Carte 38/62 €   BZ**r**
◆ Dans le vieux Bayonne, salle de restaurant voûtée agrémentée de tableaux et meubles
modernes. Cuisine au goût du jour et suggestions du marché.

X **Le Bayonnais**   ⌂ ⌇ VISA ⚈
38 quai des Corsaires – ℰ 05 59 25 61 19 – Fax 05 59 59 00 64 – Fermé 2 sem.
en juin, 20 déc.-5 janv., lundi sauf juil.-août et dim.
Rest – Menu 17 € (sem.) – Carte 29/41 €   BZ**s**
◆ Voisin du musée basque, sympathique adresse proposant une copieuse cuisine du terroir.
Salle à manger de style régional complétée par une terrasse dressée au bord de la Nive.

X **La Grange**   ⌂ VISA ⚈ AE
26 quai Galuperie – ℰ 05 59 46 17 84 – Fermé dim. sauf fériés et août
Rest – Menu 20 € – Carte 34/58 €   BZ**a**
◆ Côté déco, cette ex-épicerie des arcades a conservé ses objets chinés, ses murs en briquettes et ses boiseries. Longue ardoise de plats basques revisités. Vins classés par prix.

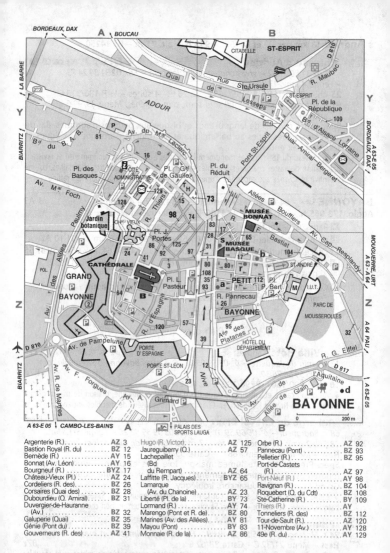

BAYONNE

BAY-SUR-AUBE – 52 Haute-Marne – **313** K7 – 56 h. – alt. 320 m   **14** C3
– ✉ 52160

▶ Paris 312 – Châlons-en-Champagne 214 – Chaumont 65 – Langres 33

⌂ **La Maison Jaune** ॐ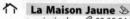

r. principale – ℰ 03 25 84 99 42
– Fax 03 25 87 57 65
– Ouvert d'avril à oct.
4 ch ⌸ – ♦70 € ♦♦75 €
Table d'hôte – Menu 30 € bc

◆ Ancienne ferme qui ravira les passionnés d'art et de culture : superbe bibliothèque,
tableaux peints par la propriétaire, mobilier chiné. Chambres belles dans leur simplicité. Les
lampes d'usine des années 1930 apportent un certain cachet à la table d'hôte cosy.

BAZAS – 33 Gironde – **335** J8 – **4 585 h.** – alt. 70 m – ✉ 33430

🏛 Aquitaine

▶ Paris 637 – Agen 84 – Bergerac 105 – Bordeaux 62

🛈 Office de tourisme, 1, pl. de la Cathédrale ☏ 05 56 25 25 84, Fax 05 56 25 95 59

◉ Cathédrale St-Jean★ - Château de Cazeneuve★★ SO : 11 km par D 9
- Château de Roquetaillade★★ NO : 2 km - Collégiale d'Uzeste★.

XX **Les Remparts**　　　　　　　　　　　　　🛜 AC VISA ☻

49 pl. de la Cathédrale, (Espace Mauvezin) – ☏ 05 56 25 95 24
– www.restaurant-les-remparts.com – Fax 05 56 25 95 24
– Fermé 22 oct.-10 nov., 22 fév.-4 mars, dim. soir et lundi
Rest – (14 € bc) Menu 24/49 € – Carte 31/63 €

◆ Salle moderne (tableaux) et superbe terrasse sur les remparts de la cité médiévale, près de la cathédrale. Spécialités de lamproie à la bordelaise et de bœuf bazadais.

à Bernos-Beaulac 6 km au Sud par D932 – 1 065 h. – alt. 66 m – ✉ 33430

⌂ **Dousud** ॐ　　　　　　　　　　🚗 🛜 ⊿ ⁇ P VISA ☻

au Doux Sud – ☏ 05 56 25 43 23 – www.dousud.fr – Fermé 1ᵉʳ-15 fév.
5 ch ⊵ – ♦50/80 € ♦♦65/90 €　　**Table d'hôte** – Menu 20 € bc

◆ Cette jolie ferme landaise profite de la tranquillité d'un parc de 9 ha où sont élevés des chevaux. Les chambres, personnalisées, se trouvent dans les dépendances ; deux d'entres elles possèdent une terrasse. Le soir, repas mitonnés par la propriétaire, ancienne restauratrice.

BAZEILLES – 08 Ardennes – **306** L4 – **rattaché à Sedan**

BAZINCOURT-SUR-EPTE – 27 Eure – **304** K6 – **rattaché à Gisors**

BAZOUGES-LA-PÉROUSE – 35 Ille-et-Vilaine – **309** M4 – **1 840 h.**

– alt. 106 m – ✉ 35560 🏛 Bretagne

▶ Paris 376 – Fougères 34 – Rennes 45 – Saint-Malo 53

🛈 Office de tourisme, 2, place de l'Hôtel de Ville ☏ 02 99 97 40 94,
Fax 02 99 97 40 64

⌂ **Le Château de la Ballue** sans rest ॐ　　🎵 P VISA ☻ AE

4 km au Nord-Est – ☏ 02 99 97 47 86 – www.la-ballue.com – Fax 02 99 97 47 70
5 ch – ♦160/175 € ♦♦180/195 €, ⊵ 18 €

◆ De superbes jardins d'esprit baroque et à la française entourent ce château du 17ᵉ s. Grandes chambres raffinées : hauteur sous plafond, boiseries d'époque, mobilier ancien.

BEAUCAIRE – 30 Gard – **339** M6 – **15 099 h.** – alt. 18 m – ✉ 30300

🏛 Languedoc Roussillon

▶ Paris 703 – Arles 18 – Avignon 27 – Nîmes 24

🛈 Office de tourisme, 24, cours Gambetta ☏ 04 66 59 26 57, Fax 04 66 59 68 51

◉ Château★.

🏠 **Les Vignes Blanches**　　　　🛜 ⊿ 🎐 ら AC ☏ ⚶ P VISA ☻ AE ⓪

67 av. de Farcinnes, (rte de Nîmes) – ☏ 04 66 59 13 12
– www.lesvignesblanches.com – Fax 04 66 58 08 11 – Fermé 2 janv.-14 fév.
57 ch – ♦85/101 € ♦♦85/101 €, ⊵ 9 € – ½ P 63/75 €
Rest – (fermé mardi midi de nov. à mars, dim. soir et lundi) (14 € bc)
Menu 20/30 € – Carte 27/48 €

◆ Cet immeuble sur un axe passant abrite un hôtel bien tenu : hall original, chambres (plus calmes sur l'arrière) joliment colorées, dont les noms sont associés à la décoration. Espace bistrot ou salle à manger chaleureuse. Carte traditionnelle, cuisson au four à bois.

🏠 **L'Oliveraie** ॐ　　　　　　⊿ ら AC ☏ ⚶ P VISA ☻ AE

chemin Clapas de Cornut, rte de Nîmes – ☏ 04 66 59 16 87
– www.oliveraie-hotel.com – Fax 04 66 59 08 91 – Fermé 24 déc.-3 janv.
38 ch – ♦70 € ♦♦70 €, ⊵ 10 € – ½ P 80 €
Rest – (fermé dim. soir sauf en juil.-août et sam. midi) (15 €) Menu 21/33 €
– Carte 43/71 €

◆ Atmosphère familiale dans cet établissement composé de deux bâtiments. Chambres confortables, avec balcon ou terrasse ; celles de l'aile récente sont plus modernes. Plaisante salle à manger agrémentée par de nombreux bibelots ; véranda coiffée d'une charpente.

au Sud-Ouest 6 km (rte de St Gilles) puis à gauche, écluse de Nouriguier

⌂ **Mas de Lafont** sans rest ॐ   🚗 🛆 ⁿ⁰ 🅿
chemin du Mas d'Aillaud ⊠ 30300 Beaucaire – ℰ 04 66 59 29 59
– www.masdelafont.com – Fax 04 66 59 29 59 – Ouvert 1er mai-1er oct.
3 ch ⊡ – †70/80 € ††80/90 €
♦ Entre vignes et abricotiers, mas du 17e s. dont les chambres, spacieuses et dotées d'un
superbe mobilier provençal, donnent toutes côté jardin. Cuisine équipée à disposition.

BEAUCENS – 65 Hautes-Pyrénées – **342** L5 – **426 h.** – **alt. 450 m**   **28** A3
– ⊠ 65400 ▊ Midi-Toulousain

     ◘ Paris 866 – Pau 59 – Tarbes 38 – Toulouse 191
     ◙ Donjon des Aigles

⌂ **Eth BérYè Petit** ॐ   ⩽ ⁿ⁰ 🅿
15 rte Vielle – ℰ 05 62 97 90 02 – www.beryepetit.com – Fax 05 62 97 90 02
3 ch ⊡ – †58/64 € ††58/64 €
Table d'hôte – (ouvert vend. soir et sam. soir de nov. à avril) Menu 20 € bc
♦ Accueillante maison bigourdane (1790) dont l'enseigne signifie le petit verger. Les chambres calmes, au décor alliant ancien et moderne, offrent un splendide panorama sur la vallée.
Dîner et petit-déjeuner dans un joli salon au coin du feu ou en terrasse.

✕ **Le Petit Couassert**   🏠 𝘝𝘐𝘚𝘈 ◐◐
🞨 20 rte de Vielle – ℰ 05 62 97 90 25 – www.lepetitcouassert.fr – Fermé 10-25 avril,
20 oct.-25 nov. et merc. sauf vacances scolaires
Rest – Menu 18/25 € – Carte 25/36 €
♦ Le décor de cette auberge familiale joue le contraste : murs en pierre, cheminée, vieux
miroirs et tableaux contemporains. Cuisine traditionnelle et belle vue de la terrasse.

LE BEAUCET – 84 Vaucluse – **332** D10 – **rattaché à Carpentras**

BEAUCOUZÉ – 49 Maine-et-Loire – **317** F4 – **rattaché à Angers**

BEAUDÉAN – 65 Hautes-Pyrénées – **342** M5 – **rattaché à Bagnères-de-Bigorre**

BEAUFORT – 73 Savoie – **333** M3 – **2 196 h.** – **alt. 750 m** – ⊠ 73270   **45** D1
▊ Alpes du Nord

     ◘ Paris 601 – Albertville 21 – Chambéry 72 – Megève 37
     🛈 Office de tourisme, Grande Rue ℰ 04 79 38 38 62, Fax 04 79 38 31 56
     ◙ Beaufortain★★.

🛏 **Le Grand Mont**   ⁿ⁰ 𝘝𝘐𝘚𝘈 ◐◐
pl. de l'Église – ℰ 04 79 38 33 36 – www.hotelbeaufort.com – Fax 04 79 38 39 07
– Fermé 19-30 avril, et mi-oct. à mi-nov.
15 ch – †49/55 € ††60/65 €, ⊡ 10 € – ½ P 50/65 €
Rest – (fermé sam. midi et dim. sauf vacances scolaires) (12 €) Menu 20/32 €
– Carte 18/35 €
♦ Cette sympathique maison de village appartient à la même famille depuis quatre générations. Chambres simples et rustiques, petites ou familiales (avec mezzanine). Cuisine du terroir et spécialités fromagères à base de beaufort.

BEAUGENCY – 45 Loiret – **318** G5 – **7 584 h.** – **alt. 99 m** – ⊠ 45190   **12** C2
▊ Châteaux de la Loire

     ◘ Paris 152 – Blois 35 – Châteaudun 42 – Orléans 31
     🛈 Office de tourisme, 3, place Dr Hyvernaud ℰ 02 38 44 54 42,
       Fax 02 38 46 45 31
     🇫🇷 de Ganay à Saint-Laurent-Nouan Prieuré de Ganay, S : 7 km par D 925,
       ℰ 02 54 87 26 24
     🇫🇷 Les Bordes Golf International à Saint-Laurent-Nouan Les Petits Rondis, S :
       9 km par D 925, ℰ 02 54 87 72 13
     ◙ Église Notre-Dame★ - Donjon★ - Tentures★ dans l'hôtel de ville **H**
       - Musée régional de l'Orléanais★ dans le château.

BEAUGENCY

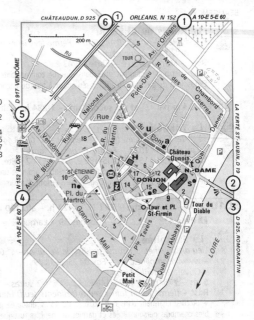

🏠 **Hostellerie de l'Écu de Bretagne** ⚡ 🐾 🅿 VISA ⦿ AE

pl. Martroi – 🕻 *02 38 44 67 60 –* www.ecu-de-bretagne.fr *– Fax 02 38 44 68 07*

34 ch – ✝105/125 € ✝✝130/150 €, ⊆ 14 € – ½ P 100/110 €   **n**

Rest – (12 €) Menu 21/36 € – Carte 45/72 €

◆ Au cœur de la cité ligérienne, ce relais de poste – qui daterait de 1607 – et son annexe retrouvent une seconde jeunesse. Agréables chambres personnalisées. Salle à manger conviviale où l'on propose une cuisine au goût du jour et une sélection de vins locaux.

🏠 **Grand Hôtel de l'Abbaye** sans rest ⚡ 🅿 VISA ⦿

2 quai de l'Abbaye – 🕻 *02 38 45 10 10 –* www.grandhoteldelabbaye.com
– Fax 02 38 44 98 14 – Fermé déc.-janv.   **s**

19 ch – ✝89/169 € ✝✝89/189 €, ⊆ 16 €

◆ Pour découvrir la jolie ville de Beaugency, cette ancienne abbaye des 11e et 12e s. remaniée au 17e vous attend gentiment sur les quais de la Loire. Chambres de style confortables.

🏠 **De la Sologne** sans rest ⚡ VISA ⦿ AE

6 pl. St-Firmin – 🕻 *02 38 44 50 27 –* www.hoteldelasologne.com
– Fax 02 38 44 90 19 – Fermé 18 déc.-2 janv.   **e**

16 ch – ✝53/65 € ✝✝53/70 €, ⊆ 8,50 €

◆ Un perron joliment fleuri en été vous accueille dans cet hôtel solognot situé à deux pas de la tour St-Firmin. Petites chambres personnalisées et bien tenues, certaines rénovées.

🏠 **Le Relais des Templiers** sans rest ⚡ 🅿 VISA ⦿ AE

68 r. du Pont – 🕻 *02 38 44 53 78 –* www.hotelrelaistempliers.com
– Fax 02 38 46 42 55 – Fermé 26 déc.-12 janv.   **a**

15 ch – ✝49/52 € ✝✝56/62 €, ⊆ 8 €

◆ Aux portes du centre historique, belle façade en pierre abritant des chambres assez grandes, agencées de manière pratique et sobre. Salle des petits-déjeuners lumineuse.

✕✕ **Le Petit Bateau** 🍴 VISA ⦿ AE

☺ *54 r. du Pont –* 🕻 *02 38 44 56 38 –* www.le-petit-bateau.com *– Fax 02 38 46 44 37*
– Fermé en janv., mardi midi et lundi   **u**

Rest – Menu 19 € (déj. en sem.), 28/45 € – Carte 40/90 €

◆ Deux salles à manger : l'une au cadre rustique soigné avec poutres apparentes et cheminée ; l'autre plus petite, ouverte sur une cour-terrasse. Cuisine traditionnelle.

X   **Le Relais du Château**   VISA ⓒⓞ
   8 r. du Pont – ℰ 02 38 44 55 10 – Fermé fév., jeudi midi de juil. à sept., jeudi soir
   et mardi d'oct. à juin et merc.   t
   Rest – Menu 16/36 € – Carte 26/43 €
   ♦ Coquet petit restaurant situé dans une rue commerçante à proximité du donjon (11ᵉ s.).
Expositions de peintures d'artistes régionaux à titre de décor. Plats traditionnels.

à Tavers 3 km par ④ et rte secondaire – 1 284 h. – alt. 100 m – ⊠ 45190

🏨   **La Tonnellerie** *sans rest* ⚘   🍽 ⅃ 🕸 ⁅¹ ♨ VISA ⓒⓞ AE
   12 r. des Eaux-Bleues, (près de l'église) – ℰ 02 38 44 68 15 – www.tonelri.com
   – Fax 02 38 44 10 01 – Fermé 15 déc.-31 janv.
   18 ch – †95/115 € ††105/180 €, � 14 € – 2 suites
   ♦ Hostellerie solognote encadrant un agréable jardin et une piscine. Les chambres, dotées
de meubles de style, sont aménagées dans l'esprit d'une maison particulière.

BEAULIEU – 07 Ardèche – 331 H7 – 427 h. – alt. 130 m – ⊠ 07460   **44** A3
   ▶ Paris 668 – Alès 40 – Aubenas 39 – Largentière 29

🏨   **La Santoline** ⚘   ⇐ 🍴 🚗 ⅃ 🔲 AC ch, 🅿 VISA ⓒⓞ
   Lieu-dit Bouchet, 1 km au Sud-Est de Beaulieu – ℰ 04 75 39 01 91
   – www.lasantoline.com – Fax 04 75 39 38 79
   – Ouvert 26 avril-14 sept.
   5 ch – †75/148 € ††75/148 €, ⊒ 12 € – 2 suites – ½ P 85/115 €
   Rest – *(fermé jeudi) (dîner seult) (résidents seult)* Menu 31 €
   ♦ Accueil charmant dans cette bâtisse du 16ᵉ s. entourée par la garrigue cévenole. Agréables chambres personnalisées et garnies de meubles rustiques ou contemporains.

BEAULIEU-SUR-DORDOGNE – 19 Corrèze – 329 M6 – 1 287 h.   **25** C3
– alt. 142 m – ⊠ 19120 ▌Limousin Berry
   ▶ Paris 513 – Aurillac 65 – Brive-la-Gaillarde 44 – Figeac 56
   🛈 Office de tourisme, place Marbot ℰ 05 55 91 09 94, Fax 05 55 91 10 97
   🔘 Église St-Pierre★★ : portail méridional★★ - Vieille Ville★.

🏠   **Le Relais de Vellinus**   🍴 🍽 ch, ⁅¹ VISA ⓒⓞ AE ①
   17 pl. du Champ-de-Mars – ℰ 05 55 91 11 04 – www.vellinus.com
   – Fax 05 55 91 26 16 – Fermé 22 déc.-4 janv., dim. soir et sam. midi
   20 ch – †62/135 € ††62/135 €, ⊒ 9 € – ½ P 62/85 €
   Rest – Menu 15 € (déj. en sem.), 28/36 € – Carte 35/50 €
   ♦ Cette maison, ouverte sur la place du marché, propose des chambres confortables, toutes
décorées sur un thème invitant au voyage (mauresque, zen, mer, Afrique...). Petites touches
ethniques dans la salle à manger, agréable terrasse et plats traditionnels.

à Brivezac 4 km rte d' Argentat par D 940, D 12 et rte secondaire – 189 h.
– alt. 140 m – ⊠ 19120

🏠   **Château de la Grèze** ⚘   🚗 🕭 ⅃
   – ℰ 05 55 91 08 68 – www.chateaudelagreze.com – Fermé 15 nov.-15 fév.
   5 ch ⊒ – †75/100 € ††85/110 €
   Table d'hôte – *(fermé merc., sam. et dim. en juil.-août)* Menu 30 € bc
   ♦ Entourée d'un parc, cette élégante demeure du 18ᵉ s. recèle de grandes chambres personnalisées, offrant une vue imprenable sur la vallée. Piscine et promenades équestres.

BEAULIEU-SUR-MER – 06 Alpes-Maritimes – 341 F5 – 3 714 h.   **42** E2
– Casino – ⊠ 06310 ▌Côte d'Azur
   ▶ Paris 935 – Menton 20 – Monaco 10 – Nice 8
   🛈 Office de tourisme, place Georges Clemenceau ℰ 04 93 01 02 21,
   Fax 04 93 01 44 04
   🔘 Site★ de la Villa Kerylos★ - Baie des Fourmis★.

BEAULIEU-SUR-MER

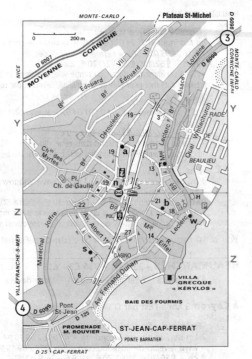

 La Réserve de Beaulieu & Spa ✅   ← 🛏 ⅗ ⊕ 𝖿₆ ⬚ ⅙ 🄐 ⁽ᵗⁱ⁾
✿✿ 5 bd Mar.-Leclerc – ☎ 04 93 01 00 01   🚗 𝖵𝖨𝖲𝖠 ⓿ 𝖠𝖤 ⓪
  – www.reservebeaulieu.com – Fax 04 93 01 28 99
  – Fermé 24 oct.-23 déc.   Zw
  34 ch – ♦240/1040 € ♦♦240/1240 €, � 33 € – 5 suites
  Rest – *(fermé le midi de juin à oct.)* Menu 90 €, 145/175 € – Carte 149/212 €
  Spéc. Pomme de terre monalisa cuisinée comme un spaghetti al dente,
  saveur carbonara, truffe (automne). Loup de Méditerranée, le blanc cuit doucement au beurre de fenouil, jus des sucs (automne-hiver). "Intemporel" soufflé de La Réserve. **Vins** Côtes de Provence.
  ◆ Luxueux palace de bord de mer (1880) alliant la superbe d'un palais de style Renaissance
  au confort d'aujourd'hui. Fastueuses suites et centre de beauté. Salle à manger raffinée, terrasse avec vue sur la baie et cuisine inventive à base d'excellents produits.

🄷🄰 **Carlton** sans rest ✅   ⅗ ⬚ 🄐 ⁽ᵗⁱ⁾ ▵ℙ 🚗 𝖵𝖨𝖲𝖠 ⓿ 𝖠𝖤
  7 av. Edith Cavell – ☎ 04 93 01 44 70 – www.carlton-beaulieu.com
  – Fax 04 93 01 44 30 – Fermé 7 janv.-11 fév.   Zs
  33 ch – ♦79/200 € ♦♦79/200 €, � 10 €
  ◆ Cette villa des années 1930, dans un quartier résidentiel proche de la plage et du casino,
  dispose de chambres classiques. Agréable piscine. Accueil attentionné et service pro.

🄷🄰 **Frisia** sans rest   ← ⬚ 🄐 𝖵𝖨𝖲𝖠 ⓿ 𝖠𝖤 ⓪
  2 bd E- Gauthier – ☎ 04 93 01 01 04 – www.frisia-beaulieu.com
  – Fax 04 93 01 31 92 – Fermé 7 nov.-14 déc.   Yr
  33 ch – ♦52/135 € ♦♦59/135 €, � 8,50 € – 1 suite
  ◆ La moitié des chambres et le toit-solarium regardent le port de plaisance et le rivage.
  Dans la cour-jardin, annexe accueillant une grande chambre et une suite avec terrasse.

🏨 Comté de Nice sans rest
🏢 🖪 🗚 🛇 🚗 VISA 🗭 AE ⓘ

bd Marinoni – 𝒞 04 93 01 19 70 – www.hotel-comtedenice.com
– Fax 04 93 01 23 09 – Fermé 21 nov.-7 déc.
Y**a**
32 ch – †62/110 € ††72/120 €, � 9 €

• Dans un immeuble discret du centre-ville, chambres de bonne ampleur et bien équipées, à choisir côté mer pour plus de tranquillité. Salons et bar confortables.

🏨 Riviera sans rest
🗚 🛇 📶 VISA 🗭

6 r. Paul-Doumer – 𝒞 04 93 01 04 92 – www.hotel-riviera.fr – Fax 04 93 01 19 31
– Fermé 22 oct.-27 déc.
Z**b**
12 ch – †56/89 € ††56/89 €, ⊆ 9 €

• Accueil charmant des patrons dans cette villa année 1930 à la pimpante façade jaune et aux petites chambres fonctionnelles impeccablement tenues. Patio pour les petits-déjeuners.

🍴🍴 Les Agaves
🗚 VISA 🗭 AE

4 av. Mar.-Foch – 𝒞 04 93 01 13 12 – www.lesagaves.com – Fax 04 93 01 65 97
– Fermé 20 nov.-14 déc.
Y**n**
Rest – (dîner seult) (15 € bc) Menu 38 € – Carte 50/80 €

• La Provence s'invite dans le décor (tons bleu et jaune, moulures d'origine, boiseries) et les assiettes, parfois inventives, de ce discret restaurant ouvert seulement le soir.

*Voir aussi ressources hôtelières à **St-Jean-Cap-Ferrat***

BEAUMARCHÉS – 32 Gers – **336** C8 – **655 h.** – alt. 175 m – ⊠ 32160 **28** A2

▶ Paris 755 – Agen 108 – Pau 64 – Mont-de-Marsan 65

à Cayron 5 km à l'Est par D 946 – ⊠ 32230

🏨 Relais du Bastidou ⍋
🛋 🍴 🏊 🖻 🅿 VISA 🗭 AE

2 km au Sud par rte secondaire – 𝒞 05 62 69 19 94
– www.le-relais-du-bastidou.com – Fax 05 62 69 19 94 – Fermé nov. et 15-25 fév.
8 ch – †50/70 € ††50/70 €, ⊆ 9 € – ½ P 43/55 €
Rest – (fermé dim. soir et lundi sauf juil.-août) (prévenir) Menu 20/39 € bc
– Carte 27/43 €

• Calme garanti dans cette ancienne ferme isolée en pleine nature. Les chambres, installées dans la grange, affichent un joli décor rustique. Sauna et jacuzzi. Carte traditionnelle d'esprit terroir ; salle à manger campagnarde (cheminée en brique, pierres apparentes).

BEAUMES-DE-VENISE – 84 Vaucluse – **332** D9 – **rattaché à Carpentras**

LES BEAUMETTES – 84 Vaucluse – **332** E10 – **rattaché à Gordes**

BEAUMONT-DE-LOMAGNE – 82 Tarn-et-Garonne – **337** B8 **28** B2
– **3 691 h.** – alt. 400 m – ⊠ 82500 ▌ Midi-Toulousain

▶ Paris 662 – Toulouse 58 – Agen 60 – Auch 51
🛈 Office de tourisme, 3, rue Pierre Fermat 𝒞 05 63 02 42 32,
Fax 05 63 65 61 17

🏨 Le Commerce
🗚 rest, 🛇 ch, 📶 VISA 🗭 AE

58 r. Mar.-Foch – 𝒞 05 63 02 31 02 – www.hotellecommerce.com
– Fax 05 63 65 26 22 – Fermé 20 déc.-11 janv. et dim. soir
12 ch – †44/49 € ††47/52 €, ⊆ 7 € – ½ P 48 €
Rest – (fermé vend. soir et sam. hors saison et dim. soir) (16 €) Menu 20/29 €
– Carte 24/32 €

• Maison de pays bordant la traversée du village. Les chambres, rajeunies et soigneusement entretenues, offrent tout le confort désiré. La salle de restaurant a préservé son charme campagnard ; cuisine traditionnelle.

BEAUMONT-EN-AUGE – 14 Calvados – **303** M4 – **464 h.** – alt. 90 m **32** A3
– ⊠ 14950 ▌ Normandie Vallée de la Seine

▶ Paris 199 – Caen 42 – Deauville 12 – Le Havre 49

XX **Auberge de l'Abbaye**   🅥🅘🅢🅐 ⓒⓞ 🄰🄴

2 r. de la Libération – ℰ *02 31 64 82 31 – www.aubergelabbaye.com*
– Fax 02 31 64 58 87 – Fermé 5-14 oct., 4 janv.-4 fév., lundi soir de nov. à mars,
mardi sauf juil.-août et merc.
Rest – Menu 33/56 € – Carte 55/70 €
♦ Maison normande du 18ᵉ s. couverte de vigne vierge. Trois petites salles à manger joliment rustiques servent de cadre à une généreuse cuisine préparée à l'ancienne.

BEAUNE ◉ – 21 Côte-d'Or – 320 I7 – 21 778 h. – alt. 220 m – ☒ 21200   7 A3
🮲 Bourgogne

  ▶ Paris 308 – Autun 49 – Chalon-sur-Saône 29 – Dijon 45
  🮲 Office de tourisme, 6, boulevard Perpeuil ℰ 03 80 26 21 30,
    Fax 03 80 26 21 39
  🮲 de Beaune Levernois à Levernois, SE : 4 km par D 970, ℰ 03 80 24 10 29
  ◉ Hôtel-Dieu★★★ : polyptyque du Jugement dernier★★★, Grand'salle salle
    ou chambre des pauvres★★★ - Collégiale Notre-Dame★ : tapisseries★★
    - Hôtel de la Rochepot★ AY **B** - Remparts★.

Plan page suivante

🏨🏨🏨 **Le Cep** sans rest �--   🄵🄰 🖃 🕭 🄰🄺 ⒲ 🄰🄰 🄰🄴 🖃 🅥🅘🅢🅐 ⓒⓞ 🄰🄴 ⓞ
27 r. Maufoux – ℰ 03 80 22 35 48 – www.hotel-cep-beaune.com
– Fax 03 80 22 76 80   AZ**z**
49 ch – †130/208 € ††168/248 €, ⴹ 22 € – 15 suites
♦ Hôtels particuliers (16ᵉ et 18ᵉ s.) dont les vastes chambres abritent chacune un vrai musée. Petits-déjeuners servis dans un caveau voûté ou, l'été, dans la cour Renaissance.

🏨🏨 **Hostellerie Le Cèdre**   🚗 🕭 🖃 🄰🄺 ⒲ 🄰🄰 🖃 🅥🅘🅢🅐 ⓒⓞ 🄰🄴
12 bd Mar.-Foch – ℰ 03 80 24 01 01 – www.lecedre-beaune.com
– Fax 03 80 24 09 90   AY**t**
40 ch – †159/289 € ††159/289 €, ⴹ 18 € – ½ P 139/162 €
Rest – *(fermé 19-29 déc.) (dîner seult)* Menu 45/75 € – Carte 53/83 €
♦ Belle demeure du début du 20ᵉ s. et son jardin planté d'arbres séculaires. Grandes chambres élégantes et agréable salon cossu au coin du feu. Carte actuelle au restaurant bourgeois installé dans un pavillon du 19ᵉ s. L'été, terrasse à l'ombre du vieux cèdre.

🏨🏨 **De la Poste**   🚗 🕭 🖃 🕭 🄰🄺 ❤ rest, ⒲ 🄰🄰 🖃 🅥🅘🅢🅐 ⓒⓞ 🄰🄴 ⓞ
5 bd Clemenceau – ℰ 03 80 22 08 11 – www.hoteldelapostebeaune.com
– Fax 03 80 24 19 71   AZ**f**
33 ch – †160/290 € ††160/290 €, ⴹ 19 € – 3 suites
Rest – *(fermé mardi et le midi sauf fériés)* Menu 36/60 € – Carte 43/90 €
Rest *Le Bistro* – *(fermé mardi) (déj. seult)* (19 €) Menu 26 €
♦ Ce relais de poste du 19ᵉ s. a subi une importante cure de jouvence. Chambres dotées de meubles anciens ou contemporains, bar Art déco et salon-billard. Belle salle à manger classique pour savourer une cuisine au goût du jour. Recettes régionales au Bistro.

🏨🏨 **L'Hôtel**   🕭 🖃 🕭 🄰🄺 ch, ⒲ 🄿 🖃 ⓒⓞ 🄰🄴 ⓞ
5 r. Samuel-Legay – ℰ 03 80 25 94 14 – www.lhoteldebeaune.com
– Fax 03 80 25 94 13 – Fermé déc.   AZ**p**
7 ch – †200/370 € ††200/370 €, ⴹ 25 €
Rest *Bistro de l'Hôtel* – ℰ 03 80 25 94 10 *(fermé 20 déc.-6 janv., le midi le lundi mardi et dim.)* (35 €) Menu 40/80 € – Carte 35/85 € le soir
♦ Luxueuses chambres de style Empire, bonne insonorisation, équipements high-tech, salles de bains design et salon-bar feutré caractérisent cette demeure bourgeoise. Au Bistro (cadre chic et cuisine ouverte sur la salle) : carte inventive et menus thématiques.

🏨🏨 **Mercure**   🕭 🮖 🖃 🕭 🄰🄺 ⒲ 🄰🄰 🖃 🅥🅘🅢🅐 ⓒⓞ 🄰🄴 ⓞ
av. Ch.-de-Gaulle – ℰ 03 80 22 22 00 – www.mercure.com – Fax 03 80 22 91 74
107 ch – †95/172 € ††112/192 €, ⴹ 15 €   AZ**m**
Rest – Menu 22 € – Carte 22/48 €
♦ Hall d'accueil, lounge et bar relookés dans un style design, salles de réunion modernes et chambres actuelles bien tenues dans cet établissement de la périphérie. Table au décor de brasserie contemporaine avec terrasse et piscine. Recettes traditionnelles.

BEAUNE

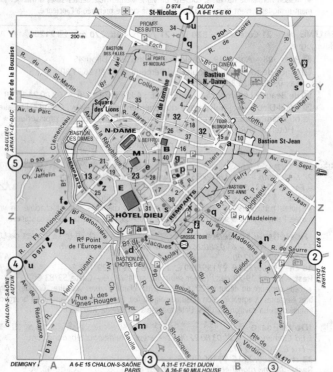

🏨 Novotel
🛜 ⅃ 🍴 ⅟ 🐾 🅰🅺 📶 🦺 🅿 𝗩𝗜𝗦𝗔 ⓪ 🆎 ⓪

av. Ch.-de-Gaulle, (près de l' échangeur A6 - sortie 24.1), 2 km par ③
– 📞 03 80 24 59 00 – www.novotel.com – Fax 03 80 24 59 29
127 ch – 🛏121/149 € 🛏🛏132/149 €, ☕ 15 € **Rest** – (12 €) Carte 17/41 €

• Hôtel des années 1990 récemment rénové et repensé dans un harmonieux style contemporain. Hall-salon côtoyant la piscine et chambres pimpantes. Salle à manger moderne et terrasse en teck au bord de l'eau ; cuisine traditionnelle.

🏨 Henry II sans rest
🍴 🅰🅺 ⅟ 📶 🦺 🚗 𝗩𝗜𝗦𝗔 ⓪ 🆎 ⓪

12 r. fg St-Nicolas – 📞 03 80 22 83 84 – www.henry2.com – Fax 03 80 24 15 13
58 ch – 🛏79/109 € 🛏🛏95/159 €, ☕ 10 € AY**q**

• L'extension a été conçue en harmonie avec la partie classée : un relais de poste du 16ᵉ s. Chambres de tailles variables et de divers styles, du Louis XV à l'Art déco.

🏨 La Closerie sans rest ⌬
🍴 ⅃ 🅰🅺 ⅟ 🅿 𝗩𝗜𝗦𝗔 ⓪ 🆎

61 rte de Pommard, par ④ – 📞 03 80 22 15 07
– www.hotel-lacloserie-beaune.com – Fax 03 80 24 16 22 – Fermé
23 déc.-15 janv.
47 ch – 🛏78/115 € 🛏🛏100/149 €, ☕ 13 €

• Hôtel entouré de verdure, établi entre centre-ville et voies rapides. Les chambres, toutes identiques, sont fonctionnelles et bien entretenues. Agréable piscine.

🏠 Belle Époque sans rest AC P 🚗 VISA ⓒ AE
15 r. fg Bretonnière – ℰ 03 80 24 66 15 – www.hotel-belleepoque-beaune.com
– Fax 03 80 24 17 49 – Fermé 19-25 déc. AZ**h**
19 ch – †88/96 € ††88/96 €, � 9 € – 3 suites
◆ Cette vieille maison a du cachet : verrière 1900, chambres rustiques dotées parfois de poutres ou de cheminées et donnant sur la cour intérieure, bar chic au charme rétro.

🏠 De la Paix sans rest 🕭 AC 📶 🛁 P VISA ⓒ
45 r. fg Madeleine – ℰ 03 80 24 78 08 – www.hotelpaix.com – Fax 03 80 24 10 18
32 ch – †65/78 € ††88/158 €, ⊌ 10 € BZ**n**
◆ Accueillante étape familiale bordant une route. Chambres pratiques et bien insonorisées, plus contemporaines et spacieuses pour les nouvelles. Bar-salon avec billard.

🏠 Grillon sans rest 🦢 🚗 🏊 AC 📶 🛁 P VISA ⓒ AE ⓞ
21 rte Seurre, 1 km par ② – ℰ 03 80 22 44 25 – www.hotel-grillon.fr
– Fax 03 80 24 94 89 – Fermé 1ᵉʳ-7 déc. et fév.
21 ch – †60/130 € ††60/130 €, ⊌ 10 €
◆ Pimpante demeure rose blottie dans son jardin clos. Coquettes chambres personnalisées, salon-bar en caveau et terrasse fleurie pour petits-déjeuners d'été.

🏠 Hostellerie de Bretonnière sans rest 🕭 📶 🛁 P VISA ⓒ AE ⓞ
43 r. fg Bretonnière – ℰ 03 80 22 15 77 – www.hotelbretonniere.com
– Fax 03 80 22 72 54 AZ**v**
32 ch – †55/110 € ††55/110 €, ⊌ 8,50 €
◆ Ancien relais de poste et ses dépendances agencés autour de cours intérieures. La majorité des chambres sont en rez-de-jardin ; petit-déjeuner servi dans la véranda.

🏠 La Villa Fleurie sans rest 🚗 AC 📶 P VISA ⓒ
19 pl. Colbert – ℰ 03 80 22 66 00 – www.lavillafleurie.fr – Fermé janv.
10 ch – †70/80 € ††70/80 €, ⊌ 8,50 € BY**s**
◆ Maison-bonbonnière devancée d'un jardinet fleuri. Belles chambres contemporaines ou garnies de meubles anciens, salon cosy et charmante salle des petits-déjeuners.

🏠 Alésia sans rest 📶 P VISA ⓒ AE
4 av. de la Sablière, 1 km rte Dijon par ① – ℰ 03 80 22 63 27
– Fax 03 80 24 95 28
15 ch – †34/80 € ††34/80 €, ⊌ 8 €
◆ Aux portes de Beaune, sympathique adresse où les chambres, intimes et fraîches, sont bien tenues. Une navette gratuite vous permet de rejoindre les restaurants du centre-ville.

🏠 Beaune Hôtel sans rest 🕭 📶 🛁 🚗 VISA ⓒ AE
55 bis r. Fg Bretonnière – ℰ 03 80 22 11 01 – www.beaunehotel.com
– Fax 03 80 22 46 66 – Ouvert 5 mars-17 nov. AZ**u**
21 ch – †71/98 € ††76/145 €, ⊌ 8 €
◆ Discrète bâtisse proche d'un carrefour. Les chambres, un peu petites mais fonctionnelles et scrupuleusement tenues, profitent presque toutes du calme de la cour intérieure.

🏠 La Terre d'Or sans rest 🦢 ⟵ 🚗 🏊 🌿 📶 VISA ⓒ
r. Izembart, (à la Montagne), 3 km par ③ et rte secondaire – ℰ 03 80 25 90 90
– www.laterredor.com – Fermé fév.
5 ch – †100/205 € ††100/205 €, ⊌ 12 €
◆ Jolies chambres (mobilier contemporain et ancien), jardin en terrasse dominant Beaune, cave de dégustation dans une grotte naturelle, accueil délicieux... Une adresse en or.

XXX Le Jardin des Remparts 🍴 P VISA ⓒ AE
10 r. Hôtel-Dieu – ℰ 03 80 24 79 41 – www.le-jardin-des-remparts.com
– Fax 03 80 24 92 79 – Fermé déc., dim. et lundi sauf fêtes AZ**a**
Rest – Menu 35 € (déj. en sem.), 70/95 € – Carte 75/95 € 🕸
◆ Dans une maison des années 1930 accrochée aux remparts, belles salles à manger bourgeoises et ravissant jardin-terrasse. Cuisine actuelle réalisée avec de bons produits.

XXX L'Écusson 🍴 AC VISA ⓒ AE ⓞ
pl. Malmédy – ℰ 03 80 24 03 82 – www.ecusson.fr – Fax 03 80 24 74 02
– Fermé 2 fév.-2 mars, merc. et dim. sauf fériés BZ**f**
Rest – Menu 25/65 € – Carte 44/67 € 🕸
◆ Repas au goût du jour, selon le marché et l'inspiration du chef-patron. Ambiance conviviale en salle (cadre classico-rustique raffiné) ou en terrasse. Beaux bourgognes.

XX ⊗ Loiseau des Vignes
🌳 & AK VISA ◉◎ AE ①

31 r. Maufoux – ℰ 03 80 24 12 06 – www.bernard-loiseau.com
– Fax 03 80 22 06 22 – Fermé 1ᵉʳ fév. -2 mars, dim. et lundi AZz
Rest – (23 €) Menu 28 € (déj.)/75 € – Carte 45/115 €⅛

Spéc. Œufs meurette façon Bernard Loiseau. Quenelles de sandre maison façonnées à la cuillère, sauce homardine. Baba au rhum et crème fouettée à la vanille.

♦ Une adresse "Loiseau" au cœur du vieux Beaune : la carte décline classiques du maître et propositions personnelles du chef. Ces assiettes de caractère s'apprécient avec un choix rare de 70 vins au verre ! Lieu au cachet sûr (poutres, pierres) et service agréable.

XX ⊗ Le Bénaton (Bruno Monnoir)
🚗 🌳 VISA ◉◎ AE

25 r. fg Bretonnière – ℰ 03 80 22 00 26 – www.lebenaton.com
– Fax 03 80 22 51 95 – Fermé 1ᵉʳ-7 juil., 5-15 déc., vacances de fév., sam. midi d'avril à nov., jeudi sauf le soir d'avril à nov. et merc. AZb
Rest – Menu 28 € (déj. en sem.), 48/85 € – Carte 65/85 €

Spéc. Tête de veau rôtie et grosses langoustines frites. Pigeon du Louhanais désossé, filet rôti, cuisse farcie et jus au melilot. Gâteau au chocolat chaud et cassis. **Vins** Puligny-Montrachet, Savigny-lès-Beaune.

♦ Original ! Ici, la vaisselle personnalisée participe à la création des recettes jouant sur les textures et les contrastes. À découvrir dans la salle contemporaine ou en terrasse.

XX Caveau des Arches
AK VISA ◉◎ AE

10 bd Perpreuil – ℰ 03 80 22 10 37 – www.caveau-des-arches.com
– Fax 03 80 22 76 44 – Fermé 18 juil.-19 août, 20 déc.-19 janv., dim. et lundi
Rest – (15 €) Menu 22/48 € – Carte 29/58 €⅛ ABZx

♦ Insolite, ce restaurant logé dans un caveau souterrain en pierre (18ᵉ s.) intégrant les soubassements d'un pont du 15ᵉ s. Carte traditionnelle et bon choix de bourgognes.

XX Sushikai
🚗 🌳 & AK VISA ◉◎ AE

50 fg St-Nicolas – ℰ 03 80 24 02 87 – www.sushikai.fr – Fax 03 80 24 79 85
– Fermé merc. et jeudi AYu
Rest – (19 €) Menu 25/58 € – Carte 36/62 €

♦ Bois sombre, galets, bambou et jardin japonais agrémenté d'un petit pont : ce restaurant zen et épuré propose une authentique cuisine nippone assortie de vins régionaux.

XX Auberge du Cheval Noir
🌳 🎇 VISA ◉◎

17 bd St-Jacques – ℰ 03 80 22 07 37 – www.restaurant-lechevalnoir.fr
– Fax 03 80 24 06 92 – Fermé 14-28 fév., dim. soir de nov. à avril, mardi et merc.
Rest – Menu 20 € (sem.)/67 € bc – Carte 30/47 € AZt

♦ La clientèle locale apprécie cette auberge conviviale et son joli cadre contemporain épuré. L'assiette généreuse est composée au gré du marché. Service attentif.

X Via Mokis avec ch
🎿 AK ⁽ᵖ⁾ VISA ◉◎ AE ①

1 r. Eugène Spüller – ℰ 03 80 26 80 80 – www.viamokis.com – Fax 380268262
– Fermé 23 déc.-2 janv. BYa
5 ch – �/185 € �/280 €, ⊇ 15 €
Rest – (15 €) Menu 20 € (déj. en sem.), 26/75 € – Carte 33/65 €⅛

♦ Cuisine créative maîtrisée, servie en mokis (petits plats) dans un cadre bistrot assez branché. Possibilité de s'attabler au comptoir ou en salle. Beau choix de vins au verre. Grandes chambres modernes, personnalisées et bien insonorisées. Spa au sous-sol.

X La Ciboulette
AK VISA ◉◎ AE

69 r. de Lorraine – ℰ 03 80 24 70 72 – Fax 03 80 22 79 71 – Fermé 2-20 août, 1ᵉʳ-25 fév., lundi et mardi AYn
Rest – Menu 20/32 € – Carte 28/56 €

♦ Deux salles à manger égayées d'un mobilier en rotin vert et de boiseries. Appétissante petite carte traditionnelle mâtinée d'une touche bourguignonne.

X Ma Cuisine
AK 🎇 VISA ◉◎ ①

passage Ste-Hélène – ℰ 03 80 22 30 22 – Fermé août, merc., sam. et dim.
Rest – (nombre de couverts limité, prévenir) Menu 24 € (sem.) AZs
– Carte 36/65 €⅛

♦ Tout tourne autour du vin dans ce petit restaurant aux couleurs du sud. Le livre de cave, riche de quelque 800 références, accompagne les suggestions du marché.

Aux Vignes rouges

4 bd Jules-Ferry – ✆ 03 80 24 71 28 – www.auxvignesrouges.com – Fax 03 80 24 68 05 – Fermé mardi et merc. BZ**q**

Rest – (12 € bc) Menu 18/45 € – Carte 26/54 €

◆ Décoration naturelle en pierre pour ces deux belles salles installées dans un caveau voûté. On y apprécie une cuisine régionale utilisant les produits frais locaux.

Le P'tit Paradis

25 r. Paradis – ✆ 03 80 24 91 00 – Fermé 2 sem. en août, 2 sem. en déc., 2 sem. en avril, dim. et lundi AZ**e**

Rest – *(prévenir)* Menu 28/36 € – Carte 40/50 €

◆ Un "P'tit coin de paradis" niché dans une vieille rue pavée du centre. Salle cosy un peu petite mais joliment décorée pour déguster des recettes de saison. Terrasse en été.

Le Comptoir des Tontons

22 r. fg Madeleine – ✆ 03 80 24 19 64 – lecomptoirdestontons.com – Fax 03 80 22 34 07 – Fermé 27 juil.-25 août, 1er-16 fév., dim. et lundi

Rest – Menu 27/29 € BZ**r**

◆ Une atmosphère sympathique flotte dans ce petit bistrot où l'on savoure, dans un décor dédié au film Les Tontons Flingueurs, un menu du marché qui fleure bon la Bourgogne.

Bissoh

1a r. du fg St-Jacques – ✆ 03 80 24 99 50 – www.bissoh.com – Fax 03 80 21 84 27 – Fermé 1 sem. en juin, 12 janv.-2 fév., lundi et mardi

Rest – Menu 13 € (déj. en sem.), 29/79 € – Carte 17/57 € le soir AZ**d**

◆ Adresse simple où le chef, d'origine nipponne, réalise des plats traditionnels de son pays avec les produits du terroir français. Vins choisis pour mettre en valeur la cuisine.

Koki

10 pl. Ziem – ✆ 03 80 24 06 61 AZ**g**

Rest – Carte environ 23 €

◆ Sur le comptoir tournant style sushi-bar, cuisine inventive et savoureuse réalisée par un jeune chef talentueux. Cadre contemporain et terrasse en teck. Une adresse déroutante.

à Savigny-lès-Beaune 7 km par ①, D 18 et D 2 – 1 376 h. – alt. 237 m – ✉ 21420

Syndicat d'initiative, 13, rue Vauchey Very ✆ 03 80 26 12 56, Fax 03 80 26 12 56

Le Hameau de Barboron

– ✆ 03 80 21 58 35 – www.hameaudebarboron.com – Fax 03 80 26 10 59

12 ch – †100/160 € ††100/200 €, ☕ 15 €

Rest – *(dîner seult) (résidents seult)* Menu 38/61 €

◆ Au milieu d'une vaste réserve de chasse, bel ensemble de fermes fortifiées (16e s.) restaurées, où vous logerez dans des chambres personnalisées, au cachet champêtre préservé. Cuisine simple, du terroir, dans une petite salle rustique à souhait.

La Cuverie

5 r. Chanoine-Donin – ✆ 03 80 21 50 03 – Fax 03 80 21 50 03 – Fermé 20 déc.-20 janv., mardi et merc.

Rest – Menu 15,50/37 € – Carte 27/45 €

◆ Mobilier bourguignon, vieilles pierres et belle collection de cafetières dans cette ancienne cuverie (18e s.) vous conviant à un repas traditionnel orienté terroir.

à Pernand-Vergelesses 7 km au Nord par D18 – 283 h. – alt. 275 m – ✉ 21420

Le Charlemagne (Laurent Peugeot)

rte des Vergelesses – ✆ 03 80 21 51 45 – www.lecharlemagne.fr – Fax 03 80 21 58 52 – Fermé merc. sauf le soir de juin à août et mardi

Rest – Menu 29 € (déj. en sem.), 48/88 € – Carte 77/101 €

Spéc. Bar en paupiettes de tapenade. Turbot en sphère magique fumante de thym citronné. So choc' chocolat. **Vins** Pernand-Vergelesses blanc, Givry.

◆ Recettes créatives à découvrir dans un cadre moderne épuré, sur la terrasse face aux vignes de Corton Charlemagne ou... dans la cuisine (le chef y a installé des tables d'hôte) !

rte de Dijon 4 km par ①

Ermitage de Corton ≤ 🚗 ⌿ AC 🛜 P VISA ◉ AE
⊠ 21200 Chorey-lès-Beaune – ℰ 03 80 22 05 28 – www.ermitagecorton.com
– Fax 03 80 24 64 51 – Fermé 20-29 déc. et mi-mars
7 ch – ✝150/250 € ✝✝150/250 €, ⊇ 17 € – 5 suites
Rest – (fermé merc.) (22 €) Menu 46 € (dîner), 65/75 € – Carte 65/79 €🕮
◆ Cette imposante auberge située entre la nationale et le vignoble abrite des chambres et des suites spacieuses, pour la plupart récemment rénovées dans un style tendance. Grande salle à manger classique (plafond à caisson) et belles tables. Cuisine rythmée par les saisons.

à Aloxe-Corton 6 km par ① – 188 h. – alt. 255 m – ⊠ 21420

Villa Louise sans rest ॐ 🚗 ⌿ 🛜 🏄 P VISA ◉ AE
9 r. Franche – ℰ 03 80 26 46 70 – www.hotel-villa-louise.fr – Fax 03 80 26 47 16
– Fermé 10 janv.-15 fév.
12 ch – ✝85/195 € ✝✝85/195 €, ⊇ 15 €
◆ Belle demeure vigneronne du 17ᵉ s. et son jardin (tilleul vénérable) se perdant dans les parcelles de Corton. Chambres personnalisées et ambiance cosy au salon.

à Ladoix-Serrigny 7 km par ① et D 974 – 1 709 h. – alt. 200 m – ⊠ 21550

✗ **Les Terrasses de Corton** avec ch 🛜 P VISA ◉
🙂 38-40 rte de Beaune – ℰ 03 80 26 42 37 – www.terrasses-de-corton.com
– Fax 03 80 26 42 13 – Fermé 1ᵉʳ-4 mars, 22-29 déc., 10 janv.-28 fév., dim. soir de nov. à mars, jeudi midi et merc.
3 ch – ✝48 € ✝✝60 €, ⊇ 9 € – ½ P 55 €   **Rest** – Menu 24/48 € – Carte 28/52 €
◆ Au cœur d'un petit village de vignerons, cette auberge familiale, dotée d'une terrasse ombragée, propose une carte d'inspiration régionale assortie de vins à prix doux. À l'étage, chambres bien tenues et simples.

à Challanges 4 km par ② puis D 111 – ⊠ 21200

Château de Challanges sans rest ॐ ≤ 🅰 ⌿ 🏸 🛜 P VISA ◉ AE
478 r. des Templiers – ℰ 03 80 26 32 62 – www.chateaudechallanges.com
– Fax 03 80 26 32 52 – Ouvert 15 mars- fin nov.
16 ch – ✝96/145 € ✝✝96/145 €, ⊇ 14 € – 4 suites
◆ Gentilhommière de 1870 nichée dans un parc. Les chambres marient charme d'antan et confort moderne. Caveau de dégustation des vins régionaux et, en été, envols de montgolfières.

à Levernois 5 km au Sud-Est par rte de Verdun-sur-le-Doubs, D 970 et D 111ᴸ - BZ – 257 h. – alt. 198 m – ⊠ 21200

Hostellerie de Levernois ॐ 🅰 🛜 ✗ ⅙ rest, AC 🛜 🏄 P.
❀ r. du Golf – ℰ 03 80 24 73 58 – www.levernois.com   VISA ◉ AE ①
– Fax 03 80 22 78 00 – Fermé 31 janv.-11 mars
25 ch – ✝135/400 € ✝✝135/400 €, ⊇ 22 € – 1 suite – ½ P 153/285 €
Rest – (fermé merc. de nov. à mars et le midi sauf dim.) Menu 65/98 €
– Carte 89/111 €🕮
Spéc. Risotto carnaroli au vert, cuisses de grenouilles et escargots de Bourgogne. Bœuf charolais rôti, pomme Maxim's. Soufflé chaud au Grand Marnier, sorbet orange sanguine. **Vins** Clos de Vougeot, Beaune Clos des Mouches.
Rest Le Bistrot du Bord de l'Eau – ℰ 03 80 24 89 58 – (25 €) Menu 29/38 €
◆ Au cœur d'un parc traversé par un ruisseau, cette belle gentilhommière du 19ᵉ s. et ses dépendances abritent de jolies chambres de caractère. Élégante table au goût du jour ouvrant sur le jardin à la française. Soirées à thèmes ; dégustation et vente de vins. Plats revisitant le terroir au Bistrot du Bord de l'Eau.

Golf Hôtel Colvert sans rest ॐ ≤ 🗐 ⅙ 🛜 🏯 VISA ◉ AE
23 r. du Golf – ℰ 03 80 24 78 20 – www.colvert-golf-hotel.com
– Fax 03 80 24 77 70
24 ch – ✝75/100 € ✝✝90/130 €, ⊇ 13 €
◆ Construction moderne ouverte sur le golf. Carte du vignoble bourguignon au mur et balcon côté green agrémentent les chambres fonctionnelles. Cheminée au salon.

Le Parc sans rest ♨ 🔊 ✿ 🌐 **P** **VISA** 🐵 **AE** ⓪

13 r. du Golf – ℰ 03 80 24 63 00 – www.hotelleparc.fr – Fax 03 80 24 21 19
– Fermé 31 janv.-13 mars
17 ch – †55/70 € ††55/70 €, ☲ 8 €

♦ Une cour fleurie et un joli parc donnant sur la campagne font de cette ancienne ferme (18ᵉ s.) une étape propice au ressourcement. Douillettes chambres classiquement aménagées.

La Garaudière 🍴 🍴 **P** **VISA** **AE**

10 Grand'Rue – ℰ 03 80 22 47 70 – Fax 03 80 22 64 01 – Fermé 1ᵉʳ déc.-15 janv.,
sam. midi d'avril à nov., dim. de mi-janv. à fin mars et lundi
Rest – Menu 17 € (sem.), 21/32 € – Carte environ 63 €

♦ Ex-grange convertie en auberge sympathique : plats régionaux, grillades saisies à la braise de la cheminée, intérieur rustique chaleureux et restaurant d'été sous tonnelle.

à Montagny-lès-Beaune 3 km par ③ et D 113 – 660 h. – alt. 206 m – ⊠ 21200

Le Clos sans rest ♨ 🍴 ♿ 🄺 ✿ 🌐 🅂 **P** **VISA** 🐵 **AE**

22 r. Gravières – ℰ 03 80 25 97 98 – www.hotelleclos.com – Fax 03 80 25 94 70
– Fermé 22 nov.-22 janv.
24 ch – †85/120 € ††85/120 €, ☲ 12 €

♦ Cette propriété (1779) au cachet vigneron vous héberge dans de jolies chambres enrichies de meubles d'antiquaire. Petit-déjeuner dans une salle façon boulangerie et beau jardin.

Adélie sans rest 🍴 ⊼ 🌐 **P** **VISA** 🐵 ⓪

1 rte de Bligny – ℰ 03 80 22 37 74 – www.hoteladelie.com – Fax 03 80 24 23 18
18 ch – †58 € ††62 €, ☲ 8,50 €

♦ Idéal pour une étape sur la route des vacances, car proche de l'autoroute mais sans en subir les nuisances. Petites chambres très bien tenues, dotées de meubles en pin.

à Meursault 8 km par ④ – 1 567 h. – alt. 243 m – ⊠ 21190

🇮 Office de tourisme, place de l'Hôtel de Ville ℰ 03 80 21 25 90,
Fax 03 80 21 61 62

Les Charmes sans rest ♨ 🍴 ⊼ 🌐 **P** **VISA** **AE**

10 pl. du Murger – ℰ 03 80 21 63 53 – www.hotellescharmes.com
– Fax 03 80 21 62 89
14 ch – †80/85 € ††85/110 €, ☲ 10 €

♦ Ex-propriété de viticulteur du 18ᵉ s. abritant des chambres spacieuses, soit garnies de meubles anciens, soit contemporaines et colorées. Joli jardin arboré.

Le Relais de la Diligence ≤ 🍴 ✿ **P** **VISA** 🐵 **AE** ⓪

49 r. de la Gare, 2,5 km au Sud-Est par D 23 – ℰ 03 80 21 21 32
– www.relaisdeladiligence.com – Fax 03 80 21 64 69 – Fermé 18 déc.-25 janv.,
mardi soir et merc.
Rest – (10 €) Menu 17 € (déj. en sem.)/42 € – Carte 25/45 €

♦ Ancien relais de diligences en pierres du pays, proche de la gare. Deux salles sont largement ouvertes sur les vignes, au même titre que la terrasse. Choix traditionnel.

Le Chevreuil avec ch 🍴 🄺 rest, 🌐 ⊚ **VISA** 🐵

pl. de l'Hôtel-de-Ville – ℰ 03 80 21 23 25 – www.lechevreuil.fr
– Fax 03 80 21 65 51 – Fermé fév.
12 ch – †50 € ††60 €, ☲ 8 €
Rest – (fermé jeudi midi, dim. soir et merc.) (16 €) Menu 19 € (déj. en sem.),
21/58 € – Carte 45/58 €

♦ Charmante bâtisse aux volets verts. Parmi les goûteuses recettes du restaurant, figure l'incontournable terrine chaude, spécialité de la maison. Beau livre de cave. Chambres simples et rustiques.

Le Bouchon **VISA** 🐵

1 pl. de l'Hôtel-de-Ville – ℰ 03 80 21 29 56 – www.restaurant-le-bouchon.com
– Fax 03 80 21 29 56 – Fermé 11-20 juil., 20 déc.-12 janv., 14-23 fév., sam.
midi, dim. soir et lundi
Rest – (12 €) Menu 16/28 € – Carte 27/36 €

♦ La façade affiche d'emblée l'esprit bouchon de ce petit bistrot. Salle aux grandes baies vitrées tournées vers l'hôtel de ville. Menus traditionnels et plats du terroir.

à **Pommard** 4,5 km par ④ , N 74 et D 973 – 552 h. – alt. 250 m – ⊠ 21630

※※ **Auprès du Clocher**　　　　　　　　　　　　　ÀC VISA ©©
1 r. de Nackenheim – ℰ *03 80 22 21 79 – Fermé mardi et merc.*
Rest – Menu 24 € (déj.), 28/55 € – Carte 44/70 €
♦ Au cœur de ce village de vignerons, restaurant au cadre contemporain où l'on savoure une fine cuisine dans l'air du temps et quelques recettes bourguignonnes.

à **Puligny-Montrachet** 12 km par ④ et D 974 – 431 h. – alt. 227 m – ⊠ 21190

🏨 **Le Montrachet** ॐ　　　　　　🍴 🍴 ÀC rest. ୴୴ P VISA ©© AE ①
10 pl. des Marronniers – ℰ *03 80 21 30 06 – www.le-montrachet.com*
– Fax 03 80 21 39 06 – Fermé 28 nov.-7 janv.
31 ch – †120/200 € ††120/200 €, ⊆ 15 € – ½ P 134/143 €
Rest – Menu 29 € (déj.), 58/78 € – Carte 66/104 €🏵
♦ Cette maison de 1824 vous accueille dans un salon raffiné et de confortables chambres privilégiant le bois (mobilier, plafond à la française). Salle à manger cossue pour savourer une cuisine au goût du jour et une belle sélection de bourgognes. Bar à vins.

🏨 **La Maison d'Olivier Leflaive** ॐ　　　　🍴 🛉 ₫ ÀC ୴୴ VISA ©©
10 pl. du Monument – ℰ *03 80 21 95 27 – www.maison-olivierleflaive.fr*
– Fax 03 80 20 86 16 – Fermé 31 déc.-30 janv.
13 ch – †150/190 € ††150/190 €, ⊆ 10 €
Rest – *(fermé dim.)* Menu 25/50 € bc
♦ Au cœur du village, maison proposant des chambres de charme, décorées dans différents styles : baroque, campagnard, pop, romantique, rétro... Petite restauration pour accompagner la dégustation des vins (visite des caves et vignes).

🏠 **La Chouette** sans rest ॐ　　　　　　🍴 ॐ ୴୴ P VISA ©© AE ①
3 bis r. des Creux de Chagny – ℰ *03 80 21 95 60 – www.la-chouette.fr*
– Fax 03 80 21 95 61 – Fermé 17 déc.-3 janv.
6 ch ⊆ – †125/135 € ††140/150 €
♦ De grandes chambres personnalisées et cosy vous attendent dans cette paisible maison bourguignonne. Confortable salon classico-moderne avec cheminée et jardin face aux vignes.

à **Volnay** par ④ et D 974 – 287 h. – alt. 290 m – ⊠ 21190

※ **Auberge des Vignes**　　　　　　　　　　　🍴 P VISA ©©
　　 D 974 – ℰ *03 80 22 24 48 – www.aubergedesvignes.fr – Fax 03 80 22 24 48*
✺ *– Fermé 1er-8 juil., 8-22 fév., merc. soir, dim. soir et lundi sauf fériés*
Rest – Menu 19/40 € – Carte 26/48 €
♦ Ancienne ferme où mets traditionnels et suaves volnays se dégustent dans un cadre rustique. Flambées réconfortantes en hiver ; véranda et terrasses tournées vers les vignes.

à **Bouze-lès-Beaune** 6,5 km par ⑤ et D 970 – 326 h. – alt. 400 m – ⊠ 21200

※ **La Bouzerotte**　　　　　　　　　　　　　　🍴 VISA ©©
　　 – ℰ *03 80 26 01 37 – www.labouzerotte.com – Fax 03 80 26 09 37*
✺ *– Fermé 22 déc.-8 janv., 5-21 fév., lundi et mardi*
Rest – *(prévenir le week-end)* (14 €) Menu 18 € (déj. en sem.), 24/32 €
– Carte 30/50 €
♦ Table sympathique située dans les Hautes Côtes de Beaune. Le chef propose une cuisine de saison et un menu régional dans un cadre néo-rustique ou sur la verdoyante terrasse.

BEAURECUEIL – 13 Bouches-du-Rhône – **340** I4 – rattaché à Aix-en-Provence

---

BEAUREPAIRE – 85 Vendée – **316** J6 – 1 927 h. – alt. 95 m – ⊠ 85500　　**34** B3
　　🖸 Paris 371 – Cholet 33 – Nantes 59 – La Roche-sur-Yon 51

🏨 **Château de la Richerie** sans rest ॐ　　　🍴 ⌁ ₫ ॐ ୴୴ P VISA ©©
4 km au Sud-Est par D 23 et D 37 – ℰ *02 51 07 06 06*
– www.chateaularicherie.com – Fax 02 51 07 54 41 – Fermé nov., fév. et mars
14 ch – †60/150 € ††80/150 €, ⊆ 12 €
♦ Petit château de 1875 sur un domaine traversé par une rivière. Chambres personnalisées au mobilier de style, lits à baldaquin et souvenirs d'Afrique ; magnifiques salons.

BEAUREPAIRE-EN-BRESSE – 71 Saône-et-Loire – **320** M9 – 585 h.　　**8** D3
– alt. 147 m – ⊠ 71580

　　🖪 Paris 383 – Châlon-sur-Saône 49 – Bourg-en-Bresse 65 – Lons-le-Saunier 13

🏠　**Auberge de la Croix Blanche**　　　　🖨 ᵐ⁾ VISA ⅏ AE
🍴　– 🖋 03 85 74 13 22 – www.elphicom.com/lacroixblanche – Fax 03 85 74 13 25
– Fermé 14-21 juin, 15 nov.-6 déc., 4-11 janv., dim. soir et lundi sauf juil.-août
14 ch – 🛏50/55 € 🛏🛏55/61 €, � 11 € – ½ P 61/63 €
Rest – Menu 15 € (sem.)/42 € – Carte 33/55 €
◆ Au bord d'un axe fréquenté, auberge repérable à la croix blanche de sa toiture et aux épis
de maïs séchant sous l'appentis de sa façade. Chambres proprettes côté jardin. Table au
décor bressan ; produits régionaux préparés dans un registre actuel.

BEAUSOLEIL – 06 Alpes-Maritimes – **341** F5 – 13 416 h. – alt. 89 m　　**42** E2
– ⊠ 06240

　　🖪 Paris 947 – Monaco 4 – Menton 11 – Monte-Carlo 2
　　🄸 Office de tourisme, 32, boulevard de la République 🖋 04 93 78 01 55,
　　Fax 04 93 78 85 85

　　　　　Voir plan de Monaco (Principauté de).

🏠🏠　**Olympia** sans rest　　　　🛗 ᴬ ᴹ ⅏ ᵐ⁾ VISA ⅏ AE
17 bis bd Gén.- Leclerc – 🖋 04 93 78 12 70 – www.olympiahotel.fr
– Fax 04 93 41 85 04　　　　　　　　　　　　　　　　DXt
31 ch – 🛏85/130 € 🛏🛏85/170 €, ⊥ 10 € – 1 suite
◆ Sur la frontière franco-monégasque, cet hôtel arbore une belle façade en pierres de taille
égayée de balcons et d'une corniche ouvragés. Chambres sobres et insonorisées.

BEAUVAIS Ⓟ – 60 Oise – **305** D4 – 55 481 h. – Agglo. 100 733 h.　　**36** B2
– alt. 67 m – ⊠ 60000 ▮ Nord Pas-de-Calais Picardie

　　🖪 Paris 87 – Amiens 63 – Boulogne-sur-Mer 182 – Compiègne 60
　　🛧 de Beauvais-Tillé 🖋 03 44 11 46 70, 3,5 km au NE
　　🄸 Office de tourisme, 1, rue Beauregard 🖋 03 44 15 30 30, Fax 03 44 15 30 31
　　🏌 du Vivier à Ons-en-Bray RN 31, par rte de Gournay-en-Bray : 15 km,
　　🖋 03 44 84 24 11
　　◉ Cathédrale St-Pierre★★★ : horloge astronomique★ - Église St-Étienne★ :
　　vitraux★★ et arbre de Jessé★★★ - Musée départemental de l'Oise★ dans
　　l'ancien palais épiscopal M^2.

　　　　　Plan page suivante

🏠　**Hostellerie St-Vincent**　　　　🖨 ᴬ ch, ᵐ⁾ ᴀᴀ Ⓟ VISA ⅏ AE ①
🍴　241 r. de Clermont, 3 km par ③ (Espace St-Germain) – 🖋 03 44 05 49 99
– www.stvincent-beauvais.com – Fax 03 44 05 52 94
79 ch – 🛏70/98 € 🛏🛏70/98 €, ⊥ 11 € – 1 suite
Rest – (13 €) Menu 18/32 € – Carte 26/48 €
◆ Près d'axes routiers et de la bretelle de l'autoroute, bâtiment récent offrant des chambres
rajeunies, fonctionnelles et insonorisées. Accès Internet à disposition. Salle à manger spacieuse et claire ; menus traditionnels complétés de suggestions sur ardoise.

🍴🍴　**La Maison Haute**　　　　🖨 Ⓟ VISA ⅏ ①
128 r. de Paris, (quartier Voisinlieu), 1,5 km par ④ – 🖋 03 44 02 61 60
– www.lamaisonhaute.fr – Fax 03 44 02 15 36
– Fermé 20-24 avril, 27 juil.-16 août, 20 déc.-4 janv., sam. midi, dim. et lundi
Rest – (31 €) Menu 38/42 €
◆ Dans un quartier résidentiel, restaurant dont le cadre contemporain (tons clairs et boiseries sombres) s'accorde tout à fait à la cuisine dans l'air du temps. Accueil aimable.

🍴　**La Baie d'Halong**　　　　ᴬ ⅏ VISA ⅏
🍴　49 r. Madeleine – 🖋 03 44 45 39 83 – Fermé 20 avril -4 mai, 14 juil.-15 août,
21 déc.-2 janv., merc. midi, sam. midi, dim. et lundi　　　　　　　　**a**
Rest – (23 €) Menu 28/51 € bc
◆ Le chef prépare une excellente cuisine vietnamienne alliant bons produits frais et savant
dosage d'épices. À apprécier sur fond de tableaux représentant la baie d'Halong.

BEAUVAIS

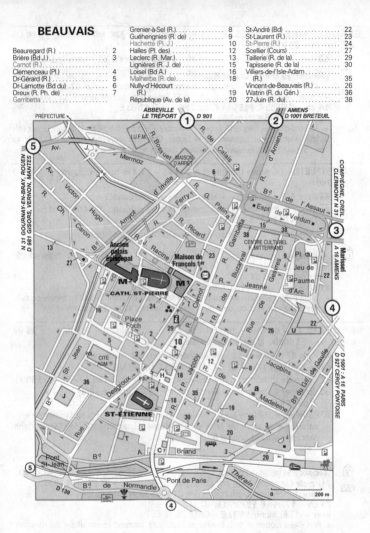

par ④ 5 km, D 1001 (direction Paris)

🏨 Mercure
🛜 🏊 ㅅ ch, 🅰🅺 rest, 🎄 ⚓ 🅿 💳 ⊛ 🅰🅴 ⓞ

*21 av. Montaigne – ℰ 03 44 02 80 80 – www.accorhotels.com
– Fax 03 44 02 12 50*

60 ch – †107 € – ††117 €, ⥮ 14 € **Rest** – Menu 25/48 € bc – Carte 26/36 €

♦ Construction des années 1970 hébergeant des chambres de bonne ampleur, rénovées et dotées d'une insonorisation efficace. Salle à manger agrémentée d'une cheminée, terrasse dressée l'été au bord de la piscine et attrayante carte traditionnelle.

🍴🍴 Le Bellevue
🅰🅺 🅿 💳 ⊛ 🅰🅴

*3 av. Rhin-et-Danube – ℰ 03 44 02 17 11 – www.restaurantlebellevue.com
– Fax 03 44 02 54 44 – Fermé 7-23 août, sam. et dim.*

Rest – Carte 25/55 €

♦ En périphérie, au cœur d'une zone commerciale, sobre restaurant contemporain égayé d'expositions de tableaux. Cuisine classique assortie de suggestions du marché.

BEAUVOIS-EN-CAMBRÉSIS – 59 Nord – 302 I7 – 2 104 h.　　31 C3
– alt. 89 m – ⊠ 59157

> ▶ Paris 190 – St-Quentin 40 – Arras 48 – Cambrai 12

XX　**La Buissonnière**　　　🎍 ⇔ **P** ᴠɪꜱᴀ ⲟⲟ
92 r. Victor-Watiemez – ℰ *03 27 85 29 97* – *www.la-buissonniere.fr.st*
– *Fax 03 27 76 25 74* – *Fermé août, dim. soir, merc. soir et lundi*
Rest – (17 €) Menu 21 € (sem.)/35 € – Carte 30/50 €
　◆ Aux portes du bourg, restaurant dont la cuisine traditionnelle s'enrichit des opportunités du marché. Deux salles dont une rustique soignée et récemment rafraîchie ouvrant sur la terrasse.

BEAUZAC – 43 Haute-Loire – 331 G2 – 2 563 h. – alt. 565 m – ⊠ 43590　　6 C3
▮ Lyon Drôme Ardèche

> ▶ Paris 556 – Craponne-sur-Arzon 31 – Le Puy-en-Velay 45 – St-Étienne 44
> 🛈 Office de tourisme, place de l'Église ℰ 04 71 61 50 74, Fax 04 71 61 50 62

XX　**L'Air du Temps** avec ch　　🕭 rest, ⁕ᵈ **ȘÅ** ᴠɪꜱᴀ ⲟⲟ
⊛　　*à Confolent, 4 km à l'Est par D 461* – ℰ *04 71 61 49 05* – *www.airdutemps.fr*
🍽　– *Fax 04 71 61 50 91* – *Fermé janv., dim. soir et lundi*
8 ch – ♦47/52 € ♦♦47/52 €, � 8 € – ½ P 46 €
Rest – (12 €) Menu 21/53 € – Carte 35/62 €
　◆ Dans cette maison de pays : salle à manger lumineuse et actuelle agrandie d'une belle véranda, carte régionale créative et variée ; chambres confortables et bien équipées.

à Bransac 3 km au Sud par D 42 – ⊠ 43590

XX　**La Table du Barret** avec ch　　　⁕ᵈ **P** ᴠɪꜱᴀ ⲟⲟ
⊛　　– ℰ *04 71 61 47 74* – *www.latabledubarret.com* – *Fax 04 71 61 52 73*
🍽　– *Fermé 1ᵉʳ-8 sept., 7-14 nov., janv., dim. soir, mardi et merc.*
8 ch – ♦55 € ♦♦60 €, � 10 €
Rest – (19 €) Menu 29/59 € – Carte environ 59 €
　◆ Dans un paisible hameau proche de la Loire, sobre salle de restaurant contemporaine où l'on sert une appétissante cuisine au goût du jour. Chambres confortables.

BEBLENHEIM – 68 Haut-Rhin – 315 H8 – 954 h. – alt. 212 m – ⊠ 68980　　2 C2
▮ Alsace Lorraine

> ▶ Paris 444 – Colmar 11 – Gérardmer 55 – Ribeauvillé 5

X　**Auberge Le Bouc Bleu**　　　🎍 ᴠɪꜱᴀ ⲟⲟ ⓘ
2 r. 5-Décembre – ℰ *03 89 47 88 21* – *Fermé merc. et jeudi*
Rest – *(nombre de couverts limité, prévenir)* (26 €) Menu 34 €
　◆ Livres, vieux objets, collection de menus anciens, etc. donnent un air de brocante à ce sympathique restaurant rustique. Cour-terrasse pavée et cuisine du marché.

LE BEC-HELLOUIN – 27 Eure – 304 E6 – 413 h. – alt. 101 m　　33 C2
– ⊠ 27800 ▮ Normandie Vallée de la Seine

> ▶ Paris 153 – Bernay 22 – Évreux 46 – Lisieux 46
> ◉ Abbaye★★.

🏠　**Auberge de l'Abbaye**　　🎍 🕭 ch, ⁂ rest, **ȘÅ P** ᴠɪꜱᴀ ⲟⲟ
⊛　　*12 pl. Guillaume-le-Conquérant* – ℰ *02 32 44 86 02*
　– *www.auberge-abbaye-bec-hellouin.com* – *Fax 02 32 46 32 23*
　– *Fermé 15 nov.-10 fév.*
8 ch – ♦70/85 € ♦♦80/95 €, � 12 € – 1 suite
Rest – *(fermé mardi midi et lundi)* Menu 18 € (déj. en sem.), 24/32 €
– Carte 31/53 €
　◆ Accueillant les voyageurs depuis le 18ᵉ s., cette pimpante demeure à pans de bois abrite des chambres rénovées, joliment personnalisées. Cuisine traditionnelle, enrichie de produits du terroir, servie dans des salles à manger campagnardes.

X　**Le Canterbury**　　　🎍 ⁂ ᴠɪꜱᴀ ⲟⲟ
⊛　　*3 r. de Canterbury* – ℰ *02 32 44 14 59* – *Fermé dim. soir, mardi soir et merc.*
Rest – Menu 19 € (sem.)/39 € – Carte 33/43 €
　◆ Derrière sa façade à colombages tapissée de vigne vierge, cette table traditionnelle révèle un cadre actuel, en tons pastel. Aux beaux jours, profitez de la terrasse verdoyante.

BÉDARIEUX – 34 Hérault – **339** D7 – 6 518 h. – alt. 196 m – ⊠ 34600   22 B2

 ▶ Paris 723 – Béziers 34 – Lodève 29 – Montpellier 70

 🖪 Office de tourisme, 1, rue de la République ℰ 04 67 95 08 79, Fax 04 67 95 39 69

※※   **La Forge**   🎧 & **P** VISA ◑◐
🍝   *22 av. Abbé-Tarroux, (face à l'office de tourisme) – ℰ 04 67 95 13 13*
      – Fax 04 67 95 10 81 – Fermé 16-30 nov., 4-25 janv., dim. soir, merc.
      soir sauf juil.-août et lundi
      Rest – Menu 16/36 € – Carte 38/50 €
      ◆ Ces voûtes du 17e s. abritaient jadis une forge et une écurie. Architecture intérieure singu-
      lière, cheminée monumentale et terrasse fleurie ombragée. Cuisine traditionnelle.

à Hérépian 6 km au Sud-Est par D 908 – 1 446 h. – alt. 191 m – ⊠ 34600

 🖪 Office de tourisme, espace Campanaire Malraux ℰ 04 67 23 23 96

🏠   **Le Couvent d'Hérépian** sans rest   🚗 ◑ 🎞 ⸉⁾ **P** VISA ◑◐ AE
      2 r. du Couvent – ℰ 04 67 23 36 30 – www.garrigaeresorts.com – Fax 04 67 23 36 48
      7 ch – †120/355 € ††120/355 €, ☲ 13 € – 6 suites
      ◆ Couvent du 17e s. réaménagé en une demeure de caractère aux prestations haut de
      gamme. Chambres douillettes, épurées et très bien équipées. Espaces de détente ; bar à vins raffiné.

à Villemagne-l'Argentière 8 km à l'Ouest par D 908 et D 922 – 426 h.
– alt. 193 m – ⊠ 34600

※   **Auberge de l'Abbaye** avec ch   🎧 VISA ◑◐ AE ①
🍝   *pl. du couvent – ℰ 04 67 95 34 84 – www.aubergeabbaye.fr – Fax 04 67 95 34 84*
      – Fermé 21 nov.-12 fév., lundi et mardi de fév. à juin, le midi du lundi au merc.
      en été
      3 ch ☲ – †100 € ††100 €   **Rest** – (18 € bc) Menu 28/60 €
      ◆ Ambiance monacale mais non ascétique dans la salle à manger voûtée de cet ancien bâti-
      ment conventuel. Recettes mariant terroir, épices et saveurs salées-sucrées. Nouvelles cham-
      bres thématiques.

BÉDOIN – 84 Vaucluse – **332** E9 – 2 974 h. – alt. 295 m – ⊠ 84410   42 E1
▌ Provence

 ▶ Paris 692 – Avignon 43 – Carpentras 16 – Nyons 36

 🖪 Office de tourisme, Espace Marie-Louis Gravier ℰ 04 90 65 63 95, Fax 04 90 12 81 55

 ◙ Le Paty ≤ ★ NO : 4,5 km.

🏠   **Des Pins** 🦢   🚗 🎧 🎞 & ch, 🏧 rest, 🕸 rest, ⸉⁾ **P** AE ①
      ch. des Crans, 1 km à l'Est par rte secondaire – ℰ 04 90 65 92 92
      – www.hoteldespins.net – Fax 04 90 65 60 66 – Fermé déc. à fév.
      25 ch – †60/105 € ††60/105 €, ☲ 10 € – ½ P 63/85 €
      Rest – (ouvert de mi-mars à oct. et fermé le midi en sem.) Menu 27/40 €
      – Carte 28/51 €
      ◆ Au milieu d'une pinède, cette charmante maison provençale avec pièce d'eau et piscine
      propose des chambres personnalisées, en partie dotées d'une terrasse en rez-de-jardin. Dans
      une ambiance rustique ou en plein air, on déguste des plats composés au gré du marché.

à Ste-Colombe 4 km à l'Est par rte du Mont-Ventoux – ⊠ 84410

🏠   **La Garance** sans rest   ≤ 🎞 ⸉⁾ **P** VISA ◑◐
      Ste-Colombe – ℰ 04 90 12 81 00 – www.lagarance.fr – Ouvert 1er avril-31 oct.
      13 ch – †55/82 € ††55/82 €, ☲ 8 €
      ◆ Le Ventoux pour toile de fond, un hameau entre vignes et vergers pour décor... Cette
      ancienne ferme, simple mais bien tenue, est prisée des randonneurs. Chambres avec terrasse.

rte du Mont-Ventoux 6 km à l'Est

※※   **Le Mas des Vignes**   ≤ 🎧 **P**
      au virage de St-Estève ⊠ 84410 Bédoin – ℰ 04 90 65 63 91 – Ouvert avril-nov. et
      fermé le midi en juil.-août sauf dim. et fériés, mardi midi et lundi de sept. à juin
      Rest – Menu 35/50 €
      ◆ Un cadre bucolique (jardin fleuri, rocaille, petit potager) entoure ce ravissant mas et sa ter-
      rasse panoramique. Beaux produits au service d'une cuisine régionale. Bon accueil.

BÈGLES – 33 Gironde – **335** H5 – **rattaché à Bordeaux**

BÉHEN – 80 Somme – **301** D7 – 436 h. – alt. 105 m – ⊠ 80870   **36** A1
> ◘ Paris 195 – Amiens 77 – Abbeville 19 – Berck 59

⛫ **Château de Béhen** ⌂
8 r. du Château – 𝒞 *03 22 31 58 30 – www.chateau-de-behen.com*
– Fax 03 22 31 58 39
5 ch ⌷ – †106/150 € ††116/160 €   **Table d'hôte** – Menu 41 € bc/51 € bc
♦ Vivez la vie de château le temps d'un séjour dans ce bel édifice du 18ᵉ s. au cœur d'un parc. Mobilier ancien ou de style dans le salon et les chambres (mansardées au 2ᵉ étage). Recettes traditionnelles servies dans la salle à manger classique au mobilier rustique.

BELCASTEL – 12 Aveyron – **338** G4 – 234 h. – alt. 406 m – ⊠ 12390   **29** C1
▌ Midi-Toulousain

> ◘ Paris 623 – Decazeville 28 – Rodez 25 – Villefranche-de-Rouergue 36
> ◪ Syndicat d'initiative, Maison du Patrimoine 𝒞 05 65 64 46 11,
> Fax 05 65 64 46 11

%% **Vieux Pont** (Nicole Fagegaltier et Bruno Rouquier) avec ch ⌂   ⩽ 🅰🅺 ⬩
⌘ – 𝒞 *05 65 64 52 29 – www.hotelbelcastel.com – Fax 05 65 64 44 32 –*   **P** 🆅🅸🆂🅰 ⓒⓑ
Fermé 2 janv.-15 mars, 29 juin-4 juil., dim. soir sauf juil.-août, mardi
midi et lundi
7 ch – †82/85 € ††82/99 €, ⌷ 13 € – ½ P 100/105 €
Rest – *(nombre de couverts limité, prévenir)* Menu 28 € (déj. en sem.), 45/75 €
– Carte 50/78 €⊞
Spéc. Ris d'agneau poêlés en raviole aux feuilles de coriandre. Pavé de veau de l'Aveyron, huile de citron, coriandre et gingembre. Petite tarte à la brousse de brebis parfumée à l'eau de fleur d'oranger. **Vins** Marcillac, Vin d'Entraygues et du Fel.
♦ Un vieux pont de pierre du 15ᵉ s. sépare ces deux maisons de pays. Belle cuisine régionale actualisée servie dans un cadre moderne élégant. Chambres calmes et cosy dans l'ex-grange, de l'autre côté de la rivière, au bord de laquelle on petit-déjeune en été.

BELFORT ℙ – 90 Territoire de Belfort – **315** F11 – 50 863 h.   **17** C1
– Agglo. 104 962 h. – alt. 360 m – ⊠ 90000 ▌ Franche-Comté Jura

> ◘ Paris 422 – Basel 78 – Besançon 93 – Épinal 95
> ◪ Office de tourisme, 2 bis, rue Clemenceau 𝒞 03 84 55 90 90,
> Fax 03 84 55 90 70
> ◪ de Rougemont-le-Château à Rougemont-le-Château Route de Masevaux,
> NE : 16 km par D 83 et D 25, 𝒞 03 84 23 74 74
> ◙ Le Lion★★ - La Citadelle★★ - ※★★ de la terrasse du fort - Vieille ville★ :
> porte de Brisach★ - Orgues★ de la cathédrale St-Christophe Y **B**
> - Fresque★ (parking rue de l'As-de-Carreau Z 6) - Cabinet d'un amateur★ :
> Donation Maurice Jardot **M¹**.

🏨 **Novotel Atria**   📶 ढ 🅰🅺 ⬩ ⅍ 🀰 🆅🅸🆂🅰 ⓒⓑ 🅰🅴 ⓞ
av. Espérance, (au centre des Congrès) – 𝒞 *03 84 58 85 00*
– www.accorhotels.com – Fax 03 84 58 85 01   **Y**u
79 ch – †65/160 € ††65/160 €, ⌷ 14 €   **Rest** – Menu 22 € – Carte 20/36 €
♦ Élégante architecture futuriste pour cet hôtel intégré à un centre de congrès. Confortables chambres refaites aux normes de la chaîne ; certaines regardent les fortifications. Formule Novotel Café dans un cadre contemporain.

🏨 **Boréal** sans rest   📶 🅰🅺 ⬩ ⅍ 🀰 🆅🅸🆂🅰 ⓒⓑ
2 r. Comte-de-la-Suze – 𝒞 *03 84 22 32 32 – www.hotelboreal.com*
– Fax 03 84 28 15 01 – Fermé 18 déc.-3 janv.   **Z**r
52 ch – †110 € ††110 €, ⌷ 11 € – 2 suites
♦ Dans une rue calme des quartiers de la rive droite, un hôtel apprécié pour le confort de ses chambres – les plus récentes en particulier – et la prévenance de son personnel.

🏨 **Grand Hôtel du Tonneau d'Or** sans rest   📶 ढ 🅰🅺 rest, ⬩ ⅍
1 r. Reiset – 𝒞 *03 84 58 57 56 – www.tonneaudor.fr*   🆅🅸🆂🅰 ⓒⓑ 🅰🅴 ⓞ
– Fax 03 84 58 57 50   **Y**e
52 ch – †80/139 € ††86/149 €, ⌷ 13 €
♦ Superbe façade, impressionnant hall au cadre Belle Époque préservé et chambres spacieuses garnies d'un mobilier pratique caractérisent cet immeuble de 1907.

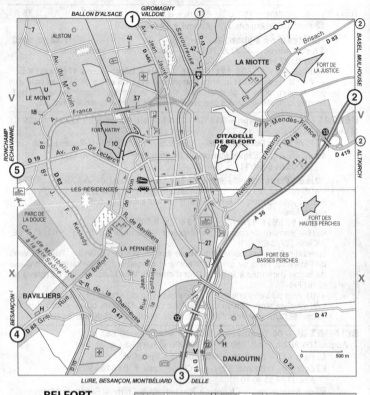

BELFORT

⌂ **Les Capucins**   🛗 AC ⁽ᵗ⁾ ᯤ VISA ⦿ AE
20 fg Montbéliard – ℰ 03 84 28 04 60 – www.capucins-hotel.com
– Fax 03 84 55 00 92   Z**n**
35 ch – †58 € **††**65 €, � 8 € – ½ P 74 €
Rest – *(fermé 26 juil.-8 août, vacances de Noël, sam. midi et dim.)* (15 €)
Menu 26/42 € – Carte 37/55 €
◆ Ses petites chambres accueillantes, égayées de boutis et de couleurs vives, font de cet
hôtel une étape plaisante ; celles du dernier étage sont mansardées. Carte traditionnelle servie dans deux salles à manger au cadre un brin rustique.

⌂ **Vauban** sans rest   🖼 ⅏ ⁽ᵗ⁾ VISA ⦿ AE ⓞ
4 r. Magasin – ℰ 03 84 21 59 37
– www.hotel-vauban.com – Fax 03 84 21 41 67
– Fermé vacances de Noël, vacances de fév. et dim. soir   Y**h**
14 ch – †70 € **††**81 €, � 10 €
◆ Charme discret d'une maison familiale où les chambres, aménagées comme pour recevoir
des amis, sont ornées d'œuvres d'artistes locaux. Joli jardin au bord de la Savoureuse.

XX **Le Pot au Feu**   VISA ⦿ AE
27 bis Grand'rue – ℰ 03 84 28 57 84 – Fax 03 84 58 17 65
– Fermé 1ᵉʳ-20 août, 1ᵉʳ-12 janv., sam. midi, lundi midi et dim.   Y**s**
Rest – (13 €) Menu 20 € (déj.), 29 € bc/52 € – Carte 32/55 €
◆ Dans ce bistrot (une jolie cave aux pierres apparentes), la chef fait revivre les plats de son
enfance, aux côtés de recettes régionales et d'une ardoise inspirée du marché.

à Danjoutin 3 km au Sud – 3 558 h. – alt. 354 m – ⌗ 90400

XX **Le Pot d'Étain** (Philippe Zeiger)   ⇔ P VISA ⦿ ⓞ
₅₃ *4 av. de la République – ℰ 03 84 28 31 95*
– www.lepotdetain90.fr – Fax 03 84 21 70 15
– Fermé 4-20 juil., 4-11 janv., sam. midi, dim. soir et lundi   X**v**
Rest – Menu 30 € (déj. en sem.), 49/75 € – Carte 55/90 €🏵
Spéc. Croustillant de pied de cochon à la truffe noire, crème de maïs. Cabillaud clouté au chorizo et feuilles de sauge. Tarte citron meringuée "à ma
façon".
◆ À la sortie de Belfort, cette table s'impose comme une valeur sûre : avec de bons produits,
le chef dresse des assiettes dans l'air du temps, précises et goûteuses. Le décor simple et
avenant évoque une maison particulière.

BELGENTIER – 83 Var – 340 L6 – 2 180 h. – alt. 152 m – ⌗ 83210   **41** C3
▶ Paris 826 – Draguignan 71 – Marseille 62 – Toulon 23

XX **Le Moulin du Gapeau**   🖼 ⍟ AC VISA ⦿ AE ⓞ
pl. Granet – ℰ 04 94 48 98 68 – www.moulin-du-gapeau.fr – Fax 04 94 28 11 45
– Fermé 15-30 mars, 15-30 nov., lundi midi en juil.-août, dim. soir, jeudi soir
sauf juil.-août et merc.
Rest – Menu 31/85 € – Carte 57/76 €
◆ Aménagé dans un moulin à huile du 17ᵉ s., ce restaurant a conservé de vieilles meules
pour le décor de sa salle. Carte inspirée par la Méditerranée. Patio-terrasse actuel.

BELLEAU – 54 Meurthe-et-Moselle – 307 I6 – 720 h. – alt. 172 m   **26** B2
– ⌗ 54610
▶ Paris 340 – Metz 47 – Nancy 25 – Vandœuvre-lès-Nancy 35

⌂ **Château de Morey** ⍣   ⩔ ⍟ 🖼 ⁽ᵗ⁾ P VISA ⦿
19 r. Saint-Pierre, à Morey, sur D 44 A – ℰ 03 83 31 50 98
– www.chateaudemorey.com
5 ch � – **†**60/67 € **††**67/77 €
Table d'hôte – Menu 20 € bc/25 € bc
◆ Dans un parc dominant la vallée, château du 16ᵉ s. dont les grandes chambres (avec
salon) sont appréciées des familles. Décor simple et rustique. Piscine, VTT, salle de jeux...
Table d'hôtes sur réservation.

BELLE-ÉGLISE – 60 Oise – **305** E5 – 568 h. – alt. 69 m – ⊠ 60540　　**36** B3

▶ Paris 53 – Beauvais 32 – Compiègne 64 – Pontoise 29

XXX　**La Grange de Belle-Église** (Marc Duval)　　🚿 AC P VISA ⚫⚫

£3　*28 bd René-Aimé-Lagabrielle – 𝒞 03 44 08 49 00 – www.lagrangedebelleeglise.fr*
– Fax 03 44 08 45 97 – Fermé 9-25 août, 15 fév.-4 mars, dim. soir, mardi
midi et lundi
Rest – (25 €) Menu 60/79 € – Carte 76/174 € ⌂⌂
Spéc. Fraîcheur de homard en salade au safran. Rosace de noix de Saint-
Jacques aux truffes (nov. à mars). Soufflé chaud au Grand Marnier.
◆ Salle coiffée de poutres, agréable véranda ouverte sur un ravissant jardin et belles vitrines
(argenterie) composent le cadre de cet élégant restaurant ; plats classiques.

BELLEGARDE – 45 Loiret – **318** L4 – 1 677 h. – alt. 113 m – ⊠ 45270　　**12** C2
▌ Châteaux de la Loire

▶ Paris 110 – Gien 41 – Montargis 24 – Nemours 41
🄩 Syndicat d'initiative, 12 bis, place Charles Desvergnes 𝒞 02 38 90 25 37,
Fax 02 38 90 28 32
◎ Château ★.

à Montliard 7 km au Nord-Ouest par D 44 – 215 h. – alt. 126 m – ⊠ 45340

⛫　**Château de Montliard** 📶　　　　　　　　　　📶 🛜 P

5 rte de Nesploy – 𝒞 02 38 33 71 40 – www.chateau-de-montliard.com
– Fax 02 38 33 86 41 – Ouvert de Pâques à la Toussaint
4 ch ⌂ – †57/90 € ††68/100 €　**Table d'hôte** – Menu 23 € bc/33 € bc
◆ Dans la même famille depuis 1384, ce château entouré de douves offre un bel intérieur
chargé d'histoire (escalier à vis, murs épais, vitraux). Chambres avec une cheminée. La table
d'hôtes sert un menu unique dans un cadre joliment rustique.

BELLEGARDE-SUR-VALSERINE – 01 Ain – **328** H4 – 11 497 h.　　**45** C1
– alt. 350 m – ⊠ 01200 ▌ Franche-Comté Jura

▶ Paris 497 – Annecy 43 – Bourg-en-Bresse 73 – Genève 43
🄩 Office de tourisme, 24, place Victor Bérard 𝒞 04 50 48 48 68,
Fax 04 50 48 65 08
◎ Berges de la Valserine N : 2 km par N84.

à Lancrans 3 km au Nord par D 1084 et D 991 – 1 005 h. – alt. 500 m – ⊠ 01200

🏠　**Le Sorgia** 🚿 🚿 📶 P VISA ⚫⚫ AE

£5　*39 Gde-Rue – 𝒞 04 50 48 15 81 – Fax 04 50 48 44 72*
– Fermé 16 août-8 sept., 24 déc.-18 janv., dim. et lundi
17 ch – †54/58 € ††54/58 €, ⌂ 8,50 € – ½ P 45/48 €
Rest – (fermé sam. midi, dim. soir et lundi) Menu 15 € (déj. en sem.), 26/48 €
– Carte 23/55 €
◆ Au cœur du village, la même famille reçoit les visiteurs dans son auberge depuis 1890.
Hébergement simple mais propre et régulièrement rafraîchie. Salle à manger champêtre et
terrasse fleurie dressée au bord du jardin. Carte du terroir régulièrement renouvelée.

à Eloise (74 H.-Savoie) 5 km au Sud-Est par D 1508 et rte secondaire – 898 h.
– alt. 511 m – ⊠ 01200

🏨　**Le Fartoret** 📶　　　 ⬲ 🎐 🚿 ⌁ 🎿 ▯ 🏊 P VISA ⚫⚫ AE ⓞ

£5　*130 r. du 14 juin 1944 – 𝒞 04 50 48 07 18 – www.fartoret.com*
– Fax 04 50 48 23 85 – Fermé 23 déc.-3 janv. et dim. soir hors saison
40 ch – †56/92 € ††65/92 €, ⌂ 10 € – ½ P 70/85 €
Rest – Menu 18 € (déj. en sem.), 26/45 € – Carte 36/60 €
◆ Ensemble hôtelier bâti autour d'une ferme centenaire, agrémenté d'un parc avec piscine
et tennis. Chambres anciennes mais bien tenues. Immense collection de coqs. Grandes salles
à manger et terrasse couverte avec vue sur les arbres. Cuisine classique.

BELLE-ÎLE-EN-MER ★★ – 56 Morbihan – **308** L10 ▯ Bretagne   **9** B3

Accès par transports maritimes pour **Le Palais** (en été **réservation indispensable** pour le passage des véhicules).

🚢 depuis **Port-Navalo** - (avril-oct.) - Traversée 1 h - Renseignements et tarifs ; Navix S.A. à Port-Navalo ℰ 0 825 132 120 (0,15 €/mn)

🚢 depuis **Vannes** - (avril-oct.) - Traversée 2 h - Renseignements et tarifs : Navix S.A., Gare Maritime ℰ 0 825 132 (0,15 €/mn), Fax 02 97 46 60 29, www.navix.fr

🚢 depuis **Lorient** - Service saisonnier - Traversée 50 mn (passagers uniquement, réservation obligatoire) - Renseignements et Tarifs S.M.N. ℰ 0 820 056 000 (0,12 €/mn) - Pour **Le Palais** et pour **Sauzon** : depuis **Quiberon** - Service saisonnier - Traversée 25 mn - Renseignements et tarifs : S.M.N. ℰ 0 820 056 000 (0,12 €/mn) (Quiberon) - Renseignements et tarifs : Navix S.A.

🚢 depuis **Locmariaquer** - ℰ 0 825 162 130 (0,15 €/mn) - **Auray Le Bono** - ℰ 0 825 162 140 (0,15 €/mn) - **La Trinité-sur-Mer** traversée 1 h (14 juil.-22 août) - ℰ 0 825 132 150 (0,15 €/mn), Fax 02 97 46 60 29.

⛴ depuis **Quiberon** (Port-Maria) - Traversée 30 mn - Renseignements et tarifs : S.M.N. ℰ 0 820 056 000 (Le Palais), Fax 02 97 29 50 34, www.smn-navigation.fr.

🛈 Office de tourisme, quai Bonnelle, Le Palais ℰ 02 97 31 81 93, Fax 02 97 31 56 17

◉ Côte sauvage★★★- Pointe des Poulains★★★.

BANGOR – 56 Morbihan – 875 h. – alt. 45 m – ⊠ 56360   **9** B3

▶ Paris 513 – Rennes 162 – Vannes 53 – Auray 34

◉ Le Palais : citadelle Vauban★ NE : 3,5 km.

🏨 **La Désirade** ॐ   🚗 🕭 ⌂ 🐾 ᵴ ᵴᴬ 🅿 🚾 ⊛ AE
Le Petit Cosquet - ℰ 02 97 31 70 70 - www.hotel-la-desirade.com
– Fax 02 97 31 89 63 – Ouvert 27 mars-7 nov. et 27 déc.-3 janv.
31 ch – ♦105/156 € ♦♦125/170 €, ⌂ 16 € – 1 suite – ½ P 98/127 €
Rest *La Table* – (fermé le midi hors week-ends et vacances scolaires)
Menu 30/51 € – Carte 48/63 €
♦ Un accueil chaleureux et une atmosphère cosy vous attendent dans ces maisons néo-bretonnes aux chambres personnalisées et dominées par le bois. Espace bien-être flambant neuf. Plaisante table qui concocte des recettes dans l'air du temps.

LE PALAIS – 56 Morbihan – 2 526 h. – alt. 7 m – ⊠ 56360   **9** B3

▶ Paris 508 – Rennes 157 – Vannes 48 – Lorient 3

◉ Citadelle Vauban★.

🏩 **Citadelle Vauban** ॐ   ← 🚗 🕭 ⌂ 🔳 🐾 🕭 ᵴ ᵴᴬ 🅿 🚾 ⊛ AE ①
– ℰ 02 97 31 84 17 – www.citadellevauban.com – Fax 02 97 31 89 47
– Ouvert avril-5 oct.
40 ch – ♦125/355 € ♦♦125/355 €, ⌂ 14 € – 3 suites – ½ P 118/232 €
Rest *La Table du Gouverneur* – Menu 25 € (déj.)/68 € – Carte 45/85 €
♦ Cet hôtel-musée a conquis la citadelle Vauban et ses jardins, dominant le port. L'inspiration indienne des chambres (presque toutes côté mer) invite à des rêves de voyages. Cuisine iodée classique à goûter dans un cadre qui marie tableaux (18e-19e s.) et design actuel.

🏡 **Le Clos Fleuri**   🚗 🔳 ᵴ rest, ❝❞ ᵴᴬ 🅿 🚾 ⊛ AE ①
rte de Sauzon, à Bellevue – ℰ 02 97 31 45 45 – www.hotel-leclosfleuri.com
– Fax 02 97 31 45 57
21 ch (½ P seult) – ½ P 83/115 €   Rest – (dîner seult) Menu 30 €
♦ Sur les hauteurs de la ville, cet hôtel typique de l'architecture locale abrite de coquettes petites chambres, au mobilier campagnard et différemment colorées. Menu unique à l'ardoise, proposé le soir aux résidents et revu quotidiennement.

⌂ **Château de Bordenéo** sans rest ॐ   🚗 🔳 ❝❞ 🅿 🚾 ⊛
2 km rte de Sauzon Bordenéo au Nord Ouest – ℰ 02 97 31 80 77 – www.chateau-bordeneo.fr
5 ch ⌂ – ♦138/202 € ♦♦140/214 €
♦ Tout à sa tranquillité, cette gentilhommière du 19e s. profite de son parc planté d'arbres centenaires. Les chambres douillettes aux tons pastel ont chacune leur ambiance propre.

✗ L' Annexe ⬚ 🛗 VISA 🐵

*3 quai de l'Yser – 𝒞 02 97 31 81 53 – Fax 02 97 31 81 53 – Fermé mars, lundi et
mardi du 15 nov. au 1ᵉʳ mars et merc.*
Rest – Carte 27/47 €

♦ Atmosphère conviviale au coude à coude et service rapide et informel : on vient surtout ici
pour la qualité des produits de la mer. Grillades au feu de bois devant les clients.

PORT-GOULPHAR – 56 Morbihan – ⬚ 56360 Bangor   9 B3

▶ Paris 517 – Rennes 166 – Vannes 57 – Auray 38

👁 Site ★ : ≼ ★.

🏨 Castel Clara ⬚ ≼ 🌳 🛗 ⌙ 🖾 ⚙ ❀ 🖄 ⚘ rest, 🍴 🔼 🅿 VISA 🐵 AE ⓪

*– 𝒞 02 97 31 84 21 – www.castel-clara.com – Fax 02 97 31 51 69
– Fermé 10 janv.-12 fév.*
59 ch – ♦165/350 € ♦♦165/350 €, ⬓ 25 € – 4 suites
Rest – *(dîner seult)* Menu 70/140 € – Carte 65/105 € 🅱
Rest Café Clara – *(fermé le soir hors saison sauf week-end)* Menu 38/55 €

♦ Emplacement idyllique sur la Côte sauvage, centre "thalasso", deux générations de chambres
raffinées, vue panoramique : le luxe discret... au bout du monde ! Table actuelle et élégante, tournée vers les falaises. Le Café Clara est un restaurant-buffet.

SAUZON – 56 Morbihan – 860 h. – alt. 35 m – ⬚ 56360   9 B3

▶ Paris 515 – Rennes 164 – Vannes 55 – Lorient 9

👁 Site ★ - Pointe des Poulains ★★ : ☀ NO : 3 km puis 30 mn - Port-
Donnant : site ★★ S : 6 km puis 30 mn.

⌂ Hostellerie La Touline sans rest ⬚ 🛗 🍴 VISA 🐵

*r. du Port-Vihan – 𝒞 02 97 31 69 69 – www.hostellerielatouline.com
– Ouvert 27 mars-14 nov.*
5 ch – ♦122 € ♦♦122 €, ⬓ 13 €

♦ Joli ensemble de maisonnettes villageoises, sur les hauteurs du petit port. La décoration se
porte sur divers thèmes dépaysants : Bretagne, Zanzibar... Jardin reposant (jacuzzi).

✗✗ Roz Avel ⬚ 🛗 VISA 🐵 AE

*r. du Lieutenant Riau, (derrière l'église) – 𝒞 02 97 31 61 48 – Fermé
14 nov.-15 déc., 1ᵉʳ janv.-20 mars et merc.*
Rest – *(nombre de couverts limité, prévenir)* (24 €) Menu 30/44 € – Carte 47/59 €

♦ Maison de pays possédant une salle à manger garnie de meubles bretons et une terrasse
prolongée d'un jardinet. Beaux produits de l'océan préparés avec soin.

✗ Café de la Cale ⬚ 🛗 VISA 🐵

quai Guerveur – 𝒞 02 97 31 65 74 – Ouvert d'avril à sept. et vacances scolaires
Rest – *(prévenir)* Menu 19 € – Carte 20/46 €

♦ Ancienne sardinerie transformée en bistrot à la mode. Navigateurs de renom et touristes y
jouent des coudes pour apprécier poissons, coquillages et cuisine régionale.

✗ Les Embruns ⬚ 🛗 VISA 🐵

Le Quai – 𝒞 02 97 31 64 78 – Fax 02 97 31 63 32 – Ouvert 1ᵉʳ avril-4 nov.
Rest – Menu 15 € bc/20 € bc – Carte 12/25 €

♦ Ici crêpes et galettes sont 100 % bio, de la farine aux œufs, en passant par la garniture (saumon, etc.) ! Adossées à la falaise, cette maison et sa terrasse regardent le port.

BELLÊME – 61 Orne – 310 M4 – 1 602 h. – alt. 241 m – ⬚ 61130   33 C3
▮ Normandie Vallée de la Seine

▶ Paris 168 – Alençon 42 – La Ferté-Bernard 23 – Le Mans 55

🇮 Office de tourisme, bld Bansard des Bois 𝒞 02 33 73 09 69, Fax 02 33 83 95 17

🏉 De Bellême Saint-Martin Les Sablons, SO : 2 km, 𝒞 02 33 73 12 79

👁 Forêt ★.

🏠 Relais Saint-Louis ⬚ 🍴 ⚘ ch, 🍴 🅿 VISA 🐵 AE

*1 bd Bansard des Bois – 𝒞 02 33 73 12 21 – www.relais-st-louis.com
– Fax 02 33 83 71 19 – Fermé 15-22 fév. et 12-30 nov.*
9 ch – ♦55/87 € ♦♦55/87 €, ⬓ 8 € – ½ P 85/115 €
Rest – (14 €) Menu 16 € (sem.)/48 € – Carte 23/45 €

♦ Cet ancien relais de poste bien rénové s'illustre par son atmosphère romantique. Chambres
coquettes avec ciel de lit ou baldaquin (deux plus modernes dans l'annexe). Au restaurant, belle cheminée, collection de vieux outils et cuisine traditionnelle connotée terroir.

à Nocé 8 km à l'Est par D 203 – 778 h. – alt. 120 m – ⊠ 61340

XX   **Auberge des 3 J.**   ⟳ 𝑉𝐼𝑆𝐴 ◍◍
      1, pl. du Dr Gireaux – ℰ 02 33 73 41 03 – Fax 02 33 83 33 66 – Fermé
(⬡)   *27 sept.-11 oct., 1ᵉʳ-15 janv., mardi de sept. à juin, dim. soir et lundi*
      Rest – Menu 25/47 € – Carte 31/40 €
      ♦ Tables joliment dressées et tableaux agrémentent la salle rustique de cette auberge familiale où dominent la pierre et le bois. Cuisine soignée, mi-traditionnelle, mi-terroir.

BELLEU – 02 Aisne – **306** C6 – rattaché à Soissons

BELLEVAUX – 74 Haute-Savoie – **328** M3 – 1 321 h. – alt. 913 m   **46** F1
– Sports d'hiver : 1 100/1 800 m ✔23 ✗ – ⊠ 74470 ▯ Alpes du Nord

      ▶ Paris 572 – Annecy 70 – Bonneville 29 – Genève 44

      🇮 Office de tourisme, les Contamines ℰ 04 50 73 71 53, Fax 04 50 73 78 60

      ◉ Site ★.

🔠   **La Cascade**   ≤ 🚗 & ch, ☜ 𝐏 𝑉𝐼𝑆𝐴 ◍◍
      Chef-lieu – ℰ 04 50 73 70 22 – www.hotel-lacascade.com – Fax 04 50 73 77 46
      – fermé 15 mars-5 avril et oct.
      12 ch – ♦40/50 € ♦♦50 €, ⊇ 6 € – ½ P 50 €
      Rest – (13 €) Menu 20/22 € – Carte 17/25 €
      ♦ Bâtisse de la fin du 19ᵉ s. située au cœur de la petite station. Chambres simples à la déco rustique, toutes avec balcon et vue sur les montagnes alentour. Salle à manger en rotonde où l'on sert une cuisine traditionnelle et régionale.

🏠   **Les Moineaux** ⧠   ≤ 🚗 ⟆ ⁂ 𝐏 𝑉𝐼𝑆𝐴 ◍◍
      Le Borgel – ℰ 04 50 73 71 11 – www.hotel-les-moineaux.com
⟲   *– Fax 04 50 73 75 79 – Ouvert 16 juin-10 sept. et 20 déc.-10 avril*
      14 ch – ♦45/50 € ♦♦69 €, ⊇ 6,50 € – ½ P 49/52 €
      Rest – Menu 19 € (sem.)/40 €
      ♦ Deux bâtiments de type chalet en contrebas du village. Les chambres, fonctionnelles et bien tenues, sont dotées de balcons tournés vers les montagnes. Salle à manger rustique ; cuisine familiale à l'accent savoyard et menu végétarien.

à Hirmentaz 7 km au Sud-Ouest par D 26 et D 32 – ⊠ 74470 Bellevaux

🔠   **Le Christania** ⧠   ≤ ⟆ 🖺 ⁂ 𝐏 𝑉𝐼𝑆𝐴 ◍◍
      Hirmentaz – ℰ 04 50 73 70 77 – www.hotel-christania.com – Fax 04 50 73 76 08
⟲   *– Ouvert 5 juin-5 sept. et 18 déc.-2 avril*
      35 ch – ♦52/56 € ♦♦56/58 €, ⊇ 8 € – ½ P 54/66 €
      Rest – (15 €) Menu 18/32 € – Carte 25/38 €
      ♦ Au pied des pistes, cet hôtel familial des années 1970 a gardé son style d'origine. Chambres rustiques, majoritairement équipées de balcons et mansardées au dernier étage. Restaurant tourné vers la piscine et la terrasse ; cuisine régionale, carte traditionnelle.

BELLEVESVRE – 71 Saône-et-Loire – **320** M8 – 270 h. – alt. 188 m   **8** D3
– ⊠ 71270

      ▶ Paris 371 – Chalon-sur-Saône 51 – Dole 54 – Lons-le-Saunier 28

XX   **Le Temps de Vivre**   & 𝑉𝐼𝑆𝐴 ◍◍
      16 Grande Rue – ℰ 03 85 72 36 44 – Fermé 1ᵉʳ-15 janv., sam. midi et le soir de
⟲   *dim. à merc.*
      Rest – (nombre de couverts limité, prévenir) Menu 19 € (déj. en sem.)/37 €
      ♦ Un accueil tout sourire vous attend dans cette maison de village. Sympathique cadre champêtre et cuisine traditionnelle soignée, parfumée aux herbes du potager.

BELLEVILLE – 54 Meurthe-et-Moselle – **307** H6 – 1 461 h. – alt. 190 m   **26** B2
– ⊠ 54940

      ▶ Paris 359 – Metz 42 – Nancy 19 – Pont-à-Mousson 14

✕✕✕ Le Bistroquet 🛱 🖭 P 🚾 ⊙ AE
97 rte Nationale – ✆ 03 83 24 90 12 – www.le-bistroquet.fr – Fax 03 83 24 04 01
– Fermé 15-30 août, une sem. en janv., sam. midi, dim. soir lundi et mardi
Rest – (nombre de couverts limité, prévenir) Menu 31 € (sem.), 50/69 €
– Carte 58/82 €
Spéc. Foie gras de canard lorrain poêlé. Pigeon braisé en cocotte. Soufflé à la
liqueur de mirabelle de Lorraine. **Vins** Gris de Toul, Pinot noir des Côtes de
Toul.
♦ La discrète façade dissimule une salle à manger au décor rafraîchi, d'inspiration 1900
(miroirs, affiches et lustres). Terrasse fleurie et cuisine classique préparée avec art.

✕✕ La Moselle 🚗 🛱 🖭 P 🚾 ⊙
1 r. Prosper-Cabirol, (face à la gare) – ✆ 03 83 24 91 44
– www.restaurant-lamoselle.fr – Fax 03 83 24 99 38
– Fermé 16 août-5 sept., 28 fév.-13 mars, dim. soir, mardi soir et merc.
Rest – Menu 23 € (sem.)/53 € – Carte 45/75 €
♦ Les deux salles à manger de cette petite adresse familiale sont séparées par des panneaux
ornés de vitraux rappelant le style de l'école de Nancy. Agréable terrasse ombragée.

BELLEVILLE – 69 Rhône – 327 H3 – 7 113 h. – alt. 192 m – ⊠ 69220 43 E1
Lyon Drôme Ardèche

▶ Paris 416 – Bourg-en-Bresse 43 – Lyon 45 – Mâcon 31
🛈 Office de tourisme, 27, rue du Moulin ✆ 04 74 66 44 67, Fax 04 74 06 43 56

⬆ Le Clos Beaujolais 🛱 🎿 🗤 P 🚾 ⊙
Les Poutoux – ✆ 04 74 66 54 73 – www.closbeaujolais.com – Fax 04 74 66 47 86
4 ch 🛏 – ♦65/85 € ♦♦70/90 € **Table d'hôte** – Menu 24 € bc
♦ Accueil très sympathique des propriétaires de cette ancienne maison régionale parfaitement restaurée, proposant des chambres calmes au décor assez sobre.

✕ Le Beaujolais 🖭 P 🚾 ⊙
40 r. Mar.-Foch, (près de la gare) – ✆ 04 74 66 05 31
– www.restaurant-le-beaujolais.com – Fax 04 74 07 90 46 – Fermé 12-18 avril,
2-22 août, 20-26 déc., dim. soir, lundi soir, mardi soir et merc.
Rest – (13 €) Menu 16 € (déj. en sem.), 26/42 € – Carte environ 36 €
♦ Tout près de la gare, cette auberge familiale et chaleureuse marie l'ancien et le moderne.
Accueil et service aimables. Cuisine traditionnelle revisitée. Jolis vins locaux.

à Pizay 5 km au Nord-Ouest par D 18 et D 69 – ⊠ 69220 St-Jean-d'Ardières

🏨 Château de Pizay 🛱 🎿 🌐 ✕ ♿ ch, 🖭 ✂ rest, 🗤 🏋 P P
– ✆ 04 74 66 51 41 – www.chateau-pizay.com   🚾 ⊙ AE ①
– Fax 04 74 69 65 63 – Fermé 18 déc.-4 janv.
62 ch – ♦245/319 € ♦♦245/319 €, 🛏 20 €
Rest – Menu 42/71 € – Carte 60/110 €
♦ Beau château (15e-17e s.) au cœur du vignoble. Chambres traditionnelles ou suites duplex
plus contemporaines logées dans la dépendance du parc. Spa complet. Salle à manger mariant
ancien et moderne, terrasse dans la cour d'honneur et fine cuisine classique actualisée.

BELLEY ◈ – 01 Ain – 328 H6 – 8 466 h. – alt. 279 m – ⊠ 01300 45 C1
Franche-Comté Jura

▶ Paris 507 – Aix-les-Bains 31 – Bourg-en-Bresse 83 – Chambéry 36
🛈 Office de tourisme, 34, Grande Rue ✆ 04 79 81 29 06, Fax 04 79 81 08 80
◎ Chœur★ de la cathédrale St-Jean - Charpente★ du château des Allymes.

🏠 Sweet Home 🖭 ♿ ch, 🗤 🚾 ⊙ AE
bd du Mail – ✆ 04 79 81 01 20 – www.sweethomehotel.fr – Fax 04 79 81 53 83
35 ch – ♦50/68 € ♦♦50/68 €, 🛏 9 €
Rest – (fermé sam. midi et dim.) (11 €) Menu 15 € bc (déj.)/17 €
♦ Adresse utile pour l'étape en centre-ville. Chambres actuelles et fonctionnelles. Petit-
déjeuner servi sous forme de buffet. Au restaurant : photos d'acteurs en noir et blanc, courte
carte traditionnelle.

au Sud-Est 3 km sur rte Chambéry

XX   **La Fine Fourchette**   ≤ ☆ 🄿 🆅🅸🆂🅰 ⓒⓞ
N 504 ⊠ 01300 Belley – ℰ 04 79 81 59 33 – Fax 04 79 81 55 43
– Fermé 18 août-1ᵉʳ sept., 23 déc.-2 janv., dim. soir et lundi
Rest – Menu 24/54 € – Carte 40/60 €
• En surplomb de la route, charmant pavillon tourné vers la campagne et le canal du Rhône. Les larges baies de la salle à manger, redécorée, s'ouvrent sur la terrasse. Cuisine classique.

à Contrevoz 9 km au Nord-Ouest sur D 32 – 459 h. – alt. 320 m – ⊠ 01300

XX   **Auberge de Contrevoz**   🚕 ☆ 🄿 🆅🅸🆂🅰 ⓒⓞ
– ℰ 04 79 81 82 54 – www.auberge-de-contrevoz.com – Fax 04 79 81 80 17
– Fermé 2 sem. en janv., 2 sem. en sept., merc. soir, dim. soir et lundi
Rest – (15 €) Menu 21 € (sem.)/36 € – Carte environ 34 €
• On se sent bien dans cette maison régionale à l'intérieur rustique. Généreuse cuisine actuelle avec des touches terroir (menus à thèmes selon les saisons, truffe du Bugey...).

à Pugieu 9 km au Nord-Ouest sur D 1504 – 128 h. – alt. 247 m – ⊠ 01510

X   **Le Moulin du Martinet**   🚕 ☆ 🄿 🆅🅸🆂🅰 ⓒⓞ 🅰🅴
ⓒⓞ   – ℰ 04 79 87 82 03 – www.moulindumartinet.fr – Fax 04 79 42 06 38 – Fermé
10-20 mars, 10-20 oct., 2-12 janv., dim. soir sauf juil.-août, mardi soir et merc.
Rest – Menu 13 € (déj. en sem.), 17/48 € – Carte 27/54 €
• Jardin face à la montagne, canards en liberté, bassin à truites, agréable terrasse, repas au coin du feu en hiver et cuisine actuelle : un vieux moulin (1825) bien séduisant.

BELVES – 24 Dordogne – 329 H7 – 1 503 h. – alt. 175 m – ⊠ 24170   4 D1
🄳 Paris 552 – Bordeaux 197 – Périgueux 66 – Bergerac 56
🄴 Office de tourisme, 1, rue des Filhols ℰ 05 53 29 10 20, Fax 05 53 29 10 20

🏠   **Clément V** sans rest   🄰🄲 ᵗ⁄ᵢ 🆅🅸🆂🅰 ⓒⓞ 🅰🅴 ⓞ
15 r. J.-Manchotte – ℰ 05 53 28 68 80 – www.clement5.com – Fax 05 53 28 14 21
10 ch – †100/120 € ††100/180 €, � 12 €
• Dans un village médiéval haut perché, cette coquette maison possède des chambres de caractère, dont l'une occupe une cave voûtée du 11ᵉ s. Véranda sur une petite cour fleurie.

à Sagelat 2 km au Nord par D 53 – 348 h. – alt. 78 m – ⊠ 24170

X   **Auberge de la Nauze** avec ch   ☆ 🄰🄲 rest, 🄿 🆅🅸🆂🅰 ⓒⓞ
ⓒⓞ   Fongauffier – ℰ 05 53 28 44 81 – www.aubergedelanauze.fr – Fax 05 53 29 99 18
– Fermé 26 juin-5 juil., 20 nov.-7 déc., 12-19 fév., lundi sauf le soir en juil.-août,
mardi soir et sam. midi de sept. à juin
8 ch – †36/45 € ††38/48 €, ⊇ 6 € – ½ P 38/48 €
Rest – (12 € bc) Menu 14 € (déj. en sem.), 22/52 € – Carte 31/64 €
• Régalez-vous d'une cuisine traditionnelle dans cette maison en pierre du pays, dotée d'une salle à manger habillée de poutres et d'une terrasse. Petites chambres colorées.

BENFELD – 67 Bas-Rhin – 315 J6 – 5 260 h. – alt. 160 m – ⊠ 67230   1 B2
🄵 Alsace Lorraine
🄳 Paris 502 – Colmar 41 – Obernai 17 – Sélestat 19
🄴 Office de tourisme, 3, rue de l'Église ℰ 03 88 74 04 02, Fax 03 88 58 10 45

XX   **Au Petit Rempart**   ☆ 🆅🅸🆂🅰 ⓒⓞ
ⓒⓞ   1 r. du Petit-Rempart – ℰ 03 88 74 42 26 – www.petit-rempart.fr – Fax 03 88 74 18 58
– Fermé 20 août-14 sept., 2-10 janv. et le soir du lundi au jeudi
Rest – Menu 10 € (déj. en sem.), 24/41 € – Carte 27/43 €
• L'ancienne salle de bal offre un cadre raffiné (marquetteries, fauteuils Louis XIII), tandis que la winstub est plus simple. Carte classique ; fameuse recette maison de vinaigrette.

BÉNODET – 29 Finistère – 308 G7 – 3 159 h. – Casino – ⊠ 29950   9 A2
🄱 Bretagne
🄳 Paris 563 – Concarneau 19 – Fouesnant 8 – Pont-l'Abbé 13
🄴 Office de tourisme, 29, avenue de la Mer ℰ 02 98 57 00 14, Fax 02 98 57 23 00
🄸🅱 de l'Odet Clohars Fouesnant, N : 4 km par D 34, ℰ 02 98 54 87 88
🄾 Pont de Cornouaille ≤ ★ - L'Odet★★ en bateau : 1h30.

🏨 **Kastel** ⟨ 🕭 📶 🖾 rest, ¶ 🏊 ᴘ 🖾 ⚫ 🆎

corniche de la Plage – 𝒞 02 98 57 05 01 – www.hotel-kastel.com
– Fax 02 98 57 29 99 – Fermé 7-20 déc.
22 ch � – ¶85/211 € ¶¶97/223 € – ½ P 74/137 €
Rest – (22 €) Menu 29/45 €

♦ À proximité de la plage et du centre de thalassothérapie, hôtel entièrement rénové dans un esprit contemporain. Les chambres, spacieuses, ont pris le parti décoratif de l'épure. Cuisine au goût du jour servie au restaurant, dans un cadre gai et lumineux.

🏨 **Le Grand Hôtel Abbatiale** 📶 🖾 ch, ¶ 🏊 ᴘ 🖾 ⚫ 🆎 🅾

4 av. Odet – 𝒞 02 98 66 21 66 – www.hotelabbatiale.com – Fax 02 98 66 21 50
– Fermé 14-31 déc.
50 ch – ¶70/98 € ¶¶92/120 €, ⊆ 11 € – ½ P 75/95 €
Rest – (fermé sam. midi) (18 €) Menu 22/32 €

♦ L'atout majeur de cet hôtel de belle ampleur : son emplacement face au port de la station balnéaire bretonne. Chambres soit sobres et fonctionnelles, soit d'esprit plus contemporain. Cuisine traditionnelle et produits de la mer.

🏨 **Domaine de Kereven** sans rest ⚓ 🍷 📶 ¶ ᴘ 🖾 ⚫

2 km rte de Quimper – 𝒞 02 98 57 02 46 – www.kereven.com
– Fax 02 98 66 22 61 – Ouvert Paques-30 sept.
12 ch – ¶48/58 € ¶¶58/79 €, ⊆ 10 €

♦ Au cœur d'un grand parc ombragé, plusieurs bâtiments récents et paisibles d'inspiration régionale. Chambres douillettes et personnalisées. Tenue irréprochable et accueil charmant.

🏨 **Les Bains de Mer** ⛭ 📶 🆎 rest, ¶ ᴘ 🖾 ⚫ 🆎

11 r. Kerguelen – 𝒞 02 98 57 03 41 – www.lesbainsdemer.com
– Fax 02 98 57 11 07 – Fermé janv.
32 ch – ¶44/59 € ¶¶52/74 €, ⊆ 8,50 € – ½ P 50/68 €
Rest – (fermé sam. midi, mardi midi et vend. du 1er oct. à Pâques) (11 €)
Menu 13 € (déj. en sem.), 21/55 € – Carte 22/46 €

♦ Après un bain de mer, installez-vous dans l'une des chambres sobrement décorées de cet accueillant hôtel situé au centre de la cité d'adoption d'Éric Tabarly. Table traditionnelle aux tons contrastés : murs verts et tentures prune, comme les sièges.

🍴 **Escapades** 🕭 🖾 ⚫

37 r. du Poulquer – 𝒞 02 98 66 27 97 – escapades-benodet.com – Fermé
15 nov.-5 déc.
Rest – (12 €) Menu 17 € – Carte 32/45 €

♦ Au bout de la plage du Trez, sympathique bistrot contemporain tenu par deux chefs associés, l'un en salle l'autre en cuisine. Menu du jour à l'ardoise et carte traditionnelle.

à Clohars-Fouesnant 3 km au Nord-Est par D 34 et rte secondaire – 2 062 h.
– alt. 30 m – ⊠ 29950

🍴🍴 **La Forge d'Antan** 🚗 🕭 ᴘ 🖾 ⚫

31 rte de Nors Vraz – 𝒞 02 98 54 84 00 – www.laforgedantan.fr
– Fax 02 98 54 89 11 – Fermé lundi et mardi
Rest – (25 €) Menu 33 € (sem.)/66 € – Carte 50/65 €

♦ Plaisante auberge de campagne disposant de deux salles à manger : l'une rustique chaleureuse et l'autre plus claire, côté jardin. Cuisine classique privilégiant le poisson.

à Ste-Marine 5 km à l'Ouest par pont de Cornouaille – ⊠ 29120 Combrit

🏨 **Villa Tri Men** ⚓ ⟨ 🚗 🕭 📶 ⛭ ¶ ᴘ ᴘ 🖾 ⚫ 🆎

16 r. du Phare – 𝒞 02 98 51 94 94 – www.trimen.fr – Fax 02 98 51 95 50 – Fermé
15 nov.-18 déc.
20 ch – ¶115/285 € ¶¶115/285 €, ⊆ 14 €
Rest – (fermé 3 janv.-5 fév., dim. et lundi sauf du 15 juin au 15 sept.) (dîner seult) Menu 35 € – Carte 41/71 €

♦ Belle villa 1900 nichée dans un jardin arboré en bordure de mer. Les chambres sont élégantes et spacieuses, garnies de meubles et tableaux modernes. Cuisine actuelle mariant produits locaux, herbes et épices, servie dans une salle contemporaine ou en terrasse.

⌂ **La Ferme Saint-Vennec** sans rest 🔊   🔊 ⌛ & ⁽¹⁾ **P** **VISA** **©©** **AE**
r. de la Clarté – ℰ 02 98 56 74 53 – www.lafermesaintvennec.com
– Fax 02 98 56 74 53
7 ch – ♦80/160 € ♦♦80/160 €, ⌤ 12 €
♦ En quête de sérénité et d'authenticité ? Ces jolies maisons bretonnes restaurées marient confort et raffinement, dans un style mi-ancien mi-actuel. Accueil charmant.

BÉNOUVILLE – 14 Calvados – 303 K4 – **rattaché à Caen**

BERCK-SUR-MER – 62 Pas-de-Calais – 301 C5 – **15 145 h. – alt. 5 m**   30 A2
– Casino – ⊠ 62600 ▌Nord Pas-de-Calais Picardie
▣ Paris 232 – Abbeville 48 – Arras 93 – Boulogne-sur-Mer 40
🛈 Office de tourisme, 5, avenue Francis Tattegrain ℰ 03 21 09 50 00, Fax 03 21 09 15 60
▣₃₆ de Nampont Saint-Martin à Nampont-Saint-Martin Maison Forte, par D 940 et D 901 : 15 km, ℰ 03 22 29 92 90
◎ Parc d'attractions de Bagatelle★ 5 km par ①.

à Berck-Plage – ⊠ 62600

XX **La Verrière**   🏠 **AC** **VISA** **©©** **AE** ①
⊛   pl. 18-Juin – ℰ 03 21 84 27 25 – Fax 03 21 84 14 65 – Fermé 15-22 mars, 15-22 nov., 15-22 fév., dim. soir, mardi soir, merc. soir et lundi sauf juil.-août
Rest – (14 € bc) Menu 19 € (sem.)/50 € – Carte environ 50 €
♦ Dans l'ancienne gare routière convertie en casino, grande salle de restaurant moderne, lumineuse et soignée où l'on déguste des petits plats mitonnés au goût du jour.

BERGERAC ◉ – 24 Dordogne – 329 D6 – **27 716 h. – alt. 37 m**   4 C1
– ⊠ 24100 ▌Périgord Quercy
▣ Paris 534 – Agen 91 – Angoulême 110 – Bordeaux 94
🛫 Bergerac-Roumanières : ℰ 05 53 22 25 25, par ③ : 3 km.
🛈 Office de tourisme, 97, rue Neuve d'Argenson ℰ 05 53 57 03 11, Fax 05 53 61 11 04
▣₆ Château les Merles à Mouleydier D 660, par rte de Sarlat : 15 km, ℰ 05 53 63 13 42
◎ Le Vieux Bergerac★★ : musée du Tabac★★ (maison Peyrarède★) - Musée du Vin, de la Batellerie et de la Tonnellerie★ M³.

Plan page suivante

🏠 **De France** sans rest   🔊 ⁽¹⁾ 🔊 **VISA** **©©** **AE**
18 pl. Gambetta – ℰ 05 53 57 11 61 – www.hoteldefrance-bergerac.com
– Fax 05 53 61 25 70 – Fermé fév.   AY**b**
20 ch – ♦65/78 € ♦♦65/78 €, ⌤ 9 €
♦ Face à la place ombragée du marché (mercredi et samedi), l'hôtel de France, rénové, offre un nouveau visage. Les chambres sont simples et plus calmes côté piscine.

🏠 **Europ Hôtel** sans rest   🚗 🔊 ⁽¹⁾ **P** **VISA** **©©** **AE** ①
20 r. Petit-Sol – ℰ 05 53 57 06 54 – www.europ-hotel-bergerac.com
– Fax 05 53 58 67 60   AY**v**
22 ch – ♦45 € ♦♦45/57 €, ⌤ 8 €
♦ Le jardin jouxtant la piscine est l'atout majeur de cet hôtel situé dans le quartier de la gare. Chambres rénovées et bien tenues (climatisation et double-vitrage côté rue).

XX **L'Imparfait**   🏠 **VISA** **©©** **AE** ①
8 r. Fontaines – ℰ 05 53 57 47 92 – www.imparfait.com – Fermé 19 déc.-26 janv.
Rest – (21 €) Menu 27 € – Carte 35/60 €   AZ**n**
♦ Cette maison médiévale du centre historique vous accueille dans sa grande salle à manger où pierres et poutres apparentes se donnent la réplique. Bonne cuisine traditionnelle.

X **Le Repaire de Savinien**   🏠 **VISA** **©©**
15 r. Mounet-Sully – ℰ 05 53 24 35 46 – Fermé 1ᵉʳ-15 nov., 22-28 fév., lundi sauf le soir de juin à sept. et dim.   AY**e**
Rest – Carte 25/40 €
♦ Ambiance bistrot à quelques pas de l'église Notre-Dame : repas au coude à coude et carte proposée à l'ardoise. Plats traditionnels respectueux des saisons et des produits.

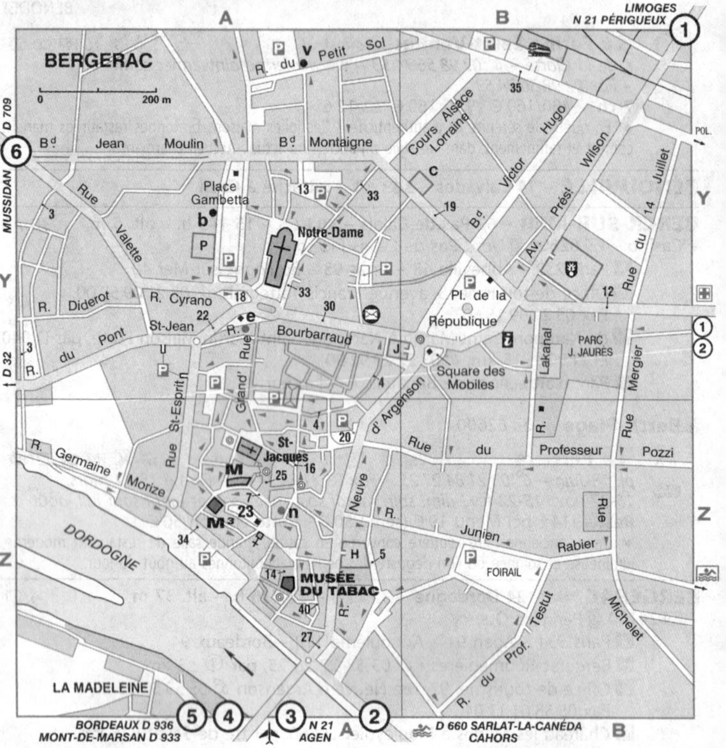

Beausoleil (Bd)	AY	3	Fontaines (R. des)	AZ	16	Pelissière (Pl.)	AZ	25
Brèche (R. de la)	AYZ	4	Grand'Rue	AYZ		Pont (Pl. du)	AZ	27
Candillac (R.)	AZ	5	Lattre-de-Tassigny (Pl. de)	AY	18	Résistance (R. de la)	AY	30
Conférences (R. des)	AZ	7	Maine-de-Biran (Bd)	BY	19	Ste-Catherine (R.)	AY	33
Dr-Simounet (R.)	BY	12	Malbec (Pl.)	AZ	20	St-Clar (R.)	AZ	40
Ferry (Pl. J.)	AY	13	Mounet-Sully (R.)	AY	22	Salvette (Quai)	AZ	34
Feu (Pl. du)	AZ	14	Myrpe (Pl. de la)	AZ	23	108e-R.-I. (Av. du)	BY	35

à St-Julien-de-Crempse 12 km par ①, N 21, D 107 et rte secondaire – 191 h. – alt. 150 m – ✉ 24140

Manoir du Grand Vignoble

– ✆ 05 53 24 23 18 – www.manoirdugrandvignoble.com
– Fax 05 53 24 20 89 – Ouvert 19 mars-13 nov.

44 ch – 🚹60/112 € 🚹🚹60/112 €, ☕ 10 € – ½ P 59/91 €

Rest – Menu 24/46 € – Carte 30/50 €

◆ Ce manoir du 17e s. au grand calme, au cœur d'un vaste domaine (avec centre équestre), propose des chambres anciennes et d'autres plus contemporaines dans les dépendances. Salle à manger rustique, véranda et terrasse ouverte sur le parc ; cuisine régionale.

à St-Nexans 10 km par ③, N 21 et D 19 – 845 h. – alt. 120 m – ✉ 24520

La Chartreuse du Bignac

Le Bignac – ✆ 05 53 22 12 80 – www.abignac.com – Fax 05 53 22 12 81 – Fermé janv.

12 ch ☕ – 🚹162/202 € 🚹🚹179/219 € – 1 suite – ½ P 130/150 €

Rest – *(fermé mardi) (dîner seult) (résidents seult)* Menu 40 € – Carte 32/55 €

◆ Une chartreuse qui se dresse au sein d'un parc de 12 ha agrémenté d'un pigeonnier, d'un bassin et d'un étang pour la pêche. Vastes chambres raffinées (mêlant l'ancien et le moderne), dont deux se trouvent dans le chai. Cuisine traditionnelle et bar à vins.

au Moulin de Malfourat 8 km par ④, dir. Mont-de-Marsan et rte secondaire – ✉ 24240 Monbazillac

XXX **La Tour des Vents** (Marie Rougier) ≤ 🚗 🎍 **P** **VISA** 🐾 **AE**
ᘓ – ℰ 05 53 58 30 10 – www.tourdesvents.com – Fax 05 53 58 89 55 – Fermé une sem. en oct., janv., dim. soir et mardi midi sauf juil.-août et lundi
Rest – (20 €) Menu 25/58 € – Carte 50/60 €
Spéc. Terrine de foie gras de canard, chutney d'ananas et gelée de Monbazillac. Pigeonneau rôti en crapaudine, sauce salmis au porto. Royal au chocolat guanaja, glace expresso.
♦ Priorité à la qualité des produits, des cuissons et des assaisonnements : le chef réalise une belle cuisine traditionnelle, relevée d'une pointe d'originalité. La salle, classique, offre une vue imprenable sur les vignobles de Monbazillac.

à Rauly 8 km par ④, dir. Mont-de-Marsan et rte secondaire – ✉ 24240 Monbazillac

🏠 **Château Rauly-Saulieut** sans rest 🐾 🐾 ☟ ⑭ **P** **VISA** 🐾
Le Rauly – ℰ 05 53 24 92 55 – www.perigord-residences-privees.eu
– Fax 05 53 57 80 87 – Ouvert 16 fév.-1er nov.
5 ch – ♦105/125 € ♦♦125/195 €, ☞ 13 € – 10 suites – ♦♦150/195 €
♦ Tranquillité assurée dans ce château du 19e s. niché dans un parc en plein vignoble. Les appartements et les suites sont grands et meublés avec goût. Piscine, sauna.

BERGÈRES-LÈS-VERTUS – 51 Marne – 306 F9 – rattaché à Vertus

BERGHEIM – 68 Haut-Rhin – 315 I7 – 1 837 h. – alt. 235 m – ✉ 68750   2 C2
📗 Alsace Lorraine
▶ Paris 449 – Colmar 18 – Ribeauvillé 4 – Sélestat 11

XX **La Bacchante** avec ch 🎍 **AK** ♨ **P** **VISA** 🐾 **AE**
9 Grand Rue – ℰ 03 89 73 31 15 – www.cheznorbert.com – Fax 03 89 73 60 65
– Fermé 8-27 mars, 1er-8 juil. (sauf hôtel) et 14-25 nov.
12 ch – ♦60 € ♦♦80/115 €, ☞ 15 €
Rest – (fermé merc. midi, vend. midi et jeudi) (18 €) Menu 22 € (déj. en sem.), 29/48 € – Carte 30/40 €
♦ Cette ancienne exploitation viticole arbore un décor rustique plein de caractère. Jolie terrasse dans une cour intérieure pavée et cuisine traditionnelle assortie de suggestions du jour. Chambres simples réparties dans les bâtiments du 17e et du 18e s.

X **Wistub du Sommelier** 🎍 **VISA** 🐾
ᗢ 51 Grand rue – ℰ 03 89 73 69 99 – www.wistub-du-sommelier.com
– Fax 03 89 73 36 58 – Fermé vacances de fév., dim. soir, mardi soir et merc.
Rest – (17 €) Menu 21 € (sem.), 28/40 € – Carte 28/50 €
♦ Parquet et comptoir du 19e s., boiseries, poêle en faïence : un sympathique décor de wistub modernisé se cache derrière cette jolie façade alsacienne. Goûteux plats du terroir.

BERGUES – 59 Nord – 302 C2 – 3 959 h. – alt. 4 m – ✉ 59380   30 B1
📗 Nord Pas-de-Calais Picardie
▶ Paris 279 – Calais 52 – Dunkerque 9 – Hazebrouck 34
🛈 Office de tourisme, Place Henri Billiaert ℰ 03 28 68 71 06, Fax 03 28 68 71 06
◎ Couronne d'Hondschoote ★.

🏠 **Au Tonnelier** 🎍 ⅙ ch, ⑭ **P** **VISA** 🐾 **AE**
ᗢ 4 r. Mont-de-Piété, (près de l'église) – ℰ 03 28 68 70 05 – www.autonnelier.com
– Fax 03 28 68 21 87 – Fermé 20 déc.-4 janv.
25 ch – ♦48/51 € ♦♦58/75 €, ☞ 11 € – ½ P 55/58 €
Rest – (fermé dim. soir) (12 €) Menu 16/29 € – Carte 27/39 €
♦ Cette petite adresse familiale, qui occupe une maison en briques abondamment fleurie de la cité en partie fortifiée par Vauban, abrite des chambres fonctionnelles. Accueillante salle à manger (boiseries, mobilier de style bistrot) et cuisine traditionnelle.

XXX **Cornet d'Or** **VISA** 🐾
26 r. Espagnole – ℰ 03 28 68 66 27 – Fermé dim. soir et lundi
Rest – (20 €) Menu 31/45 € – Carte environ 50 €
♦ Ce restaurant a fière allure avec sa jolie façade flamande et son intérieur résolument bourgeois. La généreuse carte, traditionnelle, sait valoriser des produits simples et bons.

BERMICOURT – 62 Pas-de-Calais – **301** G5 – 149 h. – alt. 118 m   **30** B2
– ✉ 62130

▶ Paris 234 – Lille 100 – Arras 50 – Lens 61

🏠 **La Cour de Rémi** ⬤   🌡 🍴 ⚕ 🕸 ch, **P** 🎫 ⊚⊚
1 r. Baillet – 𝒞 03 21 03 33 33 – www.lacourderemi.com – Fermé 14 janv.-3 fév.
10 ch – ♦80/160 € ♦♦80/160 €, ☲ 10 €
Rest – (fermé sam. midi, dim. soir et lundi) (18 €) Menu 29 € – Carte environ
40 €

♦ Hôtel de charme mettant à profit les dépendances d'un château de campagne. Accueil soigné et chambres cosy personnalisées. Repas au goût du jour dans une salle au style contemporain, lumineux et dépouillé, ou en plein air. Plats proposés à l'ardoise.

BERNAY ⬤ – 27 Eure – **304** D7 – 10 635 h. – alt. 105 m – ✉ 27300   **33** C2
▌Normandie Vallée de la Seine

▶ Paris 155 – Argentan 69 – Évreux 49 – Le Havre 72
🗓 Syndicat d'initiative, 29, rue Thiers 𝒞 02 32 43 32 08, Fax 02 32 45 82 68
◎ Boulevard des Monts★.

🏠 **Acropole Hôtel** sans rest   🚗 🖥 ⚕ 🕸 ᵚ⃗ 🅿 🎫 ⊚⊚ 🆎 ⓞ
10 r. Grande-Malouve, 3 km au Sud-Ouest sur rte de Broglie (D 438)
– 𝒞 02 32 46 06 06 – www.hotel-acropole.com – Fax 02 32 44 01 04
51 ch – ♦58/68 € ♦♦58/68 €, ☲ 8 €

♦ Excentré dans une zone commerciale, établissement proposant un hébergement avant tout pratique, bénéficiant d'équipements fonctionnels et d'une bonne insonorisation.

XXX **Hostellerie du Moulin Fouret**   🌡 🍴 **P** 🎫 ⊚⊚
3,5 km au Sud par rte St-Quentin-des-Isles – 𝒞 02 32 43 19 95
– www.moulin-fouret.com – Fax 02 32 45 55 50 – Fermé dim. soir et lundi
sauf juil.-août
Rest – (28 €) Menu 41/56 € – Carte 60/71 €

♦ Élégante salle à manger ouverte sur le bar où se trouvent les rouages de ce moulin reconverti. La paisible terrasse est prolongée par un parc fleuri bordant la rivière. Carte actuelle.

LA BERNERIE-EN-RETZ – 44 Loire-Atlantique – **316** D5 – 2 499 h.   **34** A2
– alt. 24 m – ✉ 44760

▶ Paris 434 – Nantes 46 – Saint-Nazaire 38 – Saint-Herblain 46
🗓 Office de tourisme, 3, chaussée du Pays de Retz 𝒞 02 40 82 70 99,
    Fax 02 51 74 61 40

XX **L'Artimon**   🆎 🎫 ⊚⊚
⊜⊜ 17 r. J. du Plessis – 𝒞 02 51 74 61 60 – Fermé dim. soir, mardi et merc. de sept.
     à juin et lundi
🈁 **Rest** – (nombre de couverts limité, prévenir) Menu 18 € (déj. en sem.), 26/34 €
♦ Une bonne adresse face à la place du marché. Le décor épuré (bois et fresques peintes par un artiste) évoque l'univers de la mer. Intéressante cuisine au goût du jour.

BERNEUIL-SUR-AISNE – 60 Oise – **305** J4 – 989 h. – alt. 45 m   **37** C2
– ✉ 60350

▶ Paris 107 – Amiens 97 – Compiègne 17 – Creil 55

🏠 **Le Manoir de Rochefort** sans rest ⬤   🚗 🅿
– 𝒞 03 44 85 81 78 – www.domainederochefort.fr – Fax 03 44 85 81 78 – Fermé
1er janv.-15 mars
4 ch ☲ – ♦80 € ♦♦90 €

♦ L'ancienne chapelle (17e s.) de ce manoir abrite des chambres sobres et élégantes, toutes prolongées d'un salon de jardin installé sur la terrasse. Petits "plus" : la forêt voisine et le calme.

BERNEX – 74 Haute-Savoie – **328** N2 – 1 137 h. – alt. 955 m – Sports   **46** F1
d'hiver : 1 000/2 000 m ⚟13 ⚞ – ✉ 74500 ▌Alpes du Nord

▶ Paris 590 – Annecy 97 – Évian-les-Bains 10 – Morzine 32
🗓 Office de tourisme, le Clos du Moulin 𝒞 04 50 73 60 72, Fax 04 50 73 16 17

⌂ **Chez Tante Marie** ⌖   ⬅ 🚗 🏡 🍽 ⚘ ch, ⚒ **P** VISA ⦿ AE
– ℰ 04 50 73 60 35 – www.chez-tante-marie.com – Fax 04 50 73 61 73
– Fermé 24 mars-3 avril et 15 oct.-20 déc.
27 ch – †65/75 € ††75/82 €, ⊑ 10 € – ½ P 67/75 €
Rest – (fermé dim. soir hors vacances scolaires) (15 €) Menu 20 € (sem.)/39 €
– Carte 23/45 €
♦ Accueil familial dans cet hôtel blotti au cœur des Alpes. Décor un brin rétro, mobilier rustique de grand-mère, chambres avec vue sur les montagnes et beau jardin-prairie. Restaurant très champêtre et terrasse panoramique (plats traditionnels et du terroir).

à La Beunaz 1,5 km au Nord-Ouest par D 52 – ⊠74500 Bernex – alt. 1 000 m

🏨 **Bois Joli** ⌖   ⬅ 🚗 🏡 ⛱ 🛠 🍽 ⚒ **P** VISA ⦿ AE ①
Saint Paul – ℰ 04 50 73 60 11 – www.hotel-bois-joli.fr – Fax 04 50 73 65 28
– Ouvert 2 mai-15-oct. et 20 déc.-15 mars
21 ch – †60/74 € ††76/90 €, ⊑ 10 € – 1 suite – ½ P 62/74 €
Rest – (fermé dim. soir et merc.) Menu 26/48 € – Carte 42/59 €
♦ Pimpant chalet noyé dans la verdure. Chambres décorées à la mode savoyarde, avec balcon tourné vers la Dent d'Oche ou le mont Billiat. Espace bien-être. Cuisine traditionnelle au restaurant, dans un cadre montagnard ou sur la terrasse d'été (belle vue).

BERNIÈRES-SUR-MER – 14 Calvados – **303** J4 – 2 373 h. – ⊠ 14990   **32** B2
📍 Normandie Cotentin
▶ Paris 252 – Caen 20 – Hérouville-Saint-Clair 21 – Le Havre 107
🛈 Syndicat d'initiative, 159, rue Victor Tesnières ℰ 02 31 96 44 02,
    Fax 02 31 96 98 96

✗✗ **L'As de Trèfle**   **P** VISA ⦿ AE
420 r. L.-Hettier – ℰ 02 31 97 22 60 – www.restaurant-gilles-poudras.com
– Fax 02 31 97 22 60 – Fermé 6 janv.-10 fév., mardi sauf juil.-août et lundi
Rest – Menu 20 € (sem.)/39 € – Carte 30/60 €
♦ En retrait du rivage, bâtisse de 1934 d'inspiration mauresque. Des natures mortes décorent la salle à manger où l'on déguste des plats traditionnels de poissons (pêche locale).

BERNOS-BEAULAC – 33 Gironde – **335** J8 – rattaché à Bazas

BERRIC – 56 Morbihan – **308** P9 – 1 378 h. – alt. 65 m – ⊠ 56230   **10** C3
▶ Paris 474 – Rennes 113 – Vannes 24 – Saint-Nazaire 73

⌂ **Le Moulin du Bois** ⌖   ♨ ⛱ ⚒ **P** VISA ⦿
3 km au Nord-Est par D 7 (rte de Questembert) – ℰ 02 97 67 04 44
– www.moulindubois.com – Fax 02 97 67 06 79
3 ch ⊑ – †75/104 € ††75/110 €   **Table d'hôte** – Menu 40 € bc/50 € bc
♦ Cette maison ancienne à flanc de colline abrite des chambres à la décoration soignée de bon goût. Une adresse pour les amoureux de la nature (forêt et étang à proximité).

BERRWILLER – 68 Haut-Rhin – **315** H9 – 1 106 h. – alt. 260 m   **1** A3
– ⊠ 68500
▶ Paris 467 – Belfort 45 – Colmar 31 – Épinal 99

✗✗ **L'Arbre Vert**   AC VISA ⦿ ①
96 r. Principale – ℰ 03 89 76 73 19 – www.restaurant-koenig.com
– Fax 03 89 76 73 68 – Fermé 6-27 juil., dim. soir et lundi
Rest – (12 €) Menu 22 € (sem.)/48 € – Carte 33/67 €
♦ Charmante auberge fleurie tenue par la même famille depuis 5 générations. Cuisine actuelle personnalisée privilégiant les produits de saison et belle carte des vins d'Alsace.

BERRY-AU-BAC – 02 Aisne – **306** F6 – 521 h. – alt. 62 m – ⊠ 02190   **37** D2
▶ Paris 161 – Laon 30 – Reims 21 – Rethel 46

✗✗ **La Cote 108**   🚗 🏡 ⇔ **P** VISA ⦿ AE
⦿ 1 r. du Col. Vergezac – ℰ 03 23 79 95 04 – www.lacote108.com
– Fermé 26 juil.-10 août, 20 déc.-4 janv., dim. soir, lundi et mardi
Rest – (prévenir le week-end) Menu 15 € (sem.)/89 € – Carte 66/91 €
♦ Pause gourmande face à la cote 108 : cette maison en bord de route vous invite à goûter une cuisine d'aujourd'hui dans un cadre contemporain raffiné. Jardin fleuri.

BERRY-BOUY – 18 Cher – **323** J4 – 1 092 h. – alt. 136 m – ⊠ 18500   **12** C3

   ▶ Paris 238 – Orléans 112 – Bourges 9 – Vierzon 27

⌂   **L'Ermitage** sans rest ॐ   ﬀ
– ℰ 02 48 26 87 46 – www.hotes-ermitage.com – Fax 02 48 26 03 28 – Fermé de
mi-nov. à début janv.
5 ch ⊂⊃ – †52/55 € ††69/72 €
♦ Au calme dans un parc d'arbres centenaires, cette demeure viticole vous accueille dans
une ambiance bien sympathique (dégustation de vins). Chambres personnalisées avec goût.

BERZE-LA-VILLE – 71 Saône-et-Loire – **320** I11 – 516 h. – alt. 350 m   **8** C3
– ⊠ 71960 ▮ Bourgogne

   ▶ Paris 408 – Mâcon 13 – Charolles 47 – Cluny 13

à la Croix-Blanche 2 km à l'Ouest – ⊠ 71960

⍻⍻   **Le Relais du Mâconnais**   ⌖ **P** 𝚅𝙸𝚂𝙰 ⓪⓪ 🄰🄴 ⓪
lieu-dit la Croix Blanche, D 17 – ℰ 03 85 36 60 72 – www.lannuel.com
– Fax 03 85 36 65 47 – Fermé janv., dim. soir et lundi
Rest – Menu 28/60 € – Carte 47/67 €
♦ Belle maison régionale au centre du bourg. Cuisine dans l'air du temps mitonnée par un
jeune chef talentueux et servie dans une salle contemporaine mariant les tons chaud-froid.

BESANÇON ℙ – 25 Doubs – **321** G3 – 117 080 h. – Agglo. 134 376 h.   **16** B2
– alt. 250 m – Casino BY – ⊠ 25000 ▮ Franche-Comté Jura

   ▶ Paris 405 – Basel 167 – Bern 180 – Dijon 91

   🄸 Office de tourisme, 2, place de la 1ère Armée Française ℰ 03 81 80 92 55,
Fax 03 81 80 58 30

   🄽🅂 de Besançon à Mamirolle La Chevillotte, E : 13 km par N 57, D 464 et
D 104, ℰ 03 81 55 73 54

   ◙ Site★★★ - Citadelle★★ : musée d'Histoire naturelle★ **M³**, musée
comtois★ **M²**, musée de la Résistance et de la Déportation★ **M⁴** - Vieille
ville★★ ABYZ : Palais Granvelle★, cathédrale★ (Vierges aux Saints★),
horloge astronomique★, façades des maisons du 17ᵉ s.★ - Préfecture★ AZ
P - Bibliothèque municipale★ BZ **B** - Grille★ de l'Hôpital St-Jacques AZ
- Musée des Beaux-Arts et d'Archéologie★★.

Plans pages suivantes

▣🄰🄷▣   **Mercure Parc Micaud**   🖿 🄰🄺 ⁽¹⁾ ᲫᲫ **P** 𝚅𝙸𝚂𝙰 ⓪⓪ 🄰🄴 ⓪
3 av. Ed.-Droz – ℰ 03 81 40 34 34 – www.mercure.com – Fax 03 81 40 34 39
91 ch – †79/150 € ††89/160 €, ⊂⊃ 16 €   BY**d**
Rest – (fermé sam. midi et dim. midi) (15 €) Carte 24/40 €
♦ Hôtel bien placé face au Doubs, proche de la vieille ville où Victor Hugo vit le jour en
1802. Chambres répondant aux exigences de la clientèle d'affaires ; bar feutré. Au restaurant :
décor contemporain sur le thème du temps et vue sur les jardins du casino.

▣🄷▣   **Charles Quint** sans rest ॐ   🖿 ᲫᲫ ⌖ ⁽¹⁾ ⌖ 𝚅𝙸𝚂𝙰 ⓪⓪
3 r. Chapitre – ℰ 03 81 82 05 49 – www.hotel-charlesquint.com
– Fax 03 81 82 61 45 – Fermé 3-10 avril et 6-13 fév.   BZ**f**
9 ch – †89/145 € ††89/145 €, ⊂⊃ 12 €
♦ Ferronnerie d'art, mobilier chiné, moulures... Une demeure de charme (18ᵉ s.) où le sens
du détail fait toute la différence. Chambres côté jardin ou cathédrale, bon petit-déjeuner.

▣   **Ibis Centre** sans rest   🖿 ᲫᲫ 🄰🄺 ⁽¹⁾ **P** 𝚅𝙸𝚂𝙰 ⓪⓪ 🄰🄴 ⓪
21 r. Gambetta – ℰ 03 81 81 02 02 – www.ibishotel.com – Fax 03 81 81 89 65
49 ch – †57/85 € ††57/85 €, ⊂⊃ 8 €   BY**k**
♦ Ce bâtiment industriel en pierres de taille fut une usine d'aiguilles de montres au 19ᵉ s.
Chambres conformes aux standards Ibis et salle des petits-déjeuners contemporaine.

▣   **Hôtel du Nord** sans rest   🖿 ⁽¹⁾ **P** ⌖ 𝚅𝙸𝚂𝙰 ⓪⓪ 🄰🄴 ⓪
8 r. Moncey – ℰ 03 81 81 34 56 – www.hotel-du-nord-besancon.com
– Fax 03 81 81 85 96   BY**r**
44 ch – †42/47 € ††55/63 €, ⊂⊃ 7 €
♦ Laissez votre voiture au garage et découvrez la vieille ville à pied à partir de cet
immeuble du 19ᵉ s. très central. Chambres pratiques et insonorisées. Accueil attentionné.

BESANÇON

✗✗✗ Le Manège

2 fg Rivotte – ✆ 03 81 48 01 48 – www.restaurant-le-manege.fr
– Fax 03 81 82 74 50 – Fermé 2-16 août, 2-8 janv., dim. soir et lundi
Rest – (16 €) Menu 23/51 € – Carte 38/75 €   BZu

◆ Un jeune chef autodidacte œuvre dans ce restaurant au plaisant cadre contemporain. Au menu, de goûteux plats dans l'air du temps où le superflu n'a pas sa place.

✗✗ Le Poker d'As

14 square St-Amour – ✆ 03 81 81 42 49 – Fax 03 81 81 05 59
– Fermé 12 juil.-11 août, vacances de Noël, dim. soir et lundi   BYu
Rest – Menu 19/49 € – Carte 30/72 €

◆ Une affaire 100% familiale : le jeune chef mitonne des plats traditionnels et régionaux dans une salle agreste ornée de sculptures en bois réalisées par son grand-père.

✗✗ Le Chaland

promenade Micaud, près du pont Bregille – ✆ 03 81 80 61 61
– www.chaland.com – Fax 03 81 88 67 42 – Fermé sam. midi et dim. soir
Rest – Menu 20/50 € – Carte 38/75 €   BYs

◆ Péniche construite en 1904 puis transformée en bateau-restaurant dans les années 1960. Le cabotage des barques sur le Doubs anime les repas. Cuisine classique et régionale.

à Chalezeule 5,5 km par ① et D 217 – 1 061 h. – alt. 252 m – ✉ 25220

🏠 Les Trois Îles

1 r. des Vergers – ✆ 03 81 61 00 66 – www.hoteldes3iles.com
– Fax 03 81 61 73 09 – Fermé 26 déc.-8 janv.
17 ch – †60/88 € ††60/90 €, ☐ 12 € – ½ P 58/75 €
Rest – (fermé 23 déc.-10 janv.) (dîner seult) Menu 20 €

◆ Adresse familiale estimée pour son environnement calme et verdoyant. Optez pour l'une des 5 chambres "Club", nettement plus spacieuses et confortables que les autres. Menu journalier unique servi dans une salle à manger-véranda aux couleurs du Sud.

BESANÇON

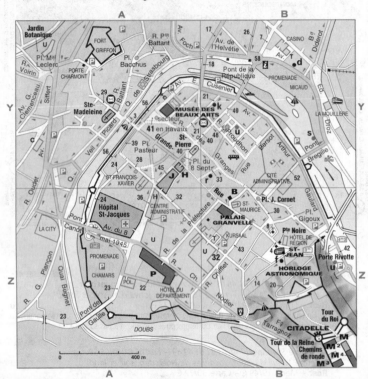

à Montfaucon 9 km par ②, D 464 et D 146 – 1 454 h. – alt. 491 m – ⌂ 25660

XX **La Cheminée** ≤ 🍴 **P** **VISA** **①③**
rte du Belvédère – ℰ 03 81 81 17 48 – Fax 03 81 82 86 45
– Fermé 30 août-13 sept., dim. soir, merc. soir et lundi
Rest – Menu 20 € (sem.)/53 € – Carte 42/76 €
♦ On s'attarde volontiers dans ce restaurant, séduit par ses jolies salles rustiques (dont une regarde les pins), ses plats classiques et régionaux, et son douillet salon-cheminée.

à Champvans-les-Moulins 8 km par ④ sur D 70 – 332 h. – alt. 252 m – ⌂ 25170

X **La Source** 🍴 **P** **VISA** **①③** **AE**
4 r. des Sources – ℰ 03 81 59 90 57 – www.lasource-besancon.com
– Fax 03 81 59 09 39 – Fermé 31 août-9 sept., 28 déc.-18 janv., merc. soir sauf de juin à août, dim. soir et lundi
Rest – (17 €) Menu 23/38 € – Carte 28/42 €
♦ La clientèle locale entretient une ambiance gentiment animée dans la grande salle en mezzanine, baignée de lumière par les baies vitrées. Plats traditionnels et du terroir.

à Geneuille 13 km par ⑤, N 57 et D 1 – 1 225 h. – alt. 220 m – ⊠ 25870

🏨🏨🏨 **Château de la Dame Blanche** ॐ 🔊 ⬛ ⅙ ❧ 🔼 **P** 𝗩𝗜𝗦𝗔 ⊚ 𝗔𝗘
1 chemin de la Goulotte – ℰ 03 81 57 64 64
– www.chateau-de-la-dame-blanche.com – Fax 03 81 57 65 70 – Fermé dim. soir
26 ch – ♦98 € ♦♦115 €, ☲ 12 € – 2 suites – ½ P 149 €
Rest – *(fermé dim. soir et lundi)* (25 €) Menu 37/79 € – Carte 75/90 €
♦ Grande demeure bourgeoise et ses élégantes chambres personnalisées, au cœur d'un parc
à l'anglaise. Aménagements plus simples et récents à l'annexe. Cuisine classique à déguster
sous les plafonds moulurés et les lustres en cristal des plaisantes salles à manger.

BESSANS – 73 Savoie – 333 O6 – 334 h. – alt. 1 730 m – **Sports**   **45** D2
d'hiver : 1 750/2 050 m ⤋4 ⚲ – ⊠ 73480 ▮ Alpes du Nord
▶ Paris 698 – Albertville 125 – Chambéry 138 – Lanslebourg-Mont-Cenis 13
🅸 Office de tourisme, rue Maison Morte ℰ 04 79 05 96 52, Fax 04 79 05 83 11
◉ Peintures ★ de la chapelle St-Antoine.
◖ Vallée d'Avérole ★★.

🏠 **Le Mont-Iseran**   ⚒ rest, ¶¶ ☕ 𝗩𝗜𝗦𝗔 ⊚
⚏ *pl. de la Mairie – ℰ 04 79 05 95 97 – www.montiseran.com – Fax 04 79 05 84 67*
– Ouvert 20 juin-25 sept. et 15 déc.-10 avril
18 ch – ♦60/73 € ♦♦60/73 €, ☲ 7 € – ½ P 53/59 €
Rest – Menu 16/26 € – Carte 19/43 €
♦ Près des pistes au cœur du village, chalet façon pension de famille abritant des petites
chambres ; quelques unes sont dotées d'un balcon. Espace balnéo avec supplément. Recettes
de terroir servies dans un cadre rustique avec la statuette du légendaire diable de Bessans !

LE BESSAT – 42 Loire – 327 G7 – 439 h. – alt. 1 170 m – **Sports**   **44** B2
d'hiver : 1 170/1 427 m ⚲ – ⊠ 42660
▶ Paris 530 – Annonay 29 – St-Chamond 19 – St-Étienne 19
🅸 Syndicat d'initiative, Maison Communale ℰ 04 77 20 43 76, Fax 04 77 20 46 10

✗✗ **La Fondue "Chez l'Père Charles"** avec ch   ⚐ 𝗩𝗜𝗦𝗔 ⊚
⚏ *Grande rue – ℰ 04 77 20 40 09 – Fax 04 77 20 45 20 – Ouvert 16 mars-14 nov.*
8 ch – ♦45 € ♦♦55 €, ☲ 8 € – ½ P 65 €
Rest – Menu 16 € (sem.), 18/52 € – Carte 16/48 €
♦ Salles à manger à l'esprit champêtre dans cette auberge située au centre du village. Cui-
sine traditionnelle aux accents régionaux. Chambres simples.

BESSE-ET-ST-ANASTAISE – 63 Puy-de-Dôme – 326 E9 – 1 632 h.   **5** B2
– alt. 1 050 m – Sports d'hiver : à Super Besse – ⊠ 63610 ▮ Auvergne
▶ Paris 462 – Clermont-Ferrand 46 – Condat 28 – Issoire 30
🅸 Office de tourisme, place du Dr Pipet ℰ 04 73 79 52 84, Fax 04 73 79 52 08
◉ Église St-André ★ - Rue de la Boucherie ★ - Porte de ville ★ - Lac Pavin ★★
◖ ★ et Puy de Montchal ★★ ❊ ★★ SO : 4 km par D 978.

🏠 **La Gazelle** ॐ   ◖ ᛜ ॐ ¶¶ **P.** 𝗩𝗜𝗦𝗔 ⊚ 𝗔𝗘
rte Compains – ℰ 04 73 79 50 26 – www.lagazelle.fr – Fax 04 73 79 89 03
– Fermé 15 mars-30 avril et 4 oct.-17 déc.
35 ch – ♦58/73 € ♦♦58/73 €, ☲ 8,50 € – ½ P 57/66 €
Rest – *(dîner seult)* Menu 21 €
♦ Fort de sa position dominante, cet hôtel offre une belle vue sur Besse la médiévale.
Chambres au style montagnard. Petits-déjeuners servis dans la véranda. Plats traditionnels à
déguster dans une salle à manger sobrement décorée d'où la vue est superbe.

✗✗ **Hostellerie du Beffroy** avec ch   ⚒ rest, ¶¶ 𝗩𝗜𝗦𝗔 ⊚ 𝗔𝗘
26 r. Abbé-Blot – ℰ 04 73 79 50 08 – www.lebeffroy.com – Fax 04 73 79 57 87
– Rest. Ouvert 1ᵉʳ avril-11 nov. et fermé lundi soir et mardi sauf en juil.-aout et
lundi midi ; hôtel : fermé 12 nov.- 26 déc., lundi et mardi sauf en juil.-août
11 ch – ♦59/67 € ♦♦59/120 €, ☲ 12 € – ½ P 66/90 €
Rest – *(prévenir le week-end)* Menu 35/67 € – Carte 50/60 €
♦ Autrefois logis des gardes du beffroi, cette maison du 15ᵉ s. abrite deux salles à manger
rustiques garnies de meubles patinés par les ans. Cuisine au goût du jour.

BESSINES-SUR-GARTEMPE – 87 Haute-Vienne – **325** F4 – **2 900 h.**   24 B1
– alt. 335 m – ⊠ 87250

> ▶ Paris 355 – Argenton-sur-Creuse 58 – Bellac 29 – Guéret 55
> ᵢ Office de tourisme, 6, avenue du 11 novembre ⌀ 05 55 76 09 28,
> Fax 05 55 76 68 45

🏠 **Bellevue**   & 🔀 ᵗᵞ **P** 𝗩𝗜𝗦𝗔 ◉◉ 𝗔𝗘
2 av. de Limoges – ⌀ 05 55 76 01 99 – www.bellevue87.com – Fax 05 55 76 68 81
– Fermé 8 janv.-8 fév., vend. soir sauf juil. à sept. et sam. midi
12 ch – ♥52 € ♥♥52 €, ⊋ 8 € – ½ P 67 €
Rest – *(fermé 27 sept.-3 oct.)* Menu 12 € (déj. en sem.), 21/51 € – Carte 31/38 €
♦ Cette auberge de village à l'ambiance familiale, idéale pour l'étape, met à votre disposition des chambres fonctionnelles, simples et bien pratiques. Salles à manger au cadre sobre,
pour une table traditionnelle à composantes limousines.

🏠 **Château Constant**   ♫ ᵗᵞ **P**
av. 11 novembre-1918 – ⌀ 05 55 76 78 42 – www.chateau-constant.com
5 ch ⊋ – ♥75 € ♥♥85 €
Table d'hôte – Menu 25 € bc
♦ Cette maison de maître, dans un parc d'arbres centenaires, est tenue par un sympathique
couple d'Hollandais qui a beaucoup voyagé. Mobilier varié : de style, ancien, ethnique... Cuisine internationale servie dans une grande salle à manger bourgeoise.

BESSONIES – 46 Lot – **337** I3 – **107 h.** – alt. 520 m – ⊠ 46210   29 C1

> ▶ Paris 587 – Toulouse 215 – Cahors 95 – Aurillac 34

🏠 **Château de Bessonies** ⤳   ⊟ **P**
Le Bourg – ⌀ 06 03 82 20 18 – www.chateau-bessonies.com
– Ouvert d'avril à mi-nov.
5 ch ⊋ – ♥139 € ♥♥139 €
Table d'hôte – Menu 30 €
♦ Le maréchal Ney, héros des guerres napoléoniennes, trouva refuge dans ce château (1550)
avant son arrestation pour trahison. Grandes chambres dotées de mobilier de style. Table
d'hôtes dans la salle à manger où l'on sert une cuisine du terroir.

BÉTHUNE ◉ – 62 Pas-de-Calais – **301** I4 – **26 472 h.** –   30 B2
Agglo. 259 198 h. – alt. 34 m – ⊠ 62400 ▮ Nord Pas-de-Calais Picardie

> ▶ Paris 214 – Arras 34 – Calais 83 – Boulogne-sur-Mer 90
> ᵢ Office de tourisme, 42-48 rue St Pry ⌀ 03 21 57 25 47, Fax 03 21 57 01 60
> 🅸🔒 du Vert-Parc à Illies 3 route d'Ecuelles, par rte de Lille : 18 km,
> ⌀ 03 20 29 37 87

🏠 **L'Éden** sans rest   ▮◈ & ᵗᵞ 𝗩𝗜𝗦𝗔 ◉◉ 𝗔𝗘
pl. de la République – ⌀ 03 21 68 83 83 – www.hotel-eden.biz – Fax 03 21 68 83 84
34 ch – ♥55/110 € ♥♥55/110 €, ⊋ 8 €   Y**e**
♦ Maison en briques au cœur de la ville. Intérieur très chaleureux (bois clair, tissus colorés) :
chambres d'ampleur variable, équipées pour certaines de baignoires balnéo.

🏠🏠🏠 **Au Départ**   𝗩𝗜𝗦𝗔 ◉◉ ◉
1 r. F. Mitterand, face gare SNCF – ⌀ 03 21 57 18 04 – Fax 03 21 01 18 20
– Fermé 3-24 août, 15-21 fév., mardi midi, sam. midi, dim. soir et lundi
Rest – (20 €) Menu 32/62 € – Carte 51/80 €
♦ Face à la gare, maison de pays modernisée par son audacieuse façade tricolore (murs
blancs et noirs, bow-window plaqué en bois). Intérieur relooké et cuisine actuelle soignée.

à Labourse 4 km par ②, D 943 et D 65 – **2 166 h.** – alt. 25 m – ⊠ 62113

🏠🏠 **Terre et Mer**   🍴 ℀ ⟺ 𝗩𝗜𝗦𝗔 ◉◉ 𝗔𝗘
16 r. A.-Larue – ⌀ 03 21 64 03 57 – Fermé 2-21 août, 15-21 fév., sam. midi,
dim. soir et lundi
Rest – (12 €) Menu 15 € (déj. en sem.), 28/40 € – Carte 36/63 €
♦ Mur parementé de briques, cheminée en marbre et tapisserie rayée composent le cadre
de ce restaurant familial de la périphérie béthunoise. Cuisine de tradition bien maîtrisée.

BÉTHUNE

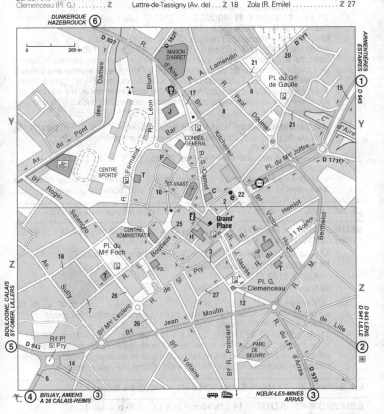

à Gosnay 5 km par ④, D 941 et D 181 – 1 092 h. – alt. 29 m – ⊠ 62199

Chartreuse du Val St-Esprit ⌂ 🏠🏠🏠
1 r. Fouquières – ☎ 03 21 62 80 00
– www.lachartreuse.com – Fax 03 21 62 42 50
📵 🕙 ☎ 🎵 📶 🔲 ⌂ ch, ℅ 🛁 ℗ VISA ⚈ AE ①
53 ch – †140/380 € ††140/380 €, ⊴ 17 € – 1 suite
Rest Robert II – Menu 59/125 € – Carte 55/109 € 🍷
♦ Bâti sur les ruines d'une ancienne chartreuse, cet élégant château (1762) abrite des chambres de caractère (mobilier de style). Cuisine actuelle et carte des vins séduisantes, servies dans la salle cossue du Robert II.

La Métairie 🏠🏠
1 r. Fouquières – ☎ 03 91 80 11 20 – www.hotel-lametairie.com
– Fax 03 91 80 11 93
📵 🎵 ❄ 🌿 📶 🛁 ℅
35 ch – †105 € ††105 €, ⊴ 12 € – 5 suites
♦ Dans l'enceinte du domaine, deux bâtiments contemporains aux chambres agréables, certaines tendance.

à Busnes 14 km par ⑤, D 943 et D 187 – ⊠ 62350

âÎâÎ   **Le Château de Beaulieu** (Marc Meurin) 🕭   🕭 🈩 🔊 AK 📶 🕭 P
❀ ❀   *1098 rte de Lillers – 𝒞 03 21 68 88 88*   VISA ◑◐ AE ①
   – www.lechateaudebeaulieu.fr – Fax 03 21 68 88 89
   18 ch – †160/280 € †160/280 €, � 22 € – 2 suites
   Rest Le Jardin d'Alice – voir ci-après
   Rest *Meurin* – *(fermé 2-23 août, 3-17 janv., mardi midi, sam. midi, dim. soir et*
   lundi) Menu 60 € (déj. en sem.), 95/190 € bc – Carte 125/180 €🕭
   Spéc. La langoustine royale, viennoise aux herbes, gelée de tomate et beurre
   de carapace. Pomme de ris de veau truffé à l'effeuillé de viande des Grisons,
   poussière de cèpes. Autour de la pêche blanche et de l'abricot. (juin à sept.).
   ♦ Cet élégant château et son parc abritent un hôtel entièrement rénové. Les chambres, personnalisées dans un style contemporain, sont parfois décorées avec audace. Belle cuisine au
   goût du jour au Meurin.

XX   **Le Jardin d'Alice** – Hôtel le Château de Beaulieu   VISA ◑◐ AE ①
🕭   *1098 rte de Lillers – 𝒞 03 21 68 88 88 – www.lechateaudebeaulieu.fr*
   – Fax 03 21 68 88 89
   Rest – *(fermé dim. soir du 1er nov. au 1er mai)* (20 €) Menu 29/63 € bc
   – Carte 34/61 €
   ♦ Le Jardin d'Alice profite d'une agréable situation sur l'arrière du château de Beaulieu
   (baies vitrées et terrasse). Ambiance lounge pour une belle cuisine traditionnelle.

LE BETTEX – 74 Haute-Savoie – 328 N5 – rattaché à St-Gervais-les-Bains

---

BEUIL – 06 Alpes-Maritimes – 341 C3 – 489 h. – alt. 1 450 m – Sports   **41** D2
d'hiver : 1 470/2 100 m ⏚26 ⏛ – ⊠ 06470 ▮ Alpes du Sud
   ▶ Paris 809 – Barcelonnette 80 – Digne-les-Bains 117 – Nice 79
   🄸 Syndicat d'initiative, quartier du Pissaïre 𝒞 04 93 02 32 58,
   Fax 04 93 02 35 72
   ◙ Site ★ – Peintures ★ de l'église.

⌂   **L'Escapade**   ⏛ 🕭 ⏛ VISA ◑◐
🕭   *au village – 𝒞 04 93 02 31 27 – www.monsite.wanadoo.fr/hotelescapade*
   – Fax 04 93 02 20 50 – Fermé 12-25 avril et 1er oct.-26 déc.
   11 ch – †57/86 € †57/86 €, ⊇ 11 € – ½ P 64/79 €   **Rest** – Menu 24/29 €
   ♦ Les chambres, petites et bien tenues, révèlent un décor dans l'esprit montagnard ; certaines sont mansardées, d'autres ont un balcon (côté sud). Au restaurant, sympathique intérieur
   campagnard agrémenté de vieux objets agricoles et généreuse cuisine régionale.

LA BEUNAZ – 74 Haute-Savoie – 328 M2 – rattaché à Bernex

BEUVRON-EN-AUGE – 14 Calvados – 303 L4 – 219 h. – alt. 11 m   **33** C2
– ⊠ 14430 ▮ Normandie Vallée de la Seine
   ▶ Paris 219 – Cabourg 14 – Caen 32 – Lisieux 25
   ◙ Village ★ – Clermont-en-Auge ★ NE : 3 km.

⌂   **Le Pavé d'Hôtes** sans rest 🕭   ⏛ 📶 P VISA ◑◐
   Le bourg – 𝒞 02 31 39 39 10 – www.pavedauge.com – Fax 02 31 39 04 45
   – Fermé 1er-26 déc. et une sem. en fév.
   4 ch ⊇ – †73/103 € †80/110 €
   ♦ Paisible maison aménagée dans un ancien corps de ferme du 19e s., et dont les chambres
   épurées marient avec goût tradition et confort. Jus de pomme et confitures maison.

XXX   **Le Pavé d'Auge** (Jérôme Bansard)   ⏛ VISA ◑◐
❀   *– 𝒞 02 31 79 26 71 – www.pavedauge.com – Fax 02 31 39 04 45*
   – Fermé 22 nov.-27 déc., 28 fév.-10 mars, mardi sauf en juil.-août et lundi
   Rest – Menu 36/62 € – Carte environ 55 €🕭
   Spéc. Huîtres spéciales d'Isigny marinées à l'huile de noisette (avril à oct.).
   Pigeonneau fermier rôti à la citronnelle, légumes cuits et crus (janv. à juin).
   Sablé aux pommes confites, crème vanille, caramel et nougatine (avril à
   oct.). **Vins** Vin de pays du Calvados.
   ♦ Une atmosphère conviviale et typiquement normande (colombages, cheminée en pierre)
   imprègne ce restaurant occupant les anciennes halles. Cuisine traditionnelle, service soigné.

BEUZEVILLE – 27 Eure – **304** C5 – 3 508 h. – alt. 129 m – ⊠ 27210   **32** A3
▌Normandie Vallée de la Seine

    ▶ Paris 179 – Bernay 38 – Deauville 26 – Évreux 76
    🛈 Office de tourisme, 52, rue Constant Fouché ℰ 02 32 57 72 10,
    Fax 02 32 57 72 10

à l'Ouest 3 km par N 175 – ⊠ 14130 Quetteville

🏨 Hostellerie de la Hauquerie-Chevotel ⊗ ⫷ 📻 🏠 🛎 ㅤ 🛗 ㅤ ch,
Lieu-dit La Hocquerie   🆀 rest, ⅚ rest, ¶¹ 🛁 🄿 🆅🅸🅂🄰 ⓒⓓ 🄰🄴
– ℰ 02 31 65 62 40 – www.chevotel.com – Fax 02 31 64 24 52
– Ouvert 1ᵉʳ mars-30 nov.
16 ch – ♦120/190 € ♦♦120/190 €, ⫶ 14 € – 2 suites – ½ P 105/140 €
Rest – *(dîner seult)* Carte 50/80 €
  ♦ Atmosphère "cottage" en cet hôtel-haras dédié aux amis des pur-sang. Les chambres, dont
le décor évoque des étalons renommés, s'ouvrent sur la verdure. Sobriété et élégance carac-
térisent la petite salle à manger où l'on sert une cuisine au goût du jour.

> Envie de partir à la dernière minute ?
> Visitez les sites Internet des hôtels pour bénéficier de promotions tarifaires.

LES BÉZARDS – 45 Loiret – **318** N5 – ⊠ 45290   **12** D2
    ▶ Paris 136 – Auxerre 79 – Gien 17 – Joigny 58

🏨 Auberge des Templiers ⊗   🕭 📻 ☇ ⅖ 🛗 🆀 ch, ¶¹ 🛁 🄿 ⌂
❀ *à 4 km de l' autoroute A 77, sortie 19* – ℰ 02 38 31 80 01   🆅🅸🅂 ⓒⓓ 🄰🄴 ⓞ
– www.lestempliers.com – Fax 02 38 31 84 51
– Fermé 3 sem. en fév. et lundi midi
22 ch – ♦195 € ♦♦295 €, ⫶ 25 € – 8 suites – ½ P 180/235 €
Rest – Menu 45 € (déj.), 76/125 € – Carte 60/140 €🕮
Spéc. Araignée de mer et bar à cru en marinade d'artichaut poivrade. Gibier
de Sologne (saison). Les entremets de l'Auberge. **Vins** Pouilly-Fumé, Sancerre.
  ♦ Hôtellerie de caractère au décor personnalisé et raffiné. Des cottages disséminés dans le
parc abritent de luxueux appartements. Organisation de séjours de chasse. Cadre très chic
au restaurant et terrasse entourée de rosiers ; table classique actualisée.

BÈZE – 21 Côte-d'Or – **320** L5 – 709 h. – alt. 217 m – ⊠ 21310   **8** D2
    ▶ Paris 337 – Dijon 34 – Dole 86 – Chenôve 47

🏠 Le Bourguignon   🏠 🛗 ch, 🆀 rest, ⅚ rest, ¶¹ 🄿 ⌂ 🆅🅸🅂 ⓒⓓ
8 r. Porte de Bessey – ℰ 03 80 75 34 51 – www.lebourguignon.com
– Fax 03 80 75 37 06 – Fermé 24 oct.-22 nov.
25 ch – ♦46/64 € ♦♦60/64 €, ⫶ 8,50 € – ½ P 68 €
Rest – (12 €) Menu 20/39 € – Carte 30/50 €
  ♦ Convivialité assurée dans cet établissement regroupant trois bâtisses, dont une maison à
pans de bois. Chambres bien tenues (préférez celles refaites, plus gaies). Logée derrière
une façade Renaissance, la salle à manger rustique propose des plats du terroir.

BÉZIERS ⬤ – 34 Hérault – **339** E8 – 72 245 h. – **Agglo. 124 967 h.**   **22** B2
– alt. 17 m – ⊠ 34500 ▌Languedoc Roussillon

    ▶ Paris 758 – Marseille 234 – Montpellier 71 – Perpignan 93
    ✈ de Béziers-Vias : ℰ 04 67 80 99 09, par ③ : 10 km.
    🛈 Office de tourisme, 29, avenue Saint-Saëns ℰ 04 67 76 84 00,
    Fax 04 67 76 50 80
    🏌 de Saint-Thomas Route de Pezenas, NE : 12 km, ℰ 04 67 39 03 09
    ◉ Anc. cathédrale St-Nazaire★ : terrasse ⩽★ - Musée du Biterois★ BZ **M³**
    - Jardin St Jacques ⩽★.

Plans pages suivantes

BÉZIERS

🏨 Mercure sans rest · 🔊 ♿ 🅰🅺 📶 🛜 VISA 🆔 AE ①

33 av. Camille-St-Saëns, – ℰ 04 67 00 19 96 – www.mercure.com
– Fax 04 67 00 19 98 **CY**f
58 ch – †105/145 € **††**119/155 €, ⌐ 13 €

◆ Hôtel moderne érigé entre l'office de tourisme et le palais des congrès. Chambres décorées dans le style "cabine de bateau" : boiseries, hublots et formes arrondies.

🏠 Champ de Mars sans rest · 𝒮 ⁿ 🛜 VISA 🆔

17 r. de Metz – ℰ 04 67 28 35 53 – www.hotel-champdemars.com
– Fax 04 67 28 61 42 **CY**v
10 ch – †38/56 € **††**42/56 €, ⌐ 7 €

◆ Adresse familiale située dans une ruelle tranquille, à l'écart du centre-ville. Chambres d'ampleur moyenne, progressivement refaites et bénéficiant d'un équipement complet.

🏠 Des Poètes sans rest · ⁿ 🛜 VISA 🆔 AE

80 Allées Paul-Riquet – ℰ 04 67 76 38 66 – www.hoteldespoetes.net
– Fax 04 67 76 25 88 – Fermé 30 déc.-4 janv. **CZ**t
14 ch – †45/70 € **††**45/70 €, ⌐ 7 €

◆ Chambres contemporaines et soignées dans ce petit hôtel confortable du centre. La salle des petits-déjeuners, réchauffée l'hiver par une cheminée, s'ouvre sur le parc des Poètes.

🏠 Les Jardins du Rebaut sans rest 🍃 · ⩽ 🍃 𝒮 ⁿ 🅿

103 chemin rural – ℰ 04 67 28 68 58 – www.beziers-vacances.com
– Ouvert 1ᵉʳ avril-30 sept. **AX**c
5 ch ⌐ – **†**75 € **††**75 €

◆ Cadre verdoyant, calme, chambres douillettes personnalisées avec une vue imprenable sur la cathédrale (sauf les baptisée Syrah) sont les atouts de cet ancien chai restauré.

🏠 Le Clos de Maussanne · 🍽 🍃 ⁿ VISA 🆔

rte de Pézenas, (Domaine de Montpeyraux) – ℰ 04 67 39 31 81
– www.leclosdemaussanne.com
5 ch ⌐ – **†**90 € **††**120/150 € **Table d'hôte** – Menu 35 € bc/45 €

◆ En pleine nature à 10mn du centre de Béziers, dans un jardin clos de murs, cet ancien couvent abrite de grandes chambres au charme inclassable (meubles de style et antiquités). Table d'hôte aux saveurs méditerranéennes.

274

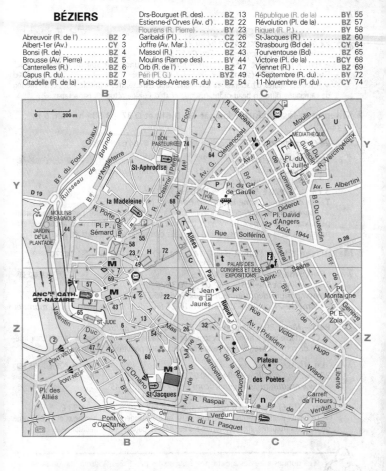

✕✕✕ L'Ambassade (Patrick Olry)

AC VISA ●● AE

22 bd de Verdun, (face à la gare) – ℰ *04 67 76 06 24 – Fax 04 67 76 74 05
– Fermé dim. et lundi*   CZ**n**

Rest – Menu 29 € (sem.)/105 € – Carte 50/75 €🕮

Spéc. Escalope de foie gras de canard poêlé, crumble d'abricots, amandes fraîches (été). Bras de Vénus en texture de homard et de seiche, crémeuse de carcasse, brochette de baudroie (été). Crêpes Suzette. **Vins** Coteaux du Languedoc blanc et rouge.

♦ Une décoration résolument contemporaine (boiseries blondes, verre sablé), des plats savoureux et une carte des vins exceptionnelle : le "Tout-Béziers" s'y précipite !

✕✕ Octopus (Fabien Lefebvre)

AC VISA ●●

12 r. Boïeldieu – ℰ *04 67 49 90 00 – www.restaurant-octopus.com
– Fax 04 67 28 06 73 – Fermé 16 août-6 sept., 24 déc.-4 janv., dim. et lundi*

Rest – (21 € bc) Menu 29/75 € – Carte 60/86 €   CY**t**

Spéc. Feuilles de daurade marinées, huile fruitée et nage de radis (automne). Poulette cuite en terre d'argile (hiver). Chocolat au lait à la fève tonka, streusel et glace banane (nov. à mars). **Vins** Vin de pays d'Oc, Corbières.

♦ Pour déguster des recettes au goût du jour bien tournées, prenez place dans l'une des salles à manger contemporaines ou en terrasse, dressée dans la cour intérieure.

X **La Maison de Campagne** 🕱 ሌ 🗚 𝘝𝘐𝘚𝘈 ✆ 🗚🗉
⊜ *22 av. Pierre Verdier – ℰ 04 67 30 91 85*
– www.aupauvrejacques.fr – Fax 04 67 30 47 32
– Fermé 18-30 août, 19 decembre-4 janv., dim., lundi et le soir du mardi au jeudi
Rest – Menu 15 € (sem.)/23 € bc – Carte 33/54 €   AX**d**
♦ Avec ses allures d'hacienda et son grand patio-terrasse, très agréable l'été, cette maison de campagne offre un beau cadre, rustique et chic. Cuisine actuelle ; bar à tapas.

à Villeneuve-lès-Béziers 7 km par ③, D 612 et D 37 – 3 586 h. – alt. 6 m
– ✉ 34420

🖬 Office de tourisme, place de la Fontaine ℰ 04 67 39 48 83

⬥ **La Chamberte** 🚗 🗚 ch, ⁹⁄₄ 𝘝𝘐𝘚𝘈 ✆
r. de la Source – ℰ 04 67 39 84 83 – www.lachamberte.com
– Fermé 1ᵉʳ-15 mars et 1ᵉʳ-21 nov.
5 ch ⊑ – 🛏70 € 🛏🛏98 € – ½ P 105 €
Table d'hôte – *(fermé lundi soir) (prévenir)* Menu 35 € bc
♦ Couverte de verdure, cette ancienne cave à vins séduit d'emblée par son beau jardin-patio, vrai havre de paix. Décor aussi tendance que chaleureux (influences andalouse, exotique...). La table d'hôte, dressée sous une belle charpente, sert des plats du marché.

à Maraussan 6 km à l'Ouest par D 14 – 3 180 h. – alt. 38 m – ✉ 34370

XX **Parfums de Garrigues** 🕱 🗚 𝗣 𝘝𝘐𝘚𝘈 ✆ 🗚🗉
37 r. de l'Ancienne-Poste – ℰ 04 67 90 33 76
– www.parfumsdegarrigues.fr – Fax 04 67 90 33 76
– Fermé 12-21 avril, 25 oct.-4 nov., 16-24 fév., dim. soir de sept. à juin, mardi et merc.
Rest – Menu 20 € (déj. en sem.), 25/60 € – Carte 32/57 €
♦ Confortable salle à manger aux tons d'oc et terrasse ombragée installée dans la cour intérieure de cette bâtisse joliment restaurée. Cuisine aux parfums de la garrigue.

XX **Le Vieux Puits** 🕱 🗚 𝘝𝘐𝘚𝘈 ✆
⊜ *207 av. de Cazouls – ℰ 04 67 90 05 59*
– www.restaurant-levieuxpuits.com – Fax 04 67 26 60 45
– Fermé 2-15 janv., sam. midi, dim. soir et lundi
Rest – (14 €) Menu 18 € (déj. en sem.), 25/47 € bc – Carte 24/53 €
♦ Le "vieux puits" se trouve à l'entrée de la salle à manger. Cadre lumineux et coloré, orné de fresques fruitières, agréable terrasse d'été dans le patio et carte traditionnelle.

Les bonnes adresses à petit prix ? Suivez les Bibs : «Bib Gourmand» rouge ⑱ pour les tables, et «Bib Hôtel» bleu 🏩 pour les chambres.

BIARRITZ – 64 Pyrénées-Atlantiques – **342** C4 – 26 690 h. – alt. 19 m   **3** A3
– Casino – ✉ 64200 ▮ Pays Basque et Navarre

▶ Paris 772 – Bayonne 9 – Bordeaux 190 – Pau 122
🛪 de Biarritz-Anglet-Bayonne : ℰ 05 59 43 83 83, 2 km ABX.
▦ ℰ 3635 et tapez 42 (0,34 €/mn)
🖬 Office de tourisme, square d'Ixelles - Javalquinto ℰ 05 59 22 37 00, Fax 05 59 24 14 19
🖬 de Biarritz 2 avenue Edith Cavell, NE : 1 km, ℰ 05 59 03 71 80
🖬 d'Ilbarritz à Bidart Avenue du Château, S : 3 km par D 911, ℰ 05 59 43 81 30
🖬 d'Arcangues à Arcangues Jaureguiborde, SE : 8 km, ℰ 05 59 43 10 56
👁 ≼★★ de la Perspective - ≼★ du phare et de la Pointe St-Martin AX
- Rocher de la Vierge★ - Musée de la mer★.

Plans pages suivantes

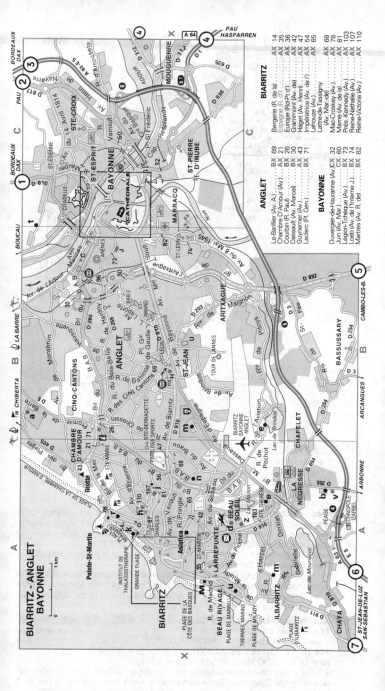

BIARRITZ - ANGLET BAYONNE

0   1 km

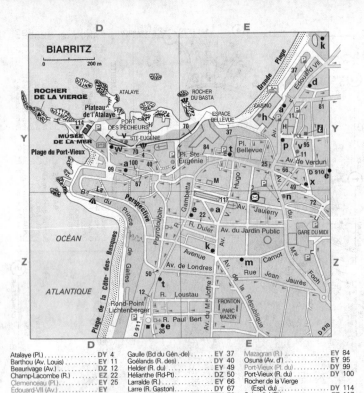

BIARRITZ

0   200 m

ROCHER DE LA VIERGE

ATALAYE

Plateau de l'Atalaye

ROCHER DU BASTA

ESPACE BELLEVUE

CASINO

MUSÉE DE LA MER

PORT DES PÊCHEURS

STE-EUGÉNIE

Plage du Port-Vieux

Pl. Ste-Eugénie

Pl. Bellevue

Av. de Verdun

OCÉAN

La Perspective

Gambetta

Hugo

Jaulerry

R. Duler

Av. du Jardin Public

GARE DU MIDI

Avenue

Av. de Londres

Carnot

Rue   Jean   Jaurès

Foch

ATLANTIQUE

Rond-Point Lichtenberger

R. Loustau

FRONTON PARC MAZON

R. Paul Bert

Grande Plage

Édouard-VII

🏨🏨🏨🏨 Du Palais 🌿   ← 🚗 🏊 📺 🎮 🛗 🏋️ 🆓 📡 🧖 **P** **VISA** 🌐 **AE** ①

☆ 1 av. de l'Impératrice – ✆ 05 59 41 64 00 – www.hotel-du-palais.com
– Fax 05 59 41 67 99   EYk

122 ch – ♦300/500 € ♦♦375/575 €, ☐ 32 € – 30 suites

Rest *La Villa Eugénie* – *(fermé fév., lundi et mardi)* Menu 120 €
– Carte 88/141 € 🈂️

Spéc. Txangurro, bouillon mousseux d'araignée de mer au galanga (printemps-été). Rouget en filets poêlés, chipirons et riz crémeux, sauce à l'encre au piment d'Espelette. L'Instant chocolat-café. **Vins** Irouléguy, Jurançon.

Rest *La Rotonde* – *(fermé fév.)* Menu 58 € – Carte 59/104 €

Rest *L'Hippocampe* – *(ouvert d'avril à mi-oct. et fermé le soir sauf juil.-août)*
Menu 57 € (déj.) – Carte 57/90 €

◆ Longeant la mer, ce palais, offert par Napoléon III à l'impératrice, assure le luxe d'un palace. Chambres en majorité de style Empire. Magnifique spa impérial. Salon feutré, cuisine actuelle et régionale à la Villa Eugénie. De la Rotonde, belle vue sur l'océan. Buffets et grillades à L'Hippocampe (en saison).

🏨🏨🏨 Sofitel le Miramar Thalassa 🌿   ← 🚗 🏊 📺 🎮 🛗 🏋️ ♿ 🆓 📡 🧖

13 r. L.-Bobet – ✆ 05 59 41 30 00   🛏️ **VISA** 🌐 **AE** ①
– www.accorthalassa.com – Fax 05 59 24 77 20   AXk

126 ch – ♦175/615 € ♦♦280/850 €, ☐ 28 € – ½ P 183/383 €

Rest *Le B* – (42 €) Menu 49/56 € – Carte 53/75 €

◆ Santé et luxe cohabitent en harmonie dans cet hôtel qui abrite un centre de thalassothérapie et un spa. Chambres modernes dont certaines, avec terrasse, regardent la mer. Au B, cadre élégant, vue sur les récifs et cuisine au goût du jour (pêche locale et plats allégés).

Radisson Blu ← 🛰 🏊 𝘌𝑆 📶 🔋 ♿ ch, 🅰 % rest, ❞ 🛄 🚗 ᵛⁱˢᵃ ⊛ 🄰🄴 ⓄⒹ
1 carr. Hélianthe – ☎ *05 59 01 13 13 – www.radissonblu.fr/hotel-biarritz*
– Fax 05 59 01 13 14 DZ**t**
150 ch – ♦115/550 € ♦♦115/550 €, ⊆ 23 €
Rest – Carte 25/38 €
♦ Affiches et tableaux taurins décorent les chambres spacieuses et colorées de cet hôtel résolument contemporain. Piscine sur le toit et bel espace de remise en forme. Lounge-bar et restaurant relookés dans un esprit trendy. Cuisine du moment et fusion.

Le Café de Paris ← 🛰 🔋 🅰 ❞ 🛄 ᵛⁱˢᵃ ⊛ 🄰🄴
pl. Bellevue – ☎ *05 59 24 19 53 – www.hmc-hotels.com – Fax 05 59 24 18 20*
19 ch – ♦180/500 € ♦♦200/500 €, ⊆ 20 € – 2 suites EY**t**
Rest – (21 €) Carte 35/65 €
♦ En 2009, cure de jouvence réussie pour cette institution de Biarritz : cadre actuel, mobilier de style et murs ornés de peintures d'un artiste basque. Les chambres regardent l'océan et le phare. Restaurant contemporain avec belle terrasse ; carte brasserie.

Mercure Thalassa Regina et du Golf ← 🏊 🔋 ♿ ch, 🅰 ❞ 🛄
52 av. de l'Impératrice – ☎ *05 59 41 33 00* 🅿 ᵛⁱˢᵃ ⊛ 🄰🄴 ⓄⒹ
– www.mercure.com – Fax 05 59 41 33 99
– Fermé 3 sem. en janv. AX**r**
55 ch – ♦120/320 € ♦♦140/420 €, ⊆ 20 € – 12 suites
Rest – (dîner seult) (28 €) Menu 35/40 €
♦ Élégante résidence de style Second Empire. Confortables chambres, côté golf ou face à l'océan, desservies par des coursives plongeant sur le bel atrium coiffé d'une verrière. Le restaurant séduit par son joli décor marin et son aménagement sous vélum.

Mercure Plaza Centre sans rest ← 🔋 🅰 ❞ 🅿 ᵛⁱˢᵃ ⊛ 🄰🄴 ⓄⒹ
av. Édouard-VII – ☎ *05 59 24 74 00 – www.groupe-segeric.com*
– Fax 05 59 22 22 01 EY**p**
69 ch – ♦125/247 € ♦♦136/266 €, ⊆ 16 €
♦ La rénovation de l'hôtel a su préserver l'essentiel : l'esprit Art déco de la belle façade, tournée vers la plage et le casino, et aussi le joli cachet des chambres. Soirées jazz.

Grand Tonic Hôtel 🛰 🔋 🅰 ❞ 🛄 🅿 🚗 ᵛⁱˢᵃ ⊛ 🄰🄴 ⓄⒹ
58 av. Édouard-VII – ☎ *05 59 24 58 58 – www.tonichotel.com*
– Fax 05 59 24 86 14 EY**d**
63 ch – ♦125/275 € ♦♦145/325 €, ⊆ 25 €
Rest *La Maison Blanche* – (Fermé dim. et lundi de nov. à mars) Menu 30 €
– Carte 35/50 €
♦ À deux pas de la Grande Plage, cet hôtel révèle un intérieur élégant et moderne. Chambres au design soigné, équipées de baignoires hydromassantes pour réveils toniques ! Agréable salle à manger contemporaine et cuisine actuelle en harmonie avec le cadre.

Beaumanoir sans rest 🌢 🚗 🏊 ❞ 🅿 ᵛⁱˢᵃ ⊛ 🄰🄴 ⓄⒹ
10 av. de Tamamès – ☎ *05 59 24 89 29 – www.lebeaumanoir.com*
– Fax 05 59 24 89 46 – Ouvert 2 avril-14 nov. AX**n**
5 ch – ♦285/385 € ♦♦285/385 €, ⊆ 24 € – 3 suites
♦ Chambres, suites, appartements, mobilier baroque et design, salon sous une verrière, piscine, parc... Un charme luxueux règne dans ces ex-écuries proches du centre et des plages.

Édouard VII sans rest 🅰 % ❞ ᵛⁱˢᵃ ⊛ 🄰🄴
21 av. Carnot – ☎ *05 59 22 39 80 – www.hotel-edouardvii.com*
– Fax 05 59 22 39 71 EZ**k**
18 ch – ♦80/147 € ♦♦80/147 €, ⊆ 10 €
♦ Cette jolie villa biarrote datant de la fin du 18ᵉ s. vous réserve un accueil sympathique et propose des chambres soignées, agréablement personnalisées.

Alcyon sans rest 🔋 % ❞ ᵛⁱˢᵃ ⊛
8 r. Maison-Suisse – ☎ *05 59 22 64 60 – www.hotel-alcyon-biarritz.com*
– Fax 05 59 22 64 64 – Fermé 3 janv.-11 mars EY**x**
15 ch – ♦80/100 € ♦♦80/140 €, ⊆ 10 €
♦ Cet hôtel marie le charme des maisons anciennes aux équipements modernes : salon contemporain, salle des petits-déjeuners design et chambres rénovées avec élégance.

🏨 Windsor ⬅ 🛜 🎫 🎰 ⁽ᵠ⁾ 🛁 🅥🅘🅢🅐 🆗 🅐🅔 ⓘ

19 bd du Gén. de Gaulle, (Grande Plage) – ℰ 05 59 24 08 52
– www.hotelwindsorbiarritz.com – Fax 05 59 24 98 90   EY**a**
48 ch – ♦70/265 € ♦♦70/265 €, ⊊ 13 €
Rest *Le Galion* – ℰ 05 59 24 20 32 *(fermé dim. soir du 16 nov. au 29 fév., lundi sauf le soir du 1er juil. au 15 sept. et mardi midi)* Menu 18/30 € – Carte 42/58 €
♦ Océan, ville ou cour : l'exposition des chambres de cette bâtisse voisine de la Grande Plage varie. Préférez celles rénovées, à la fois modernes et épurées. Salle à manger panoramique tournée vers l'Atlantique ; cuisine traditionnelle axée sur les produits de la mer.

🏨 Biarritz 🛜 🕭 🎫 🛇 ⁽ᵠ⁾ 🛁 🅟 🅥🅘🅢🅐 🆗 🅐🅔 ⓘ

30 av. de la Milady – ℰ 05 59 23 83 03 – www.hotel-lebiarritz-.com
– Fax 05 59 23 88 12   AX**u**
49 ch – ♦89/240 € ♦♦124/412 €, ⊊ 12 € – ½ P 96/240 €
Rest – Menu 22 € – Carte 25/35 €
♦ À deux pas des thermes marins (accessibles à des tarifs préférentiels), cet hôtel, refait à neuf, propose de confortables chambres contemporaines d'esprit "bord de mer". Le Ponton ouvre grand ses baies sur l'océan et sert en terrasse aux beaux jours. Carte actuelle.

🏨 Maïtagaria sans rest 🛜 ⁽ᵠ⁾ 🅥🅘🅢🅐 🆗

34 av. Carnot – ℰ 05 59 24 26 65 – www.hotel-maitagaria.com
– Fax 05 59 24 26 30 – fermé 23 nov.-14 déc.   EZ**m**
15 ch – ♦54/65 € ♦♦61/98 €, ⊊ 9 €
♦ Accueil sympathique en cette demeure de style régional. Le mobilier chiné des chambres (fonctionnelles ou plus confortables) est largement Art déco. Salon ouvert sur le jardin.

🏠 Maison Garnier sans rest 🛇 ⁽ᵠ⁾ 🅥🅘🅢🅐 🆗 🅐🅔 ⓘ

29 r. Gambetta – ℰ 05 59 01 60 70 – Fax 05 59 01 60 80 – Fermé 5-15 déc.,
2-12 janv.   EZ**e**
7 ch – ♦95/115 € ♦♦100/170 €, ⊊ 10 €
♦ Coquette villa biarrote du 19e s. agréablement aménagée dans un esprit de maison d'hôtes. Mobilier ancien et décoration soignée font le cachet des chambres, assez grandes.

🏠 Marbella 🕭 🎫 ch, ⁽ᵠ⁾ 🅥🅘🅢🅐 🆗

11 r. Port-Vieux – ℰ 05 59 24 04 06 – www.hotel-marbella.fr – Fax 05 59 24 63 26
29 ch – ♦82/160 € ♦♦82/160 €, ⊊ 10 €   DY**a**
Rest – (14 € bc) Menu 19/33 € – Carte 39/55 €
♦ Immeuble bordant une rue commerçante, à quelques encablures du rocher de la Vierge et du musée de la Mer. Chambres un peu petites, mais plaisantes et bien tenues. Cuisine régionale simple annoncée sur l'ardoise du jour et servie dans un cadre rustique.

🏠 Oxo sans rest 🕭 📞 🅥🅘🅢🅐 🆗 🅐🅔

38 av. de Verdun – ℰ 05 59 24 26 17 – www.hotel-oxo.com – Fax 05 59 24 66 08
– Fermé 21 déc.-4 janv.   EY**e**
20 ch – ♦60/81 € ♦♦60/110 €, ⊊ 8 €
♦ Modernisation complète et nouvelle raison sociale exprimant la rencontre entre l'oxygène pyrénéen et l'océan, pour cet hôtel situé sur un axe passant, face à la médiathèque.

🏔 Villa Le Goëland sans rest 🦯 ⬅ 🛇 ⁽ᵠ⁾ 🅟 🅥🅘🅢🅐 🆗

12 plateau de l'Atalaye – ℰ 05 59 24 25 76 – www.villagoeland.com
4 ch ⊊ – ♦140/260 € ♦♦150/270 €   DY**w**
♦ Cette grande villa sur l'un des sites les plus agréables de Biarritz offre un superbe panorama, qui va de l'Espagne à la côte landaise. Certaines chambres ont une terrasse.

🏔 Nere-Chocoa sans rest 🦯 🦯 ⁽ᵠ⁾ 🅟

28 r. Larreguy – ℰ 06 08 33 84 35 – www.nerechocoa.com – Fax 05 59 41 07 95
5 ch – ♦75/80 € ♦♦75/80 €, ⊊ 9 €   AX**e**
♦ Cette maison entourée de chênes a hébergé des hôtes illustres dont l'impératrice Eugénie. Vastes chambres soignées, collection de tableaux, salon convivial pour soirées musicales.

🏔 La Ferme de Biarritz sans rest 🦯 🛇 ⁽ᵠ⁾ 🅟

15 r. Harcet – ℰ 05 59 23 40 27 – www.fermedebiarritz.com – Fermé 1er-17 déc.
5 ch – ♦50/85 € ♦♦50/85 €, ⊊ 8,50 €   AX**m**
♦ Près de la plage, ferme basque du 17e s. bien restaurée. Coquettes chambres mansardées, dotées de meubles anciens. Petit-déjeuner dans le jardin ou devant la cheminée.

XX **Sissinou** ☒☒ ☒☒☒ ☒☒ ☒☒

5 av. Mar.-Foch – ℰ 05 59 22 51 50 – Fax 05 59 22 50 58
– Fermé une sem. en juin, vacances de la Toussaint et de fév., dim. et lundi
sauf août et le midi en août EZ**n**
Rest – (25 €) Menu 52 €

♦ Restaurant en vogue avec son décor contemporain (banquettes aubergine, murs verts, luminaires design), son service décontracté, ses recettes actuelles et ses plats classiques.

XX **Les Rosiers** (Andrée et Stéphane Rosier) ☒☒☒ ☒☒ ☒☒
☆ *32 av. Beausoleil – ℰ 05 59 23 13 68 – www.restaurant-lesrosiers.fr* AX**z**
Rest – *(Fermé lundi et mardi sauf le soir de mi-juil. à fin-août)*
Menu 36 € (déj. en sem.)/72 € – Carte 56/88 €
Spéc. Croustillants de crevettes sauvages, piperade glacée et caramel de chorizo (août-sept.). Suprême de pigeonneau rôti, pastilla de cuisse et d'abats à la coriandre (mars à oct.). Bouchon de baba au vieux rhum. **Vins** Irouléguy, Jurançon.

♦ Accueillante maison tenue par un couple (dont la femme est la première MOF de l'histoire) qui réalise à quatre mains une cuisine "vérité" séduisante et raffinée. Décor sobre et élégant.

XX **Café de la Grande Plage** ≤ 斎 ☒☒ ☒☒☒ ☒☒ ☒☒ ☒
1 av. Edouard-VII, (casino) – ℰ 05 59 22 77 88 – www.lucienbarriere.com
– Fax 05 59 22 77 99 EY**h**
Rest – (18 €) Menu 23 € (déj. en sem.)/26 € – Carte 30/50 €

♦ Un petit creux entre deux parties de black-jack ? Au rez-de-chaussée du casino, brasserie de style Art déco ornée de mosaïques. Vue idéale sur la plage et les surfeurs.

XX **L'Atelier** ☒☒ ☒☒☒ ☒☒ ☒☒
18 r. de la Bergerie – ℰ 05 59 22 09 37
– www.latelierbiarritz.com – Fax 05 59 22 21 50
– Fermé 1 sem. en juin, 2 sem. en oct., 2 sem. en janv., dim. soir et lundi sauf
vacances scolaires AX**h**
Rest – (25 €) Menu 34 € (déj. en sem.), 45/70 €

♦ Cet atelier culinaire vous réserve la surprise de préparations actuelles relevées d'un trait de créativité ; bons vins. Côté décor, il mise sur l'élégance d'un espace feutré.

XX **La Table d' Aranda** ☒☒ ☒☒☒ ☒☒ ☒☒
87 av. de la Marne – ℰ 05 59 22 16 04 – www.tabledaranda.fr
– Fax 05 59 22 16 04 – Fermé 3-18 janv., lundi sauf le soir en juil.-août et dim.
Rest – (15 €) Menu 20 € (déj.) – Carte 38/48 € AX**j**

♦ Le bouche à oreille ne fait pas défaut à cette table au cadre rustique et basque, située dans les murs d'une ex-rôtisserie. Cuisine personnelle et inventive, aimant le sucré-salé.

X **Philippe** 斎 ☒☒☒ ☒☒
30 av. du Lac Marion – ℰ 05 59 23 13 12 – www.restaurantphilippe.fr
– Fermé 2 sem. en mars, 2 sem. en nov., mardi d'oct. à juin et lundi sauf août
Rest – *(dîner seult) (nombre de couverts limité, prévenir)* AX**d**
Menu 45/85 € – Carte 55/65 € 斎

♦ Cuisines ouvertes, four à bois pour préparer agneau et cochon de lait, plats inventifs, décor avant-gardiste : ce restaurant surprend et séduit. Dépôt-vente d'art contemporain.

X **Le Clos Basque** 斎 ☒☒☒ ☒☒
☺ *12 r. L.-Barthou – ℰ 05 59 24 24 96 – Fax 05 59 22 34 46*
– Fermé 21 juin-5 juil., 25 oct.-15 nov., 22 fév.-15 mars, dim. soir sauf juil.-août et
lundi EY**v**
Rest – *(nombre de couverts limité, prévenir)* Menu 24 €

♦ Pierres apparentes et azulejos donnent un air ibérique à la petite salle à manger où règne une ambiance conviviale. Terrasse d'été très courue. Spécialités régionales.

X **Chez Albert** 斎 ☒☒☒ ☒☒ ☒☒
au Port-des-Pêcheurs – ℰ 05 59 24 43 84 – www.chezalbert.fr
– Fax 05 59 24 20 13 – Fermé 21 nov.-15 déc., 6 janv.-12 fév. et merc.
Rest – Menu 38 € – Carte 30/50 € DY**v**

♦ Les produits de la mer sont à l'honneur dans cette adresse animée et décontractée d'où l'on aperçoit le petit port de pêche. Terrasse très prisée en été.

au lac de Brindos 4 km au Sud-Est – ⊠ 64600 Anglet

Château de Brindos ⊗ ≤ ⌂ 🎐 ⅃ ♨ 🎐 & ch, 🖾 ¶° ≛ 🅿
1 allée du Château – ℰ 05 59 23 89 80
– www.chateaudebrindos.com – Fax 05 59 23 89 81 – Fermé 15 fév.-5 mars
24 ch – †160/285 € ††215/380 €, ☲ 25 € – 5 suites   BX**e**
Rest – (fermé dim. soir et lundi sauf de Pâques à la Toussaint) Menu 31 € bc
(déj. en sem.)/70 € – Carte 70/85 €
♦ Face à un lac de 10 ha, élégante bâtisse invitant au repos et disposant de salons ornés de
belles boiseries, de chambres très spacieuses et de luxueuses salles de bains. Salle à manger
en rotonde et terrasse au bord de l'eau ; cuisine au goût du jour et soignée.

rte d'Arbonne 4 km au Sud par La Négresse et D 255 – ⊠ 64200 Biarritz

Le Château du Clair de Lune sans rest ⊗ ≤ ⌂ 🅿 𝘝𝘐𝘚𝘈 ⬭
48 av. Alan-Seeger – ℰ 05 59 41 53 20 – www.chateauduclairdelune.com
– Fax 05 59 41 53 29   AX**b**
17 ch – †80/155 € ††90/155 €, ☲ 10 €
♦ Dans un joli parc, charmante demeure bourgeoise (1902) abritant des chambres raffinées ;
décor plus campagnard dans le pavillon. Pour contempler le clair de lune... à Biarritz !

Campagne et Gourmandise ✕✕ ≤ 🚃 🎐 🖾 🅿 𝘝𝘐𝘚𝘈 ⬭ 🄰🄴 ⬭
52 av. Alan-Seeger, (rte d' Arbonne) – ℰ 05 59 41 10 11
– www.campagneetgourmandise.com – Fax 05 59 43 96 16 – Fermé dim. soir,
lundi midi et merc.   AX**v**
Rest – Menu 40/75 €
♦ Cette ancienne ferme nichée dans un vaste jardin, face aux Pyrénées, propose une cuisine
du terroir. Intérieur campagnard chic (belle cheminée), véranda et jolie terrasse.

à Arbonne 7 km au Sud par La Négresse et D 255 – 1 784 h. – alt. 37 m
– ⊠ 64210

Laminak sans rest ⊗ ≤ 🚃 ⅃ & ¶° 🅿 𝘝𝘐𝘚𝘈 ⬭
rte de St-Pée – ℰ 05 59 41 95 40 – www.hotel-laminak.com – Fax 05 59 41 87 65
12 ch – †73 € ††73/103 €, ☲ 10 €
♦ Ferme du 18ᵉ s. à la sortie du joli village d'Arbonne. Chambres personnalisées. Petits-
déjeuners servis sous la véranda ouvrant sur le jardin. Piscine.

à Arcangues 8 km par La Négresse, D 254 et D 3 – 2 985 h. – alt. 80 m
– ⊠ 64200

🄴 Office de tourisme, le bourg ℰ 05 59 43 08 55, Fax 05 59 43 39 16

Les Volets Bleus sans rest ⊗ 🚃 ⅃ ¶° 🅿 𝘝𝘐𝘚𝘈 ⬭
chemin Etchegaraya, 2 km au Sud sur ancienne rte de St-Pée – ℰ 06 07 69 03 85
– www.lesvoletsbleus.fr – Fax 05 59 43 39 25 – Fermé janv. et fév.
5 ch ☲ – †98/150 € ††108/160 €
♦ Profitez de la quiétude du jardin et du raffinement mis à l'honneur dans cette villa basque
restaurée avec des matériaux chinés. Chambres aux murs patinés, tomettes et boutis.

Maison Gastelhur sans rest ⊗ 🚃 ¶° 🅿
chemin Gastelhur, 2 km à l' Ouest par rte secondaire – ℰ 05 59 43 01 46
– www.gastelhur.com – Fax 05 59 43 12 96 – Fermé 20 fév. -8 mars
3 ch – †110/130 € ††110/130 €, ☲ 8,50 €
♦ Posée dans un parc mitoyen du golf, cette maison bourgeoise du 18ᵉ s. invite à une halte
au grand calme. Chambres spacieuses agrémentées d'objets et meubles de famille anciens.

Le Moulin d'Alotz (Benoît Sarthou) ✕✕ 🚃 🎐 🖾 🅿 𝘝𝘐𝘚𝘈 ⬭ 🄰🄴 ⬭
🕸
3 km au Sud par rte d'Arbonne et rte secondaire – ℰ 05 59 43 04 54
– Fax 05 59 43 04 54 – Fermé 22-30 juin, 3-31 janv., merc. sauf le soir
en juil.-août et mardi
Rest – (nombre de couverts limité, prévenir) Carte 57/71 €
Spéc. Crevettes bio saisies à la plancha, champignons et dattes (sept. à déc.).
Pigeonneau rôti, poudre de maïs grillé et girolles. Confit de tomate parfumé
aux épices, gâteau frangipane à la pistache, crème glacée verveine. **Vins**
Jurançon, Irouléguy.
♦ Vieux moulin basque qui daterait de 1694. Élégant cadre mariant poutres et boiseries
blanchies, plaisante terrasse, jardin fleuri et cuisine au goût du jour personnalisée.

X **Auberge d'Achtal** 🏠 ♻ 🏧 🐝
pl. du Fronton, (accès piétonnier) – 𝒞 *05 59 43 05 56 – Fax 05 59 43 16 98*
– Fermé 5 janv.-5 avril, mardi et merc. sauf de juil. à mi- sept.
Rest – Menu 28 € – Carte 25/48 €
♦ Luis Mariano, prince de l'opérette, repose dans ce pittoresque village basque. Intérieur rustique de caractère et terrasse ombragée face au fronton. Plats régionaux.

*Voir aussi ressources hôtelières à **Anglet***

BIDARRAY – 64 Pyrénées-Atlantiques – 342 D3 – 637 h. – alt. 110 m   3 A3
– ⊠ 64780 ▌ Pays Basque et Navarre
▶ Paris 799 – Biarritz 37 – Cambo-les-Bains 17 – Pau 127

🏨 **Ostapé** 🌿 ≤ 🕊 🏠 ⚓ ⛱ 🖥 🐝 📞 🛁 📶 🏠 🏧 🐝 📠
Chahatoa, 4 km au Nord par D 349 – 𝒞 *05 59 37 91 91 – www.ostape.com*
– Fax 05 59 37 91 92 – Ouvert avril-mi-nov.
22 suites – ♛♛180/565 €, ⊆ 22 €   **Rest** – Menu 38/62 €
♦ Agréables villas de style basque qui se fondent dans le paysage (un parc de 45 ha). Chambres spacieuses, raffinées et dotées d'équipements dernier cri. Piscine, fitness. Cuisine régionale revisitée à découvrir dans une élégante ferme du 17ᵉ s.

🏠 **Barberaenea** 🌿 ≤ 🍴 🏠 📞 ℙ 🏧 🐝
pl. de l'Église – 𝒞 *05 59 37 74 86 – Fax 05 59 37 77 55 – Fermé 15 nov. au 15 janv.*
9 ch – ♛33/60 € ♛♛33/60 €, ⊆ 6,50 €   **Rest** – Menu 20/25 € – Carte 22/30 €
♦ Hôtellerie simple, authentique et chaleureuse située près du fronton. Chambres rustiques jouissant d'une belle vue sur monts et vallées environnants. Au restaurant, meubles campagnards, nappes régionales, agréable terrasse et cuisine du terroir.

BIDART – 64 Pyrénées-Atlantiques – 342 C4 – 5 614 h. – alt. 40 m   3 A3
– ⊠ 64210 ▌ Pays Basque et Navarre
▶ Paris 778 – Bayonne 17 – Biarritz 7 – Pau 122
🅸 Office de tourisme, rue d'Erretegia 𝒞 05 59 54 93 85, Fax 05 59 54 70 51
🅶 d'Ilbarritz Avenue du Château, N : 3 km par N 10 et D 911,
𝒞 05 59 43 81 30
◎ Chapelle Ste-Madeleine ✳★.

🏨 **Villa L'Arche** sans rest 🌿 ≤ 🚗 📞 🏠 🏧 🐝 📠
chemin Camboénéa – 𝒞 *05 59 51 65 95 – www.villalarche.com*
– Fax 05 59 51 65 99 – Ouvert 16 fév.-14 nov.
8 ch – ♛115/225 € ♛♛115/225 €, ⊆ 14 €
♦ Face aux rivages de l'océan se dresse cette charmante villa où les chambres, avec terrasse privée, affichent chacune un décor différent. Beau jardin paysagé dominant les flots.

🏨 **L'Hacienda** sans rest 🚗 ⚓ 🖥 📞 ℙ 🏧 🐝
50 r. Bassilour, 3 km au Sud par N10, rte Ahetze et rte secondaire
– 𝒞 *05 59 54 92 82 – www.hacienda-bidart.com – Fax 05 59 26 52 73*
– Ouvert avril-nov.
14 ch – ♛120/150 € ♛♛120/180 €, ⊆ 12 €
♦ Cette jolie demeure hispanisante pousse le raffinement à son comble dans le décor coloré et romantique de ses chambres. Grand jardin fleuri avec piscine.

🏠 **Ouessant-Ty** sans rest 🖥 🖥 🏠 🐝 📞 🏠 🏧 🐝
3 r. Erretegia – 𝒞 *05 59 54 71 89 – www.ouessantty.com – Fax 05 59 47 58 70*
12 ch – ♛69/105 € ♛♛69/105 €, ⊆ 8,50 €
♦ Sympathique petit établissement récent, à la fois central et à deux pas des plages. Grandes chambres meublées en rotin (trois familiales avec cuisinette). Crêperie attenante.

🏠 **Irigoian** sans rest 🚗 🖥 🏠 📞 ℙ 🏧 🐝
av. de Biarritz – 𝒞 *05 59 43 83 00 – Fax 05 59 41 19 07*
5 ch – ♛95/120 € ♛♛95/120 €, ⊆ 8 €
♦ Cette ancienne ferme du 17ᵉ s. se trouve à proximité de l'océan, en lisière d'un golf. Chambres du meilleur goût et spacieuses salles de bains.

XXX **Table et Hostellerie des Frères Ibarboure** (Jean-Philippe et Xabi
Ibarboure) avec ch 🐾   🚗 🕭 🖙 🏊 🗐 ৬ 🗚 📞 🚶 📮 🝵 🜳 🝎
chemin de Ttalienea, 4 km au Sud par D 810, rte Ahetze et rte secondaire
*– 𝒞 05 59 54 81 64 – www.freresibarboure.com – Fax 05 59 54 75 65 – Fermé
15 nov.-3 déc. et 3-20 janv.*
12 ch – ♦115/230 € ♦♦130/230 €, ☲ 14 €
Rest – *(fermé merc. de sept. à juin, dim. soir sauf août et lundi midi en juil.-août)*
Menu 36 € (déj. en sem.), 54/105 € – Carte 55/93 €
Spéc. Sublimation de tomates anciennes, jambon cecina et jeunes pousses
(été). Homard bleu entier servi décortiqué, paella d'encornets et primeurs.
Dégustation de chocolat. **Vins** Jurançon.
♦ Grande demeure basque aux murs ocre, dans un joli parc planté de pins. En terrasse face
aux massifs de fleurs, ou dans les salles feutrées d'esprit contemporain, on déguste de savou-
reuses recettes du Sud-Ouest. Spacieuses chambres personnalisées, au grand calme.

BIEF – 25 Doubs – **321** K3 – rattaché à Villars-sous-Dampjoux

---

BIELLE – 64 Pyrénées-Atlantiques – **342** J6 – 460 h. – alt. 448 m   3 B3
– ⌂ **64260** ▌Aquitaine

🔟 Paris 803 – Laruns 9 – Lourdes 43 – Oloron-Ste-Marie 26

🏠 **L'Ayguelade** 🐾   🚗 🕭 🗚 rest, 📞 📮 🝳 🝎 🝵
*1 km par rte de Pau – 𝒞 05 59 82 60 06 – www.hotel-ayguelade.com
– Fax 05 59 82 61 17 – Fermé janv., sam. midi et merc. sauf juil.-août et mardi
soir*
10 ch – ♦49 € ♦♦49/60 €, ☲ 7 € – ½ P 48/52 €
Rest – Menu 18 € (déj. en sem.), 23/40 € – Carte 30/45 €
♦ Accueil charmant, tenue sans faille, chambres coquettes et prix doux : cette maison béarnaise, proche d'un affluent du gave d'Ossau (pêche), cache une bonne petite adresse. Cuisine
du terroir servie sous une véranda récente ou dans une salle à manger rustique.

BIESHEIM – 68 Haut-Rhin – **315** J8 – rattaché à Neuf-Brisach

---

BIGNAN – 56 Morbihan – **308** O7 – rattaché à Locminé

BILLIERS – 56 Morbihan – **308** Q9 – 892 h. – alt. 20 m – ⌂ 56190   10 C3
🔟 Paris 461 – La Baule 42 – Nantes 87 – Redon 39

🏨 **Domaine de Rochevilaine** 🐾   ⪡ 🚗 🗐 🝵 🝳 📭 🗐 📞 🗚 📮
à la Pointe de Pen Lan, 2 km par D 5 – 𝒞 02 97 41 61 61   🝳 🝎 🝎 🝵
– www.domainerochevilaine.com – Fax 02 97 41 44 85
34 ch – ♦150/425 € ♦♦150/425 €, ☲ 22 € – 4 suites – ½ P 147/417 €
Rest – Menu 40 € (déj. en sem.), 72/130 € bc – Carte 64/135 €🝸
Spéc. Aventure autour de coquillages cuisinés en dégustation. Homard de
casier préparé au beurre demi-sel. Les desserts bretons revisités.
♦ Hameau de belles demeures bretonnes et centre de balnéothérapie ancrés sur une pointe
rocheuse face à l'océan. Chambres spacieuses et personnalisées. Carte classique actualisée,
proposée dans un cadre mêlant boiseries, miroirs, tissus rouges, et surplombant les flots.

🏠 **Les Glycines** sans rest   🚗 📞 📮 🝳 🝎
*17 pl. de l'Église – 𝒞 06 11 86 07 52 – www.les-glycines-billiers.com
– Fax 02 97 45 69 68*
5 ch ☲ – ♦82/102 € ♦♦90/110 €
♦ Maison bleue et blanche sur la place d'un petit village. Intérieur à la décoration fraîche et
colorée (piano, bibelots, livres et tableaux). Espace de jeu pour les enfants.

BIOT – 06 Alpes-Maritimes – **341** D6 – 8 791 h. – alt. 80 m – ⌂ 06410   42 E2
▌Côte d'Azur

🔟 Paris 910 – Antibes 6 – Cagnes-sur-Mer 9 – Cannes 17
🛈 Office de tourisme, 46, rue Saint-Sébastien 𝒞 04 93 65 78 00,
Fax 04 93 65 78 04
🝶 de Biot Avenue Michard Pelissier, S : 1 km, 𝒞 04 93 65 08 48
◉ Musée national Fernand Léger★★ - Retable du Rosaire★ dans l'église.

🏠 **Domaine du Jas** sans rest ⟨ 🚗 🏊 ⅁ 🗛 ⁇ 🅿 🆚🆂🅰 ⓐⓑ 🅰🅴
625 rte de la Mer, D 4 – 𝒞 *04 93 65 50 50* – *www.domainedujas.com*
– *Fax 04 93 65 02 01* – *Fermé janv. et fév.*
19 ch ⌿ – †90/125 € ††110/245 €
♦ Mignonnes chambres provençales (dont trois familiales et un duplex) avec balcon ou terrasse donnant sur la piscine, le jardin ou le village de Biot : vivez au rythme du Sud !

🍴🍴🍴 **Les Terraillers** (Michaël Fulci) 🍴 🗛 ⇔ 🅿 🆚🆂🅰 ⓐⓑ 🅰🅴
✿ *11 rte Chemin-Neuf, au pied du village* – 𝒞 *04 93 65 01 59*
– *www.lesterraillers.com* – *Fax 04 93 65 13 78* – *Fermé 15-30 nov., 20 janv.-8 fév.,*
merc. et jeudi
Rest – (39 €) Menu 55 € bc (déj.), 65/110 € – Carte 92/132 €
Spéc. Escalope de foie gras poêlé, réduction de porto et spirale de réglisse.
Saint-pierre cuit en cocotte, poêlée de girolles et écrevisses. Gratin de citron
de Menton aux framboises et coulis d'abricot. **Vins** Côtes de Provence blanc
et rouge.
♦ Poterie du 16ᵉ s. où vous choisirez de savourer une cuisine aux accents du Sud dans la
belle salle à manger voûtée, l'ancien four transformé en petit salon ou la terrasse en été.

🍴🍴 **Le Jarrier** 🍴 🗛 ⇔ 🆚🆂🅰 ⓐⓑ
au village, 30 passage Bourgade – 𝒞 *04 93 65 11 68*
– *www.lejarrier-laurent-broussier.com* – *Fax 04 93 65 50 03* – *Fermé lundi et*
mardi
Rest – (19 €) Menu 29/55 € – Carte environ 55 €
♦ Cette discrète maison de pays cache un restaurant chic et branché : ambiance lounge,
décor contemporain. La cuisine raffinée et riche en saveurs mérite la visite.

🍴 **Chez Odile** 🍴
au village, chemin des Bachettes – 𝒞 *04 93 65 15 63* – *Fermé du 1ᵉʳ déc.-31 janv.,*
le midi en juil.-août, merc. soir et jeudi hors saison
Rest – (20 €) Carte environ 38 €
♦ Peynet avait son rond de serviette dans cette auberge rustique élevée au rang d'institution locale. Odile, joviale et passionnée, annonce le menu oralement (recettes du pays).

BIOULE – 82 Tarn-et-Garonne – **337** F7 – 878 h. – alt. 84 m – ⌧ 82800   **28** B2
▶ Paris 613 – Toulouse 75 – Montauban 22 – Cahors 53

🏠 **Les Boissières** ⤳ 🕭 🍴 ⁇ 🅿 🆚🆂🅰 ⓐⓑ 🅰🅴
708 rte de Caussade – 𝒞 *05 63 24 50 02* – *www.lesboissieres.com*
– *Fax 05 63 24 60 80* – *Fermé en août, vacances de la Toussaint, en janv., sam.*
midi, dim. soir et lundi
8 ch – †75/115 € ††75/115 €, ⌿ 8 € – ½ P 71/81 €
Rest – (21 €) Menu 29/55 € – Carte 52/67 €
♦ Composée d'une maison de maître (19ᵉ s.) et de son étable (18ᵉ s.) en briques rouges,
cette hôtellerie, entourée par un parc, propose des chambres aux styles rustique et actuel.
Salle à manger complétée par une pergola aux beaux jours. Cuisine dans l'air du temps.

BIRIATOU – 64 Pyrénées-Atlantiques – **342** B4 – **rattaché à Hendaye**

BIRKENWALD – 67 Bas-Rhin – **315** I5 – 281 h. – alt. 295 m – ⌧ 67440   **1** A1
▶ Paris 461 – Molsheim 23 – Saverne 12 – Strasbourg 34

🏠 **Au Chasseur** ⤳ ⟨ 🚗 🍴 🔲 ⅃⅍ ⚄ 🗛 rest, ⁇ ⩗🅰 🅿 🆚🆂🅰 ⓐⓑ 🅰🅴 ⓪
😊 *7 r. de l'Église* – 𝒞 *03 88 70 61 32* – *www.chasseurbirkenwald.com*
– *Fax 03 88 70 66 02* – *Fermé 20 déc.-15 janv.*
19 ch – †65/90 € ††90/100 €, ⌿ 13 € – 3 suites – ½ P 74/97 €
Rest – *(fermé mardi midi, merc. midi et lundi)* (13 €) Menu 15 € (déj. en sem.),
32/75 € – Carte 30/57 €
♦ Auberge régionale vous réservant un accueil chaleureux, familial et pro. Chambres,
récemment rénovées, confortables et soignées. Certaines regardent le massif des Vosges.
Élégante salle à manger agrémentée de belles boiseries en mélèze et bois de ronce.
Carte classique.

BISCARROSSE – 40 Landes – **335** E8 – 12 031 h. – alt. 22 m – Casino   **3** B2
– ⊠ **40600** ▮ Aquitaine

> 🗗 Paris 656 – Arcachon 40 – Bayonne 128 – Bordeaux 74
>
> 🖪 Office de tourisme, 55, place Georges Dufau 𝒞 05 58 78 20 96,
> Fax 05 58 78 23 65
>
> 🖫 de Biscarrosse 400, avenue du Golf, E : 9 km par D 83 et D 305,
> 𝒞 05 58 09 84 93

à Ispe 6 km au Nord par D 652 et D 305 – ⊠ 40600 Biscarosse

🏠   **La Caravelle** ⊗   ≤ ৯ Ⓢ ch, ৷ Ⓟ 𝚟𝚒𝚜𝚊 ◑
☎   5314 rte des lacs – 𝒞 05 58 09 82 67 – www.lacaravelle.fr – Fax 05 58 09 82 18
🍽   – *Ouvert de mi-fév. à fin oct.*
  15 ch – †48/112 € ††72/112 €, ⊃ 7 € – ½ P 66/81 €
  Rest – *(fermé lundi midi et mardi midi sauf juil.-août)* Menu 16/40 €
  – Carte 24/71 €

  ♦ Toutes les chambres de cet hôtel – décorées avec goût – profitent d'une belle vue sur le lac. Celles logées à l'annexe, de plain-pied, bénéficient d'abords verdoyants. Ambiance "vacances" dans la salle-véranda prolongée d'une terrasse ombragée ; cuisine régionale.

Au Golf 7 km au Nord-Ouest par D 652 et D 305

🍴   **Le Parcours Gourmand**   ≤ ৯ Ⓟ 𝚟𝚒𝚜𝚊 ◑ 𝔸𝔼
☎   av. du Golf – 𝒞 05 58 09 84 84 – www.biscarrossegolf.com – Fax 05 58 09 84 50
  – *Fermé 4 janv.-6 fév., mardi soir hors saison, dim. soir et lundi*
  Rest – (14 €) Menu 17 € (déj.), 29/32 € – Carte 23/35 € le midi

  ♦ Carte classique valorisant les produits locaux servie dans ce restaurant posé sur le golf, au milieu d'une pinède. Élégant intérieur épuré et terrasse avec vue sur les greens.

> Un nom d'établissement passé en rouge désigne un « espoir ».
> Le restaurant est susceptible d'accéder à une distinction supérieure :
> première étoile ou étoile supplémentaire. Vous les retrouverez dans
> la liste des tables étoilées en début de guide.

BITCHE – 57 Moselle – **307** P4 – 5 607 h. – alt. 300 m – ⊠ 57230   **27** D1
▮ Alsace Lorraine

> 🗗 Paris 438 – Haguenau 43 – Sarrebourg 62 – Sarreguemines 33
>
> 🖪 Office de tourisme, 4, rue du glacis du Château 𝒞 03 87 06 16 16,
> Fax 03 87 06 16 17
>
> 🖫 Holigest Golf de Bitche 2 rue des Prés, E : 1 km par D 662, 𝒞 03 87 96 15 30
>
> ◉ Citadelle★ - Ligne Maginot : Gros ouvrage du Simserhof★ O : 4 km.

🍴🍴🍴   **Le Strasbourg** (Lutz Janisch) avec ch   ৷ 🛁 𝚟𝚒𝚜𝚊 ◑ 𝔸𝔼 ◉
🕸   24 r. Col-Teyssier – 𝒞 03 87 96 00 44 – www.le-strasbourg.fr – Fax 03 87 96 11 57
🍽   – *Fermé 1er-7 janv., 15 fév.-2 mars, 26 juil.-3 août et 25 oct.-2 nov.*
  10 ch – †48/76 € ††53/90 €, ⊃ 10 €
  Rest – *(fermé dim. soir, mardi midi et lundi)* Menu 21 € (sem.)/55 €
  – Carte 38/66 €❀

  Spéc. Foie gras d'oie aux mirabelles (oct. à mars). Dos de chevreuil issu de la chasse familiale (sept. à déc.). Découpe d'ananas, sorbet airelles au gingembre (nov. à janv.). **Vins** Pinot gris de Moselle, Pinot noir d'Alsace.

  ♦ Dans une lumineuse salle à manger d'esprit Art déco, dégustez la séduisante cuisine du chef, soignée et généreuse. Les prix savent rester sages. Confortables chambres discrètement personnalisées (Afrique, Asie, Provence, etc.).

🍴🍴   **La Tour**   Ⓢ Ⓟ 𝚟𝚒𝚜𝚊 ◑
  3 r. de la Gare – 𝒞 03 87 96 29 25 – Fax 03 87 96 02 61 – *Fermé 25 janv.-9 fév., mardi soir et lundi*
  Rest – (12 €) Menu 25/59 € bc – Carte 30/55 €

  ♦ Entre gare et centre-ville, grande bâtisse flanquée d'une tourelle. Une décoration d'inspiration Belle Époque rend attrayantes les trois salles à manger. Carte au goût du jour.

BIZANET – 11 Aude – **344** I4 – 1 233 h. – alt. 42 m – ⊠ 11200   **22** B3

> ▶ Paris 802 – Beziers 46 – Carcassonne 49 – Narbonne 15

✗   **La Table du Château**   ☆ 涵 *VISA* ◐◐ AE
16 r. de Paris – ℰ *04 68 93 51 19 – www.latableduchateau.fr – Fermé janv., fév.,
sam. midi, dim. soir et lundi en hiver*
Rest – (16 €) Menu 21 € (déj. en sem.)/34 € – Carte 34/50 €
   ♦ Au cœur d'un petit village des Corbières, restaurant familial au décor méridional. Cuisine
traditionnelle avec des touches actuelles. Agréable patio-terrasse aux beaux jours.

BIZE-MINERVOIS – 11 Aude – **344** I3 – 1 042 h. – alt. 58 m   **22** B2
– ⊠ 11120

> ▶ Paris 792 – Béziers 33 – Carcassonne 49 – Narbonne 22

🏠   **La Bastide Cabezac**   ☆ 👗 ᗴ 涵 ᛝ 🅿 *VISA* ◐◐
au Hameau de Cabezac, 3 km au Sud par D 5 – ℰ *04 68 46 66 10
– www.la-bastide-cabezac.com – Fax 04 68 46 66 29 – Fermé 8-30 nov.,
15-28 fév., dim. soir et lundi du 16 sept. au 14 avril*
12 ch ⌂ – †80/130 € ††80/130 €
Rest – *(Fermé le midi du lundi au merc. en saison et sam. midi)* (15 €)
Menu 25/68 € ⅜
   ♦ Ancien relais de poste du 18ᵉ s. repris par un jeune couple enthousiaste. Aménagements
et décor soignés (meubles régionaux, tons chaleureux) en font un plaisant lieu de séjour. Au
restaurant, cuisine actuelle inspirée par les saveurs du Sud. Vins locaux.

BLAESHEIM – 67 Bas-Rhin – **315** J5 – **rattaché à Strasbourg**

BLAGNAC – 31 Haute-Garonne – **343** G3 – **rattaché à Toulouse**

BLAINVILLE-SUR-MER – 50 Manche – **303** C5 – 1 525 h. – alt. 26 m   **32** A2
– ⊠ 50560

> ▶ Paris 347 – Caen 116 – Saint-Lô 41 – Saint Helier 56
> 🄸 Syndicat d'initiative, 12 bis, route de la mer ℰ 02 33 07 90 89,
> Fax 02 33 47 97 93

✗✗   **Le Mascaret** (Philippe Hardy) avec ch ⑤   ☆ ᗴ ⅜ rest, ᛝ *VISA* ◐◐ AE
❀❀   *1 r. de Bas –* ℰ *02 33 45 86 09 – www.restaurant-lemascaret.fr
– Fax 02 33 07 90 01 – Fermé 23 nov.-5 déc. et 2-28 janv.*
5 ch – †105/195 € ††145/195 €, ⌂ 17 €
Rest – *(fermé dim. soir et merc. soir sauf du 15 juil. au 30 août et lundi)* (25 €)
Menu 39/76 € – Carte 85/118 €
Spéc. Ormeaux sauvages rissolés aux topinambours (oct. à mars). Turbot de
ligne glissé à haute température, émulsion d'étrilles (mi-juil. à mi-avril). Expé-
riences moléculaires au nitrogène autour du miel de Blainville (dessert).
   ♦ Une cour, un jardin d'herbes aromatiques et une cuisine précise et créative, conjuguant
avec bonheur les saveurs "terre et mer", font tout le charme de cette maison du 18ᵉ s. Chambres originales et baroques (mélange de motifs, baignoire décorative). Espace bien-être pour
la relaxation.

LE BLANC ❁ – 36 Indre – **323** C7 – 6 927 h. – alt. 85 m – ⊠ 36300   **11** B3
▌Limousin Berry

> ▶ Paris 326 – Bellac 62 – Châteauroux 61 – Châtellerault 52
> 🄸 Office de tourisme, place de la Libération ℰ 02 54 37 05 13,
> Fax 02 54 37 31 93

✗✗   **Le Cygne**   涵 *VISA* ◐◐
8 av. Gambetta – ℰ *02 54 28 71 63 – Fermé 21 juin-8 juil., 2-19 janv., dim. soir,
lundi et mardi*
Rest – *(nombre de couverts limité, prévenir)* Menu 20/45 € – Carte 32/61 €
   ♦ Non loin de l'église réputée pour ses guérisons miraculeuses, agréable restaurant aux
tables soigneusement dressées. La cuisine, au goût du jour, évolue au gré du marché.

LE BLANC-MESNIL – 93 Seine-Saint-Denis – **305** F7 – **101** 17 – **voir à Paris,
Environs (Le Bourget)**

BLANGY-SUR-BRESLE – 76 Seine-Maritime – **304** J2 – **3 171 h.**   **33** D1
– alt. 70 m – ⊠ 76340

▶ Paris 156 – Abbeville 29 – Amiens 56 – Dieppe 55

🛈 Syndicat d'initiative, 1, rue Checkroun ℰ 02 35 93 52 48, Fax 02 35 94 06 14

✗ **Les Pieds dans le Plat**   AC VISA ⚫⚫
    27 r. St-Denis – ℰ 02 35 93 38 36 – Fax 02 35 93 43 64 – Fermé vacances de fév.,
    jeudi soir et dim. soir sauf juil.-août et lundi
    Rest – (15 €) Menu 16 € (sem.)/32 € – Carte 27/46 €
    ♦ Pimpante et lumineuse salle à manger égayée de tableaux d'un artiste local et d'originales
    fleurs en verre. Ambiance conviviale et cuisine du terroir, généreuse et soignée.

BLANQUEFORT – 33 Gironde – **335** H5 – **rattaché à Bordeaux**

BLANZY – 71 Saône-et-Loire – **320** G9 – **rattaché à Montceau-les-Mines**

BLENDECQUES – 62 Pas-de-Calais – **301** G3 – **rattaché à St-Omer**

BLÉNEAU – 89 Yonne – **319** A5 – **1 476 h.** – alt. 200 m – ⊠ 89220   **7** A1

▶ Paris 156 – Auxerre 56 – Clamecy 59 – Gien 30

🛈 Syndicat d'initiative, 2, rue Aristide Briand ℰ 03 86 74 82 28,
    Fax 03 86 74 82 28

◨ Château de St Fargeau★★ ▌ Bourgogne

🏨 **Blanche de Castille**   📶 🛜 P ₰ 🖾 VISA ⚫⚫ AE
    17 r. d'Orléans – ℰ 03 86 74 92 63 – hotelblanchecastille.facite.com
    – Fax 03 86 74 94 43
    12 ch – †50/80 € ††50/80 €, �⊋ 8 € – ½ P 60 €
    Rest – (fermé 7-15 sept., 23 déc.-15 janv., dim. et jeudi) (8 €) Menu 16 € (sem.)/
    23 € – Carte 25/38 €
    ♦ Cet hôtel familial, logé dans un ancien relais de poste, propose des chambres aux noms
    féminins, bien entretenues ; celles du dernier étage sont mansardées. Restaurant feutré et
    terrasse dressée dans la cour intérieure. La carte s'inscrit dans l'air du temps.

✗✗✗ **Auberge du Point du Jour**   🖨 AC ♻ VISA ⚫⚫
    pl. de la Mairie – ℰ 03 86 74 94 38 – www.aubergepointdujour.com
    – Fax 03 86 74 85 92 – Fermé dim. soir, lundi et mardi hors saison
    Rest – (21 €) Menu 29 € – Carte 40/55 €
    ♦ Poutres apparentes, belles boiseries et fleurs fraîches ajoutent à l'ambiance chaleureuse de
    ce petit restaurant. Cuisine traditionnelle aux accents de la région.

BLÉNOD-LÈS-PONT-À-MOUSSON – 54 Meurthe-et-Moselle – **307** H5
– **rattaché à Pont-à-Mousson**

BLÉRÉ – 37 Indre-et-Loire – **317** O5 – **5 048 h.** – alt. 59 m – ⊠ 37150   **11** A1
▌ Châteaux de la Loire

▶ Paris 234 – Blois 48 – Château-Renault 36 – Loches 25

🛈 Office de tourisme, 8, rue Jean-Jacques Rousseau ℰ 02 47 57 93 00,
    Fax 02 47 57 93 00

🏨 **Cheval Blanc**   🖨 🛝 ⌇ AC rest, P VISA ⚫⚫ AE
    pl. de l'Église – ℰ 02 47 30 30 14 – www.lechevalblancblere.com
    – Fax 02 47 23 52 80 – Fermé 16-22 nov. et 2 janv.-9 fév.
    12 ch – †65/90 € ††65/90 €, ⊊ 10 € – ½ P 83/94 €
    Rest – (fermé vend. midi, dim. soir et lundi sauf fériés) (prévenir) (23 €)
    Menu 45/61 € – Carte 51/62 €
    ♦ Demeure de caractère (17ᵉ s.) dont les chambres donnent pour la plupart sur une paisible
    cour fleurie. Piscine, jardin. Restaurant agréable : une salle sur l'arrière distille un esprit rus-
    tique, celle de l'avant est plus lumineuse. Cuisine classique, vins du Val de Loire.

BLÉRIOT-PLAGE – 62 Pas-de-Calais – **301** E2 – **rattaché à Calais**

BLESLE – 43 Haute-Loire – **331** B2 – 657 h. – alt. 520 m – ⊠ 43450   **5** B3
▌ Auvergne

> ▶ Paris 484 – Aurillac 92 – Brioude 23 – Issoire 39
> 🛈 Office de tourisme, place de l'Église ℰ 04 71 76 26 90, Fax 04 71 76 28 17
> ◎ Église St-Pierre★.

🏠   **La Bougnate**   ☐ 🅐🅒 ch, 📞 🆅🅸🆂🅰 ⨀
pl. Vallat – ℰ 04 71 76 29 30 – www.labougnate.com – Fax 04 71 76 29 39
– Fermé déc.-janv. et lundi d'oct. à avril
8 ch – †55/95 € ††55/95 €, ⌿ 9 €   **Rest** – (18 €) Carte 22/30 €
♦ Paisible et charmante auberge installée dans une vraie maison de village. Chambres simples et coquettes ; celles de la petite tour sont assez pittoresques. Boutique d'artisanat. À table, joli décor rustique, cuisine du terroir et vins choisis.

BLIENSCHWILLER – 67 Bas-Rhin – **315** I6 – 293 h. – alt. 230 m   **2** C1
– ⊠ 67650

> ▶ Paris 504 – Barr 51 – Erstein 26 – Obernai 19
> 🛈 Syndicat d'initiative, 4, rue du Winzenberg ℰ 03 88 92 40 16,
>   Fax 03 88 92 40 16

🏠   **Winzenberg** sans rest   ℁ 📞 🅿 🆅🅸🆂🅰 ⨀ 🅰🅴
🏠   58 rte des Vins – ℰ 03 88 92 62 77 – www.winzenberg.fr – Fax 03 88 92 45 22
– Fermé 24 déc.-4 janv. et 8 fév.-9 mars
13 ch – †42/45 € ††45/53 €, ⌿ 7 €
♦ Façade rose très fleurie, jolie cour intérieure, chambres coquettes (mobilier en bois peint) :
cet hôtel familial aménagé dans une maison de viticulteur a du cachet.

✗   **Le Pressoir de Bacchus**   🆅🅸🆂🅰 ⨀
⊛   50 rte des Vins – ℰ 03 88 92 43 01 – Fax 03 88 92 43 01
– Fermé 28 juin-13 juil., 15-28 fév., merc. sauf le soir d'avril à déc. et mardi
Rest – (15 €) Menu 24/44 € – Carte 29/44 €🕮
♦ Cadre à la fois simple et soigné combinant style alsacien et ambiance de bistrot. Cuisine
régionale et vins exclusivement issus du village. Accueil souriant.

BLOIS 🅿 – 41 Loir-et-Cher – **318** E6 – 48 487 h. – Agglo. 116 544 h.   **11** A1
– alt. 73 m – ⊠ 41000 ▌ Châteaux de la Loire

> ▶ Paris 182 – Le Mans 111 – Orléans 61 – Tours 66
> 🛈 Office de tourisme, 23, place du Château ℰ 02 54 90 41 41,
>   Fax 02 54 90 41 48
> 🆗 du Château de Cheverny à Cheverny La Rousselière, par rte de Cheverny :
>   15 km, ℰ 02 54 79 24 70
> ◎ Château★★★ : musée des Beaux-Arts★ - Le Vieux Blois★ : Église
>   St-Nicolas★ - Cour avec galeries★ de l'hôtel d'Alluye YZ **E** - Jardins de
>   l'Evêché ≼★ - Jardin des simples et des fleurs royales ≼★ **L** - Maison de
>   la Magie Robert-Houdin★.

Plan page suivante

🏠🏠🏠   **Mercure Centre**   🖵 ☎ 🅐🅒 🎱 🕭 🚃 🆅🅸🆂🅰 ⨀ 🅰🅴 ⓪
28 quai St-Jean – ℰ 02 54 56 66 66 – www.mercure.com – Fax 02 54 56 67 00
96 ch – †105/200 € ††125/250 €, ⌿ 15 €   **Yf**
Rest – (21 €) Menu 28/30 € – Carte 40/55 €
♦ Chambres contemporaines, en partie desservies par une coursive ouvrant sur un bar-salon
sous verrière. Petite vue sur la Loire depuis certaines. Espace bien-être. Lumineuse salle à
manger tournée vers le fleuve ; intéressante sélection de vins au verre.

🏠🏠🏠   **Holiday Inn**   🏠 ☎ ♿ ch, 🅐🅒 📞 🎱 🅿 🆅🅸🆂🅰 ⨀ 🅰🅴 ⓪
26 av. Maunoury – ℰ 02 54 55 44 88 – www.holiday-inn.fr – Fax 02 54 74 57 97
78 ch – †110/150 € ††110/150 €, ⌿ 14 €   **Yt**
Rest – (fermé sam. et dim.) (20 €) Menu 25/35 € – Carte 21/32 € Le soir
♦ Chambres confortables et chaleureuses pour cet hôtel rénové, légèrement excentré mais
tout proche de la halle aux grains (salles de spectacle et de congrès). Restaurant d'esprit
contemporain. Terrasse intérieure où l'on sert grillades et salades en saison.

BLOIS

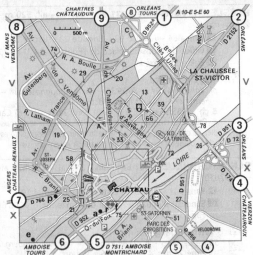

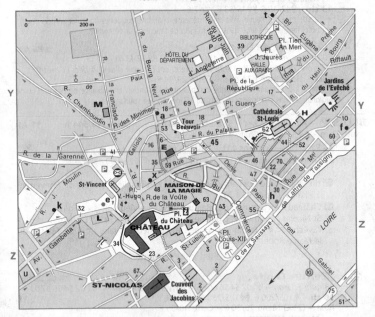

⌂ **Anne de Bretagne** sans rest   `(¹)` `VISA` `◯◯`
31 av. J.-Laigret – ℰ 02 54 78 05 38 – annedebretagne.free.fr
– Fax 02 54 74 37 79 – Fermé 28 nov.-12 déc.   Z**k**
27 ch – ♦45/51 € ♦♦54/58 €, ☲ 8,50 €
♦ Sur une place arborée voisine du château, une adresse familiale où il fait bon s'arrêter : salon cosy, chambres simples et joliment colorées, petit-déjeuner servi dehors l'été.

⌂ **Monarque**   `AC` `(¹)` `VISA` `◯◯`
61 r. Porte-Chartraine – ℰ 02 54 78 02 35 – annedebretagne.free.fr
– Fax 02 54 74 82 76 – Fermé 21 déc.-25 janv.   Y**a**
22 ch – ♦38/58 € ♦♦59 €, ☲ 8 € – ½ P 52 €
Rest – (11 €) Menu 24/28 € – Carte environ 26 €
♦ Non loin des rues piétonnes, bâtisse du 19ᵉ s. dont les murs abritent un accueillant hôtel. Petites chambres sobres et bien tenues, toutes climatisées. Un puits de lumière central et quelques tableaux égaient le restaurant ; recettes actuelles.

⌂ **Ibis** sans rest   `⇕` `AC` `℅` `VISA` `◯◯` `AE` `①`
3 r. Porte-Côté – ℰ 02 54 74 01 17 – www.ibishotel.com
– Fax 02 54 74 85 69   Z**x**
56 ch – ♦59/83 € ♦♦59/83 €, ☲ 8 €
♦ Adresse centrale alliant le cachet d'un ancien hôtel particulier (mosaïque d'entrée, stucs, moulures) et la fonctionnalité de chambres pratiques et bien insonorisées.

⌂ **Le Plessis** sans rest   `⎘` `⌶` `AC` `(¹)` `P`
195 r. Albert-1ᵉʳ – ℰ 02 54 43 80 08 – www.leplessisblois.com   X**e**
5 ch ☲ – ♦110 € ♦♦120/140 €
♦ Une propriété viticole joliment reconvertie : salon de lecture et petit-déjeuner façon brunch dans la maison principale (18ᵉ s.), chambres soignées aménagées dans l'ex-pressoir.

XXX **L'Orangerie du Château** (Jean-Marc Molveaux)   `≼` `⌂` `AC` `⇔` `P`
⌘ *1 av. J.-Laigret – ℰ 02 54 78 05 36*   `VISA` `◯◯` `AE`
– www.orangerie-du-chateau.fr – Fax 02 54 78 22 78 – Fermé 23-29 août,
2-4 nov., 15 fév.-11 mars, lundi midi de mai à oct., mardi soir de nov. à avril,
dim. soir et merc.   Z**e**
Rest – Menu 33 € (sem.)/77 € – Carte 74/85 €
Spéc. Huîtres spéciales, chou-fleur, tourteau et copeaux de foie gras cru. Bar sauvage rôti sur peau, asperges vertes et blanches de Sologne, risotto au parmesan (printemps). Chocolat blésois, soupe chocolatée, cannelé coulant et compotée de griottes. **Vins** Cour-Cheverny, Touraine-Mesland.
♦ Belle dépendance du château (15ᵉ s.) et sa terrasse ménageant une vue imprenable sur le noble logis de François 1ᵉʳ. Salle lumineuse et raffinée ; cuisine au goût du jour.

XXX **Le Médicis** (Damien Garanger) avec ch   `AC` `⅌` rest, `(¹)` `VISA` `◯◯` `AE` `①`
⌘ *2 allée François-1ᵉʳ – ℰ 02 54 43 94 04 – www.le-medicis.com*
– Fax 02 54 42 04 05 – Fermé 8-15 nov., 3-31 janv., dim. soir de nov. à mai et
lundi de nov. à mars   X**p**
10 ch – ♦87 € ♦♦87/160 €, ☲ 12 € – ½ P 95/114 €
Rest – (22 €) Menu 29/69 € – Carte 48/76 € ⅍
Spéc. Salade "folichonne" aux asperges vertes et foie gras chaud (avril à juin). Ris de veau à la crème de cèpes, lasagne de céleri (sept. à nov.). Tartelette macaronée, crémeux myrtille et billes de groseille (juin à sept.). **Vins** Vouvray, Cheverny.
♦ Maison 1900 proposant une belle cuisine actuelle dans une salle à manger-véranda cossue (moulures, mobilier Second Empire). Chambres modernisées, soignées et confortables.

X **Au Rendez-vous des Pêcheurs** (Christophe Cosme)   `AC` `⇔` `VISA` `◯◯`
⌘ *27 r. Foix – ℰ 02 54 74 67 48 – www.rendezvousdespecheurs.com*
– Fax 02 54 74 47 67 – Fermé 1ᵉʳ-23 août, lundi midi et dim.   X**r**
Rest – (nombre de couverts limité, prévenir) Menu 30 € (sem.)/69 €
– Carte 66/87 €
Spéc. Fleur de courgette farcie aux langoustines (mai à oct.). Sandre en papillote d'épinard. Assiette de gourmandises. **Vins** Jasnières, Touraine.
♦ Comme un hommage à l'ex-bar de pêcheurs qui occupait autrefois ces murs : sympathique esprit bistrot rétro et cuisine inventive naviguant avec brio entre terre et mer.

✗ **Côté Loire " Auberge Ligérienne"** avec ch 🛝 |📶| 🕯 📶 ⬤ AE
*2 pl. de la Gréve – 𝒞 02 54 78 07 86 – www.coteloire.com – Fax 02 54 56 87 33
– Fermé 30 mai-7 juin, 29 août-7 sept., 14-30 nov., 3 janv.-3 fév.* X**f**
7 ch – 🛏55/76 € 🛏🛏55/76 €, ⊑ 8 € – ½ P 65/75 €
Rest – *(fermé sam. midi en juil.-août, dim. et lundi)* (17 €) Menu 27 €
– Carte environ 37 €
◆ Poutres d'origine (16ᵉ s.), vaisselier ancien, tables en bois verni et menu unique à l'ardoise évoluant au gré du marché font tout le charme de cette auberge blésoise.

✗ **Le Bistrot de Léonard** 🛝 AK 📶 ⬤
*8 r. Mar.-de Lattre-de-Tassigny – 𝒞 02 54 74 83 04 – www.lebistrotdeleonard.com
– Fax 02 54 74 85 87 – Fermé 24 déc.-1ᵉʳ janv., sam. midi et dim.* Z**h**
Rest – Carte 28/50 €
◆ Ambiance bistrot parisien restituée derrière une jolie façade en bois donnant sur les quais. Plats canailles notés à l'ardoise, mise de table design, clins d'œil à da Vinci.

à St-Denis-sur-Loire 6 km par ② – 870 h. – alt. 92 m – ⊠ 41000

✗✗✗ **Le Grand Atelier** avec ch ⬛ 🛝 📶 ⬤
*r. 8-Mai-1945 – 𝒞 02 54 74 10 64 – www.hotel-restaurant-atelier.com
– Fax 02 54 58 86 37 – Fermé dim. soir et lundi*
5 ch – 🛏100 € 🛏🛏110 €, ⊑ 12 €
Rest – *(fermé vacances de fév.)* Menu 30/59 €
◆ Cette jolie maison, qui fut l'atelier de Bernard Lorjou, a gardé son âme d'artiste : de nombreuses toiles ornent l'élégante salle à manger. Terrasse. Cuisine actuelle. Chambres assez cosy.

à Molineuf 9 km par ⑦ – 800 h. – alt. 115 m – ⊠ 41190

✗✗ **La Poste** AK 📶 ⬤ AE ⓪
⬤⬤
*11 av. de Blois – 𝒞 02 54 70 03 25 – www.restaurant-poidras.com
– Fax 02 54 70 12 46 – Fermé 15 nov.-3 déc., 21 fév.-7 mars, mardi d'oct. à avril,
dim. soir de sept. à juin et merc.*
Rest – Menu 16/35 €
◆ En lisière de la forêt de Blois, auberge de pays abritant une salle décorée sur le thème du vin et prolongée par une lumineuse véranda. Cuisine au goût du jour soignée.

Comment choisir, dans une localité, entre deux adresses de même catégorie ? Sachez que dans chacune d'elles, les établissements sont classés par ordre de préférence : les meilleures adresses d'abord.

BLONVILLE-SUR-MER – 14 Calvados – 303 M3 – 1 546 h. – alt. 10 m   32 A3
– ⊠ 14910

▶ Paris 205 – Caen 46 – Deauville 5 – Le Havre 50
🅸 Office de tourisme, 32 bis, avenue Michel d'Ornano 𝒞 02 31 87 91 14,
Fax 02 31 87 11 38

🅗 **L'Épi d'Or** 🛝 |📶| & 🖓 P 📶 ⬤ AE ⓪
*23 av. Michel-d'Ornano – 𝒞 02 31 87 90 48 – www.hotel-normand.com
– Fax 02 31 87 08 98 – Fermé 20-29 déc. et 18 janv.-26 fév.*
40 ch – 🛏55/70 € 🛏🛏55/120 €, ⊑ 8 € – ½ P 63/95 €
Rest – *(fermé merc. et jeudi sauf juil.-août)* (13 €) Menu 20/49 € – Carte 30/50 €
◆ Avenante maison de style normand bien rénovée. Les chambres, toutes semblables, sont avant tout pratiques. Sobre salle à manger actuelle et carte traditionnelle ; repas rapides à la brasserie dans un décor rustique.

BOIS-COLOMBES – 92 Hauts-de-Seine – 311 J2 – 101 15 – voir à Paris,
Environs

BOIS DE BOULOGNE – 75 Ville-de-Paris – voir à Paris (Paris 16e)

BOIS DE LA CHAIZE – 85 Vendée – 316 C5 – voir à Île de Noirmoutier

BOIS-LE-ROI – 77 Seine-et-Marne – **312** F5 – 5 433 h. – alt. 80 m   **19** C2
– ✉ **77590**

▶ Paris 58 – Fontainebleau 10 – Melun 10 – Montereau-Fault-Yonne 26
🖼 U.C.P.A. Bois-le-Roi Base de loisirs, NO : 2 km, ☏ 01 64 81 33 31

XX   **La Marine**   🕭 *VISA* ◉◉
52 quai O.-Metra, (près de l'écluse) – ☏ *01 60 69 61 38* – *Fermé*
25 oct.-5 nov., 25 fév.-5 mars, dim. soir d' oct. à avril, lundi et mardi
Rest – Menu 28/45 € – Carte 47/70 €
♦ Cette auberge jouit d'une situation attractive en bord de Seine, face à une écluse. Sympathique cuisine traditionnelle dans la salle sagement rustique ou sur la terrasse d'été.

BOIS-PLAGE-EN-RÉ – 17 Charente-Maritime – **324** B2 – **voir à Île de Ré**

BOISSERON – 34 Hérault – **339** J6 – **rattaché à Sommières**

BOISSET – 15 Cantal – **330** B6 – 637 h. – alt. 426 m – ✉ **15600**   **5** A3

▶ Paris 559 – Aurillac 31 – Calvinet 18 – Entraygues-sur-Truyère 48

🏠   **Auberge de Concasty** ॐ   🕭 🕭 🏊 ᕘ ch, 🕪 🕪 **P** *VISA* ◉◉ Æ ◉
3 km au Nord-Est par D 64 – ☏ *04 71 62 21 16* – *www.auberge-concasty.com*
– *Fax 04 71 62 22 22* – *Ouvert 1ᵉʳ avril-30 nov.*
11 ch – 🛏63/73 € 🛏🛏107/127 €, ⌿ 16 € – 1 suite – ½ P 72/103 €
Rest – *(dîner seult)* Menu 40 €
♦ Air pur et calme en ce domaine ouvert sur la campagne cantalienne. Coquettes chambres actuelles, plus spacieuses dans la remise. Brunch auvergnat et massages sur demande. Menu unique servi dans un décor rustique ; recettes régionales avec les légumes du jardin.

BOISSIÈRES – 46 Lot – **337** E4 – 350 h. – alt. 229 m – ✉ **46150**   **28** B1

▶ Paris 573 – Cahors 16 – Fumel 43 – Souillac 64

🏠   **Michel & Lydia** ॐ   🛋 🔄 🕪 🕪 **P**
lieu-dit Bertouille, 1 km à l' Est par rte secondaire
– ☏ *05 65 21 43 29* – *www.micheletlydia.fr* – *Fax 05 65 21 43 29*
– *Fermé 3 déc.-3 janv.*
4 ch ⌿ – 🛏60/73 € 🛏🛏65/78 €
Table d'hôte – *(fermé merc., jeudi et dim.)* Menu 24 € bc
♦ Les propriétaires, d'origine belge, sont aux petits soins dans cette charmante maison récente. Chambres confortables et personnalisées (mobilier ancien de famille ou chiné). Cuisine traditionnelle du patron – un ancien boulanger ! Viennoiseries et pâtisseries maison.

BOLLENBERG – 68 Haut-Rhin – **315** H9 – **rattaché à Rouffach**

BOLLEZEELE – 59 Nord – **302** B2 – 1 382 h. – alt. 40 m – ✉ **59470**   **30** B1

▶ Paris 274 – Calais 45 – Dunkerque 24 – Lille 68

🏠   **Hostellerie St-Louis** ॐ   🛋 🛉 ᕘ rest, 🕪 🔄 **P** *VISA* ◉◉ Æ
🍴   *47 r. de l'Église* – ☏ *03 28 68 81 83*
– *www.hostelleriesaintlouis.com* – *Fax 03 28 68 01 17*
– *Fermé 26 juil.-5 août, 23 déc.-14 janv. et dim. soir*
26 ch – 🛏46 € 🛏🛏62/78 €, ⌿ 9 € – ½ P 63/71 €
Rest – *(fermé le midi sauf dim.)* Menu 25 € (dîner)/46 € – Carte 40/64 €
♦ Cette belle maison du début du 19ᵉ s. possède un plaisant jardin d'agrément avec bassin. Les chambres, récentes, sont spacieuses et bien agencées. Généreuse cuisine traditionnelle servie avec le sourire dans un cadre bourgeois (mobilier de style et tons pastel).

BONDUES – 59 Nord – **302** G3 – **rattaché à Lille**

BONIFACIO – 2A Corse-du-Sud – **345** D11 – **voir à Corse**

BONLIEU – 39 Jura – **321** F7 – 238 h. – alt. 785 m – ⊠ 39130   16 B3

🁢 Franche-Comté Jura

> ◪ Paris 439 – Champagnole 23 – Lons-le-Saunier 32 – Morez 24

XX   **La Poutre** avec ch   🅿 VISA ◐◐

⊛   *25 Grande-Rue – ℰ 03 84 25 57 77 – Fax 03 84 25 51 61*
– *Ouvert 5 mai-1er nov. et fermé mardi et merc. sauf juil.-août et lundi midi*
8 ch – 🛉46 € 🛉🛉46/56 €, ⊇ 8 € – ½ P 60 €
Rest – Menu 23/70 € – Carte 48/81 €
◆ Ferme familiale de 1740 située au centre du bourg. Dans la salle à manger rustique (poutres et vieilles pierres), on se régale d'une cuisine raffinée cent pour cent maison.

BONNAT – 23 Creuse – **325** I3 – 1 318 h. – alt. 330 m – ⊠ 23220   25 C1

> ◪ Paris 329 – Châtre 37 – Guéret 20 – Montluçon 72

🏠   **L'Orangerie** ⟋   🍴 🎧 ⌧ ※ ℰ 🕻 🚲 🅿 VISA ◐◐ AE

3 bis r. de la Paix – ℰ 05 55 62 86 86 – www.hotel-lorangerie.fr
– *Fax 05 55 62 86 87 – Ouvert avril-oct.*
30 ch – 🛉85 € 🛉🛉95 €, ⊇ 12 € – ½ P 80/85 €
Rest – *(Fermé le midi en sem., lundi soir et dim. en avril et en oct.)* (17 €)
Menu 29/49 € – Carte environ 37 €
◆ Agréables salons, chambres confortables (joli mobilier de style Louis XV) et petit-déjeuner en terrasse : cette séduisante demeure bourgeoise tient ses promesses. La table, traditionnelle, fait la part belle aux légumes (superbe potager dans le parc).

BONNATRAIT – 74 Haute-Savoie – **328** L2 – rattaché à Thonon-les-Bains

---

BONNE – 74 Haute-Savoie – **328** K3 – 2 538 h. – alt. 457 m – ⊠ 74380   46 F1

> ◪ Paris 545 – Annecy 45 – Bonneville 16 – Genève 18

🏠🏠   **Baud**   🎧 🎧 ℰ rest, 🍴 🅿 VISA ◐◐ AE ◑

181 av. du Léman – ℰ 04 50 39 20 15 – www.hotel-baud.com
– *Fax 04 50 36 28 96*
19 ch – 🛉125/225 € 🛉🛉125/225 €, ⊇ 15 €
Rest – *(fermé dim. soir)* (26 €) Menu 37/68 € – Carte 45/74 €⅋
◆ Belle atmosphère dans cette hôtellerie bien dans notre époque : décor design et confort (éclairages étudiés, équipements high-tech), excellent petit-déjeuner (produits artisanaux). Cuisine au goût du jour servie face à un charmant écran de verdure.

au Pont-de-Fillinges 2,5 km à l'Est – ⊠ 74250

XX   **Le Pré d'Antoine**   🎧 🄰🄲 🅿 VISA ◐◐ AE

rte Boëge – ℰ 04 50 36 45 06 – www.lepredantoine.com – Fax 04 50 31 12 28
– *Fermé 1er-8 janv., dim. soir et lundi*
Rest – (17 €) Menu 20 € (déj. en sem.), 36/52 € – Carte 40/61 €
◆ Construction moderne de type chalet abritant une belle salle à manger contemporaine aux couleurs claires, complétée d'une terrasse bien exposée. Goûteuse cuisine traditionnelle.

BONNE-FONTAINE – 57 Moselle – **307** O6 – rattaché à Phalsbourg

---

BONNÉTAGE – 25 Doubs – **321** K3 – 739 h. – alt. 960 m – ⊠ 25210   17 C2

> ◪ Paris 468 – Belfort 69 – Besançon 65 – Biel/Bienne 62

XXX   **L'Étang du Moulin** (Jacques Barnachon) avec ch ⟋   ⩽ 🎧 ℰ rest, 🍴

⊛   *5 chemin de l'étang du Moulin, 1,5 km par D 236 et*   🅿 VISA ◐◐ AE
◫   *chemin privé – ℰ 03 81 68 92 78 – www.etang-du-moulin.fr – Fax 03 81 68 94 42*
– *Fermé 21-29 déc., 4 janv.-6 fév., dim. soir et lundi du 15 nov. au 15 mars, merc. midi et mardi*
19 ch – 🛉55/80 € 🛉🛉70/100 €, ⊇ 10 € – ½ P 55/60 €
Rest – Menu 24/95 € – Carte 43/100 €⅋
Spéc. Croûte aux morilles à la crème de Bonnétage et au vin jaune. Ris de veau caramélisés au miel de sapin et vinaigre balsamique. Dessert autour du vin jaune. **Vins** Arbois-Savagnin, Vin de pays de Franche-Comté.
◆ Grand chalet posé au bord d'un étang, en pleine nature. Confortable salle à manger contemporaine, délicieuse cuisine du terroir (carte de foies gras) et beau choix de vins.

BONNEUIL – 16 Charente – **324** J6 – 246 h. – alt. 100 m – ⊠ 16120　　**39** B3

▶ Paris 482 – Poitiers 146 – Angoulême 34 – Saintes 59

介　**Le Maine Pertubaud-Jenssen** ⍥　　🔚 🛏 🏊 ✕ 💻 ⚙ ¶ 👙 🅿

2 km à l'Est par D 699 – ℰ 05 45 96 99 50 – www.jenssen.fr　　VISA ⓒⓞ AE
– Fax 05 45 96 99 48 – Fermé 9-16 août et 20-27 déc.
5 ch – †100/130 € ††140 €, ⊇ 12 €
Table d'hôte – Menu 35 € bc/55 € bc
◆ Au milieu d'un vignoble de 24 ha en Grande Champagne, petit hameau du 18ᵉ s. rénové luxueusement. Confort haut de gamme dans la villa récente. Distillerie du cognac Jenssen sur place. Table d'hôte dressée dans une salle rustique. Cuisine traditionnelle.

BONNEUIL-MATOURS – 86 Vienne – **322** J4 – 1 930 h. – alt. 60 m　　**39** C1
– ⊠ 86210

▶ Paris 322 – Bellac 79 – Le Blanc 51 – Châtellerault 17
🆔 Office de tourisme, Carrefour Maurice Fombeure ℰ 05 49 85 08 62,
Fax 05 49 85 08 62

✕✕　**Le Pavillon Bleu**　　　　　　　　　　　　　　　VISA ⓒⓞ
☺

D 749, (face au pont) – ℰ 05 49 85 28 05 – Fax 05 49 21 61 94
– Fermé 20 sept.-11 oct., merc. soir d'oct. à mai, dim. soir et lundi
Rest – (13 €) Menu 20/43 € – Carte 34/43 €
◆ Passez la Vienne par le pont suspendu pour rejoindre cette coquette auberge familiale que l'on apprécie pour son atmosphère reposante et ses goûteuses recettes traditionnelles.

BONNEVAL – 28 Eure-et-Loir – **311** E6 – 4 161 h. – alt. 128 m　　**11** B1
– ⊠ 28800 ▌ Châteaux de la Loire

▶ Paris 121 – Chartres 31 – Lucé 34 – Orléans 66
🆔 Office de tourisme, 2, square Westerham ℰ 02 37 47 55 89,
Fax 02 37 96 28 62

🏨　**Hostellerie du Bois Guibert** ⍥　　　🔥 🛏 � ¶ 👙 🅿 VISA ⓒⓞ

à Guibert, 2 km au Sud-Ouest – ℰ 02 37 47 22 33 – www.bois-guibert.com
– Fax 02 37 47 50 69 – Fermé 15 fév.-1ᵉʳ mars et 25 oct.-9 nov.
20 ch – †69 € ††69/160 €, ⊇ 12 € – ½ P 82/126 €
Rest – *(fermé sam. midi, dim. soir et lundi)* Menu 28/67 € – Carte 61/86 €
◆ Au cœur d'un ravissant parc, une gentilhommière du 18ᵉ s. dont les chambres sont garnies d'un mobilier ancien. Celles de l'annexe récente sont plus spacieuses et actuelles. Élégant restaurant prolongé d'une terrasse côté jardin. Recettes classiques et menu végétarien.

BONNEVAL-SUR-ARC – 73 Savoie – **333** P5 – 239 h. – alt. 1 800 m　　**45** D2
– **Sports d'hiver** : 1 800/3 000 m ⚡10 – ⊠ 73480 ▌ Alpes du Nord

▶ Paris 706 – Albertville 133 – Chambéry 146 – Lanslebourg 21
🆔 Syndicat d'initiative, la Ciamarella ℰ 04 79 05 95 95, Fax 04 79 05 86 87
👁 Vieux village★★.

🏠　**À la Pastourelle** ⍥　　　　　　　　⚡ ⚙ ¶ VISA ⓒⓞ AE
🍴

– ℰ 04 79 05 81 56 – www.pastourelle.com – Fax 04 79 05 85 44 – *Fermé 1 sem.*
en juin et vacances de la Toussaint
12 ch – †54/58 € ††58/62 €, ⊇ 7 € – ½ P 55 €
Rest – *(ouvert 19 déc.-24 avril)* Carte 15/35 €
◆ Cette maison familiale de style montagnard abrite des petites chambres bien tenues, douillettes et lambrissées. Accueil sympathique. Dégustez au coin du feu, dans un cadre rustique (poutres, voûtes en pierre), raclettes, fondues, crêpes et la spécialité régionale, le diot.

🏠　**La Bergerie** ⍥　　　　　　　　⚡ ⚙ ¶ 🅿 VISA ⓒⓞ AE ⓞ
☺☺

– ℰ 04 79 05 94 97 – Fax 04 79 05 93 24 – *Ouvert 14 juin-26 sept.*
et 18 déc.-23 avril
22 ch ⊇ – †43/50 € ††62/70 € – ½ P 58/64 €
Rest – Menu 18/23 € – Carte 28/45 €
◆ Entrez dans la Bergerie et repaissez-vous de sa douce quiétude dans des chambres lumineuses offrant une belle perspective sur le massif des Évettes. Côté assiette, cuisine de brasserie simple le midi, mais plus traditionnelle et savoyarde le soir.

BONNEVILLE – 74 Haute-Savoie – **328** L4 – 10 691 h. – alt. 450 m — **46** F1
– ⊠ 74130 📖 Alpes du Nord

> ▶ Paris 556 – Annecy 42 – Chamonix-Mont-Blanc 54 – Nantua 87
>
> 🛈 Office de tourisme, 148, place de l'Hôtel de Ville ℰ 04 50 97 38 37,
> Fax 04 50 97 19 33

à Vougy 5 km à l'Est par D 1205 – 1 317 h. – alt. 471 m – ⊠ 74130

XXX **Le Capucin Gourmand** 🌐 🎆 🕊 ⇄ **P** VISA ☎
😊 *1520 rte de Genève, D 1205* – ℰ *04 50 34 03 50* – *www.lecapucingourmand.com*
*– Fax 04 50 34 57 57 – Fermé 7-30 août, 1ᵉʳ-8 janv., sam. midi, dim. et lundi sauf
fêtes*
Rest – Menu 38/57 € – Carte 44/50 €🏵
Rest *Le Bistro du Capucin* – (21 €) Menu 28 € – Carte 32/40 €
♦ Le restaurant révèle une élégante salle dans les tons café et un salon avec cheminée
monumentale. Cuisine classique accompagnée de vins choisis. Côté Bistro : plats de tradition
(cassolette d'escargots, tête de veau…), décor rétro et tables à touche-touche.

BONNIEUX – 84 Vaucluse – **332** E11 – 1 400 h. – alt. 400 m – ⊠ 84480 — **42** E1
📖 Provence

> ▶ Paris 721 – Aix-en-Provence 49 – Apt 12 – Carpentras 42
>
> 🛈 Office de tourisme, 7, place Carnot ℰ 04 90 75 91 90, Fax 04 90 75 92 94
>
> ◙ Terrasse ≼ ★.

🏠 **Le Clos du Buis** sans rest 🚗 🏊 ৬ 🎆 🕊 ⁽ᵖ⁾ **P** VISA ☎
r. Victor Hugo – ℰ *04 90 75 88 48* – *www.leclosdubuis.com* – *Fax 04 90 75 88 57*
– Fermé 15 nov.-22 déc. et 5 janv.-1ᵉʳ mars
8 ch ⊑ – ♦93/132 € ♦♦93/132 €
♦ Agrémentée d'un ravissant jardin et d'une piscine, cette vaste maison réussit le mariage
de la tradition et du confort : chambres agréables, salons cosy (four à pain).

XXX **La Bastide de Capelongue** (Edouard Loubet) avec ch 🌿 ≼ 🚗 🈁
❀❀ *rte de Lourmarin, (face au pont), puis D 232 et* 🏊 ৬ 🎆 **P** VISA ☎ 🅰🅴 ⓞ
voie secondaire : 1,5 km – ℰ *04 90 75 89 78* – *www.capelongue.com*
– Fax 04 90 75 93 03 – Fermé 15 nov.-19 déc. et 21 janv.-15 fév.
17 ch – ♦160/220 € ♦♦190/380 €, ⊑ 22 €
Rest – *(fermé mardi midi et merc. sauf juil.-août)* Menu 70 € bc (déj. en sem.),
140/190 € – Carte 130/205 €🏵
Spéc. Cœur de tournesol à la truffe d'été, salade au diamant noir (juil. à sept.).
Loup saisi à la fleur de sel, légère infusion à la sauge et chips d'orange. Soufflé au cèdre des crêtes du Haut-Luberon, crème glacée au clou de girofle.
Vins Côtes du Luberon.
♦ Grand mas d'allure traditionnelle niché dans la garrigue. Élégante salle à manger (camaïeu
de beige) et plaisante terrasse dotée d'un mobilier en fer forgé. Cuisine inventive. Chambres
provençales, jouissant pour certaines d'une jolie vue sur le village.

La Ferme de Capelongue 🏠🌿 🚗 🏊 ⁽ᵖ⁾ 🏅 **P** VISA ☎ 🅰🅴 ⓞ
1 ch – ♦190/420 € ♦♦220/420 €, ⊑ 22 € – 9 suites – ♦♦220/500 €
♦ Face à la Bastide, dans un petit hameau rénové, appartements et studios à la décoration
épurée mettant en valeur les vieux murs de pierre. Vaste jardin agrémenté d'une piscine.

X **Le Fournil** 🈁 VISA ☎
pl. Carnot – ℰ *04 90 75 83 62* – *Fax 04 90 75 96 19* – *Fermé 21 nov.-20 déc.,
3 janv.-12 fév., sam. midi, mardi sauf le soir d'avril à sept. et lundi*
Rest – *(nombre de couverts limité, prévenir)* (20 €) Menu 26 € (déj.)/45 €
♦ Cette maison adossée à la colline propose sa terrasse, installée sur la placette, ou son originale et fraîche salle à manger troglodytique décorée dans un esprit contemporain.

X **L'Arôme** 🈁 VISA ☎ 🅰🅴
😊 *2 r. Lucien-Blanc* – ℰ *04 90 75 88 62* – *www.larome-restaurant.com*
– Fax 04 90 04 06 27 – Fermé 15 fév.-24 mars, jeudi sauf le soir de mars à oct. et merc.
Rest – Menu 29/38 € – Carte 41/61 €
♦ Charmante maison en pierre blonde (l'une des salles s'abrite sous des voûtes du 14ᵉ s.) au
décor soigné et champêtre. Spécialités de poisson et saveurs régionales. Terrasse.

BONNY-SUR-LOIRE – 45 Loiret – **318** O6 – 2 032 h. – alt. 190 m
– ⊠ 45420

12 D2

  ▶ Paris 167 – Auxerre 64 – Cosne-sur-Loire 25 – Gien 24

  🄸 Office de tourisme, 29, Grande Rue 📞 02 38 31 57 71, Fax 02 38 31 57 71

✗✗ **Des Voyageurs** avec ch   🄰🄺 rest, **P** *VISA* 🐵 🄰🄴
  10 Grande-Rue – 📞 *02 38 27 01 45 – Fax 02 38 27 01 46*
  – Fermé 23 août-7 sept., 3 sem. en fév., dim. soir, mardi midi et lundi
  6 ch – ♥40 € ♥♥40/50 €, ☲ 6 € – ½ P 54 €
  Rest – Menu 19 € (sem.), 29/48 € – Carte 29/53 €
  ♦ Les voyageurs pourront se régaler ici d'une cuisine actuelle, gourmande et sans fausse
  note. Atmosphère un brin bourgeoise en salle (tableaux exposés). Chambres fonctionnelles.

LE BONO – 56 Morbihan – **308** N9 – 2 112 h. – alt. 10 m – ⊠ 56400

9 A3

  ▶ Paris 475 – Auray 6 – Lorient 49 – Quiberon 37

🏠 **Alicia**   🍴 ✻ ♨ **P** *VISA* 🐵 🄰🄴
  1 r. du Gén.-de-Gaulle – 📞 *02 97 57 88 65*
  – www.hotel-alicia.com – Fax 02 97 57 92 76
  – Fermé janv.
  21 ch – ♥60/95 € ♥♥60/95 €, ☲ 10 €
  Rest – *(dîner seult) (résidents seult)* Menu 22 €
  ♦ Un hôtel à l'accueil convivial près du pont et en bordure du golfe. Les chambres, impeccables et dotées pour la plupart d'un balcon, ont adopté un look moderne et épuré. Cuisine
  traditionnelle servie aux beaux jours sur une délicieuse terrasse dominant la rivière.

BONS-EN-CHABLAIS – 74 Haute-Savoie – **328** L3 – 4 531 h.
– alt. 565 m – ⊠ 74890

46 F1

  ▶ Paris 552 – Annecy 60 – Bonneville 30 – Genève 25

🏠 **Le Progrès**   📶 ⅙ ch, 📶 **P** *VISA* 🐵
  r. Annexion – 📞 *04 50 36 11 09 – www.hotel-le-progres.com – Fax 04 50 39 44 16*
  – Fermé 15 juin-6 juil., 1er-10 janv., vend. soir, dim. soir et lundi
  10 ch – ♥52 € ♥♥62 €, ☲ 15 € – ½ P 59 €
  Rest – (15 €) Menu 18 € (sem.)/50 € – Carte 30/50 €
  ♦ Deux maisons de village dont une abritant de confortables chambres bien tenues. Une
  base de randonnées pratique vers le Grand Signal des Voirons. Restaurant mi-rustique, mi-
  bourgeois décoré avec soin et registre culinaire classique.

Bordeaux

BORDEAUX

Département : 🅿 33 Gironde
Carte Michelin LOCAL : 335 H5
▶ Paris 579 – Lyon 537 – Nantes 323
 – Strasbourg 970
Population : 232 260 h.
Pop. agglomération : 753 931 h.

Altitude : 4 m
Code Postal : ✉ 33000
🏛 Aquitaine
Carte régionale : 3 B1

PLANS DE BORDEAUX

AGGLOMÉRATION

BORDEAUX CENTRE

RÉPERTOIRE DES RUES

HÔTELS ET RESTAURANTS

RENSEIGNEMENTS PRATIQUES

🛈 OFFICE DE TOURISME
12, cours du 30 juillet ☎ 05 56 00 66 00, Fax 05 56 00 66 01

MAISON DU VIN DE BORDEAUX
(informations, dégustations)

(fermé week-ends et j. fériés)

1 cours du 30 Juillet ☎ 05 56 00 22 66

bar à vin ouvert tlj sauf le dim. de 11 h à 22 h.

TRANSPORTS
🚃 Auto-train ☎ 3635 (dîtes auto-train - 0,34 €/mn)

AÉROPORT
✈ Bordeaux-Mérignac : ☎ 05 56 34 50 00, **AU** : 10 km

CASINO
de Bordeaux-Lac, r. Cardinal Richaud ☎ 05 56 69 49 00 BT

QUELQUES GOLFS
🏌 de Bordeaux-Lac Avenue de Pernon, N : 5 km par D 209, ☎ 05 56 50 92 72

🏌 du Médoc à Le Pian-Médoc Chemin de Courmateau, par rte de Castelnau :
 16 km, ☎ 05 56 70 11 90

🏌 de Pessac à Pessac Rue de la Princesse, SO : 16 km par D 1250, ☎ 05 57 26 03 33

🔘 À VOIR

BORDEAUX DU 18e S.

Grand théâtre★★ - Place de la Comédie - Place Gambetta - Cours de l'intendance - Église Notre-Dame★ DX - Place de la Bourse★★ - Place du Parlement★ - Basilique St-Michel★ Porte de la Grosse Cloche★ EY Fontaines★ du monument aux Girondins, Esplanade des Quinconces.

QUARTIER DES CHARTRONS

Entrepôts de vins - Balcons★ du cours Xavier-Arnozan - Entrepôt Lainé★ : musée d'Art contemporain★ BU M²
Musée des Chartrons BU M⁵

QUARTIER PEY BERLAND

Cathédrale St-André★ - Hôtel de Ville DY H - ≼★★ de la tour Pey Berland★ DY Q
Musée : Beaux-Arts★ DY M⁴
- Aquitaine★★ DY M¹ - Arts décoratifs★ DY M³

BORDEAUX CONTEMPORAIN

Quartier Mériadeck CY : espaces verts, immeuble en verre et béton (Caisse d'Épargne, Bibliothèque, Hôtel de Région, Hôtel des Impôts).

RÉPERTOIRE DES RUES DE BORDEAUX

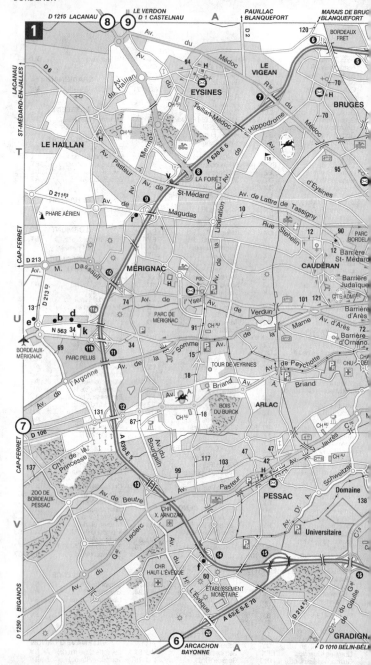

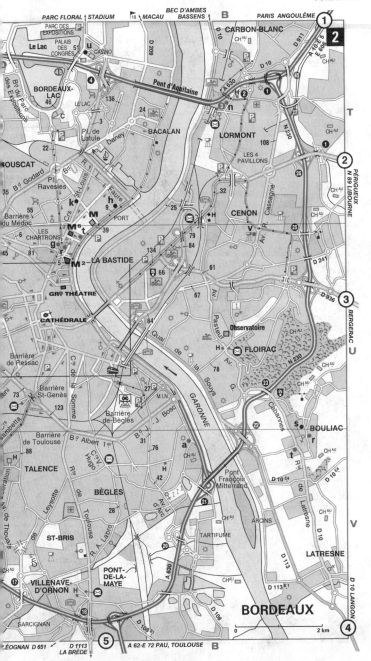

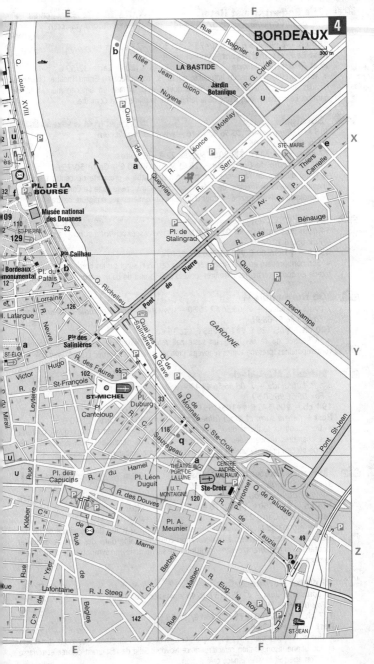

The Regent Grand Hotel 🕭 📶 & 🖭 ⁿ⁸ 🖄 ⇔ 🆅🅸🆂🅰 ⚫ 🅰🅴 ⓞ
2 pl. de la Comédie – ✆ 05 57 30 44 44 – www.theregentbordeaux.com
– Fax 05 57 30 44 45 **3DXr**
150 ch – †390/475 € ††390/475 €, ⇌ 30 € – 22 suites
Rest *Le Pressoir d'Argent* – voir ci-après
Rest *Brasserie l'Europe* – ✆ 05 57 30 43 46 – (20 €) Carte 32/59 €
♦ Hôtel prestigieux dans un immeuble du 18e s. faisant face au Grand Théâtre. Chambres cossues au décor néoclassique signé Jacques Garcia, offrant un aménagement haut de gamme. La Brasserie jouit d'une belle terrasse sur la place de la Comédie.

Burdigala 📶 & ch, 🖭 ⁿ⁸ 🖄 ⇔ 🆅🅸🆂🅰 ⚫ 🅰🅴 ⓞ
115 r. G.-Bonnac – ✆ 05 56 90 16 16 – www.burdigala.com
– Fax 05 56 93 15 06 **3CXr**
77 ch – †220/335 € ††220/335 €, ⇌ 22 € – 6 suites
Rest *Le Jardin de Burdigala* – (28 €) Menu 38/70 € – Carte 50/75 €
♦ Hôtel du nom de l'ancienne cité gallo-romaine situé à proximité du centre historique. Chambres dotées de meubles de style ou contemporains ; belle suite Le Corbusier. Au Jardin de Burdigala, salle en rotonde autour d'un puits de lumière avec sculpture centrale.

Seeko'o sans rest 📶 & 🖭 ⁿ⁸ 🖄 ⇔ 🆅🅸🆂🅰 ⚫ 🅰🅴
54 quai de Bacalan – ✆ 05 56 39 07 07 – www.seekoo-hotel.com
– Fax 05 56 39 07 09 **2BTh**
45 ch – †189/380 € ††189/380 €, ⇌ 16 €
♦ Son nom (iceberg en inuit) donne le ton de cet hôtel surgi sur les bords de la Gironde. Sa façade en corian cache des chambres lookées pop ; salles de bains intégrées au décor.

De Normandie sans rest 📶 🖭 ⁿ⁸ 🖄 🆅🅸🆂🅰 ⚫ 🅰🅴 ⓞ
7 cours 30-Juillet – ✆ 05 56 52 16 80 – www.hotel-de-normandie-bordeaux.com
– Fax 05 56 51 68 91 **3DXz**
100 ch – †65/120 € ††105/255 €, ⇌ 15 €
♦ À l'entrée de ce bel hôtel, un vaste hall raffiné dessert des chambres fonctionnelles contemporaines, presque toutes rénovées. Préférez celles des 5e et 6e étages, avec balcon.

Mercure Mériadeck 📶 & ch, 🖭 ⁿ⁸ 🖄 🆅🅸🆂🅰 ⚫ 🅰🅴 ⓞ
5 r. R.-Lateulade – ✆ 05 56 56 43 43 – www.mercure.com
– Fax 05 56 96 50 59 **3CYv**
194 ch – †95/145 € ††105/155 €, ⇌ 15 € – 2 suites
Rest – *(fermé sam. et dim.) (dîner seult)* Menu 20 € – Carte 29/40 €
♦ Décoration sur le thème du 7e art (affiches, photos, objets cinématographiques), confortables chambres (modernisées au 8e étage) et salles de séminaires bien équipées. Café-lounge où l'on présente une carte saisonnière dans une ambiance cosy.

Mercure Château Chartrons 🕭 📶 🖭 ⁿ⁸ 🖄 ⇔ 🆅🅸🆂🅰 ⚫ 🅰🅴 ⓞ
81 cours St-Louis – ✆ 05 56 43 15 00
– www.hotel-chateau-chartrons-bordeaux.com – Fax 05 56 69 15 21 **2BTk**
144 ch – †80/160 € ††85/170 €, ⇌ 15 € – 1 suite
Rest – (12 €) Carte 23/31 €
♦ Une étonnante façade victorienne (1850) surmontée d'une galerie vitrée cache des chambres toutes rénovées, à la décoration contemporaine dans des tons bordeaux et moutarde. Au restaurant, cuisine traditionnelle servie dans une sympathique atmosphère de bar à vin.

Novotel Bordeaux-Centre 🕭 📶 & ch, 🖭 ⁿ⁸ 🖄 🆅🅸🆂🅰 ⚫ 🅰🅴 ⓞ
45 cours Mar-Juin – ✆ 05 56 51 46 46 – www.novotel.com
– Fax 05 56 98 25 56 **3CYm**
137 ch – †105/160 € ††105/160 €, ⇌ 15 €
Rest – Carte 21/36 €
♦ Une architecture bien intégrée au quartier Mériadeck, des chambres spacieuses climatisées et une bonne insonorisation caractérisent ce Novotel. Salle de restaurant colorée et terrasse d'où l'on aperçoit la ville. Espace café design.

Bayonne Etche-Ona sans rest 🍃 ⫘ 🔲 🌂 ⁽ᵗⁱ⁾ 🏄 VISA ⚫ AE ①

4 r. Martignac – 𝒞 05 56 48 00 88 – www.bordeaux-hotel.com
– Fax 05 56 48 41 60 – Fermé 18 déc.-2 janv.   3DX**f**
57 ch – ♦140/167 € ♦♦159/196 €, � 14 € – 4 suites
◆ Dans le "Triangle d'Or", cet hôtel occupant deux immeubles du 18ᵉ s. cultive tradition et élégance. Chambres personnalisées et progressivement refaites.

Majestic sans rest ⫘ 🔲 ⁽ᵗⁱ⁾ 🌊 VISA ⚫ AE ①

2 r. Condé – 𝒞 05 56 52 60 44 – www.hotel-majestic.com – Fax 05 56 79 26 70
49 ch – ♦85/230 € ♦♦85/230 €, ⊻ 9 €   3DX**a**
◆ Faites une pause dans ce bel immeuble typiquement bordelais du 18ᵉ s. Décor des chambres et du salon dédié à la musique (partitions de Bach, baguettes de chef d'orchestre).

Royal St-Jean sans rest ⫘ ⅋ 🔲 ⁽ᵗⁱ⁾ 🌊

15 r. Charles-Domercq – 𝒞 05 56 91 72 16
– www.bestwestern-hotel-royal-st-jean.com – Fax 05 56 94 08 32   4FZ**b**
37 ch – ♦85/95 € ♦♦90/110 €, ⊻ 13 €
◆ Situé à deux pas de la gare, hôtel entièrement rénové bénéficiant d'un garage privé. Intérieur contemporain et chambres confortables bien équipées. Cannelés au petit-déjeuner.

Grand Hôtel Français sans rest ⫘ ⅋ 🔲 ⁽ᵗⁱ⁾ 🏄 VISA ⚫ AE ①

12 r. du Temple – 𝒞 05 56 48 10 35 – www.bestwestern-grandhotelfrancais.com
– Fax 05 56 81 76 18   3DX**v**
35 ch ⊻ – ♦113/157 € ♦♦139/191 €
◆ Très belle façade du Bordeaux historique. Cet immeuble du 18ᵉ s. a préservé son atmosphère feutrée (mobilier de style dans les salons). Chambre actuelles rénovées au 3ᵉ étage.

La Tour Intendance sans rest ⫘ 🔲 ⁽ᵗⁱ⁾ VISA ⚫ AE ①

16 r. de la Vieille Tour – 𝒞 05 56 44 56 56 – www.hotel-tour-intendance.com
– Fax 05 56 44 54 54   3DX**d**
27 ch – ♦68/128 € ♦♦108/158 €, ⊻ 12 €
◆ Érigé sur les vestiges d'une ancienne tour, hôtel familial fraîchement rénové tout en pierres apparentes. Chambres à la décoration claire et douce où l'on se sent comme chez soi.

Aliénor 🏠 sans rest ⫘ ⁽ᵗⁱ⁾

12 ch – ♦75/88 € ♦♦85/128 €, ⊻ 12 €
◆ Cette annexe toute proche possède des chambres de même esprit, dont deux avec mezzanine.

Continental sans rest ⫘ ⁽ᵗⁱ⁾ 🏄 VISA ⚫ AE ①

10 r. Montesquieu – 𝒞 05 56 52 66 00 – www.hotel-le-continental.com
– Fax 05 56 52 77 97   3DX**b**
50 ch ⊻ – ♦78/98 € ♦♦89/114 € – 1 suite
◆ Ancien hôtel particulier du 18ᵉ s. situé à proximité de la galerie des Grands Hommes. Chambres sobres, progressivement rafraîchies (mobilier couleur chêne clair) ; salon cosy.

La Maison Bord'Eaux 🏡 ⁽ᵗⁱ⁾ 🌊 VISA ⚫ AE ①

113 r. du Dr.-Albert-Barrau – 𝒞 05 56 44 00 45 – www.lamaisonbordeaux.com
– Fax 05 56 44 17 31 – Fermé 31 déc.-1ᵉʳ fév.   3CX**a**
5 ch – ♦130/180 € ♦♦150/200 €, ⊻ 15 € – ½ P 160/210 €
Table d'hôte – Menu 30/150 € bc
◆ Décor design et coloré dans cette demeure du 18ᵉ s. et ses dépendances, à 10mn à pied du cœur de Bordeaux. Prestations de qualité et accueil cordial. Mobilier signé Starck à la table d'hôte, où l'on se restaure sur demande ; menus classiques, vins de Bordeaux.

XXXX Le Pressoir d'Argent – The Regent Grand Hotel 🔲 VISA ⚫ AE ①
ɛ͵ɜ
5 Cours de l'intendance, (1ᵉʳ étage) – 𝒞 05 57 30 43 04
– www.lepressoirdargent.com – Fermé 28 fév.-8 mars, 1ᵉʳ-23 août,
24 oct.-2 nov., dim., lundi et fériés   3DX**g**
Rest – (34 €) Menu 59 € (déj.)/160 € – Carte 92/138 €
Spéc. Saint-Jacques et truffe, espuma de bintje (saison). Turbot rôti à la béarnaise d'huîtres. Café arabica et praliné.
◆ Le décor au luxe opulent est signé Jacques Garcia : un esprit baroque et théâtral souffle donc sur les lieux. Côté assiette, on joue une cuisine de la mer aussi précise que sincère. Produits de premier choix.

XXXX **Le Chapon Fin** 🖒 `AC` `VISA` `CO` `AE`

*5 r. Montesquieu – ☎ 05 56 79 10 10 – www.chapon-fin.com – Fax 05 56 79 09 10
– Fermé 25 juil.-24 août, 21-28 fév., dim., lundi et fériés*   **3**DX**p**
Rest – Menu 38 € (déj.), 65/92 € – Carte 80/100 €🕸

Spéc. Langoustine et caviar d'Aquitaine "en boîte ". Râble de lapin parfumé à
la verveine (printemps-été). Déclinaison autour de la pomme (automne-hiver).
Vins Côtes de Blaye, Saint-Estèphe.

♦ Une vraie institution bordelaise fréquentée par les gourmets : belle cuisine actuelle, riche
carte des vins, élégant mobilier contemporain et original décor de rocaille 1900.

XXX **Le Gabriel** ⇐ ㄥ `AC` ⇔ `VISA` `CO` `AE`

*10 pl.de la Bourse, (2ème étage) – ☎ 05 56 30 00 70 – www.bordeaux-gabriel.fr
– Fax 05 56 44 63 99 – Fermé dim. et lundi*   **4**EX**f**
Rest – (37 € bc) Menu 50/75 € – Carte 67/78 €

Spéc. Ormeaux du Cotentin sur risotto iodé. Suprême de volaille des Landes
farci. Soufflé chaud au marron.
Rest *Le Bistrot du Gabriel* – ☎ 05 56 30 00 30 – (18 €) Menu 25 €
– Carte 39/53 €

♦ Cadre d'exception pour ce nouvel établissement, créé dans le pavillon central de la célèbre place de la Bourse. Ses délicieux salons 18e s. se prêtent à la dégustation d'une cuisine
créative et haute en saveurs. Au Bistrot, plats classiques et menus aux prix mesurés.

XXX **Le Pavillon des Boulevards** (Denis Franc) � `AC` `🍴` `VISA` `CO` `AE`

*120 r. Croix-de-Seguey – ☎ 05 56 81 51 02 – www.lepavillondesboulevards.fr
– Fax 05 56 44 25 11 – Fermé 9-28 août, 1er-8 janv., sam. midi, lundi midi et dim.*
Rest – Menu 40 € (déj.), 70/100 € – Carte 90/100 €   **2**BU**a**

Spéc. Liégeois au caviar d'Aquitaine, homard à la crème de châtaigne, huîtres
au caviar. Blanc de poularde poché aux morilles, tempura de salsifis, chou
farci aux fruits secs. Sous-bois en trompe l'oeil. **Vins** Côtes de Castillon, Graves.

♦ Ce restaurant, ouvert sur la terrasse verdoyante, illustre une belle modernité : murs drapés
de voilages blancs et recettes inventives parfumées de saveurs exotiques.

XXX **Jean Ramet** `AC` `VISA` `CO` `AE`

*7 pl. J.-Jaurès – ☎ 05 56 44 12 51 – Fax 05 56 52 19 80
– Fermé 12-20 avril, 2-24 août, dim. et lundi*   **4**EX**u**
Rest – Menu 31 € (déj.), 55/65 € – Carte 54/85 €

♦ Les Bordelais se retrouvent autour d'une cuisine classique actualisée dans ce restaurant
des bords de la Garonne. Cadre chaleureux aux tons ensoleillés.

XXX **Le Vieux Bordeaux** � `AC` `VISA` `CO` `AE` `①`

*27 r. Buhan – ☎ 05 56 52 94 36 – www.le-vieux-bordeaux.com
– Fax 05 56 44 25 11 – Fermé 1er-23 août, 13-28 fév., dim., lundi et fériés*
Rest – (21 € bc) Menu 30 € (sem.)/52 € – Carte 36/65 €   **4**EY**a**

♦ Deux salles à manger décorées avec goût (contemporaine ou dotée d'un mur original
appelé "terres des vignes"). Agréable patio-terrasse et généreuse cuisine classique.

XXX **L'Alhambra** `AC` ⇔ `VISA` `CO`

*111bis r. Judaïque – ☎ 05 56 96 06 91 – Fax 05 56 98 00 52
– Fermé 14 juil.-15 août, sam. midi, lundi midi et dim.*   **3**CX**e**
Rest – Menu 20 € (déj.), 30/42 € – Carte 40/60 €

♦ Avec ses quenelles de brochet et son gibier en saison, cette adresse est un peu le conservatoire de la cuisine classique à Bordeaux. Salle agencée à la façon d'un jardin d'hiver.

XX **Le Clos d'Augusta** 🍳 � `AC` `P` `VISA` `CO` `AE`

*339 r. Georges-Bonnac – ☎ 05 56 96 32 51 – www.leclosdaugusta.fr
– Fax 05 56 51 80 46 – Fermé 26 juil.-16 août, 23-30 déc., lundi soir, sam.
midi, dim. et fériés*   **1**AU**a**
Rest – Menu 22 € (déj.), 43/65 € – Carte 53/74 €

♦ Grande salle feutrée dans les tons pastel avec mezzanine, délicieux jardin-terrasse
ombragé et recettes actuelles un brin originales caractérisent ce sympathique restaurant.

XX **L'Oiseau Bleu**   � AC VISA ⚫ AE

127 av. Thiers – 📞 05 56 81 09 39 – www.loiseaubleu.fr
– Fermé 25 avril-3 mai, 1ᵉʳ-23 août, 19-27 déc., dim. et lundi   **4FXe**
Rest – (18 €) Menu 21 € (déj.), 36/50 € – Carte 54/70 €

♦ Cette récente adresse installée dans une jolie maison en pierre abrite deux salles épurées dans les tons blanc et bleu. Agréable terrasse côté jardin et cuisine au goût du jour.

XX **La Tupina**   VISA ⚫ AE ①

6 r. Porte-de-la-Monnaie – 📞 05 56 91 56 37 – www.latupina.com
– Fax 05 56 31 92 11   **4FYq**
Rest – (16 €) Menu 32 € bc (déj. en sem.), 45/65 € – Carte 45/70 €🏵

♦ Ambiance familale et décontractée dans cette auberge à l'atmosphère champêtre. Copieux plats mijotés du Sud-Ouest et viandes rôties au feu de bois. Belle carte des vins.

X **7ème Péché**   AC 🍴 VISA ⚫

65 cours de Verdun – 📞 05 56 06 42 16 – www.7peche.fr – Fermé 20 juil.-11 août,
mardi et merc.   **2BUg**
Rest – (dîner seult sauf dim.) (nombre de couverts limité, prévenir) Menu 39/75 €
– Carte 52/90 €

♦ Ambiance feutrée et décor épuré pour cette salle à manger de poche (une vingtaine de couverts) et pour une cuisine créative associant habilement les saveurs et les textures.

X **C'Yusha**   AC VISA ⚫ AE
😋

12 r. Ausone – 📞 05 56 69 89 70 – www.cyusha.com – Fermé première sem.
de janv. et trois sem. en août   **4EYb**
Rest – (nombre de couverts limité, prévenir) Menu 19 € (déj. en sem.)/33 €
– Carte 45/58 €

♦ Cuisine actuelle aux notes d'épices, de plantes et d'herbes, signée par un chef expérimenté travaillant seul pour – et devant – un nombre limité de clients. Bel espace contemporain.

X **Gravelier**   AC VISA ⚫ AE ①

114 cours Verdun – 📞 05 56 48 17 15 – www.gravelier.com – Fax 05 56 51 96 07
– Fermé 26 juil.-24 août, vacances de fév., sam. et dim.   **2BUr**
Rest – (18 €) Menu 22 € (déj.), 39 € bc/55 € bc – Carte 50/70 €

♦ Teck, zinc, couleurs vives et cuisines visibles. Ici, on sert une cuisine moderne proposée autour d'une courte carte et d'un menu du soir à choix unique. Présentations soignées.

X **Auberge ' Inn**   🌿 🍴 VISA ⚫ AE
😋
🏠

245 r. de Turenne – 📞 05 56 81 97 86 – www.auberge-inn.fr – Fax 05 56 81 34 71
– Fermé 31 juil.-23 août, 18-26 déc., 12-21 fév., sam., dim. et fériés   **2BUb**
Rest – Menu 19 € (déj.), 29/50 € – Carte 40/60 €

♦ Murs en pierre et couleurs vives, décor contemporain épuré, mobilier moderne, chaleureuse petite terrasse et cuisine dans l'air du temps : une auberge vraiment tendance...

X **L'Estaquade**   < AC VISA ⚫ AE
😋

quai Queyries – 📞 05 57 54 02 50 – www.lestacade.com – Fax 05 57 54 02 51
– Fermé 23 déc.-2 janv.   **4EXa**
Rest – (prévenir) Menu 16 € (déj. en sem.) – Carte environ 53 €

♦ Une insolite construction sur pilotis posée sur la Garonne. Vue imprenable sur Bordeaux, décor épuré, carte actuelle et bon choix de vins du Languedoc-Roussillon et de Bourgogne.

X **La Petite Gironde**   < 🌿 & AC 🍴 P VISA ⚫
😋

75 quai des Queyries – 📞 05 57 80 33 33 – www.lapetitegironde.fr
– Fax 05 57 80 33 31 – Fermé 24 déc.-4 janv., sam. midi et dim. soir   **4EXb**
Rest – Menu 16/33 € – Carte 29/51 €

♦ Ce restaurant prisé pour sa situation sur la rive droite de la Garonne arbore un sympathique décor contemporain. Grande terrasse "les pieds dans l'eau" et plats traditionnels.

X **Café du Théâtre**   🌿 & VISA ⚫ AE

pl. Renaudel – 📞 05 57 95 77 20 – Fax 05 57 95 65 91 – Fermé dim. et lundi
Rest – (14 €) Menu 20 € (déj. en sem.) – Carte 30/40 €   **4FZa**

♦ Cadre moderne, petite terrasse, courte carte de plats traditionnels ou menus associant mets et vins : une adresse séduisante qui assure un service tardif les soirs de spectacle.

✗ Quaizaco `AK` `VISA` `◉◉` `AE`

*80 quai des Chartrons – ℰ 05 57 87 67 72 – Fax 05 57 87 34 42 – Fermé
9-23 août, sam. midi et dim.* **2BUt**
Rest – (12 €) Menu 15 € (déj.) – Carte 34/42 €

♦ La façade de ces entrepôts du 19ᵉ s. (anciens chais) cache un intérieur singulier mêlant pierres apparentes et décoration contemporaine aux touches colorées. Carte actuelle.

à Bordeaux-Lac (près parc des expositions) – ⊠ 33300 Bordeaux

🏨 Pullman `🍴` `▨` `🏢` `&` ch, `AK` `🍴` `🏊` `P` `VISA` `◉◉` `AE` `①`

*av. J.-G.-Domergue – ℰ 05 56 69 66 66 – www.pullmanhotels.com
– Fax 05 56 69 66 00* **2BTu**
166 ch – ♦125/330 € ♦♦125/330 €, � 22 € – 19 suites
Rest *l'Aquitania* – (24 € bc) Menu 29 € bc – Carte 32/90 €

♦ Accès direct au Palais des Congrès, salles de réunion sur 2000 m², confortables chambres design : rénovation réussie pour cet hôtel très apprécié de la clientèle d'affaires. Cuisine classique, décor contemporain et terrasse d'été ouverte sur le lac à l'Aquitania.

par la rocade A 630 :

à Blanquefort 3 km au Nord, sortie n° 6 – 14 944 h. – alt. 17 m – ⊠ 33290

🏨 Hostellerie Des Criquets `🍴` `🍴` `▨` `AK` ch, `🍴` `🏊` `P` `VISA` `◉◉` `AE` `①`

*130 av. du 11-Novembre (D 210) – ℰ 05 56 35 09 24 – www.lescriquets.com
– Fax 05 56 57 13 83*
21 ch – ♦68/77 € ♦♦88/105 €, ⊽ 12 € – ½ P 90 €
Rest – *(fermé sam. midi, dim. soir et lundi)* Menu 20 € (déj. en sem.), 40/65 €
– Carte 52/76 €

♦ Il règne une atmosphère de maison de campagne familiale dans cette ancienne ferme et ses coquettes chambres personnalisées, peu à peu rénovées. Agréable salle à manger, terrasse face au jardin et recettes dans l'air du temps.

à Lormont Nord-Est, sortie n°2 – 20 944 h. – alt. 60 m – ⊠ 33310

🛈 Office de tourisme, 4, avenue de la Libération ℰ 05 56 74 29 17

✗✗ Jean-Marie Amat `AK` `P` `VISA` `◉◉` `AE`

❀ *26 bis r. Raymond-Lis, au Château du Prince Noir – ℰ 05 56 06 12 52
– www.jm-amat.com – Fax 05 56 74 77 89 – Fermé deux sem. en août, une sem.
en déc., sam. midi, dim. et lundi* **2BTn**
Rest – Menu 30 € (déj.)/50 € – Carte 65/95 €
Spéc. Tartare de homard au caviar d'Aquitaine. Pigeon grillé aux épices, pastilla de cuisses et salade d'herbes. Dessert au chocolat, framboise et sorbet eucalyptus. **Vins** Bordeaux Rouge, Côtes de Blaye.

♦ L'ancien "enfant terrible" signe son retour avec une table contemporaine, logée dans un château réhabilité : belle cuisine actuelle, véranda épurée, vue sur la verdure et le pont d'Aquitaine.

à Cenon Est, sortie n° 25 – 23 171 h. – alt. 50 m – ⊠ 33150

✗✗ La Cape (Nicolas Magie) `🍴` `AK` `VISA` `◉◉`

❀ *allée Morlette – ℰ 05 57 80 24 25 – Fax 05 56 32 37 46 – Fermé 2-22 août,
vacances de Noël, sam., dim. et fériés* **2BUv**
Rest – Menu 24 € (déj.), 39/79 € bc – Carte 66/83 €
Spéc. Langoustine de la Cotinière saisie à la plancha, tartare acidulé et déclinaison de pois (saison). Saint-pierre rôti, risotto d'huître et truffe du Périgord (saison). Chocolat en biscuit chaud et cœur coulant. **Vins** Bordeaux, Médoc.

♦ On se "bouscule" au portillon de ce pavillon pour savourer une belle cuisine inventive (menu renouvelé régulièrement). Cadre contemporain sobre et chic et agréable jardin-terrasse.

à Bouliac Sud-Est, sortie n° 23 – 3 087 h. – alt. 74 m – ⊠ 33270

ⓐⓐⓐ   **Le St-James** ✍   ⪡ 🚗 🚗 ⅃ 🛏️ 🄺 ch, 🍴 🛁 🄿 VISA ⚙ AE ⓞ
✿ ✿   *3 pl. Camille Hostein, près de l'église* – 🕿 05 57 97 06 00
  – www.saintjames-bouliac.com – Fax 05 56 20 92 58 – Fermé 1ᵉʳ-17 janv.
  15 ch – 🛏️195/320 € 🛏️🛏️195/320 €, ⊡ 25 € – 3 suites   **2BUs**
  Rest – *(fermé 18 avril-3 mai, 29 août-3 sept., 25 oct.-5 nov., 1ᵉʳ-17 janv., dim. et*
  lundi) Menu 45 € bc (déj.), 65/128 € – Carte 100/120 €🕮
  Spéc. Crépinette de pieds de cochon et calamars relevés aux piquillos.
  Homard bleu grillé au beurre de corail, risotto iodé. Chocolat manjari en
  ganache, fraises mara des bois, glace au thé noir (sept.). **Vins** Saint-Estèphe,
  Premières Côtes de Bordeaux.
  Rest *Côté Cour* – 🕿 05 57 97 06 06 *(fermé 1ᵉʳ-23 août, 18-31 janv., sam. et*
  dim.) (19 €) Menu 26 € (déj.) – Carte 30/65 €
  • Conçue par Jean Nouvel, cette maison qui surplombe les vignes s'inspire de l'architecture
  des séchoirs à tabac traditionnels de la région. Chambres design épurées. Le chef signe une
  cuisine raffinée, avec des mariages de saveurs subtils et harmonieux. Côté Cour, on mise sur
  une cuisine du marché.

✗   **Café de l'Espérance**   🚗 VISA ⚙ AE
☺   *10 r. de l'Esplanade, (derrière l'église)* – 🕿 05 56 20 52 16
ⓒ   *– www.cafe-esperance.com – Fax 05 56 20 92 58*   **2BVr**
  Rest – Menu 15 € (déj. en sem.)/28 € – Carte 27/43 €
  • Buffets d'entrées et de desserts, grillades au feu de bois, frites maison... C'est simple, très
  frais, copieux et bon. Les nostalgiques des troquets de village seront comblés !

à Bègles Sud-Est, sortie n°21 – 24 417 h. – alt. 6 m – ⊠ 33130

✗   **Chiopot**   🚗 🄺 ⇔ 🄿 VISA ⚙ AE ⓞ
☺   *281 r. des Quatre-Castera* – 🕿 05 56 85 62 41 – *chiopot.free.fr*
  – Fax 05 56 85 07 24 – Fermé sam. midi et dim.   **2BVa**
  Rest – Menu 19 € (sem.) – Carte 20/54 €🕮
  • Ce bistrot-brasserie très convivial vous reçoit autour de plats traditionnels. Spécialités de
  viandes grillées (agneau de lait des Pyrénées, bœuf charolais) et bons vins.

à Martillac 9 km au Sud, sortie n° 18, D 1113 et rte secondaire – 2 265 h.
– alt. 40 m – ⊠ 33650

ⓐⓐⓐ   **Les Sources de Caudalie** ✍   🚗 🚗 ⅃ ⚙ 🛀 🛏️ 🤝 ch, 🄺 🍴 🛁 🄿
✿   *chemin de Smith-Haut-Lafitte* – 🕿 05 57 83 83 83   VISA ⚙ AE
  – www.sources-caudalie.com – Fax 05 57 83 83 84
  42 ch – 🛏️200/285 € 🛏️🛏️200/285 €, ⊡ 22 € – 7 suites
  Rest *La Grand'Vigne* – *(fermé 3 janv.-3 fév., lundi et mardi sauf en juil.-août)*
  (dîner seult) Menu 60/85 € – Carte 72/113 €🕮
  Spéc. Cannelloni de mangue et chair de tourteau à la coriandre. Découpe de
  côte de veau "Blonde d'Aquitaine". Crousti-fondant aux cerises (saison).
  Vins Pessac-Léognan.
  Rest *La Table du Lavoir* – (26 €) Menu 35 €
  • Ce domaine incluant un institut de vinothérapie offre luxe et remise en forme au milieu
  des vignobles. À La Grand'Vigne (orangerie du 18ᵉ s.) est arrivé un chef de talent et inventif,
  maître dans l'assemblage des saveurs. La Table (lavoir des vendangeuses reconstitué) propose une cuisine du terroir.

au Sud-Ouest sortie n° 14 - ⊠ 33600 Pessac

ⓐⓐⓐ   **Holiday Inn Bordeaux Sud**   🚗 🛏️ 🤝 🄺 🍴 🛁 🄿 VISA ⚙ AE
  10 av. Antoine Becquerel – 🕿 05 56 07 59 59 – *www.holidayinn.fr*
  – Fax 05 56 07 59 69   **1AVf**
  90 ch – 🛏️90/155 € 🛏️🛏️90/155 €, ⊡ 16 €
  Rest – *(fermé sam., dim. et fériés)* (20 €) Menu 25 € – Carte 32/45 €
  • Proche d'une rocade autoroutière, cet hôtel moderne bénéficie de confortables chambres
  contemporaines (lits king size). Salles de réunions aux équipements dernier cri. Chaleureuse
  salle à manger de type bistrot et cuisine traditionnelle.

à Mérignac Ouest, sortie n° 9 – 65 469 h. – alt. 35 m – ✉ 33700

Kyriad Prestige
116 av. Magudas – ✆ 05 57 92 00 00 – www.bordeaux-hotels.net – Fax 05 57 92 00 60 1ATr
75 ch – 🚹85/117 € 🚹🚹85/117 €, ☕ 14 €
Rest – *(fermé dim.)* (18 €) Menu 27/42 € – Carte 30/48 €
◆ Chambres spacieuses, insonorisées et rafraîchies, de plusieurs catégories : standard, executive ou familiale. Salle des petits-déjeuners réchauffée d'une flambée en hiver. Repas sous forme de buffets dressés dans une salle avec cheminée et charpente apparente.

à Eysines Ouest, sortie n° 9 – 19 279 h. – alt. 15 m – ✉ 33320

Les Tilleuls
à La Forêt, 205 av. St-Médard – ✆ 05 56 28 04 56 – Fax 05 56 28 05 41 – Fermé 21 fév.-1er mars, sam. midi, dim. soir et lundi 1ATv
Rest – (14 €) Menu 18 € (déj. en sem.)/28 € – Carte 34/71 €
◆ Sympathique adresse où l'on mitonne plats traditionnels et spécialités régionales. Salle à manger campagnarde au décor provençal ; cheminée en hiver et jolie terrasse d'été.

à l'aéroport de Bordeaux-Mérignac Ouest, sortie n° 11 en venant du Sud, sortie n° 11b en venant du Nord – ✉ 33700 Mérignac

Mercure Bordeaux Aéroport
1 av. Ch.-Lindbergh – ✆ 05 56 34 74 74 – www.mercure.com – Fax 05 56 34 30 84 1AUe
149 ch – 🚹95/210 € 🚹🚹105/220 €, ☕ 15 €
Rest – (15 €) Menu 22 € (sem.) – Carte 31/63 €
◆ Adresse parfaite pour se reposer entre deux vols. Bar de style anglais, salles de réunion et chambres bien pensées (leur décor décline le thème des cinq continents). Cuisine traditionnelle servie dans une élégante salle à manger tournée vers la terrasse.

Novotel Aéroport
80 av. J.F.-Kennedy – ✆ 05 57 53 13 30 – www.accor-hotels.com – Fax 05 56 55 99 64 1AUk
137 ch – 🚹155/160 € 🚹🚹155/160 €, ☕ 15 € **Rest** – (17 €) Carte 20/40 €
◆ L'hôtel, tendance et feutré, abrite des chambres de type "Novation" et un café répondant aussi au dernier concept du groupe. Pinède et aire de jeux pour les enfants. À table, cuisine simple axée sur les grillades et agréable vue sur le jardin.

All Seasons Bordeaux Aéroport
95 av. J.F. Kennedy – ✆ 05 56 55 93 42 – www.all-seasons-hotels.com – Fax 05 56 47 64 94 1AUd
81 ch ☕ – 🚹65/105 € 🚹🚹75/115 €
Rest – *(fermé 1er-15 août, 25 déc.-1er janv., dim. midi, vend. soir et sam.)* Menu 15 €
◆ Cet hôtel flambant neuf affiche un intérieur moderne. Mobilier design et couleurs tendance aux touches acidulées dans des chambres très fonctionnelles équipées d'écrans plats. Restaurant sans prétention proposant une cuisine branchée (buffets d'entrées et de desserts).

L'Iguane
83 av. J.F.-Kennedy – ✆ 05 56 34 07 39 – www.liguane.fr – Fax 05 56 34 41 37 – Fermé 27 juil.-1er sept., vend. soir, sam. midi et dim. 1AUb
Rest – (20 €) Menu 30/65 € – Carte 38/66 €
Rest *L'Olive de Mer* – ✆ 05 56 12 99 99 – (15 €) Menu 20 € (déj. en sem.) – Carte 26/40 €
◆ Salle en longueur, claire, contemporaine (sol et stores en bois). Cuisine actuelle métissée de saveurs exotiques et belle cave de 700 références de toutes régions vinicoles. Un vent méditerranéen souffle sur la carte de L'Olive de Mer (décor branché).

LES BORDES – 45 Loiret – **318** L5 – rattaché à Sully-sur-Loire

BORMES-LES-MIMOSAS – 83 Var – **340** N7 – 7 051 h. – alt. 180 m   **41** C3
– ⊠ 83230 ▌Côte d'Azur

▶ Paris 871 – Fréjus 57 – Hyères 21 – Le Lavandou 4

🄸 Office de tourisme, 1, place Gambetta ℰ 04 94 01 38 38, Fax 04 94 01 38 39

🄸🄸 de Valcros à La Londe-les-Maures, NO : 12 km, ℰ 04 94 66 81 02

◎ Site★ - Les vieilles rues★ - ⩻★ du château.

🏠 **Hostellerie du Cigalou**   🏠 ⛱ 🛉 ⅁ AC 🍴 ch, ⁿ⁰ VISA ⓒⓓ ᴀᴇ
pl. Gambetta, au vieux village – ℰ 04 94 41 51 27
– *www.hostellerieducigalou.com* – Fax 04 94 46 20 73
17 ch – ♦80/238 € ♦♦80/238 €, ⊠ 14 € – 3 suites
Rest – (17 €) Menu 22/36 € – Carte 36/49 €

◆ La propriétaire de cette jolie maison a décoré son intérieur avec raffinement, mêlant styles provençal et baroque. Certaines chambres bénéficient d'une terrasse privative. Recettes régionales au Café du Progrès, dans une ambiance bistrot décontractée.

⛩ **La Bastide des Vignes** ⛐   🚗 🏠 ⛱ 🍴 ⁿ⁰ P VISA ⓒⓓ
464 chemin du Patelin – ℰ 04 94 71 20 29 – *www.bastidedesvignes.fr*
– *Fax 04 94 15 12 71*
5 ch ⊠ – ♦115/135 € ♦♦115/135 €   **Table d'hôte** – Menu 42 € bc

◆ Accueillante maison de vigneron (1902) perdue au milieu des vignes. Chambres personnalisées (sans TV) aux couleurs de la Provence, ouvertes sur le jardin : un havre de paix. Dégustation de plats et vins régionaux à la table d'hôtes (sur réservation).

⛩ **Les Plumbagos** *sans rest*   ⩻ 🚗 ⛱ AC ⁿ⁰ P
88 impasse du Pin, quartier Le Pin, le Mont Roses – ℰ 06 09 82 42 86
– *www.lesplumbagos.com* – Ouvert mars-oct.
3 ch ⊠ – ♦95/120 € ♦♦105/130 €

◆ Parmi les atouts de cette belle bâtisse des années 1920 : une situation calme et privilégiée en surplomb de la baie, de coquettes chambres provençales et un agréable jardin.

✕✕ **La Rastègue** (Jérôme Masson)   ⩻ 🏠 VISA ⓒⓓ
⛛ *48 bd Levant, 2 km au Sud, quartier Le Pin* – ℰ 04 94 15 19 41
– *www.larastegue.com* – Fermé 4-31 janv., le midi sauf dim. et lundi
Rest – Menu 39/59 €
Spéc. Brochette de gambas à la plancha. Dos de cabillaud rôti sur peau. Assiette gourmande. **Vins** Côtes de Provence.

◆ Priorité aux saveurs : grâce à la cuisine ouverte, on admire le jeune chef à l'œuvre, accommodant bons produits et arômes avec précision et équilibre. Plats inventifs et sans artifice. Service attentionné.

✕ **La Tonnelle de Gil Renard**   AC VISA ⓒⓓ
pl. Gambetta – ℰ 04 94 71 34 84 – *www.la-tonnelle-bormes.com*
– *Fermé mi-nov.-mi-déc., le midi en juil.-août et merc.*
Rest – Menu 28/42 € – Carte 40/50 €

◆ La salle-véranda vous convie à un repas d'inspiration régionale, parsemé de pointes d'exotisme. Décor aux couleurs du Sud et boutique pour le bonheur des petits et des grands.

✕ **Lou Portaou**   🏠 AC VISA ⓒⓓ
r. Cubert-des-Poètes – ℰ 04 94 64 86 37 – *www.louportaou.fr*
– *Fax 04 94 64 81 43 – Fermé 10 nov.-26 déc., sam. midi en saison, mardi sauf le soir en saison et dim. soir hors saison*
Rest – (prévenir) Menu 26 € (déj.), 34/39 €

◆ Cet ancien logis de guetteur (12ᵉ s.) ne manque ni de charme ni de caractère. Style médiéval et déco personnalisée dans les deux petites salles voûtées. Plats de tradition.

---

au Sud 1 km – ⊠ 83230 Bormes-les-Mimosas

🏠🏠 **Le Domaine du Mirage**   ⩻ 🚗 🏠 ✕ 🛉 ⅁ AC ch, P ⌾
38 r. Vue-des-Îles – ℰ 04 94 05 32 60   VISA ⓒⓓ ᴀᴇ
– *www.domainedumirage.com* – Fax 04 94 64 93 03 – Ouvert 31 mars-1ᵉʳ oct.
35 ch – ♦127/272 € ♦♦141/286 €, ⊠ 14 € – ½ P 107/178 €
Rest – Menu 35 € (dîner) – Carte 36/44 € le midi

◆ Sur les hauteurs de Bormes, bâtisse entourée d'une végétation luxuriante. Jolies chambres meublées à la mode provençale, avec balcon ou terrasse. Au restaurant, fer forgé, couleurs du Midi et fresque murale composent le décor ; formule à la carte le midi.

à la Favière 4 km au Sud – ⊠ 83230

🏠 De la Plage   📠 🛋 🗚 🛜 🅿 🚗 VISA 🐵 ᴁ
Bd de la Plage – 𝒞 04 94 71 02 74 – www.hotelbormes.com – Fax 04 94 71 77 22
– Ouvert 2 avril-30 sept.
45 ch – 🛏50/111 € 🛏🛏50/111 €, � 9 € – ½ P 49/91 €
Rest – *(dîner seult sauf dim.)* Menu 23/33 € – Carte environ 30 €
◆ À proximité du cap Bénat et du fort de Brégançon, un hôtel familial qui propose des chambres d'esprit rustique, sobrement aménagées et bien tenues. Côté cuisine, place à la tradition et au terroir provençal dans la salle lumineuse ou à l'ombre des platanes, en saison.

BORNY – 57 Moselle – **307** I4 – rattaché à Metz

BORT-L'ÉTANG – 63 Puy-de-Dôme – **326** H8 – rattaché à Lezoux

---

BOSDARROS – 64 Pyrénées-Atlantiques – **342** J5 – 1 021 h. – alt. 370 m   **3 B3**
– ⊠ 64290

◗ Paris 790 – Pau 14 – Lourdes 36 – Oloron-Ste-Marie 29

🍴🍴 Auberge Labarthe (Éric Dequin)   🗚 ⟷ VISA 🐵 ᴁ
🌸 *1 r. P.-Bidau – 𝒞 05 59 21 50 13 – www.auberge-pau.com – Fax 05 59 21 68 55*
– Fermé 5-21 juil., 17 janv.-2 fév., dim. soir, lundi et mardi
Rest – *(prévenir le week-end)* Menu 28 € (sem.)/72 € – Carte 72/80 €
Spéc. Cassolette de thon aux petits légumes confits (sept.). Grande assiette de poissons de mer grillés à la plancha. Fraises mara des bois marinées au vinaigre balsamique blanc, mousse vanille (été). **Vins** Jurançon, Béarn rouge.
◆ Derrière l'église, maison accueillante à la belle façade fleurie. La salle sagement contemporaine prête son cadre discret à une savoureuse et généreuse cuisine régionale.

BOSSEY – 74 Haute-Savoie – **328** J4 – rattaché à St-Julien-en-Genevois

---

LES BOSSONS – 74 Haute-Savoie – **328** O5 – rattaché à Chamonix

---

BOUAYE – 44 Loire-Atlantique – **316** F5 – rattaché à Nantes

---

BOUC-BEL-AIR – 13 Bouches-du-Rhône – **340** H5 – 13 711 h.   **40 B3**
– alt. 259 m – ⊠ 13320

◗ Paris 758 – Aix-en-Provence 10 – Aubagne 41 – Marseille 22

🏨 L'Étape Lani   📠 ⚊ 🔥 ch, 🗚 ch, 🛇 ch, 🍽 🛁 🅿 VISA 🐵 ᴁ ⓞ
🔗 *au Sud sur D 6 rte de Gardane-Marseille – 𝒞 04 42 22 61 90*
– www.hotelaix-etape.com – Fax 04 42 22 68 67 – Fermé dim.
35 ch – 🛏65/85 € 🛏🛏79/95 €, ⊻ 18 € – ½ P 62/124 €
Rest – *(fermé 19 déc.-2 janv., dim. sauf le midi de sept. à juin, lundi midi en juil.-août et sam. midi)* Menu 18 € (déj. en sem.), 26/54 € – Carte environ 42 €
◆ L'accueil, les chambres bien insonorisées du bâtiment principal et le plaisant décor provençal de l'annexe font vite oublier la proximité de la route passante. Coquet restaurant aux tons ensoleillés où l'on sert une cuisine qui fleure bon le Sud.

BOUCÉ – 03 Allier – **326** H5 – rattaché à Varennes-sur-Allier

---

LE BOUCHET – 74 Haute-Savoie – **328** L5 – rattaché au Grand-Bornand

---

BOUDES – 63 Puy-de-Dôme – **326** G10 – 266 h. – alt. 466 m – ⊠ 63340   **5 B2**
◗ Paris 462 – Brioude 29 – Clermont-Fd 52 – Issoire 16

🍴🍴 Le Boudes La Vigne avec ch   🛋 🗚 rest, VISA 🐵 ᴁ ⓞ
😊 *pl. de la Mairie – 𝒞 04 73 96 55 66 – Fax 04 73 96 55 55 – Fermé 1er-12 juil.,*
2-20 janv., dim. soir, mardi midi et lundi sauf fériés
6 ch – 🛏44 € 🛏🛏44 €, ⊻ 7 € – 1 suite – ½ P 50 €   **Rest** – (17 €) Menu 22/50 €
◆ Maison bâtie sur d'anciennes fortifications. Cuisine au goût du jour servie dans une salle rénovée, aux tons pastel et murs en pierre. La cave comprend des crus locaux.

BOUËSSE – 36 Indre – **323** G7 – rattaché à Argenton-sur-Creuse

BOUGIVAL – 78 Yvelines – **311** I2 – **101** 13 – voir à Paris, Environs

LA BOUILLADISSE – 13 Bouches-du-Rhône – **340** I5 – 5 561 h.   **40** B3
– alt. 220 m – ⊠ 13720

    🚹 Paris 776 – Aix-en-Provence 27 – Brignoles 43 – Marseille 31
    🛈 Syndicat d'initiative, place de la Libération ℰ 04 42 62 97 08,
    Fax 04 42 62 98 65

🏠　**La Fenière**　　　　🏤 ⊐ & ch, 🗚 rest, ℰ' ℙ 𝗩𝗜𝗦𝗔 ⓒⓔ 𝐀𝐄
📇　8 r. J. Pourchier – ℰ 04 42 72 56 32 – www.hotelfeniere.com – Fax 04 42 62 30 54
　　– Fermé sam. midi et dim.
　　10 ch – †58/65 € ††60/100 €, ⊒ 7 €
　　Rest – (16 €) Menu 21/25 € – Carte 27/51 €
　　♦ Établissement composé de deux bâtiments. Côté jardin-piscine, découvrez des petites
　　chambres fonctionnelles, fraîches et méticuleusement tenues. Le restaurant de style proven-
　　çal (poutres apparentes, cheminée), agrandi d'une terrasse, sert une cuisine régionale.

BOUILLAND – 21 Côte-d'Or – **320** I7 – 189 h. – alt. 400 m – ⊠ 21420   **8** C2
▌Bourgogne

    🚹 Paris 295 – Autun 54 – Beaune 17 – Bligny-sur-Ouche 13

🏚　**Hostellerie du Vieux Moulin** ⊗　　🚗 🏤 ⊐ ⅃⚸ & ch, 🗚 rest, ⁿ 𝗦𝗔
　　1 r. de la Forge – ℰ 03 80 21 51 16　　　　　　　　　　ℙ 𝗩𝗜𝗦𝗔 ⓒⓔ
　　– www.moulin-de-bouilland.com – Fax 03 80 21 59 90 – Ouvert 12 mars-28 nov.
　　et 13 déc.-1 janv.
　　23 ch – †90/168 € ††90/168 €, ⊒ 20 € – 3 suites – ½ P 68 €
　　Rest – (fermé le midi du lundi au jeudi) (27 €) Menu 39 € (déj. en sem.), 59/95 €
　　– Carte 82/112 €
　　♦ À deux pas de l'A6 et des grands vignobles bourguignons, deux bâtiments, dont un
　　ancien moulin, aux chambres en partie rénovées. Fitness et piscine. Cuisine actuelle servie
　　dans une salle à manger plus contemporaine. Vue sur la campagne ; service prévenant.

🍴　**Auberge St-Martin**　　　　　　　　　　🏤 𝗩𝗜𝗦𝗔 ⓒⓔ
　　17 rte de Beaune – ℰ 03 80 21 53 01 – Fax 03 80 21 53 01 – Fermé 1er-8 juil.,
　　14 déc.-31 janv., mardi et merc.
　　Rest – Menu 22/30 € – Carte 23/33 €
　　♦ La petite salle campagnarde de cette accueillante auberge (18e s.) donne sur une miniter-
　　rasse-balcon. Appétissante cuisine traditionnelle et spécialités régionales.

LA BOUILLE – 76 Seine-Maritime – **304** F5 – 805 h. – alt. 5 m   **33** D2
– ⊠ 76530 ▌Normandie Vallée de la Seine

    🚹 Paris 132 – Bernay 44 – Elbeuf 12 – Louviers 32

🏠　**Le Bellevue**　　　　　　　　⪕ 🏤 📺 ⁿ 𝗦𝗔 𝗩𝗜𝗦𝗔 ⓒⓔ 𝐀𝐄
　　13 quai Hector-Malot – ℰ 02 35 18 05 05 – www.hotel-le-bellevue.com
　　– Fax 02 35 18 00 92
　　20 ch – †62/80 € ††62/80 €, ⊒ 9 € – ½ P 54/60 €
　　Rest – (15 €) Menu 20 € (sem.), 28/42 € – Carte 36/65 €
　　♦ Demeure (début 20e s.) située sur une rive de la Seine. Chambres fraîches et colorées, pro-
　　gressivement rénovées ; certaines bénéficient d'une belle vue sur le fleuve. Plats tradition-
　　nels à déguster dans une salle de restaurant qui a conservé son âme normande.

🍴🍴　**St-Pierre**　　　　　　　　　　　⪕ 🏤 𝗩𝗜𝗦𝗔 ⓒⓔ 𝐀𝐄 ①
　　4 pl. du Bateau – ℰ 02 35 68 02 01 – www.restaurantlesaintpierre.com
　　– Fax 02 35 68 04 26 – Fermé 6-13 avril, 23 août-7 sept., dim. soir en hiver, mardi
　　soir, merc. soir et lundi
　　Rest – (18 €) Menu 27 € (sem.)/65 € – Carte 51/75 €
　　♦ Cuisine d'aujourd'hui servie dans une salle claire et actuelle ou en plein air, avec la Seine
　　et le va-et-vient des bateaux pour toile de fond. Accueil et service avenants.

315

XX **De la Poste** ⟨ 🛜 _VISA_ ⚫ AE

6 pl.du Bateau – ✆ _02 35 18 03 90 – Fax 02 35 18 18 91 – Fermé mi-nov.-déc.,_
dim. soir, lundi et mardi
Rest – (22 €) Menu 37/44 € – Carte 50/80 €

• Jolie façade à colombages d'un relais de poste (18ᵉ s.) ancré sur les quais. Salle rustique
ou, à l'étage, cadre plus récent et plus clair avec vue sur la Seine. Carte classique.

XX **Les Gastronomes** 🛜 _VISA_ ⚫

1 pl. du Bateau – ✆ _02 35 18 02 07 – www.lesgastronomes-labouille.com – Fermé_
20 oct.-12 nov., 22 fév.-10 mars, merc. et jeudi sauf fériés
Rest – Menu 20/45 € – Carte 38/58 €

• À côté de l'église, restaurant familial traditionnel abritant deux salles : ambiance bistrot
Belle Époque dans celle du bas ; touches rustiques et coup d'œil batelier à l'étage.

BOUIN – 85 Vendée – **316** E6 – **2 206 h.** – **alt. 5 m** – ✉ **85230** **34** A3

🚗 Paris 435 – Challans 22 – Nantes 51 – Noirmoutier-en-l'Île 29
🛈 Office de tourisme, boulevard Sébastien Luneau ✆ 02 51 68 88 85

🏠 **Domaine le Martinet** ⌖ 🚗 🔲 ⅙ ⁛ 🖽 **P** _VISA_ ⚫ AE
⊜ _pl. du Gén.-Charette_ – ✆ _02 51 49 23 23 – www.domaine-lemartinet.com_
– _Fax 02 51 49 83 08_
30 ch – ♦49/60 € ♦♦56/72 €, ⊑ 8 €
Rest – _(fermé lundi midi et mardi midi)_ (12 €) Menu 17/36 € – Carte 20/45 €

• Hôtel situé dans un bourg tranquille du marais breton vendéen. Chambres d'antan dans la
maison de bourg ; celles situées dans les dépendances sont plus spacieuses et coquettes.
Cuisine traditionnelle servie dans l'ancien grenier à sel au cadre rustique soigné.

BOULBON – 13 Bouches-du-Rhône – **340** D2 – **1 532 h.** – **alt. 18 m** **42** E1
– ✉ **13150**

🚗 Paris 703 – Marseille 113 – Nîmes 34 – Avignon 18

🏠 **La Bastide de Boulbon** ⌖ 🚗 🔲 ⅙ ch, ⒜Ⓒ ⁛ ⁛ **P** _VISA_ ⚫ AE ⓞ
r. de l'Hôtel-de-Ville – ✆ _04 90 93 11 11 – www.labastidedeboulbon.com_
– _Fax 04 90 97 04 01 – Fermé 1ᵉʳ nov.-1ᵉʳ avril_
10 ch – ♦85/155 € ♦♦85/155 €, ⊑ 15 €
Rest – _(Fermé le dim. soir) (dîner seult)_ (29 €) Menu 35 €

• Au cœur d'un village, cette demeure bourgeoise de 1850 aux allures de maison d'hôtes
invite à la détente avec son beau jardin aux platanes bicentenaires. Chambres actuelles. Cuisine du marché servie dans une salle intimiste ou sur la terrasse ombragée, l'été.

BOULIAC – 33 Gironde – **335** H6 – **rattaché à Bordeaux**

BOULIGNEUX – 01 Ain – **328** C4 – **rattaché à Villars-les-Dombes**

BOULOGNE-SUR-MER ⊜ – 62 Pas-de-Calais – **301** C3 – **44 273 h.** **30** A2
– **Agglo. 135 116 h.** – **alt. 58 m** – **Casino** (privé) Z – ✉ **62200**
▌ Nord Pas-de-Calais Picardie

🚗 Paris 265 – Amiens 130 – Arras 122 – Calais 35
🛈 Office de tourisme, 24, quai Gambetta ✆ 03 21 10 88 10, Fax 03 21 10 88 11
🔟 de Wimereux à Wimereux Avenue François Mitterrand, par rte de
Wimereux : 8 km, ✆ 03 21 32 43 20
◉ Nausicaa★★★ - Ville haute★★ : crypte et trésor★ de la basilique ⟨★ du
Beffroi Y **H** - Perspectives★ des remparts - Calvaire des marins ⟨★ Y
- Château-Musée★ : vases grecs★★, masques inuits et aléoutes★★
- Colonne de la Grande Armée★ : ⁂★★ 5 km par ① - Côte d'Opale★
par ①.

BOULOGNE-SUR-MER

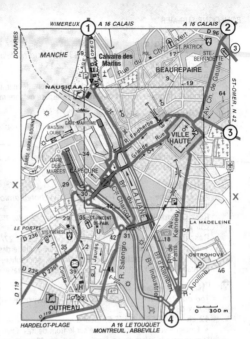

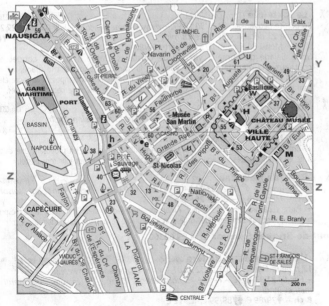

La Matelote ← ⬛ 🛏 🀫 & 🅰🅲 ⁽ᵀ⁾ 🛁 🚗 VISA ⚫⊙ AE
70 bd Ste-Beuve – ℰ 03 21 30 33 33 – www.la-matelote.com – Fax 03 21 30 87 40
35 ch – 🛏100/185 € 🛏🛏125/185 €, ☞ 15 € Yq
Rest *La Matelote* – voir ci-après
◆ Fière bâtisse des années 1930 postée sur le front de mer, face au Nausicaa. Ambiance chaleureuse, chambres de bon confort, nouvel espace détente moderne et service prévenant.

Métropole sans rest 🚗 🖼 🅰🅲 ⁽ᵀ⁾ 🚗 VISA ⚫⊙ AE
51 r. Thiers – ℰ 03 21 31 54 30 – www.hotel-metropole-boulogne.com
– Fax 03 21 30 45 72 – Fermé 20 déc.-12 janv. Ze
25 ch – 🛏70/75 € 🛏🛏89/97 €, ☞ 11 €
◆ Hôtel familial dans le centre-ville. Les chambres offrent espace et équipements actuels. Jolie salle des petits-déjeuners ouverte sur le jardin.

Hamiot 🖼 🖼 ℅ rest, ⁽ᵀ⁾ 🚗 VISA ⚫⊙ AE
1 r. Faidherbe – ℰ 03 21 31 44 20 – www.hotelhamiot.com – Fax 03 21 83 71 56
12 ch – 🛏65/80 € 🛏🛏85/100 €, ☞ 10 € Zh
Rest *Grand Restaurant* – *(fermé 25 juin- 12 juil., 1er-15 sept., 16-29 déc., dim. soir et merc.)* Menu 22/39 € – Carte 41/52 €
Rest *Brasserie* – Menu 14 € (sem.)/32 € – Carte 27/46 €
◆ Ce bâtiment d'après-guerre donne sur le port et abrite des chambres refaites (beau mobilier en bois), confortables et bien insonorisées. Atmosphère feutrée et vue sur l'animation portuaire au Grand Restaurant. Ambiance animée et terrasse d'été à la Brasserie.

H. de la Plage sans rest ← 🖼 & ⁽ᵀ⁾ VISA ⚫⊙ AE ⓪
168 bd Ste-Beuve – ℰ 03 21 32 15 15 – www.hotelboulogneplage.com
– Fax 03 21 30 47 97 Xu
42 ch – 🛏45/55 € 🛏🛏75 €, ☞ 7 €
◆ Enseigne vérité : l'hôtel est situé sur le front de mer. Chambres fonctionnelles à choisir sur l'arrière pour le calme ou en façade, à partir du 3e étage, pour la vue.

XXX **La Matelote** (Tony Lestienne) 🍴 🅰🅲 ✧ VISA ⚫⊙ AE
❀ *80 bd Ste Beuve – ℰ 03 21 30 17 97 – www.la-matelote.com – Fax 03 21 83 29 24*
– Fermé 23 déc.-16 janv. et jeudi midi Yq
Rest – Menu 31 € (sem.)/75 € – Carte 64/80 €
Spéc. Salade de homard, velouté de crustacés. Darne de turbot, coques et couteaux à la marinière. Soufflé vanille à la framboise, sorbet thé glacé.
◆ Tons rouge et or, meubles de style Louis XVI et bibelots marins composent le cadre élégant et feutré de ce restaurant (terrasse d'été). Produits de la mer superbement préparés.

XX **Rest. de la Plage** ✧ VISA ⚫⊙ AE
124 bd Ste-Beuve – ℰ 03 21 99 90 90 – www.restaurantdelaplage.fr
– Fax 03 21 87 23 14 – Fermé dim. soir et lundi soir Xv
Rest – Menu 23 € (sem.)/57 € – Carte 45/62 €❀
◆ Une adresse qui fait honneur à la vocation maritime de la ville en proposant une carte riche en saveurs iodées. À déguster dans un élégant décor actuel aux jolis tons pastel.

X **Rest. de Nausicaa** ← 🅰🅲 VISA ⚫⊙
😊 *bd Ste-Beuve – ℰ 03 21 33 24 24 – Fax 03 21 30 15 63 – Fermé lundi hors saison*
Rest – Menu 28 € – Carte 26/48 € Yt
◆ Pause repas au Centre de la mer. Ambiance animée dans deux immenses salles d'esprit brasserie, avec vue panoramique sur le port et la plage. Savoureuse cuisine iodée.

à Pont-de-Briques 5 km par ④ – ✉ 62360

XXX **Hostellerie de la Rivière** avec ch 🚗 🍴 ℅ ch, ⁽ᵀ⁾ VISA ⚫⊙ AE ⓪
17 r. de la Gare – ℰ 03 21 32 22 81 – www.lhostelleriedelariviere.fr
– Fax 03 21 87 45 48 – Fermé 15 août-2 sept., 10 janv.-1er fév., dim. soir, mardi midi et lundi
8 ch – 🛏79/89 € 🛏🛏89/99 €, ☞ 12 €
Rest – (30 € bc) Menu 39/85 € bc – Carte 60/90 €
◆ Retirée dans une impasse, cette demeure bourgeoise toute blanche abrite une salle à manger cossue ; aux beaux jours, les tables investissent le jardin. Cuisine actuelle. Chambres sobrement rénovées dans un style contemporain. Accueil familial.

à Hesdin-l'Abbé 9 km par ④ et D 901 – 1 915 h. – alt. 50 m – ⊠ 62360

📠 **Cléry** ⌛   🕭 ⅃ㅎ ☆ ch. ⍟ 🄿 ㎁ ∞ ㎂ ①
r. du Château, au village – ☏ 03 21 83 19 83 – www.hotelclery-hesdin-labbe.com
– Fax 03 21 87 52 59
27 ch – ♥155/320 € ♥♥155/320 €, ☲ 16 € – ½ P 122/275 €
Rest – (fermé sam. midi) Menu 29 € (déj. en sem.), 35/58 € – Carte 50/68 €
◆ Castel du 18ᵉ s. et son cottage disposant de douillettes chambres personnalisées. Agréable salon de lecture. Parc fleuri aux arbres centenaires et jardin potager. Plaisante salle de restaurant et belle véranda grande ouverte sur le domaine boisé.

LE BOULOU – 66 Pyrénées-Orientales – **344** I7 – 5 066 h. – alt. 90 m   **22** B3
– Stat. therm. : mi fév.-fin nov. – Casino – ⊠ 66160 ▌ Languedoc Roussillon

   ▶ Paris 869 – Argelès-sur-Mer 20 – Barcelona 169 – Céret 10
   🄷 Office de tourisme, 1, rue du Château ☏ 04 68 87 50 95, Fax 04 68 87 50 96

au Sud-Est 4,5 km par D 900, D 618 et rte secondaire – ⊠ 66160 Le Boulou

📠 **Relais des Chartreuses** ⌛   ☴ ⌂ ㇗ ㅎ ch. ⅌ rest, ⁌ 🄿 ㎁ ∞
106 av. d'En-Carbouner – ☏ 04 68 83 15 88 – www.relais-des-chartreuses.fr
– Fax 04 68 83 26 62 – Ouvert 2 mars-10 nov.
14 ch – ♥60/155 € ♥♥60/225 €, ☲ 10 € – 1 suite – ½ P 68/116 €
Rest – (dîner seult) (résidents seult) Menu 33 €
◆ Édifié à flanc de colline, mas en pierre du 17ᵉ s. rénové avec goût par ses nouveaux propriétaires. Grandes chambres personnalisées. Espace bien-être et terrasse sous les arbres. Petite salle à manger où l'on sert une cuisine actuelle parfumée (menu unique).

à Vivès 5 km à l'Ouest par D 115 et D 73 – 159 h. – alt. 228 m – ⊠ 66490

✕ **L'Hostalet de Vivès** avec ch ⌛   ㎄ ⅌ ㎅ ∞
⌘ r. de la Mairie – ☏ 04 68 83 05 52 – www.hostalet-vives.com – Fax 04 68 83 51 91
– Fermé 10 janv.-1ᵉʳ mars, mardi hors saison et merc.
3 ch – ♥60/75 € ♥♥60/95 €, ☲ 11 €
Rest – Menu 19 € (déj. en sem.)/32 € – Carte 34/50 €
◆ Ravissante maison en pierre du 12ᵉ s. ayant conservé son cachet d'antan. Service en costume traditionnel et "gargantuesques" plats catalans. Quelques chambres fonctionnelles.

BOURBACH-LE-BAS – 68 Haut-Rhin – **315** G10 – 625 h. – alt. 340 m   **1** A3
– ⊠ 68290

   ▶ Paris 451 – Altkirch 27 – Belfort 26 – Mulhouse 25

✕ **A la Couronne d'Or** avec ch ⌛   🄿 ㎁ ∞ ㎂
⌘ 9 r. Principale – ☏ 03 89 82 51 77 – Fax 03 89 82 58 03 – Fermé mardi soir et
lundi
7 ch – ♥42 € ♥♥58 €, ☲ 7 € – ½ P 52 €
Rest – Menu 10 € (déj. en sem.)/33 € – Carte 24/42 €
◆ Dans un village de la vallée de la Doller, cette maison abrite une grande salle rustique et une autre plus intime avec un poêle en faïence. Plats traditionnels. Chambres simples.

BOURBON-LANCY – 71 Saône-et-Loire – **320** C10 – 5 466 h.   **7** B3
– alt. 240 m – Stat. therm. : début avril-fin oct. – Casino – ⊠ 71140 ▌ Bourgogne

   ▶ Paris 308 – Autun 62 – Mâcon 110 – Montceau-les-Mines 55
   🄷 Office de tourisme, place d'Aligre ☏ 03 85 89 18 27, Fax 03 85 89 28 38
   🄶 de Givalois Givallois, E : 3 km, ☏ 03 85 89 05 48
   ◎ Maison de bois et tour de l'horloge★ **B.**

BOURBON-LANCY

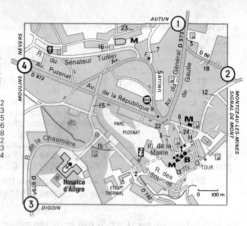

🏠 **La Tourelle du Beffroi** sans rest   ⅙ ᵗⁱ⁾ 𝖵𝖨𝖲𝖠 ◉◉

17 pl. de la Mairie – 𝒞 03 85 89 39 20 – www.hotellatourelle.fr
– Fax 03 85 89 39 29   t
8 ch – 🛏55 € 🛏🛏58/75 €, � 9 €

◆ Emplacement agréable, près des remparts de la vieille ville et à l'ombre du beffroi, pour ce petit établissement aux airs de pension de famille. Chambres parfois exiguës.

BOURBON-L'ARCHAMBAULT – 03 Allier – **326** F3 – 2 617 h.   **5** B1
– alt. 367 m – Stat. therm. : début mars-début nov. – Casino – ⊠ 03160
▌ Auvergne

     ▶ Paris 292 – Montluçon 53 – Moulins 24 – Nevers 54
     🖪 Office de tourisme, 1, place de l'Hotel de Ville 𝒞 04 70 67 09 79,
         Fax 04 70 67 15 20
     🔳 Nouveau parc ≤★ - Château ≤★.

🏠🏠 **Grand Hôtel Montespan-Talleyrand**   🛋 ⌇ 🛗 ⅙ rest, 𝒮 rest,

pl. des Thermes – 𝒞 04 70 67 00 24   𝗦𝗔 𝖵𝖨𝖲𝖠 ◉◉ 𝖠𝖤
– www.hotel-montespan.com – Fax 04 70 67 12 00 – Ouvert 2 avril-20 oct.
42 ch – 🛏60/63 € 🛏🛏64/124 €, � 13 € – 2 suites – ½ P 64/82 €
Rest – (12 €) Menu 20/50 € – Carte 32/50 €

◆ Ces trois maisons anciennes ont hébergé Mme de Montespan, Mme de Sévigné et Talleyrand. Chambres spacieuses et personnalisées. Solarium, jardin intérieur à la française. Au restaurant, poutres et pierres d'origine côtoient une décoration actuelle de bon goût.

BOURBONNE-LES-BAINS – 52 Haute-Marne – **313** O6 – 2 275 h.   **14** D3
– alt. 290 m – Stat. therm. : début mars-fin nov. – Casino – ⊠ 52400
▌ Champagne Ardenne

     ▶ Paris 313 – Chaumont 55 – Dijon 124 – Langres 39
     🖪 Office de tourisme, place des Bains 𝒞 03 25 90 01 71, Fax 03 25 90 14 12

🏠 **Orfeuil**   🛋 ⌇ 🛗 ⅙ 𝒮 rest, 🅿 𝖵𝖨𝖲𝖠 ◉◉
◎◎ *29 r. Orfeuil (près des Thermes) – 𝒞 03 25 90 05 71 – Fax 03 25 84 46 25*
– Ouvert 4 avril-25 oct.
43 ch – 🛏50/56 € 🛏🛏54/65 €, � 9 €
Rest – (fermé dim. soir et lundi) Menu 14/27 € – Carte 20/40 €

◆ Près des thermes, cette maison du 18ᵉ s. possède un salon bourgeois et des chambres de bon confort et bien tenues. L'annexe dispose de spacieux studios, plus sobres. Mobilier sixties et plantes vertes dans le lumineux restaurant ; jardin bien fleuri en saison.

LA BOURBOULE – 63 Puy-de-Dôme – **326** D9 – 2 049 h. – alt. 880 m   5 B2
– Stat. therm. : début février-début oct. – Casino AZ – ⌧ 63150 📱 Auvergne

> ▶ Paris 469 – Aubusson 82 – Clermont-Ferrand 50 – Mauriac 71
> 🛈 Office de tourisme, place de la République ✆ 04 73 65 57 71,
>   Fax 04 73 65 50 21
> ◉ Parc Fenêstre★ - Murat-le-Quaire : musée de la Toinette★ N : 2 km.

🏠 Régina   📶 ⅃ゟ 🖥 📱 P VISA ◉ AE

*48 av. Alsace-Lorraine – ✆ 04 73 81 09 22 – www.hotelregina-labourboule.com
– Fax 04 73 81 08 55 – Fermé 5-29 janv.*   BY**v**
20 ch – †58/65 € ††70/130 €, ⌑ 8 € – ½ P 63/75 €
Rest – Menu 18/31 € – Carte 32/47 €

◆ Une demeure du 19ᵉ s. au bord de la Dordogne dotée de chambres actuelles et bien équipées. Espace détente. Deux salles à manger : l'une de style Art déco (moulures et parquet anciens), l'autre moderne. Le chef propose une honnête cuisine traditionnelle.

🏠 Le Charlet   🍴 ⅃ゟ 🖥 📱 P 🚳 VISA ◉ AE

*bd L.-Choussy – ✆ 04 73 81 33 00 – www.lecharlet.fr – Fax 04 73 65 50 82
– Fermé 14 nov.-17 déc.*   AZ**g**
36 ch – †47/74 € ††52/77 €, ⌑ 9 € – ½ P 47/64 €
Rest – Menu 16/35 € – Carte 23/43 €

◆ Dans un quartier assez calme, hôtel où vous disposerez de petites chambres propres en parfait état. Équipements de détente et de sport très complets. Au restaurant : mobilier de type bistrot, plantes vertes et claustras. Carte traditionnelle et régionale.

🏠 Le Parc des Fées   🖥 & 📶 🛎 P VISA ◉ AE

*107 quai Mar.-Fayolle – ✆ 04 73 81 01 77 – www.parcdesfees.com
– Fax 04 73 81 30 49 – Fermé 18 oct.-18 déc.*   AZ**x**
42 ch – †53/62 € ††66/71 €, ⌑ 10 € – ½ P 58/66 €
Rest – Menu 14/22 € – Carte environ 30 €

◆ La moitié des chambres de cette bâtisse centenaire donne sur la Dordogne. Ampleur, décoration actuelle et confort sont au rendez-vous. Salle de jeux pour les enfants. Chaleureux restaurant où dominent les tons pastel et les miroirs. Carte traditionnelle.

LA BOURBOULE

Alsace-Lorraine (Av.)...... **BY** 2	Foch (Av. Mar.)........... **AY** 6	Lacoste (Pl. G.)........... **AY** 16
Clemenceau (Bd G.)..... **ABY**	Gambetta (Quai)........ **AZ** 7	Libération (Q. de la)...... **AZ** 17
États-Unis (Av. des)...... **BY** 3	Guéneau-de-Mussy (Av.)... **AY** 8	Mangin (Av. du Général)... **AZ** 19
Féron (Quai).............. **BY**	Hôtel de Ville (Quai)...... **AY** 10	République
	Jeanne-d'Arc (Quai)....... **BY** 12	(Pl. de la)............. **AZ** 21
	Jet-d'eau (Square du).... **AY** 13	Souvenir (Pl. du)........ **BY** 22
	Joffre (Sq. du Mar.)...... **BY** 15	Victoire (Pl. de la)....... **AY** 23

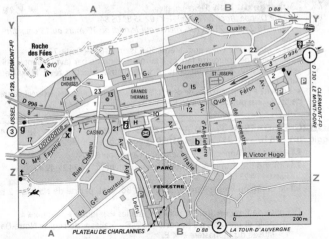

321

Aviation rest, VISA AE

r. de Metz – ✆ 04 73 81 32 32 – www.aviation.fr – Fax 04 73 81 02 85 – Fermé 3 oct.-18 déc. BZb

43 ch – †53/63 € ††53/63 €, ☕ 8 € – ½ P 53/58 €

Rest – (12 € bc) Menu 16/30 € – Carte 28/41 €

◆ Cette maison du début du 20e s., à quelques pas du parc Fenestre, abrite des chambres fonctionnelles. Pour les loisirs : piscine, fitness, salle de jeux, billard... Recettes classiques et régionales dans une salle à manger spacieuse offrant un tout nouveau décor.

La Lauzeraie sans rest P

577 chemin de la Suchère – ✆ 04 73 81 15 70 – www.lalauzeraie.net – Fermé 15 oct.-15 nov., 31 déc.-8 janv. AZt

4 ch ☕ – †75/100 € ††95/135 €

◆ Sérénité et confort vous attendent dans cette maison récente, bâtie avec des matériaux anciens. Belles chambres au mobilier chiné ou de style. Piscine couverte, fitness, hammam.

BOURDEILLES – 24 Dordogne – 329 E4 – rattaché à Brantôme

BOURG-ACHARD – 27 Eure – 304 E5 – 2 792 h. – alt. 124 m – ✉ 27310 Normandie Vallée de la Seine 33 C2

Paris 141 – Bernay 39 – Évreux 62 – Le Havre 62

XXX **L'Amandier** VISA AE

581 rte Rouen – ✆ 02 32 57 11 49 – Fax 02 32 57 11 49 – Fermé 3-13 août, 26 janv.-5 fév., dim. soir, mardi et merc.

Rest – Menu 17 € (déj. en sem.), 28/39 € – Carte 55/70 €

◆ Au centre du village, agréable restaurant décoré dans un esprit sobrement actuel (baies vitrées ouvrant sur le jardin). Accueil aimable et généreuse cuisine au goût du jour.

BOURG-CHARENTE – 16 Charente – 324 I5 – rattaché à Jarnac

LE BOURG-DUN – 76 Seine-Maritime – 304 F2 – 455 h. – alt. 17 m – ✉ 76740 Normandie Vallée de la Seine 33 C1

Paris 188 – Dieppe 20 – Fontaine-le-Dun 7 – Rouen 56

Office de tourisme, 6, place du Village ✆ 02 35 97 63 05, Fax 02 35 57 24 51

Tour★ de l'église.

XX **Auberge du Dun** (Pierre Chrétien) P VISA

3 rte de Dieppe, (face à l'église) – ✆ 02 35 83 05 84 – Fermé 18-28 oct., 21-28 fév., merc. sauf le midi du 1er mars au 15 oct., dim. soir et lundi

Rest – *(prévenir le week-end)* Menu 30 € (sem.)/48 € – Carte 70/85 €

Spéc. Fleurs de courgette farcies à la mousseline de bar (avril à sept.). Chinoiseries de Saint-Jacques au chou, bisque d'étrilles (oct. à fév.). Moka feuille, caramel au beurre salé.

◆ Coquette auberge disposant de deux jolies salles à manger rustiques, séparées du spectacle des cuisines par une baie vitrée. Recettes au goût du jour soignées.

BOURG-EN-BRESSE P – 01 Ain – 328 E3 – 40 156 h. – Agglo. 101 016 h. – alt. 251 m – ✉ 01000 Bourgogne 44 B1

Paris 424 – Annecy 113 – Genève 112 – Lyon 82

Office de tourisme, 6, avenue Alsace Lorraine ✆ 04 74 22 49 40, Fax 04 74 23 06 28

de Bourg-en-Bresse Parc de Loisirs de Bouvent, par rte de Nantua : 2 km, ✆ 04 74 24 65 17

Église de Brou★★ (tombeaux★★★, stalles★★, jubé★★, vitraux★★, chapelle et oratoires★★★, portail★) X **B** - Stalles★ de l'église Notre-Dame Y - Musée du monastère★ X **E.**

BOURG-EN-BRESSE

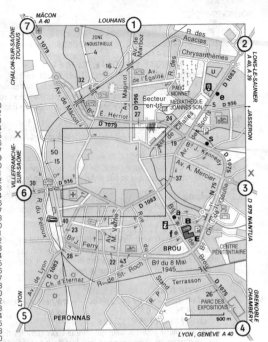

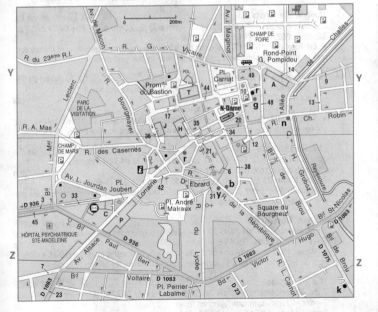

Mercure 🚗 🌧 ⓘ ⑤ ⛵ ch, Ⓜ ch, ⅍ rest, ⅍ ⅍ Ⓟ ⅍ 𝕍𝕀𝕊𝔸 ⑤ 🅰🅴 ⑤
10 av. Bad-Kreuznach – ℰ 04 74 22 44 88 – www.mercure.com
– Fax 04 74 23 43 57   X**e**
60 ch – †83/103 € ††88/114 €, ☲ 14 €
Rest – *(fermé dim. midi et sam.)* (18 €) Menu 29/39 € – Carte 35/46 €
♦ Ce Mercure propose plusieurs types de chambres ; toutes sont confortables et bien équipées dans l'ensemble. Le restaurant, avec terrasse couverte et vue sur un jardin, a adopté un style contemporain sans perdre son charme feutré. Cuisine traditionnelle.

De France sans rest 🌧 ⓘ ⅍ ⅍ 🖙 𝕍𝕀𝕊𝔸 ⑤ 🅰🅴 ⑤
19 pl. Bernard – ℰ 04 74 23 30 24 – www.grand-hoteldefrance.com
– Fax 04 74 23 69 90   Y**r**
44 ch – †80/89 € ††91/105 €, ☲ 13 € – 1 suite
♦ Proche de l'église Notre-Dame, cet hôtel cultive avec goût un style mi-cosy, mi-actuel : jolies chambres spacieuses et hall restauré dans son style 1900 d'origine.

Ariane 🚗 🌧 ☷ ⓘ ⑤ ⛵ ch, Ⓜ ch, ⅍ Ⓟ 🖙 𝕍𝕀𝕊𝔸 ⑤ 🅰🅴
bd Kennedy – ℰ 04 74 22 50 88 – www.hotel-ariane-bourg.com
– Fax 04 74 22 51 57   X**s**
40 ch – †80 € ††85 €, ☲ 11 €
Rest – *(fermé dim. et fériés)* Menu 22 € (sem.)/44 € – Carte 30/50 €
♦ En léger retrait du boulevard circulaire, construction des années 1980 dont les chambres offrent un cadre actuel : mobilier sobre et fonctionnel, et décoration colorée. Salle à manger et terrasse donnent toutes deux sur le jardin et la piscine.

Du Prieuré sans rest 🚗 ⓘ ⅍ Ⓟ 𝕍𝕀𝕊𝔸 ⑤ 🅰🅴
49 bd de Brou – ℰ 04 74 22 44 60 – www.hotelduprieure.com
– Fax 04 74 22 71 07   X**a**
14 ch – †79 € ††85 €, ☲ 12 €
♦ Second souffle pour cet hôtel qui offre le choix entre les chambres du 1er étage, actualisées, et d'autres au charme suranné (meubles de style Louis XV, Louis XVI ou bressan).

Logis de Brou sans rest ⓘ ⅍ ⅍ Ⓟ 🖙 𝕍𝕀𝕊𝔸 ⑤ 🅰🅴
132 bd de Brou – ℰ 04 74 22 11 55 – www.logisdebrou.net – Fax 04 74 22 37 30
30 ch – †62/72 € ††68/78 €, ☲ 9 €   Z**k**
♦ Cet hôtel des années 1970 se refait peu à peu une jeunesse. Chambres avec balcon, colorées et aménagées dans divers styles. Jardin fleuri et bon petit-déjeuner.

XXX **L'Auberge Bressane** ⪡ 🌧 Ⓜ Ⓟ 𝕍𝕀𝕊𝔸 ⑤ 🅰🅴 ⑤
166 bd de Brou – ℰ 04 74 22 22 68 – www.aubergebressane.fr
– Fax 04 74 23 03 15 – Fermé mardi   X**f**
Rest – (23 €) Menu 29/71 € – Carte 65/85 € 🕸
♦ Table incontournable : cuisine classique actualisée accompagnée d'un beau choix de bourgognes, collection de coqs et mobilier bressans, terrasse avec vue sur l'église de Brou.

XX **La Reyssouze** Ⓜ 𝕍𝕀𝕊𝔸 ⑤ 🅰🅴
20 r. Ch.-Robin – ℰ 04 74 23 11 50 – Fax 04 74 23 94 32 – Fermé 2 sem.
en août, merc. soir, dim. soir et lundi   Y**n**
Rest – Menu 23 € (déj. en sem.), 34/55 € – Carte 41/77 €
♦ Nouveau décor feutré et intime pour ce restaurant baptisé du nom de la rivière toute proche. Généreuse cuisine des terroirs bressan et de la Dombes, préparée "à l'ancienne".

XX **Place Bernard** 🌧 𝕍𝕀𝕊𝔸 ⑤ 🅰🅴 ⑤
19 pl. Bernard – ℰ 04 74 45 29 11 – www.georgesblanc.com – Fax 04 74 24 73 69
Rest – (19 €) Menu 28/45 € – Carte 33/51 €   Y**g**
♦ Maison 1900 décorée façon bistrot chic : tons vifs, banquettes rouges, meubles anciens et véranda rétro font de l'effet. La carte, personnalisée, honore les saveurs régionales.

XX **Le Français** 🌧 Ⓜ ⇆ 𝕍𝕀𝕊𝔸 ⑤ 🅰🅴
7 av. Alsace-Lorraine – ℰ 04 74 22 55 14 – Fax 04 74 22 47 02 – Fermé 2-24 août,
24 déc.-4 janv., sam. soir, dim. et fériés   Z**r**
Rest – Menu 24/54 € – Carte 30/75 €
♦ Depuis 1932, la même famille vous accueille dans cette institution locale au cadre Belle Époque. Banc d'écailler, répertoire culinaire de type brasserie et touches bressannes.

XX **Mets et Vins**   *VISA* ●● AE

   11 r. de la République – ℰ 04 74 45 20 78 – Fax 04 74 45 20 78 – Fermé
1er-8 janv., lundi et mardi   Z**b**

Rest – (12 € bc) Menu 18 € (sem.), 22/44 € – Carte 25/49 €

♦ Ce restaurant se distingue des nombreuses adresses voisines grâce à son appétissante cuisine dans l'air du temps. La salle à manger se veut un brin rétro (tons rose-saumon).

XX **Chalet de Brou**   ⇐ 🛳 *VISA* ●● AE

   168 bd. de Brou, (face à l'église) – ℰ 04 74 22 26 28
– Fax 04 74 24 72 42 – Fermé 5-12 juil., 15 nov.-6 déc., dim. soir,
jeudi soir et lundi   X**f**

Rest – Menu 15 € (sem.)/45 € – Carte 25/57 €

♦ Face à l'église de Brou, joyau architectural, ce restaurant familial perpétue la tradition culinaire locale dans un cadre au charme désuet.

X **Les Quatre Saisons**   *VISA* ●●

   6 r. de la République – ℰ 04 74 22 01 86 – Fax 04 74 21 10 35 – Fermé 1er-10 mai,
15-30 août, 2-10 janv., sam. midi, dim. et lundi   Z**y**

Rest – Menu 19 € (sem.)/55 € – Carte 25/55 €

♦ Le patron, passionné de vins et de produits locaux, vous mettra en appétit en vous commentant ses plats du terroir, aussi joliment réinventés que généreux. Ambiance conviviale.

à Péronnas 3 km par ⑤, D 1083 – 6 106 h. – alt. 281 m – ✉ 01960

XXX **La Marelle** (Didier Goiffon)   🚗 🛳 ⇔ **P** *VISA* ●●

   1593 av. de Lyon – ℰ 04 74 21 75 21 – www.lamarelle.fr – Fax 04 74 21 06 81
– Fermé 27 avril-12 mai, 17 août-6 sept., 2-17 janv., dim. soir, mardi et merc.

Rest – Menu 28 € (déj. en sem.) – Carte 52/80 €

Spéc. Saint-Jacques marinées à l'huile de noisette, sorbet au corail de Saint-Jacques (oct. à avril). Volaille de Bresse. Poire tapée aux morilles et vin jaune.
Vins Manicle, Mâcon-Solutré.

♦ De la terre jusqu'au ciel, retrouvez à la Marelle une séduisante cuisine inventive dans un cadre chaleureux et raffiné mêlant le rustique chic et le contemporain.

à Lalleyriat 7 km par ⑤, N 83 et D 22 – ✉ 01960

⌂ **Le Nid à Bibi** ⚘   🚗 🖻 £₄ 🍴 **P** *VISA* ●●

   Les Grandes Terres – ℰ 04 74 21 11 47 – www.lenidabibi.com
– Fax 04 74 21 02 83

5 ch ⚏ – ♦90/115 € ♦♦105/135 €

Table d'hôte – Menu 25 € bc (dîner en sem.), 30/35 €

♦ Quiétude absolue, chambres coquettes et confortables, délicieux petit-déjeuner, pléiade d'activités, accueil adorable : on se sent ici comme dans sa propre maison de campagne ! Plats soignés, mitonnés avec de délicieux produits du terroir.

BOURGES **P** – 18 Cher – 323 K4 – 70 828 h. – Agglo. 123 584 h.   12 C3
– alt. 153 m – ✉ 18000 ▯ Limousin Berry

   🚩 Paris 244 – Châteauroux 65 – Dijon 254 – Nevers 69

   🛈 Office de tourisme, 21, rue Victor Hugo ℰ 02 48 23 02 60,
Fax 02 48 23 02 69

   🛅 Bourges Golf Club rue Jacques Becker, S : 5 km par D 106, ℰ 02 48 21 20 01

   ◉ Cathédrale St-Étienne★★★ : tour Nord ⩽★★ Z - Jardins de
l'Archevêché★ - Palais Jacques-Coeur★★ - Jardins des Prés-Fichaux★
- Maisons à colombage★ - Hôtel des Échevins★ : musée Estève★ Y **M²**
- Hôtel Lallemant★ Y **M³** - Hôtel Cujas★ : Musée du Berry★ Y **M¹**
- Muséum d'histoire naturelle★ Z - Les marais★ V - Promenade des
remparts★.

Plans pages suivantes

BOURGES

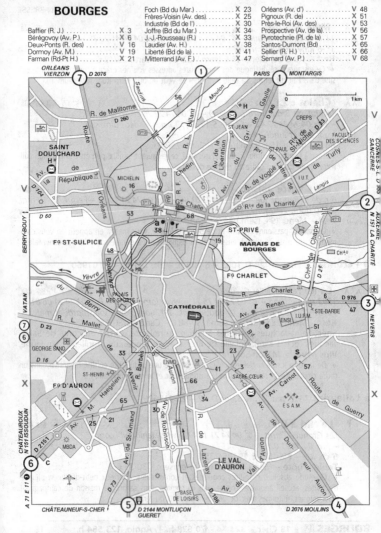

🏨🏨🏨 **De Bourbon**   🛗 ⅙ 🆔 📶 🛁 🅿 VISA ⚫ AE ⑨

bd de la République – ℰ 02 48 70 70 00 – www.hoteldebourbon.fr
– Fax 02 48 70 21 22   **Yb**
58 ch – ♦95/230 € ♦♦110/260 €, � 16 €
Rest *L'Abbaye St-Ambroix* – voir ci-après
◆ Cet hôtel proche du centre-ville est installé dans une ancienne abbaye du 17ᵉ s. Toutes les chambres ont récemment retrouvé leur éclat. Salon-bar raffiné.

🏨🏨 **D'Angleterre** sans rest   🛗 🆔 🍽 📶 🛁 🕸 VISA ⚫ AE ⑨

1 pl. Quatre-Piliers – ℰ 02 48 24 68 51 – www.bestwestern-angleterre-bourges.com
– Fax 02 48 65 21 41 – Fermé 26 déc.- 2 janv.   **Yt**
31 ch � – ♦96/135 € ♦♦116/145 €
◆ Cet hôtel bénéficie non seulement d'un bel emplacement près du palais Jacques Cœur, mais aussi d'une complète cure de jouvence qui rend l'adresse très agréable et confortable.

BOURGES

🏨 **Le Christina** sans rest   🔄 🏧 📶 🛁 VISA ⊚ ᴁ

5 r. de la Halle – ℰ 02 48 70 56 50 – www.le-christina.com – Fax 02 48 70 58 13
71 ch – †50/90 € ††50/90 €, ⊂⊃ 9 €   Z**m**
  ♦ Près du centre-ville, face à la jolie halle au blé du 19e s. Les chambres sont fonctionnelles (mobilier simple), mais celles de catégorie supérieure ont été bien rénovées.

🏨 **Les Tilleuls** sans rest ⌂   🚗 🏊 🖐 🛁 📶 🛁 P VISA ⊚ ᴁ

7 pl. Pyrotechnie – ℰ 02 48 20 49 04 – www.les-tilleuls.com – Fax 02 48 50 61 73
39 ch – †59/74 € ††67/74 €, ⊂⊃ 8 €   X**s**
  ♦ Établissement plaisamment fleuri aux chambres toutes climatisées, rustiques ou feutrées (meubles de style) ; celles de l'annexe sont rénovées. Piscine et petit fitness.

Le Berry
▦ ▧ AC 🛜 ふ ⌂ VISA ⚫ AE

3 pl. Gén.-Leclerc – ☏ 02 48 65 99 30 – www.le-berry.com – Fax 02 48 24 29 17
64 ch – †59 € ††68/72 €, ⊑ 8 €   **Va**
Rest – *(fermé 24 déc.-1ᵉʳ janv., sam. midi et dim.)* Menu 16 € (déj. en sem.)
– Carte 26/45 €

◆ Face à la gare, un grand bâtiment moderne qui dissimule des chambres récemment rénovées : couleurs vives, boiseries peintes et tableaux africains. Décor exotique et tour du monde des saveurs au restaurant.

Ibis
🏠 ▧ AC 🛜 ふ VISA ⚫ AE ⓞ

r. Jankélévitch, quartier Prado – ☏ 02 48 65 89 99 – www.ibishotel.com
– Fax 02 48 65 18 47   **Zv**
86 ch – †57/83 € ††57/83 €, ⊑ 8 €
Rest – *(dîner seult)* Menu 19 € – Carte 21/27 €

◆ Les points forts de cet Ibis : son accueil, ses chambres bien tenues et sa bonne situation ; 10mn de marche suffisent pour gagner la cathédrale ou le palais. Bar, salon et restaurant.

Arcane sans rest
🛜 P VISA ⚫ AE

2 pl. du Gén.-Leclerc – ☏ 02 48 24 20 87 – www.arcane-hotel.com
– Fax 02 48 69 00 67   **Vr**
30 ch – †42/54 € ††42/54 €, ⊑ 7 €

◆ Devant la gare, un hôtel entièrement refait qui s'avère judicieux pour ses chambres fonctionnelles et ses tarifs serrés. Bon buffet au petit-déjeuner.

Le Cèdre Bleu sans rest
🎐 🛜

14 r. Voltaire – ☏ 02 48 25 07 37 – www.lecedrebleu.fr – Fermé première sem.
d'avril, dernière sem. de juil. et 15-30 août   **Yh**
4 ch ⊑ – †55/70 € ††60/77 €

◆ Perle rare en pleine ville : cette demeure bourgeoise de style Napoléon III, agrémentée d'un agréable jardin, dispose de chambres personnalisées à la tenue irréprochable.

XXX L' Abbaye St-Ambroix – Hôtel de Bourbon
AC ⇔ VISA ⚫ AE ⓞ

60 av. J.-Jaurès – ☏ 02 48 70 80 00 – www.abbayesaintambroix.fr
– Fax 02 48 70 21 22 – Fermé dim. soir de nov. à mars, lundi et mardi
Rest – (32 € bc) Menu 49/90 € – Carte 72/90 € 🍷   **Yb**

◆ L'ex-chapelle (17ᵉ s.) de l'abbaye avec son immense voûte, décorée dans un style contemporain : un cadre exceptionnel pour une cuisine bien dans son époque.

XXX Le Piet à Terre (Thierry Finet)
🛜 ふ AC 🍽 ⇔ VISA ⚫
✿

44 bd Lahitolle – ☏ 02 48 67 95 60 – www.lepietaterre.fr – Fax 02 48 67 95 60
– Fermé 3-23 août, 5-18 janv., dim. et lundi
Rest – (34 € bc) Menu 42/129 €   **Xe**
Spéc. Foie gras poêlé (sauf été). Pigeon au foin. Texture de chocolat.

◆ Dans les faubourgs de la ville, belle et agréable maison bourgeoise où le chef propriétaire propose une cuisine créative et inspirée. Accueil et service aimables.

XXX Le Jardin Gourmand
🛜 ⇔ VISA ⚫ AE

15 bis av. E.-Renan – ☏ 02 48 21 35 91 – www.jardingourmand.fr
– Fax 02 48 20 59 75 – Fermé 20 déc.-20 janv., 6-27 juil., dim. soir, mardi midi et
lundi   **Xr**
Rest – Menu 16 € (sem.)/40 € – Carte 30/40 €

◆ Discrète maison de maître sur un boulevard excentré. Le restaurant occupe trois petites salles à l'atmosphère bourgeoise. Joli salon avec cheminée en bois. Carte traditionnelle.

XXX Beauvoir
AC VISA ⚫

1 av. Marx-Dormoy – ☏ 02 48 65 42 44 – www.restaurantlebeauvoir.com
– Fax 02 48 24 80 84 – Fermé 2-23 août et dim. soir
Rest – Menu 13 € (sem.)/48 € – Carte 40/55 € 🍷   **Ye**

◆ Recettes actuelles et belle carte des vins à découvrir dans un intérieur contemporain, lumineux et aux tons chauds : une séduisante et sympathique adresse des faubourgs.

XXX Le d'Antan Sancerrois (Stéphane Rétif) 🏛 AC VISA ⦿ AE
ॐ *50 r. Bourbonnoux – ✆ 02 48 65 96 26 – www.dantansancerrois.com*
– Fax 02 48 70 50 82 – Fermé 3-21 août, 23 déc.-4 janv., dim., lundi et fériés
Rest – (34 €) Menu 68/85 € – Carte 54/67 €   Zn
Spéc. Ravioles de langoustines au foie gras, fumet léger et mousseline de salsifi (sept.-oct.). Suprême de géline de Racan aux cèpes, cuisse en farce fine (oct.). Croustillant au chocolat, cœur fondant, crème anglaise au Bailey's. **Vins** Menetou-Salon, Coteaux du Giennois.
♦ Dans un cadre élégant (vieilles pierres, mobilier moderne et tons gris bleu), belle partition du chef qui signe une cuisine originale, aux saveurs franches et marquées.

XX Le Bourbonnoux 🔲 AC VISA ⦿ AE
ॐ *44 r. Bourbonnoux – ✆ 02 48 24 14 76 – bourbonnoux.com – Fax 02 48 24 77 67*
– Fermé 10-18 avril, 16 août-5 sept., 26 fév.-6 mars, sam. midi, dim. soir et vend.
Rest – Menu 13 € (sem.)/32 € – Carte 26/40 €   Ya
♦ Coloris vifs et colombages composent le plaisant intérieur de ce restaurant situé dans une rue jalonnée de boutiques d'artisans. Accueil aimable. Cuisine classique actualisée.

rte de Châteauroux 7 km par ⑥, près échangeur A 71 – ⊠ 18570 Le Subdray

🏨 Novotel 🏛 ⚊ ⬗ ⬥ AC 🛡 P VISA ⦿ AE ⓪
ॐ *Z.A.C Orchidée – ✆ 02 48 26 53 33 – www.novotel.com – Fax 02 48 26 52 22*
93 ch – ♦99/150 € ♦♦99/150 €, ⊇ 14 €
Rest – (17 €) Menu 21 € – Carte 19/30 €
♦ Près du péage autoroutier, ce novotel s'est relooké à la dernière mode de la chaîne (chambres Novation). Petits-déjeuners sous forme de buffet. Simple et contemporaine, la salle à manger s'ouvre sur le jardin et la terrasse bordant la piscine.

LE BOURGET – 93 Seine-Saint-Denis – **305** F7 – **101** 17 – voir à Paris, Environs

---

BOURG-ET-COMIN – 02 Aisne – **306** D6 – 730 h. – alt. 55 m   **37** D2
– ⊠ 02160
> ◼ Paris 141 – Reims 40 – Château-Thierry 54 – Laon 25

🏠 De la Vallée 🍴 P VISA ⦿
ॐ *6 r. d' Oeuilly – ✆ 03 23 25 81 58 – www.auberge-delavallee.com*
– Fax 03 23 25 38 10 – Fermé 18-24 sept., janv., mardi soir et merc.
10 ch – ♦45 € ♦♦45 €, ⊇ 8,50 € – ½ P 53 €
Rest – (8,50 € bc) Menu 17/38 € – Carte 28/57 €
♦ Sympathique étape sur le circuit-mémoire du "Chemin des Dames". Les chambres, fonctionnelles et bien tenues, ont subi une récente cure de jouvence. Accueil chaleureux. Cuisine traditionnelle servie dans une lumineuse salle à manger-véranda.

LE BOURGET-DU-LAC – 73 Savoie – **333** I4 – 4 125 h. – alt. 240 m   **46** F2
– ⊠ 73370 ▌ Alpes du Nord
> ◼ Paris 531 – Aix-les-Bains 10 – Annecy 44 – Belley 23
> 🛈 Office de tourisme, place Général Sevez ✆ 04 79 25 01 99,
>   Fax 04 79 26 10 76
> ◎ Lac★★ - Église : frise sculptée★ du choeur.

🏨 Ombremont ⬙ ⬿ ⬗ ⚊ ⬗ AC ⬗ ⬥ P VISA ⦿ AE ⓪
ॐ *2 km au Nord par D 1504 – ✆ 04 79 25 00 23 – www.hotel-ombremont.com*
– Fax 04 79 25 25 77 – Fermé 15 nov.-4 déc., 3-23 janv., lundi et mardi de déc. à avril
17 ch – ♦140/260 € ♦♦140/260 €, ⊇ 22 € – ½ P 150/210 €
Rest *Le Bateau Ivre* – voir ci-après
♦ Dans un superbe parc arboré et fleuri, vaste demeure de 1930, dont les chambres personnalisées, cosy ou bourgeoises, jouissent presque toutes d'une vue splendide. Piscine.

XXXX   **Le Bateau Ivre** (Jean-Pierre Jacob) – Hôtel Ombremont   ← 斎 **P**
£3 £3   *2 km au Nord par D 1504 –* ℰ *04 79 25 00 23*   VISA ◑ AE ⓪
– *www.hotel-ombremont.com –* Fax 04 79 25 25 77
– *Fermé 16 nov.-4 déc., 6-22 janv., lundi sauf le soir de mi-juin à mi-sept., mardi*
sauf le soir de mai à oct. et jeudi midi de mai à oct.
Rest – Menu 48/160 € – Carte 97/172 €
Spéc. Quenelles de brochet à l'émulsion d'écrevisses. Lavaret aux artichauts,
oignons et fumet crémeux (mai à nov.). Chocolat mi-amer en mousse soufflée chaude, sorbet. **Vins** Chignin-Bergeron, Roussette de Monterminod.
♦ Au Bateau Ivre, la carte met à l'honneur les produits du terroir et de saison. Magnifique
panorama sur le lac et le mont Revard.

XXX   **Auberge Lamartine** (Pierre Marin)   ← 🍴 斎 ⇔ **P** VISA ◑ AE
£3   *3,5 km au Nord par D 1504 –* ℰ *04 79 25 01 03 – www.lamartine-marin.com*
– *Fax 04 79 25 20 66 – Fermé 20 déc.-20 janv., mardi midi de sept. à mai, dim.*
soir et lundi sauf fériés
Rest – Menu 26 € (déj. en sem.), 42/82 € – Carte 67/78 €
Spéc. Escalope de foie gras de canard sur pain perdu aux épices et aux fruits
de saison. Croustillant de suprême de pigeon des grand prés au jus acidulé.
Verrine de fruits rouges, pétillant de Savoie et sorbet pêche de vigne (été).
Vins Roussette de Marestel, Mondeuse.
♦ Cuisine délicate, accueil et service soignés, décor chaleureux (cheminée, cave à vins vitrée,
tableaux) et terrasse face au "lac de Lamartine" : ô temps, suspends ton vol !

XX   **La Grange à Sel**   🍴 斎 ⇔ **P** VISA ◑ AE ⓪
– ℰ *04 79 25 02 66 – www.lagrangeasel.com –* Fax 04 79 25 25 03 – *Fermé*
2 janv.-12 fév., dim. soir et merc.
Rest – (26 €) Menu 38/80 € – Carte 52/70 €
♦ Pierres et poutres apparentes d'origine pour cette ancienne grange à sel devenue restau-
rant. Cuisine personnalisée à déguster, aux beaux jours, dans le jardin ombragé.

XX   **Beaurivage** avec ch   ← 斎 ⅍ (ᵗ) **P** VISA ◑ AE
1171 bd du Lac – ℰ *04 79 25 00 38 – www.beaurivage-bourget-du-lac.com*
– *Fax 04 79 25 06 49 – Fermé 18 oct.-20 nov., merc. sauf juil.-août, dim. soir et*
jeudi
4 ch – ♥70/75 € ♥♥70/75 €, ⌷ 7 €
Rest – (21 €) Menu 25 € (déj. en sem.), 28/65 € – Carte 50/75 €
♦ Carte étoffée et inventive faisant la part belle aux produits régionaux et aux poissons du
lac. Belle terrasse ombragée. Les chambres, confortables, profitent d'une jolie vue.

aux Catons 2,5 km au Nord-Ouest par D 42 – ⬚ 73370

XX   **Atmosphères** (Alain Périllat-Mercerot) avec ch ⌂   ← 🍴 斎 ⅍ **P**
£3   *618 rte des Tournelles –* ℰ *04 79 25 01 29*   VISA ◑ AE
– *www.atmospheres-hotel.com – Fermé 18 oct.-11 nov., mardi et merc.*
4 ch – ♥100/120 € ♥♥100/120 €, ⌷ 13 €
Rest – Menu 25 € (déj. en sem.), 40/70 € – Carte 59/80 € ⅜
Spéc. Écrevisses du lac Léman, strates de queues de cochon et sorbet tomate
(été). Lavaret du lac du Bourget, cuisson basse température, millefeuille de
vert et côtes de blettes (fév. à oct.). Myrtille cube, sorbet yaourt aux baies de
genièvre (août-sept). **Vins** Vin de pays d'Allobrogie, Roussette de Marestel.
♦ Cadre actuel superbe, avec vue sur le lac : un bel écrin pour la cuisine du chef. Sans renier
ses bases classiques, il propose des recettes créatives aux saveurs délicates et harmonieuses.
Décor épuré et couleurs à la mode rendent les chambres séduisantes.

BOURGOIN-JALLIEU – 38 Isère – 333 E4 – 23 659 h. – alt. 235 m   **44** B2
– ⬚ 38300 ▊ Lyon Drôme Ardèche

     ▶ Paris 503 – Bourg-en-Bresse 81 – Grenoble 66 – Lyon 43

     ▮ Syndicat d'initiative, 1, place Carnot ℰ 04 74 93 47 50, Fax 04 74 93 76 01

     ▣ des Trois Vallons à L'Isle-d'Abeau Le Rival, par rte de Lyon (D 1006) : 5 km,
     ℰ 04 74 43 28 84

Domaine des Séquoias 🔊 🎢 ⚖ 🎦 rest, ⚏ 👪 🅿 📼 ⚏ 🅰🄴

54 Vie-de-Boussieu, 2,5 km à l'Est par D 1006 et rte de Boussieu
– 𝒞 04 74 93 78 00 – www.domaine-sequoias.com – Fax 04 74 28 60 90
19 ch – ⚏110/200 € ⚏⚏110/200 €, ☲ 18 €

Rest – *(fermé en août, 24 déc.-5 janv., dim. soir, mardi midi et lundi)* Menu 28 €
(déj. en sem.), 38/110 € – Carte 65/114 €

♦ Côté hôtel, vous aurez le choix entre les chambres classiques et spacieuses de la Demeure,
ou celles plus modernes et design de la Ferme. Côté restaurant, salle mi-bourgeoise, mi-
contemporaine, ouverte sur le parc arboré et la piscine ; fine cuisine traditionnelle.

Des Dauphins sans rest 🚗 🛁 ⚏ 🅿, 📼 ⚏

8 r. François-Berrier, 1,5 km à l'Ouest par D 312 – 𝒞 04 74 93 00 58
– www.hoteldesdauphins.fr – Fax 04 74 28 27 39
20 ch – ⚏50/60 € ⚏⚏50/70 €, ☲ 8 €

♦ Maison bourgeoise (1910) et ses deux annexes, proposant des chambres agréables et bien
tenues. Pour la détente : terrasse face au jardin où trône un beau séquoïa, petit fitness.

à La Grive 4,5 km à l'Ouest par D 312 – ⊠ 38300 Bourgoin Jallieu

Bernard Lantelme 🎢 🎦 🅿 📼 ⚏

D 312 – 𝒞 04 74 28 19 12 – www.restaurantlantelme.com – Fax 04 74 93 78 88
– Fermé 30 juil.-30 août, sam. midi et dim.
Rest – (18 €) Menu 22 € (sem.)/44 € – Carte 33/52 €

♦ Ferme du 19e s. transformée en restaurant. Les tableaux modernes qui égaient la coquette
salle à manger rustique forment un heureux contraste avec la cuisine traditionnelle.

BOURG-ST-ANDÉOL – 07 Ardèche – 331 J7 – 7 390 h. – alt. 36 m   **44** B3
– ⊠ 07700 📖 Lyon Drôme Ardèche

▶ Paris 640 – Aubenas 57 – Montélimar 26 – Orange 34

🖪 Office de tourisme, place du Champ-de-Mars 𝒞 04 75 54 54 20, Fax 04 75
49 10 57

Le Clos des Oliviers 🎢 👪 📼 ⚏

pl. du Champ-de-Mars – 𝒞 04 75 54 50 12 – www.closdesoliviers.fr
– Fax 04 75 54 63 26 – Fermé 23 déc.-3 janv., sam. et dim. d'oct. à mars
24 ch – ⚏40/50 € ⚏⚏45/60 €, ☲ 7 € – ½ P 40/44 €
Rest – (12 €) Menu 15/27 € – Carte 23/47 €

♦ Cette maison ancienne a profité d'une cure de jouvence bienvenue : petites chambres
fonctionnelles et colorées et salles de bains neuves ; annexe plus calme. Terrasse d'été agrémentée de quelques oliviers ; cuisine actuelle et saveurs du Sud.

BOURG-STE-MARIE – 52 Haute-Marne – 313 N4 – 92 h. – alt. 329 m   **14** C3
– ⊠ 52150

▶ Paris 302 – Chaumont 39 – Langres 45 – Neufchâteau 24

Le St-Martin 🚗 🎢 ⚖ ch, ⚏ 👪 🅿 🚗 📼 ⚏ ⓪

46 r. Grande-Fontaine – 𝒞 03 25 01 10 15 – Fax 03 25 03 91 68
– Fermé 21 déc.-5 janv. et dim. soir du 15 oct. au 30 mars
8 ch – ⚏50/68 € ⚏⚏50/68 €, ☲ 8 € – ½ P 68 €
Rest – (11 €) Menu 17/40 € – Carte 23/51 €

♦ Dans cette maison ancienne bordant une route fréquentée, vous trouverez des chambres
colorées et bien rénovées, portant des noms de fleurs. Agréable petit coin salon au mobilier
en fer forgé. Cuisine traditionnelle servie dans le cadre chaleureux du restaurant.

BOURG-ST-MAURICE – 73 Savoie – 333 N4 – 7 634 h. – alt. 850 m   **45** D2
– Sports d'hiver : voir aux Arcs – ⊠ 73700 📖 Alpes du Nord

▶ Paris 635 – Albertville 54 – Aosta 79 – Chambéry 103

🖪 Office de tourisme, 105, place de la Gare 𝒞 04 79 07 12 57,
Fax 04 79 07 24 90

🏌 des Arcs Chalet des Villards, S : 20 km, 𝒞 04 79 07 43 95

◎ Fresques★ de la chapelle St-Grat à Vulmix S : 4 km.

L'Autantic sans rest ⚅ ⬅ 🗎 ⟷ ℠ 🄿 VISA ⚬⚬ AE ⓞ
69 rte Hauteville – ℰ 04 79 07 01 70 – www.hotel-autantic.fr – Fax 04 79 07 51 55
29 ch – †40/130 € ††40/130 €, ⊇ 8 €
♦ Cet hôtel abrite des chambres sobres, meublées en bois ou en fer forgé ; certaines possèdent une terrasse ou un balcon. Agréable piscine couverte.

X L'Arssiban 🞿 VISA ⚬⚬ AE
253 av. Antoine-Borrel – ℰ 04 79 07 77 35 – Fax 04 79 07 77 35 – Fermé
20 juin-10 juil., 24 oct.-4 nov., 3-7 janv., merc. et dim. soir sauf juil.-août
Rest – Menu 26/35 € – Carte 33/67 €
♦ Voûtes en pierre, carrelage ancien, tables en bois soigneusement cirées : un décor authentique qui s'accorde bien avec la généreuse cuisine au goût du jour.

X Le Montagnole 🞿 VISA ⚬⚬
26 av. du Stade – ℰ 04 79 07 11 52 – Fax 04 79 07 11 52 – Fermé 10-27 mai,
15 nov.-8 déc. et mardi
Rest – (15 €) Menu 18/28 € – Carte 30/54 €
♦ Les propriétaires, tous les deux artistes, réalisent eux-mêmes les toiles et les poèmes exposés en salle. Aux fourneaux, ils relèvent les plats d'un zeste d'originalité.

BOURGUEIL – 37 Indre-et-Loire – 317 J5 – 3 923 h. – alt. 42 m — 11 A2
– ⊠ 37140 ▌ Châteaux de la Loire

　▯ Paris 281 – Angers 81 – Chinon 16 – Saumur 23
　🛈 Syndicat d'initiative, 16, place de l'église ℰ 02 47 97 91 39,
　Fax 02 47 97 91 39

XX La Rose de Pindare 🞿 ⅙ 🞿 VISA ⚬⚬ AE
4 pl. Hublin – ℰ 02 47 97 70 50 – www.larosedepindare.com – Fax 02 47 97 70 50
– Fermé merc.
Rest – (18 €) Menu 18/38 € – Carte 30/80 € 🕮
♦ Anagramme de Pierre Ronsard, La Rose de Pindare offre un décor simple, blanc et fleuri avec poutres apparentes. Cuisine au goût du jour. Agréable terrasse.

X Le Moulin Bleu ⬅ 🚗 🞿 🄿 VISA ⚬⚬ AE
7 rte du Moulin-Bleu, 2 km au Nord par rte de Courléon – ℰ 02 47 97 73 13
– www.lemoulinbleu.com – Fax 02 47 97 79 66 – Fermé de mi-déc. à fin fév., dim.
soir, lundi soir, mardi soir et merc.
Rest – (15 €) Menu 19/39 € – Carte 32/53 €
♦ Ce Moulin Bleu est un moulin cavier de style angevin (15e s.) Il dispose de salles à manger voûtées et d'une terrasse dominant le vignoble. Plats traditionnels et vins locaux.

à Restigné 5 km à l'Est par D 35 – 1 162 h. – alt. 32 m – ⊠ 37140

Manoir de Restigné ⚅ 🚗 🞿 ⌇ ⅙ 🞿 📞 ♨ 🄿 VISA ⚬⚬
15 rte de Tours – ℰ 02 47 97 00 06 – www.manoirderestigne.com
– Fax 02 47 97 01 43 – Fermé 15-25 nov. et 2 janv.-12 fév.
5 ch – †103 € ††175 €, ⊇ 20 € – 4 suites
Rest Le Chai – (fermé dim. sauf le soir de juin à sept. et lundi) (23 €)
Menu 27 € (sem.)/75 € – Carte 55/70 €
Spéc. Langoustines bretonnes étuvées, salade tiède de cocos, croustillant de pied de cochon. Pomme de ris de veau coustillante, duxelles de girolles, pomme de terre charlotte onctueuse. Tube chocolat blanc passion en différentes textures. **Vins** Bourgueil, Chinon.
♦ Au cœur des vignes, cette demeure des 17e-18e s. a bénéficié d'une restauration d'un grand raffinement (décors d'autrefois, mobilier de style). Dans l'ancien chai, on déguste une cuisine de saison aux saveurs franches et harmonieuses, qui dévoile toute la subtilité de produits de premier choix.

BOURGUIGNONS – 10 Aube – 313 G5 – rattaché à Bar-sur-Seine

BOURNEVILLE – 27 Eure – 304 D5 – 827 h. – alt. 124 m – ⊠ 27500 — 32 B3
　▯ Paris 155 – Le Havre 45 – Rouen 43 – Brionne 25
　🛈 Office de tourisme, le Bourg ℰ 02 32 57 32 23, Fax 02 32 57 15 48

X **Risle Seine** 🚗 VISA ꝏ AE

ꝏ *5 pl. de la Mairie – ✆ 02 32 42 30 22 – www.risle-seine.com – Fax 02 32 42 30 22 – Fermé vacances de la Toussaint, de fév., mardi soir et merc.*

Rest – (12 €) Menu 17/30 € – Carte 20/38 €

◆ Cette petite auberge située au centre du village abrite une salle rustique et une véranda de style plus actuel tournée sur la verdure. Cuisine traditionnelle mitonnée avec soin.

BOURRON-MARLOTTE – **77 Seine-et-Marne** – **312** F5 – **2 858 h.** – **alt. 71 m** – ✉ **77780** **19** C3

▶ Paris 72 – Fontainebleau 9 – Melun 26 – Montereau-Fault-Yonne 26

ℹ Office de tourisme, 37, rue Murger ✆ 01 64 45 88 86, Fax 01 64 45 86 80

XXX **Les Prémices** ⛱ P VISA ꝏ AE

Château de Bourron – ✆ 01 64 78 33 00 – www.restaurant-les-premices.com – Fax 01 64 78 36 00 – Fermé 1er-15 août, 25 déc.-1er janv., vacances de fév., dim. soir, lundi et mardi

Rest – Menu 33/75 € – Carte 70/110 € ✿

◆ Dans les dépendances du château de Bourron (16e s.), un cadre moderne. Cuisine inventive fervente des produits exotiques ; beaux vins de Bourgogne et de Bordeaux.

BOURTH – **27 Eure** – **304** E9 – **1 200 h.** – **alt. 182 m** – ✉ **27580** **33** C2

▶ Paris 125 – L'Aigle 16 – Alençon 78 – Évreux 46

XX **Auberge Chantecler** ⛱ VISA ꝏ

ꝏ *face à l'église – ✆ 02 32 32 61 45 – Fax 02 32 32 61 45 – Fermé 1 sem. en août, 2 sem. en fév., dim. soir et lundi*

☺ **Rest** – Menu 16 € (déj. en sem.), 26/44 € – Carte 33/52 €

◆ Cette auberge arbore une façade en briques chaulées recouverte de fleurs l'été. Deux salles à manger rustiques ; appétissante cuisine traditionnelle.

BOUSSAC – **23 Creuse** – **325** K2 – **1 436 h.** – **alt. 376 m** – ✉ **23600** **25** C1

▮ Limousin Berry

▶ Paris 333 – Aubusson 50 – La Châtre 37 – Guéret 41

ℹ Office de tourisme, place de l'Hôtel de Ville ✆ 05 55 65 05 95, Fax 05 55 65 00 94

◉ Site★.

à Nouzerines **10 km au Nord-Ouest par D97** – **253 h.** – **alt. 407 m** – ✉ **23600**

XX **La Bonne Auberge** avec ch ⛱ ♿ rest, 📶 VISA ꝏ AE

ꝏ *1 r. des Lilas – ✆ 05 55 82 01 18 – www.la-bonne-auberge.net – Fermé 1er-9 mars, 10-28 oct. et 20-28 fév.*

6 ch – 🚹45/48 € 🚹🚹45/48 €, ☕ 7 €

Rest – *(fermé dim. soir et lundi)* (14 €) Menu 17 € (sem.)/50 € – Carte 29/59 €

◆ Auberge traditionnelle aux volets verts. La salle à manger principale, lumineuse et coquette, propose une cuisine traditionnelle orientée terroir. Terrasse dans le jardin. Les chambres ont été rénovées en 2009.

BOUTIGNY-SUR-ESSONNE – **91 Essonne** – **312** D5 – **3 075 h.** – **alt. 61 m** – ✉ **91820** **18** B3

▶ Paris 58 – Corbeil-Essonnes 29 – Étampes 19 – Fontainebleau 29

🏛 **Domaine de Bélesbat** 🐦 ← 🚗 ⛱ ⛳ ♿ ch, AC 📶 P VISA ꝏ AE ⓓ

– ✆ 01 69 23 19 00 – www.belesbat.com – Fax 01 69 23 19 01 – Fermé 24 déc.-4 janv.

59 ch – 🚹370/650 € 🚹🚹370/650 €, ☕ 20 € – 1 suite

Rest ***L'Orangerie*** – ✆ 01 69 23 19 30 *(Fermé dim. soir, lundi et mardi)* Menu 25 € (déj.), 45/60 € – Carte 35/45 €

◆ Henri IV et Voltaire séjournèrent dans ce château des 15e et 18e s. Luxueuses chambres contemporaines ou classiques. Superbe parc traversé par un bras de l'Essonne et golf 18 trous. Cuisine actuelle à déguster à l'Orangerie, restaurant moderne au design épuré.

BOUZEL – 63 Puy-de-Dôme – **326** G8 – **665 h.** – alt. 320 m – ⊠ 63910   6 C2
> ▶ Paris 432 – Ambert 57 – Clermont-Ferrand 23 – Issoire 38

XX   **L'Auberge du Ver Luisant**   🛱 AC ⇔ VISA ⚫
😊   2 r. Breuil – 𝒞 04 73 62 93 83 – Fax 04 73 62 93 83
     – Fermé 4-12 avril, 16 août-8 sept., 1er-8 janv., dim. soir, mardi soir, merc. soir,
     jeudi soir et lundi
     Rest – (15 €) Menu 25/48 € – Carte environ 35 €
     ♦ Cette sympathique maison de pays a su conserver tout le charme de la campagne. On y
     mange une cuisine traditionnelle soignée, de bons produits, variant au rythme des saisons.

BOUZE-LÈS-BEAUNE – 21 Côte-d'Or – **320** I7 – **rattaché à Beaune**

BOUZIGUES – 34 Hérault – **339** G8 – **rattaché à Mèze**

BOUZY – 51 Marne – **306** G8 – **960 h.** – alt. 111 m – ⊠ 51150   13 B2
> ▶ Paris 168 – Châlons-en-Champagne 29 – Épernay 21 – Reims 27

⌂   **Les Barbotines** sans rest ⤸   ⬚ & ⁽⁾ 🖦 P VISA ⚫
     1 pl. A. Tritant – 𝒞 03 26 57 07 31 – www.lesbarbotines.com – Fax 03 26 58 26 36
     – Fermé 1er-12 août et 15 déc.-1er fév.
     5 ch ⥱ – †70 € ††90 €
     ♦ La prestigieuse route du Champagne s'offre à votre curiosité depuis cette belle maison de
     vigneron du 19e s. Coquettes chambres garnies de meubles chinés chez les antiquaires.

BOZOULS – 12 Aveyron – **338** I4 – **2 723 h.** – alt. 530 m – ⊠ 12340   29 D1
▌Midi-Toulousain
> ▶ Paris 603 – Espalion 11 – Mende 94 – Rodez 22
> 🛈 Office de tourisme, 2 bis, place de la Mairie 𝒞 05 65 48 50 52,
>   Fax 05 65 48 50 52
> ◎ Trou de Bozouls★.

🏨   **A la Route d'Argent**   🛱 ⫶ & AC rest, ⁽⁾ 🖦 P ⤻ VISA ⚫ ①
😊   rte d' Espalion – 𝒞 05 65 44 92 27 – www.laroutedargent.com
😊   – Fax 05 65 48 81 40 – Fermé 2 janv.-15 fév.
🍽   **21 ch** – †42/58 € ††42/58 €, ⥱ 8 € – ½ P 58/65 €
     Rest – (fermé lundi sauf le soir en juil.-août et dim. soir hors saison) Menu 19 €
     (sem.), 28/45 €
     ♦ Bâtisse hôtelière (fin 20e s.) vous logeant côté route ou bien côté piscine. Une annexe
     abrite six chambres neuves (même confort). Repas traditionnel selon le marché, dans un
     cadre actuel : panneaux en verre sablé, lumière tamisée, toiles modernes.

⌂   **Hameau des Brunes** sans rest ⤸   ⬚ ⁽⁾ P VISA ⚫
     hameau les Brunes, 5 km au Sud par D 920 et rte secondaire – 𝒞 05 65 48 50 11
     – www.lesbrunes.com
     5 ch ⥱ – †79/122 € ††86/129 €
     ♦ Hébergement de charme en cette demeure du 18e s. avec tourelle. Mobilier ancien, petit-
     déjeuner (produits régionaux) près du cantou, jardin-verger et campagne pour toile de fond...

X   **Le Belvédère** (Guillaume Viala) avec ch   ⁽⁾ VISA ⚫
😊   11 rte du Maquis Jean-Pierre, rte de St-Julien – 𝒞 05 65 44 92 66
✿   – www.belvedere-bozouls.com – Fermé 1er-19 mars, 27 sept.-22 oct., dim. soir et
     lundi
     11 ch – †52/63 € ††52/63 €, ⥱ 8 € – ½ P 50 €
     Rest – (nombre de couverts limité, prévenir) (13 €) Menu 18 € (sem.)/40 €
     Spéc. Escargots de Nagaillac poêlés au beurre. "Coeur de côte" d'agneau allai-
     ton d'Aveyron rôti au jus épicé. Barquettes "tout chocolat", cerises pochées
     au marcillac et glace cardamome. **Vins** Entraygues et du Fel, Marcillac.
     ♦ Auberge en pierre surplombant un cirque naturel grandiose (le "Trou de Bozouls"). Arrivé
     en cuisine après un passage en fac, le jeune chef a visiblement trouvé sa voie : originale et
     pure, dominée par les légumes et les produits locaux. Accueil charmant. Chambres simples et
     bien tenues.

BRACIEUX – 41 Loir-et-Cher – **318** G6 – 1 265 h. – alt. 70 m – ⊠ 41250   **11** B1
🏛 Châteaux de la Loire

　　　▶ Paris 185 – Blois 19 – Montrichard 39 – Orléans 64
　　　🛈 Syndicat d'initiative, 10 Les Jardins du Moulin ℰ 02 54 46 09 15,
　　　Fax 02 54 46 09 15

🏠　　**De la Bonnheure** sans rest　　　　　　　　　🚿 **P** 𝒱𝐼𝑆𝐴 ⓪⑧ 𝐀𝐄
　　　9 bis r. R. Masson – ℰ 02 54 46 41 57
　　　– www.hoteldelabonnheur.com
　　　– Fax 02 54 46 05 90
　　　– Ouvert de mi-mars à début déc.
　　　14 ch – †55/80 € ††55/90 €, ⊑ 9 € – 2 suites
　　　♦ Chambres rustiques, jardin exposant des outils agricoles, petit-déjeuner soigné et services
destinés aux cyclistes et randonneurs : cet hôtel est un vrai "bonnheure" !

🏠　　**L'Orée des Châteaux** sans rest　　　　　　　&. **P** 𝒱𝐼𝑆𝐴 ⓪⑧ ⓪
　　　9 bis rte de Blois – ℰ 02 54 46 40 19
　　　– www.oree-des-chateaux.com
　　　– Fax 02 54 46 07 92
　　　– Ouvert 2 mars-14 nov.
　　　10 ch – †57 € ††67 €, ⊑ 8 €
　　　♦ Une construction neuve de type pavillon cache un hôtel familial disposant de chambres
lumineuses et pratiques. Une étape idéale sur la route des châteaux de la Loire.

✕　　**Le Rendez-vous des Gourmets**　　　　　　　🍴 **P** 𝒱𝐼𝑆𝐴 ⓪⑧ 𝐀𝐄
🙂　　20 r. Roger-Brun – ℰ 02 54 46 03 87 – Fax 02 54 56 88 32
　　　– Fermé vacances de printemps, 23-31 août, vacances de la Toussaint,
　　　23 déc.-20 janv., dim. soir sauf juil.-août, sam. midi et merc.
　　　Rest – (16 €) Menu 20 € (sem.)/60 € – Carte 33/75 €
　　　♦ Ce restaurant sobre et rustique possède le charme d'une auberge familiale. Le chef-
patron y propose une cuisine actuelle. Aux beaux jours, petite terrasse côté cour.

> Un nom d'établissement passé en rouge désigne un « espoir ».
> Le restaurant est susceptible d'accéder à une distinction supérieure :
> première étoile ou étoile supplémentaire. Vous les retrouverez dans
> la liste des tables étoilées en début de guide.

BRAM – 11 Aude – **344** D3 – 3 156 h. – alt. 134 m – ⊠ 11150   **22** A2
　　　▶ Paris 749 – Montpellier 173 – Carcassonne 24 – Castres 67

au Nord rte de Castelnaudary : 4 km par D 4, N 6113 et rtre secondaire
- ⊠ 11150 Bram

🏠　　**Château de la Prade** ⌖　　　　　　　　🔔 ⅃ 📶 **P** 🚲 𝒱𝐼𝑆𝐴 ⓪⑧
　　　– ℰ 04 68 78 03 99
　　　– www.chateaulaprade.eu
　　　– Fax 04 68 24 96 31
　　　– Ouvert de mi-mars à mi-nov.
　　　4 ch ⊑ – †80/95 € ††95/115 €
　　　Table d'hôte – Menu 24 €
　　　♦ Maison bourgeoise de caractère en bordure du canal du Midi. Parc soigné avec arbres
centenaires et piscine. Décoration classique et mobilier plaisant, sans luxe ostentatoire. Allé-
chant petit-déjeuner avec confitures maison servi au salon ou en terrasse.

BRANCION – 71 Saône-et-Loire – **320** I10 – rattaché à Tournus

LA BRANDE – 36 Indre – **323** H7 – rattaché à Montipouret

BRANNE – 33 Gironde – **335** J6 – 1 104 h. – alt. 10 m – ⊠ 33420   4 C1

▶ Paris 588 – Bordeaux 39 – Langon 43 – Libourne 18

✕   **Le Caffé Cuisine**   🖭 AC VISA ☎ AE
7 pl. du Marché, (au pont) – ℰ 05 57 24 19 67 – Fax 05 57 24 19 67 – fermé dim.
soir et lundi
Rest – (14 € bc) Menu 25 € – Carte 30/46 €
♦ À côté du pont jeté sur la Dordogne, restaurant convivial au cadre ancien modernisé avec
brio. Service sans chichi et cuisine traditionnelle soignée valorisant les produits.

BRANSAC – 43 Haute-Loire – **331** G2 – rattaché à Beauzac

BRANTÔME – 24 Dordogne – **329** E3 – 2 112 h. – alt. 104 m – ⊠ 24310   4 C1
▮ Périgord Quercy

▶ Paris 470 – Angoulême 58 – Limoges 83 – Nontron 23

🖪 Syndicat d'initiative, boulevard Charlemagne ℰ 05 53 05 80 52,
Fax 05 53 05 80 52

◉ Clocher★★ de l'église abbatiale - Bords de la Dronne★★.

🏨🏨🏨   **Le Moulin de l'Abbaye**   ⟨ 🍴 🖭 AC ch, ⁖ 🍽 VISA ☎ AE ①
1 rte de Bourdeilles – ℰ 05 53 05 80 22 – www.moulinabbaye.com
– Fax 05 53 05 75 27 – Ouvert 10 avril-6 nov.
19 ch – ♦150/330 € ♦♦150/330 €, ⊇ 22 € – ½ P 170/250 €
Rest – *(fermé le midi sauf week-ends et fériés)* Menu 42/95 € – Carte 75/95 €
♦ Ce ravissant moulin et sa maison de meunier révèlent un cadre romantique à souhait.
Chambres personnalisées, bercées par le murmure d'une cascade. La terrasse au bord de
l'eau et l'élégant restaurant (cuisine régionale) offrent une vue bucolique sur la Dronne.

🏨🏨   **Chabrol**   🖭 ⁖ VISA ☎ AE
57 r. Gambetta – ℰ 05 53 05 70 15 – www.lesfrerescharbonnel.com
– Fax 05 53 05 71 85 – fermé 15 nov.-15 déc., 1er fév.-10 mars, dim. soir d'oct.
à juin et lundi
18 ch – ♦50/60 € ♦♦70/100 €, ⊇ 14 € – ½ P 75/100 €
Rest – Menu 30 € (sem.)/66 € – Carte 46/100 €
♦ L'expression "maison de tradition" s'applique parfaitement à l'hôtel Chabrol. Les chambres,
peu à peu revues, bénéficient d'une amélioration de leur confort. Salle à manger à l'atmosphère provinciale et terrasse panoramique dominent le cours de la Dronne.

🏨🏨   **Moulin de Vigonac** ⁖   🐾 🍴 ⎎ ⅃ & ⁕ ⁖ 🔱 🅿 VISA ☎ AE ①
– ℰ 05 53 05 87 59 – www.moulindevigonac.com – Fax 05 53 35 03 92 – Ouvert
15 mars-15 nov.
10 ch – ♦120/270 € ♦♦120/270 €, ⊇ 15 € – ½ P 115/190 €
Rest – *(fermé mardi soir et merc. sauf juil.-août) (nombre de couverts limité,*
prévenir) Menu 45/65 € – Carte 47/74 €
♦ Tout est neuf dans ce moulin du 16e s., bercé par la Dronne. La décoration moderne, sans
trahir le charme originel du lieu, lui apporte sérénité et confort. Parc privé, piscine. Cuisine
traditionnelle.

✕   **Au Fil du Temps**   🖭 VISA ☎
1 chemin du Vert Galand – ℰ 05 53 05 24 12 – www.fildutemps.com
– Fax 05 53 05 18 01 – Fermé 19 déc.-17 janv., lundi soir et mardi du 15 avril au
30 sept.
Rest – (12 €) Menu 24/39 €
♦ Une salle avec rôtissoire, une autre cosy (avec cheminée), une terrasse ombragée par un
tilleul : trois espaces exquis pour déguster plats du terroir et viandes à la broche.

✕   **Au Fil de l'Eau**   🖭 VISA ☎
21 quai Bertin – ℰ 05 53 05 73 65 – www.fildeleau.com – Fax 05 53 35 04 81
– Ouvert 15 avril-15 oct. et fermé merc. soir et jeudi du 15 avril au 1er juil.
Rest – Menu 24/31 €
♦ Coquette guinguette décorée sur le thème de la pêche. Suivez le fil de l'eau sous les sau-
les pleureurs de la terrasse bordant la Dronne. Fritures et matelote.

à Champagnac de Belair 6 km au Nord-Est par D 78 et D 83 – 738 h.
– alt. 135 m – ⊠ 24530

🏠🏠🏠　**Le Moulin du Roc** (Alain Gardillou) ⓢ　　　≤ 🛋 🛬 ⚒ ※ ⓟ ⓟ
☼　– ⓒ 05 53 02 86 00 – www.moulinduroc.com　　　ⓥⓘⓢⓐ ⓸⓸ ⓞ
　　– Fax 05 53 54 21 31 – Ouvert 6 mai-1ᵉʳ nov.
　　13 ch – ♦170/210 € ♦♦170/210 €, � 18 € – ½ P 170/190 €
　　Rest – (fermé merc. midi et mardi) Menu 40 € bc (déj. en sem.)/65 €
　　Spéc. Fine tarte croustillante à l'artichaut, oignons aux épices et foie gras.
　　Tranche de foie gras panée aux noisettes. Tarte soufflée au citron vert, fraises
　　du Périgord et sorbet citron. **Vins** Bergerac, Pécharmant.
　　◆ Le lieu est magique : ancien moulin à huile sur la Dronne cerné par la nature. Intérieur de
　　caractère, chambres personnalisées et jardin au fil de l'eau. Cuisine du terroir revisitée
　　(menu-carte), servie dans deux salles chaleureuses. Terrasses bordant la rivière.

à Bourdeilles 10 km au Sud-Ouest par D 78 – 782 h. – alt. 103 m – ⊠ 24310

　　🄸 Syndicat d'initiative, place des Tilleuls ⓒ 05 53 03 42 96, Fax 05 53 54 56 27
　　◎ Château★ : mobilier★★, cheminée★★ de la salle à manger.

🏠🏠　**Hostellerie Les Griffons**　　　　≤ 🛬 🛬 ※ rest, ⓟ ⓥⓘⓢⓐ ⓸⓸
　　Le Pont – ⓒ 05 53 45 45 35 – www.griffons.fr – Fax 05 53 45 45 20
　　– Ouvert 3 avril-1ᵉʳ nov.
　　10 ch – ♦87/110 € ♦♦87/110 €, � 12 € – ½ P 84/96 €
　　Rest – (fermé le midi sauf dim. et fériés) Menu 34/51 €
　　◆ Au pied du château, maison bourgeoise du 16ᵉ s. dominant la Dronne. Côté chambres :
　　meubles anciens, pierres, poutres et belle charpente au dernier étage. Salon confortable,
　　lumineuse véranda face à la rivière et terrasse sur le jardin. Plats classiques.

BRAS – 83 Var – 340 K5 – 1 996 h. – alt. 280 m – ⊠ 83149　　　　　**41** C3
　　🄳 Paris 814 – Aix-en-Provence 55 – Marseille 62 – Toulon 61
　　🄸 Syndicat d'initiative, place du 14 juillet ⓒ 04 94 69 98 26

🏠　**Une Campagne en Provence** ⓢ　　　　🛋 🛬 🛬 ⓥ ⓟ ⓥⓘⓢⓐ ⓸⓸
　　Domaine Le Peyrourier, 3 km au Sud-Ouest par D 28 et rte secondaire
　　– ⓒ 04 98 05 10 20 – www.provence4u.com – Fax 04 98 05 10 21
　　– Fermé 1ᵉʳ janv.-31 mars
　　5 ch ⊆ – ♦85/120 € ♦♦90/125 €　　**Table d'hôte** – Menu 30 € bc/35 € bc
　　◆ Dans un vaste domaine entouré de prairies et de vignes, cet ancien corps de ferme des
　　Templiers (remontant au 12ᵉ s.) est un havre de paix. Chambres personnalisées, de style
　　régional. À la table d'hôte, cuisine provençale et vins de la propriété. Terrasse.

BRAX – 47 Lot-et-Garonne – 336 F4 – **rattaché à Agen**

BRAY-ET-LU – 95 Val-d'Oise – 305 A6 – 106 – 911 h. – alt. 28 m　　　**18** A1
– ⊠ 95710
　　🄳 Paris 70 – Rouen 61 – Gisors 26 – Pontoise 36

※※　**Les Jardins d'Epicure** avec ch ⓢ　　　🍴 🛬 🄴 ※ ⓟ ⓥⓘⓢⓐ ⓸⓸ 🄰🄴
☼　16 Grande-Rue – ⓒ 01 34 67 75 87 – www.lesjardinsdepicure.com
　　– Fax 01 34 67 90 22 – Fermé 2 janv.-10 fév., dim. soir à jeudi midi de nov.
　　à mars, dim. midi à mardi midi en avril-mai-juin et en sept.-oct.
　　15 ch – ♦110/350 € ♦♦110/350 €, ⊆ 25 € – 3 suites
　　Rest – (28 €) Menu 39/105 € – Carte 68/99 €
　　Spéc. Escargots, poêlée de champignons des bois, lard paysan et tuile de
　　pain. Lieu jaune cuit à basse température, pâtisson fondant, émulsion de
　　coquillages. Ananas Victoria rôti au miel, tuile croquante à l'orange.
　　◆ Dans un parc traversé par une rivière, deux maisons de maître du 19ᵉ s. et d'anciennes
　　écuries : un trio de charme abritant des chambres de caractère. Au restaurant, le jeune chef
　　démontre une grande maîtrise dans le travail de beaux produits, et une inventivité qui tou-
　　che juste ; salle cossue face à la piscine.

BREBIÈRES – 62 Pas-de-Calais – 301 L5 – **rattaché à Douai**

LA BRÈDE – 33 Gironde – **335** H6 – 3 601 h. – alt. 18 m – ⊠ 33650 **3** B2

▶ Paris 584 – Bordeaux 24 – Mont-de-Marsan 112 – Agen 123

🛈 Syndicat d'initiative, 3, avenue Charles-de-Gaulle ℰ 05 56 78 47 72,
Fax 05 56 78 46 69

XX   **La Table de Montesquieu**   🕾 AC ⅏ ⇦ VISA ⚫⚫
🕸   *pl. St-Jean d'Etampes, (derrière l'église)* – ℰ 05 56 78 52 91
– www.latabledemontesquieu.fr – Fax 05 56 78 52 92 – Fermé 15 août-1ᵉʳsept.,
19 déc.-15 janv., dim. et lundi
Rest – (28 €) Menu 40/50 €⛁
Spéc. Sardines "Océan" farcies aux huit saveurs. Canard fermier des Landes
à "architecture variable". Les six œufs de ferme imaginaires.
♦ Sur la place du village, dans l'ancienne école communale (1890), un décor contemporain
où faire l'expérience d'une cuisine ludique et aventureuse juste comme il faut, à base de
bons produits du terroir girondin.

BRÉHAT (ÎLE-DE) – 22 Côtes-d'Armor – **309** D1 – voir à Île-de-Bréhat

---

BRELES – 29 Finistère – **308** C4 – 792 h. – alt. 52 m – ⊠ 29810 **9** A1

▶ Paris 616 – Rennes 264 – Quimper 99 – Brest 25

⌂   **Auberge de Bel Air** ⌖   🚗 🕾 ⌾ P
rte de Lanildut – ℰ 02 98 04 36 01 – Fax 02 98 04 36 01 – Fermé 28 sept.-10 oct.
et 5-31 janv.
3 ch ⌷ – †58/64 € ††64/70 € – ½ P 59/62 €
Table d'hôte – *(fermé mardi soir et merc. soir hors vacances scolaires, dim. soir*
et lundi) Menu 27 € bc/54 € bc
♦ Au bord de l'aber Ildut, dans un site verdoyant, vieille ferme en granit donnant sur un
grand jardin et son étang. Coquettes chambres de bon confort ; terrasse côté rivière. Cadre
rustique et menu du marché sur mesure à la table d'hôte.

BRÉLIDY – 22 Côtes-d'Armor – **309** C3 – 309 h. – alt. 100 m – ⊠ 22140 **9** B1

▶ Paris 503 – Rennes 151 – Saint-Brieuc 55 – Lannion 27

🏠   **Château de Brélidy** ⌖   🚗 ⌾ 🖥 ⌾ P VISA ⚫⚫
– ℰ 02 96 95 69 38 – www.chateau-brelidy.com – Fax 02 96 95 18 03
– Ouvert fin mars-19 déc.
14 ch – †82/96 € ††102/128 €, ⌷ 13 € – ½ P 100/113 €
Rest – *(dîner seult)* Menu 30 €, 36/64 € bc – Carte 30/36 €
♦ Difficile de résister aux attraits de ce château du 16ᵉ s. : petites chambres personnalisées,
salons cossus, salle à manger rustique, parc (parcours de pêche en rivière).

LA BRESSE – 88 Vosges – **314** J4 – 4 728 h. – alt. 636 m – Sports **27** C3
d'hiver : 650/1 350 m ⚞31 ⚘ – ⊠ 88250 ▮ Alsace Lorraine

▶ Paris 437 – Colmar 52 – Épinal 52 – Gérardmer 13

🛈 Office de tourisme, 2a, rue des Proyes ℰ 03 29 25 41 29, Fax 03 29 25 64 61

🏠   **Les Vallées**   ⌾ 🕾 🖥 XX ▮❄ ⅏ ch, 🛁 P ⌾ VISA ⚫⚫ AE ①
31 r. P. Claudel – ℰ 03 29 25 41 39 – www.labellemontagne.com
– Fax 03 29 25 64 38
56 ch – †43/70 € ††53/98 €, ⌷ 12 € – ½ P 55/79 €
Rest – *(fermé nov.)* (15 €) Menu 25/55 € – Carte 30/75 €
♦ Chambres fonctionnelles de taille variée, équipements complets pour séminaires et installations de loisirs : cet imposant complexe hôtelier est fréquenté hiver comme été. Haute
charpente en bois blond, grandes baies vitrées et plats régionaux au restaurant.

au Sud 3 km, rte de Cornimont par D 486 – ⊠ 88250 La Bresse

XX   **Le Clos des Hortensias**   ⇦ P VISA ⚫⚫
🕸   *51 rte de Cornimont* – ℰ 03 29 25 41 08 – Fax 03 29 25 65 34 – Fermé 11-24 nov.,
🕸   *dim. soir, merc. soir et lundi*
Rest – *(prévenir)* Menu 16 € (sem.), 27/40 €
♦ Une fresque représentant des hortensias agrémente la façade de ce restaurant familial.
Cuisine traditionnelle soignée servie dans un intérieur aussi charmant que l'accueil.

BRESSIEUX – 38 Isère – **333** E6 – 83 h. – alt. 510 m – ⊠ 38870　　**43** E2

   ▶ Paris 533 – Grenoble 50 – Lyon 76 – Valence 73

✗　**Auberge du Château**　　　　　　　　　　　≤ 🏠 **P** 𝑉𝐼𝑆𝐴 ⚙
   – 𝒞 04 74 20 91 01 – www.aubergedebressieux.fr – Fax 04 74 20 54 69
   – Fermé 20 oct.-13 nov., 16 fév.-12 mars, dim. soir hors saison, mardi et merc.
   Rest – (21 €) Menu 28/69 € – Carte 34/58 € ℬℬ
   ♦ Au faîte d'un vieux village perché, accueillante maison ancienne bien restaurée. La terrasse ombragée offre un beau point de vue sur la vallée et les monts du Lyonnais.

BRESSON – 38 Isère – **333** H7 – **rattaché à Grenoble**

BRESSUIRE 👁 – 79 Deux-Sèvres – **322** D3 – 18 225 h. – alt. 186 m　　**38** B1
– ⊠ 79300 ▯ Poitou Vendée Charentes

   ▶ Paris 364 – Angers 84 – Cholet 45 – Niort 64
   🄸 Office de tourisme, place de l'Hotel de Ville 𝒞 05 49 65 10 27,
     Fax 05 49 80 41 49

🏠　**Les 3 Marchands**　　　　　　　　　　　 ₠ 📞 **P** 𝑉𝐼𝑆𝐴 ⚙
⊕　les Sicaudières, 2 km par rte de Nantes – 𝒞 05 49 65 01 19
   – www.hotel-restaurant-bressuire.com – Fax 05 49 65 82 16 – Fermé 1er-15 août
   21 ch – ♦49/52 € ♦♦60/62 €, ⊇ 8 € – ½ P 57 €
   Rest – (fermé sam. midi) Menu 13 € (déj. en sem.), 18/35 € – Carte 22/49 €
   ♦ Sur la route de Nantes, adresse familiale et sérieuse qui se révèle pratique pour l'étape entre le Puy du Fou et le Futuroscope. Chambres fonctionnelles ; préférez les plus récentes. Restaurant néo-rustique et lumineux proposant une cuisine traditionnelle.

BREST 👁 – 29 Finistère – **308** E4 – 144 548 h. – **Agglo. 210 055 h.**　　**9** A2
– alt. 35 m – ⊠ 29200 ▯ Bretagne

   ▶ Paris 596 – Lorient 133 – Quimper 72 – Rennes 246
   🛫 de Brest-Bretagne 𝒞 02 98 32 86 00, 10 km au NE
   🄸 Office de tourisme, Place de la Liberté 𝒞 02 98 44 24 96, Fax 02 98 44 53 73
   🄸₁₈ de Brest les Abers à Plouarzel Kerhoaden, NE : 24 km par D 5,
     𝒞 02 98 89 68 33
   ◉ Océanopolis★★★ - Cours Dajot ≤★★ - Traversée de la rade★ - Arsenal et
     base navale ★ DZ - Musée des Beaux-Arts★ EZ **M¹** - Musée de la Marine★
     DZ **M²** - Conservatoire botanique du vallon du Stang-Alar★.
   ◙ Les Abers ★★

Plans pages suivantes

🏠　**Océania**　　　　　　　　　　　 📶 📟 🛁 𝑉𝐼𝑆𝐴 ⚙ 𝐴𝐸 ⓪
   82 r. Siam – 𝒞 02 98 80 66 66 – www.oceaniahotels.com – Fax 02 98 80 65 50
   82 ch – ♦79/160 € ♦♦79/160 €, ⊇ 14 €　　　　　　　　EY**r**
   Rest Nautilus – 𝒞 02 98 80 90 67 – Menu 20 € (sem.) – Carte 23/38 €
   ♦ Ce confortable hôtel refait de pied en cap, est situé rue de Siam, évoquée dans un célèbre poème de J. Prévert (Barbara). Chambres dans l'air du temps, parfaitement insonorisées. Cuisine actuelle axée plats à la plancha, servie dans le cadre moderne du Nautilus.

🏠　**L'Amirauté**　　　　　　　　　　 📶 📟 🍽 rest, 📟 🛁 🏠 𝑉𝐼𝑆𝐴 ⚙ 𝐴𝐸 ⓪
   41 r. Branda – 𝒞 02 98 80 84 00 – www.oceaniahotels.com – Fax 02 98 80 84 84
   84 ch – ♦115/135 € ♦♦115/135 €, ⊇ 14 €　　　　　　　BX**t**
   Rest – (fermé 12 juil.-22 août, 24 déc.-3 janv., sam., dim. et fériés) (18 €)
   Menu 22 € (déj.)/39 €
   ♦ Hôtel d'architecture récente aux lignes élégantes, disposant de chambres de bonne ampleur, bien insonorisées et garnies d'un mobilier fonctionnel. Restaurant agencé à la façon d'une brasserie où l'on sert une cuisine au goût du jour (produits du terroir).

BREST

La Paix

32 r. Algésiras – ℰ 02 98 80 12 97 – www.hoteldelapaix-brest.com
– Fax 02 98 43 30 95 – Fermé 18 déc.-2 janv.
EYy
29 ch – †72/90 € ††87/160 €, ⌧ 11 €
Rest _Square_ – (14 €) Menu 19 € (déj. en sem.), 21/27 € – Carte 25/43 €
♦ Hôtel du centre-ville rénové dans un style moderne épuré. Belles chambres d'esprit contemporain, bien équipées et insonorisées. Copieux buffet au petit-déjeuner. Restaurant lounge au sous-sol servant une cuisine au goût du jour.

RENNES MORLAIX ✈ ② LESNEVEN LANNILIS

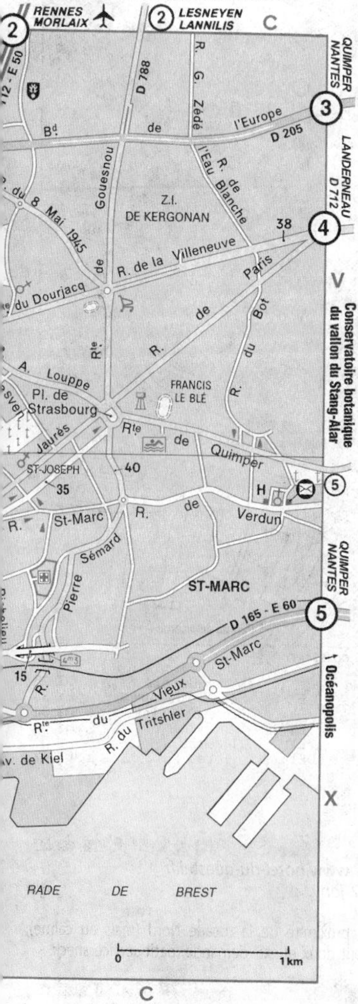

QUIMPER NANTES

LANDERNEAU D 712

Conservatoire botanique du vallon du Stang-Alar

QUIMPER NANTES

Océanopolis

Z.I. DE KERGONAN

Pl. de Strasbourg

FRANCIS LE BLÉ

ST-JOSEPH

ST-MARC

RADE DE BREST

0 ——— 1km

De la Rade sans rest

6 r. de Siam

– ☎ 02 98 44 47 76

– www.hoteldelarade.com

– Fax 02 98 80 10 51

48 ch – ♦61 € ♦♦66 €, ☲ 7 €

DZf

♦ À proximité du château et du pont de Recouvrance, cet hôtel totalement remis à neuf abrite des chambres tendance, élégantes et claires, très bien tenues.

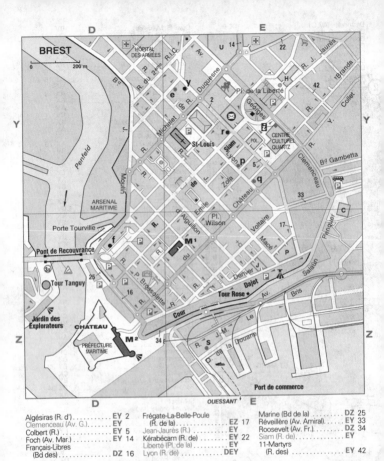

BREST

🏠 **Du Questel** sans rest 　　　　　　　　🛗 ḋ 🛜 ⁽ᵖⁱ⁾ 🅿 🆅🅸🆂🅰 ⊚ 🄰🄴
120 r. F.-Thomas – ℘ 02 98 45 99 20 – www.hotel-du-questel.fr
– Fax 02 98 45 94 02 – Fermé 26 déc.-2 janv. 　　　　　　　AVa
36 ch – ♦49/55 € ♦♦55/62 €, ⊃ 8 €
♦ Un hôtel flambant neuf très pratique : proximité de la rocade Nord (mais au calme), chambres fonctionnelles bien tenues, prix tout doux et, sur demande, petit service snack.

✗✗✗ **Le M** 　　　　　　　　　　　　　　🚗 🛞 ⇧ 🅿 🆅🅸🆂🅰 ⊚
22 r. du Cdt-Drogou – ℘ 02 98 47 90 00 – www.le-m.fr – Fax 02 98 47 90 00
– Fermé 8-30 août 　　　　　　　　　　　　　　　　BVb
Rest – (32 €) Menu 38/52 €
♦ Belle maison bretonne des années 1930 : intérieur moderne soigné et jardin fleuri. Cuisine actuelle raffinée, adepte du sucré-salé.

✗✗✗ **La Fleur de Sel** 　　　　　　　　　　　　⇧ 🆅🅸🆂🅰 ⊚ 🄰🄴
15 bis r. de Lyon – ℘ 02 98 44 38 65 – www.lafleurdesel.com – Fax 02 98 44 38 53
– Fermé 1ᵉʳ-22 août, 1ᵉʳ-10 janv., sam. midi, lundi midi et dim. 　　EYq
Rest – (17 €) Menu 30/70 € – Carte 50/65 €
♦ Le chef prépare une cuisine inventive terre et mer en privilégiant les produits de la région. Intérieur contemporain (salon particulier). Service agréable et dynamique.

XX **L'Armen** (Yvon Morvan)   VISA ©© AE
☺ 21 r. de Lyon – ℰ 02 98 46 28 34
– www.armen-restaurant.fr – Fax 02 98 46 28 34
– Fermé 31 juil.-15 août, dim. et lundi   EY**p**
Rest – (25 €) Menu 31 € (déj.)/75 € – Carte 45/72 €
Spéc. Demi-homard breton à l'embeurrée de petits pois. Feuilleté de pigeon farci aux choux frisés. Gâteau coulant au chocolat mi-amer.
♦ Ancienne pâtisserie élégante dont on a conservé les peintures murales (1953), avec boiseries et miroirs. Cuisine classique et fine sur de beaux produits, signée par un chef formé à l'école des grands.

XX **L'Imaginaire**   VISA ©© AE
☺ 23 r. Fautras – ℰ 02 98 43 30 13
– www.imaginaire-restaurant.blogspot.com – Fax 02 98 43 30 13
– Fermé 10-30 août,1ᵉʳ-16 janv., merc. soir, dim. soir et lundi   EY**e**
Rest – (18 € bc) Menu 29/58 € – Carte 45/55 €
♦ Amusante entrée par une petite boutique de vente à emporter. Cuisine actuelle personnalisée servie dans une salle de restaurant classique, aux tons pastel apaisants.

X **La Maison de l'Océan**   ≤ 🍴 AK VISA ©© AE
☺☺ 2 quai de la Douane, port de commerce – ℰ 02 98 80 44 84
– www.maisondelocean.com – Fax 02 98 46 19 83   EZ**s**
Rest – Menu 17/38 € – Carte 26/105 €
♦ "L'Océan" célébré dans le décor – banc d'écailler, mobilier et bibelots – et dans l'assiette (produits de la mer) : cette adresse du port compte bon nombre de fidèles.

Une bonne table sans se ruiner ? Repérez les Bib Gourmand ☺.

au Nord 5 km par D 788 CV – ⊠ 29200 Brest

🏨 **Oceania Brest Aéroport**   🍴 ☰ ఓ ch, AK 🖤 🛏 P VISA ©© AE ⓪
32 av. Baron Lacrosse – ℰ 02 98 02 32 83 – www.oceaniahotels.com
– Fax 02 98 41 69 27
82 ch – ♦59/139 € ♦♦59/139 €, ☲ 14 €
Rest – (fermé le midi du 1ᵉʳ au 16 août, vend. soir, sam., dim. et fériés) (20 €) Carte 27/35 €
♦ Construction des années 1970 bénéficiant de l'agrément d'un petit cadre de verdure. Chambres totalement rénovées, fonctionnelles et spacieuses ; certaines donnent sur la piscine. Plaisant restaurant lumineux où l'on propose des recettes traditionnelles.

au port de plaisance du Moulin Blanc 7 km par ⑤ – ⊠ 29200 Brest

🏠 **Plaisance Hôtel**   ≤ 🍴 ▮ ఓ AK rest, 🖤 🛏 ☟ VISA ©© AE
37 r. du Moulin Blanc – ℰ 02 98 42 33 33
– Fax 02 98 02 59 34
46 ch – ♦67 € ♦♦72 €, ☲ 8 € – ½ P 84 €
Rest – (fermé sam. midi en hiver et dim. soir) (17 €) Menu 22/36 € – Carte 32/45 €
♦ Hôtel bien situé proposant des chambres fonctionnelles, toutes identiques, pratiques et colorées. Une adresse idéale pour partir en visite à Océanopolis. Cuisine traditionnelle revue à la façon du chef, servie dans un décor sobrement contemporain.

BRETENOUX – 46 Lot – 337 H2 – 1 311 h. – alt. 136 m – ⊠ 46130   **29** C1
▌Périgord Quercy

🔼 Paris 521 – Brive-la-Gaillarde 44 – Cahors 83 – Figeac 48
🅳 Office de tourisme, avenue de la Libération ℰ 05 65 38 59 53, Fax 05 65 39 72 14
◙ Château de Castelnau-bretenoux★★ : ≤★ SO : 3,5 km.

au Port de Gagnac 6 km au Nord-Est par D 940 et D 14
– ⊠ 46130 Gagnac-sur-Cère

🏠 **Hostellerie Belle Rive**   🛜 ⚒ ch, ℡ VISA ⬤⬤ AE
*Port de Gagnac – ℰ 05 65 38 50 04 – www.bellerive-dordogne-lot.com
– Fax 05 65 38 47 72 – Fermé 17 déc.-3 janv.*
12 ch – ♦50/80 € ♦♦65/80 €, ☲ 8 € – 1 suite – ½ P 70/80 €
Rest – *(fermé vend. soir, sam. midi et dim. soir de mi-avril à mi-juil. et de
fin août à mi-oct., et le week-end de mi-oct. à mi-avril)* (16 €) Menu 25/41 €
– Carte 35/92 €
◆ Dans un hameau au bord de la Cère, vieille maison lotoise disposant de chambres rajeu-
nies, chaleureuses et bien tenues. Salle à manger agréablement rénovée dans un style actuel ;
cheminée originale et pressoir en bois du 19e s. Plats traditionnels revisités.

BRÉTIGNOLLES-SUR-MER – 85 Vendée – **316** E8 – **3 454 h.**   **34** A3
– alt. 14 m – ⊠ 85470
▶ Paris 465 – Challans 30 – La Roche-sur-Yon 44 – Nantes 86
🅶 Office de tourisme, 1, boulevard du Nord ℰ 02 51 90 12 78,
Fax 02 51 22 40 72

✗✗ **J.-M. Pérochon et Hôtellerie des Brisants** avec ch   ⬅ AC rest,
63 av. de la Grand'Roche – ℰ 02 51 33 65 53   ℡ VISA ⬤⬤
*– www.lesbrisants.com – Fax 02 51 33 89 10 – Fermé 15 nov.-8 déc. et
15 fév.-10 mars*
15 ch – ♦53/80 € ♦♦58/85 €, ☲ 10 € – ½ P 67/81 €
Rest – *(fermé lundi sauf le soir en juil.-août, dim. soir de sept. à juin et mardi
midi)* Menu 30/76 € bc – Carte 59/100 €
◆ Jolie vue sur l'Atlantique de la grande salle à manger au style contemporain épuré et
reposant. Carte au goût du jour dictée par la marée. Chambres simples mais bien tenues.

BRETTEVILLE-SUR-LAIZE – 14 Calvados – **303** C2 – **1 551 h.**   **32** B2
– alt. 54 m – ⊠ 14680
▶ Paris 245 – Caen 18 – Hérouville-Saint-Clair 23 – Lisieux 52

⚘ **Château des Riffets** ⌖   🔔 ⚒ P
– ℰ 02 31 23 53 21 – www.chateau-des-riffets.com – Fax 02 31 23 75 14
4 ch ☲ – ♦120 € ♦♦120/170 €   **Table d'hôte** – Menu 50 € bc
◆ Dominant un vaste parc boisé, ce joli château de 1850 abrite des chambres spacieuses et
élégantes. Mobilier d'époque et équipements modernes contribuent au confort des lieux.
Généreuse cuisine traditionnelle d'inspiration régionale, servie dans une salle à manger de
caractère.

LE BREUIL – 71 Saône-et-Loire – **320** G9 – **rattaché au Creusot**

LE BREUIL-EN-AUGE – 14 Calvados – **303** N4 – **939 h.** – alt. 38 m   **33** C2
– ⊠ 14130
▶ Paris 196 – Caen 55 – Deauville 21 – Lisieux 10

✗✗ **Le Dauphin** (Régis Lecomte)   ⟐ VISA ⬤⬤ AE
✿ *2 r. de l'Église – ℰ 02 31 65 08 11 – www.ledauphin-restaurant.com
– Fax 02 31 65 12 08 – Fermé 12 nov.-2 déc., vacances de fév., dim. soir et lundi*
Rest – Menu 38/47 € – Carte 72/85 €
Spéc. Fin ragoût d'ormeaux puces et d'escargots. Papillote transparente de
homard breton, vinaigrette des Caraïbes (avril à oct.). Soufflé Grand Marnier
aux écorces d'oranges macérées.
◆ Cette maison normande séduit autant par sa belle cuisine personnalisée que par son
cadre rustique chaleureux et soigné (cheminée à blason, cuisinière chromée, aquarelles).

BREUILLET – 17 Charente-Maritime – **324** D5 – **2 495 h.** – alt. 28 m   **38** A3
– ⊠ 17920
▶ Paris 509 – Poitiers 176 – La Rochelle 69 – Rochefort 39

XX
⊠ **L'Aquarelle** (Xavier Taffart)　　　　　　　　　AC VISA ⊕⊕
22 rte du Candé – ℰ 05 46 22 11 38
– Fermé 1 sem. en juin, 1 sem. en oct., 1 sem. en janv., mardi midi et lundi
Rest – Menu 25/68 € bc – Carte 43/54 €
Spéc. Raviole de tourteau au citron jaune. Pavé de maigre meunière, confit d'aubergine et réduction de betterave-passion. Le "légumo dessert".
◆ Pourpre, vert pomme, chocolat : le cadre coloré se prête à la découverte d'une cuisine créative fort bien maîtrisée, à base de savoureux produits locaux. Bon rapport qualité-prix.

BREUREY-LES-FAVERNEY – 70 Haute-Saône – **314** E6 – rattaché à Faverney

---

BRÉVONNES – 10 Aube – **313** G3 – 664 h. – alt. 120 m – ⊠ 10220　　**13** B3
　　▶ Paris 198 – Bar-sur-Aube 30 – St-Dizier 59 – Troyes 28

XX
⊕⊕ **Au Vieux Logis** avec ch　　　　　　🚗 🏡 ち rest, ¶¶ P VISA ⊕⊕
1 r. Piney – ℰ 03 25 46 30 17 – www.auvieuxlogis.com – Fax 03 25 46 37 20
– Fermé dim. et lundi
5 ch – †48 € ††48 €, ⊊ 7,50 € – ½ P 59/85 €　**Rest** – Menu 17/32 €
◆ Côté restaurant, salle au décor rustique à souhait (tommettes, bibelots chinés) ou jolie terrasse, avec jardin fleuri, pour goûter d'honnêtes recettes traditionnelles. Côté hôtel, quelques chambres simples et bien tenues.

BRIANÇON ⊕ – 05 Hautes-Alpes – **334** H3 – 11 542 h. – alt. 1 321 m　　**41** C1
– Sports d'hiver : 1 200/2 800 m ⛷9 ⛷67 ⛷ – Casino – ⊠ 05100 ▌Alpes du Sud
　　▶ Paris 681 – Digne-les-Bains 145 – Gap 89 – Grenoble 119
　　📧 ℰ 3635 et tapez 42 (0,34 €/mn)
　　🛈 Office de tourisme, 1, place du Temple ℰ 04 92 21 08 50,
　　Fax 04 92 20 56 45
　　🏌 de Montgenèvre à Montgenèvre Route d'Italie, NE : 12 km,
　　ℰ 04 92 21 94 23
　　◉ Ville haute★★ : Grande Gargouille★, Statue "La France"★**B** - Chemin de ronde supérieur★, ⩻★ de la porte de la Durance - Puy St-Pierre ❄★★ de l'église SO : 3 km par Rte de Puy St-Pierre.
　　◉ Croix de Toulouse ⩻★★ par Av. de Toulouse et D232^T : 8,5 km.

Plan page suivante

🏠 **Parc Hôtel** sans rest　　　　　📶 ち ¶¶ ⛷ P VISA ⊕⊕ AE ⓪
Central Parc – ℰ 04 92 20 37 47 – www.monalisahotels.com – Fax 04 92 20 53 74
60 ch – †70/116 € ††80/116 €, ⊊ 10 €　　　　　　　　　　　Aa
◆ Pratique et fonctionnel, cet immeuble situé en plein centre-ville propose des chambres spacieuses (idéales pour les familles), certaines avec vue sur le massif du Prorel.

🏠 **La Chaussée**　　　　　　　　　　　　　　¶¶ VISA ⊕⊕ AE
⊕⊕ *4 r. Centrale – ℰ 04 92 21 10 37 – www.hotel-de-la-chaussee.com*
– Fax 04 92 20 03 94 – Fermé 26 avril-24 mai, 9 oct.-5 nov., lundi midi, mardi midi et merc. midi　　　　　　　　　　　　　　　　　　Ae
13 ch – †60/70 € ††65/82 €, ⊊ 8,50 € – ½ P 62/72 €
Rest – Menu 17 € (sem.)/40 € – Carte 24/39 €
◆ D'emblée on se sent bien dans cet hôtel familial transformé en "refuge montagnard" : vieux meubles, objets anciens, chambres coquettes et douillettes, belles salles de bains. Harmonie parfaite entre le décor du restaurant et la cuisine, typiquement locale.

XX
⊕⊕ **Le Péché Gourmand**　　　　　　　　　　　　P VISA ⊕⊕
2 rte de Gap – ℰ 04 92 21 33 21 – Fax 04 92 21 33 21 – Fermé vacances de Pâques, 14-21 sept., mardi midi, dim. soir et lundi　　　　　　Av
Rest – (16 €) Menu 26/51 € – Carte 45/60 €
◆ Charme et gourmandise au bord de la Guisane, dans cet ancien moulin converti en restaurant. Cadre rustique égayé de tableaux. Cuisine inventive et beau chariot de fromages.

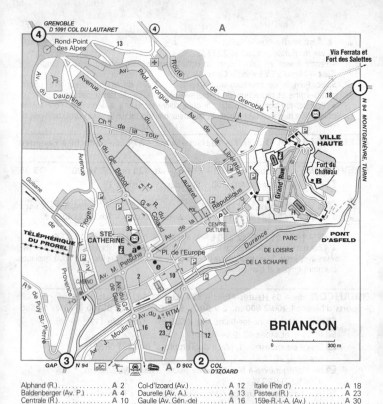

Alphand (R.)	A 2	Col-d'Izoard (Av.)	A 12	Italie (Rte d')	A 18
Baldenberger (Av. P.)	A 4	Daurelle (Av. A.)	A 13	Pasteur (R.)	A 23
Centrale (R.)	A 10	Gaulle (Av. Gén.-de)	A 16	159e-R.-I.-A. (Av.)	A 30

à La Vachette 3 km par ① – ⊠ 05100

✗ Le Vach' tin P VISA ●●

rte d'Italie – ℰ *04 92 46 93 13 – Fermé vacances de la Toussaint et lundi sauf juil.-août*

Rest – *(dîner seult) (prévenir)* Carte 22/43 €

◆ Vieille maison de pays dans un village typique. La salle voûtée a un certain cachet avec son décor mi-rustique, mi-régional. Carte traditionnelle et spécialités locales.

à Puy-St-Pierre 3 km à l'Ouest par D 135 – 478 h. – ⊠ 05100

⌂ La Maison de Catherine ⌾ ≤ 🐾 (¹) P VISA ●●

chemin des Blés – ℰ *04 92 20 40 89 – www.aubergecatherine.fr – Fax 04 92 23 50 46 – Fermé 3-19 avril et 23 oct.-8 nov.*

11 ch ⌂ – †52 € ††60 € – ½ P 45 €

Rest – *(fermé dim. soir, merc. midi et lundi)* Menu 24/35 € – Carte 35/45 €

◆ Une adresse idéale pour les sportifs de montagne. Cette sympathique maison familiale abrite de coquettes chambres personnalisées (mobilier en bois clair, fleurs séchées...). Les plats traditionnels sont servis dans une salle à manger décorée d'objets paysans.

BRIARE – 45 Loiret – 318 N6 – 5 703 h. – alt. 135 m – ⊠ 45250   **12** D2
▮ Châteaux de la Loire

▶ Paris 155 – Auxerre 76 – Cosne-sur-Loire 31 – Gien 10

🛈 Office de tourisme, 1, place de Gaulle ℰ 02 38 31 24 51, Fax 02 38 37 15 16

🏠 Le Domaine des Roches ॐ   ⊰ ⑩ 🐕 ❌ 🖥 & ch, 🔲 ¶¹ 🅿 VISA ⚌

2 r. de la Plaine – 🖉 *02 38 05 09 00* – *www.domainesdesroches.com*
– *Fax 02 38 05 09 05*
12 ch – †100/250 € ††100/250 €, � 14 € – 1 suite
Rest – Menu 28 € bc/45 € – Carte 38/52 €
• Surplombant la ville de Briare, cette belle demeure (19ᵉ s.) restaurée abrite de conforta-
bles chambres d'esprit classique, et profite d'un parc paisible aménagé pour la détente.
Menu-carte actuel, évoluant au gré des saisons, servi dans un cadre élégant et soigné.

BRICQUEBEC – **50 Manche** – **303** C3 – **4 221 h.** – **alt. 145 m**   **32** A1
– ✉ **50260**

▶ Paris 348 – Caen 115 – Saint-Lô 76 – Cherbourg 26
🛈 Office de tourisme, 13, place Sainte-Anne 🖉 02 33 52 21 65,
Fax 02 33 52 21 65

🏠 L'Hostellerie du Château   ¶¹ 🅿 VISA ⚌ AE

Cour du Château – 🖉 *02 33 52 24 49*
– *www.lhostellerie-bricquebec.com* – *Fax 02 33 52 62 71*
– *Fermé 15 déc.-31 janv.*
17 ch – †74/100 € ††74/100 €, ⊆ 10 € – ½ P 68/82 €
Rest – *(fermé mardi midi)* (12 €) Menu 22/40 € – Carte 31/51 €
• Occupant une partie d'un authentique château médiéval, cet hôtel dispose de chambres
dotées de meubles de style ou rustiques. Cuisine traditionnelle servie dans la "salle des chevaliers" où cheminée, colonnes en pierre et armures concourent à l'ambiance.

BRIDES-LES-BAINS – **73 Savoie** – **333** M5 – **578 h.** – **alt. 580 m**   **46** F2
– **Sports d'hiver : 1 450/2 950 m** ✦16 ✦45 ✦ – **Stat. therm. : début mars-fin oct.**
– **Casino** – ✉ **73570** ▮ Alpes du Nord

▶ Paris 612 – Albertville 32 – Annecy 77 – Chambéry 81
🛈 Office de tourisme, place du Centenaire 🖉 04 79 55 20 64,
Fax 04 79 55 20 40

🏠 Grand Hôtel des Thermes   🐕 ⑆ ▨ ⑩ 🛁 🖥 & ch, ❌ rest, ¶¹ 🏋

Parc Thermal – 🖉 *04 79 55 38 38*   🅿 ⚞ VISA ⚌ AE
– *www.gdhotel-brides.com* – *Fax 04 79 55 28 29*
– *Fermé 1ᵉʳ nov.-25 déc.*
102 ch ⊆ – †115/154 € ††175/216 € – 4 suites – ½ P 112/141 €
Rest – Menu 26 €
• Immeuble du 19ᵉ s. directement relié aux thermes par une passerelle. Chambres amples,
de style Art déco, et fitness complet sous la véranda. Vaste salle à manger rétro avec haut
plafond et belles poutres en bois préservées. Carte actuelle et menus diététiques.

🏠 Golf-Hôtel   ⊰ 🐕 🖥 ❌ rest, ¶¹ 🏋 🅿 VISA ⚌ AE

– 🖉 *04 79 55 28 12* – *www.golfhotel-brides.com* – *Fax 04 79 55 24 78*
– *Fermé 1ᵉʳ nov.-25 déc.*
53 ch ⊆ – †81/143 € ††106/168 € – 1 suite – ½ P 74/160 €
Rest – *(fermé le midi du 26 déc. au 4 janv.)* Menu 26/28 €
• Ce bel hôtel des années 1920 retrouve peu à peu une nouvelle jeunesse. Superbe hall
d'accueil, grandes chambres contemporaines offrant, pour certaines, une jolie vue sur la
Vanoise. Cuisine traditionnelle servie au restaurant mi-bourgeois, mi-actuel.

🏠 Amélie   🚐 🐕 ▨ 🖥 & ch, ¶¹ 🅿 ⚞ VISA ⚌

r. Émile-Machet – 🖉 *04 79 55 30 15*
– *www.hotel-amelie.com* – *Fax 04 79 55 28 08*
– *Fermé 1ᵉʳ nov.-19 déc.*
40 ch – †80/155 € ††80/155 €, ⊆ 10 € – ½ P 90/181 €
Rest Les Cerisiers – Menu 21/27 € – Carte 48/58 €
• Un hôtel moderne et fonctionnel situé au cœur du village. Chambres bien insonorisées ;
salles de bains en marbre. Agréable lounge bar cosy. Dans la salle à manger contemporaine,
spécialités du terroir et menus équilibrés.

Altis Val Vert   🛏 🛋 🏊 ⅙ ⅌ P VISA ◍ AE

quartier de l'Olympe – ℰ 04 79 55 22 62 – www.altisvalvert.com
– *Fax 04 79 55 29 12 – Fermé 31 oct.-19 déc.*
28 ch ☲ – ♛51/62 € ♛♛88/96 € – ½ P 57/63 €
Rest – *(fermé le midi de mi-déc. à fin mars)* (16 €) Menu 22 € (sem.)/27 €
– Carte 23/42 €
♦ Deux jolis chalets séparés par un ravissant jardin, installés face à l'établissement thermal.
Les chambres sont confortables et colorées. Sympathique ambiance locale au restaurant.
Charmante terrasse dressée dans le jardin qui prend tout son éclat aux beaux jours.

Des Sources ⦚   ⦉ 🛋 ☒ 🛗 ⅌ rest, ⅌ 🍴 🍴 VISA ◍ AE ①

av. des Marronniers – ℰ 04 79 55 29 22
– *www.hotel-des-sources.com – Fax 04 79 55 27 06*
– *Fermé 1er nov.-22 déc.*
67 ch (½ P seult) – ½ P 54/58 €   **Rest** – Menu 18 €
♦ Derrière son imposante façade, cet hôtel recèle bien des atouts : accueil soigné, chambres
avec balcons, peu à peu rénovées, salons et piscine couverte. Petit air champêtre au restaurant décoré d'une fresque évoquant l'histoire de l'alpinisme.

Le Belvédère sans rest   ☒ 🛗 ⅌ ⅌ P VISA ◍ AE

r. Émile-Machet, quartier des Sources – ℰ 04 79 55 23 41
– *www.hotel-73-belvedere.com – Fax 04 79 55 24 96*
– *Fermé de fin oct. à mi-déc.*
28 ch ☲ – ♛39/54 € ♛♛76/87 €
♦ Belle maison bourgeoise tournée vers le massif de la Vanoise. Confort et charme dans les
chambres, meublées façon chalet. Jacuzzi, hammam et piscine d'été chauffée.

BRIE-COMTE-ROBERT – 77 Seine-et-Marne – 312 E3 – 101 39 – voir à Paris, Environs

Les maisons d'hôtes ↑ ne proposent pas les mêmes services qu'un hôtel.
Elles se distinguent généralement par leur accueil et leur décor, qui reflètent
souvent la personnalité de leurs propriétaires. Celles classées en rouge ↑
sont les plus agréables.

LA BRIGUE – 06 Alpes-Maritimes – 341 G3 – rattaché à Tende

BRINON-SUR-SAULDRE – 18 Cher – 323 J1 – 1 048 h. – alt. 147 m   12 C2
– ✉ 18410

▷ Paris 190 – Bourges 66 – Cosne-sur-Loire 59 – Gien 37

↑ Les Bouffards   ⅏ ☒ ⅌ P VISA ◍

– ℰ 02 48 58 59 88 – www.bouffards.fr
5 ch ☲ – ♛70/105 € ♛♛70/105 €
Table d'hôte – Menu 25 € bc
♦ Sympathique maison familiale pour un séjour au calme au cœur d'un joli parc avec piscine. Vous profiterez de chambres spacieuses et confortables assurant la tranquillité.

BRIOLLAY – 49 Maine-et-Loire – 317 F3 – 2 531 h. – alt. 20 m   35 C2
– ✉ 49125

▷ Paris 288 – Angers 15 – Château-Gontier 44 – La Flèche 45

🄸 Syndicat d'initiative, 6, rue de la Mairie ℰ 02 41 42 16 84,
Fax 02 41 37 92 89

🄶 Plafond★★★ de la salle des Gardes du château de Plessis-Bourré NO :
10 km ▮ Châteaux de la Loire

par rte de Soucelles 3 km (D 109) – ✉ 49125 Briollay

Château de Noirieux
26 rte du Moulin – ✆ 02 41 42 50 05 – www.chateaudenoirieux.com – Fax 02 41 37 91 00 – Fermé 14 fév.-25 mars, 14 nov.-1 er déc., dim. et lundi d'oct. à mai
19 ch – †175/420 € ††175/420 €, ☕ 23 € – ½ P 166/272 €
Rest – *(fermé dim. soir, lundi et mardi midi d'oct. à mai)* Menu 52 € (déj. en sem.), 64/120 € – Carte 105/125 €
Spéc. Lasagne d'araignée de mer à la truffe en soupe mousseuse d'écrevisses. Vapeur de barbue et d'anguille fumée, carottes rubans au kefta, sauce champagne. Soufflé au Grand Marnier, cassolette de fruits rôtis. **Vins** Savennières, Anjou-Villages.
Rest *Côté Véranda* – *(fermé mardi d'oct. à mai, dim. et lundi) (déj. seult)* Menu 32/42 €
◆ Cette superbe propriété réunit un château du 17e s., un manoir du 15e s. et une chapelle dans un parc dominant le Loir. Chambres raffinées. Élégante salle à manger et terrasse ombragée ; belle cuisine au goût du jour. Le Côté Véranda n'ouvre qu'au déjeuner.

BRION – **01 Ain** – **328** G3 – **rattaché à Nantua**

BRIONNE – **27 Eure** – **304** E6 – **4 329 h.** – **alt. 56 m** – ✉ **27800** **33** C2
Normandie Vallée de la Seine

Paris 156 – Bernay 16 – Évreux 40 – Lisieux 40
Office de tourisme, 1, rue du Général-de-Gaulle ✆ 02 32 45 70 51, Fax 02 32 45 70 51
du Champ de Bataille à Le Neubourg Château du Champ de Bataille, O : 18 km par D 137 et D 39, ✆ 02 32 35 03 72
Abbaye du Bec-Hellouin★★ N : 6 km - Harcourt : château★ et arboretum★ SE : 7 km.

Le Logis avec ch
pl. St-Denis – ✆ 02 32 44 81 73 – www.lelogisdebrionne.com – Fax 02 32 45 10 92 – Fermé 2 sem. en août, 2 sem. en fév.-mars, sam. midi, dim. soir et lundi
12 ch – †80 € ††80 €, ☕ 12 € – ½ P 78/85 €
Rest – (19 €) Menu 29/60 € – Carte 52/60 €
◆ Salle à manger contemporaine agrémentée de nombreuses plantes vertes. On y déguste une cuisine au goût du jour et des spécialités du pays. Chambres garnies de meubles anciens.

BRIOUDE – **43 Haute-Loire** – **331** C2 – **6 688 h.** – **alt. 427 m** **6** C3
– ✉ **43100** Auvergne

Paris 479 – Clermont-Ferrand 69 – Le Puy-en-Velay 62 – St-Flour 52
Office de tourisme, place Lafayette ✆ 04 71 74 97 49, Fax 04 71 74 97 87
Basilique St-Julien★★ (chevet★★, chapiteaux★★).
Lavaudieu : fresques★ de l'église et cloître★★ de l'ancienne abbaye 9,5 km par ①.

Plan page suivante

La Sapinière
av. P.-Chambriard – ✆ 04 71 50 87 30 – www.hotel-sapiniere-brioude.com – Fax 04 71 50 87 39 – Fermé 23-30 oct., fév. et dim. soir sauf juil.-août
11 ch – †83/93 € ††98/109 €, ☕ 10 € – ½ P 76/81 € **m**
Rest – *(ouvert de Pâques au 31 déc. et fermé 23-30 oct., dim. soir, lundi et le midi sauf dim.)* Menu 23 €, 27/48 € – Carte 36/52 €
◆ Au cœur de la cité mais au calme d'un joli parc, plaisante maison récente abritant d'amples chambres décorées dans un esprit champêtre. Belle piscine couverte ; jacuzzi. Charpente apparente, bois blond et agréable luminosité au restaurant.

BRIOUDE

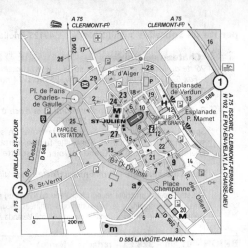

🏨 **Artemis** 🚗 🍴 ⌁ ⇄ ⚐ ⚑ ⚐ ch. 📟 ⚐ 🅿 VISA ⚐ AE

Parc des Conchettes, Rocade N 102 : 2 km au Nord-Ouest – 🕿 04 71 50 45 04
– www.artemis-hotel.com – Fax 04 71 50 45 05
40 ch – ♦60/74 € ♦♦60/74 €, ⌁ 10 € – ½ P 58/62 €
Rest – (11 €) Menu 16/39 € – Carte 26/61 €

♦ Au bord de la nationale contournant Brioude, cet hôtel propose chambres, jardin, piscine et salle de séminaires. Agencements contemporains et pratiques ; bonne insonorisation. Cuisine traditionnelle dans une salle à manger actuelle aux tons crème.

🏠 **Poste et Champanne** 📟 rest. ⚐ 🅿 ⇄ VISA ⚐

1 bd Dr-Devins – 🕿 04 71 50 14 62 – Fax 04 71 50 10 55 – Fermé vacances de la
Toussaint, fév., dim. soir et lundi midi   a
17 ch – ♦49 € ♦♦49/58 €, ⌁ 7 € – ½ P 49 €   **Rest** – Menu 16 € (sem.)/42 €
♦ Établissement familial du centre-ville. Chambres rénovées, fonctionnelles dans l'aile principale, plus calmes et confortables à l'annexe. Le restaurant rustique et rétro respire l'authenticité, tout comme la cuisine aux accents auvergnats, copieuse et savoureuse.

BRISSAC – 34 Hérault – 339 H5 – 596 h. – alt. 145 m – ⌂ 34190   **23** C2
   ▷ Paris 732 – Alès 55 – Montpellier 41 – Le Vigan 25

🍴🍴 **Jardin aux Sources** avec ch ⚐ 🍴 📟 ch, ⚐ ch, ⚐ ⚐ VISA ⚐ AE ⚐

30 av. du Parc – 🕿 04 67 73 31 16 – www.lejardinauxsources.com
– Fax 04 67 73 31 16 – Fermé 20 oct.-8 nov., 2-20 janv., dim. soir, lundi et merc.
hors saison
3 ch ⌁ – ♦85/105 € ♦♦95/115 €
Rest – (nombre de couverts limité, prévenir) (19 €) Menu 31/95 € bc
– Carte environ 45 €

♦ Maison en pierre au cœur d'un pittoresque village. Jolie salle de restaurant voûtée avec vue sur les cuisines, ravissante terrasse et carte inventive. Chambres coquettes.

BRISSAC-QUINCÉ – 49 Maine-et-Loire – 317 G4 – 2 552 h. – alt. 65 m   **35** C2
– ⌂ 49320 ▮ Châteaux de la Loire

   ▷ Paris 307 – Angers 18 – Cholet 62 – Saumur 39
   🛈 Office de tourisme, 8, place de la République 🕿 02 41 91 21 50,
      Fax 02 41 91 28 12
   ◉ Château★★.

Le Castel sans rest

1 r. L.-Moron, (face au château)
– ℰ 02 41 91 24 74 – www.hotel-lecastel.com
– Fax 02 41 91 71 55
11 ch – †45/77 € ††45/77 €, ☲ 6,50 €

♦ Hôtel familial proposant des chambres coquettes et confortables – dont une "nuptiale" plus luxueuse – un salon cossu et une salle des petits-déjeuners ouverte sur le jardin.

Il fait beau ? Savourez le plaisir de manger en terrasse : 🌂

BRIVE-LA-GAILLARDE ◎ – 19 Corrèze – **329** K5 – 50 009 h.   **24** B3
– alt. 142 m – ⊠ 19100 ▯ Périgord Quercy

▶ Paris 480 – Albi 218 – Clermont-Ferrand 170 – Limoges 92

▤ ℰ3635 et tapez 42 (0,34 €/mn)

🅸 Office de tourisme, place du 14 Juillet ℰ 05 55 24 08 80, Fax 05 55 24 58 24

🆃🆁 de Brive Vallée de Planchetorte, SO : 5 km, ℰ 05 55 87 57 57

◙ Musée de Labenche★.

Château de Lacan

r. Jean-Macé, par ① rte de Tulle – ℰ 05 55 74 79 79 – www.chateaulacan.fr
– Fax 05 55 23 19 83
15 ch – †130/150 € ††130/150 €, ☲ 12 € – ½ P 160/290 €
Rest L'Envie – ℰ 05 55 74 79 51 – (19 €) Menu 27 € – Carte 36/66 €
Spéc. Pied de cochon en cannelloni, velouté de carotte et croûtons. Épaule d'agneau braisée au cumin, caviar d'aubergine et yaourt à la cardamome. Soufflé chaud au Grand Marnier, crème glacée à la vanille.

♦ Ce château des 11ᵉ-12ᵉ s. a osé un décor moderne et design : un mariage plein d'allure et d'esprit ! Nul doute que le restaurant saura aussi satisfaire vos… envies : dans un esprit loft, avec un grand comptoir face aux fourneaux, on s'initie à la cuisine contemporaine d'un (bon) élève de Robuchon.

BRIVE-LA-GAILLARDE

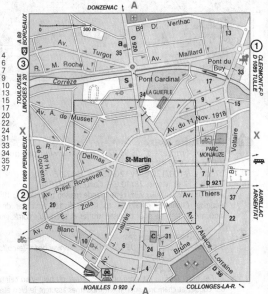

Alsace-Lorraine (Av. d') . . . . . **CZ** 2
Anatole-France (Bd) . . . . **CY** 3
Dalton (R. Gén.) . . . . **CY** 7
Dauzier (Pl. J.-M.) . . . . **CY** 8
Dellessert (R. B.) . . . . **CY** 9
Dr-Massénat (R.) . . . . **CY** 12
Échevins (R. des) . . . . **CZ** 14

Faro (R. du Lt-Colonel) . . . . **CZ** 16
Gambetta (R.) . . . . **CZ**
Gaulle (Pl. Ch. de) . . . . **CZ** 18
Halle (Pl. de la) . . . . **CY** 23
Herriot (Av. E.) . . . . **CZ** 24
Hôtel-de-Ville (Pl. de l') . . . . **CY** 26
Hôtel-de-Ville (R. de l') . . . . **BZ** 27
Latreille (Pl.) . . . . **CZ** 30
Lattre-de-Tassigny
(Pl. de) . . . . **CZ** 29
Leclerc (Av. Mar.) . . . . **CZ** 31
Lyautey (Bd Mar.) . . . . **BZ** 32

Majour (R.) . . . . **BYZ** 36
Paris (Av. de) . . . . **BY**
Puyblanc (Bd de) . . . . **CZ** 19
Raynal (R. B.) . . . . **CZ** 40
République (Pl. de la) . . . . . **BZ** 42
République (R. de la) . . . . . **BZ** 43
Salan (R. du) . . . . **CZ** 45
Ségéral-Verninac
(R.) . . . . **BY** 46
Teyssier (R.) . . . . **CY** 47
Toulzac (R.) . . . . **CY** 48
14 Juillet (Av. du) . . . . **CY** 21

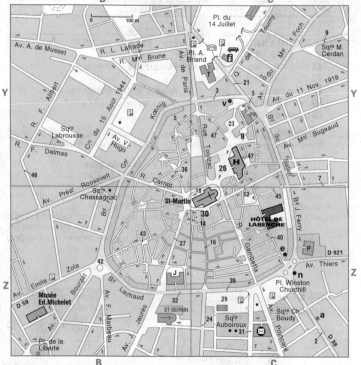

La Truffe Noire 🏠 🛗 🏧 ⁽ᵗ⁾ ♨ 🅿 VISA ⚫⚫ AE ①

22 bd A.-France – 𝒞 05 55 92 45 00 – www.la-truffe-noire.com
– Fax 05 55 92 45 13   CY**v**
27 ch – †100/130 € ††120/150 €, ⌛ 12 €
Rest – (17 €) Menu 28/40 € – Carte 40/60 €
♦ Au seuil de la vieille ville, cette grande maison régionale du 19ᵉ s. s'est offert une seconde jeunesse. Chambres rafraîchies au décor discret servi par des teintes beiges. Intérieur moderne ou terrasse pour déguster truffes et spécialités corréziennes actualisées.

Le Collonges sans rest   🛗 ⁽ᵗ⁾ VISA ⚫⚫ AE

3 pl. W.-Churchill – 𝒞 05 55 74 09 58 – www.hotel-le-collonges.com
– Fax 05 55 74 11 25   CZ**n**
24 ch – †53 € ††63 €, ⌛ 9 €
♦ Cet hôtel familial est situé en léger retrait du boulevard ceinturant le centre-ville. Salon-bar coquet et chambres sobrement modernes assurent le bien-être des voyageurs.

Le Coq d'Or sans rest

🏠 ⬛ «¡» VISA 🐾 AE

16 bd Jules-Ferry – 𝒞 05 55 17 12 92 – www.hotel-coqdor.com
– Fax 05 55 88 39 90   CZ**e**
8 ch – ♦57 € ♦♦65 €, ⊒ 9 €
♦ À deux pas du centre, cet hôtel rénové propose des chambres décorées de meubles anciens et de toile de Jouy.

Les Arums

🛜 ⬛ VISA 🐾 ⓪

15 av. Alsace-Lorraine – 𝒞 05 55 24 26 55 – www.lesarums.fr
– Fax 05 55 17 13 22 – Fermé 22-31 août, sam. midi, dim. soir et lundi sauf fériés
Rest – (17 €) Menu 25/60 € – Carte 30/55 €   CZ**a**
♦ Restaurant au décor contemporain très épuré, rehaussé de toiles modernes colorées. Vous y dégusterez, ainsi que sur la verdoyante terrasse, une cuisine assez créative.

La Toupine

🛜 ⬛ ⇔ VISA 🐾

27 av. Pasteur – 𝒞 05 55 23 71 58 – Fax 05 55 23 71 58
– Fermé 1er-25 août, vacances de fév., dim. et lundi   AX**a**
Rest – (prévenir) (12 €) Menu 27/40 € – Carte 32/40 €
♦ Pour manger en toute quiétude, ce restaurant au décor contemporain, mariant avec goût l'inox et le bois de rose, régale d'une savoureuse cuisine au goût du jour.

Auberge de Chanlat

⇐ 🛜 ⇔ 🅿 VISA 🐾

34 r. G-Buisson, (au Sud du plan), 2 km par rte de Noailles – 𝒞 05 55 24 02 03
– Fax 05 55 74 39 06 – Fermé dim. soir
Rest – (15 €) Menu 28/42 € – Carte 38/68 €
♦ Auberge familiale où le cœur balance entre le banc d'écailler et le vivier à homards. Spécialités de viandes du Limousin vivement conseillées également. Salle panoramique.

Chez Francis

VISA 🐾

61 av. de Paris – 𝒞 05 55 74 41 72 – www.chezfrancis.fr – Fax 05 55 17 20 54
– Fermé 6-12 juin, 5-10 sept., 10-15 janv., dim. et lundi   AX**s**
Rest – (nombre de couverts limité, prévenir) Menu 16 € bc (sem.)/25 €
– Carte 40/60 €
♦ Pubs rétro et dédicaces laissées par les clients décorent ce sympathique restaurant aux allures de bistrot parisien. Cuisine traditionnelle revisitée ; vins du Languedoc.

à Ussac 5 km au Nord-Ouest par D 920 AX et D 57 – 3 475 h. – alt. 350 m
– ⊠ 19270

Auberge St-Jean

🛜 «¡» VISA 🐾 AE

5 pl. de l'Église – 𝒞 05 55 22 87 55 – www.auberge-saint-jean.fr
– Fax 05 55 24 31 91
22 ch – ♦53/59 € ♦♦56/62 €, ⊒ 7 € – ½ P 59/62 €
Rest – (17 €) Menu 21 € (sem.)/46 €
♦ Au centre du village, voici une sympathique auberge familiale où vous attendent de coquettes chambres bien tenues et peu à peu rénovées. Grande salle à manger et terrasse respirant l'air du jardin pour savourer une appétissante cuisine au goût du jour.

rte d'Aurillac Est par D 921 CZ – ⊠ 19360 Malemort

Auberge des Vieux Chênes

«¡» 🔊 🅿 🚗 VISA 🐾 AE ⓪

31 av. Honoré-de-Balzac, à 2,5km – 𝒞 05 55 24 13 55
– www.aubergedesvieuxchenes.fr – Fax 05 55 24 56 82
– Fermé dim. et fériés
16 ch – ♦50/58 € ♦♦52/68 €, ⊒ 7 € – ½ P 55/70 €
Rest – (14 €) Menu 16/36 € – Carte 40/69 €
♦ Aux portes de Brive, grande bâtisse abritant hôtel, café, commerce de tabacs et de journaux. Petites chambres pratiques bien équipées et à la tenue très correcte. Restaurant au sobre cadre actuel ; cuisine traditionnelle et plats régionaux.

à Varetz 10 km par ③, D 901 et D 152 – 2 086 h. – alt. 109 m – ⊠ 19240

 filml **Château de Castel Novel** ⊰ ← ⚙ 🖉 ⊒ 🍽 ⬚ 🎰 ⚙ 🏧 **P**
⅏ – ℰ 05 55 85 00 01 – www.castelnovel.com VISA ◑ AE ⓪
– Fax 05 55 85 09 03 – Fermé 1er-28 janv., 15-22 fév., dim.
soir et lundi sauf juil.-août
32 ch – ♦92/370 € ♦♦112/390 €, ⊊ 22 € – 2 suites – ½ P 133/272 €
Rest – (fermé le midi en juil.-août sauf dim., sam. midi, dim. soir et lundi de sept.
à juin) (26 €) Menu 35 € (déj.), 49/78 € – Carte 75/100 €
Spéc. Foie gras de canard mi-cuit. Pièce de bœuf de race limousine au poê-
lon. Tarte aux noix et crème glacée au pralin caramélisé.
♦ Pour un séjour au calme, sur les pas de Colette qui vécut dans cet ancien château fort en
grès rose (13e-15e s.), d'allure romantique. Les chambres raffinées ouvrent sur le vaste parc.
Au restaurant, sérieuse cuisine au goût du jour, qui met à l'honneur les produits du terroir.

BRIVEZAC – 19 Corrèze – **329** M5 – rattaché à Beaulieu-sur-Dordogne

BROU – 28 Eure-et-Loir – **311** C6 – 3 572 h. – alt. 150 m – ⊠ 28160 **11** B1
◘ Paris 142 – Chartres 38 – Châteaudun 22 – Le Mans 86
🛈 Office de tourisme, rue de la Chevalerie ℰ 02 37 47 01 12,
Fax 02 37 47 01 12

✕ **L'Ascalier** ㎡ VISA ◑ AE
☙ 9 pl. du Dauphin – ℰ 02 37 96 05 52 – Fax 02 37 47 02 41 – Fermé dim. soir,
⊛ lundi soir et mardi soir
Rest – (prévenir) (14 €) Menu 19/40 € – Carte 20/44 €
♦ Le bel "ascalier" du 16e s. dessert la salle à manger de l'étage. Intérieur rustique, terrasse
fleurie et cuisine soignée revisitant la tradition : une adresse très courue.

BROUCKERQUE – 59 Nord – **302** B2 – 1 276 h. – alt. 2 m – ⊠ 59630 **30** B1
◘ Paris 283 – Calais 37 – Cassel 26 – Dunkerque 14

✕ **Middel Houck** 🕭 ⊰ VISA ◑ AE
☙ pl. du Village – ℰ 03 28 27 13 46 – www.mh-receptions.com – Fax 03 28 27 19 19
– Fermé 1 sem. en août, le soir de dim. à vend. et sam.
Rest – Menu 16 €, 26/55 € bc – Carte 30/42 €
♦ Murs en briques, superbes poutres apparentes et fleurs fraîches : une atmosphère sympa-
thique se dégage de cet ex-relais de poste. Carte traditionnelle aux accents de la région.

BROUILLA – 66 Pyrénées-Orientales – **344** I7 – 965 h. – alt. 45 m **22** B3
– ⊠ 66620
◘ Paris 873 – Montpellier 176 – Perpignan 20 – Figueres 47

⌂ **L'Ancienne Gare** sans rest ⊰ ⊒ **P**
lieu-dit "Le Millery", 1 km au Nord par D 8 B – ℰ 04 68 89 88 21
– www.anciennegare.net – Fermé 20 déc.-6 janv.
5 ch ⊊ – ♦70 € ♦♦70 €
♦ Tout près de la frontière espagnole, l'ex-gare ferroviaire est devenue une maison d'hôtes
très chaleureuse. Chambres romantiques, cachet ancien, terrasse et vue sur le Canigou.

BROUILLAMNON – 18 Cher – **323** I4 – rattaché à Charost

LES BROUZILS – 85 Vendée – **316** I6 – 2 392 h. – alt. 64 m – ⊠ 85260 **34** B3
◘ Paris 427 – Nantes 46 – La Roche-sur-Yon 37 – Cholet 77

⌂ **Manoir de la Thébline** sans rest ⊰ ⚙ **P**
rte de l'Herbergement – ℰ 02 51 42 99 98 – www.manoirthebline.com
3 ch ⊊ – ♦90 € ♦♦90 €
♦ De beaux meubles anciens donnent un cachet aux douillettes chambres de cette jolie
demeure du 19e s. Plaisant parc fleuri, salon-billard, bibliothèque. Tenue exemplaire.

BRUAILLES – 71 Saône-et-Loire – **320** L10 – rattaché à Louhans

BRUÈRE-ALLICHAMPS – 18 Cher – **323** K6 – rattaché à St-Amand-Montrond

BRUGAIROLLES – 11 Aude – **344** D4 – **236** h. – alt. 182 m – ⌧ **11300**   **22** A3

▶ Paris 770 – Carcassonne 33 – Castelnaudary 32 – Castres 82

XX   **Domaine Gayda**   ≼ 🏡 🔟 🅿 🚾 ⚫ 🔤
rte de Malvés – 𝒞 *04 68 20 65 87* – *www.maisongayda.com* – *Fax 04 68 20 78 31*
– Fermé merc. soir et sam. midi de janv. à avril, lundi et mardi
Rest – (22 € bc) Menu 39/49 € bc – Carte 34/60 €
♦ Au-dessus des chais, salle de restaurant actuelle et plats au goût du jour. L'été, vaste terrasse ménageant une échappée sur le vignoble et paillotes réparties dans le jardin.

BRÛLON – 72 Sarthe – **310** H7 – **1 407** h. – alt. 102 m – ⌧ **72350**   **35** C1

▶ Paris 239 – Nantes 167 – Le Mans 41 – Laval 55

🛈 Office de tourisme, place Albert Liébault 𝒞 02 43 95 05 10,
Fax 02 43 95 05 10

↑   **Château de l'Enclos** sans rest ⌘   🌡 📶 🅿
2 av. de la Libération – 𝒞 *02 43 92 17 85* – *www.chateau-enclos.com*
4 ch ⌑ – †110 € ††110/160 €
♦ Cette belle maison bourgeoise recèle bien des trésors : salon original dans la cave, chambres cosy au château, "kota" (maison lapone en bois) perchée sur trois arbres du parc.

BRUMATH – 67 Bas-Rhin – **315** K4 – **9 737** h. – alt. 145 m – ⌧ **67170**   **1** B1

▶ Paris 472 – Haguenau 14 – Molsheim 45 – Saverne 35

XXX   **À L'Écrevisse**   🚗 🏡 🔟 ⇧ 🅿 🚾 ⚫ 🔤 ⓘ
⚫   *4 av. de Strasbourg* – 𝒞 *03 88 51 11 08* – *www.hostellerie-ecrevisse.com*
– Fax 03 88 51 89 02
Rest – (13 €) Menu 19/69 € – Carte 13/32 €
Rest *Krebs'Stuebel* – Menu 19/27 € – Carte 29/49 €
♦ Maison alsacienne dirigée par la même famille depuis sept générations. Salle de restaurant cossue où l'on sert une cuisine classique. Au Krebs'Stuebel, atmosphère et décor de type winstub ; cuisine ad hoc et tapas.

LE BRUSC – 83 Var – **340** J7 – **rattaché à Six-Fours-les-Plages**

BRY-SUR-MARNE – 94 Val-de-Marne – **312** E2 – **101** 18 – **voir à Paris, Environs**

BUELLAS – 01 Ain – **328** D3 – **1 650** h. – alt. 225 m – ⌧ **01310**   **43** E1

▶ Paris 424 – Annecy 120 – Bourg-en-Bresse 9 – Lyon 69

X   **L'Auberge Bressane**   🏡 ᭪ 🍴 🅿 🚾 ⚫ 🔤
⚫   *place du Prieuré* – 𝒞 *04 74 24 20 20* – *www.auberge-buellas.com*
😊   *– Fax 04 74 24 20 20 – Fermé 2-8 août, vacances de la Toussaint, 15 fév.-4 mars,*
dim. soir, mardi et merc.
Rest – (16 € bc) Menu 19/43 € – Carte 33/43 €
♦ De belles recettes du terroir, un zeste de saveurs du Sud et une dose d'inventivité : on se régale dans ce restaurant (ex-boulangerie) au décor méridional. Service attentionné.

LE BUGUE – 24 Dordogne – **329** G6 – **2 762** h. – alt. 62 m – ⌧ **24260**   **4** C3
▌ Périgord Quercy

▶ Paris 522 – Bergerac 47 – Brive-la-Gaillarde 72 – Périgueux 42

🛈 Office de tourisme, porte de la Vézère 𝒞 05 53 07 20 48, Fax 05 53 54 92 30

🖸 de La Marterie à Saint-Félix-de-Reillac-et-Mortemart Domaine de la
Marterie, N : 13 km par D 710, 𝒞 05 53 05 61 00

◉ Gouffre de Proumeyssac★★ S : 3 km.

Domaine de la Barde

🏨 🗨 🌳 🖽 ℵ ⚜ ⌂ ⚹ ch, ⚙ **P** VISA ⚫⚫

rte de Périgueux – ℰ 05 53 07 16 54 – www.domainedelabarde.com
– Fax 05 53 54 76 19 – Fermé 15 nov.-15 mars
18 ch – †79/159 € ††79/159 €, ⊑ 12 € – ½ P 128/171 €
Rest *Le Vélo Rouge* – *(fermé le midi du mardi au sam. et lundi)* Menu 39 €
(sem.) – Carte environ 52 €

♦ Ce beau manoir périgourdin (18e s.) s'ouvre sur un jardin à la française. Les deux annexes, un moulin et une ancienne forge, abritent de vastes chambres décorées avec goût. Au Vélo Rouge, on fait la part belle à la tradition, sans renier quelques spécialités régionales.

rte de Sarlat 3 km à l'Est par D 703 et rte secondaire ⊠ 24260

Maison Oléa sans rest ⚹

⬅ ⚛ 🌳 🗚 ☎ **P**

La Combe de Leygue – ℰ 05 53 08 48 93 – www.olea-dordogne.com
– Fax 05 53 08 48 93 – Fermé 21 déc.-4 janv.
5 ch ⊑ – †70/90 € ††75/95 €

♦ Une maison d'hôtes où chaque chambre possède une loggia orientée plein sud, avec vue sur la vallée de la Vézère. Décoration harmonieuse. Piscine d'été et jardin potager.

à Campagne 4 km au Sud-Est par D 703 – 318 h. – alt. 60 m – ⊠ 24260

Du Château

🗨 ⚸ ch, **P** VISA ⚫⚫

– ℰ 05 53 02 23 50 – www.hotelcampagne24.fr – Fax 05 53 03 93 69
– Ouvert 28 mars-20 oct.
12 ch – †55/65 € ††55/65 €, ⊑ 8 € – ½ P 60/70 €
Rest – Menu 20/36 € – Carte 33/50 €

♦ Au cœur du Périgord Noir, face au Château de Campagne, auberge de caractère, dont les chambres anciennes et bien tenues ont un esprit champêtre. Décor rustique dans la salle à manger et la véranda ; cuisine sans prétention.

BUIS-LES-BARONNIES – 26 Drôme – 332 E8 – 2 283 h. – alt. 365 m   44 B3
– ⊠ 26170 ▯ Alpes du Sud

▱ Paris 685 – Carpentras 39 – Nyons 29 – Orange 50

🖪 Office de tourisme, 14, boulevard Eysserie ℰ 04 75 28 04 59,
Fax 04 75 28 13 63

◉ Vieille ville ★

Les Arcades-Le Lion d'Or sans rest

⚛ 🌳 ⚸ ⁣ᵖ ⌂ ⚫ VISA ⚫⚫

pl. du Marché – ℰ 04 75 28 11 31 – www.hotelarcades.fr – Fax 04 75 28 12 07
– Ouvert mars-nov.
15 ch – †47/65 € ††55/74 €, ⊑ 8,50 € – 1 suite

♦ L'entrée de l'hôtel se fait sous les belles arcades (15e s.) de la place centrale. Chambres rénovées, joliment personnalisées. Le charmant jardin intérieur vaut le coup d'œil.

LE BUISSON-CORBLIN – 61 Orne – 310 F2 – rattaché à Flers

LE BUISSON-DE-CADOUIN – 24 Dordogne – 329 G6 – 2 114 h.   4 C3
– alt. 63 m – ⊠ 24480

▱ Paris 532 – Bergerac 38 – Brive-la-Gaillarde 81 – Périgueux 52

🖪 Office de tourisme, place André Boissière ℰ 05 53 22 06 09, Fax 05 53 22 06 09

à Paleyrac 4 km au Sud-Est par D 25 et rte secondaire – ⊠ 24480

Le Clos Lascazes sans rest ⚹

⚛ 🏨 🌳 ⁣ᵖ **P** VISA ⚫⚫

– ℰ 05 53 74 33 94 – www.clos-lascazes.com – Fax 05 53 74 03 22 – Ouvert de mars à mi-nov.
5 ch – †68/92 € ††68/92 €, ⊑ 8 €

♦ Trois maisons de siècles différents invitent à une étape détente très tranquille (parc, piscine d'eau salée). Chambres lumineuses aux murs blancs, tissus brodés, gravures...

BULGNEVILLE – 88 Vosges – **314** D3 – 1 300 h. – alt. 350 m   26 B3
– ✉ 88140 ▮ Alsace Lorraine

> ▶ Paris 342 – Belfort 133 – Épinal 55 – Langres 71
>
> 🛈 Syndicat d'initiative, 105, rue de l'Hôtel de Ville ✆ 03 29 09 14 67,
> Fax 03 29 09 14 67

⌂ **Benoit Breton** sans rest ⌘   🚗 ⁗ P

74 r. des Récollets – ✆ 03 29 09 21 72 – *Fax 03 29 09 21 72*
4 ch � 65 € †70 €
◆ Antiquaire de son métier, monsieur Breton a posé sa patte dans le décor : chambres spacieuses aux meubles et bibelots raffinés. Poules, canards, chèvres... s'ébattent au jardin.

✕✕ **La Marmite Beaujolaise**   ⌂ VISA ⦿ AE

34 r. de l'Hôtel-de-Ville – ✆ 03 29 09 16 58
– www.restaurant-lamarmitebeaujolaise.com – *Fermé 1ᵉʳ-15 janv., dim. soir et lundi*
Rest – Menu 14 € (déj. en sem.), 21/35 € – Carte 34/46 €
◆ Auberge du 17ᵉ s. où l'on sert une cuisine traditionnelle de bons produits et orientée sur le terroir. Cadre rustique raffiné : poutres, pierres apparentes, cheminée.

BULLY – 69 Rhône – **327** G4 – 1 973 h. – alt. 313 m – ✉ 69210   43 E1

> ▶ Paris 471 – Lyon 32 – Saint-Étienne 92 – Villeurbanne 41

✕✕ **Auberge du Château**   ⌂ & VISA ⦿ AE

pl. de l'Église – ✆ 04 74 01 25 36 – www.aubergedu-chateau.com
– *Fax 04 74 72 50 95 – fermé 5-11 mai,1ᵉʳ-15 sept., 1ᵉʳ-15 janv., mardi de nov.
à mars, sam. midi, dim. soir et lundi*
Rest – Menu 20 € (déj. en sem.), 31/59 € – Carte 50/72 € le soir
◆ En face de l'église du village, cette vénérable auberge de 1749 cache un restaurant rénové : salle et terrasse d'esprit actuel. Cuisines visibles ; menu-carte moderne.

BURLATS – 81 Tarn – **338** F9 – rattaché à Castres

BURNHAUPT-LE-HAUT – 68 Haut-Rhin – **315** G10 – 1 599 h.   1 A3
– alt. 300 m – ✉ 68520

> ▶ Paris 454 – Altkirch 16 – Belfort 32 – Mulhouse 17

🛏 **Le Coquelicot**   🚗 ⌂ & ch, 🅐 rest, ⁗ ⅘ P VISA ⦿ AE

au Pont d'Aspach, 1 km au Nord – ✆ 03 89 83 10 10 – www.lecoquelicot.fr
– *Fax 03 89 83 10 33 – Fermé 26 déc.-4 janv.*
26 ch – †68/88 € ††68/88 €, ⊃ 12 € – ½ P 68 €
Rest – *(fermé 24 juil.-9 août, 27 déc.-4 janv., sam. midi et dim. soir)* (12 €)
Menu 28/58 € – Carte 32/48 €
◆ Village aux portes de la pittoresque région du Sundgau. L'hôtel, proche d'axes routiers fréquentés, dispose de chambres confortables, rafraîchies régulièrement. Au retaurant, tons pastel et terrasse fleurie créent une ambiance printanière. Plats traditionnels.

BUSNES – 62 Pas-de-Calais – **301** I4 – rattaché à Béthune

BUSSEAU-SUR-CREUSE – 23 Creuse – **325** J4 – ✉ 23150 Ahun   25 C1

> ▶ Paris 368 – Aubusson 27 – Guéret 17
>
> 🄶 Moutier d'Ahun : boiseries★★ de l'église SE : 5,5 km - Ahun :
> boiseries★ de l'église SE : 6 km ▮ Berry Limousin.

✕✕ **Le Viaduc** avec ch   ≤ ⁗ VISA ⦿

9 Busseau Gare – ✆ 05 55 62 57 20 – www.restaurant-leviaduc.com
– *Fax 05 55 62 55 80 – Fermé 1 sem. en juin, 17-30 janv., dim. soir et lundi*
7 ch – †44/65 € ††44/65 € – ½ P 65 €
Rest – (14 €) Menu 22/45 € – Carte 35/53 €
◆ Cette auberge tire profit de sa situation dominante : la salle à manger rustique et la terrasse offrent une belle vue sur un viaduc de 1863 qui enjambe la Creuse. Cuisine traditionnelle actualisée à base de bons produits. À l'étage, chambres bien tenues.

LA BUSSIÈRE – 45 Loiret – **318** N5 – 767 h. – alt. 160 m – ✉ 45230   **12 D2**

🟦 Bourgogne

▶ Paris 142 – Auxerre 74 – Cosne-sur-Loire 46 – Gien 14

🔘 Château des pêcheurs★.

Le Nuage   ⛲ 🛋 ⚐ ch, ♚ 🅿 *VISA* ⊙⊙ **AE**
95 bis r. Briare – ℰ 02 38 35 90 73 – www.lenuage.com – Fax 02 38 35 90 62
– Fermé 2-20 janv.
16 ch – ♦50 € ♦♦54 €, ⊊ 7 € – 1 suite – ½ P 88 €
Rest – *(fermé 24 déc.-1er janv.) (dîner seult sauf week-ends) (résidents seult en sem.)* Menu 13 € (dîner) – Carte 16/35 €
◆ Établissement récent de type motel situé aux portes du village. Chambres pratiques et joliment aménagées. Détente assurée, salle de fitness. Plats classiques et grillades servis dans une salle à manger toute rose surmontée d'un salon en mezzanine.

LA BUSSIÈRE-SUR-OUCHE – 21 Côte-d'Or – **320** I6 – 163 h.   **8 C2**
– alt. 320 m – ✉ 21360 🟦 Bourgogne

▶ Paris 297 – Dijon 34 – Chalon-sur-Saône 63 – Beaune 34

Abbaye de la Bussière 🍃   🔔 ⚐ ♚ 🅿 *VISA* ⊙⊙ **AE**
D 33 – ℰ 03 80 49 02 29 – www.abbayedelabussiere.fr – Fax 03 80 49 05 23
– Fermé 4 janv.-9 fév.
16 ch – ♦175/450 € ♦♦175/450 €, ⊊ 29 €
Rest – *(fermé lundi, mardi et le midi sauf dim.)* Menu 60/110 €
– Carte 130/150 €
Spéc. Paleron de bœuf charolais mariné aux agrumes. Côte de veau de lait "élevé sous la mère" cloutée à l'ail fumé (printemps). Déclinaison autour des anis de Flavigny. **Vins** Morey-Saint-Denis, Rully.
Rest *Le Bistrot* – *(fermé lundi et mardi) (déj. seult)* Menu 26 €
◆ Au cœur d'un superbe parc, une abbaye cistercienne (12e s.) restaurée avec soin, dotée de chambres fastueuses très confortables et de salons cossus. Le restaurant (ancien cloître) met à l'honneur une fine cuisine qui respecte la qualité des produits et les saisons. Cadre rustique et choix simplifié à midi au Bistrot.

BUSSY-ST-GEORGES – 77 Seine-et-Marne – **312** F2 – **101** 20 – **voir à Paris, Environs (Marne-la-Vallée)**

BUXEUIL – 86 Vienne – **317** N7 – **rattaché à Descartes**

BUXY – 71 Saône-et-Loire – **320** I9 – 2 164 h. – alt. 263 m – ✉ 71390   **8 C3**

▶ Paris 351 – Chagny 25 – Chalon-sur-Saône 17 – Montceau-les-Mines 33
🅸 Office de tourisme, place de la gare ℰ 03 85 92 00 16, Fax 03 85 92 00 57

Aux Années Vins   🔔 *VISA* ⊙⊙ **AE**
2 Grande-Rue – ℰ 03 85 92 15 76 – www.aux-annees-vins.com
– Fax 03 85 92 12 20 – Fermé 23-29 août, 10 fév.-10 mars, merc. sauf le soir du 1er avril au 11 nov., lundi soir du 11 nov. au 31 mars et mardi
Rest – (15 €) Menu 21/55 € – Carte 35/60 €
◆ Bien situé au centre du village. Décor contemporain dans la salle ornée d'une cheminée en pierre et terrasse intérieure agrémentée de barriques. Cuisine traditionnelle soignée.

BUZANÇAIS – 36 Indre – **323** E5 – 4 535 h. – alt. 111 m – ✉ 36500   **11 B3**

▶ Paris 286 – Le Blanc 47 – Châteauroux 25 – Chatellerault 78
🅸 Syndicat d'initiative, 11, passage du Marché ℰ 02 54 84 22 00,
Fax 02 54 02 13 45

🏠 L'Hermitage   🍴 ⚞ AC rest, ⚙ ⚟ P VISA ⚫ AE ①

1 chemin de Vilaine – ℰ 02 54 84 03 90 – www.lhermitagehotel.com
– Fax 02 54 02 13 19 – Fermé 2-25 janv., dim. soir et lundi sauf juil.-août, lundi midi en juil.-août
12 ch – ♦59/71 € ♦♦64/71 €, � 8 € – ½ P 68 €
Rest – *(prévenir le week-end)* (16 €) Menu 22 € (sem.), 27/48 € – Carte 46/65 €
◆ Propriété accueillante agrémentée d'un jardin arboré où se glisse l'Indre. Les chambres, de style rustique et bien équipées, profitent presque toutes de cette vue apaisante. Aux beaux jours, on sert les repas sous une pergola ouverte sur la terrasse.

CABANAC-SÉGUENVILLE – 31 Haute-Garonne – **343** E2 – 151 h.   **28** B2
– alt. 200 m – ⊠ 31480

▶ Paris 668 – Colomiers 39 – Montauban 46 – Toulouse 51

🏠 Château de Séguenville ⚘   ⚟ ⚞ ⚙ P

par D 1 et D 89A – ℰ 05 62 13 42 67 – www.chateau-de-seguenville.com – Fermé 15 déc.-15 janv.
5 ch ⊒ – ♦100/105 € ♦♦120/130 €
Table d'hôte – *(fermé sam. en juil.-août et dim.)* Menu 30 €
◆ Joli château gascon du 19ᵉ s. entouré d'arbres centenaires. Vastes chambres meublées avec goût ; l'une d'elles ouvre sur une immense terrasse dominant la campagne. Cuisine régionale.

CABESTANY – 66 Pyrénées-Orientales – **344** I6 – rattaché à Perpignan

---

CABOURG – 14 Calvados – **303** L4 – 3 965 h. – alt. 3 m – Casino   **32** B2
– ⊠ 14390 ▯ Normandie Vallée de la Seine

▶ Paris 220 – Caen 24 – Deauville 23 – Lisieux 35
🛈 Office de tourisme, jardins de l'Hotel deVille ℰ 02 31 06 20 00, Fax 02 31 06 20 10
🏌 Public de Cabourg Avenue de l'Hippodrome, 1 km par av. de l'Hippodrome, ℰ 02 31 91 70 53
🏌₁₈ de Cabourg Le Home à Varaville 38 avenue du Pdt René Coty, par rte de Caen : 3 km, ℰ 02 31 91 25 56

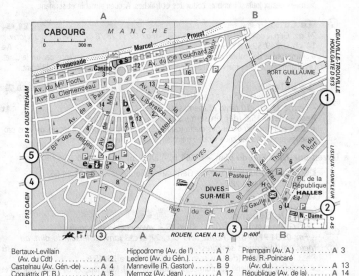

Bertaux-Levillain (Av. du Cdt) . . . . **A** 2	Hippodrome (Av. de l') . . . . **A** 7	Prempain (Av. A.) . . . . **A** 3
Castelnau (Av. Gén.-de) . . . . **A** 4	Leclerc (Av. du Gén.) . . . . **A** 8	Prés. R.-Poincaré (Av. du) . . . . **A** 13
Coquatrix (Pl. B.) . . . . **A** 5	Manneville (R. Gaston) . . . . . **B** 9	République (Av. de la) . . . . . . **A** 14
Hastings (R. d') . . . . **B** 6	Mermoz (Av. Jean) . . . . **A** 12	Roi-Albert-1er (Av. du) . . . . . **B** 16
	Mer (Av. de la) . . . . **A**	

Grand Hôtel ⬥ ⟨ 🛎 🖥 ⛐ rest, ¶¹ 🕏 VISA ⓔ AE ①
prom. M.-Proust – 𝄢 02 31 91 01 79 – www.mgallery.com – Fax 02 31 24 03 20
68 ch – ♦158/390 € ♦♦158/390 €, ⌷ 23 € – 2 suites – ½ P
166/282 €   As
Rest – *(fermé janv., lundi et mardi sauf juil.-août)* (28 €) Menu 35 € (déj. en sem.)/49 € – Carte 60/100 €
♦ Palace du front de mer hanté par le souvenir de Marcel Proust : sa chambre attitrée est reconstituée à l'identique. Les autres, peu à peu rénovées, sont cosy et feutrées. Cuisine traditionnelle servie dans une salle type brasserie chic et belle vue sur le large.

Mercure Hippodrome ⬥ 🛎 🖥 𝄽 ⛐ ch, 🄺 rest, ¶¹ 🕏 🅿
av. M.-d'Ornano, par av. Hippodrome A VISA ⓔ AE ①
– 𝄢 02 31 24 04 04 – www.hotel-cabourg-hippodrome.com – Fax 02 31 91 03 99
75 ch – ♦118/190 € ♦♦118/190 €, ⌷ 14 €
Rest – *(ouvert 2 avril-30 oct. et fermé dim. et lundi sauf juil.-août)* Menu 20 € – Carte 24/39 €
♦ Deux bâtiments récents d'allure normande jouxtant l'hippodrome. Chambres aménagées dans un style contemporain et pratique. Chaleureuse et agréable salle à manger profitant d'une belle vue sur le champ de courses.

Du Golf 🖨 🛎 🖥 ¶¹ 🕏 🅿 VISA ⓔ AE ①
⬟
av. M.-d'Ornano, par av. Hippodrome A – 𝄢 02 31 24 12 34
– www.hotel-du-golf-cabourg.com – Fax 02 31 24 18 51
– Ouvert 16 mars-15 nov.
39 ch – ♦60/78 € ♦♦60/78 €, ⌷ 8,50 € – ½ P 57/66 €
Rest – *(fermé le midi 15 mars-30 avril, 15 sept.-15 nov. et vend.)* Menu 18 € (déj.), 25/38 € – Carte 20/56 €
♦ Cet établissement de type motel, situé en bordure du golf, abrite des chambres simples et fonctionnelles, de plain-pied avec le jardin ou la terrasse. La salle à manger, confortable et sobrement contemporaine, est tournée vers les greens.

Castel Fleuri sans rest 🖨 ¶¹ VISA ⓔ AE
4 av. Alfred-Piat – 𝄢 02 31 91 27 57 – www.castel-fleuri.com – Fax 02 31 24 54 61
– Fermé 5-24 janv.   Ab
22 ch ⌷ – ♦74 € ♦♦74/85 €
♦ Maison de maître de 1920 précédée d'un joli jardin où l'on sert le petit-déjeuner dès les premiers beaux jours. Chambres coquettes et fraîches. Accueil aimable et souriant.

Le Cottage sans rest 🖨 𝄽 ¶¹ VISA ⓔ
24 av. Gén.-Leclerc – 𝄢 02 31 91 65 61 – Fax 02 31 28 78 82 – Fermé 8-31 janv.
14 ch – ♦49/59 € ♦♦59/69 €, ⌷ 8 €   Ae
♦ Atmosphère de maison d'hôtes en ce cottage des années 1900 devancé par un jardinet. Les chambres, simples mais régulièrement rafraîchies, offrent toutes un décor différent.

✗ **Le Baligan** 🛎 🄺 VISA ⓔ AE
⬟
8 av. Alfred-Piat – 𝄢 02 31 24 10 92 – www.lebaligan.fr – Fax 02 31 28 99 09
– Fermé 21 déc.-10 janv. et merc. sauf fériés   At
Rest – Menu 15 € (déj. en sem.), 27/50 € – Carte 27/45 €
♦ Dans ce bistrot au décor très marin (cannes à pêche, lithographies, fresque), on vous propose les produits de la criée locale ; fraîcheur garantie ! Terrasse d'été sur rue.

à Dives-sur-Mer Sud du plan – 5 864 h. – alt. 3 m – ⌧ 14160

🄸 Office de tourisme, rue du Général-de-Gaulle 𝄢 02 31 91 24 66,
Fax 02 31 24 42 28
◉ Halles★.

✗ **Chez le Bougnat** VISA ⓔ
⬟
27 r. G.-Manneville – 𝄢 02 31 91 06 13 – www.chezlebougnat.fr
⬢
– Fax 02 31 91 09 87 – Fermé 5-11 oct., 21 déc.-3 janv. et le soir du dim. au
merc. sauf vacances scolaires   Bu
Rest – Menu 15 € (déj. en sem.), 24/28 € – Carte 25/45 €
♦ Ancienne quincaillerie transformée en bistrot convivial. Murs tapissés de vieilles affiches et étonnant bric-à-brac d'objets chinés en guise de décor. Carte selon le marché.

au Hôme 2 km par ⑤ – ✉ 14390

🄸 Syndicat d'initiative, Mairie ✆ 02 31 24 73 83, Fax 02 31 24 72 41

✗✗ **Au Pied des Marais**   VISA ✆ AE
26 av. du Prés.-Coty – ✆ 02 31 91 27 55 – Fax 02 31 91 86 13 – Fermé 15-23 juin,
14-27 déc., 25 janv.-9 fév., mardi et merc. sauf le soir en juil.-août
Rest – Menu 18 € (déj. en sem.), 32/52 € – Carte 39/73 €
♦ Plats traditionnels, spécialités (dont les fameux pieds de cochon) et grillades cuites au feu
de bois, à apprécier dans un cadre rustique agrémenté de touches actuelles.

CABRERETS – 46 Lot – 337 F4 – 228 h. – alt. 130 m – ✉ 46330   29 C1
📗 Périgord Quercy

▶ Paris 565 – Cahors 26 – Figeac 44 – Gourdon 42

🄸 Office de tourisme, place du Sombral ✆ 05 65 31 29 06, Fax 05 65 31 29 06

◉ Château de Gontaut-Biron★ – ≼★ de la rive gauche du Célé.

🄶 Grotte du Pech Merle★★★ NO : 3 km.

🏠 **Auberge de la Sagne** ⌖   🚗 😋 ⊐ ⁒ ch, 🄿 VISA ✆
rte grotte de Pech-Merle – ✆ 05 65 31 26 62 – www.hotel-auberge-cabrerets.com
– Fax 05 65 30 27 43 – Ouvert 15 mai-15 sept.
8 ch – †50/54 € ††50/54 €, ⊑ 7 €
Rest – (dîner seult) (nombre de couverts limité, prévenir) Carte 26/34 €
♦ Maison d'inspiration régionale aux chambres simples, mais accueillantes dans leur style
campagnard ; celles du dernier étage sont mansardées. Joli jardin ombragé. Le Lot se met à
la table du restaurant, sobrement rustique et réchauffé par une cheminée.

CABRIÈRES – 30 Gard – 339 L5 – 1 284 h. – alt. 120 m – ✉ 30210   23 D2
▶ Paris 695 – Avignon 33 – Alès 64 – Arles 40

🏨 **L'Enclos des Lauriers Roses** ⌖   🚗 😋 ⊐ 🄰🄲 ch, ⇔
71 r. du 14-Juillet – ✆ 04 66 75 25 42   VISA ✆ AE ①
– www.hotel-lauriersroses.com – Fax 04 66 75 25 21 – Ouvert 13 mars-6 nov.
20 ch – †80/110 € ††80/110 €, ⊑ 12 € – 2 suites – ½ P 70/130 €
Rest – Menu 23/42 € – Carte 32/57 €🕮
♦ Dans le village, bâtisses gardoises ouvertes sur un joli jardin planté de cinq variétés de
lauriers roses. Coquettes chambres provençales ; la plupart possèdent une terrasse. Restaurant dont le joli décor évoque la Provence. Cuisine classique et régionale.

CABRIÈRES-D'AVIGNON – 84 Vaucluse – 332 D10 – 1 705 h.   42 E1
– alt. 167 m – ✉ 84220 📗 Provence
▶ Paris 715 – Aix-en-Provence 74 – Avignon 34 – Marseille 88

🏨 **La Bastide de Voulonne**   🚗 😋 ⊐ ⁒ rest, ♨ 🄿 VISA ✆
2133 rte des Beaumettes, D 148 – ✆ 04 90 76 77 55
– www.bastide-voulonne.com – Fax 04 90 76 77 56 – Ouvert de mi-fév. à mi-nov.
13 ch – †95/150 € ††95/150 €, ⊑ 12 € – ½ P 85/110 €
Rest – (fermé dim. sauf de juin à sept.) (dîner seult) (résidents seult) Menu 32 €
♦ En pleine campagne, au milieu des vignes et des arbres fruitiers, une bastide de 1764 joliment restaurée. Chambres coquettes et soignées, accueil charmant et séjours à thèmes. Le
soir, menu unique (orienté terroir) à la table d'hôte ou sur la terrasse ombragée.

✗ **Le Vieux Bistrot** avec ch ⌖   😋 🄰🄲 rest, 🎙️ VISA ✆
Grande-Rue – ✆ 04 90 76 82 08 – www.vieuxbistrot.com – Fax 04 90 76 98 98
– Fermé 1er-15 janv.
5 ch ⊑ – †65/100 € ††65/100 €   **Rest** – (15 €) Menu 28/35 € – Carte 27/45 €
♦ Une belle maison de village abrite cet authentique bistrot au cachet préservé (miroirs, affiches anciennes, vieux comptoir). Ambiance conviviale et cuisine régionale actualisée. Chambres personnalisées avec goût, dotées de terrasses au dernier étage.

CABRIÈS – 13 Bouches-du-Rhône – **340** H5 – 8 362 h. – alt. 177 m **40** B3
– ⊠ 13480

> ▶ Paris 773 – Avignon 100 – Marseille 21 – Toulon 86
> 🖪 Office de tourisme, avenue René Cassin - Trébillane ℰ 04 42 69 05 48, Fax 04 42 69 05 31

XX **La Bastide de Cabriès** avec ch ⌂ ⌂ ⅙ rest, ⓂⒸ ⅗ ⁽¹⁾ 🏖 🅿
r. du Lac – ℰ 04 42 69 07 81 – www.bastidecabries.com 𝗩𝗜𝗦𝗔 ⓪ ㆐
– Fax 04 42 69 07 82
12 ch – †98/118 € ††113/134 €, ⌸ 13 €
Rest – (fermé dim. sauf le midi de nov. à fév. et sam. midi) (25 €) Menu 30 €
(sem.)/75 € – Carte 66/85 €

◆ A l'ombre des platanes ou dans la confortable salle aux tons chocolat et pistache, on goûte une cuisine traditionnelle agrémentée des herbes du jardin. Carte des vins orientée plein Sud. Chambres thématiques (écologique, provençale...) dans une bastide au calme.

CABRIS – 06 Alpes-Maritimes – **341** C6 – rattaché à Grasse

CADEROUSSE – 84 Vaucluse – **332** B9 – 2 683 h. – alt. 40 m **42** E1
– ⊠ 84860

> ▶ Paris 667 – Marseille 124 – Avignon 28 – Nîmes 65

⌂ **La Bastide des Princes** ⌂ 🖧 ⌇ ⌧ ⁽¹⁾ 🅿 𝗩𝗜𝗦𝗔 ⓪
chemin de Bigonnet – ℰ 04 90 51 04 59 – www.bastide-princes.com
– Fax 04 90 51 04 59 – Ouvert 1ᵉʳ avril-15 nov.
5 ch ⌸ – †110/135 € ††120/140 € – ½ P 100/119 €
Table d'hôte – Menu 49 € bc/110 € bc

◆ Un séjour de rêve chez Pierre Paumel, Maître Cuisinier de France, dans une superbe demeure du 17ᵉ s. entourée d'un parc. Chambres cosy très soignées, piscine, espace détente. Ce chef prépare de délicieuses recettes de saison, dont il dévoile les secrets lors de cours de cuisine.

LA CADIÈRE-D'AZUR – 83 Var – **340** J6 – 5 039 h. – alt. 144 m **40** B3
– ⊠ 83740 ▮ Côte d'Azur

> ▶ Paris 815 – Aix-en-Provence 66 – Brignoles 53 – Marseille 45
> 🖪 Office de tourisme, place Général-de-Gaulle ℰ 04 94 90 12 56, Fax 04 94 98 30 13
> ◙ ≤★ - Le Castelet : Village★ NE : 4 km.

🏠🏠 **Hostellerie Bérard** (René et Jean-François Bérard) ⌂ ≤ 🖧 ⌂ ⌇
⌘ av. Gabriel-Péri – ℰ 04 94 90 11 43 ⓪ 🖰 ⓂⒸ ⁽¹⁾ 🏖 🅿 ⌘ 𝗩𝗜𝗦𝗔 ⓪ ㆐ ①
– www.hotel-berard.com – Fax 04 94 90 01 94 – Fermé 4 janv.-10 fév.
35 ch – †94/174 € ††94/174 €, ⌸ 21 € – 2 suites – ½ P 135/234 €
Rest – (fermé mardi sauf le soir du 1ᵉʳjuin au 1ᵉʳoct. et lundi) Menu 44 € (sem.)/
146 € – Carte 85/140 €⅘
Spéc. Salade Bérard "collection spéciale". Poulette de Bresse rôtie à la broche, fourrée sous la peau à la brousse d'herbes. Caramel, tout en légèreté et en harmonie avec le poivre de Sechuan, tartare d'agrumes. **Vins** Bandol, Cairanne.
Rest *Le Bistrot de Jef* – (fermé jeudi sauf le soir du 1ᵉʳ juil. au 1ᵉʳ sept. et merc.)
(17 €) Menu 27 € – Carte 27/53 €

◆ Cette hôtellerie familiale, composée de maisons de caractère dont un couvent du 11ᵉ s., abrite de belles chambres provençales. Superbe spa d'inspiration gallo-romaine. Restaurant tourné vers le vignoble de Bandol, jolie terrasse et savoureuse cuisine actuelle. Le Bistrot de Jef est idéal pour manger sur le pouce.

CADILLAC – 33 Gironde – **335** J7 – 2 427 h. – alt. 16 m – ⊠ 33410 **3** B2
▮ Aquitaine

> ▶ Paris 607 – Bordeaux 41 – Langon 12 – Libourne 40
> 🖪 Office de tourisme, 9, place de la Libération ℰ 05 56 62 12 92, Fax 05 56 76 99 72

🏨 **Du Château de la Tour** ⚛ 🎐 ⚒ 📶 ♿ ch, 🅰 📡 ♨ 🅿 𝖵𝖨𝖲𝖠 ⓸ 🅰🅴
av. de la libération, (D 10) – ℰ 05 56 76 92 00
– www.hotel-restaurant-chateaudelatour.com – Fax 05 56 62 11 59
32 ch – †75/115 € ††90/145 €, � 11 € – ½ P 75/93 €
Rest – *(fermé dim. soir de nov. à fév.)* (15 €) Menu 28/55 € – Carte 38/59 €
♦ Bâti dans l'ancien potager du château des ducs d'Épernon, l'hôtel refait par étapes abrite des chambres contemporaines. Parc bordé d'une rivière, sauna. Au restaurant, belle charpente et terrasse ; la cuisine est actuelle, à base de produits du terroir.

CAEN 🅿 – 14 Calvados – **303** J4 – 110 399 h. – Agglo. 199 490 h.   **32** B2
– alt. 25 m – ⊠ 14000 ▌ Normandie Cotentin
▶ Paris 236 – Alençon 105 – Cherbourg 125 – Le Havre 91
🛫 de Caen-Carpiquet : ℰ 02 31 71 20 10, par D 9 : 7 km.
🛈 Office de tourisme, 12, place Saint-Pierre ℰ 02 31 27 14 14, Fax 02 31 27 14 13
🏌 de Caen à Biéville-Beuville Le Vallon, N : 5 km par D 60, ℰ 02 31 94 72 09
🏌 de Garcelles-Secqueville Route de Lorguichon, par rte de Falaise : 15 km, ℰ 02 31 39 09 09
◉ Abbaye aux Hommes★★ : église St-Etienne★★ - Abbaye aux Dames★ : église de la Trinité★★ - Chevet★★, frise★★ et voûtes★★ de l'église St-Pierre★ - Église et cimetière St-Nicolas★ - Tour-lanterne★ de l'église St-Jean EZ - Hôtel d'Escoville★ DY **B** - Vieilles maisons★ (n° 52 et 54 rue St-Pierre) DY **K** - Musée des Beaux-Arts★★ dans le château★ DX **M**¹ - Mémorial★★★ AV - Musée de Normandie★ DX **M²**.

Plans pages suivantes

🏨 **Le Dauphin** 🍴 📶 ♿ ch, 📡 ♨ 🅿 𝖵𝖨𝖲𝖠 ⓸ 🅰🅴 ⓞ
29 r. Gémare – ℰ 02 31 86 22 26 *– www.le-dauphin-normandie.com*
– Fax 02 31 86 35 14   DY**a**
37 ch – †75/185 € ††85/195 €, ⊻ 13 € – ½ P 70/130 €
Rest – *(fermé 19 juil.-8 août, 25 oct.-4 nov., sam. midi et dim.)* (17 €) Menu 23 € (sem.)/60 € – Carte 45/65 €
♦ Ancien prieuré proche des murailles du château. Chambres personnalisées, parfois agrémentées de poutres patinées et de meubles de style. Agréable salle à manger cossue ; cuisine traditionnelle aux accents du terroir. Salon-bar attenant.

🏨 **Moderne** sans rest 📶 🅰 📺 📡 ☁ 𝖵𝖨𝖲𝖠 ⓸ 🅰🅴 ⓞ
116 bd Mar.-Leclerc – ℰ 02 31 86 04 23 *– www.hotel-caen.com*
– Fax 02 31 85 37 93   DY**d**
40 ch – †85/130 € ††110/175 €, ⊻ 15 €
♦ Discrète construction d'après-guerre aux chambres régulièrement rafraîchies. Au 5ᵉ étage, la salle des petits-déjeuners offre une vue sur les toits de la ville.

🏨 **Mercure Port de Plaisance** sans rest 📶 ♿ 🅰 📡 ♨ ☁
1 r. Courtonne – ℰ 02 31 47 24 24 *– www.mercure.com*   𝖵𝖨𝖲𝖠 ⓸ 🅰🅴 ⓞ
– Fax 02 31 47 43 88   EY**b**
126 ch – †115/160 € ††135/180 €, ⊻ 15 € – 4 suites
♦ Hôtel de chaîne face au port de plaisance. Le hall expose des tableaux d'artistes locaux. Chambres de bonne ampleur, progressivement rajeunies dans un style plus actuel.

🏨 **Des Quatrans** sans rest 📶 📡 𝖵𝖨𝖲𝖠 ⓸
17 r. Gemare – ℰ 02 31 86 25 57 *– www.hotel-des-quatrans.com*
– Fax 02 31 85 27 80   DY**p**
47 ch – †55/80 € ††60/80 €, ⊻ 8 €
♦ Au cœur du centre-ville, près du château, hôtel vous accueillant dans un salon-bar cosy. Chambres chaleureuses et propres, régulièrement rénovées (plus calmes sur l'arrière).

🏨 **Du Château** sans rest 📶 📡 𝖵𝖨𝖲𝖠 ⓸ 🅰🅴
5 av. du 6-Juin – ℰ 02 31 86 15 37 *– www.hotel-chateau-caen.com*
– Fax 02 31 86 58 08   EY**n**
24 ch – †50/60 € ††60/70 €, ⊻ 8 €
♦ Entre le port de plaisance et le château, adresse sympathique profitant d'un emplacement de choix. Chambres assez petites et sobrement décorées dans des coloris pastel.

Du Havre sans rest

11 r. du Havre – ✆ 02 31 86 19 80 – www.hotelduhavre.com – Fax 02 31 38 87 67 – Fermé 16 déc.-2 janv. EZ**v**

19 ch – †50 € ††58/62 €, ☕ 8 €

♦ Cet hôtel familial, régulièrement rafraîchi, propose des chambres sans luxe mais pratiques, très tranquilles côté église. Tenue scrupuleuse et prix doux. Accueil aimable.

Bristol sans rest

31 r. du 11-Novembre – ✆ 02 31 84 59 76 – www.hotelbristolcaen.com – Fax 02 31 52 29 28 EZ**s**

24 ch – †55/70 € ††70/90 €, ☕ 8 €

♦ Cet édifice de 1955 proche de l'hippodrome et de la gare abrite des chambres bien tenues, bénéficiant toutes d'un double vitrage. Petit-déjeuner sous forme de buffet.

De France sans rest

10 r. de la Gare – ✆ 02 31 52 16 99 – www.hoteldefrance-caen.com – Fax 02 31 83 23 16 EZ**e**

47 ch – †66/93 € ††66/93 €, ☕ 9 €

♦ À deux pas de la gare, établissement rénové doté de chambres d'ampleur moyenne, simples et nettes (bonne literie, mobilier en bois plaqué et double vitrage).

Ivan Vautier - Le Pressoir avec ch

3 av. Henry Chéron – ✆ 02 31 73 32 71 – www.ivanvautier.com – Fax 02 31 26 76 64 AV**v**

19 ch – †98/245 € ††98/245 €, ☕ 14 €

Rest – *(fermé dim. soir)* Menu 26 € (déj. en sem.), 45/76 € – Carte 54/78 €

♦ Le restaurant a fait sa mue en 2009 : nouveau décor contemporain et création de patios-terrasses, dans l'esprit de la cuisine du chef, à la fois actuelle et rythmée par les saisons. Flambant neuf, l'hôtel dispose de chambres de bonne ampleur, sobres et épurées.

Stéphane Carbone - Restaurant Incognito

14 r. de la Courtonne – ✆ 02 31 28 36 60 – www.stephanecarbone.fr – Fax 02 31 53 75 58 – Fermé août, sam. midi et dim.

Rest – (23 €) Menu 33/77 € – Carte 57/94 € EY**u**

Spéc. Le tourteau en émietté, tartare de tomate noire de Crimée, sorbet de tomate jaune. Le bar rôti, cocos de Paimpol en purée et en velouté, tuile de parmesan (été-automne). Chocolat maralumi, sorbet cacao mangaro. **Vins** Vin de pays du Calvados.

♦ Restaurant contemporain près du bassin St-Pierre : cuisines ouvertes sur la salle. Le chef signe des plats épurés, précis dans les cuissons et les harmonies de saveurs.

ArchiDona

9 r. Gémare – ✆ 02 31 85 30 30 – www.archidona.fr – Fax 02 31 85 27 80 – Fermé dim. et lundi DY**h**

Rest – (14 €) Menu 18 € (déj. en sem.), 25/46 € – Carte 25/46 €

♦ L'Archidona – nom d'un village andalou – est situé près du château. Cadre contemporain sobre et épuré, lumières tamisées au dîner, cuisine dans l'air du temps.

Villa Eugène

75 bd André-Detolle – ✆ 02 31 75 12 12 – Fax 02 31 74 43 04 – Fermé sam. midi, dim. et fériés AV**q**

Rest – (21 €) Carte 27/36 €

♦ Ce nouveau restaurant plaît grâce à son décor plutôt branché aux tons prune et sa terrasse verdoyante protégée de la rue par des arbustes. Cuisine actuelle, bon choix de vins.

Le Carlotta

16 quai Vendeuvre – ✆ 02 31 86 68 99 – www.lecarlotta.fr – Fax 02 31 38 92 31 – Fermé dim. EY**m**

Rest – Menu 23 € (sem.)/37 € – Carte 30/48 €

♦ Grande brasserie d'inspiration Art déco fréquentée pour son atmosphère animée et sa cuisine typique du genre, enrichie de plats de poissons. Véranda ouverte, l'été, sur le port.

CAEN

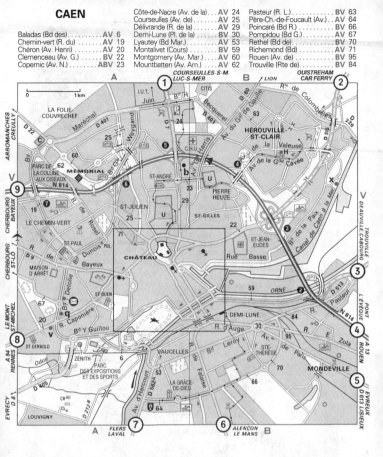

X **Café Mancel**   🛋 ⚘ AC VISA ⬤ AE

au Château – ℰ 02 31 86 63 64 – www.cafemancel.com – Fax 02 31 86 63 40
– Fermé vacances de fév., dim. soir et lundi   **DXt**
Rest – (15 €) Menu 21/31 € – Carte 24/46 €

♦ Discret car situé dans le château, le Café du musée des Beaux-Arts mérite le détour :
sobre cadre contemporain, terrasse, soirées musicales et surtout appétissante cuisine actuelle.

X **Pain et Beurre**   AC VISA ⬤

46 r. Guillaume-le-Conquérant – ℰ 02 31 86 04 57 – Fermé 1er-23 août, sam.
midi, dim. soir et lundi   **CYr**
Rest – (15 €) Menu 18 € (déj. en sem.)/30 €

♦ Près de l'église Saint-Étienne et de l'abbaye aux Hommes, cette maison sur trois niveaux a
revu son cadre d'origine dans un esprit épuré. Carte fusion à base de produits de saison.

X **Le Bouchon du Vaugueux**   VISA ⬤

12 r. Graindorge – ℰ 02 31 44 26 26
– Fermé dim. et lundi   **DYg**
Rest – *(prévenir)* (13 €) Menu 18 € (sem.)/26 € – Carte environ 30 €

♦ Sous ses airs simples, ce sympathique bistrot au style bouchon vous régale de plats
actuels, sensibles aux saisons. Sélection de vins de petits producteurs à l'ardoise.

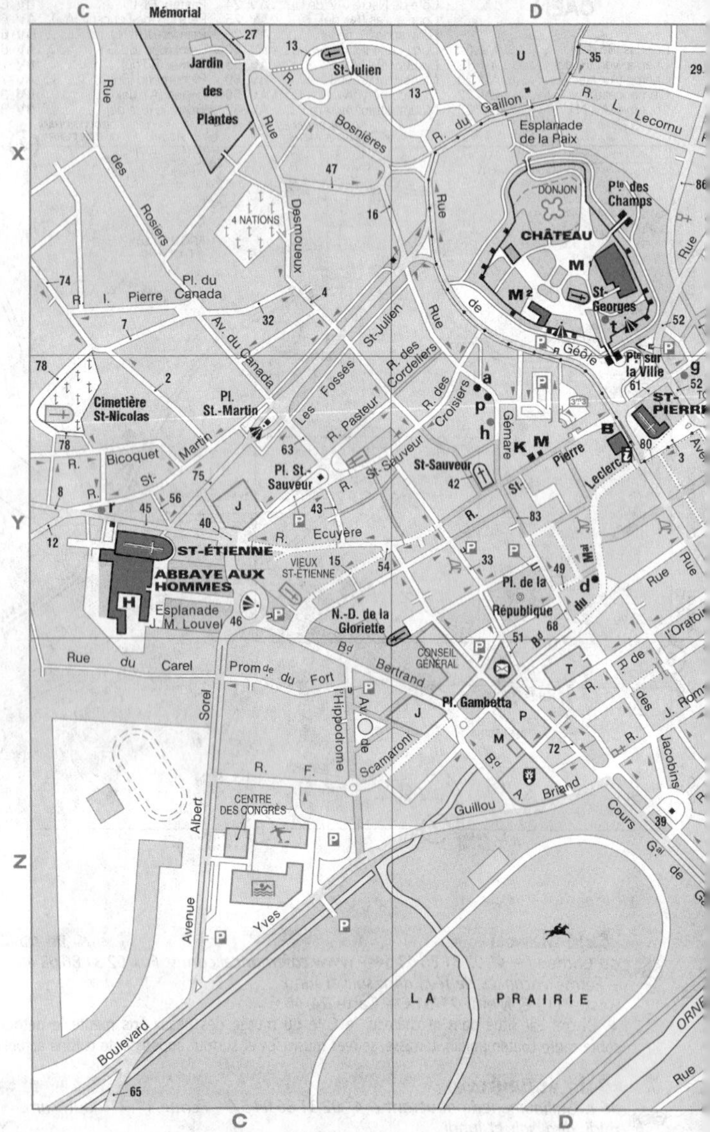

à l'échangeur Caen-Université (bretelle du bd périphérique, sortie n° 5)
– ✉ 14000 Caen

Novotel Côte de Nacre

av. de la Côte-de-Nacre – ☎ 02 31 43 42 00 – www.novotel.com – Fax 02 31 44 07 28
126 ch – 🚹77/133 € 🚹🚹77/133 €, ☕ 14 € **AVb**
Rest – (12 €) Carte 16/35 €

◆ Proche d'axes routiers importants, cet hôtel met à disposition de ses clients des chambres rénovées en majorité selon les dernières normes de la chaîne. Au restaurant, formule Novotel Café dans un cadre épuré, ouvert sur la piscine. Sympathique salon-bar.

CAEN

à Hérouville St-Clair 3 km au Nord-Est – 22 766 h. – alt. 20 m – ⊠ 14200

※※ L'Espérance ⇔ ℗ 𝘝𝘐𝘚𝘈 ⓪

512 r. Abbé-Alix, (au bord du canal) – ℰ 02 31 44 97 10
– www.restaurant-esperance.com – Fax 02 31 30 77 76
– Fermé dim. soir et lundi   BV**x**
Rest – (14 €) Menu 20 € (sem.)/34 € – Carte 40/54 €

◆ Dans ce restaurant qui jouit d'un cadre agréable (vue sur le canal reliant Caen à la mer), on sert une cuisine d'inspiration traditionnelle. Salle au décor contemporain.

à Bénouville 10 km par ② – 1 931 h. – alt. 8 m – ✉ 14970

👁 Château★ : escalier d'honneur★★ - Pegasus Bridge★.

🏠 **La Glycine**   🄰🄲 rest. ¶ 🄪 ℙ 𝚟𝚒𝚜𝚊 ⓿ 🄰🄴
11 pl. Commando-n° 4, (face à l'église) – ℰ 02 31 44 61 94 – *www.la-glycine.com*
– Fax 02 31 43 67 30 – Fermé 2 déc.-4 janv.
35 ch – ♯58 € ♯♯68 €, ⌷ 8,50 € – ½ P 68 €
Rest – *(fermé dim. soir d'oct. à avril)* Menu 20 € (sem.)/55 € – Carte 35/68 €
♦ Le fameux Pegasus Bridge disputé lors du "D Day" est proche de ces deux maisons reliées par un patio fleuri. Les chambres récentes de l'annexe sont plus modernes et épurées. Cuisine traditionnelle servie dans un cadre contemporain.

🍴🍴 **Le Manoir d'Hastings et la Pommeraie** avec ch ॐ   🚗 🏠 📞
18 av. Côte-de-Nacre, (près de l'église) – ℰ 02 31 44 62 43   ℙ 𝚟𝚒𝚜𝚊 ⓿
– www.manoirhastings.com – Fax 02 31 44 76 18
16 ch – ♯80/90 € ♯♯90/110 €, ⌷ 12 € – ½ P 80/90 €
Rest – *(20 €)* Menu 25 € (déj. en sem.), 35/48 € – Carte 69/81 €
♦ Salle à manger rustique, véranda et coquettes chambres côté prieuré (17ᵉ s.), aménagements plus fonctionnels dans le bâtiment récent. Cuisine traditionnelle. Jardin arboré.

à Fleury-sur-Orne 4 km par ⑦ – 4 039 h. – alt. 33 m – ✉ 14123

🍴🍴 **Auberge de l'Île Enchantée**   ⇐ ⇔ 𝚟𝚒𝚜𝚊 ⓿
1 r. St-André, (au bord de l'Orne) – ℰ 02 31 52 15 52
– www.aubergelileenchantee.com – Fax 02 31 72 67 17 – Fermé 4-14 août, mardi soir hors saison, merc. soir, dim. soir et lundi
Rest – *(15 €)* Menu 23/42 € – Carte 40/55 €
♦ Cet ancien bar de pêcheurs dans les années 1930 est devenu une auberge à colombages, tapissée en partie de vigne vierge. Les salles campagnardes donnent sur l'Orne. Plats actuels.

CAGNES-SUR-MER – 06 Alpes-Maritimes – 341 D6 – 48 313 h.   **42** E2
– alt. 20 m – Casino – ✉ 06800 ▯ Côte d'Azur

▶ Paris 915 – Antibes 11 – Cannes 21 – Grasse 25

🆔 Office de tourisme, 6, boulevard Maréchal Juin ℰ 04 93 20 61 64,
Fax 04 93 20 52 63

👁 Haut-de-Cagnes★ - Château-musée★ : patio★★, ❋★ de la tour - Musée Renoir.

🏨 **Domaine Cocagne** ॐ   🚗 🏠 ॐ 🄳 🄲 🄰🄲 ¶ 🄪 ℙ 𝚟𝚒𝚜𝚊 ⓿ 🄰🄴 ⓿
30 chemin du Pain de Sucre, colline de la rte de Vence, 2 km par ①, D 36 et rte secondaire – ℰ 04 92 13 57 77 – *www.domainecocagne.com*
– Fax 04 92 13 57 89
30 ch ⌷ – ♯100/280 € ♯♯100/280 € – 9 suites
Rest – *(fermé 7 déc.-11 janv.)* Menu 33 € – Carte 33/70 €
♦ Dans un cadre idyllique (fleurs, palmiers), luxueuses chambres avec balcon ou terrasse, décor contemporain épuré signé Jan des Bouvrie et expositions de peintures. Brasserie au cadre tendance servant une cuisine au goût du jour.

🏨 **Tiercé** sans rest   🖨 🄰🄲 ॐ ¶ ℙ 𝚟𝚒𝚜𝚊 ⓿ 🄰🄴 ⓿
33 bd Kennedy – ℰ 04 93 20 02 09 – *www.tiercehotel.com* – Fax 04 93 29 31 44
– Fermé nov.   BX**r**
23 ch – ♯66/90 € ♯♯72/161 €, ⌷ 10 €
♦ Situé près de la plage et de l'hippodrome, ce bâtiment des années 1960, rénové dans un style contemporain, abrite des chambres confortables (certaines avec vue sur la mer).

🏨 **Splendid** sans rest   🄰🄲 ¶ 🄪 ℙ 𝚟𝚒𝚜𝚊 ⓿ 🄰🄴 ⓿
41 bd Mar.-Juin – ℰ 04 93 22 02 00 – *www.hotel-splendid-riviera.com*
– Fax 04 93 20 12 44   BX**x**
26 ch – ♯71/120 € ♯♯87/120 €, ⌷ 9 €
♦ Cet hôtel du centre-ville dispose de chambres fonctionnelles et claires, qui donnent presque toutes sur l'arrière, profitant ainsi du calme.

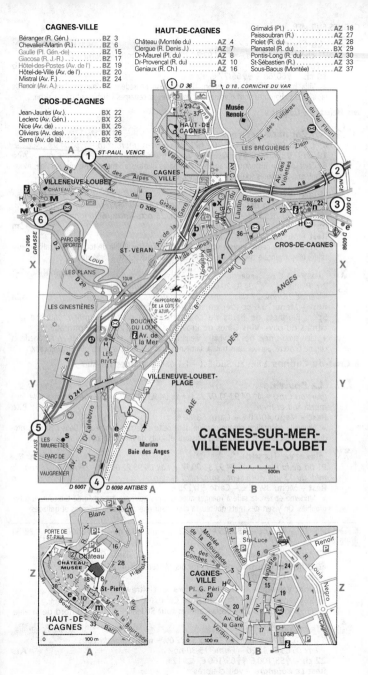

⌂ **Le Chantilly** sans rest ⟨⟨ᵗ⟩⟩ P VISA ⟨⟨ⁱ⟩⟩ AE ①
31 chemin Minoterie – ☏ *04 93 20 25 50 – www.hotel-lechantilly.fr*
– Fax 04 92 02 82 63 BX**b**
18 ch – †60/68 € ††66/77 €, � 8 €
♦ Villa balnéaire fleurie en saison. Hall et salon possèdent le charme d'une maison de
famille. Les chambres sont diversement meublées et certaines bénéficient d'un balcon.

au Haut-de-Cagnes

🏠🏠🏠 **Le Cagnard** sans rest ⟨⟨ ⟩⟩ ⟨⟨⟩ AC ⟨⟨ᵗ⟩⟩ 𝄞 P VISA ⟨⟨ⁱ⟩⟩ AE ①
45 r. Sous-Barri – ☏ *04 93 20 73 21 – www.le-cagnard.com – Fax 04 93 22 06 39*
18 ch – †85/165 € ††100/230 € – 6 suites AZ**e**
♦ Cette maison historique a accueilli des hôtes illustres : Simenon, Renoir, Soutine, Modigliani, etc. Chambres tournées vers la mer, certaines avec terrasse.

✗ **Fleur de Sel** AC VISA ⟨⟨ⁱ⟩⟩
85 montée de la Bourgade – ☏ *04 93 20 33 33 – www.restaurant-fleurdesel.com*
– Fax 04 93 20 33 33 – Fermé 10-17 juin, 25 oct.-7 nov., 6-20 janv., jeudi midi,
merc. et le midi en juil.-août AZ**m**
Rest – Menu 32/66 € – Carte 44/71 €
♦ Sympathique petite adresse voisine de l'église. Cuisine visible de tous dans la salle mi-rustique, mi-provençale décorée de cuivres et de tableaux. Carte alléchante.

✗ **Josy-Jo** (Josy Bandecchi) 🏠 AC VISA ⟨⟨ⁱ⟩⟩ AE
⟨⟨⟩⟩ *2 r. Planastel –* ☏ *04 93 20 68 76 – www.restaurant-josyjo.com*
– Fermé 18 nov.-27 déc., sam. midi et dim. AZ**a**
Rest – Menu 26 € bc (déj. en sem.)/42 € – Carte 37/81 €
Spéc. Beignets de fleurs de courgette. Selle d'agneau grillée. Mousse aux
citrons du pays. **Vins** Côtes de Provence, Vin de l'Île Saint-Honorat.
♦ Lieu simple mais très convivial : vieux murs en pierre, tableaux, objets en ferronerie et
cuisine ouverte. Service sans tralala, fameuses grillades et bons petits plats provençaux.

à Cros-de-Cagnes 2 km au Sud-Est – ⊠ 06800 Cagnes-sur-Mer

✗✗✗ **La Bourride** ⟨⟨ 🏠 AC VISA ⟨⟨ⁱ⟩⟩ AE
(port du Cros) – ☏ *04 93 31 07 75 – Fax 04 93 31 89 11 – Fermé vacances de fév.,*
mardi soir et merc. BX**e**
Rest – Menu 40/80 € – Carte 53/80 €
♦ Nouvelle décoration contemporaine dans cette salle très lumineuse. Dans l'assiette, produits du marché avec, à l'honneur, poissons et fruits de mer. Une adresse sérieuse.

✗✗ **Réserve "Loulou"** 🏠 AC VISA ⟨⟨ⁱ⟩⟩ AE
91 bd de la Plage – ☏ *04 93 31 00 17 – Fax 04 93 22 09 26 – Fermé 10-25 mai, le*
midi du 15 juil. au 6 sept., sam. midi et dim. BX**n**
Rest – Menu 39/46 € – Carte 51/125 €
♦ Moderne et zen, la salle à manger avec cuisines ouvertes est ornée de tableaux et lithographies. On y sert des mets goûteux à choisir sur une carte axée poissons et grillades.

CAHORS P – **46** Lot – **337** E5 – 20 062 h. – alt. 135 m – ⊠ 46000 **28** B1
▌Périgord Quercy

🄳 Paris 575 – Agen 85 – Albi 110 – Brive-la-Gaillarde 98
🄸 Office de tourisme, place François Mitterrand ☏ 05 65 53 20 65,
Fax 05 65 53 20 74
🄾 Pont Valentré★★ - Portail Nord★★ et cloître★ de la cathédrale
St-Etienne★ BY **E** - ⟨⟨★ du pont Cabessut - Croix de Magne ⟨★
O : 5 km par D 27 - Barbacane et tour St-Jean★ - ⟨★ du nord de la ville.

🏠🏠🏠 **Terminus** ⟨⟨⟩ AC ⟨⟨ᵗ⟩⟩ 𝄞 P VISA ⟨⟨ⁱ⟩⟩ AE ①
5 av. Ch.-de-Freycinet – ☏ *05 65 53 32 00 – www.balandre.com*
– Fax 05 65 53 32 26 – Fermé 15-30 nov. AY**s**
22 ch – †55/100 € ††65/160 €, ⊻ 12 €
Rest *Le Balandre* – voir ci-après
♦ C'est au Terminus que tout le monde descend ! Cette demeure bourgeoise des années
1910 bénéficie de grandes chambres nettes et insonorisées et d'un salon-bar Art déco.

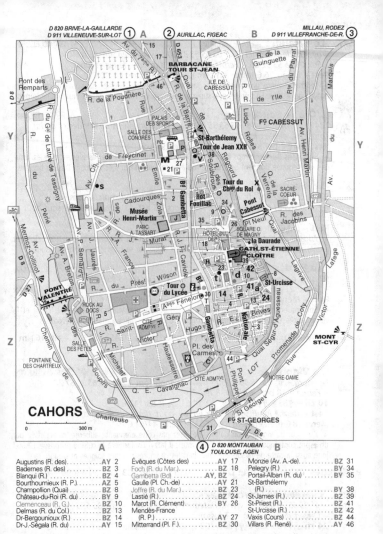

AV. du 7eme R.I.

BARBACANE
TOUR ST-JEAN

ILE DE
CABESSUT

R. de la
Guinguette

R. du Payrat

Pont des
Remparts

R. de la Poudrière

Quai de la Barre

R. de l'Ile

Marquis

PALAIS
DES
SPORTS

SALLE
DES
CONGRÈS

F° CABESSUT

Av. H. Martin

de Freycinet

St-Barthélemy
Tour de Jean XXII

M 27

R. des Soubirous

Tour du
Ch. du Roi

SACRÉ-
COEUR

Musée
Henri-Martin

Îlot
Fouillac

Pont
Cabessut

R. des
Jacobins

PARC
A. TASSART

HÔTEL-DU-
DEPT.
SQUARE O.
DE MAGNY

Pl. Neuf

la Daurade

CATH.ST-ÉTIENNE
CLOÎTRE

Tour O
du Lycée

St-Urcisse

PONT
VALENTRÉ

ROCK AU
DOCS

A° Fénelon

CITÉ
ADMVE

MONT
ST-CYR

SALLE
DES FÊTES

Pl. des
Carmes

CITÉ ADMTIVE

Q. E. Cavaignac

NOTRE-DAME

FONTAINE
DES CHARTREUX

F° ST-GEORGES

CAHORS

0   300 m

🏠 **Jean XXII** sans rest   ✗ 📶 VISA ⓘⓒ AE

2 r. E. Albe – 𝒞 *05 65 35 07 66 – www.hotel-jeanxxii.com – Fax 05 65 53 92 38
– Fermé dim. d'oct. à mai*   BYv
9 ch – 🛏50/58 € 🛏🛏58/74 €, ⮽ 7 €

♦ Voici un point de chute pratique et calme, au pied de la tour Jean XXII. Les murs de ce
palais, édifié par la famille du pontife, abritent des chambres peu à peu refaites.

🏠 **De la Paix** sans rest   ♿ 📶 VISA ⓘⓒ AE

30 pl. St-Maurice – 𝒞 *05 65 35 03 40 – www.hoteldelapaix-cahors.com
– Fax 05 65 35 40 88*   BZt
21 ch ⮽ – 🛏48 € 🛏🛏54 €

♦ Ce petit hôtel central a retrouvé ses couleurs après une rénovation complète. Chambres
tranquilles, simples et fonctionnelles. Les plus lumineuses se situent côté halles.

XXX **Le Balandre** – Hôtel Terminus   🅰🅲 🆅🅸🆂🅰 ⓒⓞ 🅰🅴 ⓘ

5 av. Ch.-de-Freycinet – ℰ 05 65 53 32 00 – www.balandre.com
– Fax 05 65 53 32 26 – Fermé 15-30 nov., dim. sauf fériés et lundi   AYs
Rest – Menu 36 € (dîner en sem.), 60/80 € – Carte 60/70 € 🕸

♦ Le chef invente une cuisine aux saveurs actuelles, à déguster dans une élégante salle égayée de vitraux. En prime : une superbe sélection de vins et un menu plus simple le midi.

XX **L'Ô à la Bouche**   🈺 🅰🅲 🆅🅸🆂🅰 ⓒⓞ

134 r. Ste-Urcisse – ℰ 05 65 35 65 69 – Fermé vacances de Pâques et de la Toussaint, dim. et lundi   BZa
Rest – (19 € bc) Menu 27/40 € – Carte 29/40 €

♦ Plats dans l'air du temps pour le bonheur des gourmands ! Vieilles pierres, briques, poutres et cheminée donnent un charme fou à ce restaurant qui met vraiment l'Ô à la bouche.

XX **Le Marché**   🈺 🅰🅲 🆅🅸🆂🅰 ⓒⓞ 🅰🅴

27 pl. Chapou – ℰ 05 65 35 27 27 – www.restaurantlemarche.com
– Fax 05 65 21 09 98 – Fermé 21-28 mars, 25 oct.-11 nov., lundi soir sauf août et dim.   BZd
Rest – (14 €) Menu 30 €

♦ Adresse mode tant par son cadre – une salle tout en longueur (banquettes beiges et prune), un mur lumineux, un autre en ardoise – que par sa cuisine tendance et inspirée.

X **Au Fil des Douceurs**   ⇐ 🈺 🅰🅲 🆅🅸🆂🅰 ⓒⓞ

90 quai de la Verrerie – ℰ 05 65 22 13 04 – Fax 05 65 35 61 09
– Fermé 21 juin-5 juil., 2-18 janv., dim. et lundi   BYx
Rest – Menu 14 € (déj. en sem.), 24/50 € – Carte 28/80 €

♦ Embarquement immédiat sur ce bateau qui offre une vue imprenable sur le Lot et le vieux Cahors. Cuisine traditionnelle proposée dans deux salles à manger superposées.

à Caillac 13 km par ① , rte de Villeneuve-sur-Lot et D145 – 563 h. – alt. 161 m – ✉ 46140

XX **Le Vinois** avec ch   🈺 🍳 ♿ ch, 🆅🅸🆂🅰 ⓒⓞ

Le bourg – ℰ 05 65 30 53 60 – www.levinois.com – Fax 05 65 21 67 27
– Fermé 4-18 oct., 11 janv.-8 fév.
10 ch – ♦83 € ♦♦89/150 €, ⚏ 14 € – ½ P 83/112 €
Rest – (fermé lundi sauf le soir en juil.-août, dim. soir et mardi midi) (15 €) Menu 18 € (déj. en sem.), 35/56 € – Carte 44/61 €

♦ Au cœur du vignoble de Cahors, ne ratez pas cette étonnante auberge, caractérisée par un esprit contemporain et épuré (fond musical jazzy) conforme à la cuisine proposée. L'hôtel joue aussi la carte de la sobriété chic dans les chambres : détails soignés et design.

à Mercuès 10 km par ① et D 811 – 1 056 h. – alt. 133 m – ✉ 46090

🏨 **Château de Mercuès** ⚜   ⇐ 🍸 🈺 🍳 🍽 🛗 ♨ 🅿 🆅🅸🆂🅰 ⓒⓞ 🅰🅴 ⓘ

– ℰ 05 65 20 00 01 – www.chateaudemercues.com – Fax 05 65 20 05 72
– Ouvert de Pâques à la Toussaint
24 ch – ♦180/380 € ♦♦200/400 €, ⚏ 24 € – 6 suites – ½ P 185/285 €
Rest – (fermé mardi midi, merc. midi, jeudi midi et lundi) Menu 65/120 €
– Carte 84/125 €
Spéc. Lobe de foie gras de canard confit. Tronçon de turbot aux truffes. Ravioles ananas-passion, cigare croustillant noix de coco et sorbet mangue. **Vins** Cahors.

♦ Le designer François Champsaur a insufflé un style contemporain à ce château historique (13e s.), dont les points forts sont les majestueuses chambres et le beau panorama sur la vallée du Lot. Le chef concocte une cuisine inventive, au diapason du décor "griffé".

⌂ **Le Mas Azemar** ⚜   🍴 🈺 🍳 ⁽¹⁾ 🅿

r. du Mas-de-Vinssou – ℰ 05 65 30 96 85 – www.masazemar.com
– Fax 05 65 30 53 82
5 ch ⚏ – ♦97 € ♦♦109 €   **Table d'hôte** – Menu 34 € bc/42 € bc

♦ Cette maison de maître du 18e s., ex-dépendance du château de Mercuès, possède de confortables chambres au mobilier de style. Cuisine traditionnelle familiale dans un intérieur vaste, chaleureux et rustique (poutres, murs en pierre, cheminée, grande table d'hôtes).

rte de Brive par ① et D 820 – ⊠ 46000 Cahors

XX **La Garenne** 🚗 🍴 **P** VISA ☎

😊 *St-Henri, à 7 km –* ℰ *05 65 35 40 67 – Fax 05 65 35 40 67*
– Fermé 1ᵉʳ fév.-15 mars, lundi soir, mardi soir et merc.
😊 **Rest** – Menu 19 € (déj. en sem.), 28/51 € – Carte 35/70 €
♦ On se croirait dans l'écurie d'une ferme ancienne ! La cuisine répond à cette atmosphère
d'antan à travers des recettes tantôt classiques, tantôt mâtinées de touches régionales.

à Lamagdelaine 7 km par ② – 762 h. – alt. 122 m – ⊠ 46090

XXX **Claude et Richard Marco** avec ch 🌿 🚗 🍴 ⠿ ⅃ ⅍ ch. 🕅 ⁽ᵗ⁾ **P**

🕸 *chemin des Ecoles –* ℰ *05 65 35 30 64* VISA ☎ AE
– www.restaurantmarco.com – Fax 05 65 30 31 40
– Fermé 11-21 oct., 3 janv.-4 mars, dim. soir du 15 sept. au 15 juin, lundi sauf le
soir du 15 juin au 15 sept. et mardi midi
5 ch – ♦110/145 € ♦♦110/145 €, � 12 €
Rest – Menu 30 € (sem.)/78 € – Carte 52/102 €
Spéc. Foie gras de canard à la braise, fond d'artichaut, poêlée de cèpes, jus
de truffe crémé. Suprême de colvert en habit de poireaux, fourré à la datte
et foie gras. Déclinaison "tout chocolat". **Vins** Cahors.
♦ Canard et produits du terroir forment les bases de la cuisine actuelle qu'on savoure ici,
dans une belle salle voûtée (auparavant cave à vins) ou en terrasse. Chambres soignées.

CAHUZAC-SUR-VÈRE – 81 Tarn – 338 D7 – 1 023 h. – alt. 240 m   29 C2
– ⊠ 81140

▶ Paris 655 – Albi 28 – Gaillac 11 – Montauban 60
ℹ Syndicat d'initiative, Mairie ℰ 05 63 33 68 91, Fax 05 63 33 68 92

🏨 **Château de Salettes** 🌿 ← 🚗 🍴 ⅃ ⅍ 🕅 ♨ **P** VISA ☎ AE ①

🕸 *3 km au Sud par D 922 –* ℰ *05 63 33 60 60 – www.chateaudesalettes.com*
– Fax 05 63 33 60 61 – Fermé 2 au 20 janv.
18 ch – ♦131/330 € ♦♦131/330 €, � 18 € – ½ P 126/209 €
Rest – *(fermé dim. soir, lundi, mardi et merc. d'oct. à avril, mardi midi et lundi
en mai-juin et sept.)* (25 € bc) Menu 37 € (sem.)/90 € – Carte environ 77 €
Spéc. Grillade de foie gras. Pigeon du Mont Royal au miel et cinq
saveurs. Croûte de dragées garnie chocolat. **Vins** Gaillac.
♦ Au cœur des vignes, château du 13ᵉ s. entièrement rebâti. Belle décoration contemporaine
et mobilier design, chambres spacieuses. La salle à manger au cadre épuré offre un bel écrin
pour l'intéressante cuisine du chef. Dégustations des vins de la propriété.

XX **La Falaise** (Guillaume Salvan) 🍴 ⅌ **P** VISA ☎

🕸 *rte de Cordes –* ℰ *05 63 33 96 31 – www.lafalaiserestaurant.com – Fermé dim.
soir, mardi midi et lundi*
Rest – (19 €) Menu 30/56 € – Carte 53/67 €
Spéc. Foie gras cru sur carpaccio de magret. Filet d'alose rôti en petite soupe
d'alliaire, légumes sautés à cru. Fraises gariguettes en coque de pain d'épice,
sorbet sureau et fleur d'acacia en tempura. **Vins** Gaillac.
♦ À la sortie du village, une petite maison où le chef signe une séduisante cuisine riche en
saveurs. Joli choix de vins du vignoble voisin de Gaillac. En été, terrasse dressée sous les saules.

à Donnazac 5 km au Nord-Est par D 922 et rte secondaire – 92 h. – alt. 291 m
– ⊠ 81170

🏠 **Les Vents Bleus** sans rest 🌿 🚗 ⅃ ⁽ᵗ⁾ **P**

rte de Caussade – ℰ *05 63 56 86 11 – www.lesventsbleus.com*
– Fax 05 63 56 86 11 – Ouvert 1ᵉʳ avril-31 oct.
5 ch � – ♦90/130 € ♦♦90/150 €
♦ Au cœur du vignoble de Gaillac, paisible demeure en pierre blanche (1844), flanquée d'un
pigeonnier. Chambres raffinées et personnalisées dans l'ancien chai. Terrasse-patio.

CAILLAC – 46 Lot – 337 E5 – rattaché à Cahors

CAIRANNE – 84 Vaucluse – **332** C8 – 871 h. – alt. 136 m – ⊠ 84290   **40** A2

> ▶ Paris 650 – Avignon 43 – Bollène 47 – Montélimar 51
> 🛈 Office de tourisme, Avenue du Général de Gaulle ☎ 04 90 30 76 53

🏠 **Auberge Castel Miréïo**   🕭 ⛲ ᴦ ᶜʰ ⏃ ⅄ 🅿 𝑽𝑺𝑨 ⦿
⊕ rte de Carpentras par D 8 – ☎ 04 90 30 82 20 – www.castelmireio.fr
– Fax 04 90 30 78 39 – Fermé 31 déc.-14 fév.
8 ch – †63/68 € ††64/70 €, ⊃ 8 € – 1 suite – ½ P 60/65 €
Rest – *(fermé merc. soir, dim. soir de sept. à juin, mardi midi, jeudi midi, sam. midi en juil.-août et lundi midi)* Menu 19 € (déj. en sem.), 24/29 €
– Carte 26/39 €
◆ La demeure familiale (19ᵉ s.) a été agrandie d'une annexe pour y installer les chambres. Celles-ci, simples et égayées de tissus provençaux, portent des noms de cépages. Salle à manger rustique, fière de son carrelage centenaire, terrasse et plats du terroir.

✕ **Le Tourne au Verre**   🕭 ᴦ 🅰ᴄ 𝑽𝑺𝑨 ⦿ 𝐀𝐄
⊕ rte de Ste-Cécile – ☎ 04 90 30 72 18 – www.letourneauverre.com
– Fax 04 90 12 71 75 – Fermé dim. soir et mardi d'oct. à avril et merc.
Rest – Menu 14 € (déj. en sem.)/23 €
◆ Maison traditionnelle (1800) et sa belle terrasse ombragée par de vieux platanes. Bar, salle contemporaine (grande cave à vins vitrée), plats régionaux proposés à l'ardoise.

CAJARC – 46 Lot – **337** H5 – 1 088 h. – alt. 160 m – ⊠ 46160   **29** C1
▌ Périgord Quercy

> ▶ Paris 586 – Cahors 52 – Figeac 25 – Rocamadour 59
> 🛈 Office de tourisme, La Chapelle ☎ 05 65 40 72 89, Fax 05 65 40 39 05

🏠 **La Ségalière** ⌂   🚗 🕭 ⏃ ᴦ ⌀ 🅿 𝑽𝑺𝑨 ⦿ 𝐀𝐄 ⓪
380 av. François Mitterrand, (rte de Capdenac) – ☎ 05 65 40 65 35
– www.lasegaliere.com – Fax 05 65 40 74 92 – Ouvert 15 mars-31 oct.
25 ch – †50/80 € ††65/95 €, ⊃ 10 € – ½ P 66/81 €
Rest – *(fermé le midi sauf dim. et fériés)* Menu 23/34 €
◆ Adresse détente dans ce village qui vit naître Françoise Sagan. Cet hôtel moderne recèle de bien agréables chambres dotées de balcons. Les plus : la grande piscine et le jardin. La carte du restaurant allie tradition et créativité. Terrasse aux beaux jours.

CALACUCCIA – 2B Haute-Corse – **345** D5 – **voir à Corse**

CALAIS ⬙ – 62 Pas-de-Calais – **301** E2 – 74 888 h. –   **30** A1
Agglo. 104 852 h. – alt. 5 m – Casino CX – ⊠ 62100 ▌ Nord Pas-de-Calais Picardie

> ▶ Paris 290 – Boulogne-sur-Mer 35 – Dunkerque 46 – St-Omer 43
> **Tunnel sous la Manche** : Terminal de Coquelles AU, renseignements **"Le Shuttle"** ☎ 03 21 00 61 00.
> 🖳 ☎ 3635 et tapez 42 (0,34 €/mn)
> 🛈 Office de tourisme, 12, boulevard Clemenceau ☎ 03 21 96 62 40, Fax 03 21 96 01 92
> 🎦 Monument des Bourgeois de Calais (Rodin)★★ - Phare ✳★★ DX - Musée des Beaux-Arts et de la Dentelle★ CX **M²**.
> 🆚 Cap Blanc Nez★★ : 13 km par④.

Plans pages suivantes

🏬 **Meurice**   🖥 ᴦ 🕭 𝑽𝑺𝑨 ⦿ 𝐀𝐄 ⓪
5 r. E.-Roche – ☎ 03 21 34 57 03 – www.hotel-meurice.fr – Fax 03 21 96 28 12
41 ch – †85/150 € ††85/150 €, ⊃ 12 € – ½ P 68/97 €   **CXv**
Rest – *(fermé sam. midi)* (12 €) Menu 20/50 € – Carte 30/46 €
◆ Hôtel de tradition avec son vaste hall à l'atmosphère vieille France et ses grandes chambres au charme délicieusement désuet ; décor actuel dans une aile plus récente. Poutres, boiseries sculptées et meubles de style composent le cadre cossu du restaurant.

Holiday Inn ch, rest,

bd des Alliés – ✆ 03 21 34 69 69 – www.holidayinn.fr/calais-nord
– Fax 03 21 97 09 15 CX**a**

63 ch – †99/136 € ††114/151 €, ☕ 14 €

Rest – *(fermé sam. midi, dim. midi et fériés midi)* (9 €) Menu 17 € bc/35 € bc – Carte 24/35 €

◆ Agréablement située face au port de plaisance, bâtisse imposante disposant de chambres amples et confortables ; vue sur la mer pour la moitié d'entre elles. Décor actuel au restaurant dont les baies vitrées s'ouvrent sur les mâts des voiliers. Cuisine traditionnelle.

Métropol sans rest

43 quai du Rhin – ✆ 03 21 97 54 00 – www.metropolhotel.com
– Fax 03 21 96 69 70 – Fermé 18 déc.-8 janv. CY**h**

40 ch – †50 € ††69 €, ☕ 11 € – 1 suite

◆ Façade ancienne en briques rouges. Les chambres, pratiques et insonorisées, sont parfois rehaussées de notes décoratives anglaises, tout comme le salon-bar à l'esprit british.

Mercure Centre sans rest

36 r. Royale – ✆ 03 21 97 68 00 – www.mercure.com – Fax 03 21 97 34 73

41 ch – †75/125 € ††89/135 €, ☕ 14 € CX**d**

◆ Cet hôtel qui borde une artère commerçante, près du casino, arbore le nouveau concept de la chaîne : chambres contemporaines, camaïeu de gris-marron, mobilier en alu brossé.

CALAIS

Bossuet (R.) . . . . . **BT** 9
Cambronne (R.) . . . . . **AU** 12
Chateaubriand (R.) . . . . . **BT** 15
Égalité (Bd de l') . . . . . **BT** 18
Einstein (Bd) . . . . . **AU** 19
La-Fayette (Bd) . . . . . **AT** 39
Fontinettes (R. des) . . . . . **ATU** 25
Four-à-Chaux (R. du) . . . . . **AU** 27
Gambetta (Bd Léon) . . . . . **AT** 28
Gaulle (Bd du Gén.-de) . . . . . **AT** 30
Hoche (R.) . . . . . **ATU** 33
Jacquard (Bd) . . . . . **AT** 34
Lattre-de-Tassigny (R. Mar.-de) . . . . . **AT** 40
Lheureux (Quai L.) . . . . . **BU** 41
Maubeuge (R. de) . . . . . **BT** 43
Phalsbourg (R. de) . . . . . **BT** 51
Prairies (R. des) . . . . . **AU** 52
Ragueneau (R. de) . . . . . **BTU** 57
Valenciennes (R. de) . . . . . **AU** 69
Verdun (R. de) . . . . . **AT** 73

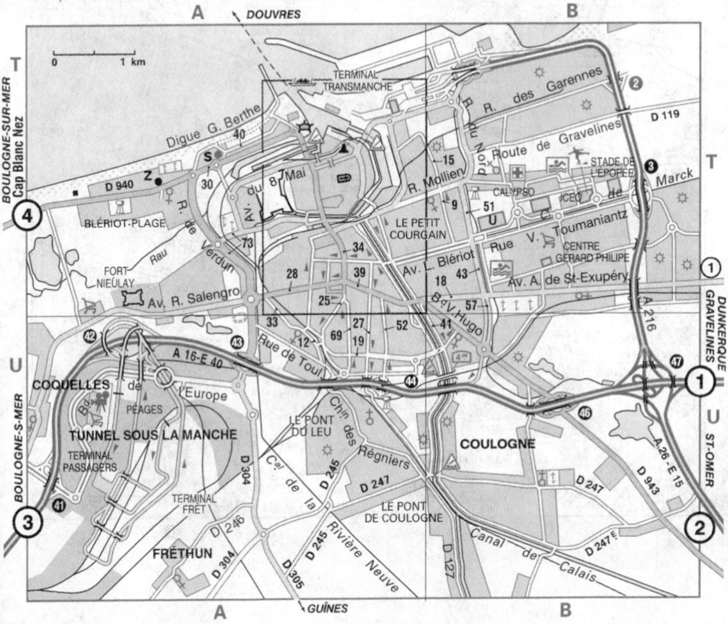

CALAIS

XX **Aquar'aile** ◁ 📶 🆅🅸🆂🅰 ⓒ⑩

255 r. J.-Moulin, (4ᵉ étage) – ℰ 03 21 34 00 00 – www.aquaraile.com
– Fax 03 21 34 15 00 – Fermé dim. soir ATs
Rest – (23 €) Menu 30/45 € – Carte 39/81 €

♦ L'atout majeur de cet agréable restaurant marin, situé au 4ᵉ étage d'un immeuble ? Son panorama unique sur la Manche, la mer du Nord et les côtes anglaises, visibles à l'horizon.

XX **Au Côte d'Argent** ◁ 🍃 ⇕ 🆅🅸🆂🅰 ⓒ 🅰🅴 ⑩

1 digue G.-Berthe – ℰ 03 21 34 68 07 – www.cotedargent.com
– Fax 03 21 96 42 10 – Fermé 17 août-7 sept., merc. soir de sept. à mars, dim. soir
et lundi CXf
Rest – Menu 18 € (sem.), 25/40 € – Carte 42/56 €

♦ Embarquement immédiat pour un voyage gourmand riche en saveurs iodées dans un joli cadre inspiré des cabines de bateau, tout en observant le ballet des ferry-boats.

XX **Channel** 📶 🆅🅸🆂🅰 ⓒ 🅰🅴

3 bd de la Résistance – ℰ 03 21 34 42 30 – www.restaurant-lechannel.com
– Fax 03 21 97 42 43 – Fermé 1ᵉʳ-8 janv., dim. soir et mardi CXe
Rest – Menu 19/52 € – Carte 42/95 € 🦪

♦ Élégant décor contemporain, produits de la mer de premier choix et attrayante carte des vins (cave ouverte sur la salle) : une plaisante escale avant la traversée du "channel".

X **Histoire Ancienne** 📶 🆅🅸🆂🅰 ⓒ 🅰🅴

20 r. Royale – ℰ 03 21 34 11 20 – www.histoire-ancienne.com
– Fax 03 21 96 19 58 – Fermé 1ᵉʳ-15 août, lundi soir et dim. CXx
Rest – (13 €) Menu 19/36 € – Carte 27/45 €

♦ Sympathique restaurant qui préserve ses airs d'authentique bistrot rétro : banquettes, chaises en bois, vieux zinc. Dans l'assiette, grillades, plats de tradition et du terroir.

X **Le Grand Bleu** 🍴 🆅🅸🆂🅰 ⓒ

quai de la Colonne – ℰ 03 21 97 97 98 – www.legrandbleu-calais.com
– Fax 03 21 82 53 03 – Fermé 29 juin-16 sept., 15 fév.-3 mars, mardi soir et merc.
Rest – (16 €) Menu 19 € (sem.)/45 € – Carte 29/45 € CXn

♦ L'enseigne annonce la couleur : cette table du port célèbre la mer sous toutes ses formes, tant dans son décor que dans sa cuisine actuelle qui privilégie les saveurs iodées.

à Coquelles 6 km a l'Ouest par av. R. Salengro AT – 2 332 h. – alt. 5 m
– ⊠ 62231

🏨 **Holiday Inn** ⑤ 🍴 📺 🛋 ⅙ ch, 📶 📶 🈂 🅿 🆅🅸🆂🅰 ⓒ 🅰🅴 ⑩

av. Charles de Gaulle – ℰ 03 21 46 60 60 – www.holidayinncoquelles.com
– Fax 03 21 85 76 76
118 ch – †105/125 € ††125/145 €, ☑ 15 €
Rest – (15 €) Menu 27 € – Carte 23/50 €

♦ Ce complexe moderne situé à 3 km de l'Eurostar (gare de Calais-Fréthun) propose des chambres de bon confort. Sauna, hammam, piscine intérieure, club de gym et de squash. Mobilier épuré dans la salle à manger, récemment revue dans un esprit actuel.

🏨 **Suitehotel** sans rest 🛋 🖥 ⅙ 📶 📶 🅿 🆅🅸🆂🅰 ⓒ 🅰🅴 ⑩

pl. de Cantorbery – ℰ 03 21 19 50 00 – www.suitehotel.com – Fax 03 21 19 50 05
100 ch – †95/120 € ††95/120 €, ☑ 12 €

♦ Votre suite ? Pas moins de 30 m² comprenant espace à vivre (bureau et salon), chambre cloisonnable et salle de bains bien équipée (douche et baignoire).

à Blériot-Plage AT – ⊠62231 Sangatte

🚩 Office de tourisme, route nationale ℰ 03 21 34 97 98, Fax 03 21 97 75 13

🏠 **Les Dunes** ⅙ rest, 📶 🅿 🅿 🆅🅸🆂🅰 ⓒ 🅰🅴 ⑩

48 rte Nationale – ℰ 03 21 34 54 30 – www.les-dunes.com – Fax 03 21 97 17 63
9 ch – †62/69 € ††62/69 €, ☑ 9 € ATz
Rest – (fermé dim. soir sauf fériés et lundi de début sept. à mi-juil.) (14 €) bc)
Menu 18/40 € – Carte 33/65 €

♦ Dans la commune qui vit s'envoler Louis Blériot le 25 juillet 1909 pour une glorieuse traversée de la Manche. Chambres bien tenues, simples et pratiques ; petits balcons. Spacieux restaurant joliment aménagé. Cuisine de la mer, gibier en saison.

CALALONGA (PLAGE DE) – 2A Corse-du-Sud – **345** E11 – **voir à Corse**
(Bonifacio)

CALA-ROSSA – 2A Corse-du-Sud – **345** F10 – **voir à Corse** (Porto-Vecchio)

CALÈS – 46 Lot – **337** F3 – 125 h. – alt. 273 m – ⊠ 46350   **29** C1
> ▶ Paris 528 – Sarlat-la-Canéda 42 – Cahors 52 – Gourdon 21

🏠　　**Le Petit Relais** ⌖　　　　　　　　　　　⌂ 🍽 ᶘ ch, 𝚟𝚒𝚜𝚊 ⓒⓞ 𝖠𝖤
au bourg – ℰ 05 65 37 96 09 – www.hotel-petitrelais.fr – Fax 05 65 37 95 93
– Fermé 18-28 déc. et 10 fév.-2 mars
13 ch – †45/50 € ††55/60 €, ⊇ 8,50 € – ½ P 58/65 €
Rest – *(fermé dim. soir et mardi d'oct. à mai)* (13 €) Menu 20/38 €
– Carte 28/43 €
◆ Depuis trois générations, la même famille vous accueille dans cette vieille maison quercynoise, au cœur d'un pittoresque village. Chambres bien rénovées et insonorisées. Restaurant
rustique (poutres, cheminée, cuivres), terrasse ombragée et plats du terroir.

CALLAS – 83 Var – **340** O4 – 1 713 h. – alt. 398 m – ⊠ 83830   **41** C3
▌Côte d'Azur
> ▶ Paris 872 – Castellane 51 – Draguignan 14
> 🛈 Office de tourisme, place du 18 juin 1940 ℰ 04 94 39 06 77,
> Fax 04 94 39 06 79

rte de Muy 7 km au Sud-Est par D 25 – ⊠ 83830 Callas

🏨　　**Hostellerie Les Gorges de Pennafort** 　　≤ ☞ 🍽 ᶘ ᶅ ♨ ⅏ ᵴ
⌘　　*D 25 – ℰ 04 94 76 66 51*　　　　　　　　　　　　　　🅿 𝚟𝚒𝚜𝚊 ⓒⓞ 𝖠𝖤 ⓞ
　　　– www.hostellerie-pennafort.com – Fax 04 94 76 67 23
　　　– Fermé de mi-janv. à mi-mars
16 ch – †135/150 € ††185/380 €, ⊇ 19 € – 4 suites – ½ P 165/195 €
Rest – *(fermé dim. soir sauf juil.-août, lundi sauf le soir en juil.-août et merc.*
midi) (49 €) Menu 60/140 € – Carte 100/130 €🍷
Spéc. Raviolis de foie gras et parmesan. Carré d'agneau rôti au jus truffé.
Baguette chocolat. **Vins** Coteaux Varois en Provence, Côtes de Provence.
◆ Harmonie de couleurs et de matières où tout a été pensé pour créer une atmosphère raf-
finée. Le soir, jeux de lumières sur les falaises rouges des gorges. Salle à manger au style
contemporain d'inspiration Art déco ; cuisine savoureuse et bonne cave.

CALVI – 2B Haute-Corse – **345** B4 – **voir à Corse**

CALVINET – 15 Cantal – **330** C6 – 462 h. – alt. 600 m – ⊠ 15340   **5** A3
> ▶ Paris 576 – Aurillac 34 – Entraygues-sur-Truyère 32 – Figeac 40

✕✕　　**Beauséjour** (Louis-Bernard Puech) avec ch　　　　ᵗᵛ 🅿 𝚟𝚒𝚜𝚊 ⓒⓞ 𝖠𝖤 ⓞ
⌘　　*– ℰ 04 71 49 91 68 – www.cantal-restaurant-puech.com – Fax 04 71 49 98 63*
🍽　　*– Fermé 21-25 juin, 4 janv.-12 fév., dim. soir d'oct. à mai, lundi sauf le soir*
　　　en juil.-août, mardi sauf le soir de mars à sept. et merc. sauf le soir de juin
　　　à sept.
10 ch – †65/75 € ††65/100 €, ⊇ 10 € – ½ P 68/90 €
Rest – *(nombre de couverts limité, prévenir)* (20 €) Menu 28/60 €🍷
Spéc. Œuf "pot gourmand". Travers de cochon farci aux herbes, gratin de
macaronis au cantal. Jésuite aux fruits gratiné à la gentiane (juin à sept.).
Vins Saint-Pourçain blanc, Marcillac.
◆ Maison de pays où l'on s'attache à faire découvrir les saveurs d'une cuisine contemporaine
ancrée dans le terroir. Vins régionaux à prix doux. Chambres modernes pour l'étape.

CAMARET-SUR-MER – 29 Finistère – **308** D5 – 2 624 h. – alt. 4 m   **9** A2
– ⊠ 29570 ▌Bretagne
> ▶ Paris 597 – Brest 4 – Châteaulin 45 – Crozon 11
> 🛈 Office de tourisme, 15, quai Kleber ℰ 02 98 27 93 60, Fax 02 98 27 87 22
> ◐ Pointe de Penhir★★★ SO : 3,5 km.

De France ⟨ 🖛 🕾 📠 AC rest. ¶¹ VISA ⑳ AE

quai G.-Toudouze – ℰ 02 98 27 93 06 – www.hotel-thalassa.com
– Fax 02 98 27 88 14 – Ouvert 1ᵉʳ mars-15 déc.
20 ch – ♦54/97 € ♦♦54/97 €, ⌓ 9 € – ½ P 55/77 €
Rest – *(ouvert de Pâques au 1ᵉʳ nov.)* (15 €) Menu 20/46 € – Carte 32/63 €
♦ Chambres d'inspiration marine, bien tenues et insonorisées ; la moitié regarde les bateaux, les autres sont plus petites mais plus calmes. Spécialités de fruits de mer au restaurant.

Bellevue 🛏🛏 🦢 ⟨ ⌷ P VISA ⑳ AE

– ℰ 02 98 17 12 50 – Fax 02 98 27 88 14 – Fermé 15 janv.-15 fév.
15 ch – ♦65/85 € ♦♦65/140 € – ½ P 60/85 €
♦ Vue panoramique sur le port et tranquillité assurée dans les studios fonctionnels de l'annexe, équipés de cuisinettes.

Vauban sans rest ⟨ 🗗 🎖 🏰 P VISA ⑳

4 quai du Styvel – ℰ 02 98 27 91 36 – Fax 02 98 27 96 34 – Fermé déc. et janv.
16 ch – ♦41/51 € ♦♦41/51 €, ⌓ 6,50 €
♦ Les navigateurs ne s'y trompent pas en faisant escale ici : l'hôtel est plutôt modeste, mais ses prix sages et son chaleureux accueil justifient qu'on change de cap !

LA CAMBE – 14 Calvados – 303 F3 – 609 h. – alt. 25 m – ⌧ 14230   32 B2

▶ Paris 289 – Bayeux 26 – Caen 56 – Saint-Lô 31

Ferme Savigny sans rest 🦢 🗗 ¶¹ P

2,5 km par D 613 et D113 – ℰ 02 31 21 12 33 – perso.wanadoo.fr/ferme-savigny/
4 ch ⌓ – ♦36 € ♦♦44 €
♦ Un corps de ferme (16ᵉ - 17ᵉ s.) avec un bel escalier en pierre desservant des chambres simples, d'esprit rustique. Petit-déjeuner maison servi, l'été, dans un délicieux jardin.

CAMBO-LES-BAINS – 64 Pyrénées-Atlantiques – 342 D4 – 5 671 h.   3 A3
– alt. 67 m – Stat. therm. : début mars-mi déc. – ⌧ 64250 ▯ Pays Basque et Navarre

▶ Paris 783 – Biarritz 21 – Pau 115

🖬 Syndicat d'initiative, avenue de la Mairie ℰ 05 59 29 70 25, Fax 05 59 29 90 77

🖼 Epherra à Souraïde Urloko Bidea, O : 13 km par D 918, ℰ 05 59 93 84 06

👁 Villa Arnaga★★.

Ursula sans rest 🗗 📠 ¶¹ P VISA ⑳

quartier Bas-Cambo, 2 km au Nord – ℰ 05 59 29 88 88 – www.hotel-ursula.fr
– Fax 05 59 29 22 15 – Fermé 20 déc.-10 janv.
15 ch – ♦50/54 € ♦♦50/54 €, ⌓ 10 €
♦ Ce petit hôtel familial et convivial, situé dans le pittoresque quartier du Bas-Cambo, met à votre disposition de grandes chambres personnalisées et bien tenues.

✗✗ Le Bellevue avec ch ⟨ 🗗 🖛 🕾 📠 rest. 🎖 ¶¹ P VISA ⑳

r. des Terrasses – ℰ 05 59 93 75 75 – www.hotel-bellevue64.fr
– Fax 05 59 93 75 85 – Fermé 4 janv.-10 fév.
1 ch – ♦60/70 € ♦♦80/110 €, ⌓ 7 € – 6 suites – ♦♦80/110 €
Rest – *(fermé jeudi soir sauf juil.-août, dim. soir et lundi)* (13 €) Menu 20 € (déj. en sem.)/37 €
♦ Tableaux modernes sur murs immaculés et mobilier actuel créent le décor soigné de ce restaurant qui sert une cuisine dans l'air du temps. L'autre charme de cette maison du 19ᵉ s., bien rénovée : ses suites familiales d'esprit contemporain.

✗ Auberge "Chez Tante Ursule" avec ch 🗗 ¶¹ P VISA ⑳ ⓞ

fronton du Bas-Cambo, 2 km au Nord – ℰ 05 59 29 78 23
– www.auberge-tante-ursule.com – Fax 05 59 29 28 57 – Fermé 15-28 fév. et mardi
7 ch – ♦30 € ♦♦45 €, ⌓ 7,50 € – ½ P 47/57 €
Rest – Menu 16 € (déj. en sem.), 20/35 € – Carte 23/41 €
♦ Cet établissement situé près du fronton de pelote du Bas Cambo abrite une pimpante salle à manger agrémentée d'un joli vaisselier. Cuisine à l'âme basque. Chambres rustiques soignées (mobilier ancien).

▮ Nord Pas-de-Calais Picardie

▶ Paris 179 – Amiens 98 – Arras 36 – Lille 77

🛈 Office de tourisme, 48, rue du Noyon ℰ 03 27 78 36 15, Fax 03 27 74 82 82

◉ Mise au tombeau★★ de Rubens dans l'église St-Géry AY - Musée Beaux-
Arts : clôture du choeur★, char de procession★ AZ **M.**

CAMBRAI

Beatus 🌿   🐭 🛋 📶 🔥 🅿 VISA ◉ AE
718 av. de Paris, 1,5 km par ⑤ – ℰ 03 27 81 45 70 – www.hotelbeatus.fr
– Fax 03 27 78 00 83
32 ch – ♦69/81 € ♦♦73/86 €, � 10 €
Rest – *(fermé août, 24 déc.-4 janv. et week-ends) (dîner seult) (résidents seult)*
Menu 22/25 € – Carte 27/60 € le soir
♦ À l'ombre de grands arbres, demeure toute blanche dont le superbe escalier conduit à de spacieuses chambres, toutes différentes, contemporaines ou de style. Salon-bar feutré.

Le Clos St-Jacques sans rest   ⊄ 📶 VISA ◉
9 r. St-Jacques – ℰ 03 27 74 37 61 – www.leclosstjacques.com
– Fax 03 27 74 37 61 – Fermé 11-23 août et 21 déc.-5 janv.   BY**e**
5 ch – ♦74 € ♦♦74 €, ⊆ 10 €
♦ Monsieur conte volontiers l'histoire de ce bel hôtel particulier que madame a superbement redécoré en conservant son âme originale. Excellent petit-déjeuner, accueil délicieux.

Au Fil de l'Eau   VISA ◉ AE
1 bd Dupleix – ℰ 03 27 74 65 31 – Fax 03 27 74 65 31 – Fermé 14 juil.-13 août,
15-22 fév., dim. soir, merc. soir et lundi   AY**f**
Rest – (19 €) Menu 23/47 € – Carte 28/43 €
♦ Sympathique petit restaurant proche d'une écluse du canal de St-Quentin où vous attendent convivialité, déco colorée et goûteuse cuisine traditionnelle aux saveurs iodées.

rte de Bapaume 4 km par ⑥ – ⊠ 59400 Fontaine-Notre-Dame

Auberge Fontenoise   AK ⇔ 🅿 VISA ◉ AE
543 rte de Bapaume – ℰ 03 27 37 71 24 – www.auberge-fontenoise.com
– Fax 03 27 70 34 91 – Fermé dim. soir et lundi
Rest – Menu 26/64 € bc – Carte 55/70 €
♦ Dans cette auberge familiale, on se régale de recettes mises au goût du jour teintées d'influences régionales : des produits de qualité et une bonne dose de savoir-faire !

CAMBREMER – 14 Calvados – 303 M5 – 1 098 h. – alt. 100 m   33 C2
– ⊠ 14340

▶ Paris 211 – Caen 38 – Deauville 28 – Falaise 38
🔼 Syndicat d'initiative, rue Pasteur ℰ 02 31 63 08 87, Fax 02 31 63 08 21

Château Les Bruyères 🌿   🕭 🐭 🌲 ⅄ 📶 🅿 🅿 VISA ◉ ①
rte du Cadran (D 85) – ℰ 02 31 32 22 45 – www.chateaulesbruyeres.com
– Fax 02 31 32 22 58
13 ch ⊆ – ♦95/195 € ♦♦160/225 € – 1 suite
Rest – *(fermé lundi et mardi hors saison) (dîner seult)* Menu 42/80 €
– Carte 65/95 €
♦ Cette noble demeure se dresse au cœur d'un agréable parc arboré. Élégant salon bourgeois et jolies chambres personnalisées pour un séjour au grand calme. Menus "terre et mer" composés selon les arrivages du marché ; plantes aromatiques et produits du potager.

CAMIERS – 62 Pas-de-Calais – 301 C4 – 2 605 h. – alt. 23 m – ⊠ 62176   30 A2

▶ Paris 244 – Arras 101 – Boulogne-sur-Mer 21 – Calais 58
🔼 Office de tourisme, esplanade Ste-Cécile-Plage ℰ 03 21 84 72 18,
Fax 03 21 84 72 18

Les Cèdres 🌿   🐭 🐭 📶 🅿 VISA ◉ AE
64 r. Vieux-Moulin – ℰ 03 21 84 94 54 – www.hotel-cedres.com – Fermé déc.
et janv.
25 ch – ♦64/68 € ♦♦64/68 €, ⊆ 8,50 €
Rest L'Orangeraie – *(dîner seult)* Carte 29/40 €
♦ Au centre du bourg, deux maisons séparées par une agréable cour-terrasse. Les chambres, bien tenues, s'égayent de coloris vifs. Confortable bar, salon british. Salle à manger-véranda ouverte sur la terrasse d'été ; cuisine traditionnelle et régionale.

CAMON – 09 Ariège – **343** J6 – 160 h. – alt. 349 m – ⊠ 09500   **29** C3
▌Midi-Toulousain

    ▶ Paris 780 – Carcassonne 63 – Pamiers 37 – Toulouse 103
    🛈 Office de tourisme, 10, rue Georges d'Armagnac ℰ 05 61 68 88 26,
       Fax 05 61 68 88 26

⌂   **L'Abbaye-Château de Camon** ॐ   ≤ 🚗 🏠 ⅃ **P** 𝖵𝖨𝖲𝖠 ⦿
  – ℰ 05 61 60 31 23 – www.chateaudecamon.com – Fax 05 61 60 31 23 – Ouvert
16 mars-31 oct.
6 ch – †100/120 € ††120/190 €, � 18 €
Table d'hôte – (fermé merc.) Menu 38/40 €
♦ Le temps semble s'être arrêté dans ce site enchanteur. Les chambres, personnalisées, occupent d'anciennes cellules monacales. Le jardin offre de multiples recoins pour s'isoler. Le soir, rejoignez le cloître où vous attend une cuisine traditionnelle autour d'un menu-carte.

CAMPAGNE – 24 Dordogne – **329** G6 – **rattaché au Bugue**

CAMPES – 81 Tarn – **338** D6 – **rattaché à Cordes-sur-Ciel**

CAMPIGNY – 27 Eure – **304** D6 – **rattaché à Pont-Audemer**

CANAPVILLE – 14 Calvados – **303** M4 – **rattaché à Deauville**

CANCALE – 35 Ille-et-Vilaine – **309** K2 – 5 285 h. – alt. 50 m – ⊠ 35260   **10** D1
▌Bretagne

    ▶ Paris 398 – Avranches 61 – Dinan 35 – Fougères 73
    🛈 Office de tourisme, 44, rue du Port ℰ 02 99 89 63 72, Fax 02 99 89 75 08
    ◉ Site★ - Port de la Houle★ - ✳★ de la tour de l'église St-Méen - Pointe du
      Hock et sentier des Douaniers ≤★.
    ◩ Pointe du Grouin★★.

    De Bricourt-Richeux ॐ   ≤ ⟁ 🛏 ₺ ⁕ **P** 𝖵𝖨𝖲𝖠 ⦿ 🄰🄴 ⓪
rte du Mont-St-Michel : 6,5 km par D 76, D 155 et voie secondaire
– ℰ 02 99 89 64 76 – www.maisons-de-bricourt.com – Fax 02 99 89 88 47
11 ch – †165/330 € ††165/330 €, �⯊ 21 € – 2 suites
Rest *Le Coquillage* – voir ci-après
♦ Dans un parc (plantes aromatiques, animaux) dominant la baie du Mont-St-Michel, superbe villa de 1922 où séjourna Léon Blum. Chambres très raffinées, accueil soigné.

    Le Continental   ≤ ⟁ 🛏 ₺ ⁕ 𝖵𝖨𝖲𝖠 ⦿
quai Thomas – ℰ 02 99 89 60 16 – www.hotel-cancale.com – Fax 02 99 89 69 58
– Fermé 5 janv.-4 fév.   **Z**s
16 ch – †60/130 € ††80/165 €, ⊯ 13 € – ½ P 102/122 €
Rest – (fermé merc. sauf le soir de juin à sept. et mardi) (19 €) Menu 23 € (déj. en sem.), 25/58 € – Carte 32/62 €
♦ Situation privilégiée face au port, accueil sympathique, chambres confortables et très bien tenues, confitures maison au petit-déjeuner : une bonne petite adresse. Belles boiseries rehaussées de miroirs dans la salle à manger ouverte sur la flotille de pêche.

    Le Querrien   ≤ ⟁ 🄰🄲 rest, ⁕ 𝖵𝖨𝖲𝖠 ⦿ 🄰🄴
🅴   7 quai Duguay-Trouin – ℰ 02 99 89 64 56 – www.le-querrien.com
– Fax 02 99 89 79 35   **Z**v
15 ch – †69/89 € ††95/148 €, ⊯ 10 €
Rest – Menu 15 € (sem.)/30 € – Carte 25/65 €
♦ Maison bretonne et sa véranda en bois directement sur le quai. Ses grandes chambres aux couleurs du large portent le nom d'un bateau ; neuf donnent sur les flots. Le décor (vivier, boiseries, fresque marine) et la carte du restaurant rendent hommage à l'océan.

⟐   **Le Manoir des Douets Fleuris** sans rest ॐ   🚗 ⅃ ₺ ⁕ **P**
1,5 km par ② par D 365 – ℰ 02 23 15 13 81   𝖵𝖨𝖲𝖠 ⦿ 🄰🄴
– www.manoirdesdouetsfleuris.com – Fax 02 99 89 98 19 – Fermé janv.
7 ch – †79/180 € ††79/180 €, ⊯ 13 € – 3 suites
♦ Manoir du 17ᵉ s. avec son jardin et sa mare où s'ébattent les oiseaux. Chambres personnalisées, dont une suite avec ciel de lit et cheminée en granit. Âtre monumental au salon.

CANCALE

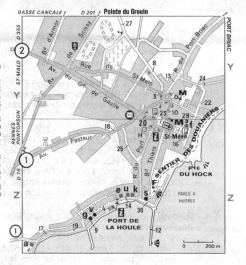

🏠 **Auberge de la Motte Jean** sans rest ⌖   📧 ⅋ P VISA ⓒⓞ

*2 km par ② et D 355 – ℰ 02 99 89 41 99 – www.hotelpointedugrouin.com
– Fax 02 99 89 92 22 – Fermé 1ᵉʳ déc.-31 janv.*
13 ch – ♦65/78 € ♦♦65/130 €, ⌷ 8 €

♦ Ancien corps de ferme isolé dans la campagne cancalaise. Grand calme, jardin soigné avec étang. Chambres personnalisées garnies de meubles anciens. Accueil "sur mesure".

🏠 **Duguay Trouin** sans rest   & ⅋ VISA ⓒⓞ AE

*11 quai Duguay-Trouin – ℰ 02 23 15 12 07 – www.hotelduguaytrouin.com
– Fax 02 99 89 75 20*   **Zg**
7 ch – ♦85 € ♦♦95/110 €, ⌷ 8 €

♦ On vous reçoit avec simplicité et gentillesse dans cet hôtel du port de pêche entièrement rénové. Chambres sobrement marines (quelques malles-postes), côté baie ou rochers.

🏠 **Le Chatellier** sans rest   📧 & ⅋ P VISA ⓒⓞ AE

*Quatrevais, 1 km par ② et D 355 – ℰ 02 99 89 81 84
– www.hotellechatellier.com – Fax 02 99 89 61 69 – Ouvert avril-nov.*
13 ch – ♦52/60 € ♦♦57/90 €, ⌷ 9 €

♦ Belle demeure bretonne au charme familial préservé. Coquettes chambres de style "campagnard chic", mansardées à l'étage ; certaines donnent sur le jardin bien tenu.

🏠 **Les Rimains** sans rest ⌖   ⪡ 📧 ⅋ P VISA ⓒⓞ AE ⓞ

*r. Rimains – ℰ 02 99 89 64 76 – www.maisons-de-bricourt.com
– Fax 02 99 89 88 47 – Ouvert de mi-mars à mi-déc.*
4 ch – ♦170/290 € ♦♦170/290 €, ⌷ 21 €

♦ Dans ce ravissant cottage des années 1930 entouré d'un jardin surplombant la mer, Olivier Roellinger propose des chambres décorées avec goût (meubles chinés). Ambiance guesthouse.

✕✕ **Le Coquillage** – Hôtel de Bricourt-Richeux   🕭 🛱 VISA ⓒⓞ AE ⓞ

*rte du Mont-St-Michel : 6,5 km par D 76, D 155 et voie secondaire
– ℰ 02 99 89 25 25 – www.maisons-de-bricourt.com – Fax 02 99 89 88 47*
Rest – *(fermé mi-janv. à mi-fév.)* Menu 29 € (sem.)/110 €
Spéc. Coquillages de l'estran et légumes dans un bouillon "mystère du Tonkin". Blanc de barbue au cumbawa. Chariot de desserts.

♦ Poissons et coquillages d'une grande fraîcheur, relevés de savants mélanges d'épices : la figure tutélaire d'Olivier Roellinger plane sur cette table – un menu reprend d'ailleurs ses créations. Grande salle lumineuse ouvrant sur le jardin en bord de mer.

XX **Côté Mer**   ≤ 🎏 AC VISA 🔵 AE
4 r. E. Larmort, rte de la corniche – ℰ 02 99 89 66 08
– www.restaurant-cotemer.fr – Fax 02 99 89 89 20
– Fermé 2 sem. en nov., vacances de fév., mardi soir, dim. soir hors saison et
merc.   Z**a**
Rest – (22 €) Menu 27/70 € – Carte 50/68 €
♦ Face à la mer, salle classique prolongée par une véranda ouverte sur le port. Savoureuse cuisine actuelle centrée sur le poisson : une belle marée... montante.

XX **Le Cancalais** avec ch   ≤ AC rest, ⅍ ch, VISA 🔵
⊂⊃ 12 quai Gambetta – ℰ 02 99 89 61 93 – Fax 02 99 89 89 24
– Fermé déc., janv., dim. soir et lundi   Z**u**
10 ch – †65/90 € ††65/90 €, ⌂ 8 €
Rest – Menu 16 € (sem.), 27/38 € – Carte 48/58 €
♦ Carte mi-traditionnelle, mi-iodée, intérieur rustique (meubles d'inspiration bretonne) et véranda panoramique caractérisent cette institution cancalaise. Chambres coquettes.

X **Surcouf**   ≤ 🎏 ⅟ VISA 🔵
⊂⊃ 7 quai Gambetta – ℰ 02 99 89 61 75
⊕ – Fermé déc., janv., mardi et merc.   Z**k**
Rest – Menu 15,50 € (sem.), 26/44 € – Carte 50/65 €
♦ Un joli petit bistrot marin qui sort du lot, parmi la foule d'adresses bordant le port de Cancale : vue sur la jetée (plus étendue à l'étage) et goûteuse cuisine de la mer.

X **Le Troquet**   ≤ 🎏 ⅟ VISA 🔵
19 quai Gambetta – ℰ 02 99 89 99 42
– Fermé 15 nov.-31 janv., jeudi et vend. sauf août   Z**e**
Rest – Menu 23/55 € – Carte 32/65 €
♦ Un sympathique petit bistrot à dénicher parmi les nombreuses enseignes qui bordent le quai. Poissons et crustacés de premier choix, dont les fameuses huîtres de Cancale.

X **La Maison de la Marine** avec ch   🛏 🎏 ⅟ rest, ⅟ VISA 🔵 AE
23 r. Marine – ℰ 02 99 89 88 53 – www.maisondelamarine.com
– Fax 02 99 89 83 27   Z**f**
5 ch ⌂ – †65/100 € ††90/145 €
Rest – (fermé dim. soir et lundi hors saison) (15 €) Menu 20 € (déj. en sem.),
25/35 € – Carte 35/43 €
♦ Ex-bureau des affaires maritimes superbement reconverti : décor de flibustiers intimiste, terrasse face au jardin, salon "so british". Cuisine mi-bretonne, mi-méditerranéenne. Entre meubles chinés et équipements luxueux, les chambres d'hôtes ont un charme fou.

à la Pointe du Grouin ★★ 4,5 km au Nord par D 201 – ✉ 35260 Cancale

🏨 **La Pointe du Grouin** ⅖   ≤ ⅟ **P** VISA 🔵
– ℰ 02 99 89 60 55 – www.hotelpointedugrouin.com – Fax 02 99 89 92 22
– Ouvert 1er avril-15 nov.
15 ch – †86 € ††90/115 €, ⌂ 8,50 € – ½ P 86/119 €
Rest – (fermé jeudi midi sauf du 14 juil. au 31 août et mardi) Menu 21/83 €
– Carte 50/70 €
♦ Il règne comme un délicieux air de bout du monde autour de cette demeure bretonne perchée sur une falaise, face aux îles et au Mont-St-Michel. Agréables chambres campagnardes. Panorama exceptionnel sur le large depuis les tables proches des baies vitrées.

CANCON – **47 Lot-et-Garonne** – **336** F2 – **1 283 h.** – **alt. 199 m**   4 C2
– ✉ **47290**

🚩 Paris 581 – Agen 51 – Bergerac 40 – Bordeaux 134
🛈 Syndicat d'initiative, place de la Halle ℰ 05 53 01 09 89,
    Fax 05 53 01 64 70

MICHELIN *OnWay**

Vous n'êtes jamais seul sur la route

Pour connaître les conditions générales d'accès à l'offre MICHELIN OnWay, consultez notre site internet **www.michelin.fr** ou contactez-nous au ⓒ **N°Cristal** 09 69 39 02 02

APPEL NON SURTAXÉ

*Pour l'achat de 2 pneus de marque MICHELIN Tourisme, 4x4, Camionnette, été ou hiver + 1 inscription valable sur 2 ans

MICHELIN
Une meilleure façon d'avancer

à St-Eutrope-de-Born 9 km au Nord-Est par D 124 et D 153 – 667 h. – alt. 95 m
– ⊠ 47210

⌂ **Domaine du Moulin de Labique** ⊗   🔊 🍃 ♒ 📶 🅿 𝗩𝗜𝗦𝗔 ⓪
rte de Villeréal – 𝒞 05 53 01 63 90 – www.moulin-de-labique.fr
– Fax 05 53 01 73 17 – Fermé 17-23 nov.
5 ch – ♦75 € ♦♦90/115 €, ⊇ 10 € – ½ P 83/95 €
Table d'hôte – Menu 26/31 €
♦ Domaine paisible, bordé par un ruisseau et agrémenté d'une piscine, d'un potager et
d'un coin pêche. Belles chambres logées dans la maison, l'écurie et la grange. Servie dans une
salle à manger champêtre, la cuisine honore joliment le terroir.

CANDES-ST-MARTIN – 37 Indre-et-Loire – **317** J5 – 222 h.   **11** A2
– alt. 35 m – ⊠ 37500 ▌ Châteaux de la Loire
   ▶ Paris 290 – Angers 76 – Chinon 16 – Saumur 13
   ◎ Collégiale★.

✗ **Auberge de la Route d'Or**   🍃 𝗩𝗜𝗦𝗔 ⓪
2 pl. de l'Église – 𝒞 02 47 95 81 10 – Fax 02 47 95 81 10
– Ouvert début avril-8 nov., mardi sauf le midi en juil.-août et merc.
Rest – (nombre de couverts limité, prévenir) (17 €) Menu 23 € (sem.)/35 €
– Carte 36/55 €
♦ Auberge rustique aménagée dans deux maisons anciennes ; l'une d'elles date du 17e s.
Salle intime avec cheminée. La cuisine traditionnelle puise son inspiration dans le terroir.

CANDÉ-SUR-BEUVRON – 41 Loir-et-Cher – **318** E7 – 1 408 h.   **11** A1
– alt. 70 m – ⊠ 41120
   ▶ Paris 199 – Blois 15 – Chaumont-sur-Loire 7 – Montrichard 21
   𝗶 Syndicat d'initiative, 10, route de Blois 𝒞 02 54 44 00 44, Fax 02 54 44 00 44

🏨 **La Caillère** ⊗   🚗 🍃 & ch, 📶 🅿 𝗩𝗜𝗦𝗔 ⓪
36 rte de Montils – 𝒞 02 54 44 03 08 – www.lacaillere.com – Fax 02 54 44 00 95
– fermé janv. et fév.
18 ch – ♦63/72 € ♦♦63/72 €, ⊇ 11 € – ½ P 65/86 €
Rest – (fermé lundi midi, jeudi midi et merc.) (20 €) Menu 30/50 €
– Carte 35/55 €
♦ Isolée de la route par un rideau de verdure, ancienne ferme flanquée d'une aile moderne.
Chambres sobres et bien tenues. Plaisante salle à manger ayant conservé son petit côté campagnard avec ses tables décorées de vieilles soupières ; cuisine actuelle de saison.

LE CANET – 13 Bouches-du-Rhône – **340** I5 – **rattaché à Aix-en-Provence**

CANET – 11 Aude – **344** I3 – 1 203 h. – alt. 30 m – ⊠ 11200   **22** B2
   ▶ Paris 805 – Béziers 48 – Carcassonne 47 – Narbonne 18

⌂ **Château des Fontaines** sans rest   🔊 🅰🅲 🅿
2 av. de la Distillerie – 𝒞 04 68 49 72 48 – www.chateau-des-fontaines.com
– Fax 01 46 47 75 66
5 ch ⊇ – ♦90/130 € ♦♦95/140 €
♦ Maison de maître et de prestige : mobilier de style, tentures et objets d'art dans les salons
et chambres (certaines avec jacuzzi). Bassin dans le parc paysagé. Le luxe à la française.

CANET-EN-ROUSSILLON – 66 Pyrénées-Orientales – **344** J6   **22** B3
– 11 702 h. – alt. 11 m – Casino BZ – ⊠ 66140
   ▶ Paris 849 – Argelès-sur-Mer 21 – Narbonne 66 – Perpignan 11
   𝗶 Office de tourisme, espace Méditerranée 𝒞 04 68 86 72 00,
    Fax 04 68 86 72 12

CANET-PLAGE

à Canet-Plage – ✉ 66140

🏨🏨🏨 **Les Flamants Roses** ⚘ ≪ 🚗 🍴 ⌾ ▨ ⊚ 🛁🏊 ⚕ 🝙 ☏🅿
1 voie des Flamants-Roses par ① – ℰ 04 68 51 60 60 🆚🆑 ⊚ 🆎 ①
– *www.hotel-flamants-roses.com* – Fax 04 68 51 60 61
59 ch – ⚲140/230 € ⚲⚲170/275 €, ☲ 18 € – 3 suites – ½ P 118/180 €
Rest *L'Horizon* – *(fermé lundi midi et mardi midi)* Menu 29 € bc (déj. en sem.),
44/95 € bc – Carte 44/55 €
Rest *Le Canotier* – *(déj. seult)* Menu 29 € bc (déj.) – Carte 28/37 € le midi
◆ Établissement moderne bordant la plage et couplé à un centre de thalassothérapie. Les chambres, largement ouvertes sur les flots, offrent un intérieur chaleureux. À L'Horizon : plats actuels ou allégés servis face à la mer. Cuisine de type brasserie au Canotier.

🏠🏠 **Le Mas de la Plage** 🍴 🚗 ⌾ 🝙 ch, 🍴 ⚕ 🅿 🆚🆑 ⊚
34 av. Roussillon – ℰ 04 68 80 32 63
– *www.lemasdelaplageetdespins.com* – Fax 04 68 80 49 19
– *Ouvert 20 mars-12 nov.* AYa
16 ch – ⚲75/100 € ⚲⚲80/130 €, ☲ 10 € – ½ P 80/110 €
Rest – *(dîner seult)* Menu 25/38 €
◆ À l'ombre d'un parc fleuri planté de pins centenaires, charmant mas catalan du 19ᵉ s. et ses confortables chambres personnalisées aux couleurs du Sud. Cuisine soignée servie près de la cheminée habillée d'éclats de faïence ou sur la belle terrasse.

🏠🏠 **Mercure** sans rest ≪ 🝙 ⚕ 🝙 🍴 ⚕ 🆚🆑 ⊚ 🆎 ①
120 prom. de la Côte-Vermeille – ℰ 04 68 80 28 59 – *www.mercure.com*
– *Fax 04 68 80 80 60* BZb
48 ch – ⚲95/125 € ⚲⚲105/135 €, ☲ 11 €
◆ Immeuble du front de mer proposant des chambres contemporaines, entièrement rénovées (lits king size), pour moitié tournées vers la grande bleue et pourvues de balcons.

🏠 **Le Galion** 🍴 ⌾ 🝙 🝙 🍴 🅿 🆚🆑 ⊚ 🆎
20 bis av. du Grand-large – ℰ 04 68 80 28 23 – *www.hotel-le-galion.com*
– *Fax 04 68 80 20 46* BZr
28 ch – ⚲64/132 € ⚲⚲64/132 €, ☲ 11 € – ½ P 64/99 €
Rest – *(18 €)* Menu 26/30 € – Carte 28/38 €
◆ Ce Galion-là se trouve à quelque 150 m des flots : maison familiale dont la majorité des chambres, peu à peu modernisées, possèdent un balcon. Le restaurant ouvre sur la piscine et la terrasse (grillades aux beaux jours). Recettes catalanes.

🏠 **Du Port** 🝙 🝙 ch, 🍴 🝙 🚗 🆚🆑 ⊚ 🆎
⊗ *21 bd de la Jetée* – ℰ 04 68 80 62 44 – *www.hotel-du-port.net*
– *Fax 04 68 73 28 83 – Ouvert avril-nov.* BYe
35 ch – ⚲60/95 € ⚲⚲70/105 €, ☲ 8 € – ½ P 60/80 €
Rest – *(dîner seult)* Menu 15 €
◆ À mi-chemin entre le port et la plage, cette adresse datant des années 1980 est appréciée pour le calme et le confort de ses sobres chambres, toutes dotées d'un balcon. Cuisine traditionnelle sans prétention et ambiance marine dans la salle à manger.

✕✕ **Le Don Quichotte** 🝙 🆚🆑 ⊚ 🆎 ①
22 av. de Catalogne – ℰ 04 68 80 35 17 – *www.ledonquichotte.com*
– *Fermé mi-janv.-mi-fév., lundi et mardi sauf fériés* BYr
Rest – *(18 €)* Menu 45 € – Carte 29/50 € ▨
◆ Le patron de ce sympathique restaurant soutient les viticulteurs locaux en proposant une belle sélection de leurs vins pour escorter sa carte mi-traditionnelle, mi-catalane.

CANGEY – 37 Indre-et-Loire – 317 P4 – 1 024 h. – alt. 85 m – ✉ 37530 **11** A1
🄳 Paris 210 – Amboise 12 – Blois 28 – Montrichard 26
🄶 de Fleuray Route de Dame-Marie-les-Bois, N : 8 km par D 74,
ℰ 02 47 56 07 07

🏠 **Le Fleuray** ⚘ 　　　　　　　　🚗 ⌂ 🍴 **P** 🛏 **VISA** ⓪

7 km au Nord, par D 74 rte Dame-Marie-les-Bois – 𝄇 *02 47 56 09 25*
– www.lefleurayhotel.com – Fax 02 47 56 93 97 – Fermé 19 déc.-4 janv.
23 ch – 🛏78/96 € 🛏🛏78/146 €, ☑ 14 € – ½ P 82/126 €
Rest – *(dîner seult) (nombre de couverts limité, prévenir)* Menu 29/49 €
– Carte 52/76 €

◆ Ancienne ferme restaurée, d'autant plus charmante avec son jardin-verger et sa piscine.
Bon accueil, chambres douillettes aux noms de fleurs. Restaurant très lumineux d'esprit campagnard chic pour une cuisine traditionnelle actualisée. Terrasse verdoyante.

CANNES – 06 Alpes-Maritimes – **341** D6 – **70 610 h.** – alt. 2 m　　　　**42** E2
– Casinos : Palm Beach X, Croisette BZ – ☒ **06400** ▮ Côte d'Azur

▶ Paris 898 – Aix-en-Provence 149 – Marseille 160 – Nice 33

🛈 Office de tourisme, 1, boulevard de La Croisette 𝄇 04 92 99 84 22,
Fax 04 92 99 84 23

🏌 Riviera Golf Club à Mandelieu Avenue des Amazones, par rte de la
Napoule : 8 km, 𝄇 04 92 97 49 49

🏌 de Cannes Mougins à Mougins 175 avenue du Golf, NO : 9 km,
𝄇 04 93 75 79 13

🏌 Royal Mougins Golf Club à Mougins 424 avenue du Roi, par rte de Grasse :
10 km, 𝄇 04 92 92 49 69

◉ Site★★ - Le front de Mer★★ : boulevard★★ et pointe★ de la croisette
- ≤★ de la tour du Mont-Chevalier AZ - Musée de la Castre★★ AZ
- Chemin des Collines★ NE : 4 km V - La Croix des Gardes X ≤★ O : 5 km
puis 15 mn.

Plans pages suivantes

🏨 **Carlton Inter Continental** 　　　　　≤ ⌂ 🛗 🎛 🔆 🗚 🛜 🗜 **P** 🛏

58 bd de la Croisette – 𝄇 *04 93 06 40 06* 　　　　　　　**VISA** ⓪ **AE** ①
– www.ichotelsgroup.com – Fax 04 93 06 40 25 　　　　　　　　**CZe**
304 ch – 🛏260/1100 € 🛏🛏260/1100 €, ☑ 34 € – 39 suites
Rest Carlton – (49 €) Menu 59 € bc (sem.)/75 € bc – Carte 65/180 €
Rest La Plage – 𝄇 04 93 06 44 94 *(ouvert avril-oct.)* (48 €) Menu 51 € bc
(sem.)/75 € bc – Carte 70/120 €

◆ Symbole Belle Époque de la splendeur de la Croisette, le Carlton est le roi des palaces.
Luxueux lobby, superbes chambres et suites, hôtes illustres : un univers d'exception. Au
Carlton Restaurant, décor élégant, vue sur la mer et carte de saison.

🏨 **Martinez** 　　　　　　　≤ 🛏 🎛 🛗 🔆 🗚 🛜 🗜 **P** **VISA** ⓪ **AE** ①

– 𝄇 *04 92 98 74 22 – www.hotel-martinez.com – Fax 04 93 39 03 38* 　**DZn**
396 ch – 🛏220/1070 € 🛏🛏220/1070 €, ☑ 36 € – 16 suites
Rest La Palme d'Or – voir ci-après
Rest Relais Martinez – 𝄇 04 92 98 74 12 – (28 €) Menu 38 € – Carte 55/85 €
Rest Z. Plage – *(ouvert de début avril à mi-oct.) (déj. seult)* (33 €)
Carte 60/150 €

◆ Escale idyllique, ce palace Art déco rivalise de luxe et de services. Chambres et suites
somptueuses, équipements modernes, piscine chauffée, spa Givenchy et fitness en complé-
ment. Ambiance chic et décontractée, carte gourmande et terrasse d'été au Relais Martinez.
Restaurant balnéaire servant tapas et plats au wok.

🏨 **Majestic Barrière** 　　　　　≤ ⌂ 🛗 🎛 🔆 🗚 🛜 🛏 **VISA** ⓪ **AE** ①

10 bd de la Croisette – 𝄇 *04 92 98 77 00 – www.majestic-barriere.com*
– Fax 04 93 38 97 90 　　　　　　　　　　　　　　　　　　**BZn**
349 ch – 🛏193/1250 € 🛏🛏193/1250 €, ☑ 35 € – 84 suites
Rest Fouquet's – *(Fermé 18 déc.-12 fév.)* (29 €) Carte 42/100 €
Rest B. Sud – 𝄇 04 92 98 77 30 *(ouvert avril à sept.) (déj. seult)* Carte 48/84 €

◆ À deux pas du Palais des festivals, la façade immaculée du Majestic évoque le faste des
années folles. Luxe, confort et raffinement à tous les étages. Des plus belles chambres, la
vue plonge sur la grande bleue. Cuisine de brasserie très soignée servie dans une lumineuse
salle à manger-véranda face à la Croisette.

1835 White Palm Hotel

1 bd Jean-Hibert – ℰ 04 92 99 73 20 – www.1835-hotel.com
– Fax 04 92 99 73 13

AZn

128 ch – †195/796 € ††195/796 €, ⊊ 35 € – 6 suites
Rest *Le 360°* – Menu 45 € (déj.)/55 € – Carte 85/105 €

♦ À la pointe du vieux port, cet hôtel de luxe flambant neuf adossé au Suquet a adopté un style contemporain raffiné. Prestations haut de gamme et magnifiques thermes marins. Restaurant sur le toit avec vue époustouflante sur la baie de Cannes ; cuisine au goût du jour.

3.14 Hôtel

5 r. F.-Einesy – ℰ 04 92 99 72 00 – www.3-14hotel.com
– Fax 04 92 99 72 12

CZu

94 ch – †155/485 € ††155/485 €, ⊊ 25 € – 15 suites
Rest – *(fermé lundi soir et dim.) (dîner seult)* Menu 35 € – Carte 50/80 €

♦ Étonnante et agréable atmosphère pluriethnique dans ce superbe hôtel où décors des chambres, musiques et parfums évoquent les cinq continents. Belle piscine sur le toit. Au restaurant, cuisine fusion faite essentiellement à base de produits bio.

Le Grand Hôtel 🏖

45 bd de la Croisette – ℰ 04 93 38 15 45 – www.grand-hotel-cannes.com
– Fax 04 93 68 97 45 – Fermé 12 déc.-14 janv.

CZb

74 ch – †200/600 € ††200/600 €, ⊊ 28 € – 2 suites
Rest *Le Park 45* – voir ci-après
Rest *La Plage* – ℰ 04 93 38 11 97 *(ouvert 5 avril-15 oct.) (déj. seult)*
Carte 49/65 €

♦ Hôtel préservé de l'agitation de la Croisette par un beau jardin de palmiers ; l'intérieur soigné mêle touches seventies et contemporaines. Recettes estivales à La Plage.

Gray d'Albion

38 r. des Serbes – ℰ 04 92 99 79 79 – www.gray-dalbion.com
– Fax 04 93 99 26 10 – Fermé 11-26 déc.

BZd

199 ch – †199/359 € ††199/359 €, ⊊ 25 € – 8 suites
Rest *38 The Restaurant* – ℰ 04 92 99 79 60 *(fermé dim. et lundi)*
Menu 40 € bc – Carte 50/72 €

♦ Cet immeuble des années 1970 abrite une galerie marchande et des chambres récemment relookées dans un esprit contemporain. Plage privée sur la Croisette. Décor épuré non dénué de convivialité et cuisine actuelle au restaurant 38.

Palais Stéphanie

50 bd de la Croisette – ℰ 04 92 99 70 00 – www.palaisstephanie.com
– Fax 04 92 99 70 11

CZa

222 ch ⊊ – †320/990 € ††320/990 € – 39 suites
Rest *La Scena* – ℰ 04 92 99 70 92 – Carte 43/75 €

♦ Face à la mer, cet hôtel de luxe a été totalement et judicieusement rénové en 2009 : chambres spacieuses et chaleureuses, très confortables. Cuisine d'inspiration italo-asiatique au restaurant, qui a également fait peau neuve.

Novotel Montfleury 🏖

25 av. Beauséjour – ℰ 04 93 68 86 86
– www.novotelcannes.com – Fax 04 93 68 87 87

DYm

182 ch – †99/268 € ††99/268 €, ⊊ 20 € – 1 suite
Rest *L'Olivier* – Carte 48/59 €

♦ L'hôtel jouxte le quartier de la Californie et ses luxueuses villas. Confortables chambres actuelles, piscine et terrasse sous les palmiers. Potentiel pour congrès et réceptions. Plaisant décor ensoleillé, vue sur les cuisines et carte méridionale à L'Olivier.

Croisette Beach sans rest

13 r. du Canada – ℰ 04 92 18 88 00 – www.croisettebeach.com
– Fax 04 93 68 35 38 – Fermé 11-25 déc.

DZy

94 ch – †102/375 € ††102/375 €, ⊊ 18 €

♦ Chambres spacieuses au confort moderne, entièrement rajeunies et pour la plupart dotées d'une terrasse. Plage privée installée sur la Croisette.

CANNES

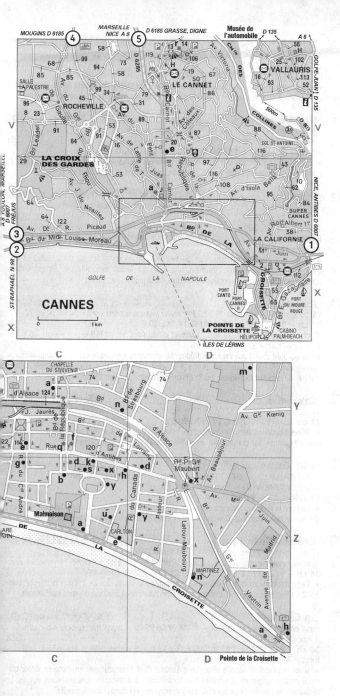

Splendid sans rest
4 r. F.-Faure – ☎ 04 97 06 22 22 – www.splendid-hotel-cannes.fr
– Fax 04 93 99 55 02 BZ**a**
62 ch – 🛉103/339 € 🛉🛉104/351 €, ☕ 12 €
◆ Un accueil courtois et chaleureux vous attend dans cet hôtel. Façade 19e s. face au port des yachts et intérieur soigné avec des chambres alliant ambiance d'antan et modernité.

Sun Riviera sans rest
138 r. d'Antibes – ☎ 04 93 06 77 77 – www.sun-riviera.com
– Fax 04 93 38 31 10 CZ**h**
40 ch – 🛉134/267 € 🛉🛉134/267 €, ☕ 14 € – 2 suites
◆ Hôtel traditionnel dans une rue jalonnée de belles boutiques. Chambres assez élégantes et parfaitement équipées ; côté jardin, elles sont plus calmes et possèdent un balcon.

Eden Hôtel rest,
133 r. d'Antibes – ☎ 04 93 68 78 00 – www.eden-hotel-cannes.com
– Fax 04 93 68 78 01 DZ**d**
116 ch – 🛉125/300 € 🛉🛉125/300 €, ☕ 20 €
Rest – *(fermé dim. et lundi) (dîner seult) (résidents seult)* Menu 28 €
– Carte 33/53 €
◆ Hôtel au design raffiné dans l'air du temps. Grandes chambres au décor sobre et élégant. Piscine intérieure avec hammam, une autre sur le toit avec solarium, fitness. Cuisine actuelle, ambiance contemporaine et touches ethniques au restaurant.

Amarante ch,
78 bd Carnot – ☎ 04 93 39 22 23 – www.jjwhotels.com – Fax 04 93 39 40 22
71 ch – 🛉150/1500 € 🛉🛉150/1500 €, ☕ 20 € V**e**
Rest – *(fermé 27 nov.-28 déc., sam. et dim.) (déj. seult)* (19 € bc) Menu 26 € bc/ 39 € bc – Carte 32/59 €
◆ En bordure d'un boulevard très fréquenté, chambres bien équipées et remarquablement insonorisées. Parking souterrain pratique et cour intérieure avec piscine. Agréable salle à manger ouverte sur la terrasse, où le décor et l'assiette honorent la Provence.

Cavendish sans rest
11 bd Carnot – ☎ 04 97 06 26 00 – Fax 04 97 06 26 01 BY**t**
34 ch ☕ – 🛉150/290 € 🛉🛉150/290 €
◆ Belles chambres personnalisées d'un hôtel de tradition aux fonctionnement et services haut de gamme. Bar gratuit pour les résidents et délicieux petits-déjeuners.

Villa Garbo sans rest
64 bd d'Alsace – ☎ 04 93 46 66 00 – www.villagarbo-cannes.com
– Fax 04 93 46 66 02 – Fermé 11 déc.-3 janv. DZ**x**
11 suites ☕ – 🛉🛉200/800 €
◆ Derrière la façade classée de cette demeure (1884) se cache un hôtel confidentiel assurant des prestations luxueuses. Design raffiné et équipements high-tech. Open bar le soir.

Château de la Tour sans rest
10 av. Font-de-Veyre, par ③ – ☎ 04 93 90 52 52
– www.hotelchateaudelatour.com – Fax 04 93 47 86 61 – Fermé 31 janv.-21 fév.
34 ch – 🛉125/375 € 🛉🛉125/375 €, ☕ 17 € – ½ P 195/445 €
◆ Cette ancienne maison nobiliaire ceinte d'un beau jardin clos jouit d'une délicieuse tranquillité. Chambres de grand confort, entièrement aménagées dans un esprit néobaroque.

Le Canberra ch,
rond-point Duboys-d'Angers – ☎ 04 97 06 95 00 – www.hotels-ocre-azur.com
– Fax 04 92 98 03 47 CZ**k**
30 ch – 🛉130/500 € 🛉🛉130/500 €, ☕ 19 € – 5 suites – ½ P 165/535 €
Rest – Menu 21 € – Carte 26/50 €
◆ Hôtel entièrement rénové situé rue d'Antibes, dont l'intérieur met en scène un décor glamour années cinquante. Chambres très confortables aux meubles contemporains épurés. Le restaurant tourné sur le jardin et la piscine propose une cuisine traditionnelle.

Cézanne sans rest 🚗 🖿 🕴 ὦ 🗚 ⁽ᵖ⁾ 🕍 ⌂ 🚾 ⓪ 🗚 ⓪
40 bd d'Alsace – ℰ 04 92 59 41 00 – www.hotel-cezanne.com
– Fax 04 92 99 20 99 CYn
28 ch – ✝139/259 € ✝✝139/259 €, � 17 €
♦ Séduisantes chambres contemporaines mariant chacune le gris à une couleur vive (jaune, turquoise), fitness, hammam et petit-déjeuner sous les palmiers : rénovation réussie !

Renoir sans rest 🖿 🕴 🗚 ⁽ᵖ⁾ 🚾 ⓪ 🗚 ⓪
7 r. Edith-Cavell – ℰ 04 92 99 62 62 – www.hotel-renoir-cannes.com
– Fax 04 92 99 62 82 – Fermé 4-22 janv. et 1ᵉʳ-27 fév. BYx
26 ch – ✝139/329 € ✝✝139/329 €, �} 15 €
♦ Tout est neuf derrière cette façade de caractère (1913). Décor intérieur ultra-contemporain parsemé de touches néobaroques ; chambres et suites modernes, dans le même esprit.

Victoria sans rest 🛋 🖿 🗚 ⁽ᵖ⁾ ⌂ 🚾 ⓪ 🗚 ⓪
rd-pt Duboys-d'Angers – ℰ 04 92 59 40 00 – www.cannes-hotel-victoria.com
– Fax 04 93 38 03 91 – Fermé 30 janv.-22 fév. CZx
25 ch – ✝110/305 € ✝✝110/305 €, �} 18 €
♦ Hôtel proche de la Croisette occupant deux étages d'un immeuble. Chambres confortables et actuelles (tons beige et bleu) ; bar ouvrant sur une terrasse face à la petite piscine.

America sans rest 🖿 🗚 ⁒⁄ ⁽ᵖ⁾ ⌂ 🚾 ⓪ 🗚 ⓪
13 r. St-Honoré – ℰ 04 93 06 75 75 – www.hotel-america.com
– Fax 04 93 68 04 58 – Fermé 15 déc.-15 janv. BZr
28 ch – ✝80/170 € ✝✝80/170 €, �} 15 €
♦ Dans une petite rue calme proche de la Croisette. Les chambres, fraîches et dans l'air du temps, sont bien insonorisées et généralement spacieuses. Tenue irréprochable.

Fouquet's sans rest 🗚 ⁽ᵖ⁾ ⌂ 🚾 ⓪ 🗚 ⓪
2 rd-pt Duboys-d'Angers – ℰ 04 92 59 25 00 – www.le-fouquets.com
– Fax 04 92 98 03 39 – Ouvert avril-8 nov. CZy
12 ch – ✝120/180 € ✝✝140/230 €, �} 14 €
♦ Sur un rond-point relativement calme, grandes chambres assez gaies, joliment refaites dans un esprit provençal. Accueil prévenant et tenue rigoureuse.

La Villa Cannes Croisette sans rest 🚗 🛋 🖿 🗚 ⁽ᵖ⁾ 🕍 🚾 ⓪ 🗚 ⓪
8 traverse Alexandre-III – ℰ 04 93 94 12 21 – www.hotel-villa-cannes.com
– Fax 04 93 43 55 17 DZh
33 ch – ✝105/205 € ✝✝115/295 €, �} 16 €
♦ Ces belles maisons ordonnées autour d'un jardin-piscine abritent des chambres confortables, décorées dans un style très frais et coloré ; certaines possèdent une terrasse.

Cannes Riviera sans rest 🛋 🖿 🗚 ⁒⁄ ⁽ᵖ⁾ 🕍 ⌂ 🚾 ⓪ 🗚 ⓪
16 bd d'Alsace – ℰ 04 97 06 20 40 – www.cannesriviera.com – Fax 04 93 39 20 75
58 ch – ✝65/140 € ✝✝85/175 €, �} 15 € – 5 suites BYr
♦ La façade agrémentée d'un portrait géant de Marilyn Monroe attire le regard. Intérieur résolument provençal, chambres rénovées et piscine panoramique sur le toit-terrasse.

De Paris sans rest 🛋 🖿 🗚 ⁒⁄ ⁽ᵖ⁾ 🕍 ⌂ 🚾 ⓪ 🗚 ⓪
34 bd d'Alsace – ℰ 04 97 06 98 81 – www.hoteldeparis.fr – Fax 04 93 39 04 61
– Fermé 10-27 déc. et 7-20 janv. CYa
47 ch – ✝80/145 € ✝✝95/165 €, �} 15 € – 3 suites
♦ Proche d'un axe fréquenté mais parfaitement insonorisé, hôtel particulier du 19ᵉ s. abritant des chambres bourgeoises bien tenues. Piscine au milieu des palmiers.

Villa de l'Olivier sans rest 🛋 🗚 ⁒⁄ ⁽ᵖ⁾ 🅿 🚾 ⓪ 🗚
5 r. Tambourinaires – ℰ 04 93 39 53 28 – www.hotelolivier.com
– Fax 04 93 39 55 85 – Fermé 21 nov.-26 déc., 7-17 janv. et 23 janv.-22 fév.
24 ch – ✝100/120 € ✝✝110/155 €, �} 12 € AZe
♦ Dans le quartier du Suquet, villa familiale aux chambres coquettes (deux avec terrasse et vue sur l'Estérel). Buffet de petits-déjeuners dans la véranda ou face à la piscine.

Le Mondial sans rest

1 r. Teisseire – ℰ 04 93 68 70 00 – www.hotellemondial.com – Fax 04 93 99 39 11
49 ch – †80/175 € ††110/410 €, ⌑ 14 €   CY**e**

♦ Élégante façade de style Art déco. Les chambres, aux tons chocolat, affichent un cadre plutôt ethnique ; certaines possèdent un balcon avec vue sur mer (étages supérieurs).

La Villa Tosca sans rest

11 r. Hoche – ℰ 04 93 38 34 40 – www.villa-tosca.com – Fax 04 93 38 73 34
– Fermé 13-28 déc.   BY**v**
22 ch – †61/98 € ††78/119 €, ⌑ 13 €

♦ Cette belle façade "à l'italienne" jaune citron dissimule un intérieur contemporain associant meubles et objets modernes ou anciens. Petites chambres joliment refaites.

Le Mistral sans rest

13 r. des Belges – ℰ 04 93 39 91 46 – www.mistral-hotel.com
– Fax 04 93 38 35 17 – Fermé 13-26 déc. et fév.   BZ**b**
10 ch – †69/119 € ††79/139 €, ⌑ 8 €

♦ Un hôtel de poche récent situé derrière le Palais des festivals. Les jolies petites chambres contemporaines portent chacune un nom de vent. Accueil familial et prévenant.

De Provence sans rest

9 r. Molière – ℰ 04 93 38 44 35 – www.hotel-de-provence.com
– Fax 04 93 39 63 14 – Fermé 1er-27 déc.   CZ**s**
30 ch – †69/85 € ††85/125 €, ⌑ 10 €

♦ Un charmant jardin planté de palmiers devance cet hôtel idéalement proche de la Croisette. Les chambres ne sont pas très grandes mais coquettes et provençales (quelques balcons).

Florian sans rest

8 r. Cdt-André – ℰ 04 93 39 24 82 – www.hotel-leflorian.com
– Fax 04 92 99 18 30 – Fermé 1er déc.-10 janv.   CZ**g**
20 ch – †52/79 € ††62/89 €, ⌑ 6 €

♦ Accueil tout sourire dans cet hôtel familial doté de chambres simples et rigoureusement tenues. Certaines possèdent un balcon où vous pourrez apprécier un bon petit-déjeuner.

La Palme d'Or – Hôtel Martinez

73 bd de la Croisette – ℰ 04 92 98 74 14 – www.hotel-martinez.com
– Fax 04 93 39 03 38 – Fermé 2 janv.-2 mars, mardi sauf de juin à oct., dim. et lundi   DZ**n**
Rest – Menu 66 € bc (déj.), 90/180 € – Carte 120/195 € ☸
Spéc. Floraison de légumes Riviera (avril). Loup sauvage de Méditerranée aux légumes et fumet de poissons au parfum de la garrigue (printemps). Sac à main "Hélènésis", triptyque de chocolats autour de la banane (automne).
Vins Côtes de Provence, Vin de l'Île de Lérins.

♦ Photos de stars et bois nobles subliment le séduisant intérieur Art déco ouvrant "plein cadre" sur la Croisette. Superbe terrasse panoramique. Brillante cuisine gorgée de soleil.

Le Mesclun

16 r. St-Antoine – ℰ 04 93 99 45 19 – www.lemesclun-restaurant.com
– Fax 04 93 49 29 11 – Fermé 28 juin-8 juil., 31 janv.-2 mars et dim.
Rest – (dîner seult) Menu 39 € – Carte 75/110 €   AZ**t**

♦ Lumière tamisée, boiseries, tableaux et couleurs chaudes composent un décor idéal pour déguster une cuisine méditerranéenne goûteuse et soignée. Service compétent et souriant.

Le Park 45 – Le Grand Hôtel

45 bd de la Croisette – ℰ 04 93 38 15 45 – www.grand-hotel-cannes.com
– Fax 04 93 68 97 45 – Fermé 12 déc. - 14 janv.   CZ**b**
Rest – (30 €) Menu 40/60 € – Carte 57/86 €
Spéc. Minute de rouget et courgette-fleur farcie. Poitrine de pigeon rôtie en viennoise de citron confit. Triangulaire chocolat noir, chantilly et sorbet framboise.

♦ Le nouveau chef, riche d'une belle expérience, exécute une cuisine toute de fraîcheur et de saveurs, et met le produit en valeur avec un plaisir évident. Décor épuré et terrasse ouverte sur le parc.

XX **Mantel** $\boxed{\text{AC}}$ $\boxed{\text{VISA}}$ $\boxed{\text{oo}}$ $\boxed{\text{AE}}$

22 r. St-Antoine – $\mathcal{C}$ 04 93 39 13 10 – www.restaurantmantel.com
– Fax 04 93 38 77 29 – Fermé 1er-15 juil., 23-29 déc., jeudi midi, merc. et le midi
en juil.-août AZ**c**
Rest – Menu 27 € (déj.), 37/57 € – Carte 55/80 €
♦ Derrière une façade discrète, sympathique entrée (vitrine de pâtisseries et cave à vins) et
salle décorée avec goût dans un esprit contemporain. Belle cuisine aux saveurs provençales.

XX **Rest. Arménien** $\boxed{\text{AC}}$ $\boxed{\text{VISA}}$ $\boxed{\text{oo}}$ $\boxed{\text{O}}$

82 bd de la Croisette – $\mathcal{C}$ 04 93 94 00 58 – www.lerestaurantarmenien.com
– Fax 04 93 94 56 12 DZ**a**
Rest – (dîner seult) Menu 45 €
♦ Le menu du jour convie à une goûteuse – et très copieuse – escapade culinaire en Armé-
nie. Cadre un peu kitsch, service jusqu'à minuit, accueil charmant et clientèle fidèle.

XX **Relais des Semailles** $\boxed{\text{AC}}$ $\Leftrightarrow$ $\boxed{\text{VISA}}$ $\boxed{\text{oo}}$

9 r. St-Antoine – $\mathcal{C}$ 04 93 39 22 32 – www.lerelaisdessemailles.fr
– Fax 04 93 39 84 73 – Fermé dim. soir et lundi midi AZ**z**
Rest – (22 €) Menu 30/42 € – Carte 50/90 €
♦ Tableaux, meubles anciens et bibelots composent le cadre cosy de ce restaurant situé
dans une ruelle de la vieille ville (salon pour repas privés). Cuisine à l'accent provençal.

XX **Rendez-Vous** $\boxed{\text{AC}}$ $\boxed{\text{VISA}}$ $\boxed{\text{oo}}$ $\boxed{\text{AE}}$

35 r. F.-Faure – $\mathcal{C}$ 04 93 68 55 10 – Fax 04 93 38 96 21 – Fermé 4 janv.-21 fév.
Rest – (15 €) Menu 22/30 € – Carte 35/50 € AZ**g**
♦ Rendez-Vous dans ce joli restaurant révélant un nouveau décor contemporain d'inspiration
Art déco. Poissons, crustacés et plats traditionnels à l'accent méridional.

XX **Côté Jardin** $\boxed{\text{AC}}$ $\boxed{\text{VISA}}$ $\boxed{\text{oo}}$ $\boxed{\text{AE}}$

12 av. St-Louis – $\mathcal{C}$ 04 93 38 60 28 – www.restaurant-cotejardin.com
– Fax 04 93 38 60 28 – Fermé 27 oct.-5 nov., dim. et lundi X**a**
Rest – (22 €) Menu 30/38 €
♦ Sympathique petit restaurant dans un quartier résidentiel. Salle à manger-véranda et jar-
dinet-terrasse ombragé. Plats familiaux et du marché, à découvrir sur l'ardoise du jour.

X **L'Affable** $\boxed{\text{&}}$ $\boxed{\text{AC}}$ $\boxed{\text{VISA}}$ $\boxed{\text{oo}}$ $\boxed{\text{AE}}$

5 r. la Fontaine – $\mathcal{C}$ 04 93 68 02 09 – www.restaurant-laffable.fr
– Fax 04 93 68 19 09 – Fermé août, sam. midi et dim. CZ**d**
Rest – (20 €) Menu 24 € (déj.)/38 € – Carte 60/82 €
♦ Décor épuré rehaussé de tableaux modernes et cuisine visible de tous dans ce bistrot
contemporain proposant une carte assez courte, à la fois sage et appétissante.

X **Caveau 30** $\boxed{\text{AC}}$ $\boxed{\text{VISA}}$ $\boxed{\text{oo}}$ $\boxed{\text{AE}}$ $\boxed{\text{O}}$

45 r. F.-Faure – $\mathcal{C}$ 04 93 39 06 33 – www.lecaveau30.com – Fax 04 92 98 05 38
Rest – (15 €) Menu 24/36 € – Carte 35/60 € AZ**f**
♦ Deux grandes salles à manger façon brasserie des années 1930. Bar moderne et terrasse
donnant sur une grande place ombragée. Poissons, coquillages et plats traditionnels.

X **La Cave** $\boxed{\text{AC}}$ $\boxed{\text{VISA}}$ $\boxed{\text{oo}}$ $\boxed{\text{AE}}$

9 bd de la République – $\mathcal{C}$ 04 93 99 79 87 – www.restaurant-lacave.com
– Fax 04 93 94 04 71 – Fermé 16-30 août, sam. midi et dim. CY**q**
Rest – (22 €) Menu 31 € – Carte 40/60 € $\boxtimes$
♦ Un vrai petit bistrot, actuel et convivial, avec ses ardoises de suggestions du jour et sa
riche carte des vins hexagonale particulièrement bien composée.

X **Aux Bons Enfants** $\boxed{\text{AC}}$

80 r. Meynadier – Fermé 22 nov.-4 janv., dim. et lundi AZ**r**
Rest – (nombre de couverts limité, prévenir) Menu 24 €
♦ Sympathique adresse familiale d'esprit bistrot où l'on cultive avec bonheur l'art de rece-
voir. Cuisine provençale. Pas de téléphone et paiement en liquide.

※ **La Table du Chef**　　　　　　　　　AC VISA ◉ AE
5 r. Jean-Daumas – ℰ *04 93 68 27 40*　　　　　　CYf
Rest – *(Fermé 3-10 avril, 4-11 oct., 1er-18 janv., mardi soir, merc. soir, dim. et lundi) (nombre de couverts limité, prévenir)* (14 €) Menu 35 € (dîner)
♦ Voici un bistrot de poche à découvrir à deux pas de la rue d'Antibes. Accueil prévenant et cuisine traditionnelle de qualité, avec un "menu surprise" unique le soir.

au Cannet 3 km au Nord - V – 42 531 h. – alt. 80 m – ⊠ 06110

🛈 Office de tourisme, avenue du Campon ℰ 04 93 45 34 27, Fax 04 93 45 28 06

※ **Pézou**　　　　　　　　　　　　　🛖 ⅋ VISA ◉
346 r. St-Sauveur – ℰ *04 93 69 32 50 – Fax 04 93 43 69 14 – Fermé 15 nov.-15 déc., dim. soir sauf juil.-août et merc.*　　　Vr
Rest – (13 €) Menu 18 € (déj.), 26/32 € – Carte 35/42 €
♦ Dans le quartier pittoresque du vieux Cannet, sympathique restaurant situé sur une jolie placette où l'on dresse la terrasse sous les platanes. Cuisine à l'accent provençal.

LE CANNET – 06 Alpes-Maritimes – 341 D6 – rattaché à Cannes

CAPBRETON – 40 Landes – 335 C13 – 7 565 h. – alt. 6 m – Casino　　3 A3
– ⊠ 40130 ▯ Aquitaine

▶ Paris 749 – Bayonne 22 – Biarritz 29 – Mont-de-Marsan 90
🛈 Office de tourisme, avenue Georges Pompidou ℰ 05 58 72 12 11, Fax 05 58 41 00 29
🛈₈ de Seignosse à Seignosse Avenue du Belvédère, N : 8 km par D 152, ℰ 05 58 41 68 30

quartier de la plage

🏨 **Baya Hôtel & Spa**　　　⇐ 🛖 �🏊 ◉ 🛁 ⎮ 🌡 ⚙ AC 📶 🎰 P 🚬 VISA ◉ AE
85 av. du Mar.-de-Lattre-de-Tassigny – ℰ *05 58 41 80 00*
– www.capclubhotel.com – Fax 05 58 41 80 41
75 ch – †79/290 € ††79/290 €, �syₐ 12 € **Rest** – Menu 19 € – Carte 27/40 €
♦ Situé en front de mer, un hôtel rénové dans un esprit zen avec quelques touches ethniques. Chambres au décor épuré. Prestations dédiées à la détente et la remise en forme. Au restaurant, cadre contemporain, grande terrasse face aux flots et cuisine traditionnelle.

🏠 **L'Océan**　　　　　　⇐ ▯ AC rest, 📶 P VISA ◉ AE ◉
85 av. G.-Pompidou – ℰ *05 58 72 10 22 – www.hotel-capbreton.com*
– Fax 05 58 72 08 43 – Fermé 28 nov.-24 déc. et 4-30 janv.
24 ch – †46/92 € ††56/110 €, �syₐ 9 € **Rest** – Menu 17/24 € – Carte 18/50 €
♦ Au bord du chenal, façade immaculée abritant des chambres dotées de balcons ; préférez celles situées sur l'arrière, plus au calme. L'Atlantique est à l'honneur, tant dans le décor de la brasserie que dans l'assiette. Pizzeria pour les petits creux.

quartier la Pêcherie

※※※ **Le Regalty**　　　　　　　　　🛖 VISA ◉ AE ◉
port de plaisance – ℰ *05 58 72 22 80 – Fax 05 58 72 22 80 – Fermé 1er-8 déc., janv., merc. soir, dim. soir et lundi*
Rest – Menu 29 € – Carte 49/65 €
♦ Restaurant aménagé au rez-de-chaussée d'un immeuble moderne. Salle à manger chaleureuse et grande terrasse pour apprécier une carte courte du marché et les produits de l'océan.

※ **Le Pavé du Port**　　　　　　　　🛖 AC VISA ◉
port de plaisance – ℰ *05 58 72 29 28 – www.le-pave-du-port.com*
– Fax 05 58 72 29 28 – Fermé des vacances de Noël à mi-janv., lundi midi et merc. midi en juil.-août, mardi de mi-sept. à mi-avril et merc.
Rest – Menu 16/29 € – Carte 26/39 €
♦ Du poisson tout frais pêché alimente la table de ce restaurant installé sur le port de plaisance. Salles à manger aux discrètes touches marines et terrasse-véranda.

CAP COZ – 29 Finistère – 308 H7 – rattaché à Fouesnant

CAP-d'AGDE – 34 Hérault – **339** G9 – rattaché à Agde

CAP d'AIL – 06 Alpes-Maritimes – **341** F5 – 4 887 h. – alt. 51 m — 42 E2
– ⊠ 06320

▶ Paris 945 – Monaco 3 – Menton 14 – Monte-Carlo 4

🛈 Office de tourisme, 87, avenue du 3 Septembre ✆ 04 93 78 02 33,
Fax 04 92 10 74 36

Voir plan de Monaco (Principauté de)

🏨 **Marriott Riviera la Porte de Monaco** ≼ 🛋 ⌇ 🕏 ⃒ 🕹 ㅂ ch, 🔣
au port – ✆ 04 92 10 67 67 ⁿ 🕏 🚗 VISA ◍ AE ◍
– www.marriottportedemonaco.com – Fax 04 92 10 67 00 AV**n**
186 ch – ♦169/299 € ♦♦169/299 €, ⌇ 21 € – 15 suites
Rest – Menu 20 € bc (déj. en sem.)/29 € – Carte 35/55 €
♦ Immeuble moderne face à la marina de Cap-d'Ail. Chambres très confortables, conformes
aux normes de la chaîne ; la plupart sont dotées de loggias avec vue sur la mer. Restaurant de style brasserie chic, terrasse sur le port ; cuisine traditionnelle.

CAP d'ANTIBES – 06 Alpes-Maritimes – **341** D6 – rattaché à Antibes

CAPDENAC-LE-HAUT – 46 Lot – **337** I4 – rattaché à Figeac

CAP-FERRET – 33 Gironde – **335** D7 – alt. 11 m – ⊠ 33970 ▌ Aquitaine — 3 B2
▶ Paris 650 – Arcachon 66 – Bordeaux 71 – Lacanau-Océan 55
◙ ⁂ ★ du phare.

🏠 **La Frégate** sans rest ⌇ ㅂ 🕏 🅿 🅿 VISA ◍ AE ◍
34 av. de l'Océan – ✆ 05 56 60 41 62 – www.hotel-la-fregate.net
– Fax 05 56 03 76 18 – Fermé déc. et janv.
29 ch – ♦49/157 € ♦♦49/157 €, ⌇ 11 €
♦ Autour d'une agréable piscine, ces deux maisons balnéaires ont retrouvé leur éclat : les
chambres rénovées arborent un look à la fois sobre (tons blancs), actuel et chic.

✗ **Le Pinasse Café** ≼ 🛋 VISA ◍ AE
2 bis av. de l'Océan – ✆ 05 56 03 77 87 – www.pinassecafe.com
– Fax 05 56 60 63 47 – Ouvert 19 fév.-30 sept.
Rest – (32 €) Menu 39 € – Carte 33/131 €
♦ Grande salle (avec terrasse) face au bassin et à la dune du Pilat. Décor marin et cuisine
iodée, huîtres en tête. La pinasse est le bateau traditionnel du littoral arcachonnais.

CAP FRÉHEL – 22 Côtes-d'Armor – **309** I2 – **Casino** ▌ Bretagne — 10 C1
▶ Paris 438 – Dinan 43 – Dinard 36 – Lamballe 36
◙ Site ★★★ – ⁂ ★★★ - Fort La Latte : site ★★, ⁂ ★★ SE : 5 km.

✗ **La Fauconnière** ≼ VISA ◍
à la Pointe – ✆ 02 96 41 54 20 – Ouvert début avril-1er nov. et fermé merc.
de sept. à oct.
Rest – (déj. seult) (13 €) Menu 20/28 € – Carte 26/43 €
♦ Ce restaurant situé dans un site classé uniquement accessible à pied, est ancré sur les
roches rouge violacé de la Fauconnière. Décor très sobre mais vue exceptionnelle.

CAP GRIS-NEZ ★★ – 62 Pas-de-Calais – **301** C2 – ⊠ 62179 — 30 A1
Audinghen ▌ Nord Pas-de-Calais Picardie
▶ Paris 288 – Arras 139 – Boulogne-sur-Mer 21 – Calais 32

✗ **La Sirène** ≼ ⁂ 🅿 VISA ◍
– ✆ 03 21 32 95 97 – Fax 03 21 32 74 75 – Fermé 15 déc.-25 janv., le soir sauf
de mai à août, dim. soir et lundi
Rest – Menu 22/36 € – Carte 25/45 €
♦ Point de sirènes à l'horizon, mais homards et poissons vous charmeront dans cette maison
postée au bord de l'eau, face aux côtes anglaises (visibles par beau temps).

CAPINGHEM – 59 Nord – **302** F4 – rattaché à Lille

CAPPELLE-LA-GRANDE – 59 Nord – **302** C2 – rattaché à Dunkerque

CARANTEC – 29 Finistère – **308** H2 – 3 088 h. – alt. 37 m – ⊠ 29660   **9** B1
▌Bretagne

> ▣ Paris 552 – Brest 71 – Lannion 53 – Morlaix 14
> ▯ Office de tourisme, 4, rue Pasteur ℰ 02 98 67 00 43, Fax 02 98 67 90 51
> ▣ de Carantec Rue de Kergrist, S : 1 km par D 73, ℰ 02 98 67 09 14
> ▣ Croix de procession★ dans l'église - "Chaise du Curé" (plate-forme) ≤★.
> ▣ Pointe de Pen-al-Lann ≤★★ E : 1,5 km puis 15 mn.

▣▣▣   **L'Hôtel de Carantec-Patrick Jeffroy** ⟡   ≤ 🚗 🖭 🍽 ch, 🛰 🏋
✿✿   r. du Kelenn – ℰ 02 98 67 00 47   🅿 💳 ⓿ 🅰🅴
– www.hoteldecarantec.com – Fax 02 98 67 08 25
– Fermé 16 nov.-9 déc., 18 janv.-3 fév., dim. soir, lundi et mardi sauf fériés et sauf
vacances scolaires du 14 sept. au 16 juin, lundi midi, mardi midi et jeudi midi du
17 juin au 13 sept.
12 ch – ♦125/148 € ♦♦165/236 €, ⊇ 18 €
Rest – (prévenir) Menu 40 € bc (déj. en sem.), 68/140 € – Carte 90/190 €🍴
Spéc. Coquillages et crustacés de la baie de Morlaix. Homard bleu et tête de
veau rôtie (mai à nov.). Crêpes dentelles aux fruits rouges (mai à oct.).
♦ Cette charmante maison de 1936 surplombe la superbe baie de Morlaix. Les chambres
(avec terrasse au 2e étage), contemporaines et épurées, donnent toutes sur la Manche. Restaurant panoramique où l'on se régale d'une cuisine inventive, "terre et mer" à l'unisson.

CARCASSONNE 🅿 – 11 Aude – **344** F3 – 46 639 h. – alt. 110 m   **22** B2
– ⊠ 11000 ▌Languedoc Roussillon

> ▣ Paris 768 – Albi 110 – Narbonne 61 – Perpignan 114
> ▣ de Carcassonne-Salvaza : ℰ 04 68 71 96 46, par ④ : 3 km.
> ▯ Office de tourisme, 28, rue de Verdun ℰ 04 68 10 24 30, Fax 04 68 10 24 38
> ▣ de Carcassonne Route de Saint Hilaire, S : 4 km par D 118 et D 104,
>   ℰ 06 13 20 85 43
> ▣ La Cité★★★ - Basilique St-Nazaire★ : vitraux★★, statues★★ - Musée du
>   château Comtal : calvaire★ de Villanière - Montolieu★ (village du livre)
>   - Châteaux de Latours★ .

▣▯   **Les Trois Couronnes**   ≤ 🚗 🖭 🖳 & ch, 🅰🅲 🛰 🏋 🚿 💳 ⓿ 🅰🅴 ⓪
2 r. Trois-Couronnes – ℰ 04 68 25 36 10 – www.hotel-destroiscouronnes.com
– Fax 04 68 25 92 92   BZ**v**
69 ch – ♦90/140 € ♦♦90/140 €, ⊇ 11 € – ½ P 65/90 €
Rest – (Fermé janv.) (dîner seult) Carte 28/45 €
♦ Cet hôtel a fait peau neuve en 2009 : cadre actuel, couleurs tendance (rouge, gris) et vue
remarquable sur la Cité depuis la quarantaine de chambres avec balcon. Petite piscine au 4e
étage. Tout en haut, restaurant panoramique tourné vers la forteresse.

↑   **La Maison Coste**   🚗 🛰 💳 ⓿ 🅰🅴
40 r. Coste-Reboulh – ℰ 04 68 77 12 15 – www.maison-coste.com
– Fax 04 68 77 59 91 – Fermé 30 janv.-8 fév.   BZ**n**
5 ch ⊇ – ♦73/145 € ♦♦88/160 €   **Table d'hôte** – Menu 30 €
♦ Tout a été pensé pour que l'on se sente bien dans cette accueillante maison décorée dans
un style contemporain sobre et du meilleur goût. Jardin-terrasse, jacuzzi et solarium.
Menu unique (annoncé le soir même) à la table d'hôtes ; apéritif et café offerts.

XXX   **Le Parc Franck Putelat**   🛰 & 🅰🅲 🅿 💳 ⓿ 🅰🅴
✿   80 chemin des Anglais, au Sud de la Cité - C – ℰ 04 68 71 80 80
– www.restaurantleparcfranckputelat.fr – Fax 04 68 71 80 79
– Fermé 1er-24 janv., vacances de la Toussaint, dim. et lundi sauf fériés
Rest – (29 € bc) Menu 48/98 € – Carte 70/90 €🍴
Spéc. Araignée de mer servie en coque, pulpe de carotte, infusion de thé Earl
Grey (été). Filet de bœuf "Bocuse d'Or 2003". Fraises gariguette d'amour,
crème brûlée végétale, brioche au sucre (été). **Vins** Corbières, Limoux.
♦ Au pied de la Cité médiévale, une salle contemporaine et lumineuse, ouverte sur un jardin
(terrasse). Cuisine très soignée et savoureuse, créative sans excès, et dont le caractère s'affirme.

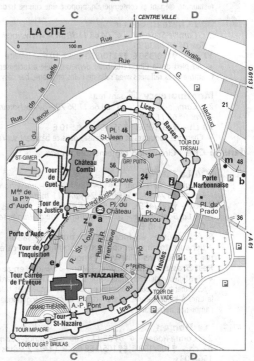

CARCASSONNE

XX **Robert Rodriguez**　　　　　　　　🔲 ⇔ 🚾 ☻ 🄰🄴

*39 r. Coste-Reboulh – ℰ 04 68 47 37 80 – www.restaurantrobertrodriguez.com
– Fax 04 68 47 37 80 – Fermé dim., lundi et merc.*　　　　　　BZ**z**
Rest – *(dîner seult) (nombre de couverts limité, prévenir)* Menu 60/100 € 🏵
Rest *La Cantine de Robert* – 1 pl. de Lattre de Tassigny *(fermé merc. soir et dim.)* Carte 23/45 €

• Dans ce restaurant intimite, Robert Rodriguez élabore une cuisine créative aux accents du terroir qu'il propose sur une carte de saison privilégiant les produits locaux. Place à une ambiance bistrot de l'autre côté de la rue.

XX **Le Clos Occitan**　　　　　　　　🍴 ৬ 🔲 🚾 ☻ 🄰🄴 🅞
🍴 *68 bd Barbès – ℰ 04 68 47 93 64 – www.restaurant-carcassonne-closoccitan.com
– Fax 04 68 72 46 91 – Fermé 5 janv.-1ᵉʳ fév., sam. midi, dim. soir et lundi*
Rest – Menu 15 € (déj. en sem.), 22/41 € – Carte 35/51 €　　　　AZ**s**
• Ancien garage converti en restaurant : décor ensoleillé dans la salle en partie sur mezzanine et patio-terrasse ombragé. Longue carte traditionnelle et produits du marché.

à l'entrée de la Cité près porte Narbonnaise

🏨 **Mercure Porte de la Cité** 🕭　　🖼 🍴 ⅃ 📶 ৬ ch, 🔲 🎽 rest, 📶 ♨️
🍴 *18 r. Camille-St-Saens – ℰ 04 68 11 92 82*　　　　🅿 🚾 ☻ 🄰🄴 🅞
– www.mercure-carcassonne.fr – Fax 04 68 71 11 45　　　　D**b**
80 ch – †79/130 € ††89/140 €, ⚌ 13 €　**Rest** – Menu 17 € – Carte 19/51 €
• Hôtel de chaîne fraîchement agrandi et rajeuni de pied en cap dans un style actuel épuré. Chambres au look associant bois blond et teintes pastel ; certaines regardent la Citadelle. Le restaurant, élégant et contemporain, propose une cuisine traditionnelle.

🏨 **Du Château** sans rest　　　　　🖼 ⅃ ৬ 🔲 📶 🅿 🚾 ☻ 🄰🄴 🅞
*2 r. Camille-St-Saens – ℰ 04 68 11 38 38 – www.hotelduchateau.net
– Fax 04 68 11 38 39*　　　　　　　　　　　　　　Dm
17 ch – †110/350 € ††110/350 €, ⚌ 10 € – 1 suite
• Au pied de la Cité, cette belle demeure mêle astucieusement ancien et contemporain. Chambres très raffinées avec salle de bains en pierre, bar cosy, belle piscine, terrasse.

Montmorency 🏨 sans rest　　　　　　📶 🅿 🚾 ☻ 🄰🄴 🅞
*2 r. Camille-St-Saens – ℰ 04 68 11 96 70 – www.hotelmontmorency.com
– Fax 04 68 11 96 79*　　　　　　　　　　　　　　Dm
20 ch – †65/105 € ††65/105 €, ⚌ 10 €
• Chambres coquettes et chaleureuses dans ce bâtiment sur l'arrière de la maison principale.

dans la Cité - Circulation réglementée en été

🏨 **De La Cité** 🕭　　　≼ 🖼 ⅃ 📶 ৬ ch, 🔲 📶 ♨️ 🅿 🚳 🚾 ☻ 🄰🄴 🅞
✿ *pl. Auguste-Pierre-Pont – ℰ 04 68 71 98 71 – www.hoteldelacite.com
– Fax 04 68 71 50 15 – Fermé 24 janv.-11 mars*　　　　　　C**e**
53 ch – †225/455 € ††225/455 €, ⚌ 28 € – 8 suites
Rest *La Barbacane* – *(fermé mardi et merc.) (dîner seult)* Menu 75/160 € bc – Carte 100/130 €
Spéc. Légumes en fricassée aux truffes de saison. Pavé de loup braisé aux artichauts, tomates et courgettes. Soufflé chaud café et chocolat, sorbet menthe poivrée. **Vins** Minervois, Limoux.
Rest *Brasserie Chez Saskia* – Menu 30 € (déj. en sem.)/45 € – Carte 35/50 €
• Prestigieuse demeure remplie de calme, entourée d'un jardin avec piscine côté remparts. Agencements luxueux, chambres personnalisées, quelques balcons et terrasses avec vue sur la Cité. À La Barbacane, cuisine actuelle et cadre néogothique cosy. Chez Saskia, brasserie à l'ambiance décontractée.

🏨 **Le Donjon**　　　🖼 🍴 📶 ৬ ch, 🔲 📶 ♨️ 🅿 🚾 ☻ 🄰🄴 🅞
2 r. Comte-Roger – ℰ 04 68 11 23 00 – www.hotel-donjon.fr – Fax 04 68 25 06 60
62 ch – †105/158 € ††105/158 €, ⚌ 12 € – 2 suites – ½ P　　　　C**a**
156/203 €
Rest – *(fermé dim. soir de nov. à mars)* (15 €) Menu 20/29 € – Carte 22/54 €
• Lové au cœur des remparts de la Cité, hôtel à l'atmosphère médiévale composé de trois maisons. Chambres personnalisées d'esprit cosy ou contemporaines dans l'annexe voisine. Cuisine traditionnelle servie à la brasserie (déco actuelle tendance Moyen Âge revisité).

Comte Roger ✗✗   🕾 *VISA* ◉ AE

14 r. St-Louis – ℰ 04 68 11 93 40 – www.comteroger.com – Fax 04 68 11 93 41
– Fermé fév., dim. et lundi sauf fériés   **Cz**
Rest – (18 €) Menu 35/45 € – Carte 36/57 €
♦ Vos flâneries dans la Cité vous mèneront peut-être à cette terrasse ombragée dressée au bord d'une venelle animée. Intérieur moderne épuré et carte attentive au marché.

à Aragon 10 km par ① D 118 et D 935 – 441 h. – alt. 195 m – ✉ 11600

🖪 La Bergerie (Fabien Galibert) ✑   ≤ 🕾 ⅃ & ch, AK ch, P *VISA* ◉ AE
❀ allée Pech-Marie – ℰ 04 68 26 10 65
– www.labergeriearagon.com – Fax 04 68 77 02 23
– Fermé 17 oct.-3 nov. et 15 fév.-9 mars
8 ch – ♦110/130 € ♦♦180/210 €, � 10 € – ½ P 130/210 €
Rest – (fermé lundi midi, mardi midi et merc. midi de juin à sept., mardi et merc. en juil.-août) Menu 25 € bc (déj. en sem.), 37/90 € bc – Carte 53/78 €
Spéc. Salade de gésiers à la façon du chef. Turbot façon "zarzuela". Aumônière d'automne (saison). **Vins** Cabardès, Vin de pays de l'Aude.
♦ Maison récente qui se fond bien dans le décor de ce pittoresque village perché. Agréables chambres provençales d'où l'on admire le vignoble de Cabardès. Salle à manger lumineuse aux tons pastel pour une cuisine de saison inventive ne négligeant pas le terroir.

---

au hameau de Montredon 4 km au Nord-Est par r. A. Marty **BY**
– ✉ 11000 Carcassonne

🖪 Hostellerie St-Martin ✑   ♨ ⅃ & AK ❄ ⑈ P *VISA* ◉
– ℰ 04 68 47 44 41 – www.chateausaintmartin.net – Fax 04 68 47 74 70
– ouvert 13 mars-14 nov.
15 ch – ♦65/75 € ♦♦80/105 €, ⊒ 9 €
Rest *Château St-Martin* – voir ci-après
♦ Bâtie dans un parc paisible, cette maison languedocienne recèle de confortables chambres au charme campagnard (mobilier en chêne et équipements actuels). Jolie piscine d'été.

✗✗✗ Château St-Martin "Trencavel"   ♨ 🕾 ❖ P *VISA* ◉ AE
– ℰ 04 68 71 09 53 – www.chateausaintmartin.net – Fax 04 68 25 46 55
– fermé 21-27 fév., dim. soir et merc.
Rest – Menu 33/57 € – Carte 41/70 €
♦ Au fond d'un parc, belle demeure des 17e et 18e s., flanquée d'une tour médiévale. Sobre intérieur agrémenté d'une fresque et agréable terrasse d'été. Cuisine classique.

à Floure 11 km par ② et D 6113 – 351 h. – alt. 77 m – ✉ 11800

🛏 Château de Floure ✑   🚅 🕾 ⅃ 🖬 ❄ 📶 & ch, AK 🔺 P
1 allée Gaston-Bonheur – ℰ 04 68 79 11 29   *VISA* ◉ AE ①
– www.chateau-de-floure.com – Fax 04 68 79 04 61
– Ouvert 23 mars-14 nov.
21 ch – ♦140/220 € ♦♦140/220 €, ⊒ 16 € – 4 suites – ½ P 131/171 €
Rest – (fermé le mardi de mars à mai et de sept. à nov.) (dîner seult)
Menu 49/79 € – Carte 73/81 €
♦ Jadis villa romaine puis monastère, ce château (12e-17e s.) arbore un cadre opulent (dorures, tapisseries). Chambres de caractère donnant sur le jardin à la française. Restaurant au cadre bourgeois relevé d'une touche médiévale et cuisine traditionnelle.

Les maisons d'hôtes ⋔ ne proposent pas les mêmes services qu'un hôtel. Elles se distinguent généralement par leur accueil et leur décor, qui reflètent souvent la personnalité de leurs propriétaires. Celles classées en rouge ⋔ sont les plus agréables.

au Sud par ③ 3 km et par D104 – ✉ **11000 Carcassonne**

🏨 Domaine d'Auriac ⌂ ≤ 🅿 ♨ 🏊 ✖ 🖼 📶 AC 🛜 👍 P 🅿

– ℰ 04 68 25 72 22 – www.domaine-d-auriac.com   VISA ⓿⓿ AE ①
– Fax 04 68 47 35 54 – Fermé 7-15 nov., 2 janv.-7 fév.,
dim. soir et lundi d'oct. à mars
24 ch – †100/450 € ††150/450 €, � 22 € – ½ P 175/325 €
Rest – (fermé dim. soir et lundi d'oct. à mars, lundi midi, mardi midi et merc.
midi d'avril à sept. sauf fériés) (45 € bc) Menu 65/100 € – Carte 77/104 €
Spéc. Assiette de dégustation autour de l'anchois de Collioure. Cassoulet
du Domaine. Grande assiette de desserts. **Vins** Vin de pays de l'Hérault,
Corbières.
Rest Bistrot d'Auriac – ℰ 04 68 25 37 19 (fermé 21-29 nov., lundi et le soir du
mardi au jeudi d'oct. à avril et dim. soir sauf fériés) Menu 17 € (déj.)/30 €
– Carte 21/40 € le soir
♦ Belle demeure du 19e s. dans un parc avec golf 18 trous. Chambres personnalisées au châ-
teau, grandes et méridionales dans les dépendances. Savoureuse cuisine du terroir servie
dans une salle à manger bourgeoise prolongée d'une terrasse. Club-house façon bistrot.

à Cavanac 7 km par ③ et rte de St-Hilaire – 826 h. – alt. 138 m – ✉ **11570**

🏨 Château de Cavanac ⌂ 🚗 ♨ 🏊 ✖ 🖼 & ch, AC ch, 🎾 ch, 👍 P

– ℰ 04 68 79 61 04 – www.chateau-de-cavanac.fr   VISA ⓿⓿
– Fax 04 68 79 79 67 – Fermé 2 sem. en nov., janv. et fév.
24 ch – †68/150 € ††68/150 €, � 12 € – 4 suites
Rest – (fermé dim. soir et lundi) (dîner seult) (23 €) Menu 42 € bc/68 €
♦ Château du 17e s. dans un petit village flirtant avec un domaine viticole. Ravissantes
chambres baptisées de noms de fleurs. Véranda-terrasse pour les petits-déjeuners. Plats traditionnels et vins de la propriété dans le cadre rustique d'anciennes écuries.

**à Pezens 10 km au Nord-Ouest par ⑤ et D 6113 – 1 234 h. – alt. 117 m
–** ✉ **11170**

✖✖ L'Ambrosia (Daniel Minet) AC P VISA ⓿⓿

carrefour la Madeleine, D 6113 – ℰ 04 68 24 92 53 – Fax 04 68 24 84 01 – Fermé
2-18 nov., 4-26 janv., mardi de mi-sept. à fin juin, dim. de début juil. à mi-sept. et
lundi
Rest – Menu 29/59 € – Carte 55/76 €
Spéc. Filet de bœuf en carpaccio. Brochette de ris de veau et langoustines.
Soufflé à la pêche de vigne (saison).
♦ Après avoir repris cette affaire à l'âge de 22 ans, le jeune chef confirme son étonnant
talent : recettes inventives et pétillantes, pleines de sincérité, dans un environnement pourtant sans éclat, à l'extérieur de la ville.

CARENNAC – 46 Lot – 337 G2 – 385 h. – alt. 123 m – ✉ **46110   29 C1**
▌Périgord Quercy

▶ Paris 520 – Brive-la-Gaillarde 39 – Cahors 79 – Martel 16
🚹 Office de tourisme, le bourg ℰ 05 65 10 97 01, Fax 05 65 10 51 22
◉ Portail★ de l'église St Pierre - Mise au tombeau★ dans la salle capitulaire
du cloître.

🏠 Hostellerie Fénelon ⌂ 🚗 ♨ P VISA ⓿⓿

Le Bourg – ℰ 05 65 10 96 46 – www.hotel-fenelon.com – Fax 05 65 10 94 86
– Fermé 16 nov.-19 déc., 5 janv.-14 mars et le vend. du 1er oct. au 30 avril
15 ch – †51/59 € ††54/71 €, � 10 € – ½ P 62/71 €
Rest – (fermé lundi midi, vend. midi et sam. midi sauf juil.-août) (18 €)
Menu 24/45 € – Carte 26/58 €
♦ Grande maison quercynoise à l'ambiance familiale, où vous préférerez les chambres offrant
une vue sur le cours de la Dordogne. Poutres, pierres, cheminée et objets paysans font le
cachet de la salle de restaurant largement ouverte sur la campagne.

CARGÈSE – 2A Corse-du-Sud – 345 A7 – voir à Corse

CARHAIX-PLOUGUER – 29 Finistère – 308 J5 – 7 676 h. – alt. 138 m — 9 B2
– ⊠ 29270 ▌ Bretagne

▶ Paris 506 – Brest 86 – Guingamp 49 – Lorient 74

🚹 Office de tourisme, rue Brizeux 𝒞 02 98 93 04 42, Fax 02 98 93 23 83

Noz Vad sans rest   🞓 ⅍ ⁽ᵖ⁾ 🚿 VISA ⚅

12 bd de la République – 𝒞 02 98 99 12 12 – www.nozvad.com
– Fax 02 98 99 44 32 – Fermé 21 déc.-11 janv.
44 ch – 🚹42/89 € 🚹🚹49/95 €, ⊒ 8,50 €
♦ Intérieur contemporain ponctué de touches de décoration bretonnes (peintures, photos, etc.). Vous passerez une "noz vad" (bonne nuit) dans une chambre sobre et fonctionnelle.

à Port de Carhaix 6 km au Sud-Ouest par rte de Lorient
– ⊠ 29270 Carhaix-Plouguer

Auberge du Poher   🚗 P VISA ⚅

– 𝒞 02 98 99 51 18 – www.auberge-du-poher.com – Fax 02 98 99 51 18
– Fermé lundi soir et mardi soir hors saison et merc.
Rest – (14 €) Menu 25/45 € – Carte 32/48 €
♦ Cette gentille auberge abrite une salle à manger champêtre tournée vers un jardin. Cuisine traditionnelle concoctée avec de beaux produits.

CARIGNAN – 08 Ardennes – 306 N5 – 3 188 h. – alt. 174 m – ⊠ 08110 — 14 C1

▶ Paris 264 – Charleville-Mézières 43 – Mouzon 8 – Montmédy 24

La Gourmandière   🚗 ⅍ ⅍ P VISA ⚅

19 av. Blagny – 𝒞 03 24 22 20 99 – www.la-gourmandiere.com
– Fax 03 24 22 20 99 – Fermé lundi sauf fériés
Rest – (20 €) Menu 29/69 € – Carte 50/80 €𝔅
♦ Cette maison bourgeoise de 1890 choie ses convives : cuisine gourmande et généreuse (à base de produits du potager), belle carte des vins, intérieur feutré et terrasse-jardin.

CARNAC – 56 Morbihan – 308 M9 – 4 445 h. – alt. 16 m – Casino Z — 9 B3
– ⊠ 56340 ▌ Bretagne

▶ Paris 490 – Auray 13 – Lorient 49 – Quiberon 19

🚹 Office de tourisme, 74, avenue des Druides 𝒞 02 97 52 13 52,
Fax 02 97 52 86 10

🟦 de Villarceaux à Auray Ploemel, N : 8 km par D 196, 𝒞 02 97 56 85 18

◎ Musée de préhistoire★★ M - Église St-Cornély★ E - Tumulus St-Michel★ :
≼★ - Alignements du Ménec★★ par D 196 : 1,5 km - Alignements de
Kermario★★ par ② : 2 km - Alignements de Kerlescan★ par ② : 4,5 km.

Plan page suivante

Le Diana   ≼ ⅍ ⬚ 🛦 🞓 ⅍ ch, ⁽ᵖ⁾ 🚿 P VISA ⚅ AE ①

21 bd de la Plage – 𝒞 02 97 52 05 38 – www.lediana.com – Fax 02 97 52 87 91
– Ouvert 1ᵉʳ avril-4 oct.   Z**r**
38 ch – 🚹127/250 € 🚹🚹142/250 €, ⊒ 21 € – 3 suites – ½ P 126/180 €
Rest – (ouvert 29 avril-4 oct.) (dîner seult sauf sam. et dim.) Menu 39/69 €
– Carte 50/69 €𝔅
♦ Atmosphère cossue dans ce grand hôtel aux chambres plutôt spacieuses ayant vue sur l'océan ou – plus calmes – sur le minigolf. Espace bien-être. Véranda et terrasse face à la plage ; cuisine dans l'air du temps et carte des vins et de rhums très étoffée.

Novotel ⤚   ≼ 🚗 ⅍ ⬚ ◎ 🛦 🞏 🞓 ⅍ 🞘 ⁽ᵖ⁾ 🚿 P VISA ⚅ AE ①

av. de l'Atlantique – 𝒞 02 97 52 53 00 – www.thalasso-carnac.com
– Fax 02 97 52 53 55 – Fermé 3-17 janv.   Z**s**
109 ch – 🚹106/225 € 🚹🚹125/230 €, ⊒ 15 € – 1 suite
Rest Le Clipper – (23 €) Menu 30 € – Carte 35/55 €
Rest Secrets de Cuisine – Menu 30 € bc
♦ Accès direct à la "thalasso", piscine d'eau de mer, spa moderne, fitness, tennis et chambres avenantes : un Novotel ressourçant ! Au Clipper, plats traditionnels et cadre marin. Secrets de Cuisine propose des recettes diététiques et inventives.

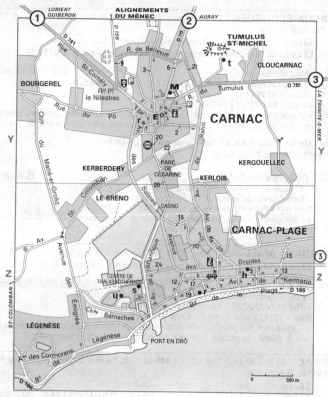

Le Churchill sans rest
← ⇐ ⑤ ⼭ & ⑨ ⏝ VISA ⚫ AE

70 bd de la Plage, 1 km à l'Est par D 186 - Z – ℰ 02 97 52 50 20
– www.lechurchill.com – Fax 02 97 52 18 48 – Ouvert 15 mars-14 nov.
28 ch – ⛨140/280 € ⛨⛨140/280 €, ⇌ 18 €

◆ À la pointe Churchill, édifice néobreton rénové sous le vocable de la mer (photos de Plisson). Chambres contemporaines à l'aménagement soigné. Espace bien-être et piscine.

Celtique
⇑ ⑤ ⼔ ⑯ ⏸ & 𝒴 rest, ⑨ 𝓐 P̄ ⏝ VISA ⚫ AE ⓪

82 av. des Druides – ℰ 02 97 52 14 15 – www.hotel-celtique.com – Fax 02 97 52 71 10
58 ch – ⛨80/180 € ⛨⛨80/180 €, ⇌ 13 € – 12 suites
Zh
Rest – *(fermé dim. soir de nov. à mars) (dîner seult) (résidents seult)* Menu 25 €

◆ Immeuble entouré de pins séculaires abritant des chambres revisitées à la mode bretonne, actuelles et claires. Proximité de la plage, piscine couvrable, jacuzzi et fitness. La cuisine classique et riche en produits de la mer s'adapte aux goûts de la clientèle.

Tumulus ⑤
⑨ ← ⇐ ⇑ ⑤ ⼭ & ⑨ 𝓐 P̄ VISA ⚫ AE

chemin du Tumulus – ℰ 02 97 52 08 21 – www.hotel-tumulus.com
– Fax 02 97 52 81 88 – Fermé 5 nov.-12 fév.
Yt
23 ch – ⛨90/295 € ⛨⛨90/295 €, ⇌ 16 € – ½ P 92/195 €
Rest – *(fermé le midi sauf dim.)* Menu 27/47 € – Carte 33/52 €

◆ Sur les hauteurs, cet hôtel des années 1920 (refait en 2006) profite de la vue sur le littoral. Chambres aux étages, bungalows dotés de terrasse, piscine et jacuzzi au jardin. Plats sagement traditionnels au restaurant, généreusement tourné vers la baie de Quiberon.

Ibis ⬡ ≤ 🚗 🖩 ⅃ ꧁ 🖳 ꜠ ⅃ ꧁ rest, ꧁ 🖳 🆎 🅿 ⅦⅡ5Ⅰ4 ⬤⬤ AE ⓪
av. de l'Atlantique – ✆ *02 97 52 54 00 – www.thalasso-carnac.com*
– Fax 02 97 52 53 66 – Fermé 3-17 janv. Z**u**
121 ch – ♦67/145 € ♦♦75/145 €, ☲ 11 € – ½ P 70/105 €
Rest – (17 €) Menu 22 € – Carte 20/44 €
◆ Ensemble hôtelier bâti au ras des anciennes salines et relié au centre de thalassothérapie. Confort de rigueur et balcons pour les chambres. Belle piscine couverte. Grand buffet dressé dans une coquette salle aux tons bleu et blanc, donnant sur un jardinet.

La Côte XX 🚗 🍴 🅿 VISA ⬤⬤
3 impasse er Forn, (alignements de Kermario), 2 km par ② – ✆ *02 97 52 02 80*
– www.restaurant-la-cote.com – Fermé 28 sept.-2 oct., 23-27 nov., 3 janv.-10 fév.,
sam. midi, dim. soir de sept. à juin, mardi midi en juil.-août et lundi
Rest – Menu 35/83 € – Carte 50/70 €
◆ Dans une ancienne ferme, à deux pas des alignements de Kermario, le célèbre site méga-lithique. Chaleureux restaurant rustique, véranda, terrasse sur jardin et plats inventifs.

La Calypso X VISA ⬤⬤
158 r. du Pô, zone ostréïcole du Pô - Y – ✆ *02 97 52 06 14*
– www.calypso-carnac.com – Fax 02 97 52 20 39 – Fermé 16 nov.-4 fév., dim. soir
sauf juil.-août et lundi
Rest – Carte 35/110 €
◆ Les habitués ne s'y trompent pas : ils savent trouver dans ce charmant bistrot marin pois-sons, coquillages et crustacés d'une remarquable fraîcheur et préparés avec simplicité.

Auberge le Râtelier avec ch ⬡ X 🅿 VISA ⬤⬤ AE
4 chemin du Douet – ✆ *02 97 52 05 04 – www.le-ratelier.com*
– Fax 02 97 52 76 11 – Fermé 17 nov.-10 déc. et 5 janv.-4 fév. Y**r**
8 ch – ♦43/52 € ♦♦43/52 €, ☲ 8 € – ½ P 49/62 €
Rest – (fermé mardi et merc. d'oct. à Pâques, mardi midi et merc. midi en juin
et sept.) Menu 21/46 € – Carte 34/80 €
◆ Ferme du 19ᵉ s. dont la façade en granit est recouverte de vigne vierge. Salle à manger conviviale ; cuisine régionale faisant la part belle au poisson. Chambres simples.

CARNON-PLAGE – 34 Hérault – 339 I7 – ⊠ 34280 23 C2
  ▶ Paris 758 – Aigues-Mortes 20 – Montpellier 20 – Nîmes 56
  🆔 Office de tourisme, rue du Levant ✆ 04 67 50 51 15, Fax 04 67 50 54 04

Neptune ≤ 🍴 ⅃ ꧁ ꧁ 🆎 🅿 🛥 VISA ⬤⬤ AE ⓪
au port – ✆ *04 67 50 88 00 – www.hotel-neptune.fr – Fax 04 67 50 96 72 – Fermé*
17 déc.-12 janv.
53 ch – ♦60/90 € ♦♦70/110 €, ☲ 11 € – ½ P 65/85 €
Rest – (fermé 21 déc.-15 janv., sam. midi et dim. soir sauf juil.-août) Menu 17 €
(déj. en sem.), 22/35 € – Carte 26/45 €
◆ Face au port de plaisance, bâtiment moderne abritant des chambres claires et conforta-bles, rénovées dans un style contemporain. Accueil convivial. Cuisine actuelle au restaurant ouvert sur une terrasse d'été, dressée près de la piscine.

CARPENTRAS ⊙ – 84 Vaucluse – 332 D9 – 27 451 h. – alt. 102 m 42 E1
– ⊠ 84200 ▯ Provence
  ▶ Paris 679 – Avignon 30 – Digne-les-Bains 139 – Gap 146
  🆔 Office de tourisme, 97 place du 25 août 1944 ✆ 04 90 63 00 78, Fax 04 90
    60 41 02
  🔟 Provence Country Club à Saumane-de-Vaucluse Route de Fontaine de
    Vaucluse, par rte de Cavaillon : 18 km, ✆ 04 90 20 20 65
  ◉ Ancienne cathédrale St-Siffrein★ : Synagogue★.

Plan page suivante

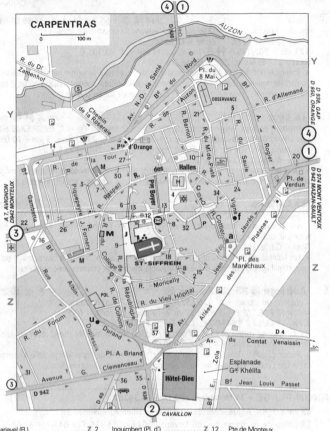

CARPENTRAS

🛏🛏 Safari 🍴 🏊 ⬚ 🛗 🔥 🆎 📶 🅿 𝗩𝗜𝗦𝗔 💳 AE

*1060 av. Jean-Henri Fabre, par ③ – ☏ 04 90 63 35 35 – www.safarihotel.fr
– Fax 04 90 60 49 99*

35 ch – 🛏65/120 € 🛏🛏70/180 €, ⬚ 12 € – ½ P 75/100 €

Rest – *(fermé dim. soir hors saison)* (18 €) Menu 27/47 € – Carte 39/72 €

◆ Hôtel rénové de pied en cap : mobilier design, touches de couleurs vives, œuvres d'art africain (la passion du patron), équipements modernes... Dans l'ascenseur vitré, vue sur le mont Ventoux. Au restaurant, cuisine provençale revisitée.

🏠 Le Comtadin sans rest ⬚ 🆎 📶 🔥 📶 𝗩𝗜𝗦𝗔 💳 AE ①

*65 bd Albin-Durand – ☏ 04 90 67 75 00 – www.le-comtadin.com
– Fax 04 90 67 75 01 – Fermé 21 déc.-24 janv., 13-21 fév. et dim. d'oct. à fév.*

19 ch – 🛏55/95 € 🛏🛏75/115 €, ⬚ 12 €   Zu

◆ Bel hôtel particulier de la fin du 18e s. dont la majorité des chambres, claires et bien insonorisées, donne sur le patio où l'on petit-déjeune l'été. Agréable salon lounge.

Du Fiacre sans rest   ((p)) VISA ◑◐ AE
153 r. de la Vigne – ℰ *04 90 63 03 15 – www.hotel-du-fiacre.com*
– Fax 04 90 60 49 73   Z**f**
18 ch – ♦63/90 € ♦♦68/110 €, ☲ 10 €
♦ Cet hôtel particulier (18ᵉ s.) de la vieille ville a conservé son atmosphère bourgeoise d'origine. Chambres personnalisées, confortables et chaleureuses ; joli patio-terrasse.

Château du Martinet sans rest ॐ   ♨ ⌇ ⌘ AC ⌇ P VISA ◑◐
rte de Mazan, 2,5 km par ① *–* ℰ *04 90 63 03 03 – www.chateau-du-martinet.fr*
– Fax 04 90 30 78 96
5 ch ☲ – ♦175/280 € ♦♦190/295 €
♦ Un superbe château du 18ᵉ s. au passé chargé d'histoire et aujourd'hui classé. Dans les chambres, mélange très réussi d'ancien et de moderne. Parcours santé dans le parc.

Chez Serge   ⌂ ⌇ VISA ◑◐ AE
90 r. Cottier – ℰ *04 90 63 21 24 – www.chez-serge.com – Fax 04 90 60 30 71*
– Fermé dim. de sept. à mai   Z**a**
Rest – (15 €) Menu 32/59 € – Carte 40/70 €
♦ Chez Serge, c'est une déco chaleureuse, mélant les styles campagnard, tendance, chic et industriel. Mais c'est avant tout une cuisine généreuse et une magnifique carte des vins.

à Beaumes-de-Venise 10 km par ① D 7 puis D 21 – ✉ 84190

🛈 Office de tourisme, place du Marché ℰ 04 90 62 94 39, Fax 04 90 62 93 25

Dolium   ⌂ & AC VISA ◑◐
pl. Balma-Vénitia, (cave des vignerons) – ℰ *04 90 12 80 00*
– www.dolium-restaurant.com – Fermé 15 déc.-15 janv., le soir du 16 sept. au 14 juin, jeudi midi du 15 juin au 15 sept. et merc.
Rest – (20 €) Menu 29/60 €
♦ Une table installée au sein de la cave des vignerons de Beaumes-de-Venise. Cadre moderne, cuisine régionale misant sur la vérité du produit frais, vins du cru et d'ailleurs.

à Mazan 7 km à l'Est par D 942 – 5 445 h. – alt. 100 m – ✉ 84380

🛈 Office de tourisme, 83, place du 8 Mai ℰ 04 90 69 74 27
◉ Cimetière ≼★.

Château de Mazan   🚗 ⌂ ⌇ ⌘ & ch, AC ch, ⌘ P VISA ◑◐ AE
pl. Napoléon – ℰ *04 90 69 62 61 – www.chateaudemazan.fr – Fax 04 90 69 76 62*
– Fermé 3 janv.-5 mars
28 ch – ♦98/275 € ♦♦98/275 €, ☲ 17 € – 2 suites
Rest – (fermé le midi en sem., lundi de nov. à avril et mardi) Menu 35 €
– Carte 40/60 €
♦ L'ancienne demeure (18ᵉ s.) du marquis de Sade offre un ravissant décor mariant moulures d'époque, élégant mobilier et touches modernes. Belle piscine et séduisant jardin. Cuisine créative à déguster dans de charmants salons ou sur la superbe terrasse ombragée.

au Beaucet 11 km au Sud-Est par D 4 et D 39 – 362 h. – alt. 275 m – ✉ 84210

Auberge du Beaucet   ≼ 🚗 ⌂ AC VISA ◑◐
r. Coste Claude – ℰ *04 90 66 10 82 – www.aubergedubeaucet.fr*
– Fermé 15 nov.-2 déc., 6 janv.-6 fév., dim. soir et lundi
Rest – (nombre de couverts limité, prévenir) Menu 24 € (déj. en sem.)/39 €
– Carte 45/62 €
♦ Auberge au cœur de cette pittoresque bourgade adossée à une falaise : coquette salle rustique, véranda sur le toit et jardin-terrasse pour l'été. Goûteuse cuisine provençale.

à Monteux – 10 704 h. – alt. 42 m – ✉ 84170

🛈 Office de tourisme, place des Droits de l'Homme ℰ 04 90 66 97 52,
Fax 04 90 66 32 97

Domaine de Bournereau sans rest ॐ   🚗 ⌇ & AC P VISA ◑◐
579 chemin de la Sorguette, rte d'Avignon et rte secondaire – ℰ *04 90 66 36 13*
– www.bournereau.com – Fax 04 90 66 36 93 – Ouvert de mars à oct.
12 ch – ♦90/130 € ♦♦100/160 €, ☲ 13 € – 1 suite
♦ Un majestueux platane bicentenaire trône au milieu de la cour de ce paisible mas provençal. Meubles anciens et actuels personnalisent les chambres, spacieuses et confortables.

CARQUEIRANNE – 83 Var – **340** L7 – 9 482 h. – alt. 30 m – ✉ 83320 **41** C3

🖪 Paris 849 – Draguignan 80 – Hyères 7 – Toulon 16

✕ **La Maison des Saveurs** 🛋 VISA ⓒⓞ AE ⓞ
18 av. J.-Jaurès, (centre ville) – ℰ 04 94 58 62 33 – www.maisondessaveurs.com
– Fermé dim. soir et lundi sauf juil.-août
Rest – Menu 21/27 €
♦ Menu-carte concocté par un chef autodidacte et servi dans un cadre frais et serein ou sur la jolie terrasse estivale, à l'ombre du vieux platane. Cuisine méditerranéenne.

à l'Est 2 km par D 559 ✉ 83320 Carqueiranne

↑ **Val d'Azur** sans rest 🅰🅺 «ᵗᵖ» 🅿
3 imp. de la Valérane – ℰ 06 09 07 23 87 – www.valdazur.com – Fax 04 94 48 07 16
5 ch ⇄ – †90/135 € ††90/135 €
♦ Sur les hauteurs de Carqueiranne, face à la mer, belle villa contemporaine disposant de confortables chambres au décor personnalisé, exotique et soigné (bain balnéo ou hammam).

CARRIÈRES-SUR-SEINE – 78 Yvelines – **311** J2 – **101** 14 – voir à Paris, Environs

LES CARROZ-D'ARÂCHES – 74 Haute-Savoie – **328** M4 **46** F1
– alt. 1 140 m – Sports d'hiver : 1 140/2 500 m ⚡5 ⚡70 🎿 – ✉ 74300
🗻 Alpes du Nord

🖪 Paris 580 – Annecy 67 – Bonneville 25 – Chamonix-Mont-Blanc 47
🅸 Office de tourisme, 9, place Ambiance ℰ 04 50 90 00 04, Fax 04 50 90 07 00
🖼 de Pierre Carrée à Flaine, E : 12 km par D 106, ℰ 04 50 90 85 44

🏨 **Les Servages d'Armelle** ⌖ ← 🍽 🛋 ⅌ ch, «ᵗᵖ» 🅿 VISA ⓒⓞ AE
841 rte des Servages – ℰ 04 50 90 01 62 – www.servages.com
– Fax 04 50 90 39 41 – Fermé mai et nov.
8 ch – †190/350 € ††190/350 €, ⇄ 21 € – 3 suites
Rest – (fermé mardi et merc. hors saison et nuit) Menu 30/100 € – Carte 31/83 €
♦ Vieux bois patinés, équipements high-tech et touches design se marient avec raffinement dans les chambres de ce superbe chalet restauré avec des matériaux anciens. Vue sur les cuisines ultramodernes depuis la salle à manger très montagnarde ; recettes actuelles.

🏨 **Les Airelles** 🛋 «ᵗᵖ» 🅿 VISA ⓒⓞ AE
346 rte Moulins – ℰ 04 50 90 01 02 – www.chalet-lesairelles.com
– Fax 04 50 90 03 75 – Ouvert 20 juin-30 sept. et 13 déc.-25 avril
12 ch – †54/62 € ††68/100 €, ⇄ 10 € – 3 suites – ½ P 67/92 €
Rest – (fermé le midi en juin et sept.) (prévenir) (19 €) Menu 23 € (dîner)/29 €
– Carte 32/45 € le soir
♦ Les chambres du premier chalet sont petites, mais coquettes (bois, tons chauds) ; le second, plus récent, abrite de confortables appartements. Table montagnarde dans le décor et dans l'assiette. Spécialité maison : les diots (saucisses savoyardes) au chou.

✕ **La Croix de Savoie** ← 🛋 🅿 VISA ⓒⓞ AE
768 rte du Pernand – ℰ 04 50 90 00 26 – www.lacroixdesavoie.fr
– Fax 04 50 90 00 63
Rest – Menu 22/48 € – Carte 35/47 €
♦ Une table appréciée pour ses appétissantes recettes régionales revisitées par la patronne et sa terrasse estivale qui offre une vue splendide sur les montagnes et la vallée.

CARRY-LE-ROUET – 13 Bouches-du-Rhône – **340** F6 – 6 358 h. **40** B3
– alt. 5 m – Casino – ✉ 13620 🗻 Provence

🖪 Paris 765 – Aix-en-Provence 39 – Marseille 34 – Martigues 20
🅸 Office de tourisme, av. Aristide Briand ℰ 04 42 13 20 36, Fax 04 42 44 52 03

✕ **Le Madrigal** ← 🛋 🅿 VISA ⓒⓞ AE
4 av. Dr G. Montus – ℰ 04 42 44 58 63 – www.restaurant-lemadrigal.com
– Fax 04 42 44 58 63 – Fermé de mi-nov. à début déc., dim. soir et
lundi de sept. à avril
Rest – Menu 31/55 € – Carte 37/70 €
♦ Sur les hauts de Carry et dominant le port, maison rose dont l'agréable terrasse offre un panorama de carte postale. Généreuse cuisine traditionnelle et poissons.

CARSAC-AILLAC – 24 Dordogne – **329** I6 – 1 460 h. – alt. 80 m   4 D3
– ⊠ **24200** ▮ Périgord Quercy

▶ Paris 536 – Brive-la-Gaillarde 59 – Gourdon 18 – Sarlat-la-Canéda 9

🏠🏠 **La Villa Romaine** ॐ   🚗 🛰 ⅃ & 🎰 ⅌ ch, 🛰 Ắ 🅿 🆅 🆂 🆎 ⓪
St-Rome, 3 km par rte de Gourdon – 𝒞 05 53 28 52 07
– www.lavillaromaine.com – Fax 05 53 28 58 10 – Fermé 15 nov.-6 déc. et
15 fév.-15 mars
15 ch – ♦110/160 € ♦♦140/160 €, � 15 € – 2 suites
Rest – (ouvert 30 avril-13 nov. et fermé merc. et dim. sauf juil.-août) (dîner seult)
Carte 44/74 €

◆ Ancienne métairie joliment restaurée, bâtie sur un site gallo-romain proche de la Dordogne. Chambres spacieuses et soignées. Terrasses, jardin et piscine sont très agréables. Au restaurant, plaisant cadre agreste, mobilier en fer forgé et recettes actuelles.

CARTERET – 50 Manche – **303** B3 – **rattaché à Barneville-Carteret**

CARVIN – 62 Pas-de-Calais – **301** K5 – 17 744 h. – alt. 31 m – ⊠ 62220   31 C2
▶ Paris 204 – Arras 35 – Béthune 28 – Douai 23

🏠 **Parc Hôtel**   🛰 & 🛰 Ắ 🅿 🆅 🆂 🆎 ⓪
⊜ Z.I. du Château – 𝒞 03 21 79 65 65 – www.parc-hotel.com – Fax 03 21 79 80 00
46 ch – ♦50/77 € ♦♦60/87 €, � 11 € – ½ P 90/111 €
Rest – (fermé dim. soir et soirs fériés) (16 €) Menu 18/35 € bc – Carte 25/34 €

◆ Près de l'autoroute, hôtel d'aspect moderne proposant des chambres fonctionnelles rénovées dans un style contemporain épuré, à choisir de préférence côté campagne. Salle à manger claire et spacieuse où les repas peuvent être servis sous forme de buffets.

🍴🍴 **Le Charolais**   🚗 🛰 🎰 🅿 🆅 🆂 🆎 ⓪
Domaine de la Gloriette, 143 bis r. Mar.-Foch – 𝒞 03 21 40 12 98
– www.le-charolais.fr – Fax 03 21 40 41 15 – Fermé mardi soir, dim. soir et lundi
Rest – (14 €) Menu 35/45 € – Carte 50/65 €

◆ Le bœuf charolais est à l'honneur dans cette maison de style régional (façade en briques peintes en blanc) ; tables bien espacées et cadre soigné agrémenté de nombreux tableaux.

CASAMOZZA – 2B Haute-Corse – **345** F4 – **voir à Corse**

CASCASTEL-DES-CORBIÈRES – 11 Aude – **344** H5 – 207 h.   22 B3
– alt. 140 m – ⊠ 11360

▶ Paris 835 – Perpignan 52 – Carcassonne 70 – Narbonne 48

🏠 **Domaine Grand Guilhem** sans rest ॐ   🚗 ⅃ 🛰
1 chemin du Col-de-la-Serre – 𝒞 04 68 45 86 67 – www.grandguilhem.com
– Fax 04 68 45 29 58 – Fermé 1 sem. en fév.
4 ch � – ♦80 € ♦♦90 €

◆ Demeure en pierre (19ᵉ s.) à l'authentique et rassurante ambiance maison de famille. Chambres coquettes d'une tenue impeccable. Dégustations de vins du domaine dans le caveau.

CASSEL – 59 Nord – **302** C3 – 2 322 h. – alt. 175 m – ⊠ 59670   30 B2
▮ Nord Pas-de-Calais Picardie

▶ Paris 250 – Calais 58 – Dunkerque 30 – Hazebrouck 11
🛈 Syndicat d'initiative, 20, Grand'Place 𝒞 03 28 40 52 55, Fax 03 28 40 59 17
◎ Site ★.

🏠🏠🏠 **Châtellerie de Schoebeque** sans rest ॐ   ≤ 🚗 ⅃ 🛰 & 🛰 Ắ 🅿
32 r. du Maréchal Foch – 𝒞 03 28 42 42 67   🆅 🆂 🆎 ⓪
– www.schoebeque.com – Fax 03 28 42 21 86
14 ch – ♦95/157 € ♦♦105/239 €, � 15 €

◆ Luxe, charme et quiétude dans une demeure historique du 18ᵉ s. Chambres prestigieuses, spa (soins esthétiques) et vue unique sur les Flandres depuis la véranda du petit-déjeuner.

✕✕✕ Au Petit Bruxelles

🔔 🕭 ৬ ⇔ 🅿 VISA ⦿ AE

1656 rte Nationale, au Petit-Bruxelles, Sud-Est : 3,5 km sur D 916
– ℰ 03 28 42 44 64 – www.aupetitbruxelles.com – Fax 03 28 40 58 13 – Fermé dim. soir, lundi soir, mardi et merc.
Rest – Menu 39 € bc (sem.)/48 € – Carte 42/65 €

♦ Ancien relais de poste à la jolie façade en briques rouges typique de la région. Chaleureux décor rustique, ambiance bon enfant et cuisine au goût du jour, gourmande et soignée.

à St-Sylvestre-Cappel 6 km au Nord-Est par D 916 – 1 094 h. – alt. 55 m
– ✉ 59114

✕✕ Le St Sylvestre

🕭 VISA ⦿ AE ①

57 rte Nationale – ℰ 03 28 42 82 13 – www.le-saint-sylvestre.com
– Fermé dernière sem. de juil., deux premières sem. d'août, vacances de fév., sam. midi, dim. soir, lundi et merc.
Rest – Menu 19/49 € – Carte 41/59 €

♦ Cette devanture noire dévoile une salle très design. Couleurs vives, écrans plasma diffusant du Chaplin : un cadre en phase avec une cuisine épurée, sans cesse renouvelée.

CASSIS – 13 Bouches-du-Rhône – **340** I6 – 7 788 h. – alt. 10 m – Casino   **40** B3
– ✉ 13260 █ Provence

▶ Paris 800 – Aix-en-Provence 51 – La Ciotat 10 – Marseille 30

🖸 Office de tourisme, Quai des Moulins ℰ 08 92 25 98 92, Fax 04 42 01 28 31

◎ Site★ - Les Calanques★★ (1h en bateau) - Mt de la Saoupe ❄★★ : 2 km par D 41A.

🖸 Cap Canaille, la plus haute falaise maritime d'Europe, ⩘★★★ 5 km par D41A - Sémaphore ❄★★★ - Corniche des Crêtes★★ de Cassis à la Ciotat.

🏠 Royal Cottage sans rest ॐ

🛏 ☷ 🖭 ৬ 🔟 ❄ 🕅 🛦 🅿 ⌂

6 av. 11 Novembre, par ① – ℰ 04 42 01 33 34   VISA ⦿ AE ①
– www.royal-cottage.com – Fax 04 42 01 06 90 – Fermé 11-29 déc.
25 ch – ♦80/165 € ♦♦80/165 €, ☲ 12 €

♦ Petit paradis provençal où s'épanouit une luxuriante végétation exotique. Intérieur contemporain. La terrasse de certaines chambres offre un splendide aperçu sur le port.

🏠 Les Jardins de Cassis sans rest

🛏 ☷ ❄ 🔟 ❄ 📞 🛦 🅿

r. A. Favier, 1 km par ① – ℰ 04 42 01 84 85   VISA ⦿ AE ①
– www.lesjardinsdecassis.com – Fax 04 42 01 32 38
– Ouvert de mars à nov.
36 ch – ♦77/150 € ♦♦77/150 €, ☲ 14 €

♦ Bâtiments profilant leurs couleurs ocre sur les hauteurs de Cassis. Chambres coquettes, souvent dotées de terrasses privées. Beau jardin méridional, piscine, jacuzzi.

CASSIS

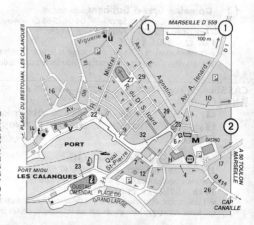

🏠 **Le Golfe** sans rest　　　　　　　　≤ 🅰🅲 ⅀ 🆅🅸🆂🅰 ⓒ🅾 🅰🅴

3 pl. Grand Carnot – ℰ 04 42 01 00 21 – www.legolfe-cassis.fr
– Fax 04 42 01 92 08 – Ouvert 27 mars-7 nov.　　　　　　　　**t**
30 ch – ♦75/95 € ♦♦75/95 €, ⅀ 11 €

◆ Une terrasse sous les platanes face au port et des petites chambres pratiques, climatisées, dont certaines côté mer : tels sont les atouts de cette demeure familiale sans chichi.

🏠 **Le Clos des Arômes** ⬥　　　　　　　🏠 🅰🅲 🆅🅸🆂🅰 ⓒ🅾 🅰🅴

10 r. Abbé Paul Mouton – ℰ 04 42 01 71 84 – www.le-clos-des-aromes.com
– Fax 04 42 01 31 76 – Fermé 3 janv.-1ᵉʳ mars　　　　　　　　**u**
14 ch – ♦69/89 € ♦♦69/89 €, ⅀ 8 €
Rest – (fermé lundi midi, mardi midi, jeudi midi et merc.) Menu 26/38 €
– Carte 30/40 €

◆ Les portes de cette maison traditionnelle ouvrent sur un charmant jardin fleuri. Les chambres, à la fois sobres et contemporaines, sont gaies et décorées avec goût. Minuscule salle à manger, jolie terrasse et cuisine méridionale : bourrides, bouillabaisses, etc.

XXX **La Villa Madie** (Jean-Marc Banzo)　　　≤ 🚗 🏠 🅶 🅰🅲 🆂🆅 ↔ 🆅🅸🆂🅰 ⓒ🅾 🅰🅴
£3
av. du Revestel, Sud-Est par D 41A, (anse de Corton) – ℰ 04 96 18 00 00
– www.lavillamadie.com – Fax 04 96 18 00 01 – Fermé 1ᵉʳ-15 nov., 15-31 janv., lundi et mardi d'oct. à avril
Rest – Menu 97 € – Carte 113/134 €🏠
Spéc. Couteaux marinière, sauce poulette, panisses à l'huile d'olive. Cabassons croustillants, tarte renversée de pommes de terre au safran. Figue pochée à l'anis et cristaline de fenouil, sorbet fenouil et compotée de figues.　**Vins** Cassis blanc et rouge.
Rest La Petite Cuisine – (déj. seult) Menu 40 €

◆ Vue sur le large et les pins, cadre design et épuré, terrasses descendant jusqu'à la mer et... la cuisine actuelle de Jean-Marc Banzo, qui ménage des émotions gustatives au diapason. À l'étage, l'annexe propose une "petite" cuisine du marché pour les midis pressés.

X **Nino** avec ch　　　　　　　　≤ 🆂🆅 ch, 🍽 🆅🅸🆂🅰 ⓒ🅾 🅰🅴 ⓪

port de Cassis – ℰ 04 42 01 74 32 – www.nino-cassis.com
– Fax 04 42 01 34 51 – Fermé 8 déc.-5 janv., dim. soir hors saison et lundi
3 ch ⅀ – ♦130/200 € ♦♦130/2000 €　　　　　　　　**v**
Rest – Menu 33 € – Carte 45/65 €

◆ Institution locale que cette maison (1432) ! Bouillabaisse et produits de la mer sont les rois dans la salle très "nautique" ouverte sur les cuisines. Terrasse fleurie côté port. Aux étages, trois belles chambres conçues comme des cabines de bateau. Vue et confort au top.

CASTAGNÈDE – 64 Pyrénées-Atlantiques – 342 G4 – rattaché à Salies-de-Béarn

---

CASTANET-TOLOSAN – 31 Haute-Garonne – 343 H3 – rattaché à Toulouse

---

CASTELJALOUX – 47 Lot-et-Garonne – 336 C4 – 4 617 h. – alt. 52 m　　4 C2
– ✉ 47700 ▯ Aquitaine

　▶ Paris 674 – Agen 55 – Langon 55 – Marmande 23
　▯ Office de tourisme, Maison du Roy ℰ 05 53 93 00 00, Fax 05 53 20 74 32
　▮▮ de Casteljaloux Route de Mont de Marsan, S : 4 km par D 933,
　　　ℰ 05 53 93 51 60

🏠 **Les Cordeliers**　　　　　　🛗 🅰🅲 rest, 🍽 🆘 🅿 🏠 🆅🅸🆂🅰 ⓒ🅾 🅰🅴
ⓒⓢ
r. Cordeliers – ℰ 05 53 93 02 19 – www.hotel-cordeliers.fr – Fax 05 53 93 55 48
– Fermé 23 déc.-13 janv.
24 ch – ♦44 € ♦♦47/52 €, ⅀ 8 € – ½ P 48 €
Rest – (fermé dim. soir) (12 €) Menu 16 € (sem.)/29 € – Carte 28/45 €

◆ Accueil souriant en cet établissement situé dans une venelle donnant sur la grande place. On rafraîchit peu à peu les chambres, fonctionnelles et bien tenues. Le restaurant sert une cuisine traditionnelle dans un décor frais et coloré.

☆☆☆ La Vieille Auberge   [AC] [P] VISA ◯◯

11 r. Posterne – ℰ 05 53 93 01 36 – Fax 05 53 93 18 89
– Fermé 16 juin-4 juil., 22 nov.-5 déc., vacances de fév., dim. soir, mardi soir
et merc.
Rest – (18 €) Menu 28/60 € – Carte 40/55 €

♦ Charmante maison de pierre bordant une ruelle de la bastide. La salle à manger bourgeoise, redécorée et colorée, est bien fleurie. Cuisine classique soignée.

CASTELLANE ◁◐▷ – 04 Alpes-de-Haute-Provence – **334** H9 – **1 630 h.**   **41** C2
– alt. 730 m – ⊠ 04120 ▌ Alpes du Sud

   ◘ Paris 797 – Digne-les-Bains 54 – Draguignan 59 – Grasse 64
   ◪ Office de tourisme, rue Nationale ℰ 04 92 83 61 14,
     Fax 04 92 83 76 89
   ▥ de Taulane à La Martre Le Logis du Pin, E : 17 km par D 4085,
     ℰ 04 93 60 31 30
   ▣ Site★ - Lac de Chaudanne★ 4 km par ①.
   ◙ - Grand canyon du Verdon★★★.

à la Garde 6 km par D 559 et D 4085 – 88 h. – alt. 928 m – ⊠ 04120

☆☆ Auberge du Teillon avec ch   «¶» [P] VISA ◯◯

rte Napoléon – ℰ 04 92 83 60 88 – www.auberge-teillon.com
– Fax 04 92 83 74 08 – Ouvert 15 mars-15 nov. et fermé dim. soir et lundi
sauf juil.-août et fériés, lundi midi et mardi midi en juil.-août
8 ch – ♦55/60 € ♦♦55/60 €, � 8 € – ½ P 57/60 €
Rest – Menu 22/48 € – Carte 39/66 €

♦ Accueil tout sourire et ambiance conviviale en cette auberge rustique de bord de route. Goûteuse cuisine traditionnelle revisitée, assortie de recettes provençales. À l'étage, petites chambres refaites, pratiques pour l'étape.

LE CASTELLET – 83 Var – **340** J6 – **4 154 h.** – alt. 252 m – ⊠ 83330   **40** B3
   ◘ Paris 816 – Marseille 46 – Toulon 23 – Aubagne 30
   Circuit Paul Ricard ℰ 04 94 98 36 66

à Ste-Anne-du-Castellet 4,5 km au Nord par D 226 et D 26 – ⊠ 83330

▥ Castel Ste-Anne sans rest ⌂   ⇝ ▤ ⅙ «¶» [P] VISA ◯◯ ①

81 chemin Chapelle – ℰ 04 94 32 60 08 – Fax 04 94 32 68 16
17 ch – ♦55/90 € ♦♦60/95 €, ⊆ 8 €

♦ Quiétude, jardin fleuri et jolie piscine caractérisent l'environnement de cet hôtel familial. Chambres sobres, plus récentes et dotées de terrasses à l'annexe.

au Circuit Paul Ricard 11 km au Nord par D 226, D 26 et D N8
– ⊠ 83330 Le Beausset

▦▦▦ Du Castellet Resort ⌂   ⇐ ◊ ⌂ ▤ ▣ ▥ ※ ♨ ⅙ [AC] ⅗ «¶» ⅍ [P]

3001 rte Hauts du Camp – ℰ 04 94 98 37 77   VISA ◯◯ AE ①
– www.hotelducastellet.com – Fax 04 94 98 37 78 – Fermé déc. et janv.
33 ch – ♦320/530 € ♦♦320/530 €, ⊆ 34 € – 15 suites
Rest *Monte Cristo* – (Fermé lundi et mardi) (dîner seult) Menu 110 €, 140/160 €
– Carte 110/180 € ❀

Spéc. Sardine de Méditerranée et coquillages à la feuille de thym. Chapon de mer du pays en trois cuissons (mai à sept.). Texture et variations d'agrumes dans sa coque ivoire, sorbet citron (oct. à avril). **Vins** Bandol, Les Baux de Provence.

♦ En bordure du célèbre circuit, vaste domaine luxueux, au décor soigné, mêlant influences architecturales provençale et toscane. Belles chambres feutrées et cosy. À l'élégant Monte Cristo, cuisine méditerranéenne signée par le chef Christophe Bacquié, Meilleur Ouvrier de France.

Résidence des Équipages sans rest 　🛆 🗚 ⌀ ⟨ᵗ⟩ 🄿 🆅🅸🆂🅰 ⑭ 🅰🅴 ⓪

3100 rte des Hauts du Camp
– 𝒞 04 94 98 37 77 – Fax 04 94 98 37 78
– Fermé déc. et janv.
19 ch 🖵 – 🛉95 € 🛉🛉110 €
♦ Bienvenue aux membres d'équipage et passagers en transit. Cet hôtel moderne, accolé à l'aérogare, bénéficie d'une insonorisation efficace et d'un équipement complet.

CASTELNAUDARY – 11 Aude – **344** C3 – 11 575 h. – alt. 175 m　　**22** A2
– ✉ **11400** ▯ Languedoc Roussillon

　🄳 Paris 735 – Carcassonne 42 – Foix 70 – Pamiers 49
　🄸 Office de tourisme, place de Verdun 𝒞 04 68 23 05 73, Fax 04 68 23 61 40

 Du Canal sans rest ⌂　　　🕮 🛆 ⟨ᵗ⟩ 🅐 🄿 🆅🅸🆂🅰 ⑭ 🅰🅴 ⓪

2 ter av. A. Vidal – 𝒞 04 68 94 05 05 – www.hotelducanal.com
– Fax 04 68 94 05 06　　　　　　　　　　　　　　　　　　**AZb**
38 ch – 🛉51/59 € 🛉🛉58/74 €, 🖵 8 €
♦ À quelques pas du centre, bâtisse ocre, autrefois usine à chaux, longée par le canal du Midi. Chambres pratiques décorées sobrement. Petits-déjeuners servis au bord de l'eau.

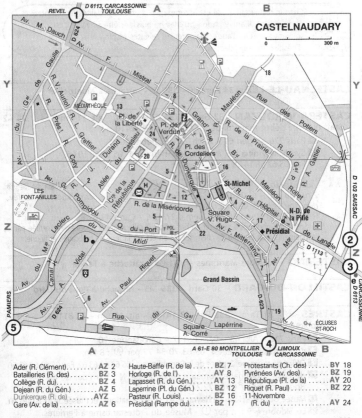

Ader (R. Clément) . . . . **AZ** 2	Haute-Baffe (R. de la) . . . . . **BZ** 7	Protestants (Ch. des) . . . . . . **BY** 18
Batailleries (R. des) . . . . **BZ** 3	Horloge (R. de l') . . . . **AY** 8	Pyrénées (Av. des) . . . . **BZ** 19
Collège (R. du) . . . . **BZ**	Lapasset (R. du Gén.) . . . . . . **AY** 13	République (Pl. de la) . . . . . . **AY** 20
Dejean (R. du Gén.) . . . . **AZ** 5	Laperrine (Pl. du Gén.) . . . . . **BZ** 12	Riquet (R. Paul) . . . . **BZ** 22
Dunkerque (R. de) . . . . **AYZ**	Pasteur (R. Louis) . . . . **BZ** 16	11-Novembre
Gare (Av. de la) . . . . **AZ** 6	Présidial (Rampe du) . . . . . . **BZ** 17	(R. du) . . . . **AY** 24

XX **Le Tirou**   🖥 🕿 🔳 ⇔ 🅿 📼 ⊚

90 av. Mgr de Langle – 𝒞 *04 68 94 15 95 – www.letirou.com – Fax 04 68 94 15 96*
– Fermé 23-30 juin, 20 déc.-20 janv. et lundi   BZ**e**
Rest *– (déj. seult)* Menu 21 € (sem.), 29/40 € – Carte 40/60 € 🍴

◆ Le chef prépare son cassoulet avec des produits du terroir. Beau choix de vins régionaux et agréable salle ouverte sur un jardin où paissent des chèvres et un âne.

CASTELNAU-DE-LÉVIS – 81 Tarn – 338 E7 – rattaché à Albi

CASTELNAU-DE-MONTMIRAL – 81 Tarn – 338 C7 – 940 h.   29 C2
– alt. 287 m – ✉ 81140

▶ Paris 645 – Toulouse 69 – Cordes-sur-Ciel 22 – Gaillac 12
🖳 Office de tourisme, place des Arcades 𝒞 05 63 33 15 11, Fax 05 63 33 17 60

🏠 **Des Consuls** sans rest   🖥 🕭 ⾕ 📼 ⊚

pl.des Arcades – 𝒞 *05 63 33 17 44 – www.hoteldesconsuls.com*
– Fax 05 63 33 78 52 – Fermé fév.
16 ch – †48/78 € ††48/78 €, ⌷ 9 €

◆ Maisons anciennes situées sur la place centrale de la pittoresque bastide du 13ᵉ s. : les vieilles façades dissimulent des chambres au mobilier rustique, simples ou rénovées.

Chaque restaurant étoilé est accompagné de trois spécialités représentatives de sa cuisine. Il arrive parfois qu'elles ne puissent être servies : c'est souvent au profit d'autres savoureuses recettes inspirées par la saison. N'hésitez pas à les découvrir !

CASTELNAU-LE-LEZ – 34 Hérault – 339 I7 – rattaché à Montpellier

---

CASTÉRA-VERDUZAN – 32 Gers – 336 E7 – 906 h. – alt. 114 m   28 A2
– Stat. therm. : début mars-mi-déc. – Casino – ✉ 32410

▶ Paris 720 – Agen 61 – Auch 26 – Condom 20
🖳 Syndicat d'initiative, avenue des Thermes 𝒞 05 62 68 10 66,
Fax 05 62 68 14 58

XX **Le Florida**   🕿 📼 ⊚ 🆎 ⓪
☺ *2 rue du Lac –* 𝒞 *05 62 68 13 22 – Fax 05 62 68 10 44 – Fermé vacances de fév.,*
dim. soir et lundi sauf jours fériés
Rest – (13 €) Menu 25 € bc (sem.), 27/42 € – Carte 43/61 €

◆ Spécialités gersoises à savourer en hiver dans la salle joliment relookée, réchauffée par les crépitements d'un bon feu de cheminée, et en été sur la terrasse ombragée et fleurie.

CASTERINO – 06 Alpes-Maritimes – 341 G3 – rattaché à Tende

CASTILLON-DU-GARD – 30 Gard – 339 M5 – rattaché à Pont-du-Gard

---

CASTRES ⬤ – 81 Tarn – 338 F9 – 43 141 h. – alt. 170 m – ✉ 81100   29 C2
▐ Midi-Toulousain

▶ Paris 718 – Albi 43 – Béziers 107 – Carcassonne 70
✈ de Castres-Mazamet : 𝒞 05 63 70 34 77 par ③ : 8 km.
🖳 Office de tourisme, 2, place de la Republique 𝒞 05 63 62 63 62, Fax 05 63 62 63 60
🏌 de Castres Gourjade Domaine de Gourjade, N : 3 km par rte de
Roquecourbe, 𝒞 05 63 72 27 06

◎ Musée Goya★ - Hôtel de Nayrac★ AY - Centre national et musée Jean-Jaurès AY.
◖ Le Sidobre★ 9 km par ① - Musée du Protestantisme à Ferrières.

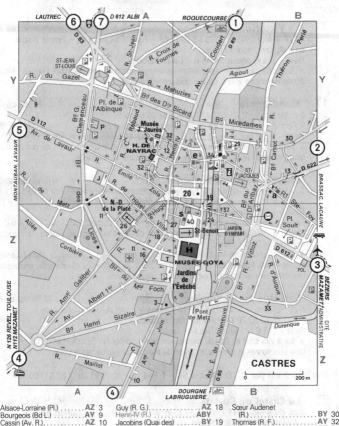

🏨 Occitan

🈁 🛱 🗻 🛎 🖔 🖣 🏧 🗼 🍴 🅿 📶 🅐🅔

201 av. Ch. de Gaulle, par ③ – 𝒞 05 63 35 34 20
– www.hotel-restaurant-l-occitan.fr – Fax 05 63 35 70 32 – Fermé 19 déc.-2 janv.
62 ch – ♦60/95 € ♦♦67/102 €, ⚏ 11 € – ½ P 58/80 €
Rest – *(fermé dim. midi du Ier nov. au 17 avril et sam. midi)* Menu 13 € (sem.)/
40 € – Carte 26/55 €

◆ Hôtel pratique pour une étape aux portes de la ville. Les chambres, toutes climatisées, ont été rénovées ; certaines occupent une aile très récente. Sauna et jacuzzi. Cuisine traditionnelle servie dans un cadre contemporain ou en terrasse, face à la piscine.

🏠 Miredames

🛱 🛎 🖔 ch, 🏧 🗼 📶 🅐🅔 🅞

1 pl. R. Salengro – 𝒞 05 63 71 38 18 – www.hotel-miredames.com
– Fax 05 63 71 38 19 **BYf**
14 ch – ♦53/56 € ♦♦59/70 €, ⚏ 8 € – ½ P 49 €
Rest *Relais du Pont Vieux* – 𝒞 05 63 35 56 14 – (13 € bc) Menu 17/33 €
– Carte 24/45 €

◆ L'enseigne de cette maison de la vieille ville évoque le coche d'eau qui remonte l'Agout. Chambres fonctionnelles et bien tenues. Le Relais du Pont Vieux donne sur une place où murmure une fontaine, mais déploie sa terrasse côté rivière. Plats traditionnels.

415

XX **Le Victoria**   AC VISA ◯◯

24 pl. 8-Mai-1945 – ℰ 05 63 59 14 68 – Fax 05 63 59 14 68 – Fermé 2 sem.
en juil., sam. midi et dim.   BZ**s**
Rest – (13 €) Menu 24/45 € – Carte 30/50 €

◆ Trois salles à manger assez intimes aménagées dans un sous-sol voûté ; la plus plaisante donne sur la cave à vins. Cuisine traditionnelle soignée.

XX **Mandragore**   AC VISA ◯◯ ◉

1 r. Malpas – ℰ 05 63 59 51 27 – Fax 05 63 59 51 27
– Fermé 1 sem. en mars, 1 sem. en sept., dim. et lundi   BY**e**
Rest – (13 € bc) Menu 18/26 € – Carte 32/40 €

◆ Cette maison du vieux Castres est décorée dans un style contemporain, où dominent bois blond et verre dépoli. On y déguste des préparations traditionnelles.

X **Bistrot Saveurs** (Simon Scott)   ♿ AC VISA ◯◯ AE

⁂ 5 r. Ste-Foy – ℰ 05 63 50 11 45 – www.bistrot-saveurs.com – Fax 05 63 50 11 45
– Fermé 1er-22 août, 24-31 oct., 20-28 fév., sam., dim. et fériés   BY**a**
Rest – (20 €) Menu 28 € (dîner), 38/100 €

Spéc. Saint-Jacques dorée, haddock fumé à la coque. Cabillaud cuit à 62°C à l'huile d'olive, encornet à la plancha et caviar d'aubergine. Dôme de chocolat noir façon "After Eight".

◆ Ce chef britannique (déjà) distingué a pris ses quartiers en 2009 dans ce décor contemporain et épuré. Priorité aux produits : carte courte et renouvelée chaque jour, compositions inventives sans excès, pour que les saveurs tombent juste. All right !

X **La Table du Sommelier**   🍴 AC VISA ◯◯ AE

◯◯ 6 pl. Pélisson – ℰ 05 63 82 20 10 – www.le-chais-du-sommelier.com
– Fax 05 63 82 20 10 – Fermé dim. et lundi   AY**t**
Rest – (13 € bc) Menu 18/37 € bc ⌘

◆ Bar à vins situé en face du musée Jean Jaurès : décor fait de caisses et de bouteilles, crus bien sélectionnés et généreuse cuisine du marché qui évolue très souvent.

à Burlats 9 km par ①, D 89 et D 58 – 1 846 h. – alt. 191 m – ⌧ 81100

🏠 **Le Castel de Burlats** ⌂   ♨ ⁽ᵗ⁾ ♨ P VISA ◯◯

8 pl. du 8-Mai-1945 – ℰ 05 63 35 29 20 – www.lecasteldeburlats.fr.st
– Fax 05 63 51 14 69 – Fermé 13 fév.-1er mars
10 ch – ♦70/110 € ♦♦70/110 €, ⌣ 10 €
Rest Les Mets d'Adélaïde – voir ci-après

◆ Castel des 14e et 16e s. Très beau salon de style Renaissance et vastes chambres personnalisées ouvertes sur le parc et les jardins à la française. Ambiance guesthouse.

XX **Les Mets d'Adélaïde** – Hôtel Le Castel de Burlats   ♨ 🍴 VISA ◯◯

8 pl.du 8-Mai-1945 – ℰ 05 63 35 78 42 – Fax 05 63 35 78 42
– Fermé 13 fév.-1er mars, dim. soir hors saison, mardi sauf le soir en hiver et lundi
Rest – (nombre de couverts limité, prévenir) (19 €) Menu 25/56 €
– Carte 40/58 €

◆ Un cadre cossu au charme bourgeois, complété par une agréable terrasse ombragée. Courte carte de saison déclinant des préparations soignées et vins régionaux bien conseillés.

à Lagarrigue 4 km par ③ – 1 707 h. – alt. 200 m – ⌧ 81090

🏠 **Montagne Noire** sans rest   🖥 📶 ♿ AC ♒ 🍴 ♨ P VISA ◯◯ AE ◉

29 av. Castres, sur RN 112 – ℰ 05 63 35 52 00 – www.lamontagnenoire.com
– Fax 05 63 35 25 59
30 ch – ♦80/111 € ♦♦90/122 €, ⌣ 13 €

◆ Hôtel situé au bord d'une route fréquentée mais disposant néanmoins de chambres fonctionnelles bien insonorisées. Copieux petit-déjeuner servi dans une salle d'esprit provençal.

CASTRIES – 34 Hérault – **339** I6 – rattaché à Montpellier

LE CATEAU-CAMBRÉSIS – 59 Nord – **302** J7 – 7 156 h. – alt. 123 m   **31** C3
– ⊠ 59360 ▯ Nord Pas-de-Calais Picardie

> ◨ Paris 202 – Cambrai 24 – Hirson 44 – Lille 86
> ◨ Office de tourisme, 9, place du Commandant Richez ℰ 03 27 84 10 94,
> Fax 03 27 77 81 52

XX   **Le Relais Fénelon** avec ch   🛋 🛎 ᴠɪꜱᴀ ◎◎ ᴀᴇ
21 r. Mar. Mortier – ℰ 03 27 84 25 80 – www.relais-fenelon.com
– Fax 03 27 84 38 60 – Fermé 3-26 août, dim. soir et lundi sauf fériés
5 ch – ♦46 € ♦♦46/53 €, � 6,50 € – ½ P 40 €
Rest – Menu 21/31 € – Carte 35/53 €
◆ Cette fière maison bourgeoise du 19ᵉ s. cache une salle à manger au charme provincial, précédée d'un salon, et une terrasse d'été dressée côté jardin. Cuisine traditionnelle.

> Les maisons d'hôtes ⋔ ne proposent pas les mêmes services qu'un hôtel. Elles se distinguent généralement par leur accueil et leur décor, qui reflètent souvent la personnalité de leurs propriétaires. Celles classées en rouge ⋔ sont les plus agréables.

LE CATELET – 02 Aisne – **306** B2 – 201 h. – alt. 90 m – ⊠ 02420   **37** C1
> ◨ Paris 170 – Cambrai 22 – Le Cateau-Cambrésis 29 – Laon 66

XX   **La Coriandre**   ᴠɪꜱᴀ ◎◎
68 r. du Gén. Augereau – ℰ 03 23 66 21 71 – Fax 03 23 66 84 23
– Fermé 25 juil.-20 août, 3-12 janv., lundi et le soir sauf vend. et sam.
Rest – (22 €) Menu 38 € bc/49 € – Carte 53/70 €
◆ Une façade anodine au bord de la nationale abrite ce restaurant d'une belle rusticité avec ses chaises paysannes et ses dallages rouges. Plats au goût du jour.

LES CATONS – 73 Savoie – **333** I4 – rattaché au Bourget-du-Lac

---

CAUDEBEC-EN-CAUX – 76 Seine-Maritime – **304** E4 – 2 336 h.   **33** C1
– alt. 6 m – ⊠ 76490 ▯ Normandie Vallée de la Seine

> ◨ Paris 162 – Lillebonne 17 – Le Havre 53 – Rouen 37
> ◨ Office de tourisme, place du General de Gaulle ℰ 02 32 70 46 32,
> Fax 02 32 70 46 31
> ◙ Église Notre-Dame★.
> ◙ Vallon de Rançon★ NE : 2 km.

🏨   **Normotel La Marine**   ≤ 🛋 ▮❙▮ ♓ 🕊 🅿 ᴠɪꜱᴀ ◎◎ ᴀᴇ
18 quai Guilbaud – ℰ 02 35 96 20 11
– www.normotel-lamarine.fr – Fax 02 35 56 54 40
– Fermé 20 déc.-3 janv.
31 ch – ♦60/109 € ♦♦60/109 €, ⊇ 12 € – ½ P 58/81 €
Rest – (fermé sam. midi et dim. soir) (15 €) Menu 26/36 € – Carte 50/77 €
◆ Face à la Seine animée par le va-et-vient des bateaux, grande bâtisse hôtelière dont les meilleures chambres ont un balcon tourné vers le fleuve. Salle de restaurant panoramique proposant des repas traditionnels ; terrasse d'été au bord de l'eau.

🏠   **Le Normandie**   ≤ 🕊 🅿 ᴠɪꜱᴀ ◎◎ ᴀᴇ
19 quai Guilbaud – ℰ 02 35 96 25 11
– www.le-normandie.fr – Fax 02 35 96 68 15
– Fermé 21 déc.-3 janv.
16 ch – ♦57 € ♦♦57/77 €, ⊇ 8 € – ½ P 58 €
Rest – (fermé lundi midi, merc. midi et dim. soir) (14 €) Menu 20/40 €
– Carte 25/48 €
◆ Sur le quai longeant la Seine, chambres fonctionnelles, parfois garnies de meubles rustiques ; les plus spacieuses, en façade, ont un balconnet et offrent une échappée sur le fleuve. Vue batelière par les baies du restaurant ; plats traditionnels et normands.

🏠 Le Cheval Blanc
🛋 🎶 **P** 𝚅𝙸𝚂𝙰 ⓦ AE ⓞ

4 pl. R. Coty – ℰ 02 35 96 21 66 – www.le-cheval-blanc.fr – Fax 02 35 95 35 40
– Fermé 25 déc.-3 janv.
14 ch – ♦56 € ♦♦58 €, ☲ 7 €
Rest – *(fermé 21 déc.-3 janv., sam. midi, dim. soir et vend.)* (13 €) Menu 16/32 €
– Carte 30/50 €

♦ Claires et fraîches, toutes les chambres de cet établissement du centre-ville bénéficient d'une insonorisation satisfaisante ; celles du second étage sont mansardées. Le chef-patron propose une cuisine du terroir. Terrasse fleurie aux beaux jours.

CAUREL – 22 Côtes-d'Armor – **309** D5 – 379 h. – alt. 188 m – ⊠ 22530 **10** C2

◗ Paris 461 – Carhaix-Plouguer 45 – Guingamp 48 – Loudéac 24

✕✕ Beau Rivage avec ch ⤾
⟨ 🛋 🔥 𝚅𝙸𝚂𝙰 ⓦ

au Lac de Guerlédan, 2 km par D 111 – ℰ 02 96 28 52 15
– www.le-beau-rivage.net – Fax 02 96 26 01 16 – Fermé vacances de fév., dim. soir et lundi
3 ch – ♦58 € ♦♦58 €, ☲ 8,50 €   **Rest** – Menu 19 € (sem.)/47 € – Carte 50/80 €
♦ Appréciée des gens de la région comme des touristes, cette maison profite de sa situation au bord du lac de Guerlédan. Restaurant panoramique et cuisine sagement traditionnelle. Les chambres simples donnent sur le lac.

CAURO – 2A Corse-du-Sud – **345** C8 – **voir à Corse**

CAUSSADE – 82 Tarn-et-Garonne – **337** F7 – 6 463 h. – alt. 109 m **29** C2
– ⊠ 82300 ▯ Midi-Toulousain

◗ Paris 606 – Cahors 38 – Gaillac 51 – Montauban 28
🄸 Office de tourisme, 11, rue de la République ℰ 05 63 26 04 04,
Fax 05 63 26 04 04

🏠 Dupont
▤ & ch, 🕻 🔥 **P** 𝚅𝙸𝚂𝙰 ⓦ

r. Récollets – ℰ 05 63 65 05 00 – www.hotel-restaurant-dupont.com
– Fax 05 63 65 12 62 – Fermé 24 déc.-10 janv.
30 ch – ♦44/60 € ♦♦44/60 € – ½ P 55/65 €
Rest – *(fermé vend., sam. et dim.)* *(dîner seult)* Menu 20 € – Carte 15/35 €
♦ La petite capitale du chapeau de paille compte parmi ses demeures cet ancien relais de poste bâti au 18ᵉ s. Toutes les chambres ont été rénovées en 2009. Plaisante salle à manger rustique et cuisine d'inspiration régionale.

à Monteils 3 km au Nord-Est par D 17 – 1 223 h. – alt. 120 m – ⊠ 82300

✕ Le Clos Monteils
🛋 🎶 𝚅𝙸𝚂𝙰 ⓦ

7 chemin du Moulin – ℰ 05 63 93 03 51 – Fax 05 63 93 03 51
– Fermé 1ᵉʳ-8 nov., mi-janv. à mi-fév., mardi sauf juil.-août, sam. midi, dim. soir et lundi
Rest – *(nombre de couverts limité, prévenir)* (17 €) Menu 28/54 €
♦ L'ex-presbytère (1771) de ce village quercynois, transformé en restaurant, est décoré dans l'esprit d'une maison particulière. Agréable terrasse. Cuisine du terroir revisitée.

CAUTERETS – 65 Hautes-Pyrénées – **342** L7 – 1 109 h. – alt. 932 m **28** A3
– Sports d'hiver : 1 000/2 350 m ⸙3 ⸙18 ⸙ – Stat. therm. : début fév.-fin nov.
– Casino – ⊠ 65110 ▯ Midi-Toulousain

◗ Paris 880 – Argelès-Gazost 17 – Lourdes 30 – Pau 75
🄸 Office de tourisme, place Foch ℰ 05 62 92 50 50, Fax 05 62 92 11 70
◉ La station★ - Route et site du Pont d'Espagne★★★ (chutes du Gave) au Sud par D 920 - Cascade★★ et vallée★★ de Lutour S : 2,5 km par D 920.
◉ Cirque du Lys★★.

CAUTERETS

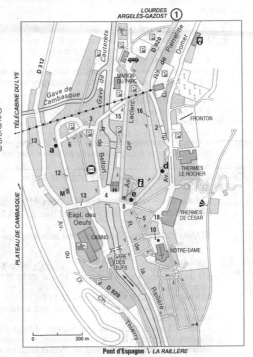

Pont d'Espagne \ LA RAILLÈRE

🏨 **Astérides-Sacca**　　　　　🛗 ♿ 🅰🅲 rest, ⌧ rest, 🛎 VISA ⦿⦿ AE ⓪

♨ *bd Latapie-Flurin* – ℰ *05 62 92 50 02*
– www.asterides-sacca.com – Fax 05 62 92 64 63
– *Fermé 10 oct.-10 déc.*　　　　　　　　　　　　　　　　　　　　**a**
56 ch – ❶38/64 € ❷❷38/91 €, ⌑ 8 € – ½ P 42/80 €
Rest – Menu 18/45 € – Carte 30/45 €
♦ Les chambres, dotées de balcons, sont aménagées dans un esprit actuel et fonctionnel. Hall habillé de bois blond. Salle à manger chaleureuse où l'on déguste des recettes traditionnelles et soignées.

🏠 **Le Bois Joli** sans rest　　　　　　　🛗 ♿ ⌧ ⊛ VISA ⦿⦿ AE

1 pl. du Mar. Foch – ℰ *05 62 92 53 85*
– www.hotel-leboisjoli.com – Fax 05 62 92 02 23
– *Fermé 18 avril-12 mai et 10 oct.-4 déc.*　　　　　　　　　　　**e**
12 ch – ❶85/95 € ❷❷92/106 €, ⌑ 10 €
♦ Au cœur de la station, bâtisse de 1905 au cachet préservé où vous logerez dans des chambres garnies d'un joli mobilier en bois. Bar agréable devancé par une terrasse ensoleillée.

🏠 **Du Lion d'Or**　　　　　　　　　　　🛗 ⌧ ⊛ VISA ⦿⦿ AE

12 r. Richelieu – ℰ *05 62 92 52 87*
– www.liondor.eu – Fax 05 62 92 03 67
– *Fermé 25 avril-12 mai et 10 oct.-18 déc.*　　　　　　　　　　**d**
19 ch – ❶70/115 € ❷❷72/120 €, ⌑ 10 € – ½ P 65/87 €
Rest – (dîner seult) (résidents seult) Menu 20 €, 24/28 € – Carte 27/34 €
♦ Cet hôtel tenu par la même famille depuis 4 générations se repère à sa belle façade du 19ᵉ s. (portes-fenêtres et balconnets en fer forgé). Chambres douillettes personnalisées par des objets chinés. Petit patio bien fleuri en saison.

↑ **La Balaguère** sans rest ⌂ ⟨ ⊟ ⌀ ⌀ **P**
Hameau de Cancéru, 2 km par ① et D 920 puis rte secondaire
– ℰ 05 62 92 91 85 – labalaguere.monsite.wanadoo.fr
4 ch ⌂ – †46/50 € ††55/65 €
♦ Cette maison neuve nichée dans un hameau propose de belles chambres garnies d'un mobilier rustique. Magnifique vue sur les montagnes alentour.

✂ **L' Abri du Benques** 🕭 **VISA** ⓒⓞ **AE** ①
② *2 km au Sud par D 920 au lieu-dit la Raillère – ℰ 05 62 92 50 15 – Fermé 12 nov.-20 déc., lundi soir, mardi soir et merc. sauf vacances scolaires*
Rest – Menu 20/45 € bc – Carte 28/48 €
♦ Dans un lieu magique sur la route du Pont d'Espagne, entre nature et torrents, ce restaurant chaleureux au décor montagnard vous fait découvrir une généreuse cuisine actuelle.

CAVAILLON – 84 Vaucluse – **332** D10 – 25 819 h. – alt. 75 m   **42** E1
– ⊠ 84300 ▌Provence

▶ Paris 702 – Aix-en-Provence 60 – Arles 44 – Avignon 25

🚹 Office de tourisme, place Francois Tourel ℰ 04 90 71 32 01,
Fax 04 90 71 42 99

◉ Musée de l'Hôtel-Dieu : collection archéologique★ - ≤★ de la colline St-Jacques.

🏢 **Mercure** 🚗 🕭 🌊 ✕ 🛗 **AC** ⌀ ⌀ 🛁 **P** **VISA** ⓒⓞ **AE** ①
601 av. Boscodomini, au Sud par D 99 – ℰ 04 90 71 07 79 – www.mercure.com
– Fax 04 90 78 27 94
46 ch – †110/138 € ††120/148 €, ⌂ 14 €
Rest – *(fermé sam. midi et dim. midi de sept. à mars)* (16 € bc) Menu 20 €
– Carte 26/36 €
♦ Situé à 5 mn de l'autoroute, hôtel moderne, de style méridional, rénové en 2007. Les chambres, plus calmes côté sud, sont fonctionnelles et dotées de balcons. Spacieuse salle à manger contemporaine, terrasse sous les arbres et spécialités régionales.

✕✕✕ **Prévot** **AC** **VISA** ⓒⓞ **AE** ①
353 av. de Verdun – ℰ 04 90 71 32 43 – www.restaurant-prevot.com – Fermé dim. et lundi sauf juil.-août et fériés
Rest – Menu 25/110 € – Carte 65/82 €
♦ Tableaux, bibelots, vaisselle... et une cuisine qui célèbre le melon (un menu entier lui est dédié). Truffes et légumes du pays occupent aussi une place de choix sur la carte.

à Cheval-Blanc 5 km à l'Est par D 973 – 3 981 h. – alt. 83 m – ⊠ 84460

✕✕ **L' Auberge de Cheval Blanc** 🕭 **AC** **VISA** ⓒⓞ **AE**
481 av. de la Canebière – ℰ 04 32 50 18 55 – www.auberge-de-chevalblanc.com
– Fax 04 32 50 18 52 – Fermé sam. midi, dim. soir et lundi de sept. à juin
Rest – *(nombre de couverts limité, prévenir)* (20 €) Menu 28/68 €
– Carte 48/60 €
♦ Plaisante étape que cette discrète auberge de bord de route ; sa terrasse avec une fontaine est idyllique. Élégant cadre (miroirs, couleurs pâles). Cuisine actuelle de saison.

CAVALAIRE-SUR-MER – 83 Var – **340** O6 – 6 351 h. – alt. 2 m   **41** C3
– Casino – ⊠ 83240 ▌Côte d'Azur

▶ Paris 880 – Draguignan 55 – Fréjus 41 – Le Lavandou 21

🚹 Office de tourisme, Maison de la Mer ℰ 04 94 01 92 10, Fax 04 94 05 49 89

◉ Massif des Maures★★★.

🏢 **La Calanque** ⌂ ⟨ 🕭 🌊 🛗 **AC** **P** **VISA** ⓒⓞ **AE**
r.de la Calanque – ℰ 04 94 01 95 00 – www.residences-du-soleil.com/lacalanque
– Fax 04 94 64 66 20 – Ouvert 4 avril-14 nov.
28 ch – †145/204 € ††145/204 €, ⌂ 20 €   **Rest** – Menu 25/53 €
♦ Hôtel d'un quartier résidentiel, en bordure d'une calanque rocheuse du massif des Maures. Les chambres, spacieuses, actuelles et sobres, dominent la Méditerranée. Restaurant et terrasse panoramiques ouverts sur la mer ; spécialités traditionnelles.

CAVALIÈRE – 83 Var – **340** N7 – alt. 4 m – ⊠ **83980 Le Lavandou**   **41** C3

█ Côte d'Azur

> ▶ Paris 880 – Draguignan 68 – Fréjus 55 – Le Lavandou 7
> ◪ Massif des Maures★★★.

🏨🏨🏨 **Le Club de Cavalière & Spa** ⌖   ≤ 🛋 ⚁ ⊛ 🎿 ✕ 📶 ᗕ ch, 🎴 ⬙
      30 av. Cap Nègre – ℰ *04 98 04 34 34*   **P** ⌂ **VISA ⊕ AE ①**
      – *www.clubdecavaliere.com* – *Fax 04 94 05 73 16* – *Ouvert 7 mai-26 sept.*
      32 ch ⊇ – ♦325/765 € ♦♦420/960 € – 5 suites
      Rest – Menu 49 € (déj.), 80/94 € – Carte 58/180 €⅋
      ♦ Face à la mer, élégante demeure abritant de magnifiques chambres contemporaines.
      Superbes équipements de loisirs : piscine, plage privée, spa, sauna, jacuzzi, fitness, ham-
      mam... Beau restaurant provençal (toit ouvrant) et terrasses ombragées dominant les flots.

CAVANAC – 11 Aude – **344** E3 – rattaché à Carcassonne

CAYRON – 32 Gers – **336** C8 – rattaché à Beaumarchés

CEILLAC – 05 Hautes-Alpes – **334** I4 – 294 h. – alt. 1 640 m – **Sports**   **41** C1
d'hiver : 1 700/2 500 m ✚6 ✦ – ⊠ **05600** █ Alpes du Sud

> ▶ Paris 729 – Briançon 50 – Gap 75 – Guillestre 14
> 🇮 Office de tourisme, le village ℰ 04 92 45 05 74, Fax 04 92 45 47 05
> ◙ Site★ - Église St-Sébastien★.
> ◪ Vallon du Mélezet★ - Lac Ste-Anne★★.

🏠 **La Cascade** ⌖   ≤ 🛋 ⚘ **P** **VISA ⊕ AE**
☞   *au pied du Mélezet, 2 km au Sud-Est* – ℰ *04 92 45 05 92*
      – *www.hotel-la-cascade.com* – *Fax 04 92 45 22 09* – *Ouvert 1er juin-12 sept.*
      et 18 déc.-30 mars
      22 ch – ♦45/63 € ♦♦53/75 €, ⊇ 9 € – ½ P 51/67 €
      Rest – Menu 14/29 € – Carte 28/37 €
      ♦ L'hôtel, isolé dans un beau site alpestre, séduira les amoureux de la nature. Chambres de
      style montagnard (meubles ornés de sculptures au couteau, typiques du Queyras). Le restau-
      rant et la terrasse offrent une jolie vue sur les montagnes ; cuisine régionale.

CEILLOUX – 63 Puy-de-Dôme – **326** I9 – 156 h. – alt. 615 m – ⊠ **63520**   **6** C2

> ▶ Paris 464 – Clermont-Ferrand 50 – Cournon-d'Auvergne 36 – Riom 62

🏠 **Domaine de Gaudon** sans rest ⌖   ⓐ 🛋 **P**
      4 km au Nord par D 304 – ℰ *04 73 70 76 25* – *www.domainedegaudon.fr*
      5 ch ⊇ – ♦90 € ♦♦110 €
      ♦ Adresse rare que cette maison du 19e s. bordée d'un parc (arborétum) et d'un étang de
      pêche. Les chambres et la salle à manger où l'on sert le petit-déjeuner sont superbes.

LA CELLE – 83 Var – **340** L5 – 1 239 h. – alt. 260 m – ⊠ **83170**   **41** C3

> ▶ Paris 812 – Aix-en-Provence 63 – Draguignan 62 – Marseille 65
> 🇮 Office de tourisme, place des Ormeaux ℰ 04 94 59 19 05

🏨🏨🏨 **Hostellerie de l'Abbaye de la Celle**   ⓐ 🛋 ᗕ ᗕ ch, 🎴 ch, ✕
❀   *10 pl. du Gén. de Gaulle* – ℰ *04 98 05 14 14*   ⓒ **P** **VISA ⊕ AE ①**
      – *www.abbaye-celle.com* – *Fax 04 98 05 14 15* – *Fermé 10 janv.-5 fév., mardi et*
      merc. de mi-oct. à mi-avril
      10 ch – ♦180/260 € ♦♦250/450 €, ⊇ 20 €
      Rest – Menu 40 € (déj. en sem.), 62/82 € – Carte 56/90 €
      Spéc. Fine ratatouille de légumes du potager au basilic et queues d'écrevisses
      (été). Épaule d'agneau de lait confite, pommes de terre farcies et côtes de
      sucrine (hiver). Crêpes "Suzette" (hiver). **Vins** Coteaux Varois.
      ♦ Jouxtant l'abbaye, cette ravissante demeure provençale du 18e s., ex-prieuré puis magna-
      nerie, eut pour hôte le Général. Grandes chambres confortables au mobilier ancien. Salles à
      manger de caractère et belle terrasse ombragée. Séduisante cuisine méridionale.

LA CELLE-LES-BORDES – 78 Yvelines – **311** H4 – **106** 28 – **101** 31 – **voir à**
Paris, Environs (Cernay-la-Ville)

CELLETTES – 41 Loir-et-Cher – **318** F6 – 2 209 h. – alt. 78 m — ✉ 41120   **11** A1

> 🚗 Paris 189 – Blois 9 – Orléans 68 – Romorantin-Lanthenay 36
> 🛈 Syndicat d'initiative, 2, rue de la Rozelle ✆ 02 54 70 30 46, Fax 02 54 70 30 46

XX **La Vieille Tour** 🛆 ☆ VISA ◐
7 r. Nationale – ✆ 02 54 70 46 31 – www.lavieilletour.fr – Fermé 23-29 juin, 23-27 déc., 10-26 janv., merc. sauf le soir en juil.-août et mardi
Rest – Menu 20 € (sem.)/44 € – Carte 36/59 €
♦ Cette table à l'ambiance feutrée (plusieurs salles et salons) occupe une belle maison du 15e s., repérable à sa vieille tour. Cuisine traditionnelle féminine.

CELONY – 13 Bouches-du-Rhône – **340** H4 – rattaché à Aix-en-Provence

---

CÉLY – 77 Seine-et-Marne – **312** E5 – 1 089 h. – alt. 62 m – ✉ 77930   **19** C2

> 🚗 Paris 56 – Melun 15 – Boulogne-Billancourt 56 – Montreuil 57

🏯 **Château de Cély** ⏳ 🛆 ☆ 🖼 🛗 ᴋ 🅰 🛜 ⛾ 🐾 🛆 🚗 VISA ◐ AE
rte de St Germain – ✆ 01 64 38 03 07 – www.club-albatros.com
– Fax 01 64 38 08 78 – Fermé vacances de Noël
4 ch – ♦275/325 € ♦♦275/325 €, ☲ 15 € – 10 suites – ♦♦275/325 €
Rest – (déj. seult) (22 €) Menu 25 € – Carte environ 38 €
♦ Château du 14e s. et son parc. Les chambres, contemporaines et bien équipées, ont pour panorama un magnifique golf entouré de jardins paysagers. Pensé pour les séminaires. Cuisine traditionnelle au restaurant éclairé par une grande verrière et ouvert sur la verdure.

CÉNAC-ET-ST-JULIEN – 24 Dordogne – **329** I7 – 1 193 h. – alt. 70 m   **4** D1
– ✉ 24250

> 🚗 Paris 547 – Bordeaux 205 – Périgueux 73 – Cahors 71

🏠 **La Guérinière** ⏳ 🚗 ☆ 🏊 ⛾ 🐾 🅿
sur D 46 – ✆ 05 53 29 91 97 – www.la-gueriniere-dordogne.com
– Fax 05 53 29 91 97 – Ouvert 1er avril-2 nov.
5 ch ☲ – ♦65/90 € ♦♦70/95 €
Table d'hôte – (fermé dim. soir) Menu 13/20 €
♦ Située face à la bastide de Domme, cette chartreuse périgourdine bénéficie d'un cadre verdoyant et calme. Coquettes chambres décorées avec soin, grand parc, piscine et tennis. Le soir, recettes régionales servies dans la grande salle rustique.

🏠 **Le Moulin Rouge** sans rest 🚗 ⛾ 🅿
– ✆ 05 53 28 23 66 – www.lemoulinrouge.org
4 ch – ♦45/65 € ♦♦50/70 €, ☲ 8 €
♦ Cadre bucolique pour ce moulin au bord de son petit étang (baignade possible). Les charmants propriétaires vous retraceront avec plaisir son histoire. Chambres douillettes.

CENON – 33 Gironde – **335** H5 – rattaché à Bordeaux

CERDON – 45 Loiret – **318** L6 – 1 050 h. – alt. 145 m – ✉ 45620   **12** C2

> 🚗 Paris 185 – Orléans 73 – Fleury-les-Aubrais 63 – Olivet 59

🏠 **Les Vieux Guays** sans rest ⏳ 🛆 🏊 ⛾ 🐾 🅿
rte des Hauteraults – ✆ 02 38 36 03 76 – www.lesvieuxguays.com
– Fax 02 38 36 03 76 – Fermé 21 fév.-9 mars
5 ch ☲ – ♦60 € ♦♦75 €
♦ Superbe propriété préservée avec étang, piscine, tennis. Tel est le cadre de cet ex-relais de chasse aux chambres confortables et décorées avec raffinement, dans l'esprit local.

> Les grandes villes bénéficient de plans situant hôtels et restaurants.
> Suivez leurs coordonnées (ex. : **12**BMe) pour les repérer facilement.

CÉRET ⊛ – **66** Pyrénées-Orientales – **344** H8 – 7 568 h. – alt. 153 m   **22** B3
– ⊠ **66400** ▊ Languedoc Roussillon

  ◻ Paris 875 – Gerona 81 – Perpignan 34 – Port-Vendres 37

  ℹ Office de tourisme, 1, avenue Georges Clemenceau 𝒞 04 68 87 00 53,
  Fax 04 68 87 00 56

  ◙ Vieux pont★ - Musée d'Art Moderne★★.

🏛   **La Terrasse au Soleil** ⌂   ≤ 🛏 🛆 ⊐ ⌘ 㐂 ch, 🅰 ch, ⚒ 🅿
1,5 km à Ouest par rte Fontfrède – 𝒞 04 68 87 01 94   🆅🆂🅰 ⊚ 🅰🅴
– www.terrasse-au-soleil.com – Fax 04 68 87 39 24 – Fermé 20 déc.-7 fév.
36 ch – ⸙77/174 € ⸙⸙99/194 €, � 15 € – 2 suites
Rest – *(fermé mardi midi, merc. midi, jeudi midi, vend. midi, dim. soir et lundi*
d'oct. à avril) (20 € bc) Menu 29/68 € – Carte 55/75 €
◆ Charles Trenet vécut dans ce mas catalan isolé sur les vertes hauteurs de Céret. Chambres
fonctionnelles sur l'arrière. Piscine, jacuzzi, sauna. Faïences et meubles régionaux ensoleillent
la salle à manger. Terrasse avec vue sur le Canigou et cuisine actuelle.

🏠   **Le Mas Trilles** sans rest ⌂   🛏 ⊐ ⒳ 🅿 🆅🆂🅰 ⊚
au Pont de Reynès, 3 km après Céret direction Amélie-les-Bains
– 𝒞 04 68 87 38 37 – www.le-mas-trilles.com – Fax 04 68 87 42 62
– Ouvert 30 avril-8 oct.
8 ch ⊔ – ⸙90/110 € ⸙⸙110/230 € – 2 suites
◆ Cette maison du 17ᵉ s. nichée dans un vallon soigne son accueil. Ravissantes chambres
aux couleurs du Sud, souvent avec terrasse ou jardin privatif. Piscine dominant le Tech.

🏠   **Les Arcades** sans rest   🗐 ⌂ 🆅🆂🅰 ⊚
1 pl. Picasso – 𝒞 04 68 87 12 30 – www.hotel-arcades-ceret.com
– Fax 04 68 87 49 44
30 ch – ⸙44/60 € ⸙⸙44/60 €, ⊔ 7 €
◆ Hôtel ambiance années 1980, décoré d'œuvres d'artistes de "L'École de Céret". Chambres ornées de mobilier catalan (quelques cuisinettes). Petit-déjeuner avec des produits locaux.

✕   **Le Chat qui Rit**   🛏 🅰 🅿 🆅🆂🅰 ⊚ 🅰🅴 ⓞ
⊛   *à la Cabanasse, 1,5 km par rte Amélie* – 𝒞 04 68 87 02 22 – Fax 04 68 87 43 40
– Fermé 20-26 déc., 4-24 janv., 22-28 fév., dim. soir sauf juil.-août, mardi soir et
merc.
Rest – Menu 13 € bc (déj.)/37 € – Carte 35/55 €
◆ Emblème de cette maison de pays, le chat fait partie intégrante du décor. Cadre moderne
(exposition de tableaux) et cuisine traditionnelle valorisant les produits catalans.

✕   **Del Bisbe** avec ch   🛏 🅢 🆅🆂🅰 ⊚
4 pl. Soutine – 𝒞 04 68 87 00 85 – www.hotelvidalceret.com – Fax 04 68 87 62 33
– Fermé juin, nov., fév., mardi et merc.
9 ch – ⸙40 € ⸙⸙40 €, ⊔ 6 €
Rest – (10 €) Menu 20 € (sem.)/32 € – Carte 22/40 €
◆ Demeure du 18ᵉ s. dont l'enseigne signifie "maison de l'Évêque" en catalan. Authentique
décor rustique, jolie terrasse sous une treille et cuisine du terroir. Bar à tapas. À l'étage, des
chambres simples pour petits budgets ont été rafraîchies.

LE CERGNE – **42** Loire – **327** E3 – 701 h. – alt. 640 m – ⊠ **42460**   **44** A1

  ◻ Paris 414 – Charlieu 17 – Chauffailles 15 – Lyon 78

✕✕   **Bel'Vue** avec ch   ≤ 🛏 㐂 ch, ⒳ 🆅🆂🅰 ⊚ 🅰🅴 ⓞ
– 𝒞 04 74 89 87 73 – lebelvue.com – Fax 04 74 89 78 61
– Fermé 16-26 août, vend. soir et dim. soir
15 ch – ⸙55/85 € ⸙⸙60/95 €, ⊔ 8,50 €
Rest – Menu 21 € bc/60 € – Carte 35/55 €
◆ Coquette auberge qui, comme son nom l'indique, offre, de sa salle à manger panora-
mique, une belle vue sur la vallée. Cuisine traditionnelle. Aux étages, chambres bien tenues.

CERGY – **95** Val-d'Oise – **305** D6 – **106** 5 – **101** 2 – **voir à Paris, Environs (Cergy-
Pontoise)**

CÉRILLY – 03 Allier – **326** D3 – 1 407 h. – alt. 340 m – ⊠ 03350   **5** B1

🛡 Auvergne

     ▶ Paris 298 – Bourges 66 – Montluçon 41 – Moulins 47

     🚹 Office de tourisme, place du Champ de Foire ℰ 04 70 67 55 89, Fax 04 70 67 31 73

🏠 **Chez Chaumat**   🔤 🏴 📶 *VISA* 🆎

     pl. Péron – ℰ 04 70 67 52 21 – www.chezchaumat.com – Fax 04 70 67 35 28
     – Fermé 1er-10 juin, 15-25 sept., 20 déc.-6 janv., dim. soir et lundi
     8 ch – ✦44 € ✦✦50 €, ⊡ 7 € – ½ P 50 €
     Rest – (12 €) Menu 17 € (sem.)/35 € – Carte 24/35 €
     ◆ Établissement familial implanté à proximité de la superbe forêt domaniale de Tronçais. Les chambres, simples, sont insonorisées. Deux salles à manger : l'une mi-rustique, mi-bistrot, l'autre lambrissée et meublée dans le style Louis XIII.

CERNAY – 68 Haut-Rhin – **315** H10 – 10 752 h. – alt. 275 m – ⊠ 68700   **1** A3

🛡 Alsace Lorraine

     ▶ Paris 461 – Altkirch 26 – Belfort 39 – Colmar 37

     🚹 Office de tourisme, 1, rue Latouche ℰ 03 89 75 50 35, Fax 03 89 75 49 24

XX **Hostellerie d'Alsace** avec ch   🔤 rest, 🏴 📶 🛏 🅿 *VISA* 🆎

     61 r. Poincaré – ℰ 03 89 75 59 81 – www.hostellerie-alsace.fr
     – Fax 03 89 75 70 22 – Fermé 26 juil.-15 août, 27 déc.-11 janv., sam. et dim.
     10 ch – ✦51/54 € ✦✦62/68 €, ⊡ 8 €
     Rest – Menu 19 € (sem.)/58 € – Carte 41/62 €
     ◆ Grande maison à colombages dans la lignée des auberges alsaciennes. La salle à manger et les chambres, personnalisées, contrastent par leur cadre contemporain. Carte classique.

CERNAY-LA-VILLE – 78 Yvelines – **311** H3 – **106** 29 – **101** 31 – **voir à Paris, Environs**

CERVIONE – 2B Haute-Corse – **345** F6 – **voir à Corse**

CESSON – 22 Côtes-d'Armor – **309** F3 – **rattaché à St-Brieuc**

CESSON-SÉVIGNÉ – 35 Ille-et-Vilaine – **309** M6 – **rattaché à Rennes**

CESTAYROLS – 81 Tarn – **338** D7 – 507 h. – alt. 233 m – ⊠ 81150   **29** C2

     ▶ Paris 660 – Albi 19 – Castres 59 – Toulouse 71

X **Lou Cantoun**   🌳 *VISA* 🆎

     Le village – ℰ 05 63 53 28 39 – www.loucantoun.fr – Fermé janv., mardi et merc.
     Rest – (12 €) Menu 25/50 € – Carte 25/58 €
     ◆ Une terrasse couverte donnant sur la place de l'église prolonge les deux salles de cette bâtisse ancienne. Plats traditionnels et de terroir.

CETTE-EYGUN – 64 Pyrénées-Atlantiques – **342** I7 – 81 h. – alt. 700 m   **3** B3
– ⊠ 64490

     ▶ Paris 844 – Pau 68 – Lescun 10 – Lurbe-St-Christau 25

🏠 **Au Château d'Arance** ❧   🌳 ⅋ ch, 📶 🛏 *VISA* 🆎

     r. Centrale – ℰ 05 59 34 75 50 – www.hotel-auchateaudarance.com
     – Fax 05 59 34 57 62 – Ouvert 14 fév.-11 nov.
     8 ch – ✦60/69 € ✦✦60/69 €, ⊡ 9 € – ½ P 60/63 €
     Rest – (fermé lundi soir et mardi) Menu 12/31 € – Carte 32/40 €
     ◆ Mariage réussi entre l'ancien et le contemporain dans cet ensemble dominant la vallée d'Aspe, composé par une maison du 17e s. (cadre actuel) et une ferme de 1785, plus rustique. La salle à manger occupe une ancienne étable. Terrasse panoramique. Cuisine régionale.

CEVINS – 73 Savoie – 333 L4 – 657 h. – alt. 400 m – ⊠ 73730   46 F2

▶ Paris 629 – Lyon 172 – Chambéry 63 – Annecy 57

XX   **La Fleur de Sel**   🍽 ⇔ P VISA ✆ AE
⊛   *Les Marais – ℰ 04 79 37 49 98*
– www.restaurant-fleurdesel.fr – Fax 04 79 37 40 44
– Fermé lundi et mardi
Rest – (15 €) Menu 19 € (déj. en sem.)/55 € – Carte 37/74 €
◆ Via la voie rapide Albertville-Moûtiers, faites une halte dans cette accueillante maison. On y déguste, devant la cheminée, une appétissante cuisine régionale. Terrasse d'été.

CHABLIS – 89 Yonne – 319 F5 – 2 482 h. – alt. 135 m – ⊠ 89800   7 B1
▌Bourgogne

▶ Paris 181 – Auxerre 21 – Avallon 39 – Tonnerre 18
🛈 Office de tourisme, 1, rue du Maréchal de Lattre ℰ 03 86 42 80 80,
Fax 03 86 42 49 71

🏠   **Du Vieux Moulin**   ⅋ AC 📶 P VISA ✆ AE ①
18 r. des Moulins – ℰ 03 86 42 47 30
– www.larochehotel.fr – Fax 03 86 42 84 44
– Fermé 19 déc.-23 janv. et dim. de nov. à mars
7 ch – †100/175 € ††100/175 €, ⊊ 12 € – 2 suites
Rest *Laroche Wine Bar* *– (fermé dim. et lundi de nov. à avril)* (20 €)
Menu 32/40 € – Carte 26/48 €🕮
◆ Subtile alliance de tradition (poutres, pierres) et de modernité (salles de bain design, wifi), ou comment le domaine Laroche conçoit le luxe discret. Cuisine du terroir s'accordant avec les crus du vignoble. Stages d'œnologie à la boutique.

🏠   **Hostellerie des Clos** (Michel Vignaud)   🛋 📶 ⅋ AC rest, 📶 🏋 P
❀   *18 r. Jules Rathier – ℰ 03 86 42 10 63*   VISA ✆ AE
– www.hostellerie-des-clos.fr – Fax 03 86 42 17 11
– Fermé 21 déc.-21 janv.
36 ch – †60/100 € ††80/130 €, ⊊ 15 € – 4 suites – ½ P 105/135 €
Rest *– (fermé lundi midi, mardi midi, merc. midi et jeudi midi)* Menu 42/80 €
– Carte 65/110 €🕮
Spéc. Œufs en meurette au chablis. Rognon de veau saisi dans sa graisse au chablis. Cannelloni passion, ananas Victoria caramélisé et son macaron glacé.
Vins Chablis, Irancy.
◆ Élégante hostellerie en partie installée dans les murs d'un ancien hospice. Chambres soignées, plus amples à la Résidence, salons cossus et caveau de dégustation. Restaurant ouvert sur un jardin, cuisine classique et du terroir, bon choix de vins locaux.

CHADURIE – 16 Charente – 324 K7 – 512 h. – alt. 150 m – ⊠ 16250   39 C3
▶ Paris 957 – Angoulême 21 – Barbezieux-St-Hilaire 31 – Périgueux 77

🏠   **Le Logis de Puygâty** ⌖   🌙 🍽 ⅀ 📶 P VISA ✆
4 km au Nord par rte d'Angoulême et rte secondaire
– ℰ 05 45 21 75 11 – www.logisdepuygaty.com
– Fax 05 45 21 75 11
4 ch – †120/250 € ††120/250 €, ⊊ 13 €
Table d'hôte – Menu 50 € bc
◆ Entre vignes, champs et forêts, chambres d'hôtes aménagées dans une demeure fortifiée du 15ᵉ s. Décoration harmonieuse qui mélange l'ancien et le contemporain. Piscine à l'écart. À table, cuisine à base de bons produits du terroir servie dans une ex-grange.

CHAGNY – 71 Saône-et-Loire – 320 I8 – 5 406 h. – alt. 215 m – ⊠ 71150   7 A3
▶ Paris 327 – Autun 44 – Beaune 15 – Chalon-sur-Saône 20
🛈 Office de tourisme, 2, place des Halles ℰ 03 85 87 25 95,
Fax 03 85 87 14 44

Maison Lameloise 🏡🏡🏡 ▯ AC 📞 ☁ VISA ⦾ AE ⓪

🏵🏵🏵 36 pl. d'Armes – ℰ 03 85 87 65 65 – www.lameloise.fr – Fax 03 85 87 03 57
– Fermé 21 déc.-20 janv., mardi et merc. d'oct. à mars
16 ch – ♦115/165 € ♦♦210/295 €, ☲ 25 €
Rest – (fermé mardi midi, merc. midi et jeudi midi de juil. à sept.) (prévenir)
Menu 75 € bc (déj. en sem.), 97/150 € – Carte 100/170 €🍷
Spéc. Foie gras de canard en robe de pommes de terre à la vapeur, bouillon
parfumé à la truffe. Homard bleu cuit dans sa carapace, sabayon cardinal.
Grande assiette pour les amateurs de chocolat. **Vins** Rully, Chassagne-Montra-
chet.

◆ Cette haute maison bourguignonne, aux chambres raffinées et spacieuses, incarne la
grande hôtellerie française de tradition. Au terme d'une carrière au firmament, Jacques
Lameloise passe aujourd'hui le relais à Éric Pras, qui reprend tous les classiques du restaurant,
en y apportant une sémillante touche de légèreté.

De la Poste sans rest ॐ 🏠 🗼 ☁ VISA ⦾ AE

🏠
🏠 17 r. Poste – ℰ 03 85 87 64 40 – www.hoteldelaposte-chagny71.com
– Fax 03 85 87 64 41 – Fermé 2 août-1ᵉʳ sept. et 21 déc.-2 janv.
11 ch – ♦42/50 € ♦♦45/62 €, ☲ 7 €

◆ L'établissement est situé au cœur du bourg, mais au calme d'une impasse. Toutes les
chambres, rénovées et nettes, sont en rez-de-jardin.

La Ferté sans rest 🏠 🗼 P VISA ⦾

🏠 11 bd Liberté – ℰ 03 85 87 07 47 – www.hotelferte.com – Fax 03 85 87 37 64
– Fermé 1ᵉʳ-26 déc.
13 ch – ♦39/60 € ♦♦41/68 €, ☲ 8 €

◆ Les propriétaires, également artistes, de ce petit établissement, à deux pas de Lameloise,
vous reçoivent avec beaucoup d'égards. Expo d'art ; beau jardin fleuri.

Pierre & Jean 🏠 & AC VISA ⦾ AE

✕
2 r.de la Poste – ℰ 03 85 87 08 67 – www.pierrejean-restaurant.fr – Fermé
22 déc.-5 janv., dim. soir et lundi
Rest – Menu 28/34 € – Carte 36/50 €

◆ "La cuisine d'en face" du Lameloise, qui arbore les prénoms de ses fondateurs, aïeuls de
Jacques. Cuisine actuelle, version bistrot, sous les belles charpentes d'un chai du 17ᵉ s.

rte de Chalon 2 km au Sud-Est par N 6 et rte secondaire – ⊠ 71150 Chagny

Hostellerie du Château de Bellecroix ॐ 🅡 🏠 ⛱ P

🏠
🏠 20 chemin de Bellecroix – ℰ 03 85 87 13 86   VISA ⦾ AE ⓪
– www.chateau-bellecroix.com – Fax 03 85 91 28 62 – Fermé 15 déc.-13 fév. et
merc. sauf de juin à sept.
19 ch – ♦90 € ♦♦90/230 €, ☲ 16 € – 1 suite – ½ P 105/170 €
Rest – (fermé lundi midi, jeudi midi et merc.) Menu 25 € (déj. en sem.), 49/63 €
– Carte 50/90 €

◆ Ancienne demeure des chevaliers de Malte nichée dans un parc. Les chambres, personnalisées, sont vastes dans la commanderie du 12ᵉ s., plus petites dans le château du 18ᵉ s. Le
restaurant a fière allure : cheminée, boiseries ouvragées et mobilier de style.

CHAILLES – 73 Savoie – 333 H5 – rattaché aux Échelles

CHAILLY-SUR-ARMANÇON – 21 Côte-d'Or – 320 G6 – rattaché à Pouilly-en-
Auxois

CHAINTRÉ – 71 Saône-et-Loire – 320 I12 – 519 h. – alt. 284 m   8 C3
– ⊠ 71570

▯ Paris 397 – Bourg-en-Bresse 45 – Lyon 70 – Mâcon 10

XX &ε₃ **La Table de Chaintré** (Sébastien Grospellier) &. AC VISA ◉◉
– *ℰ 03 85 32 90 95 – www.latabledechaintre.com – Fax 03 85 32 91 04*
– *Fermé 16 août-2 sept., 2-18 janv., dim. soir, lundi et mardi sauf fériés*
Rest – *(nombre de couverts limité, prévenir)* (38 €) Menu 52 € 🌿
Spéc. Marbré de foie gras de canard et cèpes de pays (saison). Grouse
d'Écosse (saison). Tartelette aux quetsches et sorbet au thé Earl Grey (saison).
Vins Mâcon-Chaintré, Morgon.
♦ Accueil tout sourire dans cette élégante table, au cœur du vignoble de Pouilly-Fuissé. Déli-
cieux menu dégustation (produits du marché) et vins des meilleurs vignerons français.

LA CHAISE-DIEU – 43 Haute-Loire – **331** E2 – 801 h. – alt. 1 080 m   **6** C3
– ✉ **43160** ▮ Auvergne

▶ Paris 503 – Ambert 29 – Brioude 35 – Issoire 59
🚹 Office de tourisme, place de la Mairie ℰ 04 71 00 01 16, Fax 04 71 00 03 45
◉ Église abbatiale St-Robert★★ : tapisseries★★★.

XX **L'Écho et l'Abbaye** avec ch ॐ   🌿 ℀ rest, ⁽¹⁾ VISA ◉◉ AE
*pl. Écho – ℰ 04 71 00 00 45 – Fax 04 71 00 00 22 – Ouvert 3 avril-8 nov. et fermé
merc. sauf juil.-août*
10 ch – ♥44 € ♥♥49/78 €, ⊇ 8,50 € – ½ P 59 €
Rest – *(nombre de couverts limité, prévenir)* (19 €) Menu 29/49 €
– Carte 29/54 € 🌿
♦ Tables joliment dressées, cuisine traditionnelle réalisée par le chef-patron, carte des vins
étoffée... et clientèle V.I.P. lors du festival de musique. Hôtel néorustique au sobre confort.
Création récente de deux chambres d'hôtes.

CHALEZEULE – 25 Doubs – **321** G3 – **rattaché à Besançon**

CHALLANGES – 21 Côte-d'Or – **320** J7 – **rattaché à Beaune**

CHALLANS – 85 Vendée – **316** E6 – 17 676 h. – alt. 8 m – ✉ 85300   **34** A3
▮ Poitou Vendée Charentes

▶ Paris 436 – Cholet 84 – Nantes 58 – La Roche-sur-Yon 42
🚹 Office de tourisme, place de l'Europe ℰ 02 51 93 19 75, Fax 02 51 49 76 04

Plan page suivante

🏠 **De l'Antiquité** sans rest   ⅂ ⁽¹⁾ VISA ◉◉ AE ◉
14 r. Galliéni – ℰ 02 51 68 02 84 – www.hotelantiquite.com – Fax 02 51 35 55 74
20 ch – ♥55/87 € ♥♥60/95 €, ⊇ 7 €   **B**a
♦ Maison récente de style vendéen. Le mobilier chiné chez les antiquaires personnalise les
jolies chambres, toutes tournées vers la cour ; celles de l'annexe sont très soignées.

à la Garnache 6,5 km par ① – 4 202 h. – alt. 28 m – ✉ 85710

XX **Le Petit St-Thomas**   AC VISA ◉◉
25 r. de Lattre-de-Tassigny – ℰ 02 51 49 05 99
– *www.restaurant-petit-st-thomas.com – Fermé 20 juin-10 juil., 2-24 janv., dim.
soir, merc. soir et lundi*
Rest – (17 €) Menu 24 € (sem.), 30/50 € – Carte 35/58 €
♦ Pour déguster une cuisine soignée rythmée par le marché, rendez-vous dans cette
coquette auberge régionale dotée d'une véranda donnant sur une courette fleurie en saison.

rte de St-Gilles-Croix-de-Vie par ⑤ – ✉ 85300 Challans

🏨 **Château de la Vérie** ॐ   ⚘ 🌿 ⅂ ℀ P VISA ◉◉
rte de Soullans, 2,5 km sur D 69 – ℰ 02 51 35 33 44
– *www.chateau-de-la-verie.com – Fax 02 51 35 14 84*
21 ch – ♥75/106 € ♥♥82/168 €, ⊇ 12 € – ½ P 84/130 €
Rest – *(fermé dim. soir, mardi midi et lundi hors saison)* (17 € bc) Menu 28/49 €
– Carte 35/53 €
♦ Château du 16ᵉ s. classé monument historique et son beau parc entre rivière et marais.
Spacieuses chambres au grand calme garnies de meubles de style ou d'origine. Boiseries et
cheminées anciennes appuient le caractère intime des salles à manger ; cuisine actuelle.

CHALLANS

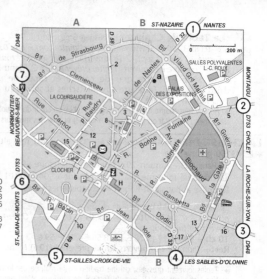

CHALLES-LES-EAUX – 73 Savoie – **333** I4 – rattaché à Chambéry

---

CHALLEX – 01 Ain – **328** I3 – 1 059 h. – alt. 500 m – ⊠ 01630   **45** C1

> ◘ Paris 519 – Bellegarde sur Valserine 22 – Bourg en Bresse 94 – Gex 20

✗ **Chalet l'Ecureuil**   🌤 **P**

rte de la Plaine – ℰ 04 50 56 40 82 – Fermé lundi, mardi, merc. et le midi sauf dim.

Rest – Menu 29/39 €

♦ Une adresse sympathique installée dans un chalet situé à l'écart du village. Salle à manger rustique décorée de vieux ustensiles, véranda et cuisine traditionnelle revisitée.

CHÂLONS-EN-CHAMPAGNE **P** – 51 Marne – **306** I9 – 46 184 h.   **13** B2
– alt. 83 m – ⊠ 51000 ▯ Champagne Ardenne

> ◘ Paris 188 – Dijon 259 – Metz 157 – Nancy 162
>
> 🚺 Office de tourisme, 3, quai des Arts ℰ 03 26 65 17 89, Fax 03 26 65 35 65
>
> 🔟₈ de la Grande-Romanie à Courtisols Route Départementale 994, par rte de Verdun : 15 km, ℰ 03 26 66 65 97
>
> ◉ Cathédrale St-Étienne★★ - Église N.-D.-en-Vaux★ : intérieur★★ F
> - Statues-colonnes★★ du musée du cloître de N.-D.-en-Vaux★ AY **M¹**.
>
> 🄶 Basilique N.-D.-de-l'Épine★★.

🏠🏠🏠   **D'Angleterre** (Jacky Michel)   🖪 🕭 Ⓐ🅚 📶 🕯 🛁 **P** 🌐 ️VISA 🕮 AE ⓪
❄️   19 pl. Mgr Tissier – ℰ 03 26 68 21 51 – www.hotel-dangleterre.fr
– Fax 03 26 70 51 67 – fermé 25 juil.-17 août, vacances de Noël et dim.
25 ch – †85/150 € ††95/180 €, ⊊ 16 €   BY**g**
Rest *Jacky Michel* – (fermé lundi midi, sam. midi midi, dim. et fériés) (34 €)
Menu 36/75 € – Carte 60/96 €

Spéc. Salade de Saint-Jacques (oct. à mars). Canard sauvage cuit rosé au ratafia et aux poires (sept. à janv.). Soufflé au chocolat. **Vins** Champagne, Coteaux Champenois.

Rest *Les Temps changent* – 1 r. Garinet, ℰ 03 26 66 41 09 *(fermé lundi midi, sam. midi, dim. et fériés)* Menu 23 € – Carte 30/45 €

♦ Chambres très confortables et personnalisées, parfois décorées dans un chaleureux esprit chalet. Agréables salles de bains en marbre. Cuisine classique, réalisée dans les règles de l'art, à la table de Jacky Michel. Côté brasserie : menu du jour et plats de saison.

428

CHÂLONS-EN-CHAMPAGNE

Le Renard
24 pl. de la République – ℰ 03 26 68 03 78 – www.le-renard.com
– Fax 03 26 64 50 07 – Fermé 19 déc.-4 janv.

AZr

38 ch – †70/80 € ††80 €, ⌁ 10 €
Rest – *(fermé sam. midi et dim.)* (15 €) Menu 21/39 € – Carte 40/100 €

♦ Deux maisons du 15ᵉ s. reliées par un patio-jardin d'hiver. Minimalisme et originalité dans les chambres : le lit se trouve au centre de la pièce. Le restaurant, entièrement relooké dans un esprit design très tendance, propose une cuisine au goût du jour.

Le Pot d'Étain sans rest
18 pl. de la République – ℰ 03 26 68 09 09 – www.hotel-lepotdetain.com
– Fax 03 26 68 58 18

AZu

30 ch – †67/70 € ††72/83 €, ⌁ 9 €

♦ Cet hôtel situé dans le quartier historique de Châlons abrite des chambres actuelles, rustiques ou décorées dans un esprit néo-colonial. Lounge bar au rez-de-chaussée.

Les Caudalies
2 r. de l'Abbé-Lambert – ℰ 03 26 65 07 87 – www.les-caudalies.com
– Fax 03 26 65 07 87 – Fermé 15-30 août, 1ᵉʳ-12 nov., 23 déc.-4 janv., sam. midi et dim.

AYv

Rest – (16 €) Menu 21 € (sem.)/43 € – Carte 28/50 €

♦ Verrières de style Eiffel, magnifiques boiseries et décor début Art nouveau : cette demeure du 19ᵉ s. est tout simplement superbe. Cuisine actuelle et carte de brasserie.

Au Carillon Gourmand
15 bis pl. Mgr Tissier – ℰ 03 26 64 45 07 – Fax 03 26 21 06 09
– Fermé 1 sem. en avril, 1ᵉʳ-23 août, 1 sem. en fév., dim. soir, merc. soir et lundi

BYe

Rest – (19 €) Menu 33 € – Carte 33/53 €

♦ Cadre contemporain mis en valeur par un éclairage design : une adresse chic et élégante, sans aucune surcharge. Côté cuisine, on revisite sagement la tradition.

à l'Épine 8,5 km par ③ – 645 h. – alt. 153 m – ⌂ 51460

◉ Basilique N.-Dame★★.

Aux Armes de Champagne
31 av. du Luxembourg – ℰ 03 26 69 30 30
– www.aux-armes-de-champagne.com – Fax 03 26 69 30 26
– Fermé 9 janv.-9 fév., dim. soir et lundi

35 ch – †85/170 € ††100/170 €, ⌁ 14 € – 2 suites – ½ P 95/130 €
Rest – Menu 25 € (déj. en sem.), 45/80 € – Carte 50/77 €₴

♦ Coquette auberge champenoise couplée à une hôtellerie confortable et raffinée. Chambres cosy et personnalisées. Salon-bar douillet. La salle à manger au cadre mi-rustique mi-bourgeois offre une vue sur la basilique. Cuisine classique.

à Matougues 11 km par ⑦ – 645 h. – alt. 82 m – ⌂ 51510

Auberge des Moissons ⌂
8 rte Nationale – ℰ 03 26 70 99 17 – www.des-moissons.com
– Fax 03 26 66 56 94 – Fermé 26 juil.-10 août et 22 déc.-13 janv.

27 ch – †69 € ††82 €, ⌁ 10 € – ½ P 72 €
Rest – *(fermé le midi en sem. et dim. soir)* Menu 23/40 € – Carte 30/42 €

♦ Dans cette ferme-auberge, on cultive l'art de recevoir de génération en génération. Confortables chambres actuelles, en parties ouvertes sur le patio intérieur. Restaurant agréablement champêtre dans l'ex-étable ; recettes à base de truffe de Champagne en saison.

Un important déjeuner d'affaires ou un dîner entre amis ?
Le symbole ⇔ vous signale les salles à manger privées.

▶ Paris 335 – Besançon 132 – Dijon 68 – Lyon 125

🖪 Office de tourisme, 4, place du Port de Villiers 𝒞 03 85 48 37 97,
Fax 03 85 48 63 55

🖼 de Chalon-sur-Saône à Châtenoy-en-Bresse Parc de Loisirs Saint Nicolas,
𝒞 03 85 93 49 65

◎ Musées : Denon★ BZ **M**[1], Nicéphore Niepce★★ BZ **M**[2] - Roseraie St-
Nicolas★ SE : 4 km X.

Plan page suivante

🏨 St-Régis   📶 🔟 📡 🛁 🍽 💳 ⑩ 🆎 ⓪

22 bd de la République – 𝒞 03 85 90 95 60 – www.saint-regis-chalon.com
– Fax 03 85 90 95 70   BZ**v**
36 ch – †84/105 € ††106/144 €, ⚏ 16 € – ½ P 61/75 €
Rest – *(fermé sam. midi et dim. soir)* (23 €) Menu 37/55 € – Carte 51/78 €
◆ Sur un boulevard animé, immeuble du début du 20e s. au charme provincial. Chambres
principalement bourgeoises, contemporaines pour celles rénovées. Plaisant salon. Cuisine traditionnelle servie dans une élégante salle à manger (boiseries).

🏨 St-Georges   📶 🔟 📡 🛁 🅿 🍽 💳 ⑩ 🆎 ⓪

32 av. J. Jaurès – 𝒞 03 85 90 80 50 – www.le-saintgeorges.fr – Fax 03 85 90 80 55
50 ch – †79/150 € ††79/150 €, ⚏ 11 €   AZ**s**
Rest – *(fermé 25 juil.-22 août, sam. midi et dim. soir)* (19 €) Menu 26/45 €
– Carte 45/68 €
Rest *Le Petit Comptoir d'à Côté* – 𝒞 03 85 90 80 52 *(fermé 25 juil.-22 août,
sam. midi, dim. et fériés)* (13 €) Menu 16/20 € – Carte 24/38 €
◆ Grand hôtel familial, proche de la gare. Chambres accueillantes, bien insonorisées, au
décor ancré dans les années 1970 contrairement aux junior suites, ultra contemporaines. Restaurant sobrement inspiré par l'Art déco ; cuisine traditionnelle. Cadre brasserie mêlant cuir
et bois au Petit Comptoir d'à Côté.

🍴🍴 Le Bourgogne   🍽 🔟 ↔ 💳 ⑩ 🆎 ⓪

28 r. Strasbourg – 𝒞 03 85 48 89 18 – www.restau-lebourgogne-chalon.fr
– Fax 03 85 93 39 10 – Fermé 26 avril-4 mai, 4-20 juil., 8-16 nov., 25-30 déc., sam.
midi, dim. soir et lundi   CZ**t**
Rest – (15 €) Menu 18/48 € – Carte 45/76 €
◆ Le haut plafond aux poutres apparentes et le mobilier d'inspiration Louis XIII de la salle à
manger renforcent le cadre "rustico-bourguignon" du restaurant. Carte traditionnelle.

🍴 Le Bistrot   ♿ 🔟 ↔ 💳 ⑩

31 r. de Strasbourg – 𝒞 03 85 93 22 01 – Fax 03 85 93 27 05
– Fermé 1er-15 août, 6-21 fév., sam. et dim.   CZ**f**
Rest – Menu 26 € (déj.), 32/37 € – Carte environ 53 € 🍷
◆ Agréable bistrot tout de rouge vêtu (boiseries, banquettes, lustres...). Au sous-sol, le salon
voûté donne sur la cave vitrée. Cuisine actuelle avec légumes du jardin et beaux bourgognes.

🍴 L'Air du Temps   🍽 💳 ⑩ ⓪

7 r. de Strasbourg, Île St Laurent – 𝒞 03 85 93 39 01 – Fermé dim. et lundi
Rest – Menu 17 € (déj. en sem.)/22 € – Carte 30/38 €   CZ**f**
◆ Le décor de ses deux petites salles à manger tout comme les recettes du marché, propo-
sées à prix sages, font de ce sympathique bistrot une adresse bien dans l'air du temps.

🍴 Chez Jules   🔟 💳 ⑩

11 r. de Strasbourg – 𝒞 03 85 48 08 34 – Fax 03 85 48 55 48 – Fermé
26 juil.-16 août, vacances de fév., sam. midi et dim.   CZ**f**
Rest – (15 €) Menu 19 € (sem.)/36 €
◆ Sur l'île St-Laurent, étroite façade vitrée laissant découvrir une salle au cadre agreste et
simple. Dans l'assiette : tradition, suggestions du jour et grand choix de desserts.

CHALON-SUR-SAÔNE

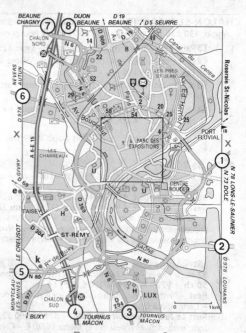

✗ **La Table de Fanny**　　　　　　　　　　　 AC VISA ◎
21 r. de Strasbourg – ℰ 03 85 48 23 11 – Fax 03 85 48 23 11 – Fermé 5-20 sept.,
24 déc.-4 janv., lundi midi, sam. midi et dim.　　　　　　　　　 CZf
Rest – (20 €) Menu 28/32 €
♦ Des intitulés ludiques et une cuisine pleine d'inventivité, voici le secret de cette table tendance qui offre un joli décor (chaises en osier, murs en briques et colombages).

à St-Loup-de-Varennes 7 km par ③ – 1 114 h. – alt. 186 m – ⊠ 71240

✗✗ **Le Saint Loup**　　　　　　　　　　　　 AC P VISA ◎
⊛ *13 rte Nationale 6 – ℰ 03 85 44 21 58 – www.lesaintloup.com*
– Fermé 21-28 fév., 5-20 juil., merc. et le soir du dim. au mardi
Rest – (18 €) Menu 24 € (sem.), 28/48 € – Carte 32/54 €
♦ Sur la route nationale, près du musée de la photographie, une auberge bourguignonne pratique pour l'étape. Cuisine du terroir sincère à déguster dans un cadre champêtre.

à St-Rémy 4 km à l'Ouest (rte du Creusot) N 6, N 80 et rte secondaire – 5 824 h. – alt. 187 m – ⊠ 71100

✗✗✗ **Moulin de Martorey** (Jean-Pierre Gillot)　　　 ⇔ AC P VISA ◎
❀ *– ℰ 03 85 48 12 98 – www.moulindemartorey.net – Fax 03 85 48 73 67 – Fermé*
8-18 août, 4-15 janv., dim. soir, mardi midi et lundi sauf fériés　　 Xk
Rest – Menu 30/84 € ⌘
Spéc. Escargots de Bourgogne, mousse légère de pomme de terre à l'huile de truffe. Lièvre à la royale (oct. à janv.). Tomates confites, fenouil caramélisé, glace basilic (mai à sept.). **Vins** Montagny, Givry.
♦ Paisible minoterie du 19ᵉ s. surplombant un bief. Salle à manger rustique agencée autour de l'ancienne machinerie, véranda, terrasse. Cuisine personnalisée et belle carte des vins.

rte de Givry 4 km à l'Ouest sur D 69 – ⊠ 71880 Châtenoy-le-Royal :

✗✗ **Auberge des Alouettes**　　　　　　　　 AC VISA ◎
⊛ *1 rte de Givry – ℰ 03 85 48 32 15 – Fax 03 85 93 12 96*
– Fermé 21 juil.-11 août, 5-19 janv., dim. soir, mardi soir et merc.　 Xe
Rest – Menu 20/49 € – Carte 25/56 €
♦ Atmosphère chaleureuse dans cette auberge bordant une artère fréquentée. Attablez-vous près de l'élégante cheminée en pierre pour déguster les suggestions du jour.

à Dracy-le-Fort 6 km par ⑥ et D 978 – 1 321 h. – alt. 180 m – ⊠ 71640

🏠 **Le Dracy** ⌘　　　 ⇶ ⇔ ⅃ & ⅋ ⟨ P VISA ◎ AE ①
⊛ *4 r. du Pressoir – ℰ 03 85 87 81 81 – www.ledracy.com – Fax 03 85 87 77 49*
47 ch – †80/130 € ††100/130 €, ⊇ 12 € – ½ P 72/105 €
Rest *La Garenne* – Menu 18 € (déj. en sem.), 28/48 € – Carte 40/61 €
♦ Pour un séjour au vert placé sous le signe de la détente : chambres rénovées dans un style cosy et dotées de terrasses privatives côté jardin. Belle piscine. Cuisine traditionnelle servie dans une salle à manger contemporaine ou en terrasse.

à Sassenay 9 km au Nord-Est par D 5, rte de Seurre – 1 476 h. – alt. 178 m – ⊠ 71530

✗✗ **Le Magny**　　　　　　　　　　　　　　 AC VISA ◎ AE
29 Grande-Rue – ℰ 03 85 91 61 58 – www.lemagny.com – Fax 03 85 91 77 28
– Fermé 4-11 mai, 27 juil.-13 août, 4-11 janv., dim. soir, mardi soir et lundi
Rest – (14 €) Menu 22/35 € – Carte 26/61 €
♦ Avec sa façade jaune aux volets verts et son intérieur campagnard (armoires bressannes, parquet, cheminée), cette auberge de village offre un cadre chaleureux. Cuisine régionale.

CHAMAGNE – 88 Vosges – **314** F2 – rattaché à Charmes

CHAMALIÈRES – 63 Puy-de-Dôme – **326** F8 – rattaché à Clermont-Ferrand

---

CHAMARANDES – 52 Haute-Marne – **313** K5 – rattaché à Chaumont

CHAMBERET – 19 Corrèze – **329** L2 – 1 319 h. – alt. 450 m – ⊠ 19370   **25** C2

> ▶ Paris 453 – Guéret 84 – Limoges 66 – Tulle 45
>
> 🚺 Syndicat d'initiative, 5, place du Marché 𝒞 05 55 98 30 14,
> Fax 05 55 98 79 34
>
> 🟢 Mont Gargan ✳★★ NO : 9 km ▮ Limousin Berry

🏠 **De France**   🏧 rest, ℡ 🅿 💳 ⓪ 🆎

🕰 – 𝒞 05 55 98 30 14 – hotelfrancechamberet.fr – Fax 05 55 73 47 15
– Fermé 23 déc.-25 janv., vend. soir et dim. soir de nov. à mai
15 ch – ┇42/52 € ┇┇40/52 €, � 10 €
Rest – Menu 13 € (déj. en sem.), 21/41 € – Carte 25/45 €
♦ Ambiance familiale dans une pimpante maison de pierre proposant des petites chambres correctement équipées. Café-comptoir pour la clientèle locale. Restaurant plaisamment campagnard (vieux meubles et fresques de paysages corréziens) et cuisine traditionnelle régionale.

CHAMBÉRY ℗ – 73 Savoie – **333** I4 – 57 543 h. – **Agglo. 113 457 h.**   **46** F2
– alt. 270 m – **Casino** : à Challes-les-Eaux – ⊠ 73000 ▮ Alpes du Nord

> ▶ Paris 562 – Annecy 50 – Grenoble 55 – Lyon 101
>
> 🛫 de Chambéry-Aix-les-Bains : 𝒞 04 79 54 49 54, à Viviers-du-Lac par ④ :
> 8 km.
>
> 🚺 Office de tourisme, 24, boulevard de la Colonne 𝒞 04 79 33 42 47,
> Fax 04 79 85 71 39
>
> 🟢 du Granier Apremont à Apremont Chemin de Fontaine Rouge, SE : 8 km
> par D 201, 𝒞 04 79 28 21 26
>
> 🔘 Vieille ville★★ : Château★, place St-Léger★, grilles★ de l'hôtel de
> Châteauneuf (n° 18 rue de la Croix-d'Or) - Crypte★ de l'église St-Pierre-de-
> Lémenc - Rue Basse-du-Château★ - Cathédrale métropolitaine St-François-
> de-Sales★ - Musée Savoisien★ **M**[1] - Musée des Beaux-Arts★ **M**[2].

🏨 **Mercure** sans rest   📶 & 🏧 ℡ 🛜 💳 ⓪ 🆎 ⓪
183 pl. de la Gare – 𝒞 04 79 62 10 11 – www.mercure.com – Fax 04 79 62 10 23
81 ch – ┇69/149 € ┇┇79/159 €, ⊑ 17 €   **A**s
♦ Face à la gare, architecture résolument moderne alternant verre et béton. Plaisant hall d'accueil, salon-bar contemporain, chambres spacieuses et bien insonorisées.

🏨 **Des Princes** sans rest   📶 🏧 ℡ 🔈 💳 ⓪ 🆎 ⓪
4 r. Boigne – 𝒞 04 79 33 45 36 – www.hoteldesprinces.eu – Fax 04 79 70 31 47
45 ch – ┇75/80 € ┇┇85/95 €, ⊑ 9 €   **B**r
♦ Proche de la fontaine des Éléphants, ce charmant hôtel soigne sa décoration : portraits de la grande famille de Savoie dans les couloirs, chambres à thèmes (musique, poésie, Inde...).

🍴🍴 **L'Hypoténuse**   🏠 🔁 💳 ⓪
141 Carré Curial – 𝒞 04 79 85 80 15 – www.restaurant-hypotenuse.com
– Fax 04 79 85 80 18 – Fermé vacances de printemps, 17 juil.-16 août, dim. et
lundi   **B**v
Rest – (18 €) Menu 22/39 € – Carte 34/48 €
♦ L'Hypoténuse dans le Carré est égale à la somme d'un décor contemporain – rehaussé de quelques meubles de style et d'expositions de tableaux – et d'une cuisine traditionnelle.

🍴🍴 **Les Comptoirs**   🏧 🔁 💳 ⓪ 🆎 ⓪
🕰 183 pl. de la Gare – 𝒞 04 79 96 97 27 – www.homtel.fr – Fax 04 79 96 17 78
– Fermé sam. midi et dim.   **A**s
Rest – Menu 19/29 € – Carte environ 32 €
♦ Cette pyramide de verre abrite une salle contemporaine dans les tons chocolat. Cuisine fusion marquée par les influences asiatiques. Ambiance zen et service décontracté.

🍴 **Brasserie Le Z**   🏧 🔁 💳 ⓪
12 av. des Ducs de Savoie – 𝒞 04 79 85 96 87 – www.zorelle.fr
– Fax 04 79 70 11 71   **B**z
Rest – (15 €) Menu 25 € (dîner) – Carte 26/45 €
♦ Brasserie très prisée à midi pour sa cuisine simple et internationale. Cadre contemporain éclairé par une verrière. En décor, un limonaire et une cave vitrée à flanc de rocher.

434

CHAMBÉRY

✗ **L'Atelier** 🛋 🌂 VISA ⦿

*59 r. de la République – ℰ 04 79 70 62 39 – www.atelier-chambery.com – Fermé
19 juil.-2 août, dim. et lundi* **B t**

Rest – (17 €) Menu 20 € (déj.)/38 €

◆ L'atmosphère de ce relais de poste converti en restaurant façon bistrot – comptoir et ardoises dans l'une des trois salles à manger – se veut branchée. Cuisine actuelle sans chichi.

à Sonnaz 8 km par ① sur D 991 – 1 257 h. – alt. 370 m – ⊠ 73000

✗✗ **Auberge Le Régent** 🚗 🛋 🌂 **P** VISA ⦿

*453 rte d'Aix-les-Bains – ℰ 04 79 72 27 70 – Fax 04 79 72 27 70 – Fermé
16 août-10 sept., dim. soir et merc.*

Rest – (17 €) Menu 27/43 € – Carte 36/60 €

◆ Ce restaurant familial, ancienne ferme savoyarde (19e s.), abrite deux coquettes salles à manger rustiques. Délicieuse terrasse ombragée face au jardin. Cuisine traditionnelle.

Les bonnes adresses à petit prix ? Suivez les Bibs : «Bib Gourmand» rouge ⦿ pour les tables, et «Bib Hôtel» bleu 🛏 pour les chambres.

à St-Alban-Leysse 4 km par ①, D 1006 et rte secondaire – 5 462 h. – alt. 285 m – ✉ 73230

L'Or du Temps

814 rte de Plainpalais – ✆ *04 79 85 51 28* – *www.or-du-temps.com* – *Fax 04 79 85 83 87* – *Fermé 1er-10 janv.*

18 ch – 55 € 60 €, ☕ 6,50 €

Rest – *(fermé sam. midi, dim. soir et lundi)* (15 €) Menu 24/49 € – Carte 42/54 €

◆ Cette bâtisse régionale, bien restaurée, offre une vue splendide sur le massif des Bauges. Chambres actuelles aux meubles colorés. Cuisine inspirée par l'air du temps, servie dans une salle chaleureuse ou sur une terrasse ombragée.

à Barberaz 3 km par ① , N 201 (sortie 19 : La Ravoire) – 4 708 h. – alt. 315 m – ✉ 73000

Altédia Lodge

61 r. de la République – ✆ *04 79 60 05 00* – *www.hotel-altedia.com* – *Fax 04 79 60 43 63*

34 ch – 88/130 € 88/130 €, ☕ 13 € – 2 suites

Rest ***La Maison Rouge*** – ✆ 04 79 60 07 00 *(fermé 1er-15 août)* (16 €) Menu 19 € (sem.), 32/39 € – Carte 30/52 €

◆ Complexe hôtelier contemporain (mobilier signé Starck), conçu pour répondre au souci de la fonctionnalité : bonne insonorisation, films à la demande, espaces forme et soins. À la Maison Rouge, cadre moderne et cuisine au goût du jour.

Altédia Hôtel

41 ch – 45/75 € 45/75 €, ☕ 8 €

◆ L'annexe propose des chambres familiales. Petit-déjeuner sous forme de buffet.

à Challes-les-Eaux 7 km par ②par D 1006 et rte secondaire – 4 829 h. – alt. 310 m – ✉ 73190

Office de tourisme, avenue de Chambéry ✆ 04 79 72 86 19, Fax 04 79 71 38 51

Château des Comtes de Challes

247 montée du Château – ✆ *04 79 72 72 72* – *www.chateaudescomtesdechalles.com* – *Fax 04 79 72 83 83* – *Fermé 25 oct.-15 nov.*

50 ch – 65/194 € 65/194 €, ☕ 12 € – 4 suites – ½ P 76 €

Rest – (26 €) Menu 40/55 € – Carte 58/81 €

◆ Entouré d'un parc d'arbres centenaires, un joli château du 15e s. et sa chapelle. Les chambres, aux beaux meubles anciens ou plus actuelles, sont presque toutes rénovées. Une cheminée de 1650 trône dans la salle de restaurant, rustique et cossue. Cuisine inventive.

à Chambéry-le-Vieux 5 km par ③ par N 201 et rte secondaire (sortie Chambéry-le-Haut) – ✉ 73000

Château de Candie

r. du Bois de Candie – ✆ *04 79 96 63 00* – *www.chateaudecandie.com* – *Fax 04 79 96 63 10*

23 ch – 130/270 € 130/270 €, ☕ 25 € – 5 suites – ½ P 125/250 €

Rest – *(fermé dim. soir et lundi)* Menu 32 € (déj. en sem.), 52/95 € – Carte 85/115 €

◆ Cette maison forte bâtie au 14e s. par des croisés domine la vallée. Chambres cosy (dont huit nouvelles) alliant styles ancien et contemporain ; superbe suite avec jacuzzi dans la tour. Élégantes salles à manger et agréable terrasse.

CHAMBOLLE-MUSIGNY – 21 Côte-d'Or – 320 J6 – 308 h. – alt. 280 m – ✉ 21220

8 D1

Paris 326 – Beaune 28 – Dijon 17

Château André Ziltener sans rest 🌳   🚗 📶 ♨ **P** 🛏 *VISA* 🔴🔵 **AE** ⓪
r. de la Fontaine – 𝒞 *03 80 62 41 62* – *www.chateau-ziltener.com*
– *Fax 03 80 62 83 75* – *Fermé 15 déc.-28 fév.*
8 ch – ♦190/220 € ♦♦190/220 €, ⌷ 18 € – 2 suites
♦ Cette demeure du 18ᵉ s. vous invite à partager le luxe discret de ses spacieuses chambres de style Louis XV, mariage réussi de l'ancien et du moderne. Petit musée du vin.

XX **Le Millésime**   ♿ ♻ *VISA* 🔴🔵 **AE**
1 r. Traversière – 𝒞 *03 80 62 80 37* – *Fax 03 80 62 85 53* – *Fermé 1ᵉʳ-15 janv., dim. soir, mardi midi et lundi*
Rest – (18 €) Menu 26/41 € – Carte 38/58 €
♦ Au centre de ce village réputé pour sa production viticole, ancien bistrot repris par un jeune chef talentueux. Cuisine au goût du jour (prix raisonnables). Vins à emporter.

X **Le Chambolle**   ♻ *VISA* 🔴🔵
😊 *28 r. Basse* – 𝒞 *03 80 62 86 26* – *www.restaurant-lechambolle.com*
– *Fax 03 80 62 86 26* – *Fermé 22 déc.-21 janv., dim. soir de déc. à mars, merc. et jeudi*
Rest – (nombre de couverts limité, prévenir) Menu 23/45 € – Carte 25/49 €
♦ Dans cette salle à manger chaleureuse et rustique (imposante cheminée), on s'attable pour goûter des plats de terroir très savoureux. Accueil tout sourire.

CHAMBON-LA-FORÊT – 45 Loiret – 318 K3 – 709 h. – alt. 117 m   **12** C2
– ✉ 45340

■ Paris 96 – Châteauneuf-sur-Loire 26 – Montargis 43 – Orléans 43

XX **Auberge de la Rive du Bois**   🚗 🏠 **P** *VISA* 🔴🔵 **AE**
😊 *11 r. de la Rive-du-Bois, 1 km au Nord par rte de Pithiviers* – 𝒞 *02 38 32 28 44*
– *www.auberge-rivedubois.com* – *Fax 02 38 32 02 61* – *Fermé 6-25 août, 24 déc.-5 janv., lundi soir, mardi soir et merc.*
Rest – Menu 16 € (sem.)/48 € – Carte 29/57 €
♦ Dans un paisible hameau, sympathique auberge propice aux repas de famille et d'affaires : salles à manger champêtres, terrasse fleurie et véranda. Cuisine traditionnelle.

LE CHAMBON-SUR-LIGNON – 43 Haute-Loire – 331 H3 – 2 661 h.   **6** D3
– alt. 967 m – ✉ 43400 ▮ Lyon Drôme Ardèche

■ Paris 573 – Annonay 48 – Lamastre 32 – Privas 75
🛈 Office de tourisme, 2, route de Tence 𝒞 04 71 59 71 56, Fax 04 71 65 88 78
▦ du Chambon-sur-Lignon La Pierre de la Lune, SE : 5 km par D 103,
𝒞 04 71 59 28 10

🏨 **Bel Horizon** 🌳   ≤ 🚗 🏠 ⛲ ♨ ♿ & ch, ⅍ rest, 📶 🛏 **P** *VISA* 🔴🔵 **AE** ⓪
😊 *chemin de Molle* – 𝒞 *04 71 59 74 39* – *www.belhorizon.fr* – *Fax 04 71 59 79 81*
– *Fermé 2-24 janv., lundi (sauf hôtel) et dim. soir du 1ᵉʳ oct. au 30 avril*
30 ch – ♦60/85 € ♦♦60/99 €, ⌷ 11 € – ½ P 71/85 €
Rest – Menu 18 € (sem.)/43 € – Carte 25/45 €
♦ Ambiance décontractée dans cet hôtel axé détente et loisirs (centre de remise en forme complet). Dix nouvelles chambres, au décor contemporain, réparties dans de confortables chalets. Restaurant aux tons ensoleillés et terrasse face au jardin ; carte classique.

au Sud 3 km par D 151, rte de la Suchère et rte secondaire – ✉ 43400 Chambon-sur-Lignon

🏠 **Le Bois Vialotte** 🌳   ≤ 🚗 ⅍ rest, 🛏 **P** *VISA* 🔴🔵
😊 *rte de la Suchère* – 𝒞 *04 71 59 74 03* – *www.leboisvialotte.com*
– *Fax 04 71 65 86 32* – *Ouvert 21 mai-1ᵉʳ oct.*
17 ch – ♦57/70 € ♦♦57/70 €, ⌷ 10 € – ½ P 58/66 €
Rest – (dîner seult) (résidents seult) Menu 15/26 €
♦ Au calme en lisière de forêt, établissement familial proposant des chambres simples, rénovées ou plus désuètes mais toujours impeccablement tenues. Salle de restaurant au charme d'antan ; cuisine traditionnelle où tout est fait maison.

à l'Est 3,5 km par D 157 et D 185 – ⊠ 43400 Chambon-sur-Lignon

| 🔟 | **Clair Matin** ⌂ | ← ⏱ 🕏 ⌷ ⅙ ⅍ ⅏ ⅙ ch, ⅍ rest, ⁇ ⅍ **P** ⌂ |

Les Barandons – ℘ 04 71 59 73 03 – www.hotelclairmatin.com   VISA ⓪ AE ⓪
– Fax 04 71 65 87 66 – Fermé 30 nov.-30 janv., lundi et mardi hors saison
25 ch – ♦55/125 € ♦♦55/125 €, �二 12 € – 2 suites – ½ P 59/125 €
Rest – (15 €) Menu 20 € (sem.)/38 € – Carte 30/50 €
♦ Cet accueillant chalet dispose d'une vue étendue sur les Cévennes. Air pur garanti ! Chambres fonctionnelles et nombreux loisirs dans le parc (piscine, tennis, fitness). Style néorustique au restaurant ; cuisine traditionnelle avec une touche actuelle.

CHAMBORD – 41 Loir-et-Cher – 318 G6 – 157 h. – alt. 71 m – ⊠ 41250   11 B1
▶ Paris 176 – Blois 18 – Châteauroux 101 – Orléans 56
◉ Château★★★, ▮ Châteaux de la Loire.

| 🏠 | **Du Grand St-Michel** ⌂ | 🕏 ⅍ **P** VISA ⓪ |

pl. St-Louis – ℘ 02 54 20 31 31 – www.saintmichel-chambord.com
– Fax 02 54 20 31 61 – Fermé de mi-nov. à mi-déc.
40 ch – ♦54/100 € ♦♦54/100 €, ⊊ 9 €   **Rest** – Menu 22/35 € – Carte 39/57 €
♦ Situation imparable face au château de Chambord, dans l'une de ses anciennes dépendances. Chambres classiques, quelques unes avec vue. Au restaurant, salle évoquant les plaisirs de la chasse, terrasse face au logis royal (éclairé lors des spectacles nocturnes) et plats traditionnels.

CHAMBOULIVE – 19 Corrèze – 329 L3 – 1 272 h. – alt. 429 m   25 C3
– ⊠ 19450 ▮ Limousin Berry
▶ Paris 463 – Bourganeuf 80 – Brive-la-Gaillarde 43 – Seilhac 10
🛈 Syndicat d'initiative, place de l'Église ℘ 05 55 21 47 60, Fax 05 55 20 47 61

| 🏠 | **Deshors Foujanet** | ⅏ 🕏 ⌷ ⁇ VISA ⓪ AE ⓪ |
| ⌂ | | |

rte Treignac – ℘ 05 55 21 62 05 – www.deshors-foujanet.com
– Fax 05 55 21 68 80 – Fermé 1er-7 juin, 3-23 oct., 1 sem. vacances de fév.
22 ch – ♦52/54 € ♦♦58/62 €, ⊊ 9 € – ½ P 60/62 €
Rest – Menu 18/50 € bc – Carte 31/49 €
♦ Au cœur du village, une hostellerie familiale dont les chambres sont progressivement rénovées dans un esprit contemporain et fonctionnel. Jardin et agréable piscine d'été. Ambiance rustique au restaurant où l'on sert une cuisine du terroir corrézien.

CHAMBRETAUD – 85 Vendée – 316 K6 – 1 402 h. – alt. 214 m   34 B3
– ⊠ 85500
▶ Paris 373 – Angers 85 – Bressuire 50 – Cholet 21

| 🏛 | **Château du Boisniard** ⌂ | ⏱ 🕏 ◉ ⅍ ⅍ ch, ऒ ch, ⅍ ⁇ ⅍ **P** |

– ℘ 02 51 67 50 01 – www.chateau-boisniard.com   VISA ⓪ AE
– Fax 02 51 67 53 81
17 ch – ♦145/350 € ♦♦145/550 €, ⊊ 29 €
Rest – (fermé dim. soir du 30 sept. au 31 mars) (28 €) Menu 35/55 €
– Carte 48/60 €
♦ Non loin du Puy du Fou, château (15e s.) dans un parc avec étangs. Idéal pour un séjour serein dans des chambres spacieuses au charme médiéval ; celles du Manoir sont plus actuelles. Salles à manger intimes ornées de boiseries d'origine et cuisine traditionnelle.

CHAMESOL – 25 Doubs – 321 K2 – 363 h. – alt. 730 m – ⊠ 25190   17 C2
▶ Paris 453 – Besançon 91 – Belfort 43 – Montbéliard 30

| ✗✗ | **Mon Plaisir** (Christian Pilloud) | ऒ ⅍ **P** VISA ⓪ AE ⓪ |
| ⌂ | | |

22 r. Journal – ℘ 03 81 92 56 17 – Fax 03 81 92 52 67 – Fermé 30 août-14 sept.,
20-29 déc., dim. soir, lundi et mardi sauf fériés le midi
Rest – Menu 36/75 €
Spéc. Foie gras maison aux cèpes. Nems d'escargots aux petits légumes, gingembre et soja, fond de poireau, sauce saké. Farandole de desserts. **Vins** Arbois.
♦ Ce restaurant familial propose une séduisante cuisine actuelle. Décor cossu et bourgeois, tout en tentures, boiseries, tableaux, compositions florales...

– alt. 1 040 m – **Sports d'hiver : 1 035/3 840 m** 🚡14 🚠36 🎿 – **Casino** AY
– ✉ 74400 ▮ Alpes du Nord

> ▶ Paris 610 – Albertville 65 – Annecy 97 – Aosta 57
>
> **Tunnel du Mont-Blanc :** péage en 2009, aller simple : autos 33,20 €, auto et caravane 44 €, camions 120,40 à 256 €, motos 22 €. Renseignements ATMB ✆ 04 50 55 55 00 et ✆ 04 50 55 39 36.
>
> 🛈 Office de tourisme, 85, place du Triangle de l'Amitié ✆ 04 50 53 00 24, Fax 04 50 53 58 90
>
> 🎏 de Chamonix à Les Praz-de-Chamonix 35 route du Golf, N : 3 km, ✆ 04 50 53 06 28
>
> 🖸 E : Mer de glace★★★ et le Montenvers★★★ par chemin de fer à crémaillère - SE : Aiguille du midi ❄★★★ par téléphérique (station intermédiaire : plan de l'Aiguille★★) - NO : Le Brévent ❄★★★ par téléphérique (station intermédiaire : Planpraz★★) - N : Col de Balme★★ (Alpages de Charamillon).

Plan page suivante

🏠🏠🏠 **Hameau Albert 1er** (Pierre Carrier et Pierre Maillet)   ⩽ 🚗 ⌾ 🖭 🕙
❀❀ 38 rte du Bouchet   🛁 🖪 & ch, 🏧 ch, ℗ 🖧 🅿 🚗 🚾 ⓿ 🖭 ⓿
– ✆ 04 50 53 05 09 – www.hameaualbert.fr – Fax 04 50 55 95 48
– Fermé 14 nov.-2 déc.   AX**f**
32 ch – ♦140/540 € ♦♦140/540 €, 🖵 21 € – 2 suites
Rest La Maison Carrier – voir ci-après
Rest – (fermé 9-27 mai, 2 nov.-2 déc., mardi midi, jeudi midi et merc.) (39 €)
Menu 56 € (sem.)/138 € – Carte 120/190 € ⅜
Spéc. Risotto à la truffe blanche d'Alba (sept. à janv.). Omble Chevalier pêché sur le lac Léman, émulsion de chicorée. Soufflé chaud à la Chartreuse verte, sorbet Chartreuse. **Vins** Chignin, Mondeuse d'Arbin.
♦ Ce "hameau" cultive avec bonheur tradition et modernité. À l'hôtel, superbes chambres avec belles boiseries et équipements dernier cri. À la "Ferme", décor contemporain mariant bois de vieux chalets d'alpage et design. Élégant restaurant, brillante cuisine classique subtilement modernisée et carte des vins étoffée.

🏠🏠🏠 **Grand Hôtel des Alpes** sans rest   🖭 🖪 & ℗ 🚗 🚾 ⓿ 🖭 ⓿
75 r. du Dr Paccard – ✆ 04 50 55 37 80 – www.grandhoteldesalpes.com
– Fax 04 50 55 88 50 – Ouvert 8 juin-30 sept. et 16 déc.-11 avril   AY**r**
30 ch – ♦150/300 € ♦♦190/600 €, 🖵 20 € – 3 suites
♦ Ce "grand hôtel" bâti en 1840 a été merveilleusement restauré en 2004 : hall cossu, bar feutré, élégants salons, chambres raffinées et ambiance intimiste.

🏠🏠🏠 **Le Morgane**   ⩽ 🖭 🕙 🖪 & ℗ 🅿 🚗 🚾 ⓿ 🖭 ⓿
145 av. Aiguille du Midi – ✆ 04 50 53 57 15
– www.morgane-hotel-chamonix.com – Fax 04 50 53 28 07   AY**u**
56 ch – ♦110/600 € ♦♦140/600 €, 🖵 15 €
Rest Le Bistrot – voir ci-après
♦ La nature est ici respectée : engagement environnemental (zéro carbone), cadre épuré et beaux matériaux (bois brut, pierre, coton bio). Voilà l'hôtel de montagne du 21e s.

🏠🏠🏠 **Auberge du Bois Prin** 🗝   ⩽ 🚗 🍴 🖪 & ℗ 🅿 🚗 🚾 ⓿ 🖭 ⓿
69 chemin de l'Hermine, (aux Moussoux) – ✆ 04 50 53 33 51
– www.boisprin.com – Fax 04 50 53 48 75
– Fermé 19 avril-6 mai et 2 nov.-2 déc.   AZ**a**
8 ch – ♦180/274 € ♦♦196/297 €, 🖵 14 € – 2 suites – ½ P 144/215 €
Rest – (fermé lundi midi, mardi midi et merc. midi) (19 €) Menu 34/44 € bc
– Carte 49/76 €
♦ Joli chalet perché sur les hauteurs de la station. Décoration design, équipements high-tech et lambris se marient avec goût dans les chambres luxueusement rénovées. Panorama sur le Mont-Blanc depuis la salle à manger et la terrasse ; produits du marché et du potager.

CHAMONIX-MONT-BLANC

440

Les Aiglons
270 av. Courmayeur – ✆ 04 50 55 90 93 – www.aiglons.com – Fax 04 50 53 51 08
107 ch – 90/400 € 110/400 €, ☕ 12 € AY**m**
Rest – (16 €) Menu 30/55 € – Carte 35/70 €
◆ À deux pas du départ pour l'Aiguille du Midi, cet hôtel contemporain a fait peau neuve en 2008 : chambres actuelles, piscine chauffée et spa complet. Un lieu à l'esprit sportif. Cuisine au goût du jour et formule déjeuner-spa ; salle confortable et grande terrasse.

Chalet Hôtel Hermitage
63 chemin du Cé – ✆ 04 50 53 13 87 – www.hermitage-paccard.com – Fax 04 50 55 98 14 – Ouvert 19 juin-20 sept. et 19 déc.-20 avril AX**e**
23 ch – 113/130 € 125/189 €, ☕ 14 € – 5 suites – ½ P 87/102 €
Rest – *(fermé merc. en été) (dîner seult) (résidents seult)* Menu 25 €
◆ Cet hôtel dispose de chambres et de suites confortables, refaites dans un style montagnard et contemporain. Certaines profitent d'une belle vue sur le massif. Bar-salon avec cheminée. Cuisine traditionnelle pour les résidants.

L'Oustalet sans rest
330 r. Lyret – ✆ 04 50 55 54 99 – www.hotel-oustalet.com – Fax 04 50 55 54 98 – Fermé 25 mai-7 juin et 2 nov.-15 déc. AY**z**
15 ch – 95/135 € 115/175 €, ☕ 14 €
◆ Chalet récent au décor chaleureux et coquet. Chambres spacieuses, idéales pour les familles. Hammam, sauna et jacuzzi en hiver, piscine l'été. Salon de thé (pâtisseries maison).

Auberge du Manoir sans rest
8 rte du Bouchet – ✆ 04 50 53 10 77 – www.aubergedumanoir.com – Fax 04 50 53 36 37 AX**b**
18 ch – 85/228 € 98/228 €, ☕ 16 €
◆ Entièrement rénové en 2008, cet hôtel a su conserver son charme savoyard. Confortables chambres "tout bois", tissus chaleureux. Salon avec billard et jardin.

Park Hotel Suisse ch,
75 allée du Majestic – ✆ 04 50 53 07 58 – www.chamonix-park-hotel.com – Fax 04 50 55 99 32 – Ouvert 12 juin-30 sept. et 19 déc.-13 avril AY**q**
64 ch ☕ – 86/155 € 118/228 € – 2 suites – ½ P 71/128 €
Rest – *(ouvert 12 juin-12 sept., 19 déc.-31 mars)* (15 €) Menu 19 € (déj.), 24/28 € – Carte 41/80 €
◆ Hôtel familial dans lequel on profite de chambres lambrissées, d'un salon avec billard et d'une terrasse-solarium. Été comme hiver, on y admire toute la chaîne du Mont-Blanc. Au restaurant, cuisine traditionnelle et spécialités savoyardes.

La Savoyarde sans rest rest,
28 rte Moussoux – ✆ 04 50 53 00 77 – www.lasavoyarde.com – Fax 04 50 55 86 82 – Ouvert de juin à sept. et de déc. à avril AZ**s**
14 ch – 56/74 € 100/136 €, ☕ 12 €
◆ Coquette maison chamoniarde du 19e s. située à 50 m du téléphérique du Brévent. Chambres simples, lambrissées, parfois mansardées ou agrandies d'une mezzanine.

Faucigny sans rest
118 pl. de l'Église – ✆ 04 50 53 01 17 – www.hotelfaucigny-chamonix.com – Fax 04 50 53 73 23 – Ouvert 8-15 mai, 12 juin-2 oct., 18 déc.-17 avril
20 ch – 50/65 € 80/105 €, ☕ 8,50 € AX**m**
◆ Ce sympathique petit hôtel du centre-ville a été soigneusement rénové ; chambres chaleureuses, certaines sous les mansardes. Salon avec cheminée. Prix raisonnables.

De l'Arve ch, rest,
60 impasse Anémones – ✆ 04 50 53 02 31 – www.hotelarve-chamonix.com – Fax 04 50 53 56 92 – Fermé de fin oct. à mi-déc. AX**a**
37 ch – 61/103 € 61/118 €, ☕ 10 €
Rest *Café de l'Arve* – *(fermé dim. soir, mardi midi et lundi)* Menu 19/35 €
◆ Établissement familial aux chambres d'esprit savoyard, petites mais fonctionnelles. Jardinet face au mont Blanc. Au fitness, équipements complets et mur d'escalade. Cuisine à base de produits locaux au Café de l'Arve.

Arveyron ⚑ ≤ 🚗 🏠 ੬ ch, 🍽 rest, 🅿 VISA ⓪

1650 rte du Bouchet, 2 km – ☎ 04 50 53 18 29 – www.hotel-arveyron.com
– Fax 04 50 53 06 43 – Ouvert de mi-juin à 22 sept. et vacances de Noël à
mi-avril   BZk
30 ch – †46 € ††80 €, ☲ 9 € – ½ P 57/66 €
Rest – *(fermé lundi et merc.)* (19 €) Menu 22 €
♦ Ce plaisant hôtel familial abrite des chambres montagnardes, plus au calme côté forêt.
Bar-salon, billard et jardin... sous les aiguilles de Chamonix ! Salle à manger "tout bois" et
agréable terrasse ; la cuisine traditionnelle prend des accents du terroir.

ⅩⅩⅩ Le Bistrot (Michael Bourdillat) – Hôtel Le Morgane 🏠 ੬ VISA ⓪ AE

ঞ 151 av. Aiguille du Midi – ☎ 04 50 53 57 64 – www.lebistrotchamonix.com
– Fax 04 50 53 28 07   AYu
Rest – (17 €) Menu 65/80 € – Carte 42/90 €⅜
Spéc. Omble chevalier en filet juste raidi, lait de poule battu aux noisettes du
Piémont (automne). Pavé de veau fermier lardé à la réglisse et risotto pié-
montais (printemps). Chocolat en tasse croustillante comme un cappuccino.
Vins Roussette de Savoie, Mondeuse d'Arbin.
♦ Ce restaurant affiche un esprit contemporain d'une sobre élégance. À table, goûteuse cui-
sine accompagnée d'une belle sélection de vins. Formule imbattable au déjeuner !

ⅩⅩⅩ Les Jardins du Mont Blanc 🚗 🏠 🅿 VISA ⓪ AE ①

62 allée du Majestic – ☎ 04 50 53 05 64 – www.bestmontblanc.com
– Fax 04 50 55 89 44 – Fermé de mi-oct. à mi-déc., le soir de début juin à
début oct. et le midi de mi-déc. à fin mai   AYg
Rest – Menu 23 € (déj.), 34/79 € – Carte 54/89 € le soir
♦ Un chef au talent créatif réveille avec brio cette institution du centre-ville. Cuisine inven-
tive servie dans une élégante salle, où trône une grande cheminée.

ⅩⅩ La Maison Carrier – Hôtel Hameau Albert 1er 🏠 VISA ⓪ AE ①

ঞ 44 rte du Bouchet – ☎ 04 50 53 00 03 – www.hameaualbert.fr
– Fax 04 50 55 95 48 – Fermé 30 mai-17 juin, 14 nov.-14 déc., lundi sauf juil.-août
et fériés   AXr
Rest – (18 €) Menu 23 € (déj. en sem.), 28/39 € – Carte 40/67 €⅜
♦ Salle des guides, "borne" (cheminée) où fument les charcuteries maison : un intérieur
savoyard typique pour cette jolie ferme reconstituée avec le bois de vieux chalets d'alpage.
Belle cuisine du terroir.

ⅩⅩ Atmosphère 🅰Ⓒ VISA ⓪ AE ①

ঞ 123 pl. Balmat – ☎ 04 50 55 97 97 – www.restaurant-atmosphere.com
– Fax 04 50 53 38 96   AYn
Rest – (20 €) Menu 23/30 € – Carte 30/55 €⅜
♦ Cette adresse ne manque pas d'atmosphère : décor contemporain, cuisine traditionnelle,
belle carte des vins et ambiance conviviale. Quelques tables avec vue sur l'Arve.

aux Praz-de-Chamonix 2,5 km au Nord – ✉ 74400 Chamonix-Mont-Blanc
– alt. 1 060 m

◙ La Flégère ≤ ★★ par téléphérique BZ.

⛺ Le Labrador sans rest ⚑ ≤ 🛁 ੬ 🕊 ⅍ 🅿 VISA ⓪ AE

au golf – ☎ 04 50 55 90 09 – www.hotel-labrador.com – Fax 04 69 96 29 67
– Fermé 24 avril-6 mai et 17 oct.-9 déc.   BZh
33 ch – †90/180 € ††100/210 €, ☲ 11 € – 2 suites
♦ Ce chalet à la silhouette scandinave jouit d'un environnement exceptionnel : les chambres
ménagent une vue superbe sur le Mont-Blanc et la vallée de Chamonix. Salons cosy.

🏠 Eden ≤ 🏠 🕊 🅿 🍽 VISA ⓪ AE

ঞ 35 rte des Gaudenays – ☎ 04 50 53 18 43 – www.hoteleden-chamonix.com
– Fax 04 50 53 51 50 – Fermé 5 nov.-5 déc.   BZe
31 ch – †60/90 € ††70/135 €, ☲ 11 € – ½ P 74/118 €
Rest – *(fermé 15 oct.-13 déc. et mardi)* (dîner seult) Menu 19/39 €
– Carte 24/45 €
♦ Sympathique hôtel proposant des chambres pratiques et claires, et des appartements
(avec cuisine) parfaits pour des séjours familiaux. Au restaurant, cuisine au goût du jour ser-
vie, l'été, en terrasse.

🏠 **Les Lanchers** ⟨ 🌧 ⅙ rest, ⁋ℹ 𝚅𝙸𝚂𝙰 ⓒⓞ
♾️ *1459 rte des Praz – 𝒞 04 50 53 47 19 – www.hotel-lanchers-chamonix.com*
– Fax 04 50 53 66 14 – Fermé 14 nov.-16 déc. BZ**b**
11 ch – ♦59/98 € ♦♦59/98 €, ⌷ 9 € – ½ P 54/78 €
Rest – (13 €) Menu 18/24 € – Carte 22/29 €
♦ Derrière la façade égayée de fresques, vous trouverez de grandes chambres au confort simple, mais agréables (rénovation en 2009). Salle à manger-véranda meublée dans le style bistrot ; cuisine traditionnelle, spécialités italiennes et savoyardes.

✗✗ **La Cabane des Praz** ⟨ 🌧 ⅙ 🅿 𝚅𝙸𝚂𝙰 ⓒⓞ 𝙰𝙴
🙂 *23 rte du Golf – 𝒞 04 50 53 23 27 – www.restaurant-cabane.com*
– Fax 04 50 91 15 28 BZ**v**
Rest – (19 €) Menu 28 € – Carte 39/70 €
♦ Superbement refaite, cette élégante cabane en rondins finlandais offre un chic décontracté : salon cossu, terrasse avec vue sur le golf et les aiguilles, cuisine au goût du jour.

aux Tines 4 km par ①, D 1506 et rte secondaire – ⊠ 74400 Chamonix-Mont-Blanc

🏠 **Excelsior** ⟨ 🚗 🌧 🏊 🖥 ⅙ ch, ⅙ rest, ⁋ℹ 🅿 𝚅𝙸𝚂𝙰 ⓒⓞ 𝙰𝙴
251 chemin de St-Roch – 𝒞 04 50 53 18 36 – www.hotelchamonix.info
– Fax 04 50 53 56 16 – Fermé 11-25 mai et 5 nov.-15 déc.
36 ch – ♦40/63 € ♦♦65/93 €, ⌷ 9 € – ½ P 60/74 €
Rest – *(fermé le midi de mi-déc. à fin avril sauf sam. et dim.)* (18 €)
Menu 29/60 € – Carte 37/54 €
♦ Au pied de l'aiguille Verte et du Dru, engageante maison tenue par la même famille depuis 1913. Plaisantes chambres rénovées, habillées de bois clair. Le restaurant ouvre ses baies sur les sommets alentour ; plats d'inspiration classique.

au Lavancher 6 km par ①, D 1506 et rte secondaire – ⊠ 74400 Chamonix-Mont-Blanc – Sports d'hiver : voir à Chamonix

👁 ⟨ ★★.

🏛 **Le Jeu de Paume** ⟨ 🚗 🌧 🖥 ✗ 🖥 ✗ rest, ⁋ℹ 🅿
705 rte Chapeau – 𝒞 04 50 54 03 76 𝚅𝙸𝚂𝙰 ⓒⓞ 𝙰𝙴 ①
– www.jeudepaumechamonix.com – Fax 04 50 54 10 75 – Ouvert 24 juin-15 sept. et 15 déc.-10 mai
24 ch – ♦155/255 € ♦♦155/255 €, ⌷ 15 € – ½ P 128/178 €
Rest – *(fermé mardi midi et merc. midi)* Menu 35/57 € – Carte 45/60 €
♦ Billard, piscine couverte, sauna, jacuzzi, salons-cheminée... Détente assurée dans ce chalet traditionnel au décor "tout bois" très raffiné. Vue sur les aiguilles ou la vallée. Cuisine au goût du jour dans une élégante salle.

🏠 **Les Chalets de Philippe** sans rest ⟨ 🚗 ⁋ℹ 🅿 𝚅𝙸𝚂𝙰 ⓒⓞ 𝙰𝙴
700-718 rte Chapeau – 𝒞 06 07 23 17 26 – www.chaletsphilippe.com
– Fax 04 50 54 08 28
10 ch – ♦120/300 € ♦♦120/300 €, ⌷ 12 €
♦ Parmi les sapins, luxueux chalets à flanc de montagne. Vieux bois, équipements de pointe, meubles chinés, objets rares... Services personnalisés.

aux Bossons 3,5 km au Sud – ⊠ 74400 Chamonix-Mont-Blanc – alt. 1 005 m

🏠 **Aiguille du Midi** ⟨ 🎔 🌧 🏊 ⅙ ✗ 🖥 🅰🅲 rest, ✗ rest, ⁋ℹ 🔌 🅿
479 chemin Napoléon – 𝒞 04 50 53 00 65 𝚅𝙸𝚂𝙰 ⓒⓞ 𝙰𝙴
– www.hotel-aiguilledumidi.com – Fax 04 50 55 93 69 – Ouvert 12 mai-19 sept. et 18 déc.-6 avril AZ**n**
40 ch – ♦60/100 € ♦♦73/100 €, ⌷ 14 € – ½ P 71/90 €
Rest – *(fermé merc. midi de déc. à avril)* (17 €) Menu 23/50 €
– Carte 22/65 €
♦ Dans cet hôtel bâti en 1908, préférez les chambres récemment rénovées dans un style montagnard et design. Salon panoramique face au glacier des Bossons. Salle de massage. Restaurant en rotonde, jolie terrasse côté jardin, plats traditionnels et savoyards.

CHAMOUILLE – 02 Aisne – **306** D6 – rattaché à Laon

CHAMOUSSET – 73 Savoie – 333 K4 – 502 h. – alt. 215 m – ⊠ 73390　46 F2
▶ Paris 588 – Albertville 26 – Allevard 25 – Chambéry 28

☆ 　**Christin** avec ch　　🚗 🄰🄲 rest, ⁏⁰ 🄿 🆅🅸🅂🄰 🄰🄴
☜☜ – ✆ 04 79 36 42 06 – Fax 04 79 36 45 43
16 ch – ♦45/55 € ♦♦45/55 €, � 7 €
Rest – (fermé dim. soir et lundi soir) Menu 14/38 € – Carte 22/45 €
• Dans une ambiance familiale et un cadre rustique, vous apprécierez une cuisine authentique (les légumes viennent du potager), escortée d'une sélection de vins de Savoie.

CHAMPAGNAC-DE-BELAIR – 24 Dordogne – 329 F3 – rattaché à Brantôme

---

CHAMPAGNÉ – 72 Sarthe – 310 L6 – 3 561 h. – alt. 53 m – ⊠ 72470　35 D1
▶ Paris 205 – Alençon 67 – Le Mans 14 – Nantes 204
🄸 Office de tourisme, place de l'Église ✆ 02 43 89 89 89, Fax 02 43 89 58 58

☆☆ 　**Le Cochon d'Or**　　🚗 🛧 🄰🄲 ⇔ 🄿 🆅🅸🅂🄰 🄰🄴 🄾
49 rte de Paris, D 323 – ✆ 02 43 89 50 08 – www.lecochondor.fr
– Fax 02 43 89 79 34 – Fermé 26 juil.-16 août, lundi et le soir sauf sam.
Rest – (15 €) Menu 20 € (déj. en sem.), 28/51 € – Carte 40/61 €
• Cure de jeunesse pour cette maison bordant une route passante. Grande salle aux cou-
leurs vives et tendances, ouvrant sur le jardin (baie vitrée). Cuisine traditionnelle.

CHAMPAGNEUX – 73 Savoie – 333 G4 – rattaché à St-Genix-sur-Guiers

---

CHAMPAGNEY – 70 Haute-Saône – 314 I6 – rattaché à Ronchamp

CHAMPAGNOLE – 39 Jura – 321 F6 – 8 135 h. – alt. 541 m　16 B3
– ⊠ 39300 📗 Franche-Comté Jura
▶ Paris 420 – Besançon 66 – Dole 68 – Genève 86
🄸 Office de tourisme, rue Baronne Delort ✆ 03 84 52 43 67,
Fax 03 84 52 54 57
◉ Musée archéologique : plaques-boucles★.

🄷🄷 　**Le Bois Dormant** ⌂　　🕭 🛧 🖥 🍽 🛁 ch, ⁏⁰ 🎿 🄿 🆅🅸🅂🄰 🄾
rte de Pontarlier, 1,5 km – ✆ 03 84 52 66 66 – www.bois-dormant.com
– Fax 03 84 52 66 67 – Fermé 21-27 déc.
40 ch – ♦65/73 € ♦♦73 €, ⊂ 10 € – ½ P 63 €
Rest – (16 €) Menu 24/42 € – Carte 25/50 €
• Au sein d'un parc arboré, établissement au décor chaleureux et moderne. Chambres fonctionnelles, habillées de bois blond et de tons roses. Piscine côté jardin. Grande salle à
manger-véranda et paisible terrasse ; carte traditionnelle et vins du Jura.

rte de Genève 8 km au Sud – ⊠39300 Champagnole

☆☆ 　**Auberge des Gourmets** avec ch　　🚗 🛧 🖥 ⁏⁰ 🄿 🆅🅸🅂🄰 🄾 🄰🄴 🄾
1 la Billaude du haut, sur N 5 – ✆ 03 84 51 60 60 – Fax 03 84 51 62 83 – Fermé
1er déc.-5 fév., dim. soir et lundi sauf vacances scolaires
7 ch – ♦77 € ♦♦84/88 €, ⊂ 9 € – ½ P 78 €
Rest – (15 €) Menu 34/48 € – Carte 35/65 €
• Petits plats traditionnels faits maison, servis dans plusieurs salles à manger (dont une
véranda) rustico-bourgeoises et soignées. Les chambres côté terrasse sont plus calmes.

CHAMPAGNY-EN-VANOISE – 73 Savoie – 333 N5 – 654 h.　45 D2
– alt. 1 240 m – ⊠ 73350 📗 Alpes du Nord
▶ Paris 625 – Albertville 44 – Chambéry 94 – Moûtiers 19
🄸 Office de tourisme, Le Centre ✆ 04 79 55 06 55, Fax 04 79 55 04 66
◉ Retable★ dans l'église - Télécabine de Champagny★ : ⩽★ - Champagny-
le-Haut★★.

L'Ancolie ⌂ ⟨ 🏡 ⬚ 🔥 ⭐ ch, ⚡ rest, 📶 _VISA_ 🅾🅾

Les Hauts du Crey – ℰ *04 79 55 05 00 – www.hotel-ancolie.com*
– Fax 04 79 55 04 42 – Ouvert 18 juin-5 sept. et 20 déc.-18 avril
31 ch – ♦63/105 € ♦♦63/145 €, ☲ 10 € – ½ P 51/92 €
Rest – Menu 20/35 € – Carte 28/46 €
♦ La fleur sauvage a prêté son nom à cet hôtel perché sur les hauteurs d'un authentique village-station. Petites chambres pratiques, pour la plupart dotées d'un balcon ouvrant au sud. Restaurant au décor montagnard et cuisine régionale simple.

Les Glières ⌂ ⟨ 🏡 _VISA_ 🅾🅾

– ℰ *04 79 55 05 52 – www.hotel-glieres.com – Fax 04 79 55 04 84*
– Ouvert 3 juil.-22 août et 18 déc.-18 avril
20 ch – ♦66/92 € ♦♦66/92 €, ☲ 10 € – ½ P 59/79 €
Rest – *(fermé lundi en été)* (14 €) Menu 18/31 € – Carte 25/32 €
♦ Établissement familial situé dans un hameau, dans le calme. Chambres rafraîchies par étapes dans un esprit chalet. Sauna et salon-cheminée ouvert sur une terrasse verdoyante. Au restaurant, cuisine et cadre typiquement savoyards.

CHAMPEIX – 63 Puy-de-Dôme – **326** F9 – 1 256 h. – alt. 456 m   5 B2
– ⊠ 63320 🔲 Auvergne

▶ Paris 440 – Clermont-Ferrand 30 – Condat 49 – Issoire 14
🔳 Syndicat d'initiative, place du Pré ℰ 04 73 96 26 73, Fax 04 73 96 21 77
🔲 Église de St-Saturnin★★ N : 10 km.

La Promenade 🏡 _VISA_ 🅾🅾 🄰🄴 🅾

3 r. Halle – ℰ *04 73 96 70 24 – www.restaupromenadechampeix.com*
– Fax 04 73 96 71 76 – Fermé oct., merc. sauf le soir en juil.-août, mardi soir
et jeudi soir
Rest – Menu 16/34 € – Carte 21/40 €
♦ Modeste auberge de village dont le cadre rustique a été patiné par le temps. Ambiance toute locale s'accordant à une cuisine qui fleure bon l'Auvergne.

à Montaigut-le-Blanc 3 km à l'Ouest par D 996 – 717 h. – alt. 500 m – ⊠ 63320

Le Chastel Montaigu sans rest ⌂ ⟨ 🚗 🅿

au château – ℰ *04 73 96 28 49 – www.lechastelmontaigu.com*
– Fax 04 73 96 21 60 – Ouvert avril-oct.
4 ch ☲ – ♦120/130 € ♦♦135/145 €
♦ L'originalité de cette maison d'hôtes haut perchée : ses superbes chambres (lits à baldaquin) logées dans un donjon crénelé, avec vue plongeante sur les monts Dore et le Forez.

CHAMPIGNÉ – 49 Maine-et-Loire – **317** F3 – 1 869 h. – alt. 25 m   35 C2
– ⊠ 49330

▶ Paris 287 – Angers 24 – Château-Gontier 24 – La Flèche 41
🔳 Anjou Golf & Country Club Route de Cheffes, S : 3 km par D 190,
ℰ 02 41 42 01 01

au Nord-Ouest 3 km par D 768 et D 190 - ⊠ 49330 Champigné

Château des Briottières ⌂ ⟨🏊 ⬚ ⚡ 📶 🄰 🅿 _VISA_ 🅾🅾 🄰🄴

rte de Marigné – ℰ *02 41 42 00 02 – www.briottieres.com*
– Fax 02 41 42 01 55
14 ch – ♦135/180 € ♦♦135/350 €, ☲ 15 €
Rest – *(dîner seult) (résidents seult)* Menu 39 €
♦ Un raffinement très 18ᵉ s. règne dans ce château familial entouré d'un parc. Chambres spacieuses, garnies de meubles et objets anciens. Salons et bibliothèque.

CHAMPILLON – 51 Marne – **306** F8 – rattaché à Épernay

CHAMPLIVE – 25 Doubs – **321** H3 – 263 h. – alt. 404 m – ⊠ 25360　　**17** C1

> ▶ Paris 438 – Besançon 24 – Lausanne 121

  ✗　**Auberge du Château de Vaite** avec ch　🚗 🈂 🕃 ⸙ 🄿 🆅🅸🆂🅰 ⓪ 🄰🄴
  ⊜　*17 Grande-Rue – ℰ 03 81 55 20 66 – www.auberge-chateau-vaite.com*
  🍽　*– Fax 03 81 63 06 62 – Fermé 20 déc.-20 janv.*
  　9 ch – †46 € ††56 €, ⊊ 7 €　**Rest** – Menu 11 € (déj.), 22/30 € – Carte 23/52 €
  　♦ Dans une grande salle à manger classique (mobilier néorustique), vous apprécierez une fine cuisine traditionnelle réalisée avec de bons produits locaux. Les neuf chambres de l'hôtel proposent autant d'ambiances différentes (chic, blanche, nature...).

CHAMPSANGLARD – 23 Creuse – **325** I3 – 228 h. – alt. 360 m　　**25** C1
– ⊠ 23220

> ▶ Paris 406 – Limoges 104 – Guéret 16 – La Souterraine 51
> 🅳 Office de tourisme, le bourg ℰ 05 55 51 21 18, Fax 05 55 51 23 76

  ⌂　**La Villa des Cagnes** sans rest ⁖　　🚗 ⤴ 🄿
  　à 600 m, le Villard Ouest – ℰ 05 55 51 98 95 – www.lavilladescagnes.com
  　4 ch ⊊ – †90 € ††95 €
  　♦ Un relais de chasse et de pêche (fin 19ᵉ s.) bien au calme dans son jardin avec piscine. Chambres à la décoration classique (tons pastel, mobilier ancien et de style).

> Si vous recherchez un hébergement particulièrement agréable pour un séjour de charme, réservez dans un établissement classé en rouge : ⌂, 🏠... 🏠🏠🏠.

CHAMPS-SUR-TARENTAINE – 15 Cantal – **330** D2 – 1 041 h.　　**5** B2
– alt. 450 m – ⊠ 15270

> ▶ Paris 500 – Aurillac 90 – Clermont-Ferrand 82 – Condat 24
> 🅳 Syndicat d'initiative, Mairie ℰ 04 71 78 72 75, Fax 04 71 78 75 09
> 🄶 Gorges de la Rhue★★ SE : 9 km ▮ Auvergne.

  🏠　**Auberge du Vieux Chêne** sans rest ⁖　　🚗 ⸙ 🄿 🆅🅸🆂🅰 ⓪
  　34 rte des Lacs – ℰ 04 71 78 71 64 – www.advc.free.fr – Ouvert 1ᵉʳ mai-30 sept.
  　15 ch – †60/65 € ††65/70 €, ⊊ 9 €
  　♦ Ambiance champêtre dans une authentique ferme du 19ᵉ s. Chambres simples et chaleureuses, propices à un séjour empreint de quiétude. Vente de confitures et gelées maison.

CHAMPS-SUR-YONNE – 89 Yonne – **319** E5 – rattaché à Auxerre

---

CHAMPTOCEAUX – 49 Maine-et-Loire – **317** B4 – 2 162 h. – alt. 68 m　　**34** B2
– ⊠ 49270 ▮ Châteaux de la Loire

> ▶ Paris 357 – Ancenis 9 – Angers 65 – Beaupréau 30
> 🅳 Office de tourisme, Le Champalud ℰ 02 40 83 57 49, Fax 02 40 83 54 73
> 🄸🄸 de l'Île d'Or à La Varenne, O : 5 km par D 751, ℰ 02 40 98 58 00
> 🄾 Site★ - Promenade de Champalud★★.

  🏠　**Le Champalud**　　🛗 ৬ ch, ⸙ rest, ⸙ 🄪 🆅🅸🆂🅰 ⓪ 🄰🄴
  ⊜　*1 pl. du Chanoine Bricard – ℰ 02 40 83 50 09 – www.lechampalud.com*
  🍽　*– Fax 02 40 83 53 81*
  　19 ch – †61/77 € ††61/77 €, ⊊ 8,50 € – ½ P 60/65 €
  　Rest – *(fermé dim. soir d'oct. à mars)* (12 €) Menu 18/41 € – Carte 26/39 €
  　♦ Poutres apparentes et vieilles pierres se fondent habilement dans le décor actuel de cette maison rénovée située face à l'église. Chambres toutes refaites, bien équipées. Restaurant au joli cachet rustique ; cuisine traditionnelle orientée terroir. Bar-pub.

XXX **Les Jardins de la Forge** (Paul Pauvert) avec ch ⌂ ⌦ 🍴 ⅙ ch,
ε3 *1 pl. des Piliers* – ℰ 02 40 83 56 23 Ⓐ ch, ⌂ 𝑽𝑰𝑺𝑨 ⑳ 𝔸𝔼
– *www.jardins-de-la-forge.com* – Fax 02 40 83 59 80
– *Fermé 12-20 juil., 1ᵉʳ-17 nov., 22 fév.-10 mars, dim. soir, lundi, mardi et merc.*
de sept. à mai
7 ch – ♦80/95 € ♦♦110/165 €, ⌧ 15 €
Rest – *(prévenir le week-end)* Menu 30 € (sem.)/95 € – Carte 68/118 €
Spéc. Homard et Saint-Jacques poêlées, risotto en coquille (oct. à avril). Duo
de sandre et alose de Loire poêlés au beurre d'oseille (mars à juin). Mi-cuit au
chocolat, glace au lait d'amande et banane caramélisée. **Vins** Muscadet,
Anjou-Villages.
♦ Aménagé dans les murs de la forge familiale, ce restaurant jouit d'une échappée sur les
ruines du château. Cuisine classique. Belles chambres contemporaines. Jardin, piscine.

CHAMPVANS-LES-MOULINS – 25 Doubs – **321** F3 – **rattaché à Besançon**

CHANAS – 38 Isère – **333** B6 – 2 255 h. – alt. 150 m – ⌧ 38150   **43** E2
🄳 Paris 512 – Grenoble 89 – Lyon 57 – St-Étienne 75

🏨 **Mercure** ⌂ ※ 🄸 ⅙ Ⓐ ⟨⟩ ♨ 🄿 🄿 𝑽𝑰𝑺𝑨 ⑳ 𝔸𝔼
ε⊃ *à l'échangeur A 7* – ℰ 04 74 84 27 50 – *www.mercure.com* – Fax 04 74 84 36 61
42 ch – ♦72/88 € ♦♦80/96 €, ⌧ 14 €
Rest – *(fermé sam. midi et dim.)* (11 €) Menu 16 € (sem.)/22 € – Carte 21/48 €
♦ Pour une étape sur la route des vacances, hôtel disposant de chambres récemment rénovées, pratiques et pourvues d'une bonne isolation phonique. Lumineux restaurant agrémenté
de claustras et de plantes vertes ; cuisine traditionnelle.

CHANCEAUX-SUR-CHOISILLE – 37 Indre-et-Loire – **317** N4   **11** B2
– 3 479 h. – alt. 104 m – ⌧ 37390
🄳 Paris 237 – Orléans 113 – Tours 11 – Joué-lès-Tours 25

XX **Le Relais du Moulin de la Planche** ⌦ ⌂ 🄿 𝑽𝑰𝑺𝑨 ⑳ 𝔸𝔼
ε⊃ *à Langennerie, 2 km au Nord* – ℰ 02 47 55 11 96 – *www.moulindelaplanche.com*
– Fax 02 47 55 24 34 – *Fermé janv., dim. soir, lundi et mardi*
Rest – (24 €) Menu 35/78 € bc – Carte 50/90 €
♦ Dans un site calme et bucolique (jardin, petit étang), moulin du 15ᵉ s. avec ses dépendan-
ces abritant une galerie d'art. Restaurant rustique et cuisine actuelle soignée.

CHANCELADE – 24 Dordogne – **329** E4 – **rattaché à Périgueux**

CHANDAI – 61 Orne – **310** N2 – 630 h. – alt. 200 m – ⌧ 61300   **33** C3
🄳 Paris 129 – L'Aigle 10 – Alençon 72 – Chartres 71

XX **L'Écuyer Normand** 𝑽𝑰𝑺𝑨 ⑳ 𝔸𝔼 ⓞ
ε⊃ *23 rte de Paris, D 626* – ℰ 02 33 24 08 54 – Fax 02 33 34 75 67 – *Fermé merc.*
soir, dim. soir et lundi
Rest – (14 €) Menu 19 € (sem.)/39 € – Carte 53/94 €
♦ Cette jolie maison en briques rouges vous reçoit dans un cadre élégant, décoré de
tableaux peints par une artiste locale. Cuisine traditionnelle orientée terroir.

CHANDOLAS – 07 Ardèche – **331** H7 – 426 h. – alt. 115 m – ⌧ 07230   **44** A3
🄳 Paris 662 – Alès 43 – Aubenas 34 – Privas 66

🏠 **Auberge les Murets** ⌂ ⟨⟩ ⌂ 🍴 Ⓐ ※ ch, ⟨⟩ 🄿 𝑽𝑰𝑺𝑨 ⑳ 𝔸𝔼
ε⊃ *D 104, quartier Langarnayre* – ℰ 04 75 39 08 32 – *www.aubergelesmurets.com*
⊛ – Fax 04 75 39 39 90 – *Fermé 23 nov.-5 déc., 4 janv.-6 fév.*
10 ch – ♦62/80 € ♦♦62/80 €, ⌧ 10 € – ½ P 56/62 €
🍴 **Rest** – *(fermé lundi et mardi du 15 nov. au 31 mars, lundi midi d'avril au*
15 nov.) (17 €) Menu 19/33 € – Carte 24/32 €
♦ Ferme cévenole du 18ᵉ s. entourée d'un parc ouvert sur la campagne et les vignes. Pimpantes et agréables chambres meublées en rotin. Restaurant aménagé dans deux caves voûtées. Un mûrier plus que centenaire procure un bel ombrage à la jolie terrasse.

CHANTELLE – 03 Allier – **326** F5 – 1 056 h. – alt. 324 m – ⊠ 03140   **5** B1
▌Auvergne

▶ Paris 339 – Gannat 17 – Montluçon 61 – Moulins 47

✗ **De la Poste** avec ch   P VISA ◯◯
⊜ 5 r. de la République – ℰ 04 70 56 62 12 – Fax 04 70 56 62 12 – Fermé
20 sept.-15 oct., 20 fév.-10 mars, mardi soir sauf juil.-août et merc.
7 ch – ⊓35/42 € ⊓⊓35/48 €, ⊡ 6 € – ½ P 48/52 €
Rest – (10 €) Menu 18 € (sem.)/37 € – Carte 34/44 €
♦ Cette vieille auberge vous réserve un accueil familial. Sobre intérieur champêtre, charmante terrasse d'été arborée et petits plats traditionnels. Chambres simples. Cet ancien relais
de poste propose des chambres modestes mais bien tenues, dotées d'un mobilier éclectique
à dominante rustique.

CHANTEMERLE – 05 Hautes-Alpes – **334** H3 – **rattaché à Serre-Chevalier**

CHANTILLY – 60 Oise – **305** F5 – 11 045 h. – alt. 59 m – ⊠ 60500   **36** B3
▌Île de France

▶ Paris 51 – Beauvais 55 – Compiègne 44 – Meaux 53

🛈 Office de tourisme, 60, avenue du Maréchal Joffre ℰ 03 44 67 37 37,
Fax 03 44 67 37 38

🏌 Dolce Chantilly à Vineuil-Saint-Firmin Route d'Apremont, par rte
d'Apremont : 3 km, ℰ 03 44 58 47 74

🏌 d'Apremont à Apremont CD 606, N : 7 km par D 606, ℰ 03 44 25 61 11

🏌 Les Golfs de Mont-Griffon à Luzarches Route Départementale 909, S :
11km par N 16, ℰ 01 34 68 10 10

◉ Château★★★ - Parc★★ - Grandes Écuries★★ : musée vivant du Cheval★★
- L'Aérophile★ (vol en ballon captif) : ≼★.

◯ Site★ du château de la Reine-Blanche S : 5,5 km.

🏨 **Hotel du Parc** sans rest   🛒 📶 📺 🛁 VISA ◯◯
36 av. Mar. Joffre – ℰ 03 44 58 20 00 – www.hotel-parc-chantilly.com
– Fax 03 44 57 31 10   A**a**
57 ch – ⊓103/123 € ⊓⊓133/183 €, ⊡ 14 €
♦ Hôtel récent aux chambres assez spacieuses, claires et fonctionnelles, bénéficiant parfois
d'une terrasse ; les plus calmes sont tournées vers le jardin. Bar anglais.

rte d'Apremont par ① et D 606

🏨 **Dolce Chantilly** ⌘   ≼ 🐾 ⛱ 📺 👙 📶 🍴 ch, 📶 🛁 📶 🛁 P
✿ à 3 km ⊠ 60500 Vineuil-St-Firmin – ℰ 03 44 58 47 77   VISA ◯◯ AE ◯
– www.dolcechantilly.com – Fax 03 44 58 50 11 – Fermé 20 déc.-4 janv.
194 ch – ⊓120/320 € ⊓⊓120/340 € – 6 suites
Rest Carmontelle – (fermé août, sam. midi, dim., lundi et fériés) (nombre de
couverts limité, prévenir) (47 € bc) Menu 68 € bc/135 € bc – Carte 104/118 €
Spéc. Foie gras d'oie confit à la graisse. Dos de bar de ligne poêlé, zestes de
carotte à l'huile d'argan. Chocolat croquant, vinaigre réduit et glace crème
brûlée.
Rest L'Étoile – Menu 43 € bc/63 € bc – Carte 42/52 €
♦ Ce grand hôtel d'architecture francilienne associé à un golf abrite des chambres spacieuses et fonctionnelles. Bel espace détente. Équipements performants pour séminaires. Cadre
moderne cossu et service attentionné au Carmontelle, pour une fine cuisine inventive. À
L'Étoile, carte traditionnelle et jolie rotonde.

✗✗ **Auberge La Grange aux Loups** avec ch ⌘   🛒 🚗 🍴 VISA ◯◯ AE
8 r. du 11 novembre, à Apremont, 6 km ⊠ 60300 – ℰ 03 44 25 33 79
– www.lagrangeauxloups.com – Fax 03 44 24 22 22 – Fermé 31 août-20 sept.,
2-17 janv., dim. soir et lundi
4 ch – ⊓80 € ⊓⊓80 €, ⊡ 10 €
Rest – Menu 26 € (sem.), 52/55 € – Carte 60/90 €
♦ Auberge villageoise régalant sous les poutres et solives d'une jolie salle néo-rustique avec
cheminée centrale ou sur sa terrasse "4 saisons". Choix classico-traditionnel. Chambres bien
tenues, offrant calme et ampleur, installées dans une dépendance.

CHANTILLY

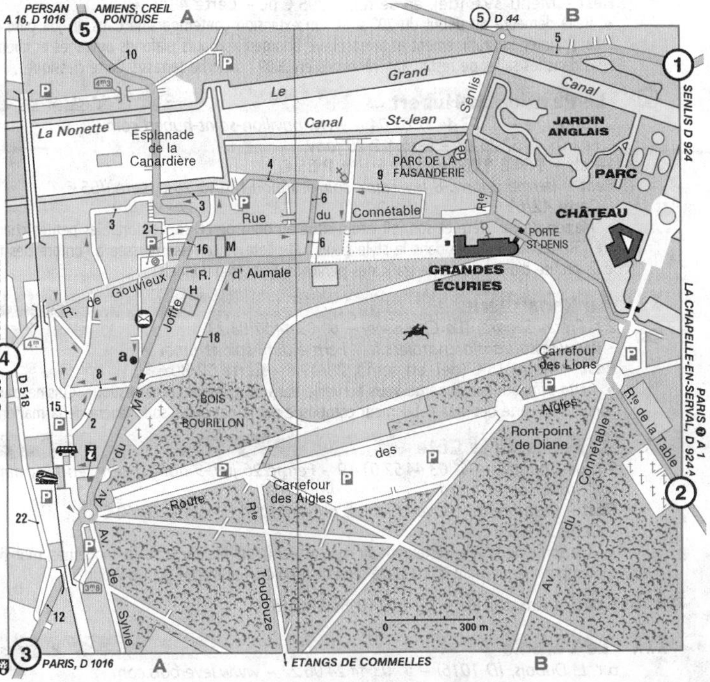

à Montgrésin 5 km par ② – ⊠ 60560 Orry-la-Ville

🏨 **Relais d'Aumale** ⚜   🚗 � ✕ 🛏 �&ch, ⁽ᵗ⁾ 🐴 **P** 💳 ⊛ 🅰🅴 ⓪
– ℰ 03 44 54 61 31 – www.relais-aumale.fr – Fax 03 44 54 69 15 – *fermé
22 déc.-3 janv.*
22 ch ⊊ – 💲122/162 € 💲💲150/190 € – 2 suites – ½ P 122/140 €
Rest – *(fermé dim. soir)* (28 €) Menu 36 € (déj. en sem.)/44 € – Carte 55/85 €
♦ Ancien pavillon de chasse du duc d'Aumale, niché dans un jardin à l'orée de la forêt.
Chambres confortables et joliment décorées. Deux salles à manger : l'une actuelle, l'autre
châtelaine, avec boiseries, plafond à la française et tableaux. Recettes traditionnelles.

à Gouvieux 4 km par ④ – 9 386 h. – alt. 26 m – ⊠ 60270

🏨 **Château de Montvillargenne** ⚜   ≼ 🐾 🚗 🖼 ᴵₛ ✕ 🛏 �&ch, ℀
6 av. F. Mathet – ℰ 03 44 62 37 37   ⁽ᵗ⁾ 🐴 **P** 💳 ⊛ 🅰🅴 ⓪
– www.montvillargenne.com – Fax 03 44 57 04 31
120 ch – 💲200/380 € 💲💲200/380 €, ⊊ 18 €
Rest – Menu 43/85 € – Carte 48/130 €
♦ Ce château du 19ᵉ s. au cœur d'un grand parc propose quatre catégories de chambres,
toutes confortables et agréablement personnalisées. Grande salle à manger complétée par
une mezzanine et de petits salons égayés de boiseries. Agréable terrasse.

Château de la Tour ⊗ ≤ 🅓 ☎ 🗙 ❏ ch. ⚐ 🚗 P VISA ⚫ AE ①
chemin de la Chaussée – ℰ 03 44 62 38 38 – www.lechateaudelatour.fr
– Fax 03 44 57 31 97
41 ch ⊊ – †150/250 € ††150/250 € – ½ P 100/120 €
Rest – Menu 39 € (déj. en sem.), 45/95 € bc – Carte 48/81 €

♦ Belle demeure du début du 20ᵉ s. et son extension contemporaine dans un joli parc de 5 ha. À l'intérieur, raffinement et atmosphère bourgeoise. Hauts plafonds ouvragés et cheminées dans les salles de restaurant, rénovées en 2009 ; superbe terrasse. Carte classique.

Le Pavillon St-Hubert ⊗ ≤ 🖼 ☎ ⚐ 🚗 P VISA ⚫
à Toutevoie – ℰ 03 44 57 07 04 – www.pavillon-saint-hubert.com
– Fax 03 44 57 75 42 – Fermé 2-20 janv.
18 ch – †60 € ††60 €, ⊊ 9 € – ½ P 85 €
Rest – (fermé 2 janv.-8 fév., dim. soir et lundi) Menu 25 € (sem.)/55 €
– Carte 42/69 €

♦ Maison de caractère et son joli jardin situé au bord de l'Oise. Confortables petites chambres. Restaurant meublé dans le style Louis XIII ; l'été, la terrasse dressée à l'ombre des tilleuls profite d'une vue sur le trafic des péniches. Plats traditionnels.

La Renardière AC VISA ⚫
2 r. Frères Segard, (La Chaussée) – ℰ 03 44 57 08 23
– www.restaurantlarenardiere.fr – Fermé dim. soir et lundi
Rest – Menu 15 € (déj. en sem.), 28/49 € – Carte 52/80 €

♦ Cette sympathique auberge vous accueille dans un plaisant cadre rustique. Cuisine traditionnelle et carte des vins habilement composée par la patronne, sommelière de la maison.

Ô Relais de la Côte 🖼 VISA ⚫
9 r. de Chantilly – ℰ 03 44 57 01 19 – Fermé 26 juil.-9 août, 1 sem. en fév., dim. soir, lundi soir et mardi
Rest – (nombre de couverts limité, prévenir) (14 €) Menu 28/40 €
– Carte 27/55 €

♦ À la sortie de la ville, restaurant au style actuel (murs blancs, tableaux modernes, mobilier contemporain), jouissant d'une belle terrasse arborée. Cuisine au goût du jour.

rte de Creil 4 km par ⑤ – ⊠ 60740 St-Maximin

Le Verbois 🖼 ☎ P VISA ⚫
6 r. L. Dubois, (D 1016) – ℰ 03 44 24 06 22 – www.leverbois.com
– Fax 03 44 25 76 63 – Fermé 15-31 août, 3-14 janv., dim. soir et lundi
Rest – Menu 36/65 € – Carte 55/80 €

♦ À l'orée de la forêt, ancien relais de chasse précédé d'un joli jardin. Charmantes salles à manger, avec une grande véranda. Cuisine classique (gibier en saison).

CHANTONNAY – 85 Vendée – **316** J7 – 7 958 h. – alt. 58 m   **34** B3
– ⊠ 85110

🚩 Paris 410 – Nantes 79 – La Roche-sur-Yon 34 – Cholet 53
🛈 Office de tourisme, place de la Liberté ℰ 02 51 09 45 77, Fax 02 51 09 45 78

Manoir de Ponsay ⊗ ≤ 🅓 � 🗙 P
5 km à l'Est par rte de Pouzauges et rte secondaire – ℰ 02 51 46 96 71
– www.manoirdeponsay.com – Fax 02 51 46 80 07
5 ch – †62/115 € ††62/115 €, ⊊ 9 € – ½ P 66/96 €
Table d'hôte – Menu 32 € bc

♦ Pour jouir de la vie de château, ce manoir classé, transmis de père en fils depuis 1644, est idéal : spacieuses chambres décorées d'objets accumulés au fil des siècles, parc, piscine. Belle salle à manger et table d'hôte à la demande.

CHAOURCE – 10 Aube – **313** E5 – 1 104 h. – alt. 150 m – ⊠ 10210   **13** B3
Champagne Ardenne

🚩 Paris 196 – Auxerre 66 – Bar-sur-Aube 58 – Châtillon-sur-Seine 52
🛈 Office de tourisme, 2, Place de l'Échiquier ℰ 03 25 40 97 22,
Fax 03 25 40 97 22
◙ Église St-Jean-Baptiste★ : sépulcre★★.

à Maisons-lès-Chaource 6 km au Sud-Est par D 34 – 178 h. – alt. 235 m
– ✉ 10210

🏨 **Aux Maisons** ॐ   🗫 🖺 🕭 🔤 ¶¹ 🍴 **P** 🅿 🆅🆂🅰 ⓒⓓ 🅰🅴
11 r. des AFN – 𝒞 03 25 70 07 19 – www.logis-aux-maisons.com
– Fax 03 25 70 07 75
23 ch – ♦68 € ♦♦72 €, � 10 € – ½ P 72 €
Rest – (fermé dim. soir du 15 oct. au 15 mars) (17 €) Menu 31/68 € bc
– Carte 44/79 €
♦ Au centre du village, ces deux bâtisses champenoises abritent des chambres récemment rénovées, confortables et fonctionnelles. Vue sur la piscine ou sur les prairies. Salle à manger au décor bourgeois ; cuisine traditionnelle soignée. Belle carte de champagnes.

LA CHAPELLE-AUX-CHASSES – 03 Allier – 326 I2 – 226 h.   **6** C1
– alt. 225 m – ✉ 03230

🔼 Paris 294 – Moulins 21 – Bourbon-Lancy 22 – Decize 25

✕✕ **Auberge de la Chapelle aux Chasses**   🚗 🗫 🕭 🆅🆂🅰 ⓒⓓ
– 𝒞 04 70 43 44 71 – Fermé vacances de la Toussaint, vacances de fév., mardi et
merc.
Rest – (prévenir) (15 €) Menu 22/50 € – Carte 41/64 €🍷
♦ Appétissante cuisine au goût du jour évoluant au gré des saisons servie dans un sobre cadre mi-rustique, mi-actuel. Tables bien dressées et accueil sympathique.

LA CHAPELLE-D'ABONDANCE – 74 Haute-Savoie – 328 N3   **46** F1
– 781 h. – alt. 1 020 m – Sports d'hiver : 1 000/1 850 m ✫1 ☃11 ☂ – ✉ 74360
▌ Alpes du Nord

🔼 Paris 600 – Annecy 108 – Châtel 6 – Évian-les-Bains 29
ℹ Syndicat d'initiative, Chef-lieu 𝒞 04 50 73 51 41, Fax 04 50 73 56 04

🏰 **Les Cornettes**   🚗 🗫 🖺 🕭 🖃 🔤 rest, ¶¹ 🍴 **P** 🆅🆂🅰 ⓒⓓ
– 𝒞 04 50 73 50 24 – www.lescornettes.com – Fax 04 50 73 54 16 – Fermé de
mi-avril à début mai et de mi-oct. à mi-déc.
42 ch – ♦70/100 € ♦♦115/150 €, ⊇ 12 € – ½ P 75/155 €
Rest – Menu 23 € (sem.), 28/60 € – Carte 31/92 €
♦ Dans la même famille depuis 1894, ces bâtiments reliés par un souterrain abritent de confortables chambres lambrissées. Équipements de loisirs et petit musée savoyard. Salle à manger montagnarde (objets régionaux chinés) ; cuisine du terroir et salaisons maison.

🏨 **Les Gentianettes**   🗫 🖺 🖀 🕭 ch, 🔤 rest, ¶¹ **P** 🆅🆂🅰 ⓒⓓ 🅰🅴
rte de Chevenne – 𝒞 04 50 73 56 46 – www.gentianettes.fr – Fax 04 50 73 56 39
– Ouvert de mi-mai à mi-sept. et 18 déc. à Pâques
36 ch – ♦98/150 € ♦♦98/150 €, ⊇ 13 € – ½ P 75/123 €
Rest – (fermé lundi midi et merc. midi hors saison) (18 €) Menu 20/62 €
– Carte 34/62 €
♦ Chalet blond aux plaisantes chambres pourvues de balcons et habillées de chaleureuses boiseries. Sauna, hammam, jacuzzi. Goûteuse cuisine régionale et atmosphère cosy au restaurant : lambris naturels, cuivres, objets paysans et décoration soignée.

🏨 **L'Ensoleillé**   🚗 🗫 🖺 🕭 ¶¹ **P** 🆅🆂🅰 ⓒⓓ
– 𝒞 04 50 73 50 42 – www.hotel-ensoleille.com – Fax 04 50 73 52 96 – Ouvert
de mi-mai à mi-sept. et de mi-déc. à mi-avril
35 ch – ♦60/80 € ♦♦70/120 €, ⊇ 11 € – ½ P 60/90 €
Rest – (fermé mardi hors saison) (15 €) Menu 20 € (sem.), 29/54 €
– Carte 28/60 €
♦ Hôtel-chalet proposant des chambres sobres, dotées de balcon. Espace "forme" complet. Recettes traditionnelles revisitées dans un joli cadre champêtre (fresques représentant le village, collection de cafetières) ou spécialités savoyardes dans un décor tout bois.

LA CHAPELLE-DE-GUINCHAY – 71 Saône-et-Loire – 320 I12   **8** C3
– 3 336 h. – alt. 200 m – ✉ 71570

🔼 Paris 412 – Bourg-en-Bresse 50 – Caluire-et-Cuire 64 – Dijon 142

XX **La Poularde** (Olivier Muguet) 🛜 AC ↔ VISA ⊕
🕸 pl. de la Gare – ℰ 03 85 36 72 41 – www.lapoularde.free.fr – Fax 03 85 33 83 25
– Fermé 27 juil.-12 août, 28 fév.-17 mars, dim. soir, mardi et merc.
Rest – Menu 35/50 € – Carte 50/65 € 🏛
Spéc. Le maquereau enfumé aux sarments du beaujolais, pomme de terre et
sauce ravigote. Le pigeonneau cuit en cocotte au foin, jus court et girolles. La
figue rôtie servie tiède et crème glacée au safran indien. **Vins** Mâcon-Pierre-
clos, Saint-Véran.
♦ Accueil souriant, cuisine bien maîtrisée, savoureuse et précise dans son exécution : voilà les
atouts de cette maison avenante au décor contemporain, située à côté de la gare.

LA CHAPELLE-EN-VERCORS – 26 Drôme – 332 F4 – 674 h. 43 E2
– alt. 945 m – Sports d'hiver : au Col de Rousset 1 255/1 700 m ⑤8 ⑥ – ⊠ 26420
🏔 Alpes du Nord

▶ Paris 604 – Die 41 – Grenoble 60 – Romans-sur-Isère 47
🚺 Office de tourisme, place Piétri ℰ 04 75 48 22 54, Fax 04 75 48 13 81
🏔 Chapelle-en-Vercors, S : 2 km, ℰ 04 75 48 19 86
◎ Grotte de la Draye blanche★, 5 km au S par D 178.

🏠 **Des Sports** 🛜 ℀ ch, 🛏 VISA ⊕
🔗 av. des Grands Goulets – ℰ 04 75 48 20 39 – www.hotel-des-sports.com
– Fax 04 75 48 10 52 – Fermé 12 nov.-26 déc., 4 janv.-1er fév., dim. soir et lundi
11 ch – ♦54/58 € ♦♦54/58 €, ⏢ 8,50 € – ½ P 57/59 €
Rest – (14 €) Menu 18/32 € – Carte 28/45 €
♦ Dans une rue commerçante à l'entrée du village, un véritable pied-à-terre pour cyclistes et
randonneurs parcourant le Vercors. Chambres colorées, très bien rénovées. Au restaurant,
cadre campagnard rajeuni, plats traditionnels et spécialités régionales.

LA CHAPELLE-ST-MESMIN – 45 Loiret – 318 H4 – rattaché à Orléans

CHARBONNIÈRES-LES-BAINS – 69 Rhône – 327 H5 – rattaché à Lyon

CHARENTON-LE-PONT – 94 Val-de-Marne – 312 D3 – 101 26 – voir à Paris, Environs

CHARETTE – 38 Isère – 333 F3 – 358 h. – alt. 250 m – ⊠ 38390 44 B1
▶ Paris 479 – Aix-les-Bains 68 – Belley 39 – Grenoble 100

🏠 **Auberge du Vernay** 🚗 🛜 ⅋ ⅋ ⅋ P VISA ⊕
rte Optevoz, (D 52) – ℰ 04 74 88 57 57 – www.auberge-du-vernay.fr
– Fax 04 74 88 58 57 – Fermé 1 sem. en juin, 1 sem. en oct. et 3 sem. en janv.
7 ch – ♦55/80 € ♦♦80/120 €, ⏢ 10 € – ½ P 75/85 €
Rest – (fermé sam. midi, dim. soir, merc. midi et lundi) (nombre de couverts
limité, prévenir) Menu 28 € (sem.)/82 € – Carte 38/85 €
♦ Le calme de la campagne environnante et les coquettes chambres personnalisées font l'attrait de cette accueillante ferme du 18e s. joliment réhabilitée. Au restaurant : décor mi-rustique, mi-contemporain, belle cheminée et cuisine au goût du jour pleine de saveurs.

LA CHARITÉ-SUR-LOIRE – 58 Nièvre – 319 B8 – 5 366 h. – alt. 170 m 7 A2
– ⊠ 58400 🏛 Bourgogne

▶ Paris 212 – Auxerre 109 – Bourges 51 – Montargis 102
🚺 Syndicat d'initiative, 5, place Sainte-Croix ℰ 03 86 70 15 06,
Fax 03 86 70 21 55
◎ Église N.-Dame★★ : ≤★★ sur le chevet - Esplanade rue du Clos ≤★.

X **Auberge de Seyr** VISA ⊕
🔗 4 Grande Rue – ℰ 03 86 70 03 51 – Fax 03 86 70 03 51 – Fermé 22-29 mars,
16 août-6 sept., dim. soir et lundi
Rest – Menu 12 € (sem.)/34 € – Carte 30/40 €
♦ Faites une halte en toute simplicité dans ce restaurant composé de deux salles à manger agrémentées de poutres peintes. Le chef concocte des petits plats traditionnels.

CHARLEVILLE-MÉZIÈRES ℗ – 08 Ardennes – 306 K4 – 51 997 h. 13 B1
– **Agglo. 107 777 h.** - alt. 145 m – ⊠ 08000 ▮ Champagne Ardenne

>◪ Paris 230 – Luxembourg 168 – Reims 85 – Sedan 26

🛈 Office de tourisme, 4, place Ducale ℰ 03 24 55 69 90, Fax 03 24 55 69 89

🛗 des Sept-Fontaines à Fagnon Abbaye de Sept Fontaines, SO : 10 km par
D 139, ℰ 03 24 37 38 24

🛗 des Ardennes à Villers-le-Tilleul Base de Loisirs des Poursaudes, S : 21 km
par D 764 et D 33, ℰ 03 24 35 64 65

◉ Place Ducale★★ - Musée de l'Ardenne★ BX **M¹** - Musée Rimbaud BX **M²**
- Basilique N.-D.-d'Espérance : vitraux★★ BZ.

Plan page suivante

🏠 **De Paris** sans rest ⁽ᵗᵖ⁾ ℗ 𝚅𝙸𝚂𝙰 ◉◉ 𝔸𝔼 ⓪
24 av. G. Corneau – ℰ 03 24 33 34 38 – www.hoteldeparis08.fr
– Fax 03 24 59 11 21 BY**n**
29 ch – ♦50 € ♦♦59 €, � 7 €
◆ Accueil aimable garanti dans cet hôtel installé dans un immeuble bourgeois (début 20ᵉ s.)
face à la gare. Trois bâtiments, dont deux côté cour, abritent des chambres convenables.

🍴🍴🍴 **La Clef des Champs** 🍴 𝔸�ℂ 𝚅𝙸𝚂𝙰 ◉◉ 𝔸𝔼
33 r. du Moulin – ℰ 03 24 56 17 50 – www.laclefdeschamps.fr
– Fax 03 24 59 94 07 – Fermé dim. soir BX**e**
Rest – (19 €) Menu 23/65 € – Carte 45/65 €
◆ Deux jolies salles à manger (une avec cheminée en brique et bois) et une cour-terrasse
d'été dans une demeure du 17ᵉ s. Recettes au goût du jour avec quelques touches asiatiques.

🍴🍴 **La Côte à l'Os** 🍴 � 𝔸ℂ 𝚅𝙸𝚂𝙰 ◉◉ 𝔸𝔼
11 cours A. Briand – ℰ 03 24 59 20 16 – www.restaurant-charleville-lacotealos.fr
– Fax 03 24 22 04 99 BY**e**
Rest – (14 €) Menu 20 € (sem.)/29 € – Carte 21/45 €
◆ Viandes (choix de gibier en saison) et beaux plateaux de fruits de mer servis dans une
ambiance animée ou plus intimiste à l'étage. Décor néoclassique façon brasserie cossue.

🍴 **La Papillote** 𝔸ℂ 𝚅𝙸𝚂𝙰 ◉◉
7 bis r. d'Aubilly – ℰ 03 24 37 41 34 – Fermé 1ᵉʳ-15 août, sam. midi, dim. soir et
lundi BX**b**
Rest – Menu 25 € (sem.)/38 € – Carte 40/53 €
◆ La maison date du 17ᵉ s. Intérieur chaleureux avec boiseries, poutres apparentes, cheminée et tables joliment dressées. Côté cuisine, un menu-carte et registre traditionnel.

🍴 **La Table d'Arthur "R"** 𝚅𝙸𝚂𝙰 ◉◉ 𝔸𝔼
9 r. Bérégovoy – ℰ 03 24 57 05 64 – Fax 03 24 27 65 60 – Fermé 20 avril-3 mai,
9-31 août, lundi soir, merc. soir, dim. et fériés BX**a**
Rest – (20 €) Menu 26 €
◆ Au bout d'une impasse, un univers dédié au vin et au bien manger. Après la découverte
des nombreux flacons, on descend à la cave... pour déguster une cuisine franche et sincère.

🍴 **Amorini** 𝚅𝙸𝚂𝙰 ◉◉
46 pl. Ducale – ℰ 03 24 37 48 80 – Fermé 1ᵉʳ-23 août, dim. et lundi
Rest – (déj. seult) Carte 22/33 € BX**t**
◆ Goûtez à la "dolce vita" dans un cadre typiquement italien avec ses fresques figurant des
angelots. Sur les tables, plats et vins transalpins aux notes ensoleillées.

à Montcy-Notre-Dame 4 km au Nord par D 1 BX – 1 536 h. – alt. 144 m
– ⊠ 08090

🍴🍴 **L'Auberge du Laminak** 🍴 ⅙ ℗ 𝚅𝙸𝚂𝙰 ◉◉
rte de Nouzonville – ℰ 03 24 33 37 55 – www.auberge-ardennes.com
– Fax 03 24 52 76 58 – Fermé 15-30 août, dim. soir, merc. soir et lundi
Rest – Menu 25 € (déj. en sem.), 39/47 € – Carte 34/44 €
◆ En lisière de forêt, cette charmante auberge met le Pays Basque à l'honneur : décor aux
couleurs du Sud-Ouest et dans l'assiette, recettes savoureuses et parfaitement maîtrisées.

CHARLEVILLE-MÉZIÈRES

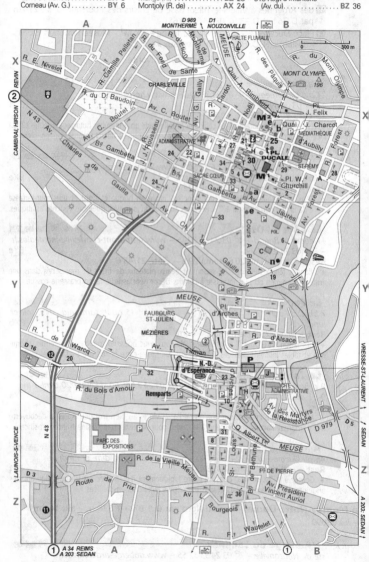

à Fagnon 8 km par D 3 AZ et D 39 – 356 h. – alt. 171 m – ⊠ 08090

🏰 **Abbaye de Sept Fontaines** ⌂ ← 🕯 ☂ 🔟 🕸 rest, ♨ **P**
rte des Sept Fontaines – ☎ 03 24 37 38 24 ⓋⒾⓈⒶ ⓐⓔ ⓞ
– *www.abbayeseptfontaines.fr* – *Fax 03 24 37 58 75*
23 ch – †89/195 € ††98/199 €, �??? 14 € – ½ P 92/109 €
Rest – (19 €) Menu 27 € (déj. en sem.), 36/68 € – Carte 50/70 €
◆ Une ancienne abbaye (17e s.) et son domaine, transformée en hôtel. Les chambres sont plus spacieuses au 1er étage et profitent d'une jolie vue. Golf 18 trous. Une magnifique salle Louis XVI accueille les repas (cuisine classique). Terrasse d'été.

CHARLIEU – 42 Loire – **327** E3 – 3 649 h. – alt. 265 m – ⊠ 42190   **44** A1
▮ Bourgogne

     ▯ Paris 398 – Mâcon 77 – Roanne 18 – St-Étienne 102
     🛈 Office de tourisme, place Saint-Philibert, ☎ 04 77 60 12 42,
       Fax 04 77 60 16 91
     ◉ Ancienne abbaye bénédictine★ : façade★★ - Couvent des Cordeliers★.

🏨 **Relais de l'Abbaye** ☂ 🕪 **P** ⓋⒾⓈⒶ ⓐⓔ ⓞ
415 rte du Beaujolais – ☎ 04 77 60 00 88 – *www.relais-abbaye.fr*
– *Fax 04 77 60 14 60*
27 ch – †60/78 € ††60/84 €, �??? 10 € – ½ P 55/64 €
Rest – (15 €) Menu 24/57 € – Carte 38/77 €
◆ Sur la rive gauche du Sornin, établissement rénové où vous séjournerez dans des chambres fonctionnelles, colorées et bien tenues. Pelouse avec aire de jeux pour enfants. Salle à manger néorustique, paisible terrasse et plats classiques aux accents du terroir.

rte de Pouilly 2,5 km au Sud-Ouest par D 487 et rte secondaire

✗✗ **Le Moulin de Rongefer** ☂ **P** ⓋⒾⓈⒶ ⓒⓞ
⊗ *300 chemin de Rongefer* – ☎ 04 77 60 01 57 – *lemoulinderongefer.fr*
– *Fax 04 77 60 33 28* – *Fermé 16 août-10 sept., 15 janv.-5 fév., dim. soir, mardi soir et merc.*
Rest – Menu 15 € (déj. en sem.), 26/55 € – Carte 37/74 € ✣
◆ Ancien moulin bordant le Sornin où l'on déguste une cuisine actuelle (belle carte des vins honorant la Bourgogne). Salle à manger campagnarde et agréable terrasse fleurie.

à St-Pierre-la-Noaille 5,5 km au Nord-Ouest par rte secondaire – 353 h.
– alt. 287 m – ⊠ 42190

🏠 **Domaine du Château de Marchangy** sans rest ⌂ ← 🕯 ⛲ 🕪
⊖ – ☎ 04 77 69 96 76 – *www.marchangy.com* – *Fax 04 77 60 70 37* **P**
3 ch �??? – †80/100 € ††90/110 €
◆ Ce superbe château du 18e s. jouxte une jolie maison de vigneron dans laquelle se trouvent les chambres. Décorées avec goût, elles ouvrent sur les monts du Forez et la campagne.

CHARMES – 88 Vosges – **314** F2 – 4 561 h. – alt. 282 m – ⊠ 88130   **27** C3
▮ Alsace Lorraine

     ▯ Paris 381 – Épinal 31 – Lunéville 40 – Nancy 43
     🛈 Office de tourisme, 2, place Henri Breton ☎ 03 29 38 17 09,
       Fax 03 29 38 17 09

✗✗ **Dancourt** avec ch ☂ 🕪 ⓋⒾⓈⒶ ⓒⓞ ⓐⓔ ⓞ
⊗ *6 pl. Henri Breton* – ☎ 03 29 38 80 80 – *www.hotel-dancourt.com*
– *Fax 03 29 38 09 15* – *Fermé 18 déc.-18 janv., dim. soir d'oct. à mai, sam. midi et vend.*
16 ch – †43/54 € ††48/61 €, �??? 8 € – ½ P 46/53 €
Rest – (15 €) Menu 18 € (sem.)/55 € – Carte 32/60 €
◆ Près de la maison natale de Maurice Barrès, cadre mêlant bustes et colonnes grecs à un mobilier plus sobre pour une cuisine traditionnelle locale. Chambres simples et propres.

à Chamagne 4 km au Nord par D 9 – 462 h. – alt. 265 m – ⊠ 88130

Ⅹ   **Le Chamagnon**   🍴 AC VISA ⊛
⊜   *236 r. du Patis – ℰ 03 29 38 14 74 – Fax 03 29 38 14 74*
– Fermé 1ᵉʳ-24 juil., 28 oct.-5 nov., dim. soir, mardi soir, merc. soir et lundi
Rest – (10 €) Menu 19/53 € – Carte 30/54 €

♦ Dans le village de Claude Gellée dit Le Lorrain, ce restaurant chaleureux (cave en exposition) propose une carte actuelle ouverte aux saveurs d'ailleurs : Corse, Provence, Asie.

à Vincey 4 km au Sud-Est par N 57 – 2 250 h. – alt. 297 m – ⊠ 88450

🏨   **Relais de Vincey**   🚗 🍴 ⌓ 🔲 Ⅰ៵ ℁ ᵭ ⍤ 🐾 Ⅰᵭ P VISA ⊛ AE
33 r. de Lorraine – ℰ 03 29 67 40 11 – www.relaisdevincey.fr – Fax 03 29 67 36 66
– Fermé 15-31 août et 26 déc.-4 janv.
34 ch (½ P seult) – ½ P 66/78 €
Rest – *(fermé sam. midi et dim. soir)* (21 €) Menu 25 € (sem.)/35 €
– Carte 31/52 €

♦ Les chambres, fonctionnelles, occupent l'annexe de cet établissement et donnent sur le jardin. Tennis, fitness, piscine couverte. Le bâtiment principal abrite un restaurant au décor design où l'on sert une carte traditionnelle. Au bar, repas rapides.

CHARNY-SUR-MEUSE – 55 Meuse – 307 D3 – rattaché à Verdun

CHAROLLES ◈ – 71 Saône-et-Loire – 320 F11 – 2 864 h. – alt. 279 m   8 C3
– ⊠ 71120 ▯ Bourgogne

◪ Paris 374 – Autun 80 – Chalon-sur-Saône 67 – Mâcon 55
▯ Office de tourisme, 24, rue Baudinot ℰ 03 85 24 05 95, Fax 03 85 24 28 12

🏨   **De la Poste**   🍴 🐾 ᵭ VISA ⊛ AE ⊙
av. de la Libération, (près de l'église) – ℰ 03 85 24 11 32
– www.hotel-laposte-doucet.com – Fax 03 85 24 05 74 – Fermé 15 nov.-3 déc.,
15 fév.-3 mars, jeudi soir hors saison, dim. soir et lundi
14 ch – ♥70/130 € ♥♥70/130 €, ⌓ 13 €
Rest – (22 €) Menu 39/70 € – Carte 60/80 €

♦ Cet hôtel de tradition propose des chambres confortables, rénovées dans un esprit contemporain, avec quelques clins d'œil au passé (armoires de famille). Belle cuisine au goût du jour à savourer dans un décor raffiné ou sur l'agréable terrasse chlorophyllée.

⌂   **Le Clos de l'Argolay** sans rest ⌓   🚗
21 quai de la Poterne – ℰ 03 85 24 10 23 – www.closdelargolay.fr – Fermé janv.
5 ch ⌓ – ♥95 € ♥♥115 €

♦ Dans la petite Venise du Charolais, maison 18ᵉ s. protégée par un jardin clos soigné. Belles suites (mobilier de style) et duplex actuel en annexe. Produits maison de qualité.

au Sud-Ouest 11 km par D 985 et D 270 – ⊠ 71120 Changy

Ⅹ   **Le Chidhouarn**   🚗 ⌓ P VISA ⊛
par D 270 – ℰ 03 85 88 32 07 – Fax 03 85 88 01 23 – Fermé
31 août-10 sept., 11 janv.-4 fév., dim. soir de nov. à avril, lundi et mardi
Rest – Menu 23 € (sem.)/53 € – Carte 25/50 € le soir

♦ Une collection de coquillages pour égayer cette maison rustique du bocage charolais, une cheminée pour réchauffer le salon. Spécialités de poisson à base de produits bretons.

CHAROST – 18 Cher – 323 I5 – 1 020 h. – alt. 137 m – ⊠ 18290   12 C3
▯ Limousin Berry

◪ Paris 239 – Châteauroux 39 – Bourges 26 – Dun-sur-Auron 42

à Brouillamnon 3 km au Nord-Est par N 151 et D 16ᴱ - ⊠ 18290 Plou

ⅩⅩ   **L'Orée du Bois**   🚗 🍴 ℁ P VISA ⊛
⊜   *– ℰ 02 48 26 21 40 – www.loree-du-bois.fr – Fax 02 48 26 27 81*
– Fermé 29 juil.-13 août, 12 janv.-13 fév., dim. soir et lundi
Rest – Menu 14 € (sem.)/35 € – Carte 33/53 €

♦ Un petit hameau tranquille abrite cette auberge champêtre et son agréable jardin. Plats du terroir servis dans une lumineuse salle à manger, ou sur la terrasse en été.

▶ Paris 478 – Basel 98 – Belfort 66 – Besançon 75

  ✗   **Au Bois de la Biche** avec ch ॐ   ≤ 🛋 🉐 **P.** ᵥₛₐ ⓪
  ⊕   *4,5 km au Sud-Est par D 10^E et rte secondaire* – ℰ 03 81 44 01 82
– *www.boisdelabiche.com* – Fax 03 81 68 65 09 – Fermé 2 janv.-3 fév. et lundi
3 ch – ♦48 € ♦♦48 €, ⊃ 8 € – ½ P 51 €   **Rest** – Menu 19/41 € – Carte 26/58 €
♦ Point de ralliement des randonneurs, cette ancienne ferme cernée par les bois domine les
gorges du Doubs. Restaurant familial avec vue ; cuisine régionale. Chambres simples.

> Un nom d'établissement passé en rouge désigne un « espoir ».
> Le restaurant est susceptible d'accéder à une distinction supérieure :
> première étoile ou étoile supplémentaire. Vous les retrouverez dans
> la liste des tables étoilées en début de guide.

▶ Paris 344 – Clermont-Ferrand 61 – Montluçon 68 – Moulins 52
🛈 Office de tourisme, rue de l'Horloge ℰ 04 70 56 87 71

  ⛫   **La Maison du Prince de Condé** sans rest   🛋 ᵥₛₐ ⓪
8 pl. d'Armes – ℰ 04 70 56 81 36 – *www.maison-conde.com*
5 ch ⊃ – ♦54/71 € ♦♦59/91 €
♦ Cette maison d'hôtes propose des chambres personnalisées. Celle baptisée "Porte d'Orient",
en duplex, se trouve dans la tour. Petit-déjeuner servi dans une salle voûtée du 13e s.

  ✗✗   **Ferme Saint-Sébastien**   🌾 ✿ **P.** ᵥₛₐ ⓪ 🇦🇪
  ⊛   *chemin de Bourion* – ℰ 04 70 56 88 83 – *www.fermesaintsebastien.fr*
– Fax 04 70 56 86 66 – Fermé 29 juin-8 juil., 20 déc.-2 fév., mardi sauf juil.-août et
lundi
Rest – (prévenir) (18 € bc) Menu 26/94 € – Carte 38/70 €
♦ Cette authentique ferme bourbonnaise réhabilitée abrite une coquette salle à manger
égayée de poutres peintes et d'herbiers. Cuisine au goût du jour fleurant bon le terroir.

à Valignat 8 km à l'Ouest sur D 183 – 69 h. – alt. 420 m – ✉ 03330

  ⛫   **Château de l'Ormet** sans rest ॐ   ◲ ⌁ 🌾 **P**
L'Ormet – ℰ 04 70 58 57 23 – *www.chateaudelormet.com* – Fax 04 70 58 57 19
– Ouvert 27 mars-14 nov.
4 ch ⊃ – ♦64/87 € ♦♦71/95 €
♦ Champêtre, gothique ou romantique : les chambres de ce manoir bourbonnais du 18e s.
ont chacune leur caractère. Toutes donnent sur le parc où sont dessinés des circuits de petit
train, passion du patron.

CHARTRES **P** – 28 Eure-et-Loir – **311** E5 – 40 022 h.   **11** B1
– Agglo. 130 681 h. – alt. 142 m – Grand pèlerinage des étudiants (fin avril-début
mai) – ✉ 28000 ▌ Île de France

▶ Paris 89 – Évreux 78 – Le Mans 120 – Orléans 80
🛈 Office de tourisme, place de la Cathédrale ℰ 02 37 18 26 26,
Fax 02 37 21 51 91
🏌 du Bois d'Ô à Saint-Maixme-Hauterive Ferme de Gland, par rte de
Verneuil-sur-Avre : 26 km, ℰ 02 37 51 04 61
◉ Cathédrale Notre-Dame★★★ : le portail Royal★★★, les vitraux★★★
- Vieux Chartres★ : église St-Pierre★, ≤★ sur l'église St-André, des bords
de l'Eure - Musée des Beaux-Arts : émaux★ Y **M²**
- COMPA★ (Conservatoire du Machinisme agricole et des Pratiques
Agricoles) 2 km par D24.

Plan page suivante

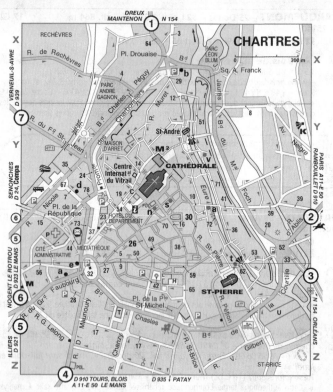

DREUX MAINTENON N 154

RECHÈVRES

CHARTRES

300 m

 Le Grand Monarque 🖼 AK rest, 🍴 ᏚᏞ 🚗 VISA 🐱 AE ①

☆ *22 pl. des Épars – ℰ 02 37 18 15 15 – www.bw-grand-monarque.com*
– Fax 02 37 36 34 18   Ze
50 ch – ♦106/180 € ♦♦126/180 €, ⌷ 15 € – 5 suites
Rest *Georges* – *(fermé sam. midi en juil.-août, dim. soir et lundi)* Menu 48/85 €
– Carte 48/80 € ⅏
Spéc. Langoustines et foie gras en vapeur de chou. Côte de veau "Grand
Monarque". Soufflé chaud au Grand Marnier.
Rest *La Cour du Monarque* – Carte 22/50 €
♦ Cet ancien relais de poste du 16e s. qui vit avec son temps était déjà recommandé dans le
guide 1900 ! Chambres personnalisées ; ambiance conviviale à l'image du bar Le Madrigal.
Chez Georges, cuisine actuelle axée terroir et très belle carte des vins. Préparations plus ludi-
ques sous la verrière de La Cour du Monarque.

Châtelet sans rest
6 av. Jehan-de-Beauce – ✆ 02 37 21 78 00 – www.hotelchatelet.com – Fax 02 37 36 23 01 – Fermé 20 déc.-3 janv. Y**d**
48 ch – †92/118 € ††104/129 €, ☕ 12 €
◆ Nouvelle façade contemporaine pour cette adresse située entre gare et cathédrale. Chambres pratiques d'esprit actuel : mobilier en wengé ou en bois peint (style provençal).

L'Hôtel
28 r. du Gd-Faubourg – ✆ 02 37 18 52 77 – www.lhotel-chartres.com – Fax 02 37 36 96 05 Z**a**
36 ch – †72 € ††72 €, ☕ 10 € – 1 suite – ½ P 58 €
Rest *L' Ecume* – *(fermé dim. soir)* Menu 17 € (déj. en sem.)/30 € – Carte 35/98 €
◆ Repris et rénové fin 2008 par un hôtelier connu dans la région, cet établissement propose des chambres contemporaines de bon standing (parquet, esprit design, couettes). Salle de restaurant colorée et moderne ; spécialités de poisson et fruits de mer.

Ibis Centre
14 pl. Drouaise – ✆ 02 37 36 06 36 – www.ibishotel.com – Fax 02 37 36 17 20 X**b**
82 ch – †57/88 € ††57/88 €, ☕ 8 €
Rest – *(dîner seult)* Menu 15/25 € bc – Carte 17/23 €
◆ À proximité du quartier historique et de la cathédrale, un hôtel aux chambres fonctionnelles et à l'entretien suivi. La terrasse du restaurant, dressée au bord de l'Eure, est très agréable aux beaux jours.

Le St-Hilaire
11 r. du Pont St-Hilaire – ✆ 02 37 30 97 57 – www.saint.hilaire.ifrance.com – Fax 02 37 30 97 57 – Fermé 26 juil.-17 août, vacances de la Toussaint, vacances de printemps, dim. et lundi YZ**t**
Rest – *(nombre de couverts limité, prévenir)* (21 € bc) Menu 26/42 € – Carte 45/57 €
◆ Cuisine classique servie dans une maison du 16e s. : tommettes, poutres, meubles peints et tableaux réalisés par une artiste locale.

La Vieille Maison
5 r. au Lait – ✆ 02 37 34 10 67 – www.lavieillemaison.fr – Fax 02 37 91 12 41 – Fermé dim. soir et lundi Y**s**
Rest – Menu 34/68 € – Carte 65/75 €
◆ Pierres et poutres apparentes, meubles rustiques et cheminée donnent tout son cachet à cette vénérable demeure plusieurs fois centenaire. Cuisine traditionnelle.

Le Moulin de Ponceau
21 r. de la Tannerie – ✆ 02 37 35 30 05 – www.lemoulindeponceau.fr – Fax 02 37 36 78 94 – Fermé 4-15 janv., lundi et mardi Y**v**
Rest – Menu 30 € (déj. en sem.)/58 € – Carte 46/65 €
◆ Ambiance sereine dans ce moulin classé (16e s.), dont la salle à manger mêle rusticité et touches contemporaines. Agréable terrasse aménagée sous l'ancien lavoir. Cuisine actuelle.

Les Feuillantines
4 r. du Bourg – ✆ 02 37 30 22 21 – Fax 02 37 30 22 21 – Fermé 3 sem. en août, vacances de Noël, dim. et lundi Y**a**
Rest – (17 €) Menu 24 € – Carte 37/51 €
◆ Dans ce petit restaurant du quartier historique, le chef prépare une cuisine traditionnelle sensible au rythme des saisons. Décor ensoleillé, terrasse d'été et accueil chaleureux.

Le Bistrot de la Cathédrale
1 Cloître Notre Dame – ✆ 02 37 36 59 60 – Fermé merc. Y**n**
Rest – Menu 22 € bc – Carte 25/44 €
◆ Face à la cathédrale – que l'on peut admirer de la terrasse –, un sympathique bistrot cosy et feutré. Large choix de plats à l'ardoise, dont la poule au pot, spécialité maison.

par ② 4 km par D 910 – ⊠ 28000 Chartres

🏨🏨🏨 **Novotel** 🛋 🖙 🏊 ₲₄ 🖧 ₺ 🖤 ⑭ 🖐 **P** 𝘝𝘐𝘚𝘈 ⓧ 𝘈𝘌 ⓞ
av. Marcel Proust – ₢ 02 37 88 13 50 – www.novotel.com – Fax 02 37 30 29 56
112 ch – ♦92/99 € ♦♦92/99 €, ⊊ 15 €
Rest – (18 €) Menu 27 € bc – Carte 19/36 €
♦ Construction "seventies" située entre zone commerciale et voies rapides. Préférez les chambres rénovées, pratiques, modernes et claires. Jardin-patio et jeux pour les enfants. Au restaurant, concept et carte Novotel Café.

à Chazay 12 km à l'Ouest par D 24 et D 121 - ⊠ 28300 St-Aubin-des-Bois

🏠 **L' Erablais** sans rest ⑊ 🛋 **P**
38 r. Jean Moulin – ₢ 02 37 32 80 53 – www.erablais.com – Fermé 20 déc.-4 janv.
3 ch ⊊ – ♦40/43 € ♦♦49/54 €
♦ Les chambres, aménagées dans l'ex-étable de cette ferme du 19e s., sont coquettement décorées sur le thème des fleurs. Le paisible et beau jardin donne sur les champs de colza.

à St-Luperce 13 km à l'Ouest par ⑥ puis D 121 et D 114 – 885 h. – alt. 152 m – ⊠ 28190

🏠 **La Ferme de Mousseau** sans rest ⑊ 🛋 **P**
Lieu-dit "Mousseau" – ₢ 02 37 26 85 01 – www.lafermedemousseau.com – Ouvert 1er mars-15 nov.
3 ch ⊊ – ♦48/53 € ♦♦58 €
♦ Pour un séjour à la campagne, dans une "vraie" ferme (en activité) : cadre rustique et confortable, petit-déjeuner (confitures, brioches maison) dans le décor d'anciennes écuries.

LA CHARTRE-SUR-LE-LOIR – 72 Sarthe – **310** M8 – 1 497 h. **35** D2
– alt. 55 m – ⊠ 72340 ▯ Châteaux de la Loire
▪ Paris 217 – La Flèche 57 – Le Mans 49 – St-Calais 30
▯ Office de tourisme, 13, place de la République ₢ 02 43 44 40 04,
Fax 02 43 44 40 04

🏨 **De France** 🛋 🖙 🏊 ⑭ ₺ **P** 𝘝𝘐𝘚𝘈 ⓧ 𝘈𝘌
⑱ *20 pl. de la République – ₢ 02 43 44 40 16 – www.hoteldefrance-72.fr – Fax 02 43 79 62 20 – Fermé vacances de Noël, fév., dim. soir et lundi sauf le soir en juil.-août*
21 ch – ♦55 € ♦♦61 €, ⊊ 8,50 € – ½ P 50/59 €
Rest – (fermé vend. soir d' oct. à mars) (prévenir le week-end) (12 €) Menu 15 € (sem.)/37 € – Carte 30/55 €
♦ Relais de poste centenaire aux chambres progressivement rénovées. Petit jardin au bord du Loir et piscine. Il règne une atmosphère vieille France au restaurant qui propose une cuisine traditionnelle et une carte des vins axée sur la production régionale.

CHARTRETTES – 77 Seine-et-Marne – **312** F5 – 2 514 h. – alt. 75 m **19** C2
– ⊠ 77590
▪ Paris 66 – Créteil 44 – Montreuil 60 – Vitry-sur-Seine 48

🏠 **Château de Rouillon** sans rest ⑭ **P**
41 av. Charles de Gaulle – ₢ 01 60 69 64 40 – www.chateauderouillon.net – Fax 01 60 69 64 55
5 ch ⊊ – ♦90 € ♦♦98 €
♦ Château du 17e s. et son majestueux parc à la française bordé par la Seine. Meubles de style et objets anciens composent un décor raffiné dans les chambres comme dans les salons.

CHASSAGNE-MONTRACHET – 21 Côte-d'Or – **320** I8 – 396 h. **7** A3
– alt. 200 m – ⊠ 21190
▪ Paris 327 – Beaune 16 – Dijon 64 – Lons-le-Saunier 125

⚓ **Château de Chassagne-Montrachet** sans rest ⚜   ≤ AC 📶 P

5 r. du Château – ℰ 03 80 21 98 57 – www.michelpicard.com   VISA ◎◎
– Fax 03 80 21 98 56

5 ch ☲ – †250 € ††250/300 €

♦ Ce prestigieux domaine viticole vous ouvre les portes de son château (fin 18e s.) et de ses caves. Belles chambres très contemporaines, salles de bains créées par le sculpteur Argueyrolles.

XX **Le Chassagne** (Stéphane Léger)   AC ⇔ VISA ◎◎

£3 4 imp. Chenevottes – ℰ 03 80 21 94 94 – www.restaurant-lechassagne.com
– Fax 03 80 21 97 77 – Fermé 2-23 août, dim. soir, merc. soir et lundi

Rest – (22 €) Menu 39 € (déj. en sem.), 49/78 € 🍷

Spéc. Brochette d'escargots et langoustines, réglisse, saveur crustacés et badiane. Bar de ligne, écrasé d'amandine aux kumquats, coquillages et cumbawa. Grand robusto au xocopili (dessert). **Vins** Chassagne-Montrachet blanc et rouge.

♦ Belle étape gourmande que cette maison pleine de charme avec boutique de vins au rez-de-chaussée et restaurant, clair et sobre, à l'étage. Cuisine actuelle parfaitement aboutie.

CHASSELAY – 69 Rhône – **327** H4 – 2 678 h. – alt. 220 m – ⌧ 69380   **43** E1

▶ Paris 443 – L'Arbresle 15 – Lyon 21 – Villefranche-sur-Saône 18

XXX **Guy Lassausaie**   🍽 & AC P VISA ◎◎ AE

£3 £3 r. de Belle Sise – ℰ 04 78 47 62 59 – www.guy-lassausaie.com
– Fax 04 78 47 06 19 – Fermé 2-26 août, 28 fév.-9 mars, mardi et merc.

Rest – Menu 50/98 € – Carte 65/90 € 🍷

Spéc. Langoustines rôties en cheveux d'ange, beurre blanc à la vanille de Madagascar. Suprême de caille et foie gras cuits en coque d'épices, compotée d'oignons, abricots secs. Feuilleté minute de pommes Tatin, crème légère aux épices. **Vins** Saint-Véran, Fleurie.

♦ Au cœur du village, la solide maison familiale vit avec son époque : sa séduisante cuisine, réalisée sur des bases classiques, le prouve. Vastes salles à manger contemporaines, aux tons chauds.

CHASSENEUIL – 36 Indre – **323** E7 – 649 h. – alt. 140 m – ⌧ 36800   **11** B3

▶ Paris 299 – Châteauroux 27 – Guéret 99 – Orléans 173

XX **Auberge des Saveurs**   🍽 🌿 VISA ◎◎

1 pl. de l'Église – ℰ 02 54 25 82 17 – www.auberge-des-saveurs.fr – Fermé sam. midi, mardi et merc.

Rest – (prévenir) Menu 24/50 €

♦ Dans sa cuisine ouverte sur la salle, le chef réalise de bons plats mis au goût du jour. Tout est frais et fait maison. Salle de type bistrot, ambiance proche d'une table d'hôte.

CHASSENEUIL-DU-POITOU – 86 Vienne – **322** I5 – **rattaché à Poitiers**

CHASSE-SUR-RHÔNE – 38 Isère – **333** B4 – **rattaché à Vienne**

CHÂTEAU-ARNOUX-ST-AUBAN – 04 Alpes-de-Haute-Provence   **41** C2
– **334** E8 – 5 126 h. – alt. 440 m – ⌧ 04160 ▮ Alpes du Sud

▶ Paris 719 – Digne-les-Bains 26 – Forcalquier 30 – Manosque 42

🖪 Syndicat d'initiative, 4, place de la carrière ℰ 02 96 73 49 57, Fax 02 96 73 53 78

Office de tourisme, Font Robert ℰ 04 92 64 02 64, Fax 04 92 64 54 55

🖸 Église St-Donat★ - Belvédère de la chapelle St-Jean★ - Site★ de Montfort.

🏠🏠🏠 **La Bonne Étape** (Jany Gleize) 🚗 ⵣ 🅰🅒 ⵘ ⵘ 🅿 𝘝𝘐𝘚𝘈 ⵘ 🅰🅔 ⓞ
❁ *chemin du lac* – 🕿 *04 92 64 00 09* – *www.bonneetape.com* – *Fax 04 92 64 37 36*
– *Fermé 3 janv.-10 fév.*
18 ch – ⚹159/195 € ⚹⚹159/422 €, ⵣ 21 € – ½ P 174/192 €
Rest – *(fermé 15 nov.-1er déc., 3 janv.-10 fév., lundi et mardi hors saison sauf fériés)* Menu 42 € (déj. en sem.), 75/110 € – Carte 65/113 €🏠
Spéc. Fougasse au parmesan et champignons des bois. Agneau de Sisteron. Crème glacée au miel de lavande . **Vins** Coteaux de Pierrevert, Palette.
♦ Comment ne pas tomber sous le charme de cette demeure du 18e s. fleurant bon la Provence ? Spacieuses chambres dotées de meubles anciens. Joli jardin fleuri et superbe potager. Au restaurant, décor rustique cossu et cuisine classique accompagnée d'une très belle carte des vins.

🏵🏵 **La Magnanerie** avec ch 🏠 🅒 ⵘ 🅿 𝘝𝘐𝘚𝘈 ⵘ 🅰🅔
🔗 *2 km au Nord par N 85* – 🕿 *04 92 62 60 11* – *www.la-magnanerie.net*
– *Fax 04 92 62 63 05* – *Fermé 20-30 déc.*
9 ch – ⚹65/95 € ⚹⚹65/95 €, ⵣ 9 € – ½ P 63/89 €
Rest – *(fermé merc. soir hors saison, dim. soir et lundi)* Menu 19 € (déj. en sem.), 22/43 € – Carte 40/65 €
♦ Belle magnanerie revisitée de A à Z : décor contemporain en accord avec l'inventive cuisine (produits du terroir, bio), bar, terrasse-jardin ombragée. Chambres modernes à thème.

🏵 **Au Goût du Jour** 🅰🅒 𝘝𝘐𝘚𝘈 ⵘ 🅰🅔 ⓞ
14 av. Gén. de Gaulle – 🕿 *04 92 64 48 48* – *Fax 04 92 64 37 36*
– *Fermé 3 janv.-11 fév.*
Rest – (18 €) Menu 24 €
♦ Coquette salle à manger habillée aux couleurs de la Provence où l'on propose, dans un esprit bistrot, des petits plats du terroir affichés sur ardoise.

CHÂTEAUBOURG – **35 Ille-et-Vilaine** – **309** N6 – **5 535 h.** – alt. 50 m   **10** D2
– ✉ **35220**

▶ Paris 329 – Angers 114 – Châteaubriant 52 – Fougères 44

🏨🏨 **Ar Milin'** 🌿 🎵 🏠 🍴🖧 🖭 ⵘ ⵘ 🅿 𝘝𝘐𝘚𝘈 ⵘ ⓞ
30 r. de Paris – 🕿 *02 99 00 30 91* – *www.armilin.com* – *Fax 02 99 00 37 56*
– *Fermé 20 déc.-5 janv.*
32 ch – ⚹81/127 € ⚹⚹89/200 €, ⵣ 12 €
Rest – *(fermé mardi midi et lundi en juil.-août, dim. soir de nov. à fév. et sam. midi)* Menu 29/46 € – Carte 45/65 €🏠
Rest *Bistrot du Moulin* – *(fermé dim.) (déj. seult)* (14 €) Carte 21/29 €
♦ Au calme d'un parc agrémenté d'œuvres contemporaines monumentales, ce moulin de pierre du 19e s. abrite de chaleureuses chambres (plus petites dans l'annexe). Salle à manger claire (harmonie de blancs) avec vue sur la rivière ; cuisine traditionnelle. Cadre actuel et ambiance informelle au Bistrot du Moulin.

à St-Didier 6 km à l'Est par D 33 – 1 590 h. – alt. 49 m – ✉ 35220

🏨🏨 **Pen'Roc** 🌿 🚗 🏠 ⵣ 🎢 🖭 ♿ ⵘ ⵘ 🅰🅒 ⵘ 🅿 𝘝𝘐𝘚𝘈 ⵘ 🅰🅔 ⓞ
à La Peinière, (D 105) – 🕿 *02 99 00 33 02* – *www.penroc.fr* – *Fax 02 99 62 30 89*
– *Fermé 24 déc.-4 janv.*
28 ch – ⚹86/244 € ⚹⚹98/244 €, ⵣ 13 € – ½ P 95/168 €
Rest – *(fermé dim. soir hors saison)* (23 €) Menu 33/85 € – Carte 55/71 €
♦ Vous rêvez de silence ? C'est l'un des atouts de cet hôtel aux chambres contemporaines ou rappelant l'Asie. Coup de cœur pour le petit-déjeuner (confitures, far et yaourt maison). Alléchant programme au restaurant : carte actuelle servie dans de petites salles feutrées.

CHÂTEAUBRIANT 👁 – **44 Loire-Atlantique** – **316** H1 – **12 390 h.**   **34** B2
– alt. 70 m – ✉ **44110** ▮ Bretagne

▶ Paris 354 – Angers 72 – Laval 65 – Nantes 62

🛈 Office de tourisme, 22, rue de Couéré 🕿 02 40 28 20 90, Fax 02 40 28 06 02
◉ Château★.

🏨 La Ferrière 🔊 📺 rest, 🛉 🕽 🅿 📠 ∞ 🆎 ⓘ

r. Winston Churchill, au sud par rte de Moisdon-la-Rivière (D 178)
– 𝒞 02 40 28 00 28 – www.hotellaferriere.fr – Fax 02 40 28 29 21
19 ch – ▮73/98 € ▮▮73/98 €, ⊊ 11 €
Rest – *(fermé dim. soir)* (17 €) Menu 20 € (sem.)/42 € – Carte 40/60 €
• Une maison bourgeoise de 1840 nichée dans un parc. Chambres confortables dans les étages de la demeure, moins grandes dans le pavillon annexe. Cuisine traditionnelle à goûter dans des salles à manger de caractère ou sous une véranda lumineuse.

CHÂTEAU-CHALON – 39 Jura – 321 D6 – 166 h. – alt. 420 m   16 B3
– ⊠ 39210 ▮ Franche-Comté Jura

▶ Paris 409 – Besançon 73 – Dole 51 – Lons-le-Saunier 14

🏠 Le Relais des Abbesses ⩽ 🕾 🅿

r. de la Roche – 𝒞 03 84 44 98 56 – www.chambres-hotes-jura.com
– Fax 03 84 44 98 56 – Ouvert de fév. à mi-nov.
5 ch ⊊ – ▮60/65 € ▮▮68/72 €
Table d'hôte – *(fermé jeudi, vend. et sam.)* Menu 25 € bc/35 € bc
• Les propriétaires ont eu le coup de foudre pour cette maison de village. Ses chambres, baptisées Agnès, Marguerite et Eugénie offrent une superbe vue sur la Bresse ; Violette regarde Château-Chalon. Cuisine franc-comtoise familiale.

CHÂTEAU D'IF – 340 G6 ▮ Provence   40 B3

🚢 au départ de **Marseille** pour le château d'If★★ (⚹★★★) 20 mn.

LE CHÂTEAU D'OLÉRON – 17 Charente-Maritime – 324 C4 – voir à Île d'Oléron

---

CHÂTEAU-DU-LOIR – 72 Sarthe – 310 L8 – 4 785 h. – alt. 50 m   35 D2
– ⊠ 72500

▶ Paris 235 – La Flèche 41 – Langeais 47 – Le Mans 43
🛈 Office de tourisme, 2, avenue Jean Jaurès 𝒞 02 43 44 56 68,
Fax 02 43 44 56 95

🏠 Le Grand Hôtel 🕾 🛉 🅿 📠 ∞ 🆎

pl. Hôtel de Ville – 𝒞 02 43 44 00 17 – www.grand-hotel-chateau-du-loir.fr
– Fax 02 43 44 37 58 – Fermé 1er-11 nov., vend. soir et sam. de nov. à fin mars
18 ch – ▮52 € ▮▮52 €, ⊊ 8 €   **Rest** – (11 €) Menu 22/30 € – Carte 38/60 €
• Ce relais de poste en tuffeau du 19e s. abrite des chambres correctement équipées, rustiques ou actuelles ; elles sont plus calmes à l'annexe, sise dans l'ancienne écurie. Salle à manger au cachet rétro et terrasse sous une glycine ; cuisine traditionnelle.

CHÂTEAUDUN ⬾ – 28 Eure-et-Loir – 311 D7 – 13 955 h. – alt. 140 m   11 B2
– ⊠ 28200 ▮ Châteaux de la Loire

▶ Paris 131 – Blois 57 – Chartres 45 – Orléans 53
🛈 Office de tourisme, 1, rue de Luynes 𝒞 02 37 45 22 46, Fax 02 37 66 00 16
◉ Château★★ - Vieille ville★ : église de la Madeleine★ - Promenade du Mail
⩽★ - Musée des Beaux-Arts et d'Histoire naturelle : Collection d'oiseaux★
M.

🍴🍴 Aux Trois Pastoureaux 🕾 📠 ∞ 🆎

31 r. A. Gillet – 𝒞 02 37 45 74 40 – www.aux-trois-pastoureaux.fr
– Fermé 4-20 juil., 25 déc.-4 janv., 27 fév.-7 mars, dim. et lundi
Rest – (19 €) Menu 20/40 € – Carte 32/60 €
• Boiseries, touches provençales et tableaux peints par un artiste local composent le décor du restaurant. Carte traditionnelle, menu médiéval et bon choix de vins au verre.

à Flacey 8 km au Nord par N 10 – ⊠ 28800 – 206 h. – alt. 157 m – ⊠ 28800

Domaine de Moresville sans rest ⚜ ◐ ఉ 🖤 ﹩ P 📼 ⊚ 🄰🄴 ⓞ
rte de Brou, Nord-Ouest par D 110 – ℰ 02 37 47 33 94
– www.domaine-moresville.com – Fax 02 37 47 56 40
16 ch – †70/150 € ††80/160 €, ⊇ 12 € – 1 suite
◆ Au cœur d'un parc avec étang, un château (18ᵉ s.) doté de jolis salons et de chambres personnalisées tout confort (dont cinq récentes aménagées dans l'orangerie). Sauna, jacuzzi.

CHÂTEAUFORT – 78 Yvelines – 311 I3 – 101 22 – **voir à Paris, Environs**

CHÂTEAU-GONTIER ⬳ – 53 Mayenne – 310 E8 – 11 025 h.　　35 C1
– alt. 33 m – ⊠ 53200 ▌ Châteaux de la Loire
　　▶ Paris 288 – Angers 50 – Châteaubriant 56 – Laval 30
　　🛈 Office de tourisme, place André Counord ℰ 02 43 70 42 74,
　　Fax 02 43 70 95 52
　　◉ Intérieur roman ★ de l'église St-Jean-Baptiste.

Le Jardin des Arts ⚜ ≼ 🚗 🛜 ℅ ℗ ﹩ P 📼 ⊚
5 r. A. Cahour – ℰ 02 43 70 12 12 – www.art8.com – Fax 02 43 70 12 07
– Fermé 25 juil.-17 août, 21 déc.-4 janv. et fériés
20 ch – †62/74 € ††71/90 €, ⊇ 9 € – ½ P 57/66 €
Rest – *(fermé vend. soir, sam. et dim.)* Menu 19/27 €
◆ Ancienne sous-préfecture dont le beau jardin domine la Mayenne. Chambres spacieuses et agréables salons de détente (insolites billards, jeux vidéo, musique, etc.). Parquet, cheminée, boiseries d'origine et décoration moderne se côtoient au restaurant.

Parc Hôtel sans rest ◐ ⌇ ℅ ఉ ℗ ﹩ P 📼 ⊚ 🄰🄴
46 av. Joffre, au Sud par N 162 – ℰ 02 43 07 28 41 – www.parchotel.fr
– Fax 02 43 07 63 79 – Fermé 26 fév.-14 mars
21 ch – †62/73 € ††68/82 €, ⊇ 9 €
◆ Cette demeure (19ᵉ s.) et sa dépendance profitent d'un beau parc avec piscine chauffée. Chambres joliment décorées, plus spacieuses dans la maison. Accueil charmant.

L'Aquarelle XX ≼ 🛜 🄰🄺 P 📼 ⊚ 🄰🄴
à Saint-Fort, 2 r. Félix -Marchand, 1 km au Sud par D 267 rte de Ménil
– ℰ 02 43 70 15 44 – www.restaurant-laquarelle.com – Fermé 12-24 avril,
4-13 oct., 15-28 fév., dim. soir de sept. à mai, mardi soir et merc.
Rest – (11 €) Menu 14 € (déj. en sem.), 19/48 € – Carte 33/54 €
◆ Ancré sur les bords de la Mayenne, ce restaurant au cadre reposant propose une cuisine actuelle. Salle panoramique lumineuse aux tons orangés et agréable terrasse d'été.

à Coudray 7 km au Sud-Est par D 22 – 766 h. – alt. 68 m – ⊠ 53200

L'Amphitryon avec ch XX 🛜 ఉ ℅ ch, ℗ 📼 ⊚
2 rte de Daon – ℰ 02 43 70 46 46 – perso.orange.fr/lamphitryon53/
– Fax 02 43 70 42 93 – Fermé 13-17 mai, 1ᵉʳ-7 nov., 24-28 déc., mardi midi, dim.
soir et lundi
6 ch – †58/74 € ††62/78 €, ⊇ 8 €
Rest – Menu 17 € (sem.)/28 € – Carte 36/59 €
◆ Il règne une agréable atmosphère bourgeoise dans cette maison du 19ᵉ s., face à l'église du village. Tables joliment dressées ; cuisine au goût du jour et produits du terroir. Plaisantes chambres contemporaines.

à Ruillé-Froid-Fonds 12,5 km au Nord-Est par N 162 et D 605 – 492 h.
– alt. 87 m – ⊠ 53170

Logis de Ville-Prouvée ⚜ 🚗 🛜 P
rte du Bignon-du-Maine – ℰ 02 43 07 71 62 – pagesperso-orange.
fr/villeprouve/bb – Fax 02 43 07 71 62
4 ch ⊇ – †37 € ††48 € – ½ P 36 €　**Table d'hôte** – Menu 15 €
◆ Le décor soigné de cet ancien prieuré des 14ᵉ-17ᵉ s. vous replonge à l'époque de la che-valerie : armures, tapisseries médiévales, lits à baldaquin. Côté table d'hôtes : salle à manger au cachet très rustique et plats concoctés avec les produits de la ferme.

CHÂTEAUNEUF-DE-GADAGNE – 84 Vaucluse – **84** C10 – 3 157 h. **42** E1
– alt. 90 m – ⊠ 84470

> ▶ Paris 694 – Arles 47 – Avignon 13 – Marseille 95
>
> 🔢 Office de tourisme, Place du 11 Novembre ✆ 04 90 33 92 31

à Jonquerettes 4 km au Nord par D 6 – 1 239 h. – alt. 60 m – ⊠ 84450

⬆ **Le Clos des Saumanes** sans rest ॐ   ⌲ ⤳ 🔌 P
chemin des Saumanes – ✆ 04 90 22 30 86 – www.closaumane.com
– Fax 04 90 83 19 42 – Ouvert de Pâques à la Toussaint
4 ch ⌴ – ✝85/140 € ✝✝85/140 €
◆ Élégante bastide du 18ᵉ s. située entre pinède et vignes. Chambres provençales pleines de charme (meubles anciens) ; l'une d'elles bénéficie d'une terrasse. Accueil attentionné.

CHÂTEAUNEUF-DE-GALAURE – 26 Drôme – **332** C2 – 1 481 h. **43** E2
– alt. 253 m – ⊠ 26330

> ▶ Paris 531 – Beaurepaire 19 – Romans-sur-Isère 27 – Tournon-sur-Rhône 25

✕✕ **Yves Leydier**   ⌲ ⤳ 𝚟𝚒𝚜𝚊 ⓪⓪
1 r. Stade – ✆ 04 75 68 68 02 – Fax 04 75 68 66 19 – Fermé fév., 1 sem. en juin,
1 sem. en sept., dim. soir, mardi soir et merc.
Rest – (18 €) Carte 25/55 €
◆ Salle à manger rustique, véranda ouverte sur le jardin et terrasse ombragée font l'attrait de cette belle maison en galets de la Galaure. Carte traditionnelle au gré des saisons.

CHÂTEAUNEUF-DU-FAOU – 29 Finistère – **308** I5 – 3 599 h. **9** B2
– alt. 130 m – ⊠ 29520 ▌ Bretagne

> ▶ Paris 526 – Brest 65 – Carhaix-Plouguer 23 – Châteaulin 24
>
> 🔢 Syndicat d'initiative, 17, rue de la Mairie ✆ 02 98 81 83 90,
> Fax 02 98 81 79 30
>
> ◉ Domaine de Trévarez★ S : 6 km.

⌂ **Le Relais de Cornouaille**   🛗 ⌘ 🔌 ⅷ P 𝚟𝚒𝚜𝚊 ⓪⓪
⌘ *9 r. Paul-Sérusier, rte Carhaix* – ✆ 02 98 81 75 36
– www.lerelaisdecornouaille.com – Fax 02 98 81 81 32 – Fermé oct., dim. soir et sam. hors saison
30 ch – ✝44/47 € ✝✝52/55 €, ⌴ 7 € – ½ P 48/50 €
Rest – (12 €) Menu 17 € (sem.)/39 € – Carte 19/48 €
◆ Ambiance familiale dans ce sympathique hôtel à la façade fleurie. Chambres fonctionnelles et bien tenues ; salles de réunion panoramiques. Au restaurant, cuisine traditionnelle privilégiant les produits de la mer. Grande salle de banquets (300 couverts) rénovée.

CHÂTEAUNEUF-DU-PAPE – 84 Vaucluse – **332** B9 – 2 107 h. **42** E1
– alt. 87 m – ⊠ 84230 ▌ Provence

> ▶ Paris 667 – Alès 82 – Avignon 19 – Carpentras 22
>
> 🔢 Syndicat d'initiative, place du Portail ✆ 04 90 83 71 08, Fax 04 90 83 50 34
>
> ◉ ≼★★ du château des Papes.

🏛 **Hostellerie Château des Fines Roches** ॐ   ≼ ⌲ ⤳ 🔌 𝔸ℂ ⌘
rte de Sorgues et voie privée – ✆ 04 90 83 70 23   ⅷ ⅷ P 𝚟𝚒𝚜𝚊 ⓪⓪
– www.chateaufinesroches.com – Fax 04 90 83 78 42 – Fermé dim. soir, mardi midi et lundi de nov. à avril
11 ch – ✝159/315 € ✝✝159/315 €, ⌴ 17 €
Rest – (20 €) Menu 25 € (déj. en sem.), 36/63 € – Carte 52/98 €
◆ Étonnant château de marquis (19ᵉ s.) dont les tours crénelées dominent le vignoble. Décor raffiné, d'inspiration provençale, dans les chambres personnalisées et spacieuses. Cuisine actuelle servie dans les salons cossus ou en terrasse, face aux vignes.

✗✗ Le Verger des Papes ⟨ 🛜 AC ✗ VISA 🄌

☺ *au château – ℰ 04 90 83 50 40 – www.vergerdespapes.com – Fax 04 90 83 50 49*
– Fermé 20 déc.-3 mars, dim. soir, lundi soir, mardi soir et merc. soir d'oct.
à mars
Rest – Menu 19 € (déj.)/29 € – Carte 38/51 €
♦ Plaisant restaurant logé dans les remparts du château. Terrasse ombragée qui offre un splendide panorama. Caves gallo-romaines taillées dans le roc. Cuisine provençale.

à l'Ouest 4 km par D 17 – ⊠ 84230 Châteauneuf-du-Pape

🏠 La Sommellerie 🚗 🛜 🖫 AC 🕭 P VISA 🄌 AE

rte de Roquemaure – ℰ 04 90 83 50 00 – www.la-sommellerie.fr
– Fax 04 90 83 51 85 – Fermé 4 janv.-2 fév.
16 ch – †74/121 € ††74/121 €, ⊊ 14 € – 2 suites – ½ P 99/117 €
Rest – *(fermé sam. midi, dim. soir et lundi hors saison)* Menu 23 € (déj. en sem.), 30/52 € – Carte 56/70 €
♦ Au cœur du vignoble de Châteauneuf, bergerie du 17e s. joliment restaurée. Chambres fraîches aux couleurs de la Provence et jardin arboré. Coquettes salles à manger et belle terrasse sous une pergola, face à la piscine. Cuisine régionale au gré des saisons.

CHÂTEAUNEUF-VILLEVIEILLE – 06 Alpes-Maritimes – **341** E5   **41** D2
– 822 h. – alt. 600 m – ⊠ 06390

🄳 Paris 957 – Menton 42 – Nice 22 – Puget-Théniers 81

🏠 La Parare sans rest ⌂ 🔎 🗏 P VISA 🄌

67 Calade du Pastre – ℰ 04 93 79 22 62 – www.laparare.com
– Fax 04 93 79 46 99 – Fermé 10 nov.- 28 déc.
4 ch ⊊ – †125/145 € ††125/145 €
♦ Dans un parc planté d'oliviers, superbe bergerie (17e s.) rénovée avec des matériaux naturels. Confortables chambres où se marient ambiance zen et mode provençale. Piscine chauffée.

CHÂTEAURENARD – 13 Bouches-du-Rhône – **340** E2 – 14 000 h.   **42** E1
– alt. 37 m – ⊠ 13160 ▌ Provence

🄳 Paris 692 – Avignon 10 – Carpentras 37 – Cavaillon 23
ℹ Syndicat d'initiative, 11, cours Carnot ℰ 04 90 24 25 50, Fax 04 90 24 25 52
◉ Château féodal : ※★ de la tour du Griffon.

✗ Les Glycines avec ch 🛜 AC ch, ⁈ VISA 🄌

14 av. V. Hugo – ℰ 04 90 94 10 66 – www.resthotelesglycines.com
– Fax 04 90 94 78 10 – Fermé 2 sem. en mars, 16-24 août, dim. soir et lundi
10 ch – †48 € ††48 €, ⊊ 6 € – ½ P 46 €
Rest – (12,50 €) Menu 21/40 € – Carte 32/50 €
♦ Trois salles à manger en enfilade, un patio couvert et une agréable petite terrasse d'été. Cuisine à l'accent régional et, servie sur commande, spécialité de bouillabaisse.

CHÂTEAUROUX P – 36 Indre – **323** G6 – 47 559 h. – alt. 155 m   **12** C3
– ⊠ 36000 ▌ Limousin Berry

🄳 Paris 265 – Blois 101 – Bourges 65 – Limoges 125
ℹ Office de tourisme, 1, place de la Gare ℰ 02 54 34 10 74, Fax 02 54 27 57 97
🄵 du Val de l'Indre à Villedieu-sur-Indre Parc du Château, par rte de Loches : 13 km, ℰ 02 54 26 59 44
◉ Déols : clocher★ de l'ancienne abbaye, sarcophage★ dans l'église St-Etienne.

🏠 Colbert 🖫 🕭 AC ⁈ 🕭 P VISA 🄌 AE ⓞ

☺ *3 av. de la Châtre – ℰ 02 54 35 70 00 – www.hotel-colbert.fr – Fax 02 54 27 45 88*
44 ch – †89/115 € ††89/115 €, ⊊ 12 € – 6 suites   BZ**a**
Rest *La Manufacture* – Menu 19/28 € – Carte 27/48 €
♦ L'ancien bâtiment de la manufacture des tabacs abrite aujourd'hui cet hôtel récent rehaussé de touches design. Quelques chambres sont en duplex. Le concept "Le pain, le vin et la broche" sert de fil conducteur au restaurant, de style brasserie.

CHÂTEAUROUX

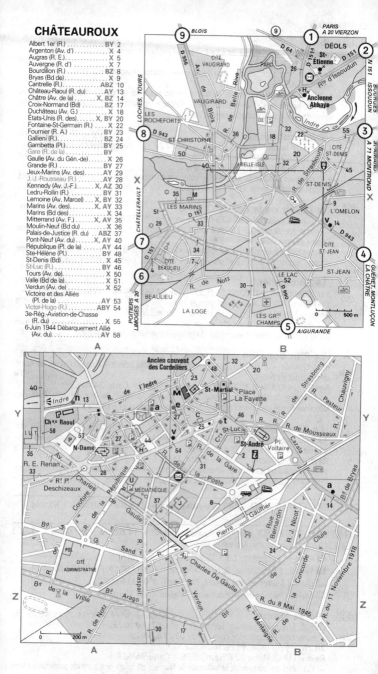

Ibis
🛗   📶   🅰🅲 📶 🛗 🚗 🆅🅸🆂🅰 ⓿ 🅰🅴 ⓵

16 r. V. Hugo – ℰ *02 54 34 61 61* – *www.ibishotel.com* – *Fax 02 54 27 69 51*
60 ch – †59/79 € ††59/79 €, ⊊ 8 €   BY**v**
Rest – *(fermé sam. et dim. sauf juil.-aout) (dîner seult)* Menu 17 €
– Carte 24/35 €

◆ Hôtel central et fonctionnel, rénové dans un esprit contemporain. Chambres de bonne ampleur, lumineuses et bien insonorisées. Restauration sortant des standards de la chaîne, servie dans une salle confortablement actuelle.

Boischaut *sans rest*
🛗 📶 🅿 🆅🅸🆂🅰 ⓿

135 av. de la Châtre, par ④ – ℰ *02 54 22 22 34* – *www.hotel-chateauroux.com*
– *Fax 02 54 22 64 89* – *Fermé 26 déc.-9 janv.*   X**v**
27 ch – †48/56 € ††52/66 €, ⊊ 8 €

◆ À quelques minutes du centre-ville, hôtel aux chambres garnies d'un mobilier fonctionnel, rustique ou en fer forgé. Espace petits-déjeuners clair et moderne étagé sur deux niveaux.

Le Lavoir de la Fonds Charles
🛗 🆅🅸🆂🅰 ⓿

26 r. Château-Raoul – ℰ *02 54 27 11 16* – *Fax 02 54 60 02 22*
– *Fermé 16-30 août, 2-11 janv., sam. midi, dim. soir et lundi*   AY**n**
Rest – Menu 20 € (sem.)/48 € – Carte 57/71 €

◆ La campagne en ville... Cette maison ancienne dispose d'une agréable terrasse et d'une véranda surplombant l'Indre et ses alentours verdoyants. Cuisine traditionnelle.

Le Sommelier
🅰🅲 🆅🅸🆂🅰 ⓿ 🅰🅴

5 pl. Gambetta – ℰ *02 54 07 45 52* – *Fax 02 54 08 68 46* – *Fermé*
1ᵉʳ-17 mai, 1ᵉʳ-16 août, lundi soir et dim.   BY**t**
Rest – (13 €) Menu 16 € (déj.)/27 € – Carte 32/44 €

◆ Cuisine au goût du jour, rythmée par les saisons, et intéressante carte des vins composée par le patron, également sommelier. Salle lumineuse où domine le jaune.

Le P'tit Bouchon
🆅🅸🆂🅰 ⓿

64 r. Grande – ℰ *02 54 61 50 40* – *www.leptitbouchon.fr* – *Fermé 3 sem. en août,*
dim., lundi et fériés   BY**e**
Rest – (14 €) Menu 17 € (déj. en sem.), 19/28 € – Carte 24/40 €

◆ Ambiance familiale et conviviale dans ce bistrot "canaille" de la vieille ville. Bons crus sélectionnés par le patron. Boutique de produits régionaux et crèmerie attenantes.

Le Bistrot Gourmand
↔ 🆅🅸🆂🅰 ⓿

10 r. du Marché – ℰ *02 54 07 86 98* – *www.lebistrotgourmand36.com* – *Fermé*
en mars et de mi-août à début sept.   AY**a**
Rest – (13 €) Menu 23/33 € – Carte 24/39 €

◆ Petit restaurant de quartier aménagé façon bistrot, et complété par un patio-terrasse fleuri l'été. Carte traditionnelle concoctée par le chef-patron ; prix doux.

CHÂTEAU-THÉBAUD – 44 Loire-Atlantique – **316** H5 – **rattaché à Nantes**

CHÂTEAU-THIERRY 👁 – 02 Aisne – **306** C8 – 14 622 h. – alt. 63 m   **37** C3
– ✉ **02400** 🮲 Champagne Ardenne

🮶 Paris 95 – Épernay 56 – Meaux 48 – Reims 58
🆔 Syndicat d'initiative, 9, rue Vallée ℰ 03 23 83 51 14, Fax 03 23 83 14 74
🮺 du Val Secret Le Val Secret, N : 5 km, ℰ 03 23 83 07 25
◎ Maison natale de La Fontaine - Vallée de la Marne★.

Île de France
🚗 🛗 🛗 🅵🅶 🛗 📶 🛗 🅿 🆅🅸🆂🅰 ⓿ 🅰🅴 ⓵

60 r. L. Lhermitte, (rte de Soissons) – ℰ *03 23 69 10 12*
– *www.hotel-iledefrance.com* – *Fax 03 23 83 49 70*
34 ch – †79/160 € ††79/160 €, ⊊ 12 €
Rest – (19 €) Menu 22 € (sem.)/55 € – Carte 36/68 €

◆ Cet hôtel qui surplombe la vallée de la Marne s'est offert une seconde jeunesse : chambres rénovées, douillettes et confortables, spa et centre de remise en forme modernes. Au restaurant, la carte change avec les saisons. Agréable terrasse panoramique.

Ibis
🏠 🛏 ⅃ &, ch, 🛜 ⅍ P. 🆚 ⚫ AE ⓞ

60 av. du Gén. de Gaulle, à Essômes-sur-Marne, 2 km au Sud par D 969
– 𝒞 03 23 83 10 10 – www.hotel-ibis-champagne.com – Fax 03 23 83 45 23
55 ch – ♦68 € ♦♦68 €, � 8 €   Rest – (15 €) Menu 18/20 € – Carte 20/33 €
♦ Chambres aux dernières normes de la chaîne ; calmes sur l'arrière, elles ménagent à l'avant la vue sur le monument américain de la Côte 204 commémorant les combats de 1918. Le restaurant et la terrasse donnent sur un petit plan d'eau ; carte traditionnelle.

CHÂTEL – 74 Haute-Savoie – 328 O3 – 1 254 h. – alt. 1 180 m – Sports   46 F1
d'hiver : 1 200/2 100 m ✮2 ✹52 ✗ – ⊠ 74390 ▮ Alpes du Nord

▶ Paris 578 – Annecy 113 – Évian-les-Bains 34 – Morzine 38
🛈 Office de tourisme, Chef-Lieu 𝒞 04 50 73 22 44, Fax 04 50 73 22 87
👁 Site★ - Lac du pas de Morgins★ S : 3 km.

Macchi
≼ 🏠 🖾 Ⅰ♂ 🛏 AK rest, ⅍ rest, 🛜 P. 🚗 🆚 ⚫

94 chemin de l'Etringa – 𝒞 04 50 73 24 12 – www.hotelmacchi.com
– Fax 04 50 73 27 25 – Ouvert 20 juin-20 sept. et 20 déc.-20 avril
32 ch – ♦98/175 € ♦♦170/310 €, ⊇ 15 € – ½ P 72/193 €
Rest – (dîner seult) (résidents seult) (23 €) Menu 26/50 € – Carte 45/70 €
Rest *Le Cerf* – (dîner seult) Menu 27/70 € – Carte 47/70 €
♦ Beau chalet dont les balcons finement ouvragés donnent sur la vallée d'Abondance. Chambres personnalisées avec goût, agrémentées de fresques signées par une artiste locale. Raclettes et fondues dans un cadre savoyard. Carte traditionnelle et variée au Cerf.

Belalp
≼ 🛏 P. 🆚 ⚫

382 rte de Vonnes – 𝒞 04 50 73 24 39 – www.hotelbelalp.com
– Fax 04 50 73 38 55 – Ouvert 1er juil.-30 août et 20 déc.-30 mars
26 ch – ♦48/75 € ♦♦54/99 €, ⊇ 9 € – ½ P 50/75 €
Rest – (fermé mardi) (12 €) Menu 18/28 € – Carte 23/46 €
♦ Pimpante façade en bois blond rythmée de volets verts pour ce chalet aux chambres mignonnes, rénovées dans la note montagnarde, à choisir si possible côté vallée. Repas savoyard près de la cheminée au "carnotzet" ou dans une salle panoramique (résidents).

Le Kandahar ⅌
🛌 🏠 Ⅰ♂ P. 🆚 ⚫

1,5 km au Sud-Ouest par rte Béchigne – 𝒞 04 50 73 30 60
– www.lekandahar.com – Fax 04 50 73 25 17 – Fermé du 26 avril à mi-mai,
27 juin-10 juil., 1er nov.-18 déc. et merc. hors saison
8 ch – ♦40/50 € ♦♦70/80 € – ½ P 52/66 €
Rest – (fermé merc. hors saison et dim. soir) (12 €) Menu 20/35 €
– Carte 21/49 €
♦ Située en contrebas de la station, une accueillante adresse familiale dotée de petites chambres pratiques, couvertes de lambris. Navettes pour le Linga. Cuisine régionale servie dans un chaleureux décor : mobilier campagnard, comtoise, cuivres et cheminée.

Le Choucas sans rest
≼ Ⅰ♂ ⅍ 🛜 🚗 🆚 ⚫

303 rte Vonnes – 𝒞 04 50 73 22 57 – www.hotel-lechoucas.com
– Fax 04 50 81 36 70 – Ouvert 18 juin-21 sept. et 17 déc.-20 avril
12 ch – ♦48/64 € ♦♦48/64 €, ⊇ 8 €
♦ Ce petit hôtel familial, à l'allure de chalet moderne largement fleuri en façade, propose des chambres fonctionnelles et très bien tenues, toutes avec balcon. Prix modestes.

CHÂTEL-GUYON – 63 Puy-de-Dôme – 326 F7 – 6 133 h. – alt. 430 m   5 B2
– Stat. therm. : début mai-fin sept. – Casino B – ⊠ 63140 ▮ Auvergne

▶ Paris 411 – Clermont-Ferrand 21 – Gannat 31 – Vichy 43
🛈 Office de tourisme, 1, avenue de l'Europe 𝒞 04 73 86 01 17,
   Fax 04 73 86 27 03

Plan page suivante

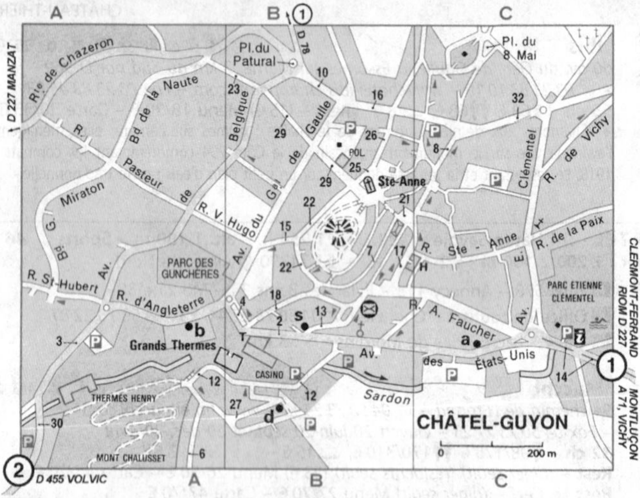

Splendid

5-7 r. Angleterre – ✆ 04 73 86 04 80 – www.splendid-resort.com – Fax 04 73 86 17 56 – Fermé 15 déc.-15 janv., sam. et dim. de mi-nov. à fin janv.

90 ch – 62/72 € 85/105 €, ☕ 11 € – 1 suite – ½ P 77/95 € **Ab**

Rest – Menu 19/28 € – Carte 42/60 €

◆ Guy de Maupassant, qui fréquenta cet ancien palace bâti en 1872, a laissé son nom à l'un des salons. Charmantes chambres rénovées dans la tendance inspirée de l'ancien. Majestueuse salle à manger du 19e s. : colonnes, belle cheminée en bois sculpté, etc.

Le Bellevue

4 r. A. Punett – ✆ 04 73 86 07 62 – www.bellevue63.fr – Fax 04 73 86 02 56 – Ouvert 1er avril-15 oct. **Bd**

38 ch – 60/80 € 60/80 €, ☕ 13 € – ½ P 66/76 €

Rest – *(ouvert 1er juin-20 sept.) (dîner seult) (résidents seult)* Menu 25/32 €

◆ Dominant la station thermale, cet hôtel 1930 est propice au repos. Les chambres fonctionnelles disposent d'un bon confort sanitaire et ouvrent sur un cadre verdoyant. Cuisine traditionnelle, exclusivement pour les résidents, servie en terrasse aux beaux jours.

De Paris

rest,

1 r. Dr Levadoux – ✆ 04 73 86 00 12 – www.hoteldeparis-chatelguyon.com – Fax 04 73 86 43 55 – Fermé 31 oct.-25 nov. **Bs**

59 ch – 40/50 € 51/66 €, ☕ 8 € – ½ P 51/57 €

Rest – *(fermé le midi du lundi au jeudi du 15 oct. au 15 avril et dim. soir)* (16 €) Menu 21 € (sem.)/43 € – Carte 26/43 €

◆ Les chambres, rénovées, sont logées dans le bâtiment principal de l'établissement et dans une ancienne chapelle située à l'arrière. Fitness et sauna. Spacieuse salle à manger climatisée où l'on vient faire des repas traditionnels dans une ambiance conviviale.

Régence sans rest

31 av. États-Unis – ✆ 04 73 86 02 60 – www.hotel-regence-central.com – Ouvert 20 mars-25 oct. **Ca**

19 ch – 50 € 59 €, ☕ 8,50 €

◆ Bâti en 1903 dans la rue principale, cet hôtel de tradition préserve son cachet originel (mobilier ancien ou de style, belle cheminée). Chambres bien tenues. Salons douillets.

✗ **La Papillote**   *VISA* **©©**
⊂⊃ *11 rte de Volvic, (à St-Hippolyte), par ② – ℰ 04 73 67 00 64 – Fax 04 73 86 20 60*
– Fermé 3 sem. en juil., dim. soir, lundi et merc.
Rest – Menu 11 € (déj. en sem.), 21/37 €
◆ Petite adresse sympathique du village de St-Hippolyte. On y vient pour la cuisine tradi-
tionnelle du chef et le cadre simple du lieu, mêlant rustique et touches actuelles.

CHÂTELAILLON-PLAGE – 17 Charente-Maritime – 324 D3   38 A2
– 5 911 h. – alt. 3 m – Casino – ⊠ 17340 ▮ Poitou Vendée Charentes

▶ Paris 482 – Niort 74 – Rochefort 22 – La Rochelle 19

🛈 Office de tourisme, 5, avenue de Strasbourg ℰ 05 46 56 26 97,
Fax 05 46 56 58 50

🏨 **Mercure Les Trois Îles** ⊗   ⪅ ⬚ 屏 ⤴ ▯ & 🄰🄲 💬 ⋐ 🅿
à la Falaise – ℰ 05 46 56 14 14 – www.mercure.com   *VISA* **©©** 🄰🄴 **①**
– Fax 05 46 56 23 70
79 ch – ♦85/195 € ♦♦95/205 €, � 13 €
Rest – (18 €) Menu 27 € – Carte 28/46 €
◆ Îles d'Oléron, d'Aix et de Ré à l'horizon : telle est la sainte trinité sur laquelle ouvre cet
hôtel. Les chambres, rénovées, sont contemporaines et confortables. Salle à manger lumineuse ; cuisine traditionnelle axée sur la mer.

🏨 **Ibis** ⊗   ⪅ 屏 ▯ & ch, 🄰🄲 💬 🅿 *VISA* **©©** 🄰🄴 **①**
⊂⊃ *à la Falaise, 1,5 km – ℰ 05 46 56 35 35 – Fax 05 46 56 33 44*
70 ch – ♦78/118 € ♦♦92/118 €, � 10 €   **Rest** – Menu 19 € – Carte 18/31 €
◆ À l'écart de l'agitation touristique et face à la mer, bâtiment moderne comprenant un centre de thalassothérapie. Chambres assez spacieuses, avant tout pratiques. Restaurant et terrasse tournés vers l'Atlantique ; menu diététique et carte traditionnelle.

🏨 **Majestic Hôtel**   屏 💬 *VISA* **©©** 🄰🄴
⊂⊃ *bd République – ℰ 05 46 56 20 53 – www.majestic-chatelaillon.com*
– Fax 05 46 56 29 24
33 ch – ♦48/97 € ♦♦48/165 €, � 8,50 € – ½ P 59/81 €
Rest – (fermé 2-24 janv., lundi midi et dim. soir d'oct. à mai, sam. midi et vend.)
(12 €) Menu 17/35 € – Carte 33/58 €
◆ Cet hôtel doté d'une belle façade des années 1920 se dresse au cœur de la cité balnéaire.
Chambres de diverses tailles ; la moitié a été rénovée dans un esprit contemporain.
Ambiance années folles au restaurant ; carte axée sur les produits de la mer et du marché.

✗ **L'Acadie St-Victor** avec ch   ⪅ 💬 *VISA* **©©** 🄰🄴
⊂⊃ *35 bd de la Mer – ℰ 05 46 56 25 13 – www.hotel-acadie-st-victor.com*
– Fax 05 46 56 25 12 – Fermé 1er-19 mars, 17 oct.-12 nov., 16-28 fév., vend. soir
de janv. à avril et de nov. à mars, dim. soir et lundi sauf du 15 juin au 15 sept.
13 ch – ♦48/62 € ♦♦48/70 €, � 8,50 € – ½ P 56/67 €
Rest – (16 €) Menu 21 € (sem.), 30/39 € – Carte 27/57 €
◆ Belle vue sur l'océan depuis ce restaurant du front de mer. Lumineuse salle actuelle
et sobre ; cuisine privilégiant poissons et coquillages. Chambres simples et pratiques.

✗ **Les Flots** avec ch   ⪅ 屏 & ch, 🄰🄲 rest, 💬 🄼 🅿 *VISA* **©©**
(⊙) *52 bd de la Mer – ℰ 05 46 56 23 42 – www.les-flots.fr – Fax 05 46 56 99 37*
– Fermé 1er nov.-15 fév.
11 ch – ♦57/97 € ♦♦57/97 €, � 8,50 € – ½ P 66/80 €
Rest – (fermé mardi d'oct. à mars) Menu 26 € – Carte 29/59 €
◆ Décor marin dans une agréable salle de type bistrot ouverte sur l'immense plage. Sur l'ardoise, petits plats simples et goûteux, mitonnés au gré du marché. Chambres modernes.

CHÂTELAIS – 49 Maine-et-Loire – 317 D2 – 623 h. – alt. 65 m   34 B2
– ⊠ 49520

▶ Paris 326 – Nantes 93 – Angers 53 – Laval 43

↑ **Le Frêne** ॐ   🚗 ☎
    22 r. St-Sauveur – ℰ 02 41 61 16 45 – Fax 02 41 61 16 45
    4 ch ⬜ – 🛏60 € 🛏🛏60 € **Table d'hôte** – Menu 19 €
    ♦ Un agréable jardin assure la tranquillité de cette maison de maître des 17e et 19e s. Chambres agrémentées de toiles. Stages d'aquarelle et galerie d'exposition. Repas servis dans le salon bourgeois.

LE CHÂTELET – 18 Cher – **323** J7 – 1 131 h. – alt. 200 m – ⊠ 18170   **12** C3
  ▶ Paris 301 – Argenton-sur-Creuse 66 – Bourges 54 – Châteauroux 55

à Notre-Dame d'Orsan 7 km au Nord-Ouest par D 951 et D 65, rte de Lignères – ⊠ 18170 Rezay

🔒 **La Maison d'Orsan** ॐ   ⩽ 🚗 ⅝ **P** 𝘝𝘐𝘚𝘈 ⓸ 𝔸𝔼
    – ℰ 02 48 56 27 50 – www.prieuredorsan.com – Fax 02 48 56 39 64
    – Ouvert d' avril à oct.
    6 ch (½ P seult) – ½ P 190/260 €
    Rest – *(fermé le midi en sem. hors saison)* Menu 35 € (déj.), 45/64 €
    ♦ Délicieuse étape dans un prieuré du 12e s. : réfectoire et dortoir transformés en ravissantes chambres contemporaines, exquise tonnelle et jardins monastiques recomposés. Dans l'assiette, produits du potager et du marché. Boutique et salon de thé.

CHÂTELLERAULT ⬙ – 86 Vienne – **322** J4 – 34 402 h. – alt. 52 m   **39** C1
– ⊠ 86100 ▌ Poitou Vendée Charentes
  ▶ Paris 304 – Châteauroux 98 – Cholet 134 – Poitiers 36
  🛈 Office de tourisme, 2, avenue Treuille ℰ 05 49 21 05 47, Fax 05 49 02 03 26

↑ **Villa Richelieu & Villa 61** sans rest   🛋 🗪 **P** 𝘝𝘐𝘚𝘈 ⓸
    61-63 av. Richelieu – ℰ 06 70 15 30 90 – www.villarichelieu.com
    – Fax 05 49 20 28 02   AY**e**
    5 ch ⬜ – 🛏72 € 🛏🛏90/115 €
    ♦ Vous logerez dans deux bâtisses en tuffeau : côté cour au n° 61, dans des chambres douillettes aux tonalités actuelles, ou côté rue au n° 63, dans des chambres d'esprit plus urbain.

 XXX **La Gourmandine** avec ch ॐ   🚗 🗪 𝔸�ℂ ch, ☎ **P** 𝘝𝘐𝘚𝘈 ⓸
    22 av. Président Wilson – ℰ 05 49 21 05 85
    – www.la-gourmandine.com – Fax 05 49 21 05 85
    – Fermé 2-14 janv., dim. soir et lundi midi   AZ**x**
    9 ch – 🛏80/140 € 🛏🛏95/150 €, ⬜ 14 € – ½ P 88/134 €
    Rest – (17 €) Menu 38 € (dîner), 48/85 € bc – Carte 54/78 € le soir
    ♦ Maison de maître de 1905 restée fidèle à son style – hauts plafonds, moulures, cheminée et jardin-terrasse – où l'on déguste des plats actuels. En semaine, formule "bistrot" proposée au déjeuner. Chambres bourgeoises et cosy, un brin contemporaines.

XX **Bernard Gautier**   𝘝𝘐𝘚𝘈 ⓸
    189 r. d'Antran – ℰ 05 49 90 24 74 – Fax 05 49 90 27 85
    – Fermé fin août-15 sept., dim. et lundi   AY**t**
    Rest – (18 € bc) Menu 25/45 € – Carte 45/80 €
    ♦ Avec sa salle à manger de style rustique actualisé, ce restaurant possède un air d'auberge familiale qui s'accorde plutôt bien avec la solide cuisine traditionnelle du chef.

à Usseau 7 km par ⑤, D 749 et D 75 – 634 h. – alt. 82 m – ⊠ 86230

↑ **Château de la Motte** ॐ   ⩽ 🚗 ⅁ ☎ **P** 𝘝𝘐𝘚𝘈 ⓸
    – ℰ 05 49 85 88 25 – www.chateau-de-la-motte.net
    5 ch ⬜ – 🛏75/120 € 🛏🛏75/120 € **Table d'hôte** – Menu 30 € bc
    ♦ Accueil charmant asssuré par deux amoureux des vieilles pierres en ce château du 15e s. dominant la vallée. Confort et authenticité au rendez-vous : baldaquins, hauts plafonds. Légumes "oubliés" du potager et produits du verger à découvrir à la table d'hôte.

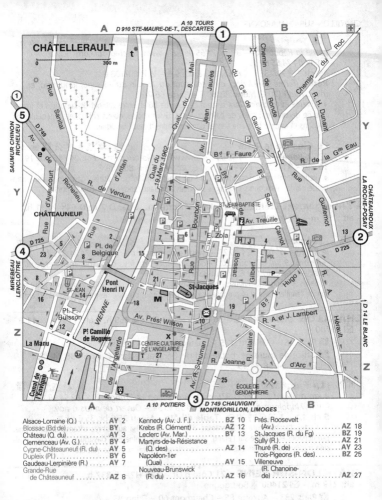

CHÂTELLERAULT

CHÂTILLON – 92 Hauts-de-Seine – **311** J3 – **101** 25 – **voir à Paris, Environs**

CHÂTILLON-ST-JEAN – 26 Drôme – **332** D3 – **rattaché à Romans-sur-Isère**

CHÂTILLON-SUR-CHALARONNE – 01 Ain – **328** C4 – 4 813 h.   **43** E1
– alt. 177 m – ⊠ 01400 ▯ Lyon Drôme Ardèche

▶ Paris 418 – Bourg-en-Bresse 28 – Lyon 55 – Mâcon 28

🛈 Office de tourisme, place du Champ de Foire ✆ 04 74 55 02 27,
Fax 04 74 55 34 78

🛏 de La Bresse à Condeissiat Domaine de Mary, NE : 12 km par D 936 et
D 64, ✆ 04 74 51 42 09

◉ Triptyque★ dans l'ancien hôpital - Halles★.

La Tour
🛏 ᵭ AC 🎯 ᵭ 🚗 🚗 VISA ⓿

pl. de la République – ✆ *04 74 55 05 12 – www.hotel-latour.com*
– Fax 04 74 55 09 19
19 ch – ♦90/135 € ♦♦115/170 €, ☐ 9 € – ½ P 80/108 €
Rest *– (fermé 23-27 déc., dim. soir sauf du 15 juin au 15 sept., lundi midi et merc. midi) (20 €)* Menu 38/60 € – Carte 66/76 €
◆ Charme et cocooning caractérisent ce superbe hôtel, entre cabinet de curiosités et magazine de décoration : salles de bains ouvertes, tissus choisis, objets chinés, etc. Spécialités de poissons et cuisine bressane servies dans un cadre d'esprit baroque.

Le Clos de la Tour 🛏
🚗 ⅃ ᵭ 🎯 ᵭ 🄿 VISA ⓿

135 r. Barrit – ✆ *04 74 55 05 12 – www.hotel-latour.com – Fax 04 74 55 09 19*
15 ch – ♦115/135 € ♦♦115/160 €, ☐ 9 € – ½ P 80/108 €
◆ Belles demeures bressannes – dont un moulin du 16ᵉ s. – situées dans un grand jardin bordé par la Chalaronne. Chambres soignées associant l'ancien et le contemporain.

à l'Abergement-Clémenciat 5 km au Nord-Ouest par D 7 et D 64ᶜ – 811 h.
– alt. 250 m – ✉ 01400

✕✕ St-Lazare
🌳 ᵭ ⇔ VISA ⓿ AE

le Bourg – ✆ *04 74 24 00 23 – www.lesaintlazare.fr – Fax 04 74 24 00 62*
– Fermé 19 juil.- 9 août, 20-27 déc., vacances de fév., dim. soir, merc. et jeudi
Rest *– (prévenir) (19 €)* Menu 35/78 €
◆ Salles à manger lumineuses, véranda s'ouvrant sur un jardinet méditerranéen : cette maison de famille, où le chef propose une cuisine au goût du jour, ne manque pas de charme.

CHÂTILLON-SUR-INDRE – 36 Indre – 323 D5 – 2 869 h. – alt. 115 m   11 B3
– ✉ 36700

▶ Paris 261 – Orléans 175 – Châteauroux 47 – Déols 51
🖪 Office de tourisme, boulevard du Général Leclerc ✆ 02 54 38 74 19,
Fax 02 54 38 74 19

⌂ La Poignardière 🌿
🜂 ⅃ ✕✕ 🎯 🄿

4 km au Nord-Est par D 975 et D 28 direction Le Tranger – ✆ *02 54 38 78 14*
– www.lapoignardiere.fr – Fax 02 54 38 95 34 – Ouvert de mars à nov.
5 ch ☐ – ♦80 € ♦♦90 € **Table d'hôte** – Menu 25 € bc/35 € bc
◆ Castel d'architecture 1900 entouré d'un parc de 12 ha aux arbres tricentenaires. Piscine, promenades en barque sur l'étang, tennis. Chambres lumineuses, classiques ou actuelles. Cuisine traditionnelle, belle cheminée en bois, jardin d'hiver sous une verrière.

CHÂTILLON-SUR-SEINE – 21 Côte-d'Or – 320 H2 – 5 837 h.   8 C1
– alt. 219 m – ✉ 21400 █ Bourgogne

▶ Paris 233 – Auxerre 85 – Chaumont 60 – Dijon 83
🖪 Office de tourisme, place Marmont ✆ 03 80 91 13 19, Fax 03 80 91 21 46
◉ Source de la Douix★ - Musée★ du Châtillonnais : trésor de Vix★★.

⌂ La Côte d'Or
🚗 🌳 ✕✕ 🎯 🄿 ᵭ VISA ⓿
⊜

2 r. Charles-Ronot – ✆ *03 80 91 13 29 – Fax 03 80 91 29 15 – Fermé*
2 janv.-1ᵉʳ mars, lundi et mardi
9 ch – ♦65 € ♦♦75 €, ☐ 10 € **Rest** – Menu 18/45 € – Carte 40/60 €
◆ Ex-relais postal, cette hostellerie de tradition propose des chambres rénovées, au mobilier ancien et de style. Cuisine traditionnelle et bourguignonne dans l'élégante salle rustique dotée d'une cheminée, ou à l'ombre des parasols du jardin.

LA CHÂTRE ◈ – 36 Indre – 323 H7 – 4 488 h. – alt. 210 m – ✉ 36400   12 C3
█ Limousin Berry

▶ Paris 298 – Bourges 69 – Châteauroux 37 – Guéret 53
🖪 Office de tourisme, 134, rue Nationale ✆ 02 54 48 22 64, Fax 02 54 06 09 15
🖫 les Dryades à Pouligny-Notre-Dame Hôtel des Dryades, S : 9 km par D 940,
✆ 02 54 06 60 67

✗ **À l'Escargot** 🔲 VISA ⚫⚫
pl. du Marché – ℰ 02 54 48 03 85 – fermé 16 août-6 sept., dim. soir et lundi
Rest – (16 €) Menu 22/25 € – Carte 32/40 €
♦ Cette discrète façade cache une auberge jadis fréquentée par les parents de George Sand.
Salles rustiques (la première plus pimpante), carte traditionnelle et ardoise du jour.

à St-Chartier 9 km au Nord par D 943 et D 918 – 598 h. – alt. 195 m – ⊠ 36400

◉ Vic : fresques★ de l'église SO : 2 km.

🏠 **Château de la Vallée Bleue** ⑤ 🔲 🎝 🍽 ⑤ rest, 🏊 P VISA ⚫⚫ AE
rte Verneuil – ℰ 02 54 31 01 91 – www.chateauvalleebleue.com
– Fax 02 54 31 04 48 – Ouvert de mi-mars à mi-nov. et fermé dim. soir et lundi
d'oct. à mai
15 ch – †95/115 € ††115/145 €, ⊇ 13 € – 2 suites – ½ P 90/115 €
Rest – *(fermé le midi sauf week-ends et fériés)* (24 €) Menu 34/44 €
– Carte 50/65 € 🏵
♦ Maison de maître du 19e s., entourée d'un parc à l'anglaise de 4 ha., qui fut celle du
médecin de la romancière G. Sand. Sobres chambres rustiques, beau duplex dans le pigeonnier. Cadre bourgeois au restaurant ; cuisine traditionnelle assortie d'une belle carte des vins.

CHÂTRES – 77 Seine-et-Marne – 312 F3 – 572 h. – alt. 116 m   **19** C2
– ⊠ 77610
🅓 Paris 49 – Boulogne-Billancourt 57 – Montreuil 44 – Saint-Denis 62

🏠 **Le Portail Bleu** 🔲 🍽 P
2 rte de Fontenay – ℰ 01 64 25 84 94 – www.leportailbleu.com
– Fax 01 64 25 84 94
4 ch ⊇ – †50 € ††65/70 €   **Table d'hôte** – Menu 23 € bc
♦ Cette ancienne ferme briarde, impeccablement rénovée, abrite des chambres mansardées
et douillettes, garnies de meubles et d'objets chinés avec passion. Table d'hôtes.

CHAUBLANC – 71 Saône-et-Loire – 320 J8 – rattaché à St-Gervais-en-Vallière

CHAUDES-AIGUES – 15 Cantal – 330 G5 – 972 h. – alt. 750 m   **5** B3
– Stat. therm. : début avril-fin nov. – Casino – ⊠ 15110 ▌ Auvergne
🅓 Paris 538 – Aurillac 94 – Espalion 54 – St-Chély-d'Apcher 30
🄳 Syndicat d'initiative, 1, avenue Georges Pompidou ℰ 04 71 23 52 75,
Fax 04 71 23 51 98

🏠 **Beauséjour** 🔲 🎝 P VISA ⚫⚫
😊 *9 av. G. Pompidou – ℰ 04 71 23 52 37*
🍽 *– www.hotel-beausejour-chaudes-aigues.com – Fax 04 71 23 56 89*
– Ouvert 1er avril-25 nov.
39 ch – †46/54 € ††58/66 €, ⊇ 7 € – ½ P 51/55 €
Rest – Menu 15/35 € – Carte 28/44 €
♦ Des chambres simples mais assez confortables, claires et bien tenues vous attendent derrière cette façade blanche des années 1960, à deux pas du centre thermal. Spa. Agréables salles à manger et terrasse donnant sur la piscine chauffée ; cuisine du terroir.

✗✗✗ **Serge Vieira** avec ch ⑤ ⩽ 🔲 ⑤ P VISA ⚫⚫
❀ *Château du Couffour, 2,5 km au Sud par rte de Rodez (D 921)*
– ℰ 04 71 20 73 85 – www.sergevieira.com – Fax 04 71 20 73 86
– Ouvert 15 mars-15 nov. et fermé mardi et merc.
3 ch – †160 € ††160 €, ⊇ 18 €   **Rest** – Menu 50/80 €
Spéc. Foie gras cuit au naturel. Selle d'agneau rôtie, gnocchis au vieux cantal.
Clafoutis aux abricots.
♦ Bocuse d'or 2005, ce jeune chef s'est établi dans un vaisseau contemporain (pierre, fer et
verre) construit à l'aplomb d'une forteresse des 14e et 16e s. dominant l'Aubrac. Cuisine poin-
tue, aux saveurs franches ou plus mêlées, pleine de promesses. Les chambres ont été
conçues selon une démarche écologique.

CHAULGNES – 58 Nièvre – 319 B9 – 1 318 h. – alt. 240 m – ⊠ 58400   **7** A2
▌ Bourgogne
🅓 Paris 227 – Cosne-sur-Loire 40 – Dijon 201 – Nevers 21

⌂ **Beaumonde** ⌾   ◌ ⌇ 🛇 **P**

18 rte de Parigny-les-Vaux, (Le Margat) – ℰ 03 86 37 86 16
– www.gites-de-france-nievre.com/beaumonde/ – Fax 03 86 37 86 16 – Ouvert
de mars à mi-nov.

4 ch ⌇ – 🛏60 € 🛏🛏70/85 €   **Table d'hôte** – Menu 25 € bc

♦ Un vaste parc entoure cette maison rose aux chambres confortables et bien équipées. La plus luxueuse ("Cristal"), possède une grande baignoire d'angle et une terrasse privée. La propriétaire, d'origine australienne, concocte souvent des plats de son pays.

CHAUMONT P – 52 Haute-Marne – 313 K5 – 24 357 h. – alt. 318 m   14 C3
– ⌧ 52000 ▯ Champagne Ardenne

▶ Paris 264 – Épinal 128 – Langres 35 – St-Dizier 74

🛈 Office de tourisme, place du Général-de-Gaulle ℰ 03 25 03 80 80,
Fax 03 25 32 00 99

◉ Viaduc★ - Basilique St-Jean-Baptiste★.

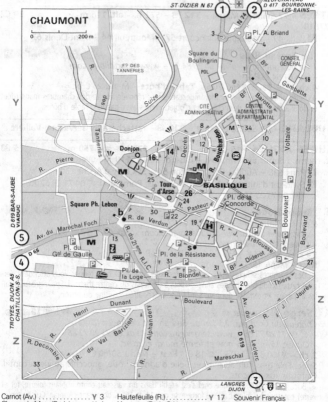

De France 🏨 ☎ 🅰 ch, ⁎ 🅿 🅰 🆅 ❽ 🅰 ⓘ
25 r. Toupot de Béveaux – ℰ 03 25 03 01 11 – www.hotel-france-chaumont.com
– Fax 03 25 32 35 80   **Z**s
20 ch – †76/101 € ††82/107 €, � 11 € – 7 suites
Rest – (fermé 26 juil.-14 août, dim. et fériés) (dîner seult) Menu 16/38 €
– Carte 29/44 €
♦ Auberge depuis le 16ᵉ s., cet hôtel abrite des chambres personnalisées par des détails évoquant des destinations lointaines. Bonne insonorisation et literie neuve. Restaurant relooké dans un esprit contemporain et accueillant ; recettes traditionnelles.

Les Remparts ☎ ch, 🅰 ⁎ 🅰 🆅 ❽ 🅰
72 r. Verdun – ℰ 03 25 32 64 40 – www.hotel-les-remparts.fr – Fax 03 25 32 51 70
– Fermé dim. soir   **Z**b
17 ch – †71/82 € ††80/92 €, ⊒ 12 €
Rest – (18 €) Menu 22/52 € – Carte 41/72 €
♦ À deux pas de la gare, cet établissement familial propose des chambres de tailles diverses, entièrement rénovées. Petit salon et bar propices à la détente. Cuisine traditionnelle servie dans un cadre assez feutré ou formules buffets à la brasserie.

à Chamarandes 3,5 km par ③ et D 162 – 1 021 h. – ✉ 52000

Au Rendez-Vous des Amis avec ch 🌿 ☎ ⁎ 🅰 🅿 🆅 ❽
– ℰ 03 25 32 20 20 – www.au-rendezvous-des-amis.com – Fax 03 25 02 60 90
– Fermé 1ᵉʳ-12 mai, 28 juil.-21 août et 22 déc.-2 janv.
19 ch – †68 € ††76 €, ⊒ 11 €
Rest – (fermé vend. soir, dim. soir et sam.) (15 € bc) Carte 39/58 €
♦ Sympathique auberge proposant une cuisine traditionnelle de beaux produits dans un cadre fraîchement rustique ou sur une terrasse tournée vers l'église. Chambres plaisantes.

CHAUMONT-SUR-AIRE – 55 Meuse – **307** C5 – 164 h. – alt. 250 m   **26** A2
– ✉ 55260

▶ Paris 270 – Bar-le-Duc 24 – St-Mihiel 25 – Verdun 33

Auberge du Moulin Haut 🚗 🍴 🅰 🅿 🆅 ❽ 🅰
1 km à l'Est sur rte St-Mihiel – ℰ 03 29 70 66 46 – www.moulinhaut.fr
– Fax 03 29 70 60 75 – Fermé dim. soir et lundi
Rest – (15 €) Menu 27/55 € – Carte 37/62 €
♦ Moulin à eau et maisons (18ᵉ s.) vous accueillant dans un joli cadre ancien – pierres, poutres apparentes, cheminée et argenterie –, pour déguster une cuisine de tradition.

CHAUMONT-SUR-THARONNE – 41 Loir-et-Cher – **318** I6   **12** C2
– 1 069 h. – alt. 122 m – ✉ 41600 ▮ Châteaux de la Loire

▶ Paris 165 – Blois 52 – Orléans 35 – Romorantin-Lanthenay 32
🛈 Office de tourisme, 3, place Robert Mottu ℰ 02 54 88 64 00,
Fax 02 54 88 60 40

Le Mousseau sans rest 🌿 ♨ 🍴 🅰 🅿 🆅 ❽
3 km par D 922 et rte secondaire – ℰ 02 54 88 53 92 – Fax 02 54 88 67 43
4 ch ⊒ – †150/270 € ††150/270 €
♦ Une gentilhommière du 19ᵉ s. dans un immense parc au cœur de la Sologne sauvage. Chambres à la décoration soignée (tissus choisis, mobilier de style) et beaux salons de détente.

La Grenouillère 🚗 🍴 🅿 🆅 ❽ 🅰
rte d'Orléans – ℰ 02 54 88 50 71 – www.lagrenouillere-sologne.com
– Fax 02 54 88 53 49 – Fermé lundi et mardi
Rest – Menu 28 € (déj. en sem.), 45/50 € – Carte 51/84 €
♦ En lisière de forêt, maison en briques typiquement solognote. Mobilier classique (tapisseries, chaises capitonnées) ; baies et terrasse sur le jardin avec étang. Cuisine actuelle.

CHAUMOUSEY – 88 Vosges – **314** G3 – rattaché à Épinal

CHAUNY – 02 Aisne – **306** B5 – 12 653 h. – alt. 50 m – ⊠ 02300   **37** C2

> ▶ Paris 124 – Compiègne 46 – Laon 35 – Noyon 18
>
> 🇮 Syndicat d'initiative, place du Marché Couvert ℰ 03 23 52 10 79,
> Fax 03 23 39 38 77

XXX   **Toque Blanche** avec ch   🔥 🈴 🎏 rest, ⁂ 🛎 🅿 🅿 🚙 🐾

😊   24 av. V. Hugo – ℰ 03 23 39 98 98 – www.toque-blanche.fr – Fax 03 23 52 32 79
– Fermé 3-23 août, 2-4 janv., 16-21 fév., sam. midi, dim. soir et lundi
8 ch – ♦63/88 € ♦♦63/88 €, ⊂⊃ 12 €
Rest – Menu 18 € (déj. en sem.), 30/73 € – Carte 65/78 €

◆ Harmonieuse demeure 1920 blottie dans un parc. Un décor romantique remis à neuf vous accueille pour déguster une savoureuse cuisine actuelle.

à Ognes 2 km à l'Ouest par rte de Noyon – 1 108 h. – alt. 55 m – ⊠ 02300

X   **L'Ardoise**   🈴 🚙 🐾

😊   26 av. Liberté – ℰ 03 23 52 15 77 – www.lardoise.biz – Fermé 24-31 août,
1er-8 fév., sam. midi, dim. soir et lundi soir
Rest – Menu 16/33 € – Carte 19/41 €

◆ Auberge familiale proposant des plats bistrotiers à l'ardoise. Joli cadre contemporain en noir et blanc avec vue sur les cuisines. Terrasse côté jardin.

au Rond-d'Orléans 8 km au Sud-Est par D 937 et D 1750 – ⊠ 02300 Sinceny

🏠   **Auberge du Rond d'Orléans** 🦢   🈴 ⁂ 🛎 🅿 🚙 🐾 AE

😊   – ℰ 03 23 40 20 10 – www.aubergeduronddorleans-02.com – Fax 03 23 52 36 80
21 ch – ♦48/96 € ♦♦55/96 €, ⊂⊃ 7 €
Rest – (fermé dim. soir) (15 € bc) Menu 19/60 € – Carte 39/77 €

◆ Au cœur de la forêt domaniale de Coucy-Basse, établissement de type motel disposant de chambres fonctionnelles bien tenues. Petits-déjeuners dans un bâtiment séparé. Vastes salles à manger de style rustique et cuisine traditionnelle aux accents du terroir.

CHAUSEY (ÎLES) – 50 Manche – **303** B6 – voir à Îles Chausey

---

LA CHAUSSÉE D'IVRY – 28 Eure-et-Loir – **311** E2 – 992 h.   **11** B1
– alt. 57 m – ⊠ 28260

> ▶ Paris 75 – Orléans 141 – Chartres 60 – Cergy 59

🏠   **Le Gingko** sans rest   🚗 🛗 ⁂ 🅿 🚙 🐾
505 r. des Moulins, (golf Parc de Nantilly) – ℰ 02 37 64 01 11
– www.hotel-gingko.com – Fax 02 37 64 32 85
20 ch – ♦76/160 € ♦♦76/160 €, ⊂⊃ 8 €

◆ À proximité du golf, une ancienne maison de maître du 19e s. et ses dépendances, entiè-rement rénovées. Chambres contemporaines, amples et confortables.

CHAUSSIN – 39 Jura – **321** C5 – 1 598 h. – alt. 191 m – ⊠ 39120   **16** A2

> ▶ Paris 354 – Beaune 52 – Besançon 76 – Chalon-sur-Saône 56

🏠   **Chez Bach**   🈴 ⁂ 🛎 🅿 🚙 🐾 AE ①
pl. Ancienne Gare – ℰ 03 84 81 80 38 – www.hotel-bach.com
– Fax 03 84 81 83 80 – Fermé 22 déc.-6 janv., vend. soir sauf du 14 juil. au
31 août, dim. soir et lundi midi sauf fériés
21 ch – ♦68/89 € ♦♦68/89 €, ⊂⊃ 12 € – ½ P 74/90 €
Rest – (prévenir le week-end) (18 €) Menu 27/63 € – Carte 45/80 € 🍷

◆ Hôtel familial bien tenu dans ce village situé aux confins de la Bresse, de la Bourgogne et du Jura. Chambres peu à peu rénovées (esprit "montagne" avec mobilier en bois). Dans un élégant cadre régional, le restaurant propose une cuisine traditionnelle et de bons vins.

CHAUVIGNY – 86 Vienne – **322** J5 – 6 916 h. – alt. 65 m – ⊠ 86300   **39** C1
▌ Poitou Vendée Charentes

> ▶ Paris 333 – Bellac 64 – Le Blanc 36 – Châtellerault 30
>
> 🇮 Office de tourisme, Mairie ℰ 05 49 45 99 10, Fax 05 49 45 99 10
>
> 🔲 Ville haute★ – Église St-Pierre★ : chapiteaux du chœur★★ - Donjon de Gouzon★.
>
> 🇬 St-Savin : abbaye★★ (peintures murales★★★).

🏠 **Lion d'Or**   &. ch, 🏧 rest, 📶 🅿 💳 ⓪ 🅰️

🍽️ 8 r. du Marché, (près de l'église) – 𝒞 05 49 46 30 28 – Fax 05 49 47 74 28 – Fermé
24 déc.-14 janv.
26 ch – †49 € ††49 €, ☲ 7 € – ½ P 46 €
Rest – (12 €) Menu 20/41 € – Carte 26/55 €
♦ Une adresse de la ville basse appréciée pour son décor gai et pour ses chambres personnalisées, confortables et bien tenues. Au restaurant, atmosphère méridionale, fer forgé, chaises de style Art nouveau et goûteuse cuisine traditionnelle.

CHAUX-NEUVE – 25 Doubs – **321** G6 – 253 h. – alt. 992 m – ✉ 25240   **16** B3
▶ Paris 450 – Besançon 94 – Genève 78 – Lons-le-Saunier 68

🏠 **Auberge du Grand Gît** 🌿   ← 🚗 &. ch, 📶 🅿 💳 ⓪

8 r. des Chaumelles – 𝒞 03 81 69 25 75 – www.aubergedugrandgit.com
– Fax 03 81 69 15 44 – Ouvert 1ᵉʳ mai-17 oct., 23 déc.-15 mars et fermé dim.
soir et lundi
8 ch (½ P seult) – ½ P 49/53 €   **Rest** – (dîner seult) Menu 20 € – Carte 22/32 €
♦ Vous apprécierez l'ambiance familiale et le calme des chambres lambrissées de ce chalet
récent, posté près des tremplins de saut à ski. Le patron mitonne une appétissante cuisine
régionale, servie dans une sympathique salle campagnarde.

CHAVANOZ – 38 Isère – **333** E3 – 4 098 h. – alt. 234 m – ✉ 38230   **44** B1
▶ Paris 494 – Lyon 36 – Grenoble 101 – Villeurbanne 29

🍴🍴 **Aux Berges du Rhône** avec ch 🌿   🚗 &. 📶 🅿 💳 ⓪ 🅰️

🌐 hameau de Grange Rouge, 2 km au Sud-Est par D 55 rte de Loyettes
– 𝒞 04 72 02 02 50 – www.aux-berges-du-rhone.com – Fax 04 72 02 02 51
7 ch ☲ – †95 € ††95/120 €
Rest – (fermé dim. soir, merc. soir et lundi) (22 €) Menu 29/59 € – Carte 38/60 €
♦ Ce bâtiment tout récent, entouré d'un parc et proche du Rhône, est aménagé dans un
style contemporain épuré. Vaste restaurant proposant une alléchante cuisine actuelle. Les
plaisantes chambres, bien insonorisées, se caractérisent par une décoration minimaliste.

CHAVIGNOL – 18 Cher – **323** M2 – **rattaché à Sancerre**

CHAZAY – 28 Eure-et-Loir – **311** E5 – **rattaché à Chartres**

CHAZEY-SUR-AIN – 01 Ain – **328** E5 – 1 339 h. – alt. 235 m   **44** B1
– ✉ 01150
▶ Paris 469 – Bourg-en-Bresse 45 – Chambéry 87 – Lyon 43

🍴🍴 **La Louizarde**   🚗 🅿 💳 ⓪

🌐 3 km au Sud par D 62 et rte secondaire – 𝒞 04 74 61 53 23 – Fax 04 74 61 58 47
🌐 – Fermé 1ᵉʳ-4 mai, 31 août-9 sept.,24-28 déc., mardi soir, merc. soir et jeudi soir
d'oct. à mai, sam. midi, dim. soir et lundi
Rest – Menu 16 € (déj. en sem.), 29/42 € – Carte 35/56 €
♦ L'architecture de la maison et le décor d'esprit colonial séduisent tout autant que la cui-
sine, raffinée et originale. En été, profitez de la magnifique terrasse ombragée.

CHÉCY – 45 Loiret – **318** J4 – 7 863 h. – alt. 112 m – ✉ 45430   **12** C2
▶ Paris 142 – Orléans 10 – Fleury-les-Aubrais 13 – Olivet 28

🍴🍴🍴 **Le Week End**   🚗 ↔ 💳 ⓪ 🅰️

1 pl. du Cloître – 𝒞 02 38 86 84 93 – www.restaurant-leweekend.com
– Fax 02 38 86 81 30 – Fermé dim. soir et lundi
Rest – Menu 28 € (sem.)/65 € – Carte 55/61 €
♦ Sur la place centrale, jolie maison à l'intérieur confortable et lumineux. Carte de saison
soignée et beau choix de vins du Val de Loire (caveau aménagé pour la dégustation).

CHELLES – 60 Oise – **305** J4 – rattaché à Pierrefonds

CHÉNAS – 69 Rhône – **327** H2 – 466 h. – alt. 253 m – ⊠ 69840　　　　**43** E1

▶ Paris 407 – Mâcon 18 – Bourg-en-Bresse 45 – Lyon 59

XX **Les Platanes de Chénas** ⟨ 🏠 **P.** 𝘃𝘪𝘴𝘢 ⓸⓸
aux Deschamps, 2 km au Nord par D 68 – 𝒞 03 85 36 79 80 – Fax 03 85 36 78 33
– *Fermé 21-28 déc., 10 fév.-10 mars, mardi et merc.*
Rest – (17 €) Menu 28/50 € – Carte 34/54 € 🕮
◆ Goûteuse cuisine régionale dont on profite dans la salle à manger au décor raffiné ou sur la charmante terrasse sous les platanes, avec le Beaujolais en toile de fond.

CHÊNEHUTTE-LES-TUFFEAUX – 49 Maine-et-Loire – **317** I5 – rattaché à Saumur

---

CHÉNÉRAILLES – 23 Creuse – **325** K4 – 740 h. – alt. 537 m – ⊠ 23130　　**25** C1
▐ Limousin Berry

▶ Paris 369 – Aubusson 19 – La Châtre 63 – Guéret 32
🄳 Syndicat d'initiative, 32, route de gouzon 𝒞 05 55 62 91 22
◉ Haut-relief ★ dans l'église.

XX **Le Coq d'Or** ⇔ 𝘃𝘪𝘴𝘢 ⓸⓸ 𝐀𝐄
⊛ *7 pl. du Champ-de-Foire* – 𝒞 05 55 62 30 83 – www.restaurant-coqdor-23.com
– *Fax 05 55 62 95 18* – *Fermé 21 juin-2 juil., 20 sept.-4 oct., 1ᵉʳ-23 janv., dim. soir, merc. soir et lundi*
Rest – (13 €) Menu 23/47 € – Carte 29/57 €
◆ Décor soigné et coloré : des coqs ornent l'ensemble de ce restaurant... coquet, rapportés des quatre coins du monde par les clients. Cuisine actuelle goûteuse. Accueil aimable.

CHENONCEAUX – 37 Indre-et-Loire – **317** P5 – 339 h. – alt. 62 m　　**11** A1
– ⊠ 37150 ▐ Châteaux de la Loire

▶ Paris 234 – Amboise 12 – Château-Renault 36 – Loches 31
🄳 Syndicat d'initiative, 1, rue Bretonneau 𝒞 02 47 23 94 45, Fax 02 47 23 82 41
◉ Château de Chenonceau ★★★.

🏠🏠🏠 **Auberge du Bon Laboureur** (Antoine Jeudi) 🍽 🏠 ⅃ ᵴ ch. 🕮 🕆
❄ *6 r. Dr Bretonneau* – 𝒞 02 47 23 90 02 ᵴ𝐀 **P** 𝘃𝘪𝘴𝘢 ⓸⓸ 𝐀𝐄
– *www.bonlaboureur.com* – *Fax 02 47 23 82 01*
– *Fermé 11 nov.-18 déc., 3 janv.-12 fév. et mardi midi*
23 ch – †95/155 € ††120/230 €, ⊇ 15 € – 3 suites – ½ P 118/190 €
Rest – Menu 30 € (déj. en sem.), 48/85 € – Carte 65/95 €
Spéc. Crème onctueuse d'écrevisses, concassé de tomate au basilic, carpaccio de bar et gambas (juin à sept.). Conjugaison de ris et tête de veau au présent et au passé, sauce gribiche. Tout chocolat, mousse Caraïbes, thé vert à la menthe. **Vins** Montlouis, Bourgueil.
◆ Près du célèbre "château des Dames", ensemble de coquettes maisons abritant de belles chambres feutrées et rénovées, toutes différentes. Parc avec potager. Élégantes salles à manger et jolie terrasse ombragée bordant le jardin ; cuisine classique.

🏠🏠 **La Roseraie** 🍽 🏠 ⅃ 🕮 ch. ℅ ch. **P** 𝘃𝘪𝘴𝘢 ⓸⓸
7 r. Dr Bretonneau – 𝒞 02 47 23 90 09 – www.hotel-chenonceau.com
– *Fax 02 47 23 91 59* – *Ouvert 27 mars-14 nov.*
18 ch – †53/87 € ††65/125 €, ⊇ 10 €
Rest – *(fermé lundi et le midi sauf dim.)* Menu 28/44 € – Carte 34/51 €
◆ Ce long bâtiment tapissé de vigne vierge propose de spacieuses chambres climatisées. Cadre rustique et ambiance familiale. Jardin et piscine pour la détente. Dans le restaurant campagnard (avec salon doté d'une cheminée), on sert une cuisine traditionnelle.

CHENÔVE – 21 Côte-d'Or – **320** K6 – rattaché à Dijon

CHÉPY – 80 Somme – 301 C7 – 1 291 h. – alt. 96 m – ⊠ 80210   36 A1

> ▶ Paris 207 – Abbeville 17 – Amiens 72 – Le Tréport 23

⊞ **L'Auberge Picarde** ⤳   ᦁ ch., ⁽¹⁾ ⚙ **P** ᵛⁱˢᵃ ⓪ ᴬᴱ

pl. de la Gare – ℰ 03 22 26 20 78 – Fax 03 22 26 33 34 – Fermé 1 sem. en août et
26 déc.-10 janv.
25 ch – ♦47/70 € ♦♦53/70 €, ⌷ 6,50 € – ½ P 98 €
Rest – (fermé sam. midi et dim. soir) (12 €) Menu 16 € (sem.)/31 €
– Carte 24/33 €

◆ Confortables chambres de style ancien ou moderne situées face à une gare désaffectée,
dans un environnement campagnard. Billard. Une galerie couverte, aménagée comme un jardin d'hiver, conduit au restaurant d'esprit rustique. Table "tradition et terroir".

CHERBOURG-OCTEVILLE ⤳ – 50 Manche – 303 C2 – 40 838 h.   32 A1
– Agglo. 117 855 h. – alt. 10 m – Casino BY – ⊠ 50100 ▮ Normandie Cotentin

> ▶ Paris 359 – Brest 399 – Caen 125 – Laval 224
> ✈ de Cherbourg-Maupertus : ℰ 02 33 88 57 60, par ① : 11 km.
> ▮ Office de tourisme, 2 quai Alexandre III ℰ 02 33 93 52 02,
>   Fax 02 33 53 66 97
> ▣ de Cherbourg à La Glacerie Domaine des Roches, par rte de Valognes et
>   D 122 : 7 km, ℰ 02 33 44 45 48
> ◉ Fort du Roule ≼★ - Château de Tourlaville : parc★ 5 km par ①.

Plan page suivante

⊞ **Le Louvre** sans rest   📶 ⁽¹⁾ 🖨 ᵛⁱˢᵃ ⓪ ᴬᴱ ⓪

2 r. H. Dunant – ℰ 02 33 53 02 28 – www.hotel-le-louvre.com
– Fax 02 33 53 43 88 – Fermé 18 déc.-3 janv.   AX**e**
40 ch – ♦58/64 € ♦♦64/70 €, ⌷ 8,50 €

◆ Situation centrale, chambres confortables progressivement rénovées dans un style actuel,
isolation efficace et petits-déjeuners servis sous forme de buffet caractérisent cet hôtel.

⌂ **La Renaissance** sans rest   ≼ ⅍ ⁽¹⁾ 🖨 ᵛⁱˢᵃ ⓪

4 r. de l'Église – ℰ 02 33 43 23 90 – www.hotel-renaissance-cherbourg.com
– Fax 02 33 43 96 10   ABX**a**
11 ch – ♦48/62 € ♦♦54/74 €, ⌷ 9 € – 1 suite

◆ Vous séjournerez au calme dans des chambres gaies et parfaitement tenues, tout en profitant d'un accueil souriant, d'un bon petit-déjeuner… et de prix très raisonnables.

⌂ **Ambassadeur** sans rest   📶 ᦁ ⁽¹⁾ ᵛⁱˢᵃ ⓪ ᴬᴱ ⓪

22 quai Caligny – ℰ 02 33 43 10 00 – www.ambassadeurhotel.com
– Fax 02 33 43 10 01 – Fermé 17 déc.-8 janv.   BX**v**
40 ch – ♦40/60 € ♦♦52/70 €, ⌷ 6,50 €

◆ Sur les quais, établissement mettant à votre disposition ses chambres sobres et convenablement équipées ; celles de la façade donnent sur le port.

⌂ **Angleterre** sans rest   ⅍ ⁽¹⁾ ᵛⁱˢᵃ ⓪

8 r. P. Talluau – ℰ 02 33 53 70 06 – www.hotelangleterre-fr.com
– Fax 02 33 53 74 36   AX**k**
23 ch – ♦39/48 € ♦♦44/53 €, ⌷ 7 €

◆ Accueil souriant dans cette adresse familiale proche du centre-ville. Petites chambres fonctionnelles et proprettes, à prix sages. Sauna.

✕✕ **Le Vauban**   ᴬᶜ ᵛⁱˢᵃ ⓪ ᴬᴱ

22 quai Caligny – ℰ 02 33 43 10 11 – Fax 02 33 43 15 18 – Fermé vacances de la
Toussaint, de fév., sam. midi, dim. soir et lundi midi   BX**n**
Rest – (16 €) Menu 22/58 € – Carte 50/60 €

◆ Agréable panorama sur les quais de l'avant-port depuis ce restaurant contemporain. Dans
sa cuisine en partie visible, le chef mitonne des préparations honorant les produits de la mer.

✕✕ **Café de Paris**   🍽 ᦁ ᴬᶜ ⇔ ᵛⁱˢᵃ ⓪ ᴬᴱ ⓪

40 quai Caligny – ℰ 02 33 43 12 36 – www.restaurantcafedeparis.com
– Fax 02 33 43 98 49 – Fermé 2 sem. en mars, 3 sem. en nov., lundi midi et dim.
Rest – (17 €) Menu 19 € (sem.)/35 € – Carte 27/66 €   BXY**d**

◆ Face à l'animation des bassins portuaires, restaurant d'esprit brasserie (salle panoramique
à l'étage) proposant des plats traditionnels soignés et iodés.

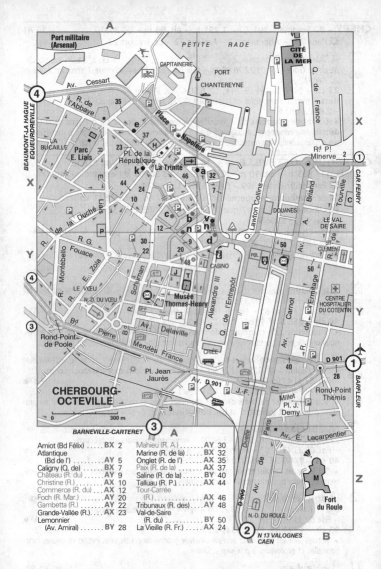

XX **Le Pily** (Pierre Marion)   VISA ⓒⓄ AE
£3 *39 Gde Rue – ℰ 02 33 10 19 29*
    – Fermé sam. midi, dim. soir et merc.   AX**b**
Rest – *(nombre de couverts limité, prévenir)* (15 €) Menu 29 € (sem.), 33/59 €
Spéc. Foie gras, cake aux épices, figues et raisins au miel. Canard rôti
aux piquillos, olives et piments d'Espelette. Vacherin au citron, cœur glacé
cactus orange, crumble de dragées.
    ◆ Restaurant intimiste et chaleureux, d'esprit contemporain. Le chef signe une cuisine
    actuelle et recherchée, où les produits révèlent leur finesse et leur caractère.

482

X **Le Pommier** 🛣 AC ❄ VISA ◑

☜ *15 bis r. Notre-Dame –* ℰ *02 33 53 54 60 – Fermé 3-23 nov., 15 fév.-2 mars, dim. et lundi* AXY**n**

Rest – Menu 17 € – Carte environ 29 €

• Derrière cette façade contemporaine se cache une salle à manger façon bistrot moderne agrémentée de peintures et de sculptures. Belle terrasse en teck et cuisine au goût du jour.

X **L'Imprévu** VISA ◑ AE

32 Gde Rue – ℰ *02 33 04 53 90 – Fermé dim. et lundi* AX**c**

Rest – (16 € bc) Menu 30/34 €

• En cuisine, le chef concocte des plats dans l'air du temps, privilégiant les produits de la pêche locale. Intérieur actuel, service efficace et accueil tout sourire.

CHERISY – 28 Eure-et-Loir – **311** E3 – **rattaché à Dreux**

LE CHESNAY – 78 Yvelines – **311** I3 – **101** 23 – **voir à Paris, Environs (Versailles)**

CHEVAGNES – 03 Allier – **326** I3 – **701 h.** – **alt. 224 m** – ⊠ **03230** 6 C1
D Paris 309 – Bourbon-Lancy 18 – Decize 31 – Digoin 43

XX **Le Goût des Choses** 🛣 & VISA ◑

12 rte Nationale – ℰ *04 70 43 11 12 – Fermé vacances de la Toussaint, dim. soir, mardi soir et lundi*

Rest – (16 € bc) Menu 24/52 € bc – Carte 38/55 €

• Ici, le goût des choses s'exprime tant dans l'assiette, élaborée en fonction du marché, que dans la salle, décorée et dressée avec soin. Mini-terrasse dans la cour intérieure.

CHEVAL-BLANC – 84 Vaucluse – **332** D11 – **rattaché à Cavaillon**

CHEVANNES – 89 Yonne – **319** D5 – **rattaché à Auxerre**

CHEVERNY – 41 Loir-et-Cher – **318** F7 – **rattaché à Cour-Cheverny**

CHEVIGNY – 21 Côte-d'Or – **320** K6 – **rattaché à Dijon**

LE CHEYLARD – 07 Ardèche – **331** I4 – **3 341 h.** – **alt. 450 m** 44 A3
– ⊠ **07160**
D Paris 598 – Aubenas 50 – Lamastre 21 – Privas 47
i Office de tourisme, rue du 5 Juillet 44 ℰ 04 75 29 18 71, Fax 04 75 29 46 75

🏠 **Le Provençal** ⌇ AC rest, ❄ ch, 🐾 **P** VISA ◑

17 av. de la Gare – ℰ *04 75 29 02 08 – www.hotelrestaurantleprovencal.com – Fax 04 75 29 35 63 – Fermé 24 sept.-13 oct., 27 déc.-25 janv., vend. soir, dim. soir et lundi*

10 ch – †53 € ††63/85 €, ⌑ 9 € – ½ P 55/70 €

Rest – (résidents seult) (17 €) Menu 22/55 € bc – Carte 32/48 €

• Bâtisse en pierre abritant de petites chambres simples et bien tenues. Garage à vélos apprécié des cyclistes qui parcourent la corniche de l'Eyrieux. Salles à manger sobrement rustiques, cuisine traditionnelle inspirée du terroir et sélection de vins du pays.

CHÉZERY-FORENS – 01 Ain – **328** I3 – **399 h.** – **alt. 585 m** – ⊠ **01200** 45 C1
D Paris 506 – Bellegarde-sur-Valserine 17 – Bourg-en-Bresse 82 – Gex 39

X **Commerce** avec ch 🛣 VISA ◑

☜ *–* ℰ *04 50 56 90 67 – www.hotelducommerce-blanc.fr – Fax 04 50 56 92 54*
🍴 *– Ouvert 6 fév.-30 sept. et fermé 19-25 avril, 7 juin-2 juil., mardi et merc. hors vacances scolaires*

8 ch – †60/70 € ††60/70 €, ⌑ 8 € – ½ P 50/60 €

Rest – Menu 13 € (sem.)/40 € – Carte 22/47 €

• Cette attachante maison propose une généreuse cuisine régionale (grenouille en saison) dans un décor campagnard ou sur la terrasse bercée par le bruit des eaux de la Valserine. Petites chambres bien tenues et accueil plein de gentillesse.

CHILLE – 39 Jura – **321** D6 – **rattaché à Lons-le-Saunier**

CHILLEURS-AUX-BOIS – 45 Loiret – 318 J3 – 1 881 h. – alt. 125 m — 12 C2
– ⌧ 45170

▶ Paris 96 – Orléans 30 – Chartres 71 – Étampes 47

XX Le Lancelot
12 r. des Déportés – ℰ 02 38 32 91 15
– www.restaurant-le-lancelot.com – Fax 02 38 32 92 11
– Fermé 3-24 août, 15-22 fév., merc. soir, dim. soir et lundi
Rest – (prévenir le week-end) Menu 21 € (sem.), 29/68 € – Carte 40/91 €
♦ Au centre du village, accueillante maison fleurie et rustique, dotée d'un jardin. La patronne sert une généreuse cuisine actuelle, qui fait aussi écho aux recettes de sa mère.

CHINAILLON – 74 Haute-Savoie – 328 L5 – rattaché au Grand-Bornand

CHINON – 37 Indre-et-Loire – 317 K6 – 8 256 h. – alt. 40 m — 11 A3
– ⌧ 37500 ▮ Châteaux de la Loire

▶ Paris 285 – Châtellerault 51 – Poitiers 80 – Saumur 29
🅾 Office de tourisme, place Hofheim ℰ 02 47 93 17 85, Fax 02 47 93 93 05
👁 Vieux Chinon★★ : Grand Carroi★★ A E - Château★★ : ⩿★★.
🅶 Château d'Ussé★★ 14 km par ①.

🏠 De France sans rest
47 pl. Gén. de Gaulle – ℰ 02 47 93 33 91
– www.bestwestern-hoteldefrance-chinon.com – Fax 02 47 98 37 03
– Fermé en mars, en nov., en fév. et dim. de nov. à mars   A**s**
30 ch – ✝75/120 € ✝✝75/130 €, ⌧ 10 € – 3 suites
♦ Chambres confortables (mobilier de style) et insonorisées, logées dans deux maisons mitoyennes du 16e s. Certaines donnent sur la place et le château. Jolie courette intérieure.

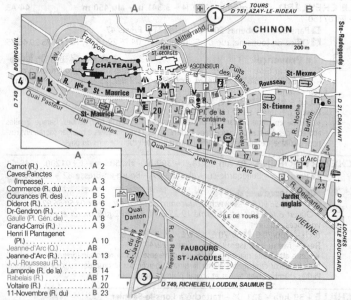

Carnot (R.) . . . . A 2
Caves-Painctes
  (Impasse). . . . . A 3
Commerce (R. du) . . . . A 4
Courances (R. des) . . . . B 5
Diderot (R.). . . . . B 6
Dr-Gendron (R.) . . . . A 7
Gaulle (Pl. Gén. de) . . . . . . A 8
Grand-Carroi (R.) . . . . A 9
Henri II Plantagenet
  (Pl.) . . . . A 10
Jeanne-d'Arc (Q.) . . . . AB
Jeanne-d'Arc (R.). . . . . A 13
J.-J.-Rousseau (R.) . . . . B
Lamproie (R. de la) . . . . . . B 14
Rabelais (R.) . . . . AB 17
Voltaire (R.) . . . . A 20
11-Novembre (R. du) . . . . . B 23

Diderot sans rest   🕭 🛜 P VISA ⚫ AE ⓘ

4 r. de Buffon – 𝒞 02 47 93 18 87 – www.hoteldiderot.com – Fax 02 47 93 37 10
– Fermé 14-21 nov. et 22 janv.-5 fév.   **Bn**
23 ch – †45/62 € ††55/79 €, ⌣ 8,50 €

◆ Cette belle demeure du 18e s. propose des chambres d'esprit ancien, régulièrement refaites. Petit-déjeuner façon table d'hôte : produits fermiers et confitures maison.

Agnès Sorel sans rest   🕭 🛜 VISA ⚫ AE

4 quai Pasteur – 𝒞 02 47 93 04 37 – www.agnes-sorel.com – Fax 02 47 93 06 37
– Fermé 10-31 janv.   **Ak**
10 ch – †49/79 € ††49/99 €, ⌣ 8,50 €

◆ À l'ombre du château médiéval, un hôtel "les pieds dans la Vienne" aux chambres personnalisées, plus grandes et au calme dans l'annexe. Jardin-cour. Garage à vélos.

XX **Au Chapeau Rouge**   🛋 🕭 AC VISA ⚫ AE ⓘ

49 pl. du Gén. de Gaulle – 𝒞 02 47 98 08 08 – www.auchapeaurouge.fr
– Fax 02 47 98 08 08 – Fermé 25 oct.-17 nov., 15 fév.-10 mars, dim. soir et lundi
Rest – Menu 20 € (déj. en sem.), 38/50 € – Carte 36/74 €   **Av**

◆ Sur une place ombragée, le Chapeau Rouge affiche un décor soigné. Son chef propose une intéressante carte au goût du jour, renouvelée au fil des saisons (menu truffes l'hiver).

XX **L'Océanic**   🛋 AC VISA ⚫

13 r. Rabelais – 𝒞 02 47 93 44 55 – Fax 02 47 93 38 08 – Fermé 12-20 avril,
24-31 août, 31 déc.-3 janv., dim. soir et lundi   **Au**
Rest – (16 € bc) Menu 24/68 € bc – Carte 37/71 €

◆ Sympathique restaurant de produits de la mer situé dans une rue piétonne du centre-ville. Un vivier à homards trône au milieu de la salle à manger, actuelle et confortable.

X **Les Années Trente**   🛋 VISA ⚫ ⓘ

78 r. Voltaire – 𝒞 02 47 93 37 18 – www.lesannées30.com – Fax 02 47 93 33 72
– Fermé 20-30 juin, 16-28 nov., mardi sauf le soir de mai à sept. et merc.
Rest – (16 € bc) Menu 27/42 € – Carte 39/59 €   **At**

◆ Bibelots, petits tableaux et photos des années 1930 font le charme des salles à manger de ce restaurant du vieux Chinon. Cuisine au goût du jour à base de produits frais.

à Marçay 9 km par ③ et D 116 – 464 h. – alt. 65 m – ⌗ 37500

🏰 **Château de Marçay** ॐ   ≤ 🀄 🐸 ⌕ ※ 🎐 🖄 P VISA ⚫ AE ⓘ

– 𝒞 02 47 93 03 47 – www.chateaudemarcay.com – Fax 02 47 93 45 33
– Fermé de mi-janv. à début mars, dim. et lundi de nov. à mars
29 ch – †120/135 € ††120/310 €, ⌣ 22 € – 4 suites – ½ P 168/268 €
Rest – (fermé dim. soir hors saison, mardi midi et lundi sauf le soir en saison)
(41 €) Menu 63/98 € – Carte 75/95 € 🕮
Spéc. Tomates de "l'ami Jacky" (printemps-été). Suprêmes de pigeon d'Anjou fumés, cuisse confite au thé. Rhubarbe et fraise sur tartelette de sablé breton (printemps-été). **Vins** Chinon.

◆ De la forteresse militaire du 12e s. ne subsiste que ce château à fière allure, remanié au 15e s. Lieu de charme, grand parc arboré et vue sur les vignes (dégustation au domaine). Décor raffiné, belle carte au goût du jour et vins de Loire au restaurant.

CHIROUBLES – 69 Rhône – 327 G2 – 354 h. – alt. 430 m – ⌗ 69115   **43** E1

🄳 Paris 422 – Lyon 59 – Villeurbanne 67 – Bourg-en-Bresse 60

⟰ **La Tour** ॐ   🚃 🛋 ⌕ 🛜 P

à 1 km, le Pont (rte de Fleurie) – 𝒞 04 74 04 20 26 – www.mfjp.bernard.free.fr
– Ouvert de mars à nov.
4 ch ⌣ – †75 € ††85 €   **Table d'hôte** – Menu 30 € bc

◆ Maison de caractère abritant de belles chambres à thèmes : Romantique et Florale (dans la tour), Rétro et Pastorale. Agréable vue sur la vigne. Cuisine régionale.

CHISSAY-EN-TOURAINE – 41 Loir-et-Cher – 318 D7 – rattaché à Montrichard

CHISSEAUX – 37 Indre-et-Loire – 317 P5 – 615 h. – alt. 58 m   **11** A1
– ⌗ 37150

🄳 Paris 235 – Tours 37 – Amboise 14 – Loches 33

XX **Auberge du Cheval Rouge**

30 r. Nationale – ✆ 02 47 23 86 67 – www.auberge-duchevalrouge.com – Fax 02 47 23 92 22 – Fermé 20 déc.-10 janv., lundi et mardi
Rest – (18 €) Menu 26/56 € – Carte 42/68 €
♦ L'ancien café du village abrite aujourd'hui un coquet restaurant dont le décor réactualisé a gagné en sobriété rustique (tons clairs). Charmante terrasse verdoyante.

CHITENAY – 41 Loir-et-Cher – 318 F7 – 1 027 h. – alt. 90 m – ✉ 41120 11 A1

Paris 196 – Orléans 72 – Blois 15 – Romorantin-Lanthenay 39

Auberge du Centre

pl. de l'Église – ✆ 02 54 70 42 11 – www.auberge-du-centre.com – Fax 02 54 70 35 03 – Fermé 24 janv.-3 mars
26 ch – †60/89 € ††67/98 €, ☕ 10 € – ½ P 68/83 €
Rest – *(fermé dim. soir hors saison, mardi midi et lundi)* Menu 24 € (sem.)/49 € – Carte 33/48 €
♦ À proximité des châteaux de la Loire, cette auberge de village à la façade couverte de vigne vierge abrite des chambres actuelles et joliment décorées. Jardin arboré et fleuri. Restaurant lumineux au décor contemporain, proposant une carte traditionnelle.

CHOISY-AU-BAC – 60 Oise – 305 I4 – rattaché à Compiègne

CHOLET – 49 Maine-et-Loire – 317 D6 – 54 632 h. – alt. 91 m 34 B2 – ✉ 49300 Châteaux de la Loire

Paris 353 – Ancenis 49 – Angers 64 – Nantes 60
Office de tourisme, 14, avenue Maudet ✆ 02 41 49 80 00, Fax 02 41 49 80 09
18 de Cholet Allée du Chêne Landry, ✆ 02 41 71 05 01
Musée d'Art et d'Histoire ★ Z M.

San Benedetto sans rest

26 bd G.-Richard – ✆ 02 41 62 07 20 – www.sanbenedetto-hotel.com – Fax 02 41 58 54 10 Ze
50 ch – †84 € ††94 €, ☕ 10 €
♦ Cet établissement flambant neuf remplace le plus ancien hôtel de la ville. L'ensemble se révèle très moderne : hall, bar et salon design, spacieuses chambres aux tons pastel.

All Seasons

45 av. d'Angers – ✆ 02 41 71 08 08 – www.all-seasons-hotels.com – Fax 02 41 71 96 96 BXt
60 ch ☕ – †90/110 € ††100/120 €
Rest – *(fermé sam. et dim.)* (18 €) Menu 22/40 € – Carte 28/40 €
♦ Une fois entré, on oublie la zone commerciale voisine : chaleureux décor où domine un bois issu d'ex-cabanes canadiennes, chambres confortables et modernes, bien insonorisées. Agréable salle coiffée d'une verrière, décor contemporain et carte traditionnelle.

Du Parc sans rest

4 av. A. Manceau – ✆ 02 41 62 65 45 – Fax 02 41 58 64 08 – Fermé 21 déc.-6 janv. AYx
54 ch – †60/66 € ††87 €, ☕ 7 €
♦ Chambres sobres, fonctionnelles et bien insonorisées, grande salle de réunion et buffet de petits-déjeuners : cette adresse pratique se trouve près de la patinoire de Cholet.

Demeure l'Impériale sans rest

28 r. Nationale – ✆ 02 41 58 84 84 – www.demeure-imperiale.com – Fax 02 41 63 17 03 Zt
4 ch ☕ – †70 € ††80 €
♦ Accueil charmant dans cet hôtel particulier de 1860. Chambres lumineuses (fleurs, linge luxueux, parquet). Petit-déjeuner sous une verrière avec confiture et gâteaux maison.

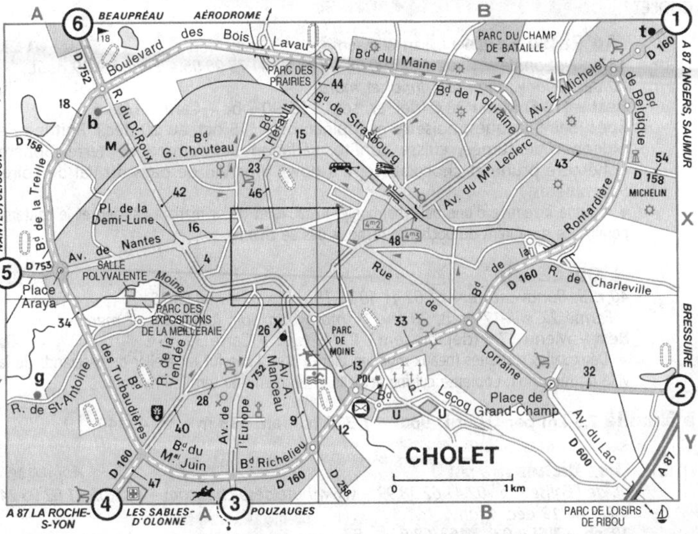

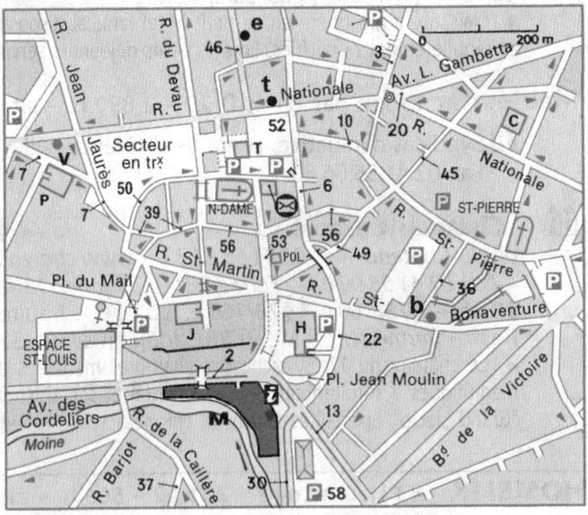

Abreuvoir (Av. de l') . . . . Z 2
Bons Enfants (R. des) . . . . Z 3
Bouet (Av. F.) . . . . AX 4
Bourg Baudry (R. du) . . . . Z 6
Bretonnaise (R.) . . . . Z 7
Champagny (Av. du Cdt-de) . . . . AY 9
Clemenceau (R. G.) . . . . Z 10
Coubertin (Bd P.-de) . . . . BY 12
Delhumeau-Plessis (Bd) . . . . BY 13
Faidherbe (Bd du Gén.) . . . . AY 15
Foch (Av. du Mar.) . . . . AX 16
Godinière (Bd de la) . . . . AX 18
Guérineau (Pl. A.) . . . . Z 20
Hôtel de Ville (R. de l') . . . . . . Z 22
Joffre (Bd du Mar.) . . . . AX 23
libération (Av. de la) . . . . AY 26
Marne (Av. de la) . . . . AY 28
Maudet (Av.) . . . . Z 30
Maulévrier (R. de) . . . . BY 32
Minée (Bd de la) . . . . BY 33
Moine (R. de la) . . . . Z 36
Moinie (Bd de la) . . . . AY 34
Montfort (R. G.-de) . . . . Z 37
Nantaise (R.) . . . . Z 39
Napoléon-Bonaparte (Av.) . . . . AY 40
Nationale (R.) . . . . Z
Pasteur (R. L.) . . . . AX 42
Poitou (Bd du) . . . . BX 43
Pont de Pierre (Bd du) . . . . . AB 44
Puits de l'Aire (R. du) . . . . Z 45
Richard (Bd G.) . . . . Z 46
Sablerie (R.) . . . . Z 49
Sables (Av. des) . . . . AY 47
Sadi-Carnot (R.) . . . . BX 48
Sardinerie (R. de la) . . . . Z 50
Toutlemonde (R. de) . . . . . . BX 54
Travot (Pl.) . . . . Z 52
Travot (R.) . . . . Z 53
Vieux Greniers (R. des) . . . . . . Z 56
8-Mai-1945 (Pl. du) . . . . Z 58

XX **La Grange**

64 r. de St-Antoine – ✆ 02 41 62 09 83 – Fax 02 41 62 32 89 – Fermé merc. soir, dim. soir et lundi AY**g**

Rest – (18 €) Menu 26/58 € bc – Carte 45/61 €

◆ Nouveau décor dans les tons naturels (lin, chanvre, chocolat) pour cette ancienne ferme du pays. Cuisine au goût du jour.

XX **La Touchetière**

41 bd Roux – ✆ 02 41 62 55 03 – www.restaurant-cholet.fr – Fax 02 41 58 82 10 – Fermé 2-21 août, sam. midi, dim. soir et lundi soir AX**b**

Rest – (20 €) Menu 22/71 € bc – Carte 32/55 €

◆ Vieille auberge rajeunie en préservant son cachet rustique. Salle claire coiffée de poutres blanchies, carte traditionnelle, cheminée allumée en hiver, terrasse d'été fleurie.

X
Au Passé Simple (Lilian Grimaud)   ⅏ 𝘝𝘐𝘚𝘈 ◑ 𝖠𝖤
£3   181 r. Nationale – ℰ 02 41 75 90 06 – Fax 02 41 75 90 06 – Fermé 9-29 août,
20 janv.-3 janv., dim. soir, lundi et mardi   **Zv**
Rest – (18 €) Menu 20 € (déj. en sem.), 35/90 € bc – Carte 41/48 €
Spéc. Saint-Jacques, noisette et topinambour (15 oct. au 20 déc.). Poitrine de
pigeon rôtie fumée, cuisse confite, variation de pomme de terre. Sphère
éphémère prune et chocolat (sept. à nov.). **Vins** Vin de pays du Val de Loire,
Savennières.
♦ Cuisine inventive d'une belle harmonie gustative et décor mariant l'ancien et le contem-
porain : ce restaurant de poche ne manque pas de charme.

X
L'Ourdissoir   𝘝𝘐𝘚𝘈 ◑ 𝖠𝖤
⊖   40 r. St-Bonaventure – ℰ 02 41 58 55 18 – Fax 02 41 58 55 18
– Fermé 27 juil.-17 août, 20 fév.-1er mars, dim. soir, lundi soir et merc.
Rest – Menu 17 € (déj. en sem.), 22/49 € bc – Carte 39/45 €   **Zb**
♦ Deux salles rustiques (beaux murs en pierre) dont l'une fut un atelier de tisserands de la
ville du mouchoir. Copieuse cuisine actuelle et un menu du terroir. Prix doux.

à Nuaillé 7,5 km par ① et D 960 – 1 322 h. – alt. 133 m – ⊠ 49340

🏠
Les Biches sans rest   ⅃ ⁽ᵗ⁾ ⌂ 𝘝𝘐𝘚𝘈 ◑
pl. de l'Eglise – ℰ 02 41 62 38 99 – www.hoteldesbiches.com – Fax 02 41 62 96 24
– Fermé 19 déc.-4 janv.
12 ch – †55/60 € ††63/68 €, ⊆ 8 €
♦ Plaisante atmosphère en ce petit hôtel familial disposant de chambres gaies, bien tenues
et régulièrement rafraîchies. En été, petits-déjeuners servis face à la piscine.

à Maulévrier 13 km par ② et D 20 – 2 890 h. – alt. 130 m – ⊠ 49360

🛈 Syndicat d'initiative, place de l'Hôtel de Ville ℰ 02 41 55 06 50,
Fax 02.41.55.06.50

🏨
Château Colbert ⑤   ≼ 🚗 🐕 🍃 ⋮ 🕈 🕸 P. 𝘝𝘐𝘚𝘈 ◑ 𝖠𝖤 ①
pl. du Château – ℰ 02 41 55 51 33 – www.chateaucolbert.com
– Fax 02 41 55 09 02 – Fermé 18 déc.-3 janv., 15 fév.-3 mars et dim. soir
20 ch – †78/160 € ††78/160 €, ⊆ 14 € – 1 suite – ½ P 83/124 €
Rest – (fermé fériés) Menu 28 € (déj. en sem.), 32/68 € – Carte 50/65 €
♦ Ce château du 17e s. cache des chambres meublées d'ancien – celles du 1er étage sont
magnifiques – surplombant le parc oriental et son splendide jardin japonais. Salle à manger
"Grand Siècle". Spécialités locales et cuisine actuelle où entre le terroir.

CHOMELIX – 43 Haute-Loire – 331 E2 – 506 h. – alt. 910 m – ⊠ 43500   6 C3
◗ Paris 519 – Ambert 36 – Brioude 52 – Le Puy-en-Velay 30

XX
Auberge de l'Arzon avec ch   ⅋. ch, ⅏ rest, P. 𝘝𝘐𝘚𝘈 ◑
pl. Fontaine – ℰ 04 71 03 62 35 – Fax 04 71 03 61 62 – Ouvert de mi-mai à
mi-sept. et fermé dim., lundi et mardi hors saison, lundi midi et mardi midi
en juil.-août
9 ch – †55/60 € ††60/80 €, ⊆ 7 € – ½ P 56/70 €
Rest – (19 €) Menu 23/46 € – Carte 25/46 €
♦ Au cœur du village, bâtisse en pierre vous conviant à un repas traditionnel dans un cadre
rustique réactualisé. Tables dressées avec sobriété ; mobilier en chêne et acajou. Une dépendance située à l'arrière abrite des chambres très bien tenues.

CHONAS-L'AMBALLAN – 38 Isère – 333 B5 – rattaché à Vienne

CHORANCHE – 38 Isère – 333 F7 – 134 h. – alt. 280 m – ⊠ 38680   43 E2
🏔 Alpes du Nord
◗ Paris 588 – Grenoble 52 – Valence 48 – Villard-de-Lans 20
◉ Grotte de Coufin★★.

⌂ **Le Jorjane** 🛏 🍴 rest, **P** 💳 ⊚
🐾 *Le village* – ℰ *04 76 36 09 50 – www.lejorjane.com – Fax 04 76 36 00 80 – Fermé 15-30 nov., dim. soir hors saison et lundi*
7 ch – 🛏38/51 € 🛏🛏38/51 €, � 8 € – ½ P 62/73 €
Rest – Menu 15/23 € – Carte 20/35 €
♦ Dans le célèbre village aux sept grottes, auberge familiale abritant des chambres pratiques. Les motards y sont chouchoutés. Restaurant rustique décoré d'objets chinés et terrasse couverte bordant la route ; plats traditionnels, grillades, salades...

CIBOURE – 64 Pyrénées-Atlantiques – **342** C4 – rattaché à St-Jean-de-Luz

---

CINQ-CHEMINS – 74 Haute-Savoie – **328** L2 – rattaché à Thonon-les-Bains

---

LA CIOTAT – 13 Bouches-du-Rhône – **340** I6 – 32 126 h. – Casino 40 B3
– ✉ **13600** ▯ Provence
▶ Paris 802 – Aix-en-Provence 53 – Brignoles 62 – Marseille 32
🛈 Office de tourisme, boulevard Anatole France ℰ 04 42 08 61 32,
Fax 04 42 08 17 88
◉ Calanque de Figuerolles★ SO : 1,5 km puis 15 mn par D141 - Chapelle N.-D. de la Garde ≤★★ O : 2,5 km puis 15 mn.
◖ - à l'Île Verte ≤★ en bateau 30 mn .

au Liouquet 6 km à l'Est par D 559 (rte de Bandol) – ✉ 13600 La Ciotat

✕✕ **Auberge Le Revestel** avec ch 🐾 ≤ 🛏 🅰🅒 🍴 **P** 💳 ⊚
– ℰ *04 42 83 11 06 – www.revestel.com – Fax 04 42 83 29 50*
– *Fermé 16 nov.-2 déc. et 5 janv.-11 fév.*
6 ch – 🛏65 € 🛏🛏65 €, � 9 € – ½ P 76 €
Rest – *(fermé dim. soir et merc.)* Menu 27 € bc (déj. en sem.), 41 €
– Carte 45/55 €
♦ Belle situation sur la corniche pour cette petite auberge colorée, au calme. Les larges baies de la salle offrent une vue imprenable sur le large. Cuisine régionale actuelle.

✕ **Roche Belle** 🛏 🅰🅒 **P** 💳 ⊚ 🅐🅔
Corniche du Liouquet – ℰ *04 42 71 47 60 – Fermé 2-16 nov., 1er-21 fév., dim. soir sauf juil.-août, sam. midi et lundi*
Rest – Menu 20 € (déj. en sem.), 34 € – Carte 47/60 €
♦ Dans un joli cadre provençal, on se régale d'une cuisine actuelle parfumée et colorée. L'accueil tout sourire rend encore plus sympathique cette maison à l'écart de l'agitation.

CIRES-LÈS-MELLO – 60 Oise – **305** F5 – 3 450 h. – alt. 39 m 36 B3
– ✉ **60660**
▶ Paris 65 – Beauvais 32 – Chantilly 17 – Compiègne 47

⌂ **Relais du Jeu d'Arc** 🚗 🛏 ♿ 🍴 🐾 ♨ 🅟 **P** 💳 ⊚
🐾 *pl. Jeu-d'Arc, 1 km à l'Est* – ℰ *03 44 56 85 00 – www.relais-jeu-arc.com*
– *Fax 03 44 56 85 19 – Fermé août et 21 déc.-1er janv.*
14 ch – 🛏65/125 € 🛏🛏65/125 €, � 10 € – ½ P 80 €
Rest – *(fermé dim. et lundi)* Menu 16 € (déj. en sem.), 24/39 € – Carte 45/60 €
♦ Ancien relais de poste dont les origines remontent au 17e s. Les chambres, actuelles et confortables, sont parfois mansardées. Plats traditionnels servis au coin du feu dans une sympathique salle aménagée dans l'ex-écurie. Terrasse avec vue sur le château.

CLAIRAC – 47 Lot-et-Garonne – **336** E3 – 2 506 h. – alt. 52 m – ✉ 47320 4 C2
▶ Paris 690 – Agen 42 – Marmande 24 – Nérac 35
🛈 Office de tourisme, 16, place Viçoze ℰ 05 53 88 71 59, Fax 05 53 88 71 59

✕ **L'Auberge de Clairac** 🛏 🅰🅒 💳 ⊚ 🅐🅔
12 rte Tonneins – ℰ *05 53 79 22 52 – www.aubergedeclairac.fr – Fermé vacances de la Toussaint et de fév., dim. soir, mardi soir et merc.*
Rest – (20 € bc) Menu 29 € – Carte 33/44 €
♦ Cette maison régionale bâtie au 19e s. jouxte un ancien séchoir à tabac. Cuisine au goût du jour servie dans un cadre actuel ou sur la jolie terrasse fleurie.

CLAM – 17 Charente-Maritime – **324** H7 – **rattaché à Jonzac**

CLAMART – 92 Hauts-de-Seine – **311** J3 – **101** 25 – **voir à Paris, Environs**

CLAMECY 👁 – 58 Nièvre – **319** E7 – 4 551 h. – alt. 144 m – ⊠ 58500   **7** B2

▌ Bourgogne

    🄳 Paris 208 – Auxerre 42 – Avallon 38 – Cosne-sur-Loire 52

    🄸 Office de tourisme, 24, rue du Grand Marché 𝒞 03 86 27 02 51,
      Fax 03 86 27 20 65

    🄾 Église St-Martin★.

🏠 **Hostellerie de la Poste**   🈂 & ch, 🏵️ 🆅🆂🅰 ⓿ 🄰🄴 ⓿

9 pl. E. Zola – 𝒞 03 86 27 01 55 – www.hostelleriedelaposte.fr
– Fax 03 86 27 05 99

17 ch – †58/78 € ††58/78 €, � 10 € – ½ P 61/69 €

Rest – (19 €) Menu 24 € (sem.)/39 € – Carte 37/52 €

◆ Ex-relais de poste de la cité où l'on pratiquait le spectaculaire flottage du bois. Coquettes petites chambres (salles de bains refaites), plus calmes sur l'arrière. Dans l'agréable salle à manger, mi-classique, mi-actuelle, goûtez à des plats dans l'air du temps.

CLARA – 66 Pyrénées-Orientales – **344** F7 – **rattaché à Prades**

LES CLAUX – 05 Hautes-Alpes – **334** I5 – **rattaché à Vars**

CLÉMONT – 18 Cher – **323** J1 – 647 h. – alt. 141 m – ⊠ 18410   **12** C2

    🄳 Paris 187 – Orléans 72 – Bourges 62 – Vierzon 71

🏠 **Domaine des Givrys** 👁   🄹 🈂 rest, 🔊 🄿

– 𝒞 02 48 58 80 74 – www.domainedesgivrys.com – Fax 02 48 58 80 74

5 ch ⊆ – †62 € ††70 €   **Table d'hôte** – Menu 35 € bc

◆ Pour les amoureux de la nature, voici une ancienne ferme au cœur d'un vaste domaine, en bordure d'étang et de rivière. Chambres romantiques. Le terroir et la convivialité sont à l'honneur autour de la grande table d'hôte en chêne.

CLÈRES – 76 Seine-Maritime – **304** G4 – 1 303 h. – alt. 113 m   **33** D1
– ⊠ 76690 ▌ Normandie Vallée de la Seine

    🄳 Paris 155 – Dieppe 45 – Forges-les-Eaux 35 – Neufchâtel-en-Bray 36

    🄸 Syndicat d'initiative, 59, avenue du Parc 𝒞 02 35 33 38 64,
      Fax 02 35 33 38 64

    🄾 Parc zoologique★.

à Frichemesnil 4 km au Nord-Est par D 6 et D 100 – 387 h. – alt. 150 m
– ⊠ 76690

🍴🍴 **Au Souper Fin** (Eric Buisset) avec ch 👁   🈂 🏵️ 🆅🆂🅰 ⓿ 🄰🄴

❀ 1 rte de Clères – 𝒞 02 35 33 33 88 – www.souperfin.com – Fax 02 35 33 50 42
– Fermé 20-31 déc., dim. soir, merc. et jeudi

3 ch – †55 € ††65 €, ⊆ 10 €

Rest – (28 €) Menu 32 € (sem.)/54 € – Carte 60/82 €🍷

Spéc. Saint-Jacques poêlées au beurre d'algues (oct. à fév.). Carré d'agneau du Limousin rôti au four, jus réduit au confit d'ail. Millefeuille à la vanille.

◆ Ce sympathique restaurant arbore un décor contemporain, élégant et chaleureux. Cuisine actuelle soignée, vins choisis, terrasse-pergola côté jardin et jolies petites chambres.

au Sud 2 km sur D 155 – ⊠ 76690 Clères

🍴 **Auberge du Moulin**   🈂 🄿 🆅🆂🅰 ⓿

🄰 36 r. des Moulins du Tot – 𝒞 02 35 33 62 76 – www.aubergedumoulin.org
– Fax 02 35 33 62 76 – Fermé 16-29 août, mardi sauf le soir d'avril à oct., dim.
soir et lundi

Rest – (18 €) Menu 27/49 € – Carte 37/57 €

◆ Auberge sympathique tournée vers un vieux moulin bordé par une petite rivière dont le cours est ponctué de cressonnières. Cuisine actuelle où entre le terroir. Terrasse d'été.

CLERMONT 👁 – 60 Oise – **305** F4 – **10 748 h. – alt. 125 m** – ⌧ 60600   **36** B2

▌ Nord Pas-de-Calais Picardie

    ▶ Paris 79 – Amiens 83 – Beauvais 27 – Compiègne 34

    🄸 Syndicat d'initiative, 19, place de l'Hôtel de Ville 𝓒 03 44 50 40 25,
    Fax 03 44 50 40 25

**à Gicourt-Agnetz 2 km à l'Ouest par ancienne rte de Beauvais
– ⌧ 60600 Agnetz**

  XX **Auberge de Gicourt**   🚗 🛋 ⟺ 𝘝𝘐𝘚𝘈 ⓦ 𝐀𝐄

466 av. Philippe Courtial – 𝓒 03 44 50 00 31
– www.aubergedegicourt.com – Fax 03 44 50 42 29
– Fermé 28 juil.-19 août, dim. soir, mardi soir et merc.
Rest – Menu 20/55 € – Carte 55/70 €

    ♦ À proximité d'une forêt, pimpante auberge où l'on concocte une cuisine traditionnelle.
Salle à manger champêtre dotée d'un aquarium ; belle terrasse d'été fleurie.

à Étouy 7 km au Nord-Ouest par D 151 – 790 h. – alt. 85 m – ⌧ 60600

  XXX **L'Orée de la Forêt** (Nicolas Leclercq)   🔊 🎇 𝐏 𝘝𝘐𝘚𝘈 ⓦ 𝐀𝐄

    ❀ *255 r. Forêt – 𝓒 03 44 51 65 18 – www.loreedelaforet.fr – Fax 03 44 78 92 11*
– Fermé 31 juil.-1ᵉʳ sept., 2-12 janv., sam. midi, dim. soir, vend. et soirs fériés
Rest – Menu 28 € (déj. en sem.), 45/80 € bc – Carte 75/96 €
Spéc. Foie gras poêlé au sirop de betterave. Pigeonneau rôti à la badiane,
légumes du potager. Millefeuille vanillé.

    ♦ Cette maison de maître du 20ᵉ s. a fière allure avec ses jolies salles à manger bourgeoises
et son paisible parc arboré. Accueil charmant et belle cuisine au goût du jour.

    Envie de partir à la dernière minute ?
    Visitez les sites Internet des hôtels pour bénéficier de promotions tarifaires.

CLERMONT-FERRAND 🄿 – 63 Puy-de-Dôme – **326** F8 – **138 992 h.** **5** B2
– Agglo. 258 541 h. – alt. 401 m – ⌧ 63000 ▌ Auvergne

    ▶ Paris 420 – Lyon 172 – Moulins 106 – St-Étienne 147

    🛧 de Clermont-Ferrand-Auvergne : 𝓒 04 73 62 71 00 par D 766 CY : 6 km.

    🄸 Office de tourisme, place de la Victoire 𝓒 04 73 98 65 00,
    Fax 04 73 90 04 11

    🖽 Nouveau Golf de Charade à Royat, O par D 5 : 8 km, 𝓒 04 73 35 73 09

    🖽 des Volcans à Orcines La Bruyère des Moines, NO : 9 km,
    𝓒 04 73 62 15 51

Circuit automobile de Charade, St Genès-Champanelle 𝓒 04 73 29 52 95
AZ.

    ◎ Le Vieux Clermont★ EFVX : Basilique de N.-D.-du-Port★★ (chœur★★★),
Cathédrale★★ (vitraux★★), fontaine d'Amboise★, cour★ de la maison de
Savaron EV - Cour★ dans l'Hôtel de Fonfreyde EV **M¹**, musée d'archéologie
Bargoin★ FX - Le Vieux Montferrand★★ : hôtel de Lignat★, hôtel de
Fontenilhes★, maison de l'Éléphant★, cour★ de l'hôtel Regin, porte★ de
l'hôtel d'Albiat, - Bas-relief★ de la maison d'Adam et d'Ève - Musée d'art
Roger-Quilliot - Belvédère de la D 941A ⩻★★ AY.

    ◎ Puy de Dôme ❄★★★ 15 km par ⑥ - Vulcania (Centre Européen du
Vulcanisme). Parc Naturel régional des volcans d'Auvergne ★★★.

Plans pages suivantes

  🏠 **Novotel**   🚗 🛋 ⟰ 🕴 ♿ 🛎 📶 🔉 𝐏 𝘝𝘐𝘚𝘈 ⓦ 𝐀𝐄 ⓪

Z.I. du Brézet, r. G. Besse ⌧ 63100 – 𝓒 04 73 41 14 14 – www.novotel.com
– Fax 04 73 41 14 00   CYa
131 ch – ♦99/160 € ♦♦99/160 €, ⌒ 14 €
Rest *Le Jardin des Puys* – (20 €) Menu 26 € (sem.) – Carte 27/40 €

    ♦ Espace, cadre plaisant, bonne isolation phonique : réservez en priorité une chambre réno-
vée. Lignes et décoration contemporaines dans le hall et le bar. Le Jardin des Puys vous
accueille dans son cadre tendance épuré, avec vue sur la piscine et le parc.

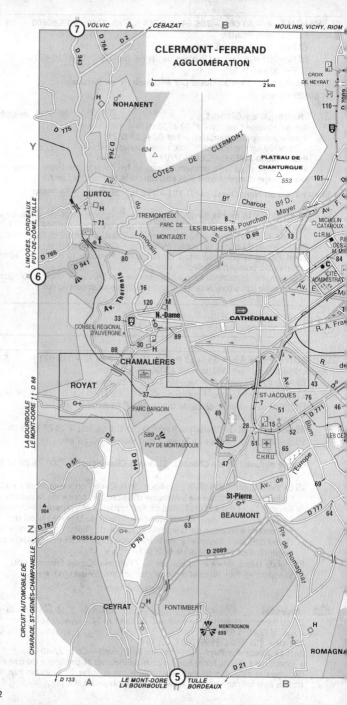

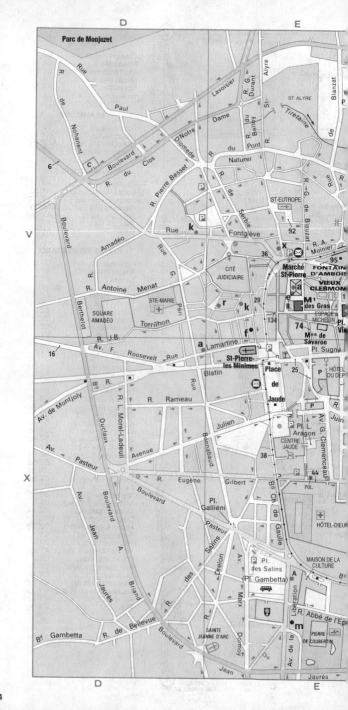

CLERMONT-FERRAND

Suitehotel sans rest 🖪 ⚹ 🅰🅲 ⏱ 🅿 ⏚ 🆅🆂🅰 ⓪ 🅰🅴 ⓪
52 av. de la République – ✆ *04 73 42 34 73 – www.suitehotel.com*
– Fax 04 73 42 34 77 BY**c**
91 ch – †99/132 € ††99/132 €, ☑ 12 €
♦ Hôtel récent dont les "suites" offrent un cadre actuel et design réussi, avec un espace bureau modulable. Boutique gourmande et espace business à disposition au rez-de-chaussée.

Holiday Inn Garden Court 🖪 ⚹ ch, 🅰🅲 ⏱ 🐾 ⏚ 🆅🆂🅰 ⓪ 🅰🅴 ⓪
59 bd F. Mitterrand – ✆ *04 73 17 48 48 – www.holidayinn-clermont.com*
– Fax 04 73 35 58 47 EX**a**
94 ch – †80/160 € ††80/160 €, ☑ 14 €
Rest – *(fermé vend. soir, sam. et dim.)* (15 €) Menu 18 € (sem.)/23 €
– Carte 25/35 €
♦ Immeuble moderne entre le parc botanique, la maison de la culture et le tram pour sillonner la ville. Chambres fonctionnelles, bien équipées. Large panel de services proposés. Belle salle à manger lumineuse sous verrière dans un cadre verdoyant.

Kyriad Prestige 🎧 🅵🅱 🖪 ⚹ ch, 🅰🅲 🏖 rest, 🐾 ⏚ 🆅🆂🅰 ⓪ 🅰🅴 ⓪
25 av. Libération – ✆ *04 73 93 22 22 – www.hotel-kyriadprestigeclermont.com*
– Fax 04 73 34 88 66 EX**m**
81 ch – †90/185 € ††90/185 €, ☑ 14 €
Rest – *(fermé 1ᵉʳ-15 août, sam. et dim.)* Menu 18/24 € – Carte 24/32 €
♦ Cet hôtel entièrement repensé abrite des chambres contemporaines colorées ; à partir du 3ᵉ étage, côté rue, elles bénéficient de la vue sur les volcans. Sauna, fitness. Carte traditionnelle et buffets au restaurant, dont le cadre s'inspire des bistrots.

Lafayette sans rest 🖪 🅰🅲 ⏱ 🐾 🅿 🆅🆂🅰 ⓪ 🅰🅴 ⓪
53 av. de l'Union Soviétique – ✆ *04 73 91 82 27 – www.hotel-le-lafayette.com*
– Fax 04 73 91 17 26 – Fermé 25 déc.-4 janv. GV**a**
48 ch – †95/115 € ††95/115 €, ☑ 10 €
♦ Hall contemporain, chambres aux tons pastel dotées de meubles modernes en bois clair et bonne insonorisation caractérisent cet hôtel voisin de la gare.

Dav'Hôtel Jaude sans rest 🖪 ⏱ 🆅🆂🅰 ⓪ 🅰🅴 ⓪
10 r. Minimes – ✆ *04 73 93 31 49 – www.davhotel.fr – Fax 04 73 34 38 16*
28 ch – †54/57 € ††57/62 €, ☑ 8,50 € EV**f**
♦ Atout majeur de l'hôtel : sa proximité avec la place de Jaude (commerces, parking public et cinémas). Chambres de bonne ampleur, décorées dans des tons vifs.

Cristal sans rest 🔲 🖪 ⚹ 🅰🅲 ⏱ 🐾 🅿 🆅🆂🅰 ⓪ 🅰🅴
37 av. E.-Cristal – ✆ *04 73 28 24 24 – www.le-cristal-hotel.com*
– Fax 04 73 28 24 20 CZ**b**
79 ch – †68/132 € ††68/132 €, ☑ 10 €
♦ Voici une adresse bien pratique à proximité d'un axe autoroutier : un établissement tout neuf abritant des chambres bien équipées, au mobilier actuel. Piscine intérieure.

Albert-Élisabeth sans rest 🖪 🅰🅲 ⏱ 🆅🆂🅰 ⓪ 🅰🅴 ⓪
37 av. A. Élisabeth – ✆ *04 73 92 47 41 – www.hotel-albertelisabeth.com*
– Fax 04 73 90 78 32 GV**v**
38 ch – †43/50 € ††43/50 €, ☑ 8 €
♦ Le nom de cet hôtel évoque un séjour clermontois des souverains belges. On est accueilli dans un beau salon au mobilier rustique. Chambres pratiques, bien tenues et climatisées.

XXX **Emmanuel Hodencq** 🎧 🅰🅲 ⇔ 🆅🆂🅰 ⓪ 🅰🅴
pl. Marché St-Pierre, (1ᵉʳ étage) – ✆ *04 73 31 23 23 – www.hodencq.com*
– Fax 04 73 31 36 00 – Fermé 8-31 août, lundi midi et dim. EV**a**
Rest – Menu 37 € (sem.)/140 € bc – Carte 78/115 € 🕮
Spéc. Soupe crémeuse de homard et ses nems (sept. à mars). Noix de ris de veau dorée au sautoir, girolles du pays (juin à sept.). Paris-brest de mon enfance (oct. à mars). **Vins** Vin de pays d'Urfé, Côtes du Forez.
♦ Une valeur sûre, au-dessus des halles. Décor alliant chaleur et élégance, dans une veine contemporaine très soignée ; terrasse verdoyante. Cuisine créative à base d'excellents produits.

XXX **Jean-Claude Leclerc**　　　　　　　　　　🛰 AC ⇔ VISA ⓪
🟢 *12 r. St-Adjutor – 𝒞 04 73 36 46 30*
– www.restaurant-leclerc.com – Fax 04 73 31 30 74
– Fermé 11-19 avril, 8 août-1ᵉʳsept., 2-9 janv., dim. et lundi　　　EV**k**
Rest – Menu 28 € (déj. en sem.), 38/85 € – Carte 73/107 €
Spéc. Brochette d'escargots au beurre vert à la truffe d'été (saison). Faux filet de salers, pommes de terre fondantes au cantal, sauce périgueux. Assiette fraîcheur "tout agrumes" (été). **Vins** Vin de pays du Puy de Dôme, Chateaugay.
♦ Dans une atmosphère élégante et moderne, découvrez une cuisine classique actualisée et originale. Ce restaurant proche de la cité judiciaire dispose d'une terrasse ombragée.

XX **Amphitryon Capucine**　　　　　　　　　　AC VISA ⓪ AE
🟢 *50 r. Fontgiève – 𝒞 04 73 31 38 39*
– www.amphitryoncapucine.com – Fax 04 73 31 38 44
– Fermé 1ᵉʳ-15 août, dim. sauf fêtes et lundi　　　DV**k**
Rest – (20 €) Menu 28/75 € – Carte 55/75 €
♦ Ce petit restaurant à la façade en bois abrite une salle à manger chaleureuse, agrémentée de poutres et d'une cheminée. Les menus, au goût du jour, changent au gré des saisons.

XX **Apicius** (Arkadiusz Zuchmanski)　　　　　🛰 VISA ⓪ AE
🟢 *16 r. Claussmann – 𝒞 04 73 91 13 61*
– Fermé 5-10 avril, 1ᵉʳ-22 août, 4-10 janv., sam. et dim.　　　FV**b**
Rest – Menu 28 € (déj. en sem.), 38/75 € – Carte 57/83 €
Spéc. Gravlax de saumon à l'aneth. Carré de porc noir de Bigorre, sabayon parfumé à la truffe blanche. Millefeuille à la vanille.
♦ L'enseigne célèbre un cuisinier fameux de l'Antiquité, à juste titre : les assiettes, bien qu'actuelles, distillent des saveurs éternelles, celles des produits rendus dans leur vérité. Beau décor contemporain.

XX **Pavillon Lamartine**　　　　　　　　　　🛰 AC ⇔ VISA ⓪
17 r. Lamartine – 𝒞 04 73 93 52 25 – www.pavillonlamartine.com
– Fax 04 73 93 29 25 – Fermé 26 juil.-16 août, 23-28 déc., lundi soir et dim.
Rest – (17 €) Carte 27/50 €　　　DX**a**
♦ Tout près de la place de Jaude, restaurant confortable et cossu proposant une cuisine alliant tradition et modernité. Des recettes revisitées goûteuses et gourmandes.

X **Fleur de Sel** (Patrice Eschalier)　　　　　AC VISA ⓪
🟢 *8 r. Abbé Girard – 𝒞 04 73 90 30 59 – www.restaurantfleurdesel.com*
– Fermé août, vacances de Noël, dim., lundi et fériés　　　FX**a**
Rest – *(nombre de couverts limité, prévenir)* Menu 30 € (sem.)/70 €
– Carte 67/82 € 🏠
Spéc. Brochette de Saint-Jacques et jambon d'Auvergne (saison). Turbot poêlé au saindoux, lentilles mitonnées et jus de crustacés. Soufflé léger au chocolat, sorbet ananas.
♦ Un décor à la blancheur immaculée et une cuisine originale qui fait la part belle à des produits de la mer d'une grande fraîcheur : cap sur les saveurs !

X **Goûts et Couleurs**　　　　　　　　　　🛰 AC VISA ⓪
6 pl. du Changil – 𝒞 04 73 19 37 82 – www.restaurantgoutsetcouleurs.com
– Fax 04 73 19 37 83 – Fermé 1ᵉʳ-9 mai, 9-29 août et dim.　　　EV**r**
Rest – Menu 28/59 € – Carte 50/81 €
♦ Sur une petite place, sympathique restaurant pour déguster une cuisine dans l'air du temps. Cadre sobre, bicolore (blanc-mauve), orné de tableaux ; salle sous une arcade voûtée.

X **Brasserie Danièle Bath**　　　　　　　🛰 AC VISA ⓪ AE ⓪
pl. Marché St-Pierre – 𝒞 04 73 31 23 22
– Fermé 15 fév.-7 mars, 15-31 août, dim., lundi et fériés　　　EV**e**
Rest – (18 €) Menu 25/48 € – Carte 39/59 €
♦ Décor de bistrot, salle à manger cossue égayée d'œuvres d'art contemporaines ou, en été, terrasse sur la place piétonne. Cuisine traditionnelle ; bon choix de vins au verre.

✗ Le Moulin Blanc

AC ⇔ VISA ⚫⚫

48 r. Chandiots – ℰ *04 73 23 06 81 – Fax 04 73 23 29 76
– Fermé 9-23 août, 27-31 déc. et le soir*
Rest – Menu 18/45 € – Carte 25/50 €

CYe

♦ Confortable salle à manger colorée où se marient avec bonheur décor actuel et chaises de style Louis XIII. Cuisine traditionnelle judicieusement revisitée.

✗ Le Comptoir des Saveurs

AC VISA ⚫⚫

5 r. Ste-Claire – ℰ *04 73 37 10 31 – www.le-comptoir-des-saveurs.fr
– Fax 04 73 37 10 31 – Fermé août, 1ᵉʳ-15 janv., 15 fév.-1ᵉʳ mars, mardi soir,
merc. soir, jeudi soir, dim. et lundi*
Rest – Menu 26 € (déj.), 36/46 €

EVx

♦ On peut jouer à la dînette en picorant parmi les propositions du chef – plats servis en mini-portions – changées chaque jour. Un concept à découvrir dans un cadre contemporain.

✗ L'Annexe

🛜 VISA ⚫⚫ AE ①

1 r. de Coupière – ℰ *04 73 92 50 00 – www.l-annexe-restaurant.com
– Fax 04 73 92 92 03 – Fermé sam. midi, dim., lundi et fériés*
Rest – Menu 16/38 € – Carte 34/42 €

GVt

♦ Cadre industriel et recettes actuelles de saison résument l'esprit de ce restaurant occupant une ancienne imprimerie. Mobilier contemporain et cuisines sous vos yeux.

à Chamalières – 17 689 h. – alt. 450 m – ⊠ 63400

🖦 Radio 🔊

⇐ 🚗 📶 AC rest, ☏ 🕍 🅿 🛜 VISA ⚫⚫ AE ①

43 av. P. et M.-Curie – ℰ *04 73 30 87 83 – www.hotel-radio.fr
– Fax 04 73 36 42 44 – Fermé 24 oct.-8 nov. et 2-10 janv.* **Plan de Royat** Bw
26 ch – �86/130 € ♟♟96/140 €, ⊇ 14 € – ½ P 107/127 €
Rest – *(fermé lundi midi, sam. midi et dim.)* Menu 39 € bc (déj. en sem.),
50/92 € – Carte 72/96 €⅊

♦ Élégant établissement des années 1930 où l'on valorise le style Art déco. Les chambres, amples et feutrées, optent pour une ambiance plus contemporaine. Cuisine originale et belle carte des vins dans un cadre chic, rénové mais respectueux de l'âme du lieu.

à Pérignat-lès-Sarliève 8 km – 2 604 h. – alt. 364 m – ⊠ 63170

◎ Plateau de Gergovie★ : ✳✳★★ S : 8 km.

🖦 Hostellerie St-Martin 🔊

⇐ 🦯 🏊 ☳ 🕍 📶 ☏ 🕍 🅿 VISA ⚫⚫ AE

allée de Bonneval – ℰ *04 73 79 81 00 – www.hostelleriestmartin.com
– Fax 04 73 79 81 01*
32 ch – ♟90/195 € ♟♟90/195 €, ⊇ 13 € – 1 suite – ½ P 95/138 €

CZs

Rest – *(fermé dim. soir d'oct. à mars)* (16 €) Menu 25/59 € – Carte 35/70 €
♦ Dans un parc de sept hectares, cette belle demeure abrite des chambres confortables et personnalisées ; celles de l'annexe sont plus simples. Table contemporaine (le chef a le titre de "Toque d'Auvergne"), décor bourgeois, terrasse.

🖦 Gergovie

🦯 🛜 📶 ⅃ AC 🦯 🕍 🅿 VISA ⚫⚫ AE ①

25 allée du Petit Puy – ℰ *04 73 79 09 95 – www.bestwestern.fr
– Fax 04 73 79 08 76*
59 ch – ♟85/150 € ♟♟85/150 €, ⊇ 12 € – 3 suites

CZb

Rest – *(fermé sam. et dim.)* (16 €) Menu 20 € (dîner) – Carte 33/54 €
♦ Construit récemment en périphérie de la ville, grand bâtiment moderne dont les chambres, climatisées, offrent un confort actuel et un décor design et résolument sobre. Restaurant contemporain servant une cuisine traditionnelle. Belle terrasse d'été en teck.

rte de La Baraque – ⊠ 63830 Durtol

✗✗ Le Pré Carré

AC ⇔ 🅿 VISA ⚫⚫ AE

rte de la Barraque – ℰ *04 73 19 25 00 – Fax 04 73 19 25 04 – Fermé 1ᵉʳ-8 août,
1ᵉʳ-8 janv., sam. midi, dim. et lundi*
Rest – (27 €) Menu 34/85 €

AYf

♦ Concept audacieux adopté par ce jeune chef : pas de menu, mais une "cuisine d'instinct" réalisée selon le marché et l'inspiration du moment. Spontanéité, alliée à un vrai sens du produit, qui présage de belles surprises.

à La Baraque 6 km par ⑥ - ⊠ 63870 Orcines

🏠 Le Relais des Puys 　🛜 📶 ⅙ ch. ⌘ ⅙ 🅿 VISA ⱺ AE
59 rte de la Baraque – ℰ 04 73 62 10 51 – www.relaisdespuys.com – Fax 04 73 62 22 09 – Fermé 10 déc.-31 janv., dim. soir hors saison
36 ch – ♦63/76 € ♦♦63/76 €, ⌂ 9 € – ½ P 61/67 €
Rest – *(fermé lundi midi)* (15 €) Menu 18/45 € – Carte 27/54 €
♦ Depuis sept générations, la même famille veille aux destinées de cet ancien relais de diligences. Les chambres offrent tous les agréments du confort moderne. Côté restaurant, recettes originales et du terroir à déguster devant la cheminée.

à Orcines 8 km par ⑥ – 3 255 h. – alt. 810 m – ⊠ 63870

🚹 Office de tourisme, place de la Liberté ℰ 04 73 62 20 08, Fax 04 73 62 73 00

🏠 Les Hirondelles 　🛜 ⅙ ⅙ ⅍ 🅿 VISA ⱺ AE
34 rte de Limoges – ℰ 04 73 62 22 43 – www.hotel-leshirondelles.com – Fax 04 73 62 19 12 – Ouvert 12 fév.-11 nov. et fermé dim. soir, mardi midi et lundi en fév.-mars
30 ch – ♦56/74 € ♦♦56/74 €, ⌂ 9 € – ½ P 58/65 €
Rest – *(fermé lundi midi en oct.-nov.)* Menu 21 € (sem.)/46 € – Carte 27/40 €
♦ Cette ancienne ferme postée en lisière du Parc naturel des Volcans porte un bien joli nom. Les chambres, petites et sobrement décorées, sont correctement insonorisées. Salle de restaurant aménagée sous les voûtes de l'ex-étable ; cuisine auvergnate.

🏠 Domaine de Ternant *sans rest* ⅍ 　≤ ⅍ ⅙ ⅙ 🅿 ⌂
Ternant, 5,5 km au Nord – ℰ 04 73 62 11 20 – domaine.ternant.free.fr – Fax 04 73 62 29 96 – Ouvert de mi-mars à mi-nov.
5 ch ⌂ – ♦76/88 € ♦♦84/96 €
♦ Cette demeure du 19ᵉ s. se dresse dans un parc parfumé de plus de 200 rosiers, au pied des monts Dôme. Chambres garnies de meubles de famille et égayées de patchwork. Tennis et billard.

✕✕ Auberge de la Baraque 　⇦ 🅿 VISA ⱺ AE
2 rte de Bordeaux – ℰ 04 73 62 26 24 – www.laubrieres.com – Fax 04 73 62 26 26 – Fermé 28 juin-13 juil., 10-27 janv., lundi, mardi et merc. sauf fériés
Rest – Menu 26/52 € – Carte 35/65 €
♦ La cuisine réalisée par la jeune propriétaire de cet ex-relais de diligences de 1800 – cadre classique – est actuelle, simple et souvent renouvelée : elle vaut le détour.

au col de Ceyssat 12 km par ⑥ et rte du Puy-de-Dôme – ⊠ 63210 Ceyssat – 592 h. – alt. 800 m

✕ Auberge des Muletiers 　🛜 🅿 VISA ⱺ
– ℰ 04 73 62 25 95 – Fax 04 73 62 28 03 – Fermé 30 nov.-14 fév., mardi sauf le midi d'avril à juin et sept., dim. soir et lundi en fév.-mars et oct.-nov. et merc.
Rest – Menu 22/27 € – Carte 33/41 €
♦ Construction de type chalet située au pied du puy de Dôme. Chaleureux décor rustique agrémenté d'un vaisselier et d'une cheminée. Terrasse panoramique. Cuisine régionale.

CLERMONT-L'HÉRAULT – 34 Hérault – 339 F7 – 7 214 h.   23 C2
– alt. 92 m – ⊠ 34800 📗 Languedoc Roussillon

🔼 Paris 718 – Béziers 46 – Lodève 24 – Montpellier 42
🚹 Office de tourisme, 9, rue Doyen René Gosse ℰ 04 67 96 23 86, Fax 04 67 96 98 58
📷 Église St-Paul★.

✕✕ Le Tournesol 　🛜 VISA ⱺ
2 r. Roger Salengro – ℰ 04 67 96 99 22 – www.letournesol.fr – Fax 04 67 88 12 53
Rest – Menu 16 € (déj. en sem.), 22/38 € – Carte 40/79 €
♦ Ce restaurant du centre-ville propose une cuisine traditionnelle aux parfums de la région. Jolie véranda, mobilier en teck et terrasse entourée d'une végétation tropicale.

XX Le Fontenay 🛏 AC ⇔ P VISA ⚫⚫

1 r. Georges-Brassens, rte du Lac du Salagou – ℰ *04 67 88 04 06*
*– www.restaurant-fontenay.com – Fax 04 67 88 04 06 – Fermé 1er-10 juil., dim.
soir, mardi soir et merc.*
Rest – (16 €) Menu 26/50 € – Carte 45/70 €🍴

♦ Cette maison d'un quartier résidentiel reçoit dans une salle actuelle colorée ainsi que sur
son agréable terrasse intérieure. Intéressante carte au goût du jour, vins régionaux.

à St-Guiraud 7,5 km au Nord par D 609, D 908, D 141 et D 130E – 223 h.
– alt. 120 m – ⊠ 34725

XX Le Mimosa 🛏 AC ⅓ ⇔ VISA ⚫⚫ ⓪

– ℰ *04 67 96 67 96 – www.lemimosa.blogspot.com – Fax 04 67 96 61 15 – Ouvert
27 mars-3 oct. et fermé le midi sauf dim., dim. soir sauf juil.-août et lundi*
Rest – Menu 56/84 € bc – Carte 58/90 €🍴

♦ Ex-maison de vigneron au cœur du village. Coquet intérieur contemporain où l'on déguste
une cuisine du marché d'inspiration méditerranéenne. Bon choix de vins du Languedoc.

à St-Saturnin-de-Lucian 10 km au Nord par D 609, D 908, D 141 et D 130
– 281 h. – alt. 150 m – ⊠ 34725

Ⓖ Grotte de Clamouse★★ NE : 12 km - St-Guilhem-le-Désert : site★★, église
abbatiale★ NE : 17 km.

🏠 Du Mimosa sans rest ⅓ ⅓ ((·)) VISA ⚫⚫ ⓪

10 pl. de la Fontaine – ℰ *04 67 88 62 62 – www.hoteldumimosa.blogspot.com
– Fax 04 67 88 62 82 – Fermé 9-24 nov. et 11-26 janv.*
7 ch – ♥68/95 € ♥♥68/95 €, ⊆ 10 €

♦ Ravissante demeure séculaire sur la place du village. Chambres spacieuses où s'harmonisent mobilier design, vieilles pierres et cheminées d'origine. Accueil à partir de 17 h.

à Brignac 3 km à l'Est par D 4 – 516 h. – alt. 60 m – ⊠ 34800

⌂ La Missare sans rest ⅓ 🚗 ⅃ ⅓ 🚗

9 rte de Clermont – ℰ *04 67 96 07 67 – la.missare.free.fr*
4 ch ⊆ – ♥70 € ♥♥70 €

♦ La Missare (loir en languedocien) allie charme et sérénité : vastes chambres, meubles chinés, objets anciens, beau jardin envahi de fleurs, piscine, petit-déjeuner maison.

CLICHY – 92 Hauts-de-Seine – 311 J2 – 101 15 – voir à Paris, Environs

---

CLIOUSCLAT – 26 Drôme – 332 C5 – 617 h. – alt. 235 m – ⊠ 26270   44 B3

▶ Paris 586 – Valence 31 – Montélimar 24

🏠 La Treille Muscate ⅓ ⇐ 🛏 ((·)) P P VISA ⚫⚫

Le Village – ℰ *04 75 63 13 10 – www.latreillemuscate.com – Fax 04 75 63 10 79
– Fermé 12 déc.-12 fév.*
11 ch – ♥65/150 € ♥♥65/150 €, ⊆ 11 € – 1 suite
Rest – *(fermé lundi)* Menu 20 € (déj. en sem.)/28 € – Carte 34/53 €

♦ Cette coquette auberge ne manque pas de charme : atmosphère provençale, chambres
joliment personnalisées et généreux vergers en toile de fond. La belle salle à manger voûtée
ravit les yeux : poteries de Cliouscat, meubles et objets chinés. Cuisine du Sud.

CLISSON – 44 Loire-Atlantique – 316 I5 – 6 600 h. – alt. 34 m   34 B2
– ⊠ 44190 ▌ Bretagne

▶ Paris 396 – Nantes 31 – Niort 130 – Poitiers 151
ℹ Office de tourisme, place du Minage ℰ 02 40 54 02 95, Fax 02 40 54 07 77
◎ Site★ - Domaine de la Garenne-Lemot★.

XXX La Bonne Auberge 🚗 🛏 AC VISA ⚫⚫ AE ⓪

1 r. O. de Clisson – ℰ *02 40 54 01 90 – Fax 02 40 54 08 48
– Fermé 11 août-3 sept., 1er-20 janv., mardi midi, dim. soir, merc. soir et lundi*
Rest – (14 €) Menu 42/62 € – Carte 65/80 €

♦ Cette maison bourgeoise compte trois salles à manger chaleureuses (boiseries blondes) et
soignées, dont une véranda ouverte sur un petit jardin. Carte fidèle à son classicisme.

à Gétigné 3 km au Sud-Est par D 149 et rte secondaire – 3 305 h. – alt. 26 m
– ⊠ 44190

XX   **La Gétignière**   *VISA* **◑◐** **AE**
⊛   3 r. de la Navette – ℰ 02 40 36 05 37 – Fax 02 40 54 24 76 – Fermé 3 sem.
en août, 20 déc.-1er janv., dim. soir, mardi soir et lundi
Rest – Menu 22 € (déj. en sem.), 28/45 € – Carte 55/71 €
♦ Lambris et stores bateau blancs, plantes et vases fleuris à profusion : régalez-vous d'une
cuisine au goût du jour dans cette jolie salle à manger contemporaine.

CLOHARS-FOUESNANT – 29 Finistère – **308** G7 – rattaché à Bénodet

---

CLOYES-SUR-LE-LOIR – 28 Eure-et-Loir – **311** D8 – **2 640 h.**   **11** B2
– alt. 97 m – ⊠ 28220 ▯ Châteaux de la Loire

   ▶ Paris 146 – Blois 54 – Orléans 64 – Vendôme 30
   🛈 Office de tourisme, 11, place Gambetta, Fax 02 37 98 55 27

🏠   **Le St-Jacques**   ⌗ 🀫 📶 ⅙ ch, 🏱 🕍 **P** *VISA* **◑◐** **AE**
   pl. du Marché aux Oeufs – ℰ 02 37 98 40 08 – www.lesaintjacques.fr
   – Fax 02 37 98 32 63 – Fermé 16-23 nov., 22 déc.-25 janv., dim. et lundi de nov. à
   Pâques
   18 ch – †56/170 € ††56/170 €, ⊇ 13 € – ½ P 68/125 €
   Rest – (fermé dim. soir, mardi midi, merc. midi et lundi) Menu 20 €
   ♦ Blotti dans un jardin au bord du Loir, cet ancien relais de poste du 16e s. offre des chambres calmes, progressivement rénovées. Carte traditionnelle proposée dans une salle à manger classique ; terrasse ombragée aux beaux jours.

CLUNY – 71 Saône-et-Loire – **320** H11 – **4 552 h.** – alt. 248 m – ⊠ 71250   **8** C3
▯ Bourgogne

   ▶ Paris 384 – Mâcon 25 – Chalon-sur-Saône 49 – Montceau-les-Mines 44
   🛈 Office de tourisme, 6, rue Mercière ℰ 03 85 59 05 34, Fax 03 85 59 06 95
   ◉ Anc. abbaye★★ : clocher de l'Eau Bénite★★ - Musée Ochier★ **M**
     - Clocher★ de l'église St-Marcel.
   🄶 Château de Cormatin★★ (cabinet de St-Cécile★★★) N : 13 km.
     - Communauté de Taizé N : 10 km.

Plan page suivante

🄷🄷   **De Bourgogne**   ⅙ ch, 🏱 🀫 *VISA* **◑◐** **AE**
   pl. l'Abbaye – ℰ 03 85 59 00 58 – www.hotel-cluny.com – Fax 03 85 59 03 73
   – Fermé 1er déc.-11 fév.   **n**
   14 ch – †89 € ††89/99 €, ⊇ 11 € – 2 suites – ½ P 80/85 €
   Rest – (fermé 5-12 juil., mardi et merc.) (17 €) Menu 25/45 € – Carte 37/50 €
   ♦ Lamartine venait se reposer dans cet hôtel particulier de caractère situé en face de l'abbaye bénédictine. Salon agréable et chambres diversement aménagées. Sol en damier, murs
   clairs, sièges Louis XVI et cheminée en pierre au restaurant. Choix traditionnel.

XX   **Hostellerie d'Héloïse** avec ch   ⅙ rest, 🏱 *VISA* **◑◐** **AE**
   pont de l'Étang – ℰ 03 85 59 05 65 – www.hostellerieheloise.com
   – Fax 03 85 59 19 43 – Fermé mi-déc. à mi-fév.   **y**
   13 ch – †49/59 € ††59/63 €, ⊇ 8,50 €
   Rest – (fermé dim. soir, mardi soir et merc.) (18 € bc) Menu 24/49 €
   – Carte 31/48 €
   ♦ Un établissement familial à l'entrée de la ville, apprécié pour son accueil chaleureux et sa
   cuisine de tradition soignée. Grande salle et véranda d'esprit colonial. Si vous souhaitez faire
   étape, demandez de préférence l'une des chambres rénovées.

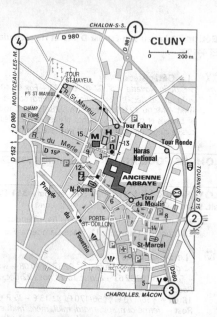

CLUNY

LA CLUSAZ – 74 Haute-Savoie – 328 L5 – 1 920 h. – alt. 1 040 m
– Sports d'hiver : 1 100/2 600 m ⚡6 ⚡49 ⚡ – ⊠ 74220 ▮ Alpes du Nord

46 F1

▶ Paris 564 – Albertville 40 – Annecy 32 – Chamonix-Mont-Blanc 60

ℹ Office de tourisme, 161, place de l'église ⚡ 04 50 32 65 00,
Fax 04 50 32 65 01

◎ E : Vallon des Confins★ - Vallée de Manigod★ S - Col des Aravis ⩽★★ par
② : 7,5 km.

Beauregard ⚡
🍴 📺 🐾 🖐 ⚡ ch, ⚡ rest, ⚡ ⚡ 🅿 ⚡ 💳 ⚡ 🆎

90 sentier du Bossonet – ⚡ 04 50 32 68 00 – www.hotel-beauregard.fr
– Fax 04 50 02 59 00 – Fermé 15 oct.-20 nov.

k

95 ch – †90/510 € ††90/510 €, ⚡ 13 € – ½ P 67/293 €
Rest – Menu 14 € (déj.), 19/26 €

♦ Au pied des pistes, vaste chalet confortable et bien équipé : ample salon-bar (billard), grande piscine couverte, fitness. Chaleureux intérieur en bois blond, chambres avec balcon. Plats traditionnels servis sur la terrasse exposée au sud.

Les Sapins ⚡
⩽ ⚡ 🖐 ⚡ 🅿 💳 ⚡

105 chemin des Riffroids – ⚡ 04 50 63 33 33 – www.clusaz.com
– Fax 04 50 63 33 34 – Ouvert 17 juin-5 sept. et 16 déc.-9 avril

h

24 ch – †60/130 € ††60/130 €, ⚡ 10 € – ½ P 58/124 €   **Rest** – Menu 18/28 €

♦ Face à la chaîne des Aravis, chalet abritant des chambres décorées à la mode montagnarde (boiseries blondes et couleurs gaies), souvent dotées d'un balcon. Accès direct aux pistes. Tartiflettes et fondues se dégustent avec les pentes enneigées en toile de fond.

Alp'Hôtel
🍴 📺 🖐 ⚡ 💳 ⚡ 🆎

192 rte col des Aravis – ⚡ 04 50 02 40 06 – www.clusaz.com – Fax 04 50 02 60 16
– Ouvert 1er juin-29 sept. et 2 déc.-24 avril

e

15 ch – †80/220 € ††90/260 €, ⚡ 12 € – ½ P 78/163 €
Rest – Menu 29/49 € – Carte 38/69 €

♦ Haut chalet dressé au centre de La Clusaz. Les chambres, garnies de mobilier typiquement savoyard, possèdent toutes un balcon. Salon-cheminée. Cuisine régionale personnalisée servie, à la belle saison, sur la terrasse exposée au Sud.

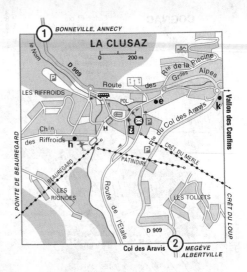

BONNEVILLE, ANNECY

LA CLUSAZ

0   200 m

le Nom

D 909

Rte de la Piscine

Route des Grdes Alpes

LES RIFFROIDS

POL

e

Vallon des Confins

Rte du Col des Aravis

Chⁱⁿ des Riffroids

h

H

POINTE DE BEAUREGARD

BEAUREGARD

LES RIONDES

PATINOIRE

CRÊT DU MERLE

k

Route de l'Etale

LES TOLLETS

CRÊT DU LOUP

D 909

Col des Aravis ② MEGÈVE ALBERTVILLE

---

rte du Col des Aravis 4 km par ② – ⊠ 74220 La Clusaz

🏠🏠 **Les Chalets de la Serraz** ⌂   ≤ 🛏 🎿 🌡 rest, **P** 𝗩𝗜𝗦𝗔 ⓂⓄ ⒶⒺ ①
3862 rte du Col des Aravis – ℰ 04 50 02 48 29 – www.laserraz.com
– Fax 04 50 02 64 12 – Fermé 18 avril-13 mai et 30 sept.-7 nov.
10 ch (½ P seult) – ½ P 90/190 €
Rest – *(dîner seult)* Menu 32/45 € – Carte 40/50 €
♦ Les coquettes chambres de cette ancienne ferme ouvrent toutes sur la montagne. Dans le jardin, des petits chalets abritent les duplex (terrasse privative). Hammam, jacuzzi et salon-bar cosy. Cuisine traditionnelle réalisée par une jeune chef motivée ; vins choisis.

CLUSES – 74 Haute-Savoie – **328** M4 – 17 835 h. – alt. 486 m   **46** F1
– ⊠ 74300 ▌ Alpes du Nord

▶ Paris 570 – Annecy 56 – Chamonix-Mont-Blanc 41 – Thonon-les-Bains 59
🛈 Office de tourisme, 100, place du 11 Novembre ℰ 04 50 98 31 79,
   Fax 04 50 96 46 99
◉ Bénitier★ de l'église.

✕✕ **St-Vincent**   🕭 𝗩𝗜𝗦𝗔 ⓂⓄ
14 r. Fg St-Vincent, au Sud-Est par rte de Chamonix – ℰ 04 50 96 17 47
– www.le-saint-vincent.com – Fax 04 50 96 83 75 – Fermé 9-23 août, sam. midi et dim.
Rest – Menu 37/57 € – Carte 40/46 €🍴
♦ Cette auberge régionale arbore un chaleureux intérieur, mi-rustique, mi-actuel, qui sied à la dégustation d'une cuisine au goût du jour assez soignée.

COCHEREL – 27 Eure – **304** I7 – rattaché à Pacy-sur-Eure

COCURÈS – 48 Lozère – **330** J8 – rattaché à Florac

COGNAC ⌀ – 16 Charente – **324** I5 – 19 409 h. – alt. 25 m – ⊠ 16100   **38** B3
▌ Poitou Vendée Charentes

▶ Paris 478 – Angoulême 45 – Bordeaux 120 – Niort 83
🛈 Office de tourisme, 16, rue du 14 juillet ℰ 05 45 82 10 71,
   Fax 05 45 82 34 47
🖼 Du Cognac à Saint-Brice La Maurie, E : 8 km rte de Bourg-de-Charente,
   ℰ 05 45 32 18 17

Plan page suivante

COGNAC

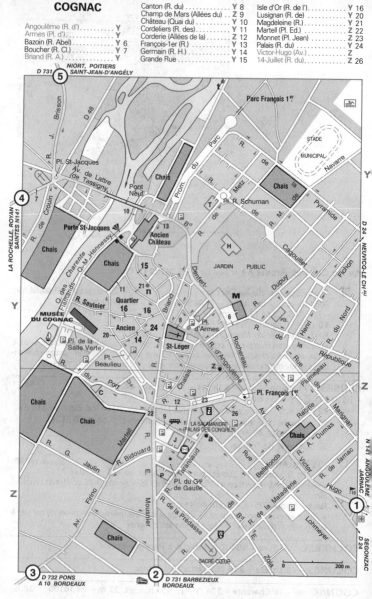

8H **Le Valois** sans rest 🖸 🕭 🗚 ⟨ঝ⟩ 🐾 🅿 VISA ⓒⓞ AE ①

35 r. du 14 Juillet – 𝒞 *05 45 36 83 00 – www.hotellevalois.com
– Fax 05 45 36 83 01 – Fermé 23 déc.-4 janv.*

46 ch – †69 € ††75 €, ⟓ 8,50 €

Za

◆ À deux pas des chais de Cognac, construction des années 1980 proposant des chambres spacieuses, plus sept nouvelles dans une annexe. Salon-bar actuel aménagé dans le hall.

🏠 Héritage ⌖ ⁽ᵖ⁾ 𝘝𝘐𝘚𝘈 ⓪ 𝘼𝘌

25 r. d'Angoulême – ℰ *05 45 82 01 26 – www.hheritage.com – Fax 05 45 82 20 33*
19 ch – †65 € ††70 €, ⊆ 8 € Yz
Rest *– (fermé lundi du 15 sept. au 31 mars et dim.)* (15 €) Menu 22 €
– Carte 27/40 €

◆ Mélanges d'ambiances et de styles, mobilier chiné et couleurs vitaminées réveillent le cadre Second Empire de cet hôtel particulier. Chambres thématiques très réussies. Au restaurant, influences multiples dans l'assiette et dans le décor (original, pétillant et chaleureux).

✗ La Courtine ⌖ 𝙋 𝘝𝘐𝘚𝘈 ⓪ 𝘼𝘌

allée Fichon, parc François 1er – ℰ *05 45 82 34 78*
– www.restaurant-la-courtine.fr – Fax 05 45 82 05 50 – Fermé 24 déc.-14 janv.
Rest *–* (18 €) Menu 25 € – Carte 25/45 € Yt

◆ Ex-guinguette au décor chaleureux tout en bois, dans un parc en bord de Charente. Plats traditionnels et grillades. Terrasse abritée. Soirées musicales et promenades fluviales.

✗ Le Bistro de Claude 𝘝𝘐𝘚𝘈 ⓪ 𝘼𝘌

35 r. Grande – ℰ *05 45 82 60 32 – www.bistro-de-claude.com*
– Fax 05 45 32 32 30 – Fermé 1 sem. en août, vacances de Noël, sam. et dim.
Rest *–* (18 €) Menu 20 € (déj. en sem.)/30 € bc – Carte 40/60 € Yn

◆ Dans la vieille ville, bistrot contemporain, cosy et feutré, dans une maison à colombages du 17ᵉ s. ; cuisine bistrotière aux saveurs franches. Belle collection de cognacs.

par ① **3 km rte d'Angoulême et rte de Rouillac (D 15) –** ⊠ **16100 Châteaubernard**

🏨 Château de l'Yeuse ⌖ ⮜ 🚗 ⌖ 🏊 𝘓𝘢̀ 📶 🛗 ch, ⁽ᵖ⁾ 🎿 𝙋

quartier l'Échassier, r. Bellevue – ℰ *05 45 36 82 60* 𝘝𝘐𝘚𝘈 ⓪ 𝘼𝘌 ⓪
– www.yeuse.fr – Fax 05 45 35 06 32 – Fermé 18 déc.-2 fév.
21 ch – †106/180 € ††106/180 €, ⊆ 18 € – 3 suites – ½ P 110/142 €
Rest Château de l'Yeuse *– (fermé le midi sauf dim.)* Menu 52/67 €
– Carte 70/110 € ⌂

Rest Le P'tit Yeuse *– (fermé sam. et dim.) (déj. seult)* Menu 24/28 €

◆ Atmosphère romantique en cette gentilhommière du 19ᵉ s. agrandie d'une aile moderne. Mobilier ancien et décor raffiné dans les chambres. Salon "cognacs et cigares". Cuisine traditionnelle bien exécutée dans l'élégant restaurant dominant la vallée. Repas plus simples au P'tit Yeuse à l'excellent rapport qualité-prix.

🏨 Domaine de l'Échassier ⌖ 🚗 ⌖ 🏊 🛗 ⁽ᵖ⁾ 🎿 𝙋 𝘝𝘐𝘚𝘈 ⓪ 𝘼𝘌

quartier l'Échassier, 72 r. Bellevue – ℰ *05 45 35 01 09 – www.echassier.com*
– Fax 05 45 32 22 43 – Fermé 21-29 déc. et dim. hors saison
22 ch – †78 € ††95 €, ⊆ 12 € – ½ P 83 €
Rest *– (fermé vacances de la Toussaint, 1 sem. vacances de fév.) (dîner seult)*
Menu 32/43 € – Carte 36/46 €

◆ Dans un joli jardin, maison récente abritant de douillettes chambres parfaitement tenues ; leur décoration évoque parfois l'activité viticole. Salles à manger coquettes et intimes pour apprécier une cuisine rythmée par les saisons.

COGOLIN – 83 Var – 340 O6 – 11 066 h. – alt. 20 m – ⊠ 83310 41 C3

▶ Paris 864 – Fréjus 33 – Ste-Maxime 13 – Toulon 60

🛈 Office de tourisme, place de la République ℰ 04 94 55 01 10,
Fax 04 94 55 01 11

✗✗ La Grange des Agapes 𝘼𝘾 𝘝𝘐𝘚𝘈 ⓪

7 r. du 11-Novembre, (pl. de la Mairie) – ℰ *04 94 54 60 97*
– www.grangeagapes.com – Fax 04 94 54 60 97
Rest *–* (22 €) Menu 28/50 € – Carte 42/55 €

◆ Adresse rustique revisitée à la mode actuelle : bar lounge, cuisines ouvertes dans la salle à manger, mur végétal. Le chef prépare des plats traditionnels et donne des cours.

Ⓧ **Grain de Sel**   AC VISA ⓒ
6 r. 11-Novembre, (derrière la mairie) – ℰ 04 94 54 46 86
– *www.restaurant-cogolin.com* – Fermé 25-31 août, 24-31 déc., vacances de fév.,
lundi de sept. à juin et dim.
Rest – Menu 29 € – Carte 36/44 €
♦ Un minuscule bistrot provençal qui ne manque pas de sel : le chef prépare sous vos yeux,
dans la salle chaleureuse, d'appétissantes recettes du marché proposées à l'ardoise.

au Sud-Est 5 km sur D 98, direction Toulon – ✉ 83310

Ⓧ **La Ferme du Magnan**   ≤ ⌂ ⅛ P VISA ⓒ AE
– ℰ 04 94 49 57 54 – *www.alpazurhotels.com* – Fax 04 94 49 57 54 – Ouvert
de fév. à nov.
Rest – Menu 35/59 € – Carte 37/98 €
♦ Bastide au 16ᵉ s., magnanerie au 19ᵉ s. et enfin pittoresque restaurant campagnard. La
table, généreuse, utilise les produits du terroir. Terrasse panoramique ornée de jarres.

COIGNIÈRES – 78 Yvelines – **311** H3 – **4 400** h. – alt. 160 m   **18** A2
– ✉ 78310

🚩 Paris 39 – Rambouillet 15 – St-Quentin-en-Yvelines 7 – Versailles 21

ⓍⓍⓍ **Le Capucin Gourmand**   ⌂ P VISA ⓒ AE
170 N 10 – ℰ 01 34 61 46 06 – *www.capucingourmand.com* – Fax 01 34 61 73 46
– Fermé dim. soir et lundi soir
Rest – Menu 30 € (déj. en sem.)/36 € – Carte environ 47 €
♦ Dans une zone commerciale, ancien relais de poste au charme préservé. Cuisine tradition-
nelle et salle à manger rustique, réchauffée l'hiver par une cheminée. Terrasse d'été.

 ⓍⓍ **Le Vivier**   ⅛ P VISA ⓒ
296 RN 10 – ℰ 01 34 61 64 39 – *www.levivier.net* – Fax 01 34 61 94 30 – Fermé
dim. soir et lundi
Rest – Menu 39 € – Carte 45/70 €
♦ Ambiance marine, aussi bien dans les deux salles que dans l'assiette mettant en scène
fruits de mer et poissons. Le chef propose à l'ardoise sa "pêche" du jour.

COIRAC – 33 Gironde – **335** J6 – **180** h. – alt. 100 m – ✉ 33540   **4** C2
🚩 Paris 598 – Bordeaux 49 – Langon 20 – Périgueux 131

Ⓧ **Le Flore**   ⛴ ⌂ P VISA ⓒ AE
☺ *1 Petit Champ du Bourg* – ℰ 05 56 71 57 47 – Fax 05 56 71 57 47 – Fermé dim.
soir, merc. soir et lundi
Rest – (14 €) Menu 29/40 € – Carte 30/41 €
♦ Excellente table de campagne qui propose une cuisine du marché savoureuse et soignée.
Portions généreuses, à l'unisson de l'accueil tout sourire. Terrasse sur un petit verger.

COISE-ST-JEAN-PIED-GAUTHIER – 73 Savoie – **333** J4 – **1 101** h.   **46** F2
– alt. 292 m – ✉ 73800

🚩 Paris 582 – Albertville 32 – Chambéry 23 – Grenoble 55

🏠 **Château de la Tour du Puits** ⌘   ≤ 🏊 ⅃ ⅛ ch, ⁀ 🛁 P
1 km par rte du Puits – ℰ 04 79 28 88 00   VISA ⓒ AE ①
– *www.chateaupuit.fr* – Fax 04 79 28 88 01 – Fermé 15-30 mars et nov.
7 ch – ♦120/250 € ♦♦120/250 €, � 20 € – ½ P 118/183 €
Rest – *(fermé dim. soir sauf juil.-août, mardi midi et lundi)* (25 €) Menu 38/65 €
– Carte 68/95 €
♦ Ce gracieux château rebâti au 18ᵉ s. dresse sa jolie tour en poivrière au milieu d'un
superbe parc boisé. Chambres décorées à ravir. Héliport. Le restaurant propose une carte
actuelle dans une salle élégante et intime, ou sur une belle terrasse ombragée.

COL BAYARD – 05 Hautes-Alpes – **334** E5 – alt. 1 248 m – ✉ 05000   **41** C1
Gap ▌ Alpes du Sud

🚩 Paris 658 – Gap 7 – La Mure 56 – Sisteron 60

à Laye 2,5 km au Nord par N 85 – 217 h. – alt. 1 170 m – ⊠ 05500

X · · · · **La Laiterie du Col Bayard** · · · · · · · · · · · · · 🕅 P VISA ⚫⚫
⊜ · · – 𝒞 04 92 50 50 06 – www.laiterie-col-bayard.com – Fax 04 92 43 07 42 – Fermé
11 nov.-17 déc. sauf vacances scolaires
Rest – (13 € bc) Menu 17/38 € bc – Carte 14/47 €
◆ Jouxtant une laiterie-fromagerie, étonnant restaurant complété par une boutique de pro-
duits locaux. Terrasse face à la montagne. Plats du terroir et fromages à l'honneur.

COL DE BAVELLA – 2A Corse-du-Sud – **345** E9 – **voir à Corse**

COL DE CEYSSAT – 63 Puy-de-Dôme – **326** E8 – **rattaché à Clermont-Ferrand**

COL DE CUREBOURSE – 15 Cantal – **330** D5 – **rattaché à Vic-sur-Cère**

COL DE LA CROIX-FRY – 74 Haute-Savoie – **328** L5 – **rattaché à Manigod**

COL DE LA CROIX-PERRIN – 38 Isère – **333** G7 – **rattaché à Lans-en-Vercors**

COL DE LA FAUCILLE ★★ – 01 Ain – **328** J2 – alt. 1 320 m – **Sports** · · · **46** F1
d'hiver : (Mijoux-Lelex-la Faucille) 900/1 680 m ⚡3 ⚡29 ⚡ – ⊠ 01170 Gex
▌Franche-Comté Jura

🛆 Paris 480 – Bourg-en-Bresse 108 – Genève 29 – Gex 11
◉ Descente sur Gex★★ (N 5) ✳✳★★ SE : 2 km - Mont-Rond★★ (accès par
télécabine - gare à 500 m au SO du col).

🏨 · · **La Mainaz** ⚭ · · · · · · · · · · ≤ 🕅 🍽 👍 📶 P VISA ⚫⚫ Æ ①
col de la Faucille, 1 km au Sud par D 1005 – 𝒞 04 50 41 31 10
– www.la-mainaz.com – Fax 04 50 41 31 77 – Fermé 13 juin-2 juil., 24 oct.-8 déc.,
dim. soir et lundi sauf vacances scolaires
21 ch – ♦89/119 € ♦♦89/119 €, ☑ 13 € – ½ P 85/95 €
Rest – (25 €) Menu 32/44 € – Carte 42/90 €
◆ Atout incontestable de ce grand chalet de bois : la vue exceptionnelle sur le Léman et les
Alpes. Chambres spacieuses, parfois dotées d'un balcon ; certaines sont plus récentes. Magnifique panorama sur la région de la terrasse du restaurant ; cuisine classique.

🏠 · · **La Petite Chaumière** ⚭ · · · · · · ≤ 🕅 🛏 👍 📶 P VISA ⚫⚫
col de la Faucille – 𝒞 04 50 41 30 22 – www.petitechaumiere.com
– Fax 04 50 41 33 22 – Ouvert 27 avril-10 oct. et 21 déc.-28 mars
34 ch – ♦51/58 € ♦♦60/70 €, ☑ 11 € – ½ P 65/73 €
Rest – (16 €) Menu 20 € (sem.)/34 € – Carte 32/46 €
◆ Chalet jurassien des années 1960 au pied des pistes. Petites chambres simples habillée de
bois ; certaines avec balcon. Studios familiaux en annexe. Jetez un œil à la collection de
vieux soufflets de forge du patron en allant au restaurant, rustique et chaleureux.

🏠 · · **La Couronne** · · · · · · · · · · · · · · ≤ 🕅 🛏 📶 P VISA ⚫⚫
– 𝒞 04 50 41 32 65 – www.hotel-de-la-couronne.com – Fax 04 50 41 32 47
– Ouvert 15 mai-30 sept. et 15 déc.-31 mars
15 ch – ♦68 € ♦♦68/73 €, ☑ 10 € – ½ P 68/74 €
Rest – (fermé merc. en juin) (17 €) Menu 27/42 € – Carte 33/62 €
◆ La plupart des chambres, seventies, sont dotées d'un balcon. Quelques-unes sont bien
rénovées, avec des murs recouverts de bois clair. Le restaurant sert des plats classiques dans
un cadre mariant poutres apparentes, bibelots et fresque. Terrasse au grand air.

COL DE LA MACHINE – 26 Drôme – **332** F4 – **rattaché à St-Jean-en-Royans**

COL DE LA SCHLUCHT – 88 Vosges – **314** K4 – alt. 1 258 m · · · **27** D3
– **Sports d'hiver** : 1 150/1 250 m ⚡ ▌Alsace Lorraine
🛆 Paris 441 – Colmar 37 – Épinal 56 – Gérardmer 16
◉ Route des Crêtes★★★ N et S - Le Hohneck ✳★★★ S : 5 km.

🏠 **Le Collet** ⟨ 🛋 🍴 rest, **P** ᴠɪꜱᴀ ◉◉ ᴀᴇ

😊 *au Collet, 2 km sur rte de Gérardmer –* 𝒞 *03 29 60 09 57*
– *www.chalethotel-lecollet.com – Fax 03 29 60 08 72 – Fermé 2 nov.-3 déc.*

🍽 **25 ch** – †72 € ††75/82 €, �$ 15 € – 6 suites – ½ P 79 €
Rest *– (fermé jeudi midi et merc. sauf vacances scolaires)* (16 €) Menu 26/52 €
– Carte 35/49 €

♦ Au milieu des sapins, grand chalet à l'ambiance conviviale. Belle décoration des chambres, très douillettes, et détails soignés (tissu des Vosges brodé, omniprésence du bois). Goûteuse cuisine du terroir à savourer dans une chaleureuse salle à manger.

COL DU DONON – **67 Bas-Rhin** – **315** G5 – **alt. 718 m** – ⊠ **67130**   **1** A2
Grandfontaine ▌ Alsace Lorraine

▶ Paris 402 – Lunéville 61 – St-Dié 41 – Sarrebourg 39

◎ ⁂ ★★ sur la chaîne des Vosges.

🏠 **Du Donon** ⟨ 🚗 🛋 📺 ₍ᵦ₎ 🍴 🧖 **P** ᴠɪꜱᴀ ◉◉

– 𝒞 *03 88 97 20 69 – www.ledonon.com – Fax 03 88 97 20 17 – Fermé*
22-28 mars, 12 nov.-10 déc. et jeudi hors saison

22 ch – †50 € ††72 €, �$ 10 € – 1 suite – ½ P 65 €
Rest – (8 €) Menu 20 € (déj. en sem.)/37 € – Carte 25/55 €

♦ Accueil familial dans cette auberge entourée de forêts. Chambres rénovées, de même que les studios (mansardés). Jolie piscine, sauna et jacuzzi. Repas régional proposé dans un cadre rustique ou l'été sur la terrasse fleurie.

COL DU PAVILLON – **69 Rhône** – **327** F3 – **rattaché à Cours**

COLIGNY – **01 Ain** – **328** F2 – **1 140 h.** – **alt. 298 m** – ⊠ **01270**   **44** B1

▶ Paris 407 – Bourg-en-Bresse 24 – Lons-le-Saunier 39 – Mâcon 57

✗✗ **Au Petit Relais** 🛋 ᴠɪꜱᴀ ◉◉ ᴀᴇ ①

😊 *Grande Rue –* 𝒞 *04 74 30 10 07 – Fax 04 74 30 10 07 – Fermé 15-25 mars,*
😊 *20-30 sept., 6-9 déc., merc. soir et jeudi*
Rest *– (nombre de couverts limité, prévenir)* Menu 17 € (déj. en sem.),
28/57 € bc – Carte 41/88 € 🏵

♦ Cuisine goûteuse, spécialités de la Bresse et vins choisis à déguster dans une salle à manger pimpante. Terrasse dressée l'été dans la cour intérieure.

COLLÉGIEN – **77 Seine-et-Marne** – **312** F2 – **101** 19 – **voir à Paris, Environs**
(Marne-la-Vallée)

LA COLLE-SUR-LOUP – **06 Alpes-Maritimes** – **341** D5 – **7 434 h.**   **42** E2
– **alt. 90 m** – ⊠ **06480** ▌ Côte d'Azur

▶ Paris 919 – Antibes 15 – Cagnes-sur-Mer 7 – Cannes 26

🅸 Syndicat d'initiative, 28, rue Maréchal Foch 𝒞 04 93 32 68 36,
Fax 04 93 32 05 07

🏠 **Le Clos des Arts** 🍃 ⟨ 🚗 🛋 ✕ 🛋 🆖 ₍ᵦ₎ 🧖 **P** 🚲 ᴠɪꜱᴀ ◉◉ ᴀᴇ
350 rte de St Paul – 𝒞 *04 93 32 02 93 – www.closdesarts.fr – Fax 04 93 32 02 90*
– Fermé 10 janv.-7 fév.

9 ch ⊊ – †180/570 € ††180/570 €
Rest *Café Llorca – (fermé lundi et mardi)* Carte 40/65 €

♦ Goûtez au charme de la vie méditerranéenne dans ces trois mas provençaux et leurs jardins paysagers. Chambres spacieuses, raffinées et confortables. Au Café Llorca, cuisine régionale avec viandes cuites au grill ou à la rôtissoire.

🏠 **Marc Hély** sans rest 🍃 ⟨ 🚗 ✕ 🆖 ₍ᵦ₎ **P** ᴠɪꜱᴀ ◉◉ ᴀᴇ ①
535 rte de Cagnes, 800 m au Sud-Est par D 6 – 𝒞 *04 93 22 64 10*
– www.hotel-marc-hely.com – Fax 04 93 22 93 84 – Fermé 8-20 nov. et 1ᵉʳ-13 fév.

12 ch – †70/85 € ††70/120 €, ⊊ 10 €

♦ La majorité des chambres de cette grande maison bénéficient d'une belle vue sur St-Paul-de-Vence. Confort fonctionnel, calme, piscine et petits-déjeuners dans la véranda.

L'Abbaye
541 bd Teisseire, (rte de Grasse) – 𝒞 *04 93 32 68 34 – www.hotelabbaye.com*
– Fax 04 93 32 85 06
17 ch – †90/110 € ††140/170 €, �æ 11 € – 2 suites
Rest – *(fermé lundi)* (16 €) Carte 47/71 €
◆ Grandes chambres d'esprit tendance ornées d'œuvres d'art et aménagées au sein d'une très vieille abbaye, ex-propriété des moines de l'île St-Honorat (chapelle du 10e s.). Le restaurant voûté affiche un décor design et branché. Terrasse dans l'ancien cloître.

Le Blanc Manger
1260 rte de Cagnes – 𝒞 *04 93 22 51 20 – www.leblancmanger.fr*
– Fax 04 92 02 00 46 – Fermé lundi sauf le soir du 1er juin au 15 sept., merc. midi du 1er juin au 15 sept. et mardi
Rest – *(nombre de couverts limité, prévenir)* (24 €) Menu 29/54 €
◆ Une cuisine féminine gorgée de saveurs du Sud, à apprécier dans une charmante salle d'esprit champêtre, arborant un petit côté bonbonnière. Jolie terrasse couverte.

COLLEVILLE-SUR-MER – 14 Calvados – 303 G3 – 167 h. – alt. 42 m   32 B2
– ⊠ 14710 ▮ Normandie Cotentin

▶ Paris 281 – Cherbourg 84 – Caen 49 – Saint-Lô 39

Domaine de L'Hostréière sans rest ⌾
rte du Cimetière Américain – 𝒞 *02 31 51 64 64*
– www.domainedelhostreiere.com – Fax 02 31 51 64 65
– Ouvert 1er avril-31 oct.
20 ch – †89/132 € ††89/132 €, �æ 8,50 €
◆ Domaine près du cimetière américain de St-Laurent-sur-Mer. Vous logerez dans les dépendances de la ferme ou dans les annexes récentes. Salon ouvert sur la terrasse, piscine.

COLLIAS – 30 Gard – 339 L5 – rattaché à Pont-du-Gard

COLLIOURE – 66 Pyrénées-Orientales – 344 J7 – 2 937 h. – alt. 2 m   22 B3
– Casino – ⊠ 66190 ▮ Languedoc Roussillon

▶ Paris 879 – Argelès-sur-Mer 7 – Céret 36 – Perpignan 30
🄸 Office de tourisme, place du 18 Juin 𝒞 04 68 82 15 47, Fax 04 68 82 46 29
◉ Site★★ - Retables★ dans l'église Notre-Dame-des-Anges.

Plan page suivante

Relais des Trois Mas ⌾
rte Port-Vendres – 𝒞 *04 68 82 05 07 – www.relaisdestroismas.com*
– Fax 04 68 82 38 08 – Fermé fin nov.-début fév.   **Bn**
23 ch – †150/465 € ††150/465 €, �æ 18 € – 2 suites – ½ P 125/308 €
Rest *La Balette* – *(fermé mardi midi, merc. midi et lundi d'oct. à mars)*
Menu 39/90 € – Carte 65/120 €
Spéc. Anchois de Collioure "façon sushi", chutney de poivrons rouges et roquette. Filet de saint-pierre cuit sur la peau, artichauts violets (été). Figues rôties au miel, crème glacée aux figues (août à oct.). **Vins** Banyuls, Côtes du Roussillon.
◆ Ces trois mas ménagent une vue imprenable sur le port et la ville. Chambres personnalisées portant le nom d'un peintre. Jardin, piscine et jacuzzi complètent le décor. Cuisine du terroir actualisée servie en été sur l'agréable terrasse panoramique.

Casa Païral sans rest
imp. Palmiers – 𝒞 *04 68 82 05 81 – www.hotel-casa-pairal.com*
– Fax 04 68 82 52 10 – Ouvert 2 avril-13 nov.   **Ab**
27 ch – †89/233 € ††89/233 €, �æ 12 €
◆ Demeure du 19e s. agencée autour d'un luxuriant jardin méditerranéen où murmure une fontaine. Chambres de caractère peu à peu rafraîchies dans un style plus actuel.

COLLIOURE

Aire (R. de l') . . . . **B** 2
Amirauté (Q. de l') . . . . **B** 3
Arago (R. François) . . . . **B** 4
Argelès (Rte d') . . . . **A**
Dagobert (R.) . . . . **B** 7
Démocratie (R. de la) . . . . . . **B** 8
Égalité (R. de l') . . . . **B** 9
Ferry (R. Jules) . . . . **AB** 13

Galère (R. de la) . . . . **A**
Gaulle (Av. du Gén.) . . . . **B**
Jean-Jaurès
   (Pl.) . . . . **B** 14
Lamartine (R.) . . . . **B** 15
Leclerc (Pl. Gén.) . . . . **AB** 17
Maillol (Av. Aristide) . . . . . . **A**
Mailly (R.) . . . . **B** 19
Michelet (R. Jules) . . . . **B** 20
Miradou (Av. du) . . . . **A** 23
Pasteur (R.) . . . . **B**

Pla de Las Fourques
   (R. du) . . . . **A AB**
République (R. de la) . . . . . **AB**
Rolland (R. Romain) . . . . **A**
Rousseau (R. J.-J.) . . . . . . **AB** 29
St-Vincent (R.) . . . . **B** 30
Soleil (R. du) . . . . **B** 33
La Tour d'Auvergne (R. de) . . **B** 16
Vauban (R.) . . . . **B** 34
8 Mai 1945 (Pl. du) . . . . **B** 35
18-Juin (Pl. du) . . . . **B** 40

L'Arapède
🏠🏠 ⋖ 🛋 ⌿ 🛏 & ch, 🅰🅲 ☎ 🅿 VISA ⊚

rte Port-Vendres – ✆ *04 68 98 09 59 – www.arapede.com – Fax 04 68 98 30 90*
– Fermé 30 nov.-5 fév.   **Ad**
20 ch – ♦55/80 € ♦♦65/110 €, ⊇ 11 € – ½ P 61/87 €
Rest – Menu 27/36 € – Carte 35/45 €

♦ Hôtel moderne bâti à flanc de colline. Un joli mobilier de style catalan orne les vastes chambres tournées vers la mer et la piscine à débordement. Restaurant décoré de photos anciennes de Collioure, terrasse face à la grande bleue et recettes du terroir.

Madeloc sans rest
🏠🏠 ⋇ ⌿ 🅰🅲 ☎ 🅿 VISA ⊚ 🅰🅴

r. R. Rolland – ✆ *04 68 82 07 56 – www.madeloc.com – Fax 04 68 82 55 09*
– Ouvert 1ᵉʳ avril-15 nov.   **Ae**
22 ch – ♦80/180 € ♦♦80/180 €, ⊇ 11 €

♦ Sur les hauteurs, agréables chambres (certaines avec terrasse) redécorées petit à petit. Jacuzzi, piscine panoramique et jardin à flanc de colline.

La Frégate
🏠 🛋 🖭 🅰🅲 ch, VISA ⊚

24 quai de l'Amirauté – ✆ *04 68 82 06 05 – www.fregate-collioure.com*
– Fax 04 68 82 55 00 – Fermé fin nov. à début fév.   **Ba**
26 ch – ♦50/70 € ♦♦70/115 €, ⊇ 9 € – 1 suite – ½ P 65/88 €
Rest – *(fermé jeudi d'oct. à mars)* (15 €) Menu 22/37 € – Carte 28/47 €

♦ Idéalement situé face au château, cet hôtel, joliment rénové en 2009, bénéficie de chambres d'ampleurs variables, sobres et décorées dans l'esprit catalan. Deux salles à manger parées de faïence servent de cadre à une cuisine du terroir simple et bonne.

Méditerranée sans rest 　　　　　　　　　　　🖼 🅰🅲 🛏 🆅🅸🆂🅰 ⓪⓪
av. A. Maillol – ℰ 04 68 82 08 60 – www.mediterranee-hotel.com
– Fax 04 68 82 28 07 – Ouvert d'avril à nov. 　　　　　　　　　　**A**h
23 ch – 🛏65/115 € 🛏🛏65/115 €, ⳨ 10 €
♦ Pratiques et pourvues de balcons, les chambres de cet hôtel des années 1970 adoptent progressivement un style actuel rehaussé de teintes locales. Jardin en terrasses. Solarium.

XX　**Le Neptune** 　　　　　　　　　　　 ⪕ 🍴 🅰🅲 🅿 🆅🅸🆂🅰 ⓪⓪ 🅰🅴
rte Port-Vendres – ℰ 04 68 82 02 27 – www.leneptune-collioure.com
– Fax 04 68 82 50 33 – Fermé 2-17 janv. et mardi sauf en saison 　　　　**B**s
Rest – Menu 38/82 € – Carte 43/92 €
♦ Nouvelle équipe pour ce restaurant au chaleureux décor et aux belles terrasses accrochées au rocher. Vue superbe sur la vieille ville et goûteuse cuisine actuelle.

X　**Le 5ème Péché** 　　　　　　　　　　　　　　　　 🅰🅲 🆅🅸🆂🅰 ⓪⓪
18 r. de la Fraternité – ℰ 04 68 98 09 76 – www.le5peche.com – Fax 04 68 89 33 86
– Fermé 23 nov.-26 déc., janv., lundi et mardi midi sauf juil.-août 　　　　**B**y
Rest – *(nombre de couverts limité, prévenir)* (18 €) Menu 24 € (déj.), 34/55 €
♦ Petite table du vieux Collioure symbolisant la rencontre entre le Japon et la Catalogne : le chef tokyoïte prépare une cuisine fusion dominée par les poissons ultrafrais.

COLLONGES-AU-MONT-D'OR – 69 Rhône – **327** I5 – rattaché à Lyon

---

COLLONGES-LA-ROUGE – 19 Corrèze – **329** K5 – 450 h. 　　　**25** C3
– alt. 230 m – ⊠ 19500 ▮ Périgord Quercy

　　▶ Paris 505 – Brive-la-Gaillarde 21 – Cahors 105 – Figeac 75
　　🇮 Office de tourisme, le Bourg ℰ 05 55 25 47 57
　　◎ Village★★ : tympan★ et clocher★ de l'église, castel de Vassinhac★
　　 - Saillac : tympan★ de l'église S : 4 km.

⌂　**Jeanne** 🌭 　　　　　　　　　　　　 ⪕ 🚗 🍴 ⁽ᵖ⁾ 🅿 🆅🅸🆂🅰 ⓪⓪
au bourg – ℰ 05 55 25 42 31 – www.jeannemaisondhotes.com – Fax 05 55 25 47 80
5 ch ⳨ – 🛏90 € 🛏🛏90 €　**Table d'hôte** – Menu 35 € bc
♦ Fière demeure en pierres rouges flanquée d'une tour (15ᵉ s.) desservant les chambres au cachet rustique et personnalisées avec goût. Salon-cheminée, terrasse et jardin clos de murs. Le soir, table d'hôte sur réservation pour apprécier une cuisine familiale.

X　**Le Relais de St-Jacques de Compostelle** avec ch 🌭 　　　 🍴 🅿
⊜　*– ℰ 05 55 25 41 02 – www.hotel-relaisstjacques.com* 　　　　　🆅🅸🆂🅰 ⓪⓪
– Fax 05 55 84 08 51 – Fermé janv., fév., mardi sauf de juin à sept. et merc.
10 ch – 🛏51/80 € 🛏🛏59/80 €, ⳨ 8 € – ½ P 51/80 €
Rest – Menu 17/37 € – Carte 32/60 €
♦ Cette maison du 15ᵉ s. cache deux salles à manger rafraîchies dans un esprit rustique actuel. Jolie terrasse et cuisine du terroir agrémentée de plats typiques (mique, tourtous...). Chambres modestes pour l'étape.

COLMAR 🅿 – 68 Haut-Rhin – **315** I8 – 65 713 h. – Agglo. 116 268 h. 　**2** C2
– alt. 194 m – ⊠ 68000 ▮ Alsace Lorraine

　　▶ Paris 450 – Basel 68 – Freiburg-im-Breisgau 51 – Nancy 140
　　🇮 Office de tourisme, 4, rue d'Unterlinden ℰ 03 89 20 68 92, Fax 03 89 20 69 14
　　🔟₈ d'Ammerschwihr à Ammerschwihr Allée du Golf, NO : 9 km par D 415 puis
　　 D 11, ℰ 03 89 47 17 30
　　◎ Musée d'Unterlinden★★★ (retable d'Issenheim★★★) - Ville ancienne★★ :
　　Maison Pfister★★ BZ **W**, Collégiale St-Martin★ BY, Maison des Arcades★
　　CZ**K**, Maison des Têtes★ BY **Y** - Ancienne Douane★ BZ **D**, Ancien Corps de
　　Garde★ BZ **B** - Vierge au buisson de roses★★ et vitraux★ de l'église des
　　Dominicains BY - Vitrail de la Grande Crucifixion★ du temple St-Matthieu
　　CY - La "petite Venise"★ : ⪕★ du pont St-Pierre BZ , quartier de la
　　Krutenau★, rue de la Poissonnerie★, façade du tribunal civil★ BZ **J**
　　 - Maison des vins d'Alsace par ①.

Plans pages suivantes

511

COLMAR

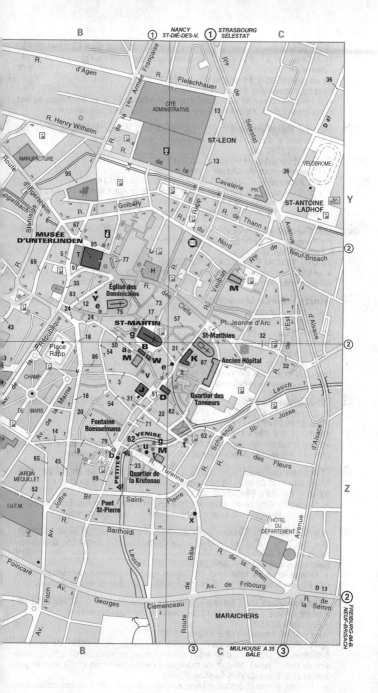

Les Têtes 🕸 📟 ⅙ 🇦🇰 ⁹⁄¹° 🏿 🅿 📼 ⬤⬤ 🇦🇪 ⓞ
*19 r. Têtes – ℰ 03 89 24 43 43 – www.maisondestetes.com – Fax 03 89 24 58 34
– Fermé fév.* BY**Y**
21 ch – †99/215 €, ††105/240 €, ⌷ 15 €
Rest *La Maison des Têtes* – voir ci-après
◆ À l'attrait historique de cette superbe demeure, bâtie au 17ᵉ s. sur les vestiges du mur
d'enceinte de Colmar, s'ajoute le raffinement du décor. Ravissante cour intérieure.

Grand Hôtel Bristol 🚡 🛁 📟 ⅙ ch, 🇦🇰 rest, ⁹⁄¹° 🏿 🅿 📼 ⬤⬤ 🇦🇪 ⓞ
*7 pl. Gare – ℰ 03 89 23 59 59 – www.grand-hotel-bristol.com
– Fax 03 89 23 92 26* AZ**g**
91 ch – †96/165 €, ††96/165 €, ⌷ 15 €
Rest *Rendez-vous de Chasse* – voir ci-après
Rest *L'Auberge* – ℰ 03 89 23 17 57 – (14 €) Carte 28/43 €
◆ À proximité de la gare TGV, hôtel d'atmosphère Belle Époque conjuguant confort, équipements
pour séminaires et bien-être. Préférez les chambres les plus récentes. À l'Auberge, joli
cadre 1900 et attrayante carte privilégiant plats et vins d'Alsace.

Le Colombier sans rest 📟 ⅙ 🇦🇰 ⁹⁄¹° 📼 ⬤⬤ 🇦🇪 ⓞ
*7 r. Turenne – ℰ 03 89 23 96 00 – www.hotel-le-colombier.fr – Fax 03 89 23 97 27
– Fermé 24 déc.-2 janv.* BZ**u**
28 ch – †86/245 €, ††86/245 €, ⌷ 12 €
◆ Le cadre contemporain et le mobilier créé par un designer italien soulignent le charme
authentique de cette bâtisse régionale du 15ᵉ s. Escalier Renaissance, paisible patio.

Hostellerie Le Maréchal 🚡 📟 🇦🇰 ⁹⁄¹° 🏿 📼 ⬤⬤ 🇦🇪 ⓞ
*4 pl.des Six Montagnes Noires – ℰ 03 89 41 60 32 – www.le-marechal.com
– Fax 03 89 24 59 40* BZ**b**
30 ch – †85/95 €, ††105/225 €, ⌷ 15 € – ½ P 113/188 €
Rest *A l'Échevin* – *(fermé 18 janv.-4 fév.)* Menu 26 € (déj. en sem.), 38/78 €
– Carte 38/75 €
◆ Les chambres de ces maisons alsaciennes de la "petite Venise" sont garnies de meubles de
style Louis XV et Louis XVI. Généreux petit-déjeuner régional. À l'Échevin, décor cosy sur le
thème de la musique et belle vue sur la Lauch.

St-Martin sans rest 📟 ⅙ 🇦🇰 ⁹⁄¹° 📼 ⬤⬤ 🇦🇪 ⓞ
*38 Grand'Rue – ℰ 03 89 24 11 51 – www.hotel-saint-martin.com
– Fax 03 89 23 47 78 – Fermé 23-26 déc. et 1ᵉʳ janv.-22 mars* BCZ**e**
40 ch – †79 €, ††89/154 €, ⌷ 12 €
◆ Dans le quartier historique, trois maisons des 14ᵉ et 17ᵉ s. réparties autour d'une cour
intérieure avec tourelle et escalier Renaissance. Chambres cosy personnalisées.

Turenne sans rest 📟 🇦🇰 ⁹⁄¹° 🏿 🐾 📼 ⬤⬤ 🇦🇪 ⓞ
10 rte Bâle – ℰ 03 89 21 58 58 – www.turenne.com – Fax 03 89 41 27 64 CZ**x**
82 ch – †49/78 €, ††62/88 €, ⌷ 8,50 € – 1 suite
◆ Architecture d'inspiration régionale, chambres fonctionnelles, copieux buffet de petits-
déjeuners et prix sages : une adresse pratique à deux pas de la "petite Venise".

XXX La Maison des Têtes – Hôtel Les Têtes 🚡 ⅙ 🇦🇰 📼 ⬤⬤ 🇦🇪 ⓞ
*19 r. des Têtes – ℰ 03 89 24 43 43 – Fax 03 89 24 58 34 – Fermé fév., dim. soir,
mardi midi et lundi* BY**Y**
Rest – Menu 27/63 € – Carte 35/72 € ⅋
◆ Cette belle maison Renaissance est l'un des joyaux du patrimoine architectural colma-
rien. Boiseries blondes (19ᵉ s.), cuisine traditionnelle et bon choix de vins de Bordeaux.

XXX Rendez-vous de Chasse – Grand Hôtel Bristol 🇦🇰 📼 ⬤⬤ 🇦🇪 ⓞ
🕸 *7 pl. de la Gare – ℰ 03 89 23 15 86 – www.grand-hotel-bristol.com
– Fax 03 89 23 92 26* AZ**g**
Rest – (29 €) Menu 44/68 € – Carte 65/85 €
Spéc. Médaillons de homard, ravioles d'épinards et bouillon de gruyère.
Noisettes de chevreuil d'Alsace, haricots cocos, mousseline de céleri, sauce
épicée (juil. à janv.). Mi-cuit de mangue, julienne de citron confit et mangue,
sorbet (juil. à mars). **Vins** Riesling, Pinot noir.
◆ Cheminée, pierres et poutres ajoutent au charme de cette salle à manger cossue, agré-
mentée de dessins originaux de Daumier. Fine cuisine d'aujourd'hui ; cave étoffée.

XX ☆ **JY'S** (Jean-Yves Schillinger)   🛜 AK VISA ◉◉ AE ①
17 r. Poissonnerie – ℰ 03 89 21 53 60 – www.jean-yves-schillinger.com
– Fax 03 89 21 53 65 – Fermé vacances de fév., lundi sauf le soir de juin à août et
dim.   BZ**g**
Rest – Menu 32 € (déj.), 54/72 € – Carte 55/72 € ❀
Spéc. Salade de thon rouge au foie de canard poêlé. Filet d'agneau rôti à la
fleur de sel, sauce massala et gremolata. Reconstitution transparente d'un
mojito. **Vins** Riesling, Pinot noir.
♦ Cuisine très inventive, carte des vins d'Alsace et décor ultracontemporain signé Olivier
Gagnère : c'est dans une jolie maison de 1750 que se cache l'adresse branchée de Colmar.

XX **Aux Trois Poissons**   AK VISA ◉◉ AE
15 quai de la Poissonnerie – ℰ 03 89 41 25 21 – Fax 03 89 41 25 21 – Fermé
2 sem. en juil.,1 sem. à la Toussaint, dim. soir, mardi soir et merc.   CZ**t**
Rest – Menu 20 € (sem.), 28/45 € – Carte 30/60 €
♦ Coquette salle à manger et ambiance sympathique pour apprécier une goûteuse cuisine
mi-traditionnelle, mi-inventive. Ici le poisson est roi et il y en a plus de trois sur la carte !

XX **Bartholdi**   🛜 ⇔ VISA ◉◉
2 r. Boulangers – ℰ 03 89 41 07 74
– restaurant-bartholdi.monsite.wanadoo.fr – Fax 03 89 41 14 65
– Fermé 19 juil.-2 août, vacances de fév., dim. soir et lundi   BY**e**
Rest – Menu 21/51 € – Carte 23/67 €
♦ Amoureux de vins alsaciens, vous trouverez forcément votre bonheur parmi l'immense
choix de crus régionaux que propose cette maison aux allures de winstub. Plats traditionnels.

XX **L'Arpège**   🛜 VISA ◉◉ AE
24 r. Marchands – ℰ 03 89 23 37 89 – Fax 03 89 23 39 22 – Fermé sam. et dim.
Rest – (nombre de couverts limité, prévenir) Menu 23 € (déj. en   BZ**a**
sem.), 25/52 € – Carte 39/65 €
♦ Cette demeure de 1463, nichée au fond d'une impasse, aurait appartenu à la famille Bartholdi. Décor contemporain, terrasse dans un joli jardin fleuri et cuisine actuelle.

XX **Côté Cour**   🛜 AK ⇔ VISA ◉◉
1 r. St-Martin, (pl. de la Cathédrale) – ℰ 03 89 21 19 18
– www.cotecour-cotefour.fr – Fax 03 89 21 01 41 – Fermé 15 fév.-2 mars, dim. et
lundi   BY**g**
Rest – (20 €) Carte 28/44 €
♦ Imposante maison transformée en restaurant et idéalement placée. Cuisine traditionnelle
qui respecte les codes de la bonne brasserie. Salle dans le ton, tendance moderne.

X **L'Atelier du Peintre**   VISA ◉◉ AE
1 r. Schongauer – ℰ 03 89 29 51 57 – www.atelier-peintre.fr – Fermé dim. et
lundi   BZ**v**
Rest – Menu 18 € (déj.), 37/55 € – Carte 48/69 €
♦ Table émergente du vieux Colmar proposant une cuisine moderne (menus et carte de saison). Côté décor, on reste dans la tendance : ambiance contemporaine et peintures aux murs.

X **Chez Hansi**   🛜 VISA ◉◉
23 r. des Marchands – ℰ 03 89 41 37 84 – Fax 03 89 41 37 84 – Fermé 1 sem.
en juin, janv., merc. et jeudi   BZ**e**
Rest – Menu 18/44 € – Carte 30/55 €
♦ Retrouvez tout l'esprit de l'Alsace dans cette typique maison à colombages du vieux Colmar. Tradition dans l'assiette et dans le service assuré en costume folklorique.

X **La Petite Venise**   VISA ◉◉
4 r. de la Poissonnerie – ℰ 03 89 41 72 59 – www.restaurantpetitevenise.com
– Fermé 1er-15 juin, 1er-15 janv., jeudi sauf le soir d'avril à sept. et de nov. à déc.,
dim. midi d'avril au 15 nov. et mardi midi   BZ**t**
Rest – Carte 28/44 €
♦ Dans la "petite Venise", maison du 17e s. vous conviant à goûter des recettes alsaciennes
transmises de génération en génération. Choix à l'ardoise ; cadre nostalgique attachant.

✗ **Wistub Brenner** 🕯 VISA ⚫ AE
1 r. Turenne – ✆ 03 89 41 42 33 – www.wistub-brenner.fr – Fax 03 89 41 37 99
– Fermé 23 juin-1er juil., 10-18 nov., 5-20 janv., mardi et merc. BZ**u**
Rest – Menu 25 €

♦ Ambiance décontractée et animée dans cette authentique Wistub agrandie d'une sympathique terrasse. Cuisine du pays (tête de veau, pieds de porc...) et ardoise de suggestions.

à Horbourg 4 km à l'Est par rte de Neuf-Brisach - CY – 5 011 h. – alt. 188 m – ⊠ 68180 Horbourg Wihr

🏨🏨🏨 **L'Europe** 🔟 ♨ ⚜ 🕯 ch, Ⓚ ch, ⅍ ⅏ P VISA ⚫ AE ①
15 rte Neuf-Brisach – ✆ 03 89 20 54 00 – www.hotel-europe-colmar.com
– Fax 03 89 41 27 50
128 ch – ♦99/132 € ♦♦120/164 €, ⊇ 13 € – 2 suites – ½ P 107/118 €
Rest *Eden des Gourmets* – *(fermé dim. et lundi)* Menu 47 € (déj. en sem.)/64 €
– Carte 35/50 €
Rest *Leonardo* – (13 €) Menu 23 € (déj. en sem.), 27/40 € – Carte 30/40 €

♦ Imposant hôtel de style "néo-alsacien". Chambres agréables, parfois luxueuses. Équipements d'exception pour séminaires et loisirs. Carte privilégiant les produits bio à l'Éden des Gourmets. Plats italiens et quelques spécialités régionales au Leonardo.

🏨 **Cerf** sans rest 🚗 ⅍ P VISA ⚫
9 Grand'Rue – ✆ 03 89 41 20 35 – www.hotelrestaurant-cerf.com
– Fax 03 89 24 24 98 – Ouvert d'avril à déc. et fermé lundi sauf du 15 mai au 15 sept.
25 ch – ♦60/70 € ♦♦66/85 €, ⊇ 10 €

♦ Avenante maison rose à colombages. Chambres un peu petites mais de bon confort, plus calmes côté jardin. Le décor du bar et du salon évoque la Belle Époque.

à Logelheim 9 km au Sud-Est par D 13 et D 45 - CZ – 802 h. – alt. 195 m – ⊠ 68280

✗ **A la Vigne** avec ch ⌂ 🕯 ⅍ ch, ⅏ VISA ⚫
5 Grand'Rue – ✆ 03 89 20 99 60 – www.repere.com/la-vigne – Fax 03 89 20 99 69
– fermé 20 juin-10 juil. et 24 déc.-3 janv.
9 ch – ♦55 € ♦♦63/75 €, ⊇ 6,50 €
Rest – *(fermé jeudi soir, dim. midi, sam. et lundi)* Carte 19/45 €

♦ Maison régionale simple mais accueillante, située au cœur d'un paisible village. Salle à manger champêtre où l'on propose plats du terroir (tartes flambées, choucroutes, spaetzle) et ardoise de suggestions. Les chambres sont calmes et sobrement contemporaines.

à Ste-Croix-en-Plaine 10 km par ③ – 2 493 h. – alt. 192 m – ⊠ 68127

🏨 **Au Moulin** ⌂ ⌂ 🚗 🕯 🛎 P VISA ⚫
rte d'Herrlisheim, par D 1 – ✆ 03 89 49 31 20 – www.aumoulin.net
– Fax 03 89 49 23 11 – Ouvert 1er avril-20 déc.
16 ch – ♦48/73 € ♦♦63/80 €, ⊇ 9 €
Rest – *(ouvert 1er mai-15 oct. et fermé dim.)* (dîner seult) (résidents seult)
Carte 24/35 €

♦ Les chambres de ce moulin du 15e s., confortables et personnalisées, ont vue sur les Vosges. Petit musée d'objets alsaciens anciens. Restauration d'appoint (plats locaux).

à Wettolsheim 4,5 km par ⑤ et D 1bis II – alt. 220 m – ⊠ 68920

✗✗ **La Palette** avec ch 🚗 🕯 ⅍ Ⓚ rest, 🛎 ⅏ P VISA ⚫ AE ①
⌂ *9 r. Herzog – ✆ 03 89 80 79 14 – www.lapalette.fr – Fax 03 89 79 77 00 – Fermé*
16-23 août, 24-27 déc. et 1er-4 janv.
16 ch – ♦64/70 € ♦♦74/110 €, ⊇ 11 €
Rest – *(fermé dim. soir, mardi midi et lundi)* Menu 13 € (déj. en sem.), 25/68 €
– Carte 36/67 €

♦ Des salles à manger empreintes de gaieté et une belle terrasse vous attendent ici. Cuisine au goût du jour et attractive sélection de vins du village. Chambres claires et fraîches.

à Ingersheim 4 km au Nord-Ouest - AY – 4 531 h. – alt. 220 m – ⊠ 68040

XX **La Taverne Alsacienne** _VISA_ ⓒⓞ AE
⊛ 99 r. de la République – 𝒞 03 89 27 08 41 – Fax 03 89 80 89 75 – Fermé
21 juil.-7 août, 1ᵉʳ-10 janv., jeudi soir sauf déc., dim. soir et lundi
Rest – (16 €) Menu 20/53 € – Carte 40/55 €🏵
◆ Au bord de la Fecht, vaste salle à manger contemporaine et claire, bar servant des plats
du jour et salon refait. Cuisine actuelle et régionale, belle carte de vins alsaciens.

COLOMBES – 92 Hauts-de-Seine – **312** C2 – **voir à Paris, Environs**

COLOMBEY-LES-DEUX-ÉGLISES – 52 Haute-Marne – **313** J4   **14** C3
– 678 h. – alt. 353 m – ⊠ 52330 ▌ Champagne Ardenne

▶ Paris 248 – Bar-sur-Aube 16 – Châtillon-sur-Seine 63 – Chaumont 26
🛈 Syndicat d'initiative, 68, rue du Général-de-Gaulle 𝒞 03 25 01 52 33,
Fax 03 25 01 98 61
◉ Mémorial du Général-de-Gaulle et la Boisserie (musée).

ⴽⴽⴽ **Hostellerie la Montagne** (Jean-Baptiste Natali)   🚗 🍃 🍴 🛏
⣿ r. Pisseloup – 𝒞 03 25 01 51 69   _VISA_ ⓒⓞ AE
– www.hostellerielamontagne.com – Fax 03 25 01 53 20 – Fermé 1ᵉʳ-15 oct.,
22-30 déc., 24 janv.-8 fév., lundi et mardi
9 ch – �players120/170 € ♉♉120/170 €, ⊇ 14 € – 1 suite
Rest – Menu 28 € (déj. en sem.)/85 € – Carte 87/100 €
Spéc. La truffe et l'artichaut poivrade rôti, d'autres en purée, vinaigrette à
l'huile de pistache. Rouget barbet cuit au plat et pied de porc déstructuré,
sucs glacés au balsamique. Finesse de chocolat-framboise, éclats de grué, sorbet framboise.   **Vins** Vin de pays des Coteaux de Coiffy, Rosé des Riceys.
◆ Au cœur d'un jardin, cette maison de maître en pierre dispose de charmantes chambres
qui vous enchanteront par leur joli style campagnard. Séduisante carte inventive et salles à
manger contemporaines. Demandez la "table du chef", à la datcha, avec vue sur les cuisines.

COLOMIERS – 31 Haute-Garonne – **343** F3 – **rattaché à Toulouse**

COLROY-LA-ROCHE – 67 Bas-Rhin – **315** H6 – 474 h. – alt. 475 m   **1** A2
– ⊠ 67420

▶ Paris 412 – Lunéville 70 – St-Dié 33 – Sélestat 31

ⴽⴽⴽ **Hostellerie La Cheneaudière** ⋙   ⩻ 🚗 🍃 ▤ ᵭ ✕ ⍐ rest, 🍴
3 r. Vieux Moulin – 𝒞 03 88 97 61 64   ᵭ P _VISA_ ⓒⓞ AE ⓞ
– www.cheneaudiere.com – Fax 03 88 47 21 73
32 ch – ♉125/260 € ♉♉125/260 €, ⊇ 25 € – 7 suites
Rest – (fermé le midi du lundi au jeudi sauf fériés) Menu 52 € bc (déj.)/110 €
– Carte 59/132 €
◆ Adresse luxueuse pour profiter du bon air des sapins. Les spacieuses chambres ont été
rénovées dans des tons clairs apaisants. Piscine intérieure, massages, sauna. Une cuisine
fine et une alternative terroir sont à l'honneur dans deux salles à manger élégantes.

COLY – 24 Dordogne – **329** I5 – **rattaché au Lardin-St-Lazare**

LA COMBE – 73 Savoie – **333** H4 – **rattaché à Aiguebelette-le-Lac**

COMBEAUFONTAINE – 70 Haute-Saône – **314** D6 – 538 h.   **16** B1
– alt. 259 m – ⊠ 70120

▶ Paris 336 – Besançon 72 – Épinal 83 – Gray 40
🛈 Syndicat d'initiative, Mairie 𝒞 03 84 92 11 80, Fax 03 84 92 15 23

XX **Le Balcon** avec ch ☞ VISA ◑ AE ①
2 Grande Rue – ℰ 03 84 92 11 13 – www.le-balcon.com – Fax 03 84 92 15 89
– Fermé 29 juin-7 juil., 28 sept.-2 oct., 27 déc.-15 janv., dim. soir, mardi midi et
lundi
14 ch – †48 € ††58/68 €, ☑ 10 € – ½ P 55 €
Rest – Menu 26/62 € – Carte 43/72 €
♦ Auberge tapissée de vigne vierge à l'intérieur soigné (nappes blanches, cuivres et meubles
cirés) ; goûteuse cuisine classique. Réservez une chambre sur l'arrière, au calme.

LES COMBES – 25 Doubs – 321 J4 – rattaché à Morteau

COMBLOUX – 74 Haute-Savoie – 328 M5 – 2 042 h. – alt. 980 m 46 F1
– Sports d'hiver : 1 000/1 850 m ✦ 1 ✦ 24 ✦ – ⊠ 74920 ▮ Alpes du Nord

▶ Paris 593 – Annecy 80 – Bonneville 37 – Chamonix-Mont-Blanc 31

🛈 Office de tourisme, 49, chemin des Passerands ℰ 04 50 58 60 49,
Fax 04 50 93 33 55

◉ ❄★★★ - Table d'orientation★ de la Cry.

Aux Ducs de Savoie ⬡ ≼ 🚗 ☎ ⚄ 🄵6 ▮📱 ❀ rest, ♨ P ☞
au Bouchet – ℰ 04 50 58 61 43 – www.ducs-de-savoie.com VISA ◑ AE
– Fax 04 50 58 67 43 – Ouvert 1er juin-6 oct. et 15 déc.-25 avril
50 ch – †140/220 € ††140/220 €, ☑ 18 € – ½ P 120/150 €
Rest – Menu 30/45 € – Carte 42/55 €
♦ Ce vaste chalet tout en bois vous réserve un bon accueil dans un superbe cadre alpin.
Chambres avenantes, salon-cheminée, piscine face au mont Blanc. Repas traditionnel actua-
lisé servi dans une salle savoyarde panoramique. Ambiance conviviale et feutrée.

Au Coeur des Prés ⬡ ≼ 🚗 ⚄ 🄵6 ❀ ▮📱 ❀ rest, ¶¶ P ☞ VISA ◑ AE
152 chemin du Champet – ℰ 04 50 93 36 55 – www.hotelaucoeurdespres.com
– Fax 04 50 58 69 14 – Ouvert fin mai-fin sept. et mi-déc.-début avril
33 ch – †80/145 € ††120/145 €, ☑ 13 € – ½ P 78/99 €
Rest – (résidents seult) Menu 28 €
♦ Sur les hauts de Combloux, bâtisse de type chalet vous logeant dans des chambres majoritairement rénovées et donnant toutes à admirer les sommets. Salon-cheminée douillet. Vue
étendue, décor soigné et cuisine classique au restaurant.

Le Coin Savoyard ⬡ ≼ 🚗 ☎ ⚄ P VISA ◑ AE
300 rte Cry, Cuchet – ℰ 04 50 58 60 27 – www.coin-savoyard.com
– Fax 04 50 58 64 44 – Ouvert 5 juin-20 sept. et 11 déc.-10 avril
14 ch – †98 € ††118/155 €, ☑ 11 € – ½ P 85/112 €
Rest – (fermé lundi midi en hiver sauf vacances scolaires et lundi en juin et sept.)
Carte 20/48 €
♦ Accueillante ferme du 19e s. située à côté de l'église. Sous ses allures d'auberge
savoyarde, elle recèle de confortables chambres tournées vers les monts. Spécialités régionales servies au bord de la piscine lorsqu'arrivent les beaux jours.

Joly Site ⬡ ≼ ☎ ¶¶ VISA ◑
81 rte de Sallanches – ℰ 04 50 58 60 07 – www.joly-site.com
9 ch – †75/95 € ††75/95 €, ☑ 9 €
Rest – (fermé lundi soir, merc. soir et mardi hors saison) (12 €) Menu 23/32 €
– Carte 29/47 €
♦ Au centre du village, cet hôtel propose d'agréables chambres dans un sobre style montagnard. À table, recettes traditionnelles à déguster devant la cheminée centrale ou sur la terrasse tournée vers les montagnes.

COMBOURG – 35 Ille-et-Vilaine – 309 L4 – 5 223 h. – alt. 45 m 10 D2
– ⊠ 35270 ▮ Bretagne

▶ Paris 387 – Avranches 58 – Dinan 25 – Fougères 49

🛈 Office de tourisme, 23, place Albert Parent ℰ 02 99 73 13 93,
Fax 02 99 73 52 39

▦18 des Ormes à Dol-de-Bretagne Epiniac, N : 13 km par D 795,
ℰ 02 99 73 54 44

◉ Château★.

🏠 Du Château   🚗 🕆 ¶¹ 🛦 🅿 VISA ⊛ AE ⓘ

1 pl. Chateaubriand – ℰ 02 99 73 00 38 – www.hotelduchateau.com
– Fax 02 99 73 25 79 – Fermé 18 déc.-25 janv., dim. soir sauf juil.-août, lundi midi
et sam. midi
33 ch – †57/149 € ††57/149 €, ⊊ 11 € – 1 suite – ½ P 89/179 €
Rest – (16 €) Menu 19 € (sem.)/65 € bc – Carte 27/70 €
♦ Au pied du château et du lac célébrés par Chateaubriand, belle maison ancienne et ses annexes. Chambres personnalisées, en partie rafraîchies. Carte mi-traditionnelle, mi-régionale où figure en bonne place le délicieux chateaubriand ! L'été, terrasse au jardin.

COMMELLE-VERNAY – 42 Loire – **327** D4 – rattaché à Roanne

COMMERCY ◉ – 55 Meuse – **307** E6 – 6 549 h. – alt. 240 m   **26** B2
– ⊠ 55200

▶ Paris 269 – Bar-le-Duc 40 – Metz 73 – Nancy 53
🛈 Office de tourisme, Château Stanislas ℰ 03 29 91 33 16

🏠 Côté Jardin sans rest   🚗 🕭 AC rest, ¶¹ 🅿 VISA ⊛

40 r. St-Mihiel – ℰ 03 29 92 09 09 – www.hotelcommercy.com
– Fax 03 29 92 09 10
13 ch – †55/70 € ††67/90 €, ⊊ 8 €
♦ Un grand jardin à la française agrémente cette engageante maison. Chambres spacieuses, très soignées aux tons chaleureux bleu et jaune.

COMPIÈGNE ◉ – 60 Oise – **305** H4 – 42 036 h. – Agglo. 108 234 h.   **36** B2
– alt. 41 m – ⊠ 60200 ▌ Nord Pas-de-Calais Picardie

▶ Paris 81 – Amiens 80 – Beauvais 61 – St-Quentin 74
🛈 Office de tourisme, place de l'Hôtel de Ville ℰ 03 44 40 01 00,
    Fax 03 44 40 23 28
🏌 de Compiègne Avenue Royale, E : par avenue Royale, ℰ 03 44 38 48 00
🏌 du Château d'Humières à Monchy Humières Rue de Gournay, NO : 9 km
    par D202, ℰ 03 44 86 48 22
◉ Palais★★★ : musée de la voiture★★, musée du Second Empire★★ - Hôtel de ville★ BZ **H** - Musée de la Figurine historique★ BZ **M** - Musée Vivenel : vases grecs★★ AZ **M¹**.
🌲 Forêt★★ (les Beaux Monts) - Rethondes : Clairière de l'Armistice★★ (statue du Maréchal Foch, dalle commémorative, wagon du Maréchal Foch).

Plan page suivante

🏠 De Flandre sans rest   🕮 ¶¹ VISA ⊛ ⓘ

16 quai République – ℰ 03 44 83 24 40 – www.hoteldeflandre.com
– Fax 03 44 90 02 75 – Fermé 24 déc.-3 janv.   AYu
42 ch – †55 € ††67/72 €, ⊊ 8,50 €
♦ À deux pas de la gare, sur la rive droite de l'Oise. Chambres d'esprit rustique, progressivement rafraîchies. Une bonne insonorisation atténue les bruits du carrefour.

XXX L'Hostellerie du Royal Lieu avec ch   🚗 🕅 🕭 ch, ¶¹ 🛦 🅿

9 r. de Senlis, par r. de Paris (AZ) 2 km au Sud-Ouest   VISA ⊛ AE
– ℰ 03 44 20 10 24 – www.host-royallieu.com – Fax 03 44 86 82 27
15 ch – †90/130 € ††110/170 €, ⊊ 14 €
Rest – (23 €) Menu 30/75 € – Carte 50/85 €
♦ Cet établissement de tradition en lisière de forêt respire la sérénité. Salle classique et véranda plus actuelle embrassant la nature pour une cuisine de saison dans l'air du temps. Les chambres, de bonnes ampleur, jouent la carte de l'élégance, du style et du confort.

XXX Rive Gauche   AC VISA ⊛

13 cours Guynemer – ℰ 03 44 40 29 99 – www.pagesperso-orange.fr/rivegauche
– Fax 03 44 40 38 00 – Fermé lundi et mardi   BYe
Rest – Menu 38/48 € – Carte 70/90 € 🍃
♦ Sur la rive gauche de l'Oise, salle de restaurant contemporaine, à la fois sobre et élégante, agrémentée de tableaux. Cuisine au goût du jour et vins judicieusement choisis.

COMPIÈGNE

XXX **La Part des Anges** 🌳 🆑 🅿️ VISA ⓿ AE

*18 r. Bouvines – ℰ 03 44 86 00 00 – www.lapartdesanges60.com
– Fax 03 44 86 09 00 – Fermé 19 juil.-20 août, 24 déc.-3 janv., sam. midi, dim. soir
et lundi* AZ**d**

Rest – (32 € bc) Menu 37/62 € – Carte 39/55 €

• Salle à manger en deux parties (l'une actuelle, l'autre plus intime) égayée d'une fresque
illustrant la "part des anges" et d'angelots. Recettes d'aujourd'hui soignées.

XX **Du Nord** avec ch 📶 VISA ⓿

*pl. de la Gare – ℰ 03 44 83 22 30 – Fax 03 44 90 11 87 – Fermé 1er-15 août, sam.
midi et dim. soir* AY**b**

20 ch – †49 € ††55 €, ⊊ 7 € – ½ P 71 €

Rest – Menu 25 € (sem.)/50 € bc – Carte 44/120 €

• Adresse devenue une institution locale pour ses produits de la mer. Salle à manger vaste
et claire, d'où l'on peut observer le spectacle des cuisines. Chambres rafraîchies.

COMPIÈGNE

X **Le Palais Gourmand**   VISA ⓒⓔ AE
🍴 8 r. Dahomey – ℰ 03 44 40 13 13 – Fax 03 44 40 41 36 – Fermé 2 sem. en août,
     dim. soir et lundi   BZk
     Rest – (14 €) Menu 18 € (déj. en sem.), 28/48 € – Carte 37/61 €
     ♦ Cette jolie maison (1890) abrite une enfilade de salons et une véranda où tons chauds,
     gravures du vieux Compiègne et mosaïques créent un cadre agréable. Plats traditionnels.

X **Le Bistrot des Arts**   AC VISA ⓒⓔ AE
🍴 35 cours Guynemer – ℰ 03 44 20 10 10 – Fax 03 44 20 61 01 – Fermé sam. midi
     et dim.   AYs
     Rest – (14 €) Menu 18/28 € – Carte 25/40 €
     ♦ Affiches anciennes, objets chinés et vieilles plaques publicitaires composent le décor de ce
     plaisant bistrot. Cuisine actuelle rythmée par les saisons et le marché.

à Choisy-au-Bac 5 km par ② – 3 475 h. – alt. 40 m – ⊠ 60750

XX **Auberge du Buissonnet**   🏕 🛋 VISA ⓒⓔ AE
     825 r. Vineux – ℰ 03 44 40 17 41 – www.aubergedubuissonnet.com
     – Fax 03 44 85 28 18 – Fermé dim. soir et lundi
     Rest – (14 €) Carte 36/54 €
     ♦ Quiétude et confort sont les maîtres-mots de cette adresse. Jardin au bord d'un étang où
     l'on dresse une terrasse l'été, confortable cadre rustique et plats traditionnels.

à Rethondes 10 km par ② – 706 h. – alt. 38 m – ⊠ 60153

◎ St-Crépin-aux-Bois : mobilier★ de l'église NE : 4 km.

XXX **Alain Blot**   🛋 🛋 VISA ⓒⓔ
🕄   21 r. Mar. Foch – ℰ 03 44 85 60 24 – www.alainblot.com – Fax 03 44 85 92 35
     – Fermé 1er-8 janv., 1er-15 sept., sam. midi, dim. soir, lundi et mardi
     Rest – (nombre de couverts limité, prévenir) Menu 29 € (sem.)/89 €
     – Carte 65/100 €
     Spéc. Raviole de homard bleu au basilic. Carré d'agneau cuit à basse tempé-
     rature. Fine tarte sablée au praliné et chocolat grand cru Caraïbes.
     ♦ Auberge postée dans un village paisible. Salle à manger raffinée, meublée Louis XVI et
     prolongée d'une véranda ouverte sur un joli jardin. Cuisine classique personnalisée.

à Vieux-Moulin 10 km par ③ et D 14 – 628 h. – alt. 49 m – ⊠ 60350

◎ Mont St-Marc★ N : 2 km - Les Beaux-Monts★★ : ≤★ NO : 7 km.

XXX **Auberge du Daguet**   VISA ⓒⓔ
     25 r. Saint Jean, (face à l'église) – ℰ 03 44 85 60 72
     – auberge.du.daguet.free.fr – Fax 03 44 85 61 28
     – Fermé 19-30 juil.,4-29 janv. sauf le week-end, lundi et mardi
     Rest – (28 €) Menu 36/50 € – Carte 52/83 €
     ♦ À l'ombre du clocher en chapeau chinois, vitraux, pierres et poutres composent le cadre
     d'inspiration "médiévale" de cette avenante auberge champêtre. Gibier en saison.

XX **Auberge du Mont St-Pierre**   🏕 P VISA ⓒⓔ AE ①
     28 rte des Étangs – ℰ 03 44 85 60 00 – www.aubergedumontsaintpierre.fr
     – Fax 03 44 85 23 03 – Fermé 3 sem. en août, vacances de fév., mardi soir et
     merc. soir en hiver, dim. soir, jeudi soir et lundi sauf fériés
     Rest – (18 €) Menu 28/40 € – Carte 46/67 €
     ♦ Cette maison de pays bâtie à l'orée de la forêt abrite une salle à manger-véranda (décor
     cynégétique) et une paisible terrasse d'été ; produits de saison et gibier.

Z.A.C. de Mercières 6 km par ⑤ et D 200 – ⊠ 60472 Compiègne

🏨 **Mercure**   🏕 🛎 🛋 ch, AC 🍽 rest, ℡ 🕄 P VISA ⓒⓔ AE ①
     carrefour J. Monnet – ℰ 03 44 30 30 30 – www.mercure.com – Fax 03 44 30 30 44
     92 ch – †88/113 € ††91/136 €, ⊇ 16 €
     Rest – (fermé dim. midi et sam.) (16 €) Menu 21 € (sem.) – Carte 30/49 €
     ♦ Entre ville et autoroute, hôtel pensé pour le bien-être du voyageur : confort, espace,
     bonne insonorisation et bar convivial, idéal pour la détente. Vaste et sobre salle à manger
     contemporaine prolongée d'une terrasse d'été. Carte "Mercure" et grillades.

au Meux 11 km par ⑤, D 200 et D 98 – 2 027 h. – alt. 50 m – ⊠ 60880

🏠 **Auberge de la Vieille Ferme** ⛩ 🅺 rest, 🦼 🕍 🅿 🆅🆂🅰 ⓂⓈ 🅰🅴

58 r. de la République – 𝒞 *03 44 41 58 54 – www.hotel-restaurant-oise.com*
– Fax 03 44 41 23 50 – Fermé 3 sem. en août et 25 déc.-1ᵉʳ janv.
14 ch – †60 € ††65 €, ⊆ 8 € – ½ P 85 €
Rest – *(fermé sam. midi, dim. soir et lundi)* (18 €) Menu 25/47 € bc – Carte 30/49 €
◆ Ancienne ferme en briques rouges de la vallée de l'Oise. Les chambres, simples, pratiques et bien tenues, sont aménagées de part et d'autre des deux cours intérieures. Au restaurant, ambiance campagnarde et cuisine traditionnelle à base de produits du terroir.

XX **L'Annexe** ⛩ 🅿 🆅🆂🅰 ⓂⓈ

1 r. de la République – 𝒞 *03 44 91 10 10 – Fax 03 44 40 38 00*
– Fermé dim. soir, lundi soir et mardi soir
Rest – (18 €) Menu 24/32 €
◆ Restaurant décoré dans l'esprit d'un bistrot contemporain (teintes chaudes), où l'on déguste des plats actuels. Profitez du calme de la terrasse d'été, dressée sous une glycine.

COMPS-SUR-ARTUBY – 83 Var – **340** O3 – 315 h. – alt. 898 m   **41** C2
– ⊠ 83840 ▌Alpes du Sud

▶ Paris 892 – Castellane 29 – Digne-les-Bains 82 – Draguignan 31
◉ Balcons de la Mescla ★★★ NO : 14,5 km - Tunnels de Fayet ≼ ★★★ O : 20 km.

🏠 **Grand Hôtel Bain** ⛩ ⛩ 🍳 ch, 🕍 🆅🆂🅰 ⓂⓈ 🅰🅴 ⓞ

𝒞Ⓢ *Av. de Fayet –* 𝒞 *04 94 76 90 06 – www.grand-hotel-bain.fr – Fax 04 94 76 92 24*
🏨 *– Fermé 11 nov.-26 déc.*
17 ch – †58/65 € ††58/65 €, ⊆ 8,50 € – ½ P 56/60 €
Rest – Menu 18/39 € – Carte 34/65 €
◆ Inscrite dans le Livre des records, la même famille vous accueille dans cet hôtel depuis 1737. Chambres fonctionnelles de style rustique provençal. Cuisine traditionnelle aux accents régionaux, dans une salle à manger ouverte sur la vallée.

CONCARNEAU – 29 Finistère – **308** H7 – 19 953 h. – alt. 4 m   **9** B2
– ⊠ 29900 ▌Bretagne

▶ Paris 546 – Brest 96 – Lorient 49 – Quimper 22
🛥 pour **Beg Meil** - (juillet-août) Traversée 25 mn - Renseignements et tarifs : Vedettes Glenn, face au port de Plaisance à Concarneau 𝒞 02 98 97 10 31, Fax 02 98 60 49 70
🛥 pour **Îles Glénan** - (avril à sept.) Traversée 1 h 10 mn - Renseignements et tarifs : Vedettes de l'Odet 𝒞 02 98 57 00 58 pour les Îles Glénan et la Rivière de l'Odet - Vieux Port Bénodet
🛥 pour **La Rivière de l'Odet** - (avril à sept.) Traversée 4 h AR- Renseignements et tarifs : voir ci-dessus (Vedettes Glenn), au Port de pêche de Bénodet.
🔢 Office de tourisme, quai d'Aiguillon 𝒞 02 98 97 01 44, Fax 02 98 50 88 81
◎ Ville Close ★★ C - Musée de la Pêche ★ **M¹** - Pont du Moros ≼ ★ B - Fête des Filets bleus ★ (fin août).

🏨 **Les Sables Blancs** ≼ ⛩ 🖼 🖧 🅺 🕍 🅿 🆅🆂🅰 ⓂⓈ 🅰🅴

plage des Sables Blancs – 𝒞 *02 98 50 10 12 – www.hotel-les-sables-blancs.com*
– Fax 02 98 97 20 92   An
18 ch – †95/260 € ††105/260 €, ⊆ 13 € – 2 suites
Rest *Le Nautile* – *(fermé 11 nov.-11 déc.)* (25 €) Menu 30/85 € – Carte 50/100 €
◆ Cet hôtel les pieds dans l'eau, avec accès direct à la plage, a opté pour un style contemporain chic : chambres lumineuses et sereines, dotées de terrasses face au large. Cuisine iodée servie au restaurant lounge, véritable vaisseau marin surplombant l'océan.

🏨 **L'Océan** ≼ ⛩ 🖼 🖧 🕍 🅿 🆅🆂🅰 ⓂⓈ

plage des Sables Blancs – 𝒞 *02 98 50 53 50 – www.hotel-ocean.com*
– Fax 02 98 50 84 16   Ar
70 ch – †79/125 € ††89/149 €, ⊆ 12 € – ½ P 79/105 €
Rest – *(fermé déc., janv., dim. d'oct. à mars, sam. midi et lundi midi)*
Menu 28/45 € – Carte 30/50 €
◆ Imposant bâtiment moderne contemplant la mer. Chambres fonctionnelles, spacieuses et bien insonorisées ; côté plage, elles possèdent des balcons. Vaste salle de restaurant actuelle ouverte sur la baie de Concarneau ; cuisine traditionnelle.

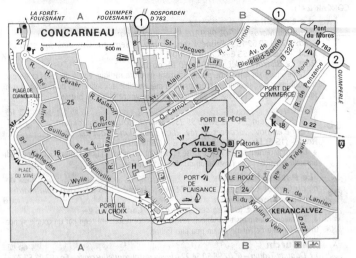

CONCARNEAU

LA FORÊT-FOUESNANT — QUIMPER FOUESNANT — ROSPORDEN D 783

PLAGE DE CORNOUAILLE

PLAGE DU MINÉ

VILLE CLOSE

PORT DE PÊCHE

PORT DE COMMERCE

Pont du Moros D 783

QUIMPERLÉ

PORT DE PLAISANCE

PORT DE LA CROIX

LE ROUZ

KERANCALVEZ

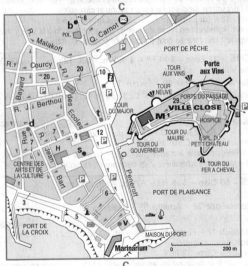

Ville close. Circulation réglementée l'été

Bougainville (Bd) **C** 3
Courbet
  (R. Amiral) . . . . **A** 4
Croix (Quai de la) **C** 5
Dr-P.-Nicolas
  (Av. du) . . . . **C** 6
Dumont-d'Urville
  (R.) . . . . **C** 7
Gare (Av. de la) **AC** 8
Gaulle
  (Pl. Gén.-de) . . **C** 9
Guéguin
  (Av. Pierre) . . **C** 10
Jean-Jaurès (Pl.) . **C** 12
Le Lay (Av. Alain) **B**
Libération
  (R. de la) . . . . . **A** 16
Mauduit-Duplessis
  (R.) . . . . **B** 17
Moros (R. du) . . . **B** 18
Morvan (R. Gén.) **C** 20
Pasteur (R.) . . . . . **B** 24
Renan (R. Ernest) **A** 25
Sables-Blancs
  (R. des) . . . . . **A** 27
Vauban (R.) . . . . . **C** 29

PORT DE PÊCHE

Porte aux Vins

TOUR AUX VINS

TOUR NEUVE

PORTE DU PASSAGE

VILLE CLOSE

TOUR DU MAJOR

HOSPICE

TOUR DU MAURE

TOUR DU GOUVERNEUR

ESPL. DU PETIT CHÂTEAU

TOUR DU FER A CHEVAL

PORT DE PLAISANCE

CENTRE DES ARTS ET DE LA CULTURE

PORT DE LA CROIX

MAISON DU PORT

Marinarium

🏠 **Des Halles** sans rest   📶 📞 VISA ⚫ AE
    pl. de l'Hôtel de Ville – ℰ 02 98 97 11 41 – www.hoteldeshalles.com
    – Fax 02 98 50 58 54   C**s**
    25 ch – 🛏45/65 € 🛏🛏62/84 €, 🍽 9 €
    ♦ Il règne une ambiance familiale dans cet hôtel disposant de chambres de tailles diverses,
    souvent décorées dans un esprit marin coloré. Préparations maison au petit-déjeuner.

🏠 **France et Europe** sans rest   🖥 📶 ♿ 📶 **P** VISA ⚫ AE
    9 av. de la Gare – ℰ 02 98 97 00 64 – www.hotel-france-europe.com
    – Fax 02 98 50 76 66 – Fermé 11 déc.-11 janv. et sam. de mi-nov. à mi-mars
    25 ch – 🛏56/70 € 🛏🛏58/80 €, 🍽 10 €   C**b**
    ♦ L'axe passant qui longe l'immeuble ne nuit pas à la tranquillité des chambres, fonctionnel-
    les et équipées du double vitrage. Salle des petits-déjeuners nautique.

La Coquille 🛥 ⬧ VISA ⓜ AE

1 quai du Moros – ℰ 02 98 97 08 52 – www.lacoquille-concarneau.com
– Fax 02 98 50 69 13 – Fermé 1 sem. en nov., 1 sem. en janv. dim. soir et lundi
Rest – Menu 29/53 € – Carte 40/80 €   B**k**
Rest *Le Bistrot* – *(déj. seult)* (14 €) Menu 19 €

◆ Table située sur le port de pêche, affichant un cadre rustique égayé de toiles et de photos. Cuisine classique orientée produits de la mer, sensible aux influences du marché. À midi, formule proposée à l'ardoise et ambiance portuaire sympathique au bistrot.

L'Amiral ⅙ ⒜ ⬧ VISA ⓜ AE ⓞ

1 av. P. Guéguin – ℰ 02 98 60 55 23 – www.restaurant-amiral.com
– Fermé en nov., vacances de fév., dim. soir et lundi sauf juil.-août   C**t**
Rest – (15 €) Menu 18 € (sem.)/39 € – Carte 30/55 €

◆ Bel emplacement face à la ville close et plaisant décor marin (jolis tableaux). Cuisine traditionnelle revisitée selon l'inspiration du chef. Prix étudiés.

Le Parvis des Halles VISA ⓜ

pl. du Gén.-de-Gaulle – ℰ 02 98 97 50 65 – Fermé 23-28 déc., dim. soir, mardi
soir et merc. sauf juil.-août   C**d**
Rest – Menu 14 € (déj. en sem.), 20/47 € – Carte 33/58 €

◆ On savoure des mets traditionnels revisités dans ce restaurant tenu par un couple sympathique. La salle de l'étage est un peu plus intime.

Le Buccin VISA ⓜ AE

1 r. Duguay-Trouin – ℰ 02 98 50 54 22 – www.restaurantlebuccin.fr – Fax 02 98 50 70 37
– Fermé sam. midi hors saison, lundi sauf le soir en saison et dim. soir   C**v**
Rest – (13 €) Menu 18 € (déj. en sem.), 25/38 € – Carte 36/56 €

◆ Dans une petite rue légèrement en retrait du port de plaisance, maison à la salle à manger chaleureuse proposant une carte au goût du jour axée poissons et coquillages.

CONCHES-EN-OUCHE – 27 Eure – 304 F8 – 4 982 h. – alt. 123 m   33 D2
– ⊠ 27190 ▌Normandie Vallée de la Seine

▶ Paris 118 – Bernay 34 – Dreux 49 – Évreux 18

🛈 Syndicat d'initiative, place A. Briand ℰ 02 32 30 76 42, Fax 02 32 60 22 35
◉ Église Ste-Foy★.

La Grand'Mare VISA ⓜ

13 av. Croix-de-Fer – ℰ 02 32 30 23 30 – Fermé dim. soir, mardi soir et lundi
Rest – (11 €) Menu 13/28 € – Carte 19/33 €

◆ Cette auberge à l'élégante salle à manger habillée de boiseries jouxte une maison à colombages au cadre plus simple (cheminée). Plats traditionnels et suggestions à l'ardoise.

CONCHY-LES-POTS – 60 Oise – 305 H3 – 620 h. – alt. 106 m   36 B2
– ⊠ 60490

▶ Paris 100 – Compiègne 28 – Amiens 55 – Beauvais 68

Le Relais 🅿 VISA ⓜ

D 1017 – ℰ 03 44 85 01 17 – Fermé 25 juil.-9 août, 20-28 déc., 21 fév.-8 mars,
dim. soir, merc. soir, lundi et mardi
Rest – Menu 28/84 € – Carte 53/86 €

◆ N'hésitez pas à pousser la porte de cet ancien relais routier à la façade peinte en jaune : la salle à manger s'avère coquette et lumineuse, et la cuisine traditionnelle, généreuse.

CONCREMIERS – 36 Indre – 323 C7 – 630 h. – alt. 82 m – ⊠ 36300   11 B3
▶ Paris 337 – Orléans 212 – Châteauroux 66 – Châtellerault 65

⌂ Château de Forges sans rest 🌿 ⒨ 🅿

1 km à l'Ouest par D 53 – ℰ 02 54 37 40 03 – www.chateaudeforges.fr
– Fax 02 54 37 40 03
3 ch ⌨ – †139 € ††148 €

◆ Cette forteresse médiévale, posée au bord d'une rivière, a conservé tout son caractère. Très jolies chambres mêlant l'ancien et le moderne. Produits du terroir au petit-déjeuner.

CONDÉ-NORTHEN – 57 Moselle – 307 J4 – 558 h. – alt. 208 m   27 C1
– ⊠ 57220

▶ Paris 350 – Metz 21 – Pont-à-Mousson 52 – Saarlouis 38

La Grange de Condé 🍃 🛋 🏊 ♨ & ch, 📶 🍸 🏊 🄿 🆅🆂🅰 ⓒⓞ 🄰🄴

41 r. Deux-Nieds – ℰ 03 87 79 30 50 – www.lagrangedeconde.com
– Fax 03 87 79 30 51

17 ch – ♦105 € ♦♦105 €, 🖃 12 € – 3 suites

Rest – (10 €) Menu 16/48 € – Carte 31/59 €

◆ Un hôtel est venu s'ajouter à cette ferme familiale bâtie en 1682. Chambres de bon confort, sauna, jacuzzi et hammam. Cuisine à la broche et produits du potager sont à déguster dans le plaisant cadre rustico-lorrain de la salle à manger.

CONDOM ◉ – 32 Gers – 336 E6 – 7 158 h. – alt. 81 m – ☒ 32100   **28** A2
▌Midi-Toulousain

🄳 Paris 729 – Agen 41 – Mont-de-Marsan 80 – Toulouse 121

🄸 Office de tourisme, place Bossuet ℰ 05 62 28 00 80, Fax 05 62 28 45 46

◎ Cathédrale St-Pierre★ : Cloître★ Y - Villa romaine de Seviac★ SO : par D15.

Les Trois Lys 🍃 🏠 🏊 🄺 🍸 🏊 🄿 🆅🆂🅰 ⓒⓞ

38 r. Gambetta – ℰ 05 62 28 33 33 – www.lestroislys.com – Fax 05 62 28 41 85

10 ch – ♦60/170 € ♦♦110/170 €, 🖃 9 €   Y**a**

Rest – (fermé lundi midi, jeudi midi et dim. sauf juil.-août) Menu 35 €

◆ Cet hôtel particulier du 18ᵉ s. abrite des chambres personnalisées, dotées de beaux meubles anciens ou ethniques. Jolie piscine sur l'arrière. Cuisine simple servie dans la salle ou sur la terrasse en teck dressée dans la cour. Bar cosy.

Continental 🏠 & ch, 🄺 ch, 🍸 🆅🆂🅰 ⓒⓞ 🄰🄴 ⓞ

20 r. Mar. Foch – ℰ 05 62 68 37 00 – www.lecontinental.net – Fax 05 62 68 23 71
– Fermé 20-27 déc.   Y**d**

25 ch – ♦46/125 € ♦♦46/125 €, 🖃 8 € – ½ P 92 €

Rest – (fermé sam. midi, dim. soir et lundi) Menu 13 € (déj. en sem.), 21/33 €
– Carte 25/44 €

◆ La Baïse coule au pied de cet hôtel où les chambres entièrement rénovées, confortables et ornées de gravures anciennes donnent pour la plupart sur un jardinet. Plats traditionnels et régionaux dans une salle actuelle claire et lumineuse. Terrasse d'été côté cour.

CONDOM

Logis des Cordeliers sans rest ⬡ 　　　　　　　🏊 📶 **P** 📶 **VISA** ⓒⓞ

r. de la Paix – ℰ 05 62 28 03 68 – www.logisdescordeliers.com
– Fax 05 62 68 29 03 – Fermé 2 janv.-3 fév.　　　　　　　　　　　**Zb**
21 ch – †48/66 € ††48/66 €, � 8 €

♦ Bâtiment récent situé dans un quartier tranquille. Chambres fonctionnelles ; optez pour celles donnant sur la piscine, agrémentées de petits balcons fleuris. Accueil aimable.

XXX **La Table des Cordeliers** (Éric Sampietro)　　　　　🏤 🦽 **VISA** ⓒⓞ **AE**
❀ 1 r. des Cordeliers – ℰ 05 62 68 43 82 – www.latabledescordeliers.com
– Fax 05 62 28 15 92 – Fermé 1er-19 janv., dim. soir, mardi midi et lundi.
Rest – Menu 25 € (sem.)/95 € bc – Carte 60/80 €　　　　　　　**Ze**
Spéc. Saint-Jacques à la plancha, poêlée de cèpes. Ris de veau poêlé, purée de chou-fleur et noisettes grillées. Le tout chocolat. **Vins** Vin de pays des Côtes de Gascogne.

♦ Cuisine actuelle valorisant avec brio les produits du terroir dans ce restaurant contemporain qui occupe le cloître et la chapelle (13e s.) d'un ancien couvent.

CONDRIEU – 69 Rhône – **327** H7 – 3 626 h. – alt. 150 m – ⊠ 69420　　**44** B2
▮ Lyon Drôme Ardèche

🗓 Paris 497 – Annonay 34 – Lyon 41 – Rive-de-Gier 21
🛈 Office de tourisme, place du Séquoïa ℰ 04 74 56 62 83, Fax 04 74 56 65 85
◉ Calvaire ⩽★.

🏨 **Hôtellerie Beau Rivage**　　　⩽ 🚗 🏤 📶 🦽 🅰 📶 🔊 **P** 📶 **VISA** ⓒⓞ **AE** ⓞ
r. Beau Rivage – ℰ 04 74 56 82 82 – www.hotel-beaurivage.com
– Fax 04 74 59 59 36
18 ch – †125/175 € ††125/175 €, ⊒ 19 € – 10 suites
Rest – (36 € bc) Menu 38 € (déj.)/82 € – Carte 70/120 €🕮

♦ Dans l'un des plus fameux vignobles des Côtes-du-Rhône, solide maison bourgeoise au bord du fleuve. Chambres élégantes. Cuisine classique aux accents méridionaux. Agréable terrasse face au paysage.

CONFLANS-STE-HONORINE – 78 Yvelines – **311** I2 – **101** 3 – **voir à Paris, Environs**

CONILHAC-CORBIÈRES – 11 Aude – **344** H3 – 754 h. – alt. 125 m　　**22** B3
– ⊠ 11200

🗓 Paris 802 – Montpellier 120 – Carcassonne 31 – Béziers 59

XX **Auberge Coté Jardin** avec ch　　　　　🏤 🅰 ch, 🔊 **P** 📶 **VISA** ⓒⓞ **AE**
❀ D 6113 – ℰ 04 68 27 08 19 – www.auberge-cotejardin.com – Fax 04 68 48 64 60
– Fermé 29 nov.-20 déc.
8 ch – †60/115 € ††60/115 €, ⊒ 10 € – ½ P 70/90 €
Rest – (fermé dim. soir et mardi midi de nov. à mai et lundi) (20 €)
Menu 28/45 € – Carte 39/121 €

♦ Un cadre enchanteur fait de pierre, de verdure et de fleurs vous attend sur la terrasse de cette coquette auberge. Produits de qualité pour une table fraîche et goûteuse. Jolies chambres bien équipées, calmes et contemporaines.

CONLEAU – 56 Morbihan – **308** O9 – **rattaché à Vannes**

CONNELLES – 27 Eure – **304** H6 – 201 h. – alt. 15 m – ⊠ 27430　　**33** D2
🗓 Paris 111 – Les Andelys 13 – Évreux 34 – Rouen 33

🏨 **Le Moulin de Connelles** ⬡　　　🌊 🏤 🏊 📶 🔊 **P** 📶 **VISA** ⓒⓞ **AE** ⓞ
40 rte d'Amfreville sous les Monts – ℰ 02 32 59 53 33
– www.moulin-de-connelles.fr – Fax 02 32 59 21 83
8 ch – †130/200 € ††130/200 €, ⊒ 15 € – 5 suites – ½ P 109/118 €
Rest – (fermé dim. et lundi d'oct. à avril et le midi en juil.-août) Menu 35/58 €
– Carte 49/60 €

♦ Un authentique manoir anglo-normand, des chambres élégantes, un parc sur une île de la Seine : autant de raisons de découvrir ce moulin entre romantisme et impressionnisme. Cuisine classique et cadre actuel côté restaurant, doté d'une véranda surplombant la rivière.

CONQUES – 12 Aveyron – **338** G3 – 286 h. – alt. 350 m – ⊠ **12320**   **29** C1
🟦 Midi-Toulousain

> ▶ Paris 601 – Aurillac 53 – Espalion 42 – Figeac 43
>
> 🔢 Office de tourisme, Le Bourg ℰ 08 20 82 08 03, Fax 05 65 72 87 03
>
> 🔘 Site★★ - Village★ - Abbatiale Ste-Foy★★ : tympan du portail occidental★★★ et trésor de Conques★★★ - Le Cendié★ O : 2 km par D 232 - Site du Bancarel★ S : 3 km par D 901.

🏨   **Ste-Foy** ঌ   ⇐ 🛜 🖥 📶 🚗 🅥🅘🅢🅐 🆔 🅐🅔 ⓪
r. Principale – ℰ 05 65 69 84 03 – www.hotelsaintefoy.com
– Fax 05 65 72 81 04 – Ouvert 1er mai-25 oct.
17 ch – †90/187 € ††97/197 €, � 12 € – ½ P 87/140 €
Rest – (19 €) Menu 25/35 € – Carte 39/49 €
♦ Cette demeure du 17e s. typiquement rouergate (belle façade à colombages) contemple l'abbatiale. Poutres et vieilles pierres font le cachet des chambres. Restaurant de caractère ouvert sur de bucoliques terrasses ; cuisine au goût du jour.

✕   **Auberge St-Jacques**   🛜 🅥🅘🅢🅐 🆔 🅐🅔 ⓪
∞   r. Gonzague-Florent – ℰ 05 65 72 86 36
– www.aubergestjacques.fr – Fax 05 65 72 82 47
– Fermé 3 janv.-3 fév.
Rest – (fermé dim. soir et lundi du 15 nov. au 31 mars) (11 €) Menu 18/38 €
– Carte 25/40 €
♦ Restaurant au cadre champêtre proposant une cuisine d'inspiration régionale ou inventive. La terrasse ombragée offre une vue plongeante sur l'abbatiale du village.

au Sud 3 km sur D 901 – ⊠ **12320 Conques**

🏨   **Le Moulin de Cambelong** (Hervé Busset) ঌ   ⇐ 🚗 ⌿ 🅿
❀   – ℰ 05 65 72 84 77 – www.moulindecambelong.com   🅥🅘🅢🅐 🆔 🅐🅔
– Fax 05 65 72 83 91 – Ouvert 1er avril-31 oct. et fermé lundi
hors saison
10 ch – †140/240 € ††140/240 €, ⊇ 18 € – ½ P 120/170 €
Rest – (fermé mardi midi et merc. midi hors saison) Menu 35 € (déj. en sem.),
55/95 € – Carte 90/117 €
Spéc. L'œuf "Louisette" au foie gras de canard fumé au bois de hêtre. Le thym serpolet en jus, agneau allaiton Aveyron et tomates cerises confites. La mélisse dans un sirop, tarte citron revisitée. **Vins** Vin de pays de l'Aveyron, Fronton.
♦ Dans l'un des derniers moulins à eau du 18e s. en bordure du Dourdou, des chambres au charme singulier, avec tentures et mobilier de style. Nouveau décor contemporain pour découvrir la table créative mariant fleurs et produits du terroir.

CONQUES-SUR-ORBIEL – 11 Aude – **344** F3 – 2 245 h. – alt. 127 m   **22** B2
– ⊠ **11600**

> ▶ Paris 777 – Montpellier 155 – Carcassonne 12 – Castres 62

🏠   **La Maison Pujol** sans rest ঌ   🚗 ⌿ 🅿
17 r. F.-Mistral – ℰ 04 68 26 98 18 – www.lamaisonpujol.com
– Fermé de fin déc. à mi-mars
4 ch ⊇ – †80 € ††90 €
♦ Une architecture intérieure qui a du style : matériaux bruts, blanc immaculé, objets design, œuvres d'art et un mur en... ruine. C'est de l'art. Exclusif et plaisant.

LE CONQUET – 29 Finistère – **308** C4 – 2 543 h. – alt. 30 m – ⊠ **29217**   **9** A2
🟦 Bretagne

> ▶ Paris 619 – Brest 24 – Brignogan-Plages 59 – St-Pol-de-Léon 85
>
> 🔢 Office de tourisme, parc de Beauséjour ℰ 02 98 89 11 31,
> Fax 02 98 89 08 20
>
> 🔘 Site★.
>
> 🔘 Île d'Ouessant★★ - Les Abers★★.

LE CONQUET

à la Pointe de St-Mathieu 4 km au Sud – ⊠ 29217 Plougonvelin

◙ Phare ✳✳★★ – Ruines de l'église abbatiale★.

🏨 **Hostellerie de la Pointe St-Mathieu** ⌖ ≼ ⊠ 📶 ⅙ ch, ⸨¹⸩ 🏊
– ℰ 02 98 89 00 19 – www.pointe-saint-mathieu.com ⸨VISA⸩ ⬤ ⸨AE⸩
– Fax 02 98 89 15 68 – Fermé fév.
23 ch – †90/150 € ††100/170 €, ⊆ 12 € – ½ P 92/192 €
Rest – (fermé dim. soir) (22 €) Menu 31/78 € – Carte 50/110 €
◆ Hôtellerie du bout du monde voisinant avec les phares et les vestiges de l'abbaye. Confortables chambres allant du traditionnel au moderne cossu, certaines avec balcon. Cuisine actuelle gorgée d'iode, servie dans deux salles d'esprit contemporain.

🏨 **Vent d'Iroise** sans rest ⌖ ⅙ ⸨¹⸩ 🅿 ⸨VISA⸩ ⬤ ⸨AE⸩
– ℰ 02 98 89 45 00 – www.hotel-vent-iroise.com – Fax 02 98 89 45 25 – Fermé mi-fév. à mi-mars
24 ch – †55/125 € ††55/125 €, ⊆ 8,50 €
◆ Idéalement placé pour partir en balade sur les sentiers de la pointe St-Mathieu, cet hôtel récent vous loge dans des chambres au décor clair et épuré, bien dans l'air du temps.

LES CONTAMINES-MONTJOIE – 74 Haute-Savoie – **328** N6 **46** F1
– 1 182 h. – alt. 1 164 m – Sports d'hiver : 1 165/2 500 m ⸨4⸩ ⸨22⸩ ⸩ – ⊠ 74170
▌ Alpes du Nord

◗ Paris 606 – Annecy 93 – Bonneville 50 – Chamonix-Mont-Blanc 33
🛈 Office de tourisme, 18, route de Notre-Dame de la Gorge ℰ 04 50 47 01 58, Fax 04 50 47 09 54
◙ Le Signal★ (par télécabine).

🏠 **Gai Soleil** ⌖ ≼ 🚲 🌳 ⸨rest⸩, 🅿 ⸨VISA⸩ ⬤
288 chemin des Loyers – ℰ 04 50 47 02 94
– www.gaisoleil.com – Fax 04 50 47 18 43
– Ouvert 12 juin-18 sept. et 18 déc.-23 avril
19 ch – †50/55 € ††66/80 €, ⊆ 10 € – ½ P 56/68 €
Rest – (fermé le midi sauf du 16 janv. au 6 fév., du 6 au 13 mars et du 12 juin au 18 sept.) (14 €) Menu 20/28 € – Carte 20/38 € le midi
◆ On est ici aux petits soins pour la clientèle. Dominant la station, cette ancienne ferme au toit recouvert de tavaillons se pare de fleurs en saison. Chambres montagnardes. Sympathique salle rustique où l'on propose une cuisine traditionnelle.

🍴🍴 **L'Ô à la Bouche** 🚲 ⅙ ⸨VISA⸩ ⬤
☞ 510 rte Notre-Dame de la Gorge – ℰ 04 50 47 81 67 – www.lo-contamines.com
– Fermé 6-20 juin, 27 sept.-15 déc.
Rest – (prévenir) Menu 19/46 € – Carte 32/40 €
◆ Cadre contemporain et cuisine au goût du jour au rez-de-chaussée ; grillades et plats savoyards dans une ambiance plus montagnarde au sous-sol en hiver.

CONTAMINE-SUR-ARVE – 74 Haute-Savoie – **328** L4 – 1 512 h. **46** F1
– alt. 450 m – ⊠ 74130

◗ Paris 547 – Annecy 46 – Chamonix-Mont-Blanc 63 – Genève 20

🍴 **Le Tourne Bride** ⸨AK⸩ ⸨VISA⸩ ⬤ ⸨AE⸩
☞ 94 rte d'Annemasse – ℰ 04 50 03 62 18 – www.letournebride.com
– Fax 04 50 03 91 99 – Fermé 26 juil.-16 août, 3-23 janv., dim. soir et lundi
⸨🍷⸩ **Rest** – Menu 14 € (déj. en sem.), 23/35 € – Carte 31/50 €
◆ Cuisine mélangeant terroir, tradition et influences étrangères, servie dans d'anciennes écuries transformées en coquette salle à manger campagnarde.

CONTES – 06 Alpes-Maritimes – **341** E5 – 6 828 h. – alt. 250 m **41** D2
– ⊠ 06390

◗ Paris 954 – Marseille 206 – Nice 21 – Antibes 43
🛈 Syndicat d'initiative, 13, place Jean Allardi ℰ 04 93 79 13 99, Fax 04 93 79 26 30

XX **La Fleur de Thym** `AC` `P` `VISA` `CO`
3 bd Charles Alunni – ℰ 04 93 79 47 33
– www.lafleurdethym.fr – Fax 04 93 79 47 33
– Fermé 16-26 août, 24 déc.-10 janv., mardi soir et merc.
Rest – (18 €) Menu 26/46 € – Carte 32/45 €
♦ Un décor moderne dans un cadre provençal et une savoureuse cuisine au goût du jour font le charme de cette adresse. Sans oublier l'accueil, tout sourire.

CONTEVILLE – 27 Eure – **304** C5 – 821 h. – alt. 33 m – ⊠ 27210   **32** A3
▶ Paris 181 – Évreux 102 – Le Havre 34 – Honfleur 15

XXX **Auberge du Vieux Logis** (Éric Boilay) `VISA` `CO`
🕄 – ℰ 02 32 57 60 16 – Fax 02 32 57 45 84 – Fermé 2-18 nov., 1 sem. en fév., mardi sauf juil.-août, dim. soir et lundi
Rest – Menu 45 € (sem.), 65/85 € – Carte 80/112 €
Spéc. Escargots en coques de pâtes, jambonnettes de grenouilles, beurre persillé. Turbot à l'arête, risotto aux champignons. Feuilleté aux pommes caramélisées, cannelle, crème fraîche et pain d'épice.
♦ Un jeune couple est aux commandes de cet agréable restaurant normand, situé au cœur du village. Cuisine classique aux cuissons précises et aux saveurs justes.

---

au Marais Vernier 8 km à l'Est par D 312 et D 90 – 492 h. – alt. 10 m – ⊠ 27680

X **Auberge de l'Etampage** avec ch `AC` rest, `VISA` `CO`
🕄 – ℰ 02 32 57 61 51 – Fax 02 32 57 23 47 – Fermé 23 déc.-1ᵉʳ fév., dim. soir et merc.
3 ch – †42 € ††42 €, ⊡ 8 €
Rest – (15 € bc) Menu 18/28 € – Carte 35/50 €
♦ Cette maison villageoise à colombages propose une cuisine orientée terroir mitonnée avec des produits frais. Intérieur d'esprit bistrot et trois coquettes chambres soignées.

CONTRES – 41 Loir-et-Cher – **318** F7 – 3 429 h. – alt. 98 m – ⊠ 41700   **11** A1
▶ Paris 203 – Blois 22 – Châteauroux 79 – Montrichard 23

🖽 **De France** 🍴 ⌇ ℀ & ch, `AC` rest, ℀ ⓦ ♨ `P` ⇦ `VISA` `CO`
rte de Blois – ℰ 02 54 79 50 14 – www.hoteldefrance-contres.com
– Fax 02 54 79 02 95 – Fermé 24 janv.-11 mars, dim. soir, mardi midi et lundi hors saison
35 ch – †59/81 € ††62/85 €, ⊡ 11 € – 2 suites – ½ P 75/80 €
Rest – *(fermé lundi midi, mardi midi et merc. midi en saison)* (20 €) Menu 22 € (sem.)/52 € – Carte 55/65 €
♦ Une bonne adresse familiale au centre de Contres. Chambres confortables souvent rénovées et majoritairement orientées côté piscine et jardin. À l'annexe, meubles en rotin. Restaurant au cadre bourgeois soigné pour une cuisine traditionnelle sérieuse.

XX **La Botte d'Asperges** `AC` `VISA` `CO`
52 r. P. H. Mauger – ℰ 02 54 79 50 49 – www.labotte-dasperges.com – Fermé 16-31 août, 2-19 janv., dim. soir et lundi
Rest – Menu 23/50 € – Carte 46/60 €
♦ Derrière la façade vitrée à colombages de ce restaurant d'esprit bistrot se trouvent deux salles lumineuses, décorées de fresques sur la cuisine et le vin. Carte au goût du jour.

CONTREVOZ – 01 Ain – **328** G6 – rattaché à Belley

CONTREXÉVILLE – 88 Vosges – **314** D3 – 3 507 h. – alt. 342 m – Stat.   **26** B3
therm. : début avril-début oct. – Casino – ⊠ 88140 ▯ Alsace Lorraine
▶ Paris 337 – Épinal 47 – Langres 75 – Nancy 83
🖻 Office de tourisme, 116, rue du Shah de Perse ℰ 03 29 08 08 68, Fax 03 29 08 25 40
🖾 de Vittel Ermitage à Vittel HOTEL ERMITAGE, N : 7 km, ℰ 03 29 08 81 53
🖾 du Bois de Hazeau Centre Préparation Olympique, par D 429 : 4 km, ℰ 03 29 08 20 85

Cosmos 🚗 🛋 🏊 🐴 💆 ✂ 🎐 ᴷ ch, ✂ rest, ᵀᴵ 🛥 🅿 💳 ⓐ ⒜ ⓞ
13 r. de Metz – ℰ 03 29 07 61 61 – www.partouche-domaine-contrexeville.fr
– Fax 03 29 08 68 67 – Ouvert 2 avril-31 oct.
77 ch ⌑ – †78/98 € ††98/118 € – 6 suites – ½ P 111 €
Rest – Menu 29/35 €

◆ L'atmosphère vieille France de cet hôtel aux chambres confortables nous transporte à la Belle Époque. Un endroit idéal pour les adeptes de fitness et de balnéothérapie. Menus classiques et diététiques servis dans une grande salle à manger rétro à souhait.

COQUELLES – 62 Pas-de-Calais – **301** D2 – **rattaché à Calais**

CORBEIL-ESSONNES – 91 Essonne – **312** D4 – **101** 37 – **voir à Paris, Environs**

CORBIGNY – 58 Nièvre – **319** F8 – 1 681 h. – alt. 203 m – ⌂ 58800   **7** B2
▌Bourgogne

🔼 Paris 236 – Autun 76 – Avallon 38 – Clamecy 28
🛈 Office de tourisme, 8, rue de l'Abbaye ℰ 03 86 20 02 53

Hôtel de L'Europe 🛋 🎐 ᴷ ch, ᵀᴵ 🛥 💳 ⓒ ⓐ
7 Grande Rue – ℰ 03 86 20 09 87 – Fax 03 86 20 06 40 – Fermé 23 déc.-3 janv.
et en fév.
18 ch – †51 € ††58 €, ⌑ 9 € – ½ P 66/76 €
Rest Le Cépage – (fermé dim. soir, merc. soir et jeudi) Menu 28/56 €
– Carte 57/66 € ⬚
Rest Le Bistrot – (fermé dim. soir, merc. soir et jeudi) Menu 19/22 €
– Carte 18/43 €

◆ Sympathique hôtel familial aux chambres colorées et bien équipées, dotées de belles salles de bains. Au Cépage, cadre rustique, cuisine traditionnelle et remarquable petite carte des vins à prix d'amis. Menu bourguignon et plats du terroir au Bistrot.

CORBON – 14 Calvados – **303** L5 – 70 h. – alt. 8 m – ⌂ 14340   **33** C2
🔼 Paris 215 – Caen 31 – Hérouville-Saint-Clair 30 – Le Havre 70

🔼 **La Ferme aux Étangs** 🦋 🕪 🅿 💳 ⓒ
chemin de l'Épée – ℰ 02 31 63 99 16 – www.lafermeauxetangs.com
– Fax 02 31 63 99 16
5 ch ⌑ – †68 € ††78/98 €   **Table d'hôte** – Menu 30 €

◆ Calme assuré dans cette propriété normande au bord d'un plan d'eau. Décor rustique et douillet dans les chambres, ambiance chaleureuse au salon (home cinéma). La table d'hôte propose des plats traditionnels et des spécialités cuisinées au four à bois.

CORDES-SUR-CIEL – 81 Tarn – **338** D6 – 1 012 h. – alt. 279 m   **29** C2
– ⌂ 81170 ▌Midi-Toulousain

🔼 Paris 655 – Albi 25 – Rodez 78 – Toulouse 82
🛈 Office de tourisme, place Jeanne Ramel-Cals ℰ 05 63 56 00 52,
Fax 05 63 56 19 52
◉ Site★★ – La Ville haute★★ : maisons gothiques★★ - musée d'Art et
d'Histoire Charles-Portal★.

Le Grand Écuyer (Damien Thuriès) 🦋 ← 🅺 💳 ⓒ ⓐ ⓞ
⊕   – ℰ 05 63 53 79 50 – www.thuries.fr – Fax 05 63 53 79 51 – Ouvert de Pâques à
mi-oct.
12 ch – †115/265 € ††115/265 €, ⌑ 16 € – 1 suite – ½ P 110/183 €
Rest – (fermé lundi et le midi en sem. sauf juil.-août) Menu 43/84 €
– Carte 87/120 € ⬚
Spéc. Foie gras de canard au fil du temps. Pigeonneau du Mont Royal. Gratin
de fraises des bois. **Vins** Gaillac.
◆ Demeure gothique classée, sise dans une pittoresque ruelle de ce village perché. Les chambres associent le charme de l'ancien (lits à baldaquins) et le confort moderne. Dans la cuisine ouverte, le chef prépare de savoureux plats actuels servis en trilogie. Belle cave.

🏨 **Hostellerie du Vieux Cordes** ⤳   ⇐ 🖭 ¶¹ 🛁 VISA ⚌ AE
21 r. St-Michel – 𝄞 *05 63 53 79 20 – www.thuries.fr – Fax 05 63 56 02 47*
– Fermé 2 janv.-12 fév.
19 ch – ¶55/162 € ¶¶55/162 €, ⌑ 13 € – ½ P 89 €
Rest – *(fermé dim. soir en mars, avril, oct. et nov., lundi sauf le soir en juil.-août,*
et mardi midi) (15 €) Menu 26/45 € – Carte 36/42 €
♦ Dans les murs d'un ancien monastère du 13ᵉ s., un bel escalier à vis mène aux chambres
personnalisées, en partie refaites et actualisées. Cuisine traditionnelle servie dans une salle à
manger-terrasse dominant la vallée, ou dans le patio, sous une glycine tricentenaire.

rte d'Albi

🏠 **L'Envolée sauvage** ⤳   🖭 ⶾ ¶¹ VISA ⚌
La Borie – 𝄞 *05 63 56 88 52 – www.lenvolee-sauvage.com – Fermé 5 janv.-28 fév.*
4 ch ⌑ – ¶100/110 € ¶¶100/110 €   **Table d'hôte** – Menu 35 €
♦ Séjour au goût authentique de terroir dans cette coquette ferme du 18ᵉ s. où l'on élève
des oies. Chambres personnalisées et grand salon-bibliothèque. Les produits de la ferme garnissent la table d'hôte, simple et savoureuse. Stages de cuisine. Accueil aimable.

à Campes 3 km au Nord-Est par D 922, D 98 et rte secondaire – ✉ 81170

🏠 **Le Domaine de la Borie Grande** ⤳   ⇐ ⶾ 🖭 ⶾ ⿻ ¶¹ 🅿
St- Marcel-Campes – 𝄞 *05 63 56 58 24 – www.laboriegrande.com*
– Fax 05 63 56 58 24
4 ch ⌑ – ¶100/150 € ¶¶110/150 € – ½ P 90 €
Table d'hôte – Menu 38 € bc
♦ On reçoit les hôtes "en amis" dans cette demeure du 18ᵉ s. en pleine campagne. Très
jolies chambres au raffinement à l'ancienne, profitant de vues magnifiques. Superbe suite
aménagée façon loft. Plats actuels servis dans une salle rustique ou une cour intérieure.

CORDON – 74 Haute-Savoie – **328** M5 – 986 h. – alt. 871 m – ✉ 74700   **46** F1
▌Alpes du Nord

    ▣ Paris 589 – Annecy 76 – Bonneville 33 – Chamonix-Mont-Blanc 32
    🄸 Office de tourisme, route de Cordon 𝄞 04 50 58 01 57,
      Fax 04 50 91 25 36
    ◎ Site ★.

🏨 **Les Roches Fleuries** ⤳   ⇐ 🖭 🖭 ⿻ 🛁 ¶¹ 🛁 🅿 VISA ⚌ AE ⓪
🌸 *rte de la Scie –* 𝄞 *04 50 58 06 71*
   – www.rochesfleuries.com – Fax 04 50 47 82 30
   – Ouvert 8 mai-20 sept. et 18 déc.-4 avril
20 ch – ¶150/195 € ¶¶170/195 €, ⌑ 18 € – 5 suites – ½ P 135/175 €
Rest – *(fermé mardi midi, dim. soir et lundi sauf vacances scolaires)* Menu 34 €
(déj. en sem.), 58/85 € – Carte 65/90 € 🕸
Spéc. Carpaccio de langoustines juste tiédies à la fleur de thym. Poularde de
Bresse aux escargots de Magland. Pastilla au chocolat noir coulant, sorbet
passion et caramel au beurre salé. **Vins** Roussette de Marestel, Mondeuse
d'Arbin.
Rest *La Boîte à Fromages* – *(ouvert 10 juil.-25 août, 22 déc.-20 mars et fermé*
dim. et lundi) (dîner seult) (prévenir) Menu 45 € bc
♦ Ravissant chalet fleuri perché sur les hauteurs du "balcon du Mont-Blanc". Chaleureux
intérieur tout bois et élégant mobilier savoyard ancien. Au restaurant, cadre alpin feutré
et cuisine créative riche en saveurs. Recettes du terroir à La Boîte à Fromages.

🏨 **Le Cerf Amoureux** ⤳   ⇐ 🖭 ⿻ 🛁 ⬚ ⿻ ¶¹ ⿻ VISA ⚌ AE
à Nant-Cruy, 2 km au Sud (rte Combloux) ✉ 74700 Sallanches
– 𝄞 *04 50 47 49 24 – www.lecerfamoureux.com – Fax 04 50 47 49 25*
– Fermé 22 sept.-5 oct.
9 ch – ¶130/295 € ¶¶130/295 €, ⌑ 17 € – 2 suites
Rest – *(fermé dim. et lundi hors vacances scolaires) (dîner seult)* Menu 36 €
♦ Il règne une ambiance très cosy dans ce chalet tout de pierre et de bois vêtu. Délicieuses
chambres dotées de balcons tournés vers les massifs des Aravis ou du Mont-Blanc. La ravissante salle à manger sert de cadre à une cuisine familiale de bon aloi.

La Joubarbe au Balcon du Mont Blanc ⌖ ≤ ⒻƐ ⌂ ⚲ ⁽ᵖ⁾ **P**
2087 rte des Miaz – ℰ 04 50 91 15 35 – www.lajoubarbe.com ⌂ **VISA** ⓪⓿
– Fax 04 50 91 15 35
10 ch ⌖ – †117/175 € ††126/221 € – ½ P 87/135 €
Rest – *(dîner seult) (résidents seult)* Menu 24 €
• Sur les hauteurs de Cordon, ce grand chalet dispose de chambres très confortables, au style montagnard épuré, toutes dotées d'un balcon ou d'une terrasse. Vue imprenable sur les monts. Cuisine traditionnelle (menu unique différent chaque soir). Ambiance familiale.

Le Chamois d'Or ⌖   ≤ ⒻƐ ⌂ Ⓕ Ɛ ⌖ ⚲ ⁽ᵖ⁾ ⌂ **P** ⌂ **VISA** ⓪⓿ **AE**
– ℰ 04 50 58 05 16 – www.hotel-chamoisdor.com – Fax 04 50 93 72 96
– Ouvert 1ᵉʳ juin et 18 déc. à fin mars
26 ch ⌖ – †100/140 € ††150/140 € – 2 suites – ½ P 90/130 €
Rest – *(fermé merc. midi et jeudi midi)* (22 €) Menu 26 € (sem.)/40 € – Carte 32/65 €
• Gros chalet familial bien fleuri en été et équipé pour les loisirs. Chambres et suites cosy dans un esprit montagnard (tissus choisis), salon-cheminée douillet. Au restaurant, mur en pierres du pays, mobilier régional, terrasse "4 saisons" et vue panoramique.

Le Cordonant ≤ ⒻƐ ⌂ Ⓕ Ɛ ⚲ ⌂ **P** ⌂ ⓪⓿
120 rte des Miaz – ℰ 04 50 58 34 56 – www.lecordonant.fr – Fax 04 50 47 95 57
– Ouvert de mi-mai à fin sept. et de mi-déc. à mi-avril
16 ch – †70/85 € ††85/95 €, ⌖ 10 € – ½ P 70/82 €
Rest – Menu 24/32 € – Carte 30/42 €
• Grand chalet à la sympathique ambiance familiale. Beaux meubles en bois peint dans les chambres bien tenues, avec jardin ou balcon. Cuisine traditionnelle et vue imprenable sur les sommets depuis la salle à manger rustique.

CORENC – 38 Isère – **333** H6 – **rattaché à Grenoble**

CORMEILLES – 27 Eure – **304** C6 – 1 201 h. – alt. 80 m – ⌂ 27260 **32** A3
▶ Paris 181 – Bernay 441 – Lisieux 19 – Pont-Audemer 17
🛈 Office de tourisme, 14, place du Mont Mirel ℰ 02 32 56 02 39, Fax 02 32 42 32 66

L'Auberge du Président Ɛ rest, ⁽ᵖ⁾ ⌂ **P** **VISA** ⓪⓿ **AE**
70 r. de l'Abbaye – ℰ 02 32 57 80 37 – www.hotel-cormeilles.com
– Fax 02 32 57 88 31 – Fermé 1ᵉʳ-8 janv.
14 ch – †65/80 € ††75/90 €, ⌖ 8,50 € – ½ P 64 €
Rest – *(fermé mardi midi, merc. midi, jeudi midi et dim. soir d'oct. à mars, et lundi midi)* Menu 19 € (sem.), 24/48 € – Carte 29/52 €
• L'enseigne rend hommage au président de la République René Coty qui séjourna à l'hôtel. Chambres personnalisées, bien tenues. Au restaurant, le plaisant décor normand avec cheminée et une cuisine traditionnelle orientée terroir remportent tous les suffrages !

Gourmandises **VISA** ⓪⓿
29 r. de l'Abbaye – ℰ 02 32 42 10 96 – Fermé janv., mardi et merc. sauf le soir en saison et lundi
Rest – Carte 42/54 €
• Joli présage que cette enseigne, pour une table installée dans l'ancienne fromagerie du bourg. Cadre chaleureux et petits plats bistrotiers originaux.

CORMEILLES-EN-VEXIN – 95 Val-d'Oise – **305** D6 – **106** 5 – **voir à Paris, Environs (Cergy-Pontoise)**

CORMERY – 37 Indre-et-Loire – **317** N5 – 1 631 h. – alt. 59 m **11** B2
– ⌂ 37320 ▌ Châteaux de la Loire
▶ Paris 254 – Blois 63 – Château-Renault 48 – Loches 22
🛈 Syndicat d'initiative, 13, rue Nationale ℰ 02 47 43 30 84, Fax 02 47 43 18 73

Auberge du Mail ⌂ **VISA** ⓪⓿ **AE**
2 pl. Mail – ℰ 02 47 43 40 32 – aubergedumail-cormery.com – Fax 02 47 43 08 72
– Fermé 3-10 avril, 26 août-4 sept., 24-31 déc., le soir de mi-oct. à fin mars, sam. midi et jeudi
Rest – (15 €) Menu 18 € (sem.)/50 € – Carte 24/52 €
• Maison de pays proche de l'abbaye célèbre pour ses macarons. Cadre rustico-bourgeois dans la salle à manger et reposante terrasse ombragée par des tilleuls et une glycine.

✗ **Auberge des 2 Cèdres** 🛏 ✿ VISA ⓪

> *av. de la Gare* – ℰ 02 47 43 03 09 – Fax 02 47 43 03 09 – Fermé 12-26 juil.,
> 18 janv.-8 fév., le soir du dim. au merc., jeudi soir de sept. à mai et lundi
> **Rest** – Menu 14 € (déj. en sem.)/28 € – Carte 23/32 €
> • Faux air de guinguette pour cette bâtisse régionale proche de la gare. Cadre très simple et terrasse dressée dans un minijardin. Accueil charmant et cuisine familiale.

CORNILLON – 30 Gard – 339 L3 – 847 h. – alt. 168 m – ✉ 30630 **23** D1
▌Provence

> ▶ Paris 666 – Avignon 50 – Alès 47 – Bagnols-sur-Cèze 17

✗✗ **La Vieille Fontaine** avec ch 🌿 ⟨ 🚗 🛏 🏊 VISA ⓪

> *r. du Château* – ℰ 04 66 82 20 56 – www.lavieillefontaine.net
> – Fax 04 66 82 33 64 – Ouvert de mai à sept. et fermé le midi sauf dim.
> **8 ch** – ♦155 € ♦♦155 €, ⚌ 10 € – ½ P 115 € **Rest** – Menu 40/60 €
> • Maison de caractère adossée aux murailles médiévales. Chambres coquettes, salle à manger voûtée, cuisine traditionnelle, piscine et jardin en terrasses dominant la vallée.

CORPS – 38 Isère – 333 I9 – 451 h. – alt. 939 m – ✉ 38970 **45** C3
▌Alpes du Sud

> ▶ Paris 626 – Gap 39 – Grenoble 64 – La Mure 24
> 🛈 Office de tourisme, Route Napoléon ℰ 04 76 30 03 85, Fax 04 76 81 12 28
> ◉ Barrage★★ et pont★ du Sautet O : 4 km.

🏠 **Du Tilleul** 🚗 📶 & 📶 P 🍴 VISA ⓪ AE ⓪

> *r. des Fosses* – ℰ 04 76 30 00 43 – www.hotel-restaurant-du-tilleul.com
> – Fax 04 76 30 06 12 – Fermé 1er nov.-20 déc.
> **18 ch** – ♦42/48 € ♦♦48/61 €, ⚌ 8 € – ½ P 51 €
> **Rest** – (14 €) Menu 16/37 € – Carte environ 20 €
> • Sur l'impériale route Napoléon et au cœur du vieux village fort animé en été. Chambres fraîches et bien tenues, plus calmes à l'annexe. Accueil charmant. Salle de restaurant un peu sombre, mais sympathique ambiance campagnarde. Cuisine traditionnelle.

à Aspres-les-Corps 5 km au Sud-Est par N 85 et D 58 – 131 h. – alt. 930 m
– ✉ 05800

🏠🏠🏠 **Château d'Aspres** 🚗 🛏 & 📶 P VISA ⓪ AE

> – ℰ 04 92 55 28 90 – www.chateau-d-aspres.com – Fax 04 92 55 48 48 – Ouvert
> 1er mars-15 nov., 30 déc.-2 janv. et fermé dim. soir du 1er mars au 31 mai
> **7 ch** – ♦88/118 € ♦♦88/140 €, ⚌ 12 € – 3 suites – ½ P 78/90 €
> **Rest** – Menu 22/38 € – Carte 28/58 €
> • Cette demeure seigneuriale (12e-17e s.) domine la vallée du Champsaur. Chambres de caractère, garnies de beaux meubles anciens. Des portraits d'ancêtres accompagnent votre repas dans l'élégante salle à manger. Cuisine traditionnelle.

CORRENÇON-EN-VERCORS – 38 Isère – 333 G7 – rattaché à Villard-de-Lans

CORRÈZE – 19 Corrèze – 329 M3 – 1 175 h. – alt. 455 m – ✉ 19800 **25** C3
▌Limousin Berry

> ▶ Paris 480 – Aubusson 96 – Brive-la-Gaillarde 45 – Tulle 19
> 🛈 Office de tourisme, place de la Mairie ℰ 05 55 21 32 82, Fax 05 55 21 63 56

🏠🏠🏠 **Mercure Seniorie** 🌿 ⟨ 🚗 🛏 🏊 📶 & 📶 P 🍴 VISA ⓪ AE ⓪

> *Le Bourg* – ℰ 05 55 21 22 88 – www.mercure.com – Fax 05 55 21 24 00
> – Fermé 18 déc.-5 janv.
> **29 ch** – ♦53/130 € ♦♦74/135 €, ⚌ 12 € **Rest** – Menu 14/45 € – Carte 25/45 €
> • Sur les hauteurs de la cité médiévale, cette élégante demeure du 19e s., ancien pensionnat, abrite des chambres très spacieuses, aux équipements et confort modernes. Carte traditionnelle que l'on déguste dans un décor cossu et bourgeois. Grande terrasse.

🏠 **Le Parc des 4 Saisons** 🌿 🔊 🏊 📶 P

> *av. de la Gare* – ℰ 05 55 21 44 59 – www.leparc.info
> **5 ch** ⚌ – ♦58/83 € ♦♦75/90 € **Table d'hôte** – Menu 30 € bc/35 € bc
> • Un jeune couple belge vous reçoit dans cette ancienne maison de notable agrémentée d'un parc. Chambres pimpantes et confortables, joli salon, piscine d'été, sauna et massages. Table d'hôte (sur réservation) proposée trois soirs par semaine.

La Balagne

H. Le Gac/MICHELIN

CORSE

Département : Corse
Carte Michelin LOCAL : 345
Population : 249 729 h.

▊ Corse
Carte régionale : 15 B2

RENSEIGNEMENTS PRATIQUES

TRANSPORTS MARITIMES

▄ Depuis la France continentale les relations avec la Corse s'effectuent à partir de Marseille, Nice et Toulon.

▄ au départ de Marseille : SNCM - 61 bd des Dames (2ᵉ) ℰ 0 825 888 088 (0,15 €/mn) et 3260 dites "SNCM", Fax 04 91 56 36 36. CMN - 4 quai d'Arenc (2ᵉ)

▄ ℰ0 810 201 320, Fax 04 91 99 45 95.

▄ au départ de Nice : SNCM - Ferryterranée quai du Commerce ℰ 0 825 888 088 (0,15 €/mn). CORSICA FERRIES - Port de Commerceℰ0 825 095 095

▄ (0,15 €/mn), Fax 04 92 00 42 94.

▄ au départ de Toulon : SNCM - 49 av. Infanterie de Marine (15 mars-15 sept.) ℰ 0 825 888 088 (0,15 €/mn). CORSICA FERRIES - Gare Maritime

▄ ℰ 0 825 095 095 (0,15 €/mn).

AÉROPORTS

✈ La Corse dispose de quatre aéroports assurant des relations avec le continent, l'Italie et une partie de l'Europe :

✈ Ajaccio ℰ 04 95 23 56 56, Calvi ℰ 04 95 65 88 88, Bastia ℰ 04 95 54 54 54, et Figari-Sud-Corse ℰ 04 95 71 10 10 (Bonifacio et Porto-Vecchio).

✈ Voir aussi au texte de ces localités.

QUELQUES GOLFS

▦ Bastia, (voir à la localité), ℰ04 95 38 33 99

▦ de Sperone à Bonifacio, (voir à la localité), ℰ04 95 73 17 13

AJACCIO P – 2A Corse-du-Sud – **345** B8 – **63 723 h.** – **Casino** Z **15** A3
– ✉ **20000**

Bastia 147 – Bonifacio 131 – Calvi 166 – Corte 80
d'Ajaccio-Campo dell'Oro : ✆ 04 95 23 56 56, par ① : 7 km.
Office de tourisme, 3, boulevard du Roi Jérôme ✆ 04 95 51 53 03, Fax 04 95 51 53 01
Vieille Ville★ - Musée Fesch★★ : peintures italiennes★★★ - Maison Bonaparte★ - Salon Napoléonien★ (1er étage de l'hôtel de ville) - Jetée de la Citadelle ≤★ - Place Gén.-de-Gaulle ou Place du Diamant ≤★.
Golfe d'Ajaccio★★. Aux Îles sanguinaires★★.

Palazzu U Domu sans rest
17 r. Bonaparte – ✆ 04 95 50 00 20 – www.palazzu-domu.com – Fax 04 95 50 02 19 Ze
45 ch – 140/530 € 140/530 €, 22 €
◆ Le palais du comte Pozzo di Borgo (18e s.) a été entièrement restauré dans un esprit luxueux alliant tradition et modernité. Chambres au doux raffinement contemporain.

Les Mouettes sans rest
9 cours Lucien-Bonaparte par ② – ✆ 04 95 50 40 40 – www.hotellesmouettes.fr – Fax 04 95 21 71 80 – Fermé 15 nov.-17 mars
28 ch – 100/380 € 100/380 €, 14 €
◆ On succombe au charme de cette demeure de 1880 : vue sur le golfe, jardin méditerranéen et plage privée. Chambres spacieuses à la décoration soignée, la plupart avec loggia.

Napoléon sans rest
4 r. Lorenzo Vero – ✆ 04 95 51 54 00 – www.hotelnapoleonajaccio.com – Fax 04 95 21 80 40 Zs
62 ch – 69/98 € 85/112 €, 11 €
◆ Accueil tout sourire dans cet établissement d'une rue perpendiculaire au cours Napoléon. La décoration des chambres a été récemment repensée dans un style actuel.

Albert-1er (Bd) . . . . . Y 2
Bévérini Vico (Av.) . . . . . Y 4
Colonna d'Ornano (Av. du Col.) . . . . . Y 10
Griffi (Square P.) . . . . . Y 22
Leclerc (Cours Gén.) . . . . . Y 25
Madame-Mère (Bd) . . . . . Y 29
Maillot (Bd H.) . . . . . Y 30
Masséria (Bd) . . . . . Y 32
Napoléon-III (Av.) . . . . . Y 37
Napoléon (Cours) . . . . . Y
Nicoli (Cours J.) . . . . . Y 38
Paoli (Bd D.) . . . . . Y 41
St-Jean (Montée) . . . . . Y 51

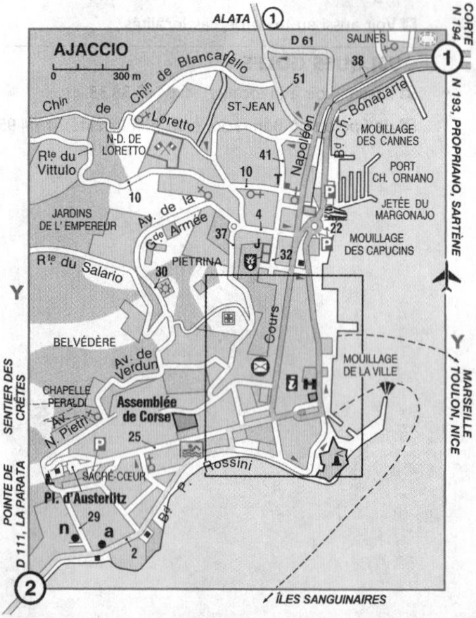

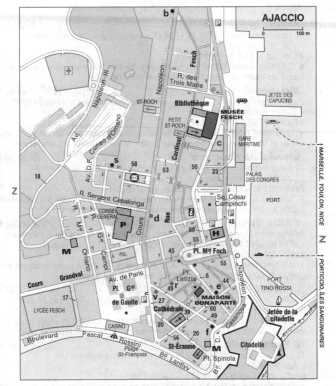

AJACCIO

0   100 m

San Carlu sans rest ⏸ 🛜 📶 VISA ☎ AE

8 bd Casanova – ✆ 04 95 21 13 84 – www.hotel-sancarlu.com
– Fax 04 95 21 09 99 – Fermé 22 déc.-1er fév.   Z**f**
40 ch – †69/144 € ††89/165 €, ⊡ 11 €

◆ Au cœur du vieil Ajaccio et à deux pas de la plage St-François, cet hôtel abrite des chambres pratiques et bien tenues. Certaines regardent la citadelle et la mer.

Impérial sans rest ⏸ 🖃 AK VISA ☎ AE ⓪

6 bd Albert 1er – ✆ 04 95 21 50 62 – www.hotelimperial-ajaccio.fr
– Fax 04 95 21 15 20 – Ouvert de mi-mars à fin-oct.   Y**a**
42 ch – †70/130 € ††70/130 €, ⊡ 10 €

◆ Petit immeuble en lisière de la ville, que seule une placette sépare de la mer. Le vaste hall de l'hôtel est totalement dédié à Napoléon. Chambres gaies et fonctionnelles.

Amirauté sans rest 🗟 ⏸ 🛗 AK 🛜 📶 ⚒ P 🐾 VISA ☎ AE ⓪

19 rte de Sarténe, par ① – ✆ 04 95 55 10 00 – www.corsica-hotels.fr
– Fax 04 95 55 18 00
72 ch – †49/170 € ††59/170 €, ⊡ 10 €

◆ Vaste immeuble moderne en sortie de ville vers l'aéroport. Chambres fonctionnelles dotées d'un mobilier épuré en bois blond. Piscine et terrasse tournées vers la mer.

Kallisté sans rest 🖾 🖰 ⁽ᵖ⁾ VISA ⓞⓞ

51 cours Napoléon – 𝒞 04 95 51 34 45 – www.hotel-kalliste-ajaccio.com
– Fax 04 95 21 79 00 Zb
45 ch ⚏ – †64/77 € ††80/95 €

• Cet édifice ajaccien (19ᵉ s.) du cour Napoléon vient de faire peau neuve, préservant habilement ses voûtes originales. Petites chambres confortables.

Marengo sans rest ⌂ AC ⅋⅋ ⁽ᵖ⁾ VISA ⓞⓞ AE

2 r. Marengo – 𝒞 04 95 21 43 66 – www.hotel-marengo.com – Fax 04 95 21 51 26
– Ouvert début avril-début nov. Yn
17 ch – †75/85 € ††75/85 €, ⚏ 8 €

• Légèrement excentré dans un quartier calme, petit établissement familial aux chambres simples et bien tenues. Cour-terrasse pour petits-déjeuners estivaux. Accueil charmant.

XX **Grand Café Napoléon** ⇔ VISA ⓞⓞ AE

10 cours Napoléon – 𝒞 04 95 21 42 54 – Fax 04 95 21 53 32 – Fermé
23 déc.-3 janv., sam. soir, dim. et fériés Zd
Rest – (18 €) Menu 30/45 € – Carte 40/67 €

• La vaste salle napoléonienne de l'ancien café chantant résonne encore d'airs de bel canto. Cuisine actuelle. Bar-salon de thé l'après-midi. Sur la rue, une terrasse très prisée.

XX **L'Altru Versu** ≼ AC P VISA ⓞⓞ

Bd Nicéphore Sephanopoli de Comnene, Les sept chapelles, rte des Îles Sanguinaires
– 𝒞 04 95 50 05 22 – www.laltruversu.com – Fermé merc. hors saison
Rest – Menu 39 € – Carte 46/58 €

• Vue panoramique sur le golfe d'Ajaccio et la mer de la salle de ce restaurant aux airs de guinguette. Décor agréable (couleurs vives), cuisine au bon accent corse.

X **Le 20123** 🛱 AC

2 r. Roi de Rome – 𝒞 04 95 21 50 05 – www.20213.fr – Fax 04 95 21 50 05
Rest – (dîner seult) (prévenir) Menu 33 € Zv

• Seule besogne qui vous incombera au cœur de cette évocation d'un village corse : puiser votre eau à la fontaine de la "place". Authentique cuisine du terroir annoncée oralement.

X **U Pampasgiolu** 🛱 AC VISA ⓞⓞ

15 r. de la Porta – 𝒞 04 95 50 71 52 – www.upampasgiolu.com
– Fax 04 95 20 99 36 – Fermé dim. Zr
Rest – (dîner seult) Menu 24 € – Carte 33/54 €

• Salles à manger voûtées à la décoration contemporaine où l'on propose un copieux menu axé terroir et servi sur une planche de bois, le "spuntinu". Carte de plats actuels.

à Afa par ① : 15 km par rte de Bastia et D 161 – 2 527 h. – alt. 150 m – ⊠ 20167

X **Auberge d'Afa** 🛱 P VISA ⓞⓞ AE

– 𝒞 04 95 22 92 27 – http://pagesperso-orange.fr/auberge-d-afa/
– Fax 04 95 22 92 27 – Fermé lundi
Rest – (nombre de couverts limité, prévenir) (17 €) Menu 20 € (déj. en sem.)/
27 € – Carte 35/65 €

• Avenante auberge aux abords fleuris nichée aux portes du village. Salle à manger spacieuse et colorée, décorée de paysages corses. Terrasse plein Sud. Cuisine traditionnelle.

Plaine de Cuttoli 15 km par ① par rte de Bastia, rte de Cuttoli (D 1) puis rte de Bastelicaccia – ⊠ 20167 Mezzavia

XX **U Licettu** avec ch ⌂ ≼ 🛱 🛱 🛪 P VISA ⓞⓞ

– 𝒞 04 95 25 61 57 – Fax 04 95 53 71 00 – Fermé 1ᵉʳ janv.-15 fév., dim. soir et
lundi hors saison
4 ch ⚏ – †80/90 € ††90/100 € **Rest** – (prévenir) Menu 40 € bc

• Villa dominant le golfe et noyée sous les fleurs, accueil charmant, plats corses copieux et savoureux (charcuteries maison) : de bonnes raisons de ne pas prendre le maquis ! La maison propose des chambres récentes, gaies et spacieuses, donnant sur le jardin.

à Pisciatello 12 km par ① et N 196 – ⊠ 20117 Cauro

X **Auberge du Prunelli** 🛱 VISA ⓞⓞ AE

– 𝒞 04 95 20 02 75 – Fermé janv. et mardi
Rest – Menu 20 € (déj.)/31 € bc – Carte 25/35 €

• Maison corse du 19ᵉ s. jouxtant le pont ancien qui traverse le Prunelli. Cuisine du terroir, produits du verger et du potager servis dans un agréable cadre rustique.

rte des îles Sanguinaires par ② – ⊠ 20000 Ajaccio :

Dolce Vita ⬡ ≤ 🚗 ☆ ⽁ 🄺 ch, ⽁ 🛁 **P** 📵 🆚 🆎 ⓞ
à 9 km – ℰ 04 95 52 42 42 – www.hotel-dolcevita.com – Fax 04 95 52 07 15
– Ouvert fin mars-début nov.
30 ch (½ P seult) – ½ P 179/494 €
Rest *La Mer* – (30 €) Menu 43 € – Carte 70/98 €
♦ En bord de mer, un lieu de villégiature propice au farniente. Chambres fraîches et piscine regardant la grande bleue. Cuisine originale à déguster dans la vaste salle ou sur la belle terrasse qui fait face au golfe.

Cala di Sole sans rest ⬡ ≤ ☆ 🛁 ⽁ 🄺 ⽁ **P** 🆚 📵 🆎 ⓞ
à 6 km – ℰ 04 95 52 01 36 – www.caladisole.fr – Fax 04 95 52 00 20
– Ouvert 1er avril-15 oct.
31 ch ⊊ – ♦90/170 € ♦♦130/230 €
♦ Séjour tonique dans un bâtiment des années 1960, les pieds dans l'eau : plage privée, piscine, fitness, plongée, jet-ski et planche à voile. Chambres avec terrasse.

Palm Beach avec ch ≤ ☆ 🄺 ch, ⽁ ⽁ 🆚 📵 🆎
rte des Îles Sanguinaires, à 5 km – ℰ 04 95 52 01 03 – www.palm-beach.fr
– Fermé 1er nov.-30 déc., dim. soir et lundi d'oct. à mars
10 ch – ♦120/260 € ♦♦130/280 €, ⊊ 20 €
Rest – (dîner seult) Carte 56/97 €
Spéc. Filet de maquereau en escabèche. Saint-pierre poêlé au consommé de volaille. Soufflé au Grand Marnier.
Rest *Sari* – (déj. seult) Carte 20/40 €
♦ Le restaurant embrasse le golfe d'Ajaccio : la grande bleue vient caresser sa terrasse… Une situation idyllique pour savourer une cuisine actuelle qui ne manque ni de finesse ni de personnalité. Chambres contemporaines et équipées dernier cri, face à la mer. Au Sari, sur la plage, snacking de luxe.

ALÉRIA – 2B Haute-Corse – 345 G7 – 2 002 h. – alt. 20 m – ⊠ 20270   15 B2
🄳 Bastia 71 – Corte 50 – Porto Vecchio 72
🄸 Office de tourisme, Casa Luciani ℰ 04 95 57 01 51, Fax 04 95 57 03 79
🄾 Fort de Matra ★ - Musée Jérôme-Carcopino collection de céramiques attiques ★★ - Ville antique★.

L'Atrachjata sans rest 🛗 🛁 🄺 ⽁ ⽁ **P** 🆚 📵 🆎 ⓞ
– ℰ 04 95 57 03 93 – www.hotel-atrachjata.net – Fax 04 95 57 08 03
30 ch – ♦49/89 € ♦♦59/154 €, ⊊ 11 € – 2 suites
♦ Au cœur de la Costa Serena, accueillant hôtel familial situé en bordure de route. Grandes chambres actuelles avec de jolies salles de bains, à choisir de préférence vers l'arrière.

L'Empereur ☆ ☆ 🛁 🄺 ⽁ ⽁ **P** 🆚 📵 🆎
lieu-dit Cateraggio, (N 198) – ℰ 04 95 57 02 13 – www.hotel-empereur.com
– Fax 04 95 57 02 33
32 ch – ♦51/70 € ♦♦64/93 €, ⊊ 7 € – ½ P 46/60 €
Rest – (fermé le dim. d'oct. à avril) (15 €) Menu 25 € – Carte 27/39 €
♦ À 3 minutes de la plage, construction de style moult abritant des chambres spacieuses et fonctionnelles tournées pour la plupart vers la piscine (certaines avec mezzanine). Appétissantes recettes traditionnelles corses servies dans une lumineuse salle à manger.

ALGAJOLA – 2B Haute-Corse – 345 C4 – 268 h. – alt. 2 m – ⊠ 20220   15 A1
🄳 Bastia 76 – Calvi 16 – L'Île-Rousse 10
🄸 Office de tourisme, rue Droite ℰ 04 95 62 78 32
🄾 Citadelle★.

Stellamare sans rest 🚗 🄺 ⽁ ⽁ **P** 🆚 📵
chemin Santa Lucia – ℰ 04 95 60 71 18 – www.stellamarehotel.com
– Fax 04 95 60 69 39 – Ouvert 15 avril-30 sept.
16 ch ⊊ – ♦75/130 € ♦♦85/140 €
♦ En retrait de la mer, nichée sur les hauteurs de la station, maison précédée d'un beau jardin. Chambres plaisantes, régulièrement rafraîchies ; terrasse de style marocain.

Serenada sans rest ≤ ⒜⒦ ⁓ ⁗ P VISA ⓒⓞ
– ℰ 04 95 36 43 64 – www.hotel-serenada.com – Fax 04 95 36 86 83 – Ouvert de mai à sept.
8 ch – ♦99/155 € ♦♦99/155 €, ☲ 9 €

♦ Près de la plage, deux bâtiments neufs séparés par une petite route calme. L'hôtel à la façade ocre-orangée propose des chambres contemporaines et bien insonorisées.

AULLÈNE – 2A Corse-du-Sud – 345 D9 – 177 h. – alt. 825 m – ⊠ 20116 15 B3
🔁 Ajaccio 73 – Bonifacio 84 – Corte 103 – Porto-Vecchio 59

San Larenzu sans rest ⧂ ≤ ⒜ ⁗ P VISA ⓒⓞ ⒜⒠
Pasta di Grano – ℰ 04 95 78 63 12 – san-larenzu.spaces.live.com – Fax 04 95 74 24 83
6 ch ☲ – ♦55 € ♦♦60 €

♦ En route pour le GR 20 ? Laurent vous propose des chambres actuelles bien tenues. Bon petit-déjeuner (miel et confitures corses) servi dans une annexe ouverte sur les montagnes.

BASTELICA – 2A Corse-du-Sud – 345 D7 – 519 h. – alt. 800 m – ⊠ 20119 15 B2
🔁 Ajaccio 43 – Corte 69 – Propriano 70 – Sartène 82
◎ Route panoramique★ du plateau d'Ese.
⒢ A 400 m du col de Mercujo : belvédère ≤ ★★ et SO : 13,5 km.

Chez Paul avec ch ≤ ⒢⒩ VISA ⓒⓞ
– ℰ 04 95 28 71 59 – Fax 04 95 28 73 13
12 ch (½ P seult) – ½ P 45 € **Rest** – (12 €) Menu 17/26 €

♦ Vue plongeante sur le village et la vallée du Prunelli depuis la terrasse et la petite salle séparée de la cuisine... par la rue ! Cuisine corse, charcuteries maison. Spacieux appartements.

BASTIA P – 2B Haute-Corse – 345 F3 – 43 577 h. – ⊠ 20200 15 B1
🔁 Ajaccio 148 – Bonifacio 171 – Calvi 92 – Corte 69
🛧 de Bastia-Poretta ℰ 04 95 54 54 54, par ② : 20 km.
🛈 Office de tourisme, place Saint-Nicolas ℰ 04 95 54 20 40, Fax 04 95 54 20 41
⛳ Golf Club Borgo Borgo Castellarese, S : 20 km par rte Aéroport, ℰ 04 95 38 33 99
◎ Terra-Vecchia★ : le vieux port★★, oratoire de l'Immaculée Conception★ - Terra-Nova★ : Assomption de la Vierge★★ dans l'église Ste-Marie, décor★★ rococo dans la chapelle Ste-Croix.
⒢ Église Ste-Lucie ≤★★ 6 km NO par D 31 X - ⁕★★★ de la Serra di Pigno 14 km par ③ - ≤★★ du col de Teghime 10 km par ③.

Les Voyageurs sans rest ⒜⒦ ⁗ P VISA ⓒⓞ ⒜⒠
9 av. Mar. Sébastiani – ℰ 04 95 34 90 80 – www.hotel-lesvoyageurs.com – Fax 04 95 34 00 65 Xr
24 ch – ♦60/95 € ♦♦95/115 €, ☲ 10 €

♦ Situé proche de la gare, cet hôtel récemment rénové accueille les voyageurs depuis un siècle. Chambres bien insonorisées, joliment décorées dans des tons jaune et bleu.

Corsica Hôtels Bastia Centre sans rest ⒤⒣ ⒢ ⒜⒦ ⁓ ⁗ ⒜ P ⧂ VISA ⓒⓞ ⒜⒠ ⓞ
av. J. Zuccarelli, par ③ – ℰ 04 95 55 10 00 – www.corsica-hotels.fr – Fax 04 95 55 05 11
71 ch – ♦64/112 € ♦♦89/112 €, ☲ 8,50 €

♦ Architecture contemporaine bénéficiant d'équipements modernes très appréciables. Chambres en cours de rénovation, confortables et calmes. Petit salon et snack-bar.

Posta Vecchia sans rest ⒤⒣ ⒜⒦ ⁗ VISA ⓒⓞ ⒜⒠
8 r. Posta Vecchia – ℰ 04 95 32 32 38 – www.hotel-postavecchia.com – Fax 04 95 32 14 05 Ys
50 ch – ♦45/95 € ♦♦45/100 €, ☲ 7 €

♦ Au cœur de Terra-Vecchia, la vieille ville bastiaise, immeuble rose aux volets verts. Chambres un peu étroites mais bien entretenues ; elles sont plus grandes à l'annexe.

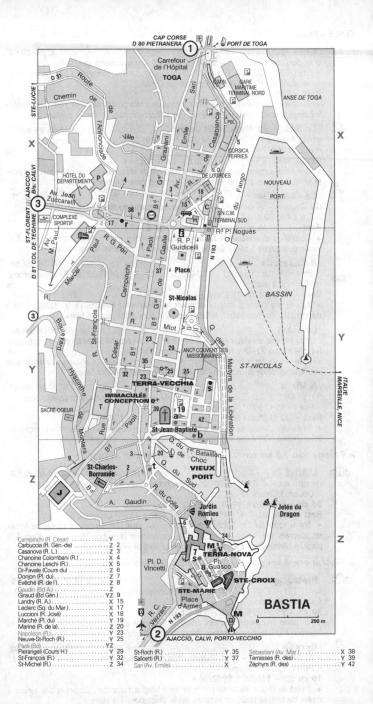

CAP CORSE
D 80 PIETRANERA

⚓ PORT DE TOGA

Carrefour
de l'Hôpital

TOGA

GARE
MARITIME
TERMINAL NORD

ANSE DE TOGA

X

STE-LUCIE

D 31

Chemin   de   de l'annonciade

Route

Ville

Graziani

Emile

Gal

Av. R.

N. D.
DE LOURDES

CORSICA
FERRIES

NOUVEAU
PORT

AJACCIO
Bis CALVI

ST-FLORENT

HÔTEL DU
DÉPARTEMENT

4

Av. Jean
Zuccarelli

18

15

C

Casabianca

du   Fango

S.N.C.M.
TERMINAL SUD

③

COL DE TEGHIME
D 81

COMPLEXE
SPORTIF

Av. M. Paul

R. G. Péri

Paoli

38

17   r

R.

Gaulle

H

R. P.
Guidicelli

③

Marcel

Paul

Campinchi

Bd

de

37

Place

de

BASSIN

③

R. St-François

R.

César

Bd

St-Nicolas

Miot

Q. des

N 193

ITALIE
MARSEILLE, NICE

Y

Boulev.

Hyacinthe

de

Montera

23

29

35

ANCN COUVENT DES
MISSIONNAIRES

ST-NICOLAS

Y

32

23

25

25

Martys de la Libération

TERRA-VECCHIA

SACRÉ-CŒUR

IMMACULÉE
CONCEPTION

Rue

Paoli

T

39

19

a

42

S

b

St-Jean-Baptiste

Z

9

Bd

3

St-Charles-
Borromée

2

t

20

Q. du   1er Bataillon
Choc

VIEUX
PORT

Napoléon

J

A.   Gaudin

R. du Colle

Q. du   Sud

Jardin
Romieu

Jetée du
Dragon

Z

6

34

M

PI. D.
Vincetti

7

B. Guasco

TERRA-NOVA

STE-CROIX

STE-MARIE
Place
d'Armes

M

BASTIA

N 193

R. C.

0   200 m

②

AJACCIO, CALVI, PORTO-VECCHIO

XX **Chez Huguette** ⇐ 🛱 AC VISA ⓸ AE
quai Sud, au Vieux-Port – 𝒞 04 95 31 37 60 – www.chezhuguette.fr
– Fax 04 95 31 37 60 – Fermé 10-28 déc., dim. sauf le soir du 15 juin au 15 sept.,
lundi midi du 15 juin au 15 sept. et sam. midi Z**t**
Rest – Carte 40/60 €

• Restaurant familial situé face aux nombreuses embarcations du vieux port. Cet agréable voisinage donne le ton à la cuisine qui met à l'honneur fruits de mer et poissons frais.

XX **La Table du Marché St Jean** 🛱 AC VISA ⓸ AE
pl. du Marché – 𝒞 04 95 31 64 25 – Fax 04 95 31 87 23 – Fermé lundi d' oct.
à mai et dim. Y**a**
Rest – Menu 25 € (sem.), 40/50 € – Carte 45/56 €

• Une Table à retenir aussi bien pour la fraîcheur de ses poissons et fruits de mer que pour sa terrasse sous les platanes et ses salles à manger cosy. Joli banc d'écailler.

XX **La Citadelle** 🛱 AC VISA ⓸ AE
6 r. Dragon – 𝒞 04 95 31 44 70 – www.restaurantlacitadelle.com
– Fax 04 95 32 77 53 – Fermé dim. et lundi Z**a**
Rest – (25 €) Menu 35/48 € – Carte 40/50 €

• Décoration chaleureuse et rafraîchie pour cet ancien moulin à huile qui a conservé sa meule et sa presse à olives. Cuisine de tradition et, au déjeuner, formule bistrot.

X **A Casarella** 🛱 AC VISA ⓸
💷 *r. Ste-Croix, (La Citadelle) – 𝒞 04 95 32 02 32 – Fax 04 95 32 02 32 – Fermé merc.*
midi d'oct. à mai Z**s**
Rest – (15 €) Menu 18 € (déj.) – Carte 28/44 €

• Accueil très convivial dans ce charmant restaurant situé au cœur de la citadelle. Salle à manger cosy au décor raffiné, belles terrasses et bons petits plats du terroir.

X **Le Siam** ⇐ 🛱 VISA ⓸
r. de la Marine, au Vieux-Port – 𝒞 04 95 31 72 13 – Fax 04 95 34 05 62 – Fermé lundi
Rest – Menu 22/48 € bc – Carte environ 30 € Y**b**

• Belle vue sur l'activité du vieux port depuis la miniterrasse de ce restaurant. Intérieur tout simple rehaussé de discrètes touches asiatiques. Spécialités thaïlandaises.

X **A Vista** 🛱 AC VISA ⓸ AE
8 r. St-Michel, (La Citadelle) – 𝒞 04 95 47 39 91 – www.restaurantavista.com
– Fax 04 95 47 39 91 – Fermé nov. et janv. Z**v**
Rest – (22 €) Menu 60 € (dîner en sem.) – Carte 35/85 €

• Restaurant chaleureux agencé avec élégance, où l'on déguste les produits de la région. La belle terrasse offrant une vue plongeante sur la mer est un vrai petit paradis.

à Palagaccio 2,5 km par ① – ⊠ 20200 San Martino di Lota

🏨 **L'Alivi** ⏏ ⇐ 🚗 🛱 🏊 📶 AC ⸙ 🕯 🎰 P VISA ⓸ AE ①
rte du Cap – 𝒞 04 95 55 00 00 – www.hotel-alivi.com – Fax 04 95 31 03 95
– Ouvert 17 mars-30 oct.
36 ch – †80/175 € ††90/200 €, � 15 € – 1 suite
Rest L'Archipel – 𝒞 04 95 55 00 10 – Menu 32 € – Carte 42/63 €

• Sur la route du Cap Corse, hôtel moderne aux chambres spacieuses dotées de terrasses tournées vers la mer. Grand solarium surplombant la grande bleue, accès direct à la plage. À l'Archipel, cuisine méditerranéenne au bord de la piscine face aux îles Toscanes.

à Pietranera 3 km par ① – ⊠ 20200 San Martino di Lota

🏨 **Pietracap** sans rest ⏏ ⇐ 🕯 🏊 AC ⸙ 🕯 🎰 P VISA ⓸ AE ①
sur D 131 – 𝒞 04 95 31 64 63 – www.hotel-pietracap.com – Fax 04 95 31 39 00
– Ouvert avril-nov.
39 ch – †92/198 € ††92/198 €, ⊆ 15 €

• Un havre de paix dans un parc arboré et fleuri, une attention toute particulière étant ici accordée à la splendide décoration florale. Vastes chambres côté mer Méditerranée.

🏠 **Cyrnea** sans rest ⇐ 🛱 AC ⸙ 🕯 🎰 P 🍃 VISA ⓸
– 𝒞 04 95 31 41 71 – http://hotelcyrnea.monsite.wanadoo.fr – Fax 04 95 31 72 65
– Fermé 15 déc.-15 janv.
19 ch ⊆ – †56/86 € ††62/96 €

• À côté de l'église, sur la rue principale, petit hôtel aux chambres simples et bien tenues, à choisir sur mer. Le jardin, en terrasses, mène directement à la plage.

à Miomo 5,5 km par ① – ⊠ 20200 Santa Maria di Lota

Torremare 🚃 🎐 ⚘ ch. 🖼 ch. 🄿 𝒱𝐼𝑆𝐴 ⚫ 𝟎

2 rte Bord de Mer – ℰ 04 95 33 47 20 – www.hotel-torremare-corse.com
– Fax 04 95 33 93 96 – Ouvert début mai à fin sept.
7 ch – †70/100 € ††80/155 €, � 10 €   **Rest –** (25 €) Carte 28/39 €
• Idéalement situé sur la plage, ce petit hôtel offre une belle vue sur la Méditerranée et sur une pittoresque tour génoise. Chambres fraîches et lumineuses, au décor épuré. Salle à manger immaculée, terrasse panoramique face à la mer et cuisine du terroir.

à San Martino di Lota 13 km par ① et D 131 – 2 702 h. – alt. 350 m
– ⊠ 20200

La Corniche ⟨ 🚃 🎐 ℐ 𝒮% ch. 📞 𝖘𝖆 🄿 𝒱𝐼𝑆𝐴 ⚫ 𝐀𝐄

hameau de Castagneto – ℰ 04 95 31 40 98 – www.hotel-lacorniche.com
– Fax 04 95 32 37 69 – Fermé janv.
20 ch ⊑ – †50/96 € ††65/128 € – ½ P 59/90 €
Rest – *(fermé dim. soir hors saison, mardi midi et lundi)* Menu 28 €
– Carte 40/50 €
• Perchée sur les hauteurs du village, à flanc de colline, cette maison jouit d'une vue incomparable sur la vallée et la mer. Spacieuses chambres colorées, insonorisées. Cuisine traditionnelle, généreuse et authentique, servie dans un cadre chaleureux ou à l'ombre des platanes.

Château Cagninacci *sans rest* 🐾 ⟨ 🚃 ⁿ 🄿

Hameau de Mola – ℰ 06 78 29 03 94 – www.chateaucagninacci.com – Ouvert 15 mai-1ᵉʳ oct.
4 ch ⊑ – †94/115 € ††98/119 €
• Au grand calme, couvent du 17ᵉs. restructuré en château et empli d'authenticité. Superbes chambres meublées à l'ancienne, donnant – comme la terrasse – sur la mer et l'île d'Elbe.

rte d'Ajaccio 4 km par ② – ⊠ 20600 Bastia :

Ostella 🚃 🎐 🖵 ⚙ 𝖋𝖘 𝖎 ⚘ ch. 🖼 𝒮% ch. ⁿ 𝖘𝖆 🄿 𝒱𝐼𝑆𝐴 ⚫

av. Sampiero Corso – ℰ 04 95 30 97 70 – www.hotel-ostella.com
– Fax 04 95 33 11 70
52 ch – †75/150 € ††90/150 €, ⊑ 12 € – 2 suites
Rest – *(fermé sam. et dim.)* (19 €) Menu 25 € – Carte 29/64 € ⁂
• Hôtel aux chambres fonctionnelles peu à peu rénovées dans un style contemporain ; certaines possèdent un petit balcon côté mer. Jardin original avec cascade. Beau fitness. Salle à manger agrémentée de colonnes en marbre, terrasse et cuisine traditionnelle.

rte de l'aéroport de Bastia-Poretta 18 km par ②, N 193 et D 507 ⊠ 20290
Lucciana

Poretta *sans rest* 🚃 ⧫ ⚘ 🖼 𝒮% ⁿ 𝖘𝖆 🄿 ⌂ 𝒱𝐼𝑆𝐴 ⚫ 𝐀𝐄

rte de l'aéroport – ℰ 04 95 36 09 54 – www.hotel-poretta.com
– Fax 04 95 36 15 32
45 ch – †60/75 € ††65/80 €, ⊑ 8 €
• En retrait de la route, construction moderne dissumulée par d'imposants palmiers. Chambres aux tailles diverses, fraîches et fonctionnelles. Duplex pour les familles.

BOCOGNANO – 2A Corse-du-Sud – **345** D7 – 451 h. – alt. 600 m   **15** B2
– ⊠ 20136

▶ Ajaccio 39 – Bonifacio 155 – Corte 43
◉ Cascade du Voile de la Mariée ★ 3,5 km au Sud.

Beau Séjour *avec ch* 🐾 ⟨ 🚃 🎐 ⁿ 🄿 𝒱𝐼𝑆𝐴 ⚫ 𝐀𝐄 𝟎

– ℰ 04 95 27 40 26 – www.hotelbocognano.com – Fax 04 95 27 40 95 – Ouvert 15 avril-7 oct.
18 ch – †50 € ††60/62 €, ⊑ 7 €   **Rest –** Menu 17/23 € – Carte 20/36 €
• Au milieu des châtaigniers, bâtisse (1890) appréciée des randonneurs et autres amoureux de la nature. On y déguste de copieuses recettes insulaires présentées dans un cadre sobre et fleuri. Chambres simples ; certaines offrent une belle vue sur le Monte d'Oro.

BONIFACIO – 2A Corse-du-Sud – **345** D11 – 2 831 h. – alt. 55 m   **15** B3
– ⊠ 20169

> ▶ Ajaccio 132 – Corte 150 – Sartène 50
>
> ✈ Figari-Sud-Corse : ℰ 04 95 71 10 10, N : 21 km.
>
> 🛈 Office de tourisme, 2, rue Fred Scamaroni ℰ 04 95 73 11 88,
> Fax 04 95 73 14 97
>
> 🔝 de Sperone Domaine de Sperone, E : 6 km, ℰ 04 95 73 17 13
>
> 👁 Site★★★ - Ville haute★★ : Place du marché ⩽★★ - Trésor★ des églises
> de Bonifacio (Palazzu Publicu) - Eglise St-Dominique★ - Esplanade
> St-Francois ⩽★★ - Cimetière marin★.
>
> 🌊 Grottes marines et la côte★★.

🏨 **Genovese** sans rest ⌂   ⩽ 🌊 🄰🄲 ℅ 📶 🛦 **P** 🆅🄸🅂🄰 ⓩ 🄰🄴

Haute Ville – ℰ 04 95 73 12 34 – www.hotelgenovese.com – Fax 04 95 73 09 03
– *Fermé 16 novcembre-27 déc.*
15 ch – †140/415 € ††140/415 €, ⊡ 20 € – 3 suites
• L'architecture du lieu confine au minimalisme chic et moderne, propice à la détente. Belles
chambres réparties autour d'une cour, orientées côté citadelle ou port.

🏨 **Santa Teresa** sans rest ⌂   ⩽ 🛗 🄰🄲 ℅ **P** 🆅🄸🅂🄰 ⓩ 🄰🄴

quartier St-François, (ville haute) – ℰ 04 95 73 11 32
– www.hotel-santateresa.com – Fax 04 95 73 15 99 – *Ouvert 10 avril-12 oct.*
44 ch – †105/280 € ††105/280 €, ⊡ 15 €
• Hôtel imposant surplombant les falaises. Chambres contemporaines très soignées, dont
certaines bénéficient d'une vue plongeante sur la grande bleue et la Sardaigne au loin.

🏨 **A Trama** ⌂   🚗 🛋 🌊 🄰🄲 ch, ℅ rest, **P** 🆅🄸🅂🄰 ⓩ

2 km à l'Est par rte Santa Manza – ℰ 04 95 73 17 17 – www.a-trama.com
– Fax 04 95 73 17 79 – *Fermé 5 janv.-2 fév.*
31 ch – †95/196 € ††95/196 €, ⊡ 16 € – ½ P 108/146 €
Rest – *(ouvert 1er avril-31 oct.) (dîner seult)* Menu 36 € – Carte 28/40 €
• Chambres disséminées dans les cinq bungalows d'un beau jardin planté d'oliviers et de
palmiers ; elles ont toutes un décor soigné (mosaïque) et possèdent une terrasse privée. Au
menu, la pêche du jour, servie dans le restaurant-véranda face à la piscine.

🏨 **A Cheda** ⌂   🚗 🛋 🌊 🄰🄲 ch, ℅ **P** 🆅🄸🅂🄰 ⓩ ⓞ

rte Porto Vecchio, 2 km au Nord-Est sur N198 – ℰ 04 95 73 03 82
– www.acheda-hotel.com – Fax 04 95 73 17 72
16 ch – †109/489 € ††109/489 €, ⊡ 25 € – 5 suites – ½ P 118/320 €
Rest – *(fermé 2 janv.-15 fév., lundi sauf du 1er juin au 15 sept.)* Menu 39/80 €
– Carte environ 74 €
• Un jardin planté d'essences entoure les délicieuses chambres ou suites (terrasse privative,
sauna) de plain-pied. Bois, pierre, mosaïque et couleurs du Sud pour la décoration. Restaurant intimiste et terrasse face à la piscine. Recettes actuelles à base de produits corses.

🏨 **Roy d'Aragon** sans rest   🛗 🄰🄲 ℅ 🆅🄸🅂🄰 ⓩ 🄰🄴

13 quai Comparetti – ℰ 04 95 73 03 99 – www.royaragon.com
– Fax 04 95 73 07 94 – *Fermé janv. et fév.*
31 ch – †55/197 € ††55/197 €, ⊡ 9 €
• Cet édifice (18e s.) propose des chambres fonctionnelles et colorées. Certaines regardent le
port ; celles du 4e étage sur l'avant ont un beau balcon. Petit-déjeuner en terrasse.

XX **Le Voilier**   🚗 🆅🄸🅂🄰 ⓩ 🄰🄴 ⓞ

quai Comparetti – ℰ 04 95 73 07 06 – Fax 04 95 73 14 27
– *Fermé 14 janv.-14 fév., dim. soir et merc. hors saison*
Rest – Menu 29 € – Carte 50/80 €
• Sa terrasse donne directement sur le quai. Salle à manger aux tons crème, mobilier en bois
brun, tableaux de voiliers et cuisine au goût du jour iodée très appétissante.

X **Stella d'Oro**   🄰🄲 🆅🄸🅂🄰 ⓩ 🄰🄴 ⓞ

7 r. Doria, (ville haute) – ℰ 04 95 73 03 63 – Fax 04 95 73 03 12 – *Ouvert
début avril-fin sept.*
Rest – Menu 27/35 € – Carte 30/75 €
• Adresse sympathique et joliment décorée (poutres, pressoir à olives et meule en pierre).
Cuisine savoureuse faisant la part belle aux poissons. La mamma veille encore au grain !

X **Domaine de Licetto** avec ch ≤ 🎢 **P**

rte Pertusato – ℰ 04 95 73 19 48 – www.licetto.com – Fax 04 95 72 11 92
– Ouvert 1er avril-30 oct. et fermé dim.
15 ch – ╪50/80 € ╪╪65/100 €, � 9 €
Rest – *(dîner seult) (nombre de couverts limité, prévenir)* Menu 36 € bc/110 € bc
◆ Salle rustique et terrasse fleurie où l'on sert une cuisine corse familiale préparée avec les légumes du potager. Chambres spacieuses. Du domaine, vue superbe sur la région.

à Gurgazu 6 km au Nord-Est par rte de Santa-Manza – ⊠ 20169 Bonifacio

🏠 **Du Golfe** ≤ 🎢 🔢 ch, ⁽ᵎ⁾ **P** **VISA** ◯◯

Golfe Santa Manza – ℰ 04 95 73 05 91 – www.hoteldugolfe-bonifacio.com
– Fax 04 95 73 17 18 – Ouvert de mi-mars à mi-oct.
12 ch (½ P seult) – ½ P 59/83 € **Rest** – *(15 €)* Menu 23 € – Carte 28/42 €
◆ Cette affaire familiale nichée dans un site sauvage du golfe de Santa Manza, à 50 m de la mer, séduit les amateurs de quiétude et de simplicité. Salle de restaurant conviviale et terrasse face à la côte. Appétissante cuisine, régionale et sans prétention.

au Nord-Est 10 km par rte de Porto-Vecchio (N 198) et rte secondaire – ⊠ 20169
Bonifacio :

🏘 **U Capu Biancu** ≤ 🚗 🎢 🏊 ⅙ ch, 🔢 ⁽ᵎ⁾ **P** **VISA** ◯◯ **AE** ◯

Domaine de Pozzoniello – ℰ 04 95 73 05 58 – www.ucapubiancu.com
– Fax 04 95 73 18 66 – Ouvert 29 avril-4 nov. et 26 déc.-2 janv.
42 ch (½ P seult) – 6 suites – ½ P 178/720 €
Rest – Menu 60 € (dîner)/165 € – Carte 49/149 €
◆ Hôtel perdu dans la nature, face au golfe de Santa Manza. Jolies chambres personnalisées, côté mer ou maquis. Piscine et jardin menant à la plage ; activités de loisir. Au restaurant, le chef d'origine sénégalaise mêle habilement saveurs corses et africaines.

à la plage de Calalonga 6 km à l'Est par D 258 et rte secondaire – ⊠ 20169
Bonifacio

🏠 **Marina di Cavu** ≤ 🚗 🏊 🔢 ch, **P** **VISA** ◯◯ ◯

– ℰ 04 95 73 14 13 – www.hotelmarinadicavu.com – Fax 04 95 73 04 82
7 ch – ╪100/260 € ╪╪100/260 €, ⊆ 22 € – 2 suites
Rest – *(ouvert avril-oct.) (nombre de couverts limité, prévenir)* Menu 68 € (dîner)
– Carte 62/98 €
◆ Hôtel en plein maquis, face aux îles Lavezzi et Cavallo. Des rochers granitiques s'invitent dans le décor typé des vastes chambres (mosaïques et mobilier d'Afrique du Nord). Détour par la piscine (vue superbe !) pour rejoindre le restaurant. Carte actuelle épurée.

CALACUCCIA – 2B Haute-Corse – **345** D5 – 335 h. – alt. 830 m **15** A2
– ⊠ 20224

▶ Bastia 78 – Calvi 97 – Corte 35 – Piana 68
🗓 Office de tourisme, avenue Valdoniello ℰ 04 95 47 12 62,
Fax 04 95 47 12 62
◎ Lac de Calacuccia★ - Tour du lac de barrage ≤ ★★ - Défilé de la Scala di
Santa Regina★★ NE : 5 km.

🏠 **Acqua Viva** sans rest 🚗 ⁽ᵎ⁾ **P** **VISA** ◯◯
– ℰ 04 95 48 06 90 – www.acquaviva-fr.com – Fax 04 95 48 08 82
14 ch – ╪58/72 € ╪╪58/77 €, ⊆ 9 €
◆ Au débouché de la Scala di Santa Regina taillée, dit-on, par la Vierge en personne, petit hôtel familial disposant de chambres actuelles d'une tenue irréprochable.

🏠 **Auberge Casa Balduina** sans rest 🚗 ⅗ ⁽ᵎ⁾ **P** **VISA** ◯◯
lieu-dit Le Couvent – ℰ 04 95 48 08 57 – www.casabalduina.com – Fermé déc.
et janv.
7 ch – ╪58/72 € ╪╪58/77 €, ⊆ 8 €
◆ Cette avenante maison nichée dans un jardin abrite de coquettes petites chambres bien rénovées. Les petits-déjeuners sont servis sous une jolie pergola.

CALVI ⟨📞⟩ – 2B Haute-Corse – 345 B4 – 5 477 h. – ⌂ 20260 15 A1

▶ Bastia 92 – Corte 88 – L'Île-Rousse 25 – Porto 73
🛫 de Calvi-Ste-Catherine : ℘ 04 95 65 88 88, par ①.
🛈 Office de tourisme, Port de Plaisance ℘ 04 95 65 16 67, Fax 04 95 65 14 09
◉ Citadelle★★ : fortifications★ - La Marine★.
◐ Intérieur★ de l'église St-Jean-Baptiste - La Balagne★★★.. La Balagne★★★

🏨🏨🏨 **La Villa** ❧ ‹ 🕐 🎧 ⚒ 🖥 ⅃⑥ 🍽 🖥 ᐙ ch, 🅰 ⚒ ⅊ 🛎 🅿 🆅🆂🅰 ⚙ 🅰🅴 ⓪
❅ *chemin de Notre Dame de la Serra, 1 km par* ① – ℘ 04 95 65 10 10
– www.hotel-lavilla.com – Fax 04 95 65 10 50 – Ouvert mars-déc.
34 ch – †200/595 €, ††200/965 €, ⥈ 30 € – 15 suites – ½ P 245/565 €
Rest *L'Alivu* – (*fermé lundi et mardi*) (*dîner seult*) Menu 110/195 €
– Carte 110/200 €🏵

Spéc. Langoustines de nos côtes aux trois saveurs (mai à mi-sept.). Veau corse et sa garniture de saison (avril à oct.). Soufflé au Grand Marnier (avril à oct.). Vins Corse-Ajaccio, Corse-Calvi.
Rest *Le Bistrot* – Carte 65/75 €

♦ Entre couvent et villa romaine, palace contemporain juché sur les hauteurs, comme prosterné face à la mer. Fer forgé, mosaïques, rotin, terre cuite... Un joyau caché ! À L'Alivu, le nouveau chef propose une cuisine actuelle qui met bien en valeur les produits de l'île de Beauté, au diapason avec la vue sur la baie.

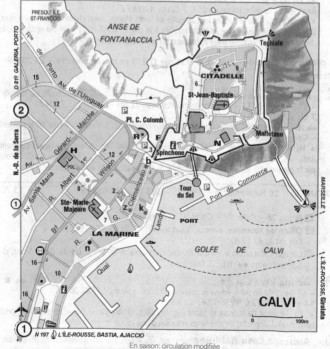

CALVI

N 197 ⚓ L'ÎLE-ROUSSE, BASTIA, AJACCIO

En saison: circulation modifiée

Regina sans rest ≤ 🚗 🗴 🎐 & 🗚 ♨ 🖤 ☎ 🅿 📶 📶 🆚

av. Santa Maria, par ① – ℰ 04 95 65 24 23 – www.reginahotelcalvi.com
– Fax 04 95 61 00 09
44 ch – ♦65/320 € ♦♦65/320 €, ☑ 12 €
• Cet hôtel récent bénéficie d'une situation dominante offrant ainsi une vue sur le port et le golfe de Calvi. Grandes chambres modernes tournées vers la mer ou la jolie piscine.

Balanea sans rest ≤ 🗘 🗚 📶 📶 🆚

6 r. Clemenceau – ℰ 04 95 65 94 94 – www.hotel-balanea.com
– Fax 04 95 65 29 71 – Ouvert 1er avril-31 oct.   **n**
37 ch – ♦140/300 € ♦♦140/300 €, ☑ 12 € – 1 suite
• Accès par une rue piétonne. Les chambres cultivent l'originalité : couleurs vives, mobilier néo-rustique ou design ; certaines offrent un beau panorama sur le port.

Mariana sans rest ≤ 🗴 🗂 🗘 & 🗚 ♨ 🔊 🖤 ☎ 📶 📶 🆚

av. Santa Maria, par ① – ℰ 04 95 65 31 38 – www.hotel-mariana-calvi.com
– Fax 04 95 65 32 72
55 ch – ♦75/185 € ♦♦75/185 €, ☑ 12 € – 5 suites
• Hôtel moderne surplombant le golfe de Calvi. Loggia privée tournée côté mer pour la plupart des chambres. Extension neuve avec suites et terrasse-piscine-solarium sur le toit.

Hostellerie de l'Abbaye sans rest 🚗 🗘 🗚 ♨ 🕯 🖤 📶 📶 🆚 ⓪

rte de Santore – ℰ 04 95 65 04 27 – www.hostellerie-abbaye.com
– Fax 04 95 65 30 23 – Ouvert 1er avril-31 oct.
43 ch – ♦85/180 € ♦♦95/211 €, ☑ 14 €
• La façade de cet hôtel, bâti dans les murs d'une abbaye franciscaine (16e s.), est couverte de fleurs et verdure, tout comme la terrasse arborée et le beau jardin. Chambres cosy.

L'Onda sans rest 🗘 & 🗚 ♨ 🕯 🖤 📶 📶 🆚 ⓪

av. Christophe Colomb, 1 km par ① – ℰ 04 95 65 35 00 – www.hotel-londa.com
– Fax 04 95 65 16 26 – Ouvert 1er mai-2 nov.
24 ch – ♦55/135 € ♦♦55/135 €, ☑ 8 €
• À proximité de la plage et de la pinède créée à la fin du 19e s., petit immeuble engageant dont les chambres, pratiques, bénéficient d'une loggia privée. Hall et salon rénovés.

XXX **Emile's** ≤ 🚗 🗚 ♨ 📶 📶 🆚 ⓪
ಚ
quai Landry – ℰ 04 95 65 09 60 – www.restaurant-emiles.com
– Fax 04 95 60 56 40 – Fermé 15 oct.-10 déc.   **k**
Rest – Menu 50/120 € – Carte 80/120 € 🎄
Spéc. Langoustines croûtées aux girolles. Turbot sauvage aux agrumes et piment fumé. Chocolats grands crus en plusieurs versions. **Vins** Corse-Calvi, Patrimonio.
• Sur un quai planté de palmiers, maison typique dont le restaurant, à l'étage, domine le port et la citadelle. Cuisine joliment travaillée, célébrant les produits du terroir méditerranéen.

X **E.A.T.** 🗚 🗚 📶 📶 🆚
r. Clemenceau, Montée du Port – ℰ 04 95 38 21 87 – Fermé 15-25 oct., lundi,
mardi et merc. de nov. à mars   **b**
Rest – (18 € bc) Menu 32 € – Carte 40/65 €
• Épicurien Avant Tout ! Un restaurant d'ambiance lounge au concept original : à vous de choisir les plats en taille L ou XL, actuels et épurés. Terrasse au pied de la citadelle.

X **Aux Bons Amis** 🗚 🗚 📶 📶 🆚
r. Clemenceau – ℰ 04 95 65 05 01 – Fax 04 95 65 32 41 – Ouvert 1er mars-15 oct.
et fermé merc. hors saison, sam. midi en saison et merc. midi   **z**
Rest – Menu 21/32 € – Carte 40/76 €
• Dans une rue piétonne, sympathique petit restaurant décoré sur le thème de la pêche (filets, bibelots) ; vivier à langoustes et homards. Spécialités de produits de la mer.

par ① 5 km rte de l'aéroport et chemin privé

La Signoria ⊱ ≤ 🌣 🚗 🗴 🏌 🏊 & ch, 🗚 ♨ ch, 🕯 🖤 📶 📶 🆚 ⓪
rte de la forêt de Bonifato ⊠ 20260 Calvi – ℰ 04 95 65 93 00
– www.hotel-la-signoria.com – Fax 04 95 65 38 77 – Ouvert fin mars au 31 oct.
17 ch – ♦310/550 € ♦♦310/550 €, ☑ 30 € – 10 suites
Rest – (dîner seult) (35 €) Menu 58 € – Carte 65/109 € 🎄
• Cette demeure du 18e s. nichée dans une pinède incarne à elle seule la Méditerranée : murs aux tons ocre ou bleu, mobilier corse d'époque, jardin paysagé et... senteurs infinies ! Belle cuisine au goût du jour, servie dans la salle à manger-véranda ou en terrasse.

CARGÈSE – 2A Corse-du-Sud – 345 A7 – 1 117 h. – alt. 75 m – ✉ 20130   15 A2

▶ Ajaccio 51 – Calvi 106 – Corte 119 – Piana 21

🖬 Office de tourisme, rue du Dr Dragacci ℰ 04 95 26 41 31, Fax 04 95 26 48 80

◉ Église grecque ★ - Site★★ depuis le belvédère de la pointe Molendino
E : 3 km.

🏠 **Thalassa** 🕭   ≤ 🚗 & ch. 🅿

plage du Pero, 1,5 km au Nord – ℰ *04 95 26 40 08 – www.thalassalura.com
– Fax 04 95 26 41 66 – Ouvert 1ᵉʳ mai à début oct.*
25 ch 🖵 – ♦85/100 € ♦♦95/110 € – ½ P 75/80 €
Rest – *(dîner seult) (résidents seult)*

♦ Sympathique ambiance de pension de famille dans cet hôtel posé en bordure de plage. Les chambres, assez petites, claires et bien entretenues, donnent majoritairement côté mer. Agréable salle à manger et terrasse dans la verdure ; cuisine traditionnelle.

CASAMOZZA – 2B Haute-Corse – 345 F4 – ✉ 20290 Lucciana   15 B1

▶ Bastia 20 – Corte 49 – Vescovato 6

🏨 **Chez Walter**   🚗 🍽 🔄 ⅙ 🍴 & ch. 🔳 ch. ℗ 🎣 🅿 𝓥𝓘𝓢𝓐 ⓸ 🆎 ①
N 193 – ℰ *04 95 36 00 09 – www.hotel-chez-walter.com – Fax 04 95 36 18 92*
64 ch – ♦70/75 € ♦♦85/95 €, 🖵 8 € – 2 suites – ½ P 69/77 €
Rest – *(fermé 19 déc.-10 janv. et dim. sauf le soir en août)* Menu 22 €
– Carte 35/65 €

♦ Proche de l'aéroport de Bastia-Poretta, un complexe hôtelier moderne au cœur d'un jardin méditerranéen. Chambres bien équipées, de taille et de confort variables. Vaste salle à manger au décor néo-rustique ; cuisine traditionnelle, buffets et pizzas.

CAURO – 2A Corse-du-Sud – 345 C8 – 1 238 h. – alt. 450 m – ✉ 20117   15 A3

▶ Ajaccio 22 – Sartène 63

🍴 **Auberge Napoléon**   𝓥𝓘𝓢𝓐 ⓸

Rte de Sartène – ℰ *04 95 28 40 78 – Ouvert 15 juil.-15 sept. et week-ends hors saison*
Rest – *(prévenir)* Menu 28 € – Carte 30/48 €

♦ Auberge avenante sur la rue principale du village. Salle à manger rustique où l'on propose une cuisine d'inspiration régionale. Accueil familial décontracté.

CERVIONE – 2B Haute-Corse – 345 F6 – 1 605 h. – alt. 350 m – ✉ 20221   15 B2

▶ Ajaccio 140 – Bastia 52 – Biguglia 45 – Corte 78

à Prunete 5,5 km à l'Est par D 71 – ✉ 20221

🏠 **Casa Corsa** sans rest   🚗 🕭 🅿
Acqua Nera – ℰ *04 95 38 01 40 – www.casa-corsa.net – Fax 04 95 33 39 27*
5 ch 🖵 – ♦59 € ♦♦60/66 €

♦ Vous ne serez pas déçus par le confort et l'accueil vraiment convivial de cette maison d'hôtes. Les chambres, douillettes, possèdent de grandes salles de bains. Beau jardin.

COL DE BAVELLA – 2A Corse-du-Sud – 345 E9 – alt. 1 218 m – ✉ 20124   15 B3
Zonza

▶ Ajaccio 102 – Bonifacio 76 – Porto-Vecchio 49 – Propriano 49

◉ Col et aiguilles de de Bavella★★★ - Forêt de Bavella★★.

🍴 **Auberge du Col de Bavella**   🕭 🅿 𝓥𝓘𝓢𝓐 ⓸ 🆎

– ℰ *04 95 72 09 87 – www.auberge-bavella.com – Fax 04 95 72 16 48
– Ouvert avril-oct.*
Rest – Menu 22 € – Carte 25/40 €

♦ Gîte d'étape du GR 20 au milieu des pins laricio, à proximité des majestueuses aiguilles de Bavella. Vaste salle rustique (cheminée). Spécialités corses et charcuteries maison.

CORTE 👁 – 2B Haute-Corse – 345 D6 – 6 735 h. – alt. 396 m – ✉ 20250   15 B2
▯ Corse

▶ Bastia 69 – Bonifacio 150 – Calvi 88 – L'Île-Rousse 63

🖬 Office de tourisme, la Citadelle ℰ 04 95 46 26 70, Fax 04 95 46 34 05

◉ Ville haute★ : chapelle Ste-Croix★, citadelle★ ≤★, Belvédère ☀★
- Musée de la Corse★★.

◉ ☀★★ du Monte Cecu N : 7 km - SO : gorges de la Restonica★★.

§ **Le 24**   ⌂ 🅰🅺 🆅🅸🆂🅰 ⊜ 🅰🅴
🕭 *24 cours Paoli – ℰ 04 95 46 02 90 – Fax 04 95 46 21 90 – Fermé dim. hors saison*
Rest – Menu 17/24 € – Carte 28/56 €
♦ Une petite adresse sympathique dans un cadre sagement contemporain. Belles propositions à l'ardoise, mêlant traditionnel, terroir corse et cuisine du monde. Jolis vins locaux.

dans les Gorges de La Restonica Sud-Ouest sur D 623 – ⊠ 20250 Corte

🏠 **Dominique Colonna** sans rest ⤳   🖅 ⅃ & 🅺 ⁱ⁾ 🅿 🆅🅸🆂🅰 ⊜
*à 2 km – ℰ 04 95 45 25 65 – www.dominique-colonna.com – Fax 04 95 61 03 91
– Ouvert 22 mars-14 nov.*
28 ch – �70/215 € ♦♦70/215 €, ⊆ 12 € – 1 suite
♦ À l'entrée des gorges et parmi les "pins de Corte", bâtiments modernes tapissés de vigne vierge abritant des chambres confortables et modernes. Agréable piscine chauffée.

COTI-CHIAVARI – 2A Corse-du-Sud – **345** B9 – 677 h. – alt. 625 m   15 A3
– ⊠ 20138

▶ Ajaccio 42 – Propriano 38 – Sartène 50

🏠 **Le Belvédère** ⤳   ≤ 🖅 ⌂ & 🕉 🅿
📺 *– ℰ 04 95 27 10 32 – www.lebelvederedecoti.com – Fax 04 95 27 12 99
– Ouvert de mars à mi-nov.*
13 ch (½ P seult) – ½ P 50/58 €
Rest – *(fermé le midi sauf dim. de mars à mai) (prévenir)* Menu 20 € (dîner), 26/30 €
♦ Véritable nid d'aigle isolé dans le maquis et offrant une vue époustouflante sur le golfe d'Ajaccio. Les chambres sont spacieuses et fonctionnelles. La salle de restaurant vitrée et la terrasse forment de séduisants belvédères ; cuisine du terroir (beaux produits).

ECCICA-SUARELLA – 2A Corse-du-Sud – **345** C8 – 834 h. – alt. 300 m   15 A3
– ⊠ 20117

▶ Ajaccio 19 – Corte 87 – Ghisonaccia 129 – Propriano 52

🏠 **Carpe Diem Palazzu** ⤳   ≤ 🖅 ⌂ ⅃ 🅺 ch, ⁱ⁾ 🅿 🆅🅸🆂🅰 ⊜
– ℰ 04 95 10 96 10 – www.carpediem-palazzu.com – Fax 04 95 23 80 83 – Fermé 22 déc.-10 janv.
5 ch – ♦250/450 € ♦♦250/450 €, ⊆ 21 €
Table d'hôte – *(fermé lundi)* Menu 55 €, 80 €
♦ Pierre brute et bois omniprésents, mobilier de style ou chiné, salles de bains bien équipées... Chaque détail dans ces suites raffinées traduit une volonté de bien-être. Hammam. Cuisine de terroir (produits de choix) servie en terrasse ou dans le jardin, face à la piscine.

ERBALUNGA – 2B Haute-Corse – **345** F3 – ⊠ 20222   15 B1

▶ Bastia 11 – Rogliano 30
🖭 Chapelle N.-D. des Neiges ★ 3 km à l'Ouest.

🏠 **Castel'Brando** sans rest   🖅 ⅃ ↆ & 🅺 ⁱ⁾ 🅿 🆅🅸🆂🅰 ⊜
*Rte du Cap – ℰ 04 95 30 10 30 – www.castelbrando.com – Fax 04 95 33 98 18
– Ouvert mars-oct.*
39 ch – ♦105/225 € ♦♦105/225 €, ⊆ 13 € – 6 suites
♦ Maison de maître édifiée par un médecin des armées napoléoniennes. Chambres personnalisées, certaines logées dans des villas de style plus actuel. Beau jardin avec piscines.

§§ **Le Pirate**   ≤ ⌂ 🅺 🆅🅸🆂🅰 ⊜ 🅰🅴
🕸 *au port – ℰ 04 95 33 24 20 – www.restaurantlepirate.com – Fax 04 95 33 18 97
– Fermé janv.-fév., lundi et mardi sauf de juin à sept.*
Rest – (29 €) Menu 35 € (déj.), 65/90 € – Carte 70/100 €
Spéc. Risotto crémeux de langoustines du Cap Corse (été). Déclinaison autour du veau corse "bio". Orange pressée pochée, coque en chocolat flambée au Grand Marnier (saison). **Vins** Coteaux du Cap Corse, Patrimonio.
♦ Agréable terrasse face au petit port, salle à manger-véranda côté mer et goûteuse cuisine, délicate et précise, font le charme de cette vieille maison en pierre.

ERSA – 2B Haute-Corse – **345** F2 – ⊠ 20275   **15** B1

🚩 Ajaccio 195 – Bastia 48

🏠 **Le Saint-Jean** sans rest   ≤ & 🖾 ⅏ ⑴ 📶 **P** 🚾 ◐ 🖭
Botticella – ℰ *04 95 47 71 71 – www.lesaintjean.net – Fax 04 95 35 24 42*
– Ouvert mars-oct.
9 ch – ♦50/100 € ♦♦55/120 €, � 7 €
♦ Située au bout du cap Corse, ancienne maison de maître entièrement rénovée avec goût.
Chambres personnalisées sur le thème du voyage, belle terrasse face à l'île de la Giraglia.

ÉVISA – 2A Corse-du-Sud – **345** B6 – 185 h. – alt. 850 m – ⊠ 20126   **15** A2

🚩 Ajaccio 71 – Calvi 96 – Corte 70 – Piana 33
◉ Forêt d'Aïtone★★ - Cascades d'Aïtone★ NE : 3 km puis 30 mn.
◖ Col de Vergio ≤★★ NE : 10 km.

🏠 **Scopa Rossa**   🖭 ⅃ ⅏ ch, **P** **P** 🚾 ◐
*– ℰ 04 95 26 20 22 – www.hotelscoparossa.com – Fax 04 95 26 24 17 – Ouvert
16 mars-29 nov.*
28 ch – ♦46/65 € ♦♦50/80 €, � 8 € – ½ P 52/65 €
Rest – (22 €) Menu 28/30 € – Carte 40/60 €
♦ Un hôtel idéal pour un séjour en famille au cœur de cette station climatique. Les chambres, simples et bien tenues, se répartissent entre un bâtiment central et une annexe. Les
fusils ornant la salle à manger rustique sont aujourd'hui muets ; recettes du terroir.

FAVONE – 2A Corse-du-Sud – **345** F9 – ⊠ 20135 Conca   **15** B3

🚩 Ajaccio 128 – Bonifacio 58

🏠 **U Dragulinu** sans rest ⌂   ≤ 🖾 ⅏ **P** 🚾 ◐ 🖭
*– ℰ 04 95 73 20 30 – www.hoteludragulinu.com – Fax 04 95 73 22 06 – Ouvert
11 avril-30 oct.*
34 ch ⊷ – ♦90/210 € ♦♦110/230 €
♦ Cet hôtel tenu par deux sœurs jouit d'un emplacement idyllique devant la plage, idéal
pour un séjour balnéaire. Chambres fonctionnelles, bien tenues, en majorité de plain-pied.

FELICETO – 2B Haute-Corse – **345** C4 – 203 h. – alt. 350 m – ⊠ 20225   **15** A1

🚩 Bastia 76 – Calvi 26 – Corte 72 – L'Île-Rousse 15

🏠 **Mare e Monti** sans rest ⌂   ≤ 🖾 ⅃ 🖾 ⅏ 📶 **P** 🚾 ◐
*– ℰ 04 95 63 02 00 – www.hotel-maremonti.com – Fax 04 95 63 02 01
– Ouvert 1ᵉʳ avril-31 oct.*
16 ch – ♦77/137 € ♦♦77/137 €, ⊷ 12 €
♦ Fortune faite dans la canne à sucre, les ancêtres de la famille revinrent de Porto Rico et
édifièrent au 19ᵉ s. ce "Palais américain" entre mer et montagne.

GALÉRIA – 2B Haute-Corse – **345** A5 – 332 h. – alt. 30 m – ⊠ 20245   **15** A2

🚩 Bastia 118 – Calvi 34 – Porto 48
ℹ Syndicat d'initiative, Carrefour ℰ 04 95 62 02 27, Fax 04 95 62 02 27
◉ Golfe de Galéria★.

à Ferayola 13 km au Nord par D 351 et D 81ᴮ – ⊠ 20245 Galeria

🏠 **Auberge Ferayola** ⌂   🖾 🖭 ⅃ ⅋ ⅏ **P** 🚾 ◐
ℰ *04 95 65 25 25 – www.ferayola.com – Fax 04 95 65 20 78 – Ouvert 8 mai-30 sept.*
14 ch – ♦55/95 € ♦♦60/114 €, ⊷ 8,50 € – ½ P 60/85 €
Rest – Menu 21/25 € – Carte 25/50 €
♦ Auberge isolée en plein maquis et surplombant la mer pour un dépaysement et un calme
assurés ! Petites chambres simples mais agréables et chalets. Vue imprenable sur la montagne et beau panorama sur le soleil couchant de la salle à manger rustique et sa terrasse.

L'ÎLE-ROUSSE – 2B Haute-Corse – **345** C4 – 2 758 h. – ⊠ 20220   **15** A1

🚩 Bastia 67 – Calvi 25 – Corte 63
ℹ Syndicat d'initiative, 7, place Paoli ℰ 04 95 60 04 35, Fax 04 95 60 24 74
◉ Marché couvert★ - Île de la Pietra★.
◖ La Balagne★★★.

Perla Rossa sans rest
30 r. Notre-Dame – ✆ 04 95 48 45 30 – www.hotelperlarossa.com
– Fax 04 95 48 45 31 – Ouvert de fin avril à fin oct.
8 ch – †190/590 € ††190/590 €, ☕ 20 € – 2 suites
◆ En centre-ville, cette belle maison du 19e s. a du caractère avec ses grandes chambres lumineuses et épurées. Le style général est moderne et design. Terrasse face à la mer.

Santa Maria sans rest
rte du Port – ✆ 04 95 63 05 05 – www.hotelsantamaria.com – Fax 04 95 60 32 48
56 ch ☕ – †82/197 € ††94/209 €
◆ Hôtel situé avant le pont conduisant sur l'île de la Pietra. Chambres agréables ; quelques-unes disposent d'une très belle vue sur la mer. Beau jacuzzi extérieur.

Funtana Marina sans rest
1 km par rte de Monticello et rte secondaire – ✆ 04 95 60 16 12
– www.hotel-funtana.com – Fax 04 95 60 35 44
29 ch – †60/109 € ††65/120 €, ☕ 9 €
◆ Sur les hauteurs, bâtisse immergée dans une végétation luxuriante. Les chambres, confortables, regardent la belle piscine, elle-même tournée vers la mer et la ville.

Cala di l'Oru sans rest
bd Pierre Pasquini – ✆ 04 95 60 14 75 – www.hotel-caladiloru.com
– Fax 04 95 60 36 40 – Ouvert de mars à oct.
26 ch – †61/114 € ††64/133 €, ☕ 10 €
◆ Les fils de la patronne exposent photographies et œuvres d'art contemporaines dans cet hôtel bien rénové, donnant sur la mer ou la montagne. Beau jardin méditerranéen.

L'Amiral sans rest
bd Ch.-Marie Savelli – ✆ 04 95 60 28 05 – www.hotel-amiral.com
– Fax 04 95 60 31 21 – Ouvert d'avril à sept.
19 ch – †75/110 € ††75/110 €, ☕ 10 €
◆ Embarquez à bord de cet hôtel à l'ambiance très marine, dont les parties communes ressemblent à l'intérieur d'un bateau, tout en bois exotique. Chambres fonctionnelles.

Le Grillon
av. P. Doumer – ✆ 04 95 60 00 49 – www.hotel-grillon.net – Fax 04 95 60 43 69
– Ouvert 1er mars-31 oct.
16 ch – †39/62 € ††40/68 €, ☕ 6 € – ½ P 40/53 €
Rest – Menu 14/17 € – Carte environ 24 €
◆ Accueil convivial dans ce petit hôtel simple où les chambres, fraîchement rénovées et insonorisées, arborent un décor plus actuel (mobilier en bois peint patiné). Sobre salle à manger et cuisine familiale à tendance régionale.

La Pietra
chemin du Phare – ✆ 04 95 63 02 30 – www.hotel-lapietra.com
– Fax 04 95 60 15 92 – Ouvert d'avril à oct.
42 ch – †68/120 € ††68/120 €, ☕ 10 €
Rest – *(dîner seult)* (23 €) Menu 29 € – Carte 12/29 €
◆ Belle situation face au port, les "pieds dans l'eau", pour cet hôtel des années 1970. Les chambres ont toutes un balcon côté mer ou côté tour génoise (15e s.). Salon-piano bar. Recettes locales et suggestions du jour, avec la grande bleue en toile de fond.

Escale Côté Sud sans rest
22 r. Notre-Dame – ✆ 04 95 63 01 70 – hotel-cotesud.com – Fax 04 95 39 22 10
14 ch – †85/190 € ††85/190 €, ☕ 12 €
◆ À deux pas de la plage, hôtel moderne au design agréable. Bon confort dans les chambres et équipement complet. Snacking au bar lounge, avec vue sur la mer.

Pasquale Paoli (Ange Cananzi)
2 pl. Paoli – ✆ 04 95 47 67 70 – Fax 04 95 47 67 62 – Fermé fév., le midi en juil.-août, dim. soir, lundi midi et merc. de sept. à juin
Rest – *(nombre de couverts limité, prévenir)* Menu 45/80 € – Carte 50/70 €
Spéc. Mullate au fromage de brebis de l'Avapessa et figatellu rôti (déc. à juin). Jarret de veau de Nessa cuit en cocotte lutée pendant cinq heures (mars. à oct.). Mi-tiède à la farine de châtaigne de Poggiola, cappuccino de chocolat (déc. à oct.). **Vins** Corse-Calvi.
◆ Un concentré de la Corse à l'état pur, raconté par deux passionnés : l'un en salle (décor dédié à Pasquale Paoli) ; l'autre en cuisine, sublimant les produits du terroir.

X **Le Bistrot de la Place**

3 pl. Paoli – ✆ 04 95 60 12 90 – Fermé dim. soir et lundi du 15 sept.-15 juin
Rest – Carte 40/65 €

◆ Sur une place animée du centre-ville, restaurant au cadre rustique et chaleureux (murs à la chaux). Cuisine au goût du jour. Agréable terrasse sous la tonnelle.

à Monticello 4,5 km au Sud-Est par D 63 – 1 565 h. – alt. 220 m – ✉ 20220

XX **A Pasturella** avec ch

pl. du Village – ✆ 04 95 60 05 65 – www.a-pasturella.com – Fax 04 95 60 21 78 – Fermé de mi-nov. à mi-déc. et vacances d'hiver
12 ch – 🛉65/92 € 🛉🛉75/102 €, ☕ 11 € – ½ P 81/95 €
Rest – *(fermé dim. soir de mi-déc. à fin mars)* (24 €) Menu 30 € (déj.) – Carte 45/70 €

◆ Dans un pittoresque village perché de la corniche Paoli. Poissons (pêche du jour) et plats traditionnels à savourer dans une salle décorée avec goût ou sur la terrasse. Belles chambres actuelles.

à Pigna 8 km au Sud-Ouest par N 197 et D 151 – 97 h. – alt. 400 m – ✉ 20220

U Palazzu

– ✆ 04 95 47 32 78 – hotel-corse-palazzu.com – Fax 04 95 46 08 68 – Ouvert avril à oct.
3 ch – 🛉145/230 € 🛉🛉145/230 €, ☕ 20 € – 2 suites
Rest – *(nombre de couverts limité, prévenir)* (25 € bc) Menu 55 € (dîner) – Carte 25/55 €

◆ Au cœur du village, ancienne maison de maître (18ᵉ s.) offrant une vue superbe sur la plaine et la mer. Grandes chambres dotées, pour certaines, d'une cheminée ou d'une terrasse. Fine cuisine corse à savourer dans le vieux pressoir transformé en restaurant.

LEVIE – 2A Corse-du-Sud – **345** D9 – **743 h.** – **alt. 645 m** – ✉ **20170** **15** B3

Ajaccio 101 – Bonifacio 57 – Porto-Vecchio 39 – Sartène 28
Office de tourisme, rue Sorba ✆ 04 95 78 41 95, Fax 04 95 78 46 74
Musée de l'Alta Rocca★ : christ en ivoire★.
Sites★★ de Cucuruzzu et Capula O : 7 km.

X **La Pergola**

r. Sorba – ✆ 04 95 78 41 62 – Ouvert avril-oct.
Rest – *(nombre de couverts limité, prévenir)* (13 €) Menu 18 €

◆ Après la visite des collections du musée de l'Alta Rocca, régalez-vous de spécialités exclusivement corses à prix très digestes. Accueillante tonnelle et salle toute simple.

LUMIO – 2B Haute-Corse – **345** B4 – **1 040 h.** – **alt. 150 m** – ✉ **20260** **15** A1

Bastia 82 – Calvi 10 – L'Île-Rousse 16

Chez Charles

– ✆ 04 95 60 61 71 – www.hotel-chezcharles.com – Fax 04 95 60 62 51 – ouvert 18 mars-3 janv.
35 ch – 🛉62/265 € 🛉🛉62/265 €, ☕ 12 €
Rest – *(Fermé lundi midi)* (24 €) Menu 40/68 € – Carte 46/59 €
Spéc. Risotto carnaroli bio à la tome corse. Pavé de veau corse farci aux olives noires, tartines d'artichauts violets. Parfait glacé au miel de châtaignier, macarons à la châtaigne et kumquats de l'île.

◆ Agréable escapade en cet hôtel-restaurant au décor contemporain et design, ouvrant sur le golfe de Calvi et la montagne (suites avec terrasse, piscine à débordement). À table, on redécouvre les saveurs des produits du terroir corse à travers une cuisine généreuse et soignée, au goût du jour.

MACINAGGIO – 2B Haute-Corse – **345** F2 – ✉ **20248** **15** B1

Bastia 37
Syndicat d'initiative, port de plaisance ✆ 04 95 35 40 34, Fax 04 95 35 40 34

U Libecciu ⌂

🚗 ☷ Ắℂ ❄ ⁿ⁰ 𝐏 𝘝𝘐𝘚𝘈 ◍

rte de la Plage – 𝒞 04 95 35 43 22 – www.u-libecciu.com – Fax 04 95 35 46 08
– Ouvert 1ᵉʳ avril-15 oct.
30 ch – †66/95 € ††74/115 €, ☲ 7 € – 10 suites – ½ P 115/155 €
Rest – (dîner seult) Menu 20/25 € – Carte 24/32 €
♦ Le mouillage de Macinaggio est réputé depuis l'Antiquité. Cette adresse proche du port abrite de spacieuses chambres avec terrasse et des suites équipées pour un long séjour. Spécialités régionales sur la carte du restaurant, aménagé en véranda, au 1ᵉʳ étage.

U Ricordu

🚗 ☷ Ắℂ ❄ rest ⁿ⁰ 𝐏 𝘝𝘐𝘚𝘈 ◍ ᴬᴱ ⓪

– 𝒞 04 95 35 40 20 – www.hotel-uricordu.com – Fax 04 95 35 41 88 – Ouvert
30 mars-3 nov.
54 ch ☲ – †85/185 € ††90/190 €
Rest – (ouvert 15 avril-15 oct.) (17 €) Menu 19/23 € – Carte 23/35 € le soir
♦ Chambres fraîches et actuelles, orientées côté route ou côté montagne, bien appréciées après avoir parcouru le vivifiant sentier des douaniers. Belle piscine d'été chauffée. Touches africaines dans le décor de la lumineuse salle à manger et cuisine traditionnelle.

MURO – 2B Haute-Corse – **345** C4 – 261 h. – alt. 350 m – ✉ 20225   **15** A1

▶ Ajaccio 160 – Bastia 105

Casa Theodora sans rest

☷ Ắℂ ⁿ⁰ 𝐏 𝘝𝘐𝘚𝘈 ◍

Piazza a u Duttore – 𝒞 04 95 61 78 32 – www.a-casatheodora.com
– Fax 04 95 31 89 67 – Ouvert mi-avril à fin oct.
5 ch – †140/270 € ††140/270 €, ☲ 15 €
♦ Palazzo du 16ᵉ s. réhabilité, portant le nom de l'éphémère roi de Corse, hôte des lieux en 1736. Architecture génoise, trompe-l'œil et fresques baroques, petite piscine intérieure.

NONZA – 2B Haute-Corse – **345** F3 – 68 h. – alt. 100 m – ✉ 20217   **15** B1

▶ Bastia 33 – Rogliano 49 – Saint-Florent 20

Casa Maria sans rest ⌂

≤ Ắℂ ⁿ⁰

au pied de la tour génoise – 𝒞 04 95 37 80 95 – www.casamaria.fr
– Fax 04 95 37 80 95 – Ouvert d'avril à oct.
5 ch ☲ – †75/95 € ††75/95 €
♦ Au pied d'une tour génoise, cette ancienne maison de maître vous accueille chaleureusement. Chambres fraîches et agréables, décorées de meubles familiaux. Belle vue sur la mer.

OLETTA – 2B Haute-Corse – **345** F4 – 1 236 h. – alt. 250 m – ✉ 20232   **15** B1

▶ Bastia 18 – Calvi 78 – Corte 72 – L'Île-Rousse 53

Auberge A Magina

≤ 🚗 ❄ 𝘝𝘐𝘚𝘈 ◍

– 𝒞 04 95 39 01 01 – Fax 04 95 46 27 49 – Ouvert avril-mi-oct. et fermé lundi
sauf juil.-août
Rest – Menu 27 € – Carte 38/55 €
♦ Une vue à couper le souffle et une vraie cuisine corse préparée en famille et servie dans une agréable salle à manger. Le soir, depuis la terrasse, sublime coucher de soleil.

OLMETO – 2A Corse-du-Sud – **345** C9 – 1 189 h. – alt. 320 m – ✉ 20113   **15** A3

▶ Ajaccio 64 – Propriano 8 – Sartène 20
🛈 Syndicat d'initiative, Village 𝒞 04 95 74 65 87, Fax 04 95 74 62 86

Santa Maria ⌂

🚗 Ắℂ ch, 𝘝𝘐𝘚𝘈 ◍

pl. de l'Église – 𝒞 04 95 74 65 59 – www.hotel-restaurant-santa-maria.com
– Fax 04 95 74 60 33 – Fermé nov. et déc.
12 ch – †45/58 € ††45/58 €, ☲ 6 € – ½ P 44/56 €
Rest – (dîner seult) Menu 23 € – Carte 30/40 €
♦ Ambiance familiale dans cet ancien moulin à huile veillé par l'église. Une envolée d'escaliers menant aux chambres fonctionnelles lui donne du cachet. Restaurant aménagé sous de belles voûtes séculaires et terrasse fleurie tournée vers le golfe. Plats corses.

à **Olmeto-Plage** 9 km au Sud-Ouest par D 157 – ⊠ 20113

🏨 **Ruesco** ॐ ⩽ 🚗 **P** _VISA_ ⚫⚫
Capicciolo – ℰ 04 95 76 70 50 – www.hotel-ruesco.com – Fax 04 95 76 70 51
– Ouvert 25 avril-10 oct.
25 ch – †72/118 € ††118/165 €, ⊇ 10 €
Rest – *(ouvert 15 mai-30 sept.)* Menu 23 € – Carte 35/50 €
◆ Bâtiments modernes abritant des chambres spacieuses, toutes pourvues de balcons orientés vers les flots, à l'exception de deux chambres. Un jardin précède le restaurant où grillades et pizzas au feu de bois sont à l'honneur. La terrasse donne sur la plage.

au **Sud** 5 km par N 196 et rte secondaire – ⊠ 20113 Olmeto

🏨 **Marinca** ॐ ⩽ 🚗 🌫 ⌨ 🖥 ⚫ ⅙ ⅃ 🄰🄲 ch, 🍽 rest, ⸜٦ **P** _VISA_ ⚫⚫ 🄰🄴
Lieu-dit Vitricella – ℰ 04 95 70 09 00 – www.hotel-marinca.com
– Fax 04 95 76 19 09 – Ouvert de mi-avril à mi-oct.
56 ch ⊇ – †160/370 € ††220/650 € – 4 suites
Rest – Menu 45/55 € – Carte environ 45 €
Rest *Le Diamant Noir* – *(dîner seult)* Menu 70/110 € – Carte 65/120 €
◆ Hôtel dominant le golfe et entouré d'un jardin. Trois piscines à débordement, étagées, descendent vers la plage privée. Grandes chambres personnalisées avec balcon côté mer. Spa oriental. Belle terrasse de style mauresque pour une cuisine traditionnelle. Le Diamant Noir sert au dîner des repas plus élaborés.

PATRIMONIO – 2B Haute-Corse – **345** F3 – 668 h. – alt. 100 m – ⊠ 20253 **15** B1
🚹 Bastia 16 – St-Florent 6 – San-Michele-di-Murato 22
◉ Église St-Martin★.

🏨 **Du Vignoble** sans rest 🄰🄲 **P** _VISA_ ⚫⚫ 🄰🄴
🕍 *Santa Maria – ℰ 04 95 37 18 48 – www.hotel-du-vignoble.com*
– Fax 04 95 56 13 10 – Ouvert d'avril à oct.
12 ch – †50/90 € ††50/90 €, ⊇ 6 €
◆ Au cœur du village, hôtel neuf aménagé dans une belle maison de 1846. Tons chaleureux, murs patinés et meubles en fer forgé ornent les chambres. Cave à vins familiale attenante.

🍴 **Osteria di San Martinu** 🌫 🍽 **P** _VISA_ ⚫⚫
Santa Maria – ℰ 04 95 37 11 93 – Ouvert 1er mai-30 sept. et fermé merc. en sept.
Rest – Menu 24 € – Carte 22/35 €
◆ Tout se passe, en été, sur la terrasse sous pergola : on y goûte des plats corses et des grillades arrosés, bien entendu, de vin de Patrimonio, produit par le frère du patron.

PERI – 2A Corse-du-Sud – **345** C7 – 1 469 h. – alt. 450 m – ⊠ 20167 **15** A2
🚹 Ajaccio 26 – Corte 71 – Propriano 82 – Sartène 94

🍴 **Chez Séraphin** 🌫 **P**
– ℰ 04 95 25 68 94 – Ouvert début avril à mi-oct. et fermé lundi
Rest – Menu 42 € bc
◆ Typique maison corse dans un charmant village accroché à la montagne. Terrasse dominant la vallée. L'accueil est chaleureux, la cuisine authentique et généreuse.

PETRETO-BICCHISANO – 2A Corse-du-Sud – **345** C9 – 566 h. **15** A3
– alt. 600 m – ⊠ 20140
🚹 Ajaccio 52 – Sartène 35

🍴🍴 **De France** 🌫 🍽 **P** _VISA_ ⚫⚫
⚫⚫ *à Bicchisano – ℰ 04 95 24 30 55 – Fax 04 95 24 30 55 – Ouvert de début avril à fin nov.*
Rest – *(prévenir)* Menu 19 € (déj. en sem.), 30/61 € – Carte 36/79 €
◆ Spécialités corses et produits maison (charcuteries, confitures, liqueurs) vous attendent dans cette salle à manger au décor agreste soigné ou sous la fraîche tonnelle.

PIANA – 2A Corse-du-Sud – **345** A6 – 440 h. – alt. 420 m – ⊠ 20115 **15** A2
🚹 Ajaccio 72 – Calvi 85 – Évisa 33 – Porto 13
🛈 Syndicat d'initiative, ℰ 04 95 27 84 42, Fax 04 95 27 82 72
◉ Golfe de Porto★★★.

Capo Rosso ⚘ ≤ 🚗 🏠 🏊 🌐 ℞ ⛎ P VISA ☒ AE
rte des Calanches – ℰ 04 95 27 82 40 – www.caporosso.com – Fax 04 95 27 80 00
– Ouvert 1er avril-20 oct.
46 ch (½ P seult en saison) ⊑ – †103/175 € ††120/350 € – ½ P 92/168 €
Rest – Carte 38/70 €
♦ Vue imprenable sur le golfe de Porto et les calanques depuis la piscine et les vastes chambres décorées dans un style contemporain, et dotées de balcon. Restaurant panoramique ; cuisine familiale iodée faisant honneur à la pêche locale.

Le Scandola sans rest ≤ ⛎ P VISA ☒
rte Cargèse – ℰ 04 95 27 80 07 – www.hotelscandola.com – Fax 04 95 27 83 88
– Ouvert 1er avril-15 oct.
12 ch – †40/80 € ††50/90 €, ⊑ 10 €
♦ Au cœur d'un site exceptionnel, cet hôtel fait face à la presqu'île de Scandola et au golfe de Piana. Chambres chaleureuses très colorées et balcons orientés vers la mer.

POGGIO-MEZZANA – 2B Haute-Corse – **345** F5 – 617 h. – alt. 350 m   15 B2
– ⊠ 20230
▶ Ajaccio 150 – Bastia 45

Levolle Marine ⚘ ≤ ⛎ 🏠 🏊 🌐 ℞ ⛎ ch, ⛎ P VISA ☒
Levolle Sottana, (à la plage) – ℰ 04 95 58 41 50 – www.levollemarine.com
– Fax 04 95 58 41 64 – Ouvert de mi-avril à mi-oct.
9 ch – †80/95 € ††95/115 €, ⊑ 8,50 € – 7 suites
Rest – (fermé lundi de sept. à mi-oct.) Carte 30/50 €
♦ Objets anciens et collections d'appliques à pétrole, cafetières, etc. décorent joliment l'intérieur de cette maison, au milieu d'un parc fleuri. Chambres confortables. Plats traditionnels dans la salle à manger ou sur la terrasse, face à la plage de sable fin.

PORTICCIO – 2A Corse-du-Sud – **345** B8 – ⊠ 20166   15 A3
▶ Ajaccio 19 – Sartène 68
🖽 Office de tourisme, les Marines ℰ 04 95 25 01 01, Fax 04 95 25 11 12

Le Maquis ⚘ ≤ 🚗 🏠 🏊 🌐 🍽 🛎 🅺 ch, ⛎ P VISA ☒ AE ①
– ℰ 04 95 25 05 55 – www.lemaquis.com – Fax 04 95 25 11 70 – Fermé janv.-fév.
20 ch – †160/700 € ††180/700 €, ⊑ 26 € – 5 suites
Rest – Menu 73 € (dîner) – Carte 81/133 €
♦ Jolie demeure d'inspiration génoise nichée dans un jardin luxuriant en bordure de mer. Chambres spacieuses, au beau mobilier ancien. Splendides piscines. Cuisine inventive, vins choisis et vue panoramique depuis le restaurant et la superbe terrasse.

Sofitel Thalassa ⚘ ≤ 🚗 🏠 🏊 🌐 ⊕ 🍽 🛎 ㅊ 🅺 🌐 ⛎ ⚓ P
domaine de la Pointe – ℰ 04 95 29 40 40   VISA ☒ AE ①
– www.sofitel.com – Fax 04 95 25 00 63 – Fermé 3 janv.-14 fév.
96 ch – †222/600 € ††222/600 €, ⊑ 25 € – 2 suites – ½ P 191/380 €
Rest – Menu 55 € – Carte 59/91 €
♦ Complexe hôtelier voué à Neptune : situation isolée à la pointe du cap de Porticcio, institut de thalassothérapie, sports nautiques et chambres tournées vers la mer. Piscine à débordement. Plats au goût du jour et diététiques à déguster face aux flots.

à Agosta-Plage 2 km au Sud – ⊠ 20166 Porticcio

Kallisté sans rest ⚘ ≤ 🚗 🏊 🌐 ℞ P VISA ☒
rte du Vieux Molini – ℰ 04 95 25 54 19 – www.cyrnos.net – Fax 04 95 25 59 25
– Ouvert 1er avril-1er nov.
7 ch ⊑ – †69/109 € ††79/129 € – 1 suite
♦ Un joli jardin clos assure la tranquillité de cette pimpante villa d'un quartier résidentiel. Chambres sobrement décorées ; expositions (mer ou verdure) et ampleurs diverses.

PORTO – 2A Corse-du-Sud – **345** B6 – 544 h. – ⊠ 20150 Ota   15 A2
▶ Ajaccio 84 – Calvi 73 – Corte 93 – Évisa 23
🖽 Office de tourisme, place de La Marine ℰ 04 95 26 10 55, Fax 04 95 26 14 25
◉ Tour génoise★.
◙ Golfe de Porto★★★ : les Calanche★★★ - NO : réserve de Scandola★★★,
golfe★★ de Girolata.

🏠 **Capo d'Orto** sans rest ≤ ⌁ ⌖ 🛜 P VISA ⬤

rte de Calvi – ℰ 04 95 26 11 14
– www.hotel-capo-dorto.com – Fax 04 95 26 13 49
– Ouvert du 10 avril au 20 oct.
39 ch ⌑ – †75/155 € ††75/165 €

♦ Cet hôtel abrite trois types de chambres, toutes de bonne ampleur et dotées de balcons tournés vers la mer. Préférez celles de l'extension récente, à la décoration plus actuelle.

🏠 **Le Subrini** sans rest ≤ 📶 ⌖ 🛜 ⌖ 🛜 P VISA ⬤

à la Marine – ℰ 04 95 26 14 94
– www.hotels-porto.com – Fax 04 95 26 11 57
– Ouvert d' avril à oct.
23 ch – †60/90 € ††85/140 €, ⌑ 10 €

♦ Dans cet édifice en pierre de taille situé sur la place principale de la marine, les spacieuses chambres, toutes rénovées, offrent fonctionnalité et luminosité. Vue sur le golfe.

🏠 **Le Belvédère** sans rest 🍃 ≤ 📶 📶 ⌖ 🛜 ⌖ VISA ⬤

à la Marine – ℰ 04 95 26 12 01 – www.hotel-le-belvedere.com
– Fax 04 95 26 11 97 – Ouvert 2 avril-30 oct.
20 ch – †50/120 € ††50/120 €, ⌑ 8 €

♦ Au pied de la célèbre tour génoise défiant les assauts de la mer, construction moderne en pierres rouges proposant des chambres bien équipées, à choisir côté port.

🏠 **Bella Vista** ≤ 📶 📶 🛜 ⌖ rest. 🛜 P VISA ⬤
(🅟)
– ℰ 04 95 26 11 08 – www.hotel-corse.com – Fax 04 95 26 15 18
– Ouvert avril-oct.
15 ch – †55/93 € ††65/165 €, ⌑ 11 € – 2 suites – ½ P 35 €
Rest – (ouvert 15 avril-30 sept.) (dîner seult) Menu 26 € – Carte 35/70 €

♦ Il règne une ambiance familiale dans cette maison proposant des chambres à la décoration soignée. Inoubliable coucher de soleil sur le Capo d'Orto et bon petit-déjeuner. Plats actuels aux accents corses au menu du restaurant ; salle et terrasse avec vue.

🏠 **Romantique** sans rest 🍃 ≤ 🛜 ⌖ VISA ⬤

à la Marine – ℰ 04 95 26 10 85 – www.hotel-romantique-porto.com
– Fax 04 95 26 14 04 – Ouvert 20 avril-mi-oct.
8 ch – †70/95 € ††70/95 €, ⌑ 8 €

♦ Chambres spacieuses, crépies et carrelées, équipées d'un mobilier de fabrication artisanale ; les balcons donnent tous sur une petite marina et un bois d'eucalyptus.

🍴 **La Mer** ≤ 🛜 VISA ⬤
🍽
à la Marine – ℰ 04 95 26 11 27 – Fax 04 95 96 11 27 – Ouvert mi-mars à début nov.
Rest – Menu 19 € (déj.)/29 € – Carte 37/64 €

♦ Au bout de la marine, la terrasse de cette maison aux volets bleus est idéale pour voir la montagne se jeter dans la mer. Spécialités de poissons et cuissons au four à bois.

PORTO-POLLO – 2A Corse-du-Sud – **345** B9 – alt. 140 m – ⌂ 20140 **15** A3
◳ Ajaccio 52 – Sartène 31

🏠 **Les Eucalyptus** sans rest 🍃 ≤ 🛜 ⌖ 🛜 ⌖ P VISA ⬤ AE

– ℰ 04 95 74 01 52 – www.hoteleucalyptus.com – Fax 04 95 74 06 56
– Ouvert 15 avril-15 oct.
32 ch – †50/97 € ††50/105 €, ⌑ 8 €

♦ Hôtel des années 1960 dominant le golfe de Valinco que l'on contemplera du balcon de la plupart des chambres, pour l'essentiel pratiques (5 plus récentes et plus confortables).

🏠 **Le Kallisté** 🛜 ⌖ P VISA ⬤
🍽
– ℰ 04 95 74 02 38 – www.lekalliste.fr – Fax 04 95 74 06 26
– Ouvert d'avril à oct.
19 ch ⌑ – †62/110 € ††70/130 € – ½ P 60/75 €
Rest – (dîner seult) Menu 19/24 € – Carte 28/36 €

♦ Chambres actualisées, dotées d'un mobilier et d'équipements fonctionnels. Quelques-unes bénéficient de terrasses accordant le coup d'œil sur les flots bleus. Cuisine familiale axée terroir servie dans une salle à manger fraîche et colorée ou en terrasse.

PORTO-VECCHIO – 2A Corse-du-Sud – **345** E10 – 9 484 h. – alt. 40 m   **15** B3
– ⊠ 20137

> ▶ Ajaccio 141 – Bonifacio 28 – Corte 121 – Sartène 59
>
> ✈ Figari-Sud-Corse : ℰ 04 95 71 10 10, SO : 23 km.
>
> 🛈 Office de tourisme, rue du Docteur Camille de Rocca Serra
>   ℰ 04 95 70 09 58, Fax 04 95 70 03 72
>
> 👁 La Citadelle ★.
>
> 👁 Golfe de Porto-Vecchio ★★ - Castellu d'Arraghju ★ ≤ ★★ N : 7,5 km.

🏠🏠🏠 **Casadelmar** ⧖   ≤ 🚗 🛜 ⤢ 🍴 👁 ⤢ 🏊 ⬛ 🅿 VISA ⚫ AE ①
❄❄ 7 km par rte de Palombaggia – ℰ 04 95 72 34 34 – www.casadelmar.fr
– Fax 04 95 72 34 35 – Ouvert 2 avril-1er nov.
14 ch ⊡ – ♦370/930 € ♦♦370/930 € – 20 suites – ♦♦510/4300 €
Rest – (dîner seult) Menu 80/190 € – Carte 125/150 €🕮

Spéc. Passata de patates douces à l'huile d'olive d'Ombrie, langoustines, joue de sauris, crème glacée au macis. Cochon de lait, cuisse à la milanaise et côte au speck. Craquant noisette du Piémont-citron corse, mantecado cédrat. **Vins** Patrimonio, Ajaccio.

♦ Sur les hauteurs, ce luxueux hôtel ultramoderne se fond dans le paysage, profitant d'une vue plongeante sur le golfe. Chambres design, dotées à débordement et remarquable spa. Le restaurant brille par son cadre d'exception et sa fine cuisine mêlant terroirs corse et italien.

🏠🏠 **Belvédère** ⧖   ≤ 🚗 🛜 ⤢ & ch, ⬛ ch, 🍴 ch, 🛜 🏊 🅿 VISA ⚫ AE ①
❄ 5 km par rte de la plage de Palombaggia – ℰ 04 95 70 54 13
– www.hbcorsica.com – Fax 04 95 70 42 63
– Fermé 3 janv.-11 mars
15 ch – ♦100/340 € ♦♦100/340 €, ⊡ 20 € – 4 suites – ½ P 130/250 €
Rest – (fermé lundi et mardi du 12 oct. au 12 avril) (29 €) Menu 70/110 €
– Carte 95/147 €🕮

Spéc. Nougat d'huîtres de Diana, légèreté au raifort (oct. à avril). Dos de denti de palangre, mangue poêlée, sauce aux pickles de gingembre. Fusion passion-châtaigne en trois façons. **Vins** Vin de Corse-Figari, Patrimonio.
Rest *La Brocherie-Mari e Tarra* – (fermé 3 janv.-29 fév.) Carte 45/68 €

♦ Dans une oasis de verdure au bord de l'eau, bel ensemble avec piscine et terrasse panoramiques, plage privée et chambres (en partie refaites) logées dans de paisibles pavillons. Chaleureux restaurant tourné vers la mer ; cuisine épurée. Carte d'inspiration terroir Corse au Mari et Tarra.

🏠🏠 **Alta Rocca** sans rest   ≤ 🚗 ⤢ 🔲 ⬛ 🍴 🏊 🅿 VISA ⚫ AE
rte de Palombaggia – ℰ 04 95 70 22 01
– www.hotel-altarocca.com / www.hotelaltarocca.com
– Fax 04 95 70 44 05
16 ch – ♦187/289 € ♦♦187/289 €, ⊡ 18 € – 2 suites

♦ Belle villa moderne accrochée à la montagne. Vue imprenable sur la baie de Porto-Vecchio, tant des chambres (toutes avec balcon ou terrasse) que de la piscine à débordement.

🏠🏠 **Le Goéland**   ≤ 🚗 🛜 ⬛ 🍴 🅿 VISA ⚫
à la Marine – ℰ 04 95 70 14 15 – www.hotelgoeland.com – Fax 04 95 72 05 18
– Ouvert 15 mars-7 nov.
34 ch ⊡ – ♦85/380 € ♦♦100/430 € – ½ P 75/215 €
Rest – (18 €) Carte 28/55 €

♦ Intégralement refait, cet hôtel agréable propose des chambres d'allure marine : lampes tempêtes, meubles aux peintures patinées... Le grand restaurant s'ouvre totalement sur le golfe et le jardin. Cuisine corse et plats méditerranéens affichés à l'ardoise.

🏠🏠 **Golfe Hôtel**   ⤢ 🌀 & ch, ⬛ 🍴 🏊 🅿 VISA ⚫ AE
r. du 9 Septembre 1943 – ℰ 04 95 70 48 20 – www.golfehotel-corse.com
– Fax 04 95 70 92 00
42 ch ⊡ – ♦80/315 € ♦♦98/380 € – ½ P 148/380 €
Rest – (fermé dim. hors saison) (dîner seult) Carte 20/60 €

♦ Hôtel situé sur la route du port. Les chambres aménagées autour de la piscine offrent une décoration contemporaine soignée. Celles du bâtiment principal sont plus simples. Salle à manger sobre et claire où l'on propose une formule buffet.

Alcyon sans rest

🏠   🈂️ ⚿ 🅰️ ⁽ᵗ⁾ 🅿️ 🆅🅸🆂🅰️ ⓸ 🅰️🅴

*9 r. Mar. Leclerc, (près de la poste) – ℰ 04 95 70 50 50 – www.hotel-alcyon.com
– Fax 04 95 70 25 84*
40 ch � – †86/190 € ††107/190 €
◆ Immeuble moderne du centre-ville aux chambres sobres et fonctionnelles, toutes rénovées. Celles situées côté façade profitent d'une échappée sur la mer, les autres du calme.

San Giovanni ⏳

🏠   ⇐ 🄯 🍸 🍽️ 🅰️ rest, 🍴 🅿️ 🆅🅸🆂🅰️ ⓸

*rte Arca, 3 km au Sud-Ouest par D 659 – ℰ 04 95 70 22 25
– www.hotel-san-giovanni.com – Fax 04 95 70 20 11 – Ouvert 1ᵉʳ mars-14 nov.*
30 ch – †65/110 € ††70/127 €, � 11 € – ½ P 64/83 €
Rest – *(dîner seult) (résidents seult)*
◆ Pension de famille dans un très beau parc arboré et fleuri, agrémenté d'un bassin. Certaines chambres donnent de plain-pied sur un petit jardin privatif. Piscine et jacuzzi. Petits-déjeuners et restauration familiale simple servie sous la pergola.

XX L'Orée du Maquis

🛏️ 🅿️ 🆅🅸🆂🅰️ ⓸

*à la Trinité, 5 km au Nord par chemin de la Lézardière – ℰ 04 95 70 22 21
– Fax 04 95 70 22 21 – Ouvert 15 juin-15 sept. et fermé le lundi*
Rest – *(dîner seult) (nombre de couverts limité, prévenir)* Menu 70 €
◆ Un chemin escarpé mène à la villa. Restaurant en plein air (tables dressées sous un dais), grand ouvert sur le littoral. Menu unique : poissons, crustacés... et foie gras !

XX Le Troubadour

🅰️ 🆅🅸🆂🅰️ ⓸ 🅰️🅴

*13 r. Gén.- Leclerc (1ᵉʳ étage), (près de la poste) – ℰ 04 95 70 08 62 – Fermé
1ᵉʳ-27 janv., dim. d'oct. à juin et le midi en juil.-août*
Rest – (29 € bc) Menu 39/89 € – Carte 65/90 €
◆ Restaurant engageant au cœur de la ville : salle chaleureuse ornée de boiseries (à l'étage), jolie terrasse-véranda. Cuisine au goût du jour.

au golfe de Santa Giulia 8 km au Sud par N 198 et rte secondaire – ✉ 20137
Porto-Vecchio

Moby Dick ⏳

🏠🏠🏠   ⇐ 🛏️ 🍽️ & ch, 🅰️ ch, 🍴 ⁽ᵗ⁾ 🔱 🅿️ ⓸

– ℰ 04 95 70 70 00 – Fax 04 95 70 70 01 – Ouvert fin avril à mi-oct.
44 ch ⊔ – †133/191 € ††148/206 € – ½ P 106/236 €
Rest – Menu 42 € – Carte 65/75 €
◆ Emplacement idyllique sur la lagune pour cet hôtel séparé du golfe aux couleurs polynésiennes par une plage de sable fin. Chambres spacieuses à choisir côté mer ou côté jardin. Au restaurant, cuisine méditerranéenne et produits locaux à l'honneur.

Castell' Verde ⏳

🏠🏠   ⇐ 🚗 🄯 🛏️ 🍸 🍽️ 🅰️ ch, 🍴 🅿️ 🆅🅸🆂🅰️ ⓸ ⓞ

*– ℰ 04 95 70 71 00 – www.sud-corse.com – Fax 04 95 70 71 01
– Ouvert 24 avril-9 oct.*
32 ch (½ P seult) – ½ P 95/155 €
Rest *Le Costa Rica* – ℰ 04 95 72 24 51 – Menu 35 € (dîner) – Carte 53/76 €
◆ Dans un parc protégé de 5 ha, spacieux bungalows à portée de la grande bleue. Chambres aux tissus colorés et mobilier en bois. Piscine chauffée et accès direct à la plage. Sur la terrasse qui surplombe la baie, on déguste des plats axés sur la mer.

Alivi sans rest

🏠🏠   🛏️ & 🅰️ 🍴 ⁽ᵗ⁾ 🆅🅸🆂🅰️ ⓸ 🅰️🅴

*Marina di Santa Giulia – ℰ 04 95 52 01 68 – www.marinadisantagiulia.fr
– Fax 04 95 22 49 08 – Ouvert 1ᵉʳ avril-30 oct.*
10 ch – †119/347 € ††135/362 €, ⊔ 18 €
◆ Retirez-vous dans cet hôtel contemporain préservé, entre mer et maquis. Chambres décorées dans un style actuel apaisant. Piscine agréable regardant la baie de Santa Giulia.

XX U Santa Marina

⇐ 🚗 🄯 🛏️ & ch, 🆅🅸🆂🅰️ ⓸

*Marina Di Santa Giulia – ℰ 04 95 70 45 00 – www.usantamarina.com
– Fax 04 95 70 45 00 – Ouvert 16 mars-31 oct.*
Rest – *(fermé le midi en juil.-août)* (35 €) Menu 65/115 € – Carte 60/90 €
◆ Ambiance "Sud" et belle cuisine actuelle valorisant la pêche locale, dans cette maison agrémentée de terrasses tournées vers le golfe. Carte de grillades et salades à la plage.

à Cala Rossa 10 km au Nord-Est par N 198 et D 468 – ⊠ 20137 Lecci

Grand Hôtel de Cala Rossa ⌖ ⟨ 🍴 🛋 📺 ⊕ 🛌 ⚒ 🅺 ⚒ 📶 🅿
ⓧ – ℰ 04 95 71 61 51 – www.cala-rossa.com VISA ⵀ AE ⓪
– Fax 04 95 71 60 11 – Fermé 3 janv.-4 avril
30 ch ⌚ – †385/695 € ††430/1165 € – 8 suites – ½ P 270/700 €
Rest – (dîner seult) Menu 120/140 € – Carte 130/160 €🏵
Spéc. L'araignée de mer en boule de neige, chamallow de pomme verte. Le
loup sauvage au parfum d'anis, couteau farci aux herbes fraîches. La noisette
de Cervione et la figue. **Vins** Corse-Figari, Patrimonio
♦ Sous les pins, jardin luxuriant avec à l'horizon la plage et un ponton privé : à demeure
d'exception, écrin splendide. Spacieuses chambres très raffinées. Magnifique spa. Élégante
salle à manger subtilement rustique, luxueuse terrasse ombragée et cuisine inventive.

à la presqu'île du Benedettu 10 km au Nord-Est par N 198 et D 468
– ⊠ 20137 Porto-Vecchio

U Benedettu ⌖ ⟨ 🍴 🛋 🅺 ch, 🅿 VISA ⵀ
– ℰ 04 95 71 62 81 – Fax 04 95 71 66 37 – Ouvert fin mars-fin oct.
20 ch – †65/180 € ††65/180 €, ⌚ 15 € – 3 suites   **Rest** – Carte 30/50 €
♦ Situation idyllique, entre côte sauvage et plage de sable fin, pour ces pavillons disséminés
sur une presqu'île. Chambres dotées de terrasses, golfe de Porto-Vecchio à l'horizon. Petite
carte régionale dans la salle à manger-véranda qui a "les pieds dans l'eau".

PROPRIANO – 2A Corse-du-Sud – **345** C9 – **3 232 h.** – alt. 5 m – ⊠ 20110   **15** A3
🅳 Ajaccio 74 – Bonifacio 62 – Corte 139 – Sartène 13
🅸 Office de tourisme, Port de Plaisance ℰ 04 95 76 01 49, Fax 04 95 76 00 65

Miramar Boutique Hôtel ⟨ 🍴 🛋 🛌 🅺 ch, ⚒ rest, 🧖 🅿
rte de la Corniche – ℰ 04 95 76 06 13 VISA ⵀ AE
– www.miramarboutiquehotel.com – Fax 04 95 76 13 14 – Ouvert 15 mai-5 oct.
26 ch ⌚ – †280/400 € ††300/420 € – 5 suites
Rest – (35 €) Menu 55 € (dîner)/85 € – Carte 60/90 €
♦ Au cœur d'un parc luxuriant, cette villa aux murs chaulés regarde le golfe du Valinco.
Salon garni d'objets chinés ; chambres spacieuses et raffinées (avec balcon). Carte épurée et
produits locaux proposés dans un cadre coquet ou en terrasse sous les mûriers.

Neptune sans rest ⟨ 🛎 🖐 🅺 📶 🅿
39 r. du 9-Septembre – ℰ 04 95 76 10 20 – www.hotels-propriano.com
– Fax 04 95 76 11 21 – Fermé nov. et déc.
40 ch – †65/115 € ††69/150 €
♦ Près du centre-ville et de la plage, cette vaste bâtisse moderne propose des chambres
fonctionnelles au style actuel. Préférez celles qui donnent sur la mer et le golfe de Valinco.

Loft Hôtel sans rest ⚒ 📶 🅿 VISA ⵀ ⓪
3 r. Pandolfi – ℰ 04 95 76 17 48 – Fax 04 95 76 22 04 – Ouvert 16 mars-29 oct.
25 ch – †50/75 € ††50/75 €, ⌚ 6 €
♦ Cet hôtel en retrait du port abrite de grandes chambres (mansardées à l'étage). Accueil
personnalisé du patron ; petit-déjeuner servi en terrasse aux beaux jours.

Le Lido ⌖ ⟨ 🍴 🅺 ch, ⚒ ch, 📶 VISA ⵀ AE
42 av. Napoléon III – ℰ 04 95 76 06 37 – www.le-lido.com – Fax 04 95 76 31 18
– Ouvert mai-sept.
11 ch – †120/225 € ††120/225 €, ⌚ 15 €
Rest – (ouvert mai-sept. et fermé mardi midi et lundi sauf août) (30 €)
Carte 70/90 €
♦ Sur une presqu'île, hôtel les pieds dans l'eau : chambres bien décorées (bois exotique,
objets chinés, mosaïques portugaises), certaines ont une terrasse donnant sur la plage. Produits de la mer à l'honneur au restaurant ; terrasse sur un promontoire au-dessus des flots.

Le Tout va Bien ⟨ 🍴 VISA ⵀ AE ⓪
10 av. Napoléon – ℰ 04 95 76 12 14 – www.chezparenti.fr – Fax 04 95 76 27 11
– Fermé 1er-15 déc., 2 janv.-28 fév., dim. soir et lundi sauf le soir en saison
Rest – (23 €) Menu 32/58 € – Carte 58/98 €
♦ Ce sympathique restaurant tenu depuis 1935 par la famille Parenti dispose d'une agréable
terrasse tournée vers le port de plaisance. Cuisine créative originale.

QUENZA – 2A Corse-du-Sud – 345 D9 – 247 h. – alt. 840 m – ⊠ 20122   **15** B3

> ▶ Ajaccio 85 – Bonifacio 75 – Porto-Vecchio 47 – Sartène 38
>
> ◉ Fresques★ de la chapelle Santa-Maria-Assunta.

Sole e Monti sans rest   ⩗ ⌫ P VISA ☾ AE ①
– ℰ 04 95 78 62 53 – www.solemonti.com – Fax 04 95 78 63 88 – Ouvert
15 avril-30 sept.
19 ch – †70/135 € ††80/190 €, � 10 €
♦ Dans un village dominé par les majestueuses aiguilles de Bavella, chambres rustiques
(deux rénovées à l'identique), à choisir côté façade principale pour la vue sur la vallée.

ST-FLORENT – 2B Haute-Corse – 345 E3 – 1 614 h. – ⊠ 20217   **15** B1

> ▶ Bastia 22 – Calvi 70 – Corte 75 – L'Île-Rousse 45
>
> 𝒊 Office de tourisme, centre Administratif ℰ 04 95 37 06 04,
>   Fax 04 95 35 30 74
>
> ◉ Église Santa Maria Assunta★★ - Vieille Ville★.
>
> ◖ Les Agriates★.

Demeure Loredana sans rest ⌇   ⩗ ⌫ ⌥ ▥ ⅙ ⬚ ⊠ ℅ ⬩ ⚌ P
Cisterninu Suttanu – ℰ 04 95 37 22 22   VISA ☾
– www.demeureloredana.com – Fax 04 95 37 41 91 – Ouvert 31 mars-4 nov.
18 ch – †230/440 € ††230/440 €, ⊠ 30 € – 4 suites
♦ Cet hôtel rivalise de détails luxueux pour un séjour d'exception. Espaces cossus ; le décor
raffiné, imaginé par les propriétaires, marie plusieurs styles. Vue sur la mer, piscine.

La Roya ⌇   ⩗ ⌫ ⌥ ▥ ⌃ ⅙ ⊠ ℅ ch, ⁌ ⬩ P VISA ☾ AE
❀ plage de la Roya, 1 km par rte de Calvi puis rte secondaire – ℰ 04 95 37 00 40
– www.hotelroya.com – Fax 04 95 37 09 85 – Ouvert 27 mars-11 nov.
29 ch – †140/390 € ††140/390 €, ⊠ 18 € – 4 suites – ½ P 50 €
Rest – Menu 48 € (dîner), 70/100 € – Carte 55/90 €
Spéc. Araignée de mer. Pêche locale. Chaud-froid aux deux chocolats. **Vins**
Patrimonio
♦ Architecture moderne face à la plage de la Roya (accès direct). Jolies chambres bien équipées, d'esprit méridional ou asiatique, souvent dotées de balcons côté flots. Ambiance
actuelle et raffinée au restaurant, superbe terrasse et cuisine fine mettant en valeur le terroir.

La Dimora sans rest ⌇   ⌫ ▥ ⅙ ⊠ ℅ ⬩ P VISA ☾ AE
4,5 km par D 82 rte d'Oletta – ℰ 04 95 35 22 51 – www.ladimora.fr
– Fax 04 95 38 25 31 – Ouvert 1er avril-12 nov.
15 ch – †145/330 € ††145/330 €, ⊠ 18 € – 2 suites
♦ Matériaux nobles du pays, authenticité et luxe contemporain discret caractérisent cette
villa du 18e s. où l'on est reçu comme des amis. Piscine et jardin invitent au farniente.

Dolce Notte sans rest ⌇   ⩗ ⌫ P VISA ☾
rte de Bastia – ℰ 04 95 37 06 65 – www.hotel-dolce-notte.com
– Fax 04 95 37 10 70 – Ouvert d'avril à oct.
20 ch – †70/166 € ††70/166 €, ⊠ 8 €
♦ Longeant la côte, maison tout en longueur aux chambres dotées de terrasses ou loggias
côté mer ; certaines refaites à neuf et plus originales (galets, voûtes, éclairage indirect).

Tettola sans rest   ⩗ ⌫ ▥ ⌥ ⅙ ⊠ ℅ P VISA ☾
1 km au Nord sur D 81 – ℰ 04 95 37 08 53 – www.tettola.com
– Fax 04 95 37 09 19 – Ouvert d'avril à oct.
30 ch – †65/160 € ††75/180 €, ⊠ 12 €
♦ Sur une plage de galets, hôtel bien rénové disposant d'une belle terrasse. Chambres face
à la montagne ou la grande bleue (plus tranquilles et lumineuses). Accueil aimable.

Les Galets sans rest   ⩗ ⌫ ⅙ ▥ ℅ P VISA ☾
rte du Front de Mer – ℰ 04 95 37 09 09 – www.hotel-lesgalets.com
– Fax 04 95 37 48 88 – Ouvert d'avril à oct.
16 ch – †50/125 € ††50/129 €, ⊠ 7 €
♦ Attenant à une résidence, mais indépendant, cet hôtel moderne dispose de grandes
chambres fonctionnelles (balcon et vue sur la mer) et réserve un bon accueil. Agréable jardin.

La Florentine sans rest ⟨ 🚗 ⫶ ⛓ ⒜ ⚲ ⚲ 🄿 ⟳ 𝗩𝗜𝗦𝗔 ⓸
*1 km au Nord par D 81 – 𝒞 04 95 37 00 99 – www.hotellaflorentine.com
– Fax 04 95 31 72 45 – Ouvert d' avril à oct.*
20 ch – †80/160 € **††**100/240 €, ⛿ 14 €
♦ Jardin fleuri, terrasse ombragée, délicieuse piscine, couleurs chatoyantes, chambres fraîches et confortables... Autant d'atouts pour cet hôtel tout neuf, situé en bord de mer.

Maxime sans rest ⚲ 🄿 𝗩𝗜𝗦𝗔 ⓸
St Florent – 𝒞 04 95 37 05 30 – Fax 04 95 37 13 07 – Fermé déc.,janv. et début fév.
19 ch – †55/85 € **††**55/85 €, ⛿ 9 €
♦ Bâtisse blanche aux volets bleus construite au bord d'un petit canal (amarrage possible). La plupart des chambres sont équipées de loggias ou de balcons.

La Maison Rorqual ⟨ ⚘ ⫶ ⛓ ⒜ ⚲ 🄿 𝗩𝗜𝗦𝗔 ⓸ 𝖠𝖤 ⓪
*rte de la Roya – 𝒞 04 95 37 05 37 – www.maison-rorqual.com
– Fax 04 95 37 05 37*
5 ch – †230/450 € **††**230/450 €, ⛿ 15 € **Table d'hôte** – Menu 50/65 €
♦ Cette demeure a été conçue par son propriétaire comme un hymne à l'authenticité Corse. Chaque chambre évoque un univers, allant du romantique à l'insolite. Piscine à débordement.

XX **La Rascasse** ⟨ ⫷ ⒜ 𝗩𝗜𝗦𝗔 ⓸
*promenade des Quais – 𝒞 04 95 37 06 09 – Fax 04 95 37 06 99
– Ouvert avril-sept. et fermé lundi sauf juin à août*
Rest – Menu 38 € – Carte 55/80 €
♦ Venez ici déguster une cuisine au goût du jour, à base de beaux produits frais et de poissons de qualité. Deux agréables terrasses dont une panoramique dominant le port.

STE-LUCIE-DE-PORTO-VECCHIO – 2A Corse-du-Sud – **345** F9   **15** B3
– ✉ 20144 ▌ Corse

▶ Ajaccio 157 – Ghisonaccia 42 – Porto-Vecchio 16 – Sartène 76
🚺 Syndicat d'initiative, Mairie annexe 𝒞 04 95 71 48 99, Fax 04 95 71 48 99

Le Pinarello sans rest ⟨ ⫶⫷ ⒜ ⚲ 🄿 𝗩𝗜𝗦𝗔 ⓸ 𝖠𝖤
*Pinarello – 𝒞 04 95 71 44 39 – www.lepinarello.com – Fax 04 95 70 66 87
– Ouvert de mi-avril à mi-oct.*
31 ch – †214/455 € **††**230/551 €, ⛿ 22 € – 14 suites
♦ Bel ensemble au luxe discret dans un cadre de rêve... Chambres et suites contemporaines, magnifique vue sur le golfe, centre de soins. À midi, snacking au luxueux bar-terrasse.

XX **La Fleur de Sel** ⫷ 𝗩𝗜𝗦𝗔 ⓸
Pinarello – 𝒞 04 95 71 06 49 – Ouvert 15 mars-1ᵉʳoct.
Rest – (dîner seult) (nombre de couverts limité, prévenir) Menu 33/75 €
– Carte 50/70 €
♦ Face à la mer, ce restaurant propose une carte alléchante autour des produits du terroir. Intérieur coquet tout blanc, terrasse ombragée qui surplombe la plage.

STE-LUCIE-DE-TALLANO – 2A Corse-du-Sud – **345** D9 – 320 h.   **15** B3
– alt. 450 m – ✉ 20112

▶ Ajaccio 92 – Bonifacio 68 – Porto-Vecchio 48 – Sartène 19

X **Santa Lucia** ⫷ ⒜ 𝗩𝗜𝗦𝗔 ⓸
– 𝒞 04 95 78 81 28 – Fax 04 95 78 81 28 – Fermé janv. et dim. hors saison
Rest – Menu 18/24 € – Carte 25/35 €
♦ Bercé par le murmure de la fontaine, attardez-vous sur la terrasse ombragée (tilleul et acacia), face à la place centrale de ce pittoresque village. Cuisine corse familiale.

STE-MARIE-SICCHÉ – 2A Corse-du-Sud – **345** C8 – 362 h. – alt. 420 m   **15** A3
– ✉ 20190

▶ Ajaccio 36 – Sartène 51

Santa Maria ⫷ ⒜ ⚲ ⚲ 🄿 𝗩𝗜𝗦𝗔 ⓸ 𝖠𝖤 ⓪
– 𝒞 04 95 25 72 65 – www.santa-maria-hotel.com – Fax 04 95 25 71 34
22 ch – †50/59 € **††**55/74 €, ⛿ 8 € – ½ P 54/63 € **Rest** – Menu 19/25 €
♦ Ambiance de pension de famille dans ce bâtiment des années 1970 dont les chambres, simples mais bien tenues, possèdent pour certaines un balcon. Salle à manger rustique où l'on sert charcuteries maison et plats corses ; carte renouvelée régulièrement.

SANT'ANTONINO – 2B Haute-Corse – **345** C4 – 89 h. – alt. 500 m **15** A1
– ⊠ 20220

🚹 Ajaccio 155 – Bastia 99 – Corte 74

✗ **I Scalini** ≤ 🎴 _VISA_ ⚫⚫
haut du village – ℰ 04 95 47 12 92 *– Ouvert fin avril à fin sept.*
Rest *– (nombre de couverts limité, prévenir)* Carte 32/44 €
◆ Un étroit escalier en pierre conduit à ce restaurant perché au sommet du village. Intérieur original (toilettes à voir absolument) et 4 petites terrasses ménageant de superbes panoramas. Délicieux petits plats et ambiance zen.

SARTÈNE ⊛ – 2A Corse-du-Sud – **345** C10 – 3 096 h. – alt. 310 m **15** A3
– ⊠ 20100

🚹 Ajaccio 84 – Bonifacio 50 – Corte 149

🛈 Office de tourisme, 6, rue Borgo ℰ 04 95 77 15 40, Fax 04 95 77 15 40

📺 Vieille ville★★ - Musée de Préhistoire corse★.

🏨 **La Villa Piana** sans rest ⌖ ≤ 🔲 🔲 ℀ ℀ 🔲 🔲 _VISA_ ⚫⚫ _AE_ ⓪
rte de Propriano – ℰ 04 95 77 07 04 – www.lavillapiana.com
– Fax 04 95 73 45 65 – Ouvert 1ᵉʳ avril-30 sept.
32 ch – ✝70/118 € ✝✝70/120 €, ☲ 9 €
◆ Beau panorama sur "la plus corse des villes corses" (P. Mérimée) depuis le parc de l'hôtel. La piscine à débordement domine la vallée du Rizzanèse. Chambres plaisantes.

SOLENZARA – 2A Corse-du-Sud – **345** F8 – 1 169 h. – alt. 310 m – ⊠ 20145 **15** B3

🚹 Ajaccio 118 – Bonifacio 68 – Sartène 77

🛈 Office de tourisme, Anciennes ecoles ℰ 04 95 57 43 75, Fax 04 95 57 43 59

🏨 **La Solenzara** sans rest ≤ 🔲 🔲 🔲 _AC_ ⁽ᵗ⁾ 🔲 _VISA_ ⚫⚫
quartier du Palais – ℰ 04 95 57 42 18 – www.lasolenzara.com
– Fax 04 95 57 46 84 – Ouvert mi mars-fin oct.
28 ch ☲ – ✝80/130 € ✝✝80/130 €
◆ Grande demeure de style génois (18ᵉ s.) entourée d'un jardin. Chambres spacieuses, claires et sobres ; vue sur la mer à l'arrière. Espace bien-être, belle piscine à débordement.

↑ **Maison Rocca Serra** sans rest ⌖ ≤ 🔲 _AC_ 🔲
Scaffa Rossa, 1,5 km au Nord – ℰ 04 95 57 44 41 – Fax 04 95 57 46 73
5 ch – ✝100 € ✝✝100/180 €
◆ En bord de mer, jolie maison et son jardin bichonné menant à trois petites criques. Décor de bibelots et meubles de famille, chambres avec terrasse, petit-déjeuner sous véranda.

✗ **A Mandria** 🔲 🎴 🔲
1 km au Nord – ℰ 04 95 57 41 95 *– Fax 04 95 57 45 96 – Fermé déc., janv., dim. soir et lundi hors saison*
Rest – Menu 28/30 € – Carte 26/39 €
◆ Ce restaurant agréablement rustique (pierres et poutres apparentes, vieux outils de l'ancienne bergerie) propose une cuisine naturellement corse. Pergola jouxtant un potager.

ZONZA – 2A Corse-du-Sud – **345** E9 – 2 132 h. – alt. 780 m – ⊠ 20124 **15** B3

🚹 Ajaccio 93 – Bonifacio 67 – Porto-Vecchio 40 – Sartène 38

📺 Col et aiguilles de Bavella★★★ NE : 9 km.

🏨 **Le Tourisme** sans rest ≤ 🔲 🔲 🞖 🔲 _AC_ ℀ ⁽ᵗ⁾ 🔲 _VISA_ ⚫⚫ ⓪
rte de Quenza – ℰ 04 95 78 67 72 – www.hoteldutourisme.fr *– Fax 04 95 78 73 23*
– Ouvert d'avril à oct.
16 ch ☲ – ✝85/150 € ✝✝100/165 €
◆ Ancien relais de diligences (1875) qui a gardé sa fontaine d'origine. Chambres claires dotées de balcons. Jardin et belle piscine chauffée avec vue sur la forêt de Zonza.

CORTE – 2B Haute-Corse – **345** D6 – voir à Corse

CORVOL-D'EMBERNARD – 58 Nièvre – **319** D8 – 109 h. – alt. 260 m **7** B2
– ⊠ 58210

🚹 Paris 236 – Cosne-sur-Loire 48 – Dijon 168 – Nevers 45

⌂ **Le Colombier de Corvol** ⌖   ⬛ ⅂ ⌁ **P** 🆅🅸🆂🅰 ⚬⚬
– ℰ 03 86 29 79 60 – www.lecolombierdecorvol.com – Fax 03 86 29 79 33
5 ch ⚏ – ⅋105 € ⅋⅋105 €   **Table d'hôte** – Menu 45 € bc
◆ Cette ferme de 1812 réunit chambres d'hôtes de charme et galerie d'art (dans les anciennes étables) où artistes contemporains sont exposés d'avril à septembre. Belle piscine dans la cour intérieure. Cuisine traditionnelle de saison.

COSNE-COURS-SUR-LOIRE ⬳ – **58** Nièvre – **319** A7 – **11 185** h.   **7** A2
– alt. **150** m – ✉ **58200** ▯ Bourgogne

🄳 Paris 186 – Auxerre 83 – Bourges 61 – Montargis 76
🄵 Office de tourisme, pl. de l'Hôtel de Ville ℰ 03 86 28 11 85, Fax 03 86 28 11 85
🄶 du Sancerrois à Sancerre, N : 10 km par D 955, ℰ 02 48 54 11 22
◉ Cheminée ★ du musée.

🏠 **Le Vieux Relais**   ⬝⅋⬝ ⬲ 🆅🅸🆂🅰 ⚬⚬ 🅰🅴
11 r. St-Agnan – ℰ 03 86 28 20 21 – le-vieux-relais.fr – Fax 03 86 26 71 12
– Fermé 23 déc.-15 janv., vend. soir, sam. midi et dim. soir
10 ch ⚏ – ⅋85 € ⅋⅋93 € – ½ P 75 €
Rest – (15 € bc) Menu 22/45 € bc – Carte 25/65 €
◆ Entre Loire et Nohain, un relais de poste multi-centenaire aux chambres agréables, portant des noms d'oiseaux et réparties autour d'une cour intérieure fleurie. Poutres et tons lumineux décorent la salle à manger, rénovée. Côté assiette, la tradition est à l'honneur.

✕✕ **Les Forges** avec ch   🅰🅲 rest, ⅋ ch, ⬝⅋⬝ 🆅🅸🆂🅰 ⚬⚬ 🅰🅴
⬵⬵ 21 r. St-Agnan – ℰ 03 86 28 23 50 – www.lesforges58.com – Fax 03 86 28 91 60
– Fermé dim. soir et lundi
7 ch – ⅋55/61 € ⅋⅋61/70 €, ⚏ 10 €
Rest – (Fermé dim. soir et lundi) Menu 19 € (déj. en sem.), 26/36 € – Carte 38/44 €
◆ Cette avenante maison abrite une salle à manger confortable et chaleureuse où l'on propose une courte carte régionale. Chambres joliment décorées et tenues avec soin.

✕ **Le Chat**   ⬰ **P** 🆅🅸🆂🅰 ⚬⚬
⬵ 42 r. Guérins, Villechaud – ℰ 03 86 28 49 03 – Fermé dim. soir, lundi soir et mardi
Rest – Menu 20 € (déj. en sem.), 23/35 €
◆ Cet ancien bar de village est tenu par un jeune chef dynamique. Tables en bois, comptoir carrelé et poutres. À l'ardoise, une cuisine de bistrot inventive et pleine de goût.

LE COTEAU – **42** Loire – **327** D3 – rattaché à Roanne

LA CÔTE-ST-ANDRÉ – **38** Isère – **333** E5 – **4 653** h. – alt. **370** m   **44** B2
– ✉ **38260** ▯ Lyon Drôme Ardèche

🄳 Paris 525 – Grenoble 50 – Lyon 67 – La Tour-du-Pin 33
🄵 Office de tourisme, place Hector Berlioz ℰ 04 74 20 61 43, Fax 04 74 20 56 25

✕✕ **France** avec ch   ⬰ 🅰🅲 ⬝⅋⬝ 🆂🄰 🆅🅸🆂🅰 ⚬⚬ 🅰🅴
16 pl. de l'Église – ℰ 04 74 20 25 99 – www.hoteldefrance.info
– Fax 04 74 20 35 30
14 ch – ⅋58 € ⅋⅋62/75 €, ⚏ 10 € – ½ P 84 €
Rest – (fermé dim. soir et lundi) (20 €) Menu 28 € (sem.)/80 € – Carte 43/90 €
◆ Au cœur de la cité natale de Berlioz, cette demeure ancienne vous propose une cuisine ancrée dans la tradition. Petites chambres simples mais rafraîchies.

COTI-CHIAVARI – **2A** Corse-du-Sud – **345** B9 – voir à Corse

COTINIÈRE – **17** Charente-Maritime – **324** C4 – voir à Île d'Oléron

COUDEKERQUE-BRANCHE – **59** Nord – **302** C1 – rattaché à Dunkerque

COUDRAY – **53** Mayenne – **310** F8 – rattaché à Château-Gontier

LE COUDRAY-MONTCEAUX – **91** Essonne – **312** D4 – **106** 44 – voir à Paris, Environs (Corbeil-Essonnes)

COUËRON – **44** Loire-Atlantique – **316** F4 – rattaché à Nantes

COUFFÉ – 44 Loire-Atlantique – **316** I3 – 2 137 h. – alt. 10 m – ⊠ 44521　　**34** B2

🖪 Paris 364 – Angers 69 – Nantes 30 – Rennes 136

⛪ **Demeure Les Arabesques**　　　　🖼 ☷ ⟨ᵖ⟩ VISA ⚫
4 r. St-Jérôme – ℰ 02 40 96 19 46 – www.demeure-arabesques.com
3 ch ⊑ – ♦85/115 € ♦♦85/115 €　**Table d'hôte** – Menu 35 € bc/48 € bc
◆ Agréable maison pour un pas de deux, sous l'égide d'une hôtesse autrefois danseuse : chambres au charme bourgeois, avec mobilier ancien et beaux objets, jardin verdoyant avec piscine et cuisine familiale accompagnée de bons vins.

COUILLY-PONT-AUX-DAMES – 77 Seine-et-Marne – **312** G2　　**19** C2
– 2 028 h. – alt. 50 m – ⊠ 77860 ▌ Île de France

🖪 Paris 45 – Coulommiers 20 – Lagny-sur-Marne 12 – Meaux 9

✕✕ **Auberge de la Brie** (Alain Pavard)　　🖼 ᴀ̄ᴄ ✛ Ᵽ VISA ⚫ AE
🕸 14 av. Alphonse Boulingre, (D 436) – ℰ 01 64 63 51 80 – www.aubergedelabrie.com
– Fax 01 60 04 69 82 – Fermé 25 avril-3 mai, 1ᵉʳ-24 août, 23 déc.-6 janv., dim. et lundi
Rest – (nombre de couverts limité, prévenir) (30 €) Menu 45/68 €
– Carte 68/100 €⅋
Spéc. Tourteau émietté et crémeux de chou-fleur, langoustines et gelée de crustacés. Blanc de turbot au citron vert, zestes confits et pousses d'épinards. Soufflé chaud au Grand Marnier, sorbet orange.
◆ Parmi les atouts que compte cette coquette maison briarde : son cadre contemporain raffiné, sa délicieuse cuisine actuelle personnalisée et son accueil tout sourire.

COUIZA – 11 Aude – **344** E5 – 1 191 h. – alt. 228 m – ⊠ 11190　　**22** B3
▌ Languedoc Roussillon

🖪 Paris 785 – Carcassonne 41 – Foix 75 – Perpignan 88

🏨 **Château des Ducs de Joyeuse** ॐ　　🖼 ᴀ̄ ☷ ✕ ✗ rest, ⟨ᵖ⟩ ᴊ̇
allée du Château – ℰ 04 68 74 23 50　　　　　　VISA ⚫ AE ①
– www.chateau-des-ducs.com – Fax 04 68 74 23 36 – Ouvert 17 mars-14 nov.
35 ch – ♦90/135 € ♦♦90/220 €, ⊑ 13 € – ½ P 135/170 €
Rest – (fermé dim. et lundi sauf de juin à sept. et le midi d'oct. à mai) (19 €)
Menu 35 € (dîner), 55/75 €
◆ Les tours de ce beau château fortifié (16ᵉ s.) abritent des chambres simples d'inspiration médiévale (pierres, poutres, lits à baldaquin). Belles suites. Élégante salle à manger voûtée ; cuisine sensible au rythme des saisons et au terroir.

COULANDON – 03 Allier – **326** G3 – rattaché à Moulins

COULLONS – 45 Loiret – **318** L6 – 2 385 h. – alt. 166 m – ⊠ 45720　　**12** C2
🖪 Paris 165 – Aubigny-sur-Nère 18 – Gien 16 – Orléans 60

✕✕ **La Canardière**　　　　　　🖼 ✛ VISA ⚫
🕸 1 r. de la Mairie – ℰ 02 38 29 23 47 – www.restaurantlacanardiere.fr
🕸 – Fermé 9 août-1ᵉʳ sept., 20 déc.-5 janv., dim. soir, merc. soir, lundi et mardi
Rest – Menu 25/69 € – Carte 33/71 €
Rest Le Bistro – (15 €) Menu 18 € – Carte 25/45 €
◆ Restaurant au cadre rustique soigné : poutres, belle cheminée en cuivre, trophées de chasse et animaux naturalisés. Cuisine traditionnelle et gibier en saison. Au Bistro, menu à l'ardoise ou carte traditionnelle, atmosphère conviviale et confort simple mais agréable.

COULOMBIERS – 86 Vienne – **322** H6 – 1 048 h. – alt. 141 m　　**39** C2
– ⊠ 86600

🖪 Paris 352 – Couhé 25 – Lusignan 8 – Parthenay 44

🏨 **Auberge le Centre Poitou**　　　🖼 ᴊ̇ ⟨ᵖ⟩ ᴊ̇ ☺ VISA ⚫
🏠 39 r. Nationale – ℰ 05 49 60 90 15 – www.centre-poitou.com – Fax 05 49 60 53 70
– fermé 24 oct.-7 nov., vacances de fév., dim. soir et lundi de sept. à juin
13 ch – ♦50 € ♦♦55/135 €, ⊑ 12 € – ½ P 60/98 €
Rest – (14 € bc) Menu 28/75 € – Carte 59/95 €
◆ La même famille tient ce relais de poste plein de charme depuis 1870. Étape du chemin de Compostelle, il abrite des chambres au mobilier Louis Philippe ou en pin et un joli salon-piano. Chaleureux restaurant façon auberge et carte au goût du jour bien composée.

COULOMMIERS – 77 Seine-et-Marne – **312** H3 – 13 836 h. – alt. 85 m   19 D2
– ✉ 77120 ▮ Île de France

🟦 Paris 62 – Châlons-en-Champagne 111 – Meaux 26 – Melun 46

🄸 Office de tourisme, 7, rue du Général-de-Gaulle ℰ 01 64 03 88 09,
Fax 01 64 03 88 09

✗✗ **Les Échevins**   🏠 🗚🎨 𝗩𝗜𝗦𝗔 ⬤⬤ 🅰🅴

😊 *quai de l'Hôtel-de-Ville –* ℰ *01 64 20 75 85 – www.lesechevins.com
– Fax 01 64 20 03 32 – Fermé août, janv., dim. et lundi*
Rest – (11 €) Menu 18 € (sem.) – Carte 29/55 €

♦ Au cœur de la ville, cette maison posée sur la rive d'un canal du Morin dissimule une
salle aux tons pastel et une terrasse d'été protégée. Menus inspirés par les saisons.

à Pommeuse Ouest : 6,5 km – 2 693 h. – alt. 67 m – ✉ 77515

⌂ **Le Moulin de Pommeuse** sans rest ⌘   🚗 𝗩𝗜𝗦𝗔 ⬤⬤

32 av. Gén. Herne – ℰ *01 64 75 29 45 – www.le-moulin-de-pommeuse.com
– Fax 01 64 75 29 45*
5 ch ☕ – ♦56 € ♦♦72/85 €

♦ Ce moulin à eau du 14ᵉ s. abrite de jolies chambres aux noms évocateurs : Semailles,
Moisson, Batteuse... Petit salon aménagé dans l'ex-machinerie et parc agrémenté d'une île.

COULON – 79 Deux-Sèvres – **322** C7 – 2 215 h. – alt. 6 m – ✉ 79510   38 B2
▮ Poitou Vendée Charentes

🟦 Paris 418 – Fontenay-le-Comte 25 – Niort 11 – La Rochelle 63

🄸 Office de tourisme, 31, r. Gabriel Auchier ℰ 05 49 35 99 29, Fax 05 49 35 84 31

◎ Marais poitevin★★.

🏠 **Au Marais** sans rest ⌘   ♿ 𝗩𝗜𝗦𝗔 ⬤⬤ 🅰🅴

quai L. Tardy – ℰ *05 49 35 90 43 – www.hotel-aumarais.com
– Fax 05 49 35 81 98 – Fermé 15 déc.-1ᵉʳ fév.*
18 ch – ♦70 € ♦♦80 €, ☕ 12 €

♦ Face à l'embarcadère pour le Marais mouillé, deux anciennes maisons de bateliers rénovées. Agréables chambres mêlant classique et contemporain, certaines avec vue sur la Sèvre.

✗✗ **Le Central** avec ch   🏠 ♿ ch, 🗚 📶 𝗣 𝗩𝗜𝗦𝗔 ⬤⬤ 🅰🅴

😊 *4 r. d'Autrement –* ℰ *05 49 35 90 20 – www.hotel-lecentral-coulon.com
– Fax 05 49 35 81 07 – Fermé 3 fév.-3 mars*
13 ch – ♦52/56 € ♦♦59/73 €, ☕ 10 € – ½ P 58/65 €
Rest – *(fermé 2-15 oct., dim. soir et lundi)* (15 €) Menu 18 € (sem.), 27/42 €
– Carte 44/54 €

♦ Auberge vous accueillant dans une salle à manger tendance pour déguster une cuisine
traditionnelle soignée. Chambres cosy et chaleureuses, revues dans un esprit campagnard
chic légèrement personnalisé.

COUPELLE-VIEILLE – 62 Pas-de-Calais – **301** F4 – 508 h. – alt. 147 m   30 A2
– ✉ 62310

🟦 Paris 232 – Abbeville 58 – Arras 64 – Boulogne-sur-Mer 48

✗✗ **Le Fournil**   🚗 🏠 𝗣 𝗩𝗜𝗦𝗔 ⬤⬤

😊 *r. St-Omer –* ℰ *03 21 04 47 13 – www.fournil.new.fr – Fax 03 21 47 16 06 – Fermé
mardi soir, dim. soir, soirs fériés et lundi*
Rest – (14 €) Menu 17 € (sem.)/33 € bc – Carte 38/54 €🍴

♦ Restaurant proche du parc d'attractions du Moulin de la tour. Chaleureuse salle à manger
au décor étudié où l'on sert une cuisine actuelle arrosée de crus bien choisis.

COURBAN – 21 Côte-d'Or – **320** I2 – 163 h. – alt. 262 m – ✉ 21520   8 C1
🟦 Paris 252 – Dijon 101 – Chaumont 43 – Langres 58

🏠 **Château de Courban** ⌘   🚗 🏠 ☕ ◎ 👍♿ 🕯 𝗣 𝗩𝗜𝗦𝗔 ⬤⬤ 🅰🅴 ⓞ

7 r. du Lavoir – ℰ *03 80 93 78 69 – www.chateaudecourban.com
– Fax 03 80 93 79 23*
16 ch – ♦85 € ♦♦105 €, ☕ 13 €
Rest – *(dîner seult) (résidents seult)* Menu 35 € – Carte 38/63 €

♦ Charme, authenticité et charme caractérisent cette demeure bourgeoise entourée de
beaux jardins. Chambres cosy, salons confortables, piscine. Salle à manger façon "orangerie", terrasse orientée vers la verdure, et cuisine traditionnelle, servie uniquement le soir.

COURCELLES-DE-TOURAINE – 37 Indre-et-Loire – **317** K4 – 393 h.   **11** A2
– alt. 85 m – ⊠ 37330

▶ Paris 267 – Angers 74 – Chinon 46 – Saumur 46
🖼 du Château des Sept-Tours, E : 7 km, ℰ 02 47 24 69 75

au golf 7 km à l'Est dir. Ambillou puis Château La Vallière – ⊠ 37330 Courcelles-de-Touraine :

🏨 **Château des Sept Tours** ⌂   ≼ ₡ ⌧ ▯ 🖦 👌 ch, ¶¶ 🛁 **P** **VISA** **©©** **AE**
Le Vivier des Landes - D34 – ℰ *02 47 24 69 75 – www.7tours.com*
– Fax 02 47 24 23 74 – Fermé mi-déc. à mi-fév.
46 ch – ♦150/330 € ♦♦150/330 €, � 20 €
Rest *Notaboo – (fermé dim. soir et lundi du 1ᵉʳ nov. au 31 janv. et le midi du lundi au jeudi)* Menu 35 € (déj.), 65/130 € bc – Carte 76/114 €
Rest *Club House –* ℰ 02 47 24 59 67 *(Fermé le soir de nov. à mars)* (17 €)
Carte 25/36 €
♦ Château du 15ᵉ s. entouré d'un golf 18 trous. Grandes chambres sobrement décorées ; fonctionnelles à l'Orangerie. Le chef, sorcier des fourneaux, réalise une cuisine inventive, servie dans une salle bourgeoise doublée d'une terrasse-véranda tournée vers le parc. Carte actuelle au Club House, situé dans une ex-chapelle.

COURCELLES-SUR-VESLE – 02 Aisne – **306** D6 – 321 h. – alt. 75 m   **37** C2
– ⊠ 02220

▶ Paris 122 – Fère-en-Tardenois 20 – Laon 35 – Reims 39

🏨 **Château de Courcelles** ⌂   ≼ ₡ 🍴 ⌧ ℀ 👌 ch, 🄰🄲 rest, 🛁 **P**
❀ *8 r. du Château –* ℰ *03 23 74 13 53*   **VISA** **©©** **AE** **①**
– www.chateau-de-courcelles.fr – Fax 03 23 74 06 41
15 ch – ♦190/365 € ♦♦190/365 €, ⊒ 19 € – 3 suites – ½ P 180/267 €
Rest – Menu 45/85 € – Carte 105/160 € ⅜
Spéc. Foie gras de canard à la croque au sel. Ris de veau cuit meunière, cromesquis de pied de veau. Chocophile. **Vins** Champagne.
♦ Château du 17ᵉ s. dans un parc de 20 ha (étang). Crébillon, Rousseau ou encore Cocteau lui ont confirmé ses lettres de noblesse. Chambres personnalisées. Salle à manger raffinée et belle véranda, meublée dans le style Napoléon III. Cuisine au goût du jour.

COURCHEVEL – 73 Savoie – **333** M5 – **Sports d'hiver : 1 100/2 750 m**   **45** D2
🎿 11 🚠 54 ⋪ – ⊠ 73120 ▮ Alpes du Nord

▶ Paris 660 – Albertville 52 – Chambéry 99 – Moûtiers 25
Altiport ℰ 04 79 08 31 23, S : 4 km
🚹 Office de tourisme, le Cur de Courchevel ℰ 04 79 08 00 29,
Fax 04 79 08 15 63

à Courchevel 1850 – alt. 1 850 m – ⊠ 73120

◎ ❋★ - Belvédère la Saulire★★★ (télécabine).

🏨 **Les Airelles** ⌂   ≼ ℀ 🖂 ◎ 🖦 🖃 👌 ch, 🄰🄲 rest, ❦ ¶¶ 🍃 **VISA** **©©** **AE** **①**
❀❀ *Au Jardin Alpin –* ℰ *04 79 00 38 38 – www.airelles.fr – Fax 04 79 00 38 39*
– Ouvert mi-déc. à mi-avril   **Zh**
37 ch ⊒ – ♦825/2275 € ♦♦900/2350 € – 15 suites – ½ P 450/1175 €
Rest *Pierre Gagnaire pour les Airelles – (fermé sam. et dim.) (dîner seult)*
Menu 220 € (sem.)/300 € – Carte 270/450 € ⅜
Spéc. Sorbet d'endive au vinaigre de coquelicot. Queue de homard dans un beurre au gingembre, gnocchi et mousseline de potimarron relevés de morue. Le "Grand Dessert" de Pierre Gagnaire.
Rest *La Table du Jardin* – Menu 150 € (déj.)/180 € – Carte 180/400 €
Rest *Le Coin Savoyard – (dîner seult)* Menu 110 € – Carte 180/200 €
♦ Au cœur du Jardin Alpin, un somptueux palace de montagne magnifiquement rénové en 2009 (spa, salon cinéma, boutiques, etc.). Avalanche de saveurs inouïes aux Airelles de Pierre Gagnaire, dans un décor "Sissi" très impérial. Délicieuse terrasse à la Table du Jardin. Carnotzet et carte fromagère au Coin Savoyard.

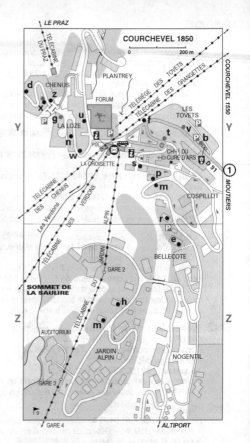

COURCHEVEL 1850

🏨🏨🏨 **Cheval Blanc** ⬥   ⬅ 🕎 🔲 🌀 £å 🛏 & 💱 🛎 🅿 🍴 ⚋ 🆅🅸🆂🅰 ⓒⓞ 🅰🅴 ⓞ
❀❀   au Jardin Alpin – ℰ 04 79 00 50 50 – www.chevalblanc.com – Fax 04 79 00 50 51
   – Ouvert 6 déc.-13 avril   Z**m**
   32 ch (½ P seult) – 2 suites – ½ P 1310/2480 €
   Rest *Le 1947* – Menu 115 € (déj.) – Carte 207/315 € le soir 🍸
   Spéc. Raviolis fourrés à la crème d'artichaut, fondue de roquette, parmesan et
   copeaux de truffe. Vapeur de volaille de Bresse au vin jaune, carottes maraîchères
   et petits paris. Fuseau croustillant au pralin et citron, râpée de truffe à la fleur de sel.
   ♦ Fastueuses chambres, appartement de 650 m2, cadre design, photos signées K. Lagerfeld,
   spa Givenchy, boutiques de luxe : le chalet de montagne version "haute couture". Au 1947,
   cuisine tout en finesse et délicatesse, à base de produits magnifiques et... magnifiés. Sélection de Cheval Blanc.

🏨🏨🏨 **Le Kilimandjaro** ⬥   ⬅ 🚗 🕎 🔲 🌀 £å 🛏 💱 🛎 🅿 ⚋ 🆅🅸🆂🅰 ⓒⓞ 🅰🅴 ⓞ
❀   rte Altiport – Z – ℰ 04 79 01 46 46 – www.hotelkilimandjaro.com
   – Fax 04 79 01 46 40 – Ouvert de mi-déc. à mi-avril
   32 ch (½ P seult) – 3 suites – ½ P 450/800 €
   Rest *La Table du Kilimandjaro* – rte Altiport – Menu 95/150 € – Carte 100/225 €
   Spéc. Artichaut, beaufort de l'Ariondaz et truffe noire en carpaccio. Suprême de
   canette cuit à basse température, pêche de vigne, légumes d'hiver, jus Apicius. Biscuit
   moelleux au génépi et myrtilles "façon baba". **Vins** Chignin-Bergeron, Mondeuse.
   ♦ Matériaux nobles (lauze, pierre et bois vieilli), équipements high-tech et confort absolu
   dans ces chalets formant un véritable hameau de montagne. À La Table du Kilimandjaro,
   dégustez une vraie cuisine inventive et ludique, misant sur la vérité du produit.

Amanresorts Le Mélézin ⟨⟩

r. Bellecôte – ✆ 04 79 08 01 33 – www.amanresorts.com
– Fax 04 79 08 08 96 – Ouvert 18 déc.-7 avril   Yr
23 ch – ✚730/1700 € ✚✚830/1700 €, ⌷ 28 € – 8 suites
Rest – Carte 70/100 €
♦ Grand chalet idéalement situé au pied des pistes. Ambiance très zen dans les chambres ; les plus spacieuses disposent d'un coin "day bed" (espace dédié au repos de jour). Outre sa carte traditionnelle, le restaurant propose des spécialités thaïlandaises.

Annapurna ⟨⟩

rte Altiport - Z – ✆ 04 79 08 04 60
– www.annapurna-courchevel.com – Fax 04 79 08 15 31
– Ouvert mi-déc. à mi-avril
65 ch ⌷ – ✚525/1240 € ✚✚540/1255 € – 7 suites
Rest – Menu 70 € – Carte 50/100 €
♦ C'est l'hôtel de Courchevel le plus proche des cimes. Cadre minéral, sobre architecture de bois clair. La plupart des chambres sont exposées plein sud. Grande salle de restaurant et terrasse tournées vers les pistes de ski et la Saulire. Cuisine traditionnelle.

Le Lana ⟨⟩

rte de Bellecote – ✆ 04 79 08 01 10 – www.lelana.com – Fax 04 79 08 36 70
– Ouvert 15 déc.-15 avril   Yp
55 ch (½ P seult) – 34 suites – ½ P 195/685 €
Rest *La Table du Lana* – Menu 65 € – Carte 55/95 €
♦ L'un des premiers hôtels de la station. Les chambres sont progressivement rénovées, mais conservent leur style montagnard de bon ton. Fitness et centre de beauté Clarins. À La Table du Lana, la cuisine oscille entre tradition, terroir et goût du jour.

Les Suites de la Potinière sans rest

r. du Plantret 73120 – ✆ 04 79 08 00 16
– www.suites-potiniere.com – Fax 04 79 08 28 19
– Ouvert mi déc.-fin avril   Yu
16 suites – ✚✚1500/2800 €, ⌷ 30 €
♦ Luxe discret, raffinement et élégance caractérisent cet hôtel à l'esprit contemporain, proche de la Croisette. Suites spacieuses. Petite restauration style tapas au bar-lounge.

Saint-Roch

rte de Bellecôte – ✆ 04 79 08 02 66 – www.lesaintroch.com
– Fax 04 79 08 37 94 – Ouvert de mi-déc. à mi-avril   Ym
5 ch (½ P seult) – 10 suites – ½ P 490/1760 €
Rest – (dîner seult) Menu 70 € – Carte 70/130 €
♦ Le Saint-Roch affiche un décor cosy résolument moderne associant luxe, matériaux précieux et meubles nobles. Chaque chambre possède un hammam privatif. Le restaurant, tout de noir vêtu, propose une carte actuelle (spécialités de viandes préparées au feu de bois).

Des Neiges ⟨⟩

r. Bellecôte – ✆ 04 79 08 03 77
– www.hoteldesneiges.com – Fax 04 79 08 18 70
– Ouvert de mi-déc. à mi-avril   Ze
48 ch – ✚230/280 € ✚✚400/1290 €, ⌷ 20 € – 1 suite – ½ P 200/645 €
Rest – Carte 50/80 €
♦ Les chambres, spacieuses et confortables, arborent un cadre élégant et feutré ou plus moderne et tendance (tons brun, gris souris, taupe...). Espace fitness et piano-bar. Vue sur les pistes et une forêt depuis la salle de restaurant agrémentée de tableaux.

La Sivolière ⟨⟩

r. Chenus – ✆ 04 79 08 08 33
– www.hotel-la-sivoliere.com – Fax 04 79 08 15 73
– Ouvert 18 déc.-25 avril   Yd
23 ch – ✚400 € ✚✚400/660 €, ⌷ 35 € – 13 suites
Rest – Menu 75 € – Carte 65/110 €
♦ Ambiance cocooning dans les chambres délicieusement montagnardes et intimes. Salon réservé aux enfants. Le plus de la Sivolière : sa piscine grande ouverte sur la forêt. Décor tout bois, flambées dans la cheminée et cuisine traditionnelle côté restaurant.

Le Chabichou (Michel Rochedy) ⬧ ← 🕭 £6 ⬧ & ch, ¶ 🎿 🚗
r. Chenus – ℰ 04 79 08 00 55 VISA 🌐 AE ⓪
– www.chabichou-courchevel.com – Fax 04 79 08 33 58
– Ouvert début juil. à début sept. et début déc. à fin avril Yz
33 ch ⌷ – ¶255/710 € ¶¶360/1010 € – 7 suites – ½ P 235/560 €
Rest – Menu 50 € (déj.), 90/180 € – Carte 165/220 €
Spéc. Infusion d'écrevisses, herbes et fleurs d'été séchées, royale de foie blanc aux écrevisses (hiver). Filet de féra du lac Léman cuit sur galet du Doron. Crème glacée caramel café. **Vins** Apremont, Pinot de Savoie.
♦ Deux jolis chalets jumeaux tout de blanc vêtus. Intérieur raffiné et chambres de caractère, le tout dans la veine montagnarde. Salle à manger et terrasse tournées vers les pistes ; belle cuisine inventive où le produit est roi.

Les Grandes Alpes ⬧ ← 🕭 🖸 🌐 📶 ⁉ rest. ¶ 🚗 VISA 🌐 AE
r. de l'Église – ℰ 04 79 00 00 00 – www.lesgrandesalpes.com – Fax 04 79 08 12 52
– Ouvert de début déc. à fin avril Ys
43 ch (½ P seult) – 5 suites – ½ P 480/1100 €
Rest – Menu 40 € (déj.) – Carte 65/95 €
♦ Ce chalet situé face à l'Office de tourisme surplombe une galerie marchande de luxe. Chambres spacieuses et coquettes, plus agréables côté sud (calme et vue sur les pistes). Pour les repas : formules rapides à midi, plats traditionnels et savoyards le soir.

De la Loze sans rest 📶 🌐 ¶ VISA 🌐 AE ⓪
r. Park City – ℰ 04 79 08 28 25 – www.la-loze.com – Fax 04 79 08 39 29
– Ouvert 12 déc.-17 avril Yw
28 ch ⌷ – ¶250/520 € ¶¶250/520 € – 1 suite
♦ Hôtel d'inspiration autrichienne tourné vers les pistes : bois couleur pain d'épice, chambres cosy ornées de frises et personnel en costume tyrolien. Sauna, hammam.

La Pomme de Pin ⬧ ← 🕭 £6 ⬧ & ch, ¶ 🚗 VISA 🌐 AE ⓪
r. Chenus – ℰ 04 79 08 36 88 – www.pommedepin.com – Fax 04 79 08 38 72
– Ouvert 18 déc.-25 avril Yx
49 ch ⌷ – ¶353/415 € ¶¶364/425 € – 1 suite – ½ P 229/260 €
Rest Le Bateau Ivre – voir ci-après
Rest – (28 €) Menu 46 € – Carte 38/63 €
♦ Cette architecture moderne en bois et verre se distingue aisément parmi les chalets traditionnels. Belle vue sur la vallée et les sommets. Chambres spacieuses de style montagnard.

Courcheneige ⬧ ← 🕭 £6 ⬧ 🚗 VISA 🌐 AE
r. de Nogentil – ℰ 04 79 08 02 59 – www.courcheneige.com – Fax 04 79 08 11 79
– Ouvert 18 déc.-10 avril Yf
86 ch (½ P seult) – ½ P 135/297 € **Rest** – Carte 25/40 €
♦ Il règne une ambiance jeune, sportive et sympathique, dans ce chalet posé au milieu des pistes. Chambres de style régional, simples et bien tenues (couettes de lit). La terrasse du restaurant offre une vue imprenable sur les sommets ; carte traditionnelle.

XXX **Le Bateau Ivre** (Jean-Pierre Jacob) – Hôtel La Pomme de Pin ←
🌐🌐 r. Chenus – ℰ 04 79 00 11 71 – www.pommedepin.com VISA 🌐 AE ⓪
– Fax 04 79 08 38 72 – Ouvert mi-déc. à mi-avril et fermé
le midi du lundi au vend. Yx
Rest – Menu 60 € (déj.), 85/180 € – Carte 120/160 € 🍴
Spéc. Quenelles de brochet, émulsion d'écrevisses. Ris de veau braisé, jus à la pulpe de noix de coco et au citron vert. Agrumes montés en millefeuille, crème glacée au caramel. **Vins** Rousette de Savoie, Chignin-Bergeron.
♦ Ce bateau des cimes offre une vue époustouflante sur Courchevel et les vagues blanches des sommets de la Vanoise : une bouffée d'air pur. Recettes actuelles du chef, accompagnées d'un beau choix de vins régionaux. Service attentif.

XX **Il Vino d'Enrico Bernardo** VISA 🌐 AE ⓪
🌐 La Porte de Courchevel – ℰ 04 79 08 29 62 – www.ilvinobyenricobernardo.com
– Fax 04 79 08 31 91 – Ouvert 12 déc.-30 avril Yv
Rest – (dîner seult) Menu 100 € bc, 190 € bc/280 € bc – Carte 95/145 € 🍴
Spéc. Bar sauvage sauce vin rouge. Pigeon rôti, purée aux quatre épices. Tiramisu.
♦ Enrico Bernardo a délocalisé son célèbre concept parisien à Courchevel. Ici aussi on accorde les mets aux vins, et non l'inverse : la chère s'associe à la perfection à la robe. Décor chic et contemporain.

XX **Le Genépi**   𝘝𝘐𝘚𝘈 ⱺ ᴀᴇ

r. Park City – ✆ *04 79 08 08 63 – legenepi-courchevel.com*
– Fax 04 79 06 51 43 – Ouvert sept. à avril et fermé sam.
et dim. de sept. à nov.   Y**g**
Rest – Menu 35/65 € – Carte 40/85 €

♦ La devanture façon chalet abrite une salle à manger rustico-montagnarde chaleureuse. À midi, menu orienté terroir et le soir carte traditionnelle plus étoffée.

XX **La Saulire**   🏠 𝘝𝘐𝘚𝘈 ⱺ ᴀᴇ

pl. Rocher – ✆ *04 79 08 07 52*
– www.lasaulire.fr – Fax 04 79 08 02 63
– Ouvert 1ᵉʳ déc.-30 avril   Y**t**
Rest – (28 €) Menu 35 € (déj.) - Carte 50/85 €

♦ Avec ses vieux outils paysans et son décor tout bois, cette table ne manque pas de cachet. Menu du jour à midi et carte enrichie de recettes à base de truffes du Périgord le soir.

X **La Fromagerie**   𝘝𝘐𝘚𝘈 ⱺ

La Porte de Courchevel – ✆ *04 79 08 27 47 – Fax 04 79 08 20 91*
– Ouvert de début déc. à fin avril   Y**b**
Rest – *(dîner seult)* Menu 27 €, 30/38 € – Carte 44/86 €

♦ Les spécialités fromagères sont à l'honneur dans ce restaurant, mais le chef propose également une carte traditionnelle variée. Déco à base d'objets chinés dans les brocantes.

à Courchevel 1650 par ① : 4 km – ✉ 73120

🏨🏨🏨 **Manali** ⏚   ⟵ 🏠 🖥 ⏰ ᴵᵃ 🛗 ⚶ rest, ⬢ ☞ 𝘝𝘐𝘚𝘈 ⱺ ᴀᴇ

r. Rosière – ✆ *04 79 08 07 07 – www.hotelmanali.com – Fax 04 79 08 07 08*
– Ouvert déc.-avril
29 ch (½ P seult) – 7 suites – ½ P 420/1600 €
Rest – Menu 65 € (dîner) – Carte 40/70 €

♦ Invitation au voyage dans les superbes chambres de cet hôtel de luxe : le bois montagnard se marie avec des éléments décoratifs inspirés d'Inde, de Suisse ou du Canada. Au restaurant, carte dans l'air du temps et recettes aux saveurs exotiques et épicées.

🏨 **Le Seizena**   ᴵᵃ ⚶ ⬢ 𝘝𝘐𝘚𝘈 ⱺ

– ✆ *04 79 08 26 36 – www.hotelseizena.com – Fax 04 79 08 38 83*
– Ouvert mi-déc.-mi-avril
20 ch ⚏ – †250/350 € ††250/350 €
Rest – *(dîner seult)* Carte environ 42 €

♦ Une enseigne et un cadre qui rendent hommage au Cessna et à l'aéronautique : chambres modernes évoquant les cabines, salles de bain façon cockpit, maquettes d'avions, etc. Le restaurant propose une carte naviguant entre la Savoie et le reste du monde.

au Praz (Courchevel 1300) par ① : 8 km – ✉ 73120 St Bon Tarentaise

🏨 **Les Peupliers**   ᴵᵃ 🛗 ⬢ 🄿 𝘝𝘐𝘚𝘈 ⱺ ᴀᴇ

– ✆ *04 79 08 41 47 – www.lespeupliers.com – Fax 04 79 08 45 05*
– Fermé mai- juin et les weeks-end de sept. à oct.
35 ch – †160/205 € ††200/305 €, ⚏ 12 € – ½ P 140/190 €
Rest *La Table de mon Grand-Père* – Menu 25/30 € – Carte 33/58 €

♦ Cet hôtel familial situé à deux pas d'un petit lac abrite des chambres rénovées, chaleureuses et lambrissées ; elles sont dotées de balcons côté sud. Accueil sympathique. Jolies boiseries savoyardes et plats traditionnels à La Table de mon Grand-Père.

X **Azimut** (François Moureaux)   ⟳ 𝘝𝘐𝘚𝘈 ⱺ
⃝⃝   *Immeuble l'Or Blanc –* ✆ *04 79 06 25 90 – Fax 04 79 06 29 44*
– Ouvert 7 déc.-30 avril
Rest – *(prévenir le midi)* (23 €) Menu 28 €, 39/80 € – Carte 46/96 €
Spéc. Saint-Jacques à la réduction de porto. Filet de chevreuil, gnocchis au beaufort et gratin de pomme de terre . Crêpes façon "poire Belle Hélène".

♦ Adresse sympathique et aux prix mesurés, qui propose une cuisine très sûre, simple et actuelle, à base d'excellents produits. Bon choix de vins du Jura. Accueil aimable.

à la Tania 12 km par ① – ⊠ 73120

ₑ Office de tourisme, Maison de la Tania *ℰ* 04 79 08 40 40, Fax 04 79 08 45 71

XX **Le Farçon** (Julien Machet)   🖨 🕉 𝖵𝖨𝖲𝖠 ⦾ 𝔸𝔼
❀ *immeuble la Kalinka – ℰ 04 79 08 80 34 – www.lefarcon.fr – Fax 04 79 06 92 31*
– Ouvert mi-juin à mi-sept., début déc. à mi-avril et fermé dim. soir en été et
lundi
Rest – (25 €) Menu 36/95 € – Carte 46/92 €
Spéc. Féra juste rôtie "farçon" meurette. Ris de veau braisé, embeurré de
pomme de terre, coco et truffe. Framboise et pistache, sorbet au foin de nos
montagnes (été). **Vins** Apremont, Mondeuse.
◆ Si l'enseigne et le décor façon chalet rendent hommage à la Savoie, la cuisine explore un
territoire plus large et se montre pleine d'inventivité et de saveurs.

COUR-CHEVERNY – 41 Loir-et-Cher – 318 F6 – 2 591 h. – alt. 86 m   **11** AB1
– ⊠ 41700

▶ Paris 194 – Blois 14 – Châteauroux 88 – Orléans 73

ₑ Office de tourisme, 12, rue du Chêne des Dames *ℰ* 02 54 79 95 63,
Fax 02 54 79 23 90

ₘ Château de Cheverny★★★ S : 1 km - Porte★ de la chapelle du château de
Troussay SO : 3,5 km - Château de Beauregard★ ▌ Châteaux de la Loire

🏨 **St-Hubert**   🖨 🕉 rest, ⁽ᵗⁱ⁾ 𝗌𝗔 𝖯 𝖵𝖨𝖲𝖠 ⦾ 𝔸𝔼 ⓪
⊖ *122 rte Nationale – ℰ 02 54 79 96 60 – www.hotel-sthubert.com*
🔲 *– Fax 02 54 79 21 17*
21 ch – ✝53/60 € ✝✝55/80 €, ⊇ 9 € – ½ P 55/60 €
Rest – *(fermé dim. soir de nov. à mars)* Menu 18 € (déj. en sem.), 24/38 €
– Carte 32/60 €
◆ Petit hôtel placé sous la protection du patron des chasseurs en cette localité à grande tradition de vénerie. Plaisante ambiance provinciale, âtre au salon, chambres actuelles. Salle de
restaurant lumineuse et colorée. Cuisine traditionnelle et gibier en saison.

à Cheverny 1 km au Sud – 947 h. – alt. 110 m – ⊠ 41700

ₑ Office de tourisme, 12, rue du Chêne des Dames *ℰ* 02 54 79 95 63,
Fax 02 54 79 23 90

🏨 **Château du Breuil** ⊗   ⦾ 🖨 ⊐ ⁽ᵗⁱ⁾ 𝖯 𝖵𝖨𝖲𝖠 ⦾ 𝔸𝔼
23 rte de Fougères, Ouest : 3 km par D 52 et voie privée – ℰ 02 54 44 20 20
– www.chateau-du-breuil.fr – Fax 02 54 44 30 40
22 ch ⊇ – ✝171/191 € ✝✝222/287 € – 4 suites
Rest – *(dîner seult) (résidents seult)* Menu 40 €
◆ Visitez Cheverny et logez au Breuil : un parc arboré de 30 ha préserve ce château du 18ᵉ
s. du monde extérieur. Nouvelles chambres confortables et harmonieuses au Verger.

COURCOURONNES – 91 Essonne – 312 D4 – 101 36 – **voir à Paris, Environs**
(Évry)

COURS – 69 Rhône – 327 E3 – 3 975 h. – alt. 543 m – ⊠ 69470   **44** A1
▶ Paris 416 – Chauffailles 17 – Lyon 75 – Mâcon 70

au col du Pavillon 4 km à l'Est par D 64 – alt. 755 m – ⊠ 69470 Cours la Ville

🏨 **Le Pavillon** ⊗   🖨 🖨 ⅙ ⁽ᵗⁱ⁾ 𝗌𝗔 𝖯 𝖵𝖨𝖲𝖠 ⦾ 𝔸𝔼
⊖ *– ℰ 04 74 89 83 55 – www.hotel-pavillon.com – Fax 04 74 64 70 26*
21 ch – ✝46 € ✝✝56 €, ⊇ 8,50 € – ½ P 53 €
Rest – *(fermé dim. soir)* (11 €) Menu 15/35 € – Carte 32/45 €
◆ Au col même, en lisière de forêt ; la quiétude de l'environnement, l'architecture d'inspiration nordique et les chambres confortables font de cet hôtel une étape plaisante. Cuisine
classique servie dans une salle à manger contemporaine prolongée d'une véranda.

COUR-ST-MAURICE – 25 Doubs – 321 K3 – 177 h. – alt. 500 m   **17** C2
– ⊠ 25380

▶ Paris 481 – Baume-les-Dames 50 – Besançon 68 – Montbéliard 44

Le Moulin ⑤   ⟨ 🚗 ☆ rest, **P.** **VISA** 🔤

Le Moulin du Milieu, Est : 3 km sur D 39 – ⌀ 03 81 44 35 18 – Ouvert mars-sept.
et fermé merc. hors saison

6 ch – †40 € ††45/76 €, � 6,50 € – ½ P 51/66 €

Rest – *(nombre de couverts limité, prévenir)* Menu 21/33 € – Carte 30/46 €

◆ Cette insolite villa des années 1930 fut construite pour un meunier de la vallée. Chambres rétro et salon moderne. Agréable jardin ombragé, parcours de pêche réservé aux hôtes. Carte traditionnelle servie dans une coquette salle à manger tournée vers la rivière.

COURSAN – 11 Aude – **344** J3 – rattaché à Narbonne

COURSEULLES-SUR-MER – 14 Calvados – **303** J4 – 4 106 h.   **32** B2
– ✉ 14470 ▮ Normandie Cotentin

▶ Paris 252 – Arromanches-les-Bains 14 – Bayeux 24 – Cabourg 41

🛈 Office de tourisme, 5, rue du 11 novembre ⌀ 02 31 37 46 80,
Fax 02 31 37 29 25

◎ Clocher★ de l'église de Bernières-sur-Mer E : 2,5 km - Tour★ de l'église de
Ver-sur-Mer O : 5 km par D 514.

◎ Château★★ de Fontaine-Henry S : 6,5 km.

XX **La Pêcherie** avec ch   🔤 **VISA** 🔤 **AE**

pl. 6-Juin – ⌀ 02 31 37 45 84 – www.la-pecherie.fr – Fax 02 31 37 90 40

6 ch – †60/90 € ††65/90 €, ⊃ 9 € – ½ P 74/84 €

Rest – Menu 20 € (sem.), 23/38 € – Carte 30/70 €

◆ Derrière la façade à colombages, un intérieur nostalgique (horloges, portraits, etc.) comprenant une salle aux pierres apparentes, une autre avec verrière. Produits de la mer. Chambres rafraîchies dans un style actuel (couleurs vives).

COURTENAY – 45 Loiret – **318** P3 – 3 636 h. – alt. 146 m – ✉ 45320   **12** D2

▶ Paris 118 – Auxerre 56 – Nemours 44 – Orléans 101

🛈 Syndicat d'initiative, 5, rue du Mail ⌀ 02 38 97 00 60, Fax 02 38 97 39 12

▰ de Clairis à Savigny-sur-Clairis Domaine de Clairis, N : 7 km,
⌀ 03 86 86 33 90

XXX **Auberge La Clé des Champs** avec ch ⑤   🚗 ☆ ⌸ **P.** **VISA** 🔤 **AE**

rte de Joigny, 1 km – ⌀ 02 38 97 42 68 – www.hotel-lacledeschamps.fr
– Fax 02 38 97 38 10 – Fermé 13-30 oct., 12-29 janv., mardi et merc.

7 ch – †73/131 € ††73/131 €, ⊃ 10 €

Rest – *(nombre de couverts limité, prévenir)* (22 €) Menu 39/47 €

◆ Ferme du 17ᵉ s. et son jardin fleuri. Chambres campagnardes, élégante salle à manger rustique, ambiance champêtre, héliport privé : cette clé-là ouvre bien des horizons !

à Ervauville 9 km au Nord-Ouest par N 60, D 32 et D 34 – 516 h. – alt. 152 m
– ✉ 45320

XXX **Le Gamin**   🚗 ☆ **VISA** 🔤

– ⌀ 02 38 87 22 02 – Fermé 21 juin-6 juil., 8-25 nov., 25 janv.-5 fév., dim. soir,
lundi et mardi

Rest – *(nombre de couverts limité, prévenir)* Menu 48/95 € bc – Carte 80/100 €

◆ L'ancienne épicerie-buvette est devenue une élégante auberge. Décor original : grands miroirs, briques flammées et bibelots. Terrasse ouverte sur un joli jardin. Séduisante cuisine au goût du jour.

LA COURTINE – 23 Creuse – **325** K6 – 928 h. – alt. 789 m – ✉ 23100   **25** D2

▶ Paris 424 – Aubusson 38 – La Bourboule 53 – Guéret 80

🛈 Syndicat d'initiative, Mairie ⌀ 05 55 66 76 58, Fax 05 55 66 70 69

Au Petit Breuil   🚗 ⌸ 🛋 🐾 **P.** 🔤 **VISA** 🔤 **AE**

rte Felletin – ⌀ 05 55 66 76 67 – Fax 05 55 66 71 84 – Fermé
19 déc.-12 janv., vend. soir du 15 sept. au 15 avril et dim. soir

11 ch – †48 € ††54 €, ⊃ 7 € – ½ P 62 €

Rest – (14 €) Menu 18/44 € – Carte 28/46 €

◆ Demeure familiale centenaire dont les chambres, simples mais correctement équipées, sont plus calmes sur l'arrière. Lumineuse salle à manger, récemment rénovée dans un esprit contemporain. La cuisine, régionale et actuelle, fait la part belle aux champignons.

COUSSEY – 88 Vosges – **314** C2 – 713 h. – alt. 280 m – ⊠ 88630 **26** B3

▶ Paris 290 – Metz 116 – Toul 48 – Vandœuvre-lès-Nancy 56

⌂ **La Demeure du Gardien du Temps qui Passe** 📠 📶 **P** 🍃
47 Grand Rue – ℰ 03 29 06 99 83 – www.lademeure88.com – Fax 03 29 06 99 83
5 ch ⊊ – †55 € ††75 € **Table d'hôte** – Menu 20 €
♦ Cet ancien relais de poste (18ᵉ s.) dégage un charme authentique : jolis meubles chinés dans les chambres spacieuses et agréable salon-bibliothèque. La cuisine inspirée des îles procure un dépaysement total.

COUTANCES ◉ – 50 Manche – **303** D5 – 9 518 h. – alt. 91 m **32** A2
– ⊠ 50200 ▌Normandie Cotentin

▶ Paris 335 – Avranches 52 – Cherbourg 76 – St-Lô 28

🇮 Office de tourisme, place Georges Leclerc ℰ 02 33 19 08 10,
Fax 02 33 19 08 19

👁 Cathédrale★★★ : tour-lanterne★★★, parties hautes★★ - Jardin des
Plantes★.

🏨 **Cositel** 🍃 ⇐ 📺 🏡 ♿ 🔟 rest, 📶 🧖 **P** 𝗩𝗜𝗦𝗔 ⊘ 𝖠𝖤 ➀
r. de St-Malo par ④ – ℰ 02 33 19 15 00 – www.cositel.fr
– Fax 02 33 19 15 02
55 ch – †61/82 € ††61/82 €, ⊊ 9 € – ½ P 108/125 €
Rest – (fermé sam. midi et dim. midi) (10 €) Menu 21/33 € – Carte 21/38 €
♦ Ensemble moderne érigé sur une colline dominant la ville. Les chambres sont claires et garnies d'un mobilier fonctionnel. Atmosphère contemporaine du côté du restaurant qui ouvre sur une terrasse et de petits bassins. Carte traditionnelle aux touches actuelles.

⌂ **Manoir de L'Ecoulanderie** sans rest 🍃 ⇐ 🏴 🔳 📶 **P**
r. de la Broche – ℰ 02 33 45 05 05 – www.l-b-c.com Y**b**
4 ch ⊊ – †100 € ††130 €
♦ Un parc arboré, une piscine intérieure chauffée, Coutances et sa cathédrale à l'horizon : de séduisants atouts pour ce manoir du 17ᵉ s. et sa dépendance. Chambres personnalisées.

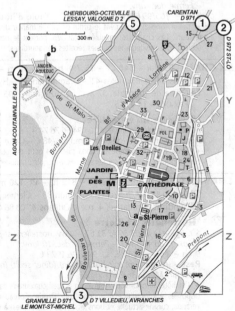

COUTANCES

Le Clos des Sens ✗
🕭 55 r. Geoffroy de Montbray – ℰ 02 33 47 94 78 – www.leclosdessens.fr
– Fermé 1 sem. en juil., 1 sem. en oct., 1 sem. en fév., dim. et lundi
😊 **Rest** – (nombre de couverts limité, prévenir) (15 €) Menu 19 € (déj. **Za**
en sem.), 28/46 € – Carte 51/67 € le soir

♦ Petit restaurant logé dans une maison du 17e s. Son atmosphère joue sur la rencontre d'un héritage rustique et de tableaux contemporains. Savoureuse cuisine d'aujourd'hui.

à Gratot 4 km par ④ et D 244 – 649 h. – alt. 83 m – ✉ 50200

Le Tourne-Bride ✗
🕭 85 r. d'Argouges – ℰ 02 33 45 11 00 – Fax 02 33 45 11 00 – Fermé vacances de fév., dim. soir et lundi
Rest – (14 €) Menu 18/49 € – Carte 35/55 €

♦ La cuisine traditionnelle perdure sereinement dans ce coquet relais de poste du 19e s. proche du château de Gratot et de sa Tour à la Fée. Cadre rustique et chaleureux.

COUTRAS – 33 Gironde – 335 K4 – 7 584 h. – alt. 15 m – ✉ 33230   4 C1
🛣 Paris 527 – Bergerac 67 – Blaye 50 – Bordeaux 51
🛈 Office de tourisme, 17, rue Sully ℰ 05 57 69 36 53, Fax 05 57 69 36 43

Henri IV sans rest 🏠
pl. du 8 Mai 1945, (face à la gare) – ℰ 05 57 49 34 34 – www.hotelcoutras.com
– Fax 05 57 49 20 72
16 ch – †53/56 € ††59/64 €, ☲ 8 €

♦ La bataille que livra Henri IV en 1587 a fait entrer Coutras dans l'histoire. Maison de maître (19e s.) abritant des chambres simples. Belle véranda où l'on petit-déjeune, face au jardin.

COUX-ET-BIGAROQUE – 24 Dordogne – 329 G7 – 928 h. – alt. 85 m   4 C3
– ✉ 24220 ▮ Périgord Quercy
🛣 Paris 557 – Bergerac 46 – Bordeaux 180 – Périgueux 55

Manoir de la Brunie 🏠
– ℰ 05 53 31 95 62 – www.manoirdelabrunie.com – Fax 05 53 31 95 62
– Fermé déc.-janv.
5 ch – †65/99 € ††65/99 €, ☲ 8 € – **Table d'hôte** – Menu 27 € bc

♦ Des magnolias parfument le jardin de ce joli manoir dont l'intérieur a été soigneusement restauré. Les chambres, meublées d'ancien, portent le nom d'un château de la région. La table d'hôte privilégie les bonnes recettes périgourdines.

LA CRAU – 83 Var – 340 L7 – 15 798 h. – alt. 36 m – ✉ 83260   41 C3
🛣 Paris 847 – Brignoles 41 – Draguignan 71 – Hyères 9
🛈 Office de tourisme, 37 avenue du 8 mai 1945 ℰ 04 94 66 14 48,
Fax 04 94 14 03 15

Auberge du Fenouillet ✗✗
20 av. Gén. de Gaulle – ℰ 04 94 66 76 74 – Fermé dim. soir, lundi et mardi
Rest – Menu 24 € (déj. en sem.), 36/48 € – Carte 35/60 €

♦ Cette adresse propose de bons plats au goût du jour servis dans deux salles d'esprit contemporain, ouvertes sur les cuisines. Au choix : banquettes ou tables hautes et tabourets.

CRAVANT – 89 Yonne – 319 F5 – 812 h. – alt. 120 m – ✉ 89460   7 B1
🛣 Paris 185 – Auxerre 19 – Avallon 33 – Clamecy 35
🛈 Syndicat d'initiative, 4, rue d'Orléans ℰ 03 86 42 25 71, Fax 03.86.42.25.71

Hostellerie St-Pierre 🏠
5 r. Église – ℰ 03 86 42 31 67 – www.hostellerie-st-pierre.com
– Fax 03 86 42 37 43 – Fermé 20 déc.-10 janv.
9 ch – †65 € ††69 €, ☲ 9 € – ½ P 73 €
Rest – (fermé dim. soir hors saison) (dîner seult) (nombre de couverts limité, prévenir) Menu 36 €

♦ Cet hôtel familial vous réserve un accueil chaleureux dans de coquettes petites chambres disposées autour d'une mignonne cour fleurie. Caveau de dégustation. Lumineuse salle-véranda, cuisine actuelle et bons vins (vieux millésimes) à prix doux.

CRAVANT-LES-CÔTEAUX – 37 Indre-et-Loire – 317 L6 – 728 h.   11 A3
– alt. 50 m – ⊠ 37500

▶ Paris 284 – Orléans 160 – Tours 45 – Joué-lès-Tours 37

⌂ **Manoir des Berthaisières**   ♨ 🗲 ⅃₅ ⁽¹⁾ 🅿 🆅🆂🅰 ⓪⓪
– ℰ 02 47 98 35 07 – www.lesberthaisieres.com
– Fax 02 47 98 35 07
3 ch ⊆ – ♥55/85 € ♥♥65/125 € – ½ P 55/80 €
Table d'hôte – Menu 30 € bc
♦ Au cœur d'une immense propriété possédant des vignes, ce manoir propose trois chambres (deux dans le pavillon, dont une accueillant les chiens). Piscine, fitness et jacuzzi. À table, on déguste une cuisine traditionnelle. Cours de cuisine dispensés aux hôtes.

CRÈCHES-SUR-SAÔNE – 71 Saône-et-Loire – 320 I12 – rattaché à Mâcon

CRÉDIN – 56 Morbihan – 308 O6 – 1 418 h. – alt. 124 m – ⊠ 56580   10 C2

▶ Paris 451 – Rennes 100 – Vannes 49 – Pontivy 19

⌂ **La Maison Blanche aux Volets Bleus** ❧   � ⁽¹⁾ 🅿
à Blézouan, 2,5 km à l'Est par D11 et rte secondaire – ℰ 02 97 38 58 61
– www.lamaisonblancheauxvoletsbleus.com
– Fermé 10 janv.-7 mars
4 ch (½ P seult) – ½ P 130/210 €   **Table d'hôte** –
♦ Une maison attachante dans un hameau perdu dans la campagne. Coquettes chambres évoquant divers aspects de la Bretagne. Jardin, location de vélos et ateliers de cuisine. Petits plats familiaux servis autour d'une grande table en teck.

CREIL – 60 Oise – 305 F5 – 33 479 h. – alt. 30 m – ⊠ 60100   36 B3
▮ Île de France

▶ Paris 63 – Beauvais 45 – Chantilly 9 – Clermont 17
🛈 Syndicat d'initiative, 41, place du Général-de-Gaulle ℰ 03 44 55 16 07,
Fax 03 44 55 05 27
🔟₈ d'Apremont à Apremont CD 606, SE : 6 km par D 1330, ℰ 03 44 25 61 11

🏠 **La Ferme de Vaux**   🚗 ⁽¹⁾ 🕍 🅿 🆅🆂🅰 ⓪⓪
à Vaux, (sur D 120 direction Verneuil) – ℰ 03 44 64 77 00
– www.la-ferme-de-vaux.com – Fax 03 44 26 81 50
28 ch – ♥75 € ♥♥82 €, ⊆ 8,50 €
Rest – (fermé sam. midi et dim. soir) Menu 18/39 € – Carte 42/65 €
♦ Ancienne ferme francilienne entourant une cour intérieure. Confort moderne dans les chambres, plus spacieuses au rez-de-chaussée. Murs en pierres apparentes et mobilier rajeuni servent de décor à la salle à manger. Carte classique ; service attentionné.

CRÉMIEU – 38 Isère – 333 E3 – 3 330 h. – alt. 200 m – ⊠ 38460   44 B2
▮ Lyon Drôme Ardèche

▶ Paris 488 – Belley 49 – Bourg-en-Bresse 64 – Grenoble 86
🛈 Office de tourisme, 9, place de la Nation ℰ 04 74 90 45 13,
Fax 04 74 90 02 25
◉ Halles ★.

✗ **Auberge de la Chaite** avec ch   🚗 🚗 ⁽¹⁾ 🅿 🆅🆂🅰 ⓪⓪ 🅰🅴 ①
pl. des Tilleuls – ℰ 04 74 90 76 63 – aubergedelachaite.com – Fax 04 74 90 88 08
– Fermé 10-28 avril, 23-31 août, 20 déc.-13 janv.
10 ch – ♥52/55 € ♥♥56/70 €, ⊆ 8,50 €
Rest – Menu 19 € (sem.), 28/40 € – Carte 29/50 €
♦ Face à la porte de la Loi, cette maison de pays propose des plats traditionnels à déguster dans une salle rustique à souhait ou sur la terrasse ombragée. Chambres modestes.

CREON – 33 Gironde – 335 I6 – 3 831 h. – alt. 110 m – ⊠ 33670   3 B1
▮ Aquitaine

▶ Paris 597 – Bordeaux 25 – Arcachon 88 – Langon 32
🛈 Office de tourisme, 62, boulevardd Victor Hugo ℰ 05 56 23 23 00,
Fax 05 56 23 23 44

Château Camiac ⑤ 🔞 🚗 🛠 ⚲ 📶 K ch, 🛠 rest, 🔌 P VISA ⑩
rte de la forêt, (D 121) – 𝒞 *05 56 23 20 85 – www.chateaucamiac.com*
– Fax 05 56 23 38 84 – Ouvert 1er mai-30 sept.
12 ch – †160/280 € ††160/280 €, 🖙 20 € – 2 suites
Rest – *(fermé mardi et le midi en sem.)* Menu 40 € – Carte 60/100 €
♦ Étape de charme en ce château du vignoble bordelais (18e s.). Chambres garnies de meubles de style ; quelques originales salles de bains aux parois vitrées. Piscine, tennis. Restaurant cossu et feutré, agrémenté de tableaux ; cuisine dans l'air du temps.

CRÉON-D'ARMAGNAC – 40 Landes – 335 K11 – 295 h. – alt. 130 m   4 C2
– ⊠ 40240

▷ Paris 700 – Bordeaux 122 – Condom 47 – Mont-de-Marsan 36

Le Poutic ⑤ 🚗 🚗 🛠 P VISA ⑩
Rte de Cazaubon – 𝒞 *05 58 44 66 97 – www.lepoutic.com*
3 ch 🖙 – †48/53 € ††59/65 € – ½ P 48/52 €
Table d'hôte – *(fermé sam. et dim.)* Menu 22 € bc/40 € bc
♦ Chênes et tilleuls ombragent le parc de cette belle ferme landaise. Chambres soignées avec une entrée indépendante. Séjours à thème (golf, équitation et chasse à la palombe). Table traditionnelle et régionale.

CREPON – 14 Calvados – 303 I4 – 209 h. – alt. 52 m – ⊠ 14480   32 B2
◼ Normandie Cotentin

▷ Paris 257 – Bayeux 13 – Caen 23 – Deauville 66

Ferme de la Rançonnière ⑤ 🚗 🖢 ఉ 🛠 🔌 P VISA ⑩
rte d'Arromanches-les-Bains – 𝒞 *02 31 22 21 73 – www.ranconniere.fr*
– Fax 02 31 22 98 39
35 ch – †55/190 € ††55/190 €, 🖙 12 € – 1 suite – ½ P 63/116 €
Rest – *(fermé 5-28 janv.)* (22 €) Menu 28/48 € – Carte 40/63 €
♦ Cette ferme médiévale fortifiée abrite des chambres au joli cachet : poutres patinées, mobilier du 15e s. et bibelots anciens. Le cadre du restaurant a été pieusement préservé : cheminée, murs et belles voûtes en pierre.

Ferme de Mathan 🏠 ⑤ *à 800 m* 🚗 📶 P VISA ⑩
19 ch – †95/180 € ††95/190 €, 🖙 12 €
♦ Vous êtes assuré de passer des nuits calmes dans les grandes chambres de cette ex-métairie du 18e s.

CRESSERONS – 14 Calvados – 303 J4 – rattaché à Douvres-la-Délivrande

CREST – 26 Drôme – 332 D5 – 7 786 h. – alt. 196 m – ⊠ 26400   44 B3
◼ Lyon Drôme Ardèche

▷ Paris 585 – Die 37 – Gap 129 – Grenoble 114

🄯 Office de tourisme, pl. du Docteur Rozier 𝒞 04 75 25 11 38, Fax 04 75 76 79 65

🄯 du Domaine de Sagnol à Gigors-et-Lozeron Domaine de Sagnol, NE :
    19 km par D 731, 𝒞 04 75 40 98 00

🄯 Donjon★ : ✳★.

Kléber AK VISA ⑩
6 r. A.-Dumont – 𝒞 *04 75 25 11 69 – www.le-kleber.com – Fax 04 75 76 82 82*
– Fermé 2-11 janv., dim. soir hors saison, sam. midi et lundi
Rest – Menu 25 € (déj. en sem.), 37/59 € – Carte 70/130 €
♦ Un cadre contemporain feutré beige et chocolat, des tables aux détails élégants mettent en valeur une belle et savoureuse cuisine actuelle réalisée par un chef de talent.

à La Répara-Auriples 8 km au Sud par D 538 et D 166 rte d'Autichamp – 216 h.
– alt. 350 m – ⊠ 26400

Le Prieuré des Sources ⑤ ≤ 🚗 🚗 🛠 📶 🔌 P VISA ⑩
lieu dit Bouchassagne – 𝒞 *04 75 25 03 46 – www.prieuredessources.com*
– Fax 04 75 25 53 07
10 ch – †110/205 € ††110/205 €, 🖙 14 € – ½ P 105/150 €
Table d'hôte – Menu 24/47 €
♦ Cet ancien prieuré vous ouvre ses portes : salon et salle à manger voûtés, grandes chambres décorées dans un style africain ou asiatique. Espace bien-être (sauna, jacuzzi, massages...). Cuisine au goût du jour utilisant les produits (bio) du potager et du marché.

LE CRESTET – 84 Vaucluse – **332** D8 – **rattaché à Vaison-la-Romaine**

CREST-VOLAND – 73 Savoie – **333** M3 – 403 h. – alt. 1 230 m   46 F1
– Sports d'hiver : 1 230/2 000 m ⚡17 ⚡ – ⊠ 73590 ▯ Alpes du Nord

> ▯ Paris 588 – Albertville 24 – Annecy 53 – Chamonix-Mont-Blanc 47
> ▯ Office de tourisme, Maison de Crest-Voland ℰ 04 79 31 62 57,
> Fax 04 79 31 85 36

🏠 **Le Caprice des Neiges** 🅂   ⬅ 🍴 🀆 ☆ ☆ **P** 🆅🆂🅰 ⓐ 🅰🅴
rte du Col des Saisies : 1 km – ℰ 04 79 31 62 95 – www.hotel-capricedesneiges.com
– Fax 04 79 31 79 30 – Fermé mi-avril à début mai et fin-sept. à début-déc.
16 ch – †90/110 € ††90/110 €, ⊊ 11 € – ½ P 88/105 €
Rest – (19 €) Menu 23/48 € – Carte 25/57 €
♦ Une adresse familiale pleine de charme. Chaleureuses chambres montagnardes et joli bar,
d'esprit chalet, envahi de bibelots. Aire de jeux pour les enfants. Déco "pierre et bois" dans la
salle à manger où l'on propose une courte carte et un menu régional.

🏠 **Les Campanules** 🅂   ⬅ ☆ ❝❞ **P**
chemin de la Grange – ℰ 04 79 31 81 43 – www.lescampanules.com
– Fax 04 79 31 81 43
3 ch ⊊ – †57/70 € ††63/70 €
Table d'hôte – (ouvert déc.-mars) Menu 22 € bc
♦ Ce chalet posé face à la chaîne des Aravis et au mont Charvin séduira les amateurs de
calme et de nature. Chambres confortables et soignées, salon-cheminée et copieux petits-
déjeuners. Le soir en hiver, recettes savoyardes à la table d'hôte.

CRÉTEIL – 94 Val-de-Marne – **312** D3 – **101** 27 – **voir à Paris, Environs**

CREULLY – 14 Calvados – **303** I4 – 1 512 h. – alt. 27 m – ⊠ 14480   32 B2
> ▯ Paris 253 – Bayeux 14 – Caen 20 – Deauville 62

🍴🍴 **Hostellerie St-Martin** avec ch   ❝❞ 🕍 **P** 🆅🆂🅰 ⓐ 🅰🅴 ⓘ
⬧ 6 pl. Edmond Paillaud – ℰ 02 31 80 10 11 – www.hostelleriesaintmartin.com
– Fax 02 31 08 17 64 – Fermé 19 déc.-10 janv.
12 ch – †55 € ††55 €, ⊊ 6,50 € – ½ P 50 €
Rest – Menu 15 € (sem.), 21/42 € – Carte 21/51 €
♦ Ces belles salles voûtées du 16ᵉ s., agrémentées de sculptures d'un artiste régional, abritaient naguère les halles du village ; plats traditionnels. Chambres pour l'étape.

LE CREUSOT – 71 Saône-et-Loire – **320** G9 – 23 813 h. –   8 C3
Agglo. 92 000 h. – alt. 348 m – ⊠ 71200 ▯ Bourgogne

> ▯ Paris 316 – Autun 30 – Beaune 46 – Chalon-sur-Saône 38
> ▯ Office de tourisme, château de la Verrerie ℰ 03 85 55 02 46,
> Fax 03 85 80 11 03
> ▣ Château de la Verrerie★.
> ▣ Mont St-Vincent★ ✳✳✳★★.

🏨 **La Petite Verrerie**   ❝❞ ❝❞ **P** 🆅🆂🅰 ⓐ
4 r. J. Guesde – ℰ 03 85 73 97 97 – www.hotelfp-lecreusot.com
– Fax 03 85 73 97 90 – Fermé 23 déc.-4 janv.
43 ch – †102 € ††123 €, ⊊ 15 € – 6 suites
Rest – (fermé sam. midi et dim.) (22 €) Menu 31/73 € – Carte 29/43 €
♦ Pharmacie des Usines puis maison pour hôtes de marque, cet hôtel confortable, marqué
par l'histoire de la ville, propose aujourd'hui des chambres rénovées dans des tons colorés.
Salle à manger bourgeoise ornée de peintures sur le thème de la métallurgie.

au Breuil 5,5 km à l'Est par rue principale et direction centre équestre – 3 508 h.
– alt. 337 m – ⊠ 71670

🏠 **Le Domaine de Montvaltin** sans rest 🅂   🍴 ❝❞ 🀆 ❝❞ **P** 🆅🆂🅰 ⓐ
– ℰ 03 85 55 87 12 – www.domainedemontvaltin.com – Fax 03 85 55 54 72
4 ch ⊊ – †85 € ††95 €
♦ À cinq minutes du Creusot, ancienne propriété des usines Schneider réaménagée en maison d'hôtes. Chambres personnalisées. Jardin soigné et étang peuplé de carpes.

à Montcenis 3 km à l'Ouest par D 784 – 2 176 h. – alt. 400 m – ⊠ 71710

XX   Le Montcenis   🛜 ⇄ 𝚅𝙸𝚂𝙰 ⬤

2 pl. du Champ-de-Foire – ℰ *03 85 55 44 36* – *restaurantlemontcenis.fr*
*– Fax 03 85 55 89 52 – Fermé 12 juil.-6 août, 2 sem. en janv., dim. soir, mardi soir
et lundi*
Rest – *(nombre de couverts limité, prévenir)* (15 €) Menu 27/45 €
– Carte 36/52 €
♦ Salon douillet, cave voûtée pour des repas en famille et salle "néobourguignonne" aux
belles poutres : un cadre accueillant pour une cuisine dans l'air du temps.

à St-Sernin-du-Bois 2 km au Nord-Est par D 138 – 1 774 h. – alt. 447 m
– ⊠ 71200

X   Le Restaurant du Château   𝒴 𝚅𝙸𝚂𝙰 ⬤

le bourg – ℰ *03 85 78 28 42* – *www.lerestaurantduchateau.fr*
– Fax 03 85 78 28 42 – Fermé vacances de Noël et merc.
Rest – *(nombre de couverts limité, prévenir)* Menu 19/29 €
♦ Château du 11ᵉ s. au centre du village, face au lac. La salle à manger rustique (voûtes,
pierres, mobilier en bois) se marie bien à la cuisine traditionnelle revisitée servie ici.

à Torcy 4 km au Sud par D 28 – 2 996 h. – alt. 310 m – ⊠ 71210

XX   Le Vieux Saule   🛜 🅿 𝚅𝙸𝚂𝙰 ⬤

lieu dit le Vieux Saule – ℰ *03 85 55 09 53* – *www.restaurantvieuxsaule.com*
– Fax 03 85 80 39 99 – Fermé 26 déc.-11 janv., dim. soir et lundi
Rest – Menu 18 € (sem.)/47 € – Carte 46/70 €
♦ Mets traditionnels et quelquefois actualisés, servis dans l'ambiance feutrée d'une salle aux
murs pourpres. Chaises ornées de motifs liés aux vins de Bourgogne.

CREUTZWALD – 57 Moselle – **307** L3 – 13 655 h. – alt. 210 m   **27** C1
– ⊠ 57150

   🅳 Paris 376 – Metz 53 – Neunkirchen 61 – Saarbrücken 37
   🅸 Syndicat d'initiative, Hôtel de Ville ℰ 03 87 81 89 89, Fax 03 87 82 08 15

XX   Auberge Richebourg   🛜 𝙰𝙲 𝚅𝙸𝚂𝙰 ⬤ 𝙰𝙴

17 r. de la Houve – ℰ *03 87 90 17 54* – *www.aubergerichebourg.com*
– Fax 03 87 90 28 56 – Fermé 1ᵉʳ-21 août, sam. midi, dim. soir et lundi
Rest – Menu 20 € (sem.)/58 € – Carte 36/53 €
♦ Nouveau décor dans l'air du temps pour ce restaurant familial qui propose une cuisine au
goût du jour. Agréable terrasse donnant sur un jardin clos.

XX   La Forge des Grands Aigles   🛜 🅰 𝙰𝙲 ⇄ 𝚅𝙸𝚂𝙰 ⬤ 𝙰𝙴

43 r. de la Houve – ℰ *03 87 93 04 08* – *www.laforgedesgrandsaigles.fr*
– Fermé 2 sem. en juil., 1 sem. en fév., sam. midi, dim. soir et lundi
Rest – (14 €) Menu 21 € (sem.), 35/43 € – Carte 36/71 €
♦ Une adresse tendance, menée par une équipe jeune et dynamique : cadre contemporain,
cuisine actuelle d'inspiration provençale et service attentionné. Jolie terrasse.

CRICQUEBOEUF – 14 Calvados – **303** M3 – rattaché à Honfleur

---

CRILLON – 60 Oise – **305** C3 – 439 h. – alt. 110 m – ⊠ 60112   **36** A2
   🅳 Paris 103 – Aumale 33 – Beauvais 16 – Breteuil 33

XX   La Petite France   𝙰𝙲 𝚅𝙸𝚂𝙰 ⬤ 𝙰𝙴

7 r. Moulin – ℰ *03 44 81 01 13* – *www.lapetitefrance-restaurant.com*
– Fax 03 44 81 01 13 – Fermé 20-28 déc., dim. soir, lundi et mardi
Rest – Menu 13 € (sem.)/35 € – Carte 34/65 €
♦ Cette accueillante auberge située dans un village du Beauvaisis abrite deux salles à man-
ger rustiques. Carte traditionnelle dont la tête de veau ravigote, spécialité maison.

CRILLON-LE-BRAVE – 84 Vaucluse – **332** D9 – 434 h. – alt. 340 m   **42** E1
– ⊠ 84410
   🅳 Paris 687 – Avignon 41 – Carpentras 14 – Nyons 37

Crillon le Brave ⚡ ← 🚗 🛏 ✠ 🍴 ch, 🅰 ch, ☂ 🅿 VISA ⚹ AE ①
pl. de l'Église – 𝒞 04 90 65 61 61 – www.crillonlebrave.com – Fax 04 90 65 62 86
– Fermé 1er-23 déc. et 1er janv.-18 mars
28 ch – ♦240/740 € ♦♦240/740 €, ☲ 20 € – 4 suites   **Rest** – Carte 40/75 €
♦ Sept maisons anciennes typiques dans un village perché face au mont Ventoux. Jardin à l'italienne débouchant sur la piscine. Ravissantes chambres provençales. En salle ou sur la terrasse romantique, cuisine canaille et gourmande le soir, bistrotière le midi.

CRIQUETOT-L'ESNEVAL – 76 Seine-Maritime – **304** B4 – 2 205 h.   **33** C1
– alt. 127 m – ⌧ 76280

◫ Paris 197 – Fécamp 19 – Le Havre 28 – Rouen 81

Le Manoir 🔊 🔊 🅿 AE
5 pl. des Anciens Élèves, (près de l'église) – 𝒞 02 35 29 31 90 – Fax 02 35 29 31 90
5 ch ☲ – ♦52/55 € ♦♦65/68 €
Table d'hôte – *(dîner sur réservation)* Menu 18 € bc
♦ D'élégantes armoires normandes garnissent les grandes chambres de cette gentilhommière à la coquette façade de briques et de pierres. Vaste parc arboré et fleuri.

CRISENOY – 77 Seine-et-Marne – **312** F4 – rattaché à Melun

LE CROISIC – 44 Loire-Atlantique – **316** A4 – 4 121 h. – alt. 6 m   **34** A2
– ⌧ 44490 ▌ Bretagne

◫ Paris 459 – La Baule 9 – Nantes 86 – Redon 66
🛈 Office de tourisme, place du 18 Juin 1940 𝒞 02 40 23 00 70,
Fax 02 40 23 23 70
🏌 du Croisic Golf de la Pointe, O : 3 km, 𝒞 02 40 23 14 60
◉ Océarium★ - ≤★ du Mont-Lénigo.

Plan page suivante

Le Fort de l'Océan ⚡ ← 🚗 🛏 ✠ ch, 🅰 ☂ 🍴 VISA ⚹ AE ①
pointe du Croisic- AY – 𝒞 02 40 15 77 77 – www.hotelfortocean.com
– Fax 02 40 15 77 80
9 ch – ♦190/310 € ♦♦190/310 €, ☲ 18 € – ½ P 168/228 €
Rest – *(fermé nov.-17 déc., 3 janv.-6 fév., merc. midi et jeudi midi du 12 juil. au 6 sept., lundi et mardi sauf le soir en été)* Menu 34 € (déj. en sem.), 50/80 €
– Carte 78/120 €
♦ Fortin du 17e s. "à la Vauban" surplombant l'océan. Toutes les chambres, agréablement personnalisées, jouissent d'une vue superbe sur la Côte sauvage. Vélos à disposition. Cuisine de la mer soignée à déguster dans une élégante salle à manger-véranda.

Les Vikings sans rest ← 🏨 🅰 🍴 🛁 ☂ VISA ⚹ AE ①
à Port-Lin – 𝒞 02 40 62 90 03 – www.hotel-les-vikings.com – Fax 02 40 23 28 03
24 ch – ♦71/120 € ♦♦71/120 €, ☲ 13 €   AZ**e**
♦ Airs de villégiature pour cet hôtel aux chambres spacieuses et personnalisées (mobilier récent d'esprit ancien). Quelques-unes tournent leur bow-window sur la Côte sauvage.

Les Nids sans rest ⚡ 🚗 🛏 ✠ 🅿 VISA ⚹ AE
15 r. Pasteur à Port-Lin – 𝒞 02 40 23 00 63 – www.hotellesnids.com
– Fax 02 40 23 09 79 – Ouvert 1er avril-4 nov.   AZ**f**
24 ch – ♦63/79 € ♦♦63/102 €, ☲ 9 €
♦ Petit hôtel bien entretenu proposant des chambres colorées équipées de meubles peints. Petits-déjeuners servis au bord de la piscine couverte. Aire de jeu pour les enfants.

Castel Moor ← 🍴 ☂ 🛁 🅿 VISA ⚹
Baie Castouillet, 1,5 km au Nord Ouest par D 45 – 𝒞 02 40 23 24 18
– www.castel-moor.com – Fax 02 40 62 98 90
18 ch – ♦58/65 € ♦♦67/86 €, ☲ 10 € – ½ P 61/69 €
Rest – *(fermé le midi d'oct. à fév. sauf vend., sam. et dim.)* (16 €) Menu 22/30 €
– Carte 31/62 €
♦ Imposante villa contemporaine située sur la corniche longeant la Côte sauvage. Chambres rajeunies disposant presque toutes d'un balcon ou d'une terrasse. Salle à manger en demi-rotonde et véranda ouvrant plein cadre sur l'océan. La table est marine à souhait.

LE CROISIC

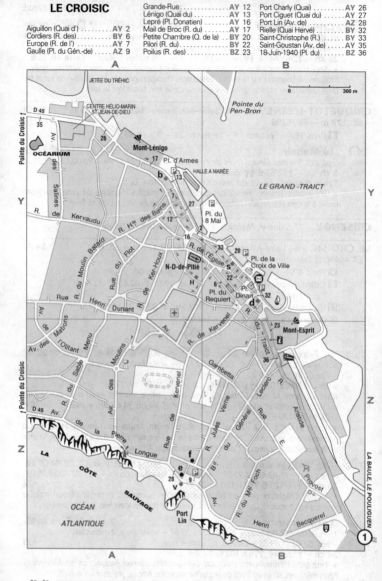

XXX **L'Océan**

à Port-Lin – ☎ 02 40 62 90 03
– www.restaurantlocean.com
– Fax 02 40 23 28 03

AZ**v**

Rest – Carte 50/80 €☪

Rest *Le Bistrot de l'Océan* – Carte 28/39 €

♦ Atout majeur de ce restaurant agrippé aux rochers : la vue panoramique sur le large. On y propose des produits de la mer "tout frais pêchés", que l'on retrouve également sur les tables du Bistrot, côté plage.

✗✗ La Bouillabaisse Bretonne   VISA ❻
12 quai de la Petite Chambre, (au port) – ℰ *02 40 23 06 74*
– Fermé 4 janv.-20 mars, lundi sauf juil.-août, dim. soir et mardi   BYs
Rest – Menu 17/34 € – Carte 33/80 €
♦ L'enseigne fera sourciller les Marseillais, mais la vue sur les flots bleus réconciliera Bretons et Provençaux. Homards et langoustines vous tendent leurs pinces.

✗✗ Le Lénigo   🛜 VISA ❻ AE ①
11 quai Lénigo – ℰ *02 40 23 00 31*
– www.le-lenigo.fr – Fax 02 40 23 01 01
– Ouvert 15 fév.-15 nov. et fermé lundi et mardi sauf août   AYb
Rest – Menu 25/36 € – Carte 30/60 €
♦ Face à la criée, embarquez dans ce restaurant à l'atmosphère nautique (bois vernis, hublots, cordages...), et à la cuisine simple mais fine, à base de produits iodés très frais.

✗ Le Saint-Alys   🛜 ⅙ AK VISA ❻ AE
3 quai Hervé-Rielle – ℰ *02 40 23 58 40 – Fax 02 40 23 58 40*
– Fermé 28 juin-2 juil., 15-19 nov., 22-26 déc., fév., dim. soir, mardi soir
et merc.   BYd
Rest – Menu 17 € (sem.), 26/36 € – Carte 32/50 €
♦ Accueil charmant dans cette petite maison bien placée, face au port de plaisance. Intérieur sobre et soigné où l'on savoure une cuisine actuelle privilégiant les poissons.

LA CROIX-BLANCHE – 71 Saône-et-Loire – **320** I11 – **rattaché à Berzé-la-Ville**

LA CROIX-FRY (COL DE) – 74 Haute-Savoie – **328** L5 – **rattaché à Manigod**

LA CROIX-ST-LEUFROY – 27 Eure – **304** H7 – 1 049 h. – alt. 24 m   33 D2
– ✉ 27490
🔁 Paris 98 – Rouen 46 – Évreux 18 – Mantes-la-Jolie 47

✗✗ Le Cheval Blanc   VISA ❻
27 r. de Louviers – ℰ *02 32 34 82 86 – Fax 02 32 34 78 99 – Fermé*
23 déc.-15 janv., dim. soir, mardi soir et merc.
Rest – (18 € bc) Menu 26/33 € – Carte 33/48 €
♦ Sur la rue principale du village, maison du 19e s. vous accueillant dans une salle en longueur, d'esprit mi-classique mi-rustique (cheminée). Table traditionnelle actualisée.

LA CROIX-VALMER – 83 Var – **340** O6 – 3 173 h. – alt. 120 m   41 C3
– ✉ 83420 ▯ Côte d'Azur
🔁 Paris 873 – Draguignan 48 – Fréjus 35 – Le Lavandou 27
🚊 Office de tourisme, esplanade de la Gare ℰ 04 94 55 12 12,
Fax 04 94 55 12 10
🔞 Gassin Golf Country Club à Gassin Route de Ramatuelle, N : 8 km,
ℰ 04 94 55 13 44

🏨 L'Orangeraie sans rest   �„ ⛆ 🛗 P VISA ❻ AE
rte de Ramatuelle – ℰ *04 94 55 27 27 – www.hotel-lorangeraie.com*
– Fax 04 94 54 38 91 – Ouvert 3 avril-16 oct.
32 ch ⌂ – †130/195 € ††130/320 €
♦ Ex-couvent à l'imposante façade Belle Époque. Hall majestueux et vastes chambres romantiques, la plupart tournées vers la palmeraie et la mer. Petite restauration en saison.

au Sud-Ouest 3,5 km par D 559 puis rte secondaire par rd-pt du Débarquement
– ✉ 83420 La Croix-Valmer

✗ La Petite Auberge de Barbigoua   🛜 P VISA ❻
1 av. des Gabiers, (quartier Barbigoua) – ℰ *04 94 54 21 82 – Ouvert mai à sept.*
et fermé lundi, mardi et dim.
Rest – (dîner seult) Menu 30 €, 35/45 € – Carte 37/52 €
♦ Discrète petite adresse et son agréable terrasse-jardin. Atmosphère conviviale, intérieur d'esprit rustique, carte dans la note régionale orientée poissons.

à Gigaro 5 km au Sud-Est par rte secondaire – ⊠ 83420 La Croix-Valmer

🏨🏨🏨 **Château de Valmer** ⬧ ◁ ◊ 🕏 ⤢ 🕲 🕼 & Ⓐ ch, ⁛ 🕍 🅿
plage de Gigaro – ℰ 04 94 55 15 15   🅅🅸🅂🄰 ⬤⬤ 🄰🄴 ⓪
– www.chateauvalmer.com – Fax 04 94 55 15 10 – Ouvert mi-avril-mi-oct.
41 ch – ⬤200/315 € ⬤⬤340/540 €, ⛛ 27 € – 1 suite
Rest – (fermé mardi soir) Menu 55 € (dîner) – Carte 60/80 €

♦ Maison de maître (19ᵉ s.) d'un domaine viticole abritant de vastes chambres de style régional et une originale "cabane perchée". Piscine bordée d'une palmeraie. Spa très complet. Au restaurant, la Provence est à la fête, tant dans le décor que dans l'assiette !

🏨🏨🏨 **La Pinède-Plage** ⬧ ◁ 🖃 🕏 ⤢ 🕸 Ⓐ ch, ⁛ 🅿 🅅🅸🅂🄰 ⬤⬤ 🄰🄴 ⓪
plage de Gigaro – ℰ 04 94 55 16 16 – www.pinedeplage.com
– Fax 04 94 55 16 10 – Ouvert mai- début oct.
33 ch – ⬤200/320 € ⬤⬤340/535 €, ⛛ 27 €   **Rest** – Carte 60/80 €

♦ "Les pieds dans l'eau" et ombragée par des pins parasols, cet hôtel offre un nouveau décor frais et lumineux. Chambres plaisantes, toutes ouvertes sur le large. Belle terrasse panoramique face aux îles d'Or pour apprécier une cuisine du Sud orientée mer.

CROS-DE-CAGNES – 06 Alpes-Maritimes – **341** D6 – rattaché à Cagnes-sur-Mer

---

CROZANT – 23 Creuse – **325** G2 – 527 h. – alt. 263 m – ⊠ 23160   **25** C1
▌ Limousin Berry

   ▯ Paris 329 – Argenton-sur-Creuse 31 – La Châtre 46 – Guéret 41
   ◎ Ruines★.

✗ **Auberge de la Vallée**   🅅🅸🅂🄰 ⬤⬤ 🄰🄴
🆸 – ℰ 05 55 89 80 03 – Fermé mardi soir et merc. d'oct. à mai
Rest – Menu 16 € (déj. en sem.), 29/47 € – Carte 40/50 €

♦ Nouveau départ pour cette petite auberge de campagne reprise par un jeune chef dynamique. Cuisine traditionnelle agrémentée de notes actuelles.

CROZET – 01 Ain – **328** J3 – 1 673 h. – alt. 540 m – ⊠ 01170   **46** F1

   ▯ Paris 537 – Lyon 153 – Bourg-en-Bresse 105 – Genève 16

🏨🏨🏨 **Jiva Hill Park Hôtel** ⬧ ◁ ◊ 🕏 🕲 🖵 🕸 🕼 Ⓐ ⁛ 🕍 🅿
rte d'Harée – ℰ 04 50 28 48 48 – www.jivahill.com   🅅🅸🅂🄰 ⬤⬤ 🄰🄴 ⓪
– Fax 04 50 28 48 49 – Fermé fév.
33 ch – ⬤300/380 € ⬤⬤340/420 €, ⛛ 20 €
Rest Shamwari – ℰ 04 50 28 48 47 – (33 €) Menu 48 €, 65/80 € – Carte 63/71 €

♦ Raffinement, luxe et lignes contemporaines à 10 mn de l'aéroport de Genève. Cet hôtel, pensé comme un lodge sud-africain, est placé sous le signe de la sophistication chic. Restaurant intimiste, avec terrasse face au Mont-Blanc, pour une cuisine au goût du jour.

CROZON – 29 Finistère – **308** E5 – 7 684 h. – alt. 85 m – ⊠ 29160   **9** A2
▌ Bretagne

   ▯ Paris 587 – Brest 60 – Châteaulin 35 – Douarnenez 40
   🖪 Office de tourisme, boulevard de Pralognan ℰ 02 98 27 07 92,
     Fax 02 98 27 24 89
   ◎ Retable★ de l'église.
   ◩ Circuit des Pointes★★★.

🏨 **De la Presqu'île**   & rest, Ⓐ rest, ⁛ ⁛ 🅅🅸🅂🄰 ⬤⬤ 🄰🄴
🖾 pl. de l'Église – ℰ 02 98 27 29 29 – Fax 02 98 26 11 97 – Fermé 3 sem. en mars, 3 sem. en oct., dim. soir et mardi midi hors saison, lundi sauf le soir en saison
13 ch – ⬤50/79 € ⬤⬤50/79 €, ⛛ 10 € – ½ P 63/78 €
Rest Le Mutin Gourmand – voir ci-après

♦ L'ancienne mairie abrite désormais des chambres insonorisées et décorées avec goût dans un style qui panache touches actuelles et esprit breton.

✗✗ **Le Mutin Gourmand** – Hôtel de la Presqu'île   & Ⓐ 🅅🅸🅂🄰 ⬤⬤ 🄰🄴
🅐 pl. de l'Église – ℰ 02 98 27 06 51 – Fax 02 98 26 11 97 – Fermé 8-31 mars, 27 sept.-20 oct., dim. soir et mardi midi hors saison, lundi sauf le soir en saison
Rest – (13 €) Menu 26/74 €🕮

♦ Deux salles, l'une rustique et l'autre au décor plus actuel, vous attendent en cette accueillante maison bretonne. Cuisine régionale soignée ; vins du Languedoc et de la Loire.

au Fret 5,5 km au Nord par D 155 et D 55 – ⊠ 29160 Crozon

⭐ **Hostellerie de la Mer** ≼ 🏦 ¶ ☜ VISA ◑ ﷼
11 quai du Fret – ℰ 02 98 27 61 90 – www.hostelleriedelamer.com
– Fax 02 98 27 65 89 – Fermé sam. et dim. en janv.
24 ch ⏛ – ♦50/75 € ♦♦50/115 €, ⏛ 10 € – ½ P 59/92 €
Rest – *(fermé 3 janv.-4 fév.)* (16 €) Menu 26/74 € – Carte 40/130 €
♦ Agréable ambiance de pension familiale dans cet hôtel situé face au port et à la rade de Brest. Chambres rénovées peu à peu dans un esprit contemporain ; certaines profitent de la vue. Au restaurant, mobilier breton, beau panorama et cuisine honorant les produits de la mer.

CRUGNY – 51 Marne – **306** E7 – 613 h. – alt. 100 m – ⊠ 51170   **13** B2
Champagne Ardenne

▶ Paris 135 – Châlons-en-Champagne 71 – Reims 28 – Soissons 39

🏠 **La Maison Bleue** ☜   🐾 🌂 **P** VISA ◑
46 r. Haute – ℰ 03 26 50 84 63 – www.la-maison-bleue.com – Fax 03 26 97 43 92
– Fermé 22 déc.-31 janv.
6 ch ⏛ – ♦91/110 € ♦♦100/140 €   **Table d'hôte** – Menu 30 € bc
♦ Accueillante maison au cœur d'un paisible parc avec étangs. Chambres personnalisées ; la plus spacieuse, sous les toits, donne sur le village et la vallée de l'Ardre. Cuisine traditionnelle aux accents régionaux.

CRUIS – 04 Alpes-de-Haute-Provence – **334** D8 – 585 h. – alt. 728 m   **40** B2
– ⊠ 04230

▶ Paris 732 – Digne-les-Bains 42 – Forcalquier 22 – Manosque 42

🍴 **Auberge de l'Abbaye** avec ch   🏦 VISA ◑
– ℰ 04 92 77 01 93 – auberge-abbaye-cruis – Fax 04 92 77 01 92 – Fermé
vacances de la Toussaint, de Noël, de fév., dim. soir et merc. de sept. à juin et le
midi du lundi au jeudi en juil.-août
8 ch – ♦55/75 € ♦♦55/75 €, ⏛ 10 € – ½ P 63/73 €
Rest – *(nombre de couverts limité, prévenir)* (25 €) Menu 30/55 €
♦ Sympathique auberge familiale dotée d'une agréable terrasse ombragée, sur la place du bourg ; cuisine dans la note régionale, à base de bons produits locaux. Chambres simples et impeccablement tenues. Pain maison au petit-déjeuner.

CRUSEILLES – 74 Haute-Savoie – **328** J4 – 3 572 h. – alt. 781 m   **46** F1
– ⊠ 74350

▶ Paris 537 – Annecy 19 – Bellegarde-sur-Valserine 44 – Bonneville 37
🛈 Syndicat d'initiative, 46, place de la Mairie ℰ 04 50 44 20 92

🍴🍴🍴 **L'Ancolie** avec ch   ≼ 🏦 🏦 ఉ ¶ rest, ¶ 🆑 **P** VISA ◑
au parc des Dronières, Nord-Est : 1 km par D 15 – ℰ 04 50 44 28 98
– www.lancolie.com – Fax 04 50 44 09 73 – Fermé vacances de la Toussaint et
1ᵉʳ-15 fév.
10 ch – ♦89/126 € ♦♦89/126 €, ⏛ 14 € – ½ P 90/105 €
Rest – *(fermé dim. soir sauf juil.-août et lundi)* (29 €) Menu 45/72 €
– Carte 57/81 €
♦ Face à un lac, chalet moderne à l'ambiance savoyarde. Plats traditionnels et régionaux, terrasse panoramique. Confortables chambres lambrissées avec balcon (sauf une).

aux Avenières 6 km au Nord par D 41 et rte secondaire – ⊠ 74350 Cruseilles

🏘 **Château des Avenières** ☜   ≼ 🐾 🏦 🕊 ✕ 🎴 🌂 🐾 **P**
– ℰ 04 50 44 02 23 – www.avenieres.com   VISA ◑ ﷼ ◐
– Fax 04 50 44 29 09 – Fermé vacances de la Toussaint
et de fév.
18 ch – ♦190/310 € ♦♦190/310 €, ⏛ 17 €
Rest – *(fermé lundi midi et mardi midi)* (29 €) Menu 58/88 €
♦ Ce manoir bâti en 1907, au passé plein de mystère, se dresse dans un charmant parc en forme de papillon. Chambres de caractère, vue imprenable sur la chaîne des Aravis. Superbe salle à manger classico-baroque (boiseries ouvragées) et délicieuse cuisine inventive.

CUBRY – 25 Doubs – **321** I2 – 75 h. – alt. 340 m – ⊠ 25680   **17** C1

▶ Paris 389 – Belfort 49 – Besançon 53 – Lure 27

🏛️ **Château de Bournel** 🐾   🔔 ☂ ✕ 🖥️ 📞 🏊 🅿️ 🚲 VISA ⊕ AE ①
⊚ – 𝒞 03 81 86 00 10 – www.golf-bournel.com – Fax 03 81 86 01 06
16 ch – ✝100/150 € ✝✝150/180 €, ⊇ 14 € – 2 suites – ½ P 150/165 €
Rest Le Maugré – 𝒞 03 81 86 06 60 (Fermé dim. soir, lundi et mardi hors saison) Menu 18 € (déj.), 32/45 € – Carte 35/50 € le soir
♦ Hôtel aménagé dans les dépendances (18ᵉ s.) du château du marquis de Moustier, au cœur d'un parc de 80 ha. Jardin à la française et golf 18 trous. Chambres spacieuses. Salle à manger voûtée et cuisine au goût du jour au Maugré. Repas rapide à la brasserie.

CUCUGNAN – 11 Aude – **344** G5 – 131 h. – alt. 310 m – ⊠ 11350   **22** B3
▌ Languedoc Roussillon

▶ Paris 847 – Carcassonne 77 – Limoux 79 – Perpignan 42
◉ Circuit des Corbières cathares★★.

🏠 **La Tourette** sans rest 🐾   AK ⁰¹⁰ 🚲
4 passage de la Vierge – 𝒞 04 68 45 07 39 – www.latourette.eu
3 ch ⊇ – ✝90/110 € ✝✝100/120 €
♦ La propriétaire a décoré cette maison avec un goût sûr et les chambres Prune, Turquoise et Indigo sont insolites et réellement exquises. Jacuzzi sous un olivier, dans le patio.

✕✕ **Auberge du Vigneron** avec ch 🐾   ☂ AK ch, ⁰¹⁰ VISA ⊕
– 𝒞 04 68 45 03 00 – www.auberge-vigneron.com – Fax 04 68 45 03 08 – Ouvert 16 mars-10 nov.
7 ch – ✝51/54 € ✝✝54/67 €, ⊇ 8 € – ½ P 53/63 €
Rest – (fermé dim. soir hors saison, sam. midi en juil.-août et lundi) (16 €) Menu 21/38 € – Carte 38/55 €
♦ La chef élabore une cuisine régionale où l'originalité trouve sa place. Salle aménagée dans l'ancien chai et jolie terrasse face au vignoble. Petites chambres rustiques.

✕ **Auberge de Cucugnan** avec ch 🐾   ☂ AK ch, 🅿️ VISA ⊕
⊚ 2 pl. Fontaine – 𝒞 04 68 45 40 84 – www.auberge-de-cucugnan.com
– Fax 04 68 45 01 52 – Fermé 1ᵉʳ janv.-1ᵉʳ mars
9 ch – ✝50 € ✝✝50 €, ⊇ 7 € – ½ P 49 €
Rest – (fermé jeudi) (10 €) Menu 18/46 € – Carte 21/46 €
♦ Ambiance campagnarde dans cette ex-grange que l'on atteint après avoir parcouru un dédale de ruelles. Cuisine de terroir franche et généreuse. Chambres parfaitement tenues.

CUCURON – 84 Vaucluse – **332** F11 – 1 814 h. – alt. 350 m – ⊠ 84160   **42** E1
▌ Provence

▶ Paris 739 – Apt 25 – Cavaillon 39 – Digne-les-Bains 109
🄸 Office de tourisme, rue Léonce Brieugne 𝒞 04 90 77 28 37

🏠 **Le Pavillon de Galon** sans rest 🐾   🔔 🌊 ⁰¹⁰ 🅿️
chemin de Galon – 𝒞 04 90 77 24 15 – www.pavillondegalon.com
– Fax 04 90 77 12 55
3 ch ⊇ – ✝130/200 € ✝✝150/220 €
♦ Un magnifique parc (jardin à la française, vignes, verger, labyrinthe de buis...) entoure ce pavillon de chasse du 18ᵉ s. Simplicité raffinée et confort "au top" dans les chambres.

✕✕ **La Petite Maison** (Éric Sapet)   ☂ VISA ⊕ AE
❀ pl. de l'Étang – 𝒞 04 90 68 21 99
– www.lapetitemaisondecucuron.com
– Fermé lundi et mardi
Rest – (nombre de couverts limité, prévenir) Menu 40/60 €🍴
Spéc. Velouté onctueux de courge et rissoles de mozzarella croustillantes (automne). Carré de veau au citron confit, artichauts à l'orange et jus de carotte. Soupe de cerises au Guignolet, chantilly de mascarpone et babas bouchons (saison). **Vins** Côtes du Luberon, Côtes du Ventoux.
♦ Au cœur du village, près de l'étang, une petite maison avec sa tonnelle ombragée. Belle cuisine de produits qui change au gré du marché, des saisons et de l'inspiration du chef.

X **L'Horloge** *VISA* *GO* *AE*

55 r. L. Brieugne – € 04 90 77 12 74 – www.horloge.netfirms.com
– Fax 04 90 77 29 90 – Fermé 26-30 juin, 18-27 déc., 6 fév.-15 mars, lundi soir du
1er sept. au 6 avril, mardi soir et merc.
Rest – (14 €) Menu 19/43 € – Carte 34/66 €

• Dans ce bourg du Luberon, pressoir à huile du 14e s. réaménagé en restaurant rustique égayé de chauds coloris. Cuisine aux accents régionaux.

CUERS – 83 Var – **340** L6 – 9 542 h. – alt. 140 m – ⊠ 83390 **41** C3

🗗 Paris 834 – Brignoles 25 – Draguignan 59 – Marseille 84

🖪 Office de tourisme, 18, Place de la Convention € 04 94 48 56 27,
Fax 04 94 28 03 56

XX **Le Verger des Kouros** *🖾 🛋 P VISA GO AE ①*

quartier des Cauvets, 2 km par rte de Solliès-Pont D 97 – € 04 94 28 50 17
– www.le-verger-des-kouros.com – Fax 04 94 48 69 77 – Fermé 25 oct.-10 nov.,
15-28 fév., mardi sauf le soir de juin à août et merc.
Rest – Menu 18 € (déj. en sem.)/36 €

• Point de statues d'éphèbes, mais trois frères d'origine grecque à la tête de ce restaurant occupant une maison régionale. Fraîche salle à manger et recettes méditerranéennes.

CUISEAUX – 71 Saône-et-Loire – **320** M11 – 1 764 h. – alt. 280 m **8** D3
– ⊠ 71480 ▌ Bourgogne

🗗 Paris 395 – Chalon-sur-Saône 60 – Lons-le-Saunier 26 – Mâcon 74

🖪 Syndicat d'initiative, cours des Princes d'Orange € 03 85 72 76 09

🏠 **Vuillot** *🖾 🖾 ⁑ P 🕾 VISA GO*

36 r. Vuillard – € 03 85 72 71 79 – Fax 03 85 72 54 22 – Fermé 1er-12 juin,
3-17 janv. et dim. soir
16 ch – †45/50 € ††60/65 €, ⊇ 9 € – ½ P 50/55 €
Rest – (15 €) Menu 22/50 € – Carte 26/65 €

• Maison bourguignonne en belles pierres du pays abritant de grandes chambres proprettes, dans un bourg conservant des vestiges de ses anciennes fortifications. Salle à manger dans les teintes orangées ; cuisine régionale soignée, réalisée avec de bons produits.

CUISERY – 71 Saône-et-Loire – **320** J10 – 1 616 h. – alt. 211 m **8** C3
– ⊠ 71290 ▌ Bourgogne

🗗 Paris 367 – Chalon-sur-Saône 35 – Lons-le-Saunier 50 – Mâcon 38

🖪 Syndicat d'initiative, 32, place d'Armes € 03 85 40 11 70, Fax 03 85 40 11 70

🏠🏠 **Hostellerie Bressane** *🖾 🛋 🖾 ⁑ P 🕾 VISA GO AE*

56 rte de Tournus – € 03 85 32 30 66 – www.hostellerie-bressane.fr
– Fax 03 85 40 14 96 – Fermé 5-15 juil., 29 déc.-29 janv., merc. et jeudi
15 ch – †60/90 € ††70/120 €, ⊇ 11 € – ½ P 80/100 €
Rest – (25 €) Menu 34/57 € – Carte 43/65 € 🍴

• Hostellerie familiale de 1870 abritant des chambres spacieuses (dont 3 junior suites), rénovées avec soin. Charmant jardin. Mets traditionnels et locaux servis avec le sourire dans un cadre classique actualisé. Terrasse onbragée par un superbe platane.

CULT – 70 Haute-Saône – **321** E3 – 200 h. – alt. 270 m – ⊠ 70150 **16** B2

🗗 Paris 367 – Besançon 35 – Dole 44 – Vesoul 56

🏠 **Les Egrignes** sans rest 🦢 *🖉 P*

rte d'Hugier – € 03 84 31 92 06 – www.les-egrignes.com – Fax 03 84 31 92 06
– Fermé 14 nov.-29 fév.
3 ch ⊇ – †80 € ††90 €

• Belle demeure de 1849 entourée d'un parc planté d'arbres centenaires. Chambres de bonne ampleur, décorées avec raffinement et élégant salon.

CUQ-TOULZA – 81 Tarn – **338** D9 – 572 h. – alt. 203 m – ⊠ 81470 **29** C2

🗗 Paris 713 – Toulouse 47 – Albi 72 – Castelnaudary 35

Cuq en Terrasses ⚶ ⟨ 🚗 🚙 ⌿ ⏘ ch, ☎ ⚿ VISA ⓪ AE ①
Sud-Est : 2,5 km par D 45 – ℰ 05 63 82 54 00 – www.cuqenterrasses.com
– Fax 05 63 82 54 11 – Ouvert 1ᵉʳ avril-30 oct.
6 ch – ♦80/150 € ♦♦90/150 €, ⌑ 15 € – 1 suite – ½ P 88/118 €
Rest – *(fermé merc.) (dîner seult) (résidents seult)* Menu 35 €
♦ Cette charmante maison du 18ᵉ s. est une perle rare : insolite jardin en terrasses, ambiance guesthouse, chambres calmes, personnalisées et décorées avec goût. Repas actuels aux influences méditerranéennes, servis en extérieur l'été.

CUREBOURSE (COL DE) – 15 Cantal – **330** D5 – **rattaché à Vic-sur-Cère**

CURTIL-VERGY – 21 Côte-d'Or – **320** J6 – **rattaché à Nuits-St-Georges**

CURZAY-SUR-VONNE – 86 Vienne – **322** G6 – 456 h. – alt. 125 m   **39** C1
– ⌧ 86600

◫ Paris 364 – Lusignan 11 – Niort 54 – Parthenay 34

Château de Curzay ⚶ ⟨ 🐕 🚙 ⌿ ⏘ ⌿ ch, ⚿ P VISA ⓪ AE
🏵 *rte de Jazeneuil – ℰ 05 49 36 17 00 – www.chateau-curzay.com*
– Fax 05 49 53 57 69 – Fermé janv.-fév.
20 ch – ♦190/380 € ♦♦190/380 €, ⌑ 27 € – 2 suites – ½ P 175/225 €
Rest *La Cédraie* – *(Fermé lundi, mardi et merc. sauf juil.-août et fériés)*
Menu 65 € (déj.)/110 € bc – Carte 70/93 €
Spéc. Croustillant d'écrevisses aux asperges (printemps). Filet de bar rôti aux citrons confits (été). Soufflé à la pêche de vigne (été). **Vins** Vin de pays de la Vienne.
Rest *La Table d'à Côté* – Menu 30 € (déj.), 34/50 € bc – Carte 32/39 €
♦ Superbe château (1710) au cœur d'un beau parc de 120 ha traversé par une rivière et hébergeant un haras. Chambres au port aristocratique. Cuisine inventive et saisonnière (produits du potager et du jardin aromatique) à La Cédraie. À La Table d'à Côté, cuisine aux saveurs d'autrefois dans l'ancienne salle de chasse.

CUSSAY – 37 Indre-et-Loire – **317** N6 – 562 h. – alt. 105 m – ⌧ 37240   **11** B3
◫ Paris 303 – Orléans 179 – Tours 67 – Joué-lès-Tours 62

La Ferme Blanche ⚶ 🚙 ⌿ ⏘ P
La Chaume-Brangerie – ℰ 06 61 72 68 30 – www.la-ferme-blanche.com
– Fermé mi-nov. à mi-mars
5 ch ⌑ – ♦130 € ♦♦130 €   **Table d'hôte** – Menu 35 € bc
♦ Dans un agréable jardin, ouvert sur la calme campagne, une ferme du 18ᵉ s. en pierre. Le mobilier chiné, associé avec harmonie, donne du caractère aux chambres personnalisées. À la table d'hôte, on profite d'une cuisine traditionnelle inspirée du terroir tourangeau.

CUSSEY-SUR-L'OGNON – 25 Doubs – **321** F2 – 814 h. – alt. 227 m   **16** B2
– ⌧ 25870

◫ Paris 412 – Besançon 14 – Gray 37 – Vesoul 45
◨ Château de Moncley★ ▮ Jura

🍴 **La Vieille Auberge**   ⌿ VISA ⓪ AE
1 grande rue – ℰ 03 81 48 51 70 – www.la-vieille-auberge.fr – Fax 03 81 57 62 30
– Fermé 23 août-13 sept., 27 déc.-13 janv., vend. soir de nov. à janv., dim. soir et lundi
Rest – (17 € bc) Menu 22 € (sem.) – Carte 32/48 €
♦ Maison ancienne en pierres de taille tapissée de lierre. Cuisine traditionnelle et plats régionaux proposés dans une salle à manger discrètement rustique.

CUTS – 60 Oise – **305** J3 – 945 h. – alt. 79 m – ⌧ 60400   **37** C2
◫ Paris 115 – Chauny 16 – Compiègne 26 – Noyon 10

🍴🍴 **Auberge Le Bois Doré** avec ch   VISA ⓪
⚶ *5 r. Ramée, D 934 – ℰ 03 44 09 77 66 – www.leboisdore.fr – Fax 03 44 09 79 27*
– Fermé 21 fév.-8 mars, mardi soir, dim. soir et lundi
3 ch – ♦45 € ♦♦50 €, ⌑ 8 €
Rest – (9 €) Menu 17 € (déj. en sem.), 20/38 € – Carte 30/45 €
♦ Bâtisse plus que centenaire à la façade en pierres de taille rénovée. Cuisine traditionnelle dans la salle claire et sobrement décorée. À l'étage, vaste salle de banquets. Quelques chambres pour prolonger l'étape.

CUTXAN – 32 Gers – **336** B6 – rattaché à Barbotan-les-Thermes

CUVES – 50 Manche – **303** F7 – 357 h. - alt. 78 m – ⊠ 50670   32 A2

▶ Paris 334 – Avranches 23 – Domfront 42 – Fougères 47

XX **Le Moulin de Jean**   ☆ **P** VISA ◯◯ AE ◯
Nord-Est : 2 km sur D 48 – ☏ *02 33 48 39 29 – www.lemoulindejean.com*
– Fax 02 33 48 35 32
Rest – (26 €) Menu 31/48 € – Carte 31/48 €
♦ Dans un site bucolique, ancien moulin où se marient harmonieusement pierres, parquet
et mise de table actuelle. Salon cosy devant une cave à vins vitrée. Cuisine du moment.

CUVILLY – 60 Oise – **305** H3 – 593 h. - alt. 78 m – ⊠ 60490   36 B2

▶ Paris 93 – Compiègne 21 – Amiens 54 – Beauvais 61

XX **L'Auberge Fleurie**   ☞ ☆ VISA ◯◯
◎◎ *64 rte Flandres, D 1017* – ☏ *03 44 85 06 55 – Fax 03 44 85 06 55 – Fermé 23 août-*
7 sept., 18 janv.-9 fév., le soir sauf vend. et sam. du 7 sept. au 1er juil. et lundi
Rest – Menu 14 € (déj.)/38 € – Carte 39/58 €
♦ Maison tapissée de vigne vierge au riche passé : relais de poste, puis ferme et aujourd'hui
restaurant. Salle rustique, sise dans l'ex-bergerie. Plats traditionnels.

CUZANCE – 46 Lot – **337** F2 – 418 h. - alt. 233 m – ⊠ 46600   29 C1

▶ Paris 507 – Cahors 80 – Sarlat-la-Canéda 40 – Tulle 61

⌂ **Manoir de Malagorse** 🌿   ≤ ⌖ ☆ ⊐ **P** VISA ◯◯
– ☏ 05 65 27 14 83 – www.manoir-de-malagorse.fr – Fax 05 65 27 14 83
– Ouvert mai-oct.
5 ch ⌂ – †140/300 € ††140/300 €   **Table d'hôte** – Menu 45 € bc 🍷
♦ Ce domaine de 5 ha situé en pleine campagne vous promet un séjour mémorable : chambres personnalisées et salon-bibliothèque cosy logés dans une bâtisse régionale en pierre
(19e s.). La table d'hôte met à l'honneur les fruits et légumes du Causse.

DABISSE – 04 Alpes-de-Haute-Provence – **334** D9 – ⊠ 04190 Les Mees   40 B2

▶ Paris 734 – Digne-les-Bains 34 – Forcalquier 20 – Manosque 27

XXX **Le Vieux Colombier**   ☆ **P** VISA ◯◯ AE
rte d'Oraison, 2 km au Sud par D 4 – ☏ *04 92 34 32 32*
– www.levieuxcolombier.over-blog.fr – Fax 04 92 34 34 26 – Fermé
1er-15 janv., mardi soir d'oct. à mars, dim. soir et merc.
Rest – Menu 35/59 € – Carte 35/45 €
♦ Dans une ancienne ferme, salle à manger avec poutres apparentes. Agréable terrasse
ombragée par deux marronniers centenaires. Cuisine classique.

DACHSTEIN – 67 Bas-Rhin – **315** J5 – 1 439 h. - alt. 160 m – ⊠ 67120   1 A1

▶ Paris 477 – Molsheim 6 – Saverne 28 – Sélestat 40

XX **Auberge de la Bruche**   ☆ VISA ◯◯ AE
– ☏ 03 88 38 14 90 – www.auberge-bruche.com – Fax 03 88 48 81 12
– Fermé 2-15 août, 27 déc.-6 janv., sam. midi, dim. soir et merc.
Rest – Menu 28/70 € bc – Carte 45/55 €
♦ Prenez l'ancienne tour de garde du village : à ses pieds, un cours d'eau, la Bruche, et à ses
côtés une auberge fleurie au décor élégant. Le tout forme un joli tableau.

DAGLAN – 24 Dordogne – **337** D3 – 540 h. - alt. 101 m – ⊠ 24250   4 D2

▶ Paris 558 – Bordeaux 203 – Cahors 51 – Sarlat-la-Canéda 23
🄸 Syndicat d'initiative, le Bourg ☏ 05 53 29 88 84, Fax 05 53 29 88 84

XX **Le Petit Paris**   ☆ ☆ VISA ◯◯
◎ *au bourg* – ☏ *05 53 28 41 10 – Fax 05 53 28 41 10 – Ouvert 2 mars-14 nov.*
et fermé dim. soir hors saison, sam. midi et lundi
Rest – *(nombre de couverts limité, prévenir)* (22 €) Menu 27/39 € – Carte 45/55 €
♦ Deux salles à manger rustiques (celle du 1er étage est plus cossue) et une terrasse d'été
pour déguster une cuisine au goût du jour soignée, réalisée avec les produits régionaux.

LA DAILLE – 73 Savoie – **333** O5 – rattaché à Val-d'Isère

DAMBACH-LA-VILLE – 67 Bas-Rhin – **315** I7 – 1 930 h. – alt. 210 m   **2** C1
– ⊠ 67650 ▌Alsace Lorraine

> ▶ Paris 443 – Obernai 24 – Saverne 61 – Sélestat 8
>
> **𝑖** Office de tourisme, 11, place du Marché ℰ 03 88 92 61 00, Fax 03 88 92 47 11

⌂   **Le Vignoble** sans rest   ᕼ 彩 **P** 𝗩𝗜𝗦𝗔 ⚫ 𝖠𝖤
1 r. de l'Église – ℰ 03 88 92 43 75 – www.hotel-vignoble-alsace.fr – Fax 03 88 92 62 21
– Fermé janv.
7 ch – †58/60 € ††65/67 €, � 8 €
   ◆ Attenante à l'église du village, cette ancienne grange alsacienne de 1765 propose des
chambres coquettes (bien insonorisées) et offre un accueil chaleureux. Cour et jardinet.

DAMGAN – 56 Morbihan – **308** P9 – 1 456 h. – ⊠ 56750   **9** B3

> ▶ Paris 469 – Muzillac 10 – Redon 46 – La Roche-Bernard 25
>
> **𝑖** Office de tourisme, Pl. Alexandre Tiffoche ℰ 02 97 41 11 32, Fax 02 97 41 13 22

⌂   **De la Plage** sans rest   ⩽ 🛗 彩 ⓣ **P** 𝗩𝗜𝗦𝗔 ⚫
38 bd de l'Océan – ℰ 02 97 41 10 07 – www.hotel-morbihan.com
– Fax 02 97 41 12 82 – Fermé 11 nov.-6 fév.
17 ch – †75/110 € ††75/110 €, ⊒ 12 € – 2 suites
   ◆ Mention particulière pour l'accueil familial tout sourire. Les chambres profitent presque
toutes d'une belle échappée sur l'Atlantique. Restauration d'appoint (saladerie).

⌂   **Albatros**   ⩽ 🍴 ᕼ 🅼 rest, 彩 ⓣ **P** 𝗩𝗜𝗦𝗔 ⚫
1 bd de l'Océan – ℰ 02 97 41 16 85 – www.hotel-albatros-damgan.com
– Fax 02 97 41 21 34 – Ouvert 15 mars-3 nov.
27 ch – †48/57 € ††54/70 €, ⊒ 8 € – ½ P 55/63 €
Rest – (12 €) Menu 20/44 € – Carte 28/52 €
   ◆ Ambiance très gaie dans cette maison de front de mer, au cœur d'un quartier résidentiel.
La majorité des chambres donnent sur l'océan ; toutes sont scrupuleusement tenues. Au res-
taurant, joli cadre coloré, belle échappée sur les flots, et carte de poissons.

DAMPIERRE-EN-YVELINES – 78 Yvelines – **311** H3 – **101** 31 – **voir Paris, Environs**

DAMPRICHARD – 25 Doubs – **321** L3 – 1 787 h. – alt. 825 m – ⊠ 25450   **17** C2

> ▶ Paris 505 – Basel 94 – Belfort 64 – Besançon 82

ⵝⵝ   **Le Lion d'Or**   🍴 𝗩𝗜𝗦𝗔 ⚫ 𝖠𝖤
7 pl. du 3ème RTA – ℰ 03 81 44 22 84 – www.hotel-le-lion-dor.com
– Fax 03 81 44 23 10 – fermé 23 oct.-5 nov., 21-27 fév., dim. soir et lundi
Rest – (11 €) Menu 22/52 € – Carte 28/59 €
   ◆ Au centre d'un bourg limitrophe de la Suisse, découvrez cet agréable restaurant (poutres,
cheminée) servant une cuisine classique de produits frais. Bon choix de vins au verre.

DANIZY – 02 Aisne – **306** C5 – 554 h. – alt. 54 m – ⊠ 02800   **37** C2

> ▶ Paris 148 – Amiens 111 – Laon 32 – Saint-Quentin 28

⌂   **Domaine le Parc** ⌖   ⩽ ♪ 🍴 ⓣ **P**
r. du Quesny – ℰ 03 23 56 55 23 – www.domaineleparc.fr – Fermé 21 déc.-8 janv.
5 ch ⊒ – †75/95 € ††75/95 €   **Table d'hôte** – Menu 35 € bc
   ◆ Belle demeure de caractère du 18ᵉ s. nichée dans un magnifique parc boisé. Côté chambres, lumière douce et décoration classique. Certaines ont vue sur la vallée de l'Oise. La table
d'hôte séduit par la cuisine familiale soignée que propose la propriétaire.

DANJOUTIN – 90 Territoire de Belfort – **315** F11 – **rattaché à Belfort**

DANNEMARIE – 68 Haut-Rhin – **315** G11 – 2 299 h. – alt. 320 m   **1** A3
– ⊠ 68210

> ▶ Paris 447 – Basel 43 – Belfort 25 – Colmar 58

ⵝ   **Ritter**   🚗 🍴 **P** 𝗩𝗜𝗦𝗔 ⚫ ⓞ
(face à la gare) – ℰ 03 89 25 04 30 – Fax 03 89 08 02 34 – Fermé 15-30 juil.,
20-31 déc., 16 fév.-5 mars, lundi soir, jeudi soir et mardi
Rest – (10 €) Menu 26/58 € bc – Carte 28/45 €
   ◆ L'ancien théâtre du village (1900) converti en restaurant. Sur scène et dans la salle, décor
alsacien, collection de chopes et outils paysans... Spécialité de carpes frites.

Wach
🍴   VISA ◉◉
😋 *13 pl. Hôtel-de-Ville – ℰ 03 89 25 00 01 – Fax 03 89 25 00 01 – Fermé 2-16 août,*
20 déc.-11 janv. et lundi
Rest – *(déj. seult)* Menu 12 €, 15/35 € – Carte 29/48 € ⒔
♦ La modeste façade de cette adresse familiale est joliment fleurie en saison. Vous y goûterez une cuisine régionale accompagnée de vins de qualité proposés à des prix raisonnables.

DAVAYAT – 63 Puy-de-Dôme – **323** F7 – 558 h. – alt. 369 m – ⊠ **63200**   **5 B2**
▌Auvergne

▶ Paris 402 – Clermont-Ferrand 28 – Cournon-d'Auvergne 29 – Vichy 46

⌂ ## La Maison de la Treille sans rest ⌚   🚗 ⤴ 🌿 ⚄ 🅿
25 r. de l'Église – ℰ 04 73 63 58 20 – honnorat.la.treille.free.fr
4 ch ⌣ – ♦68/86 € ♦♦75/93 €
♦ Demeure de 1810 dont l'architecture s'inspire du néoclassicisme italien. Les chambres soignées se trouvent dans l'orangerie, entourée d'un ravissant jardin.

DAX ◉◉ – 40 Landes – **335** E12 – 20 810 h. – alt. 12 m – **Stat. therm. :**   **3 B3**
à St-Paul-lès-Dax : toute l'année – **Casinos : La Potinière, et à St-Paul-lès-Dax**
– ⊠ **40100** ▌Aquitaine

▶ Paris 727 – Biarritz 61 – Bordeaux 144 – Mont-de-Marsan 54
🗓 Office de tourisme, 11, cours Foch ℰ 05 58 56 86 86, Fax 05 58 56 86 80

Plan page suivante

🏨 ## Grand Hôtel Mercure Splendid   ≼ 🚗 ◉◉ 𝄜 🎐 ▤ 🐧 ⅏ rest, "🕈"
cours Verdun – ℰ 05 58 56 70 70 – Thermadax.fr   ⚄ 🅿 VISA ◉◉ AE ◔
– Fax 05 58 74 76 33   Ba
100 ch – ♦83/119 € ♦♦106/124 €, ⌣ 12 € – 6 suites – ½ P 109/183 €
Rest – Menu 30/39 € – Carte 33/48 €
♦ Le style Art déco est bien préservé, tant dans le hall et le bar que dans les chambres spacieuses au charme désuet. Centre thermal rénové. Majestueuse salle à manger inspirée, dit-
on, de celle du paquebot Normandie.

🏨 ## Le Grand Hôtel ⌚   🚗 ▤ ⅏ ch, 🄼 "🕈" ⚄ 🅿 ⇌ VISA ◉◉ AE
r. Source – ℰ 05 58 90 53 00 – www.thermes-dax.com – Fax 05 58 90 52 88
– Fermé 20 déc.-11 janv.   Bf
128 ch – ♦73/100 € ♦♦81/112 €, ⌣ 8 € – 8 suites – ½ P 121/180 €
Rest – Menu 18/28 € – Carte 18/36 €
♦ Ce bâtiment, situé au cœur de la cité, bénéficie de chambres contemporaines bien agencées et insonorisées. Thermes intégrés ; nombreuses animations (thés dansants). Grande salle
de restaurant, fréquentée principalement par une clientèle de curistes.

🏨 ## Le Richelieu   🍽 ▤ ⅏ ch, "🕈" ⚄ 🅿 VISA ◉◉ AE
😋 *13 av. V. Hugo – ℰ 05 58 90 49 49 – www.le-richelieu.fr – Fax 05 58 90 80 86*
– Fermé 21 déc.-4 janv.   Bn
40 ch – ♦55 € ♦♦65 €, ⌣ 6 €
Rest – *(fermé 17-20 août, sam. midi, dim. soir et lundi)* (13 €) Menu 15 € (déj.)/
35 € – Carte 32/48 €
♦ Cet établissement, en bordure d'un axe passant, abrite un agréable patio et des chambres
cosy. Celles de l'annexe ont été réactualisées dans un beau style moderne. Salle à manger
actuelle aux tons gris pastel pour une cuisine traditionnelle.

🏠 ## La Néhé sans rest   ▤ "🕈" VISA ◉◉ AE
18 r. de la Fontaine Chaude – ℰ 05 58 90 16 46 – www.hotel-nehe-dax.com
– Fax 05 58 90 01 18 – Fermé janv.   Bg
20 ch – ♦46/49 € ♦♦55/63 €, ⌣ 6,50 €
♦ Tout proche de la fontaine d'eau chaude, dans une rue commerçante, un hôtel totalement
rénové. Chambres spacieuses et fonctionnelles agrémentées d'un mobilier en bois clair.

🍴🍴 ## L'Amphitryon   🄼 VISA ◉◉
☺ *38 cours Galliéni – ℰ 05 58 74 58 05 – Fermé 22 août-7 sept., 1ᵉʳ-30 janv., sam.*
midi, dim. soir et lundi   Be
Rest – *(nombre de couverts limité, prévenir)* Menu 20 € (sem.), 26/38 € – Carte 36/46 €
♦ Le restaurant a été revu de pied en cap : façade immaculée et plaisante salle à manger au
décor marin. Cuisine au goût du jour utilisant les produits régionaux.

B

X **Le Bistrot de Cuisine en Ville**   AK ⚄ VISA ⓪ AE ①

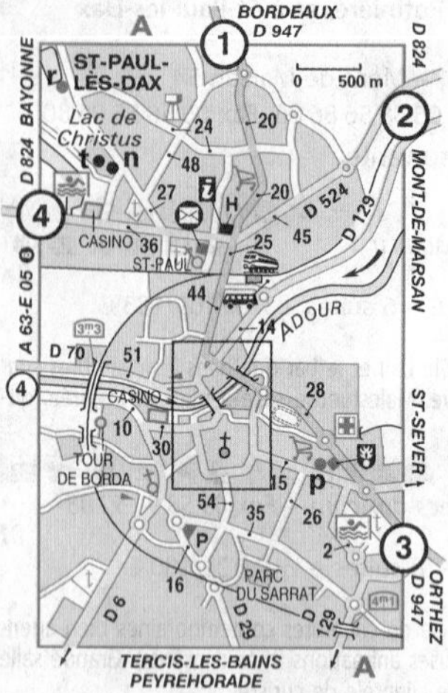

11 av. G.-Clemenceau – ℰ 05 58 90 26 89 – Fax 05 58 90 26 89 – Fermé dim. et lundi
Rest – (16 €) Carte 30/40 €   Ap

• Table contemporaine avec murs en pierres apparentes. Un cadre simple où apprécier une cuisine de bistrot réalisée à la minute et relevée de quelques touches inventives.

X **La Tête de l'Art**   ⛛ AK VISA ⓪ AE

2 pl. Camille-Bouvet – ℰ 05 58 74 00 13 – Fermé 30 août-6 sept., dim. et lundi
Rest – Menu 20 € – Carte 33/49 €   Bv

• Tout ici participe à la convivialité du lieu : accueil charmant, décor champêtre et hétéroclite avec une cuisine ouverte, plats bistrotiers revisités, spécialités de terrines...

à St-Paul-lès-Dax – 11 830 h. – alt. 21 m – ⊠ 40990

🖪 Office de tourisme, 68, av. de la Résistance ℰ 05 58 91 60 01, Fax 05 58 91 97 44

🏠 **Calicéo** ⬙   ≤ 🚗 🛋 🕸 ᴌ⬙ 🛗 ᴕ ch, AK ⚄ 🤍 ⑴ ⚃ 🄿 ☁ VISA ⓪ AE ①
🐾 *355 r. du Centre Aéré, au lac de Christus – ℰ 05 58 90 66 00*
– www.hotelcaliceo.com – Fax 05 58 90 66 64   An
47 ch – †81/97 € ††94/109 €, � 10 € – 148 suites – ††113/128 €
Rest – (13 €) Menu 19/28 € – Carte 19/44 €

• Hôtel moderne équipé d'un nouveau centre de balnéothérapie avec un espace bien-être (spa, centre de soins). Chambres – en majorité des suites – au mobilier élégant et intemporel. Cuisine traditionnelle ou diététique au restaurant. Terrasse tournée vers le lac de Christus.

🏨 **Du Lac** ⌂ ☞ 📶 ₺ AC rest, ⁿ¹ ⌂ P VISA ⯀ AE

allée de Christus – ☎ *05 58 90 60 00* – *Fax 05 58 91 34 88* – *Ouvert 1ᵉʳ mars-22 nov.*

209 ch – †65/71 € ††73/80 €, ☲ 9 € – ½ P 59/62 €   A**t**

Rest *L'Arc-en-Ciel* – ☎ 05 58 90 63 00 – Menu 15 € (sem.)/25 €

– Carte 22/41 €

♦ Imposant ensemble hôtelier et thermal bien situé à deux pas du lac de Christus. Chambres pratiques ; la moitié d'entre elles ont une loggia. Cadre contemporain, vue sur l'eau et carte classique à L'Arc-en-Ciel.

XXX **Le Moulin de Poustagnacq**   ☆ P VISA ⯀ AE ①

– ☎ *05 58 91 31 03* – *www.moulindepoustagnacq.com* – *Fax 05 58 91 37 97* – *Fermé vacances de la Toussaint, 20-30 déc., vacances de fév., mardi midi, dim. soir et lundi*

Rest – Menu 29/69 € – Carte 50/70 €   A**r**

♦ Cet ancien moulin en lisière de bois vous séduira par sa salle à manger originalement décorée et sa terrasse au bord d'un étang. Cuisine actuelle aux accents régionaux.

DEAUVILLE – 14 Calvados – **303** M3 – **3 973 h.** – **alt. 2 m** – **Casino** AZ   **32** A3
– ✉ **14800** ▯ Normandie Vallée de la Seine

▶ Paris 202 – Caen 50 – Évreux 101 – Le Havre 44

🛬 de Deauville-St-Gatien : ☎ 02 31 65 65 65, par ② : 5 km BY.

🛈 Office de tourisme, place de la Mairie ☎ 02 31 14 40 00, Fax 02 31 88 78 88

🏌️27 New Golf de Deauville, S : 3 km par D 278, ☎ 02 31 14 24 24

🏌️18 de l'Amirauté à Tourgéville Route Départementale 278, S : 4 km par D 278, ☎ 02 31 14 42 00

🏌️18 de Saint-Gatien à Saint-Gatien-des-Bois Le Mont Saint Jean, E : 10 km par D 74, ☎ 02 31 65 19 99

◉ Mont Canisy★ 5 km par ④ puis 20 mn.

◉ - La corniche normande★★ - La côte fleurie★★

DEAUVILLE

Blanc (R. E.) . . . . **AZ** 4	
Colas (R. E.) . . . . **AZ** 5	
Fossorier (R. R.) . . . . **ABZ** 8	

Fracasse (R. A.). . . . . **AZ**	
Gambetta (R.). . . . . **BY** 9	
Gaulle (Av. Gén.-de) . . . . . . **AZ** 10	
Gontaut-Biron (R.). . . . . . . **AYZ** 13	
Hoche (R.) . . . . **AYZ** 20	
Le-Hoc (R. D.) . . . . **BZ** 24	

Laplace (R.) . . . . **AZ** 23	
Le Marois (R.) . . . . **AZ** 25	
Mirabeau (R.) . . . . **BY** 26	
Morny (Pl. de) . . . . **BZ** 28	
République	
(Av. de la) . . . . **ABZ**	

Normandy-Barrière
38 r. J. Mermoz – ✆ 02 31 98 66 22 – www.lucienbarriere.com – Fax 02 31 98 66 23 AZ**h**
259 ch – 🚹256/901 € 🚹🚹256/901 €, ☕ 30 € – 31 suites
Rest *La Belle Époque* – Menu 55 € (dîner)/65 € – Carte 60/90 €
◆ Reconnaissable à sa silhouette de manoir anglo-saxon, ce palace de 1912 est l'emblème de la station. Spacieuses chambres raffinées et cosy. Salle de remise en forme. Luxueux restaurant recréant le style Belle Époque et tables dressées dans la jolie cour normande en été.

Royal-Barrière
bd E. Cornuché – ✆ 02 31 98 66 33 – www.lucienbarriere.com – Fax 02 31 98 66 34 – Ouvert 9 mars-1er nov. AZ**y**
236 ch – 🚹264/750 € 🚹🚹264/750 €, ☕ 30 € – 16 suites
Rest *L'Etrier* – *(fermé le midi sauf sam. et dim.)* Menu 58/105 € – Carte 92/145 €
Spéc. Langoustine poêlée à l'huile d'amande, chair crue assaisonnée de fleurs. Canette en deux façons, suprêmes cuits sur l'os, cuisse braisée et laquée aux cerises. Chocolat "Vila Grancinda", brownies et grué cacao, chocolat blanc aux fruits passion.
Rest *Côté Royal* – *(fermé le midi sauf sam. et dim.)* Menu 49 € – Carte 60/92 €
◆ Imposante architecture 1900 appréciée par la jet-set et les stars du cinéma. Chambres luxueuses, parfois tournées vers la Manche. À L'Étrier, délicieuse cuisine actuelle servie dans un cadre classique et cosy (boiseries, tentures, photos anciennes). Atmosphère digne d'un palace et plats traditionnels au Côté Royal.

L'Augeval sans rest
15 av. Hocquart de Turtot – ✆ 02 31 81 13 18 – www.augeval.com – Fax 02 31 81 00 40 AZ**d**
40 ch – 🚹95/242 € 🚹🚹95/242 €, ☕ 13 € – 2 suites
◆ Près de l'hippodrome et des haras, ce séduisant manoir normand abrite deux demeures cossues : L'Augeval, assez rétro, et Le Trait d'Union, plus actuelle. Piscine, espace détente.

81 L'Hôtel sans rest
81 av. de la République – ✆ 02 31 14 01 50 – www.81lhotel.com – Fax 02 31 87 51 77 AZ**p**
21 ch – 🚹139/370 € 🚹🚹139/370 €, ☕ 14 €
◆ Grand manoir anglo-normand (1906) à la surprenante décoration moderne et feutrée associant parquets et moulures d'époque, mobilier de style laqué argent, pampilles, reproductions de Lichtenstein...

Almoria sans rest
37 av. de la République – ✆ 02 31 14 32 32 – www.almoria-deauville.com – Fax 02 31 89 46 99 BZ**q**
60 ch – 🚹75/235 € 🚹🚹75/235 €, ☕ 13 €
◆ Confort, modernité et lignes épurées caractérisent cet hôtel tout neuf, conçu dans le style régional. Quelques chambres ont un accès direct au patio doté d'une terrasse d'été.

Le Trophée sans rest
81 r. Gén. Leclerc – ✆ 02 31 88 45 86 – www.letrophee.com – Fax 02 31 88 07 94 AZ**u**
35 ch – 🚹59/219 € 🚹🚹65/219 €, ☕ 13 €
◆ Établissement sobre et actuel, proche des plages et du centre-ville. Les chambres sont tournées vers la rue ou la piscine ; certaines avec balnéo, la plupart avec balcons. Sauna et hammam.

Continental sans rest
1 r. Désiré Le Hoc – ✆ 02 31 88 21 06 – www.hotel-continental-deauville.com – Fax 02 31 98 93 67 – Fermé 14 nov.-22 déc. BZ**s**
42 ch – 🚹63 € 🚹🚹97 €, ☕ 8,50 €
◆ Sur une avenue animée, hôtel bien tenu adressant des clins d'œil à Deauville : vente de produits régionaux, affiches du festival du film américain dans la salle des petits-déjeuners.

Mercure Deauville Hôtel du Yacht Club sans rest
2 r. Breney – ✆ 02 31 87 30 00 – www.mercure.com – Fax 02 31 87 05 80 BY**b**
53 ch – 🚹89/185 € 🚹🚹99/205 €, ☕ 15 €
◆ Un Mercure récent d'allure régionale, près de la marina. Chambres fonctionnelles (quelques duplex) décorées sur le thème des yachts et principalement côté rue. Terrasse-jardin.

⌂ **Villa Joséphine** sans rest   🚗 AK 🌐 VISA ⚫ AE

23 r. des Villas – ℰ 02 31 14 18 00 – www.villajosephine.fr – Fax 02 31 14 18 10
– Fermé 4-12 janv.   AZ**b**

9 ch ⚏ – †110/165 € ††130/380 €

♦ Charmante villa normande (fin 19ᵉ s.) classée, entourée d'un ravissant jardin. Tout y est cosy et délicat (couleurs poudrées, mobilier de style, drapés, portraits de famille...).

⌂ **Marie-Anne** sans rest   🚗 ☆ 🌐 **P.** VISA ⚫ AE ⓘ

142 av. de la République – ℰ 02 31 88 35 32 – www.hotelmarieanne.com
– Fax 02 31 81 46 31   AZ**f**

25 ch – †80/180 € ††80/180 €, ⚏ 12 €

♦ Casino, golf et hippodrome se trouvent à deux pas de cette villa. Chambres spacieuses et élégantes, plus calmes sur l'arrière ; celles de l'annexe, côté jardin, sont plus simples.

⌂ **Le Chantilly** sans rest   ☆ 🌐 VISA ⚫ AE

120 av. République – ℰ 02 31 88 79 75 – www.123france.com/chantilly/
– Fax 02 31 88 41 29 – Fermé janv.   BZ**a**

17 ch – †65/95 € ††65/95 €, ⚏ 8,50 €

♦ Bien situé à deux pas de l'hippodrome de la Touques, ce petit hôtel de charme dispose de chambres très bien tenues, plus tranquilles sur l'arrière. Écrans plats et wifi.

✕✕ **Le Spinnaker**   VISA ⚫ AE

52 r. Mirabeau – ℰ 02 31 88 24 40 – www.spinnakerdeauville.com
– Fax 02 31 88 43 58 – Fermé 15-30 juin, 23 nov.-2 déc., janv., mardi sauf août et
lundi   BZ**v**

Rest – (26 €) Menu 38/52 € – Carte 60/120 €

♦ Ce "spi"-là ne vous fera pas gagner de régate mais vous propulsera vers un joli cadre contemporain, où vous attendent une cuisine de la mer et d'appétissants desserts.

✕✕ **La Flambée**   🍴 AK VISA ⚫ AE ⓘ

81 r. Général Leclerc – ℰ 02 31 88 28 46 – Fax 02 31 87 50 27   AZ**t**

Rest – (20 € bc) Menu 27/48 € – Carte 60/80 €

♦ Une belle flambée crépite dans la grande cheminée où l'on prépare, sous vos yeux, les grillades. Autres choix : plats traditionnels et homard (vivier). Atmosphère conviviale.

✕✕ **Augusto Chez Laurent**   🍴 VISA ⚫ AE

27 r. Désiré Le Hoc – ℰ 02 31 88 34 49 – www.restaurant-augusto.com
– Fax 02 31 88 38 88 – Fermé mardi sauf vacances scolaires et lundi
Rest – (16 €) Menu 21 € (déj.)/57 € – Carte 42/85 €   BZ**k**

♦ Connue pour ses spécialités de homards et de poissons, cette institution suit le cap de la cuisine iodée depuis plus de 35 ans. Décor chic façon bateau.

✕ **Le Comptoir et la Table**   🍴 VISA ⚫ AE

1 quai de la Marine – ℰ 02 31 88 92 51 – Fax 02 31 87 34 95 – Fermé 15 jours
en nov., 15 jours en janv. et merc.   BY**g**

Rest – (15 €) Menu 20 € – Carte 43/60 €

♦ Une belle convivialité anime ce restaurant de la marina qui a pour attraits son comptoir en bois et sa fresque de Trouville (1947) au plafond. Plats bistrotiers et grands crus.

à Touques 2,5 km par ③ – 3 848 h. – alt. 10 m – ⊠ 14800

🛈 Office de tourisme, place Lemercier ℰ 02 31 88 70 93, Fax 02.31.98.06.60

✕✕ **Les Landiers**   AK VISA ⚫ AE

90 r. Louvel et Brière – ℰ 02 31 87 41 08 – www.restaurant-deauville.com
– Fax 02 31 81 90 31 – Fermé 20 juin-2 juil., 4-14 janv., dim. soir, mardi et merc.
sauf vacances scolaires
Rest – (22 €) Menu 29/50 €

♦ Accueil tout sourire, coquettes salles à manger rustiques, goûteuse cuisine traditionnelle et spécialités des pays de l'Est : ce sympathique petit restaurant a tout pour plaire.

✕✕ **L'Orangeraie**   🍴 VISA ⚫ AE

12 quai Monrival – ℰ 02 31 81 47 81 – www.lorangeraie-touques.com – Fermé
jeudi sauf vacances scolaire et merc.
Rest – (15 €) Menu 25/45 € – Carte 39/95 €

♦ Cette maison du 15ᵉ s. au cadre rustique épuré propose une généreuse cuisine qui suit les saisons. Au dessert, pas de carte mais un plateau dégustation. Agréable terrasse.

à Canapville 6 km par ③ – 239 h. – alt. 10 m – ⊠ 14800

⌂ **Le Mont d'Auge** sans rest ॐ   🚗 ⅌ 🕪 🅿
par D 279 et rte secondaire rte de St-Gatien – ℰ 02 31 64 95 17
– www.maison-deauville.com
3 ch ⌷ – †85/95 € ††95/120 €
♦ Cette maison à colombages jouit du calme de la campagne. Chambres assez spacieuses
d'esprit rustique. Aux beaux jours, on sert le petit-déjeuner sur la terrasse face au jardin.

✕✕ **Auberge du Vieux Tour**   🚗 🛱 🅿 ᵥₛₐ ⲟⲟ
sur D 677 – ℰ 02 31 65 21 80 – www.levieuxtour.com – Fax 02 31 65 03 75
– Fermé 30 juin-8 juil., vacances de Noël, de fév., mardi et merc. sauf du 14 juil.
au 31 août
Rest – Menu 23 € (sem.)/55 € – Carte 38/61 €
♦ Coiffée de chaume, l'auberge borde la départementale, mais la coquette salle à manger
(poutres, murs rose saumon, tableaux, tomettes) et la terrasse sont au calme, côté jardin.

au New Golf 3 km au Sud par D 278 - BAZ - ⊠ 14800 Deauville

🏨 **Du Golf-Barrière** ॐ   ≤ 🕪 🛱 ⌱ ₤₆ ✕ 🖵 📶 ᵢ ch, 🕪 🔏 🅿
– ℰ 02 31 14 24 00 – www.lucienbarriere.com   ᵥₛₐ ⲟⲟ ᴀᴇ ⓞ
– Fax 02 31 14 24 01 – Fermé de mi-nov. au 29 déc.
178 ch – †168/610 € ††168/610 €, ⌷ 25 €
Rest *Le Lassay* – (dîner seult) Menu 42 €, 48/65 € – Carte 42/73 €
Rest *Le Club House* – ℰ 02 31 14 24 23 (Fermé 7-17 déc.) (déj. seult) (21 €)
Menu 23 € – Carte 27/55 €
♦ Palace Art déco entouré d'un golf et juché sur le mont Canisy, d'où la vue s'étend sur la
mer et la campagne. Chambres assez spacieuses tout confort. Au Lassay, cuisine classique
servie dans un cadre chic, prolongé d'une véranda. Le midi, repas traditionnels au Club
House. Boutique de golf.

au golf de l'Amirauté 7 km au Sud par D 278 – ⊠ 14800 Deauville

✕✕ **Les Chaumes**   ≤ 🛱 🅿 ᵥₛₐ ⲟⲟ
CD 278 – ℰ 02 31 14 42 00 – www.amiraute.com – Fax 02 31 88 32 00 – Fermé
30 nov.-14 déc. et 12-25 janv.
Rest – (déj. seult) (23 €) Menu 29 € – Carte 41/64 €
♦ Hier haras, aujourd'hui club-house doté d'un restaurant panoramique. Vue sur le parcours
de 27 trous agrémenté de sculptures modernes. Formule simple au bar ou en terrasse.

DECIZE – 58 Nièvre – 319 D11 – 5 975 h. – alt. 197 m – ⊠ 58300   7 B3
▊ Bourgogne

▶ Paris 270 – Châtillon-en-Bazois 34 – Luzy 44 – Moulins 35
🛈 Office de tourisme, place du Champ de Foire ℰ 03 86 25 27 23,
  Fax 03 86 77 16 58

✕✕ **Le Charolais**   🛱 ᵥₛₐ ⲟⲟ
ⴲⴲ *33 bis rte Moulins* – ℰ 03 86 25 22 27 – Fax 03 86 25 52 52 – Fermé 1er-9 janv., 1
sem. en fév., mardi du 10 oct. au 15 juin, dim. soir et lundi
Rest – Menu 18/50 € – Carte 34/60 €
♦ Le chef de ce restaurant au cadre contemporain mitonne des plats au goût du jour. Dès
que le temps le permet, grillades et cuisine à la plancha se dégustent en terrasse.

LA DÉFENSE – 92 Hauts-de-Seine – 311 J2 – 101 14 – voir à Paris, Environs

---

DELLE – 90 Territoire de Belfort – 315 G11 – 6 113 h. – alt. 364 m   17 D1
– ⊠ 90100

▶ Paris 448 – Besançon 108 – Belfort 25 – Bâle 97
🛈 Office de tourisme, Rue Joachim ℰ 03 84 36 03 06, Fax 03 84 36 68 57

✕✕ **Hostellerie des Remparts**   🛱 ᵥₛₐ ⲟⲟ
1 pl. de la République – ℰ 03 84 56 32 61 – www.hostellerie-des-remparts.fr
– Fax 03 84 56 32 61 – Fermé en août et en fév.
Rest – (13 €) Menu 28/47 € bc – Carte 25/58 €
♦ Adossée aux remparts, cette ancienne grange de 1576 possède un décor rustique, égayé
d'expositions de peintures. Agréable terrasse au bord d'une rivière. Plats traditionnels.

DELME – 57 Moselle – **307** J5 – 859 h. – alt. 220 m – ⊠ 57590   27 C2

🄳 Paris 364 – Château-Salins 12 – Metz 33 – Nancy 36

🄸 Syndicat d'initiative, 33, rue Raymond Poincaré ✆ 03 87 01 37 19,
Fax 03 87 01 43 14

🏠 **A la XIIe Borne**   🚗 ⛲ |♿| Ⓚ rest, ⁽ᵗ⁾ 𝘃𝘪𝘴𝘢 ⓪ AE ⓪
6 pl. République – ✆ 03 87 01 30 18 – www.12eme-borne.com
– Fax 03 87 01 38 39 – Fermé dim. soir et lundi
15 ch – †57/71 € ††57/71 €, ☑ 8 € – ½ P 62 €
Rest – Menu 18 € (déj. en sem.), 23/49 € – Carte 52/63 €
♦ Quatre frères président au destin de cette longue bâtisse, dans la famille depuis
1954. Chambres fonctionnelles, bien insonorisées. Cuisine régionale servie dans un cadre
actuel ; spécialité de tête de veau.

DERCHIGNY – 76 Seine-Maritime – **304** H2 – 497 h. – alt. 100 m   33 D1
– ⊠ 76370

🄳 Paris 206 – Barentin 64 – Dieppe 10 – Rouen 74

🏠 **Manoir de Graincourt** ⚶   🚗 ⛲ ⁽ᵗ⁾ ♿ 𝗣 𝘃𝘪𝘴𝘢 ⓪
10 pl. Ludovic Panel – ✆ 02 35 84 12 88 – www.manoir-de-graincourt.fr
– Fax 02 35 84 12 88
5 ch ☑ – †87/95 € ††95/100 €   **Table d'hôte** – Menu 37 € bc
♦ Renoir séjourna dans ce manoir du 19e s. typiquement normand. Chambres thématiques
(meubles de famille ou chinés, beaux tissus, etc.), ouvertes sur un joli jardin clos. Dîner traditionnel en table d'hôte dans la belle cuisine rustique (pensez à réserver).

DESCARTES – 37 Indre-et-Loire – **317** N7 – 3 855 h. – alt. 50 m   11 B3
– ⊠ 37160 ▮ Châteaux de la Loire

🄳 Paris 292 – Châteauroux 94 – Châtellerault 24 – Chinon 51

🄸 Office de tourisme, place Blaise Pascal ✆ 02 47 92 42 20, Fax 02 47 59 72 20

🍴 **Moderne** avec ch   ⛲ ⁽ᵗ⁾ 𝗣 𝘃𝘪𝘴𝘢 ⓪ AE
15 r. Descartes – ✆ 02 47 59 72 11 – Fax 02 47 92 44 90 – Fermé 24 déc.-6 janv., lundi
midi de mi-avril à mi-sept., sam. midi et vend. de mi-sept. à mi-avril et dim. soir
11 ch – †42 € ††48 €, ☑ 8 € – ½ P 43 €
Rest – Menu 15/32 € – Carte 23/63 €
♦ Restaurant au cadre néo-rustique, proche de la maison natale de René Descartes, aujourd'-
hui musée. L'été, terrasse dressée dans le petit jardin. Cuisine traditionnelle. Quelques chambres sobres et pratiques.

à Buxeuil 3 km à l'Ouest par D 58 et D 5 - ⊠ 37160 Buxeuil

🍴 **Auberge de Lilette**   𝗣 𝘃𝘪𝘴𝘢 ⓪
21 r. Robert-Lecomte, lieu-dit Lilette (86 Vienne) – ✆ 02 47 59 72 22
– www.auberge-lilette.com – Fax 02 47 92 93 93 – Fermé vend. soir hors saison et dim. soir
Rest – (13 €) Menu 16 € (déj. en sem.)/38 € – Carte 27/39 €
♦ Modeste salle à manger accessible par le bar-tabac du village. Les tables y sont bien espacées et la carte présente des plats à dominante régionale.

DESVRES – 62 Pas-de-Calais – **301** E3 – 5 056 h. – alt. 98 m – ⊠ 62240   30 A2

🄳 Paris 263 – Calais 40 – Arras 98 – Boulogne 19

🄸 Syndicat d'initiative, 41 bis, rue des Potiers ✆ 03 21 92 09 09, Fax 03 21 92 22 09

🏠 **Ferme du Moulin aux Draps** ⚶   ♨ ⛲ ⁽ᵗ⁾ 𝗣 𝘃𝘪𝘴𝘢 ⓪
rte Crémarest, 1,5 km par D 254ᴱ – ✆ 03 21 10 69 59
– hotel-moulinauxdraps.com – Fax 03 21 87 14 56
– Fermé 22 déc.-18 janv. et dim. soir d'oct. à mars
20 ch – †32/68 € ††64/135 €, ☑ 12 € – ½ P 65/85 €
Rest – (fermé sam. midi et dim. soir) (17 €) Menu 26/54 € – Carte 29/80 €
♦ Séduisant hôtel pour un séjour au calme, avec prairie et forêt en arrière-plan. Son architecture restitue le charme d'une ancienne ferme familiale. Chambres plaisantes.

LES DEUX-ALPES (Alpes de Mont-de-Lans et de Vénosc) 45 C2

– **38** Isère – **333** J7 – Sports d'hiver : 1 650/3 600 m ⭐7 ⭐49 ⭐ – ⊠ 38860

◻ Alpes du Nord

▶ Paris 640 – Le Bourg-d'Oisans 26 – Grenoble 78

▯ Office de tourisme, 4, place Deux-Alpes ℰ 04 76 79 22 00,
Fax 04 76 79 01 38

▣ des Deux-Alpes Rue des Vikings, E : 2 km, ℰ 04 76 80 52 89

◉ Belvédères : de la Croix★, des Cîmes★ - Croisière Blanche★★★.

Chalet Mounier ⟨ 🚗 🛋 ⅃ ◨ ◉ ♨ 🛎 ☏ ☼ 𝘝𝘐𝘚𝘈 ⦿

2 r. de la Chapelle – ℰ *04 76 80 56 90*
– *www.chalet-mounier.com* – *Fax 04 76 79 56 51*
– *Ouvert 16 juin-30 août et 12 déc.-24 avril*   **n**
40 ch – ♦110/210 € ♦♦165/320 €, ☲ 13 € – 4 suites – ½ P 117/220 €
Rest – *(dîner seult) (résidents seult)*
Rest *Le P'tit Polyte* – *(dîner seult sauf dim. et fériés)* Menu 51/61 €
– Carte 40/63 € ⌂

Spéc. Escalope de foie gras rôtie aux pignons de pins, croquante de carotte
au miel. Côte de veau servie rosée, fricassée de girolles et jus gras aux noisettes. Les trois chocolats. **Vins** Chignin-Bergeron, Mondeuse.

♦ Ce chalet d'alpage de 1879 arbore un look contemporain : décor ultra cosy grâce au bois
dominant et aux tons chaleureux du salon et des chambres (rénovées peu à peu) ; wellness.
Cuisine inventive servie dans la jolie salle du P'tit Polyte donnant sur la montagne.

🏨 **Souleil'Or** ⬧   ⬳ 🕭 ⌹ ℔ ⊟ 𝓢𝓐 🅿 𝖵𝖨𝖲𝖠 ⓿ 𝔸𝔼
10 r. Grand Plan – ℰ 04 76 79 24 69 – www.le-souleil-or.fr – Fax 04 76 79 20 64
– Ouvert 12 juin-28 août et 12 déc.-17 avril   **t**
42 ch ⊆ – ♦110/160 € ♦♦115/225 € – ½ P 93/145 €
Rest – *(dîner seult)* Menu 36 €
♦ Les chambres de cet hôtel à la façade en bois, rénovées par étapes, disposent toutes d'un balcon. Ambiance "chalet", bon confort et tenue rigoureuse. Sauna, hammam. Restaurant avec terrasse au bord de la piscine ; plats traditionnels et dauphinois.

🏨 **Les Mélèzes**   ⬳ 🕭 ℔ ⊟ 𝓢 rest, ℡ 𝓢𝓐 🅿 𝖵𝖨𝖲𝖠 ⓿
17 r. des Vikings – ℰ 04 76 80 50 50
– www.hotelmelezes.com – Fax 04 76 79 20 70
– Ouvert 15 déc.-24 avril   **s**
34 ch – ♦66/75 € ♦♦102/132 €, ⊆ 12 € – ½ P 85/129 €
Rest – *(ouvert 20 déc.-24 avril)* Menu 33/75 €
♦ Au pied des pistes, hôtel peu à peu revu dans un esprit chalet cosy. Accueil charmant, majorité de chambres plein sud, plaisants salons, fitness, sauna, jacuzzi. Restauration assez simple à midi et menu unique le soir ("menu montagnard" le mardi).

🏠 **Serre-Palas** sans rest   ⬳ 𝖵𝖨𝖲𝖠 ⓿
13 pl. de l'Alpe de Venosc – ℰ 04 76 80 56 33 – www.hotelserre-palas.fr
– Fax 04 76 79 04 36 – Ouvert 11 juin-29 août, 22 oct.-2 nov. et 27 nov.-26 avril
24 ch ⊆ – ♦38/69 € ♦♦54/138 €   **u**
♦ À 50 m de la télécabine du Venosc, des chambres sobres (sauf une, joliment revue dans un esprit "chalet"), dont certaines offrent un balcon face au Parc national des Écrins.

🍴 **Le Diable au Coeur**   ⬳ 🕭 𝖵𝖨𝖲𝖠 ⓿
au sommet de la télécabine du Diable – ℰ 04 76 79 99 50
– www.lediableaucoeur.com – Fax 04 76 80 23 09
– Ouvert 28 juin-30 août et 15 déc.-26 avril
Rest – *(déj. seult) (prévenir)* (26 €) Carte 29/50 €
♦ Arrivé au terminus de la télécabine du Diable (2400 m), poussez la porte de ce charmant restaurant d'altitude : décor tout bois, spécialités régionales, service attentionné.

DHUIZON – 41 Loir-et-Cher – **318** G6 – 1 366 h. – alt. 93 m – ✉ 41220   **12** C2
▶ Paris 174 – Beaugency 23 – Blois 29 – Orléans 46

🍴🍴 **Auberge du Grand Dauphin** avec ch   🕭 🅿 𝖵𝖨𝖲𝖠 ⓿
☙ *17 pl. St-Pierre – ℰ 02 54 98 31 12 – Fax 02 54 98 37 64*
– Fermé mardi de nov. à mars, dim. soir et lundi
9 ch – ♦48 € ♦♦48 €, ⊆ 7 € – ½ P 47 €
Rest – Menu 15 € bc/36 € bc – Carte 31/53 €
♦ Proche de l'église, sympathique auberge solognote parementée de briques. Salle à manger rustique ; cuisine traditionnelle (gibier en saison). Chambres simples sur la cour.

au Nord-Est 4 km par rte de Villeny et rte secondaire

🏠 **La Maison de Capucine** ⬧   ♤ ⌹ 🅿
(Ferme de l'Aunay) – ℰ 06 13 43 58 98 – www.lamaisondecapucine.com
– Fermé mars, 20-28 déc. et fév.
3 ch ⊆ – ♦125 € ♦♦135 €   **Table d'hôte** – Menu 38 €
♦ Au grand calme, cette ancienne ferme solognote – parfaitement rénovée – abrite de jolies chambres (murs clairs, parquet, tommettes). Dans la salle à manger ou sous la véranda en fer forgé, on goûte une cuisine bourgeoise bien maîtrisée par un chef au bon parcours.

DIE ⬧ – 26 Drôme – **332** F5 – 4 387 h. – alt. 415 m – ✉ 26150   **44** B3
▌ Alpes du Sud
▶ Paris 623 – Gap 92 – Grenoble 110 – Montélimar 73
🛈 Office de tourisme, rue des Jardins ℰ 04 75 22 03 03, Fax 04 75 22 40 46
◎ Mosaïque★ dans l'hôtel de ville.
◉ Paysages du Diois★★.

🏠 **L' Escale de Die** 🏠 AC 📶 P VISA ⓒ
av. de la Clairette – ℰ 04 75 22 00 95 – Fax 04 75 22 19 34
– Fermé 22 oct.-4 nov., 12 fév.-1er mars, merc. sauf juil.-août
9 ch – ♦54/65 € ♦♦54/65 €, ⊇ 8 € – ½ P 55/60 €
Rest – Menu 14 € (déj. en sem.), 18/33 € – Carte 18/46 €
♦ Il règne une agréable ambiance familiale dans cette maison à la façade fleurie. Chambres climatisées parfaitement tenues et confortables. Bon rapport qualité-prix. Au restaurant, cuisine traditionnelle tout en simplicité, servie dans une salle élégante.

DIEBOLSHEIM – 67 Bas-Rhin – **315** J7 – 569 h. – alt. 163 m – ⊠ 67230   1 B2
🔼 Paris 529 – Strasbourg 44 – Freiburg im Breisgau 59 – Colmar 55

⛰ **Ambiance Jardin** sans rest ⥥   📶 P
12 r. de L'Abbé-Wendling – ℰ 03 88 74 84 85 – www.ambiance-jardin.com
4 ch ⊇ – ♦70/80 € ♦♦80/90 €
♦ Cette accueillante demeure alsacienne célèbre les fleurs, les roses et le jardin. Spacieuses chambres cosy aux tons pastel, décorées par la propriétaire. Un vrai petit paradis !

DIEFFENBACH-AU-VAL – 67 Bas-Rhin – **315** H7 – 628 h. – alt. 350 m   2 C1
– ⊠ 67220
🔼 Paris 538 – Colmar 33 – Lahr 65 – Strasbourg 53

⛰ **La Romance** sans rest ⥥   AC 📶 P
17 r. de Neuve-Église – ℰ 03 88 85 67 09 – www.la-romance.net
– Fax 03 88 57 61 58
5 ch ⊇ – ♦83 € ♦♦88/98 €
♦ Dans cette demeure de style régional, sur les hauteurs du village, les chambres sont colorées et vraiment très tranquilles. Deux possèdent une terrasse avec vue sur la vallée.

DIEFFENTHAL – 67 Bas-Rhin – **315** I7 – 244 h. – alt. 185 m – ⊠ 67650   2 C1
🔼 Paris 441 – Lunéville 100 – St-Dié 45 – Sélestat 7

🏨 **Le Verger des Châteaux** ⥥   ≤ 🍴 ⁉ ⌘ & ch, 📶 🖄 P VISA ⓒ
2 rte Romaine – ℰ 03 88 92 49 13 – www.verger-des-chateaux.fr
– Fax 03 88 92 40 99
32 ch – ♦60/75 € ♦♦60/75 €, ⊇ 9 € – ½ P 76 €
Rest – (fermé lundi midi) Menu 10 € (déj. en sem.), 20/30 € – Carte 30/50 €
♦ L'imposante bâtisse borde le fameux vignoble alsacien. Les chambres sont amples et munies d'un mobilier actuel. Vaste et sobre salle à manger agréablement ouverte sur la campagne ; registre culinaire traditionnel. Winstub au décor coloré.

DIEFMATTEN – 68 Haut-Rhin – **315** G10 – 260 h. – alt. 300 m   1 A3
– ⊠ 68780
🔼 Paris 450 – Belfort 25 – Colmar 48 – Mulhouse 21

XXX **Auberge du Cheval Blanc** avec ch   🍴 🍴 AC rest, 🖄 P
17 r. Hecken – ℰ 03 89 26 91 08 – www.auchevalblanc.fr   VISA ⓒ AE ①
– Fax 03 89 26 92 28 – Fermé 12-29 juil. et 10-18 janv.
8 ch – ♦54 € ♦♦54/95 €, ⊇ 12 €
Rest – (fermé lundi et mardi sauf fériés) (23 € bc) Menu 28/72 € – Carte 47/85 €
♦ Cuisine classique, menus à thème (truffe, océan...) et bon choix de vins sont proposés dans cette maison alsacienne du 19e s. Salle à manger lumineuse au mobilier rustique ; vue sur le parc depuis la terrasse. Cinq appartements neufs et chambres plus anciennes.

DIEPPE ⬔ – 76 Seine-Maritime – **304** G2 – 33 618 h. – alt. 6 m   33 D1
– Casino Municipal AY – ⊠ 76200 ▊ Normandie Vallée de la Seine
🔼 Paris 197 – Abbeville 68 – Caen 176 – Le Havre 111
ℹ Syndicat d'initiative, pont Jehan Ango ℰ 02 32 14 40 60, Fax 02 32 14 40 61
🔟 de Dieppe-Pourville Route de Pourville, O : 2 km par D 74,
ℰ 02 35 84 25 05
◉ Église St-Jacques★ - Chapelle N.-D.-de-Bon-Secours ≤★ - Musée★ du
château (ivoires dieppois★).

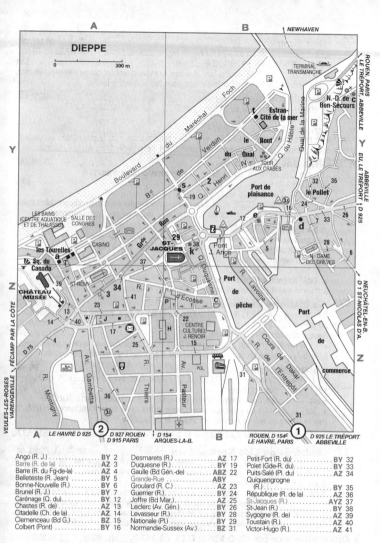

DIEPPE

NEWHAVEN

Aguado sans rest

≤ | 🖥 ℁ ⁽ᵗᵖ⁾ 𝗩𝗜𝗦𝗔 ⓪ 𝖠𝖤

30 bd Verdun – ℰ 02 35 84 27 00 – www.hoteldieppe.com – Fax 02 35 06 17 61
56 ch – ♦55/140 € ♦♦60/140 €, ☕ 10 €   BY**s**

♦ L'immeuble enjambe une rue donnant sur le front de mer. Les chambres, bien insonorisées, de style moderne ou classique, ouvrent côté plage ou côté ville et port.

Mercure la Présidence

🔥 𝖠𝖢 ⁽ᵗᵖ⁾ 𝗦𝗔 🌊 𝗩𝗜𝗦𝗔 ⓪ 𝖠𝖤

1 bd de Verdun – ℰ 02 35 84 31 31 – www.mercure-dieppe.com
– Fax 02 35 84 86 70   AY**a**
85 ch – ♦105/135 € ♦♦115/280 €, ☕ 15 €
Rest – Menu 20/27 € – Carte 34/45 €

♦ Près du casino et de la thalasso, hôtel rénové en 2009 : chambres décorées avec goût, toutes différentes, avec parquet, mobilier design et tons chatoyants (fuchsia, anis, rose). La moitié regardent la mer. Restaurant façon bistrot chic ; produits de la mer.

De l'Europe sans rest ⟵ 🖐 ⚙ 🛜 🛗 VISA ⓪

63 bd Verdun – ℰ 02 32 90 19 19 – www.hoteldieppe.com – Fax 02 32 90 19 00
60 ch – 🛏60/130 € 🛏🛏70/130 €, ⌷ 9 €　　　　　　　　　BY**t**

♦ La façade de cet hôtel associe bois et béton. Grandes chambres claires, meublées en rotin et tournées vers la Manche. Bar feutré fréquenté par la clientèle locale.

La Villa Florida sans rest ⌂　　　　　　　　🚗 🛜 🅿

24 chemin du Golf, au Sud-Ouest par D 75 - AZ – ℰ 02 35 84 40 37
– www.lavillaflorida.com
4 ch – 🛏65/78 € 🛏🛏73/82 €

♦ Il flotte comme un parfum des Indes dans cette maison dont la propriétaire est passionnée de yoga. Chambres sereines et personnalisées. Beau jardin fleuri. Accueil charmant.

Villa des Capucins sans rest　　　　　　　🚗 🚗 VISA ⓪

11 r. des Capucins – ℰ 02 35 82 16 52 – www.villa-des-capucins.fr
– Fax 02 32 90 97 52　　　　　　　　　　　　　　　　　BY**d**
5 ch ⌷ – 🛏60 € 🛏🛏75 €

♦ Un ancien couvent (1820) et ses dépendances transformés en maison d'hôtes. Jolies chambres au mobilier chiné, ouvertes sur le jardin où se cache un petit coin brocante.

Les Voiles d' Or　　　　　　　　　　　🛜 VISA ⓪ AE

2 chemin de la Falaise, près de la chapelle N.-D.-de-Bon-Secours – ℰ 02 35 84 16 84
– www.lesvoilesdor.fr – Fermé 16 nov.-1er déc., dim. soir, lundi et mardi
Rest – *(nombre de couverts limité, prévenir)* Menu 35 € bc (déj. en　　BY**c**
sem.)/52 € – Carte 54/72 €

♦ Table au goût du jour perchée sur la falaise du Pollet, à proximité de la chapelle N.-D. de Bon-Secours et du sémaphore. Intérieur chaleureux et coloré ; mobilier design.

La Marmite Dieppoise　　　　　　　　　　　　VISA ⓪

8 r. St-Jean – ℰ 02 35 84 24 26 – Fax 02 35 84 31 12 – Fermé
20 juin-3 juil., 21 nov.-4 déc., 8-16 fév., jeudi soir hors saison, dim. soir et lundi
Rest – Menu 27/43 € – Carte 29/60 €　　　　　　　　　　BY**k**

♦ Ici, la fameuse marmite dieppoise tient la vedette. Les produits de la mer arrivent directement du port de pêche tout proche. Dîner aux chandelles les vendredis et samedis.

Bistrot du Pollet　　　　　　　　　　　　　　VISA ⓪

⌘ *23 r. Tête de Boeuf – ℰ 02 35 84 68 57 – Fermé 26 avril-3 mai, 23-31 août,*
1er-11 janv., dim. et lundi　　　　　　　　　　　　　BY**e**
Rest – *(nombre de couverts limité, prévenir)* Menu 14 € – Carte 30/35 €

♦ Sur l'île portuaire du Pollet, un sympathique bistrot de la mer à l'ambiance conviviale. La cuisine évolue au gré du marché, des saisons et de la pêche locale.

à Martin-Église 6 km au Sud-Est par D 1 - BYZ – 1 460 h. – alt. 11 m – ⌧ 76370

Auberge du Clos Normand avec ch ⌂　　　🚗 🌳 🛗 🅿 VISA ⓪

22 r. Henri IV – ℰ 02 35 40 40 40 – perso-wanadoo.fr/leclosnormand
– Fax 02 35 40 40 42 – Fermé 19 nov.-10 déc. et 19 fév.-5 mars
7 ch – 🛏65 € 🛏🛏65 €, ⌷ 7 €
Rest – *(Fermé mardi midi, merc. midi et lundi)* Menu 22/32 € – Carte 39/46 €

♦ Cet ex-relais de poste (15e s.), bordé par une rivière, abrite une auberge normande. Grande cheminée en bois et briques de Dieppe dans la salle à manger. Plats traditionnels. Chambres calmes et feutrées, aménagées dans une dépendance, côté jardin.

à Offranville 6 km par ②, D 927 et D 54 – 3 347 h. – alt. 80 m – ⌧ 76550

Le Colombier　　　　　　　　　　　　　　VISA ⓪

r. Loucheur, parc du Colombier – ℰ 02 35 85 48 50 – Fax 02 35 83 76 87
– Fermé 18 oct.-5 nov., 21 fév.-11 mars, mardi sauf juil.-août, dim. soir et merc.
Rest – (19 €) Menu 25 € (sem.)/63 €

♦ Cette vénérable maison normande (1509) serait la doyenne du bourg. Cadre clair rénové (imposante cheminée en briques encadrée de colonnes), cuisine actuelle inspirée du marché.

à Pourville-sur-Mer 5 km à l'Ouest par D 75 AZ – ⌧ 76550 Hautot-sur-Mer

Le Trou Normand　　　　　　　　　　　　　VISA ⓪

128 r. des Verts Bois – ℰ 02 35 84 59 84 – Fax 02 35 40 29 41 – Fermé
23 août-7 sept., 23 déc.-15 janv., dim. soir et merc.
Rest – Menu 22/37 € – Carte 37/56 €

♦ Auberge avoisinant la plage où débarquèrent, en 1942, les Canadiens de l'opération "Jubilee". Cadre rustique et petite carte "terre et mer" suivant le marché.

DIEULEFIT – 26 Drôme – **332** D6 – 3 207 h. – alt. 366 m – ⊠ 26220　　**44** B3

▌ Lyon Drôme Ardèche

▶ Paris 614 – Crest 30 – Montélimar 29 – Nyons 30

🛈 Office de tourisme, 1, pl. Abbé Magnet ✆ 04 75 46 42 49, Fax 04 75 46 36 48

※※　　**Le Relais du Serre** avec ch　　　　　　　🎇 🛰 🛣 **P** _VISA_ ⚫⚫
rte de Nyons, 3 km par D 538 – ✆ 04 75 46 43 45 – www.lerelaisduserre.com
– Fax 04 75 46 40 98 – Fermé 4-19 janv., dim. soir et lundi de sept. à mai
7 ch – †48/50 € ††52/54 €, ⊡ 8 € – ½ P 55/65 €
Rest – (13 €) Menu 22 € (sem.)/38 € – Carte 30/60 €
◆ Agréable maison à la façade rose, sur la route de la vallée du Lez. Salle colorée, agrémentée de fleurs et de tableaux ; copieuse cuisine traditionnelle et gibier en saison.

au Poët-Laval 5 km à l'Ouest par D 540 – 875 h. – alt. 311 m – ⊠ 26160

▣ Site ★.

🔠　　**Les Hospitaliers** ⌘　　　　⪕ 🖃 🎇 ⌇ ⁝ 🛣 **P** _VISA_ ⚫⚫ **AE** ①
– ✆ 04 75 46 22 32 – www.hotel-les-hospitaliers.com – Fax 04 75 46 49 99
– Ouvert 20 mars-7 nov.
23 ch – †80/160 € ††80/160 €, ⊡ 15 €
Rest – (fermé lundi et mardi du 15 sept.-1er juil.) (27 €) Menu 42/55 €
– Carte 61/74 €
◆ Au vieux village, chambres aménagées dans des maisons de pierres sèches (certaines avec
terrasse privative). Beau mobilier rustique. Ces Hospitaliers ont du caractère. Cuisine d'aujourd'hui servie dans deux salles élégantes ou sur la terrasse panoramique.

au Nord 9 km par D 538, D 110 et D 245 - ⊠ 26460 Truinas

⌂　　**La Bergerie de Féline** ⌘　　　　　　　⪕ 🖃 🎇 ⌇ **P**
Les Charles – ✆ 04 75 49 12 78 – www.labergeriedefeline.com
– Fermé 6 nov.-15 avril
5 ch ⊡ – †130/210 € ††130/210 €　　**Table d'hôte** – Menu 38 € bc
◆ Dans une belle bergerie du 18e s., chambres contemporaines pour un séjour en toute
tranquillité avec le Vercors en paysage. Superbe piscine, cabane et hamac au fond du jardin.
Plats du terroir proposés à la table d'hôte, dans un cadre alliant design et authenticité.

DIGNE-LES-BAINS **P** – 04 Alpes-de-Haute-Provence – **334** F8　　**41** C2
– 17 868 h. – alt. 608 m – Stat. therm. : début mars-début déc. – ⊠ 04000

▌ Alpes du Sud

▶ Paris 744 – Aix-en-Provence 109 – Avignon 167 – Cannes 135

🛈 Office de tourisme, place du Tampinet ✆ 04 92 36 62 62, Fax 04 92 32 27 24

🔟 de Digne-les-Bains 57 route du Chaffaut, par rte de Nice et D 12 : 7 km,
✆ 04 92 30 58 00

▣ Musée départemental ★ B **M²** - Cathédrale N.D.-du-Bourg ★ - Dalles à
ammonites géantes ★ N : 1 km par D 900^A.

◪ ⪕ ★ du Relais de Télévision.

Plan page suivante

🏨　　**Le Grand Paris**　　　　　　　　🎇 ⁝ 🛣 🚗 _VISA_ ⚫⚫ **AE** ①
19 bd Thiers – ✆ 04 92 31 11 15 – www.hotel-grand-paris.com
– Fax 04 92 32 32 82 – Ouvert 1er mars-30 nov.　　　　　　　　　**A**a
16 ch – †79/115 € ††92/150 €, ⊡ 17 € – 4 suites – ½ P 90/130 €
Rest – (fermé lundi midi, mardi midi et merc. midi hors saison) (26 €)
Menu 33/45 € – Carte 51/81 €
◆ Ambiance vieille France dans cet ancien couvent du 17e s. Certaines chambres réactualisées (salles de bains contemporaines). Repas traditionnel, bercé par le chant d'oiseaux dont
la cage se trouve à l'entrée de la salle à manger principale. Terrasse ombragée.

🏠　　**Central** sans rest　　　　　　　　　　　　⁝ _VISA_ ⚫⚫ **AE**
26 bd Gassendi – ✆ 04 92 31 31 91 – www.lhotel-central.com – Fax 04 92 31 49 78
20 ch – †35/53 € ††53 €, ⊡ 8 €　　　　　　　　　　　　　**A**t
◆ La réception de ce petit hôtel, au cœur de la capitale des "Alpes de la Lavande", se trouve
au premier étage. Chambres bien tenues à la décoration rustico-provençale.

DIGNE-LES-BAINS

rte de Nice 2 km par ② et N 85 – ⌧ 04000 Digne-les-Bains

Villa Gaïa ⌂ 🐾 🛜 ઙ ch, ⚡ 🅿 VISA ⬤
24 rte de Nice – ℰ 04 92 31 21 60
– www.hotel-villagaia-digne.com – Fax 04 92 31 20 12
– Ouvert 15 avril-4 juil. et 12 juil.-21 oct.
10 ch – ♦65/102 € ♦♦72/110 €, ⌂ 10 € – ½ P 70/85 €
Rest – (fermé 1er-11 juil. et merc.) (dîner seult) (résidents seult) Menu 26 €
♦ Atmosphère familiale en cette accueillante maison de maître. Outre les salons, bibliothèque et chambres personnalisées (sans TV), découvrez l'original "bain romain" dans le parc arboré. Cuisine traditionnelle privilégiant les légumes et les fruits (le soir).

DIGOIN – 71 Saône-et-Loire – **320** D11 – 8 527 h. – alt. 232 m – ⌧ 71160   **7** B3
▌Bourgogne

  ▣ Paris 337 – Autun 69 – Charolles 26 – Moulins 57
  🛈 Office de tourisme, 8, rue Guilleminot ℰ 03 85 53 00 81,
    Fax 03 85 53 27 54

XX **De la Gare** avec ch   🛜 AC rest, ⁽ᵗ⁾ 🅿 VISA ⬤
😊 79 av. Gén. de Gaulle – ℰ 03 85 53 03 04
– www.hoteldelagare.fr – Fax 03 85 53 14 70
– Fermé 6 janv.-6 fév., dim. soir et merc. sauf juil.-août
12 ch – ♦52 € ♦♦55/70 €, ⌂ 8 €
Rest – Menu 18 € (sem.)/62 € – Carte 37/62 €
♦ Repas traditionnels que l'on prend dans une grande salle au décor classique ; ambiance tamisée et fauteuils en cuir rouge ou noir au salon, mobilier plus ancien ou de style dans les chambres.

à Vigny-les-Paray 9 km au Nord-Est par D 994 et D 52 – ⊠ 71160

✗ **Auberge de Vigny** 🚗 🖙 ⅙ 🅿 𝚟𝚒𝚜𝚊 ⓒⓓ
– 𝒞 03 85 81 10 13 – Fax 03 85 81 10 13 – Fermé 9-30 oct., 2-20 janv., dim. soir
de nov. à mars, lundi et mardi
Rest – (16 €) Menu 24/34 € – Carte 29/37 €
♦ Cuisine au goût du jour servie dans une ancienne salle de classe qui respire aujourd'hui le bonheur. Ici, la maîtresse est excellente pâtissière ! Jardin-terrasse ensoleillé.

DIJON ℙ – 21 Côte-d'Or – **320** K6 – 151 504 h. – Agglo. 236 953 h. **8** D1
– alt. 245 m – ⊠ 21000 ▌ Bourgogne

🗅 Paris 311 – Auxerre 152 – Besançon 94 – Genève 192
🛦 Dijon-Bourgogne 𝒞 03 80 67 67 67 par ⑤ : 6 km.
🛈 Office de tourisme, 34, rue des Forges 𝒞 08 92 70 05 58, Fax 03 80 30 90 02
🖼 de Dijon Bourgogne à Norges-la-Ville Bois de Norges, par de Langres : 15 km, 𝒞 03 80 35 71 10
🖼 de Quetigny à Quetigny Rue du Golf, E : 5 km par D 107, 𝒞 03 80 48 95 20
Circuit automobile de Dijon-Prenois 𝒞 03 80 35 32 22, 16 km par ⑧
◉ Palais des Ducs et des États de Bourgogne★★ : Musée des Beaux-Arts★★ (tombeaux des Ducs de Bourgogne★★★) - Rue des Forges★ - Eglise Notre-Dame★ - Plafonds★ du Palais de Justice DY **J** - Chartreuse de Champmol★ : Puits de Moïse★★★, Portail de la Chapelle★ A - Église St-Michel★ - Jardin de l'Arquebuse★ CY - Rotonde★★ dans la cathédrale St-Bénigne - Musée de la Vie bourguignonne★ DZ **M⁷** - Musée Archéologique★ CY **M²** - Musée Magnin★ DY **M⁵** - Jardin des Sciences★ CY **M⁸**.

Plans pages suivantes

🏨🏨 **Sofitel La Cloche** 🚗 🖙 🛁 🖃 ⅙ 🄺 ⁽ᵖ⁾ ⅙ 🅿 🛆 𝚟𝚒𝚜𝚊 ⓒⓓ 🄰🄴 ⓞ
14 pl. Darcy – 𝒞 03 80 30 12 32 – www.hotel-lacloche.com – Fax 03 80 30 04 15
64 ch – †190/330 € ††220/330 €, ⊡ 18 € – 4 suites CY**f**
Rest *Les Jardins de la Cloche* – (24 € bc) Menu 32 € bc/42 € bc – Carte 59/89 €
♦ Bâtiment du 19ᵉ s. aux confortables chambres contemporaines. Duplex et appartements récemment rénovés (avec douche-hammam). Bar, salles de réunion bien équipées. Cuisine actuelle aux Jardins de la Cloche. Jolie terrasse.

🏨🏨 **Hostellerie du Chapeau Rouge** (William Frachot) 🖃 🄺 ⁽ᵖ⁾ ⅙
✿ 5 r. Michelet – 𝒞 03 80 50 88 88 – www.chapeau-rouge.fr 𝚟𝚒𝚜𝚊 ⓒⓓ 🄰🄴 ⓞ
– Fax 03 80 50 88 89 CY**a**
30 ch – †136/155 € ††147/164 €, ⊡ 15 € – 2 suites
Rest – (fermé 2-24 janv.) Menu 42 € (déj.), 48/100 € – Carte 65/103 €🕮
Spéc. Raviole de ris de veau et homard, bouillon de homard et crème de poivron rouge. Gigue de biche de la région fumée aux sarments de vigne, jus de gibier (saison). Mousse de chocolat noir, crème prise Papouasie, sorbet cacao et coulis d'orange-carotte. **Vins** Meursault, Savigny-lès-Beaune.
♦ Cette élégante hostellerie, créée en 1863, propose des chambres personnalisées – parfois très contemporaines – et un salon-bar sous verrière façon jardin d'hiver. Restaurant relooké dans un style un peu japonisant et savoureuse cuisine inventive. Beau livre de cave.

🏨🏨 **Mercure-Centre Clemenceau** 🚗 🖙 🖃 🖃 ⅙ 🄺 ⁽ᵖ⁾ ⅙ 🛆
22 bd Marne – 𝒞 03 80 72 31 13 𝚟𝚒𝚜𝚊 ⓒⓓ 🄰🄴 ⓞ
– www.hotel-mercure-dijon.com – Fax 03 80 73 61 45 EX**z**
123 ch – †131/170 € ††152/221 €, ⊡ 15 €
Rest *Le Château Bourgogne* – (25 €) Menu 30/53 € – Carte 40/96 €
♦ L'immeuble, moderne, jouxte l'auditorium, les palais des congrès et des expositions. Chambres toutes identiques, partiellement rénovées. Cuisine traditionnelle, cadre design et jolie carte des vins régionaux au Château Bourgogne. Terrasse près de la piscine.

🏨 **Philippe Le Bon** 🚗 🖃 🄺 ⁽ᵖ⁾ ⅙ 🅿 𝚟𝚒𝚜𝚊 ⓒⓓ 🄰🄴 ⓞ
18 r. Ste-Anne – 𝒞 03 80 30 73 52 – www.hotelphilippelebon.com – Fax 03 80 30 95 51
32 ch – †84/153 € ††97/163 €, ⊡ 13 € DY**p**
Rest *Les Oenophiles* – voir ci-après
♦ Bel ensemble de trois demeures des 15ᵉ, 16ᵉ et 17ᵉ s. Chambres insonorisées, pourvues d'un mobilier pratique. Quelques-unes offrent une vue sur les toits dijonnais.

DIJON

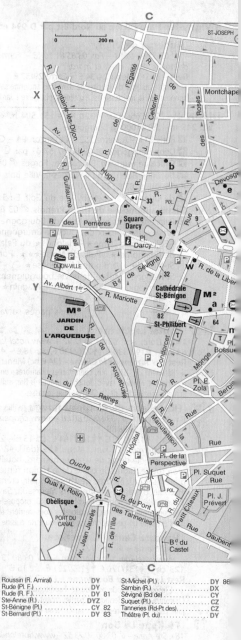

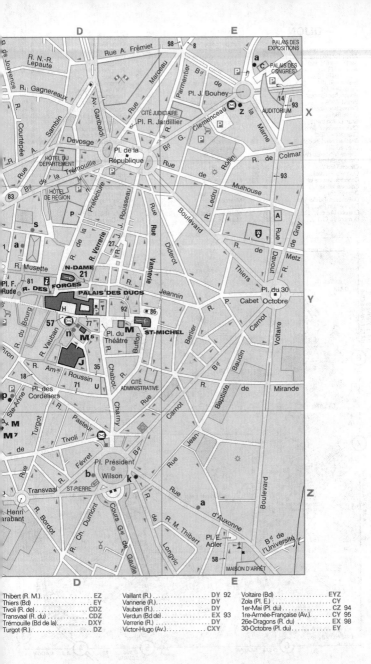

DIJON

Du Nord 🔉 AC 🔉 🛗 VISA ⦿ AE ⓞ
pl. Darcy – ℰ *03 80 50 80 50 – www.hotel-nord.fr – Fax 03 80 50 80 51*
– Fermé 17 déc.-2 janv. CY**w**
27 ch – ♦85/110 € ♦♦95/130 €, ☲ 12 €
Rest *Porte Guillaume* – (21 €) Menu 26/41 € – Carte 30/60 €
♦ Situé sur la place centrale, cœur animé et commerçant de Dijon, hôtel bénéficiant de chambres fonctionnelles, bien insonorisées. Cuisine traditionnelle dans la salle au cadre rustique actualisé et caveau-bar à vins logé sous une belle voûte en pierre.

Wilson sans rest 🔉 📶 🛗 🚗 VISA ⦿ AE
1 r. de Longvic – ℰ *03 80 66 82 50 – www.wilson-hotel.com*
– Fax 03 80 36 41 54 DZ**k**
27 ch – ♦79/104 € ♦♦79/104 €, ☲ 12 €
♦ Ancien relais de poste du 17ᵉ s. où les chambres, sobrement décorées, s'ordonnent autour d'une cour intérieure. Plaisante salle des petits-déjeuners avec sa grande cheminée.

Ibis-Centre Clemenceau sans rest 🔉 ⅙ AC 📶 🛗 🚗 VISA ⦿ AE
2 av. de Marbotte – ℰ *03 80 74 67 30*
– http://www.hotel-ibisclemenceau-dijon.com/ – Fax 03 80 74 67 31 EX**a**
102 ch – ♦60/92 € ♦♦60/92 €, ☲ 8 €
♦ Bâtiment récent près du palais des congrès et des expositions. Vaste hall-salon-bar moderne, salle des petits-déjeuners lumineuse et chambres fonctionnelles, toutes identiques.

Victor Hugo sans rest 📶 🚗 VISA ⦿ AE ⓞ
23 r. Fleurs – ℰ *03 80 43 63 45 – www.hotelvictorhugo-dijon.com*
– Fax 03 80 42 13 01 CX**b**
23 ch – ♦37/41 € ♦♦46/53 €, ☲ 6 €
♦ Adresse sympathique où les chambres claires, sobrement décorées et très bien tenues, sont plus spacieuses côté cour. Deux agréables petits salons et grande salle rustique.

Montigny sans rest 🔉 AC 📶 P VISA ⦿ AE ⓞ
8 r. Montigny – ℰ *03 80 30 96 86 – www.hotelmontigny.com*
– Fax 03 80 49 90 36 – Fermé 18 déc.-2 janv. CY**e**
28 ch – ♦53/55 € ♦♦58/60 €, ☲ 8 €
♦ Hôtel proche du centre-ville disposant d'un parking fermé. Les chambres, à la tenue irréprochable, sont fonctionnelles et bien insonorisées. Accueil courtois.

XXX **Le Pré aux Clercs** (Jean-Pierre et Alexis Billoux) 🏡 ✿ VISA ⦿ AE
ॐ *13 pl. de la Libération –* ℰ *03 80 38 05 05*
– www.jeanpierrebilloux.com – Fax 03 80 38 16 16
– Fermé 16-28 août, 15-27 fév., dim. soir et lundi DY**n**
Rest – Menu 35 € bc (déj. en sem.), 50/95 € – Carte 60/100 €
Spéc. Œuf cocotte aux truffes de Bourgogne (saison). Volaille de Bresse. Trilogie de desserts. **Vins** Marsannay blanc, Pernand-Vergelesses.
♦ Les baies vitrées de la salle (décor design et poutres apparentes) ouvrent sur la jolie place où l'on dresse la terrasse en été. Belle cuisine classique rythmée par les saisons.

XXX **Stéphane Derbord** AC ✿ VISA ⦿ AE ⓞ
ॐ *10 pl. Wilson –* ℰ *03 80 67 74 64 – www.restaurantstephanederbord.fr*
– Fax 03 80 63 87 72 – Fermé 1ᵉʳ-9 mars, 1ᵉʳ-17 août, dim. et lundi DZ**b**
Rest – Menu 25 € (déj. en sem.), 48/88 € – Carte 63/100 €
Spéc. Velouté de potimarron à la mousse de lait et truffes de Bourgogne. Dos de sandre rôti, brochette de morteau et tagliatelles de carotte. Feuille à feuille de pain d'épice, gelée de cassis, sorbet et crème de nectar. **Vins** Saint-Aubin, Marsannay rouge.
♦ Élégant cadre contemporain joliment fleuri. Le chef revisite avec brio la cuisine régionale et du marché. Riche livre de cave (millésimes anciens et grands crus).

XXX **La Dame d'Aquitaine** AC ✿ VISA ⦿ AE ⓞ
23 pl. Bossuet – ℰ *03 80 30 45 65 – www.ladamedaquitaine.fr*
– Fax 03 80 49 90 41 – Fermé le midi du 20 juil.-20 août, lundi midi et dim.
Rest – (22 €) Menu 29/45 € – Carte 43/78 € CY**m**
♦ Salle au mobilier actuel aménagée dans une crypte du 13ᵉ s., où les jeux de lumière mettent en valeur les voûtes et les arcs. Cuisine suivant le rythme des saisons.

XXX **Les Œnophiles** – Hôtel Philippe Le Bon 　　🚗 🛜 AC ⇔ P VISA ✪ AE ①
18 r. Ste-Anne – 𝒞 *03 80 30 73 52 – www.hotelphilippelebon.com*
– Fax 03 80 30 95 51 – Fermé le midi du 9 au 22 août et dim.　　　DY**p**
Rest – Menu 25 € (déj. en sem.), 41/60 € – Carte 55/65 €
● Salles à manger de caractère occupant les murs d'un hôtel particulier du 15ᵉ s. Belle cave voûtée transformée en petit musée du vin. Cuisine au goût du jour.

XX **Ma Bourgogne** 　　　　　　　　　　　　　　🛜 VISA ✪ AE
1 bd P. Doumer – 𝒞 *03 80 65 48 06 – Fax 03 80 67 82 65 – Fermé 1ᵉʳ-18 août,*
15-28 fév., dim. soir et sam.　　　　　　　　　　　　　　　　B**e**
Rest – *(déj. seult) (nombre de couverts limité, prévenir)* Menu 22/35 €
– Carte 33/50 €
● Tout est dit dans l'enseigne ! Installé dans la petite salle bourgeoise, partez à la découverte des spécialités régionales préparées dans les règles de l'art. Terrasse paysagère.

XX **Petit Vatel** 　　　　　　　　　　　　　　　　　AC VISA ✪
73 r. Auxonne – 𝒞 *03 80 65 80 64 – Fax 03 80 31 69 92 – Fermé sam. midi et dim.*
sauf fériés　　　　　　　　　　　　　　　　　　　　　EZ**a**
Rest – (23 €) Menu 29/42 € – Carte 43/50 €
● Sympathique restaurant de quartier aménagé dans deux petites salles à manger sobrement décorées. La cuisine opte pour le registre traditionnel. Accueil aimable.

X **Le Bistrot des Halles** 　　　　　　　　　　　🛜 AC VISA ✪
😊 *10 r. Bannelier –* 𝒞 *03 80 49 94 15 – Fax 03 80 38 16 16 – Fermé 25 déc.-2 janv.,*
dim. et lundi　　　　　　　　　　　　　　　　　　　DY**s**
Rest – Menu 18 € (déj. en sem.) – Carte environ 31 €
● Face aux halles joliment restaurées, les plats canailles, la rôtissoire et le décor de bistrot 1900 un brin théâtral séduisent les Dijonnais. Convivialité assurée !

X **DZ'envies** 　　　　　　　　　　　　　　　　🛜 ᵭ AC
12 r. Odebert – 𝒞 *03 80 50 09 26 – www.dzenvies.com*
– Fermé dim.　　　　　　　　　　　　　　　　　　　DY**a**
Rest – (15 €) Menu 20/35 € – Carte 32/48 €
● Installé sur la place du marché, ce nouveau restaurant, à l'image d'une cantine épurée (bois clair et tons blancs), dénote par son style branché. Cuisine actuelle à prix sages.

X **Chez Septime** 　　　　　　　　　　　　　🛜 AC VISA ✪ AE
😊 *11 av. Junot –* 𝒞 *03 80 66 72 98 – Fax 03 80 66 72 98 – Fermé 9-23 août, dim. et*
lundi　　　　　　　　　　　　　　　　　　　　　　B**n**
Rest – (14 €) Menu 18 € (déj.) – Carte 32/46 €
● Sa façade orange et mauve donne une note dans le vent, et l'intérieur façon bistrot contemporain est aussi tendance. Belle sélection de vins au verre.

au Parc de la Toison d'Or 5 km au Nord par D 974 – ⊠ 21000 Dijon

🏠🏠 **Holiday Inn** 　　　　　　　　　　🛎 ᵭ AC 🛜 🏊 P VISA ✪ AE ①
1 pl. Marie de Bourgogne – 𝒞 *03 80 60 46 00 – www.holiday-inn-dijon.com*
– Fax 03 80 72 32 72　　　　　　　　　　　　　　　　　B**r**
100 ch – ♦125/135 € ♦♦135/145 €, ⊋ 16 €
Rest – *(fermé sam. midi et dim. midi)* (22 €) Menu 25/48 € – Carte 35/70 €
● Cet immeuble moderne est intégré au parc technologique de la Toison d'Or. Décoration intérieure contemporaine et colorée ; chambres toutes rénovées, aux meubles design. Cuisine traditionnelle servie dans une spacieuse salle à manger actuelle.

à Chevigny 9 km par ⑤ et D 996 – ⊠ 21600 Fenay

🏠 **Le Relais de la Sans-Fond** 　　　　🚗 🛜 ⴵ 🛜 🏊 P VISA ✪ AE
33 rte Dijon, (sur D 996) – 𝒞 *03 80 36 61 35 – Fax 03 80 36 94 89*
– Fermé 15 déc.-5 janv.
17 ch – ♦57/62 € ♦♦67/72 €, ⊋ 8 € – ½ P 67/72 €
Rest – *(fermé dim. soir et soirs fériés)* (15 €) Menu 26/49 € – Carte 35/61 €
● Petite auberge familiale aux aménagements simples et soignés. Chambres claires, pratiques et fort bien tenues. Cuisine traditionnelle à déguster dans les salles à manger actuelles ou sur l'agréable terrasse, face au jardin.

à Chenôve 6 km par ⑥ – 14 921 h. – alt. 263 m – ⊠ 21300

L'Escargotière 🏠📶 AC 🌐 🛴 P VISA ⓪ AE ⓪
120 av. Roland-Carraz – ℰ 03 80 54 04 04 – www.hotel-escargotiere.fr
– Fax 03 80 54 04 05 – Fermé 17 déc.-3 janv.
41 ch – †62/68 € ††64/72 €, ☑ 8,50 € – 3 suites
Rest *La Véranda* – (16 €) Menu 20 € – Carte 24/41 €
• L'hôtel borde une route très passante, mais les chambres, toutes identiques et rénovées, sont bien insonorisées. Ambiance "jardin d'hiver", grillades, plats à la broche et spécialités d'escargots au restaurant La Véranda.

Le Clos du Roy AC ⇔ P VISA ⓪
35 av. 14-Juillet – ℰ 03 80 51 33 66 – www.restaurant-closduroy.com
Fax 03 80 51 36 66 – Fermé 2-22 août, 1 sem. en fév., merc. soir, dim. soir et lundi
Rest – (18 €) Menu 25/60 € – Carte 47/59 €
• Ce restaurant au cadre actuel est une étape de choix sur la route du vignoble. Cuisine au goût du jour rehaussée de touches régionales, accompagnée d'une belle carte de bourgognes.

à Marsannay-la-Côte 8 km par ⑥ – 5 271 h. – alt. 275 m – ⊠ 21160

🚪 Office de tourisme, 41, rue de Mazy ℰ 03 80 52 27 73, Fax 03 80 52 30 23

Les Gourmets 🏠 & ⇔ VISA ⓪ AE ⓪
8 r. Puits de Têt, (près de l'église) – ℰ 03 80 52 16 32 – www.restaurant-lesgourmets.com
– Fax 03 80 52 03 01 – Fermé 26 juil.-10 août, lundi et mardi
Rest – (17 €) Menu 25/95 € – Carte 60/105 € ⅜
• Au centre du village, ce restaurant sert une cuisine actuelle dans une salle à manger s'ouvrant sur une terrasse d'été. Belle carte de crus de la région.

à Talant 4 km – 11 898 h. – alt. 354 m – ⊠ 21240

🔭 Table d'orientation ⩽ ★.

La Bonbonnière sans rest 🌿 ⩽ 🚃 🏠 🌐 P VISA ⓪ AE ⓪
24 r. Orfèvres, (au vieux village) – ℰ 03 80 57 31 95 – www.labonbonnierehotel.fr
– Fax 03 80 57 23 92 – Fermé 22 déc.-4 janv.   A**s**
19 ch – †80/90 € ††80/95 €, ☑ 10 €
• Sur les hauteurs de la ville, petit hôtel familial offrant une vue étendue sur Dijon et le lac Kir. Chambres spacieuses et bien tenues et agréable jardin.

à Velars-sur-Ouche 11 km par ⑦ et A 38 – 1 626 h. – alt. 280 m – ⊠ 21370

L'Auberge Gourmande 🏠 AC P VISA ⓪
17 allée de la Cude – ℰ 03 80 33 62 51 – www.auberge-velars.com
– Fax 03 80 33 65 83 – Fermé 15 août-9 sept., 2-13 janv., dim. soir, mardi et merc.
Rest – Menu 20 € (sem.)/50 € – Carte 29/51 €
• Voici une petite auberge de campagne comme on les aime : intérieur cossu et chaleureux, cuisine du terroir attentive aux saisons et terrasse donnant sur un jardin.

à Prenois 12 km par ⑧ par D 971 et D 104 – 378 h. – alt. 485 m – ⊠ 21370

Auberge de la Charme (David Le Comte et Nicolas Isnard) &
12 r. de la Charme – ℰ 03 80 35 32 84   VISA ⓪ AE ⓪
ⓢ – www.aubergedelacharme.com – Fax 03 80 35 34 48
– Fermé 21-27 déc., lundi et mardi
Rest – (prévenir) Menu 27 € bc (déj. en sem.), 45/75 € – Carte 83/90 € ⅜
Spéc. Huîtres à l'échalote, milkshake iodé au lard. Cappuccino de ris de veau truffé. Feuille à feuille framboise-pain d'epice (été). **Vins** Saint-Aubin, Auxey-Duresses.
• Dans un village réputé gourmand, maison en pierre (ancienne forge) à l'intérieur actuel. Les nouveaux propriétaires réalisent à quatre mains une intéressante cuisine inventive.

rte de Troyes 4 km par ⑧ – ⊠ 21121 Daix

Les Trois Ducs 🏠 AC ⇔ P VISA ⓪ AE
5 rte de Troyes – ℰ 03 80 56 59 75 – www.restaurant-lestroisducs.com
– Fax 03 80 56 00 16 – Fermé 1ᵉʳ-23 août, 20 déc.-5 janv., dim. et lundi
Rest – (25 €) Menu 29/65 € – Carte 45/75 €
• Déco contemporaine, rehaussée de tableaux modernes, pour ce confortable restaurant servant une cuisine actuelle. Repas en terrasse dès les premiers beaux jours.

à Hauteville-lès-Dijon 6 km par ⑧ et D 107ᶠ – 1 076 h. – alt. 402 m – ⊠ 21121

XX **La Musarde** avec ch ⏞   🚗 🏠 ⁽ᵠ⁾ 𝗩𝗜𝗦𝗔 ⓒⓞ 𝗔𝗘 ①

7 r. des Riottes – 𝒞 03 80 56 22 82
– www.lamusarde.fr – Fax 03 80 56 64 40
– Fermé 21 déc.-13 janv.
12 ch – ♦51/66 € ♦♦57/72 €, ⊇ 10 €
Rest – *(fermé mardi midi, dim. soir et lundi)* Menu 18 € (déj. en sem.), 21/62 €
– Carte 40/60 €

♦ Grand calme, verdure, salle à manger ouverte sur la belle terrasse d'été, cuisine au goût du jour... Tout semble réuni pour musarder sans retenue dans cette ferme du 19ᵉ s. Chambres simples et bien tenues.

DINAN ⊚ – 22 Côtes-d'Armor – 309 J4 – 11 235 h. – alt. 92 m   10 C2
– ⊠ 22100 ▌ Bretagne

🔁 Paris 400 – Rennes 54 – St-Brieuc 61 – St-Malo 32

🄳 Office de tourisme, 9, rue du Château 𝒞 02 96 87 69 76, Fax 02 96 87 69 77

🔲 La Corbinais Golf Club à Saint-Michel-de-Plélan La Corbinais, O : 15 km,
𝒞 02 96 27 64 81

🔳 de Saint-Malo à Le Tronchet, rte de Dol-de-Bretagne : 19 km,
𝒞 02 99 58 96 69

🔲 de Tréméreuc à Tréméreuc 14 rue de Dinan, par rte de Dinard : 11 km,
𝒞 02 96 27 10 40

🔳 Vieille ville★★ : Tour de l'Horloge ⁂ ★★ R, Jardin anglais ⩽★★, place des Merciers★ BZ , rue du Jerzual★ BY, - Promenade de la Duchesse-Anne ⩽★, Tour du Gouverneur ⩽★★, Tour Ste-Catherine ⩽★★ - Château★ : ⁂★.

🏨 **Jerzual**   🔁 ⏚ ▮🔸⏚ ⁽ᵠ⁾ ⋈ 🅿 𝗩𝗜𝗦𝗔 ⓒⓞ 𝗔𝗘 ①

26 quai Talards, (au port) – 𝒞 02 96 87 02 02 – bestwesterndinan.fr
– Fax 02 96 87 02 03   BY**b**
52 ch – ♦83/160 € ♦♦90/160 €, ⊇ 14 €
Rest – *(fermé 2-17 janv.)* (19 € bc) Carte 27/40 €

♦ La silhouette de cet hôtel évoquant les cloîtres bretons se fond bien dans le quartier du port. Chambres spacieuses et actuelles. Piscine dans le patio. Cuisine traditionnelle servie au restaurant – tout en boiseries – ou sur la terrasse tournée vers la Rance.

🏨 **Le d'Avaugour** sans rest   🚗 ▮🔸 ⁽ᵠ⁾ 𝗩𝗜𝗦𝗔 ⓒⓞ

1 pl. du Champ Clos – 𝒞 02 96 39 07 49 – www.avaugourhotel.com
– Fax 02 96 85 43 04 – Ouvert 1ᵉʳ mars-31 oct.   AZ**r**
24 ch – ♦90/180 € ♦♦90/180 €, ⊇ 14 €

♦ Cette belle bâtisse en pierres du pays adossée aux remparts de la ville abrite des jolies chambres personnalisées et cosy. Petit-déjeuner servi dans le jardin aux beaux jours.

🏨 **Le Challonge** sans rest   ▮🔸⏚ ⁂ ⁽ᵠ⁾ 𝗩𝗜𝗦𝗔 ⓒⓞ 𝗔𝗘

29 pl. Duguesclin – 𝒞 02 96 87 16 30 – www.hotel-dinan.fr
– Fax 02 96 87 16 31   AZ**e**
18 ch – ♦56/68 € ♦♦68/92 €, ⊇ 8,50 €

♦ En centre-ville, cet hôtel à la longue façade classique vous accueille chaleureusement. Les chambres, confortables et bien insonorisées, ont un petit air british.

🏨 **Ibis** sans rest   ▮🔸⏚ 🄰🄲 ⁽ᵠ⁾ 𝗩𝗜𝗦𝗔 ⓒⓞ 𝗔𝗘

1 pl. Duclos – 𝒞 02 96 39 46 15 – Fax 02 96 85 44 03   AY**a**
62 ch – ♦54/122 € ♦♦54/122 €, ⊇ 8 €

♦ Fonctionnel et récemment rénové, un hôtel bien placé, à proximité des remparts et du château, disposant de chambres spacieuses et climatisées.

🏨 **Arvor** sans rest   ▮🔸 ⁽ᵠ⁾ 🅿 𝗩𝗜𝗦𝗔 ⓒⓞ

5 r. Pavie – 𝒞 02 96 39 21 22 – www.hotelarvordinan.com – Fax 02 96 39 83 09
– Fermé 2-31 janv.   BZ**u**
24 ch – ♦50/73 € ♦♦53/73 €, ⊇ 6,50 €

♦ Un portail Renaissance sculpté donne accès à cet immeuble du 18ᵉ s. édifié sur le site d'un ancien couvent. Chambres de bonne ampleur, sobres et pratiques (dont une en duplex).

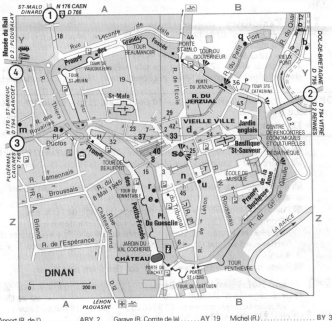

⋔ **Le Logis du Jerzual** sans rest 　　　　　🚗 🕉 📶 𝗩𝗜𝗦𝗔 ⦿

25 r. du Petit-Fort – ℰ 02 96 85 46 54 – www.logis-du-jerzual.com
– Fax 02 96 39 46 94　　　　　　　　　　　　　　　　　　BY**q**
5 ch ⚏ – †58/68 € ††75/90 €

◆ Entre port et ville haute, ce logis du 15ᵉ s. vous invite à poser vos valises. Jardin en terrasse dominant la Rance. Beau mobilier ancien dans des chambres de caractère.

⋔ **La Villa Côté Cour** sans rest 　　　　　　🚗 🕉 📢 𝗩𝗜𝗦𝗔 ⦿

10 r. Lord-Kitchener – ℰ 02 96 39 30 07
– www.villa-cote-cour-dinan.com　　　　　　　　　　　　AY**m**
5 ch ⚏ – †69/199 € ††89/229 €

◆ Charmante villa en granit du pays située dans le quartier de la gare. Cadre contemporain, serein et soigné ; confort (baignoires balnéo, espace sauna) ; agréable petit jardin.

🍴🍴 **L'Auberge du Pélican** 　　　　　　　　　　🍴 🕉 𝗩𝗜𝗦𝗔 ⦿

3 r. Haute Voie – ℰ 02 96 39 47 05 – Fax 02 96 87 53 30
– Fermé 4 janv.-4 fév., jeudi soir et lundi sauf juil.-août　　　BY**d**
Rest – (13 €) Menu 19/60 € – Carte 32/75 €

◆ Au cœur du vieux Dinan, sympathique adresse dont la décoration douce, en tons bleus, évoque l'eau. Jolie terrasse d'été. Dans l'assiette, tradition et produits de la mer.

🍴🍴 **Au Coin du Feu** 　　　　　　　　　🍴 ৬ 𝗔𝗞 🅿 𝗩𝗜𝗦𝗔 ⦿ ⓞ

66 r. de Brest, par ③ – ℰ 02 96 85 02 90
– www.coin-du-feu.com – Fax 02 96 85 03 85
– Fermé dim. soir et lundi
Rest – (13 € bc) Menu 23/44 € – Carte 30/45 €

◆ L'adresse a vite conquis son public grâce à sa cuisine traditionnelle, copieuse et soignée. Cuisines ouvertes et four à bois animent la salle contemporaine, mi-brasserie, mi-bistrot.

✗ **Le Cantorbery** ⁂ 🅅🄸🅂🄰 ❸
6 r. Ste-Claire – ℰ 02 96 39 02 52 – Fermé 15-28 nov., 24 janv.-6 fév. et dim.
d'oct. à mars BZn
Rest – (12 €) Menu 25/36 € – Carte 39/57 €
◆ Maison de ville du 17ᵉ s. abritant une salle rustique où rôtissent les grillades dans la grande cheminée en pierres (à l'étage, pièce avec boiseries d'époque). Plats traditionnels.

DINARD – 35 Ille-et-Vilaine – **309** J3 – 10 644 h. – alt. 25 m – Casino BY **10** C1
– ✉ 35800 ▌Bretagne

▶ Paris 408 – Dinan 22 – Dol-de-Bretagne 31 – Rennes 73

✈ de Dinard-Pleurtuit-St-Malo ℰ 02 99 46 18 46, par ① : 5 km.

🄸 Office de tourisme, 2, boulevard Féart ℰ 02 99 46 94 12, Fax 02 99 88 21 07

🛅 Dinard Golf à Saint-Briac-sur-Mer Boulevard de la Houle, O : 7 km,
ℰ 02 99 88 32 07

🛅 de Tréméreuc à Tréméreuc 14 rue de Dinan, par rte de Dinan : 6 km,
ℰ 02 96 27 10 40

👁 Pointe du Moulinet ≤★★ - Grande Plage ou Plage de l'Écluse★
- Promenade du Clair de Lune★ - Pointe de la Vicomté★★ - La
Rance★★ en bateau - St-Lunaire : pointe du Décollé ≤★★ et grotte des
Sirènes★ 4,5 km par ② - Usine marémotrice de la Rance : digue ≤★ SE :
4 km.

🄲 Pointe de la Garde Guérin★ : ⁂★★ par ② : 6 km puis 15 mn.

🏨🏨🏨🏨 **Grand Hôtel Barrière de Dinard** ≤ 🚗 🖥 🛁 🎧 🗿 ch. 🕻 🧖 🅿
46 av. George V – ℰ 02 99 88 26 26 🅅🄸🅂🄰 ❸ 🄰🄴 ❶
– www.lucienbarriere.com – Fax 02 99 88 26 27 – Ouvert 18 mars-28 nov.
90 ch – †130/480 € ††130/480 €, ⎓ 22 € BYv
Rest *Le Blue B* – (dîner seult) Menu 39/145 € bc – Carte 41/71 €
Rest *333 Café* – (19 €) Menu 25 € (déj.) – Carte 30/48 €
◆ Ce "grand hôtel" du 19ᵉ s. qui domine la promenade maritime du Clair de Lune accueille les stars de cinéma lors du Festival du Film britannique. Chambres sobres et raffinées. Belle vue sur la mer au Blue B. Au 333 Café, ouvert toute l'année, restauration de type snacking en terrasse ou dans une salle cosy.

🏨🏨🏨 **Novotel Thalassa** ⁑ ≤ 🚗 🍴 🖥 🎧 🛁 🍴 🎧 🗿 ch. 🍴 rest. 🕻 🧖 🅿
1 av. Château Hébert – ℰ 02 99 16 78 10 🍴 🅅🄸🅂🄰 ❸ 🄰🄴 ❶
– www.accorthalassa.com – Fax 02 99 16 78 29 – Fermé 1ᵉʳ nov.-31 déc.
106 ch – †145/215 € ††145/215 €, ⎓ 16 € – ½ P 115/195 € AYr
Rest – (20 €) Carte 28/45 €
◆ Dans un cadre unique (la pointe de St-Énogat), un complexe moderne voué à la détente : superbe centre de thalassothérapie, salon de beauté et chambres actuelles mirant l'océan. Au restaurant, panorama sur la Manche, décor actuel et recettes diététiques.

🏨🏨🏨 **Villa Reine Hortense** sans rest ⁑ ≤ 🕻 🅿 🅅🄸🅂🄰 ❸ 🄰🄴
19 r. Malouine – ℰ 02 99 46 54 31 – www.villa-reine-hortense.com
– Fax 02 99 88 15 88 – Ouvert début avril à fin sept. BYe
7 ch – †150/245 € ††150/245 €, ⎓ 16 € – 1 suite
◆ Toute la Belle Époque revit dans cette villa typique de la "perle" de la Côte d'Émeraude. Ses luxueuses chambres personnalisées – excepté une – regardent la plage.

🏨🏨🏨 **Mercure Emeraude Plage** sans rest 🛁 🎧 🛁 🄰🄺 🍴 🕻 🧖 🚗
1 bd Albert 1ᵉʳ – ℰ 02 99 46 19 19 🅅🄸🅂🄰 ❸ 🄰🄴
– www.hotelemeraudeplage.com – Fax 02 99 46 21 22 – Fermé 3 -31 janv.
47 ch – †107/400 € ††122/400 €, ⎓ 15 € BYa
◆ Hôtel balnéaire rénové, proche de la plage et du casino. Chambres fonctionnelles dont le décor évoque les voyages. Salon à l'ambiance feutrée très british, piano-bar.

🏨🏨 **Crystal** sans rest ≤ 🎧 🕻 🚗 🅅🄸🅂🄰 ❸ 🄰🄴
15 r. Malouine – ℰ 02 99 46 66 71 – www.crystal-hotel.com – Fax 02 99 88 17 73
24 ch – †82/140 € ††82/140 €, ⎓ 12 € – 2 suites BYn
◆ Hôtel datant des années 1970 aux chambres amples et bien tenues, rénovées côté rue ou bénéficiant de la vue sur la plage et la pointe de la Malouine côté mer.

DINARD

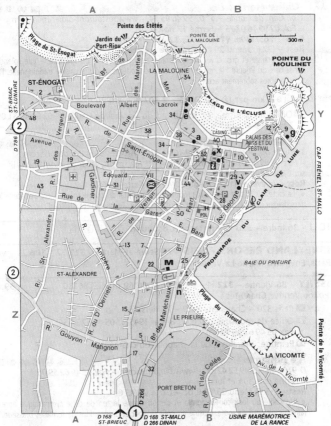

🏨 **La Vallée** ♨ ⟨ 🖱 🛗 & 🍽 ch, ⁽ᵗᵖ⁾ 𝗩𝗜𝗦𝗔 ⦿ 𝗔𝗘

6 av. George-V – ℰ *02 99 46 94 00 – www.hoteldelavallee.com*
– Fax 02 99 88 22 47 – Fermé janv.   BY**g**
23 ch – †70/90 € ††70/90 €, ⌑ 12 € – ½ P 115/135 €
Rest – *(fermé dim. soir, lundi et mardi)* Carte 39/57 €

♦ Bâtisse balnéaire postée sur un ancien embarcadère. Belles chambres contemporaines arborant, selon l'étage, une couleur différente (rouille, turquoise, vert anis). Deux salles modernes dont une façon loft, face à la baie ; poissons et fruits de mer.

🏠 **Balmoral** sans rest   🛗 & ⁽ᵗᵖ⁾ 🛎 𝗩𝗜𝗦𝗔 ⦿ 𝗔𝗘 ①

26 r. Mar.-Leclerc – ℰ *02 99 46 16 97 – www.hotels-balmoral.com*
– Fax 02 99 88 20 48   BY**t**
29 ch – †55/79 € ††65/109 €, ⌑ 10 €

♦ Petit immeuble des années 1900 entièrement rénové et joliment mis en valeur. Les chambres sont sobres, claires et bien équipées. Accueil aimable, tenue exemplaire.

⌂ **La Plage** sans rest ⫷ 🕭 🕭 🕪 VISA ⓪ AE
3 bd Féart – ℰ *02 99 46 14 87 – www.hoteldelaplage-dinard.com*
– Fax 02 99 46 55 52 BY**x**
18 ch – †65/72 € ††65/125 €, ⊇ 10 €
♦ Petit-déjeuner en terrasse face à la plage de l'Écluse et nuit sereine dans une chambre
joliment rénovée, telles sont les belles promesses que vous fait ce sympathique hôtel.

XX **Didier Méril** avec ch ⫷ 🕭 AK 🕪 VISA ⓪ AE ⓪
1 pl. Gén. de Gaulle – ℰ *02 99 46 95 74 – www.restaurant-didier-meril.com*
– Fax 02 99 16 07 75 – Fermé 17 nov.-2 déc. BZ**n**
6 ch – †65/130 € ††65/160 €, ⊇ 10 €
Rest – (22 €) Menu 29 € (sem.)/65 € – Carte 50/120 € 🍷
♦ Tons orange et gris, cave vitrée, mobilier design et – clou du spectacle – vue splendide
sur la baie du Prieuré : la rencontre d'un cadre moderne et d'une cuisine traditionnelle. Petites chambres sobrement actuelles.

à St-Lunaire 5 km par ② par D786 – 2 307 h. – alt. 20 m – ⊠ 35800

🛈 Office de tourisme, 72, boulevard du Général-de-Gaulle ℰ 02 99 46 31 09,
Fax 02 99 46 31 09

X **Le Décollé** ⫷ 🕭 VISA ⓪
1 Pointe du Décollé – ℰ *02 99 46 01 70 – www.restaurantdudecolle.com*
– Fax 02 99 46 01 70 – Fermé 12 nov.-1ᵉʳ fév., merc., jeudi en mars, mardi
sauf juil.-août et lundi
Rest – (prévenir) (17 €) Menu 30/40 € – Carte 45/65 €
♦ La carte fait la part belle aux produits de la mer, tandis que le sobre décor s'efface volontiers devant la superbe vue sur la Côte d'Émeraude. Terrasse d'été idyllique.

DIOU – 36 Indre – 323 I4 – rattaché à Issoudun

DISNEYLAND RESORT PARIS – 77 Seine-et-Marne – 312 F2 – 106 22 – voir
à Paris, Environs (Marne-La-Vallée)

DISSAY – 86 Vienne – 322 I4 – 2 875 h. – alt. 69 m – ⊠ 86130 **39** C1
▌Poitou Vendée Charentes

▶ Paris 320 – Châtellerault 19 – Poitiers 16
🛈 Office de tourisme, place du 8 Mai 1945 ℰ 05 49 52 34 56,
Fax 05 49 62 58 72
◉ Peintures murales ★ de la chapelle du château.

XX **Le Binjamin** 🚗 🏊 🕭 AK P. VISA ⓪ AE
D 910 – ℰ *05 49 52 42 37 – www.binjamin.com – Fax 05 49 62 59 06*
– Fermé dim. soir et lundi
Rest – (15 €) Menu 23/80 € bc – Carte 25/45 €
♦ Un cadre au look contemporain et design donne le ton de cette sympathique adresse
familiale de bord de route. Cuisine au goût du jour et propositions de formules brasserie.

DIVES-SUR-MER – 14 Calvados – 303 L4 – rattaché à Cabourg

DIVONNE-LES-BAINS – 01 Ain – 328 J2 – 7 400 h. – alt. 486 m **46** F1
– Stat. therm. : mi mars-mi nov. – Casino – ⊠ 01220 ▌Franche-Comté Jura

▶ Paris 488 – Bourg-en-Bresse 129 – Genève 18 – Gex 9
🛈 Office de tourisme, rue des Bains ℰ 04 50 20 01 22, Fax 04 50 20 00 40
▤ de Divonne-les-Bains Route de Gex, O : 2 km, ℰ 04 50 40 34 11
▨ de Maison-Blanche à Échenevex, SO : 11 km, ℰ 04 50 42 44 42

🏨 **Le Grand Hôtel** sans rest 🏡 ⫷ 🕭 🏊 🕭 🕭 AK 🕪 🕭 P.
av. des Thermes – ℰ *04 50 40 34 34* VISA ⓪ AE ⓪
– www.partouche-domaine-de-divonne.fr – Fax 04 50 40 34 24
130 ch – †235/265 € ††235/265 €, ⊇ 19 € – 4 suites
♦ Palace de 1931 inscrit dans son parc soigné. Chambres amples et élégantes, disponibles
en trois styles : bourgeois, Art déco ou contemporain. Casino et golf.

Château de Divonne ⬧   ◁ ⬧ 🛜 ⤳ ✕ 🈴 🄰🄲 rest, 🍽 ⬧ 🅿

115 r. des Bains – ℰ 04 50 20 00 32
– www.chateau-divonne.com – Fax 04 50 20 03 73   ⓥⓘⓢⓐ ⓐⓔ ⓞ
26 ch – †165/420 € ††165/420 €, ⬚ 23 € – 6 suites
Rest – *(fermé lundi, mardi et merc.) (dîner seult janv. et fév.)* (29 €) Menu 57 €
(dîner), 72/86 € – Carte 75/92 €
◆ Perchée au-dessus de la ville, cette imposante demeure du 19ᵉ s. bénéficie d'un superbe
parc arboré. Belle hauteur sous plafond et mobilier en bois ancien dans les chambres. Élégante salle à manger, terrasse panoramique enchanteresse ; cuisine au goût du jour.

La Villa du Lac ⬧   ◁ 🛜 🔲 ⓜ 🕭 🈴 👌 ch, 🄰🄲 ch, ✕ 🌐 👌 🅿 ⬧

93 chemin du Chatelard – ℰ 04 50 20 90 00
– www.lavilladulac.com – Fax 04 50 99 44 00   ⓥⓘⓢⓐ ⓐⓔ ⓞ
90 ch – †142/230 € ††142/230 €, ⬚ 13 € – ½ P 87/108 €
Rest – (17 €) Menu 21 € – Carte 30/55 €
◆ Ensemble moderne tout récent, situé au calme, entre lac et ville. Chambres de style
contemporain avec balcon, salles de séminaires équipées dernier cri et spa très complet.
Repas traditionnel dans un cadre actuel ou sur la terrasse tournée vers le plan d'eau.

Le Jura sans rest ⬧   🚗 👌 🍽 🅿 ⬧ ⓥⓘⓢⓐ ⓐⓔ

54 r. d'Arbère – ℰ 04 50 20 05 95 – www.hotel-divonne.com – Fax 04 50 20 21 21
29 ch – †67/127 € ††74/134 €, ⬚ 10 €
◆ Affaire familiale aux chambres bien tenues. Celles de l'annexe sont neuves (mobilier
actuel) avec terrasses. Petits-déjeuners servis dans la véranda ouverte sur le jardin.

✕✕ **Le Rectiligne**   ◁ 🛜 👌 🅿 ⓥⓘⓢⓐ ⓐⓔ

2981 rte du Lac – ℰ 04 50 20 06 13 – www.lerectiligne.fr – Fax 04 50 20 53 81
– Fermé dim. et lundi de sept. à mai
Rest – (26 €) Menu 31 € (déj. en sem.)/72 € – Carte 55/76 €🈁
◆ Maison blanche moderne dont le restaurant et la terrasse donnent sur le lac. L'espace est
volontairement épuré et zen (tons pastels, mur d'eau). Goûteuse cuisine actuelle.

✕✕ **Le Pavillon du Golf**   ◁ 🚗 🛜 🅿 ⓥⓘⓢⓐ ⓐⓔ ⓞ

av. des Thermes – ℰ 04 50 40 34 13 – www.domaine-de-divonne.com
– Fax 04 50 40 34 24 – Fermé 13 déc.-13 mars, lundi et mardi hors saison
Rest – Menu 25 € (déj. en sem.)/34 € – Carte 35/50 €
◆ Ancienne ferme bordant le parcours de golf. Redécorée, la salle à manger est à la fois
lumineuse et feutrée (cheminée). Charmante terrasse. Appétissante carte traditionnelle.

DIZY – 51 Marne – **306** F8 – rattaché à Épernay

DOLANCOURT – 10 Aube – **313** H4 – 141 h. – alt. 112 m – ⬚ 10200   **13 B3**

▶ Paris 229 – Châlons-en-Champagne 92 – Saint-Dizier 63 – Troyes 45

Moulin du Landion   ⬧ 🛜 ⤳ 👌 🅿 ⓥⓘⓢⓐ ⓐⓔ

5 r. St-Léger – ℰ 03 25 27 92 17 – www.moulindulandion.com
– Fax 03 25 27 94 44 – Fermé 15-25 déc. et 3-15 janv.
16 ch – †90 € ††90 €, ⬚ 11 € – ½ P 80 €
Rest – (23 €) Menu 30/57 € – Carte 40/60 €
◆ Moulin du 17ᵉ s. accolé à un bâtiment plus récent ; chambres agréables et cosy, dotées de
balcons donnant sur la rivière ou sur le parc. Plats traditionnels au restaurant.

DOL-DE-BRETAGNE – 35 Ille-et-Vilaine – **309** L3 – 4 760 h.   **10 D2**
– alt. 20 m – ⬚ 35120 ▌Bretagne

▶ Paris 378 – Alençon 154 – Dinan 26 – Fougères 54

🖪 Syndicat d'initiative, 3, Grande Rue des Stuarts ℰ 02 99 48 15 37,
Fax 02 99 48 14 13

 des Ormes Epiniac, S : 9 km par D 795, ℰ 02 99 73 54 44

◉ Cathédrale St-Samson★★ - Cathédraloscope★ - Collection★ du musée Les
"Trésors du mariage ancien" - Promenade des Douves : ◁★ - Mont-Dol
⁂★ 4,5 km NO par D 155.

🔠 **Des Ormes** ⚜   🏠 ⅃ ⅃δ 🖼 ⛱ 🕭 rest, 🅿 VISA 🚫 AE

Domaine des Ormes, 7 km au Sud par rte de Combourg – 𝒞 *02 99 73 53 40*
– www.lesormes.com – Fax 02 99 73 53 84 – Fermé de déc. à fév.
45 ch – †63/80 € ††78/110 €, ⌂ 10 € – ½ P 66/82 €
Rest – *(dîner seult)* Carte 25/50 €

◆ À l'entrée d'un parc de loisirs de 200 ha (équitation, golf, cabanes dans les arbres, etc.), cet hôtel au cadre soigné propose des chambres rénovées, sobres et fonctionnelles. Agréable salon-bar face à la piscine. Cuisine traditionnelle.

DOLE 🔇 – **39 Jura** – **321** C4 – **24 606 h.** – alt. 220 m – ⊠ 39100   **16** B2
▌ Franche-Comté Jura

  ▶ Paris 363 – Beaune 65 – Besançon 55 – Dijon 50

  🄕 Office de tourisme, 6, place Grévy 𝒞 03 84 72 11 22, Fax 03 84 82 49 27

  🄚 Public du Val d'Amour à Parcey Chemin du Camping, S : 9 km par D 405 et N 5, 𝒞 03 84 71 04 23

  🄞 Le Vieux Dole★★ BZ : Collégiale Notre-Dame★ - Grille★ en fer forgé de l'église St-Jean-l'Evangéliste AZ - Le musée des Beaux-Arts★.

  🄖 Fôret de Chaux★.

🏠🏠 **Au Moulin des Écorces** ⚜   🏠 ⅆ 🕪 ⅃ʎ VISA 🚫 ①

14 allée du Pont-Roman – 𝒞 *03 84 72 72 00 – www.aumoulindesecorces.fr*
– Fax 03 84 72 41 48   BZ**a**
18 ch – †80/90 € ††85/95 €, ⌂ 12 € – 1 suite
Rest – *(fermé dim. soir et lundi midi)* Menu 22 € – Carte 35/64 €

◆ En bordure du Doubs, ancien moulin parfaitement restauré. Grandes chambres au décor épuré et mobilier minimaliste chic. Salles de bains spacieuses et bien équipées. Cuisine traditionnelle revisitée au restaurant ; plats plus simples au bistrot.

🏠 **La Cloche** sans rest   🕭 🕪 ⅃ʎ VISA 🚫 AE

1 pl. Grévy – 𝒞 *03 84 82 06 06 – www.la-cloche.fr – Fax 03 84 72 73 82*
– Fermé 24 déc.-2 janv.   BY**v**
28 ch – †65 € ††75 €, ⌂ 10 €

◆ Stendhal aurait séjourné dans cette vieille maison voisine du cours St-Mauris. Les chambres, de tailles diverses, sont progressivement rénovées.

🍴🍴🍴 **La Chaumière** (Joël Césari) avec ch   🚗 🏠 ⅃ 🕪 ⅃ʎ 🅿 VISA 🚫 AE
  ❀

346 av. du Mar. Juin, 3 km par ③ – 𝒞 *03 84 70 72 40*
– www.la-chaumiere.info.com – Fax 03 84 79 25 60
– Fermé 24 oct.-1ᵉʳ nov., dim. sauf hôtel en juil.-août, lundi midi et sam. midi
19 ch – †70/125 € ††80/125 €, ⌂ 12 €
Rest – (20 € bc) Menu 35 € (sem.)/80 € – Carte 55/70 €
Spéc. Ravioles de morilles fraîches, céleri et savagnin. Poularde aux morilles et vin jaune cuite à 60°C. Gâteau aux noix, carpaccio de fraises et rhubarbe à cru (15 juin au 15 sept.). **Vins** Arbois Pupillin blanc, Arbois rouge.

◆ Dans une salle qui mélange les styles (rustique/moderne), cuisine inventive qui varie au gré du marché. Bon choix de vins du Jura et conseils avisés du sommelier. À l'hôtel, chambres au calme.

🍴 **Le Grévy**   🏠 VISA 🚫
  🍴

2 av. Eisenhower – 𝒞 *03 84 82 44 42 – Fax 03 84 82 44 42*
– Fermé 10-16 mai, 1ᵉʳ-21 août, 24 déc.-1ᵉʳ janv., sam. et dim.   BY**t**
Rest – Menu 15 € (déj. en sem.) – Carte 20/60 €

◆ Banquettes et nappes à carreaux donnent le ton de ce petit bistrot façon bouchon lyonnais. Tripes et autres plats canailles du Rhône et du Jura sont à l'honneur.

à Rochefort-sur-Nenon 7 km par ② par D 673 – 587 h. – alt. 210 m – ⊠ 39700

🏠 **Fernoux-Coutenet** ⚜   🏠 🕪 🍽 VISA 🚫 AE
  🍴

r. Barbière – 𝒞 *03 84 70 60 45 – www.hotelfernoux.com – Fax 03 84 70 50 89*
– Fermé 25 déc.-4 janv. et dim. soir d' oct. à avril
17 ch – †57/59 € ††60/62 €, ⌂ 8,50 €
Rest – *(fermé dim. soir d'oct. à juin)* (12 €) Menu 15 € (déj. en sem.), 20/37 € – Carte 22/40 €

◆ Hôtel familial tenu par un couple dynamique et sérieux, qui rénove chaque année quelques chambres. Celles-ci disposent de parquet et de belles couleurs ensoleillées. Menus régionaux servis dans l'une des trois salles ou sur la terrasse (vue sur le clocher).

DOLE

Arènes (R. des) .... **ABZ**
Besançon (R. de) .... **BYZ**
Béthouart (R. du Gén.) .... **BZ** 2
Boyvin (R.) .... **BZ** 4
Chifflot (R. L.) .... **AZ** 5

Duhamel (Av. J) .... **AZ** 6
Gouvernement (R. du) ..... **BY** 9
Grande-Rue .... **BZ** 10
Jean-Jaurès (Av.) .... **BY** 13
Juin (Av. du Mar.) .... **BZ** 14
Lattre de Tassigny
(Av. du Mar.de) .... **BY** 15

Messageries (R. des) ..... **AY** 16
Nationale, Charles-de-Gaulle
(Pl.) .... **BZ** 17
Parlement (R. du) .... **BZ** 18
Rockefeller (R. J.) .... **BY** 21
Sous-Préfecture
(R. de la) .... **BY** 22

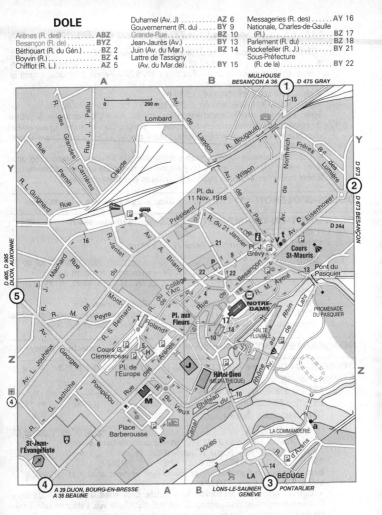

à Parcey 8 km par ③ rte de Lons-le-Saunier – 937 h. – alt. 197 m – ⌧ 39100

🍴🍴 Les Jardins Fleuris   🈐 💱 VISA ⓪⑤

35 Route Nationale 5 – ☎ 03 84 71 04 84
– Fax 03 84 71 09 43
– Fermé 8-20 juil., 11 nov.-2 déc., dim. soir et mardi
Rest – Menu 18/46 € – Carte 28/55 €

◆ Cette maison de village en pierre abrite une coquette salle à manger (fresques pastorales).
Paisible terrasse fleurie sur l'arrière. Carte traditionnelle personnalisée.

Question de standing : n'attendez pas le même service dans un 🍴 ou un 🏠
que dans un 🍴🍴🍴🍴 ou un 🏨🏨🏨.

à Sampans 6,5 km au Nord par ① – 777 h. – alt. 222 m – ⊠ 39100

XXX **Château du Mont Joly** (Romuald Fassenet) avec ch ☒   🔔 ⎍ ᬜ rest,
☼   *6 r. du Mont-Joly –* ℰ *03 84 82 43 43*   AC rest, ⅋ ⁽ᵖ⁾ P VISA ⚭ AE
   – www.chateaumontjoly.com – Fax 03 84 79 28 07 – Fermé 2-20 janv., mardi et
   merc. sauf le soir en juil.-août
   7 ch – ♥90/150 € ♥♥90/150 €, � 14 €
   Rest – Menu 30 € (déj. en sem.), 35 € bc/115 € bc – Carte 70/90 €☸
   Spéc. Escargots poêlés aux chanterelles, émulsion au lait d'absinthe. Suprême
   de poulette de Bresse cuit en vessie façon "percée du vin jaune". Châtaigne et
   chocolat en combinaison croquante, crème glacée à l'armagnac (sept. à nov.).
   Vins Côtes du Jura.
   ♦ Cette belle demeure du 18ᵉ s. recèle une agréable salle à manger contemporaine, dotée
   d'une verrière tournée vers le parc. On y déguste une savoureuse cuisine traditionnelle habilement modernisée. Chambres confortables, certaines avec balnéothérapie.

DOLUS-D'OLERON – 17 Charente-Maritime – 324 C4 – voir à Île d'Oléron

DOMFRONT-EN-CHAMPAGNE – 72 Sarthe – 310 J6 – 964 h.   35 C1
– alt. 131 m – ⊠ 72240

   ▶ Paris 216 – Alençon 54 – Laval 77 – Le Mans 20

XX **Midi**   AC ⇆ VISA ⚭ AE
☸   *33 r. du Mans, D 304 –* ℰ *02 43 20 52 04 – www.restaurantdumidi.com*
   – Fax 02 43 20 56 03 – Fermé 15-31 août, 15 fév.-15 mars, lundi, mardi et le soir
   sauf vend. et sam.
   Rest – Menu 12 € (déj. en sem.), 19/35 € – Carte environ 31 €
   ♦ Petite auberge de village abritant une salle à manger très colorée, dotée d'un mobilier
   contemporain. Tables bien espacées, préservant l'intimité et cuisine au goût du jour.

DOMMARTEMONT – 54 Meurthe-et-Moselle – 307 I6 – rattaché à Nancy

DOMME – 24 Dordogne – 329 I7 – 1 036 h. – alt. 250 m – ⊠ 24250   4 D1
▌ Périgord Quercy

   ▶ Paris 538 – Sarlat-la-Canéda 12 – Cahors 51 – Fumel 50
   🚹 Office de tourisme, place de la Halle ℰ 05 53 31 71 00, Fax 05 53 31 71 09
   ◉ La bastide★ : ⁂★★★.

🏠 **L'Esplanade** ☒   ⇐ 🚗 🛏 AC ⁽ᵖ⁾ VISA ⚭ AE
   2 r. Pontcarral – ℰ *05 53 28 31 41 – www.esplanade-perigord.com*
   – Fax 05 53 28 49 92 – Fermé 1ᵉʳ nov.-10 déc. et janv.
   15 ch – ♥72/150 € ♥♥72/150 €, ⊊ 12 € – ½ P 99/140 €
   Rest – (fermé lundi sauf le soir de juin à sept. et merc. midi hors saison)
   Menu 32/98 € – Carte 53/130 €
   ♦ Demeure périgourdine en bordure de la bastide, surplombant la vallée de la Dordogne.
   Chambres bourgeoises, dont certaines bénéficient d'une belle vue. L'élégante salle à man-
   ger jouit du panorama. Cuisine actuelle soignée ; formule bistrot en terrasse l'été.

DOMPAIRE – 88 Vosges – 314 F3 – 998 h. – alt. 300 m – ⊠ 88270   26 B3
   ▶ Paris 366 – Épinal 21 – Luxeuil-les-Bains 61 – Nancy 64

XX **Le Commerce** avec ch   ⁽ᵖ⁾ VISA ⚭
☸   *pl. Gén. Leclerc –* ℰ *03 29 36 50 28 – Fax 03 29 36 66 12 – Fermé 22 déc.-12 janv.,*
   dim. soir sauf hôtel et lundi
   7 ch – ♥39 € ♥♥43/47 €, ⊊ 6,50 € – ½ P 34/38 €
   Rest – Menu 14 € (sem.)/32 € – Carte 30/40 €
   ♦ Salle à manger actuelle, éclairée par une grande baie vitrée ouverte sur un jardin, où l'on
   sert une cuisine traditionnelle de produits locaux. Chambres simples et spacieuses.

DOMPIERRE-SUR-BESBRE – 03 Allier – 326 J3 – 3 307 h.   6 C1
– alt. 234 m – ⊠ 03290

   ▶ Paris 324 – Bourbon-Lancy 19 – Decize 46 – Digoin 27
   🚹 Office de tourisme, 145, Grande Rue ℰ 04 70 34 61 31, Fax 04 70 34 27 16

XX **Auberge de l'Olive** avec ch   ⅃ ch, Ả rest, ⁀⁰ P 𝖵𝖨𝖲𝖠 ⊕ AE
av. de la Gare – 𝒞 *04 70 34 51 87 – www.auberge-olive.fr – Fax 04 70 34 61 68*
– Fermé 26 sept.-13 oct., dim. soir de nov. à mars et vend. sauf juil.-août
17 ch – †58 € ††58 €, ⌷ 7 €
Rest – Menu 20 € (déj. en sem.), 27/49 € – Carte 35/50 €
♦ Deux salles à manger : l'une campagnarde, l'autre moderne, en véranda. Recettes tradi-tionnelles revisitées. À deux tours de roues du parc d'attractions du Pal, auberge abritant des chambres rustiques rafraîchies ; celles de l'annexe sont plus actuelles.

DOMPIERRE-SUR-VEYLE – 01 Ain – 328 E4 – 1 147 h. – alt. 285 m   **44** B1
– ☒ 01240

▶ Paris 439 – Belley 70 – Bourg-en-Bresse 18 – Lyon 58

X **L'Auberge de Dompierre**   ⌂ ⅃ 𝖵𝖨𝖲𝖠 ⊕
7 r. des Ecoles – 𝒞 *04 74 30 31 19 – aubergededompierre.com*
– Fermé 31 août-16 sept., 22-30 déc.,vacances de fév., le soir du dim. au vend.
Rest – *(prévenir)* (12 € bc) Menu 24/38 €
♦ Restaurant de village situé sur la place de l'église. Salle à manger sobrement rénovée. Au menu, spécialités de la Dombes ; le plat du jour est proposé dans l'espace bar.

DONNAZAC – 81 Tarn – 338 D7 – rattaché à Cahuzac-sur-Vère

DONON (COL DU) – 67 Bas-Rhin – 315 G5 – voir à Col du Donon

DONZENAC – 19 Corrèze – 329 K4 – 2 359 h. – alt. 204 m – ☒ 19270   **24** B3
▌ Périgord Quercy

▶ Paris 469 – Brive-la-Gaillarde 11 – Limoges 81 – Tulle 27
❚ Office de tourisme, 2, rue des Pénitents 𝒞 05 55 85 65 35, Fax 05 55 85 72 30
◎ Les Pans de Travassac★.

X **Le Périgord**   𝖵𝖨𝖲𝖠 ⊕ ①
⌖ *9 av. de Paris –* 𝒞 *05 55 85 72 34 – Fax 05 55 85 65 83 – fermé lundi soir et merc.*
sauf juil.-août et vacances de toussaint
Rest – Menu 19/40 € – Carte 33/48 €
♦ Restaurant à la façade couverte de vigne vierge où l'on s'attable autour d'une cuisine tra-ditionnelle régionale (tête de veau sauce gribiche). Expo de toiles d'artistes locaux.

au Nord-Est sur D 920, près sortie 47 A20, dir. Sadroc

🏠 **Relais du Bas Limousin**   ⛲ ⌂ ⅃ ⁀⁰ ὡ P ☎ 𝖵𝖨𝖲𝖠 ⊕ AE
⌖ *à 6 km –* 𝒞 *05 55 84 52 06 – www.relaisbaslimousin.fr – Fax 05 55 84 51 41*
– Fermé 25 oct.-5 nov., 15-21 fév., vend. soir et dim. soir sauf en juil.-août
꜠꜡ **22 ch –** †50/78 € ††56/78 €, ⌷ 10 € – ½ P 61/71 €
Rest – *(fermé lundi midi et mardi midi du 20 juin au 4 sept.)* (13 €) Menu 18 €
(déj. en sem.), 26/34 € – Carte 29/50 €
♦ Cette auberge inspirée de l'architecture régionale est bâtie en léger retrait de la route. Chambres personnalisées et accueil réellement charmant. Salle à manger de style actuel ; cui-sine traditionnelle rehaussée d'une touche d'originalité au goût du jour.

DONZY – 58 Nièvre – 319 B7 – 1 640 h. – alt. 188 m – ☒ 58220   **7** A2
▌ Bourgogne

▶ Paris 203 – Auxerre 66 – Bourges 73 – Clamecy 39
❚ Office de tourisme, 18, rue du Général Leclerc 𝒞 03 86 39 45 29

🏠 **Le Grand Monarque**   ⌂ ⁀⁰ 𝖵𝖨𝖲𝖠 ⊕ ①
10 r. de l'Etape, (près de l'église) – 𝒞 *03 86 39 35 44*
– www.legrandmonarque-donzy.fr – Fax 03 86 39 37 09 – Fermé 1 sem. en oct. et
4-19 janv.
13 ch – †49/74 € ††60/74 €, ⌷ 9 € – ½ P 115 €
Rest – *(fermé dim. soir et lundi)* (13 €) Menu 20/38 € – Carte 25/34 €
♦ Petit hôtel familial d'un paisible village. Un bel escalier à vis du 16e s. dessert des cham-bres, dont certaines se révèlent charmantes (lits king size). L'attrait de la maison : une jolie cuisine du 19e s. bien préservée. Plats traditionnels sans prétention.

LE DORAT – 87 Haute-Vienne – 325 D3 – 1 903 h. – alt. 209 m 24 B1
– ⊠ 87210 ▐ Limousin Berry

▶ Paris 369 – Bellac 13 – Le Blanc 49 – Guéret 68

🛈 Office de tourisme, 17, place de la Collégiale ℰ 05 55 60 76 81,
Fax 05 55 60 76 81

◉ Collégiale St-Pierre★★.

La Marmite 🗟 𝘝𝘐𝘚𝘈 ⓪⓪

29 av. de la Gare – ℰ 05 55 60 66 94
– www.restaurantlamarmite.com – Fax 05 55 60 66 94
– Fermé 22-30 juin, 27 sept.-6 oct., 24-29 déc., 19-25 fév., mardi et merc.
Rest – (11 €) Menu 18/36 € – Carte 24/35 €
♦ Derrière une façade assez banale se cache une salle rustique d'esprit assez chaleureux
(une ancienne étable). On y sert une sobre cuisine traditionnelle sensible au terroir.

Une bonne table sans se ruiner ? Repérez les Bib Gourmand ⓪.

DOUAI ⬦ – 59 Nord – 302 G5 – 42 766 h. – Agglo. 518 727 h. 31 C2
– alt. 31 m – ⊠ 59500 ▐ Nord Pas-de-Calais Picardie

▶ Paris 194 – Arras 26 – Lille 42 – Tournai 39

🛈 Office de tourisme, 70, place d'Armes ℰ 03 27 88 26 79, Fax 03 27 99 38 78

▥ de Thumeries à Thumeries, N : 15 km par D 8, ℰ 03 20 86 58 98

◉ Beffroi★ BY D - Musée de la Chartreuse★★.

◉ Centre historique minier de Lewarde★★ SE : 8 km par ②.

La Terrasse 🗛 rest, 🛁 🄿 𝘝𝘐𝘚𝘈 ⓪⓪ 🄰🄴

36 terrasse St-Pierre – ℰ 03 27 88 70 04 – www.laterrasse.fr
– Fax 03 27 88 36 05 BYa
24 ch – †55/98 € ††90/115 €, ⊇ 11 € – ½ P 70 €
Rest – Menu 17/79 € – Carte 45/80 €🕮
♦ Avenante maison cachée dans une ruelle jouxtant l'ancienne collégiale St-Pierre. Les
chambres, un peu petites, sont décorées dans le style des années 1980. À table, copieuse cuisine classique, simple et bien faite, et belle carte des vins (900 appellations).

Au Turbotin 🗛 ⬦ 𝘝𝘐𝘚𝘈 ⓪⓪ 🄰🄴

9 r. Massue – ℰ 03 27 87 04 16 – www.au-turbotin.com
– Fermé 1er-21 août, vacances de Noël, sam. midi, dim. soir et lundi
Rest – Menu 24 € (sem.)/75 € bc – Carte 58/68 € AYs
♦ Un beau vivier est "exposé" comme un tableau dans ce restaurant décoré dans un plaisant
style classique. Recettes tournées vers les produits de la mer.

à Roost-Warendin 10 km par ①, D 917 et D 8 – 6 115 h. – alt. 22 m – ⊠ 59286

🛈 Syndicat d'initiative, 270, rue Brossolette ℰ 03 27 95 90 00,
Fax 03 27 95 90 01

Le Chat Botté 🐾 🗟 ⬦ 🄿 𝘝𝘐𝘚𝘈 ⓪⓪

Château de Bernicourt – ℰ 03 27 80 24 44
– www.restaurantlechatbotte.com – Fax 03 27 80 35 81
– Fermé 1er-15 août, dim. soir et lundi
Rest – (déj. seult) Menu 20 €, 29/65 € – Carte 65/79 €🕮
♦ Dans une dépendance d'un joli château du 18e s. Cuisine au goût du jour, simple et goû-
teuse, à déguster sur la terrasse en été. Belle carte des vins (bordeaux).

à Brebières 7 km par ③ – 4 878 h. – alt. 48 m – ⊠ 62117

Air Accueil 🚗 🗟 ⬦ 🄿 𝘝𝘐𝘚𝘈 ⓪⓪

D 950 – ℰ 03 21 50 01 02 – Fax 03 21 50 84 17
– Fermé 16 août-6 sept., 1 sem. en fév., dim. soir et lundi
Rest – Menu 29 € (sem.)/31 €
♦ Cuisine classique et de tradition servie dans une spacieuse salle à manger de style Louis
XIII (tissus fleuris, cheminée moderne) ou sur la verdoyante terrasse.

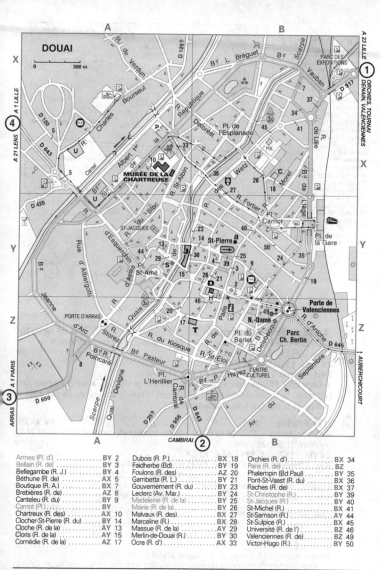

DOUAI

DOUAINS – 27 Eure – **304** I7 – rattaché à Vernon

DOUARNENEZ – 29 Finistère – **308** F6 – 15 608 h. – alt. 25 m **9** A2
– ⊠ 29100 ▯ Bretagne

▶ Paris 585 – Brest 76 – Lorient 88 – Quimper 23

🛈 Office de tourisme, 2, rue Docteur Mével ✆ 02 98 92 13 35,
Fax 02 98 92 70 47

◉ Boulevard Jean-Richepin et nouveau port★ ≼★ Y - Port du Rosmeur★
- Musée à flot★★ - collection★ au musée du bateau - Ploaré : tour★ de
l'église S : 1 km - Pointe de Leydé★ ≼★ NO : 5 km.

Plan page suivante

DOUARNENEZ

Sens unique en
saison: flèche noire

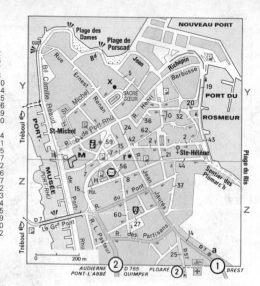

🛏️ **Le Clos de Vallombreuse** ⊛   ⪻ 🚗 🛎️ ⅃ & 🏊 **P** VISA ⚫ AE
7 r. d'Estienne-d'Orves – ℰ 02 98 92 63 64 – www.closvallombreuse.com
– Fax 02 98 92 84 98   Y**x**
25 ch – †55/150 € ††60/150 €, � 13 € – ½ P 64/109 €
Rest – Menu 21 € (sem.)/58 € – Carte 41/96 €

♦ Deux styles différents pour les chambres : classique dans le logis, actuel et moderne dans l'extension. Jardin clos et belle piscine tournée vers la baie de Douarnenez. Élégant décor et produits de la mer font l'attrait du restaurant.

🏠 **De France**   🛎️ ⅙ 🛜 VISA ⚫ AE
4 r. Jean-Jaurès – ℰ 02 98 92 00 02 – www.lafrance-dz.com – Fax 02 98 92 27 05
– Fermé 21 fév.-28 mars   Y**r**
23 ch – †57/67 € ††57/67 €, � 8 €
Rest L'Insolite – (17 €) Menu 25/45 € – Carte 34/48 €

♦ Cet hôtel du centre-ville propose des chambres claires, fonctionnelles et bien tenues. À L'Insolite, cuisine valorisant le terroir et les épices, servie en terrasse ou dans une salle à manger contemporaine ayant conservé ses boiseries anciennes.

🍴 **Le Kériolet** avec ch   ⅙ rest, 🛜 VISA ⚫
∞ 29 r. Croas-Talud – ℰ 02 98 92 16 89 – www.hotel-keriolet.com
– Fax 02 98 92 62 94 – Fermé 9-22 fév. et lundi midi hors saison   Z**a**
8 ch – †55 € ††60 €, � 7 € – ½ P 58 €
Rest – Menu 14 € (sem.)/38 € – Carte 26/50 €

♦ Plats traditionnels mettant à l'honneur les produits du terroir et la pêche locale. Décoration marine sobre et de bon goût ; vue sur un jardinet. Chambres simples et récentes.

à Tréboul 3 km au Nord-Ouest – ⊠ 29100 Douarnenez

🛏️ **Thalasstonic**   🛎️ 📶 & ch, ⅙ rest, 🛜 **P** VISA ⚫ AE ①
r. des Professeurs Curie – ℰ 02 98 74 45 45 – www.hotel-douarnenez.com
– Fax 02 98 74 36 07 – Fermé 3-9 janv.
44 ch – †67/90 € ††94/130 €, � 13 € – 6 suites – ½ P 86/134 €
Rest – (21 €) Menu 26/39 € – Carte 35/55 €

♦ Cet hôtel respire l'air marin et vous garantit un séjour "tonic" dans des chambres spacieuses et actuelles. Plage et centre de thalassothérapie à proximité. Vaste restaurant contemporain prolongé d'une terrasse d'été. Plats traditionnels du marché ou diététiques.

🏠 **Ty Mad** ॐ   ⟨ 📶 ⁽ᵖ⁾ **P** *VISA* ⚫⚫

plage St Jean, près chapelle St-Jean – ☎ 02 98 74 00 53
– *www.hoteltymad.com* – *Fax 02 98 74 15 16*
– *Ouvert 13 mars-14 nov.*
14 ch – ♦55/182 € ♦♦78/182 €, ⊇ 13 € – 1 suite – ½ P 159/270 €
Rest – *(ouvert vacances scolaires, vend., sam. et lundi hors saison et fermé dim.)*
(dîner seult) Menu 28 € – Carte environ 31 €
♦ Chambres claires et fraîches pour cet hôtel de charme qui mêle la pierre, le bois et une décoration contemporaine de bon goût qui tend vers le zen. Accueil charmant. Menu du marché servi au dîner dans une véranda lumineuse et coquette ouvrant sur le jardin.

DOUBS – 25 Doubs – **321** I5 – **rattaché à Pontarlier**

DOUCIER – 39 Jura – **321** E7 – 318 h. – alt. 526 m – ⊠ 39130   **16** B3

▶ Paris 427 – Champagnole 21 – Lons-le-Saunier 25

◎ Lac de Chalain★★ N : 4 km ▌Jura.

🍴🍴 **Le Comtois** avec ch   🍴 🏠 rest, *VISA* ⚫⚫
😊 – ☎ 03 84 25 71 21 – *www.lecomtoisdoucier.com*
– *Fermé 25 oct.-5 nov., vacances scolaires, lundi sauf le soir et vend.*
midi juil.-août, dim. soir d'oct. à juin
8 ch ⊇ – ♦53 € ♦♦66/96 € – ½ P 50 €
Rest – Menu 19/50 € – Carte 29/38 €🕸
♦ Plaisant décor campagnard, cuisine jurassienne revisitée, service soigné et très bon accueil font la réputation de cette coquette auberge. Attrayante sélection de vins du Jura. Chambres simples à l'étage.

DOUÉ-LA-FONTAINE – 49 Maine-et-Loire – **317** H5 – 7 442 h.   **35** C2
– alt. 75 m – ⊠ 49700 ▌Châteaux de la Loire

▶ Paris 322 – Angers 40 – Châtellerault 86 – Cholet 50

🛈 Office de tourisme, 30, place des Fontaines ☎ 02 41 59 20 49,
Fax 02 41 59 93 85

◎ Zoo de Doué★★.

🏠 **La Saulaie** sans rest   🍴 ⌇ & ⁽ᵖ⁾ ⚡ **P** *VISA* ⚫⚫ **AE** ①
2 km par rte Montreuil-Bellay – ☎ 02 41 59 96 10 – *www.hoteldelasaulaie.com*
– *Fax 02 41 59 96 11* – *Fermé 17 déc.-3 janv.*
44 ch – ♦42/54 € ♦♦52/64 €, ⊇ 8 €
♦ Après la visite des "caves demeurantes" alentour, retrouvez la lumière naturelle dans cet établissement récent aux chambres actuelles, colorées et assez spacieuses.

🍴🍴 **Auberge Bienvenue** avec ch   🍴 🍴 **AC** ch, ⁽ᵖ⁾ **P** *VISA* ⚫⚫ **AE**
😊 *104 rte de Cholet, (face au zoo)* – ☎ 02 41 59 22 44
🍴 – *www.aubergebienvenue.com* – *Fax 02 41 59 93 49* – *Fermé 22 déc.-14 janv.*
10 ch – ♦48 € ♦♦48/65 €, ⊇ 9 € – ½ P 65 €
Rest – *(fermé dim. soir et lundi)* (16 €) Menu 24/52 € – Carte 47/54 €
♦ Chaleureuse salle à manger, goûteux plats traditionnels, terrasse fleurie : cette auberge invite à faire le plein de saveurs et de parfums. Chambres spacieuses.

DOURDAN – 91 Essonne – **312** B4 – 9 518 h. – alt. 100 m – ⊠ 91410   **18** B2
▌Île de France

▶ Paris 54 – Chartres 48 – Étampes 18 – Évry 44

🛈 Office de tourisme, place du Général-de-Gaulle ☎ 01 64 59 86 97,
Fax 01 60 81 05 69

🔞 Rochefort Chisan Country Club à Rochefort-en-Yvelines Château de
Rochefort/Yvelines, N : 8 km par D 836 et D 149, ☎ 01 30 41 31 81

🔞 de Forges-les-Bains à Forges-les-Bains Route du Général Leclerc, N : 14 km
par D 838, ☎ 01 64 91 48 18

◎ Place du Marché aux grains★ - Vierge au perroquet★ au musée.

Host. Blanche de Castille 🖧 |☒| 🖫 ⅍ 🄿 VISA ◑ ΑΞ

pl. Marché aux Herbes – 𝒞 *01 60 81 19 10 – www.revalisever.com*
– Fax 01 60 81 19 11
39 ch – †94/115 € ††94/115 €, ☐ 14 € – 12 suites
Rest – (14 €) Menu 18 € (sem.)/35 € – Carte 35/49 €
♦ Maison ancienne située en plein cœur du vieux Dourdan, face aux halles. Chambres fonctionnelles de bon confort, certaines profitant d'une vue sur l'église aux trois clochers. Sobre salle de restaurant où l'on sert une cuisine traditionnelle. Terrasse d'été.

DOURGNE – 81 Tarn – **338** E10 – 1 258 h. – alt. 250 m – ⌧ 81110　　　　**29** C2

🄳 Paris 742 – Toulouse 67 – Carcassonne 52 – Castelnaudary 35
🄸 Office de tourisme, 1, avenue du maquis 𝒞 05 63 74 27 19,
Fax 05 63 74 27 19

Hostellerie de la Montagne Noire avec ch 🖧 ᬓ 🄰🄺 rest, 🖫

15 pl. Promenades – 𝒞 *05 63 50 31 12*
– www.montagnenoire.net – Fax 05 63 50 13 55 – Fermé 31 août-7 sept. et
16-23 fév.
9 ch – †49 € ††53 €, ☐ 8 € – ½ P 42 €
Rest – (fermé dim. soir et lundi) (14 €) Menu 16 € (déj. en sem.), 22/36 €
– Carte 30/43 €
♦ Maison en pierres abritant deux salles à manger : l'une classique, l'autre rustique. Terrasse sous les platanes. Généreuse cuisine traditionnelle. Petites chambres simples aux étages.

DOUSSARD – 74 Haute-Savoie – **328** K6 – 3 276 h. – alt. 456 m　　　**46** F1
– ⌧ 74210

🄳 Paris 555 – Albertville 27 – Annecy 20 – Megève 42

Arcalod 🚗 🖧 ⌺ 🖪 ᬓ ch, 🖫 🄿 VISA ◑

– 𝒞 *04 50 44 30 22 – www.hotelarcalod.fr – Fax 04 50 44 85 03 – Ouvert*
16 mai-30 sept.
33 ch – †70/85 € ††70/95 €, ☐ 11 € – ½ P 65/80 €
Rest – Menu 20 € (sem.)/33 € – Carte 25/31 €
♦ L'atout de ce chalet familial : de nombreuses activités proposées gratuitement (randonnée, tir à l'arc, vélo...). Petites chambres bien tenues, jardin arboré, grande piscine. Spacieuse et lumineuse salle de restaurant, cuisine de pension gentiment savoyarde.

DOUVAINE – 74 Haute-Savoie – **328** K3 – 4 494 h. – alt. 428 m　　　**46** F1
– ⌧ 74140

🄳 Paris 555 – Annecy 63 – Chamonix-Mont-Blanc 87 – Genève 18
🄸 Office de tourisme, place de l'Hôtel de Ville 𝒞 04 50 94 10 55,
Fax 04 50 94 36 13

Ô Flaveurs (Jérôme Mamet) 🖧 🄿 VISA ◑

Château de Chilly , 2 km au Sud Est par rte de Crépy – 𝒞 *04 50 35 46 55*
– www.oflaveurs.com – Fax 04 50 35 41 31 – Fermé mardi et merc.
Rest – Menu 31 € (déj. en sem.), 54/82 € – Carte 78/119 €
Spéc. Foie gras de canard des Landes poêlé, acidulé de cumbawa. Le meilleur du cabillaud au parfum de curry, bouillon de livèche et betterave chioggia. Fine meringue, mousse ananas, sorbet ananas basilic. **Vins** Crépy, Chignin.
♦ Cuisine actuelle rehaussée d'inventivité dans ce restaurant raffiné occupant un petit château du 15ᵉ s. à l'authenticité bien préservée (pierres, poutres, cheminée).

Le 111 🖧 ᬓ 🄿 VISA ◑

111 r. du Centre – 𝒞 *04 50 85 06 25 – www.le111.fr – Fermé 15 juil.-15 août,*
mardi et merc.
Rest – (14 € bc) Menu 26/34 € ⌗
♦ Bar à vins et cuisine traditionnelle dans cette maison tenue par un sommelier passionné. Salle en boiseries claires avec cave vitrée ; véranda pour le déjeuner.

DOUVRES-LA-DÉLIVRANDE – 14 Calvados – **303** J4 – 4 877 h.　　**32** B2
– alt. 19 m – ⌧ 14440 ▌Normandie Cotentin

🄳 Paris 246 – Bayeux 26 – Caen 15 – Deauville 48
🄸 Syndicat d'initiative, 41, rue Général-de-Gaulle 𝒞 02 31 37 93 10,
Fax 02 31 37 93 10

à Cresserons 2 km à l'Est par D 35 – 1 215 h. – alt. 9 m – ⊠ 14440

✗✗✗ La Valise Gourmande

7 rte de Lion sur Mer – ℰ 02 31 37 39 10
– *wwww.lavalisegourmande-caen.com* – Fax 02 31 37 59 13
– *Fermé dim. soir, mardi midi et lundi*
Rest – Menu 25 € (sem.)/56 € – Carte 42/67 €

◆ Entouré d'un joli jardin clos, ce prieuré du 18ᵉ s. abrite trois petites salles à manger d'esprit campagnard, dont une avec cheminée. Cuisine classique, un zeste revisitée.

DRACY-LE-FORT – 71 Saône-et-Loire – 320 I9 – rattaché à Chalon-sur-Saône

---

DRAGUIGNAN ◉ – 83 Var – 340 N4 – 37 088 h. – alt. 178 m   41 C3
– ⊠ 83300 ▯ Côte d'Azur

    ▸ Paris 862 – Fréjus 30 – Marseille 124 – Nice 89

    🛈 Office de tourisme, 2, avenue Lazard Carnot ℰ 04 98 10 51 05, Fax 04 98 10 51 10

    🏌 de Saint Endréol à La Motte Route de Bagnols en Forêt, par rte du Muy et D 47 : 15 km, ℰ 04 94 51 89 89

    ◉ Musée des Arts et Traditions populaires de moyenne Provence★ M².

    ◉ Site★ de Trans-en-Provence S : 5 km.

DRAGUIGNAN

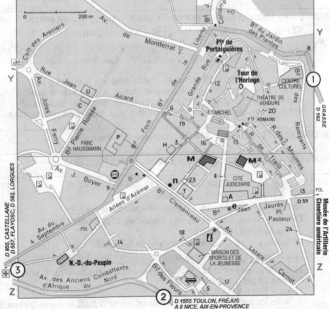

All Seasons sans rest 🏨 ⌖ 🅰 ⁽ᵖ⁾ 🚗 📶 ⓿ 🅰 ⓪
11 bd G. Clemenceau – ⌀ 04 94 50 95 09 – all-seasons-hotels.com
– Fax 04 94 68 23 49 **Zn**
38 ch ⌑ – ♦99/135 € ♦♦110/145 €
♦ Entièrement rénové et sous une nouvelle enseigne, hôtel situé en plein centre-ville, à proximité des musées. Chambres spacieuses, bien équipées et insonorisées.

Lou Galoubet 🅰 📶 ⓿
23 bd J. Jaurès – ⌀ 04 94 68 08 50 – www.lougaloubet.com – Fermé trois sem. en été, une sem. début avril, dim. soir, mardi soir, merc. soir et sam. midi
Rest – (22 €) Menu 27/32 € – Carte 37/60 € **Ze**
♦ Cadre chaleureux pour ce petit restaurant aux allures de bistrot. Depuis l'entrée, on aperçoit la cuisine où mijotent les petits plats traditionnels et orientés terroir.

rte de Flayosc 4 km par ③ et D 557 – ⊠ 83300 Draguignan

Les Oliviers sans rest 🛬 🛋 🅿 📶 ⓿ 🅰
rte de Flayosc - D557 – ⌀ 04 94 68 25 74 – www.hotel-les-oliviers.com
– Fax 04 94 68 57 54 – Fermé 5-20 janv.
12 ch – ♦50/57 € ♦♦52/57 €, ⌑ 7 €
♦ Cet accueillant hôtel familial propose des chambres de plain-pied, parfaitement tenues. Le jardin fleuri abrite une piscine et on y sert le petit-déjeuner en été.

à Flayosc 7 km par ③ et D 557 – 4 289 h. – alt. 310 m – ⊠ 83780

🚹 Office de tourisme, place Pied Bari ⌀ 04 94 70 41 31, Fax 04 94 70 47 91

L'Oustaou 📶 📶 ⓿ 🅰
au village – ⌀ 04 94 70 42 69 – Fax 04 94 84 64 92 – Fermé 1ᵉʳ-15 nov.,vacances de fév., dim. soir, lundi et merc. hors saison, mardi midi, merc. midi et vend. midi en juil.-août
Rest – (18 €) Menu 28/40 € – Carte 45/60 €
♦ Le nom de cet ancien relais de poste signifie "petit mas". Décor actualisé, plein de fraîcheur, en harmonie avec la cuisine au goût du jour émaillée de touches régionales.

DRAIN – 49 Maine-et-Loire – 317 B4 – 1 687 h. – alt. 53 m – ⊠ 49530 **34** B2
◘ Paris 359 – Cholet 60 – Nantes 41 – Saint-Herblain 48

Le Mésangeau ⌖ ⌖ ⌖ ⌖ 🅿
5 km au Sud par D 154 – ⌀ 02 40 98 21 57 – www.loire-mesangeau.com
– Fax 02 40 98 28 62
5 ch ⌑ – ♦80/100 € ♦♦90/110 € **Table d'hôte** – Menu 35 € bc
♦ Vaste demeure de 1830, rénovée avec goût (mobilier et objets anciens), dotée de grandes chambres. Parc, étang, petit golf, vélos, collection de voitures du début du 20ᵉ s. Table d'hôte rustique, avec une belle cheminée en pierre, pour déguster des plats du terroir.

LE DRAMONT – 83 Var – 340 Q5 – rattaché à St-Raphaël

DRAVEIL – 91 Essonne – 312 D3 – 101 36 – voir à Paris, Environs

DREUX ⌖ – 28 Eure-et-Loir – 311 E3 – 32 723 h. – alt. 82 m **11** B1
– ⊠ 28100 ▌ Normandie Vallée de la Seine
◘ Paris 78 – Chartres 36 – Évreux 44 – Mantes-la-Jolie 43
🚹 Office de tourisme, 6, rue des Embûches ⌀ 02 37 46 01 73, Fax 02 37 46 19 27
◎ Beffroi★ AY **B** - Glaces peintes★★ de la chapelle royale St-Louis AY.

Le Beffroi sans rest ⁽ᵖ⁾ 📶 ⓿ 🅰
12 pl. Métézeau – ⌀ 02 37 50 02 03 – www.hotelbeffroi.fr – Fax 02 37 42 07 69
– Fermé 20 juil.-17 août **AZe**
15 ch – ♦69 € ♦♦69 €, ⌑ 7 €
♦ Toutes les chambres de cet hôtel central ont vue sur la Blaise ou l'église St-Pierre. Elles sont bien tenues et décorées d'objets glanés par le propriétaire, ex-grand reporter.

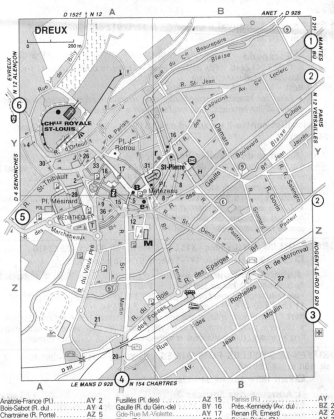

DREUX

X **Le St-Pierre** *VISA* **@O**

@S 19 r. Sénarmont – *C* 02 37 46 47 00 – www.lesaint-pierre.com
– Fax 02 37 64 26 37 – Fermé 14-31 juil., 28 fév.-7 mars, jeudi soir, dim. soir et
lundi   BY**r**
Rest – (14 €) Menu 17 € (sem.)/33 € – Carte 31/48 €
♦ Près de l'église, un agréable restaurant aux trois petites salles joliment redécorées dans un
esprit classique. Aux fourneaux, le chef concocte des plats traditionnels.

à Chérisy 4,5 km par ② – 1 803 h. – alt. 88 m – ⊠ 28500

XX **Le Vallon de Chérisy**   🚗 🏠 **P** *VISA* **@O** **AE**

@ 12 rte de Paris – *C* 02 37 43 70 08 – www.le-vallon-de-cherisy.fr
– Fax 02 37 43 86 00 – Fermé 14 juil.-4 août, dim. soir, mardi soir et merc.
Rest – (25 € bc) Menu 28/49 €
♦ Cette maison à colombages mérite qu'on s'y arrête : pour son cadre rustique ou sa lumi-
neuse véranda-terrasse, et surtout pour sa goûteuse cuisine attentive aux saisons.

Passée en rouge, la mention **Rest** repère l'établissement auquel est attribué
une distinction culinaire, ✿ (étoile) ou ⊛ (Bib Gourmand).

627

à Ste-Gemme-Moronval 6 km par ②, N 12, D 912 et D 308[1] – 830 h. – alt. 79 m – ⊠ 28500

XXX **L'Escapade** 🛱 **P** **VISA** **©©** **AE**
– ℰ 02 37 43 72 05 – Fax 02 37 43 86 96 – Fermé 18 août-9 sept., 17 fév.-2 mars, dim. soir, lundi soir et mardi
Rest – Menu 34 € – Carte 55/90 €
♦ Faites une escapade gourmande dans cette accueillante auberge campagnarde donnant sur une paisible terrasse. La carte met l'accent sur la fraîcheur et la tradition.

à Vernouillet-centre 2 km au Sud par D 311 AZ – 11 779 h. – alt. 97 m – ⊠ 28500

XX **Auberge de la Vallée Verte** avec ch 🖼 ᵬ ch, 𝄐 ch, 𝄐 🙎 **P** 🖾 / **VISA** **©©** **AE**
6 r. Lucien Dupuis, (près de l'église) – ℰ 02 37 46 04 04
– www.aubergevalleeverte.fr – Fax 02 37 42 91 17 – Fermé 1er-23 août, 24 déc.-8 janv., lundi sauf hôtel et dim.
16 ch – †70/80 € ††70/90 €, ⊇ 8 € **Rest** – Menu 30/60 € bc – Carte 50/60 €
♦ Poutres apparentes, cheminée et jolis tableaux participent à l'atmosphère sereine de ce restaurant qui propose des plats traditionnels. Chambres parfaitement tenues, plus grandes dans l'annexe, agrémentée d'un jardin.

DRUSENHEIM – 67 Bas-Rhin – 315 L4 – 5 046 h. – alt. 122 m – ⊠ 67410 1 B1
🖸 Paris 499 – Haguenau 17 – Saverne 61 – Strasbourg 33

XX **Auberge du Gourmet** avec ch 🖼 🛱 𝄐 𝄐 **P** 🖾 **VISA** **©©** **AE**
rte Strasbourg, 1 km au Sud-Ouest – ℰ 03 88 53 30 60
– www.auberge-gourmet.com – Fax 03 88 53 31 39 – Fermé 2-27 août et 1er-17 mars
11 ch – †40/46 € ††45/57 €, ⊇ 7 € – ½ P 49/55 €
Rest – (fermé sam. midi, mardi soir et merc.) Menu 21/39 € – Carte 25/50 €
♦ L'auberge, postée à l'entrée de ce joli village, abrite une chaleureuse salle ornée d'un plafond à caissons ; cuisine alsacienne et suggestions du marché. Coquettes chambres.

DRUYES-LES-BELLES-FONTAINES – 89 Yonne – 319 D6 – 291 h. 7 B2 – alt. 168 m – ⊠ 89560
🖸 Paris 183 – Auxerre 34 – Clamecy 17 – Gien 75

🏠 **L'Auberge des Sources** 🅢 🛱 🙎 **P** **VISA** **©©**
4 pl. J. Bertin – ℰ 03 86 41 55 14 – www.aubergedessources.com – Ouvert de début mars à fin nov.
8 ch ⊇ – †66/76 € ††73/83 € – ½ P 63/68 €
Rest – (fermé lundi et mardi de sept. à juin) Menu 18/34 € – Carte 23/51 €
♦ Les chambres de cet ex-relais de poste situé dans un paisible village bourguignon retrouvaient l'éclat du neuf en 2007. Annexes avec gîte et espace pour se réunir. Cuisine régionale servie dans une salle à manger champêtre ou sur le patio-terrasse.

DUCEY – 50 Manche – 303 E8 – 2 297 h. – alt. 15 m – ⊠ 50220 32 A3
🬵 Normandie Cotentin
🖸 Paris 348 – Avranches 11 – Fougères 41 – Rennes 80
🖸 Office de tourisme, 4, rue du Génie ℰ 02 33 60 21 53, Fax 02 33 60 54 07

🏠 **Moulin de Ducey** sans rest 🅢 ⇐ 🛗 𝄐 **P** **VISA** **©©** **AE** ⓪
1 Grande Rue – ℰ 02 33 60 25 25 – www.moulindeducey.com
– Fax 02 33 60 26 76 – Fermé 21 déc.-3 janv. et 13-28 fév.
28 ch – †55/105 € ††70/105 €, ⊇ 11 €
♦ Entre bief et Sélune, l'ancien moulin semble établi sur une île verdoyante. Chambres de style anglais et salle des petits-déjeuners surplombant la rivière (pêche au saumon).

🏠 **Auberge de la Sélune** 🖼 🛱 𝄐 🙎 **P** **VISA** **©©** **AE**
2 r. St-Germain – ℰ 02 33 48 53 62 – www.selune.com – Fax 02 33 48 90 30
– Fermé 22 nov.-14 déc., 17 janv.-15 fév. et lundi de mars à sept.
20 ch – †60 € ††62 €, ⊇ 9 € – ½ P 61/68 €
Rest – Menu 16 € (sem.)/43 € – Carte 22/35 €
♦ Cette maison en pierre abrite des chambres bien tenues, donnant pour certaines sur le joli jardin doté d'un pittoresque abri au bord de la Sélune. Salles à manger aux décors bourgeois et classique ; cuisine traditionnelle, d'un bon rapport qualité-prix.

DUHORT-BACHEN – **40 Landes** – **335** J12 – **617 h.** – **alt. 72 m** **3** B3
– ✉ **40800**

Paris 710 – Bordeaux 150 – Mont-de-Marsan 30 – Pau 57

XX **Les Arcades**

232 pl. de la Mairie – ✆ 05 58 71 85 59 – Fax 05 58 71 85 59 – Fermé 25-30 déc., mardi soir, dim. soir et lundi

Rest – Menu 12 € bc (déj. en sem.)/40 € – Carte 30/40 €

◆ Maison landaise noyée sous le lierre et les fleurs. Intérieur champêtre, agréable terrasse sous les arcades et petits plats mijotant en cuisine, revisités au fil des saisons.

DUNES – **82 Tarn-et-Garonne** – **337** A7 – **1 079 h.** – **alt. 120 m** **28** B2
– ✉ **82340**

Paris 655 – Agen 21 – Auvillar 13 – Miradoux 12

XX **Les Templiers**

1 pl. des Martyrs – ✆ 05 63 39 86 21 – Fermé vacances de la Toussaint,1 sem. fin fév., mardi soir, sam. midi, dim. soir et lundi

Rest – Menu 20 € (sem.), 28/47 € – Carte 46/56 €

◆ Maison du 16e s. au cachet rustique habilement mis en valeur. Décor lumineux (tons beiges, pierres, briques et fleurs), terrasse sous arcades et cuisine au goût du jour.

DUNIÈRES – **43 Haute-Loire** – **331** I2 – **3 025 h.** – **alt. 760 m** – ✉ **43220** **6** D3

Paris 549 – Le Puy-en-Velay 52 – St-Agrève 30 – St-Étienne 37

XX **La Tour** avec ch

7 ter r. Fraisse, (D 61) – ✆ 04 71 66 86 66 – www.hotelrestaurantlatour.com – Fax 04 71 66 82 32 – Fermé 23 août-3 sept., 21 fév.-15 mars

11 ch – †55/61 € ††55/61 €, ☕ 8 € – ½ P 59/65 €

Rest – *(fermé vend. soir d'oct. à mai, dim. soir et lundi)* (13 €) Menu 23/52 € – Carte 41/59 €

◆ Dans une salle à manger actuelle, le chef propose une fine cuisine savoureuse à base de bons produits. Carte alléchante et service souriant. Petite terrasse. Côté hôtel, chambres fonctionnelles de bonne tenue.

DUNKERQUE – **59 Nord** – **302** C1 – **69 274 h.** – **Agglo. 191 173 h.** **30** B1
– **alt. 4 m** – **Casino : à Malo-les-Bains** – ✉ **59140** Nord Pas-de-Calais Picardie

Paris 288 – Amiens 205 – Calais 47 – Ieper 56

Office de tourisme, rue de l'Amiral Ronarc'h ✆ 03 28 66 79 21, Fax 03 28 63 38 34

de Dunkerque à Coudekerque Fort Vallières, SE : 1 km par D 72, ✆ 03 28 61 07 43

Port★★ - Musée d'Art contemporain★ : jardin des sculptures★ CDY - Musée des Beaux-Arts★ CDZ **M²** - Musée portuaire★ CZ **M³**.

Plans pages suivantes

Borel sans rest

6 r. L'Hermite – ✆ 03 28 66 51 80 – www.hotelborel.fr – Fax 03 28 59 33 82

48 ch – †76 € ††86 €, ☕ 10 € CY**u**

◆ Immeuble en briques proche du port de plaisance proposant des chambres rénovées, bien équipées et parfaitement tenues. Agréable salon feutré. Formule buffet au petit-déjeuner.

Ibis

13 r. Leughenaer – ✆ 03 28 66 29 07 – www.ibishotel.com – Fax 03 28 63 67 87

110 ch – †64/77 € ††64/77 €, ☕ 8 € CY**s**

Rest – *(dîner seult)* Menu 15 € – Carte 18/27 €

◆ Bâtiment des années 1970 entièrement rénové. Chambres confortables, bel espace shopping, bar au cadre contemporain, buffet de petit-déjeuner présenté sur une barque de pêcheurs.

XX **Le Corsaire**

6 quai Citadelle – ✆ 03 28 59 03 61 – www.lecorsaire-dk.com – Fax 03 28 61 47 55 – Fermé dim. soir CY**b**

Rest – Menu 18 € (sem.)/50 € – Carte 42/65 €

◆ En surplomb du port de plaisance, ce restaurant a remplacé une ancienne station météo (1868). Cuisine évoluant au gré des saisons. Mobilier contemporain, belle salle panoramique.

DUNKERQUE

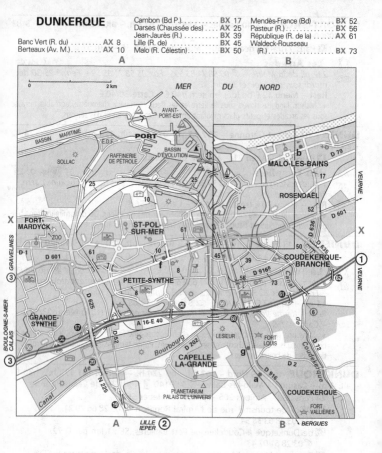

✕✕ Le Vent d'Ange   VISA ⬤⬤ AE

1449 av. de Petite Synthe – ℰ 03 28 25 28 98 – www.leventdange.com
– Fermé 1er-15 sept., 5-19 janv., mardi soir, dim. soir et lundi   AX**f**
Rest – (18 €) Menu 24/44 € – Carte 35/55 €

◆ Un accueil d'une rare gentillesse et une cuisine traditionnelle fort généreuse sont les atouts de ce lieu. Décor modernisé dans un style baroque italien, dédié aux anges.

✕✕ L'Estouffade   🍴 AK VISA ⬤⬤

2 quai de la Citadelle – ℰ 03 28 63 92 78
– www.estouffade.com – Fax 03 28 63 92 78
– Fermé 5-20 janv., dim. soir et lundi   CZ**r**
Rest – Menu 31 € (sem.)/52 € – Carte 40/57 €

◆ Installé sur le port de plaisance, ce restaurant prépare une cuisine au goût du jour avec de beaux produits. Salle moderne de bon goût. Accueil et service souriants.

✕ L'Auberge de Jules   AK VISA ⬤⬤ AE

9 r. de la Poudrière – ℰ 03 28 63 68 80 – Fermé 2-7 fév., sam. midi et dim.
Rest – (20 €) Menu 25/32 € – Carte 30/40 €   CY**a**

◆ Voici une adresse pour le moins familiale. La patronne accommode les poissons fournis quotidiennement par son père et son frère, patrons pêcheurs, tandis que son mari prépare les desserts.

DUNKERQUE

à Malo-les-Bains – ⊠ 59240

🏨 **L'Hirondelle** ⏐🕭 ⅁ ch, 🎞 rest, ⅋ ch, "❏" 🕭 ⏝ 𝚅𝙸𝚂𝙰 ⏝
46 av. Faidherbe – ℰ *03 28 63 17 65 – www.hotelhirondelle.com*
– Fax 03 28 66 15 43   DY**r**
50 ch – ♦58/78 € ♦♦71/95 €, ⊆ 8,50 € – ½ P 59/70 €
Rest – *(fermé 17 fév.-4 mars, 8-31 août, dim. soir et lundi midi)* (13 €) Menu 20 €
(sem.)/58 € – Carte 35/60 €
● Au cœur de la petite station balnéaire, ce sympathique hôtel familial rénove peu à peu
ses chambres dans un esprit contemporain sobre et plaisant. Salon-bar. À table, carte traditionnelle largement orientée vers les produits de la mer.

🏠 **Au Côté Sud** "❏" 𝚅𝙸𝚂𝙰 ⏝
19 av. du Casino – ℰ *03 28 63 55 12 – www.aucotesud.com – Fax 03 28 61 54 49*
– Fermé 20 déc.-4 janv.   DY**b**
10 ch – ♦45/48 € ♦♦56/60 €, ⊆ 8 € – ½ P 50/52 €
Rest – *(fermé 15 août-1er sept. et 20 déc.-4 janv.) (dîner seult) (résidents seult)*
● Chambres fonctionnelles bien insonorisées, bon petit-déjeuner continental : une adresse
pratique entièrement rénovée à deux pas du Palais des Congrès. Dans un restaurant au
cadre chaleureux, cuisine mêlant habilement saveurs du Nord et du Sud.

🍴🍴 **Au Bon Coin** avec ch 🎞 rest, "❏" 𝚅𝙸𝚂𝙰 ⏝
49 av. Kléber – ℰ *03 28 69 12 63 – www.restaurantauboncoin.com*
– Fax 03 28 69 64 03   BX**b**
4 ch – ♦59/63 € ♦♦63/74 €
Rest – *(fermé dim. soir et lundi)* (20 €) Menu 30/50 € – Carte 29/70 € 🎇
● Proximité de la mer oblige, cette table se consacre aux saveurs iodées. Salle à l'ambiance
feutrée dont les murs s'ornent de photos de célébrités dédicacées. Chambres élégantes.

à Téteghem 6 km au Sud-Est par D 601 BX – 7 256 h. – alt. 1 m – ⊠ 59229

🍴🍴🍴 **La Meunerie** avec ch 🕭 ⏝ "❏" 🕭 🅿 𝚅𝙸𝚂𝙰 ⏝ 𝙰𝙴 ⏝
au Galghouck, 2 km au Sud-Est par D 4 – ℰ *03 28 26 14 30 – www.lameunerie.fr*
– Fax 03 28 26 17 32 – fermé 20 juil.-10 août et 12-18 fév.
9 ch – ♦90 € ♦♦90 €, ⊆ 11 €
Rest – *(fermé 15 juil.-1er août, 8-16 fév., dim. soir et lundi) (dîner seult sauf dim.)*
Menu 28 €, 39/61 €
● Espace et clarté : le restaurant dispose de deux salons feutrés et bourgeois, ouverts sur un
élégant jardin. Cuisine traditionnelle rythmée par les saisons. À l'hôtel, grandes chambres
récemment rénovées ; belles salles de bains, certaines avec baignoire balnéo.

à Coudekerque-Branche – 22 994 h. – alt. 1 m – ⊠ 59210

🛈 Syndicat d'initiative, 4, place de l'Hôtel de Ville ℰ 03 28 64 60 00,
Fax 03 28 64 60 00

🍴🍴🍴 **Le Soubise** 🅿 𝚅𝙸𝚂𝙰 ⏝ 𝙰𝙴 ⏝
🕭 *49 rte de Bergues –* ℰ *03 28 64 66 00 – Fax 03 28 25 12 19 – Fermé 1er-13 avril,*
22 juil.-17 août, 21 déc.-7 janv., sam. et dim.   BX**g**
Rest – Menu 25/50 € – Carte 38/61 €
● Plats traditionnels, bien mitonnés et généreux, servis dans un ancien relais de poste du
18e s. Le chef, figure reconnue de la profession, fête en 2010 ses 50 ans de métier.

à Cappelle-la-Grande 5 km au Sud sur D 916 – 8 131 h. – ⊠ 59180

🛈 Syndicat d'initiative, Mairie ℰ 03 28 64 94 41, Fax 03 28 60 25 31

🍴🍴 **Fleur de Sel** 🌇 ⅋ ⏝ 🅿 𝚅𝙸𝚂𝙰 ⏝ 𝙰𝙴
48 rte Bergues – ℰ *03 28 64 21 80 – www.fleurdesel-restaurant.com*
– Fax 03 28 61 22 00 – Fermé dim. soir et lundi   BX**a**
Rest – Menu 24/44 €
● Intérieur cosy bien dans l'air du temps (pierres apparentes, tons gris, mobilier et tableaux
contemporains), accueil parfait et bonne cuisine classique.

DUN-LE-PALESTEL – 23 Creuse – 325 G3 – 1 133 h. – alt. 370 m   25 C1
– ⊠ 23800

🖪 Paris 349 – Limoges 83 – Guéret 29 – La Souterraine 18
🛈 Office de tourisme, 81, Grande Rue ℰ 05 55 89 24 61, Fax 05 55 89 95 11

⌂ **Joly** ⅋ ch, ⅋ 🕾 🔊 **P** _VISA_ ⚫⚫
🔊 3 r. Bazenerye – ℰ 05 55 89 00 23 – www.hoteljoly-limousin.com – Fax 05 55 89 15 89
– Fermé 3-8 mars, 29 sept.-6 oct., dim. soir et lundi midi sauf fériés
26 ch – ♦44 € ♦♦47 €, ⌷ 9 € – ½ P 53 €
Rest – (13 €) Menu 15 € (sem.)/40 € – Carte 39/56 €
♦ Au centre du village, le bâtiment principal abrite des chambres entièrement refaites et
personnalisées ; elles sont plus simples à l'annexe. Le terroir s'immisce dans les recettes traditionnelles du restaurant, au décor rustique (cheminée).

DURAS – 47 Lot-et-Garonne – **336** D1 – 1 182 h. – alt. 122 m – ⊠ 47120   4 C2
█ Aquitaine
  ▶ Paris 577 – Agen 90 – Marmande 23 – Périgueux 88
  🛈 Office de tourisme, 14, boulevard Jean Brisseau ℰ 05 53 83 63 06,
  Fax 05 53 76 04 36

※※ **Hostellerie des Ducs** avec ch 🍴 🏡 🍽 ⅋ 🖭 rest, ⅋ 🕾 🔊
🔊 bd. J. Brisseau – ℰ 05 53 83 74 58 _VISA_ ⚫⚫ 🄰🄴 ①
– www.hostellerieducs-duras.com – Fax 05 53 83 75 03 – Fermé lundi sauf le soir
de juil. à sept., dim. soir d'oct. à juin et sam. midi
14 ch – ♦43/92 € ♦♦67/130 €, ⌷ 10 € – 4 suites   **Rest** – Menu 14/42 € ⅋
♦ Cet ex-presbytère voisin du château propose une cuisine traditionnelle. Salle meublée en
style Louis XIII, véranda. Chambres actuelles ; les nouvelles occupent une bâtisse du 13e s.

DURY – 80 Somme – **301** G8 – rattaché à Amiens

EAUX-PUISEAUX – 10 Aube – **313** D5 – 234 h. – alt. 220 m   13 B3
– ⊠ 10130
  ▶ Paris 161 – Auxerre 53 – Sens 63 – Troyes 32

⌂ **L'Étape gourmande** 🌿 🍴 ⅋ 🕾 **P** _VISA_ ⚫⚫
🔊 6 Gde-Rue – ℰ 03 25 80 36 96 – www.letape-gourmande.com
– Fax 03 25 40 28 90 – Fermé dim. soir et lundi
14 ch – ♦54 € ♦♦54 €, ⌷ 8 € – ½ P 55 €
Rest – Menu 17 € (déj. en sem.), 26/40 €
♦ Ouvert sur la nature, cet hôtel de construction récente propose des chambres à la décoration actuelle et parfaitement tenues, grâce au dynamisme de ses nouveaux propriétaires. Cuisine traditionnelle au restaurant.

EAUZE – 32 Gers – **336** C6 – 3 923 h. – alt. 164 m – ⊠ 32800   28 A2
█ Midi-Toulousain
  ▶ Paris 719 – Toulouse 131 – Auch 58 – Mont-de-Marsan 64
  🛈 Office de tourisme, 2, rue Felix Soules ℰ 05 62 09 85 62, Fax 05 62 08 11 22
  ⊡ Trésor ★★.

※ **La Vie en Rose** 🖭 _VISA_ ⚫⚫
22 r. Saint-July – ℰ 05 62 09 83 29 – Fax 05 62 09 83 29 – Fermé vacances de
printemps, de la Toussaint, mardi soir et merc.
Rest – (14 € bc) Menu 26/41 € – Carte 37/48 €
♦ L'intérieur de ce restaurant a du charme et invite à apprécier, en toute sérénité, une cuisine mettant à l'honneur le terroir. Vins de Gascogne et accueil convivial.

EBERSMUNSTER – 67 Bas-Rhin – **315** J7 – 470 h. – alt. 165 m   2 C1
– ⊠ 67600
  ▶ Paris 508 – Strasbourg 40 – Obernai 23 – Saint-Dié-des-Vosges 55

※※ **Des Deux Clefs** ⅋ _VISA_ ⚫⚫
72 r. du Gén.-Leclerc – ℰ 03 88 85 71 55 – www.auxdeuxclefs.ifrance.com
– Fax 03 88 85 71 55 – Fermé 27 juil.-8 août, 24 déc.-9 janv., vacances de fév.,
lundi et merc. sauf fériés
Rest – (15 €) Menu 30/33 € – Carte 31/46 €
♦ Face à une église abbatiale réputée pour son intérieur baroque ; le décor du restaurant
est plus sobre mais tout aussi soigné. Spécialités de matelote, friture, anguille, etc.

ECCICA-SUARELLA – 2A Corse-du-Sud – **345** C8 – voir à Corse

LES ÉCHELLES – 73 Savoie – **333** H5 – 1 234 h. – alt. 386 m   45 C2
– ⊠ 73360 Les Echelles ▯ Alpes du Nord

▪ Paris 552 – Chambéry 24 – Grenoble 40 – Lyon 92

🛈 Office de tourisme, rue Stendhal ☏ 04 79 36 56 24, Fax 04 79 36 53 12

à Chailles 5 km au Nord – ⊠ 73360 St Franc

✗ **Auberge du Morge** avec ch   🚗 ☺ ☼ ▯¹ 🅿 VISA ☺ AE
D 1006, Gorges de Chailles – ☏ 04 79 36 62 76 – www.aubergedumorge.com
– Fax 04 79 36 51 65 – Fermé 30 nov.-31 janv., jeudi midi et merc.
8 ch – ♦48/54 € ♦♦48/54 €, ⊊ 9 €   **Rest** – Carte 26/42 €
◆ Auberge à l'entrée des gorges de Chailles près d'un torrent apprécié des pêcheurs. On y
déguste des recettes traditionnelles dans un décor campagnard. Chambres proprettes.

à St-Christophe-la-Grotte 5 km au Nord-Est par D 1006 et rte secondaire
– 485 h. – alt. 425 m – ⊠ 73360

⌂ **La Ferme Bonne de la Grotte**   🚗 ▯¹ VISA ☺
– ☏ 04 79 36 59 05 – www.gites-savoie.com – Fax 04 79 36 59 31
5 ch ⊊ – ♦63/68 € ♦♦72/77 € – ½ P 63 €   **Table d'hôte** – Menu 20 € bc
◆ Cette ancienne ferme du 18ᵉ s. adossée à une falaise est le point de départ d'une randonnée vers la superbe grotte de St-Christophe. Chambres coquettes et chaleureuses. Plats régionaux servis dans un charmant cadre rehaussé de meubles authentiquement savoyards.

ECHENEVEX – 01 Ain – **328** J3 – rattaché à Gex

LES ÉCHETS – 01 Ain – **328** C5 – alt. 276 m – ⊠ 01700 Miribel   43 E1
▪ Paris 454 – L'Arbresle 28 – Bourg-en-Bresse 47 – Lyon 20

✗✗✗ **Christophe Marguin** avec ch   🚗 AC rest. ▯¹ 🅿 VISA ☺ AE
916 rte de Strasbourg – ☏ 04 78 91 80 04 – www.christophe-marguin.com
Fax 04 78 91 06 83 – Fermé 1ᵉʳ-23 août, 23 déc.-5 janv., sam. midi, dim. soir et lundi
7 ch – ♦70 € ♦♦95 €, ⊊ 14 €
Rest – Menu 25 € (sem.)/75 € – Carte 60/90 €
◆ Photographies des "ancêtres", boiseries, bibliothèque : un lieu agréable où l'on se sent
comme chez soi. Cuisine mi-classique, mi-régionale, cave riche en bordeaux et bourgognes.

ÉCHIROLLES – 38 Isère – **333** H7 – rattaché à Grenoble

ÉCULLY – 69 Rhône – **327** H5 – rattaché à Lyon

EFFIAT – 63 Puy-de-Dôme – **326** G6 – 914 h. – alt. 350 m – ⊠ 63260   5 B2
▯ Auvergne
▪ Paris 392 – Clermont-Ferrand 38 – Gannat 11 – Riom 22
◉ Château★.

✗ **Le Cinq Mars**   VISA ☺
16 r. Cinq-Mars, (D 984) – ☏ 04 73 63 64 16 – Fax 04 73 64 23 73 – Fermé
1ᵉʳ-21 août, vacances de fév. et le soir en sem.
Rest – Menu 12 € bc/18 €
◆ Café de village (1876) à proximité du château du marquis de Cinq-Mars. Le chef-patron
prépare une cuisine traditionnelle, servie dans une salle à manger rustique et conviviale.

ÉGLETONS – 19 Corrèze – **329** N3 – 4 376 h. – alt. 650 m – ⊠ 19300   25 C3
▪ Paris 499 – Aubusson 75 – Aurillac 97 – Limoges 112
🛈 Office de tourisme, rue Joseph Vialaneix ☏ 05 55 93 04 34, Fax 05 55 93 00 09

⌂ **Ibis**   🚗 ☜ ᵺ ch, ▯¹ ᵴᵭ 🅿 VISA ☺ AE ⓞ
rte Ussel par D 1089 : 1,5 km – ☏ 05 55 93 25 16 – www.ibishotel.com
– Fax 05 55 93 37 54
41 ch – ♦50/67 € ♦♦50/67 €, ⊊ 8 €   **Rest** – (14 €) Menu 17 €
◆ En pleine campagne haut-corrézienne, cet Ibis se démarque par ses grandes chambres (lits
avec couettes) et son mobilier moderne. Le plan d'eau ajoute un supplément d'âme au lieu.
La salle à manger intègre un salon avec cheminée ; carte traditionnelle.

EGUISHEIM – 68 Haut-Rhin – **315** H8 – 1 549 h. – alt. 210 m – ⊠ 68420   **2** C2

🏛 Alsace Lorraine

▶ Paris 452 – Belfort 68 – Colmar 7 – Gérardmer 52

🆔 Office de tourisme, 22a, Grand'Rue ℰ 03 89 23 40 33, Fax 03 89 41 86 20

◎ Circuit des remparts★ – Route des Cinq Châteaux★ SO : 3 km.

🏨 **Hostellerie du Pape**   🕿 🖃 ⏧ ch, ℡ 🖧 🅿 VISA 🐼 AE ⓪

10 Grand'Rue – ℰ 03 89 41 41 21 – www.hostellerie-pape.com
– Fax 03 89 41 41 31
33 ch – †75/82 € ††75/82 €, ⊡ 10 € – ½ P 74/82 €
Rest – (11 €) Menu 20/39 € – Carte 31/59 €
♦ L'enseigne de cette ancienne exploitation vinicole est un clin d'œil au pape Léon IX, dont le château est tout proche. Chambres pratiques au cadre traditionnel modernisé. Plats régionaux servis dans une chaleureuse salle à manger.

🏨 **St-Hubert** sans rest 🦌   ⇐ 🖃 🛇 🅿 VISA 🐼

6 r. Trois Pierres – ℰ 03 89 41 40 50
– www.hotel-st-hubert.com – Fax 03 89 41 46 88
– Fermé 27 juin-4 juil., 14-25 nov. et 10 janv.-4 mars
13 ch – †85 € ††109 €, ⊡ 11 € – 2 suites
♦ À l'écart du village, hôtel où l'on cultive une ambiance de maison d'hôte. Chambres fonctionnelles bénéficiant de la sérénité du vignoble. Miniterrasses, piscine couverte.

🏨 **Hostellerie du Château** sans rest   ℡ VISA 🐼

2 r. Château – ℰ 03 89 23 72 00 – www.hostellerieduchateau.com
– Fax 03 89 41 63 93
11 ch – †68/125 € ††75/130 €, ⊡ 11 €
♦ Sur une place pittoresque du bourg. La façade à colombages de cet hôtel de caractère dissimule de lumineuses chambres contemporaines, pleines de couleurs. Bon petit-déjeuner.

🏡 **Hostellerie des Comtes**   🕿 🖃 ℡ 🅿 VISA 🐼 AE

🐚 2 r. des Trois Châteaux – ℰ 03 89 41 16 99 – www.hostellerie-des-comtes.com
– Fax 03 89 24 97 10 – Fermé 17 janv.-7 fév.
14 ch – †50/59 € ††50/69 €, ⊡ 8 € – ½ P 68/79 €
Rest – (fermé vend. midi et jeudi) (11 €) Menu 14/39 € – Carte 23/43 €
♦ Une atmosphère d'auberge de village vous accueille dans cette maison. Les chambres sont dotées d'un mobilier fonctionnel et certaines offrent l'agrément d'une miniterrasse. Cuisine actuelle servie dans une grande salle rustique ou en terrasse l'été.

🏡 **Auberge des Trois Châteaux**   🛇 ch, ℡ VISA 🐼

🐚 26 Grand'Rue – ℰ 03 89 23 11 22 – www.auberge-3-chateaux.com
– Fax 03 89 23 72 88 – Fermé 4-20 janv.
12 ch – †50 € ††67 €, ⊡ 8 € – ½ P 58/64 €
Rest – (fermé 29 juin-7 juil., 26 oct.-3 nov., mardi soir et merc.) Menu 18/35 €
– Carte 26/42 €
♦ Au cœur du village, trois maisons du 17ᵉ s. au charme rustique alsacien et bien fleuries en saison. Toutes les chambres sont récentes, fonctionnelles et propres. Le restaurant, sympathique et lumineux, sert des petits plats du terroir.

🍴🍴 **Caveau d'Eguisheim** (Jean-Christophe Perrin)   VISA 🐼

❀ 3 pl. Château St-Léon – ℰ 03 89 41 08 89 – Fax 03 89 23 79 99
– Fermé 1ᵉʳfév.-15 mars, lundi et mardi
Rest – (17,50 €) Menu 22 € (déj. en sem.), 38/63 € – Carte 57/77 €
Spéc. Pâté en croûte de cochon fermier au foie gras. Pigeonneau rôti à l'ail confit. Trésor du gourmet de chocolat. **Vins** Riesling, Pinot noir.
♦ Authentique maison vigneronne et son élégante salle à manger au décor "tout bois" agrémenté de tableaux de marqueterie. Goûteux plats traditionnels et menu de midi à prix doux.

🍴🍴 **Au Vieux Porche**   🕿 ⇄ VISA 🐼

16 r. des Trois Châteaux – ℰ 03 89 24 01 90
– www.auvieuxporche.fr – Fax 03 89 23 91 25
– Fermé 1ᵉʳ-8 juil., 12-18 nov., vacances de fév., mardi et merc.
Rest – Menu 21/44 € – Carte 25/45 €
♦ Poutres, vitraux et boiseries : un cadre soigné pour cette demeure de vignerons de 1707. Bonne cuisine traditionnelle et belle sélection de vins de la propriété et d'ailleurs.

XX **La Grangelière**   VISA ⓄⓄ

59 r. Rempart Sud – ℰ 03 89 23 00 30 – www.lagrangeliere.fr
– Fax 03 89 23 61 62 – Fermé de mi-janv. à mi-fév., dim. soir de nov. à avril et jeudi
Rest – (19 €) Menu 29/67 € bc – Carte 22/60 €
♦ Belle façade typique à pans de bois pour ce restaurant qui propose, sur une même carte, des plats gastronomiques ou de type brasserie. Salle plus cossue à l'étage.

X **Le Pavillon Gourmand**   🛒 VISA ⓄⓄ
ⓒⓢ
101 r. Rempart Sud – ℰ 03 89 24 36 88 – perso.orange.fr/pavillon.schubnel/
😊
– Fax 03 89 23 93 94 – Fermé 10 jours fin juin- début juil., mi-janv. à mi-fév., mardi et merc.
Rest – Menu 17/60 € bc – Carte 24/60 €
♦ Une cuisine régionale et soignée vous régale en cette vénérable maison ancienne (1683). Cadre rustique, décor pastel et paisible cour-terrasse aux beaux jours.

EICHHOFFEN – 67 Bas-Rhin – 315 I6 – 499 h. – alt. 200 m – ☒ 67140   2 C1
  ▶ Paris 497 – Strasbourg 38 – Colmar 43 – Offenburg 50

⌂ **Les Feuilles d'Or** sans rest ॐ   &
52 r. du Vignoble – ℰ 03 88 08 49 80 – www.lesfeuillesdor-alsace.com
– Fax 03 88 08 49 80
5 ch ☲ – †75 € ††80 €
♦ Entre vignes et village, cette maison récente d'allure traditionnelle offre un cadre cosy, mi-actuel mi-rustique (poutres apparentes, poêle en faïence). Chambres spacieuses.

ÉLOISE – 74 Haute-Savoie – 328 I4 – **rattaché à Bellegarde-sur-Valserine**

EMBRUN – 05 Hautes-Alpes – 334 G5 – 6 230 h. – alt. 871 m   41 C1
– ☒ 05200 ▯ Alpes du Sud
  ▶ Paris 706 – Barcelonnette 55 – Briançon 48 – Digne-les-Bains 97
  🛈 Office de tourisme, place Général-Dosse ℰ 04 92 43 72 72,
     Fax 04 92 43 54 06
  ◉ Cathédrale N.-D. du Réal★ : trésor★, portail★ - Peintures murales★ dans
     la chapelle des Cordeliers - Rue de la Liberté et Rue Clovis-Huques★.

rte de Gap 3 km au Sud-Ouest par N 94 – ☒ 05200 Embrun

🔠 **Les Bartavelles**   🚗 🛒 ⅃ ⓖ X 🞐 & rest, Ⓚ rest, 🎱 ♨ Ⓟ
Clos des Pommiers – ℰ 04 92 43 20 69   VISA ⓄⓄ Ⓐ Ⓔ Ⓞ
– www.bartavelles.com – Fax 04 92 43 11 92 – Fermé 3-18 janv.
42 ch – †65/88 € ††78/98 €, ☲ 10 € – 1 suite – ½ P 67/94 €
Rest – (fermé dim. soir et lundi midi d'oct. à avril) (15 €) Menu 24 € (sem.)/48 €
– Carte 38/65 €
♦ Mélèze sculpté et pierres sèches locales : décor typé dans cette maison et ses trois bunga-lows qui abritent chambres ou duplex. Jardin et spa avec large choix de soins. Repas classi-ques sous la rotonde (colonne de Guillestre) ou sur la terrasse bordant la piscine.

EMMERIN – 59 Nord – 302 F4 – **rattaché à Lille**

ENGHIEN-LES-BAINS – 95 Val-d'Oise – 305 E7 – 101 5 – **voir à Paris, Environs**

ENNORDRES – 18 Cher – 323 K2 – 226 h. – alt. 166 m – ☒ 18380   12 C2
  ▶ Paris 191 – Orléans 102 – Bourges 44 – Vierzon 38

⌂ **Les Chatelains** ॐ   🐾 ⅃ VISA ⓄⓄ
– ℰ 02 48 58 40 37 – www.leschatelains.com – Fax 02 48 58 40 37
5 ch ☲ – †69 € ††75/105 €   **Table d'hôte** – Menu 28 € bc
♦ Le charme particulier de cette ferme restaurée et de ses annexes solognotes tient à son cadre coquet (mobilier d'antiquaires et de brocantes) et à la gentillesse de ses hôtes. L'autre atout du lieu : la table d'hôte, joliment champêtre. Cuisine de tradition.

ENSISHEIM – 68 Haut-Rhin – **315** I9 – 6 933 h. – alt. 217 m – ⊠ 68190   1 A3

▶ Paris 487 – Strasbourg 100 – Colmar 27 – Freiburg im Breisgau 68

🏠🏠🏠 **Le Domaine du Moulin**   🚗 🏡 🖥 ℹ️ ♨ 🖨 🌐 🏊 📶 🅿️ 🐾

😊 44 r. 1ère Armée – 𝒞 03 89 83 42 39   VISA ⓿ AE ①
– www.hotel-domainedumoulin-alsace.com – Fax 03 89 66 21 40
65 ch – †83/113 € ††90/125 €, ⊐ 13 € – ½ P 72/90 €
Rest *La Villa du Meunier* – 𝒞 03 89 81 15 10 *(fermé sam. midi)* (13 €)
Menu 19 € (sem.)/54 € – Carte 26/56 €
◆ Grande maison récente d'allure alsacienne, ouverte sur un jardin agrémenté d'un étang.
Chambres spacieuses et fonctionnelles. Piscine et espace bien-être. La Villa du Meunier, dans
un ex-moulin, se consacre à la cuisine traditionnelle. Agréable terrasse.

ENTRAIGUES-SUR-LA-SORGUE – 84 Vaucluse – **332** C9 – 7 431 h.   42 E1
– alt. 30 m – ⊠ 84320

▶ Paris 687 – Marseille 100 – Avignon 13 – Arles 48

🍴 **Mas de la Dragonette** avec ch 🦢   🌀 🏡 🏊 🖨 ch, 🏊 🅿️ VISA ⓿ AE
rte de Sorgues – 𝒞 04 90 39 20 77 – www.masdeladragonette.com
– Fax 04 90 39 08 35 – Fermé sam. midi, dim. soir et lundi
4 ch – †80/160 € ††100/170 €, ⊐ 8 €
Rest – (19 €) Menu 23 € (sem.)/70 € bc
◆ En pleine campagne, ce mas provençal du 18e s. déborde de charme : grandes chambres
personnalisées et confortables, terrasse romantique et luxuriante, potager, piscine. Le chef,
qui propose aussi des cours, réalise une cuisine gourmande, à base des légumes du jardin.

ENTRAYGUES-SUR-TRUYÈRE – 12 Aveyron – **338** H3 – 1 195 h.   29 C1
– alt. 236 m – ⊠ 12140 ▯ Midi-Toulousain

▶ Paris 600 – Aurillac 45 – Figeac 58 – Rodez 43

ℹ️ Syndicat d'initiative, place de la République 𝒞 05 65 44 56 10,
Fax 05 65 44 50 85

◉ Vieux Quartier : Rue Basse★ - Pont gothique★.

◉ Vallée du Lot★★.

🏠🏠🏠 **La Rivière**   🏡 🏊 🖥 ♨ ⅙ ♒ 📶 🏊 🅿️ VISA ⓿
60 av. du Pont-de-Truyère – 𝒞 05 65 66 16 83 – www.hotellariviere.com
– Fax 05 65 66 24 98 – Fermé 16 fév.-2 mars
31 ch – †65/75 € ††85/105 €, ⊐ 11 € – ½ P 75/85 €
Rest – Menu 27/35 € – Carte 45/59 €
◆ Cet hôtel des bords de la Truyère a subi une cure de jouvence en 2007. Résultat : un aménagement confortable et une décoration dans l'air du temps (tons harmonieux, matériaux
choisis). Salle à manger et bar lumineux ouvrant sur la rivière.

🏠 **Les Deux Vallées**   🏡 ♨ 📶 🅿️ 🐾 VISA ⓿

😊 *av. du Pont-de-Truyère* – 𝒞 05 65 44 52 15

🏡 – www.hotel-les2vallees.com – Fax 05 65 44 54 47
– Fermé fév., en nov., vacances de Noël, dim. soir, vend. soir et sam. d'oct. à avril
20 ch – †48 € ††48 €, ⊐ 7 € – ½ P 53 €
Rest – (12 €) Menu 17/36 € – Carte 25/39 €
◆ À Entraygues, confluent les vallées du Lot et de la Truyère. Peu à peu rénovées, les chambres sont fonctionnelles, efficacement insonorisées et très bien tenues. Atmosphère campagnarde au restaurant ouvert sur une petite cour-terrasse ; belle cuisine maison.

au Fel 10 km à l'Ouest par D 107 et D 573 – 171 h. – alt. 530 m – ⊠ 12140

🏠 **Auberge du Fel** 🦢   🚗 🏡 ⅙ 🅿️ VISA ⓿

🍽️ *Le Fel* – 𝒞 05 65 44 52 30 – www.auberge-du-fel.com – Fax 05 65 48 64 96
– Ouvert 4 avril-5 nov.
10 ch – †56/67 € ††56/67 €, ⊐ 8,50 € – ½ P 51/61 €
Rest – *(fermé le midi hors saison sauf sam. et dim.)* Menu 25 € (dîner en sem.),
32/42 €
◆ Dans un hameau surplombant le Lot, maison coiffée de lauzes, devancée d'une terrasse
sous une treille. Chambres joliment arrangées, à la tenue irréprochable. Pounti, truffade et
cabécou arrosés du vin du Fel vous attendent au restaurant : tout est fait maison.

ENTRECHAUX – 84 Vaucluse – **332** D8 – rattaché à Vaison-la-Romaine

ENTZHEIM – 67 Bas-Rhin – **315** J5 – **rattaché à Strasbourg**

ÉPAIGNES – 27 Eure – **304** C6 – **1 236 h.** – **alt. 159 m** – ✉ **27260** **32** A3

Paris 175 – Le Grand-Quevilly 63 – Le Havre 50 – Rouen 69

L'Auberge du Beau Carré avec ch

1 rte des Anglais – ✆ 02 32 41 52 42 – aubergedubeaucarre.monsite.wanadoo.fr – Fax 02 32 41 48 60 – Fermé dim. soir et lundi

7 ch – 55 € 70 €, 8 € – ½ P 45 € **Rest** – (18 €) Menu 30/55 €

◆ Dans une maison de briques rouges, restaurant familial à l'appétissante cuisine au goût du jour préparée avec des produits de qualité. Chambres confortables.

ÉPENOUX – 70 Haute-Saône – **314** E7 – **rattaché à Vesoul**

ÉPERNAY – 51 Marne – **306** F8 – **24 456 h.** – **alt. 75 m** – ✉ **51200** **13** B2

Champagne Ardenne

Paris 143 – Châlons-en-Champagne 35 – Château-Thierry 57 – Reims 28

Office de tourisme, 7, avenue de Champagne ✆ 03 26 53 33 00, Fax 03 26 51 95 22

Caves de Champagne★★ - Collection archéologique★ au musée municipal.

La Villa Eugène sans rest

82 av. de Champagne, 1 km par ② – ✆ 03 26 32 44 76 – www.villa-eugene.com – Fax 03 26 32 44 98

15 ch – 129/344 € 129/344 €, 17 €

◆ Fière demeure bourgeoise disposant de chambres de style colonial ou Louis XVI. Bar dédié au champagne, petit-déjeuner sous verrière, grand parc aménagé autour de la piscine.

Le Clos Raymi sans rest

3 r. Joseph de Venoge – ✆ 03 26 51 00 58 – www.closraymi-hotel.com – Fax 03 26 51 18 98 – Fermé 24 déc.-2 janv. BZ**a**

7 ch – 100/160 € 100/160 €, 14 €

◆ La jolie maison de maître en briques rouges fut celle de la famille Chandon. Chambres personnalisées raffinées. Agréable salle des petits-déjeuners ouverte sur le jardin.

Les Berceaux (Patrick Michelon) rest,

13 r. Berceaux – ✆ 03 26 55 28 84 – www.lesberceaux.com – Fax 03 26 55 10 36

28 ch – 95/130 € 95/130 €, 11 € – ½ P 98/140 € AZ**a**

Rest – *(fermé 16-31 août, 8 fév.-2 mars, lundi et mardi)* Menu 33 € (déj. en sem.), 60/69 € – Carte 94/126 €

Spéc. Asperges blanches de pays rôties, poêlée de morilles fraîches (mai). Bressole de canard de Barbarie façon royale (mars). Grande assiette tout chocolat. **Vins** Champagne.

Rest *Bistrot le 7* – *(fermé merc. et jeudi)* (26 €) Menu 60 € – Carte 68/83 €

◆ Au cœur de la pétillante cité, une auberge aux chambres confortables, toutes rénovées à l'identique (tons jaunes, parquet foncé). L'élégant restaurant gastronomique vous invite à déguster une cuisine authentiquement classique. Belle cave. Atmosphère plus actuelle, tamisée et chic au Bistrot 7 ; menu traditionnel.

Le Théâtre

8 pl. P. Mendès-France – ✆ 03 26 58 88 19 – www.epernay-rest-letheatre.com – Fax 03 26 58 88 38 – Fermé 15 juil.-1er août, 22-28 déc., 15 fév.-3 mars, dim. soir, mardi soir et merc. BY**f**

Rest – (17 €) Menu 22/46 € – Carte 38/64 €

◆ Proche du théâtre, voici l'une des plus anciennes brasseries d'Epernay (début du 20e s.). Moulures, hauts plafonds et tons chauds en décor ; recettes ancrées dans la tradition.

La Table Kobus

3 r. Dr Rousseau – ✆ 03 26 51 53 53 – www.latablekobus.com – Fax 03 26 58 42 68 – Fermé 2 sem. en avril, 2-20 août, 28 déc.-8 janv., jeudi soir, dim. soir et lundi ABY**u**

Rest – (21 €) Menu 28/48 € – Carte 48/71 €

◆ Sympathique bistrot 1900 où l'on peut déguster du champagne en apportant ses propres bouteilles et ce, sans payer de droit de bouchon ! Les Sparnaciens s'y précipitent.

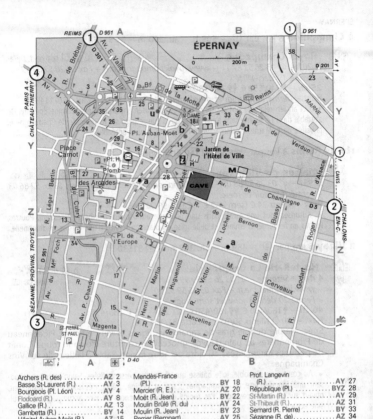

ÉPERNAY

✗ La Cave à Champagne
AK VISA ⓒⓞ AE

16 r. Gambetta – ℰ 03 26 55 50 70 – www.la-cave-a-champagne.com
– Fax 03 26 51 07 24 – Fermé mardi et merc.   BY**b**

Rest – *(nombre de couverts limité, prévenir)* Menu 17/23 € – Carte 27/44 €ⓑ

◆ Petit caveau à la gloire des vins régionaux (exposition de bouteilles). Vraie gageure, on y fait un repas au champagne sans se ruiner. Registre culinaire traditionnel.

✗ La Grillade Gourmande
📶 VISA ⓒⓞ

16 r. de Reims – ℰ 03 26 55 44 22 – www.lagrilladegourmande.com
– Fax 03 26 54 01 74 – Fermé 25 août-7 sept., 22-28 déc., 9-22 fév., dim. et lundi

Rest – Menu 19/55 € – Carte 25/56 €   BY**d**

◆ Dans ce petit restaurant familial rustique, on savoure une cuisine traditionnelle, dont des spécialités au champagne et des grillades préparées en salle, à la cheminée.

à Dizy 3 km par ① – 1 714 h. – alt. 77 m – ⊠ 51530

🏨 Les Grains d'Argent
📶 ⚹ AK rest, ⚘ ⑪ ⚙ P VISA ⓒⓞ AE

1 allée du Petit Bois – ℰ 03 26 55 76 28 – www.lesgrainsdargent.com
– Fax 03 26 55 75 96 – Fermé 25-30 déc.

20 ch – †95 € ††95/102 €, ⊑ 13 € – ½ P 98/120 €

Rest – *(fermé sam. midi, dim. soir et lundi)* Menu 26 € (déj.), 48/88 €
– Carte 75/94 €

◆ Bel accueil, jolies chambres personnalisées et bar à champagne dans cette hôtellerie contemporaine tournée vers les vignes. Le restaurant, relooké dans un esprit actuel, sert des plats au goût du jour, ponctués par le rythme des saisons.

à Champillon 6 km par ① – 509 h. – alt. 210 m – ⌧ 51160

🏠 **Royal Champagne** ⌂ ⟨ ⌁ ⌖ ch, 🅰️ rest, ⑪ ⌖ 🅿️ 🆅🆂🅰️ ⑳ 🅰️🅴 ⓪
D 201 – ☏ 03 26 52 87 11 – www.royalchampagne.com – Fax 03 26 52 89 69
– Fermé 1er déc.-1er fév.
25 ch – ⑪240/550 € ⑪⑪240/550 €, ⌧ 29 € – 3 suites
Rest – (fermé lundi midi et mardi midi) Menu 65/110 € – Carte 56/111 € ⌖
♦ Cet ancien relais de poste, aux chambres luxueusement aménagées, domine Épernay. On s'attable dans l'élégante salle à manger d'où la vue se perd sur le vignoble de Champagne et la vallée de la Marne. Cuisine actuelle de qualité, service agréable.

rte de Reims 8 km par ① – ⌧ 51160 St-Imoges

✗✗ **Maison du Vigneron** 🅰️ ⌖ ⌖ 🅿️ 🆅🆂🅰️ ⑳
D 951 – ☏ 03 26 52 88 00 – www.lamaisonduvigneron.com – Fax 03 26 52 86 03
– Fermé dim. soir et merc.
Rest – Menu 24 € (sem.)/52 € – Carte 56/72 € ⌖
♦ Autorisez-vous une escale dans une plaisante atmosphère d'auberge forestière. Poutres, lustres en fer forgé, cheminée et belle mise en place au service d'une cuisine traditionnelle.

à Vinay 6 km par ③ – 489 h. – alt. 102 m – ⌧ 51530

🏠 **Hostellerie La Briqueterie** ⌁ ⌂ 🔲 ⊕ ⌖ ch, 🅰️ ⑪ ⌖ 🅿️ ⌂
❄ 4 rte de Sézanne – ☏ 03 26 59 99 99 🆅🆂🅰️ ⑳ 🅰️🅴
– www.labriqueterie.fr – Fax 03 26 59 92 10
– Fermé 20 déc.-21 janv. et sam. midi
40 ch – ⑪180/450 € ⑪⑪180/450 €, ⌧ 22 € – ½ P 235/435 €
Rest – (30 €) Menu 50/95 € – Carte 81/104 € ⌖
Spéc. Marbré de foie gras de canard aux figues et vin de Bouzy. Pigeonneau de Fromentières au pain d'épice, gnocchis et confiture d'oignon rouge. Confit de pommes caramélisées au cidre de notre région, sablé à la fleur de sel. **Vins** Champagne.
♦ Au cœur d'un vignoble, jolie bâtisse aux chambres personnalisées. Salon-bar cosy proposant une longue carte de champagnes ; spa et piscine. Décor très soigné au restaurant, ouvert sur un jardin paysager. Pas moins de 850 références de vins accompagnant la cuisine actuelle du chef.

ÉPINAL 🅿️ – 88 Vosges – **314** G3 – **34 014 h.** – alt. 324 m – ⌧ 88000   **27** C3
▌Alsace Lorraine

🄳 Paris 385 – Belfort 96 – Colmar 88 – Mulhouse 106
🄸 Office de tourisme, 6, place Saint-Goëry ☏ 03 29 82 53 32,
Fax 03 29 82 88 22
🄶 des Images d'Épinal, par rte de St-Dié-des-Vosges : 3 km, ☏ 03 29 31 37 52
◉ Vieille ville★ : Basilique★ - Parc du château★ - Musée départemental d'art ancien et contemporain★ - Imagerie d'Épinal.

🏠 **Le Manoir** 🄵⌖ 🄸 ⌖ 🅰️ ⌖ 🅿️ 🆅🆂🅰️ ⑳ 🅰️🅴 ⓪
5 av. Provence – ☏ 03 29 29 55 55 – www.manoir-hotel.com
– Fax 03 29 29 55 56 BZn
12 ch – ⑪79/149 € ⑪⑪79/149 €, ⌧ 15 €
Rest Ducs de Lorraine – voir ci-après
♦ Cette belle demeure bourgeoise (1876) abrite de jolies chambres personnalisées, spacieuses et bien équipées (Internet haut débit, console de jeux, fax). Espace fitness.

🏠 **Mercure** 🔲 ⊕ ⌖ 🅰️ ch, ⑪ ⌖ 🅿️ ⌂ 🆅🆂🅰️ ⑳ 🅰️🅴 ⓪
13 pl. E. Stein – ☏ 03 29 29 12 91 – www.mercure.com
– Fax 03 29 29 12 92 AZe
60 ch – ⑪75/160 € ⑪⑪85/170 €, ⌧ 16 €
Rest – (fermé vend. et dim.) Menu 25/40 € – Carte 27/33 €
♦ Hôtel du 19e s. proche du musée d'Art ancien et contemporain. Chambres rénovées au 4e étage ; nuits plus calmes sur l'arrière. Agréable restaurant actuel (terrasse tournée sur le canal) ; carte "Mercure" basée sur la tradition.

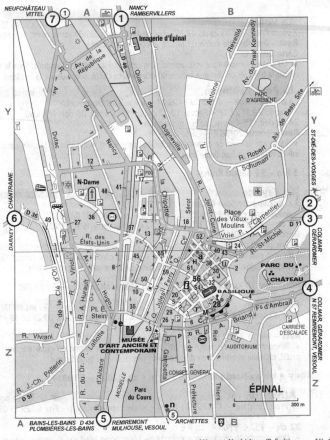

XXX
£3
Ducs de Lorraine (Claudy Obriot et Stéphane Ringer) – Hôtel Le Manoir
5 av. Provence – ℰ 03 29 29 56 00   🖾 & VISA ©© AE
– www.ducsdelorraine.fr – Fax 03 29 29 56 01
– Fermé 6-27 août, 2-9 janv. et dim. sauf fériés   BZ **n**
Rest – Menu 38 € (déj. en sem.), 59/85 € – Carte 70/100 €
Spéc. Déclinaison de foie gras en quatre façons. Suprême de pigeon au foie
blond, la cuisse au ris de veau. Soufflé mirabelle, coulis et sorbet. **Vins** Pinot
noir d'Alsace, Pinot noir de Moselle.
♦ Villa cossue de la fin du 19e s., élégante salle à manger avec moulures et mobilier contemporain, goûteuse cuisine actuelle et vins choisis : une bien belle image d'Épinal !

✕ **La Voûte**　　　　　　　　　　　　　　🛜 VISA ⬤ AE ⓪

7 pl. de l'Atre – 𝒞 03 29 35 47 25 – Fermé 14-21 mars, 25-31 janv., merc. soir et dim.
Rest – *(nombre de couverts limité, prévenir)* (15 € bc)　　　　　　　　**BZt**
Carte 28/59 €
♦ Un accueil sympathique vous attend dans cette adresse simple et soignée. Sous la voûte ou sur la terrasse, on sert une cuisine du marché sans chichi. Belle vue sur la basilique.

✕ **Le Petit Robinson**　　　　　　　　　　　AC VISA ⬤ AE ⓪

24 r. R. Poincaré – 𝒞 03 29 34 23 51 – www.lepetitrobinson.fr
– Fax 03 29 31 27 17 – Fermé 12-17 avril, 1er-15 août, 25 oct.-1er nov.,
24-28 déc., 1er-4 janv., sam. midi et dim.　　　　　　　　　　　　　　**BZa**
Rest – Menu 20/38 € – Carte 30/60 €
♦ La façade colorée de ce restaurant familial situé entre vieille ville et Moselle cache une salle à manger un brin datée mais chaleureuse. Registre culinaire traditionnel.

par ① 3 km – ⊠ 88000 Épinal

🏠 **La Fayette**　　　　　🛜 🍴 ⓑ ch, AC ch, ᵠᵞ 🧖 🅿 🚗 VISA ⬤ AE ⓪
⥁　*3 r. Bazaine (Le-Saut-le-Cerf) – 𝒞 03 29 81 15 15*
　– www.bestwestern-lafayette-epinal.com – Fax 03 29 31 07 08
58 ch – †93/115 € ††93/115 €, �ⴰ 12 € – 1 suite – ½ P 62/73 €
Rest – Menu 18/44 € – Carte 41/59 €
♦ Aux portes d'Épinal, cet hôtel possède de vastes chambres fonctionnelles ; les dernières nées sont plus agréables. Espace bien-être : bassin à contre-courant, sauna, jacuzzi. Cuisine classique et régionale sans prétention proposée dans une salle largement vitrée.

à Chaumousey 10 km par ⑥ et D 460 – 858 h. – alt. 360 m – ⊠ 88390

✕✕ **Calmosien**　　　　　　　　　　　　　🛜 VISA ⬤ AE ⓪

37 r. d'Epinal – 𝒞 03 29 66 80 77 – www.calmosien.com – Fax 03 29 66 89 41
– Fermé 1er-26 juil., dim. soir et lundi
Rest – Menu 22/62 € – Carte 45/65 €
♦ Pimpante maison du début du 20e s. proche de l'église offrant un cadre élégant : tons pastel, tableaux et tables bien dressées pour une cuisine au goût du jour.

à Golbey 4 km au Nord par ⑦ – 8 102 h. – alt. 320 m – ⊠ 88190

🏠 **Atrium** sans rest　　　　　　　　　　🚗 🕻 🅿 VISA ⬤ AE

89 r. de Lorraine – 𝒞 03 29 81 15 20 – www.hotel-atrium.fr – Fax 03 29 29 09 06
– Fermé 24 déc.-3 janv.
22 ch – †57 € ††60 €, �ⴰ 8 €
♦ Une importante rénovation a redonné de l'éclat à cet hôtel qui s'organise autour d'un patio fleuri. Chambres spacieuses : poutres apparentes, bonne literie, écrans plats.

L'ÉPINE – 51 Marne – 306 I9 – **rattaché à Châlons-en-Champagne**

ÉPINEAU-LES-VOVES – 89 Yonne – 319 D4 – **rattaché à Joigny**

ERBALUNGA – 2B Haute-Corse – 345 F3 – **voir à Corse**

ERMENONVILLE – 60 Oise – 305 H6 – 897 h. – alt. 92 m – ⊠ 60950　　**36 B3**
◼ Île de France

　　▶ Paris 51 – Beauvais 70 – Compiègne 42 – Meaux 25

　　🛈 Syndicat d'initiative, 2 bis, rue René de Girardin 𝒞 03 44 54 01 58,
　　　Fax 03 44 54 04 96

　　◉ Mer de Sable★ - Forêt d'Ermenonville★ - Abbaye de Chaalis★★ N : 3 km.

🏠 **Le Prieuré** sans rest　　　　　　　　　🚗 ᵠ ᵠᵞ 🧖 🅿 VISA ⬤ AE

6 pl. de l'Église – 𝒞 03 44 63 66 70 – www.hotel-leprieure.com
– Fax 03 44 63 95 01 – Fermé vacances de Noël et dim.
9 ch – †85/165 € ††85/165 €, �ⴰ 12 €
♦ Atmosphère de maison d'hôte dans cette ravissante demeure du 18e s. entourée d'un joli jardin à l'anglaise adossé à l'église. Chambres élégantes, garnies de meubles chinés.

XX **Le Relais de la Croix d'Or** avec ch 🛜 🗚 rest, ⅏ ch, ℡ ⅗ 🅿 🅿
2 r. Prince Radziwill – ℰ 03 44 54 00 04 – www.lacroixdor.net 🆅🅸🆂🅰 ⓪⓪ 🅰🅴
– Fax 03 44 54 99 16 – Fermé 26 juil.-9 août, dim. soir et lundi
8 ch ⊡ – ♦69/85 € ♦♦78/98 € **Rest** – (15 €) Menu 33/65 € – Carte 50/80 €
♦ Cuisine traditionnelle servie dans une salle ornée de poutres et pierres apparentes, une cave voûtée ou, l'été, sur une terrasse bordant l'eau et la verdure. Chambres pratiques.

ERMITAGE-DU-FRÈRE-JOSEPH – 88 Vosges – 314 J5 – **rattaché à Ventron**

ERNÉE – 53 Mayenne – 310 D5 – 5 793 h. – alt. 120 m – ⊠ 53500   34 B1
▌ Normandie Cotentin

　　　▶ Paris 304 – Domfront 47 – Fougères 22 – Laval 31
　　　🛈 Syndicat d'initiative, place de l'Hôtel de Ville ℰ 02 43 08 71 10

XX **Le Grand Cerf** 🆅🅸🆂🅰 ⓪⓪
19 r. A.-Briand – ℰ 02 43 05 13 09 – www.legrandcerf.net – Fax 02 43 05 02 90
– Fermé 15-31 janv., dim. soir et lundi
Rest – (17 €) Menu 24/50 € – Carte 35/50 €
♦ Salle sur deux niveaux, avec pierres apparentes et touches modernes, agrémentée d'un beau buffet et de sculptures. Table généreuse orientée terroir et revisitant la tradition.

à La Coutancière 9 km à l'Est sur N 12 – ⊠ 53500 Vautorte

X **La Coutancière** 🚗 ⅗ 🅿 🆅🅸🆂🅰 ⓪⓪
⊜ – ℰ 02 43 00 56 27 – Fax 02 43 00 66 09 – Fermé merc. et le soir sauf sam.
Rest – (12 €) Menu 16/33 € – Carte 23/45 €
♦ Auberge sympathique à l'orée de la forêt de Mayenne, au cœur de la région décrite par Balzac dans son roman Les Chouans. Cuisine traditionnelle et service attentif.

ERQUY – 22 Côtes-d'Armor – 309 H3 – 3 742 h. – alt. 12 m – ⊠ 22430   10 C1
▌ Bretagne

　　　▶ Paris 451 – Dinan 46 – Dinard 39 – Lamballe 21
　　　🛈 Office de tourisme, 3, r. du 19 Mars 1962 ℰ 02 96 72 30 12, Fax 02 96 72 02 88
　　　◉ Cap d'Erquy ★ NO : 3,5 km puis 30 mn.

🏠 **Beauséjour** ⪡ ⅏ rest, ⅃ 🅿 🆅🅸🆂🅰 ⓪⓪
21 r. Corniche – ℰ 02 96 72 30 39 – www.beausejour-erquy.com
– Fax 02 96 72 16 30 – Ouvert 23 mars-15 nov. et fermé lundi hors saison
15 ch – ♦54/56 € ♦♦59/72 €, ⊡ 10 € – ½ P 60/72 €
Rest – (16 €) Menu 21/35 € – Carte 24/40 €
♦ À 100 m de la plage, hôtel-restaurant familial disposant de chambres bien tenues, égayées de tissus colorés et fleuris ; la moitié offre une vue sur le port de pêche. Table iodée et beau panorama sur la mer à travers les baies de la sobre salle à manger.

XX **L'Escurial** ⪡ 🆅🅸🆂🅰 ⓪⓪ 🅰🅴
bd de la Mer – ℰ 02 96 72 31 56 – www.restaurantlescurial.com
– Fax 02 96 63 57 92 – Fermé janv., jeudi soir, dim. et lundi sauf juil.-août
Rest – (22 €) Menu 30/62 € – Carte 52/76 €
♦ Élégant restaurant contemporain généreusement ouvert sur les flots. On y déguste recettes actuelles, poissons et, en saison, les fameuses noix de Saint-Jacques.

à St-Aubin 3 km au Sud-Est par rte secondaire – ⊠ 22430 Erquy

X **Relais St-Aubin** 🚗 🛜 🅿 🆅🅸🆂🅰 ⓪⓪ 🅰🅴
⊜ D 68 – ℰ 02 96 72 13 22 – www.relais-saint-aubin.fr – Fax 02 96 63 54 31
– Fermé 15 nov.-15 déc., fév., mardi sauf juil.-août et lundi
Rest – Menu 16 € (sem.)/44 € – Carte 29/58 €
♦ Cette demeure campagnarde en pierres du pays (17e s.) abrite une belle salle à manger rustique. Aux beaux jours, profitez de la terrasse et du ravissant jardin fleuri.

ERSA – 2B Haute-Corse – 345 F2 – **voir à Corse**

ERSTEIN – 67 Bas-Rhin – 315 J6 – 9 592 h. – alt. 150 m – ⊠ 67150   1 B2
　　　▶ Paris 514 – Colmar 49 – Molsheim 24 – St-Dié 69
　　　🛈 Office de tourisme, 16, rue du Général-de-Gaulle ℰ 03 88 98 14 33,
　　　　Fax 03 88 98 12 32

Crystal 🛋 |✦| ⚗ 🅰🅒 rest, 🍴 🍽 🔥 🅿 🚗 VISA ⬤ AE
41-43 av. de la Gare – € 03 88 64 81 00 – www.hotelcrystal.info
– Fax 03 88 98 11 29 – Fermé 1er-10 août
71 ch – ♦65/78 € ♦♦75/111 €, ⊈ 14 € – 3 suites
Rest – *(fermé 1er-21 août, vacances de Noël, vend. soir, sam. midi et dim.)*
Menu 14 € (déj.), 25/42 € – Carte 30/55 €
♦ Cette architecture récente proche de la route abrite d'accueillantes chambres colorées (bien aménagées) ; celles du 3e étage sont plus grandes et mansardées. Lumineuse salle à manger à la décoration contemporaine, agrémentée de peintures.

XXX **Jean-Victor Kalt** & 🅰🅒 🅿 VISA ⬤
41 av. de la Gare – € 03 88 98 09 54 – Fax 03 88 98 83 01
– Fermé 27 juil.-15 août, 1er-8 janv., dim. soir, merc. soir, sam. midi et lundi
Rest – (22 €) Menu 32/62 € – Carte 42/82 € 🎋
♦ Le chef aime son métier et le prouve par une cuisine classique attentive au marché et une très riche carte des vins. Il vient souvent en salle (spacieuse rotonde) vous conseiller.

ERVAUVILLE – 45 Loiret – 318 O3 – rattaché à Courtenay

ESCATALENS – 82 Tarn-et-Garonne – 337 D8 – 935 h. – alt. 60 m   28 B2
– ⊠ 82700

▶ Paris 649 – Colomiers 58 – Montauban 16 – Toulouse 53

⌂ **Maison des Chevaliers** 🌿 🚗 ⊒ 🅿
pl. de la Mairie – € 05 63 68 71 23 – www.maisondeschevaliers.com
– Fax 05 63 30 25 90
5 ch ⊒ – ♦70 € ♦♦90 €   **Table d'hôte** – Menu 25 € bc
♦ Cette maison en briques accueille de vastes chambres dont le décor, très recherché, associe meubles anciens, souvenirs de voyage, lavabos et faïences ramenés du Portugal. Cuisinette et salle de jeux à disposition. Plats régionaux.

ESCOIRE – 24 Dordogne – 329 G4 – 457 h. – alt. 100 m – ⊠ 24420   4 C1
▶ Paris 485 – Bordeaux 147 – Périgueux 13 – Sarlat-la-Canéda 72

⌂ **Château d' Escoire** sans rest 🌿 ⇐ 🐾 ⊒ 🅿
– € 05 53 05 99 80 – www.escoire-lechateau.com – Fax 05 53 05 99 80 – Ouvert du 1er mai au 30 oct.
4 ch ⊒ – ♦65 € ♦♦75/85 €
♦ Cette romantique demeure (18e s.) dominant le village bénéficie d'un grand parc, d'une piscine et d'un jardin à la française. Chambres spacieuses.

ESPALION – 12 Aveyron – 338 I3 – 4 511 h. – alt. 342 m – ⊠ 12500   29 D1
▐ Midi-Toulousain

▶ Paris 592 – Aurillac 72 – Figeac 93 – Mende 101
🛈 Office de tourisme, 23, place du Plô € 05 65 44 10 63, Fax 05 65 44 10 39
◉ Église de Perse★ SE : 1 km.

XX **Le Méjane** 🅰🅒 VISA ⬤ AE
r. Méjane – € 05 65 48 22 37 – Fax 05 65 48 13 00 – Fermé 1er-24 mars,
23-30 juin, lundi sauf le soir de sept. à juin, merc. sauf juil.-août et dim. soir
Rest – (17 €) Menu 25/55 € – Carte 38/52 €
♦ Derrière cette façade discrète se cache une petite salle à manger contemporaine, agrandie par un subtil jeu de miroirs. Goûteuse cuisine actuelle sensible aux saisons.

XX **Moderne et rest. l'Eau Vive** & ch, 🅰🅒 VISA ⬤
27 bd Guizard – € 05 65 44 05 11 – www.hotelmoderne12.com
– Fax 05 65 48 06 94 – Fermé 4 nov. au 10 déc. et 3 au 18 janv.
Rest – *(fermé dim. soir et lundi)* (11 €) Menu 15/45 € – Carte 37/67 €
♦ On vient ici apprécier une cuisine régionale et des plats à base de poissons d'eau douce, pêchés par le chef en personne. Salle à manger lumineuse.

ESPALY-ST-MARCEL – 43 Haute-Loire – 331 F3 – alt. 650 m – rattaché au Puy-en-Velay

ESPELETTE – 64 Pyrénées-Atlantiques – 342 D2 – 1 936 h. – alt. 77 m — 3 A3
– ⊠ 64250

> ▶ Paris 775 – Bordeaux 215 – Pau 134 – Donostia-San Sebastián 78
> 🖸 Office de tourisme, 145, route Karrika Nagusia 𝒞 05 59 93 95 02

🛏️ **Euzkadi** 　　　　　🍴 🖥️ 🕭 🔟 rest, 🍽️ ch, 🕭 🄿 🚾 ⓿
285 Karrika Nagusia – 𝒞 05 59 93 91 88 – www.hotel-restaurant-euzkadi.com
– Fax 05 59 93 90 19 – Fermé 1ᵉʳ nov.-24 déc., mardi hors saison et lundi
27 ch – ♦47/61 € ♦♦57/75 €, ⊆ 8 € – ½ P 58/67 €
Rest – Menu 17/34 € – Carte 30/50 €
◆ Au cœur de la capitale du piment, belle façade basque à la gloire du pays. Réaménagement complet de l'étage : les chambres y sont plus confortables que dans l'annexe. Piscine. Fidèle à la tradition et généreuse, la cuisine ravit les gourmands dans un décor rustique.

🏠 **Irazabala** sans rest 🌿 　　　　　　　　🔽 🚋 🕭 🄿
155 Mendiko Bidéa – 𝒞 05 59 93 93 02 – www.irazabala.com
4 ch – ♦58/65 € ♦♦75/90 €
◆ Charmante demeure construite dans l'esprit régional à l'aide de matériaux traditionnels : chambres très soignées, salon rustique, grand calme et les montagnes en toile de fond.

ESQUIULE – 64 Pyrénées-Atlantiques – 342 H3 – 548 h. – alt. 277 m — 3 B3
– ⊠ 64400

> ▶ Paris 813 – Pau 43 – Lourdes 69 – Orthez 44

🍴🍴 **Chez Château** 　　　　　　　　　　🍴 🚾 ⓿
pl. du Fronton – 𝒞 05 59 39 23 03 – Fax 05 59 39 81 97
– Fermé 15 fév.-15 mars, dim. soir, lundi et mardi
Rest – Menu 20/60 € – Carte 35/58 €
◆ Bar et restaurant cohabitent joyeusement dans cette ancienne ferme qui jouxte le fronton du hameau. Plaisantes salles à manger rustiques et cuisine régionale.

ESSOYES – 10 Aube – 313 H5 – 681 h. – alt. 170 m – ⊠ 10360 — 13 B3

> ▶ Paris 222 – Chaumont 65 – Dijon 120 – Troyes 49

🛏️ **Canotiers** 🌿 　　　　🚋 🍴 🔽 🕭 🔟 🄿 🚾 ⓿
1 r. Pierre-Renoir – 𝒞 03 25 38 61 08 – www.hoteldescanotiers.com – Fax 03 25 38 61 09
– Fermé 23 déc.-5 janv., 15 fév.-9 mars, mardi midi et lundi d'oct. a mai
14 ch – ♦62/74 € ♦♦69/74 €, ⊆ 8 € – ½ P 65 €
Rest – Menu 17 € (déj. en sem.), 23/44 € – Carte 26/79 €
◆ Hôtel proposant de grandes chambres confortables et très bien tenues, avec vue sur la vallée et le village où repose le peintre Auguste Renoir. Grande salle à manger panoramique avec terrasse ; cuisine traditionnelle, bonne carte de champagnes.

ESTAING – 12 Aveyron – 338 I3 – 610 h. – alt. 313 m – ⊠ 12190 — 29 D1
🔖 Midi-Toulousain

> ▶ Paris 602 – Aurillac 63 – Conques 33 – Espalion 10
> 🖸 Syndicat d'initiative, 24, rue François d'Estaing 𝒞 05 65 44 03 22,
> Fax 05.65.66.37.81

🏠 **Le Manoir de la Fabrègues** 　　　　　🍽️ 🕭 🄿 🚾 ⓿ 🄰🄴
rte d'Espalion : 3 km – 𝒞 05 65 66 37 78 – www.manoirattitude.com
– Fax 05 65 66 37 76 – Fermé 8 nov.-17 déc.
10 ch – ♦75/85 € ♦♦75/85 €, ⊆ 10 € – 1 suite – ½ P 63/68 €
Rest – (fermé dim. soir hors saison) Menu 17 € (sem.)/32 € – Carte 25/39 €
◆ Les propriétaires instillent l'esprit d'une maison d'hôtes dans ce manoir du 15ᵉ s. (pierres du pays, poutres apparentes, cantou). Les chambres, assez anciennes, sont peu à peu refaites avec goût et caractère. Cuisine du terroir simple et faite maison.

🏠 **L' Auberge St-Fleuret** 　　　　　🚋 🍴 🔽 🍽️ rest, 🌥️ 🚾 ⓿
19 r. François d'Estaing, (face à la mairie) – 𝒞 05 65 44 01 44
– www.auberge-st-fleuret.com – Fax 05 65 44 72 19 – Ouvert d'avril à mi-nov. et
fermé mardi midi, merc. midi et lundi
14 ch – ♦48/58 € ♦♦48/58 €, ⊆ 8,50 € – ½ P 49/56 €
Rest – Menu 19 € (sem.), 26/44 € – Carte 30/43 €
◆ Ex-relais de poste du 19ᵉ s. aux chambres traditionnelles et modestes. Au restaurant, produits régionaux et spécialités du terroir, dont le fameux aligot. Terrasse surplombant la piscine.

ESTÉRENÇUBY – 64 Pyrénées-Atlantiques – **342** E6 – rattaché à St-Jean-Pied-de-Port

ESTISSAC – 10 Aube – **313** C4 – 1 783 h. – alt. 133 m – ⊠ 10190　　**13** B3

　▶ Paris 158 – Châlons-en-Champagne 105 – Sens 44 – Troyes 23
　🛈 Syndicat d'initiative, Mairie ℰ 03 25 40 42 42

⌂　**Domaine du Voirloup**　　🚗 🕭 🕿 🕮 🅿 🅿
　3 pl. Betty Dié – ℰ 03 25 43 14 27 – www.vrlp.com
　3 ch ⌂ – †65/85 € ††65/85 €　**Table d'hôte** – Menu 30 € bc
　◆ Grande demeure bourgeoise (1904) et son superbe parc où courent un ruisseau, une cascade et des canaux. Les chambres, joliment colorées, s'appellent Orient, Occident et Midi. À table, les menus changent selon le marché. Gâteaux et confitures maison au petit-déjeuner.

ESTIVAREILLES – 03 Allier – **326** C4 – 1 005 h. – alt. 200 m – ⊠ 03190　　**5** B1

　▶ Paris 317 – Bourbon-l'Archambault 45 – Montluçon 12 – Montmarault 36

ХХ　**Le Lion d'Or** avec ch　　🚗 🕿 🕮 🅿 🆅🆂🄰 ⓪ 🄰🄴
🍴　D 2144 – ℰ 04 70 06 00 35 – www.hotel-leliondor.net – Fax 04 70 06 09 78
　– Fermé 23 août-6 sept., 15-28 fév., dim. soir et lundi
　9 ch – †45 € ††45 €, ⌂ 7 € – ½ P 47 €
　Rest – (14 €) Menu 19 € (sem.)/48 € – Carte 31/56 €
　◆ Bâtisse centenaire bordant la route nationale. De belles poutres font le caractère de la salle à manger, tandis que la terrasse donne sur un parc arboré baigné par un étang. Chambres récentes et confortables, certaines avec vue sur le plan d'eau.

ESTRABLIN – 38 Isère – **333** C4 – rattaché à Vienne

ESTRÉES-ST-DENIS – 60 Oise – **305** G4 – 3 543 h. – alt. 70 m – ⊠ 60190　　**36** B2

　▶ Paris 81 – Beauvais 46 – Clermont 21 – Compiègne 17
　🝔 du Château d'Humières à Monchy Humières Rue de Gournay, NE : 11 km, ℰ 03 44 86 48 22

ХХ　**Moulin Brûlé**　　🚗 🕿 ✿ 🆅🆂🄰 ⓪
　70 av. de Flandre – ℰ 03 44 41 97 10 – Fax 03 44 51 87 96
　– Fermé 6-16 avril, août, 1ᵉʳ-7 janv., dim. soir, lundi et mardi
　Rest – (prévenir) (17 €) Menu 22/50 € – Carte 35/55 € 🏵
　◆ Maison en pierres de taille sur la traversée du village. Intérieur campagnard avec poutres anciennes, tons pastel et cheminée. Petite terrasse au calme. Cuisine actuelle.

ÉTAMPES ⟨◈⟩ – 91 Essonne – **312** B5 – 22 568 h. – alt. 80 m – ⊠ 91150 ▌ Île de France　　**18** B3

　▶ Paris 51 – Chartres 59 – Évry 35 – Fontainebleau 45
　🛈 Office de tourisme, 2, place de l'Hôtel de Ville ℰ 01 69 92 69 00
　🝔 de Belesbat à Boutigny-sur-Essonne Domaine de Belesbat, E : 17 km par D 837 et D 153, ℰ 01 69 23 19 10
　◉ Collégiale Notre-Dame★.

ХХ　**Auberge de la Tour St-Martin**　　🆅🆂🄰 ⓪
　97 r. St-Martin – ℰ 01 69 78 26 19 – www.auberge-de-la-tour-saint-martin.com
　– Fermé 10-25 août, 2 sem. en fév., dim. soir et lundi
　Rest – Carte 23/46 €
　◆ Nouveau départ réussi pour ce restaurant au cadre rustique bien agréable (poutres, pierres apparentes et cheminée). La carte, traditionnelle, évolue au fil des saisons.

à Ormoy-la-Rivière 5 km au Sud par D 49 et rte secondaire – 936 h. – alt. 81 m – ⊠ 91150

Х　**Le Vieux Chaudron**　　🕿 🆅🆂🄰 ⓪
　45 Grande Rue – ℰ 01 64 94 39 46 – www.levieuxchaudron.com
　– Fax 01 64 94 39 46 – Fermé 9-30 août, 21 déc.-5 janv., jeudi soir, dim. soir et lundi
　Rest – (25 €) Menu 35/50 € 🏵
　◆ Une petite auberge face à l'église, disposant d'un intérieur campagnard agrémenté d'une belle cheminée et d'une terrasse au calme. Appétissantes recettes dans l'air du temps.

ÉTANG-DE-HANAU – 57 Moselle – **307** Q4 – **rattaché à Philippsbourg**

LES ÉTANGS-DES-MOINES – 59 Nord – **302** M7 – **rattaché à Fourmies**

ÉTAPLES – 62 Pas-de-Calais – **301** C4 – **11 813 h.** – **alt. 10 m** **30** A2
– ✉ **62630** Nord Pas-de-Calais Picardie

Paris 228 – Calais 67 – Abbeville 55 – Arras 101

Office de tourisme, boulevard Bigot Descelers ✆ 03 21 09 56 94, Fax 03 21 09 76 96

Aux Pêcheurs d'Étaples VISA

quai Canche – ✆ 03 21 94 06 90 – www.auxpecheursdetaples.fr – Fax 03 21 89 74 54 – Fermé 1er-23 janv. et dim. soir d'oct. à mars

Rest – (16 €) Menu 19/39 € – Carte 27/65 €

◆ Produits de la mer on ne peut plus frais pour ce restaurant lumineux installé au 1er étage d'une grande poissonnerie des quais de la Canche. Vue sur l'aérodrome du Touquet.

ÉTEL – 56 Morbihan – **308** L9 – **2 035 h.** – **alt. 20 m** – ✉ **56410** **9** B2
Bretagne

Paris 494 – Lorient 26 – Quiberon 24 – Vannes 37

Syndicat d'initiative, place des Thoniers ✆ 02 97 55 23 80, Fax 02 97 55 44 42

Trianon rest, P VISA AE

14 r. Gén. Leclerc – ✆ 02 97 55 32 41 – Fax 02 97 55 44 71 – Fermé 2 sem. en déc.

24 ch – †55/68 € ††60/70 €, ☕ 10 €

Rest – *(fermé déc., janv. et lundi midi)* Menu 15 € (déj.), 20/40 € – Carte 27/60 €

◆ À proximité du port de pêche, étonnantes chambres-bonbonnières au style années 1960 parfaitement entretenu (préférez celles de l'annexe). Salon-cheminée, jardinet au calme. La salle à manger rustique et soignée sert de cadre à une cuisine traditionnelle.

ÉTOUY – 60 Oise – **305** F4 – **rattaché à Clermont**

ÉTRÉAUPONT – 02 Aisne – **306** F3 – **868 h.** – **alt. 127 m** – ✉ **02580** **37** D1

Paris 184 – Avesnes-sur-Helpe 24 – Hirson 16 – Laon 44

Clos du Montvinage P VISA AE

8 r. Albert Ledant – ✆ 03 23 97 91 10 – www.clos-du-montvinage.fr – Fax 03 23 97 48 92 – Fermé 9-22 août, 20 déc. au 10 janv. lundi midi et dim. soir

20 ch – †60/95 € ††70/106 €, ☕ 10 €

Rest *Auberge du Val de l'Oise* – (15 €) Menu 42 € bc – Carte 30/45 €

◆ Avenante maison de maître du 19e s. aux chambres personnalisées (montagne, bourgeoise, etc.). Pour vos loisirs : belle salle de billard, tennis, vélos et croquet dans le parc. Au restaurant, ne manquez pas de goûter la spécialité du terroir : la tourte au maroilles.

ÉTRETAT – 76 Seine-Maritime – **304** B3 – **1 531 h.** – **alt. 8 m** – **Casino** A **33** C1
– ✉ **76790** Normandie Vallée de la Seine

Paris 206 – Bolbec 30 – Fécamp 16 – Le Havre 29

Office de tourisme, place Maurice Guillard ✆ 02 35 27 05 21, Fax 03 35 28 87 20

18 d'Étretat Route du Havre, ✆ 02 35 27 04 89

Le Clos Lupin★ - Falaise d'Aval★★★ - Falaise d'Amont★★.

Plan page suivante

Dormy House ch, rest, P VISA AE

rte du Havre – ✆ 02 35 27 07 88 – www.dormy-house.com – Fax 02 35 29 86 19

60 ch – †65/190 € ††65/190 €, ☕ 16 € – 1 suite – ½ P 89/142 € **As**

Rest – *(Fermé 4-24 janv.)* (25 €) Menu 31 € (déj. en sem.), 40/72 € – Carte environ 55 €

◆ En surplomb de la station, dans un parc jouxtant le golf, paisible manoir de 1870 et ses dépendances tournés vers la falaise d'Amont. Divers types de chambres : classiques, cosy ou plus simples. Belle vue littorale par les baies du restaurant, du bar et en terrasse.

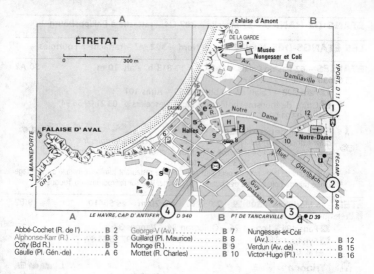

ÉTRETAT

FALAISE D'AVAL
LA MANNEPORTE

Falaise d'Amont
N.-D. DE LA GARDE
Musée Nungesser et Coli

Domaine Saint-Clair ♨
chemin de St-Clair – ℰ 02 35 27 08 23 – www.hoteletretat.com
– Fax 0235 29 92 24   **Bu**
21 ch – †62/282 € ††62/282 €, ⊑ 14 € – ½ P 75/185 €
Rest – (fermé le midi en sem.) Menu 35/85 € – Carte 39/75 € ⸭
♦ Hôtel des hauteurs d'Étretat invitant à la détente dans un château anglo-normand (19ᵉ s.)
et une villa Belle Époque. Plusieurs petits salons et chambres aux tissus précieux. Cuisine
actuelle de beaux produits (potager) servie dans des salles au décor intime.

Villa sans Souci sans rest ♨
27 ter r. Guy de Maupassant – ℰ 02 35 28 60 14 – www.villa-sans-souci.fr
– Fax 02 35 28 60 14   **Bd**
4 ch ⊑ – †95 € ††105/150 €
♦ Villa de 1903 vous logeant au calme, dans des chambres personnalisées. Espace breakfast déclinant les thèmes du 7ᵉ art et de l'automobile, joli salon-bibliothèque et jardin
ombragé.

✗✗ Le Galion
bd R. Coty – ℰ 02 35 29 48 74 – Fax 02 35 29 74 48 – Fermé 13 déc.-20 janv.,
mardi et merc. sauf vacances scolaires   **Be**
Rest – Menu 25/39 € – Carte 40/60 €
♦ Le trésor de ce galion-là ne se trouve pas à fond de cale, mais au plafond : la forêt de
poutres sculptées date du 14ᵉ s. et provient d'une maison de Lisieux.

✗ Du Golf
rte du Havre – ℰ 02 35 27 04 56 – www.golfetretat.com – Fax 02 35 10 89 12
– Fermé dim. soir, lundi soir et mardi soir de nov. à mars   **Ab**
Rest – (23 €) Menu 29 € (déj.)/33 €
♦ Superbe échappée littorale par les baies vitrées de ce club house du golf perché tel un
belvédère sur la falaise d'Aval. Menu au goût du jour noté à l'ardoise.

ÉTUPES – 25 Doubs – **321** L1 – rattaché à Sochaux

EU – 76 Seine-Maritime – **304** I1 – 7 571 h. – alt. 19 m – ⊠ 76260   **33** D1
▌Normandie Vallée de la Seine

▶ Paris 176 – Abbeville 34 – Amiens 88 – Dieppe 33

🛈 Office de tourisme, place Guillaume le Conquérant ℰ 02 35 86 04 68,
Fax 02 35 50 16 03

◎ Collégiale Notre-Dame et St-Laurent★ - Chapelle du Collège★.

🏠 **Maine** 🛖 ⅙ 🔥 ch, ⁀ℹ️ **P.** 🅥🅘🅢🅐 ⊙⊙ 🅐🅔

20 av. de la Gare – ℰ 02 35 86 16 64 – www.hotel-maine.com
– Fax 02 35 50 86 25 – Fermé sam. midi et dim. soir
28 ch – †44/76 € ††54/90 €, ⊇ 9 €
Rest – (15 €) Menu 22/30 € – Carte 38/60 €

♦ Attrayante maison bourgeoise bâtie en 1897. Petites chambres sobrement équipées, toutes différemment meublées (styles ancien, moderne ou ethnique). Carte traditionnelle et joli choix de poissons dans une salle à manger au décor évoquant la Belle Époque.

🏠 **Manoir de Beaumont** sans rest ⌂ 🔊 ⁀ℹ️ **P.**

rte de Beaumont, 3 km par D 49 – ℰ 02 35 50 91 91 – www.demarquet.com
– Fax 02 35 50 19 45
3 ch ⊇ – †39 € ††49/59 €

♦ Ancien relais de chasse situé à un saut de biche de la forêt d'Eu et à 5 mn des plages. Chambres calmes et personnalisées, salon Louis XVI pour le petit-déjeuner et joli parc.

EUGÉNIE-LES-BAINS – 40 Landes – 335 I12 – 476 h. – alt. 65 m   **3** B3
– Stat. therm. : mi-fév.-début déc. – ⊠ 40320 ▯ Aquitaine

▶ Paris 731 – Aire-sur-l'Adour 12 – Dax 71 – Mont-de-Marsan 26

ℹ️ Office de tourisme, 147, rue René Vielle ℰ 05 58 51 13 16,
Fax 05 58 51 12 02

🅖 Les Greens d'Eugénie à Bahus-Soubiran golf du Tursan, S : 4 km par D 11
et D 62, ℰ 05 58 51 11 63

🏨 **Les Prés d'Eugénie** (Michel Guérard) ⌂   ≤ 🔊 🛖 ⌿ ◉ ⅙ ✗ 🎐 🅐🅚
✿✿✿ *pl. de l'Impératrice – ℰ 05 58 05 06 07*   ✗ ⁀ℹ️ ⅍ **P.** 🅥🅘🅢🅐 ⊙⊙ 🅐🅔 ⓪
– www.michelguerard.com – Fax 05 58 51 10 10 – Fermé 1er-18 mars
et 3 janv.-4 fév.
29 ch – †190/660 € ††220/780 €, ⊇ 30 € – 9 suites
Rest – (menu minceur pour résidents seult) Menu 55 € – Carte 121/175 €
Rest Michel Guérard – (Fermé 5-17 déc., 3 janv.-3 mars, le midi en sem.
*sauf fériés et du 9 juil. au 23 août et lundi soir) (nombre de couverts limité,
prévenir)* Menu 100 €, 156/185 € – Carte 121/175 €🕮
Spéc. Homard ivre des pêcheurs de lune en carpaccio de printemps. Poitrine
de volaille des Landes voilée de lard. Crêpes Suzette "croustillantes". **Vins** Tursan blanc, Vin de pays des Terroirs Landais rouge.

♦ Les Prés du bonheur ! Demeure du 19e s. élégamment décorée, parc et "ferme" thermale : heureux mariage entre maison de ville et maison des champs, entre plaisir et forme. Au village-jardin de Michel Guérard, la cuisine est inspirée par Dame Nature.

Le Couvent des Herbes 🏨 ⌂   🔊 ⁀ℹ️ **P.** 🅥🅘🅢🅐 ⊙⊙ 🅐🅔 ⓪
– Fermé 3 janv.-4 fév.
4 ch – †340/380 € ††340/380 €, ⊇ 30 € – 4 suites

♦ Napoléon III fit amoureusement restaurer pour Eugénie ce joli couvent du 18e s. surmonté d'un clocheton. Les chambres, entourées d'un jardin d'éden, sont la séduction même.

🏨 **La Maison Rose** ⌂   🔊 ⌿ ✗ ⅙ ch, ✗ rest, ⁀ℹ️ **P.** 🅥🅘🅢🅐 ⊙⊙ 🅐🅔 ⓪
– ℰ 05 58 05 06 07 – www.michelguerard.com – Fax 05 58 51 10 10
– Fermé 5 déc.-5 fév.
22 ch – †120/180 € ††120/180 €, ⊇ 20 € – 9 suites
Rest – (résidents seult) Menu 40 €

♦ Couleurs pastel reposantes, mobilier en rotin blanc et fleurs fraîches, salon cosy aux murs tendus d'étoffe rayée : une ambiance guesthouse raffinée et réussie.

✗✗ **La Ferme aux Grives** avec ch ⌂   🔊 🛖 ⌿ ✗ ✗ ch, ⁀ℹ️ **P.** 🅥🅘🅢🅐 ⊙⊙
– ℰ 05 58 05 05 06 – www.michelguerard.com – Fax 05 58 51 10 10
– Fermé 3 janv.-4 fév.
4 ch – †340/550 € ††340/550 €, ⊇ 40 €
Rest – (fermé mardi soir et merc. sauf du 9 juil. au 23 août et sauf fériés)
Menu 46 €

♦ Ancienne auberge de village qui a retrouvé ses couleurs d'antan. Jardin potager, vieilles poutres et tomettes magnifient une cuisine du terroir ressuscitée. Suites et chambre exquises pour de paisibles nuits.

ÉVIAN-LES-BAINS – 74 Haute-Savoie – **328** M2 – 7 797 h.   **46** F1
– alt. 370 m – Stat. therm. : fév.-début nov. – Casino B – ⊠ 74500
▌Alpes du Nord

▶ Paris 577 – Genève 44 – Montreux 40 – Thonon-les-Bains 10

🄘 Office de tourisme, place d'Allinges ℰ 04 50 75 04 26,
Fax 04 50 75 61 08

🄱 Évian Masters Golf Club Rive Sud du Lac de Genève, par rte de Thonon :
1 km, ℰ 04 50 75 46 66

👁 Lac Léman★★★ - Promenade en bateau★★★ - L'escalier d'honneur★ de
l'hôtel de ville.

🄖 Falaises★★.

🄼🄼🄼🄼 **Royal** ⊗   ⟨ 🕭 ⏚ 🏊 🖥 🔟 🄵🄶 ⅍ ❌ 🄱🄸 🛗 ⅏ rest, 🕈 🏋 ⊐🄵 **P**
– ℰ 04 50 26 85 00   **VISA** 👀 🄰🄴 ①
– www.evianroyalresort.com
– Fax 04 50 75 38 40   **Cz**
140 ch – ♦200/870 €, ♦♦280/870 €, ⊇ 25 € – 12 suites – ½ P 165/460 €
Rest L'Edouard VII – (fermé dim.) (dîner seult) (nombre de couverts limité,
prévenir) Menu 70/110 € – Carte 105/142 €
Rest La Véranda – (fermé le soir sauf vacances scolaires) Menu 60 €
Rest Le Jardin des Lys – (déj. seult) Menu 60/110 €
Rest La Suite – (dîner seult) Menu 60 € – Carte 45/85 €
◆ Belle architecture Art déco pour ce luxueux palace édifié en 1907. Parc majestueux,
superbe institut de remise en forme et spacieuses chambres garnies de meubles de style. À
l'Édouard VII, peintures de Gustave Jaulnes, décor Belle Époque, terrasse avec vue magnifique
sur le lac et cuisine gastronomique actuelle. La Véranda propose buffets et grillades. Plats diététiques servis au Jardin des Lys. Ambiance lounge et carte internationale à La Suite.

Ermitage ⌖ ← 🕊 🏡 ⌇ 🖥 📶 🔥 ⚒ 🛎 ⚑ 🍴 🅿 𝗩𝗜𝗦𝗔 ⦾ 𝗔𝗘 ⓘ
av. du Léman – ✆ 04 50 26 85 00
– www.evianroyalresort.com – Fax 04 50 75 29 37
– réouverture prévue en juin après rénovation   **Ca**
74 ch – †120/770 € ††180/770 €, � 25 € – 6 suites – ½ P 170/820 €
Rest Le Gourmandin – ✆ 04 50 26 85 54 (dîner seult) Menu 60/80 €
– Carte 60/86 €
Rest La Toscane – (déj. seult) (29 €) Carte 36/50 €
♦ Cet imposant palace rayonne sur un parc féerique dévolu aux loisirs et à la détente. Potager inspiré du 16ᵉ s. Intérieur feutré, beau spa, espaces "kids"... Chambres en cours de rénovation. Au Gourmandin, décor raffiné, superbe terrasse et plats régionaux. Cuisine italienne et
salades à La Toscane.

Hilton ← 🍴 🏡 ⌇ 🖥 📶 🔥 ⚒ 🛎 🔲 🍴 🅿 𝗩𝗜𝗦𝗔 ⦾ 𝗔𝗘 ⓘ
53 quai Paul Léger – ✆ 04 50 84 60 00 – www.evianlesbains.hilton.fr
– Fax 04 50 84 60 50   **Cb**
173 ch – †99/555 € ††99/555 €, ⊻ 25 € – 3 suites
Rest Riva – ✆ 04 50 84 60 30 (fermé dim. hors saison) (17 €) Menu 22 €
– Carte 31/65 €
♦ Hôtel au cadre moderne et épuré. La majorité des chambres, dotées de balcons, regarde
le lac. Farniente chic au bord de la piscine et détente au wellness. Le Riva propose une cuisine internationale dans une ambiance lounge et branchée.

La Verniaz et ses Chalets ⌖ ← 🕊 🏡 ⌇ 🍴 🛎 ⚒ 🅿
rte d'Abondance – ✆ 04 50 75 04 90   𝗩𝗜𝗦𝗔 ⦾ 𝗔𝗘 ⓘ
– www.verniaz.com – Fax 04 50 70 78 92
– Ouvert 12 fév.-11 nov.   **Cq**
32 ch – †110/295 € ††120/300 €, ⊻ 16 € – 6 suites – ½ P 128/218 €
Rest – (28 €) Menu 36/75 € – Carte 49/82 €
♦ Ensemble de maisons et chalets disséminés dans un superbe parc noyé sous les fleurs en
saison. Grandes chambres garnies de meubles anciens ; vue sur le lac. Cuisine classique, spécialités de grillades et poissons du Léman à déguster dans le restaurant rustique.

Littoral sans rest ← 🛎 🔲 📶 ⚒ 𝗩𝗜𝗦𝗔 ⦾ 𝗔𝗘 ⓘ
av. de Narvik – ✆ 04 50 75 64 00
– www.hotel-evian-littoral.com – Fax 04 50 75 30 04
– Fermé 29 oct.-14 nov.   **Be**
30 ch – †71/87 € ††79/105 €, ⊻ 9 €
♦ Hôtel des années 1990 situé à côté du casino. Les chambres, progressivement rafraîchies
dans un style régional, offrent toutes une vue sur le lac (la majorité avec balcon).

L'Oasis sans rest ← 🍴 ⌇ 🍴 📶 🅿 𝗩𝗜𝗦𝗔 ⦾ 𝗔𝗘
11 bd Bennevy – ✆ 04 50 75 13 38
– www.oasis-hotel.com – Fax 04 50 74 90 30
– Ouvert 1ᵉʳ avril-30 sept.   **Av**
17 ch – †70/170 € ††70/170 €, ⊻ 12 €
♦ Sur les hauteurs d'Évian, charmant hôtel aux chambres coquettes et douillettes ; certaines
face au lac, d'autres occupent deux maisonnettes nichées dans le joli jardin arboré.

Continental sans rest 🛎 📶 𝗩𝗜𝗦𝗔 ⦾
65 r. Nationale – ✆ 04 50 75 37 54 – www.hotel-continental-evian.com
– Fax 04 50 75 31 11   **Bm**
32 ch – †45/60 € ††55/70 €, ⊻ 8 €
♦ Dans une rue piétonne, édifice de 1868 abritant un hôtel familial. Chambres bien
tenues, au mobilier ancien chiné par le propriétaire ; celles du 4ᵉ étage ont vue sur le lac.

Histoire de Goût 🔲 𝗩𝗜𝗦𝗔 ⦾ 𝗔𝗘
1 av. gén. Dupas – ✆ 04 50 70 09 98 – histoiredegout.ifrance.com
– Fax 04 50 70 10 69 – Fermé 3-18 janv. et lundi   **Am**
Rest – (18 € bc) Menu 27/50 € – Carte 39/60 €
♦ Casiers à vin et beau comptoir "pin et zinc" dans une salle, voûte et lustre en fer forgé
dans l'autre : deux ambiances agréables pour découvrir des menus et suggestions actuels.

ÉVISA – 2A Corse-du-Sud – **345** B6 – **voir à Corse**

ÉVOSGES – 01 Ain – **328** F5 – 128 h. – alt. 750 m – ⊠ 01230

45 C1

▶ Paris 481 – Aix-les-Bains 69 – Belley 37 – Bourg-en-Bresse 57

L'Auberge Campagnarde ⅍
🖨 🖦 🗓 **P** *VISA* **⓪**

le village – 𝒞 04 74 38 55 55 – Fax 04 74 38 55 62 – Fermé 1ᵉʳ-8 sept.,
16-30 nov., janv., mardi soir et merc. hors saison
15 ch – †44/85 € ††44/85 €, ⌷ 10 € – ½ P 54/65 €
Rest – Menu 22 € (déj. en sem.), 27/60 €

♦ Savourez la quiétude de cette auberge tenue par la même famille depuis cinq générations. Accueil chaleureux, chambres simples mais impeccables, minigolf, piscine. Salle à manger champêtre (objets anciens), terrasse fleurie et cuisine féminine aux accents du terroir.

ÉVREUX Ⓟ – 27 Eure – **304** G7 – 51 239 h. – alt. 64 m – ⊠ 27000

33 D2

◗ Normandie Vallée de la Seine

▶ Paris 100 – Alençon 119 – Caen 135 – Chartres 78

🇮 Office de tourisme, 1 ter, place de Gaulle 𝒞 02 32 24 04 43,
Fax 02 32 31 28 45

🏳 d'Évreux Chemin du Valème, par rte de Lisieux : 3 km, 𝒞 02 32 39 66 22

◉ Cathédrale Notre-Dame★★ - Châsse★★ dans l'église St-Taurin -
Musée★★ M.

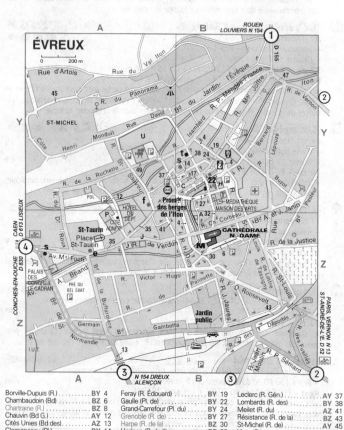

Mercure

bd Normandie – ✆ 02 32 38 77 77 – www.mercure.com – Fax 02 32 39 04 53
60 ch – †78/106 € ††83/114 €, ☕ 11 € AZ**s**
Rest – (16 €) Menu 20/29 € – Carte 28/48 €
◆ Bien situé à l'entrée du centre-ville, bâtiment moderne et pratique offrant les prestations de la chaîne. Chambres fonctionnelles. Cuisine traditionnelle au restaurant, apprécié pour son atmosphère lumineuse et son décor cosy (ronce de bois, tons chauds).

L'Orme sans rest

13 r. Lombards – ✆ 02 32 39 34 12 – www.hotel-de-lorme.fr – Fax 02 32 33 62 48
39 ch – †55/65 € ††60/72 €, ☕ 9 € BY**t**
◆ Cet établissement central constitue une bonne étape pour le voyageur de passage. Chambres sobres et refaites en majorité (écrans plats, wi-fi).

La Gazette

7 r. St-Sauveur – ✆ 02 32 33 43 40 – www.restaurant-lagazette.fr
– Fax 02 32 31 38 87 – Fermé 1er-22 août, sam. midi et dim. AY**f**
Rest – (18 €) Menu 21/58 € – Carte 43/66 €
◆ Table actuelle soignée repérable à sa devanture en bois peint. Mobilier moderne, poutres enduites, murs gris clair et copies de gazettes composent un décor intime et trendy.

La Vieille Gabelle

3 r. Vieille-Gabelle – ✆ 02 32 39 77 13 – Fax 02 32 39 77 13
– Fermé 1er-24 août, sam. midi, dim. soir et lundi BY**s**
Rest – Menu 16/36 € – Carte 30/52 €
◆ Derrière une façade normande à colombages, se cachent deux jolies salles à manger campagnardes où l'on propose des recettes dans l'air du temps.

La Croix d'Or

3 r. Joséphine – ✆ 02 32 33 06 07 – Fax 02 32 31 14 27 AZ**e**
Rest – Menu 13 € (déj. en sem.), 17/33 € – Carte 27/44 €
◆ Le banc d'écailler et le vivier à homards annoncent la couleur : la carte, très étoffée, privilégie poissons et crustacés. Sobre décor d'esprit rustique et terrasse-véranda.

à Parville 4 km par ④ – 287 h. – alt. 130 m – ✉ 27180

Côté Jardin

rte de Lisieux – ✆ 02 32 39 19 19 – www.restaurant-cotejardinparville.com
– Fax 02 32 31 21 89 – Fermé dim. soir et lundi soir
Rest – (16 €) Menu 27/47 € – Carte 32/45 €
◆ Jolie maison à colombages bordant la route. La coquette salle à manger n'est pas en reste avec son cadre normand repeint dans des tons pastel. Carte au goût du jour.

ÉVRON – 53 Mayenne – 310 G6 – 7 152 h. – alt. 114 m – ✉ 53600 35 C1

Normandie Cotentin

Paris 250 – Alençon 58 – La Ferté-Bernard 98 – Laval 32
Office de tourisme, place de la Basilique ✆ 02 43 01 63 75, Fax 02 43 01 63 75
Basilique Notre-Dame★ : chapelle N.-D.-de l'Épine★★.

La Toque des Coëvrons

4 r. des Prés – ✆ 02 43 01 62 16 – Fax 02 43 37 20 01
– Fermé 28 juil.-13 août, 15 fév.-1er mars, dim. soir, merc. soir et lundi
Rest – (15 €) Menu 18 € (sem.)/33 € – Carte 32/55 €
◆ Le chef de cette aimable adresse, toqué de recettes traditionnelles, mitonne de goûteux petits plats. La jolie salle à manger rustique a été récemment rafraîchie.

rte de Mayenne 6 km par D 7 – ✉ 53600 Mézangers

Au Relais du Gué de Selle

rte de Mayenne, (D 7) – ✆ 02 43 91 20 00 – www.relais-du-gue-de-selle.com
– Fax 02 43 91 20 10 – Fermé 18 déc.-11 janv., 14 fév.-1er mars, vend. soir, dim. soir et lundi d'oct. à mai
30 ch – †61/188 € ††77/208 €, ☕ 11 € – ½ P 65/179 €
Rest – *(fermé lundi midi de juin à sept.)* (15 € bc) Menu 22 € (sem.), 29/54 € – Carte 52/65 €
◆ Vieille ferme restaurée et son jardin sur une rive de l'étang, visible depuis une partie des plaisantes chambres. Promenade aménagée au bord de l'eau, vélos, pêche, etc. Le décor soigné et avenant de la salle de restaurant s'agrémente d'une cheminée.

EYBENS – 38 Isère – 333 H7 – rattaché à Grenoble

EYGALIÈRES – 13 Bouches-du-Rhône – 340 E3 – 1 955 h. – alt. 134 m   42 E1
– ⊠ 13810 ▮ Provence

▶ Paris 701 – Avignon 28 – Cavaillon 14 – Marseille 83

La Bastide d'Eygalières ⊛   ◻ ◻ ☃ 🅰 ch, 📞 ♨ 🅿 VISA ◐◐
rte Orgon (D 24ᴮ) et chemin de Pestelade – 𝒞 04 90 95 90 06
– www.labastide.com.fr – Fax 04 90 95 99 77
14 ch – ♦76/96 € ♦♦84/145 €, ⊇ 12 € – ½ P 76/110 €
Rest – *(fermé le midi d'oct. à mars)* (16 €) Menu 26 € (dîner)/38 €
– Carte 30/40 € le soir
◆ Charmante bastide provençale aux volets bleus. À l'intérieur, murs blanc cassé, meubles patinés et tomettes forment un décor délicat. Chambres spacieuses et refaites. Cuisine de légumes et produits bio : salades le midi et menu traditionnel le soir.

Mas dou Pastré ⊛   ◻ ◻ ☃ 🅰 ⁰⁰ 🅿 VISA ◐◐
quartier St-Sixte, 1,5 km par rte Orgon (D 24ᴮ) – 𝒞 04 90 95 92 61
– www.masdupastre.com – Fax 04 90 90 61 75 – Fermé 15 nov.-15 déc.
15 ch – ♦125/180 € ♦♦125/180 €, ⊇ 15 € – 2 suites
Rest – *(fermé dim.)* (déj. seult) Carte 20/30 €
◆ Ambiance "guesthouse", décoration provençale à l'ancienne, meubles et bibelots chinés, jardin... et trois roulottes typiquement gitanes : une bergerie familiale pleine de charme. Cuisine de saison proposée dans un cadre avenant.

Maison Roumanille 🏠 ⊛   ◻ ☃ 🅿 VISA ◐◐
au village – 𝒞 04 90 95 92 61 – www.maisonroumanille.com – Fax 04 90 90 61 75
– Fermé 15 nov.-15 déc.
4 ch – ♦150/180 € ♦♦150/180 €, ⊇ 15 € – 2 suites
◆ Au cœur du village, joli mas décoré dans le même esprit que la maison mère. Chambres personnalisées et colorées, avec terrasse (sauf une). Véranda pour les petits-déjeuners.

L'Oliviera ⊛   ⪡ ◻ ◻ ☃ 🅰 🅿 VISA ◐◐
chemin des Jaisses, 1 km par D 74ᵃ – 𝒞 04 90 90 65 28 – www.loliviera.fr
– Ouvert 1ᵉʳ avril-1ᵉʳ nov.
4 ch ⊇ – ♦115/125 € ♦♦115/145 €   **Table d'hôte** – Menu 35 € bc
◆ Un endroit d'une quiétude absolue parmi les oliviers. Ce chaleureux mas provençal propose des chambres fraîches et joliment décorées. Superbe terrasse avec vue sur les Alpilles. À la table d'hôte, le patron utilise des produits locaux et son huile d'olive maison.

Maison Bru (Wout Bru) avec ch ⊛   ◻ ◻ ☃ & rest, 🅰 ⁰⁰ 🅿
3,5 km rte d'Orgon – 𝒞 04 90 90 60 34   VISA ◐◐ AE ◑
– www.chezbru.com – Fax 04 90 90 60 37 – Fermé mardi midi d'oct. à avril, et
lundi sauf le soir de mai à sept.
9 ch – ♦280/380 € ♦♦280/380 €, ⊇ 20 €
Rest – *(nombre de couverts limité, prévenir)* (55 €) Menu 95/120 €
– Carte 100/150 € ▒
Spéc. Ormeaux cuisinés en quatre façons (juil. à mars). Croustillant de cochon de lait au porto et champignons des bois. Crème catalane brûlée aux fruits rouges et son granité de citron vert. **Vins** Les Baux de Provence, Châteauneuf-du-Pape.
◆ Savoureuse cuisine au goût du jour que l'on déguste dans un mas en pierre blanche au décor contemporain. Terrasse avec vue sur les Alpilles ; jardin aux arbres centenaires. La Maison propose de neuf chambres spacieuses et minimalistes. Équipements high-tech ; grande piscine.

Sous Les Micocouliers   ◻ 🅰 VISA ◐◐
Traverse de Montfort – 𝒞 04 90 95 94 53 – www.souslesmicocouliers.com
– Fax 04 32 62 87 73 – Ouvert mars à oct.
Rest – Menu 28/48 € – Carte 50/60 €
◆ Une salle à manger colorée (belle cheminée) et une terrasse ombragée de micocouliers célèbrent une fine cuisine actuelle, qui ne renie pas les classiques provençaux.

EYGUIÈRES – 13 Bouches-du-Rhône – **340** F3 – 6 285 h. – alt. 75 m   42 E1
– ⊠ 13430 ▌ Provence

> ▶ Paris 715 – Aix-en-Provence 49 – Arles 45 – Avignon 40
>
> 🚹 Office de tourisme, place de l'ancien Hôtel de Ville 𝒞 04 90 59 82 44,
> Fax 04 90 59 89 07

✗   **Le Relais du Coche**   🈐 AK VISA ◯◯
🕮   *pl. Monier* – 𝒞 04 90 59 86 70 – www.lerelaisducoche.com – Fax 04 90 59 86 70
    – *Fermé 5-18 juil., 21 fév.-7 mars, sam. midi, dim. soir et lundi*
    Rest – Menu 16 € (déj. en sem.), 29/35 € – Carte 30/48 €
    ♦ Étonnant endroit que ce restaurant installé dans les écuries d'un ancien relais de diligen-
    ces (18ᵉ s.) ! Agréable patio-terrasse envahi de vigne vierge. Cuisine régionale.

EYMET – 24 Dordogne – **329** D8 – 2 541 h. – alt. 54 m – ⊠ 24500   4 C2
▌ Périgord Quercy

> ▶ Paris 560 – Arcachon 72 – Bayonne 239 – Bordeaux 101
>
> 🚹 Office de tourisme, place de la Bastide 𝒞 05 53 23 74 95, Fax 05 53 23 74 95

🏠   **Les Vieilles Pierres** 🔧   🗋 🈐 🎐 & P VISA ◯◯
🕮   *La Gillette* – 𝒞 05 53 23 75 99 – www.lesvieillespierres.fr – Fax 05 53 27 87 14
    11 ch – ♦43/45 € ♦♦50/62 €, ⊇ 8 € – ½ P 43/48 €
🍽️   **Rest** – *(fermé vacances de fév., de la Toussaint et dim. soir sauf juil.-août)* (10 €)
    Menu 11 € (sem.)/29 € – Carte 25/45 €
    ♦ Chambres simples réparties dans trois pavillons ouvrant sur un patio ombragé d'un noyer.
    La salle à manger rustique, dans une ex-grange, ne fait pas mentir l'enseigne. Restaurant
    d'été vitré surplombant l'aire de jeux du jardin. Repas classique.

✗✗   **La Cour d'Eymet** avec ch   🈐 & rest, VISA ◯◯ ◯❶
🕮   *32 bd National* – 𝒞 05 53 22 72 83 – *Fermé 27 juin-6 juil., 16 fév.-11 mars, jeudi*
    midi, sam. midi d'avril à oct., lundi, mardi de nov. à fév. et merc.
    3 ch ⊇ – ♦80 € ♦♦100 €
    Rest – *(nombre de couverts limité, prévenir)* Menu 18 € (déj. en sem.), 39/49 €
    – Carte 40/60 €
    ♦ Restaurant installé dans une maison bourgeoise, à la fois sobre et élégant. Jolie cour-ter-
    rasse. Cuisine actuelle et de saison, petite cave riche en vins du pays. Grandes chambres
    confortables.

EYMOUTIERS – 87 Haute-Vienne – **325** H6 – 2 068 h. – alt. 417 m   25 C2
– ⊠ 87120

> ▶ Paris 434 – Guéret 63 – Limoges 45 – Tulle 71
>
> 🚹 Office de tourisme, 5-7 avenue de la Paix 𝒞 05 55 69 27 81,
> Fax 05 55 69 27 81

🏠   **Le Relais du Haut Limousin**   「ᵗ」 VISA ◯◯
🕮   *2 bd Karl Marx* – 𝒞 05 55 69 40 31 – Fax 05 55 69 41 86
    10 ch – ♦50 € ♦♦50 €, ⊇ 8 € – ½ P 53 €
    Rest – Menu 13 € bc (déj. en sem.), 20/27 € – Carte 23/60 €
    ♦ Nouveau souffle pour cet hôtel familial repris par un couple. L'intérieur a été entièrement
    refait à neuf : petites chambres pimpantes, décorées avec des touches de rouge. Cuisine tra-
    ditionnelle servie au restaurant (1ᵉʳ étage) ou au bistrot (rez-de-chaussée).

EYRAGUES – 13 Bouches-du-Rhône – **340** D2 – 4 179 h. – alt. 23 m   42 E1
– ⊠ 13630

> ▶ Paris 705 – Marseille 98 – Nîmes 64 – Avignon 14

✗✗   **Le Pré Gourmand**   🗋 & AK P VISA ◯◯
🕮   *175 av. Marx-Dormoy* – 𝒞 04 90 94 52 63 – www.restaurant-lepregourmand.com
    – *Fermé vacances de la Toussaint et de fév.*
    Rest – Menu 26 € (sem.)/70 € – Carte 56/71 €
    ♦ Ce restaurant contemporain a un petit air de bergerie grâce à son cadre rustique ; terrasse
    ouverte sur un pré fleuri. Goûteuse cuisine actuelle.

EYSINES – 33 Gironde – **335** H5 – rattaché à Bordeaux

LES EYZIES-DE-TAYAC – 24 Dordogne – **329** H6 – **848 h.** – alt. 70 m   4 C3
– ✉ 24620 ▮ Périgord Quercy

> ◗ Paris 536 – Brive-la-Gaillarde 62 – Fumel 62 – Périgueux 47
> 🆔 Office de tourisme, 19, av. de la Préhistoire ℰ 05 53 06 97 05,
>   Fax 05 53 06 90 79
> ◎ Musée national de Préhistoire★★ - Grotte du Grand Roc★★ : ≼★ - Grotte
>   de Font-de-Gaume★★.

Du Centenaire
🖾 ℥ ⅙ 🛦 ch, ¶¶ 🛦 🅿 𝑽𝑰𝑺𝑨 ☾ ⓪

2 av. du Cingle – ℰ 05 53 06 68 68 – www.hotelducentenaire.fr
– Fax 05 53 06 92 41 – Fermé 1er janv.-13 fév.
14 ch – ♦110/138 € ♦♦110/138 €, ⊂ 17 € – 5 suites – ½ P 125/145 €
Rest – (fermé lundi, mardi et merc. du 14 fév. au 15 avril) Menu 27/64 €
– Carte 55/70 €

♦ À l'entrée de cette cité touristique, dans un jardin clos avec sa piscine, une maison rustique aux chambres cossues. Petits-déjeuners servis sous la verrière. Cuisine classique.

Les Glycines
≼ ₰ 🖾 ℥ ¶¶ 🛦 🅿 𝑽𝑰𝑺𝑨 ☾ 𝑨𝑬

4 av. de Laugerie, rte de Périgueux – ℰ 05 53 06 97 07
– www.les-glycines-dordogne.com – Fax 05 53 06 92 19 – Ouvert de Pâques à la Toussaint
24 ch – ♦92/232 € ♦♦92/232 €, ⊂ 14 €
Rest – (fermé lundi midi et mardi midi sauf juil.-août) Menu 28 € (déj.), 49/95 €

♦ Hostellerie créée en 1862 (ex-relais de poste) au sein d'un site verdoyant : proximité de la Vézère, parc et tonnelle de glycine. Chambres rénovées ; quatre en rez-de-jardin. Restaurant tourné vers la nature, plaisante terrasse au calme et recettes au goût du jour.

Hostellerie du Passeur
🖾 🛦 ¶¶ 🅿 𝑽𝑰𝑺𝑨 ☾ 𝑨𝑬

pl. de la Mairie – ℰ 05 53 06 97 13 – www.hostellerie-du-passeur.com
– Fax 05 53 06 91 63 – Ouvert de Pâques à la Toussaint
19 ch – ♦92/120 € ♦♦92/120 €, ⊂ 12 € – ½ P 89/108 €
Rest – (fermé mardi midi, vend. midi et sam. midi sauf juil.-août) Menu 18 € (déj. en sem.)/37 €

♦ Au cœur du bourg, bordant une petite place, demeure ancienne de caractère dont les coquettes chambres ont été totalement refaites. Tables dressées avec soin dans d'élégantes salles ou sur la terrasse ombragée. Carte traditionnelle le soir, formule bistrot à midi.

Moulin de la Beune ◈
🖾 ℥ 🅿 𝑽𝑰𝑺𝑨 ☾ 𝑨𝑬

2 r. du Moulin Bas – ℰ 05 53 06 94 33 – www.moulindelabeune.com
– Fax 05 53 06 98 06 – Ouvert 5 avril-31 oct.
20 ch – ♦52 € ♦♦61/68 €, ⊂ 7 € – ½ P 72 €
Rest *Au Vieux Moulin* – (fermé mardi midi, merc. midi et sam. midi)
Menu 18/48 € – Carte 50/90 €

♦ Deux vieux moulins dans un paisible jardin traversé par la Beune. Chambres meublées d'ancien et décorées avec goût. Agréable salon doté d'une belle cheminée. Restaurant rustique d'où l'on aperçoit la roue à aubes et terrasse côté rivière. Saveurs régionales.

Le Cro Magnon
₰ ℥ ¶¶ 🅿 𝑽𝑰𝑺𝑨 ☾ 𝑨𝑬

54 av. de la Préhistoire – ℰ 05 53 06 97 06 – www.hostellerie-cro-magnon.com
– Fax 05 53 06 95 45 – Ouvert 16 mars-8 nov.
15 ch – ♦65/75 € ♦♦75/90 €, ⊂ 10 € – ½ P 71/78 €
Rest – (17 €) Menu 23/44 € – Carte 21/50 €

♦ Cette demeure adossée aux rochers abrite de grandes chambres personnalisées. Agréable salon réchauffé d'une cheminée. Piscine. Repas traditionnels servis dans la véranda ou la cour-terrasse ; petits-déjeuners dans la salle d'hiver, plus cossue.

à l'Est 7 km par rte de Sarlat – ✉ 24620 Les Eyzies-de-Tayac

✕✕ La Métairie
₰ 🅿 𝑽𝑰𝑺𝑨 ☾ 𝑨𝑬

Lieu-dit Beyssac, sur D 47 – ℰ 05 53 29 65 32
– www.toques-perigord.com/metairie – Fax 05 53 29 65 30 – ouvert de mars à nov. et fermé dim. soir sauf juil.-août, mardi midi et lundi
Rest – (15 €) Menu 28 €

♦ Au pied de la falaise, ancienne ferme du château de Beyssac entourée d'un parc. Les mangeoires dans la salle à manger rustique rappellent sa vocation première. Plats du terroir.

à l'Est 8 km par rte de Sarlat, C 3 dir. Meyrals et rte secondaire – ⊠ 24220 Meyrals :

ⓗⓗ **Ferme Lamy** sans rest ⬙ ⬳ 🖼 🛋 🌡 🎙 **P** 🄿 🎴 ⊕ 🄰🄴
– 🕻 05 53 29 62 46 – www.ferme-lamy.com – Fax 05 53 59 61 41
12 ch – ♦115/185 € ♦♦115/185 €, ⊑ 15 €
♦ Ambiance cosy dans cette ferme dotée d'un beau jardin. Chambres calmes, joliment décorées de meubles anciens. Les "plus" : soirées "truffe" en saison, vol en montgolfière.

ÈZE – 06 Alpes-Maritimes – **341** F5 – 2 932 h. – alt. 390 m – ⊠ 06360   **42** E2
▌ Côte d'Azur

　　　▣ Paris 938 – Cap d'Ail 6 – Menton 17 – Monaco 8
　　　🄸 Office de tourisme, place du Général-de-Gaulle 🕻 04 93 41 26 00,
　　　Fax 04 93 41 04 80
　　　◎ Site★★ - Sentier Frédéric Nietzsche★ - Le vieux village★ - Jardin exotique
　　　⌖★★★.
　　　ⓖ "Belvédère" d'Èze ⬙★★ O : 4 km.

ⓗⓗⓗ **Château de la Chèvre d'Or** ⬙ ⬳ 🖼 🛋 🌡 🄵🅂 🄰🄲 🌂 🎙 ♨ **P**
❀❀ r. Barri, (accès piétonnier) – 🕻 04 92 10 66 66 🎴 ⊕ 🄰🄴 ⊕
– www.chevredor.com – Fax 04 93 41 06 72 – Ouvert 19 mars-1ᵉʳ nov.
30 ch – ♦280/870 € ♦♦280/870 €, ⊑ 45 € – 6 suites
Rest – (fermé merc. en mars) (prévenir) Menu 65 € (déj. en sem.), 95/210 €
– Carte 115/210 €
Spéc. Dégustation de coquillages. Ris de veau de lait en feuilleté. Minestrone de fruits exotiques. **Vins** Bellet, Côtes de Provence.
♦ Site pittoresque dominant la mer, vrai nid d'aigle aux jardins suspendus agrippés au rocher, cette demeure enchanteresse est une promesse de séjour inoubliable. Merveille pour les yeux (paysage) et régal pour les papilles : le restaurant a un goût de paradis.

ⓗⓗⓗ **Château Eza** ⬙ ⬳ 🖼 🄰🄲 🎙 🄵🅂 ⊿ **P** 🎴 ⊕ 🄰🄴 ⊕
❀ r. Pise, (accès piétonnier) – 🕻 04 93 41 12 24 – www.chateaueza.com
– Fax 04 93 41 16 64 – Fermé 1ᵉʳ nov.-20 déc.
9 ch – ♦237/850 € ♦♦237/850 €, ⊑ 35 € – 1 suite
Rest – (fermé lundi et mardi de janv. à mars) Menu 39 € (déj.), 49/105 €
– Carte 57/129 €
Spéc. Capellinis refroidis et roulés au pistou. Agneau des Alpes mariné puis rôti, fruits et légumes du soleil. Barre chocolatée au lait et passion, croustillant streusel. **Vins** Bellet, Vin de pays des Bouches-du-Rhône.
♦ Cette somptueuse demeure du 14ᵉ s. accrochée entre ciel et mer offre une vue époustouflante sur la côte. Élégantes chambres personnalisées, avec terrasse, balcon ou jacuzzi privé. À table : panorama sublime, toit ouvrant, décor moyenâgeux et subtile cuisine actuelle.

ⅩⅩ **Troubadour** 🎴 ⊕
r. du Brec, (accès piétonnier) – 🕻 04 93 41 19 03 – Fermé 3-10 juil.,
14 nov.-20 déc., 28 fév.-9 mars, dim. et lundi
Rest – (prévenir) Menu 39/52 € – Carte 55/65 €
♦ Au cœur du vieux village, trois petites salles intimes et fraîches dans une demeure ancienne. Carte classique évoluant au gré du marché et quelques spécialités provençales.

au Col d'Èze 3 km au Nord-Ouest – ⊠ 06360 Eze – 2 509 h. – alt. 390 m

⌂ **La Bastide aux Camélias** sans rest ⬙ ⬳ 🛋 🌡 🎙 **P**
23c rte de l'Adret – 🕻 04 93 41 13 68 – www.bastideauxcamelias.com
– Fax 04 93 41 13 68
5 ch ⊑ – ♦130/150 € ♦♦130/150 €
♦ Immergée dans la verdure, cette villa dispose de chambres douillettes et élégantes. Piscine et fitness. Dans l'annexe du village : suite et terrasse panoramique sur le toit.

ÈZE-BORD-DE-MER – 06 Alpes-Maritimes – **341** F5 – ⊠ 06360 Eze   **42** E2
▌ Côte d'Azur

　　　▣ Paris 959 – Monaco 8 – Nice 14 – Menton 22

Cap Estel
1312 av. Raymond Poincaré – ✆ 04 93 76 29 29 – www.capestel.com – Fax 04 93 01 55 20 – Fermé 4 janv.-26 fév.
8 ch – †430/1350 € ††430/1350 €, ☕ 28 € – 10 suites – ††680/12900 € – ½ P 292/781 €
Rest – Menu 58 € (déj. en sem.), 78/98 € – Carte 72/124 €
◆ Maison enchanteresse construite sur une presqu'île par un prince russe à la fin du 19e s. Salons magnifiques, chambres et suites somptueuses, jardin, plage privée et spa, pour un séjour de rêve. Élégante table au goût du jour tournée vers la grande bleue.

FAGNON – 08 Ardennes – 306 J4 – rattaché à Charleville-Mézières

FALAISE – 14 Calvados – 303 K6 – 8 475 h. – alt. 132 m – ✉ 14700 32 B2

Normandie Cotentin

Paris 264 – Argentan 23 – Caen 36 – Flers 37
Office de tourisme, boulevard de la Libération ✆ 02 31 90 17 26, Fax 02 31 90 98 70
Château Guillaume-Le-Conquérant★ - Église de la Trinité★.

De la Poste
38 r. G. Clemenceau – ✆ 02 31 90 13 14 – Fax 02 31 90 01 81 – Fermé 1er-23 janv., dim. soir, vend. soir d'oct. à avril, vend. midi de mai à sept. et lundi
15 ch – †55/100 € ††55/100 €, ☕ 8 € – ½ P 55 €
Rest – (14 €) Menu 16 € (sem.)/45 € – Carte 31/50 €
◆ Ce bâtiment de l'après-guerre héberge des chambres sobres et bien tenues ; celles sur l'arrière sont plus calmes. Salle de restaurant aux tons pastel où l'on sert des plats traditionnels.

L'Attache
rte de Caen, 1,5 km au Nord par N158 – ✆ 02 31 90 05 38 – Fax 02 31 90 57 19 – Fermé 22 sept.-9 oct., mardi et merc.
Rest – *(nombre de couverts limité, prévenir)* Menu 20/55 € – Carte 41/65 €
◆ Ancien relais de poste à façade pimpante. Sympathique intérieur classique et recettes traditionnelles réhabilitant quelquefois légumes et aromates injustement oubliés.

à St-Pierre-Canivet **4 km au Nord par N 158 et D 6 – 361 h. – alt. 150 m – ✉ 14700**

Domaine de la Tour sans rest
– ✆ 02 31 20 53 07 – www.domainedelatour.fr – Fax 02 31 20 56 63
4 ch ☕ – †55 € ††60/100 €
◆ Propriété du 18e s. occupant le pavillon de chasse et les écuries du Château de la Tour. Pour un séjour au calme et en famille : chambres d'esprit normand, salle de jeux pour enfants, parc.

LE FALGOUX – 15 Cantal – 330 D4 – 160 h. – alt. 930 m – Sports d'hiver : 1 050 m 1 – ✉ 15380 5 B3

Paris 533 – Aurillac 57 – Mauriac 29 – Murat 34
Vallée du Falgoux★.
Cirque du Falgoux★★ SE : 6 km - Puy Mary ★★★ : 1 h AR du Pas de Peyrol★★ SE : 12 km Auvergne

Des Voyageurs
– ✆ 04 71 69 51 59 – Fax 04 71 69 48 05 – Fermé 2 nov.-25 janv. et merc. soir hors saison
14 ch – †45 € ††45 €, ☕ 7 € – ½ P 44 €
Rest – Menu 17 € bc/27 € – Carte 24/38 €
◆ Cette auberge de village bénéficie de chambres claires et fonctionnelles. Préférez celles tournées vers les hauteurs du Puy Marie. Le restaurant de style rustique offre une superbe vue panoramique. Cuisine régionale.

FALICON – 06 Alpes-Maritimes – 341 E5 – 1 789 h. – alt. 396 m – ✉ 06950 42 E2

Paris 935 – Cannes 42 – Nice 12 – Sospel 41

XX **Parcours** ⟨ AC VISA ❀ AE

1 pl. Marcel Eusebi – ℰ 04 93 84 94 57 – www.restaurant-parcours.com
– Fax 04 93 98 66 90 – Fermé mardi midi de sept. à juin, dim. soir et lundi
Rest – (21 €) Menu 39/70 € – Carte 50/80 €

◆ Séduisant cocktail : écrans plasma retransmettant le travail des cuisiniers, cadre contemporain, terrasse panoramique et menus composés selon le marché.

LE FAOU – 29 Finistère – 308 F5 – 1 669 h. – alt. 10 m – ⌗ 29590   **9** A2
▌Bretagne

▶ Paris 560 – Brest 30 – Châteaulin 20 – Landerneau 23
🛈 Office de tourisme, 10, rue du Gal-de-Gaulle ℰ 02 98 81 06 85,
Fax 02 98 73 03 14
◎ Site★.

🏨 **De Beauvoir** ⌗ ⁖⁖ ⌗⌗ ▣ VISA ❀ AE ⓪
11 pl. Mairie – ℰ 02 98 81 90 31 – www.hotel-beauvoir.com – Fax 02 98 81 92 93
– Fermé 5-29 déc. et dim. soir
32 ch – ⌗ ⌗65/75 € ⌗⌗80/95 €
Rest *La Vieille Renommée* – *(fermé dim. soir d'oct. à mai, lundi sauf le soir de juin à sept. et vend. soir hors saison)* (16 €) Menu 30 € (sem.)/60 €
– Carte 55/70 €⌗⌗

◆ Grand hôtel situé au cœur d'un village éminemment breton, au fond de l'estuaire du Faou. Accueil aimable et chambres classiques. La salle à manger de la Vieille Renommée est dressée avec soin ; cuisine traditionnelle assortie d'une belle carte des vins.

FARROU – 12 Aveyron – 338 E4 – rattaché à Villefranche-de-Rouergue

---

LA FAUCILLE (COL DE) – 01 Ain – 328 J2 – voir à Col de la Faucille

---

FAVERGES – 74 Haute-Savoie – 328 K6 – 6 533 h. – alt. 507 m   **45** C1
– ⌗ 74210 ▌Alpes du Nord

▶ Paris 562 – Albertville 20 – Annecy 27 – Megève 35
🛈 Office de tourisme, place Marcel Piquand ℰ 04 50 44 60 24,
Fax 04 50 44 45 96

🏨 **Florimont** ⌗ ⌗ ⌗ ⌗ ⁖⁖ ⌗ ▣ VISA ❀ AE ⓪
⊕ *rte d'Albertville, 2,5 km – ℰ 04 50 44 50 05 – www.hotelflorimont.com*
– Fax 04 50 44 43 20 – Fermé 12 déc.-10 janv.
27 ch – ⌗69/90 € ⌗⌗79/120 €, ⌗ 12 € – ½ P 77/105 €
Rest – *(fermé dim. soir, lundi midi et sam.)* Menu 27/67 € – Carte 57/82 €

◆ Le Florimont (mot-valise pour fleur et montagne) jouit d'une situation privilégiée près d'un golf avec vue sur le mont Blanc. Tons vifs et tenue parfaite dans les chambres. Cuisine dans l'air du temps servie en salle (classique ou savoyarde) ou sur la terrasse.

🏨 **De Genève** sans rest ⌗ ⌗ AC ⁖⁖ ⌗ ▣ VISA ❀ AE
34 r. République – ℰ 04 50 32 46 90 – www.hotellegeneve.com
– Fax 04 50 44 48 09 – Fermé 18 déc.-3 janv.
30 ch – ⌗56/79 € ⌗⌗56/79 €, ⌗ 8 €

◆ Reconnaissable à sa façade peinte, cet hôtel, central et parfaitement entretenu, constitue un utile point de chute. Chambres fonctionnelles, bien insonorisées côté rue.

au Tertenoz 4 km au Sud-Est par D 12 et rte secondaire – ⌗ 74210 Seythenex

XX **Au Gay Séjour** avec ch ⌗ ⟨ ⌗ ⌗ ⁖⁖ ⌗ ▣ VISA ❀ AE
– ℰ 04 50 44 52 52 – www.hotel-gay-sejour.com – Fax 04 50 44 49 52 – Fermé dim. soir et lundi sauf fériés et sauf juil.-août
11 ch – ⌗75/95 € ⌗⌗85/112 €, ⌗ 13 € – ½ P 90/100 €
Rest – (26 €) Menu 36/82 € – Carte 50/65 €

◆ Cette ancienne ferme-auberge du 17ᵉ s. à fière allure : cuisine traditionnelle, vue sur la vallée et décor contemporain haut en couleurs au restaurant. Chambres simples.

FAVERNEY – 70 Haute-Saône – 314 E6 – 1 052 h. – alt. 235 m   **16** B1
– ⌗ 70160

▶ Paris 364 – Besançon 70 – Vesoul 21 – Lure 48
🛈 Syndicat d'initiative, place de la Mairie ℰ 03 84 91 30 71, Fax 03 84 91 38 58

à Breurey-lès-Faverney 3 km au Sud-Est par D 434 et D 6 – 521 h. – alt. 233 m
– ⌂ 70160

⌂ **Château de la Presle** ⚶   ♫ ☎ 🅿 VISA ⓪⓪
3 r. Louis-Pergaud – ℰ 03 84 91 41 70 – www.chateaudelapresle.com
5 ch ⌷ – †85/125 € ††100/140 €   **Table d'hôte** – Menu 40 € bc
♦ Au cœur du joli village, petit château du 19ᵉ s. entouré d'un parc de 6 ha. Belles chambres personnalisées, bien équipées ; salon avec un piano à queue, billard sous les combles. Cuisine bourgeoise servie dans une élégante salle ornée d'une cheminée.

LA FAVIÈRE – 83 Var – 340 N7 – rattaché à Bormes-les-Mimosas

FAVIÈRES – 80 Somme – 301 C6 – 453 h. – alt. 1 m – ⌂ 80120   **36** A1
🚩 Paris 212 – Abbeville 22 – Amiens 77 – Berck-Plage 27
◉ Le Crotoy : Butte du Moulin ⟨⟨ ★ SO : 5 km ▮ Picardie Flandres Artois

🏠 **Les Saules** sans rest   ⚐ & ⁇ 🅿 VISA ⓪⓪
1075 r. Forges – ℰ 03 22 27 04 20 – www.hotel-les-saules.com
– Fax 03 22 27 00 38 – Fermé 4-22 janv.
13 ch – †70/90 € ††70/100 €, ⌷ 12 €
♦ Tranquillité assurée dans cette maison moderne proche du parc ornithologique du Marquenterre. Chambres fonctionnelles tournées vers le jardin ou la campagne environnante.

✕✕ **La Clé des Champs**   🆔 🅿 VISA ⓪⓪ AE ①
Place des Frères Caudron – ℰ 03 22 27 88 00
⊛ *– www.restaurant-lacledeschamps.fr – Fax 03 22 27 79 36 – Fermé une sem.*
⊛ *début sept., deux sem. en janv., une sem. en fév., lundi et mardi sauf fériés*
Rest – Menu 16/42 €
♦ Cette ancienne ferme picarde s'est relookée en douceur. Le décor reste classique et sobre, agrémenté de toiles d'artistes locaux. Carte respectant les saisons et le marché.

FAVONE – 2A Corse-du-Sud – 345 F9 – voir à Corse

FAYENCE – 83 Var – 340 P4 – 4 790 h. – alt. 350 m – ⌂ 83440   **41** C3
▮ Côte d'Azur
🚩 Paris 884 – Castellane 55 – Draguignan 30 – Fréjus 36
🄸 Office de tourisme, place Léon Roux ℰ 04 94 76 20 08, Fax 0494391596
◉ ⟨⟨ ★ de la terrasse de l'Église.

🏠 **Les Oliviers** sans rest   ⚐ 🆔 ⁇ ⁇ 🅿 VISA ⓪⓪
18 av St-Christophe, (quartier La Ferrage), rte de Grasse – ℰ 04 94 76 13 12
– www.lesoliviersfayence.fr – Fax 04 94 76 08 05
22 ch ⌷ – †75/80 € ††88/98 €
♦ Petit immeuble dominant la plaine du Gué et son important centre de vol à voile. Sportifs et "pantouflards" trouveront aux Oliviers des chambres privilégiant le côté pratique.

⌂ **La Bégude du Pascouren** sans rest   ⚐ ⚶ 🆔 ⁇ 🅿 VISA ⓪⓪
74 chemin de la Bane, 7,5 km au Sud par D 562 (rte de Draguignan) – ℰ 04 94
68 63 03 – www.chambres-hotes-labegudedupascouren.fr – Fax 09 72 11 96 00
5 ch ⌷ – †102/148 € ††106/152 €
♦ Le charme d'une villa provençale isolée, dotée d'un beau jardin agrémenté d'une piscine. Chambres contemporaines et claires, égayées par des touches provençales. Jeu de boule.

✕ **La Farigoulette**   🕮 VISA ⓪⓪
pl. du Château – ℰ 04 94 84 10 49 – Fermé 1ᵉʳ-15 oct., 22-25 déc., 6-18 fév.,
mardi sauf du 1ᵉʳ juil. au 31 août et merc.
Rest – (20 € bc) Menu 28/33 € – Carte 32/70 €
♦ Cette vieille bergerie offre un agréable cadre rustique (poutres et pierres apparentes, mobilier ancien) qui sied bien à une cuisine traditionnelle judicieusement actualisée.

✕ **Le Temps des Cerises**   🕮 VISA ⓪⓪ AE
pl. République – ℰ 04 94 76 01 19 – www.descerises.com – Fax 04 94 76 92 50
– Fermé le midi du 15 juin au 1ᵉʳ sept. sauf dim., sam. midi du 2 sept. au 14 juin
et mardi
Rest – Menu 29/37 € – Carte 38/45 €
♦ Coquette salle décorée de tableaux peints par le père du chef-patron. Ce dernier, d'origine néerlandaise, revisite à sa façon les petits plats traditionnels. Terrasse sous une tonnelle.

FAYENCE

✗ **La Table d'Yves** ☆ AC P VISA ⫶ AE
1357 rte de Fréjus, 2 km par D563 – ℰ *04 94 76 08 44 – www.latabledyves.com*
– Fax 04 94 76 19 32 – Fermé vacances de la Toussaint, de fév., jeudi sauf le soir
en saison et merc.
Rest – Menu 28/46 €
• Terrasse tournée vers le village perché, pimpantes salles à manger aux murs ensoleillés et fraîche cuisine du marché : autant de bonnes raisons de vous attabler chez Yves !

à l'Ouest par rte de Seillans (D 19) et rte secondaire – ⊠ 83440 Fayence

🏠 **Moulin de la Camandoule** ⬥ ⫷ ⟨ ☆ ⌇ AC ⫶ P VISA ⫶ AE ⫶
à 2 km – ℰ *04 94 76 00 84 – www.camandoule.com – Fax 04 94 76 10 40*
12 ch – ✝73/198 €, ✝✝73/198 €, ⫶ 14 € – ½ P 89/152 €
Rest – *(fermé jeudi sauf le soir en juil.-août et merc. de sept. à juin)* Menu 36 € (déj.), 44/55 € – Carte 39/55 €
• Au cœur d'un parc traversé par un aqueduc romain, moulin à huile du 17ᵉ s. abritant de jolies chambres mi-campagnardes, mi-provençales. Le restaurant, doté d'une belle terrasse bordée par un charmant jardin-verger, met en valeur recettes et produits du terroir.

✗✗✗ **Le Castellaras** ⫷ ⛟ ☆ P VISA ⫶ AE ⫶
461 chemin Peymeyan, à 4 km – ℰ *04 94 76 13 80*
– www.restaurant-castellaras.com – Fax 04 94 84 17 50
– Fermé 15 déc.-31 janv., mardi sauf le soir en juil.-août et lundi
Rest – Menu 45/62 € – Carte 52/80 €
• Belle maison située à l'écart de la ville. Accueil personnalisé, salles au décor soigné, superbe terrasse dominant la vallée et cuisine aux couleurs de la Provence.

LE FAYET – 74 Haute-Savoie – **074** 08 – rattaché à St-Gervais-les-Bains

FÉCAMP – 76 Seine-Maritime – **304** C3 – 19 424 h. – alt. 15 m – Casino   **33** C1
AZ – ⊠ 76400 ▌ Normandie Vallée de la Seine

🚩 Paris 201 – Amiens 165 – Caen 113 – Dieppe 66
🚹 Office de tourisme, 113, rue Alexandre le Grand ℰ 02 35 28 51 01, Fax 02 35 27 07 77
◉ Abbatiale de la Trinité★ - Palais Bénédictine★★ - Musée des Terres-Neuvas et de la Pêche★ **M³** - Chapelle N.-D.-du-Salut ☀★★ N : 2 km par D 79 BY.

Plan page suivante

🏠 **Le Grand Pavois** sans rest ⫷ ⛐ ⫶ AC ⫶ ⫶ P ⫶ VISA ⫶ AE ⫶
15 quai Vicomté – ℰ *02 35 10 01 01 – www.hotel-grand-pavois.com*
– Fax 02 35 29 31 67 AY**r**
35 ch – ✝90/241 €, ✝✝90/241 €, ⫶ 14 €
• Sur les quais, immeuble bâti en lieu et place d'une conserverie. Hall au décor marin, bar (piano) et grandes chambres au mobilier contemporain ; certaines donnent sur le port.

🏠 **La Ferme de la Chapelle** ⬥ ⛟ ⌇ & ch, ⫶ ⫶ P VISA ⫶ AE ⫶
2 km par ① , rte du Phare et D 79 – ℰ *02 35 10 12 12 – Fax 02 35 10 12 13*
– Fermé 16-23 nov., 4-18 janv. AY**d**
22 ch – ✝85/95 € ✝✝85/95 €, ⫶ 10 €
Rest – *(fermé dim. soir, lundi midi, mardi midi et dim. soir)* Menu 24/31 € – Carte 30/36 €
• Couronnant une falaise, cette ancienne ferme seigneuriale du 16ᵉ s. accolée à la chapelle des marins abrite, autour d'une cour carrée, des chambres sobrement meublées. Salle de restaurant à la fois simple et accueillante, où l'on sert des plats traditionnels.

🏠 **Vent d'Ouest** sans rest ⫶ ⫶ VISA ⫶ AE
3 av. Gambetta – ℰ *02 35 28 04 04 – www.hotelventdouest.tm.fr*
– Fax 02 35 28 75 96 – Fermé dim. soir sauf de juil. à sept. BY**t**
15 ch – ✝38/44 € ✝✝44/57 €, ⫶ 7 €
• Cet hôtel familial sans prétention, entièrement refait, conviendra aux budgets serrés. Les chambres, de couleur jaune, sont bien équipées. Coquette salle des petits-déjeuners.

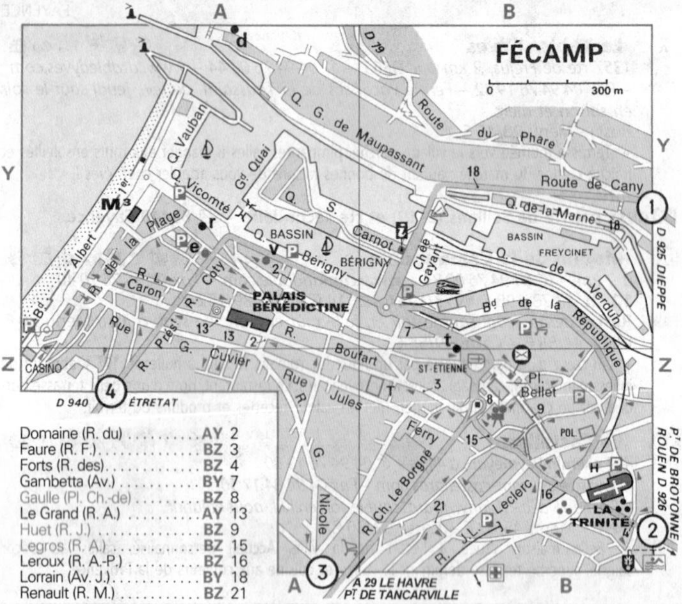

Domaine (R. du) . . . . AY 2
Faure (R. F.) . . . . BZ 3
Forts (R. des) . . . . BZ 4
Gambetta (Av.) . . . . BY 7
Gaulle (Pl. Ch.-de) . . . . BZ 8
Le Grand (R. A.) . . . . AY 13
Huet (R. J.) . . . . BZ 9
Legros (R. A.) . . . . BZ 15
Leroux (R. A.-P.) . . . . BZ 16
Lorrain (Av. J.) . . . . BY 18
Renault (R. M.) . . . . BZ 21

XXX **Auberge de la Rouge** avec ch — P VISA AE

rte du Havre, 2 km par ③ – ✆ 02 35 28 07 59 – www.auberge-rouge.com – Fax 02 35 28 70 55

8 ch – 65 € 65 €, ☕ 8 €

Rest – *(fermé sam. midi, dim. soir et lundi)* (15 €) Menu 20/55 € – Carte 62/81 €

◆ Un répertoire culinaire traditionnel s'illustre dans cet ancien relais de poste au décor campagnard. Terrasse sur jardin fleuri pour les beaux jours. Chambres rustiques.

XX **La Marée** — VISA AE

77 quai Bérigny, (1er étage) – ✆ 02 35 29 39 15 – fecamp-restaurant-la-maree.com – Fax 02 35 29 73 27 – Fermé jeudi soir, dim. soir et lundi hors saison

Rest – (17 €) Menu 29 € – Carte 35/45 € AY**v**

◆ La carte de ce restaurant est entièrement vouée aux produits de la mer. Sobre décor actuel et vue sur le port depuis certaines tables. Petite terrasse exposée plein sud.

X **Le Vicomté** — VISA

4 r. Prés. R. Coty – ✆ 02 35 28 47 63 – Fermé 5-11avril-, 16-31 août, 20 déc.-3 janv., dim., merc. et fériés AY**e**

Rest – *(nombre de couverts limité, prévenir)* Menu 18 €

◆ Proche de l'étonnant palais Bénédictine dû au créateur de la célèbre liqueur, agréable petit bistrot où l'on déguste une cuisine du marché à découvrir sur l'ardoise.

FEGERSHEIM – 67 Bas-Rhin – 315 K6 – rattaché à Strasbourg

LE FEL – 12 Aveyron – 338 H3 – rattaché à Entraygues-sur-Truyères

FELDBACH – 68 Haut-Rhin – 315 H11 – 442 h. – alt. 410 m – ✉ 68640 1 A3

Alsace Lorraine

Paris 461 – Altkirch 14 – Basel 34 – Belfort 46

XX **Cheval Blanc** — P VISA

1 r. Bisel – ✆ 03 89 25 81 86 – Fax 03 89 07 72 88 – Fermé 5-20 juil., 24 janv.-8 fév., lundi et mardi

Rest – Menu 11 € (déj. en sem.), 14/38 € – Carte 22/49 €

◆ Quelques recettes actuelles ponctuent la carte mi-traditionnelle, mi-régionale de cette maison typique du Sundgau. Très beau choix de vins.

FELICETO – 2B Haute-Corse – **345** C4 – voir à Corse

FERAYOLA – 2B Haute-Corse – **345** B5 – voir à Corse (Galéria)

FÈRE-EN-TARDENOIS – 02 Aisne – **306** D7 – 3 313 h. – alt. 180 m   **37** C3
– ⊠ 02130 ▌ Nord Pas-de-Calais Picardie

▶ Paris 111 – Château-Thierry 23 – Laon 55 – Reims 50

🛈 Office de tourisme, 18, rue Etienne-Moreau-Nelaton ✆ 03 23 82 31 57,
Fax 03 23 82 28 19

🏌 de Champagne à Villers-Agron-Aiguizy Moulin de Neuville, E : 17 km par
D 2, ✆ 03 23 71 62 08

◉ Château de Fère★ : Pont-galerie★★ N : 3 km.

🏨🏨🏨   **Château de Fère** ⊗   ≼ 🕭 🛖 🕱 ✕ ⅏ ch, 🔏 🅿 💳 ◉◉ 🄰🄴 ⊚
rte de Fismes, 3 km au Nord par D 967 – ✆ *03 23 82 21 13*
– www.chateaudefere.com – Fax 03 23 82 37 81 – Fermé 3 janv.-25 mars
19 ch – ♦150/370 € ♦♦150/370 €, � 22 € – 7 suites
Rest – *(fermé lundi soir et mardi midi de nov. à mars sauf fériés et lundi midi)*
(31 €) Menu 52/90 € – Carte 70/125 €🏵

♦ Avec en arrière-plan les ruines du château d'Anne de Montmorency et de son fameux
pont, cette belle demeure du 16ᵉ s. offre un décor somptueux (vaste parc). Les deux salles
à manger rivalisent d'élégance (fresque à la gloire de La Fontaine, belles boiseries).

FERNEY-VOLTAIRE – 01 Ain – **328** J3 – 7 661 h. – alt. 430 m   **46** F1
– ⊠ 01210 ▌ Franche-Comté Jura

▶ Paris 499 – Bellegarde-sur-Valserine 37 – Genève 10 – Gex 10

🛫 de Genève-Cointrin ✆ (00 41 22) 717 71 11, S : 4 km.

🛈 Office de tourisme, 26, Grand'Rue ✆ 04 50 28 09 16, Fax 04 50 40 78 99

🏌 de Gonville à Saint-Jean-de-Gonville, SO : 14 km par D 35 et D 984,
✆ 04 50 56 40 92

◉ Château★.

◉ Genève★★★.

🏨🏨🏨   **Novotel**   🚗 🛖 🕱 ✕ ⅏ ch, 🎚 🕪 🔏 🅿 💳 ◉◉ 🄰🄴 ⊚
rte de Meyrin, par D 35 – ✆ *04 50 40 85 23 – www.novotel.com*
– Fax 04 50 40 76 33
80 ch – ♦90/180 € ♦♦90/180 €, � 14 €   **Rest** – Carte 22/35 €

♦ Un vent de renouveau a soufflé sur ce Novotel proche de la frontière suisse. Chambres
désormais contemporaines (aux normes de la chaîne) : bois clair et tendance zen. Restaurant
élégant (avec terrasse) pour des plats traditionnels et des spécialités régionales.

✕✕   **De France** avec ch   🛖 🕪 💳 ◉◉ 🄰🄴
1 r. de Genève – ✆ *04 50 40 63 87 – www.hotelfranceferney.com*
– Fax 04 50 40 47 27 – Fermé 13-17 mai, 1ᵉʳ-10 août, 2-8 nov., 24 déc.-11 janv.
14 ch – ♦68/100 € ♦♦88/115 €, � 9 €
Rest – *(fermé sam. midi, dim. et lundi)* Menu 25 € (déj. en sem.), 38 € bc/66 €
– Carte 30/73 €🏵

♦ Maison de 1742 bien reprise en main : salle à manger modernisée, bar cosy, véranda prolongée par une terrasse sous les tilleuls, jolies chambres, et cuisine au goût du jour.

✕✕   **Le Pirate**   🛖 💳 ◉◉ 🄰🄴 ⊚
1 chemin de la Brunette – ✆ *04 50 40 63 52 – www.lepirate.fr*
– Fax 04 50 40 64 50 – Fermé 3 sem. en août, dim. et lundi
Rest – (28 €) Menu 32 € (déj.)/62 € – Carte 45/60 €

♦ Une adresse dédiée aux produits de la mer. Élégantes salles à manger (tons chaleureux,
plantes vertes à profusion) et véranda ouverte, aux beaux jours, sur une fontaine.

✕   **Le Chanteclair**   🛖 💳 ◉◉
13 r. Versoix – ✆ *04 50 40 79 55 – Fax 04 50 40 93 04 – Fermé 3-11 mai,
16-31 août, dim. et lundi*
Rest – (24 €) Menu 28 € (déj.), 38/58 € – Carte 45/65 €

♦ Cuisine rythmée par les saisons et tables dressées de façon contemporaine en ce sympathique restaurant égayé de tons bleu et jaune (originale devanture chargé d'écritures).

FERRETTE – 68 Haut-Rhin – **315** H12 – **1 063 h.** – **alt. 470 m** – ✉ **68480** **1** A3
Alsace Lorraine

Paris 467 – Altkirch 20 – Basel 28 – Belfort 52

Office de tourisme, route de Lucelle ✆ 03 89 08 23 88, Fax 03 89 40 33 84

de la Largue à Seppois-le-Bas Rue du Golf, O : 10 km par D 473 et D 24, ✆ 03 89 07 67 67

Site★ - Ruines du Château ≤★.

à Ligsdorf 4 km au Sud par D 432 – 334 h. – alt. 520 m – ✉ 68480

Le Moulin Bas et rest. La Mezzanine avec ch
1 r. Raedersdorf – ✆ 03 89 40 31 25 – www.le-moulin-bas.fr
8 ch – †65/68 € ††90/95 €, ☕ 10 € – ½ P 69/98 €
Rest – *(fermé mardi)* (11 €) Menu 32/57 € – Carte 48/62 €
Rest *Stuba* – *(fermé mardi)* Menu 11 € (déj. en sem.)/32 € – Carte 19/46 €
◆ Ce moulin édifié en 1796 au bord de l'Ill dispose d'une élégante salle à manger, où l'on apprécie une cuisine classique et des grillades en saison. Au Stuba, décor de winstub, vue sur l'ancien mécanisme, cuisine alsacienne et tartes flambées. Chambres calmes et fonctionnelles.

à Lutter 8 km au Sud-Est par D 23 – 297 h. – alt. 428 m – ✉ 68480

L'Auberge Paysanne avec ch
1 r. de Wolschwiller – ✆ 03 89 40 71 67 – www.auberge-hostellerie-paysanne.com – Fax 03 89 07 33 38 – Fermé 28 juin-12 juil., 21 déc.-11 janv., mardi midi et lundi
7 ch – †53/63 € ††53/63 €, ☕ 8,50 € – ½ P 51/56 €
Rest – (10 €) Menu 23/40 € – Carte 25/45 €
◆ Maison familiale près de la frontière suisse. Spécialités locales et méditerranéennes servies dans une ambiance conviviale de bistrot. Chambres actuelles.

Hostellerie Paysanne
8 r. de Wolschwiller – ✆ 03 89 40 71 67 – auberge-hostellerie-paysanne.com – Fax 03 89 07 33 38
9 ch – †53/73 € ††63/73 €, ☕ 8,50 € – ½ P 55/59 €
◆ Ferme alsacienne (1618) démontée puis reconstruite dans ce village. Chambres garnies de meubles de style. Accueil à l'Auberge Paysanne.

LA FERRIÈRE-AUX-ÉTANGS – 61 Orne – **310** F3 – rattaché à Flers

FERRIÈRES-EN-GÂTINAIS – 45 Loiret – **318** N3 – **3 296 h.** – **alt. 96 m** – ✉ **45210** Bourgogne **12** D2

Paris 99 – Auxerre 81 – Fontainebleau 40 – Montargis 12

Office de tourisme, place des Églises ✆ 02 38 96 58 86, Fax 02 38 96 60 39

Croisée du transept★ de l'église St-Pierre et St-Paul.

L'Abbaye
– ✆ 02 38 96 53 12 – www.hotel-abbaye.fr – Fax 02 38 96 57 63
30 ch – †69 € ††69 €, ☕ 10 €
Rest – (14 €) Menu 23 € (sem.)/55 € – Carte 25/51 €
◆ L'enseigne fait allusion à l'abbaye St-Pierre-et-St-Paul autour de laquelle s'est développé le bourg. Préférez les chambres récentes, spacieuses et bien équipées. Vaste salle des repas où l'on sert une cuisine traditionnelle ; terrasse très prisée en été.

FERRIÈRES-LES-VERRERIES – 34 Hérault – **339** H5 – **56 h.** – **alt. 320 m** – ✉ **34190** **23** C2

Paris 747 – Montpellier 41 – Alès 47 – Florac 86

La Cour-Mas de Baumes avec ch
4 km à l'Est par D 107E4 – ✆ 04 66 80 88 80 – www.oustaldebaumes.com – Fax 04 66 80 88 82 – Fermé 2 janv.-2 fév., dim. soir, lundi et mardi du 1er nov. au 15 mars
8 ch ☕ – †63/78 € ††73/95 €
Rest – (18 €) Menu 29/55 € – Carte 40/50 €
◆ Ex-métairie et verrerie isolées sur un causse en pleine garrigue. Cuisine originale servie dans un cadre élégant mariant l'ancien et le moderne. Jolies chambres contemporaines.

LA FERTÉ-BEAUHARNAIS – 41 Loir-et-Cher – **318** I6 – 516 h.   **12** C2
– alt. 101 m – ⊠ **41210** ▮ Châteaux de la Loire

> ▶ Paris 183 – Orléans 45 – Blois 46 – Vierzon 56

⛩ **Château de la Ferté Beauharnais** sans rest ॐ   ♨ **P**
172 r. du Prince-Eugène – ℰ 02 54 83 72 18 – Fax 02 54 83 72 18
4 ch ⌧ – ♦145 € ♦♦145/245 €
 ♦ Dans un parc, ce château fut la résidence de la famille de Beauharnais, et notamment de
Joséphine, première épouse de Napoléon. Chambres de style (parquet, moulures, cheminée).

LA FERTÉ-BERNARD – 72 Sarthe – **310** M5 – 9 262 h. – alt. 90 m   **35** D1
– ⊠ **72400** ▮ Châteaux de la Loire

> ▶ Paris 164 – Alençon 56 – Chartres 79 – Châteaudun 65
> 🛈 Office de tourisme, 15, place de la Lice ℰ 02 43 71 21 21, Fax 02 43 93 25 85
> 🅿 du Perche à Souancé-au-Perche La Vallée des Aulnes, NE : 21 km par
>   D 923 et D137, ℰ 02 37 29 17 33
> ◎ Église N.-D.-des Marais★★.

XXX **La Perdrix**   Ⓐ🅲 ✦ VISA ◎◎
 ℰ🐾 *2 r. de Paris* – ℰ 02 43 93 00 44 – *monsite.orange.fr/laperdrix*
– Fax 02 43 93 74 95 – Fermé mi-janv.-mi-fév., lundi soir et mardi
Rest – Menu 18 € (sem.)/39 € – Carte 39/45 €
 ♦ Restaurant situé en centre-ville, au bord d'un axe important. Cuisine traditionnelle à
déguster dans la salle bleue sous verrière ou dans celle aux tonalités rouge-beige.

XX **Du Dauphin**   🛋 ♿ VISA ◎◎
 ℰ🐾 *3 r. d'Huisne, (accès piétonnier)* – ℰ 02 43 93 00 39 – Fax 02 43 71 26 65
– Fermé vacances de Pâques, en août, dim. soir, jeudi soir et lundi
Rest – Menu 17 € (sem.)/45 € – Carte 40/57 €
 ♦ Cette maison (16e s.) de la vieille ville a su préserver son cachet d'antan (pierres, poutres,
cheminée), que modernise une décoration aux tons vifs. Plats dans l'air du temps.

LA FERTÉ-IMBAULT – 41 Loir-et-Cher – **318** I7 – 981 h. – alt. 99 m   **12** C2
– ⊠ **41300**

> ▶ Paris 191 – Bourges 66 – Orléans 68 – Romorantin-Lanthenay 19
> 🛈 Syndicat d'initiative, 31, route Nationale ℰ 02 54 96 34 83, Fax 02 54 96 34 83

🏠 **Auberge À la Tête de Lard**   🛋 Ⓐ🅲 rest, ¶¶ **P** VISA ◎◎ 🅰🅴
 ℰ🐾 *13 pl. des Tilleuls* – ℰ 02 54 96 22 32 – *www.aubergealatetedelard.com*
– Fax 02 54 96 06 22 – Fermé 1er-22 mars, dim. soir, mardi midi et lundi
11 ch ⌧ – ♦62 € ♦♦108 € – ½ P 54 €
Rest – (25 €) Menu 40/54 € – Carte 36/74 €
 ♦ Chambres actuelles et sobres dans une agréable petite auberge solognote, ex-relais de
poste. Côté loisirs : randonnées et VTT dans la campagne environnante. Restaurant rustique,
au joli cachet campagnard ; on y sert une cuisine du terroir et du gibier en saison.

LA FERTÉ-MACÉ – 61 Orne – **310** G3 – 6 201 h. – alt. 250 m   **32** B3
– ⊠ **61600** ▮ Normandie Cotentin

> ▶ Paris 227 – Alençon 46 – Argentan 33 – Domfront 23
> 🛈 Syndicat d'initiative, 11, r. de la Victoire ℰ 02 33 37 10 97, Fax 02 33 37 10 97

🏠 **Auberge d'Andaines**   🛋 ¶¶ 🕍 **P** VISA ◎◎ 🅰🅴
 ℰ🐾 *rte de Bagnoles-de-l'Orne, 2 km au Sud par D 916* – ℰ 02 33 37 20 28
– www.aubergeandaines.com – Fax 02 33 37 25 05 – Fermé vend. du 15 oct. au
1er avril
15 ch – ♦42/65 € ♦♦42/65 €, ⌧ 12 € – ½ P 45/55 €
Rest – (9 €) Menu 16/35 €
 ♦ En bordure de route, accueillante auberge familiale à la lisière de la forêt des Andaines.
Chambres simples mais bien tenues ; choisir si possible celles côté jardin. Restaurant coquet
et chaleureux, conçu dans un style un brin rétro. Cuisine traditionnelle.

X **Auberge de Clouet**   🛋 **P** VISA ◎◎
 ℰ🐾 *Le Clouet* – ℰ 02 33 37 18 22 – Fax 02 33 38 28 52 – *Fermé dim. soir*
Rest – Menu 15 € (sem.)/75 € – Carte 30/50 €
 ♦ Une adresse qui fleure bon le terroir. Cuisine copieuse et gourmande mijotée à partir de
bons produits, à déguster dans la salle rustique ou sur la jolie terrasse d'été.

LA FERTÉ-ST-AUBIN – 45 Loiret – **318** I5 – 7 028 h. – alt. 114 m   **12** C2
– ⊠ 45240 ▍ Châteaux de la Loire

➲ Paris 153 – Blois 62 – Orléans 23 – Romorantin-Lanthenay 45
🖸 Office de tourisme, rue des Jardins 𝒞 02 38 64 67 93, Fax 02 38 64 61 39
🖫 des Aisses Domaine des Aisses, SE : 3 km par N 20, 𝒞 02 38 64 80 87
🖫 de Sologne Route de Jouy-le-Potier, N-O : 5 km, 𝒞 02 38 76 57 33
◉ Château★.

L'Orée des Chênes ⌇   ⩽ 🕪 🞉 ⏛ ⚷ ⓦ ⚺ **P** 𝘃𝘪𝘴𝘢 ⓒⓞ 𝖠𝖤
3,5 km au Nord-Est par rte de Marcilly – 𝒞 02 38 64 84 00
– www.loreedeschenes.com – Fax 02 38 64 84 20
26 ch – ♦95/130 € ♦♦95/130 €, ⊇ 14 € – ½ P 90/108 €
Rest – (26 €) Menu 38/52 € – Carte 44/82 €
♦ Le calme et le confort règnent dans les chambres de style rustique et bourgeois, réparties dans différents bâtiments à l'architecture solognote. Vaste parc avec étangs. Salle à manger avec poutres apparentes et tommettes ; cuisine traditionnelle bien tournée.

✗ **Auberge de l'Écu de France**   🕋 𝖠𝖢 🕏 𝘃𝘪𝘴𝘢 ⓒⓞ
⬱ 6 r. Gén.-Leclerc, (N 20) – 𝒞 02 38 64 69 22 – Fax 02 38 64 09 54 – Fermé dim.
soir et merc.
Rest – (12 €) Menu 17/45 € – Carte 43/58 €
♦ Petite maison régionale bâtie au 17ᵉ s. et située à deux pas du majestueux château. Coquet intérieur campagnard cloisonné de colombages et cuisine traditionnelle.

à Menestreau en Villette 7 km à l'Est par D 17 – 1 464 h. – alt. 122 m – ⊠ 45240

✗✗ **Le Relais de Sologne**   🕋 𝘃𝘪𝘴𝘢 ⓒⓞ
63 pl. 8 Mai 1945 – 𝒞 02 38 76 97 40 – www.lerelaisdesologne.com
– Fax 02 38 49 60 43 – Fermé 1 sem. en août, 20-26 déc., 23 janv.-6 fév., dim.
soir, lundi soir mardi soir et merc.
Rest – (11 €) Menu 22/50 € – Carte 49/64 €
♦ Cette table traditionnelle vous reçoit dans un décor rustique ou en terrasse (gibiers en saison). À 2 km, ne manquez pas le domaine du Ciran, conservatoire de la faune sauvage.

LA FERTÉ-ST-CYR – 41 Loir-et-Cher – **318** H6 – 957 h. – alt. 82 m   **12** C2
– ⊠ 41220

➲ Paris 170 – Orléans 37 – Blois 32 – Romorantin-Lanthenay 35

🏠 **Saint-Cyr** sans rest   🕪 **P** 𝘃𝘪𝘴𝘢 ⓒⓞ
🏚 15 r. de Bretagne – 𝒞 02 54 87 90 51 – www.hotel-st-cyr.com
– Fax 02 54 87 94 64 – Fermé 20 déc.-4 janv. et 31 janv.-15 mars
20 ch – ♦52/62 € ♦♦57/72 €, ⊇ 9 €
♦ Petites chambres colorées garnies de meubles en fer forgé et feuilles de bananier tressées. Esprit maison d'hôte, boutique de produits du terroir, location de vélos.

LA FERTÉ-SOUS-JOUARRE – 77 Seine-et-Marne – **312** H2   **19** D1
– 8 932 h. – alt. 58 m – ⊠ 77260

➲ Paris 67 – Melun 70 – Reims 83 – Troyes 116
🖸 Office de tourisme, 34, rue des Pelletiers 𝒞 01 60 01 87 99, Fax 01 60 22 99 82

Château des Bondons ⌇   🕪 🕋 🕪 **P** 𝘃𝘪𝘴𝘢 ⓒⓞ 𝖠𝖤 ①
47 r. des Bondons, 2 km à l'Est par D 70, rte Montménard – 𝒞 01 60 22 00 98
– www.chateaudesbondons.com – Fax 01 60 22 97 01
11 ch – ♦120/140 € ♦♦120/190 €, ⊇ 15 € – 3 suites
Rest – (fermé 2-30 janv., lundi et mardi) (22 €) Menu 41/100 € – Carte 60/132 €
♦ Ce château du 18ᵉ s. fut celui du romancier G. Ohnet et abrita le Q.G. de l'armée française durant la drôle de guerre. Chambres de tailles variées, personnalisées. Cuisine actuelle dans la salle habillée de boiseries et ornée d'une fresque évoquant Marseille.

✗✗✗ **Auberge de Condé** avec ch   🕋 ⏸ ⚷ 𝖠𝖢 🕏 🕪 ⚺ **P** 𝘃𝘪𝘴𝘢 ⓒⓞ 𝖠𝖤
1 av. de Montmirail – 𝒞 01 60 24 50 05 – www.auberge-de-conde.com
– Fax 01 60 24 50 14
14 ch – ♦130/180 € ♦♦130/180 €, ⊇ 15 €
Rest – (fermé lundi et mardi) (35 €) Menu 60/75 € – Carte 55/105 €
♦ On redonne vie à cette auberge au riche passé gastronomique. Dans une salle au style actuel, le jeune chef délivre une cuisine au goût du jour personnalisée. Bons desserts. Chambres spacieuses à la décoration contemporaine (bois de wengé) ; bons équipements.

à Jouarre 3 km au Sud par D 402 – 3 997 h. – alt. 141 m – ✉ 77640

Office de tourisme, rue de la Tour ☎ 01 60 22 64 54, Fax 01 60 22 65 15
Crypte★ de l'abbaye, Île de France.

Le Plat d'Étain
6 pl. A. Tinchant – ☎ 01 60 22 06 07 – www.le-plat-d-etain.com – Fax 01 60 22 35 63
18 ch – 63/69 € 69 €, ☕ 8 € – ½ P 53/63 €
Rest – *(fermé vend. soir, dim. soir et soir fériés)* Menu 19 € (sem.)/48 € – Carte 38/52 €
◆ Auberge édifiée en 1840, à deux pas de l'abbaye et de ses cryptes carolingiennes. Coquettes petites chambres au mobilier en bois cérusé coloré. Au restaurant, un plat en étain, symbole du lieu, orne depuis toujours le mur de la salle. Carte traditionnelle.

FEURS – 42 Loire – **327** E5 – 7 380 h. – alt. 343 m – ✉ 42110 **44** A2
Lyon Drôme Ardèche

Paris 433 – Lyon 69 – Montbrison 24 – Roanne 38
Office de tourisme, place du Forum ☎ 04 77 26 05 27, Fax 04 77 26 00 55

Etésia sans rest
4 chemin des monts, rte de Roanne – ☎ 04 77 27 07 77 – www.hotel-etesia.fr – Fax 04 77 27 03 33 – Fermé 25 déc.-1er janv.
15 ch – 51/60 € 51/60 €, ☕ 8,50 €
◆ Cet hôtel entièrement rénové propose des chambres de plain-pied, pratiques et rehaussées de couleurs gaies. Agréable jardin arboré. Formules buffet au petit-déjeuner.

La Boule d'Or
42 r. R. Cassin, (rte de Lyon) – ☎ 04 77 26 20 68 – www.chaletlabouledor.com – Fax 04 77 26 56 84 – Fermé 27 juil.-20 août, dim. soir, lundi soir et merc. soir
Rest – Menu 16 € (sem.)/55 € – Carte 32/67 €
◆ L'été, on déjeune sous l'ombrage d'un beau marronnier. À l'intérieur, une vaste salle rustique en trois parties sert de cadre à une cuisine traditionnelle soignée.

à Salt-en-Donzy 5 km rte de Lyon – 445 h. – alt. 337 m – ✉ 42110

L'Assiette Saltoise
au bourg – ☎ 04 77 26 04 29 – www.assiette-saltoise.com – Fax 09 64 18 45 65 – Fermé 4-9 janv., merc. soir et jeudi
Rest – (12 €) Menu 19/29 € – Carte 19/27 €
◆ Saucisson lyonnais ou bavette d'aloyau : les recettes traditionnelles donnent le ton de cette auberge conviviale et simple. Terrasse sous les tilleuls aux beaux jours.

à Naconne 3 km au Nord-Ouest par N 89 et D 112 – ✉ 42110

Brin de Laurier
– ☎ 04 77 26 07 50 – www.brindelaurier.com – Fax 04 77 26 07 50 – Fermé 1er-10 mai, 1er-11 sept., 21 déc.-5 janv., sam. midi, dim. soir et lundi
Rest – Menu 15 € bc (déj. en sem.), 19/36 € – Carte 40/46 €
◆ Une adresse sympathique dans le hameau. Le chef s'inspire de ses multiples voyages et réalise une cuisine fusion à base de produits du marché. Jolie terrasse d'été.

FEYTIAT – 87 Haute-Vienne – **325** E6 – 5 622 h. – alt. 365 m – ✉ 87220 **24** B2

Paris 398 – Limoges 9 – Saint-Junien 41 – Panazol 5

Prieuré du Puy Marot
allée du Puy-Marot, 2 km au Nord-Est par rte de St-Just-le-Martel (D 98) – ☎ 05 55 48 33 97 – Fax 05 55 30 31 86
3 ch ☕ – 60 € 72 € **Table d'hôte** – Menu 30 € bc
◆ Calme assuré dans ce prieuré des 16e-17e s. cerné par un beau jardin clos et surplombant la vallée de la Valoisse. Confortables chambres personnalisées par un mobilier ancien. La patronne vous propose une cuisine traditionnelle.

FIGEAC ⟨SP⟩ – 46 Lot – **337** I4 – **9 943 h.** – **alt. 214 m** – ✉ **46100** **29** C1

Périgord Quercy

■ Paris 578 – Aurillac 64 – Rodez 66 – Villefranche-de-Rouergue 36

■ Office de tourisme, place Vival ✆ 05 65 34 06 25, Fax 05 65 50 04 58

■ Le vieux Figeac★★ : hôtel de la Monnaie★ **M¹**, musée Champollion★★ **M²** près de la place aux Ecritures★ - Chapelle N.D.-de-Pitié★ dans l'église St-Sauveur.

Château du Viguier du Roy

52 r. É. Zola – ✆ 05 65 50 05 05

– www.chateau-viguier-figeac.com – Fax 05 65 50 06 06

– Ouvert 1er avril-1er nov. **e**

19 ch – †179/599 € ††179/599 €, ☕ 21 € – 2 suites

Rest ***La Dînée du Viguier*** – voir ci-après

◆ Témoignages des 12e, 14e et 18e s., ces séduisantes demeures luxueusement restaurées encadrent un ravissant jardin en terrasses. Cloître, chapelle, boiseries et mobilier d'époque.

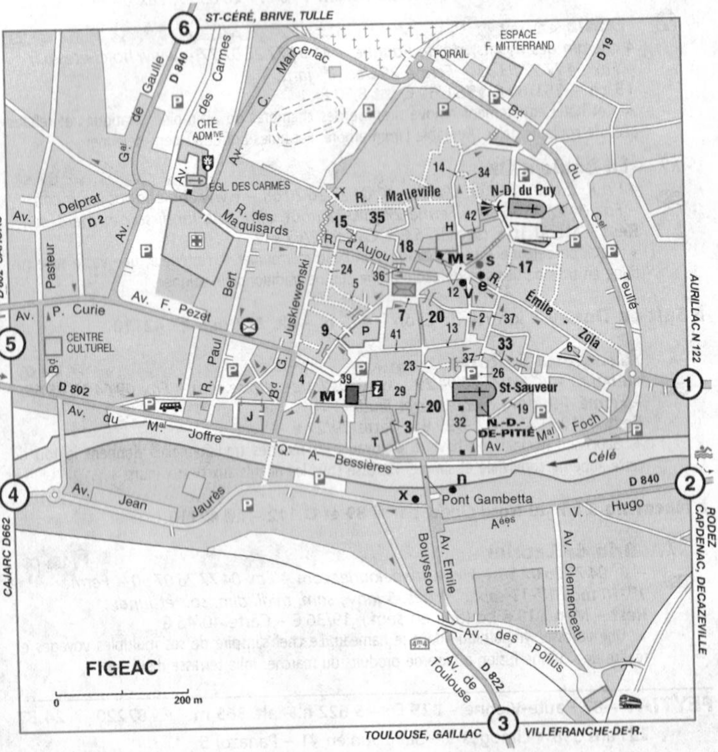

Aujou (R. d') ....
Baduel (R.) 2
Balène (R.) 3
Barthal (R.) 4
Bonhore (R.) 5
Canal (R. du) 6
Carnot (Pl.) 7
Caviale (R.) 9
Champollion (Pl. et R. des Frères) 12
Clermont (R.) 13
Colomb (R. de) 14
Crussol (R. du) 15
Delzhens (R.) 17
Ecritures (Pl. des) 18
Ferrer (R.) 19
Gambetta (R.) 20
Herbes (Pl. aux) 23
Laurière (R.) 24
Michelet (Pl. E.) 26
Ortabadial (R.) 29
Raison (Pl. de la) 32
Roquefort (R.) 33
St-Jacques (R.) 34
St-Thomas (R.) 35
Seguier (R.) 36
Tomfort (R.) 37
Vival (Pl.) 39
11-Novembre (R. du) 41
16-Mai (R. du) 42

🏠🏠 **Le Pont d'Or**　　🏊 ⌚ 🖪 ⛄ ch, AC ch, ☎ 🏊 P. VISA ⚫ AE ①
2 av. J. Jaurès – ℰ 05 65 50 95 00 – www.hotelpontdor.com – Fax 05 65 50 95 39
35 ch – †69/91 € ††69/91 €, ⚏ 12 €　　　　　　　　　　　　　　　x
Rest – (12 €) Menu 19/31 € – Carte 28/45 €
♦ Hôtel fonctionnel en bordure du Célé, tourné vers la vieille ville. Chambres élégantes et bien équipées ; préférez celles orientées vers la rivière.

🏠 **Le Champollion** sans rest　　　　　　AC ☎ VISA ⚫ AE ①
3 pl. Champollion – ℰ 05 65 34 04 37 – Fax 05 65 34 61 69
10 ch – †46 € ††51 €, ⚏ 7 €　　　　　　　　　　　　　　　v
♦ Maison médiévale en plein quartier ancien, face au musée Champollion. Ambiance familiale, chambres fonctionnelles et pratiques, au look actuel (tons noir et blanc).

🏠 **Des Bains** sans rest　　　　　　⛄ ⌘ ☎ VISA ⚫ AE
1 r. Griffoul – ℰ 05 65 34 10 89 – www.hoteldesbains.fr – Fax 05 65 14 00 45
– Fermé 19 déc.-5 janv. et le week-end du 2 nov. au 27 fév.　　　　　　n
19 ch – †45/70 € ††49/70 €, ⚏ 8 €
♦ Affaire familiale face à la vieille ville. Cet ancien établissement de bains publics propose des chambres fonctionnelles et bien tenues. Terrasse au ras de l'eau.

XXX **La Dînée du Viguier** – Hôtel Château du Viguier du Roy　　☂ AC ⌘ ⟷
4 r. Boutaric – ℰ 05 65 50 08 08 – www.ladineeduviguier.fr　　　　VISA ⚫
– Fax 05 65 50 09 09 – Fermé 15-23 nov., 17 janv.-8 fév., lundi
sauf le soir d'avril à sept., dim. soir d'oct. à mars et sam. midi
Rest – (19 €) Menu 29/73 € – Carte 53/67 €卐　　　　　　　　　s
♦ Quelques beaux restes médiévaux donnent du cachet à cette salle à manger : majestueuse cheminée au manteau sculpté, poutres peintes... N'y manque plus que le viguier !

à Capdenac-le-Haut 5 km par ② – ⊠ 46100

🏠 **Le Relais de la Tour** ⊗　　　　☂ ⛄ ch, ☏ 🏊 VISA ⚫ AE
pl. Lucter – ℰ 05 65 11 06 99 – www.lerelaisdelatour.fr – Fax 05 65 11 20 73
– Fermé vacances de Toussaint et de fév.
11 ch ⚏ – †55/61 € ††65/91 € – ½ P 54/64 €
Rest – (fermé dim. soir et lundi) (10 € bc) Menu 13 € (déj. en sem.), 21/25 €
– Carte 21/30 €
♦ Cette maison villageoise du 15e s. entièrement restaurée fait face à une tour carrée médiévale qui surplombe la vallée du Lot. Chambres sobrement décorées. Au restaurant, cadre contemporain, murs peints en rouge et cuisine régionale.

FISMES – 51 Marne – 306 E7 – 5 351 h. – alt. 70 m – ⊠ 51170　　　13 B2
　　◘ Paris 131 – Château-Thierry 42 – Compiègne 69 – Laon 37
　　🅳 Office de tourisme, 28, rue René Letilly ℰ 03 26 48 81 28, Fax 03 26 48 12 09

🏠 **La Boule d'Or**　　　　　　　AC rest, ☎ P VISA ⚫ AE ①
11 r. Lefèvre – ℰ 03 26 48 11 24 – www.boule-or.com – Fax 03 26 48 17 08
– Fermé 24 janv.-11 fév., mardi midi, dim. soir et lundi
8 ch – †62 € ††66 €, ⚏ 8,50 €　**Rest** – Menu 14 € (sem.)/40 € – Carte 45/52 €
♦ Comme jadis les rois de France en route pour leur sacre, vous ferez étape dans la localité. À votre disposition, des chambres fraîches d'une tenue impeccable. Deux salles à manger en enfilade, simples mais coquettes ; cuisine de tradition et plats du terroir.

FLACEY – 28 Eure-et-Loir – 311 E7 – rattaché à Châteaudun

FLAGEY-ÉCHEZEAUX – 21 Côte-d'Or – 320 J7 – rattaché à Vougeot

FLAMANVILLE – 50 Manche – 303 A2 – 1 686 h. – alt. 74 m – ⊠ 50340　　32 A1
　　◘ Paris 371 – Barneville-Carteret 23 – Cherbourg 27 – Valognes 36
　　🅳 Syndicat d'initiative, ℰ 02 33 52 61 23

🏠 **Bel Air** sans rest ⊗　　　　　　🖃 ⌘ ☎ P. VISA ⚫ AE
2 r. du Château – ℰ 02 33 04 48 00 – www.hotelbelair-normandie.com
– Fax 02 33 04 49 56 – Fermé 15 déc.-30 janv.
11 ch – †65/69 € ††65/101 €, ⚏ 11 €
♦ Cette maison où résidait jadis le régisseur des fermes du château est appréciée pour son grand calme. Les chambres, toutes différentes, possèdent une dominante rustique.

% **Le Sémaphore** ≤ VISA ⓐⓑ

*Chasse de la Houe – ℰ 02 33 52 18 98 – www.restaurantlesemaphore.com
– Fax 02 33 52 36 39 – Fermé 7 déc.-7 fév., dim. soir, mardi sauf juil.-août et lundi*
Rest – (12 €) Menu 20/33 € – Carte 28/44 €

♦ Vue sublime sur la Manche et les îles anglo-normandes depuis cet ancien sémaphore perché sur une falaise. Dans l'assiette, tradition et influences du Sud-Ouest.

FLAVIGNY-SUR-MOSELLE – **54** Meurthe-et-Moselle – **307** I7 – rattaché à Nancy

---

FLAYOSC – **83** Var – **340** N4 – rattaché à Draguignan

LA FLÈCHE ◉ – **72** Sarthe – **310** I8 – **15 321 h.** – alt. 33 m – ⊠ **72200**   **35** C2

▌ Châteaux de la Loire

▶ Paris 244 – Angers 52 – Laval 70 – Le Mans 44

ℹ Office de tourisme, boulevard de Montréal ℰ 02 43 94 02 53,
Fax 02 43 94 43 15

◎ Prytanée militaire★ - Boiseries★ de la chapelle N.-D.-des-Vertus - Parc zoologique du Tertre Rouge★ 5 km par ② puis D 104.

◎ Bazouges-sur-le-Loir : pont ≤★, 7 km par ④.

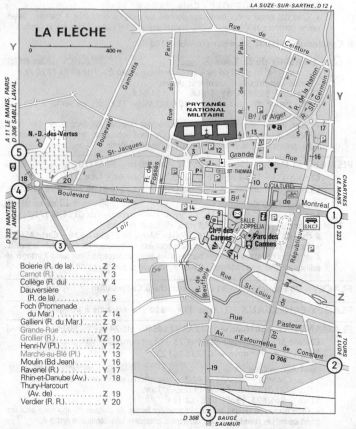

Boierie (R. de la) . . . . **Z** 2
Carnot (R.) . . . . **Y** 3
Collège (R. du) . . . . **Y** 4
Dauversière
  (R. de la) . . . . **Y** 5
Foch (Promenade
  du Mar.) . . . . **Z** 14
Gallieni (R. du Mar.) . . . . . **Y** 9
Grande-Rue . . . . **Y**
Grollier (R.) . . . . **YZ** 10
Henri-IV (Pl.) . . . . **Y** 12
Marché-au-Blé (Pl.) . . . . . **Y** 13
Moulin (Bd Jean) . . . . **Y** 16
Ravenel (R.) . . . . **Y** 17
Rhin-et-Danube (Av.) . . . . **Y** 18
Thury-Harcourt
  (Av. de) . . . . **Z** 19
Verdier (R. R.) . . . . **Y** 20

🔒 Le Relais Cicero sans rest ⌂   🚗 📶 🏧 🚫 AE

18 bd Alger – 𝒞 *02 43 94 14 14 – www.cicero.fr – Fax 02 43 45 98 96 – Fermé*
1ᵉʳ-15 août et 23 déc.-6 janv.   Y**a**
21 ch – †82/132 €, ††82/132 €, � 12 €
◆ Cet ancien couvent (17ᵉ s.) et son jardin – un vrai havre de paix – invitent à une "retraite"
en toute sérénité. Salon-bar rustique, meubles cirés et chambres personnalisées.

🏠 Le Vert Galant sans rest   🛏 🚿 📞 🏧 P 🏧 🚫 AE

70 Grande Rue – 𝒞 *02 43 94 00 51 – www.vghotel.com – Fax 02 43 45 11 24*
21 ch – †79 € ††95 €, ⊒ 12 €   Y**r**
◆ Au centre-ville, non loin du Prytanée, ex-relais postal du 18ᵉ s. Mobilier traditionnel, parfois contemporain, dans les chambres ; véranda où l'on propose le petit-déjeuner.

XX Le Moulin des Quatre Saisons   🚗 🍴 ⇔ P 🏧 🚫 AE

r. Gallieni – 𝒞 *02 43 45 12 12 – www.moulindesquatresaisons.com – Fax 02 43 45 10 31*
– Fermé vacances de la Toussaint, de fév., dim. soir, merc. soir et lundi   Z**e**
Rest – Menu 25 € (sem.)/38 € – Carte 44/76 €♨
◆ Moulin du 17ᵉ s. sur une petite île du Loir. Cuisine actuelle assortie d'une très belle carte
des vins, dont certains crus autrichiens ou hongrois, servie dans un décor tyrolien.

FLÉCHIN – 62 Pas-de-Calais – 301 G4 – 525 h. – alt. 96 m – ⌧ 62960   30 B2
  ◗ Paris 246 – Lille 72 – Arras 63 – Lens 55

X La Maison   🏧 🚫 AE

20 r. Haute – 𝒞 *03 21 12 69 33 – www.lamaisonrestaurant.com – Fermé*
1ᵉʳ-15 août, 26-31 déc., 23-27 fév., sam. midi, merc. et lundi
Rest – *(nombre de couverts limité, prévenir)* Menu 16 € (déj. en sem.), 25/47 €
◆ Maison 1900 abritant une plaisante salle à manger (parquet d'origine, objets chinés). Le
chef propose une cuisine du terroir mettant à l'honneur produits bio et légumes oubliés.

FLÉRÉ-LA-RIVIÈRE – 36 Indre – 323 C4 – 582 h. – alt. 95 m   11 B3
– ⌧ 36700
  ◗ Paris 277 – Le Blanc 50 – Châtellerault 60 – Châtillon-sur-Indre 7

X Le Relais du Berry   🏧 🚫

2 rte de Tours – 𝒞 *02 54 39 32 57 – Fermé janv., dim. soir, lundi et mardi*
Rest – *(nombre de couverts limité, prévenir)* Menu 15 € (sem.), 24/40 €
– Carte 44/53 €
◆ Dans cet ancien relais postal, vous appréciez une généreuse cuisine traditionnelle faisant
la part belle aux produits du jardin (gibier en saison). Intérieur rustique.

FLERS – 61 Orne – 310 F2 – 16 094 h. – alt. 270 m – ⌧ 61100   32 B2
▮ Normandie Cotentin
  ◗ Paris 234 – Alençon 73 – Argentan 42 – Caen 60
  🛈 Office de tourisme, place du Docteur Vayssières 𝒞 02 33 65 06 75,
  Fax 02 33 65 09 84
  🖼 du Houlme à La Selle-la-Forge Le Bourg, par rte de Bagnoles-de-l'Orne :
  4 km, 𝒞 02 33 64 42 83

Plan page suivante

🏠 Le Galion sans rest ⌂   📞 P 🚗 🏧 🚫

5 r. V. Hugo – 𝒞 *02 33 64 47 47 – www.hotellegalion.fr – Fax 02 33 65 10 10*
– Fermé 27 déc.-2 janv.   AZ**b**
31 ch – †52 € ††59 €, ⊒ 9 €
◆ Cet immeuble situé au centre-ville bénéficie d'un environnement paisible et d'une bonne
insonorisation. Les chambres spacieuses ont été rénovées (tons pastel ou tissus).

🏠 Beverl'inn   📞 🏧 🚫

9 r. Chaussée – 𝒞 *02 33 96 79 79 – www.beverlinn.com – Fax 02 33 65 94 89*
– Fermé 22 déc.-5 janv.   AZ**s**
16 ch – †43/46 € ††49 €, ⊒ 6 € – ½ P 40 €
Rest – *(Fermé sam. midi et dim.)* (10 € bc) Menu 14/28 € – Carte 20/36 €
◆ Auberge proche du château de Flers, abritant de sobres chambres avec bureau. Restaurant
de jaune et de rouge vêtu ; grillades au feu de bois et recettes traditionnelles.

XX **Au Bout de la Rue** $\boxed{\text{AC}}$ $\boxed{\text{VISA}}$ $\boxed{\text{©©}}$

😊 *60 r. de la Gare – 𝒞 02 33 65 31 53 – www.auboutdelarue.com*
– Fax 02 33 65 46 81 – Fermé 2-9 mai, 9-31 août, 3-10 janv., merc. soir, sam.
midi, dim. et fériés   **AZn**
Rest – (15 €) Menu 20/32 € – Carte 26/48 €

♦ Ici, on ne vous cache rien ! Depuis la salle (style bistrot chic), vous observerez le chef préparer le plat que vous aurez précédemment choisi sur la carte, actuelle et créative.

XX **Auberge du Relais Fleuri** $\boxed{\text{ਜ਼}}$ $\boxed{\text{⇔}}$ $\boxed{\text{P}}$ $\boxed{\text{VISA}}$ $\boxed{\text{©©}}$ $\boxed{\text{AE}}$

115 r. Schnetz , par ⑤ – 𝒞 02 33 65 23 89
– Fermé vend. soir, dim. soir et lundi
Rest – (13 €) Menu 31/56 € – Carte 35/55 €

♦ Cadre rustique, rehaussé de pierres et poutres apparentes, dans la première salle, la seconde affichant des boiseries normandes. Cuisine inventive et de saison, bons vins.

au Buisson-Corblin 3 km par ② – ⊠ 61100 Flers

XX **Auberge des Vieilles Pierres** $\boxed{\text{AC}}$ $\boxed{\text{⇔}}$ $\boxed{\text{P}}$ $\boxed{\text{VISA}}$ $\boxed{\text{©©}}$ $\boxed{\text{AE}}$

😊 *– 𝒞 02 33 65 06 96 – www.aubergedesvieillespierres.fr – Fax 02 33 65 80 72*
– Fermé 2-23 août, 15 fév.-1er mars, dim. soir, mardi soir et lundi
Rest – Menu 16 € (sem.)/58 € – Carte 38/52 €

♦ Vieilles pierres à l'extérieur... Salles à manger élégantes et chaleureuses à l'intérieur. La cuisine, au goût du jour, met les produits de la mer à l'honneur.

LA TRIBUNE
PARTOUT AVEC VOUS

Au Printemps, profitez..
d'offres exclusives
dans 1000 restaurants*

Prix mitonnés

Ateliers découverte

Menus spéciaux

et bien d'autres surprises...

France

HOTELS & RESTAURANTS

Le Printemps du guide MICHELIN

MICHELIN
Une meilleure façon d'avancer

à La Ferrière-aux-Étangs 10 km par ③ – 1 584 h. – alt. 304 m – ⊠ 61450

XX **Auberge de la Mine** (Hubert Nobis)　　　　　⇔ P VISA ⓒⓄ AE
ε3　*le Gué-Plat, à 2 km par rte de Dompierre* – $\mathscr{C}$ 02 33 66 91 10
– www.aubergedelamine.com – Fax 02 33 96 73 90 – Fermé 19 juil.-10 août,
3-21 janv., dim. soir, lundi et mardi
Rest – Menu 26 € (sem.)/65 € – Carte 62/87 €
Spéc. Foie gras à la liqueur de pomme à cidre, marmelade de pomme épicée. Ris de veau piqué à l'andouille de Vire, braisé au foin. Savarin trempé
au calvados domfrontais, pommes caramélisées (nov. à fév.). **Vins** Vin de
pays du Calvados.
♦ Intéressante cuisine au goût du jour servie dans deux plaisantes salles à manger. Pour
l'anecdote, on se trouve dans l'ex-cantine d'une mine de fer dont l'activité a cessé en 1970.

FLEURIE – 69 Rhône – **327** H2 – 1 228 h. – alt. 320 m – ⊠ 69820　　43 E1
▌ Lyon Drôme Ardèche

　🄳 Paris 410 – Bourg-en-Bresse 46 – Lyon 58 – Mâcon 22

🏠 **Des Grands Vins** sans rest ॐ　　　　　🛏 ⌇ ⁽ᵗ⁾ P VISA ⓒⓄ
r. Grappe Fleurie, 1 km au Sud par D 119ᴱ – $\mathscr{C}$ 04 74 69 81 43
– www.hoteldesgrandsvins.com – Fax 04 74 69 86 10 – Fermé 21 nov.-7 fév.
20 ch – †71 € ††81/86 €, ⌧ 8,50 €
♦ Établissement familial dont le jardin borde le vignoble. Chambres simples et bien tenues ;
vaste salle des petits-déjeuners. Vente de vins du domaine.

🏠 **Domaine du Clos des Garands** sans rest ॐ　　⩤ ⌇ ⁽ᵗ⁾ P VISA ⓒⓄ
1 km à l'Est par D 32 – $\mathscr{C}$ 04 74 69 80 01 – www.closdesgarands.fr
– Fax 04 74 69 82 05 – Fermé fév.
4 ch ⌧ – †88/108 € ††88/108 €
♦ Les chambres de ce domaine viticole offrent toutes une vue imprenable sur Fleurie et
les monts du Beaujolais. Un soin particulier est apporté au décor. Dégustations de vins de
la propriété.

XX **Le Cep** (Chantal Chagny)　　　　　　　　AC VISA ⓒⓄ AE
ε3　*pl. de l'Église* – $\mathscr{C}$ 04 74 04 10 77 – Fax 04 74 04 10 28 – Fermé
9-20 mars, 1ᵉʳ-10 juil., 14 déc.-15 janv., dim. et lundi
Rest – (prévenir) Menu 27/75 € – Carte 40/70 €※
Spéc. Cuisses de grenouilles sautées en persillade. Pigeonneau rôti, jus simple
au poivre concassé. Cassis de Lancié en sorbet, pulpe acidulée et glace
vanille. **Vins** Beaujolais blanc, Fleurie.
♦ Foin du décor élégant ou de la brigade stylée ! Cette digne ambassade du Beaujolais a
renoncé au luxe pour mieux retrouver les saveurs d'une authentique et fine cuisine du terroir.

FLEURVILLE – 71 Saône-et-Loire – **320** J11 – 473 h. – alt. 174 m　　8 C3
– ⊠ 71260

　🄳 Paris 375 – Cluny 26 – Mâcon 18 – Pont-de-Vaux 8

🏠 **Château de Fleurville**　　　⇗ 🛋 ⌇ ※ AC ॐ rest, ⁽ᵗ⁾ P VISA ⓒⓄ AE
r. du Glamont – $\mathscr{C}$ 03 85 27 91 30 – www.chateau-de-fleurville.com
– Fax 03 85 27 91 29
14 ch – †120/145 € ††145/180 €, ⌧ 15 € – 1 suite – ½ P 145/160 €
Rest – (fermé le midi sauf dim.) Menu 39/79 € – Carte 79/98 €
♦ Dans son parc séculaire, un petit château du 17ᵉ s. en pierre bourguignonne flanqué d'une
jolie tour. Chambres rénovées, aux meubles anciens et tissus tendus. Piscine, tennis. Cuisine
traditionnelle servie dans une salle à manger rustique (poutres, cheminée) ; agréable terrasse.

à Mirande 3 km au Nord-Ouest – ⊠ 71260 Montbellet

XX **La Marande** avec ch ॐ　　　　🛏 🛋 AC rest, ॐ rest, P VISA ⓒⓄ AE
rte de Lugny – $\mathscr{C}$ 03 85 33 10 24 – www.hotel-restaurant-la-marande.com
– Fax 03 85 33 95 06 – Fermé 16-26 nov., 4 janv.-4 fév., lundi et mardi
5 ch – †70 € ††70 €, ⌧ 8 € **Rest** – Menu 28/68 € – Carte 44/51 €
♦ Maison bourgeoise dans un environnement bucolique. Deux salles aux touches de déco
contemporaine valorisant les pierres apparentes. Belle cuisine au goût du jour et crus choisis.
Chambres pratiques pour l'étape et bon petit-déjeuner.

FLEURY-LA-FORÊT – 27 Eure – **304** J5 – 269 h. – alt. 161 m   **33** D2
– ⊠ **27480**

> ▶ Paris 108 – Rouen 42 – Évreux 99 – Beauvais 49

⛰ **Château de Fleury la Forêt** sans rest ॐ   🕭 **P**
4 rte de Lyons, 1,5 km au Sud-Ouest par D 14 – ℰ *02 32 49 63 91*
– www.chateau-fleury-la-foret.com – Fax 02 32 49 71 67
3 ch ⊆ – ♦70 € ♦♦78 €
◆ Les chambres de ce beau château (16ᵉ et 18ᵉ s.) possèdent un authentique mobilier d'époque. Petit-déjeuner dans la cuisine normande. Collections de poupées et d'objets anciens.

FLEURY-SUR-ORNE – 14 Calvados – **303** J5 – rattaché à Caen

FLORAC ❀ – 48 Lozère – **330** J9 – 1 908 h. – alt. 542 m – ⊠ **48400**   **23** C1
▌ Languedoc Roussillon

> ▶ Paris 622 – Alès 65 – Mende 38 – Millau 84

🛈 Office de tourisme, 33, avenue J. Monestier ℰ 04 66 45 01 14,
Fax 04 66 45 25 80

◙ Corniche des Cévennes★.

🏠 **Des Gorges du Tarn**   ⅋ **P** 𝚟𝚒𝚜𝚊 ⓒⓞ
48 r. Pêcher – ℰ *04 66 45 00 63 – www.hotel-gorgesdutarn.com – Fax 04 66 45 10 56*
– Ouvert de Pâques à la Toussaint et fermé merc. sauf juil.-août
26 ch – ♦46/82 € ♦♦46/82 €, ⊆ 8,50 €
Rest *L'Adonis* – Menu 16/60 € – Carte 40/60 €
◆ Vous êtes à l'entrée (ou à la sortie) des gorges du Tarn. Préférez les chambres fraîchement rénovées, au décor actualisé ; plus spacieuses à l'annexe. Au restaurant, la carte et ses spécialités content le pays cévenol dans un cadre modernisé et lambrissé.

à Cocurès 5,5 km au Nord-Est par D 806 et D 998 – 194 h. – alt. 600 m – ⊠ **48400**

🏠 **La Lozerette** ॐ   🚗 🕭 ⅋ rest. **P** 𝚟𝚒𝚜𝚊 ⓒⓞ 𝙰𝙴
– ℰ *04 66 45 06 04 – www.lalozerette.com – Fax 04 66 45 12 93*
– Ouvert du 28 mars à la Toussaint
20 ch – ♦59/86 € ♦♦59/88 €, ⊆ 8,50 € – ½ P 57/74 €
Rest – *(Fermé mardi soir hors saison sauf résidents, mardi midi et merc. midi)*
Menu 17/47 € – Carte 31/47 €🕮
◆ Dans un hameau situé aux portes du Parc national des Cévennes, cette demeure bénéficie de chambres claires agrémentées de petits balcons en bois. Élégante salle à manger d'esprit local, fine cuisine actuelle et cave riche en vins du Languedoc-Roussillon.

FLOURE – 11 Aude – **344** F3 – rattaché à Carcassonne

FLUMET – 73 Savoie – **333** M3 – 864 h. – alt. 920 m – Sports d'hiver :   **46** F1
1 000/2 030 m ⑤11 ⚡ – ⊠ **73590** ▌ Alpes du Nord

> ▶ Paris 582 – Albertville 22 – Annecy 51 – Chamonix-Mont-Blanc 43

🛈 Syndicat d'initiative, avenue de Savoie ℰ 04 79 31 61 08, Fax 04 79 31 84 67

⛰ **Coeur de Marie** ॐ   **P**
par D 909, aux Glières, 5 km au Nord par rte de la Giettaz – ℰ *04 79 31 38 84*
– www.chalet-marie.com – Fax 04 79 31 38 84
4 ch ⊆ – ♦59/66 € ♦♦64/73 €   **Table d'hôte –** Menu 24 € bc
◆ Chalet à l'intérieur tout bois (1810) portant le nom d'une fleur ancienne. Chambres cosy : rideaux brodés, tissus savoyards et bibelots anciens. À l'étage, au coin du feu, dîner familial aux saveurs savoyardes et petit-déjeuner avec confitures maison.

FOIX **P** – 09 Ariège – **343** H7 – 9 605 h. – alt. 375 m – ⊠ **09000**   **29** C3
▌ Midi-Toulousain

> ▶ Paris 762 – Andorra-la-Vella 102 – Carcassonne 89 – St-Girons 45

🛈 Office de tourisme, 29, rue Delcassé ℰ 05 61 65 12 12, Fax 05 61 65 64 63
🔟₈ de l'Ariège à La Bastide-de-Sérou Unjat, par rte de St-Girons : 15 km,
ℰ 05 61 64 56 78
◙ Site★ – ※★ de la tour du château - Route Verte★★ O par D17 A.
◙ Rivière souterraine de Labouiche★ NO : 6,5 km par D1.

FOIX

Du Lac 🕙   🚗 ⅃ ⅊ ch, 🆎 ch, ⁽ᵗ⁾ ⅃⅄ 🅿 🆅🆂🅰 ⚌ 🆎
rte de Toulouse, 3 km par ① – ℰ 05 61 65 17 17 – www.hoteldulac-foix.fr
– Fax 05 61 02 94 24
35 ch – †64/77 € ††64/77 €, ⚌ 8,50 € – ½ P 64/72 €
Rest – (fermé 24 déc.-1ᵉʳ janv. et dim. soir d'oct. à juin) Menu 29 €
♦ Les chambres, confortables et neuves, de cette ancienne bergerie (1599) profitent du calme du parc et du lac. Nombreuses activités nautiques et location de bungalows climatisés. Décor rustique (poutres et pierres apparentes, cheminée) au restaurant.

Eychenne sans rest   🆅🆂🅰 ⚌
11 r. N. Peyrevidal – ℰ 05 61 65 00 04 – www.hotel-eychenne.com
– Fax 05 61 65 56 63   A**b**
16 ch – †53 € ††55 €, ⚌ 6 €
♦ Facilement repérable grâce à sa tour d'angle en bois et son bar façon pub anglais, cet hôtel simple et rajeuni se révèle pratique et idéalement situé pour une visite de Foix.

✕✕ **Phoebus**   ≼ 🆎 🆅🆂🅰 ⚌ 🆎
3 cours Irénée Cros – ℰ 05 61 65 10 42 – www.ariege.com/le-phoebus
– Fax 05 61 65 10 42 – Fermé 18 juil.-18 août, sam. midi, dim. soir et lundi
Rest – (19 €) Menu 29/87 € – Carte 30/63 €   B**a**
♦ Pour déguster une cuisine traditionnelle dans une salle dominant l'Ariège et le château de G. Phoebus. L'accueil est soigné et pensé pour les non-voyants (carte en braille).

> Se régaler sans se ruiner ? Repérez les Bib Gourmand 🐵. Ils vous aideront à dénicher les bonnes tables sachant marier cuisine de qualité et prix ajustés !

FONDAMENTE – 12 Aveyron – **338** K7 – 277 h. – alt. 430 m   **29** D2
– ✉ 12540

🄳 Paris 679 – Albi 109 – Millau 43 – Montpellier 98

✕ **Baldy** avec ch   🆎 rest, ℅ ⁽ᵗ⁾ 🆅🆂🅰 ⚌ 🆎
Vallée de Sorgues – ℰ 05 65 99 37 38 – www.hotel-sorgues.com
– Fax 05 65 99 92 84 – Hôtel : ouvert de Pâques à oct. et fermé dim. soir et lundi soir
9 ch – †47/70 € ††47/70 €, ⚌ 10 € – ½ P 55/58 €
Rest – (fermé le soir en oct., dim. soir, lundi et jeudi) (nombre de couverts limité, prévenir) (18 € bc) Menu 23 € bc (déj. en sem.), 29 € bc/45 € bc
♦ Le chef de cette sympathique auberge familiale – un ancien boucher – mise sur la fraîcheur des produits et propose une carte volontairement réduite de spécialités régionales. Petites chambres simples et bien tenues.

FONS – 46 Lot – 337 H4 – 386 h. – alt. 260 m – ⊠ 46100   29 C1

⯈ Paris 562 – Toulouse 190 – Cahors 66 – Villefranche-de-Rouergue 47

⌂ **Domaine de la Piale** sans rest ⌂   🛋 ⌁ 🕪 P

La Piale, 1 km au Sud – ℰ *05 65 40 19 52 – www.domainedelapiale.com*
– Fax 05 65 40 19 52

4 ch ⌑ – ✦60/110 € ✦✦60/110 €

• Une adresse idéale pour se mettre au vert. Ambiance familiale et agréable cadre rustique et campagnard (poutres, pierres apparentes). Les chambres occupent une ancienne grange.

FONTAINEBLEAU ⬤ – 77 Seine-et-Marne – 312 F5 – 15 688 h.   19 C3
– alt. 75 m – ⊠ 77300 ▌ Île de France

⯈ Paris 64 – Melun 18 – Montargis 51 – Orléans 89

🅸 Office de tourisme, 4, rue Royale ℰ 01 60 74 99 99, Fax 01 60 74 80 22

🆅 U.C.P.A. Bois-le-Roi à Bois-le-Roi Base de loisirs, par rte de Melun : 10 km,
ℰ 01 64 81 33 31

◎ Palais★★★ : Grands appartements★★★ (Galerie François 1er★★★, Salle de Bal★★★) - Jardins★ - Musée napoléonien d'Art et d'Histoire militaire : collection de sabres et d'épées★ **M¹** - Forêt★★★ - Gorges de Franchard★★ 5 km par ⑥.

🏠 **Grand Hôtel de l'Aigle Noir** sans rest   📶 � 🆔 🕪 ⅏ ⌁

27 pl. Napoléon Bonaparte – ℰ *01 60 74 60 00*   🆅🅸🆂🅰 ⓪⑩ 🅰🅴 ⓪
– www.hotelaiglenoir.fr – Fax 01 60 74 60 01 – Fermé 3 sem. en août et vacances de Noël   AZ**a**

15 ch – ✦100/160 € ✦✦110/170 €, ⌑ 16 € – 4 suites

• Ancien hôtel particulier construit au 15e s. situé tout près du château. Ambiance feutrée et chambres personnalisées par de beaux meubles, certaines de style Empire.

🏠 **Mercure** ⌂   🛋 🅸 ✖ 📶 🆔 ch, ✖ rest, 🕪 ⅏ P ⌁ 🆅🅸🆂🅰 ⓪⑩ 🅰🅴 ⓪

41 r. Royale – ℰ *01 64 69 34 34 – www.mercure.com – Fax 01 64 69 34 39*

97 ch – ✦147/157 € ✦✦157/167 €, ⌑ 17 €   AZ**d**

Rest – *(fermé 30 juil.-22 août et 17 déc.-2 janv.)* (21 €) Menu 27 € (déj. en sem.), 38 € bc/60 € bc – Carte 22/40 €

• Cet établissement confortable et de qualité propose des chambres fonctionnelles. Détendez-vous devant la cheminée du salon ou profitez de l'ambiance cosy du bar. Cuisine traditionnelle dans la salle contemporaine prolongée d'une terrasse avec vue sur le parc.

🏠 **Napoléon**   🛋 🅸 🅰🅺 ch, 🕪 ⅏ 🆅🅸🆂🅰 ⓪⑩ 🅰🅴 ⓪

9 r. Grande – ℰ *01 60 39 50 50 – www.naposite.com – Fax 01 64 22 20 87*

40 ch – ✦100/165 € ✦✦100/165 €, ⌑ 16 €   BZ**n**

Rest *La Table des Maréchaux* – (28 € bc) Menu 40/55 € – Carte 37/62 €

• À 100 m du château où Napoléon fit ses adieux à la garde impériale en 1814, ex-relais de poste dont les chambres s'inspirant du style Empire donnent sur une cour intérieure. L'élégante Table des Maréchaux (clin d'œil à la Malmaison) borde un agréable patio-terrasse.

🏠 **De Londres** sans rest   ✖ 🕪 P 🆅🅸🆂🅰 ⓪⑩ 🅰🅴 ⓪

1 pl. Gén. de Gaulle – ℰ *01 64 22 20 21 – www.hoteldelondres.com*
– Fax 01 60 72 39 16 – Fermé 10-17 août et 23 déc.-6 janv.   AZ**v**

16 ch – ✦90/150 € ✦✦110/200 €, ⌑ 12 €

• Cet hôtel, face au château, existe depuis le 16e s. Chambres amples et insonorisées, élégamment décorées : beaux tissus, meubles rustiques et de style, gravures de chasse.

✕✕ **Croquembouche**   🅰🅺 🆅🅸🆂🅰 ⓪⑩ 🅰🅴 ⓪

43 r. de France – ℰ *01 64 22 01 57 – www.restaurant-croquembouche.fr*
– Fax 01 60 72 08 73 – Fermé 2 sem. en août, 24 déc.-3 janv., sam. midi, lundi midi et dim.

Rest – (18 €) Menu 40 € – Carte 51/77 €   AZ**b**

• Pour une agréable halte : accueil chaleureux, tableaux en décor et cuisine au goût du jour qui fait la part belle aux produits frais, sélectionnés avec soin.

✕✕ **Chez Arrighi**   🅰🅺 🆅🅸🆂🅰 ⓪⑩ 🅰🅴

⌂ *53 r. de France –* ℰ *01 64 22 29 43 – Fax 01 60 72 68 02 – Fermé 26 juil.-4 août, 2-9 janv., dim. soir et lundi*   AZ**t**

Rest – (14 €) Menu 19 € (déj. en sem.), 25/38 € – Carte 38/59 €

• Décor rustique rehaussé de cuivres dans ce sympathique restaurant du centre-ville. Carte traditionnelle, quelques plats corses et une spécialité maison : les pommes soufflées.

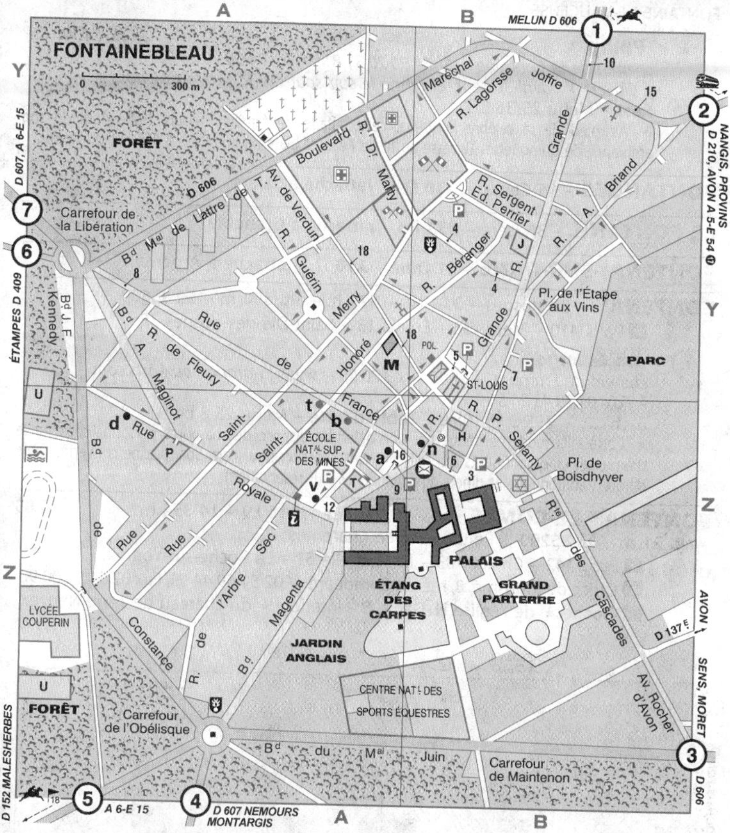

Armes (Pl. d') . . . . BZ 3
Bois (R. des) . . . . BY 4
Briand (R. Aristide) . . . . BY
Calas (R. du Commissaire) . . . . BY 5
Chancellerie (R. de la) . . . . . . BZ 6
Château (R. du) . . . . BY 7
Churchill (Bd W.) . . . . AY 8
Dénecourt (R.) . . . . AZ 9
Étape aux Vins (Pl. de l') . . . . . BY
Foch (Bd du Mar.) . . . . BY 10
France (R. de) . . . . AYZ
Gaulle (Pl. Gén.-de) . . . . AZ 12
Grande (R.) . . . . BY
Leclerc (Bd du Mar.) . . . . BY 15
Napoléon Bonaparte (Pl.) . . . . . AZ 16
Paroisse (R. de la) . . . . AY 18

FONTAINE-DANIEL – 53 Mayenne – 310 E5 – rattaché à Mayenne

FONTAINE-DE-VAUCLUSE – 84 Vaucluse – 332 D10 – 671 h. – alt. 75 m – ✉ 84800 Provence
42 E1

Paris 697 – Apt 34 – Avignon 33 – Carpentras 21

Office de tourisme, chemin de la Fontaine ✆ 04 90 20 32 22, Fax 04 90 20 21 37

La Fontaine de Vaucluse★ - Collection Casteret★ au Monde souterrain de Norbert Casteret - Église St-Véran★.

Du Poète sans rest
– ✆ *04 90 20 34 05 – www.hoteldupoete.com – Fax 04 90 20 34 08*
– Ouvert 1er mars-28 nov.
24 ch – 70/310 € 70/310 €, 17 €
◆ Modernisé, ce moulin du 19e s. est entouré d'un jardin luxuriant, traversé par la Sorgue. Chambres personnalisées, discrètement provençales. Piscine et jacuzzi.

※ **Philip**   ⟨ 🛏 VISA ⑩ AE
chemin de la Fontaine – ☏ 04 90 20 31 81 – Fax 04 90 20 28 63
– *Ouvert 1er avril-30 sept. et fermé le soir sauf du 26 juin au 31 août*
Rest – Menu 25/36 €
♦ Au pied de la célèbre Fontaine, cette affaire de famille (depuis 1926) a gardé son
ambiance de guinguette. Terrasse au fil de l'eau et plats traditionnels à l'accent du terroir.

FONTANGES – 15 Cantal – **330** D4 – **rattaché à Salers**

LE FONTANIL – 38 Isère – **333** H6 – **rattaché à Grenoble**

FONTENAI-SUR-ORNE – 61 Orne – **310** I2 – **rattaché à Argentan**

FONTENAY – 88 Vosges – **314** H3 – **474 h.** – alt. 390 m – ⊠ 88600   **27** C3
  ▶ Paris 410 – Metz 136 – Épinal 13 – Saint-Dié-des-Vosges 38

⌂ **La Grange**   🖾 P
chemin de Framont – ☏ 03 29 43 20 55 – www.la-grange-aux-arts.com
– Fax 03 29 43 20 56
5 ch ⌂ – †95 € ††105 €   **Table d'hôte** – Menu 25 € bc
♦ Cette villa moderne, tenue par une galeriste, dispose de chambres personnalisées sur le
thème des cinq continents qui reflètent cette passion pour l'art. Spa, piscine couverte. Table
d'hôte traditionnelle et dîners aux chandelles (sur réservation).

FONTENAY-LE-COMTE ⬠ – 85 Vendée – **316** L9 – **14 354 h.**   **34** B3
– alt. 21 m – ⊠ 85200 ▌ Poitou Vendée Charentes
  ▶ Paris 442 – Cholet 103 – La Rochelle 51 – La Roche-sur-Yon 64
  🛈 Office de tourisme, 8, rue de Grimouard ☏ 02 51 69 44 99, Fax 02 51 50 00 90
  ◉ Clocher★ de l'église N.-Dame **B** - Intérieur★ du château de Terre-Neuve.

FONTENAY-LE-COMTE

⊞ ⊖ Le Rabelais ⌂ 🚗 🛋 ☰ ⓵ ⅙ Ⓚ rest, ⚑ rest, ⑪ 🛠 🅟 🚗 VISA ⚫ AE
19 r. Ouillette – ℰ 02 51 69 86 20 – www.hotel-lerabelais.com – Fax 02 51 69 80 45
54 ch – ♦69/109 € ♦♦69/109 €, ☕ 10 € – ½ P 63/83 €   BZ**a**
Rest – (15 €) Menu 18/32 € – Carte 25/32 €
♦ L'enseigne fait référence au séjour de trois ans que fit l'écrivain dans la ville. La plupart des chambres, fonctionnelles, ouvrent sur un jardin fleuri. Au restaurant, terrasse face à la piscine et grand buffet d'entrées et de desserts.

⌂ Le Logis de la Clef de Bois sans rest   🚗 ☰ ⑪
5 r. du Département – ℰ 02 51 69 03 49 – www.clef-de-bois.com – Fax 02 51 69 03 49
4 ch ☕ – ♦105/125 € ♦♦115/135 €   AY**b**
♦ Cet hôtel particulier du 17e s. abrite des chambres décorées avec goût, portant le nom d'un écrivain. La suite Rabelais, évoquant la commedia dell'arte, est la plus originale.

à St-Hilaire-des-Loges 11 km par ② – 1 846 h. – alt. 48 m – ⊠ 85240

✗ ⊖ Le Pantagruelion   VISA ⚫
9 r. Octroi – ℰ 02 51 00 59 19 – Fax 02 51 29 55 – Fermé début juil., sam. midi, dim. soir et merc.
Rest – (16 €) Menu 21/28 € – Carte 35/50 €
♦ Poutres, pierres apparentes et sol en jonc tressé : une ambiance rustique à souhait pour déguster d'appétissantes recettes traditionnelles valorisant les produits vendéens.

à Velluire 11 km par ④, D 938 ter et D 68 – 508 h. – alt. 9 m – ⊠ 85770

✗✗✗ Auberge de la Rivière avec ch ⌂   ⑪ VISA ⚫
r. du Port de la Fouarne – ℰ 02 51 52 32 15 – www.hotel-riviere-vendee.com
– Fax 02 51 52 37 42 – Fermé 15 fév.-8 mars, 15 nov.-1er déc., dim.
soir sauf juil.-août et lundi
11 ch – ♦50/85 € ♦♦65/94 €, ☕ 11 € – ½ P 70/84 €
Rest – (18 €) Menu 23/50 € – Carte 44/75 €
♦ Auberge ancienne dans un cadre bucolique postée sur une rive de la Vendée. Cuisine au gré des saisons servie dans une salle mi-rustique mi-actuelle. Grandes chambres soignées.

FONTETTE – 89 Yonne – **319** F7 – rattaché à Vézelay

FONTEVRAUD-L'ABBAYE – 49 Maine-et-Loire – **317** J5 – 1 497 h.   **35** C2
– alt. 75 m – ⊠ 49590 ▮ Châteaux de la Loire

▶ Paris 296 – Angers 78 – Chinon 21 – Loudun 22

🛈 Office de tourisme, place Saint-Michel ℰ 02 41 51 79 45, Fax 02 41 51 79 01

◉ Abbaye★★ - Église St-Michel★.

⊞ Prieuré St-Lazare ⌂   🚗 ⓵ ⚑ 🛠 🅟 VISA ⚫ AE
r. St Jean de l'Habit, (dans l'abbaye royale) – ℰ 02 41 51 73 16
– www.hotelfp-fontevraud.com – Fax 02 41 51 75 50 – Ouvert 12 mars-14 nov.
52 ch – ♦58/115 € ♦♦63/122 €, ☕ 13 €
Rest – (dîner seult) Menu 45/50 € – Carte 53/65 €
♦ Havre de paix au cœur des jardins de l'abbaye de Fontevraud, l'ancien prieuré St-Lazare abrite de petites chambres sobres et actuelles. Le petit cloître héberge aujourd'hui un restaurant (chapelle réservée aux banquets) ; cuisine au goût du jour.

⊞ Hostellerie la Croix Blanche   🚗 ☰ Ⓚ rest, ⚑ ch, ⑪ 🛠 🅟
5 pl. Plantagenets – ℰ 02 41 51 71 11 – www.fontevraud.net
– Fax 02 41 38 15 38   VISA ⚫ AE
23 ch – ♦65/95 € ♦♦65/119 €, ☕ 12 € – 2 suites
Rest – (21 €) Menu 23/37 € – Carte environ 42 €
♦ L'auberge accueille depuis plus de 300 ans les hôtes venus découvrir l'ensemble monastique du 12e s. Une partie des chambres a été rénovée dans un style contemporain (literie neuve, écran plat). Cuisine régionale actualisée servie au Plantagenêt.

✗✗ La Licorne   🚗 🛋 VISA ⚫ AE
allée Ste-Catherine – ℰ 02 41 51 72 49 – www.la-licorne-restaurant.com
– Fax 02 41 51 70 40 – Fermé 20-28 déc., dim. soir, merc. soir et lundi
Rest – (nombre de couverts limité, prévenir) Menu 25/55 € – Carte 51/83 € 🍷
♦ Élégante maison du 18e s. précédée d'un jardin de curé servant de terrasse. Tuffeau et tableaux habillent l'intérieur. Cuisine classique et carte des vins de Loire.

X **L'Abbaye "Le Délice"**   ✻ P VISA ⓒⓄ

⊝ *8 av. Roches – ℰ 02 41 51 71 04 – Fax 02 41 51 43 10 – Fermé 27-30 juin,*
27 oct.-3 nov., 6 fév.-4 mars, mardi soir et merc.
Rest – Menu 14 € (sem.)/28 € – Carte 17/34 €

• Le délice est le plat mythique de l'enseigne, une croquette au fromage. Recettes traditionnelles servies dans un cadre au charme suranné (accès par un pittoresque café).

FONTJONCOUSE – 11 Aude – **344** H4 – 133 h. – alt. 298 m – ⊠ 11360   **22** B3

▶ Paris 822 – Carcassonne 56 – Narbonne 32 – Perpignan 65

XXX **Auberge du Vieux Puits** (Gilles Goujon) avec ch ⌂   ⤒ ⅃ ⅍ P

✿✿✿ *av. St Victor – ℰ 04 68 44 07 37*   P VISA ⓒⓄ ⒜Ⓔ
– www.aubergeduvieuxpuits.fr – Fax 04 68 44 08 31 – Fermé 2 janv.-4 mars, lundi
midi du 20 juin au 11 sept., dim. soir, lundi et mardi du 12 sept. au 19 juin
8 ch – †190/265 € ††190/265 €, ⊐ 20 €
Rest – Menu 60 € (déj. en sem.), 110/130 € – Carte 120/160 €♨

Spéc. Œuf de poule aux truffes sur une purée de champignons. Filet de rouget barbet, pomme bonne bouche fourrée d'une brandade à la cèbe en "bullinada". Sablé feuille à feuille de chocolat, surprise de framboise et mousseux tanéa. **Vins** Corbières blanc et rouge.

• Le produit est la star de cette cuisine inspirée qui porte certaines émotions gustatives à l'incandescence. Saisons, terroir, invention : Gilles Goujon excelle dans l'équilibre, avec précision et humilité, entouré d'une équipe proche du client. Hébergement de qualité, mêlant cadre rustique et décor contemporain.

La Maison des Chefs ⌂⌂ ⌂   P VISA ⓒⓄ ⒜Ⓔ
(à 300 m dans le village) – ℰ 04 68 44 07 37 – www.aubergeduvieuxpuits.fr
– Fax 04 68 44 08 31
6 ch – †130/140 € ††130/140 €, ⊐ 20 €

• Les chambres de cette annexe sont placées sous le patronage des grands chefs : ustensiles, vestes signées Bocuse, Troigros, etc. Cours de cuisine.

FONT-ROMEU – 66 Pyrénées-Orientales – **344** D7 – 2 003 h.   **22** A3
– alt. 1 800 m – **Sports d'hiver : 1 900/2 250 m ⌁1 ⌁28 ⌁ – Casino** – ⊠ 66120
▮ Languedoc Roussillon

▶ Paris 858 – Andorra la Vella 73 – Ax-les-Thermes 56 – Bourg-Madame 18
🛈 Office de tourisme, 38, avenue Emmanuel Brousse ℰ 04 68 30 68 30,
Fax 04 68 30 29 70
▣ de Font-Romeu Espace Sportif Colette Besson, N : 1 km, ℰ 04 68 30 10 78
◉ Camaril★★★, retable★ et chapelle★ de l'Ermitage - ✻★★ Calvaire.

⌂⌂ **Le Grand Tétras** sans rest   ⤢ ⅃♨ ⌂ ⅍ ⌂ VISA ⓒⓄ ⒜Ⓔ Ⓞ
14 av. E. Brousse – ℰ 04 68 30 01 20 – www.hotelgrandtetras.fr
– Fax 04 68 30 35 67   AX**r**
36 ch – †71/98 € ††71/98 €, ⊐ 10 €

• Hôtel aux allures montagnardes situé au centre du village. Balcon et vue panoramique sur les Pyrénées dans les chambres orientées au sud. Sauna et piscine couverte sur le toit.

⌂⌂ **Sun Valley**   ⌸ ✻ rest, ⅋ ⌂ VISA ⓒⓄ ⒜Ⓔ
3 av. Espagne – ℰ 04 68 30 21 21 – www.hotelsunvalley.fr – Fax 04 68 30 30 38
– Fermé 31 oct.-4 déc.   AX**f**
41 ch – †70/109 € ††83/119 €, ⊐ 11 € – ½ P 66/93 €
Rest – *(résidents seult)* Menu 22 €

• Les chambres, peu à peu rénovées dans un esprit chalet, profitent du soleil depuis leur balcon. Bel espace bien-être et relaxation au dernier étage. Repas simples et copieux.

⌂ **Clair Soleil**   ⪡ ⌸ ⅃ ⌸ ✻ P VISA ⓒⓄ
29 av. François Arago, rte Odeillo : 1 km – ℰ 04 68 30 13 65
– www.hotel-clair-soleil.com – Fax 04 68 30 08 27 – Fermé 13 avril-16 mai
et 2 nov.-18 déc.   AY**b**
29 ch – ⊐ – †59/68 € ††67/76 € – ½ P 51/60 €
Rest – *(fermé le midi du lundi au jeudi)* Menu 22/38 € – Carte 37/45 €

• Cette sympathique pension de famille bénéficie d'une très bonne exposition face au four solaire d'Odeillo. Chambres modestes bien tenues, avec balcon ou terrasse. Cuisine régionale et accueil aux petits soins dans la salle à manger-véranda.

FONT-ROMEU

La Chaumière

96 av. Emmanuel Brousse – ℰ 04 68 30 04 40 – Fermé 21 juin-11 juil., 11-24 oct.,
lundi et mardi hors vacances scolaires   **BXe**
Rest – (17 €) Menu 20 € – Carte 35/55 €

♦ Accueil tout sourire de la patronne dans ce sympathique restaurant à l'ambiance locale.
On y déguste une cuisine de tradition et d'inspiration catalane, rythmée par les saisons.

à Via 5 km au Sud par D 29 AY – ⊠ 66210 Font Romeu Odeillo Via

L'Oustalet

av. du Mar. Leclerc – ℰ 04 68 30 11 32 – www.hotelloustalet.com
– Fax 04 68 30 31 89 – Fermé 15 avril-8 mai et 15 oct.-15 nov.
25 ch – †45/60 € ††45/60 €, ⊇ 8 € – ½ P 44/51 €
Rest – *(dîner seult) (résidents seult)*

♦ Étape idéale pour les skieurs et les randonneurs, ce joli chalet à la façade en bois propose
des chambres simples (la plupart avec balcon). Belle piscine extérieure. Atmosphère montagnarde au restaurant où l'on sert des spécialités catalanes.

FONTVIEILLE – 13 Bouches-du-Rhône – **340** D3 – 3 417 h. – alt. 20 m   **42** E1
– ⊠ 13990 ▌Provence

  ▶ Paris 712 – Arles 12 – Avignon 30 – Marseille 92
  ▌ Office de tourisme, avenue des Moulins ℰ 04 90 54 67 49,
    Fax 04 90 54 69 82
  ◉ Moulin de Daudet ≤★.
  ◑ Chapelle St-Gabriel★ N : 5 km.

La Regalido 🌿

r. F. Mistral – ℰ 04 90 54 60 22 – www.laregalido.com – Fax 04 90 54 64 29
– Fermé janv. et fév.
15 ch – †120/300 € ††120/300 €, ⌷ 20 € – ½ P 105/195 €
Rest – (fermé lundi) (15 €) Menu 28/34 € – Carte 30/40 €
• Ce vieux moulin à huile blotti au cœur d'un exubérant jardin fleuri accueille des chambres jolies et fraîches, décorées dans un style contemporain. Piscine et spa créés en 2009. Salle à manger voûtée, verdoyante terrasse, recettes classiques et saveurs du Sud.

La Peiriero

36 av. des Baux – ℰ 04 90 54 76 10 – www.hotel-peiriero.com
– Fax 04 90 54 62 60 – Ouvert de Pâques à la Toussaint
42 ch – †89/135 € ††89/210 €, ⌷ 12 €   **Rest** – (dîner seult) Menu 28 €
• Plaisant hôtel construit sur une ancienne carrière de pierre ("peiriero" en provençal). Chambres de style régional. Minigolf, jeu d'échecs géant et sauna. Plats traditionnels servis en salle ou sur la ravissante terrasse ouverte sur le jardin arboré.

Hostellerie St-Victor sans rest 🌿

chemin des Fourques, par rte d'Arles – ℰ 04 90 54 66 00
– www.hotel-saint-victor.com – Fax 04 90 54 67 88 – Fermé 6-22 fév.
10 ch – †80/140 € ††80/140 €, ⌷ 11 €
• Cette maison respectueuse de l'architecture locale bénéficie du calme d'un quartier résidentiel. Belle piscine, chambres rénovées par étapes et étonnantes salles de bains.

Le Val Majour sans rest

22 rte d'Arles – ℰ 04 90 54 62 33 – www.valmajour.com – Fax 04 90 54 61 67
32 ch – †60/140 € ††60/140 €, ⌷ 10 €
• Dans un environnement tranquille, cet hôtel des années 1970 propose de spacieuses chambres colorées, parfois dotées de balcons tournés sur le parc. Salon et piscine agréables.

Hostellerie de la Tour

3 r. Plumelets, rte d'Arles – ℰ 04 90 54 72 21 – www.hotel-delatour.com
– Fax 04 90 54 86 26
10 ch – †55 € ††61/72 €, ⌷ 10 € – ½ P 56/64 €
Rest – (dîner seult) Menu 28 €
• Les habitués plébiscitent cette coquette auberge pour ses chambres simples et agréables, son plaisant jardin-piscine, son accueil attentif et sa tenue sans défaut. Cuisine familiale servie dans une salle où cohabitent vieilles pierres et notes contemporaines.

✕ Le Patio

117 rte du Nord – ℰ 04 90 54 73 10 – www.lepatio-alpilles.com – Fermé
vacances de Toussaint, de fév., mardi soir hors saison, dim. soir et merc.
Rest – (nombre de couverts limité, prévenir) (19 €) Menu 28/35 €
– Carte 50/60 €
• Dans cette bergerie du 18e s., on profite d'un chaleureux décor rustique chic et d'un joli patio ombragé d'acacias, palmiers et magnolias. Carte provençale actualisée.

✕ La Table du Meunier

42 cours Hyacinthe Bellon – ℰ 04 90 54 61 05 – Fax 04 90 54 77 24 – Fermé nov.,
20-29 déc., fév., mardi sauf juil.-août et merc.
Rest – (nombre de couverts limité, prévenir) (20 €) Menu 25/33 €
– Carte 34/40 €
• Madame concocte une goûteuse cuisine du terroir, tandis que monsieur vous reçoit avec attention dans une salle rustique ou sur la terrasse agrémentée d'un poulailler de 1765.

rte de Tarascon 5 km au Nord-Ouest par D 33 – ⌧ 13150 Tarascon

Les Mazets des Roches 🌿

rte de Fonvieille – ℰ 04 90 91 34 89 – www.mazetsdesroches.com
– Fax 04 90 43 53 29 – Ouvert de Pâques à mi-oct.
37 ch – †60/137 € ††69/153 €, ⌷ 12 € – 1 suite
Rest – (fermé jeudi midi et sam. midi sauf juil.-août) (15 € bc) Menu 25 € (sem.)/
39 € – Carte 41/64 €
• Un établissement agréable pour se mettre au vert (parc boisé de 13 ha, piscine de 25 m). Chambres fonctionnelles et confortables, égayées de tissus aux tons chaleureux. Accueillante salle à manger-véranda : meubles en teck patiné et plantes vertes.

FORBACH 👁 – 57 Moselle – **307** M3 – 21 956 h. – Agglo. 104 074 h.   **27** C1
– alt. 222 m – ⊠ 57600 ▯ Alsace Lorraine

▶ Paris 385 – Metz 59 – St-Avold 23 – Sarreguemines 21

🚹 Office de tourisme, 174 c, rue nationale ℰ 03 87 85 02 43,
Fax 03 87 85 17 15

🏨 **Mercure**   🛱 🕮 ⻔ AC ch, 🛜 🕸 P VISA ⓪ AE ⓪

70 r. F. Barth, par ②, près piscine et échangeur Forbach-Sud Centre de Loisirs
– ℰ 03 87 87 06 06 – www.mercure.com
– Fax 03 87 84 04 23
67 ch – ♦75/105 € ♦♦85/125 €, ⊇ 14 €
Rest – *(fermé sam. midi)* Menu 19/35 € – Carte 25/41 €
• Hôtel de chaîne excentré situé entre l'autoroute et un complexe sportif. Deux catégories de chambres ("standard" et "confort") ; bonne installation pour séminaires. Salle à manger moderne prolongée d'une véranda.

🍴🍴 **Le Schlossberg**   🛱 🎭 ⇆ VISA ⓪

13 r. Parc – ℰ 03 87 87 88 26
– Fax 03 87 87 83 86
– Fermé 26 juil.-10 août, 1er-18 janv., dim. soir, mardi soir et merc.
Rest – Menu 18 € (sem.)/49 € – Carte 35/63 €   **B**s
• Bâti en pierre du pays, ce restaurant côtoie le parc du Schlossberg. Salle au beau plafond marqueté et aux boiseries habillées de couleurs claires. Terrasse sous les tilleuls.

à Stiring-Wendel 3 km au Nord-Est par D 603 – 12 588 h. – alt. 240 m – ⊠ 57350

🚹 Syndicat d'initiative, 1, place de Wendel ℰ 03 87 87 07 65, Fax 03 87 87 69 98

XXX **La Bonne Auberge** (Lydia Egloff)　　　　🛋 AC P VISA ☺ AE
❀
15 r. Nationale – ℰ *03 87 87 52 78 – Fax 03 87 87 18 19 – Fermé vacances de printemps, 15-31 août, 26 déc.-3 janv., sam. midi, dim. soir et lundi*
Rest – Menu 40 € (déj. en sem.), 55/95 € – Carte 67/96 €珏
Spéc. Bouchée à la reine "version contemporaine". Saint-Jacques au boudin noir (15 oct. à fin fév.). Gratin de mirabelles soufflé en chaud-froid.
♦ Élégante salle contemporaine entourant le jardin d'hiver éclairé par un puits de lumière, goûteuse cuisine inventive et belle carte des vins : une enseigne-vérité !

à Rosbrück 6 km par ③ – 789 h. – alt. 200 m – ✉ 57800

XXX **Auberge Albert Marie**　　　　　　　　AC P VISA ☺ AE
1 r. Nationale – ℰ *03 87 04 70 76 – Fax 03 87 90 52 55 – Fermé sam. midi, dim. soir et lundi*
Rest – (25 € bc) Menu 38/60 € – Carte 45/65 €珏
♦ Belle mise en place, plafond à caissons, boiseries sombres et discrète thématique à la gloire du coq : la tradition est autant à l'honneur dans le cadre que sur la carte.

FORCALQUIER ◉ – 04 Alpes-de-Haute-Provence – 334 C9 – 4 654 h.　40 B2
– alt. 550 m – ✉ 04300 ▌Provence

▶ Paris 747 – Aix-en-Provence 80 – Apt 42 – Digne-les-Bains 50
🛈 Office de tourisme, 13, place du Bourguet ℰ 04 92 75 10 02, Fax 04 92 75 26 76
◉ Site★ - Cimetière classé★ - ❋★ de la terrasse N.-D. de Provence.
◧ Mane★ - St-Michel-l'Observatoire★ - Observatoire de Haute-Provence★.

🏨 **La Bastide Saint Georges** sans rest ⬎　　　🚿 ⌇ ☺ ⅙ AC 🕪 P
rte de Banon, 2 km par D 950 – ℰ *04 92 75 72 80*　　　　VISA ☺ AE
– www.bastidesaintgeorges.com – Fax 04 92 75 72 81 – Fermé 22 nov.-25 déc. et 3 janv.-1ᵉʳ mars
22 ch – ♦95/240 € ♦♦95/240 €, ⬚ 15 € – 1 suite
♦ Maison de style provençal, contemporain et naturel (bois, rotin, pierre, lin). Chambres (sauf une) avec terrasse. Petit-déjeuner sous la tonnelle. Piscine et spa avec massages.

X **Les Terrasses de la Bastide**　　　　🛋 ⅙ AC P VISA ☺ AE
rte de Banon – ℰ *04 92 73 32 35 – www.lesterrassesdelabastide.com – Fermé 15 janv.-15 mars, 20 nov.-15 déc., dim. soir, mardi midi et lundi hors saison*
Rest – (16 €) Menu 26 € – Carte 27/41 €
♦ Restaurant méditerranéen orné de photos sur le thème de l'olive. Cuisine traditionnelle du marché, avec en spécialité les pieds et paquets. Terrasse tournée vers le jardin.

à l'Est 4 km par D 4100 et rte secondaire – ✉ 04300 Forcalquier

🏠 **Auberge Charembeau** sans rest ⬎　　⬉ ⌘ ⌇ ❀ ⅙ 🕪 P VISA ☺ AE
rte de Niozelles – ℰ *04 92 70 91 70 – www.charembeau.com – Fax 04 92 70 91 83 – Ouvert 1ᵉʳ mars-15 nov.*
25 ch – ♦58/102 € ♦♦58/110 €, ⬚ 9 €
♦ Ferme du 18ᵉ s. dans un charmant parc vallonné. Ce cadre avenant et la décoration provençale des vastes chambres vous plongeront dans un havre de quiétude.

à Mane 4 km au Sud par D 4100 – 1 329 h. – alt. 500 m – ✉ 04300

🏨 **Couvent des Minimes** ⬎　⬉ ⌘ ⌇ 🗏 ☺ 🗲 ❀ 📶 ⅙ AC 🕪 ♨ P
chemin des Jeux de Maï – ℰ *04 92 74 77 77*　　　　VISA ☺ AE ①
– www.couventdesminimes-hotelspa.com – Fax 04 92 74 77 78
42 ch – ♦170/200 € ♦♦215/590 €, ⬚ 29 € – 4 suites
Rest *Le Cloître* – *(fermé lundi)* Menu 49 € bc (déj.), 70/88 € – Carte 60/110 €珏
Rest *Le Bancaou* – Menu 31/50 € – Carte 40/73 €
♦ Couvent des Minimes (1862) superbement réaménagé en hôtel de luxe. Décor sobre et raffiné, équipements modernes dans les chambres. Parc, jardin aux nombreuses essences. Spa signé L'Occitane. Cuisine méditerranéenne personnalisée au Cloître, avec sa terrasse ombragée. Formules buffets l'été, au Bancaou.

Mas du Pont Roman sans rest ⌂   🛋 🔟 🔟 ᕼ ⑲ 𝐏 𝚅𝚒𝚜𝚊 ◉
chemin de Châteauneuf, rte d'Apt – ℰ *04 92 75 49 46 – www.pontroman.com
– Fax 04 92 75 36 73*
9 ch – †65 € ††80 €, � 8 €
♦ Accueil chaleureux en ce mas traditionnel proche d'un vieux pont roman. Coquet salon et chambres de style régional. Le "plus" : deux piscines (l'une balnéo et à contre-courant).

LA FORÊT-FOUESNANT – 29 Finistère – **308** H7 – 3 161 h.   9 B2
– alt. 19 m – ⊠ 29940 ▌ Bretagne

▶ Paris 552 – Concarneau 8 – Pont-l'Abbé 22 – Quimper 16
🛈 Office de tourisme, 2, rue du Port ℰ 02 98 51 42 07, Fax 02 98 51 44 52

✗✗ **Auberge St-Laurent**   🍽 🏡 𝐏 𝚅𝚒𝚜𝚊 ◉
6 rte de Beg Menez, 2 km rte Concarneau par la côte – ℰ *02 98 56 98 07
– Fax 02 98 56 98 07 – Fermé vacances de la Toussaint, de fév., lundi soir, mardi
soir hors saison et merc.*
Rest – (15 €) Menu 22/40 € – Carte 28/48 €
♦ Cuisine traditionnelle, agrémentée parfois de saveurs asiatiques, servie soit dans une salle au décor contemporain, soit dans un cadre plus rustique. Paisible terrasse d'été.

FORGES-LES-EAUX – 76 Seine-Maritime – **304** J4 – 3 542 h.   33 D1
– alt. 161 m – Casino – ⊠ 76440 ▌ Normandie Vallée de la Seine

▶ Paris 117 – Rouen 44 – Abbeville 73 – Amiens 72
🛈 Office de tourisme, rue Albert Bochet ℰ 02 35 90 52 10, Fax 02 35 90 34 80

🏠 **Le Continental** sans rest   🛋 ᕼ ⑲ 𝐏 𝚅𝚒𝚜𝚊 ◉ 𝔸𝔼 ◉
av. des Sources, rte de Dieppe – ℰ *02 32 89 50 50 – www.domainedeforges.com
– Fax 02 35 90 39 52*
44 ch – †59/77 € ††69/77 €, ⊡ 10 €
♦ Petit immeuble de style régional abritant des chambres assez grandes, décorées dans un style contemporain. Confortable salon et charmante salle de petits-déjeuners.

✗✗ **Auberge du Beau Lieu** avec ch   🏡 ⑲ 𝐏 𝚅𝚒𝚜𝚊 ◉ 𝔸𝔼
rte de Gournay, 2 km par D 915 – ℰ *02 35 90 50 36 – www.aubergedubeaulieu.fr
– Fermé 11 janv.-4 fév., lundi sauf fériés et mardi*
3 ch – †50 € ††60/75 €, ⊡ 13 €   **Rest** – (17 €) Menu 30/50 € – Carte 29/50 €
♦ Auberge campagnarde du pays brayon. L'hiver, on se réfugie avec plaisir auprès de l'âtre de la douillette salle de restaurant. Terrasse d'été. Chambres au rez-de-chaussée.

FORT-MAHON-PLAGE – 80 Somme – **301** C5 – 1 278 h. – alt. 2 m   36 A1
– Casino – ⊠ 80120 ▌ Nord Pas-de-Calais Picardie

▶ Paris 225 – Abbeville 41 – Amiens 90 – Berck-sur-Mer 19
🛈 Office de tourisme, 1000, av. de la Plage ℰ 03 22 23 36 00, Fax 03 22 23 93 40
⛳ de Belle-Dune Promenade du Marquenterre, (près de l'Aquaclub),
ℰ 03 22 23 45 50
◎ Parc ornithologique du Marquenterre★★ S : 15 km.

🏠 **Auberge Le Fiacre** ⌂   🛋 🔟 ᕼ ch, 🍽 ch, ⑲ 𝐏 𝚅𝚒𝚜𝚊 ◉
à Routhiauville, 2 km au Sud-Est par rte de Rue – ℰ *03 22 23 47 30
– www.lefiacre.fr – Fax 03 22 27 19 80 – fermé 20 déc. -1er fév.*
11 ch – †102/110 € ††102/110 €, ⊡ 13 € – 3 suites
Rest – (fermé le midi du lundi au vend. de déc. à mi-avril) Menu 36/47 €
– Carte environ 55 €
♦ Lieu idéal pour se mettre au vert, cette ancienne ferme du Marquenterre profite d'un coquet cadre campagnard. Atmosphère cosy dans les chambres joliment personnalisées. Cuisine classique servie dans un cadre soigné ou en terrasse côté jardin.

🏠 **La Terrasse**   ⪡ 🏡 ▐ ᕼ rest, 🗚 rest, 🍽 ch, ♨ 🔁 𝐏 𝚅𝚒𝚜𝚊 ◉ ◉
1461 av de la Plage – ℰ *03 22 23 37 77 – www.hotellaterrasse.com
– Fax 03 22 23 36 74 – Fermé 3-25 janv.*
56 ch – †43/105 € ††43/105 €, ⊡ 11 € – ½ P 43/76 €
Rest – Menu 16/60 € bc – Carte 35/60 €
♦ Établissement familial du front de mer aux chambres confortables : certaines regardent vers le large, d'autres donnent sur la cour, plus au calme. Panorama et décor marins, carte iodée et terrasse côté restaurant ; espace brasserie.

LA FOSSETTE (PLAGE DE) – 83 Var – **340** N7 – rattaché au Lavandou

---

FOS-SUR-MER – 13 Bouches-du-Rhône – **340** E5 – **15 734 h.**   **40** A3
– alt. 11 m – ⊠ 13270 ▌ Provence

> ◨ Paris 750 – Aix-en-Provence 55 – Arles 42 – Marseille 51
>
> 🛈 Syndicat d'initiative, avenue René Cassin ℰ 04 42 47 71 96, Fax 04 42 05 27 55
>
> ◎ Village ★.

🏠 **Ariane Fos** ⌂   ⇄ ⌫ ℅ ℻ ℀ ch, ⅍ **P** 𝗩𝗜𝗦𝗔 ⦿ 𝔸𝔼 ⓪
rte d'Istres : 3 km – ℰ 04 42 05 00 57 – www.arianefoshotel.com
– Fax 04 42 05 51 00
72 ch – ♦84/102 € ♦♦89/107 €, � 11 €
Rest – (14 €) Menu 25 € (sem.) – Carte 32/45 €
♦ Près de l'étang de l'Estomac, cet hôtel propose des chambres actuelles (un tiers avec balcon), spacieuses et insonorisées. Bons équipements de loisirs et de séminaires. Salle de restaurant lumineuse où l'on propose une cuisine traditionnelle.

FOUCHÈRES – 10 Aube – **313** F5 – **469 h.** – alt. 138 m – ⊠ 10260   **13** B3

> ◨ Paris 189 – Troyes 25 – Bar-sur-Aube 42 – Bar-sur-Seine 11

✗✗ **Auberge de la Seine**   ⌫ ℀ ⇄ 𝗩𝗜𝗦𝗔 ⦿ 𝔸𝔼
1 fg de Bourgogne – ℰ 03 25 40 71 11 – www.aubergedelaseine.com
– Fax 03 25 40 84 09 – Fermé dim. soir et lundi
Rest – (19 €) Menu 29/68 € bc – Carte 38/54 €
♦ Relais de poste du 18ᵉ s. agrandi d'une belle terrasse surplombant la Seine. On y mange
des plats simples à base de bons produits frais en provenance du marché.

FOUDAY – 67 Bas-Rhin – **315** H6 – **340 h.** – ⊠ 67130 ▌ Alsace Lorraine   **1** A2

> ◨ Paris 412 – St-Dié 34 – Saverne 55 – Sélestat 37

🏠 **Julien**   ◫ ⌫ ◳ ℔ ▤ ⅌ ch, ℡ ⅍ **P** 𝗩𝗜𝗦𝗔 ⦿ 𝔸𝔼
⊜   D 1420 – ℰ 03 88 97 30 09 – www.hoteljulien.com – Fax 03 88 97 36 73 – Fermé
⊛   3-22 janv.
37 ch – ♦115/180 € ♦♦115/180 €, ⊑ 17 € – 10 suites – ½ P 92/115 €
Rest – (fermé mardi) (15 €) Menu 18 € (sem.), 30/55 € – Carte 30/55 €
♦ En pleine verdure, cette maison dispose de chambres chaleureuses et soignées (alliance
du bois et de tons rouges). Les plus : espace bien-être complet et séjours à thème. On sert
une cuisine classique simple et copieuse dans d'élégantes salles à manger.

FOUESNANT – 29 Finistère – **308** G7 – **9 716 h.** – alt. 30 m – ⊠ 29170   **9** B2
▌ Bretagne

> ◨ Paris 555 – Carhaix-Plouguer 69 – Concarneau 11 – Quimper 16
>
> 🛈 Office de tourisme, Espace Kernevelech ℰ 02 98 51 18 88,
> Fax 02 98 56 64 02
>
> ▥ de Cornouaille à La Forêt-Fouesnant Manoir du Mesmeur, E : 4 km par
> D 44, ℰ 02 98 56 97 09

🏠 **L'Orée du Bois** sans rest   ℡ 𝗩𝗜𝗦𝗔 ⦿
4 r. Kergoadig, (près église) – ℰ 02 98 56 00 06 – www.hotel-oreedubois.com
– Fax 02 98 56 14 17
15 ch – ♦36/70 € ♦♦36/70 €, ⊑ 8 €
♦ Près de l'église, petit hôtel entièrement rénové par la nouvelle propriétaire très souriante.
Chambres actuelles qui mêlent styles contemporain et marin. Prix doux.

au Cap Coz 2,5 km au Sud-Est par rte secondaire – ⊠ 29170 Fouesnant

🏠 **De la Pointe du Cap Coz** ⌂   ⇐ ⌫ ℅ rest, ℅ ℡ 𝗩𝗜𝗦𝗔 ⦿ 𝔸𝔼
⊛   153 av. de la Pointe – ℰ 02 98 56 01 63 – www.hotel-capcoz.com
– Fax 02 98 56 53 20 – Fermé 22-26 nov., 1ᵉʳ janv.-12 fév. et dim. soir du 1ᵉʳoct.
au 15 mars
16 ch – ♦58/61 € ♦♦67/98 €, ⊑ 10 € – ½ P 73/89 €
Rest – (fermé dim. soir et lundi midi du 1ᵉʳ sept. au 15 juin et merc.)
Menu 26/53 € – Carte 60/90 €
♦ Maison bretonne à l'extrémité du Cap-Coz. Chambres chaleureuses (décoration
actuelle) donnant sur l'océan ou sur l'anse de Port-la-Forêt. Belle cuisine personnalisée qui
met à l'honneur les produits de la mer et ceux du terroir.

Belle-Vue

30 descente Belle-Vue – ✆ 02 98 56 00 33 – hotel-belle-vue.com – Fax 02 98 51 60 85 – Ouvert de mars à oct.

16 ch – †56/67 € ††62/80 €, ☕ 9 € – ½ P 60/69 €

Rest – *(ouvert 15 mars-31 oct. et fermé lundi)* Menu 25/40 € – Carte 27/46 €

◆ Hôtel familial dominant la baie de la Forêt-Fouesnant. Les chambres, petites et sans fioritures, sont tournées vers l'océan ou vers le jardin. Au restaurant, sobre décor et cuisine de terroir sans prétention ; l'été, plaisante terrasse panoramique.

à la Pointe de Mousterlin **6 km Sud-Ouest par D 145, D 134 – ✉ 29170 Fouesnant**

De la Pointe de Mousterlin rest, rest,

108 rte de la Pointe – ✆ 02 98 56 04 12 – www.mousterlinhotel.com – Fax 02 98 56 61 02 – Fermé 5 fév.-2 mars, mardi midi, dim. soir et lundi du 17 oct. au 12 avril

42 ch – †55/73 € ††64/127 €, ☕ 15 € – 1 suite – ½ P 82/126 €

Rest – Menu 25/45 € – Carte 48/79 €

◆ Complexe balnéaire à 50 mètres de la plage. Chambres spacieuses et pratiques réparties dans trois bâtiments entourant un jardin. Bons équipements de loisirs. Cuisine du terroir à composantes océanes, servie dans deux salles dont une agrémentée d'une verrière.

FOUGÈRES – 35 Ille-et-Vilaine – 309 O4 – 20 941 h. – alt. 115 m **10** D2 – ✉ 35300 Bretagne

Paris 326 – Avranches 44 – Laval 53 – Le Mans 132

Office de tourisme, 2, rue Nationale ✆ 02 99 94 12 20, Fax 02 99 94 77 30

Château★★ - Église St-Sulpice★ - Jardin public★ : ≤★ - Vitraux★ de l'église St-Léonard - Rue Nationale★.

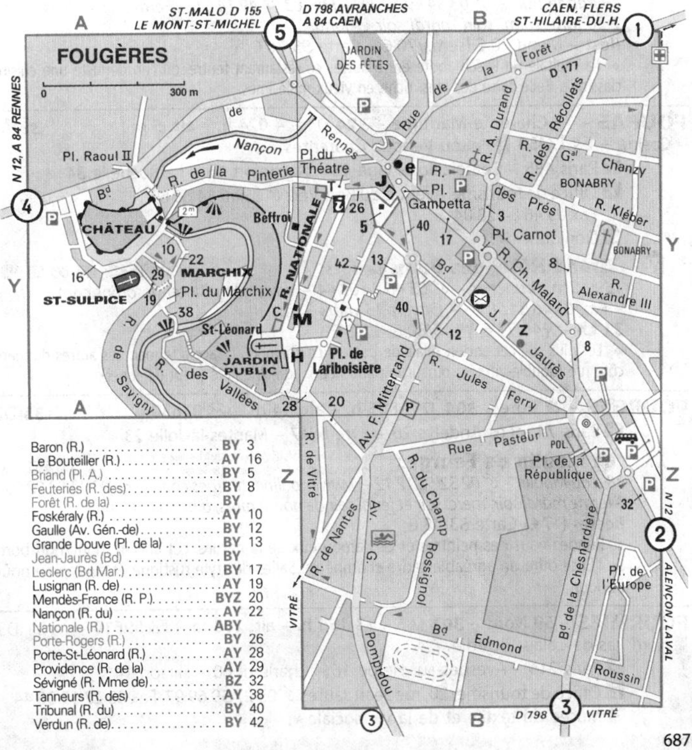

Baron (R.) ..... BY 3
Le Bouteiller (R.) ..... AY 16
Briand (Pl. A.) ..... BY 5
Feuteries (R. des) ..... BY 8
Forêt (R. de la) ..... BY
Foskéraly (R.) ..... AY 10
Gaulle (Av. Gén.-de) ..... BY 12
Grande Douve (Pl. de la) ..... BY 13
Jean-Jaurès (Bd) ..... BY
Leclerc (Bd Mar.) ..... BY 17
Lusignan (R. de) ..... AY 19
Mendès-France (R. P.) ..... BYZ 20
Nançon (R. du) ..... AY 22
Nationale (R.) ..... ABY
Porte-Rogers (R.) ..... BY 26
Porte-St-Léonard (R.) ..... AY 28
Providence (R. de la) ..... AY 29
Sévigné (R. Mme de) ..... BZ 32
Tanneurs (R. des) ..... AY 38
Tribunal (R. du) ..... BY 40
Verdun (R. de) ..... BY 42

Les Voyageurs sans rest 🎐 ☎ VISA ©© AE

10 pl. Gambetta – ☎ 02 99 99 08 20 – www.hotel-fougeres.fr – Fax 02 99 99 99 04
– Fermé 23 déc.-3 janv. et sam. en janv. BYe
37 ch – ✦57/69 € ✦✦59/72 €, ☲ 8 €
• Établissement centenaire bien situé au cœur de la ville haute. Les chambres rénovées affichent un style coloré, gai et personnalisé.

Haute Sève VISA ©© AE

37 bd Jean Jaurès – ☎ 02 99 94 23 39 – www.lehauteseve.fr – Fermé
22 juil.-22 août, 1er-20 janv., dim. soir et lundi BYz
Rest – (21 € bc) Menu 26/44 € – Carte 36/51 €
• L'avenante façade à colombages abrite une salle à manger récemment relookée dans un esprit contemporain. Cuisine régionale au goût du jour, à base de bons produits.

Chaque restaurant étoilé est accompagné de trois spécialités représentatives de sa cuisine. Il arrive parfois qu'elles ne puissent être servies : c'est souvent au profit d'autres savoureuses recettes inspirées par la saison. N'hésitez pas à les découvrir !

FOUGEROLLES – 70 Haute-Saône – 314 G5 – 3 874 h. – alt. 311 m 17 C1
– ✉ 70220 ▮ Franche-Comté Jura

▶ Paris 374 – Épinal 49 – Luxeuil-les-Bains 10 – Remiremont 25

🖼 Office de tourisme, 1, rue de la Gare ☎ 03 84 49 12 91,
Fax 03 84 49 12 91

👁 Ecomusée du Pays de la Cerise et de la Distillation★.

Au Père Rota ⅍ P VISA ©© AE

8 Grande Rue – ☎ 03 84 49 12 11 – Fax 03 84 49 14 51 – Fermé 31 août-4 sept.,
2-30 janv., dim. soir, mardi soir et lundi
Rest – Menu 20 € (sem.)/70 € – Carte 55/70 €▒
• La capitale du kirsch abrite entre autres ce restaurant feutré, où l'on déguste une cuisine classique. Belle carte des vins, riche en vieux millésimes.

FOURAS – 17 Charente-Maritime – 324 D4 – 4 024 h. – alt. 5 m 38 A2
– Casino – ✉ 17450 ▮ Poitou Vendée Charentes

▶ Paris 485 – Châtelaillon-Plage 18 – Rochefort 15 – La Rochelle 34

🖼 Office de tourisme, avenue du Bois Vert ☎ 05 46 84 60 69,
Fax 05 46 84 28 04

👁 Donjon ⚹★.

Grand Hôtel des Bains sans rest 🚗 & ☎ ☁ VISA ©© AE ①

15 r. Gén. Bruncher – ☎ 05 46 84 03 44 – www.grandhotel-desbains.com
– Fax 05 46 84 58 26 – Ouvert 15 mars-31 oct.
31 ch – ✦46/73 € ✦✦48/80 €, ☲ 8 €
• Le "plus" de cet ancien relais de poste ? La chambre 1, face à la mer. Les autres donnent côté rue (double-vitrage) ou sur le patio fleuri, agréable l'été (petit-déjeuner).

FOURGES – 27 Eure – 304 J7 – 805 h. – alt. 14 m – ✉ 27630 33 D2
▶ Paris 74 – Les Andelys 26 – Évreux 47 – Mantes-la-Jolie 23

Le Moulin de Fourges 🚗 ☂ VISA ©©

38 r. du Moulin – ☎ 02 32 52 12 12 – www.moulindefourges.com – Fax 02 32 52 92 56
– fermé mardi soir, merc. soir et jeudi soir de nov. à mars, dim. soir et lundi
Rest – (17 €) Carte 33/48 €
• Rendez-vous des peintres et des amoureux de la nature, cet ancien moulin du bord de l'Epte offre un agréable cadre champêtre. Salles de style rustique et cuisine au goût du jour.

FOURMIES – 59 Nord – 302 M7 – 13 155 h. – alt. 200 m – ✉ 59610 31 D3
▮ Nord Pas-de-Calais Picardie

▶ Paris 214 – Avesnes-sur-Helpe 16 – Charleroi 60 – Hirson 14

🖼 Office de tourisme, 20, rue Jean Jaurès ☎ 03 27 59 69 97, Fax 03 27 57 30 44

👁 Musée du textile et de la vie sociale★.

aux Étangs-des-Moines 2 km à l'Est par D 964 et rte secondaire
– ⊠ 59610 Fourmies

⌂ **Ibis** sans rest   ♨ P VISA ◯◯ AE
r. des Etangs des Moines – ℰ 03 27 60 21 54 – Fax 03 27 57 40 44
31 ch – ♦56/65 € ♦♦56/65 €, ⊂ 8 €
♦ En lisière de forêt, relais motard tenu par un patron organisant des excursions "moto verte". Chambres fonctionnelles bien tenues, pour moitié dotées de douches à l'italienne.

✗✗ **Auberge des Étangs des Moines**   ⸬ ⇔ VISA ◯◯
⊛ 97 r. des Étangs – ℰ 03 27 60 02 62
– www.restaurant-les-etangs-des-moines.com – Fax 03 27 60 10 25
– Fermé 1er-21 août, vacances de fév., sam. midi, dim. soir et lundi sauf fériés
Rest – (14 €) Menu 19/42 € – Carte 36/50 €
♦ Voici une auberge qui sait se faire aimer avec sa chaleureuse salle à manger mi-classique, mi-rustique (avec cheminée), ouverte sur une terrasse côté étangs. Plats traditionnels.

FRANCESCAS – 47 Lot-et-Garonne – 336 E5 – 725 h. – alt. 109 m – ⊠ 47600   4 C2
▶ Paris 720 – Agen 28 – Condom 18 – Nérac 14

✗✗✗ **Le Relais de la Hire**   🏡 ⸬ P VISA ◯◯ AE ◐
⊛ 11 r. Porte-Neuve – ℰ 05 53 65 41 59 – www.la-hire.com – Fermé 27 oct.-4 nov.,
vacances de fév., dim. soir, mardi soir, merc. soir et lundi
Rest – (prévenir) (15 € bc) Menu 22/56 € – Carte environ 48 €
♦ Confortable décor classique (plafond peint d'un ciel bleu), terrasse d'été et cuisine du terroir joliment personnalisée : cette maison du 18e s. cache une très bonne adresse.

FRÉHEL – 22 Côtes-d'Armor – 309 H3 – 1 586 h. – alt. 72 m – Casino   10 C1
– ⊠ 22240
▶ Paris 433 – Dinan 38 – Lamballe 28 – St-Brieuc 40
🛈 Office de tourisme, place de Chambly ℰ 02 96 41 53 81, Fax 02 96 41 59 46
◉ ⁂ ★★★.
Ⓖ Fort La Latte★★ : site★★, ⁂★★ SE : 5 km.

✗ **Le Victorine**   🏡 VISA ◯◯
3 pl. Chambly – ℰ 02 96 41 55 55 – www.levictorine.net – Fax 02 96 41 55 55
– Fermé 18 oct.-9 nov., 15 fév.-1er mars, dim. soir et lundi sauf du 6 juil. au 29 août
Rest – (14 €) Menu 21/35 € – Carte 23/49 €
♦ Ce restaurant familial situé sur la place du village vous reçoit dans une sobre salle à manger néo-rustique ou en terrasse. Cuisine traditionnelle influencée par le marché.

LA FREISSINOUSE – 05 Hautes-Alpes – 334 E5 – rattaché à Gap

FRÉJUS – 83 Var – 340 P5 – 51 537 h. – alt. 20 m – ⊠ 83600 ▌ Côte d'Azur   41 C3
▶ Paris 868 – Cannes 40 – Draguignan 31 – Hyères 90
📠 ℰ 3635 et tapez 42 (0,34 €/mn)
🛈 Office de tourisme, 325, rue Jean Jaurès ℰ 04 94 51 83 83, Fax 04 94 51 00 26
🏌 de Roquebrune à Roquebrune-sur-Argens Quartier des Planes, O : 6 km
par D 8, ℰ 04 94 19 60 35
🏌 de Valescure à Saint-Raphaël Route des golfs, NE : 8 km, ℰ 04 94 82 40 46
◉ Groupe épiscopal★★ : baptistère★★, cloître★, cathédrale★ - Ville
romaine★ A : arènes★ - Parc zoologique★ N : 5 km par ③.

Plans pages suivantes

🏠 **L'Aréna**   🍴 ⌷ ▐▐ & ch. AC ⁂ 📶 P ⇔ VISA ◯◯ AE ◐
145 r. Gén. de Gaulle – ℰ 04 94 17 09 40 – www.hotel-frejus-arena.com
– Fax 04 94 52 01 52 – Fermé nov.   **C**r
39 ch – ♦85/260 € ♦♦85/260 €, ⊂ 12 € – ½ P 73/160 €
Rest – (26 €) Menu 34/45 € – Carte 42/65 €
♦ Chambres cosy (tissus régionaux, mobilier peint, faïence…), patio odorant, piscine bleu azur : un pur concentré de Provence dans cette délicieuse maison proche des arènes. Au restaurant, vous goûterez une cuisine gorgée de soleil.

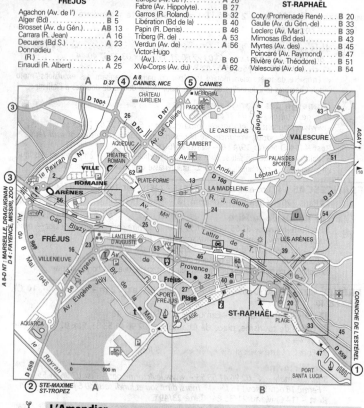

✗ L'Amandier

19 r. Marc-Antoine Desaugiers – ℰ 04 94 53 48 77 – Fermé vacances de la Toussaint, 31 déc.-10 janv. lundi midi, merc. midi et dim. **Dv**
Rest – *(nombre de couverts limité, prévenir)* (20 €) Menu 24/37 € – Carte 35/47 €
♦ Une adresse sympathique à deux pas de la mairie. Deux salles sobrement rustiques, dont une voûtée. Cuisine méridionale tout simplement bonne et belle sélection de vins.

à Fréjus-Plage AB – ⊠ 83600 Fréjus

🏠 L'Oasis sans rest ॐ

imp. Charcot – ℰ 04 94 51 50 44 – www.hotel-oasis.net – Fax 04 94 53 01 04 – Ouvert 1er fév.-12 nov. **Bh**
27 ch – ♦38/71 € ♦♦38/71 €, ☲ 7 €
♦ Il règne une ambiance familiale dans cet hôtel des années 1950 situé dans un quartier calme. Chambres fonctionnelles néo-rustiques. Petit-déjeuner sous la pergola en saison.

🏠 Atoll sans rest

923 bd de la Mer – ℰ 04 94 51 53 77 – www.atollhotel.fr – Fax 04 94 51 58 33
30 ch – ♦45/73 € ♦♦45/73 €, ☲ 6 € **At**
♦ À proximité des plages et de la marina, petit établissement familial tout simple abritant des chambres bien tenues, fonctionnelles et sobrement aménagées.

✗ Le Mérou Ardent

157 bd la Libération – ℰ 04 94 17 30 58 – Fax 04 94 17 33 79 – fermé 9-17 juin, 29 nov.-26 déc., sam. midi, lundi midi et jeudi midi en juil.-août, merc. et jeudi de sept. à juin
Rest – Menu 17/36 € – Carte 25/46 € **Be**
♦ Restaurant du front de mer où la carte, plutôt traditionnelle, privilégie les recettes de poisson. Aux beaux jours, service en terrasse, face à la plage.

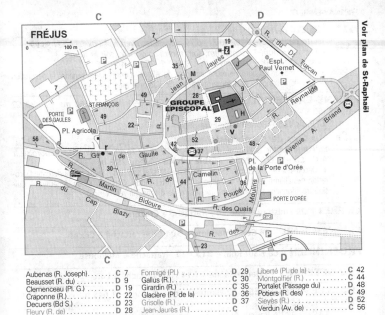

FRÉJUS

FRÉLAND – 68 Haut-Rhin – **315** H7 – 1 385 h. – alt. 425 m – ⊠ 68240   **2** C2

🚩 Paris 438 – Strasbourg 91 – Colmar 20 – Mulhouse 63

⌂   **La Haute Grange** ⬙   ⪡ 🚗 **P** 𝘝𝘐𝘚𝘈 ⬤⬤
la Chaude Côte – *𝒞 03 89 71 90 06* – www.lahautegrange.fr
4 ch ⊇ – †80/120 € ††100/140 €   **Table d'hôte** – Menu 45 € bc
♦ Isolée dans un site bucolique, adossée à la colline, cette maison ancienne vous garantit le plus grand calme. Chambres douillettes, salons rustiques (cheminée, bibliothèque). Cuisine personnalisée de la maîtresse des lieux, jouant sur l'association mets-vins.

LE FRENEY-D'OISANS – 38 Isère – **333** J7 – 270 h. – alt. 926 m   **45** C2
– ⊠ 38142

🚩 Paris 626 – Bourg-d'Oisans 12 – La Grave 16 – Grenoble 64
🄸 Syndicat d'initiative, Le Village *𝒞 04 76 80 05 82, Fax 04 76 80 05 82*
◎ Barrage du Chambon★★ SE : 2 km - Gorges de l'Infernet★ SO : 2 km
▌Alpes du Nord

à Mizoën Nord-Est : 4 km par N 91 et D 1091 – 173 h. – alt. 1 100 m – ⊠ 38142

🏨   **Panoramique** ⬙   ⪡ 🚗 🕭 ⚙ 🛈 **P** 𝘝𝘐𝘚𝘈 ⬤⬤
↻   rte des Aymes – *𝒞 04 76 80 06 25* – www.hotel-panoramique.com
– Fax 04 76 80 25 12 – Ouvert 2 mai-21 sept. et 20 déc.-31 mars
9 ch ⊇ – †75/85 € ††95/105 € – ½ P 59/65 €
Rest – Menu 19/27 € – Carte 26/32 €
♦ Outre son très bel environnement, ce chalet fleuri a de nombreux atouts : accueil charmant, tenue méticuleuse, solarium exposé plein sud, sauna, etc. Salle de restaurant panoramique et agréable terrasse d'été face aux sommets.

LE FRENZ – 68 Haut-Rhin – **315** F9 – **rattaché à Kruth**

FRESNAY-EN-RETZ – 44 Loire-Atlantique – **316** E5 – 1 068 h.   **34** A2
– alt. 15 m – ⊠ 44580

🚩 Paris 425 – Nantes 40 – La Roche-sur-Yon 64 – Saint-Nazaire 51

XX **Le Colvert** `AC` `VISA` `OO` `AE`

14 rtd de Pornic – ℰ 02 40 21 46 79 – www.lecolvert.fr – Fax 02 40 21 95 99
– Fermé 16 août-11 sept., dim. soir, mardi soir, merc. soir et lundi
Rest – Menu 18 € (déj. en sem.), 30/52 € – Carte 44/60 €
  ◆ Cette maison en bord de route, au cœur du village, a entièrement repensé la décoration de sa salle à manger : plus contemporaine, elle s'accorde bien avec la cuisine actuelle.

FRESNE-CAUVERVILLE – 27 Eure – 304 C6 – 191 h. – alt. 160 m   33 C2
– ⌧ 27260

▶ Paris 155 – Rouen 81 – Évreux 59 – Le Havre 62

⌂ **Le Clos de l'Ambroisie** 🌿 `P`

La Forge Subtile, 500 m au Sud-Est – ℰ 02 32 42 76 40 – www.closdelambroisie.fr
4 ch ⌧ – ♦55 € ♦♦65 €   **Table d'hôte** – Menu 25 € bc
  ◆ Découvrez cet ancien pressoir normand du 18e s. et son jardin invitant à la détente. Décoration des chambres sur la thématique des pierres (Rubis, Citrine, M'Bigou, Améthyste). Cuisine traditionnelle teintée d'exotisme à la table d'hôte (sur réservation).

LE FRET – 29 Finistère – 308 D5 – rattaché à Crozon

FRICHEMESNIL – 76 Seine-Maritime – 304 G4 – rattaché à Clères

---

FROENINGEN – 68 Haut-Rhin – 315 H10 – rattaché à Mulhouse

FROIDETERRE – 70 Haute-Saône – 314 H6 – rattaché à Lure

FRONCLES-BUXIERES – 52 Haute-Marne – 313 K4 – 1 645 h.   14 C3
– alt. 226 m – ⌧ 52320

▶ Paris 282 – Bar-sur-Aube 41 – Chaumont 28 – Neufchâteau 52

X **Au Château** `P` `VISA` `OO`

Parc d'Activités – ℰ 03 25 02 93 84 – restaurant.auchateau.monsite.wanadoo.fr
– Fermé vacances de Noël, sam. midi et dim. soir
Rest – Menu 13 € (déj. en sem.), 27/51 € – Carte 38/54 €
  ◆ Grande maison bourgeoise constituée de petits salons en guise de salles à manger et dotée d'une vaste terrasse couverte tournée vers le parc ; cuisine au goût du jour soignée.

FRONTIGNAN – 34 Hérault – 339 H8 – 22 410 h. – alt. 2 m – ⌧ 34110   23 C2
▌ Languedoc Roussillon

▶ Paris 775 – Lodève 59 – Montpellier 26 – Sète 10

rte de Montpellier 4 km au Nord-Est sur D 612– ⌧ 34110 Frontignan

⌂ **Hôtellerie de Balajan** `AC` `P` `VISA` `OO` `AE`

41 rte de Montpellier – ℰ 04 67 48 13 99 – www.hotel-balajan.com
– Fax 04 67 43 06 62 – Fermé 24 déc.-4 janv., fév. et dim. soir de nov. à mars
18 ch – ♦75 € ♦♦75/109 €, ⌧ 11 € – ½ P 67/77 €
Rest – (fermé dim. soir hors saison, lundi midi, mardi midi et sam. midi) (20 €)
Menu 25/55 € – Carte 21/68 €
  ◆ Accueillant hôtel situé en bord de route doté de chambres pratiques. Certaines profitent d'une vue sur le vignoble et le massif de la Gardiole. La convivialité du restaurant doit beaucoup à ses tables fleuries ; saveurs méridionales dans l'assiette. Salon cosy.

FRONTONAS – 38 Isère – 333 E4 – 1 812 h. – alt. 260 m – ⌧ 38290   44 B2
▶ Paris 495 – Ambérieu-en-Bugey 44 – Lyon 34 – La Tour-du-Pin 26

XX **Auberge du Ru** `P` `VISA` `OO`

Le Bergeron-Les-Quatre-Vies – ℰ 04 74 94 25 71 – www.aubergeduru.fr
– Fax 04 74 94 25 71 – Fermé 15-23 fév., 13 juil.-4 août, dim. soir, lundi et mardi
Rest – Menu 28 € bc/49 €
  ◆ Nouveau décor frais et original (tons mode, clins d'œil culinaires, toiles monochromes), saveurs du moment, jolis côtes-du-rhône sagement tarifés et bons conseils du patron.

FUISSÉ – 71 Saône-et-Loire – 320 I12 – 325 h. – alt. 290 m – ⌧ 71960   8 C3
▌ Bourgogne

▶ Paris 401 – Charolles 54 – Chauffailles 52 – Mâcon 9

XX **Au Pouilly Fuissé** 🏠 ❖ VISA ⦿

le bourg – ℰ 03 85 35 60 68 – www.restaurant.aupouillyfuisse.fr
– Fax 03 85 35 60 68 – Fermé mardi soir, merc. d' oct. à avril et dim. soir
Rest – (17 €) Menu 21 € (déj. en sem.), 30/58 € – Carte 37/95 €
♦ Comme son nom l'indique, cette auberge familiale accompagne sa cuisine traditionnelle des bons vins de la région. Salle à manger-véranda et terrasse ombragée.

FUTEAU – 55 Meuse – **307** B4 – **rattaché à Ste-Menehould (51 Marne)**

FUVEAU – 13 Bouches-du-Rhône – **340** I5 – **8 653 h.** – alt. 283 m   **40** B3
– ⊠ 13710

🚊 Paris 765 – Marseille 36 – Brignoles 53 – Manosque 73
🇮 Office de tourisme, cours Victor Leydet ℰ 04 42 50 49 77

🏠 **Mona Lisa Ste-Victoire** 🏠 ⏚ Ⅰ₆ ⬛ & Ⅻ ch, ⅍ rest, ⅏ 🏊 🅿
D 6, (face au golf de Château l'Arc) – ℰ 04 42 68 19 19   VISA ⦿ AE ⓪
– www.monalisahotels.com – Fax 04 42 68 19 18
81 ch – ♦125/140 € ♦♦125/140 €, ⊡ 10 € – ½ P 99/112 €
Rest – *(fermé sam. midi et dim. midi) (dîner seult)* Menu 24 €
♦ Architecture contemporaine proche d'un golf. Camaïeu de beige, mobilier en bois peint et accès Internet haut débit : des chambres reposantes et bien pensées. Sauna et fitness. Lumineux restaurant dont les baies vitrées s'ouvrent sur la terrasse et la piscine.

GACÉ – 61 Orne – **310** K2 – **2 130 h.** – alt. 210 m – ⊠ 61230   **33** C2
▌Normandie Cotentin

🚊 Paris 172 – Alençon 49 – Caen 78 – Lisieux 48
🇮 Office de tourisme, Mairie ℰ 02 33 35 50 24, Fax 02 33 35 92 82

🏠 **Le Manoir des Camélias** 🍃 ⏚ Ⅰ ⅍ ⅋ & ⅍ ⅏ 🏊 🅿
rte d' Alençon – ℰ 02 33 35 67 43   VISA ⦿ AE ⓪
– www.manoirdescamelias.com – Fax 02 33 67 10 89
10 ch – ♦55/90 € ♦♦55/90 €, ⊡ 10 €
Rest – *(fermé dim. soir et merc.)* (19 €) Menu 25/40 € – Carte 35/58 €
♦ Calme et sérénité reflètent l'ambiance de ce manoir du 19ᵉ s. entouré d'un parc. Élégant salon-bar en bois patiné, chambres feutrées au décor minimaliste mais raffiné. Cuisine soignée au goût du jour dans la salle à manger où le gris et le rouge prédominent.

LA GACILLY – 56 Morbihan – **308** S8 – **2 248 h.** – alt. 22 m – ⊠ 56200   **10** C2

🚊 Paris 415 – Nantes 96 – Rennes 64 – Vannes 65
🇮 Office de tourisme, le Bout du Pont ℰ 02 99 08 21 75, Fax 02 99 08 02 48

🏠 **La Grée des Landes** 🍃 ⬳ 🏠 ⬛ ⦿ ⅋ & ⦗ 🏊 🅿 VISA ⦿ AE
rte de Cournon, 1,5 km au Sud-Est – ℰ 02 99 08 50 50
– www.lagreedeslandes.com – Fax 02 99 93 35 40
29 ch – ♦105/115 € ♦♦120/140 €, ⊡ 15 €
Rest *Les Jardins Sauvages* – (20 €) Menu 25 € (déj. en sem.), 35/70 €
– Carte 38/45 €
♦ Respect du corps et de la nature dans cet Éco-Hôtel Spa Yves Rocher : architecture minimaliste face à la vallée de l'Aff, matériaux bruts (lin, coton, chêne), toitures végétales. Grande palette de soins. Aux Jardins Sauvages, priorité aux produits locaux ou bio.

GAGNY – 93 Seine-Saint-Denis – **305** G7 – **101** 18 – **voir à Paris, Environs**

GAILLAC – 81 Tarn – **338** D7 – **12 397 h.** – alt. 143 m – ⊠ 81600   **29** C2
▌Midi-Toulousain

🚊 Paris 672 – Albi 26 – Cahors 89 – Castres 52
🇮 Syndicat d'initiative, Abbaye Saint-Michel ℰ 05 63 57 14 65, Fax 05 63 57 61 37

🏠 **La Verrerie** ⏚ 🏠 ⬛ & ch, ⬛ rest, ⅏ 🏊 🅿 VISA ⦿ AE ⓪
r. Égalité – ℰ 05 63 57 32 77 – www.la-verrerie.com – Fax 05 63 57 32 27
14 ch – ♦55/85 € ♦♦55/85 €, ⊡ 11 € – ½ P 45/60 €
Rest – *(fermé sam. midi et dim. soir)* (15 € bc) Menu 25/44 € – Carte 41/51 €
♦ Cette maison bicentenaire, aux allures de mas provençal, abritait jadis une verrerie. Chambres modernes et pratiques, à choisir côté parc (belle bambouseraie). Cuisine au goût du jour dans une lumineuse salle à manger ou en terrasse.

✗✗ Les Sarments 〔AC〕 〔VISA〕 ⓒⓞ

27 r. Cabrol, (derrière abbaye St-Michel) – ℰ 05 63 57 62 61
– www.restaurantslessarments.com – Fax 05 63 57 62 61 – Fermé 1ᵉʳ-7 mars,
1ᵉʳ-10 mai, 23 août-6 sept., merc. soir, dim. soir et lundi
Rest – *(nombre de couverts limité, prévenir)* (22 €) Menu 28/43 €
– Carte 33/40 €

◆ Découvrez le Gaillac viticole dans un chai médiéval, voisin de la Maison des Vins. Salles voûtées, exposition des tableaux des propriétaires, artistes. Cuisine traditionnelle.

✗ La Table du Sommelier 〔🍴〕〔AC〕〔VISA〕 ⓒⓞ
ⓢⓢ
34 pl. du Griffoul – ℰ 05 63 81 20 10 – www.latabledusommelier.com
– Fax 05 63 81 20 10 – Fermé dim. sauf juil.-août et lundi
Rest – (13 €) Menu 16 € bc (déj.), 20/45 € bc – Carte 16/26 € ⒝⒝

◆ Avec une telle enseigne, nul doute, c'est Bacchus que l'on célèbre dans ce "bistrot-boutique" : belle carte des vins, au verre ou en bouteille, et cuisine du marché.

GAILLAN-EN-MÉDOC – 33 Gironde – 335 F3 – rattaché à Lesparre-Médoc

---

GAILLARD – 74 Haute-Savoie – 328 K3 – rattaché à Annemasse

GAILLON – 27 Eure – 304 I7 – 6 724 h. – alt. 15 m – ⊠ 27600   33 D2
📗 Normandie Vallée de la Seine

❶ Paris 94 – Les Andelys 13 – Rouen 48 – Évreux 25
🅱 Office de tourisme, 4, pl. Aristide Briand ℰ 02 32 53 08 25, Fax 02 32 53 08 25
🅶 de Gaillon Les Artaignes, E : 1 km par D 515, ℰ 02 32 53 89 40

à Vieux-Villez Ouest : 4 km par D 6015 – 192 h. – alt. 125 m – ⊠ 27600

🅱🅰 Château Corneille 🍷 🌳 🍽 ℀ ⅃ 🅿 〔VISA〕 ⓒⓞ 〔AE〕
17 r. de l'Eglise – ℰ 02 32 77 44 77 – www.chateau-corneille.fr – Fax 02 32 77 48 79
20 ch – †89 € ††106 €, ⊇ 11 € – 2 suites
Rest *Closerie* – *(fermé 15-31 août et sam. midi)* (14 €) Menu 24/36 €
– Carte environ 38 €

◆ Profitant d'un parc d'arbres centenaires, ce manoir du 18ᵉ s. allie confort et modernité. Les chambres, au décor acajou et tons pastel, donnent sur la verdure. Cuisine traditionnelle servie dans une ancienne bergerie, entre murs en briques, cheminée et poutres.

GALÉRIA – 2B Haute-Corse – 345 A5 – voir à Corse

GALLARGUES-LE-MONTUEUX – 30 Gard – 339 J6 – 3 002 h.   23 C2
– alt. 55 m – ⊠ 30660

❶ Paris 735 – Montpellier 36 – Nîmes 26 – Arles 51

✗ Orchidéa 🌳 ⅃ 〔VISA〕 ⓒⓞ 〔AE〕 ⓞ
9 pl. Coudoulié – ℰ 04 66 73 34 07 – Fermé dim.
Rest – (16,50 €) Menu 26/33 € – Carte environ 50 €

◆ Restaurant d'esprit table d'hôte, convivial et décontracté, dont la cuisine exprime des accents basque, camarguais et réunionnais. Cadre rustique modernisé avec originalité.

GAMBAIS – 78 Yvelines – 311 G3 – 2 343 h. – alt. 119 m – ⊠ 78950   18 A2
❶ Paris 55 – Dreux 27 – Mantes-la-Jolie 32 – Rambouillet 22

✗✗ Auberge du Clos St-Pierre 🚗 🌳 ⅃ 〔VISA〕 ⓒⓞ 〔AE〕
2 bis r. Goupigny – ℰ 01 34 87 10 55 – www.restaurant-clossaintpierre-78.com
– Fax 01 34 87 03 88 – Fermé 1ᵉʳ-24 août, dim. soir, mardi soir et lundi
Rest – (20 €) Menu 26 € (déj. en sem.), 38/55 € – Carte 42/58 €

◆ Une cuisine de tradition se conçoit derrière les murs rouges de cette auberge. Elle s'apprécie dans un décor actuel ou, dès les premiers beaux jours, à l'ombre du tilleul.

GAN – 64 Pyrénées-Atlantiques – 342 J5 – 5 197 h. – alt. 210 m   3 B3
– ⊠ 64290

❶ Paris 786 – Pau 10 – Arudy 17 – Lourdes 39

✗✗ **Hostellerie L'Horizon** avec ch ⑤　　　⬚ ⬚ ⬚ ⬚ ⬚ ⬚ ⬚ ⬚ ⬚ **P**
chemin Mesplet – ℰ 05 59 21 58 93 – www.hostellerie-horizon.com
– Fax 05 59 21 71 80 – Fermé 2 janv.-13 fév.
10 ch – ♥60/80 € ♥♥65/85 €, ⬚ 8 €
Rest – *(fermé dim. soir, mardi midi et lundi)* (15 €) Menu 28/68 € bc
– Carte 55/70 €
♦ La salle à manger-véranda et la terrasse regardent un plaisant jardin. Par beau temps, les Pyrénées ferment l'horizon. Préférez les chambres récentes, plus confortables.

GANNAT – 03 Allier – **326** G6 – 5 881 h. – alt. 345 m – ⬚ 03800　　5 B1
▊ Auvergne

　▶ Paris 383 – Clermont-Ferrand 49 – Montluçon 78 – Moulins 58
　🄸 Office de tourisme, 11, place Hennequin ℰ 04 70 90 17 78,
　　Fax 04 70 90 19 45
　◉ Évangéliaire★ au musée municipal (château).

✗✗ **Le Frégénie**　　　　　　　　　　　ᵫ. **VISA** **◐◎** **AE**
🍽 　*4 r. des Frères-Bruneau – ℰ 04 70 90 04 65 – www.le-fregenie.com*
– Fax 04 70 90 04 65 – Fermé 24-31 août, 26 déc.-4 janv., dim. soir et lundi soir
Rest – Menu 15 € (déj.), 24/43 € – Carte 30/45 €
♦ Dans une rue calme, imposante maison abritant deux salles à manger au décor classique et frais, pour savourer des plats au goût du jour. Accueil souriant.

GAP **P** – 05 Hautes-Alpes – **334** E5 – 37 332 h. – alt. 735 m – ⬚ 05000　41 C1
▊ Alpes du Sud

　▶ Paris 665 – Avignon 209 – Grenoble 103 – Sisteron 52
　🄸 Office de tourisme, 2a, cours Frédéric Mistral ℰ 04 92 52 56 56,
　　Fax 04 92 52 56 57
　🄸🄸 Alpes Provence Gap Bayard Station Gap Bayard, par rte de Grenoble :
　　7 km, ℰ 04 92 50 16 83
　◉ Vieille ville★ - Musée départemental★.

Plan page suivante

🏠 **Le Clos** ⑤　　　　　　　　　　ᵫ ⬚ ⬚ **P** **VISA** **◐◎** **AE** **◑**
🍽 　*par ① rte Grenoble et chemin privé – ℰ 04 92 51 37 04 – www.leclos.fr*
– Fax 04 92 52 41 06 – Fermé vacances de la Toussaint, lundi (sauf hôtel) et dim. soir
29 ch – ♥53/62 € ♥♥53/62 €, ⬚ 9,50 €　**Rest** – Menu 19/33 € – Carte 30/45 €
♦ Cet hôtel de la périphérie gapençaise propose des chambres bien conçues (wifi, écran plat), dotées pour moitié d'un balcon. Jardin arboré avec jeux pour les enfants. Spacieuse salle à manger d'esprit rustique, prolongée d'une véranda et d'une terrasse d'été.

🏠 **Kyriad** sans rest　　　　　　　　ᵫ ᵫ. ⬚ **P** **VISA** **◐◎** **AE**
5 chemin des Matins Calmes, par ③ : 2,5 km (près piscine), rte Sisteron
– ℰ 04 92 51 57 82 – www.kyriad.fr – Fax 04 92 51 56 52
26 ch – ♥60/75 € ♥♥60/75 €, ⬚ 8 €
♦ Aux portes de Gap, sur la route Napoléon, hôtel disposant de chambres fraîches et spacieuses, aménagées de part et d'autre du jardin, où l'on petit-déjeune à la belle saison.

✗✗✗ **Patalain**　　　　　　　　　　ᵫ ⬚ ⬚ **P** **VISA** **◐◎** **AE**
🍽 　*2 pl. Ladoucette – ℰ 04 92 52 30 83 – www.lepatalain.com – Fax 04 92 52 30 83*
– Fermé 26 déc.-18 janv., dim. et lundi　　　　　　　　　　　**Yd**
Rest – Menu 37/41 €
Rest *Bistro du Patalain* – (15 €) Menu 19/23 €
♦ Belle maison de maître (1890) dotée d'un jardin et d'une terrasse sous une glycine. Carte traditionnelle proposée dans une salle bourgeoise classiquement aménagée. Au Bistro, ambiance "bouchon lyonnais", menu du jour inscrit sur ardoise et plats régionaux.

✗✗ **Le Pasturier**　　　　　　　　ᵫ ᵫ. **AK** **VISA** **◐◎** **AE** **◑**
18 r. Pérolière – ℰ 04 92 53 69 29 – Fax 04 92 53 30 91 – Fermé 1ᵉʳ-17 juin,
24 nov.-2 déc., 3-17 janv., mardi midi, dim. soir et lundi　　　　　**Ya**
Rest – (18 €) Carte 42/51 €💮
♦ Décor aux tons ensoleillés dans cette accueillante petite adresse du vieux Gap. Cuisine régionale et beau livre de cave ; terrasse ombragée sur l'arrière.

GAP

à La Bâtie-Neuve 10 km par ② – 1 976 h. – alt. 852 m – ⌖ 05230

⌂ **La Pastorale** sans rest 🛖   🖼 🏊 ♿ 📶 🅿 💳 ⚫⚫

Les Brès, 4 km au Nord-Est par D 214 et D 614 – ℰ 04 92 50 28 40
– lapastorale.net – Fax 04 92 50 21 14 – Ouvert 1ᵉʳ mai-15 oct.
8 ch – ♦81 € ♦♦81/109 €, ⌑ 9 €

♦ Les chambres, plaisantes, sont assez originalement agencées puisqu'elles s'adaptent aux volumes irréguliers de cette vénérable bâtisse du 16ᵉ s. Petit jardin ombragé. Accueil charmant.

à la Freissinouse 9 km par ④ – 503 h. – alt. 965 m – ⌖ 05000

⌂ **Azur**   📶 🏊 🕴 🖼 rest, 📶 ♿ 🅿 💳 ⚫⚫

😷 *D 994 – ℰ 04 92 57 81 30 – www.hotelazur-fr.com*
– Fax 04 92 57 92 37
45 ch – ♦54 € ♦♦54 €, ⌑ 6 € – ½ P 55 €
Rest – Menu 15 € (déj. en sem.), 20/30 € – Carte 17/55 €

♦ Hôtel disposant de chambres pratiques et colorées, plus au calme sur l'arrière. De l'autre côté de la route, un parc avec étang, piscine, jeux et annexe (deux duplex pour les familles). Cuisine classique servie dans une salle à manger spacieuse et confortable.

GAPENNES – 80 Somme – **301** E6 – 243 h. – alt. 76 m – ⊠ 80150　　**36** A1
> ▶ Paris 178 – Amiens 50 – Abbeville 17 – Berck 62

介　**La Nicoulette** sans rest 🐾　　　🚗 **P**
7 r. de St-Riquier – 𝒞 03 22 28 92 77 – nicoulette.com – Fermé 11 nov.-14 fév.
5 ch ⊡ – †76/78 € ††78 €
* Cette ancienne ferme picarde sur la sortie du village propose des chambres de bonne ampleur, toutes de plain-pied sur le joli jardin. Jacuzzi pour la détente.

GARABIT (VIADUC DE) – 15 Cantal – **330** H5 – **voir à Viaduc de Garabit**

LA GARDE – 04 Alpes-de-Haute-Provence – **334** H10 – **rattaché à Castellane**

LA GARDE – 48 Lozère – **330** H5 – **rattaché à St-Chély-d'Apcher**

LA GARDE-ADHÉMAR – 26 Drôme – **332** B7 – 1 128 h. – alt. 178 m　　**44** B3
– ⊠ 26700 ▌ Lyon Drôme Ardèche
> ▶ Paris 624 – Montélimar 24 – Nyons 42 – Pierrelatte 7
> 🛈 Syndicat d'initiative, le village 𝒞 04 75 04 40 10
> ◉ Église★ - ≼★ de la terrasse.

🏨　**Le Logis de l'Escalin** 🐾　　🚗 🖧 ⅃ & ch, 🅰🅲 ch, ⁂ ch, ⁛ **P**
1 km au Nord par D 572 – 𝒞 04 75 04 41 32 – www.lescalin.com　　**VISA ◑◐ AE**
– Fax 04 75 04 40 05 – Fermé 15-22 mars et 4-7 janv.
14 ch – †65/90 € ††68/90 €, ⊡ 12 € – ½ P 78/82 €
Rest – *(fermé dim. soir et lundi)* (21 € bc) Menu 26 € (sem.)/63 € – Carte 45/72 €
* Cette ferme aurait pu voir naître Escalin, baron de la Garde et ambassadeur de François 1er. Les chambres offrent un confort complet et un plaisant décor coloré. Cuisine traditionnelle servie dans la salle à manger provençale ou sur l'agréable terrasse ombragée.

LA GARDE-GUÉRIN – 48 Lozère – **330** L8 – ⊠ 48800　　　　**23** C1
▌ Languedoc Roussillon
> ▶ Paris 610 – Alès 59 – Aubenas 69 – Florac 71
> ◉ Donjon ⁂★ - Belvédère du Chassezac★★.

🏨　**Auberge Régordane** 🐾　　≼ 🖧 & rest, ⁂ rest, **VISA ◑◐ ①**
Prévenchères – 𝒞 04 66 46 82 88 – www.regordane.com – Fax 04 66 46 90 29
– Ouvert 17 avril-3 oct.
16 ch – †59/70 € ††59/70 €, ⊡ 9 € – ½ P 58/66 €
Rest – Menu 20/39 € – Carte 31/50 €
* Cette demeure seigneuriale (16e s.), située au cœur d'un village médiéval fortifié, recèle des pièces de caractère mariant la pierre et le bois. Salle à manger voûtée, ornée d'un superbe cantou (cheminée), terrasse dans le patio et cuisine aux accents du terroir.

LA GARENNE-COLOMBES – 92 Hauts-de-Seine – **311** J2 – **101** – **voir à Paris, Environs**

GARGAS – 84 Vaucluse – **332** F10 – 2 980 h. – alt. 275 m – ⊠ 84400　　**42** E1
> ▶ Paris 735 – Marseille 107 – Avignon 53 – Aix-en-Provence 91

🏨🏨　**Domaine de la Coquillade** 🐾　　≼ ◐ 🖧 ⅃ 🖧 & 🅰🅲 ⁂ rest, ⁛ 🕳
4,5 km au Sud-Ouest par D 83 – 𝒞 04 90 74 71 71　　　**P VISA ◑◐ AE**
– www.coquillade.fr – Fax 04 90 74 71 72
– Fermé 4 janv.-17 mars
14 ch – †220/1210 € ††240/1210 €, ⊡ 20 € – 14 suites
Rest Le Gourmet – *(fermé merc. sauf de mi-juin à mi-sept.)* (36 €) Menu 46/82 €
– Carte 56/82 €🍴
Rest Le Bistrot - Jardin dans les Vignes – *(fermé mardi sauf de mi-juin à mi-sept.)* (22 €) Menu 29 € (déj.)/32 € – Carte 42/58 €
* Domaine viticole et hôtelier, ce hameau provençal allie luxe et écologie. Chambres très raffinées, piano bar, œuvres d'art... Au Gourmet, belle salle (colonnes en pierre, charpente) et cuisine fine. Au Bistrot, plats traditionnels servis dans le caveau voûté en hiver, dans le Jardin au milieu des vignes l'été.

GARIDECH – 31 Haute-Garonne – **343** H2 – 1 498 h. – alt. 180 m   **29** C2
– ✉ 31380

> ▶ Paris 687 – Toulouse 21 – Albi 58 – Auch 96

XX   **Le Club**   🖨 🕭 **P** **VISA** **⬤⬤**
rte d'Albi – ℰ 05 61 84 20 23 – www.leclubchampetre.com – Fax 05 61 84 43 21
– Fermé 18 août-1ᵉʳ sept., 16-22 fév., sam. midi, dim. soir et lundi
Rest – (18 €) Menu 28/44 € – Carte 40/60 €
◆ Maison familiale située dans un jardin en retrait de la route. Coquette salle à manger rustique ; terrasse et véranda tournées vers la campagne. Carte traditionnelle.

GARNACHE – 85 Vendée – **316** F6 – **rattaché à Challans**

GARONS – 30 Gard – **339** L6 – **rattaché à Nîmes**

GARREVAQUES – 81 Tarn – **338** D10 – 283 h. – alt. 192 m – ✉ 81700   **29** C2

> ▶ Paris 727 – Carcassonne 53 – Castres 31 – Toulouse 52

🏠   **Le Pavillon du Château** ॐ   🖨 ⚡ 🏊 ⊙ ✗ ▣ 🗲 AC 🕯 ⚓ **P**
🐾   *Château de Garrevaques* – ℰ 05 63 75 04 54   **VISA** **⬤⬤** **AE**
– www.garrevaques.com – Fax 05 63 70 26 44
15 ch – ♦150/170 € ♦♦180/220 €, � 15 € – ½ P 110/130 €
Rest – (fermé mardi et merc.) (nombre de couverts limité, prévenir) (14 €)
Menu 17 € (déj. en sem.), 25/68 € – Carte 37/64 €♨
◆ Cet hôtel aménagé dans les communs du château abrite de très belles chambres garnies de meubles d'époque, familiaux ou chinés. Superbe spa doté d'équipements dernier cri. Cuisine au goût du jour servie dans la cave voûtée.

Le Château de Garrevaques 🏠 ॐ   ⬅ ⚡ 🏊 ⊙ ✗ 🕯 **P**
– ℰ 05 63 75 04 54 – www.garrevaques.com   **VISA** **⬤⬤** **AE**
– Fax 05 63 70 26 44
5 ch – ♦150/180 € ♦♦180/220 €, � 12 € – ½ P 110/130 €
◆ Chambres cossues et raffinées dans un château du 16ᵉ s. remanié au 19ᵉ s. Paisible et beau parc.

GARRIGUES – 34 Hérault – **339** J6 – 149 h. – alt. 62 m – ✉ 34160   **23** C2

> ▶ Paris 756 – Montpellier 37 – Nîmes 46 – Alès 51

🏠   **Château Roumanières**   🖨 🏊 🕯 **P**
pl. de la Mairie – ℰ 04 67 86 49 70 – www.chateauroumanieres.com
5 ch � – ♦75/108 € ♦♦80/108 €   **Table d'hôte** – Menu 38 € bc
◆ Cette maison familiale – ancien château du village – jouxte le domaine viticole et sa ferme fortifiée. Salle de réception du 13ᵉ s., belles chambres mariant l'ancien et l'actuel. Table d'hôte dans la salle à manger voûtée ; dégustation des vins de la propriété.

GASNY – 27 Eure – **304** J7 – 2 860 h. – alt. 36 m – ✉ 27620   **33** D2

> ▶ Paris 77 – Évreux 43 – Mantes-la-Jolie 20 – Rouen 71
> 🏌 de Villarceaux à Chaussy Château du Couvent, N : 11 km par D 37,
> ℰ 01 34 67 73 83

XX   **Auberge du Prieuré Normand**   🕭 ⟷ **VISA** **⬤⬤** **AE**
🐾   *1 pl. de la République* – ℰ 02 32 52 10 01 – www.aubergeduprieurenormand.com
– Fermé mardi soir et merc.
Rest – (17 €) Menu 26/45 € – Carte 39/54 €
◆ Depuis la Roche-Guyon, votre route vous mènera le long des boves crayeuses à cette sympathique auberge villageoise où vous attend une cuisine traditionnelle soignée.

GASSIN – 83 Var – **340** O6 – 2 859 h. – alt. 200 m – ✉ 83580   **41** C3
🏳 Côte d'Azur

> ▶ Paris 872 – Fréjus 34 – Le Lavandou 31 – St-Tropez 9
> 🏌 Gassin Golf Country Club Route de Ramatuelle, ℰ 04 94 55 13 44
> ◎ Terrasse des Barri ⩽★.
> ◎ Moulins de Paillas ⁂★★ SE : 3,5 km.

🏠 **La Villa** sans rest ⬜ 🅰🅒 ⌘ 📶 🅿 𝘝𝘐𝘚𝘈 ⓪ 🅐🅔

6 av. du Rivalet – 🕾 *04 94 97 70 14 – www.la-villa-hotel.com*
– Fax 04 94 97 64 02 – Ouvert avril-oct.
21 ch – 🛉100/170 € 🛉🛉130/230 €, ⬜ 13 €

◆ Contemporaines ou traditionnelles, les chambres sont cossues et la plupart jouissent d'une vue sur l'étendue azur du golfe de Saint-Tropez. Parfait pour un séjour reposant.

🍴🍴 **Auberge la Verdoyante** ⬅ 🎐 🅿 𝘝𝘐𝘚𝘈 ⓪

866 chemin vicinal Coste Brigade – 🕾 *04 94 56 16 23 – Fax 04 94 56 43 10*
– Ouvert 6 fév.-1ᵉʳ nov. et fermé du lundi au jeudi en fév. et mars, lundi midi et merc. d'avril à début nov.
Rest – Menu 27/50 € – Carte environ 48 €

◆ Auberge noyée dans la verdure. Goûtez son appétissante cuisine régionale sur la terrasse dominant le golfe de St-Tropez, ou dans une coquette salle provençale avec cheminée.

GAVARNIE – 65 Hautes-Pyrénées – **342** L8 – 155 h. – alt. 1 350 m   **28** A3
– **Sports d'hiver : 1 350/2 400 m** ⛷11 ⛷ – ⊠ 65120 ▌ Midi-Toulousain

▶ Paris 901 – Lourdes 52 – Luz-St-Sauveur 20 – Pau 96
🇮 Office de tourisme, le village 🕾 05 62 92 48 05, Fax 05 62 92 42 47
◉ Village★ - Cirque de Gavarnie★★★ S : 3 h 30.

à Gèdre 9 km au Nord par D 921 – 268 h. – alt. 1 000 m – ⊠ 65120

🏠 **Brèche de Roland** ⬅ 🍽 ⌂ 🛗 ⌘ rest, 📶 🅿 𝘝𝘐𝘚𝘈 ⓪

– 🕾 *05 62 92 48 54 – www.pyrenees-hotel-breche.com – Fax 05 62 92 46 05*
– Fermé 17 oct.-25 déc. et 20-30 avril
28 ch – 🛉63 € 🛉🛉63 €, ⬜ 9 € – ½ P 58 €
Rest – Menu 18/26 € – Carte 30/48 €

◆ Au pied des cirques de Gavarnie et de Troumouse, auberge familiale aménagée dans une maison de pays, lieu de départ idéal pour la découverte d'une nature intacte. Petit fitness. Salle à manger rustique ornée d'une belle cheminée et recettes du terroir.

GAZERAN – 78 Yvelines – **311** G4 – **rattaché à Rambouillet**

GÈDRE – 65 Hautes-Pyrénées – **342** L8 – **rattaché à Gavarnie**

GÉMENOS – 13 Bouches-du-Rhône – **340** I6 – 5 882 h. – alt. 150 m   **40** B3
– ⊠ 13420 ▌ Provence

▶ Paris 788 – Aix-en-Provence 39 – Brignoles 48 – Marseille 25
🇮 Syndicat d'initiative, cours Pasteur 🕾 04 42 32 18 44, Fax 04 42 32 15 49
◉ Parc de St-Pons★ E : 3 km.

🏠🏠🏠 **Relais de la Magdeleine** 🎐 ◔ 🎐 ⬜ 🛗 🅰🅒 ch, 📶 🎱 🅿

rd-pt de la Madeleine, N 396 – 🕾 *04 42 32 20 16* 𝘝𝘐𝘚𝘈 ⓪ 🅐🅔 ⓪
– www.relais-magdeleine.com – Fax 04 42 32 02 26 – Ouvert 15 mars-1ᵉʳ nov.
28 ch – 🛉110/140 € 🛉🛉115/220 €, ⬜ 16 € – ½ P 112/150 €
Rest – *(fermé lundi midi et merc. midi)* Menu 38/46 € – Carte 52/80 €

◆ C'est toute la Provence qui s'exprime dans cette élégante demeure cossue du 18ᵉ s. : mobilier ancien, tomettes, tableaux, tissus... jusqu'au chant des cigales dans le parc ! Cuisine classique, salles à manger en enfilade et décor raffiné caractérisent le restaurant.

🏠 **Bed & Suites** sans rest 🛗 ⌘ 🅰🅒 📶 🅿 𝘝𝘐𝘚𝘈 ⓪ 🅐🅔 ⓪

au parc d'activités de Gémenos, Sud : 2 km, (250 av. Château de Jouques)
– 🕾 *04 42 32 72 73 – www.bestwestern-gemenos.com – Fax 04 42 32 72 74*
32 ch – 🛉80/100 € 🛉🛉80/100 €, ⬜ 12 €

◆ Derrière sa façade ocre, hôtel récent aux chambres modernes, décorées sur les thèmes de la mer et de la Provence (plus calmes à l'avant). Certaines avec balcons et terrasses.

🏠 **Du Parc** 🎐 🍽 🎐 📶 🎱 🅿 𝘝𝘐𝘚𝘈 ⓪ 🅐🅔

Vallée St-Pons, 1 km par D 2 – 🕾 *04 42 32 20 38 – www.hotel-parc-gemenos.com*
– Fax 04 42 32 10 26
13 ch ⬜ – 🛉60/66 € 🛉🛉75/80 € – ½ P 71/75 €
Rest – (13 €) Menu 25/35 € – Carte 30/64 €

◆ Non loin du parc de St-Pons, en retrait de la départementale, une sympathique adresse noyée dans la verdure, pleine de gaieté avec ses chambres colorées. Spécialités régionales servies dans une salle de restaurant spacieuse ou sur une terrasse ombragée.

GENAS – 69 Rhône – **327** J5 – **rattaché à Lyon**

GÉNÉRARGUES – 30 Gard – **339** I4 – **rattaché à Anduze**

GENESTON – 44 Loire-Atlantique – **316** G5 – 3 233 h. – alt. 28 m   **34** B2
– ⊠ 44140

> ▶ Paris 398 – Cholet 60 – Nantes 20 – La Roche-sur-Yon 47

XX **Le Pélican**   AK ⅍ VISA ⬤⬤

😊 *13 pl. Georges Gaudet* – ℰ *02 40 04 77 88* – *Fax 02 40 04 77 88*
– *Fermé 2-27 août, 15 fév.-2 mars, dim. soir, lundi et mardi*
Rest – Menu 20/30 €
♦ Cette pimpante façade en bois peint dissimule deux petites salles à manger rénovées dans les tons jaune et bleu. Cuisine actuelle s'inspirant du répertoire classique.

GENEUILLE – 25 Doubs – **321** F3 – **rattaché à Besançon**

GÉNIN (LAC) – 01 Ain – **328** H3 – **rattaché à Oyonnax**

GÉNISSAC – 33 Gironde – **335** J5 – 1 507 h. – alt. 10 m – ⊠ 33420   **3** B1

> ▶ Paris 581 – Agen 167 – Bordeaux 38 – Périgueux 105

⌂ **L'Arbre Rouge** ⬙   ⇐ 🚗 🌳 ▥ AK ch, ☏ P

1393 rte de la Palus, à Port de Génissac, 5 km au Nord par D 121 et rte secondaire
– ℰ *05 57 24 43 72* – *www.larbrerouge.com* – *Fax 05 57 24 43 72*
– *Ouvert 15 avril-15 oct.*
5 ch � – †90/110 € ††90/110 €
Table d'hôte – *(ouvert mardi, jeudi et sam.)* Menu 35 € bc
♦ Un petit coin de paradis situé en plein vignoble de l'Entre-Deux-Mers : au bord de la Dordogne, cette ancienne ferme du 18ᵉ s. jouit d'un calme absolu. Jolies chambres sobres et contemporaines, salon design. Plats actuels servis à la table d'hôte.

GENNES – 49 Maine-et-Loire – **317** H4 – 1 952 h. – alt. 28 m – ⊠ 49350   **35** C2
▌Châteaux de la Loire

> ▶ Paris 305 – Angers 33 – Bressuire 65 – Cholet 68
> 🛈 Office de tourisme, square de l'Europe ℰ 02 41 51 84 14
> ◉ Église★★ de Cunault SE : 2,5 km - Église★ de Trèves-Cunault SE : 3 km.

XX **L'Aubergade**   AK VISA ⬤⬤ AE ①

7 av. des Cadets – *Fermé en août, vacances de la Toussaint de fév., merc. d'oct. à juin et mardi*
Rest – (16 €) Menu 25/75 € – Carte 40/55 €
♦ De retour au pays après un séjour en Amérique du Sud, le chef-patron de cette maison propose une cuisine actuelle revisitée, mêlant produits du terroir et saveurs du monde.

GENNEVILLE – 14 Calvados – **303** N3 – 702 h. – alt. 90 m – ⊠ 14600   **32** A3
> ▶ Paris 189 – Alençon 138 – Caen 61 – Évreux 88

⌂ **Le Grand Clos de St-Martin** sans rest ⬙   🐾 P

Hameau St-Martin – ℰ *02 31 87 80 44* – *www.legrandclosdesaintmartin.com*
– *Fax 02 31 87 80 44*
3 ch ⊡ – †85 € ††90 €
♦ Parc, plan d'eau, pommiers, chevaux... Un authentique paysage normand entoure cette agréable maison à colombages, très calme. Chambres cosy ; produits maison au petit-déjeuner.

GENSAC – 33 Gironde – **335** L6 – 847 h. – alt. 78 m – ⊠ 33890   **4** C1
> ▶ Paris 554 – Bergerac 39 – Bordeaux 63 – Libourne 33
> 🛈 Office de tourisme, 5, place de la Mairie ℰ 05 57 47 46 67, Fax 05 57 47 46 63

XX **Remparts** avec ch ⬙   ⇐ 🚗 ▥ ☐ ch, ☏ P VISA ⬤⬤ AE

16 r. Château – ℰ *05 57 47 43 46* – *www.lesremparts.net* – *Fax 05 57 47 46 76*
– *Fermé 1ᵉʳ janv.-4 mars*
7 ch ⊡ – †69/94 € ††77/102 € – ½ P 64/76 €
Rest – *(fermé dim. soir, lundi et le midi sauf dim.)* Menu 25 € (dîner), 27/34 €
♦ Près de l'église, ensemble typé où un chef anglais vous convie à un repas assez actuel dans une salle sobre et claire, dotée de chaises rustiques. Jolie vue sur la vallée. Chambres avenantes à l'ombre du clocher, dans le presbytère médiéval. Jardin soigné.

au Nord 2 km par D16 et D130 (rte de Juillac) – ✉ 33890 Juillac

XX **Le Belvédère** ← 🕸 🄿 VISA ⓪ AE ①
1 côte de la Tourbeille – ℰ 05 57 47 40 33 – www.restaurantlebelvedere.fr
– Fax 05 57 47 48 07 – Fermé oct., mardi sauf le midi en juil.-août et merc.
Rest – Menu 16 € (déj. en sem.), 28/58 € – Carte 34/71 €
◆ Grand chalet surplombant le village et un méandre de la Dordogne. Salle rustique avec cheminée et agréable terrasse-belvédère pour goûter une cuisine traditionnelle.

au Sud-Ouest 2 km par D18 et D15^{E1} – ✉ 33350 Ste-Radegonde

🏠 **Château de Sanse** ← ① 🕸 ⼌ ⅋ 🄺 rest, ⅋ 🄰 🄿 VISA ⓪ AE ①
– ℰ 05 57 56 41 10 – www.chateaudesanse.com – Fax 05 57 56 41 29 – Fermé
1^{er}janv.-28 fév.
12 ch – ⍥100/135 € ⍥⍥100/135 €, ⌁ 12 € – 4 suites – ½ P 87/130 €
Rest (prévenir) (20 €) Menu 25/40 € (dîner seulement) – Carte 40/61 €
◆ Dominant campagne et vignobles, noble demeure (18e s.) en pierres blondes agrémentée d'un parc et d'une belle piscine. Chambres modernes offrant ampleur, calme et caractère. Repas au goût du jour dans une véranda au cadre actuel ou sur la terrasse perchée.

GÉRARDMER – 88 Vosges – **314** J4 – 8 776 h. – alt. 669 m – Sports   **27** C3
d'hiver : 660/1 350 m ⍦31 ⍦ – Casino AZ – ✉ 88400 ▌Alsace Lorraine

▶ Paris 425 – Belfort 78 – Colmar 52 – Épinal 40
🛈 Office de tourisme, 4, place des Déportés ℰ 03 29 27 27 27,
Fax 03 29 27 23 25
◻ Lac de Gerardmer★ - Lac de Longemer★ - Saut des Cuves★ E : 3 km par ①.

Le Grand Hôtel 🗑 ⛰ 🖥 ⊕ 🐾 🎐 ⚡ 🔦 **P** VISA ⊕ AE
pl. du Tilleul – ☎ 03 29 63 06 31 – www.grandhotel-gerardmer.com
– *Fax 03 29 63 46 81*   AZ**f**
61 ch – †78/130 € ††98/195 €, ☲ 18 € – **14 suites**
Rest *Le Pavillon Pétrus* – *(dîner seult sauf vend., dim. et fériés)* Menu 45/90 €
– Carte 56/84 €
Rest *L'Assiette du Coq à l'Âne* – *(15 € bc)* Menu 19 € *(sem.)*/28 € – Carte 30/50 €
Rest *Le Grand Cerf* – *(dîner seult sauf dim. et fériés)* Menu 26 €
♦ Petit palace à l'âme vosgienne ; chambres soignées et cossues. Belles suites dans un chalet contemporain. Beau spa (massages à thème). Cadre raffiné et plats contemporains au Pavillon Pétrus. Joli décor régional et spécialités du terroir à L'Assiette du Coq à l'Âne. Cuisine classique au Grand Cerf.

Le Manoir au Lac ⚘ ⩤ ⚡ 🔲 ⅙ ch, AC rest, 🍴 ⟨ 🔦 **P** ⇆
chemin de la Droite du Lac, rte d'Épinal, 1 km par ③   VISA ⊕ AE ①
– ☎ 03 29 27 10 20 – www.manoir-au-lac.com – Fax 03 29 27 10 27
– *Fermé 12 nov.-3 déc.*
12 ch – †150/300 € ††150/300 €, ☲ 20 € – ½ P 100/200 €
Rest – *(fermé dim. et lundi) (dîner seult) (résidents seult)* Menu 30 €
♦ Jadis fréquenté par Maupassant, chalet vosgien de 1830 dans un parc. Ambiance guesthouse, piano, beau mobilier, chambres raffinées et superbe vue sur le lac. Salon de thé.

Beau Rivage ⩤ ⩧ ⚡ 🖥 🖥 ⚡ 🍴 ⟨ **P** ⇆ VISA ⊕ AE ①
esplanade du Lac – ☎ 03 29 63 22 28 – www.hotel-beaurivage.fr – Fax 03 29 63 29 83
51 ch – †69/163 € ††88/194 €, ☲ 12 € – **1 suite**   AY**e**
Rest *Côté Lac* – *(fermé sam. midi et vend. hors saison, vacances scolaires et fériés)* Menu 22 € *(déj. en sem.)*, 41/75 € – Carte 57/83 €
Rest *Le Toit du Lac* – *(fermé merc. hors vacances scolaires)* Menu 28/34 €
– Carte 24/33 €
♦ Des confortables chambres "standard" aux superbes suites face aux ondes bleutées, un esprit contemporain du meilleur goût habite cet hôtel. Spa luxueux. Le Côté Lac sert une cuisine actuelle dans un cadre élégamment relooké dans la note tendance. Lounge bar et cuissons à la plancha au Toit du Lac.

Jamagne 🔲 🐾 🖥 AC 🍴 ⟨ **P** VISA ⊕ AE
⇆ *2 bd Jamagne* – ☎ 03 29 63 36 86 – www.jamagne.com – Fax 03 29 60 05 87
– *Fermé 14 nov.-17 déc.*   AY**g**
48 ch – †60/80 € ††70/120 €, ☲ 10 € – ½ P 60/80 €
Rest – Menu 16/48 € – Carte 24/64 €
♦ Chambres d'esprit provençal et espace bien-être très complet : cap sur la détente dans cet hôtel (bien) tenu par la même famille depuis 1905. Plats traditionnels, spécialités et vins locaux dans une grande salle aux couleurs du Sud.

Gérard d'Alsace *sans rest* 🚗 ⛰ 🍴 ⟨ **P** ⇆ VISA ⊕
14 r. du 152° R.I. – ☎ 03 29 63 02 38 – www.hotel-gerard-dalsace.com
– *Fax 03 29 60 85 21* – *Fermé 15 mars-15 juin*   AZ**v**
13 ch – †55/72 € ††55/72 €, ☲ 8 €
♦ La rénovation menée ces dernières années a porté ses fruits : on vous accueille avec attention dans de mignonnes chambres actuelles et douillettes, parfaitement insonorisées.

Paix ⩧ 🖥 ⅙ rest, **P** VISA ⊕ AE
⇆ *6 av. de la Ville-de-Vichy* – ☎ 03 29 63 38 78 – www.hoteldelapaix.fr
– *Fax 03 29 63 18 53*   AZ**s**
24 ch – †42/97 € ††53/108 €, ☲ 8,50 € – ½ P 59/81 €
Rest *L'Alsace* – *(fermé dim. soir et lundi sauf vacances scolaires et fériés)*
Menu 19/30 € – Carte 26/39 €
♦ Face au lac et au casino, hôtel familial disposant de chambres rajeunies par étapes. Accès à la piscine couverte, au spa et à la salle de massages du Beau Rivage voisin. Dans une belle salle aux murs rouges, cuisine de brasserie tournée vers les spécialités alsaciennes et locales.

Les Reflets du Lac *sans rest* ⩤ 🍴 **P** VISA ⊕
201 chemin du Tour du Lac, au bout du lac, 2,5 km par ③ – ☎ 03 29 60 31 50
– www.lesrefletsdulac.com – Fax 03 29 60 31 51 – *Fermé 16 nov.-14 déc.*
14 ch – †51/59 € ††51/59 €, ☲ 6,50 €
♦ Le petit "plus" de cet hôtel ? L'apaisante vue sur le lac dont bénéficient la plupart des chambres, décorées en toute simplicité mais parfaitement tenues et assez confortables.

à Xonrupt-Longemer 4 km par ① – 1 557 h. – alt. 714 m – ⊠ 88400

🏠🏠🏠 Les Jardins de Sophie - Domaine de la Moineaudière 🔊
rte du Valtin, 4 km au Nord-Ouest   🔲 🔲 ⑤ 🔛 📶 **P** 🚗 ⑩ ⒶⒺ ⓪
par D23 et rte secondaire – ☎ 03 29 63 37 11
– *www.hotel-lesjardinsdesophie.com* – *Fax 03 29 63 17 63*
32 ch – ♦130/240 € ♦♦150/280 €, ☑ 16 € – ½ P 130/195 €
Rest – *(fermé mardi soir et merc. hors saison et hors vacances scolaires)* (25 €)
Menu 42/69 € – Carte 56/76 €
♦ Blotti parmi les épicéas, luxueux hôtel revu de pied en cap : partout règne une atmosphère raffinée et cosy, savant mariage d'un décor façon chalet et de touches design. Au restaurant, la chaleur du bois souligne l'élégance épurée des tables. Cuisine actuelle.

🏠 La Devinière sans rest 🔊   ⇐ ⤢ 📶 **P**
318 montée des Broches – ☎ 03 29 63 23 89 – *www.chambredhote-deviniere.com*
5 ch ☑ – ♦60/70 € ♦♦68/75 €
♦ Les atouts de cette ferme restaurée ? La tranquillité, la vue sur la forêt, un espace bien-
être (sauna finlandais), une piscine extérieure chauffée et cinq grandes chambres.

aux Bas-Rupts 4 km par ② – ⊠ 88400 Gérardmer

🏠🏠🏠 Les Bas-Rupts (Michel Philippe)   ⇐ ⤢ ⤢ ⤢ 🔲 🍴 🔛 ⓖ rest, 🄰🄺 rest,
🌸 *181 rte de la Bresse* – ☎ 03 29 63 09 25   **P** 🚗 ⑩ ⒶⒺ
– *www.bas-rupts.com* – *Fax 03 29 63 00 40*
21 ch – ♦150/220 € ♦♦150/220 €, ☑ 22 € – 4 suites – ½ P 150/260 €
Rest – *(prévenir le week-end)* Menu 35 € (déj. en sem.), 48/98 €
– Carte 60/95 € 🕸
Spéc. Ballotine de caille au foie gras, la cuisse confite. Tripes au riesling à la
crème et moutarde. Haut de cuisse de poulet fermier, sauce crémée au vin
jaune et morilles. **Vins** Muscat d'Alsace, Pinot noir d'Alsace.
♦ Façade en bois, beau décor rustique à l'autrichienne, agréables chambres personnalisées,
piscine couverte, sauna et hammam : le cosy du chalet, le confort en plus. Coquet restaurant
campagnard où l'on se régale d'une cuisine mariant terroir et inventivité.

🏠 Auberge de la Poulcière 🔊   ⤢ ⤢ ⓖ 📶 **P** 🚗 ⑩ ⒶⒺ
10 chemin du Bouchot – ☎ 03 29 42 04 33 – *www.auberge-poulciere.com*
– *Fermé 18 oct.-17 déc.*
7 ch *(½ P seult)* – ½ P 65/75 €
Rest – *(fermé mardi et merc.) (dîner seult sauf sam. et dim.)* (18 €)
Menu 22/38 € – Carte environ 25 €
♦ Ancienne auberge (1775) située en pleine campagne et à deux pas des pistes ; sept studios avec kitchenette et à la déco soignée (poutres blanches, mobilier en bois, canapés). Côté
table, cuisine au goût du jour servie dans une salle chaleureuse et intime.

🍴🍴 Cap Sud   ⇐ ⤢ **P** 🚗 ⑩
144 rte de la Bresse – ☎ 03 29 63 06 83 – *www.capsud-bellemaree.fr*
– *Fax 03 29 63 20 76 – Fermé lundi sauf fériés*
Rest – (16 €) Menu 28/55 € – Carte 36/59 €
♦ Escale maritime au cœur des Vosges : hublots et décor "paquebot" en acajou côté salle,
vue sur les montagnes côté véranda et cuisine du large d'inspiration méditerranéenne.

GERBEROY – 60 Oise – **305** C3 – 95 h. – alt. 180 m – ⊠ 60380   **36** A2
▶ Paris 110 – Aumale 30 – Beauvais 22 – Breteuil 37

🍴🍴 Hostellerie du Vieux Logis   ⤢ 🚗 ⑩ ⒶⒺ
25 r. Logis du Roy – ☎ 03 44 82 71 66 – *www.hostellerieduvieuxlogis.com*
– *Fax 03 44 82 61 65 – Fermé vacances de Noël, de fév., le soir sauf sam. de nov.
à mars, mardi soir, dim. soir et merc.*
Rest – (25 €) Menu 25/45 € – Carte 36/60 €
♦ Maison à l'entrée du vieux village fortifié désormais pris d'assaut par les fleurs, les peintres
et les touristes. Cheminée et charpente découverte égayent la salle.

GERMIGNY-L'ÉVÊQUE – 77 Seine-et-Marne – **312** G2 – rattaché à Meaux

GESTEL – 56 Morbihan – **308** K8 – **2 500 h.** – alt. 47 m – ⌧ 56530   **9** B2

> ➡ Paris 510 – Rennes 158 – Vannes 65 – Lorient 13

⟆ **Piscine et Golf** sans rest ॐ   ▨ ⟨ɴ⟩
6 allée Kerguestenen, 3 km au Sud-Est par D 163 et rte secondaire
– ℰ 02 97 05 15 03 – kerguestenen.monsite.wanadoo.fr – Fax 02 97 05 15 03
– Fermé 9-18 janv.
4 ch ☑ – †59/70 € ††59/70 €
◆ Cette paisible maison de lotissement recèle de plaisantes chambres thématiques – "Roses", "Anges" – tournées vers le golf et une petite piscine chauffée (30°C) à contre-courant.

GÉTIGNÉ – 44 Loire-Atlantique – **316** I5 – rattaché à Clisson

---

LES GETS – 74 Haute-Savoie – **328** N4 – **1 321 h.** – alt. 1 170 m – **Sports**   **46** F1
d'hiver : 1 170/2 000 m ⸾5 ⤐47 ⤨ – ⌧ 74260 ▮ Alpes du Nord

> ➡ Paris 579 – Annecy 77 – Bonneville 33 – Cluses 19
> ⓘ Office de tourisme, place de la Mairie ℰ 04 50 75 80 80, Fax 04 50 79 76 90
> ⓰ des Gets Les Chavannes, E : 3 km, ℰ 04 50 75 87 63
> ⒼMont Chéry ❋ ★★.

🏨🏨🏨 **Le Labrador**   ≼ ⬡ ⬡ ⬡ ⬡ ⬡ ⬡ % ✶ ⟨ɴ⟩ 🅿 ⬡ 🆅🅸🆂🅰 ⬡ 🅰🅴 ⬡
rte de La Turche – ℰ 04 50 75 80 00 – www.labrador-hotel.com
– Fax 04 50 79 87 03 – Ouvert 19 juin-5 sept. et 18 déc.-25 avril
23 ch ☑ – †80/200 € ††100/290 €
Rest Le St-Laurent – (dîner seult sauf été) (20 €) Menu 30/80 € – Carte 47/60 €
◆ Délicieuse halte dans ce chalet à la décoration typiquement savoyarde. Intérieur douillet avec salon-cheminée cossu et chambres dotées de balcon. Cuisine colorée et savoureuse servie dans une salle ornée de vieux objets pittoresques.

🏨🏨🏨 **La Marmotte**   ≼ ⬡ ⬡ � % rest, ⟨ɴ⟩ 🅿 ⬡ 🆅🅸🆂🅰 ⬡ 🅰🅴 ⬡
61 r. du Chêne – ℰ 04 50 75 80 33 – www.hotel-marmotte.com
– Fax 04 50 75 83 26 – Ouvert 3 juil.-29 août et 18 déc.-25 avril
48 ch (½ P seult en hiver) – †110 € ††139 €, ☑ 12 € – ½ P 149/236 €
Rest – (dîner seult) (résidents seult) Carte 30/48 €
◆ Après une journée de ski, détendez-vous près de la cheminée avant de vous faire dorloter dans le superbe spa (750 m²). Chambres douillettes et agrémentées de boiseries. Restaurant ouvert sur les pistes.

🏨🏨🏨 **Mont Chéry**   ≼ ⬡ ⬡ � % ⟨ɴ⟩ 🅿 ⬡ 🆅🅸🆂🅰 ⬡
421 r. du Centre – ℰ 04 50 75 80 75 – www.hotelmontchery.com
– Fax 04 50 79 70 13 – Ouvert 18 déc.-28 mars
27 ch – †120/200 € ††170/300 €, ☑ 12 €   **Rest** – (dîner seult) Menu 32/42 €
◆ Au pied des remontées mécaniques, chambres coquettes au décor montagnard chic (celles de la catégorie "chalet" donnent sur les pistes). Jacuzzi et piscine panoramiques, sauna. Cuisine traditionnelle dans une salle au style rustique (ouvert le soir seulement).

🏨🏨 **Alpina** ॐ   ≼ ⬡ ⬡ � ⟨ɴ⟩ 🅿 ⬡ 🆅🅸🆂🅰 ⬡ 🅰🅴 ⬡
55 imp. de la Grange-Neuve – ℰ 04 50 75 80 22 – www.hotelalpina.fr
– Fax 04 50 75 83 48 – Ouvert 25 mai-25 sept. et 15 déc.-15 avril
33 ch – †70/90 € ††97/160 €, ☑ 10 € – ½ P 81/148 €
Rest – Menu 22 € (déj.), 26/38 € – Carte 33/54 €
◆ Proche du téléphérique, ce chalet-hôtel familial qui domine le bourg abrite de grandes chambres au style savoyard actuel ; plaisant jardin d'été. Cuisine aux accents du pays et belles boiseries vous attendent au restaurant, ouvert sur la vallée.

🏨 **Crychar** ॐ   ≼ ⬡ ⬡ % ⟨ɴ⟩ 🅿 🆅🅸🆂🅰 ⬡ 🅰🅴
136 impasse de la Grange-Neuve, par rte La Turche – ℰ 04 50 75 80 50
– www.crychar.com – Fax 04 50 79 83 12
– Ouvert 25 juin-31 août et 18 déc.-19 avril
14 ch – †95/168 € ††126/220 €, ☑ 13 € – 1 suite – ½ P 105/160 €
Rest – (dîner seult) (résidents seult) Menu 37 €
◆ Au bord des pistes de ski, cette maison vous accueille dans une ambiance confortable et chaleureuse. Salon cheminée, chambres avec balcon, salle de jeux pour enfants. Restaurant au décor néosavoyard : poutres, bois blond et tissus artisanaux. Salon de thé.

🏠 **Régina** %rest, 🛜 🅿 VISA ⚹ AE

♾ *534 r. du Centre – ☏ 04 50 75 80 44 – www.hotelregina74.com*
– Fax 04 50 79 87 29 – Ouvert 29 juin-5 sept. et 21 déc.-16 avril
21 ch (½ P seult en hiver) – ☝48/60 € ☝☝55/70 €, ☐ 6,50 € – ½ P 65/92 €
Rest – (17 €) Menu 19/39 € – Carte 29/43 €

♦ L'un des premiers hôtels de la station, géré de père en fils depuis 1937 ; l'actuel propriétaire est également guide de montagne. Chambres simples et ambiance chaleureuse. Au restaurant, décor "tout bois", cheminée, recettes classiques et spécialités locales.

GEVREY-CHAMBERTIN – 21 Côte-d'Or – **320** J6 – 3 138 h. 8 D1
– alt. 275 m – ✉ 21220 ▯ Bourgogne

▶ Paris 315 – Beaune 33 – Dijon 13 – Dole 61
ℹ Office de tourisme, 1, rue Gaston Roupnel ☏ 03 80 34 38 40,
Fax 03 80 34 15 49

🏠 **Arts et Terroirs** sans rest 🚗 🛜 🅿 ⚓ VISA ⚹ AE ⓞ

28 rte de Dijon – ☏ 03 80 34 30 76 – www.arts-et-terroirs.com
– Fax 03 80 34 11 79 **Be**
20 ch – ☝69/89 € ☝☝69/89 €, ☐ 11 €

♦ Agréables chambres rénovées donnant sur un paisible jardin ; seules trois se trouvent côté route mais bénéficient d'une bonne isolation. Salon "Chesterfield" où trône un piano.

🏠 **Grands Crus** sans rest ⌘ 🚗 🅺 🛜 🕭 🅿 VISA ⚹ AE

r. de Lavaux – ☏ 03 80 34 34 15 – www.hoteldesgrandscrus.com
– Fax 03 80 51 89 07 – Ouvert de mars à nov. **Ac**
24 ch – ☝80/90 € ☝☝80/90 €, ☐ 12 €

♦ Les vignes des "grands crus" voisinent cette chaleureuse maison de village entourée d'un joli jardin fleuri. Chambres bourgeoises et salon de caractère.

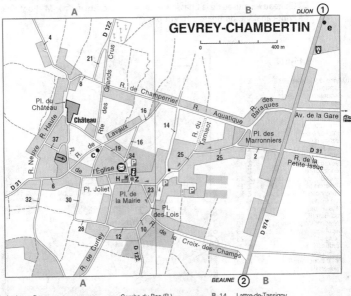

Chez Guy

3 pl. de la Mairie – ✆ 03 80 58 51 51 – www.hotel-bourgogne.com – Fax 03 80 58 50 39
Rest – (26 €) Menu 29/39 € — Az

◆ Un très beau choix de bourgognes escorte la cuisine régionale actualisée de ce restaurant d'esprit moderne (tableaux sur le thème culinaire et grande cheminée décorative).

GEX – **01 Ain** – **328** J3 – **9 323 h.** – **alt. 626 m** – ✉ **01170** — **46** F1
Franche-Comté Jura

Paris 490 – Genève 19 – Lons-le-Saunier 93 – Pontarlier 110
Office de tourisme, square Jean Clerc ✆ 04 50 41 53 85, Fax 04 50 41 81 00
de Maison-Blanche à Échenevex, S : 3 km par D 984, ✆ 04 50 42 44 42

à Echenevex **4 km au Sud par D 984ᶜ et rte secondaire – 1 462 h. – alt. 580 m – ✉ 01170**

Auberge des Chasseurs

Naz Dessus – ✆ 04 50 41 54 07 – www.aubergedeschasseurs.com – Fax 04 50 41 90 61 – Ouvert 1er mars-31 oct.
15 ch – 90 € 110/160 €, 10 € – ½ P 110/135 € **Rest** – *(fermé dim. soir, mardi midi, merc. midi et lundi) (prévenir)* Menu 33 € – Carte 47/60 €

◆ Coquette maison recouverte de vigne vierge avec le Mont-Blanc en toile de fond. L'intérieur scandinave avec boiseries peintes, photographies de Cartier-Bresson et autres œuvres : sérénité et Art de Vivre. Chambres cosy et personnalisées. Cuisine traditionnelle.

GICOURT – **60 Oise** – **305** F4 – **rattaché à Clermont**

GIEN – **45 Loiret** – **318** M5 – **15 495 h.** – **alt. 162 m** – ✉ **45500** — **12** C2
Châteaux de la Loire

Paris 149 – Auxerre 85 – Bourges 77 – Cosne-sur-Loire 46
Office de tourisme, place Jean Jaurès ✆ 02 38 67 25 28, Fax 02 38 38 23 16
Château★ : musée de la Chasse★★, terrasse du château ★ **M** - Pont ★.
Pont-canal★★ de Briare : 10 km par ②.

GIEN

Anne-de-Beaujeu (R.)	Z	2
Bildstein (R. du Lt.)	Y	3
Briqueteries (R. des)	Y	
Château (Pl. du)	Z	
Clemenceau (R. G.)	Z	5
Curie (Pl.)	Y	
Gambetta (R.)	Z	6
Hôtel-de-Ville (R. de l')	Z	7
Jeanne-d'Arc (R.)	YZ	
Jean-Jaurès (Pl.)	Z	9
Joffre (Q. du Mar.)	Z	
Leclerc (Av. du Mar.)	Z	12
Lenoir (Quai)	Z	
Louis-Blanc (R.)	Z	13
Marienne (R. de l'Adj.-Chef)	Z	15
Montbricon (R. de)	YZ	
Noé (R. de)	Y	
Paris (R. de)	YZ	
Paul-Bert (R.)	Z	16
Président-Wilson (Av.)	Y	17
République (Av. de la)	Y	19
Thiers (R.)	Z	23
Verdun (R. de)	Y	
Victor-Hugo (R.)	Z	24
Vieille Boucherie (R.)	Z	25
Villejean (R. J.)	Y	

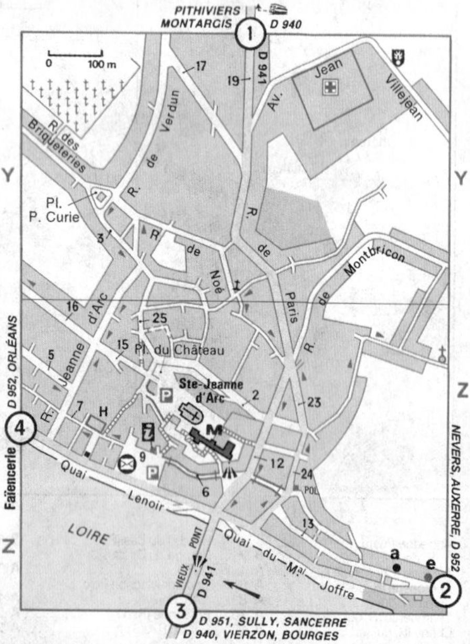

🏠 Rivage sans rest ⟨ 🛜 ♨ 🅿 VISA ⓒⓞ AE

1 quai de Nice – ℰ 02 38 37 79 00 – *Fax 02 38 38 10 21* – *Fermé vacances de Noël*
19 ch – ❚63/115 € ❚❚73/115 €, ⌧ 10 €   **Za**

◆ Chambres au confort actuel (écrans plats) ; certaines regardent la Loire et le pittoresque vieux pont. Bar et salon confortables.

🏠 Axotel sans rest 🛜 ♨ AC 🛜 ♨ 🅿 VISA ⓒⓞ AE

14 r. de la Bosserie, 3 km par ① – ℰ 02 38 67 11 99 – *www.axotelgien.com*
– *Fax 02 38 38 16 61*
48 ch – ❚61/65 € ❚❚66/74 €, ⌧ 8 €

◆ Hôtel récent situé à l'entrée Nord de la ville. Confortables salons au décor gai et spacieuses chambres garnies de meubles cérusés et égayées de tissus colorés.

🏠 Anne de Beaujeu sans rest 📳 ♨ 🛜 🅿 VISA ⓒⓞ AE

10 rte de Bourges, par ③ – ℰ 02 38 29 39 39 – *www.hotel-anne-de-beaujeu.com*
– *Fax 02 38 38 27 29*
30 ch – ❚43/46 € ❚❚49/56 €, ⌧ 7 €

◆ Cet établissement de la rive gauche porte le nom de la célèbre comtesse de Gien. Chambres aménagées de façon fonctionnelle ; préférez celles situées sur l'arrière.

🍴🍴🍴 La Poularde avec ch AC rest, 🛜 VISA ⓒⓞ AE

13 quai Nice – ℰ 02 38 67 36 05 – *www.lapoularde.fr* – *Fax 02 38 38 18 78*
– *Fermé lundi sauf hotel et dim. soir*   **Ze**
9 ch – ❚53 € ❚❚60 €, ⌧ 8,50 €   **Rest** – Menu 29/75 € – Carte 60/80 €

◆ En bordure du fleuve, cuisine traditionnelle servie dans une élégante salle à manger : tableaux, tapisseries anciennes, vaisselle de Gien et argenterie. Chambres bien tenues.

🍴🍴 Côté Jardin AC VISA ⓒⓞ

14 rte de Bourges, par ③ – ℰ 02 38 38 24 67 – *Fax 02 38 38 24 67* – *Fermé*
26 juil.-8 août, 21 déc.-8 janv., mardi et merc.
Rest – *(nombre de couverts limité, prévenir)* Menu 28 € (sem.)/65 € – Carte 50/70 €

◆ Ce sympathique restaurant de la rive gauche de la Loire vous accueille dans un cadre rafraîchi : mobilier classique et jolie faïence de Gien. Cuisine au goût du jour.

🍴 Le P'tit Bouchon VISA ⓒⓞ

66 r. B. Palissy, par r. Hôtel de Ville Z – ℰ 02 38 67 84 40 – *Fax 02 38 67 84 40*
– *Fermé 15 août-5 sept., 19 déc.-3 janv., jeudi soir et dim.*
Rest – (16 €) Menu 23 €

◆ Tête de veau, terrine de lapin, saucisse de Morteau... : les standards du répertoire bistrotier s'annoncent ici à l'ardoise. Petite salle sympa dotée de chaises façon Thonet.

au Sud par ③, **D 940 et rte secondaire : 3 km** – ✉ **45500 Poilly-lez-Gien**

🏠 Villa Hôtel 🌿 ♿ ch, ☏ 🅿 VISA ⓒⓞ

ZA le Clair Ruisseau, allée du Vieux Cours – ℰ 02 38 27 03 30 – *Fax 02 38 27 03 43*
24 ch – ❚38 € ❚❚38 €, ⌧ 6 € – ½ P 38/41 €
Rest – *(fermé 12-22 juil., 27-31 déc., vacances de fév., vend. soir, sam. et dim.)*
(dîner seult) Menu 13/16 €

◆ Accueil et convivialité sont de mise dans cet hôtel moderne au confort simple. Autre atout : les chambres y sont bien tenues. Des faïences de Gien égayent les murs du restaurant. Plat du jour unique ; buffets d'entrées et de desserts.

GIENS – 83 Var – 340 L7 – ✉ **83400 Hyeres** 🏞 Côte d'Azur   **41** C3

▶ Paris 860 – Carqueiranne 10 – Draguignan 87 – Hyères 9

◉ Ruines du château des Pontevès ⁂ ★★.

Voir plan de Giens à Hyères.

🏠 Le Provençal ⟨ 🦢 🛖 ♨ 🍽 📳 🛜 ♨ 🅿 VISA ⓒⓞ AE ①

pl. St-Pierre – ℰ 04 98 04 54 54 – *www.provencalhotel.com* – *Fax 04 98 04 54 50*
– *Ouvert 17 avril-17 oct.*   **Xs**
41 ch – ❚88/150 € ❚❚110/172 €, ⌧ 15 € – ½ P 90/100 €
Rest – Menu 28/56 € – Carte 51/95 €

◆ Hôtel bâti à flanc de colline, dans parc ombragé et fleuri qui dégringole en terrasses jusqu'à la mer. Chambres provençales. Parking privé à 500 mètres. Le panorama offert par le restaurant a peut-être inspiré le poète Saint-John Perse, célèbre résident de la presqu'île.

GIFFAUMONT-CHAMPAUBERT – 51 Marne – 306 K11 – 256 h.   14 C2
– alt. 130 m – ⊠ 51290 ▊ Champagne Ardenne

▶ Paris 208 – Bar-le-Duc 53 – Chaumont 75 – St-Dizier 25

🛈 Office de tourisme, Maison du Lac ✆ 03 26 72 62 80, Fax 03 26 72 64 69

◎ Lac du Der-chantecoq ★★.

Le Cheval Blanc   🛏 ♿ rest, ⚒ ch, 🛎 🚶 🅿 VISA ⬤⬤ AE

21 r. du Lac – ✆ 03 26 72 62 65 – www.lechevalblanc.net – Fax 03 26 73 96 97
– Fermé 30 août-17 sept., 1ᵉʳ-21 janv., mardi midi, dim. soir et lundi
14 ch – †60 € ††65 €, ⊂⊃ 8 € – 1 suite
Rest – *(fermé mardi midi, dim. soir et lundi)* Menu 25/55 € – Carte 43/63 €

♦ Accueillante maison à 1,2 km du plus grand lac artificiel d'Europe : le Lac du Der. Confortable salon-véranda, chambres lumineuses et parfaitement tenues. Au restaurant, cadre classique, tables soignées et carte traditionnelle.

GIF-SUR-YVETTE – 91 Essonne – 312 B3 – 21 816 h. – alt. 61 m   20 A3
– ⊠ 91190

▶ Paris 34 – Évry 37 – Boulogne-Billancourt 23 – Montreuil 41

Les Saveurs Sauvages   🛏 ♿ AC VISA ⬤⬤ AE

4 r. Croix Grignon, (Face gare RER) – ✆ 01 69 07 01 16 – Fax 01 69 07 20 84
– Fermé 5-25 août, 25 déc.-2 janv., dim. et lundi
Rest – (14 € bc) Menu 23/37 € – Carte environ 45 €

♦ Un bistrot gastro moderne où la cuisine, inventive avec quelques touches asiatiques, est réalisée à quatre mains. Carte saisonnière assortie d'un menu changeant tous les jours.

Une bonne table sans se ruiner ? Repérez les Bib Gourmand ⊛.

GIGARO – 83 Var – 340 O6 – rattaché à La Croix-Valmer

GIGNAC – 34 Hérault – 339 G7 – 4 951 h. – alt. 53 m – ⊠ 34150   23 C2

▶ Paris 719 – Béziers 58 – Lodève 25 – Montpellier 30

🛈 Office de tourisme, 3, Parc d'activités ✆ 04 67 57 58 83, Fax 04 67 57 67 95

de Lauzun (Matthieu de Lauzun)   AC VISA ⬤⬤

3 bd de l'Esplanade – ✆ 04 67 57 50 83 – www.restaurant-delauzun.com
– Fermé mars, dim. soir, sam. midi et lundi
Rest – (23 €) Menu 40/57 € – Carte 45/65 €

♦ Cette maison, face à l'esplanade, a été relancée par un jeune chef de talent, aidé de sa souriante épouse en salle. Décor sobre et soigné à l'image de la séduisante cuisine.

GIGONDAS – 84 Vaucluse – 332 D9 – 598 h. – alt. 313 m – ⊠ 84190   42 E1
▊ Provence

▶ Paris 662 – Avignon 40 – Nyons 31 – Orange 20

🛈 Office de tourisme, rue du Portail ✆ 04 90 65 85 46, Fax 04 90 65 88 42

Les Florets ⌛   🚗 🛏 ⛱ 🅿 VISA ⬤⬤ AE ①

2 km à l'Est par rte secondaire – ✆ 04 90 65 85 01 – www.hotel-lesflorets.com
– Fax 04 90 65 83 80 – Fermé janv. et vacances de fév.
15 ch – †70/110 € ††74/125 €, ⊂⊃ 15 € – ½ P 85/110 €
Rest – *(fermé merc.) (nombre de couverts limité, prévenir)* (23 €) Menu 29/45 €
– Carte 55/65 €

♦ Au pied des Dentelles de Montmirail, cette hôtellerie située en plein vignoble abrite de séduisantes chambres colorées (celles de l'annexe disposent d'une terrasse). Décor et goûteuse cuisine inspirés par la région, vins du domaine, jolie terrasse d'été.

GILETTE – 06 Alpes-Maritimes – 341 D4 – 1 425 h. – alt. 420 m   41 D2
– ⊠ 06830 ▊ Côte d'Azur

▶ Paris 946 – Antibes 43 – Nice 36 – St-Martin-Vésubie 45

🛈 Syndicat d'initiative, place du Dr Morani ✆ 04 92 08 98 08,
    Fax 04 93 08 55 24

◎ ❋★★ des ruines du château.

à Vescous par rte de Rosquesteron (D 17) : 9 km – ⊠ 06830 Toudon

La Capeline
🛱 P VISA ◉◉

rte de Roquesteron – ☏ 04 93 08 58 06 – www.restaurant-lacapeline.com
– Fax 04 93 08 58 06 – Ouvert du jeudi au dim. de mars à nov., les week-ends
de nov. à fév.
Rest – (fermé le soir sauf vend. et sam. en saison) (prévenir) Menu 22 € (déj. en
sem.)/28 €

♦ Maisonnette rustique isolée en bord de route, dans la vallée de l'Esteron. Le goûteux
menu unique, annoncé de vive voix, valorise les produits du cru. Belle terrasse ombragée.

GILLY-LÈS-CÎTEAUX – 21 Côte-d'Or – 320 J6 – rattaché à Vougeot

---

GIMBELHOF – 67 Bas-Rhin – 315 K2 – rattaché à Lembach

GIMEL-LES-CASCADES – 19 Corrèze – 329 M4 – 679 h. – alt. 375 m   25 C3
– ⊠ 19800

■ Paris 493 – Limoges 104 – Tulle 13 – Brive-la-Gaillarde 40
🛈 Office de tourisme, le Bourg ☏ 05 55 21 44 32, Fax 05 55 21 44 32

Hostellerie de la Vallée ⌙
⇐ 🛱 🛱 ch, VISA ◉◉

au bourg – ☏ 05 55 21 40 60 – Fax 05 55 21 38 74 – Fermé 20 déc.-5 janv., dim.
soir, lundi midi, vend. et sam. du 1er oct. au 31 mars
9 ch – †60 € ††60 €, � 8 € – ½ P 53 €
Rest – (résidents seult) (18 €) Menu 27 € bc/35 € – Carte 30/50 €

♦ Au centre d'un village réputé pour ses cascades, maison de pays rénovée offrant une halte
de choix avec de confortables chambres (dont trois côté vallée). Salle à manger panoramique
et cuisine traditionnelle de saison mitonnée par la mère et sa fille.

LA GIMOND – 42 Loire – 327 F6 – 241 h. – alt. 625 m – ⊠ 42140   44 A2

■ Paris 485 – Saint-Étienne 18 – Annonay 67 – Lyon 58

Le Vallon du Moulin
P VISA ◉◉

– ☏ 04 77 30 97 06 – Fax 04 77 30 97 06
– Fermé 1er-15 août, vacances de fév., dim. soir, lundi soir, mardi soir et merc.
Rest – Menu 27 € (sem.)/47 €

♦ Au cœur d'un petit village, ce restaurant relooké dans un style contemporain propose une
carte au goût du jour évoluant au rythme des saisons.

GIMONT – 32 Gers – 336 H8 – 2 834 h. – alt. 180 m – ⊠ 32200   28 B2
▌ Midi-Toulousain

■ Paris 701 – Colomiers 40 – Toulouse 51 – Tournefeuille 40
🛈 Office de tourisme, 83, rue Nationale ☏ 05 62 67 77 87, Fax 05 62 67 93 61

Château de Larroque ⌙
◐ 🛱 ⌿ 🛱 rest, ⬩ ⌙ P VISA ◉◉ AE

rte de Toulouse – ☏ 05 62 67 77 44
– www.chateaularroque.fr – Fax 05 62 67 88 90
– Fermé 5-21 janv., 9-18 nov., lundi et mardi d'oct. à avril
16 ch – †89/115 € ††89/154 €, � 13 € – 1 suite
Rest – Menu 22/57 € – Carte 28/57 €

♦ Ce château édifié en 1805 bénéficie de l'environnement paisible de son parc. L'intérieur
conjugue confort et raffinement ; agréables chambres personnalisées et salons cossus. La cuisine traditionnelle se déguste dans l'élégante salle à manger ou sur la terrasse ombragée.

Villa Cahuzac
⛵ AC ⌿ ⬩ ⌙ VISA ◉◉

1 av. de Cahuzac – ☏ 05 62 62 10 00 – www.villacahuzac.com
– Fax 05 62 62 10 05
11 ch – †98/120 € ††98/120 €, � 12 € – ½ P 81 €
Rest – (dîner seult) Menu 29/35 €

♦ Maison dans le style local (1885) ; chambres fonctionnelles et soignées (lambris et parquet). Celles du 1er étage s'ouvrent sur un corridor qui plonge sur le patio-jardin. Au restaurant, cuisine traditionnelle privilégiant le terroir (foie gras).

GINASSERVIS – 83 Var – **340** K3 – 1 382 h. – alt. 407 m – ⊠ 83560   **40** B3

    ❏ Paris 781 – Aix-en-Provence 53 – Avignon 111 – Manosque 23

    Chez Marceau avec ch   🛜 🛜 *VISA* **CO** **AE**
pl. Jean Jaurès – 𝒞 04 94 80 11 21 – Fax 04 94 80 16 82
– Fermé 15-30 nov., 15-30 janv., dim. soir et lundi
6 ch – ♦45 € ♦♦50 €, ⊇ 6 € – ½ P 50/55 €
Rest – (12 €) Menu 15 € (sem.)/43 € – Carte 32/80 €
  ♦ Entre Durance et Verdon, plongez au cœur de la vie méridionale dans cette sympathique auberge. Terrasse dressée sur la place. Cuisine régionale et chambres pour l'étape.

GINCLA – 11 Aude – **344** E6 – 45 h. – alt. 570 m – ⊠ 11140   **22** B3

    ❏ Paris 821 – Carcassonne 77 – Foix 88 – Perpignan 67

    Hostellerie du Grand Duc 🕲   🛜 🛜 🛜 **P** 🛜 *VISA* **CO**
2 rte de Boucheville – 𝒞 04 68 20 55 02
– www.host-du-grand-duc.com – Fax 04 68 20 61 22
– Ouvert 1er avril-1er nov.
12 ch – ♦60/65 € ♦♦72/85 €, ⊇ 11 € – ½ P 80/85 €
Rest – (fermé merc. midi) Menu 32/72 € – Carte 45/70 €
  ♦ Maison de maître (18e s.) du pays cathare et son jardin clos arboré. Pierres apparentes, boiseries et meubles anciens font le cachet des chambres, joliment personnalisées. Salle à manger rustique chic, terrasse et copieuses assiettes traditionnelles.

GIRMONT-VAL-D'AJOL – 88 Vosges – **314** H5 – rattaché à Remiremont

---

GIROUSSENS – 81 Tarn – **338** C8 – rattaché à Lavaur

GISORS – 27 Eure – **304** K6 – 11 532 h. – alt. 60 m – ⊠ 27140   **33** D2
▌ Normandie Vallée de la Seine

    ❏ Paris 73 – Beauvais 33 – Évreux 66 – Mantes-la-Jolie 40
    🛈 Office de tourisme, 4, rue du Général-de-Gaulle 𝒞 02 32 27 60 63,
    Fax 02 32 27 60 75
    🛝 de Chaumont-en-Vexin à Chaumont-en-Vexin Château de Bertichères, E :
    8 km par D 982, 𝒞 03 44 49 00 81
    🛝 de Rebetz à Chaumont-en-Vexin Route de Noailles, E : 12 km par D 981,
    𝒞 03 44 49 15 54
    ◲ Château fort★★ - Église St-Gervais et St-Protais★.

    Moderne sans rest   🛜 🛵 **P** *VISA* **CO**
1 pl. de la Gare – 𝒞 02 32 55 23 51 – www.hotel-moderne-gisors.fr
– Fax 02 32 55 08 75
31 ch – ♦55 € ♦♦55/90 €, ⊇ 7 €
  ♦ Cet hôtel familial situé face à la gare conviendra pour une étape. Les chambres, sobrement décorées, sont bien tenues.

    Le Cappeville   *VISA* **CO** **AE**
17 r. Cappeville, (transfert prévu) – 𝒞 02 32 55 11 08 – www.lecappeville.com
– Fax 02 32 55 93 92 – Fermé 12-29 août, merc. et jeudi
Rest – Menu 24/50 € – Carte 43/67 €
  ♦ Au cœur de la petite capitale du Vexin normand. Salle parée de couleurs vives et fraîches, ayant conservé poutres patinées et cheminée. Cuisine actuelle aux accents du terroir.

à Bazincourt-sur-Epte 6 km au Nord par D 14 – 626 h. – alt. 55 m – ⊠ 27140

    Château de la Rapée 🕲   🕭 🛜 🛜 🛜 🛜 🛵 **P** *VISA* **CO** **AE** **①**
2 km à l'Ouest par rte secondaire – 𝒞 02 32 55 11 61 – www.hotel-la-rapee.com
– Fax 02 32 55 95 65 – Fermé 16 août-2 sept. et 1er fév.-3 mars
13 ch – ♦94/125 € ♦♦94/125 €, ⊇ 13 € – ½ P 85/100 €
Rest – (fermé merc.) (dîner seult) (25 € bc) Menu 36/54 € – Carte 60/90 €
  ♦ Château aux allures de manoir anglo-normand posé dans une campagne préservée (haras à proximité). Les chambres, dotées de mobilier ancien, sont spacieuses et profitent du parc. Salle à manger chaleureuse au décor bourgeois rehaussé de boiseries ; cuisine classique.

à St-Denis-le-Ferment 7 km au Nord-Ouest par rte secondaire et D 17 – 454 h.
– alt. 70 m – ⊠ 27140

XX **Auberge de l'Atelier** 🎿 ✿ 🅿 VISA ⚫⚫
55 r. Guérard – ✆ 02 32 55 24 00 – Fax 02 32 55 10 20 – Fermé 15-30 sept., dim.
soir, mardi soir et lundi
Rest – Menu 28/55 € – Carte 53/66 €
♦ Cuisine traditionnelle à apprécier dans une grande salle aux couleurs pastel, agréable et
reposante, agrémentée d'une abondante décoration florale et de meubles de style.

GIVERNY – 27 Eure – 304 I6 – 508 h. – alt. 17 m – ⊠ 27620   33 D2
🚩 Paris 75 – Cergy 47 – Évreux 37 – Rouen 65

🏠 **La Réserve** sans rest ⚟ ᵗᵗ 🅿
1,5 km au Nord par r. Blanche-Hochedé-Monet (après l'église) – ✆ 02 32 21 99 09
– www.giverny-lareserve.com – Fax 02 32 21 99 09
5 ch � – †120/150 € ††130/160 €
♦ Superbe demeure familiale à la façade jaune safran, perchée sur les hauts de Giverny. Le
décor intérieur, très personnalisé, crée une atmosphère des plus chaleureuses. Jolies chambres.

GIVET – 08 Ardennes – 306 K2 – 6 828 h. – alt. 103 m – ⊠ 08600   14 C1
🍷 Champagne Ardenne
🚩 Paris 287 – Charleville-Mézières 58 – Fumay 23 – Rocroi 41
🅘 Office de tourisme, 10, quai des Fours ✆ 08 10 81 09 75, Fax 03 24 42 92 41
◉ ⩽★ du fort de Charlemont★.

🏨 **Les Reflets Jaunes** sans rest 🛗 ᴬᶜ ᵗᵗ 🅿 VISA ⚫⚫ ᴬᴱ ①
2 r. du Gén. de Gaulle – ✆ 03 24 42 85 85 – www.les-reflets-jaunes.com
– Fax 03 24 42 85 86
17 ch – †62/92 € ††69/120 €, � 10 €
♦ Près du centre historique, hôtel en briques rouges de 1685 disposant de chambres spacieuses et confortables (baignoire-jacuzzi pour certaines). Copieux petit-déjeuner buffet.

🏨 **Le Val St-Hilaire** sans rest ᵗᵗ 🅿 VISA ⚫⚫ ᴬᴱ ①
7 quai des Fours – ✆ 03 24 42 38 50 – www.hotel-val-st-hilaire.com
– Fax 03 24 42 07 36
20 ch – †75 € ††85 €, � 11 €
♦ Cet ancien hôtel particulier (1719) posé sur une rive de la Meuse abrite des chambres pratiques, bien tenues et insonorisées, avec vue sur le fleuve en façade. Accueil aimable.

🏨 **Le Roosevelt** sans rest ᵗᵗ VISA ⚫⚫ ᴬᴱ ①
14 quai des Remparts – ✆ 03 24 42 14 14 – www.hotel-leroosevelt.com
– Fax 03 24 42 15 15 – Fermé 24 déc.-4 janv. et vend. de fin sept. à juin
8 ch – †50/60 € ††70 €, � 8 €
♦ Sur un quai mosan, maison ardennaise en pierres dotée de chambres bien tenues, régulièrement rafraîchies. Crêperie et salon de thé dans la salle des petits-déjeuners.

XX **Auberge de la Tour** 🎿 ᴬᶜ VISA ⚫⚫ ᴬᴱ ①
⚙ 6 quai des Fours – ✆ 03 24 40 41 71 – www.auberge-de-la-tour.net
– Fax 03 24 56 90 78 – Fermé 20 déc.-19 janv. et lundi d'oct. à mars
Rest – Menu 17 € (déj. en sem.), 26/37 € – Carte 26/55 €
♦ Le chef de cette jolie auberge rustique tournée vers la Meuse réalise une cuisine plutôt
traditionnelle (quelques plats à base de homards du vivier maison). Terrasse d'été.

GIVORS – 69 Rhône – 327 H6 – 18 454 h. – alt. 156 m – ⊠ 69700   44 B2
🍷 Lyon Drôme Ardèche
🚩 Paris 480 – Lyon 25 – Rive-de-Gier 17 – Vienne 12
🅘 Office de tourisme, 1, place de la Liberté ✆ 04 78 07 41 38,
Fax 04 78 07 41 38

à Loire-sur-Rhône 5 km par N 86, rte de Condrieu – 2 277 h. – alt. 140 m – ⊠ 69700

X **Mouton-Benoît** 🎿 🎿 VISA ⚫⚫
1167 rte de Beaucaire – ✆ 04 78 07 96 36 – www.restaurant-moutonbenoit.com
– Fermé 1er-21 août et sam.
Rest – (déj. seult sauf vend.) Menu 23/35 € – Carte 40/105 €
♦ Aux commandes de ce restaurant, un jeune couple réalise une savoureuse cuisine actuelle
sur des bases traditionnelles. Belle terrasse arborée. Nombre de couverts limité.

GLAINE-MONTAIGUT – 63 Puy-de-Dôme – **326** H8 – 530 h.   **6** C2
– alt. 350 m – ⊠ 63160

> ▶ Paris 440 – Clermont-Ferrand 31 – Issoire 37 – Thiers 21

> ※   **Auberge de la Forge** avec ch ⁂   📶 🛜 **VISA** ✆
> ⊜   – ✆ 04 73 73 41 80 – Fax 04 73 73 33 83 – Fermé dim. soir et merc.
> **4 ch** – ✦35/39 € ✦✦45/49 €, ⌲ 6 € – ½ P 42/48 €
> **Rest** – Menu 19 € (sem.)/40 € – Carte 23/47 €
> ◆ Face à la belle église romane, sympathique auberge refaite à l'ancienne (murs de pisé) et proposant une reconstitution de la forge du village (foyer, soufflet, enclume).

GLUIRAS – 07 Ardèche – **331** J4 – 383 h. – alt. 800 m – ⊠ 07190   **44** B3

> ▶ Paris 606 – Le Cheylard 20 – Lamastre 40 – Privas 33

> ※   **Le Relais de Sully** avec ch ⁂   📶 **VISA** ✆
> ⊜   pl. centrale – ✆ 04 75 66 63 41 – www.lerelaisdesully.com – Fermé 19-29 déc.,
> 1er fév.-15 mars, dim. soir, merc. soir et lundi sauf juil.-août
> **4 ch** – ✦34 € ✦✦34 €, ⌲ 6 €   **Rest** – Menu 14 € bc (sem.)/18 €
> ◆ Cette maison en pierre, située au centre du village perché, aurait été jadis un monastère. Cuisine du terroir servie dans une coquette salle à manger-véranda et en terrasse.

GODEWAERSVELDE – 59 Nord – **302** D3 – 1 893 h. – alt. 45 m   **30** B2
– ⊠ 59270

> ▶ Paris 263 – Arras 90 – Brugge 97 – Lille 41

> ※   **L'Estaminet du Centre**   📶 **P** **VISA** ✆
> ⊜   11 rte de Steenvoorde – ✆ 03 28 42 21 72 – www.estaminetducentre.com
> – Fax 03 28 48 05 14 – Fermé 17 nov.-2 déc., 1er-10 fév., jeudi soir, lundi soir,
> mardi et merc.
> **Rest** – Menu 20 € (sem.)/27 € – Carte 22/35 €
> ◆ Simples et goûteuses recettes du Nord, servies dans cet estaminet sis dans une grosse bâtisse typique de la région. Salle à manger de type bistrot.

GOLBEY – 88 Vosges – **314** G3 – rattaché à Épinal

GOLFE DE SANTA-GIULIA – 2A Corse-du-Sud – **345** E10 – **voir à Corse**
(Porto-Vecchio)

GOLFE-JUAN – 06 Alpes-Maritimes – **341** D6 – ⊠ 06220 Vallauris   **42** E2
▮ Côte d'Azur

> ▶ Paris 905 – Antibes 5 – Cannes 6 – Grasse 23

> 🛈 Office de tourisme, bld des Frères Roustan ✆ 04 93 63 73 12, Fax 04 93 63 21 07

> pour Vallauris voir plan de Cannes

> 🏨   **Beau Soleil** sans rest ⁂   ⊞ 🖥 🆔 🛜 📶 ⅍ **P** 🅿 **VISA** ✆ **AE**
> 6 impasse Beau-Soleil, par D 6007 (dir. Antibes) – ✆ 04 93 63 63 63
> – www.hotel-beau-soleil.com – Fax 04 93 63 02 89 – Ouvert 6 mars-17 oct.
> **30 ch** – ✦56/136 € ✦✦70/136 €, ⌲ 10 €
> ◆ Cet hôtel moderne, sis dans une impasse à 500 m de la plage du Midi et du théâtre de la Mer, vous propose des chambres colorées et bien entretenues (certaines avec balcon).

> ※※   **Nounou**   ≤ 📶 **P** **VISA** ✆ **AE** ⓿
> à la plage – ✆ 04 93 63 71 73 – www.nounou.fr – Fax 04 93 63 46 91
> – Fermé 12 nov.-25 déc., dim. soir et lundi sauf juil.-août
> **Rest** – Menu 39/68 € – Carte 61/80 €
> ◆ Restaurant à même la plage, dont les baies vitrées s'ouvrent côté rivage. Intérieur d'inspiration marine ; cuisine de poissons et de coquillages et quelques plats provençaux.

> ※※   **Tétou**   ≤ 🆔 ⇔ **P**
> 10 bd des Frères Roustan, (à la plage) – ✆ 04 93 63 71 16 – Fax 04 93 63 16 77
> – Ouvert avril-oct. et fermé mardi midi, lundi et merc.
> **Rest** – Carte 110/195 €
> ◆ Cette institution locale fondée en 1920 et récemment rénovée a gardé son ambiance de restaurant balnéaire. Au menu, bouillabaisse, produits de la mer et carte régionale.

à Vallauris Nord-Ouest : 2,5 km par D 135 – 30 610 h. – alt. 120 m – ⊠ 06220

🛈 Office de tourisme, 84, avenue de la Liberté ℰ 04 93 63 18 38,
Fax 04 93 63 95 01

◉ Musée national "la Guerre et la Paix" (château) - Musée de
l'Automobile★ NO : 4 km.

�‹ **Le Mas Samarcande** sans rest ⌂   ▱ ㎀ ⁽ᵞ⁾
138 Grand-Boulevard de Super-Cannes – ℰ 04 93 63 97 73
– www.mas-samarcande.com – Fax 04 93 63 97 73
5 ch ⌸ – ✝125/135 € ✝✝125/135 €
♦ Cette belle villa vous ouvre ses portes pour un séjour privilégié : chambres originales et
raffinées mêlant inspiration provençale et exotique, vue superbe depuis la terrasse.

✗ **Café Marianne**   ㎀ VISA ◯◯ AE
pl. Paul Isnard, (pl. de l'Église) – ℰ 04 93 64 30 42
– www.cafemarianne-vallauris.com – Fax 04 93 64 97 35
Rest – Carte 25/35 €
♦ Sur la place de l'église, face à "L'homme au mouton" de Picasso. Cuisine du marché, suggestions et pâtisseries dans ce restaurant moderne et spacieux doté d'une agréable terrasse.

GORDES – 84 Vaucluse – 332 E10 – 2 126 h. – alt. 372 m – ⊠ 84220   **42** E1
▮ Provence

▶ Paris 712 – Apt 19 – Avignon 38 – Carpentras 26
🛈 Office de tourisme, le Château ℰ 04 90 72 02 75, Fax 04 90 72 02 26
◉ Site★ - Village★ - Château : cheminée★ - Village des Bories★★ SO : 2 km
par D 15 puis 15 mn - Abbaye de Sénanque★★ NO : 4 km
- Pressoir★ dans le musée des Moulins de Bouillons S : 5 km.

▦▦ **La Bastide de Gordes & Spa** ⌂   ≤ ㎀ ℸ ◉ ℔ ◖≋ & ch, ㎀ ℀ ⁽ᵞ⁾
le village – ℰ 04 90 72 12 12   ♨ P VISA ◯◯ AE
– www.bastide-de-gordes.com – Fax 04 90 72 05 20 – Fermé 2 janv.-13 fév.
34 ch – ✝195/405 € ✝✝245/455 €, ⌸ 27 € – 7 suites – ½ P 221/531 €
Rest – (28 €) Menu 35 € (déj.), 57/83 € – Carte 85/103 € le soir ⌂⌂
♦ Demeure du 16ᵉ s. à l'élégance toute provençale. Chambres côté vallée ou village. Magnifique spa. Cuisine du Sud et beaux vins régionaux servis dans un cadre raffiné. Véranda face
à un jardin suspendu et terrasse panoramique ouverte sur le Lubéron et les Alpilles.

▦▦▦ **Les Bories & Spa** ⌂   ≤ ◖ ㎀ ℸ ▤ ◉ ℔ ℀ ◖≋ ㎀ ⁽ᵞ⁾ ♨ P
🌼 rte de l'Abbaye de Sénanque, 2 km – ℰ 04 90 72 00 51   VISA ◯◯ AE
– www.hotellesbories.com – Fax 04 90 72 01 22 – Fermé 2 janv.-12 fév.
27 ch – ✝200/434 € ✝✝200/434 €, ⌸ 23 € – 2 suites – ½ P 185/302 €
Rest – (fermé dim. soir et lundi du 3 nov. au 2 avril et le midi du lundi au jeudi
de mi-juin à mi-sept.) (prévenir) Menu 57/92 € – Carte 86/100 € ⌂⌂
Spéc. Courgettes fleurs soufflées au basilic (avril à sept.). Carré d'agneau
laqué au citron (juin à août). Pêche jaune, crumble, sorbet verveine et jus framboise (juin à août). **Vins** Côtes du Luberon blanc et rouge.
♦ Ces luxueuses "bories" semblent comme perdues dans la garrigue, entre lavande et oliviers. Chambres raffinées. Superbes piscines et spa. Le restaurant occupe une ancienne bergerie ; belle terrasse ombragée, jardin aromatique, jolis plats méridionaux et vins du pays.

▦ **Le Gordos** sans rest ⌂   ▱ ℸ ㎀ ⁽ᵞ⁾ P VISA ◯◯ AE
1,5 km par rte de Cavaillon – ℰ 04 90 72 00 75 – www.hotel-le-gordos.com
– Fax 04 90 72 07 00 – Ouvert 20 mars-2 nov.
19 ch – ✝119/216 € ✝✝119/216 €, ⌸ 16 €
♦ Posté à l'entrée du village, ce mas en pierres sèches conserve une fraîcheur bien appréciée
les chaudes journées d'été. Chaque chambre donne sur une terrasse fleurie et parfumée.

▦ **Le Mas des Romarins** sans rest ⌂   ≤ ▱ ℸ & ㎀ ⁽ᵞ⁾ P VISA ◯◯
rte de Sénanque – ℰ 04 90 72 12 13 – www.masromarins.com
– Fax 04 90 72 13 13 – Fermé 14 nov.-19 déc. et 3 janv.-5 mars
13 ch ⌸ – ✝87/183 € ✝✝99/195 €
♦ Petit-déjeuner aux premiers rayons de soleil sur la terrasse de cette ferme centenaire
dominant Gordes. Jolies chambres fraîches et personnalisées.

rte d'Apt 2 km à l'Est par D 2 – ⊠ 84220 Gordes

Auberge de Carcarille ⊱   🚗 ㎡ ⅃ ₺ 🅰🅲 ⅏ ch, ¶¹ 🅿 𝖵𝖨𝖲𝖠 ⓒⓞ 🄰🄴

rte d'Apt, par D2 : 4 km – ℰ 04 90 72 02 63 – www.auberge-carcarille.com
– Fax 04 90 72 05 74 – Fermé 11 nov.-29 janv.
20 ch – †72/112 € ††72/112 €, � 12 € – ½ P 83/103 €
Rest – (fermé vend. sauf le soir d'avril à sept.) Menu 18 € (déj.), 31/50 €
– Carte 26/63 €

♦ Cette plaisante construction en pierre sèche propose des chambres design et décorées dans le style provençal, avec balcon ou terrasse. Beaux matériaux. Restaurant aux murs immaculés, égayé de chaises colorées et de rideaux fleuris. Goûteuse cuisine régionale.

La Ferme de la Huppe ⊱   ㎡ ⅃ 🅰🅲 ch, ⅏ ¶¹ 🅿 𝖵𝖨𝖲𝖠 ⓒⓞ ⓘ

5 km par D 156 rte de Goult – ℰ 04 90 72 12 25 – www.lafermedelahuppe.com
– Fax 04 90 72 25 39 – Ouvert 1ᵉʳ avril-10 nov. et vacances de Noël
10 ch – †90/175 € ††90/175 €, ⊃ 14 € – ½ P 85/133 €
Rest – (fermé lundi) Menu 39 € (déj.)/49 € – Carte 45/59 €

♦ Jolie fermette du 18ᵉ s. en pierres sèches, dont les chambres douillettes et fraîches se répartissent autour d'un puits. Coquette salle à manger rustique de style "borie", agrémentée d'outils agricoles. Savoureuse cuisine provençale actualisée.

rte des Imberts Sud-Ouest : 4 km par D 2 – ⊠ 84220 Gordes

Mas de la Senancole   🚗 ⅃ ₺ 🅰🅲 🅢🄰 🅿 𝖵𝖨𝖲𝖠 ⓒⓞ 🄰🄴

Hameau les Imberts – ℰ 04 90 76 76 55 – www.mas-de-la-senancole.com
– Fax 04 90 76 70 44 – Fermé 5-19 déc. et 3-17 janv.
21 ch – †99/143 € ††99/143 €, ⊃ 13 €
Rest L'Estellan – voir ci-après

♦ La Sénancole coule à proximité de ces chambres insonorisées et dotées de meubles peints. Certaines ont une terrasse privative. Salle des petits-déjeuners au bord de la piscine.

Le Moulin des Sources   🚗 ⅃ ⅏ ¶¹ 🅿

Hameau des Gros – ℰ 04 90 72 11 69 – www.le-moulin-des-sources.com – Fermé
30 nov.-15 fév.
5 ch ⊃ – †95/180 € ††95/180 €   **Table d'hôte** – Menu 35 € bc/40 € bc
♦ Cette maison vous garantit un séjour d'une grande sérénité. On s'y prélasse volontiers, passant du salon-bibliothèque au jardin et à la piscine. Chambres fraîches et coquettes. Produits frais et régionaux servis dans une salle voûtée en pierre, en partie troglodytique.

✗✗ **Le Mas Tourteron**   🚗 ㎡ 🅿 𝖵𝖨𝖲𝖠 ⓒⓞ

chemin de St-Blaise – ℰ 04 90 72 00 16 – www.contact.mastourteron.com
– Fax 04 90 72 09 81 – Ouvert 14 fév.-1ᵉʳ nov., le week-end en fév., mars et déc.,
et fermé dim. soir en oct. et mars, lundi et mardi
Rest – Menu 45/68 €

♦ "Une cuisinière dans sa maison". La propriétaire de ce mas magnifié par son jardin bucolique résume ainsi son savoir-faire (menu régional) et sa convivialité. Cadre rustico-provençal.

✗✗ **L'Estellan** – Hôtel Mas de la Senancole   🚗 ㎡ ₺ 🅿 𝖵𝖨𝖲𝖠 ⓒⓞ 🄰🄴 ⓘ

– ℰ 04 90 72 04 90 – www.restaurant-estellan.com – Fax 04 90 76 70 44 – Fermé
lundi et mardi de nov. à mars
Rest – (20 €) Menu 26 € (déj. en sem.), 35/55 € – Carte 46/72 €

♦ Un mas en pierres du pays prête son cadre à ce charmant restaurant, doté d'une petite boutique (produits régionaux et déco) et d'une belle terrasse ombragée. Cuisine régionale.

aux Beaumettes 5,5 km au Sud par D 15 et D 103 – 193 h. - alt. 127 m – ⊠ 84220

Le Domaine du Moulin Blanc   🚗 ㎡ ⅃ 🅸🅾 ₺ 🅰🅲 ¶¹ 🅢🄰 🅿

D 900, chemin du moulin – ℰ 04 90 72 10 10   𝖵𝖨𝖲𝖠 ⓒⓞ 🄰🄴
– www.revalisever.com – Fax 04 32 50 10 12 – Fermé 3 janv.-5 fév.
18 ch – †99/129 € ††99/129 €, ⊃ 10 €
Rest – Menu 16/40 € – Carte 38/52 €

♦ Bastide du 15ᵉ s. et 16ᵉ s. au milieu d'un jardin arboré. Piscine. Confort, espace, poutres et équipement moderne dans les chambres. Une salle à manger au lustre imposant, une immense cheminée dans l'autre. Et dans l'assiette, des saveurs actuelles.

GORGES DE LA RESTONICA – 2B Haute-Corse – 345 D6 – voir à Corse (Corte)

GORZE – 57 Moselle – **307** H4 – 1 278 h. – alt. 300 m – ⊠ 57680   **26** B1

▌Alsace Lorraine

▶ Paris 324 – Jarny 17 – Metz 20 – Pont-à-Mousson 22

⛁ Office de tourisme, 22, rue de l'Église ℰ 03 87 52 04 57,
Fax 03 87 52 04 57

XX   **Hostellerie du Lion d'Or** avec ch   🚗 🛏 VISA ⓩ
105 r. Commerce – ℰ *03 87 52 00 90*
– Fax 03 87 52 09 62
– Fermé mardi midi, dim. soir et lundi
17 ch – †51/55 € ††60/66 €, � 8 € – ½ P 60 €
Rest – (24 €) Menu 32/42 € – Carte 35/49 €

♦ Cet ancien relais de poste (19ᵉ s.) a conservé poutres, pierres et cheminées d'origine. On y sert une cuisine régionale, accompagnée d'une belle carte de vins. Chambres fonctionnelles.

GOSNAY – 62 Pas-de-Calais – **301** I4 – **rattaché à Béthune**

LA GOUESNIÈRE – 35 Ille-et-Vilaine – **309** K3 – 1 583 h. – alt. 22 m   **10** D1
– ⊠ 35350

▶ Paris 390 – Dinan 25 – Dol-de-Bretagne 13 – Lamballe 65

🏠🏠🏠   **Maison Tirel-Guérin** (Jean-Luc Guérin)   🚗 🔲 🛁 ℁ 🛎 ⅙ 🅺 🍴 🕍 🅿
❀   *à la Gare (rte de Cancale) : 1,5 km par D 76*   🚗 VISA ⓩ 🅰🅴 ⓪
– ℰ 02 99 89 10 46 – www.tirelguerin.com
– Fax 02 99 89 12 62
– Fermé 22 déc.-1ᵉʳ fév.
54 ch – †65/138 € ††65/153 €, ⊑ 13 € – 2 suites – ½ P 75/119 €
Rest – *(fermé dim. soir d'oct. à mars et lundi midi sauf fériés) (prévenir le week-end)* Menu 24 € (sem.)/96 € – Carte 55/105 €
Spéc. Nage d'huîtres et Saint-Jacques au champagne (saison). Petit ragoût de rognon et ris de veau aux morilles (hiver). Soufflé au Grand Marnier .

♦ Face à une gare de campagne, maison familiale aux multiples séductions : jardin fleuri, chambres spacieuses et soignées, jacuzzi et service sans faille. Goûteuse cuisine personnalisée servie dans une salle où règne une atmosphère agréablement provinciale.

🏠🏠   **Château de Bonaban** ॐ   ♫ ℁ 🛎 ⅙ 🕍 🅿 VISA ⓩ 🅰🅴
1 r. Alfred de Folliny – ℰ *02 99 58 24 50*
– www.hotel-chateau-bonaban.com
– Fax 02 99 58 28 41
17 ch – †120/300 € ††120/300 €, ⊑ 16 €
Rest – *(fermé le midi en sem. sauf fériés et merc. de nov. à fév.)* Menu 32 € (sem.)/55 € – Carte 43/84 €

♦ Ce château du 18ᵉ s. a gardé son escalier de marbre et ses boiseries d'origine. Chambres de divers styles, avec vue sur le parc ; hébergement plus simple à l'annexe. Ambiance un brin aristocratique dans les salles à manger.

GOULT – 84 Vaucluse – **332** E10 – 1 217 h. – alt. 258 m – ⊠ 84220   **42** E1

▶ Paris 714 – Apt 14 – Avignon 41 – Bonnieux 8

XX   **La Bartavelle**   🛏 ℁ VISA ⓩ
r. Cheval Blanc – ℰ *04 90 72 33 72*
– www.bartavelle.free.fr
– Fax 04 90 72 33 72
– Ouvert de début mars à mi-nov. et fermé mardi et merc.
Rest – *(dîner seult)* Menu 40 €

♦ Le "petit Marcel" et son chasseur de père auraient apprécié cette salle voûtée avec ses tommettes... rouges comme des bartavelles ! Plats régionaux pour ce restaurant de poche.

X   **Le Garage à Lumières**   🛏 ⅙ 🅰🅲 🅿 VISA ⓩ
Hameau de Lumières – ℰ *04 32 50 29 32*
Rest – Menu 23/32 €

♦ Un ancien garage aménagé en restaurant branché et design ; murs décorés de petites voitures, toiles contemporaines, projections de films... Belle cuisine actuelle et créative.

GOUMOIS – 25 Doubs – 321 L3 – 189 h. – alt. 490 m – ⌧ 25470　　17 C2

▶ Paris 513 – Besançon 92 – Montbéliard 55 – Morteau 47
◉ Corniche de Goumois★★, ▮ Jura.

Taillard ⌂　　⪦ 😄 🏠 ⌧ ⓕ& ⓕ ch, ¶ ᴪ P VISA ⓪ AE ①
3 rte de la Corniche – ℰ 03 81 44 20 75 – www.hoteltaillard.com
– Fax 03 81 44 26 15 – Ouvert 16 mars-11 nov.
16 ch – ✝85/108 € ✝✝85/185 €, ⌧ 14 € – 4 suites – ½ P 90/122 €
Rest – (fermé merc. soir d'oct. à mars, lundi midi et merc. midi) Menu 25 €
(déj.), 35/100 € bc – Carte 45/85 €⧉
◆ Niché dans un parc, cet hôtel familial (1875) de la Corniche de Goumois propose de plaisantes chambres personnalisées, plus sobres dans l'annexe. Au restaurant, agréable vue sur la
vallée, cuisine classique et belle carte de vins franc-comtois.

Le Moulin du Plain ⌂　　⪦ 😄 ¶ᵗ P VISA ⓪ AE
⧉ Lieu-dit Le Moulin du Plain – ℰ 03 81 44 41 99 – www.moulinduplain.com
– Fax 03 81 44 45 70 – Ouvert 20 fév.-31 oct.
22 ch – ✝43/45 € ✝✝59/66 €, ⌧ 7 € – ½ P 52/55 €
Rest – Menu 21/32 € – Carte 25/35 €
◆ Cette bâtisse postée au bord du Doubs dans un environnement forestier séduira en prio-
rité les pêcheurs. Certaines chambres sont d'ailleurs tournées vers la rivière. Dans les assiet-
tes, priorité aux truites, morilles et autres produits d'ici.

GOUPILLIÈRES – 14 Calvados – 303 J5 – 156 h. – alt. 162 m – ⌧ 14210　　32 B2

▶ Paris 255 – Caen 24 – Condé-sur-Noireau 27 – Falaise 34

🍴🍴 Auberge du Pont de Brie　　🏠ᵗ P VISA ⓪
Halte de Grimbosq, Est : 1,5 km – ℰ 02 31 79 37 84 – www.pontdebrie.com
– Fermé 29 juin-8 juil., 21 déc.-21 janv., 15-25 fév., nov. et déc. sauf week-ends,
lundi et mardi
Rest – Menu 20/46 € – Carte 27/55 €
◆ Auberge familiale isolée dans la vallée de l'Orne. Salle à manger-véranda claire et lumi-
neuse, entièrement redécorée, et terrasse d'été. Cuisine traditionnelle.

GOURDON ⊛ – 46 Lot – 337 E3 – 4 669 h. – alt. 250 m – ⌧ 46300　　28 B1
▮ Périgord Quercy

▶ Paris 543 – Sarlat-la-Canéda 26 – Bergerac 91 – Brive-la-Gaillarde 66
🄸 Office de tourisme, 24, rue du Majou ℰ 05 65 27 52 50, Fax 05 65 27 52 52
◉ Rue du Majou★ - Cuve baptismale★ dans l'église des Cordeliers
- Esplanade ⁂★.
🄶 Grottes de Cougnac★ NO : 3 km.

Hostellerie de la Bouriane ⌂　　😄 ▮🄰🄲 rest, ⁂ ¶ᵗ P VISA ⓪
⊚ pl. du Foirail – ℰ 05 65 41 16 37 – www.hotellabouriane.fr – Fax 05 65 41 04 92
– Fermé 17-26 oct., 22 janv.-10 mars, dim. soir et lundi du 20 oct. au 30 avril
20 ch – ✝75/112 € ✝✝75/112 €, ⌧ 13 € – ½ P 77/81 €
Rest – (dîner seult sauf dim.) Menu 26/42 € – Carte 45/85 €
◆ Une maison centenaire qui a su garder sa tradition d'hospitalité. Chambres rustiques et
soignées, mansardées au dernier étage. Agréable jardin. Tableaux et tapisseries d'Aubusson
ornent la salle à manger. Goûteuse cuisine classique.

GOURDON – 06 Alpes-Maritimes – 341 C5 – 437 h. – alt. 800 m　　42 E2
– ⌧ 06620 ▮ Côte d'Azur

▶ Paris 921 – Cannes 27 – Castellane 62 – Grasse 15
🄸 Office de tourisme, place Victoria ℰ 04 93 09 68 25, Fax 04 93 09 68 25
◉ Site★★ - ⪦★★ du chevet de l'église - Château : musée des Arts décoratifs
et de la modernité.

🍴 Au Vieux Four　　🏠ᵗ VISA ⓪
r. Basse – ℰ 04 93 09 68 60 – Fax 04 93 36 05 79 – Fermé en nov., en janv., le soir
hors saison sauf vend. et sam., merc. en juil.-août et jeudi
Rest – (nombre de couverts limité, prévenir) Menu 34 €
◆ Une charmante petite maison nichée dans le village. L'accueil est d'une rare gentillesse et
l'ardoise du jour révèle une généreuse cuisine à l'accent du Sud, inspirée et parfumée.

GOURETTE – 64 Pyrénées-Atlantiques – **342** K7 – alt. 1 400 m – **Sports** **3** B3
d'hiver : 1 400/2 400 m ⛷1 ⛷18 ⛷ – ⊠ 64440 Eaux Bonnes ▮ Aquitaine

▶ Paris 829 – Argelès-Gazost 35 – Eaux-Bonnes 9 – Laruns 14
🛈 Office de tourisme, place Sarrière ☏ 05 59 05 12 17, Fax 05 59 05 12 56
◎ Col d'Aubisque ❄★★ N : 4 km.

🏠 **Boule de Neige** ⚜ ← 🎏 ⅃ 🏊 ⁽ᵖ⁾ VISA ◑◐
– ☏ 05 59 05 10 05 – www.hotel-bouledeneige.com – Fax 05 59 05 11 81
– Ouvert de début juil. à fin août et de début déc. au 5 avril
22 ch – ♦60/110 € ♦♦65/120 €, ⊊ 9 € – ½ P 66/76 €
Rest – (12 €) Menu 20/28 € – Carte 23/46 € le soir
♦ Les atouts de cet hôtel : sa situation au pied des pistes, face aux sommets, ses petites
chambres de style chalet (la moitié avec mezzanine) et son fitness panoramique. Restaurant
familial et grande terrasse prisée. Cuisine traditionnelle ; snack à midi.

✗ **L'Amoulat** avec ch 🏊 ⁽ᵖ⁾ VISA ◑◐
☜ – ☏ 05 59 05 12 06 – Fax 05 59 05 13 45 – Ouvert 14 juin-31 août
et 18 déc.-27 mars
12 ch (½ P seult) – ½ P 62/66 €
Rest – (dîner seult en hiver) Menu 18/24 € – Carte 19/40 €
♦ Vous prendrez vos repas sous une véranda, ou dans une belle salle rustique pour les pensionnaires. Carte régionale soignée et plats du marché en haute saison. Chambres simples.

GOURNAY-EN-BRAY – 76 Seine-Maritime – **304** K5 – 6 187 h. **33** D2
– alt. 94 m – ⊠ 76220 ▮ Normandie Vallée de la Seine

▶ Paris 97 – Amiens 78 – Les Andelys 38 – Beauvais 31
🛈 Office de tourisme, 9, place d'Armes ☏ 02 35 90 28 34, Fax 02 35 09 62 07

🏨 **Le Saint Aubin** 🍴 ⅃ AC ⁽ᵖ⁾ ⌃ P VISA ◑◐ AE ①
☜ rte Dieppe 3 km par D 915 – ☏ 02 35 09 70 97 – www.hotel-saint-aubin.fr
– Fax 02 35 09 30 93
60 ch – ♦70/120 € ♦♦70/120 €, ⊊ 8 € – ½ P 91/107 €
Rest – (fermé dim. et sam.) Menu 16/25 € – Carte 17/42 €
♦ Cette construction récente, en léger retrait de la route, propose des chambres fonctionnelles convenant pour une étape. Le restaurant, aménagé au sous-sol de l'hôtel, est sobrement
décoré. Cuisine traditionnelle sans prétention.

🏠 **Le Cygne** sans rest 🍴 🏊 ⁽ᵖ⁾ P VISA ◑◐
20 r. Notre Dame – ☏ 02 35 90 27 80 – www.lecygne.c.la – Fax 02 35 90 59 00
29 ch – ♦46 € ♦♦52 €, ⊊ 6,50 €
♦ Hôtel familial et accueillant, situé au centre de cette petite cité du pays de Bray. Les
chambres, relookées, sont bien tenues ; celles sur l'arrière profitent du calme.

GOUVIEUX – 60 Oise – **305** F5 – rattaché à Chantilly

GOUY-ST-ANDRÉ – 62 Pas-de-Calais – **301** E5 – rattaché à Hesdin

---

GRAMAT – 46 Lot – **337** G3 – 3 536 h. – alt. 305 m – ⊠ 46500 **29** C1
▮ Périgord Quercy

▶ Paris 534 – Brive-la-Gaillarde 57 – Cahors 58 – Figeac 36
🛈 Office de tourisme, place de la République ☏ 05 65 38 73 60,
Fax 05 65 33 46 38

🏨 **Lion d'Or** 🎏 🍴 AC ⁽ᵖ⁾ ⌃ ⌂ VISA ◑◐ AE
☜ 8 pl. de la République – ☏ 05 65 10 46 10 – www.liondorhotel.fr
– Fax 05 65 34 37 85
15 ch – ♦45/60 € ♦♦45/60 €, ⊊ 10 € – ½ P 88 €
Rest – (14 €) Menu 19/49 € – Carte 45/56 €
♦ Cette demeure régionale de caractère établie en centre-ville propose des chambres rajeunies, au décor soigné. Le restaurant sert plats classiques et recettes du terroir dans une salle
à manger bourgeoise. Agréable bar-salon ; terrasse ombragée et fleurie.

🏠 Le Relais des Gourmands   🚗 🛖 ⅃ ⁽ᵖ⁾ VISA ⊚⊙

2 av. de la Gare, (à la gare) – 𝒞 *05 65 38 83 92 – www.relais-des-gourmands.fr*
– Fax 05 65 38 70 99 – Fermé 1 sem. en oct., 15 fév.-8 mars, dim. soir et lundi
sauf juil.-août
16 ch – †56/76 € ††58/76 €, ⊇ 9 € – ½ P 58/67 €
Rest – (15 €) Menu 18 € (sem.)/41 € – Carte 29/47 €

◆ Accueil attentionné et bonne tenue dans cet établissement situé face à la gare. Chambres actuelles et plaisante piscine bordée d'un jardin. Lumineux restaurant contemporain égayé d'une harmonie de tons jaunes ; on y propose une carte régionale.

🏠 Hostellerie du Causse   🛖 ⅃ ⁽ᵖ⁾ 🖳 🅿 VISA ⊚⊙ AE

2 km par rte de Cahors – 𝒞 *05 65 10 60 60 – www.hostellerieducausse.com*
– Fax 05 65 10 60 61 – Fermé 2-31 janv.
28 ch – †50/60 € ††65/75 €, ⊇ 9 € – ½ P 60/70 €
Rest – (fermé sam. midi, dim. soir et vend. d'oct. à mars) (14 €) Menu 18 €
(sem.)/59 € – Carte 35/45 €

◆ À l'écart du centre, belle bâtisse récente inspirée du style local abritant des chambres assez spacieuses et bien tenues. Piscine. Généreuse cuisine traditionnelle enrichie de spécialités locales à déguster dans une salle à manger soignée ou en terrasse.

🏠 Moulin de Fresquet ⌖   ⌂ ⁽ᵖ⁾ 🅿

1 km par rte de Figeac – 𝒞 *05 65 38 70 60 – www.moulindefresquet.com*
– Fax 05 65 33 60 13 – Ouvert d'avril à oct.
5 ch ⊇ – †67 € ††67/114 € **Table d'hôte** – (fermé jeudi) Menu 26 € bc

◆ Ce moulin où cohabitent des éléments des 14ᵉ, 18ᵉ et 19ᵉ s. se dresse au sein d'un jardin agrementé d'un bief et d'une extraordinaire collection de canards. Les chambres – certaines avec terrasse – sont décorées de meubles anciens et de tableaux. La table d'hôte sert une appétissante cuisine régionale.

GRAMBOIS – 84 Vaucluse – 332 G11 – 1 155 h. – alt. 390 m – ⊠ 84240   40 B2

▶ Paris 759 – Aix-en-Provence 36 – Apt 41 – Digne-les-Bains 82
🛈 Syndicat d'initiative, rue de la Mairie 𝒞 04.90.08.97.45, Fax 04 90 77 94 68

✕✕ L'Auberge des Tilleuls par Dominique Bucaille avec ch   🛖

au Moulin du Pas à 1,5 km par D 122 – 𝒞 *04 90 77 93 11*   🅿 VISA ⊚⊙ ⓘ
– www.tilleuls.com – Fax 04 90 77 98 50
– Fermé 20-30 nov., 10 janv.-10 fév., mardi midi sauf fériés, dim. soir et lundi
5 ch ⊇ – †80/100 € ††80/100 € **Rest** – Menu 35/75 €

◆ Au pied du village, une bâtisse ancienne précédée d'une terrasse ombragée par de beaux tilleuls. Il fait bon y déguster des spécialités régionales mises au goût du jour. Salle à manger au décor contemporain. Petites chambres classiques.

LE GRAND-BORNAND – 74 Haute-Savoie – 328 L5 – 2 202 h.   46 F1
– alt. 934 m – Sports d'hiver : 1 000/2 100 m ⚡2 ⚡37 ⚡ – ⊠ 74450
📗 Alpes du Nord

▶ Paris 564 – Albertville 47 – Annecy 31 – Bonneville 23
🛈 Office de tourisme, place de l'Église 𝒞 04 50 02 78 00, Fax 04 50 02 78 01

🏠 Vermont sans rest   ⩽ 🖳 🖼 ⁽ᵖ⁾ 🖳 VISA ⊚⊙ AE

rte du Bouchet – 𝒞 *04 50 02 36 22 www.hotelvermont.com – Fax 04 50 02 39 36*
– Ouvert de mi-juin à mi-sept. et de mi-déc. à mi-avril
23 ch ⊇ – †60/90 € ††85/135 €

◆ Près de la télécabine de la Joyère, construction régionale dotée d'un bel espace de détente et de remise en forme (jacuzzi et sauna). Chambres lambrissées, la plupart avec balcon.

🏠 Croix St-Maurice   ⩽ 🛖 🖸 🖾 rest, ⁽ᵖ⁾ 🍽 VISA ⊚⊙ AE

(face à l'église) – 𝒞 *04 50 02 20 05 – www.hotel-lacroixstmaurice.com*
– Fax 04 50 02 35 37 – Fermé 25 sept.-24 oct.
21 ch – †64/92 € ††64/92 €, ⊇ 8 € – ½ P 56/80 €
Rest – Menu 20/29 € – Carte 25/39 €

◆ Chalet traditionnel au cœur de la petite capitale... du reblochon. Les chambres, souvent dotées de balcons, sont dans le style local. Cuisine classique et spécialités savoyardes à déguster dans une salle "tout bois" (cheminée). Vue sur la chaîne des Aravis.

↑ **Les Fermes de Pierre et Anna** sans rest ॐ　≤ & ⸜⸝⸝ P VISA ◑ AE
Les Plans, 7 km à l'Est par D 4e – ℰ *04 50 51 54 99*
– www.fermes-pierre-anna.com – Fax 04 50 51 69 54 – Fermé 15-30 nov.
5 ch – ✝62/99 € ✝✝78/124 €, ⌔ 10 €
♦ Jouxtant le golf, ce beau chalet entièrement rénové dispose de chambres cocons (bois brossé, couettes). Salon avec cheminée et vue sur la vallée.

au Chinaillon Nord : 5,5 km par D 4 – ⊠ 74450 Le Grand Bornand

↑ **Les Cimes** sans rest　≤ ⸜⸝⸝ P VISA ◑ AE
– ℰ *04 50 27 00 38 – www.hotel-les-cimes.com – Fax 04 50 27 08 46*
– Ouvert 26 juin-3 sept. et 4 déc.-24 avril
10 ch – ✝70/139 € ✝✝80/159 €, ⌔ 12 €
♦ Au sein du hameau sportif du "Grand Bo", chalet-bonbonnière aux chambres pétillantes : décor montagnard contemporain, meubles et bibelots anciens, etc. Une perle rare !

↑ **La Crémaillère**　≤ 🍴 ⸜⸝⸝ P 🐾 VISA ◑ AE
Le Chinaillon – ℰ *04 50 27 02 33 – www.hotel-la-cremaillere.fr*
– Fax 04 50 27 07 91 – Ouvert 15 juin-15 sept. et 20 déc.-20 avril
15 ch – ✝68/96 € ✝✝68/96 €, ⌔ 9 € – ½ P 61/81 €
Rest – *(fermé mardi midi et lundi)* Menu 22 € (déj.), 26/38 € – Carte 26/51 €
♦ Toutes les chambres de ce petit hôtel familial, pourvues de balcon, sont orientées au sud, face aux pistes. Salon-cheminée cosy et confiture maison au petit-déjeuner. Cuisine savoyarde (produits du terroir) proposée dans un chaleureux cadre de bois blond.

à la Vallée du Bouchet – ⊠ 74450

↑ **Le Chalet des Troncs** ॐ　≤ � 🍴 📺 P VISA ◑
3,5 km à l'Est – ℰ *04 50 02 28 50 – www.chaletdestroncs.com*
– Fax 04 50 63 25 28
4 ch – ✝132/148 € ✝✝148/228 €, ⌔ 15 €
Table d'hôte – *(ouvert 22 déc.-18 avril et juil.-août)* Menu 35/52 €
♦ Les chambres de cette ancienne ferme perdue en pleine nature sont de vrais cocons montagnards. Hammam panoramique et superbe piscine couverte alimentée à l'eau de source. Pour les résidents, cuisine familiale et produits du potager auprès de la cheminée.

GRANDCAMP-MAISY – 14 Calvados – 303 F3 – 1 757 h. – alt. 5 m　32 B2
– ⊠ 14450 ▮ Normandie Cotentin

▶ Paris 297 – Caen 63 – Cherbourg 73 – St-Lô 40
🛈 Office de tourisme, 118, rue Aristide-Briand ℰ 02 31 22 62 44,
Fax 02 31 22 62 44

↑ **La Faisanderie** sans rest ॐ　🚐 ⸜⸝⸝ P
av. du Col.-Courson – ℰ *02 31 22 70 06*
3 ch ⌔ – ✝45 € ✝✝55 €
♦ Accueillante maison tapissée de vigne vierge au sein d'un domaine où l'on élève des chevaux. Chambres personnalisées garnies d'un mobilier rustique de famille. Calme absolu.

✗✗ **La Marée**　🍴 VISA ◑ AE
5 quai Henri Cheron – ℰ *02 31 21 41 00 – www.restolamaree.com*
– Fax 02 31 21 44 55 – Fermé 1ᵉʳ janv.-10 fév.
Rest – Menu 14/25 € – Carte 33/52 €
♦ Ambiance et décor marins face à la criée. La salle à manger, agrandie d'une véranda avec terrasse, invite à se régaler de produits tout frais pêchés dans la Manche ou l'Océan.

GRAND'COMBE-CHÂTELEU – 25 Doubs – 321 J4 – rattaché à Morteau

---

LA GRANDE-MOTTE – 34 Hérault – 339 J7 – 8 202 h. – alt. 1 m　23 C2
– Casino – ⊠ 34280 ▮ Languedoc Roussillon

▶ Paris 747 – Aigues-Mortes 12 – Lunel 16 – Montpellier 28
🛈 Office de tourisme, allée des Parcs ℰ 04 67 56 42 00, Fax 04 67 29 91 42
▦ de La Grande-Motte Avenue du Golf, N : 2 km, ℰ 04 67 56 05 00

Les Corallines ⟨symbols⟩

615 allée de la Plage, (Le Point Zéro) – *℘ 04 67 29 13 13*   VISA ⓪⓪ AE ⓪
– *www.thalasso-grandemotte.com* – Fax 04 67 29 14 74 – Fermé 24 déc.-30 janv.
39 ch – †120/178 € ††120/178 €, ⊆ 14 € – 3 suites
Rest – (25 €) Menu 31 € – Carte 30/50 €

♦ Sur le bord de mer, complexe hôtelier moderne incluant un centre de thalassothérapie et un spa. Chambres avec balcon, belle piscine et terrasse panoramique face au littoral. Au restaurant, cadre contemporain pour une cuisine aux parfums de la Méditerranée.

Mercure ⟨symbols⟩

140 r. du port – *℘ 04 67 56 90 81* – *www.mercure.com* – Fax 04 67 56 92 29
117 ch – †90/140 € ††100/160 €, ⊆ 14 € – 18 suites
Rest – (23 €) Carte 30/45 €

♦ Située au cœur du centre animé de la station, cette imposante bâtisse domine le port de plaisance. Les chambres, spacieuses, bénéficient d'un balcon tourné vers la mer. Carte traditionnelle proposée dans un décor actuel ou sur une terrasse ombragée de platanes.

Novotel ⟨symbols⟩

1641 av. du Golf – *℘ 04 67 29 88 88* – *www.novotel.com* – Fax 04 67 29 17 01
83 ch – †90/190 € ††90/190 €, ⊆ 14 €   **Rest** – (12 €) Carte 30/60 €

♦ À l'entrée du golf, hôtel doté d'un hall monumental coiffé d'une coupole en verre. Chambres aux normes de la chaîne, grandes et fonctionnelles. Rénovation prévue pour 2010. Repas façon brasserie dans une salle à manger contemporaine prolongée d'une terrasse.

Golf Hôtel sans rest ⟨symbols⟩

1920 av. du Golf – *℘ 04 67 29 72 00* – *www.golfhotel34.com* – Fax 04 67 56 12 44
44 ch – †88/208 € ††92/208 €, ⊆ 12 € – 1 suite

♦ Hôtel de charme niché dans un quartier calme. Chambres peu à peu rénovées, toutes avec loggia et orientées vers le golf ou le plan d'eau du Ponant. Jardin-piscine très agréable.

Azur Bord de Mer sans rest ⟨symbols⟩

pl. Justin – *℘ 04 67 56 56 00* – *www.hotelazur.net* – Fax 04 67 29 81 26
20 ch – †69/224 € ††75/224 €, ⊆ 14 €

♦ Telle une vigie scrutant la grande bleue, un petit hôtel ancré sur le môle fermant le port au Sud. Chambres douillettes, au décor classique ou contemporain. Abords verdoyants.

Europe sans rest ⟨symbols⟩

allée des Parcs – *℘ 04 67 56 62 60* – *www.hoteleurope34.com*
– Fax 04 67 56 93 07 – Ouvert mars à oct.
34 ch – †67/124 € ††67/124 €, ⊆ 11 €

♦ Sympathique hôtel familial situé derrière le palais des congrès. Chambres pratiques et bien redécorées en 2009. Écrans plats, wifi, piscine et terrasse-solarium.

De la Plage ⟨symbols⟩

allée du Levant, (direction Grau-du-Roi) – *℘ 04 67 29 93 00*
– *www.hp-lagrandemotte.fr* – Fax 04 67 56 00 07 – Ouvert 20 mars-5 nov.
39 ch – †80/180 € ††80/180 €, ⊆ 14 € – ½ P 70/120 €
Rest – (ouvert 1er avril-30 sept. et fermé dim. hors saison) (dîner seult) Carte 25/50 €

♦ Idéalement situé en bord de mer, établissement réactualisé peu à peu dans un esprit moderne. Hall joliment relooké, grandes chambres dotées d'une loggia côté Méditerranée. Au restaurant ouvert le soir, cuisine traditionnelle orientée poisson.

XXX   **Alexandre** ⟨symbols⟩

esplanade Maurice Justin – *℘ 04 67 56 63 63* – *www.alexandre-restaurant.com*
– Fax 04 67 29 74 69 – Fermé 3 janv.-5 fév., dim. soir sauf juil.-août, mardi d'oct. à mars et lundi
Rest – (28 €) Menu 50/80 € – Carte 55/75 € ⊗
Rest *Bistrot d'Alexandre* – (ouvert 5 juin-6 sept.) Menu 23 €

♦ Salles panoramiques donnant sur le port et le large, décor moderne et mise en place soignée. Cuisine classique, produits de la mer et belle sélection de vins du Languedoc. Au Bistrot : ambiance décontractée, terrasse d'été et carte axée sur les viandes et poissons grillés.

GRAND-FOUGERAY – 35 Ille-et-Vilaine – **309** L8 – 2 211 h.   **10** D2
– alt. 40 m – ⊠ 35390

▶ Paris 392 – Rennes 49 – Cesson-Sévigné 52 – Bruz 41

🏠 **Les Palis** 🍴 🛗 ⚐ 🅰 ⟨ℙ⟩ 🅿 VISA ⚫ AE
15 pl. de l'Église – ℰ 02 99 08 30 80 – www.restaurant-les-palis.fr
– Fax 02 99 08 45 20
13 ch – ♦85/130 € ♦♦85/130 €, ⊆ 11 € – ½ P 74/90 €
Rest – *(fermé dim. soir)* (17 €) Menu 21 € (sem.)/38 € – Carte 32/72 €
◆ Hôtel entièrement rénové situé sur la place centrale du village. Les chambres ont été aménagées dans un esprit zen, tout en gris et blanc, avec un mobilier en bois clair. Cuisine traditionnelle à déguster sous une fresque de Bacchus et une charpente apparente.

LE GRAND-VILLAGE-PLAGE – 17 Charente-Maritime – **324** C4 – **voir à Île d'Oléron**

GRANDVILLERS – 88 Vosges – **314** I3 – **700 h.** – alt. 365 m – ⌗ 88600   27 C3
▶ Paris 404 – Épinal 22 – Lunéville 48 – Gérardmer 29

🏨 **Europe et Commerce** 🚗 🍴 ⚒ ⟨ ch, ⟨⟩ 🔏 🅿 VISA ⚫ AE
3 et 4 rte de Bruyères – ℰ 03 29 65 71 17 – www.hotel-europe-commerce.fr
– Fax 03 29 65 85 23
21 ch – ♦47/58 € ♦♦58/69 €, ⊆ 8 € – ½ P 45/53 €
Rest – *(fermé vend. soir et dim. soir)* Menu 13 € (sem.), 25/37 € – Carte 28/45 €
◆ Une maison coquette – la partie ancienne de l'hôtel – abrite quelques chambres simples. Celles de l'annexe sont plus spacieuses, au calme et sur jardin. Le chef réalise une alléchante cuisine classique, à déguster dans une salle à manger sobre et lumineuse.

GRANE – 26 Drôme – **332** C5 – **1 680 h.** – alt. 175 m – ⌗ 26400   44 B3
▶ Paris 599 – Lyon 136 – Valence 32 – Montélimar 35
🛈 Syndicat d'initiative, route de La Roche-sur-Grâne ℰ 04 75 62 66 08, Fax 04 75 62 73 26

XX **La Demeure de Grâne** avec ch 🍴 ⟨⟩ VISA ⚫ AE ①
8 pl. de l'Église – ℰ 04 75 62 60 64 – www.lademeuredegrane.com
– Fax 04 75 62 70 11
8 ch – ♦55 € ♦♦55 €, ⊆ 10 € – ½ P 80/115 €
Rest – *(fermé dim. soir, lundi sauf juil.-août, merc. midi, jeudi midi et mardi)*
(18 €) Menu 23 € (sem.)/55 € – Carte environ 23 €
◆ Sur la place de l'église, cette sympathique auberge vous reçoit autour de sa table traditionnelle. Terrasse ombragée par des arbres séculaires. Chambres fonctionnelles récentes.

GRANGES-LÈS-BEAUMONT – 26 Drôme – **332** C3 – **rattaché à Romans-sur-Isère**

LES GRANGES-STE-MARIE – 25 Doubs – **321** H6 – **rattaché à Malbuisson**

GRANS – 13 Bouches-du-Rhône – **340** F4 – **4 033 h.** – alt. 52 m   40 B3
– ⌗ 13450
▶ Paris 729 – Arles 43 – Marseille 50 – Martigues 29
🛈 Syndicat d'initiative, boulevard Victor Jauffret ℰ 04 90 55 88 92, Fax 04 90 55 86 27

X **Le Planet** 🍴 VISA ⚫
pl. J. Jaurès – ℰ 04 90 55 83 66 – Fax 04 90 55 83 66
– Fermé 20 sept.-6 oct., vacances de fév., dim. soir de nov. à fév., lundi et mardi
Rest – Menu 19 € (déj. en sem.), 26/45 € – Carte 31/57 €
◆ Cet ancien moulin à huile abrite un petit restaurant voûté aux murs crépis. Agréable terrasse à l'ombre des platanes, accueil sympathique et cuisine du terroir.

GRANVILLE – 50 Manche – **303** C6 – **13 022 h.** – alt. 10 m – Casino Z,   32 A2
et à St-Pair-sur-Mer – ⌗ 50400 ▮ Normandie Cotentin
▶ Paris 342 – Avranches 27 – Cherbourg 105 – St-Lô 57
🛈 Office de tourisme, 4, cours Jonville ℰ 02 33 91 30 03, Fax 02 33 91 30 19
🏌 de Granville à Bréville-sur-Mer Pavillon du Golf, par rte de Coutances : 5 km, ℰ 02 33 50 23 06
◉ Le tour des remparts★ : place de l'Isthme ≤★ Z - Pointe du Roc : site★.

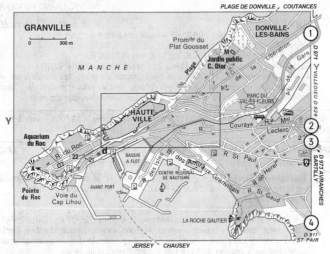

GRANVILLE

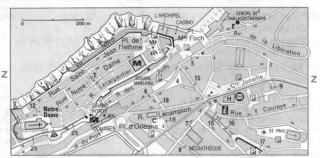

 Mercure le Grand Large sans rest ⚜   ⟨ 🅿 £₅ 🖥 & 🛎 ⁿ 🌀

5 r. Falaise – ☏ 02 33 91 19 19   VISA 🅾️🅾️ AE ①
– www.mercure-granville.com
– Fax 02 33 91 19 00   **Zr**
51 ch – ♦73/170 € ♦♦73/170 €, � 12 €

♦ Sur la falaise à pic au-dessus de la plage, cet hôtel associé à un centre de thalassothérapie abrite des chambres modulables en duplex ou studios, donnant la plupart sur la mer.

XX **La Citadelle**   ⟨ 🍴 AC VISA 🅾️🅾️

34 r. Port – ☏ 02 33 50 34 10
– www.restaurant-la-citabelle.com
– Fax 02 33 50 15 36
– Fermé 8 déc.-13 janv., mardi d'oct. à mars et merc.   **Yd**
Rest – (17 €) Menu 23/29 € – Carte 28/52 €

♦ Dégustez homards de Chausey et autres produits de la mer dans un décor nautique ou sur la terrasse protégée, devant le port d'où s'élançaient corsaires et terre-neuvas.

▶ Paris 905 – Cannes 17 – Digne-les-Bains 118 – Draguignan 53

🛈 Office de tourisme, 22, cours Honoré Cresp ℰ 04 93 36 66 66,
Fax 04 93 36 03 56

▦ de St-Donat à Le Plan-de-Grasse 270 route de Cannes, par rte de Cannes :
5 km, ℰ 04 93 09 76 60

▦ Grasse Country Club 1 route des 3 Ponts, O : 5 km par D 11,
ℰ 04 93 60 55 44

▦ de la Grande Bastide à Châteauneuf-Grasse 761 Chemin des Picholines, E :
6 km par D 7, ℰ 04 93 77 70 08

▦ Opio Valbonne à Opio Château de la Bégude, E : 11 km par D 4,
ℰ 04 93 12 00 08

▣ Saint-Philippe Golf Academy à Sophia-Antipolis Avenue Roumanille, E :
12 km, ℰ 04 93 00 00 57

◉ Vieille ville★ : Place du Cours★ ≼★ Z - Toiles★ de Rubens dans la
cathédrale Notre-Dame-du-Puy Z **B** - Parc de la Corniche ❋★★ 30 mn Z
- Jardin de la Princesse Pauline ≼★ X **K** - Musée international de la
Parfumerie ★★ Z **M³**.

☷ Montée au col du Pilon ≼★★ 9 km par ④.

Plan page suivante

🏨🏨🏨 **La Bastide St-Antoine** (Jacques Chibois) ᔐ   ≼ 🔊 🚗 ⊼ ⅙ 🁢 🖾
❉❉ ❉❉   48 av. H. Dunant, (quartier St-Antoine),   🗚 ⁽ᵗ⁾ 🕌 🚗 🅿 🚾 ⁰⁰ ⓣ
1,5 km par ② et rte Cannes – ℰ 04 93 70 94 94 – www.jacques-chibois.com
– Fax 04 93 70 94 95

11 ch – ♦240/460 € ♦♦240/570 €, � 29 € – 5 suites

Rest – Menu 59 € (déj. en sem.), 160/190 € – Carte 110/210 € ᵇ

Spéc. Papillon de langoustines en émulsion de pulpe d'orange à l'huile d'olive
et basilic. Loup de Méditerranée nouvelle vague à l'huile d'olive vanillée.
Fraises cuites au vin d'épice, glace à l'huile d'olive. **Vins** Bellet, Vin de pays
de l'Île Saint-Honorat.

◆ Divine bastide du 18ᵉ s. nichée au cœur d'une oliveraie. Les chambres, de style provençal
ou contemporaines, associent élégance, luxe discret et technologie de pointe. Subtile et délicieuse, la cuisine assume pleinement son inventivité et son inspiration méditerranéenne.

🏨🏨🏨 **La Bastide St-Mathieu** sans rest ᔐ   🚗 ⊼ 🁢 🗚 ⁽ᵗ⁾ 🅿 🚾 ⁰⁰ 🝙
35 chemin Blumenthal, (quartier St-Mathieu), à l'Est du plan par av. Jean XXIII
– ℰ 04 97 01 10 00 – www.bastidestmathieu.com – Fax 04 97 01 10 09

3 ch – ♦220/330 € ♦♦220/360 € – 2 suites

◆ Bastide du 18ᵉ s. où se marient avec bonheur le luxe d'un hôtel de caractère et l'atmosphère d'une maison d'hôte. Superbes chambres, piscine d'eau de mer et ravissant jardin.

🏠 **Le Patti**   🚗 🁢 🗚 ⁽ᵗ⁾ 🕌 🚾 ⁰⁰ 🝙 ⓣ
⊗⊗   pl. Patti – ℰ 04 93 36 01 00 – www.hotelpatti.com – Fax 04 93 36 36 40

73 ch – ♦69/95 € ♦♦85/95 €, ⊒ 9 € – ½ P 61/66 €   Y**a**

Rest – (fermé 3 janv.-1ᵉʳ fév. et dim.) Menu 19/38 € – Carte 25/50 €

◆ Les chambres de cet établissement à la belle façade ocre (voisin du centre international)
arborent un décor provençal ou contemporain. Boutique de produits du Sud-Est. Salle à manger actuelle et terrasse face à une placette ; cuisine traditionnelle aux accents régionaux.

🏠 **La Bellaudière**   🚗 ❦ rest. ⁽ᵗ⁾ 🅿 🚾 ⁰⁰ 🝙 ⓣ
78 av. P. Ziller, par ① – ℰ 04 93 36 02 57 – www.labellaudiere.com
– Fax 04 93 36 40 03 – Fermé 10 nov.-20 déc.

16 ch – ♦60/135 € ♦♦60/145 €, ⊒ 8,50 € – ½ P 86/99 €

Rest – (dîner seult) (résidents seult) Menu 25 €

◆ Dans un cadre verdoyant, une belle maison bourgeoise transformée en hôtel de charme.
Passionnés d'objets chinés, les propriétaires ont personnalisé le décor de chaque chambre.
Cuisine familiale servie le soir aux résidents (menu unique).

🏠 **Moulin Saint-François** sans rest ᔐ   🔊 ⊼ 🗚 ⁽ᵗ⁾ 🅿
60 av. Maupassant, 2 km à l'Ouest par rte de St-Cézaire – ℰ 04 93 42 14 35
– www.moulin-saint-francois.com – Fax 04 93 42 13 53

3 ch ⊒ – ♦220/350 € ♦♦220/350 €

◆ Savourez le charme et la quiétude de ce moulin (1760) entouré d'un parc planté d'oliviers.
Décoration au raffinement ancien et aux finitions très soignées. Superbes chambres.

GRASSE

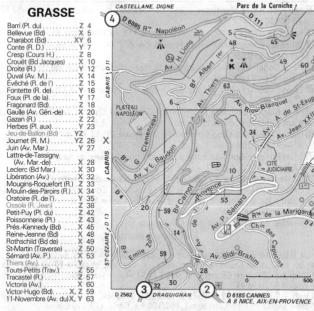

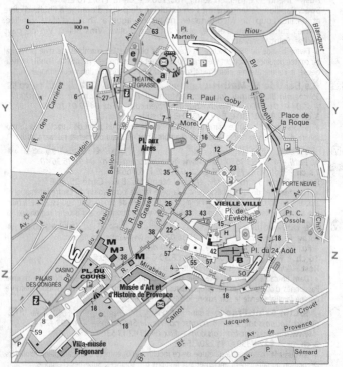

724

⚐ **Moulin Sainte-Anne** sans rest   🚗 **P**
9 chemin des Prés, quartier Ste Anne par ③ *–* ℰ *04 92 42 01 70*
– www.moulin-sainte-anne.com – Fax 04 92 42 01 70
5 ch 🛏 *–* †110/230 € ††110/230 €
♦ Vous découvrirez le mécanisme quasi intact de cet ancien moulin 18ᵉ s. magnifiquement restauré. Ses murs en pierre abritent de grandes chambres de charme meublées d'ancien.

✗ **Lou Candeloun**   **VISA ◑◑**
5 r. des Fabreries – ℰ *04 93 60 04 49 – www.loucandeloun.eresto.net*
– Fermé lundi midi en saison, lundi soir hors saison et dim.   **Y e**
Rest *– (29 €)* Menu 37/55 €
♦ Restaurant de poche d'esprit provençal. Le chef réalise une cuisine actuelle, selon le principe des grandes maisons dans lesquelles il a officié : ne travailler que du frais.

à Magagnosc 5 km par ① rte de Nice – ⊠ 06520

◉ ≼ ★ du cimetière de l'Eglise St-Laurent - Le Bar-sur-Loup : site★, danse macabre★ dans l'église St-Jacques, place de l'Église ≼ ★ NE : 3,5 km.

✗✗ **Au Fil du Temps**   🌣 **VISA ◑◑ AE**
83 av. Auguste Renoir – ℰ *04 93 36 20 64 – www.restaurantaufildutemps.com*
– Fermé sam. midi et merc.
Rest *– (nombre de couverts limité, prévenir)* (18 €) Menu 32/45 €
– Carte 55/75 €
♦ Ce restaurant possède plusieurs atouts, à commencer par ses propositions de savoureux mets au goût du jour. Vue jusqu'à la mer depuis la terrasse et décor provençal lumineux.

au Sud-Est 5 km par D 4- ⊠ 06130 Grasse

✗✗ **Lou Fassum "La Tourmaline"** (Emmanuel Ruz)   ≼ 🌣 **AK** ✿ **P**
✿ *381 rte de Plascassier –* ℰ *04 93 60 14 44*   **VISA ◑◑ AE**
– www.loufassum.com – Fax 04 93 60 07 92 – Fermé 14-28 déc. et merc.
sauf juil.-août
Rest *– (nombre de couverts limité, prévenir)* (22 € bc) Menu 38 € (déj. en sem.),
48/64 € *– Carte 55/104 €*
Spéc. Foie gras de canard et confit de pétale de rose. "Lou Fassum". Mousse de citron sur son lit d'amandes et marmelade de fruits rouges. **Vins** Côtes de Provence.
♦ Savoureuse cuisine provençale à déguster dans un cadre rustique ou sur la terrasse dressée sous les tilleuls, offrant une vue exceptionnelle jusqu'à Cannes et la grande bleue.

au Val du Tignet 8 km par ③ rte de Draguignan par D 2562
– ⊠ 06530 Peymeinade

✗✗ **Auberge Chantegrill**   🚗 🌣 **AK P VISA ◑◑ AE ①**
291 rte de Draguignan – ℰ *04 93 66 12 33 – www.restaurantchantegrill.com*
– Fax 04 93 66 02 31 – Fermé 15-30 janv. et merc. d'oct. à avril
Rest *– (16 €)* Menu 22 € (sem.)/49 € *– Carte 50/62 €*
♦ Accueil chaleureux et service attentionné dans cette auberge où vous dégusterez une copieuse cuisine traditionnelle. Salle avec grande cheminée ou jardin-terrasse fleuri.

à Cabris 5 km à l'Ouest par D 4 ✗ – 1 558 h. – alt. 550 m – ⊠ 06530

🛈 Syndicat d'initiative, 4, rue de la Porte Haute ℰ 04 93 60 55 63,
Fax 04 93 60 55 94

◉ Site★ - ≼ ★★ des ruines du château.

🏠 **Horizon** sans rest   ≼ 🛌 💆 🛁 **P VISA ◑◑ AE ①**
100 Promenade St-Jean – ℰ *04 93 60 51 69 – Fax 04 93 60 56 29*
– Ouvert 15 avril-15 oct.
22 ch *–* †85 € ††145 €, 🛏 12 €
♦ Dans un charmant village perché où résida Saint-Exupéry. La terrasse, la piscine et les chambres offrent une vue à couper le souffle. Espace-musée dédié aux activités locales.

XX **Auberge du Vieux Château** avec ch ॐ

pl. Panorama – ℰ 04 93 60 50 12 – www.aubergeduvieuxchateau.com – Fax 04 93 60 58 47

4 ch – †71/116 € ††71/116 €, ⌷ 12 €

Rest – *(fermé mardi sauf le soir en juil.-août et lundi)* (29 €) Menu 34 € (déj. en sem.)/45 €

♦ Belle demeure ancienne à deux pas des ruines du château. Salle à manger d'allure provençale et délicieuse terrasse avec une échappée sur la nature. Chambres coquettes.

X **Le Petit Prince**

15 r. F. Mistral – ℰ 04 93 60 63 14 – www.lepetitprince-cabris.com – Fermé mardi sauf juil.-août et merc.

Rest – Menu 22/32 € – Carte 30/52 €

♦ Dessine-moi un... Cabris ! La mère de Saint-Exupéry vécut dans ce village. Salle rustique décorée de gravures et objets sur le thème du Petit Prince. Belle terrasse ombragée.

GRATENTOUR – 31 Haute-Garonne – **343** G2 – rattaché à Toulouse

---

GRATOT – 50 Manche – **303** D5 – rattaché à Coutances

LE GRAU-D'AGDE – 34 Hérault – **339** F9 – rattaché à Agde

LE GRAU-DU-ROI – 30 Gard – **339** J7 – 7 892 h. – alt. 2 m – Casino   23 C2
– ✉ **30240** ▮ Languedoc Roussillon

▶ Paris 751 – Aigues-Mortes 7 – Arles 55 – Lunel 22

🛈 Office de tourisme, 30, rue Michel Rédarès ℰ 04 66 51 67 70, Fax 04 66 51 06 80

◉ Requinarium ★.

🏠 **Les Acacias** sans rest

21 r. Egalité – ℰ 04 66 51 40 86 – www.hotel-les-acacias.fr – Fax 04 66 51 17 66 – Fermé 30 déc.-12 fév.

29 ch – †50/88 € ††50/88 €, ⌷ 10 €

♦ Hôtel familial rénové à deux pas de la plage. Une terrasse fleurie d'acacias sépare les deux maisons : ambiance rétro, chambres sagement provençales ou plus petites et sobres.

à Port Camargue Sud : 3 km par D 62ᴮ – ✉ 30240 Le Grau du Roi

🏨 **Spinaker** ॐ

pointe de la Presqu'île – ℰ 04 66 53 36 37 – www.spinaker.com – Fax 04 66 53 17 47 – Fermé 20-26 déc. et janv.

16 ch – †88/149 € ††88/149 €, ⌷ 14 € – 5 suites

Rest *Carré des Gourmets* – *(fermé lundi et mardi sauf juil.-août et fériés)* Menu 56 € ⌘

♦ Complexe amarré à la marina, au bout de la presqu'île. Les chambres personnalisées (Provence, Afrique, Maroc) donnent de plain-pied sur le jardin et la piscine bordée de palmiers. Restaurant contemporain et terrasse tournés vers le port de plaisance.

🏨 **Mercure**

rte Marines – ℰ 04 66 73 60 60 – www.thalassa.com – Fax 04 66 73 60 50 – Fermé 7-27 déc.

89 ch – †110/180 € ††110/180 €, ⌷ 12 € – ½ P 95/130 €

Rest – (20 €) Menu 30 € – Carte 25/40 €

♦ Face aux dunes et à la mer, ensemble hôtelier englobant un centre de thalassothérapie. Rénovation des confortables chambres dans un esprit actuel ; balcons. Perché au 6ᵉ étage, le restaurant offre le choix entre cuisine traditionnelle et recettes diététiques.

🏨 **L'Oustau Camarguen** ॐ

3 rte Marines – ℰ 04 66 51 51 65 – www.oustaucamarguen.com – Fax 04 66 53 06 65 – Ouvert 27 mars-4 nov.

39 ch – †81/110 € ††81/110 €, ⌷ 12 € – 8 suites – ½ P 78/92 €

Rest – *(ouvert 1ᵉʳmai-fin sept. et fermé merc. soir sauf juil.-août)* (dîner seult sauf week-end de mai à sept.) Menu 29/33 € – Carte environ 31 €

♦ Petit mas camarguais décoré sur le mode provençal (fer gorgé, terre cuite, bois patiné). Spacieuses chambres dotées de terrasses ou de jardins privés. Agréable espace détente. Plats classiques à déguster dans une salle rustique ou à l'extérieur, au bord de la piscine.

XX **L'Amarette** ← 斎 AK VISA ⊙ AE

centre commercial Camargue 2000 – € 04 66 51 47 63 – *www.l-amarette.com*
– *Fax 04 66 51 47 63* – *Fermé fin nov. à mi-janv. et merc. sauf juil.-août*
Rest – (23 €) Menu 37/60 € – Carte 37/70 €

♦ Tout près de la plage, restaurant soigné ; agréable terrasse au 1er étage, avec vue sur la baie d'Aigues-Mortes. Belle cuisine de la mer attentive à la fraîcheur des produits.

GRAUFTHAL – 67 Bas-Rhin – **315** H4 – **rattaché à La Petite-Pierre**

GRAULHET – 81 Tarn – **338** D8 – 11 991 h. – alt. 166 m – ⊠ 81300   29 C2

◘ Paris 694 – Albi 39 – Castres 31 – Toulouse 63

⧉ Office de tourisme, square Maréchal Foch € 05 63 34 75 09,
Fax 05 63 34 75 09

XX **La Rigaudié** 斎 斎 P VISA ⊙ AE
⊛
rte de St-Julien-du-Puy – € 05 63 34 49 54 – *www.larigaudie-restaurant.com*
– *Fermé 1er-12 mai, 27 août-14 sept., 2-5 janv., sam. midi, dim. soir et lundi*
Rest – (11 €) Menu 14 € bc (déj. en sem.), 20/65 € – Carte 28/73 €

♦ Belle maison de maître du 19e s. dont la chaleureuse salle bourgeoise s'ouvre sur le parc. Terrasse dressée sous les platanes et cuisine actuelle.

LA GRAVE – 05 Hautes-Alpes – **334** F2 – 487 h. – alt. 1 526 m – **Sports**   41 C1
d'hiver : 1 450/3 250 m ⛷ 2 ⛷ 2 ⛷ – ⊠ 05320 ▯ Alpes du Nord

◘ Paris 642 – Briançon 38 – Gap 126 – Grenoble 80

⧉ Office de tourisme, route nationale 91 € 04 76 79 90 05, Fax 04 76 79 91 65

◙ Glacier de la Meije★★★ (par téléphérique) - ❅★★★.

◙ Oratoire du Chazelet★★★ NO : 6 km.

▥ **Les Chalets de la Meije** sans rest ◈ ← � 玄 ⅙⬚ ♚ ➀ ⌢ VISA ⊙
– € 04 76 79 97 97 – *www.chaletdelameije.com* – *Fax 04 76 79 97 63*
– *Fermé 25 avril-28 mai et 3 oct.-24 déc.*
18 ch ⌒ – ♦80/89 € ♦♦98/104 € – 9 suites

♦ Cet ensemble de chalets jouit d'une superbe situation face au parc des Écrins. Chambres ou duplex coquets et bien tenus, au décor montagnard chaleureux. Espace bien-être.

GRAVESON – 13 Bouches-du-Rhône – **340** D2 – 3 736 h. – alt. 14 m   42 E1
– ⊠ 13690 ▯ Provence

◘ Paris 696 – Avignon 14 – Carpentras 40 – Cavaillon 30

⧉ Office de tourisme, cours National € 04 90 95 88 44, Fax 04 90 95 81 75

◙ Musée Auguste-chabaud★.

▥ **Moulin d'Aure** ◈ ➀ 斎 玄 AK ♚ ⅍ P VISA ⊙ AE
rte de St-Rémy-de-Provence, 1 km par D 5 – € 04 90 95 84 05
– *www.hotel-moulindaure.com* – *Fax 04 90 95 73 84*
19 ch – ♦72/200 € ♦♦72/200 €, ⌒ 16 €
Rest – *(ouvert de début mars au 15 oct. et fermé lundi midi sauf en juil.-août)*
Menu 40/80 € – Carte 53/125 €

♦ Dans un grand parc planté d'oliviers, cette bastide récente dispose de coquettes chambres provençales (fer forgé, tomettes, couleurs du Sud) ; quelques-unes avec terrasse. Lumineuse salle à manger cosy sous de belles poutres, donnant sur la piscine.

▤ **Le Mas des Amandiers** ➀ 斎 玄 ⅙ ch, AK rest, ♚ ⅍ P
rte d'Avignon, à 1,5 km – € 04 90 95 81 76   VISA ⊙ AE ➀
– *www.hotel-des-amandiers.com* – *Fax 04 90 95 85 18* – *Ouvert 15 mars-15 oct.*
28 ch – ♦58/65 € ♦♦65 €, ⌒ 9 € – ½ P 61/63 €
Rest – *(Fermé sam. midi)* (12 € bc) Menu 20 € (déj. en sem.), 27/43 €
– Carte 25/36 €

♦ Les chambres de ce mas, refaites et sobres, sont réparties autour de la piscine. Parcours botanique, location de vélos et de scooters. Salle à manger actuelle décorée dans la note provençale ; carte classico-régionale.

Le Cadran Solaire sans rest 🕭   🖫 AC ⚙ ⁇ P VISA ⊕ AE

5 r. du Cabaret-Neuf – ℰ 04 90 95 71 79
– www.hotel-en-provence.com – Fax 04 90 90 55 04
– Ouvert 21 mars-19 nov.
12 ch – †70/110 € ††70/110 €, � 9 €
- La façade de ce charmant relais de poste du 16ᵉ s., dans un joli jardin, est ornée d'un cadran solaire. Ravissantes chambres cocooning (sans TV) et délicieuse terrasse.

XXX **Le Clos des Cyprès**   🖫 🞔 AC ⇦ P VISA ⊕

rte de Châteaurenard – ℰ 04 90 90 53 44 – Fermé 1 sem. en janv., le soir en sem. hors saison, merc. soir, dim. soir et lundi en saison
Rest – *(nombre de couverts limité, prévenir)* Menu 28/54 €
- Villa provençale au sein d'un parc abritant une salle à manger cossue aux murs ocre rouge ; terrasse sous auvent. Fine cuisine au goût du jour à l'ardoise et service prévenant.

GRAY – 70 Haute-Saône – **314** B8 – **6 262 h.** – alt. 220 m – ⊠ 70100   **16** B2
📗 Franche-Comté Jura

▶ Paris 336 – Besançon 45 – Dijon 50 – Dole 46
🛈 Office de tourisme, Île Sauzay ℰ 03 84 65 14 24, Fax 03 84 65 46 26
◉ Hôtel de ville★ - Collection de pastels et dessins★ de Prud'hon au musée Baron-Martin★ M¹.

à Rigny par ① D 70 et D 2 : 5 km – 606 h. – alt. 196 m – ⊠ 70100

🏰 **Château de Rigny** 🕭   ≤ 🕭 🞔 ⚙ ⅃ ✗ & ch, ⁇ 🕭 P P 🞔

– ℰ 03 84 65 25 01 – www.chateau-de-rigny.com   VISA ⊕ AE
– Fax 03 84 65 44 45
28 ch – †95/230 € ††95/230 €, � 12 € – ½ P 99/168 €
Rest – Menu 35/48 € – Carte 41/63 €
- Les allées du parc de cette demeure du 17ᵉ s. serpentent jusqu'à la Saône. Le mobilier des chambres (choisir celles de la magnanerie) a été chiné chez les antiquaires. Cuisine classique de saison dans la confortable salle à manger ou sur l'agréable terrasse.

à Nantilly par ① et D 2 : 5 km – 516 h. – alt. 200 m – ⊠ 70100

🏰 **Château de Nantilly** 🕭   🕭 🞔 ⅃ ⅃♣ ✗ 🖫 & ch, ⁇ 🕭 P

r. Millerand – ℰ 03 84 67 78 00   VISA ⊕ AE ①
– www.chateau-de-nantilly.com – Fax 03 84 67 78 01 – Fermé 1ᵉʳ janv.-8 fév.
41 ch – †75/110 € ††110/190 €, ⊖ 14 € – ½ P 112/137 €
Rest – *(fermé dim., lundi et mardi) (dîner seult sauf sam.)* Menu 42/66 €
– Carte 49/61 €
- Au cœur d'un parc traversé par un cours d'eau, gentilhommière (1830) couverte de feuil-les de vigne abritant des chambres de caractère. Celles logées à l'annexe sont plus récentes. Cuisine créative dans l'élégante salle de restaurant ou sur la charmante terrasse.

GRENADE-SUR-L'ADOUR – 40 Landes – **335** I12 – **2 423 h.**   **3** B2
– alt. 55 m – ⊠ 40270

▶ Paris 720 – Aire-sur-l'Adour 18 – Mont-de-Marsan 15 – Orthez 53
🛈 Office de tourisme, 1, place des Déportés ℰ 05 58 45 45 98,
   Fax 05 58 45 45 55

XXX **Pain Adour et Fantaisie** (Philippe Garret) avec ch   🞔 AC ch, ⁇ 🕭
✿ *14 pl. des Tilleuls – ℰ 05 58 45 18 80 – Fax 05 58 45 16 57*   VISA ⊕ AE
– Fermé dim. soir et lundi d'oct. à juil. et merc. midi
11 ch – †70/149 € ††70/149 €, ⊖ 15 €
Rest – *(16 €)* Menu 40/72 € – Carte 59/80 €❀
Spéc. Œuf brouillé à la périgourdine, truffes d'été (saison). Piccatas de foie gras de canard grillé, réduction de Guinness aux myrtilles. Palet chocolat crousti-fondant, pomelos confit. **Vins** Vin de pays des Côtes de Gascogne, Madiran.
- L'enseigne de cette maison du 17ᵉ s. est un clin d'œil au cinéma néoréaliste italien. Cuisine actuelle et vins régionaux dont on profite sur la terrasse au bord de l'Adour.

GRENOBLE Ⓟ – 38 Isère – **333** H6 – 156 107 h. – Agglo. 419 334 h. 45 C2
– alt. 213 m – ⊠ 38000 ▮ Alpes du Nord

▶ Paris 566 – Chambéry 55 – Genève 143 – Lyon 105

🛧 de Grenoble-Isère ℰ 04 76 65 48 48, par ⑥ : 39 km.

🔃 Office de tourisme, 14, rue de la République ℰ 04 76 42 41 41,
Fax 04 76 00 18 98

🟦 de Seyssins à Seyssins 29 rue du Plâtre, ℰ 04 76 70 12 63

🟦 de Grenoble à Bresson Route de Montavie, S : 6 km par D 269,
ℰ 04 76 73 65 00

◙ Site★★★ - Église-musée St-Laurent★★ : crypte St-Oyand★★ FY - Fort de
la Bastille ※★★ par téléphérique EY - Vieille ville★ EY : Palais de
Justice★ (boiseries★) - escalier★ de l'hôtel d'Ornacieux EY **J** - Musées : de
Grenoble★★★ FY, de la Résistance et de la Déportation★ F , de l'ancien
Evêché-Patrimoines de l'Isère★★ - Musée dauphinois★ : chapelle★★,
exposition thématique★★ EY.

Plans pages suivantes

🏨 **Park Hôtel** 🕼 Ⓜ ⓦ 🔊 🖴 ⓥⓘⓢⓐ ⑳ 🅐🅔 ⓞ
10 pl. Paul Mistral – ℰ 04 76 85 81 23 – www.park-hotel-grenoble.fr
– Fax 04 76 46 49 88 – Fermé 24 juil.-23 août et 24 déc.-3 janv. FZ**w**
50 ch – ♥120/180 € ♥♥150/255 €, ☲ 16 € – 9 suites
Rest *Louis 10* – (fermé sam. midi, dim. et jours fériés) (22 € bc) Menu 32 €
– Carte 38/80 €
♦ Belle rénovation en 2008 pour cet hôtel dont les chambres spacieuses marient élégance et
sobriété. Ambiance cosy dans les salons et au bar. Le Louis 10 affiche un cadre design très
chic ; cuisine fusion avec carte de sushis, sashimis et makis.

🏨 **Novotel Centre** 🝆 🕼 ⓖ ch, Ⓜ ⓦ 🔊 🅿 ⓥⓘⓢⓐ ⑳ 🅐🅔 ⓞ
à Europole, 5 pl. R. Schuman – ℰ 04 76 70 84 84 – www.novotel.com
– Fax 04 76 70 24 93 AV**r**
116 ch – ♥97/159 € ♥♥97/159 €, ☲ 14 € – 2 suites
Rest – (12 €) Carte 22/45 €
♦ Cet hôtel face à la gare, refait dans un style contemporain, partage ses murs avec le WTC
et un centre de congrès. Amples chambres japonisantes et beau fitness moderne. Au restaurant, cadre dans l'air du temps, recettes traditionnelles et grillades à la plancha.

🏨 **Mercure Grand Hôtel Président** 🝱 🝆 🕼 ⓖ ch, Ⓜ ⓦ 🔊 🅿 🖴
11 r. Gén. Mangin ⊠ 38100 – ℰ 04 76 56 26 56 ⓥⓘⓢⓐ ⑳ 🅐🅔 ⓞ
– www.mercure.com – Fax 04 76 56 26 82 AX**y**
105 ch – ♥85/189 € ♥♥85/211 €, ☲ 17 € **Rest** – (16 €) Carte 26/46 €
♦ Ce plaisant hôtel de la chaîne Mercure dispose de chambres confortables. Hall et bar sagement exotiques, salles de séminaires, fitness, sauna, jacuzzi et terrasse-jardin. Le restaurant
propose une carte traditionnelle variée.

🏨 **Lesdiguières** 🝰 🕼 ⓖ ch, ⓦ 🔊 🅿 ⓥⓘⓢⓐ ⑳
122 cours de la Libération – ℰ 04 38 70 19 50 – www.hotellesdiguieres.com
– Fax 04 38 70 19 69 – Fermé vacances scolaires, vend., sam. et dim.
23 ch – ♥67 € ♥♥75 €, ☲ 8 € – 1 suite – ½ P 88 € AX**b**
Rest – (16 €) Menu 23 € (dîner), 54 €
♦ Vraie institution grenobloise abritant depuis 1917 une école hôtelière réputée. Bon confort
dans les chambres ; préférez celles situées côté parc pour plus de tranquillité. Menus
attrayants mettant à l'honneur les produits du terroir dauphinois.

🏨 **Terminus** sans rest 🕼 ⓦ ⓦ 🔊 🖴 ⓥⓘⓢⓐ ⑳ 🅐🅔 ⓞ
10 pl. de la Gare – ℰ 04 76 87 24 33 – www.terminus-hotel-grenoble.fr
– Fax 04 76 50 38 28 DY**t**
39 ch – ♥68/99 € ♥♥84/149 €, ☲ 11 €
♦ Comme son nom l'indique, cet hôtel familial fait face à la gare. Vue sur le Moucherotte et
le massif du Vercors aux derniers étages. Petits-déjeuners servis sous une verrière.

🏨 **Patrick Hotel** sans rest 🕼 Ⓜ ⓦ 🔊 🅿 ⓥⓘⓢⓐ ⑳ 🅐🅔 ⓞ
116 cours de la Libération – ℰ 04 76 21 26 63 – www.patrickhotel-grenoble.com
– Fax 04 76 48 01 07 AX**n**
56 ch – ♥89 € ♥♥99 €, ☲ 12 €
♦ Sur un important axe de circulation, hôtel entièrement rénové en 2009. Chambres bien
tenues, actuelles et insonorisées. Petit bar-salon dans des tons chocolat.

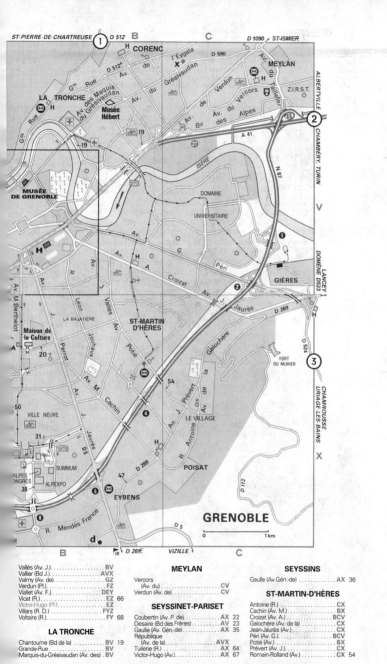

GRENOBLE

0   1 km

GRENOBLE

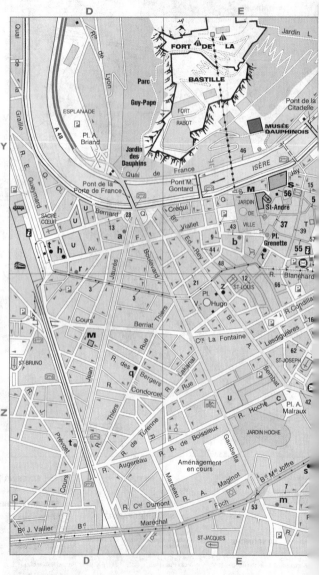

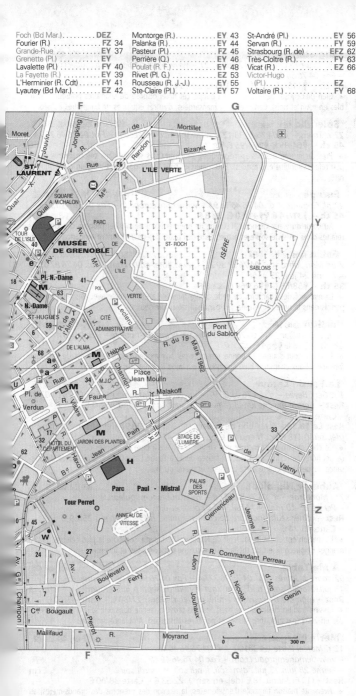

🏨 Angleterre sans rest   📶 AC 📶 VISA ☺☺ AE ⓞ

5 pl. Victor-Hugo – ℰ *04 76 87 37 21 – www.hotel-angleterre-grenoble.com*
– Fax 04 76 50 94 10   EZ**z**
62 ch – †115/185 € ††115/185 €, ⌇ 13 €
• Bien placé juste devant un jardin public, cet hôtel dispose de chambres pratiques (meubles en rotin et bois). Certaines sont mansardées, d'autres équipées de baignoires balnéo.

🏨 Splendid sans rest   📶 🅰 📶 P VISA ☺☺ AE ⓞ

22 r. Thiers – ℰ *04 76 46 33 12 – www.splendid-hotel.com – Fax 04 76 46 35 24*
45 ch – †64/95 € ††64/95 €, ⌇ 7 €   DZ**q**
• Près du musée des Rêves mécaniques, prolongez vos songes dans ces chambres peu à peu refaites (originales fresques). Petit-déjeuner sous forme de buffet dans un cadre modernisé.

🏠 Europe sans rest   ⅙ 📶 🅨 📶 🅐 VISA ☺☺ AE

22 pl. Grenette – ℰ *04 76 46 16 94 – www.hoteleurope.fr – Fax 04 76 43 13 65*
45 ch – †31/74 € ††41/80 €, ⌇ 8 €   EY**t**
• Au cœur du vieux Grenoble, l'Europe (le premier hôtel de la ville) propose des chambres refaites dans un style sobre et actuel. Salle des petits-déjeuners joliment tendance.

🏠 Gallia sans rest   📶 🅰 🅨 📶 🕭 VISA ☺☺ AE ⓞ

7 bd Mar. Joffre – ℰ *04 76 87 39 21 – www.hotel-gallia.com – Fax 04 76 87 65 76*
– Fermé 24 juil.-23 août   EZ**s**
35 ch – †58/65 € ††63/68 €, ⌇ 8 €
• La majorité des chambres de cette affaire familiale a été rajeunie avec des teintes gaies, parfois dans la note provençale. Pimpant hall-salon lumineux.

🏠 Institut sans rest   📶 🅨 🕭 VISA ☺☺ AE

10 r. L. Barbillon – ℰ *04 76 46 36 44 – www.institut-hotel.fr – Fax 04 76 47 73 09*
48 ch – †58 € ††64 €, ⌇ 8 €   DY**h**
• L'accueil tout sourire, la bonne tenue et les prix modérés sont les atouts de cet hôtel fonctionnel aux chambres bien équipées (pour moitié climatisées) et au décor frais.

🍴🍴🍴 Le Fantin Latour   🚗 � 🅰 ⬦ VISA ☺☺ AE

1 r. Gén. Beylié – ℰ *04 76 01 00 97 – www.fantin-latour.net – Fax 04 76 01 02 41*
Rest – *(fermé dim. et lundi) (dîner seult sauf sam.)* Menu 45/90 €   FZ**a**
– Carte 59/115 €
Rest *Le 18.36 –* 5 r. Abbé de la Salle, ℰ 04.76.01.00.97 *(fermé sam. et dim.)*
(déj. seult) (18 € bc) Menu 26 € bc – Carte 40/65 €
• Ce chef dynamique concocte une cuisine inventive à base de plantes de montagne dans ce bel hôtel particulier du 19e s., ex-musée dédié à Fantin Latour. Au "1836" (année de naissance du peintre), courte carte brasserie et menu du jour.

🍴🍴🍴 Auberge Napoléon   🅰 VISA ☺☺ AE ⓞ

7 r. Montorge – ℰ *04 76 87 53 64 – www.auberge-napoleon.fr*
– Fermé 1er-10 mai, 9-14 juil., 16-30 août et dim.   EY**b**
Rest – *(dîner seult) (nombre de couverts limité, prévenir)* Menu 35/69 €
– Carte 46/74 €
• La maison entretient le souvenir de Napoléon Bonaparte, son hôte le plus célèbre. Salle à manger Empire qui sert de théâtre à une cuisine personnalisée et inventive.

🍴🍴 À Ma Table   🅰 VISA ☺☺

92 cours J. Jaurès – ℰ *04 76 96 77 04 – Fax 04 76 96 77 04 – Fermé*
13 juil.-2 août, sam. midi, dim. sauf le midi de sept. à juin et lundi   DZ**t**
Rest – *(nombre de couverts limité, prévenir)* Menu 27/38 € – Carte 43/60 €
• Cuisine traditionnelle réalisée avec de bons produits, servie dans une salle à manger rénovée en 2009 (parquet, tons jaunes et peintures abstraites). Ambiance familiale.

🍴🍴 Marie Margaux   🅰 VISA ☺☺ AE ⓞ

12 r. Marcel Porte ✉ *38100 –* ℰ *04 76 46 46 46*
– www.lemariemargaux.com – Fax 04 76 46 46 46
– Fermé 28 juin-13 juil., dim. soir, lundi soir et mardi soir   EZ**m**
Rest – (12 €) Menu 18 € (déj. en sem.), 22/53 € – Carte 38/60 €
• Avenante maison familiale (l'enseigne est la réunion des prénoms des grands-mères) au chaleureux décor provençal, où la cuisine de poisson reste traditionnelle et sans superflu.

XX **Chasse-Spleen** `VISA` `OO` `AE` `O`

6 pl. Lavalette – ℰ 04 38 37 03 52 – Fax 04 76 63 01 58 – Fermé lundi midi, sam.
midi et dim. FY**e**

Rest – (15 €) Menu 20 € (déj.), 34 € – Carte 32/63 €

♦ Hommage à Charles Baudelaire qui baptisa ce vin lors d'un séjour à Moulis-en-Médoc. Aux
murs, poèmes de l'auteur en guise de nourriture spirituelle. À table, plats dauphinois.

X **Grill Parisien** `VISA` `OO` `AE`

34 bd Alsace-Lorraine – ℰ 04 76 46 10 16 – Fermé 13-17 mai, 1ᵉʳ-23 août, sam.,
dim. et fériés DYZ**r**

Rest – (21 €) Menu 28 € – Carte 40/58 €

♦ Installés à la table d'hôte (dans la cuisine) ou sous les poutres de la salle à manger, les
habitués de ce bistrot se régalent d'une cuisine traditionnelle aux accents du Sud.

X **Le Coup de Torchon** `VISA` `OO` `O`
⊗⊗
8 r. Dominique Villars – ℰ 04 76 63 20 58 – Fermé merc. soir, dim. et lundi

Rest – (13 €) Menu 16/22 € – Carte environ 31 € le soir FY**a**

(🙂) ♦ À proximité des boutiques d'antiquaires, sympathique table dont la cuisine actuelle puise
ses idées et s'élabore en fonction du marché. Cadre clair et coquet. Prix attractifs.

X **La Glycine** `🏠` `VISA` `OO`

168 cours Berriat – ℰ 04 76 21 95 33 – Fax 04 76 96 58 65 – Fermé 2 sem.
en août, sam. midi, lundi soir et dim. AV**n**

Rest – (prévenir) (17 €) Menu 33 € (sem.)/40 €

♦ Salles rustiques ornées d'assiettes et d'affiches anciennes. En été, un repas sous la glycine,
classée par la ville, s'impose ! Cuisine traditionnelle à tendance méridionale.

X **L'Exception** `AC` `VISA` `OO` `AE`

4 cours Jean-Jaurès – ℰ 04 76 47 03 12 – www.restaurant-lexception.com
– Fax 04 76 47 03 12 – Fermé sam. et dim. DY**a**

Rest – (13 €) Menu 25/52 € – Carte 52/74 €

♦ Une adresse simple qui ne désemplit pas, dont la salle à manger a été revue dans un style
actuel. Généreuse cuisine créative, axée sur le terroir et proposée à prix sages.

X **Le Village** `AC` `VISA` `OO` `AE`
⊗⊗
20 r. de Strasbourg – ℰ 04 76 87 88 44 – Fermé 3 juil.-2 août, 24 déc.-4 janv.,
dim. et lundi FZ**b**

Rest – (14 €) Menu 17 € (déj. en sem.), 26/40 € – Carte 30/50 €

♦ Dans un quartier-village du centre, ce restaurant au cadre rénové affiche souvent complet. Un succès qui tient à l'ambiance conviviale et à la bonne cuisine au goût du jour.

à Corenc – 3 784 h. – alt. 450 m – ⊠ 38700

XX **La Corne d' Or** `<` `🏠` `P` `VISA` `OO` `AE`

159 rte de Chartreuse, par ① : 3,5 km sur D 512 – ℰ 04 38 86 62 36
– www.cornedor.fr – Fax 04 38 86 62 37 – Fermé 14 août-2 sept., dim. soir, mardi
midi et lundi

Rest – (18 €) Menu 26 € (déj. en sem.), 40/78 € – Carte 53/89 €

♦ Les tables côté fenêtres et la terrasse ombragée offrent un joli panorama sur Grenoble et
la chaîne de Belledonne. Carte au goût du jour qui s'inspire des grands chefs.

XX **Le Provence** `🏠` `&` `AC` `%` `↔` `VISA` `OO` `AE`

28 av. du Grésivaudan – ℰ 04 76 90 03 38 – www.leprovence.fr
– Fax 04 76 90 46 13 CV**x**

Rest – (22 € bc) Menu 26 € bc (déj. en sem.), 31/52 € – Carte 38/75 €

♦ Spécialités de poissons grillés (cuisinés à l'huile d'olive) servies dans une jolie salle ensoleillée ou en terrasse. Des écrans montrent en direct la création des plats en cuisine.

à Eybens : 5 km – 9 335 h. – alt. 230 m – ⊠ 38320

🏠🏠 **Château de la Commanderie** `⊗` `🛋` `🏠` `⊼` `⊕` `%` rest, `⌘` `ᚼ` `P`

17 av. d'Échirolles – ℰ 04 76 25 34 58 `VISA` `OO` `AE` `O`
– www.commanderie.fr – Fax 04 76 24 07 31 – fermé 20 déc.-3 janv. BX**d**

43 ch – †97/172 € ††107/189 €, ⊡ 15 € – ½ P 115/135 €

Rest – (fermé vacances de la Toussaint, de Noël, sam. midi, dim. et lundi)
(28 € bc) Menu 41/72 € – Carte 69/97 €

♦ Petit château – ex-commanderie des Templiers – dans un jardin arboré. Meubles ancestraux, portraits de famille et tapisseries d'Aubusson. Spa complet. Cuisine classique actualisée
servie dans un cadre bourgeois ou sur la terrasse d'été.

à **Bresson** Sud par av. J. Jaurès : 8 km par D 269^c – 697 h. – alt. 300 m – ⊠ **38320**

XXX **Chavant** avec ch   🚗 🛋 ⊼ AC 🛜 🖧 P VISA 🐵 AE ⑩

2 r. Emile Chavant – ℰ 04 76 25 25 38 – www.chavanthotel.com
– Fax 04 76 62 06 55 – Fermé 9-17 août, 20-28 déc., sam. midi, dim. soir et lundi
7 ch – ♦130/160 € ♦♦130/160 €, �ⁿ 14 €
Rest – Menu 32 € (déj.)/78 € – Carte 50/120 €

♦ Auberge abritant une salle habillée de boiseries et une agréable terrasse donnant sur un jardin arboré. Cave à vins (vente et dégustation). Chambres spacieuses ornées de meubles anciens.

à **Échirolles** : 4 km – 35 687 h. – alt. 237 m – ⊠ **38130**

🏠 **Dauphitel**   🛋 ⊼ ♦ AC 🛜 🖧 P VISA 🐵 AE ⑩

16 av. Kimberley – ℰ 04 76 33 60 60 – www.dauphitel.fr
– Fax 04 76 33 60 00   AX**e**
68 ch – ♦70/110 € ♦♦70/110 €, ⊒ 10 € – ½ P 67/70 €
Rest – (fermé 1er-22 août, 25 déc.-2 janv., sam., dim. et fériés) Menu 24/36 €
– Carte 23/57 €

♦ Cet hôtel moderne proche des massifs montagneux abrite des chambres confortables et des salles de séminaires bien équipées. Piscine entourée de verdure. Lumineuse salle à manger, terrasse d'été et cuisine traditionnelle avec suggestions du marché.

par la sortie⑥ :

au **Fontanil** : 8 km par A 48, sortie 14 et D 1075 – 2 699 h. – alt. 210 m – ⊠ **38120**

XX **La Queue de Cochon**   🛋 AC ⇔ P VISA 🐵 AE

rte de Lyon – ℰ 04 76 75 65 54 – www.laqueuedecochon.fr – Fax 04 76 75 76 85
– Fermé sam. midi, dim. soir et lundi
Rest – Menu 28/40 € – Carte 35/59 €

♦ L'adresse est autant appréciée pour ses buffets et ses grillades que pour sa vaste terrasse verdoyante. Décor actuel agrémenté d'un vivier ; vaisselle sur le thème du cochon.

près échangeur A 48 sortie n° 12/13 : 12 km – ⊠ **38340** Voreppe

🏠 **Novotel**   🚗 🛋 ⊼ ♦ 🕭 AC 🛜 🖧 P VISA 🐵 AE ⑩
🐵
1625 rte de Veurey – ℰ 04 76 50 55 55 – www.novotel.com – Fax 04 76 56 76 26
114 ch – ♦75/149 € ♦♦75/149 €, ⊒ 14 €
Rest – (12 €) Menu 16/25 € – Carte 16/34 €

♦ À la fois proches de l'autoroute et entourées de champs, grandes chambres confortables, en partie revues selon les dernières normes de la chaîne. Espace Novotel Café. Terrasse d'été face au jardin, cuisine traditionnelle et plats à la plancha.

GRÉOUX-LES-BAINS – 04 Alpes-de-Haute-Provence – **334** D10   **40** B2
– 2 455 h. – alt. 386 m – Stat. therm. : début mars-mi déc. – Casino – ⊠ **04800**
▌ Alpes du Sud

🅳 Paris 783 – Aix-en-Provence 55 – Brignoles 52 – Digne-les-Bains 69
🅸 Office de tourisme, 5, avenue des Marronniers ℰ 04 92 78 01 08,
Fax 04 92 78 13 00

🏠 **La Crémaillère** ⌂   🚗 ⊼ ♦ & ch, AC ⅍ rest, 🛜 🖧 P VISA 🐵 AE

776 av. des Thermes, rte de Riez – ℰ 04 92 70 40 04 – www.chainethermale.fr
– Fax 04 92 78 19 80 – Ouvert 28 mars-18 déc.
51 ch – ♦90/125 € ♦♦90/140 €, ⊒ 12 € – ½ P 75/105 €
Rest – (19 €) Menu 27/49 € – Carte 39/49 €

♦ Les chambres, avec balcon ou loggia, offrent un cadre contemporain coloré et lumineux qui laisse présager un séjour réussi à deux pas des thermes troglodytiques. La cuisine, comme le décor du restaurant, s'inspire de la Provence. Menu santé spécialement conçu pour les curistes.

🏨🏨🏨 **Villa Borghèse** ⌂   🚗 🏊 🎇 ♨ 🛎 🅰 ♨ rest, ♨ � 🅿 🛗
   av. des Thermes – ℰ 04 92 78 00 91   𝖵𝖨𝖲𝖠 ⚊ 𝖠𝖤 ⓞ
– www.villa-borghese.com – Fax 04 92 78 09 55 – Ouvert 14 mars-5 déc.
67 ch – †60/156 € ††81/156 €, ⊐ 13 € – ½ P 79/118 €
Rest – (23 €) Menu 30 € – Carte 41/62 €
♦ Cette "Villa Borghèse" tapissée de vigne vierge profite de grandes chambres traditionnelles avec balcon et écran plat. Sauna, espace beauté et club (cours de bridge). Restaurant décoré de tableaux d'un artiste local, véranda et carte classique à l'accent provençal.

🏨🏨 **La Chêneraie** ⌂   ≤ 🚗 🏊 🛎 ♨ ♨ 🅿 𝖵𝖨𝖲𝖠 ⚊ 𝖠𝖤
Les Hautes Plaines, par av. Thermes – ℰ 04 92 78 03 23 – www.la-cheneraie.com
– Fax 04 92 78 11 72 – Ouvert mi-mars à mi-nov.
20 ch – †61/83 € ††70/92 €, ⊐ 11 € – ½ P 55/76 €
Rest – (12 €) Menu 21/32 € – Carte 19/32 €
♦ Immeuble moderne érigé sur les hauteurs de la station, dans un paisible quartier résidentiel. Amples chambres fonctionnelles. Les larges baies de la salle à manger donnent sur la piscine, le vieux village et le château. Copieuse cuisine provençale.

🏨 **Le Verdon**   🚗 🚗 🛎 ♨ 🅰 rest, ♨ rest, ♨ � 🅿 𝖵𝖨𝖲𝖠 ⚊ 𝖠𝖤
rte de Riez – ℰ 0 826 46 81 83 – www.chainethermale.fr – Fax 04 92 70 43 99
– Ouvert 8 mars-27 nov.
64 ch – †65/80 € ††65/80 €, ⊐ 11 € – ½ P 67/75 €
Rest – (17 €) Menu 24 € – Carte environ 35 €
♦ Cet hôtel abrite des chambres fraîches, pratiques et dotées de balcons ; elles sont tournées vers le village ou la garrigue. Agréable jardin avec terrain de pétanque. Vaste salle à manger actuelle et terrasse verdoyante.

🏨 **Les Alpes**   🚗 🏊 ♨ 🅿 𝖵𝖨𝖲𝖠 ⚊ 𝖠𝖤
av. des Alpes – ℰ 04 92 74 24 24 – www.hoteldesalpes04.fr – Fax 04 92 74 24 26
– Fermé janv.
26 ch ⊐ – †60/135 € ††80/135 € – ½ P 60/88 €
Rest – Menu 23/28 € – Carte 26/49 €
♦ Ce petit hôtel familial, dans un bâtiment au pied du château des Templiers, améliore peu à peu ses aménagements. Chambres pratiques et propres, dont cinq avec terrasse. Au bord de la piscine, on apprécie de bons plats provençaux. Salle design et cuisine ouverte.

GRESSE-EN-VERCORS – 38 Isère – 333 G8 – 365 h. – alt. 1 205 m   45 C2
– Sports d'hiver : 1 300/1 700 m ⛷16 ⛷ – ⊠ 38650 ▯ Alpes du Nord
   ▶ Paris 610 – Clelles 22 – Grenoble 48 – Monestier-de-Clermont 14
   🄴 Office de tourisme, le Faubourg ℰ 04 76 34 33 40, Fax 04 76 34 31 26
   ◎ Col de l'Allimas ≤ ★ S : 2 km.

🏨🏨 **Le Chalet** ⌂   ≤ 🚗 🏊 🎇 🛎 ♨ ♨ � 🅿 🚗 𝖵𝖨𝖲𝖠 ⚊
(😊)   Le Village – ℰ 04 76 34 32 08 – www.lechalet.free.fr – Fax 04 76 34 31 06
– Fermé 14 mars-8 mai, 10 oct.-18 déc. et merc. midi sauf vacances scolaires
25 ch – †59 € ††86 €, ⊐ 12 € – ½ P 65/78 €
Rest – (15 €) Menu 21 € (sem.), 28/53 € – Carte 45/55 €
♦ Plutôt qu'un chalet, une maison dauphinoise ancienne, qui soigne ses visiteurs. Grandes chambres progressivement rénovées, parfois dotées d'une loggia. Généreuse cuisine traditionnelle servie dans une élégante salle à manger ou sur la jolie terrasse d'été.

GRESSY – 77 Seine-et-Marne – 312 F2 – 101 10 – voir à Paris, Environs

GRÉSY-SUR-ISÈRE – 73 Savoie – 333 K4 – 1 216 h. – alt. 350 m – ⊠ 73460   46 F2
   ▶ Paris 595 – Aiguebelle 12 – Albertville 18 – Chambéry 35
   🄲 Site★★ - Château de Miolans ≤★ : Tour St-Pierre ≤★★, souterrain de
   défense★ ▯ Alpes du Nord

🍴🍴🍴 **La Tour de Pacoret** avec ch ⌂   ≤ 🕤 🚗 🏊 ♨ rest, ♨ 🅿 𝖵𝖨𝖲𝖠 ⚊
(😊)   Nord-Est : 1,5 km par D 201 – ℰ 04 79 37 91 59 – www.hotel-pacoret-savoie.com
– Fax 04 79 37 93 84 – Ouvert 1er mai-20 oct.
10 ch – †65/170 € ††80/170 €, ⊐ 12 € – ½ P 70/115 €
Rest – (fermé merc. midi sauf juil.-août, lundi en oct. et mardi) Menu 19/58 €
– Carte 40/50 €🍷
♦ Cette tour de guet édifiée en 1283 garde la Combe de Savoie. Lumineuse salle à manger, agréable terrasse avec vue sur les sommets environnants et cuisine traditionnelle.

GREZ-EN-BOUÈRE – 53 Mayenne – 310 F7 – 996 h. – alt. 85 m   35 C1
– ⊠ 53290

▣ Paris 276 – Nantes 143 – Laval 35 – Angers 66

⚿ **Château de Chanay** ⊗   ⏱ 🅿
4 km à l'Ouest par D 28 – ℰ 02 43 70 98 81 – www.chateau-de-chanay.com
– Fermé 15 déc.-31 janv.
3 ch ⊅ – †75/105 € ††85/115 €   **Table d'hôte** – Menu 29 € bc
♦ Cette demeure située dans un parc boisé en pleine campagne a su conserver son précieux
cachet ancien. Chambres personnalisées et confortables ; beau salon-bibliothèque. À la table
d'hôte, on propose une cuisine maison, servie dans une salle à manger classique.

GRÈZES – 46 Lot – 337 G4 – 157 h. – alt. 312 m – ⊠ 46320   29 C1

▣ Paris 562 – Aurillac 84 – Cahors 50 – Figeac 21

🔠 **Le Grézalide** ⊗   ⏦ ⏱ 🏠 ⌇ ⅃ ⅋ 🕸 🅿 ⅏ 🅿 𝒱𝒾𝒮𝒜 ⊚ ⓪
– ℰ 05 65 11 20 40 – www.grezalide.com – Fax 05 65 11 20 41 – Ouvert
1er avril-9 oct.
19 ch – †77/97 € ††77/97 €, ⊅ 10 € – ½ P 70/80 €
Rest – *(dîner seult)* Menu 28/38 € – Carte 30/51 €
♦ Au cœur d'un village du Quercy, une adresse qui vous entraîne sur les chemins de l'art au
fil de chambres dédiées à des artistes (Dali, Rodin...), et d'un espace exposition. Une cuisine
aux accents du terroir vous attend dans une jolie salle à manger voûtée.

LA GRIÈRE – 85 Vendée – 316 H9 – rattaché à La Tranche-sur-Mer

GRIGNAN – 26 Drôme – 332 C7 – 1 464 h. – alt. 198 m – ⊠ 26230   44 B3
▮ Lyon Drôme Ardèche

▣ Paris 629 – Crest 46 – Montélimar 25 – Nyons 25

🄸 Office de tourisme, place du jeu de Ballon ℰ 04 75 46 56 75,
Fax 04 75 46 55 89

◉ Château★★ - Église St-Sauveur ※★.

🏩 **Manoir de la Roseraie** ⊗   ≤ ⏱ 🏠 ⅃ ⌇ ch, 🆔 🕸 rest, ⅏ 🅿
1 chemin des Grands Prés, (rte Valréas) – ℰ 04 75 46 58 15   𝒱𝒾𝒮𝒜 ⊚ 🅰🄴 ⓪
– www.manoirdelaroseraie.com – Fax 04 75 46 91 55 – Fermé en sem. du 13 fév.
au 31 mai et du 14 sept. au 3 nov.
21 ch – †152/380 € ††152/380 €, ⊅ 20 €
Rest – *(fermé le midi de juin à sept. sauf sam. et dim.)* (prévenir) Menu 28/52 €
– Carte 53/62 €🕸
♦ "Exquis", aurait pu écrire la Marquise à propos de ce manoir (19e s.) situé au pied du château. Chambres spacieuses, roseraie, belle piscine... L'élégante salle à manger, aménagée en
rotonde, ouvre sa verrière sur le parc. Cuisine au goût du jour.

🔠 **Le Clair de la Plume** sans rest ⊗   ⏦ 🆔 🕪 𝒱𝒾𝒮𝒜 ⊚ 🅰🄴 ⓪
pl. du Mail – ℰ 04 75 91 81 30 – www.clairplume.com – Fax 04 75 91 81 31
16 ch – †99/179 € ††99/179 €, ⊅ 15 €
♦ Séduisante demeure (18e s.) dotée de chambres provençales distribuées autour d'un jardin
de curé. D'autres, tout aussi charmantes, occupent une seconde maison. Bar "bio".

🔠 **La Bastide de Grignan** sans rest ⊗   ⏦ ⌇ ⅃ 🆔 🅿 ⅏ 𝒱𝒾𝒮𝒜 🅰🄴
120 chemin de Bessas, 1 km par D 541 rte de Montélimar – ℰ 04 75 90 67 09
– www.labastidedegrignan.com – Fax 04 75 46 10 62
16 ch – †70/160 € ††70/160 €, ⊅ 16 €
♦ Cet établissement flambant neuf construit sur une ancienne garrigue truffière offre de
coquettes chambres au décor provençal actuel.

🍴🍴🍴 **La Table des Délices**   ⏦ 🏠 ⅏ 🅿 𝒱𝒾𝒮𝒜 ⊚
1 km par D 541 rte de Montélimar – ℰ 04 75 46 57 22
– www.latabledesdelices.com – Fax 04 75 46 92 96 – Fermé 15-30 nov.,
1er-11 janv., mardi midi en saison, dim. soir et lundi
Rest – Menu 26/50 € – Carte 45/70 €🕸
♦ Sur la route de la grotte de Mme de Sévigné, cuisine au goût du jour à apprécier
dans une salle actuelle aux tons chauds ou à l'ombre des canisses. Bon choix de côtes-du-
rhône.

✗ Le Poème de Grignan   AC VISA ⊕

r. St-Louis – ℰ 04 75 91 10 90 – www.lepoemedegrignan.com
– Fax 04 75 91 10 90 – Fermé 1ᵉʳ-15 déc., mardi en hiver et merc.
Rest – Menu 26 € (déj.) /45 € – Carte 53/62 € le soir
♦ Restaurant de poche au décor provençal, situé dans une rue piétonne du vieux Grignan.
Cuisine du marché et de saison, à consonance méridionale.

rte de Montélimar   4 km par D 541 et rte secondaire - ⊠ 26230 Grignan

🏠 La Maison du Moulin ৯   🛋 ⌂ ⅃ P

chemin de la Motte – ℰ 04 75 46 56 94 – www.maisondumoulin.com – Fermé
24 oct.-5 nov. et 19 déc.-5 janv.
5 ch ⌷ – †70/140 € ††80/150 € – ½ P 65/92 €
Table d'hôte – Menu 30/50 €
♦ Moulin du 18ᵉ s. au bord d'une rivière. Chambres personnalisées (meubles chinés) ; jardin
bio, piscine, sauna et salle de massages sont quelques atouts de cette adresse. Plats régionaux et cours de cuisine.

GRIMAUD – 83 Var – 340 O6 – 4 181 h. – alt. 105 m – ⊠ 83310   41 C3
▌ Côte d'Azur

   ▶ Paris 861 – Fréjus 32 – Le Lavandou 32 – St-Tropez 12
   🛈 Office de tourisme, 1, boulevard des Aliziers ℰ 04 94 55 43 83,
     Fax 04 94 55 72 20
   📷 Château ⩗★.
   🅖 Port Grimaud★ : ⩗★ 5 km.

🏨 La Boulangerie sans rest ৯   ⩤ 🕭 ⅃ ✻ AC ✧ ⬩ P VISA ⊕ AE

2 km à l'Ouest par rte de Collobrières D14 – ℰ 04 94 43 23 16
– www.hotel-laboulangerie.com – Fax 04 94 43 38 27 – Ouvert Pâques-9 oct.
10 ch – †115/119 € ††119/139 €, ⌷ 11 € – 2 suites
♦ Sur les hauteurs du village, agréable petit mas niché dans la verdure d'un parc où détente
et bien-être sont au rendez-vous. Chambres d'esprit provençal, ambiance conviviale.

🏨 Le Verger Maelvi sans rest ৯   ⩤ ⅃ 🕭 AC ⬩ P VISA ⊕

2 km à l'Ouest par D 14 rte de Collobrières – ℰ 04 94 55 57 80
– www.hotel-grimaud.com – Fax 04 94 43 33 92 – Ouvert 28 mars-9 nov.
12 ch – †98/330 € ††105/390 €, ⌷ 18 €
♦ Ce mas situé au calme propose de confortables chambres contemporaines ou plus traditionnelles. L'été, copieux petit-déjeuner servi sous l'agréable pergola face à la piscine.

🏠 Athénopolis ৯   ⩤ ⅃ ⅍ AC ch, ⬩ P VISA ⊕ AE ⬤

3,5 km au Nord-Ouest par D 558, rte de La Garde-Freinet – ℰ 04 98 12 66 44
– www.athenopolis.com – Fax 04 98 12 66 40 – Ouvert 1ᵉʳ avril-31 oct.
11 ch – †87/103 € ††97/120 €, ⌷ 10 € – ½ P 74/90 €
Rest – *(fermé merc. sauf juil.-août)* (17 €) Menu 22/28 € – Carte 30/45 €
♦ Dans le paysage méditerranéen – presque grec – du massif des Maures, maison aux volets
bleus et chambres colorées avec loggia ou terrasse privative. Cuisine traditionnelle au restaurant.

🏠 Hostellerie du Coteau Fleuri   ⩗ ⩤ ⬩ VISA ⊕ AE ⬤

pl. des Pénitents – ℰ 04 94 43 20 17 – www.coteaufleuri.fr – Fax 04 94 43 33 42
– Fermé 1ᵉʳ nov.-20 déc.
14 ch – †54/115 € ††54/115 €, ⌷ 12 € – ½ P 69/100 €
Rest – *(fermé le midi en juil.-août, lundi midi, vend. midi et mardi)* Menu 30 € bc
(déj. en sem.), 45/68 € bc – Carte 60/75 €
♦ Ancienne magnanerie sur une placette pittoresque du vieux village. Les chambres, au
décor monacal, sont sobres et bien tenues. Salle à manger plaisante avec cheminée monumentale et terrasse tournée vers le massif des Maures. Registre culinaire classique.

✗✗✗ Les Santons   AC VISA ⊕ AE

rte Nationale – ℰ 04 94 43 21 02 – www.restaurant-les-santons.fr
– Fax 04 94 43 24 92 – Fermé 12 nov.-20 déc., le midi en sem. en juil.-août, dim.
soir, lundi et mardi en fév.-mars et merc. midi en saison
Rest – Menu 35 € bc (déj.)/58 € – Carte 82/174 €
♦ Auberge de caractère sur la rue principale du village. Le chef propose une cuisine clas-
sique dans un belle salle à manger rustique avec collection de santons, cuivres et fleurs.

XX **La Bretonnière** 🛋 AC VISA ⚫⚫

pl. des Pénitents – 𝒞 *04 94 43 25 26 – Fax 04 94 43 25 26 – Fermé*
15 nov.-29 déc., merc. soir, vend. midi, dim. et le midi en juil.-août
Rest – Menu 20 € (déj.)/35 € – Carte 42/74 €
♦ Au cœur du bourg médiéval, ce restaurant séduit par sa carte traditionnelle et son atmosphère soignée, mariant le bois sombre (meubles Louis-Philippe) à un camaïeu de bleu.

LA GRIVE – 38 Isère – 333 E4 – rattaché à Bourgoin-Jallieu

GROISY – 74 Haute-Savoie – 328 K4 – 2 937 h. – alt. 690 m – ☒ 74570   46 F1
▶ Paris 534 – Annecy 17 – Bellegarde-sur-Valserine 40 – Bonneville 29

XX **Auberge de Groisy** 🛋 ⅍ VISA ⚫⚫

34 rte du Chef-Lieu – 𝒞 *04 50 68 09 54 – www.auberge-groisy.com*
– Fax 04 50 68 09 54 – Fermé 1ᵉʳ-18 sept., 23-28 juil., dim. soir, lundi et mardi
Rest – *(nombre de couverts limité, prévenir)* Menu 30/68 € – Carte 36/86 €
♦ Ferme du 19ᵉ s. dotée d'une salle mélangeant le contemporain et les matériaux nobles
(poutres et pierres) ; terrasse avec vue sur le lac d'Annecy. Cuisine actuelle soignée.

GRUFFY – 74 Haute-Savoie – 328 J6 – 1 382 h. – alt. 570 m – ☒ 74540   46 F1
▶ Paris 545 – Aix-les-Bains 19 – Annecy 17 – Chambéry 36

🏠 **Aux Gorges du Chéran** ⌇ ⩻ 🚗 🛋 ⅍ ch, P VISA ⚫⚫

au Pont de l'Abîme – 𝒞 *04 50 52 51 13 – www.gorgesducheran.com*
– Fax 04 50 52 57 33 – Ouvert 1ᵉʳ avril- 30 oct.
8 ch – †70 € ††70/85 €, ☐ 9 € – ½ P 99/114 €   **Rest** – *(résidents seult)*
♦ Chambres calmes et lambrissées dans un établissement bénéficiant d'un remarquable
arrière-plan : le pont métallique (1887) qui enjambe les gorges du Chéran. Copieuse cuisine
traditionnelle inspirée par la région et carte snack. Belle terrasse panoramique.

GRUISSAN – 11 Aude – 344 J4 – 4 268 h. – alt. 2 m – Casino   22 B3
– ☒ 11430 ▮ Languedoc Roussillon
▶ Paris 796 – Carcassonne 73 – Narbonne 15 – Perpignan 76
🛈 Office de tourisme, 1, boulevard du Pech-Maynaud 𝒞 04 68 49 09 00,
Fax 04 68 49 33 12

🏨 **Le Phoebus** ⌇ 🏊 ch, AC 🛜 😘 P VISA ⚫⚫ AE

bd de la Sagne, (au casino) – 𝒞 *04 68 49 03 05 – www.phoebus-sa.com*
– Fax 04 68 49 07 67
50 ch – †45/105 € ††45/118 €, ☐ 10 €   **Rest** – Menu 20/45 € – Carte 22/52 €
♦ Intégrées au complexe du casino, confortables chambres de type motel, décorées selon
des thèmes originaux : "Sud", "Pescador", "Chalet", etc. Jardinets en rez-de-chaussée. Restaurant au cadre actuel complété en été par une formule grill au bord de la piscine.

X **L'Estagnol** ⌇ 🛋 AC VISA ⚫⚫

12 av. Narbonne – 𝒞 *04 68 49 01 27 – Fax 04 68 49 01 27 – Fermé vacances*
de fév., lundi, le soir en hiver sauf vend. et sam.
Rest – Menu 13 € (déj. en sem.), 24/30 € – Carte 27/33 €
♦ Une adresse authentique et sincère dans une ex-maison de pêcheur : décor méridional,
petite terrasse face à l'étang et cuisine régionale axée sur le poisson, simple et bonne.

GRUSON – 59 Nord – 302 H4 – rattaché à Lille

LE GUA – 17 Charente-Maritime – 324 E5 – 1 953 h. – alt. 3 m – ☒ 17600   38 B3
▶ Paris 493 – Bordeaux 126 – Rochefort 26 – La Rochelle 63
🛈 Syndicat d'initiative, 28, rue Saint-Laurent 𝒞 05 46 23 17 28,
Fax 05 46 23 17 28

XX **Le Moulin de Châlons** avec ch ⌇ 🛋 🛜 P P VISA ⚫⚫ AE

à Châlons, 1 km à l'Ouest par rte de Royan – 𝒞 *05 46 22 82 72*
– www.moulin-de-chalons.com – Fax 05 46 22 91 07
10 ch – †100/165 € ††100/165 €, ☐ 13 €
Rest – Menu 25/48 € – Carte 43/70 €
♦ Appétissante cuisine au goût du jour servie dans le décor champêtre et cossu d'un
authentique moulin à marée du 18ᵉ s. (pierres et poutres apparentes). Les chambres, toutes
joliment rénovées, donnent sur le parc bucolique.

GUEBERSCHWIHR – 68 Haut-Rhin – **315** H8 – 834 h. – alt. 260 m   **1** A2
– ⊠ 68420 ▮ Alsace Lorraine

▶ Paris 487 – Colmar 12 – Guebwiller 18 – Mulhouse 36

⌂ **Relais du Vignoble** ॐ   ≼ 斤 ⊫ ℃ ⋯ 👌 P VISA ⫷ AE
33 r. des Forgerons – ℰ 03 89 49 22 22 – www.relaisduvignoble.com
– Fax 03 89 49 27 82 – Fermé 1ᵉʳ fév.-1ᵉʳ mars
30 ch – †50/62 € ††50/108 €, ⫶ 9 € – ½ P 65/68 €
Rest Belle Vue – 29 r. des Forgerons, ℰ 03 89 49 31 09 (fermé jeudi midi et
merc.) Menu 22/35 € – Carte 32/47 €
♦ Situé à flanc de coteau, cette grande bâtisse jouxte la cave familiale. La plupart des chambres, simples mais bien tenues, donnent sur les vignes. Salle de séminaires. Plats traditionnels
et vins du domaine à déguster sur la terrasse panoramique aux beaux jours.

GUEBWILLER ◁▷ – 68 Haut-Rhin – **315** H9 – 11 609 h. – alt. 300 m   **1** A3
– ⊠ 68500 ▮ Alsace Lorraine

▶ Paris 474 – Belfort 52 – Colmar 27 – Épinal 96
𝐢 Office de tourisme, 73, rue de la République ℰ 03 89 76 10 63,
Fax 03 89 76 52 72
◉ Église St-Léger★ : façade Ouest★★ - Intérieur★★ de l'église N.-Dame★ :
Maître-Hôtel★★ - Hôtel de ville★ - Musée du Florival★.
◖ Vallée de Guebwiller★★ NO.

🏨 **Domaine du Lac**   ⫸ 斤 ※ ⊫ ὁ ŪĀ ⋯ ㎧ P VISA ⫷ AE
244 r. de la République, vers Buhl – ℰ 03 89 76 15 00
– www.domainedulac-alsace.com – Fax 03 89 74 14 63
69 ch – †41/190 € ††41/190 €, ⫶ 13 €
Rest Les Terrasses – ℰ 03 89 76 15 76 (fermé sam. midi) (16 €) Menu 19 €
(déj. en sem.), 28/43 € – Carte 33/51 €
♦ Au sein de ce domaine, un premier hôtel aux chambres épurées et un second tout récent,
l'Hôtel des Rives, à l'esprit cosy et contemporain. Belle vue sur le lac ou le ruisseau à l'arrière.
Restaurant design et terrasse embrassant le panorama. Carte actuelle honorant les spécialités
locales.

à Murbach 5 km au Nord-Ouest par D 40ᴵᴵ – 136 h. – alt. 420 m – ⊠ 68530

◉ Église★★.

🏨 **Hostellerie St-Barnabé** ॐ   ⫸ 斤 ※ ŪĀ rest, ¶⫯ ㎧ P VISA ⫷ AE ⓞ
53 r. de Murbach – ℰ 03 89 62 14 14 – www.hostellerie-st-barnabe.com
– Fax 03 89 62 14 15 – Fermé 6 janv.-6 fév.
26 ch – †76/183 € ††76/183 €, ⫶ 12 € – ½ P 29 €
Rest – (14 €) Menu 20/68 € – Carte 36/68 €
♦ Cette demeure alsacienne, située en plein cœur de la forêt, s'inscrit dans une démarche
éco-environnementale. Les chambres redécorées arborent un style actuel et coloré. Salle à
manger d'esprit contemporain et cuisine au goût du jour.

⌂ **Le Schaeferhof** ॐ   ⋯ 斤 ͷ ¶⫯ P
6 r. de Guebwiller – ℰ 03 89 74 98 98 – www.schaeferhof.fr – Fax 03 89 74 98 99
– Fermé 10-30 janv.
4 ch ⫶ – †130 € ††145 €   **Table d'hôte** – Menu 40 € (sem.)/130 € bc
♦ La restauration de cette métairie du 18ᵉ s. est une vraie réussite. Chambres de belle qualité (coin salon, écran plat, douche à jet) où chaque détail a été soigneusement pensé. Cuisine alsacienne actualisée et bon choix de vins. Petit-déjeuner maison.

à Rimbach-près-Guebwiller 11 km à l'Ouest par D 5ᴵ – 243 h. – alt. 550 m
– ⊠ 68500

✕ **L'Aigle d'Or** avec ch ॐ   ⫸ 斤 ¶⫯ ㎧ P ⌂ VISA ⫷ AE ⓞ
5 r. Principale – ℰ 03 89 76 89 90 – www.hotelaigledor.com – Fax 03 89 74 32 41
– Fermé 19 fév.-19 mars
11 ch – †38/41 € ††48/55 €, ⫶ 8 € – ½ P 38/52 €
Rest – (fermé lundi de mi-juil. à mi-sept.) Menu 18/36 € – Carte 23/53 €
♦ Auberge familiale idéale pour retrouver quiétude et authenticité. Le chef concocte une
cuisine du terroir qu'il complète par des suggestions du jour. Salle champêtre avec cheminée,
terrasse d'été et ravissant jardin. Chambres sobres bien tenues.

GUÉCÉLARD – 72 Sarthe – 310 J7 – 2 689 h. – alt. 45 m – ⊠ 72230   35 C1

▶ Paris 219 – Château-du-Loir 38 – La Flèche 26 – Le Grand-Lucé 38

La Botte d'Asperges
ХХ ☜

*49 r. Nationale – ℰ 02 43 87 29 61 – www.la-botte-dasperges.fr
– Fax 02 43 87 29 61 – Fermé 4-11 janv., 15-22 mars, 2-23 août, dim. soir et lundi
sauf fériés*
Rest – (14 €) Menu 16/52 € – Carte 29/60 €

• Ancien relais de poste au centre du village. Recettes de tradition avec les fameuses asperges locales (en saison) dans une salle ornée de fresques et de tableaux à motifs floraux.

GUENROUËT – 44 Loire-Atlantique – 316 E2 – 2 780 h. – alt. 30 m   34 A2
– ⊠ 44530

▶ Paris 430 – Nantes 56 – Redon 21 – St-Nazaire 41

Relais St-Clair
ХХХ ☜

*31 r. de l'Isac, (rte de Nozay) – ℰ 02 40 87 66 11 – www.relais-saint-clair.com
– Fax 02 40 87 71 01 – Fermé mardi soir, merc. soir et lundi*
Rest – Menu 25 € bc (déj. en sem.), 29/68 € – Carte 44/78 € 🏵
Rest *Le Jardin de l'Isac* – *(fermé mardi soir, merc. soir et lundi sauf du 15 juin
au 15 sept.)* Menu 13 € (déj. en sem.)/20 € – Carte 25/42 €

• Décor rajeuni, table de tradition et bon choix de vins de Loire au 1er étage de cette bâtisse fleurie voisinant avec le canal de Nantes à Brest et une petite base de loisirs. Grillades et buffets (entrées, desserts) au Jardin de l'Isac. Glycine en terrasse.

Le Paradis des Pêcheurs
ХХ ☜

*au Cougou, 5 km au Nord-Ouest par D 102 – ℰ 02 40 87 64 10 – Fermé
vacances de la Toussaint, de fév., lundi soir, mardi soir, jeudi soir et merc.*
Rest – (11 €) Menu 19 € (sem.)/33 € – Carte 34/43 €

• Dans un hameau tranquille de l'Argoat, maison des années 1930 entourée de pins et châtaigniers. Boiseries d'époque dans le bar et la salle à manger. Recettes traditionnelles.

GUÉRANDE – 44 Loire-Atlantique – 316 B4 – 15 226 h. – alt. 54 m   34 A2
– ⊠ 44350 ▌ Bretagne

▶ Paris 450 – La Baule 6 – Nantes 77 – St-Nazaire 20
🛈 Office de tourisme, 1, place du Marché au Bois ℰ 02 40 24 96 71,
Fax 02 40 62 04 24
◎ Collégiale St-Aubin ★.

Les Voyageurs
🏠 ☜

*12 bd de l'Abreuvoir – ℰ 02 40 24 90 13 – Fax 02 40 62 06 64 – Fermé
23 déc.-23 janv.*
12 ch – †53 € ††59 €, ☐ 8 € – ½ P 56/61 €
Rest – *(fermé dim. soir et lundi)* Menu 14 € (sem.)/36 € – Carte 35/54 €

• Cette maison ancienne se dresse extra-muros, face aux murailles. La touche rétro du décor fait partie de son charme. Chambres bien entretenues et dotées d'une literie récente. Quatre salles rustiques et des plats traditionnels très simples attendent les voyageurs.

La Guérandière sans rest
↑

5 r. Vannetaise – ℰ 02 40 62 17 15 – www.guerandiere.com
5 ch – †60/80 € ††60/90 €, ☐ 10 €

• Demeure du 19e s. pleine de charme, au pied des remparts. Chambres cosy et colorées, plusieurs avec cheminée. L'été, petits-déjeuners servis dans le jardin ou sous la verrière.

Les Remparts
Х

*bd Nord – ℰ 02 40 24 90 69 – Fax 02 40 62 17 99 – Fermé dim. soir, mardi soir,
merc. soir, jeudi soir et lundi sauf juil.-août*
Rest – (16 €) Menu 24 € bc (déj.) – Carte 27/41 €

• Face aux remparts, restaurant proposant mets classiques et poissons, saupoudrés, bien sûr, de sel de Guérande. Petites chambres ultra-simples et désuettes, mais calmes.

Le Balzac
Х ☜

*2 pl. du Vieux Marché – ℰ 02 40 42 97 46 – Fax 02 51 76 92 71 – Fermé nov.,
jeudi soir, dim. soir et lundi*
Rest – (14 €) Menu 17/34 € – Carte 25/44 €

• Sur une placette derrière la collégiale, maison traditionnelle bretonne aux volets rouges. Cuisine au goût du jour teintée de tradition, à apprécier dans un décor frais et soigné.

LA GUERCHE-DE-BRETAGNE – 35 Ille-et-Vilaine – 309 O7 10 D2
– 4 155 h. – alt. 77 m – ⊠ 35130 ▮ Bretagne

> ▶ Paris 324 – Châteaubriant 30 – Laval 53 – Redon 84
>
> ▯ Office de tourisme, 30, rue Du Guesclin ℰ 02 99 96 30 78, Fax 02 99 96 41 43

XX   **La Calèche** avec ch   🕿 📶 **P** VISA ◒◒
🅢🅢
  16 av. Gén. Leclerc – ℰ 02 99 96 21 63 – www.restaurant-la-caleche.com
  – Fax 02 99 96 49 52 – Fermé 2-25 août, 25-31 déc., lundi, vend. soir et dim. soir
⊛   **12 ch** – †50 € ††62 €, ⊇ 11 € – ½ P 70 €
  Rest – Menu 14 € (sem.), 27/36 € – Carte 30/50 €
  ♦ Généreuse cuisine du terroir servie dans une sobre salle à manger complétée par une
  véranda et un petit espace bistrot. Chambres fonctionnelles.

GUÉRET **P** – 23 Creuse – 325 I3 – 13 789 h. – alt. 457 m – ⊠ 23000   25 C1
▮ Limousin Berry

> ▶ Paris 351 – Châteauroux 90 – Limoges 93 – Montluçon 66
>
> ▯ Office de tourisme, 1, rue Eugène France ℰ 05 55 52 14 29,
>   Fax 05 55 41 19 38
>
> ◉ Émaux Champlevés★ du musée d'art et d'archéologie de la Sénatorerie.

🏠   **Auclair** sans rest   🍃 💺 ⴺ 🆔 📶 VISA ◒◒
  19 av. de la Sénatorerie – ℰ 05 44 00 03 93 – www.hotelauclair.fr
  31 ch – †63 € ††75 €, ⊇ 8 €
  ♦ Hôtel rénové en 2009 dans un esprit actuel. Décor épuré dans les chambres bien équipées, par intimiste et terrasse avec piscine. Les tons chocolat et or dominent l'ensemble.

XXX   **Le Coq en Pâte**   🍴 🕿 ⴺ **P** VISA ◒◒
🅢🅢
  2 r. de Pommeil – ℰ 05 55 41 43 43 – Fax 05 55 41 43 42 – Fermé 22 juin-7 juil.,
  15 fév.-15 mars, dim. soir hors saison et lundi soir
  Rest – Menu 17 € (sem.)/56 € – Carte 45/88 €
  ♦ Dans cette maison bourgeoise (19ᵉ s.) joliment restaurée ou sur sa terrasse regardant un
  agréable jardin arboré, on savoure avec plaisir une cuisine actuelle généreuse et soignée.

à Ste-Feyre 7 km à l'Est – 2 254 h. – alt. 450 m – ⊠ 23000

XX   **Le Point du Jour**   🆔 VISA ◒◒
🅢🅢
  1 pl. de la Mairie – ℰ 05 55 80 00 07 – Fermé merc. soir, dim. soir et lundi
  Rest – (12 €) Menu 17 € (sem.)/47 € – Carte 20/58 €
  ♦ Nouvelle équipe dynamique dans cet ancien relais de poste qui fait face à l'église. Coquette
  salle à manger (tissus fleuris) pour une appétissante cuisine au goût du jour.

GUÉRY (LAC DE) – 63 Puy-de-Dôme – 326 D9 – rattaché au Mont-Dore

GUÉTHARY – 64 Pyrénées-Atlantiques – 342 C4 – 1 322 h. – alt. 15 m   3 A3
– ⊠ 64210 ▮ Pays Basque et Navarre

> ▶ Paris 780 – Bayonne 19 – Biarritz 9 – Pau 125
>
> ▯ Office de tourisme, 74, rue du Comte de Swiecinski ℰ 05 59 26 56 60,
>   Fax 05 59 54 92 67

🏠   **Villa Cataric** sans rest ॐ   🍃 💺 ⴺ **P** VISA ◒◒ 🆎 ①
  415 av. Gén. de Gaulle – ℰ 05 59 47 59 00 – www.villa-cataric.com
  – Fax 05 59 47 59 02
  14 ch – †125/185 € ††125/185 €, ⊇ 12 € – 2 suites
  ♦ Cette ravissante demeure basque, construite en 1830, possède d'élégantes chambres cosy
  décorées de tons pastel et de beaux meubles anciens. Coquette salle des petits-déjeuners.

🏠   **Brikétènia** (Martin Ibarboure)   ≼ 🕿 💺 ⴺ 🆔 rest, **P** VISA ◒◒ 🆎
❀   *r. de l'Église – ℰ 05 59 26 51 34 – www.briketenia.com – Fax 05 59 54 71 55*
  16 ch – †65/80 € ††75/95 €, ⊇ 10 €
  Rest – Menu 33 € (déj. en sem.), 46/75 € – Carte 52/62 €
  Spéc. Foie gras fumé et caramélisé à la gelée de jurançon. Bar de ligne aux
  coquillages, jus émulsionné à l'huile d'olive. Profiteroles à l'éclat d'or.
  ♦ Deux belles maisons du 17ᵉ s. à l'architecture typique. Celle aux volets rouges abrite des
  chambres en partie dotées de mobilier ancien. Dans la seconde maison, restaurant cossu où
  l'on déguste une cuisine de grande qualité, par ses produits et son exécution : plats légers et
  parfumés, sur des bases classiques.

⌂ **Arguibel** sans rest ⁿ P 𝘷𝘪𝘴𝘢 ⬤ AE
1146 chemin de Laharraga – ℰ *05 59 41 90 46 – www.arguibel.fr*
– Fax 05 59 41 98 87
5 ch – †100/250 € ††110/270 €, ⌸ 15 €
♦ Superbe villa de style néo-basque. L'intérieur, très raffiné, marie objets design, meubles traditionnels et toiles d'artistes locaux. Chambres au décor inspiré par des personnalités.

LE GUÉTIN – 18 Cher – **323** O5 – ⊠ 18150   **12** D3

▶ Paris 252 – Bourges 58 – La Guerche-sur-l'Aubois 11 – Nevers 13

✗ **Auberge du Pont-Canal** 🕯 𝘷𝘪𝘴𝘢 ⬤
🍴 *37 r. des Ecluses –* ℰ *02 48 80 40 76 – Fax 02 48 80 45 11 – Fermé 2-10 janv. et lundi*
Rest – Menu 13 € (déj. en sem.), 20/36 € – Carte 31/45 €
♦ Auberge familiale jouxtant le pont de l'Allier. Rénovation de la salle principale et de la véranda, ouverte sur la campagne. Cuisine traditionnelle ; friture pêchée à l'ancienne.

GUEWENHEIM – 68 Haut-Rhin – **315** G10 – 1 205 h. – alt. 323 m   **1** A3
– ⊠ 68116

▶ Paris 458 – Altkirch 23 – Belfort 36 – Mulhouse 21

✗✗ **De la Gare** 🖨 🕯 AK P 𝘷𝘪𝘴𝘢 ⬤
2 r. Soppe – ℰ *03 89 82 51 29 – Fax 03 89 82 84 62 – Fermé*
26 juil.-12 août, 16 fév.-5 mars, mardi soir et merc.
Rest – (10 €) Menu 26/45 € – Carte 28/68 €🍷
♦ Un ancien café de village, fort sympathique, tenu par la même famille depuis 1874. Plats traditionnels et du terroir. La superbe carte des vins mérite le voyage.

GUIDEL – 56 Morbihan – **308** K8 – 9 877 h. – alt. 38 m – ⊠ 56520   **9** B2

▶ Paris 511 – Quimper 60 – Lorient 14 – Pont-Aven 26
🖪 Office de tourisme, 9, rue Saint-Maurice ℰ 02 97 65 01 74,
Fax 02 97 65 09 36

🏚 **Le Domaine de Kerbastic** ⌂   🔇 🖪 ⬥ ℘ rest, 🕯 🛁 P
rte de Locmaria – ℰ *02 97 65 98 01*   𝘷𝘪𝘴𝘢 ⬤ AE ⓪
– www.domaine-de-kerbastic.com – Fax 02 97 65 01 30 – Fermé 14 nov.-3 déc.,
2 janv.-4 mars
17 ch ⌸ – †200/360 € ††200/360 € – ½ P 265/425 €
Rest – *(fermé dim. soir et lundi d'oct. à mai)* (30 € bc) Menu 39/88 €
♦ Cette magnifique propriété princière constitue un véritable écrin dédié à l'art. Des souvenirs d'hôtes illustres (Cocteau, Stravinsky...) décorent les chambres personnalisées. Table traditionnelle dressée dans une salle à manger bourgeoise et raffinée.

GUILHERAND-GRANGES – 07 Ardèche – **331** L4
– rattaché à Valence (26 Drôme)

GUILLESTRE – 05 Hautes-Alpes – **334** H5 – 2 247 h. – alt. 1 000 m   **41** C1
– ⊠ 05600 ▌Alpes du Sud

▶ Paris 715 – Barcelonnette 51 – Briançon 36 – Digne-les-Bains 114
🖪 Office de tourisme, place Salva ℰ 04 92 45 04 37, Fax 04 95 45 19 09
◉ Porche★ de l'église - Pied-la-Viste ⩽★ E : 2 km - Peyre-Haute ⩽★ S :
4 km puis 15 mn.
◖ Combe du Queyras★★ NE : 5,5 km.

✗ **Dedans Dehors**
ruelle Sani – ℰ *04 92 44 29 07 – Ouvert mi-mai-fin sept.*
Rest – Carte 20/35 €
♦ Une ruelle médiévale dessert cette cave voûtée où tartines, salades et cuisine à la plancha connotées terroir combleront votre appétit. Cadre bistrotier éclectique et coloré.

à Mont-Dauphin gare 4 km au Nord-Ouest par D 902ᴬ et N 94 – 87 h.
– alt. 1 050 m – ⌷ 05600

🄸 Office de tourisme, rue Rouget de Lisle ✆ 04 92 45 17 80

◉ Charpente★ de la caserne Rochambeau.

⌂ **Lacour et rest. Gare**   🚋 📶 ♨ 🅿 VISA ⓒⓞ ᴀᴇ
🕯🕯 – ✆ 04 92 45 03 08 – www.hotel-lacour.com – Fax 04 92 45 40 09
– Fermé sam. du 20 avril au 30 juin et du 1ᵉʳ sept. au 26 déc.
46 ch – †55/65 € ††55/65 €, ☕ 8 € – ½ P 50/56 €
Rest – (13 €) Menu 16 € (sem.)/30 € – Carte 16/45 €
♦ En contrebas des fortifications de Mont-Dauphin, cet hôtel familial et son annexe proposent des chambres d'un confort simple, plus au calme côté jardin. Restaurant contemporain logé dans un autre bâtiment ; cuisine régionale, buffet de hors-d'œuvres.

à Mont-Dauphin 6 km au Nord-Ouest par D 37 – 130 h. – alt. 1 050 m – ⌷ 05600

🄸 Office de tourisme, quartier des Artisans d'Art ✆ 04 92 45 17 80,
Fax 04.92.45.17.80

⌂ **La Maison du Guil**   📶 📶 🅿
La Font d'Eygliers – ✆ 04 92 50 16 20
– www.lamaisonduguil.com – Fax 04 92 50 16 20
– Fermé 4-18 avril, 22 août-2 sept., 24 oct.-15 déc.
4 ch ☕ – †75/105 € ††75/105 €
Table d'hôte – Menu 29 €
♦ Au-dessus des gorges du Guil, ancien prieuré du 16ᵉ s. restauré avec inspiration : entre vieilles pierres et mobilier design de qualité, intimité ainsi que charme sont au rendez-vous. Cuisine du marché inventive, servie sous les voûtes de l'ancienne bergerie.

GUILLIERS – 56 Morbihan – **308** Q6 – 1 287 h. – alt. 86 m – ⌷ 56490   **10** C2
▶ Paris 418 – Dinan 66 – Lorient 91 – Ploërmel 13

⌂ **Au Relais du Porhoët**   🚋 ⅍ ch, 📶 🅿 VISA ⓒⓞ ᴀᴇ
🕯🕯 11 pl. de l'Église – ✆ 02 97 74 40 17 – www.aurelaisduporhoet.com
– Fax 02 97 74 45 65 – Fermé 4-18 janv.
🄰 **12 ch** – †39/50 € ††44/58 €, ☕ 8 € – ½ P 40/45 €
🍽 **Rest** – (fermé dim. soir et lundi sauf en juil.-août) (10 €) Menu 14 € (sem.),
20/43 € – Carte 23/42 €
♦ La façade fleurie de cet hôtel est avenante en saison. Elle cache d'agréables chambres insonorisées au décor personnalisé. Une cheminée monumentale réchauffe l'une des salles de restaurant où l'on sert une goûteuse cuisine régionale.

GUINGAMP ◉ – 22 Côtes-d'Armor – **309** D3 – 7 693 h. – alt. 81 m   **9** B1
– ⌷ 22200 ▮ Bretagne

▶ Paris 484 – Carhaix-Plouguer 49 – Lannion 32 – Morlaix 53
🄸 Office de tourisme, place Champ au Roy ✆ 02 96 43 73 89,
Fax 02 96 40 01 95
🄶 de Bégard à Bégard Krec'h An Onn, par rte de Lannion : 13 km,
✆ 02 96 45 32 64
◉ Basilique N.-D.-de-Bon-Secours★ B.

Plan page suivante

⌂ **La Demeure** sans rest   🚋 ⅍ 📶 VISA ⓒⓞ
5 r. Gén. de Gaulle – ✆ 02 96 44 28 53
– www.demeure-vb.com – Fax 02 96 44 45 54
– Fermé 27 juin-4 juil., 29 août-5 sept., 1ᵉʳ-17 janv. et dim. d'oct. à avril
10 ch – †66/145 € ††85/145 €, ☕ 9 €   **B**b
♦ En centre-ville, ancienne maison de notable (18ᵉ s.) vous hébergeant dans de vastes chambres pourvues de meubles de style. Petit-déjeuner dans une véranda ouverte sur le jardin.

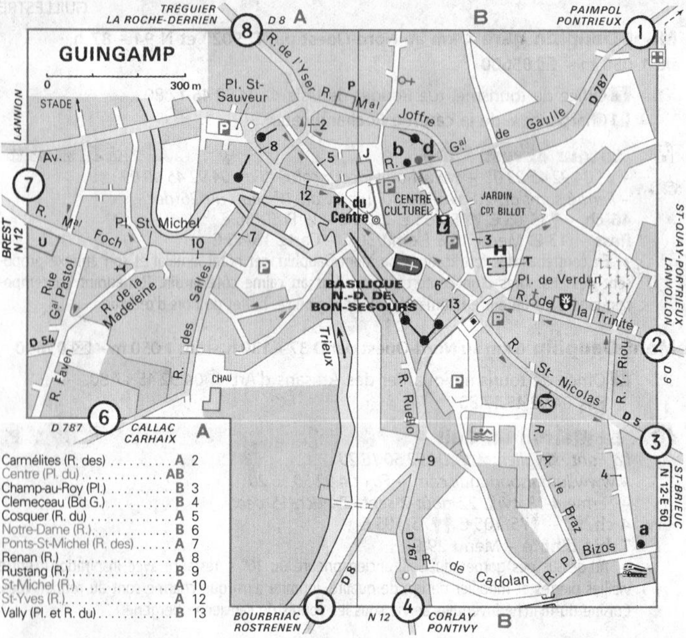

Carmélites (R. des) . . . . A 2
Centre (Pl. du) . . . . AB
Champ-au-Roy (Pl.) . . . . B 3
Clemeceau (Bd G.) . . . . B 4
Cosquer (R. du) . . . . A 5
Notre-Dame (R.). . . . . B 6
Ponts-St-Michel (R. des) . . . . . . A 7
Renan (R.) . . . . A 8
Rustang (R.) . . . . B 9
St-Michel (R.). . . . . A 10
St-Yves (R.). . . . . A 12
Vally (Pl. et R. du) . . . . B 13

De l'Arrivée sans rest
19 bd Clemenceau, (face à la gare) – ✆ 02 96 40 04 57 – www.hotel-arrivee.com – Fax 02 96 40 14 20 **Ba**
27 ch – 🛉42/80 € 🛉🛉56/105 €, ☕ 8 €
◆ L'enseigne évoque la proximité de la gare ferrovière. À l'arrivée ou au départ de Guingamp, cet hôtel s'avère pratique avec ses chambres sans ampleur mais bien rénovées.

La Boissière
90 r. Yser, 1 km par ⑧ – ✆ 02 96 21 06 35 – www.restaurant-la-boissiere.com – Fermé 16 fév.-1er mars, 17 août-6 sept., sam. midi, dim. soir et lundi
Rest – (14 €) Menu 16 € (déj. en sem.), 23/60 € – Carte 38/65 €
◆ Maison de maître centenaire nichée dans son parc. Deux plaisantes salles à manger bourgeoises servent de cadre à une cuisine traditionnelle qui évolue au gré des saisons.

Le Clos de la Fontaine
9 r. du Gén.-de-Gaulle – ✆ 02 96 21 33 63 – Fax 02 96 21 29 78 – Fermé 1er-15 août, 15-28 fév., dim. soir et lundi **Bd**
Rest – (13 €) Menu 28/39 € – Carte 32/47 €
◆ Restaurant vous conviant à un repas traditionnel actualisé dans l'une de ses deux salles classiquement aménagées, avec parquet et pierres apparentes, ou sur sa terrasse-patio.

GUISSENY – 29 Finistère – 308 E3 – 1 796 h. – alt. 18 m – ✉ 29880 **9** A1

Paris 591 – Brest 35 – Landerneau 27 – Morlaix 56

Office de tourisme, place Saint Sezny ✆ 02 98 25 67 99, Fax 02 98 25 69 69

Auberge de Keralloret
Sud: 3 km par D 10 et rte secondaire – ✆ 02 98 25 60 37 – www.keralloret.com – Fax 02 98 25 69 88 – Fermé 5-30 janv.
11 ch – 🛉54/60 € 🛉🛉62/79 €, ☕ 10 € – ½ P 59/68 €
Rest – *(fermé vend. soir d' oct. à avril)* (14 €) Menu 20 € (sem.)/37 € – Carte 32/43 €
◆ Goûtez au charme et à la tranquillité de cette vieille ferme joliment rénovée. Le décor contemporain des chambres, réparties dans plusieurs maisons de granit, s'inspire de la région. Au restaurant, cuisine traditionnelle et chaleureuse atmosphère rustique.

GUJAN-MESTRAS – 33 Gironde – **335** E7 – 17 031 h. – alt. 5 m **3** B2
– Casino – ⊠ 33470 ▮ Aquitaine

▶ Paris 638 – Andernos-les-Bains 26 – Arcachon 10 – Bordeaux 56

🔢 Office de tourisme, 19, avenue de Lattre-de-Tassigny ℰ 05 56 66 12 65,
Fax 05 56 22 01 41

🏌 de Gujan-Mestras Route de Sanguinet, S : 5 km par D 1250 et D 65,
ℰ 05 57 52 73 73

◉ Parc ornithologique du Teich★ E : 5 km.

🏨 **La Guérinière**   🔲 🍴 AK ⓟ 📶 🏊 🅿 VISA ⓒⓞ AE ⓞ
❀ *18 cours de Verdun, à Gujan* – ℰ *05 56 66 08 78* – *www.lagueriniere.com*
– *Fax 05 56 66 13 39*
23 ch – ♦95/170 € ♦♦125/170 €, � 12 € – 2 suites – ½ P 120/170 €
Rest – *(fermé sam. midi)* Menu 42 € bc *(sem.)*/100 € – Carte 66/100 €
Spéc. Homard aux fraises, eau de citron vert. Bar rôti sur peau, rhubarbe, hollandaise. Coulant au chocolat, sorbet passion. **Vins** Entre-deux-Mers, Pessac-Léognan.
◆ Maison moderne située au centre du principal port ostréicole du bassin d'Arcachon. Chambres spacieuses, aménagées avec goût dans un esprit zen et épuré. Cuisine actuelle parfumée à savourer au bord de la piscine ou dans la salle au décor contemporain.

GUNDERSHOFFEN – 67 Bas-Rhin – **315** J3 – 3 462 h. – alt. 180 m **1** B1
– ⊠ 67110

▶ Paris 466 – Haguenau 16 – Sarreguemines 61 – Strasbourg 45

🏨 **Le Moulin** sans rest �   ◑ ♿ AK 💈 ⓟ 📶 🅿 VISA ⓒⓞ AE
r. Moulin – ℰ *03 88 07 33 30* – *www.hotellemoulin.com* – *Fax 03 88 72 83 97*
– *Fermé 2-23 août, 3-11 janv. et 15 fév.-1ᵉʳ mars*
12 ch – ♦90 € ♦♦115/230 €, ⊇ 19 €
◆ Ancien moulin entouré d'un beau parc traversé par un cours d'eau. Chambres personnalisées déclinant les styles contemporain ou rustique chic. Calme, charme et raffinement...

🍴🍴🍴 **Au Cygne** (François Paul)   AK ⇔ VISA ⓒⓞ AE
❀❀ *35 Gd'Rue* – ℰ *03 88 72 96 43* – *www.aucygne.fr* – *Fax 03 88 72 86 47*
– *Fermé 3-24 août, 4-12 janv., 15 fév.-2 mars, dim. soir, mardi midi et lundi*
Rest – Menu 49 € *(sem.)*/100 € – Carte 84/110 €🏠
Spéc. Tartare de langoustines, brunoise de pois gourmands, tapenade d'olive noire et noisette. Escalopes de ris de veau rôties sur un ravioli aux échalotes confites et sariette. Beignets de quetsches, crème glacée streussel-cannelle (automne). **Vins** Riesling, Pinot gris.
◆ Cette belle maison à colombages vous reçoit dans son élégant intérieur régionalisant, récemment modernisé, et propose une cuisine inventive et raffinée.

🍴🍴 **Le Soufflet**   🔲 VISA ⓒⓞ AE
13 r. de la Gare – ℰ *03 88 72 91 20* – *www.lesoufflet.fr* – *Fax 03 88 72 91 20*
– *Fermé sam. midi, lundi soir et merc. soir*
Rest – (26 €) Menu 32/48 € – Carte 38/59 €
Rest *Bahnstub* – (12 €) Carte 26/48 €
◆ Derrière la façade fleurie de ce restaurant face à la gare, on déguste des recettes classiques dans un décor simple et chaleureux. Agréable terrasse sous une pergola. Ambiance familiale à la Bahnstub : plats du jour et carte de spécialités alsaciennes.

GY – 70 Haute-Saône – **314** C8 – 1 034 h. – alt. 237 m – ⊠ 70700 **16** B2
▮ Franche-Comté Jura

▶ Paris 356 – Besançon 32 – Dijon 69 – Dôle 50

🔢 Office de tourisme, 15, grande rue ℰ 03 84 32 93 93, Fax 03 84 32 86 87

◉ Château★.

🏨 **Pinocchio** sans rest �   🚗 🍴 💈 🏊 🅿 VISA ⓒⓞ
r. Beauregard – ℰ *03 84 32 95 95* – *Fax 03 84 32 95 75* – *Fermé vacances de Noël*
14 ch – ♦53 € ♦♦68 €, ⊇ 10 €
◆ Cette jolie maison régionale, restaurée dans un style moderne, est décorée sur le thème de la célèbre marionnette. Chambres pratiques, dont certaines prévues pour les familles.

HABÈRE-POCHE – 74 Haute-Savoie – **328** L3 – 1 135 h. – alt. 945 m   46 F1
– Sports d'hiver – ⊠ 74420

▶ Paris 564 – Annecy 63 – Bonneville 33 – Genève 37
ℹ Office de tourisme, Chef-Lieu ℰ 04 50 39 54 46, Fax 04 50 39 56 62
◎ Col de Cou★ NO : 4 km ▮ Alpes du Nord

✗ **Tiennolet**   ⌂ **P** 🆅🅸🆂🅰 ◉◎ 🄰🄴
– ℰ 04 50 39 51 01 – Fax 04 50 39 51 01 – Fermé 2-28 juin, 13 oct.-14 nov., dim.
soir, mardi soir et merc. sauf vacances scolaires
Rest – (15 €) Menu 27/38 € – Carte 32/42 €
♦ Au centre du village, chaleureux restaurant montagnard avec terrasse exposée plein sud.
Cuisine traditionnelle et régionale.

HAGETMAU – 40 Landes – **335** H13 – 4 583 h. – alt. 96 m – ⊠ 40700   3 B3
▮ Aquitaine

▶ Paris 737 – Aire-sur-l'Adour 34 – Dax 45 – Mont-de-Marsan 29
ℹ Office de tourisme, place de la République ℰ 05 58 79 38 26,
Fax 05 58 79 47 27
◎ Chapiteaux★ de la Crypte de St-Girons.

🏚 **Les Lacs d'Halco** ॐ   ⪡ ◱ ▭ ✗ ⅙ 🄰🄲 ⅍ rest, ¶↑ ⅏ **P** 🆅🅸🆂🅰 ◉◎ 🄰🄴
3 km au Sud-Ouest par rte de Cazalis – ℰ 05 58 79 30 79
– www.hotel-des-lacs-dhalco.fr – Fax 05 58 79 36 15
23 ch – †95/130 € ††95/130 €, ⊇ 16 € – ½ P 99/115 €
Rest – (20 €) Menu 30/60 € – Carte 40/64 €
♦ Acier, verre, bois et pierre : esprit zen pour cette étonnante architecture design ouverte
sur lacs et forêt. Belles chambres contemporaines ; barques, minigolf, etc. Une rotonde
"posée" sur l'eau abrite le restaurant qui offre une jolie vue sur la nature.

🏠 **Le Jambon** ॐ   ⌂ ⅃ 🄰🄲 rest, ¶↑ **P** 🆅🅸🆂🅰 ◉◎ 🄰🄴 ⓪
⊗⊗ 245 av. Carnot – ℰ 05 58 79 32 02 – www.hotellejambon.fr – Fax 05 58 79 34 78
– Fermé janv., dim. soir et lundi
⊠ **9 ch** – †60 € ††70/80 €, ⊇ 7 €   **Rest** – Menu 15 € (sem.)/45 €
♦ Cette grande maison du centre-ville héberge des chambres spacieuses et actuelles ; toutes
donnent sur l'espace cour-piscine. Bonne insonorisation et tenue rigoureuse. Généreuse cuisine traditionnelle et landaise servie dans une confortable salle bourgeoise.

HAGONDANGE – 57 Moselle – **307** I3 – 9 137 h. – alt. 160 m   26 B1
– ⊠ 57300 ▮ Alsace Lorraine

▶ Paris 324 – Metz 21 – Luxembourg 49 – Thionville 17
ℹ Syndicat d'initiative, place Jean Burger ℰ 03 87 70 35 27, Fax 03 87 73 92 20

✗✗ **Quai des Saveurs** (Frédéric Sandrini)   🄰🄲 ⟺ 🆅🅸🆂🅰 ◉◎ 🄰🄴
❀ 69 r. de la Gare – ℰ 03 87 71 24 98 – www.quaidessaveurs.com
– Fax 03 87 71 53 21 – Fermé 16-31 août, 15-23 fév., dim. soir et lundi
Rest – (26 €) Menu 38/65 € – Carte 50/71 €
Spéc. Quasi de veau poché puis fumé en carpaccio. Déclinaison de homard
en trois façons (saison). Crêpes Suzette. **Vins** Moselle blanc, Alsace Riesling.
♦ Face à la gare, un restaurant à la devanture engageante. Dans la salle à manger contem-
poraine et son impressionnant aquarium, une cuisine actuelle, fraîche et séduisante.

HAGUENAU ◉ – 67 Bas-Rhin – **315** K4 – 34 891 h. – alt. 150 m   1 B1
– ⊠ 67500 ▮ Alsace Lorraine

▶ Paris 478 – Baden-Baden 41 – Sarreguemines 93 – Strasbourg 33
ℹ Office de tourisme, place de la Gare ℰ 03 88 93 70 00, Fax 03 88 93 69 89
▦ Soufflenheim Baden-Baden à Soufflenheim Allée du Golf, E : 14 km par
D 1063, ℰ 03 88 05 77 00
◎ Musée historique★ BZ **M²** - Retable★ dans l'église St-Georges
- Boiseries★ dans l'église St-Nicolas.

✗✗✗ **Le Jardin**   🄰🄲 **P** 🆅🅸🆂🅰 ◉◎
16 r. Redoute – ℰ 03 88 93 29 39 – www.lejardinhaguenau.fr
– Fax 03 88 93 29 39 – Fermé 3-18 août, 16 fév.-3 mars, mardi et merc.
Rest – (16 €) Menu 36/50 € – Carte 35/50 €   BZ**n**
♦ Jolie façade haguenovienne refaite dans le style Renaissance et bel intérieur décoré dans
un esprit sobre et zen (tons taupe, chocolat). Cuisine classique revisitée.

HAGUENAU

LANDAU
WISSEMBOURG, D 263

BADEN-BADEN
D 1063 SOUFFLENHEIM

au Sud-Est 3 km par D 329 et rte secondaire – ⊠ 67500 Haguenau

🏠 Champ'Alsace   🏢 ⅙ ch, 🅰🅒 rest, ⁽ᵗⁱ⁾ 🛁 🅿 𝘝𝘐𝘚𝘈 ⊙⊙ 🅰🅔 ①

12 r. St-Exupéry – ℰ 03 88 93 30 13 – Fax 03 88 73 90 04

40 ch – †64/89 € ††64/89 €, ⊇ 8 € – ½ P 55/72 €

Rest – *(fermé août, vend., sam. et dim.) (dîner seult)* Menu 18 € – Carte environ 23 €

♦ Complexe hôtelier situé dans une zone industrielle. Chambres entretenues, de bonne ampleur, équipées d'un mobilier de série. Deux salles à manger simples, mais égayées de fresques représentant des paysages régionaux et une distillerie.

LA HAIE-FOUASSIÈRE – 44 Loire-Atlantique – **316** H5 – **rattaché à Nantes**

LA HAIE-TONDUE – 14 Calvados – **303** M4 – ⊠ 14950   **32** A3

▶ Paris 198 – Caen 41 – Deauville 15 – Le Havre 53

✗✗ La Haie Tondue   🅵 🅰🅒 🅿 𝘝𝘐𝘚𝘈 ⊙⊙ 🅰🅔

– ℰ 02 31 64 85 00 – www.restaurants.honfleur.com – Fax 02 31 64 78 35

– Fermé 1 sem. en juin, 1 sem. en nov., 2 sem. en janv., lundi soir sauf août et mardi du 1ᵉʳ sept. au 30 mars

Rest – Menu 26/42 € – Carte 29/50 €

♦ Accueil chaleureux en cette maison régionale tapissée de vigne vierge. Salles à la rusticité affichée (poutres, tables en bois, cheminée). Copieuse cuisine traditionnelle.

La sélection des hôtels, maisons d'hôtes et restaurants changent tous les ans.
Chaque année, changez votre guide MICHELIN !

HAMBACH – 57 Moselle – **307** N4 – 2 670 h. – alt. 230 m – ✉ 57910   **27** C1

▶ Paris 396 – Metz 70 – Saarbrücken 23 – Sarreguemines 8

🔒   **Hostellerie St-Hubert** ॐ   🚗 🛋 ✕ 📶 **P** **VISA** 🐵 **AE**
La Verte Forêt – 🕿 *03 87 98 39 55 – www.hostellerie-saint-hubert.com*
– Fax 03 87 98 39 57 – Fermé 22-30 déc.
51 ch – ✝59/62 € ✝✝79/82 €, ☐ 9 € – 2 suites – ½ P 79 €
Rest – Menu 20/55 € – Carte 25/55 €
♦ Bâtisse de notre temps voisinant avec un étang et un complexe sportif. Les chambres, spacieuses, sont pourvues de meubles en bois peint et parfois d'une loggia. Salles à manger au décor foisonnant, taverne et terrasse près de l'eau ; table traditionnelle.

HAMBYE – 50 Manche – **303** E6 – 1 151 h. – alt. 111 m – ✉ 50450   **32** A2
📗 Normandie Cotentin

▶ Paris 316 – Coutances 20 – Granville 30 – St-Lô 25
◉ Église abbatiale★★.

à l'Abbaye 3,5 km au Sud par D 51 – ✉ 50450 Hambye

✕✕   **Auberge de l'Abbaye** avec ch ॐ   🛋 **VISA** 🐵
5 rte de l'Abbaye – 🕿 *02 33 61 42 19 – Fax 02 33 61 00 85 – Fermé janv., dim. soir et lundi*
7 ch – ✝47 € ✝✝52/58 €, ☐ 9 € – ½ P 65 €
Rest – (17 €) Menu 27/68 € – Carte 35/60 €
♦ Cette maison en pierres de taille, proche des ruines de l'abbaye, dresse sa terrasse d'été dans un petit jardin. Salle à manger de style classique et plats traditionnels. Petites chanbres simples et bien tenues.

HANVEC – 29 Finistère – **308** G5 – 1 867 h. – alt. 103 m – ✉ 29460   **9** A-B2
▶ Paris 568 – Rennes 216 – Quimper 48 – Brest 35

⌂   **Les Chaumières de Kerguan** sans rest ॐ   🚗 � ✿ **P**
Kerguan, 2 km par rte de Sizun – 🕿 *06 01 96 87 53 – kerguan.neuf.fr*
4 ch ☐ – ✝36/46 € ✝✝51/54 €
♦ Jolie longère emmitouflée sous son toit de chaume, située dans un hameau d'anciennes fermes restaurées. Chambres cosy et petit-déjeuner avec confitures et jus de pomme maison.

HARDELOT-PLAGE – 62 Pas-de-Calais – **301** C4 – ✉ 62152   **30** A2
Neufchatel Hardelot 📗 Nord Pas-de-Calais Picardie

▶ Paris 254 – Arras 114 – Boulogne-sur-Mer 15 – Calais 51
🛈 Office de tourisme, 476, avenue Francois-1er 🕿 03 21 83 51 02,
Fax 03 21 91 84 60
⛳ d'Hardelot à Neufchâtel-Hardelot 3 avenue du Golf, E : 1 km,
🕿 03 21 83 73 10

🏨   **Du Parc** ॐ   🚗 🛋 🏊 ✕ 📶 ♨ ✿ **P** **VISA** 🐵 **AE** ①
111 av. Francois 1er – 🕿 *03 21 33 22 11 – www.hotelduparc-hardelot.com*
– Fax 03 21 83 29 71
106 ch – ✝120/180 € ✝✝130/200 €, ☐ 13 € – 1 suite – ½ P 90/120 €
Rest – (22 € bc) Menu 28/39 € – Carte 40/58 €
♦ Complexe hôtelier et sportif récent dans un environnement arboré. Les chambres, spacieuses et douillettes (mobilier peint), ouvrent sur le parc. Provision de senteurs et de saveurs iodées dans le lumineux restaurant aux murs revêtus de lambris et de boiseries.

🔒   **Régina**   🛋 ♨ ✿ **P** **VISA** 🐵 **AE**
185 av. François 1er – 🕿 *03 21 83 81 88 – www.lereginahotel.fr*
– Fax 03 21 87 44 01 – Fermé 28 nov.-25 fév.
42 ch – ✝68/75 € ✝✝68/75 €, ☐ 11 € – ½ P 60/63 €
Rest – (fermé dim. soir sauf de juil. à sept., mardi midi et lundi de juil. à sept.) Menu 22/37 € – Carte 23/49 €
♦ Bâtisse moderne en lisière de la pinède qui s'étend aux portes de cette élégante station de la Côte d'Opale. Chambres rénovées aux 1er et 2e étages. Au restaurant, produits de la pêche servis dans un chaleureux décor actuel. Agréable terrasse.

HARRICOURT – 08 Ardennes – **306** L6 – 53 h. – alt. 180 m – ✉ 08240   **14** C1

▶ Paris 236 – Châlons-en-Champagne 86 – Charleville-Mézières 61
– Sedan 42

⌂   **La Montgonière** 🦢   🚗 🐾 **P**
1 r. St-Georges – ℰ 03 24 71 66 50 – www.lamontgoniere.net
– Fax 03 24 71 66 50 – Fermé janv.
3 ch ⌑ – †90 € ††90/110 €   **Table d'hôte** – Menu 25 €
♦ Au centre du village, demeure familiale du 17ᵉ s. avec parc et étang propices à la détente.
Salons à boiseries, chambres dotées de mobilier ancien, bibliothèque avec jeux. Table d'hôte
proposant une cuisine familiale dans un cadre d'époque, sur réservation.

HASPARREN – 64 Pyrénées-Atlantiques – **342** E4 – 5 742 h. – alt. 50 m   **3** AB3
– ✉ 64240 ▐ Pays Basque et Navarre

▶ Paris 783 – Bayonne 24 – Biarritz 34 – Cambo-les-Bains 9
🅸 Office de tourisme, 2, place Saint-Jean ℰ 05 59 29 62 02, Fax 05 59 29 13 80
🅶 Grottes d'Oxocelhaya et d'Isturits★★ SE : 11 km.

⌂   **Les Tilleuls**   🕍 ℅ 📶 **VISA** 🚭
🐝   pl. Verdun – ℰ 05 59 29 62 20 – Fax 05 59 29 13 58 – Fermé
7-14 nov., 14 fév.-6 mars, dim. soir et sam. du 25 sept. au 3 juil. sauf fériés
25 ch – †46/52 € ††55/60 €, ⌑ 7 € – ½ P 61/67 €
Rest – (12 €) Menu 14/30 € – Carte 22/47 €
♦ La maison qu'habita l'écrivain Francis Jammes est à deux pas de cette construction de
style basque disposant de chambres bien rénovées. Sympathique salle de restaurant rustique
où l'on vous proposera de goûter aux recettes régionales.

au Sud 6km par D152 et voie secondaire - ✉64240 Hasparren

⌂   **Ferme Hégia** (Arnaud Daguin) 🦢   🚗 📶 **P** **VISA** 🚭 **AE**
🕸   chemin Curutxeta, (quartier Zelai) – ℰ 05 59 29 67 86 – www.hegia.com
5 ch (½ P seult) – ½ P 325 €   **Table d'hôte** – (menu unique résidents seult)
♦ Cette ancienne ferme labourdine (1746) n'a que la montagne pour vis-à-vis. L'intérieur,
superbement rénové dans un esprit contemporain, privilégie les matériaux nobles. Le chef
réalise devant ses hôtes une cuisine inspirée par le marché du jour... Jubilatoire.

HASPRES – 59 Nord – **302** I6 – 2 679 h. – alt. 44 m – ✉ 59198   **31** C3

▶ Paris 197 – Avesnes-sur-Helpe 49 – Cambrai 18 – Lille 66

✕✕   **Auberge St-Hubert**   🚗 🏨 ♻ **P** **VISA** 🚭 **AE**
62 r. A. Brunet, rte Denain 1km D 955 – ℰ 03 27 25 70 97
– www.lestoquesblanchesduhainaut.com – Fax 03 27 25 76 21
– Fermé août, 3-12 janv., mardi soir et lundi sauf fériés
Rest – Menu 20 € (sem.)/41 € bc – Carte 35/55 €
♦ Les habitués apprécient cette coquette auberge de la Vallée de la Selle pour son petit jardin, ses salles à manger champêtres et sa cuisine traditionnelle (gibier en saison).

HAUTEFORT – 24 Dordogne – **329** H4 – 1 120 h. – alt. 160 m   **4** D1
– ✉ 24390 ▐ Périgord Quercy

▶ Paris 466 – Bordeaux 189 – Périgueux 59 – Brive-la-Gaillarde 57
🅸 Office de tourisme, place du Marquis J. F. de Hautefort ℰ 05 53 50 40 27,
Fax 05 53 51 99 73

⌂   **Au Périgord Noir** sans rest 🦢   ⇐ ⌿ ♿ 📶 📶 **P** **VISA** 🚭
La Genèbre – ℰ 05 53 50 40 30 – www.hotel.auperigordnoir.com
– Fax 05 53 51 86 70
29 ch – †45/50 € ††45/50 €, ⌑ 6,50 €
♦ Construction contemporaine et impersonnelle face au château de Hautefort, proposant
des chambres fonctionnelles, bien tenues et calmes. Salle des petits-déjeuners panoramique.

HAUTE-GOULAINE – 44 Loire-Atlantique – **316** H4 – rattaché à Nantes

HAUTELUCE – 73 Savoie – **333** M3 – **887 h.** – **alt. 1 150 m** – ✉ **73620**   **45** D1
▌ Alpes du Nord

> ▶ Paris 606 – Albertville 24 – Annecy 62 – Chambéry 77
>
> 🛈 Office de tourisme, 316, Avenue des Jeux Olympiques ℰ 04 79 38 90 30,
> Fax 04 79 38 96 29

🏠 **La Ferme du Chozal** ⟫   ≼ 🚗 🛁 ⫴ 🛗 ch, 🐾 **P** 🏧 **VISA** ⚫ ①
> – ℰ 04 79 38 18 18 – www.lafermeduchozal.com
> – Fax 04 79 38 87 20
> – Ouvert début juin à fin sept. et mi-déc. à mi- avril
> **11 ch** – ❶110/225 € ❷❷110/225 €, ⊃ 15 € – ½ P 100/195 €
> **Rest** – (fermé lundi midi, mardi midi et merc. midi en juil.-août-sept., lundi soir et
> dim. soir en juin et sept.) Menu 28/100 € bc – Carte 38/75 €🕮
> ◆ Confort moderne et charme savoyard s'allient dans cette jolie ferme-chalet : chambres
> douillettes, salon bibliothèque, espace bien-être (sauna, hammam, jacuzzi, massages). Cuisine
> actuelle le soir, plus simple à midi, et belle carte de vins européens des Alpes.

HAUTERIVES – 26 Drôme – **332** D2 – **1 532 h.** – **alt. 299 m** – ✉ **26390**   **43** E2
▌ Lyon Drôme Ardèche

> ▶ Paris 540 – Grenoble 77 – Lyon 85 – Valence 46
>
> 🛈 Office de tourisme, rue du Palais Idéal ℰ 04 75 68 86 82,
> Fax 04 75 68 92 96
>
> ◉ Le Palais Idéal★★.

🏠 **Le Relais**   🛋 🐾 ⛴ **P** 🏧 **VISA** ⚫
> 1 pl. Gén.-de-Miribel – ℰ 04 75 68 81 12
> – www.hotel-relais-drome.com – Fax 04 75 68 92 42
> – Fermé 15 janv.-28 fév., dim. soir sauf juil.-août et lundi
> **16 ch** – ❶55 € ❷❷61 €, ⊃ 8,50 € – ½ P 57 €
> **Rest** – Menu 17/37 € – Carte 35/70 €
> ◆ Les visiteurs du "Palais Idéal" édifié par le facteur Cheval pourront faire étape dans cette
> solide maison à la façade en galets roulés. Chambres simples et bien tenues. Petits plats tra-
> ditionnels servis dans la salle à manger rustique ou en terrasse.

LES HAUTES-RIVIÈRES – 08 Ardennes – **306** L3 – **1 781 h.**   **14** C1
– **alt. 175 m** – ✉ **08800** ▌ Champagne Ardenne

> ▶ Paris 254 – Châlons-en-Champagne 150 – Charleville-Mézières 22
> – Sedan 29
>
> ◉ Croix d'Enfer ·≼★ S : 1,5 km par D 13 puis 30 mn - Vallon de
> Linchamps★ N : 4 km.

🏠 **Auberge en Ardenne**   🛋 🐾 **VISA** ⚫
> 15 r. Hôtel de Ville – ℰ 03 24 53 41 93
> – www.aubergeenardenne.fr – Fax 03 24 53 60 10
> – Fermé 20 déc.-10 janv.
> **14 ch** – ❶50 € ❷❷50 €, ⊃ 7 € – ½ P 51 €
> **Rest** – (fermé sam. midi et dim. soir hors saison) (10 €)
> Menu 13 € (sem.)/40 € bc – Carte 16/32 €
> ◆ Les chambres de cette auberge sont réparties dans des bâtiments situés de chaque côté
> de la rue. Ensemble sobre, fonctionnel et bien tenu. Deux salles de restaurant : l'une rustique
> logée dans l'ex-étable, l'autre plus contemporaine ouverte sur la rivière.

🍴🍴 **Les Saisons**   🅰🅒 **VISA** ⚫
> 5 Grande Rue – ℰ 03 24 53 40 94
> – www.restaurant-lessaisons.com – Fax 03 24 54 57 51
> – Fermé 16-31 août, 1 sem. en fév., dim. soir, merc. soir et lundi sauf fériés
> **Rest** – Menu 26/32 € – Carte 28/45 €
> ◆ Ici, la cuisine traditionnelle valorise les produits locaux : jambon de sanglier ou de pays,
> gibier et champignons en saison... Plusieurs salles dont une réservée au menu du jour.

HAUTEVILLE-LÈS-DIJON – 21 Côte-d'Or – **320** J5 – **rattaché à Dijon**

LE HAVRE – 76 Seine-Maritime – 304 A5 – 182 580 h. – 33 C2
Agglo. 248 547 h. – alt. 4 m – Casino HZ – ✉ **76600** Normandie Vallée de la Seine

Paris 198 – Amiens 184 – Caen 90 – Lille 318

Pont de Normandie : péage en 2009 : autos 5 €, auto et caravane 5,80 €, camions et autocars 6,30 à 12,50 €, gratuit pour motos.

du Havre-Octeville : ✆ 02 35 54 65 00 A.

Office de tourisme, 186, boulevard Clemenceau ✆ 02 32 74 04 04, Fax 02 35 42 38 39

du Havre à Octeville-sur-Mer 17 chemin Saint Supplix, par rte d'Etretat : 10 km, ✆ 02 35 46 36 50

Port★★ EZ - Quartier moderne★ EFYZ : église St-Joseph★★EZ, pl. de l'Hôtel-de-Ville★ FY47, Av. Foch★ EFY - Musée André-Malraux★★ EZ - Maison de l'Armateur ★★ GZ.

Ste-Adresse★ : circuit★.

Plans pages suivantes

Pasino
pl. Jules Ferry, (au Casino) – ✆ 02 35 26 00 00 – www.pasino-lehavre.fr – Fax 02 35 25 62 18 FZ**b**

45 ch – 130/265 € 130/265 €, 18 €

Rest *Le Havre des Sens* – *(fermé 5-18 avril, 19 juil.-17 août, 21-27 déc., dim. et lundi) (dîner seult)* Menu 38/60 € – Carte 42/70 €

Rest *La Brasserie* – (15 € bc) Menu 20 € – Carte 25/50 €

◆ Chambres, junior suites et spa complet dans cet hôtel-casino ultra trendy. Mets et décor dans l'air du temps au Havre des Sens. Brasserie moderne avec terrasse côté bassin.

Novotel
20 cours Lafayette – ✆ 02 35 19 23 23 – www.novotel.com – Fax 02 35 19 23 25

134 ch – 86/128 € 86/128 €, 14 € – 6 suites HZ**a**

Rest – (23 €) Menu 29 € – Carte 21/48 €

◆ Hôtel d'architecture contemporaine proche de la gare, posé sur les rives du bassin Vauban. Chambres confortables répondant au concept "Novation". Cuisine actuelle de saison servie dans une salle dont les baies donnent sur un jardin. Terrasse d'été.

Vent d'Ouest sans rest
4 r. Caligny – ✆ 02 35 42 50 69 – www.ventdouest.fr – Fax 02 35 42 58 00

35 ch – 100/130 € 100/130 €, 12 € – 4 suites EZ**a**

◆ Cet hôtel havrais, un peu excentré, ne manque pas d'atouts : chambres décorées avec soin (thèmes "Mer", "Capitaine" et "Montagne"), accueillant salon-bibliothèque avec billard.

Les Voiles sans rest
3 pl. Clemenceau, à Ste-Adresse ✉ 76310 – ✆ 02 35 54 68 90 – www.hotel-lesvoiles.com – Fax 02 35 54 68 91 A**e**

16 ch – 85/199 € 85/199 €, 11 €

◆ Emplacement idéal face à la mer pour cet établissement au chaleureux intérieur contemporain. Toutes les chambres (sauf quatre) s'ouvrent sur le large.

Art Hôtel sans rest
147 r. L. Brindeau – ✆ 02 35 22 69 44 – www.art-hotel.fr – Fax 02 35 42 09 27

31 ch – 89/140 € 99/150 €, 13 € FZ**g**

◆ Face à l'espace Oscar Niemeyer, cet immeuble des années 1950 (façade classée) met à l'honneur l'architecture et l'art moderne : chambres épurées et lumineuses ; expositions.

Terminus
23 cours République – ✆ 02 35 25 42 48 – www.grand-hotel-terminus.fr – Fax 02 35 24 46 55 – Fermé 24 déc.-2 janv. HZ**e**

40 ch – 59/98 € 71/98 €, 8,50 € – 1 suite – ½ P 62/64 €

Rest – *(fermé 16 juil.-29 août, 24 déc.-2 janv., vend., sam. et dim.) (dîner seult) (résidents seult)* Menu 19 €

◆ Au cœur du Havre, face à la gare, cette adresse dispose de chambres revues dans l'air du temps, fraîches et fonctionnelles. Salon-bar feutré habillé de tons rouges, billard.

Le Richelieu sans rest
132 r. Paris – ✆ 02 35 42 38 71 – www.hotellerichelieu.com – Fax 02 35 21 07 28

19 ch – 47/57 € 51/62 €, 7 € FZ**f**

◆ Hôtel simple situé dans une rue animée, bordée par de nombreuses boutiques. Hall-salon aux couleurs de la mer. Chambres totalement rénovées et diversement meublées.

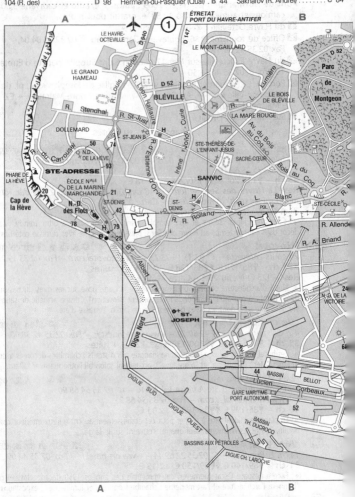

Jean-Luc Tartarin

🏓 📶 ♻ VISA ⚫⚫ AE

73 av. Foch – ☎ 02 35 45 46 20
– www.jeanluc-tartarin.com
– Fax 02 35 45 46 22
– Fermé 3 sem. en août, 2 sem. en janv., dim. et lundi   FY**t**
Rest – (29 €) Menu 40/145 € – Carte 85/100 €❀

Spéc. Langoustines en brochette au romarin (mai à sept.). Lotte poudrée de sumac cuite à basse température (sept. à janv.). Millefeuille à la vanille. **Vins** Vin de pays du Calvados.

♦ Décor contemporain dans les tons taupe-chocolat, baies vitrées, tableaux et carte dans l'air du temps régulièrement renouvelée : cette nouvelle table a de quoi mettre en appétit.

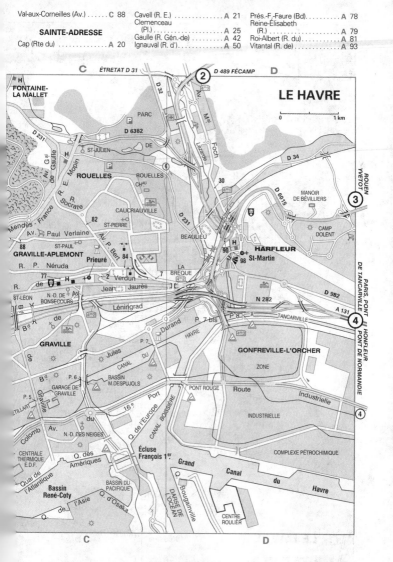

✕✕ La Petite Auberge

`AC` `VISA` `OO` `AE`

32 r. Ste-Adresse – ℰ 02 35 46 27 32 – Fax 02 35 48 26 15 – Fermé 3 sem. en été,
15-22 fév., dim. soir, merc. midi et lundi EY**r**
Rest – (18 € bc) Menu 23 € (sem.)/38 € – Carte 41/60 €

◆ Dans cette petite auberge, autrefois relais de poste, on propose une goûteuse cuisine du
terroir à prix étudiés. Façade normande rafraîchie, tout comme le décor, chaleureux.

✕✕ Orchidée

`VISA` `OO` `AE`

41 r. Général-Faidherbe – ℰ 02 35 21 32 42 – Fermé sam. midi, dim. soir et lundi
Rest – Menu 18/28 € – Carte 35/50 € GZ**s**

◆ En retrait des quais, salle colorée avec véranda, ornée de tableaux contemporains et d'un
mobilier d'esprit marin. Cuisine actuelle soignée, à base de produits frais.

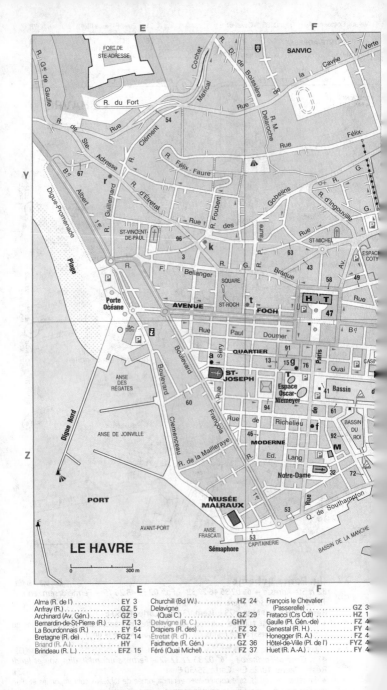

LE HAVRE

0   300 m

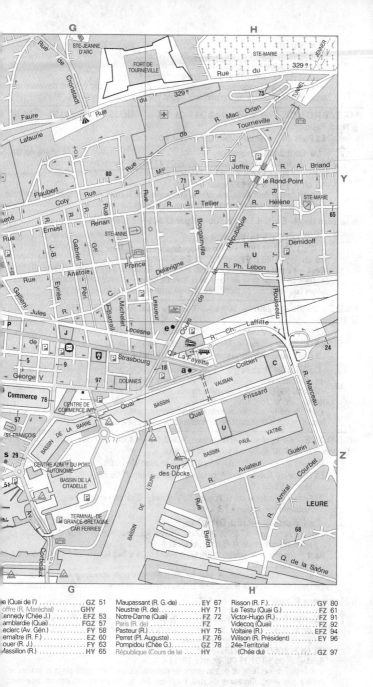

✗ **Le Wilson** 　　　　　　　　　　　　　　　🛜 *VISA* 🐽
⊖ 98 r. Prés. Wilson – ℰ 02 35 41 18 28 – Fermé 22 mars-1er avril, 17 juil.-13 août,
21-28 fév., dim. soir, lundi soir, mardi soir et merc. 　　　　　　　　　EY**k**
Rest – (13 €) Menu 18 € (sem.)/36 € – Carte 30/44 €
◆ Cette discrète façade située sur une placette d'un quartier commerçant dissimule une
table conviviale : décor marin, ambiance bistrot et cuisine traditionnelle.

HAZEBROUCK – 59 Nord – 302 D3 – 21 101 h. – alt. 25 m – ⊠ 59190　　30 B2
▌Nord Pas-de-Calais Picardie

　▶ Paris 240 – Armentières 28 – Arras 60 – Calais 64

🏠 **Le Gambrinus** sans rest 　　　　　　　　　🀆 🎙 *VISA* 🐽 AE
2 r. Nationale, (rue face gare) – ℰ 03 28 41 98 79 – hoteldugambrinus.fr
– Fax 03 28 43 11 6 – Fermé 3-23 août
16 ch – ♥47/52 € ♥♥52 €, ⊴ 6 €
◆ Hôtel central dont l'enseigne évoque le joyeux roi de la bière, grande figure des Flandres.
Petites chambres rénovées toutes différentes, simples et bien tenues.

à la Motte-au-Bois 6 km au Sud-Est par D 946 – ⊠59190 Morbecque

✗✗✗ **Auberge de la Forêt** avec ch 　　　　　🚗 🛜 🎙 **P** *VISA* 🐽
– ℰ 03 28 48 08 78 – www.auberge-delaforet.com – Fax 03 28 40 77 76
18 ch – ♥55/63 € ♥♥60/63 €, ⊴ 8 € – ½ P 60 €
Rest – (fermé vend. midi et lundi midi) (16 €) Menu 21/70 € bc – Carte 36/57 €
◆ Dans un village situé au cœur de la forêt de Nieppe. La vaste salle à manger (cheminée,
sièges Louis XIII) sert de cadre à une cuisine actuelle à base d'épices et de plantes.

HÉDÉ – 35 Ille-et-Vilaine – 309 L5 – 1 711 h. – alt. 90 m – ⊠ 35630　　10 D2
▌Bretagne

　▶ Paris 372 – Avranches 71 – Dinan 33 – Dol-de-Bretagne 31
　🛈 Office de tourisme, Mairie ℰ 02 99 45 46 18, Fax 02 99 45 50 48
　🎦 Château de Montmuran★ et église des Iffs★ O : 8 km.

✗✗ **La Vieille Auberge** 　　　　　　　　　🛜 ⬦ **P** *VISA* 🐽 AE
⊖ rte de Tinténiac – ℰ 02 99 45 46 25 – www.lavieilleauberge35.fr
– Fax 02 99 45 51 35 – Fermé 23 août-7 sept., 15 fév.-3 mars, dim. soir et lundi
Rest – Menu 16 € (déj. en sem.), 25/75 € – Carte 43/120 €
◆ Moulin du 17e s. au décor rustique et au charme bucolique : verdoyante terrasse située au
bord d'un étang et jardinet fleuri. Ambiance familiale et alléchante cuisine classique.

HENDAYE – 64 Pyrénées-Atlantiques – 342 B4 – 14 041 h. – alt. 30 m　　3 A3
– Casino – ⊠ 64700 ▌Pays Basque et Navarre

　▶ Paris 799 – Biarritz 31 – Pau 143 – St-Jean-de-Luz 12
　🛈 Office de tourisme, 67, boulevard de la Mer ℰ 05 59 20 00 34,
　　Fax 05 59 20 79 17
　🎦 Grand crucifix★ dans l'église St-Vincent - Château d'Antoine-
　　Abbadie★★ (salon★) 3 km.

✗ **Ez Kecha Bar Lieu Dit Vin** 　　　　　　🛜 AK **P** *VISA* 🐽
3 rte de Béhobie – ℰ 05 59 20 67 09 – www.eguiazabal.com – Fax 05 59 48 20 12
– Fermé vacances de fév., dim., lundi et fériés
Rest – (nombre de couverts limité, prévenir) (24 € bc) Menu 29 € (déj.)/65 € bc
– Carte 35/45 € ⌂
◆ Au cœur d'une vinothèque, plus de 500 références pour accompagner une cuisine du
marché. Dégustation sur le zinc, dans les salons cosy ou en terrasse. Accueil pro, épicerie fine.

à Hendaye Plage

🏨 **Serge Blanco** 　⬳ 🛜 🏊 🕘 ♪♫ ▌♦ 🕭 ch, AK 🎙 🏋 ⊜ *VISA* 🐽 AE ①
bd de la Mer – ℰ 0 825 00 00 15 – www.thalassoblanco.com
– Fax 05 59 51 36 00 – Fermé en déc.
90 ch – ♥66/125 € ♥♥132/214 €, ⊴ 14 € – ½ P 108/127 €
Rest – ℰ 05 59 51 35 00 – Carte 38/51 €
◆ À la tête de cet hôtel et de son centre de thalassothérapie, bâtis entre plage et marina, le
célèbre rugbyman. Chambres de style contemporain, spacieuses et entièrement rénovées.
Trois formules de restauration au choix : diététique, gastronomique et grill en été.

à Biriatou 4 km au Sud-Est par D 811 – 952 h. – alt. 60 m – ✉ 64700

🏠 **Les Jardins de Bakéa** ⌖ ⟨ 🚗 🛰 📶 🗢 ⚓ 🅿 VISA ⓒ AE
 r. Herri Alde – ℰ 05 59 20 02 01 – www.bakea.fr – Fax 05 59 20 58 21
 – Fermé 15 nov.-2 déc. et 18 janv.-4 fév.
 25 ch – †47/125 € ††57/125 €, ⊑ 10 € – ½ P 75/109 €
 Rest – (fermé lundi et mardi sauf le soir d'avril à nov.) (23 €) Menu 34/67 €
 – Carte 43/81 €🍴

 ♦ Cette maison régionale du début du 20e s. a fait en partie peau neuve : huit confortables chambres, dont quatre mansardées, sont ainsi plus actuelles que les autres, rustiques. Nouveau restaurant (poutres apparentes) et agréable terrasse d'été sous les platanes.

HÉNIN-BEAUMONT – 62 Pas-de-Calais – **301** K5 – **25 915 h.**   **31** C2
– alt. 30 m – ✉ 62110 ▌ Nord Pas-de-Calais Picardie

 ▶ Paris 194 – Arras 25 – Béthune 30 – Douai 13

🏢 **Novotel** 🚗 🛰 ⌇ 🕭 ch, 🅰 ch, 🗢 ⚓ 🅿 VISA ⓒ AE ⓞ
 av. de la République, près échangeur Autoroute A1, par D 943 ✉ 62950
 – ℰ 03 21 08 58 08 – www.novotel.com – Fax 03 21 08 58 00
 81 ch – †59/149 € ††59/149 €, ⊑ 14 €
 Rest – (12 €) Menu 21 € – Carte 17/40 €

 ♦ Au sein d'un centre commercial, proche d'un nœud autoroutier, ce Novotel est protégé par un îlot de verdure. Chambres rénovées par étapes ; préférez celles côté patio-terrasse. Salle à manger moderne et tables dressées près de la piscine lorsque le temps le permet.

HENNEBONT – 56 Morbihan – **308** L8 – **14 174 h.** – alt. 15 m   **9** B2
– ✉ 56700 ▌ Bretagne

 ▶ Paris 492 – Concarneau 57 – Lorient 13 – Pontivy 51
 🔢 Office de tourisme, 9, place Maréchal-Foch ℰ 02 97 36 24 52,
  Fax 02 97 36 21 91
 ◉ Tour-clocher★ de la basilique N.-D.-de-Paradis.
 🔲 Port-Louis : citadelle★★ (musée de la Compagnie des Indes★★, musée de
  l'Arsenal★) S : 13 km.

rte de Port-Louis 4 km au Sud par D 781 – ✉ 56700 Hennebont

🏢 **Château de Locguénolé** ⌖ ⟨ ⓟ 🛰 ⌇ ✗ 🗢 ⚓ 🅿 VISA ⓒ AE ⓞ
❀ – ℰ 02 97 76 76 76 – www.chateau-de-locguenole.com – Fax 02 97 76 82 35
 – Fermé 3 janv.-12 fév.
 18 ch – †112/295 € ††155/295 €, ⊑ 23 € – 4 suites – ½ P 165/239 €
 Rest – (fermé lundi et le midi sauf dim.) Menu 49/94 € – Carte 75/115 €🍴
 Spéc. Vinaigrette de homard bleu, mangue et passion (juin à août). Saint-Jacques rôties, panais et beurre de truffe blanche (oct. à déc.). Chocolat en trois arômes pour trois textures (oct. à déc.).

 ♦ Deux demeures historiques dans un parc de 120 ha qui descend jusqu'à la ria du Blavet. Chambres spacieuses, élégantes et personnalisées. Agréables salles à manger où l'on sert une cuisine mariant avec brio saveurs marines et potagères ; belle carte des vins.

 Chaumières de Kerniaven 🏠🏠 🚗 🅿 VISA ⓒ AE ⓞ
 à 3 km – ℰ 02 97 76 91 90 – www.chaumieres-de-kerniaven.com
 – Fax 02 97 76 82 35 – Ouvert 1er mai-26 sept.
 9 ch – †78/112 € ††78/112 €, ⊑ 17 €

 ♦ Présentez-vous à l'accueil au Château de Locguénolé ; vous serez conduit jusqu'à ces deux chaumières du 17e s. perdues dans la nature, idéales pour se ressourcer.

L'HERBAUDIÈRE – 85 Vendée – **316** C5 – **voir à Île de Noirmoutier**

HERBIGNAC – 44 Loire-Atlantique – **316** C3 – **5 117 h.** – alt. 18 m **34** A2
– ✉ 44410

 ▶ Paris 446 – Nantes 72 – La Baule 24 – Redon 37
 🔢 Syndicat d'initiative, 2, rue Pasteur ℰ 02 40 19 90 01

au Sud 6 km rte de Guérande par D774 – ⊠ 44410 Herbignac

XX **La Chaumière des Marais** 🖾 🖾 ⇔ 🅿 VISA ⬤
– ℰ 02 40 91 32 36 – Fax 02 40 91 33 87
– Fermé mi-oct. à mi-nov., vacances de fév., lundi et mardi sauf juil.-août
Rest – (18 €) Menu 28/63 € bc – Carte 48/55 €
♦ Jolie chaumière briéronne aux abords fleuris ; terrasse et potager. Coquette salle à manger rustique à l'imposante cheminée. Cuisine actuelle nourrie d'aromates et d'épices.

HÉRÉPIAN – 34 Hérault – **339** D7 – **rattaché à Bédarieux**

HÉROUVILLE – 95 Val-d'Oise – **305** D6 – **106** 6 – **voir à Paris, Environs (Cergy-Pontoise)**

HESDIN – 62 Pas-de-Calais – **301** F5 – 2 420 h. – alt. 27 m – ⊠ 62140   **30** A2
▌Nord Pas-de-Calais Picardie
▶ Paris 210 – Abbeville 36 – Arras 58 – Boulogne-sur-Mer 65
🇮 Office de tourisme, place d'Armes ℰ 03 21 86 19 19, Fax 03 21 86 04 05

🏠 **Trois Fontaines** 🍃 🖾 ㄴ ch, ⸮⸮ 🅿 VISA ⬤
16 rte d'Abbeville – ℰ 03 21 86 81 65 – www.hotel-les3fontaines.com
– Fax 03 21 86 33 34 – Fermé 18 déc.-4 janv., lundi midi et sam. midi
16 ch – ♦53/63 € ♦♦59/72 €, ⏁ 7 €
Rest – (15 € bc) Menu 19/36 € – Carte 22/39 €
♦ Les petites chambres redécorées de cet hôtel composé de deux bâtiments sont en rez-de-jardin avec terrasse ; préférez celles de l'extension récente conçue "à la scandinave". Cuisine à prix doux servie dans une salle à manger conviviale, dotée d'une cheminée.

XX **L'Écurie** ㄴ VISA ⬤
17 r. Jacquemont – ℰ 03 21 86 86 86 – www.restaurant-lecurie.com
– Fax 03 21 86 86 86 – Fermé dim. soir, mardi soir et lundi
Rest – Menu 16 € (sem.)/25 € – Carte 27/46 €
♦ À deux pas du bel hôtel de ville, un sympathique restaurant qui célèbre le cheval (sculptures en bois, enseigne). Lumineuse salle agrémentée de faïences. Cuisine traditionnelle.

à Gouy-St-André 14 km à l'Ouest par N 39 et D 137 – 602 h. – alt. 100 m – ⊠ 62870

XX **Le Clos de la Prairie** 🖾 🖾 ㄴ VISA ⬤
17 r. de St-Rémy – ℰ 03 21 90 39 58 – www.leclosdelaprairie.com – Fermé
1er-10 oct., 23-30 déc., jeudi midi et merc.
Rest – (15 €) Menu 19 € (déj. en sem.), 34/50 € bc – Carte 34/60 €
♦ Dans un agréable petit village, restaurant chaleureux occupant un ancien corps de ferme, avec une terrasse ouverte sur la campagne. Cuisine du marché actuelle et savoureuse.

HESDIN-L'ABBÉ – 62 Pas-de-Calais – **301** D3 – **rattaché à Boulogne-sur-Mer**

HÉSINGUE – 68 Haut-Rhin – **315** J11 – **rattaché à St-Louis**

HEUDICOURT-SOUS-LES-CÔTES – 55 Meuse – **307** F5 – **rattaché à St-Mihiel**

HEYRIEUX – 38 Isère – **333** D4 – 4 587 h. – alt. 220 m – ⊠ 38540   **44** B2
▶ Paris 487 – Lyon 30 – Pont-de-Chéruy 22 – La Tour-du-Pin 35

XXX **L'Alouette** 🖾 AC 🅿 VISA ⬤
rte de St-Jean-de-Bournay, à 3 km ⊠ 38090 – ℰ 04 78 40 06 08
– www.jcmarlhins.com – Fax 04 78 40 54 74 – Fermé
14-20 avril, 26 juil.-13 août, 21 déc.-4 janv., sam. midi, dim. soir et lundi
Rest – (21 € bc) Menu 38/51 € – Carte 40/60 €
♦ Salle de restaurant tripartite avec poutres apparentes, agrémentée de tableaux et de sculptures d'un artiste régional. Jolie mise en place et cuisine classique.

HIERES-SUR-AMBY – 38 Isère – **333** E3 – 1 119 h. – alt. 216 m   **44** B1
– ⊠ 38118
▶ Paris 489 – Lyon 61 – Grenoble 107 – Bourg-en-Bresse 57

※ **Le Val d'Amby** avec ch ⑤ ⊠ 🕸 rest, 🕸 ch, 🕪 *VISA* ⓪ 🄰🄴
pl. de la République – ℰ 04 74 82 42 67 – www.hotel-levaldamby.com – Fax 04 74
82 42 68 – Fermé 12-18 avril, 9-22 août, 22-26 déc., 15-21 fév., dim. soir et merc.
13 ch – †51 € ††56 €, ☷ 8 €   **Rest** – (25 €) Menu 29/60 € – Carte 35/54 €
  ◆ Sur la place du village, belle maison de pays en pierre. Menu du jour servi dans l'espace
café et cuisine traditionnelle dans la salle à manger plus confortable. Terrasse. Chambres simples et bien tenues.

HINSINGEN – 67 Bas-Rhin – **315** F3 – **91 h.** – alt. 220 m – ⊠ 67260   **1** A1
  ▶ Paris 405 – St-Avold 35 – Sarrebourg 37 – Sarreguemines 22

※ **Grange du Paysan**   🄰🄲 **P** *VISA* ⓪
ⓢ *23 r. Principale* – ℰ 03 88 00 91 83 – Fax 03 88 00 93 23 – fermé lundi
Rest – (10 €) Menu 19/45 € – Carte 17/50 €
  ◆ Vieilles poutres, licous et autres objets du monde agricole : on appréciera dans cette salle
champêtre une cuisine du terroir généreuse (produits de l'élevage familial).

HIRMENTAZ – 74 Haute-Savoie – **328** M3 – **rattaché à Bellevaux**

HIRTZBACH – 68 Haut-Rhin – **315** H11 – **1 249 h.** – alt. 308 m – ⊠ 68118   **1** A3
  ▶ Paris 462 – Mulhouse 24 – Altkirch 5 – Belfort 31

※※ **Hostellerie de l'Illberg**   ⊠ **P** *VISA* ⓪ 🄰🄴 ⓞ
ⓢ *17 r. Mar. de Lattre de Tassigny* – ℰ 03 89 40 93 22 – www.hostelillberg.fr
  – Fax 03 89 08 85 19 – Fermé vacances de printemps et en août
Rest – (fermé lundi et mardi) Menu 25 € (sem.)/95 € bc – Carte 51/63 €🕮
Rest *Bistrot d'Arthur* – (fermé dim. midi) Menu 12 € (déj. en sem.), 21/25 €
  – Carte 28/34 €
  ◆ Des œuvres d'artistes locaux ornent la salle à manger de cette chaleureuse maison. Cuisine
classique revisitée, respectueuse des produits de la région. Le Bistrot propose de bien appétis-
sants plats ou menus du jour dans une grande convivialité.

HOCHSTATT – 68 Haut-Rhin – **315** H10 – **rattaché à Mulhouse**

HOERDT – 67 Bas-Rhin – **315** K4 – **4 379 h.** – alt. 135 m – ⊠ 67720   **1** B1
  ▶ Paris 483 – Haguenau 21 – Molsheim 44 – Saverne 46

※ **A la Charrue**   ⊠ **P** *VISA* ⓪
ⓢ *30 r. République* – ℰ 03 88 51 31 11 – www.lacharrue.fr – Fax 03 88 51 32 55
  – Fermé 24 déc.-5 janv., le soir sauf vend. et sam. et lundi sauf fériés
Rest – (10 €) Menu 12 € (déj. en sem.), 15/48 € – Carte 25/55 €
  ◆ La grande spécialité de la maison, c'est l'asperge (en saison) ! Alors toute la région – mem-
bres du Conseil de l'Europe compris – accourt ici pour la célébrer.

HOHRODBERG – 68 Haut-Rhin – **315** G8 – alt. 750 m – ⊠ 68140   **1** A2
▌Alsace Lorraine
  ▶ Paris 462 – Colmar 26 – Gérardmer 37 – Guebwiller 47
  ◉ ≤★★.

🄷 **Panorama** ⑤   ≤ ⊠ 🖾 🕪 ﴾ ch, 🄰🄲 rest, 🕪 🕸 **P** *VISA* ⓪ 🄰🄴
ⓢ *3 rte de Linge* – ℰ 03 89 77 36 53 – www.hotel-panorama-alsace.com
  – Fax 03 89 77 03 93 – Fermé 9-26 nov. et 7 janv.-4 fév.
30 ch – †47/74 € ††47/74 €, ☷ 11 € – ½ P 50/69 €
Rest – Menu 15 € (sem.), 38 € – Carte 23/50 €
  ◆ Bâtiment ancien et son annexe moderne, face à la vallée de Munster. Chambres confortables – avec ou sans vue sur les Vosges – décorées de fresques à thème régional. Superbe
panorama au restaurant où l'on sert des spécialités telles que le Presskopf de la mer.

LE HOHWALD – 67 Bas-Rhin – **315** H6 – **469 h.** – alt. 570 m – **Sports**   **2** C1
d'hiver : 600/1 100 m ⅏1 🎿 – ⊠ 67140 ▌Alsace Lorraine
  ▶ Paris 430 – Lunéville 89 – Molsheim 33 – St-Dié 46
  🄸 Office de tourisme, square Kuntz ℰ 03 88 08 33 92, Fax 03 88 08 30 14
  🄶 Le Neuntelstein★★ ≤★★ N : 6 km puis 30 mn.

⌂ **La Forestière** ⌖ ⟨ 🚗 ⛱ 🛜 P 🅿 🚙

10 A chemin du Eck – ℰ 03 88 08 31 08 – laforestiere.fr.monsite.orange.fr
– Fax 03 88 08 32 96 – Fermé 11-18 avril, 27 juin-4 juil. et une sem. en fév.
5 ch ⌷ – ♦81/91 € ♦♦96/106 € – ½ P 71 €
Table d'hôte – Menu 26 € bc/40 € bc
♦ Sur les hauteurs du village, avec la forêt toute proche, cette maison récente et tranquille offre des chambres spacieuses, meublées en bois clair, à l'alsacienne. Table d'hôte (le soir) proposant, dans une ambiance familiale, spécialités régionales et gibier.

HOLNON – 02 Aisne – **306** B3 – **rattaché à St-Quentin**

LE HÔME – 14 Calvados – **303** L4 – **rattaché à Cabourg**

HONDSCHOOTE – 59 Nord – **302** D2 – **3 803 h.** – **alt. 5 m** – ⊠ **59122**   30 B1

▶ Paris 286 – Lille 63 – Dunkerque 22 – Oostende 52
🛈 Office de tourisme, 2, rue des Moeresd ℰ 03 28 62 53 00,
    Fax 03 28 68 30 99

✕ **Les Jardins de l'Haezepoël** ⛱ & ⟷ P VISA ◐◐ AE

1151 r. de Looweg – ℰ 03 28 62 50 50 – www.hzpl.com – Fax 03 28 68 31 01
– Fermé lundi soir et mardi
Rest – (15 €) Carte 25/35 €
♦ Belle maison en briques abritant également un cabaret. Dans un cadre champêtre, vous dégusterez grillades préparées devant vous et spécialités régionales (potjevleech).

HONFLEUR – 14 Calvados – **303** N3 – **8 177 h.** – **alt. 5 m** – ⊠ **14600**   32 A3
▌ Normandie Vallée de la Seine

▶ Paris 195 – Caen 69 – Le Havre 27 – Lisieux 38
Pont de Normandie : péage en 2009 : autos 5 €, auto et caravane 5,80 €,
    camions et autocars 6,30 à 12,50 €, gratuit pour motos.
🛈 Office de tourisme, quai Lepaulmier ℰ 02 31 89 23 30, Fax 02 31 89 31 82
◉ le vieux Honfleur★★ : Vieux bassin★★ AZ, église Ste-Catherine★★ AY et
    clocher★ AY **B** - Côte de Grâce★★AY : calvaire★★.
◐ Pont de Normandie★★ par ① : 4 km (péage).

🏨 **La Ferme St-Siméon** ⌖ ⟨ 🐾 ⛱ 🖼 🔲 🈂 🖥 & ch, 🛜 💆 P VISA ◐◐ AE

20 r. A. Marais, par ③ – ℰ 02 31 81 78 00 – www.fermesaintsimeon.fr
– Fax 02 31 89 48 48
30 ch – ♦150/490 € ♦♦150/490 €, ⌷ 27 € – 4 suites – ½ P 226/637 €
Rest – Menu 55 € (déj. en sem.), 90/129 € – Carte 95/155 €
♦ Haut lieu de l'histoire de la peinture, l'auberge que fréquentaient les impressionnistes est devenue un magnifique ensemble hôtelier, dont le parc domine l'estuaire. Espaces détente et remise en forme. Restaurant raffiné, terrasses face à la mer, bon choix de calvados et belle cuisine classique.

🏨 **Le Manoir du Butin** ⌖ ⟨ 🐾 ⛱ 🛜 P VISA ◐◐ AE

r. A. Marais, par ③ – ℰ 02 31 81 63 00 – www.hotel-lemanoir.fr
– Fax 02 31 89 59 23
10 ch – ♦120/350 € ♦♦120/350 €, ⌷ 22 € – ½ P 140/240 €
Rest – Menu 48 € – Carte 43/52 €
♦ Colombages peints, fenêtres à croisillons, jeu de toitures asymétriques et parc : ce manoir du 18ᵉ s. pétri de charme abrite des chambres douillettes. Élégante et lumineuse salle à manger ; cuisine au goût du jour.

🏨 **Les Maisons de Léa** sans rest   🛜 💆 VISA ◐◐ AE

pl. Ste-Catherine – ℰ 02 31 14 49 49 – www.lesmaisonsdelea.com
– Fax 02 31 89 28 61   AY**a**
24 ch – ♦120/200 € ♦♦120/200 €, ⌷ 15 € – 6 suites
♦ Trois anciens logis de pêcheur (16ᵉ s.) et un ex-grenier à sel composent cet hôtel de charme, proche du clocher en bois de Ste-Catherine. Décor à thème dans chaque lieu. Chambres-bonbonnières et salons cosy.

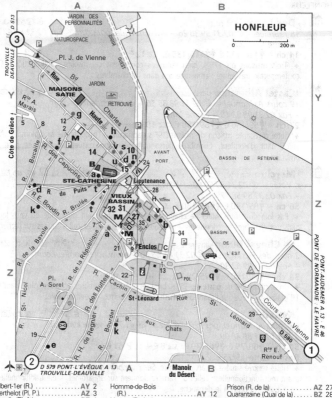

HONFLEUR

0   200 m

L'Écrin sans rest

19 r. E. Boudin – ℰ 02 31 14 43 45 – www.honfleur.com – Fax 02 31 89 24 41
27 ch – †100/250 € ††100/250 €, 😋 15 € – 3 suites   AZ**k**

♦ Hôtel-musée dont les chambres (certaines rénovées en 2009) et les salons, foisonnants d'objets d'art et d'ornements anciens, sont répartis dans cinq bâtiments d'époques différentes. Petit-déjeuner servi dans une véranda ouvrant sur le jardin.

La Maison de Lucie sans rest

44 r. des Capucins – ℰ 02 31 14 40 40 – www.lamaisondelucie.com
– Fax 02 31 14 40 41 – Fermé 29 nov.-18 déc. et 4-23 janv.   AY**f**
10 ch – †150/220 € ††150/220 €, 😋 18 € – 2 suites

♦ Charme et raffinement vous attendent dans les chambres coquettes de cette maison du 18ᵉ s. Petit-déjeuner servi aux salons (boiseries, poutres) ou dans la cour intérieure pavée.

L'Absinthe sans rest

1 r. de la Ville – ℰ 02 31 89 23 23 – www.absinthe.fr – Fax 02 31 89 53 60
– Fermé 13 nov.-13 déc.   BZ**v**
10 ch – †115/185 € ††115/185 €, 😋 12 € – 2 suites

♦ Ce presbytère du 16ᵉ s. abrite un hôtel calme et insolite. Décor aux teintes douces, mariant rustique et moderne. Certaines chambres sont logées dans une maison face aux quais.

Des Loges sans rest   🕭 ᶦᵠᵎ 𝘝𝘐𝘚𝘈 ⊕ 🄰🄴

18 r. Brûlée – ℰ 02 31 89 38 26 – www.hoteldesloges.com – Fax 02 31 89 42 79
– Fermé 5-29 janv.   AZ**t**

14 ch – ♥110/135 € ♥♥110/135 €, ⌧ 12 €

◆ Trois maisons du 17ᵉ s. bien rénovées composent cet insolite hôtel-boutique. Cadre
contemporain très épuré ; ambiance zen dans les chambres.

Castel Albertine sans rest   🛁 🕭 🕍 🄿 𝘝𝘐𝘚𝘈 ⊕ 🄰🄴

19 cours A. Manuel – ℰ 02 31 98 85 56 – www.residencemvm.fr
– Fax 02 31 98 83 18 – Fermé janv.   AZ**e**

27 ch – ♥59/150 € ♥♥69/150 €, ⌧ 10 €

◆ Cette ravissante maison de maître (19ᵉ s.) appartint à l'historien de la diplomatie, Albert
Sorel, natif d'Honfleur. Chambres personnalisées, salon coquet, véranda et petit parc
ombragé.

Mercure sans rest   🖃 🕭 ᶦᵠᵎ 🕍 🄿 𝘝𝘐𝘚𝘈 ⊕ 🄰🄴 ⓪

r. Vases – ℰ 02 31 89 50 50 – www.accor-hotels.com
– Fax 02 31 89 58 77   BZ**q**

56 ch – ♥85/130 € ♥♥85/130 €, ⌧ 12 €

◆ Pas loin du centre, hôtel de chaîne à la façade vaguement normande où vous logerez
dans des chambres fonctionnelles. Amateurs de calme, préférez celles situées sur l'arrière.

Le Cheval Blanc sans rest   ⩽ 🖃 ᶦᵠᵎ 🕍 𝘝𝘐𝘚𝘈 ⊕ 🄰🄴 ⓪

2 quai des Passagers – ℰ 02 31 81 65 00 – www.hotel-honfleur.com
– Fax 02 31 89 52 80   AY**n**

34 ch – ♥70/160 € ♥♥75/280 €, ⌧ 10 € – 1 suite

◆ Un ancien relais de poste du 15ᵉ s. bien rénové, aux chambres actuelles (plus grandes au
1ᵉʳ étage) avec vue sur l'avant-port. Petit-déjeuner buffet. Accueil aimable.

Kyriad   🚃 🕭 ᶦᵠᵎ 🕍 🄿 𝘝𝘐𝘚𝘈 ⊕ 🄰🄴 ⓪

62 cours A. Manuel, par ② – ℰ 02 31 89 41 77 – www.kyriad.fr
– Fax 02 31 89 48 09

50 ch – ♥65/79 € ♥♥65/79 €, ⌧ 8 € – ½ P 61 €

Rest – Carte 15/25 €

◆ Hôtel rénové situé à l'écart du centre. Ses chambres, petites mais bien insonorisées, sont
avant tout fonctionnelles ; celles de l'arrière donnent sur un jardinet. Table traditionnelle, formule buffet et brunch le dimanche.

La Petite Folie sans rest ⌂   🚃 ᶦᵠᵎ 𝘝𝘐𝘚𝘈 ⊕

44 r. Haute – ℰ 02 31 88 71 55 – www.lapetitefolie-honfleur.com
– Fax 02 31 88 71 55 – Fermé janv.   AY**h**

5 ch ⌧ – ♥135 € ♥♥135 €

◆ Toutes les touches raffinées d'une maison d'hôtes s'illustrent ici : meubles et objets chinés,
tommettes au sol, linge luxueux, etc. Petit-déjeuner au jardin dès les beaux jours.

Le Clos Bourdet sans rest ⌂   🚃 ᶦᵠᵎ 🄿 𝘝𝘐𝘚𝘈 ⊕

50 r. Bourdet – ℰ 06 07 48 99 67 – www.leclosbourdet.com
– Fermé janv.   AZ**k**

5 ch ⌧ – ♥135 € ♥♥145 €

◆ Dans un grand jardin clos à flanc de colline... C'est peu dire que cette belle maison bourgeoise du 18ᵉ s. jouit du calme ! Chambres personnalisées.

La Cour Ste-Catherine sans rest ⌂   ᶦᵠᵎ

74 r. du Puits – ℰ 02 31 89 42 40 – www.coursaintecatherine.com   AYZ**d**

5 ch ⌧ – ♥75/95 € ♥♥75/95 €

◆ Sur les hauteurs d'Honfleur, dans les murs d'un ancien couvent (17ᵉ s.) qui fut aussi
une cidrerie, des chambres paisibles, mariant l'ancien et le moderne. Petit-déjeuner dans
une salle rustique (ex-pressoir).

L'Absinthe   🏠 🄰🄲 ch, 𝘝𝘐𝘚𝘈 ⊕ 🄰🄴 ⓪

10 quai Quarantaine – ℰ 02 31 89 39 00 – www.absinthe.fr – Fax 02 31 89 53 60
– Fermé 15 nov.-15 déc.   BZ**b**

Rest – (26 €) Menu 33/62 € – Carte 66/84 €

◆ Face au port, ce restaurant – ancien bar de pêcheur – occupe deux maisons des 15ᵉ et
17ᵉ s., au cadre rustique à souhait. Grande terrasse sur le devant. Cuisine actuelle.

XX **Sa. Qua. Na** (Alexandre Bourdas)   VISA ⊕ AE
✿✿ *22 pl. Hamelin – ☎ 02 31 89 40 80 – www.alexandre-bourdas.com*
– Fermé de mi-janv. à fin fév., merc., jeudi et le midi en sem.   AY**u**
Rest – *(nombre de couverts limité, prévenir)* Menu 50/80 €
Spéc. Homard au citron vert, livèche, coriandre et bouillon clair à la noix de
coco. Pigeonneau rôti laqué de boudin, crème de pomme de terre au yaourt
fermier (automne). Feuille de nougatine cacao, chocolat blanc et truffe (hiver).
♦ Sa.Qua.Na pour "saveurs, qualité, nature", ou encore "poisson" (sakana) en nippon : telle
est la formule magique d'Alexandre Bourdas, formé chez Bras et passé par le Japon. Étonnante cuisine d'auteur, technique et intuitive à la fois. Cadre moderne, tendance zen.

XX **Entre Terre et Mer** avec ch   🛏 ⬛ 💢 ch, ᵗᵎ VISA ⊕ AE
12 pl. Hamelin – ☎ 02 31 89 70 60 – www.entreterreetmer-honfleur.com
– Fax 02 31 89 40 55 – Fermé 4-31 janv.   AY**d**
14 ch – †98/105 € ††98/105 €, � 11 €
Rest – (22 €) Menu 28/54 € – Carte 52/88 €
♦ Sur une place proche du vieux bassin. Deux salles contemporaines ; l'une décorée de photos sur la Normandie, l'autre de tableaux régionaux. Carte "terre et mer" actuelle. Chambres
cosy et confortables dans la maison annexe située juste en face.

XX **Le Bréard**   🛏 VISA ⊕ AE
☺ *7 r. du Puits – ☎ 02 31 89 53 40 – www.restaurant-lebreard.com*
– Fax 02 31 88 60 37 – Fermé 1ᵉʳ-26 déc., 23 fév.-2 mars, merc. midi, lundi et
mardi   AY**t**
Rest – (20 €) Menu 28/38 € – Carte 60/70 €
♦ Dans une ruelle pavée proche de l'église Ste-Catherine, façade sobre dissimulant deux salles
lumineuses séparées par une terrasse intérieure chauffée en hiver. Plats au goût du jour.

XX **La Fleur de Sel**   VISA ⊕ AE
17 r. Haute – ☎ 02 31 89 01 92 – www.lafleurdesel-honfleur.com
– Fax 02 31 89 01 92 – Fermé janv., mardi et merc.   AY**v**
Rest – Menu 28/58 €
♦ Une table sympathique pour un repas dans l'air du temps : deux petites salles néo-rusti-
ques exposant des photographies culinaires et une collection de Guides Michelin.

XX **Au Vieux Honfleur**   🛏 VISA ⊕ AE ⓪
13 quai St-Étienne – ☎ 02 31 89 15 31 – www.auvieuxhonfleur.com
– Fax 02 31 89 92 04   AZ**r**
Rest – Menu 29/49 € – Carte 41/75 €
♦ Cette maison à colombages du 12ᵉ s., avec une terrasse et le Vieux Bassin en toile de
fond, met à l'honneur les produits de la mer et les spécialités normandes.

X **Au P'tit Mareyeur**   VISA ⊕
4 r. Haute – ☎ 02 31 98 84 23 – www.auptitmareyeur.com – Fax 02 31 89 99 32
– Fermé 28 juin-6 juil., 4 janv.-2 fév., lundi et mardi   AY**s**
Rest – *(nombre de couverts limité, prévenir)* Carte 40/64 €
♦ Colombages, tableaux sur le thème marin et jolies tables participent à l'atmosphère intime
du restaurant. Produits de la mer ; bouillabaisse honfleuraise en spécialité.

X **L'Ecailleur**   ⩽ AC VISA ⊕ AE
1 r. de la République – ☎ 02 31 89 93 34
– www.lecailleur.fr – Fax 02 31 89 53 73
– Fermé en mars, 17 juin-4 juil., 12-21 nov., 8-25 déc., merc. et jeudi hors saison
Rest – Menu 27/39 € – Carte 34/52 €   AZ**a**
♦ Recettes au goût du jour à déguster dans un décor dépaysant et chaleureux évoquant
une cabine de paquebot (boiseries, cordages, hublots). La grande baie vitrée s'ouvre sur le
port.

X **La Tortue**   AC VISA ⊕ AE ⓪
36 r. de l'Homme de Bois – ☎ 02 31 81 24 60 – www.restaurantlatortue.fr
– Fax 02 31 81 24 60 – Fermé mardi   AY**g**
Rest – (16 €) Menu 20/42 € – Carte 33/46 €
♦ Dans une ruelle du vieux Honfleur, ce restaurant régional renouvelle chaque jour ses sug-
gestions, à l'ardoise, selon l'arrivage de la pêche locale. Petite épicerie fine.

à la Rivière-St-Sauveur 2 km par ① – 1 719 h. – alt. 1 m – ⊠ 14600

Antarès sans rest   🔃 ⊕ 🛉 & 🖄 **P** **VISA** **◎◎** **AE**
r. St-Clair – ℰ 02 31 89 10 10 – www.antares-honfleur.com – Fax 02 31 89 58 57
78 ch – †67/172 € ††77/172 €, � 13 €
• Les chambres de ce complexe hôtelier ont été rénovées en 2009 (tentures, écrans plats, couettes...), tout comme la piscine, le hammam et le sauna. Spa avec massages.

Les Bleuets sans rest   & ⅛ 🛉 **P** **VISA** **◎◎** **AE**
11 r. Desseaux – ℰ 02 31 81 63 90 – www.motel-les-bleuets.com
– Fax 02 31 89 92 12 – Fermé 4-31 janv.
18 ch – †59/98 € ††59/98 €, ⊆ 7 €
• Établissement d'allure motel : façade bleu et blanche, espace détente (sauna, hammam...) et chambres avec miniterrasse ou balcon. Balançoire, toboggan, prêt de vélos adulte.

par ③ 3 km rte de Trouville – ⊠ 14600 Vasouy

La Chaumière ⌂   ≤ ⯑ 🛱 ⅛ 🛉 **P** **VISA** **◎◎** **AE**
rte du Littoral, Vasouy – ℰ 02 31 81 63 20 – www.hotel-chaumiere.fr
– Fax 02 31 89 59 23 – Fermé 16 nov.-11 déc. et 4-22 janv.
9 ch – †150/450 € ††150/450 €, ⊆ 15 € – ½ P 150/300 €
Rest – (fermé merc. midi, jeudi midi et mardi) (nombre de couverts limité, prévenir) Menu 40/60 € – Carte 40/55 €
• Cette jolie ferme normande du 17e s. se dresse face à l'estuaire de la Seine dans un parc dégringolant jusqu'à la mer. Chambres cosy, garnies de beaux meubles anciens. Poutres patinées et belle cheminée contribuent à l'atmosphère douillette du restaurant.

par ③ 8 km rte de Trouville et rte secondaire – ⊠ 14600 Honfleur

Le Romantica ⌂   ≤ ⯑ 🛱 🔃 ⅛ **P** **VISA** **◎◎**
chemin Petit Paris – ℰ 02 31 81 14 00 – www.romantica-honfleur.com
– Fax 02 31 81 54 78
35 ch – †60 € ††70/125 €, ⊆ 9 € – ½ P 73/100 €
Rest – (fermé jeudi midi et merc. hors saison) (16 €) Menu 28/40 €
– Carte 25/60 €
• Sur les hauteurs du village, cette bâtisse d'architecture régionale offre calme et confort dans ses chaleureuses chambres à touche rustique. Agréable piscine intérieure. Beau panorama sur la Manche et la campagne par les baies vitrées du restaurant.

à Cricqueboeuf 9 km par ③ et rte de Trouville – 207 h. – alt. 25 m – ⊠ 14113

Manoir de la Poterie & Spa ⌂   ≤ ⯑ 🛱 🔃 ⊕ ⅛ **P**
chemin P. Ruel – ℰ 02 31 88 10 40   **VISA** **◎◎** **AE** **①**
– www.honfleur-hotel.com – Fax 02 31 88 10 90
24 ch – †147/285 € ††147/285 €, ⊆ 18 € – 1 suite
Rest – (fermé le midi en sem.) Menu 33 € – Carte 43/71 €
• Face à la mer, manoir moderne d'allure normande dont les chambres, de styles Louis XVI, Directoire, marin et actuel, sont tournées vers l'estran ou la campagne. Spa. Atmosphère cosy et cuisine au goût du jour dans la salle à manger qui ménage un espace plus intime.

à Villerville 10 km par ③, rte de Trouville – 750 h. – alt. 10 m – ⊠ 14113

🔢 Office de tourisme, rue Général Leclerc ℰ 02 31 87 21 49,
Fax 02 31 98 30 65

Le Bellevue ⌂   ≤ ⯑ 🛱 🛉 & 🛉 **P** **VISA** **◎◎** **AE**
rte d'Honfleur – ℰ 02 31 87 20 22 – www.bellevue-hotel.fr – Fax 02 31 87 20 56
26 ch – †75/95 € ††95/115 €, ⊆ 12 € – 2 suites – ½ P 85/95 €
Rest – (fermé mardi midi, merc. midi et jeudi midi) Menu 28/46 €
– Carte 38/56 €
• Cette demeure dominant la mer fut, à la fin du 19e s., la villégiature d'un directeur de l'Opéra Comique de Paris. Chambres confortables, rustiques ou contemporaines. Coquette salle à manger-véranda offrant une jolie vue sur le jardin et le littoral.

HORBOURG – 68 Haut-Rhin – **315** I8 – rattaché à Colmar

HOSSEGOR – 40 Landes – 335 C13 – 3 292 h. – alt. 4 m – Casino   3 A3
– ✉ 40150 ▊ Aquitaine

▶ Paris 752 – Bayonne 25 – Biarritz 32 – Bordeaux 170

🖪 Office de tourisme, place des Halles ✆ 05 58 41 79 00, Fax 05 58 41 79 09

🖪 d'Hossegor 333 avenue du Golf, SE : 0,5 km, ✆ 05 58 43 56 99

🖪 de Seignosse à Seignosse Avenue du Belvédère, N : 5 km par D 152,
✆ 05 58 41 68 30

🖪 de Pinsolle à Soustons Port d'Albret Sud, N : 10 km par D 4,
✆ 05 58 48 03 92

◎ Le lac★ - Les villas basco-landaises★.

Les Hortensias du Lac sans rest 🌭   ⩽ 🚗 ⅃ ⴵ ᵖᵖ 🄿 🆅🅂🄰 ⨯ 🄰🄴 ①
*1578 av. du Tour du Lac – ✆ 05 58 43 99 00 – www.hortensias-du-lac.com
– Fax 05 58 43 42 81 – Ouvert de mi-mars à mi-nov.*
20 ch – ♦135/220 € ♦♦135/220 €, ⌓ 20 € – 4 suites
◆ Trois belles maisons des années 1930 entourées d'une pinède et bordant le lac marin. Les chambres, toutes avec balcon ou terrasse, révèlent un décor raffiné. Salon panoramique.

Pavillon Bleu   ⩽ 🚗 🛗 ⴵ 🄰🄲 ᵖᵖ 🛎 🄿 🆅🅂🄰 ⨯ 🄰🄴 ①
*av. Touring Club de France – ✆ 05 58 41 99 50 – www.pavillonbleu.fr
– Fax 05 58 41 99 59*
21 ch – ♦70/166 € ♦♦70/166 €, ⌓ 10 € – ½ P 75/123 €
Rest – *(fermé 26 déc.-20 janv.)* Menu 19 € (déj. en sem.), 31/62 €
– Carte 23/79 €
◆ Un établissement moderne dont toutes les chambres disposent d'un balcon. Face au lac, on profite du ballet nautique des dériveurs et autres planches à voile... Salle à manger contemporaine, belle terrasse à fleur d'eau et cuisine au goût du jour.

Mercédès sans rest   ⅃ 🛗 ⴵ 🄰🄲 ᵖᵖ 🛎 🆅🅂🄰 ⨯ 🄰🄴 ①
*63 av. du Tour du Lac – ✆ 05 58 41 98 00 – www.hotel.mercedes@wanadoo.fr
– Fax 05 58 41 98 10 – Ouvert 1ᵉʳ avril-1ᵉʳ nov.*
40 ch – ♦75/95 € ♦♦90/140 €, ⌓ 11 €
◆ Cette architecture balnéaire proche du lac marin abrite des chambres sobres et plaisantes, toutes dotées d'un balcon. En été, petits-déjeuners servis près de la piscine.

HOUAT (ÎLE D') – 56 Morbihan – 308 N10 – voir à Île d'Houat

LA HOUBE – 57 Moselle – 307 O7 – ✉ 57850 Dabo   27 D2
▶ Paris 453 – Lunéville 86 – Phalsbourg 18 – Sarrebourg 27

Des Vosges 🌭   ⩽ 🚗 🌿 ch, 🄿 🆅🅂🄰 ⨯⨯
*41 r. de la Forêt Brûlée ✉ 57850 La Hoube Dabo – ✆ 03 87 08 80 44
– www.hotel-restaurant-vosges.com – Fax 03 87 08 85 96 – fermé
28 sept.-11 oct., 4 fév.-2 mars, mardi soir et merc.*
9 ch – ♦33 € ♦♦48 €, ⌓ 8 € – ½ P 44 €
Rest – (10 €) Menu 21/30 € – Carte 24/42 €
◆ Petite auberge familiale située au bout du village. Chambres simples et bien tenues ; agréable jardin. Dans la salle à manger rustique tournée vers la forêt vosgienne, sympathique cuisine respectueuse du terroir.

LES HOUCHES – 74 Haute-Savoie – 328 N5 – 3 037 h. – alt. 1 004 m   46 F1
– Sports d'hiver : 1 010/1 900 m ⛷2 ⛷16 ⅀ – ✉ 74310 ▊ Alpes du Nord
▶ Paris 602 – Annecy 89 – Bonneville 47 – Chamonix-Mont-Blanc 9

🖪 Office de tourisme, place de la Mairie ✆ 04 50 55 50 62, Fax 04 50 55 53 16
◎ Le Prarion★★.

Du Bois   ⩽ 🚗 🖾 🛗 🌿 rest, ᵖᵖ 🛎 🄿 ☕ 🆅🅂🄰 ⨯⨯
*La Griaz – ✆ 04 50 54 50 35 – www.hotel-du-bois.com – Fax 04 50 55 50 87
– Fermé 6 nov.-6 déc.*
43 ch – ♦50/162 € ♦♦60/182 €, ⌓ 10 € – ½ P 61/122 €
Rest – *(fermé 14 avril-11 mai et 6 oct.-15 déc.)* (dîner seult) Menu 21/24 €
◆ Ensemble typé, avec le mont Blanc à l'horizon. Chambres pratiques et appartements dans l'aile récente. Belle piscine couverte, sauna et bassin extérieur. Salon-bar tendance et formule buffet servie dans un sympathique cadre rustique.

Auberge Beau Site
(près de l'église) – ℰ 04 50 55 51 16 – www.hotel-beausite.com
– Fax 04 50 54 53 11 – Ouvert 1er juin-26 sept. et 20 déc.-20 avril
18 ch – †75/85 € ††88/105 €, ⌑ 10 €
Rest *Le Pèle* – *(fermé 1er-14 juin et le midi en hiver)* Menu 25/35 €
♦ Maison familiale située au pied du clocher de la station rendue célèbre par Lord Kandahar. Chambres de bonne ampleur, fonctionnelles et égayées d'étoffes rouges et vertes. Agréable table familiale où l'on sert une bonne cuisine traditionnelle.

Auberge Le Montagny sans rest ⌑
490 rte du Pont – ℰ 04 50 54 57 37 – www.chamonix-hotel.com
– Fax 04 50 54 52 97 – Ouvert 19 juin-26 sept. et 21 déc.-6 avril
8 ch – †72 € ††82 €, ⌑ 10 €
♦ De la ferme de 1876 ne subsistent que la porte et quelques poutres : ce sympathique petit chalet où le bois est roi abrite aujourd'hui de coquettes chambres à l'esprit montagne.

au Prarion par télécabine – ✉ 74310 Les Houches

◙ ❆ ★★ 30 mn.

Le Prarion ⌑
alt.1 860 – ℰ 04 50 54 40 07 – www.prarion.com – Fax 04 50 54 40 03
– Ouvert 20 juin-13 sept. et 18 déc. à fin mars
12 ch (½ P seult) – ½ P 90/120 € **Rest** – Menu 29 € (dîner) – Carte 17/35 €
♦ Massifs du Mont-Blanc et des Aravis, vallées de Chamonix et de Sallanches : de cet hôtel votre regard ne se posera que sur des sommets enneigés... Petites chambres simples. Le midi, repas traditionnels (en self-service l'hiver) et le soir, menu unique.

HOUDAN – 78 Yvelines – 311 F3 – 3 105 h. – alt. 104 m – ✉ 78550   18 A2
█ Île de France

▶ Paris 60 – Chartres 55 – Dreux 20 – Évreux 52

🅘 Office de tourisme, 4, place de la Tour ℰ 01 30 59 53 86, Fax 01 30 59 66 84

▦ de la Vaucouleurs à Civry-la-Forêt Rue de l'Eglise, N : 11 km par D 983,
  ℰ 01 34 87 62 29

▦ des Yvelines à La Queue-les-Yvelines Château de la Couharde, E : 12 km
  par N 12, ℰ 01 34 86 48 89

La Poularde
24 av. République, (rte Maulette D 912) – ℰ 01 30 59 60 50
– www.alapoularde.com – Fax 01 30 59 79 71 – Fermé 16-25 août, dim. soir,
lundi et mardi
Rest – (20 €) Menu 31/53 € – Carte 42/75 €
♦ Sur la carte, la fameuse poule de Houdan, bien sûr, mais aussi des recettes traditionnelles rythmées par les saisons. Élégante salle feutrée et grande terrasse d'été.

Donjon
14 r. Epernon, (près de l'église) – ℰ 01 30 59 79 14 – www.restaurant-ledonjon.fr
– Fermé 1 sem. en mars, 9-24 août, dim. soir, jeudi soir et lundi
Rest – (22 € bc) Menu 30/42 € – Carte environ 46 €
♦ Du château médiéval ne subsiste que le donjon, proche voisin de ce restaurant qui en a pris le nom. Cuisine au goût du jour servie dans un joli cadre contemporain et coloré.

HOUDEMONT – 54 Meurthe-et-Moselle – 307 H7 – rattaché à Nancy

---

HOULGATE – 14 Calvados – 303 L4 – 1 902 h. – alt. 11 m – Casino   32 B2
– ✉ 14510 █ Normandie Vallée de la Seine

▶ Paris 214 – Caen 29 – Deauville 14 – Lisieux 33

🅘 Office de tourisme, 10, boulevard des Belges ℰ 02 31 24 34 79,
  Fax 02 31 24 42 27

▦ d'Houlgate à Gonneville-sur-Mer, E : 3 km par D 513, ℰ 02 31 24 80 49

◙ Falaise des Vaches Noires★ au NE.

✗✗ L'Eden
😊 😊

VISA ✆ AE

7 r. Henri Fouchard – ℰ 02 31 24 84 37 – www.restaurant-leden.com – Fax 02 31
28 32 34 – Fermé 4-12 oct., 3 janv.-8 fév., lundi et mardi sauf du 7 juil. au 31 août
Rest – Menu 19 € (sem.), 26/43 € – Carte 37/62 €

♦ Goûteux plats traditionnels honorant les produits de la mer, à déguster dans une salle
actuelle ou sous une véranda façon jardin d'hiver, d'où l'on peut voir les cuisines.

HUEZ – 38 Isère – **333** J7 – rattaché à Alpe d'Huez

HUNINGUE – 68 Haut-Rhin – **315** J11 – rattaché à St-Louis

HURIGNY – 71 Saône-et-Loire – **320** I12 – rattaché à Mâcon

HUSSEREN-LES-CHÂTEAUX – 68 Haut-Rhin – **315** H8 – 488 h. 2 C2
– alt. 380 m – ⊠ 68420 ▌ Alsace Lorraine

▶ Paris 455 – Belfort 69 – Colmar 10 – Gérardmer 55

🏠 Husseren-les-Châteaux ⤴ ⇐ 🏡 ▦ ʲʄ🎴 ✗ 🍴 & ch, ⁽¹⁾ 🛄 🅿
r. Schlossberg – ℰ 03 89 49 22 93 VISA ✆ AE ⓪
– www.hotel-husseren-les-chateaux.com – Fax 03 89 49 24 84
36 ch – †88 € ††138/145 €, ⊑ 13 € – 2 suites – ½ P 108/111 €
Rest – (11 €) Menu 21/44 € – Carte 27/56 €

♦ Perchée sur les hauteurs du massif vosgien, construction moderne pourvue de grandes
chambres fonctionnelles avec mezzanine. Piscine couverte et tennis. Belle échappée sur la
vallée du Rhin depuis le lumineux restaurant où l'on sert une cuisine traditionnelle.

HYÈRES – 83 Var – **340** L7 – 55 007 h. – alt. 40 m – Casino : 41 C3
des Palmiers Z – ⊠ 83400 ▌ Côte d'Azur

▶ Paris 851 – Aix-en-Provence 102 – Cannes 123 – Draguignan 78

✈ de Toulon-Hyères : ℰ 0 825 01 83 87, SE : 4 km V.

🛈 Syndicat d'initiative, 3, avenue Ambroise Thomas ℰ 04 94 01 84 50,
Fax 04 94 01 84 51

◉ ⇐★ de la place St-Paul Y **49** - ⇐★ du parc St-Bernard Y - ⇐★ de
l'esplanade de la Chapelle N.-D. de Consolation V **B** - ⋇★ des Ruines du
Château des aires - Presqu'île de Giens★★.

Plan page suivante

🏠 Mercure
🏡 ⊼ ▐≣ & ch, ▦ ✗ ⁽¹⁾ 🛄 🅿 VISA ✆ AE ⓪
19 av. A. Thomas – ℰ 04 94 65 03 04 – www.mercure.com – Fax 04 94 35 58 20
84 ch – †112/182 € ††124/194 €, ⊑ 13 € – ½ P 87/122 € V**x**
Rest – (20 €) Carte 25/39 €

♦ Hôtel rénové, près de la voie d'Olbia et d'un centre d'affaires. Chambres contemporaines
disposant d'un équipement moderne complet. Agréable restaurant : mobilier d'esprit jardin
et service au bord de la piscine en saison. Cuisine régionale.

🏠 L'Europe sans rest
AC ⁽¹⁾ VISA ✆ AE
45 av. E. Cavell – ℰ 04 94 00 67 77 – www.hotel-europe-hyeres.com
– Fax 04 94 00 68 48 V**r**
25 ch – †65/120 € ††75/140 €, ⊑ 10 €

♦ Cet immeuble du 19ᵉ s. face à la gare abrite un hôtel familial progressivement
rénové. Chambres pratiques, bien rajeunies, dotées de salles de bain neuves.

🏠 Le Soleil sans rest
✗ ⁽¹⁾ VISA ✆ AE ⓪
r. du Rempart – ℰ 04 94 65 16 26 – www.hoteldusoleil.fr – Fax 04 94 35 46 00
20 ch ⊑ – †56/114 € ††63/122 € Y**r**

♦ Vieille maison de caractère juchée sur les hauteurs de la cité, près de la villa-musée des
Noailles. Chambres étroites mais nettes ; salle des petits-déjeuners provençale.

✗✗ Les Jardins de Bacchus
🏡 AC VISA ✆ AE
32 av. Gambetta – ℰ 04 94 65 77 63 – Fax 04 94 65 71 19 – Fermé 2-8 janv., sam.
midi, dim. soir et lundi Z**v**
Rest – (19 €) Menu 29/53 € – Carte 42/81 €🍴

♦ Au centre ville, agréable restaurant aux tons gris tendance. Savoureuse cuisine d'influence
méridionale mariée à des vins régionaux, servie l'été en terrasse.

HYÈRES-GIENS

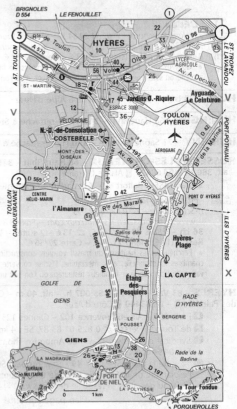

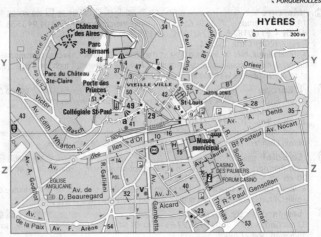

✗ **Joy**　　　　　　　　　　　　　　　　　　AC VISA ⦵
*24 r. de Limans – ℰ 04 94 20 84 98 – Fax 04 94 20 84 98 – Fermé le dim. soir
et lundi hors saison, merc. midi et mardi*　　　　　　　　Ya
Rest – *(prévenir)* (22 €) Menu 25/65 € – Carte 40/50 €
♦ Restaurant contemporain tenu par un couple de Hollandais ; miniterrasse sur la rue piétonne. Plats au goût du jour, menu annoncé oralement à midi et carte plus étoffée le soir.

à La Bayorre 2,5 km à l'Ouest par rte de Toulon – ✉ 83400 Hyères

✗✗✗ **La Colombe**　　　　　　　　　　　　🍽 AC ⟷ VISA ⦵
*663 rte de Toulon – ℰ 04 94 35 35 16 – www.restaurantlacolombe.com
– Fax 04 94 35 37 68 – Fermé dim. soir de sept. à juin, mardi midi en juil.-août,
sam. midi et lundi*
Rest – Menu 26/37 € – Carte 45/80 €
♦ Charmant restaurant au pied du massif des Maurettes. Cuisine méditerranéenne raffinée, servie avec le sourire dans une jolie salle à manger ou un patio verdoyant.

IFFENDIC – 35 Ille-et-Vilaine – **309** J6 – 3 778 h. – alt. 48 m – ✉ 35750　　10 C2
▪ Paris 393 – Rennes 40 – Cesson-Sévigné 50 – Bruz 36

⌂ **Château du Pin** sans rest ⌗　　　　　　≤ ⟊ ⦿ ⟊ VISA ⦵
*6 km au Nord-Est par D 31 puis D 125 – ℰ 02 99 09 34 05
– www.chateaudupin-bretagne.com – Fax 02 99 09 03 76*
5 ch – ♦85/160 € ♦♦85/160 €, ⥂ 12 €
♦ Ce petit château de campagne (1793) fait le bonheur des amateurs de littérature et d'art. Grand salon-bibliothèque, chambres aux noms d'écrivains (Hugo, Proust...) et vue sur le parc.

IGÉ – 71 Saône-et-Loire – **320** I11 – 854 h. – alt. 265 m – ✉ 71960　　8 C3
▪ Paris 396 – Cluny 13 – Mâcon 14 – Tournus 34

🏠 **Château d'Igé** ⌗　　　　　　🍽 🍴 ⦿ **P** VISA ⦵ AE ⓪
*r. du Château – ℰ 03 85 33 33 99 – www.chateaudige.com – Fax 03 85 33 41 41
– Ouvert 13 fév.-15 nov. et fermé dim. soir, lundi et mardi sauf du 31 mars au
31 oct.*
12 ch – ♦95/190 € ♦♦95/190 €, ⥂ 16 € – 4 suites – ½ P 130/160 €
Rest – *(dîner seult sauf sam., dim. et fériés)* Menu 32/78 € – Carte 51/84 €
♦ Ce château fort (1235) du Mâconnais vous accueille dans de belles chambres personnalisées (tapisseries, baldaquins, voûtes). Appartements dans les tours. Cuisine raffinée à base des produits du terroir dans un cadre d'esprit médiéval ou en terrasse, face au superbe jardin.

IGUERANDE – 71 Saône-et-Loire – **320** E12 – 988 h. – alt. 280 m　　7 B3
– ✉ 71340
▪ Paris 399 – Dijon 184 – Mâcon 105 – Roanne 21

✗ **La Colline du Colombier**　　　　　　🍽 ⌖ **P** VISA ⦵
*3,5 km au Sud-Ouest par D 9 et rte secondaire – ℰ 03 85 84 07 24
– www.troisgros.com – Fax 03 85 84 17 43 – Fermé mi nov.-fin fév., jeudi de sept.
à juin et merc.*
Rest – (25 €) Menu 36/43 € – Carte environ 50 €
♦ En pleine campagne, dominant la Loire, une ferme ancienne réhabilitée en restaurant rustico-chic (charpente et pierres apparentes). Belle cuisine aux accents de terroir.

ILAY – 39 Jura – **321** F7 – ✉ 39150 Chaux du Dombief　　16 B3
▮ Franche-Comté Jura
▪ Paris 439 – Champagnole 19 – Lons-le-Saunier 36 – Morez 22
◉ Cascades du Hérisson★★★.

🏠 **Auberge du Hérisson**　　　　　　🍽 ⦿ **P** VISA ⦵
⊜ *5 rte des Lacs, (carrefour D 75-D 39) – ℰ 03 84 25 58 18 – www.herisson.com
– Fax 03 84 25 51 11 – Ouvert fév.-oct.*
16 ch – ♦30 € ♦♦40/60 €, ⥂ 8 € – ½ P 45/60 €
Rest – Menu 18/45 € – Carte 25/55 €
♦ Auberge située au pied du sentier qui mène aux cascades du Hérisson. Chambres pratiques et toutes simples. À table, cuisine du Jura (coq au vin jaune).

ÎLE-AUX-MOINES – 56 Morbihan – 308 N9 – 536 h. – alt. 16 m 9 A3
– ⊠ 56780 ▮ Bretagne

▶ Paris 474 – Auray 15 – Quiberon 46 – Vannes 15

⊟ Accès par transports maritimes - Stationnement à Port-Blanc en Baden

✗ Les Embruns 🛠 VISA ◐◐ AE

r. Commerce – ℰ 02 97 26 30 86 – www.restaurantlesembruns.com – Fermé
1er-15 oct., janv., fév. et merc. sauf juil.-août
Rest – Menu 19/26 € – Carte 23/40 €
♦ Voici un sympathique bar-restaurant sans chichi, proposant une carte simple influencée
par le marché. On se concentre surtout sur le beau plateau de fruits de mer.

L'ÎLE BOUCHARD – 37 Indre-et-Loire – 317 L6 – 1 745 h. – alt. 41 m 11 A3
– ⊠ 37220 ▮ Châteaux de la Loire

▶ Paris 284 – Châteauroux 118 – Chinon 16 – Châtellerault 49

🛈 Office de tourisme, 16, place Bouchard ℰ 02 47 58 67 75,
Fax 02 47 58 67 75

◎ Chapiteaux★ et Cathèdre★ dans le prieuré St-Léonard.

◐ Champigny-sur-Veude : vitraux★★ de la Ste-Chapelle★ SO : 10,5 km.

✗✗✗ Auberge de l'Île 🛠 VISA ◐◐

3 pl. Bouchard – ℰ 02 47 58 51 07
– www.aubergedelile.fr – Fax 02 47 58 51 07
– Fermé 1er déc.-27 janv., mardi et merc. sauf fériés
Rest – Menu 24 € (sem.)/44 € – Carte 36/44 €
♦ Sur une île ayant appartenu à Richelieu, auberge qui ravit les amateurs de bons produits.
Cuisine actuelle servie dans un cadre d'esprit contemporain (peintures, mise de table).

à Sazilly 7 km à l'Ouest par D 760 – 317 L6 – ⊠ 37220

✗ Auberge du Val de Vienne 🕭 🅿 VISA ◐◐ AE

30 rte de Chinon – ℰ 02 47 95 26 49 – www.aubergeduvaldevienne.com
– Fax 02 47 95 25 97 – Fermé 3-29 janv., dim. soir et lundi
Rest – (16 €) Menu 31/51 € – Carte 35/49 €
♦ Faites une halte gourmande dans cet ancien relais de poste (1870) au cœur du vignoble
de Chinon. Décor chaleureux se mariant parfaitement avec une cuisine actuelle de qualité.

ÎLE-D'AIX ★ – 324 C3 – 215 h. – alt. 10 m – ⊠ 17123 38 A2
▮ Poitou Vendée Charentes

Accès par transports maritimes

⊟ depuis **La Rochelle** - Service saisonnier (avril-oct.) - Traversée 1h 15 mn
- Renseignements et tarifs : Croisières Inter Îles, ℰ 0 825 135 500 (0,15 €/mn)
(La Rochelle)

⊟ depuis **Boyardville** (Île d'Oléron) - Service saisonnier - Traversée 30 mn
- Renseignements et tarifs : Croisières Inter Îles ℰ 0 825 135 500 (0,15 €/mn),
(Boyardville)

⊟ depuis **Sablanceaux** (Île de Ré) - Service saisonnier - Agences Inter Îles de
Sablonceaux - Renseignements et tarifs ℰ 0 825 135 500

⊟ depuis **Fouras** traversée en 20 mn - Service Maritime-Sté Fouras-Aix -
0 820 16 00 17 (0,12 €/min) ; Service permanent - Traversée 30 mn
- Renseignements et tarifs ℰ 0 820 160 017 (0,12 €/mn), Fax 05 46 41 16 96.

⊠ depuis la **Pointe de la Fumée** (2,5 km NO de Fouras) - Traversée 25 mn
- Renseignements et tarifs à Société Fouras-Aix ℰ 0 820 160 017 (0,12 €/mn),
Fax 05 46 37 56 82.

ÎLE D'ARZ – 308 O9 – 231 h. – alt. 25 m – ⊠ 56840 ▮ Bretagne 9 A3

⊟ Accès par transports maritimes depuis **Barrarach et Conleau** - Traversée
20 mn - Renseignements : Compagnie du Golfe ℰ 02 97 01 22 80,
Fax 02 97 47 01 60, www.lactm.com

⊟ depuis **Vannes** d'avril à fin sept. - Traversée 30 mn - Renseignements :
Navix S.A. Gare Maritime (Vannes) ℰ 0825 132 100.

ÎLE-DE-BATZ – 29 Finistère – 308 G2 – 606 h. – alt. 30 m – ⊠ 29253   9 B1
■ Bretagne

🛳 Accès par transports maritimes depuis **Roscoff** - Traversée 15 mn
- Renseignements et tarifs : CFTM BP 10 - 29253 Île de Batz ✆ 02 98 61 78 87
- Armein ✆ 02 98 61 77 75 - Armor Excursion ✆ 02 98 61 79 66.

🅸 Syndicat d'initiative, lieu-dit le Débarcadère ✆ 02 98 61 75 70
Syndicat d'initiative, Mairie ✆ 02 98 61 75 70, Fax 02 98 61 75 85

介 **Ti Va Zadou** sans rest ⬡   ℁

au bourg – ✆ *02 98 61 76 91 – Fax 02 98 61 76 91 – Ouvert 8 fév.-11 nov.*
4 ch ⬚ – †45/50 € ††60/65 €
◆ De coquettes chambres marines, dont une familiale, vous attendent dans cette typique maison bretonne aux volets bleus, située près de l'église. Location de vélos ; accueil charmant.

ÎLE DE BENDOR – 83 Var – 340 J7 – ⊠ 83150   40 B3

🛳 Accès par transports maritimes depuis Bandol par vedette (traversée 7mn)
renseignements et tarifs : ✆ 04 94 29 44 34.

🏨 **Le Delos** ⬡   ⇐ 🏤 ⓘ ℁ 🛎 ⁇ 🏋 VISA ◎◎ AE ①
– ✆ *04 94 05 90 90 – www.bendor.com – Fax 04 94 05 73 92*
69 ch ⬚ – †130/245 € ††140/275 € – 6 suites – ½ P 170/275 €
Rest – (29 €) Menu 55 € – Carte 56/66 €
◆ Deux beaux bâtiments de style italien sont six petites villas au bord de l'eau : à la pointe de l'île, cet établissement unique se prête à une escapade romantique. Cuisine soignée avec, à la carte, des spécialités à base de truffe. Dépaysement garanti.

ÎLE-DE-BRÉHAT ★ – 22 Côtes-d'Armor – 309 D1 – 421 h. – alt. 7 m   10 C1
– ⊠ 22870 ■ Bretagne

🛳 Accès par transports maritimes, pour **Port-Clos.**
🛳 depuis la **Pointe de l'Arcouest** - Traversée 10 mn - Renseignements et tarifs : Vedettes de Bréhat ✆ 02 96 55 79 50, Fax 02 96 55 79 55
🛳 depuis **St-Quay-Portrieux** - Service saisonnier - Traversée 1 h 15 mn
- Renseignements et tarifs : Vedettes de Bréhat (voir ci-dessus).
🛳 depuis **Binic -** Service saisonnier - Traversée 1 h 30 mn - Renseignements et tarifs : Vedettes de Bréhat (voir ci-dessus).
🛳 depuis **Erquy -** Service saisonnier - Traversée 1 h 15 mn - Renseignements et tarifs : Vedettes de Bréhat (voir ci-dessus).

🅸 Syndicat d'initiative, le Bourg ✆ 02 96 20 04 15, Fax 02 96 20 06 94
◎ Tour de l'île★★ - Phare du Paon★ - Croix de Maudez ⇐★ - Chapelle St-Michel ☀★★ - Bois de la citadelle ⇐★.

🏠 **Bellevue** ⬡   ⇐ 🏤 🏤 🛎 ⁇ VISA ◎◎
Port-Clos – ✆ *02 96 20 00 05 – www.hotel-bellevue-brehat.com*
– *Fax 02 96 20 06 06 – Fermé 11 nov.-19 déc. et 4 janv.-13 fév.*
17 ch – †87/118 € ††87/128 €, ⬚ 11 € – ½ P 84/105 €
Rest – Menu 25/41 € – Carte 34/50 €
◆ Maison régionale de 1904, tournée vers le ponton et la pointe de l'Arcouest. Les chambres, en façade, profitent de la vue. Jardin. Location de vélos. Recettes marines qui vont de pair avec le décor du restaurant, éclairé par des baies ; terrasse.

🏠 **La Vieille Auberge** ⬡   🏤 VISA ◎◎
⊜ *au bourg* – ✆ *02 96 20 00 24 – www.brehat-vieilleauberge.eu*
– *Fax 02 96 20 05 12 – Ouvert 11 avril-2 nov.*
15 ch – †78/93 € ††78/110 €, ⬚ 10 € – ½ P 70/79 €
Rest – Menu 18 € (déj.) – Carte 20/40 €
◆ On rejoint à pied cette ancienne maison de corsaires située au bourg : le patrimoine écologique de l'île mérite que l'on oublie sa voiture ! Chambres fonctionnelles. Cuisine traditionnelle servie dans une salle décorée de filets de pêche ou dans une cour fleurie.

ÎLE DE GROIX ★ – 56 Morbihan – 308 K9 – ⊠ 56590 ■ Bretagne   9 B2
Accès par transports maritimes pour **Port-Tudy** (en été **réservation recommandée** pour le passage des véhicules).
🛳 depuis **Lorient** - Traversée 35 mn - Tarifs, se renseigner : S.M.N., r. G. Gahinet ✆ 0 820 056 000, Fax 02 97 29 50 34, www.smn-navigation.fr.
◎ Site★ de Port-Lay - Trou de l'Enfer★.

De la Marine ⌂ ⊗

VISA ●

7 r. Gén. de Gaulle, au bourg – ⌀ 02 97 86 80 05 – www.hoteldelamarine.com
– Fax 02 97 86 56 37 – Fermé 22 nov.-7 déc., 4 janv.-5 fév., dim. soir et lundi
d'oct. à mars sauf vacances scolaires
22 ch – †35/39 € ††40/98 €, ☲ 9 € – ½ P 51/80 €
Rest – (11 €) Menu 18/35 € – Carte 35/52 €

♦ Accueil chaleureux dans cette bâtisse dont les chambres offrent différents niveaux de
confort. Ambiance marine au bar où vous côtoierez les îliens. Belle salle rustique (superbe
armoire bretonne) et carte iodée incluant les fameuses sardines à la groisillonne.

La Jetée sans rest

≤ ⌀ VISA ● AE

1 quai Port-Tudy – ⌀ 02 97 86 80 82 – Fax 02 97 86 56 11
– Fermé 5 janv.-15 fév.
8 ch – †53 € ††69/89 €, ☲ 8,50 €

♦ Cette petite maison blanche exploite parfaitement sa situation : huit de ses mignonnes
chambres donnent sur la jetée ou la côte du Gripp, comme les terrasses du petit-déjeuner.

ÎLE DE JERSEY ★★ – 309 J1 – 85 150 h. ▮ Normandie Cotentin

Accès par transports maritimes pour **St-Hélier** (réservation indispensable).

▰ depuis **Granville** - Catamaran rapide - traversée 60 mn (St-Hélier) par
Manche Îles Express : ⌀ 0 825 133 050 (0,15 €/mn) - depuis **Carteret**
- Catamaran - service saisonnier - traversée 50 mn (Gorey) par Manche Îles
Express : ⌀ 0 825 133 050 (0,15 €/mn).

▰ depuis **St-Malo** (réservation obligatoire). par **Hydroglisseur** (Condor
Ferries) - Traversée 1 h 15 mn - Renseignements et tarifs : gare maritime
de la bourse (St-Malo) Terminal Ferry du Naye ⌀ 0 825 135 135 (0,15
€/mn).

▰ depuis **Carteret** : Catamaran - service saisonnier (traversée 50 mn -Gorey)
par Manche Îles Express ⌀ 0 825 133 050 (0,15 €/mn).

*Ressources hôtelières voir le Guide Michelin : **Great Britain and Ireland***

ÎLE DE NOIRMOUTIER – 85 Vendée – 316 C6 – alt. 8 m   34 A2
▮ Poitou Vendée Charentes

Accès - par le pont routier au départ de Fromentine : passage gratuit.
- par le passage du Gois★★ : 4,5 km.
- passage par beau temps limité de une heure et demie avant et jusqu'a
une heure et demie après la basse mer, par mauvais temps ou petite
marée, ne pas s'écarter de l'heure de la basse mer. Voir les panneaux
d'affichage sur place, avant l'accès au Gois.

L'HERBAUDIÈRE – 85 Vendée – ✉ 85330 Noirmoutier en l'Île   34 A2

▯ Paris 469 – Cholet 140 – Nantes 85 – La Roche-sur-Yon 91

La Marine (Alexandre Couillon)

& AK VISA ● AE

3 r. Marie Lemonnier, (sur le port) – ⌀ 02 51 39 23 09 – Fermé 15 nov.-6 déc.,
4-20 janv., dim. soir, mardi et merc.
Rest *La Table d'Elise* – voir ci après
Rest – Menu 48/98 € bc
Spéc. La langoustine rôtie, crème de petits pois-pistache (juin à sept.). Le bar
de ligne, potiron au beurre noisette, bouillon d'étrille et poulpe (automne).
Fruits rouges-gingembre, mousse cassis, glace eucalyptus (mai à sept.). **Vins**
Vin de pays de Vendée, Fiefs Vendéens.

♦ Face au port de pêche, salle au cadre contemporain et épuré, en osmose avec la cuisine
du chef : les préparations autour des produits de la mer sont techniquement abouties.

La Table d'Elise – Rest. La Marine

🖬 VISA ● AE

5 r. Marie Lemonnier, (sur le port) – ⌀ 02 28 10 68 35 – Fermé 15 nov.-6 déc.,
4-20 janv., dim. soir, mardi et merc.
Rest – Menu 19 € (déj. en sem.)/28 € – Carte environ 30 €

♦ Derrière la façade de cette maison de pays, se dissimule une salle de restaurant tout en
longueur dédiée aux produits de la mer. Terrasse en été. Très bon rapport qualité-prix.

NOIRMOUTIER-EN-L'ÎLE – 85 Vendée – 4 855 h. – alt. 8 m – ⊠ 85330   34 A2

▶ Paris 464 – Cholet 135 – Nantes 80 – La Roche-sur-Yon 86

🖪 Office de tourisme, Route du Pont ℰ 02 51 39 80 71, Fax 02 51 39 53 16

◉ Collection de faïences anglaises ★ au château.

Fleur de Sel ⑧
r. des Saulniers – ℰ 02 51 39 09 07 – www.fleurdesel.fr – Fax 02 51 39 09 76
– Ouvert 26 mars-2 nov.
35 ch ⊆ – †113/203 € – ††125/215 € – ½ P 95/135 €
Rest – (fermé le midi du lundi au vend. sauf de mi-juin à mi-sept. et fériés) (20 €)
Menu 29/39 € – Carte 37/50 €
♦ Environnement paisible et verdoyant, practice de golf, terrasse, coquets salons et chambres soignées (décor marin ou cosy) : ici, calme, confort et détente passent avant tout. Le cadre du restaurant, qui sert une cuisine au goût du jour, s'inspire de l'océan.

Général d'Elbée sans rest
pl. du Château – ℰ 02 51 39 10 29 – www.generaldelbee.com
– Fax 02 51 39 08 23 – Ouvert mai-sept.
27 ch – †98/220 € ††98/220 €, ⊆ 14 €
♦ Les chambres de cette demeure historique du 18ᵉ s. possèdent le charme patiné des maisons d'antan (mobilier d'époque, poutres) ; certaines ont vue sur le château éclairé le soir.

La Maison de Marine ⑧
3 r. Parmentier – ℰ 02 28 10 27 21 – www.lamaisondemarine.com
5 ch ⊆ – †90 € ††115/130 €
Table d'hôte – Menu 35 € bc/40 € bc
♦ Belles chambres personnalisées, terrasses fleuries ouvertes sur le patio-piscine, salon-cheminée, jardin aromatique : cette délicieuse maison respire la douceur de vivre. Côté restauration, priorité aux produits de la mer. Cours de cuisine.

Le Grand Four
1 r. Cure, (derrière le château) – ℰ 02 51 39 61 97 – www.legrandfour.com
– Fax 02 51 39 61 97 – Fermé 1ᵉʳ déc.-31 janv., dim. soir et lundi sauf juil.-août
Rest – (19 €) Menu 23/75 € – Carte 48/95 €
♦ Maison ancienne (17ᵉ s.) tapissée de vigne vierge. Salle lumineuse avec boiseries et rideaux épais, et à l'étage une autre plus intime et sobre. Cuisine au goût du jour.

L'Étier
rte de L'Épine, 1 km au Sud-Ouest – ℰ 02 51 39 10 28 – www.restaurant-letier.fr
– Fax 02 51 23 00 – Fermé déc.-janv., mardi sauf juil.-août et lundi
Rest – Menu 18/38 € – Carte 40/63 €
♦ Une maison basse typique de l'île où l'on déguste de bons produits de la pêche locale. Intérieur sagement rustique et véranda face à l'étier de l'Arceau.

au Bois de la Chaize 2 km à l'Est – ⊠ 85330 Noirmoutier en l'Île

◉ Bois★.

Les Prateaux ⑧
8 allée du Tambourin – ℰ 02 51 39 12 52 – www.lesprateaux.com
– Fax 02 51 39 46 28 – Ouvert 14 fév.-30 oct.
19 ch – †100/167 € ††100/167 €, ⊆ 14 € – ½ P 94/133 €
Rest – (fermé merc. midi et mardi) Menu 22/62 € – Carte 27/83 €
♦ La proximité de la plage et la quiétude de la pinède favorisent cet hôtel. Mobilier de style dans les chambres, spacieuses et souvent de plain-pied. Lumineuse salle à manger ouvrant sur le jardin fleuri ; cuisine axée sur les produits de la mer.

St-Paul ⑧
15 av. Mar.-Foch – ℰ 02 51 39 05 63 – www.hotel-saint-paul.net
– Fax 02 51 39 73 98 – Ouvert 14 fév.-15 nov.
34 ch – †84/135 € ††84/151 €, ⊆ 11 € – ½ P 164/240 €
Rest – (fermé dim. soir et lundi hors saison) (22 € bc) Menu 30/69 €
– Carte 40/70 €
♦ Un parc fleuri et des bois entourent cet hôtel au grand calme. Chambres assez cossues (mobilier de style ou rustique) et chaleureux salon-bar. Espace bien-être. Cuisine traditionnelle et de la mer servie dans une salle à manger élégante.

🏨 **Château du Pélavé** 🌿   🅐 🎴 ⁞¹ 🛁 P VISA ⚈ AE ⓪
9 allée de Chaillot – ℰ 02 51 39 01 94 – www.chateau-du-pelave.fr
– Fax 02 51 39 70 42
16 ch – ❖69/259 € ❖❖69/259 €, ⊑ 12 €
Rest – *(fermé dim. soir, merc. midi, lundi et mardi d'oct. à mars sauf vacances scolaires)* Menu 28/52 € bc – Carte 38/73 €
◆ Pour une halte au grand calme, ce petit castel de la fin du 19ᵉ s. blotti dans son ravissant parc arboré et fleuri vous propose des chambres personnalisées, de divers styles. À table, cuisine valorisant le terroir et belle carte de vins de propriétaires. Terrasse.

ÎLE DE PORQUEROLLES – 83 Var – 340 M7 – ✉ 83400   41 C3

🚢 Accès par transports maritimes depuis **La Tour Fondue** (presqu'île de Giens) - Traversée 20 mn - Renseignements et tarifs : T.L.V. et T.V.M. ℰ 04 94 58 21 81, www.tlv-tvm.com (La Tour Fondue).

🚢 depuis **Cavalaire** - service saisonnier - Traversée 1 h 40 mn ou **Le Lavandou** -service saisonnier - Traversée 50 mn. Renseignements et tarifs : Vedettes Îles d'Or 15 quai Gabriel-Péri ℰ 04 94 71 01 02 (Le Lavandou), Fax 04 94 01 06 13

🚢 depuis **Toulon** - service saisonnier - Traversée 1 h - Renseignements et tarifs : Se renseigner auprès de l'Office du tourisme de Toulon ℰ 04 94 18 53 00.

🏨🏨 **Le Mas du Langoustier** 🌿   ⇐ 🅐 🎴 ⅃ 🍴 |◉| ⅙ 🅐🄺 🌾 ⁞¹ 🛁
❀ *3,5 km à l'Ouest du port – ℰ 04 94 58 30 09*   VISA ⚈ ⓪
– www.langoustier.com – Fax 04 94 58 36 02 – Ouvert de fin avril à début oct.
45 ch (½ P seult) – 4 suites – ½ P 180/315 €
Rest – Menu 58/110 € – Carte 75/110 €
Spéc. Poulpes tièdes en salade, croûte feuilletée au thym et sorbet à l'olive. Filet de loup rôti et tartare de déclinaison de tomates. Bananes fressinette rôties au praliné de pistache. **Vins** Vins de l'Île de Porquerolles.
◆ À la pointe du Grand Langoustier, belle demeure de style provençal au décor bourgeois, abritant de grandes chambres soignées. Navette régulière au départ du port. Au restaurant, cuisine ensoleillée revisitée avec brio et la grande bleue en toile de fond.

🏨 **Villa Ste-Anne**   🎴 🅐🄺 ch, 🌾 ⁞¹ 🛁 VISA ⚈
⊜ *pl. d'Armes – ℰ 04 98 04 63 00 – www.sainteanne.com – Fax 04 94 58 32 26*
– Fermé 1ᵉʳ nov.-20 mars
25 ch (½ P seult) – ½ P 168/258 €   **Rest** – Menu 18/25 € – Carte 28/55 €
◆ Sur la place du village. Chambres rustiques d'esprit provençal dans la maison principale datant des années 1930, et plus spacieuses et actuelles dans le second bâtiment. Cuisine traditionnelle servie dans une salle aux allures de bistrot ou sur une terrasse ombragée.

🏨 **Auberge des Glycines**   🅐🄺 ch, 🌾 ch, VISA ⚈ AE
pl. d'Armes – ℰ 04 94 58 30 36 – www.auberge-glycines.com – Fax 04 94 58 35 22
11 ch (½ P seult) – ½ P 109/179 €   **Rest** – Menu 25 € – Carte 50/80 €
◆ Cette auberge familiale, qui donne sur la place d'Armes, offre un très bon accueil. Chaleureux décor régional et coloré dans les chambres. Plats méridionaux servis dans le patio.

ÎLE DE PORT-CROS★★★ – 83 Var – 340 N7 – ✉ 83400 ▌ Côte d'Azur   41 C3

🚢 Accès par transports maritimes depuis **Hyères** - renseignements et tarifs : T.L.V. et T.V.M. 04 94 57 44 07 - depuis **Le Lavandou** -Traversée 35 mn - Renseignements et tarifs : Vedettes Îles d'Or 15 quai Gabriel-Péri ℰ 04 94 71 01 02 (Le Lavandou), Fax 04 94 01 06 13

🚢 depuis **Cavalaire** - Traversée 45mn - Renseignements et tarifs : voir ci-dessus

🚢 depuis **La Tour Fondue** - Traversée 1 h - Renseignements et tarifs : T.L.V. - T.V.M. ℰ 04 94 58 21 81.

🏨 **Le Manoir** 🌿   ⇐ 🅐 🎴 ⅃ 🌾 ch, 🛁 VISA ⚈ ⓪
– ℰ 04 94 05 90 52 – monsite.wanadoo.fr/hotelmanoirportcros
– Fax 04 94 05 90 89 – Ouvert 30 avril-5 oct.
22 ch (½ P seult) – ½ P 155/225 €
Rest – Menu 49 € (dîner)/55 € – Carte 58/80 €
◆ Pour les amoureux de calme et de nature... Cette jolie maison du 19ᵉ s. entourée d'un parc jouit en effet d'une situation idyllique dans une île protégée. Restaurant et terrasse regardent les voiliers ancrés dans la rade de Port-Cros ; cuisine régionale.

Accès par le pont routier (voir à La Rochelle).

ARS-EN-RÉ – 17 Charente-Maritime – 1 312 h. – alt. 4 m – ⊠ 17590   **38** A2

▶ Paris 506 – Fontenay-le-Comte 85 – Luçon 75 – La Rochelle 34

🄩 Office de tourisme, 26, place Carnot ℰ 05 46 29 46 09, Fax 05 46 29 68 30

🄗🄗 **Le Martray**   ≤ 🐎 🕭 AC 💬 🏊 P VISA ©© AE
Le Martray, 3 km à l'Est par D 735 – ℰ 05 46 29 40 04
– www.hotel-le-martray.com – Fax 05 46 29 41 19 – Fermé 4 Janvier-10 fév.
15 ch – ♦72/151 € ♦♦72/151 €, ☲ 12 € – ½ P 42 €   **Rest** – *(fermé dim. soir, lundi et merc.)* (20 €) Menu 24 € (déj. en sem.), 34/48 € – Carte 39/51 €
◆ À deux pas de la plage, hôtel entièrement rénové. Les chambres, confortables et bien équipées, offrent différents atouts : vue sur les marais et la mer, décor à thème coloré... Au bistrot, cadre contemporain dans les tons rouges et cuisine axée mer.

🄗 **Le Sénéchal** sans rest   VISA ©©
6 r. Gambetta – ℰ 05 46 29 40 42 – www.hotel-le-senechal.com – Fax 05 46 29 21 25
22 ch – ♦50/240 € ♦♦50/240 €, ☲ 12 € – 4 suites
◆ Ambiance de maison d'hôte, intérieur de très bon goût mariant vieilles pierres et décoration tendance, joli patio fleuri pour les petits-déjeuners : une adresse pleine de charme.

🗙🗙 **Le Bistrot de Bernard**   🐎 VISA ©©
1 quai Criée – ℰ 05 46 29 40 26 – www.bistrotdebernard.com
– Fax 05 46 29 28 99 – Fermé 15 nov.-15 fév., lundi et mardi hors saison
Rest – Menu 28 € – Carte 35/66 €
◆ Dans cette ancienne demeure rhétaise, on apprécie la cuisine traditionnelle du chef, artiste à ses heures. Salle décorée de sculptures, cour fleurie ou terrasse face au port.

LE BOIS-PLAGE-EN-RÉ – 17 Charente-Maritime – 2 293 h. – ⊠ 17580   **38** A2

▶ Paris 494 – Fontenay-le-Comte 74 – Luçon 64 – La Rochelle 23

🄩 Office de tourisme, 87, rue des Barjottes ℰ 05 46 09 23 26, Fax 05 46 09 13 15

🄗🄗 **Les Bois Flottais** sans rest 🌿   🛁 🕭 AC 💬 P VISA ©© AE
chemin des Mouettes – ℰ 05 46 09 27 00 – www.lesboisflottais.com
– Fax 05 46 09 28 00 – Ouvert 2 mars-15 nov. et 26 déc.-3 janv.
19 ch – ♦75/144 € ♦♦75/144 €, ☲ 12 €
◆ Tomettes, lambris lasurés, bibelots marins : un décor insulaire habille les chambres, confortables et toutes de plain-pied avec le patio (piscine). Espace bien-être ; hammam.

🄗🄗 **L'Océan**   🐎 🐎 🛁 🍽 ch, P VISA ©© AE
172 r. St-Martin – ℰ 05 46 09 23 07 – www.re-hotel-ocean.com
– Fax 05 46 09 05 40 – Fermé 4 janv.-12 fév.
29 ch – ♦75/160 € ♦♦75/180 €, ☲ 10 € – ½ P 70/122 €
Rest – *(fermé merc. sauf le soir d'avril à sept.)* (19 €) Menu 24/32 € – Carte 39/57 €
◆ Maisons aux murs chaulés où bois blond, courtepointes et tissus brodés recréent le charme des habitations rhétaises. Chambres très coquettes, plus contemporaines autour de la piscine. Ambiance îlienne dans la salle à manger ouverte sur la cour-terrasse. Bar lounge.

🄗 **La Villa Passagère** sans rest 🌿   🛁 🕭 🍽 P VISA ©©
25 av. du Pas des Bœufs – ℰ 05 46 00 26 70 – www.lavillapassagere.net
– Fax 05 46 00 26 84 – Ouvert 5 fév.-14 nov.
13 ch – ♦65/125 € ♦♦65/125 €, ☲ 10 €
◆ Hôtel constitué de petites maisons de style régional, autour d'une agréable piscine et d'un jardin odorant (lavande et romarin). Chambres de plain-pied, simples et lumineuses.

LA FLOTTE – 17 Charente-Maritime – 2 907 h. – alt. 4 m – ⊠ 17630   **38** A2

▶ Paris 489 – Fontenay-le-Comte 68 – Luçon 58 – La Rochelle 17

🄩 Office de tourisme, quai de Sénac ℰ 05 46 09 60 38, Fax 05 46 09 64 88

🄗🄗🄗 **Richelieu** 🌿   ≤ 🐎 🐎 🛁 🍽 ⅃ ℨ 🍽 🕭 ch, AC 💬 🏊 P VISA ©© AE
44 av. de la Plage – ℰ 05 46 09 60 70 – www.hotel-le-richelieu.com
– Fax 05 46 09 50 59 – Fermé 3 janv.-5 fév.
37 ch – ♦140/625 € ♦♦140/625 €, ☲ 30 € – 3 suites – ½ P 125/375 €
Rest – (35 €) Menu 50/65 € – Carte 66/80 € le soir
◆ Luxueuses chambres personnalisées (meubles de style) au bord de l'océan. Les plus agréables possèdent une vaste terrasse face au large. Centre de thalassothérapie. Restaurant ouvert sur le jardin et la mer ; cuisine dans l'air du temps, plus simple à midi.

🗙🗙 L'Écailler
🍴 *VISA* 🐭 AE

3 quai Sénac – ℰ 05 46 09 56 40 – Fax 09 77 92 18 03 – Ouvert 7 mars-30 nov. et fermé mardi en oct. et nov. et lundi
Rest – Menu 35 € (déj.) – Carte 45/75 €
♦ Terrasse tournée vers le port, intérieur soigné (boiseries, cheminée et parquet anciens) et recettes honorant la pêche locale : cette maison d'armateur de 1652 a bien du charme.

🗙 Chai nous comme Chai vous
🛴 *VISA* 🐭

1 r. de la Garde – ℰ 05 46 09 49 85
– www.chainouscommechaivous.over-blog.com – Fermé 17-31 mars, 6-20 oct., jeudi sauf vacances scolaires et merc.
Rest – *(nombre de couverts limité, prévenir)* (18 €) Menu 41 €🝊
♦ On se sent un peu comme chez soi dans ce restaurant très sobre, mené par un couple. Au menu, produits de la mer, inventivité et petites attentions. Judicieux choix de vins.

RIVEDOUX-PLAGE – 17 Charente-Maritime – 2 197 h. – alt. 2 m — 38 A2
– ✉ 17940

▶ Paris 483 – Fontenay-le-Comte 63 – Luçon 53 – La Rochelle 12
🛈 Syndicat d'initiative, place de la République ℰ 05 46 09 80 62, Fax 05 46 09 80 62

🏨 La Marée
🛋 🍴 🏊 🎫 🛗 🚷 🎩 🏔 🅿 *VISA* 🐭 AE

321 av. A. Sarrault, rte de St-Martin – ℰ 05 46 09 80 02
– www.hoteldelamaree.com – Fax 05 46 09 88 25
26 ch – †63/173 € ††63/173 €, 🖙 14 € – 2 suites – ½ P 73/156 €
Rest – Menu 18/66 € – Carte 32/76 €
♦ Décor contemporain et épuré pour cet hôtel dont les chambres donnent sur la mer, la roseraie ou la piscine. Nombreux salons. Accueil charmant. Formule ardoise au restaurant (salle panoramique et lounge), composée selon les arrivages du port et le marché.

🏨 Le Grand Large
🔇 🍴 🏊 🚷 🎫 ch, 🍽 🅿 *VISA* 🐭 AE

154 av. des Dunes – ℰ 05 46 09 89 51 – www.hoteldugrandlarge.com – Ouvert de mi-mars à fin sept.
30 ch – †60/185 € ††60/185 €, 🖙 12 € – ½ P 71/132 €
Rest – (18 €) Menu 32 € (déj. en sem.) – Carte 22/43 €
♦ Face à la plage, cet hôtel ouvert sur le large se déploie autour d'une belle piscine chauffée. Chambres claires et fonctionnelles dotées de terrasses ou de balcons. Restaurant d'esprit balnéaire et décontracté : cuisine régionale ; carte de pâtes et pizzas.

ST-CLÉMENT-DES-BALEINES – 17 Charente-Maritime – 726 h. – alt. 2 m — 38 A2
– ✉ 17590

▶ Paris 509 – Fontenay-le-Comte 89 – Luçon 79 – La Rochelle 38
🛈 Office de tourisme, 200, rue du Centre ℰ 05 46 29 24 19, Fax 05 46 29 08 14
◎ L'Arche de Noé (parc d'attractions) : Naturama★ (collection d'animaux naturalisés) - Phare des Baleines ※★ N : 2,5 km.

🏨 Le Chat Botté sans rest
🛴 📞 🅿 *VISA* 🐭 AE ①

2 pl. de l'Église – ℰ 05 46 29 21 93 – www.hotelchatbotte.com
– Fax 05 46 29 29 97 – Fermé fin-nov. à début déc. et début janv. à mi-fév.
20 ch – †55/58 € ††66/152 €, 🖙 12 € – 3 suites
♦ Atmosphère cosy (bois, tons pastel), petit-déjeuner servi au cœur d'un adorable jardin et centre de beauté : une adresse dédiée à la détente et au bien-être !

🗙🗙 Le Chat Botté
🛴 🍴 🚷 ✿ *VISA* 🐭 AE

r. de la Mairie – ℰ 05 46 29 42 09 – www.restaurant-lechatbotte.com
– Fax 05 46 29 29 77 – Fermé déc.-janv., dim. soir d'oct. à mars et lundi
Rest – Menu 23 € (sem.)/75 € – Carte 40/70 €
♦ L'ambiance marine de la confortable salle à manger annonce d'emblée la couleur : au menu, poissons d'origine sauvage, fraîchement choisis par le chef à la criée de La Rochelle.

ST-MARTIN-DE-RÉ – 17 Charente-Maritime – 2 597 h. – alt. 14 m — 38 A2
– ✉ 17410

▶ Paris 493 – Fontenay-le-Comte 72 – Luçon 62 – La Rochelle 22
🛈 Syndicat d'initiative, 2, quai Nicolas Baudin ℰ 05 46 09 20 06, Fax 05 46 09 06 18
◎ Fortifications★.

De Toiras   🐾 📶 ᴋ ch, 🅰 🛈 rest, ✆ 🛁 ⓋⒾⓈⒶ 🆎 ⓞ

1 quai Job Foran – 𝒞 05 46 35 40 32 – www.hotel-de-toiras.com
– Fax 05 46 35 64 59
14 ch – ♦135/580 € ♦♦165/580 €, ⌕ 19 € – 6 suites – ½ P 260/605 €
Rest – *(fermé dim. et lundi soir de janv. à mai et d'oct. à déc., mardi et merc. soir de juin à sept.) (dîner seult)* Carte 75/105 €

♦ Décoration soignée, à la fois luxueuse et simple, chambres très chaleureuses et accueil particulièrement attentionné... Cette maison d'armateur du 17e s. est une perle rare ! Repas servis dans une jolie salle à manger ou en terrasse lorsque le temps s'y prête.

Le Clos St-Martin sans rest ᔕ   🖥 ⤧ ⊛ 🛁 📶 ᴋ 🅰 ⤧ ⁽ᵖ⁾ 🛁 🅿

8 cours Pasteur – 𝒞 05 46 01 10 62   ⓋⒾⓈⒶ ⓞ 🆎
– www.le-clos-saint-martin.com – Fax 05 46 01 99 89
32 ch – ♦125/500 € ♦♦125/500 €, ⌕ 20 €

♦ Cette maison récente se trouve à une encablure du port. Chambres d'esprit rhétais, donnant sur un jardin clos avec deux piscines chauffées. Salon-bar. Spa et joli hammam.

Domaine de la Baronnie sans rest ᔕ   ⤧ ⤧ ⁽ᵖ⁾ 🅿 ⓋⒾⓈⒶ ⓞ 🆎

21 r. Baron de Chantal – 𝒞 05 46 09 21 29
– www.domainedelabaronnie.com – Fax 05 46 09 95 29
– Ouvert 2 avril-1er nov.
16 ch – ♦145/225 € ♦♦160/260 €, ⌕ 15 €

♦ Deux hôtels particuliers mitoyens du 18e s. restaurés dans un esprit de maison d'hôtes. Chambres cosy à la décoration soignée (quelques unes familiales), joli jardin.

La Jetée sans rest   🖥 ᴋ 🛁 🌊 ⓋⒾⓈⒶ 🆎

quai G. Clemenceau – 𝒞 05 46 09 36 36 – www.hotel-lajetee.com
– Fax 05 46 09 36 06
17 ch – ♦96/125 € ♦♦96/125 €, ⌕ 12 € – 7 suites

♦ Sur le port, un hôtel agencé dans un style contemporain chaleureux : couleurs tendance et mobilier épuré dans les chambres, ordonnées autour du patio (petit-déjeuner en été).

Le Galion sans rest   ⟨ ᴋ ⁽ᵖ⁾ ⓋⒾⓈⒶ ⓞ

allée Guyane – 𝒞 05 46 09 03 19 – www.hotel-legalion.com – Fax 05 46 09 13 26
29 ch – ♦70/115 € ♦♦75/120 €, ⌕ 9 €

♦ Les remparts de Vauban protègent l'hôtel des humeurs de l'océan. Chambres actuelles et bien tenues donnant pour la plupart sur le large (quatre côté patio). Salon asiatique.

La Maison Douce sans rest ᔕ   ⤧ ⤧ ⁽ᵖ⁾ ⓋⒾⓈⒶ ⓞ 🆎

25 r. Mérindot – 𝒞 05 46 09 20 20 – www.lamaisondouce.com
– Fax 05 46 09 09 90 – Fermé 15 nov.-25 déc. et 7 janv.-15 fév.
11 ch – ♦120/175 € ♦♦120/205 €, ⌕ 15 €

♦ Cette typique maison rhétaise (19e s.) porte bien son nom : atmosphère feutrée, chambres délicieuses, salles de bains rétro et jolie cour-jardin où l'on petit-déjeune l'été.

Du Port sans rest   ⓋⒾⓈⒶ ⓞ 🆎 ⓞ

29 quai Poithevinière – 𝒞 05 46 09 21 21 – www.iledere-hot-port.com
– Fax 05 46 09 06 85
35 ch – ♦59/105 € ♦♦68/110 €, ⌕ 8,50 €

♦ Au cœur du quartier animé de St-Martin-de-Ré, cet établissement, refait à neuf, propose des chambres colorées, meublées simplement. Certaines bénéficient de la vue sur le port.

La Coursive St-Martin sans rest   ⤧ ⤧ ⁽ᵖ⁾ ⓋⒾⓈⒶ ⓞ

13 cours Déchézeaux – 𝒞 05 46 09 22 87 – www.lacoursive.com
– Fax 05 46 09 22 87 – Fermé déc.-janv.
3 ch ⌕ – ♦80/95 € ♦♦95/180 €

♦ Escale de charme dans cette vaste demeure rhétaise du 18e s. cernée de hauts murs et chargée d'histoire. Chambres personnalisées. Jardin fleuri agrémenté d'une belle piscine.

Bô   ⤧ 🐾 ᴋ ⓋⒾⓈⒶ ⓞ

20 cours Vauban – 𝒞 05 46 07 04 04 – www.bo-restaurant.com
– Fax 05 46 29 08 20 – Fermé 3 janv.-4 fév. et merc. sauf juil.-août
Rest – Menu 29 € (déj.)/39 € – Carte 45/55 €

♦ À deux pas du port, Bô séduit par son atmosphère contemporaine feutrée (bougies, plantes, fauteuils cosy) et sa terrasse luxuriante. Cuisine dans l'air du temps axée sur la mer.

✗ **L'Avant Port** 🛬 🅰🅲 *VISA* ⓒⓞ 🅰🅴 ⓘ
8 quai Daniel Rivaille – 𝒞 05 46 68 06 68 – www.lavantport.com
– Fax 05 46 68 06 68 – Ouvert de fév. à Noël et fermé dim. soir et lundi sauf juil.-août
Rest – (19 €) Menu 25 € (déj.) – Carte 36/75 €
♦ À l'entrée du port, loin de l'agitation touristique, ce restaurant familial vous reçoit comme des amis. Cadre branché et poisson frais (pêche locale) cuisiné sans esbroufe.

STE-MARIE-DE-RÉ – 17 Charente-Maritime – 3 027 h. – alt. 9 m   38 A2
– ✉ 17740

▶ Paris 486 – Fontenay-le-Comte 66 – Luçon 55 – La Rochelle 15

🅸 Office de tourisme, place d'Antioche 𝒞 05 46 30 22 92, Fax 05 46 30 01 68

🏨 **Atalante** ⌖ ⟨ 🐾 🖼 ⊛ *f₅* 🛋 🅰🅲 rest, ☎ 🛁 🅿 *VISA* ⓒⓞ 🅰🅴 ⓘ
r. Port Notre-Dame – 𝒞 05 46 30 22 44 – www.relaisthalasso.com
– Fax 05 46 30 13 49 – Fermé 4-16 janv.
101 ch – †90/272 € ††123/411 €, � 15 € – ½ P 100/244 €
Rest – Menu 27/37 € – Carte 45/70 €
♦ Cet hôtel face à l'océan dispose de chambres modernes aux tons acidulés (plus doux dans celles qui ont été rénovées). Accès direct à la thalassothérapie. La salle à manger-véranda forme une vraie fenêtre sur le spectacle de l'Atlantique. Cuisine actuelle.

🏨 **Les Vignes de la Chapelle** sans rest ⌖ 🍽 ⅃ & ⅊ ☎ 🅿 *VISA* ⓒⓞ
5 r. de la Manne – 𝒞 05 46 30 20 30 – www.lesvignesdelachapelle.com – Ouvert 1ᵉʳ avril-31 oct.
2 ch – †88/198 € ††88/238 €, ⊐District 12 € – 17 suites – ††103/283 €
♦ Face aux vignes et à la mer, un hôtel récent respectueux de l'environnement (matériaux naturels, panneaux solaires...). Suites contemporaines, de plain-pied et avec terrasse.

⌂ **L'Île sous le Vent** ⌖ 🚗 ⅃ ☎ 🅿 *VISA* ⓒⓞ
17 bis du Petit-Labat – 𝒞 05 46 09 60 53 – www.ilesouslevent.com – Fermé sem. de Noël et 2 dernières sem. de janv.
5 ch – †55/95 € ††60/100 €, ⊐District 6 €
Table d'hôte – *(fermé lundi soir et dim.)* Menu 32 € bc
♦ Maison basse tout en longueur, bien dans l'esprit de l'île. Les chambres, intimes et décorées avec goût, offrent confort et sérénité. Jardin d'agrément et piscine d'été. À la table d'hôte, le poisson est à l'honneur, comme il se doit !

ÎLE-DE-SEIN – 29 Finistère – 308 B6 – 238 h. – alt. 14 m – ✉ 29990   9 A2
🟩 Bretagne

🚢 Transports uniquement piétons : depuis **Brest** (le dim. en juil.-août) - Traversée 1 h 30 mn - Renseignements et tarifs : Cie Maritime Penn Ar Bed (Brest) 𝒞 02 98 70 70 70 - depuis **Audierne** (toute l'année) Traversée 1 h - Renseignements et tarifs : voir ci-dessus.
🚢 depuis **Camaret** (le dim. en juil.-août) Traversée 1 h - Renseignements et tarifs : Cie Maritime Penn Ar Bed (Brest) 02 98 70 70 70

🏠 **Ar Men** ⌖ ⟨ *VISA* ⓒⓞ
rte du Phare – 𝒞 02 98 70 90 77 – www.hotel-armen.net – Fax 02 98 70 93 25 – Fermé 2 nov.-15 déc. et 3 janv.-10 fév.
10 ch – †45 € ††55 €, ⊐District 7 € – ½ P 53/60 €
Rest – *(fermé merc. d'avril à nov. et dim. soir)* Menu 20 €
♦ La dernière maison en sortant du bourg, sur la route du phare. Cet hôtel familial abrite de sympathiques petites chambres aux couleurs océanes, avec vue sur le large. Les plats, simples et sérieux, changent au gré de la pêche (ragoût de homard sur réservation).

ÎLE-D'HOUAT – 56 Morbihan – 308 N10 – 311 h. – alt. 31 m   10 C3
– ✉ 56170 🟩 Bretagne

🚢 Accès par transports maritimes depuis **Quiberon** - Traversée 45 mn - Renseignements et tarifs : la Compagnie Océane Le Palais SMN 𝒞 0 820 056 000 (0,12 €/mn)(Quiberon) www.smn-navigation.fr-
🚢 depuis **La Trinité-sur-Mer** (juil.-août) Traversée 1 h - Navix : cours des quais 𝒞 0 825 162 100 - depuis Vannes, Port Navalo, Locmariaquer, la Turballe et le Croisic - renseignements et tarifs : la Compagnie des Îles 0825 164 100 www.compagniedesiles.com
◉ Le Bourg ⟨ ★.

La Sirène 🔊   🕭 🛞 ch, 📺 ◉ AE

rte du Port – 𝒞 02 97 30 66 73 – Fax 02 97 30 66 94 – Ouvert de Pâques à fin sept.

20 ch – ♦110/130 € ♦♦110/150 €, ⌷ 12 € – ½ P 80/100 €
Rest – (16 €) Menu 20 € (sem.)/33 € – Carte 38/180 €

♦ Hôtel familial ancré au cœur du bourg. Amabilité de l'accueil et chambres pratiques et insonorisées – 9 recemment refaites – promettent un agréable séjour. Restaurant au décor marin prolongé d'une terrasse où l'on sert plats traditionnels et produits de la mer.

ÎLE D'OLÉRON ★ – 17 Charente-Maritime – 324 C4   38 A2
▊ Poitou Vendée Charentes

Accès par le pont viaduc : passage gratuit.

LE CHÂTEAU-D'OLÉRON – 17 Charente-Maritime – 3 884 h. – alt. 9 m   38 A2
– ⊠ 17480

▶ Paris 524 – Poitiers 190 – La Rochelle 72 – Saintes 54

XX **Les Jardins d'Aliénor** avec ch   🕭 AC ⑼⁰ 📺 ◉ AE

11 r. Mar.-Foch – 𝒞 05 46 76 48 30 – www.lesjardinsdalienor.com – Fax 05 46 76 58 47

4 ch ⌷ – ♦87/147 € ♦♦87/147 €
Rest – (fermé le midi en juil.-août, dim. soir hors saison, mardi midi et lundi de sept. à juin) Menu 25 € bc (déj. en sem.), 35/39 € – Carte environ 41 € ⑳

♦ Mélange de styles – d'hier et d'aujourd'hui – et patio agrémenté d'un mur végétal : un cadre chic autant qu'agréable pour savourer une cuisine assez contemporaine. À l'étage, délicieuses chambres au charme champêtre, climatisées et bien équipées.

LA COTINIÈRE – 17 Charente-Maritime – ⊠ 17310 St Pierre d Oleron   38 A2

▶ Paris 522 – Marennes 22 – Rochefort 44 – La Rochelle 80

🏠 **Face aux Flots** sans rest 🔊   ≤ ⤢ & ☏⁰ 📺 ◉ AE

24 r. du Four – 𝒞 05 46 47 10 05 – www.hotel-faceauxflots-oleron.com – Fax 05 46 47 45 95 – Ouvert 6 fév.-11 nov. et vacances de Noël

21 ch – ♦50/111 € ♦♦52/118 €, ⌷ 8 €

♦ Sympathique hôtel familial aux chambres simples et fraîches, parfois colorées, dont quatre avec petit balcon. Belle vue sur la mer depuis celles du deuxième étage.

🏠 **Île de Lumière** sans rest 🔊   ≤ ⤢ ⤢ ⅃ 🛞 ⚿ P 📺 ◉

av. des Pins – 𝒞 05 46 47 10 80 – www.moteliledelumiere.com – Fax 05 46 47 30 87 – Ouvert 1er avril-3 oct.

45 ch ⌷ – ♦76/98 € ♦♦76/138 €

♦ Sur un site préservé, sobres chambres de plain-pied souvent dotées de terrasses regardant l'océan, les dunes ou la piscine, créée dans un trou de bombe de la dernière guerre.

à la Ménounière 2 km au Nord par rte secondaire ⊠ 17310 St-Pierre-d'Oléron
– ⊠ 17310

XX **Saveurs des Îles**   🕭 📺 ◉

18 r. de la Plage – 𝒞 05 46 75 86 68 – www.saveursdesiles.fr – Fax 05 46 75 86 68 – Fermé 8 nov.-28 déc., 3 janv.-31 mars, lundi sauf le soir en juil.-août, merc. midi en juil.-août et mardi hors saison

Rest – Menu 25/50 € – Carte 45/60 €

♦ Les propriétaires ont construit eux-mêmes ce restaurant au cadre asiatique : mobilier indonésien, terrasse côté jardin, cuisine créative relevée de saveurs et épices exotiques.

LE GRAND VILLAGE PLAGE – 17 Charente-Maritime – 970 h. – alt. 6 m   38 A2
– ⊠ 17370

▶ Paris 525 – Poitiers 191 – La Rochelle 73 – Rochefort 36

X **Le Relais des Salines**   🕭 📺 ◉
⊛ *Port des Salines – 𝒞 05 46 75 82 42 – www.lerelaisdessalines.com – Fax 05 46 75 16 70 – Ouvert de début mars à fin nov. et fermé lundi sauf vacances scolaires*

Rest – Menu 19 € (déj. en sem.) – Carte environ 33 €

♦ Ambiance décontractée, esprit bistrot marin tendance, terrasse côté marais salants et belle ardoise de suggestions iodées : cette ancienne cabane ostréicole est une perle !

St-Pierre-d'Oléron – 17 Charente-Maritime – 6 177 h. - alt. 8 m   **38** A2
– ⊠ 17310

▶ Paris 522 – Marennes 22 – Rochefort 44 – La Rochelle 80

🅝 Office de tourisme, place Gambetta ℰ 05 46 47 11 39, Fax 05 46 47 10 41

◉ Église ❄️★.

🏠 **Le Square** sans rest   🚲 🌂 VISA ⦿ AE
pl. des Anciens Combattants – ℰ 05 46 47 00 35 – www.le-square-hotel.fr
– Fax 05 46 75 04 90 – fermé 15 nov.- 1ᵉʳ fév.
26 ch – ♦48/75 € ♦♦48/85 €, ☑ 8,50 €
• En centre-ville, près du marché couvert, petit hôtel familial aux prix mesurés. Les chambres rénovées sont plus actuelles et spacieuses. Grande piscine dans la cour intérieure.

🍴 **Les Alizés**   VISA ⦿
4 r. Dubois-Aubry – ℰ 05 46 47 20 20 – Fax 05 46 47 20 20
– Ouvert de début mars à début déc. et fermé mardi et merc. sauf de mi-juil. à mi-sept. et fériés
Rest – Menu 20/34 € – Carte 25/46 €
• Salle à manger en partie lambrissée, sagement décorée dans un esprit bord de mer. À la belle saison, les tables sont dressées dans un patio calme et plaisant. Cuisine de l'océan.

St-Trojan-les-Bains – 17 Charente-Maritime – 1 486 h. - alt. 5 m   **38** A2
– ⊠ 17370

▶ Paris 509 – Marennes 16 – Rochefort 38 – La Rochelle 74

🅝 Office de tourisme, carrefour du Port ℰ 05 46 76 00 86, Fax 05 46 76 17 64

🏨🏨🏨 **Novotel** ⚜   ⪡ 🚲 🛋 🌂 Ⅰ6 🍴 📶 & ch, 🆔 ch, 🌂 rest, 🌐 🚐 🅿
plage de Gatseau, 2,5 km au Sud – ℰ 05 46 76 02 46   VISA ⦿ AE ①
– www.accorthalassa.com – Fax 05 46 76 09 33
– Fermé 29 nov.-26 déc.
109 ch – ♦130/250 € ♦♦130/250 €, ☑ 17 € – ½ P 105/165 €
Rest – (21 €) Menu 29 € – Carte 27/49 €
• Repos garanti dans cet hôtel doté d'un centre de thalassothérapie et bâti face à la plage. Établissement entièrement rénové aux confortables chambres d'esprit actuel. À table, guettez le large tout en surveillant votre ligne (carte en partie diététique).

🏨🏠 **Hostellerie Les Cleunes**   ⪡ 🚲 🌂 🍴 🌐 🅿 VISA ⦿ AE
25 bd Plage – ℰ 05 46 76 03 08 – www.hotel-les-cleunes.com
– Fax 05 46 76 08 95 – Ouvert début fév. à mi-nov.
40 ch – ♦86/242 € ♦♦86/242 €, ☑ 15 € – ½ P 81/168 €
Rest – (fermé lundi midi hors vacances scolaires et fériés) Menu 30/60 €
– Carte 42/90 €
• Sur le front de mer, un établissement familial revu de pied en cap : chambres confortables et chaleureuses, salon-billard cosy et piscine installée au cœur d'un joli patio. Au menu du restaurant : cuisine dans l'air du temps avec l'océan en toile de fond.

🏨🏠 **Mer et Forêt** ⚜   ⪡ 🚲 🛋 🌂 🍴 🆔 rest, 🅿 VISA ⦿
🐾   *16 bd P. Wiehn – ℰ 05 46 76 00 15 – www.hotel-ile-oleron.com*
– Fax 05 46 76 14 67 – Ouvert 2 avril-1ᵉʳ nov.
43 ch – ♦55/132 € ♦♦55/132 €, ☑ 10 € – ½ P 57/101 €
Rest – (14 € bc) Menu 19/37 € – Carte 27/41 €
• L'hôtel se trouve dans un quartier résidentiel calme. Chambres actuelles et fonctionnelles, bénéficiant de la vue sur la forêt de pins ou sur l'océan ; agréable piscine. Beau panorama sur le pont-viaduc et le continent depuis le restaurant et sa terrasse.

🏠 **L'Albatros** ⚜   ⪡ 🌂 & ch, 🆔 rest, 🌐 🅿 VISA ⦿ AE
11 bd Dr Pineau – ℰ 05 46 76 00 08 – www.albatros-hotel-oleron.com
– Fax 05 46 76 03 58 – Ouvert 7 fév.-2 nov.
12 ch – ♦70/110 € ♦♦70/110 €, ☑ 10 € – ½ P 74/94 €
Rest – (16 €) Menu 27/50 € – Carte 35/63 €
• Vous apprécierez pleinement la quiétude de cet hôtel qui a "les pieds dans l'eau" et des chambres au style marin. Accueil parfait. Côté restaurant, produits de la pêche locale, décor convivial et terrasse panoramique face à la mer.

ÎLE D'OUESSANT – 29 Finistère – **308** A4 – ⊠ 29242 ▌ Bretagne **9** A1

◻ Transports uniquement piétons - depuis **Brest -** Traversée 2 h 15 mn
- Renseignements et tarifs : Cie Maritime Penn Ar Bed (Brest) 𝒞 02 98 80 80 80
◻ depuis **Le Conquet -** Traversée 1 h - Renseignements et tarifs : voir ci-dessus
◻ depuis **Camaret** (uniquement mi juillet-mi août) - Traversée 1 h 15 mn
- Renseignements et tarifs : voir ci-dessus.

🏠 **Ti Jan Ar C' Hafé** sans rest ⌂ 🍃 ⁽ᵗ⁾ⁱ⁾ 𝖵𝖨𝖲𝖠 ⓒⓞ
Kernigou – 𝒞 02 98 48 82 64 – Fax 02 98 48 88 15 – Fermé 11 nov.-20 déc. et 4 janv.-15 mars
8 ch – �â45/55 € �ââ45/55 €, � 10 €
♦ À l'entrée du bourg de Lampaul, petit hôtel de charme vous réservant un accueil convivial. Salon coquet, salle des petits-déjeuners lumineuse, terrasse, chambres avenantes.

✕ **Ty Korn** 𝖵𝖨𝖲𝖠 ⓒⓞ
au bourg de Lampaul – 𝒞 02 98 48 87 33 – Fax 02 98 48 87 33 – Fermé 16-30 nov., 4-25 janv., dim. et lundi sauf fériés
Rest – *(nombre de couverts limité, prévenir)* (15 €) Menu 30 € – Carte 32/47 €
♦ Incontournable restaurant-pub près de l'église. On goûte les produits de l'océan (mention spéciale pour les fruits de mer) dans un décor évoquant le pont avant d'un bateau.

ÎLE D'YEU ★★ – 85 Vendée – **316** BC7 – 4 941 h. **34** A3
▌ Poitou Vendée Charentes

Accès par transports maritimes pour **Port-Joinville.**

◻ depuis Fromentine (toute l'année) - Traversée de 30 à 45 mn
- Renseignements et tarifs : Cie Yeu Continent (à Fromentine) 𝒞 0 825 853 000 (0,15 €/mn), www.compagnie-yeu-continent.fr - depuis Barbâtre : Cie V.I.I.V. 𝒞 02 51 39 00 00 - depuis St-Gilles-Croix-de-Vie et depuis Les Sables-d'Olonne (Quai Bénatier) (avril-sept.) : Cie Vendéenne 𝒞 0 825 139 085 (0,15 €/mn), www.compagnievendeenne.com Service Saisonnier (avril-sept.).
◻ depuis Fromentine : traversée de 30 à 70 mn - Renseignements à Cie Yeu Continent BP 16-85550 La Barre-de-Monts 𝒞 0 825 853 000 (0,15 €/mn), www.compagnie-yeu-continent.fr.
🅸 Office de tourisme, 1, place du Marché 𝒞 02 51 58 32 58, Fax 02 51 58 40 48

PORT-DE-LA-MEULE – 85 Vendée – ⊠ 85350 L'Île d Yeu **34** A3

▶ Paris 460 – Nantes 72 – La Roche-sur-Yon 73 – Challans 29
◉ Côte Sauvage★★ : ⩽★★ E et O - Pointe de la Tranche★ SE.

PORT-JOINVILLE – 85 Vendée – 4 880 h. – ⊠ 85350 L'Île d Yeu **34** A3

▶ Paris 457 – Nantes 69 – La Roche-sur-Yon 70 – Challans 26
◉ Vieux Château★ : ⩽★★ SO : 3,5 km - Grand Phare ⩽★ SO : 3 km.

🏠 **Atlantic Hôtel** sans rest ⩽ 𝖠𝖢 ⁽ᵗ⁾ⁱ⁾ 𝖵𝖨𝖲𝖠 ⓒⓞ 𝖠𝖤
quai Carnot – 𝒞 02 51 58 38 80 – www.hotel-yeu.com – Fax 02 51 58 35 92 – Fermé janv.
18 ch – �â43/92 € �ââ43/92 €, ⊇ 7 €
♦ Face à l'embarcadère, chambres claires profitant du tintement des mâts – comme la salle des petits-déjeuners – ou de la tranquillité du village et de ses jardinets de pêcheurs.

🏠 **L'Escale** sans rest 🐾 𝖵𝖨𝖲𝖠 ⓒⓞ
r. de La Croix de Port – 𝒞 02 51 58 50 28 – www.yeu-escale.fr – Fax 02 51 59 33 55 – Fermé 15 nov.-15 déc.
29 ch – �â54/80 € ��â54/80 €, ⊇ 8 €
♦ En retrait du port, façade blanche égayée de volets colorés. Chambres simples et bien tenues, parfois climatisées. Salle des petits-déjeuners au décor marin.

✕ **Port Baron** 🍴 𝖵𝖨𝖲𝖠 ⓒⓞ
9 r. Georgette – 𝒞 02 51 26 01 61 – Fax 02 51 26 01 61 – Fermé 2 sem. en oct., mardi midi et lundi
Rest – Menu 20 € (déj. en sem.), 32/40 €
♦ Vieilles affiches, banquettes, photos, bibelots et disques anciens : dans un agréable décor de bistrot rétro, la carte s'inspire des tendances saisonnières et des arrivages.

L'ILE-ROUSSE – 2B Haute-Corse – **345** C4 – **voir à Corse**

ÎLE STE-MARGUERITE ★★ – **341** D6 – ⊠ **06400 Cannes**   **42** E2
▌ Côte d'Azur

    🚢 Accès par transports maritimes depuis **Cannes** Traversée 15 mn par Cie
    Esterel Chantecler-Gare Maritime des Îles *C* 04 93 38 66 33, Fax 04 92 98 80 32.
    ◙ Forêt★★ - ≼★ de la terrasse du Fort-Royal.

ÎLES CHAUSEY – **50** Manche – **303** B6 – ⊠ **50400** ▌ Normandie Cotentin   **32** A2

    🚢 Accès par transports maritimes depuis **Granville** - Traversée 50 mn
    - Renseignements à : Vedette "Jolie France II" Gare Maritime *C* 02 33 50 31
    81 (Granville), Fax 02 33 50 39 90, Compagnie Corsaire : *C* 0 825 138 050
    (0,15 €/mn), Fax 02 33 50 87 80, www.compagniecorsaire.com
    🚢 depuis **St-Malo** - Traversée 1 h 10 mn - Compagnie Corsaire : *C* 0 825
    138 035 (0,15 €/mn), Fax 02 23 18 02 97.
    ◙ Grande Île★.

✂   **Fort et des Îles** avec ch 🛏   ≼ 🚗 🍽 ch, 𝚅𝙸𝚂𝙰 ◍
    – *C* 02 33 50 25 02 – www.hotel-chausey.com – Fax 02 33 50 25 02
    – Ouvert 12 avril-26 sept. et fermé lundi sauf fériés
    8 ch (½ P seult) – ½ P 70 €
    Rest – *(prévenir en saison)* Menu 22/80 € – Carte 27/90 €
    ♦ Homards, crabes, huîtres et poissons : cuisine de la mer réalisée selon la pêche du jour.
    Belle vue sur l'archipel. Idéal pour se ressourcer loin de l'agitation continentale. Chambres
    très simples, sans télévision pour mieux profiter de l'atmosphère insulaire.

LAS ILLAS – **66** Pyrénées-Orientales – **344** H8 – **rattaché à Maureillas-las-Illas**

ILLHAEUSERN – **68** Haut-Rhin – **315** I7 – **711 h.** – **alt. 173 m** – ⊠ **68970**   **2** C2
▶ Paris 452 – Artzenheim 15 – Colmar 19 – St-Dié 55

🏠   **La Clairière** sans rest 🛏   🚗 ⌂ 🍽 🎐 ☏ 🅿 𝚅𝙸𝚂𝙰 ◍ 𝔸𝔼
    rte de Guémar – *C* 03 89 71 80 80 – www.hotel-la-clairiere.com
    – Fax 03 89 71 86 22 – Fermé janv. et fév.
    25 ch – ♦70/90 € ♦♦98/185 €, � 12 €
    ♦ À l'orée de la forêt de l'Ill, vaste construction inspirée de l'architecture alsacienne. Cham-
    bres personnalisées, calmes et spacieuses ; certaines regardent les Vosges.

🏠   **Les Hirondelles** sans rest 🛏   🚗 ⌂ & 𝔸𝕂 ☏ 🅿 𝚅𝙸𝚂𝙰 ◍
    33 r. du 25 janvier – *C* 03 89 71 83 76 – www.hotelleshirondelles.com
    – Fax 03 89 71 86 40 – Fermé 29 août-3 sept. et 1ᵉʳ janv.-19 mars
    19 ch � – ♦67/73 € ♦♦78/84 €
    ♦ Un accueil sympathique vous attend dans cette ancienne ferme au cadre sagement rus-
    tique. Chambres bien équipées, réparties autour d'une jolie cour, et belle piscine chauffée.

𝕏𝕏𝕏𝕏𝕏 **Auberge de l'Ill** (Marc Haeberlin)   ≼ 🚗 & ch, 𝔸𝕂 ⇄ 🅿 𝚅𝙸𝚂𝙰 ◍ 𝔸𝔼 ◐
🌼🌼🌼 2 r. de Collonges – *C* 03 89 71 89 00 – www.auberge-de-l-ill.com
    – Fax 03 89 71 82 83 – Fermé 1ᵉʳ-7 janv., 31 janv.-4 mars, lundi et mardi
    Rest – *(prévenir)* Menu 96 € *(déj. en sem.)*, 117/150 € – Carte 170/250 € 🍷
    Spéc. Salade de tripes aux fèves et au foie d'oie. Côtelette de perdreau Roma-
    nov (sept. à nov.). Pêche Haeberlin. **Vins** Riesling, Pinot noir.
    ♦ Grande maison de tradition française qui jouit d'un cadre superbe et d'une vue féerique sur
    l'Ill. Le service sans faille est au diapason. Mets classiques et recettes alsaciennes revisitées.

    Hôtel des Berges 🏠🏠🏠   ≼ 🚗 🎐 & 𝔸𝕂 ☏ 🛁 🌊 𝚅𝙸𝚂𝙰 ◍ 𝔸𝔼 ◐
    – *C* 03 89 71 87 87 – www.hoteldesberges.com – Fax 03 89 71 87 88
    – Fermé 1ᵉʳ-7 janv., 31 janv.-4 mars, lundi et mardi
    13 ch – ♦315/370 € ♦♦315/370 €, � 28 € – 2 suites
    ♦ Belle reconstitution d'un séchoir à tabac du Ried, au fond du jardin de l'Auberge de l'Ill.
    Chambres raffinées, jacuzzi extérieur.

ILLKIRCH-GRAFFENSTADEN – **67** Bas-Rhin – **315** K5 – **rattaché à Strasbourg**

INGERSHEIM – **68** Haut-Rhin – **315** H8 – **rattaché à Colmar**

INNENHEIM – 67 Bas-Rhin – 315 J6 – 1 027 h. – alt. 150 m – ✉ 67880 **1** B2

▶ Paris 487 – Molsheim 12 – Obernai 10 – Sélestat 34

Au Cep de Vigne

5 r. Barr – ✆ 03 88 95 75 45 – www.aucepdevigne.com – Fax 03 88 95 79 73 – Fermé 4-18 janv., 21 juin-5 juil., vend. soir, dim. soir et lundi

37 ch – †60/65 € ††65 €, ☕ 8,50 € – ½ P 134 €

Rest – (12 €) Menu 21/43 € – Carte 30/50 €

◆ Auberge dans la pure tradition alsacienne abritant derrière sa façade à colombages des chambres confortables bien tenues. Joli jardin sur l'arrière. La cuisine régionale servie au restaurant s'accompagne volontiers de crus locaux (les vignes sont à deux pas).

INXENT – 62 Pas-de-Calais – 301 D4 – rattaché à Montreuil

ISBERGUES – 62 Pas-de-Calais – 301 H4 – rattaché à Aire-sur-la-Lys

ISIGNY-SUR-MER – 14 Calvados – 303 F4 – 2 755 h. – alt. 4 m **32** A2

– ✉ 14230 Normandie Cotentin

▶ Paris 298 – Bayeux 35 – Caen 64 – Carentan 14

ℹ Office de tourisme, 16, rue Émile Demagny ✆ 02 31 21 46 00, Fax 02 31 22 90 21

De France

13 r. E. Demagny – ✆ 02 31 22 00 33 – www.hotel-france-isigny.com – Fax 02 31 22 79 19 – Fermé 20 déc.-10 janv.

18 ch – †59 € ††59 €, ☕ 8 € – ½ P 52 €

Rest – *(Fermé vend. soir, sam. midi et dim. soir d'oct. a mars)* (12 €) Menu 15/30 € – Carte 12/30 €

◆ Sur la rue principale de la petite cité laitière et beurrière, établissement ancien bâti autour d'une cour. Chambres rafraîchies, simples et bien tenues. Plats traditionnels et de la mer (dont les huîtres du pays) servis dans deux salles à manger soignées.

L'ISLE-ADAM – 95 Val-d'Oise – 305 E6 – 11 231 h. – alt. 28 m **18** B1

– ✉ 95290 Île de France

▶ Paris 41 – Beauvais 49 – Chantilly 24 – Compiègne 66

ℹ Office de tourisme, 46, Grande Rue ✆ 01 34 69 41 99, Fax 01 34 08 09 79

18 de l'Isle-Adam 1 chemin des Vanneaux, NE : 5 km, ✆ 01 34 08 11 11

27 Les Golfs de Mont Griffon à Luzarches Route Départementale 909, NE : 5 km, ✆ 01 34 68 10 10

18 Paris International Golf Club à Baillet-en-France 18 route du Golf, SE par D 301 : 15 km, ✆ 01 34 69 90 00

◉ Chaire★ de l'église St-Martin.

Maison Delaleu sans rest

131 av. Foch, à Parmain, 2 km à l'Ouest – ✆ 01 34 73 02 92 – Fax 01 34 08 80 76

4 ch ☕ – †46 € ††59 €

◆ Idéale pour partir en balade dans le Vexin, ferme d'une exploitation agricole aux chambres assez vastes et sobres ; petit-déjeuner convivial autour d'une grande table.

Le Gai Rivage

11 r. de Conti – ✆ 01 34 69 01 09 – www.legairivage.com – Fermé 23 août-8 sept., 26 déc.-6 janv., 15 fév.-3 mars, dim. soir, mardi soir et lundi

Rest – Menu 36 € (sem.) – Carte 60/80 €

◆ Le restaurant se trouve sur une île. Ses larges baies et sa charmante terrasse permettent de contempler tranquillement le cours de l'Oise. Cuisine traditionnelle.

Le Relais Fleuri

61 bis r. St-Lazare – ✆ 01 34 69 01 85 – Fermé août, dim. soir, lundi soir, merc. soir et mardi

Rest – (25 €) Menu 30/33 €

◆ Trois ambiances dans cette auberge familiale : salle rustique, salon Régence ou véranda plus actuelle. Plats classiques à savourer à l'ombre des tilleuls aux beaux jours.

L'ISLE-D'ABEAU – 38 Isère – **333** E4 – 15 397 h. – alt. 265 m   **44** B2
– ✉ 38080

➡ Paris 499 – Bourgoin-Jallieu 6 – Grenoble 72 – Lyon 38

XX **Le Relais du Çatey** avec ch ॐ   🖼 🖼 🖼 🖼 🖼 **P** **VISA** **©©** **AE**
🖾 *10 r. Didier – ℰ 04 74 18 26 50 – www.le-relais-du-catey.com*
– Fax 04 74 18 26 59 – Fermé 31 juil.-24 août et 26 déc.-3 janv.
7 ch – †60/71 € ††60/71 €, � 8 € – ½ P 52/57 €
Rest – *(fermé dim. et lundi)* Menu 23 € (déj. en sem.), 33/57 €
– Carte 37/62 €🕮

♦ Décor et éclairage contemporains soulignent le cachet préservé de cette maison dauphinoise de 1774 ; terrasse calme et verdoyante. Cuisine actuelle soignée. Jolies chambres.

à l'Isle-d'Abeau-Ville-Nouvelle Ouest : 4 km par N 6 – ✉ 38080 L'Isle d'Abeau
– 38 769 h.

🏨 **Mercure**   🖼 🖼 🖼 🖼 🖼 🖼 ch, 🖼 🖼 🖼 **P** **VISA** **©©** **AE** **①**
20 r. Condorcet – ℰ 04 74 96 80 00 – Fax 04 74 96 80 99
189 ch – †125/135 € ††135/145 €, ☐ 13 € – 40 suites
Rest *La Belle Époque* – *(fermé 19 juil.-25 août, sam. et dim. de mai à août)*
(20 €) Menu 25 € – Carte 29/46 €
Rest *New Sunset* – *(fermé vend. soir, sam. et dim. d'oct. à mars)* (12,50 €)
Menu 17 € – Carte 25/35 €

♦ Ce Mercure œuvre pour le bien-être de ses hôtes : construction "géobiologique" (tendance Feng Shui), centre de remise en forme, bel équipement sportif. Chambres refaites. Cuisine traditionnelle à La Belle Époque. Carte de brasserie au piano-bar le New Sunset.

L'ISLE-JOURDAIN – 32 Gers – **336** I8 – 6 471 h. – alt. 116 m   **28** B2
– ✉ 32600 ▮ Midi-Toulousain

➡ Paris 682 – Toulouse 37 – Auch 45 – Montauban 58

🄓 Office de tourisme, route de Mauvezin ℰ 05 62 07 25 57, Fax 05 62 07 24 81
🄖 Las Martines Route de Saint Livrade, N : 4 km, ℰ 05 62 07 27 12
🄖 du Château de Barbet à Lombez Route de Boulogne, SO par D 634 :
   25 km, ℰ 05 62 62 08 54
🄞 Centre-musée européen d'art campanaire★.

à Pujaudran Est : 8 km par N 124 – 1 217 h. – alt. 302 m – ✉ 32600

XXX **Le Puits St-Jacques** (Bernard Bach)   🖼 🖼 **VISA** **©©** **AE**
🕸🕸 *av. Victor Capoul – ℰ 05 62 07 41 11 – www.lepuitssaintjacques.com*
– Fax 05 62 07 44 09 – Fermé 30 août-16 sept., 1ᵉʳ-20 janv., dim. soir, lundi et mardi
Rest – *(prévenir le week-end)* Menu 26 € (déj. en sem.), 58/100 €
– Carte 75/95 €🕮

Spéc. Foie gras de canard cuit en verrine, râpée de navet au gingembre.
Pigeonneau rôti, fleurs de courgettes farcies de ricotta aux herbes, huile
vierge. Véritable chocolat liégeois servi devant vous. **Vins** Fronton, Madiran.
♦ Cette maison gersoise, jadis relais sur la route de Compostelle, abrite une salle à manger raffinée et un patio à l'atmosphère méridionale. Séduisante cuisine, actuelle et délicate, puisant son inspiration dans le terroir.

L'ISLE-JOURDAIN – 86 Vienne – **322** K7 – 1 238 h. – alt. 142 m   **39** C2
– ✉ 86150 ▮ Poitou Vendée Charentes

➡ Paris 375 – Confolens 29 – Niort 104 – Poitiers 53

🄓 Syndicat d'initiative, place de l'Ancienne Gare ℰ 05 49 48 80 36,
   Fax 05 49 48 80 36

à Port de Salles Sud : 7 km par D 8 et rte secondaire – ✉ 86150

🏨 **Val de Vienne** sans rest ॐ   ≤ 🖼 🖼 🖼 🖼 **P** **VISA** **©©** **AE**
Port de Salles – ℰ 05 49 48 27 27 – www.hotel-valdevienne.com
– Fax 05 49 48 47 47
20 ch – †75/125 € ††85/125 €, ☐ 13 € – 1 suite

♦ En pleine campagne, sur une rive de la Vienne, hôtel doté de chambres fonctionnelles de plain-pied s'ouvrant sur des terrasses. Bar dans la véranda côté jardin et piscine.

– alt. 57 m – ✉ **84800** ▯ Provence

▶ Paris 693 – Apt 34 – Avignon 23 – Carpentras 18
🛈 Office de tourisme, place de la Liberté ✆ 04 90 38 04 78, Fax 04 90 38 35 43
◎ Décoration★ de la collégiale de Notre-Dame des Anges.
🖸 Église★ du Thor O : 5 km.

🏠 **Les Névons** sans rest   ⛓ 🖹 ⅙ 🎧 ⅍ ⑪ **P** 🚗 **VISA** **◐◐** **AE**
chemin des Névons, (derrière la poste) – ✆ 04 90 20 72 00
– www.hotel-les-nevons.com – Fax 04 90 20 56 20 – Fermé 12 déc.-24 janv.
44 ch – ♦52/81 € ♦♦52/81 €, � 8,50 €
♦ Adresse proche du centre-ville. Chambres fonctionnelles, plus spacieuses et modernes
dans la nouvelle aile ; certaines bénéficient d'un balcon. Solarium-piscine sur le toit.

✗✗ **La Prévôté** avec ch ⌖   🍴 ⅙ rest, ⑪ **VISA** **◐◐** **AE**
4 bis r. J.-J.-Rousseau, (derrière l'église) – ✆ 04 90 38 57 29 – www.la-prevote.fr
Fax 04 90 38 57 29 – Fermé 1er-18 mars, 15 nov.-3 déc., merc. sauf juil.-août et mardi
5 ch ⊻ – ♦115/205 € ♦♦115/205 €
Rest – (nombre de couverts limité, prévenir) (20 €) Menu 26 € (déj. en sem.),
39/70 € – Carte 50/75 €
♦ Dans un couvent du 17e s. sur un bras de la Sorgue, ce restaurant, abritant l'ancien lavoir
public, dispose d'un cadre aux couleurs tendance, chic et calme (vue sur la rivière). Chambres
personnalisées.

✗✗ **L'Oustau de l'Isle**   🍴 🎧 ⇔ **P** **VISA** **◐◐**
(◔◔) 147 chemin du Bosquet, 1 km par rte d'Apt – ✆ 04 90 20 81 36
– www.restaurant-oustau.com – Fax 04 90 38 50 07 – Fermé 16 nov.-10 déc.,
18 janv.-4 fév., merc. sauf le soir de mi-juin à mi-sept. et mardi
Rest – (16 €) Menu 29/50 € – Carte 35/57 €
♦ Ce mas entouré de verdure possède une ravissante terrasse ombragée et deux salles épurées, décorées de grandes reproductions d'œuvres de Modigliani. Douces saveurs régionales.

✗✗ **Le Vivier**   🍴 🎧 **VISA** **◐◐** **AE** **①**
⌖ 800 cours F. Peyre (rte Carpentras) – ✆ 04 90 38 52 80
– www.levivier-restaurant.com – Fermé 1er-7 mars, 27 août-3 sept., 2-6 janv.,
jeudi midi en juil.-août, dim. soir de sept. à juin, vend. midi, sam. midi et lundi
Rest – Menu 28 € (déj. en sem.), 43/70 € – Carte 43/63 €
Spéc. Assiette façon tapas. Pithiviers de pigeon des Costières, cèpes et foie
gras. Le "tout chocolat". **Vins** Côtes du Luberon, Côtes du Ventoux.
♦ Séduisante cuisine très actuelle, tout en finesse et délicatesse, dans ce restaurant design
aux couleurs acidulées, dont les baies s'ouvrent sur la Sorgue. Accueil charmant.

✗✗ **Café Fleurs**   🍴 🎧 **VISA** **◐◐** **AE**
9 r. T.-Aubanel – ✆ 04 90 20 66 94 – www.cafefleurs.com – Fax 04 90 21 14 87
– Fermé 3 sem. en fév., mardi et merc.
Rest – (19 €) Menu 23 € (déj. en sem.)/37 € – Carte 45/58 €
♦ Deux salles au décor provençal cosy et soigné (œuvres d'art locales exposées), et une
agréable terrasse ombragée au bord de l'eau : cette table au goût du jour a son charme.

✗ **Le Jardin du Quai**   🚐 🍴 **VISA** **◐◐** **AE** **①**
91 av. J. Guigue, (près de la gare) – ✆ 04 90 20 14 98 – Fax 04 90 20 31 92
– Fermé mardi et merc. sauf de mi-juin à mi-sept.
Rest – Menu 35 € (déj. en sem.), 40/43 €
♦ Avec son jardin-terrasse, ce bistrot distille le charme si attachant de la Provence d'autre-
fois. À l'ardoise, menu unique de retour du marché, cuisine de produits toute simple.

au Nord par D 938 et rte secondaire – ✉ **84740** Velleron

🏠 **Hostellerie La Grangette** ⌖   ⅍ 🍴 ⛓ ⑪ ⅙ **P** **VISA** **◐◐**
807 chemin Cambuisson, à 6 km – ✆ 04 90 20 00 77
– www.la-grangette-provence.com – Fax 04 90 20 07 06 – Ouvert 12 fév.-7 nov.
16 ch – ♦95/228 € ♦♦95/228 € – ½ P 98/164 €
Rest – (fermé mardi sauf de juin à sept.) (dîner seult) (nombre de couverts limité,
prévenir) Menu 50 € – Carte 40/55 €
♦ Ancienne ferme provençale où règnent gaieté et art de vivre. Dans les chambres, décoration stylée et belle literie invitent au cocooning. Cuisine régionale gorgée de soleil, à apprécier dans une salle intime ou l'été en plein air.

rte d'Apt Sud-Est : 6 km par D 900 – ⊠ 84800 L'Isle-sur-la-Sorgue

    Le Mas des Grès ⌂   🚗 🛱 ⌿ 🛏 ⅃ 🅰🅲 ch, **P** 🆅🆂🅰 ◯◯

D 901 – 𝒞 04 90 20 32 85 – www.masdesgres.com – Fax 04 90 20 21 45
– Ouvert 19 mars-24 oct.
14 ch – 🛌80/150 € 🛌🛌80/230 €, ⌷ 12 € – ½ P 90/145 €
Rest – (dîner seult sauf juil.-août) (prévenir) Menu 36 € (dîner)
♦ Ce mas provençal restauré avec goût invite au repos et à la détente : jardin, terrasse ombragée, aire de jeux pour enfants, fitness, spa. Chambres coquettes personnalisées. Au restaurant, tables dressées sous la treille ou sous les platanes ; menu du marché.

au Sud-Ouest 4 km par D 938 (rte de Cavaillon) et rte secondaire
– ⊠ 84800 L'Isle-sur-la-Sorgue

    Mas de Cure Bourse ⌂   🚗 🛱 ⅃ 🅰🅲 🛁 **P** 🆅🆂🅰 ◯◯ 🅰🅴

120 chemin de serre – 𝒞 04 90 38 16 58 – www.masdecurebourse.com
– Fax 04 90 38 52 31 – Fermé 4-18 janv.
14 ch – 🛌90/210 € 🛌🛌90/210 €, ⌷ 9 € – ½ P 108/139 €
Rest – (fermé lundi de nov. à fév.) (20 € bc) Menu 26 € (déj. en sem.), 38/51 €
– Carte 45/55 €
♦ Le calme règne en maître dans cet authentique mas du 18ᵉ s., perdu au milieu des vergers. Intérieur rustique, chambres impeccables, piscine et jardin ombragé. Cuisine du Sud servie dans la salle à manger provençale ou à l'ombre d'arbres centenaires.

L'ISLE-SUR-SEREIN – 89 Yonne – **319** H6 – **760 h.** – alt. 190 m **7** B2
– ⊠ 89440

    🄳 Paris 209 – Auxerre 50 – Avallon 17 – Montbard 36

ꭗꭗ **Auberge du Pot d'Étain** avec ch   🛱 🆅🆂🅰 ◯◯
◉ 24 r. Bouchardat – 𝒞 03 86 33 88 10 – www.potdetain.com – Fax 03 86 33 90 93
𝄞⌂ – Fermé 12-27 oct., fév., dim. soir et mardi midi sauf juil.-août et lundi
 9 ch – 🛌60/90 € 🛌🛌60/90 €, ⌷ 9 € – ½ P 75 €
 Rest – Menu 26/52 € – Carte 45/60 €🕮
 ♦ Cuisine aux accents régionaux, multitude de bourgognes, coquettes chambres colorées : une plaisante auberge de la bucolique vallée du Serein… à deux tours de roue de l'A6 !

ISPE – 40 Landes – **335** D8 – rattaché à Biscarrosse

LES ISSAMBRES – 83 Var – **340** P5 – ⊠ 83380 ▮ Côte d'Azur **41** C3
    🄳 Paris 877 – Draguignan 40 – Fréjus 11 – St-Raphaël 14
    🄸 Office de tourisme, place San-Peire 𝒞 04 94 49 66 55

à San-Peire-sur-Mer – ⊠ 83520

    Le Provençal ⌂   ⪕ 🛱 🅰🅲 ch, **P** 🆅🆂🅰 ◯◯ 🅰🅴

D 559 – 𝒞 04 94 55 32 33 – www.hotel-leprovencal.com – Fax 04 94 55 32 34
– Ouvert 11 fév.-18 oct.
27 ch – 🛌72/145 € 🛌🛌80/145 €, ⌷ 13 € – ½ P 73/98 €
Rest Les Mûriers – (fermé mardi midi) Menu 27/62 € – Carte 40/64 €
♦ Dans le golfe de St-Tropez, hôtel familial tenu par la quatrième génération. Chambres pratiques donnant en partie sur la mer (certaines avec balcon), plus calmes sur l'arrière. Cuisine méditerranéenne servie dans une salle évoquant la Provence ou en terrasse, à l'ombre des mûriers.

au parc des Issambres – ⊠ 83380 Les Issambres

    La Quiétude ⌂   ⪕ 🚗 🛱 ⅃ 🅰🅲 ch, ⌀⌀ **P** 🆅🆂🅰 ◯◯

D 559 – 𝒞 04 94 96 94 34 – www.hotel-laquietude.com – Fax 04 94 49 67 82
– Ouvert 27 mars -4 nov.
20 ch – 🛌48/100 € 🛌🛌61/100 €, ⌷ 10 € – ½ P 60/80 €
Rest – (dîner seult sauf dim.) Menu 22/38 € – Carte 34/46 €
♦ En bordure d'un axe passant, maison des années 1960 avec son petit jardin. Chambres fonctionnelles et colorées ; certaines offrent une échappée sur le large. Plats simples axés sur la tradition et les saveurs du sud, à déguster en toute quiétude sur la terrasse, face à la mer.

à la calanque des Issambres – ✉ 83380 Les Issambres

XX **Chante-Mer**
au village – ☎ 04 94 96 93 23 – Fax 04 94 96 88 49 – Fermé 15 déc.-31 janv., dim. soir d'oct. à Pâques, mardi midi et lundi hors saison
Rest – Menu 25/45 € – Carte 40/80 €
◆ Loin de l'agitation touristique, cette adresse conviviale propose une carte traditionnelle. Petite salle accueillante aux murs habillés de bois clair, terrasse d'été en façade.

ISSOIRE – **63 Puy-de-Dôme** – **326** G9 – **14 016 h.** – **alt. 400 m** **5** B2
– ✉ **63500** Auvergne

Paris 446 – Clermont-Ferrand 36 – Le Puy-en-Velay 94 – Thiers 56
Office de tourisme, place Charles de Gaulle ☎ 04 73 89 15 90, Fax 04 73 89 96 13
Anc. abbatiale St-Austremoine★★ Z.

Le Pariou
18 av. Kennedy, 1 km par ① – ☎ 04 73 55 90 37 – www.hotel-pariou.com – Fax 04 73 55 96 16 – Fermé 17 déc.-4 janv.
54 ch – †68/77 € ††80/88 €, ☕ 10 €
Rest *Le Jardin* – *(fermé dim. et lundi)* (13 €) Menu 20 € (sem.)/38 € – Carte 28/46 €
◆ Bâtisse des années 1950 entièrement redécorée dans un agréable style moderne et design. Chambres colorées, plus spacieuses dans l'aile récente. Deux salles à manger dont une peinte aux couleurs du Sud et tournée vers le jardin. Cuisine au goût du jour.

X **Le Relais** avec ch
1 av. de la Gare – ☎ 04 73 89 16 61 – www.hotel-relais-issoire.com – Fax 04 73 89 55 62 – Fermé 25-30 juin, 25 oct.-5 nov., 15-28 fév., dim. soir de nov. à juin et lundi YZ**a**
6 ch – †38/52 € ††38/58 €, ☕ 8 € – ½ P 45/80 €
Rest – (10 €) Menu 12/38 € – Carte 25/38 €
◆ Ancien relais de poste à deux pas de l'abbatiale St-Austremoine. Salle à manger spacieuse et colorée ; cuisine traditionnelle et spécialités régionales. Chambres modestes.

ISSOIRE

Altaroche (Pl.) Z 2
Ambert (R. d') Y
Ancienne Caserne (R. de l') Z 3
Berbiziale (R. de la) Y
Buisson (Bd A.) Y
Cerf Volant (R. du) Y 4
Châteaudun (R. de) Z 5
Cibrand (Bd J.) Y
Dr-Sauvat (R.) Z
Duprat (Pl. Ch.) Y
Espagnon (R. d') Z
Foirail (Pl. du) Y
Fours (R. des) Z
Gambetta (R.) Z 6
Gare (Av. de la) Z 9
Gaulle (Pl. du Gén.-de) Y
Gauttier (R. Eugène) Y
Haïnl (Bd G.) Z
Hauterive (R. E. d') Z
Libération (Av. de la) Z 10
Manlière (Bd de la) Z
Mas (R. du) Y
Montagne (Pl. de la) Y
Notre-Dame des Filles (R.) Z 12
Palais (R. du) Y
Pomel (Pl. N.) Z 13
Ponteil (R. du) Y 16
Pont (R. du) Z 14
Postillon (R. du) Z
République (Pl. de la) Z
St-Avit (Pl.) Y 22
Sous-Préfecture (Bd de la) Z
Terraille (R. de la) Z 24
Triozon-Bayle (Bd) YZ 25
Verdun (Pl. de) Z 26
8 Mai (Av. du) Y 30

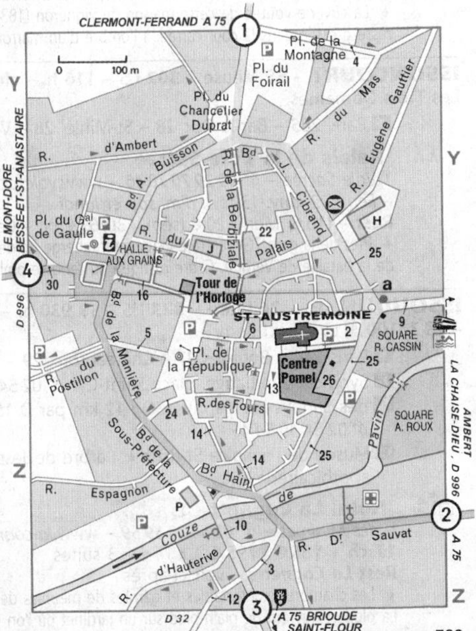

à Varennes-sur-Usson 5 km par ② et D 996 – 152 h. – alt. 315 m – ⊠ 63500

↑ Les Baudarts sans rest ⍚
17 chemin des Baudarts – ℰ *04 73 89 05 51 – Fax 04 73 89 05 51 – Ouvert 15 mai-1ᵉʳ sept.*
5 ch ⌷ – †60 € ††75/85 €
◆ Dans un parc, belle maison de maître dédiée à l'art pictural (tableaux dans toutes les pièces). Les chambres déclinent trois thèmes : africain, "nounours et dentelles" et loft.

à St-Rémy-de-Chargnat 7 km par ② et D 999 – 550 h. – alt. 400 m – ⊠ 63500

↑ Château de la Vernède sans rest ⍚
– ℰ *04 73 71 07 03 – www.chateauvernedeauvergne.com*
5 ch ⌷ – †70/100 € ††70/100 €
◆ L'ancien relais de chasse de la reine Margot (1850) dispose de chambres garnies de meubles chinés et agrémentées de fleurs fraîches. Côté loisirs : billard, pêche à la truite.

à Sarpoil 10 km par ② et D 999 – ⊠ 63490 St Jean en Val

✕✕ La Bergerie
❀
– ℰ *04 73 71 02 54 – www.labergeriedesarpoil.com – Fax 04 73 71 01 99 – Fermé 7-14 juin, 13-20 sept., 2 janv.-1ᵉʳ fév., merc. du 15 oct. au 30 mars, dim. soir et lundi*
Rest *– (nombre de couverts limité, prévenir)* Menu 17 € (déj. en sem.), 25/68 € – Carte 46/73 €
◆ Dès l'entrée, la vision des cuisines et de la rôtissoire vous mettra l'eau à la bouche. Salle de restaurant classique (cheminée allumée l'hiver) pour déguster des plats actuels.

à Perrier 5 km par ④ et D 996 – 820 h. – alt. 415 m – ⊠ 63500

✕✕ La Cour Carrée avec ch ⍚
17 av. du Tramot – ℰ *04 73 55 15 55 – www.cour-carree.com*
– Fermé 16-30 nov., 2-10 janv., dim. soir et lundi soir du 15 sept. au 15 juin et le midi sauf dim. et fériés
3 ch – †70/90 € ††70/90 €, ⌷ 11 € – ½ P 73/83 €
Rest *– (nombre de couverts limité, prévenir)* Menu 27/42 €
◆ La cuverie voûtée de cette maison de vigneron (1830) a été convertie en restaurant. Terrasse dressée dans la cour carrée, à l'ombre d'un marronnier.

ISSONCOURT – 55 Meuse – 307 C5 – 116 h. – alt. 260 m – ⊠ 55220   26 A2
Les Trois Domaines
▶ Paris 265 – Bar-le-Duc 28 – St-Mihiel 28 – Verdun 28

✕✕ Relais de la Voie Sacrée
1 Voie Sacrée – ℰ *03 29 70 70 46 – www.voiesacree.com – Fax 03 29 70 75 75*
– Fermé 2 janv.-13 fév., dim. soir et lundi
Rest – (16 €) Menu 20 € (sem.), 30/65 € bc – Carte 40/75 €
◆ Près de la gare TGV, cette engageante auberge borde la célèbre Voie Sacrée, lien vital lors de la bataille de Verdun. Cadre rustique ou terrasse ombragée. Cuisine traditionnelle.

ISSOUDUN – 36 Indre – 323 H5 – 13 930 h. – alt. 130 m   12 C3
– ⊠ 36100 ▌ Limousin Berry
▶ Paris 244 – Bourges 37 – Châteauroux 29 – Tours 127
🇮 Syndicat d'initiative, place St-Cyr ℰ 02 54 21 74 02, Fax 02 54 03 03 36
🔟 des Sarrays Les Sarrays, SO : 12 km par D 151 et rte secondaire,
ℰ 02 54 49 54 49
◉ Musée de l'hospice St-Roch★ : arbre de Jessé★ dans la chapelle et apothicairerie★ AB.

▣▣▣ Hôtel La Cognette ⍚
r. des Minimes – ℰ *02 54 03 59 59 – www.la-cognette.com – Fax 02 54 03 13 03*
17 ch – †85 € ††95 €, ⌷ 14 € – 3 suites   Ae
Rest *La Cognette* – voir ci-après
◆ Les chambres, confortables et garnies de meubles de style, portent le nom de célébrités. La plupart ouvrent de plain-pied sur un jardinet où l'on prend le petit-déjeuner en été.

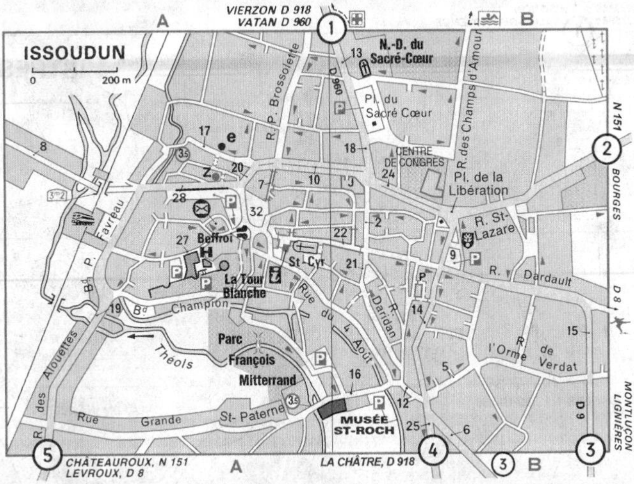

Avenier (R. de l') . . . . B 2
Bons-Enfants (R. des) . . . . B 5
Capucins (R. des) . . . . B 6
Casanova (R. D.) . . . . A 7
Chinault (Av. de) . . . . A 8
Croix-de-Pierre (Pl. de la) . . . . . . B 9
Dormoy (Bd M.) . . . . A 10
Entrée-de-Villatte (R.) . . . . B 12
Estienne-d'Orves (R. d') . . . . B 13
Fossés-de-Villatte (R. des) . . . . . B 14
Gaulle (Av. Ch. de) . . . . B 15
Hospices St-Roch (R.) . . . . B 16
Minimes (R. des) . . . . A 17
Père-Jules-Chevalier (R. du) . . . . B 18
Ponts (R. des) . . . . A 19
Poterie (R. de la) . . . . A 20
Quatre-Vents (R. des) . . . . B 21
République (R. de la) . . . . AB 22
Roosevelt (Bd Prés.) . . . . B 24
St-Martin (R.) . . . . B 25
Semard (R. P.) . . . . A 27
Stalingrad (Bd de) . . . . A 28
10-Juin (Pl. du) . . . . A 32

XXX **Rest. La Cognette** (Jean-Jacques Daumy)

bd Stalingrad – ✆ 02 54 03 59 59 – www.la-cognette.com – Fax 02 54 03 13 03 – Fermé janv., dim. soir, mardi midi et lundi d'oct. à mai A**z**

Rest – *(prévenir)* (25 €) Menu 35/95 € – Carte 45/90 €

Spéc. Crème de lentilles vertes du Berry aux truffes. Dos de cabillaud en valse d'échalotes. Massepain d'Issoudun, fleur d'oranger et salade d'orange au Grand Marnier. **Vins** Reuilly, Quincy.

◆ Cuisine classique raffinée servie dans un agréable jardin d'hiver, couvert par une verrière victorienne.

à Diou par ① **: 12 km sur D 918 – 270 h. – alt. 130 m – ✉ 36260**

XX **L'Aubergeade**

rte d'Issoudun – ✆ 02 54 49 22 28 – Fax 02 54 49 27 48 – Fermé dim. soir et merc. soir

Rest – Menu 20 € (déj. en sem.), 30/40 € – Carte 43/59 €

◆ En plus du fameux reuilly régional, la carte des vins de L'Aubergeade propose un séduisant petit tour du monde viticole. Cuisine au goût du jour et terrasse face au jardin.

IS-SUR-TILLE – 21 Côte-d'Or – 320 K4 – 3 824 h. – alt. 284 m – ✉ 21120 8 C2

Paris 332 – Dijon 30 – Chenôve 43 – Talant 32

Office de tourisme, rue du Général Charbonnel ✆ 03 80 95 24 03, Fax 03 80 95 28 08

Auberge Côté Rivière

3 r. des Capucins – ✆ 03 80 95 65 40 – www.auberge-cote-riviere.com – Fax 03 80 95 65 41 – Fermé 1 sem. en août et 1 sem. en janv.

9 ch – 75 € 75 €, ☕ 10 € – ½ P 75 €

Rest – *(Fermé dim. et lundi)* Menu 19 € (déj. en sem.), 29/48 € – Carte 38/50 €

◆ Deux bâtisses entourées par un jardin au bord de la rivière. La maison bourgeoise, entièrement rénovée, abrite des chambres contemporaines. Le restaurant, logé dans la ferme, a gardé son cachet d'antan tout en adoptant une déco actuelle. Cuisine traditionnelle.

ISSY-LES-MOULINEAUX – 92 Hauts-de-Seine – 311 J3 – 101 25 – voir à Paris, Environs

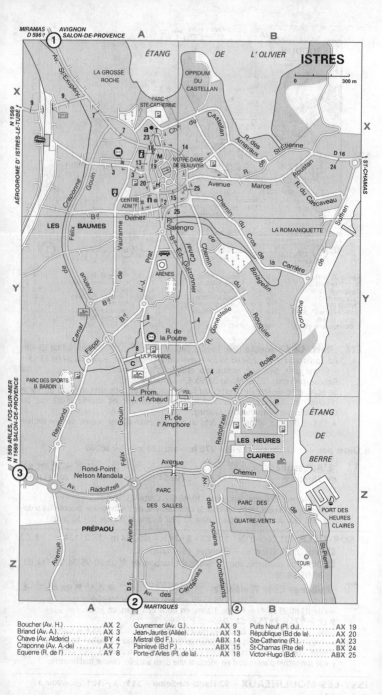

MIRAMAS
AVIGNON
D 596 ?
SALON-DE-PROVENCE

ÉTANG DE L'OLIVIER

LA GROSSE ROCHE

OPPIDUM DU CASTELLAN

PARC STE-CATHERINE

NOTRE-DAME DE BEAUVOIR

St-Étienne

R. des Arnavaux

D 16

St-CHAMAS

Avenue Marcel

LA ROMANIQUETTE

LES BAUMES

Pl. Salengro

LA PYRAMIDE

R. de la Poutre

ARÈNES

PARC DES SPORTS B. Bardin

Prom. J. d'Arbaud

Pl. de l'Amphore

LES HEURES CLAIRES

ÉTANG DE BERRE

Rond-Point Nelson Mandela

PARC DES SALLES

PARC DES QUATRE-VENTS

PORT DES HEURES CLAIRES

PRÉPAOU

TOUR

MARTIGUES

0   300 m

0   AÉRODROME D'ISTRES-LE-TUBÉ

N 1569

N 569 ARLES, FOS-SUR-MER
N 1569 SALON-DE-PROVENCE

Boucher (Av. H.) .... **AX** 2	Guynemer (Av. G.) .... **AX** 9	Puits Neuf (Pl. du) .... **AX** 19
Briand (Av. A.) .... **AX** 3	Jean-Jaurès (Allée) .... **AX** 13	République (Bd de la) .... **AX** 20
Chave (Av. Alderic) .... **BY** 4	Mistral (Bd F.) .... **ABX** 14	Ste-Catherine (R.) .... **AX** 23
Craponne (Av. A.-de) .... **AX** 7	Painlevé (Bd P.) .... **AX** 15	St-Chamas (Rte de) .... **BX** 24
Equerre (R. de l') .... **AY** 8	Porte-d'Arles (Pl. de la) .... **AX** 18	Victor-Hugo (Bd) .... **ABX** 25

ISTRES ◉ – 13 Bouches-du-Rhône – **340** E5 – **42 090 h.** – alt. 32 m — 40 A3
– ✉ **13800** ▮ Provence

> ▶ Paris 745 – Arles 46 – Marseille 55 – Martigues 14
> 🅕 Office de tourisme, 30, allées Jean Jaurès ✆ 04 42 81 76 00,
> Fax 04 42 81 76 15

🏠 **Le Castellan** sans rest — 🔃 🎬 🕸 📶 **P** 🆚 ⓪ ⓪
15 bd L. Blum – ✆ 04 42 55 13 09 – www.hotel-lecastellan.com
– Fax 04 42 56 91 36 — AX**a**
17 ch – †50 € ††60 €, � 7 €
♦ Parmi les points forts de cette adresse proche de la place forte gréco-ligure : rénovation progressive, tenue sans reproche et accueil aimable. Chambres spacieuses et claires.

XX **La Table de Sébastien** (Sébastien Richard) — 🎬 🎬 🕸 🆚 ⓪ 🅐🅔 ⓪
❀ 7 av. H.-Boucher – ✆ 04 42 55 16 01
– www.latabledesebastien.fr – Fax 04 42 55 95 02
– Fermé 22 août-5 sept., 19 déc.-3 janv., dim. soir et lundi — AX**n**
Rest – (19 € bc) Menu 28/72 € – Carte 70/85 € 🍷
Spéc. Écrevisses de l'étang de Visqueira et ravioles. Loup de Méditerranée rôti. Dôme de chocolat, glace noisette.
♦ Le chef interprète avec finesse et talent le répertoire culinaire régional, en s'appropriant des produits de première qualité. Terrasse au calme sous un platane (salle sans lumière naturelle).

au Nord 4 km par ③, N 569 et rte secondaire – ✉ 13800 Istres

🏨 **Ariane** sans rest — 🔃 🕭 🎬 📶 �㇐ **P** 🆚 ⓪ 🅐🅔
12 av. de Flore – ✆ 04 42 11 13 13 – www.arianehotel-istres.com
– Fax 04 42 11 13 00
73 ch – †62/76 € ††73/91 €, ⊃ 11 €
♦ Cet hôtel récent propose des chambres confortables, parfois dotées d'une kitchenette ou d'une terrasse côté piscine. Hébergement un peu plus simple et moins cher à l'annexe.

ITTERSWILLER – 67 Bas-Rhin – **315** I6 – **275 h.** – alt. 235 m – ✉ **67140** — 2 C1
▮ Alsace Lorraine

> ▶ Paris 502 – Erstein 25 – Mittelbergheim 5 – Molsheim 26
> 🅕 Syndicat d'initiative, Mairie ✆ 03 88 85 50 12, Fax 03 88 85 56 09

🏨🏨 **Arnold** ❧ — ≼ 🚗 🎬 🕭 ch, 📶 �㇐ **P** 🆚 ⓪ 🅐🅔
❀ 98 rte des vins – ✆ 03 88 85 50 58 – www.hotel-arnold.com
– Fax 03 88 85 55 54
28 ch – †80/114 € ††80/114 €, ⊃ 12 € – 1 suite – ½ P 79/98 €
Rest *Winstub Arnold* – (fermé dim. soir et lundi de nov. à avril) Menu 19 € (sem.), 30/59 € – Carte 38/59 €
♦ Dans un village de la route des Vins, deux belles maisons à colombages abritent des chambres feutrées (mobilier en pin), dont la plupart ont vue sur le vignoble. Décor ancré dans le terroir pour le Winstub Arnold qui met à l'honneur les "elsässische spezialitäten".

ITXASSOU – 64 Pyrénées-Atlantiques – **342** D5 – **1 970 h.** – alt. 39 m — 3 A3
– ✉ **64250** ▮ Pays Basque et Navarre

> ▶ Paris 787 – Bayonne 24 – Biarritz 25 – Cambo-les-Bains 5
> ◉ Église ★.

🏠 **Txistulari** ❧ — 🚗 🎬 🔃 🕭 ch, 🕸 📶 **P** 🆚 ⓪ 🅐🅔
❀ – ✆ 05 59 29 75 09 – www.txistulari.fr – Fax 05 59 29 80 07
– Fermé 12 déc.-3 janv.
20 ch – †42/47 € ††44/54 €, ⊃ 6 € – ½ P 56/62 €
Rest – (fermé dim. soir et sam. midi hors saison) Menu 12 € (déj. en sem.), 16/30 € – Carte 20/30 €
♦ L'hôtel vous apparaîtra peu après la petite route conduisant au Pas de Roland. Chambres simples et bien tenues ; environnement calme et verdoyant. S'il fait beau, prenez vos repas sous la terrasse couverte, sinon optez pour la grande salle à manger colorée.

⌂ **Le Chêne** ⊗ ⇐ 🍴 🏠 ✤ rest, 🅿 **VISA** ⊚ **AE**
près église – ℰ 05 59 29 75 01 – Fax 05 59 29 27 39 – Fermé 13 déc.-27 fév.,
mardi sauf de juil. à sept. et lundi
16 ch – †38/43 € ††49/55 €, � 7 € – ½ P 50/56 €
Rest – Menu 18/36 € – Carte 28/50 €
♦ Cette jolie auberge bâtie face à l'église du village accueille les voyageurs depuis 1696.
Chambres anciennes mais bien tenues. Tomettes, poutres colorées et nappes de style régional agrémentent le restaurant. Table dédiée au Pays basque. Belle terrasse.

⌂ **Du Fronton** ⇐ 🏠 🛏 ⌷ 🔊 ch, 🗚 rest, ¶¶ 🅿 **VISA** ⊚ **AE** ⓞ
– ℰ 05 59 29 75 10 – www.hotelrestaurantfronton.com – Fax 05 59 29 23 50
– Fermé 14-21 nov., 1er janv.-15 fév. et merc.
23 ch – †48/65 € ††48/65 €, ⊚ 8 € – ½ P 50/65 €
Rest – Menu 20 € (sem.)/38 € – Carte 36/57 €
♦ Maison basque adossée au fronton de pelote du village. Les chambres sont spacieuses
dans l'aile récente, et rajeunies dans la partie ancienne. Tournée vers les monts d'Itxassou,
salle à manger campagnarde où l'on goûte à la fameuse confiture de cerises noires.

IVOY-LE-PRÉ – 18 Cher – **323** K2 – 854 h. – alt. 276 m – ⊠ 18380 **12** C2
❱ Paris 202 – Orléans 105 – Bourges 38 – Vierzon 41

⌂ **Château d'Ivoy** sans rest ⊗ ⏧ ☒ ¶¶ 🅿 **VISA** ⊚
rte d'Henrichemont – ℰ 02 48 58 85 01 – www.chateaudivoy.com
– Fax 02 48 58 85 02
5 ch ⊚ – †150 € ††195 €
♦ Ce château des 16e-17e s. au cœur d'un domaine préservé a toute une histoire (Henri IV y
séjourna et le Grand Meaulnes y fut tourné). Atmosphère chaleureuse de manoir anglais.

IVRY-LA-BATAILLE – 27 Eure – **304** I8 – 2 681 h. – alt. 54 m **33** D2
– ⊠ 27540 ❙ Normandie Vallée de la Seine
❱ Paris 75 – Anet 6 – Dreux 21 – Évreux 36
🏌 de La Chaussée d'Ivry à La Chaussée-d'Ivry, N : 2 km, ℰ 02 37 63 06 30

✕✕ **Moulin d'Ivry** ⏧ 🏠 🅿 **VISA** ⊚
10 r. Henri IV – ℰ 02 32 36 40 51 – Fax 02 32 26 05 15 – Fermé lundi et mardi
sauf fériés
Rest – Menu 29/50 € – Carte 52/88 €
♦ Ancien moulin abritant plusieurs petites salles champêtres, au charme volontiers désuet.
Jardin et terrasse s'étalent agréablement au bord de l'Eure. Recettes classiques.

JANVRY – 91 Essonne – **101** 33 – voir à Paris, Environs

JARNAC – 16 Charente – **324** I5 – 4 535 h. – alt. 26 m – ⊠ 16200 **38** B3
❙ Poitou Vendée Charentes
❱ Paris 475 – Angoulême 31 – Barbezieux 30 – Bordeaux 113
🛈 Office de tourisme, place du Château ℰ 05 45 81 09 30, Fax 05 45 36 52 45
◉ Donation François-Mitterrand - Maison Courvoisier - Maison Louis-Royer.

⌂ **Château Saint-Martial** ⊗ ⏧ 🏠 ☒ ✖ ¶¶ 🅿 **VISA** ⊚
56 r. des Chabannes – ℰ 05 45 83 38 64 – www.chateausaintmartial.fr
– Fax 05 45 83 38 38 – Fermé 23 oct.-7 nov., 26 déc.-2 janv. et 6-22 fév.
5 ch ⊚ – †75/115 € ††90/135 €
Table d'hôte – Menu 37 € bc
♦ La famille Bisquit, célèbre pour son cognac, vécut dans ce beau château du 19e s.
Collection de tableaux, mobilier de style, grandes chambres confortables et agréable
parc arboré.

✕✕ **Du Château** 🗚 ⇄ **VISA** ⊚ **AE**
15 pl. du Château – ℰ 05 45 81 07 17 – www.restaurant-du-chateau.com
– Fax 05 45 35 35 71 – Fermé dim. soir et lundi
Rest – (24 €) Menu 32 € (déj. en sem.), 47/78 € – Carte 49/65 €
♦ Restaurant rénové dans un esprit contemporain, voisin des chais de la Maison Courvoisier.
Cuisine d'aujourd'hui réalisée avec de beaux produits par un chef de la région.

à Bourg-Charente Ouest : 6 km par N 141 et rte secondaire – 706 h. – alt. 14 m
– ✉ 16200

XXX **La Ribaudière** (Thierry Verrat)   ⇐ 숍 🖾 ⇔ 🅿 ᴠᴵˢᴬ ⓒⓞ ᴬᴱ ⓞ
🕸 *2 pl. du Port –* ℰ *05 45 81 30 54*
– *www.laribaudiere.com – Fax 05 45 81 28 05*
– *Fermé 20 oct.-7 nov., vacances de fév., dim. soir, mardi midi et lundi*
Rest – Menu 42/78 € – Carte 70/95 € ⓑ
Spéc. Feuillantine de langoustines de la Cotinière, jus d'agrumes et fenouil
confit (mai à juil.). Sole cuite entière sur l'arête, beurre noisette des Charentes
aux truffes de Jarnac. Chaud-froid d'ananas Victoria en différentes textures,
gousse de vanille (nov. à fév.). **Vins** Vin de pays Charentais, Fiefs Vendéens.
♦ Décor contemporain épuré, mobilier design, "cognathèque", belle cuisine actuelle, terrasses étagées regardant l'eau : venez donc manger sur la rive gauche... de la Charente !

à Bassac Sud-Est : 7 km par N 141 et D 22 – 521 h. – alt. 20 m – ✉ 16120

🏠 **L'Essille**   🖾 숍 ⅋ ch, ⁎ ⅄ 🅿 ᴠᴵˢᴬ ⓒⓞ ᴬᴱ
🕸 *r. de Condé –* ℰ *05 45 81 94 13 – hotel-restaurant-essille.com*
– *Fax 05 45 81 97 26 – Fermé 1ᵉʳ-8 janv.*
17 ch – ♦58 € ♦♦58/75 €, ⊡ 10 € – ½ P 65 €
Rest – *(fermé sam. midi et dim. soir)* Menu 16 € (déj. en sem.), 26/45 €
– Carte 38/49 €
♦ Hôtel familial situé à deux pas de l'abbaye. Chambres fonctionnelles progressivement
rafraîchies dans un esprit plus actuel. Mobilier ancien. Salle à manger-véranda ouverte sur le
parc ; cuisine traditionnelle et belle carte de cognacs (plus de 100 références).

JARVILLE-LA-MALGRANGE – 54 Meurthe-et-Moselle – 307 I6 – **rattaché à
Nancy**

JAUJAC – 07 Ardèche – 331 H6 – 1 167 h. – alt. 450 m – ✉ 07380   **44** A3
▌ Lyon Drôme Ardèche

▶ Paris 616 – Lyon 185 – Montélimar 59 – Pierrelatte 71
🛈 Syndicat d'initiative, La Calade ℰ 04 75 93 28 54, Fax 04 75 93 28 54

⌂ **Le Rucher des Roudils** sans rest 🕸   ⇐
Les Roudils, 4 km au Nord-Ouest – ℰ *04 75 93 21 11 – www.lesroudils.com*
– *Ouvert 2 avril-14 nov.*
3 ch ⊡ – ♦60 € ♦♦60 €
♦ Adresse du bout du monde, grande ouverte sur le massif du Tanargue. Les chambres ont
beaucoup de caractère, de même que le salon agrémenté d'une cheminée cévenole.

JAUSIERS – 04 Alpes-de-Haute-Provence – 334 I6 – **rattaché à Barcelonnette**

JERSEY (ÎLE DE) – JSY Jersey – 309 J1 – **voir à Île de Jersey**

JOIGNY – 89 Yonne – 319 D4 – 10 333 h. – alt. 79 m – ✉ 89300   **7** B1
▌ Bourgogne

▶ Paris 144 – Auxerre 28 – Gien 74 – Montargis 59
🛈 Office de tourisme, 4, quai Ragobert ℰ 03 86 62 11 05, Fax 03 86 91 76 38
🔞 du Roncemay à Chassy Château du Roncemay, par rte de Montargis :
18 km, ℰ 03 86 73 50 50
🔞 du Roncemay à Chassy Château du Roncemay, par rte de Montargis :
18 km, ℰ 03 86 73 50 50
◙ Vierge au sourire★ dans l'église St-Thibault A **E** - Côte St-Jacques★
⇐ ★ 1,5 km par D 20 A.

Plan page suivante

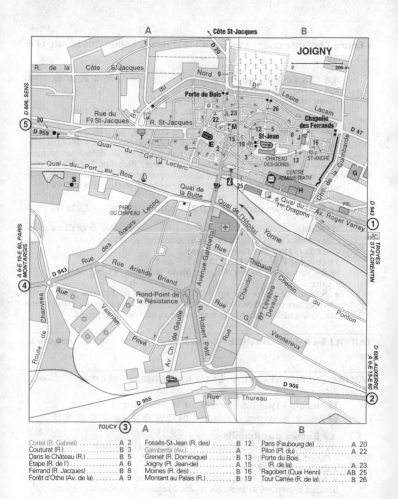

Côte St-Jacques

JOIGNY

Cortel (R. Gabriel) . . . . **A** 2	Fossés-St-Jean (R. des) . . . . **B** 12	Paris (Faubourg de) . . . . **A** 20
Couturat (R.) . . . . **B** 3	Gambetta (Av.) . . . . **A**	Pilori (Pl. du) . . . . **A** 22
Dans le Château (R.) . . . . **B** 5	Grenet (R. Dominique) . . . . **B** 13	Porte du Bois
Étape (R. de l') . . . . **A** 6	Joigny (Pl. Jean-de) . . . . **A** 15	(R. de la) . . . . **A** 23
Ferrand (R. Jacques) . . . . **B** 8	Moines (R. des) . . . . **B** 16	Ragobert (Quai Henri) . . . . **AB** 25
Forêt d'Othe (Av. de la) . . . . **A** 9	Montant au Palais (R.) . . . . **B** 19	Tour Carrée (R. de la) . . . . **B** 26

🏨🏨🏨 **La Côte St-Jacques** (Jean-Michel Lorain) 🕊   ⇐ 🖩 ▣ 📷 *fa* 🏊 🛗 ঠ ch,
✿✿✿ *14 fg de Paris –* 𝒞 *03 86 62 09 70*   🅐🅚 ⁽ℱ⁾ ♨ 🅟 🚗 🆚🅰 ⬤⬤ 🅰🅴 🆔
– *www.cotesaintjacques.com – Fax 03 86 91 49 70*
– *Fermé 3-19 janv., lundi midi et mardi midi*   **Ar**
31 ch 🍽 – �100185/495 € �♙185/495 € – 1 suite – ½ P 243/320 €
Rest – *(prévenir le week-end)* (100 € bc) Menu 125 € (déj.), 140/170 €
– Carte 120/190 € 🕸

Spéc. Genèse d'un plat sur le thème de l'huître. Poularde de Bresse à la vapeur de champagne. Assortiment de cinq desserts servis en petites assiettes. **Vins** Bourgogne-Chardonnay, Irancy.

♦ Face à l'Yonne, luxueux hôtel aux chambres raffinées. Pour se détendre : piscine, spa, bateau privé et boutique. La table de prestige propose une cuisine inventive à base d'excellents produits, dans un joli cadre ouvert sur les jardins. Superbe carte de grands crus.

Le symbole 🕸 signale une carte des vins particulièrement séduisante.

Rive Gauche ch, rest, VISA AE
r. Port-au-Bois – ✆ 03 86 91 46 66 – www.hotel-le-rive-gauche.fr
– Fax 03 86 91 46 93 **As**
42 ch – †72/82 € ††72/82 €, ☕ 10 €
Rest – *(fermé dim. soir d'oct. à Pâques)* (18 € bc) Menu 31/39 € – Carte 40/50 €
◆ Bel emplacement sur la rive gauche de l'Yonne pour ces chambres spacieuses, fonctionnelles et assez claires. Agréable parc avec plan d'eau et hélisurface. La salle à manger-véranda et la terrasse sont toutes deux tournées vers la rivière.

à Épineau-les-Voves 7,5 km par ② – 723 h. – alt. 92 m – ✉ 89400

L'Orée des Champs VISA
(D 606) – ✆ 03 86 91 20 39 – Fax 03 86 91 24 92
– Fermé 15-31 août, vacances de fév., lundi soir, mardi soir, merc. soir, jeudi soir et dim. soir
Rest – (18 €) Menu 26 €, 40/56 € bc – Carte 35/50 €
◆ Belle harmonie en rouge et ocre dans la plaisante salle à manger où l'on propose une cuisine traditionnelle. Agréable terrasse ombragée et jardin équipé de jeux pour enfants.

JOINVILLE – 52 Haute-Marne – **313** K3 – **3 886 h.** – **alt. 195 m** **14** C2
– ✉ **52300** Champagne Ardenne
Paris 244 – Bar-le-Duc 54 – Bar-sur-Aube 47 – Chaumont 44
Syndicat d'initiative, place Saunoise ✆ 03 25 94 17 90, Fax 03 25 94 68 93
Château du Grand Jardin★.

Le Soleil d'Or rest, VISA
9 r. des Capucins – ✆ 03 25 94 15 66 – www.hotellesoleildor.fr
– Fax 03 25 94 39 02
26 ch – †65/100 € ††75/130 €, ☕ 10 €
Rest – *(fermé 16-31 août, 14-28 fév., dim. et lundi)* (15 € bc) Menu 22 € (sem.)/45 € – Carte 63/74 €
◆ Dans le berceau de la famille de Guise, maison chaleureuse dont les origines remontent au 17e s. Chambres rénovées par étape ; sobre décor de bon goût dans les plus récentes. Restaurant néo-gothique alliant sculptures médiévales et tableaux contemporains.

JOINVILLE-LE-PONT – 94 Val-de-Marne – **312** D3 – **101** 27 – **voir à Paris, Environs**

JONGIEUX – 73 Savoie – **333** H3 – **291 h.** – **alt. 300 m** – ✉ **73170** **45** C1
Paris 528 – Annecy 58 – Chambéry 25 – Lyon 103

Auberge Les Morainières (Michaël Arnoult) VISA
rte de Marétel – ✆ 04 79 44 09 39 – www.les-morainieres.com
– Fax 04 79 44 09 46 – Fermé 21-28 mars, 12-18 oct., 24 déc.-15 janv., mardi sauf le soir en juil.-août et lundi
Rest – (28 €) Menu 38/68 € – Carte 66/90 €
Spéc. Écrevisses du Léman, jus de carcasse et blanc monté (mai à juil.). Bar en écaille de truffe de Jongieux et son sabayon (déc. à mars). Boule chocolat-vanille, cacahuète et sorbet caramel. **Vins** Roussette de Marestel, Mondeuse.
◆ Un ancien cellier, perché sur un coteau, converti en auberge gourmande. Très jolie pergola d'été avec vue sur le Rhône et les vignes. Belle cuisine actuelle et créative.

JONQUERETTES – 84 Vaucluse – **332** C10 – **rattaché à Châteauneuf-de-Gadagne**

JONS – 69 Rhône – **327** J5 – **1 265 h.** – **alt. 205 m** – ✉ **69330** **43** E1
Paris 476 – Lyon 28 – Meyzieu 10 – Montluel 8

Auberge de Jons ch, P VISA AE
rte du Pont – ✆ 04 78 31 29 85 – www.auberge-de-jons.fr – Fax 04 72 02 48 24
34 ch – †70/138 € ††80/158 €, ☕ 14 € – 3 suites
Rest *Lounge Boat* – (15 €) Menu 28/39 € – Carte 35/43 €
◆ Complexe hôtelier moderne ancré sur une rive du Rhône. Chambres actuelles et gaies, deux duplex et huit chaleureux bungalows personnalisés (quelques cuisinettes). Belle piscine. Restaurant aux allures de bateau avec vue sur le Rhône servant une cuisine actuelle.

JONZAC 👁 – 17 Charente-Maritime – **324** H7 – 3 554 h. – alt. 40 m — 38 B3
– Stat. therm. : début mars-début déc. – Casino – ⊠ 17500
▮ Poitou Vendée Charentes

▶ Paris 512 – Bordeaux 84 – Angoulême 59 – Cognac 36
🖬 Office de tourisme, 22, place du Château ℰ 05 46 48 49 29, Fax 05 46 48 51 07

✗ **Hostellerie du Coq d' Or** avec ch 🕼 ㎞ ch, 🖤 🕯 ⅥＳＡ ⓒ◐
⊜ *18 pl. du Château* – ℰ *05 46 48 00 06* – *www.lecoqdor.fr* – *Fermé en janv.*
5 ch – ♦85/95 € ♦♦85/95 €, ⊇ 10 €
Rest – (13 €) Menu 15 € (déj. en sem.)/30 € – Carte 25/55 €
♦ Magnifique demeure ancienne sur la place du château. Service bistrot au bar style 1900 et
carte plus élaborée dans la salle en pierre apparente, très tendance. Confortables chambres
mêlant avec brio l'ancien et le moderne.

à Clam 6 km au Nord par D 142 – 323 h. – alt. 67 m – ⊠ 17500

🏠 **Le Vieux Logis** 🚗 🕼 🌊 & ch, ㎞ rest, 🖤 🕯 ₱ ⅥＳＡ ⓒ◐ ᴁᴇ
⊜ *r. du 8 mai 1945* – ℰ *05 46 70 20 13* – *www.vieuxlogis.com* – *Fax 05 46 70 20 64*
|◎| **10 ch** – ♦60/65 € ♦♦60/70 €, ⊇ 10 € – ½ P 50/55 €
Rest – Menu 17 € (sem.)/40 € – Carte 35/70 €
♦ Établissement situé au cœur du Jonzacais. Chambres de plain-pied avec terrasse, actuelles
et bien tenues. Cuisine du terroir et quelques recettes plus exotiques servies dans trois plaisantes salles à manger néorustiques. Boutique d'artisanat d'outre-mer.

JOUARRE – 77 Seine-et-Marne – **312** H2 – rattaché à La Ferté-sous-Jouarre

JOUCAS – 84 Vaucluse – **332** E10 – 315 h. – alt. 263 m – ⊠ 84220 — 42 E1
▶ Paris 716 – Apt 14 – Avignon 42 – Carpentras 32

🏠 **Hostellerie Le Phébus** (Xavier Mathieu) 🌊 ⩽ 🚗 🕼 🌊 ✗ & ch,
✿ *rte de Murs* – ℰ *04 90 05 78 83* ㎞ ch, 🖤 ₱ ⅥＳＡ ⓒ◐ ᴁᴇ ◑
– *www.lephebus.com* – *Fax 04 90 05 73 61* – *Ouvert 2 avril-2 nov.*
14 ch ⊇ – ♦195/620 € ♦♦195/620 € – 10 suites
Rest Xavier Mathieu – (fermé mardi midi, merc. midi et jeudi midi) (45 €)
Menu 130 € – Carte 75/140 €
Spéc. Soupe au pistou "chaud-froid". Aiguo-sau, "nage" de filet de rouget
barbet, clair bouillon d'étrilles et favouilles. Chocolat noir et au lait, lait coco
rafraîchi au curry. **Vins** Côtes du Luberon.
Rest Le Café de la Fontaine – (ouvert juin-sept.) (déj. seult) (33 €)
Carte 42/100 €
♦ Belles chambres et suites provençales (minipiscine pour certaines) dans ce mas en
pierre entouré par la garrigue. Repas inventif dans un cadre chic ou en extérieur, avec le Lubéron pour toile de fond. Au Café de la Fontaine, terrasse charmante et ambiance "bistrot du Sud".

🏠 **Le Mas des Herbes Blanches** 🌊 ⩽ 🚗 🕼 🌊 ✗ ㎞ 🖤 ₱ 🍽
rte Murs : 2,5 km – ℰ *04 90 05 79 79* ⅥＳＡ ⓒ◐ ᴁᴇ ◑
– *www.herbesblanches.com* – *Fax 04 90 05 71 96* – *Fermé 2 janv.-15 mars*
19 ch – ♦158/477 € ♦♦158/477 €, ⊇ 23 € – 2 suites – ½ P 199/338 €
Rest – (fermé mardi et merc. du 15 oct. au 16 avril) Menu 39 € (déj.), 55/115 €
– Carte 87/129 €❀
♦ Ce superbe mas en pierre, adossé au plateau de Vaucluse, abrite des chambres coquettes,
avec balcon ou jardin privatif. Cuisine au goût du jour proposée dans un décor chic ou sur la
terrasse dévoilant un panorama grandiose sur la vallée du Luberon.

🏠 **Le Mas du Loriot** 🌊 ⩽ 🚗 🕼 🌊 & ch, 🖤 ₱ ⅥＳＡ ⓒ◐
rte de Murs, 4 km – ℰ *04 90 72 62 62* – *www.masduloriot.com*
– *Fax 04 90 72 62 54* – *Ouvert 27 mars-24 oct.*
7 ch – ♦55/135 € ♦♦55/135 €, ⊇ 12 € – ½ P 67/104 €
Rest – (fermé mardi, jeudi, sam. et dim.) (dîner seult) (résidents seult) Menu 30 €
♦ Maison familiale perdue dans la garrigue, au cœur du parc régional du Lubéron. Petites
chambres actuelles en rez-de-jardin. Agréable piscine au milieu des pins et de la lavande.

JOUGNE – 25 Doubs – **321** I6 – 1 338 h. – alt. 1 001 m – Sports d'hiver : — 17 C3
à Métabief 880/1 450 m 💪22 🎿 – ⊠ 25370 ▮ Franche-Comté Jura
▶ Paris 464 – Besançon 79 – Champagnole 50 – Lausanne 48

🏠 La Couronne ॐ   🚗 🌳 🍽 📶 VISA ◉◉

6 r. de l'Église – ℰ 03 81 49 10 50 – www.hotel-couronne-jougne.com
– Fax 03 81 49 19 77 – Fermé nov., dim. soir et lundi soir sauf saison et vacances scolaires

11 ch – †59/95 € ††65/95 €, ⊆ 8 € – ½ P 62/80 €
Rest – Menu 19/47 € – Carte environ 53 €

♦ Entièrement rénovée, cette belle maison du 18ᵉ s., proche de l'église, propose des chambres confortables et deux suites ; certaines jouissent d'une vue sur les monts du Jura. Cadre chaleureux au restaurant et généreuse cuisine régionale.

JOUILLAT – 23 Creuse – 325 I3 – 454 h. – alt. 396 m – ⊠ 23220   25 C1

▶ Paris 345 – Limoges 102 – Guéret 15 – Domérat 74

🏡 La Maison Verte ॐ   🚗 🌳 ⌣ 📱

2 Lombarteix, 2 km au Nord par D 940 et rte secondaire – ℰ 05 55 51 93 34
– www.lamaisonvertecreuse.com

4 ch ⊆ – †70 € ††90/110 €   **Table d'hôte** – Menu 25 € bc

♦ Ferme du 19ᵉ s. parfaitement préservée, située au grand calme, avec un jardin-potager et une piscine d'été. Grandes chambres à la décoration soignée et de bon goût. La patronne prépare une cuisine traditionnelle servie dans un cadre rustique actualisé.

JOUX – 69 Rhône – 327 F4 – 657 h. – alt. 520 m – ⊠ 69170   44 A1

▶ Paris 437 – Lyon 51 – Saint-Étienne 102 – Villeurbanne 60

✕✕ Le Tilia   🌳 & ⌣ 📱 VISA ◉◉ AE

pl. du Plaisir – ℰ 04 74 05 19 46 – www.letilia.com – Fax 04 74 05 17 90 – Fermé
17-31 août, 15-21 fév., dim. soir, lundi et mardi

Rest – (15 €) Menu 20 € (sem.)/55 € – Carte 35/59 €

♦ Près du château et son tilleul vieux de quatre siècles, une maison régionale cosy (boiseries claires, tables soignées). Cuisine traditionnelle et généreuse. Jolie terrasse d'été.

JOYEUSE – 07 Ardèche – 331 H7 – 1 595 h. – alt. 180 m – ⊠ 07260   44 A3

🍴 Lyon Drôme Ardèche

▶ Paris 650 – Alès 54 – Mende 97 – Privas 55

🅕 Office de tourisme, montée de la Chastellane ℰ 04 75 89 80 92,
Fax 04 75 89 80 95

◉ Corniche du Vivarais Cévenol★★ O.

🏠 Les Cèdres   🚗 📺 📶 & ch, 🅐 ch, 📶 🖐 📱 📱 VISA ◉◉ AE

quartier la Glacière – ℰ 04 75 39 40 60 – www.hotelcedres.com
– Fax 04 75 39 90 16 – Ouvert 11 avril-15 oct.

43 ch – †53/57 € ††62/66 €, ⊆ 8 € – ½ P 59/63 €
Rest – Menu 16 € bc/31 € – Carte 30/45 €

♦ Cet hôtel occupe une ex-usine textile du bord de la Beaume. Petites chambres bien tenues. Tir à l'arc, canoë, piscine chauffée couverte/découverte, soirées à thème. Au restaurant, cuisine traditionnelle servie dans une salle à manger refaite et complétée par une terrasse.

JUAN-LES-PINS – 06 Alpes-Maritimes – 341 D6 – alt. 2 m – Casino :   42 E2
Eden Beach FZ – ⊠ 06160 🍴 Côte d'Azur

▶ Paris 910 – Aix-en-Provence 161 – Cannes 10 – Nice 22

🅕 Office de tourisme, 51, boulevard Guillaumont ℰ 04 92 90 53 05,
Fax 04 93 61 55 13

◉ Massif de l'Esterel★★★ - Massif de Tanneron★.

Plan page suivante

🏨 Juana ॐ   🌳 ⌣ 🈁 📱 🅐 📶 🖐 📱 VISA ◉◉ AE ①

la Pinède, av. G. Gallice – ℰ 04 93 61 08 70 – www.hotel-juana.com
– Fax 04 93 61 76 60 – Fermé 29 oct.-30 déc.   **FZf**

37 ch – †160/630 € ††160/630 €, ⊆ 25 € – 3 suites   **Rest** – Carte 29/59 €

♦ Luxueux hôtel des années 1930 où l'on cultive l'art de recevoir. Spacieuses chambres Art déco, pourvues d'équipements haut de gamme. Belle piscine. Cuisine de bistrot servie dans une salle au cadre élégant ou en terrasse. Vinothèque ; pâtisseries à emporter.

JUAN-LES-PINS

Accès et sorties: voir à Antibes

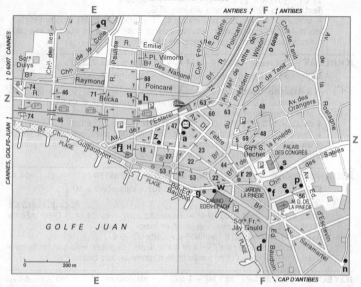

ⓐⓐⓐ Belles Rives   ≤ 🍽 📶 🅰🅲 📶 🛁 💳 🔁 🅰🅴 ①

33 bd E. Baudoin – ℰ *04 93 61 02 79 – www.bellesrives.com – Fax 04 93 67 43 51
– Fermé 4 janv.-12 mars*   FZ**d**
38 ch – ▪135/725 € ▪▪135/725 €, ☲ 27 € – 5 suites
Rest La Passagère – *(fermé lundi et mardi hors saison)* (48 €) Menu 80/120 €
– Carte 85/140 €
Rest Plage Belles Rives – *(ouvert d'avril à oct.)* Carte 40/70 €
♦ Témoin de l'époque où Scott Fitzgerald vécut ici, l'authentique intérieur Art déco superbe-
ment modernisé. Le luxe... les pieds dans l'eau ! Beau décor 1930 façon "paquebot" et fine
cuisine actuelle au restaurant La Passagère. Tables dressées face à la mer à la Plage Belles
Rives.

ⓐⓐⓐ Garden Beach   ≤ 🍽 🔲 🛁 📶 🛁 ch. 🅰🅲 📶 📶 🛁 🔁 💳 🔁 ①

15 bd E. Baudoin – ℰ *04 92 93 57 57 – www.garden-beach-hotel.com
– Fax 04 92 93 57 71 – Fermé déc.*   FZ**w**
175 ch – ▪119/339 € ▪▪119/339 €, ☲ 23 € – 17 suites
Rest La Plage – *(ouvert 16 avril-10 oct.)* *(déj. seult)* (24 € bc) Carte 55/75 €
♦ Face aux flots, immeuble "verre et béton" jouxtant le casino et disposant de chambres
confortables et bien équipées. Vous y profiterez d'équipements sportifs et d'une plage privée.
Cuisine ensoleillée, salades et grillades vous attendent à la brasserie La Plage.

ⓐⓐ Ambassadeur   🔲 🔲 🛁 📶 🛁 🅰🅲 📶 📶 🛁 🔁 💳 🔁 ①

50 chemin des Sables – ℰ *04 92 93 74 10 – www.hotel-ambassadeur.com
– Fax 04 92 99 70 11 – Fermé déc.*   FZ**s**
221 ch – ▪110/480 € ▪▪110/480 €, ☲ 25 €
Rest Grill les Palmiers – *(ouvert juil.-août)* *(déj. seult)* Carte 37/56 €
Rest Le Cézanne – *(fermé le midi en juil.-août)* Carte 37/64 €
♦ Ce vaste complexe hôtelier adossé au palais des congrès accueille séminaires et vacan-
ciers. Patio central lumineux et chambres rénovées dans un esprit résolument design. L'été,
restauration simple au Grill les Palmiers. Décor provençal et carte régionale au Cézanne.

🏠 **Ste-Valérie** sans rest ⚜   🚗 ⌿ 🏢 AC 🅿 📶 P 🅿 VISA ⚫ AE

r. Oratoire – ℰ 04 93 61 07 15 – www.juanlespins.net – Fax 04 93 61 47 52
– Ouvert 29 avril-14 oct.
                                                    FZ**p**
24 ch – 🛏150/265 € 🛏🛏180/400 €, � 23 € – 6 suites
♦ Entouré de verdure et de fleurs, cet hôtel offre un havre de paix. Chambres soignées, décorées dans un esprit méridional, donnant sur le jardin et la piscine. Accueil charmant.

🏠 **La Villa** sans rest ⚜   🚗 ⌿ 🏢 AC 🅿 📶 P VISA ⚫ AE ⑩

av. Saramartel – ℰ 04 92 93 48 00 – www.hotel-villa-juan.com
– Fax 04 93 61 86 78 – Ouvert de mars à fin nov.
                                                    FZ**n**
26 ch – 🛏139/329 € 🛏🛏139/329 €, ⊡ 18 €
♦ Le jardin et la piscine ajoutent du charme à cette calme villa, entièrement relookée. Salon-bar d'esprit colonial, chambres modernes et épurées (bois wengé). Accueil délicieux.

🏠 **Astoria** sans rest   🏢 AC 📶 P VISA ⚫ AE ⑩

15 av. Mar. Joffre – ℰ 04 93 61 23 65 – www.hotellastoria.com
– Fax 04 93 67 10 40
                                                    FZ**a**
49 ch – 🛏88/155 € 🛏🛏88/155 €, ⊡ 10 €
♦ Proche de la gare et à deux pas de la plage, petit immeuble totalement refait à neuf. Les chambres, actuelles, sont plus calmes sur l'arrière. Jolie salle des petits-déjeuners.

🏠 **Des Mimosas** sans rest   🚗 ⌿ 🏢 AC ⌿ P VISA ⚫ AE

r. Pauline – ℰ 04 93 61 04 16 – www.hotelmimosas.com – Fax 04 92 93 06 46
– Ouvert 1er mai- 30 sept.
                                                    EZ**q**
34 ch – 🛏95/150 € 🛏🛏95/150 €, ⊡ 10 €
♦ La façade immaculée de cet hôtel se dresse au cœur d'un parc planté de palmiers. Chambres rénovées et modernisées. Jardin et piscine pour la détente.

🏠 **Juan Beach** sans rest – ℰ 04 93 61 02 89 – www.hoteljuanbeach.com   🚗 AC VISA ⚫ AE

5 r. de l'Oratoire – ℰ 04 93 61 02 89 – www.hoteljuanbeach.com
– Fax 04 93 61 16 63 – Ouvert d'avril à oct.
                                                    FZ**e**
24 ch – 🛏82/117 € 🛏🛏107/172 €, ⊡ 10 € – 3 suites
♦ Cette villa blanche et bleue, bien rénovée, vous réserve un accueil des plus chaleureux. Chambres d'esprit provençal, bar-salon au décor marin ouvert sur la piscine.

🏠 **Eden Hôtel** sans rest   AC ⌿ 📶 🚗 VISA ⚫

16 av. L. Gallet – ℰ 04 93 61 05 20 – www.edenhoteljuan.com
– Fax 04 92 93 05 31 – Ouvert de mars à oct.
                                                    EZ**z**
17 ch – 🛏55/94 € 🛏🛏70/105 €, ⊡ 6,50 €
♦ Atouts majeurs de cet édifice 1930 : petit-déjeuner en terrasse, proximité de la plage et ambiance conviviale. Chambres simples ; certaines offrent une échappée sur la mer.

🍴🍴 **L'Amiral**   AC VISA ⚫ AE

7 av. Amiral Courbet – ℰ 04 93 67 34 61 – Fax 04 93 67 34 61 – Fermé 3-10 juil., 6-13 déc., 24-31 janv., sam. midi, dim. soir, lundi et le midi en juil.-août
                                                    EZ**h**
Rest – Menu 23/57 € – Carte 36/63 €
♦ Ce sympathique restaurant familial propose une cuisine au goût du jour et des recettes de la mer. Salle à manger intime, agrémentée de tableaux.

🍴🍴 **Le Perroquet**   🏢 AC ⌿ VISA ⚫ AE

La Pinède, av. G. Gallice – ℰ 04 93 61 02 20 – Fermé 3 nov.-26 déc.   FZ**r**
Rest – (18 €) Menu 26/36 € – Carte 34/54 €
♦ En bordure de la pinède, restaurant disposant d'une agréable terrasse-véranda. Bibelots, moulins à café et fleurs égayent la salle de style provençal. Cuisine traditionnelle.

🍴🍴 **Le Paradis**   ≼ 🏢 ⌿ VISA ⚫ AE

13 bd Beaudouin – ℰ 04 93 61 22 30 – www.restaurant-le-paradis.com
– Fax 04 93 67 46 60 – Fermé dim. soir et lundi de nov. à fév.
                                                    FZ**g**
Rest – (16 €) Menu 28 € (déj. en sem.), 38/60 € – Carte 44/76 €
♦ Salle design à touches ethniques, belle vue sur mer et appétissante carte au goût du jour pour cette adresse, accessible par un passage sous un immeuble voisin du casino.

JUGY – 71 Saône-et-Loire – **320** J10 – rattaché à Sennecey-le-Grand

---

JULIÉNAS – 69 Rhône – **327** H2 – 812 h. – alt. 276 m – ✉ 69840   **43** E1
📗 Lyon Drôme Ardèche

▶ Paris 403 – Bourg-en-Bresse 51 – Lyon 63 – Mâcon 15

🏠 Chez la Rose

pl. du Marché – ℰ 04 74 04 41 20 – www.chez-la-rose.fr – Fax 04 74 04 49 29
– Ouvert de mars à mi-nov.
7 ch – †50/67 € ††50/67 €, ⊇ 10 € – 6 suites
Rest – *(fermé mardi midi, merc. midi, jeudi midi et lundi)* (20 €) Carte 39/60 €
◆ Cet hôtel propose des chambres de diverses tailles, dotées de meubles anciens ou rustiques. Le restaurant vous accueille dans une salle à manger contemporaine avec cheminée.

🏠 Les Vignes *sans rest* ॐ

à 0,5 km rte St-Amour – ℰ 04 74 04 43 70 – www.hoteldesvignes.com
– Fax 04 74 04 43 70 – Fermé 19 déc.-4 fév.
22 ch – †48/68 € ††58/68 €, ⊇ 9 €
◆ Petit hôtel simple et agréable posé dans les vignes à flanc de coteau. Accueil aimable, chambres personnalisées et terrasse pour les petits-déjeuners aux beaux jours.

❌ Le Coq à Juliénas

pl. du Marché – ℰ 04 74 04 41 98 – www.coq-julienas.com – Fax 04 74 04 41 44
– Fermé mi-déc. à mi-janv., mardi et merc.
Rest – Carte environ 24 €
◆ Volets bleu lavande, intérieur résolument rétro égayé de bibelots à la gloire du coq et de fresques bachiques, terrasse très prisée l'été : un coquet "bistrot de chef".

JULLIÉ – 69 Rhône – **327** H2 – **403 h.** – alt. 370 m – ⊠ 69840   **43** E1
▶ Paris 415 – Bourg-en-Bresse 55 – Lyon 67 – Mâcon 20

🏠 Domaine de la Chapelle de Vâtre *sans rest* ॐ

Le Bourbon, 2 km au Sud par D 68 – ℰ 04 74 04 43 57
– www.vatre.com – Fax 04 74 04 40 27
3 ch ⊇ – †50/80 € ††60/95 €
◆ Ce domaine viticole perché au sommet d'une colline jouit d'un panorama exceptionnel sur la plaine de la Saône. Chambres superbement décorées dans un esprit contemporain.

JUMIÈGES – 76 Seine-Maritime – **304** E5 – **1 715 h.** – alt. 25 m   **33** C2
– ⊠ 76480 ▌ Normandie Vallée de la Seine
▶ Paris 160 – Caudebec-en-Caux 16 – Rouen 28
🛈 Office de tourisme, rue Guillaume le Conquérant ℰ 02 35 37 28 97,
Fax 02 35 37 07 07
🔟 de Jumièges Jumièges-Le Mesnil, SE : 2,5 km par D 65, ℰ 02 35 05 32 97
◎ Ruines de l'abbaye★★★.

🏠 Le Clos des Fontaines *sans rest* ॐ

191 r. des Fontaines – ℰ 02 35 33 96 96 – www.leclosdesfontaines.com
– Fax 02 35 33 96 97 – Fermé 20 déc.-20 janv.
19 ch – †90/230 € ††90/230 €, ⊇ 15 €
◆ Adossée aux vestiges de l'abbaye, demeure récente d'architecture régionale abritant des chambres cosy, aux ambiances et touches décoratives inspirées des horizons lointains.

❌❌ L' Auberge des Ruines

17 pl. de la Mairie – ℰ 02 35 37 24 05 – www.auberge-des-ruines.fr
– Fermé 19 août-2 sept., 23 déc.-14 janv., 19-27 fév., lundi soir et jeudi soir
de nov. à fév., dim. soir, mardi et merc.
Rest – Menu 35/72 € – Carte 60/72 € ❀
◆ Table au goût du jour voisine des ruines de l'abbaye. Terrasse et véranda devançant la salle principale au décor actualisé préservant des éléments anciens. Belle carte de bordeaux.

JUNGHOLTZ – 68 Haut-Rhin – **315** H9 – **902 h.** – alt. 332 m – ⊠ 68500   **1** A3
▶ Paris 475 – Mulhouse 23 – Belfort 62 – Colmar 32

🏠 Les Violettes ॐ

rte de Thierenbach, 1 km à l'Ouest – ℰ 03 89 76 91 19 – www.les-violettes.com
– Fax 03 89 74 29 12 – Fermé 4-24 janv.
22 ch – †80/280 € ††160/280 €, ⊇ 23 € – 1 suite – ½ P 169 €
Rest – *(dîner seult)* Menu 59 € – Carte 56/74 €
◆ Dans un cadre verdoyant, ex-maison de chasse aux chambres et suites alsaciennes très confortables (moins cossues à la Gentilhommière). Spa luxueux avec espace fitness. Le restaurant de style Art déco s'ouvre sur une vaste terrasse et sert une cuisine de saison.

JURANÇON – 64 Pyrénées-Atlantiques – **342** J5 – **rattaché à Pau**

JUVIGNY-SOUS-ANDAINE – 61 Orne – **310** F3 – 1 058 h.   **32** B3
– alt. 200 m – ⊠ 61140

▶ Paris 239 – Alençon 51 – Argentan 47 – Domfront 12

XX   **Au Bon Accueil** avec ch   AC rest, ⁽¹⁾ VISA ⚫⚫
☜   23 pl. St Michel – ℰ 02 33 38 10 04 – www.aubonaccueil-normand.com
🍽   – Fax 02 33 37 44 92 – Fermé 15 fév.-15 mars, dim. soir et lundi
8 ch – †54 € ††68 €, ⊊ 10 € – ½ P 58 €
Rest – (15 €) Menu 18/45 € – Carte environ 48 €
♦ L'enseigne ne vous ment pas ! Derrière l'élégante façade, une généreuse cuisine du terroir vous attend dans deux salles à manger dont une avec verrière et petit jardin d'hiver.

KATZENTHAL – 68 Haut-Rhin – **315** H8 – 538 h. – alt. 280 m   **2** C2
– ⊠ 68230

▶ Paris 445 – Colmar 8 – Gérardmer 53 – Munster 18

XX   **A l'Agneau** avec ch   ⁽¹⁾ P VISA ⚫⚫ AE
☜   16 Grand'Rue – ℰ 03 89 80 90 25 – www.agneau-katzenthal.com
– Fax 03 89 27 59 58 – Fermé 30 juin-8 juil., 11-18 nov.,
22-26 déc., 21 janv.-11 fév.
12 ch – †45/60 € ††45/60 €, ⊊ 10 €
Rest – (fermé jeudi sauf le soir de juil. à mi-oct. et merc.) (14 € bc) Menu 18 € bc
(déj. en sem.), 22/46 € – Carte 25/47 €
♦ Attenante à l'exploitation viticole familiale, maison abritant deux coquettes salles à manger typiquement alsaciennes. Cuisine régionale et du marché, vins de la propriété.

KAYSERSBERG – 68 Haut-Rhin – **315** H8 – 2 715 h. – alt. 242 m   **2** C2
– ⊠ 68240 ▌ Alsace Lorraine

▶ Paris 438 – Colmar 12 – Gérardmer 46 – Guebwiller 35

🖪 Office de tourisme, 39, rue du Gal-de-Gaulle ℰ 03 89 78 22 78,
Fax 03 89 78 27 44

◉ Église Ste-Croix ★ : retable★★ - Hôtel de ville★ - Vieilles maisons★ - Pont
fortifié★ - Maison Brief★.

🏨🏨🏨   **Chambard** (Olivier Nasti) ⌖   🛁 ⚙ ⅙ ⏣ ፉ ⏣ ch, AC ⁽¹⁾ ᴀ P VISA ⚫⚫ AE
❀   r. Gén.-de-Gaulle – ℰ 03 89 47 10 17 – www.lechambard.fr – Fax 03 89 47 35 03
32 ch – †144/295 € ††144/295 €, ⊊ 19 € – 5 suites
Rest – (fermé mardi midi, merc. midi et lundi) (34 €) Menu 55/95 €
– Carte 69/92 €🕮
Spéc. Escargots à l'alsacienne façon nouvelle mode. Gros morceau de cabillaud cuit vapeur, coquillage en marinière. Goutte café dans l'esprit d'un cappuccino. **Vins** Pinot gris, Riesling.
Rest Winstub – (21 €) Menu 27 € – Carte 30/40 €
Rest Flamme & Co – ℰ 03 89 47 16 16 (Fermé lundi) (dîner seult) Menu 25 €
– Carte 25/35 €
♦ Cet hôtel a pris le virage de la modernité et propose une majorité de chambres au look et au confort contemporains, ainsi qu'un spa dernier cri. Restaurant tendance, avec vue sur les cuisines depuis l'accueil, pour savourer de goûteux plats inventifs. Cadre alsacien à la Winstub. Atmosphère branchée au Flamme & Co.

🏨🏨   **Les Remparts et Les Terrasses** sans rest   ▐ ⁽¹⁾ ᴀ P ⌂
4 r. Flieh – ℰ 03 89 47 12 12 – www.lesremparts.com   VISA ⚫⚫ AE
– Fax 03 89 47 37 24
43 ch – †54/69 € ††69/88 €, ⊊ 8,50 €
♦ Hôtel situé dans un quartier résidentiel calme, aux portes de la cité. Chambres pratiques dotées de terrasses (fleuries en saison) ; celles de l'annexe sont plus spacieuses.

🏨   **Constantin** sans rest   ▐ ℅ ⁽¹⁾ ⌂ VISA ⚫⚫ AE
🍽   10 r. Père Kohlman – ℰ 03 89 47 19 90 – www.hotel-constantin.com
– Fax 03 89 47 37 82
20 ch – †50/55 € ††64/74 €, ⊊ 8 €
♦ Vieille maison de vigneron abritant des chambres d'esprit rustique, parfois agrandies d'une mezzanine. Salle des petits-déjeuners sous verrière ornée d'un beau poêle en faïence.

XX **Le Moreote**   🛋 VISA ⦿

12 r. du Gén.-Rieder – ☎ 03 89 47 39 08 – www.moreote.com – Fermé
20 juil.-16 août et le midi sauf week-ends
Rest – *(nombre de couverts limité, prévenir)* Menu 56/65 € – Carte 45/75 €
◆ Honneur à la région à travers une belle sélection de vins et des plats du terroir revisités. Accueil sympathique dans un cadre rustique et chaleureux, complété par une terrasse.

XX **La Vieille Forge**   AC VISA ⦿

🐌 *1 r. des Écoles – ☎ 03 89 47 17 51 – Fax 03 89 78 13 53 – Fermé 30 déc.-17 janv.,*
merc. et jeudi de janv. à mars
Rest – Menu 18/33 € – Carte 33/49 €
◆ La façade à colombages du 16e s. invite à s'attabler dans ce restaurant familial où l'on
sert des plats traditionnels. Cadre mariant vieilles poutres et mobilier contemporain.

X **Au Lion d'Or**   🛋 VISA ⦿ AE

66 r. Gén. de Gaulle – ☎ 03 89 47 11 16 – www.auliondor.fr – Fax 03 89 47 19 02
– Fermé 30 juin-7 juil., mardi sauf le midi de mai à oct. et merc.
Rest – (13 €) Menu 25/35 € – Carte 20/56 €
◆ Belle maison de 1521 tenue par la même famille depuis 1764 ! Salles à manger d'époque
– dont une de 180 convives, ornée d'une monumentale cheminée – et cuisine régionale.

à Kientzheim Est : 3 km par D 28 – 794 h. – alt. 225 m – ✉ 68240

◉ Pierres tombales★ dans l'église.

🏨 **L'Abbaye d'Alspach** sans rest ⦿   ♨ 🕭 🏵 📶 P VISA ⦿ AE ⦿

2 r. Foch – ☎ 03 89 47 16 00 – www.abbayealspach.com – Fax 03 89 78 29 73
– Fermé 7 janv.-15 mars
34 ch – †70/87 € ††77/117 €, � 11 € – 5 suites
◆ Parmi les atouts de cet hôtel occupant les dépendances d'un couvent du 11e s. : cinq
superbes suites, une jolie cour et un bon petit-déjeuner (kouglof et confitures maison).

🏨 **Hostellerie Schwendi** ⦿   🛋 🕭 ch, AC rest, 🕯 P VISA ⦿ AE ⦿

2 pl. Schwendi – ☎ 03 89 47 30 50 – www.schwendi.fr – Fax 03 89 49 04 49
29 ch – †66 € ††79/105 €, ⊃ 10 € – ½ P 80/93 €
Rest – *(fermé 24 déc.-10 mars, jeudi midi et merc.)* Menu 20/61 €
– Carte 24/61 €⦿
◆ Belle façade à pans de bois dressée sur une placette pavée. Intérieur mi-rustique, mi-bourgeois. Coquettes chambres personnalisées, encore plus confortables à l'annexe. Carte régionale et vins de la propriété à déguster l'été en terrasse, face à une fontaine.

KEMBS-LOÉCHLÉ – 68 Haut-Rhin – 315 J11 – alt. 245 m – ✉ 68680   **1 B3**
    ◘ Paris 493 – Altkirch 26 – Basel 16 – Belfort 70

XX **Les Écluses**   🛋 P VISA ⦿

🐌 *8 r. Rosenau – ☎ 03 89 48 37 77 – www.lesecluses.fr – Fax 03 89 48 49 31*
– Fermé 12-26 sept., 5-17 janv., merc. soir d'oct. à avril, dim. soir et lundi
Rest – Menu 14/40 € – Carte 26/52 €
◆ À proximité du canal de Huningue et de la Petite Camargue alsacienne, ce restaurant au
cadre frais propose des plats traditionnels teintés de terroir (spécialités de poissons).

KIENTZHEIM – 68 Haut-Rhin – 315 H8 – **rattaché à Kaysersberg**

KILSTETT – 67 Bas-Rhin – 315 L4 – 2 270 h. – alt. 130 m – ✉ 67840   **1 B1**
    ◘ Paris 489 – Haguenau 23 – Saverne 51 – Strasbourg 14

🏠 **Oberlé**   🛋 🕭 🕯 P VISA ⦿ AE

🐌 *11 rte Nationale – ☎ 03 88 96 21 17 – www.hotel-restaurant-oberle.fr*
– Fax 03 88 96 62 29 – Fermé 16 août-4 sept. et 25 janv.-8 fév.
🍴 **30 ch** – †45 € ††60 €, ⊃ 6 € – ½ P 40/46 €
Rest – *(fermé vend. midi et jeudi)* Menu 10 € (déj. en sem.), 22/37 €
– Carte 26/52 €
◆ Cet établissement familial propose plusieurs types de chambres (rénovation récente) dans
l'ensemble assez confortables, actuelles et très bien insonorisées. Au restaurant, décor d'es-
prit rustique, atmosphère conviviale et cuisine aux couleurs régionales.

XX **Au Cheval Noir** 🖃 🏠 **P** 𝗩𝗜𝗦𝗔 ⓪ 𝖠𝖤

1 r. du Sous-Lieutenant-Maussire – ✆ *03 88 96 22 01*
– www.restaurant-cheval-noir.fr – Fax 03 88 96 61 30 – Fermé 16 juil.-10 août,
10-25 janv., lundi et mardi
Rest *–* (12 €) Menu 24/48 € – Carte 36/42 €
♦ Belle maison à colombages du 18ᵉ s., dans la même famille depuis cinq générations. Intérieur chaleureux et rénové avec soin (thème de la chasse), cuisine bourgoise raffinée.

KOENIGSMACKER – 57 Moselle – **307** I2 – 1 996 h. – alt. 150 m   **26** B1
– ✉ 57970

▶ Paris 349 – Luxembourg 50 – Metz 39 – Völklingen 69
🇮 Syndicat d'initiative, 1, square du Père Scheil ✆ 03 82 83 75 54,
Fax 03 82 83 75 54

⌂ **Moulin de Méwinckel** sans rest ֍   ⅁. **P** 𝗩𝗜𝗦𝗔 ⓪

– ✆ *03 82 55 03 28 – http://moulin.mewinckel.free.fr*
5 ch � – ♦47/52 € ♦♦55/70 €
♦ Chambres calmes et confortables aménagées dans une ancienne grange du 18ᵉ s. Ambiance de ferme authentique, accueil spontané et cadre bucolique (la roue à aubes tourne encore).

LE KREMLIN-BICÊTRE – 94 Val-de-Marne – **312** D3 – **101** 26 – voir à Paris,
Environs

KRUTH – 68 Haut-Rhin – **315** F9 – 1 018 h. – alt. 498 m – ✉ 68820   **1** A3
▌ Alsace Lorraine

▶ Paris 453 – Colmar 63 – Épinal 68 – Gérardmer 31
◉ Cascade St-Nicolas★ SO : 3 km par D 13b¹ - Musée du textile et des
costumes de Haute-Alsace à Husseren-Wesserling SE : 6 km.

au Frenz Ouest : 5 km par D 13bis – ✉68820 Kruth – 1 018 h. – alt. 498 m

⌂ **Les Quatre Saisons** ֍   ≤ 🖃 ❀ ch, ⁿ¹ **P** 𝗩𝗜𝗦𝗔 ⓪ 𝖠𝖤

r. Frentz – ✆ *03 89 82 28 61 – www.hotel4saisons.com – Fax 03 89 82 21 42*
– Fermé 8-22 mars
9 ch – ♦50/65 € ♦♦65/85 €, ⊻ 9 € – ½ P 47/56 €
Rest *– (fermé mardi et merc.)* Menu 16/27 € – Carte 23/38 €
♦ Attaché à ses racines montagnardes, ce chalet familial s'est joliment modernisé au fil du temps. Chambres douillettes et salon de lecture cosy. Petit-déjeuner maison. Plats régionaux actualisés, choix de vins judicieux et salle à manger ouverte sur les Vosges.

LABAROCHE – 68 Haut-Rhin – **315** H8 – 2 175 h. – alt. 750 m   **2** C2
– ✉ 68910

▶ Paris 441 – Colmar 17 – Gérardmer 49 – Munster 25
🇮 Office de tourisme, 2, impasse Prés. Poincaré ✆ 03 89 49 80 56,
Fax 03 89 49 80 68

⌂ **La Rochette**   🖃 🏠 ℗¹ **P** 𝗩𝗜𝗦𝗔 ⓪

500 lieu-dit La Rochette – ✆ *03 89 49 80 40 – www.larochette-hotel.fr*
– Fax 03 89 78 94 82 – Fermé 12-23 nov. et 11-31 janv.
11 ch – ♦58/82 € ♦♦68/95 €, ⊻ 11 € – ½ P 68/89 €
Rest *– (fermé lundi soir et mardi)* (12 €) Menu 18/45 € – Carte 27/55 €
♦ Au cœur du parc naturel régional des Ballons des Vosges, cet hôtel familial, entouré de verdure, bénéficie de jolies chambres décorées dans l'air du temps. Carte de saison à tendance régionale, terrasse en teck et lounge bar au restaurant.

XX **Blanche Neige**   ≤ 🏠 ⅁. **P** 𝗩𝗜𝗦𝗔 ⓪ 𝖠𝖤

692 Les Evaux, 6 km Sud-Est par D11 I et rte secondaire – ✆ *03 89 78 94 71*
– www.auberge-blanche-neige.com – Fermé jeudi midi, mardi et merc.
Rest *–* Menu 28 € (déj. en sem.), 55/68 € – Carte 55/65 €
♦ À 700 m d'altitude, charmante auberge de style chalet avec vue sur la plaine d'Alsace. L'intérieur, chaleureux, mêle contemporain et ancien. Belle terrasse et cuisine créative.

LABARTHE-SUR-LÈZE – 31 Haute-Garonne – **343** G4 – 4 758 h.
– alt. 162 m – ⊠ 31860

28 B2

■ Paris 694 – Auch 91 – Pamiers 45 – St-Gaudens 81

🔝 de Toulouse à Vieillevigne, N : 10 km par D 4, ℰ 05 61 73 45 48

XX   **Le Poêlon**   🔝 ⟳ VISA ◉◉
19 pl. V. Auriol – ℰ 05 61 08 68 49 – Fax 05 61 08 78 48 – Fermé 15-24 août,
23 déc.-3 janv., dim. et lundi
Rest – Menu 22 € (déj. en sem.), 34/43 € – Carte 24/40 €🕮
♦ Les habitués de cette demeure bourgeoise apprécient sa carte traditionnelle et son impressionnant livre de cave (plus de 600 références). Expo-vente de tableaux, terrasse ombragée.

LABASTIDE-BEAUVOIR – 31 Haute-Garonne – **343** I4 – 976 h.
– alt. 260 m – ⊠ 31450

29 C2

■ Paris 701 – Toulouse 25 – Albi 97 – Castelnaudary 35

🔝🔝   **L' Oustal du Lauragais** 🌿   🔝 🖃 ら 🕎 ⁽ᵗ⁾ 🎿 P VISA ◉◉ AE ⓪
rte de Mauremont – ℰ 05 34 66 16 16 – www.oustal-lauragais.fr
– Fax 05 34 66 16 26 – Fermé 23 déc.-3 janv.
14 ch – †69 € ††69 €, ⊃ 7 € – ½ P 85 €
Rest – (fermé 3-29 août) (12 €) Menu 16/24 € – Carte 22/30 €
♦ Cette ancienne ferme restaurée convertie en hôtel bénéficie d'un calme apaisant. Elle propose de grandes chambres simplement meublées et de belles salles de bains. Une cuisine de tradition est servie dans la salle à manger de style moderne.

LABASTIDE-DE-VIRAC – 07 Ardèche – **331** I7 – 211 h. – alt. 207 m
– ⊠ 07150

44 A3

■ Paris 675 – Lyon 213 – Privas 73 – Alès 42

⟰   **Le Mas Rêvé** 🌿   ⟰ ⣶
3 km à l'Est par D 217 et rte secondaire – ℰ 04 75 38 69 13
– www.lemasreve.com – Ouvert 1er mai-30 sept.
5 ch ⊃ – †95/105 € ††95/145 €   **Table d'hôte** – Menu 35 € bc
♦ Profitez des jolies chambres de charme de cette ancienne ferme ardéchoise restaurée avec soin par Marie-Rose et Guido Goossens. Très beau jardin avec piscine. À la table d'hôte : plats élaborés à base de produits locaux.

LABASTIDE-MURAT – 46 Lot – **337** F4 – 653 h. – alt. 447 m
– ⊠ 46240 📗 Périgord Quercy

29 C1

■ Paris 543 – Brive-la-Gaillarde 66 – Cahors 32 – Figeac 45

🆔 Office de tourisme, Grand'Rue ℰ 05 65 21 11 39, Fax 05 65 24 57 66

🏠   **La Garissade**   🔝 🗚 ch, ⁽ᵗ⁾ VISA ◉◉ AE
20 pl. de la Mairie – ℰ 05 65 21 18 80 – www.garissade.com – Fax 05 65 21 10 97
– Ouvert avril-oct.
19 ch – †67 € ††73 €, ⊃ 8 € – ½ P 70 €
Rest – (fermé lundi midi) Menu 13 € (déj. en sem.)/27 €
♦ Une ambiance familiale règne dans cette maison villageoise du 13e s. La particularité des chambres, plutôt sobres : un mobilier en bois peint conçu par un artisan local. Le restaurant a adopté un décor plus contemporain, en adéquation avec la carte au goût du jour.

LABATUT – 40 Landes – **335** F13 – 1 205 h. – alt. 45 m – ⊠ 40300

3 B3

■ Paris 759 – Anglet 58 – Bayonne 53 – Bordeaux 173

X   **Le Bousquet**   🔝 🕎 P VISA ◉◉
37 bd de l'Océan – ℰ 05 58 98 11 01 – Fax 05 58 98 11 63 – Fermé merc.
Rest – (déj. seult) Menu 13 € (déj. en sem.), 25/50 € – Carte 35/50 €
♦ Vieilles dalles lustrées par les ans, poutres et meubles rustiques : le cadre campagnard de cette maison du 18e s. a du caractère. Jardin aromatique. Cuisine au goût du jour.

LABOURSE – 62 Pas-de-Calais – **301** J5 – **rattaché à Béthune**

LACABARÈDE – 81 Tarn – **338** H10 – 314 h. – alt. 325 m
– ⊠ 81240

29 C2

■ Paris 754 – Béziers 71 – Carcassonne 53 – Castres 36

🔡 Demeure de Flore ⌖   🚗 🛋 🖳 & ch, ⚫ rest, 🛜 🅿 📶 VISA 🔴

106 Grand'rue – ℰ 05 63 98 32 32 – www.demeuredeflore.com
– Fax 05 63 98 47 56 – Fermé 2-30 janv. et lundi hors saison
11 ch – †75 € ††100/110 €, ⊆ 10 € – ½ P 93/98 €
Rest – Menu 27 € (déj. en sem.)/35 €
♦ La déesse romaine a doté cette maison de maître du 19ᵉ s. d'un bel écrin de verdure face à la Montagne Noire. Intérieur coquet, mobilier ancien, accueil attentif. Cuisine du marché aux accents provençaux ou italiens à déguster dans un cadre contemporain et raffiné.

LACAPELLE-VIESCAMP – 15 Cantal – 330 B5 – 446 h. – alt. 550 m   5 A3
– ⊠ 15150

▶ Paris 547 – Aurillac 19 – Figeac 57 – Laroquebrou 12

🏠 Du Lac ⌖   ⬅ 🚗 🛋 🖳 ch, 🕻 🎿 🅿 VISA 🔴 AE ①

– ℰ 04 71 46 31 57 – www.hoteldulac-cantal.com – Fax 04 71 46 31 64 – Fermé
20 déc.-1ᵉʳ mars, vend. soir, dim. soir et lundi soir de la Toussaint à Pâques
23 ch – †45/60 € ††60/70 €, ⊆ 10 € – ½ P 53/59 €
Rest – (11 €) Menu 17 € (sem.)/41 € – Carte 27/48 €
♦ Accueil convivial dans cet hôtel des années 1950 situé au calme, à proximité du lac de St-Étienne-Cantalès. Côté jardin, les chambres avec balcon ou terrasse sont plus fraîches. Restaurant ouvert sur la nature environnante, plats traditionnels et vins régionaux.

LACAUNE – 81 Tarn – 338 I8 – 2 839 h. – alt. 793 m – Casino   29 D2
– ⊠ 81230 ▮ Midi-Toulousain

▶ Paris 708 – Albi 67 – Béziers 89 – Castres 48
🄳 Office de tourisme, pl. Général-de-Gaulle ℰ 05 63 37 04 98, Fax 05 63 37 03 01

🔡 Le Relais de Fusies   🛋 📶 🕻 🎿 VISA 🔴 AE

2 r. de la République – ℰ 05 63 37 02 03 – www.hotelfusies.fr
– Fax 05 63 37 10 98
30 ch – †58/68 € ††68/78 €, ⊆ 9 € – ½ P 62/67 €
Rest – (fermé dim. soir et lundi) Menu 16/45 € – Carte 29/48 €
♦ Près de l'église, cet hôtel vous reçoit dans ses hall, bar et salon agréablement rétro (mobilier ancien, boiseries). Salles de bains modernes dans les chambres, peu à peu rénovées. Cuisine traditionnelle servie dans une grande salle à manger en partie sous des arcades.

✕✕ Calas avec ch   🚗 🛋 📶 rest, 🛜 VISA 🔴 AE

pl. Vierge – ℰ 05 63 37 03 28 – www.hotel-calas.fr – Fax 05 63 37 09 19
– Fermé 19 déc.-10 janv.
16 ch – †38/46 € ††40/55 €, ⊆ 7 € – ½ P 40/45 €
Rest – (fermé vend. soir, sam. midi et dim. soir d'oct. à Pâques) (14 €) Menu 16 € (déj. en sem.), 22/36 € – Carte 32/55 €
♦ Quatre générations se sont succédé à la tête de cette institution servant une solide cuisine du terroir. Restaurant décoré par des artistes du pays. Chambres colorées (certaines ont été rénovées en 2009).

LACAVE – 46 Lot – 337 F2 – 290 h. – alt. 130 m – ⊠ 46200   29 C1
▮ Périgord Quercy

▶ Paris 528 – Brive-La-Gaillarde 51 – Cahors 58 – Gourdon 26
🄾 Grottes★★.

🏨 Château de la Treyne ⌖   ⬅ ◑ 🚗 🛋 🋝 ✕ 📶 📶 🎿 🅿 VISA 🔴 AE ①

3 km à l'Ouest par D 23, D 43 et voie privée – ℰ 05 65 27 60 60
– www.chateaudelatreyne.com – Fax 05 65 27 60 70 – Ouvert 28 mars-15 nov. et
23 déc.-3 janv.
14 ch – †180/480 € ††180/680 €, ⊆ 24 € – 2 suites – ½ P 210/460 €
Rest – (fermé le midi du mardi au vend.) Menu 48 € (déj.), 96/138 €
– Carte 104/146 €
Spéc. Déclinaison de foie gras. Tournedos de ris de veau braisé et rôti aux truffes, flambé à la vieille prune de Souillac. Jeu de fraises (avril à sept.). **Vins** Cahors, Pécharmant.
♦ Château du 17ᵉ s. dominant la Dordogne, dans un parc avec jardin à la française et chapelle romane (expositions, concerts). Cadre idyllique, chambres somptueuses. Au restaurant, belles boiseries, plafond à caissons et cuisine classique actualisée.

🏨 **Pont de l'Ouysse** (Daniel et Stéphane Chambon) ♨   ← 🚗 🛋 🏊
🏡 – 𝒞 05 65 37 87 04 – www.lepontdelouysse.fr   AK ch, 🛜 P. VISA ©© AE
– Fax 05 65 32 77 41 – Ouvert de mi-mars à mi-nov. et fermé mardi midi et lundi
de mars à juin, lundi midi et mardi midi en juil.-août
14 ch – ♦100/180 € ♦♦100/220 €, ⌷ 16 € – ½ P 140/160 €
Rest – Menu 35 € (déj. en sem.), 55/99 € – Carte 64/157 €🍷
Spéc. Foie de canard "bonne maman". Pommes de terre charlotte en habit
noir de truffe. Millefeuille caramélisé au chocolat et crème légère à la vanille.
Vins Cahors, Vin de pays du Lot.
♦ Adossée à la falaise, une séduisante maison du 19e s. : jolie salle à manger, terrasse
ombragée, promenade aménagée au bord de l'Ouysse. Plats inventifs s'inspirant du Sud-
Ouest.

LAC CHAMBON ★★ – 63 Puy-de-Dôme – 326 E9 – alt. 877 m   **5** B2
– Sports d'hiver : 1 150/1 760 m ⭐9 ⛷ – ✉ 63790 Chambon sur Lac
📗 Auvergne

▶ Paris 456 – Clermont-Ferrand 37 – Condat 39 – Issoire 32

🏠 **Le Grillon**   🚗 🏡 🛜 🔖 P. 🍽 VISA ©©
☺☺ – 𝒞 04 73 88 60 66 – www.hotel-grillon.com – Fax 04 73 88 65 55
📖 – Ouvert 6 fév.-3 nov.
22 ch – ♦42/58 € ♦♦42/58 €, ⌷ 9 € – ½ P 48/55 €
Rest – (fermé lundi midi sauf juil.-août) (15 €) Menu 19 € (sem.)/42 €
– Carte 32/50 €
♦ Voici une affaire familiale bien menée ! Les chambres coquettes et colorées doivent tout à
la recherche décorative de la patronne. La cuisine mi-traditionnelle mi-régionale est l'œuvre
du chef-patron. Service en salle ou sur une terrasse regardant le lac.

🏠 **Beau Site**   ← 🏡 🛜 P. VISA ©© AE ①
☺☺ – 𝒞 04 73 88 61 29 – www.beau-site.com – Fax 04 73 88 66 73 – Ouvert
1er fév.-30 oct.
17 ch – ♦40/45 € ♦♦50/55 €, ⌷ 8 € – ½ P 48/55 €
Rest – (ouvert vacances de fév.-30 oct. et fermé jeudi midi, le midi en mars
et oct. sauf dim.) (13 €) Menu 19/32 € – Carte 30/45 €
♦ Cet hôtel légèrement perché domine le lac. Chambres de tailles variables, tournées vers le
plan d'eau et la plage. Côté cuisine, plats du terroir ! À déguster sur la terrasse ou dans des
salles à manger actuelles, dont les baies vitrées lorgnent vers le rivage.

LAC DE GUÉRY – 63 Puy-de-Dôme – 326 D9 – rattaché au Mont-Dore

---

LAC DE LA LIEZ – 52 Haute-Marne – 313 M6 – rattaché à Langres

---

LAC DE PONT – 21 Côte-d'Or – 320 G5 – rattaché à Semur-en-Auxois

---

LAC DE VASSIVIÈRE – 23 Creuse – 325 I6
– rattaché à Peyrat-le-Château (87 H.-Vienne)

LAC GÉNIN – 01 Ain – 328 H3 – rattaché à Oyonnax

LACHASSAGNE – 69 Rhône – 327 H4 – 893 h. – alt. 368 m – ✉ 69480   **43** E1
▶ Paris 445 – Lyon 30 – Villeurbanne 39 – Vénissieux 43

✕✕ **La Table de Lachassagne**   ← 🏡 P. VISA ©©
850 rte de la colline – 𝒞 04 74 67 14 99 – www.restaurant-lachassagne.com
– Fermé dim. soir et lundi
Rest – (19 €) Menu 28/55 € – Carte 31/49 €
♦ Service aimable et cuisine du terroir actualisée variant au gré des saisons. Coquette salle à
manger et agréable terrasse dominant la vallée de la Saône.

LACROIX-FALGARDE – 31 Haute-Garonne – 343 G3 – rattaché à Toulouse

---

LADOIX-SERRIGNY – 21 Côte-d'Or – 320 J7 – rattaché à Beaune

LAFARE – 84 Vaucluse – **332** D9 – 101 h. – alt. 220 m – ⊠ 84190   **42** E1

▶ Paris 670 – Avignon 37 – Carpentras 13 – Nyons 34

🏠   **Le Grand Jardin** ⌂   ⇐ 🚗 ☆ ⊼ ⅏ Ꮿ ch, ⁽ᵞ⁾ **P** **VISA** ⊕ **AE** ⓪
– ℰ 04 90 62 97 93 – www.legrandjardin.biz – Fax 04 90 65 03 74
– Ouvert 4 mars-2 nov. et fermé mardi midi et lundi
5 ch – ∳70/80 € ∳∳75/102 €, ⊑ 12 € – ½ P 73/85 €
Rest – (16 €) Menu 22/43 € – Carte 22/43 €
◆ Accueil chaleureux en cette construction récente cernée par les vignes des Côtes-du-Rhône. Chambres décorées dans le style provençal. La terrasse fleurie, dressée à l'ombre des canisses, offre une vue sur les Dentelles de Montmirail. Cuisine traditionnelle.

LAGARDE-ENVAL – 19 Corrèze – **329** L4 – 745 h. – alt. 480 m   **25** C3
– ⊠ 19150

▶ Paris 488 – Aurillac 71 – Brive-la-Gaillarde 35 – Mauriac 66

✗   **Auberge du Pays**   �🏠 **VISA** ⊕ **AE**
⊜   rte de l'Étang – ℰ 05 55 27 16 12 – www.aubergedupays.fr – Fax 05 55 27 48 00
– Fermé sept., sam. et dim.
Rest – (10 €) Menu 13 € (déj. en sem.), 22/30 € – Carte 28/39 €
◆ Sympathique maison familiale qui fait aussi bar-tabac. Salle à manger rafraîchie et terrasse où l'on sert une cuisine typiquement locale ; farcedure le jeudi d'octobre à avril.

LAGARRIGUE – 81 Tarn – **338** F9 – rattaché à Castres

LAGRASSE – 11 Aude – **344** G4 – 603 h. – alt. 108 m – ⊠ 11220   **22** B3
▌ Languedoc Roussillon

▶ Paris 819 – Montpellier 133 – Carcassonne 51 – Perpignan 97
🗓 Syndicat d'initiative, 6, boulevard de la Promenade ℰ 04 68 43 11 56,
   Fax 04 68 43 16 34

🏠   **Hostellerie des Corbières**   �🏠 ⁽ᵞ⁾ **VISA** ⊕
9b bd de la Promenade – ℰ 04 68 43 15 22 – www.hostellerie-des-corbieres.com
– Fax 04 68 43 16 56 – fermé 15-30 nov. et 2 janv.-10 fév.
6 ch – ∳70/75 € ∳∳70/95 €, ⊑ 8 € – ½ P 73/86 €
Rest – (fermé merc. du 16 oct. au 15 mars et jeudi du 16 mars au 14 oct.) (18 €)
Menu 23/38 € – Carte 41/55 €
◆ Maison de maître rénovée dans un style actuel, mais au cachet soigneusement préservé. Vieux parquet et mobilier Louis-Philippe. Salle de restaurant contemporaine (tons chocolat et taupe), ouverte sur les vignes par des baies vitrées. Cuisine traditionnelle.

LAGUIOLE – 12 Aveyron – **338** J2 – 1 260 h. – alt. 1 004 m – **Sports**   **29** D1
d'hiver : 1 100/1 400 m ⅀12 ⌘ – ⊠ 12210 ▌ Midi-Toulousain

▶ Paris 571 – Aurillac 79 – Espalion 22 – Mende 83
🗓 Office de tourisme, place de la Mairie ℰ 05 65 44 35 94, Fax 05 65 44 35 76
⛳ de Mezeyrac Soulages, O : 12 km par D 541, ℰ 05 65 44 41 41

🏨🏨   **Grand Hôtel Auguy** (Isabelle Muylaert-Auguy)   🚗 ⊼ 🖥 ⁽ᵞ⁾ 🛁 🞉
⭍   2 allée de l'Amicale – ℰ 05 65 44 31 11 – www.hotel-auguy.fr   **VISA** ⊕
– Fax 05 65 51 50 81 – Ouvert 1ᵉʳavril-4 nov. et fermé dim. soir et
lundi sauf juil.-août
20 ch – ∳60/110 € ∳∳60/110 €, ⊑ 12 € – ½ P 85/110 €
Rest – (fermé dim. soir et mardi sauf juil.-août, lundi sauf le soir en juil.-août et
merc. midi) (nombre de couverts limité, prévenir) (29 €) Menu 48 €
– Carte 63/75 €⅛
Spéc. Foie gras cuit entier et chutney pomme-passion. Côte de bœuf Aubrac
à la plancha avec aligot. Transparent d'aubergine à la crème de fenouil, glace
au thym-citron (juin à sept.). **Vins** Marcillac, Coteaux du Languedoc.
◆ Cette maison de tradition veille à préserver son âme hospitalière. Préférez les chambres côté jardin, plus calmes et plus confortables (quelques balcons). Dans la chaleureuse salle à manger habillée de boiseries, on déguste une cuisine fraîche, colorée et goûteuse, bien ancrée dans l'Aubrac.

Le Relais de Laguiole 🔲 🖼 ⁽¹⁾ 🖈 ⌂ VISA ⓪ AE

espace Les Cayres – 𝒞 *05 65 54 19 66 – www.relais-laguiole.com*
– Fax 05 65 54 19 49 – Ouvert 10 avril-1ᵉʳ nov.
33 ch – †78/178 € ††78/178 €, ⌂ 11 € – ½ P 68/102 €
Rest – *(dîner seult)* Menu 21/36 € – Carte 34/55 €

• Bâtiment moderne au toit d'ardoise hébergeant de vastes chambres fonctionnelles. Grande piscine couverte. Copieux buffet de petits-déjeuners, avec gâteaux maison. Idéal pour les familles. Cuisine traditionnelle sans prétention au restaurant.

Régis sans rest 🔲 🖼 ⁽¹⁾ P VISA ⓪ AE

3 pl. de la Patte d'Oie – 𝒞 *05 65 44 30 05 – www.hotel-regis-laguiole.com*
– Fax 05 65 48 46 44 – Ouvert 10 fév.-15 nov.
20 ch – †39/48 € ††48/128 €, ⌂ 8 €

• Relais de diligences du 19ᵉ s. au cœur de la cité aveyronnaise. Les chambres du 2ᵉ étage offrent plus d'espace et de confort. Agréable piscine sur l'arrière.

La Ferme de Moulhac sans rest 🕭 P

2,5 km au Nord-Est par rte secondaire – 𝒞 *05 65 44 33 25 – http://*
perso.wanadoo.fr/moulhac – Fax 05 65 44 33 25
5 ch ⌂ – †60/65 € ††68/110 €

• Calme, air pur et repos garantis en cette ferme familiale. Jolies chambres mêlant l'ancien et le moderne en toute simplicité. Copieux petit-déjeuner maison et cuisinette à disposition.

à Alpuech 10 km au Nord par D 921 – ✉ 12210

Air Aubrac 🕭 ≤ 🕭 ch, ⁽¹⁾ P VISA ⓪

La Violette, au Sud 5 km par rte de Laguiole – 𝒞 *05 65 44 33 64*
– www.airaubrac.fr – Fax 05 65 44 33 64 – Ouvert 10 avril-3 oct.
5 ch ⌂ – †58 € ††64 € – ½ P 52 € **Table d'hôte** – Menu 20 € bc

• Un pilote de montgolfières (vol possible) vous accueille dans cette ancienne ferme typique alanguie au milieu des pâturages de l'Aubrac. Chambres coquettes et confortables. La patronne prépare une cuisine simple avec les produits du potager et de la région.

à l'Est 6 km par rte de l'Aubrac (D 15) – ✉ 12210 Laguiole

Bras (Michel et Sébastien Bras) 🕭 ≤ 🚗 🖼 ⌂ ch, 🅰 rest, ⁽¹⁾ P

❀❀❀ – 𝒞 *05 65 51 18 20 – www.bras.fr – Fax 05 65 48 47 02* VISA ⓪ AE ①
– Ouvert de début avril à fin oct. et fermé lundi sauf juil.-août
13 ch – †260/577 € ††260/577 €, ⌂ 28 €
Rest – *(fermé mardi midi et merc. midi sauf juil.-août et lundi) (nombre de couverts limité, prévenir)* Menu 116/188 € – Carte 125/197 € 🌐
Spéc. Gargouillou de jeunes légumes. Viandes et volailles de pays. Biscuit tiède au chocolat coulant. **Vins** Marcillac, Gaillac.

• Aubrac, Aubrac... Tel est le chant incantatoire dont résonne cette hôtellerie magique : un vaisseau contemporain qui semble voler au-dessus des hauts plateaux. La cuisine de Sébastien et Michel Bras y puise toutes ses racines : suc du terroir, sève des herbes aromatiques... Ici, l'invention est chant de la terre.

au Golf 12 km à l' Ouest par D541, D213 et rte secondaire

Domaine de Mezeyrac 🕭 🍴 🍽 🕭 ch, 🅰 ch, P VISA ⓪

⚙ – 𝒞 *05 65 44 41 41 – www.golf-laguiole.fr – Ouvert 4 avril-2 nov.*
15 ch – †59/75 € ††59/92 €, ⌂ 9 € – ½ P 55/72 €
Rest – *(résidents seult le soir)* (16 €) Menu 19 € – Carte 19/26 € le midi

• Ancienne ferme reconvertie en hôtellerie et complexe dédié au golf. Grand calme assuré, chambres confortables et vue sur le green. L'ex-grange rustique abrite le restaurant.

LAILLY-EN-VAL – 45 Loiret – **318** H5 – 2 403 h. – alt. 86 m **12** C2
– ✉ 45740

🄳 Paris 158 – Orléans 31 – Blois 42 – Fleury-les-Aubrais 37

Domaine de Montizeau 🕭 ⁽¹⁾ P VISA ⓪

– 𝒞 *02 38 45 34 74 – www.domaine-montizeau.com*
4 ch ⌂ – †75 € ††80/95 € **Table d'hôte** – Menu 28 € bc

• Dans un parc, longère très fleurie propice au farniente. La décoration cosy des chambres fait l'objet de toutes les attentions avec des clins d'œil à la chasse, à l'Italie... Cuisine au goût du jour.

LALACELLE – 61 Orne – **310** I4 – 265 h. – alt. 300 m – ⊠ 61320 32 B3

▶ Paris 208 – Alençon 20 – Argentan 34 – Domfront 42

◨ Château de Carrouges★★ N : 11 km ▮ Normandie Cotentin

⌂ **La Lentillère** 🖼 🕭 📶 **P.** 🚾 ◍ 🖭

rte d'Alençon : 1,5 km par N 12 – 🕾 02 33 27 38 48 – www.lalentillere.fr
– Fax 02 33 27 38 30 – Fermé vacances de Noël, dim. soir et vend. soir de sept.
à mars
8 ch – †45/76 € ††45/76 €, � 8,50 € – ½ P 49/64 €
Rest – (19 €) Menu 25/39 € – Carte environ 37 €
♦ Au bord de la route nationale, cet ancien relais de poste propose des chambres rénovées :
esprit actuel pour la déco et salles de bains avec douche balnéo. Menus de saison et produits
du terroir vous attendent au restaurant (cadre rustique et agréable jardin d'été).

LALINDE – 24 Dordogne – **329** F6 – 2 938 h. – alt. 46 m – ⊠ 24150 4 C1

▶ Paris 537 – Bergerac 23 – Brive-La-Gaillarde 103 – Périgueux 49

🄸 Office de tourisme, Jardin Public 🕾 05 53 61 08 55, Fax 05 53 61 00 64

à St-Capraise-de-Lalinde Ouest, rte de Bergerac : 7 km – 563 h. – alt. 42 m
– ⊠ 24150

✗ **Relais St-Jacques** avec ch 🄰🄲 rest, 🚾 ◍ 🖭
⊖ pl. de l'Église – 🕾 05 53 63 47 54 – Fax 05 53 73 33 52 – Fermé merc.
7 ch – †50 € ††55/75 €, ⊥ 8 € – ½ P 47 €
Rest – Menu 19 € (sem.)/40 € – Carte 33/48 €
♦ À côté de l'église, ancien relais sur la route de Compostelle, dont l'origine remonterait au
13ᵉ s. Intérieur rustique, hospitalité toute périgourdine et plats du terroir.

LALLEYRIAT – 01 Ain – **328** E4 – rattaché à Bourg-en-Bresse

---

LAMAGDELAINE – 46 Lot – **337** E5 – rattaché à Cahors

LAMALOU-LES-BAINS – 34 Hérault – **339** D7 – 2 247 h. – alt. 200 m 22 B2
– Stat. therm. : mi fév.-mi déc. – Casino – ⊠ 34240 ▮ Languedoc Roussillon

▶ Paris 732 – Béziers 39 – Lodève 38 – Montpellier 79

🄸 Office de tourisme, 1, avenue Capus 🕾 04 67 95 70 91, Fax 04 67 95 64 52

▧ de Lamalou-les-Bains Route de Saint-Pons, SE : 2 km par D 908,
🕾 04 67 95 08 47

◉ Église de St-Pierre-de-Rhèdes★ SO : 1,5 km.

◨ St-Pierre-de-Rhèdes★ SO : 1,5 km.

⌂ **L'Arbousier** ⊗ ⪕ 🕭 ⛱ 📶 🛆 **P.** 🄿 **P.** 🍽 🚾 ◍ 🖭

18 r. Alphonse Daudet – 🕾 04 67 95 63 11 – www.arbousierhotel.com
– Fax 04 67 95 67 64 – Fermé 25 janv.-6 fév.
31 ch – †51/63 € ††51/86 €, ⊥ 8,50 € – ½ P 55/66 €
Rest – (13 €) Menu 24/45 € – Carte 29/65 €
♦ Cette demeure de caractère proche des thermes et du casino revoit progressivement sa
décoration et adopte un style actuel plaisant. Préférez les chambres récemment refaites.
Ambiance méridionale – terrasse ombragée de platanes – pour une cuisine traditionnelle.

⌂ **Du Square** sans rest ⅚ 🄰🄲 ⅘ 📶 🚾 ◍

11 av. Mal.-Foch – 🕾 04 67 23 09 93 – www.hoteldusquare.com
– Fax 04 67 23 04 27 – Fermé 12 déc.-31 janv.
14 ch – †42/50 € ††44/52 €, ⊥ 7 €
♦ Construction de type motel proposant des chambres de plain-pied sobrement décorées
mais pratiques, plus au calme sur l'arrière. Certaines bénéficient d'une petite terrasse.

✗✗ **Les Marronniers** 🕭 🄰🄲 🚾 ◍ 🖭
⊖ 8 av. Capus, (D 22) – 🕾 04 67 95 76 00 – Fax 04 67 95 29 75 – Fermé
10 janv.-3 fév., merc. soir hors saison, dim. soir et lundi
Rest – Menu 14/61 € bc – Carte 23/32 €
♦ Un accueil avenant vous est réservé dans cette maison légèrement excentrée. La table
honore une cuisine traditionnelle, à savourer dans un cadre chaleureux orné de tableaux.

LAMALOU-LES-BAINS

à Combes 10 km à l'Ouest par D 908 et D 180 – 307 h. – alt. 480 m – ⌧ 34240

🍴 **Auberge de Combes** ≤ 🏡 AC VISA ⚫⚫
– ℰ 04 67 95 66 55 – Fax 04 67 95 63 49 – Fermé janv., dim. soir sauf juil.-août et lundi
Rest – Menu 22 € bc, 28/60 € – Carte 35/60 €

◆ Cette auberge authentique, au cadre contemporain, donne sur le superbe Parc du Haut-Languedoc. Cuisine réalisée à quatre mains (père et fils), conjuguant tradition et goût du jour.

LAMASTRE – 07 Ardèche – **331** J4 – 2 526 h. – alt. 375 m – ⌧ 07270 **44** B2
📘 Lyon Drôme Ardèche

▶ Paris 577 – Privas 55 – Le Puy-en-Velay 72 – St-Étienne 90

🅸 Office de tourisme, place Montgolfier ℰ 04 75 06 48 99, Fax 04 75 06 37 53

🍴🍴 **Midi** (Bernard Perrier) VISA ⚫⚫ AE
✿ pl. Seignobos – ℰ 04 75 06 41 50 – Fax 04 75 06 49 75
– Fermé 22-27 juin, fin déc. à fin janv., vend. soir, dim. soir et lundi
Rest – Menu 39/90 €

Spéc. Salade tiède de foie gras de canard et champignons des bois. Poularde de Bresse en vessie. Soufflé glacé aux marrons de l'Ardèche. **Vins** Saint-Joseph, Saint-Péray.

◆ Cette maison située au cœur du village a su conserver son charme d'autrefois. Confortable salle de restaurant où l'on propose une cuisine classique réalisée avec brio.

LAMBALLE – 22 Côtes-d'Armor – **309** G4 – 11 037 h. – alt. 55 m **10** C2
– ⌧ 22400 📘 Bretagne

▶ Paris 431 – Dinan 42 – Rennes 81 – St-Brieuc 21

🅸 Office de tourisme, place du Champ de Foire ℰ 02 96 31 05 38,
Fax 02 96 50 88 54

🅾 Haras national ★.

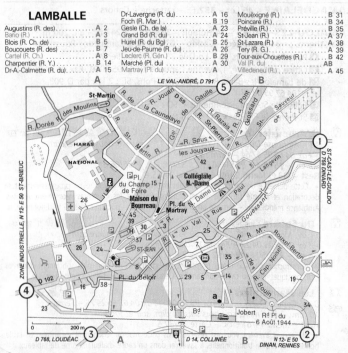

812

LANGRES

Aubert (R.) . . . . Y
Barbier-d'Aucourt (R.) . . . . . . Y 3
Beligné (R. Ch.) . . . . Y 4
Belle-Allée (La) . . . . Y 5
Boillot (R.) . . . . Y 6
Boulière (Porte) . . . . Y
Boulière (R.) . . . . Y 7
Canon (R.) . . . . Y 8
Centenaire (Pl. du) . . . . Y 10
Chambrûlard (R.) . . . . X 12
Chavannes (R. des) . . . . Z 13
Crémaillière (R. de la) . . . . . . Y 14
Croc (R. du) . . . . Y 15
Denfert-Rochereau (R.) . . . . . . Z 16
Diderot (Pl.) . . . . Y
Diderot (R.) . . . . YZ
Durand (R. Pierre) . . . . Y 17
Duvet (Pl. J.) . . . . Y
États-Unis (Pl. des) . . . . Z
Gambetta (R.) . . . . Y 18
Grand-Bie (R. du) . . . . Y 19
Grand-Cloître (R. du) . . . . Y 20
Grouchy (Pl. Col.-de) . . . . Z 21
Hôtel-de-Ville (Porte de l') . . . . Y
Jenson (Pl.) . . . . Z
Lambert-Payen (R.) . . . . Y 24
Lattre-de-Tassigny (Bd Mar.-de) . . . . YZ
Leclerc (R. Général) . . . . Y 25
Lescornel (R.) . . . . Y 26
Longe-Porte (Porte de) X
Longe-Porte (R. de) . . . . X 27
Mance (Square J.) . . . . Y 28
Minot (R.) . . . . Z 31
Morlot (R. Card.) . . . . Y 32
Roger (R.) . . . . Y 33
Roussat (R. Jean) . . . . Y 35
St-Didier (R.) . . . . Y 36
Tassel (R.) X
Terreaux (R. des) . . . . Y 37
Tournelle (R. de la) . . . . Y 39
Turenne (R. de) . . . . Y 41
Ursulines (R. des) . . . . Y 43
Verdun (Pl. de) X
Walferdin (R.) . . . . Y 44
Ziegler (Pl.) . . . . Y 45

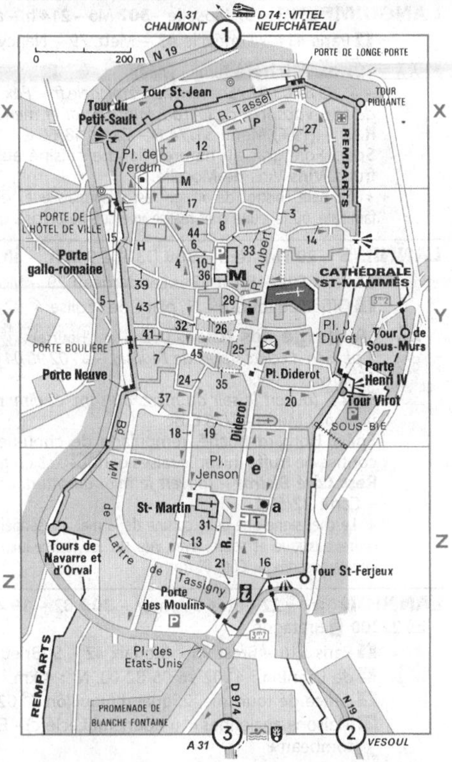

Grand Hôtel de L'Europe
23 r. Diderot – ✆ 03 25 87 10 88 – Fax 03 25 87 60 65 – Fermé dim. soir du 15 nov. au 15 avril Ze
26 ch – 57/67 € 69/83 €, 10 € – ½ P 57/66 €
Rest – (13 €) Menu 18 € (sem.)/47 € – Carte 20/65 €
◆ À l'intérieur des remparts, ancien relais de poste bordant la rue principale de la vieille ville. Chambres spacieuses, plus calmes sur l'arrière. Boiseries claires, parquet et mobilier campagnard plantent le décor du restaurant attenant au bar de l'hôtel.

au Lac de la Liez par ②, N 19 et D 284 : 6 km – ✉ 52200 Langres

Auberge des Voiliers avec ch
1 r. des Voiliers, (lac de la Liez) – ✆ 03 25 87 05 74 – www.hotel-voiliers.com – Fax 03 25 87 24 22 – Ouvert 18 mars-15 nov. et fermé mardi midi hors saison, dim. soir et lundi
10 ch – 45/50 € 55/100 €, 8 €
Rest – (16 €) Menu 22/52 € – Carte 22/49 €
◆ Une auberge idéalement placée au bord du lac. Salle de restaurant ornée d'une fresque ; véranda pour profiter de la vue. Petites chambres climatisées sur le thème nautique.

Comment choisir, dans une localité, entre deux adresses de même catégorie ? Sachez que dans chacune d'elles, les établissements sont classés par ordre de préférence : les meilleures adresses d'abord.

LANGUIMBERG – 57 Moselle – 307 M6 – 214 h. – alt. 290 m – ⊠ 57810   27 C2

▶ Paris 411 – Lunéville 43 – Metz 79 – Nancy 65

XX **Chez Michèle** (Bruno Poiré)   ⛱ *VISA* ◉◉ AE
ⓈⒼ – ℰ 03 87 03 92 25 – www.chezmichele.fr – Fax 03 87 03 93 47 – *Fermé vacances de fév., vacances de la Toussaint mardi et merc.*
Rest – (19 €) Menu 31/74 € – Carte 48/60 €
Spéc. Foie gras au naturel. Sandre cuisiné au gré des saisons. Macarons aux fruits. **Vins** Vins de Moselle.
♦ Le petit "bistrot de village" est désormais une belle étape gourmande à l'atmosphère familiale, où le jeune chef réalise une cuisine précise, généreuse et inventive sans excès.

LANNILIS – 29 Finistère – 308 D3 – 4 948 h. – alt. 48 m – ⊠ 29870   9 A1

▶ Paris 599 – Brest 23 – Landerneau 29 – Morlaix 63
🛈 Office de tourisme, 1, place de l'Église ℰ 02 98 04 05 43, Fax 02 98 04 05 43

XX **Auberge des Abers** (Jean-Luc L'Hourre)   *VISA* ◉◉ AE
ⓈⒼ 5 pl. Gén. Leclerc, (près de l'église) – ℰ 02 98 04 00 29 – *Fermé 30 sept.-15 oct. et 15 janv.-1er fév.*
Rest – *(ouvert le soir du merc. au sam. et dim. midi) (nombre de couverts limité, prévenir)* Menu 48/78 € bc
Spéc. Homard poché, rémoulade de chou-fleur, huiles parfumées (été). Bar contisé de truffe (hiver). Fraises gariguettes en gelée tremblotante (printemps).
Rest *Côté Bistrot* – *(ouvert le midi du mardi au sam.)* Menu 22/27 € – Carte 22/50 €
♦ Le chef signe une belle cuisine de la mer, personnelle et gourmande, à déguster dans un cadre classique et sobre, avec vue sur les fourneaux. Cours de cuisine le mardi soir. Plats familiaux servis au Côté Bistrot.

LANNION ‹◎› – 22 Côtes-d'Armor – 309 B2 – 19 459 h. – alt. 12 m   9 B1
– ⊠ 22300 ▮ Bretagne

▶ Paris 516 – Brest 96 – Morlaix 42 – St-Brieuc 65
✈ de Lannion : ℰ 02 96 05 82 00, N : 4 km.
🛈 Office de tourisme, 2, quai d'Aiguillon ℰ 02 96 46 41 00, Fax 02 96 37 19 64
◎ Maisons anciennes★ (pl.Général Leclerc) - Église de Brélévenez★ : mise au tombeau★

⌂ **Manoir du Launay** sans rest ⏃   ⛱ ⚙ 📞 📵 🅿
chemin de Ker Ar Faout, à Servel, 3 km au Nord-Ouest par D 21
– ℰ 02 96 47 21 24 – www.manoirdulaunay.com – Fax 02 96 47 21 24
5 ch ⏛ – †83/118 € ††90/125 €
♦ Salon cossu, mobilier ancien, décor personnalisé dans les chambres spacieuses et soignées : ce manoir du 17 e s. concilie le charme d'hier et le confort d'aujourd'hui. Parc.

rte de Perros-Guirec 5 km par D 788 – ⊠ 22300 Lannion

🏠 **Arcadia**   ⛱ ⛱ 📺 & ⚙ 🅿 *VISA* ◉◉ AE
ⓈⒼ Crec'h-Quillé – ℰ 02 96 48 45 65 – www.hotel-arcadia.com – Fax 02 96 48 15 68
– *Fermé 17 déc.-2 janv.*
29 ch – †50/65 € ††52/90 €, ⏛ 7 € – ½ P 46/53 €
Rest – (13 €) Menu 16/20 € – Carte 19/47 €
♦ Pas loin du CNET, hôtel d'aspect récent disposant de chambres sobrement contemporaines, dont six ont été créées en 2009 ; quelques duplex. Bar-billard ; piscine sous véranda. Repas simples et grillades servis au restaurant qui jouxte l'hôtel.

à La Ville-Blanche par rte de Tréguier : 5 km sur D 786 – ⊠ 22300 Rospez

XXX **La Ville Blanche** (Jean-Yves Jaguin)   🅿 *VISA* ◉◉ AE ◉
ⓈⒼ – ℰ 02 96 37 04 28 – www.la-ville-blanche.com – Fax 02 96 46 57 82
– *Fermé 28 juin -7 juil., 20 déc.-29 janv., dim. soir et merc. sauf juil.-août et lundi*
Rest – *(prévenir le week-end)* Menu 30 € bc (sem.)/71 € – Carte 68/91 €⅛
Spéc. Saint-Jacques des Côtes d'Armor (oct. à mars). Homard rôti au beurre salé, ses pinces en ragoût (avril à mi-nov.). Parfait glacé à la menthe et au chocolat.
♦ Délicieuse maison de famille aux décors épuré et classique. La cuisine du chef, savoureuse et personnalisée, est subtilement relevée par les fines herbes du jardin potager.

LANS-EN-VERCORS – 38 Isère – **333** G7 – 2 297 h. – alt. 1 120 m   **45** C2
– Sports d'hiver : 1 020/1 980 m ≼16 ⅙ – ⊠ 38250

> ▶ Paris 576 – Grenoble 27 – Villard-de-Lans 8 – Voiron 37
>
> 🛈 Office de tourisme, 246, avenue Léopold Fabre ℰ 08 11 46 00 38,
> Fax 04 76 95 47 99

🏠   **Le Val Fleuri**   ≼ 🛋 🛉 ⁿ⁰ 🅿 🚗 ᴠɪѕᴀ ⊙⊙ ᴀᴇ
    730 av. L. Fabre – ℰ *04 76 95 41 09*
    – *www.le-val-fleuri.com* – *Fax 04 76 94 34 69*
    – *Ouvert 1ᵉʳ-15 mars, 7mai-19 sept., 17 déc.-13 mars et fermé dim. soir et lundi
hors vacances scolaires*
    14 ch – ♦41/69 € ♦♦41/69 €, ⊇ 10 € – ½ P 54/68 €   **Rest** – (17 €) Menu 26 €
    ♦ Le temps semble s'être arrêté dans cette jolie demeure de 1928 au cachet rétro pieuse-
ment conservé. Chambres très bien tenues, parfois dotées de meubles et lampes Art déco.
Belle salle à manger 1930, terrasse sous les tilleuls et recettes traditionnelles.

au col de la Croix-Perrin Sud-Ouest : 4 km par D 106
– ⊠ 38250 Lans-en-Vercors

🍴   **Auberge de la Croix Perrin** avec ch ⅗   ≼ 🛋 🛉 ⁿ⁰ 🔥 🅿 ᴠɪѕᴀ ⊙⊙
⊗⊗   *col de la Croix-Perrin* – ℰ *04 76 95 40 02* – *www.vercors-hotel.com*
    – *Fax 04 76 94 33 10* – *Fermé 10 avril-15 mai et 23 oct.-18 déc.*
    9 ch – ♦41/45 € ♦♦46/60 €, ⊇ 8 € – ½ P 45/53 €
    Rest – *(fermé merc. et le soir en sem. sauf vacances scolaires)* Menu 16 € (déj.
en sem.), Carte 24/32 € – Carte 19/39 €
    ♦ Le restaurant de cette sympathique ex-maison forestière cernée par les sapins profite
d'une vue dégagée. Cuisine du terroir à midi, plus inventive le soir. Chambres coquettes.

LANTOSQUE – 06 Alpes-Maritimes – **341** E4 – 1 224 h. – alt. 550 m   **41** D2
– ⊠ 06450

> ▶ Paris 883 – Nice 51 – Puget-Théniers 53 – St-Martin-Vésubie 16
>
> 🛈 Syndicat d'initiative, Mairie ℰ 04 93 03 00 02, Fax 04 93 03 03 12

🍴   **La Source**   🛋 🛉 ᴠɪѕᴀ ⊙⊙ ᴀᴇ
    Montée des casernes, D 373 – ℰ *04 93 03 05 44* – *www.lasource-lantosque.com*
    – *Fermé 3-31 oct., dim. soir et lundi*
    Rest – *(nombre de couverts limité, prévenir)* Menu 23 € – Carte 25/45 €
    ♦ Cette table propose une cuisine traditionnelle réalisée sans chichi autour de produits de
saison. Suggestions à l'ardoise. Cadre actuel chaleureux et agréable terrasse.

LAON 🅿 – 02 Aisne – **306** D5 – 26 522 h. – alt. 181 m – ⊠ 02000   **37** D2
▌ Nord Pas-de-Calais Picardie

> ▶ Paris 141 – Reims 62 – St-Quentin 48 – Soissons 38
>
> 🛈 Office de tourisme, place du Parvis Gautier de Mortagne ℰ 03 23 20 28 62,
> Fax 03 23 20 68 11
>
> 🖼 de l'Ailette à Cerny-en-Laonnois, S : 16 km par D 967, ℰ 03 23 24 83 99
>
> ◉ Site★★ - Cathédrale Notre-Dame★★ : nef★★★ - Rempart du Midi et porte
> d'Ardon★ CZ - Abbaye St-Martin★ BZ - Porte de Soissons★ ABZ - Rue
> Thibesard ≼★ BZ - Musée★ et chapelle des Templiers★ CZ.

Plans pages suivantes

🏠   **La Bannière de France**   🍴 ⁿ⁰ 🔥 🚗 ᴠɪѕᴀ ⊙⊙ ᴀᴇ ⓪
    11 r. F. Roosevelt – ℰ *03 23 23 21 44*
    – *www.hoteldelabannieredefrance.com* – *Fax 03 23 23 31 56*
    – *Fermé 15 juil.-1ᵉʳ août, 22 déc.-9 janv.*   **BCZt**
    18 ch – ♦58/75 € ♦♦70/85 €, ⊇ 9 € – ½ P 65/70 €
    Rest – *(Fermé sam. midi et merc.)* (16 €) Menu 22/56 € – Carte 24/69 €
    ♦ Ce relais de poste de la ville haute édifié en 1685, accueillit le premier cinéma laonnois
dans sa salle de banquets (années 1920). Chambres simples. Le restaurant tout en longueur,
classiquement aménagé, possède un charme vieille France.

🏠 **Hostellerie St-Vincent** 🛜 & ch. 🛜 🖧 **P** 𝖵𝖨𝖲𝖠 ⊕ 🆎

111 av. Ch. de Gaulle, par ② – ℰ 03 23 23 42 43 – www.stvincent-laon.com
– Fax 03 23 79 22 55
47 ch – †60/65 € ††60/65 €, ⊇ 8 € – ½ P 78/83 €
Rest – (fermé dim.) (13 €) Menu 19 € – Carte 17/37 €

♦ Établissement moderne de type motel bâti au pied de l'ancienne capitale carolingienne perchée sur son rocher. Chambres fonctionnelles. Spacieuse salle de restaurant où la gastronomie alsacienne est à l'honneur.

XXX **Zorn - La Petite Auberge** ⇔ 𝖵𝖨𝖲𝖠 ⊕ 🆎

45 bd Brossolette – ℰ 03 23 23 02 38
– www.zorn-lapetiteauberge.com – Fax 03 23 23 31 01
– Fermé vacances de Pâques, 1er-15 août, vacances de fév., sam. midi, lundi soir
et dim. sauf fériés   CYa
Rest – (17 €) Menu 27/53 € – Carte 60/75 €🕮
Rest *Bistrot St-Amour* – (11 €) Menu 14/17 € – Carte environ 30 €

♦ Dans la ville basse, salle à manger totalement revue dans un esprit contemporain : lignes épurées, tons sobres, luminaires modernes. Cuisine ad hoc dans l'air du temps et formule express servies dans le décor tout simple du Bistrot St-Amour.

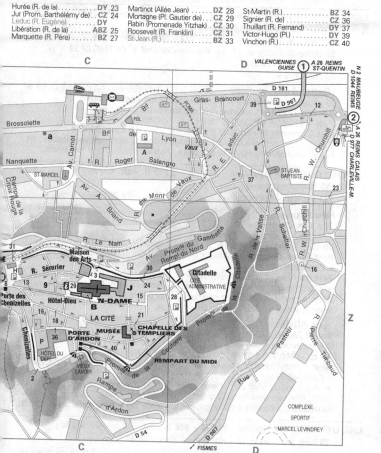

à Samoussy par ② et D 977 : 13 km – 379 h. – alt. 84 m – ⊠ 02840

✕✕✕ Le Relais Charlemagne

4 rte de Laon – ✆ 03 23 22 21 50 – www.lerelaischarlemagne.fr
– Fax 03 23 22 18 75 – Fermé 1er-16 août, vacances de fév., merc. soir, dim. soir, soir fériés et lundi
Rest – (24 €) Menu 43/55 € – Carte 53/62 €

♦ Berthe, la mère de Charlemagne, était originaire de ce village. La maison abrite deux salles feutrées ; l'une d'elles s'ouvre sur le jardin. Cuisine classique.

à Chamouille par D 967 DZ : 13 km – 234 h. – alt. 112 m – ⊠ 02860

Du Golf de l'Ailette ⊗

23 rue du chemin des dames, (parc nautique de l'Ailette), 0,5 km au Sud par D 967 – ✆ 03 23 24 84 85 – www.ailette.net – Fax 03 23 24 81 20
58 ch – †80/95 € ††85/105 €, ☲ 13 € – ½ P 83 €
Rest – Menu 26 € – Carte 29/48 €

♦ Bâtiment moderne isolé sur la rive d'un vaste plan d'eau équipé pour les sports nautiques. Chambres spacieuses dotées de loggias ; golf. Salle à manger contemporaine et terrasse dressée au bord de la piscine, sur les berges du parc nautique de l'Ailette.

LAPALISSE – 03 Allier – **326** I5 – 3 217 h. – alt. 280 m – ✉ 03120   **6** C1

▌Auvergne

  ▶ Paris 346 – Digoin 45 – Mâcon 122 – Moulins 50

  🛈 Office de tourisme, 26, rue Winston Churchill ℰ 04 70 99 08 39,
  Fax 04 70 99 28 09

  ◎ Château★★.

XX **Galland** avec ch   ⁽ᵗᵖⁱ⁾ ⅀ 🄿 VISA ⚏
  20 pl. de la République – ℰ 04 70 99 07 21 – www.hotelgalland.fr
  – Fax 04 43 23 41 15 – Fermé dim. soir sauf juil.-août et lundi
  7 ch – ♦50/65 € ♦♦50/65 €, ⅀ 8 € – ½ P 50/68 €
  Rest – *(prévenir le week-end)* (16 €) Menu 25/57 € – Carte 39/63 €
  ♦ Plats actuels mettant à l'honneur les produits régionaux, servis dans une élégante salle à
  manger contemporaine égayée de tons pastel. Chambres confortables et bien tenues.

LAPOUTROIE – 68 Haut-Rhin – **315** H8 – 2 057 h. – alt. 420 m   **1** A2
– ✉ 68650 ▌Alsace Lorraine

  ▶ Paris 430 – Colmar 21 – Munster 31 – Ribeauvillé 20

🏨 **Du Faudé**   🚲 🖥 🛥 🛗 ⅄ 🄿 VISA ⚏ 🄰🄴 🄞
  28 r. Gén. Dufieux – ℰ 03 89 47 50 35 – www.faude.com – Fax 03 89 47 24 82
  – Fermé 7-26 mars et 7-26 nov.
  30 ch – ♦57/77 € ♦♦63/98 €, ⅀ 13 € – 2 suites – ½ P 72/107 €
  Rest Faudé Gourmet – *(fermé mardi et merc.)* (20 €) Menu 31/78 €
  – Carte 60/76 € ⊕
  Rest Au Grenier Welche – *(fermé mardi et merc.)* Menu 20/29 € – Carte 31/51 €
  ♦ Chambres confortables, plus grandes et rénovées à l'annexe. Joli jardin bordé par une
  rivière. Au Faudé Gourmet, carte et décor dans l'air du temps, riche carte des vins. Plats du
  terroir et service en tenue locale au Grenier Welche.

🏨 **Les Alisiers** 🐾   ⇐ 🚲 🖥 🛗 🄿 VISA ⚏
  lieu-dit Faudé, 3 km au Sud-Ouest par rte secondaire – ℰ 03 89 47 52 82
  – www.alisiers.com – Fax 03 89 47 22 38 – Fermé 4 janv.-4 fév.
  16 ch – ♦60/130 € ♦♦60/130 €, ⅀ 10 € – ½ P 70/110 €
  Rest – *(fermé lundi et mardi d' oct. à mai)* *(prévenir le week-end)* Menu 26/45 €
  – Carte 40/59 €
  ♦ À 700 mètres d'altitude, auberge pleine de charme, autrefois ferme du pays Welche
  (1819). Chambres chaleureuses, à la façon d'un chalet contemporain. Belle vue sur le vallon.
  Le restaurant, panoramique et rustique, met à l'honneur les recettes alsaciennes et actuelles.

LAQUENEXY – 57 Moselle – **307** I4 – 988 h. – alt. 300 m – ✉ 57530   **27** C1

  ▶ Paris 344 – Metz 17 – Nancy 63 – Thionville 43

X **Les Jardins Fruitiers de Laquenexy**   ⇐ 🛗 🕀 ⇄ 🄿 VISA ⚏
  4 r. Bourger-et-Perrin – ℰ 03 87 35 01 00 – www.jardinsfruitiersdelaquenexy.com
  – Fax 03 87 35 01 09 – Ouvert d'avril à oct. et fermé lundi et mardi
  Rest – *(déj. seult)* *(nombre de couverts limité, prévenir)* (15 € bc) Menu 20 €
  – Carte environ 22 €
  ♦ Belle terrasse ouverte sur un étonnant jardin abritant plus de mille variétés d'arbres frui-
  tiers. Cuisine actuelle utilisant fruits et légumes du potager. Boutique gourmande.

LAQUEUILLE – 63 Puy-de-Dôme – **326** D9 – 397 h. – alt. 1 000 m   **5** B2
– ✉ 63820

  ▶ Paris 455 – Aubusson 74 – Clermont-Ferrand 40 – Mauriac 73

au Nord-Est : 2 km par D 922 et rte secondaire – ✉ 63820 Laqueuille

🏠 **Auberge de Fondain** 🐾   ⇐ 🚲 🖥 ⁽ᵗᵖⁱ⁾ 🄿 VISA ⚏
⚏ *Fondain* – ℰ 04 73 22 01 35 – www.auberge-fondain.com – Fax 04 73 22 02 81
  – Fermé en nov.
  6 ch – ♦36/60 € ♦♦48/80 €, ⅀ 8 €
  Rest – *(prévenir)* Menu 17/25 €
  ♦ Une demeure bourgeoise ancienne perdue en pleine nature, des chambres personnalisées
  sur le thème des fleurs, des VTT, un fitness... Une vraie mise au vert ! Décor rustique au res-
  taurant pour une cuisine traditionnelle : plats auvergnats à l'ardoise.

LARAGNE-MONTÉGLIN – 05 Hautes-Alpes – **334** C7 – 3 484 h. **40** B2
– alt. 571 m – ⊠ 05300

> ▶ Paris 687 – Digne-les-Bains 58 – Gap 40 – Sault 60
> ⚠ Office de tourisme, place des Aires 𝒞 04 92 65 09 38, Fax 04 92 65 28 41

🏠 **Chrisma** sans rest   🍴 **P** 🚗 *VISA* **©©**
rte de Grenoble – 𝒞 04 92 65 09 36 – Fax 04 92 65 08 12
– Ouvert 1ᵉʳ mars-30 nov.
8 ch – †45/50 € ††45/50 €, ⊇ 6 €
♦ L'agréable jardin et sa terrasse sont les atouts de cet hôtel bâti au pied de la montagne de Chabre, célèbre pour son site de vol libre. Chambres spacieuses, bien rénovées.

🏠 **Les Terrasses**   ≤ 🍴 🛏 **P** 🚗 *VISA* **©©** **AE**
av. de Provence, (D 1075) – 𝒞 04 92 65 08 54 – Fax 04 92 65 21 08
– Ouvert 1ᵉʳ avril-1ᵉʳ nov.
15 ch – †30/53 € ††45/53 €, ⊇ 7 € – ½ P 52 €
Rest – (ouvert 1ᵉʳ mai-1ᵉʳ oct.) (dîner seult) (17 €) Menu 22 €
– Carte 23/33 €
♦ Petit hôtel familial aux chambres modestes et très bien tenues ; côté jardin, plus au calme, elles possèdent une terrasse d'où l'on aperçoit le village et le mont Chabre. Repas traditionnel dans une salle aux tons ensoleillés ou sous la pergola tapissée de vigne vierge.

✗ **L'Araignée Gourmande**   **AC** *VISA* **©©** **①**
8 r. de la Paix – 𝒞 04 92 65 13 39
– Fermé 16-30 nov., vacances de Noël, 15 fév.-5 mars, dim. soir sauf d' oct.
à avril, mardi soir et merc.
Rest – (11 €) Menu 25/48 € – Carte 35/45 €
♦ Table familiale rondement menée qui, malgré un décor modeste, a toutes les qualités : cuisine traditionnelle où goût et simplicité font bon ménage, service souriant, prix doux.

LARÇAY – 37 Indre-et-Loire – **317** N4 – 2 254 h. – alt. 82 m – ⊠ 37270 **11** B2

> ▶ Paris 243 – Angers 134 – Blois 55 – Poitiers 103

🏠 **Manoir de Clairbois** sans rest   🔊 🛏 **P** *VISA* **©©** **①**
2 imp. du Cher – 𝒞 02 47 50 59 75 – www.manoirdeclairbois.com
– Fax 02 47 50 59 76
3 ch ⊇ – †115/140 € ††115/140 €
♦ Le Cher longe le parc de ce manoir du 19ᵉ s. Décor soigné composé de beaux meubles d'époque dans les parties communes et les chambres (vastes, claires, avec une bonne literie).

✗✗✗ **Les Chandelles Gourmandes**   **AC** *VISA* **©©** **AE**
44 r. Nationale – 𝒞 02 47 50 50 02 – www.chandelles-gourmandes.fr
– Fax 02 47 50 55 94 – Fermé 26 juil.-3 août, 25 août-2 sept., 23-29 déc., dim.
soir, mardi midi et lundi
Rest – Menu 39/70 € – Carte 35/65 €
♦ Poutres, cheminée et objets chinés décorent la salle de ce restaurant situé sur une rive du Cher. Cuisine du terroir personnalisée, poissons de Loire, aloses, lamproies...

LE LARDIN-ST-LAZARE – 24 Dordogne – **329** I5 – 2 000 h. **4** D1
– alt. 86 m – ⊠ 24570

> ▶ Paris 503 – Brive-la-Gaillarde 28 – Lanouaille 38 – Périgueux 47

au Sud : 4 km par D 704, D 62 et rte secondaire – ⊠ 24570 Condat-sur-Vézère :

🏨 **Château de la Fleunie** 🌿   ≤ 🔊 🛏 🏊 🎰 ✗ ⅙ ch, 🍴 🏋 **P**
– 𝒞 05 53 51 32 74 – www.lafleunie.com   *VISA* **©©** **AE** **①**
– Fax 05 53 50 58 98 – Fermé 1ᵉʳdéc.-28 fév.
33 ch – †70/90 € ††70/180 €, ⊇ 14 € – ½ P 75/140 €
Rest – Menu 27/40 €
♦ Château féodal entouré d'un parc avec enclos animalier et piscine. Les chambres de caractère (poutres, vieilles pierres) y sont moins grandes que dans la bâtisse attenante. Cuisine classique à déguster dans une salle à manger "châtelaine" dotée d'une belle cheminée.

à Coly Sud-Est : 6 km par D 74 et D 62 – 218 h. – alt. 113 m – ⊠ 24120

◎ Église★★ de St-Amand-de-Coly SO : 3 km, ▌ Périgord Quercy.

🏠🏠 **Manoir d'Hautegente** ॐ   🍷 🎣 ⏚ � ⑪ 🏊 Ⓟ ⓋⒾⓈ ⊕⊕
– 𝒞 05 53 51 68 03 – www.manoir-hautegente.com – Fax 05 53 50 38 52
– Ouvert 1er mai-15 oct.
17 ch – †95/250 € ††95/250 €, ⊑ 14 € – ½ P 113/190 €
Rest – Menu 35/90 € bc
♦ Dans un parc traversé par une rivière, ancien moulin du 14e s. tapissé de vigne vierge. Intérieur cosy aux meubles anciens, beau salon-bar dans l'ex-forge. Coquettes salles à manger voûtées en enfilade et terrasse-pergola au bord de l'eau. Cuisine du marché.

LARDY – 91 Essonne – 312 C4 – 5 694 h. – alt. 70 m – ⊠ 91510   **18** B2
◪ Paris 46 – Évry 29 – Boulogne-Billancourt 49 – Montreuil 47

✗✗ **Auberge de l'Espérance**   🎣 ⇄ ⓋⒾⓈ ⊕⊕
80 Grande-Rue – 𝒞 01 69 27 40 82 – Fermé 7-31 août, vacances de fév., merc. soir, jeudi soir, dim. soir et lundi
Rest – (19 €) Menu 31/39 € bc – Carte environ 38 €
♦ Au cœur de ce charmant village de l'Essonne, une auberge au cadre frais et lumineux où l'on se régale d'une bonne cuisine actuelle. Petit patio-terrasse pour les beaux jours.

LARGENTIÈRE ⬅▶ – 07 Ardèche – 331 H6 – 1 834 h. – alt. 240 m   **44** A3
– ⊠ 07110 ▌ Lyon Drôme Ardèche
◪ Paris 645 – Alès 66 – Aubenas 18 – Privas 49
🄸 Office de tourisme, 8, rue Camille Vielfaure 𝒞 04 75 39 14 28,
Fax 04 75 39 23 66
◎ Le vieux Largentière★.

à Rocher Nord : 4 km par D 5 – 269 h. – alt. 353 m – ⊠ 07110

🏠 **Le Chêne Vert** ॐ   ⇐ 🎣 ⅃ ᴸᵇ ⏚ ᴄʰ, ᴷᶜ ch, ⑪ Ⓟ ⓋⒾⓈ ⊕⊕
– 𝒞 04 75 88 34 02 – www.hotellechenevert.com – Fax 04 75 88 33 85 – Ouvert
1er avril-31 oct. et fermé lundi et mardi en oct.
25 ch – †61/83 € ††61/83 €, ⊑ 10 € – ½ P 55/73 €
Rest – (fermé lundi midi) Menu 20/37 € – Carte 40/55 €
♦ Aux confins du Vivarais et des Cévennes, adresse conviviale disposant de chambres pratiques ; certaines, dotées d'un balcon, offrent le coup d'œil sur la jolie piscine. À table, plats traditionnels et recettes régionales servis dans un sobre cadre actuel.

à Sanilhac Sud : 7 km par D 312 – 374 h. – alt. 420 m – ⊠ 07110

🏠 **Auberge de la Tour de Brison** ॐ   ⇐ 🚗 ⅃ ✗ 📱 ⏚ ch, ᴷᶜ ch,
⊛   à la Chapelette – 𝒞 04 75 39 29 00 – www.belinbrison.com   ⑪ Ⓟ ⓋⒾⓈ ⊕⊕
📧   – Fax 04 75 39 19 56 – Ouvert 1er avril-31 oct. et fermé merc. sauf de juin à août
14 ch – †63/90 € ††63/90 €, ⊑ 8,50 € – ½ P 64/80 €
Rest – (prévenir) Menu 29 € – Carte 26/37 € le midi🎋
♦ De cette accueillante auberge bâtie à flanc de colline, la vue plonge sur la vallée et sur le plateau du Coiron. Chambres actuelles, jardin et superbe piscine à débordement. Au restaurant : ambiance chaleureuse, terrasse panoramique et bonne cuisine du terroir.

LARMOR-BADEN – 56 Morbihan – 308 N9 – 847 h. – alt. 10 m   **9** A3
– ⊠ 56870
◪ Paris 474 – Auray 15 – Lorient 59 – Pontivy 66
🄸 Office de tourisme, 24, rue Pen Lannic 𝒞 02 97 58 01 26
◎ Cairn ★★ de l'île Gavrinis : 15 mn en bateau.

🏠 **Aub. du Parc Fétan**   ⅃ ⏚ ᴷᶜ rest, Ⓟ ⓋⒾⓈ ⊕⊕
17 r. Berder – 𝒞 02 97 57 04 38 – www.hotel-parcfetan.com – Fax 02 97 57 21 55
– Ouvert 14 fév.-15 nov.
25 ch – †45/75 € ††45/75 €, ⊑ 8 € – ½ P 53/68 €
Rest – (fermé merc. soir sauf juil.-août et sam. midi) (15 €) Menu 22/34 €
– Carte 27/49 €
♦ À proximité d'une petite plage, cet hôtel, convivial et parfaitement tenu, est doté de chambres plutôt petites mais claires ; la plupart ouvrent sur le golfe du Morbihan.

LARMOR-PLAGE – 56 Morbihan – **308** K8 – 8 428 h. – alt. 4 m   **9** B2
– ✉ 56260 ▮ Bretagne

▶ Paris 510 – Lorient 7 – Quimper 74 – Vannes 66

◎ ≤ ★ du Pont St-Maurice.

Les Rives du Ter ⑤   ≤ 🕭 ☒ 𝟤𝔰 ⍦ 🕭 🄰🄲 🈂 🕭 🄿 🎹 🆔 🆒 🄰🄴 🄞
bd Jean-Monnet – ℰ 02 97 35 33 50 – www.lesrivesduter.com – Fax 02 97 35 39 02
58 ch – 🛏99/118 € 🛏🛏108/118 €, � 14 € – ½ P 90/94 €
Rest – Menu 24/44 € – Carte environ 33 €
♦ Tout près du pont, grande construction moderne située au calme. Chambres au décor à la
fois épuré et chaleureux, dotées de loggias avec vue sur l'étang du Ter. Courte carte actuelle,
décor contemporain et vue sur le plan d'eau caractérisent le restaurant.

Les Mouettes ⑤   ≤ 🕭 ⍦ 🈂 🕭 🄿 🎹 🆒 🄰🄴
Anse de Kerguélen, 1,5 km à l'Ouest – ℰ 02 97 65 50 30 – www.lesmouettes.com
– Fax 02 97 33 65 33
21 ch – 🛏80 € 🛏🛏92 €, ⊃ 11 €
Rest – Menu 22 € (sem.), 34/75 € – Carte 41/80 €
♦ Une douce quiétude (hors saison !), à peine troublée par le cri des mouettes, règne dans
cet hôtel baigné par les flots de l'anse de Kerguelen. Chambres rajeunies par étapes. Vue
imprenable sur l'Atlantique et l'île de Groix depuis la terrasse et la salle.

LARNAC – 30 Gard – **339** K3 – **rattaché à St-Ambroix**

LAROQUE-DES-ALBÈRES – 66 Pyrénées-Orientales – **344** I7   **22** B3
– 1 941 h. – alt. 100 m – ✉ 66740

▶ Paris 883 – Montpellier 187 – Perpignan 39 – Figueres 50

🛈 Office de tourisme, 20, rue Carbonneil ℰ 04 68 95 49 97, Fax 04 68 95 42 58

Les Palmiers (Bart Thoelen)   🕭 🎹 🆒 🄰🄴 🄞
33 av. Louis et Michel Soler – ℰ 04 68 89 73 61 – www.lespalmiers.eu
– Fax 04 68 81 08 76 – Fermé 5-17 mars, nov., dim. soir et mardi de mi-sept.
à juin, sam. midi et lundi
Rest – (19 €) Menu 36/68 € – Carte 55/85 €🕭
Spéc. Langoustines en carpaccio marinées à l'huile d'olive, herbes fraîches et
guacamole. Cochon noir de Bigorre aux choux, sauge et yaourt. Chocolat cuit
croustillant, son cœur coulant et glace.
♦ Le chef, d'origine belge, signe une cuisine méditerranéenne tout en finesse, mariant de
très beaux produits du terroir ou de la mer, au gré du marché et des saisons. Joli choix de
vins du Roussillon. Accueil charmant.

LARRAU – 64 Pyrénées-Atlantiques – **342** G6 – 209 h. – alt. 636 m   **3** B3
– ✉ 64560

▶ Paris 832 – Oloron-Ste-Marie 42 – Pau 75 – St-Jean-Pied-de-Port 64

Etchemaïté   ≤ 🕭 🕭 🈂 🕭 🄿 🎹 🆒
Le Bourg – ℰ 05 59 28 61 45 – www.hotel-etchemaite.fr – Fax 05 59 28 72 71
– Fermé 3 janv.-16 fév., dim. soir et lundi de nov. à avril
16 ch – 🛏42/64 € 🛏🛏42/64 €, ⊃ 8 € – ½ P 44/56 €
Rest – (fermé dim. soir et lundi du 11 nov. au 15 mai) Menu 18 € (sem.),
24/45 € – Carte 32/52 €
♦ Simplicité et ambiance familiale d'une auberge de montagne, dans un hameau de la pittoresque haute Soule. Chambres douillettes. Accueillante salle à manger avec pierres et poutres apparentes, nappes basques, cheminée et vue sur la vallée. Plats du terroir.

LASCABANES – 46 Lot – **337** D5 – 180 h. – alt. 180 m – ✉ 46800   **28** B1

▶ Paris 598 – Montauban 69 – Toulouse 120 – Villeneuve-sur-Lot 61

Le Domaine de Saint-Géry ⑤   ♨ 🕭 ☒ 𝟤𝔰 🄿 🎹 🆒
– ℰ 05 65 31 82 51 – www.saint-gery.com – Fax 05 65 22 92 89 – Ouvert
15 avril-5 oct. et les week-end en janv.-fév.
5 ch – 🛏154/611 € 🛏🛏154/611 €, ⊃ 28 € – ½ P 226/256 €
Table d'hôte – Menu 48/205 €
♦ Ce domaine comprenant une truffière, une exploitation agricole et des sentiers de randonnée dispose de cinq chambres réparties dans divers bâtiments. Leur décor mêle l'ancien et le
moderne. À la table d'hôte, plats régionaux et belles pièces de viande rôties.

LASCELLE – **15 Cantal** – **330** D4 – **315 h.** – **alt. 760 m** – ✉ **15590** **5** B3

Paris 555 – Aurillac 16 – Bort-les-Orgues 84 – Brioude 94

Du Lac des Graves

Jaulhac – *☎ 04 71 47 94 06* – *www.lacdesgraves.com* – *Fax 04 71 47 96 55* – *Fermé 5-25 nov. et 3-18 janv.*

22 ch – †52/69 € ††55/72 €, ☕ 9 €

Rest – *(dîner seult) (résidents seult)* Menu 16/26 €

◆ Randonneurs, kayakistes et adeptes du VTT apprécieront ce vaste parc aménagé au bord d'un lac. Chambres récemment rafraîchies (quelques familiales) et chalets les pieds dans l'eau. Le restaurant et sa terrasse panoramique s'ouvrent sur la nature environnante.

LASSEUBE – **64 Pyrénées-Atlantiques** – **342** J3 – **1 600 h.** – **alt. 188 m** – ✉ **64290** **3** B3

Paris 797 – Bordeaux 219 – Pau 19 – Tarbes 60

La Ferme Dagué sans rest

chemin Croix de Dagué – *☎ 05 59 04 27 11* – *www.ferme-dague.com* – *Fax 05 59 04 27 11* – *Ouvert 28 avril-30 oct.*

5 ch ☕ – †43/63 € ††53/63 €

◆ Cette ferme béarnaise du 18e s. a conservé sa superbe cour fermée avec galerie extérieure. Chambres coquettes, aménagées dans l'ancien grenier. Copieux petit-déjeuner.

LASTOURS – **11 Aude** – **344** F3 – **165 h.** – ✉ **11600** **22** B2

Paris 782 – Toulouse 107 – Carcassonne 19 – Castres 52

Le Puits du Trésor (Jean-Marc Boyer)

21 rte des Quatre Châteaux – *☎ 04 68 77 50 24* – *www.lepuitsdutresor.com* – *Fermé 4-12 janv., 15 fév.-9 mars, dim. soir, lundi et mardi*

Rest – *(nombre de couverts limité, prévenir)* Menu 39/75 € – Carte 48/87 €

Spéc. Soupe froide de brocoli, escalope de homard au cerfeuil (été). Côte de bœuf au poivre gris concassé (hiver). Craquelin à la rhubarbe aux fraises du jardin (printemps). **Vins** Vin de pays de l'Aude, Cabardès.

Rest ***L' Auberge*** – (15 €) Menu 18 € (déj.)/20 € – Carte environ 21 €

◆ Village au pied des vestiges du château de Lastours. Cadre chaleureux d'esprit contemporain et recettes personnalisées au restaurant. Ardoise du jour et confort plus simple au bistrot L'Auberge qui propose une petite terrasse. Conserves du chef à emporter.

LATOUR-DE-CAROL – **66 Pyrénées-Orientales** – **344** C8 – **386 h.** – **alt. 1 260 m** – ✉ **66760** **22** A3

Paris 839 – Ax-les-Thermes 37 – Font-Romeu-Odeillo-Via 21 – Perpignan 110

Auberge Catalane

10 av. Puymorens – *☎ 04 68 04 80 66* – *www.auberge-catalane.fr* – *Fax 04 68 04 95 25* – *Fermé 19-27 avril, 8 nov.-7 déc., dim. soir et lundi*

10 ch – †43/47 € ††53/57 €, ☕ 8 € – ½ P 55/61 €

Rest – (17 €) Menu 20 € (déj. en sem.)/27 € – Carte 28/48 € le soir

◆ Au cœur de la Cerdagne, auberge familiale "cent pour cent catalane" située en bordure de route, proposant des chambres fonctionnelles et bien rénovées. Salle à manger rustique, véranda ou terrasse pour apprécier une généreuse cuisine régionale actualisée.

LATTES – **34 Hérault** – **339** I7 – **rattaché à Montpellier**

LAUTARET (COL DU) – **05 Hautes-Alpes** – **334** G2 – **voir à Col du Lautaret**

LAUTERBOURG – **67 Bas-Rhin** – **315** N3 – **2 191 h.** – **alt. 115 m** – ✉ **67630** **1** B1

Paris 519 – Haguenau 40 – Karlsruhe 22 – Strasbourg 63

Office de tourisme, 21, rue de la 1ère Armée ☎ 03 88 94 66 10, Fax 03 88 54 61 33

La Poêle d'Or

35 r. Gén. Mittelhauser – *☎ 03 88 94 84 16* – *www.poeledor.com* – *Fax 03 88 54 62 30* – *Fermé 25 juil.-10 août, 5-26 janv., merc. et jeudi*

Rest – (27 €) Menu 43/72 € – Carte 30/63 €

◆ Maison à colombages abritant une élégante salle à manger (mobilier de style Louis XIII) ; véranda et terrasse. Plats classiques et joli chariot de desserts pour les gourmands.

LAUZERTE – 82 Tarn-et-Garonne – **337** C6 – 1 501 h. – alt. 224 m   **28** B1
– ✉ 82110 ▮ Midi-Toulousain

▶ Paris 614 – Agen 53 – Auch 98 – Cahors 39

🛈 Office de tourisme, place des Cornières ✆ 05 63 94 61 94,
Fax 05 63 94 61 93

▥ des Roucous à Sauveterre, E : 16 km par D 34, ✆ 05 63 95 83 70

✗   **Du Quercy** avec ch   🛎 ✆ rest, **P** VISA ☯
♋ fg d'Auriac – ✆ 05 63 94 66 36 – Fax 05 63 39 06 56 – Fermé vacances de la
Toussaint et de fév., dim. soir sauf juil.-août et lundi
11 ch – ❢20/25 € ❢❢40/50 €, ☲ 6,50 €
Rest – (12 €) Menu 18/33 € – Carte 40/55 €
◆ Au cœur de la "Tolède du Quercy", maison de pays de la fin du 19e s. coquettement restaurée. La lumineuse salle à manger de style bistrot offre le coup d'œil sur collines et vallons ; plats du terroir. Quelques chambres s'ouvrent sur la vallée.

LAVAL **P** – 53 Mayenne – **310** E6 – 51 233 h. – alt. 65 m – ✉ 53000   **35** C1
▮ Châteaux de la Loire

▶ Paris 280 – Angers 79 – Le Mans 86 – Rennes 76

🛈 Office de tourisme, 1, allée du Vieux Saint-Louis ✆ 02 43 49 46 46,
Fax 02 43 49 46 21

▥ de Laval à Changé Le Jariel, N : 8 km par D 104, ✆ 02 43 53 16 03

◉ Vieux château★ Z : charpente★★ du donjon, musée d'Art naïf★, ≤★ des
remparts - Vieille ville★ YZ : - Les quais★ ≤★ - Jardin de la Perrine★ Z
- Chevet★ de la basilique N.-D. d'Avesnières X – Église N.-D. des
Cordeliers★ : retables★★ X - Lactopôle★★.

Plan page suivante

🏨 **De Paris** sans rest   🛗 & ▨ ❝❞ 🖥 VISA ☯ AE ⓪
22 r. de la Paix – ✆ 02 43 53 76 20 – www.hotel-de-paris-laval.fr
– Fax 02 43 56 91 83 – Fermé 24 déc.-4 janv.   Y**a**
50 ch – ❢80/150 € ❢❢90/160 €, ☲ 10 €
◆ En plein quartier commerçant, édifice de 1954 entièrement rénové. Les chambres, actuelles et fonctionnelles, sont bien tenues (plus calmes sur l'arrière).

🏠 **Marin'Hôtel** sans rest   🛗 ✆ ❝❞ 🖥 VISA ☯
102 av. R. Buron – ✆ 02 43 53 09 68 – www.marin-hotel.fr – Fax 02 43 56 95 35
25 ch – ❢47 € ❢❢59 €, ☲ 9 €   X**d**
◆ Les mascarons de la façade indiquent l'ancienneté des murs, mais les chambres sont modernes et pratiques. Préférez celles sur l'arrière, plus calmes. Petit-déjeuner continental.

✗✗✗ **Bistro de Paris** (Guy Lemercier)   ▨ VISA ☯ AE
♋ 67 r. Val de Mayenne – ✆ 02 43 56 98 29 – www.lebistro-de-paris.com
– Fax 02 43 56 52 85 – Fermé 1er-30 août, sam. midi, dim. soir et lundi
Rest – Menu 27/70 € bc – Carte 45/52 €   Y**k**
Spéc. Gratin de langoustines, crevettes roses et calamars. Noix de ris de veau, saveur citron, saladine persillée. Carambar, pâte de pistache, pêche, glace à l'amande. **Vins** Vin de pays de la Mayenne, Anjou-Villages.
◆ Cette vieille maison abrite un bistrot cossu dont le décor Art nouveau est particulièrement séduisant et chaleureux. Vous y dégusterez une délicieuse cuisine au goût du jour.

✗✗✗ **Le Capucin Gourmand**   🛎 VISA ☯ AE
7 r du Marchis – ✆ 02 43 66 02 02 – capucingourmand.free.fr
– Fax 02 43 66 13 50   X**s**
Rest – (20 € bc) Menu 23 € (sem.)/47 € – Carte 40/49 €☕
◆ Derrière sa façade tapissée de vigne vierge, ce restaurant abrite des salles soignées et accueillantes. Cuisine actuelle, à déguster sur la calme terrasse aux beaux jours.

✗✗ **La Gerbe de Blé** avec ch   ❝❞ VISA ☯ AE
83 r. V.-Boissel – ✆ 02 43 53 14 10 – www.gerbedeble.com – Fax 02 43 49 02 84
– Fermé 24 juil.-19 août, sam. midi et dim.   X**n**
8 ch – ❢78/105 € ❢❢95/120 €, ☲ 13 €
Rest – (17 €) Menu 28/47 € – Carte 35/55 €
◆ Cuisine traditionnelle de produits locaux et de saison, servie dans une chaleureuse salle à manger actuelle et soignée (tons crème, éclairage étudié). Chambres fonctionnelles.

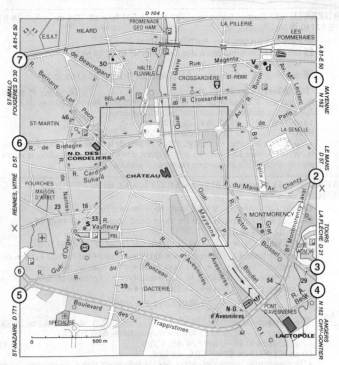

XX **Hostellerie à la Bonne Auberge** avec ch ❀ ☎ P VISA ✪ AE
🍂 *170 r. de Bretagne par* ⑥ *–* ℰ *02 43 69 07 81 – www.alabonneauberge.com
– Fax 02 43 91 15 02 – Fermé 31 juillet-28 août, 24 déc.-3 janv., vend. soir, dim.
soir, sam. et soirs fériés*
12 ch – †70/78 € ††80/90 €, ⌸ 10 €
Rest – (14 €) Menu 18 € (sem.), 27/45 € – Carte 32/52 €
♦ À l'écart du centre-ville, maison régionale tapissée de vigne vierge. La salle à manger,
agrandie d'une véranda, est claire et moderne. Goûteuses recettes traditionnelles.

XX **L'Antiquaire** AC VISA ✪ AE
5 r. Béliers – ℰ *02 43 53 66 76 – Fax 02 43 56 92 18 – Fermé 5-25 juil., 3-23 janv.,
sam. midi, dim. soir et lundi* Y**e**
Rest – (15 €) Menu 22/47 € bc – Carte 30/48 €
♦ Cette maison située au cœur de la vieille ville abrite une plaisante salle à manger cosy où
l'on sert une généreuse cuisine classique teintée d'un zeste de modernité.

X **Edelweiss** VISA ✪ AE
🍂 *99 av. R. Buron –* ℰ *02 43 53 11 00 – www.restaurant-edelweiss.fr – Fermé
21 mars-6 avril, 18 juil.-16 août, sam. et dim.* X**v**
Rest – (15 €) Menu 19/46 € bc – Carte environ 29 €
♦ À côté de la gare, salle à manger redécorée dans un style actuel (tons pastel). On y apprécie des plats traditionnels sans esbroufe dans une ambiance conviviale.

LAVALADE – 24 Dordogne – **329** G7 – 101 h. – alt. 190 m – ⊠ 24540   4 C2
▶ Paris 580 – Bordeaux 144 – Périgueux 94 – Bergerac 46

⌂ **Le Grand Cèdre** sans rest ⛵ ⅀ ☎ P
Le Bourg – ℰ *05 53 22 57 70 – www.legrandcedre.com – Ouvert Pâques-11 nov.*
5 ch ⌸ – †70/80 € ††70/80 €
♦ La rénovation de cette maison a su préserver son caractère d'origine. Bonnes tenue et
insonorisation des chambres, grandes (sauf une) et personnalisées par un mobilier ancien.

LE LAVANCHER – 74 Haute-Savoie – **328** O5 – rattaché à Chamonix

---

LE LAVANDOU – 83 Var – **340** N7 – 5 780 h. – alt. 1 m – ⊠ 83980   41 C3
🏖 Côte d'Azur

▶ Paris 873 – Cannes 102 – Draguignan 75 – Fréjus 61
🛈 Office de tourisme, quai Gabriel-Péri, ℰ 04 94 00 40 50, Fax 04 94 00 40 59
🄶 Île d'Hyères★★★.

Plan page suivante

🏠 **Le Rabelais** sans rest ⪦ AC ☎ VISA ✪
face au vieux port – ℰ *04 94 71 00 56 – www.le-rabelais.fr – Fax 04 94 71 82 55
– Fermé 11 nov.-1ᵉʳ janv.* B**a**
21 ch – †50/65 € ††55/120 €, ⌸ 7 €
♦ Cet hôtel idéalement situé sur le front de mer héberge des petites chambres fraîches et
colorées. L'été, petits-déjeuners en terrasse face à l'animation portuaire.

🏠 **La Petite Bohème** ⛵ 🏠 AC VISA ✪
av. F.-Roosevelt – ℰ *04 94 71 10 30 – www.hotel-petiteboheme.com
– Fax 04 94 64 73 92* B**f**
17 ch – †42/62 € ††55/98 €, ⌸ 9 € – ½ P 59/85 €
Rest – (fermé 6 nov.-15 fév., le midi du lundi au jeudi du 28 juin au 15 sept.,
mardi et merc. hors saison) Menu 25/31 € – Carte 30/44 €
♦ Grasse matinée dans une sobre chambre d'esprit rustique provençal, puis sieste en chaise
longue sous la treille après un bain de mer : une vraie vie de bohème ! Salle à manger méridionale et terrasse ombragée, dressée à l'orée du jardin ; menu du jour sur ardoise.

à St-Clair par ① : 2 km – ⊠ 83980 Le Lavandou

🏨 **Roc Hôtel** sans rest ⚘ ⪦ AC ❀ ☎ P VISA ✪
r. des Dryades – ℰ *04 94 01 33 66 – www.roc-hotel.com – Fax 04 94 01 33 67
– Ouvert de fin mars à mi-oct.*
28 ch ⌸ – †77/165 € ††77/197 €
♦ Hôtel moderne, bâti sur un roc léché par les flots. Chambres lumineuses, toutes dotées
d'une terrasse ; préférez celles tournées vers le large. Pour un séjour assurément tonique !

LE LAVANDOU

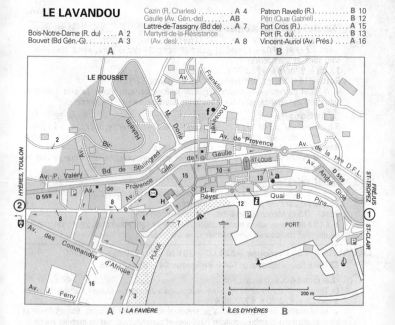

🏠 Méditerranée ⌂   ≼ 🛜 🅰🅺 «¹» 🅿 VISA ⬤ 🅰🅴
– 𝒞 04 94 01 47 70 – Fax 04 94 01 47 71 – Ouvert 20 mars-20 oct.
20 ch – ♦82/90 € ♦♦82/126 €, ⌑ 9 € – ½ P 72/94 €
Rest – (fermé merc.) (dîner seult) (résidents seult)
♦ Soleil et plaisirs de la Méditerranée au bord de cette plage de sable fin. Chambres contemporaines et fonctionnelles ; optez pour celles regardant la mer. Ambiance familiale. Agréable terrasse ombragée et cuisine traditionnelle.

🏠 Belle Vue ⌂   ≼ 🛜 🅰🅺 ch, ⌘ «¹» 🅿 🛏 VISA ⬤ 🅰🅴 ⓪
– 𝒞 04 94 00 45 00 – www.bellevue.fr – Fax 04 94 00 45 25 – Ouvert avril-oct.
19 ch ⌑ – ♦80/90 € ♦♦90/230 € – ½ P 90/150 €
Rest – (ouvert juin-sept. et fermé dim.) (dîner seult) Menu 41/54 €
♦ À l'écart de l'animation estivale, plaisante villa aux abords fleuris, surplombant la baie de St-Clair. Chambres rustiques dont certaines jouissent de la "belle vue". Magnifiques couchers de soleil sur la côte, à contempler du restaurant.

🏠 La Bastide sans rest   ♿ 🅰🅺 «¹» 🅿 VISA ⬤ 🅰🅴
pl. des Pins Penchés – 𝒞 04 94 01 57 00 – www.hotel-la-bastide.fr
– Fax 04 94 01 57 13 – Ouvert 1ᵉʳ avril-10 nov.
19 ch – ♦63/121 € ♦♦63/121 €, ⌑ 9 €
♦ Proche de la plage de St-Clair, maison familiale de style méridional : murs immaculés, volets colorés et tuiles romaines. Chambres fraîches avec terrasses ou balcons.

✗ Les Tamaris "Chez Raymond"   🛜 🅰🅺 VISA ⬤ 🅰🅴 ⓪
– 𝒞 04 94 71 07 22 – Fax 04 94 71 88 64 – Fermé 1ᵉʳ nov.-15 fév., mardi sauf le soir en saison
Rest – (40 €) Carte 45/60 €
♦ Ancienne guinguette, cette table rustique a pour spécialité les produits de la mer issus de la pêche locale. Fraîcheur et saveurs franches assurées. Une institution locale.

Petit déjeuner compris ? La tasse ⌑ suit directement le nombre de chambres.

à la Plage de La Fossette par ① : 3 km – ⊠ 83980 Le Lavandou

🏨 83 Hôtel ⟨ 🚗 🍴 ⛱ 🏊 ▨ ⚒ 🛎 🅰 ⚒ 🛎 🛃 🅿 🚐 VISA ⚉ AE ⚉

– ℰ 04 94 71 20 15 – www.83hotel.com – Fax 04 94 71 63 42 – Ouvert de Pâques
à fin sept.

30 ch ⌾ – †120/270 € ††120/295 € – ½ P 110/200 €

Rest – (dîner seult) Menu 39 € – Carte 40/55 €

♦ Le littoral varois prend ici l'allure d'une île du Pacifique. Économisez des milliers de kilo-
mètres en séjournant dans cet hôtel conçu pour le farniente ! Chambres spacieuses. Salle à
manger-véranda ou plaisante terrasse : belle vue et cuisine traditionnelle.

à Aiguebelle par ① : 4,5 km – ⊠ 83980 Le Lavandou

🏨 Les Alcyons sans rest ▨ 🅿 🅿 VISA ⚉ AE

av. des Trois-Dauphins – ℰ 04 94 05 84 18 – www.hotellesalcyons.com
– Fax 04 94 05 70 89 – Ouvert de début avril à mi oct.

24 ch ⌾ – †79/125 € ††79/125 €

♦ La rencontre des alcyons serait un présage de calme et de paix : l'accueil attentionné et la
bonne tenue de cet établissement tendraient à accréditer la légende.

🏨 Hydra sans rest 🚗 ⛱ 🅰 ▨ ⚒ 🚐 VISA ⚉ AE ⚉

av. du Levant – ℰ 04 94 71 65 46 – www.hotel-hydra.fr – Fax 04 94 15 08 07

30 ch – †78/98 € ††92/115 €, ⌾ 14 € – 3 suites

♦ De l'île grecque qui lui a donné son nom, cet hôtel moderne a hérité la luminosité. Chambres confortables et vastes suites familiales. Passage souterrain avec accès direct à la mer.

🏠 Beau Soleil ⛱ ▨ 🅿 VISA ⚉ AE

av. des Trois Dauphins – ℰ 04 94 05 84 55 – www.hotel-lavandou.com
– Fax 04 94 22 27 05 – Ouvert début avril-début oct.

15 ch – †52/127 € ††65/164 €, ⌾ 7 € – ½ P 61/82 €

Rest – (ouvert début mai-début oct.) (15 €) Menu 30/38 € – Carte 32/43 €

♦ Aiguebelle ("belle eau") et beau soleil : l'essentiel pour des vacances réussies ! À l'intérieur, profitez de confortables chambres dotées de balcons. Restaurant au décor actuel et terrasse sous les platanes. Formule snack à midi ; menus et spécialités locales le soir.

✗✗ Le Sub ▨ VISA ⚉

av. des Trois-Dauphins – ℰ 04 94 05 76 98 – Fermé 2 janv.-9 fév., le midi du
15 juin au 15 sept., dim. soir, mardi midi et lundi du 15 sept. au 15 juin

Rest – Menu 63 €

♦ Agréable et élégante adresse au décor régional ; cuisine du marché au bon goût de Provence. Le menu unique se réinvente chaque semaine, avec toujours de nouvelles promesses.

LAVANNES – 51 Marne – 306 H7 – 549 h. – alt. 100 m – ⊠ 51110   13 B2

🚩 Paris 161 – Châlons-en-Champagne 56 – Épernay 43 – Reims 14

🏠 La Closerie des Sacres sans rest ⬚ 🚗 ▨ 🅿 VISA ⚉

7 r. Chefossez – ℰ 03 26 02 05 05 – www.closerie-des-sacres.com
– Fax 03 26 08 06 73

3 ch ⌾ – †74 € ††88 €

♦ Chambres d'hôtes aménagées avec goût dans les écuries d'une ancienne ferme. Meubles
anciens ou en fer forgé et tissus choisis. Petit-déjeuner servi devant une cheminée en pierre.

LAVARDIN – 41 Loir-et-Cher – 318 C5 – rattaché à Montoire-sur-le-Loir

---

LAVAUDIEU – 43 Haute-Loire – 331 C2 – 227 h. – alt. 465 m – ⊠ 43100   6 C3
📗 Auvergne

🚩 Paris 488 – Brioude 11 – Clermont-Ferrand 78 – Le Puy-en-Velay 56

◉ Fresques★ de l'église abbatiale - Cloître★ - Carrefour du vitrail★.

🏠 Le Colombier sans rest ⬚ ⟨ 🚗 ⛱ 🅿 VISA ⚉

rte des Fontannes – ℰ 04 71 76 09 86 – www.lecolombier-lavaudieu.com
– Ouvert 1er mai-15 oct.

4 ch ⌾ – †60 € ††70 €

♦ Chambres à thèmes – Velay, Afrique (lit à baldaquin en bambou), Maroc (fer forgé) – aménagées dans une maison moderne en pierre. Vieux pigeonnier, jardin et belle vue rurale.

✗ **Auberge de l'Abbaye** 🏠 AC VISA ©©
– ☎ 04 71 76 44 44 – http://lavaudieu.free.fr – Fax 04 71 76 41 08
– *Fermé 15 novembre-1ᵉʳ fév., dim. soir, lundi et jeudi sauf vacances scolaires*
Rest – Menu 19/25 €
♦ Cette auberge, voisine de l'abbaye, décline le style rustique dans un esprit actuel. Ici, la convivialité s'impose autour d'une cuisine régionale à base de produits du marché.

✗ **Court La Vigne** 🏠 VISA ©©
– ☎ 04 71 76 45 79 – Fax 04 71 76 45 79 – *Fermé déc., janv., mardi sauf juil.-août et merc.*
Rest – *(nombre de couverts limité, prévenir)* Menu 23 € – Carte environ 30 €
♦ Charmante bergerie (15ᵉ s.) voisinant avec un cloître médiéval. Ameublement plaisant, bar au coin de la cheminée, galerie d'art et cour agréable. Table du marché axée terroir.

LES LAVAULTS – 89 Yonne – **319** H8 – rattaché à Quarré-les-Tombes

LAVAUR – 81 Tarn – **338** C8 – 9 860 h. – alt. 140 m – ⌧ 81500   **29** C2
▌ Midi-Toulousain

■ Paris 682 – Albi 51 – Castelnaudary 56 – Castres 40
🛈 Office de tourisme, Tour des Rondes ☎ 05 63 58 02 00, Fax 05 63 41 42 89
▥ des Étangs de Fiac à Fiac Brazis, E : 11 km par D 112, ☎ 05 63 70 64 70
◉ Cathédrale St-Alain ★.

🏠 **Ibis** sans rest 🚗 & AC ☂ P VISA ©© AE ①
1 av. G. Pompidou – ☎ 05 63 83 08 08 – www.ibishotel.com – Fax 05 63 83 01 05
58 ch – †52/73 € ††52/73 €, ⌧ 8 €
♦ Dans un quartier résidentiel, cet hôtel propose de grandes chambres claires et fonctionnelles, toutes climatisées. Agréable petit jardin et terrasse fleurie avec fontaine.

à Giroussens 10 km au Nord-Ouest par D 87 et D 38 – 1 264 h. – alt. 204 m
– ⌧ 81500

✗✗ **L'Échauguette** ≤ & AC ☼ VISA ©© AE
pl. de la Mairie – ☎ 05 63 41 63 65 – www.lechauguette.net – Fax 05 63 41 63 13
– *fermé 27 sept.-11 oct., 27 déc.-17 janv., jeudi soir, dim. soir et lundi sauf de juin à août*
Rest – (16 €) Menu 20 € (sem.)/45 € – Carte 45/80 €
♦ Belle demeure des 13ᵉ-19ᵉ s. et magnifique vue sur la vallée de l'Agoût de la salle à manger (verrière). Tableaux et objets d'artistes locaux. Cuisine actuelle réalisée par un chef anglais.

LAVAUR – 24 Dordogne – **329** H8 – 82 h. – alt. 250 m – ⌧ 24550   **4** D2
■ Paris 622 – Bordeaux 213 – Périgueux 87 – Villeneuve-sur-Lot 45

✗ **Auberge de Bayle Viel** avec ch ⚐ 🏠 ⚏ P VISA ©©
– ☎ 05 53 28 16 89 – Fax 05 53 28 16 89
5 ch – †45/86 € ††49/86 €, ⌧ 12 €
Rest – *(nombre de couverts limité, prévenir)* Menu 26 € (déj. en sem.), 32/42 €
♦ Le cadre de cette grange (charpente, pierres apparentes, mobilier en chêne et châtaignier) se marie bien à la dégustation d'une cuisine régionale (produits du potager). Chambres claires et accueillantes, dont 3 avec terrasses logées dans des cottages en bois.

LAVELANET – 09 Ariège – **343** J7 – 6 769 h. – alt. 512 m – ⌧ 09300   **29** C3
■ Paris 784 – Carcassonne 71 – Castelnaudary 53 – Foix 28
🛈 Office de tourisme, place Henri-Dunant ☎ 05 61 01 22 20,
Fax 05 61 03 06 39

à Nalzen Ouest : 6 km sur D 117 – 135 h. – alt. 632 m – ⌧ 09300

✗ **Les Sapins** 🏠 P VISA ©© AE
Conte – ☎ 05 61 03 03 85 – www.restaurantlessapins.com – Fax 05 61 65 58 45
– *Fermé merc. soir, dim. soir et lundi sauf fériés*
Rest – Menu 15 € bc (déj. en sem.), 22/53 € – Carte 29/61 €
♦ Maison aux allures de chalet posée au pied d'une forêt de sapins. Dans un sobre intérieur rustique, vous apprécierez la simplicité d'une bonne cuisine traditionnelle.

à Montségur Sud : 13 km par D 109 et D 9 – 109 h. – alt. 900 m – ✉ 09300

🛈 Syndicat d'initiative, Village ✆ 05 61 03 03 03, Fax 05 61 03 11 27

✗ **Costes** avec ch 🕭 ⌂ 📶 VISA ⓸⓸
😊 – ✆ 05 61 01 10 24 – www.chez-costes.com – Fax 05 61 03 06 28
13 ch – 🛏30/124 € 🛏🛏30/124 €, ⊑ 8 €
Rest – (15 €) Menu 18 € (déj. en sem.), 25/35 € – Carte 32/55 €
♦ Une auberge sympathique où dominent la pierre et le bois. Cuisine régionale mitonnée avec les produits bio des fermes des montagnes ; civets, confits, magrets selon les saisons. Chambres confortables et équipées de salles de bains balnéo avec jacuzzi.

LAVENTIE – 62 Pas-de-Calais – 301 J4 – 4 700 h. – alt. 18 m – ✉ 62840   30 B2

◻ Paris 229 – Armentières 13 – Arras 45 – Béthune 18

✗✗ **Le Cerisier** (Éric Delerue) ⟷ VISA ⓸⓸ AE
✿ 3 r. de la Gare – ✆ 03 21 27 60 59 – www.lecerisier.com – Fax 03 21 27 60 87
– Fermé dim. soir, sam. midi et lundi
Rest – Menu 26/70 € – Carte 70/108 €
Spéc. Escalope de foie gras de canard aux cerises confites (saison). Pigeonneau à la réglisse, pomme de terre fondante et pousses d'épinards. Fraises mara des bois au gingembre, craquant grué de cacao et sorbet rhubarbe (saison).
♦ Cette maison bourgeoise en briques rouges vient de s'offrir une cure de jouvence. Fine et savoureuse cuisine au goût du jour servie dans deux salles au décor contemporain.

LAVOUX – 86 Vienne – 322 J5 – rattaché à Poitiers

LAYE – 05 Hautes-Alpes – 334 E5 – rattaché à Col Bayard

LA LÉCHÈRE – 73 Savoie – 333 L4 – 1 889 h. – alt. 461 m – Stat.   46 F2
therm. : début avril-fin oct. – ✉ 73260 ▮ Alpes du Nord

◻ Paris 602 – Albertville 21 – Celliers 16 – Chambéry 70
🛈 Office de tourisme, les Eaux-Claires ✆ 04 79 22 51 60, Fax 04 79 22 57 10

🏨 **Radiana** 🕭 ⟨ 🎿 ⊕ 🖥 & ch, ㏂ rest, 🔧 🅿 VISA ⓸⓸ AE
😊 – ✆ 04 79 22 61 61 – www.radiana.net – Fax 04 79 22 65 25
86 ch – 🛏57/113 € 🛏🛏72/128 €, ⊑ 10 €   **Rest** – Menu 16/40 €
♦ Cet hôtel des années 1930 a conservé sa façade Art déco d'origine. Accès direct aux thermes et chambres fonctionnelles donnant sur le parc thermal. Au restaurant, plats traditionnels et un menu hypo calorique (uniquement en saison).

LES LECQUES – 83 Var – 340 J6 – rattaché à St-Cyr-sur-Mer

LECTOURE – 32 Gers – 336 F6 – 3 797 h. – alt. 155 m – ✉ 32700   28 B2
▮ Midi-Toulousain

◻ Paris 708 – Agen 39 – Auch 35 – Condom 26
🛈 Syndicat d'initiative, place du Général-de-Gaulle ✆ 05 62 68 76 98,
Fax 05 62 68 79 30
◉ Site★ - Promenade du bastion ⟨★ - Musée municipal★.

🏨 **De Bastard** 🕭 ⊿ ㏂ 🎿 🕼 🔧 🍴 VISA ⓸⓸
😊 r. Lagrange – ✆ 05 62 68 82 44 – www.hotel-de-bastard.com
– Fax 05 62 68 76 81 – Fermé 20 déc.-1er fév.
26 ch – 🛏50/85 € 🛏🛏50/85 €, ⊑ 11 € – 2 suites – ½ P 60/75 €
Rest – (fermé dim. soir, mardi midi et lundi) Menu 17 € (déj. en sem.), 29/42 €
– Carte 55/70 €
♦ En plein centre de la cité gersoise, bel hôtel particulier du 18e s. abritant des chambres coquettes ; celles du 2e étage sont mansardées. Bar cosy. Plats du terroir et de poisson proposés dans trois salons cossus (meubles Louis XVI) ou sur la terrasse d'été.

※ **L'Auberge des Bouviers**   VISA ☺

8 r. Montebello – ℰ 05 62 68 95 13 – www.auberge-des-bouviers.com
– Fax 05 62 68 75 33 – Fermé 24 nov.-1ᵉʳ déc., 5 janv.-2 fév., sam. midi, dim.
soir et lundi
Rest – (13 €) Menu 18/30 € – Carte 29/40 €
♦ Chaleureux restaurant installé dans une demeure du 17ᵉ s. qui a conservé ses pierres et
poutres apparentes. Savoureuse cuisine traditionnelle revisitée, à base de produits frais.

LEMBACH – 67 Bas-Rhin – 315 K2 – 1 724 h. – alt. 190 m – ⊠ 67510   1 B1
▌Alsace Lorraine

🔼 Paris 470 – Bitche 32 – Haguenau 25 – Strasbourg 58

🖬 Syndicat d'initiative, 23, route de Bitche ℰ 03 88 94 43 16,
   Fax 03 88 94 20 04

🖸 Château de Fleckenstein★NO : 7 km.

🏠 **Au Heimbach** sans rest   📶 **P** VISA ☺

15 rte de Wissembourg – ℰ 03 88 94 43 46 – www.hotel-au-heimbach.fr
– Fax 03 88 94 20 85
18 ch – †50/55 € ††59/110 €, � 10 €
♦ Au cœur d'un village ancré dans les traditions de l'Alsace, maison à colombages abritant
des chambres simples, douillettes, et rustiques. Copieux petits-déjeuners.

※※※※ **Auberge du Cheval Blanc** (Pascal Bastian) avec ch   🔲 🔲 ⅙ ch, ℁

ⓑ   4 rte Wissembourg – ℰ 03 88 94 41 86   🔏 **P** VISA ☺ AE ①
– www.au-cheval-blanc.fr – Fax 03 88 94 20 74 – Fermé 22 juin-13 juil. et
11 janv.-5 fév.
12 ch – †105/250 € ††105/250 €, ⊈ 14 €
Rest – (fermé vend. midi, lundi et mardi) Menu 43/95 € – Carte 60/101 € 🕮
Spéc. Cannelloni de foie gras poêlé aux champignons des bois à l'émulsion
de truffe noire. Noisette de chevreuil "Fleckenstein" (saison). Grand dessert.
Vins Pinot gris, Riesling.
Rest D'Rössel Stub – (15 €) Menu 26/32 € – Carte 25/45 €
♦ Les nouveaux propriétaires de cet élégant relais de poste du 18ᵉ s. ont envie d'imprimer
leur marque au lieu : décor rajeuni, carte fidèle à ses classiques et revisitée (plats inventifs).
Au D'Rössel Stub, cadre rustique dans les murs d'une ancienne ferme, recettes du terroir.
Chambres campagnardes.

à Gimbelhof Nord : 10 km par D 3, D 925 et rte forestière – ⊠ 67510 Lembach

※ **Gimbelhof** avec ch ⤳   ⟨ 🔲 **P** VISA ☺

– ℰ 03 88 94 43 58 – gimbelhof.com – Fax 03 88 94 23 30 – Fermé
17 nov.-26 déc.
8 ch – †39 € ††48/65 €, ⊈ 7 € – ½ P 48/55 €
Rest – (fermé vacances de fév.) Menu 12 € (sem.)/30 € – Carte 18/39 €
♦ Cette auberge forestière du "pays des trois frontières", au cœur du massif vosgien, séduira
les amoureux de la nature. Ambiance familiale et cadre rustique. Carte régionale.

LEMPDES – 63 Puy-de-Dôme – 326 G8 – 8 374 h. – alt. 330 m   5 B2
– ⊠ 63370

🔼 Paris 420 – Clermont-Ferrand 11 – Issoire 36 – Thiers 36

※※ **Sébastien Perrier**   AC VISA ☺

6 r. Caire – ℰ 04 73 61 74 71 – www.sebastienperrier.fr – Fax 04 73 61 74 71
– Fermé août, 2-5 janv., dim. soir et lundi
Rest – (15 €) Menu 28/45 € – Carte 36/50 €
♦ La balance communale se trouvait sur la place du village, face à ce chaleureux restau-
rant dont la cuisine s'inspire de la Méditerranée. Cadre classique, mezzanine contemporaine.

LENS ⬤ – 62 Pas-de-Calais – 301 J5 – 35 583 h. – Agglo. 323 174 h.   30 B2
– alt. 38 m – ⊠ 62300 ▌Nord Pas-de-Calais Picardie

🔼 Paris 199 – Arras 18 – Béthune 19 – Douai 24

🖬 Office de tourisme, 26, rue de la Paix ℰ 03 21 67 66 66, Fax 03 21 67 65 66

LENS

- Anatole-France (R.) . . . . . . BXY 2
- Basly (Bd Émile). . . . . ABY
- Berthelot (R. Marcelin) . . . . . BY 3
- Combes (R. Émile). . . . . CX 4
- Decrombecque (R. Guilsain) . . . . BXY 6
- Diderot (R. Denis). . . . . CY 7
- Faidherbe (R. Louis) . . . . BY 8
- Flament (R. Étienne) . . . . . . BX 10
- Freycinet (R. Louis-de) . . . . . CX 12
- Gare (R. de la) . . . . BCY
- Gauthier (R. François). . . . . . BY 13
- Havre (R. du). . . . . BY 14
- Hospice (R. de l') . . . . CY 15
- Huleux (R. François) . . . . . BXY 16
- Jean-Jaurès (Pl.) . . . . BY 18
- Jean-Moulin (R.) . . . . BX 19
- Lamendin (R. Arthur). . . . . CXY 20
- Lanoy (R. René) . . . . BXY 21
- Leclerc (R. du Mar.) . . . . BY 22
- Paix (R. de la) . . . . BY 23
- Paris (R. de). . . . . BY 24
- Pasteur (R. Louis) . . . . BX 25
- Pourquoi Pas (R. du) . . . . . . ABX 26
- Pressense (R. Francis-de) . . CX 27
- République (Pl. de la) . . . . . . BY 28
- Reumaux (Av. Elie) . . . . . . ABX 29
- Sorriaux (R. Uriane) . . . . . . BCX 30
- Varsovie (Av. de). . . . . CY 31
- Wetz (R. du) . . . . BX 32
- 8-Mai-1945 (R.) . . . . CY 33
- 11-Novembre (R. du). . . . . ABX 36

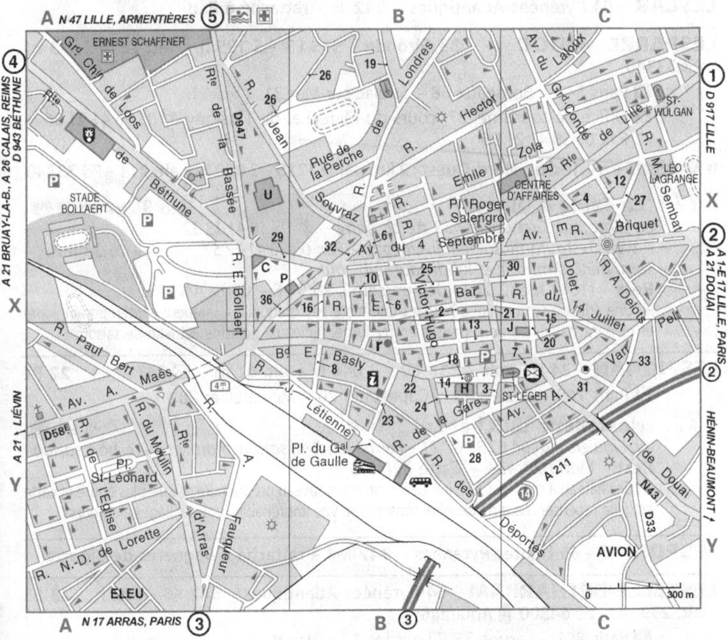

Lensotel

centre commercial Lens 2, 4 km par ⑤ ✉ *62880 –* ✆ *03 21 79 36 36 – www.lensotel.com – Fax 03 21 79 36 00*

70 ch – 74/84 € 82/92 €, 11 € – ½ P 65/70 €

Rest – Menu 19/34 € – Carte 29/52 €

◆ Îlot hôtelier de style provençal au cœur d'une zone commerciale. Plaisantes chambres actuelles, toutes de plain-pied : réservez de préférence côté jardin. Salle à manger aux murs de briques dotée d'une cheminée et d'une véranda tournée vers la piscine.

XX L'Arcadie II

13 r. Decrombecque – ✆ *03 21 70 32 22 – www.restaurant-arcadie2.fr – Fax 03 21 70 32 22 – Fermé sam. midi et le soir de dim. à merc.* BY**r**

Rest – (17 €) Menu 25 € (sem.)/50 € bc – Carte 34/56 €

◆ En plein centre-ville, ce restaurant élégant (tableaux colorés, grands chandeliers en argent) accueille les gourmets amateurs d'une cuisine au goût du jour soignée.

LÉON – **40 Landes** – **335** D11 – **1 665 h.** – **alt. 9 m** – ✉ **40550** **3** B2

Paris 724 – Castets 14 – Dax 30 – Mont-de-Marsan 75

Syndicat d'initiative, 65, place Jean Baptiste Courtiau ✆ 05 58 48 76 03, Fax 05 58 48 70 38

27 de Moliets à Moliets-et-Maa Côte d'Argent - Club House, SO : 8 km par D 652 puis D 117, ✆ 05 58 48 54 65

Courant d'Huchet★ en barque NO : 1,5 km Aquitaine

LÉON

🏠 **Hôtel du Lac** sans rest ⌂ ≤ 🕭 🈺 VISA 🅴🅾
2 r. des Berges du Lac – ℰ 05 58 48 73 11 – www.hoteldulac-leon.com
– Fax 05 58 49 27 79 – Ouvert de fin avril à fin sept.
14 ch – ✝53/63 € ✝✝53/63 €, ⌂ 7 €
♦ Les chambres, simples mais soignées, donnent pour la plupart sur le lac. Petits-déjeuners servis dans une salle-véranda ou sur la terrasse d'été dressée au bord de l'eau.

LESCAR – 64 Pyrénées-Atlantiques – 342 J5 – rattaché à Pau

LESPARRE-MÉDOC ⊚ – 33 Gironde – 335 F3 – 5 195 h. – alt. 12 m   **3 B1**
– ✉ 33340

  ▶ Paris 541 – Bordeaux 68 – Soulac-sur-Mer 31
  🄸 Office de tourisme, 37, cours du Maréchal de Tassigny ℰ 05 56 41 21 96, Fax 05 56 41 21 96

à Gaillan-en-Médoc Nord-Ouest : 2 km par D 1215 – 2 000 h. – alt. 9 m – ✉ 33340

XX   **La Table d'Olivier**   🈺 🕭 🅿 VISA 🅴🅾 AE ①
La Mare aux Grenouilles, 53 rte Lesparre – ℰ 05 56 41 13 32
– www.restaurantlatabledolivier.com – Fax 05 56 41 17 57 – Fermé 16-23 fév., sam. midi, dim. soir et lundi sauf juil.-août
Rest – (16 €) Menu 25 € (déj. en sem.), 36/51 € – Carte 44/53 €
♦ Une adresse sympathique bordant une mare aux grenouilles. Intérieur contemporain sobre et plaisant (tables en bois, chaises en fer forgé, tableaux) ; cuisine actuelle de saison.

LESPIGNAN – 34 Hérault – 339 E9 – 3 044 h. – alt. 61 m – ✉ 34710   **22 B2**

  ▶ Paris 769 – Béziers 11 – Capestang 20 – Montpellier 78

XX   **Hostellerie du Château**   🈺 AC VISA 🅴🅾
4 r. Figuiers – ℰ 04 67 37 67 71 – Fermé lundi en saison, mardi et merc. hors saison
Rest – Menu 28/42 € – Carte 32/49 €
♦ Ce château a changé sous l'impulsion de son nouveau propriétaire : cadre plus épuré et carte actuelle repensée. La terrasse, elle, conserve sa vue imprenable sur les villages alentours.

LESPONNE – 65 Hautes-Pyrénées – 342 M4 – rattaché à Bagnères-de-Bigorre

---

LESTELLE-BÉTHARRAM – 64 Pyrénées-Atlantiques – 342 K6 – 802 h.   **3 B3**
– alt. 299 m – ✉ 64800 ▮ Aquitaine

  ▶ Paris 801 – Laruns 35 – Lourdes 17 – Nay 8
  🄸 Office de tourisme, Mairie ℰ 05.59.61.93.59, Fax 05.59.61.99.19
  ◎ Grottes ★ de Bétharram S : 5 km.

🏠   **Le Vieux Logis** ⌂   ≤ 🐾 🈺 🎋 🍴 🕭 ch, ⁏ 🐕 🅿 VISA 🅴🅾 AE ①
2 km rte des Grottes de Bétharram – ℰ 05 59 71 94 87
– www.hotel-levieuxlogis.com – Fax 05 59 71 96 75 – Fermé 1er-7 nov., 21 déc.-3 janv., 1er-25 fév., dim. soir et lundi hors saison
34 ch – ✝55/83 € ✝✝55/83 €, ⌂ 12 € – ½ P 64/77 €
Rest – (Fermé lundi midi) (16 € bc) Menu 25/36 € – Carte 35/58 €
♦ Au milieu d'un parc proche des grottes de Bétharram et accueillant cinq bungalows et une piscine. L'ex-ferme abrite le restaurant ; son aile récente des chambres fonctionnelles. Chaleureuses salles à manger rustiques, cuisine régionale et accueil aux petits soins.

LEUCATE – 11 Aude – 344 J5 – 3 435 h. – alt. 21 m – ✉ 11370   **22 B3**
▮ Languedoc Roussillon

  ▶ Paris 821 – Carcassonne 88 – Narbonne 38 – Perpignan 35
  🄸 Office de tourisme, Espace Culturel ℰ 04 68 40 91 31, Fax 04 68 40 24 76
  ◎ ≤★ du sémaphore du Cap E : 2 km.

XX   **Jardin des Filoche**   🈺 🈺 VISA 🅴🅾
64 av. J.-Jaurès – ℰ 04 68 40 01 12 – Fax 04 68 40 74 80 – Fermé déc., janv., fév., le midi sauf dim., mardi du 1er oct. au 31 mars et lundi
Rest – Menu 27/31 €
♦ Le jardin clos et la terrasse ombragée par de multiples essences protègent du bruit ce plaisant restaurant. Carte traditionnelle et vue sur les cuisines pour les curieux.

X **Le Village** 🕮 🍴 🆚 ⓒ
129 av. J.-Jaurès – 🕻 *04 68 40 06 91*
– Fermé lundi soir, mardi soir et merc. sauf vacances scolaires
Rest – (13 €) Menu 18/23 € – Carte 26/33 €
♦ Les murs couverts d'affiches, de photos et d'objets nautiques affirment le cachet marin de ce restaurant sis dans une ex-bergerie. Carte traditionnelle tournée vers le poisson.

à Port-Leucate Sud : 7 km par D 627 – ✉ **11370 Leucate**

🇮 Syndicat d'initiative, rue Dour 🕻 04 68 40 91 31

🏠 **Des Deux Golfs** sans rest 📶 🍴 🅿 🆚 ⓒ ⓘ
sur le port – 🕻 *04 68 40 99 42 – www.hoteldes2golfs.com – Fax 04 68 40 79 79*
– Ouvert 15 mars-15 nov.
30 ch – ♦36/48 € ♦♦48/64 €, ⬚ 6 €
♦ Dans la marina bâtie entre lac et mer, construction moderne aux chambres simples et fonctionnelles, pourvues de petites loggias donnant majoritairement sur le port de plaisance.

LEUTENHEIM – 67 Bas-Rhin – **315** M3 – **838** h. – alt. 119 m – ✉ **67480** **1** B1
▶ Paris 501 – Haguenau 22 – Karlsruhe 46 – Strasbourg 45

XX **Auberge Au Vieux Couvent** 🕮 🅿 🆚 ⓒ
😊 *à Koenigsbruck –* 🕻 *03 88 86 39 86 – Fax 03 88 05 28 78*
– Fermé 2-9 mars, 2 août-5 sept., 22-28 fév., lundi et mardi
Rest – (9 €) Menu 27/37 € – Carte 21/42 €
♦ Maximes en lettres gothiques sur les murs, boiseries, grenouilles en faïence : cette maison à colombages (fin du 17e s.) mixe charme rustique et raffinement. Cuisine actuelle.

LEVALLOIS-PERRET – 92 Hauts-de-Seine – **311** J2 – **101** 15 – **voir à Paris, Environs**

LEVERNOIS – 21 Côte-d'Or – **320** J8 – **rattaché à Beaune**

LEVIE – 2A Corse-du-Sud – **345** D9 – **voir à Corse**

LEYNES – 71 Saône-et-Loire – **320** I12 – **487** h. – alt. 340 m – ✉ **71570** **8** C3
▶ Paris 402 – Mâcon 15 – Bourg-en-Bresse 51 – Charolles 58

X **Le Fin Bec** 🆚 ⓒ
😊 *pl. de la Mairie –* 🕻 *03 85 35 11 77 – www.lefinbec.com*
– Fermé 15-30 nov., 1er-15 janv., jeudi soir , dim. soir et lundi
Rest – Menu 12 € (déj. en sem.), 16/40 € – Carte 28/54 €
♦ Ne vous fiez pas à l'humble décor de cette bâtisse massive, car on s'y régale d'une cuisine traditionnelle de bonne facture. Prix raisonnables et accueil charmant.

LÉZIGNAN-CORBIÈRES – 11 Aude – **344** H3 – **9 465** h. – alt. 51 m **22** B3
– ✉ **11200**
▶ Paris 804 – Carcassonne 39 – Narbonne 22 – Perpignan 85
🇮 Office de tourisme, 9, cours de la République 🕻 04 68 27 05 42, Fax 04 68 27 05 42

🏨 **Le Mas de Gaujac** 🕮 ♿ 🕮 📶 🆚 🅿 🆚 ⓒ 🅰
😊 *r. Gustave Eiffel, Z. I. Gaujac vers accès A61 –* 🕻 *04 68 58 16 90*
– www.masdegaujac.fr – Fax 04 68 58 16 91
– Fermé 20 déc.-4 janv.
21 ch – ♦75 € ♦♦75 €, ⬚ 10 € **Rest** – Menu 16/35 € – Carte 27/51 €
♦ Bâtisse récente de couleur ocre située en lisière d'une zone commerciale. Les chambres simples, fraîches et avant tout pratiques, conviennent pour l'étape. Salle à manger contemporaine aux tons chaleureux et cuisine traditionnelle.

LEZOUX – 63 Puy-de-Dôme – **326** H8 – 5 434 h. – alt. 340 m – ⊠ 63190   6 C2
▊ Auvergne

> ▶ Paris 434 – Clermont-Ferrand 33 – Issoire 43 – Riom 38
> 🛈 Syndicat d'initiative, rue Pasteur 𝒞 04 73 73 01 00, Fax 04 73 73 04 48

XX   **Les Voyageurs** avec ch   ⁽ⁱ⁾ VISA ⚫⚫
⊜   2 pl. de la Mairie – 𝒞 04 73 73 10 49 – Fax 04 73 73 92 60
      – Fermé 14 août-5 sept., 26 déc.-4 janv.
      10 ch – ♦44 € ♦♦52 €, �æ 7 €
      Rest – (12 €) Menu 13 € (déj. en sem.), 16/40 € – Carte 30/42 €
      ♦ Dans une bâtisse des années 1960 située face à la mairie, cuisine traditionnelle proposée
      par la patronne dans une spacieuse salle à manger. Chambres bien tenues.

à Bort-l'Étang 8 km au Sud-Est par D 223 et D 309 – 521 h. – alt. 420 m
– ⊠ 63190

> 👁 ❄★ de la terrasse du château★ à Ravel O : 5 km.

🏛   **Château de Codignat** ⚘   ≤ 🐾 ⇱ ⅀ ❀ 🄰🄲 ch, ⁽ⁱ⁾ 🎿 🅿
⚘   Ouest : 1 km – 𝒞 04 73 68 43 03 – www.codignat.com   VISA ⚫⚫ 🄰🄴 ⓪
      – Fax 04 73 68 93 54 – Ouvert 20 mars-2 nov.
      15 ch – ♦225/390 € ♦♦225/390 €, �æ 25 € – 4 suites
      Rest – (fermé le midi du lundi au vend. sauf fériés) (nombre de couverts limité,
      prévenir) Menu 57/100 € – Carte 95/117 €
      Spéc. Langoustines et foie gras rôtis, velouté au poivre de Sechuan. Pintade
      fermière fumée, huile noisette, semi-pris de maïs et glace moutarde. Grands
      crus du chocolat dans un cocktail aux textures variées. **Vins** Saint-Pourçain,
      Côtes d'Auvergne.
      ♦ Joli château du 15ᵉ s. et son superbe parc. Les chambres, raffinées, évoquent pour la plu-
      part un personnage historique : Louis XI, Jacques Cœur, Barbe-Bleue... Au restaurant, le nou-
      veau chef réalise une cuisine actuelle marquée par le jeu subtil des saveurs.

à l'Ouest 5 km par N 89 ⊠63190 Seychalles

X   **Chante Bise**   🍴 🕹 🅿 VISA ⚫⚫
      à Courcourt – 𝒞 04 73 62 91 41 – Fax 04 73 68 29 53 – Fermé 16 août-6 sept.,
      15 fév.-6 mars, dim. soir, merc. soir et lundi sauf fériés
      Rest – (11 €) Menu 20/37 € – Carte 27/42 €
      ♦ Ambiance conviviale et familiale en ce restaurant agrémenté de pierres apparentes et de
      boiseries. Les menus, traditionnels, évoluent avec les saisons. Terrasse ombragée.

LIBOURNE ‹❸› – 33 Gironde – **335** J5 – 23 296 h. – alt. 7 m – ⊠ 33500   3 B1
▊ Aquitaine

> ▶ Paris 576 – Agen 129 – Bergerac 64 – Bordeaux 30
> 🛈 Office de tourisme, 45, allée Robert Boulin 𝒞 05 57 51 15 04,
>   Fax 05 57 25 00 58
> ▦ de Teynac à Beychac-et-Caillau Domaine de Teynac, par rte de Bordeaux
>   et D 1089 : 15 km, 𝒞 05 56 72 85 62
> ▦ de Bordeaux Cameyrac à Saint-Sulpice-et-Cameyrac, par rte de Bordeaux
>   et D1089 : 16 km, 𝒞 05 56 72 96 79

🏨   **Mercure** sans rest   📶 🕹 🄰🄺 📶 🎿 🅿 VISA ⚫⚫ 🄰🄴 ⓪
      3 quai Souchet – 𝒞 05 57 25 64 18 – www.mercure.com – Fax 05 57 25 64 19
      81 ch – ♦72/117 € ♦♦82/127 €, �æ 14 € – 3 suites   AYt
      ♦ Sur les quais de la Dordogne, bâtiment neuf décoré selon un esprit contemporain, unifor-
      misé dans les chambres. Trois suites ; salle de séminaire ; bar à vins (le soir seulement).

🏨   **De France** sans rest   🕹 ⁽ⁱ⁾ 🎿 🅿 VISA ⚫⚫ 🄰🄴 ⓪
      7 r. Chanzy – 𝒞 05 57 51 01 66 – www.hoteldefrancelibourne.com
      – Fax 05 57 25 34 04   BYa
      19 ch – ♦60/145 € ♦♦65/145 €, �æ 11 €
      ♦ Le décor de ce relais de poste entièrement rénové est un habile mélange de tradition et
      de modernité (tons chauds, mobilier actuel). Chambres à choisir parmi trois catégories.

LIBOURNE

✗✗ Chez Servais
🖼 ♨ Ⓚ ⟷ VISA ◉ AE

14 pl. Decazes – ☎ 05 57 51 83 97 – Fax 05 57 51 83 97 – Fermé 1er-10 mai,
16-30 août, dim. soir et lundi   BY**n**
Rest – (19 €) Menu 27/49 €

◆ Accueil charmant, ambiance décontractée, cuisine dans l'air du temps et intérieur lumineux sont les atouts de ce restaurant situé au cœur de la bastide.

✗✗ Bord d'Eau
< Ⓚ P̄ VISA ◉

par ⑤ : 1,5 km – ☎ 05 57 51 99 91 – Fax 05 57 25 11 56
– Fermé 20-27 sept., 16-30 nov., 15 fév.-2 mars, merc. soir, dim. soir et lundi
Rest – Menu 19 € (sem.)/46 € – Carte 34/45 €

◆ Le temps d'un repas, on profite de la vue sur la Dordogne, unique depuis cette construction sur pilotis. Exposition de peintures et de photos. Carte évoluant au gré du marché.

> Passée en rouge, la mention **Rest** repère l'établissement auquel est attribué une distinction culinaire, ✿ (étoile) ou ⓐ (Bib Gourmand).

à La Rivière 6 km à l'Ouest par ⑤ – 326 h. – alt. 6 m – ⌧ 33126

⌂ **Château de La Rivière** sans rest ⌖ ⌖ 🌀 ⌖ ⌖ ⌖ 🅿 🆅🆂🄰 ⬤ 🄰🄴 ⓘ
par D 670 – ✆ 05 57 55 56 51
– www.vignobles-gregoire.com – Fax 05 57 55 56 54
– Fermé 15-23 mai et 1er nov.-21 fév.
5 ch ⌂ – †120/180 € ††140/200 €
♦ Dans l'aile Renaissance du château, restaurée par Viollet-le-Duc, chambres mêlant style ancien et confort actuel. Le plus : la visite des caves souterraines d'une surface de 4 ha.

LIÈPVRE – 68 Haut-Rhin – 315 H7 – 1 747 h. – alt. 272 m – ⌧ 68660   2 C1
◗ Paris 428 – Colmar 35 – Ribeauvillé 27 – St-Dié 31

à La Vancelle (Bas-Rhin) Nord-Est : 2,5 km par D 167 – 407 h. – alt. 400 m – ⌧ 67730

✗✗ **Auberge Frankenbourg** (Sébastien Buecher) avec ch ⌖   � 🍴 ⌖
🅒🅒 13 r. Gén.de Gaulle – ✆ 03 88 57 93 90   🄰🄺 rest, 🍴 🕍 🆅🆂🄰 ⬤ 🄰🄴
– www.frankenbourg.com – Fax 03 88 57 91 31 – Fermé 28 juin-8 juil., 9-12 nov.,
15 fév.-11 mars
11 ch – †52 € ††58 €, ⌂ 11 € – ½ P 56 €
Rest – (fermé mardi soir et merc.) Menu 30/67 € – Carte 44/62 €
Spéc. Trilogie de foie gras (automne-hiver). Pigeon cuit à basse température (automne-hiver). Pêche Melba revisitée (été). **Vins** Riesling, Muscat.
♦ Belle salle moderne et cossue, au mobilier contemporain. Élégante cuisine au goût du jour qui met le produit en valeur. À l'étage, chambres parfaitement tenues.

LIESSIES – 59 Nord – 302 M7 – 531 h. – alt. 165 m – ⌧ 59740   31 D3
▌ Nord Pas-de-Calais Picardie
◗ Paris 223 – Avesnes-sur-Helpe 14 – Charleroi 48 – Hirson 24
🇮 Syndicat d'initiative, 20, rue du Maréchal Foch ✆ 03 27 57 91 11,
   Fax 03 27 57 91 11
◙ Parc départemental du Val Joly★ E : 5 km.

🏨 **Château de la Motte** ⌖   🌀 � 🍴 🕍 🅿 🆅🆂🄰 ⬤ 🄰🄴
14 r. de la Motte, 1 km au Sud par rte secondaire – ✆ 03 27 61 81 94
– www.chateaudelamotte.fr – Fax 03 27 61 83 57 – Fermé 17 déc.-8 fév.
10 ch – †60 € ††71 €, ⌂ 9 € – ½ P 71 €
Rest – Menu 21 € (sem.), 40/65 € – Carte 32/65 €
♦ Cette belle construction de briques entourée d'un agréable parc fut la maison de retraite des moines de l'abbaye voisine. Chambres correctement équipées. Au restaurant, cadre de caractère, terrasse ouverte sur la verdure, plats traditionnels et régionaux.

⌂ **La Forge de l'Abbaye** sans rest ⌖   ⌖ 🍴 🅿 🆅🆂🄰 ⬤
13 r. de la Forge – ✆ 03 27 60 74 27 – www.laforgedelabbaye.com
– Fax 03 27 60 74 27 – Fermé 2 janv.-9 fév.
4 ch ⌂ – †54 € ††62 €
♦ Délicieuse atmosphère champêtre dans cette ancienne forge au cachet préservé. Chambres agréables et cuisine à disposition des hôtes, avec la nature et un étang pour décor.

✗✗ **Le Carillon**   🍴 🆅🆂🄰 ⬤
🅒🅒 1 r. Roger -Salengro, (face à l'église) – ✆ 03 27 61 80 21 – www.le-carillon.com
🅒 – Fax 03 27 61 82 34 – Fermé 31 mars-21 avril, 18-25 août, 16-30 nov., lundi soir,
mardi soir, jeudi soir, dim. soir et merc.
Rest – (nombre de couverts limité, prévenir) Menu 16 € (sem.), 29/43 €
♦ Une maison qui a du charme avec sa terrasse sous les platanes et sa salle parée de poutres et briques. Carte traditionnelle valorisant les produits du terroir. Boutique gourmande.

LIEUSAINT – 77 Seine-et-Marne – 312 E4 – 101 38 – voir à Paris, Environs (Sénart)

LA LIEZ (LAC DE) – 52 Haute-Marne – 313 M6 – rattaché à Langres

LIGNY-EN-CAMBRÉSIS – 59 Nord – 302 I7 – 1 687 h. – alt. 127 m
– ⊠ 59191

▶ Paris 193 – Arras 51 – Cambrai 17 – Valenciennes 42

Château de Ligny ⚜ 🔊 ⊕ 📶 ⅏ ch, ⚒ ⚓ ⚔ 🅿 ⟿ 𝗩𝗜𝗦𝗔 ⓒⓓ 🅰🅴 ⓪
2 r. P-Curie – ℰ 03 27 85 25 84 – www.chateau-de-ligny.fr – Fax 03 27 85 79 79
– Fermé 2-18 août, 1ᵉʳ fév.-3 mars, dim. soir, lundi et mardi
21 ch – ♦120 € ♦♦120/200 €, ⊊ 15 € – 5 suites – ½ P 128/317 €
Rest – (30 € bc) Menu 48/97 € – Carte 73/105 € 𝄐
Spéc. Tarte friande de rouget barbet au romarin. Sole et petits crustacés mijotés dans une bisque de crevettes grises. Soufflé chaud à la chicorée et son
coulis.
♦ Beau manoir médiéval aux chambres personnalisées, plus spacieuses mais tout aussi raffinées dans la "Résidence", remarquablement aménagée. Espace wellness ultra-moderne. L'ancienne salle d'armes et le salon-bibliothèque font le charme aristocratique du restaurant.

LIGSDORF – 68 Haut-Rhin – 315 H12 – rattaché à Ferrette

La vieille bourse

LILLE

Département : P 59 Nord
Carte Michelin LOCAL : 302 G4
▶ Paris 223 – Bruxelles 114 – Gent 75
– Luxembourg 310
Population : 226 014 h.
Pop. agglomération : 1 000 900 h.

Altitude : 10 m
Code Postal : ✉ 59000
▊ Nord Pas-de-Calais Picardie
Carte régionale : 31 C2

RENSEIGNEMENTS PRATIQUES

🄸 OFFICE DE TOURISME

place Rihour ☏ 0 891 56 20 04 (0,225 €/mn), Fax 03 59 57 94 14

TRANSPORTS

▭ Auto-train ☏ 3635 (dîtes auto-train - 0,34 €/mn)

AÉROPORT

▣ Lille-Lesquin : ☏ 0 891 67 32 10 (0,23 €/mn), par A1 : 7 km HT

QUELQUES GOLFS

▦ Lille Métropole à Ronchin Rond Point des Acacias, ☏03 20 47 42 42

▦ du Sart à Villeneuve-d'Ascq 5 rue Jean Jaurès, par D 656 : 7 km, ☏03 20 72 02 51

▦ de Bondues à Bondues Château de la Vigne, Nord : 10 km, ☏03 20 23 20 62

▦ des Flandres à Marcq-en-Baroeul 159 boulevard Clemenceau, par D 670 : 4,5 km,
☏03 20 72 20 74

▦ de Brigode à Villeneuve-d'Ascq 36 avenue du Golf, par D146 : 9 km,
☏03 20 91 17 86

👁 A VOIR

AUTOUR DU BEFFROI DE L'HÔTEL DE VILLE

Quartier St-Sauveur FZ : porte de Paris★, ≤★ du beffroi - Palais des Beaux-Arts ★★★ EZ

AUTOUR DU BEFFROI DE LA CHAMBRE DE COMMERCE

Le Vieux Lille★★ EY : Vieille Bourse★★, Demeure de Gilles de la Boé★ (29 place Louise-de-Bettignies) - rue de la Monnaie★ - Hospice Comtesse★ - Maison natale du Général de Gaulle EY - Église St-Maurice★ EFY, La Citadelle★ BV

LES QUARTIERS QUI BOUGENT

Place du Général de Gaulle (Grand'Place)★ EY - Place Rihour EY - Rue de Béthune (cinémas) EYZ - Euralille (tour du Crédit Lyonnais★) Et autour de la gare Lille-Flandres FY

...ET AUX ENVIRONS

Villeneuve d'Ascq : musée d'Art moderne★★ HS M
Bondues : château du Vert-Bois★ HR
Bouvines : vitraux de l'église et évocation de la bataille JT

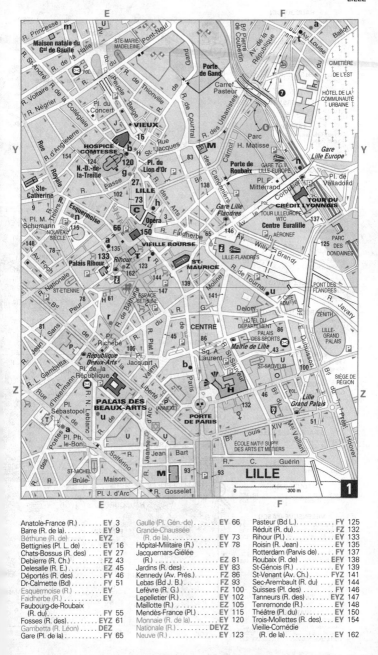

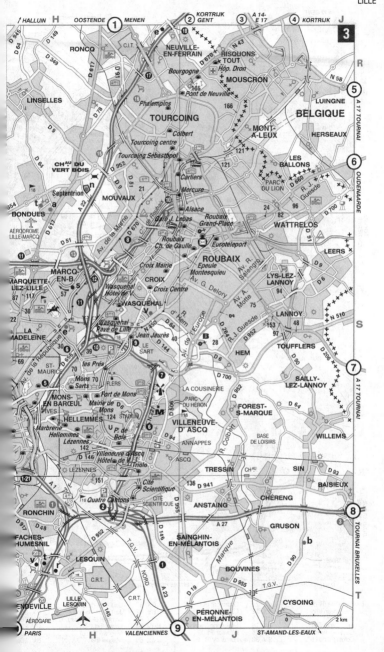

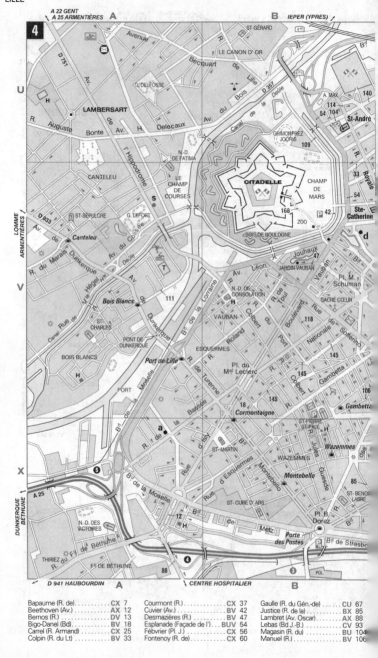

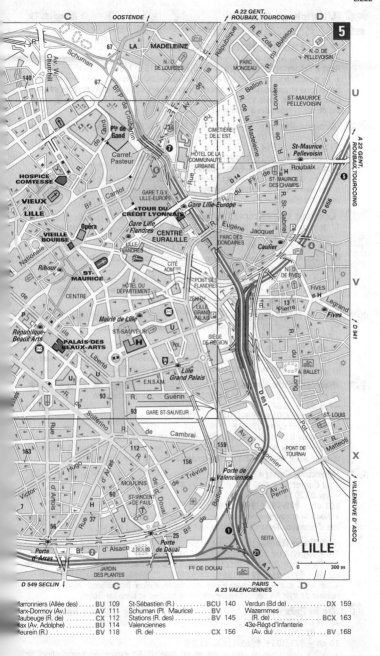

L'Hermitage Gantois   ch., AC, ℡, 🛁 VISA ⓪ AE ⓪

224 r. de Paris – ☎ 03 20 85 30 30 – www.hotelhermitagegantois.com
– Fax 03 20 42 31 31   **1EZb**
72 ch – ♦210/245 € ♦♦210/245 €, ☲ 19 €
Rest – (33 €) Menu 43 €
Rest *L'Estaminet* – *(fermé sam. midi et dim.)* (15 €) Menu 18/26 €
♦ Ce superbe hospice du 14ᵉ s. marie avec élégance architecture ancienne et style contemporain. Luxe et confort dans les chambres personnalisées, agréables cours et patios intérieurs. Cuisine de saison servie sous les voûtes rouge et or du restaurant. Esprit brasserie, recettes bistrotières et régionales à l'Estaminet.

Crowne Plaza   ⇐ 🖼 ch., AC, 🍽 rest, ℡, 🛁 ⌂ VISA ⓪ AE ⓪

335 bd Leeds – ☎ 03 20 42 46 46 – www.lille-crowneplaza.com
– Fax 03 20 40 13 14   **1FYn**
121 ch – ♦195/300 € ♦♦195/300 €, ☲ 19 € – 1 suite
Rest – Menu 25/28 € – Carte 40/67 €
♦ Face à la gare TGV, ce bâtiment moderne abrite de vastes chambres contemporaines, zen et très bien équipées ; certaines ménagent une vue superbe sur Lille et son beffroi. Décor design (mobilier signé Starck), carte actuelle et formules buffet au restaurant.

Couvent des Minimes Alliance ⌂   🖼 ch., ℡, 🛁 P

17 quai du Wault ⊠ 59800 – ☎ 03 20 30 62 62   VISA ⓪ AE ⓪
– www.alliance-lille.com – Fax 03 20 42 94 25   **4BVd**
83 ch – ♦215/250 € ♦♦215/250 €, ☲ 19 € – 8 suites
Rest *Le Jardin du Cloître* – *(fermé lundi du 15 juil. au 20 août)* Menu 37 € bc (sem.)/43 € bc – Carte 36/53 €
♦ Entre le vieux Lille et la Citadelle, ce couvent du 17ᵉ s. en briques rouges révèle un intérieur moderne et des chambres de tout confort garantissant bien-être et détente. Restaurant dans le cadre préservé du cloître et cuisine au goût du jour. Piano-bar.

Grand Hôtel Bellevue sans rest   🖼 AC ℡ 🛁 VISA ⓪ AE ⓪

5 r. J. Roisin – ☎ 03 20 57 45 64 – www.grandhotelbellevue.com
– Fax 03 20 40 07 93   **1EYa**
60 ch – ♦90/175 € ♦♦90/175 €, ☲ 12 €
♦ Les chambres ne manquent pas d'allure avec leur mobilier de style Directoire et leurs salles de bains en marbre. Les plus prisées donnent sur la Grand'Place.

Novotel Lille Gares   🌿 🖼 ch., AC ℡ 🛁 VISA ⓪ AE ⓪

49 r. Tournai ⊠ 59800 – ☎ 03 28 38 67 00 – www.novotel.com
– Fax 03 28 38 67 10   **1FZu**
96 ch – ♦89/201 € ♦♦89/201 €, ☲ 15 € – 5 suites
Rest – (16 €) Carte 27/38 €
♦ Voisin de la gare Lille-Flandres, hôtel entièrement rénové offrant des chambres aux dernières normes de la chaîne : confort, équipements de qualité et décor épuré. Cuisine traditionnelle servie dans la salle à manger tendance ou sur la terrasse d'été fleurie.

Mercure Centre Opéra sans rest   🖼 AC ℡ 🛁 VISA ⓪ AE ⓪

2 bd Carnot ⊠ 59800 – ☎ 03 20 14 71 47 – www.mercure.com
– Fax 03 20 14 71 48   **1EYh**
101 ch – ♦70/185 € ♦♦80/195 €, ☲ 15 €
♦ Nouvelle atmosphère de charme dans cet immeuble centenaire en pierres de taille. Chambres d'inspiration flamande au mobilier Art déco ou Régence. Salon-bar.

Art Déco Romarin sans rest   🖼 AC ℡ P VISA ⓪ AE ⓪

110 r. République à la Madeleine – ☎ 03 20 14 81 81
– www.hotelartdecoromarin.com – Fax 03 20 14 81 80   **1FYt**
56 ch – ♦79/155 € ♦♦79/155 €, ☲ 12 €
♦ Cet hôtel, situé sur une avenue passante, bénéficie d'une insonorisation efficace. Original intérieur de style Art déco, chambres de bonne ampleur et salon-bar feutré.

De la Paix sans rest   🖼 ℡ VISA ⓪ AE ⓪

46 bis r. de Paris – ☎ 03 20 54 63 93 – www.hotel-la-paix.com
– Fax 03 20 63 98 97   **1EYr**
36 ch – ♦75/105 € ♦♦85/115 €, ☲ 9 €
♦ Artiste dans l'âme, la propriétaire de cet hôtel (1782) expose des reproductions de tableaux et a réalisé la fresque qui orne la salle des petits-déjeuners. Chambres douillettes.

De la Treille sans rest
7/9 pl. Louise-de-Bettignies – 03 20 55 45 46 – www.hoteldelatreille.fr.st – Fax 03 20 51 51 69 **1EYb**
42 ch – 70/120 € 75/135 €, 11 €
◆ Idéalement situé pour arpenter la vieille ville, cet hôtel dispose de chambres un peu exiguës, mais fraîches et bien agencées. Copieux buffets à l'heure du petit-déjeuner.

La Maison Carrée
29 r. Bonte-Pollet – 03 20 93 60 42 – www.lamaisoncarree.fr **4AXa**
5 ch – 150/230 € 155/250 € **Table d'hôte** – Menu 40/60 €
◆ Découvrez ce splendide hôtel particulier (début du 20e s.) tenu par des amoureux d'art et de décoration contemporains. Calme, raffinement et grand confort sont au programme. Cuisine du marché servie le soir à la table d'hôte.

A L'Huîtrière
3 r. Chats Bossus 59800 – 03 20 55 43 41 – www.huitriere.fr – Fax 03 20 55 23 10 – Fermé août, dim. soir et soirs fériés **1EYg**
Rest – Menu 45 € (déj. en sem.), 105/150 € – Carte 80/150 €
Spéc. Saint-Jacques en croûte de pomme de terre, condiment de bulots (oct. à mai). Bar cuit au four, huîtres de claires pochées et crevettes grises, sauce porto. Feuilleté vertical au café, sorbet guanaja en cappuccino et caramel au beurre salé.
◆ Dans ce lieu dédié aux produits de la mer, passage obligé dans la boutique pour le décor en céramique et le nouveau bar à huîtres... Suivent trois luxueuses salles bourgeoises.

La Laiterie (Benoit Bernard)
138 r. de l'Hippodrome, à Lambersart 59130 – 03 20 92 79 73 – www.lalaiterie.fr – Fax 03 20 22 16 19 – Fermé 2-24 août, dim. et lundi
Rest – (43 € bc) Menu 45/75 € – Carte 80/150 € **4AVs**
Spéc. Thon aux cinq épices chinoises, émulsion à l'orange. Bar poêlé aux cèpes (oct. à déc.). Moelleux au chocolat, sorbet.
◆ Un cadre contemporain très tendance dans les tons gris, une cuisine actuelle riche en saveurs et un choix d'excellents vins (bourgognes et bordeaux) : un moment de pur plaisir.

Le Sébastopol (Jean-Luc Germond)
1 pl. Sébastopol – 03 20 57 05 05 – www.restaurant-sebastopol.fr – Fermé 1er-23 août, dim. soir, sam. midi et lundi midi **1EZa**
Rest – Menu 42/68 € – Carte 70/90 €
Spéc. Saint-Jacques d'Étaples (oct. à avril). Filets de sole aux jets de houblon (printemps). "Notre raison d'aimer la chicorée du Nord" (dessert).
◆ Un rideau de verdure et une originale marquise habillent la façade de cette maison bourgeoise. Cuisine au goût du jour servie dans une salle intimiste et belle carte des vins.

Clément Marot
16 r. Pas 59800 – 03 20 57 01 10 – www.clement-marot.com – Fax 03 20 57 39 69 – Fermé dim. soir **1EYn**
Rest – (18 €) Menu 36 € – Carte 39/95 €
◆ Maison tenue par les descendants du poète cadurcien Clément Marot. Intérieur plutôt classique aux boiseries peintes et tableaux, recettes traditionnelles et atmosphère conviviale.

Brasserie de la Paix
25 pl. Rihour – 03 20 54 70 41 – Fax 03 20 40 15 52 – Fermé dim.
Rest – (14 €) Menu 18 € (sem.)/26 € – Carte 24/55 € **1EYz**
◆ À deux pas du palais Rihour, cette sympathique brasserie est une institution lilloise. Décor Art déco, banquettes, faïences de Desvres et cuisine de bistrot : rien ne manque !

La Table du Champlain
17 r. N.-Leblanc – 03 20 54 01 38 – www.lechamplain.fr – Fax 03 20 40 07 28 – Fermé août, sam. midi et lundi **1EZu**
Rest – Menu 27 € bc/43 € bc
◆ Déménagement du n°13 au n°17 en 2009 : salle tout en longueur plus petite, mais plus intime (décor classique où domine le blanc) et cuisine actuelle plus savoureuse que jamais.

L'Écume des Mers
10 r. Pas – 03 20 54 95 40 – www.ecume-des-mers.com – Fax 03 20 54 96 66
Rest – (18 €) Menu 25 € (dîner en sem.) – Carte 29/56 € **1EYn**
◆ Ambiance animée, salle originale, carte journalière de poissons, joli banc d'écailler et quelques viandes pour les "accros" : voici un avant-goût de cette brasserie très prisée.

XX **Le Why Not**   VISA ⓒⓞ AE ①
9 r. Maracci – ℰ 03 20 74 14 14 – www.lewhynot-restaurant.fr
– Fax 03 20 74 14 15 – Fermé 18 juil.-3 août, 3-11 janv., sam. midi, dim. et lundi
Rest – (23 € bc) Menu 33/43 €   1EY**m**
♦ Dans le vieux Lille, ce restaurant convivial a pour cadre une cave tendance (décor design, tableaux). Plats actuels savoureux signés par un chef globe-trotter de retour au pays.

X **L'Atelier "La Cour des Grands"**   VISA ⓒⓞ
⊜ *15 r. François-de-Badts, à la Madeleine – ℰ 03 20 74 26 33*
– www.latelier-restaurant.fr – Fermé 1ᵉʳ-17 août, 24-31 déc., 1 sem. en fév., dim., lundi et fériés   1FY**a**
Rest – Menu 17 € (déj. en sem.) – Carte 30/45 € le soir
♦ Décor de loft industriel, toiles et photos d'artistes, cuisine de bistrot et nombreux vins au verre : cet ancien garage est l'une des adresses tendance de Lille.

X **Le Bistrot de Pierrot**   🛋 AC VISA ⓒⓞ AE
6 pl. de Béthune – ℰ 03 20 57 14 09 – www.bistrotdepierrot.com
– Fax 03 20 30 93 13 – Fermé 8-17 août, 31 déc.-5 janv., dim. et lundi
Rest – Carte 29/48 €   1EZ**r**
♦ Authentique bistrot qui a su garder l'âme et le décor d'autrefois. Ambiance sympathique et au menu, un bon choix de plats canailles avec une cuisine plus légère pour ces dames.

à Bondues – 10 151 h. – alt. 37 m – ⊠ 59910

🛈 Syndicat d'initiative, 266, domaine de la vigne ℰ 03 20 25 94 94

XXX **Auberge de l'Harmonie**   🛋 AC ⇄ VISA ⓒⓞ
pl. Abbé Bonpain – ℰ 03 20 23 17 02 – www.aubergeharmonie.fr
– Fax 03 20 23 05 99 – Fermé 19 juil.-2 août, dim. soir, mardi soir, jeudi soir et lundi   3HR**t**
Rest – (25 € bc) Menu 36/90 € bc – Carte 46/77 €
♦ Une belle harmonie règne dans cet ex-relais de poste du 19ᵉ s. : couleurs gaies, mobilier élégant, terrasse verdoyante et cuisine actuelle élaborée au fil des saisons.

XXX **Val d'Auge** (Christophe Hagnerelle)   AC P VISA ⓒⓞ AE ①
❀ *805 av. Gén. de Gaulle – ℰ 03 20 46 26 87 – www.valdauge.com*
– Fax 03 20 37 43 78 – Fermé 1 sem. vacances de fév., 24 juil.-14 août, sam. midi, dim. et lundi   3HR**a**
Rest – Menu 50 € bc (déj. en sem.), 52/72 € – Carte 80/90 € 🍷
Spéc. Pastilla de langoustines. Grouse au malt (oct. à déc.). Dôme à l'orange.
♦ Cette maison régionale qui borde la route vous reçoit dans une salle à manger assez tendance, mais surtout agréablement lumineuse. Cuisine actuelle et belle carte des vins.

à Marcq-en-Baroeul – 38 939 h. – alt. 15 m – ⊠ 59700

🛈 Office de tourisme, 111, avenue Foch ℰ 03 20 72 60 87, Fax 03 20 72 56 65

🏨 **Mercure**   📶 AC 🛜 ⅍ P VISA ⓒⓞ AE ①
157 av. Marne, par D 670 : 5 km – ℰ 03 28 33 12 12 – www.mercure.com
– Fax 03 28 33 12 24   3HS**s**
125 ch – †95/215 € ††105/225 €, � 18 € – 1 suite
Rest L'Europe – ℰ 03 28 33 12 68 – (16 €) Menu 21 € (sem.) – Carte 26/53 €
♦ Abords verdoyants, atmosphère chaleureuse et feutrée, chambres tout confort, installations conférencières et prestations haut de gamme pour cette unité de la chaîne Mercure. Au restaurant L'Europe, ambiance de brasserie de luxe et cuisine au diapason.

XXX **Le Septentrion**   🔊 🛋 P AE
parc du château Vert-Bois, par D 617 : 9 km – ℰ 03 20 46 26 98
– www.septentrion.fr – Fax 03 20 46 38 33 – Fermé dim. soir, mardi soir, merc. soir et lundi   3HR**n**
Rest – Menu 43/80 € – Carte environ 60 €
Rest L'Exseption – (15 €) Menu 20 € (dîner en sem.) – Carte 20/40 €
♦ Au sein de la fondation Prouvost-Septentrion, ex-dépendance du château du Vert-Bois offrant une vue bucolique sur le parc. Salle à manger moderne et carte actuelle. À l'Exseption, cuisine ouverte, plats de brasserie et atmosphère de bistrot chic.

※ **La Table de Marcq** 　　　ＡＣ ＶＩＳＡ ◐◯ ＡＥ ◍
944 av. de la République – ℰ 03 20 72 43 55 – Fermé 1er-26 août, 1 sem. en fév.,
dim. soir et lundi　　　　　　　　　　　　　　　　　　　　　　　　　　　**2HSe**
Rest – Carte 21/41 €
♦ Ancien café reconverti en restaurant qui s'est doté d'une décoration actuelle, mais a conservé son beau comptoir. Ambiance conviviale et menus élaborés au gré du marché.

à Villeneuve d'Ascq – 61 151 h. – alt. 26 m – ⊠ 59491

🛈 Office de tourisme, chemin du Chat Botté ℰ 03 20 43 55 75,
Fax 03 20 91 28 28

※※ **Le Carré des Sens** 　　　　　 🛋 ⅏ ＶＩＳＡ ◐◯ ＡＥ
73 av. de Flandres – ℰ 03 20 82 05 97 – Fermé 1er-8 mai, 25 juil.-18 août, lundi
soir, sam. midi et dim.　　　　　　　　　　　　　　　　　　　　　　　　**2HSv**
Rest – (25 €) Menu 35/65 € – Carte 52/70 €🕸
♦ Cette maison d'un quartier pavillonnaire vous reçoit dans une grande salle contemporaine (certaines tables plus hautes que la moyenne) ; agréable terrasse, l'été. Plats actuels.

à l'aéroport de Lille-Lesquin – ⊠ 59810 Lesquin

🏨 **Mercure Aéroport** 　　　⅏ 🛎 ＡＣ ⊤ ⅏ Ｐ ＶＩＳＡ ◐◯ ＡＥ ◍
110 r. Jean Jaurès – ℰ 03 20 87 46 46 – www.mercure.com
– Fax 03 20 87 46 47　　　　　　　　　　　　　　　　　　　　　　　　**3HTr**
215 ch – ⊺55/182 € ⊺⊺60/187 €, ⊠ 15 €
Rest *La Flamme* – (20 €) Menu 25/50 € bc – Carte 28/51 €
♦ Architecture contemporaine située face à l'aéroport (service de navettes gratuites). Grand hall d'accueil, chambres spacieuses, confortables et bien équipées. Convivialité, plats régionaux et rôtisserie visible de tous au restaurant La Flamme.

🏨 **Novotel Aéroport** 　　🚗 🛋 🛁 ⅃ ch, ＡＣ ⊤ ⅏ Ｐ ＶＩＳＡ ◐◯ ＡＥ ◍
55 rte de Douai – ℰ 03 20 62 53 53 – www.novotel.com
– Fax 03 20 97 36 12　　　　　　　　　　　　　　　　　　　　　　　　**3HTt**
92 ch – ⊺65/159 € ⊺⊺75/149 €, ⊠ 14 €
Rest – Carte 28/38 €
♦ Cette construction basse est la plus ancienne unité de la chaîne (1967). Les chambres, de bon confort, adoptent progressivement le nouveau look du groupe. Côté restaurant, grande salle moderne où l'on propose plats au goût du jour et recettes allégées.

🏠 **Agena** sans rest 　　　　　　　　　 ⅏ ⊤ Ｐ ＶＩＳＡ ◐◯ ＡＥ
451 av du Gén.-Leclerc ⊠ 59155 – ℰ 03 20 60 13 14 – www.hotel-agena.com
– Fax 03 20 97 31 79　　　　　　　　　　　　　　　　　　　　　　　　**3HTv**
40 ch – ⊺70 € ⊺⊺75 €, ⊠ 9 €
♦ Les chambres de ce bâtiment en arc de cercle, aménagées en rez-de-jardin, sont plus calmes côté patio. Cadre sobre, entretien sans reproche et accueil sympathique.

à Emmerin – 2 933 h. – alt. 24 m – ⊠ 59320

🏨 **La Howarderie** 🌿 　　　　　 🛋 ⅏ ⊤ ⅏ Ｐ ＶＩＳＡ ◐◯ ＡＥ ◍
1 r. des Fusillés – ℰ 03 20 10 31 00 – www.lahowarderie.com
– Fax 03 20 10 31 09 – Fermé 2-23 août, 22 déc.-5 janv. et dim. soir
7 ch – ⊺90/95 € ⊺⊺100/135 €, ⊠ 17 € – 3 suites – ½ P 95/105 €　　**2GTe**
Rest – (fermé 3-24 août) (14 €) Menu 25 €, 35/55 € – Carte 31/60 €
♦ Une aile de cette vieille ferme en briques abrite des chambres personnalisées (style contemporain pour deux d'entre elles). Beaux meubles de style ou anciens. Cuisine au goût du jour servie dans deux salles à manger intimistes, décorées avec originalité.

à Capinghem – 1 596 h. – alt. 50 m – ⊠ 59160

※ **La Marmite de Pierrot** 　　　　　🛋 ⊕ Ｐ ＶＩＳＡ ◐◯ ＡＥ
◉ *93 r. Poincaré – ℰ 03 20 92 12 41 – www.pierrot-de-lille.com – Fax 03 20 92 12 51*
– Fermé dim. soir, mardi soir, merc. soir, jeudi soir et lundi　　　　　　**2GSv**
Rest – (24 €) Menu 27/38 €
♦ Sympathique restaurant aux allures de bistrot rustique, orné de licous et d'outils paysans. Généreuse cuisine proposant savoureuses cochonnailles et autres produits tripiers.

à St-André-Lez-Lille – 10 792 h. – alt. 20 m – ⊠ 59350

🄸 Office de tourisme, 89, rue du Général Leclerc ℰ 03 20 51 79 05,
Fax 03 20 63 07 60

XXX **La Quintinie** 🌣 🎢 ᕕ 🄰🄲 ⇔ 🄿 𝚟𝚒𝚜𝚊 ⓪⓪
501 av. Mal-de-Lattre-de-Tassigny, (D 57) – ℰ 03 20 40 78 88
– *www.alaquintinie.com* – *Fermé 20 juil.-17 août, lundi et le soir sauf sam.*
Rest – Menu 38/45 € – Carte 28/80 €   **2GSt**
♦ Maison en briques dans un joli jardin doté d'un potager. Grande salle lumineuse, décor contemporain raffiné (tableaux en faïence) et cuisine classique simple et bonne.

à Gruson – 1 131 h. – alt. 52 m – ⊠ 59152

X **L'Arbre** 🌣 🎢 ⇔ 𝚟𝚒𝚜𝚊 ⓪⓪ 🄰🄴
☺ *1 croisement chemin de Bourguhelles, 1 km à l'Est par D 90* – ℰ 03 20 79 55 33
– *www.larbre.com* – *Fax 03 20 84 56 66* – *Fermé 9-31 août et 1er-7 janv., dim. soir, mardi soir, sam. midi et lundi*   **3JTb**
Rest – (19 €) Menu 28/68 € bc – Carte 32/62 €
♦ Bâtisse toute de briques placée sur le trajet de la course Paris-Roubaix. Le décor a fait sa révolution en 2009 : murs gris bleu, mobilier contemporain. Goûteuse cuisine actuelle.

LIMAY – 78 Yvelines – 311 G2 – 15 779 h. – alt. 16 m – ⊠ 78520   18 A1

🄳 Paris 56 – Argenteuil 50 – Boulogne-Billancourt 52 – Saint-Denis 60

XX **Au Vieux Pêcheur** 🎢 𝚟𝚒𝚜𝚊 ⓪⓪ 🄰🄴
5 quai Albert 1er – ℰ 01 30 92 77 78 – *www.au-vieux-pecheur.com* – *Fax 01 34 77 34 62* – *fermé 10-16 mai, 26 juil.-24 août, merc. soir, dim. soir et lundi*
Rest – (25 €) Menu 33/59 € bc – Carte 59/78 €
♦ Cuisine traditionnelle bien tournée dans cet établissement proche de la Seine. Trois salles, l'une lumineuse et d'esprit contemporain, les autres plus rustiques et feutrées.

LIMERAY – 37 Indre-et-Loire – 317 P4 – rattaché à Amboise

LIMOGES 🄿 – 87 Haute-Vienne – 325 E6 – 136 539 h. –   24 B2
Agglo. 173 299 h. – alt. 300 m – ⊠ 87000 ▯ Limousin Berry

🄳 Paris 391 – Angoulême 105 – Brive-la-Gaillarde 92 – Châteauroux 126
🛪 Limoges : ℰ 05 55 43 30 30, par ⑦ : 8 km.
🄸 Office de tourisme, 12, boulevard de Fleurus ℰ 05 55 34 46 87,
Fax 05 55 34 19 12
🄸🄱 de la Porcelaine à Panazol Celicroux, par rte de Clermont-Ferrand : 9 km,
ℰ 05 55 31 10 69
🄸🄱 de Limoges Avenue du Golf, par rte de St-Yrieix : 3 km, ℰ 05 55 30 21 02
◉ Cathédrale St-Etienne★ – Église St-Michel-des-Lions★ – Cour du temple★
CZ 115 - Jardins de l'évêché★ - Musée national de la porcelaine Adrien
Dubouché★★ (porcelaines) BY - Rue de Boucherie★ - Musée de
l'évêché★ : les émaux★ - Chapelle St-Aurélien★ - Gare des Bénédictins★.

Plans pages suivantes

🏠 **Mercure Royal Limousin** sans rest 🄲 ᕕ 🄰🄲 ⑴ 𝘚𝘈 𝚟𝚒𝚜𝚊 ⓪⓪ 🄰🄴 ⓪
1 pl. de la République – ℰ 05 55 34 65 30 – *www.mercure.com*
– *Fax 05 55 34 55 21*   **CYu**
82 ch – †92/150 € ††110/160 €, ⊇ 14 €
♦ Une harmonie de bois clair et de tons pastel habille cet hôtel bordant une vaste place. Trois catégories de chambres proposées, selon votre désir de simplicité ou de confort.

🏠 **Domaine de Faugeras** ⃠ 🄴 🎢 🄰 ᕕ 🄰🄲 ⑴ 🄿 𝚟𝚒𝚜𝚊 ⓪⓪ 🄰🄴 ⓪
allée de Faugeras, 3 km au Nord-Est par r. A-Briand et D 142 AX
– ℰ 05 55 34 66 22 – *Fax 05 55 34 18 05*
9 ch – †105 € ††120 €, ⊇ 14 € – 2 suites
Rest – *(fermé lundi soir, sam. midi et dim.)* (28 €) Menu 36/56 € – Carte 41/62 €
♦ Entouré d'un parc en surplomb de Limoges, ce château du 18e s. marie patrimoine et modernité, notamment dans ses chambres très chic et confortables. Au restaurant, baies vitrées ouvrant sur le jardin, décoration actuelle et cuisine au goût du jour.

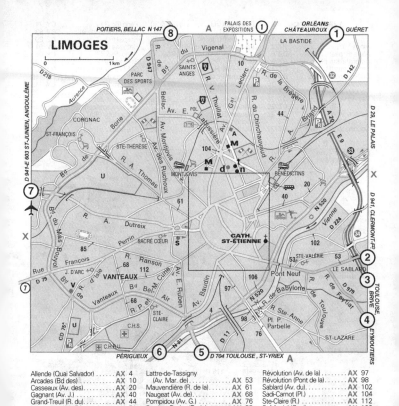

POITIERS, BELLAC N 147 ⑧   PALAIS DES ① EXPOSITIONS   ORLÉANS CHÂTEAUROUX ① GUÉRET

LIMOGES

🏠 **Atrium** sans rest   🛗 🔥 AC 📶 🚗 VISA ⑩ AE

22 allée de Seto - Parc du Ciel – ℰ *05 55 10 75 75 – www.interhotel-atrium.com – Fax 05 55 10 75 76*   DY**a**

70 ch – †80/95 € ††90/140 €, ☲ 13 €

◆ Cet ancien entrepôt des douanes converti en hôtel offre d'agréables chambres dont une partie ouvre sur la magnifique gare de Limoges. Restauration à la brasserie attenante.

🏠 **Richelieu** sans rest   🛗 🔥 AC 📶 🏋 VISA ⑩ AE ⓞ

40 av. Baudin – ℰ *05 55 34 22 82 – www.hotel-richelieu.com – Fax 05 55 34 35 36*   CZ**k**

41 ch – †78/116 € ††88/126 €, ☲ 14 € – 2 suites

◆ Près de la mairie, cet hôtel allie confort moderne et décor de style années 1930. Chambres contemporaines dans l'extension.

🏠 **Nos Rev** sans rest   📶 P VISA ⑩

16 r. Gén. Bessol – ℰ *05 55 77 41 43 – www.hotelnos-rev.com – Fax 05 55 77 75 83 – Fermé 1er-15 août*   DY**u**

12 ch – †47/72 € ††47/72 €, ☲ 7 €

◆ L'hôtel est proche de la gare, mais il a d'autres atouts : son appréciable style contemporain et son ambiance familiale font que l'on s'y sent tout simplement bien.

🏠 **Art Hôtel Tendance** sans rest   📶 VISA ⑩ AE

37 r. Armand-Barbes – ℰ *05 55 77 31 72 – www.arthoteltendance.com – Fax 05 55 10 25 53*   AX**t**

13 ch – †57/65 € ††63/71 €, ☲ 8 €

◆ Adresse familiale située dans un quartier résidentiel. Chambres personnalisées selon des destinations (Bali, Venise, Grèce...), réparties dans deux maisons dont une sur cour.

LIMOGES

St-Martial sans rest
🕼 ❄ ⁽ᵗ⁾ 🚗 **VISA** ⚫ **AE**

21 r. A. Barbès
– ☎ 05 55 77 75 29
– www.hotelsaintmartiallimoges.com
– Fax 05 55 79 27 60   AX**n**

30 ch – †60/81 € ††66/81 €, ☞ 8,50 €

◆ Hôtel familial fonctionnel logé dans un immeuble d'angle, pratique car proche du centre, disposant de chambres sobres avec double vitrage et équipements complets.

Une bonne table sans se ruiner ? Repérez les Bib Gourmand ⊛.

XX **Amphitryon** (Richard Lequet)   🛋 ⇔ VISA ⬤

ಬಿ *26 r. Boucherie – 𝒞 05 55 33 36 39 – Fax 05 55 32 98 50 – Fermé 1er-10 mai,*
22 août-6 sept., 1er-10 janv., 20-28 fév., dim. et lundi   CZu
Rest – (23 €) Menu 44/72 € – Carte 89/108 €
Spéc. Les trois foies gras, en carpaccio à la fleur de sel, poché au vin d'épice,
grillé en terrine. Homard bleu, salsifis croquants, pancetta pulvérisée (sept. à
oct.). Variation de textures autour de la figue (sept.-oct.).
♦ Maison à pans de bois au cœur du pittoresque "village" des Bouchers. Intérieur chaleureux
et agréable terrasse d'été pour déguster une cuisine revisitant la tradition avec talent.

XX **Le Vanteaux**   🛋 ⅙ 🗚 🕽 ⇔ P VISA ⬤

ಣ *122 r. d'Isle – 𝒞 05 55 49 01 26 – www.levanteaux.com – Fax 05 55 49 01 27*
– Fermé 12-18 avril, 1er-15 août, 1er-10 janv., dim. soir et lundi   AXv
Rest – (17 €) Menu 20 € (déj. en sem.), 26/39 € – Carte 47/75 € le soir
♦ Pimpante façade (1815) fraîchement refaite, intérieur "smart", terrasse, table inventive,
alléchant chariot garni de minidesserts et, à midi, sélection de vins au verre.

XX **L'Escapade du Gourmet**   VISA ⬤

5 r. du 71ème-Mobiles – 𝒞 05 55 32 40 26 – Fax 05 55 32 11 95 – Fermé 9-17 août
Rest – Menu 20/56 € – Carte 44/60 €   DZu
♦ Table du centre-ville au magnifique décor inspiré de la Belle Époque : sièges, boiseries,
plafond et verrières signés Mucha. Carte traditionnelle suivant le rythme des saisons.

X **Le Versailles**   🗚 ⇔ VISA ⬤ AE

ಎ *20 pl. Aine – 𝒞 05 55 34 13 39 – www.restaurateursdefrance.com*
– Fax 05 55 32 84 73   BZa
Rest – Menu 16 € (déj. en sem.), 23/29 € – Carte 22/50 €
♦ Avec le palais de justice en toile de fond, cette brasserie fondée en 1932, agrandie d'une
mezzanine circulaire, sert des petits plats simples adaptés à l'esprit du lieu.

X **La Cuisine**   VISA ⬤

21 r. Montmailler – 𝒞 05 55 10 28 29 – www.restaurantlacuisine.com
– Fax 05 55 10 28 29 – Fermé dim., lundi et fériés   BYa
Rest – (19 €) Menu 30 € (sem.)/60 €
♦ Le jeune chef concocte des plats inventifs inspirés par la cuisine d'ailleurs et les goûts
insolites. Originalité et qualité prisées midi et soir dans un cadre d'esprit bistrot.

X **La Maison des Saveurs**   🗚 ⇔ VISA ⬤

74 av. Garibaldi – 𝒞 05 55 79 30 74 – Fax 05 55 79 30 74 – Fermé 14-29 juil.,
8-15 nov., sam. midi, dim. soir et lundi   AXd
Rest – (16 € bc) Menu 25/58 € – Carte 47/68 €
♦ Cuisine traditionnelle de produits du terroir – foie gras, magrets fermiers, viande et pommes du Limousin – servie dans un cadre associant murs à colombages et déco actuelle.

X **27**   ⇔ VISA ⬤

ಎ *27 r. Haute-Vienne – 𝒞 05 55 32 27 27 – www.le27.com – Fax 05 55 34 37 53*
– Fermé dim. et fériés   CZa
Rest – (14 €) Menu 17 € (déj. en sem.) – Carte 27/44 €
♦ Tables laquées rouges et bibliothèques garnies de dives bouteilles composent le
décor contemporain de ce restaurant proche des halles. Cuisine au goût du jour.

X **Les Petits Ventres**   🛋 ⇔ VISA ⬤ AE

20 r. de la Boucherie – 𝒞 05 55 34 22 90 – www.les-petits-ventres.com
– Fax 05 55 32 41 04 – Fermé 16 avril-2 mai, 4-25 sept., 19 fév.-7 mars, dim. et
lundi   CZu
Rest – (16 €) Menu 25/35 € – Carte 30/44 €
♦ Plats canailles (spécialité de tripes) et large éventail de menus régalent les petits ventres
et les autres ! Cadre rustique à colombages en cette maison du 14e siècle.

X **La Table du Couvent-Paroles de Chef**   🛋 🕽 ⇔ VISA ⬤

ಎ *15 r. Neuves-des-Carmes – 𝒞 05 55 32 30 66 – www.parolesdechef.com*
– Fax 05 55 32 41 77 – Fermé août, sam., dim. et lundi   AXs
Rest – (19 €) Menu 24 € (déj. en sem.), 28/38 €
♦ Dans l'enceinte de l'ancien couvent des Carmes, une table gourmande comme on les aime
associée à des cours de cuisine et à une boutique. Déco contemporaine dans des murs anciens.

🍴 **Chez Alphonse** A/C VISA MC

5 pl. Motte – ✆ 05 55 34 34 14 – bistrot.alphonse@wanadoo.fr – Fax 05 55 34 34 14 – Fermé 25 juil.-8 août, 26 déc.-9 janv., dim. et fériés

Rest – (13 € bc) Carte 21/47 € CZ**e**

♦ Comme le veut la tradition qui a donné son nom à ce bistrot animé, le chef "fonce aux halles" voisines faire son marché quotidien pour concocter une cuisine canaille généreuse.

🍴 **La Table de Jean** A/C ⇔ VISA MC

5 r. Boucherie – ✆ 05 55 32 77 91 – Fermé 24 déc.-4 janv., sam., dim. et fériés

Rest – *(nombre de couverts limité, prévenir)* (18 €) Carte 32/53 € CZ**x**

♦ Voici une bonne table du quartier historique. Service sympathique dans un décor minimaliste et goûteuse cuisine bistrotière accompagnée de crus choisis (bon choix au verre).

à St-Martin-du-Fault par ⑦, N 141, D 941 et D 20 : 13 km – ✉ 87510 Nieul

🏨 **Chapelle St-Martin** 🐌 ⋖ 🌳 ⛱ 🏊 🎾 📶 🏋 🅿 VISA MC AE

– ✆ 05 55 75 80 17 – www.chapellesaintmartin.com – Fax 05 55 75 89 50 – Fermé 2 janv.-8 fév.

10 ch – 🚹80/360 € 🚹🚹80/590 €, ☕ 17 € – 4 suites – ½ P 117/257 €

Rest – *(fermé dim. soir de nov. à mars, mardi midi, merc. midi et lundi) (nombre de couverts limité, prévenir)* Menu 35 € (déj. en sem.), 55/89 € – Carte 74/117 €

♦ Au cœur d'un parc en lisière d'un bois, cette gentilhommière cultive la sérénité et l'élégance bourgeoise : chambres parées d'étoffes colorées, mobilier raffiné, tentures murales... Côté restaurant, cuisine classique mise au goût du jour.

LIMONEST – **69 Rhône** – **327** H4 – **rattaché à Lyon**

LIMOUX ⟨SP⟩ – **11 Aude** – **344** E4 – **9 680 h.** – **alt. 172 m** – ✉ **11300** **22** B3

▮ Languedoc Roussillon

▶ Paris 769 – Carcassonne 25 – Foix 70 – Perpignan 104

ℹ Syndicat d'initiative, promenade du Tivoli ✆ 04 68 31 11 82, Fax 04 68 31 87 14

🏨 **Grand Hôtel Moderne et Pigeon** ⛱ A/C ch, 📶 VISA MC AE

1 pl. Gén.-Leclerc, (près de la poste) – ✆ 04 68 31 00 25 – www.grandhotelmodernepigeon.fr – Fax 04 68 31 12 43 – Fermé 20 déc.-5 janv.

13 ch ☕ – 🚹90/165 € 🚹🚹125/190 € – 1 suite – ½ P 95/100 €

Rest – *(fermé dim. soir sauf juil.-août, mardi midi, sam. midi et lundi)* Menu 38/117 € bc – Carte 60/120 €

♦ Cet ancien hôtel particulier (17e s.) abrite un superbe escalier décoré de fresques et de vitraux conduisant à des chambres personnalisées avec goût. Belles salles à manger 1900, patio-terrasse verdoyant et savoureuse cuisine classique.

LINGOLSHEIM – **67 Bas-Rhin** – **315** K5 – **rattaché à Strasbourg**

LINIÈRES-BOUTON – **49 Maine-et-Loire** – **317** J4 – **96 h.** – **alt. 53 m** **35** C2
– ✉ **49490**

▶ Paris 293 – Nantes 155 – Angers 67 – Tours 58

⌂ **Château de Boissimon** sans rest 🐌 🌳 🏊 📞 🅿 VISA MC

– ✆ 02 41 82 30 86 – www.chateaudeboissimon.com – Ouvert d'avril à oct.

5 ch ☕ – 🚹130/160 € 🚹🚹130/190 €

♦ Au calme dans un parc boisé, ce château vous ouvre grand ses portes. Chambres rénovées dans le souci détail ; décoration très raffinée. Un lieu idéal pour une halte romantique.

LE LIOUQUET – **13 Bouches-du-Rhône** – **340** I6 – **rattaché à La Ciotat**

LISIEUX ⟨SP⟩ – **14 Calvados** – **303** N5 – **23 343 h.** – **alt. 51 m** **33** C2
– **Pèlerinage (fin septembre)** – ✉ **14100** ▮ Normandie Vallée de la Seine

▶ Paris 179 – Alençon 94 – Caen 64 – Évreux 73

ℹ Office de tourisme, 11, rue d'Alençon ✆ 02 31 48 18 10, Fax 02 31 48 18 11

◉ Cathédrale St-Pierre★ BY.

◉ Château★ de St-Germain-de-Livet 7 km par ④.

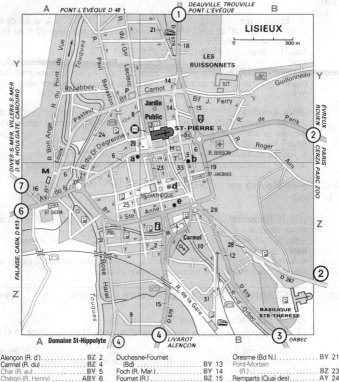

DEAUVILLE, TROUVILLE
PONT-L'ÉVÊQUE

LISIEUX

0   300 m

LES BUISSONNETS

🔒 **Mercure**   🌳 ⬛ 🍴 ⬛ 🔥 🏊 **P** 🆅🆂🅰 ⚫⚫ 🅐🅔 ⓪

par ② : 2,5 km (rte de Paris) – ℰ *02 31 61 17 17* – *www.accor-hotels.com*
– *Fax 02 31 32 33 43*
69 ch – †80/102 € ††92/106 €, ⊆ 15 €
Rest – (20 €) Menu 23 € – Carte 25/35 €
• En périphérie de Lisieux, hôtel aux chambres confortables et bien tenues (mansardées au
dernier étage). Le restaurant, prolongé d'une terrasse d'été au bord d'une piscine, propose
des buffets de hors-d'œuvre et de desserts.

🔒 **Azur** sans rest   🍴 🅟 🆅🆂🅰 ⚫⚫ 🅐🅔

15 r. au Char – ℰ *02 31 62 09 14* – *www.azur-hotel.com*
– *Fax 02 31 62 16 06*   **BYZb**
15 ch – †60/70 € ††80/90 €, ⊆ 9 €
• Dans un immeuble d'une cinquantaine d'années, chambres printanières et confortables.
Petit-déjeuner soigné servi dans une salle à la façon d'un jardin d'hiver.

🔒 **De la Place** sans rest   🍴 🅟 🆅🆂🅰 ⚫⚫ 🅐🅔 ⓪

67 r. Henry Chéron – ℰ *02 31 48 27 27*
– *www.lisieux-hotel-delaplace.com* – *Fax 02 31 48 27 20*
– *Fermé 1er déc.-3 janv.*   **ABYa**
33 ch – †47/50 € ††70/80 €, ⊆ 10 €
• Cet hôtel central vous reçoit avec amabilité. Chambres rénovées dans des couleurs gaies
et actuelles ; certaines donnent sur la cathédrale. Petits-déjeuners copieux (buffet).

🏨🏨 **L'Espérance** 🛗 🖞 🅥🅘🅢🅐 ⓒⓑ 🄰🄴

16 bd Ste-Anne – ⓒ *02 31 62 17 53 – www.lisieux-hotel.com – Fax 02 31 62 34 00*
– Ouvert de mi-avril à fin-oct. BZ**e**
100 ch – 🛏69/115 € 🛏🛏89/129 €, ⌑ 10 €
Rest – Menu 20/35 € – Carte 40/69 €

♦ Idéalement située en centre ville, cette bâtisse normande à colombages abrite des chambres rénovées dans un style contemporain. Une grande fresque campagnarde orne les murs de l'immense salle à manger. Recettes classiques actualisées.

XX **Aux Acacias** 🅥🅘🅢🅐 ⓒⓑ

ⓒⓑ *13 r. Résistance –* ⓒ *02 31 62 10 95 – Fax 02 31 32 59 06 – Fermé 1 sem. à Noël,*
dim. soir et lundi sauf fériés BZ**d**
Rest – Menu 17 € (sem.)/46 € – Carte 36/65 €

♦ Agréable restaurant au cadre provençal : mobilier rustique en bois peint, nappes et tentures pastel. Cuisine traditionnelle mettant à l'honneur les produits du terroir normand.

à Ouilly-du-Houley par ②, D 510 et D 262 : 10 km – 187 h. – alt. 55 m
– ✉ 14590

X **De la Paquine** 🏠 🄿 🅥🅘🅢🅐 ⓒⓑ

rte de Moyaux – ⓒ *02 31 63 63 80 – Fax 02 31 63 63 80*
– Fermé 2-17 mars, 7-22 sept., 9 nov.-2 déc., dim. soir, mardi soir et merc.
Rest – (prévenir) Carte 48/67 €

♦ À l'entrée du village, petite auberge fleurie au cadre rustique et chaleureux, où l'on propose une cuisine traditionnelle renouvelée de saison en saison.

LISLE-SUR-TARN – 81 Tarn – **338** C7 – 4 110 h. – alt. 127 m **29** C2
– ✉ 81310

🄳 Paris 668 – Albi 32 – Cahors 105 – Castres 58
🄸 Office de tourisme, place Paul Saissac ⓒ 05 63 40 31 85, Fax 05 63 40 31 85

X **Le Romuald** 🏠 🅥🅘🅢🅐 ⓒⓑ

ⓒⓑ *6 r. Port –* ⓒ *05 63 33 38 85 – Fermé vacances de la Toussaint, dim. soir, mardi*
soir et lundi
Rest – Menu 12 € bc (déj. en sem.), 19/32 € – Carte 23/39 €

♦ Maison à pans de bois du 16e s. au cœur de la bastide. Cuisine traditionnelle et grillades préparées dans la grande cheminée qui agrémente la salle à manger rustique.

X **Le Cépage** 🏠 🅥🅘🅢🅐 ⓒⓑ

ⓒⓑ *15 pl. Paul-Saissac –* ⓒ *05 63 33 50 44 – Fax 05 63 33 98 83 – Fermé vacances de*
la Tousaint, mardi soir, dim. soir et lundi
Rest – Menu 13 € bc (déj. en sem.), 15/21 € – Carte 30/35 €

♦ Intérieur chaleureux de style bistrot moderne et agréable terrasse pour les beaux jours. Le chef réalise des recettes aux accents du terroir un brin revisitées.

LISSAC-SUR-COUZE – 19 Corrèze – **329** J5 – 664 h. – alt. 170 m **24** B3
– ✉ 19600

🄳 Paris 489 – Limoges 101 – Tulle 45 – Brive-la-Gaillarde 14

🏠 **Château de Lissac** sans rest ᔕ 🕭

au bourg – ⓒ *05 55 85 14 19 – www.chateaudelissac.com – Fermé*
1er nov.-1er mars
5 ch – 🛏120/150 € 🛏🛏120/150 €, ⌑ 12 €

♦ Ce château (13e, 15e et 18e s.), au calme dans un village, profite d'un très beau parc et d'une position dominante sur le lac. Confort et décoration délicatement actuelle.

LISSES – 91 Essonne – **312** D4 – **106** 32 – voir à Paris, Environs (Évry)

LISTRAC-MÉDOC – 33 Gironde – **335** G4 – 2 115 h. – alt. 40 m **3** B1
– ✉ 33480

🄳 Paris 609 – Bordeaux 38 – Lacanau-Océan 39 – Lesparre-Médoc 31

Auberge des Vignerons avec ch   rest, P VISA ⓾ AE ⓞ

28 av. Soulac – ℰ 05 56 58 08 68 – Fax 05 56 58 08 99 – Fermé 4-10 juil.,
24 déc.-12 fév., sam. midi hors saison, dim. soir, mardi midi et lundi
8 ch – ♦50/62 € ♦♦50/62 €, ⊆ 9 €
Rest – Menu 13,50 € (déj. en sem.), 29/49 € – Carte environ 40 €
♦ Auberge attenante à la Maison des vins. Carte traditionnelle, cave axée sur les crus de Listrac et, visible de la salle, chai où le fameux breuvage vient à maturité. Terrasse côté vignoble.

LIVRY-GARGAN – 93 Seine-Saint-Denis – 305 G7 – 101 18 – voir à Paris, Environs

---

LA LLAGONNE – 66 Pyrénées-Orientales – 344 D7 – rattaché à Mont-Louis

---

LLO – 66 Pyrénées-Orientales – 344 D8 – rattaché à Saillagouse

---

LOCHES ⊗ – 37 Indre-et-Loire – 317 O6 – 6 375 h. – alt. 80 m   11 B3
– ⊠ 37600 ▌ Châteaux de la Loire

▶ Paris 261 – Blois 68 – Châteauroux 72 – Châtellerault 56

🛈 Office de tourisme, place de la Marne ℰ 02 47 91 82 82, Fax 02 47 91 61 50

🏌 de Loches-Verneuil à Verneuil-sur-Indre La Capitainerie, par D 943 : 10 km,
ℰ 02 47 94 79 48

◎ Cité médiévale★★ : donjon★★, église St-Ours★, Porte Royale★, porte des
cordeliers★, hôtel de ville★ Y **H** - Chateaux★★ : gisant d'Agnès Sorel★,
triptyque★ - Carrières troglodytiques de Vignemont★.

◔ Portail★ de la Chartreuse du Liget E : 10 km par ②.

LOCHES

Anciens A.F.N. (Pl. des)...... Z
Auguste (Bd Ph.)............ Z
Balzac (R.)................ YZ
Bas-Clos (Av. des)......... Y 2
Blé (Pl. au)................ Y 3
Château (R. du)............ YZ 5
Cordeliers (Pl. des)........ Y
Descartes (R.)............. Y 7
Donjon (Mail du)........... Z
Droulin (Mail)............. Z
Filature (Q. de la)......... Y 8
Foulques-Nerra (R.)........ Z 9
Gare (Av. de la)........... Y
Gaulle (Av. Gén.-de)....... Y 10
Grande-Rue................ Y 13
Grand Mail (Pl. du)........ Y 12
Lansyer (R.).............. Z 14
Louis XI (Av.)............. Y
Maquis Césario (Allée)..... Z
Marne (Pl. de la).......... Y
Mazerolles (Pl.)........... Y 15
Moulins (R. des)........... Y 16
Pactius (R. T.)............ Z 17
Picois (R.)................ Y
Ponts (R. des)............. Y 18
Porte-Poitevine (R. de la)... Y 19
Poterie (Mail de la)........ Z
Quintefol (R.)............. YZ
République (R. de la)....... Y
Ruisseaux (R. des)......... Y 20
St-Antoine (R.)............ Y 21
St-Ours (R.).............. Z 22
Tours (R. de).............. Y
Verdun (Pl. de)............ Y
Victor-Hugo (R.).......... Y
Vigny (R. A.-de).......... Y
Wermelskirchen (Pl. de).... Y 29

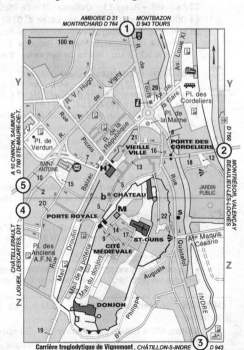

Carrière troglodytique de Vignemont , *CHÂTILLON-S-INDRE*
BUZANÇAIS, CHÂTEAUROUX

Le George Sand ⌂ ⓕ 🛜 ⓟ VISA ⚫ AE

39 r. Quintefol – ℰ 02 47 59 39 74 – www.hotelrestaurant-georgesand.com
– Fax 02 47 91 55 75   Z**s**
19 ch – ♦47/50 € ♦♦65/80 €, ⊒ 11 € – ½ P 50/85 €
Rest – *(fermé vacances de fév. et dim. soir du 15 oct.-31 mars)* (12 € bc)
Menu 21/28 € – Carte environ 30 €
♦ Cette demeure du 15ᵉ s. sur les berges de l'Indre possède un esprit d'auberge familiale.
Bel escalier à vis en pierre, chambres rustiques dont la moitié donne sur le fleuve. Plaisant
restaurant (poutres, cheminée) et délicieuse terrasse couverte avec vue bucolique.

Luccotel ⤴ ⟨ 🚗 🛜 🖥 ⅋ ⅋ ch, 🅐 ⓣ 🔊 ⅋ ⓟ VISA ⚫ AE

12 r. Lézards, 1 km par ⑤ – ℰ 02 47 91 30 30 – www.luccotel.com
– Fax 02 47 91 30 35 – Fermé 11 déc.-12 janv.
69 ch – ♦50/76 € ♦♦50/76 €, ⊒ 8 € – ½ P 45/56 €
Rest – *(fermé sam. midi)* (22 €) Menu 28/34 €
♦ Construction récente flanquée de deux annexes dominant la cité médiévale et son château, visibles depuis certaines chambres, avant tout fonctionnelles. La salle à manger
moderne et la terrasse offrent une agréable perspective sur la ville.

✗ L'Entracte ⌂ VISA ⚫ AE

4 r. du Château – ℰ 02 47 94 05 70 – Fermé en oct., 17 janv.-7 fév., dim. soir
et merc. du 1ᵉʳ sept.-15 juin   Y**b**
Rest – (18 €) Menu 25 € (déj. en sem.)
♦ Atmosphère de bouchon lyonnais en ce restaurant situé dans une pittoresque ruelle proche du château ; les plats, inscrits sur de grandes ardoises, sont néanmoins bien d'ici.

LOCMARIAQUER – 56 Morbihan – 308 N9 – 1 598 h. – alt. 5 m   9 A3
– ⊠ 56740 ▮ Bretagne

▶ Paris 488 – Auray 13 – Quiberon 31 – La Trinité-sur-Mer 10
🛈 Office de tourisme, rue de la Victoire ℰ 02 97 57 33 05, Fax 02 97 57 44 30
◉ Ensemble mégalithique ★★ - dolmens de Mané Lud★ et de Mané
  Rethual★ - Tumulus de Mané-er-Hroech★ S : 1 km - Dolmen des Pierres
  Plates★ SO : 2 km - Pointe de Kerpenhir ≤★ SE : 2 km.

Des Trois Fontaines sans rest 🚗 ⅋ ⓕ ⓟ VISA ⚫

rte d'Auray – ℰ 02 97 57 42 70 – www.hotel-troisfontaines.com
– Fax 02 97 57 30 59 – Fermé 6 nov.-26 déc. et 6 janv.-7 fév.
18 ch – ♦74/130 € ♦♦74/130 €, ⊒ 11 €
♦ À l'entrée du village, un hôtel engageant avec ses abords fleuris. L'intérieur n'est pas en
reste : agréable salon et chambres dotées de mobilier ancien en partie redécorées.

Neptune sans rest ⤴ ≤ ⅋ ⓟ AE

port du Guilvin – ℰ 02 97 57 30 56 – www.hotel-le-neptune.fr – Ouvert
1ᵉʳ avril-30 sept.
12 ch – ♦53/75 € ♦♦53/75 €, ⊒ 7 €
♦ Cet hôtel familial les pieds dans l'eau abrite des chambres simples et colorées (certaines
avec vue sur le golfe). Préférez celles de l'annexe, plus spacieuses et avec terrasse.

⌂ La Troque Toupie sans rest ⤴ 🚗 ⓟ

2,5 km au Nord-Ouest de Kerouarch – ℰ 02 97 57 45 02
– monsite.orange.fr/troqtoup – Fax 02 97 57 45 02 – Ouvert de mi-mars à
mi-nov.
4 ch ⊒ – ♦63/67 € ♦♦69/73 €
♦ Au calme d'un grand jardin, cette maison récente propose des chambres confortables et
élégantes. Les petits "plus" : la vue et le chemin côtier vers les îles du golfe du Morbihan.

LOCMINÉ – 56 Morbihan – 308 N7 – 3 922 h. – alt. 108 m – ⊠ 56500   10 C2
▮ Bretagne

▶ Paris 453 – Lorient 52 – Pontivy 24 – Quimper 114
🛈 Syndicat d'initiative, place Anne de Bretagne ℰ 02 97 60 00 37,
  Fax 02 97 44 24 64

à Bignan Est : 5 km par D 1 – 2 549 h. – alt. 148 m – ⊠ 56500

XXX   **Auberge La Chouannière**   ⟡ 🚫 😊 AE ①
6 r. G. Cadoual – ℰ 02 97 60 00 96 – Fax 02 97 44 24 58
– Fermé 1er-17 mars, 28 juin-6 juil., 5-21 oct., dim. soir, mardi soir, merc. soir et
lundi
Rest – (15 €) Menu 22 € (sem.), 32/70 €
♦ L'enseigne rappelle à notre bon souvenir Pierre Guillemot, farouche lieutenant de Cadoudal, natif du village. Sobre décor, chaises de style Louis XVI et cuisine classique.

LOCQUIREC – 29 Finistère – 308 J2 – 1 405 h. – alt. 15 m – ⊠ 29241   9 B1
📘 Bretagne

▶ Paris 534 – Brest 81 – Guingamp 52 – Lannion 22
🛈 Office de tourisme, place du Port ℰ 02 98 67 40 83, Fax 02 98 79 32 50
◉ Église★ - Pointe de Locquirec★ 30 mn - Table d'orientation de Marc'h
Sammet ≤★ O : 3 km.

🏨   **Le Grand Hôtel des Bains** ⊗   ≤ 🛋 🖥 ⊗ 📶 🍴 rest, 🍴 🅿
15 bis r. de l'Église – ℰ 02 98 67 41 02   🚫 😊 AE ①
– www.grand-hotel-des-bains.com – Fax 02 98 67 44 60
36 ch ⊊ – ♦139/238 € ♦♦157/268 € – ½ P 175/274 €
Rest – (dîner seult) Menu 38 € – Carte 51/69 €
♦ Piscine d'eau salée, beau jardin dominant la mer, salles de massage et chambres de style balnéaire contemporain : autant d'atouts pour ce lieu où fut tourné "L'Hôtel de la plage". Restaurant chic (lambris pastel) et cuisine iodée face à la baie.

LOCRONAN – 29 Finistère – 308 F6 – 800 h. – alt. 105 m – ⊠ 29180   9 A2
📘 Bretagne

▶ Paris 576 – Brest 66 – Briec 22 – Châteaulin 18
🛈 Office de tourisme, place de la Mairie ℰ 02 98 91 70 14,
Fax 02 98 51 83 64
◉ Place★★ - Église St-Ronan et chapelle du Pénity★★ - Montagne de
Locronan ⚘★ E : 2 km.

🏠   **Le Prieuré**   🛋 🍴 🍴 🍴 🅿 🚫 😊 AE
11 r. Prieuré – ℰ 02 98 91 70 89 – www.hotel-le-prieure.com – Fax 02 98 91 77 60
– Hôtel : Ouvert 15 mars-11 nov., rest : fermé 12-30 nov. et vacances de fév.
15 ch – ♦53/59 € ♦♦63/73 €, ⊊ 9 € – ½ P 59/64 €
Rest – (14 €) Menu 18/46 € – Carte 22/46 €
♦ Petit hôtel familial situé à l'entrée du pittoresque village breton. Davantage de calme dans les chambres côté jardin ou à l'annexe, récemment rénovée. Repas traditionnel dans un cadre chaleureux : poutres, pierres apparentes, cheminée et mobilier régional.

au Nord-Ouest : 3 km par rte secondaire – ⊠ 29550 Plonévez-Porzay

🏨   **Manoir de Moëllien** ⊗   ≤ ₭ ⅙ ch, 🅿 🚫 😊 AE ①
– ℰ 02 98 92 50 40 – www.moellien.com – Fax 02 98 92 55 21
– Fermé 12 nov.-27 mars
18 ch (½ P seult) – ½ P 80/110 €
Rest – (fermé merc. de mi-sept. à mi-juin) (dîner seult) (résidents seult)
♦ Joli manoir du 17e s. isolé dans un vaste parc en pleine campagne. Les chambres, aménagées dans les dépendances, profitent du grand calme. Cuisine traditionnelle servie dans la belle salle à manger (imposantes cheminées).

LOCTUDY – 29 Finistère – 308 F8 – 4 045 h. – alt. 8 m – ⊠ 29750   9 A2
📘 Bretagne

▶ Paris 587 – Rennes 236 – Quimper 26 – Concarneau 40
🛈 Office de tourisme, place des Anciens Combattants ℰ 02 98 87 53 78,
Fax 02 98 87 57 07

※※ **Auberge Pen Ar Vir** (Arnaud Le Levier)   🚗 & **P** VISA ⓒⓞ
❀ *r. Cdt. Carfort* – ℰ *02 98 87 57 09* – *Fax 02 98 87 57 62* – *Fermé vacances de la Toussaint, 5-25 janv., mardi et merc. de mi-sept. à mi-avril, dim. soir et lundi*
Rest – (22 €) Menu 29 € (déj. en sem.), 39/70 €
Spéc. Saint-Jacques au cerfeuil tubéreux (saison). Filet de sole à la pomme-purée. Assiette de gourmandises.
♦ Excellente cuisine de la mer : sélectionnant des produits d'une extrême fraîcheur, le chef dresse des plats simples et dépouillés, qui mettent le cap sur le goût. Élégant cadre contemporain, dans une villa au bord d'un bras de mer.

LODÈVE ⬤ – 34 Hérault – 339 E6 – 7 334 h. – alt. 165 m – ⌧ 34700   23 C2
▮ Languedoc Roussillon

    ▣ Paris 695 – Alès 98 – Béziers 63 – Millau 60

    🛈 Office de tourisme, 7, place de la République ℰ 04 67 88 86 44,
        Fax 04 67 44 07 56

    ◉ Anc. cathédrale St-Fulcran★ - Musée de Lodève★- Cirque du Bout du
        Monde★.

🏨 **Paix**   🍃 🏊 "ᵛ" VISA ⓒⓞ AE
🍴 *11 bd Montalangue* – ℰ *04 67 44 07 46* – *www.hotel-dela-paix.com*
🏠 – *Fax 04 67 44 30 47* – *Fermé 15-30 nov., fév., dim. soir et lundi d' oct. à avril*
sauf vacances scolaires
23 ch – †50 € ††55/70 €, ☲ 8 € – 1 suite – ½ P 53/61 €
Rest – Menu 18/37 € – Carte 35/48 €
♦ Ancien relais de poste converti en hôtel familial, aux portes des Grands Causses. Chambres rénovées dans un style franchement provençal, coloré et gai. Charmant patio-terrasse d'esprit andalou : murs ocre, mosaïques, tomettes, palmiers et piscine. Belle carte de vins.

🏠 **Du Nord** sans rest   📶 AK "ᵛ" VISA ⓒⓞ
18 bd Liberté – ℰ *04 67 44 10 08* – *www.hotellodeve.com* – *Fax 04 67 44 92 78*
– *Fermé vacances de la Toussaint et de Noël*
24 ch – †41/47 € ††46/57 €, ☲ 7 € – 1 suite
♦ Le compositeur Georges Auric est né en 1899 dans cet hôtel du centre-ville. Aujourd'hui entièrement refait, il abrite des chambres simples et fonctionnelles. Agréable terrasse.

LODS – 25 Doubs – 321 H4 – 251 h. – alt. 361 m – ⌧ 25930   17 C2
▮ Franche-Comté Jura

    ▣ Paris 440 – Baume-les-Dames 50 – Besançon 37 – Levier 22

🏠 **Truite d'Or**   🚗 🍃 "ᵛ" **P** VISA ⓒⓞ AE
🍴 *40 rte de Besançon* – ℰ *03 81 60 95 48* – *www.la-truite-dor.fr*
– *Fax 03 81 60 95 73* – *Fermé 15 déc.-1ᵉʳ fév., dim. soir et lundi d'oct. à juin*
11 ch – †49 € ††49 €, ☲ 6,50 € – ½ P 53 €
Rest – (11 €) Menu 19/43 € – Carte 30/50 €
♦ À l'entrée de ce pittoresque village des berges de la Loue, une ancienne maison de tailleur de pierres qui comblera tout particulièrement les amateurs de pêche. Chambres simples. À table, la truite est le point d'orgue d'un répertoire dans la note régionale.

LOGELHEIM – 68 Haut-Rhin – 315 I8 – rattaché à Colmar

LOGONNA-DAOULAS – 29 Finistère – 308 F5 – 1 969 h. – alt. 45 m   9 A2
– ⌧ 29460

    ▣ Paris 578 – Brest 25 – Morlaix 75 – Quimper 59

⌂ **Le Domaine de Moulin Mer** ⬤   🚗 "ᵛ" **P** VISA ⓒⓞ
34 rte de Moulin Mer, 1 km par D 333 – ℰ *02 98 07 24 45*
– *www.domaine-moulin-mer.com*
5 ch ☲ – †70/130 € ††70/130 €   **Table d'hôte** – Menu 40 € bc
♦ Sur la route du littoral, cette demeure début 20ᵉ s. posée dans un beau jardin fleuri, planté de palmiers et magnolias, recèle des chambres parfaitement tenues, décorées de meubles chinés. Menu du jour préparé par le propriétaire (uniquement hors saison).

LOIRÉ – 49 Maine-et-Loire – **317** D3 – 765 h. – alt. 39 m – ✉ 49440   **34** B2
> ▶ Paris 322 – Ancenis 35 – Angers 45 – Châteaubriant 34

XX **Auberge de la Diligence** (Michel Cudraz)   🏡 & ⇔ *VISA* ⓒⓞ *AE*

🕸 *4 r. de la Libération –* ✆ *02 41 94 10 04 – www.diligence.fr – Fax 02 41 94 10 04*
– Fermé 10-19 avril, 31 juil.-23 août, 1er-10 janv., sam. midi, dim. soir et lundi
Rest – *(nombre de couverts limité, prévenir)* (29 €) Menu 38/80 €
– Carte 41/87 € ⊗⊗
Spéc. Fricassée de langoustines, escalope de foie gras chaud. Ormeaux du
Cotentin, chorizo en risotto et coulis à l'oseille (été). Déclinaison sur la myrtille
de Freigné (été). **Vins** Savennières, Anjou rouge.
♦ Auberge du 18e s. ayant plus d'un atout pour séduire : salle rustique agrémentée
d'une grande cheminée, généreuse cuisine classique personnalisée et bonne sélec-
tion de vins régionaux.

LOIRE-SUR-RHÔNE – 69 Rhône – **327** H6 – **rattaché à Givors**

LOMENER – 56 Morbihan – **308** K8 – **rattaché à Ploemeur**

LA LONDE-LES-MAURES – 83 Var – **340** M7 – 10 034 h. – alt. 24 m   **41** C3
– ✉ 83250
> ▶ Paris 868 – Marseille 93 – Toulon 29 – La Seyne-sur-Mer 35
> 🛈 Office de tourisme, avenue Albert Roux ✆ 04 94 01 53 10, Fax 04 94 01 53 19

XX **Cédric Gola**   *AC* *VISA* ⓒⓞ
22 av. Georges-Clemenceau – ✆ *04 94 66 97 93 – Fermé 1 sem. en mars et*
en juin, 15 nov.-26 déc., le midi sauf le dim. de sept. à juin, lundi et mardi
Rest – *(nombre de couverts limité, prévenir)* Menu 34/72 €
♦ Dans une salle chaleureuse d'esprit bistrot, dégustez une cuisine actuelle d'inspiration provençale. Attrayant menu-carte évoluant chaque mois, complété par un menu truffe.

LONDINIÈRES – 76 Seine-Maritime – **304** I3 – 1 188 h. – alt. 78 m   **33** D1
– ✉ 76660
> ▶ Paris 147 – Amiens 78 – Dieppe 27 – Neufchâtel-en-Bray 14
> 🛈 Syndicat d'initiative, Mairie ✆ 02 35 94 90 69, Fax 02 35 94 90 69

X **Auberge du Pont** avec ch   *VISA* ⓒⓞ *AE*

🕸 *14 r. du Pont de Pierre –* ✆ *02 35 93 80 47 – Fax 02 32 97 00 57*
– Fermé 14 janv.-6 fév., dim. soir et lundi
10 ch – ♥32 € ♥♥40 €, � 5 € – ½ P 51 €
Rest – (7 €) Menu 10 € (sem.)/32 € – Carte 18/45 €
♦ Petite auberge normande située sur les bords de l'Eaulne. Cuisine régionale servie dans
une salle à manger de style champêtre. Chambres refaites, fonctionnelles et colorées, bien
pratiques pour l'étape.

LA LONGEVILLE – 25 Doubs – **321** I4 – **rattaché à Montbenoît**

LONGJUMEAU – 91 Essonne – **312** C3 – **101** 35 – **voir à Paris, Environs**

LONGUES – 63 Puy-de-Dôme – **326** G9 – **rattaché à Vic-le-Comte**

LONGUYON – 54 Meurthe-et-Moselle – **307** E2 – 5 754 h. – alt. 213 m   **26** B1
– ✉ 54260
> ▶ Paris 314 – Metz 79 – Nancy 133 – Sedan 69
> 🛈 Office de tourisme, place S. Allende ✆ 03 82 39 21 21, Fax 03 82 26 44 37

à Rouvrois-sur-Othain (Meuse) Sud : 7,5 km par D 618 – 184 h. – alt. 223 m
– ✉ 55230

XX **La Marmite**   *AC* 🐾 *VISA* ⓒⓞ *AE*

🕸 *11 rte Nationale –* ✆ *03 29 85 90 79 – Fax 03 29 85 99 23 – Fermé*
30 août-10 sept., 2-10 janv., dim. soir et lundi sauf fériés
Rest – Menu 15 € (déj. en sem.), 26/46 € – Carte 45/60 €
♦ Retrouvez dans cette "marmite" des plats authentiques et savoureux, concoctés avec de
bons produits locaux. Jolie salle rustique avec cheminée. Accueil et service aimables.

LONGWY – 54 Meurthe-et-Moselle – **307** F1 – 14 317 h. – alt. 262 m   **26** B1
– ⊠ **54400** ▮ Alsace Lorraine

> ◨ Paris 328 – Luxembourg 38 – Metz 64 – Thionville 41
> ◨ Office de tourisme, place Darche ℰ 03 82 24 94 54, Fax 03 82 24 77 75
> ◙ Musée municipal : collection de fers à repasser★.

à Méxy Sud : 3 km par N2 – 2 163 h. – alt. 369 m – ⊠ 54135

🏨 **Ibis**   ▮ & ch, ⊠ ch, 🛜 🎙 ✚ P. 𝑉𝐼𝑆𝐴 ⊛ 𝐴𝐸 ①
⊗   r. Château d'Eau – ℰ 03 82 23 14 19 – www.accorhotels.com
     – Fax 03 82 25 61 06
     62 ch – ♦59/69 € ♦♦59/69 €, ⊆ 8 €
     Rest – Menu 13/28 € – Carte 20/31 €
     ♦ Établissement situé à proximité d'un axe passant. Les installations sont spacieuses, l'équipement complet et le mobilier contemporain. Chambres de style actuel. Assiettes gourmandes et formule buffets à découvrir dans un sobre décor.

LONS-LE-SAUNIER ℙ – 39 Jura – **321** D6 – 17 879 h. – alt. 255 m   **16** B3
– Stat. therm. : début avril-fin oct. – Casino – ⊠ 39000 ▮ Franche-Comté Jura

> ◨ Paris 408 – Besançon 84 – Bourg-en-Bresse 73 – Chalon-sur-Saône 61
> ◨ Office de tourisme, place du 11 Novembre ℰ 03 84 24 65 01, Fax 03 84 43 22 59
> 🏌 du Val de Sorne Vernantois, S : 6 km par D 117 et D 41, ℰ 03 84 43 04 80
> ◙ Rue du Commerce★ - Théâtre★ - Pharmacie★ de l'Hôtel-Dieu.

🏨 **Du Béryl** sans rest   & ⊠ 🎙 ✚ P.
     805 bd de l'Europe, 1 km par ① rte de Besançon puis D 1083 – ℰ 03 84 24 40 50
     – www.groupe-emeraude.com – Fax 03 84 43 24 02
     40 ch – ♦60/80 € ♦♦75/95 €, ⊆ 9 €
     ♦ Non loin du casino, cet hôtel possède des chambres modernes et spacieuses aux teintes beiges reposantes. Mobilier contemporain. Tarifs raisonnables.

🏠 **Parc**   ▮ & rest, ⊠ 🎙 ✚ 𝑉𝐼𝑆𝐴 ⊛
⊗   9 av. J. Moulin – ℰ 03 84 86 10 20 – www.hotel-parc.fr – Fax 03 84 24 97 28
     16 ch – ♦52 € ♦♦58 €, ⊆ 7,50 € – ½ P 66 €   Y**s**
     Rest – (fermé dim. soir) (12 €) Menu 19/28 €
     ♦ À deux pas du parc des Bains, ce sympathique hôtel dispose de chambres colorées et fonctionnelles. Mobilier en bois cérusé. Sobre salle à manger et cuisine traditionnelle simple utilisant les produits régionaux.

à Chille par ① rte de Besançon et D 157 : 3 km – 321 h. – alt. 330 m – ⊠ 39570

🏘 **Parenthèse** ⊗   ◗ 🍽 ⌂ ☺ ▮☺ ▮& ch, 🎙 ✚ P. 𝑉𝐼𝑆𝐴 ⊛ 𝐴𝐸
     186 chemin du Pin – ℰ 03 84 47 55 44 – www.hotelparenthese.com
     – Fax 03 84 24 92 13 – Fermé 22-29 déc.
     34 ch – ♦99/149 € ♦♦99/149 €, ⊆ 11 € – ½ P 89/114 €
     Rest – (fermé dim. soir sauf juil.-août, sam. midi et lundi midi) Menu 20 €,
     27/54 € – Carte 34/66 €
     ♦ Au cœur d'un parc, cet hôtel dispose de chambres spacieuses au mobilier actuel (certaines avec balcon ou terrasse). Piscine et spa complet flambant neuf. Une adresse tenue par un couple dynamique. Au restaurant, cuisine dans l'air du temps fidèle au terroir.

au Sud par D 117 et D 41 : 6 km – ⊠ 39570 Vernantois

🏘 **Domaine du Val de Sorne** ⊗   ⇐ 🍽 🎿 ♨ ✗ 🏌 ▮🖨 ⊠ rest,
     – ℰ 03 84 43 04 80 – www.valdesorne.com   ⁒ rest, 🎙 ✚ P. 𝑉𝐼𝑆𝐴 ⊛ 𝐴𝐸
     – Fax 03 84 47 31 21 – Fermé 18 déc.-11 janv.
     35 ch – ♦81/112 € ♦♦92/125 €, ⊆ 12 € – ½ P 77/92 €
     Rest – (fermé dim. soir d'oct. à déc. et de janv. à avril) (18 €) Menu 26/35 €
     – Carte 30/57 €
     ♦ Construction régionale moderne, sur le golf du Val de Sorne. Les chambres, spacieuses, ont été rénovées dans un style contemporain élégant. Équipements de loisirs de qualité. Restaurant avec vue sur les greens, carte traditionnelle (grillades et salades en été).

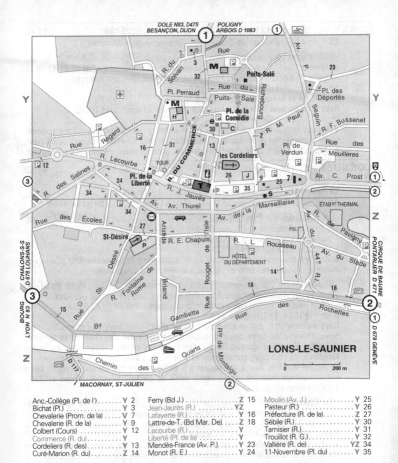

LONS-LE-SAUNIER

à Courlans par ③ rte de Chalon, N 78 : 6 km – 927 h. – alt. 227 m – ⊠ 39570

🕮🕮🕮 **Hôberge de Chavannes** avec ch   🏤 ♿ AK 🛜 🅿 VISA ⦿

1890 rte de chalon – ℘ 03 84 47 05 52 – www.auberge-de-chavannes.com
– Fax 03 84 43 26 53
11 ch – †88/98 € ††88/98 €, ⊈ 10 €
Rest – Menu 20 € (sem.)/50 € – Carte 36/59 €

◆ Cette maison traditionnelle cache une salle au design de bon goût ; cuisine inventive et récréative bien maîtrisée. Excellent service. Bois blond et décoration méditerranéenne dominent dans les chambres situées à l'arrière du bâtiment, au calme.

LE LONZAC – 19 Corrèze – 329 L3 – 825 h. – alt. 450 m – ⊠ 19470   25 C2
🚉 Paris 479 – Limoges 90 – Tulle 29 – Brive-la-Gaillarde 62

🕮 **Auberge du Rochefort** avec ch   🏤 🛜 VISA ⦿

36 av. de la Libération – ℘ 05 55 97 93 42 – www.auberge-du-rochefort.fr
– Fax 05 55 98 06 63 – Fermé 1er-15 oct. et mardi
6 ch – †50 € ††50 €, ⊈ 7 €   **Rest** – Menu 20 € – Carte 43/73 €

◆ Cette maison à colombages typique semble sortie d'une carte postale. Salle à manger rustique où l'accueil est à la hauteur de la cuisine, actuelle et soignée. Table d'hôtes. L'étage abrite six chambres de bon confort, douillettes et fonctionnelles.

867

LORAY – 25 Doubs – 321 I4 – 435 h. – alt. 745 m – ⊠ 25390   17 C2

    🚩 Paris 448 – Baume-les-Dames 35 – Besançon 46 – Morteau 22

XX   **Robichon** avec ch ⤹   🎐 🏠 ℱ ℣ 🌐 **P** 𝚅𝙸𝚂𝙰 ⊕⊕
⊗ *22 Grande Rue – ℰ 03 81 43 21 67 – www.hotel-robichon.com – Fax 03 81 43 26 10*
  – Fermé 1ᵉʳ-8 oct., 15-25 nov., 15-31 janv., sam. midi, dim. soir et lundi
  11 ch – †52/54 € ††57/59 €, ⊑ 10 €
  Rest – (14 €) Menu 25/45 € – Carte 40/50 €
  Rest P'tit Bichon – *(fermé sam. midi, dim. soir et lundi soir)* (13 €)
  Menu 15/22 € – Carte 25/32 €
  ♦ Robuste maison régionale située au centre du bourg. Salle à manger moderne agrémen-
  tée de plantes vertes et de claustras ; cuisine traditionnelle. Chambres pratiques pour l'étape.
  Au P'tit Bichon, décor façon chalet franc-comtois, plats régionaux, grillades et menu du jour.

LORGUES – 83 Var – 340 N5 – 8 550 h. – alt. 200 m – ⊠ 83510   41 C3
▌ Côte d'Azur

    🚩 Paris 841 – Brignoles 34 – Draguignan 12 – Fréjus 37
    🛈 Office de tourisme, place Trussy ℰ 04 94 73 92 37, Fax 04 94 84 34 09

⌂   **La Bastide du Pin** sans rest ⤹   ≤ 🏠 ⅃ 🌐 **P** 𝚅𝙸𝚂𝙰 ⊕⊕
  1017 rte de Salernes, 1 km par D 10 – ℰ 04 94 73 90 38
  – www.bastidedupin.com – Fax 04 94 73 63 01
  5 ch ⊑ – †80/115 € ††85/120 €
  ♦ Ancienne bastide oléicole et vinicole du 18ᵉ s. proposant de calmes chambres provençales.
  Piscine et petit-déjeuner servi en plein air à la belle saison ; plats ensoleillés.

XXX **Bruno** (Bruno Clément) avec ch ⤹   ≤ 🏠 🍴 ⅃ 𝙰𝙺 ch, **P** 𝚅𝙸𝚂𝙰 ⊕⊕ 𝙰𝙴 ⓪
⊗ *2350 rte des Arcs, Campagne Mariette, 3 km au Sud-Est par rte des Arcs*
  – ℰ 04 94 85 93 93 – www.restaurantbruno.com – Fax 04 94 85 93 99
  6 ch – †100 € ††100 €, ⊑ 35 €
  Rest – *(fermé dim. soir et lundi du 15 sept. au 15 juin) (prév)* Menu 65/160 €
  Spéc. Pomme de terre des montagnes cuite en robe des champs et lamelles
  de truffe. Épaule d'agneau de lait des Pyrénées confite et lamelles de truffe.
  Moelleux au chocolat, cœur caramel aux truffes. **Vins** Côtes de Provence.
  ♦ Un chef truculent, vouant une passion à la truffe, tient ce mas entouré de vignes. Décor
  rustico-provençal charmant, menu unique dédié au précieux tubercule (d'hiver et d'été).
  Jolies chambres en rez-de-jardin.

XX   **Le Chrissandier**   🏠 𝙰𝙺 𝚅𝙸𝚂𝙰 ⊕⊕ 𝙰𝙴 ⓪
  18 cours de la République – ℰ 04 94 67 67 15 – www.lechrissandier.com
  – Fax 04 94 67 67 15 – Fermé janv., mardi et merc. sauf en été
  Rest – (19 €) Menu 47/63 € – Carte 40/150 €
  ♦ Cuisine traditionnelle rythmée par les saisons dans la salle rustico-bourgeoise égayée
  d'une mise de table moderne. La petite cour intérieure abrite une belle terrasse d'été.

au Nord-Ouest par rte de Salernes, D 10 et rte secondaire : 8 km – ⊠ 83510

🏨   **Château de Berne** ⤹   ≤ 🄺 🏠 ⅃ 🕭 🍴 🎐 ᇰ ch, 𝙰𝙺 ᇰ rest, 🌐 🄰 **P**
  rte de Salernes – ℰ 04 94 60 48 88   𝚅𝙸𝚂𝙰 ⊕⊕ 𝙰𝙴 ⓪
  – www.chateauberne.com – Fax 04 94 60 48 89 – Fermé 2 janv.-5 mars
  18 ch – †195/340 € ††195/590 €, ⊑ 25 € – 1 suite – ½ P 178/375 €
  Rest – *(dîner seult)* Menu 55/130 € – Carte 80/122 €
  Rest La Bouscarelle – *(ouvert de début avril à fin oct.) (déj. seult)* (22 €)
  Menu 28/37 €
  ♦ Ravissantes chambres provençales, expositions, concerts, espace forme, école du vin et de
  cuisine réunis au cœur d'un domaine viticole. Ambiance années 1930 au restaurant ; plats
  élaborés avec les produits du marché. À La Bouscarelle, grillades aux sarments de vigne et
  cuisine traditionnelle plus simple.

LORIENT ⊛ – 56 Morbihan – 308 K8 – 58 547 h. – **Agglo. 116 174 h.**   9 B2
– alt. 4 m – ⊠ 56100 ▌ Bretagne

    🚩 Paris 503 – Quimper 69 – St-Brieuc 116 – St-Nazaire 146
    ✈ de Lorient-Bretagne Sud : ℰ 02 97 87 21 50, par D 162 : 9 km AZ.
    🛈 Office de tourisme, quai de Rohan ℰ 02 97 21 07 84, Fax 02 97 21 99 44
    🏌 de Valqueven à Quéven Lieu dit Kerruisseau, N : 8 km par D 765,
      ℰ 02 97 05 17 96
    ◉ Base des sous-marins ★ AZ - Intérieur★ de l'église N.-D.-de-Victoire BY **E.**

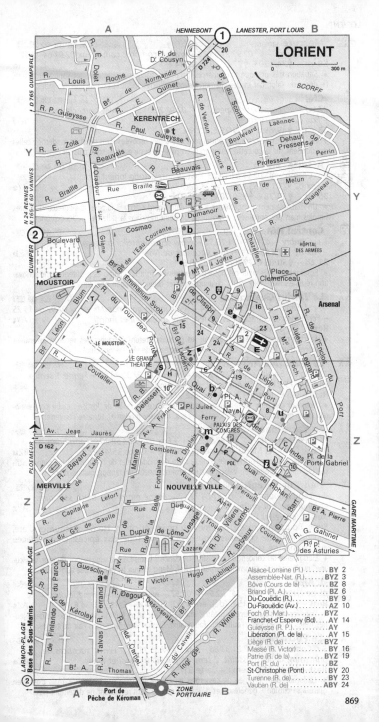

LORIENT

869

Mercure sans rest 🏨 ♿ AC 📶 ⚖ VISA ⊚ AE ①
31 pl. J. Ferry – ℰ 02 97 21 35 73 – www.accorhotels.com – Fax 02 97 64 48 62
58 ch – †74/120 € ††74/120 €, � 14 € BZ**m**
♦ Situation très pratique : commerces, palais des congrès et bassin à flot sont à proximité.
Le décor du salon-bar et des chambres évoque discrètement la Compagnie des Indes.

Cléria sans rest 🏨 📶 ⚖ 🅿 VISA ⊚ AE ①
27 bd Mar. Franchet d'Esperey – ℰ 02 97 21 04 59 – www.hotel-cleria.com
– Fax 02 97 64 19 10 AY**f**
33 ch – †49/69 € ††59/79 €, ⊿ 9 €
♦ Les chambres de cet hôtel central sont peu à peu rénovées dans un style moderne ; celles
qui donnent sur la courette fleurie (où l'on petit-déjeune en été) sont plus au calme.

Astoria sans rest 🏨 📶 ⚖ VISA ⊚ AE ①
3 r. Clisson – ℰ 02 97 21 10 23 – www.hotelastoria-lorient.com
– Fax 02 97 21 03 55 – Fermé 23 déc.-7 janv. BY**e**
35 ch – †50/78 € ††50/78 €, ⊿ 8,50 €
♦ Un établissement sympathique à plus d'un égard : accueil familial chaleureux, chambres
simples mais personnalisées, expositions de peintures dans la salle des petits-déjeuners.

Central Hôtel sans rest 📶 VISA ⊚ AE
1 r. Cambry – ℰ 02 97 21 16 52 – www.centralhotellorient.com
– Fax 02 97 84 88 94 – Fermé vacances de Noël BZ**b**
21 ch – †50/85 € ††50/85 €, ⊿ 8 €
♦ Enseigne méritée pour cet hôtel du centre-ville dont les chambres profitent d'une rénovation réussie : matériaux neufs, couleurs gaies et bonne isolation phonique.

XX **Le Jardin Gourmand** AC ⇄ VISA ⊚ AE
46 r. J. Simon – ℰ 02 97 64 17 24 – www.jardin-gourmand.fr – Fax 02 97 64 15 75
– Fermé vacances scolaires de fév., dim. soir, lundi et mardi AY**t**
Rest – (22 €) Menu 40/54 € 🏵
♦ La chef-patronne met à l'honneur les produits bretons à travers des recettes inventives
escortées d'un beau choix de vins, whiskies et eaux-de-vie. Décor actuel et plaisant.

XX **Le Quai des Arômes** ♿ AC VISA ⊚ AE
⊖ 1 r. Maître-Esvelin – ℰ 02 97 21 60 40 – Fax 02 97 35 29 04 – Fermé 1 sem.
en avril, 15-31 août, sam. midi, dim. et lundi BZ**a**
Rest – (13 €) Menu 17/23 € – Carte 28/35 €
♦ Nouveau cap pour ce restaurant traditionnel, face au Palais de Justice : cadre contemporain (tons gris-blanc, vieilles photos, tableaux, mobilier moderne), terrasse couverte.

XX **Le Yachtman** ♿ ⇄ VISA ⊚
⊖ 14 r. Poissonnière – ℰ 02 97 21 31 91 – Fax 02 97 64 58 20 – Fermé dim.
⊕ **Rest** – (13,50 €) Menu 19 € (sem.), 28/40 € – Carte 35/45 € 🏵 BZ**u**
♦ La salle, entièrement rénovée, joue la carte du moderne et de l'épure. Cuisine bien maîtrisée qui met le produit en valeur. Accueil professionnel. Bon rapport qualité-prix.

X **Henri et Joseph** (Philippe Le Lay) 📶 VISA ⊚ AE
⊖ 4 r. Léo Le Bourgo – ℰ 02 97 84 72 12 – Fermé mardi soir, merc. soir, dim.
🕸 et lundi sauf juil.-août AY**z**
Rest – (prévenir) (31 €) Menu 48 €
Spéc. Rouget de roche, légumes au poivre et citron. Homard, légumes d'été,
touche forte de crustacés (août-sept.). Poire rôtie aux épices, crème glacée
aux graines de sésame grillées (sept. à déc.).
♦ L'originalité du concept de ce bistrot tendance ? Choisir entre suggestions du jour "mascu-
line" ou "féminine", commentées par le chef. Menu unique le soir. Accueil adorable.

X **L'Alto** 🏨 ♿
⊖ pl. de l'Hôtel-de-Ville – ℰ 02 97 84 07 57 – www.lalto.fr – Fermé le dim.
Rest – (12 €) Menu 15 € (déj. en sem.), 20/34 € – Carte 31/54 € AZ**s**
♦ Dans les murs du nouveau théâtre, une vaste salle façon lounge, sous l'égide de deux jeunes frères (l'un en salle, l'autre aux fourneaux). Cuisine sincère et dans l'air du temps.

X **Le Pécharmant** VISA ⊚
⊖ 5 r. Carnel – ℰ 02 97 21 33 86 – Fax 02 97 35 11 01 – Fermé vacances de
printemps, de la Toussaint, 2 sem. en juil., dim., lundi et fériés AZ**a**
Rest – Menu 15 € (sem.) – Carte 31/55 €
♦ La façade orange ornée de casseroles en cuivre ne passe pas inaperçue, mais c'est bien
grâce à sa cuisine – généreuse et délicate – que ce petit restaurant ne désemplit pas.

✗ **Le Pic** 🛱 ✿ 𝘝𝘐𝘚𝘈 ⓒⓞ 𝖠𝖤
2 bd Mar. Franchet d'Esperey – 𝒞 02 97 21 18 29 – restaurant-lepic.com
😊 *– Fax 02 97 21 92 64 – Fermé merc. soir, sam. midi et dim. sauf fériés*
Rest – (15 €) Menu 19 € (sem.)/38 € – Carte 28/43 €   AYb
♦ Façade rouge, décor rétro rutilant (vitraux, miroirs, comptoir), ambiance bistrot, cuisine traditionnelle et arrivage de poissons frais... Une adresse qui tombe à pic !

au Nord-Ouest : 3,5 km par D 765 AY – ⊠ 56100 Lorient

✗✗✗ **L'Amphitryon** (Jean-Paul Abadie) ♿ 𝖠𝖢 ♒ 𝘝𝘐𝘚𝘈 ⓒⓞ 𝖠𝖤
🕃🕃 *127 r. Col. Müller – 𝒞 02 97 83 34 04*
– www.amphitryon-abadie.com – Fax 02 97 37 25 02
– Fermé 1er-12 janv., dim. et lundi
Rest – Menu 49 € (sem.)/118 € – Carte 91/153 €⅌
Spéc. Maquereau confit, petits pois à la menthe (printemps-été). Bar en cuisson lente, fumet réduit au champagne. Émulsion d'araguani, crémeux pistache, mousse chocolat lacté.
♦ Cuisine d'auteur ludique, fine et inspirée, superbe sélection de crus confidentiels, service aussi professionnel que charmant et beau cadre contemporain : une vraie réussite.

LORP-SENTARAILLE – 09 Ariège – **343** E6 – **rattaché à St-Girons**

LORRIS – 45 Loiret – **318** M4 – **2 815 h.** – alt. 126 m – ⊠ 45260   **12** C2
🛈 Châteaux de la Loire
▶ Paris 132 – Gien 27 – Montargis 23 – Orléans 55
🖪 Office de tourisme, 2, rue des Halles 𝒞 02 38 94 81 42, Fax 02 38 94 88 00
◎ Église N.-Dame★.

✗✗ **Guillaume de Lorris** 𝘝𝘐𝘚𝘈 ⓒⓞ 𝖠𝖤
😊 *8 Grande Rue – 𝒞 02 38 94 83 55 – Fax 02 38 94 83 55*
– Fermé vacances de Noël, dim. soir, lundi et mardi
Rest – (nombre de couverts limité, prévenir) Menu 28/75 € – Carte 34/55 €
♦ L'enseigne évoque l'auteur du Roman de la Rose, natif de Lorris. Salon avec fauteuils club et nouveau cadre plaisant pour apprécier une cuisine au goût du jour.

LOUBRESSAC – 46 Lot – **337** G2 – **458 h.** – alt. 320 m – ⊠ 46130   **29** C1
🛈 Périgord Quercy
▶ Paris 531 – Brive-la-Gaillarde 47 – Cahors 73 – Figeac 44
🖪 Office de tourisme, le bourg 𝒞 05 65 10 82 18
◎ Site★ du château.

🛏 **Le Relais de Castelnau** ⊗ ≤ 🛋 🛱 ⅃ ✾ ♿ ch, 🖪 𝗣 𝘝𝘐𝘚𝘈 ⓒⓞ
rte de Padirac – 𝒞 05 65 10 80 90
– www.relaisdecastelnau.com – Fax 05 65 38 22 02
– Ouvert 1er avril à fin oct. et fermé dim. soir et lundi en avril et oct.
40 ch – ♦55/110 € ♦♦55/110 €, ⊇ 10 € – ½ P 55/89 €
Rest – (fermé le midi sauf dim. et fériés) (20 €) Menu 29/49 € – Carte 37/58 €
♦ Cette construction moderne est tournée vers l'imposant château de Castelnau-Bretenoux, qui domine la campagne. Chambres colorées et pratiques. La salle de restaurant et la terrasse offrent une vue panoramique sur les vallées de la Bave et de la Dordogne.

LOUDÉAC – 22 Côtes-d'Armor – **309** F5 – **9 619 h.** – alt. 155 m   **10** C2
– ⊠ 22600 🛈 Bretagne
▶ Paris 438 – Carhaix-Plouguer 69 – Dinan 76 – Pontivy 24
🖪 Syndicat d'initiative, 1, rue Saint-Joseph 𝒞 02 96 28 25 17, Fax 02 96 28 25 33

🛏 **Voyageurs** 📧 𝖠𝖢 rest, ⅋ 🖪 ☎ 𝘝𝘐𝘚𝘈 ⓒⓞ 𝖠𝖤 ⓪
😊 *10 r. Cadélac – 𝒞 02 96 28 00 47 – www.hoteldesvoyageurs.fr – Fax 02 96 28 22 30*
30 ch – ♦56/85 € ♦♦61/85 €, ⊇ 8,50 € – ½ P 51/66 €
📧 **Rest** – (fermé 22 déc.-3 janv., dim. soir et sam.) Menu 15 € (sem.)/39 €
– Carte 23/41 €
♦ Bienvenue aux voyageurs ! Deux nouvelles chambres de prestige complètent une gamme plus fonctionnelle, mais d'une tenue excellente. Dans la grande salle à manger, ambiance conviviale de brasserie et plats traditionnels.

LOUDUN – 86 Vienne – 322 G2 – 7 255 h. – alt. 120 m – ⊠ 86200   39 C1
▊ Poitou Vendée Charentes

▶ Paris 311 – Angers 79 – Châtellerault 47 – Poitiers 55

🆔 Syndicat d'initiative, 2, rue des Marchands ℰ 05 49 98 15 96,
Fax 05 49 98 69 49

🏌 de Loudun à Roiffé Domaine de Saint Hilaire, N : 18 km par D 147,
ℰ 05 49 98 78 06

◉ Tour carrée ※★

⛪ **L'Aumônerie** sans rest   ⊠ 🅿
3 bd Mar. Leclerc – ℰ 05 49 22 63 86 – www.l-aumonerie.biz
4 ch ⊃ – ♦41/46 € ♦♦48/52 €
♦ La propriétaire de ce logis du 13ᵉ s. réserve un accueil charmant. Chambres personnalisées (mobilier ancien) et salle de petit-déjeuner aux baies vitrées ouvrant sur le jardin.

LOUÉ – 72 Sarthe – 310 I7 – 2 097 h. – alt. 112 m – ⊠ 72540   35 C1
▶ Paris 230 – Laval 59 – Le Mans 30 – Rennes 127

XXX **Ricordeau** avec ch   🕯 🎄 ⛲ 🍴 🎱 🛎 🅿 VISA ◉◎ AE
😊 *13 r. de la Libération – ℰ 02 43 88 40 03 – www.hotel-ricordeau.fr*
– Fax 02 43 88 62 08 – Fermé dim. soir lundi et mardi
13 ch – ♦75/150 € ♦♦75/280 €, ⊃ 14 € – ½ P 100/200 €
Rest – (28 €) Menu 38/57 € – Carte 67/75 €
Rest La Table du Coq – ℰ 02 43 88 31 14 *(fermé le soir du merc. au sam. et dim.)* Menu 13 € bc (déj. en sem.)/20 €
♦ Aux beaux jours, installez-vous sur l'agréable terrasse de cet ancien relais de poste, dressée dans le parc, au bord de la Vègre. Salle à manger bourgeoise et cuisine actuelle. Chambres spacieuses et personnalisées, dont la majorité donnent sur la nature. À La Table du Coq, ambiance d'auberge et recettes bistrotières.

LOUHANS ◉ – 71 Saône-et-Loire – 320 L10 – 6 432 h. – alt. 179 m   8 D3
– ⊠ 71500 ▊ Bourgogne
▶ Paris 373 – Bourg-en-Bresse 61 – Chalon-sur-Saône 38 – Dijon 85

🆔 Office de tourisme, 1, Arcade Saint-Jean ℰ 03 85 75 05 02,
Fax 03 85 75 48 70

◉ Grande-Rue ★.

🏨 **Le Moulin de Bourgchâteau** ⊗   ≤ 🕯 🛎 🅿 VISA ◉◎
r. Guidon, rte de Chalon – ℰ 03 85 75 37 12 – www.bourgchateau.com
– Fax 03 85 75 45 11
19 ch – ♦46/51 € ♦♦57/62 €, ⊃ 9 € – ½ P 70 €
Rest – *(fermé 12 nov.-5 déc. et lundi de sept. à avril) (nombre de couverts limité, prévenir)* (21 €) Menu 28/55 € – Carte 42/58 €
♦ Moulin céréalier (1778) sur la Seille, converti en hôtel-restaurant de caractère. Chambres progressivement rénovées. Rouages, caisson de meule, poutres et vieilles pierres font le charme du restaurant ; plats traditionnels dont certains soulignent l'origine italienne des patrons.

🏨 **Host. du Cheval Rouge et La Buge**   🎄 ⛲ ch, 🅺 rest, 🍴 🛎 🐎
😊 *5 r. d'Alsace – ℰ 03 85 75 21 42 – www.hotel-chevalrouge.com*   VISA ◉◎
– Fax 03 85 75 44 48 – Fermé 22 déc.-19 janv., dim. soir de déc. à mars et lundi
20 ch – ♦43 € ♦♦57/60 €, ⊃ 9 € – ½ P 57 €
Rest – *(fermé mardi midi et lundi)* Menu 17 € (sem.)/43 € – Carte 25/50 €
♦ Cet ancien relais postal bordant une rue passante abrite des chambres à prix attractifs ; celles de l'annexe, plus récentes, offrent davantage de confort et de calme. Plats traditionnels et régionaux servis dans une ambiance provinciale.

🏠 **Barbier des Bois**   ⛲ 🅺 ch, ⅍ ch, 🍴 🅿 VISA ◉◎ AE ⓞ
😊 *rte de Cuiseaux, 3,5 km au Sud-Est par D 996 – ℰ 03 85 75 55 65*
– www.barbierdesbois.com – Fax 03 85 75 70 56
10 ch – ♦64/77 € ♦♦77 €, ⊃ 10 €
Rest – Menu 15 € (déj. en sem.), 20/56 € – Carte 40/60 €
♦ Motel de campagne aux chambres agréables, pratiques et dotées d'une terrasse tournée vers la nature. Chacune d'elles décline une couleur différente. Joli bar sous charpente. Décor moderne ou terrasse en teck pour déguster une cuisine actuelle.

à Bruailles 8 km au Sud-Est par D 972 – 912 h. – alt. 198 m – ⊠ 71500

⌂ **La Ferme de Marie-Eugénie** ⟋ 🖼 **P**
225 allée de Chardenoux – ℰ 03 85 74 81 84 – www.lafermedemarieeugenie.fr
– Fermé 24-28 déc.
4 ch ⌷ – †95 € ††100 € **Table d'hôte** – Menu 30 €
◆ En pleine campagne, ferme du 18ᵉ s. harmonieusement rénovée. Chambres de charme avec douches à l'italienne ou baignoires, certaines avec lits à baldaquin contemporains. Cuisine à tendance régionale et jolie sélection de vins servis à la table d'hôte.

LOUPIAC – 12 Aveyron – 338 E3 – ⊠ 12700   **29** C1
▶ Paris 582 – Toulouse 153 – Rodez 69 – Cahors 80

⌂ **Le Claux de Sérignac** ⟋   🌙 🖼 ⚡ ⚔ ⚒ ch, ¶¹ ⚙ **P** 𝖵𝖨𝖲𝖠 ⓪
⊖ *4 km au Sud par rte de Villefranche-de-Rouergue – ℰ 05 65 64 87 15*
– www.clauxdeserignac.com – Fax 05 65 80 87 66
14 ch – †50/110 € ††60/110 €, ⌷ 10 €
Rest – Menu 15 € (déj. en sem.), 22/37 € – Carte 30/50 €
◆ Au calme, entourée d'un grand parc avec piscine et tennis, cette maison de pays offre un cadre rustique bien rénové. Chambres traditionnelles ou actuelles. Cheminée en pierre et poutres apparentes décorent la salle à manger. Cuisine au goût du jour.

LOURDES – 65 Hautes-Pyrénées – 342 L6 – 15 265 h. – alt. 420 m   **28** A3
– **Grand centre de pèlerinage** – ⊠ 65100 ▯ Midi-Toulousain
▶ Paris 850 – Bayonne 147 – Pau 45 – St-Gaudens 86
✈ de Tarbes-Lourdes-Pyrénées : ℰ 05 62 32 92 22, par ① : 10 km.
🛈 Office de tourisme, place Peyramale ℰ 05 62 42 77 40, Fax 05 62 94 60 95
🏌 Lourdes Golf Club Chemin du Lac, par rte de Pau : 3 km, ℰ 05 62 42 02 06
◉ Château fort★ DZ - Musée de Cire de Lourdes★ DZ **M¹** - Basilique souterraine St-Pie X CZ - Pic du Jer★.

Plans pages 874, 875, 876

⌂⌂⌂ **Grand Hôtel Moderne** 🖃 ⚒ 𝖠𝖢 ⚡ rest, ¶¹ 𝖵𝖨𝖲𝖠 ⓪ 𝖠𝖤
21 av. Bernadette-Soubirous – ℰ 05 62 94 12 32
– www.grandhotelmoderne.com – Fax 05 62 42 07 17
– Fermé 1ᵉʳ nov.-6 fév. et de mi-fév. à fin mars   **CZy**
105 ch – †110/145 € ††120/156 €, ⌷ 14 € – 5 suites – ½ P 85/110 €
Rest – Menu 28 € – Carte 40/53 €
◆ Cette construction de 1896 édifiée par un membre de la famille de Bernadette Soubirous a retrouvé tout son lustre d'antan : magnifique façade et décor intérieur classique. Cuisine traditionnelle servie dans la salle à manger ornée de boiseries style Majorelle.

⌂⌂⌂ **Éliseo** 🖃 ⚒ ch, 𝖠𝖢 ¶¹ ⚙ **P** 🚗 𝖵𝖨𝖲𝖠 ⓪ 𝖠𝖤
4 r. Reine-Astrid – ℰ 05 62 41 41 41 – www.cometolourdes.com
– Fax 05 62 41 41 50 – Fermé 12 déc.-6 fév.   **CZp**
197 ch – †91/116 € ††124/174 €, ⌷ 15 € – 7 suites – ½ P 99/124 €
Rest – Menu 28 € (déj.)/33 € – Carte 40/60 €
◆ À proximité de la grotte, établissement neuf abritant de grandes chambres modernes très bien équipées. Boutique de souvenirs ; terrasses panoramiques sur le toit. Cuisine traditionnelle servie dans des salles à manger spacieuses de style actuel.

⌂⌂⌂ **Padoue** 🖃 ⚒ 𝖠𝖢 ⚙ 𝖵𝖨𝖲𝖠 ⓪ 𝖠𝖤
⊖ *1 r. Reine-Astrid – ℰ 05 62 53 07 00 – www.hotelpadoue.fr – Fax 05 62 53 07 01*
– Ouvert 25 mars-27 oct.   **CZa**
155 ch ⌷ – †105/109 € ††121/125 € – ½ P 76/79 €
Rest – (14 €) Menu 19 € – Carte 21/40 €
◆ À 150 m de la grotte, cet hôtel flambant neuf a été conçu pour assurer un confort moderne. Grandes chambres, salle de séminaire, boutique d'objets pieux, salon de thé. L'immense restaurant contemporain, au premier étage, propose des plats traditionnels et simples.

LOURDES

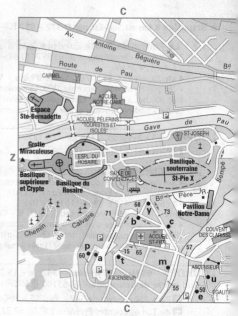

 Grand Hôtel de la Grotte   ⟨ 🕭 🖥 AK ¶¶ 🛁 P 🚗 VISA ⓪ AE ⑩

66 r. de la Grotte – ℰ *05 62 94 58 87*
– www.hoteldelagrotte.com
– Fax 05 62 94 20 50
– Ouvert 1ᵉʳ avril-24 oct.   DZ**y**
80 ch – ♦83/164 € ♦♦94/181 €, ⊇ 16 € – 7 suites – ½ P 77/82 €
Rest – *(dîner seult hors saison)* (16 €) Menu 20/39 € – Carte 37/60 €
Rest *Brasserie* – ℰ 05 62 42 39 34 – (16 €) Menu 20/26 € – Carte 33/63 €

♦ Hôtel de tradition situé au pied du château fort. Trois types de chambres : très contemporaines, de style Louis XVI (tournées pour certaines vers la basilique) ou "Master suite". Cuisine traditionnelle dans les salles à manger feutrées. La Brasserie arbore un décor moderne ; grande terrasse sous les marronniers.

 Gallia et Londres   ⟨ 🕭 🖥 & ch, AK 🕭 🛁 P VISA ⓪ AE ⑩

26 av. B. Soubirous – ℰ *05 62 94 35 44*
– www.hotelgallialondres.com
– Fax 05 62 42 24 64
– Ouvert 3 avril-19 oct.   CZ**c**
87 ch – ♦93/97 € ♦♦120/128 €, ⊇ 15 € – 3 suites – ½ P 82/86 €
Rest – Menu 27 € – Carte 50/59 €

♦ Séduisante atmosphère vieille France dans ce bel hôtel situé à proximité des sanctuaires. Chambres confortables, meublées dans le style Louis XVI. Salle à manger agrémentée de jolies boiseries, de lustres en cristal et d'une fresque représentant Venise.

 Paradis   ⟨ 🖥 & ch, AK rest, 🛁 P VISA ⓪ AE

15 av. Paradis – ℰ *05 62 42 14 14*
– www.hotelparadislourdes.com
– Fax 05 62 94 64 04
– Ouvert 15 mars-1ᵉʳ nov.   AY**n**
300 ch – ♦110 € ♦♦120 €, ⊇ 15 € – ½ P 90 €
Rest – *(résidents seult)* Menu 29 €

♦ Établissement ouvert en 1992 situé sur la rive du gave. Décor intérieur soigné : marbre, tapis orientaux. Chambres spacieuses, mobilier pratique et insonorisation efficace. Ample restaurant ; salons et bar cossus dotés de confortables fauteuils en cuir.

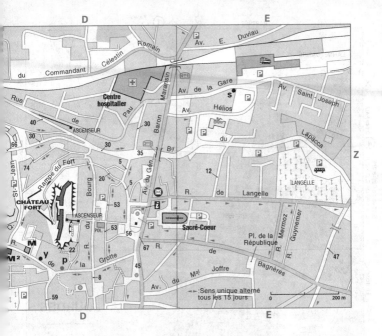

Mercure Impérial 🖥 & ch, AC 🚫 rest, ⚑ VISA ⓐⓔ AE ⓞ

3 av. Paradis – ℰ 05 62 94 06 30 – www.mercure.com – Fax 05 62 94 48 04
– Fermé 15 déc.-31 janv. CZ**u**

93 ch – ❙86/128 €, ❙❙92/148 €, ⌷ 13 € **Rest** – Carte 32/47 €

♦ Établi au pied du château et dominant le gave, hôtel des années 1930 proposant des chambres revues dans un esprit rétro. Toit-terrasse panoramique. Un bel escalier dessert la jolie salle à manger classique et le salon orné d'un vitrail.

Miramont 🖥 & AC VISA ⓐⓔ AE

40 av. Peyramale – ℰ 05 62 94 70 00 – www.cometolourdes.com
– Fax 05 62 94 50 17 – Ouvert 3 avril-3 nov. AY**g**

92 ch – ❙53/69 €, ❙❙80/108 €, ⌷ 10 € – ½ P 67/81 €

Rest – Menu 15/19 € – Carte 28/41 €

♦ Immeuble moderne entièrement rénové. Hall contemporain lumineux, bar et salon confortable, chambres dans le même esprit que l'ensemble et dotées d'un mobilier design. Au restaurant ouvert sur le gave, belle décoration actuelle et sympathique cuisine traditionnelle.

St-Sauveur 🖥 & ch, AC 🚫 ch, VISA ⓐⓔ AE ⓞ

9 r. Ste-Marie – ℰ 05 62 94 25 03 – www.hotelsaintsauveur.com
– Fax 05 62 94 36 52 – Fermé 12 déc.-31 janv. CZ**b**

174 ch – ❙70/83 €, ❙❙86/112 €, ⌷ 10 €

Rest – (11 €) Menu 18/27 € – Carte 17/29 €

♦ Hôtel contemporain proche du lieu de pèlerinage. Vaste hall baigné par un puits de lumière et confort actuel dans les chambres. À l'heure du repas : formule brasserie sous la verrière ou répertoire culinaire traditionnel dans l'élégante salle à manger.

Méditerranée 🖥 & ch, AC ⚑ SÀ VISA ⓐⓔ AE

23 av. Paradis – ℰ 05 62 94 72 15 – www.lourdeshotelmed.com
– Fax 05 62 94 10 54 – Ouvert avril-oct. AY**s**

171 ch – ❙64/80 €, ❙❙77/96 €, ⌷ 8 € – ½ P 60/72 €

Rest – Menu 17/27 € – Carte 21/37 €

♦ Ce grand immeuble moderne bénéficie de chambres agréables et bien pensées, d'un petit solarium et d'une chapelle pour se recueillir. Vaste salle à manger contemporaine et fonctionnelle ouvrant sur le gave de Pau. Bar plus intime.

875

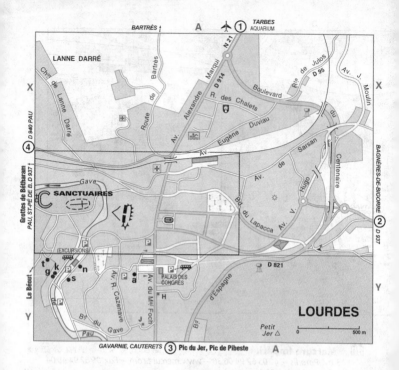

Christc-Roi

Christ-Roi　　　　　　　　　　　|⸱| ♧ ch, AC rest, ⛲ VISA ◯◯ AE

9 r. Mgr Rodhain – ☎ *05 62 94 24 98*
– www.lourdes-christroi.com – Fax 05 62 94 17 65
– Ouvert Pâques-15 oct.　　　　　　　　　　　　　　　　AY**t**
180 ch – ✝61/63 € ✝✝73/75 €, ⛲ 7 € – ½ P 61/63 €　**Rest** – Menu 20 €
◆ Les pèlerins peuvent prendre un ascenseur situé à deux pas de l'hôtel pour rejoindre la cité religieuse. Chambres actuelles dans un édifice récent. Bar anglais. Le restaurant, fréquenté principalement par les résidents de l'hôtel, sert une cuisine traditionnelle.

Beauséjour

Beauséjour　　　　　　　　　　⎫⎫ |⸱| AC rest, ✂ ⁽ᵗᵉˡ⁾ P VISA ◯◯ AE ①
16 av. de la Gare – ☎ *05 62 94 38 18 – www.hotel-beausejour.com*
– Fax 05 62 94 96 20　　　　　　　　　　　　　　　　　EZ**s**
45 ch – ✝72/95 € ✝✝82/185 €, ⛲ 11 €
Rest *Le Parc* – ☎ *05 62 94 73 48 –* (15 €) Menu 18 € – Carte 28/44 €
◆ Façade 1900 ravivée, jardin de ville, intérieur cossu, chambres avenantes et boutique de souvenirs caractérisent ce petit hôtel jouxtant la gare. Recettes traditionnelles au restaurant-véranda d'esprit brasserie ou sur la terrasse, tournés vers la verdure.

Espagne

Espagne　　　　　　　　　　　≼ |⸱| AC rest, ✂ ♧♧ VISA ◯◯ AE
9 av. Paradis – ☎ *05 62 94 50 02 – www.hoteldespagne.com – Fax 05 62 94 58 15*
– Ouvert 1ᵉʳ avril -25 oct.　　　　　　　　　　　　　　　CZ**e**
129 ch ⛲ – ✝63/72 € ✝✝79/90 € – ½ P 55/61 €
Rest – Menu 19 € – Carte 26/47 €
◆ L'enseigne et la légère décoration hispano-mauresque du salon rappellent la proximité de l'Espagne. Sobres petites chambres fonctionnelles ; préférez celles avec terrasse. Restaurant agrémenté d'arcades et de poutres apparentes ou jolie salle "Séville".

Les bonnes adresses à petit prix ? Suivez les Bibs : «Bib Gourmand» rouge ☞
pour les tables, et «Bib Hôtel» bleu ☗ pour les chambres.

Florida
🛏 ⚅ ch, 🅰🅲 ch, 🕉 rest, 🅿 📶 ⓦ 🄰🄴

3 r. Carrières Peyramale – ℰ 05 62 94 51 15 – www.ifrance.com/hotels-lourdes
– Fax 05 62 94 69 49 – Ouvert 3 avril-30 oct.   CZt
115 ch – †65/73 € ††75/80 €, ⌿ 7 € – 2 suites – ½ P 53/60 €
Rest – Menu 14 €

◆ Chambres confortables et bien insonorisées ; quelques-unes sont destinées aux familles. Aménagements bien conçus pour l'accueil des personnes handicapées. Sobre décor dans la salle à manger ; vue imprenable sur la ville et les Pyrénées du toit-terrasse.

Notre Dame de France
🛏 ⚅ ch, 🅰🅲 rest, 🕉 📶 📶 ⓦ

8 av. Peyramale – ℰ 05 62 94 91 45 – www.hotelnd-france.fr – Fax 05 62 94 57 21
– Ouvert 21 mars-31 oct.   CZm
76 ch – †55/65 € ††65/75 €, ⌿ 8 € – ½ P 60/85 €
Rest – Menu 14/18 €

◆ Le long du gave de Pau, hôtel dirigé par la même famille depuis plusieurs générations. Agencement fonctionnel dans les chambres, simples et bien tenues. Cuisine traditionnelle et atmosphère de pension de famille au restaurant.

Beau Site
🛏 ⚅ ch, 🅰🅲 rest, 🕉 📶 📶 ⓦ 🄰🄴

36 av. Peyramale – ℰ 05 62 94 04 08 – www.lourdeshotelbeausite.com
– Fax 05 62 94 06 59 – Ouvert avril-oct.   AYk
63 ch – †60/71 € ††74/88 €, ⌿ 8 €
Rest – (13 €) Menu 17/27 € – Carte 25/37 €

◆ Hôtel récemment rénové dont on apprécie la petite structure. Chambres simples et pratiques ; certaines offrent une vue sur le gave et les reliefs environnants. Le restaurant, situé au premier étage, ouvre sur les Pyrénées et sert des plats traditionnels.

Cazaux sans rest
🕉 📶 ⓦ

2 chemin des Rochers – ℰ 05 62 94 22 65 – hotelcazauxlourdes.site.voila.fr
– Fax 05 62 94 48 32 – Ouvert de Pâques à mi-oct.   AYa
20 ch – †38 € ††42 €, ⌿ 6 €

◆ Accueil convivial et prix doux sont les atouts de ce petit hôtel familial proche des halles. Chambres de bonne ampleur, fonctionnelles et impeccables.

✗ Alexandra
📶 ⓦ 🄰🄴

3 r. du Fort – ℰ 05 62 94 31 43 – Fax 05 62 46 11 06 – Fermé 1ᵉʳ-10 juil. et
8-17 nov.   DZp
Rest – (12 €) Menu 14/22 € – Carte 30/50 €

◆ Cette discrète maison à la façade rouge est un vrai petit miracle ! Goûteuse cuisine bistrotière servie dans deux univers singuliers : l'un coloré, l'autre contemporain "décalé".

LOURMARIN – 84 Vaucluse – 332 F11 – 1 024 h. – alt. 224 m   42 E1
– ⊠ 84160 ▊ Provence

▶ Paris 732 – Apt 19 – Aix-en-Provence 37 – Cavaillon 32
🄸 Syndicat d'initiative, avenue Philippe de Girard ℰ 04 90 68 10 77
◉ Château★.

Le Moulin de Lourmarin sans rest ⌂
🛏 🅰🅲 ☕ 📶 ⓦ 🄰🄴

r. du Temple – ℰ 04 90 68 06 69 – www.moulindelourmarin.com
– Fax 04 90 68 31 76 – Fermé début janv.-mi fév.
17 ch – ⌿ – †85/205 € ††100/220 € – 2 suites

◆ Cadre enchanteur pour ce moulin à huile du 18ᵉ s. Délicieuses chambres au charme authentique de la Provence : matériaux bruts, couleurs subtiles, mobilier neuf ou chiné.

Mas de Guilles ⌂
≤ ◎ 🍽 ⊐ 🕉 🕉 rest, 🛠 🅿 📶 ⓦ 🄰🄴

rte Vaugines : 2 km – ℰ 04 90 68 30 55 – www.guilles.com – Fax 04 90 68 37 41
– Ouvert de début avril à début nov.
28 ch – †76/90 € ††76/230 €, ⌿ 15 € – ½ P 97/177 €
Rest – (dîner seult) Menu 33/52 €

◆ Au milieu des vignes, ce mas de caractère, calme et romantique à souhait, abrite des chambres lumineuses d'inspiration provençale, rénovées par étape. Belle cuisine traditionnelle servie dans une jolie salle voûtée ou sur une vaste terrasse.

La Bastide de Lourmarin

*rte de Cucuron – ℰ 04 90 07 00 70 – www.hotelbastide.com – Fax 04 90 68 89 48
– Fermé 4 janv.-12 fév.*
19 ch – †85/305 € ††85/305 €, ☲ 15 € – ½ P 40 €
Rest – *(fermé mardi midi sauf juil.-août, dim. soir et lundi)* (25 €) Carte 36/52 €
◆ Cette bastide récente d'allure régionale dissimule de très belles suites et chambres théma-tiques. Mobilier contemporain, objets chinés, touches ethniques, équipements de pointe... Cuisine dans la note provençale servie en terrasse l'été, au bord de la piscine.

Auberge La Fenière (Reine Sammut) avec ch

*2 km par rte de Cadenet – ℰ 04 90 68 11 79
– www.reinesammut.com – Fax 04 90 68 18 60*
18 ch ☲ – †170 € ††200/380 € – ½ P 175/255 €
Rest – *(ouvert 1er avril-10 nov. et fermé mardi midi et lundi)* Menu 40/110 €
– Carte 98/106 €
Spéc. Escargots petits gris au jus de persil et poêlée de champignons (automne). Loup à la vapeur de coriandre, jus aux huîtres, épinards et brocolis (printemps-automne). Tablette noire crémeuse aux fèves tonka, croustil-lant noisettes, sorbet yaourt. **Vins** Côtes du Rhône, Côtes du Luberon.
Rest *Bistrot La Cour de Ferme* – *(fermé mardi et merc. en hiver)* Menu 25/35 €
◆ Havre de grâce... culinaire dans cette auberge face au Grand Luberon : une cuisine fine signée par une "reine" des saveurs. Au Bistrot La Cour de Ferme, ambiance chaleureuse sous le préau autour des recettes de campagne. Élégantes chambres décorées sur le thème des métiers d'arts et deux roulottes pour vivre en bohème !

L'Antiquaire

*9 r. Grand Pré – ℰ 04 90 68 17 29 – www.restaurant-antiquaire.com
– Fax 04 90 68 17 29 – Fermé 13 nov.-4 déc., 11 janv.-1er fév., dim. soir
d'oct. à avril, mardi midi et lundi*
Rest – Menu 22 € (déj. en sem.), 28/44 € – Carte 32/42 €
◆ Dans une jolie maison en pierre, agréables salles aux couleurs de la Provence où l'on goûte des recettes régionales à base de produits frais travaillés avec justesse.

LOUVIERS – 27 Eure – 304 H6 – 18 259 h. – alt. 15 m – ⌖ 27400   33 D2
Normandie Vallée de la Seine

▶ Paris 104 – Les Andelys 22 – Lisieux 75 – Mantes-la-Jolie 51
🛈 Syndicat d'initiative, 10, rue du Maréchal Foch ℰ 02 32 40 04 41, Fax 02 32 61 28 85
🏌 du Vaudreuil à Le Vaudreuil, par rte de Rouen : 6 km, ℰ 02 32 59 02 60
◉ Église N.-Dame★ : œuvres d'art★, porche★ BY.
◉ Vironvay ≤★.

Le Pré-St-Germain

*7 r. St-Germain – ℰ 02 32 40 48 48 – www.le-pre-saint-germain.com
– Fax 02 32 50 75 60 – Fermé 23 déc.-3 janv.*
34 ch – †69/78 € ††79/95 €, ☲ 13 € – ½ P 85 €
Rest – *(fermé 1er-22 août, sam. et dim.)* (16 € bc) Menu 19 € bc (sem.)/35 €
– Carte 24/56 €
◆ Centrale et au calme, cette demeure imposante propose des chambres au décor actuel et aux aménagements fonctionnels. Cuisine traditionnelle et suggestions à l'ardoise dans un cadre contemporain ou sur la belle terrasse d'été. Formule rapide servie au bar.

LE LUC – 83 Var – 340 M5 – 8 711 h. – alt. 160 m – ⌖ 83340   41 C3
Côte d'Azur

▶ Paris 836 – Cannes 75 – Draguignan 29 – Fréjus 41
🛈 Office de tourisme, 3, place de la Liberté ℰ 04 94 60 74 51

Le Gourmandin

*pl. L. Brunet – ℰ 04 94 60 85 92 – www.legourmandin.com – Fax 04 94 47 91 10
– Fermé 25 août-21 sept., 25 fév.-10 mars, dim. soir, jeudi soir et lundi*
Rest – *(prévenir le week-end)* Menu 25/46 € – Carte environ 41 €
◆ Cette auberge de village vous convie aux plaisirs d'un repas traditionnel aux accents méri-dionaux. Le tout dans un cadre rustico-provençal des plus chaleureux.

LUCELLE – 68 Haut-Rhin – 315 H12 – 42 h. – alt. 640 m – ⊠ 68480   1 A3
▌ Alsace Lorraine

> ▶ Paris 472 – Altkirch 29 – Basel 41 – Belfort 56

au Nord-Est : 4,5 km par D 41 et rte secondaire – ⊠ 68480 Lucelle

Le Petit Kohlberg ⊱   ≼ 🚗 🕿 📶 ⅍ ch, ఓ 🄿 ▨ ⓒⓔ
- ☎ 03 89 40 85 30 – www.petitkohlberg.com
- Fax 03 89 40 89 40

30 ch – ▪56/62 € ▪▪56/62 €, � 10 € – ½ P 63/66 €
Rest – Menu 15 € (sem.)/54 € – Carte 21/50 €

♦ Cette auberge familiale profite d'un environnement champêtre. Chambres confortables, décorées dans le style régional. Des maillots d'équipes cyclistes ornent la salle de petit-déjeuner. Cuisine traditionnelle servie au restaurant ; terrasse avec vue sur le jardin.

LA LUCERNE-D'OUTREMER – 50 Manche – 303 D7 – 790 h.   32 A2
– alt. 70 m – ⊠ 50320

> ▶ Paris 332 – Caen 100 – Saint-Lô 65 – Saint-Malo 84

Le Courtil de la Lucerne   ⬦ 🄿 ▨ ⓒⓔ
17 r. de la Libération, (Le Bourg) – ☎ 02 33 61 22 02
– www.lecourtildelalucerne.com – Fax 01 33 61 22 15
– Fermé 15 nov.-4 déc., mi-fév. à mi-mars, dim. soir, mardi de sept. à Pâques et merc.
Rest – Menu 15 € (sem.)/35 € – Carte 37/55 €

♦ Installé dans l'ancien presbytère d'un petit village normand, ce restaurant, sobrement décoré, propose une cuisine dans l'air du temps et soignée.

LUCEY – 54 Meurthe-et-Moselle – 307 G6 – rattaché à Toul

LUCHÉ-PRINGÉ – 72 Sarthe – 310 J8 – 1 621 h. – alt. 34 m – ⊠ 72800   35 C2
▌ Châteaux de la Loire

> ▶ Paris 242 – Angers 68 – La Flèche 14 – Le Lude 10
> 🛈 Syndicat d'initiative, 4, rue Paul Doumer ☎ 02 43 45 44 50,
> Fax 02 43 45 75 71

Auberge du Port des Roches avec ch ⊱   🚗 🕿 📶 🄿 ▨ ⓒⓔ
auportdesroches, 2,5 km à l'Est par D 13 et D 214 – ☎ 02 43 45 44 48
– Fax 02 43 45 39 61 – fermé 25 janv.-12 mars, 16-20 août, 26 oct.-4 nov., dim. soir, mardi midi et lundi
12 ch – ▪49/59 € ▪▪49/59 €, � 8 € – ½ P 54/60 €
Rest – Menu 24/50 € – Carte 27/49 €

♦ Jardin-terrasse au fil de l'eau, plaisante salle à manger bourgeoise, chambres fraîches et colorées : faites fi de la morosité dans cette auberge cosy des bords du Loir ! Cuisine traditionnelle soignée et servie en terrasse l'été.

LUCHON – 31 H.-Gar. – 343 B8 – voir Bagnères-de-Luchon

LUCINGES – 74 Haute-Savoie – 328 k3 – 1 433 h. – alt. 700 m   46 F1
– ⊠ 74380

> ▶ Paris 559 – Annecy 49 – Thonon-les-Bains 33 – Bonneville 18

Le Bonheur dans Le Pré ⊱   ≼ 🚗 🕿 ⅍ ⅍ 📶 ఓ 🄿 ▨ ⓒⓔ ①
2011 rte Bellevue, 2,5km au NE par D 183 – ☎ 04 50 43 37 77
– www.lebonheurdanslepre.com – Fax 04 50 43 38 57 – Fermé 24-30 août, vacances de la Toussaint et 1er-10 janv.
7 ch – ▪60/80 € ▪▪60/100 €, � 9 € – ½ P 55 €
Rest – (fermé dim. et lundi) (dîner seult) (prévenir) Menu 30 €

♦ Enseigne-vérité pour cette ancienne ferme perchée au-dessus du village, en pleine nature : jardin, tranquillité et confort. Côté restaurant, salle rustique et menu unique, composé selon le marché et les produits du terroir ; bon rapport qualité-prix.

LUÇON – 85 Vendée – **316** I9 – 9 682 h. – alt. 8 m – ⊠ 85400   **34** B3

Poitou Vendée Charentes

▶ Paris 438 – Cholet 89 – Fontenay-le-Comte 30 – La Rochelle 43

🛈 Office de tourisme, square Édouard Herriot ℰ 02 51 56 36 52,
   Fax 02 51 56 03 56

◉ Cathédrale Notre-Dame★ - Jardin Dumaine★.

XXX   **La Mirabelle**   🍴 ᵫ 🄰🄲 ⅍ ✑ 🄿 ᵥₛₐ ⁰⁰ 🄰🄴
89 bis r. de Gaulle, rte des Sables-d' Olonne – ℰ 02 51 56 93 02
– www.restaurant-lamirabelle.com – Fax 02 51 56 35 92
– Fermé dim. soir, lundi soir et mardi sauf fériés
Rest – (17 €) Menu 25/68 € – Carte 45/95 €
♦ Avenante maison non loin de la cathédrale où Richelieu fut nommé évêque en 1608. Salle
à manger lumineuse aux tons pastel, terrasse fleurie et sympathique cuisine régionale.

X   **Au Fil des Saisons** avec ch   🚗 🍴 ᵫ ⁹⁰ 🄿 ᵥₛₐ ⁰⁰
55 rte de la Roche-sur-Yon – ℰ 02 51 56 11 32
– www.aufildessaisons-vendee.com – Fax 02 51 56 98 25
– Fermé 20 août-10 sept. et 20 fév.-10 mars
6 ch – ♦49 € ♦♦57 €, ⌓ 7 € – ½ P 52 €
Rest – (Fermé sam. midi, dim. soir et lundi) (13 €) Menu 24/39 €
♦ Cette auberge vendéenne vous laisse le choix entre une salle agrémentée d'expositions de tableaux et la véranda côté jardin. Cuisine actuelle. Chambres simples et fraîches.

à Moreilles 11 km au Sud-Est par D 949 et D 137 – 299 h. – alt. 5 m – ⊠ 85450

⌂   **Château de l'Abbaye**   🚗 ⌇ 🄰🄲 ch, ⁹⁰ 🄿 ᵥₛₐ ⁰⁰
– ℰ 02 51 56 17 56 – www.chateau-moreilles.com – Fax 02 51 56 30 30
5 ch – ♦79/109 € ♦♦89/159 €, ⌓ 12 € – ½ P 95/115 €
Table d'hôte – Menu 39 €
♦ Un château romantique bâti sur les vestiges d'une abbaye où Richelieu officia. Chambres
élégantes (mobilier ancien, objets de famille), beaux salons et accueil aux petits soins. Cuisine
familiale servie à la table d'hôte (salle dotée d'une imposante cheminée).

Les prix indiqués devant le symbole ♦ correspondent au prix le plus bas en
basse saison puis au prix le plus élevé en haute saison, pour une chambre
single. Même principe avec le symbole ♦♦ cette fois pour une chambre double.

LUC-SUR-MER – 14 Calvados – **303** J4 – 3 186 h. – **Casino** – ⊠ 14530   **32** B2

Normandie Cotentin

▶ Paris 249 – Arromanches-les-Bains 23 – Bayeux 29 – Cabourg 28

🛈 Office de tourisme, rue du Docteur Charcot ℰ 02 31 97 33 25,
   Fax 02 31 96 65 09.

◉ Parc municipal★.

🏨   **Des Thermes et du Casino**   ⇐ 🚗 🍴 ⌇ ᴵ₆ ⅋ 🄿 ᵥₛₐ ⁰⁰ 🄰🄴
5 r. Guyemer – ℰ 02 31 97 32 37 – www.hotelresto-lesthermes.com
– Fax 02 31 96 72 57 – Ouvert 21 mars-31 oct.
48 ch – ♦85/140 € ♦♦85/140 €, ⌓ 16 € – ½ P 81/108 €
Rest – Menu 25/59 € – Carte 35/70 €
♦ Adresse tonique postée sur la digue-promenade, à proximité des thermes et du casino.
Les chambres avec balcon offrent la vue sur la mer. Le restaurant est tourné vers la Manche
d'un côté et sur le jardin fleuri et planté de pommiers de l'autre.

LE LUDE – 72 Sarthe – **310** J9 – 4 088 h. – alt. 48 m – ⊠ 72800   **35** D2

Châteaux de la Loire

▶ Paris 244 – Angers 63 – Chinon 63 – La Flèche 20

🛈 Office de tourisme, place François de Nicolay ℰ 02 43 94 62 20,
   Fax 02 43 94 62 20

◉ Château★★.

L'Auberge Alsacienne 🏠 ⅙ rest, ¶¹ VISA ⬤ AE

14 r. de la Boule-d'Or – ℰ 02 43 48 20 45 – www.auberge-alsacienne-le-lude.com
– Fax 02 43 48 20 42
7 ch – ♦49/53 € ♦♦49/80 €, ⊡ 8,50 € – ½ P 44/64 €
Rest – Menu 13 € (déj. en sem.), 17/27 € – Carte 17/35 €
♦ Cet ancien couvent abrite des chambres spacieuses, entièrement rénovées et bien insonorisées. Au restaurant, une discrète décoration alsacienne annonce la couleur de la carte : choucroute, tarte flambée... et quelques plats plus régionaux. Terrasse d'été fleurie.

✗✗ La Renaissance avec ch 🏠 ⅙ ch, AC rest, ¶¹ P VISA ⬤ AE ⓿

2 av. Libération – ℰ 02 43 94 63 10 – www.renaissancelelude.com
– Fax 02 43 94 21 05 – Fermé 24 oct.-8 nov.
8 ch – ♦49/59 € ♦♦49/69 €, ⊡ 8 €
Rest – (fermé lundi) (11 € bc) Menu 16 € bc (sem.), 25/38 € – Carte 45/55 €
♦ Faites une halte à deux pas du château, dans la salle actuelle de ce restaurant proposant des recettes au goût du jour. Terrasse dressée dans la cour intérieure en saison.

LUDES – 51 Marne – 306 G8 – 628 h. – alt. 140 m – ✉ 51500 　　13 B2

▶ Paris 157 – Châlons-en-Champagne 52 – Reims 15 – Épernay 22

↑ Domaine Ployez-Jacquemart ⌘ 🔊 P VISA ⬤ AE

8 r. Astoin – ℰ 03 26 61 11 87 – www.ployez-jacquemart.fr – Fax 03 26 61 12 20
– Fermé 17 déc.-15 janv.
5 ch ⊡ – ♦90/110 € ♦♦110/125 €
Table d'hôte – (fermé 3-19 avril, août, sept. et 24 oct.-4 nov.) Menu 150 € bc
♦ Au cœur d'un domaine champenois, cette demeure cultive l'art de vivre à la française. Chambres confortables et raffinées déclinées sur différents thèmes : baroque, savane... La table d'hôte sert (sur réservation) un repas au champagne de la maison.

LUMBRES – 62 Pas-de-Calais – 301 F3 – 3 763 h. – alt. 45 m – ✉ 62380 　　30 A2

▶ Paris 261 – Arras 81 – Boulogne-sur-Mer 43 – Calais 44
ℹ Office de tourisme, rue François Cousin ℰ 03 21 93 45 46,
　Fax 03 21 12 15 87

🏨 Du Golf ⌘ 🚗 🏠 ⅙ 🔲 🎴 ⅙ AC ¶¹ ⅙ P

chemin des Bois, 2 km au Nord-Ouest par D 225, au golf de l'A
– ℰ 03 21 11 42 42 – www.stomer-hoteldugolf.com – Fax 03 21 11 42 22
54 ch – ♦120/140 € ♦♦140/150 €, ⊡ 15 € 　**Rest** – (21 €) Menu 28/49 €
♦ Au départ du golf de l'Aa, cette imposante bâtisse neuve propose de confortables chambres donnant sur le green ou sur la forêt. Mobilier contemporain, équipements de qualité. Cuisine traditionnelle servie dans le cadre épuré de la salle ou sur la grande terrasse d'été.

🏨 Moulin de Mombreux ⌘ 🚗 🔊 🏠 ⅙ ch, ¶¹ ⅙ P VISA ⬤ AE

2 km à l'Ouest par rte de Boulogne, D 225 et rte secondaire – ℰ 03 21 39 13 13
– www.moulindemombreux.com – Fax 03 21 93 61 34 – Fermé dim. soir de
mi-nov. à début avril
24 ch – ♦124/139 € ♦♦124/139 €, ⊡ 15 € – ½ P 104/112 €
Rest – (fermé lundi midi et sam. midi) (11 €) Menu 40/45 € – Carte 47/64 €
♦ Ce moulin du 18ᵉ s. bordant le Bléquin vous invite à une halte douillette avec une cascade pour berceuse. Son cadre récemment rénové honore le raffinement à l'ancienne. Poutres apparentes et mobilier rustique agrémentent la salle à manger située à l'étage.

LUNAS – 34 Hérault – 339 E6 – 647 h. – alt. 281 m – ✉ 34650 　　22 B2

▶ Paris 710 – Montpellier 68 – Béziers 76 – Millau 73
ℹ Office de tourisme, chemin de Reiregardi ℰ 04 67 23 76 67

✗✗ Château de Lunas 🏠 ⇄ VISA ⬤

promenade des Platanettes – ℰ 04 67 23 87 99 – www.chateaudelunas.fr
– Fax 04 67 23 87 99 – Fermé 15 janv.-1ᵉʳ mars, mardi et merc. sauf juil.-août
Rest – Menu 23/63 € – Carte 36/43 €
♦ Château du 17ᵉ s. dressé au bord du Gravezon. Des tableaux contemporains s'intègrent au décor historique des salles à manger. Jolie terrasse. Cuisine centrée sur le produit.

LUNEL – 34 Hérault – 339 J6 – 23 914 h. – alt. 6 m – ⌂ 34400   23 C2
▌ Languedoc Roussillon

> ▶ Paris 733 – Aigues-Mortes 16 – Alès 58 – Arles 56
>
> ℹ Office de tourisme, 16, cours Gabriel Péri ℰ 04 67 71 01 37,
> Fax 04 67 71 26 67

XX **Chodoreille**   🕭 AK VISA ☎ AE
😊 *140 r. Lakanal – ℰ 04 67 71 55 77 – www.chodoreille.fr – Fax 04 67 83 19 97*
– Fermé 15-31 août, vacances de fév., dim. et lundi
Rest – Menu 22 € (sem.), 28/53 € – Carte 44/66 €
◆ Le chef vous concocte avec originalité des recettes gourmandes et met à l'honneur le tau-
reau camarguais. Salle contemporaine ou terrasse ombragée... selon les humeurs du ciel !

LUNÉVILLE ⬤ – 54 Meurthe-et-Moselle – 307 J7 – 19 881 h.   27 C2
– alt. 224 m – ⌂ 54300 ▌ Alsace Lorraine

> ▶ Paris 347 – Épinal 69 – Metz 95 – Nancy 36
>
> ℹ Office de tourisme, aile sud du Château ℰ 03 83 74 06 55,
> Fax 03 83 73 57 95
>
> ◉ Château★ A - Parc des Bosquets★ AB - Boiseries★ de l'église St-Jacques A.

🏢 **Les Pages**   🕭 ▣ AK ch. 🕻 ⅍ P VISA ☎ AE
😊 *5 quai des Petits-Bosquets – ℰ 03 83 74 11 42*
– Fax 03 83 73 46 63
37 ch – ♦56/98 € ♦♦68/98 €, ⌸ 9 € – ½ P 54/69 €
Rest *Le Petit Comptoir* – ℰ 03 83 73 14 55 (fermé 21-24 déc., 31 déc.-3 janv.,
sam. midi et dim. soir) Menu 17 € (sem.)/32 € – Carte 28/48 €
◆ Importants corps de bâtiments faisant face au château. Les chambres offrent une décoration moderne assez originale, compensant un certain manque d'ampleur. Le restaurant, aménagé dans un esprit bistrot, sert une cuisine simple et appétissante.

à Moncel-lès-Lunéville 3 km à l'Est par rte de St-Dié (D 590) – 450 h.
– alt. 234 m – ⌂ 54300

XX **Relais St-Jean**   🕭 AK P VISA ☎ AE
😊 *22 av. de l'Europe, sur N 59 – ℰ 03 83 74 08 65 – Fax 03 83 75 33 16*
– Fermé 3 sem. en août, dim. soir, merc. soir et lundi
Rest – (11 €) Menu 14 € (sem.)/34 € – Carte 21/49 €
◆ La salle à manger principale de ce restaurant de la vallée de la Meurthe est chaleureuse et
équipée d'un mobilier en fer forgé. Cuisine classique.

au Sud 5 km par rte de Rambervillers, puis av. G. Pompidou et cités Ste-Anne
– ⌂ 54300 Lunéville :

🏢 **Château d'Adoménil** (Cyril Leclerc) ⬤   🕭 ▤ 🕭 AK 🕻 ⅍ P
❀ *– ℰ 03 83 74 04 81 – www.adomenil.com*   VISA ☎ AE ①
– Fax 03 83 74 21 78 – Fermé 3-28 janv., 28 fév.-11 mars,
dim. soir du 15 oct. au 30 avril, mardi du 1ᵉʳ nov. au 1ᵉʳ mars et lundi
9 ch – ♦180/240 € ♦♦180/240 €, ⌸ 21 € – 5 suites – ½ P 200/220 €
Rest – (fermé dim. soir de mi-oct. à fin avril, mardi sauf le soir de mars à oct.,
merc. midi, jeudi midi, vend. midi et lundi) Menu 52 € (sem.)/95 €
– Carte 70/115 € 🕸
Spéc. Pigeonneau et foie gras poêlé, réduction de coriandre et miel. Cabillaud
de petite pêche et œuf poché dans un bouillon de crevettes grises. Cornets
craquants de mirabelles de Lorraine et pavot bleu, liqueur de lait à l'eau de
vie (20 août au 20 sept.). **Vins** Côtes de Toul gris et rouge.
Rest *Version A* – (ouvert merc., jeudi et vend.) (déj. seult) Menu 30 €
– Carte 35/61 €
◆ Belle demeure du 18ᵉ s. au cœur d'un parc. Chambres bourgeoises dans le château ou
d'inspiration provençale dans les dépendances. Cuisine actuelle au restaurant : quatre pièces baroques et contemporaines, mariant avec goût tons sombres et touches vives.
À la Version A, on déjeune face au jardin à l'anglaise.

LURBE-ST-CHRISTAU – 64 Pyrénées-Atlantiques – **342** I6 – 225 h.   **3** B3
– alt. 260 m – ⊠ 64660

> ▶ Paris 820 – Laruns 32 – Lourdes 61 – Oloron-Ste-Marie 10

🏠   **Au Bon Coin** ⌆   🚗 ⌁ 📶 🛁 **P** **VISA** ⓪ **AE**
rte des Thermes – ℰ *05 59 34 40 12*
– www.thierry-lassala.com – Fax 05 59 34 46 40
– Fermé 1 sem. en fév. et dim. soir du 20 sept. au 20 juin
16 ch – ♦58/88 € ♦♦58/88 €, � 8 €
Rest – *(fermé dim. soir sauf en juil.-août, lundi et mardi midi)* (22 € bc)
Menu 30/60 € – Carte environ 45 €⌆
♦ Sympathique hôtellerie familiale postée en lisière de forêt. Chambres confortables et pratiques, plus calmes sur l'arrière. Cuisine au goût du jour servie dans la salle à manger parée de poutres et de pierres apparentes, ou dans la véranda.

LURE ⌀ – 70 Haute-Saône – **314** G6 – 8 352 h. – alt. 290 m – ⊠ 70200   **17** C1
▌Franche-Comté Jura

> ▶ Paris 387 – Belfort 37 – Besançon 77 – Épinal 77
> 🛈 Office de tourisme, 35, avenue Carnot ℰ 03 84 62 80 52,
>   Fax 03 84 62 74 61

à Roye Est : 2 km par rte de Belfort – 1 236 h. – alt. 301 m – ⊠ 70200

🍴🍴   **Le Saisonnier**   🏠 **P** **VISA** ⓪
56 r. de la Verrerie, N 19 – ℰ *03 84 30 46 00 – Fax 03 84 30 46 00*
– Fermé 1ᵉʳ-17 août, 15-21 fév., dim. soir, lundi soir et merc.
Rest – *(nombre de couverts limité, prévenir)* Menu 24/53 €
♦ Les épais murs de cette ancienne ferme abritent trois salles à manger campagnardes où l'on propose une cuisine au goût du jour. L'été, service sur la terrasse-jardin.

à Froideterre Nord-Est : 3 km par D 486 et D 99 – 366 h. – alt. 306 m – ⊠ 70200

🍴🍴   **Hostellerie des Sources** avec ch ⌆   🏠 ⌖ ch, 🎬 📶 **P** **VISA** ⓪
4 r. du Grand Bois – ℰ *03 84 30 34 72 – www.hostellerie-des-sources.com*
– Fax 03 84 30 29 87
5 ch – ♦72/122 € ♦♦72/122 €, ⊐ 10 €
Rest – *(Fermé 3 sem. en janv., dim. soir, lundi et mardi)* *(nombre de couverts limité, prévenir)* Carte 21/41 €
♦ Coquette ferme en pierre située à la lisière du plateau des Mille Étangs. Élégant intérieur rustique et sympathique cuisine au goût du jour. Hébergement dans cinq pavillons neufs au décor contemporain, particulièrement bien équipés (3 avec spa et sauna privés).

LUSSAC-LES-CHÂTEAUX – 86 Vienne – **322** K6 – 2 381 h.   **39** D2
– alt. 104 m – ⊠ 86320 ▌Poitou Vendée Charentes

> ▶ Paris 355 – Bellac 42 – Châtellerault 52 – Montmorillon 12
> 🛈 Office de tourisme, place du 11 novembre 1918 ℰ 05 49 84 57 73,
>   Fax 05 49 84 57 73
> 🞖 Nécropole mérovingienne★ de Civaux NO : 6 km sur D 749.

🏠   **Les Orangeries**   🚗 🏠 ⌁ ⌖ 📶 🛁 **P** **VISA** ⓪ **AE**
12 av. du Dr Dupont – ℰ *05 49 84 07 07 – www.lesorangeries.fr*
– Fax 05 49 84 98 82 – Fermé mi janv.-mi fév.
11 ch – ♦70/115 € ♦♦70/140 €, ⊐ 13 € – 4 suites
Rest – (15 €) Menu 22 €, 28/33 €
♦ Intérieur de caractère, chambres cosy, piscine, parc paysager, verger, etc. : cette maison du 18ᵉ s. vous reçoit dans une ambiance guesthouse. Restaurant installé dans l'ancien chai proposant une cuisine orientée terroir (menu de saison, produits bio).

LUTTER – 68 Haut-Rhin – **315** I12 – **rattaché à Ferrette**

Une bonne table sans se ruiner ? Repérez les Bib Gourmand ⌆.

LUTZELBOURG – 57 Moselle – **307** O6 – 650 h. – alt. 212 m   **27** D2
– ✉ **57820** ▮ Alsace Lorraine

▶ Paris 438 – Metz 113 – Obernai 49 – Sarrebourg 20

🛈 Syndicat d'initiative, 147, rue A.J. Konzett ✆ 03 87 25 30 19,
Fax 03 87 25 33 76

◉ Plan-incliné★ de St-Louis-Arzviller SO : 3,5 km.

XX   **Des Vosges** avec ch   🛜 ⁽⁾ **P** VISA 🏧 AE
🍃   *2 r. Ackermann* – ✆ *03 87 25 30 09* – *www.hotelvosges.com*
– *Fax 03 87 25 42 22*
10 ch – †60 € ††60 €, 🍴 8 € – ½ P 68 €
Rest – *(fermé dim. soir et merc.)* (11 €) Menu 19/32 € – Carte 19/37 €
♦ Auberge traditionnelle dont la terrasse domine le canal Rhin-Marne. Boiseries et beau parquet ancien composent le décor de la salle. Spécialités régionales et truite au bleu.

LUXÉ – 16 Charente – **324** K4 – **rattaché à Mansle**

LUXEUIL-LES-BAINS – 70 Haute-Saône – **314** G6 – 7 575 h.   **17** C1
– alt. 305 m – Stat. therm. : fin mars-fin oct. – Casino – ✉ 70300
▮ Franche-Comté Jura

▶ Paris 379 – Épinal 58 – Vesoul 32 – Vittel 72

🛈 Office de tourisme, rue Victor Genoux ✆ 03 84 40 06 41,
Fax 03 84 93 56 44

🛍 de Luxeuil Bellevue à Genevrey RN 57, par rte de Vesoul : 11 km,
✆ 03 84 95 82 00

◉ Hôtel du Cardinal Jouffroy★ - Musée de la tour des Échevins : stèle★
- Anc. Abbaye St-Colomban★ - Maison François1ᵉʳ★

🏨   **Les Sources** sans rest   📶 & ⁽⁾ 🛁 VISA 🏧 AE
2 av. Jean-Moulin, (face au parc thermal)
– ✆ *03 84 93 70 04* – *www.70lessources.fr*
– *Fax 03 84 93 98 98*
– *Fermé 18 déc.-4 janv.*
41 ch – †55/95 € ††65/110 €, 🍴 9 €
♦ Proche des thermes, cette bâtisse de 1860, entièrement rénovée en hôtel-résidence, propose 41 studios de style contemporain (avec kitchenette) donnant sur le parc ou la ville.

LUYNES – 37 Indre-et-Loire – **317** M4 – 5 002 h. – alt. 60 m – ✉ 37230   **11** B2
▮ Châteaux de la Loire

▶ Paris 247 – Angers 115 – Chinon 41 – Langeais 15

🛈 Office de tourisme, 9, rue Alfred Baugé ✆ 02 47 55 77 14,
Fax 02 47 55 77 14

◉ Église★ au Vieux-Bourg de St-Etienne de Chigny O : 3 km.

🏰🏰🏰   **Domaine de Beauvois** ⬧   ← 🍷 🛜 🍴 XX 📶 🗚 rest, XX ⁽⁾ 🛁 **P**
4 km au Nord-Ouest par D 49 – ✆ *02 47 55 50 11*   🍃 VISA 🏧 AE ①
– *www.beauvois.com* – *Fax 02 47 55 59 62*
36 ch – †188/350 € ††188/350 €, 🍴 22 €
Rest – (21 €) Menu 39 € (dîner), 49/69 € – Carte 55/94 € le soir
♦ Vaste manoir des 16ᵉ-17ᵉ s. au cœur d'un parc arboré doté d'un étang. Superbes chambres personnalisées dans un esprit maison bourgeoise. Élégante salle et salons intimes pour une cuisine actuelle (dîner et dimanche) ou des plats du terroir servis en cocottes (le midi).

Les maisons d'hôtes ↟ ne proposent pas les mêmes services qu'un hôtel.
Elles se distinguent généralement par leur accueil et leur décor, qui reflètent
souvent la personnalité de leurs propriétaires. Celles classées en rouge ↟
sont les plus agréables.

LUZ-ST-SAUVEUR – 65 Hautes-Pyrénées – **342** L7 – 1 070 h.   **28** A3
– alt. 710 m – Sports d'hiver : 1 800/2 450 m ⚡14 ⚡ – Stat. therm. : mi avril-fin
oct. – ⊠ 65120 ▮ Midi-Toulousain

> ▶ Paris 882 – Argelès-Gazost 19 – Cauterets 24 – Lourdes 32
> 🚹 Office de tourisme, 20, place du 8 mai ✆ 05 62 92 30 30, Fax 05 62 92 87 19
> ◉ Église fortifiée★.

à Esquièze-Sère au Nord – 418 h. – alt. 710 m – ⊠ 65120

🏨🏨 **Le Montaigu** 🦢   ⟨ 🚲 🖥 🕸 rest, 🍴 🔊 🅿 VISA ☜☜ 🅰🅴 ①
☜☜ rte de Vizos – ✆ 05 62 92 81 71 – www.hotelmontaigu.com – Fax 05 62 92 94 11
     – Fermé 15 avril-2 mai, 30 sept.-1er déc.
     42 ch – 🛏60/70 € 🛏🛏75/85 €, � 9 € – ½ P 62/67 €
     Rest – (dîner seult) Menu 17/26 € – Carte 32/52 €
     ◆ Bâtiment récent situé au pied d'un château en ruine. Grandes chambres fonctionnelles,
     dont sept flambant neuves ; certaines possèdent un balcon avec vue sur les montagnes.
     Recettes traditionnelles au restaurant et lumineux salon-bar tourné vers le jardin.

🏠 **Terminus** sans rest   🚲 🍴 🅿 VISA ☜☜
▣ r. Marcadaou – ✆ 05 62 92 80 17 – www.luz-terminus.fr – Fax 05 62 92 32 89
    – Fermé nov.
    16 ch – 🛏40 € 🛏🛏48 €, ⊒ 6,50 €
    ◆ Cet hôtel qui occupe une grande maison de village dispose de chambres toutes rénovées
    et colorées. Si le temps le permet, vous prendrez votre petit-déjeuner dans le jardin.

LUZY – 58 Nièvre – **319** G11 – **2 054 h.** – alt. 275 m – ⊠ 58170 Luzy   **7** B3
> ▶ Paris 319 – Dijon 122 – Nevers 81 – Le Creusot 47
> 🚹 Syndicat d'initiative, place Chanzy ✆ 03 86 30 02 65, Fax 03.86.30.04.51

XX **Le Morvan**   VISA ☜☜
☜☜ 73 av. Dr-Dollet – ✆ 03 86 30 00 66 – www.hotelrestaurantdumorvan.fr
     – Fax 03 86 30 04 92 – Fermé 8-21 fév., 26 août-1er sept., sam. midi, dim. soir et
     merc.
     Rest – Menu 15 € (déj. en sem.), 25/72 € – Carte 45/69 €
     ◆ L'environnement de cette ancienne auberge manque de charme, mais la goûteuse cuisine
     inventive du chef-patron et la jolie salle champêtre méritent qu'on fasse fi de ce détail !

Notre-Dame de Fourvière

LYON

Département : 🅿 69 Rhône
Carte Michelin LOCAL : 327 I5
▶ Paris 458 – Genève 151
– Grenoble 106 – Marseille 314
Population : 472 305 h.
Pop. agglomération : 1 348 832 h.

Altitude : 175 m
Code Postal : ✉ 69000
📘 Lyon Drôme Ardèche
Carte régionale : 43 E1

RENSEIGNEMENTS PRATIQUES

🎫 OFFICE DE TOURISME
place Bellecour ☎ 04 72 77 69 69, Fax 04 78 42 04 32

TRANSPORTS
🚆 Auto-train ☎ 3635 (dîtes auto-train - 0,34 €/mn)

AÉROPORT
✈ Lyon Saint-Exupéry ☎ 0 826 800 826 (0,15 €/mn), par ④ : 25 km

CASINO
à la Tour de Salvagny

le Pharaon (quai Charles-de-Gaulle à Lyon) GV

QUELQUES GOLFS
🏌 de Lyon Chassieu à Chassieu Route de Lyon, ☎ 04 78 90 84 77

🏌 de Salvagny à La Tour-de-Salvagny 100 rue des Granges, par rte de Roanne :
20 km, ☎ 04 78 48 88 48

🏌 public de Miribel Jonage à Vaulx-en-Velin Chemin de la Bletta, NE : 9 km,
☎ 04 78 80 56 20

🏌 de Mionnay-la-Dombes à Mionnay Domaine de Beau Logis, N : 23 km par
D 1083, ☎ 04 78 91 84 84

🏌 de Lyon à Villette-d'Anthon, E : 25 km par D 517, D6 et D 55, ☎ 04 78 31 11 33

👁 A VOIR

LE SITE

≤★★★ de la basilique Notre-Dame de Fourvière **EX**
Montée du Garillan★ **EX**
≤★ sur la Saône et la presqu'île depuis la place Rouville **EV**

LYON ROMAIN ET GALLO-ROMAIN

Théâtres romains et l'Odéon **EY**
- Aqueducs romains **EY** - Musée de la civilisation gallo-romaine★★ : table claudienne★★★ **EY M**[10]

LE VIEUX LYON

Quartiers St-Jean, St-Paul et St-Georges★★★ **EFXY** - Rue St-Jean : Cour★★ au n° 28 et cour★de l'hôtel du Gouvernement au n° 2 - Couloir voûté★ au n° 18 rue Lainerie - Galerie★★ de l'hôtel Bullioud au n° 8 rue Juiverie - Hôtel Gadagne★ **FX M**[4] : musée historique de Lyon★, musée lapidaire★, musée international de la Marionnette★ - Primitiale St-Jean★ (Choeur★★) **EFY** - Maison du Crible★ au n° 16 rue du Boeuf - Théâtre "le Guignol de Lyon" **FX T**

LA PRESQU'ÎLE

Place Bellecour **FY** - Fontaine★ de la place des Terreaux **FX** - Palais St-Pierre★ **FX M**[9] Musée des Beaux-Arts★★★ **FX M**[9] - Musée historique des tissus★★★ **FY M**[17] - Musée de l'imprimerie★★ **FX M**[16] - Musée des Arts décoratifs★★ **FY M**[7]

LA CROIX ROUSSE

Aux origines de la soierie lyonnaise Mur des Canuts **FV R** - Maison des Canuts **FV M**[5] - Ateliers de Soierie vivante★ **FV E**

RIVE GAUCHE DU RHÔNE

Quartiers : les Brotteaux, la Guillotière, Gerland, la Part-Dieu
Parc de la Tête d'Or★ : Roseraie★ **GHV** - Musée d'Histoire naturelle★★ **GV M**[20] - Centre d'Histoire de la Résistance et de la Déportation★ **FZ M**[1] Musée d'Art contemporain★ **GU** - Musée urbain Tony-Garnier★ **CQ** - Halle Tony-Garnier **BQR** - Château Lumière **CQ M**[2]

ENVIRONS

Musée de l'automobile Henri-Malartre★★ à Rochetaillée-sur-Saône : 12 km par ⑪

RÉPERTOIRE DES RUES DE LYON

OULLINS

PIERRE-BÉNITE

STE-FOY-LÈS-LYON

ST-DIDIER-AU-MONT-D'OR

ST-FONS

ST-GÉNIS-LAVAL

ST-PRIEST

TASSIN-LA-DEMI-LUNE

VAULX-EN-VELIN

VÉNISSIEUX

VILLEURBANNE

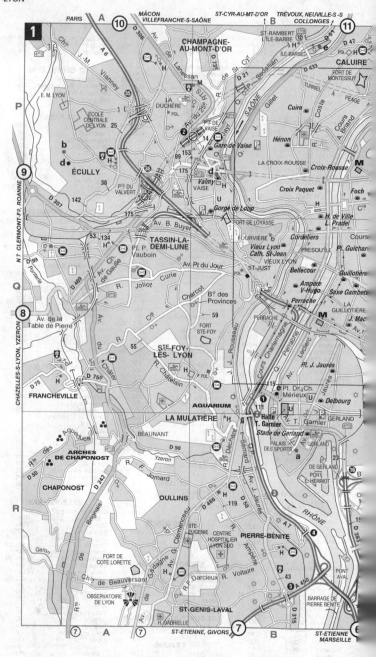

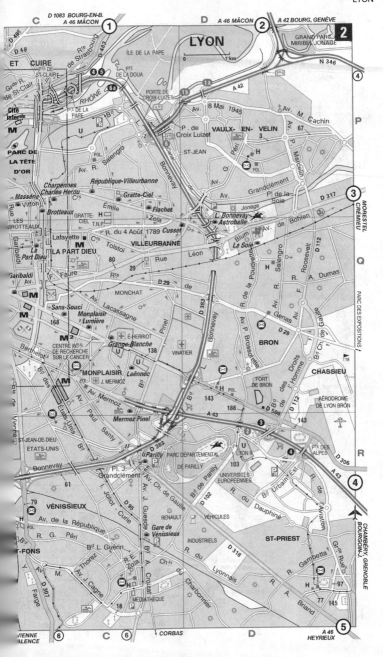

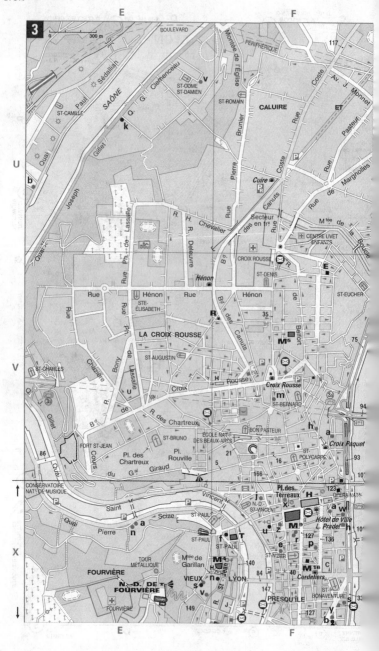

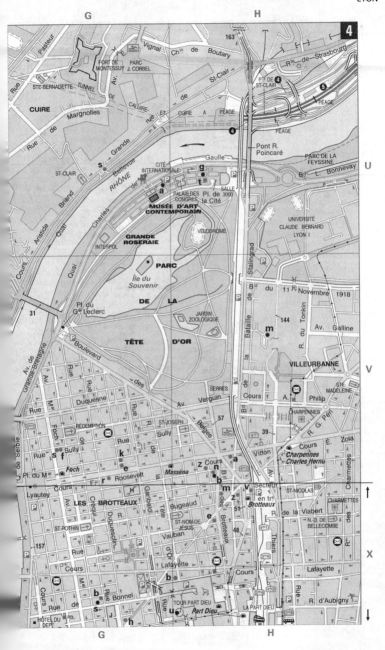

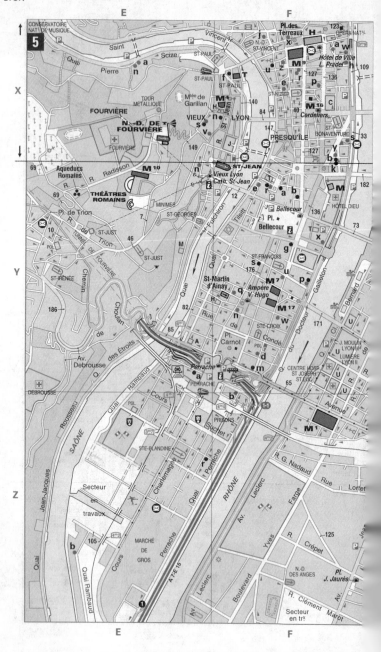

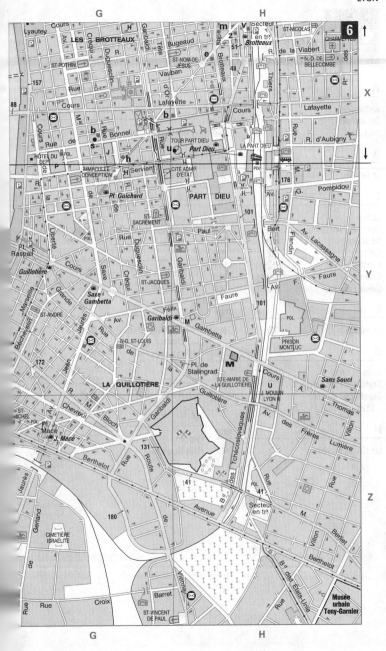

LISTE ALPHABÉTIQUE DES HÔTELS
INDEX OF HOTELS

LISTE ALPHABETIQUE DES RESTAURANTS
INDEX OF RESTAURANTS

Centre-ville (Bellecour-Terreaux)

🏨🏨🏨   **Sofitel**   ⇐ ℔ 🖥 ᵫ ch, 🆎 ⁽ᵞ⁾ ᒻᗅ ⌂ 𝚟𝚒𝚜𝚊 ⓒ⊙ 🄰🄴 ⓪
20 quai Gailleton ⊠ *69002* Ⓜ *Bellecour –* ℰ *04 72 41 20 20 – www.sofitel.com*
– Fax 04 72 40 05 50   **5**FY**p**
164 ch – †230/380 € **††**230/380 €, ⌸ 25 € **– 26 suites**
Rest Les Trois Dômes – voir ci-après
Rest Silk Brasserie – ℰ *04 72 41 20 80 –* (17 €) Menu 23 € – Carte 35/50 €
◆ L'architecture cubique contraste avec l'intérieur luxueusement agencé : hall relooké très contemporain, chambres modernes de bon goût, boutiques chic, salon de coiffure... Ambiance branchée à la Silk Brasserie ; à la carte, recettes internationales et spécialités lyonnaises.

🏨🏨🏨   **Le Royal Lyon**   ⇐ 🖥 🆎 ⁽ᵞ⁾ ⌂ 𝚟𝚒𝚜𝚊 ⓒ⊙ 🄰🄴 ⓪
20 pl. Bellecour ⊠ *69002* Ⓜ *Bellecour –* ℰ *04 78 37 57 31*
– www.lyonhotel-leroyal.com – Fax 04 78 37 01 36   **5**FY**g**
71 ch – †260/500 € **††**340/500 €, ⌸ 22 € **– 5 suites**
Rest – (22 €) Menu 26 € – Carte 29/47 €
◆ Depuis sa rénovation, cet hôtel du 19ᵉ s. géré par l'Institut Paul Bocuse a retrouvé son faste d'antan. Très belles chambres. Salle des petits-déjeuners décorée comme une cuisine. Recettes au goût du jour au restaurant.

🏨🏨   **Carlton** sans rest   🖥 🆎 ⁽ᵞ⁾ 𝚟𝚒𝚜𝚊 ⓒ⊙ 🄰🄴 ⓪
4 r. Jussieu ⊠ *69002* Ⓜ *Cordeliers –* ℰ *04 78 42 56 51 – www.mercure.com*
– Fax 04 78 42 10 71   **5**FX**b**
83 ch – †89/159 € **††**99/229 €, ⌸ 18 €
◆ Pourpre et or : deux couleurs qui habillent cet hôtel de tradition aménagé à la façon d'un petit palace rétro. La cage d'ascenseur d'époque a de l'allure. Chambres confortables.

🏨🏨   **Globe et Cécil** sans rest   🖥 🆎 ⁽ᵞ⁾ ᒻᗅ 𝚟𝚒𝚜𝚊 ⓒ⊙ 🄰🄴 ⓪
21 r. Gasparin ⊠ *69002* Ⓜ *Bellecour –* ℰ *04 78 42 58 95*
– www.globeetcecilhotel.com – Fax 04 72 41 99 06   **5**FY**b**
60 ch ⌸ **– †**135/140 € **††**150/170 €
◆ Un des derniers soyeux de la ville a décoré la salle de réunions de cet hôtel de caractère. Chambres mariant avec goût meubles chinés et modernes. Accueil des plus charmants.

🏨🏨   **Mercure Plaza République** sans rest   🖥 ᵫ 🆎 ⁽ᵞ⁾ ᒻᗅ 𝚟𝚒𝚜𝚊 ⓒ⊙ 🄰🄴 ⓪
5 r. Stella ⊠ *69002* Ⓜ *Cordeliers –* ℰ *04 78 37 50 50 – www.mercure.com*
– Fax 04 78 42 33 34   **5**FY**k**
78 ch – †92/172 € **††**112/202 €, ⌸ 18 €
◆ Architecture du 19ᵉ s., situation centrale, intérieur moderne rénové, confort complet et salles de réunion : un hôtel apprécié, entre autres, par la clientèle d'affaires.

🏨   **Grand Hôtel des Terreaux** sans rest   🔲 🖥 🏊 ⁽ᵞ⁾ 𝚟𝚒𝚜𝚊 ⓒ⊙ 🄰🄴 ⓪
16 r. Lanterne ⊠ *69001* Ⓜ *Hôtel de ville –* ℰ *04 78 27 04 10 – www.hotel-lyon.fr*
– Fax 04 78 27 97 75   **3**FX**u**
53 ch – †85/90 € **††**115/157 €, ⌸ 12 €
◆ Chambres personnalisées et décorées avec goût, petite piscine intérieure et service attentif font de cet hôtel ancien relais de poste (19ᵉ s.) un établissement propice à la détente.

🏨   **Des Artistes** sans rest   🖥 🆎 ⁽ᵞ⁾ 𝚟𝚒𝚜𝚊 ⓒ⊙ 🄰🄴 ⓪
8 r. G. André ⊠ *69002* Ⓜ *Cordeliers –* ℰ *04 78 42 04 88 – www.hoteldesartistes.fr*
– Fax 04 78 42 93 76   **5**FY**r**
45 ch – †78/130 € **††**100/150 €, ⌸ 11 €
◆ Impossible de manquer les trois coups depuis cet hôtel voisin du théâtre des Célestins ! Chambres coquettes et salle des petits-déjeuners ornée d'une fresque à la Cocteau.

🏨   **La Résidence** sans rest   🖥 ᵫ 🆎 🏊 ⁽ᵞ⁾ 𝚟𝚒𝚜𝚊 ⓒ⊙ 🄰🄴 ⓪
18 r. V. Hugo ⊠ *69002* Ⓜ *Bellecour –* ℰ *04 78 42 63 28*
– www.hotel-la-residence.com – Fax 04 78 42 85 76   **5**FY**s**
67 ch – †84 € **††**84 €, ⌸ 8 €
◆ Décor sobrement "seventies" pour cet hôtel bordant une rue piétonne proche de la place Bellecour. Quelques chambres plus élégantes, agrémentées de boiseries.

🏨   **Célestins** sans rest   🖥 🆎 ⁽ᵞ⁾ 𝚟𝚒𝚜𝚊 ⓒ⊙
4 r. des Archers ⊠ *69002* Ⓜ *Guillotière –* ℰ *04 72 56 08 98*
– www.hotelcelestins.com – Fax 04 72 56 08 65   **5**FY**a**
25 ch – †71/96 € **††**76/96 €, ⌸ 8,50 €
◆ Hôtel occupant plusieurs étages d'un immeuble d'habitation. Chambres claires peu à peu rafraîchies ; celles de la façade offrent une échappée sur la colline de Fourvière.

Perrache

Grand Hôtel Mercure Château Perrache 🛗 AC 🛜 👪 🅿 🚗

12 cours Verdun ⊠ *69002* Ⓜ *Perrache –* ℰ *04 72 77 15 00* VISA ◉ AE ①
– www.mercure.com – Fax 04 78 37 06 56 **5EYa**
111 ch – †*125/180 €* ††*145/280 €,* � *17 € –* 2 suites
Rest *Les Belles Saisons – (fermé 25 juil.-25 août, week-ends et fériés)* (17 €)
Carte 20/28 €

• L'hôtel bâti en 1900 a conservé une partie de son cadre Art nouveau : délicates boiseries
sculptées du hall, mobilier authentique dans certaines chambres et les suites. Au restaurant,
décor de style Majorelle et ambiance contemporaine ; carte traditionnelle.

Axotel 🍴 🛗 AC 🛜 🛜 👪 VISA ◉ AE ①

12 r. Marc-Antoine Petit ⊠ *69002* Ⓜ *Perrache –* ℰ *04 72 77 70 70*
– www.hotel-axotel.fr – Fax 04 72 40 00 65 **5EZr**
126 ch – †*71/95 €* ††*76/95 €,* ⊠ *9 €*
Rest *Le Chalut – (fermé août, 21 déc.-4 janv., vend. soir, sam. midi et dim.)*
(18 € bc) Menu 22 € – Carte 34/53 €

• La clientèle d'affaires apprécie cet établissement dont les salles et équipements sont propices à l'organisation de séminaires. Coquettes chambres rénovées, aux teintes chaleureuses.
Dans les filets du Chalut, du poisson bien sûr, avec un menu-carte saisonnier.

Verdun sans rest 🛗 🛜 🛜 👪 VISA ◉ AE

82 r. de la Charité ⊠ *69002* Ⓜ *Perrache –* ℰ *04 78 37 34 71*
– www.bestwestern-hoteldeverdun.com/ – Fax 04 78 37 45 35 – Fermé
31 juil.-15 août **5FYm**
26 ch – †*65/130 €* ††*65/140 €,* ⊠ *12 €*

• Cet hôtel, bien tenu et proche de la gare, a entrepris une profonde rénovation de ses
espaces et chambres, qui préserve le charme du décor d'origine. Copieux petit-déjeuner.

Chaque restaurant étoilé est accompagné de trois spécialités représentatives
de sa cuisine. Il arrive parfois qu'elles ne puissent être servies : c'est
souvent au profit d'autres savoureuses recettes inspirées par la saison.
N'hésitez pas à les découvrir !

Vieux-Lyon

Villa Florentine 🦢 ⩽ 🍴 🌊 🕭 🛗 🛗 AC 🛜 👪 🅿 🚗 VISA ◉ AE ①

25 montée St-Barthélémy ⊠ *69005* Ⓜ *Fourvière –* ℰ *04 72 56 56 56*
– www.villaflorentine.com – Fax 04 72 40 90 56 **3EXs**
21 ch – †*205/550 €* ††*205/550 €,* ⊠ *25 € –* 7 suites
Rest *Les Terrasses de Lyon – voir ci-après*

• Sur la colline de Fourvière, cette demeure d'inspiration Renaissance jouit d'une vue
incomparable sur la ville. L'intérieur marie avec une rare élégance l'ancien et le moderne.

Cour des Loges 🦢 🍴 🔲 🕭 🛗 🛗 AC 🛜 👪 🚗 VISA ◉ AE ①

6 r. Boeuf ⊠ *69005* Ⓜ *Vieux Lyon Cathédrale Saint-Jean –* ℰ *04 72 77 44 44*
– www.courdesloges.com – Fax 04 72 40 93 61 **3FXn**
57 ch – †*204/289 €* ††*255/803 €,* ⊠ *25 € –* 4 suites
Rest *Les Loges – (fermé juil., août, dim. et lundi) (dîner seult)* Menu 58/85 €
– Carte 73/105 €
Rest *Café-Épicerie – (fermé mardi et merc. sauf juil.-août)* (15 €) Carte 33/48 €

• Designers et artistes contemporains ont signé le décor étonnant de cet ensemble de
maisons du 14ᵉ au 18ᵉ s. groupées autour d'une splendide cour à galeries. Cuisine inventive et cadre personnalisé aux Loges. Attrayante formule et ambiance bistrot branché au
Café-Épicerie.

Collège sans rest 🛗 🛗 AC 🛜 🚗 VISA ◉ AE

5 pl. St Paul ⊠ *69005* Ⓜ *Vieux Lyon Cathédrale St -Jean –* ℰ *04 72 10 05 05*
– www.college-hotel.com – Fax 04 78 27 98 84 **3FXf**
39 ch – †*115/145 €* ††*115/145 €,* ⊠ *12 €*

• Bureaux d'écoliers, cheval d'arçon, cartes de géographie... : tout évoque l'univers scolaire
d'autrefois. Chambres toutes blanches, résolument modernes, avec balcon ou terrasse.

La Croix-Rousse (bord de Saône)

Lyon Métropole 🀫 🏊 🔲 🕭 ℩₆ 🎮 🛏 ₕ ch, 🆔 🛜 🔏 🅿 🚗
85 quai J. Gillet ✉ 69004 – ℰ 04 72 10 44 44
– www.lyonmetropole.com – Fax 04 72 10 44 42 📶 🆔 🆎 🅾
3EUk
118 ch – ♦160/200 € ♦♦160/200 €, ⌸ 18 €
Rest *Le Lyon Plage* – ℰ 04 72 10 44 30 – (22 €) Menu 27 € – Carte 34/53 €
◆ Hôtel apprécié pour sa piscine olympique et ses équipements sportifs : superbe spa, fitness, courts de tennis et de squash, practices, etc. Préférez les chambres rénovées, plus actuelles. La carte de la Brasserie Lyon Plage met l'accent sur les produits de la mer.

Cité Internationale

Hilton ℩₆ 🛏 ₕ ch, 🆔 🛜 🔏 🚗 📶 🆔 🆎 🅾
70 quai Ch.-de-Gaulle ✉ 69006 – ℰ 04 78 17 50 50 – www.hilton.com
– Fax 04 78 17 52 52 **4GUa**
199 ch – ♦99/365 € ♦♦99/365 €, ⌸ 25 € – 5 suites
Rest *Blue Elephant* – ℰ 04 78 17 50 00 *(fermé 15 juil.-15 août, sam. midi et dim.)* Menu 28 € (déj. en sem.)/55 € – Carte 30/59 €
Rest *Brasserie* – ℰ 04 78 17 51 00 – Menu 24 € (déj. en sem.) – Carte 29/60 €
◆ Imposant hôtel moderne en brique et verre, doté d'un véritable "business center". Chambres et suites parfaitement équipées, donnant sur le parc de la Tête d'Or ou le Rhône. Spécialités et cadre thaïlandais au Blue Elephant. Décor rétro, agréable terrasse et cuisine traditionnelle à la Brasserie.

De la Cité 🀫 🛏 ₕ ch, 🆔 🛜 🔏 🚗 📶 🆔 🆎 🅾
22 quai Ch.-de-Gaulle ✉ 69006 – ℰ 04 78 17 86 86
– www.lyon.concorde-hotels.com – Fax 04 78 17 86 99 **4HUg**
164 ch – ♦150/350 € ♦♦170/370 €, ⌸ 20 € – 5 suites
Rest – *(déj. seult)* (17 €) Carte 35/80 €
◆ Architecture moderne signée Renzo Piano, située entre le parc de la Tête d'Or et le Rhône. Chambres claires affichant une décoration actuelle. Repas traditionnels (buffet au déjeuner). Terrasse ouverte sur le patio de la Cité Internationale. Nombreux cocktails au bar.

Les Brotteaux

Du Parc sans rest 🛏 🆔 🛜 📶 🆔 🆎 🅾
16 bd des Brotteaux ✉ 69006 Ⓜ Brotteaux – ℰ 04 72 83 12 20
– www.hotelduparc-lyon.com – Fax 04 78 52 14 32 **4HVb**
23 ch – ♦69/139 € ♦♦97/149 €, ⌸ 11 €
◆ Hôtel situé entre la gare des Brotteaux et le parc de la Tête d'Or. Les chambres, plus tranquilles sur l'arrière, bénéficient d'un décor chaleureux et d'aménagements modernes.

La Part-Dieu

Radisson Blu ⓈⓈ ≤ 🛏 ₕ ch, 🆔 🛜 🔏 🚗 📶 🆔 🆎 🅾
129 r. Servient, (32ème étage) ✉ 69003 Ⓜ Part Dieu – ℰ 04 78 63 55 00
– www.radissonblu.com/hotel-lyon – Fax 04 78 63 55 20 **4HXu**
245 ch – ♦125/155 € ♦♦125/155 €, ⌸ 20 €
Rest *L'Arc-en-Ciel* – *(fermé mi- juil. à fin août, sam. midi et dim.)*
Menu 45/146 € bc – Carte 64/103 €🕮
Rest *Bistrot de la Tour* – *(fermé sam. et dim.)* *(déj. seult)* Menu 18 €
– Carte 27/50 €
◆ Au sommet du "crayon", agencement inspiré des maisons du Vieux Lyon : cour intérieure et galeries superposées. Panorama exceptionnel depuis certaines chambres. L'Arc-en-Ciel, perché au 32e étage de la tour, propose une carte actuelle saisonnière. Bistrot très prisé à midi.

Créqui Part-Dieu 🛏 ₕ ch, 🆔 🕾 🔏 📶 🆔 🆎 🅾

37 r. Bonnel ✉ 69003 Ⓜ Place Guichard – ℰ 04 78 60 20 47
– www.bestwestern-lyonpartdieu.com – Fax 04 78 62 21 12 **4GXs**
46 ch – ♦75/172 € ♦♦75/182 €, ⌸ 14 € – 3 suites
Rest *La Cantine du Palais* – ℰ 04 78 60 83 96 *(fermé août, sam. et dim.)* (16 €)
Menu 18 € (déj. en sem.) – Carte 25/34 €
◆ Hôtel situé face à la cité judiciaire. Les chambres, réparties entre deux bâtiments, arborent des teintes chaleureuses (celles de l'aile neuve offrent un cadre résolument moderne). Cuisine familiale et ambiance "écolière" au restaurant bien rénové.

Gerland

🏨 Novotel Gerland
☆☆ 🛜 🏊 Ⅰ̷̸ 🕯 🔌 ₺ ch, 🔟 ⁽¹⁾ 💆 ⇔ 📼 ⚫ 🆎 ⓿

70 av. Leclerc ⊠ 69007 – ℰ 04 72 71 11 11 – www.novotel.com
– Fax 04 72 71 11 00   1BQe
186 ch – †88/199 € ††88/199 €, � 14 € – 6 suites
Rest – (12 €) Menu 16 € – Carte 25/45 €
♦ Près de la halle Tony-Garnier et du stade de Gerland, un Novotel relooké de pied en cap : jolies chambres contemporaines, bar-salon design et vastes salles de séminaire. À table, plaisant cadre "dernière génération" et carte traditionnelle.

à Villeurbanne – 136 473 h. – alt. 168 m – ⊠ 69100

🏨 Congrès
🕯 🔟 ⁽¹⁾ 💆 ⇔ 📼 ⚫ 🆎 ⓿

pl. Cdt Rivière – ℰ 04 72 69 16 16 – www.hoteldescongres.com
– Fax 04 78 94 64 86 – Fermé 24 déc.-3 janv.   4HVm
134 ch – †79/139 € ††79/139 €
Rest – (fermé vend. soir, sam. et dim.) (déj. seult) (10 € bc) Menu 12 € bc
♦ Architecture de béton proche du parc de la Tête d'Or. Décor conforme au standard des années 1980. Préférez les chambres "prestige", plus spacieuses et soignées. Au Mix City, très contemporain, restauration rapide "haut de gamme" pour hommes d'affaires pressés.

Restaurants

🍴🍴🍴🍴🍴 Paul Bocuse
🔟 ⇔ 📝 📱 📼 ⚫ 🆎 ⓿
✿✿✿ 40 r. de la Plage, au pont de Collonges, 12 km au Nord par bords Saône (D 433, D 51) ⊠ 69660 – ℰ 04 72 42 90 90 – www.bocuse.fr – Fax 04 72 27 85 87
Rest – Menu 130/210 € – Carte 113/167 €   1BP
Spéc. Soupe aux truffes noires V.G.E. Volaille de Bresse en vessie "Mère Fillioux". Gâteau "Président Maurice Bernachon". **Vins** Pouilly-Fuissé, Moulin-à-Vent.
♦ Temple de la tradition, institution du service à l'ancienne… Les modes glissent sur le restaurant-monument de "maître Paul", imperturbable au temps qui passe. Toujours la même soupe présidentielle et… trois étoiles depuis 1965 !

🍴🍴🍴 Pierre Orsi
🛜 ₺ 🔟 ⇔ 📝 📼 ⚫ 🆎
✿ 3 pl. Kléber ⊠ 69006 Ⓜ Masséna – ℰ 04 78 89 57 68 – www.pierreorsi.com
– Fax 04 72 44 93 34 – Fermé dim. et lundi sauf fériés   4GVe
Rest – Menu 45 € (déj. en sem.), 85/115 € – Carte 61/153 €
Spéc. Ravioles de foie gras de canard au jus de porto et truffes. Pigeonneau en cocotte aux gousses d'ail confites en chemise. Crêpes Suzette au beurre d'orange. **Vins** Mâcon Viré-Clessé, Saint-Joseph.
♦ Une maison ancienne, des salons élégants et feutrés, et une jolie terrasse-roseraie : le tout pour une cuisine dans l'air du temps réalisée avec finesse. Belle carte des vins.

🍴🍴🍴 Les Terrasses de Lyon – Hôtel Villa Florentine
< 🚗 🛜 🔟 📝 📱
✿ 25 montée St-Barthélemy ⊠ 69005 Ⓜ Fourvière   📼 ⚫ 🆎 ⓿
– ℰ 04 72 56 56 02 – www.villaflorentine.com – Fax 04 72 56 56 04 – Fermé dim. et lundi   3EXs
Rest – Menu 38 € (déj. en sem.)/95 € – Carte 78/128 €
Spéc. Homard breton façon "nems" (mai à sept.). Pigeon de Bresse cuit au sautoir, tartine d'oignons confits, caillette et cuisse braisée. Cigare au chocolat de l'île de Java, cake moelleux au whisky et crème glacée au café blanc. **Vins** Condrieu, Côte Rôtie.
♦ En terrasse, la vue sur Lyon est à couper le souffle. La salle intérieure et la verrière ont beaucoup de cachet et la cuisine, actuelle, valorise subtilement les produits.

🍴🍴🍴 Nicolas Le Bec
₺ 🔟 ⇔ 📝 📼 ⚫ 🆎
✿✿ 14 r. Grolée ⊠ 69002 Ⓜ Cordeliers – ℰ 04 78 42 15 00 – www.nicolaslebec.com
– Fax 04 72 40 98 97 – Fermé 3-24 août, dim., lundi et fériés   3FXy
Rest – Menu 49 € (déj. en sem.), 98/148 € – Carte 85/130 €
Spéc. Foie gras de canard épais grillé, chutney de mangue au jus d'hibiscus. Saint-pierre d'Atlantique poché, jus de cidre fermier, pomme verte et concombre cru. Fine tartelette au caramel mou et beurre salé. **Vins** Mâcon, Condrieu.
♦ Tons gris perle et ambiance feutrée dans ce restaurant où l'on déguste une cuisine de produits subtile et délicatement inventive, signée Nicolas Le Bec et désormais exécutée par la jeune Tabata Bonardi, d'origine brésilienne.

XXX **Les Trois Dômes** – Hôtel Sofitel   ⧄ 🅐🅒 ⌃ 🄿 VISA ◐◑ 🄰🄴 🄾
🕸   *20 quai Gailleton, (8ème étage)* ⊠ *69002* Ⓜ *Bellecour* – ✆ *04 72 41 20 97*
– *www.les-3-domes.com* – *Fax 04 72 40 05 50*
– *fermé 25 juil.-24 août, 21 fév.-1er mars, dim. et lundi*   **5FYp**
Rest – Menu 43 € (déj.), 79/125 € – Carte 103/156 € ⅜
Spéc. Millefeuille de crabe et avocat. Bœuf Angus d'Irlande en miroir de porto
et oignon rouge doré, confit de paleron. Blinis araguani en crème de châtaignes, croquant de marrons glacés, glace noix et ganache. **Vins** Condrieu,
Pommard.
♦ Au dernier étage du Sofitel, vue incomparable sur la ville et décor très contemporain millésimé 2009, en blanc et argent (motifs rappelant le travail de la soie). Cuisine savoureuse et
inventive jouant sur les accords mets et vins.

XXX **Mère Brazier** (Mathieu Viannay)   🅐🅒 ⇄ VISA ◐◑ 🄰🄴
🕸🕸   *12 r. Royale* ⊠ *69001* Ⓜ *Hôtel de Ville* – ✆ *04 78 23 17 20*
– *www.lamerebrazier.fr* – *Fax 04 78 23 37 18*
– *Fermé 31 juil.-23 août, sam. et dim.*   **3FVa**
Rest – (31 €) Menu 35 € (déj. en sem.), 55/95 € – Carte 79/129 €
Spéc. Araignée de mer aux condiments, gelée acidulée et émulsion de crustacés (mai à oct.). Volaille de Bresse demi-deuil. Paris-brest, glace aux noisettes
caramélisées. **Vins** Mâcon Viré-Clessé, Côtes du Rhône.
♦ Maison emblématique reprise par un Meilleur Ouvrier de France. Le décor, moderne, a su
préserver l'âme historique du lieu. Carte séduisante mariant harmonieusement classique et
contemporain.

XXX **Auberge de Fond Rose** (Gérard Vignat)   🍴 🍸 🅐🅒 🄿 VISA ◐◑ 🄰🄴 🄾
🕸   *23 quai G. Clemenceau* ⊠ *69300 Caluire-et-Cuire* – ✆ *04 78 29 34 61*
– *www.aubergedefondrose.com* – *Fax 04 72 00 28 67*
– *Fermé 3 sem. en fév., dim. soir et lundi*   **3EUv**
Rest – Menu 38 € bc (déj. en sem.), 55/85 € – Carte 63/85 € ⅜
Spéc. Printanière d'écrevisses et langoustines (mars à juin). Féra du lac Léman
sauce champagne. Dôme chocolat manjari choco praliné et perlée d'agrumes.
Vins Saint-Joseph, Saint-Péray.
♦ Cette maison bourgeoise des années 1920 dispose d'une idyllique terrasse s'ouvrant sur
les arbres centenaires du jardin. Belle cuisine actuelle et intéressante carte des vins.

XXX **Christian Têtedoie**   🅐🅒 ⇄ VISA ◐◑ 🄰🄴
🕸   *54 quai Pierre Scize* ⊠ *69005* – ✆ *04 78 29 40 10* – *www.tetedoie.com*
– *Fax 04 72 07 05 65* – *Fermé sam. midi, lundi midi et dim.*   **3EXn**
Rest – (30 €) Menu 50 € (sem.)/72 € – Carte 68/96 € ⅜
Spéc. Salade de homard rôti au beurre d'orange. Quenelles de brochet aux
trois saveurs. Chaud-froid de poire. **Vins** Pouilly-Fuissé, Saint-Joseph.
♦ Sur les quais de Saône, une table élégante qui soigne sa décoration (fleurs, objets,
tableaux). Cuisine au goût du jour sublimée par une cave riche de plus de 700 appellations.

XXX **Léon de Lyon**   🍸 🅐🅒 ⇄ ⌃ VISA ◐◑ 🄰🄴
🕸   *1 r. Pleney, angle r. du Plâtre* ⊠ *69001* Ⓜ *Hôtel de ville* – ✆ *04 72 10 11 12*
– *www.leondelyon.com* – *Fax 04 72 10 11 13*   **5FXr**
Rest – Menu 22 € (sem.), 30/34 € – Carte 37/49 € ⅜
♦ Modernisée en une brasserie de luxe, cette institution lyonnaise a conservé son cadre
cossu et convivial. Excellents produits au service de plats canailles et gourmands.

XX **Auberge de l'Île** (Jean-Christophe Ansanay-Alex)   ⇄ ⌃ soir, 🄿
🕸🕸   *sur l'Île Barbe* ⊠ *69009* – ✆ *04 78 83 99 49*   VISA ◐◑ 🄰🄴 🄾
– *www.aubergedelile.com* – *Fax 04 78 47 80 46*
– *Fermé dim. et lundi*   **1BPe**
Rest – Menu 35 € (déj. en sem.), 95/125 € – Carte 59/66 € ⅜
Spéc. Velouté de cèpes dans l'esprit d'un cappuccino, lardons de foie gras à
la vapeur (automne). Filet mignon d'agneau en croûte de sel et foin, tomates
cœur de pigeon (printemps-été). Crème glacée à la réglisse, cornet de pain
d'épice. **Vins** Condrieu, Saint-Joseph.
♦ Une auberge de caractère (17e s.) au cœur de l'île Barbe. Le chef crée une cuisine fine et
attentive au marché, avec un fameux "menu du jour" annoncé verbalement.

XX **La Rémanence**   ♿ AC VISA ⊗ AE ①

31 r. du Bât-d'Argent ⊠ 69001 Ⓜ Hôtel de Ville – ℰ 04 72 00 08 08
– www.laremanence.fr – Fax 04 78 39 85 10 – Fermé 2-24 août, dim. et lundi
Rest – (27 €) Menu 37/71 € – Carte 46/73 €   **5FXh**
♦ Dans un ancien réfectoire jésuite (18ᵉ s.), restaurant aux salles voûtées, en pierres dorées,
tenu par un sympathique jeune couple ; cuisine inventive qui a la vie devant soi.

XX **L'Alexandrin** (Laurent Rigal)   AC VISA ⊗ AE
ॐ

83 r. Moncey ⊠ 69003 Ⓜ Place Guichard – ℰ 04 72 61 15 69
– www.lalexandrin.com – Fax 04 78 62 75 57 – Fermé 2-25 août, 20-28 déc., dim.
et lundi   **4GXh**
Rest – Menu 38 € (déj. en sem.), 60/150 €🍷
Spéc. Velouté d'avocat, pétales de tomates et pois gourmands en vinaigre
fraîcheur au basilic (juin à sept.). Mousseline de brochet au crémeux d'écrevisses.
Madeleines au chocolat guanaja, marmelade d'oranges confites au Grand Marnier
(oct. à déc.). **Vins** Condrieu moelleux, Saint-Joseph.
♦ Ce restaurant au décor coloré et chaleureux attire le Tout-Lyon. Agréable terrasse, belle
carte de côtes-du-rhône et cuisine revisitant le terroir avec originalité.

XX **Le Gourmet de Sèze** (Bernard Mariller)   AC ♿ VISA ⊗ AE
ॐ

129 r. Sèze ⊠ 69006 Ⓜ Masséna – ℰ 04 78 24 23 42
– www.le-gourmet-de-seze.com – Fax 04 78 24 66 81 – Fermé 13-17 mai,
23 juil.-23 août, 27 fév.-3 mars, dim., lundi et fériés   **4HVz**
Rest – (nombre de couverts limité, prévenir) (25 €) Menu 35 € (déj. en sem.),
47/95 €
Spéc. Croustillants de pieds de cochon compotés à la moutarde. Saint-Jacques de la baie de Saint-Brieuc (oct. à mars). Le grand dessert du gourmet.
Vins Saint-Aubin, Saint-Joseph.
♦ Accord parfait entre la coquette salle (tons jaune pâle et chocolat, miroirs, tableaux, tables
rondes espacées) et l'assiette, classique actualisée, préparée tout en finesse.

XX **Cazenove**   AC VISA ⊗ AE

75 r. Boileau ⊠ 69006 Ⓜ Masséna – ℰ 04 78 89 82 92 – www.le-cazenove.com
– Fax 04 72 44 93 34 – Fermé août, sam. et dim.   **4GVk**
Rest – Menu 35 € (sem.)/45 € – Carte 30/107 €
♦ La Belle Époque, telle qu'on se l'imagine : ambiance feutrée, banquettes capitonnées, gla-
ces murales, appliques rétro et bronzes d'art. Plats traditionnels, parfois inventifs.

XX **Le Passage**   🍽 AC ⇄ VISA ⊗ AE ①

8 r. Plâtre ⊠ 69001 Ⓜ Hôtel de ville – ℰ 04 78 28 11 16 – www.le-passage.com
– Fax 04 72 00 84 34 – Fermé août, dim., lundi et fériés   **5FXr**
Rest – Menu 38/54 € – Carte 45/77 €
♦ Sièges de théâtre et trompe-l'œil façon rideau de scène au Bistrot, décor feutré au Restau-
rant et cour-terrasse aux murs couverts de fresques. Cuisine classique revisitée.

XX **Alex**   ♿ AC VISA ⊗ AE

44 bd des Brotteaux ⊠ 69006 Ⓜ Brotteaux – ℰ 04 78 52 30 11
– Fax 04 78 52 34 16 – Fermé août, dim. et lundi   **5HXe**
Rest – (19 €) Menu 22 € (déj. en sem.), 28/59 € – Carte 52/60 €
♦ Restaurant au cadre chic et épuré – mariage audacieux de coloris, meubles design et
tableaux contemporains – valorisant la carte concoctée au gré du marché par le chef-patron.

XX **La Tassée**   ♿ AC ⇄ VISA ⊗ AE

20 r. Charité ⊠ 69002 Ⓜ Bellecour – ℰ 04 72 77 79 00 – www.latassee.fr
– Fax 04 72 40 05 91 – Fermé dim.   **5FYu**
Rest – (24 €) Menu 28/78 € – Carte 44/83 €🍷
♦ Aplats de couleurs sobres, banquettes en cuir beige : un nouveau look contemporain pour
cette institution appréciée des Lyonnais. La cuisine mixe tradition et modernité.

XX **Brasserie Georges**   🍽 ♿ ⇄ VISA ⊗ AE ①
⊗

30 cours Verdun ⊠ 69002 Ⓜ Perrache – ℰ 04 72 56 54 54
– www.brasseriegeorges.com – Fax 04 78 42 51 65   **5FZb**
Rest – Menu 19/24 € – Carte 28/50 €
♦ "Bonne bière et bonne chère depuis 1836", cadre Art déco jalousement entretenu et
ambiance ad hoc : cette brasserie classée est un incontournable de la ville.

✗✗ Cuisine & Dépendances Acte II   🕭 AC ⇔ 🚾 ⓩ AE ⓞ

68 r. de la Charité ⊠ 69002 ⓜ Perrache – 𝒞 *04 78 37 45 02*
– www.cuisineetdependances.com – Fax 04 78 37 52 46 – Fermé 3-18 août, dim.
et lundi   **5FYd**
Rest – (16 €) Menu 26/70 € – Carte 41/62 €
♦ L'acte II se joue dans un décor tendance, chic et cosy (tons noir, fuchsia, gris et taupe). Un bel écrin pour apprécier une fine cuisine axée sur les produits de la mer.

✗✗ Le Potiquet   🕭 AC ॐ 🚾 ⓩ AE ⓞ

27 r. de l'Arbre Sec ⊠ 69001 ⓜ Hotel de ville – 𝒞 *04 78 30 65 44 – Fermé août,*
sam. midi, dim. et lundi   **3FXw**
Rest – (17 €) Menu 28/49 € – Carte 34/50 €
♦ Salle chaleureuse, belles arches en pierre : un agréable restaurant familial où l'on déguste une cuisine actuelle, parfois originale, souvent ensoleillée et toujours soignée.

✗✗ La Voûte - Chez Léa   AC 🚾 ⓩ AE
🐝

11 pl. A. Gourju ⊠ 69002 ⓜ Bellecour – 𝒞 *04 78 42 01 33 – Fax 04 78 37 36 41*
– Fermé dim. et fériés   **5FYe**
Rest – Menu 18 € (déj. en sem.), 28/39 € – Carte 32/55 €
♦ L'un des plus vieux restaurants de Lyon qui perpétue avec brio la tradition gastronomique de la région. Ambiance et décor chaleureux. Belle carte de gibier en automne.

✗ Maison Clovis (Clovis Khoury)   AC 🚾 ⓩ AE
🏵

19 bd Brotteaux ⊠ 69006 ⓜ Brotteaux – 𝒞 *04 72 74 44 61 – Fermé 10-31 août,*
dim. et lundi   **4HXm**
Rest – (19 €) Menu 24 € (déj. en sem.), 42/65 € – Carte 50/75 €
Spéc. Salade de langoustines. Omble chevalier au beurre noisette. Soufflé chaud au chocolat noir.
♦ Sympathique bistrot contemporain, tendance design. Le chef prépare une cuisine au goût du jour sobre et très savoureuse, à base de beaux produits. L'art de la simplicité.

✗ Le Nord   AC ॐ ⇔ 🚾 ⓩ AE

18 r. Neuve ⊠ 69002 ⓜ Hôtel de ville – 𝒞 *04 72 10 69 69*
– www.nordsudbrasseries.com – Fax 04 72 10 69 68   **5FXp**
Rest – Menu 22 € (sem.)/28 € – Carte 27/55 €
♦ Banquettes rouges, sol en mosaïque, boiseries, lampes boule : un vrai décor 1900 dans cette brasserie – la première ouverte par Bocuse. Choix de plats ancrés dans la tradition.

✗ L'Ouest   🕭 AC 🚾 ⓩ AE
😊

1 quai du Commerce, Nord par bords Saône (D 51) ⊠ 69009 – 𝒞 *04 37 64 64 64*
– www.nordsudbrasseries.com – Fax 04 37 64 64 65   **3EUb**
Rest – Menu 22 € (sem.)/29 € – Carte 34/55 €
♦ Immense restaurant au décor design (bois, béton, métal, écrans géants, cuisine visible de tous), jolie terrasse côté Saône et recettes des îles : Bocuse met le cap à l'ouest !

✗ Le Sud   🕭 AC ॐ 🚾 ⓩ AE

11 pl. Antonin-Poncet ⊠ 69002 ⓜ Bellecour – 𝒞 *04 72 77 80 00*
– www.nordsudbrasseries.com – Fax 04 72 77 80 01   **5FYx**
Rest – Menu 22 € (sem.)/29 € – Carte 27/50 €
♦ Point cardinal de la géographie bocusienne, cette brasserie évoque le bassin méditerranéen par son décor coloré et par sa cuisine du soleil. Agréable terrasse d'été.

✗ 33 Cité   🕭 🕭 AC 🚾 ⓩ AE
😊

33 quai Charles de Gaulle, (P 2) ⊠ 69006 – 𝒞 *04 37 45 45 45*
– Fax 04 37 45 45 46   **4HUt**
Rest – (18 €) Menu 22 € (sem.)/26 € – Carte 32/60 €
♦ À la Cité internationale, face à la Salle 3000, cadre contemporain design pour déguster des plats classiques ou actuels. Grandes baies donnant sur le parc de la Tête d'Or.

✗ L'Est   🕭 AC 🚾 ⓩ AE

14 pl. J. Ferry, (gare des Brotteaux) ⊠ 69006 ⓜ Brotteaux – 𝒞 *04 37 24 25 26*
– www.nordsudbrasseries.com – Fax 04 37 24 25 25   **4HXv**
Rest – Menu 22 € (sem.)/29 € – Carte 35/55 €
♦ Ex-gare SNCF devenue une brasserie tendance animée. Cuisine ouverte sur la salle, rondes de trains miniatures au-desssus des têtes et saveurs des cinq continents dans l'assiette.

X · **Thomas** `AC` `VISA` `OO` `AE`
6 r. Laurencin ⊠ 69002 Ⓜ Bellecour – ℰ 04 72 56 04 76
– www.restaurant-thomas.com – Fermé 1er-21 août, 24 déc.-2 janv., sam. et dim.
Rest – (15 €) Menu 18 € (déj.)/41 €   5FY**w**
Rest Comptoir Thomas – ℰ 04 72 41 92 99 – Carte 35/57 €
♦ Sous l'égide d'un jeune chef à la passion communicative, une cuisine fine et savoureuse (carte renouvelée chaque mois), dans une salle moderne et cosy. Deux annexes dans la rue, avec d'aussi bons produits : recettes à la plancha au Comptoir ou tapas au Café.

X **Le Contretête** `↗` `VISA` `OO` `AE`
55 quai Pierre Scize ⊠ 69005 – ℰ 04 78 29 41 29 – Fax 04 72 07 05 65 – Fermé
2-23 août, sam. midi et dim.   3EX**a**
Rest – (17 €) Carte 25/35 €
♦ Couvé par Christian Têtedoie, ce bistrot cultive l'authenticité et propose des recettes de grand-mère mitonnées comme autrefois. Décor à l'ancienne envahi de vieux objets.

X **Francotte** `AC` `VISA` `OO`
8 pl. Célestins ⊠ 69002 Ⓜ Bellecour – ℰ 04 78 37 38 64 – www.francotte.fr
– Fax 04 78 38 20 35 – Fermé 1er-15 août, dim. et lundi   5FY**r**
Rest – Menu 22/33 € – Carte 27/42 €
♦ Cuisine de brasserie servie dans un cadre mi-bistrot, mi-bouchon, orné de photos de "Mères" et de grands chefs des environs. Dîner après-spectacle et petit-déjeuner possibles.

X **Rue Le Bec** `←` `↗` `&` `⇄` `VISA` `OO` `AE` `①`
43 quai Rambaud, (nouveau quartier Confluence) ⊠ 69002 Ⓜ Perrache
– ℰ 04 78 92 87 87 – www.nicolaslebec.com – Fax 04 78 92 80 03 – Fermé lundi
Rest – Carte 22/43 €   5EZ**b**
♦ Dans le nouveau quartier Confluence, vaste halle gourmande (2 000 m²) regroupant tous les métiers de bouche, sous la houlette de Nicolas Le Bec. Entre marché et restaurant, on consomme et on emporte. Unique.

X **Argenson Gerland** `↗` `AC` `P` `VISA` `OO` `AE` `①`
40 allée P.-de-Coubertin, à Gerland ⊠ 69007 Ⓜ Stade de Gerland
– ℰ 04 72 73 72 73 – www.nordsudbrasseries.com – Fax 04 72 73 72 74
Rest – Menu 22 € (sem.) – Carte 30/57 €   1BR**a**
♦ L'une des brasseries de Paul Bocuse, voisine du stade de Gerland. Intérieur chaleureux et agréable terrasse ombragée pour une carte traditionnelle où pointe l'accent du Sud.

X · **Le Gabion** `AC` `VISA` `OO` `AE`
13 bd E. Deruelle ⊠ 69003 Ⓜ Part Dieu – ℰ 04 72 60 81 57 – www.legabion.fr
– Fax 04 78 60 83 18 – Fermé 1er-21 août, dim. et fériés   4HX**b**
Rest – (16 €) Menu 19 € (déj.)/25 € – Carte 27/45 €
♦ Cadre contemporain, sobre et original (murs de galets pris dans un treillis d'acier), imaginé par l'architecte Chaduc. Produits de la mer, parfois relevés d'épices orientales.

X · **Les Oliviers** `AC` `VISA` `OO` `AE`
20 r. Sully ⊠ 69006 Ⓜ Foch – ℰ 04 78 89 07 09 – www.lesolivierslyon.fr
– Fax 04 72 43 03 32 – Fermé 1er-8 mai, août, sam., dim. et fériés   4GV**f**
Rest – (16 €) Menu 23/44 € – Carte 32/43 €
♦ Un petit coin de Provence caché dans le 6e arrondissement : salle à manger contemporaine, épurée et intime, et appétissante cuisine du soleil.

X · **M** `AC` `VISA` `OO` `AE`
47 av. Foch ⊠ 69006 Ⓜ Foch – ℰ 04 78 89 55 19 – www.mrestaurant.fr
– Fax 04 78 89 08 39 – Fermé 1er-29 août, 20-28 fév., sam. et dim.   4GV**s**
Rest – (18 €) Menu 24 € (sem.)/34 € – Carte 34/44 €
♦ Une cuisine actuelle débordante de saveurs, un espace fluide, un design épuré un brin psychédélique ponctué d'arabesques orange. Autant de raisons de découvrir cette adresse.

X · **Le Verre et l'Assiette** `AC` `VISA` `OO`
20 Grande Rue de Vaise ⊠ 69009 – ℰ 04 78 83 32 25
– www.leverreetlassiette.com – Fermé 29 juil.-23 août, 12-22 fév., sam. et dim.
Rest – (18 € bc) Menu 23 € (déj. en sem.), 28/42 € ⊛   1BP**d**
♦ Le chef revisite, avec talent et originalité, les "lyonnaiseries" et quelques classiques de la cuisine française. Agréable décor moderne (pierre et bois) et service souriant.

✕ La Terrasse St-Clair 🛜 VISA ⓪⓪ AE

🙂 2 Grande Rue St-Clair ⊠ 69300 Caluire-et-Cuire – ✆ 04 72 27 37 37
– www.terrasse-saint-clair.com – Fax 04 72 27 37 38 – Fermé 5-22 août,
23 déc.-15 janv., dim. et lundi **4GUs**
Rest – Menu 24 €

◆ Hommage à la Fanny – tant redoutée des boulistes ! – dans ce restaurant aux allures de guinguette. Bonne cuisine de tradition. Terrasse sous les platanes et terrain de pétanque.

✕ Bernachon Passion AC VISA ⓪⓪ AE ⓪

42 cours Franklin-Roosevelt ⊠ 69006 Ⓜ Foch – ✆ 04 78 52 23 65
– www.bernachon.com – Fax 04 78 52 67 77 – Fermé 24 juil.-25 août, dim., lundi
et fériés **4GVr**
Rest – (déj. seult) (nombre de couverts limité, prévenir) Menu 25 €
– Carte environ 35 €

◆ Un restaurant tenu par la fille de Paul Bocuse et son mari, patron de la célèbre chocolaterie attenante. Recettes traditionnelles ou plat du jour à midi ; salon de thé.

✕ Mon Bistrot à Moi AC VISA ⓪⓪ AE

🙂 84 cours Vitton ⊠ 69006 Ⓜ Brotteaux – ✆ 04 78 52 47 28
– Fermé sam. et dim. **4HVa**
Rest – (nombre de couverts limité, prévenir) Menu 20 € – Carte environ 25 €

◆ Nouvelle adresse dans le quartier des Brotteaux : casseroles en cuivre aux murs, cuisine canaille dans l'assiette, ardoise pour les vins et excellent rapport qualité-prix.

✕ Le Splendid 🛜 ᕕ AC ⇔ VISA ⓪⓪ AE ⓪

3 pl. Jules-Ferry Ⓜ Brotteaux – ✆ 04 37 24 85 85
– www.georgesblanc.com – Fax 04 37 24 85 86
– Fermé dim. et lundi en août **4HVz**
Rest – (18 € bc) Menu 20 € (déj. en sem.), 24/45 € – Carte 36/53 €

◆ Restaurant de la dynastie Georges Blanc. Cadre de brasserie chic et confortable au service d'une cuisine du terroir généreuse et bien ficelée. Bon rapport qualité-prix.

✕ Balthaz'art VISA ⓪⓪

7 r. Pierres-Plantées ⊠ 69001 Ⓜ Croix Rousse – ✆ 04 72 07 08 88
– www.restaurantbalthazart.fr – Fermé 18-26 avril, 1er-23 août, mardi midi,
merc. midi, dim. et lundi **3FVm**
Rest – (14 €) Menu 24 € – Carte 29/41 €

◆ Dans une rue en pente en haut de la Croix-Rousse, ce restaurant très cosy propose une cuisine actuelle et créative à base de bons produits frais. Belle carte des vins.

✕ L'Étage AC VISA ⓪⓪

4 pl. Terreaux, (2ème étage) ⊠ 69001 Ⓜ Hôtel de ville
– ✆ 04 78 28 19 59 – Fax 04 78 28 19 59
– Fermé août, dim. et lundi **5FXx**
Rest – (prévenir) (16 €) Menu 32/63 € – Carte environ 60 €

◆ Du charme dans cet ancien atelier de canut perché au 2e étage d'un immeuble. La salle habillée de boiseries évoque un appartement privé. Savoureuse cuisine au goût du jour.

✕ Cuisine & Dépendances AC VISA ⓪⓪ AE

46 r. Ferrandière ⊠ 69002 Ⓜ Cordeliers – ✆ 04 78 37 44 84
– www.cuisineetdependances.com – Fax 04 78 38 33 28
– Fermé 1er-20 août, dim. et lundi **5FXs**
Rest – (21 €) Menu 26 € (dîner), 38/70 € – Carte 39/45 €

◆ Petite salle tout en longueur, design et très chaleureuse, ambiance lounge et cuisine inventive célébrant le poisson : les Lyonnais sont déjà dépendants de ce restaurant.

✕ Maison Villemanzy ≤ 🛜 VISA ⓪⓪ AE

25 montée St-Sébastien ⊠ 69001 Ⓜ Croix Paquet – ✆ 04 72 98 21 21
– www.maison-villemanzy.com – Fax 04 72 98 21 22
– Fermé 31 juil.-16 août, 23 déc.-11 janv., lundi midi et dim. **3FVh**
Rest – (prévenir) (19 €) Menu 24 €

◆ Perchée sur les pentes de la Croix-Rousse, cette maison offre en terrasse une vue splendide sur la ville. Intérieur façon bistrot rétro, recettes familiales et plats canailles.

✗ Eskis   ♿ AC VISA ◉ AE

11 r. Chavanne ⊠ 69001 Ⓜ Cordeliers – ℰ 04 78 27 86 93
– www.eskis-restaurant.com – Fax 04 78 27 27 65 – Fermé 31 juil.-23 août,
1er-10 janv. et 30 janv.-7 fév.   4FX**e**

Rest – Menu 25 € (déj. en sem.), 29/69 € – Carte 51/64 €

◆ L'originalité a toute sa place dans ce restaurant misant sur une cuisine sagement créative et moléculaire, tout en finesse. Le cadre est au diapason : moderne et zen.

✗ La Machonnerie   AC VISA ◉ AE

36 r. Tramassac ⊠ 69005 Ⓜ Ampère Victor Hugo – ℰ 04 78 42 24 62
– www.lamachonnerie.com – Fax 04 72 40 23 32 – Fermé 15-30 juil., 2 sem.
en janv., dim. et le midi sauf sam.   5EY**n**

Rest – (prévenir) Menu 26/45 € bc – Carte 28/35 €

◆ Cette institution du quartier perpétue la tradition du mâchon lyonnais : bonne franquette, convivialité et authentiques recettes régionales. Beau salon dédié au jazz.

✗ Magali et Martin   AC VISA ◉

11 r. des Augustins ⊠ 69001 Ⓜ Place des Terreaux – ℰ 04 72 00 88 01 – Fermé
1er-21 août, 25 déc.-11 janv., sam. et dim.   3FX**j**

Rest – (18 €) Menu 21 € (déj.)/55 € – Carte 35/55 €

◆ La maison est dirigée par un tandem qui fonctionne en toute complémentarité : Martin s'exprime en cuisine, au gré du marché, et Magali sur le choix des vins, l'accueil et le service.

✗ Les Adrets   VISA ◉ AE

30 r. Boeuf ⊠ 69005 Ⓜ Vieux Lyon Cathédrale Saint Jean – ℰ 04 78 38 24 30
– Fax 04 78 42 79 52 – Fermé 19-23 avril, août, 27 déc.-5 janv., sam. et dim.

Rest – (16 € bc) Menu 23 € (sem.)/39 € – Carte 35/61 €   3EX**v**

◆ Une vraie bonne adresse du Vieux Lyon. Intérieur avec poutres apparentes, sol en tomettes et cuisines en partie visibles depuis la salle. Généreuses recettes traditionnelles.

✗ Jofé   ♿ AC ⇔ VISA ◉ AE

3 r. des Remparts-d'Ainay ⊠ 69002 Ⓜ Ampère Victor Hugo – ℰ 04 78 37 40 37
– www.jofe.fr – Fermé 1er-22 août, sam. et dim.   5FY**q**

Rest – (nombre de couverts limité, prévenir) Menu 19 € (déj. en sem.), 29/39 €
– Carte 43/75 € 🍃

◆ Ce bistrot relooké dans l'air du temps (grandes baies vitrées, tons clairs) respire la convivialité. Cuisine méditerranéenne et bon choix de vins, parfaitement conseillés.

✗ Le 126   AC VISA ◉

126 r. de Seze ⊠ 69006 Ⓜ Masséna – ℰ 04 78 52 74 34 – Fax 04 78 52 74 34
– Fermé 3 sem. en août   4HV**n**

Rest – (16 €) Menu 28/35 €

◆ Table chic et tendance créée par un jeune chef au beau parcours. Cuisine fine et goûteuse, avec une pointe d'invention. Sa devise : "une carte courte axée sur le produit".

LES BOUCHONS : dégustation de vins régionaux et cuisine locale dans une ambiance typiquement lyonnaise

✗ Daniel et Denise   AC VISA ◉ AE

156 r. Créqui ⊠ 69003 Ⓜ Place Guichard – ℰ 04 78 60 66 53
– www.daniel-et-denise.fr – Fax 04 78 60 66 53 – Fermé 23 juil.-23 août,
23 déc.-4 janv., sam., dim. et fériés   4GX**b**

Rest – Menu 26 € (déj.) – Carte 29/45 €

◆ Joli cadre patiné, ambiance décontractée, goûteuse cuisine et plats typiques à base d'excellents produits : un bistrot pur jus dirigé par un Meilleur Ouvrier de France.

✗ Le Garet   AC VISA ◉ AE

7 r. Garet ⊠ 69001 Ⓜ Hôtel de ville – ℰ 04 78 28 16 94 – Fax 04 72 00 06 84
– Fermé 23 juil.-24 août, 20-28 fév., sam. et dim.   3FX**a**

Rest – (prévenir) Menu 18 € (déj. en sem.)/23 € – Carte 21/39 €

◆ Une véritable institution bien connue des amateurs de cuisine lyonnaise : tête de veau, tripes, quenelles ou andouillettes se dégustent en toute convivialité dans un cadre typique.

LYON

✗ Café des Fédérations
🍴   `AK` `VISA` `OO` `AE`

8 r. Major Martin ⊠ 69001 Ⓜ Hôtel de ville – 𝒞 04 78 28 26 00
– www.lesfedeslyon.com – Fax 04 72 07 74 52 – Fermé 24 déc.-4 janv. et dim.
Rest – (prévenir) Menu 19 € (déj.)/24 €   **3**FX**z**
♦ Cadre immuable (tables accolées, nappes à carreaux, saucissons suspendus) et ambiance
bon enfant dans ce vrai bouchon, incontestable conservatoire de la cuisine lyonnaise.

Environs

à Rillieux-la-Pape 7 km par ① D 483 et D 484 – 29 562 h. – alt. 269 m
– ⊠ 69140

✗✗✗ Larivoire (Bernard Constantin)
😊   🏠 ⟡ `P` `VISA` `OO` `AE`

chemin des Îles – 𝒞 04 78 88 50 92 – www.larivoire.com – Fax 04 78 88 35 22
– Fermé 16-31 août, dim. soir, lundi soir et mardi
Rest – (35 €) Menu 49/89 € – Carte 70/90 €
Spéc. Crème mousseuse de grenouilles aux champignons et foie gras. Fricas-
sée de volaille de Bresse au vinaigre. Choix des desserts. **Vins** Mâcon-Villages,
Saint-Joseph.
♦ Trois générations se sont succédé à la tête de cette jolie maison bourgeoise datant du
début du 20e s. Intérieur feutré, terrasse d'été prisée et fine cuisine classique.

à Meyzieu 14 km par ③ et D 517 – 28 738 h. – alt. 201 m – ⊠ 69330

🔟 de Lyon à Villette-d'Anthon, NE : 12 km par D 6, 𝒞 04 78 31 11 33

✗✗ La Petite Auberge du Pont d'Herbens
🏠 ⟡ `P` `VISA` `OO` `AE` Ⓞ

32 r. Victor Hugo – 𝒞 04 78 31 41 09 – www.petite-auberge-pont-dherbens.com
– Fax 04 78 04 34 93 – Fermé mars, lundi et mardi sauf midi fériés
Rest – (15 €) Menu 28/55 € – Carte 27/58 €🏮
♦ Près du lac du Grand Large, cette sympathique auberge comprend une salle à manger
cossue et un espace VIP (terrasse et salon). Cuisine traditionnelle et belle carte des vins.

à Genas 12 km à l'Est par rte de Genas (D 29) - DQ – 11 562 h. – alt. 218 m
– ⊠ 69740

🚹 Syndicat d'initiative, 55, rue de la République 𝒞 04 72 79 05 31,
Fax 04 72 79 05 31

🏨 Ambassadeur
🏠 📶 ⚕ `AK` 🕻 ♨ `P` ☁ `VISA` `OO` `AE` Ⓞ

36 r. Antoine-Pinay – 𝒞 04 78 40 02 02 – www.ambassadeur-hotel.fr
– Fax 04 78 90 23 53 – Fermé 24 déc.-1er janv.
78 ch – ♦115/145 € ♦♦115/145 €, �⊐ 12 € – 6 suites
Rest – (fermé 2-22 août, sam. et dim.) Menu 21 € (déj.)/37 € – Carte 34/50 €
♦ Cet hôtel récent, pratique pour la clientèle d'affaires, dispose de chambres d'ampleur cor-
recte. Équipement fonctionnel complet et style contemporain reposant (mobilier en wengé).
Restaurant au cadre minimaliste – jardin japonais – servant une cuisine actuelle.

à Ecully 7 km à l'Ouest (A6, sortie n° 36) - AP - – 18 249 h. – alt. 240 m
– ⊠ 69130

🏠 Les Hautes Bruyères sans rest 🌿
�signal `P` `VISA` `OO`

5 chemin des Hautes Bruyères – 𝒞 06 08 48 69 50 – www.lhb.hote.fr
5 ch ⊐ – ♦130/140 € ♦♦140/190 €   **1**AP**d**
♦ Dans un parc, cette ancienne maison de jardinier (19e s.) autrefois rattachée au château
voisin offre une heureuse combinaison d'authenticité et de raffinement.

✗✗✗ Saisons
🏠 ✗ `VISA` `OO` `AE` Ⓞ

Château du Vivier, 8 chemin Trouillat – 𝒞 04 72 18 02 20
– www.institutpaulbocuse.com – Fax 04 78 43 33 51
– Fermé 2-22 août, 17 déc.-3 janv., merc. soir, sam. et dim.   **1**AP**b**
Rest – Menu 23 € (déj. en sem.), 32/48 €
♦ Dans un parc, château du 19e s. abritant une école hôtelière internationale fondée en
1990 sous la houlette de Paul Bocuse. Les étudiants assurent cuisine et service.

à Charbonnières-les-Bains 8 km par ⑨ et N 7 – 4 835 h. – alt. 233 m
– ✉ 69260

☑ Parc Lacroix Laval : château de la Poupée★.

Le Pavillon de la Rotonde ⟑   ♫ 🖾 ⊕ 🖫 ⅗ 🕭 ⍟ ⚕ 🅿 ⌕
3 av. du Casino – ℰ 04 78 87 79 79   VISA ⚫ AE ①
– *www.pavillon-rotonde.com* – Fax 04 78 87 79 78
16 ch – ♦295/495 € ♦♦325/525 €, ⊇ 33 €
Rest *Philippe Gauvreau* – voir ci-après
♦ À deux pas du casino, luxueux pavillon offrant un décor contemporain aux discrètes touches Art déco. Chambres spacieuses avec terrasse donnant sur le parc. Piscine couverte chauffée et spa.

Le Beaulieu sans rest   🖫 ⍟ ⚕ 🅿 VISA ⚫ AE ①
19 av. Gén. de Gaulle – ℰ 04 78 87 12 04 – *www.hotel-beaulieu.com*
– *Fax 04 78 87 00 62*
44 ch – ♦65/72 € ♦♦65/72 €, ⊇ 9 €
♦ Voilà plus de trente ans que la même famille vous accueille dans cet hôtel installé au centre de la petite cité prisée des Lyonnais. Chambres pratiques, récemment refaites.

XXXX **Philippe Gauvreau** – Hôtel Le Pavillon de la Rotonde   🕭 VISA ⚫ AE ①
❀❀ *3 av. du Casino* – ℰ 04 78 87 79 79 – *www.pavillon-rotonde.com*
– *Fax 04 78 87 79 78* – Fermé août, 4-11 janv., dim. et lundi
Rest – Menu 58 € bc (déj. en sem.), 110/138 € – Carte 112/185 €※
Spéc. Il était une fois... quatre foies pressés. Tajine de homard entier aux petits farcis. Cannellonis de chocolat amer à la glace de crème brûlée. **Vins** Condrieu, Côte Rôtie.
♦ Très élégante salle en demi-lune moderne et chaleureuse ouverte sur les frondaisons du parc. La cuisine, qui marie parfaitement produits et saveurs, émerveille les papilles.

Porte de Lyon 10 km par ⑩ (échangeur A 6-N 6) – ✉ 69570 Dardilly

Novotel Lyon Nord   🗪 🈐 ⌂ 🖫 ⅗ ch, 🕭 ⍟ ⚕ 🅿 VISA ⚫ AE ①
– ℰ 04 72 17 29 29 – *www.novotel.com*
– *Fax 04 78 35 08 45*
107 ch – ♦74/169 € ♦♦74/169 €, ⊇ 14 €
Rest – (12 €) Menu 16 € – Carte 16/50 €
♦ Dans le parc d'affaires de Dardilly. Novotel des années 1970 entièrement relooké selon les derniers standards de la chaîne : décor et confort contemporains. Prestation culinaire traditionnelle dans une salle tournée vers le jardin paysagé.

à Limonest 13 km par ⑩, A 6 et D 42 – 3 007 h. – alt. 390 m – ✉ 69760

XX **Laurent Bouvier**   🈐 ⅗ 🕭 🅿 VISA ⚫ AE ①
❀ *25 rte du Puy d'Or, carrefour D 306 et D 42* – ℰ 04 78 35 12 20
– *www.restaurant-puydor.com* – Fax 04 78 64 55 15 – Fermé 8-24 août,
26 déc.-2 janv., dim. et lundi
Rest – Menu 19 € (sem.), 39/78 € – Carte 55/79 €
♦ Cette auberge familiale a été redécorée avec goût par Alain Vavro, dans un esprit contemporain. La cuisine traditionnelle, relevée d'une pointe de créativité, suit les saisons.

à St-Cyr-au-Mont-d'Or 10 km au Nord par rte de St-Cyr - BP – 5 388 h.
– alt. 320 m – ✉ 69450

L'Ermitage ⟑   ⋞ 🈐 ⌂ 🖫 ⅗ 🕭 ⍟ ⚕ 🅿 VISA ⚫ AE
chemin de l'Ermitage, 2,5 km au sommet du Mont Cindre
– ℰ 04 72 19 69 69 – *www.ermitage-college-hotel.com*
– *Fax 04 72 19 69 71*
28 ch – ♦135 € ♦♦185 €, ⊇ 12 € – 1 suite
Rest – Menu 24 € (déj. en sem.), 30/35 €
♦ L'atout de cet hôtel récent : une vue extraordinaire sur Lyon et les Monts-d'Or alliée à un cadre contemporain – baies vitrées, style design épuré – pour un maximum de sérénité. Spécialités lyonnaises servies dans une "cuisine à manger" ; terrasse suspendue.

à Collonges-au-Mont-d'Or 12 km au Nord par bords de Saône (D 433, D 51) - BP – 3 775 h. – alt. 176 m – ✉ 69660

voir XXXXX ✿✿✿ Paul Bocuse à Lyon

à l'aéroport de Lyon St-Exupéry : 27 km par A 43 – ✉ 69125

XX **Espace Le Bec** AC VISA MC AE

aéroport Lyon St-Exupéry, (2ème niveau) – ☎ 04 72 22 71 86 – www.restaurantlebec.com – Fermé dim.

Rest – (20 €) Menu 26 € (sem.) – Carte 28/36 €

◆ Atmosphère chaleureuse et contemporaine dans cet espace du nom du chef étoilé qui signe la carte (brasserie). Recoins intimes, bar lounge face aux pistes, service professionnel.

LYONS-LA-FORÊT – 27 Eure – **304** I5 – 764 h. – alt. 88 m – ✉ 27480 **33** D2

Normandie Vallée de la Seine

Paris 104 – Beauvais 57 – Mantes-la-Jolie 66 – Rouen 35

Office de tourisme, 20, rue de l'Hôtel de Ville ☎ 02 32 49 31 65, Fax 02 32 48 10 60

La Licorne ch, rest, P VISA MC AE

pl. de la Halle – ☎ 02 32 48 24 24 – www.hotel-licorne.com – Fax 02 32 49 80 09

15 ch – †95/175 € ††95/175 €, ☕ 15 € – 6 suites

Rest – *(fermé le midi sauf sam. et dim. et merc.)* Menu 28/109 € bc – Carte 54/73 €

◆ Situé dans l'un des "plus beaux villages de France", relais de poste (1610) cerné par une hêtraie. Belles chambres rénovées dans un esprit tendance, élégantes et soignées. Salle à manger avec cheminée monumentale, terrasse, jardin ; sobre cuisine au goût du jour.

Les Lions de Beauclerc VISA MC AE

7 r. Hôtel de ville – ☎ 02 32 49 18 90 – www.lionsdebeauclerc.com – Fax 02 32 48 27 80

6 ch – †64/69 € ††69/74 €, ☕ 9 € – ½ P 65/70 €

Rest – *(fermé mardi)* (12 €) Menu 15/28 € – Carte 17/33 €

◆ Cette grande maison en briques, au cœur d'un ravissant village, abrite des chambres décorées de meubles et bibelots chinés. Petit-déjeuner en terrasse aux beaux jours. Le restaurant offre le choix de deux salles classiques pour déguster des mets traditionnels.

Le Grand Cerf ch, P VISA MC AE

20 pl. de la Halle-Benserade – ☎ 02 32 49 50 50 – www.grandcerf.fr – Fax 02 32 49 80 09

13 ch – †90/255 € ††90/255 €, ☕ 12 € **Rest** – (17 €) Menu 20/27 €

◆ Derrière les façades de ces deux maisons mitoyennes du 17e s., se cachent des chambres "forestières" : meubles en bois, parquet, étonnantes chaises en branchage et... bois de cerf. Au restaurant, sobre cuisine de bistrot.

LYS-LEZ-LANNOY – 59 Nord – **302** H3 – 12 632 h. – alt. 28 m – rattaché à Roubaix

---

LYS-ST-GEORGES – 36 Indre – **323** G7 – 220 h. – alt. 200 m – ✉ 36230 **12** C3

Paris 287 – Argenton-sur-Creuse 29 – Bourges 80 – Châteauroux 29

XX **Auberge La Forge** VISA MC AE

7 r. du Château – ☎ 02 54 30 81 68 – www.restaurantlaforge.com – Fax 02 54 30 81 68 – Fermé 29 juin-4 juil., 22 sept.-8 oct., 2-22 janv., dim. soir, lundi et mardi

Rest – Menu 17 € (déj. en sem.), 29/49 € – Carte 31/60 €

◆ Le décor rustique (poutres, tomettes, cheminée) de cette accueillante auberge villageoise est en parfaite harmonie avec la cuisine du terroir. Jolie terrasse verdoyante.

MACÉ – 61 Orne – **310** J3 – rattaché à Sées

MACHÉZAL – 42 Loire – **327** E4 – 402 h. – alt. 623 m – ✉ 42114 **44** A1

Paris 428 – Lyon 59 – Saint-Étienne 93 – Clermont-Ferrand 133

X **Le Myrrhis** VISA MC

– ☎ 04 77 62 47 25 – www.lemyrrhis.eu – fermé 1er-8 sept., 2-26 janv., dim. soir, lundi et mardi

Rest – (15 €) Menu 19/36 € – Carte 39/51 €

◆ Sympathique maison au pied de l'église du village, tenue par un jeune couple motivé. Les couleurs claires de la salle à manger apportent gaieté au sobre décor. Carte actuelle.

MACHILLY – 74 Haute-Savoie – **328** K3 – 973 h. – alt. 525 m   **46** F1
– ✉ 74140

▶ Paris 548 – Annemasse 11 – Genève 21 – Thonon-les-Bains 20

XXX   **Le Refuge des Gourmets**   斎 ᕘ 🖭 ⇔ **P** 🚾 ⚫ 🖭
90 rte des Framboises – ℰ 04 50 43 53 87 – www.refugedesgourmets.com
– Fax 04 50 43 53 76 – Fermé 16 août-6 sept., 22-28 fév., dim. soir et lundi
Rest – (25 €) Menu 29/62 € – Carte 55/75 €
♦ Hall d'accueil égayé d'une vinothèque et élégante salle d'inspiration Belle Époque dans ce
"refuge" où les gourmets apprécient la cuisine créative évoluant au gré des saisons.

LA MACHINE (COL DE) – 26 Drôme – **332** F4 – rattaché à St-Jean-en-Royans

---

MACINAGGIO – 2B Haute-Corse – **345** F2 – voir à Corse

MÂCON Ⓟ – 71 Saône-et-Loire – **320** I12 – 34 171 h. – alt. 175 m   **8** C3
– ✉ 71000 📘 Bourgogne

▶ Paris 391 – Bourg-en-Bresse 38 – Chalon-sur-Saône 59 – Lyon 71
🄳 Office de tourisme, 1, place Saint-Pierre ℰ 03 85 21 07 07,
   Fax 03 85 40 96 00
🄸 de la Commanderie à Crottet L'Aumusse, par rte de Bourg-en-Bresse :
   7 km, ℰ 03 85 30 44 12
🄸 de Mâcon La Salle à La Salle, par rte de Tournus : 14 km, ℰ 03 85 36 09 71
◉ Musée des Ursulines★ BY **M**¹ – Musée Lamartine BZ **M**²
   – Apothicairerie★ de l'Hôtel-Dieu BY – ≼★ du Pont St-Laurent.
🄶 Roche de Solutré★★ O : 9 km - Clocher★ de l'église de St-André de Bagé
   E : 8,5 km.

Plan page suivante

🏨   **Park Inn**   ≼ 🚗 斎 ⁀ 🖹 🖭 ⁕ 🕭 **P** 🚾 ⚫ 🖭 ⓞ
26 r. Pierre de Coubertin, par ① : 0,5 km – ℰ 03 85 21 93 93
– www.macon.parkinn.fr – Fax 03 85 39 11 45
64 ch – ♦75/124 € ♦♦86/139 €, � 13 €
Rest – (fermé dim. et lundi) (dîner seult) Menu 26 € – Carte 40/70 €
♦ Proche du port de plaisance, cet hôtel, de type chaîne, a rajeuni ses chambres (la moitié avec une vue sur la Saône). Clientèle d'affaires. Salle à manger et bar contemporains ;
aux beaux jours, on dresse la terrasse au bord de la piscine.

🏠   **Du Nord** sans rest   ⁕ ⁕ 🚾 ⚫ 🖭
313 quai Jean-Jaurès – ℰ 03 85 38 08 68 – www.hotel-dunord.com
– Fax 03 85 39 01 92 – Fermé 19 déc.-3 janv. et week-ends d'hiver   BY**g**
16 ch – ♦53/66 € ♦♦61/76 €, ⊐ 8 €
♦ Sur les quais, à quelques pas du centre, une façade rose qui cache le meilleur petit hôtel
de la ville : prix raisonnables, chambres en partie rénovées, bons petits-déjeuners.

XXX   **Pierre** (Christian Gaulin)   🖭 🚾 ⚫ 🖭 ⓞ
❀   7 r. Dufour – ℰ 03 85 38 14 23 – www.restaurant-pierre.com – Fax 03 85 39 84 04
– Fermé 5-27 juil., vacances de fév., dim. soir, mardi midi et lundi   BZ**k**
Rest – (20 €) Menu 27 € (sem.), 47/73 € – Carte 55/84 €
Spéc. Quenelles de brochet sur coulis de homard. Volaille de Bresse en deux
cuissons. Soufflé au Grand Marnier. **Vins** Mâcon Uchizy, Mâcon Viré-Clessé.
♦ Pierres, poutres apparentes et cheminée composent le cadre élégant et l'ambiance chaleu-
reuse de ce restaurant. La cuisine marie habilement classicisme, terroir et modernité.

XX   **Le Poisson d'Or**   ≼ 斎 ᕘ **P** 🚾 ⚫ 🖭
port de plaisance, par ① et bords de Saône – ℰ 03 85 38 00 88
– www.lepoissondor.com – Fax 03 85 38 82 55 – Fermé 24 mars-2 avril,
19 oct.-12 nov., mardi et merc.
Rest – Menu 22 € (sem.)/60 € – Carte 53/75 €
♦ Cuisine du terroir revisitée et fritures de poissons (en été) dans ce restaurant au bord de
la Saône, près du port de plaisance. Salle surplombant la rivière, terrasse face à l'eau.

MÂCON

XX L'Ethym'Sel   ⚹ 𝘝𝘐𝘚𝘈 ⓿⓿

⌫ 10 r. Gambetta – ℰ 03 85 39 48 84 – Fax 03 85 22 73 78 – Fermé 26 juil.-15 août, dim. sauf le midi de sept. à juin, lundi en juil.-août, mardi soir et merc. sauf en juil.-août   BZt

Rest – Menu 16 € (sem.), 25/32 € – Carte 29/45 €

♦ À nouvelle enseigne, nouveau décor pour ce restaurant proche des quais de Saône. Cadre contemporain élégant et cuisine traditionnelle de bonne tenue. Prix raisonnables.

X L'Ambroisie   𝘈𝘊 𝘝𝘐𝘚𝘈 ⓿⓿ 𝘈𝘌

103 r. Marcel-Paul par ③ – ℰ 03 85 38 12 21 – www.lambroisie.fr – Fax 03 85 38 99 48 – Fermé 12-19 avril, 1er-15 août, 13-22 fév., lundi soir, mardi soir et dim.

Rest – (15 €) Menu 20/44 € – Carte 35/50 €

♦ Ce sympathique petit bistrot (vieilles pierres, fresque) agrandie d'une véranda mérite le détour pour ses plats dans l'air du temps et son service professionnel.

à St-Laurent-sur-Saône (01Ain) – 1 718 h. – alt. 176 m – ⌷ 01750

XX L'Autre Rive   ≼ 𝘝𝘐𝘚𝘈 ⓿⓿ 𝘈𝘌

143 quai Bouchacourt – ℰ 03 85 39 01 02 – www.lautrerive.fr – Fax 03 85 38 16 92 – Fermé 24-29 déc., dim. soir et lundi   BZa

Rest – (17 €) Menu 21 € (sem.)/49 € – Carte 36/48 €

♦ Rien ne manque dans ce restaurant situé sur "l'autre rive" : salle-véranda chaleureuse, agréable terrasse face à la Saône et carte associant poulet de Bresse et saveurs iodées.

✗ **Le Saint-Laurent** ⟨ 🍴 *VISA* ⓪ *AE* ⓪
⊗ 1 quai Bouchacourt – ℰ 03 85 39 29 19 – www.georgesblanc.com
– Fax 03 85 38 29 77 BZ**b**
Rest – Menu 17 € (déj. en sem.), 20/45 € – Carte 36/53 €
♦ Terrasse avec vue sur Mâcon et plats mijotés : franchissez le pont St-Laurent pour rejoin-
dre cette brasserie rétro rendue célèbre par la visite de Mitterrand et Gorbatchev.

au Nord 3 km par ① sur N 6 – ⊠ 71000 Mâcon

🏠 **La Vieille Ferme** ⟨ 🛏 🍴 ⅃ & ch, 🕿 ⅍ **P** *VISA* ⓪
⊗ Bd Gén. de Gaulle – ℰ 03 85 21 95 15
– www.hotel-restaurant-lavieilleferme.com – Fax 03 85 21 95 16
– Fermé 20 déc. -10 janv.
24 ch – †45 € ††52 €, ⊇ 7 € **Rest** – (12 €) Menu 17/29 € – Carte 24/38 €
♦ Halte champêtre dans un parc au bord de la Saône. Chambres fonctionnelles et sobres,
aménagées dans une construction d'allure motel. La "vieille ferme" abrite le restaurant rustique (pierres et poutres apparentes, cheminée) ouvert sur une jolie terrasse.

à Sennecé-lès-Mâcon 7,5 km par ① – ⊠ 71000 Mâcon

🏠 **Auberge de la Tour** 🍴 ⅍ **P** *VISA* ⓪ *AE*
⊗ 604 r. Vrémontoise – ℰ 03 85 36 02 70
– www.auberge-tour.fr – Fax 03 85 36 03 47
– Fermé 26 oct.-9 nov., 1er-22 fév., mardi midi, dim. soir et lundi
24 ch – †44/57 € ††49/80 €, ⊇ 10 € – ½ P 54/70 €
Rest – (fermé 19 oct.-3 nov., 7 fév.-2 mars) (13 €) Menu 19 € (déj. en sem.),
24/46 € – Carte 18/56 € 🍷
♦ Agréable auberge familiale, rustique, simple et proche de la tour de guet, curiosité du village. Les chambres sont diversement agencées. Cuisine du terroir soignée – le patron est
passionné par les produits régionaux – et beau choix de vins du Mâconnais.

à Crèches-sur-Saône 8 km au Sud par ③ et N 6 – 2 825 h. – alt. 180 m
– ⊠ 71680

🎗 Syndicat d'initiative, 466, route nationale 6 ℰ 03 85 37 48 32,
Fax 03 85 36 57 91

🏠🏠 **Hostellerie du Château de la Barge** ⊗ 🛏 🍴 ⅃ 🎐 & 🕿 ⅍
rte des Bergers, 1 km au Nord-Ouest par D89 **P** **P** *VISA* ⓪ *AE* ⓪
– ℰ 03 85 23 93 23 – www.chateaudelabarge.fr – Fax 03 85 23 93 39
– Fermé 18 déc.-3 janv.
25 ch – †95 € ††105 €, ⊇ 13 € – 3 suites – ½ P 103 €
Rest – (17 € bc) Menu 20 € (sem.)/69 € bc – Carte 48/80 €
♦ Au pied des vignes, belle demeure du 17e s. agrémentée d'un parc. Chambres au décor
sobre et contemporain ou plus spacieuses et d'esprit "châtelain". Piscine chauffée. Au restaurant, âtre en pierre, poutres et boiseries s'intègrent à un cadre actualisé.

à Hurigny 5,5 km au Nord-Est par D 82 AY et rte secondaire – 1 699 h.
– alt. 275 m – ⊠ 71870

⌂ **Château des Poccards** sans rest ⊗ 🛏 ⅃ **P**
120 rte des Poccards – ℰ 03 85 32 08 27
– www.chateau-des-poccards.com – Fax 03 85 32 08 19
– Ouvert de mi-mars à fin nov.
5 ch ⊇ – †80 € ††107/147 €
♦ Château de 1805 entouré d'un parc à l'anglaise. Meubles et objets chinés donnent aux
chambres leur personnalité. Plusieurs salons, dont un de style Art déco. Petit-déjeuner en
terrasse.

LA MADELAINE-SOUS-MONTREUIL – 62 Pas-de-Calais – 301 D5
– rattaché à Montreuil

MADIÈRES – 34 Hérault – **339** G5 – ⊠ 34190 St Maurice Navacelles   **23** C2

▶ Paris 705 – Lodève 30 – Montpellier 62 – Nîmes 79

Château de Madières ⚜   ⩽ ◑ 🚗 🏊 ⅙ 🍴 rest, **P**, 𝘝𝘐𝘚𝘈 ⬤⬤ 𝔸𝔼

Hameau de Madières sur D 25 – 𝒞 04 67 73 84 03 – www.chateau-madieres.com
– Fax 04 67 73 55 71 – Ouvert 10 avril-31 oct.
12 ch – ♛150/233 € ♛♛150/233 €, ⌷ 17 €   **Rest** – *(dîner seult)* Carte 47/65 €
♦ Au cœur d'un parc escaladant le causse, château fort du 12ᵉ s. – agrandi à la Renaissance – surplombant les gorges de la Vis. Un cadre grandiose, authentique... et cosy. Salle à manger aux belles voûtes de pierre et agréable terrasse ; cuisine ensoleillée.

MADIRAN – 65 Hautes-Pyrénées – **342** L1 – 467 h. – alt. 125 m   **28** A2
– ⊠ 65700

▶ Paris 753 – Pau 51 – Tarbes 41 – Toulouse 154

✗✗ **Le Prieuré**   🏠 𝘝𝘐𝘚𝘈 ⬤⬤ 𝔸𝔼

4 r. de l'Église – 𝒞 05 62 31 44 52 – www.leprieure-madiran.com
– Fermé 21 juin-6 juil., dim. soir, lundi et mardi
Rest – (13 €) Menu 18 € (sem.), 25/32 €🍷
♦ Le restaurant, installé dans un ancien monastère, abrite également la maison des vins de Madiran. Décor élégant et coloré, cuisine actuelle et beau choix de crus locaux.

MAFFLIERS – 95 Val-d'Oise – **305** E6 – 1 614 h. – alt. 145 m   **18** B1
– ⊠ 95560

▶ Paris 29 – Beaumont-sur-Oise 10 – Beauvais 53 – Compiègne 73

Novotel ⚜   ◑ 🚗 🖥 🍴 🛗 & ch, 🅺 rest, ⁘ 🏊 **P** 𝘝𝘐𝘚𝘈 ⬤⬤ 𝔸𝔼 ⓪

allée des Marronniers – 𝒞 01 34 08 35 35 – www.novotel.com
– Fax 01 34 08 35 00
99 ch – ♛90/165 € ♛♛90/165 €, ⌷ 14 €   **Rest** – (12 €) Carte 17/38 €
♦ Un ensemble au grand calme avec, à l'entrée du parc, une annexe moderne. Chambres refaites selon le dernier concept de la chaîne. Sauna, piscine intérieure. Le restaurant occupe une demeure fin 18ᵉ s. et propose des plats actuels. Terrasse face à la nature.

MAGAGNOSC – 06 Alpes-Maritimes – **341** C5 – rattaché à Grasse

---

MAGALAS – 34 Hérault – **339** E8 – 2 489 h. – alt. 115 m – ⊠ 34480   **22** B2
▶ Paris 755 – Montpellier 82 – Béziers 17 – Narbonne 54

✗ **Ô. Bontemps**   🏠 🅺 ⇔ 𝘝𝘐𝘚𝘈 ⬤⬤

pl. de l'Église – 𝒞 04 67 36 20 82 – www.o-bontemps.com – Fermé 7-15 mars,
8-17 mai, 5-20 sept., 19 déc.-3 janv., dim., lundi et fériés
Rest – (20 €) Menu 26 € (déj. en sem.), 30/65 € – Carte 32/69 €🍷
♦ Le chef de ce restaurant a choisi de s'installer dans la région de son enfance. Sobre décor contemporain, ambiance conviviale, séduisante carte des vins et cuisine inventive.

LA MAGDELEINE – 16 Charente – **324** K3 – rattaché à Barbézieux-St-Hilaire

---

MAGESCQ – 40 Landes – **335** D12 – 1 619 h. – alt. 28 m – ⊠ 40140   **3** B2
▶ Paris 722 – Bayonne 45 – Biarritz 52 – Castets 13
🅸 Office de tourisme, 1, place de l'Église 𝒞 05 58 47 76 24, Fax 05 58 47 75 81

Relais de la Poste (Jean Coussau) ⚜   ◑ 🏊 🍴 & ch, 🅺 ⁘ 🏊 **P** 🚗
❀❀ *24 av. de Maremne – 𝒞 05 58 47 70 25*   𝘝𝘐𝘚𝘈 ⬤⬤ 𝔸𝔼 ⓪
– www.relaisposte.com – Fax 05 58 47 76 17 – Fermé 14 nov.-17 déc., 3-14 janv.,
lundi et mardi d'oct. à avril, mardi midi, jeudi midi et lundi de mai à sept.
14 ch – ♛195/370 € ♛♛195/370 €, ⌷ 20 € – 2 suites – ½ P 180/280 €
Rest – *(prévenir le week-end)* Menu 58 € (sem.)/115 € – Carte 85/140 €🍷
Spéc. Variation de foie de canard, l'un poêlé, l'autre longuement confit. Saumon de l'Adour simplement grillé, vraie sauce béarnaise (15 mars au 30 juin). La pistache dans tous ses états. **Vins** Jurançon, Tursan.
♦ Ce castel landais entouré d'un grand parc arboré réserve un excellent accueil à ses hôtes. Jolies chambres personnalisées dotées de balcons. Sauna, hammam, jacuzzi... L'élégant restaurant et la terrasse sont tournés vers la pinède ; superbe cuisine de pays et riche carte des vins.

✗ **Côté Quillier** 🛒 🎡 AC P VISA ⬭
26 av. de Maremne – ⌀ *05 58 47 79 50 – www.relaisposte.com – Fax 558477617*
– Fermé 11 nov.-20 déc.
Rest – (17 €) Menu 28 € – Carte 35/50 €
♦ Bistrot à l'allure élégante dont les couleurs tendance s'harmonisent au mobilier design.
Terrasse et magnifique jardin où vous attend un jeu de quille. Cuisine au goût du jour.

MAGNAC-BOURG – 87 Haute-Vienne – 325 F7 – 935 h. – alt. 444 m — 24 B2
– ✉ 87380

▶ Paris 419 – Limoges 31 – St-Yrieix-la-Perche 28 – Uzerche 28
🖪 Office de tourisme, 2, pl. de la Bascule ⌀ 05 55 00 89 91, Fax 05 55 00 78 38

⌂ **Auberge de l'Étang** 🎡 ⬭ ⚑ 🐾 VISA ⬭
⬭ *9 rte de la gare –* ⌀ *05 55 00 81 37 – www.aubergedeletang.com – Fax 05 55 48 70 74*
– Fermé 8 nov.-7 déc., 20 fév.-8 mars, dim. soir et lundi sauf juil.-août
14 ch – ⬥48/58 € ⬥⬥48/58 €, ⥂ 8,50 €
Rest – *(fermé dim. soir, lundi de sept. à juin et merc. midi en juil.-août)*
Menu 15 € (sem.)/43 € – Carte 35/60 €
♦ À l'entrée du bourg, dominant un étang, auberge familiale vous réservant un bon accueil.
Chambres fonctionnelles récentes ; certaines ont vue sur la piscine et le plan d'eau. Cuisine
traditionnelle servie dans un cadre bistrot élégant ou sur l'agréable terrasse.

MAGNY-COURS – 58 Nièvre – 319 B10 – rattaché à Nevers

MAGNY-LE-HONGRE – 77 Seine-et-Marne – 312 F2 – 106 22 – voir à Paris, Environs (Marne-la-Vallée)

MAÎCHE – 25 Doubs – 321 K3 – 3 959 h. – alt. 777 m – ✉ 25120 — 17 C2
▌ Franche-Comté Jura

▶ Paris 498 – Besançon 75 – Belfort 60 – Montbéliard 42
🖪 Syndicat d'initiative, place de la Mairie ⌀ 03 81 64 11 88, Fax 03 81 64 02 30

à Mancenans Lizerne 2,5 km à l'Est par D 464 et D 272 – 162 h. – alt. 720 m
– ✉ 25120

✗ **Au Coin du Bois** 🛒 🎡 P VISA ⬭
⬭ *r. sous le rang, La Lizerne –* ⌀ *03 81 64 00 55 – Fax 03 81 64 21 98*
– Fermé 26 juil.-2 août, 1ᵉʳ-8 fév., dim. soir, lundi soir et merc. soir
Rest – (9 €) Menu 15 € bc (déj. en sem.), 24/48 € – Carte 27/69 €
♦ Joli chalet entouré de sapins. L'agréable terrasse et la sobre salle à manger d'esprit rus-
tique servent de cadre à une cuisine traditionnelle étoffée de plats du terroir.

MAILLANE – 13 Bouches-du-Rhône – 340 D3 – rattaché à St-Rémy-de-Provence

---

MAINTENON – 28 Eure-et-Loir – 311 F4 – 4 427 h. – alt. 109 m — 12 C1
– ✉ 28130

▶ Paris 90 – Chartres 19 – Évry 77 – Orléans 104
🖪 Office de tourisme, place Aristide Briand ⌀ 02 37 23 05 04

✗ **Le Petit Marché** AC VISA ⬭
⬭ *2 bis pl. Sadorge –* ⌀ *02 37 23 17 38 – Fax 02 37 23 18 93 – Fermé*
22 fév.-11 mars, dim. soir de nov. à fin mars et merc.
Rest – (13 €) Menu 18/25 € – Carte 27/46 €
♦ Une salle spacieuse, un bar en bois de belle taille, des plats tendance bistrotière (la viande
en vedette) et une ambiance conviviale : un franc succès.

MAISONS-ALFORT – 94 Val-de-Marne – 312 D3 – 101 27 – voir à Paris, Environs

---

MAISONS-DU-BOIS – 25 Doubs – 321 I5 – rattaché à Montbenoit

MAISONS-LAFFITTE – 78 Yvelines – 311 I2 – 101 13 – voir à Paris, Environs

---

MAISONS-LÈS-CHAOURCE – 10 Aube – 313 F5 – rattaché à Chaource

MALAUCÈNE – 84 Vaucluse – **332** D8 – **2 691** h. – alt. 333 m   **40** B2
– ⊠ 84340 ▮ Provence

> ▯ Paris 673 – Avignon 45 – Carpentras 18 – Vaison-la-Romaine 10
> ▯ Office de tourisme, place de la Mairie ⌀ 04 90 65 22 59, Fax 04 90 65 22 59

▯   **Le Domaine des Tilleuls** sans rest   🕭 🎜 ⚼ ♨ **P** 𝕍𝕊𝔸 ⓪⓪
     rte du Mont-Ventoux – ⌀ 04 90 65 22 31 – www.hotel-domainedestilleuls.com
     – Fax 04 90 65 16 77 – Ouvert de mars à oct.
     20 ch – †81 € ††81/97 €, ⊇ 13 €
     ♦ Cette magnanerie du 18ᵉ s. accueille un hôtel décoré dans le style provençal. Préférez les
chambres tournées vers l'arrière.

✗   **La Chevalerie**   🎜 ♨ 𝕍𝕊𝔸 ⓪⓪ 𝔸𝔼
     53 pl. de l'Église, (Les Remparts) – ⌀ 04 90 65 11 19 – www.la-chevalerie.net
     – Fax 04 90 12 69 22 – Fermé 20-30 janv., 20-28 fév., dim. soir et lundi
     Rest – (nombre de couverts limité, prévenir) Menu 20/36 € – Carte 31/51 €
     ♦ Cette belle et imposante bâtisse fut jadis la demeure des princes d'Orange. On
y accède désormais les "armes déposées" pour apprécier une cuisine traditionnelle et généreuse.

MALBUISSON – 25 Doubs – **321** H6 – **498** h. – alt. 900 m – ⊠ 25160   **17** C3
▮ Franche-Comté Jura

> ▯ Paris 456 – Besançon 74 – Champagnole 42 – Pontarlier 16
> ▯ Office de tourisme, 69, Grande Rue ⌀ 03 81 69 31 21, Fax 03 81 69 71 94
> ◉ Lac de St-Point★.

🏨   **Le Lac**   ≤ 🎜 🎜 🛗 & rest, ☏ ¶° 🛋 𝕍𝕊𝔸 ⓪⓪
     65 Grande Rue – ⌀ 03 81 69 34 80 – www.hotel-le-lac.fr – Fax 03 81 69 35 44
     – Fermé 15 nov.-10 déc.
     51 ch – †44/62 € ††52/117 €, ⊇ 10 € – 3 suites – ½ P 54/87 €
     Rest – Menu 17 € (sem.)/45 € – Carte 39/75 €
     Rest du Fromage – (12 €) Menu 19/22 € – Carte 22/34 €
     ♦ Maison ancienne sur la rue principale, orientée vers le lac côté jardin. Intérieur cossu et
rétro ; quelques chambres modernisées. Copieux petits-déjeuners, pâtisseries maison au salon
de thé. Plats du terroir à la table du Lac. Tartes, fondues et raclettes au Restaurant du Fromage.

   Beau Site 🏠   ¶° 🛗 **P** 𝕍𝕊𝔸 ⓪⓪
     – ⌀ 03 81 69 70 70 – www.hotel-le-lac.fr – Fax 03 81 69 35 44
     – Fermé 15 nov.-10 déc.
     17 ch – †29/38 € ††38 €, ⊇ 10 €
     ♦ Ce bâtiment d'architecture italienne abrite des chambres fonctionnelles. Accueil à l'hôtel
du Lac.

🏨   **De la Poste**   🎜 ♨ ch, ¶° 𝕍𝕊𝔸 ⓪⓪
     61 Gd Rue – ⌀ 03 81 69 79 34 – www.hotel-le-lac.fr – Fax 03 81 69 35 44
     – Fermé 15 nov.-10 déc.
     10 ch – †40 € ††40/47 €, ⊇ 10 € – ½ P 46/50 €
     Rest – (fermé dim. soir, mardi soir et lundi sauf juil.-août) Menu 10 € (déj. en
sem.)/17 € – Carte 15/41 €
     ♦ Ce petit hôtel rénové propose des chambres garnies de meubles colorés ; préférez
celles tournées vers le lac, plus tranquilles. Assiettes traditionnelles et spécialités de pierrades
vous attendent dans un cadre joliment campagnard.

✗✗✗   **Le Bon Accueil** (Marc Faivre) avec ch   🎜 ♨ ¶° **P** 𝕍𝕊𝔸 ⓪⓪ 𝔸𝔼
❀   Grande Rue – ⌀ 03 81 69 30 58 – www.le-bon-accueil.fr – Fax 03 81 69 37 60
     – Fermé 12-21 avril, 25 oct.-3 nov., 13 déc.-14 janv., dim. soir du 1ᵉʳ sept. au
14 juil., mardi midi et lundi
     12 ch – †72/85 € ††72/110 €, ⊇ 11 € – ½ P 71/90 €
     Rest – (24 € bc) Menu 34/59 € – Carte 62/90 € ▩
     Spéc. Tarte fine à la morteau, étuvée de poireaux, œuf poché. Rouelle de
poulet fermier au vin jaune et morilles. Cannelloni croustillant sur une poêlée
de fruits (sept. à déc.). **Vins** Côtes du Jura, Arbois rouge.
     ♦ Coup de cœur pour cette maison qui a une âme et qui cultive l'art de recevoir : patrons
aux petits soins, brillante cuisine actuelle, chambres confortables et spacieuses.

aux Granges-Ste-Marie 2 km au Sud-Ouest – ⊠25160 Labergement Ste Marie

🏠 **Auberge du Coude** 🚗 🛋 ⅙ **P** VISA ⚫⚫

     1r. du Coude – ℰ *03 81 69 31 57* – *www.aubergeducoude.com*
     – *Fax 03 81 69 33 90* – *Fermé 7 nov.-17 déc.*
     11 ch – ♦56 € ♦♦56 €, 🖙 8,50 € – ½ P 56 €
     Rest – *(fermé dim. soir)* Menu 19 € (sem.)/50 € – Carte 40/70 €

     ♦ Ambiance chaleureuse dans cette maison de 1826 située entre les lacs de St-Point et de Remoray-Boujeons. Chambres au charme rustique. Jardin agrémenté d'un étang. Salle à manger champêtre parée de boiseries et de mobilier Louis XIII ; cuisine régionale.

LA MALÈNE – 48 Lozère – **330** H9 – 165 h. – alt. 450 m – ⊠ 48210 **23** C1
▮ Languedoc Roussillon

     ▶ Paris 609 – Florac 41 – Mende 41 – Millau 44
     🅲 Office de tourisme, ℰ 04 66 48 50 77
     👁 O : les Détroits★★ et cirque des Baumes★★ (en barque).

🏠 **Manoir de Montesquiou** 🚗 🛋 ⅙ **P** VISA ⚫⚫ ①

     – ℰ *04 66 48 51 12* – *www.manoir-montesquiou.com* – *Fax 04 66 48 50 47*
     – *Ouvert fin mars à fin oct.*
     10 ch – ♦70/75 € ♦♦70/111 €, 🖙 13 € – 2 suites – ½ P 83/99 €
     Rest – Menu 27/49 € – Carte 45/60 €

     ♦ Accueil familial, chambres agréables (lits à baldaquin, mobilier de style), beau jardin où fleurissent de magnifiques rosiers : cette demeure du 15ᵉ s. a bien des atouts. Repas à base de produits locaux servis au coin du feu ou sur la jolie terrasse.

au Nord-Est 5,5 km sur D 907bis – ⊠ 48210 Ste Énimie

🏘 **Château de la Caze** 🍃 ⟨ 🜨 🛋 ⌇ ⅙ ch, 🛜 **P** VISA ⚫⚫ AE ①

     – ℰ *04 66 48 51 01* – *www.chateaudelacaze.com* – *Fax 04 66 48 55 75*
     – *Ouvert 2 avril-11 nov. et fermé jeudi en oct.*
     7 ch – ♦114/174 € ♦♦114/174 €, 🖙 15 € – 9 suites – ♦♦170/280 €
     – ½ P 111/141 €
     Rest – *(fermé jeudi midi et merc. midi sauf août)* (29 €) Menu 38/90 €
     – Carte 38/60 €

     ♦ Majestueux château (15ᵉ s.) posé sur les rives du Tarn, avec mobilier ancien et quelques salles de bains logées dans les tours. Chambres plus récentes à l'annexe. L'ex-chapelle sert de cadre à une cuisine pleine de saveurs, actuelle et respectueuse du terroir.

MALESHERBES – 45 Loiret – **318** L2 – 6 044 h. – alt. 108 m **12** C1
– ⊠ 45330 ▮ Châteaux de la Loire

     ▶ Paris 75 – Étampes 26 – Fontainebleau 27 – Montargis 62
     🅲 Office de tourisme, 19-21, place du Martroy ℰ 02 38 34 81 94, Fax 02 38
     34 49 40
     🄸 du Château d'Augerville à Augerville-la-Rivière Place du Château, S : 8 km
     par D 410, ℰ 02 38 32 12 07

🏠 **Écu de France** 🛋 🛜 **P** VISA ⚫⚫ AE

     10 pl. Martroi – ℰ *02 38 34 87 25* – *http://logis-de-france-loiret.*
     com/ecu_de_france_malesherbes/ – *Fax 02 38 34 68 99*
     16 ch – ♦58/70 € ♦♦58/70 €, 🖙 7 € – ½ P 61/67 €
     Rest – *(fermé 1ᵉʳ-16 août, jeudi soir et dim. soir)* Menu 25 € (sem.)/50 €
     – Carte 25/54 €
     Rest *Brasserie de l'Écu* – *(fermé 1ᵉʳ-16 août, jeudi soir et dim. soir)*
     Carte 21/46 €

     ♦ Cet ancien relais de poste situé à deux pas du château de Malesherbes dispose de chambres coquettes et très bien tenues. Le restaurant a du cachet avec ses poutres et sa cheminée ; terrasse dressée dans la cour. Repas express à l'espace brasserie.

🏠 **La Lilandière** sans rest 🍃 🚗 🛜 🛁 **P** VISA ⚫⚫

     7 chemin de la Messe, (hameau de Trézan) – ℰ *02 38 34 84 51*
     – *www.lalilandiere.com*
     5 ch 🖙 – ♦58 € ♦♦64 €

     ♦ Pierres, poutres et mobilier moderne se marient joliment dans cette ex-ferme restaurée avec goût. Les amateurs de pêche et de canoë apprécient la rivière qui longe le jardin.

MALICORNE-SUR-SARTHE – 72 Sarthe – **310** I8 – 1 933 h.   **35** C2
– alt. 39 m – ✉ 72270 ▮ Châteaux de la Loire

▶ Paris 236 – Château-Gontier 52 – La Flèche 16 – Le Mans 32
🛈 Office de tourisme, 5, place Duguesclin ℰ 02 43 94 74 45, Fax 02 43 94 59 61

XX   **La Petite Auberge**   🍴 ⇔ 🆅🅸🆂🅰 ⊕⊕
     5 pl. Duguesclin – ℰ 02 43 94 80 52 – www.petite-auberge-malicorne.fr
     – Fax 02 43 94 31 37 – Fermé 22 déc.-28 fév., le soir sauf sam. de sept. à avril,
     dim. soir et mardi soir de mai à août et lundi
     Rest – (18 €) Menu 25 € (sem.)/49 € – Carte environ 39 €
     ◆ L'été, on s'attable en terrasse, au ras de l'eau, et en hiver, on se réfugie auprès de la belle
     cheminée du 13ᵉ s. pour déguster les plats traditionnels mitonnés par le chef.

MALLING – 57 Moselle – **307** I2 – 504 h. – alt. 158 m – ✉ 57480   **26** B1

▶ Paris 352 – Luxembourg 35 – Metz 43 – Trier 63

à Petite Hettange 1 km à l'Est sur D 654 – ✉ 57480

XX   **Olmi**   🍴 🅿 🆅🅸🆂🅰 ⊕⊕ 🅰🅴
     11 Rte Nationale – ℰ 03 82 50 10 65 – www.olmi-restaurant.fr
     – Fermé 5-15 juil., mardi soir, merc. soir et lundi
     Rest – Menu 33/43 € – Carte 50/70 €
     ◆ Dans une région transfrontalière, cet ancien relais routier affiche un décor contemporain.
     Cuisine classique influencée par des touches italiennes. Agréable terrasse arborée.

MALO-LES-BAINS – 59 Nord – **302** C1 – rattaché à Dunkerque

MANCENANS LIZERNE – 25 Doubs – **321** K3 – rattaché à Maîche

---

MANCEY – 71 Saône-et-Loire – **320** I10 – 374 h. – alt. 280 m – ✉ 71240   **8** C3

▶ Paris 373 – Dijon 102 – Mâcon 43 – Chalon-sur-Saône 34

X   **Auberge du Col des Chèvres**   🍴 🅿 🆅🅸🆂🅰 ⊕⊕
⊜⊜   *Dulphey – ℰ 03 85 51 06 38 – Fermé 1ᵉʳ-7 juil., 1ᵉʳ-7 sept., vacances de fév., dim.*
⊙   *soir de nov. à mars, mardi sauf juil.-août et merc.*
     Rest – Menu 18 € (sem.), 25/31 € – Carte 18/31 €
     ◆ Cette petite auberge familiale située aux avant-postes du village plaît pour son aimable
     accueil, sa cuisine traditionnelle actualisée et son cadre rustico-champêtre sans façon.

MANCIET – 32 Gers – **336** C7 – rattaché à Nogaro

MANDELIEU – 06 Alpes-Maritimes – **341** C6 – 20 850 h. – alt. 4 m   **42** E2
– Casino : Royal Hôtel Z – ✉ 06210 ▮ Côte d'Azur

▶ Paris 890 – Brignoles 86 – Cannes 9 – Draguignan 53
🛈 Office de tourisme, avenue H. Clews ℰ 04 92 97 99 27, Fax 04 93 93 64 66
🏌 de Mandelieu Route du Golf, SO : 2 km, ℰ 04 92 97 32 00
🏌 Riviera Golf Club Avenue des Amazones, SO : 2 km, ℰ 04 92 97 49 49
◉ ≤★ de la colline de San Peyré - Site★ du château-musée.

🏨   **Hostellerie du Golf** ⊗   🚗 🍴 🏊 🍽 🛗 🅰🅲 ch, 🛜 🔌 🅿 🆅🅸🆂🅰 ⊕⊕ 🅰🅴 ⊙
     780 av. Mer – ℰ 04 93 49 11 66 – www.hostelleriedugolf.com
     – Fax 04 92 97 04 01   **Y**n
     55 ch ⊑ – †77/107 € ††100/140 € – 16 suites
     Rest – (11 €) Menu 24 € – Carte 29/35 €
     ◆ L'établissement est construit au bord de la rivière face au célèbre golf "Old Course" fondé
     par le grand duc de Russie en 1891. Chambres pratiques, avec terrasse ou balcon. Salle à
     manger claire tournée vers le jardin ; cuisine sans prétention.

🏨   **Les Bruyères** sans rest   🏊 🅲 🅰🅲 🛜 🅿 🆅🅸🆂🅰 ⊕⊕ 🅰🅴
     1400 av. Fréjus – ℰ 04 93 49 92 01 – www.hotellesbruyeres.net
     – Fax 04 93 49 21 55 – Fermé 5-30 janv.   **Y**h
     14 ch – †69/94 € ††69/94 €, ⊑ 9 €
     ◆ Non loin de la plage et du golf, des studios ou des chambres fonctionnelles, bien insonori-
     sées et propres, s'abritent derrière une longue façade moderne ponctuée d'une rotonde.

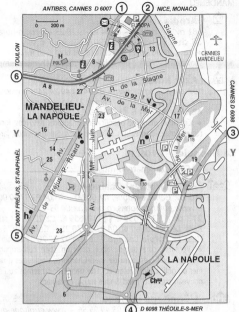

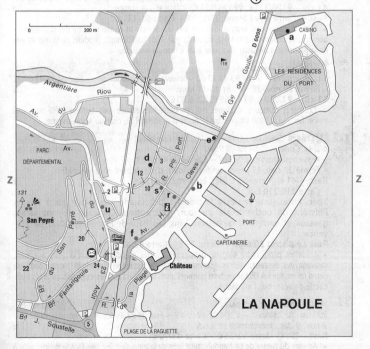

919

🏠 **Acadia** sans rest   ⚋ ⅃ ※ 🏠 ⁽¹⁾ 🅿 VISA ☺

681 av. de la Mer – ℰ *04 93 49 28 23 – acadia-hotel.com – Fax 04 92 97 55 54*
35 ch – †61/90 € ††71/90 €, � 9 € – 6 suites   Y**v**

◆ Les pontons privés de cet hôtel au bord d'un méandre de la Siagne, face à l'île de Robinson, vous convient à des balades nautiques. Chambres simples, refaites progressivement.

🏠 **Azur hôtel** sans rest   ⅃ 🏠 ᓬ AK ⁽¹⁾ 🅿 VISA ☺ AE

192 av. Maréchal Juin – ℰ *04 93 49 24 24 – www.azur-hotel-mandelieu.com
– Fax 04 92 97 68 36 – Fermé 21 nov.-21 déc.*   Y**k**
48 ch – †57/91 € ††70/109 €, ⊂ 9 €

◆ Cet hôtel moderne bénéficie de chambres rénovées, fonctionnelles, aux couleurs pimpantes et dotées d'agréables salles de bains. Salon-véranda, jardin et piscine avec petit bar.

La Napoule – ✉ 06210

◉ Site★ du château-musée.

🏨 **Pullman Royal Casino**   ⇐ 🏠 ⅃ ℔ ※ 🏠 ᓬ ch, AK ⁽¹⁾ ᔑ 🅿

605 av. Gén.-de-Gaulle, (D 6098) – ℰ *04 92 97 70 00*   VISA ☺ AE ⓪
– www.pullmanhotels.com – Fax 04 93 49 51 50   Z**a**
213 ch – †119/659 € ††119/659 €, ⊂ 22 € – 2 suites
Rest *Le Féréol* – ℰ *04 92 97 70 20 –* Carte 40/75 €
Rest *Le Purple Lounge* – ℰ *04 92 97 70 21 (dîner seult)* Carte 25/50 €

◆ Véritable cure de jouvence dans un style contemporain et épuré pour ce complexe moderne édifié en bord de mer. Chambres douillettes à dominante blanche, orientées côté mer ou golf. Cadre design et carte dans l'air du temps au Féréol. Le Purple Lounge affiche un nouveau concept "Food & Live music restaurant".

🏨 **L'Ermitage du Riou**   ⇐ 🏠 ⅃ 🏠 AK ᔑ 🅿 VISA ☺ AE ⓪

av. H. Clews – ℰ *04 93 49 95 56 – www.ermitage-du-riou.fr – Fax 04 92 97 69 05*
41 ch – †126/331 € ††126/331 €, ⊂ 18 € – 4 suites   Z**e**
Rest *– (Fermé nov.)* Menu 27/100 € – Carte 61/121 €

◆ Cette demeure d'inspiration italienne à la façade ocre et brique propose des chambres de bon confort ouvertes sur le large ou sur le golf. Plats traditionnels, produits de la mer et vins de la propriété à déguster dans une salle à manger-véranda.

🏠 **Villa Parisiana** sans rest   ⁽¹⁾ VISA ☺ AE

5 r. Argentière – ℰ *04 93 49 93 02 – www.villaparisiana.com – Fax 04 93 49 62 32
– Fermé 29 nov.-28 déc. et 10-15 janv.*   Z**d**
13 ch – †42/69 € ††42/69 €, ⊂ 6,50 €

◆ Chambres pratiques, quelques balcons ensoleillés et une jolie terrasse d'été sous une treille. Cette villa 1900 située dans le quartier résidentiel du château a son charme.

XXXX **L'Oasis** (Stéphane, Antoine et François Raimbault)   🏠 AK ⇔ ⊏ᶠ soir,

ॐ ॐ   *r. J. H. Carle –* ℰ *04 93 49 95 52*   VISA ☺ AE ⓪
– www.oasis-raimbault.com – Fax 04 93 49 64 13
– Fermé 22 nov.-13 janv., lundi soir, dim. d'oct. à avril et lundi midi
Rest *– (41 €)* Menu 58 € (déj. en sem.), 95/180 €   Z**r**
– Carte 110/210 € ⅊

Spéc. Pistes juste saisies à la plancha, pistounade provençale, jus à l'encre. Poissons de pêche locale au four, rôtis entiers. Caravane de nos tartes, gâteaux et entremets de saison. **Vins** Les Baux-de-Provence, Côtes de Provence.

Rest *Le Bistrot L'Etage* – Menu 29 € – Carte 32/42 €

◆ Luxuriant patio, cadre élégant, délicieuses recettes méridionales aux accents orientaux, caravane des desserts, ateliers gourmands (cuisine, pâtisserie, œnologie) : cette oasis n'a rien d'un mirage ! À l'Étage (le bien nommé), plats bistrotiers soignés et parfois oubliés : blanquette de veau, bœuf en daube...

XX **La Pomme d'Amour**   🏠 AK VISA ☺ AE

209 av. du 23 Août – ℰ *04 93 49 95 19 – Fax 04 93 49 95 24 – Fermé
9 nov.-9 déc., mardi midi et lundi*   Z**u**
Rest *– (26 €)* Menu 32/55 € – Carte 43/70 €

◆ Adresse du centre de La Napoule, tout près de la gare. Derrière une façade fleurie, salle à manger cosy dans les tons pastel pour se régaler d'une cuisine traditionnelle soignée.

XX **Les Bartavelles** ⌂ VISA ◉ AE

(☺) 1 pl. du Château – ℰ 04 93 49 95 15 – Fax 04 93 49 95 15 – Fermé 26 oct.-3 nov.,
14-29 déc., mardi et merc. hors saison **Zf**
Rest – (20 €) Menu 27/42 € – Carte 35/68 €

♦ Cette maison accueillante se consacre à une cuisine de tradition tout en générosité. Salle-
véranda ornée de tableaux colorés ou délicieuse terrasse dressée sous les platanes.

XX **La Voile Bleue du Bistrot du Port** ⇐ ⌂ AK VISA ◉

au port – ℰ 04 93 49 80 60 – www.bistrotduport.fr – Fax 04 93 49 69 76 – Fermé
25 nov.-15 déc., merc. hors saison et vacances scolaires **Zb**
Rest – (19 € bc) Menu 26/32 € – Carte 40/66 €

♦ Pour avoir une vue unique sur les bateaux, jetez l'ancre dans ce restaurant à l'ambiance
marine et chaleureux. La véranda s'ouvre en terrasse l'été. Bonne cuisine iodée.

XX **La Palméa** AK VISA ◉ AE

198 av. Henri-Clews – ℰ 04 92 19 22 50 – www.lapalmea.com
– Fax 04 92 19 22 51 – Fermé mi nov.- mi déc. **Zs**
Rest – (27 €) Carte 40/90 €

♦ Place au poisson (issu de la pêche locale) et aux saveurs du Sud dans ce restaurant qui
vient de changer de propriétaire. Cadre moderne, tableaux contemporains aux murs.

MANDEREN – 57 Moselle – **307** J2 – rattaché à Sierck-les-Bains

---

MANE – 04 Alpes-de-Haute-Provence – **334** C9 – rattaché à Forcalquier

---

MANIGOD – 74 Haute-Savoie – **328** L5 – **924 h.** – alt. 950 m – ⊠ 74230   46 F1

▶ Paris 558 – Albertville 39 – Annecy 25 – Chamonix-Mont-Blanc 67
🛈 Office de tourisme, Chef-lieu ℰ 04 50 44 92 44, Fax 04 50 44 94 68
◉ Vallée de Manigod★★ ▮ Alpes du Nord.

rte du col de la Croix-Fry : 5,5 km - ⊠ 74230 Manigod

🏠 **Chalet Hôtel Croix-Fry** ⤳ ⇐ ⌂ ⌂ ⤳ ⁙ P VISA ◉ AE

– ℰ 04 50 44 90 16 – www.hotelchaletcroixfry.com – Fax 04 50 44 94 87 – Ouvert
de mi-juin à mi-sept. et mi-déc. à mi-avril
10 ch – †150 € ††160/450 €, � 20 € – ½ P 145/210 €
Rest – (fermé mardi midi, merc. midi et lundi) Menu 26 € (sem.)/78 €
– Carte 58/84 €

♦ Dans un cadre idyllique, au milieu des alpages, un beau chalet tenu par la même famille
depuis des décennies. Intérieur montagnard très cosy et ravissantes chambres cocons.
Ambiance table d'hôte au restaurant et terrasse panoramique face aux Aravis.

MANOSQUE – 04 Alpes-de-Haute-Provence – **334** C10 – **21 162 h.**   40 B2
– alt. 387 m – ⊠ 04100 ▮ Provence

▶ Paris 758 – Aix-en-Provence 57 – Avignon 91 – Digne-les-Bains 61
🛈 Office de tourisme, place du Docteur Joubert ℰ 04 92 72 16 00,
Fax 04 92 72 58 98
🖳 du Lubéron à Pierrevert La Grande Gardette, par rte de la Bastide-des-
Jourdans : 7 km, ℰ 04 92 72 17 19
◉ Le vieux Manosque★ : Porte Saunerie★, façade★ de l'hôtel de ville
- Sarcophage★ et Vierge noire★ dans l'église N.-D. de Romigier
- Fondation Carzou★ M - ⇐★ du Mont d'Or NE : 1,5 km.

Plan page suivante

🏠 **Pré St-Michel** sans rest ⤳ ⤳ ⤳ & ⁙ ⚿ P VISA ◉ AE ◉

435 montée de la Mort d'Imbert, 1,5 km au Nord par bd M. Bret et rte Dauphin
– ℰ 04 92 72 14 27 – www.presaintmichel.com – Fax 04 92 72 53 04
24 ch – †65/110 € ††65/110 €, � 10 €

♦ Récente bâtisse régionale aux chambres spacieuses, décorées avec goût dans le style provençal ; quelques-unes profitent d'une terrasse privative. Vue sur les toits de Manosque.

MANOSQUE

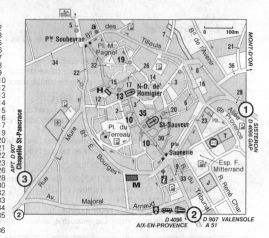

Le Sud

🛜 📶 🕭 🎱 ch, ⁽ᵗᵖ⁾ 🚗 🅿 🆅🅸🆂🅰 ⚫ 🅰🅴

80 bd Charles de Gaulle par ① – ℰ 04 92 87 78 58 – www.hotel-lesud.com – Fax 04 92 72 66 60

36 ch – ♦70/102 € ♦♦80/110 €, ⚏ 12 € – ½ P 65/85 €

Rest – (15 €) Menu 20/32 € – Carte 25/59 €

♦ Hôtel d'affaires, idéal pour les séminaires, situé aux portes du vieux Manosque. Les chambres, toutes identiques, et les salons arborent un décor aux accents provençaux. L'esprit du Sud souffle sur le joli cadre du restaurant (bois peint et couleurs ensoleillées).

Les Monges sans rest �─

⩽ 🚗 🏊 🅿

rte d'Apt, 4 km au Nord-Ouest par D 907 et rte secondaire – ℰ 04 92 72 68 41 – www.lesmonges.com – Ouvert 15 avril-31 oct.

5 ch ⚏ – ♦60/75 € ♦♦60/75 €

♦ En rase campagne, l'ancienne bergerie où Jean Giono achetait son fromage. Accueil sympathique, chambres fraîches et fonctionnelles. Le matin, confiture maison, œufs de la ferme.

Le Bonheur Fou

🅰🅲 🆅🅸🆂🅰 ⚫

11 bis bd des Tilleuls – ℰ 04 92 87 77 52 – www.lebonheurfou.com

a

Rest – (22 €) Menu 25/35 € – Carte 30/45 €

♦ Ce petit restaurant dont l'enseigne fait un clin d'œil à Jean Giono, enfant du pays, propose une sympathique cuisine dans l'air du temps, mettant à l'honneur les produits locaux.

à l'Échangeur A51 4 km par ② - ✉04100 Manosque

Ibis sans rest

📶 🕭 🅰🅲 ⁽ᵗᵖ⁾ 🅿 🆅🅸🆂🅰 ⚫ 🅰🅴 ⓪

– ℰ 04 92 71 18 00 – www.ibishotel.com – Fax 04 92 72 00 45

48 ch – ♦59/89 € ♦♦59/89 €, ⚏ 8 €

♦ Vous n'aurez aucun mal à repérer ce bâtiment contemporain à la façade jaune. Chambres fonctionnelles conçues selon les dernières normes de la chaîne. Pratique pour l'étape.

Les maisons d'hôtes 🏠 ne proposent pas les mêmes services qu'un hôtel. Elles se distinguent généralement par leur accueil et leur décor, qui reflètent souvent la personnalité de leurs propriétaires. Celles classées en rouge 🏠 sont les plus agréables.

LE MANS 🅿 – 72 Sarthe – **310** K6 – **144 016 h.** – **Agglo. 194 825 h.** **35** D1 – **alt. 80 m** – ✉ **72000** Châteaux de la Loire

Paris 206 – Angers 97 – Le Havre 213 – Nantes 184

Office de tourisme, rue de l'Étoile ✆ 02 43 28 17 22, Fax 02 43 28 12 14

de Sargé-lès-le-Mans à Sargé-lès-le-Mans Rue du Golf, par rte de Bonnétable : 6 km, ✆ 02 43 76 25 07

des 24 Heures-Le Mans à Mulsanne Route de Tours, par rte de Tours : 11 km, ✆ 02 43 42 00 36

Circuit des 24 heures et circuit Bugatti ✆ 02 43 40 24 24 : 5 km par ④.

Cathédrale St-Julien★★ : chevet★★★ - Le Vieux Mans★★ : maison de la Reine Bérengère★, enceinte gallo-romaine★ DV **M²** - Église de la Couture★ : Vierge★★ - Église Ste-Jeanne-d'Arc★ - Musée de Tessé★ - Abbaye de l'Épau★ BZ , 4 km par D 152 - Musée de l'Automobile★★ : 5 km par ④.

Plans pages suivantes

Mercure Centre sans rest

19 r. Chanzy – ✆ 02 43 40 22 40 – www.mercure.com – Fax 02 43 40 22 31

73 ch – 115/150 € 130/165 €, ☕ 14 € – 2 suites DX**p**

♦ Cet hôtel, logé dans un bâtiment classé, abritait autrefois le siège des Mutuelles du Mans. Chambres au mobilier contemporain, fonctionnelles et bien insonorisées.

Chantecler sans rest

50 r. Pelouse – ✆ 02 43 14 40 00 – www.hotelchantecler.fr – Fax 02 43 77 16 28

32 ch – 73/79 € 85/91 €, ☕ 9 € – 3 suites CY**f**

♦ Situé dans un quartier calme, hôtel où l'on petit-déjeune sous la verrière, véritable jardin d'hiver. Tons pastel reposants dans les chambres bien insonorisées.

Mercure Batignolles

17 r. de la Pointe – ✆ 02 43 72 27 20 – www.mercure.com – Fax 02 43 85 96 06

68 ch – 50/95 € 60/105 €, ☕ 12 € AZ**b**

Rest – *(fermé sam. et dim.) (dîner seult)* Carte environ 29 €

♦ Établissement abritant des chambres actuelles, pratiques, bien tenues et plus calmes sur l'arrière. Jardin arboré. Restaurant décoré de photographies évoquant la mythique course des 24 Heures du Mans. Cuisine traditionnelle.

Emeraude sans rest

18 r. Gastelier – ✆ 02 43 24 87 46 – www.hotel-emeraude-le-mans.com – Fax 02 43 24 60 64 CY**z**

33 ch – 52/64 € 68/75 €, ☕ 8 €

♦ On vous réserve un accueil chaleureux dans cet hôtel proche de la gare. Chambres aux tons pastel. L'été, les petits-déjeuners sont servis dans la cour intérieure fleurie.

Le Commerce sans rest

41 bd R. Jarry – ✆ 02 43 83 20 20 – www.commerce-hotel.fr – Fax 02 43 83 20 21

31 ch – 54/65 € 60/65 €, ☕ 8 € CY**d**

♦ Cet hôtel qui se trouve à proximité de la gare bénéficie d'une isolation phonique très efficace. Chambres fonctionnelles rénovées à la tenue irréprochable.

XXX **Le Beaulieu** (Olivier Boussard)

pl. des Ifs – ✆ 02 43 87 78 37 – Fax 02 43 87 78 27 – Fermé 4-12 avril, 8-31 août, 20 fév.-1er mars, sam. et dim. DX**h**

Rest – (29 €) Menu 40 € (sem.)/89 € – Carte 73/104 €

Spéc. Le thon rouge et le foie gras (été). Saint-Jacques aux cèpes ou à la truffe noire (automne-hiver). Gourmandises tout chocolat. **Vins** Jasnières, Gamay de Touraine.

♦ Mélange des styles (contemporain, design, baroque) et tons rouge composent le cadre convivial de ce restaurant proposant une appétissante cuisine au goût du jour.

XX **Le Grenier à sel**

26 pl. de l'Eperon – ✆ 02 43 23 26 30 – Fax 02 43 77 00 80 – Fermé 15 fév.-2 mars, 22 août-15 sept., dim. et lundi CX**t**

Rest – (20 €) Menu 24 € (sem.)/58 € – Carte 44/61 €

♦ En plein centre-ville, à l'entrée de la Cité Plantagenêt, cet ancien grenier à sel propose une cuisine actuelle. Cadre rajeuni, mise en place soignée et bon accueil.

LE MANS

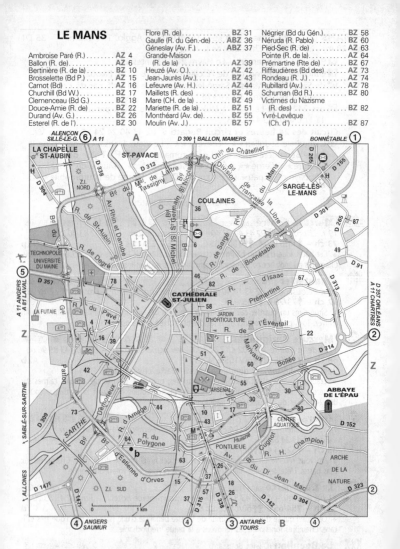

La Maison d'Élise avec ch   🛜 📶 *VISA* **⊕** **AE**

8 r. du Doyenné – ℰ 02 43 47 85 11 – www.le-doyenne.com – Fax 02 43 87 16 53
– Fermé dim. et lundi   DV**g**

5 ch ⊒ – †65/230 € ††65/280 €   **Rest** – (25 €) Menu 27 € (déj.), 40/71 €

◆ Maison bourgeoise (fin 18e s.) jouxtant la cathédrale St-Julien. Deux salles à manger contemporaines et intimes pour apprécier une cuisine d'aujourd'hui, avec quelques touches créatives. Ambiance cocooning dans les chambres cosy et feutrées.

La Ciboulette   **AC** *VISA* **⊕**

14 r. de la Vieille Porte – ℰ 02 43 24 65 67 – Fax 02 43 87 51 18 – Fermé
30 août-12 sept. et lundi   CX**x**

Rest – (13 €) Menu 22/52 € – Carte 32/56 €

◆ Couleur rouge dominante et atmosphère bistrot composent le cadre feutré de ce restaurant occupant une maison médiévale du vieux Mans. Cuisine traditionnelle.

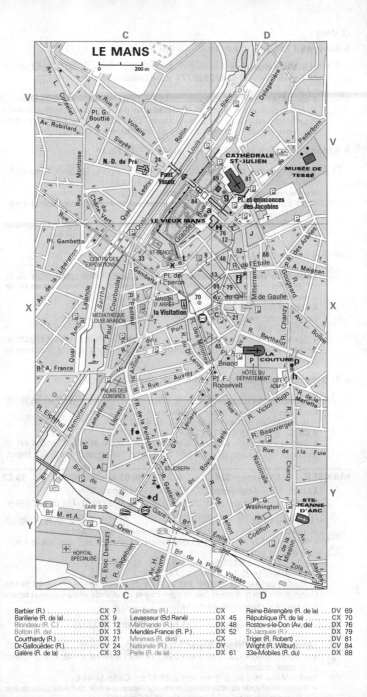

LE MANS

0   200 m

à Savigné-l'Évêque 10 km par ① – 4 003 h. – alt. 60 m – ⊠ 72460

⇧ **La Villa des Arts**   🚗 ⌣ 📶 **P** VISA ◉
68 Grande-Rue – ℰ *02 43 23 95 77* – *www.lavilladesarts.com*
– *Fax 02 43 23 95 77*
5 ch – †145/260 € ††145/260 €, ⌑ 15 €   **Table d'hôte** – Menu 75 €
♦ Ancien pavillon de chasse (18ᵉ s.) entouré d'un parc avec arbres centenaires, rivière et petits ponts romantiques. Fresques en trompe-l'œil et mobilier actuel habillent les chambres. Repas servis dans l'intimité des salons qui ont conservé leur cachet d'origine.

à Arnage 10 km par ④ – 5 229 h. – alt. 42 m – ⊠ 72230

✗✗✗ **Auberge des Matfeux**   👤 ⇔ **P** VISA ◉ AE
289 av. Nationale, Sud sur D 147 – ℰ *02 43 21 10 71*
– *www.aubergedesmatfeux.fr* – *Fax 02 43 21 25 23* – *Fermé*
12-21 avril, 26 juil.-24 août, 2-11 janv., dim. soir, mardi soir, merc. soir et lundi
Rest – Menu 36/69 € – Carte 40/78 € 🏵
♦ Originale architecture en pierre qui abrite d'agréables salles à manger contemporaines. Vaisselle réalisée par un artiste local. Cuisine actuelle et superbe carte des vins.

par ⑤ 4 km sur D 357 – ⊠ 72000 Le Mans

🏨 **Auberge de la Foresterie**   🚗 ⌣ 🍽 👤 ch, 📺 rest, ⌣ 🏋 **P**
rte de Laval – ℰ *02 43 51 25 12*   VISA ◉ AE ①
– *www.aubergelaforesterie.com* – *Fax 02 43 28 54 58*
41 ch – †76/95 € ††86/110 €, ⌑ 11 €
Rest – *(fermé sam. midi et dim. soir)* (15 €) Menu 22 € (sem.)/30 €
– Carte 18/38 €
♦ Spacieuses chambres fonctionnelles, salons de réception, salles de séminaires et grand jardin avec piscine pour la détente. Le restaurant aménagé en véranda propose une cuisine traditionnelle.

à St-Saturnin 8 km par ⑥ – 2 236 h. – alt. 80 m – ⊠ 72650

🏠 **Domaine de Chatenay** sans rest ⌁   🔔 ⌣ 🏋 **P** VISA ◉ AE ①
sur D 304, (rte de la Chapelle St-Aubin) – ℰ *02 43 25 44 60*
– *www.domainedechatenay.com* – *Fax 02 43 25 21 00*
8 ch ⌑ – †90/115 € ††120/138 €
♦ Superbe maison de maître du 18ᵉ s. entourée d'un domaine de 40 ha. Chambres très raffinées avec leurs meubles anciens et leurs tissus choisis. Petit-déjeuner dans la salle Empire.

MANSLE – 16 Charente – 324 L4 – 1 527 h. – alt. 65 m – ⊠ 16230   **39** C2
▶ Paris 421 – Angoulême 26 – Cognac 53 – Limoges 93
🛈 Office de tourisme, place du Gardoire ℰ 05 45 20 39 91, Fax 05 45 20 39 91

🏠 **Beau Rivage**   🚗 🏖 ⌣ **P** VISA ◉ AE
◉   *pl. Gardoire* – ℰ *05 45 20 31 26* – *www.hotel-beau-rivage-charente.com*
🍽 – *Fax 05 45 22 24 24* – *Fermé 15 fév.-7 mars, 28 nov.-19 déc., dim. soir et lundi midi d'oct. à avril*
29 ch – †58/64 € ††58/64 €, ⌑ 9 € – ½ P 53/56 €
Rest – Menu 14/35 € – Carte 24/57 €
♦ Situation agréable pour cet hôtel dont les jardins descendent vers les rives de la Charente. Chambres en majorité rénovées dans un esprit cosy et actuel. Vaste salle à manger et terrasse avec vue sur la rivière ; carte traditionnelle.

à Luxé 6 km à l'Ouest par D 739 – 783 h. – alt. 70 m – ⊠ 16230

✗✗ **Auberge du Cheval Blanc**   VISA ◉ AE
◉   *à la gare* – ℰ *05 45 22 23 62* – *Fax 05 45 39 94 75* – *Fermé 1ᵉʳ-10 sept., fév., dim. soir, mardi et lundi*
☺ **Rest** – Menu 16 € bc (déj. en sem.), 29/42 € – Carte 31/44 €
♦ À l'avenante façade de cette maison centenaire répond une salle tout aussi plaisante avec son décor rustique et ses tables fleuries. Cuisine régionale soignée.

MANTES-LA-JOLIE 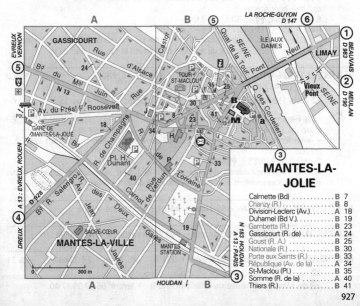 – **78** Yvelines – **311** G2 – 41 930 h.   **18** A1
– alt. 34 m – ⊠ 78200 ▯ Île de France

▶ Paris 56 – Beauvais 69 – Chartres 78 – Évreux 46

🖪 Office de tourisme, 8 bis, rue Marie et Robert Dubois ℰ 01 34 77 10 30,
Fax 01 30 98 61 49

🏌 de Guerville à Guerville La Plagne, par rte de Houdan : 6 km,
ℰ 01 30 92 45 45

🏌 de Moisson-Mousseaux à Moisson Base de Loisir de Moisson, par rte de
Vernon et rte secondaire : 14 km, ℰ 01 34 79 39 00

🏌 de Villarceaux à Chaussy Château du Couvent, N : 20 km par D 147,
ℰ 01 34 67 73 83

◉ Collégiale Notre-Dame★★ B**B.**

XX **Rive Gauche**   ⇔ ᴠɪꜱᴀ ◉◉
1 r. du Fort – ℰ 01 30 92 30 16 – www.rivegauchemantes.fr – Fax 01 30 92 30 16
– Fermé 3 août-1ᵉʳ sept., sam. midi, dim. et lundi   B**a**
Rest – (22 € bc) Carte environ 42 €

♦ Proche de la Seine, derrière la Porte-aux-Prêtres, ce sympathique petit restaurant propose
une cuisine au goût du jour. Le décor marie à merveille l'ancien et le contemporain.

à Mantes-la-Ville 2 km par ③ – 18 506 h. – alt. 36 m – ⊠ 78711

XXX **Le Moulin de la Reillère**   🍽 🛋 **P** ᴠɪꜱᴀ ◉◉
171 rte Houdan – ℰ 01 30 92 22 00 – www.lemoulindelareillere.fr
– Fax 01 34 97 82 85 – Fermé 10 août-1ᵉʳ sept., sam. midi, dim. soir et lundi
Rest – Menu 25 € (sem.)/50 € – Carte 40/68 €

♦ Belle auberge aménagée dans un ancien moulin du 18ᵉ s. On aime l'agréable salle bourgeoise, la terrasse, le ravissant jardin fleuri et la cuisine de tradition. Accueil convivial.

à Rosay 10 km par ③ – 362 h. – alt. 98 m – ⊠ 78790

XX **Auberge de la Truite**   🛋 **P** ᴠɪꜱᴀ ◉◉
1 r. Boinvilliers – ℰ 01 34 76 30 52 – Fax 01 34 76 30 65 – Fermé 1ᵉʳ-13 janv.,
mardi midi, dim. soir et lundi
Rest – Menu 55/60 €𝄋

♦ Cadre rustique (tableaux en expo-vente), terrasse, recettes classiques revisitées au gré des
saisons et conseils avisés dans le choix des vins. Quoi de plus ? Se régaler à table !

MANTES-LA-VILLE – 78 Yvelines – **311** G2 – rattaché à Mantes-la-Jolie

---

MANVIEUX – 14 Calvados – **303** I3 – rattaché à Arromanches-les-Bains

---

MANZAC-SUR-VERN – 24 Dordogne – **329** E5 – 509 h. – alt. 80 m   4 C1
– ⊠ 24110

▶ Paris 502 – Bergerac 34 – Bordeaux 112 – Périgueux 20

✕✕   **Le Lion d'Or** avec ch   ⛭ ⛲ ⌇ 🄿 ᘻ VISA ⚊ AE ①
⊗⊗   pl. de l'Église – ℰ 05 53 54 28 09 – www.lion-dor-manzac.com
– Fax 05 53 54 25 50 – Fermé 15-30 nov., 9 fév.-3 mars, dim. soir sauf juil.-août et
lundi
8 ch – ♦52 € ♦♦56 €, � 8,50 € – ½ P 53 €
Rest – (13 €) Menu 19/43 € – Carte 30/46 €
♦ Lumineuse salle à manger agrémentée de bibelots où l'on savoure une copieuse cuisine
au goût du jour prenant souvent l'accent du terroir.

MARAIS-VERNIER – 27 Eure – **304** C5 – rattaché à Conteville

---

MARAUSSAN – 34 Hérault – **339** D8 – rattaché à Béziers

MARÇAY – 37 Indre-et-Loire – **317** K6 – rattaché à Chinon

MARCILLAC-LA-CROISILLE – 19 Corrèze – **329** N4 – 827 h.   25 C3
– alt. 550 m – ⊠ 19320 ▌ Limousin Berry

▶ Paris 498 – Argentat 26 – Aurillac 80 – Égletons 17

au Pont du Chambon 15 km au Sud-Est, par D 978 (dir. Mauriac), D 60 et D 13
⊠ 19320 St-Merd-de-Lapleau

✕✕   **Fabry (Au Rendez-vous des Pêcheurs)** avec ch ⊗   ← ⛭ 🄿
⊗⊗   – ℰ 05 55 27 88 39 – www.rest-fabry.com   VISA ⚊ AE
– Fax 05 55 27 83 19 – Ouvert 13 fév.-12 nov. et fermé dim. soir
et lundi hors saison
8 ch – ♦46 € ♦♦46/50 €, ⊇ 7 €
Rest – Menu 15 € (sem.)/39 € – Carte 30/47 €
♦ Calme garanti dans cette maison familiale isolée sur une rive de la Dordogne. Ses atouts ?
Une cuisine du terroir assortie de quelques plats actuels et des chambres claires.

MARCILLY-EN-VILLETTE – 45 Loiret – **318** J5 – 1 980 h.   12 C2
– alt. 124 m – ⊠ 45240

▶ Paris 153 – Blois 83 – Orléans 23 – Romorantin-Lanthenay 55

⌂   **La Ferme des Foucault** sans rest ⊗   ⌇ 🄿
6 km au Sud-Est par D 64 (rte de Sennely) – ℰ 02 38 76 94 41
– www.ferme-des-foucault.com – Fax 02 38 76 94 41 – Fermé de début janv. à
mi-fév.
3 ch ⊇ – ♦75/85 € ♦♦80/90 €
♦ Ancienne ferme à colombages nichée au cœur de la forêt. Ses chambres, coquettes et très
spacieuses, s'agrémentent de meubles rustiques ; l'une d'elles dispose d'une terrasse.

MARCQ-EN-BAROEUL – 59 Nord – **302** G3 – rattaché à Lille

MAREUIL-CAUBERT – 80 Somme – **301** D7 – rattaché à Abbeville

---

MARGAUX – 33 Gironde – **335** G4 – 1 391 h. – alt. 16 m – ⊠ 33460   3 B1

▶ Paris 599 – Bordeaux 29 – Lesparre-Médoc 42
▨ de Margaux 5 route de l' Île Vincent, N : 1 km, ℰ 05 57 88 87 40

Relais de Margaux ♨ ≤ ⑩ 🎣 ⊼ 🏊 ㏐ ✕ 🖥 ⬚ & 🅺 ♒ 🄿 ⬚ 🅿
5 route de l'Île Vincent, 2,5 km au Nord-Est
– 𝒞 05 57 88 38 30 – www.relais-margaux.fr – Fax 05 57 88 31 73   VISA ⓪⓪ AE ①
92 ch – ♦199/329 € ♦♦199/329 €, ☷ 21 € – 8 suites
Rest *L'Île Vincent* – *(Ouvert 1er mai-30 oct.) (dîner seult)* Menu 46/84 € bc
– Carte 55/90 €
Rest *Brasserie du Lac* – (16 €) Menu 19 € (déj.) – Carte 35/55 €
♦ Ancien domaine viticole entre estuaire et vignoble. Parc avec golf, spa complet et chambres
spacieuses. Cadre chic, carte actuelle et vins régionaux à l'Île Vincent. Brasserie décontractée
ouverte sur le green, recettes revisitant le terroir et grillades.

à Arcins 6 km au Nord-Ouest sur D 2 – 366 h. – alt. 10 m – ✉ 33460

✗ **Le Lion d'Or**   🎣 🅺 VISA ⓪⓪ AE
☜☜ – 𝒞 05 56 58 96 79 – Fermé juil., 23 déc.-2 janv., dim., lundi et fériés
🤗 **Rest** – *(nombre de couverts limité, prévenir)* Menu 13 € bc (sem.)
– Carte 28/45 €
♦ Sympathique bistrot campagnard avec boiseries claires et décor de casiers à bouteilles.
Plats du terroir mitonnés et copieux. Convivialité de rigueur !

MARGÈS – 26 Drôme – **332** D3 – 844 h. – alt. 282 m – ✉ 26260   **43** E2
▶ Paris 551 – Grenoble 92 – Hauterives 14 – Romans-sur-Isère 13

🏠 **Auberge Le Pont du Chalon**   🎣 ㏑ 🅿 VISA ⓪⓪
☜☜ *2 km au Sud par D 538* – 𝒞 04 75 45 62 13 – www.pontduchalon.com
– Fermé 1er-4 mai, 17 août-2 sept., 21-30 déc., 15 fév.-1er mars, dim. soir, merc.
🍴 *soir, lundi et mardi*
9 ch – ♦41/46 € ♦♦46/56 €, ☷ 7 €
Rest – *(fermé merc. soir de sept. à mai, dim. soir, lundi et mardi)* (12 €)
Menu 18/32 € – Carte 25/46 €
♦ Cette auberge 1900 nichée derrière un rideau de platanes dispense une ambiance chaleureuse et raffinée. Décoration actuelle et colorée partout. Salle à manger de style rustique
chic, terrasse et terrain de pétanque pour l'avant ou l'après-repas.

MARGUERITTES – 30 Gard – **339** L5 – **rattaché à Nîmes**

MARIENTHAL – 67 Bas-Rhin – **315** K4 – ✉ 67500   **1** B1
▶ Paris 479 – Haguenau 5 – Saverne 42 – Strasbourg 30

✗✗ **Le Relais Princesse Maria Leczinska**   🎣 & ♒ VISA ⓪⓪
1 r. Rothbach – 𝒞 03 88 93 43 48 – Fermé sam. midi, dim. soir et merc.
Rest – *(nombre de couverts limité, prévenir)* (14 €) Menu 38/50 €
♦ Traditionnelle dans l'âme (poutres, vitrail, poêle en faïence) mais contemporaine dans l'esprit (couleurs sobres), cette maison propose une courte carte actuelle, riche en saveurs.

MARIGNANE – 13 Bouches-du-Rhône – **340** G5 – 32 921 h. – alt. 10 m   **40** B3
– ✉ 13700 ▌Provence
▶ Paris 753 – Aix-en-Provence 24 – Marseille 26 – Martigues 16
✈ de Marseille-Provence : 𝒞 04 42 14 14 14.
🅸 Office de tourisme, 4, boulevard Frédéric Mistral 𝒞 04 42 77 04 90,
Fax 04 42 31 49 39
◎ Canal souterrain du Rove★ SE : 3 km.

à l'aéroport de Marseille-Provence au Nord – ✉ 13700

Pullman   🚄 🎣 🏊 ✕ 🖥 & 🅺 ♒ 🅰 🅿 VISA ⓪⓪ AE ①
– 𝒞 04 42 78 42 78 – www.pullman-marseille-provence.com – Fax 04 42 78 42 70
177 ch – ♦109/325 € ♦♦109/345 €, ☷ 22 € – 1 suite
Rest – (27 €) Carte 40/60 €
♦ Bâtiment des années 1970 entièrement rénové et proposant des chambres dans un style
provençal ou contemporain beaucoup plus zen. Fitness. Au restaurant : agréable espace tendance, ambiance lounge, belle vinothèque, cuisine méditerranéenne et carte snacking.

Best Western 🏨 ☆ 🏊 🎣 ✕ 🛎 ⚫ 🦻 ch, AC ch, 🛜 🕌 P VISA ⓐⓞ AE ⓞ

(face à l'aéroport) ⊠ 13127 Vitrolles – 𝒞 04 42 15 54 00 – www.bwmrs.com
– Fax 04 42 89 69 18

120 ch – ♦119/189 € ♦♦119/189 €, ⊇ 14 € **Rest** – Carte 26/37 €

◆ Cette construction récente dissimule un intérieur classique assez inattendu : mobilier Louis XVI dans les chambres et lustre de cristal dans le hall. Salle à manger moderne agrémentée de boiseries ; terrasse meublée en teck dressée au bord de la piscine.

Z.I. Les Estroublans 4 km au Nord-Est par D 9 (rte Vitrolles) – ⊠ 13127 Vitrolles

Novotel 🚗 ☆ 🏊 🛎 🦻 AC 🛜 🕌 P VISA ⓐⓞ AE ⓞ

24 r. de Madrid – 𝒞 04 42 89 90 44 – www.novotel.com – Fax 04 42 79 07 04

117 ch – ♦89/155 € ♦♦89/155 €, ⊇ 14 € **Rest** – (16 €) Carte environ 30 €

◆ Les chambres, spacieuses et bien insonorisées, sont progressivement refaites selon le dernier concept de la chaîne. Belle roseraie dans le jardin. Piscine. Restaurant servant une cuisine traditionnelle et Novotel Café (petits plats rapides et décor à la mode).

Un nom d'établissement passé en rouge désigne un « espoir ».
Le restaurant est susceptible d'accéder à une distinction supérieure :
première étoile ou étoile supplémentaire. Vous les retrouverez dans
la liste des tables étoilées en début de guide.

MARIGNY-ST-MARCEL – 74 Haute-Savoie – 328 I6 – 621 h.   46 F1
– alt. 404 m – ⊠ 74150

▶ Paris 536 – Aix-les-Bains 22 – Annecy 19 – Bellegarde-sur-Valserine 43

✕✕ Blanc avec ch 🚗 ☆ 🏊 🦻 ch, AC rest, 🛜 P VISA ⓐⓞ AE

– 𝒞 04 50 01 09 50 – www.blanc-hotel-restaurant.fr – Fax 04 50 64 58 05
– Fermé 28 déc.-5 janv.

16 ch – ♦85/130 € ♦♦85/140 €, ⊇ 12 € – ½ P 56/85 €

Rest – *(fermé dim. soir et sam. sauf juil.-août)* (15 €) Menu 25/90 €
– Carte 41/90 €

◆ Auberge familiale avec deux salles à manger pimpantes (une pour l'été, une pour l'hiver) ; carte traditionnelle et spécialités régionales. Terrasse ombragée face au jardin et la piscine. Chambres spacieuses.

MARINGUES – 63 Puy-de-Dôme – 326 G7 – 2 610 h. – alt. 315 m   6 C2
– ⊠ 63350 ▮ Auvergne

▶ Paris 409 – Clermont-Ferrand 32 – Lezoux 16 – Riom 22

✕✕ Le Clos Fleuri avec ch 🚗 ☆ 🦻 ch, ✕ ch, P VISA ⓐⓞ AE

rte de Clermont – 𝒞 04 73 68 70 46 – www.leclosfleuri.net – Fax 04 73 68 75 58
– Fermé 16 fév.-14 mars, lundi sauf le soir en juil.-août, vend. soir et dim. soir
de sept. à juin

14 ch – ♦46/50 € ♦♦52/57 €, ⊇ 8 € – ½ P 54 €

Rest – (18 €) Menu 24/42 € – Carte 28/45 €

◆ À la sortie du village, cette maison de famille (depuis trois générations) jouit d'un beau jardin visible de la salle. Cadre chaleureux et classicisme régional dans l'assiette.

✕✕ Le Carrousel 🗻 P VISA ⓐⓞ

14 r. du Pont de Morge – 𝒞 04 73 68 70 24 – www.restaurant-lecarrousel.com
– Fermé 1er-15 juil. et 1er-15 janv.

Rest – (11 €) Menu 24/55 € – Carte 52/74 €

◆ Champêtre, la salle à manger invite à un moment de convivialité autour des recettes actuelles et délicates d'un chef très pro. Terrasse protégée côté rivière. Accueil charmant.

MARLENHEIM – 67 Bas-Rhin – 315 I5 – 3 477 h. – alt. 195 m   1 A1
– ⊠ 67520 ▮ Alsace Lorraine

▶ Paris 468 – Haguenau 50 – Molsheim 13 – Saverne 18

🛈 Office de tourisme, 11, place du Kaufhus 𝒞 03 88 87 75 80,
   Fax 03 88 87 75 80

Le Cerf (Michel Husser) 🛜 AC ⅍ P P VISA ⚫ AE ⓞ
30 r. Gén. de Gaulle – ℰ 03 88 87 73 73 – www.lecerf.com – Fax 03 88 87 68 08
18 ch ⌑ – ♦130/447 € ♦♦130/447 € – ½ P 104/263 €
Rest – (fermé mardi et merc.) Menu 39 € (déj. en sem.), 63/79 € – Carte 62/95 €🅰
Spéc. Tartare de dorade façon maatjes. Gibier des chasses de la Mossig aux
épices du trappeur, samossa aux griottes, spaetzele (mai à janv.). "Saotoubo"
aux chocolats grands crus. **Vins** Riesling, Pinot gris.
♦ Ancien relais de poste, cette élégante hostellerie abrite des chambres soignées et possède
une jolie cour fleurie. L'Alsace est à l'honneur dans le restaurant habillé de boiseries et
de tableaux. Cuisine personnalisée axée sur le produit et teintée terroir.

Hostellerie Reeb 🛜 AC rest, 🍴 ⅍ P VISA ⚫ AE ⓞ
2 r. Albert Schweitzer – ℰ 03 88 87 52 70 – www.hostellerie-reeb.fr
– Fax 03 88 87 69 73 – Fermé en janv.
26 ch – ♦55/60 € ♦♦55/60 €, ⌑ 9 € – ½ P 55/60 €
Rest La Crémaillère – (fermé dim. soir et lundi) (10 €) Menu 20 € (sem.)/35 €
– Carte 25/55 €
♦ Aux portes du village où débute la route des Vins, une maison à colombages dotée
de chambres bien tenues, claires et d'esprit champêtre (meubles de famille, tissus locaux). À
La Crémaillère, décor "tout bois" pour une cuisine régionale.

MARLY-LE-ROI – 78 Yvelines – **312** B2 – **101** 12 – **voir à Paris, Environs**

MARMANDE ◈ – 47 Lot-et-Garonne – **336** C2 – 17 317 h. – alt. 30 m   4 C2
– ✉ 47200 🏛 Aquitaine
▶ Paris 666 – Agen 67 – Bergerac 57 – Bordeaux 90
🛈 Office de tourisme, boulevard Gambetta ℰ 05 53 64 44 44, Fax 05 53 20 17 19

Le Capricorne sans rest 🌊 ⅍ AC 🍴 ⅍ P VISA ⚫ AE ⓞ
av Hubert Ruffe, rte d'Agen, 2 km par D 813 – ℰ 05 53 64 16 14
– www.lecapricorne-hotel.com – Fax 05 53 20 80 18 – Fermé 18 déc.-2 janv.
34 ch – ♦63 € ♦♦73 €, ⌑ 8 €
♦ L'hôtel date des années 1970 mais l'entretien est suivi : chambres fonctionnelles bien
tenues et insonorisées, salles de bains refaites... Un bon rapport qualité-prix.

à l'échangeur A 62 9 km au Sud par D 933 – ✉ 47430 Ste-Marthe

Les Rives de l'Avance sans rest ⅍ 🕭 🍴 P VISA ⚫
Moulin de Trivail – ℰ 05 53 20 60 22 – www.hotel-marmande.fr
– Fax 05 53 20 98 76
16 ch – ♦40/50 € ♦♦45/55 €, ⌑ 6 €
♦ Calme et verdure font de cet hôtel jouxtant un moulin à eau une halte inespérée à proxi-
mité de l'autoroute. Chambres fonctionnelles. Salon de musique et bibliothèque.

à Pont-des-Sables 5 km au Sud par D 933 – ✉ 47200

🛈 Syndicat d'initiative, Val de Garonne-Pont des Sables ℰ 05 53 89 25 59,
Fax 05 53 93 28 03

Auberge de l' Escale 🍴 🛜 ⇆ P VISA ⚫ AE
Pont des Sables – ℰ 05 53 93 60 11 – Fax 05 53 83 09 15 – Fermé 1 sem.
début sept., 1 sem. mi-nov., 1 sem. début janv., sam. midi, dim. soir et lundi
Rest – Menu 15 € (déj. en sem.), 23/54 € – Carte 35/70 €
♦ Cette maison landaise est le rendez-vous des plaisanciers qui naviguent sur le canal. Inté-
rieur coquet avec cheminée (grillades) et terrasse d'été. Plats traditionnels et de saison.

MARMANHAC – 15 Cantal – **330** C4 – 723 h. – alt. 650 m – ✉ 15250   5 B3
▶ Paris 566 – Clermont-Ferrand 154 – Aurillac 17 – Saint-Flour 69

Château de Sédaiges sans rest ⅍ 🕭 P VISA ⚫ AE
– ℰ 04 71 47 30 01 – www.chateausedaiges.com – Fax 04 71 47 30 01 – Ouvert
1er mai-30 sept.
5 ch ⌑ – ♦110 € ♦♦120 €
♦ Château de famille, d'architecture Troubadour (12e-19e s.), dans un parc planté de specta-
culaires essences. Chambres au charme ancien, monumental escalier en bois et superbes
tapisseries.

MARNANS – 38 Isère – **333** E6 – 129 h. – alt. 410 m – ⊠ 38980   **43** E2

▌Lyon Drôme Ardèche

> ▶ Paris 558 – Grenoble 62 – Lyon 96 – Valence 89

✗   **Auberge de Marnans "Atelier Nicolas Grandclaude"** avec ch ⌂
⊖⊖   2 pl. du prieuré – ℰ 04 76 36 28 71   斤 ఉ rest, ✗ 🚾 ⊚⊚
(☺)   – www.ateliergrandclaude.com – Fermé dim. soir, lundi et mardi sauf le soir
      en juil.-août
      4 ch – ♦55/63 € ♦♦68/76 €, ☲ 8 €
      Rest – (prévenir) (15 €) Menu 18 € (déj.), 26/37 € – Carte 42/56 €
      ◆ Maison de pays engageante donnant sur la place du prieuré (11ᵉ s.). Cuisine personnalisée
      et franche, servie avec le sourire. Succès oblige, réservation conseillée. Les chambres sont
      spacieuses, claires et décorées avec goût (vieux meubles).

MARNE-LA-VALLÉE – Île-de-France – **312** E2 – **101** 19 – **voir à Paris, Environs**

MARQUAY – 24 Dordogne – **329** H6 – 548 h. – alt. 175 m – ⊠ 24620   **4** D3

▌Périgord Quercy

> ▶ Paris 530 – Brive-la-Gaillarde 55 – Périgueux 60 – Sarlat-la-Canéda 12

🏠   **La Condamine** ⌂   ← 🚗 斤 ☲ ఉ ch, 🐾 🅿 🚾 ⊚⊚ 🄰🄴
⊖⊖   rte Meyrals : 1 km – ℰ 05 53 29 64 08 – www.hotel-lacondamine.com
      – Fax 05 53 28 81 59 – Ouvert de Pâques à la Toussaint
      22 ch – ♦42/52 € ♦♦42/60 €, ☲ 8 € – ½ P 47/58 €
      Rest – (dîner seult) Menu 15/35 € – Carte 20/40 €
      ◆ Bâtisse d'allure traditionnelle dominant la campagne périgourdine. Quelques chambres
      avec balcon et vue sur la nature. Sage décor d'esprit agreste. Minigolf, boulodrome. Restau-
      rant de style "pension de famille" ; la terrasse ouvre sur le jardin et la piscine.

MARSAC-SUR-DON – 44 Loire-Atlantique – **316** F2 – 1 327 h.   **34** B2
– alt. 50 m – ⊠ 44170

> ▶ Paris 408 – Nantes 50 – Saint-Herblain 53 – Rezé 59

🏠   **La Mérais** sans rest ⌂   ◐ 🅿
⊖⊖   1,3 km au Sud par D44 – ℰ 02 40 79 50 78 – www.lamerais.com – Ouvert avril
      à oct.
      3 ch ☲ – ♦45 € ♦♦58 €
      ◆ Cette longère en schiste bleu dans un parc aux abords du village a le charme d'une maison
      de campagne. Chambres aux couleurs chaudes. Petit-déjeuner en terrasse aux beaux jours.

MARSANNAY-LA-CÔTE – 21 Côte-d'Or – **320** J6 – **rattaché à Dijon**

MARSANNE – 26 Drôme – **332** C6 – 1 213 h. – alt. 250 m – ⊠ 26740   **44** B3

▌Lyon Drôme Ardèche

> ▶ Paris 611 – Lyon 149 – Romans-sur-Isère 69 – Valence 48
> 🇮 Office de tourisme, Place Emile Loubet ℰ 04 75 90 31 59,
>   Fax 04 75 90 31 40

🏠🏠   **Domaine de la Vivande**   🚗 斤 ☲ 🄰🄲 ✗ rest, 🐾 🔊 🅿 🚾 ⊚⊚
⊖⊖   rte de Cléon d' Andran, 2,5 km au Sud-Est par D57 – ℰ 04 75 00 56 64
      – www.domainedelavivande.com – Fax 04 75 00 56 62 – Fermé 23 oct.-5 nov.,
      1ᵉʳ-22 janv., 15-26 fév., dim. soir et lundi
      9 ch – ♦72/110 € ♦♦80/119 €, ☲ 11 €
      Rest – (fermé mardi midi, jeudi midi et vend. midi) Menu 22/48 €
      – Carte 28/59 €
      ◆ En pleine campagne, cette belle maison du 18ᵉ s. propose des chambres spacieuses (mezza-
      nine) et confortables, à la décoration contemporaine. Environnement arboré, piscine. Cui-
      sine au goût du jour servie dans une belle salle voûtée.

🏠   **Le Mas du Chatelas** ⌂   🚗 斤 ☲ 🄰🄲 ch, 🐾 🅿 🚾 ⊚⊚
⊖⊖   La Plaine – ℰ 04 75 52 97 31 – www.lemasduchatelas.com – Fax 04 75 53 14 48
      5 ch ☲ – ♦70/140 € ♦♦85/150 €   **Table d'hôte** – Menu 15/35 € bc
      ◆ Les propriétaires de ce mas provençal du 18ᵉ s. l'ont placé sous le signe du roman-
      tisme : chambres à la décoration campagnarde raffinée, dîner aux chandelles, terrasse.

▌ Languedoc Roussillon

> ▶ Paris 754 – Agde 7 – Béziers 31 – Montpellier 49
> ▣ Office de tourisme, avenue de la Méditerranée 𝒞 04 67 21 82 43,
> Fax 04 67 21 82 58

%%   **La Table d'Emilie**   ⇪ AC VISA ◉◎ AE
⊗   *8 pl. Carnot – 𝒞 04 67 77 63 59 – Fax 04 67 01 72 02 – Fermé 3-24 nov.,*
3-15 janv., lundi midi et jeudi midi du 1ᵉʳ juil.-30 sept., dim. soir, lundi et merc.
du 1ᵉʳ oct.-30 juin
Rest – Menu 19 € (déj. en sem.), 28/50 € – Carte 47/61 €
  ♦ Une table d'Émilie... jolie ! Maisonnette du 12ᵉ s. au charme romantique (pierres apparentes, voûte d'ogives, patio verdoyant). Cuisine au goût du jour sagement inventive.

%%   **Le Château du Port**   ⇪ VISA ◉◎ AE
9 quai de la Résistance – 𝒞 04 67 77 31 67 – www.chateauduport.com
– Fax 04 67 77 11 30
Rest – (17 € bc) Menu 29 € – Carte 37/55 €
  ♦ Bistrot chic contemporain installé dans une belle maison bourgeoise du 19ᵉ s. Produits de la mer, recettes régionales revisitées et agréable terrasse au bord du canal.

%   **Chez Philippe**   ⇪ AC VISA ◉◎
20 r. Suffren – 𝒞 04 67 37 36 80 – Fax 04 67 37 36 80 – Fermé janv., mardi d'oct.
à mai et lundi
Rest – (prévenir) (19 €) Menu 28 € – Carte 30/42 €
  ♦ Sympathique ambiance méridionale à proximité du bassin de Thau : cuisine régionale servie dans la salle aux couleurs méditerranéennes ou sur la terrasse d'été.

Le Vieux Port

MARSEILLE

Département : P 13 Bouches-du-Rhône
Carte Michelin LOCAL : 340 H6
114 28
▶ Paris 769 – Lyon 314 – Nice 189 – Torino 373

Population : 839 043 h.
Pop. agglomération : 1 349 772 h.
Code Postal : ✉ 13000
🏳 Provence
Carte régionale : 40 B3

RENSEIGNEMENTS PRATIQUES

🅱 OFFICES DE TOURISME

Office de tourisme, 4, la Canebière ℰ 04 91 13 89 00, Fax 04 91 13 89 20 - Annexe Gare Saint-Charles ℰ 04 91 50 59 18

TRANSPORTS

🚃 Auto-train ℰ 3635 (dîtes auto-train - 0,34 €/mn)

🚃 Tunnel Prado-Carénage : péage 2009, tarif normal : 2,60 €

TRANSPORTS MARITIMES

🚢 Pour le Château d'If : Navettes Frioul If Express ℰ 04 91 46 54 65

🚢 Pour la Corse : SNCM 61 bd des Dames (2ᵉ) ℰ 0 825 888 088 (0,15 €/mn), Fax 04 91 56 35 86 - CMN 4 quai d'Arenc (2ᵉ) ℰ 0 810 201 320, Fax 04 91 99 45 95

AÉROPORT

✈ Marseille-Provence ℰ 04 42 14 14 14, par ① : 28 km

QUELQUES GOLFS

⛳ de Marseille-La Salette 65, impasse des Vaudrans, E : 10 km à la Valentine, ℰ 04 91 27 12 16

⛳ d'Allauch à Allauch Domaine de Fontvieille, NE : 14 km par rte d'Allauch, ℰ 04 91 07 28 22

👁 A VOIR

AUTOUR DU VIEUX PORT

Le vieux port★★ - Quai des Belges (marché aux poissons) ET **5** - Musée d'Histoire de Marseille★ ET **M**[3] - Musée du Vieux Marseille DET **M**[7] - Musée des Docks romains★ DT **M**[6] - ≼★ depuis le belvédère St-Laurent DT **D** - Musée Cantini★ FU **M**[2]

QUARTIER DU PANIER

Centre de la Vieille Charité★★ : Musée d'archéologie méditerranéenne, Musée d'Arts africains, océaniens, amérindiens MAAOA★★ DS **E** - Ancienne cathédrale de la Major★ DS **B**

NOTRE-DAME-DE-LA-GARDE

≼★★★ du parvis de la basilique de N.-D.-de -la-Garde★★ EV Basilique St-Victor★ (crypte★★) DU

LA CANEBIÈRE

De la rue Longue-des-Capucins au cours Julien : place du Marché-des-Capucins, rue du Musée, rue Rodolph-Pollack, rue d'Aubagne, rue St-Ferréol.

QUARTIER LONGCHAMP

Musée Grobet-Labadié★★ GS **M**[8] - Palais Longchamp★ GS : musée des Beaux-Arts★ et musée d'Histoire naturelle★

QUARTIERS SUD

Corniche Président-J.-F.-Kennedy★★ AYZ - Parc du Pharo DU - Vallon des Auffes★ AY.

AUTOUR DE MARSEILLE

Visite du port★ - Château d'If★★ : ※★★★ sur le site de Marseille - Massif des Calanques★★★ - Musée de la faïence★

ĤẫĤ **Sofitel Vieux Port** ⟨ ≤ ⟩ 𝄽 𝄽 ⟨ ⟩ & ch, 𝕂 ⟨𝄽⟩ 𝄽𝄽 ⟨⟩ VISA ◉ AE ◉
36 bd Ch.-Livon ⊠ 13007 – ℰ 04 91 15 59 00
– www.sofitel-marseille-vieuxport.com – Fax 04 91 15 59 50   **3DUn**
134 ch – ♦180/550 € ♦♦180/550 €, � 25 € – 3 suites
Rest *Les Trois Forts* – ℰ 04 91 15 59 56 – Menu 59/79 €
◆ Ce confortable hôtel dominant la passe du Vieux Port vous convie à faire escale dans ses belles chambres de style provençal ou contemporain, certaines avec terrasse et vue sur mer. Au restaurant, cuisine actuelle et panorama exceptionnel.

ĤẫĤ **Radisson Blu** 𝄽 ⟨ ⟩ 𝄽 𝄽 ⟨ ⟩ & 𝕂 ⟨𝄽⟩ 𝄽𝄽 ⟨⟩ VISA ◉ AE
38 quai Rive-Neuve ⊠ 13007 – ℰ 04 88 92 19 50
– www.radissonblu.com/hotel-marseille – Fax 04 88 92 19 51   **3DUd**
189 ch – ♦126/395 € ♦♦126/395 €, ⊻ 25 € – 10 suites
Rest – *(fermé sam. midi et dim.)* (18 €) Menu 23 € (sem.)/32 €
– Carte 31/49 €
◆ Imposant, moderne et design : voici le Radisson, ancré sur le Vieux port. Touches provençales ou africaines dans les chambres, équipements dernier cri, vue de carte postale (pour certaines). Salle de restaurant tendance et tamisée ; plats aux accents méditerranéens.

ĤẫĤ **Villa Massalia** ⟨ ≤ ⟨ ⟩ 𝄽 ◉ 𝄽 𝄽 ⟨ ⟩ & 𝕂 ⟨𝄽⟩ 𝄽𝄽 ⟨⟩ VISA ◉ AE
17 pl. Louis-Bonnefon, au Sud du Parc Borély ⊠ 13007
– ℰ 04 91 72 90 00 – www.concorde-hotels.com
– Fax 04 91 72 90 01   **1BZ**
136 ch – ♦130/550 € ♦♦140/550 €, ⊻ 21 € – 4 suites
Rest *Yin Yang* – (38 € bc) Menu 42 € – Carte 40/70 €
◆ Idéal pour une clientèle d'affaires, cet hôtel récent en bordure du parc Borély dispose de chambres d'esprit contemporain, confortables et bien équipées. Au Ying Yang, le décor aux touches asiatiques va de pair avec une cuisine fusion. Terrasse face à l'hippodrome.

ĤẫĤ **Pullman Palm Beach** ⟨ ≤ ⟨ ⟩ 𝄽 𝄽 𝄽 ⟨ ⟩ & 𝕂 ⟨𝄽⟩ 𝄽𝄽 ⟨⟩ VISA ◉ AE ◉
200 Corniche J.-F.-Kennedy ⊠ 13007
– ℰ 04 91 16 19 00 – www.pullmanhotels.com
– Fax 04 91 16 19 39   **1AZb**
160 ch – ♦160/325 € ♦♦160/350 €, ⊻ 22 € – 10 suites
Rest *La Réserve* – ℰ 04 91 16 19 21 – (34 €) Menu 38 € (sem.)
– Carte 40/80 €
◆ Face à l'Île du Château d'If, ce vaisseau moderne arbore un style à la fois design et marin. Chambres tout confort, espace détente et équipement complet pour séminaires. À La Réserve, cadre très contemporain et saveurs ensoleillées revisitées.

ĤẫĤ **Le Petit Nice** (Gérald Passédat) ⟨≫⟩ ⟨ ≤ ⟨ ⟩ 𝄽 ⟨ ⟩ & rest, 𝕂 ⟨𝄽⟩ 🅿
✿✿✿ anse de Maldormé, (hauteur 160 Corniche J.-F.-Kennedy)   VISA ◉ AE ◉
⊠ 13007 – ℰ 04 91 59 25 92
– www.passedat.fr – Fax 04 91 59 28 08
– Fermé 1ᵉʳ-20 janv., vacances de fév. et vacances de la Toussaint   **1AZd**
13 ch – ♦190/750 € ♦♦210/750 €, ⊻ 30 € – 3 suites
Rest – *(fermé lundi sauf le soir en juil.-août et dim.)* Menu 85 € (déj. en sem.), 130/250 € – Carte 135/230 € 𝄽
Spéc. Menu "Découverte de la mer". Anémones de mer en onctueux iodé puis en beignets légers, lait mousseux au caviar. Bouille-Abaisse comme un menu. **Vins** Vin de pays des Alpilles, Cassis.
◆ La remarquable cuisine de la mer, inventive et raffinée, justifie de s'attabler dans ce lieu unique. Vue magique sur la grande bleue, décor dans l'air du temps et chambres personnalisées au luxe sans ostentation dans ces deux villas des années 1910.

ĤẫĤ **New Hôtel of Marseille** 𝄽 ⟨ ⟩ 𝄽 𝄽 ⟨ ⟩ & 𝕂 ⟨𝄽⟩ ch, ⟨𝄽⟩ 𝄽𝄽 ⟨⟩
71 bd Ch.-Livon ⊠ 13007 – ℰ 04 91 31 53 15   VISA ◉ AE ◉
– www.newhotelofmarseille.com – Fax 04 91 31 20 00   **3DUv**
100 ch – ♦195/215 € ♦♦215/235 €, ⊻ 16 € – 8 suites
Rest – (16 €) Menu 25/39 € – Carte 25/57 €
◆ Hôtel tout neuf incluant un bâtiment du 19ᵉ s. Style sobre et moderne, équipements très complets dans les chambres qui profitent, pour certaines, d'un panorama sur le vieux port. La carte du restaurant (lieu tendance) s'inspire du Sud et d'ailleurs.

MARSEILLE

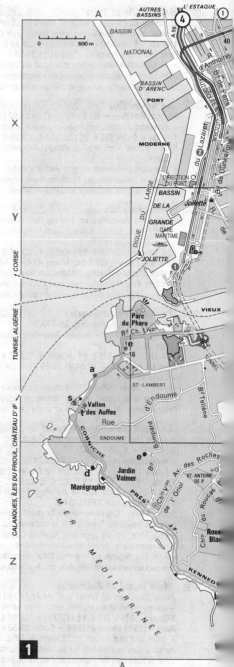

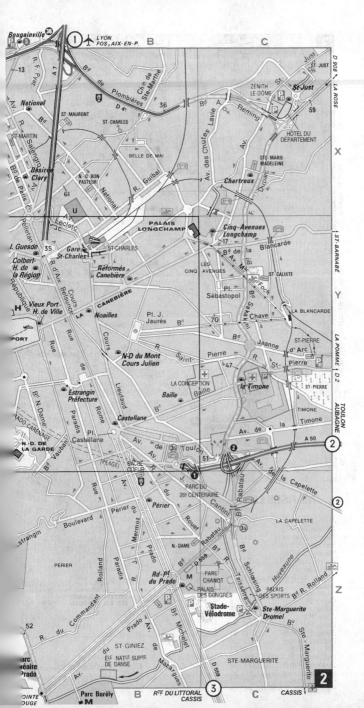

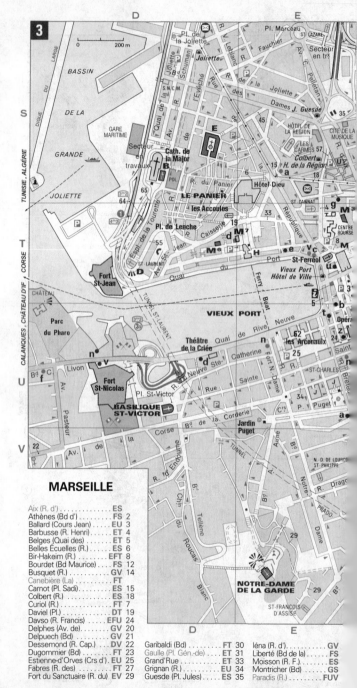

MARSEILLE

940

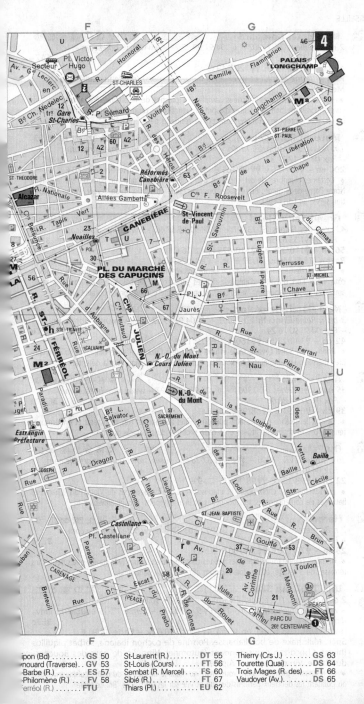

New Hôtel Bompard ⊨ 🕭 🎢 ⊨ ⅘ 🕮 🦅 ¹⁰ 🏋 🅿 📟 ⓐ 🄰🄴 ⓘ

2 r. Flots-Bleus ✉ 13007 – ℰ 04 91 99 22 22 – www.new-hotel.com
– Fax 04 91 31 02 14   1AZ**e**
49 ch – ♦105/129 € ♦♦120/149 €, ☲ 12 €
Rest – *(fermé le midi et week-ends de déc. à mars) (résidents seult)* (22 €)
Menu 26 €
◆ Les chambres, toutes rénovées sauf les 12 proches de la piscine, ont adopté un style
contemporain de bon ton. Suites d'esprit provençal dans un mas séparé, joli jardin intérieur.
Le restaurant propose un menu attractif aux résidents de l'hôtel.

Mercure Euro-Centre 🕭 ⅘ 🕮 ¹⁰ 🏋 🕭 📟 ⓐ 🄰🄴 ⓘ

1 r. Neuve-St-Martin ✉ 13001 – ℰ 04 96 17 22 22 – www.mercure.com
– Fax 04 96 17 22 33   3EST**g**
200 ch – ♦90/155 € ♦♦95/165 €, ☲ 14 €   **Rest** – Carte environ 30 €
◆ Certaines chambres de cet imposant édifice bénéficient d'une vue agréable sur le port et
Notre-Dame-de-la-Garde. Bel espace "business" relié au World Trade Center. Petite restaura-
tion servie au bar.

Grand Tonic Hôtel ≼ 🕭 ⊨ 🕮 ¹⁰ 🏋 📟 ⓐ 🄰🄴 ⓘ

43 quai des Belges ✉ 13001 – ℰ 04 91 55 67 46 – www.tonic-hotel.com
– Fax 04 91 55 67 56   3EU**t**
56 ch – ♦110/395 € ♦♦110/425 €, ☲ 16 €
Rest – (15 €) Menu 21/32 € bc – Carte 24/60 €
◆ Hôtel totalement rénové dans un genre actuel, en plein cœur de Marseille. Les chambres
côté Vieux Port ont plus d'ampleur. Toutes sont dotées de baignoires à remous. À table,
ambiance design sagement "seventies" et appétissante cuisine contemporaine ensoleillée.

New Hôtel Vieux Port sans rest 🕭 🕮 ⅘ ¹⁰ 🏋 📟 ⓐ 🄰🄴 ⓘ

3 bis r. Reine-Élisabeth ✉ 13001 – ℰ 04 91 99 23 23 – www.new-hotel.com
– Fax 04 91 90 76 24   3ET**u**
42 ch – ♦140/220 € ♦♦160/240 €, ☲ 11 €
◆ Pondichéry, Soleil Levant, Mille et une nuits, Vera Cruz ou Afrique noire : de jolies chambres thématiques empreintes d'exotisme, qui invitent au voyage et à la détente.

Alizé sans rest ≼ 🕭 🕮 ¹⁰ 📟 ⓐ 🄰🄴 ⓘ

35 quai des Belges ✉ 13001 – ℰ 04 91 33 66 97 – www.alize-hotel.com
– Fax 04 91 54 80 06   3ETU**b**
39 ch – ♦63/91 € ♦♦68/96 €, ☲ 8 €
◆ Devant le célèbre marché aux poissons, hôtel fonctionnel très bien tenu et entièrement
rénové. Les 16 chambres situées en façade profitent du spectacle du port.

Du Palais sans rest 🕭 🕮 ⅘ ¹⁰ 📟 ⓐ 🄰🄴

26 r. Breteuil ✉ 13006 – ℰ 04 91 37 78 86 – www.hotel-palais-marseille.com
– Fax 04 91 37 91 19   3EU**a**
22 ch – ♦98/130 € ♦♦98/130 €, ☲ 9 €
◆ Emplacement de choix pour cet établissement situé à deux pas du Vieux Port. Chambres
habillées de couleurs gaies, fonctionnelles et bien équipées. Accueil aimable.

Hermès sans rest 🕭 🕮 ¹⁰ 📟 ⓐ 🄰🄴 ⓘ

2 r. Bonneterie ✉ 13002 – ℰ 04 96 11 63 63 – www.hotelmarseille.com
– Fax 04 96 11 63 64   3ET**e**
28 ch – ♦77/100 € ♦♦77/100 €, ☲ 8 €
◆ Un hôtel central tout simple, ses petites chambres bien tenues (vue sur les quais depuis les
terrasses du 5e étage) et son toit-solarium offrant un joli panorama.

Une Table au Sud (Lionel Lévy) ≼ 🕮 ⟷ 📟 ⓐ 🄰🄴

2 quai du Port, (1er étage) ✉ 13002 – ℰ 04 91 90 63 53
– www.unetableausud.com – Fax 04 91 90 63 86 – Fermé 1er-15 août, 3-11 janv.,
dim. et lundi   3ET**c**
Rest – Menu 33 € (déj. en sem.), 47 € bc/110 € bc – Carte 45/91 €
Spéc. Milkshake de bouillabaisse. Poitrine de cochon ibaïona, sorbet piquillos
(hiver). Choco-zan croustifondant (automne). **Vins** Vin de pays des Bouches-
du-Rhône, Vin de pays des Alpilles.
◆ Ce restaurant joliment coloré vous invite au mariage de l'œil et du goût : cuisine inventive
où pointent les délicieux parfums du Sud et vue sur les forts et la "Bonne Mère".

942

XXX **Miramar** 🛱 AC VISA ☎ AE ①

12 quai du Port ✉ *13002 –* ℰ *04 91 91 10 40 – www.bouillabaisse.com*
– Fax 04 91 56 64 31 – Fermé dim. et lundi **3ETv**
Rest – Menu 70 € bc – Carte 65/100 €

♦ Bois vernis et fauteuils rouges très "années 1960" plantent le décor de ce restaurant proposant bouillabaisse et autres spécialités de poissons face au Vieux Port.

XX **L'Épuisette** ≤ AC VISA ☎ AE
£3

Vallon des Auffes ✉ *13007 –* ℰ *04 91 52 17 82 – www.l-epuisette.com*
– Fax 04 91 59 18 80 – Fermé 8-31 août, dim. et lundi **1AYs**
Rest – Menu 55/135 € bc – Carte 80/120 €
Spéc. Compression de crustacés et tomates confites. Médaillon de lotte et aubergine "façon parmesane". Carré de choco-pailletine, sorbet framboise.
Vins Coteaux Varois en Provence, Vin de pays des Alpilles.

♦ Sur les rochers de l'enchanteur vallon des Auffes, cette nef vitrée vous convie à un agréable voyage culinaire dans un espace lumineux et raffiné. Service attentionné.

XX **Péron** ≤ 🛱 & VISA ☎ AE ①
£3

56 Corniche J.-F.-Kennedy ✉ *13007 –* ℰ *04 91 52 15 22*
– www.restaurant-peron.com – Fax 04 91 52 17 29 – Fermé 2 sem. en oct.-nov.
Rest – Menu 58/72 € – Carte 58/80 € **1AYa**
Spéc. Croustillant de sardines et pois gourmands, émulsion de carotte au cumin. Chipirons farcis aux petits légumes citronnés, riz noir venere et jus caramélisé à la badiane. Granité de fruits exotiques, émulsion cardamome, tortillon de réglisse. **Vins** Cassis, Vin de pays des Alpilles.

♦ Décor de paquebot ici (murs rouges, bois exotique, tableaux) et surtout vue plongeante sur les îles du Frioul. Ambiance lounge pour une cuisine actuelle inspirée du grand Sud.

XX **Chez Fonfon** ≤ AC ⇔ VISA ☎ AE

140 Vallon des Auffes ✉ *13007 –* ℰ *04 91 52 14 38 – www.chez-fonfon.com*
– Fax 04 91 52 14 16 – Fermé 2-17 janv., lundi sauf le soir de mai à oct. et dim.
Rest – Menu 42/55 € – Carte 46/63 € **1AYt**

♦ Une maison familiale (1952) aussi agréable pour son cadre que pour ses beaux produits de la mer, tout droit sortis des "pointus" en bois que l'on aperçoit dans le petit port.

XX **Michel-Brasserie des Catalans** AC VISA ☎ AE

6 r. des Catalans ✉ *13007 –* ℰ *04 91 52 30 63 – Fermé 15-28 fév.* **1AYe**
Rest – Carte 80/88 €

♦ Ambiance 100 % marseillaise dans cette institution située face à la plage des Catalans, et où la bouillabaisse est... une religion ! Pêche du jour exposée dans un "pointu".

XX **Le Moment Christian Ernst** AC VISA ☎ AE

5 pl. Sadi Carnot ✉ *13002 –* ℰ *04 91 52 47 49 – www.lemoment-marseille.com*
– Fax 963584614 – Fermé 15-31 août, lundi soir et dim. **3ESa**
Rest – (19 €) Menu 22 € (déj. en sem.), 34/64 € – Carte 54/76 €

♦ Près du Vieux Port, nouvelle table tendance aux multiples facettes : salle à manger contemporaine, salons à l'étage, ateliers, vinothèque, vente à emporter. Cuisine actuelle.

XX **Charles Livon** AC ⅍ VISA ☎ AE

89 bd Charles-Livon ✉ *13007 –* ℰ *04 91 52 22 41 – www.charleslivon.fr*
– Fax 04 91 31 41 63 – Fermé trois sem. en août, sam. midi, lundi midi et dim.
Rest – *(nombre de couverts limité, prévenir)* (19 €) Menu 41/55 € **3DUf**
– Carte 50/60 € 🍽

♦ Cet établissement au plaisant cadre contemporain fait face au Palais du Pharo. Cuisine du jour à l'accent régional, à l'image de la carte des vins.

XX **Cyprien** AC ⇔ VISA ☎ AE

56 av. de Toulon ✉ *13006 –* ℰ *04 91 25 50 00 – www.restaurant-cyprien.com*
– Fax 04 91 25 50 00 – Fermé 2 août-1er sept., 24 déc.-5 janv., lundi soir, sam.
midi, dim. et fériés **4GVr**
Rest – Menu 23/53 € – Carte 29/64 €

♦ Non loin de la place Castellane, table au classicisme affirmé tant au niveau des plats que du décor ponctué de notes florales et égayé de tableaux.

X **La Table du Fort** 🅰🅲 ⛶ ⬚ 📇 ⊙⊙ 🅰🅴

🍲 *8 r. Fort-Notre-Dame ✉ 13007 – ℰ 04 91 33 97 65 – www.latabledufort.fr
– Fermé sam., lundi midi et dim.* **3EUn**
Rest – Menu 19 € (déj.), 32/47 € – Carte 33/49 €
♦ Cette enseigne des quais a conquis les Marseillais. Normal, son décor a beaucoup d'allure :
lampes design, tableaux modernes, touches colorées. Sans oublier l'inventive cuisine.

X **Le Café des Épices** 🍴 🅒 📇 ⊙⊙ 🅰🅴

*4 r. Lacydon ✉ 13002 – ℰ 04 91 91 22 69 – www.cafedesepices.com – Fermé
sam. soir, dim., lundi et fériés* **3DTd**
Rest – *(nombre de couverts limité, prévenir)* (21 €) Menu 25 € (déj.)/40 €
♦ Ce restaurant de poche, agrandi d'une terrasse couverte, vous réserve une cuisine inventive bien faite. L'été, tables dressées sur l'esplanade avec en toile de fond les oliviers.

X **Axis** 🅰🅲 ⛶ 📇 ⊙⊙ 🅰🅴

🍲 *8 r. Sainte Victoire ✉ 13006 – ℰ 04 91 57 14 70 – www.restaurant-axis.com
– Fax 04 91 57 14 70 – Fermé août, 24-30 déc., sam. midi, lundi soir et dim.*
Rest – (15 €) Menu 19 € (déj.), 28/35 € – Carte 28/36 € **4FVf**
♦ Une adresse qui mérite le détour pour sa cuisine dans l'air du temps, réalisée au gré des
saisons. Décor contemporain, vue sur la brigade en action et accueil charmant.

X **Le Ventre de l'Architecte - Le Corbusier** 🅰🅲 🅒 🅿 📇 ⊙⊙ 🅰🅴

*280 bd Michelet, (Cité Radieuse, 3ème étage), par ③ ✉ 13008
– ℰ 04 91 16 78 00 – www.hotellecorbusier.com – Fax 04 91 16 78 28 – Fermé
5-20 août, 5-15 janv., dim. et lundi*
Rest – (24 €) Menu 41/55 € – Carte 50/60 €
♦ La "maison du fada" cache un restaurant insolite et stylé, ouvert sur un balcon (idéal pour
l'apéritif) avec vue sur Marseille et la mer au loin. Savoureuse cuisine inventive.

à Plan-de-Cuques 10 km au Nord-Est par La Rose et D 908 – 10 536 h.
– alt. 70 m – ✉ 13380

🏨 **Le César** 🅢 🚗 🍴 ⊼ 🛁 🔳 🅖 & ch, 🅰🅲 ⁿ⁾ 🕰 🅿 📇 ⊙⊙ 🅰🅴 ⓪

av. G. Pompidou – ℰ 04 91 07 25 25 – www.lecesar.fr – Fax 04 91 05 37 16
30 ch – †98 € ††110 €, ⊡ 10 € – ½ P 95 €
Rest – *(fermé dim. soir)* (17 €) Menu 28/50 € bc – Carte 34/44 €
♦ La sérénité méditerranéenne du lieu, les tons ocre des murs, les chambres aux coloris
méridionaux, l'espace remise en forme et la piscine à péristyle incitent au farniente. Carte
régionale, lumineuse salle à manger et agréable terrasse.

MARSOLAN – 32 Gers – 336 F6 – 425 h. – alt. 171 m – ✉ 32700 **28 B2**
▶ Paris 721 – Toulouse 115 – Auch 43 – Agen 49

🏨 **Lous Grits** 🅢 🍴 🔳 & ch, 🅰🅲 ⊚ 📇 ⊙⊙ 🅰🅴

au village – ℰ 05 62 28 37 10 – www.hotel-lousgrits.com – Fax 05 62 28 37 59
5 ch – †190/280 € ††190/280 €, ⊡ 20 €
Rest – *(dîner seul) (résidents seult)* Menu 40 €
♦ On se sent comme chez soi dans cette accueillante maison qui recrée avec goût un art de
vivre gascon (meubles de famille, bibelots, faïences et mosaïques locales, peintures). Chaleureuse salle à manger, ornée d'une cheminée, où l'on sert un menu du terroir unique.

MARTAINVILLE-ÉPREVILLE – 76 Seine-Maritime – 304 H5 – rattaché à
Rouen

MARTEL – 46 Lot – 337 F2 – 1 519 h. – alt. 225 m – ✉ 46600 **29 C1**
📗 Périgord Quercy

▶ Paris 510 – Brive-la-Gaillarde 33 – Cahors 79 – Figeac 59
🛈 Office de tourisme, place des Consuls ℰ 05 65 37 43 44, Fax 05 65 37 37 27
◉ Place des Consuls★ - Façade★ de l'Hotel de la Raymondie★.

🏠 **Relais Ste-Anne** ⬟   📶 ᗧ ᵴ ch, ᗩ P VISA ✳ AE
😊 *r. Pourtanel* – ℰ *05 65 37 40 56* – *www.relais-sainte-anne.com*
– *Fax 05 65 37 42 82* – *Ouvert 1er mars-1er déc.*
14 ch – †45/175 € ††75/175 €, �]️ 13 € – 2 suites – ½ P 74/169 €
Rest – *(fermé lundi midi)* Menu 16 € (déj.)/23 €
◆ Ancien pensionnat de jeunes filles entouré d'un jardin. Vieille chapelle, élégant salon et
chambres personnalisées. Dans une petite salle à manger au style rustique (cheminée), cuisine traditionnelle simple.

ΧΧ **Le Patio**   🔲 ᵴ VISA ✳
😊 *r. Pourtanel* – ℰ *05 65 37 19 10* – *www.patiosainteanne.com*
– *Fax 05 65 41 20 47* – *Fermé 2 janv.-12 fév., dim. soir et lundi sauf juil.-août,
mardi, merc. et jeudi du 12 fév. au 15 mars et du 16 oct. au 2 janv.*
Rest – (14 €) Menu 18 € (déj. en sem.), 25/82 € – Carte 65/73 €
◆ Au cœur de la vieille ville, agréable restaurant au cadre contemporain qui s'articule autour
d'un joli patio (terrasse) ; cuisine au goût du jour. Salon-bar dans une ancienne grange.

Χ **Auberge des Sept Tours** avec ch ⬟   🔲 ᵗ P VISA ✳
😊 *av. de Turenne* – ℰ *05 65 37 30 16* – *www.auberge7tours.com*
– *Fax 05 65 37 41 69* – *Fermé vacances de fév.*
8 ch – †42 € ††42 €, �]️ 8 €
Rest – *(ouvert 2 mars-14 nov. et fermé sam. midi, dim. soir et lundi sauf
en août)* Menu 13 € bc (déj. en sem.), 26/51 € – Carte 32/50 €
◆ Belle salle à manger-véranda tournée vers la campagne. Carte traditionnelle, spécialités de
canard et sélection de vins axée sur la région. Chambres rustiques.

MARTIEL – 12 Aveyron – **338** D4 – 885 h. – alt. 400 m – ⊠ 12200   **29** C1
▶ Paris 613 – Toulouse 134 – Rodez 63 – Cahors 49

🏠 **Les Fontaines** sans rest ⬟   📶 ᗧ ᵗ P
Pleyjean, par rte de Villeneuve, D 76 – ℰ *05 65 29 46 70* – *www.lesfontaines.net*
– *Ouvert 1er avril-31 oct.*
3 ch �]️ – †50 € ††80/80 €
◆ Dans ce hameau proche de la vallée de l'Aveyron, ancienne bâtisse rénovée par un couple
d'Anglais. Joli salon, chambres avenantes et salle à manger rustique. Copieux breakfast.

MARTIGNÉ-BRIAND – 49 Maine-et-Loire – **317** G5 – 1 847 h.   **35** C2
– alt. 75 m – ⊠ 49540
▶ Paris 324 – Nantes 113 – Angers 33 – Cholet 46

🏠 **Château des Noyers** ⬟   ≤ ᗧ ᗧ ℀ ᵗ P VISA ✳ AE
5 km à l'Ouest par D 208 – ℰ *02 41 54 09 60* – *www.chateaudesnoyers.com*
– *Fax 02 41 44 32 63* – *Ouvert 1er avril-15 nov.*
5 ch ☹️ – †160/190 € ††160/280 €   **Table d'hôte** – Menu 45 € bc
◆ Classé monument historique, château des 16e-17e s. entouré d'un domaine viticole : mobilier d'époque (Louis XV et XVI, Empire), cadre précieux... Piscine, tennis. Cheminée et armoiries de Richelieu dans la salle à manger. Prison reconvertie en chai et dégustations au caveau.

MARTIGUES – 13 Bouches-du-Rhône – **340** F5 – 46 318 h. – alt. 1 m   **40** B3
– ⊠ 13500 ▮ Provence
▶ Paris 769 – Aix-en-Provence 45 – Arles 53 – Marseille 40
🄸 Syndicat d'initiative, rond point de l'Hôtel de Ville ℰ 04 42 42 31 10,
Fax 04 42 42 31 11
◉ Miroir aux oiseaux★ - Étang de Berre★ Z.
◉ ≤★ de la chapelle N.D.-des-Marins, 3,5 km par ④.
Plan page suivante

🏠 **St-Roch**   📶 🔲 🗔 🄺 ch, ᵗ ᗩ P VISA ✳ AE ⓞ
av. G. Braque – ℰ *04 42 42 36 36* – *www.hotelsaintroch.com* – *Fax 04 42 80 01 80*
63 ch ☹️ – †98/116 € ††98/116 €   Yx
Rest – *(fermé 25 déc.-1er janv.)* (21 €) Menu 25/50 € – Carte 24/56 €
◆ Cet hôtel situé sur les hauteurs de la "Venise provençale" a fait peau neuve : hall-salon
moderne et chaleureux (tons rouges), chambres actuelles. Restaurant dans l'air du temps
et terrasse donnant sur une tour de 1516 (vestige d'un moulin). Plats traditionnels.

MARTIGUES

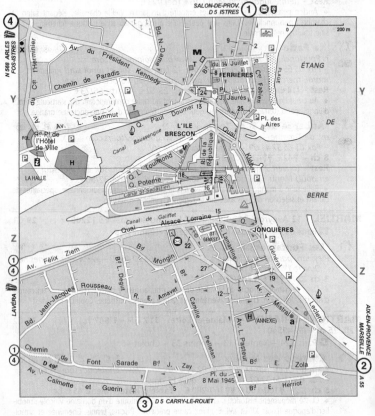

✗ Le Bouchon à la Mer 🕽 AK VISA ⦿ AE ①

*19 quai L. Toulmond – ℰ 04 42 49 41 41 – www.lebouchonalamer.fr
– Fax 04 42 42 14 40 – Fermé vacances de Pâques, de la Toussaint, de fév., mardi
midi, dim. soir et lundi*   Yv
Rest – Menu 45/50 € – Carte 44/58 €

◆ À deux pas du Miroir aux Oiseaux chéri des peintres, venez savourer une cuisine actuelle
dans une jolie salle à manger aux tons crème et chocolat. Terrasse au bord du canal.

✗ Le Garage AK VISA ⦿

*20 av. Frédéric-Mistral – ℰ 04 42 44 09 51 – www.restaurantmartigues.com
– Fax 04 42 81 20 39 – Fermé 1ᵉʳ-15 janv., 10-25 août, sam. midi, dim. soir et
lundi*   Za
Rest – Menu 28/49 € – Carte 28/49 €

◆ Ce restaurant, tenu par un jeune chef passionné, colle à l'air du temps, tant par son décor
(murs gris taupe, tables en wengé, cuisine ouverte) que sa carte.

MARTILLAC – 33 Gironde – **335** H6 – rattaché à Bordeaux

MARTIN-ÉGLISE – 76 Seine-Maritime – **304** G2 – rattaché à Dieppe

LA MARTRE – 83 Var – **340** O3 – 160 h. – alt. 984 m – ⊠ 83840   **41** C2

　　▶ Paris 808 – Castellane 19 – Digne-les-Bains 73 – Draguignan 50

Château de Taulane ⊗   ≤ ⌂ ᐁ ▤ ₤ ⅏ ▦ ✿ ₺ ch, ⁋ ⌖ ▣
Le Logis du Pin, au golf, 4 km au Nord-Est par D 6085   ⟪ⱽⁱˢᵃ⟫ ➊➌ ᴬᴱ
*– ℰ 04 93 40 60 80 – www.chateau-taulane.com – Fax 04 93 60 37 48 – Ouvert
d'avril à début nov.*
45 ch – †129/189 € ††139/499 €, ⌷ 20 € – ½ P 140/285 €
Rest – (32 €) Carte 52/79 € le soir
♦ Dans un parc de 340 ha, château du 18ᵉ s. entouré de quatre pigeonniers. Grandes chambres bien équipées. Piscine couverte, salle de fitness, espace soins et beauté. Coquette salle à manger au club-house avec espace snack. Terrasse tournée vers les greens.

MARTRES-TOLOSANE – 31 Haute-Garonne – **343** E5 – 2 054 h.   **28** B3
– alt. 268 m – ⊠ 31220 ▮ Midi-Toulousain

　　▶ Paris 737 – Auch 133 – Tarbes 94 – Toulouse 62
　　🛈 Office de tourisme, place Henri Dulion ℰ 05 61 98 66 41, Fax 05 61 98 59 29

XX **Le Castet**   ⌖ ⟪ⱽⁱˢᵃ⟫ ➊➌ ᴬᴱ ⓞ
⊜⊜ *44 av. de la Gare – ℰ 05 61 98 80 20 – Fax 05 61 98 61 02 – Fermé dim. soir et
lundi*
Rest – Menu 18 € (déj. en sem.), 29/33 € – Carte 42/68 €
♦ Ancien café de la gare transformé en sympathique restaurant contemporain (tons gris, parquet, éclairage design). On y sert une cuisine du marché dans l'air du temps.

MARVEJOLS – 48 Lozère – **330** H7 – 5 132 h. – alt. 650 m – ⊠ 48100   **23** C1
▮ Languedoc Roussillon

　　▶ Paris 580 – Montpellier 178 – Mende 28 – Espalion 83
　　🛈 Office de tourisme, place Henri IV ℰ 04 66 32 02 14, Fax 04 66 32 02 14

XX **L'Auberge Domaine de Carrière**   ⌖ ₺ ⟷ ▣ ⟪ⱽⁱˢᵃ⟫ ➊➌
⊜⊜ *av. Montplaisir, 2 km Est par D1 – ℰ 04 66 32 47 05
– www.domainedecarriere.com – Fermé janv., vacances de la Toussaint, merc.
soir et dim. soir sauf juil.-août et lundi*
Rest – Menu 18/38 €
♦ Ex-écuries domaniales converties en table au goût du jour et au cadre bourgeois. Poutres blanchies, sièges modernes en cuir noir et cheminée en salle. Jolis vins du Languedoc.

MARVILLE – 55 Meuse – **307** D2 – 597 h. – alt. 216 m – ⊠ 55600   **26** A1

　　▶ Paris 302 – Bar-le-Duc 96 – Longuyon 13 – Metz 92

▥ **Auberge de Marville**   ⌖ ₺ rest, ⁋ ⟪ⱽⁱˢᵃ⟫ ➊➌
⊜⊜ *1 Grand Place, (près de l'église) – ℰ 03 29 88 10 10
– www.aubergedemarville.com – Fax 03 29 88 14 60 – Fermé 23-28 déc. et
4-10 janv.*
11 ch – †40/51 € ††45/60 €, ⌷ 7 €
Rest – (fermé dim. soir et vend. d'oct. à mars) Menu 19/35 € – Carte 25/44 €
♦ Au pied de l'église Saint-Nicolas (balustrade de la tribune d'orgue datant du 16e s.), ancienne grange réhabilitée abritant des chambres fonctionnelles. Dans un cadre rustique ou dans une jolie véranda, les convives dégustent des menus traditionnels et lorrains.

MASEVAUX – 68 Haut-Rhin – **315** F10 – 3 232 h. – alt. 425 m   **1** A3
– ⊠ 68290 ▮ Alsace Lorraine

　　▶ Paris 440 – Altkirch 32 – Belfort 24 – Colmar 57
　　🛈 Office de tourisme, 1, place Gayardon ℰ 03 89 82 41 99, Fax 03 89 82 49 44
　　ⓖ Descente du col du Hundsrück ≤★★ NE : 13 km.

✗ **L'Hostellerie Alsacienne** avec ch   🔲 🕸 🛰 🖫 **P** **VISA** ⓦ **AE**
16 r. Mar. Foch – ✆ 03 89 82 45 25 – pagesperso-orange.fr/hostellerie.alsacienne
– Fax 03 89 82 45 25 – Fermé 18 oct.-8 nov. et 24 déc.-2 janv.
8 ch – ✝45 € ✝✝55 €, ⧠ 13 € – ½ P 45 €
Rest – *(fermé dim. soir et lundi)* (11 €) Menu 13 € (déj. en sem.), 24/40 €
– Carte 30/50 € le soir
♦ Le chef privilégie les petits exploitants locaux et les produits bio pour réaliser des recettes
inspirées de la tradition locale. Décor alsacien et chambres en partie rénovées.

MASSERET – 19 Corrèze – **329** K2 – 659 h. – alt. 380 m – ⊠ 19510   **24** B2
▶ Paris 432 – Limoges 45 – Guéret 132 – Tulle 48
ℹ Syndicat d'initiative, le Bourg ✆ 05 55 98 24 79, Fax 05 55 73 49 69

🏠 **De la Tour** ⌂   🔲 **AC** rest, 🕸 🛰 **VISA** ⓦ
7 pl. Marcel Champeix – ✆ 05 55 73 40 12 – www.hoteldelatourmasseret.com
– Fax 05 55 73 49 41 – Fermé dim. soir sauf juil.-août
25 ch – ✝45 € ✝✝45 €, ⧠ 7 € – ½ P 48 €
Rest – (14 €) Menu 19/44 € – Carte 28/59 €
♦ Sur les hauteurs de ce bourg limousin (gage de tranquillité), hôtel familial abritant des
chambres dotées de mobilier rustique, simples et bien tenues. Spacieux restaurant et terrasse
pour déguster une cuisine traditionnelle valorisant les produits locaux.

MASSIAC – 15 Cantal – **330** H3 – 1 822 h. – alt. 534 m – ⊠ 15500   **5** B3
▌ Auvergne
▶ Paris 484 – Aurillac 84 – Brioude 23 – Issoire 38
ℹ Office de tourisme, 24, rue du Dr Mallet ✆ 04 71 23 07 76, Fax 04 71 23 08 50
◉ N : Gorges de l'Alagnon★ - Site de la chapelle Ste-Madeleine★ N : 2 km.

🏠 **Grand Hôtel de la Poste**   🔲 🔲 **f5** 🕸 **AC** rest, 🕸 🛰 **P** **VISA** ⓦ
26 av. Ch. de Gaulle – ✆ 04 71 23 02 01 – www.hotel-massiac.com
– Fax 04 71 23 09 23 – Fermé 15 nov.-22 déc., mardi soir et merc. de janv. à Pâques
33 ch – ✝44/56 € ✝✝44/57 €, ⧠ 7 € – ½ P 47/54 €
Rest – Menu 14 € (sem.)/37 € – Carte 21/45 €
♦ Maison imposante au seuil du bourg, à proximité de la sortie de l'A 75. Chambres d'assez
bon confort et nombreux équipements de loisirs (fitness, jacuzzi, squash, etc.). Salle à manger
agrémentée d'une cheminée et cuisine à tendance auvergnate.

🏠 **La Colombière** sans rest   & 🕸 **P** **VISA** ⓦ **AE**
rte de Grenier Montgon, 1 km au Nord par D 909 – ✆ 04 71 23 18 50
– www.hotel-lacolombiere.com – Fax 04 71 23 18 58 – Fermé 15 janv.-1er mars
30 ch – ✝40/48 € ✝✝40/50 €, ⧠ 6,50 €
♦ Les grandes chambres fonctionnelles (mobilier neuf, sanitaires bien équipés, tenue exemplaire) font de cet hôtel récent une étape pratique sur la route des gorges de l'Alagnon.

MASSIGNAC – 16 Charente – **324** N5 – 410 h. – alt. 240 m – ⊠ 16310   **39** C3
▶ Paris 445 – Angoulême 46 – Nontron 36 – Rochechouart 17
ℹ Office de tourisme, ✆ 05 45 65 26 69, Fax 05 45 67 72 69

🏠 **Le Domaine des Étangs** ⌂   ≤ 🎣 🕸 🔲 🕸 🛰 **P** **VISA** ⓦ **AE** ⓪
– ✆ 05 45 61 85 00 – www.domainedesetangs.com – Fax 05 45 61 85 01 – Fermé
20-30 déc.
16 ch – ✝130/210 € ✝✝130/210 €, ⧠ 20 € – 6 suites
Rest – *(fermé lundi et mardi sauf juil.-août et le midi sauf dim.)* Menu 40 €
♦ En pleine campagne. Chambres au luxe discret, tout de bois, de cuivre et de verre, aménagées dans d'anciennes métairies disséminées dans un parc (étangs). Cuisine suivant le
rythme des saisons servie dans les écuries (cheminées, pierres, poutres...).

MASSY – 91 Essonne – **312** C3 – **101** 25 – **voir à Paris, Environs**

MATOUGUES – 51 Marne – **306** I9 – **rattaché à Châlons-en-Champagne**

MAUBEC – Vaucluse – **332** D10 – 1 763 h. – alt. 120 m – ⊠ 84660   **42** E1
Maubec
▶ Paris 717 – Avignon 36 – Marseille 84 – Valence 156

⌂ **La Bastide du Bois Bréant** sans rest ॐ 🐾 ⊼ ⅃ 🔊 🈳 📶 P

501 chemin du Puits de Grandaou – 𝒞 04 90 05 86 78   VISA ⊕⊕
– *www.hotel-bastide-bois-breant.com* – Fax 04 90 75 03 27 – Ouvert 12 mars-7 nov.
12 ch ⊇ – †105/129 € ††105/202 € – 1 suite
◆ Au milieu d'un bois de chênes, cette bastide très bien restaurée a préservé toute son âme provençale. Chaque chambre, meublée d'objets chinés, raconte une histoire.

MAUBEUGE – 59 Nord – 302 L6 – 32 699 h. – Agglo. 117 470 h.   31 D2
– alt. 134 m – ⊠ 59600 ▮ Nord Pas-de-Calais Picardie

▶ Paris 242 – Mons 21 – St-Quentin 114 – Valenciennes 39
🛈 Office de tourisme, place Vauban 𝒞 03 27 62 11 93, Fax 03 27 64 10 23

au Sud par rte d'Avesnes-sur-Helpe – ⊠ 59330 Beaufort

XXX **Auberge de l'Hermitage**   ⇔ P VISA ⊕⊕ AE

51 rte Nationale, à 6 km par N 2 – 𝒞 03 27 67 89 59 – Fax 03 27 39 84 52
– *Fermé 28 juil.-13 août, 26-31 déc., dim. soir, mardi soir, jeudi soir et lundi*
Rest – Menu 26 € (déj. en sem.), 46/75 € – Carte 45/95 €
◆ Avenant pavillon en briques proche de la nationale, à l'orée du Parc naturel régional de l'Avesnois. Intérieur soigné et cuisine de tradition au pays des fameux maroilles.

XX **Le Relais de Beaufort**   🏠 P VISA ⊕⊕ AE

à 8 km par N 2 – 𝒞 03 27 63 50 36 – *www.lerelaisdebeaufort.fr*
– *Fax 03 27 67 85 11* – Fermé 17 août-4 sept., dim. soir et lundi
Rest – (19 €) Menu 24/42 € – Carte 26/62 €
◆ Deux grandes salles récemment rafraîchies : l'une décor simple et lumineuse, l'autre plus contemporaine et feutrée. Terrasse face au jardin. Belle carte traditionnelle.

MAULÉVRIER – 49 Maine-et-Loire – 317 E6 – rattaché à Cholet

MAUREILLAS-LAS-ILLAS – 66 Pyrénées-Orientales – 344 H8   22 B3
– 2 546 h. – alt. 130 m – ⊠ 66480 ▮ Languedoc Roussillon

▶ Paris 873 – Gerona 71 – Perpignan 31 – Port-Vendres 31
🛈 Syndicat d'initiative, avenue Mal Joffre 𝒞 04 68 83 48 00

à Las Illas 11 km au Sud-Ouest par D 13 – ⊠ 66480

X **Hostal dels Trabucayres** avec ch ॐ   ⇐ 🏠 🎾 ch, P VISA ⊕⊕
⊕⊕ – 𝒞 04 68 83 07 56 – Fax 04 68 83 07 56 – Hôtel : ouvert 15 avril-20 oct., rest.
fermé 25-30 oct., 6-15 janv., mardi et merc. hors saison
5 ch – †33 € ††33/37 €, ⊇ 6 € – ½ P 37 €
Rest – Menu 14 € bc (sem.)/53 € bc – Carte 24/38 €
◆ Authentique auberge (1840) postée sur le GR 10 au cœur d'une forêt de chênes-lièges. Cadre rustique originel, plats du terroir catalan et calme absolu. Chambres très simples et deux gîtes récents pour l'étape.

MAURIAC ◉ – 15 Cantal – 330 B3 – 3 887 h. – alt. 722 m – ⊠ 15200   5 A3
▮ Auvergne

▶ Paris 490 – Aurillac 53 – Le Mont-Dore 77 – Clermont-Ferrand 113
🛈 Office de tourisme, 1, rue Chappe d'Auteroche 𝒞 04 71 67 30 26,
Fax 04 71 68 25 08
▦ Val-Saint-Jean, O : 2 km, 𝒞 06 07 74 22 29
◉ Basilique Notre-Dame-des-Miracles★ - Le Vigean : châsse★ dans l'église
NE : 2 km.
◎ Barrage de l'Aigle★★ : 11 km par D 678 et D105 ▮ Limousin Berry

⌂ **Auv'Hôtel** sans rest   ⬍ 🗚 📶 P VISA ⊕⊕ AE ①

4 r. du 11 Novembre – 𝒞 04 71 68 19 10 – *www.auv-hotel.fr* – Fax 04 71 68 17 77
– *Fermé 14-31 mars et 2-10 oct.*
13 ch – †40/45 € ††48/55 €, ⊇ 8 €
◆ Située à côté de la basilique romane Notre-Dame-des-Miracles, une sympathique petite adresse aux fenêtres fleuries. Chambres fonctionnelles, simples et mignonnes.

MAUROUX – 46 Lot – 337 C5 – rattaché à Puy-l'Évêque

MAURY – 66 Pyrénées-Orientales – **344** G6 – **901 h.** – alt. 200 m 22 B3
– ⊠ 66460

▶ Paris 876 – Montpellier 179 – Perpignan 35 – Carcassonne 142

🛈 Syndicat d'initiative, Avenue Jean Jaurès ℰ 04 68 50 08 54, Fax 04 68 50 08 54

XX   **Pascal Borrell**   🖨 ఈ ꙮ P VISA ꝏ AE
ৠ   *la Maison du Terroir, av. Jean Jaurès* – ℰ 04 68 86 28 28
     – *www.maison-du-terroir.com* – *Fax 04 68 86 04 80* – *Fermé 2 sem. en fév., dim. soir, lundi et mardi du 15 sept. au 15 mai*
     Rest – (17 €) Menu 25 € (sem.)/75 € – Carte 74/88 €⯑
     Spéc. Sur coulis froid de chlorophylle de misuna, gambas de la baie de Rosas rafraîchies en sashimi. Tranche de lotte rôtie au cochon noir de Bigorre, maury en émulsion. Autour du chocolat grand cru. **Vins** Maury rouge, Maury blanc.
     ◆ Ce restaurant, contemporain et coloré à la catalane, propose une belle cuisine du terroir revisitée. À l'entrée, la boutique de vins et produits régionaux met d'emblée en appétit.

MAUSSAC – 19 Corrèze – **329** N3 – **rattaché à Meymac**

Une bonne table sans se ruiner ? Repérez les Bib Gourmand ⯑.

MAUSSANE-LES-ALPILLES – 13 Bouches-du-Rhône – **340** D3 42 E1
– 2 153 h. – alt. 32 m – ⊠ 13520

▶ Paris 712 – Arles 20 – Avignon 30 – Marseille 81

🛈 Office de tourisme, place Laugier de Monblan ℰ 04 90 54 52 04, Fax 04 90 54 39 44

🏠   **Le Pré des Baux** sans rest 🌿   🖨 ☂ ꙮ ꙵ P VISA ꝏ AE
     r. Vieux Moulin – ℰ 04 90 54 40 40 – *www.lepredesbaux.com*
     – *Fax 04 90 54 53 07* – *Ouvert 26 mars-1ᵉʳ nov.*
     10 ch – ✝95/125 € ✝✝95/125 €, ⯑ 13 €
     ◆ Les chambres, réparties autour d'un jardin méridional à l'abri des regards et du bruit, ouvrent de plain-pied sur des terrasses privatives où l'on sert le petit-déjeuner.

🏠   **Castillon des Baux** sans rest 🌿   🖨 ☂ ꙮ ꙵ P VISA ꝏ
     10 bis av. de la Vallée des Baux – ℰ 04 90 54 31 93
     – *www.castillondesbaux.com* – *Fax 04 90 54 51 31*
     – *Fermé janv.*
     18 ch – ✝82/102 € ✝✝92/132 €, ⯑ 12 €
     ◆ Bâtisse ocre rouge façon mas, entourée d'un jardin d'oliviers (belle piscine). Les chambres aux tons pastel, spacieuses et sobres, ont en majorité un balcon ou une terrasse.

🏠   **Aurelia** sans rest   🖨 ☂ ఈ ꙮ ꙵ P VISA ꝏ AE ⓪
     124 av. de la Vallée des Baux – ℰ 04 90 54 22 54
     – *www.bestwestern-aurelia.com* – *Fax 04 90 54 20 75*
     – *Fermé 1ᵉʳ-11 janv.*
     39 ch – ✝90/125 € ✝✝90/125 €, ⯑ 10 €
     ◆ Pimpante décoration ensoleillée pour cet établissement d'allure régionale. Les chambres, sobres et bien tenues, sont plus agréables côté piscine, face à la campagne.

🏠   **Val Baussenc** 🌿   🖨 🖨 ☂ ఈ ch, ꙮ ch, ᢋ P VISA ꝏ AE
     122 av. de la Vallée des Baux – ℰ 04 90 54 38 90
     – *www.valbaussenc.com* – *Fax 04 90 54 33 36*
     – *Ouvert 1ᵉʳ mars-31 oct.*
     21 ch – ✝71/120 € ✝✝82/120 €, ⯑ 11 € – 1 suite – ½ P 76/95 €
     Rest – (fermé merc.) (dîner seult) Menu 27/36 € – Carte 42/49 €
     ◆ Cette maison au décor provençal, qui utilise avec originalité la pierre calcaire des Baux, dispose de chambres, presque toutes avec terrasse ou balcon, ouvrant sur la nature. Repas pris dans une petite salle à manger aux couleurs du Sud ou sous une treille en été.

✕✕ Ou Ravi Provençau   🌧 VISA ⓒⓞ

34 av. de la Vallée des Baux – ℰ 04 90 54 31 11 – www.ouravi.net
– Fax 04 90 54 41 03 – Fermé 15 nov.-15 déc., mardi et merc.
Rest – (13 €) Menu 35/62 € – Carte 40/80 €

◆ Authentique, goûteuse et généreuse : la cuisine servie dans cette jolie maison méridionale semble tout droit sortie du "Reboul", la bible de la gastronomie provençale.

✕ La Place   🌧 AK VISA ⓒⓞ AE ⓞ

65 av. de la Vallée des Baux – ℰ 04 90 54 23 31
– www.maisonsdebaumaniere.com – Fermé janv., merc. de nov. à mars et mardi
Rest – (21 €) Menu 32/42 €

◆ Appréciez l'atmosphère intime et branchée de cette "Place". On se régale d'une cuisine aux accents du Sud actualisés, dans deux salles cosy ou sur une terrasse ombragée.

au Paradou 2 km à l'Ouest par D 17, rte d'Arles – 1 263 h. – alt. 21 m – ⊠ 13520

🏡 Le Hameau des Baux 🌭   ⇐ 🐎 ⪫ ✕ ⅍ ch, AK 🐴 🅿 VISA ⓒⓞ AE ⓞ

chemin de Bourgeac – ℰ 04 90 54 10 30 – www.hameaudesbaux.com
– Fax 04 90 54 45 30 – Ouvert d'avril à déc.
15 ch – †195/230 € ††195/315 €, ⊇ 18 € – 5 suites
Rest – (fermé dim. soir et merc.) (nombre de couverts limité, prévenir) Menu 35 € (déj.)/48 € – Carte 50/58 €

◆ Superbe reconstitution d'un hameau provençal entouré de cyprès et d'oliviers, raffinement extrême et grand calme dans des chambres personnalisées : une adresse pour esthètes. À table, une cuisine actuelle mâtinée d'influence sudiste parachève la magie du lieu.

🏠 Du Côté des Olivades 🌭   ⇐ 🐎 🌧 ⪫ ⅍ ch, AK ch, 📞 🅿 VISA ⓒⓞ AE ⓞ

lieu dit de Bourgeac – ℰ 04 90 54 56 78
– www.ducotedesolivades.com – Fax 04 90 54 56 79
10 ch – †89/194 € ††89/278 €, ⊇ 17 €
Rest – (nombre de couverts limité, prévenir) Menu 55/62 €

◆ Cette reposante bastide contemporaine isolée au milieu des oliviers vous ouvre grand ses portes : décoration soignée d'esprit design, piscine, spa, salle de séminaires. Recettes régionales évoluant au gré des saisons.

B design & Spa 🏨 🌭   ⇐ 🐎 ⪫ 🌐 🛁 🛗 ✕ 📶 🐴 🅿 VISA ⓒⓞ AE ⓞ

lieu dit de Bourgeac
1 ch – †180/280 € ††180/280 €, ⊇ 17 € – 14 suites – ††320/450 €
– ½ P 141/341 €

◆ La modernité au service du confort et du bien-être résume l'esprit de cet hôtel, à l'entrée de la propriété. Vastes suites, décoration confiée à un designer, terrasses.

🏠 La Maison du Paradou   🐎 AK 📶 🅿 VISA ⓒⓞ AE

2 rte de St-Roch – ℰ 04 90 54 65 46 – www.maisonduparadou.com
– Fax 04 90 54 85 83
5 ch – †265/285 € ††265/285 €, ⊇ 20 €
Table d'hôte – Menu 35 € bc (déj.)/70 € bc

◆ Relais de poste (1699), tenu par un couple britannique et doté de superbes chambres personnalisées. Confort, technologie, salon-bibliothèque, jardin provençal et piscine... Table d'hôte (sur réservation) sous la pergola, avec en toile de fond, les Alpilles.

✕ Le Bistrot du Paradou   ⅍ AK VISA ⓒⓞ

57 av. de la Vallée des Baux – ℰ 04 90 54 32 70 – Fax 04 90 54 32 70 – Fermé 3-31 janv., dim. et lundi hors saison et le soir d'oct. à mai sauf vend. et sam.
Rest – (prévenir) Menu 43 € bc (déj.)/49 € bc

◆ Cette maison aux volets bleus est une institution locale. On y mange une goûteuse cuisine provençale dans un cadre convivial (collection de 2 400 bières du monde).

MAYENNE ◀▶ – 53 Mayenne – **310** F5 – 13 742 h. – alt. 124 m   **35** C1
– ⊠ 53100 ▌ Normandie Cotentin

    ▶ Paris 283 – Alençon 61 – Flers 56 – Fougères 47
    🅱 Office de tourisme, quai de Waiblingen ℰ 02 43 04 19 37,
      Fax 02 43 00 01 99
    ◉ Ancien château ≼★.

Le Grand Hôtel
🛜 ☎ P VISA ⚫ AE

*2 r. Ambroise de Loré – ℰ 02 43 00 96 00 – www.grandhotelmayenne.com
– Fax 02 43 00 69 20 – Fermé 1er-15 août, 23 déc.-3 janv. et sam. soir de nov.
à avril*

22 ch – †70/97 € ††83/124 €, � 11 € **Rest** – Menu 19/47 € – Carte 47/60 €

◆ La même famille tient cet hôtel central – créé en 1850 – depuis une quarantaine d'années. Chambres actuelles entièrement refaites, salon confortable et bar à whiskies. Deux salles de restaurant dont une en véranda, avec vue sur la Mayenne. Carte classique.

La Croix Couverte avec ch
🚗 🛜 ⅙ rest, ⅌ P VISA ⚫ AE

*rte d'Alençon : 2 km sur N 12 – ℰ 02 43 04 32 48 – hotel-restaurant-
lacroixcouverte.com – Fax 02 43 04 43 69 – Fermé 31 juil.-16 août, vacances de
Noël, dim. soir, lundi et fériés*

11 ch – †50 € ††56/58 €, ⊊ 10 €
Rest – (15 €) Menu 18 € (sem.)/40 € bc – Carte 41/60 €

◆ Maison centenaire au bord de la route nationale. Salle à manger de style rétro, ouverte sur l'agréable terrasse et le jardin. Chambres simples, plus calmes sur l'arrière.

à Fontaine-Daniel 6 km au Sud-Ouest par D 104 – ⊠ 53100

La Forge
VISA ⚫

*au bourg – ℰ 02 43 00 34 85 – www.restaurantlaforge.fr – Fermé 4-24 janv.,
1er-7 sept., dim. soir, mardi soir et lundi*
Rest – Menu 14 € (sem.)/45 €

◆ Sur la place du village, découvrez cette forge réhabilitée en restaurant contemporain. Préparations inventives, soignées visuellement et gustativement. Carte de vins originale.

rte de Laval au Sud par N 162 – ⊠ 53100 Mayenne

La Marjolaine
🕪 🛜 ☒ ⊛ ⅙ ch, ⅌ ☆ P VISA ⚫ AE

*à 6,5 km, au domaine du Bas-Mont – ℰ 02 43 00 48 42 – www.lamarjolaine.fr
– Fax 02 43 08 10 58 – Fermé dim. soir du 10 oct. au 17 avril*
33 ch – †51/120 € ††51/120 €, ⊊ 9 € – ½ P 70/80 €
Rest – (fermé vend. soir et sam. midi du 1er janv. au 17 avril) Menu 19 € (sem.)/
52 € – Carte 48/59 €
Rest *Le Bistrot de La Marjolaine* – (fermé sam., dim. et fériés) (déj. seult) (14 €)
Menu 17 €

◆ Vieille ferme restaurée dans un domaine boisé près d'une rivière. Plaisante salle à manger, terrasse face au parc, cuisine actuelle et bon choix de vins. Chambres agréables. Au Bistrot, tapisseries figurant des paons, service rapide et petits plats fignolés.

Beau Rivage avec ch
⟨ 🛜 ⅙ ⅌ ☆ P VISA ⚫ AE

*rte de Saint-Baudelle, à 4 km – ℰ 02 43 00 49 13
– www.restaurantbeaurivage.com – Fax 02 43 00 49 26 – Fermé dim. soir, fériés
le soir et lundi*
8 ch – †56 € ††72 €, ⊊ 8 € – ½ P 58/68 €
Rest – (15 €) Menu 18 € (sem.)/38 € – Carte 28/56 €

◆ Délicieux air de guinguette chic pour cette maison disposant d'une belle terrasse ombragée dressée au bord de la Mayenne. Mets cuits à la rôtissoire. Chambres gaies.

LE MAYET-DE-MONTAGNE – 03 Allier – 326 J6 – 1 477 h.
– alt. 535 m – ⊠ 03250 ▯ Auvergne
6 C2

▯ Paris 369 – Clermont-Ferrand 81 – Lapalisse 23 – Moulins 73

▯ Office de tourisme, rue Roger Degoulange ℰ 04 70 59 38 40,
Fax 04 70 59 37 24

Le Relais du Lac avec ch
🛜 P VISA ⚫

*rte de Laprugne, 0,5 km au Sud par D 7 – ℰ 04 70 59 70 23 – Fermé oct., lundi et
mardi*
6 ch – †50/60 € ††50/60 €, ⊊ 8 € – ½ P 50/55 €
Rest – Menu 13 € (déj. en sem.)/22 € – Carte 32/42 €

◆ Au cœur de la Montagne bourbonnaise et tout près d'un lac, une adresse qui honore le terroir : décor champêtre et spécialités de fritures. Terrasse d'été. Chambres proprettes.

MAZAMET – 81 Tarn – **338** G10 – 10 158 h. – alt. 241 m – ⊠ 81200   **29** C2

▮ Midi-Toulousain

> ▣ Paris 739 – Albi 64 – Carcassonne 50 – Castres 21
>
> 🛫 de Castres-Mazamet : ℰ 05 63 70 34 77, O : 14 km.
>
> 🛈 Office de tourisme, rue des Casernes ℰ 05 63 61 27 07, Fax 05 63 61 31 35
>
> 🄸🄸 de Mazamet-la-Barouge Pont de l'Arn, N : 3 km, ℰ 05 63 61 06 72
>
> 🄶 ≤★ des gorges de l'Arnette S : 4 km.

⌂ **Mets et Plaisirs**   🄰🄺 rest, 🦶 📶 🆅🅸🆂🅰 ⓦ ⓞ

🅴🅴 7 av. Albert Rouvière – ℰ 05 63 61 56 93 – www.metsetplaisirs.com
– Fax 05 63 61 83 38 – Fermé 2-23 août, 3-18 janv., dim. soir et lundi
11 ch – ♦45 € ♦♦55 €, ⌑ 7 € – ½ P 60 €   **Rest** – Menu 17 € (sem.), 28/55 €
♦ Maison de maître du début du 20e s. située en plein centre-ville, face à la poste. Chambres simples, rénovées et correctement équipées. La salle de restaurant a conservé de son passé de demeure patricienne une distinction certaine ; cuisine au goût du jour.

MAZAN – 84 Vaucluse – **332** D9 – **rattaché à Carpentras**

MAZAYE – 63 Puy-de-Dôme – **326** E8 – 613 h. – alt. 760 m – ⊠ 63230   **5** B2

> ▣ Paris 441 – Clermont-Fd 23 – Le Mont-Dore 32 – Pontaumur 27

⌂ **Auberge de Mazayes** ⑤   🏡 🦽 ch, 🦶 📶 🆂🄰 🅿 🆅🅸🆂🄰 ⓦ

🄰🄰 à Mazayes-Basses – ℰ 04 73 88 93 30 – www.auberge-mazayes.com
🄸🄾🄸 – Fax 04 73 88 93 80 – Fermé 15 déc.-25 janv., lundi d'oct. à mars et mardi midi
15 ch – ♦53/62 € ♦♦65/77 €, ⌑ 9 € – ½ P 61/65 €
Rest – (15 €) Menu 23 € (sem.), 27/32 € – Carte 30/40 €▦
♦ Cette ancienne ferme constitue un pied-à-terre idéal pour découvrir la campagne auvergnate : la beauté rustique du site n'a d'égal que celle des aménagements. Joli restaurant champêtre. Goûteux plats régionaux ; belle sélection de bordeaux et de vins locaux.

MÉAUDRE – 38 Isère – **333** G7 – **rattaché à Autrans**

MEAULNE – 03 Allier – **326** C3 – 771 h. – alt. 185 m – ⊠ 03360 ▮ Auvergne   **5** B1

> ▣ Paris 307 – Clermont-Ferrand 126 – Moulins 96 – Montluçon 31

⌂ **Au Cœur de Meaulne**   🚗 🏡 🦽 rest, 🦶 📶 🆂🄰 🆅🅸🆂🄰 ⓦ 🄰🄴

🅴🅴 20 pl. de l'Église – ℰ 04 70 06 20 30 – www.aucoeurdemeaulne.com
– Fax 04 70 06 92 58 – Fermé 10-18 oct., 1er-14 nov. et 2-16 janv.
6 ch – ♦51/70 € ♦♦61/70 €, ⌑ 10 € – ½ P 60/65 €
Rest – (fermé lundi midi, merc. midi et mardi) Menu 15 € bc (déj. en sem.),
23/50 € bc – Carte 35/59 €
♦ Cette auberge vous héberge dans des chambres fraîches et nettes, où des tronçons de bois de la forêt du Tronçais tiennent lieu de tables de nuit ! Cuisine actuelle servie dans une salle pimpante ou, en été, sous les feuilles d'un vieux marronnier.

⌂ **Manoir du Mortier** ⑤   🕭 🏊 📶 🅿 🆅🅸🆂🄰 ⓦ 🄰🄴 ⓞ

Le Mortier – ℰ 04 70 06 99 87 – www.manoirdumortier.com – Ouvert avril-oct.,
vacances de la Toussaint et de Noël
3 ch ⌑ – ♦130 € ♦♦130/180 €   **Table d'hôte** – Menu 32 € bc/45 € bc
♦ En pleine nature, à l'orée d'une forêt, manoir familial du 18e s. joliment restauré. Ciels de lit, tentures, objets anciens : les chambres sont très romantiques. Repas sur réservation, servis devant la cheminée ou en terrasse. Idéal pour se ressourcer.

MEAUX ◉ – 77 Seine-et-Marne – **312** G2 – 48 842 h. – alt. 51 m   **19** C1
– ⊠ 77100 ▮ Île de France

> ▣ Paris 54 – Compiègne 68 – Melun 56 – Reims 98
>
> 🛈 Office de tourisme, 1, place Doumer ℰ 01 64 33 02 26, Fax 01 64 33 24 86
>
> 🄸🄸 de Meaux Boutigny à Boutigny, par A 140 et D 228 : 11km, ℰ 01 60 25 63 98
>
> 🄸🄸 Crécy Golf Club à Crécy-la-Chapelle route de Guérard, par A 140 et rte de Melun : 16 km, ℰ 01 64 75 34 44
>
> 🄸🄸 Disneyland Paris à Magny-le-Hongre Allée de la Mare Houleuse, S : 16 km par D5, ℰ 01 60 45 68 90
>
> 🄾 Centre épiscopal★ ABY : cathédrale★ B, ≤★ de la terrasse des remparts.

Plan page suivante

MEAUX

0   300 m

XX **La Grignotière**   🅰🅲 VISA 🌐 ⓘ

36 r. de la Sablonnière – 𝒞 *01 64 34 21 48 – Fax 01 64 33 93 93 – Fermé août,
sam. midi, mardi et merc.*   **CZ**d
Rest – Menu 32/45 € – Carte 58/72 €

♦ On apprécie ce restaurant rustique bien agréable avec sa cheminée en état de marche.
Sympathique cuisine de tradition et beaux plateaux de fruits de mer servis toute l'année.

à Germigny-l'Évêque 8 km par ① , D 405 et D 97 – 1 280 h. – alt. 49 m
– ✉ 77910

XX **Hostellerie Le Gonfalon** avec ch 🕭   ⇐ 🕭 🛇 📶 🕍 VISA 🌐 🅐🅔 ⓘ

2 r. de l'Église – 𝒞 *01 64 33 16 05 – www.hotelgonfalon.com – Fax 01 64 33 25 59*
8 ch – †75/150 € ††75/190 €, ⌾ 12 €
Rest – (30 €) Menu 45/88 € – Carte 70/80 €

♦ Fraîcheur et charme inondent la terrasse romantique de cette auberge en bord de Marne.
Cuisine actuelle et du marché, servie l'hiver au coin du feu, dans la salle Louis XIII. Chambres
très calmes, parfois dotées d'une grande terrasse privative côté rivière.

à Poincy 5 km par ② et D 17ᴬ – 701 h. – alt. 53 m – ✉ 77470

XX **Le Moulin de Poincy**   🚗 🕭 ⇄ **P** VISA 🌐

r. du Moulin – 𝒞 *01 60 23 06 80 – Fax 01 60 23 12 56 – Fermé
31 août-23 sept., 21 déc.-5 janv., lundi soir, mardi et merc.*
Rest – Menu 31/62 € – Carte 53/88 €🕭

♦ Ce moulin du 17ᵉ s. et son jardin bordé par la Marne invitent à la douceur de vivre. Déco
rétro (objets chinés, collection de cafetières) et séduisante cuisine traditionnelle.

Envie de partir à la dernière minute ?
Visitez les sites Internet des hôtels pour bénéficier de promotions tarifaires.

à **Trilbardou** 7 km par ④ et D 27 – 592 h. – alt. 47 m – ⊠ 77450

⚲ **M. et Mme. Cantin** sans rest ॐ   🚿 **P**
2 r. de l'Église – ℰ 01 60 61 08 75
3 ch ⊡ – ♦50 € ♦♦60 €
◆ Le canal de l'Ourcq longe le jardin de cette demeure du 19ᵉ s. Chambres à la décoration raffinée. Pour les sportifs, une piste cyclable depuis Paris permet d'y accéder en vélo !

MEAUZAC – 82 Tarn-et-Garonne – **337** D7 – 1 006 h. – alt. 76 m – ⊠ 82290   **28** B2
🔽 Paris 628 – Cahors 57 – Montauban 16 – Toulouse 67

⚲ **Manoir des Chanterelles**   🔊 ⏋ ℅ ⸮ **P**
à Bernon-Boutounelle, 2170 rte de Castelsarrasin, 2 km au Nord par D 45
– ℰ 05 63 24 60 70 – www.manoirdeschanterelles.com – Fax 05 63 24 60 71
5 ch ⊡ – ♦70/120 € ♦♦80/120 € – **Table d'hôte** – Menu 25 € bc
◆ Un verger de pommiers et un agréable parc bordent ce manoir flanqué de jolies tourelles. Les étages accueillent des chambres aux styles très contrastés : Savane, Louis XVI, Orientale, Romantique et Zen. Au rez-de-chaussée, salle à manger où vous sera servie une cuisine traditionnelle.

MEGÈVE – 74 Haute-Savoie – **328** M5 – 3 960 h. – alt. 1 113 m – **Sports d'hiver** : 1 113/2 350 m ❄9 ❄70 ⛷ – **Casino** AY – ⊠ 74120 ▯ Alpes du Nord   **46** F1
🔽 Paris 598 – Albertville 32 – Annecy 60 – Chamonix-Mont-Blanc 33
Altiport de Megève ℰ 04 50 21 33 67, SE : 7 km **BZ**
🛈 Office de tourisme, maison des Frères ℰ 04 50 21 27 28, Fax 04 50 93 03 09
🕸 du Mont-d'Arbois 3001 route Edmond de Rothschild, E : 2 km, ℰ 04 50 21 29 79
◎ Mont d'Arbois★★.

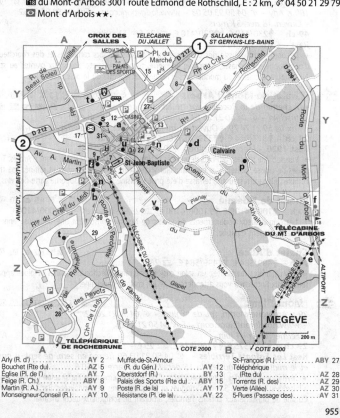

Arly (R. d')	**AY** 2	Muffat-de-St-Amour	
Bouchet (Rte du)	**AZ** 5	(R. du Gén.)	**AY** 12
Église (Pl. de l')	**AY** 7	Oberstdorf (R.)	**BY** 13
Feige (R. Ch.)	**ABY** 8	Palais des Sports (Rte du)	**ABY** 15
Martin (R. A.)	**AY** 9	Poste (R. de la)	**AY** 17
Monseigneur-Conseil (R.)	**AY** 10	Résistance (Pl. de la)	**AY** 22
St-François (R.)	**ABY** 27		
Téléphérique (Rte du)	**AZ** 28		
Torrents (R. des)	**AZ** 29		
Verte (Allée)	**AZ** 30		
5-Rues (Passage des)	**AY** 31		

Les Fermes de Marie ⟡ ⟨icons⟩

163 chemin de la Riante Colline, par ②
– 𝒞 04 50 93 03 10 – www.fermesdemarie.com – Fax 04 50 93 09 84
– *Ouvert 27 juin-29 août et 3 déc.-25 avril*
63 ch – †260/1265 € ††260/1265 €, �}⊏ 25 € – 8 suites – ½ P 200/700 €
Rest – Carte 80/110 €
Rest *Restaurant Alpin* – *(dîner seult)* Carte 55/95 €
♦ Ce hameau d'authentiques fermes savoyardes a été merveilleusement reconstitué. Chambres-cocons, confortable bar cosy, superbe spa... Luxueux et unique. Belle table montagnarde et carte au goût du jour. Décor contemporain, rôtisserie et recettes régionales au restaurant Alpin.

Le Fer à Cheval ⟨icons⟩

36 rte Crêt d'Arbois – 𝒞 04 50 21 30 39
– *www.feracheval-megeve.com* – Fax 04 50 93 07 60
– *Ouvert de mi-juin à mi-sept. et de mi-déc. à mi-avril*   BYa
42 ch (½ P seult) – 14 suites – ½ P 183/330 €
Rest – *(fermé le midi en hiver)* (32 €) Menu 60 € – Carte 52/77 €
Rest *L'Alpage* – *(ouvert de mi-déc. à début avril et août)* Carte 40/60 €
♦ Le chalet bâti en 1938 par le forgeron du village renferme un superbe intérieur montagnard. Salons et chambres très cosy (mobilier régional), salles de bains luxueuses, magnifique spa. Dîner aux chandelles, près de la cheminée, dans une intime salle à manger. Plats du terroir à L'Alpage.

Lodge Park ⟨icons⟩

100 r. Arly – 𝒞 04 50 93 05 03 – www.lodgepark.com – Fax 04 50 93 09 52
– *Ouvert 18 déc.-31 mars*   AYs
49 ch – †230/410 € ††230/410 €, ⊏⊐ 25 € – 11 suites
Rest – Carte 55/110 €
♦ Décoration très réussie des chambres sur le thème des lacs canadiens et des chercheurs d'or : trophées de chasse, cheminée en pierre, tissus choisis, etc. Soins aux plantes au spa. Au restaurant, cuisine du monde dans un cadre authentique où le bois prédomine.

Chalet du Mont d'Arbois ⟡ ⟨icons⟩

447 chemin de la Rocaille, par rte Edmond de
Rothschild – 𝒞 04 50 21 25 03 – domainedumontdarbois.com
– Fax 04 50 21 24 79 – *Ouvert de mi-juin à mi-oct. et de mi-déc. à mi-avril*
23 ch – †317/814 € ††339/1024 €, ⊏⊐ 28 € – 1 suite   BYp
Rest *1920* – Menu 45 € (dîner), 110 € – Carte 75/150 € ♨
♦ Vue sublime sur les sommets depuis ces chalets isolés sur le plateau du mont d'Arbois. Trophées de chasse, boiseries et beau mobilier créent un cadre chaleureux et raffiné. Spa très complet. Élégant restaurant, terrasse d'été prisée, cuisine soignée et superbe carte des vins.

Chalet de Noémie ⟨icons⟩ ⟡

2 ch – †1000/4100 € ††1000/4100 €, ⊏⊐ 28 € – 3 suites – ††1000/4100 €
♦ Les cinq luxueux appartements du Chalet de Noémie constituent une délicieuse annexe merveilleusement équipée.

Chalet d'Alice ⟨icons⟩ ⟡

7 ch – †499/584 € ††499/584 €, ⊏⊐ 28 € – 1 suite
♦ Des chambres ravissantes, un salon cosy et une rare collection de cannes et pipes appartenant aux Rothschild vous attendent en ce joli chalet à l'ancienne.

Mont-Blanc ⟨icons⟩

29 r. Ambroise-Martin, (pl. de l'Église) – 𝒞 04 50 21 20 02
– *www.hotelmontblanc.com* – Fax 04 50 21 45 28
– *Fermé 18 avril-4 juin*   AYr
29 ch – †260/575 € ††260/575 €, ⊏⊐ 25 € – 11 suites
Rest *Les Enfants Terribles* – 𝒞 04 50 21 03 69 *(fermé en sem. de sept. à nov. et le midi en juil.-août et du 15 déc.-15 avril)* Carte 40/60 €
♦ Mythique doyen des hôtels megévans : "21e arrondissement de Paris" selon Cocteau, qui y a laissé son empreinte. Salons distingués et jolies chambres personnalisées. Bar à champagne. Cuisine de brasserie aux Enfants Terribles, arborant un somptueux décor théâtral.

Chalet St-Georges

159 r. Mgr Conseil – ℰ 04 50 93 07 15
– www.hotel-chaletstgeorges.com – Fax 04 50 21 51 18
– *Ouvert de fin juin à mi-sept. et de mi-déc. à mi-avril*   AY**n**
19 ch (½ P seult) – 5 suites – ½ P 178/310 €
Rest *La Table du Pêcheur* – *(ouvert de mi-déc. à fin mars) (dîner seult)*
Carte 35/55 €
Rest *La Table du Trappeur* – ℰ 04 50 21 15 73 – (20 €) Menu 25 €
– Carte 32/50 €

♦ Véritable chalet cosy dont les petites chambres et les salons douillettement habillés de bois s'agrémentent de bibelots, meubles savoyards et tissus colorés. Cuisine iodée et spécialités régionales à la Table du Pêcheur. Viandes rôties, plats du terroir et belle carte des vins à la Table du Trappeur.

Le Manège

15 rte Crêt du Midi, (rd-pt de Rochebrune) – ℰ 04 50 21 41 09
– www.hotel-le-manege.com – Fax 04 50 21 44 76
– *Ouvert 20 juin-31 août et 15 déc.-31 mars*   AYZ**b**
15 ch – ✝230/295 € ✝✝320/420 €, ⌑ 18 € – 18 suites – ✝✝385/630 €
Rest – Menu 30 € – Carte 40/70 €

♦ Hôtel récent à deux pas du centre de la station. Intérieur cosy (bois, tons rouge et vert dominants) et agréables chambres avec balcons ; certaines sont en duplex. Le restaurant propose une cuisine au goût du jour dans un cadre actuel.

L'Arboisie

483 rte du Gollet – ℰ 04 50 55 35 90 – www.larboisiemegeve.com
– Fax 04 50 55 35 91 – *Ouvert 2 juil.-30 août et 13 déc.-29 avril*   BY**d**
7 ch – ✝139/275 € ✝✝139/275 €, ⌑ 21 € – 62 suites – ✝✝210/1500 €
Rest – *(ouvert 13 déc.-29 avril) (dîner seult)* Carte 50/100 €

♦ Dernier né des hôtels de la station, cet établissement au décor tendance propose principalement des suites avec coin cuisine, la plupart tournées vers la vallée. Espace détente. Au restaurant, cadre contemporain et ambiance feutrée autour de plats traditionnels.

Au Coin du Feu

252 rte Rochebrune – ℰ 04 50 21 04 94 – www.coindufeu.com
– Fax 04 50 21 20 15 – *Ouvert 16 déc.-5 avril*   AZ**t**
23 ch – ✝210/265 € ✝✝210/370 €, ⌑ 18 € – ½ P 155/235 €
Rest *Le Saint Nicolas* – *(dîner seult)* Menu 48 € – Carte 48/65 €

♦ Les flambées dans la belle cheminée ne démentent pas l'enseigne... Intérieur chaleureux, deux générations de chambres (coin-salon pour certaines) et petit espace bien-être. Spécialités traditionnelles et fromagères servies dans une ambiance de taverne montagnarde.

Ferme du Golf sans rest

3048 rte Edmond-de-Rothschild – ℰ 04 50 21 14 62
– www.domainedumontdarbois.com – Fax 04 50 21 42 82 – *Ouvert de mi-juin à mi-sept. et de mi-déc. à début avril*   BZ**e**
19 ch – ⌑ – ✝140/255 € ✝✝200/385 €

♦ Au pied de la télécabine du mont d'Arbois, ancienne ferme de montagne aux chambres joliment rénovées, plus calmes côté vallée. Accueillant salon (cheminée, billard) ; jacuzzi.

Au Cœur de Megève

44 av. Charles Feige – ℰ 04 50 21 25 30 – www.hotel-megeve.com
– Fax 04 50 91 91 27   AY**u**
36 ch – ✝100/400 € ✝✝110/450 €, ⌑ 13 € – 7 suites
Rest – *(fermé merc. et jeudi hors saison)* Menu 25/52 € – Carte 45/100 €
Rest *St-Jean* – *(ouvert de mi-déc. à mars et fermé lundi hors vacances scolaires)* *(dîner seult)* Carte 45/120 €

♦ Coquettes chambres dans le style savoyard (vieux bois et tissus chauds coordonnés) ; certaines ont vue sur les sommets, d'autres sur un torrent. Au restaurant, recettes traditionnelles et régionales, salon de thé et terrasse estivale. Spécialités fromagères au Saint-Jean.

Question de standing : n'attendez pas le même service dans un 🛇 ou un 🏠
que dans un 🛇🛇🛇🛇🛇 ou un 🏛️🏛️🏛️.

La Grange d'Arly 🛜 📶 ❄ ch. ⚡ 🛜 🅿 🚗 VISA 🌐 AE ⓓ

10 r. Allobroges – ☏ 04 50 58 77 88 – www.grange-darly.com
– Fax 04 50 93 07 13 – *Ouvert de fin juin à mi-sept. et de mi-déc. à fin mars*
22 ch ☲ – †98/188 € ††117/310 €   AYt
Rest – *(dîner seult)* Menu 15/33 €

◆ Hôtel familial à la tenue impeccable. Décor à dominance de bois naturel, chambres assez spacieuses et fonctionnelles ; quelques-unes mansardées ou en duplex. Restaurant chaleureux (tons jaune et bleu) où l'on sert une cuisine traditionnelle.

La Chaumine sans rest ❧ 🛜 🚗 ⚡ 🅿 🚗 VISA 🌐

36 chemin des Bouleaux, par chemin du Maz – ☏ 04 50 21 37 05
– www.hotel-lachaumine-megeve.com – Fax 04 50 21 37 21
– *Ouvert 26 juin-5 sept. et 18 déc.-31 mars*   BZv
11 ch – †78/115 € ††90/115 €, ☲ 10 €

◆ À 300 m du village et de la télécabine du Chamois, une ferme du 19e s. joliment restaurée à la mode montagnarde. Chambres douillettes et service snack le soir (plats locaux).

Flocons Village 🌋🌋 VISA 🌐 AE

75 r. St-François – ☏ 04 50 78 33 01 – www.floconsdesel.com   AYa
Rest – (24 €) Menu 29 € – Carte 28/34 €

◆ Au cœur du vieux village, l'annexe d'Emmanuel Renaut (Flocons de Sel) propose une cuisine actuelle soignée et des plats du terroir interprétés avec finesse. Cadre à l'âme montagnarde.

Le Vieux Megève 🌋 VISA 🌐

58 pl. de la Résistance – ☏ 04 50 21 16 44 – www.py-internet.com/vieux-megeve
– Fax 04 50 93 06 69 – *Ouvert 11 juil.-31 août et 11 déc.-30 mars et fermé lundi en hiver, mardi midi en janv. et mars*   BYn
Rest – Carte 25/50 €

◆ Ce chalet (1880) cultive la nostalgie du Megève des origines : qualité de l'accueil, boiseries patinées, grande cheminée, linge à l'ancienne et spécialités régionales.

Le Crystobald 🛜 VISA 🌐

489 rte Nationale, par ① – ☏ 04 50 21 26 82 – *Fermé 21 juin-8 juil.,*
15 nov.-9 déc., dim. soir, lundi et mardi hors saison
Rest – (16 €) Menu 27/45 € – Carte 30/90 €

◆ Une agréable ambiance règne dans ce chalet familial, qui propose une cuisine actuelle bien maîtrisée. Salle à manger relookée dans les tons bordeaux et écru. Service charmant.

au sommet du Mont d'Arbois par télécabine du Mt d'Arbois ou télécabine de la Princesse – ✉ 74170 St-Gervais

L'Igloo ❧ 🛜 🚗 ⌧ 📶 🛜 VISA 🌐 AE

3120 rte des Crêtes – ☏ 04 50 93 05 84 – www.ligloo.com – Fax 04 50 21 02 74
– *Ouvert 25 juin-10 sept. et 17 déc.-20 avril*
12 ch (½ P seult) – ½ P 139/225 €   **Rest** – *(déj. seult)* Carte 47/83 €

◆ Au point de rencontre de trois téléphériques, une vue exceptionnelle sur le massif du Mont-Blanc. Chambres pratiques, quelques-unes mansardées. Hôtel labellisé "Écotourisme". Cuisine traditionnelle au restaurant et self-service pour les skieurs.

L'idéal 🛜 🛜 VISA 🌐 AE

– ☏ 04 50 21 31 26 – www.domainedumontdarbois.com – Fax 04 50 93 02 63
– *Ouvert mi-déc. à mi-avril*
Rest – *(déj. seult)* Carte 37/82 €

◆ Une ancienne ferme d'alpage devenue le restaurant d'altitude le plus chic de la station. Paysage remarquable, vaste terrasse et plats montagnards sont au rendez-vous.

à la Côte 2000 8 km au Sud-Est par rte Edmond de Rothschild - BZ
– ✉ 74120 Megève

Côte 2000 🛜 🚗 ⌧ soir, VISA 🌐 AE

3461 rte de la Côte 2000 – ☏ 04 50 21 31 84 – Fax 04 50 21 59 25 – *Ouvert 2 juil.-*
9 sept. et 16 déc.-30 avril et fermé le midi sauf week-ends et vacances scolaires
Rest – Carte 45/80 €

◆ Près des remontées mécaniques, ce beau chalet autrichien (propriété des Rothschild) fut démonté puis reconstruit ici dans les années 1960. Terrasse panoramique et carte régionale.

à Leutaz 4 km au Sud-Ouest par rte du Bouchet AZ – ⊠ 74120 Megève

XXX   **Flocons de Sel** (Emmanuel Renaut) avec ch ॐ   ← 🍴 🏡 🖥 🐕 🍸 ₺ ୯

❀ ❀   1775 rte du Leutaz, 4 km au Sud-Ouest   **P** 🍷 VISA ⚫⚫ AE
par rte du Bouchet - ZA – ℰ 04 50 21 49 99 – www.floconsdesel.com
– Fax 04 50 21 68 22 – Fermé juin et 4 nov.-10 déc.
9 ch – ♦220/700 € ♦♦220/700 €, ☐ 30 €
Rest – (fermé lundi midi, mardi midi hors saison et merc.) Menu 35 € (déj.),
70/128 € – Carte 95/130 € ॐ

Spéc. Cèpes du pays, deux millimètres de polenta, purée légère café crème
(août à nov.). Féra du lac juste cuite, pâte d'herbe, quinoa, câpres et citron
(fév. à oct.). Tarte au chocolat fumé et glace au bois (automne-hiver). **Vins**
Roussette de Savoie, Mondeuse d'Arbin.

♦ Dans un ensemble de chalets isolés en pleine nature, Emmanuel Renaut réalise une cuisine créative centrée sur le produit. Lumineuse salle à manger de style montagnard contemporain. Chambres sobres de bon goût : bois brut, grand lit, poêle ou cheminée.

XX   **La Sauvageonne**   ← 🏡 VISA ⚫⚫ AE
– ℰ 04 50 91 90 81 – www.sauvageonne-megeve.com – Fax 04 50 58 75 44
Ouvert juil.-sept., déc.-avril et fermé lundi midi et mardi midi hors vacances scolaires
Rest – (28 €) Menu 35 € (déj.) – Carte 60/90 €

♦ Cette ferme de 1907 abrite une surprenante salle à manger (charpente apparente, lustres en
cristal, grande cheminée). Cuisine traditionnelle, ambiance lounge et clientèle showbiz.

X   **Le Refuge**   ← 🏡 **P** VISA ⚫⚫ ⓪
2615 rte du Leutaz – ℰ 04 50 21 23 04
– www.refuge-megeve.com – Fax 04 50 91 99 76
– Fermé 10 juin-10 juil., 15 oct.-15 nov., mardi hors saison, lundi et merc.
Rest – (22 €) Menu 26 € (déj. en sem.)/34 € – Carte 40/50 €

♦ Un bien charmant "refuge" perché sur les hauteurs de la station. Influences montagnardes
tant pour le décor que dans l'assiette, simple et goûteuse. Grande terrasse panoramique.

MEILLARD – 03 Allier – **326** G4 – 249 h. – alt. 340 m – ⊠ 03500   **5** B1
 ▶ Paris 319 – Clermont-Fd 86 – Mâcon 149 – Montluçon 68

X   **L'Auberge Gourmande**   🏡 VISA ⚫⚫
au bourg – ℰ 04 70 42 06 09 – Fermé vacances de Noël et de fév., dim. soir,
lundi, mardi et merc.
Rest – (prévenir) Menu 22 € (sem.)/56 € – Carte 44/70 €

♦ L'ancienne école du village abrite cette jolie petite auberge. Décoration intérieure champêtre. On admire l'église du 12e s. de la terrasse. Carte à tendance actuelle. Aire de jeux.

MEILLONNAS – 01 Ain – **328** F3 – 1 305 h. – alt. 271 m – ⊠ 01370   **44** B1
 ▶ Paris 432 – Bourg-en-Bresse 12 – Mâcon 47 – Nantua 37

X   **Auberge Au Vieux Meillonnas**   🚗 🏡 **P** VISA ⚫⚫ AE
😊   Le Mollard – ℰ 04 74 51 34 46 – www.auvieuxmeillonnas.fr – Fax 04 74 51 34 46
– Fermé 19 août-2 sept., 28 oct.-4 nov., 17-24 fév., mardi soir, dim. soir et merc.
Rest – Menu 16 € (sem.)/35 € – Carte 25/53 €

♦ Cette ferme bressane plutôt simple offre un chaleureux accueil. Cuisine régionale et salle à
manger rustique ouverte sur une terrasse ombragée et un jardin.

MEISENTHAL – 57 Moselle – **307** P5 – 772 h. – alt. 380 m – ⊠ 57960   **27** D2
 ▶ Paris 440 – Haguenau 47 – Sarreguemines 38 – Saverne 40

🏠   **Auberge des Mésanges** ॐ   🏡 🍸 ₺ **P** VISA ⚫⚫ AE
😊   r. des Vergers – ℰ 03 87 96 92 28 – www.aubergedesmesanges.com
– Fax 03 87 96 99 14 – Fermé 24 déc.-4 janv.
20 ch – ♦44/49 € ♦♦51/64 €, ☐ 8 € – ½ P 51/60 €
Rest – (fermé mardi midi, dim. soir et lundi) Menu 10 € (déj. en sem.)/30 €

♦ Au cœur du Parc naturel des Vosges du Nord, auberge familiale sans prétention, occupant
une maison centenaire à la lisière de la forêt. Petites chambres fonctionnelles. Grande salle
rustique pour une cuisine traditionnelle (tartes flambées le soir).

MÉJANNES-LÈS-ALÈS – 30 Gard – **339** J4 – rattaché à Alès

MÉLISEY – 70 Haute-Saône – **314** H6 – 1 740 h. – alt. 330 m – ⊠ 70270   **17** C1
▌Franche-Comté Jura

▶ Paris 397 – Belfort 33 – Besançon 92 – Épinal 63

🛈 Office de tourisme, place de la Gare ℰ 03 84 63 22 80, Fax 03 84 63 26 94

XX **La Bergeraine**   🚗 🕏 🕅 ⚡ 🅿 VISA ⬤ 🖭

27 rte des Vosges – ℰ 03 84 20 82 52 – www.labergeraine.fr – Fax 03 84 20 04 47
– *Fermé dim. soir, mardi soir et merc. sauf fériés*
Rest – (18 €) Menu 22/90 € – Carte 45/76 €

♦ En bord de route, à la sortie d'un bourg du plateau des Mille Étangs, petite maison aux abords fleuris. Cuisine actuelle servie dans un décor alliant bois, eau et verre.

MELLE – 79 Deux-Sèvres – **322** F7 – 3 659 h. – alt. 138 m – ⊠ 79500   **39** C2

▶ Paris 394 – Niort 30 – Poitiers 60 – St-Jean-d'Angély 45

🛈 Office de tourisme, 3, rue Émilien Traver ℰ 05 49 29 15 10,
Fax 05 49 29 19 83

🏠 **L'Argentière**   🚗 🕏 🕭 ch, 🕅 rest, 🕪 🅿 VISA ⬤ 🖭
🔗
à St-Martin, sur rte Niort : 2 km – ℰ 05 49 29 13 22 – www.largentiere.com
– Fax 05 49 29 06 63 – *Hôtel fermé 26 déc.-3 janv. et vend. soir du 15 nov. au 15 mars*
25 ch – †48 € ††51 €, ☑ 7 € – ½ P 59/63 €
Rest *La Table de L'Argentière* – ℰ 05 49 29 13 74 – (11 €) Menu 16 € (sem.)/47 € – Carte 43/58 €

♦ L'enseigne évoque les anciennes mines d'argent. Les pavillons de plain-pied, égayés de colonnes antiquisantes, abritent de petites chambres colorées (plus calmes sur le patio intérieur). Le restaurant, au cadre soigné, propose une cuisine de tradition.

XX **Les Glycines** avec ch   🕅 🕪 🏄 VISA ⬤ 🖭
🍽
5 pl. R.-Groussard – ℰ 05 49 27 01 11 – www.hotel-lesglycines.com
– Fax 05 49 27 93 45 – *Fermé 9-24 janv. et dim. soir sauf en juil.-août*
7 ch – †47/60 € ††54/68 €, ☑ 8,50 € – ½ P 53/62 €
Rest – (18 €) Menu 23/43 € – Carte 26/61 €

♦ La jolie véranda de ce restaurant cache une salle à manger cossue, au décor contemporain. Cuisine traditionnelle revisitée ; menu du jour à la brasserie. Chambres coquettes.

MELUN 🅿 – 77 Seine-et-Marne – **312** E4 – 37 663 h. –
Agglo. 107 705 h. – alt. 43 m – ⊠ 77000   ▌Île de France   **19** C2

▶ Paris 47 – Fontainebleau 18 – Orléans 104 – Troyes 128

🛈 Office de tourisme, 18, rue Paul Doumer ℰ 01 64 52 64 52,
Fax 01 60 56 54 31

🏌 U.C.P.A. Bois-le-Roi à Bois-le-Roi Base de loisirs, par rte de Fontainebleau :
8 km, ℰ 01 64 81 33 31

🏌 de Greenparc à Saint-Pierre-du-Perray Route de Villepècle, par rte de Cesson : 15 km, ℰ 01 60 75 40 60

🏌 Blue Green Golf de Villeray à Saint-Pierre-du-Perray, par rte de Corbeil :
21 km, ℰ 01 60 75 17 47

◎ Portail★ de l'église St-Aspais.

◎ Vaux-le-Vicomte : château★★ et jardins★★★ 6 km par ②.

XX **Le Mariette**   🕭 🕅 VISA ⬤

31 r. St-Ambroise – ℰ 01 64 37 06 06 – www.lemariette.fr – Fax 01 64 37 00 47
– *Fermé 9-22 août, lundi soir, sam. midi et dim.*   AZ**a**
Rest – (29 € bc) Menu 38/60 € – Carte 55/77 €

♦ Façade, murs intérieurs et vivier à homards : le bleu domine dans le décor de ce restaurant où la cuisine actuelle fait la part belle aux produits de saison et du marché.

XX **La Melunoise**   VISA ⬤ 🖭

5 r. Gâtinais – ℰ 01 64 39 68 27 – www.lamelunoise.fr – Fax 01 64 39 81 81
– *Fermé août, vacances de fév., dim. soir, lundi, mardi et merc.*   X**b**
Rest – (25 € bc) Menu 32 € – Carte 34/59 €

♦ Discrète maison en retrait de la circulation. Deux salles à manger sobrement rustiques – séparées par un petit hall rehaussé de vieilles pierres – et carte traditionnelle.

à Crisenoy 10 km par ② – 644 h. – alt. 89 m – ✉ 77390

XXX **Auberge de Crisenoy**

23 r. Grande – ☎ 01 64 38 83 06 – Fax 01 64 38 89 06 – Fermé 26 juil.-16 août, 27 déc.-4 janv., dim. soir, merc. soir et lundi

Rest – Menu 22 € (déj. en sem.), 32/49 € – Carte 41/53 €

◆ Cette auberge au cœur d'un petit village a gardé l'âme de son passé de guinguette : pierre brute, poutres, cheminée et mobilier campagnard. Sympathique cuisine du marché.

à Vaux-le-Pénil 3 km au Sud-Est – 11 327 h. – alt. 60 m – ✉ 77000

XXX **La Table St-Just** (Fabrice Vitu)

r. de la Libération, (près du château) – ☎ 01 64 52 09 09 – www.restaurant-latablesaintjust.com – Fax 01 64 52 09 09 – Fermé 18 avril-3 mai, 1er-23 août, 23 déc.-3 janv., dim., lundi et fériés Xs

Rest – Menu 46/95 € – Carte 65/105 €

Spéc. Salade de homard à l'orange. Saint-Jacques aux cèpes (oct. à mars). Soufflé chaud au Grand Marnier.

◆ Ancienne ferme dépendant du château de Vaux-le-Pénil. C'est aujourd'hui un restaurant aménagé avec goût sous une haute charpente en chêne. Belle cuisine actualisée.

MENDE P – 48 Lozère – **330** J7 – 12 378 h. – alt. 731 m – ✉ 48000 **23** C1

Languedoc Roussillon

Paris 584 – Alès 102 – Aurillac 150 – Gap 305

Office de tourisme, Place du Foirail ☎ 04 66 94 00 23, Fax 04 66 94 21 10

Cathédrale★ - Pont N.-Dame★.

De France

9 bd. L. Arnault – ☎ 04 66 65 00 04 – www.hoteldefrance-mende.com – Fax 04 66 49 30 47 **v**

14 ch – †75/95 € ††78/97 €, ☕ 11 € – 5 suites – ½ P 75/85 €

Rest – *(fermé lundi midi hors saison et sam. midi)* (24 €) Menu 28/35 € – Carte 32/38 €

◆ Un beau portail dessert cet ex-relais de poste (1856) entièrement redécoré avec goût : fer forgé, bois wengé, tommettes... Salon moderne et chambres aux lignes épurées. Cuisine actuelle dans une salle aux tons clairs égayée de tableaux ou, en été, dans la cour.

MENDE

Aigues-Passes (R. d') 2
Ange (R. de l') 3
Angiran (R. d') 4
Arjal (R. de l') 5
Beurre (Pl. au) 6
Blé (Pl. au) 7
Britexte (Bd) 8
Capucins (Bd des) 9
Carmes (R. des) 10
Chanteronne (R. de) 12
Chaptal (R.) 13
Chastel (R. du) 14
Collège (R. du) 18
Droite (R.) 19
Écoles (R. des) 20
Épine (R. de l') 21
Estoup (Pl. René) 22
Gaulle (Pl. Ch.-de) 23
Montbel (R. du Fg) 24
Piencourt (Allée) 25
Planche (Pont de la) 26
Pont N.-Dame (R. du) 27
République (Pl. et R.) 30
Roussel (Pl. Th.) 32
Soubeyran (Bd du) 33
Soubeyran (R.) 34
Soupirs (Allée des) 36
Urbain V (Pl.) 37

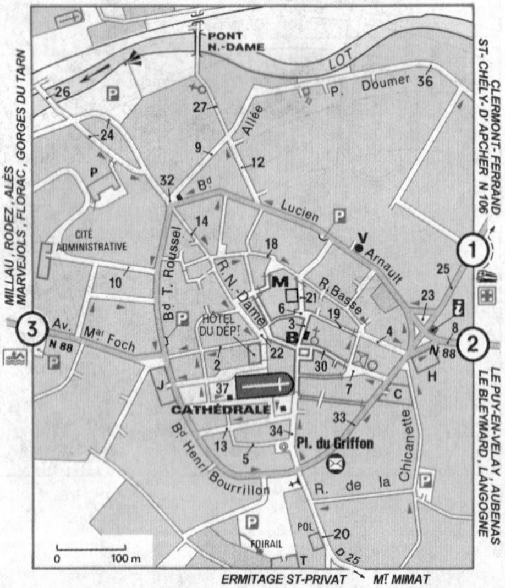

🏠 Du Pont Roupt 🔲 ♨ ⧫ ⅙ 🕯 ♨ 📔 P 🚗 *VISA* ⦿ AE ①

av. 11-Novembre, par ③ – 𝒞 04 66 65 01 43 – www.hotel-pont-roupt.com
– Fax 04 66 65 22 96 – Fermé 19-30 déc. et 25 fév.-15 mars
26 ch – †79 € ††79/129 €, ⊇ 11 € – ½ P 70/100 €
Rest – *(fermé sam. midi et dim. sauf juil.-août)* (19 €) Menu 25/49 € – Carte 35/60 €
♦ Établissement familial en bordure du Lot. Cheminée moderne et sièges de style au salon, chambres fonctionnelles, belle piscine intérieure et puits illuminé au sous-sol. Cuisine traditionnelle au restaurant.

à Chabrits 5 km au Nord-Ouest par ③ et D 42 – ✉ 48000 Mende

XX La Safranière ⅙ ⇔ *VISA* ⦿

hameau de Chabrits – 𝒞 04 66 49 31 54 – Fax 04 66 49 31 54 – Fermé 1ᵉʳ-15 mars,
6-13 sept., 14-28 fév., merc. midi sauf juil.-août, dim. soir et lundi
Rest – *(prévenir)* (20 €) Menu 24 € (sem.), 29/48 €
♦ Sur les premières marches du Gévaudan, anciennes étables où l'on goûte de la cuisine actuelle dans un joli décor contemporain. Bon petit choix de vins et fromages régionaux.

MÉNERBES – 84 Vaucluse – 332 E11 – 1 157 h. – alt. 224 m – ✉ 84560 42 E1
📗 Provence

🅳 Paris 713 – Aix-en-Provence 59 – Apt 23 – Avignon 40
◎ ≤ ★ de la terrasse de l'église.

🏠 La Bastide de Marie ⬎ ≤ ⬛ ⌂ 🏊 ⅏ ch, ⅙ᵀ P *VISA* ⦿ AE ①

rte de Bonnieux – 𝒞 04 90 72 30 20 – www.c-h-m.com – Fax 04 90 72 54 20
– Ouvert 20 avril-3 nov.
14 ch (½ P seult) – 5 suites – ½ P 243/380 €
Rest – Menu 89 € bc (dîner) – Carte 35/59 € le midi
♦ Cette superbe bastide encerclée par les vignes reflète l'esprit de la Provence. Pierres apparentes, meubles anciens, nobles tissus apportent à chaque chambre sa personnalité. Élégante salle à manger, véranda d'été et charmante terrasse pour apprécier une cuisine régionale.

🏠 Hostellerie Le Roy Soleil ⬎ ⌂ 🏊 P *VISA* ⦿ AE

rte des Beaumettes – 𝒞 04 90 72 25 61 – www.roy-soleil.com
– Fax 04 90 72 36 55 – Hôtel : fermé 5 janv.-1ᵉʳ mars, rest : ouvert 1ᵉʳ mai-15 oct.
18 ch – †85/198 € ††85/198 €, ⊇ 20 € – 3 suites – ½ P 88/168 €
Rest – (28 € bc) Menu 38 € (dîner)/45 € – Carte 70/90 € le soir
♦ Mas du 17ᵉ s. restauré amoureusement, dans les couleurs du pays (bleu, blanc, ocre rouge). Chambres provençales tournées vers le patio-jardin. Cuisine actuelle servie sous les belles voûtes de la salle à manger ou sur une terrasse fleurie.

⌂ La Bastide de Soubeyras ⬎ ≤ ⬛ ◔ ⌂ 🏊 ⅙ᵀ P

rte des Beaumettes – 𝒞 04 90 72 94 14 – www.bastidesoubeyras.com
– Fax 04 90 72 94 14
5 ch ⊇ – †95/165 € ††95/165 €
Table d'hôte – *(ouvert de mai à oct.)* Menu 35 € bc
♦ Cette coquette demeure en pierres sèches, perchée sur une colline, domine le village. Ravissantes chambres d'esprit provençal, jardin et piscine pour la détente. Un soir par semaine, la maîtresse de maison dresse une table d'hôte aux saveurs du Luberon.

MÉNESQUEVILLE – 27 Eure – 304 I5 – 397 h. – alt. 65 m – ✉ 27850 33 D2
📗 Normandie Vallée de la Seine

🅳 Paris 100 – Les Andelys 16 – Évreux 53 – Gournay-en-Bray 33

🏠 Le Relais de la Lieure ⬎ ⬛ ⌂ ⅙ ch, P *VISA* ⦿ AE

1 r. Gén. de Gaulle – 𝒞 02 32 49 06 21 – www.relaisdelalieure.com
– Fax 02 32 49 53 87
14 ch – †58 € ††58 €, ⊇ 8 € – ½ P 60 €
Rest – *(fermé 21 déc.-3 janv., dim. soir, lundi midi et vend. du 15 oct. au 1ᵉʳ avril)* Menu 16 € (sem.)/37 € – Carte 28/52 €
♦ Halte familiale dans un hameau situé à l'orée de la magnifique forêt de Lyons. Chambres assez grandes, meublées simplement et bien tenues. Plats traditionnels servis dans la salle à manger campagnarde ou, aux beaux jours, sur la terrasse dressée sous véranda.

MENESTEROL – 24 Dordogne – 329 B5 – rattaché à Montpon-Ménestérol

MENESTREAU-EN-VILLETTE – 45 Loiret – **318** J5 – rattaché à La Ferté-St-Aubin

LE MÉNIL – 88 Vosges – **314** I5 – rattaché au Thillot

LA MÉNITRÉ – 49 Maine-et-Loire – **317** H4 – 2 053 h. – alt. 21 m   **35** C2
– ⊠ 49250

> ◘ Paris 301 – Angers 27 – Baugé 23 – Saumur 26
> ◙ Syndicat d'initiative, place Léon Faye ℰ 02 41 45 67 51

XX   **Auberge de l'Abbaye**   ≤ P. VISA ©©
⊗⊗   *Le Port St-Maur* – ℰ 02 41 45 64 67 – Fax 02 41 57 69 75 – Fermé dim. soir, mardi
      soir et lundi
      Rest – Menu 15 € (déj. en sem.), 29/36 € – Carte 36/45 €
      ♦ Plaisant cadre actuel "avec vue" dans cette maison établie sur une levée de la Loire. Cuisine privilégiant les produits régionaux (poissons du fleuve et légumes frais).

LA MÉNOUNIÈRE – 17 Charente-Maritime – **324** B4 – voir à île d'Oléron

MENNECY – 91 Essonne – **312** D4 – 13 325 h. – alt. 52 m – ⊠ 91540   **18** B2

> ◘ Paris 43 – Bobigny 53 – Créteil 37 – Évry 10

X   **À Vos Papilles**   VISA ©© AE
      47 bd Charles-de-Gaulle – ℰ 01 60 77 25 44 – Fermé mardi et merc.
      Rest – (20 €) Menu 34 € – Carte 30/50 €
      ♦ En retrait du centre-ville, ce restaurant réalise une cuisine actuelle avec des produits de qualité et de saison. Une adresse engageante parfaitement tenue.

MENTHON-ST-BERNARD – 74 Haute-Savoie – **328** K5 – 1 818 h.   **46** F1
– alt. 482 m – ⊠ 74290 ▌ Alpes du Nord

> ◘ Paris 548 – Albertville 37 – Annecy 10 – Bonneville 50
> ◙ Office de tourisme, Chef-lieu ℰ 04 50 60 14 30, Fax 04 50 60 22 19
> ◎ Château de Menthon★ : ≤★ E : 2 km.

ⓕⓕ   **Palace de Menthon** ⌂   ≤ ⚥ 🌫 🖾 🖻 🖧 ch, 🎞 rest, ⁹⁹ 🔅 P 🕭
      665 rte des Bains – ℰ 04 50 64 83 00   VISA ©© AE
      – www.palacedementhon.com – Fax 04 54 64 83 81
      63 ch – †85/99 € ††130/170 €, ⊡ 15 € – 2 suites – ½ P 93/135 €
      Rest *Le Viù* – (25 € bc) Menu 40 €
      Rest *Palace Beach* – (ouvert 15 mai-31 août) Menu 38 €
      ♦ Imposante bâtisse (1911) à la vue imprenable sur le lac et le château. On profite d'un grand parc et de chambres confortables garnies de mobilier de style ou Art déco. Le Viù sert une carte actuelle dans une salle à manger contemporaine et feutrée. Décor mauresque et terrasse donnant sur l'eau au Palace Beach.

ⓕ   **Beau Séjour** sans rest ⌂   🚗 P.
      161 allée des Tennis – ℰ 04 50 60 12 04 – www.hotelbeausejour-menthon.com
      – Fax 04 50 60 05 56 – Ouvert 15 avril-fin sept.
      18 ch – †69 € ††69/80 €, ⊡ 8 €
      ♦ À 100 m du lac, cette paisible villa entourée d'un magnifique jardin fleuri possède un charme rétro. Chambres campagnardes, mobilier varié et quelques balcons.

⌂   **La Vallombreuse** ⌂   🚗 ⁹⁹ P. VISA ©©
      534 rte Moulins, 700 m. à l'Est par rte du Col de Bluffy – ℰ 04 50 60 16 33
      – www.la-vallombreuse.com – Fax 04 50 64 88 87
      5 ch ⊡ – †67/122 € ††75/130 €   **Table d'hôte** – Menu 20/28 € bc
      ♦ Au calme d'un jardin, belle maison forte du 15ᵉ s. abritant de vastes chambres garnies de meubles d'antiquaires, savoyards ou de style. Expositions de tableaux dans les salons. Bons repas copieux à la table d'hôte.

MENTON – 06 Alpes-Maritimes – **341** F5 – 27 655 h. – Casino : du Soleil   **42** E2
AZ – ✉ **06500** 🛗 Côte d'Azur

▶ Paris 956 – Cannes 63 – Cuneo 102 – Monaco 11

🅭 Office de tourisme, 8, avenue Boyer ✆ 04 92 41 76 76, Fax 04 92 41 76 78

👁 Site★★ - Vieille ville★★ : Parvis St-Michel★★, Façade★ de la Chapelle de
la Conception BY **B** - ≤★ du cimetière Anglais BX **D** - Promenade du
Soleil★★, ≤★ de la jetée Impératrice-Eugénie BV - Jardin de Menton★ :
le Val Rameh★ BV **E** - Salle des mariages★ de l'hôtel de Ville BY **H** - Musée
des Beaux-Arts★ (palais Carnolès) AX **M¹**.

🅖 Jardin Hanbury★★ à Vintimille, O : 2 km.

🏨 **Riva** sans rest   ≤ 📶 🛗 & 🅐🅒 🕱 �📡 🛜 📵 🅥🅘🅢🅐 ⓒⓞ 🅐🅔 ⓞ
*600 promenade du Soleil – ✆ 04 92 10 92 10 – www.rivahotel.com
– Fax 04 93 28 87 87*   CZ**n**
40 ch – ♦97/128 € ♦♦97/128 €, � 11 €
♦ Sur le front de mer, hôtel balnéaire récent avec solarium, jacuzzi et restaurant d'été sur le
toit. Chambres très confortables ; balcons face à la grande bleue ou la montagne.

🏨 **Napoléon**   ≤ 🍴 & 🛁 📶 & ch, 🅐🅒 🕨 🛜 🅿 🅥🅘🅢🅐 ⓒⓞ 🅐🅔 ⓞ
*29 Porte de France – ✆ 04 93 35 89 50 – www.napoleon-menton.com
– Fax 04 93 35 49 22*   5-7 och   BU**a**
43 ch – ♦69/149 € ♦♦94/149 €, ⊑ 12 € – 1 suite
Rest *Napoléon* – *(ouvert d'avril à sept.)* Carte 37/59 €
♦ L'élégant décor contemporain des chambres rend hommage à des artistes ayant séjourné
à Menton (Cocteau, Sutherland...). Celles qui ont vue sur mer possèdent une belle terrasse en
teck. Le restaurant de plage propose poissons grillés, barbecues et une riche carte de glaces.

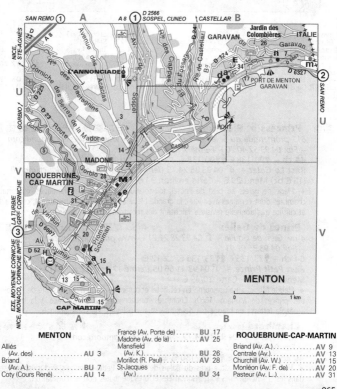

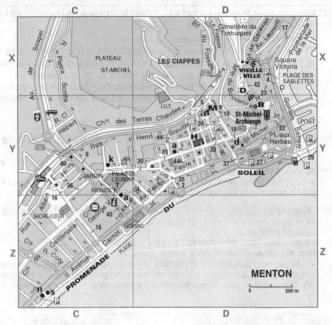

MENTON

0   200 m

🏠🏠🏠 **Princess et Richmond** ⟨ ♨ 🖢 🖬 🅰🅲 ⁽ᵖ⁾ 🅿 🚗 🚾 ⑳ 🅰🅴 ⓞ

617 promenade du Soleil – ℰ 04 93 35 80 20 – www.princess-richmond.com
– Fax 04 93 57 40 20 – Fermé 7 nov.-17 déc.   **CZs**
44 ch – †90/138 € ††90/138 €, ⌑ 11 € – 2 suites
Rest *Le Galet* – ℰ 04 93 35 24 75 *(fermé lundi midi, merc. midi et mardi)*
(15 € bc) Menu 29 € – Carte environ 34 €

♦ Plage de galets au pied de l'hôtel, toit-solarium et jacuzzi panoramiques, confortables chambres dont certaines avec vue : la grande bleue à l'honneur ! Au restaurant, cadre actuel et cuisine traditionnelle revisitée valorisant des recettes régionales oubliées.

🏠🏠 **Prince de Galles** ⟨ 🚗 🈁 🖢 🅰🅲 ch, ⁽ᵖ⁾ 🎿 🅿 🅿 🚾 ⑳ 🅰🅴 ⓞ

4 av. Gén. de Gaulle – ℰ 04 93 28 21 21 – www.princedegalles.com
– Fax 04 93 35 92 91   **AVe**
64 ch – †73/135 € ††73/135 €, ⌑ 12 €
Rest *Petit Prince* – ℰ 04 93 41 66 05 *(fermé 17 nov.-12 déc.)* (17 €)
Menu 23/36 € – Carte 30/49 €

♦ Claude Monet aurait séjourné en cet hôtel occupant les murs d'une caserne de carabiniers des princes de Monaco (1860). Chambres fonctionnelles, à choisir face à la mer. L'été, agréable terrasse ombragée par deux majestueux palmiers. Plats traditionnels.

🏠🏠 **Chambord** sans rest 🖢 🅰🅲 ⅋ ⁽ᵖ⁾ 🚗 🚾 ⑳ 🅰🅴

6 av. Boyer – ℰ 04 93 35 94 19 – www.hotel-chambord.com
– Fax 04 93 41 30 55   **CYZa**
40 ch – †85/105 € ††100/130 €, ⌑ 10 €

♦ Hôtel fonctionnel situé près du palais de l'Europe. Petits-déjeuners exclusivement servis dans les chambres. Elles sont insonorisées et presque toutes dotées d'un balcon.

Méditerranée 🗔 & ch, AC ⁿ 🛜 VISA ⚫ AE ①

5 r. de la République – 🕾 04 92 41 81 81 – www.hotel-med-menton.com
– Fax 04 92 41 81 82 DY**a**
89 ch – ♦69/159 € ♦♦79/159 €, ☑ 15 € – ½ P 59/96 €
Rest – (14 €) Menu 26 € – Carte 25/43 € le midi
♦ Ce grand bâtiment moderne proche de la vieille ville dispose de chambres confortables, dotées d'un mobilier en bois blond. Salon-bar panoramique. Ambiance contemporaine, avec le cinéma pour thème, au restaurant décoré de photos de stars. Plats traditionnels.

Paris Rome 🗘 AC ℅ ch, ⁿ VISA ⚫ AE ①
✿

79 Porte de France – 🕾 04 93 35 70 35 – www.paris-rome.com
– Fax 04 93 35 29 30 – Fermé 8 nov.-28 déc. et 12-26 janv. BU**n**
21 ch – ♦65/76 € ♦♦65/127 €, ☑ 13 € – 2 suites – ½ P 87/118 €
Rest – (fermé mardi midi et lundi) (nombre de couverts limité, prévenir) (34 €)
Menu 55/88 € – Carte 63/100 €
Spéc. Foie gras de canard du Gers, chutney. Civet de homard acadien, espuma de pomme de terre et champignons sautés. Biscuit pur chocolat mangaro, cœur coulant. **Vins** Bellet, Patrimonio.
♦ À l'entrée du port de Garavan, hôtel qui a revu en profondeur sa décoration dans un esprit contemporain, mêlant styles classique et provençal. Lounge bar cossu. Restaurant aux touches méridionales, ouvert sur un patio et proposant une cuisine créative.

XXX **Mirazur** (Mauro Colagreco) ≤ 🚗 & AC ✿ P VISA ⚫ AE
✿

30 av. Aristide Briand – 🕾 04 92 41 86 86 – www.mirazur.fr – Fax 04 92 41 86 87
– Ouvert de mars à oct. et fermé lundi, mardi et le midi en juil.-août sauf
week-ends BU**m**
Rest – (nombre de couverts limité, prévenir) Menu 33 € (déj. en sem.), 55/98 €
– Carte 72/106 €
Spéc. Salade de gamberonis de San Remo, pêche blanche, courgettes et basilic (mai à sept.). Pigeon cuit à basse température, épeautre, betterave et salicornes. Framboises de l'arrière-pays, gelée de litchi, mascarpone, tuile au miel et gingembre (été). **Vins** Côtes de Provence.
♦ L'architecture contemporaine et le décor épuré mettent en avant la vue sublime sur la mer et la vieille ville. Fine cuisine dans l'air du temps préparée par un chef d'origine argentine.

X **La Cantinella** AC VISA ⚫

8 r. Trenca – 🕾 04 93 41 34 20 – Fermé 8 janv.-8 fév., merc. midi et mardi sauf
fériés DY**d**
Rest – (nombre de couverts limité, prévenir) Menu 20 € (sem.) – Carte 27/45 €
♦ Le patron, sicilien, aime faire plaisir à ses clients et leur mitonne de savoureux plats du Sud (entre Nice et Italie) valorisant les produits du marché. Convivialité garantie.

à Monti 5 km au Nord par rte de Sospel – CX ⊠ 06500 Menton

XX **Pierrot-Pierrette** avec ch ≤ 🚗 🛁 AC rest, P VISA ⚫
☺

pl. de l'Église – 🕾 04 93 35 79 76 – www.pierrotpierrette.fr – Fax 04 93 35 79 76
– Fermé 6 déc.-14 janv. et lundi sauf fériés
6 ch – ♦67/77 € ♦♦67/77 €, ☑ 8 €
Rest – Menu 28 € (sem.), 32/40 € – Carte 36/77 €
♦ Auberge familiale perchée sur les hauteurs de Menton, généreuse par son accueil et sa goûteuse cuisine régionale. La fidélité de la clientèle en témoigne. Coquet intérieur et chambres rénovées.

LES MENUIRES – 73 Savoie – 333 M6 – alt. 1 400 m – Sports d'hiver : 46 F2
1 400/3 200 m 🚠 8 🚡 36 🎿 – ⊠ 73440 St Martin de Belleville ▌Alpes du Nord
▶ Paris 632 – Albertville 51 – Chambéry 101 – Moûtiers 27
🛈 Office de tourisme, immeuble Belledonne 🕾 04 79 00 73 00, Fax 04 79 00 75 06

Kaya ⌂ ≤ 🗘 🖬 🛁 🛊 ⁿ P 🛜 VISA ⚫ AE

à Reberty – 🕾 04 79 41 42 00 – www.hotel-kaya.com – Fax 04 79 41 42 01
– Ouvert 15 déc.-15 avril
50 ch ☑ – ♦183/250 € ♦♦183/250 € – 40 suites
Rest *Le K* – Menu 60 € (dîner)/70 € – Carte 29/47 €
♦ Des paisibles salons (billard, cheminée) aux confortables chambres, partout un style épuré et contemporain joliment rehaussé par la chaleur du vieux bois. Sauna, hammam. Carte simplifiée pour la pause-déjeuner ; cuisine moderne aux accents savoyards le soir.

L'Ours Blanc 🔥 ⟨ 🛋 ⚬ 🏨 ⚭ ch, 🌳 ⚬ 🚗 **P** *VISA* ⚬
à Reberty 2000 – 🕿 *04 79 00 61 66 – www.hotel-ours-blanc.com*
– Fax 04 79 00 63 67 – Ouvert 5 déc.-16 avril
53 ch (½ P seult) – ½ P 80/106 € **Rest** – Menu 26/88 € – Carte 42/75 €
◆ Sur les pistes des Trois Vallées, grand chalet au décor montagnard. Chambres claires toutes rénovées, dotées de balcons ; salon douillet avec cheminée et beau fitness. Chaleureux restaurant "tout bois" tourné vers le massif de la Masse ; recettes régionales.

MERCATEL – 62 Pas-de-Calais – **301** J6 – **rattaché à Arras**

MERCUÈS – 46 Lot – **337** E5 – **rattaché à Cahors**

MERCUREY – 71 Saône-et-Loire – **320** I8 – 1 310 h. – alt. 269 m – ⊠ 71640   8 C3
▶ Paris 344 – Autun 39 – Beaune 26 – Chagny 11

Hôtellerie du Val d'Or 🚗 ⚿ ⚬ **P** 🛋 *VISA* ⚬ AE
140 Grande-Rue – 🕿 *03 85 45 13 70 – www.le-valdor.com – Fax 03 85 45 18 45*
– Fermé 22-27 août, 20 déc.-17 janv., mardi midi et lundi
12 ch – ♦77/88 € ♦♦77/98 €, � 11 € – ½ P 87 €
Rest – Menu 20 € (déj.), 39/76 € – Carte 43/88 € le soir
◆ Dans ce village vigneron de la Côte chalonnaise, l'ancien relais de poste offre désormais une douzaine de chambres. Agréable jardin. Salle à manger rustique avec cheminée et poutres apparentes.

MÉRIBEL – 73 Savoie – **333** M5 – **Sports d'hiver** : 1 450/2 950 m ⚹ 16   46 F2
⚹45 ⚹ – ⊠ 73550 ▮ Alpes du Nord
▶ Paris 621 – Albertville 41 – Annecy 85 – Chambéry 90
🛈 Office de tourisme, 🕿 04 79 08 60 01, Fax 04 79 00 59 61
🏨 Méribel B.P. 54, NE : 4 km, 🕿 04 79 00 52 67
◉ ❄ ★★★ la Saulire, ❄ ★★ Mont du Vallon, ❄ ★★ Roc des Trois marches,
❄ ★★ Tougnète.

Le Grand Cœur & Spa 🔥 ⟨ 🛋 ⚬ 🛋 ⚬ 🏨 ⚬ **P** 🛋 *VISA* ⚬ AE ⚬
– 🕿 *04 79 08 60 03 – www.legrandcoeur.com – Fax 04 79 08 58 38 – Ouvert*
18 déc.-11 avril   **a**
35 ch � – ♦250/660 € ♦♦275/825 € – 4 suites – ½ P 208/482 €
Rest – Menu 80/92 € – Carte 58/180 €
◆ Romantisme et luxe se sont donné rendez-vous dans ce majestueux hôtel – l'un des plus anciens de la station. Bois blond et belles étoffes ornent les chambres. Piano-bar cosy et spa. Arcades et boiseries claires agrémentent le chaleureux restaurant ; cuisine soignée.

Allodis 🔥 ⟨ 🛋 ⚿ 🛋 ⚬ 🏨 ⚬ ch, 🌳 ⚬ 🛋 🛋 *VISA* ⚬
au Belvédère – 🕿 *04 79 00 56 00 – www.hotelallodis.com – Fax 04 79 00 59 28*
– Ouvert 5 juil.- 29 août et mi-déc. à mi-avril   **d**
44 ch � – ♦311/351 € ♦♦444/522 € – 6 suites – ½ P 242/281 €
Rest – (40 €) Menu 50 € (déj.), 53/80 € – Carte 49/110 €
◆ Ce chalet donne sur les pistes et domine la station. Chambres avec balcons, spacieuses et douillettes. Piscine, sauna, hammam. Cuisine traditionnelle servie le soir dans un cadre cossu. À midi, on profite de la terrasse panoramique face à la vallée de Méribel.

Le Yéti 🔥 ⟨ 🛋 ⚿ ⚬ 🛋 ⚬ 🏨 ⚬ ch, 🌳 ⚬ 🛋 🛋 *VISA* ⚬
rd-pt des Pistes – 🕿 *04 79 00 51 15 – www.hotel-yeti.com – Fax 04 79 00 51 73*
– Ouvert 3 juil.-29 août et 11 déc.-24 avril   **p**
31 ch – ♦125/255 € ♦♦162/299 €, � 18 € – ½ P 109/225 €
Rest – (29 €) Menu 39/45 € – Carte 25/45 €
◆ Un chaleureux "home" des neiges : décoration raffinée – boiseries cirées, tapis kilims, lits à l'autrichienne –, bar et salon cosy. Sauna, hammam, fitness. Tables joliment dressées au restaurant (le soir) et terrasse plein sud, idéale à l'heure du déjeuner.

La Chaudanne 🛋 ⚿ ⚬ 🛋 ⚬ 🏨 ⚬ 🛋 🛋 *VISA* ⚬ ⚬
rte de la Montée – 🕿 *04 79 08 61 76 – www.chaudanne.com – Fax 04 79 08 57 75*
– Ouvert juin-sept. et déc.-avril   **e**
156 ch � – ♦249/348 € ♦♦268/348 € – 7 suites – ½ P 187/228 €
Rest – (dîner seult) (résidents seult)
◆ Détente et forme dans ce complexe hôtelier situé au pied des pistes : chambres confortables, accès libre à l'espace bien-être (sauna, hammam...), piscine extérieure chauffée.

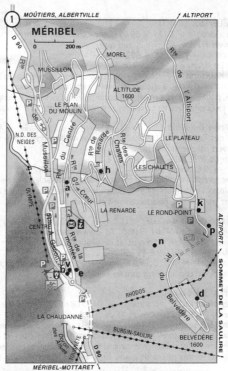

Marie-Blanche ⩽ 命 ⧠ & ch, ⅗ rest, ↑ P VISA ⓒ⑥
*rte Renarde – ℰ 04 79 08 65 55 – www.marie-blanche.com – Fax 04 79 08 57 07
– Ouvert 7 juil.-26 août et 13 déc.-20 avril*   **h**
21 ch ⌂ – ♦168/302 € ♦♦226/312 € – ½ P 150/185 €
Rest – *(fermé le midi du 7 juil. au 26 août)* Carte 50/67 €
♦ Ce chalet familial vous héberge dans de coquettes chambres savoyardes dotées d'un balcon. Salon-bar avec cheminée centrale et vue sur la montagne. Jolie terrasse, salle à manger
éclairée par de grandes baies vitrées et cuisine régionale.

L' Éterlou 🔲 🔲 ⊛ ʰₐ |♦| ঙ ch, ⁽ᵖ⁾ ♨ ⌁ 𝘝𝘐𝘚𝘈 ⊕ ⓞ
rte A. Gacon – 𝒞 *04 79 08 89 00 – www.chaudanne.com – Fax 04 79 08 57 75*
– Ouvert fin nov.-fin avril et juin-sept. **b**
165 ch ⌲ – †249/329 € ††249/348 € – 7 suites
Rest *La Grange –* 𝒞 04 79 08 53 19 – Carte 30/70 €
Rest *Kouisena –* 𝒞 04 79 08 89 23 *(dîner seult)* (25 €) Carte 30/70 €
♦ Situation centrale, ambiance conviviale, cadre chaleureux, équipements de remise en forme, piscine extérieure chauffée et confortables canapés cuirs au lodge bar. Carte du terroir à La Grange. Recettes savoyardes et service en costume local au Kouisena.

L'Orée du Bois ⩽ 🏠 🔲 |♦| ⅌ ⁽ᵖ⁾ 𝘝𝘐𝘚𝘈 ⊕ ⓞ
rd-pt des Pistes – 𝒞 *04 79 00 50 30 – www.meribel-oree.com – Fax 04 79 08 57 52*
– Ouvert mi-déc. à mi-avril **k**
35 ch (½ P seult) – ½ P 156/178 €
Rest – (29 €) Menu 39/58 € – Carte 32/53 € le midi
♦ Une adresse sympathique qui cultive la tradition savoyarde. Chambres lambrissées, dotées de balcons. En hiver, belles flambées dans la cheminée du salon. Salle à manger lumineuse, terrasse panoramique, plats traditionnels et régionaux.

Le Tremplin sans rest 🔲 🔲 ⊛ ʰₐ |♦| ⅌ ⁽ᵖ⁾ ⌁ 𝘝𝘐𝘚𝘈 ⊕ ⓞ
rte Albert-Gacon – 𝒞 *04 79 08 61 76 – www.chaudanne.com – Fax 04 79 08 57 75*
– Ouvert de mi-juin à fin sept. et de début déc. à fin avril **v**
41 ch ⌲ – †249/329 € ††268/348 €
♦ Cette façade en bois et pierre dissimule de plaisantes chambres de style montagnard. Un bon "tremplin" pour un séjour dans les Trois-Vallées.

Adray Télébar ⌕ ⩽ 🏠 𝘝𝘐𝘚𝘈 ⊕ 𝘈𝘌
sur les pistes (accès piétonnier) – 𝒞 *04 79 08 60 26 – www.telebar-hotel.com*
– Fax 04 79 08 53 85 – Ouvert 15 déc.-15 avril **n**
24 ch (½ P seult) – ½ P 140/170 € **Rest** – Menu 33 € – Carte 30/50 €
♦ L'amabilité de l'accueil – on vient vous chercher en chenillette – et la situation, atypique et dépaysante, font oublier un décor intérieur simple. Chambres bien tenues. À table, cuisine familiale et terrasse panoramique avec vue imprenable sur le domaine skiable.

XX **Le Blanchot** ⩽ 🏠 🅿 𝘝𝘐𝘚𝘈 ⊕ 𝘈𝘌
3,5 km par rte de l'Altiport – 𝒞 *04 79 00 55 78 – Fax 04 79 00 53 20 – Ouvert*
26 juin-9 sept., 16 déc.-19 avril et fermé dim. soir et lundi soir
Rest – (39 €) Carte 45/70 €♨
♦ Pistes de ski de fond l'hiver, golf l'été : ce chalet bien entouré dispose d'une salle cosy et d'une terrasse tournée vers la forêt de sapins. Carte actuelle et beau choix de vins.

à l'altiport Nord-Est : 4,5 km – ✉ 73550 Méribel-les-Allues

Altiport Hôtel ⌕ ⩽ 🏠 🔲 ʰₐ |♦| ⅌ rest, ♨ ⌁ 𝘝𝘐𝘚𝘈 ⊕ 𝘈𝘌
– 𝒞 *04 79 00 52 32 – www.altiporthotel.com – Fax 04 79 08 57 54 – Ouvert de*
mi-déc. à mi-avril
41 ch (½ P seult) – ½ P 185/225 € **Rest** – Menu 45 € (déj.)/65 €
♦ Grand chalet jouxtant l'altiport (survol du mont Blanc) et le golf d'été. Coquettes chambres bien insonorisées, confortable salon-cheminée. Salle à manger de style montagnard chic, spectacle "nature" depuis la terrasse ensoleillée et table traditionnelle soignée.

à Méribel-Mottaret 6 km – ✉ 73550 Méribel les Allues

Mont Vallon ⌕ ⩽ 🔲 ʰₐ |♦| ⅌ rest, ⁽ᵖ⁾ ♨ 🅿 𝘝𝘐𝘚𝘈 ⊕ 𝘈𝘌
– 𝒞 *04 79 00 44 00 – www.hotel-montvallon.com – Fax 04 79 00 46 93*
– Ouvert mi-déc. à mi-avril **s**
90 ch (½ P seult) – 2 suites – ½ P 185/390 €
Rest *Le Chalet – (dîner seult)* Carte 58/70 €
Rest *Brasserie Le Schuss* – Menu 25/49 € – Carte 60/80 €
♦ Chaleur du bois et couettes de lit créent une douillette atmosphère dans les chambres de ce grand hôtel situé au pied des pistes. Sauna, hammam, squash, jacuzzi. Décor chaleureux et chic au Chalet. Côté Brasserie, repas rapides à midi et plats savoyards le soir.

Alpen Ruitor ⟨⟨ 🛰 📶 🖥 📟 📠 🅥🅘🅢🅐 ⑩ 🄰🄴 ⑩

– ℰ 04 79 00 48 48 – www.alpenruitor.com – Fax 04 79 00 48 31 – Ouvert
12 déc.-17 avril
44 ch ⧜ – †215/315 € ††300/420 € – 1 suite – ½ P 165/225 €
Rest – Menu 35 € (dîner) – Carte 20/40 €

♦ Les chambres disposent d'un balcon avec vue sur les pistes (sud) ou la vallée (nord).
Ambiance et décor aux couleurs du Tyrol. Agréable salon-bar-cheminée et accueil attentionné. Jolies fresques dans la salle à manger où l'on sert des spécialités régionales.

Les Arolles ⊗ ⟨⟨ 🛰 🖥 𝄢 📟 📶 🅥🅘🅢🅐 ⑩

– ℰ 04 79 00 40 40 – www.arolles.com – Fax 04 79 00 45 50
– Ouvert 18 déc.-24 avril
54 ch – †150/200 € ††180/250 €, ⧜ 15 € – ½ P 125/185 €
Rest – (21 €) Carte 30/40 €

♦ Accès direct aux pistes – et aux arolles (l'autre nom des pins cembro) – depuis cet imposant chalet. Chambres avec balcon, en partie rénovées ; espaces détente et loisirs. Sobre restaurant, grande terrasse et carte régionale.

aux Allues Nord : 7 km par D 915ᴬ – 1 893 h. – alt. 1 125 m – ⊠ 73550

La Croix Jean-Claude ⊗ 🛰 🅥🅘🅢🅐 ⑩ 🄰🄴

– ℰ 04 79 08 61 05 – www.croixjeanclaude.com – Fax 04 79 00 32 72
– Fermé 1ᵉʳ mai-1ᵉʳ juin
16 ch – †88/130 € ††88/130 €, ⧜ 9 € – ½ P 83/102 €
Rest – (fermé sam. midi et dim. midi hors saison) Carte 35/78 €

♦ Cette maison de la fin des années 1940 fait partie des hôtels les plus anciens de la région
des Trois Vallées. Douillettes chambres montagnardes ; salon et bar chaleureux. Au restaurant, cadre savoyard et cuisine traditionnelle inspirée du terroir.

MÉRIGNAC – 33 Gironde – **335** H5 – rattaché à Bordeaux

MERKWILLER-PECHELBRONN – 67 Bas-Rhin – **315** K3 – 867 h.   **1** B1
– alt. 160 m – ⊠ 67250 ▮ Alsace Lorraine

▶ Paris 496 – Haguenau 17 – Strasbourg 51 – Wissembourg 18
🛈 Syndicat d'initiative, 1, route de Lobsann ℰ 03 88 80 72 36,
Fax 03 88 80 63 33

✗✗ Auberge Baechel-Brunn avec ch 🄰🄲 🕸 🅟 🅥🅘🅢🅐 ⑩

3 rte de Soultz – ℰ 03 88 80 78 61 – www.baechel-brunn.com – Fax 03 88 80 75 20
– Fermé 9 août-1ᵉʳ sept., 11-26 janv., dim. soir, lundi soir et mardi
5 ch – ⧜ – †40 € ††50/75 €   **Rest** – (25 €) Menu 38/50 € – Carte 36/53 €

♦ Cette ancienne grange offre un intérieur feutré, actuel et soigné. Cuisine classique et
contemporaine, mariant les talents culinaires du maître de maison et de son fils. Chambres
coquettes dans une résidence située à quelques pas du restaurant. Jardin arboré.

MERLETTE – 05 Hautes-Alpes – **334** F4 – rattaché à Orcières

---

MERRY-SUR-YONNE – 89 Yonne – **319** E6 – 216 h. – alt. 150 m   **7** B2
– ⊠ 89660

▶ Paris 203 – Dijon 139 – Auxerre 44 – Avallon 32

Le Charme Merry ⊗ 🌿 🛰 🏊 🄰🄺 ch, 📶 🅟 🅥🅘🅢🅐 ⑩

30 rte de Compostelle – ℰ 03 86 81 08 46 – www.lecharmemerry.com
– Fax 03 86 81 08 46 – Fermé 3 janv.-12 mars
4 ch ⧜ – †120 € ††120 €   **Table d'hôte** – Menu 40 € bc

♦ Cette maison recèle de superbes chambres aux lignes contemporaines (photos réalisées
par le patron, salles d'eau design, matériaux nobles, pierre du pays). Jardin, piscine. Plats
actuels servis sous la charpente de la salle à manger (cuisines ouvertes).

MÉRU – 60 Oise – **305** D5 – 12 651 h. – alt. 110 m – ⊠ 60110   **36** B3
▮ Nord Pas-de-Calais Picardie

▶ Paris 60 – Beauvais 27 – Compiègne 74 – Mantes-la-Jolie 62
🏌 des Templiers à Ivry-le-Temple, O : 9 km par D 121 et D 105,
ℰ 03 44 08 73 72

Ж
⊗ㅇ
Les Trois Toques
🍴 *VISA* ⚫⚫

*21 r. P. Curie – ℰ 03 44 52 01 15 – www.lestroistoques.fr – Fax 03 44 52 01 15
– Fermé 1ᵉʳ-15 août, dim. soir et merc.*
Rest – (15 €) Menu 18 € (sem.)/48 € – Carte 37/56 €
♦ Cuisine au goût du jour concoctée par le chef-patron et servie dans une salle à manger au cadre rajeuni, rehaussé d'une touche rustique. Un agréable moment en perspective.

MERVILLE FRANCEVILLE-PLAGE – 14 Calvados – 303 K4
– 1 740 h. – alt. 2 m – ⊠ 14810
32 B2

🄳 Paris 225 – Caen 20 – Beuvron-en-Auge 20 – Cabourg 7
🄸 Office de tourisme, place de la Plage ℰ 02 31 24 23 57, Fax 02 31 24 17 49

🏠
Le Vauban sans rest
((ŋ)) 🅿 *VISA* ⚫⚫ 🄰🄴

*8 rte de Cabourg – ℰ 02 31 24 23 37 – www.hotel-vauban-franceville.com
– Fax 02 31 24 54 40 – Fermé 28 nov.-16 déc.*
15 ch – †63 € ††63 €, � 10 €
♦ En bord de route et non loin de la plage, un établissement familial aux chambres simples et bien tenues, plus calmes dans l'annexe. Petit-déjeuner buffet. Accueil sympathique.

MÉRY-SUR-OISE – 95 Val-d'Oise – 305 E6 – 101 4 – voir à Paris, Environs
(Cergy-Pontoise)

LE MESNIL-AMELOT – 77 Seine-et-Marne – 312 E1 – voir à Paris, Environs

---

MESNIL-ST-PÈRE – 10 Aube – 313 G4 – 386 h. – alt. 131 m
– ⊠ 10140 ▍ Champagne Ardenne
13 B3

🄳 Paris 200 – Bar-sur-Aube 32 – Châtillon-sur-Seine 55 – St-Dizier 74
🄾 Parc naturel régional de la forêt d'Orient★★.

XXX
Auberge du Lac - Au Vieux Pressoir avec ch
🍽 ᕼ ch, 🄺 rest,

5 r. du 28 août – ℰ 03 25 41 27 16 ((ŋ)) 🕍 🅿 *VISA* ⚫⚫ 🄰🄴
– www.au-vieux-pressoir.com – Fax 03 25 41 57 59 – Fermé 13 déc.-16 janv., dim. soir du 17 oct. au 15 mars, lundi midi et mardi midi
21 ch – †69/110 € ††73/127 €, ⏛ 13 €
Rest – (28 €) Menu 40/76 € – Carte 61/90 €
♦ Cette jolie maison à colombages typique de la Champagne humide abrite un lumineux intérieur néorustique. Cuisine au goût du jour avec quelques touches d'originalité. Chambres bien tenues.

MESNIL-VAL – 76 Seine-Maritime – 304 H1 – ⊠ 76910
33 D1

🄳 Paris 184 – Amiens 96 – Dieppe 28 – Le Tréport 6

🄷🄷
Royal Albion sans rest 🦢
🕭 ᕼ 🍽 🅿 *VISA* ⚫⚫

*1 r. de la Mer – ℰ 02 35 86 21 42 – www.treport-hotels.com – Fax 02 35 86 78 51
– Fermé 20-28 déc.*
25 ch – †65/74 € ††69/136 €, ⏛ 10 €
♦ Perchée sur une falaise, ex-caserne de douaniers du 19ᵉ s. à l'allure coloniale et au décor intérieur soigné. Chambres de styles très variés : Louis XVI, victorien, Art nouveau...

MESQUER – 44 Loire-Atlantique – 316 B3 – 1 658 h. – alt. 6 m
– ⊠ 44420
34 A2

🄳 Paris 460 – La Baule 16 – Nantes 86 – St-Nazaire 29
🄸 Office de tourisme, place du Marché - Quimiac ℰ 02 40 42 64 37,
Fax 02 40 42 50 89

XX
⊗ㅇ
La Vieille Forge
ᕼ ᕼ 🄺 *VISA* ⚫⚫ 🄰🄴

*32 r. d'Aha – ℰ 02 40 42 62 68 – www.vieilleforge.fr
– Fermé 16-25 juin, 21 sept.-3 oct., fév., lundi, mardi et merc. sauf le soir
en juil.-août, jeudi midi et vend. midi en été*
Rest – Menu 13 € (déj. en sem.), 25/50 € – Carte 30/60 €
♦ Cette ex-forge (1711) abrite deux salles : l'une avec four et soufflet, l'autre moderne et ouverte sur le jardin-terrasse. Carte au goût du jour teintée de saveurs asiatiques.

à St-Molf 3,5 km au Sud-Est par D 33, D 52 et D 252 – 2 030 h. – alt. 10 m – ⊠ 44350

> 🖾 Office de tourisme, 10, rue Duchesse Anne ℰ 02 40 62 58 99, Fax 02 40 62 58 74

↑ **Kervenel** sans rest   🛋 ⚘ 🅿
– ℰ 02 40 42 50 38 – Fax 02 40 42 50 38 – Ouvert 1ᵉʳ avril-1ᵉʳ oct.
3 ch ⊐ – †50 € ††70 €
♦ Longère bretonne typique, rénovée, au calme. L'ex-grenier à blé abrite trois chambres (sur jardin) de styles variés : la "Louis Philippe", la "Louis XV" et la "contemporaine".

MESSANGES – 40 Landes – 335 C12 – 885 h. – alt. 8 m – ⊠ 40660   **3** A2
> 🖪 Paris 717 – Bordeaux 157 – Mont-de-Marsan 92 – Bayonne 46
> 🖾 Office de tourisme, route des Lacs ℰ 05 58 48 93 10, Fax 05 58 48 93 75

🏠 **La Maison de la Prade** sans rest ⑤   ⏀ & ⚘ ⑲ ⥼ 🅿 VISA ⓪
av. de la Plage – ℰ 05 58 48 38 96 – www.lamaisondelaprade.com
– Fax 05 58 49 26 75 – Ouvert de mars à nov.
16 ch – †89/118 € ††89/138 €, ⊐ 12 € – 2 suites
♦ Près d'une plage sauvage, cerné par une forêt de pins, un bâtiment Art déco réaménagé en hôtel contemporain. Chambres spacieuses et claires. Terrasse bordant une piscine.

MESSERY – 74 Haute-Savoie – 328 K2 – 1 951 h. – alt. 428 m – ⊠ 74140   **46** F1
> 🖪 Paris 560 – Annecy 68 – Thonon-les-Bains 17 – Annemasse 23
> 🖾 Office de tourisme, 5, rue des Écoles ℰ 04 50 94 75 55, Fax 04 50 94 75 55

✗ **Atelier des Saveurs**   🍽 & 🅿 VISA ⓪
😊 7 chemin sous les Près – ℰ 04 50 94 73 40 – Fermé 26 oct.-5 nov., 15-30 mars, dim. et lundi
Rest – Menu 25/60 € – Carte 43/64 €⑲
♦ Sympathique adresse associant un restaurant au décor contemporain et une vinothèque. Une belle carte des vins escorte la goûteuse cuisine traditionnelle du chef.

MÉTABIEF – 25 Doubs – 321 I6 – 897 h. – alt. 960 m – Sports d'hiver :   **17** C3
1000/1423 m ⚡ 20 ⚡ – ⊠ 25370 📗 Franche-Comté Jura
> 🖪 Paris 466 – Besançon 78 – Champagnole 45 – Morez 49

🏠 **Étoile des Neiges**   🖹 & ch, ⑲ 🅿 🚗 VISA ⓪ AE
😊 4 r. Village – ℰ 03 81 49 11 21 – www.hoteletoiledesneiges.fr – Fax 03 81 49 26 91
23 ch – †54 € ††54/66 €, ⊐ 6 € – ½ P 48/50 €
🍽 **Rest** – (fermé jeudi soir et dim. soir hors saison) (10 €) Menu 17/26 €
– Carte 20/30 €
♦ Hôtel familial totalement rénové dans une station prisée, été comme hiver, des "vététistes", randonneurs et skieurs. Jolies chambres lambrissées disposant de balcons fleuris. Cuisine régionale à déguster dans une chaleureuse salle à manger habillée de bois.

METZ 🅿 – 57 Moselle – 307 I4 – 124 435 h. – Agglo. 322 526 h.   **26** B1
– alt. 173 m – ⊠ 57000 📗 Alsace Lorraine
> 🖪 Paris 330 – Luxembourg 62 – Nancy 57 – Saarbrücken 69
> 🛫 de Metz-Nancy-Lorraine : ℰ 03 87 56 70 00, par ③ : 35 km.
> 🚆 ℰ 3635 et tapez 42 (0,34 €/mn)
> 🖾 Office de tourisme, place d'Armes ℰ 0387555376, Fax 0387365943
> 🏌 de la Grange-aux-Ormes à Marly Rue de la Grange aux Ormes, S : 3 km par D 5, ℰ 03 87 63 10 62
> 🏌 du Technopôle Metz 1 rue Félix Savart, par D 955 : 5 km, ℰ 03 87 78 71 04
> 🏌 de Metz Chérisey à Verny Château de Cherisey, par D 913 et D 67 : 14 km, ℰ 03 87 52 70 18
> 👁 Cathédrale St-Etienne★★★ CDV - Porte des Allemands★ DV - Esplanade★ CV : église St-Pierre-aux-Nonnains★ CX **V** - Place St-Louis★ DVX - Église St-Maximin★ DVX - Narthex★ de l'église St-Martin DX - ⬉ du Moyen Pont CV - Musée de la Cour d'Or★★ (section archéologique★★★) **M¹** - Place du Général de Gaulle★.

Plans pages suivantes

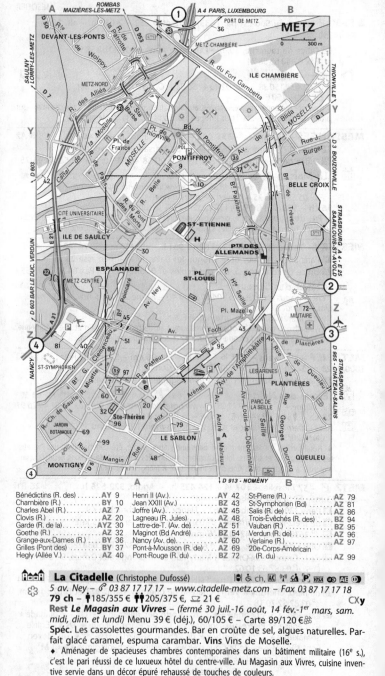

Bénédictins (R. des)	**AY** 9	Henri II (Av.)	**AY** 42	St-Pierre (R.)	**AZ** 79
Chambière (R.)	**BY** 10	Jean XXIII (Av.)	**BZ** 43	St-Symphorien (Bd)	**AZ** 81
Charles Abel (R.)	**AZ** 7	Joffre (Av.)	**AZ** 45	Salis (R. de)	**AZ** 86
Clovis (R.)	**AZ** 20	Lagneau (R. Jules)	**AZ** 48	Trois-Évêchés (R. des)	**BZ** 94
Garde (R. de la)	**AYZ** 30	Lattre-de-T. (Av. de)	**AZ** 51	Vauban (R.)	**BZ** 95
Goethe (R.)	**AZ** 32	Maginot (Bd André)	**BZ** 54	Verdun (R. de)	**AZ** 96
Grange-aux-Dames (R.) . . .	**BY** 36	Nancy (Av. de)	**AZ** 60	Verlaine (R.)	**AZ** 97
Grilles (Pont des)	**BY** 37	Pont-à-Mousson (R. de)	**AZ** 69	20e-Corps-Américain	
Hegly (Allée V.)	**AZ** 40	Pont-Rouge (R. du)	**BZ** 72	(R. du)	**AZ** 99

La Citadelle (Christophe Dufossé)
5 av. Ney – 03 87 17 17 17 – www.citadelle-metz.com – Fax 03 87 17 17 18
79 ch – 185/355 € 205/375 €, 21 € **CXy**
Rest *Le Magasin aux Vivres* – (fermé 30 juil.-16 août, 14 fév.-1er mars, sam. midi, dim. et lundi) Menu 39 € (déj.), 60/105 € – Carte 89/120 €
Spéc. Les cassolettes gourmandes. Bar en croûte de sel, algues naturelles. Parfait glacé caramel, espuma carambar. **Vins** Vins de Moselle.
♦ Aménager de spacieuses chambres contemporaines dans un bâtiment militaire (16e s.), c'est le pari réussi de ce luxueux hôtel du centre-ville. Au Magasin aux Vivres, cuisine inventive servie dans un décor épuré rehaussé de touches de couleurs.

METZ

Plan de la ville de Metz

Novotel Centre
🛜 🏊 🏋️ 🛗 ♿ ch, 🅰️🅲 📶 🛎 🅿️ 🆚 ⊗ 🅰🅴 ①
pl. Paraiges – ℰ 03 87 37 38 39 – www.accorhotels.com
– Fax 03 87 36 10 00   **DVt**
120 ch – †75/159 € ††75/159 €, ⊊ 14 €
Rest – (12 €) Carte 21/48 €
♦ Entre la cathédrale et un centre commercial, hôtel relooké selon le concept "Novation". Vastes chambres confortables et bon équipement fitness. Agréable pause au Novotel Café avec sa terrasse d'été bordant la piscine.

🏨🏨🏨 Mercure Centre
🖿 AC 📶 🕭 P VISA 🐼 AE ①

29 pl. St-Thiébault – ℰ 03 87 38 50 50 – www.mercure.com – Fax 03 87 75 48 18
112 ch – †69/145 € ††80/155 €, � 16 €   DX**d**
Rest – *(fermé sam., dim. et fériés)* (14 €) Carte 17/39 €

♦ Un important programme de rénovation est en cours dans cet hôtel datant des années 1970. Les chambres adoptent progressivement un style contemporain de bon ton. Décor dans l'air du temps, rehaussé de couleurs vives, au bar à vins et au restaurant.

🏨🏨 Du Théâtre sans rest
🍸 ⼻ 🖿 🕭 📶 🕭 P VISA 🐼

3 r. du Pont St-Marcel – ℰ 03 87 31 10 10 – www.hoteldutheatre-metz.com
– Fax 03 87 30 04 66   CV**b**
65 ch – †89/108 € ††95/135 €, ⊆ 13 € – 1 suite

♦ Un emplacement de choix, en plein quartier historique, pour cet hôtel récent. Chambres pratiques, plus calmes côté Moselle. Beau mobilier lorrain dans le hall.

🏨🏨 De la Cathédrale sans rest
📶 VISA 🐼 AE ①

25 pl. Chambre – ℰ 03 87 75 00 02
– www.hotelcathedrale-metz.fr
– Fax 03 87 75 40 75   CV**v**
30 ch – †75/110 € ††85/110 €, ⊆ 11 €

♦ Cette maison du 17e s. a reçu de belles plumes dont Madame de Staël et Chateaubriand. Les chambres sont toutes élégantes et celles de l'annexe, récentes, encore plus soignées.

🏨 Escurial sans rest
🖿 ⼻ 📶 VISA 🐼 AE

18 r. Pasteur – ℰ 03 87 66 40 96
– www.escurial-hotel.com – Fax 03 87 63 43 61
– Fermé 29 déc.-1er janv.   CX**d**
36 ch – †58/76 € ††72/84 €, ⊆ 10 €

♦ Situé non loin de la gare, un établissement entièrement rénové : intérieur chaleureux aux couleurs vives et chambres bien tenues (plus grandes dans la rotonde).

XXX Maire
⩽ 🛋 AC VISA 🐼 AE

1 r. Pont des Morts – ℰ 03 87 32 43 12
– www.restaurant-maire.com – Fax 03 87 31 16 75
– Fermé merc. midi et mardi   CV**f**
Rest – (23 €) Menu 37/61 € – Carte 45/69 €

♦ La vue panoramique sur Metz et sa cathédrale, la terrasse au bord de l'eau et la carte d'inspiration classique : voilà déjà trois bonnes raisons de venir à cette table.

XX L'Écluse (Eric Maire)
⩽ AC VISA 🐼 AE

❀
45 pl. de Chambre – ℰ 03 87 75 42 38 – Fax 03 87 37 30 11
– Fermé 1er-15 août, sam. midi, dim. soir et lundi   CV**r**
Rest – (23 €) Menu 40/65 € – Carte 45/70 €
Spéc. Homard breton aux spaghettis de mangue, salade de légumes. Carré de veau confit au café torréfié, jus corsé aux grains de café. Croustillant d'ananas façon pinacolada.

♦ Un agréable restaurant au décor très épuré : tableaux modernes et tables sans nappe. Dans cette ambiance décontractée, laissez-vous séduire par une cuisine inventive et soignée.

XX Georges-A La Ville de Lyon
AC P VISA 🐼 AE

7 r. Piques – ℰ 03 87 36 07 01 – info@alavilledelyon.com
– Fax 03 87 74 47 17 – Fermé 5-20 avril, 12-19 juil., 2-8 janv., lundi sauf midi fériés et dim. soir   DV**e**
Rest – (20 €) Menu 26 € (sem.)/65 € – Carte 45/66 €

♦ Restaurant traditionnel aménagé dans les dépendances de la cathédrale (la chapelle du 14e s. abrite l'une des salles) et dans un ex-relais de diligences. Cadre cossu ou rustique.

XX Le Chat Noir
🛋 VISA 🐼 AE

30 r. Pasteur – ℰ 03 87 56 99 19 – Fax 03 87 66 67 64
– Fermé 24 déc.-5 janv., dim. soir et lundi soir   AZ**e**
Rest – (25 € bc) Menu 30/50 € – Carte 45/60 €

♦ Chaises léopard, masques africains et tons chocolat composent le décor exotique de cette adresse mi-brasserie, mi-bistrot. Banc d'écailler, jardin d'hiver, carte traditionnelle.

X **Thierry "Saveurs et Cuisine"** 🏠 AC 🍴 VISA ⓒⓞ
5 r. Piques, "Maison de la Fleure de Ly" – 𝒞 03 87 74 01 23
– www.restaurant-thierry.fr – Fax 03 87 77 81 03
– Fermé 31 juil.-15 août, 27 oct.-2 nov., 14 fév.-1ᵉʳ mars, merc. et dim.
Rest – (18 €) Menu 24 € (sem.)/34 € – Carte 33/45 €   DV**a**
♦ Cuisine inventive volontiers rehaussée d'herbes et d'épices, joli cadre mêlant la brique et le bois, terrasse d'été : trois atouts assurant le succès de ce bistrot chic.

X **Le Bistrot des Sommeliers** AC ⟷ VISA ⓒⓞ AE
10 r. Pasteur – 𝒞 03 87 63 40 20 – Fax 03 87 63 54 46
– Fermé 23 déc.-4 janv., sam. midi, dim. et fériés   CX**a**
Rest – (15 €) Carte 30/40 €🎖
♦ La façade de ce bistrot proche de la gare célèbre la dive bouteille. Belle sélection de vins au verre et suggestions du marché à l'ardoise.

X **À côté** 🏠 ᕦ AC 🍴 VISA ⓒⓞ
43 pl. de Chambre – 𝒞 03 87 66 38 84 – Fax 03 87 66 39 53
– Fermé 15-23 juil., dim. et lundi   CV**h**
Rest – Menu 30 € – Carte 22/32 €
♦ L'annexe tendance de "L'Écluse" a adopté le concept d'une restauration conviviale et décontractée, autour de plats actuels à la mode tapas. Cuisines ouvertes, service au comptoir.

par ① et A 31 sortie Maizières-lès-Metz : 10 km – ⊠ 57280 **Maizières-lès-Metz**

🏠🏠 **Novotel-Hauconcourt** 🚗 🏠 ⚖ 📶 AC 📡 ᕦ 🅿 VISA ⓒⓞ AE ①
– 𝒞 03 87 80 18 18 – www.novotel.com – Fax 03 87 80 36 00
132 ch – †69/140 € ††69/140 €, ⫤ 14 €   **Rest** – (12 €) Carte 21/33 €
♦ Cet établissement de 1970 a fait peau neuve en adoptant la ligne "Novation" propre à la chaîne : chambres vastes et douillettes, tonalités douces, belles salles de bains. Restaurant agrémenté d'une terrasse au bord de la piscine.

rte de Saarlouis 13 km par ② , N 233 et D 954 - ⊠ 57640 **Ste-Barbe**

XX **Mazagran** 🚗 🏠 🅿 VISA ⓒⓞ
1 rte de Boulay – 𝒞 03 87 76 62 47 – www.restaurant-mazagran.com
– Fax 03 87 76 79 50 – Fermé 15-23 mars, 23 août-2 sept., 3-12 janv., dim. soir,
lundi et mardi sauf fériés
Rest – (22 €) Menu 28/55 € – Carte 41/76 €
♦ Ferme bâtie pour l'un des soldats qui défendit en 1840 le fortin de Mazagran (Algérie). Cadre soigné et cossu ; terrasse côté jardin. Cuisine dans l'air du temps.

à Borny par ③ et rte Strasbourg : 3 km – ⊠ 57070 **Metz**

XXX **Le Jardin de Bellevue** 🚗 🏠 AC 🅿 VISA ⓒⓞ
58 r. Claude Bernard, (près du Technopole Metz 2000) – 𝒞 03 87 37 10 27
– www.jardindebellevue.com – Fax 03 87 37 15 45 – Fermé 15-31 juil., 15-25 fév.,
sam. midi, dim. soir, mardi soir et lundi
Rest – Menu 24 € (déj. en sem.), 41/64 € – Carte 52/75 €
♦ Façade chic pour cette maison centenaire d'un quartier résidentiel. Tables bien dressées dans la salle à manger et terrasse ombragée en saison. Recettes actuelles.

à Plappeville par av. Henri II - AY : 7 km – 2 271 h. – alt. 280 m – ⊠ 57050

XX **La Vigne d' Adam** 🏠 VISA ⓒⓞ
50 r. Gén. de Gaulle – 𝒞 03 87 30 36 68 – www.lavignedadam.com – Fermé
15-31 août, vacances de Noël, dim. et lundi
Rest – Menu 28 € (sem.)/90 € – Carte 33/61 €🎖
♦ Au cœur du village, ancienne maison de vigneron transformée en restaurant-bar à vins contemporain et tendance. Cuisine dans l'air du temps et beau livre de cave.

Passée en rouge, la mention **Rest** repère l'établissement auquel est attribué une distinction culinaire, ❀ (étoile) ou ⓐ (Bib Gourmand).

METZERAL – 68 Haut-Rhin – **315** G8 – 1 092 h. – alt. 480 m – ⊠ 68380　　**1** A2
> ▶ Paris 464 – Colmar 25 – Gérardmer 39 – Guebwiller 41

🏠 **Aux Deux Clefs** ⊛　　≤ 🛁 *f*₆ ℅ 𝒫 *VISA* ⓪ *AE*
🔗 12 r. Altenhof – ℰ 03 89 77 61 48 – www.aux-deux-clefs.com – Fax 03 89 77 63 88
14 ch – †40/50 € ††55 €, � 10 € – ½ P 55/75 €
Rest – *(fermé merc.)* Menu 13 € (déj.), 16/65 € – Carte 23/60 €
◆ Perché sur les hauteurs du village, cet hôtel bordant un étang bénéficie d'une tranquillité appréciable. Chambres sobrement montagnardes où règne une ambiance de maison d'hôtes. Cuisine traditionnelle servie dans l'élégante salle à manger rustique.

MEUCON – 56 Morbihan – **308** O8 – 1 919 h. – alt. 80 m – ⊠ 56890　　**9** A3
> ▶ Paris 464 – Vannes 8 – Lorient 62 – Ploërmel 49

✕✕ **Le Tournesol**　　🛋 🏠 ⅙ 𝒫 *VISA* ⓪
20 rte de Vannes – ℰ 02 97 44 50 50 – www.restaurant-le-tournesol.com
– Fax 02 97 44 65 42 – Fermé 6-15 juil., 14-28 sept., 4-11 janv., dim. soir, merc. soir et lundi
Rest – (17 €) Menu 22 € (sem.)/52 € – Carte 30/62 €
◆ Les deux salles aménagées dans cette longère ont été rajeunies : nouvelles couleurs gourmandes (chocolat, caramel), fauteuils en osier... Au menu, appétissants plats actuels.

MEUDON – 92 Hauts-de-Seine – **311** J3 – **101** 24 – **voir à Paris, Environs**

MEUNG-SUR-LOIRE – 45 Loiret – **318** H5 – 6 152 h. – alt. 90 m　　**12** C2
– ⊠ 45130 ▌Châteaux de la Loire
> ▶ Paris 149 – Blois 43 – Fleury-les-Aubrais 31 – Orléans 25
> 🛈 Office de tourisme, 7, rue des Mauves ℰ 02 38 44 32 28, Fax 02 38 44 72 22

🏠 **Le Relais Louis XI**　　≤ 🏠 🏠 ⅙ ch, ℅ 𝒜 *VISA* ⓪
2 r. St-Pierre – ℰ 02 38 44 27 71 – www.lerelaislouisxi.com – Fermé 1ᵉʳ-15 janv.
12 ch – †70/130 € ††70/140 €, ⊇ 16 €
Rest – (24 €) Menu 30/40 € – Carte 38/55 €
◆ Entre la maison d'hôtes et l'hôtel, ce Relais propose des chambres personnalisées (baroque, chinoise, etc.), plaisantes et avec vue sur la Loire pour la plupart d'entre elles. Dans une salle voûtée, restaurant intimiste qui mise sur les produits bio.

MEURSAULT – 21 Côte-d'Or – **320** I8 – **rattaché à Beaune**

LE MEUX – 60 Oise – **305** H4 – **rattaché à Compiègne**

MEXIMIEUX – 01 Ain – **328** E5 – 7 384 h. – alt. 245 m – ⊠ 01800　　**44** B1
> ▶ Paris 458 – Bourg-en-Bresse 37 – Chambéry 120 – Genève 118
> 🛈 Office de tourisme, 1, rue de Genève ℰ 04 74 61 11 11, Fax 04 74 61 00 50

✕✕✕ **La Cour des Lys** avec ch　　🏠 *AC* 𝒫 *VISA* ⓪
17 r. de Lyon – ℰ 04 74 61 06 78 – www.la-cour-des-lys.com – Fax 04 74 34 75 23
– Fermé dim. soir, merc. midi et lundi
16 ch – †46/59 € ††51/75 €, ⊇ 7 €
Rest – (17 €) Menu 28/53 € – Carte 43/75 €
◆ Alléchante carte axée sur la tradition locale avec des touches actuelles, à déguster dans un décor suranné. Chambres classiques rafraîchies.

au Pont de Chazey-Villieu 3 km à l'Est par D 1084
– ⊠ 01800 Villieu-Loyes-Mollon

✕✕ **La Mère Jacquet** avec ch　　🛋 🏠 ⅃ ⅙ ch, ℅ rest, 📻 𝒜 𝒫 *VISA* ⓪ *AE*
Pont de Chazey – ℰ 04 74 61 94 80 – Fax 04 74 61 92 07 – Fermé
13-19 avril, 3-16 août, 21 déc.-3 janv.
19 ch – †55 € ††75 €, ⊇ 8 € – ½ P 75 €
Rest – (fermé sam. midi, dim. soir et vend.) Menu 23 € (sem.)/45 € – Carte 51/67 €
◆ Mignonne salle à manger-véranda ouverte sur le jardin et carte classique ancrée dans le terroir : la tradition initiée par la Mère Jacquet se perpétue au fil des générations.

MÉXY – 54 Meurthe-et-Moselle – **307** F2 – **rattaché à Longwy**

MEYLAN – 38 Isère – **333** H6 – **rattaché à Grenoble**

MEYMAC – 19 Corrèze – **329** N2 – 2 661 h. – alt. 702 m – ⊠ 19250   25 C2

▮ Limousin Berry

    ▶ Paris 443 – Aubusson 57 – Limoges 96 – Neuvic 30

    🗓 Office de tourisme, 1, place de l'Hôtel de Ville ℰ 05 55 95 18 43,
    Fax 05 55 95 66 12

    ◎ Vierge noire★ dans l'église abbatiale.

X **Chez Françoise** avec ch   ⁇ ch, ⁇ VISA ◉ AE
⊕ *24 r. Fontaine du Rat – ℰ 05 55 95 10 63 – Fax 05 55 95 40 22 – Fermé*
24 déc.-1ᵉʳ fév., dim. soir et lundi
4 ch – ▪60/70 € ▪▪60/70 €, ⊑ 8 €
Rest – Menu 14 € (déj. en sem.), 29/35 € – Carte 21/53 €⊛
♦ Goûtez aux spécialités corréziennes tels la farce dure et les tourtous dans cette maison
rustique du 16ᵉ s. flanquée d'une tour. Bons bordeaux ; vente de produits régionaux. Chambres spacieuses et bien équipées, idéales pour l'étape.

à Maussac 9 km au Sud par D 36 et D 1089 – 391 h. – alt. 615 m – ⊠ 19250

🏠 **Europa**   & 🝔 rest, ⁇ ⁇ 🎿 **P** VISA ◉
⊕ *sur D 1089 – ℰ 05 55 94 25 21 – www.hoteleuropa1.fr – Fax 05 55 94 26 08*
– Fermé 23 déc.-2 janv.
24 ch – ▪42/49 € ▪▪45/50 €, ⊑ 7,50 € – ½ P 45/57 €
Rest – *(fermé dim. hors saison)* Menu 11 € (déj. en sem.), 17/27 €
– Carte environ 27 €
♦ Cet établissement proche de la route est une adresse bien pratique abritant des chambres
entièrement rénovées, fonctionnelles et correctement équipées. Le grill propose un buffet de
hors-d'œuvres et des grillades de veau et de bœuf de race limousine.

MEYRONNE – 46 Lot – **337** F2 – 295 h. – alt. 130 m – ⊠ 46200   29 C1

    ▶ Paris 524 – Brive-la-Gaillarde 47 – Cahors 76 – Figeac 54

🏨 **La Terrasse** ⌂   ≤ 🚗 🍴 🝔 ch, ⁇ 🎿 VISA ◉ AE ◎
⊕ *pl. de l'Eglise – ℰ 05 65 32 21 60 – www.hotel-la-terrasse.com*
– Fax 05 65 32 26 93 – Ouvert 21 mars-1ᵉʳ nov.
11 ch – ▪80/140 € ▪▪80/140 €, ⊑ 12 € – 4 suites – ½ P 85/140 €
Rest – *(fermé mardi midi)* Menu 20 € (déj. en sem.), 28/50 € – Carte 60/75 €
♦ Ce château, édifié au 11ᵉ s. et complété par de vieilles maisons en pierres de pays, domine
la Dordogne. Chambres dotées de meubles anciens. Belle salle à manger d'hiver voûtée,
espace plus contemporain ou agréable terrasse ombragée d'une treille.

MEYRUEIS – 48 Lozère – **330** I9 – 904 h. – alt. 698 m – ⊠ 48150   23 C1

▮ Languedoc Roussillon

    ▶ Paris 643 – Florac 36 – Mende 57 – Millau 43

    🗓 Office de tourisme, Tour de l'Horloge ℰ 04 66 45 60 33, Fax 04 66 45 65 27

    ◎ NO : Gorges de la Jonte★★.

    ◎ Aven Armand★★★ NO : 11 km - Grotte de Dargilan★★ NO : 8,5 km.

🏰 **Château d'Ayres** ⌂   ✿ 🍴 🝔 ⁇ rest, ⁇ 🎿 **P** VISA ◉ AE ◎
rte d'Ayres, 1,5 km à l'Est par D 57 – ℰ 04 66 45 60 10
– www.chateau-d-ayres.com – Fax 04 66 45 62 26 – Fermé 3 janv.-15 fév.
22 ch – ▪99/130 € ▪▪99/167 €, ⊑ 15 € – 7 suites – ½ P 85/118 €
Rest – Menu 22/50 € – Carte 40/60 €
♦ Raffinement de l'ancien, confort moderne, parc de 6 ha : beaucoup de charme et de
calme dans ce prieuré bénédictin du 12ᵉ s. marqué par l'histoire cévenole. Recettes régionales servies dans l'ancien réfectoire des moines.

🏨 **Du Mont Aigoual**   🚗 🝔 🈵 ⁇ ⁇ **P** VISA ◉ AE
📺 *34 quai Barrière – ℰ 04 66 45 65 61 – www.hotel-mont-aigoual.com*
– Fax 04 66 45 64 25 – Ouvert 27 mars-2 nov.
30 ch – ▪58 € ▪▪58/76 €, ⊑ 8 € – ½ P 57/64 €
Rest – *(fermé mardi midi sauf juil.-août)* Menu 20/43 €
♦ Le village, au pied du massif de l'Aigoual, est le lieu idéal pour partir à la découverte des
Grands Causses et des Cévennes. Chambres en partie rénovées, piscine, jardin. Cuisine traditionnelle servie dans une coquette salle de style provençal.

Family Hôtel 🦐 ⅃ 🔊 AC rest. ♈ P VISA ⦿

4 r. Barrière – 𝒞 04 66 45 60 02 – www.hotel-family.com – Fax 04 66 45 66 54
– Ouvert 27 mars-5 nov.
48 ch – ♦39/51 € ♦♦43/51 €, ⊆ 8 € – ½ P 50/51 €
Rest – (10 €) Menu 13 € bc (déj. en sem.), 16/32 € – Carte 30/40 €
♦ Hôtel familial bordant le Bétuzon, un affluent de la Jonte. Chambres pratiques bien
tenues. Jardin et piscine avec jacuzzi, accessibles par une passerelle. Restaurant rustique,
plats traditionnels.

Grand Hôtel de France 🔊 🦐 ⅃ ※ 🔊 VISA ⦿

pl. J. Séquier – 𝒞 04 66 45 60 07 – www.grandhotel2france.com
– Fax 04 66 45 67 62 – Ouvert 25 avril-30 sept.
45 ch – ♦46/50 € ♦♦50/52 €, ⊆ 7 € – ½ P 49/50 €
Rest – Menu 17 € (déj.)/29 € – Carte 25/40 €
♦ Ex-relais de poste (1790) en pierre du pays, où vous serez hébergés dans de petites chambres colorées. Sur l'arrière de l'hôtel, piscine à débordement entourée de verdure. Cadre
campagnard (cheminée, meubles rustiques) au restaurant et agréable terrasse en façade.

MEYZIEU – 69 Rhône – 327 J5 – rattaché à Lyon

MÈZE – 34 Hérault – 339 G8 – 9 998 h. – alt. 20 m – ⊠ 34140   23 C2
▐ Languedoc Roussillon

▶ Paris 746 – Agde 21 – Béziers 43 – Lodève 52
🛈 Office de tourisme, 8, rue Massaloup 𝒞 04 67 43 93 08, Fax 04 67 43 55 61
◉ Villa gallo-romaine★ de Loupian N : 1,5 km.

De la Pyramide sans rest 🦐   ← 🦐 ⅃ AC ♈ P VISA ⦿

8 promenade Sergent Jl.-Navarro – 𝒞 04 67 46 61 50
– www.hoteldelapyramide.fr – Fax 04 67 78 58 93 – Fermé janv.
22 ch – ♦65/95 € ♦♦65/95 €, ⊆ 8 €
♦ Belle demeure provençale au cœur d'un petit parc. Chambres très confortables au
décor épuré (murs blancs, mobilier en fer forgé), dotées de balcon ouvert sur l'étang de Thau.

à Bouzigues 4 km au Nord-Est par D 613 et rte secondaire – 1 483 h. – alt. 3 m
– ⊠ 34140

La Côte Bleue 🦐   ← 🦐 🔊 ⅃ 🕭 ch, AC ※ ♈ 🛁 P P VISA ⦿ AE

av. Louis Tudesq – 𝒞 04 67 78 31 42 – www.la-cote-bleue.fr – Fax 04 67 78 35 49
31 ch – ♦70/95 € ♦♦70/95 €, ⊆ 13 €
Rest – (fermé 15-22 nov., vacances de fév. et merc. hors saison) Menu 29 €
(sem.)/44 € – Carte 38/55 €
♦ L'étang de Thau, mecque de la conchyliculture, baigne cette construction moderne aux
chambres de bon confort agrémentées de balcons. Cuisine de la mer mettant à l'honneur
les fameuses huîtres de Bouzigues, à déguster l'été sur la terrasse ombragée de pins.

À La Voile Blanche   ← 🔊 AC ch, ※ ch, VISA ⦿ AE

1 av. Louis Tudesq – 𝒞 04 67 78 35 77 – www.alavoileblanche.com
– Fax 04 67 74 44 06 – Fermé 15-30 nov. et merc. d'oct. à mars
8 ch – ♦65/190 € ♦♦65/190 €, ⊆ 8 €
Rest – (13 € bc) Menu 18 € bc (déj. en sem.) – Carte 30/56 €
♦ Au bord de l'étang, ses parcs à huîtres et le petit port, une maison bien en vue au décor
ultra contemporain, étudié et raffiné. Certaines chambres ont une terrasse. Dans une
ambiance décontractée, goûtez à une cuisine méridionale privilégiant poissons et coquillages
à la plancha.

MÉZOS – 40 Landes – 335 E10 – 845 h. – alt. 23 m – ⊠ 40170   3 B2
▶ Paris 684 – Bordeaux 124 – Mont-de-Marsan 107 – Dax 58
🛈 Office de tourisme, avenue de la Gare 𝒞 05 58 42 64 37, Fax 05 58 42 64 60

La Maison de Mézos sans rest 🦐 ⅃ ※ ♈ VISA ⦿

av. de l' Océan – 𝒞 05 58 42 61 38 – www.hotel-mezos.fr – Fax 05 58 42 65 29
– Fermé 1er nov.-19 déc. et janv.
14 ch – ♦55/159 € ♦♦55/159 €, ⊆ 8 €
♦ Dans un petit village landais, coquette maison distillant une ambiance familiale (cadre rustique, mobilier chiné). Vaste jardin abritant pavillon, suites et roulottes. Piscine.

MÉZY-MOULINS – 02 Aisne – 306 D8 – 500 h. – alt. 81 m – ✉ 02650 37 C3

▶ Paris 103 – Amiens 221 – Laon 92 – Reims 55

XX **Le Moulin Babet** avec ch

8 r. du Moulin Babet – ☎ 03 23 71 44 72
– www.hotel-moulinbabet.com – Fax 03 23 71 48 11
– Fermé 24 déc.-11 janv., dim. soir (sauf hôtel), mardi et merc.

7 ch – 🚹70 € 🚹🚹70/90 €, ☕ 9 € **Rest** – Menu 32/65 € – Carte 48/65 €

♦ En pleine campagne, un moulin qui a conservé son ancienne roue visible depuis le hall. Jolie salle à manger mi-rustique, mi-actuelle, et belles chambres contemporaines.

Les prix indiqués devant le symbole 🚹 correspondent au prix le plus bas en basse saison puis au prix le plus élevé en haute saison, pour une chambre single. Même principe avec le symbole 🚹🚹 cette fois pour une chambre double.

MILLAU – 12 Aveyron – 338 K6 – 22 133 h. – alt. 372 m – ✉ 12100 29 D2

▮ Languedoc Roussillon

▶ Paris 636 – Albi 106 – Mende 95 – Montpellier 114

Viaduc de Millau : péage en 2009, aller simple : autos (saison) 7,70 €, (hors saison) 6,00 €, autos et caravanne (saison) 11,60 €, (hors saison) 9,00 €, camions 21,30 à 28,90 €, motos 3,90 €.

ℹ Office de tourisme, 1, place du Beffroi ☎ 05 65 60 02 42, Fax 05 65 60 95 08

◉ Musée de Millau★ : poteries★, maison de la Peau et du Gant ★ (1er étage) **M** - Viaduc ★★★.

◎ Canyon de la Dourbie★★ 8 km par ②.

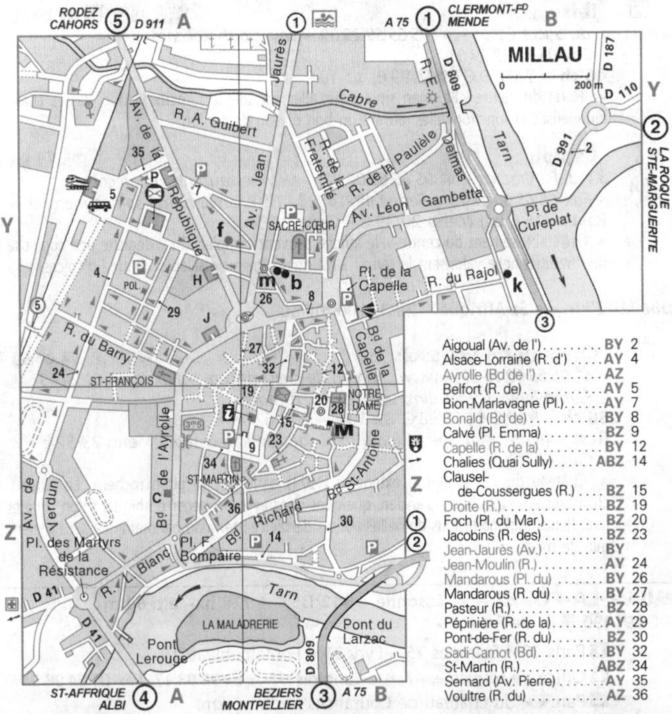

Aigoual (Av. de l')	BY	2
Alsace-Lorraine (R. d')	AY	4
Ayrolle (Bd de l')	AZ	
Belfort (R. de)	AY	5
Bion-Marlavagne (Pl.)	AY	7
Bonald (Bd de)	BY	8
Calvé (Pl. Emma)	BZ	9
Capelle (R. de la)	BY	12
Chalies (Quai Sully)	ABZ	14
Clausel-de-Coussergues (R.)	BZ	15
Droite (R.)	BZ	19
Foch (Pl. du Mar.)	BZ	20
Jacobins (R. des)	BZ	23
Jean-Jaurès (Av.)	BY	
Jean-Moulin (R.)	AY	24
Mandarous (Pl. du)	BY	26
Mandarous (R. du)	BY	27
Pasteur (R.)	BZ	28
Pépinière (R. de la)	AY	29
Pont-de-Fer (R. du)	BZ	30
Sadi-Carnot (Bd)	BY	32
St-Martin (R.)	ABZ	34
Semard (Av. Pierre)	AY	35
Voultre (R. du)	AZ	36

Mercure ⟨⟩ 🔽 ⟨⟩ ♿ 📺 🔊 🏊 🅿 VISA ⊚ AE ⓪
1 pl. de la Tine – ☎ 05 65 59 29 00 – www.mercure.com
– *Fax 05 65 59 29 01*   BY**m**
57 ch – †74/164 € ††84/174 €, ⊑ 17 €
Rest – *(fermé sam. et dim. hors saison)* (13 €) Menu 15 € (déj. en sem.), 20/25 €
– Carte 23/39 €
♦ En plein centre-ville, hôtel décoré dans un esprit contemporain chaleureux. Grandes chambres claires dont certaines avec balcon, la moitié offrant une vue sur le viaduc. Le restaurant de style bouchon aveyronnais sert une cuisine régionale aux accents du Sud.

Domaine de Saint Estève ⟨⟩ 🔽 🏊 ♿ 📺 🔊 🏊 🅿 VISA ⊚ AE
rte de Millau Plage, au Nord-Est par D 187 -BY- – ☎ 05 65 69 12 12
– www.domaine-saint-esteve.fr – *Fax 05 65 69 14 14*
36 ch – †79/109 € ††79/109 €, ⊑ 11 € – ½ P 65/75 €
Rest – *(fermé dim. soir et lundi de nov. à avril)* (13 €) Menu 16/32 €
– Carte 22/35 €
♦ Découvrez cet ensemble de chalets intégrés dans une végétation méditerranéenne, avec en toile de fond le viaduc de Millau. Spacieuses chambres, piscine à débordement et jacuzzi. Salles à manger modernes ouvertes sur une terrasse ; cuisine de tradition.

Cévenol Hôtel 🔽 🏊 🛉 ♿ 📺 🔊 🅿 VISA ⊚
115 r. Rajol – ☎ 05 65 60 74 44 – www.cevenol-hotel.fr
– *Fax 05 65 60 85 99*   BY**k**
42 ch – †48/59 € ††48/63 €, ⊑ 8 € – ½ P 52/58 €
Rest – (12 €) Menu 18/30 € – Carte 25/45 €
♦ Ce bâtiment construit dans les années 1980 et séparé du Tarn par la route nationale abrite des chambres fonctionnelles assez spacieuses. Espace bar contemporain. Salle à manger égayée de tableaux colorés, terrasse dotée d'un petit gril et plats régionaux.

Ibis sans rest 🛉 ♿ 📺 🔊 🅿 VISA ⊚ AE ⓪
r. du Sacré Cœur – ☎ 05 65 59 29 09 – www.ibishotel.com
– *Fax 05 65 59 29 01*   BY**b**
46 ch – †67/99 € ††67/99 €, ⊑ 10 €
♦ Hôtel du centre-ville, bien situé pour aller admirer le fameux viaduc. Vastes chambres, lumineuses et fonctionnelles, offrant un bon niveau de confort.

Capion ♿ 📺 VISA ⊚
3 r. J.-F.-Alméras – ☎ 05 65 60 00 91 – www.restaurant-capion.com
– *Fax 05 65 60 42 13 – Fermé 1er-14 juil., 1er-7 janv., mardi soir et merc.*
Rest – (15 € bc) Menu 20/39 € – Carte 30/50 €   AY**f**
♦ Cet établissement du centre-ville affiche souvent complet. On y déguste une copieuse cuisine traditionnelle valorisant le terroir ainsi qu'un "menu d'ailleurs" mâtiné d'épices.

par ④ 2 km rte St-Affrique – ⊠ 12100 Millau

Château de Creissels ⟨⟩ 🔽 🔽 🅿 VISA ⊚ AE ⓪
– ☎ 05 65 60 16 59 – www.chateau-de-creissels.com – *Fax 05 65 61 24 63*
– *Fermé janv., fév. et dim. soir de nov. à mars*
30 ch – †49 € ††65/98 €, ⊑ 10 € – ½ P 62/79 €
Rest – *(fermé dim. soir et lundi midi sauf de juin à sept.)* Menu 23/52 €
– Carte 35/50 €
♦ Château du 12e s. et son extension (1971) bâtis sur un piton rocheux. La plupart des chambres sont meublées d'ancien, quelques-unes avec un décor gothique. Salon stylé et billard. Repas régionaux sous de belles voûtes de pierre ; terrasse panoramique sur l'ancien chemin de ronde.

MILLY-LA-FORÊT – 91 Essonne – **312** D5 – 4 728 h. – alt. 68 m   **18** B3
– ⊠ 91490 ∥ Île de France

🛣 Paris 58 – Étampes 25 – Évry 31 – Fontainebleau 19
🛈 Office de tourisme, 47, rue Langlois ☎ 01 64 98 83 17, Fax 01 64 98 94 80
◎ Parc★★ du chateau de Courances★★ N : 5 km.

à Auvers (S.-et-M.) 4 km au Sud par D 948 – ⊠ 77123 Noisy sur Ecole

XX **Auberge d'Auvers Galant** 🛱 ⇄ 𝚅𝙸𝚂𝙰 𝟬𝟬 🗚🗉
7 r. d'Auvers – 𝒞 01 64 24 51 02 – perso.wanadoo.fr/auvers-galant
– Fax 01 64 24 56 40 – Fermé 23 août-10 sept., 18 janv.-9 fév., dim. soir, lundi et
mardi
Rest – (20 €) Menu 25 € (sem.)/50 € – Carte 50/70 €
♦ Rien à redouter de ce Galant-là : c'est en tout bien tout honneur qu'il vous propose une halte dans un intérieur rustique coloré. Recettes traditionnelles (dont la tête de veau).

MILLY-SUR-THERAIN – 60 Oise – 305 C3 – 1 628 h. – alt. 82 m   36 A2
– ⊠ 60112

🚹 Paris 91 – Compiègne 69 – Amiens 74 – Beauvais 11

XX **Hostellerie du Lac "La Gourmandine"** avec ch ⌘   🛋 🛱
1 r. des Étangs – 𝒞 03 44 81 07 52   🕭 rest, ⅍ 🆗 🛎 🄿 𝚅𝙸𝚂𝙰 𝟬𝟬
– www.la-gourmandine.net – Fax 03 44 81 36 60 – Fermé 26-30 déc. et
15 fév.-3 mars
8 ch – ♦65 € ♦♦85 €, 立 12 € – ½ P 70 €
Rest – (fermé sam. midi, dim. soir et lundi) (18 €) Menu 25 € (déj. en sem.),
37/45 € – Carte 35/45 €
♦ Pavillon 1900 en bordure d'un petit lac aux abords boisés. Repas classique dans une salle confortable. Espace "pub" pour la demi-pension et la formule "étape". Deux terrasses. Chambres dotées de meubles en bois plaqué ou plus rustiques.

MIMIZAN – 40 Landes – 335 D9 – 6 707 h. – alt. 13 m – Casino   3 B2
– ⊠ 40200 ▌Aquitaine

🚹 Paris 692 – Arcachon 67 – Bayonne 109 – Bordeaux 109
🄸 Office de tourisme, 38, avenue Maurice Martin 𝒞 05 58 09 11 20,
Fax 05 58 09 40 31

Plage Sud

🏠 **De France** sans rest   📞 🄿 𝚅𝙸𝚂𝙰 𝟬𝟬
18 av. de la Côte d'Argent – 𝒞 05 58 09 09 01 – www.hoteldefrance-mimizan.com
– Fax 05 58 09 47 16 – Ouvert 1er mars-20 oct.
21 ch – ♦55/80 € ♦♦55/80 €, 立 6,50 €
♦ Non loin de la plage, petite adresse pratique offrant des chambres confortables (certaines familiales), décorées dans les tons pastel. Snack d'appoint en haute saison.

🏠 **L'Airial** sans rest   🛋 ⅊ 🄿 𝚅𝙸𝚂𝙰 𝟬𝟬 🗚🗉
6 r. Papeterie – 𝒞 05 58 09 46 54 – www.hotel-airial.com – Fax 05 58 09 32 10
– Fermé dim. soir hors saison
16 ch – ♦43/52 € ♦♦45/75 €, 立 8 €
♦ Accueil chaleureux ; chambres de bonne tenue dans les tons blanc et bleu, meublées en pin ; salons de détente ; petit-déjeuner dans le jardin : voici un séjour océanique qui s'annonce bien !

MIOMO – 2B Haute-Corse – 345 F3 – **voir à Corse** (Bastia)

MIONNAY – 01 Ain – 328 C5 – 2 155 h. – alt. 276 m – ⊠ 01390   43 E1
🚹 Paris 457 – Bourg-en-Bresse 44 – Lyon 23 – Meximieux 26
🄸🄸 de Mionnay-la-Dombes Domaine de Beau Logis, E : 3 km, 𝒞 04 78 91 84 84

XXXX **Alain Chapel** avec ch   🛋 🛱 🄿 𝚅𝙸𝚂𝙰 𝟬𝟬 🗚🗉 ⓪
✿✿ – 𝒞 04 78 91 82 02 – www.alainchapel.fr – Fax 04 78 91 82 37 – Fermé janv.,
vend. midi, lundi et mardi sauf fériés
12 ch – ♦130/150 € ♦♦130/150 €, 立 21 €
Rest – Menu 70 € (déj. en sem.), 112/155 € – Carte 110/153 €
Spéc. Joue de bœuf et foie gras en raviole de gelée de vin rouge (été). Filet d'agneau en rognonnade, légumes primeurs sur purée d'ail nouveau (printemps). Œufs à la neige cuits dans un lait de rose, fine tuile et confiture de pétales de rose (automne). **Vins** Mâcon-Viré, Cerdon.
♦ Décoration réussie dans les trois salles à manger en enfilade : ambiance bressane chaleureuse et romantique. Belle cuisine fine et classique. Chambres coquettes et jardin fleuri.

MIRAMAR – 06 Alpes-Maritimes – **341** C7 – rattaché à Théoule-sur-Mer

MIRAMBEAU – 17 Charente-Maritime – **324** G7 – 1 454 h. – alt. 59 m   **38** B3
– ⊠ 17150

> ▶ Paris 515 – Bordeaux 72 – Angoulême 73 – Cognac 48
> 🏢 Office de tourisme, 90, avenue de la République ✆ 05 46 49 62 85,
> Fax 05 46 49 62 85

🏯🏯🏯 **Château de Mirambeau** ॐ   ⬄ ◑ 🏠 �🎱 🗂 🖪 🎱 ❀ 🍴 ⋓ 🅰 🏦 🕰 🅿
1 av. des Comtes Duchatel – ✆ 05 46 04 91 20   **VISA ◍◍ AE ◉**
– *www.chateaumirambeau.com* – *Fax 05 46 04 26 72* – *Ouvert 2 avril-1er nov.*
14 ch – ✝230/685 € ✝✝230/920 €, ⊃ 28 € – 9 suites
Rest – (40 €) Menu 65/90 € – Carte 70/115 €

♦ Fastueux salons, meubles chinés, chambres raffinées, luxueuses salles de bains, vaste parc et belle piscine couverte : ce superbe château du 19e s. n'est que charme et élégance. Trois petites salles de restaurant intimes et une terrasse ouverte sur le domaine.

MIRANDE – 71 Saône-et-Loire – **320** J11 – rattaché à Fleurville

MIRANDOL-BOURGNOUNAC – 81 Tarn – **338** E6 – 1 060 h.   **29** C2
– alt. 393 m – ⊠ 81190

> ▶ Paris 653 – Albi 29 – Rodez 51 – St-Affrique 79
> 🏢 Office de tourisme, 2, place de la Liberté ✆ 05 63 76 97 65, Fax 05 63 76 90 11

🍴 **Hostellerie des Voyageurs** avec ch   🏠 🕭 rest, **VISA ◍◍**
∞ *pl. du Foirail* – ✆ 05 63 76 90 10 – *Fax 05 63 76 96 01* – *Fermé 19-25 avril,*
29 août-12 sept. et le soir du 15 oct. au 1er avril
8 ch – ✝33/52 € ✝✝33/52 €, ⊃ 5,50 € – ½ P 48/54 €
Rest – (11 €) Menu 13 € bc (sem.)/32 € – Carte 20/49 €

♦ Cette maison à la façade discrète héberge également le café du village. Grande salle à manger rustique et cuisine familiale généreuse à base de plats mijotés. Terrasse fleurie.

MIREBEL – 39 Jura – **321** E6 – 227 h. – alt. 580 m – ⊠ 39570   **16** B3

> ▶ Paris 419 – Champagnole 17 – Lons-le-Saunier 17

🍴🍴 **Mirabilis**   🍴 🏠 🅿 **VISA ◍◍**
∞ *41 Grande Rue* – ✆ 03 84 48 24 36 – *www.lemirabilis.com* – *Fax 03 84 48 22 25*
– *Fermé 2-8 janv., mardi et merc. sauf. à juin et lundi*
Rest – (12 €) Menu 20/50 € – Carte 26/52 €

♦ Demeure familiale (1760) très chaleureuse : décor de bois et de pierre, jeux pour les enfants, terrasse et jardin... Cuisine actuelle bien goûteuse, sur des bases régionales.

MIREPOIX – 09 Ariège – **343** J6 – 3 077 h. – alt. 308 m – ⊠ 09500   **29** C3
▮ Midi-Toulousain

> ▶ Paris 753 – Carcassonne 52 – Castelnaudary 34 – Foix 37
> 🏢 Office de tourisme, place Maréchal Leclerc ✆ 05 61 68 83 76,
> Fax 05 61 68 89 48

> 💿 Place principale★★.

🏛🏛🏛 **Relais Royal**   🏠 🖥 🅰 🕭 🍴 🐾 **VISA ◍◍ AE ◉**
8 r. Mar. Clauzel – ✆ 05 61 60 19 19 – *www.relaisroyal.com* – *Fax 05 61 60 14 15*
– *Fermé 2 janv.-10 fév.*
5 ch – ✝150/300 € ✝✝150/300 €, ⊃ 20 € – 4 suites
Rest – *(fermé merc. midi et jeudi midi de sept. à juin, mardi sauf le soir d'avril*
à oct., sam. midi et lundi) (20 € bc) Menu 30/90 € – Carte 55/70 €

♦ Au cœur du pays cathare, une belle demeure de maître (1742) où histoire et modernité se côtoient subtilement. Un grand escalier dessert de chambres spacieuses garnies de meubles de style. Recettes actuelles à découvrir dans une salle à manger intime et bourgeoise.

🏨 **Les Minotiers**   🍴 🖥 🅰 🖪 🕭 🅰 🅿 **VISA ◍◍**
∞ *av. Mar. Foch* – ✆ 05 61 69 37 36 – *www.lesminotiers.com* – *Fax 05 61 69 48 55*
40 ch – ✝45 € ✝✝49/59 €, ⊃ 7 € – ½ P 45 €
Rest – *(fermé sam. midi sauf juil.-août)* (12 €) Menu 16/37 € – Carte 31/57 €

♦ Hôtel neuf installé dans les murs d'une ancienne minoterie. Teintes douces et équipements modernes dans des chambres récentes et fonctionnelles. Cuisine traditionnelle sans prétention proposée à prix tout doux.

XX **Les Remparts** avec ch 📞 🆅🅸🆂🅰 ⓸ 🅰🅴
6 cours L.-Pons-Cande – ℰ 05 61 68 12 15 – www.hotelremparts.com
– Fax 05 61 60 80 22
7 ch – 🛏54/60 € 🛏🛏60/120 €, 🍽 12 €
Rest – (15 €) Menu 26/49 € – Carte 34/59 €
♦ Une table appréciée pour sa cuisine actuelle, élaborée par un jeune chef, et pour l'ambiance chaleureuse du cadre (maison construite sur les anciens remparts de la ville). Les chambres, confortables et bien équipées, sont plus calmes sur l'arrière.

MIRMANDE – 26 Drôme – 332 C5 – 507 h. – alt. 204 m   44 B3
📗 Lyon Drôme Ardèche

▶ Paris 603 – Lyon 141 – Valence 42 – Romans-sur-Isère 61
🅳 Syndicat d'initiative, place du Champ de Mars ℰ 04 75 63 10 88,
Fax 04 75 63 10 88

🏠 **La Capitelle** 🅢   ⟨ 🍴 🆅🅸🆂🅰 ⓸ 🅰🅴
Le Rempart – ℰ 04 75 63 02 72 – www.lacapitelle.com – Fax 04 75 63 02 50
– Fermé 15 déc.-15 fév. et mardi sauf juil.-août
12 ch – 🛏80 € 🛏🛏150 €, 🍽 12 € – ½ P 81/125 €
Rest – *(fermé merc. midi sauf juil.-août)* (19 €) Menu 25 € (déj. en sem.),
39/53 € – Carte 50/60 € le soir
♦ Cette ancienne magnanerie, située au coeur du vieux village, fut la résidence du cubiste André Lhote. Beaux meubles d'antiquaire dans les chambres. La cheminée monumentale en pierre est l'âme de la salle à manger voûtée. Terrasse avec vue sur vergers et collines.

MISSILLAC – 44 Loire-Atlantique – 316 D3 – 4 474 h. – alt. 44 m   34 A2
– ✉ 44780 📗 Bretagne

▶ Paris 436 – Nantes 62 – Redon 24 – St-Nazaire 37
🅳 Office de tourisme, la Chinoise ℰ 02 40 88 35 14
◉ Retable★ dans l'église - Site★ du château de la Bretesche O : 1 km.

🏰 **La Bretesche** 🅢   ⟨ 🍴 🏊 ▦ 🕐 ♨ 🍽 🛗 ⅙ Ⓜ ch, 📞 ♨ Ⓟ
🏵 *Domaine de la Bretesche, rte de la Baule*   🆅🅸🆂🅰 ⓸ 🅰🅴 Ⓞ
– ℰ 02 51 76 86 96 – www.bretesche.fr – Fax 02 40 66 99 47
31 ch – 🛏155/450 € 🛏🛏155/450 €, 🍽 20 € – ½ P 146/301 €
Rest – *(fermé 15 fév.-5 mars et le midi sauf dim.)* Menu 56/106 €
– Carte 93/115 € 🕮
Spéc. Saint-pierre grillé, œuf de poule à la fleur de sel, crème de lentilles et truffe noire (hiver). Turbot aux écrevisses, raviole de pommes de terre au lomo pata negra. Approche des grands crus de chocolat, parfait au thym.
Vins Savennières, Bourgueil.
Rest *Le Club* – *(fermé le soir du dim. au merc. d'oct. à mi-fév.)* (19 €) Menu 24 €
(déj.)/35 € – Carte 32/54 €
♦ Un univers de conte de fée au cœur de la Brière... Face au château crénelé entouré de ses douves, les anciennes dépendances réaménagées s'ouvrent à vous. Restaurant raffiné avec cour-terrasse et délicieuses recettes au goût du jour. Le Club, brasserie contemporaine, s'adapte à la clientèle pressée.

MITTELBERGHEIM – 67 Bas-Rhin – 315 I6 – 665 h. – alt. 220 m   2 C1
– ✉ 67140 📗 Alsace Lorraine

▶ Paris 499 – Barr 2 – Erstein 24 – Molsheim 23
🅳 Syndicat d'initiative, 2, rue Principale ℰ 03 88 08 01 66, Fax 03 88 08 01 66

XX **Am Lindeplatzel**   🍴 Ⓜ Ⓟ 🆅🅸🆂🅰 ⓸
🙂 *71 r. Principale – ℰ 03 88 08 10 69 – Fax 03 88 08 45 08 – Fermé 23 août-2 sept.,*
22 nov.-2 déc., 8-25 fév., lundi et mardi
Rest – Menu 23/58 € – Carte 39/52 €
♦ Cette maison située dans un superbe village est appréciée pour sa carte aux propositions traditionnelles, contemporaines, ou de produits régionaux travaillés de façon actuelle.

XX **Gilg** avec ch   **P** *VISA* ◯◯ AE
1 r. Rotland – ℰ *03 88 08 91 37* – *www.hotel-gilg.com* – *Fax 03 88 08 45 17*
– *Fermé 29 juin-15 juil., 4-27 janv., mardi et merc.*
19 ch – †55 € ††59/89 €, ⌐ 8 €
Rest – Menu 25 € (sem.), 29/68 € – Carte 40/70 €
♦ Belle maison de style bas-rhénan (1614) au cœur du bourg. La winstub d'origine, où fut créé, dit-on, le pâté vigneron, a été transformée en restaurant au cadre alsacien.

MITTELHAUSBERGEN – 67 Bas-Rhin – 315 K5 – rattaché à Strasbourg

---

MITTELHAUSEN – 67 Bas-Rhin – 315 J4 – 550 h. – alt. 185 m   1 B1
– ✉ 67170

❒ Paris 478 – Haguenau 21 – Saverne 22 – Strasbourg 24

🏠 **À l'Étoile**   🍽 *ʃ♣* 🈳 AC rest, '¶' 🔊 **P** **P** *VISA* ◯◯ AE
12 r. La Hey – ℰ *03 88 51 28 44* – *www.hotel-etoile.net* – *Fax 03 88 51 24 79*
– *Fermé 1er-16 janv.*
31 ch – †50/60 € ††60/80 €, ⌐ 8 € – ½ P 63 €
Rest – *(fermé 11 juil.-4 août, 1er-16 janv., dim. soir et lundi)* (12 €) Menu 19/44 € – Carte 22/49 €
♦ Éloignée des axes fréquentés, construction récente d'aspect régional à la façade fleurie. Chambres fonctionnelles et fraîches, rénovées par étapes. Chaleureuses salles à manger décorées de boiseries anciennes.

MITTELWIHR – 68 Haut-Rhin – 315 H8 – 785 h. – alt. 210 m – ✉ 68630   2 C2
❒ Paris 445 – Colmar 10 – Kaysersberg 6 – Sélestat 20

🏨 **Le Mandelberg** sans rest   🖼 *ʃ♣* 🈳 & 🈯 '¶' 🔊 **P** *VISA* ◯◯ AE
chemin du Mandelberg – ℰ *03 89 49 09 49*
– *monsite.wanadoo.fr/hotelmandelberg.fr* – *Fax 03 89 49 09 48*
– *Fermé 4 janv.-1er fév.*
18 ch – †70/97 € ††80/110 €, ⌐ 10 €
♦ Savourez le microclimat du "Midi de l'Alsace" depuis cette grande bâtisse de style néo-alsacien dont les chambres, modernes et confortables, donnent parfois sur le vignoble.

🏨 **Le Mittelwihr** sans rest   & AC '¶' *VISA* ◯◯ AE
19 rte du Vin – ℰ *03 89 49 09 90* – *http://monsite.wanadoo.fr/hotelmittelwihr.fr*
– *Fax 03 89 86 02 29* – *Fermé fév.*
15 ch – †65/110 € ††65/110 €, ⌐ 10 €
♦ Sur la route des Vins, cette maison régionale haute en couleurs propose des chambres de bon confort avec des salle de bains plaisantes. Copieux petit-déjeuner typiquement local.

XX **La Table de Mittelwihr**   🍽 & **P** *VISA* ◯◯ AE
rte du Vin – ℰ *03 89 78 61 40* – *www.la-table-de-mittelwihr.com*
– *Fax 03 89 86 01 66* – *Fermé 1er-15 nov., 2-12 janv., mardi midi et lundi*
Rest – Menu 15 € (déj. en sem.), 31/45 € – Carte 40/58 €
♦ Architecture intérieure contemporaine assez originale (poutres en bois courbées) et agréable terrasse d'été pour déguster une cuisine actuelle assortie de recettes du terroir.

MIZOËN – 38 Isère – 333 J7 – rattaché au Freney-d'Oisans

MOËLAN-SUR-MER – 29 Finistère – 308 J8 – 6 841 h. – alt. 58 m   9 B2
– ✉ 29350 ▮ Bretagne

❒ Paris 523 – Carhaix-Plouguer 66 – Concarneau 27 – Lorient 27
🛈 Office de tourisme, 20, place de l'Église ℰ *02 98 39 67 28,*
Fax 02 98 39 63 93

🏨 **Manoir de Kertalg** sans rest ॐ   ◐ '¶' **P** *VISA* ◯◯
rte de Riec-sur-Belon, 3 km à l'Ouest par D 24 et chemin privé – ℰ *02 98 39 77 77*
– *www.manoirdekertalg.com* – *Fax 02 98 39 72 07* – *Ouvert 12 avril-12 nov.*
9 ch – †120/265 € ††120/265 €, ⌐ 15 €
♦ Altière demeure du 19e s. dans un superbe parc forestier. Les chambres sont raffinées et confortables, dans une veine très classique. Brann, propriétaire des lieux, y expose ses œuvres.

MOIRAX – 47 Lot-et-Garonne – 336 F5 – rattaché à Agen

– ⊠ 82200 ▯ Midi-Toulousain

▸ Paris 632 – Agen 57 – Auch 87 – Cahors 63

▯ Office de tourisme, 6, place Durand de Bredon ℰ 05 63 04 01 85,
Fax 05 63 04 27 10

▯ d'Espalais à Valence-d'Agen L'Îlot, par rte d'Agen : 20 km, ℰ 05 63 29 04 56

◉ Église St-Pierre★ : portail méridional★★★, cloître★★★, christ★.

◐ Boudou ⁂★ 7 km par ③.

Le Moulin de Moissac   ⩽ ⊛ ▤ & ch, Ⓜ ⁏⁏ ⅍ P ⱽⁱˢᵃ ∞ ᴀᴇ ⓪
Esplanade du Moulin – ℰ 05 63 32 88 88 – www.lemoulindemoissac.com
– *Fax 05 63 32 02 08*   **b**
36 ch – †80 € ††80/150 €, ⊇ 10 € – ½ P 77/115 €
Rest – *(fermé sam. midi et dim.)* (20 €) Menu 23/55 € – Carte 65/80 €
♦ Souvent remanié, ce moulin fondé au 15ᵉ s. dispose désormais d'un bel aménagement intérieur, de jolies chambres à thèmes (mer, campagne et montagne) et d'un spa complet. Restaurant au décor de bistrot, simple et élégant, tourné vers le Tarn. Choix traditionnel.

Le Chapon Fin sans rest   ⁏⁏ ⅍ ⌂ ⱽⁱˢᵃ ∞ ᴀᴇ
3 pl. des Récollets – ℰ 05 63 04 04 22 – www.lechaponfin-moissac.com
– *Fax 05 63 04 58 44*   **a**
22 ch – †50/80 € ††50/80 €, ⊇ 8 €
♦ Sur la place du marché et à deux pas de l'abbaye romane, vous serez traité ici comme des "coqs en pâte" et logé dans des chambres classiques et fonctionnelles.

Le Pont Napoléon-La Table de Nos Fils avec ch   Ⓜ ⁏⁏ ⅍
2 allées Montebello – ℰ 05 63 04 01 55   ⱽⁱˢᵃ ∞ ⓪
– *www.le-pont-napoleon.com* – *Fax 05 63 04 34 44* – *Fermé 2-15 nov.
et 15 fév.-1ᵉʳ mars*   **n**
14 ch – †40/50 € ††45/60 €, ⊇ 8 €
Rest – (28 €) Menu 35/42 € – Carte 35/58 € ⊛
♦ Restaurant face au pont Napoléon, en bordure du Tarn. Décoration agréablement tendance, mettant en valeur tableaux, objets et meubles anciens. Plats dans l'air du temps.

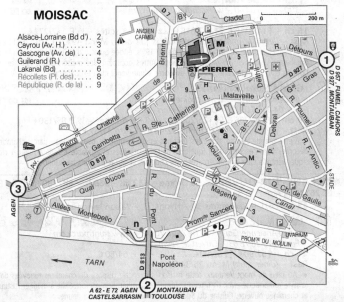

MOISSAC

Alsace-Lorraine (Bd d') . . 2
Cayrou (Av. H.) 3
Gascogne (Av. de) 4
Guilerand (R.) 5
Lakanal (Bd) 6
Récollets (Pl. des) 8
République (R. de la) . . 9

au Nord 9 km par D 7 - ⊠ 82400 St-Paul-Espis

🏠🏠🏠 **Le Manoir St-Jean**   🖫 🖩 ⚞ 🆑 ℙ 𝗩𝗜𝗦𝗔 ⬤ 𝗔𝗘
à St-Jean-de-Cornac – 𝒞 05 63 05 02 34 – www.manoirsaintjean.com
– Fax 05 63 05 07 50 – Fermé 1er-24 nov. et 4-18 janv.
1 ch – ♦100/130 € ♦♦100/130 €, � 13 € – **9 suites** – ♦♦150/180 €
Rest – (fermé dim. soir et lundi du 1er oct. au 15 juin) (prévenir) (20 €)
Menu 38 € (dîner), 50/70 €
♦ Maison de maître (19e s.) personnalisée par de nombreux objets chinés. Chambres-suites décorées selon différents thèmes : Art déco, marine, etc. Agréable jardin avec piscine. Confortable salle de restaurant pour une cuisine faisant la part belle au terroir.

MOISSAC-BELLEVUE – 83 Var – **340** M4 – **rattaché à Aups**

MOISSIEU-SUR-DOLON – 38 Isère – **333** C5 – 675 h. – alt. 350 m   **44** B2
– ⊠ 38270
▶ Paris 511 – Grenoble 78 – Lyon 55 – La Tour-du-Pin 53

🏠🏠🏠 **Domaine de la Colombière** ❧   🕪 🖩 🖫 ♿ 🖩 🖩 𝖆 ℙ
Château de Moissieu – 𝒞 04 74 79 50 23 – www.lacolombiere.com   𝗩𝗜𝗦𝗔 ⬤ ⓞ
– Fax 04 74 79 50 25 – Fermé 26-30 déc. et 28 fév.-15 mars
20 ch – ♦88/100 € ♦♦98/143 €, ⊶ 14 € – **1 suite** – ½ P 86/125 €
Rest – (19 €) Menu 26 € (déj. en sem.), 31/64 € – Carte 42/66 €
♦ Demeure bourgeoise de 1820 entourée d'un parc de 4 ha. Vastes chambres bien équipées, décorées sur le thème des peintres célèbres (copies réalisées par la propriétaire-artiste). Grande salle à manger, salon privé, terrasse face à la nature et carte actuelle.

MOLINEUF – 41 Loir-et-Cher – **318** E6 – **rattaché à Blois**

MOLITG-LES-BAINS – 66 Pyrénées-Orientales – **344** F7 – 211 h.   **22** B3
– alt. 607 m – Stat. therm. : début avril-fin nov. – ⊠ 66500 🗍 Languedoc Roussillon
▶ Paris 896 – Perpignan 50 – Prades 7 – Quillan 56
🄸 Syndicat d'initiative, route des Bains 𝒞 04 68 05 03 28, Fax 04 68 05 01 13

🏠🏠🏠 **Château de Riell** ❧   ≤ 🕪 🖩 🕱 ✖ 🖩 🖩 ch,🖩 𝖆 ℙ 🚗
– 𝒞 04 68 05 04 40 – www.chateauderiell.com   𝗩𝗜𝗦𝗔 ⬤ 𝗔𝗘 ⓞ
– Fax 04 68 05 04 37 – Ouvert 29 mars-2 nov.
16 ch – ♦147/318 € ♦♦147/318 €, ⊶ 19 € – **3 suites** – ½ P 142/272 €
Rest – (fermé le midi sauf week-ends et juil.-août) Menu 49 € – Carte 76/112 €
♦ D'esprit baroque, cette "folie" catalane du 19e s. érigée au sein d'un parc arboré abrite de douillettes chambres personnalisées ; sept autres occupent des maisonnettes. Petit air de bodega chic au restaurant ; terrasse entourée d'une végétation exubérante.

🏠🏠 **Grand Hôtel Thermal** ❧   ≤ 🕪 🖩 🕱 ✖ 🖩 🖩 𝖆 ℙ 🚗
– 𝒞 04 68 05 00 50 – www.chainethermale.fr
– Fax 04 68 05 02 91 – Ouvert 29 mars-4 déc.
38 ch – ♦125/205 € ♦♦125/205 €, ⊶ 18 € – **5 suites** – ½ P 85/130 €
Rest – (fermé dim.) (32 €) Menu 32/40 € – Carte 41/57 €
♦ Cette grande bâtisse abrite les thermes et un institut de beauté. Beau parc ; chambres décorées dans l'esprit catalan (quelques suites spacieuses et agréables). Salle à manger classique, véranda dans un ancien atelier de chocolat et terrasse ; plats traditionnels.

MOLLANS-SUR-OUVÈZE – 26 Drôme – **332** E8 – 968 h. – alt. 280 m   **44** B3
– ⊠ 26170 🗍 Alpes du Sud
▶ Paris 676 – Carpentras 30 – Nyons 21 – Vaison-la-Romaine 13

🏠🏠 **Le St-Marc** ❧   🖫 🖩 🖩 ✖ 🖩 🖩 𝗩𝗜𝗦𝗔 ⬤ 𝗔𝗘
av. de l'Ancienne Gare – 𝒞 04 75 28 70 01 – www.saintmarc.com
– Fax 04 75 28 78 63 – Ouvert 1er avril-31 oct.
21 ch – ♦62/90 € ♦♦62/90 €, ⊶ 10 € – ½ P 64/80 €
Rest – (dîner seult) Menu 26/34 €
♦ Au pied du mont Ventoux, cette maison provençale dispose de chambres rénovées dans le style romantique, avec tissu tendu au mur et parquet. Bon confort. Salle à manger rustique et cheminée ouverte. Cuisine du Sud servie, le soir, sur la terrasse fleurie.

MOLLÉGÈS – 13 Bouches-du-Rhône – **340** E3 – 2 390 h. – alt. 55 m   **42** E1
– ⊠ 13940

▶ Paris 704 – Avignon 24 – Cavaillon 9 – Marseille 80

XX   **Mas du Capoun** avec ch ⌂   🖩 🛌 ᵬ 🔠 ch, **P** 𝚅𝚂𝙰 ⓪
⊜   *27 av. des Paluds* – ℰ *04 90 26 07 12* – www.masducapoun.fr
    – Fax 04 90 26 08 17 – Rest : fermé 25 oct.-10 nov. et mi-fév. à mi-mars ; hôtel :
    ouvert de Pâques à oct.
    6 ch ⊊ – ♦75/85 € ♦♦85/95 €
    Rest – *(fermé mardi soir, sam. midi et merc.)* Menu 16 € bc (déj. en sem.)/33 €
    ◆ Mas raffiné où l'on sert une cuisine actuelle dans une lumineuse salle épurée. L'été, rendez-
    vous sous la charpente de la grange rustique et chic. Jolies chambres avec terrasse privative.

MOLLKIRCH – 67 Bas-Rhin – **315** I5 – 933 h. – alt. 320 m – ⊠ 67190   **1** A2

▶ Paris 485 – Molsheim 11 – Saverne 35 – Strasbourg 40

🏨   **Fischhutte** ⌂   ≤ 🖨 🖩 ℅ 🔠 **P** 𝚅𝚂𝙰 ⓪ 𝙰𝙴
    30 rte de la Fischhutte, rte Grendelbruch : 3,5 km – ℰ *03 88 97 42 03*
    – www.fischhutte.com – Fax 03 88 97 51 85
    – Fermé 6-28 avril et 19 juil.-3 août
    18 ch – ♦60/90 € ♦♦70/145 €, ⊊ 11 € – ½ P 71/109 €
    Rest – *(fermé lundi et mardi)* (15 €) Menu 32 € (sem.)/52 €
    – Carte 26/49 €
    ◆ Adresse champêtre de la vallée de la Magel. Confortables chambres au décor contempo-
    rain ; certaines offrent une vue sur la forêt vosgienne. Espace brasserie flanqué d'une
    coquette salle à manger. Carte régionale ; gibier en saison.

MOLSHEIM ⟨◉⟩ – 67 Bas-Rhin – **315** I5 – 9 382 h. – alt. 180 m   **1** A1
– ⊠ 67120 ▮ Alsace Lorraine

▶ Paris 477 – Lunéville 94 – St-Dié 79 – Saverne 28

🗓 Office de tourisme, 19, place de l'Hôtel Ville ℰ 03 88 38 11 61,
  Fax 03 88 49 80 40

◙ La Metzig★ - Église des Jésuites★.

🖸 Fresques★ de la chapelle St-Ulrich N : 3,5 km.

🏨   **Diana**   🖨 🖩 🛌 ᵬ ch, 🔠 ch, ℅ 🖩 **P** 🖨 𝚅𝚂𝙰 ⓪ 𝙰𝙴 ⓪
    pont de la Bruche – ℰ *03 88 38 51 59* – www.hotel-diana.com
    – Fax 03 88 38 87 11
    60 ch – ♦99/119 € ♦♦115/135 €, ⊊ 12 € – 4 suites – ½ P 88/98 €
    Rest – *(fermé 23-31 déc.) et dim. soir)* Menu 26/49 € – Carte 41/59 € ⅌
    ◆ Construction des années 1970 agrémentée de nombreuses œuvres d'art. Chambres refai-
    tes dans un style contemporain épuré. Pour le bien-être : spa, fitness, jardin. Carte actuelle et
    belle cave au restaurant.

🏠   **Le Bugatti** sans rest   🖩 ᵬ ℅ 🔠 **P** 𝚅𝚂𝙰 ⓪ 𝙰𝙴
    r. de la Commanderie – ℰ *03 88 49 89 00* – www.hotel-le-bugatti.com
    – Fax 03 88 38 36 00 – Fermé 24 déc.-1ᵉʳ janv.
    48 ch – ♦58/65 € ♦♦58/65 €, ⊊ 7 € – 1 suite
    ◆ L'architecture contemporaine du Bugatti, proche des usines de la marque légendaire,
    abrite des chambres fonctionnelles, rénovées dans l'esprit d'aujourd'hui.

LES MOLUNES – 39 Jura – **321** F8 – 129 h. – alt. 1 274 m – ⊠ 39310   **16** B3

▶ Paris 485 – Genève 49 – Gex 30 – Lons-le-Saunier 74

🏠   **Le Pré Fillet** ⌂   ≤ ℅ 🖩 ᵬ ch, 🔠 **P** 🖨 𝚅𝚂𝙰 ⓪
    rte des Moussières – ℰ *03 84 41 62 89* – www.hotel-leprefillet.com
    – Fax 03 84 41 64 75 – Fermé 25 avril-4 mai, 17 oct.-14 déc., dim. soir et lundi
    15 ch – ♦55 € ♦♦55 €, ⊊ 7 € – ½ P 55 €
    Rest – (14 € bc) Menu 21/40 € – Carte 15/50 € ⅌
    ◆ Pour un séjour très "nature", une hôtellerie de moyenne montagne, simple et sympa-
    thique. Chambres bien tenues. Sauna et jacuzzi avec vue sur la campagne. Cuisine du terroir
    accompagnée d'une belle carte de vins locaux et bourguignons.

MONACO (PRINCIPAUTE DE) – **341** F5 – **115** 27 – **voir en fin de guide**

MONCEL-LÈS-LUNÉVILLE – 54 Meurthe-et-Moselle – **307** K7 – rattaché à Lunéville

MONCOUTANT – 79 Deux-Sèvres – **322** C4 – **2 983 h.** – alt. 180 m   **38** B1
– ✉ 79320

> ◘ Paris 403 – Bressuire 16 – Cholet 49 – Niort 54
> 🔢 Syndicat d'initiative, 18, avenue du Maréchal Juin ✆ 05 49 72 78 83, Fax 05 49 72 89 09

🏨 **Le St-Pierre**   🛱 🛱 ৬ ch, 🄰🄲 🀆 🄿 🚗 ᵥₛₐ ⊛
rte de Niort – ✆ 05 49 72 88 88 – Fax 05 49 72 88 89
29 ch – †49 € ††59 €, ⊡ 7 € – ½ P 44 €
Rest – *(fermé vend. soir et dim. soir)* (12 €) Menu 20/41 € – Carte 22/49 €
♦ La salle à manger de cette maison récente à façade de bois offre orientation plein sud, charpente apparente et vue sur le jardin (petit plan d'eau). Chambres fonctionnelles.

MONDEMENT-MONTGIVROUX – 51 Marne – **306** E10 – rattaché à Sézanne

MONDOUBLEAU – 41 Loir-et-Cher – **318** C4 – **1 509 h.** – alt. 170 m   **11** B2
– ✉ 41170 ▮ Châteaux de la Loire

> ◘ Paris 170 – Blois 62 – Chartres 74 – Châteaudun 40
> 🔢 Office de tourisme, 2, rue Bizieux ✆ 02 54 80 77 08, Fax 02 54 80 77 08

🏠 **Le Grand Monarque**   🛱 🛱 🕻 🄿 🚗 ᵥₛₐ ⊛
2 r. Chrétien – ✆ 02 54 80 92 10 – Fax 02 54 80 77 40 – Fermé 2-9 sept., 26 oct.-4 nov., 24 déc.-7 janv., dim. sauf le midi de mars à déc., jeudi soir de mars à déc. et lundi
12 ch – †55/80 € ††55/80 €, ⊡ 8 € – ½ P 66 €
Rest – (20 € bc) Menu 24/27 € – Carte environ 38 €
♦ À l'orée d'une région chère aux rois de France, ancien relais de poste à l'accueil familial et charmant. De fraîches chambres vous y attendent. Restaurant actuel aux tables soigneusement dressées, agréable terrasse sous les glycines et cuisine traditionnelle.

MONDRAGON – 84 Vaucluse – **332** B8 – **3 523 h.** – alt. 40 m   **40** A2
– ✉ 84430

> ◘ Paris 640 – Avignon 45 – Montélimar 40 – Nyons 41

🍴🍴 **La Beaugravière** avec ch   🛱 🄰🄲 🄿 ᵥₛₐ ⊛
N 7 – ✆ 04 90 40 82 54 – www.beaugraviere.com – Fax 04 90 40 91 01 – Fermé 15-30 sept., dim. soir et lundi
4 ch – †70 € ††80 €, ⊡ 10 €
Rest – (17 €) Menu 28/100 € – Carte 40/120 €🕭
♦ Cette maison provençale vous reçoit dans une belle salle (cheminée) ou sur sa terrasse ombragée. Cuisine classique, spécialités de truffes en saison et superbe carte des vins.

MONEIN – 64 Pyrénées-Atlantiques – **342** I3 – **4 367 h.** – alt. 154 m   **3** B3
– ✉ 64360

> ◘ Paris 799 – Pau 23 – Navarrenx 20 – Oloron-Sainte-Marie 21

🍴 **L'Auberge des Roses**   🛱 🛱 🄰🄲 🄿 ᵥₛₐ ⊛
quartier Loupien – ✆ 05 59 21 45 63 – Fax 05 59 21 45 63 – Fermé 5-26 juil., 24 fév.-11 mars, lundi et merc.
Rest – Menu 22 € (sem.)/35 € – Carte 27/43 €
♦ Table d'un quartier résidentiel bordé de vignes (Jurançon). Salles au décor soigné mariant vieilles pierres et bois ou terrasse ombragée pour une appétissante cuisine actuelle.

MONESTIER – 24 Dordogne – **329** C7 – **361 h.** – alt. 100 m – ✉ 24240   **4** C1
> ◘ Paris 612 – Agen 109 – Bordeaux 97 – Périgueux 71

🏠 **Château des Baudry** 🏡   ⬅ 🛱 🛱 🗓 🀆 🄿 ᵥₛₐ ⊛
3 km au Nord par D 4, rte de Saussignac et rte secondaire – ✆ 05 53 23 46 42 – www.chateaudesbaudry.fr – Fax 05 53 61 14 59
4 ch – †90/120 € ††120/150 €, ⊡ 12 €   **Table d'hôte** – Menu 32 €
♦ En plein vignoble d'AOC Saussignac, célèbre pour son vin liquoreux, cette ancienne ferme propose des chambres spacieuses avec cheminées et plafonds à la française. Jolie salle à manger où l'on sert le repas le soir (apéritif offert) et patio pour les beaux jours.

MONESTIER-DE-CLERMONT – 38 Isère – 333 G8 – 1 104 h. 45 C2
– alt. 825 m – ⊠ 38650 ▮ Alpes du Nord

▶ Paris 598 – Grenoble 36 – La Mure 29 – Serres 72

🛈 Office de tourisme, 103 bis, Grand Rue ℰ 04 76 34 15 99, Fax 04 76 34 15 99

Au Sans Souci ⊰   🛱 🛱 🏊 ※ ⁽ᵗⁱ⁾ 🛥 P VISA ✪ AE
à St-Paul-lès-Monestier, 2 km au Nord-Ouest par D 8 – ℰ 04 76 34 03 60
– www.au-sans-souci.com – Fax 04 76 34 17 38 – Fermé dim. soir et lundi
12 ch – †44 € ††68/70 €, ⌑ 8 €
Rest – (18 €) Menu 19 € (sem.), 25/49 € – Carte 35/50 €
♦ Contrairement à "La passante", vous aimerez vous attarder dans cette ancienne scierie
tapissée de vigne vierge. Chambres campagnardes. Les patrons, restaurateurs de père en fils
depuis 1934, régalent les convives d'une goûteuse cuisine du marché.

Piot   ⅄ 🛱 ⁽ᵗⁱ⁾ P VISA ✪ AE
7 chemin des Chambons – ℰ 04 76 34 07 35 – www.hotel-piot.fr
– Fax 04 76 34 12 74 – Ouvert 15 mars-15 nov. et fermé mardi soir et lundi sauf
juil.-août et mardi midi
14 ch – †42 € ††46/60 €, ⌑ 9 € – ½ P 62 €
Rest – (14 €) Menu 19 € (sem.)/33 € – Carte 25/42 €
♦ Imposante villa bourgeoise de 1912 dans un petit parc planté de sapins centenaires.
Chambres simples et bien tenues, atmosphère conviviale. Spacieuse salle à manger fraîchement rénovée, agréable terrasse ombragée de conifères et cuisine traditionnelle.

LE MONÊTIER-LES-BAINS – 05 Hautes-Alpes – 334 H3 – rattaché à Serre-
Chevalier

LA MONGIE – 65 Hautes-Pyrénées – 342 N5 – Sports d'hiver : 1 800/2   28 A3
500 m 🎿3 🎿41 🎿 – ⊠ 65200 Bagneres de Bigorre ▮ Midi-Toulousain

▶ Paris 853 – Bagnères-de-Bigorre 25 – Bagnères-de-Luchon 72 – Tarbes 48

🛈 Office de tourisme, place de la Grenouillere ℰ 05 62 91 94 15,
   Fax 05 62 95 33 13

◉ Le Taoulet ≼★★ N par téléphérique - Col du Tourmalet★★ O : 4 km.

◉ Pic du Midi de Bigorre★★★.

au Nord-Est   8 km par D 918 – ⊠ 65710 Campan

La Maison d'Hoursentut ⊰   🛱 🛱 ѣ ⁽ᵗⁱ⁾ P VISA ✪
– ℰ 05 62 91 89 42 – www.maison-hoursentut.com – Fax 05 62 91 88 13
13 ch – †60/65 € ††60/65 €, ⌑ 8 €
Rest – (dîner seult) (nombre de couverts limité, prévenir) Menu 20 €
♦ Décor contemporain d'inspiration montagnarde et ambiance chaleureuse caractérisent ce
petit hôtel. Chambres douillettes, salon-cheminée et joli jardin avec bain norvégien. À table, le
menu (cuisine familiale) est annoncé oralement. Terrasse dressée au bord de l'Adour.

MONHOUDOU – 72 Sarthe – 310 K5 – 198 h. – alt. 130 m – ⊠ 72260   35 D1
▶ Paris 199 – Alençon 30 – Le Mans 42 – Nantes 223

Château de Monhoudou ⊰   ⅄ 🔲 ⁽ᵗⁱ⁾ VISA ✪ AE
2 km au Sud par D 117 et rte secondaire – ℰ 06 83 35 39 12
– www.monhoudou.com – Fax 02 43 33 11 58
5 ch ⌑ – †110/160 € ††110/160 € – ½ P 92/122 €
Table d'hôte – Menu 42 € bc/69 € bc
♦ Au milieu d'un parc à l'anglaise (animaux en liberté), beau château Renaissance (16e-18es.)
habité par la même famille depuis 19 générations. Vastes et élégantes chambres aux meubles
anciens. Salon avec cheminée, bibliothèque. Repas préparés par la châtelaine en personne.

MONNAIE – 37 Indre-et-Loire – 317 N4 – 3 768 h. – alt. 113 m – ⊠ 37380   11 B2
▶ Paris 227 – Château-Renault 15 – Tours 16 – Vouvray 10

L'Épicurien   AC VISA ✪ AE
53 r. Nationale – ℰ 02 47 56 10 34 – Fax 02 47 56 19 97 – Fermé jeudi soir, dim.
soir et lundi
Rest – (18 €) Menu 25/42 € – Carte 39/59 €
♦ Dans la traversée du bourg, auberge au cadre frais, estimée pour ses préparations au goût
du jour : une halte gourmande au "levant" de la Gâtine tourangelle.

MONPAZIER – 24 Dordogne – **329** G7 – 533 h. – alt. 180 m – ⊠ 24540   **4** C2

▌ Périgord Quercy

▶ Paris 575 – Bergerac 47 – Périgueux 75 – Sarlat-la-Canéda 50

🖪 Office de tourisme, place des Cornières 𝒞 05 53 22 68 59,
Fax 05 53 74 30 08

◉ Place des Cornières ★.

🏠 **Edward 1er** ⌖   ⇐ 🛜 ⤢ 🎙️ **P** **VISA** ◍◍ 🆎
5 r. St-Pierre – 𝒞 05 53 22 44 00 – www.hoteledward1er.com – Fax 05 53 22 57 99
– Ouvert 12 mars-13 nov.
10 ch – †54/84 € ††68/98 €, ⌣ 12 € – 2 suites
Rest – (ouvert 1er avril-31 oct. et fermé merc. sauf juil.-août) (dîner seult)
(prévenir) Menu 30/40 €
   ♦ Dans cette gentilhommière du 19e s., on profite de la vie de château : belle hauteur sous
plafond, moulures, meubles de style, tissu mural. Chambres spacieuses avec vue. Un menu
actuel composé chaque jour, à base des produits du Périgord.

✂ **Bistrot 2**   🛜 ⛾ **VISA** ◍◍
Foirail Nord – 𝒞 05 53 22 60 64 – www.bistrot2.fr – Fax 05 53 58 36 27 – Fermé
21 nov.-13 déc., sam. midi, lundi soir et vend. de sept. à juin
Rest – (15 €) Carte 27/33 €
   ♦ Une partie de l'équipe de l'Edward Ier a investi ce nouveau bistrot contemporain et revisite
des plats régionaux de manière très séduisante. Terrasse ombragée de glycines.

MONTAGNAC – 04 Alpes-de-Haute-Provence – **334** E10 – 399 h.   **41** C2
– alt. 614 m – ⊠ 04500

▶ Paris 799 – Avignon 151 – Digne-les-Bains 51 – Marseille 105

🏠 **La Maison du Bois Doré** sans rest ⌖   ⇐ 🐾 🎙️ **P**
à 2,5 km, rte d'Allemagne-en-Provence par D 111 et rte secondaire
– 𝒞 06 86 97 01 86 – www.provenceguesthouse.com – Fax 04 92 77 43 76
– Fermé 5 janv.-15 mars
4 ch ⌣ – †82 € ††87 €
   ♦ Une adresse au grand calme : cette ancienne ferme apicole est entourée de champs de
lavande et de chênes truffiers. Décor d'inspiration asiatique dans les chambres.

MONTAGNAT – 01 Ain – **328** E3 – 1 549 h. – alt. 262 m – ⊠ 01250   **44** B1

▶ Paris 447 – Lyon 84 – Bourg-en-Bresse 8 – Mâcon 55

✂ **Au Pot de Grès**   🛜 **P** **VISA** ◍◍
2013 rte du Village – 𝒞 04 74 51 67 05 – Fax 04 74 51 67 05 – Fermé vacances de
Pâques, 22 août-7 sept., dim. soir, lundi et mardi
Rest – (12 €) Menu 26/43 € – Carte 33/48 €
   ♦ Cette jolie maison de campagne vous accueille dans une salle à manger réchauffée par
une cheminée. Côté carte, le chef revisite habilement les plats du terroir (produits choisis).

MONTAGNE – 33 Gironde – **335** K5 – 1 704 h. – alt. 80 m – ⊠ 33570   **4** C1

▶ Paris 541 – Agen 129 – Bordeaux 41 – Bergerac 61

✂✂ **Le Vieux Presbytère**   🛜 **VISA** ◍◍
pl. de l'Église – 𝒞 05 57 74 65 33 – www.restaurant-montagne-st-emilion.com
– Fermé vacances de la Toussaint, de Noël, de fév., mardi et merc.
Rest – (15 € bc) Menu 32/55 € bc
   ♦ Cette table sympathique occupe un ancien presbytère. Salle cosy rustiquement meublée,
terrasse sur cour, cuisine du moment et vins du cru (soirées œnologiques en fin de semaine).

MONTAGNE-DU-SEMNOZ – 74 Haute-Savoie – **328** J6 – ⊠ 74000   **46** F1

▌ Alpes du Nord

▶ Paris 552 – Aix-les-Bains 43 – Albertville 60 – Annecy 17

◉ Crêt de Châtillon ❄ ★★★ (accès par D 41 : d'Annecy 20 km ou du col de
Leschaux 14 km, puis 15 mn).

par D 41 – ⊠ 74000 Annecy

🏠 Les Rochers Blancs ॐ ⋘ 🎧 **P** VISA ⚫⚫

🐾 *près du sommet, alt. 1 650 –* ⟋ *04 50 01 23 60 – www.lesrochersblancs.com*
– Fax 04 50 01 40 68 – Ouvert 10 juin-15 sept. et 15 déc.-15 avril
15 ch – †47/50 € ††64/68 €, ⟂ 9 € – ½ P 64/68 €
Rest – Menu 18/34 € – Carte 27/42 €
◆ Culminant à 1 650 m, ce chalet bénéficie d'un panorama exceptionnel et d'une tranquillité absolue. Chambres dans le style local. Restaurant décoré dans la pure tradition montagnarde et cuisine de terroir. Terrasse.

MONTAGNY – 42 Loire – **327** E3 – 1 105 h. – alt. 530 m – ⊠ 42840 44 A1
▶ Paris 408 – Lyon 70 – Montbrison 78 – Roanne 15

🗴🗴 L'Air du Temps AC ⟺ VISA ⚫⚫

1 r. de la République – ⟋ *04 77 66 11 31 – www.lairdutemps42.fr*
– Fax 04 77 66 15 63 – Fermé dim. soir et lundi
Rest – (16 €) Menu 24/46 € – Carte 35/50 €
◆ Tons pastel, décor contemporain et tables rondes espacées dans la salle à manger de ce restaurant aménagé à l'étage d'un ancien café. Cuisine au goût du jour.

MONTAGNY-LÈS-BEAUNE – 21 Côte-d'Or – **320** J8 – rattaché à Beaune

---

MONTAIGU – 85 Vendée – **316** I6 – 4 822 h. – alt. 40 m – ⊠ 85600 34 B3
▶ Paris 389 – Cholet 36 – Fontenay-le-Comte 88 – Nantes 37
🛈 Office de tourisme, 6, rue Georges Clemenceau ⟋ 02 51 06 39 17, Fax 02 51 06 39 17
◪ Mémorial de vendée ★★ : le logis de la Chabotterie★ (salles historiques★★) SO : 14 km, le chemin de la Mémoire des Lucs★ SO : 24 km ▮ Poitou Charentes Vendée

au Pont de Sénard 7 km au Nord par N 137 et D 77
– ⊠ 85600 St-Hilaire-de-Loulay

🏠 Le Pont de Sénard ॐ 🚋 🎧 ᴋ ch, ⁂ 🔊 **P** VISA ⚫⚫ AE

🐾 *–* ⟋ *02 51 46 49 50 – www.hotel-pontdesenard.fr – Fax 02 51 94 11 11*
– Fermé 2-19 août, 28 oct.-3 nov. et 26-30 déc.
25 ch – †52 € ††70 €, ⟂ 8,50 € – ½ P 63 €
Rest – *(fermé vend. soir d'oct. à avril et dim. soir)* Menu 10 € (déj. en sem.), 19/40 € – Carte 19/40 €
◆ Une clientèle fidèle apprécie cet hôtel bordant la Maine pour son environnement délicieusement bucolique, son bel équipement de séminaires et ses chambres peu à peu rénovées. Salle à manger-véranda et plaisante terrasse champêtre dominant la rivière.

MONTAIGUT-LE-BLANC – 63 Puy-de-Dôme – **326** F9 – rattaché à Champeix

---

MONTAREN-ET-ST-MÉDIERS – 30 Gard – **339** L4 – rattaché à Uzès

---

MONTARGIS ⬗ – 45 Loiret – **318** N4 – 15 794 h. – alt. 95 m 12 D2
– ⊠ 45200 ▮ Châteaux de la Loire
▶ Paris 109 – Auxerre 81 – Bourges 117 – Orléans 73
🛈 Office de tourisme, rue du Port ⟋ 02 38 98 00 87, Fax 02 38 98 82 01
⛳ de Vaugouard à Fontenay-sur-Loing Chemin des Bois, par rte de Fontainebleau : 9 km, ⟋ 02 38 89 79 09
◉ Collection Girodet★ du musée M[1].

Plan page suivante

🏠 Ibis 🎧 ▥ AC ch, ⁂ 🔊 ᴁ VISA ⚫⚫ AE ⓪

2 pl. V. Hugo – ⟋ *02 38 98 00 68 – www.ibishotel.com – Fax 02 38 89 14 37*
59 ch – †59/73 € ††59/73 €, ⟂ 8 € Zb
Rest *Brasserie de la Poste* – (11 €) Menu 20/28 € – Carte 18/43 €
◆ Chambres modernes et pratiques (en partie rénovées), offrant les prestations habituelles de la chaîne. Celles du 3ᵉ étage conviendront aux familles. Plaisant restaurant rétro : verrière, appliques et banquettes. Plats de brasserie.

MONTARGIS

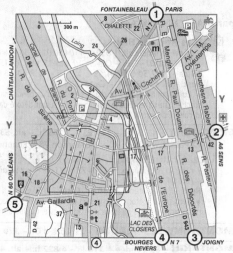

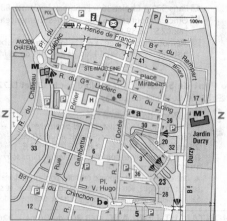

🏠 **Central** sans rest ⁽ᵗ⁾ 🅥🅘🅢🅐 ⓄⓄ 🅐🅔

2 r. Gudin – ℰ 02 38 85 03 07 – www.hotel-montargis.com – Fax 02 38 98 33 39
– Fermé 20 déc.-4 janv. **Za**
12 ch – ♀49/55 € ♀♀55/60 €, ⊊ 7 €

♦ En centre-ville, demeure bourgeoise de 1750 convertie en hôtel à la fin du 20ᵉ s. et rénovée. Un escalier en chêne sculpté mène aux chambres personnalisées, bien tenues.

XXX **La Gloire** (Jean-Claude Martin) avec ch 🅐🅒 rest, 🅥🅘🅢🅐 ⓄⓄ 🅐🅔
☆ 74 av. Gén. de Gaulle – ℰ 02 38 85 04 69
– www.lagloire-montargis.com – Fax 02 38 98 52 32
– Fermé 16 août-2 sept., 15 fév.-10 mars, mardi et mercr. **Ym**
10 ch – ♀55 € ♀♀65/80 €, ⊊ 9 €
Rest – (29 €) Menu 40/55 € bc – Carte 68/115 €🕮

Spéc. Salade de homard au goût du jour, vinaigrette de crustacés. Brochette
de langoustines et saint-pierre, tomate concassée à l'huile d'olive. Chariot des
douceurs. **Vins** Menetou Salon, Sancerre rouge.

♦ Cadre classique égayé de bouquets de fleurs et accueil convivial dans cette "gloire" qui
sert une cuisine de tradition revisitée, subtile et généreuse. Chambres confortables.

XX **L'Orangerie** 🄰 ⇔ 𝚅𝙸𝚂𝙰 ⓬

57 r. J.-Jaurès – ℰ 02 38 93 33 83 – www.restaurant-orangerie-montargis.com
– Fermé 16 juil.-1ᵉʳ août , lundi soir, mardi et merc. **Yt**
Rest – (17 €) Menu 21 € (sem.)/39 € – Carte 35/50 €
♦ Adresse familiale proposant une cuisine traditionnelle de bonne tenue ; chaleureuses peti-
tes salles à manger néorustiques et véranda aux allures de jardin d'hiver.

XX **L'Agrappe Cœur** 🈺 🄰 𝙿 𝚅𝙸𝚂𝙰 ⓬ 🄰🄴

22 r. Jean Jaurès – ℰ 02 38 85 22 65 – www.restaurant-agrappecoeur.com
– Fermé août, dim. soir, mardi soir et lundi **Ya**
Rest – Menu 23 € (sem.), 31/42 € – Carte 39/72 €
♦ Nouveau décor en ce sympathique restaurant : contemporain dans la première salle (sauf
le comptoir en bois des années 1930) et ensoleillé dans les autres. Cuisine traditionnelle.

X **Les Dominicaines** 🈺 𝚅𝙸𝚂𝙰 ⓬ 🄰🄴

6 r. du Dévidet – ℰ 02 38 98 10 22
– www.restaurant-lesdominicaines.com – Fax 02 38 98 41 41
– Fermé 2 sem. en août, sam. midi, dim. et fériés **Ze**
Rest – (prévenir) (18 €) Menu 22/33 € – Carte 36/65 €
♦ Affichant à l'entrée les vitraux des Dominicaines, ce restaurant renoue avec l'histoire de la
ville. Cuisine axée sur la mer et la Provence, spécialités de poissons.

à Amilly 5 km par ③ – 11 667 h. – alt. 110 m – ✉ 45200

🏠 **Le Belvédère** sans rest ॐ 🏊 (ᵗ) 𝙿 𝚅𝙸𝚂𝙰 ⓬
🍽

192 r Jules Ferry – ℰ 02 38 85 41 09 – perso.wanadoo.fr/hbelvedere
– Fax 02 38 98 75 63 – Fermé 7-26 août et 18 déc.-2 janv.
24 ch – �dᵗ53/75 € ♦♦58/75 €, ⚏ 12 €
♦ Cet hôtel familial devancé par un jardin fleuri fait face à l'école du village. Calme et bon
confort caractérisent les petites chambres personnalisées.

rte de Ferrières par ①, N 7 et rte secondaire – ✉ 45210 Fontenay-sur-Loing

🏨 **Domaine de Vaugouard** ॐ ♤ 🈺 ⅃ 𝑓₆ ✗ 𝖘𝖆 𝙿 𝚅𝙸𝚂𝙰 ⓬ 🄰🄴 ⓪

chemin des Bois – ℰ 02 38 89 79 00
– www.vaugouard.com – Fax 02 38 89 79 01
– Fermé 20-30 déc.
50 ch – ♦140/240 € ♦♦140/240 €, ⚏ 18 € – ½ P 135/185 €
Rest – (dîner seult) Menu 32 € – Carte 37/58 €
♦ Joli château du 18ᵉ s. situé au cœur d'un parcours de golf. Confortables chambres bourgeoises (rénovées) ; celles de l'annexe sont plus grandes. Petites salles à manger cossues, terrasse tournée vers les greens et cuisine classique.

MONTAUBAN ℙ – **82** Tarn-et-Garonne – **337** E7 – **53 941 h.** **28** B2
– alt. 98 m – ✉ 82000 ▮ Midi-Toulousain

▶ Paris 627 – Agen 86 – Albi 73 – Auch 86
🄸 Office de tourisme, place Prax Paris ℰ 05 63 63 60 60, Fax 05 63 63 65 12
🄶 des Aiguillons Route de Loubejac, N : 8 km par D 959, ℰ 05 63 31 35 40
🄾 Le vieux Montauban★ : portail★ de l'hôtel Lefranc-de-Pompignan Z **E**
   - Musée Ingres★ - Place Nationale★ - Dernier Centaure mourant★ (bronze
   de Bourdelle) **B.**
🄶 Pente d'eau de Montech★ : 15 km par ③ et D 928.

Plan page suivante

🏨 **Crowne Plaza** 🈺 ⅃ 🔟 𝑓₆ 🅸 🕭 🄰 (ᵗ) 𝖘𝖆 𝙿 🕭 𝚅𝙸𝚂𝙰 ⓬ 🄰🄴

6-8 quai de Verdun – ℰ 05 63 22 00 00 – www.crowneplaza-montauban.com
– Fax 05 63 22 00 01 **Zt**
85 ch – ♦91/159 € ♦♦91/159 €, ⚏ 20 € – 4 suites
Rest La Table des Capucins – (fermé 9-23 août et dim.) Menu 30 € (déj. en
sem.), 42/69 € – Carte 62/90 €
♦ Malgré un décor et un confort très contemporains, l'atmosphère monacale de ce couvent
classé (1630) a été superbement préservée. Spa complet, pour apaiser corps et esprit. À La
Table des Capucins, grande salle lumineuse ; cuisine au goût du jour.

MONTAUBAN

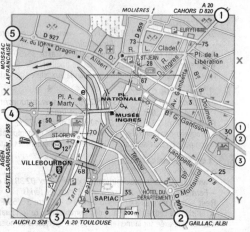

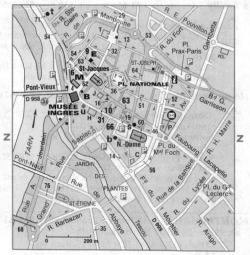

Mercure 🖥 ⅋ rest, 🗚 ⅋¹⁰ 🔊 VISA ⑳ AE ⓪

12 r. Notre-Dame – ℰ 05 63 63 17 23 – Fax 05 63 66 43 66   **Z** s

44 ch – 🛏95 € 🛏🛏195 €, ⊡ 12 €

Rest – Menu 14/35 € – Carte environ 35 €

♦ Cet hôtel particulier du 18ᵉ s. a bénéficié en 1999 d'une complète cure de jouvence. Les chambres, spacieuses et contemporaines, profitent d'une bonne isolation phonique. La salle à manger, meublée en style Louis XVI, est coiffée d'une vaste verrière.

Du Commerce sans rest 🖥 ⅋ ⅋¹⁰ VISA ⑳ AE

9 pl. Roosevelt – ℰ 05 63 66 31 32 – www.hotel-commerce-montauban.com – Fax 05 63 66 31 28 – Fermé 18 déc.-2 janv.   **Z** b

27 ch – 🛏58/91 € 🛏🛏60/91 €, ⊡ 9 €

♦ Vaste bâtisse du 18ᵉ s. à deux pas de la cathédrale. Hall et salon garnis de beaux meubles anciens, chambres sobres, bien entretenues, et salles de bains colorées.

XXX Les Saveurs d'Ingres   AC VISA ◍

13 r. Hôtel de Ville – ℰ 05 63 91 26 42 – www.lessaveursdingres.com
– Fermé 10-17 mai, 18-31 juil., dim. et lundi   **Zu**
Rest – Menu 25 € (déj.), 35/70 € – Carte 58/71 €
♦ L'enseigne rend hommage au peintre-dessinateur montalbanais (musée Ingres à deux pas). Plaisante salle voûtée au mobilier moderne. Cuisine personnalisée, inspirée du terroir.

XX La Cuisine d'Alain   🍴 AC ⅌ ⇔ VISA ◍ AE

29 r. Roger Salengro, (face à la gare) – ℰ 05 63 66 06 66
– www.hotel-restaurant-orsay.com – Fax 05 63 66 19 39 – Fermé 1ᵉʳ-9 mai,
1ᵉʳ-19 août, 22 déc.-7 janv., lundi midi, sam. midi et dim.   **Yf**
Rest – Menu 22 € bc (déj.), 36/60 € – Carte 45/60 €
♦ Natures mortes, faïences et compositions florales ornent la salle à manger et le salon. Belle terrasse fleurie. Cuisine traditionnelle et grand choix de desserts.

XX Au Fil de l'Eau   ᵴ AC VISA ◍

14 quai Dr Lafforgue – ℰ 05 63 66 11 85 – www.aufildeleau82.com
– Fax 05 63 91 97 56 – Fermé 12-19 juil., 1 sem. en fév., merc. soir sauf juil.-août,
dim. sauf le midi de sept. à juin et lundi   **Xe**
Rest – (18 €) Menu 35/50 € – Carte 45/75 €
♦ Cette maison ancienne située dans une rue tranquille abrite une spacieuse salle à manger, contemporaine et chaleureuse. Préparations traditionnelles, bon choix de vins régionaux.

> Un nom d'établissement passé en rouge désigne un « espoir ».
> Le restaurant est susceptible d'accéder à une distinction supérieure :
> première étoile ou étoile supplémentaire. Vous les retrouverez dans
> la liste des tables étoilées en début de guide.

MONTAUBAN-SUR-L'OUVÈZE – 26 Drôme – 332 G8 – 114 h.   45 C3
– alt. 719 m – ✉ 26170

▶ Paris 705 – Apt 68 – Carpentras 64 – Lyon 243

🏠 La Badiane ✎   ≤ 🚗 🍴 ⅄ ⑀ ⅌ ᵴ P VISA ◍ ①

Hameau de Ruissas, 3 km au Nord-Est – ℰ 04 75 27 17 74
– www.la-badiane-sejours.com – Fax 04 75 27 17 74 – Ouvert de Pâques à la Toussaint
7 ch – ♦95/140 € ♦♦95/140 €, ⌾ 14 €
Rest – (fermé merc. et dim.) (dîner seult) (résidents seult) Menu 29 €
♦ Cette ancienne bergerie, restaurée avec originalité, se blottit dans la montagne drômoise. Chaque chambre cultive sa différence. Sauna et soins de relaxation. Cuisine familiale (produits bio de la région), servie dans une jolie salle au mobilier en fer forgé.

MONTAULIEU – 26 Drôme – 332 E7 – rattaché à Nyons

MONTAUROUX – 83 Var – 340 P4 – 4 743 h. – alt. 364 m – ✉ 83440   41 C3
▮ Côte d'Azur

▶ Paris 890 – Cannes 36 – Draguignan 37 – Fréjus 30
🛈 Office de tourisme, place du Clos ℰ 04 94 47 75 90, Fax 04 94 47 61 97

rte de Grasse 3 km au Sud-Est – ✉ 83340 Montauroux

XX Auberge Eric Maio   🍴 ⅌ P VISA ◍
❀❀ *D 37 – ℰ 04 94 47 71 65 – www.fontaines-daragon.com – Fax 04 94 39 85 23*
– Fermé 25 oct.-10 nov., 3 janv.-2 fév., mardi et merc.
Rest – (28 €) Menu 37 € (déj. en sem.), 55/100 €
Spéc. Soupe de chèvre revisitée, truffes noires et tartare d'huîtres (15 nov. au 15 mars). Pigeon en croûte farci de truffes, blettes et foie gras. Tarte croustillante au chocolat noir, crème glacée au blue mountain (mi-oct. à fin avril). **Vins** Vin de pays du Var, Côtes de Provence.
♦ Délicieuse cuisine au goût du jour servie dans une élégante salle provençale ou sur la jolie terrasse verdoyante : une belle halte gourmande sur la route du lac de St-Cassien.

▶ Paris 240 – Autun 87 – Auxerre 81 – Dijon 81

🛈 Office de tourisme, place Henri Vincenot ℰ 03 80 92 53 81, Fax 03 80 89 17 38

◉ Parc Buffon★.

◈ Abbaye de Fontenay★★★ E : 6 km par D 905.

🏠 **L'Écu**   🍴 ⁇ VISA ◑◐ AE ◑

7 r. A. Carré – ℰ 03 80 92 11 66 – www.hotel-de-l-ecu.fr – Fax 03 80 92 14 13
– Fermé 21 fév.-8 mars, vend. soir, dim. soir et sam. du 11 nov. au 8 mars
23 ch – ♦68/70 € ♦♦76/90 €, ⌂ 12 € – ½ P 75/86 €   **Rest** – Menu 21/45 €
◆ Relais de poste du 16ᵉ s. dont on apprécie l'accueil, l'ambiance provinciale et les chambres, classiquement aménagées à l'image des espaces communs. Repas traditionnel dans la
salle où les voûtes des ex-écuries ont été conservées.

à St-Rémy 3 km à l'Ouest par D 905 – 811 h. – alt. 207 m – ✉ 21500

🍴🍴 **La Mirabelle**   VISA ◑◐
🐽   1 r. de la Brenne – ℰ 03 80 92 40 69 – Fermé 23 déc.-3 janv., dim. soir, mardi soir
😊   et merc.
Rest – (nombre de couverts limité, prévenir) Menu 19 € (sem.), 28/38 €
– Carte 39/61 €
◆ À proximité du canal, cette ancienne grange à sel cache une belle salle à manger en
pierre sous une voûte. Ambiance chaleureuse et cuisine traditionnelle goûteuse et soignée.

▶ Paris 247 – Châtellerault 59 – Chinon 41 – Loches 33

🛈 Office de tourisme, esplanade du Val de l'Indre ℰ 02 47 26 97 87,
Fax 02 47 26 22 42

🏛 **Château d'Artigny** ⌂   ⇐ 🐾 🏊 ◎ 🍴 📷 AC 🕊 P VISA ◑◐ AE ◑

2 km au Sud-Ouest par D 17 – ℰ 02 47 34 30 30 – www.artigny.com
– Fax 02 47 34 30 39
65 ch – ♦165/620 € ♦♦165/620 €, ⌂ 22 € – 2 suites
Rest – (35 €) Menu 52 € (dîner)/80 € – Carte 66/102 €▒
◆ Ce château dont le parc boisé et les jardins à la française surplombent l'Indre fut conçu
dans les années 1920 par le parfumeur Coty. Pur style classique et faste omniprésent. Cuisine
classique, somptueuse carte des vins et collection de vieux armagnacs.

Moulin d' Artigny 🏠🏠   🚐 P VISA ◑◐ AE ◑

7 ch – ♦95 € ♦♦95 €, ⌂ 22 €
◆ À 800 m, l'annexe du château occupe un joli pavillon, rustique et moins luxueux, au bord
de la rivière. Très bucolique.

🏠🏠 **Domaine de la Tortinière** ⌂   ⇐ 🐾 🍴 🏊 🍴 🔥 ch, AC 🕊 🍴 P

rte de Ballan-Veigné, 2 km au Nord par D 910 et D 287   VISA ◑◐
– ℰ 02 47 34 35 00 – www.tortiniere.com – Fax 02 47 65 95 70
– Fermé 20 déc.-28 fév.
25 ch – ♦135/175 € ♦♦135/265 €, ⌂ 17 € – 5 suites – ½ P 130/195 €
Rest – (fermé dim. soir de nov. à mars) (prévenir) (29 € bc) Menu 39 € bc (déj.),
44/52 € – Carte 44/54 €
◆ Ce château du Second Empire se dresse au cœur d'un parc dominant l'Indre. Chambres
soignées remplies de charme. Agréable piscine. Salle à manger classique et feutrée, ouverte
sur une terrasse avec la vallée en toile de fond. Plats actuels.

🍴🍴 **Chancelière "Jeu de Cartes"**   AC VISA ◑◐
❀   1 pl. Marronniers – ℰ 02 47 26 00 67 – www.lachanceliere.fr
– Fermé 27 août-7 sept., 4-19 janv., dim. et lundi sauf fériés
Rest – Menu 25 € (sem.)/45 €
Spéc. Ravioles d'huîtres chaudes au champagne (oct. à avril). Homard aux
morilles et émulsion au lard fumé (juin à sept.). Framboises rôties à la vanille
et glace cardamome (juin à sept.).   **Vins** Montlouis, Chinon.
◆ Cette élégante maison tourangelle superpose les styles avec audace : salle à manger
cosy aux tonalités colorées et cuisine à la fois classique et inventive. Ici, on joue cartes sur
table !

Ouest 5 km par D 910, D 287 et D 87 – ⊠ 37250 Montbazon

XX **Le Moulin Fleuri** avec ch 🕭 ⇐ 🚗 **P** 🎫 ⑩ 🅰🄴
rte du Ripault – 𝒞 02 47 26 01 12
– www.moulin-fleuri.com – Fax 02 47 34 04 71
– Fermé 17-25 déc., 22 janv.-fin fév., dim. soir du 11 nov. au 30 mars, jeudi midi
et lundi
10 ch – ♦81 € ♦♦81/117 €, ⫴ 11 €
Rest – (22 €) Menu 30/51 € – Carte 22/41 €🕸
♦ Un bras de l'Indre actionnait la roue de cet ex-moulin à grains (16ᵉ s.). Recettes traditionnelles avec une touche terroir, magnifique cave (plus de 800 références). Terrasse près de
l'eau. Sobres chambres classiquement aménagées, côté rivière ou jardin.

Chaque restaurant étoilé est accompagné de trois spécialités représentatives
de sa cuisine. Il arrive parfois qu'elles ne puissent être servies : c'est
souvent au profit d'autres savoureuses recettes inspirées par la saison.
N'hésitez pas à les découvrir !

MONTBÉLIARD ⟨🟢⟩ – 25 Doubs – 321 K1 – 26 535 h.   **17** C1
– Agglo. 113 059 h. – alt. 325 m – ⊠ 25200 ▮ Franche-Comté Jura
　▶ Paris 477 – Belfort 22 – Besançon 76 – Mulhouse 60
　🄸 Office de tourisme, 1, rue Henri-Mouhot 𝒞 03 81 94 45 60,
　　Fax 03 81 94 14 04
　🄸🄸 de Prunevelle à Dampierre-sur-le-Doubs Ferme des Petits Bans, par rte de
　　Besançon : 8 km, 𝒞 03 81 98 11 77
　◉ Le Vieux Montbéliard★ : hôtel Beurnier-Rossel★ - Sochaux : Musée de
　　l'aventure Peugeot★★.

Plan page suivante

🏠 **Bristol** sans rest 📶 🛗 **P** 🚗 🎫 ⑩ 🅰🄴
2 r. Velotte – 𝒞 03 81 94 43 17 – www.hotel-bristol-montbeliard.com
– Fax 03 81 94 15 29   **Zb**
48 ch – ♦59/89 € ♦♦65/95 €, ⫴ 8 €
♦ Hôtel des années 1930 scrupuleusement modernisé. Intérieur joliment décoré, chambres très cosy et véritable salon de thé (superbes variétés). Piscine intérieure et sauna.

🏠 **Aux Relais Verts** 🍽 ▮🛗 🔥 ch, 🄺 📶 🛗 **P** 🚗 🎫 ⑩ 🅰🄴 ⑩
le Pied des Gouttes – 𝒞 03 81 90 10 69
– www.hotelrelaisvert.net – Fax 03 81 90 15 18
– Fermé 23 déc.-1ᵉʳ janv.   **Xv**
64 ch – ♦66/85 € ♦♦66/85 €, ⫴ 8 €
Rest *Le Tire Bouchon* – Carte environ 33 €
♦ Hôtel actuel au cœur d'une Z.A.C. Petites chambres fonctionnelles distribuées autour d'un
patio ou, dans une aile récente, hébergement plus spacieux et chaleureux. Plantes vertes et
expositions de tableaux égayent la sobre salle à manger. Plats régionaux.

XXX **Le St-Martin** (Olivier Prevot-Carme) ⇔ 🎫 ⑩ 🅰🄴 ⑩
🕸 1 r. Gén. Leclerc – 𝒞 03 81 91 18 37 – Fax 03 81 91 18 37 – Fermé 1ᵉʳ-24 août,
1ᵉʳ-5 janv., 15-22 fév., sam., dim. et fériés   **Zu**
Rest – Menu 26 € (sem.)/59 € – Carte 45/75 €
Spéc. Déclinaison de foie gras. Féra aux morilles et risotto crémeux (hiver).
Crème de mascarpone aux morilles et vin jaune. **Vins** Côtes du Jura, Arbois.
♦ Cette vieille maison cache un chaleureux restaurant-bonbonnière, intime et cossu. Cuisine
régionale assez inventive, menu évoluant au gré du marché et spécialités de poisson.

XX **Joseph** 🍴 ⇔ 🎫 ⑩
17 r. de Belfort – 𝒞 03 81 91 20 02 – Fax 03 81 91 88 99 – Fermé 15-31 août, dim.
et lundi   **Za**
Rest – Menu 70 € – Carte 50/70 €
♦ Les patrons de ce restaurant soigné vous réservent un accueil charmant. Cuisine traditionnelle (quelques plats du terroir), à base de produits de saison choisis.

MONTBÉLIARD

MONTBENOÎT – 25 Doubs – **321** I5 – 329 h. – alt. 804 m – ⊠ 25650 **17** C2

▌ Franche-Comté Jura

▶ Paris 464 – Besançon 61 – Morteau 17 – Pontarlier 15

🛈 Office de tourisme, 8, rue du Val Saugeais 𝒞 03 81 38 10 32, Fax 03 81 38 10 32

◎ Ancienne abbaye★ : stalles★★, niche abbatiale★★.

à La Longeville 5,5 km au Nord par D 131 – 591 h. – alt. 900 m – ⊠ 25650

⛺ **Le Crêt l'Agneau** ⌖　　　　　　　　　⩽ 🛋 🛋 ⁑ 🅿
　Les Auberges – 𝒞 03 81 38 12 51 – www.lecret-lagneau.com
　5 ch ⌂ – †80 € ††105 €　**Table d'hôte** – Menu 30 € bc
　◆ Cette ferme du 17ᵉ s. au milieu des pâturages distille l'univers douillet propre aux maisons
　de la région. Tenue par un couple dynamique, elle dispose de chambres très soignées. Cui-
　sine du terroir longuement mijotée, accompagnée de pain maison.

à Maisons-du-Bois 4 km au Sud-Ouest sur D 437 – 576 h. – alt. 810 m – ⊠ 25650

✗ **Du Saugeais**　　　　　　　　　　　　　🛋 �&ᴸ 🅿 VISA ⦿
⦾　– 𝒞 03 81 38 14 65 – www.hotel-du-saugeais.com – Fax 03 81 38 11 27
　– Fermé 15 janv.-1ᵉʳ fév., dim. soir et lundi
　Rest – Menu 15 € (sem.)/38 € – Carte 22/43 €
　◆ Une auberge familiale de bord de route qui accueille les voyageurs autour des spéciali-
　tés régionales, servies dans une salle à manger champêtre.

MONTBOUCHER-SUR-JABRON – 26 Drôme – **332** B6 – rattaché à Montélimar

MONTBRAS – 55 Meuse – **307** F7 – 26 h. – alt. 315 m – ⊠ 55140　　**26** B2

▶ Paris 290 – Bar-le-Duc 61 – Châlons-en-Champagne 140 – Metz 117

🏠 **Hostellerie de l'Isle en Bray** sans rest ⌖　　⩽ 🕭 ✻ ✼ ⁑ 🎿 🅿
　3 r. des Erables – 𝒞 03 29 90 86 36 – www.chateau-montbras.com　　VISA ⦿ ①
　– Fax 03 29 90 82 23 – Ouvert de Pâques à la Toussaint
　5 ch ⌂ – †80 € ††100/130 € – 2 suites
　◆ Splendide château Renaissance classé (parc, cour d'honneur, chapelle) aux chambres pleines
　de cachet, spacieuses et confortables, très calmes. Vue à l'infini sur la campagne.

MONTBRISON – ⊛ – 42 Loire – **327** D6 – 15 127 h. – alt. 391 m　　**44** A2
– ⊠ 42600　▌Lyon Drôme Ardèche

▶ Paris 444 – Lyon 103 – Le Puy-en-Velay 99 – Roanne 68

🛈 Office de tourisme, cloître de Cordeliers 𝒞 04 77 96 08 69, Fax 04 77 96 20 88

🏌 de Savigneux-les-Étangs à Savigneux Gaia Concept Savigneux, E : 4 km par
　D 496, 𝒞 04 77 58 70 74

🏌 Superflu Golf Club à Saint-Romain-le-Puy Domaine des Sucs, SE : 8 km par
　D 8, 𝒞 04 77 76 93 41

◎ Intérieur★ de la Collégiale N.-D.-d'Espérance.

✗✗ **La Roseraie**　　　　　　　　　　　　　🛋 AC VISA ⦿
⦾　61 av. Alsace-Lorraine, (face à la gare) – 𝒞 04 77 58 15 33
　– www.restaurantlaroseraie.com – Fax 04 77 58 93 88
　– Fermé 12-22 avril, 16 août-4 sept., dim. soir, mardi soir et merc.
　Rest – (15 €) Menu 18 € (sem.)/56 € – Carte 18/78 €
　◆ Dans l'ex-Terminus (1896). Cuisine actuelle inspirée du terroir à déguster au choix dans la
　salle à manger colorée, sous la véranda ou en terrasse, à l'ombre d'un tilleul.

à Savigneux 2 km à l'Est par D 496 – 3 004 h. – alt. 382 m – ⊠ 42600

🏠 **Marytel** sans rest　　　　　　　　🛗 ᴅᴸ 🎿 🅿 VISA ⦿ AE ①
　95 rte de Lyon – 𝒞 04 77 58 72 00 – www.hotel-marytel.com – Fax 04 77 58 42 81
　47 ch – †48/85 € ††53/95 €, ⌂ 8 €
　◆ Hôtel fonctionnel en bord de route. Une nouvelle aile, le Relais Alice, possède des cham-
　bres très modernes aux équipements dernier cri. Double vitrage partout.

✗✗ **Yves Thollot**　　　　　　　　　　　🛋 ⭗ 🅿 VISA ⦿ AE
⦿　93 rte de Lyon – 𝒞 04 77 96 10 40 – www.yves-thollot.com – Fax 04 77 58 31 92
　– Fermé 2-22 août, 15-28 fév., dim. soir, mardi soir et lundi
　Rest – Menu 23/59 € – Carte 37/77 €
　◆ Maison récente au milieu d'un agréable cadre végétal. Plusieurs grandes salles et une ter-
　rasse ombragée vous accueillent pour des repas de tradition simples et généreux.

à St-Romain-le-Puy 8 km au Sud-Est par D 8 et D 107 – 3 342 h. – alt. 405 m
– ⊠ 42610

⋔ **Sous le Pic-La Pérolière** sans rest ♨   🖨 & ⟨¹⟩ 🅿
20 r. Jean-Moulin – ℰ 04 77 76 97 10
– *www.laperoliere.com*
4 ch ⊃ – †47/62 € ††60/75 €
♦ Un havre de paix au pied d'un prieuré du 11ᵉ s. Ferme forézienne (fin 19ᵉ s.) au mobilier chiné et en fer forgé. L'été, petit-déjeuner dans l'orangeraie qui donne sur le jardin.

Ne confondez pas les couverts ✗ et les étoiles ❀ ! Les couverts définissent une catégorie de confort et de service. L'étoile couronne uniquement la qualité de la cuisine, quel que soit le standing de la maison.

MONTCEAU-LES-MINES – 71 Saône-et-Loire – 320 G9 – 19 538 h.   8 C3
– **Agglo. 92 000 h. – alt. 285 m –** ⊠ 71300 ▌Bourgogne

   ▶ Paris 333 – Autun 47 – Chalon-sur-Saône 46 – Mâcon 69
   ℹ Office de tourisme, 16, rue Carnot ℰ 03 85 69 00 00, Fax 03 85 69 00 01
   🏌 du Château d'Avoise à Montchanin 9 rue de Mâcon, par rte de Chalon-sur-Saône : 14 km, ℰ 03 85 78 19 19
   ◙ Mont-St-Vincent : tour ⁂ ★★ 12 km par ②.

🏠 **Nota Bene**   ₺▣ & Ⓐ⟨¹⟩ 🏊 🅿 𝚅𝙸𝚂𝙰 ◍ 🄰🄴
㊋ *70 quai Jules Chagot* – ℰ 03 85 69 10 15 – *www.notabene.fr*
– *Fax 03 85 69 10 20*   AZ**b**
46 ch – †39 € ††45/70 €, ⊃ 7 € – ½ P 55/75 €
Rest – (10 €) Menu 13/25 € – Carte 20/35 €
♦ Face au pont levant du canal, cet hôtel arbore une devanture habillée de bois blond. Chambres confortables, plus spacieuses dans l'annexe. Salles de squash et de musculation. Le restaurant propose un grand choix de plats traditionnels.

✗✗✗ **Le France** (Jérôme Brochot)   & Ⓐ𝙺 𝚅𝙸𝚂𝙰 ◍ ⓘ
❀ *7 pl. Beaubernard* – ℰ 03 85 67 95 30
– *www.jeromebrochot.com* – *Fax 03 85 67 95 44*
– *Fermé 1ᵉʳ-11 mars, 3-24 août, 4-13 janv., sam. midi, dim. soir et lundi*
Rest – (22 €) Menu 40/105 € – Carte 50/73 € ▒   AZ**k**
Spéc. Filet de bœuf charolais confit aux aromates. Raviole de foie gras, jus aux baies de genièvre (mai à sept.). Tube chocolat-bergamote. **Vins** Rully blanc, Saint-Aubin rouge.
♦ Ce restaurant de la partie haute de la ville cache une élégante salle à manger contemporaine tout en beige et blanc. Cuisine inventive sur des bases classiques.

à Blanzy 2 km au Sud-Est par ② et D 980 – 6 809 h. – alt. 288 m – ⊠ 71450

✗✗ **Le Plessis**   🕾 ⇄ 🅿 𝚅𝙸𝚂𝙰 ◍
㊋ *33 rte de Mâcon* – ℰ 03 85 57 46 08
– *www.restaurant-le-plessis.com* – *Fax 03 85 67 22 41*
– *Fermé 1 sem. en avril, 1 sem. en sept., 1 sem. en janv., sam. midi, dim. soir et lundi*
Rest – (20 €) Menu 25/41 € – Carte 28/43 €
♦ Sur les rives du lac du Plessis, cuisine traditionnelle et gourmande qui respecte les saisons et met bien en valeur les produits régionaux. Terrasse face aux flots.

à Galuzot 5 km au Sud-Ouest par ③ et D 974 – ⊠ 71230 St-Vallier

✗ **Le Moulin**   🅿 𝚅𝙸𝚂𝙰 ◍
㊋ – ℰ 03 85 57 18 85 – *www.restaurantdumoulin.fr*
– *Fermé 18 août-1ᵉʳ sept., 17 fév.-3 mars, dim. soir, mardi soir et merc.*
Rest – (11 € bc) Menu 19/30 € – Carte 36/50 €
♦ Une auberge sans prétention à dénicher à l'extérieur du village, en bordure du canal du Centre. Cuisine traditionnelle servie dans une salle à manger campagnarde.

MONTCEAU-LES-MINES

André-Malraux (R.) . . . . . . **AY** 3
Barbès (R.) . . . . **ABZ**
Bel Air (R. de) . . . . **BY** 4
Carnot (R.) . . . . **AZ** 6
Champ du Moulin (R. du) . . **BYZ** 7
Chausson (R. Henri) . . . . . . **BZ** 9

Emorine (R. Antoine) . . . . . . **BZ** 10
Gauthey (Quai) . . . . **AZ** 12
Génelard (R. de) . . . . **BZ** 13
Guesde (Quai Jules) . . . . . . **AY** 14
Hospice (R. de l') . . . . **AZ** 15
Jean-Jacques-Rousseau
  (R.) . . . . **BZ** 16
Jean-Jaurès (R.) . . . . **AZ**
Lamartine (R.) . . . . **AZ** 19
Merzet (R. Étienne) . . . . . . **BY** 21
Palinges (R. de) . . . . **BZ** 22

Paul-Bert (R.) . . . . **AZ** 24
Pépinière (R. de la) . . . . . . **AY** 25
République (R. de la) . . . . . **AY** 26
Sablière (R. de la) . . . . **ABY** 27
St-Vallier (R. de) . . . . **BZ** 28
Semard (R. de) . . . . **BZ** 30
Strasbourg (R. de) . . . . **BZ** 31
Tournus (R. de) . . . . **BZ** 33
8-Mai-1945 (R. du) . . . . **BY** 34
11-Nov.-1918
  (R. du) . . . . **AY** 36

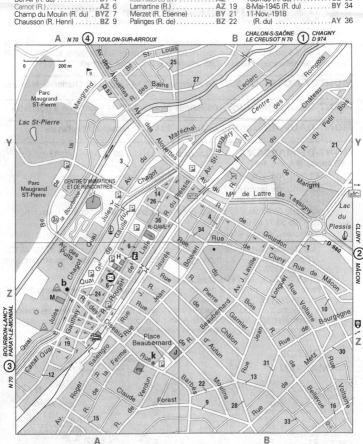

MONTCENIS – 71 Saône-et-Loire – **320** G9 – **rattaché au Creusot**

MONTCHAUVET – 78 Yvelines – **311** F2 – **285 h.** – **alt. 100 m** – ⊠ 78790   **18** A2

▸ Paris 67 – Dreux 33 – Évreux 47 – Mantes-la-Jolie 16

%% **La Jument Verte**   🏧 𝗩𝗜𝗦𝗔 ⬤ AE ①

*6 pl. de l'Église – ℘ 01 30 93 43 60 – Fax 01 30 93 49 20 – Fermé 1ᵉʳ-15 sept.
et 7-28 fév.*

Rest – Menu 30/43 € – Carte 36/60 €

♦ Un cadre digne du célèbre roman de Marcel Aymé : maison à pans de bois, terrasse dressée sur la place du village et intérieur campagnard (pierres, poutres et cheminée).

MONTCHENOT – 51 Marne – **306** G8 – **rattaché à Reims**

MONTCLUS – 30 Gard – **339** L3 – 159 h. – alt. 94 m – ⊠ 30630   **23** D1

▶ Paris 657 – Alès 46 – Avignon 58 – Bagnols-sur-Cèze 24

La Magnanerie de Bernas ⊗ ≤ 🚗 🛖 🌊 ᴊ & ch, ☂ 🅿 *VISA* ⓪ AE
à Bernas, 2 km à l'Est – ℰ 04 66 82 37 36 – *www.magnanerie-de-bernas.com
– Fax 04 66 82 37 41 – Ouvert 1ᵉʳ avril-17 oct.*
15 ch – ♦40/90 € ♦♦50/135 €, ⊇ 13 € – 2 suites – ½ P 57/100 €
Rest – *(fermé mardi et merc. en avril, oct. et le midi sauf dim.)* Menu 24/48 €
– Carte 36/59 €

◆ Superbe situation pour cette magnanerie des 12ᵉ et 13ᵉ s. surplombant la vallée de la Cèze. Bel intérieur champêtre, rénové, où domine la pierre. Grande piscine et solarium. Salle à manger voûtée et terrasse d'été dressée dans la jolie cour intérieure.

MONTCY-NOTRE-DAME – 08 Ardennes – **306** K4 – **rattaché à Charleville-Mézières**

MONT-DAUPHIN-GARE – 05 Hautes-Alpes – **334** H4 – **rattaché à Guillestre**

MONT-DAUPHIN – 05 Hautes-Alpes – **334** H4 – **rattaché à Guillestre**

MONT-DE-MARSAN 🅿 – 40 Landes – **335** H11 – 30 230 h. – alt. 43 m   **3** B2
– ⊠ **40000** ▯ Aquitaine

▶ Paris 706 – Agen 120 – Bayonne 106 – Bordeaux 131

🄳 Office de tourisme, 6, place du Général Leclerc ℰ 05 58 05 87 37,
Fax 05 58 05 87 36

🄸🄸 Stade Montois à Saint-Avit Pessourdat, par rte de Langon : 10 km,
ℰ 05 58 75 63 05

◙ Musée Despiau-Wlérick ★.

Le Renaissance 🚗 🛖 🌊 & ch, 🄰🄲 ch, ☂ ᴊᴀ 🅿 *VISA* ⓪ AE
*225 av de Villeneuve, 2 km par ② – ℰ 05 58 51 51 51 – www.le-renaissance.com
– Fax 05 58 75 29 07*
29 ch – ♦70/119 € ♦♦78/119 €, ⊇ 8 € – 1 suite
Rest – *(fermé dim. sauf le midi de juin à oct., sam. et fériés)* (19 €) Menu 29/51 €
– Carte 30/45 €

◆ Légèrement excentré, hôtel contemporain apprécié de la clientèle d'affaires. Les chambres, fonctionnelles, sont plus calmes côté jardin ; la plupart offrent un décor rajeuni. Agréable salle à manger avec vue sur un étang et cuisine traditionnelle actualisée.

MONT-DE-MARSAN

Abor
🏠 🗾 🎐 & ch, AC ⁽ᵠ⁾ 🕹 P VISA ⓪⓪

112 chemin de Lubet, rte Grenade, 3 km par ④ ✉ 40280
– ✆ 05 58 51 58 00 – www.aborhotel.com
– Fax 05 58 75 78 78
68 ch – †61/72 € ††68/88 €, ⊑ 8,50 € – ½ P 57/74 €
Rest – (fermé 23 déc.-2 janv., sam. midi et dim. midi) (13 €) Menu 16 € (sem.)/
42 € – Carte 21/52 €
♦ Immeuble moderne à la périphérie de la "capitale" du pays de Marsan, abritant de petites
chambres pratiques et insonorisées. Décor sans fioriture, mais entretien suivi. Salle à manger
colorée. Recettes traditionnelles et formules buffets.

Richelieu
🏠 🎐 AC rest, ⁽ᵠ⁾ 🕹 ⊜ VISA ⓪⓪ AE ①

3 r. Wlérick – ✆ 05 58 06 10 20
– www.hotel-richelieu-montdemarsan.com
– Fax 05 58 06 00 68   BY**h**
29 ch – †47/64 € ††60/80 €, ⊑ 8,50 € – ½ P 52/68 €
Rest – (fermé 2-11 janv., vend. soir du 24 juil. au 18 sept., dim. soir et sam.)
(15 €) Menu 17 € (sem.)/42 € – Carte environ 42 €
♦ Hôtel central, voisin du musée Despiau-Wlérick (sculptures). Les chambres, bien
tenues, sont progressivement refaites et affichent une sobriété contemporaine. Salle de restaurant modulable dont l'aménagement ressemble à celui d'une brasserie.

XX Les Clefs d'Argent (Christophe Dupouy)
🏠 VISA ⓪⓪
❀

333 av. des Martyrs de la Résistance, par ⑥
– ✆ 05 58 06 16 45 – www.clefs-dargent.com
– Fermé vacances de Noël et en août, dim. soir et lundi
Rest – Menu 20 € bc (déj. en sem.), 40/90 € bc – Carte 54/72 €
Spéc. Club sandwich foie gras-truffe d'été, céleri rémoulade "pas comme
à la cantoche" (été-automne). Bar sauvage doré, jambon bellota, garbure
de petit pois et garniture à la française. Crème prise au cacao-chicorée,
sorbet pamplemousse rose. **Vins** Vin de pays des Terroirs Landais, Côtes
de Duras.
♦ Cette maison d'allure modeste dissimule plusieurs petites salles cosy redécorées (toiles et
objets contemporains). Savoureuse cuisine actuelle, tout en finesse et authenticité.

à Uchacq-et-Parentis par ⑦ : 7 km – 568 h. – alt. 50 m – ✉ 40090

XX Didier Garbage
🏠 AC P VISA ⓪⓪
❀

N 134 – ✆ 05 58 75 33 66
– www.restaudidiergarbage.fr – Fax 05 58 75 22 77
– Fermé 20 janv.-10 fév., mardi soir, dim. soir et lundi
Rest – Menu 25/80 € bc – Carte 35/75 €
Rest *Bistrot* – Menu 12/28 €
♦ Intérieur rustique, tables en bois et bibelots anciens. Une maison dont la réputation et la
convivialité attirent les Montois : cuisine régionale et vieux millésimes en cave. Également
rustique, le bistrot régale de plats du terroir.

MONTDIDIER ⊛ – 80 Somme – 301 I10 – 6 006 h. – alt. 82 m   **36** B2
– ✉ 80500 ▌ Nord Pas-de-Calais Picardie

🚩 Paris 108 – Compiègne 36 – Amiens 39 – Beauvais 49
🛈 Office de tourisme, 5, place du Général-de-Gaulle ✆ 03 22 78 92 00,
  Fax 03 22 78 00 88

Dijon
🏠 🏠 ⁽ᵠ⁾ ⊜ VISA ⓪⓪

1 pl. 10 Août 1918, (rte de Breteuil)
– ✆ 03 22 78 01 35 – Fax 03 22 78 27 24
– Fermé 8 août-1ᵉʳ sept., 24-31 déc., dim. soir
19 ch – †44 € ††67 €, ⊑ 8 € – ½ P 65 €
Rest – (fermé sam.) (14 €) Menu 18 € (sem.)/30 € – Carte 35/54 €
♦ Cet hôtel proche de la gare offre un cadre rustique soigné. Toutes les chambres ont été
refaites ; celles en façade sont équipées de double-vitrage. Accueil charmant. Table traditionnelle dans la ville natale de Parmentier, promoteur de la pomme de terre.

– **Sports d'hiver : 1 050/1 850 m** 🚡2 ⛷18 🎿 – **Stat. therm. : fin avril-mi oct.**
– **Casino** Z – ✉ 63240 ▯ Auvergne

> ▶ Paris 462 – Aubusson 87 – Clermont-Ferrand 43 – Issoire 49
>
> 🚹 Office de tourisme, avenue du Maréchal Leclerc ℰ 04 73 65 20 21,
> Fax 04 73 65 05 71
>
> 🟥 du Mont-Dore, par rte de la Tour d'Auvergne : 2 km, ℰ 04 73 65 00 79
>
> 🔘 Etablissement thermal : galerie César★, salle des pas perdus ★ - Puy de
> Sancy ❅★★★ 5 km par ② puis 1 h. AR de téléphérique et de marche
> - Funiculaire du capucin★.
>
> 🔘 Col de la Croix-St-Robert ❅★★ 6,5 km par ②.

🏨 **Panorama** ⌂   ⇐ 🖼 🖥 ʃᵶ 🖩 🛁 ⚟ 📶 📵 **P** 𝘷𝘪𝘴𝘢 ๑ ๑
⊖⊖ *27 av. de la Libération* – ℰ 04 73 65 11 12 – www.hotel-le-panorama.com
   – Fax 04 73 65 20 80 – Ouvert 1ᵉʳmai-20 sept. et 20 déc.-30 mars   Z**u**
   39 ch – ♥70/125 € ♥♥70/125 €, ⊒ 11 € – ½ P 64/92 €
   Rest – *(dîner seult en hiver)* Menu 19/30 € – Carte 36/49 €
   ♦ Construction des années 1960 surplombant la station, non loin du "chemin des Artistes".
   Chambres dans l'air du temps. Belle piscine panoramique. Détente au coin du feu au bar.
   Atmosphère chaleureuse et cuisine traditionnelle au restaurant.

🏨 **Le Castelet**   🖼 🏠 🖥 🖩 ⚟ rest, 📶 **P** 𝘷𝘪𝘴𝘢 ๑ ๑ ᴀᴇ
   av. M. Bertrand – ℰ 04 73 65 05 29 – www.lecastelet-montdore.com
   – Fax 04 73 65 27 95 – Ouvert 13 mai-25 sept. et 20 déc.-21 mars   Y**t**
   35 ch – ♥62/68 € ♥♥62/68 €, ⊒ 10 € – ½ P 55/65 €
   Rest – Menu 24/28 €
   ♦ Au cœur de paysages verdoyants, cette maison des années 1920 vous accueille chaleureusement. Chambres toutes rénovées dans un style sobre et contemporain. Cadre actuel au restaurant ; carte mariant saveurs du terroir et cuisine traditionnelle.

LE MONT-DORE

De Russie VISA

3 r. Favart – ☎ 04 73 65 05 97 – www.lerussie.com – Fax 04 73 65 22 10
32 ch – †60/75 € ††60/75 €, ☕ 10 € – 1 suite **Ya**
Rest – Menu 18 € – Carte 26/40 €
♦ Enseigne en hommage à la clientèle russe adepte du lieu pendant la grande époque du thermalisme. Hôtel (1902) rénové, parfait pour les skieurs (matériel, navette vers les pistes). Plats du terroir servis dans une chaleureuse salle lambrissée.

Parc VISA AE

r. Meynadier – ☎ 04 73 65 02 92 – www.hotelduparc-montdore.com – Fax 04 73 65 28 36 – Ouvert 2 mai-10 oct. et 26 déc.-29 mars **Zk**
37 ch – †49/53 € ††53/58 €, ☕ 7 € – ½ P 48/51 €
Rest – *(résidents seult)* Menu 16 €
♦ Immeuble centenaire au centre de la célèbre station thermale où, déjà, les Gaulois venaient "prendre les eaux". Chambres pratiques et bien rénovées. Jolies moulures, haut plafond, parquet restauré et belle cheminée caractérisent la plaisante salle à manger.

Les Charmettes sans rest P VISA

30 av. G. Clemenceau, par ② – ☎ 04 73 65 05 49 – www.hotellescharmettes.com – Fax 04 73 65 20 28 – Fermé 26 mai-15 juin et 5 nov.-16 déc.
20 ch – †43/50 € ††45/65 €, ☕ 8 €
♦ L'hôtel est situé dans la direction du majestueux puy de Sancy. Une clientèle fidèle de randonneurs retrouve ici des petites chambres simples.

La Closerie de Manou sans rest P

Le Genestoux, 3 km par ⑤ et D 996 – ☎ 04 73 65 26 81 – www.lacloseriedemanou.com – Ouvert d'avril à mi-oct.
5 ch ☕ – †60/65 € ††85/90 €
♦ Cette maison auvergnate du 18e s. entourée de verdure est une petite merveille. Ses chambres cosy, assez vastes, possèdent une touche personnelle et l'accueil s'avère charmant.

Le Pitsounet P VISA

Le Genestoux, 3 km par ⑤ sur D 996 – ☎ 04 73 65 00 67 – www.lepitsounet.com – Fax 04 73 65 06 22 – Fermé de mi-oct. à mi-déc., dim. soir et lundi sauf juil.-août et fév.
Rest – Menu 17/33 € – Carte 20/40 €
♦ Atmosphère agreste dans ce chalet posté en bordure d'une route départementale. Deux salles à manger rustiques, copieuse cuisine régionale et prix doux.

au Lac de Guéry 8,5 km par ① sur D 983 – ✉ 63240 Auvergne

Lac★.

Auberge du Lac de Guéry avec ch P VISA

– ☎ 04 73 65 02 76 – www.auberge-lac-guery.fr – Fax 04 73 65 08 78 – Ouvert 16 janv.-29 mars et 9 avril-11 oct.
3 ch – †54 € ††61 €, ☕ 9 € – ½ P 62 €
Rest – *(fermé merc. midi sauf vacances scolaires)* Menu 20/40 € – Carte 25/48 €
♦ Auberge au bord d'un lac de l'enchanteur Parc régional des volcans d'Auvergne. Cuisine régionale servie dans une salle à manger au décor rustique récemment rafraîchi.

au pied du Puy de Sancy 3 km par ② – ✉ 63240 Le Mont-Dore

Puy Ferrand P VISA AE

– ☎ 04 73 65 18 99 – www.hotel-puy-ferrand.com – Fax 04 73 65 28 38 – Fermé 2 nov.-18 déc.
36 ch – †62/72 € ††68/78 €, ☕ 10 € – ½ P 60/76 €
Rest – (12 €) Menu 18/34 € – Carte 26/42 €
♦ Grande bouffée d'air pur en cet imposant chalet érigé au pied des pistes de ski. Bar panoramique, salon cosy, belle piscine et chambres agréablement rajeunies. Au restaurant, lambris et cheminée créent une sympathique atmosphère montagnarde.

La sélection de ce guide s'enrichit avec vous : vos découvertes et vos commentaires nous intéressent. Faites-nous part de vos satisfactions ou de vos déceptions. Coup de cœur ou coup de colère : écrivez-nous !

MONTEAUX – 41 Loir-et-Cher – 318 D7 – 727 h. – alt. 62 m — 11 A1
– ⊠ 41150

▶ Paris 210 – Orléans 85 – Blois 25 – Tours 40

⌂ **Le Château du Portail** sans rest ❧   🚗 🏊 **P** VISA ◉◉
La Besnerie, 1 km par rte de Mesland – ℰ 02 54 70 22 88
– www.chateauduportail.com – Fax 02 54 70 22 32 – Fermé 15 déc.-15 janv.
5 ch ⊊ – ♦150/180 € ♦♦150/180 €
♦ Sa situation entre Blois et Amboise est idéale pour visiter les châteaux de la Loire.
Luxueuse demeure (17ᵉ-18ᵉ s.) avec jardin à la française et chambres aux meubles anciens.

MONTECH – 82 Tarn-et-Garonne – 337 D8 – 4 863 h. – alt. 100 m — 28 B2
– ⊠ 82700

▶ Paris 643 – Toulouse 50 – Montauban 14 – Colomiers 56

✗ **La Maison de l'Éclusier**   🏠 ♿ VISA ◉◉
⍟ *Le Port –* ℰ 05 63 65 37 61 *– www.lamaisondeleclusier.com – Fax 05 63 65 37 61*
*– Fermé 28 juin-6 juil., 31 août-4 sept., 1ᵉʳ-16 janv., mardi midi en juil.-août, dim.
soir de sept. à juin, sam. midi et lundi*
Rest – (18 €) Menu 24 € (déj. en sem.), 29/34 € – Carte environ 32 € 𝕭
♦ Une ancienne maison d'éclusier et sa jolie terrasse au bord du canal. Goûteux plats tradi-
tionnels proposés à l'ardoise ; petite cave bien composée et bon choix de vins au verre.

MONTEILS – 82 Tarn-et-Garonne – 337 F6 – rattaché à Caussade

MONTÉLIER – 26 Drôme – 332 D4 – 3 268 h. – alt. 219 m – ⊠ 26120 — 43 E2
▶ Paris 567 – Crest 27 – Romans-sur-Isère 13 – Valence 12

⌂ **La Martinière**   🚗 🏠 🏊 ☏ ♿ **P** VISA ◉◉ AE
⍟ *ZA La Pimpie, rte de Chabeuil –* ℰ 04 75 59 60 65 *– www.a-lamartiniere.com*
🍽 *– Fax 04 75 59 69 20*
30 ch – ♦50 € ♦♦57 €, ⊊ 8 € – ½ P 55 €
Rest – Menu 15 € (déj. en sem.), 22/65 € – Carte 20/76 € 𝕭
♦ La belle piscine figure parmi les "plus" de cette architecture contemporaine abritant de
petites chambres confortables. Salle à manger au décor néo-provençal coloré, complétée
d'une terrasse couverte ; cuisine traditionnelle et très beau choix de bordeaux.

MONTÉLIMAR – 26 Drôme – 332 B6 – 33 924 h. – alt. 90 m — 44 B3
– ⊠ 26200 ▮ Lyon Drôme Ardèche

▶ Paris 602 – Avignon 83 – Nîmes 108 – Le Puy-en-Velay 132
🅸 Office de tourisme, allées Provençales ℰ 04 75 01 00 20, Fax 04 75 52 33 69
🅸🅶 de La Valdaine à Montboucher-sur-Jabron Château du Monard, E : 4 km
  par D 540, ℰ 04 75 00 71 33
🅶 de la Drôme provençale à Clansayes, par N 7 et rte de Nyons : 21 km,
  ℰ 04 75 98 57 03
◉ Allées provençales★ - Musée de la Miniature★ M.
🅖 Site★★ du Château de Rochemaure★, 7 km par ④.

⌂ **Sphinx** sans rest   🅰🅲 ☏ ♿ **P** VISA ◉◉
19 bd Desmarais – ℰ 04 75 01 86 64 *– www.sphinx-hotel.fr – Fax 04 75 52 34 21*
– Fermé 23 déc.-3 janv.   **Yb**
24 ch – ♦53/61 € ♦♦61/81 €, ⊊ 7 €
♦ La jolie cour, la chaleur des parquets et boiseries confèrent un charme indéniable à cet
hôtel particulier du 17ᵉ s. situé face aux allées provençales. Chambres assez calmes.

⌂ **Du Parc** sans rest   ☏ **P** 🛋 VISA ◉◉ AE ①
27 av. Ch. de Gaulle – ℰ 04 75 01 00 73 *– www.hotelduparc-montelimar.com*
– Fax 04 75 51 27 93   **Ya**
16 ch – ♦54/120 € ♦♦54/120 €, ⊊ 8 €
♦ Petit hôtel accueillant, situé face au parc, non loin de la gare et du centre. Chambres personnalisées. Petit-déjeuner dans la salle chaleureuse et colorée ou sur la terrasse.

MONTÉLIMAR

XX Le Balthazar   🛋 AC VISA ⦿ AE

🕸 *Espace St-Martin – ℰ 04 75 00 09 00 – www.balthazar-jeroboam.com
– Fax 04 75 00 68 68* **Yd**

Rest – Menu 38 € (déj.), 50/92 € – Carte 72/89 €

Rest *Jéroboam* – voir ci-après.

Spéc. Thon en tataki. Saint-pierre au citron confit. Tartelette Tatin aux pêches de la Drôme (saison).

♦ Cette table à la décoration minimaliste propose une cuisine délicate qui magnifie, sans superflu et avec justesse, les saveurs des meilleurs produits.

X Les Senteurs de Provence   🛋 AC ⇄ P. VISA ⦿

⊗ *202 rte de Marseille, par ② – ℰ 04 75 01 43 82 – Fax 04 75 01 21 81 – Fermé le soir sauf vend. et sam.*

Rest – (12 €) Menu 16/34 € – Carte 32/42 €

♦ Jolie décoration provençale (tons ocre et orangé, mobilier en fer forgé) pour ce restaurant proposant une cuisine au goût du jour mâtinée de saveurs méridionales.

X Jéroboam – Rest. Le Balthazar   🛋 AC VISA ⦿ AE

⊗ *Espace St-Martin – ℰ 04 75 00 09 00 – www.balthazar-jeroboam.com
– Fax 04 75 00 68 68* **Yd**

🕱 **Rest** – (14 €) Menu 16 € (déj.)/28 € – Carte 28/45 €

♦ Une salle au décor épuré (structures métalliques, larges baies vitrées) et une immense terrasse protégée par des parasols pour apprécier une cuisine aux accents provençaux.

X Aux Gourmands   🛋 AC ⇄ VISA ⦿

🕱 *8 pl du Marché – ℰ 04 75 01 16 21 – Fax 04 75 01 16 21 – Fermé 22 août-3 sept., 25 déc.-7 janv., dim. et lundi* **Yf**

Rest – Menu 22/38 € – Carte 30/57 € 🍷

♦ Derrière la façade surannée, se cache un sympathique bistrot qui fait la part belle aux bonnes bouteilles (plus de 700 références). Cuisine "bistronomique" de belle facture.

X Petite France   AC VISA ⦿

34 imp. Raymond Daujat – ℰ 04 75 46 07 94 – Fermé 13 juil.-4 août, 21-25 déc., dim. et lundi **Yn**

Rest – (15 €) Menu 20/30 € – Carte 26/45 €

♦ Adresse de la vieille ville dont l'enseigne évoque un quartier de Strasbourg. Vous êtes reçu dans une salle voûtée décorée d'une fresque pour déguster des plats traditionnels.

Le Grillon 🏥 AK VISA ☺ AE

33 bd Meynot – ☎ 04 75 01 79 02 – Fax 04 75 01 79 02
– Fermé 20 déc.-5 janv., dim. soir et lundi   **Zx**
Rest – Menu 13 € (déj. en sem.), 15/32 € – Carte 25/40 €
◆ Le Grillon a déménagé en 2009, mais chante toujours aussi bien : terrasse sous les plata-
nes, salle classique et même cuisine traditionnelle aux accents du terroir.

à Montboucher-sur-Jabron 4 km au Sud-Est par D 940 - Z – 1 823 h.
– alt. 124 m – ✉ 26740

Domaine de la Valdaine 🌿 ⟨♦ 🏥 ≤ ⅃ 🍽 🖼 🛋 ⅃ ♿ ch, AK 🐾

Château du Monard, au golf de la Valdaine,   ⚑ P VISA ☺ AE
sortie Montélimar-Sud – ☎ 04 75 00 71 32 – www.domainedelavaldaine.com
– Fax 04 75 00 71 31
35 ch – †80/173 € ††93/221 €, ☲ 13 € – ½ P 84/139 €
Rest – *(fermé dim. soir de nov. à Pâques)* (20 €) Menu 25 € (déj. en sem.),
34/65 € – Carte 45/58 €🍴
◆ Au sein du parc de la Valdaine, ensemble architectural hérité d'un château Renaissance avec deux cours fermées. Chambres actuelles ou provençales ; golf dans le domaine. Au
restaurant de style contemporain : cuisine dans l'air du temps et bon choix de côtes-du-rhône.

sur N 7 7,5 km par ② – ✉ 26780 Châteauneuf-du-Rhône

Pavillon de l'Étang 🚗 🏥 AK P VISA ☺ AE

N 7 – ☎ 04 75 90 76 82 – www.lepavillondeletang.fr – Fax 04 75 90 72 39 – Fermé
24 oct.-10 nov., 2-14 janv., merc. soir, dim. soir et lundi
Rest – *(nombre de couverts limité, prévenir)* (23 € bc) Menu 36/70 € bc
– Carte 40/70 €
◆ Le cadre bucolique et l'amabilité de l'accueil sont les atouts majeurs de cette maison iso-
lée en pleine campagne. Cadre raffiné et chaleureux. Menu truffe en saison.

par ② 9 km par N 7 et D 844, rte Donzère – ✉ 26780 Malataverne

Domaine du Colombier 🌿 ⟨♦ 🏥 ⅃ AK ⚑ P VISA ☺ AE ⓘ

– ☎ 04 75 90 86 86 – www.domaine-colombier.com – Fax 04 75 90 79 40
23 ch – †100/150 € ††110/200 €, ☲ 17 € – 3 suites
Rest – Menu 31 € (sem.)/85 € – Carte 85/107 €🍴
◆ Calme et élégance résument l'esprit de cette bastide. La décoration, subtile, change d'une
chambre à l'autre, tantôt de style tantôt actuelle. Piscine et parc fleuri, accueil très courtois.
Salles à manger contemporaines, agréable terrasse et carte au goût du jour.

à St-Marcel-lès-Sauzet 7 km au Nord-Est par D 6 - Y – 1 116 h. – alt. 110 m
– ✉ 26740

Le Prieuré 🏥 AK ⇄ VISA ☺

au Village – ☎ 04 75 46 78 68 – www.restau-le-prieure.com – Fax 04 75 46 10 96
– Fermé 6-23 oct., dim. soir, merc. soir et lundi
Rest – (14 €) Menu 17 € (déj. en sem.), 32/43 € – Carte 37/47 €
◆ Grande terrasse ombragée et salle à manger colorée, cette belle maison en pierres de
pays vous offre une pause chaleureuse. Cuisine de tradition influencée par la Provence.

MONTENACH – 57 Moselle – 307 J2 – rattaché à Sierck-les-Bains

---

MONTESQUIOU – 32 Gers – 336 D8 – 586 h. – alt. 214 m – ✉ 32320   **28** A2

▶ Paris 783 – Toulouse 112 – Auch 33 – Tarbes 60
🛈 Office de tourisme, Mairie ☎ 05 62 70 91 18, Fax 05 62 70 80 16

Maison de la Porte Fortifiée 🌿 🚗 🏥 🍽

au Village – ☎ 05 62 70 97 06 – www.porte-fortifiee.eu – Fax 05 62 70 97 06
– Fermé 7 janv.-31 mars
4 ch ☲ – †75/100 € ††80/120 €   **Table d'hôte** – Menu 34/45 €
◆ Maison située près de la porte fortifiée (13e s.) d'un paisible village dominant la vallée. Cheminée et mobilier de style personnalisent les grandes chambres. Jardin-terrasse. À la
table d'hôte (dîners sur réservation), plats gascons ou asiatiques.

MONTEUX – 84 Vaucluse – **332** C9 – rattaché à Avignon

MONTFAUCON – 25 Doubs – **321** G3 – rattaché à Besançon

MONTFAVET – 84 Vaucluse – **332** C10 – rattaché à Avignon

MONTFORT-EN-CHALOSSE – 40 Landes – **335** F12 – 1 159 h.   3 B3
– alt. 110 m – ✉ 40380 🛈 Aquitaine

  ▶ Paris 744 – Aire-sur-l'Adour 57 – Dax 19 – Hagetmau 27
  🛈 Office de tourisme, 25, place Foch 𝒞 05 58 98 58 50, Fax 05 58 98 58 01
  ◉ Musée de la Chalosse★.

🏠   **Aux Tauzins** ⌖   ≤ 🚗 🏡 🏊 🕭 rest, 🚹 📶 ⚡ **P** 🆅🆂🅰 ⚫⚫
    rte d'Hagetmau – 𝒞 05 58 98 60 22 – www.auxtauzins.com – Fax 05 58 98 45 79
    – Fermé 25 sept.-12 oct., fév., dim. soir et lundi sauf juil.-août
    16 ch – †59 € ††78 €, ☐ 8 € – ½ P 76 €
    Rest – (fermé lundi midi en juil.-août) Menu 22/42 € – Carte 35/55 €
    ♦ Adresse familiale proposant des chambres simples et bien tenues ; certaines sont dotées
    d'un balcon donnant sur les vallons de la Chalosse. Jardin avec minigolf et piscine. Restaurant
    panoramique de style champêtre, terrasse sous la glycine et spécialités régionales.

MONTFORT-L'AMAURY – 78 Yvelines – **311** G3 – 3 076 h.   18 A2
– alt. 185 m – ✉ 78490 🛈 Île de France

  ▶ Paris 46 – Dreux 36 – Houdan 18 – Mantes-la-Jolie 31
  🛈 Syndicat d'initiative, 3, rue Amaury 𝒞 01 34 86 87 96, Fax 01 34 86 87 96
  🔵 du Domaine du Tremblay à Le Tremblay-sur-Mauldre Place de l'Eglise, E :
    8 km, 𝒞 01 34 94 25 70
  ◉ Église★ – Ancien cimetière★ – Ruines du château ≤★.

🏠🏠   **Saint-Laurent** sans rest ⌖   🚗 🛗 🕭 📶 ⚡ **P** 🆅🆂🅰 ⚫⚫ 🅰🅴
    2 pl. Lebreton – 𝒞 01 34 57 06 66 – www.hotelsaint-laurent.com
    – Fax 01 34 86 12 27 – Fermé 18-23 août et 27 déc.-4 janv.
    15 ch – †99 € ††109 €, ☐ 12 €
    ♦ À vous de choisir votre décor : le superbe hôtel particulier du 17e s., les récentes cham-
    bres du pavillon situé dans le jardin ou le grand luxe de la Résidence.

MONTGENEVRE – 05 Hautes-Alpes – **334** I3 – 471 h. – alt. 1 850 m   41 C1
– ✉ 05100

  ▶ Paris 757 – Marseille 274 – Gap 99 – Briançon 13
  🛈 Office de tourisme, route d'Italie 𝒞 04 92 21 52 52, Fax 04 92 21 92 45

🏠🏠🏠   **Le Chalet Blanc**   ≤ 🛗 🕭 ⚡ ch, 🕭 **P** 🛁 🆅🆂🅰 ⚫⚫ 🅰🅴 ⓪
    Hameau de l'Obélisque – 𝒞 04 92 44 27 02 – www.hotellechaletblanc.com
    – Fax 04 92 46 05 29 – Fermé mai et 1er oct.-15 déc.
    32 ch ☐ – †112/400 € ††140/500 €
    Rest – (dîner seult) Menu 35/50 € – Carte 40/60 €
    ♦ Cet hôtel cossu, dernier-né de la station, affiche d'emblée son standing. Confort au top et
    jolie décoration associant les matériaux alpins (pierre, bois) et le style contemporain. Le res-
    taurant occupe un chalet indépendant, accessible par l'extérieur.

MONTGIBAUD – 19 Corrèze – **329** J2 – 232 h. – alt. 460 m – ✉ 19210   24 B2
  ▶ Paris 434 – Arnac-Pompadour 15 – Limoges 47 – St-Yrieix-la-Perche 23

✕   **Le Tilleul de Sully**   🏡 🆅🆂🅰 ⚫⚫
🍴   – 𝒞 05 55 98 01 96 – Fax 05 55 98 01 96 – Fermé 21 déc.-8 janv., mardi soir hors
    saison, dim. soir et lundi sauf fériés
    Rest – (nombre de couverts limité, prévenir) (14 €) Menu 18/37 € – Carte 31/41 €
    ♦ Auberge de campagne située près d'un vieux tilleul, point de repère des pèlerins en route
    pour St-Jacques. Cadre rustique et cuisine traditionnelle à base de légumes du potager.

MONTGRÉSIN – 60 Oise – **305** G6 – rattaché à Chantilly

LES MONTHAIRONS – 55 Meuse – **307** D4 – rattaché à Verdun

MONTHIEUX – 01 Ain – **328** C5 – 591 h. – alt. 295 m – ⊠ 01390   43 E1
- ▶ Paris 443 – Lyon 31 – Bourg-en-Bresse 38 – Meximieux 26

🏨 **Le Gouverneur** ⑤   ♫ 🎄 ⅃ ✕ 🖥 ᴄ ᴄh, 🕮 🖥 ᴬᴄ ⁽¹⁾ ᴤᴬ 🅿 🆅🅸🆂🅰 ⚫ᴀ 🅰🅴 ⓞ
D 6 – ☎ 04 72 26 42 00 – www.golfgouverneur.fr – Fax 04 72 26 42 20
– Fermé 22 déc.-4 janv.
53 ch – ♦100/120 € ♦♦110/130 €, � 11 € – ½ P 35 €
Rest – (fermé dim. soir du 1er oct. au 31mars) (dîner seult) (18 €) Menu 35/42 €
– Carte 41/52 €
♦ En pleine campagne, ancien domaine du gouverneur de la Dombes (14e s.). D'élégantes
chambres contemporaines occupent une extension récente. Golfs (9 et 18 trous), étangs
pour la pêche. Menus traditionnels dans des salles au décor moderne (l'une des deux donne
sur les greens).

MONTHION – 73 Savoie – **333** L4 – rattaché à Albertville

MONTI – 06 Alpes-Maritimes – **341** F5 – rattaché à Menton

MONTIGNAC – 24 Dordogne – **329** H5 – 2 888 h. – alt. 77 m   4 D1
– ⊠ 24290 ▌ Périgord Quercy
- ▶ Paris 513 – Brive-la-Gaillarde 39 – Limoges 126 – Périgueux 54
- 🛈 Office de tourisme, place Bertran-de-Born ☎ 05 53 51 82 60,
  Fax 05 53 50 49 72
- ◙ Grottes de Lascaux★★ SE : 2 km.
- ◖ Le Thot, espace cro-magnon★ S : 7 km - Église★★ de St-Amand de Coly
  E : 7 km.

🏨 **Relais du Soleil d'Or** ⑤   ♫ 🎄 ⅃ ᴄ ᴄh, ᴤᴬ 🅿 🆅🅸🆂🅰 ⚫ᴀ 🅰🅴
16 r. du 4 Septembre – ☎ 05 53 51 80 22 – www.le-soleil-dor.com
– Fax 05 53 50 27 54
32 ch – ♦68/101 € ♦♦68/101 €, ⊒ 13 € – ½ P 72/93 €
Rest – (fermé dim. soir et lundi du 8 nov. au 31 mars) (23 €) Menu 27/53 €
– Carte 27/59 €
Rest *Le Bistrot* – (fermé dim. soir et lundi du 8 nov. au 31 mars) Menu 12 €
(déj. en sem.)/17 € – Carte 17/35 €
♦ Ex-relais de poste au centre de la petite cité périgourdine. Les chambres, confortables,
sont sobrement contemporaines à l'annexe ; la plupart donnent sur un paisible parc. Restau-
rant-véranda proposant une carte traditionnelle. Au Bistrot, repas simple.

🏨 **Hostellerie la Roseraie** ⑤   🎄 🎄 ⅃ 🆅🅸🆂🅰 ⚫ᴀ 🅰🅴 ⓞ
11 pl. d'Armes – ☎ 05 53 50 53 92 – www.laroseraie-hotel.com
– Fax 05 53 51 02 23 – Ouvert 3 avril-1er nov.
14 ch (½ P seult en saison) – ♦75/100 € ♦♦85/200 €, ⊒ 13 € – ½ P 85/160 €
Rest – (fermé le midi en sem. hors saison) Menu 23/50 € – Carte 39/50 €
♦ Au cœur du village médiéval, demeure du 19e s. sur les bords de la Vézère. Les chambres,
personnalisées, sont douillettes. Ravissant jardin-roseraie. Coquette salle à manger bourgeoise, agréable terrasse ombragée et cuisine classique.

MONTIGNY-LA-RESLE – 89 Yonne – **319** F4 – 612 h. – alt. 155 m   7 B1
– ⊠ 89230
- ▶ Paris 170 – Auxerre 14 – St-Florentin 19 – Tonnerre 32

🏨 **Le Soleil d'Or**   ᴄ 🕮 ⁽¹⁾ ᴤᴬ 🅿 🆅🅸🆂🅰 ⚫ᴀ 🅰🅴 ⓞ
N77 – ☎ 03 86 41 81 21 – www.lesoleil-dor.com – Fax 03 86 41 86 88 – Fermé
dim. soir en janv. et fév.
16 ch – ♦60 € ♦♦65 €, ⊒ 10 €
Rest – (12 €) Menu 26 € (déj. en sem.), 41/51 € – Carte 46/82 €
♦ Ancien relais de poste situé en bordure de route nationale. Chambres pratiques aménagées sur l'arrière, dans les ex-granges, un peu à la façon d'un motel. Cuisine traditionnelle
servie dans un cadre coloré ; beau petit salon orné de boiseries.

MONTIGNY-LE-BRETONNEUX – 78 Yvelines – **311** I3 – 101 22 – **voir à**
Paris, Environs (St-Quentin-en-Yvelines)

MONTIGNY-LE-ROI – 52 Haute-Marne – **313** M6 – **2 179 h.** 14 C3
– **alt. 404 m** – ⊠ 52140

▶ Paris 296 – Bourbonne-les-Bains 21 – Chaumont 35 – Langres 23

🏠 **Arcombelle** 📇 🔥 🔣 rest. ⁽¹⁾ 🅿 🍷 🆚 🆖 🆎 ⓪
25 av. de Lierneux – ℰ 03 25 90 30 18 – www.hotel-arcombelle.com
– *Fax 03 25 90 71 80 – Fermé dim. soir de mi-oct. à mi-mars et week-ends en janv.*
24 ch – ♦66/90 € ♦♦66/90 €, ☲ 10 € **Rest** – Menu 20/38 € – Carte 33/46 €
◆ Situé sur un carrefour, bâtiment abritant des chambres bien tenues (pour certaines rénovées), insonorisées et dotées d'un mobilier moderne. Ambiance familiale. Salle à manger
décorée dans le style des années 1980. Choix étoffé de menus et petite carte traditionnelle.

MONTIGNY-LÈS-ARSURES – 39 Jura – **321** E5 – **271 h.** – **alt. 400 m** 16 B2
– ⊠ 39600

▶ Paris 417 – Besançon 46 – Lons-le-Saunier 42 – Pontarlier 55

🏠 **Château de Chavanes** sans rest 🍃 🚗 ⁽¹⁾ 🔥 🅿 🆚 🆖
r. St-Laurent – ℰ 03 84 37 47 95 – www.chateau-de-chavanes.com
– *Ouvert avril-nov.*
5 ch ☲ – ♦105/125 € ♦♦105/125 €
◆ Située dans un domaine vinicole, cette charmante gentilhommière de 1708 marie avec
goût le moderne et l'ancien. Meubles chinés, caveau, terrasse face au jardin et aux vignes.

MONTIPOURET – 36 Indre – **323** H7 – **569 h.** – **alt. 200 m** – ⊠ 36230 12 C3

▶ Paris 295 – Châteauroux 28 – Issoudun 37 – Orléans 169

à La Brande 5 km au Nord-Est par D49 et rte secondaire – ⊠36230 Montipouret

🏠 **Maison Voilà** 🍃 🚗 🍴 ⌧ ⁓ ⁽¹⁾ 🅿
La Brande – ℰ 02 54 31 17 91 – www.maisonvoila.com
4 ch ☲ – ♦40 € ♦♦80 € **Table d'hôte** – Menu 25 €
◆ Cette ferme du 19ᵉ s. retirée en pleine campagne dispose d'un ravissant jardin planté
d'arbres fruitiers. L'intérieur est chaleureux, à l'image des chambres cosy souvent meublées
d'ancien. Repas (cuisine internationale) servis en compagnie des propriétaires, près de la cheminée ou sur la terrasse d'été.

MONTJEAN-SUR-LOIRE – 49 Maine-et-Loire – **317** D4 – **2 687 h.** 34 B2
– **alt. 44 m** – ⊠ 49570 ▌ Châteaux de la Loire

▶ Paris 324 – Angers 28 – Ancenis 30 – Châteaubriant 64
🛈 Office de tourisme, rue d'Anjou ℰ 02 41 39 07 10, Fax 02 41 39 03 38

🏠 **Le Fief des Cordeliers** sans rest 🍃 ⟨ 🔊 ⌧ ⁽¹⁾ 🅿 🆚 🆖
lieu-dit Bellevue – ℰ 02 41 43 96 09 – logis.lefiefdescordeliers.com
– *Fax 01 70 24 77 82*
4 ch – ♦55/85 € ♦♦60/85 €, ☲ 8 €
◆ Découvrez la douceur angevine au sein de cet ancien couvent des Cordeliers du 15ᵉ s.
Chambres et suites familiales classiques, beau panorama surplombant la Loire et la vallée.

🍴🍴 **Auberge de la Loire** avec ch ⟨ 🔣 rest. ⁽¹⁾ 🅿 🆚 🆖
2 quai des Mariniers – ℰ 02 41 39 80 20 – www.aubergedelaloire.com
– *Fax 02 41 39 80 20 – Fermé 17 août-2 sept., vacances de Noël, dim. soir
de sept. à mars et merc.*
8 ch – ♦50 € ♦♦58 €, ☲ 8 € – ½ P 62 €
Rest – (14 €) Menu 20/39 € – Carte 35/48 €
◆ Accueillante auberge familiale des bords de Loire. On y déguste une délicieuse cuisine traditionnelle à base de produits frais, provenant notamment de la pêche locale. Chambres simples et bien tenues, dont la moitié regardent le fleuve.

MONTLIARD – 45 Loiret – **318** L3 – **rattaché à Bellegarde**

MONTLIVAULT – 41 Loir-et-Cher – **318** F6 – **1 329 h.** – **alt. 77 m** 11 B2
– ⊠ 41350

▶ Paris 180 – Blois 13 – Olivet 58 – Orléans 56

XX La Maison d'à Côté (Ludovic Laurenty) avec ch ✪ ☆ VISA ⨀ AE
❀ 25 rte de Chambord – ℰ 02 54 20 62 30 – www.lamaisondacote.fr
– Fax 02 54 20 58 55 – Fermé 10 nov.-2 déc., 29 déc.-22 janv., vend. midi de juin
à sept., mardi et merc.
8 ch – †75/90 € ††75/90 €, ⊊ 10 € – ½ P 80/86 €
Rest – (20 €) Menu 35/55 €
Spéc. Asperges, croque champignons et sabayon au citron (printemps).
Agneau allaiton de l'Aveyron, légumes fondants et croquants de saison. Variation tempérée de mangue, brochette rôtie, glace exotique (automne-hiver).
Vins Reuilly, Chinon.
♦ Nouvelle équipe et nouveaux propriétaires pour cette auberge de village rénovée. Le chef
signe une intéressante cuisine aux justes harmonies de goûts. Chambres contemporaines et
agréable patio à l'étage.

MONT-LOUIS – 66 Pyrénées-Orientales – **344** D7 – 292 h. **22** A3
– alt. 1 565 m – ⊠ 66210 ▮ Languedoc Roussillon
◗ Paris 867 – Andorra-la-Vella 90 – Font-Romeu-Odeillo-Via 10 – Perpignan 81
🛈 Syndicat d'initiative, 3, rue Lieutenant Pruneta ℰ 04 68 04 21 97
◉ Remparts★ - Lacs des Bouilloses★.

à la Llagonne 3 km au Nord par D 118 – 288 h. – alt. 1 600 m – ⊠ 66210

⌂ **Corrieu** ॐ ⩽ ✗ 📞 📶 P VISA ⨀
– ℰ 04 68 04 22 04 – www.hotel-corrieu.com – Fax 04 68 04 16 63
– Ouvert 12 juin-14 sept., 18 déc.-3 janv. et 7 janv.-21 mars
18 ch – †58/78 € ††65/86 €, ⊊ 10 € – ½ P 64/72 €
Rest – (fermé jeudi midi sauf vacances scolaires) (16 €) Menu 24 € (sem.)/33 €
– Carte 24/42 €
♦ La cinquième génération vous accueille dans cet ancien relais de diligences (1882). Cham-
bres calmes rénovées peu à peu, avec les Pyrénées en toile de fond. Salle à manger agré-
mentée de baies vitrées ouvertes sur la nature et cuisine traditionnelle.

MONTLOUIS – 18 Cher – **323** K4 – 114 h. – alt. 180 m – ⊠ 18160 **12** C3
◗ Paris 277 – Orléans 152 – Bourges 39 – Châteauroux 56

⌂ **Domaine de Varennes** sans rest ॐ ◎ ⊐ 📷 P
– ℰ 02 48 60 11 86 – www.domaine-de-varennes.com – Fermé 5 janv.-20 mars
5 ch ⊊ – †70/100 € ††75/105 €
♦ Les atouts ne manquent pas dans cette adresse de charme : qualité de l'accueil,
grand confort, décoration soignée, superbe domaine (parc au calme, piscine, golf).

MONTLOUIS-SUR-LOIRE – 37 Indre-et-Loire – **317** N4 – 10 282 h. **11** B2
– alt. 60 m – ⊠ 37270 ▮ Châteaux de la Loire
◗ Paris 235 – Amboise 14 – Blois 49 – Château-Renault 32
🛈 Office de tourisme, place François Mitterrand ℰ 02 47 45 00 16,
Fax 02 47 45 87 10

⌂⌂⌂ **Château de la Bourdaisière** sans rest ॐ ⩽ ◎ ⊐ ✗ 🎐 ⚙ P
– ℰ 02 47 45 16 31 – www.chateaulabourdaisiere.com VISA ⨀
– Fax 02 47 45 09 11 – Ouvert 1er avril-1er nov.
20 ch – †136/236 € ††137/237 €, ⊊ 15 €
♦ Bâti par François 1er pour sa maîtresse, ce château accueillit plus tard Gabrielle d'Estrées,
la favorite de Henri IV. Chambres personnalisées ; parc et magnifique potager.

MONTLUÇON – 03 Allier – **326** C4 – 39 889 h. – alt. 220 m **5** B1
– ⊠ 03100 ▮ Auvergne
◗ Paris 327 – Bourges 97 – Clermont-Ferrand 112 – Limoges 155
🛈 Office de tourisme, 67 ter, boulevard de Courtais ℰ 04 70 05 11 44,
Fax 04 70 03 89 91
🗗 du Val de Cher à Nassigny 1 route du Vallon, N : 20 km par D 2144,
ℰ 04 70 06 71 15
◉ Intérieur★ de l'église St-Pierre (Sainte Madeleine★★) CYZ - Esplanade du
château ⩽★.

MONTLUÇON

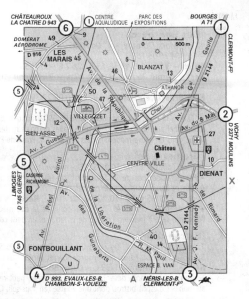

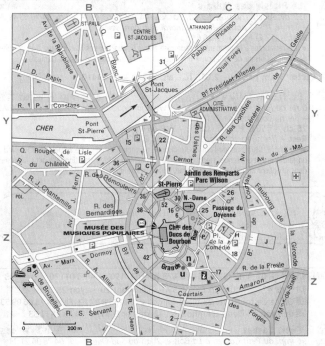

Des Bourbons 🛗 AC rest. 🛜 🏊 VISA ⬤ AE ⓞ
47 av. Marx Dormoy – ☏ 04 70 05 28 93 – www.hotel-des-bourbons.fr
– Fax 04 70 05 16 92 BZ**a**
44 ch – †55/60 € ††58/63 €, � 7 € – ½ P 53/56 €
Rest – (fermé 26 juil.-23 août, dim. soir et lundi) (16 €) Menu 22/42 €
– Carte 30/48 €
Rest Brasserie Pub 47 – ☏ 04 70 05 22 79 (fermé 20 juil.-20 août) (16 €)
Menu 24/40 € – Carte 25/45 €
♦ Face à la gare, bel immeuble de la fin 19ᵉ s. abritant des chambres rénovées : mobilier
fonctionnel aux lignes sagement rétro, salles de bains nettes et colorées. Carte traditionnelle
servie dans un cadre moderne. Plats simples à la Brasserie-Pub 47.

XXX **Grenier à Sel** avec ch 🚗 🏡 AC 🛜 P P VISA ⬤ AE
pl. des Toiles – ☏ 04 70 05 53 79 – www.legrenierasel.com – Fax 04 70 05 87 91
– Fermé vacances de la Toussaint, de fév., sam. midi en hiver, dim. soir de sept.
à juin et lundi sauf le soir en juil.-août CZ**n**
7 ch – †75/95 € ††110/125 €, ⊆ 10 € **Rest** – Menu 20/67 € – Carte 50/80 €
♦ Demeure de charme du 15ᵉ s. au cœur de la cité médiévale. Décoration raffinée dans
l'élégante salle à manger. Profitez de la terrasse, un petit coin de paradis. Cuisine créative.

X **Safran d'Or** 🏡 VISA ⬤ AE
12 pl. des Toiles – ☏ 04 70 05 09 18 – Fax 04 70 05 55 60 – Fermé 9-22 mars,
30 août-15 sept., dim. soir, mardi soir et lundi CZ**u**
Rest – (16 €) Menu 21/33 € – Carte 38/51 €
♦ Derrière une riante devanture imitant le marbre, petit restaurant comprenant deux salles
au mobilier d'esprit bistrot, dont une voûtée (en sous-sol). Cuisine traditionnelle.

X **Le Plaisir des Marais** VISA ⬤
152 av. Albert Thomas, 1,5 km par ⑥ – ☏ 04 70 03 49 74 – Fax 04 70 03 49 74
– Fermé 1ᵉʳ-17 août, 2-8 janv., mardi soir, dim. soir et lundi
Rest – (17 €) Menu 19/26 €
♦ Ce restaurant à la pimpante façade rose égaye le quartier des Marais situé à la périphérie
de la ville. Cuisine de tradition à prix doux, décor campagnard et accueil familial.

à St-Victor 7 km par ① – 2 010 h. – alt. 212 m – ⊠ 03410

🏠 **Le Jardin Délice** 🚗 🏡 🕭 AC 🕽 🏊 P VISA ⬤ AE ⓞ
6 rte de Paris – ☏ 04 70 28 80 64 – www.jardindelice.com – Fax 04 70 02 00 73
– Fermé vacances de la Toussaint et de fév.
25 ch – †50 € ††50 €, ⊆ 7 € – ½ P 65 €
Rest – (fermé merc.) Menu 18 €, 29/48 € – Carte 56/71 €
♦ Cet hôtel situé près de l'autoroute dispose de chambres au cadre actuel, de plain-pied sur
un jardin intérieur. Tenue irréprochable. Au restaurant, cuisine traditionnelle actualisée servie
dans un décor agréablement moderne. Belle terrasse d'été.

Un nom d'établissement passé en rouge désigne un « espoir ».
Le restaurant est susceptible d'accéder à une distinction supérieure :
première étoile ou étoile supplémentaire. Vous les retrouverez dans
la liste des tables étoilées en début de guide.

MONTLUEL – 01 Ain – 328 D5 – 6 478 h. – alt. 190 m – ⊠ 01120 **43** E1
🔲 Paris 472 – Bourg-en-Bresse 59 – Chalamont 20 – Lyon 26
🔲 Office de tourisme, 28 place Carnot ☏ 08 75 28 27 72, Fax 04 78 06 09 53
🔲 de Lyon à Villette-d'Anthon, S : 12 km par D 61, ☏ 04 78 31 11 33

🏠 **Petit Casset** sans rest 🌿 🚗 🏊 🛜 P VISA ⬤ AE
96 imp. du Petit Casset, à La Boisse, 2 km au Sud-Ouest – ☏ 04 78 06 21 33
– www.lepetitcasset.fr – Fax 04 78 06 55 20
16 ch – †67/71 € ††67/71 €, ⊆ 8 €
♦ Hôtel rénové, au calme dans un quartier résidentiel. L'atmosphère y est accueillante et les
chambres, toutes personnalisées, donnent sur le jardin fleuri et arboré.

à Ste-Croix 5 km au Nord par D 61 – 517 h. – alt. 263 m – ⊠ 01120

✕✕ Chez Nous ⏛ ⏛ ⏛ ⏛ 🅿 VISA ⚭ AE
– ✆ 04 78 06 61 20 – Fax 04 78 06 63 26 – Fermé 23-30 août, 23-29 nov.,
3-19 janv., mardi midi, dim. soir et lundi
Rest – (18 €) Menu 22 € (sem.)/50 € – Carte 35/63 €
♦ Plaisantes salles à manger coquettes et grande terrasse ombragée de platanes où l'on sert
une cuisine régionale de produits frais.

Hôtel Chez Nous ⏛ ⏛ ⏛ ⏛ 🅿 VISA ⚭ AE
– ✆ 04 78 06 60 60
30 ch – †50 € ††54 €, ⊇ 8 € – ½ P 44 €
♦ Un édifice récent situé en face du restaurant abrite des petites chambres au mobilier
Louis XVI et cinq autres rénovées en annexe.

MONTMARAULT – 03 Allier – 326 E5 – 1 572 h. – alt. 480 m 5 B1
– ⊠ 03390
▶ Paris 346 – Gannat 41 – Montluçon 31 – Moulins 47

✕✕ France avec ch AC rest, ⏛ ⏛ 🅿 VISA ⚭
1 r. Marx Dormoy – ✆ 04 70 07 60 26 – www.hoteldefrance-montmarault.com
– Fax 04 70 07 68 45 – Fermé 16-22 mars, 16 nov.-6 déc., dim. soir et lundi sauf
fériés
8 ch – †47 € ††49 €, ⊇ 8 €
Rest – Menu 17 € (sem.)/65 € bc – Carte 30/55 €
♦ Hôtel convivial doté de chambres meublées en style Louis-Philippe. Le fils du chef donne
un nouveau souffle à la cuisine traditionnelle. Menus spéciaux (dimanche, jours fériés).

MONTMÉLARD – 71 Saône-et-Loire – 320 G12 – 318 h. – alt. 522 m 8 C3
– ⊠ 71520
▶ Paris 393 – Mâcon 43 – Paray-le-Monial 34 – Montceau-les-Mines 56

✕ Le St-Cyr avec ch ⏛ ⏛ ⏛ AC rest, ⏛ 🅿 VISA ⚭
– ✆ 03 85 50 20 76 – www.lesaintcyr.fr – Fax 03 85 50 36 98 – Fermé 2-13 janv.,
15 fév.-4 mars
7 ch – †48 € ††54/66 €, ⊇ 7 €
Rest – Menu 15 € (sem.)/38 € – Carte 21/37 €
♦ De ce sympathique restaurant familial, la vue plonge sur la campagne vallonnée. Cuisine
traditionnelle sans prétention ; dîners exotiques en hiver. L'hôtel dispose de chambres sobres
et reposantes ; il sert de bons petits-déjeuners à des prix attractifs.

MONTMÉLIAN – 73 Savoie – 333 J4 – 3 933 h. – alt. 307 m – ⊠ 73800 46 F2
▮ Alpes du Nord
▶ Paris 574 – Albertville 35 – Allevard 22 – Chambéry 14
🛈 Syndicat d'initiative, 46, rue du Docteur Veyrat ✆ 04 79 84 42 23,
Fax 04 79 84 42 23
🖻 du Granier Apremont à Apremont Chemin de Fontaine Rouge, O : 8 km
par D 201, ✆ 04 79 28 21 26
👁 ✳ ★★ du rocher.

🏠 George ⏛ ⏛ 🅿 ⏛ VISA ⚭ AE
11 quai de l'Isère, (D 1006) – ✆ 04 79 84 05 87 – www.hotelgeorge.fr
– Fax 04 79 84 40 14
11 ch – †39 € ††45 €, ⊇ 6,50 € – ½ P 55 €
Rest – (fermé 1er-15 juil. et vacances de la Toussaint) (dîner seult) (résidents
seult) Menu 17 €
♦ Ancien grenier à sel du 18e s. situé en bordure de route. Les couloirs, décorés de vieux
outils, mènent aux chambres simples, mais bien insonorisées et rajeunies. Petite restauration
simple et menu du jour.

MONTMERLE-SUR-SAÔNE – 01 Ain – 328 B4 – 3 697 h. 43 E1
– alt. 170 m – ⊠ 01090
▶ Paris 419 – Bourg-en-Bresse 44 – Lyon 48 – Mâcon 34

Emile Job　　　　　　　🛜 ⁽ᵗᵖ⁾ 🅿 𝗩𝗜𝗦𝗔 ⓸ 🄰🄴

12 r. du Pont – ℰ 04 74 69 33 92 – www.hotelemilejob.com – Fax 04 74 69 49 21
– Fermé 1ᵉʳ-15 mars, 25 oct.-17 nov., dim. soir d'oct. à mai, mardi midi et lundi
22 ch – 🛉65/75 € 🛉🛉82 €, ⌑ 8 € – ½ P 78 €
Rest – Menu 20 € (sem.)/57 € – Carte 45/72 €

♦ Sur les bords de Saône, cette maison régionale a su préserver son atmosphère familiale et propose des chambres traditionnelles ou plus actuelles (rénovées et colorées). La carte alterne entre grands classiques et spécialités locales. Cadre bourgeois ; terrasse ombragée.

MONTMIRAIL – 84 Vaucluse – **332** D9 – rattaché à Vacqueyras

---

MONTMORENCY – 95 Val-d'Oise – **305** E7 – **101** 5 – voir Paris, Environs

---

MONTMORILLON ◉ – 86 Vienne – **322** L6 – 6 584 h. – alt. 100 m　　**39** D2
– ⊠ 86500 ▌ Poitou Vendée Charentes

▶ Paris 354 – Bellac 43 – Châtellerault 56 – Limoges 88

🄸 Office de tourisme, 2, place du Maréchal Leclerc ℰ 05 49 91 11 96,
Fax 05 49 91 11 96

◉ Église Notre-Dame : fresques★ dans la crypte Ste-Catherine.

Hôtel de France et Lucullus　　🕮 🕭 🄺 ⁽ᵗᵖ⁾ 🄰 𝗩𝗜𝗦𝗔 ⓸ 🄰🄴

4 bd de Strasbourg – ℰ 05 49 84 09 09 – www.le-lucullus.com
– Fax 05 49 84 58 68
35 ch – 🛉46/64 € 🛉🛉49/70 €, ⌑ 8 € – ½ P 49/65 €
Rest – *(fermé 12 nov.-6 déc., dim. soir, lundi, mardi et merc.)* Menu 21/55 €
– Carte 31/48 €
Rest *Bistrot de Lucullus* – *(fermé dim. soir du 11 nov. à fin mars)* (11 €)
Menu 15/55 € – Carte 15/24 €

♦ Près du pont sur la Gartempe, construction de pays aux chambres spacieuses, fonctionnelles et vivement colorées. Au restaurant, décor ensoleillé et goûteuse cuisine traditionnelle sans esbroufe. Au Bistrot de Lucullus, repas adaptés pour une clientèle pressée.

MONTNER – 66 Pyrénées-Orientales – **344** H6 – 299 h. – alt. 127 m　　**22** B3
– ⊠ 66720

▶ Paris 860 – Perpignan 28 – Amélie-les-Bains-Palalda 60
– Font-Romeu-Odeillo-Via 82

XX **Auberge du Cellier** avec ch　　🛜 🕭 rest, 🄺 ⁽ᵗᵖ⁾ 𝗩𝗜𝗦𝗔 ⓸ 🄰🄴

1 r. Ste Eugénie – ℰ 04 68 29 09 78 – www.aubergeducellier.com
– Fax 04 68 29 10 61 – Fermé 12 nov.-16 déc., lundi de nov. à mars, mardi et merc.
7 ch – 🛉54 € 🛉🛉61 €, ⌑ 9 €
Rest – Menu 19 € (déj. en sem.), 37/69 € – Carte 58/68 € 🟤

♦ Restaurant intimiste et actuel, aménagé dans un ancien cellier. La salle, où trône une fontaine en marbre, est parfaite pour apprécier une fine cuisine régionale revisitée. Petites chambres dont trois plus coquettes et personnalisées.

MONTOIRE-SUR-LE-LOIR – 41 Loir-et-Cher – **318** C5 – 4 127 h.　　**11** B2
– alt. 65 m – ⊠ 41800 ▌ Châteaux de la Loire

▶ Paris 186 – Blois 52 – La Flèche 81 – Le Mans 70

🄸 Syndicat d'initiative, 16, place Clemenceau ℰ 02 54 85 23 30,
Fax 02 54 85 23 87

◉ Chapelle St-Gilles★ : fresques★★ – Pont ≤★.

à Lavardin 2 km au Sud-Est par D 108 – 223 h. – alt. 78 m – ⊠ 41800

XX **Relais d'Antan**　　🛜 𝗩𝗜𝗦𝗔 ⓸ ⓪

6 pl. du Capt.-du-Vigneau – ℰ 02 54 86 61 33 – Fax 02 54 85 06 46
– Fermé en oct., en fév., dim. soir d'oct. à mai, lundi et mardi
Rest – Menu 28/40 € – Carte 33/43 €

♦ Dans un pittoresque village, auberge rustique dont l'une des salles à manger est ornée de fresques d'inspiration médiévale. Agréable terrasse bordant la rive du Loir.

MONTPELLIER 🅿 - 34 Hérault - 339 I7 - 251 634 h. - 23 C2

Agglo. 287 981 h. - alt. 27 m - ✉ 34000 Languedoc Roussillon

Paris 758 - Marseille 173 - Nice 330 - Nîmes 55

de Montpellier-Méditerranée ✆ 04 67 20 85 00 SE par ③ : 7 km.

Office de tourisme, 30, allée Jean de Latrre de Tassigny ✆ 04 67 60 60 60, Fax 04 67 60 60 61

de Fontcaude à Juvignac Route de Lodève, par rte de Lodève : 8 km, ✆ 04 67 45 90 10

de Coulondres à Saint-Gély-du-Fesc 72 rue des Erables, par rte de Ganges : 12 km, ✆ 04 67 84 13 75

Montpellier Massane à Baillargues Domaine de Massane, par rte de Nîmes : 13 km, ✆ 04 67 87 87 89

Vieux Montpellier★★ : hôtel de Varennes★ FY **M²**, hôtel des Trésoriers de la Bourse★ FY **Q**, rue de l'Ancien Courrier★ EFY **4** - Promenade du Peyrou★★ : ≤★ de la terrasse supérieure - Quartier Antigone★ - Musée Fabre★★ FY - Musée Atger★ (dans la faculté de médecine) EX - Musée languedocien★ (dans l'hôtel des trésoriers de France) FY **M¹**.

Château de Flaugergues★ E : 3 km - Château de la Mogère★ E : 5 km par D 24 DU.

Plans pages suivantes

Pullman Antigone

1 r. Pertuisanes – ✆ 04 67 99 72 72 – www.pullmanhotels.com – Fax 04 67 65 17 50 CU**v**

89 ch – 140/260 € 140/260 €, ☕ 22 € – 1 suite

Rest – (30 €) Menu 41 € – Carte 45/60 €

◆ Cet hôtel, dans le quartier d'affaires conçu par Ricardo Bofill, a prévu des rénovations répondant à sa nouvelle orientation. Chambres confortables. Toit-terrasse avec piscine. Bar, fitness. Le restaurant panoramique, perché au 8ᵉ étage, propose une carte au goût du jour.

Holiday Inn Métropole

3 r. Clos René – ✆ 04 67 12 32 32 – www.holidayinn-montpellier.com – Fax 04 67 92 13 02 FZ**a**

80 ch – 185/310 € 185/310 €, ☕ 18 €

Rest – *(fermé sam. et dim.)* (20 €) Menu 23 € – Carte 32/45 €

◆ Cet établissement datant de 1898 aurait été la résidence de la reine Hélène d'Italie. Chambres fonctionnelles, bar contemporain et agréable jardin-terrasse ombragé. Le décor du restaurant, sobre et actuel, met en valeur les superbes moulures du plafond.

Mercure Antigone

285 bd Aéroport International – ✆ 04 67 20 63 63 – www.mercure.com – Fax 04 67 20 63 64 DU**f**

114 ch – 135 € 155 €, ☕ 13 €

Rest – *(fermé sam. midi et dim.)* Carte environ 42 €

◆ L'hôtel longe le quartier néo-classique Antigone. Chambres spacieuses et modernes, dotées de beau mobilier ; la plupart bénéficient de lits king size. Agencé en rotonde, le restaurant offre un plaisant décor colonial. Soirées gastronomiques thématiques.

Mercure Centre

218 r. Bastion Ventadour – ✆ 04 67 99 89 89 – www.amphi-mercure.fr – Fax 04 67 99 89 88 CU**q**

120 ch – 95/140 € 95/150 €, ☕ 13 €

Rest – *(fermé sam. et dim.)* (19 € bc) Menu 22 € bc (sem.) – Carte 32/42 €

◆ Bel intérieur design, bibliothèque et chambres confortables sont les atouts "prévisibles" de cet hôtel. L'atout inattendu : le superbe amphithéâtre à la pointe des technologies. Cadre actuel au restaurant, cuisine méridionale et petite sélection de vins du Languedoc.

New Hôtel du Midi sans rest

22 bd Victor Hugo – ✆ 04 67 92 69 61 – www.new-hotel.com – Fax 04 67 92 73 63 FZ**b**

44 ch – 135/180 € 155/180 €, ☕ 10 €

◆ Située en centre-ville, une belle bâtisse du début du 20ᵉ s. qui propose des chambres agréables et cosy, repensées dans un esprit contemporain ; salles de bains colorées.

MONTPELLIER

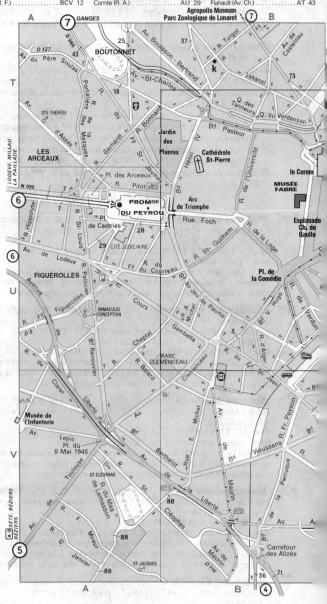

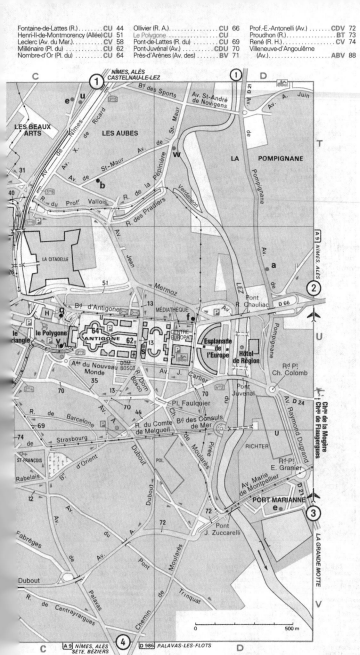

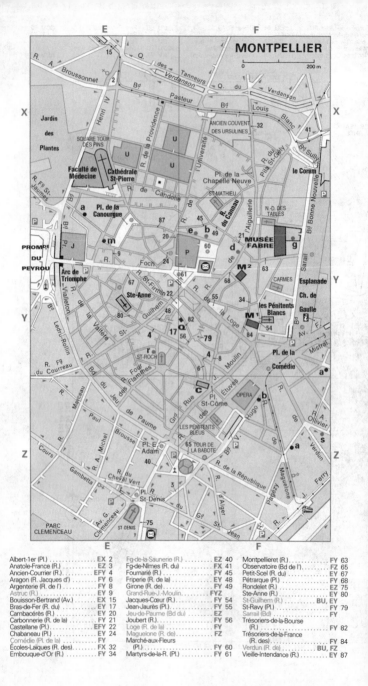

MONTPELLIER

0   200 m

D'Aragon sans rest   ⚷ 🔟 ⚙ 📶 VISA ✆ AE

10 r. Baudin – ℰ 04 67 10 70 00 – www.hotel-aragon.fr – Fax 04 67 10 70 01
– Fermé 1ᵉʳ-18 janv.   FY**a**

12 ch – †72/80 € ††109/150 €, ☑ 10 €

• Ce petit hôtel de charme, totalement refait, séduit grâce à ses chambres bien tenues, personnalisées (mobilier chiné), et confortables. Agréable véranda pour le petit-déjeuner.

Le Guilhem sans rest 🐾   🖨 🔟 📶 VISA ✆ AE ⓘ

18 r. J.-J. Rousseau – ℰ 04 67 52 90 90 – www.leguilhem.com
– Fax 04 67 60 67 67   EY**a**

35 ch – †85/158 € ††96/158 €, ☑ 12 €

• Maisons des 16ᵉ et 17ᵉ s. abritant des chambres cosy ; le dernier étage offre une vue sur la cathédrale. Terrasse pour les petits-déjeuners.

Du Parc sans rest   🔟 ⚙ 📶 🅿 VISA ✆ AE

8 r. A. Bège – ℰ 04 67 41 16 49 – www.hotelduparc-montpellier.com
– Fax 04 67 54 10 05   BT**k**

19 ch – †48/78 € ††78/93 €, ☑ 10 €

• Accueil convivial dans cet hôtel particulier (18ᵉ s.), voisin du centre historique. Coquettes chambres personnalisées ; cour-terrasse où l'on prend le petit-déjeuner l'été.

Hôtelience sans rest   🖨 📶 ⚷ 🅿 VISA ✆ AE

1149 r. de la Croix-Verte, par ① : 3 km par D 986 (rte de Ganges)
– ℰ 04 67 41 55 00 – www.hotelience-montpellier.com – Fax 04 67 41 55 01

75 ch – †85/105 € ††85/105 €, ☑ 9 € – 21 suites

• Hôtel moderne neuf situé près des facultés. Chambres de bon confort (standard ou suite) à la déco minimaliste. Cadre design dans l'agréable salle des petits-déjeuners.

Du Palais sans rest   🖨 🔟 📶 VISA ✆ AE

3 r. Palais – ℰ 04 67 60 47 38 – www.hoteldupalais-montpellier.fr
– Fax 04 67 60 40 23   EY**m**

26 ch – †66 € ††72/85 €, ☑ 14 €

• Bel immeuble centenaire proche du palais de justice. Les petites chambres, cosy et bien insonorisées, bénéficient de délicates attentions (fleurs fraîches, chocolats, etc.).

Ulysse sans rest   📶 🚗 VISA ✆ AE

338 av. St-Maur – ℰ 04 67 02 02 30 – www.hotel-ulysse.fr – Fax 04 67 02 16 50

23 ch – †51/60 € ††62/72 €, ☑ 9 €   CT**b**

• De coquettes chambres meublées en fer forgé vous attendent dans cet hôtel prisé des habitués pour son atmosphère sympathique. Tenue rigoureuse.

Les Troënes sans rest   📶 VISA ✆ AE

17 r. É. Bertin-Sans, par av. Charles Flahaut et rte de Ganges, dir. Hôpitaux-
Faculté – AT ✉ 34090 – ℰ 04 67 04 07 76 – www.hotel-les-troenes.fr
– Fax 04 67 61 04 43

14 ch – †50/52 € ††57/59 €, ☑ 8 €

• Reliée au centre-ville par le tramway, accueillante maison familiale où l'on se sent comme chez soi. Chambres fonctionnelles d'une tenue irréprochable.

Le Jardin des Sens (Jacques et Laurent Pourcel) avec ch   🚗 🏊 🖨 ⚷
✿✿   11 av. St-Lazare – ℰ 04 99 58 38 38   🔟 📶 🏊 🐾 🅿 VISA ✆ ⓘ
– www.jardindessens.com – Fax 04 99 58 38 39   CT**e**

15 ch – †170/480 € ††170/480 €, ☑ 22 €

Rest – (fermé 2-15 janv., lundi midi, merc. midi et dim.) (nombre de couverts limité, prévenir) Menu 50 € (déj. en sem.), 80 € bc/170 € – Carte 110/190 €
Spéc. Pressé de homard, légumes au jambon de canard et mangue, huile marinée à la vanille. Filets de pigeon rôtis, pastilla des abats au curry, jus de pigeon au cacao. Tour de chocolat lacté craquant, croustillant et en chantilly, framboises et granité. **Vins** Vin de pays de l'Hérault, Coteaux du Languedoc.

• La surprenante salle à manger-loft en gradins à vue sur le jardin en spirales : les cinq sens s'émerveillent, tant dans l'assiette que dans le cadre. Chambres contemporaines, très luxueuses, décorées de tableaux de la collection des Frères Pourcel. Suite avec piscine privative.

XXX Cellier Morel
🛆 🄰🄲 ⇔ 🆅🅸🆂🅰 ⑩ 🄰🄴 ⓪

27 r. Aiguillerie, (Maison de la Lozère) – 𝒞 04 67 66 46 36
– www.celliermorel.com – Fax 04 67 66 23 61 – Fermé 1ᵉʳ-15 août, lundi midi,
merc. midi, sam. midi, dim. et fériés **FYd**
Rest – (32 €) Menu 50/95 € bc – Carte 68/87 € 🕮

◆ Joli décor design dans une salle voûtée du 13ᵉ s. et délicieuse cour-terrasse d'un hôtel particulier du 18ᵉ s. Cuisine inventive à l'accent lozérien et belle cave régionale.

XXX La Réserve Rimbaud (Charles Fontes)
⪜ 🛆 � 🆅🅸🆂🅰 ⑩ 🄰🄴
☒

820 av. St-Maur – 𝒞 04 67 72 52 53 – www.reserve-rimbaud.com
– Fax 04 67 02 02 77 – Fermé 3-13 janv., sam. midi, dim. soir et lundi
Rest – (24 €) Menu 29 € (déj. en sem.)/49 € – Carte environ 50 € **DTw**
Spéc. Cèpes et Saint-Jacques (saison). Turbot et aubergines confites aux palourdes. Tarte croustillante au chocolat.

◆ Des compositions judicieuses, centrées sur le produit et pleines de fraîcheur : cette table rend hommage au soleil et à la terre du Sud. Belle terrasse sous les platanes, au bord du Lez.

XX Castel Ronceray
🛆 🄿 🆅🅸🆂🅰 ⑩ 🄰🄴

130 r. Castel Ronceray, par ⑤ – 𝒞 04 67 42 46 30 – www.lecastelronceray.fr
– Fax 04 67 27 41 96 – Fermé 16-31 août, 20 fév.-1ᵉʳ mars, dim. et lundi
Rest – (29 € bc) Menu 45/67 € – Carte 50/68 €

◆ Un petit parc ombragé sert d'écrin à cette maison de maître (19ᵉ s.) de style Napoléon III. Salles bourgeoises personnalisées. Cuisine traditionnelle et vins très bien conseillés.

XX Les Vignes
🄰🄲 🆅🅸🆂🅰 ⑩ 🄰🄴

2 r. Bonnier d'Alco – 𝒞 04 67 60 48 42 – www.lesvignesrestaurant.com
– Fermé 1ᵉʳ-22 août et dim. **FYe**
Rest – (22 €) Menu 28/52 € – Carte 44/66 €

◆ Il vous faudra descendre quelques marches pour rejoindre l'élégante salle voûtée de ce discret et petit restaurant installé derrière la préfecture. Cuisine régionale.

XX Le Séquoïa
⪜ 🛆 ㄴ 🄰🄲 🆅🅸🆂🅰 ⑩ 🄰🄴 ⓪

148 r. de Galata, à Port Marianne – 𝒞 04 67 65 07 07
– www.restaurantsequoia.com – Fax 04 67 64 50 23 – Fermé 23 déc.-3 janv., sam. midi et dim. **DVe**
Rest – (22 €) Menu 27 € (déj. en sem.), 37/44 € – Carte 43/55 €

◆ Cadre résolument contemporain, terrasse au bord du bassin Jacques-Cœur, cuisine d'ici et d'ailleurs : une adresse branchée du quartier Port Marianne, sur la rive gauche du Lez.

XX Prouhèze Saveurs
🛆 🄰🄲 🆅🅸🆂🅰 ⑩ 🄰🄴
☺

728 av. de la Pompignane – 𝒞 04 67 79 43 34 – www.prouhezesaveurs.eu
– Fax 04 67 79 71 94 – Fermé 25 juil.-25 août, lundi, sam. midi et dim.
Rest – (18 €) Menu 27/33 € 🕮 **DUa**

◆ La famille Prouhèze a quitté l'Aubrac pour s'installer dans ce restaurant joliment décoré. On y savoure de bons plats régionaux au coin du feu l'hiver ou sur la terrasse l'été.

X Tamarillos
🛆 🄰🄲 🕸 🆅🅸🆂🅰 ⑩ 🄰🄴

2 pl. Marché aux Fleurs – 𝒞 04 67 60 06 00 – www.tamarillos.biz
– Fax 04 67 60 06 01 – Fermé 1ᵉʳ-4 nov., vacances de fév. **FYb**
Rest – (nombre de couverts limité, prévenir) (27 €) Menu 38/88 € – Carte 54/80 €

◆ Les fruits et les fleurs inspirent la cuisine et le décor haut en couleurs de cette originale adresse tenue par un jeune chef, double champion de France des desserts.

X La Compagnie des Comptoirs
🛆 ㄴ 🄰🄲 🆅🅸🆂🅰 ⑩ 🄰🄴

51 av. Frédéric Delmas – 𝒞 04 99 58 39 29 – www.lacompagniedescomptoirs.com
– Fax 04 99 58 39 28 – Fermé mardi midi, sam. midi et lundi **CTu**
Rest – (22 €) Menu 28 € bc/60 € – Carte 40/50 €

◆ Décor tendance s'inspirant des comptoirs français des Indes et belle terrasse en partie dressée sous une tente bédouine. La carte dévoile les saveurs du Sud et de l'Orient.

X Kinoa
🛆 🄰🄲 🆅🅸🆂🅰 ⑩ 🄰🄴 ⓪

6 r. des Sœurs Noires – 𝒞 04 67 15 34 38 – Fax 04 67 15 34 33 – Fermé dim. et lundi **EYr**
Rest – (16 € bc) Menu 27/38 €

◆ Élégant cadre contemporain et terrasse à l'ombre d'une placette, au pied d'une vieille église. Carte au goût du jour avec un menu allégé (sans crème, ni alcool, ni sucre).

✗ **Verdi** 🔲 🚫 VISA ◯◯ AE ◯

10 r. A. Ollivier – 𝒞 04 67 58 68 55 – Fax 04 67 58 28 47 – Fermé 1er-18 août et dim.
Rest – (14 €) Menu 22/35 € – Carte 35/45 € FZ**s**
♦ Proche de la gare, petit restaurant italien, simple et décontracté, agrémenté d'affiches sur
Verdi et l'Opéra. Spécialités transalpines et poissons. Boutique de vins.

✗ **Insensé** 🔲 VISA ◯◯ AE

39 bd Bonne-Nouvelle – 𝒞 04 67 58 97 78 – www.jardindessens.com
– Fax 04 67 02 08 19 – Fermé dim. soir et lundi FY**g**
Rest – (21 €) Menu 28 € – Carte environ 30 €
♦ Insensé... ce restaurant dans l'enceinte du musée Fabre ! Imaginée et créée par les frères
Pourcel, cette "œuvre" moderne et design a vite trouvé sa place. Carte au goût du jour.

à Castries 8 km par ① et D 112e – 5 423 h. – alt. 70 m – ✉ 34160

🄸 Syndicat d'initiative, 19, r. Sainte Catherine 𝒞 04 99 74 01 77, Fax 04 99 74 01 77

🏨 **Disini** ⊗ 🚗 🛋 🏊 ⊚ 🍴 ⬛ 🔲 🕎 📡 **P** VISA ◯◯ AE

1 r. des Carrières – 𝒞 04 67 41 97 86 – www.disini-hotel.com – Fax 04 67 41 97 16
15 ch – †120/250 € ††120/250 €, ☑ 15 € – 1 suite – ½ P 160/290 €
Rest – *(fermé sam. midi, dim. soir et lundi d'oct. à mai)* (19 €) Menu 32/75 €
– Carte 44/72 €
♦ Dans une calme forêt de chênes verts, cet hôtel tout neuf offre une ambiance tamisée,
des touches ethniques (Asie et Afrique) et un confort high-tech. Chambres personnalisées.
Au restaurant, carte actuelle et décor sous influence asiatique.

à Castelnau-le-Lez 7 km par ① et N 113 – 15 229 h. – alt. 60 m – ✉ 34170

🏨 **Domaine de Verchant** ⊗ 🖂 🛋 🏊 ⊚ 🔲 ch, 🍴 📡 **P** VISA ◯◯ AE ◯

1 bd Philippe-Lamour – 𝒞 04 67 07 26 00 – www.domainedeverchant.com
– Fax 04 67 07 26 01 – Fermé 4-19 janv.
13 ch – †230/800 € ††230/800 €, ☑ 25 € – 4 suites – ½ P 46 €
Rest – *(nombre de couverts limité, prévenir)* (22 €) Menu 60 € (dîner)
– Carte 46/60 €
♦ Hôtel et spa au milieu d'une belle propriété viticole de 17 ha. L'intérieur, imaginé par Ray-
mond Morel, panache design italien et équipement high-tech. Chambres superbes. Restau-
rant intimiste où l'on sert des plats au goût du jour accompagnés de vins du domaine.

à Baillargues 8 km par ① et D 112e, D 613 puis N 113 – 5 968 h. – alt. 23 m – ✉ 34670

🏨 **Golf Hôtel de Massane** ⊗ 🚗 🏊 ⊚ 🛁 🎾 🍴 ⬛ 🔲 🕎 📡 **P**

au golf de Massane – 𝒞 04 67 87 87 87 VISA ◯◯ AE ◯
– www.massane.com – Fax 04 67 87 87 90
32 ch – †103/116 € ††121/138 €, ☑ 12 €
Rest – *(fermé dim. soir de nov. à fév.)* (19 € bc) Menu 25/45 €
♦ Vaste complexe hôtelier doté de nombreux équipements pour les loisirs et la détente, et
de chambres spacieuses. Salle à manger contemporaine ouverte sur le golf ; cuisine actuelle
et belle sélection de vins régionaux.

par ② 5 km : A9 sortie n° 29 et D172E – ✉ 34000 Montpellier

✗✗ **Le Mas des Brousses** 🚗 🛋 🏊 **P** VISA ◯◯

540 r. Mas des Brousses – 𝒞 04 67 64 18 91 – Fax 04 67 64 18 89 – Fermé, sam.
midi, dim. soir et lundi
Rest – (19 €) Menu 24 € (déj. en sem.), 38/80 € – Carte 50/60 € 🕸
♦ Agréable maison du 16e s. tapissée de vigne vierge et entourée d'un jardin avec terrasse
et piscine. L'intérieur chaleureux et spacieux est aux couleurs du Sud. Cuisine traditionnelle.

près échangeur A9-Montpellier-Sud 2 km par ④ – ✉ 34000 Montpellier

🏨 **Novotel** 🚗 🛋 🏊 🍴 🛁 ch, 🔲 🕎 📡 **P** VISA ◯◯ AE ◯
⊗⊗
125 bis av. Palavas – 𝒞 04 99 52 34 34 – www.novotel.com – Fax 04 99 52 34 33
163 ch – †95/165 € ††95/165 €, ☑ 14 €
Rest – (12 €) Menu 16 € – Carte 17/36 €
♦ Située à proximité d'un échangeur, cette halte autoroutière type propose des chambres
peu à peu rénovées selon les standards de la chaîne. Cyberespace. Agréable restaurant
contemporain. À la belle saison, service en terrasse autour de la piscine.

à Lattes 5 km par ④ – 16 824 h. – alt. 3 m – ⊠ 34970

🛈 Office de tourisme, 679, avenue de Montpellier 𝒞 04 67 22 52 91,
Fax 04.67.22.52.91

XXX **Domaine de Soriech** 🌣 ⌂ 🄰🄲 🄿 VISA ◉◉
face Z.A.C. Soriech, près rd-pt D 189 et D 21 – 𝒞 04 67 15 19 15
*– www.domaine-de-soriech.fr – Fax 04 67 15 58 21 – Fermé 1 sem. vacances
de fév., dim. soir et lundi*
Rest – (23 €) Menu 30 € bc (déj. en sem.), 40/76 € – Carte 45/70 €
♦ Belle villa inspirée des modèles californiens des années 1970. Décor design et œuvres
contemporaines, ravissant parc avec palmiers et pins géants. Carte régionale de qualité.

XXX **Le Mazerand** 🌣 ⌂ 🄰🄲 ⇔ 🄿 VISA ◉◉ 🄰🄴
Mas De Causse CD 172 – 𝒞 04 67 64 82 10 – www.le-mazerand.com
– Fax 04 67 20 10 73 – Fermé sam. midi, dim. soir et lundi
Rest – (21 €) Menu 27/62 € – Carte 44/87 €
♦ Le nouveau décor moderne de cette maison de maître s'accorde habilement à son passé
classique (voûtes et plafonds à la française). Jolies terrasses étagées. Cuisine régionale.

X **Le Bistrot d'Ariane** ⌂ 🄰🄲 ⇔ VISA ◉◉ 🄰🄴
∞ *à Port Ariane* – 𝒞 04 67 20 01 27 – bistrot-ariane.fr – Fax 04 67 15 03 25 – Fermé
20 déc.-4 janv. et dim. sauf fériés
Rest – Menu 19 € (sem.)/39 € – Carte 32/45 € ⓑⓑ
♦ Le cadre discrètement Art déco et l'ambiance brasserie séduisent la clientèle du quartier.
Terrasse au bord du port de plaisance. Très belle carte de vins régionaux.

à Juvignac 6 km par ⑥, rte de Millau – 6 258 h. – alt. 32 m – ⊠ 34990

🄷🄰 **Montpellier Resort** 🌣 ⌂ 🏊 🄸🄳 🄸🄱 🄸 🕭 ch. 🄰🄲 📶 🄰🄰 🄿
rte de Lodève, au golf international – 𝒞 04 67 45 90 00 VISA ◉◉ 🄰🄴 ⓪
– www.montpellierresort.com – Fax 04 67 45 90 20
46 ch 🛏 – †84/112 € ††112/154 € – 40 suites
Rest – (16 € bc) Carte 24/41 €
♦ Hôtel estimé des golfeurs qui testent leur swing à Juvignac. La majorité des chambres
(certaines avec terrasse) profite de la vue sur les greens. Suites nouvellement créées. Salle
de restaurant contemporaine et formule rapide au club-house.

MONTPEZAT-DE-QUERCY – 82 Tarn-et-Garonne – 337 E6   28 B1
– 1 413 h. – alt. 275 m – ⊠ 82270 🎵 Midi-Toulousain

▶ Paris 600 – Cahors 29 – Montauban 39 – Toulouse 91
🛈 Office de tourisme, boulevard des Fossés 𝒞 05 63 02 05 55,
Fax 05 63 02 05 55

⬆ **Domaine de Lafon** 🌣 ⇐ 🚗 🕭 🄿
Pech de Lafon, 4 km au Sud par rte de Mirabel, D 20 et D 69 – 𝒞 05 63 02 05 09
– www.domainedelafon.com – Fermé 15 fév.-15 mars et 15-30 nov.
3 ch 🛏 – †63/68 € ††78/87 € – ½ P 62/66 €   **Table d'hôte** – Menu 27 € bc
♦ Cette maison du 19e s. jouit d'une perspective à 360° sur la campagne vallonnée. Ses
chambres, agrémentées d'œuvres du propriétaire et de tissus choisis, promettent un sommeil
paisible. Belle bibliothèque aménagée dans le pigeonnier. Cuisine traditionnelle.

MONTPON-MÉNESTÉROL – 24 Dordogne – 329 B5 – 5 625 h.   4 C1
– alt. 93 m – ⊠ 24700

▶ Paris 532 – Bergerac 40 – Libourne 43 – Périgueux 56
🛈 Office de tourisme, place Clemenceau 𝒞 05 53 82 23 77, Fax 05 53 81 86 74

à Ménestérol 1 km au Nord – ⊠ 24700 Montpon-Ménestérol

XX **Auberge de l'Eclade** 🚗 🕭 🄰🄲 VISA ◉◉ 🄰🄴
⊛ *rte de Coutras* – 𝒞 05 53 80 28 64 – Fax 05 53 80 28 64 – Fermé vacances de la
Toussaint, lundi soir, mardi soir et merc.
Rest – Menu 20 € (déj. en sem.), 28/58 € – Carte 37/47 €
♦ Fine cuisine personnalisée, carte des vins étoffée, beau choix de whiskies, agréable décor
actuel et terrasse pour l'été : la clientèle locale apprécie beaucoup cette table.

MONT-PRÈS-CHAMBORD – 41 Loir-et-Cher – 318 F6 – 3 216 h. 11 B1
– alt. 108 m – ✉ 41250

▶ Paris 184 – Blois 12 – Bracieux 8 – Orléans 63

Le St-Florent   🍴 rest, ⸙ 🅿 𝘝𝘐𝘚𝘈 ⑩ ⓘ
14 r. Chabardière – ℰ 02 54 70 81 00 – www.hotel-saint-florent.com
– Fax 02 54 70 78 53
17 ch – †50/56 € ††56 €, ⊑ 8 € – ½ P 54 €
Rest – *(fermé dim. soir, mardi soir et merc. midi hors saison, lundi et mardi midi en saison)* (14 €) Menu 20/28 €
◆ Dans ce village jouxtant la forêt de Boulogne et le parc de Chambord, cette grande maison à l'ambiance familiale propose des chambres claires, mansardées au dernier étage.

MONTRÉAL – 32 Gers – 336 D6 – 1 263 h. – alt. 131 m – ✉ 32250 28 A2
▌Midi-Toulousain

▶ Paris 725 – Agen 57 – Auch 59 – Condom 16

ℹ Office de tourisme, place de l'hôtel de ville ℰ 05 62 29 42 85,
Fax 05 62 29 42 46

⛳ de Guinlet à Eauze, S : 12 km par D 29, ℰ 05 62 09 80 84

Daubin   🖳 𝘝𝘐𝘚𝘈 ⑩
(face à l'église) – ℰ 05 62 29 44 40 – Fax 05 62 29 49 94 – Fermé dim. soir, lundi et mardi
Rest – Menu 16 € (déj. en sem.), 26/58 € – Carte 53/72 €
◆ Terrasse sous les platanes, goûteuse cuisine du terroir, dégustations de vins régionaux... Il règne une rare convivialité dans ce restaurant de village tenu en famille depuis trois générations.

MONTREDON – 11 Aude – 344 F3 – rattaché à Carcassonne

MONTREUIL – ◉ – 62 Pas-de-Calais – 301 D5 – 2 331 h. – alt. 54 m 30 A2
– ✉ 62170 ▌Nord Pas-de-Calais Picardie

▶ Paris 232 – Abbeville 49 – Arras 86 – Boulogne-sur-Mer 38

ℹ Office de tourisme, 21, rue Carnot ℰ 03 21 06 04 27,
Fax 03 21 06 57 85

◉ Site★ - Citadelle★ : ≤★★ - Remparts★ – Église St-Saulve★.

Château de Montreuil (Christian Germain) ⃝   🚘 🖳 🛏 ⸙ 🅿 🚗
4 chaussée des Capucins – ℰ 03 21 81 53 04   𝘝𝘐𝘚𝘈 ⑩ 𝐀𝐄 ⓘ
– www.chateaudemontreuil.com – Fax 03 21 81 36 43 – Fermé 13 déc.-5 fév. et lundi sauf juil.-août et fériés
12 ch – †210/230 € ††210/230 €, ⊑ 18 € – 4 suites – ½ P 215 €
Rest – (27 €) Menu 35 € (déj. en sem.), 75/90 € – Carte 75/88 € ℬℬ
Spéc. Saint-Jacques poêlées aux artichauts et beurre de noisette (oct. à avril). Pigeonneau de Licques et foie gras dans l'esprit d'un hochepot flamand, parfumé à la réglisse. Mousse rhum et raisins en gelée de caramel.
◆ Élégante demeure à l'intérieur des remparts. Chambres raffinées, garnies de meubles de style et donnant sur un jardin à l'anglaise. La cuisine au goût du jour, mâtinée de touches exotiques et méditerranéennes, est rehaussée par une belle carte des vins.

Hermitage   🖳 🛗 � ⸙ 🛏 🅿 𝘝𝘐𝘚𝘈 ⑩ 𝐀𝐄
pl. Gambetta – ℰ 03 21 06 74 74 – www.hermitage-montreuil.com
– Fax 03 21 06 74 75
57 ch – †85/150 € ††85/250 €, ⊑ 15 €
Rest *Le Jéroboam* – 1 r. des Juifs, cours de l'hermitage, ℰ 03 21 86 65 80
(fermé janv., lundi sauf le soir en juil.-août et dim.) Menu 17 € (déj.), 25/32 €
– Carte 29/60 €
◆ Cette belle bâtisse, construite sous Napoléon III, a été restaurée. Bar feutré et amples chambres au sobre mobilier contemporain. Carte dans le vent escortée de vins de petits producteurs pour le restaurant très design et conçu dans un esprit "wine bar".

Coq Hôtel 🏨 ☐ ☐ 🅿 ⅙ ch, 📞 VISA ⓄⓄ
2 pl. de la Poissonnerie – 𝒞 03 21 81 05 61 – www.coqhotel.fr
– Fax 03 21 86 46 73 – Fermé 23 déc.-1ᵉʳ fév.
19 ch – ✝90/118 € ✝✝90/118 €, ⌧ 15 € – ½ P 85/102 €
Rest – *(fermé dim. sauf juil.-août) (dîner seult)* Menu 30/60 € – Carte 41/83 €
◆ Cette maison bourgeoise dresse sa belle façade en brique rouge sur une petite place du
centre. Chambres douillettes d'esprit actuel. Parquet, cheminée, meubles de famille et objets
à l'effigie du coq agrémentent les deux salles à manger. Cuisine de tradition.

❌ **Le Darnétal** avec ch 🎇 ch, VISA ⓄⓄ
pl. Darnétal – 𝒞 03 21 06 04 87 – Fax 03 21 86 64 67 – Fermé 21 juin-12 juil.,
13 déc.-1ᵉʳ janv., lundi et mardi
4 ch – ✝40 € ✝✝60 €, ⌧ 5 € **Rest** – Menu 22 € (sem.)/38 € – Carte 26/51 €
◆ Sur l'une des places de la ville haute, auberge rustique décorée d'une profusion de
tableaux, bibelots anciens et cuivres. Ambiance conviviale et cuisine traditionnelle.

❌ **Froggy's Tavern** 🔲 VISA ⓄⓄ AE
51 bis pl. du Gén. de Gaulle – 𝒞 03 21 86 72 32 – www.froggystavern.com
– Fermé 20 déc.-4 fév.
Rest – (17 €) Carte 26/37 €
◆ On apprécie l'authenticité de cet ancien grenier à grain mariant le bois et la pierre, où
andouillettes et longes de porc tournent sur la rôtissoire. Convivialité assurée !

à La Madelaine-sous-Montreuil 3 km à l'Ouest par D 139 et rte secondaire
– 166 h. – alt. 7 m – ✉ 62170

❌❌ **Auberge de la Grenouillère** (Alexandre Gauthier) avec ch 🎇 ☐
🅰️ – 𝒞 03 21 06 07 22 – www.lagrenouillere.fr (📶) 🅿 VISA ⓄⓄ AE
– Fax 03 21 86 36 36 – Fermé 20 déc.-4 fév., mardi et merc. sauf juil.-août
4 ch – ✝120 € ✝✝120/140 €, ⌧ 12 €
Rest – Menu 33 € (sem.)/95 € – Carte 70/96 €🍷
Spéc. Tasse d'eau de mer. Homard au genièvre. Boule de chocolat yaourt.
◆ Derrière le cadre rustique de cette ferme picarde (vieux buffets, cuivres) se cache une
belle cuisine créative et savoureuse. Environnement verdoyant, en bordure de la Canche.

à Inxent 9 km au Nord sur D 127 – 158 h. – alt. 28 m – ✉ 62170

❌ **Auberge d'Inxent** avec ch 🅰️ 🅿 VISA ⓄⓄ
🅰️ *318 r. de la Vallée de la Course – 𝒞 03 21 90 71 19 – Fax 03 21 86 31 67 – Fermé*
22 juin-10 juil., 15 nov.-4 fév., mardi et merc.
5 ch – ✝68/75 € ✝✝68/75 €, ⌧ 10 € – ½ P 60/86 €
Rest – Menu 16/39 € – Carte 21/60 €🍷
◆ Beaux meubles et chaleureuse atmosphère familiale en ce restaurant aménagé dans un
ancien presbytère. Cuisine régionale assortie d'un grand choix de vins bien choisis.

MONTREUIL – 93 Seine-Saint-Denis – **311** k2 – **101** 17 – **voir à Paris, Environs**

MONTREUIL-BELLAY – 49 Maine-et-Loire – **317** I6 – **4 060 h.** **35** C2
– alt. 50 m – ✉ 49260 🟦 Châteaux de la Loire

◼ Paris 335 – Angers 54 – Châtellerault 70 – Chinon 39
🟦 Office de tourisme, place du Concorde 𝒞 02 41 52 32 39, Fax 02 41 52 32 35
◉ Château★★ - Site★.

❌ **Hostellerie St-Jean** 🔲 ↻ 🅿 VISA ⓄⓄ
🅰️ *432 r. Nationale – 𝒞 02 41 52 30 41 – hostellerie-saint-jean.fr.tc – Fermé merc.*
soir hors saison, dim. soir et lundi
Rest – (14 €) Menu 18/33 € – Carte 26/60 €
◆ Au centre de la cité médiévale, grande salle rustique avec poutres et cheminée et salon
accueillant pour les repas de famille. Terrasse dressée dans la cour à la belle saison.

MONTREVEL-EN-BRESSE – 01 Ain – **328** D2 – **2 271 h.** – alt. 215 m **44** B1
– ✉ 01340

◼ Paris 395 – Bourg-en-Bresse 18 – Mâcon 25 – Pont-de-Vaux 22
🟦 Office de tourisme, place de la Grenette 𝒞 04 74 25 48 74, Fax 04 74 25 48 74

XX **Léa** (Louis Monnier)　　　　　　　　　　　　 AK ⇔ VISA ⦵ AE
♧ 10 rte d'Etrez – ℰ 04 74 30 80 84 – www.restaurant-lea.com – Fax 04 74 30 85 66
– Fermé 24 juin-8 juil., 22 déc.-15 janv., lundi sauf juil.-août, dim. soir et merc.
Rest – (nombre de couverts limité, prévenir) (23 €) Menu 36 € (sem.)/72 €
– Carte 65/110 €
Spéc. Gâteau de foies blonds de poularde de Bresse. Traditionnelle poularde
de Bresse à la crème et aux morilles. Parfait glacé aux pralines roses, tuile à la
praline. **Vins** Pouilly-Loché, Manicle blanc.
◆ Fine cuisine classique dans cette très accueillante auberge. Plantes, tableaux, bibelots (sur
le thème de la volaille de Bresse) donnent des airs de bonbonnière à la salle à manger.

X **Le Comptoir**　　　　　　　　　　　　　🍴 ⅃ AK VISA ⦵
⦵ 9 Grande Rue – ℰ 04 74 25 45 53 – www.restaurant-lea.com – Fax 04 74 30 85 66
– Fermé 25 juin-9 juil., 17 déc.-7 janv., dim. soir, mardi soir et merc.
Rest – Menu 18/31 € – Carte 23/37 €
◆ Si vous recherchez l'authenticité d'un café traditionnel, rendez-vous au Comptoir : ban-
quettes, affiches, miroirs et cuisine de bistrot alléchante. Quelques plats régionaux.

rte de Bourg-en-Bresse 2 km au Sud sur D 975 – ⊠ 01340 Montrevel-en-Bresse

🏨 **Pillebois**　　　　　　　　　🚗 🍴 ⅃ ⅃ ⓦ 🏊 P VISA ⦵
⦵ – ℰ 04 74 25 48 44 – www.hotellepillebois.com – Fax 04 74 25 48 79 – Fermé
dim. soir de nov. à mars
31 ch – ♦80 € ♦♦90 €, ⊊ 9 € – 1 suite – ½ P 70/73 €
Rest L'Aventure – (fermé sam. midi et dim. soir de nov. à mars) (15 €)
Menu 19 € (sem.)/47 € – Carte 42/51 €
◆ Une façade moderne de style bressan (briques rouges et bois) cache des chambres fonctionnelles bien tenues. Le restaurant suscite des envies de voyages avec son décor ethnique
et propose d'intéressants plats du terroir revisité. Terrasse face à la piscine.

MONTRICHARD – 41 Loir-et-Cher – 318 E7 – 3 423 h. – alt. 62 m　　11 A1
– ⊠ 41400 ▌ Châteaux de la Loire

　　　📍 Paris 220 – Blois 37 – Châteauroux 85 – Châtellerault 95
　　　🛈 Syndicat d'initiative, 1, rue du Pont ℰ 02 54 32 05 10, Fax 02 54 32 28 80
　　　◎ Donjon★ : ⁎※★★.

🏨 **Le Bellevue**　　　　　　　　⩽ ▯❄ AK ⓦ 🍴 VISA ⦵ AE ①
24 quai de la République – ℰ 02 54 32 06 17 – www.hotel-le-bellevue41.com
– Fax 02 54 32 48 06 – Fermé vend., sam. et dim. du 22 nov. au 19 déc.
35 ch – ♦75/110 € ♦♦85/180 €, ⊊ 13 € – 3 suites – ½ P 63/78 €
Rest – (fermé 22 nov.-19 déc. et le vend. de nov. à Pâques) (15 € bc) Menu 20 €
(sem.)/52 € – Carte 44/57 €
◆ Enseigne-vérité : la plupart des chambres, meublées en wengé et poirier, offrent en effet
une vue panoramique sur le Cher. Trois suites dans une villa juste à côté. Au restaurant, belles boiseries, baies vitrées braquées vers la vallée et choix traditionnel.

à Chissay-en-Touraine 4 km à l'Ouest par D 176 – 1 020 h. – alt. 63 m
– ⊠ 41400

🏰 **Château de Chissay** ⌂　　　⩽ ◔ 🍴 ⅃ 🍴 🏊 P VISA ⦵ AE ①
– ℰ 02 54 32 32 01 – www.chateaudechissay.com – Fax 02 54 32 43 80
– Ouvert avril-oct.
23 ch – ♦130/230 € ♦♦130/230 €, ⊊ 15 € – 9 suites – ½ P 118/168 €
Rest – (25 €) Menu 42/65 € – Carte 48/85 €
◆ Ce château du 15ᵉ s. accueillit des hôtes illustres : Charles VII, Louis XI, de Gaulle. Spacieu-
ses chambres de caractère, notamment la troglodytique et le duplex du donjon. Élégant res-
taurant (voûtes en ogives, boiseries et mobilier de style Louis XIII) et cuisine actuelle.

MONTRICOUX – 82 Tarn-et-Garonne – 337 F7 – 1 021 h. – alt. 113 m　　29 C2
– ⊠ 82800

　　　📍 Paris 618 – Cahors 51 – Gaillac 39 – Montauban 25

XXX **Les Gorges de l'Aveyron** avec ch 🏮 🗙 🕅 🐁 🅿 VISA ⚫⚫ 🕮 ⓞ

Le Bugarel – 🕿 05 63 24 50 50 – www.gorges-aveyron.com – Fax 05 63 24 50 51
– *Fermé 9-27 mars, 7-18 déc., 4-29 janv., mardi sauf du 1er juil. au 15 sept.*
5 ch ⌷ – ♦75 € ♦♦100 € **Rest** – Menu 29 € (sem.)/41 € – Carte 55/70 €
♦ Grande villa cossue dans un parc verdoyant baigné par l'Aveyron. Salle à manger confortable et lumineuse, prolongée d'une ample terrasse, où savourer une cuisine classique. Chambres créées en 2009 à l'étage : beaux matériaux et ambiance feutrée.

MONTROND-LES-BAINS – 42 Loire – 327 E6 – 4 608 h. – alt. 356 m   44 A2
– Stat. therm. : fin mars-fin nov. – Casino – ☒ 42210 ▌Lyon Drôme Ardèche

▶ Paris 447 – Lyon 69 – Montbrison 15 – Roanne 58
🛈 Office de tourisme, avenue des Sources 🕿 04 77 94 64 74,
Fax 04 77 94 59 59
🏌 du Forez Domaine de Presles, S : 12 km par D 1082 et D 16,
🕿 04 77 30 86 85

🏠 **Hostellerie La Poularde** 🗆 ⅃ ch, 🕅 🕈 🐁 🚗 VISA ⚫⚫ 🕮 ⓞ

2 r. de St-Étienne – 🕿 04 77 54 40 06 – www.la-poularde.com
– *Fax 04 77 54 53 14* – Fermé 2-23 août, 2-21 janv., mardi midi, dim. soir et lundi
7 ch – ♦84 € ♦♦99/144 €, ⌷ 22 € – 9 suites – ♦♦144/250 €
Rest – (prévenir le week-end) (41 € bc) Menu 64 € (sem.)/124 €
– Carte 80/130 €⌁
♦ Ce relais de poste (1732) de la station thermale du Forez propose des chambres personnalisées et, côté piscine, des appartements et des duplex. Boutique de vins. Au restaurant, décor classique et cuisine de tradition.

XX **Carré Sud** 🏮 ⟳ VISA ⚫⚫ 🕮 ⓞ
🍷
4 rte de Lyon – 🕿 04 77 54 42 71 – carre-sud.com – Fax 04 77 54 52 85 – fermé merc. et dim. soir
Rest – Menu 16 € (déj. en sem.), 25/57 € – Carte 40/70 €
♦ Suggestions sur ardoise à midi et carte plus étoffée le soir, le tout pour une cuisine du marché associant épices et saveurs du Sud. Terrasse d'été dressée dans le patio arboré.

MONTROUGE – 92 Hauts-de-Seine – 311 J3 – 101 25 – voir à Paris, Environs

LE MONT-ST-MICHEL – 50 Manche – 303 C8 – 41 h. – alt. 10 m   32 A3
– ☒ 50170 ▌Normandie Cotentin, Bretagne

▶ Paris 359 – Alençon 135 – Avranches 23 – Dinan 58
🛈 Office de tourisme, boulevard de l'Avancée 🕿 02 33 60 14 30,
Fax 02 33 60 06 75
👁 Abbaye★★★ : La Merveille★★★, Cloître★★★ - Remparts★★ - GrandeRue★ - Jardins de l'abbaye★ - Baie du Mont-St-Michel★★.

à la Digue 2 km au Sud sur D 976 – ☒ 50170 Le Mont-St-Michel

🏠 **Relais St-Michel** ⇐ 🚗 🏮 🕼 🕭 🐁 🕈 🐁 🅿 VISA ⚫⚫ 🕮 ⓞ

– 🕿 02 33 89 32 00 – www.lemontsaintmichel.info – Fax 02 33 89 32 01
32 ch – ♦180/280 € ♦♦180/280 €, ⌷ 15 € – 7 suites – ½ P 170/240 €
Rest – (15 €) Menu 24 € (déj.)/45 € – Carte 55/70 €
♦ L'abbaye en toile de fond et l'élégant mobilier de style anglais contribuent au charme de ce relais. Les chambres sont grandes et dotées d'un balcon ou d'une terrasse. Salle de restauration actuelle offrant la vue sur le Mont. Cuisine traditionnelle.

🏠 **Mercure** 🚗 🏮 🐁 🕅 🐁 🅿 VISA ⚫⚫ 🕮

– 🕿 02 33 60 14 18 – www.le-mont-saint-michel.com – Fax 02 33 60 39 28
– *Ouvert 6 fév.-13 nov.*
100 ch – ♦74/120 € ♦♦82/130 €, ⌷ 13 €
Rest *Le Pré Salé* – Menu 20/50 € – Carte 28/73 €
♦ Bordant le Couesnon à l'amorce de la digue, hôtel aux chambres claires et fonctionnelles, en grande partie rénovées. Lumineuse et grande salle à manger où vous dégusterez le fameux agneau des prés-salés.

Le Relais du Roy

*Rte du Mont Saint-Michel – ℰ 02 33 60 14 25 – www.le-relais-du-roy.com
– Fax 02 33 60 37 69 – Fermé 5 fév.-19 mars*
27 ch – †72/103 € ††72/103 €, ⌷ 10 €
Rest – (13 €) Menu 19/38 € – Carte 31/60 €
◆ À l'entrée de la digue, hôtel aménagé dans une ancienne ferme (fin du 18ᵉ s.) et ses annexes récentes. Chambres fonctionnelles, plus calmes sur l'arrière et le Couesnon. Carte traditionnelle (agneau de pré salé et fruits de mer à l'honneur). Cheminées bretonnes des 14ᵉ-15ᵉ s.

MONTSALVY – 15 Cantal – 330 C6 – 892 h. – alt. 800 m – ⌧ 15120 **5** B3
▌Auvergne

    ◲ Paris 586 – Aurillac 31 – Entraygues-sur-Truyère 14 – Figeac 57
    🛈 Office de tourisme, rue du Tour-de-Ville ℰ 04.71.46.94.82,
    Fax 04.71.46.94.83
    ◎ Puy-de-l'Arbre ✳ ★ NE : 1,5 km.

L'Auberge Fleurie *avec ch*

*pl. du Barry – ℰ 04 71 49 20 02 – www.auberge-fleurie.com – Fax 04 71 49 29 65
– Fermé 7-14 juin, 27 sept.-4 oct., 4 janv.-9 fév.,dim. soir et lundi sauf juil.-août*
7 ch – †46/56 € ††46/61 €, ⌷ 8 € – ½ P 50/61 €
Rest – (14 €) Menu 24 € (déj. en sem.), 28/43 € – Carte 33/47 €
◆ Charme de l'ancien et élégance du contemporain en cette coquette auberge où le chef mitonne une goûteuse cuisine du terroir actualisée. Superbe cave. Jolies chambres aux accents champêtres (bois, fer forgé) ; bon petit-déjeuner.

MONT-SAXONNEX – 74 Haute-Savoie – 328 L4 – 1 486 h. **46** F1
– alt. 1 000 m – ⌧ 74130

    ◲ Paris 572 – Lyon 189 – Annecy 57 – Genève 38
    🛈 Office de tourisme, 294 route de l'Eglise ℰ 04 50 96 97 27,
    Fax 04 50 96 97 63

Jalouvre

*45 rte Gorge du Cé – ℰ 04 50 96 90 67 – www.iletait3fois.com
– Fax 04 50 96 91 41 – Fermé deux sem. en janv.*
14 ch – †60 € ††75 €, ⌷ 8 €   **Rest** – Menu 20/37 € – Carte 30/44 €
◆ Cet hôtel rénové en 2006, bien au calme dans un village de montagne, propose des chambres confortables, décorées dans un esprit de chalet contemporain. Cuisine au goût du jour à déguster dans un cadre tout bois. Vue panoramique et terrasse à l'ombre d'un tilleul.

MONTSÉGUR – 09 Ariège – 343 I7 – rattaché à Lavelanet

MONTSOREAU – 49 Maine-et-Loire – 317 J5 – 501 h. – alt. 77 m **35** C2
– ⌧ 49730 ▌Châteaux de la Loire

    ◲ Paris 292 – Angers 75 – Châtellerault 65 – Chinon 18
    🛈 Office de tourisme, avenue de la Loire ℰ 02 41 51 70 22
    ◎ ✳ ★★ du belvédère.
    ◩ Candes St-Martin★ : Collégiales★.

La Marine de Loire *sans rest*

*9 av. de la Loire – ℰ 02 41 50 18 21 – www.hotel-lamarinedeloire.com
– Fax 02 41 50 19 26 – Fermé en janv.*
8 ch – †98/180 € ††140/180 €, ⌷ 13 € – 3 suites
◆ Cet hôtel des bords de Loire abrite un jardin intérieur fleuri et des chambres de charme personnalisées. Grand jacuzzi avec nage et massage sur demande. Brunch le dimanche.

Le Bussy *sans rest*

*4 r. Jeanne d'Arc – ℰ 02 41 38 11 11 – www.hotel-lebussy.fr – Fax 02 41 38 18 10
– Ouvert de mi-fév. à mi-nov.*
12 ch – †60/95 € ††60/95 €, ⌷ 10 €
◆ La plupart des chambres de cette maison du 18ᵉ s. regardent le joli château de la Dame de Monsoreau, dont Bussy était l'amant. Salle des petits-déjeuners troglodytique.

XX **Diane de Méridor** ⋞ ♿ AC ⊕ VISA MC AE

☺ *12 quai Ph. de Commines – ✆ 02 41 51 71 76 – www.restaurant-dianedemeridor.com – Fax 02 41 51 17 17 – Fermé 15-28 nov., 4-28 janv., mardi et merc. sauf le soir en saison*

Rest – (15 €) Menu 28/70 € bc – Carte 50/100 €

◆ L'ancienne façade en tuffeau de ce restaurant cache une salle avec vue sur la Loire (murs couleur brique ornés d'expositions de tableaux). Cuisine traditionnelle soignée.

MOOSCH – 68 Haut-Rhin – 315 G9 – 1 785 h. – alt. 390 m – ✉ 68690 **1** A3

▶ Paris 469 – Strasbourg 128 – Colmar 53 – Mulhouse 29

XX **Aux Trois Rois** ☂ ♿ ⊕ VISA MC

35 r. du Gén. de Gaulle – ✆ 03 89 82 34 66 – www.aux-trois-rois.com – Fermé 28 déc.-14 janv., lundi et mardi

Rest – (14 €) Menu 32/48 € – Carte 33/48 €

◆ Ce restaurant se distingue par son ardoise de produits de la mer. Salle typiquement alsacienne (boiseries, vitraux) ou plus actuelle à l'étage. Terrasse ombragée sous une glycine.

MORANGIS – 91 Essonne – 312 D3 – 101 35 – voir à Paris, Environs

---

MOREILLES – 85 Vendée – 316 J9 – rattaché à Luçon

Si vous recherchez un hébergement particulièrement agréable pour un séjour de charme, réservez dans un établissement classé en rouge : ⌂, ⌂... ⌂⌂⌂.

MORET-SUR-LOING – 77 Seine-et-Marne – 312 F5 – 4 478 h. **19** C3

– alt. 50 m – ✉ 77250 ▮ Île de France

▶ Paris 74 – Fontainebleau 11 – Melun 28 – Nemours 17

ℹ Office de tourisme, 4 bis, place de Samois ✆ 01 60 70 41 66, Fax 01 60 70 82 52

⛳18 de la Forteresse à Thoury-Férottes Domaine de la Forteresse, SO : 15 km par D 218 et D 22, ✆ 01 60 96 95 10

👁 Site★.

⌂ **Auberge de la Terrasse** ⋞ ☂ ((·)) VISA MC AE

40 r. Pêcherie – ✆ 01 60 70 51 03 – www.auberge-terrasse.com – Fax 01 60 70 51 69 – Fermé 19 oct.-10 nov.

17 ch – †59/65 € ††73/79 €, ☕ 10 € – ½ P 64/67 €

Rest – *(fermé vend. soir, dim. soir et lundi sauf feriés)* (18 €) Menu 22/50 € – Carte 34/57 €

◆ Bâtisse ancienne longeant le Loing. Les petites chambres, insonorisées, sont simples mais très bien tenues. Salle à manger rustique et terrasse regardent la rivière plusieurs fois peinte par Alfred Sisley. Cuisine traditionnelle.

XX **Le Relais de Pont-Loup** ⛱ ☂ P VISA MC AE

14 r. Peintre Sisley – ✆ 01 60 70 43 05 – Fax 01 60 70 22 54 – Fermé 8-14 nov., 3-9 janv., mardi soir, merc. soir d'oct. à avril, dim. soir et lundi

Rest – *(prévenir le week-end)* (28 €) Menu 38/60 € – Carte 47/66 €

◆ Ici, on accède à la salle par la cuisine. Cadre rustique à souhait : briques, poutres, cheminée et rôtissoire. Terrasse tournée vers le jardin s'étendant jusqu'au Loing.

XX **Hostellerie du Cheval Noir** avec ch ☂ ((·)) VISA MC

47 av. Jean Jaurès – ✆ 01 60 70 80 20 – www.chevalnoir.fr – Fax 01 60 70 80 21

11 ch – †65/150 € ††65/175 €, ☕ 12 € – ½ P 92/127 €

Rest – *(fermé 26 juil.-11 août, 24 janv.-8 fév., lundi midi et mardi midi)* (25 € bc) Menu 28/90 € – Carte 50/80 €

◆ Cet ex-relais postal du 18e s., bâti face à l'une des portes de l'ancienne place forte, propose une cuisine inventive jouant sur les saveurs douces et épicées.

MOREY-ST-DENIS – 21 Côte-d'Or – 320 J6 – 693 h. – alt. 275 m **8** D1

– ✉ 21220

▶ Paris 318 – Beaune 30 – Dijon 16

Castel de Très Girard ⬡ 🕭 🏊 🏧 ch, 🕪 📶 🅿 📳 ⚫⚫ 🅰🅴 ⓞ
*7 r. de Très Girard – ℰ 03 80 34 33 09 – www.castel-tres-girard.com
– Fax 03 80 51 81 92 – Fermé 15 fév.-7 mars*
9 ch – ♦91/168 € ♦♦130/240 €, ⌑ 17 € – ½ P 108/182 €
Rest – *(fermé dim. soir du 15 nov. au 15 mars et lundi)* Menu 20 €
♦ Cette belle maison de maître (18e s.), jadis pressoir, propose des chambres spacieuses et confortables. Elle profite aussi d'un agréable jardin agrémenté d'une piscine. Saveurs dans l'air du temps. Cadre rustique et décor tendance ; belle terrasse d'été.

MORGAT – 29 Finistère – **308** E5 – **7 535 h.** – ⬚ **29160 Crozon** ▌ Bretagne   **9** A2
▶ Paris 590 – Brest 62 – Châteaulin 38 – Douarnenez 42
◉ Grandes Grottes★.

Le Grand Hôtel de la Mer ⬡ ⬳ ⟲ ❦ 🏠 ৬ ❦ 🏧 🅿 📳 ⚫⚫ 🅰🅴
av. de la Plage – ℰ 02 98 27 02 09 – Fax 02 98 27 02 39 – Ouvert 10 avril-3 oct.
78 ch – ♦49/91 € ♦♦57/125 €, ⌑ 15 €
Rest – *(fermé le midi sauf dim. et lundi)* Menu 22/39 €
♦ Hôtel Belle Époque les pieds dans l'eau où l'on profite d'un agréable salon-bar et d'une terrasse panoramique. Chambres fonctionnelles tournées vers l'océan ou le parc planté de palmiers. Grande salle à manger pour les demi-pensionnaires et cadre plus intime au restaurant.

Julia ⬡ 📶 ৬ ❦ rest, 🕪 🏧 🅿 📳 ⚫⚫ 🅰🅴
*43 r. de Tréflez – ℰ 02 98 27 05 89 – www.hoteljulia.fr – Fax 02 98 27 23 10
– Fermé janv.*
15 ch – ♦53/114 € ♦♦53/114 €, ⌑ 10 € – 1 suite
Rest – *(fermé le midi sauf juil.-août)* Menu 23/26 € – Carte 26/58 €
♦ Avantageusement situé dans un quartier calme, à deux minutes de la mer, cet hôtel de tradition évolue progressivement et se dote de confortables installations contemporaines. Ambiance "pension de famille" dans la salle à manger en rotonde. Recettes régionales.

De la Baie sans rest 🕪 🅿 📳 ⚫⚫
46 bd Plage – ℰ 02 98 27 07 51 – www.presquile-crozon.com – Fax 02 98 26 29 65
26 ch – ♦45/72 € ♦♦45/75 €, ⌑ 8 €
♦ Au cœur de Morgat, hôtel alangui au bord de la plage proposant de petites chambres actuelles, gaies et soignées. Plaisant salon de thé avec vue où l'on sert les petits-déjeuners.

MORILLON – 74 Haute-Savoie – **328** N4 – **rattaché à Samoëns**

MORLAÀS – 64 Pyrénées-Atlantiques – **342** K2 – **4 121 h.** – alt. 287 m   **3** B3
– ⬚ **64160** ▌ Aquitaine
▶ Paris 767 – Pau 15 – Tarbes 37
🛈 Office de tourisme, place Sainte-Foy ℰ 05 59 33 62 25, Fax 05 59 33 62 25
◉ Portail★ de l'église Sainte-Foy.

✗ **Le Bourgneuf** avec ch ⬡ 🕭 🎚 🕪 🅿 📳 ⚫⚫ ⓞ
*3 r. Bourg Neuf – ℰ 05 59 33 44 02 – Fax 05 59 33 07 74 – Fermé 15 oct.-8 nov.,
dim. soir et sam.*
12 ch – ♦43 € ♦♦47 €, ⌑ 5 €
Rest – (10 €) Menu 15 € (sem.)/40 € – Carte 25/45 €
♦ Carte régionale servie dans un décor rénové d'esprit rustique ; on propose également le plat du jour au bar. Un bâtiment récent abrite de petites chambres pratiques rajeunies.

MORLAIX ⬿ – 29 Finistère – **308** H3 – **15 695 h.** – alt. 7 m – ⬚ **29600**   **9** B1
▌ Bretagne
▶ Paris 538 – Brest 61 – Quimper 78 – St-Brieuc 86
🛈 Office de tourisme, place des Otages ℰ 02 98 62 14 94, Fax 02 98 63 84 87
🄶 de Carantec à Carantec Rue de Kergrist, N : 13 km par D73,
ℰ 02 98 67 09 14
◉ Vieux Morlaix★ : Viaduc★ - Grand'Rue★ - Intérieur★ de la maison de "la Reine Anne" - Vierge★ dans l'église St-Mathieu - Rosace★ dans le musée des Jacobins★.
🄶 Calvaire★★ de Plougonven★ 12 km par D 9.

Plan page suivante

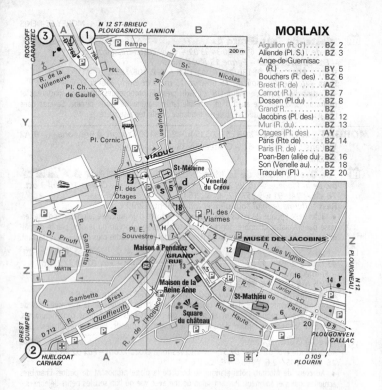

🏠 **Du Port** sans rest ⁽ᵗ⁾ VISA ⚫⚫ AE

3 quai de Léon – 𝒞 *02 98 88 07 54 – www.lhotelduport.com – Fax 02 98 88 43 80
– Fermé 20 déc.-4 janv.* AY**r**
25 ch – ♦53/74 € ♦♦62/82 €, ☷ 8 €

◆ Maison bretonne du 19ᵉ s. face au port de plaisance. Chambres pratiques, toutes rénovées
et bien insonorisées ; certaines ont vue sur les quais. Une bonne petite adresse.

🏠 **Les Bruyères** sans rest 🚗 ⁽ᵗ⁾ **P** VISA ⚫⚫ AE ①

3 km par rte de Plouigneau Est sur D 712 - BZ – 𝒞 *02 98 88 08 68
– www.hotel-morlaix.com – Fax 02 98 88 66 54*
32 ch – ♦49/71 € ♦♦49/74 €, ☷ 8 €

◆ En léger retrait de la route, construction des années 1970. Chambres fonctionnelles (mobilier pratique et couleurs gaies) et acueillante salle des petits-déjeuners.

🏡 **Manoir de Coat Amour** ⌇ ♨ ☉ ☼ ⁽ᵗ⁾ **P** VISA ⚫⚫

rte de Paris – 𝒞 *02 98 88 57 02 – www.gites-morlaix.com – Fax 02 98 88 57 02
– Fermé janv.-fév.* BZ**r**
5 ch ☷ – ♦65/110 € ♦♦70/110 € **Table d'hôte** – Menu 25 € bc/55 € bc

◆ Sur les hauteurs de la ville, manoir du 19ᵉ s. aux airs de malouinière, entouré d'un parc
arboré et fleuri. Meubles d'antiquaires dans les chambres et accueil charmant. La maîtresse
des lieux propose une table d'hôte certains soirs de la semaine.

🍴 **Le Viaduc** VISA ⚫⚫

3 rampe St-Mélaine – 𝒞 *02 98 63 24 21 – Fermé 5-25 mars, 5-25 oct., dim. soir et
lundi sauf juil.-août* BY**s**
Rest – (15 €) Menu 27 € – Carte 23/53 €

◆ Cette maison compte parmi les plus vieilles du secteur de l'église St-Mélaine. Cadre
mariant vieilles pierres, mobilier actuel et œuvres d'artistes locaux. Cuisine traditionnelle.

✗ **L'Estaminet**   ⅷ 🚗 𝑽𝑰𝑺𝑨 ◐◑ 𝑨𝑬
23 r. du Mur – ℘ 02 98 88 00 17 – www.restaurantmorlaix.com
– Fax 02 98 88 00 17   BZ**t**
Rest – (Fermé 22 mai-4 juin) (15 €) Menu 26 € – Carte 25/40 €
◆ Dans une rue piétonne sympathique du vieux Morlaix, restaurant à deux visages : bistrot-bar à vins en façade, esprit lounge sur l'arrière. Bon accueil et cuisine traditionnelle.

✗ **L'Hermine**   𝑽𝑰𝑺𝑨 ◐◑
35 r. Ange-de-Guernisac – ℘ 02 98 88 10 91 – www.restaurantmorlaix.com
– Fermé 23 oct.-3 nov., 20 déc.-3 janv. et merc.   BY**d**
Rest – (15 € bc) Carte 12/23 €
◆ Poutres, tables en bois ciré et objets campagnards composent le décor de cette sympathique crêperie bordant une rue piétonne. Spécialités de galettes et crêpes de la mer.

MORNAS – 84 Vaucluse – 332 B8 – 2 243 h. – alt. 37 m – ⊠ 84550   40 A2
▮ Provence

▶ Paris 646 – Avignon 40 – Bollène 12 – Montélimar 47

🏨 **Le Manoir**   🚗 𝑨𝑪 🛜 🕴 P 🚗 𝑽𝑰𝑺𝑨 ◐◑ 𝑨𝑬
16 av. Jean Moulin – ℘ 04 90 37 00 79 – www.hotel-le-manoir.com
– Fax 04 90 37 10 34 – Fermé 1er janv.-12 fév., dim. soir, lundi et mardi d'oct. à mai
23 ch – †50/65 € ††55/95 €, ⊇ 8 € – ½ P 63/83 €
Rest – (fermé mardi midi et lundi) (16 €) Menu 28/50 € – Carte 35/55 €
◆ Au pied d'une falaise vertigineuse, jolie demeure bourgeoise du 18e s. au cachet rétro et à l'esprit familial. Atmosphère différente et soignée dans chaque chambre. Dans une salle à manger rustique ou à l'ombre du patio-terrasse, vous dégusterez une cuisine traditionnelle.

MORSBRONN-LES-BAINS – 67 Bas-Rhin – 315 K3 – 567 h.   1 B1
– alt. 200 m – ⊠ 67360

▶ Paris 489 – Haguenau 11 – Sarreguemines 68 – Strasbourg 44
🛈 Office de tourisme, 1, rte de Haguenau ℘ 03 88 05 82 40, Fax 03 88 94 20 04

🏨 **La Source des Sens**   🚗 🚗 🖥 ⊛ 𝑰ℴ 🧖 ch, 🕯 🕴 P 𝑽𝑰𝑺𝑨 ◐◑ 𝑨𝑬 ⓪
19 rte Haguenau – ℘ 03 88 09 30 53 – www.lasourcedessens.fr
– Fax 03 88 09 35 65 – Fermé 16-30 juil., janv., dim. soir et lundi
14 ch – †75/150 € ††90/190 €, ⊇ 13 € – 1 suite – ½ P 85/135 €
Rest – (16 €) Menu 25 € (déj. en sem.), 35/63 € – Carte 47/65 €
◆ Cet établissement propose des chambres tendance (lignes épurées, bois sombre, lampes japonaises...) et un espace bien-être très complet. Au restaurant, carte créative et atmosphère moderne (mobilier design, véranda, suivi en direct des cuisines via un écran plasma).

MORTAGNE-AU-PERCHE – 61 Orne – 310 M3 – 4 210 h.   33 C3
– alt. 260 m – ⊠ 61400 ▮ Normandie Vallée de la Seine

▶ Paris 153 – Alençon 39 – Chartres 80 – Lisieux 89
🛈 Office de tourisme, Halle aux Grains ℘ 02 33 85 11 18, Fax 02 33 83 34 37
🔟 De Bellême Saint-Martin à Bellême Les Sablons, S : 17 km par D 938,
℘ 02 33 73 12 79
◉ Boiseries★ de l'église N.-Dame.

🏨 **Du Tribunal** ☜   🛜 𝑽𝑰𝑺𝑨 ◐◑ 𝑨𝑬
4 pl. Palais – ℘ 02 33 25 04 77 – www.hotel-tribunal.fr – Fax 02 33 83 60 83
21 ch – †60 € ††60 €, ⊇ 10 €   **Rest** – (19 €) Menu 28/55 € – Carte 55/85 €
◆ Cette ravissante maison fleurie (13e - 18e s.) abrite des chambres confortables, en majorité rénovées dans un esprit plus actuel. Élégante salle à manger mariant tradition et modernité ; cuisine d'aujourd'hui valorisant les produits du terroir.

---

au Pin-la-Garenne 9 km au Sud par rte Bellême sur D 938 – 619 h. – alt. 158 m
– ⊠ 61400

✗ **La Croix d'Or**   🛜 P 𝑽𝑰𝑺𝑨 ◐◑ ⓪
6 r. de la Herse – ℘ 02 33 83 80 33 – www.lacroixdor.free.fr – Fax 02 33 83 06 03
– Fermé 25 nov.-5 déc., fév., mardi et merc.
Rest – (9 €) Menu 13 € (sem.)/45 € – Carte 26/54 €
◆ Auberge accueillante située à la sortie du village. Agréable et chaleureuse salle à manger rustique, réchauffée l'hiver par la cheminée. Cuisine traditionnelle.

MORTAGNE-SUR-GIRONDE – 17 Charente-Maritime – 324 F7   38 B3
– 1 022 h. – alt. 51 m – ⌧ 17120 ▮ Poitou Vendée Charentes

> ▷ Paris 509 – Blaye 59 – Jonzac 30 – Pons 26
>
> 🛈 Syndicat d'initiative, 1, place des Halles   ✆ 05 46 90 52 90,
> Fax 05 46 90 52 90
>
> ◉ Chapelle ★ de l'Ermitage St-Martial S : 1,5 km.

⌂   **La Maison du Meunier** sans rest   🖨 ⊗ "📶"
36 quai de l'Estuaire, (au port) – ✆ 05 46 97 75 10 – www.maisondumeunier.com
– Fax 05 46 92 25 54
5 ch ⊊ – †70 € ††70 €
♦ Tableaux modernes, photos anciennes et même une vieille moto décorent cette maison
ayant appartenu à un meunier. Jolies chambres pleines d'objets chinés et accueil charmant.

> Se régaler sans se ruiner ? Repérez les Bib Gourmand ⓐ. Ils vous aideront à
> dénicher les bonnes tables sachant marier cuisine de qualité et prix ajustés !

MORTEAU – 25 Doubs – 321 J4 – 6 293 h. – alt. 780 m – ⌧ 25500   17 C2
▮ Franche-Comté Jura

> ▷ Paris 468 – Basel 121 – Belfort 88 – Besançon 65
>
> 🛈 Office de tourisme, place de la Halle   ✆ 03 81 67 18 53, Fax 03 81 67 62 34

🏠   **La Guimbarde** sans rest   "📶" 🅿 𝗩𝗜𝗦𝗔 ◉◉ 𝗔𝗘
10 pl. Carnot – ✆ 03 81 67 14 12 – www.la-guimbarde.com – Fax 03 81 67 48 27
25 ch – †51/100 € ††56/100 €, ⊊ 8 €
♦ Cet imposant édifice du 19e s. vous reçoit dans ses chambres réactualisées ; seule la salle
des petits-déjeuners a gardé son aspect rustique. Le week-end, piano-bar au salon.

※※   **Auberge de la Roche** (Philippe Feuvrier)   🖨 🈂 🅿 𝗩𝗜𝗦𝗔 ◉◉
❀   au Pont de la Roche, 3 km au Sud-Ouest par D 437 ⌧ 25570 – ✆ 03 81 68 80 05
– Fax 03 81 68 87 64 – Fermé 5-14 juil., mardi soir, dim. soir et lundi
Rest – Menu 27 € (sem.), 43/78 € – Carte 68/91 €
Spéc. Foie gras d'oie cuit au torchon. Dos de colin de pleine mer, sauce
mousseline. Parfait glacé à l'absinthe. **Vins** Arbois, Château-Châlon.
♦ Accueil chaleureux et cuisine franc-comtoise revisitée ont fait la renommée de ce restau-
rant situé dans la verte campagne du Haut-Doubs. Apéritif et café servis en terrasse.

à Grand'Combe-Châteleu 5 km au Sud-Ouest par D 437 et D 47 – 1 341 h.
– alt. 760 m – ⌧ 25570

> ◉ Fermes anciennes ★.

※※   **Faivre**   𝗩𝗜𝗦𝗔 ◉◉
2, bas de Grand'Combe – ✆ 03 81 68 84 63 – Fax 03 81 68 87 80 – Fermé dim.
soir et lundi
Rest – (18 €) Menu 25/60 € – Carte 28/58 €
♦ Grande maison comtoise dans un hameau pittoresque aux belles fermes anciennes. Cadre
rustique où les habitués dégustent des plats régionaux, dont le célèbre "Jésus" de Morteau.

aux Combes 7 km à l'Ouest par D 48 et rte secondaire – 694 h. – alt. 935 m
– ⌧ 25500

🏠   **L'Auberge de la Motte** ⌂   🖨 🈂 𝗩𝗜𝗦𝗔 ◉◉
⊜   La Motte – ✆ 03 81 67 23 35 – www.auberge-de-la-motte.fr – Fax 03 81 67 63 45
– Fermé en mars, en nov. et en déc.
🛏   **7 ch** – †45/48 € ††45/48 €, ⊊ 6,50 € – ½ P 45/47 €
Rest – (fermé dim. soir et le midi sauf sam.) Menu 18 € – Carte 16/30 €
♦ Ferme de pays (1808) restaurée et dotée de chambres agrémentées de boiseries et de
meubles contemporains. La carte régionale tend à se simplifier, se concentrant davantage
sur les produits du terroir. Jolies salles rustiques et terrasse d'été.

MORTEMART – 87 Haute-Vienne – 325 C4 – 131 h. – alt. 300 m   24 A1
– ⌧ 87330 ▮ Limousin Berry

> ▷ Paris 388 – Bellac 14 – Confolens 31 – Limoges 41
>
> 🛈 Syndicat d'initiative, Château des Ducs   ✆ 05 55 68 98 98

✗✗ **Le Relais** avec ch ⌂ 🎟 **VISA** 🌐
😊 *1 pl. Royale –* 𝒞 *05 55 68 12 09 – www.le-relais-mortemart.fr – Fermé fév., mardi
sauf du 15 juil. au 31 août et lundi*
5 ch – †48/55 € ††48/55 €, ⊑ 9 € – ½ P 65 €
Rest – Menu 19 € (sem.)/47 – Carte 37/60 €
♦ Pierres apparentes, cheminée et poutres dans ce sympathique restaurant situé face aux
jolies halles en bois. Cuisine traditionnelle réalisée avec de bons produits. À l'hôtel, chambres
simples mais coquettes.

MORTHEMER – 86 Vienne – **322** J6 – ⊠ **86300**   **39** C2
▌Poitou Vendée Charentes

▶ Paris 370 – Poitiers 33 – Châtellerault 70 – Buxerolles 35

✗ **La Passerelle** ⌂ 🎟 **VISA** 🌐
😊 *2 r. du Baron de Soubeyran –* 𝒞 *05 49 01 13 33 – Fax 05 49 01 13 33
– Fermé merc. soir, dim. et lundi*
Rest – Menu 12 € bc (déj. en sem.), 25/45 € – Carte environ 40 €
♦ Le majestueux château de Morthemer domine cette petite maison de pays accessible par
une passerelle (d'où l'enseigne). Intérieur rustique, plats traditionnels et produits frais.

MORZINE – 74 Haute-Savoie – **328** N3 – 2 940 h. – alt. 960 m – **Sports**   **46** F1
d'hiver : 1 000/2 100 m ⛷ 6 ⛷ 61 ⛷ – ⊠ **74110** ▌Alpes du Nord

▶ Paris 586 – Annecy 84 – Cluses 26 – Genève 58
ℹ Office de tourisme, 23, Place du Baraty 𝒞 04 50 74 72 72,
Fax 04 50 79 03 48
🟥 Avoriaz à Avoriaz Office du Tourisme Avoriaz, E : 12 km par D 338,
𝒞 04 50 74 11 07
👁 le Pléney★ par téléphérique, pointe du Nyon★ par téléphérique
- Télésiège de Chamoissière★★.

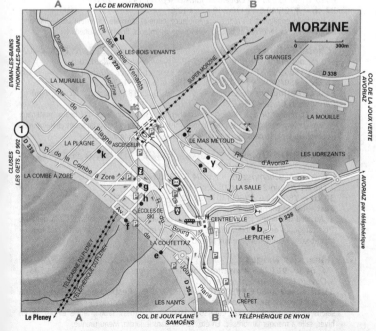

1037

⌂⌂⌂ **Le Samoyède** ⟨ 🍴 ☎ 🛎 ⁋ 🅿 VISA ⬤⬤ ﭏ ⓘ

– ℰ 04 50 79 00 79 – www.hotel-lesamoyede.com – Fax 04 50 79 07 91
– Ouvert de mi-juin à fin oct. et de déc. à fin avril **Bg**
30 ch – †59/105 € ††111/268 €, � 13 € – ½ P 82/187 €
Rest L'Atelier – (fermé le midi sauf dim. et fériés) (28 €) Menu 37/65 €
– Carte 50/61 €❀

♦ Grand chalet doté de vastes chambres personnalisées souvent orientées plein ouest, face aux pentes enneigées. Mobilier de qualité. Savoureuse cuisine au goût du jour servie dans une élégante salle tout en bois ou sur l'une des deux terrasses. Riche carte des vins.

⌂⌂⌂ **Le Dahu** ⟨ 🍴 ☎ ⚬ 🔥 🛎 ⁋ 🅿 VISA ⬤⬤

– ℰ 04 50 75 92 92 – www.dahu.com – Fax 04 50 75 92 50 – Ouvert
20 juin-10 sept. et 20 déc.-15 avril **Bz**
39 ch – †50/140 € ††72/220 €, ⊔ 14 € – 8 suites – ½ P 72/170 €
Rest – (fermé le midi en hiver sauf vacances scolaires et mardi soir du 20 déc.-
15 avril) Menu 30 € (dîner), 50/55 €

♦ Au calme sur la rive droite de la Dranse, hôtel familial dominant la vallée. Chambres montagnardes, souvent dotées d'un balcon ; bel espace de remise en forme. Restaurant panoramique (menu unique). En été, soirées pierrade ; l'hiver, soirées savoyardes.

⌂⌂⌂ **Champs Fleuris** ⟨ 🍴 ☎ ⚬ 🔥 ※ 🛎 ⁋ 🚗 VISA ⬤⬤ ﭏ

Pl. du Téléphérique – ℰ 04 50 79 14 44 – www.hotel-champs-fleuris.com
– Fax 04 50 79 27 75 – Ouvert 25 juin-10 sept. et 15 déc.-11 avril **Af**
47 ch – †80/200 € ††100/210 €, ⊔ 12 € – 6 suites – ½ P 90/180 €
Rest – Menu 25 € (déj.)/30 €

♦ Hôtel idéalement situé au pied du téléphérique du Pléney ; chambres cosy et spacieuses, rénovées dans le style alpin. Salon-cheminée tourné vers les pistes. Cuisine traditionnelle servie dans deux salles d'inspiration montagnarde.

⌂⌂ **La Bergerie** sans rest ⟨ 🍴 ⚬ 🛎 ⁋ 🚗 VISA ⬤⬤

103 rte du Téléphérique – ℰ 04 50 79 13 69 – www.hotel-bergerie.com
– Fax 04 50 75 95 71 – Ouvert 27 juin-13 sept. et 19 déc.-20 avril **Bh**
27 ch – †70/240 € ††110/310 €, ⊔ 12 €

♦ Un chalet engageant où règne une ambiance jeune et familiale : intérieur cosy, chambres progressivement rénovées et table d'hôtes pour les enfants. Piscine chauffée.

⌂⌂ **Chalet Philibert** ⟨ 🍴 ⚬ 🔥 ⁋ 🅿 VISA ⬤⬤ ﭏ

480 rte des Putheys – ℰ 04 50 79 25 18 – www.chalet-philibert.com
– Fax 04 50 79 25 81 – Ouvert 15 juin-15 sept. et 1er déc.-20 avril **Bb**
26 ch – †50/140 € ††100/280 €, ⊔ 13 € – ½ P 94/132 €
Rest Le Restaurant du Chalet – ℰ 04 50 79 25 18 (ouvert 15 déc.-15 avril)
(dîner seult) Carte 42/69 €❀

♦ Chalet rénové dans le respect de l'authenticité savoyarde avec de beaux matériaux anciens (bois, pierre) glanés dans les fermes voisines. Chambres confortables et chaleureuses. Atmosphère typique dans les deux salles du restaurant. Cuisine inventive.

⌂⌂ **La Clef des Champs** ⟨ 🍴 ☎ ⚬ 🔥 🛎 & ch, ⁋ 🅿 VISA ⬤⬤

av. Joux-Plane – ℰ 04 50 79 10 13
– www.clefdeschamps.fr – Fax 04 50 79 08 18
– Ouvert 30 juin-2 sept. et 19 déc.-11 avril **Be**
30 ch – †80/140 € ††80/140 €, ⊔ 12 € – ½ P 72/92 €
Rest – (20 €) Menu 23 €

♦ Au pied des pistes, joli chalet orné de balcons en bois découpé comme de la dentelle. Trois catégories de chambres, refaites dans le style montagnard. Dans le restaurant tout en sapin brossé, cuisine française aux accents du terroir.

⌂ **Fleur des Neiges** 🍴 ☎ ⚬ ※ 🛎 ⁋ 🅿 VISA ⬤⬤

– ℰ 04 50 79 01 23 – www.chalethotelfleurdesneiges.com – Fax 04 50 75 95 75
– Ouvert 1er juil.-10 sept. et 20 déc.-15 avril **Ak**
31 ch – †50/80 € ††80/110 € – ½ P 70/95 € **Rest** – Menu 20 € (déj.)/30 €
♦ Cet hôtel dispose de chambres douillettes dotées d'un mobilier en sapin brut. Petits salons et bar avec écran plat. Côté sport et détente : fitness, sauna, tennis et piscine. En hiver, salle à manger lambrissée. En été, service dans le jardin. Menu unique.

🏠 **L'Hermine Blanche** ❧   ≤ 🚗 📺 💠 🖥 📶 **P** 🚿 *VISA* ⊚⊚
414 chemin du Mas Metout – ℰ 04 50 75 76 55
– www.hermineblanche.com – Fax 04 50 74 72 47
– Ouvert 3 juil.-5 sept. et 19 déc.-17 avril   **Bу**
25 ch – 🛏50/67 € 🛏🛏60/87 €, � 9 € – ½ P 63/81 €
Rest – (dîner seult) Menu 26 €
  ◆ Près de la route d'Avoriaz, avenante adresse disposant de chambres simples, fraîches et
accueillantes (toutes avec balcon). Agréable piscine semi-couverte et jacuzzi face au jardin.
Le chef réalise une cuisine traditionnelle pour les résidents.

🏠 **Les Côtes** ❧   ≤ 🚗 📺 *L₄* 🍴 💠 🏊 📶 **P** 🚗 *VISA* ⊚⊚
265 chemin de la Salle – ℰ 04 50 79 09 96
– www.hotel-lescotes.com – Fax 04 50 75 97 38
– Ouvert 3 juil.-31 août et 19 déc.-11 avril   **Ba**
3 ch – 🛏60/83 € 🛏🛏60/83 €, ⊒ 8 € – 20 suites – 🛏🛏75/136 € – ½ P 57/84 €
Rest – (dîner seult) (résidents seult) (22 €) Menu 25 €
  ◆ Ce double chalet aux balcons de bois ouvragé jouit d'une bonne exposition côté adret.
Chambres et studios sobres et bien tenus. Nombreux équipements pour les enfants ; belle
piscine sous verrière.

🏠 **L'Ours Blanc** ❧   ≤ 🚗 📺 **P** *VISA* ⊚⊚
522 chemin Martenant – ℰ 04 50 79 04 02
– www.oursblanc-morzine.com – Fax 04 50 75 97 82
– Ouvert 3 juil.-28 aout et 18 déc.-15 avril   **Au**
22 ch – 🛏50/58 € 🛏🛏62/80 €, ⊒ 8 € – ½ P 59/70 €
Rest – (dîner seult) (résidents seult) Menu 24 €
  ◆ L'accueil familial fait l'attrait de ce chalet standard situé à l'écart du centre et orienté au
sud. Les chambres sont simples mais agréables et propres ; quelques balcons. Menu unique
au restaurant ; fondue et raclette une fois par semaine.

à Avoriaz 14 km à l'Est par D 338 – ✉ 74110

🅘 Office de tourisme, place centrale ℰ 04 50 74 02 11, Fax 04 50 74 24 29

🏨 **Les Dromonts** ❧   ≤ 💠 *VISA* ⊚⊚ **AE**
40 pl. des Dromonts, accès piétonnier – ℰ 04 50 74 08 11
– www.christophe-leroy.com – Fax 04 50 74 02 79
– Ouvert 17 déc.-12 avril
29 ch (½ P seult) – 6 suites – ½ P 115/350 €
Rest **Table du Marché** – Menu 29/89 € – Carte 55/80 €
  ◆ Chambres contemporaines et cosy, salons intimes, bar et cheminée design : le mythique
hôtel (1965) du "Brasilia des neiges" demeure une adresse originale ! Élégant cadre de bistrot
chic et ardoise de suggestions actuelles à la Table du Marché.

MOSNAC – 17 Charente-Maritime – **324** G6 – **rattaché à Pons**

MOSNES – 37 Indre-et-Loire – **317** P4 – **757 h.** – **alt. 70 m** – ✉ 37530   **11 A1**
  ▶ Paris 211 – Orléans 86 – Tours 37 – Blois 26

🏨 **Domaine des Thômeaux** ❧   🕭 🔓 📺 🚿 *L₄* & ch, **AC** 📶 ♨ **P**
12 r. des Thômeaux – ℰ 02 47 30 40 14   *VISA* ⊚⊚ **AE**
– www.domainedesthomeaux.fr – Fax 02 47 30 43 32 – Fermé 20 déc.-12 janv.
35 ch – 🛏82/130 € 🛏🛏82/130 €, ⊒ 11 €
Rest – (fermé mardi midi et lundi en mars) (15 €) Menu 20/36 €
  ◆ Ce château tourangeau en briques et tuffeau abrite des chambres personnalisées sur le
thème de villes de tous pays. Détente et loisirs grâce aux spa et parc Fantasy Forest. Cuisine
du monde servie dans un cadre intimiste ou sur une grande terrasse.

LA MOTHE-ACHARD – 85 Vendée – **316** G8 – **2 340 h.** – **alt. 20 m**   **34 B3**
– ✉ 85150
  ▶ Paris 446 – Nantes 90 – La Roche-sur-Yon 25 – Challans 40
  🅘 Office de tourisme, 56, rue G. Clémenceau ℰ 02 51 05 90 49, Fax 02 51 05
    95 51

Domaine de Brandois ⬡   ⬡ 🕭 ☒ ⅙ 🆔 ch, ⌖ ⓕ 𝒮𝒶 **P**

La Forêt, proche du jardin extraordinaire   𝚅𝙸𝚂𝙰 ⬤⬤ 𝔸𝔼 ⓞ

– 𝒞 02 51 06 24 24 – www.domainedebrandois.com – Fax 02 51 06 37 87

39 ch – ♦95/190 € ♦♦95/190 €, ⌑ 11 €

Rest – *(fermé dim. soir d'oct. à avril)* (19 €) Menu 35 € – Carte 25/45 €

♦ Mariage réussi de l'ancien et du moderne dans ce château de 1868. Spacieuses chambres design ; celles du Verger, ouvertes sur la nature, sont plus petites et simples. Salle à manger bourgeoise avec ses moulures et boiseries peintes d'origine et carte actuelle.

LA MOTTE – 83 Var – **340** O5 – 2 772 h. – alt. 79 m – ⌧ 83920   **41** C3

🄳 Paris 864 – Cannes 54 – Fréjus 25 – Marseille 118

🄸 Office de tourisme, 25, boulevard André Bouis 𝒞 04 94 84 33 76

⌂   **Le Mas du Père** sans rest ⬡   🕮 ☒ 🆔 ⌖ **P**

280 chemin du Péré – 𝒞 04 94 84 33 52 – www.lemasdupere.com

– Fax 04 94 84 33 52

3 ch ⌑ – ♦80/105 € ♦♦80/105 €

♦ Dans un village perché, ce mas provençal entouré de verdure abrite des chambres cosy, pourvues d'une terrasse privative. Jolie vue sur le massif des Maures depuis la piscine.

LA MOTTE-AU-BOIS – 59 Nord – **302** D3 – rattaché à Hazebrouck

---

MOTTEVILLE – 76 Seine-Maritime – **304** F4 – rattaché à Yvetot

---

MOUDEYRES – 43 Haute-Loire – **331** G4 – 105 h. – alt. 1 177 m   **6** C3

– ⌧ 43150

🄳 Paris 565 – Aubenas 64 – Langogne 58 – Le Puy-en-Velay 26

🄱🄱   **Le Pré Bossu** ⬡   🕮 ⌖ 🆔 **P** 𝚅𝙸𝚂𝙰 ⬤⬤

– 𝒞 04 71 05 10 70 – www.auberge-pre-bossu.com – Fax 04 71 05 10 21

– Ouvert 1ᵉʳ mai-30 oct. et fermé lundi en mai, sept. et oct.

6 ch – ♦105/155 € ♦♦105/155 €, ⌑ 15 € – ½ P 105/130 €

Rest – *(dîner seult)* Menu 40 € (dîner), 42/62 €

♦ Postée à l'entrée d'un village montagnard, ravissante chaumière à l'atmosphère cosy. Salon dans la plupart des chambres ; petit-déjeuner près d'une belle cheminée. Au dîner, menu unique dans un cadre campagnard intime. Produits du terroir et légumes du potager.

MOUGINS – 06 Alpes-Maritimes – **341** C6 – 19 361 h. – alt. 260 m   **42** E2

– ⌧ 06250 ▌ Côte d'Azur

🄳 Paris 902 – Antibes 13 – Cannes 8 – Grasse 12

🄸 Office de tourisme, 15, avenue Jean Charles Mallet 𝒞 04 93 75 87 67, Fax 04 92 92 04 03

🄸🄸 Royal Mougins Golf Club 424 avenue du Roi, par D 35 : 3,5 km, 𝒞 04 92 92 49 69

🄸🄸 de Cannes Mougins 175 avenue du Golf, SO : 8 km, 𝒞 04 93 75 79 13

◉ Site★ – Ermitage N.-D. de Vie : site★, ≼★ SE : 3,5 km – Musée de l'Automobiliste★ NO : 5 km.

🄰🄰🄰   **Le Mas Candille** ⬡   ≼ ⬡ 🕭 ☒ ⓢ 🄵🕅 ⅙ ch, 🆔 ⌖ 𝒮𝒶 **P** 𝚅𝙸𝚂𝙰 ⬤⬤ 𝔸𝔼 ⓞ

✿   *bd C. Rebuffel* – 𝒞 04 92 28 43 43 – www.lemascandille.com – Fax 04 92 28 43 40

39 ch – ♦245/695 € ♦♦245/695 €, ⌑ 25 € – 7 suites – ½ P 250/433 €

Rest *Le Candille* – *(fermé janv., mardi midi et lundi)* Menu 54 € bc (déj.), 85 € bc/120 € – Carte 104/118 €

Spéc. Tatin de foie gras à l'armagnac. Déclinaison d'agneau de lait de Provence, poivron grillé et tagliatelle de courgette. Sphère ivoire à la feuille d'or, poêlée de mangue au basilic. **Vins** Côtes de Provence, Vin de pays des Alpes Maritimes.

Rest *Pergola* – *(ouvert mai-sept. et fermé le soir sauf juil.-août)* Menu 55 € bc (dîner)/70 € bc – Carte 43/62 €

♦ Superbe mas du 18ᵉ s. et sa bastide récente au cœur d'un ravissant parc (4 ha) aux essences méridionales. Chambres raffinées, calme garanti. Spa "japonisant". Délicieuse terrasse panoramique et belle cuisine au goût du jour à la table du Candille.

🏠🏠🏠 Royal Mougins Golf Resort ⟋   🔌 ⛵ 📶 🖥 ♿ 🅰🅲 ⚡ ☎ 🏋

424 av. du Roi Mougins – 𝒞 *04 92 92 49 69*   🅿 🆅🅸🆂🅰 ⓔ 🅰🅴 ⓞ
– www.royalmougins.fr – Fax 04 92 92 49 72
29 suites ⌴ – 👥210/550 € – ½ P 150/320 €
Rest – (35 €) Menu 38 € (dîner) – Carte 38/65 € le midi
♦ Le luxe contemporain règne en maître dans cet hôtel. Technologie dernier cri, somptueux lits et grandes terrasses agrémentent les suites. Spa haut de gamme ; fitness avec coach. Cuisine actuelle au restaurant design ou sur la terrasse dominant le golf.

🏠🏠 De Mougins ⟋   🚗 🔌 ⛵ ♿ ch, 🅰🅲 ☎ 🏋 🅿 🆅🅸🆂🅰 ⓔ 🅰🅴 ⓞ

205 av. du Golf, 2,5 km par rte d'Antibes – 𝒞 *04 92 92 17 07*
– www.hotel-de-mougins.com – Fax 04 92 92 17 08
50 ch – 👤195/275 € 👥195/275 €, ⌴ 20 € – 1 suite
Rest – (fermé lundi d'oct. à fév.) (29 € bc) Menu 35 € (déj.), 50/98 € – Carte 40/70 €
♦ Les chambres, spacieuses, cossues et provençales, occupent des mas dispersés dans un jardin fleurant bon l'oranger, la lavande et le romarin. Plaisante salle à manger et terrasse ombragée d'un vieux frêne pour savourer une cuisine au goût du jour soignée.

🏠🏠 Le Manoir de l'Étang ⟋   ⟋ 🔌 🐾 🔌 🅰🅲 ch, 🅿 🆅🅸🆂🅰 ⓔ 🅰🅴

66 allée du Manoir, 3 km par rte d'Antibes – 𝒞 *04 92 28 36 00*
– www.manoir-de-letang.com – Fax 04 92 28 36 10 – Ouvert avril- oct.
16 ch – 👤125/275 € 👥125/275 €, ⌴ 17 € – 2 suites
Rest – (19 €) Menu 24 € (déj. en sem.) – Carte 55/70 € le soir
♦ Cette demeure du 19ᵉ s. domine un étang couvert de nénuphars en été, visible de la plupart des chambres, dans un parc de 4 ha. Bel intérieur mêlant l'ancien et le contemporain. Cuisine italienne au restaurant : antipasti, pâtes et poissons de Méditerranée.

🍴🍴🍴🍴 Le Moulin de Mougins avec ch   🚗 🔌 🅰🅲 ☎ 🛏 🅿 🆅🅸🆂🅰 ⓔ 🅰🅴 ⓞ
😊
à Notre-Dame-de-Vie, 2,5 km au Sud-Est par D 3 – 𝒞 *04 93 75 78 24*
– www.moulindemougins.com – Fax 04 93 90 18 55 – Fermé lundi et mardi
11 ch ⌴ – 👤150/350 € 👥150/350 €
Rest – (39 €) Menu 49 € (déj.), 90/160 € – Carte 90/141 €
Spéc. Tartelette d'anchois frais et ratatouille. Rouget barbet en filets sur ravioles d'herbes. Macaronade de mangue.
♦ Le nouveau chef de ce vénérable moulin à huile du 16ᵉ s. démontre une grande technique (cuisson, fumets, présentation…), au service de mets subtils qui mêlent saveurs du Sud et notes exotiques. Agréable terrasse. Chambres relookées qui feront le bonheur des amateurs d'art contemporain.

🍴🍴 Le Clos St-Basile   🔌 🅿 🆅🅸🆂🅰 ⓔ 🅰🅴

351 av. St-Basile – 𝒞 *04 92 92 93 03 – Fax 04 92 92 19 34*
Rest – Carte 65/90 €
♦ Maison traditionnelle au charmant décor provençal : salle à manger fraîche et lumineuse, et agréable terrasse ombragée de cyprès. Cuisine centrée sur le produit.

🍴🍴 L'Amandier de Mougins   🔌 🅰🅲 ♻ 🆅🅸🆂🅰 ⓔ 🅰🅴 ⓞ

pl. des Patriotes, (au village) – 𝒞 *04 93 90 00 91 – www.amandier.fr*
– Fax 04 92 92 89 95 – Fermé merc.
Rest – Menu 24 € (déj.), 29/44 € – Carte 48/79 €
♦ Pressoir du 14ᵉ s. établi aux portes du vieux village cher à Picasso et Man Ray. Intérieur méridional agrémenté de mosaïques et de tableaux contemporains. Plats régionaux.

🍴 Brasserie de la Méditerranée   🔌 🅰🅲 🆅🅸🆂🅰 ⓔ 🅰🅴

32 pl. du Commandant Lamy, au village – 𝒞 *04 93 90 03 47*
– www.brasserie-la-mediterranee.com – Fax 04 93 75 72 83 – Fermé 10 janv.-9 fév.
Rest – (prévenir) (17 €) Menu 24 € (déj.)/52 € – Carte 35/96 €
♦ Sur la pittoresque place centrale, sympathique restaurant au décor de style bistrot. Vous y dégusterez une cuisine au goût du jour d'inspiration méditerranéenne.

🍴 Le Bistrot de Mougins   🔌 🅰🅲 🆅🅸🆂🅰 ⓔ

pl. du village – 𝒞 *04 93 75 78 34 – Fax 04 93 75 25 52 – Fermé 27 nov.-27 déc. et merc.*
Rest – (dîner seult) (prévenir) (22 €) Menu 35/49 € – Carte environ 55 €
♦ Fraîche alternative aux incontournables terrasses mouginoises que ce petit restaurant-bistrot aménagé dans une agréable cave voûtée. Décor "rustique chic" et cuisine provençale.

MOUILLERON-EN-PAREDS – 85 Vendée – **316** K7 – 1 232 h.   **34** B3
– **alt. 101 m** – ⊠ 85390 ▮ Poitou Vendée Charentes

▶ Paris 426 – Nantes 95 – La Roche-sur-Yon 53 – Cholet 70
🇮 Office de tourisme, 13, place de Lattre de Tassigny ℰ 02 51 00 32 32

⌂ **La Boisnière** sans rest ⬧   ⩽ 🖭 🏊 ᕯ ᐢᐟ **P**
– ℰ 02 51 51 36 39 – www.laboisniere.com – Fax 02 51 51 36 39
5 ch ⌂ – †60/70 € ††80/90 €
♦ Priorité au confort dans cette ferme restaurée dominant le Chemin de la colline des Moulins : chambres fraîches, récentes et bien équipées, tenue méticuleuse et belle piscine.

MOULICENT – 61 Orne – **310** N3 – 284 h. – alt. 335 m – ⊠ 61290   **33** C3
▶ Paris 148 – Caen 134 – La Ferté-Bernard 51 – Nogent-le-Rotrou 35

⌂ **Château de la Grande Noë** sans rest ⬧   🔊 ᐢᐟ **P**
500 m à l'Ouest par D 289 – ℰ 02 33 73 63 30
– www.chateaudelagrandenoe.com – Ouvert d'avril à nov.
3 ch ⌂ – †80/100 € ††100/120 €
♦ Dans un domaine de 135 ha, cette demeure familiale vous réserve un accueil soigné : chambres au charme désuet (objets anciens), belle salle à manger habillée de boiseries du 18ᵉ s.

MOULIHERNE – 49 Maine-et-Loire – **317** J4 – 886 h. – alt. 80 m   **35** C2
– ⊠ 49390
▶ Paris 282 – Nantes 150 – Angers 63 – Saumur 31

⌂ **Le Cèdre de Monnaie** ⬧   **P**
La Verrie, 4,5 km au Sud par rte de Longué et rte Forestière – ℰ 02 41 67 09 27
– www.cedredemonnaie.com – Fax 02 41 67 09 27 – Fermé 31 déc.-1ᵉʳ mars
5 ch ⌂ – †48 € ††58 €   **Table d'hôte** – Menu 20 € bc
♦ En lisière de la forêt de Monnaie, idéal pour les amoureux de la nature. Chambres authentiquement rustiques, logées dans un ancien grenier ; petit-déjeuner servi à l'étable. La table d'hôte est installée dans la belle cuisine (avec cheminée) ; recettes familiales.

MOULIN-DE-MALFOURAT – 24 Dordogne – **329** D7 – rattaché à Bergerac

---

MOULINS **P** – 03 Allier – **326** H3 – 20 599 h. – alt. 240 m – ⊠ 03000   **6** C1
▮ Auvergne

▶ Paris 294 – Bourges 101 – Clermont-Ferrand 105 – Nevers 56
🇮 Office de tourisme, 11, rue François Péron ℰ 04 70 44 14 14,
   Fax 04 70 34 00 21
🏌 de Moulins-Les Avenelles à Toulon-sur-Allier Les Avenelles, par rte de
   Vichy : 7 km, ℰ 04 70 44 02 39
◉ Cathédrale Notre-Dame★ : triptyque★★★, vitraux★★ - Statue
   Jacquemart★ - Mausolée du duc de Montmorency★ (chapelle de la
   visitation) - Musée d'Art et d'Archéologie★★.

⌂ **Le Parc**   ⒶⒸ rest, 📞 **P** 𝚅𝙸𝚂𝙰 ⓒⓞ
31 av. du Gén.-Leclerc – ℰ 04 70 44 12 25 – www.hotel-moulins.com
– Fax 04 70 46 79 35 – Fermé 23 déc.-8 janv.   BX**a**
26 ch – †50/75 € ††50/75 €, ⌂ 8 € – ½ P 55/60 €
Rest – (fermé 30 juil.-21 août, 23 déc.-8 janv., dim. soir et sam.) Menu 23 €
(sem.)/47 € – Carte 35/55 €
♦ À deux pas d'un parc et de la gare, établissement où toute une famille se met en quatre pour rendre votre séjour agréable. Chambres bien tenues, refaites récemment. Salle à manger au décor soigné où l'on sert une cuisine traditionnelle "aux petits oignons".

XXX **Le Clos de Bourgogne** avec ch   🖭 🈸 ᕯ ⒶⒸ 🈺 📞 **P** **P** 𝚅𝙸𝚂𝙰 ⓒⓞ
83 r. de Bourgogne – ℰ 04 70 44 03 00 – www.closdebourgogne.fr
– Fax 04 70 44 03 33 – Fermé 17 août-4 sept., 22-29 déc. et dim. d'oct. à mars
11 ch – †80/170 € ††80/170 €, ⌂ 13 €   DY**n**
Rest – (fermé sam. midi, dim. soir et lundi) (22 €) Menu 39/60 € – Carte 59/66 €
♦ Dans un havre de verdure, à l'écart du centre-ville, une gentilhommière du 18ᵉ s. alliant charme et raffinement. Savoureuse cuisine actuelle et agréables chambres personnalisées.

MOULINS

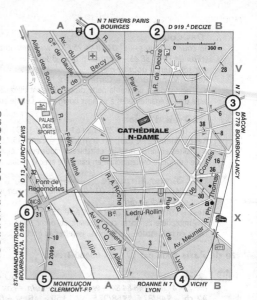

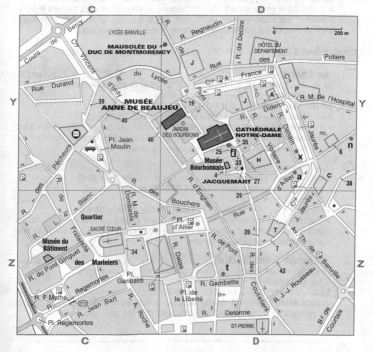

XXX **Des Cours**

36 cours J. Jaurès – ☎ 04 70 44 25 66 – www.restaurant-des-cours.com – Fax 04 70 20 58 45 – Fermé 26 août-8 sept., vacances de fév., dim. soir, mardi soir sauf juin à août et merc. DY**x**

Rest – Menu 20/50 € – Carte 45/56 €

◆ N'hésitez pas à pousser la porte de ce restaurant du quartier des administrations, il dissimule deux élégantes salles à manger bourgeoises. Cuisine au goût du jour. Terrasse.

XX **Le Trait d'Union**

16 r. Gambetta – ☎ 04 70 34 24 61 – Fermé 15-31 juil., 15-23 fév., dim. et lundi

Rest – Menu 21 € (déj. en sem.)/38 € – Carte 45/65 € DZ**t**

◆ Chaises en osier, mobilier et tableaux modernes, compositions florales et jolie mise en place : un cadre contemporain en harmonie avec la cuisine actuelle du jeune chef-patron.

X **9/7 Olivier Mazuelle**

97 r. d'Allier – ☎ 04 70 35 01 60 – Fermé 1 sem. en juil., 2 sem. en août, lundi soir, sam. midi et dim. DY**a**

Rest – (14 €) Menu 22/39 € – Carte 35/45 €

◆ Atmosphère zen dans ce restaurant au décor sobre et contemporain (tons vert pastel, tables en bois espacées et plantes). Recettes au goût du jour à base de produits du terroir.

rte de Paris 8 km par ① – ✉ 03460 Trevol

Mercure

RN 7 – ☎ 04 70 46 84 84 – www.mercure.com – Fax 04 70 46 84 80

42 ch – 🚹48/87 € 🚹🚹58/97 €, ☕ 13,50 € **Rest** – (21 €) Menu 23 € bc

◆ L'hôtel borde un axe passant, mais les chambres, rénovées et actuelles, tournent le dos à la route et sont toutes orientées vers le petit parc et la piscine. Le restaurant se prolonge d'une terrasse. Cuisine traditionnelle et carte de "grands vins à petits prix".

à Coulandon 8 km par ⑥ et D 945 – 689 h. – alt. 250 m – ✉ 03000

Le Chalet

26 rte du Chalet, 2 km au Nord-Est – ☎ 04 70 46 00 66 – www.hotel-lechalet.fr – Fax 04 70 44 07 09 – Fermé 21 déc.-4 janv.

28 ch – 🚹49 € 🚹🚹66 €, ☕ 10 € – ½ P 63 €

Rest *Montégut* – Menu 18 € (sem.)/45 € – Carte 32/52 €

◆ En pleine campagne, établissement au cœur d'un parc avec étang. Les chambres, calmes et délicieusement provinciales, se répartissent entre le chalet et les anciennes écuries. Sobre salle à manger actuelle. En saison, paisible terrasse ouverte sur la nature.

La Grande Poterie

9 r. de la Grande-Poterie, 3 km au Sud-Ouest – ☎ 04 70 44 30 39 – www.lagrandepoterie.com – Fax 04 70 44 30 39 – Ouvert 15 mars-31 oct.

4 ch ☕ – 🚹56/65 € 🚹🚹70/75 € **Table d'hôte** – Menu 28 € bc

◆ Ancienne ferme restaurée, au sein d'un parc arboré et fleuri parfaitement entretenu. Les chambres, habillées de tons pastel, sont calmes et très agréables à vivre. La table d'hôte propose de goûteuses spécialités auvergnates.

X **Auberge Saint-Martin**

Le Bourg – ☎ 04 70 46 06 10 – www.auberge-saint-martin03.com – Fax 04 70 46 06 10 – Fermé 2-10 janv. et merc.

Rest – (12 € bc) Menu 18/28 € – Carte 20/35 €

◆ Cette auberge, également épicerie-bar-dépôt de pain, anime le village. Vous dégusterez des petits plats traditionnels à la bonne franquette, dans une salle campagnarde.

Comment choisir, dans une localité, entre deux adresses de même catégorie ? Sachez que dans chacune d'elles, les établissements sont classés par ordre de préférence : les meilleures adresses d'abord.

MOULINS-LA-MARCHE – 61 Orne – 310 L3 – 782 h. – alt. 257 m   33 C3
– ⊠ 61380

▶ Paris 156 – L'Aigle 19 – Alençon 50 – Argentan 45

🛈 Syndicat d'initiative, 1, Grande Rue ℰ 02 33 34 45 98

🛏 **Le Dauphin**   😤 📶 **P** 🆅🆂🅰 ⚐

😑 *66 Grande Rue – ℰ 02 33 34 50 55 – www.hotel-ledauphin.fr
– Fax 02 33 34 25 35*
7 ch – ♦55/65 € ♦♦60/75 €, ⊇ 8 € – ½ P 75 €
Rest – *(fermé dim. soir et lundi sauf fériés)* (11 € bc) Menu 19/55 €
– Carte 26/45 €
♦ Salle "Jean Gabin" campagnarde ou salle plus rustique : l'ambiance est chaleureuse. Cui-
sine variée : plats régionaux ou actuels (accents guadeloupéens) et indétrônable choucroute.
Chambres refaites dans un style simple mais soigné pour un résultat coquet.

LE MOULLEAU – 33 Gironde – 335 D7 – rattaché à Arcachon

MOURÈZE – 34 Hérault – 339 F7 – 163 h. – alt. 200 m – ⊠ 34800   23 C2
▌ Languedoc Roussillon

▶ Paris 717 – Bédarieux 22 – Clermont-l'Hérault 8 – Montpellier 50
◎ Cirque★★.

🛏 **Navas "Les Hauts de Mourèze"** sans rest ⍟   ⩽ 🐾 🍴 **P** 🆅🆂🅰 ⚐
*Cirque dolomitique – ℰ 04 67 96 04 84 – Fax 04 67 96 25 85
– Ouvert 28 mars-1ᵉʳ nov.*
16 ch – ♦42/46 € ♦♦53/62 €, ⊇ 7 €
♦ Chambres rustiques, sans téléphone ni TV pour plus de tranquillité, parc, et le superbe
cirque dolomitique à deux pas : adresse pour épris de calme et de nature.

MOURIÈS – 13 Bouches-du-Rhône – 340 E3 – 3 012 h. – alt. 13 m   42 E1
– ⊠ 13890

▶ Paris 713 – Avignon 36 – Arles 29 – Marseille 75
🛈 Office de tourisme, 2, rue du Temple ℰ 04 90 47 56 58,
Fax 04 90 47 67 33

🛏 **Terriciaë** sans rest   🍴 🕭 🆎 📶 🕭 **P** 🆅🆂🅰 ⚐ 🆎
*rte de Maussane (D 17) – ℰ 04 90 97 06 70 – www.hotel- terriciae.fr
– Fax 04 90 47 63 85*
31 ch – ♦82/146 € ♦♦98/195 €, ⊇ 10 € – 4 suites
♦ Au calme, cet hôtel tout neuf propose des chambres provençales bien tenues, donnant
parfois sur la piscine. 2 duplex et 2 junior suites (wi-fi) ; jardin d'oliviers et terrasse.

🛏 **Le Vallon du Gayet** ⍟   🚗 🍴 🍴 🕭 & ch, 🆎 🕭 🕭 📶 **P** 🆅🆂🅰 ⚐ 🆎 ⓞ
*rte Servannes – ℰ 04 90 47 50 63 – www.levallondegayet.com
– Fax 04 90 47 64 31*
24 ch – ♦87/97 € ♦♦97/112 €, ⊇ 12 €
Rest – *(fermé 2 sem. en nov. et 2 sem. en janv., lundi, mardi midi, merc. midi en
hiver et le midi en été)* Menu 25 € – Carte 25/60 €
♦ Les chambres de ce mas niché au pied des Alpilles possèdent une petite loggia de plain-
pied avec le jardin, à l'exception des plus récentes, spacieuses. Grillades au feu de bois servies dans un cadre rustique. Terrasse sous un pin séculaire.

MOUSSEY – 10 Aube – 313 E4 – rattaché à Troyes

MOUSTIERS-STE-MARIE – 04 Alpes-de-Haute-Provence – 334 F9   41 C2
– 696 h. – alt. 631 m – ⊠ 04360 ▌ Alpes du Sud

▶ Paris 783 – Aix-en-Provence 90 – Digne-les-Bains 47 – Draguignan 61
🛈 Office de tourisme, place de l'Église ℰ 04 92 74 67 84, Fax 04 92 74 60 65
◎ Site★★ - Église★ - Musée de la Faïence★.
◉ Grand Canyon du Verdon★★★ -Lac de Ste-Croix★★.

Bastide de Moustiers ⚭ ⟨ ⚘ 🕭 ⚒ 🔥 ch, 🔲 ch, 𝒳 ⟨ᵖ 🅿

Chemin de Quinson, au Sud du village, par D 952 et rte 🆅🅸🆂🅰 ⚬ AE ⓪
secondaire – ℰ *04 92 70 47 47 –* www.bastide-moustiers.com
– Fax 04 92 70 47 48 – Fermé 4 janv.-3 mars, mardi et merc. de nov. à mars
12 ch – †190/400 € ††190/400 €, ⟁ 20 €
Rest – *(nombre de couverts limité, prévenir)* Menu 55/70 € – Carte 61/78 € le
midi seulement
Spéc. Légumes de notre potager cuisinés en barigoule, caillé de chèvre et
riquette. Agneau de La Palud à la broche, petits farcis provençaux (mai à
sept.). Comme un calisson au melon de pays (mai à sept.). **Vins** Coteaux
Varois en Provence.
♦ Bastide (17ᵉ s.) d'un maître-faïencier convertie en auberge. Belles chambres provençales,
équipements high-tech et superbe parc (élevage de daims et joli potager). Salle à manger
intime au mobilier dépareillé, belle terrasse. Cuisine méditerranéenne soignée.

Les Restanques de Moustiers sans rest ⚒ 🔲 𝒳 ⟨ᵖ 🅿 🆅🅸🆂🅰 ⚬ AE

rte des Gorges du Verdon, à 500 m par rte de Castellane – ℰ *04 92 74 93 93*
– www.hotel-les-restanques.com *– Fax 04 92 74 52 91 – Ouvert 13 mars-14 nov.*
18 ch – †59/90 € ††59/90 €, ⟁ 8,50 € – 2 suites
♦ À deux pas du village, bâtisse neuve proposant des chambres assez spacieuses, dotées en
partie de terrasse ou balcon. Salle des petits-déjeuners ornée de belles faïences.

Le Colombier sans rest ⟨ ⟿ 𝒳 🔥 𝒳 ⟨ᵖ 🅿 🛋 🆅🅸🆂🅰 ⚬ AE

à 500 m par rte de Castellane – ℰ *04 92 74 66 02 –* www.le-colombier.com
– Fax 04 92 74 66 70 – Ouvert de fin mars à mi-nov.
22 ch – †78/95 € ††78/95 €, ⟁ 10 €
♦ Hôtel idéalement situé à l'entrée du Grand Canyon du Verdon. Décor sobre dans les
chambres (la plupart avec terrasse privée), tendance dans le salon. Jacuzzi et petite piscine.

Le Clos des Iris sans rest ⚭ ⟿ 🔥 🅿 🆅🅸🆂🅰 ⚬

Chemin de Quinson, au Sud du village, par D 952 et rte secondaire
– ℰ *04 92 74 63 46 –* www.closdesiris.fr *– Fax 04 92 74 63 59 – Fermé déc.*
et janv.
9 ch – †65/70 € ††65/70 €, ⟁ 10 €
♦ Coquettes chambres provençales (sans TV), terrasses privatives, agréable jardin méridional,
accueil charmant et convivialité : cette paisible maison ne manque pas d'atouts.

La Ferme Rose sans rest ⚭ ⟨ ⟿ ⟨ᵖ 🅿 🆅🅸🆂🅰 ⚬ AE

chemin de Peyrengue, au Sud du village, par rte Ste-Croix-du-Verdon
– ℰ *04 92 75 75 75 –* www.lafermerose.com *– Fax 04 92 73 73 73*
– Ouvert 20 mars-15 nov.
12 ch – †80/150 € ††80/150 €, ⟁ 10 €
♦ Sympathique ambiance guesthouse dans cette ancienne ferme bâtie au pied du village.
Meubles chinés, bibelots et collections diverses en font un lieu original et attachant.

La Bonne Auberge 🕭 ⚒ 🏠 🛋 🆅🅸🆂🅰 ⚬ AE

rte de Castellane, (au village) – ℰ *04 92 74 66 18*
– www.bonne-auberge-moustiers.com *– Fax 04 92 74 65 11 – Ouvert*
1ᵉʳ avril-31 oct.
19 ch – †50/57 € ††57/81 €, ⟁ 8 € – ½ P 61/66 €
Rest – *(fermé dim. soir et lundi hors saison, sam. midi, mardi midi et jeudi midi*
du 15 juin au 15 sept.) Menu 20/39 € – Carte 29/48 €
♦ À deux tours de roues des gorges du Verdon, cet hôtel dispose de chambres claires et
pratiques. Jolie piscine à débordement. Sobre salle à manger d'inspiration rustique ; cuisine
traditionnelle et plats régionaux.

La Bouscatière 🏠 ⟨ᵖ 🆅🅸🆂🅰 ⚬

chemin Marcel Provence – ℰ *04 92 74 67 67 –* www.labouscatiere.com
– Fax 04 92 74 65 72
5 ch – †115/210 € ††115/210 €, ⟁ 16 €
Table d'hôte – Menu 35/120 €
♦ Superbe demeure du 18ᵉ s. accrochée à la falaise. Délicieuses chambres personnalisées,
jardin clos, produits régionaux à la table d'hôte. Luxe, calme et sobriété...

XX **La Ferme Ste-Cécile** 🚗 🏠 ☕ **P** **VISA** ⊚⊚

1,5 km sur rte de Castellane – ℰ 04 92 74 64 18 – www.ferme-ste-cecile.com
– Fermé 15 nov.-20 fév., dim. soir sauf juil.-août et lundi
Rest – (26 €) Menu 35 €∰

• Cette ancienne ferme a conservé son caractère rustique : vieilles pierres et cheminée agrémentent les salles à manger, prolongées d'une grande terrasse. Plats régionaux et bon choix de vins au verre.

XX **Treille Muscate** 🏠 **VISA** ⊚⊚ **AE**

😊 *pl. de l'Église – ℰ 04 92 74 64 31 – www.restaurant-latreillemuscate.com*
– Ouvert 11 fév.-14 nov. et fermé merc. sauf le midi hors saison et jeudi
sauf juil.-août
Rest – Menu 29/43 € – Carte 55/65 €

• Sympathique bistrot provençal : salle au charme simple, terrasse imparable (sous un platane centenaire de la place de l'église) et cuisine savoureuse.

MOUTHIER-HAUTE-PIERRE – 25 Doubs – **321** H4 – 318 h.　　　**17** C2
– alt. 450 m – ⊠ 25920 ▯ Franche-Comté Jura

　　▶ Paris 442 – Baume-les-Dames 55 – Besançon 39 – Pontarlier 23
　　◉ Belvédère de Mouthier ⩽★★ SE : 2,5 km - Gorges de Nouailles★ SE :
　　3,5 km - Belvédère du moine de la vallée★★.

🏠 **La Cascade** ⌇　　　　　　⩽ ☕ ch, **P** **VISA** ⊚⊚ **AE**

😊 *4 rte des Gorges de Noailles – ℰ 03 81 60 95 30 – www.hotel-lacascade.fr*
– Fax 03 81 60 94 55 – Fermé 7-23 nov., 19-30 déc. et 31 janv.-17 fév.
16 ch – ♦55/65 € ♦♦55/70 €, ⊆ 9 € – ½ P 58/63 €
Rest – Menu 15 € (déj. en sem.), 22/39 € – Carte 29/50 €

• Cet hôtel tourné vers la vallée de la Loue abrite des chambres actuelles et bien tenues ; la plupart avec balcon ou loggia. Au petit-déjeuner : pain, croissants et confiture, tous de fabrication maison. Cuisine régionale servie dans le restaurant panoramique.

MOÛTIERS – 73 Savoie – **333** M5 – 3 936 h. – alt. 480 m – ⊠ 73600　　**46** F2
▯ Alpes du Nord

　　▶ Paris 607 – Albertville 26 – Chambéry 76 – St-Jean-de-Maurienne 85
　　🄸 Office de tourisme, place Saint-Pierre ℰ 04 79 24 04 23, Fax 04 79 24 56 05

XX **Le Coq Rouge** 🏠 **VISA** ⊚⊚ **AE**

115 pl. A. Briand – ℰ 04 79 24 11 33 – www.lecoqrouge.com – Fax 04 79 24 11 33
– Fermé 27 juin-20 juil., dim. et lundi
Rest – Menu 29/46 € – Carte 34/58 €

• Charmante maison de 1735 au décor plein de fantaisie : nombreux bibelots en forme de coq et tableaux réalisés par le chef-patron. Cuisine de saison, parfois originale et créative.

X **La Voûte** 🏠 **AE** **VISA** ⊚⊚

😊 *172 Grande rue – ℰ 04 79 24 23 23 – restaurantlavoute.com – Fermé*
26 avril-10 mai, 20 sept.-4 oct., 4-11 janv., dim. soir, merc. soir et lundi
Rest – Menu 18 € (déj. en sem.)/50 € bc – Carte 28/65 €

• Dans une rue piétonne, à 50 m de la cathédrale, sympathique salle de restaurant à l'ambiance montagnarde (poutres, boiseries). Répertoire culinaire au goût du jour.

MOUZON – 08 Ardennes – **306** M5 – 2 516 h. – alt. 160 m – ⊠ 08210　　**14** C1
▯ Champagne Ardenne

　　▶ Paris 261 – Carignan 8 – Charleville-Mézières 41 – Longwy 62
　　🄸 Syndicat d'initiative, place du Colombier ℰ 03 24 26 56 11
　　◉ Église Notre-Dame★.

XX **Les Échevins** **VISA** ⊚⊚

😊 *33 r. Charles de Gaulle – ℰ 03 24 26 10 90 – www.restaurant-lesechevins.com*
– Fermé dim. soir, lundi soir et merc. soir
😊 **Rest** – Menu 19 € (déj. en sem.), 23/68 € bc – Carte 23/40 €

• Accueillant restaurant aménagé dans une maison à colombages du 17e s. Menus du jour aux saveurs franches, cuissons précises, service impeccable et prix tout doux.

MUHLBACH-SUR-MUNSTER – 68 Haut-Rhin – 315 G8 – 760 h. — 1 A2
– alt. 460 m – ⊠ 68380 ▮ Alsace Lorraine

▶ Paris 462 – Colmar 24 – Gérardmer 37 – Guebwiller 45

Perle des Vosges ⌂ ⩽ 🍴 Ⅰ🄼 🖘 ‖ ⌂ ch, 🄺 rest, 🌡 ⌂ 🄿 🚗 🚙
22 rte Gaschney – ℰ 03 89 77 61 34 – www.perledesvosges.net
– Fax 03 89 77 74 40 – Fermé 2 janv.-1er fév.
45 ch – ✝43/126 € ✝✝43/126 €, ☕ 9 € – ½ P 48/89 €
Rest – (10 €) Menu 17/65 € bc – Carte 40/56 €
♦ Au pied du Hohneck, hôtel doté d'un fitness panoramique. Chambres actuelles ou de style alsacien offrant, pour la plupart, une jolie vue sur les Vosges. Un petit air solennel flotte dans la salle à manger agrandie d'une terrasse d'été ; cuisine traditionnelle.

MUIDES-SUR-LOIRE – 41 Loir-et-Cher – 318 G5 – 1 298 h. — 11 B2
– alt. 82 m – ⊠ 41500

▶ Paris 169 – Orléans 48 – Blois 20 – Châteauroux 109
🄸 Syndicat d'initiative, pl. de la Libération ℰ 02 54 87 58 36, Fax 02 54 87 58 36

Château de Colliers sans rest ⌂ 🌡 ⌇ 🄿 🚙 🚗
rte de Blois, RD 951 – ℰ 02 54 87 50 75 – www.chateau-colliers.com
– Fax 02 54 87 03 64
5 ch ☕ – ✝127 € ✝✝138/178 €
♦ Les bords de la Loire comptent les plus beaux châteaux de France. Celui-ci (18e s.) vous séduira à coup sûr avec ses peintures classées et ses chambres au mobilier de style.

Auberge du Bon Terroir 🍴 ⌘ 🄿 🚗 🚙
20 r. 8-Mai – ℰ 02 54 87 59 24 – Fax 02 54 87 59 19 – Fermé 22 nov.-6 déc.,
4-18 janv., dim. soir du 20 sept. au 20 juin, mardi sauf le soir en juil.-août et lundi
Rest – Menu 27 € (sem.)/51 € – Carte 33/60 €
♦ Répertoire traditionnel et spécialités du Val de Loire à savourer dans l'une des salles à manger ou sur la terrasse à l'ombre d'un tilleul.

MULHOUSE 👁 – 68 Haut-Rhin – 315 I10 – 110 514 h. – — 1 A3
Agglo. 234 445 h. – alt. 240 m – ⊠ 68100 ▮ Alsace Lorraine

▶ Paris 465 – Basel 34 – Belfort 43 – Freiburg-im-Breisgau 59
🛧 de Basel Mulhouse Freiburg (Euro-Airport) par ③ : 27 km, ℰ 03 89 90
31 11, ℰ 061 325 3111 de Suisse, ℰ 0761 1200 3111 d'Allemagne.
📧 ℰ 3635 et tapez 42 (0,34 €/mn)
🄸 Office de tourisme, 9, avenue du Maréchal Foch ℰ 03 89 35 48 48,
Fax 03 89 45 66 16
◉ Parc zoologique et botanique★★ - Hôtel de Ville★★ FY H¹, musée historique★★ - Vitraux★ du temple St-Étienne - Musée de l'automobile-collection Schlumpf★★★ BU - Musée français du chemin de fer★★★ AV - Musée de l'Impression sur étoffes★ FZ M⁶ - Electropolis : musée de l'énergie électrique★ AV M².
🄶 Musée du Papier peint★ : collection★★ à Rixheim E : 6 km DV M⁷.

Plans pages suivantes

Du Parc 🖘 ‖ ⌂ ch, 🄺 🌡 ⌂ 🚗 🚙 🄰🄴 ⓪
26 r. Sinne – ℰ 03 89 66 12 22 – www.hotelduparc-mulhouse.com
– Fax 03 89 66 42 44 — FZp
76 ch – ✝95/180 € ✝✝160/360 €, ☕ 19 € – 2 suites
Rest – (fermé 14 juil.-15 août) (19 €) Menu 21/55 € bc – Carte 31/60 €
♦ Luxueux palace dans les années 1930, cet hôtel a gardé son charme ancien (piano-bar en hommage à Charlot). Toutes les chambres sont raffinées, rafraîchies et confortables. Le restaurant de style Art déco (mobilier, tableaux) propose une carte traditionnelle.

Holiday Inn 🍴 ⌇ Ⅰ🄼 🖘 ‖ ⌂ 🄺 🌡 ⌂ 🚗 🚙 🄰🄴 ⓪
34 r. P.-Cézanne – ℰ 03 89 60 44 44 – www.holidayinn.com – Fax 03 89 60 55 55
75 ch – ✝74/175 € ✝✝89/195 €, ☕ 15 € – 5 suites — AVc
Rest Brasserie Flo – Menu 18/23 € – Carte 25/50 €
♦ Hôtel neuf assez éloigné du centre. Une agréable atmosphère contemporaine se retrouve dans le lounge-bar, dans des chambres au confort complet et à l'espace bien-être. Brasserie typique avec banc d'écailler et belle terrasse lorsque le soleil darde ses rayons.

Bristol sans rest 🛗 & ♈ ⅍ 🅿 🚗 VISA ⅋ AE ⓪
18 av. de Colmar – ✆ 03 89 42 12 31 – www.hotelbristol.com – Fax 03 89 42 50 57
85 ch – †50/110 € ††65/150 €, ⌂ 8,50 € – 6 suites   FY**e**
♦ À deux pas du centre historique, hôtel aux chambres de tailles diverses, peu à peu rénovées et personnalisées. Certaines ont des salles de bains avec faïences signées Versace.

Mercure Centre 🏡 🛗 & ch, 🅰 ♈ ⅍ 🚗 VISA ⅋ AE ⓪
4 pl. du Gén.-de-Gaulle – ✆ 03 89 36 29 39 – www.mercure.com
– Fax 03 89 36 29 49   FZ**b**
92 ch – †134/225 € ††144/230 €, ⌂ 15 €   **Rest** – (13 €) Carte 26/40 €
♦ Bâtiment des années 1970 proche du musée de l'Impression sur étoffes. Chambres confortables, la plupart relookées, bar feutré et petit jardin-terrasse d'inspiration japonaise. Au restaurant, cuisine traditionnelle, suggestions du jour et spécialités alsaciennes.

Kyriad Centre sans rest ⅍ 🛗 & 🅰 ♈ ⅍ VISA ⅋ AE ⓪
15 r. Lambert – ✆ 03 89 66 44 77 – www.hotel-mulhouse.com – Fax 03 89 46 30 66
60 ch – †68/200 € ††68/200 €, ⌂ 10 €   FY**a**
♦ Chambres fonctionnelles, rénovées dans un esprit contemporain, particulièrement spacieuses et confortables dans la catégorie "affaires". Petit-déjeuner en terrasse l'été.

XXX **Il Cortile** (Stefano D'Onghia) 🏡 & 🅰 ⅍ VISA ⅋ AE
✿ *11 r. des Franciscains – ✆ 03 89 66 39 79 – www.ilcortile-mulhouse.fr*
– Fax 03 89 36 07 97 – Fermé 15-29 août, 10-24 janv., dim. et lundi
Rest – Menu 29 € (déj. en sem.), 59/75 € – Carte 66/115 €   EY**a**
Spéc. Raviolis de ricotta et noisettes à la farine de châtaigne. Tagliolinis aux parfums des sous-bois, émulsion au parmesan, râpée de truffe blanche d'Alba (saison). Toblerone glacé à la truffe noire, minestrone de mangue (saison).
♦ Tout ici respire l'Italie : de la belle cuisine créative escortée d'un bon choix de vins (proposés au verre) à l'intérieur contemporain, sans oublier la superbe cour-terrasse.

XX **Oscar** 🏡 🅰 ↔ VISA ⅋ AE
1 av. Maréchal-Joffre – ✆ 03 89 45 25 09 – www.bistrot-oscar.com
– Fax 03 89 45 23 65 – Fermé 1er-16 août, 20 déc.-4 janv., sam. et dim.
Rest – Menu 20 € (sem.)/35 € – Carte 25/46 €   FZ**x**
♦ Ambiance conviviale assurée dans cet établissement proche de la gare (terrasse arborée et fleurie). Appétissants plats de brasserie escortés de vins de petits producteurs.

XX **L'Estérel** 🏡 🅿 VISA ⅋ AE
83 av. de la 1ère Division Blindée – ✆ 03 89 44 23 24 – Fermé 19-26 avril,
16-30 août, vacances de la Toussaint, 8 fév.-1er mars, dim. soir, merc. soir et lundi
Rest – Menu 23 € (sem.)/65 € – Carte 34/67 €   CV**t**
♦ À proximité du parc zoologique, auberge agrandie d'une véranda donnant sur une terrasse ombragée prise d'assaut à la belle saison. Carte actuelle selon le marché.

XX **Poincaré II** 🅰 ↔ VISA ⅋ AE
6 porte Bâle – ✆ 03 89 46 00 24 – Fax 03 89 56 33 15
– Fermé 1er-15 août, sam. midi et dim. sauf du 1er juin au 15 sept.   FY**m**
Rest – (17 €) Menu 23/49 € – Carte 25/54 €
♦ Joli restaurant avec cuisines visibles pour voir le chef à l'œuvre. Quatre fois par an, quinzaines culinaires consacrées à des régions (Touraine, Lyonnais) ou des produits.

X **La Table de Michèle** 🏡 🅰 ⅍ VISA ⅋ AE ⓪
16 r. de Metz – ✆ 03 89 45 37 82 – www.latabledemichele.fr – Fax 03 89 45 37 82
– Fermé 1 sem. en avril, 1er-21 août, 22 déc.-4 janv., sam. midi, dim. et lundi
Rest – (17 €) Carte 25/45 €   FY**t**
♦ Michèle joue du piano debout... en cuisine bien sûr ! Son répertoire ? Plutôt traditionnel, mais sensible aux quatre saisons. Côté décor : chaleur du bois et ode à la nature.

à Sausheim 3 km au Nord par D 38 – 5 299 h. – alt. 238 m – ⊠ 68390

Novotel 🚗 🏡 🗻 & ch, 🅰 🛏 rest, ♈ ⅍ 🅿 VISA ⅋ AE ⓪
😊 *r. Île Napoléon – ✆ 03 89 61 84 84 – www.novotel.com – Fax 03 89 61 77 99*
77 ch – †63/150 € ††63/150 €, ⌂ 14 €   DU**s**
Rest – Menu 12/16 € – Carte 12/26 €
♦ Étape intéressante par sa situation et sa vocation pratique, cet hôtel dispose de chambres rénovées selon les derniers standards de la chaîne. Lounge-bar et piscine au vert. Restaurant adoptant le nouveau concept "Novotel Café". Terrasse côté jardin et bassin.

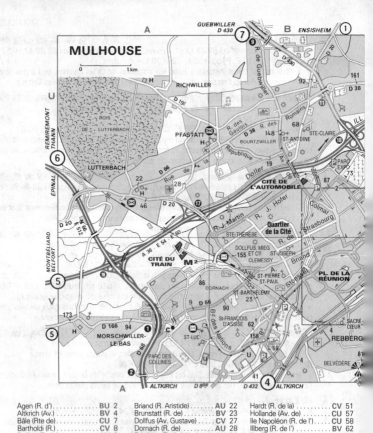

à Baldersheim 8 km par ① – 2 514 h. – alt. 226 m – ⊠ 68390

🏠 Au Cheval Blanc 　　🛜 🖼 🗜 🖇️ ⅙ ch, 🅰️ 📶 🛁 🅿️ 𝕍𝕀𝕊𝔸 ⓒⓞ 🄰🄴

😊 *27 r. Principale*
– ☎ 03 89 45 45 44
– *www.hotel-cheval-blanc.com*
– *Fax 03 89 56 28 93*
80 ch – 🛉63/84 € 🛉🛉73/89 €, ⊇ 11 € – ½ P 65/73 €
Rest – *(fermé dim. soir)* (10 €) Menu 18 € (sem.)/50 € – Carte 22/60 €

♦ Hôtel d'allure alsacienne exploité de père en fils depuis plus d'un siècle. Les chambres, garnies de meubles rustiques, offrent un confort homogène et de qualité. Salle à manger rénovée, accessible par le café du village. Nombreux menus, belle carte régionale et gibier en saison.

Au Vieux Marronnier 🏠 　　　　　　⅙ 🅰️ 📶 🅿️ 𝕍𝕀𝕊𝔸 ⓒⓞ 🄰🄴

à 300 m – ☎ 03 89 36 87 60
– *www.hotel-cheval-blanc.com*
– *Fax 03 89 56 28 93*
8 ch – 🛉88 € 🛉🛉88 €, ⊇ 11 € – 6 suites

♦ Construction récente abritant studios et appartements pratiques pour de longs séjours ou des familles de passage : espace, cuisinettes bien équipées et décor contemporain.

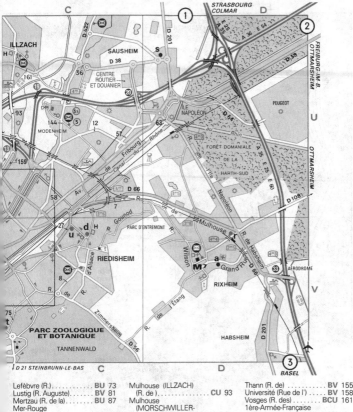

à Rixheim 3 km au Sud-Est par D 66 – 13 061 h. – alt. 240 m – ⊠ 68170

⛬ **La Grange à Élise** sans rest ⌂   🚗 ♿ 🛰 P VISA 🌐
68 Grand-Rue – ✆ 03 89 54 20 71 – www.grange-elise.com
– Fax 03 69 77 48 71   DV**a**
5 ch ☑ – †72 € ††94 €
◆ Au cœur du village, cette ancienne grange aménagée avec goût a su conserver son charme ancien (poêle en faïence, objets chinés). Chambres cosy aux noms de fleurs. Bon accueil.

XXX **Le Manoir**   🚗 🏡 AC ⇄ P VISA 🌐 AE
65 av. Gén.-de-Gaulle – ✆ 03 89 31 88 88 – www.runser.fr – Fax 03 89 31 88 89
– Fermé dim. soir et lundi   DV**r**
Rest – (18 €) Menu 25 € (sem.)/75 € – Carte 35/86 €
◆ Dans un jardin clos, une belle demeure 1900 à l'intérieur contemporain décoré d'immenses toiles abstraites. Au rythme des saisons, la cuisine joue la carte du régionalisme.

Les bonnes adresses à petit prix ? Suivez les Bibs : «Bib Gourmand» rouge ⊕ pour les tables, et «Bib Hôtel» bleu 🔲 pour les chambres.

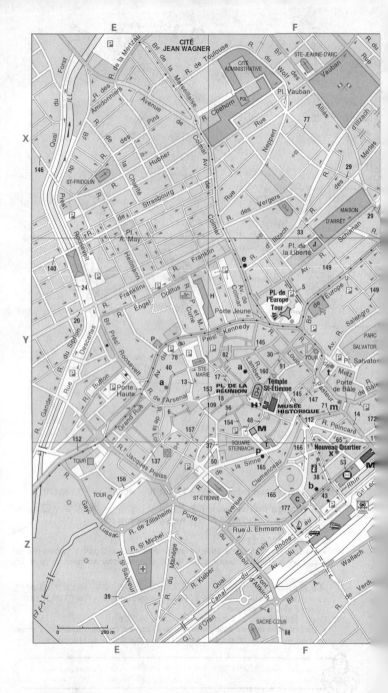

MULHOUSE

à **Riedisheim** 2 km au Sud-Est par D 56 et D 432 – 11 925 h. – alt. 225 m – ⊠ 68400

XXX **La Poste** (Jean-Marc Kieny)   🗚 ⅏ ⟷ 𝚟𝚒𝚜𝚊 ⓒ 𝙰𝙴
ॐ 7 r. Gén. de Gaulle – ℰ 03 89 44 07 71 – www.restaurant-kieny.com
– Fax 03 89 64 32 79 – Fermé 2 sem. en août, dim. soir, mardi midi et lundi
Rest – (23 €) Menu 39/82 € – Carte 60/75 €🕮   CV**d**
Spéc. "Tapas alsaciens". Pièce de veau de lait en bolognaise de homard,
risotto safrané. Le chocolat en "3 D". **Vins** Riesling, Pinot noir.
♦ Dans ce chaleureux relais de diligences (1850) se transmettent depuis six générations les
secrets d'une cuisine au goût du jour mâtinée de tradition alsacienne. Bon choix de vins.

XX **Auberge de la Tonnelle**   🗟 🅿 𝚟𝚒𝚜𝚊 ⓒ
61 r. Mar.-Joffre – ℰ 03 89 54 25 77 – Fax 03 89 64 29 85 – Fermé dim. soir et soir
fèriés   CV**u**
Rest – Menu 31 € (sem.)/60 € – Carte 46/65 €🕮
♦ Grande maison régionale profitant d'une terrasse. Cuisine actuelle sous forme de menu-
carte changé au gré du marché ; carte des vins étoffée (Bourgogne et petits producteurs).

à **Zimmersheim** 5 km par D 56 - CV - 1 006 h. – alt. 290 m – ⊠ 68440

X **Jules**   🗟 🗚 𝚟𝚒𝚜𝚊 ⓒ 𝙰𝙴
5 r. de Mulhouse – ℰ 03 89 64 37 80 – www.restojules.fr – Fax 03 89 64 03 86
– Fermé vacances scolaire de fév., sam. midi et dim.
Rest – (prévenir) (12 €) Menu 28/34 € – Carte 25/55 €
♦ Spécialités d'abats et de produits de la mer, pâtisseries maison, nombreux vins proposés
au verre font la renommée de ce bistrot. Salle d'été au look actuel face au jardin.

à **Landser** 11 km au Sud-Est par rte parc zoologique, Bruebach, D 21 et D 6 ᴮᴵˢ - CV - 1 592 h. – alt. 230 m – ⊠ 68440

XXX **Hostellerie Paulus** (Hervé Paulus)   🗟 𝚟𝚒𝚜𝚊 ⓒ 𝙰𝙴
ॐ 4 pl. Paix – ℰ 03 89 81 33 30 – Fax 03 89 26 81 85 – Fermé 2-17 août, sam. midi,
dim. soir et lundi
Rest – (nombre de couverts limité, prévenir) Menu 29 € (sem.), 48/68 €
– Carte 48/54 €
Spéc. Écrevisses poêlées, haricots mange-tout, tomates (sept.). Carré d'agneau
rôti aux poivrons confits (avril). Délice aux marrons (hiver). **Vins** Muscat, Pinot noir.
♦ Aménagée avec sobriété, cette maison à colombages ornée d'un oriel n'a rien perdu de
son charme en gagnant en modernité. Cuisine du terroir habilement actualisée.

à **Hochstatt** 7 km au Sud-Ouest par D 8ᴵᴵᴵ - BV - 2 053 h. – alt. 286 m – ⊠ 68720

XX **Au Cheval Blanc**   🗟 ⟷ 𝚟𝚒𝚜𝚊 ⓒ
55 Grande Rue – ℰ 03 89 06 27 77 – www.auchevalblanc-hochstatt.fr – Fermé
1ᵉʳ-15 août, 24 déc.-3 janv., dim. soir, lundi soir, mardi soir et merc.
Rest – (20 €) Menu 30/70 € – Carte 52/73 €🕮
♦ Cette maison de 1870, fraîche et colorée, révèle un intérieur contemporain au décor
épuré. Goûteuse cuisine actuelle évoluant avec les saisons et belle carte des vins.

à **Froeningen** 9 km au Sud-Ouest par D 8ᴮᴵᴵᴵ - BV – 601 h. – alt. 256 m – ⊠ 68720

🏠 **Auberge de Froeningen**   🚗 🗟 📶 🅿 𝚟𝚒𝚜𝚊 ⓒ 𝙰𝙴
⊗ 2 rte Illfurth – ℰ 03 89 25 48 48 – www.aubergedefroeningen.com – Fax 03 89 25 57 33
– Fermé 18-31 août, 12 -31 janv., mardi de nov. à avril, dim. soir et lundi
🍽 7 ch ⊑ – ♥60 € ♥♥70 € – ½ P 65 €
Rest – (13 €) Menu 16 € (sem.)/56 € – Carte 26/60 €
♦ Séduisante auberge typiquement régionale. Mobilier ancien, bonne insonorisation et
tenue parfaite dans les chambres dépourvues de TV... Idéal pour se ressourcer ! Salles à manger de caractère, cuisine locale et "journée alsacienne" le jeudi.

MUNSTER – 68 Haut-Rhin – **315** G8 – 5 041 h. – alt. 400 m – ⊠ 68140   1 A2
🔲 Alsace Lorraine

🖸 Paris 458 – Colmar 19 – Guebwiller 40 – Mulhouse 60
🖪 Office de tourisme, 1, rue du Couvent ℰ 03 89 77 31 80, Fax 03 89 77 07 17
🖸 Soultzbach-les-Bains : autels ★★ dans l'église E : 7 km.

🏨 Verte Vallée ॐ   🍴 🍃 🖸 🕭 ⌂ 🚸 🕭 🎦 🗓 ໒⅂ ⅗🎦 ˢἀ 🅿 VISA ⚫⚫ AE ➊

10 r. A. Hartmann, (parc de la Fecht) – ℰ 03 89 77 15 15 – www.vertevallee.com
– Fax 03 89 77 17 40 – Fermé 4-28 janv.
111 ch – ♦83/98 € ♦♦83/98 €, ⌇ 15 € – 4 suites
Rest – (14 €) Menu 25/50 € – Carte 25/50 €🕮

♦ Grand hôtel moderne avec spa et équipements de loisirs. Confortables chambres de style alsacien ou contemporain pour les plus récentes. Agréable jardin bordé par la Fecht. Le restaurant propose une cuisine classique et une séduisante carte des vins.

🏠 Deybach sans rest   🍴 ⁽ᵗ⁾ 🅿 VISA ⚫⚫ AE ➊

4 r. du Badischhof, 1 km par rte de Colmar (D 417) – ℰ 03 89 77 32 71
– www.hotel-deybach.com – Fax 03 89 77 52 41 – Fermé lundi et dim. hors saison
16 ch – ♦43 € ♦♦47/56 €, ⌇ 7 €

♦ L'accueil souriant et l'ambiance chaleureuse distinguent cet hôtel familial qui borde la route. Chambres fonctionnelles à la tenue scrupuleuse, agréable salon-bar et jardin.

🍴🍴 A l'Agneau d'Or   🍸 VISA ⚫⚫

2 r. St-Grégoire – ℰ 03 89 77 34 08 – www.martinfache.com – Fax 03 89 77 34 08
– Fermé lundi et mardi
Rest – (nombre de couverts limité, prévenir) Menu 25 € (déj. en sem.), 35/45 €
-- Carte 40/65 €

♦ Cadre aux tons pastel et ambiance chaleureuse dans cette maison régionale où le chef revisite à sa façon une cuisine oscillant entre tradition et terroir. Gibier en saison.

à Wihr-au-Val 6 km à l'Est par D 417 – 1 184 h. – alt. 330 m – ⌗ 68230

🍴🍴 Nouvelle Auberge (Bernard Leray)   🍴 ⇔ 🅿 VISA ⚫⚫ AE

rte de Colmar – ℰ 03 89 71 07 70 – www.nauberge.com – Fermé en mars,
vacances de la Toussaint, dim. soir, lundi et mardi
Rest – Menu 30/70 € – Carte 50/65 €🕮

Spéc. Soupe d'escargots, jus de persil aillé, consommé de bœuf et tartine d'escargots (printemps-été). Sandre légèrement fumé, sauce vin rouge au carvi (automne-hiver). Œufs à la neige, feuilletage et pistache, sorbet thé (été). **Vins** Riesling, Pinot noir.

Rest *Brasserie* (rez-de-chaussée) – (déj. seult) (11 €) Menu 16/70 € – Carte environ 23 €
♦ Dans ce relais de poste, les propriétaires jouent un "double jeu" culinaire. Gastronomie à l'étage, avec une carte où les recettes au goût du jour frayent avec quelques plats classiques. Brasserie alsacienne au rez-de-chaussée.

MURAT – 15 Cantal – 330 F4 – 2 077 h. – alt. 930 m – ⌗ 15300 ▮ Auvergne   5 B3

▶ Paris 520 – Aurillac 48 – Brioude 59 – Issoire 74

🛈 Office de tourisme, 2, rue du faubourg Notre-Dame ℰ 04 71 20 09 47,
Fax 04 71 20 21 94

◉ Site ★★ - Église★ d'Albepierre-Bredons S : 2 km.

à l'Est 4 km par N 122, rte de Clermont-Ferrand – ⌗ 15300 Murat

🍴🍴🍴 Le Jarrousset   🍴 🍃 🅿 VISA ⚫⚫

– ℰ 04 71 20 10 69 – www.restaurant-le-jarrousset.com – Fax 04 71 20 15 26
– Fermé 15 nov.-1ᵉʳ fév., lundi et mardi sauf juil.-août
Rest – (16 €) Menu 22/73 € bc – Carte environ 45 €

♦ Cette coquette auberge propose une goûteuse cuisine actuelle privilégiant les produits régionaux. Une salle agrémentée de toiles, une autre plus intime ouverte sur la campagne.

LA MURAZ – 74 Haute-Savoie – 328 K4 – 804 h. – alt. 630 m – ⌗ 74560   46 F1

▶ Paris 545 – Annecy 33 – Annemasse 11 – Thonon-les-Bains 41

🍴🍴 L'Angélick   🍃 🍸 ⇔ 🅿 VISA ⚫⚫

– ℰ 04 50 94 51 97 – www.angelick.fr – Fax 04 50 94 59 05
– Fermé 9-23 août, 21-30 déc., dim. soir, lundi, mardi et le midi en sem.
Rest – (résidents seult) (20 €) Menu 31/68 € – Carte 53/66 €🕮
Rest *La Brasserie* – (déj. seult) Menu 14/22 €

♦ Salles intimes et chaleureuses, chaises en fer forgé ou en cuir, belle mise de table moderne et mets inventifs. Côté Brasserie, petits plats sympathiques servis à midi en semaine dans un cadre actuel.

MURBACH – 68 Haut-Rhin – **315** G9 – rattaché à Guebwiller

MUR-DE-BARREZ – 12 Aveyron – **338** H1 – 822 h. – alt. 790 m   **29** D1
– ⊠ 12600 ▯ Midi-Toulousain

> ▷ Paris 567 – Aurillac 38 – Rodez 73 – St-Flour 56
> 🅸 Office de tourisme, 12, Grand' Rue ℰ 05 65 66 10 16, Fax 05 65 66 31 90

🏨 **Auberge du Barrez** ఉ   🚗 🌧 📶 🅿 🆅🅸🆂🅰 ⊕ 🅰🅴

av. du Carladez – ℰ 05 65 66 00 76 – www.aubergedubarrez.com
– Fax 05 65 66 07 98 – Fermé 3 janv.-13 fév.
18 ch – ♂43/61 € ♂♂60/88 €, ⊆ 9 € – ½ P 58/74 €
Rest – (fermé lundi midi) (26 €) Menu 29/43 € – Carte 34/50 €
♦ Dans un jardin fleuri, grande maison aux chambres bien tenues (une dizaine rénovées en 2010), certaines avec terrasse. Agréable salle à manger très colorée ; quelques tables ont vue sur la campagne. Cuisine traditionnelle, copieuse et bien tournée.

MÛR-DE-BRETAGNE – 22 Côtes-d'Armor – **309** E5 – 2 096 h.   **10** C2
– alt. 225 m – ⊠ 22530 ▯ Bretagne

> ▷ Paris 457 – Carhaix-Plouguer 50 – Guingamp 47 – Loudéac 20
> 🅸 Office de tourisme, place de l'Église ℰ 02 96 28 51 41, Fax 02 96 26 35 31
> 🎥 Rond-Point du lac ≼★ - Lac de Guerlédan★★ O : 2 km.

🍴🍴🍴 **Auberge Grand'Maison** (Christophe Le Fur) avec ch   📶 🆅🅸🆂🅰 ⊕ 🅰🅴

🌸 1 r. Léon-le-Cerf – ℰ 02 96 28 51 10 – www.auberge-grand-maison.com
– Fax 02 96 28 52 30 – Fermé 28 fév.-16 mars, 4-19 oct., 2-13 janv., mardi hors saison, dim. soir et lundi
9 ch – ♂48/98 € ♂♂48/98 €, ⊆ 11 € – ½ P 77/98 €
Rest – Menu 25 € (déj. en sem.), 37/78 € – Carte 60/100 €
Spéc. Ormeaux de pêche en civet de bigorneaux (15 sept. au 15 mars). Club sandwich de pigeon et foie gras en tartine gourmande. "Breizh Touch", mousse ivoire, caramel beurre salé, lait ribot et sarrasin.
♦ Cette maison a préservé son caractère d'ancienne auberge bretonne tout en modernisant un rien sa salle à manger. Excellents produits au service d'une cuisine actuelle et créative. Chambres spacieuses et cosy.

MURO – 2B Haute-Corse – **345** C4 – voir à Corse

MUS – 30 Gard – **339** K6 – 1 176 h. – alt. 53 m – ⊠ 30121 ▯ Provence   **23** C2

> ▷ Paris 737 – Arles 52 – Montpellier 37 – Nîmes 26

⌂ **La Paillère** ఉ   🌧 📶 🅿

26 av. du Puits Vieux – ℰ 04 66 35 55 93 – www.paillere.com
5 ch ⊆ – ♂70/80 € ♂♂70/80 € **Table d'hôte** – Menu 25 € bc
♦ Détente et art de vivre à l'honneur dans cette maison de charme (17e s.) discrète et patinée par le temps. Mobilier provençal ou oriental, salons cossus, patio-terrasse très vert. Copieux petit-déjeuner et recettes méditerranéennes à la table d'hôte (sur réservation).

MUSSIDAN – 24 Dordogne – **329** D5 – 2 829 h. – alt. 50 m – ⊠ 24400   **4** C1
▯ Périgord Quercy

> ▷ Paris 526 – Angoulême 84 – Bergerac 26 – Libourne 59
> 🅸 Office de tourisme, place de la République ℰ 05 53 81 73 87,
> Fax 05 53 81 73 87

🍴🍴 **Relais de Gabillou**   🌧 🅿 🆅🅸🆂🅰 ⊕

⊜ à 1,5 km sur rte de Périgueux – ℰ 05 53 81 01 42 – www.relaisgabillou.com
– Fax 05 53 81 01 42 – Fermé 7-15 juin, 15 nov.-14 déc., le soir du 3 janv. au 13 fév., dim. soir et lundi
Rest – Menu 15 € (sem.)/45 € – Carte 27/64 €
♦ Atmosphère rustique à souhait pour cette auberge de bord de route dont la salle s'agrémente d'une vaste cheminée en pierre. Terrasse ombragée au calme. Plats régionaux.

à Sourzac 4 km à l'Est par D 6089 – 1 078 h. – alt. 50 m – ⊠ 24400

🏨 **Le Chaufourg en Périgord** sans rest 🗗 ⌇ ⚘ **P** ᴠɪꜱᴀ ☯ ᴀᴇ
– 𝒞 05 53 81 01 56 – www.lechaufourg.com – Fermé 7 janv.- 10 fév.
5 ch – †175/340 € ††175/390 €, ⌸ 16 € – 4 suites
♦ Le propriétaire préserve à merveille le charme romantique de la maison de campagne de son enfance : ambiance guesthouse, grandes chambres au luxe discret, jardin hors du temps.

MUTIGNY – 51 Marne – **306** G8 – 217 h. – alt. 221 m – ⊠ 51160   **13** B2
▌Champagne Ardenne

   ▶ Paris 150 – Châlons-en-Champagne 33 – Épernay 9 – Reims 32

Au Nord 2 km par D 271 - ⊠ 51160 Mutigny

🏠 **Manoir de Montflambert** sans rest ॐ 🗗 **P** ᴠɪꜱᴀ ☯
– 𝒞 03 26 52 33 21 – www.manoirdemontflambert.fr – Fax 03 26 59 71 08
5 ch ⌸ – †95/105 € ††100/110 €
♦ Les chambres de ce manoir du 17e s., personnalisées et garnies de meubles patinés, ouvrent sur la cour, sur les vignes ou sur la forêt. Grand parc agrémenté d'une pièce d'eau.

MUTZIG – 67 Bas-Rhin – **315** I5 – 5 898 h. – alt. 190 m – ⊠ 67190   **1** A1
▌Alsace Lorraine

   ▶ Paris 479 – Obernai 11 – Saverne 30 – Sélestat 38

🏨 **L'Ours de Mutzig** 🛋 ⌇ ▐ ᴚ ch, 🎙 🛁 **P** ⌂ ᴠɪꜱᴀ ☯ ᴀᴇ
☯ pl. Fontaine – 𝒞 03 88 47 85 55 – www.loursdemutzig.com – Fax 03 88 47 85 56
47 ch – †49/85 € ††49/85 €, ⌸ 11 € – ½ P 78 €
Rest – (fermé jeudi) (10 €) Menu 16/34 € – Carte 15/43 €
♦ Cette maison à la jolie façade bleue (1900) appartenait à la brasserie de Mutzig. Choisir les chambres récemment créées, actuelles et plaisantes. Côté restaurant, carte traditionnelle et salle à manger lumineuse agrémentée, çà et là, d'ours en... peluche.

LE MUY – 83 Var – **340** O5 – 8 604 h. – alt. 27 m – ⊠ 83490   **41** C3
   ▶ Paris 861 – Marseille 132 – Toulon 77 – Antibes 59
   🅳 Office de tourisme, 6, route de la Bourgade 𝒞 04 94 45 12 79,
   Fax 04 94 45 06 67

au Nord 3 km par rte de Callas

🏠 **Château des Demoiselles** ॐ 🗗 ⌇ ᴀᴄ 🎙 **P** ᴠɪꜱᴀ ☯ ⓘ
2040 rte de Callas – 𝒞 06 43 84 06 06 – www.chateaudesdemoiselles.com
– Fax 04 94 85 91 64 – Fermé 17 nov.-20 déc., 5 janv.-6 fév.
5 ch – †132/182 € ††150/320 €, ⌸ 18 €   **Table d'hôte** – Menu 40 € bc
♦ Une allée de platanes mène à cette bastide provençale (1830), au cœur d'un vignoble. Décor personnalisé d'esprit 18e s. revisité. Vins du domaine et table d'hôte sur réservation.

NACONNE – 42 Loire – **327** E5 – **rattaché à Feurs**

NAINVILLE-LES-ROCHES – 91 Essonne – **312** D4 – 498 h.   **19** C2
– alt. 77 m – ⊠ 91750
   ▶ Paris 49 – Boulogne-Billancourt 49 – Montreuil 50 – Saint-Denis 62

🏠 **Le Clos des Fontaines** sans rest ॐ 🗗 ⌇ ᴌ ⚘ ᴚ 🎙 **P** ᴠɪꜱᴀ ☯
3 r. de l'Église – 𝒞 01 64 98 40 56 – www.closdesfontaines.com
– Fax 01 64 98 40 56
5 ch ⌸ – †75/90 € ††90/110 €
♦ Un havre de paix non loin d'une zone d'activité. Cet ancien presbytère dans un jardin arboré bénéficie de chambres très calmes, toutes personnalisées. Petit-déjeuner gourmand.

NAJAC – 12 Aveyron – **338** D5 – 751 h. – alt. 315 m – ⊠ 12270   **29** C1
▌Midi-Toulousain

   ▶ Paris 629 – Albi 51 – Cahors 85 – Gaillac 51
   🅳 Office de tourisme, place du Faubourg 𝒞 05 65 29 72 05, Fax 05 65 29 72 29
   ◎ La Forteresse★ : ≼★.

Les Demeures de Longcol ⌖   ◫ 🍃 🏊 ⅃ 🎿 **P** *VISA* 🅾🅾 AE

6 km au Nord-Est par D 39 et D 638 – 𝒞 *05 65 29 63 36*
– www.longcol.com – Fax 05 65 29 64 28 – Ouvert avril-oct.
18 ch – ♛120/160 € ♛♛120/160 €, ⊑ 15 € – ½ P 110/130 €
Rest – *(ouvert mai-sept.) (dîner seult) (nombre de couverts limité, prévenir)* Menu 35 €
♦ Petit hameau médiéval inscrit dans un site bucolique rafraîchi par l'Aveyron. Chambres rustiques aux touches orientales, jardin soigné et piscine-belvédère à débordement. Menu unique selon le marché, parfois teinté d'exotisme et privilégiant les produits bio.

L' Oustal del Barry   ← 🚗 🍃 ⅰ◉ 〝 *VISA* 🅾🅾

pl. du Bourg – 𝒞 *05 65 29 74 32 – www.oustaldelbarry.com – Fax 05 65 29 75 32*
– Ouvert 27 mars-début nov.
17 ch – ♛46/49 € ♛♛55/77 €, ⊑ 10 € – ½ P 60/74 €
Rest – *(fermé lundi midi et mardi midi sauf de mi-juin à mi-sept.)* (16 €)
Menu 19 € (déj. en sem.), 25/50 € bc – Carte 58/78 € 🕭
♦ Nichée au cœur du magnifique village médiéval dominé par sa forteresse du 11ᵉ s., cette maison accueillante propose des chambres de tailles variées, fraîches et colorées. Cuisine au goût du jour servie dans la salle à manger rustique.

Le Belle Rive ⌖   ← 🚗 🍃 ⅃ 🎿 ▨ rest, 〝 **P** *VISA* 🅾🅾 AE ⓪

Au Roc du Pont, 3 km au Nord-Ouest par D 39 – 𝒞 *05 65 29 73 90*
– www.lebellerive.com – Fax 05 65 29 76 88
– Ouvert 1ᵉʳ avril-31 oct. et fermé dim. soir en oct.
22 ch – ♛56/60 € ♛♛56/60 €, ⊑ 9 € – ½ P 56/60 €
Rest – *(fermé dim. soir et lundi midi en oct.)* (12 €) Menu 22/37 € – Carte 32/40 €
♦ La même famille dirige depuis cinq générations cet hôtel agréablement situé au bord de l'Aveyron. Cadre rustique à dominante de bois dans les chambres (une d'esprit actuel). Le restaurant sert une cuisine à l'accent régional. Grande terrasse fleurie et ombragée.

NALZEN – 09 Ariège – **343** I7 – **rattaché à Lavelanet**

NANCY **P** – 54 Meurthe-et-Moselle – **307** I6 – 105 468 h.   **26** B2
– **Agglo. 331 363 h. – alt. 206 m –** ⊠ **54000** ▮ Alsace Lorraine

▶ Paris 314 – Dijon 216 – Metz 57 – Reims 209
✈ de Metz-Nancy-Lorraine : 𝒞 03 87 56 70 00, par ⑥ : 43 km.
▦ 𝒞 3635 et tapez 42 (0,34 €/mn)
🛈 Office de tourisme, place Stanislas 𝒞 03 83 35 22 41, Fax 03 83 35 90 10
🏌 de Nancy Pulnoy à Pulnoy 10 rue du Golf, par rte de Château-Salins et D 83 : 7 km, 𝒞 03 83 18 10 18
🏌 de Nancy à Aingeray 1 chemin du golf, NO : 17 km par D 90, 𝒞 03 83 24 53 87
◉ Place Stanislas★★★, Arc de Triomphe★ BY **B** - Place de la Carrière★ et Palais du Gouverneur★ BX **R** - Palais ducal★★ : musée historique lorrain★★★ - Église et Couvent des Cordeliers★ : gisant de Philippe de Gueldre★★ - Porte de la Craffe★ - Église N.-D.-de-Bon-Secours★ EX - Façade★ de l'église St-Sébastien - Musées : Beaux-Arts★★ BY **M³**, Ecole de Nancy★★ DX **M⁴**, aquarium tropical★ du muséum-aquarium CY **M⁸** - Jardin botanique du Montet★ DY.
🅖 Basilique★★ de St-Nicolas-de-Port par ② : 12 km.

Plans pages suivantes

Park Inn   ▦ ▨ 🕻 🎿 **P** 🅾🅾 AE ⓪

11 r. Raymond Poincaré – 𝒞 *03 83 39 75 75 – www.nancy-parkinn.fr*
– Fax 03 83 32 78 17   AY**r**
192 ch – ♛119/129 € ♛♛139/149 €, ⊑ 15 €
Rest – *(fermé 7-29 août, 18-31 déc., sam., dim. et fériés)* (19 €) Menu 26/32 € – Carte 26/46 €
♦ Cet hôtel bénéficie d'un emplacement privilégié, au cœur du quartier des affaires et à proximité du centre historique. Chambres spacieuses, fonctionnelles et bien équipées. Salle à manger baignée de lumière où l'on sert des plats entre tradition et brasserie.

D'Haussonville sans rest ((↑)) 𝘝𝘐𝘚𝘈 ◎⊙ 𝘼𝙀 ⓪

9 r. Mgr Trouillet – ℰ 03 83 35 85 84 – www.hotel-haussonville.fr
– Fax 03 83 32 78 96 – Fermé 3-25 août et 1er-18 janv. **AXg**
3 ch – ♦140/160 € ♦♦140/160 €, ⊊ 16 € – 4 suites – ♦♦190/230 €

♦ Ce splendide hôtel particulier du 16e s. est un véritable concentré de raffinement : chambres cossues avec cheminée et parquet d'époque, beau salon avec piano à queue.

Des Prélats sans rest |⊜| ⅓ ((↑)) 𝙨𝘼 𝘝𝘐𝘚𝘈 ◎⊙ 𝘼𝙀

56 pl. Mgr Ruch – ℰ 03 83 30 20 20 – www.hoteldesprelats.com
– Fax 03 83 30 20 21 – Fermé 24 déc.-4 janv. **CYr**
42 ch – ♦89 € ♦♦109 €, ⊊ 12 €

♦ Superbe hôtel particulier du 17e s. adossé à la cathédrale. Les chambres, toutes spacieuses, rivalisent de caractère et de raffinement (mobilier d'antiquaires et objets chinés).

Mercure Centre Stanislas sans rest |⊜| 𝘼𝘒 ((↑)) 𝙨𝘼 ⌾ 𝘝𝘐𝘚𝘈 ◎⊙ 𝘼𝙀 ⓪

5 r. Carmes – ℰ 03 83 30 92 60 – www.mercure.com – Fax 03 83 30 92 92
80 ch – ♦75/175 € ♦♦90/190 €, ⊊ 16 € **BYm**

♦ Au cœur du Nancy commerçant, cet établissement dispose de chambres confortables et contemporaines, personnalisées par un mobilier d'inspiration Art nouveau. Petit bar à vins.

Crystal sans rest |⊜| 𝘼𝘒 ((↑)) 𝘝𝘐𝘚𝘈 ◎⊙ 𝘼𝙀 ⓪

5 r. Chanzy – ℰ 03 83 17 54 00 – www.bestwestern-hotel-crystal.com
– Fax 03 83 17 54 30 – Fermé 24 déc.-4 janv. **AYa**
58 ch – ♦97/133 € ♦♦97/133 €, ⊊ 16 €

♦ Les chambres de cet établissement familial sont toutes agréables et rigoureusement tenues ; les plus récentes affichent cependant un style actuel plus séduisant. Salon-bar.

Maison de Myon ⌚ ((↑)) 𝙨𝘼 𝘝𝘐𝘚𝘈 ◎⊙ 𝘼𝙀

7 r. Mably – ℰ 03 83 46 56 56 – www.maisondemyon.com – Fax 03 83 46 90 90
5 ch ⊊ – ♦110 € ♦♦130 € **CYs**
Table d'hôte – Menu 30 € bc/60 € bc

♦ Belle demeure 18e s. convertie en maison d'hôte. Déco de très bon goût mariant meubles anciens et design, objets rares et tissus élégants. Bibliothèque dans l'ancienne écurie. Cours de cuisine, dégustation de vin...

𝕏𝕏𝕏 **Le Capucin Gourmand** ⅓ ⇆ 𝘝𝘐𝘚𝘈 ◎⊙ 𝘼𝙀

31 r. Gambetta – ℰ 03 83 35 26 98 – www.lecapu.com – Fax 03 83 35 99 29
– Fermé 10-20 août, vacances de fév. et dim. **BYm**
Rest – (19 €) Menu 29 € (sem.)/76 € – Carte 66/78 €

♦ Une institution à Nancy. La salle à manger a fière allure (camaïeu de beige, boiseries, moulures ouvragées...) et la cuisine, dans l'air du temps, change avec les saisons.

𝕏𝕏𝕏 **Le Grenier à Sel** (Patrick Frechin) ⇆ 𝘝𝘐𝘚𝘈 ◎⊙ 𝘼𝙀
✿

28 r. Gustave-Simon – ℰ 03 83 32 31 98 – www.legrenierasel.eu
– Fax 03 83 35 32 88 – Fermé 1er-15 août, dim. et lundi **BYx**
Rest – Menu 25 € (déj. en sem.), 45/65 € – Carte 84/102 €
Spéc. Foie gras de canard en millefeuille de pain d'épice et confit de melon à l'huile d'olive (été). Pigeonneau cuit à basse température, jus réduit à la Kriek (automne-hiver). Profiteroles aux framboises et crème chiboust à la pistache (été). **Vins** Côtes de Toul.

♦ Le restaurant est installé à l'étage d'une des plus vieilles maisons nancéiennes. Le cadre contemporain, sobre et cosy, sied à la cuisine du chef, inventive et personnelle.

𝕏𝕏 **La Maison dans le Parc** ⌂ ⅓ 𝘼𝘒 𝘝𝘐𝘚𝘈 ◎⊙ 𝘼𝙀

3 r. Ste-Catherine – ℰ 03 83 19 03 57 – www.lamaisondansleparc.com – Fermé
1er-12 mai, 8-18 août, 3-21 janv., dim. soir, lundi et mardi **BYn**
Rest – Menu 29 € (déj. en sem.)/35 € bc – Carte 49/66 €🍽

♦ Une demeure 19e s. relookée dans un style contemporain chic (tons gris, mobilier signé John Hutton). Table d'hôte et terrasse face à un superbe parc. Accords mets et vins.

𝕏𝕏 **La Toq'** 𝘝𝘐𝘚𝘈 ◎⊙

1 r. Mgr Trouillet – ℰ 03 83 30 17 20 – www.latoqueblanche.fr – Fermé vacances
de Pâques, 25 juil.-17 août, 14-23 fév., dim. soir et lundi **ABYz**
Rest – Menu 20 € (déj. en sem.), 26/70 € – Carte 59/82 €

♦ La pierre apparente et les vieilles voûtes se marient harmonieusement avec les meubles contemporains et les tons parme. Ambiance intime et recettes au goût du jour.

JARVILLE-LA-MALGRANGE

République (R. de la) ..... **EX** 76

LAXOU

Europe (Av. de l') ..... **DX** 32
Poincaré (R. R.) ..... **DX** 71
Résistance (Av. de la) ..... **CV** 78
Rhin (Av. du) ..... **CV** 79

NANCY

Adam (R. Sigisbert) ..... **BX** 2
Albert-1er (Bd) ..... **DV** 3
Anatole-France (Av.) ..... **DV** 6
Armée-Patton (R.) ..... **DV** 7
Auxonne (R. d') ..... **DV** 8
Barrès (R. Maurice) ..... **CY** 10
Bazin (R. H.) ..... **CY** 13
Benit (R.) ..... **BY** 14
Blandan (R. du Sergent) ..... **DX** 15
Braconnot (R.) ..... **BX** 19
Carmes (R. des) ..... **BY** 20
Chanoine-Jacob (R.) ..... **AX** 23
Chanzy (R.) ..... **AY** 24
Cheval-Blanc (R. du) ..... **BY** 25
Clemenceau (Bd G.) ..... **EX** 26
Craffe (R. de la) ..... **AX** 27
Croix-de-Bourgogne (Espl.) ..... **AZ** 28
Dominicains (R. des) ..... **BY** 29

Erignac (R. C.) ..... **BY** 31
La-Fayette (Pl. de) ..... **BY** 47
Foch (Av.) ..... **DV** 34
Gambetta (R.) ..... **BY** 36
Gaulle (Pl. Gén.-de) ..... **BX** 37
Grande-Rue ..... **BXY**
Haussonville (Bd d') ..... **DX** 38
Haut-Bourgeois (R.) ..... **AX** 39
Héré (R.) ..... **BY** 40
Ile de Corse (R. de l') ..... **CY** 41
Jeanne-d'Arc (R.) ..... **DEX** 44
Jean-Jaurès (Bd) ..... **EX** 43
Keller (R. Ch.) ..... **AX** 46
Linnois (R.) ..... **EX** 49
Louis (R. Baron) ..... **AXY** 50
Loups (R. des) ..... **AX** 51
Majorelle (R. Louis) ..... **DX** 52
Mazagran (R.) ..... **AY** 54
Mengin (Pl. Henri) ..... **BY** 55
Mgr-Ruch (Pl.) ..... **CY** 63
Molitor (R.) ..... **CZ** 60
Monnaie (R. de la) ..... **BY** 62
Mon-Désert (R. de) ..... **ABZ** 61
Mouja (R. du Pont) ..... **BY** 64
Nabécor (R. de) ..... **EX** 65
Oudinot (R. Maréchal) ..... **EX** 68
Poincaré (R. H.) ..... **AY** 69
Poincaré (R. R.) ..... **AY** 70
Point-Central ..... **BY** 72
Ponts (R. des) ..... **BYZ** 73
Primatiale (R. de la) ..... **CY** 74

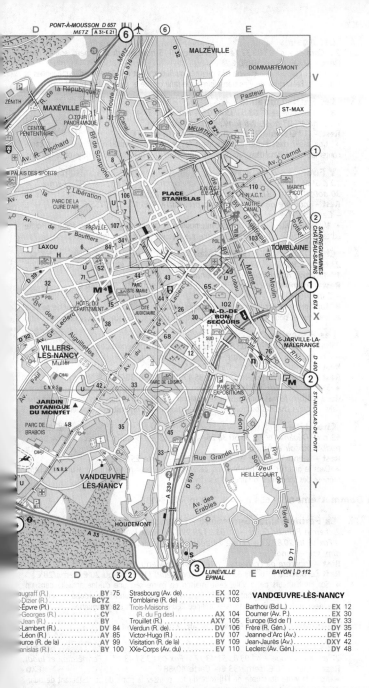

%% **Les Agaves** VISA ⚫⊗

2 r. Carmes – ℰ 03 83 32 14 14 – Fermé 1er-15 août, lundi soir, merc. soir et dim.
Rest – (22 €) Carte 30/50 €﷼ BYu
♦ Le chef propose une cuisine très orientée au Sud, mêlant influences méditerranéennes et italiennes. Beau choix de vins transalpins. Une salle cossue et une d'esprit bistrot.

%% **Les Petits Gobelins** 🍴 AC VISA ⚫⊗

18 r. Primatiale – ℰ 03 83 35 49 03 – Fax 03 83 37 41 49
– Fermé 1er-23 août, 2-6 janv., dim. et lundi CYz
Rest – (17 €) Menu 25 € (sem.)/68 € – Carte 48/65 €﷼
♦ Une table chaleureuse installée dans les murs d'une demeure 18e s. Plaisant cadre contemporain, cuisine dans l'air du temps (glaces et pain faits maison) et riche carte des vins.

% **V Four** 🍴 VISA ⚫⊗

(æ) *10 r. St-Michel – ℰ 03 83 32 49 48 – Levfour.fr – Fax 03 83 32 49 48 – Fermé
30 août-10 sept., 31 janv.-10 fév., dim. soir et lundi* BXr
Rest – (nombre de couverts limité, prévenir) (19 €) Menu 27/55 €
– Carte 50/70 €
♦ Minuscule salle de style bistrot contemporain et cuisine au goût du jour soignée : cette adresse conviviale, située dans une petite rue piétonne, connaît un franc succès.

% **Chez Tanésy "Le Gastrolâtre"** AC VISA ⚫⊗

*23 Grande Rue – ℰ 03 83 35 51 94 – Fermé 14-30 juil., vacances de la Toussaint,
1er-11 janv., mardi midi, dim. et lundi* BYv
Rest – (nombre de couverts limité, prévenir) Menu 27 € (déj.)/44 €
– Carte 46/80 €
♦ Atmosphère et décor bistrot dans ce petit restaurant de la vieille ville. L'assiette se veut authentique et gourmande : plats canailles, truffe (en saison), glaces maison, etc.

% **Les Pissenlits** AC VISA ⚫⊗

*25 bis r. des Ponts – ℰ 03 83 37 43 97 – www.les-pissenlits.com
– Fax 03 83 35 72 49 – Fermé 1er-15 août, dim. et lundi* BYe
Rest – Menu 20/38 € bc – Carte 26/55 €
Rest *Vins et Tartines* – ℰ 03 83 35 17 25 – Carte 30/38 €﷼
♦ Salle de style École de Nancy, copieuse cuisine régionale énoncée sur tableau noir et service à guichets fermés caractérisent ce restaurant familial. Bar à vins dans une ancienne chapelle : tartines chaudes ou froides et vins sélectionnés par un maître sommelier.

% **Chez Lize** AC VISA ⚫⊗

æ *52 r. H. Déglin – ℰ 03 83 30 36 26 – Fermé 12 juil.-9 août, 25 déc.-3 janv., sam.
midi, dim. soir et lundi* AXv
Rest – Menu 12 € (déj. en sem.), 19/25 € – Carte 25/35 €
♦ Dans le quartier des Trois-Maisons, ce sympathique petit restaurant aux allures de bistrot propose des spécialités lorraines et alsaciennes.

à Dommartemont – 654 h. – alt. 299 m – ✉ 54130

%%% **La Ferme Sainte Geneviève - L'Ermitage** 🍴 ✻ VISA ⚫⊗

*2 chemin Pain de Sucre – ℰ 03 83 29 99 81 – www.lafermesaintegenevieve.com
– Fax 03 83 20 87 23 – Fermé 24 déc.-12 janv., merc. sauf le midi d'avril à oct.,
dim. soir et lundi*
Rest – (nombre de couverts limité, prévenir) Menu 45/80 €
Rest *Le Bistrot* – ℰ 03 83 29 13 49 (déj. seult) (16 €) Menu 20 € (sem.)/28 €
♦ Sur les hauteurs de la ville, cette maison en pierre sert une cuisine actuelle dans un cadre feutré, résolument contemporain. Plats régionaux, traditionnels et ardoise du jour vous attendent au Bistrot, dont la terrasse animée fleure bon l'esprit de guinguette.

à Jarville-la-Malgrange – 9 444 h. – alt. 210 m – ✉ 54140

% **Les Chanterelles** VISA ⚫⊗

æ *27 av. Malgrange – ℰ 03 83 51 43 17 – Fax 03 83 51 43 17 – Fermé dim. et lundi*
Rest – Menu 18 € (sem.)/33 € – Carte 40/58 € EXn
♦ Après la visite du musée de l'Histoire du fer, poussez la porte de ce restaurant de quartier. Son cadre est simple, voire rustique, et l'assiette ne déroge pas à la tradition.

à Houdemont – 2 477 h. – alt. 270 m – ⊠ 54180

🏨🏨🏨 **Novotel Nancy Sud** 🚗 🛰 ⅃ ⌱ 🗚 🖳 🍴 🐾 🅿 VISA ☉☉ AE ①
8 Allée de la Geneliere, (près du centre commercial) – ✆ *03 83 56 10 25*
– www.novotel.com.com – Fax 03 83 57 62 20   EY**s**
86 ch – †84/145 € ††84/145 €, ⊆ 14 €   **Rest** – (12 €) Carte 22/41 €
♦ À la croisée des autoroutes Nancy-Paris-Strasbourg, vous ferez facilement une halte dans
cet hôtel. Chambres spacieuses au design contemporain. Salle de restaurant actuelle prolongée d'une terrasse au bord de la piscine.

à Flavigny-sur-Moselle 16 km par ③ et A 330 – 1 787 h. – alt. 240 m – ⊠ 54630

XXX **Le Prieuré** avec ch ⌂ 🚗 🛰 🍴 🐾 VISA ☉☉ AE
3 r. du Prieuré – ✆ *03 83 26 70 45 – Fax 03 83 26 75 51 – Fermé 1ᵉʳ-8 mai,*
16 août-2 sept., 28 déc.-3 janv., 16-28 fév., dim. soir, merc. soir et lundi
4 ch – †122 € ††122 €, ⊆ 15 €
Rest – *(nombre de couverts limité, prévenir)* Menu 46 € – Carte 60/80 €
♦ Façade modeste dissimulant trois salons où meubles lorrains, étains et cheminée créent
l'intimité. Cuisine classique. Chambres spacieuses.

à Vandoeuvre-lès-Nancy – 31 447 h. – alt. 300 m – ⊠ 54500

🏠 **Cottage-Hôtel** 🖳 rest, 🍴 🐾 🅿 VISA ☉☉ AE
🐾 *4 allée de Bourgogne –* ✆ *03 83 44 69 00 – www.groupe-mengin.com*
– Fax 03 83 44 06 14 – Fermé 1ᵉʳ-15 août, 24-31 déc.
64 ch – †48/63 € ††48/63 €, ⊆ 8,50 € – ½ P 45/52 €
Rest – *(fermé dim. soir)* Menu 17/35 € bc – Carte 25/58 €
♦ Petites chambres fonctionnelles réparties dans deux bâtiments récents, près de l'hippodrome et du technopole. Salle à manger-véranda baignée de lumière et assiette traditionnelle.

à Neuves-Maisons 14 km par ④ – 6 941 h. – alt. 230 m – ⊠ 54230

XX **L'Union** 🛰 VISA ☉☉ AE
1 r. A. Briand – ✆ *03 83 47 30 46 – Fermé 1ᵉʳ-15 août, le lundi et le soir sauf*
vend. et sam.
Rest – (20 €) Menu 36/50 € – Carte 40/50 €
♦ Cette jolie petite maison colorée, autrefois café du village, propose une cuisine traditionnelle servie dans deux salles à manger d'une agréable simplicité. Terrasse ombragée.

NANS-LES-PINS – 83 Var – **340** J5 – 3 891 h. – alt. 380 m – ⊠ 83860   **40** B3
▶ Paris 794 – Aix-en-Provence 44 – Brignoles 26 – Marseille 42
🆔 Office de tourisme, 2, cours Général-de-Gaulle ✆ 04 94 78 95 91,
Fax 04 94 78 60 07
🏌 de la Sainte-Baume Domaine de Châteauneuf, N : 4 km par D 80,
✆ 04 94 78 60 12

🏨🏨🏨 **Domaine de Châteauneuf** ⌂ ≼ ◔ 🛰 ⅃ ❊ 🏌 ⅃ ch, 🖳 ch, 🍴
3 km au Nord par D 560 – ✆ *04 94 78 90 06*   🐾 🅿 🅿 VISA ☉☉ AE ①
– www.domaine-de-chateauneuf.fr – Fax 04 94 78 63 30 – Ouvert 15 mars-15 nov.
29 ch – †158/260 € ††198/395 €, ⊆ 19 € – 1 suite – ½ P 171/269 €
Rest – Menu 30 € (déj. en sem.), 40/85 € – Carte 65/90 €
♦ Napoléon 1ᵉʳ a séjourné dans cette demeure bourgeoise du 18ᵉ s., reprise par un couple
expérimenté. Chambres raffinées au mobilier de style. Un des salons est orné de fresques historiques. Belle salle à manger classique et carte régionale (plus élaborée au dîner).

XX **Château de Nans** avec ch 🚗 🛰 ⅃ 🍴 🅿 VISA ☉☉ AE
quartier du Logis, 3 km par D 560 (rte d'Auriol) – ✆ *04 94 78 92 06*
– www.chateau-de-nans.com – Fax 04 94 78 60 46 – Hôtel : ouvert 1ᵉʳ avril-14 oct.,
Rest : fermé 25 nov.-3 déc., 15 déc.-15 mars, lundi et mardi sauf le soir en juil.-août
5 ch – †102 € ††102 €, ⊆ 10 €   **Rest** – (25 €) Menu 48/59 € – Carte 49/58 €
♦ Élégant castel du 19ᵉ s. face au golf de la Ste-Baume, en bordure de route. Cuisine au
goût du jour à déguster dans un cadre classique ou en terrasse. Belles chambres personnalisées ; celles de la tour sont plus originales. Parc et piscine.

NANTERRE – 92 Hauts-de-Seine – **311** J2 – **101** 14 – **voir Paris, Environs**

Le passage Pommeraye

NANTES

Département : ℙ 44 Loire-Atlantique
Carte Michelin LOCAL : 316 G4
▶ Paris 381 – Angers 88
  – Bordeaux 325 – Quimper 233
Population : 282 853 h.
Pop. agglomération : 544 932 h.

Altitude : 8 m
Code Postal : ⊠ 44000
▌Bretagne
Carte régionale : 34 B2

HÔTELS ET RESTAURANTS	1072-1077
PLANS DE NANTES	
AGGLOMÉRATION	1068-1069
NANTES CENTRE	1070-1071
RÉPERTOIRE DES RUES	1066-1067

RENSEIGNEMENTS PRATIQUES

🛈 OFFICE DE TOURISME

Bureau d'accueil Feydeau 3, cours Olivier de Clisson   08 92 46 40 44 (0.34 €/mn),
Fax 02 40 89 11 99

Bureau d'accueil Cathédrale 2, place Saint Pierre℘ 08 92 46 40 44 (0.34 €/mn),
Fax 02 40 89 11 99

TRANSPORTS

🚈 Auto-train ℘ 3635 (dîtes auto-train - 0,34 €/mn)

AÉROPORT

✈ International Nantes-Atlantique ℘02 40 84 80 00, par D 85 : 10 km **BX**

QUELQUES GOLFS

🏌 de Nantes Erdre Chemin du Bout des Landes, N : 6 km par D 69,
  ℘02 40 59 21 21

🏌 de Carquefou à Carquefou Boulevard de l'Epinay, N : 9 km par D 337,
  ℘02 40 52 73 74

🏌 de Nantes à Vigneux-de-Bretagne RD 81, NO : par D965 et D 81 : 16 km,
  ℘02 40 63 25 82

📷 A VOIR

SOUVENIRS DES DUCS DE BRETAGNE

Château★★ : tour de la Couronne d'Or★★, puits★★ HY - Intérieur★★ de la Cathédrale St-Pierre-et-St-Paul : tombeau de François II★★ , cénotaphe de Lamoricière★ HY

NANTES DU 18e S.

Ancienne île Feydeau★ GZ

LA VILLE DU 19e S.

Passage Pommeraye★ GZ **150** - Quartier Graslin★ FZ - Cours Cambronne★ FZ - Jardin des Plantes★ HY

MUSÉES

Musée des Beaux-Arts★★ HY - Muséum d'histoire naturelle★★ FZ **M⁴** - Musée Dobrée★ FZ - Musée archéologique★ **M³** - Musée Jules-Verne★ BX **M¹**

RÉPERTOIRE DES RUES DE NANTES

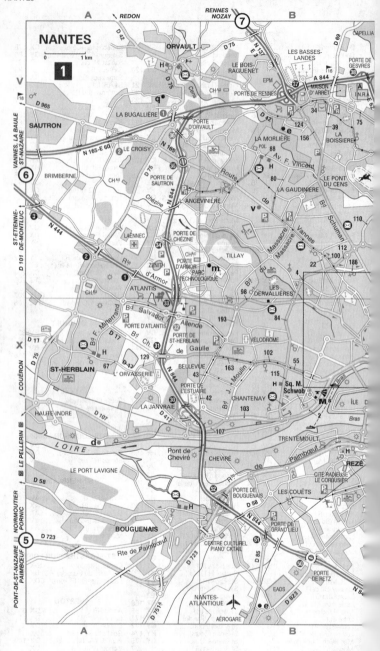

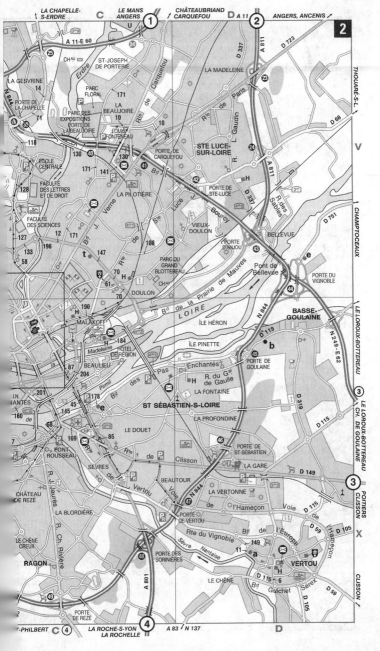

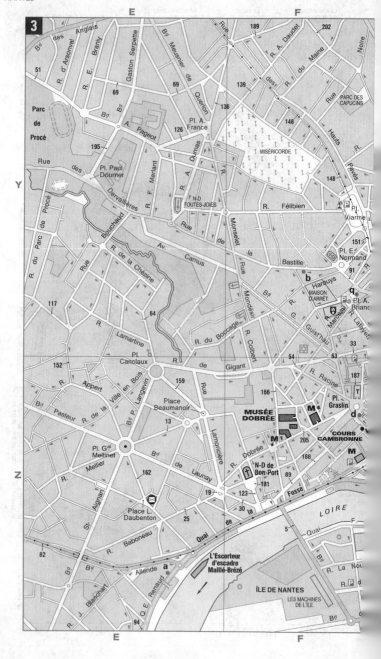

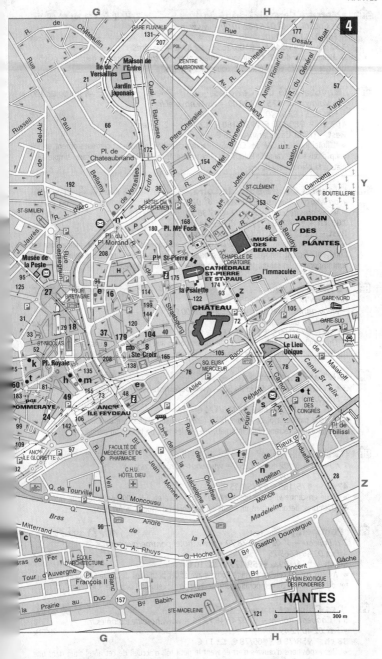

Mercure Central sans rest
4 r. Couëdic – ℰ 02 51 82 10 00 – www.mercure.com
– Fax 02 51 82 10 10   4GZ**m**
152 ch – †95/245 € ††105/255 €, �Ⅳ 17 € – 5 suites
• Belle façade du 19e s., hall sous verrière, piano-bar cosy et chambres garnies de meubles de style Art déco et de photos évoquant les voyages.

Novotel Cité des Congrès
3 r. Valmy – ℰ 02 51 82 00 00 – www.novotel.fr
– Fax 02 51 82 07 40   4HZ**t**
103 ch – †80/180 € ††80/180 €, ⊡ 14 € – 2 suites
Rest – (17 €) Carte environ 25 €
• L'hôtel jouxte la Cité des Congrès. Grandes chambres rénovées ; certaines offrent un joli coup d'œil sur le canal St-Félix. Coin jeux pour enfants. Au Novotel Café, carte simple avec plats à la plancha et salades.

Novotel Centre Bord de Loire
1 bd Martyrs Nantais ⊠ 44200 – ℰ 02 40 47 77 77
– www.novotel.com – Fax 02 40 47 36 52   4HZ**v**
108 ch – †89/159 € ††89/159 €, ⊡ 14 €
Rest – (12 €) Menu 16 € (sem.) – Carte 19/38 €
• Sur l'île de Nantes, au bord de la Loire, face au tramway : une situation idéale pour cet hôtel entièrement rénové. Chambres spacieuses et climatisées. Confortable salle à manger contemporaine. En saison, service sous la pergola bien ombragée.

L'Hôtel sans rest
6 r. Henri IV – ℰ 02 40 29 30 31
– www.nanteshotel.com – Fax 02 40 29 00 95
– Fermé 24 déc.-2 janv.   4HY**z**
31 ch – †79/160 € ††79/160 €, ⊡ 10 €
• On pénètre dans l'hôtel par un hall contemporain aux lignes graphiques. Les chambres se déclinent dans la même veine épurée et regardent soit le château soit le jardin.

All Seasons Centre sans rest
3 r. Couëdic – ℰ 02 40 35 74 50 – www.accorhotels.com
– Fax 02 40 20 09 35   4GZ**h**
65 ch ⊡ – †100/160 € ††110/170 €
• À deux pas de la place Royale, hôtel récent qui sort d'une cure de jouvence : chambres contemporaines (écrans plats, Internet), vue sur les toits de la ville au dernier étage.

Graslin sans rest
1 r. Piron – ℰ 02 40 69 72 91 – www.hotel-graslin.com
– Fax 02 40 69 04 44   3FZ**v**
47 ch – †75/135 € ††75/135 €, ⊡ 10 €
• Situé en centre-ville, cet hôtel entièrement rénové en juin 2009 propose deux catégories de chambres, décorées dans un esprit contemporain d'inspiration Art déco.

Pommeraye sans rest
2 r. Boileau – ℰ 02 40 48 78 79 – www.hotel-pommeraye.com
– Fax 02 40 47 63 75   4GZ**t**
50 ch – †54/129 € ††59/129 €, ⊡ 10 €
• À deux pas du célèbre passage Pommeraye et des boutiques de la rue Crébillon, les adeptes de décoration contemporaine raffinée vont aimer cet hôtel labellisé "Clef Verte".

Des Colonies sans rest
5 r. Chapeau Rouge – ℰ 02 40 48 79 76 – www.hoteldescolonies.fr
– Fax 02 40 12 49 25   4GZ**k**
38 ch – †58/78 € ††65/78 €, ⊡ 11 €
• Des expositions d'œuvres d'art égayent le petit hall d'accueil de cet hôtel situé dans une rue tranquille. Chambres au cadre actuel et aux coloris gais (bonne literie).

XXX **L'Atlantide** (Jean-Yves Guého) ⟨ AC VISA ©© AE
ⒺⒺ 16 quai E. Renaud ✉ 44100 – ℰ 02 40 73 23 23 – www.restaurant-atlantide.net
– Fax 02 40 73 76 46 – Fermé 24 juil.-23 août, 24 déc.-2 janv., sam. midi, dim. et
fériés **3EZa**
Rest – Menu 30 € (déj. en sem.), 55/95 € – Carte 68/98 €🕸
Spéc. Homard de pays façon sandwich, tomates confites et oignons nouveaux
(avril à sept.). Lièvre à la royale désossé et farci, macaronis et champignons
au gratin (sept. à déc.). Sphère du nouveau monde, chocolat-framboise.
Vins Muscadet de Sèvre-et-Maine sur lie, Savennières.
♦ Vue panoramique sur le fleuve et la ville depuis ce restaurant contemporain situé au sommet d'un immeuble moderne. Cuisine inventive et attrayante carte de vins de Loire.

XX **L'Océanide** AC 🍽 VISA ©©
ⒺⒺ 2 r. P. Bellamy – ℰ 02 40 20 32 28 – www.restaurant-oceanide.com
– Fax 02 40 48 08 55 – Fermé 25 juil.-15 août et dim. **4GYn**
Rest – Menu 19 € (sem.)/65 € – Carte 45/55 €🕸
♦ Joli comptoir, boiseries, banquettes, plafond bleu-jaune et tableaux composent l'agréable
décor de ce restaurant qui propose une cuisine de la mer et une belle carte des vins.

XX **La Poissonnerie** AC VISA ©© AE
4 r. Léon Maître – ℰ 02 40 47 79 50 – lapoissonnerie.fr – Fermé 12-26 août,
21 déc.-3 janv., sam. midi, lundi midi et dim. **4GZe**
Rest – (13 €) Menu 24/54 €
♦ L'enseigne annonce la couleur : ce restaurant honore l'océan tant dans le décor – tons
bleus, objets marins – que dans la cuisine, vouée aux poissons. Bon choix de muscadets.

XX **L'Abélia** 🍴 ⅃ P VISA ©©
125 bd des Poilus – ℰ 02 40 35 40 00 – www.restaurantlabelia.com – Fermé
3-28 août, vacances de Noël, dim. et lundi **2CVt**
Rest – (23 €) Menu 31/65 € bc
♦ Cette maison bourgeoise (1900) vous accueille en toute convivialité dans ses salons aux
couleurs chaudes (parquet, tomettes, pierres apparentes), autour d'une cuisine actuelle.

XX **Félix** 🍴 AC VISA ©©
1 r. Lefèvre Utile – ℰ 02 40 34 15 93 – www.brasseriefelix.com
– Fax 02 40 34 46 23 **4HZa**
Rest – (15 €) Menu 22 € – Carte 29/48 €
♦ Restaurant prisé des Nantais qui apprécient son cadre résolument contemporain, la ter-
rasse tournée vers le canal St-Félix et sa séduisante cuisine de brasserie.

XX **La Cigale** 🍴 VISA ©©
ⒺⒺ 4 pl. Graslin – ℰ 02 51 84 94 94 – www.lacigale.com – Fax 02 51 84 94 95
Rest – (15 €) Menu 17 € (déj. en sem.)/26 € – Carte 25/46 € **3FZd**
♦ Inaugurée en 1895, l'incontournable brasserie ne compte plus ses clients célèbres. Le
superbe cadre (mosaïques, boiseries) témoigne de l'ivresse ornementale du Modern Style.

XX **Le Rive Gauche** 🍴 ⇄ VISA ©© AE ①
10 côte St-Sébastien ✉ 44200 – ℰ 02 40 34 38 52
– www.lerivegauche-restaurant.com – Fax 02 40 33 21 20
– Fermé 13-19 avril, 26 juil.-18 août, 24 déc.-2 janv., sam. midi, dim. soir et lundi
Rest – Menu 22 € (déj. en sem.), 47/109 € bc – Carte 32/41 € **2CXe**
♦ Longue maison basse dont la véranda offre une vue sur les quais, la Loire et l'île Beaulieu. Décor actuel et mise en place soignée au service d'une cuisine au goût du jour.

X **Maison Baron Lefèvre** AC ⇄ VISA ©© AE
ⒺⒺ 33 r. de Rieux – ℰ 02 40 89 20 20 – Fax 02 40 89 20 22 – Fermé 3-22 août, dim. et
lundi **4HZn**
Rest – (15 €) Menu 18 € (déj. en sem.)/25 € – Carte 35/60 €
♦ Néo-brasserie et épicerie fine (jambons, vins et autres délices) installées dans un entrepôt
(ancienne boutique de maraîchers) aux allures de loft : décor épuré, mezzanine.

X **Les Temps Changent** 🛜 𝖵𝖨𝖲𝖠 ⓒⓞ 𝖠𝖤 ①

1 pl. A. Briand – ℰ 02 51 72 18 01 – www.restaurant-lestempschangent.fr
– Fax 02 51 88 91 82 – Fermé 3-23 août, sam. et dim. **3FYq**
Rest – (16 €) Menu 26 € (déj. en sem.)/67 € bc – Carte 43/50 € le soir
♦ Les suggestions saisonnières affichées sur l'un des menus confirment l'enseigne de ce bistrot chic dont l'ambiance change le soir, devenant plus cosy. 200 références de vins.

X **Le 1** 🛜 🕭 𝖠𝖢 𝖵𝖨𝖲𝖠 ⓒⓞ

⊖ 1 r. Olympe-de-Gouges, (à l'angle du quai F. Mitterand) – ℰ 02 40 08 28 00
– www.leun.fr – Fax 02 40 08 28 68 **4GZc**
Rest – Menu 15/28 € – Carte 30/60 €
♦ Adresse mise en place par des chefs "aguerris", sur l'île de Nantes. Concept façon brasserie tendance (cuisine ouverte sur la salle, bar) ; carte actuelle et terroir revisité.

X **L'Embellie** 𝖠𝖢 🕭 𝖵𝖨𝖲𝖠 ⓒⓞ 𝖠𝖤

⊖ 14 r. Armand Brossard – ℰ 02 40 48 20 02 – www.restaurantlembellie.com
– Fax 02 72 01 72 25 – Fermé août, dim. et lundi **4GYe**
Rest – (15 €) Menu 17 € (déj.)/52 € – Carte 42/54 €
♦ Proche de la tour Anne de Bretagne, on apprécie une cuisine actuelle préparée avec soin et servie dans deux salles aux tons jaune et bordeaux ou chocolat.

X **Le Gressin** 𝖵𝖨𝖲𝖠 ⓒⓞ

40 bis r. Fouré – ℰ 02 40 48 26 24 – Fax 02 40 48 26 24 – Fermé 5-20 août, lundi
soir, sam. midi et dim. **4HZf**
Rest – (14 €) Menu 27/34 €
♦ Petit restaurant de quartier : pierres apparentes, mobilier rustique, jonc de mer, expositions de tableaux, etc. Les menus, traditionnels, évoluent avec les saisons.

X **A ma Table** 𝖵𝖨𝖲𝖠 ⓒⓞ 𝖠𝖤

⊖ 11 r. Fouré – ℰ 02 40 47 01 18 – www.amatable-restaurant.com
– Fermé 1er-20 août, lundi soir, sam. et dim. **4HZs**
Rest – Menu 15 € (sem.)/25 €
♦ Nostalgiques du petit-beurre Nantais, sachez que ce bistrot jouxte les anciennes usines Lu. Vieilles photos du quartier, affiches rétro et cuisine du marché simple et de qualité.

X **Les Capucines** 𝖵𝖨𝖲𝖠 ⓒⓞ 𝖠𝖤

⊖ 11 bis r. Bastille – ℰ 02 40 20 41 58 – www.restaurant-capucines.com
– Fax 02 51 72 02 96 – Fermé 1er-24 août , vacances de fév., sam. midi, lundi soir
et dim. **3FYb**
Rest – Menu 12 € (déj. en sem.), 15/30 € – Carte 28/48 €
♦ Cette table sans chichi comprend trois salles mi-rétro mi-bistrot (deux s'ouvrent sur un patio). Le chef concocte plats traditionnels selon le marché et recettes du Sud-Ouest.

Environs

au Bord de l'Erdre 11 km par D 178 ou sortie n° 24 autoroute A 11 et rte de la
Chantrerie - CV

🏨 **De la Régate** 🕭 🔊 📶 🅿 𝖵𝖨𝖲𝖠 ⓒⓞ 𝖠𝖤

155 rte de Gachet ⊠ 44300 Nantes – ℰ 02 40 50 22 22
– www.bestwestern-hotel-de-la-regate-nantes.com – Fax 02 51 13 57 44
42 ch – †80/130 € ††80/130 €, � 14 €
Rest Manoir de la Régate – voir ci-après
♦ Près de l'Erdre, bâtiment contemporain de plain-pied construit selon des normes environnementales (toit végétal, panneaux solaires). Chambres fonctionnelles de bonne facture.

XXX **Manoir de la Régate** – Hôtel de la Régate 🛜 🕭 ⇔ 🅿 𝖵𝖨𝖲𝖠 ⓒⓞ 𝖠𝖤

155 rte de Gachet ⊠ 44300 Nantes – ℰ 02 40 18 02 97
– www.manoir-regate.com – Fax 02 40 25 23 36
Rest – Menu 20 € (sem.)/68 € – Carte 55/91 €
♦ Demeure du 19e s. à l'atmosphère mi-bourgeoise, mi-contemporaine. Repas dans l'une des salles à manger ou sur l'agréable terrasse. Carte au goût du jour.

XX **Auberge du Vieux Gachet** ≤ 🏠 **P** 🆅🆂🅰 ⚙ 🅰🅴 ①
rte de Gachet – ℰ 02 40 25 10 92 – www.aubergeduvieuxgachet.com
– Fax 02 40 18 03 92 – Fermé dim. soir et lundi
Rest – (17 €) Menu 33/60 € – Carte 45/81 €
♦ Une ancienne ferme qui rappelle la campagne d'autrefois, à deux pas de la ville. Vieilles poutres, ambiance rustique et terrasse d'été sous les tilleuls en bordure de l'Erdre.

rte des Bords de Loire par D 751 DV, sortie 44 Porte du Vignoble

XXX **Villa Mon Rêve** 🚁 🏠 **P** 🆅🆂🅰 ⚙ 🅰🅴 ①
à 9 km ✉ 44115 Basse-Goulaine – ℰ 02 40 03 55 50 – www.villa-mon-reve.com
– Fax 02 40 06 05 41 – Fermé 17-30 nov., vacances de fév., dim. soir et mardi
Rest – (23 €) Menu 26/50 € – Carte 43/81 €🍴   **2DVe**
♦ Entre la Loire et les cultures maraîchères, maison 1900 devancée par un jardin arboré. Atmosphère intemporelle, cuisine du terroir et très beau choix de muscadets.

XX **Auberge Nantaise** ≤ 🅰🅲 🆅🆂🅰 ⚙ 🅰🅴
🍴 *à 13 km, au Bout des Ponts – ℰ 02 40 54 10 73 – Fax 02 40 36 83 28*
– Fermé 10-20 juil., dim. soir et lundi
Rest – (14 €) Menu 16 € (sem.)/50 € – Carte 43/58 €
♦ À l'étage, salle à manger actuelle dont les baies vitrées surplombent la Loire. Au rez-de-chaussée, cadre coloré. Carte régionale : grenouilles, poissons au beurre blanc, etc.

XX **La Divate** 🏠 ⑂ **P** 🆅🆂🅰 ⚙ 🅰🅴
🍴 *28 Levée de la Divate, à 11 km, à Boire-Courant – ℰ 02 40 54 19 66*
🐟 *– Fax 02 40 36 58 39 – Fermé 16 fév.-5 mars, 13-29 juil., vacances de fév., dim. soir, mardi et merc.*
Rest – (13 €) Menu 15 € (déj. en sem.), 19/40 € – Carte 53/61 €
♦ Spécialités des bords de Loire à déguster dans cette petite maison de pays postée sur la digue du fleuve. Pierre et bois créent un joli décor champêtre.

X **Clémence** ⑂ 🆅🆂🅰 ⚙ 🅰🅴
🍴 *à 15 km, à la Chebuette ✉ 44450 St-Julien-de-Concelles*
– ℰ 02 40 36 03 18 – wwww.restaurantclemence.fr
– Fermé 9-29 août, 15-21 fév.,dim. soir et lundi
Rest – (15 € bc) Menu 19 € bc (déj. en sem.)/76 € bc
♦ Maison refaite au cadre épuré. C'est ici que Clémence Lefeuvre (1860-1932) créa le fameux beurre blanc, toujours présent dans la cuisine proposée par le chef, régionale et inventive.

à Basse-Goulaine 10 km par D 119 – 7 883 h. – alt. 22 m – ✉ 44115

⌂ **L'Orangerie du Parc** sans rest 🚁 ᵗᵗ **P**
195 r. Grignon, (D 119) – ℰ 02 40 54 91 30 – Fax 02 40 54 91 30   **2DXb**
5 ch 🛏 – ♦63/69 € ♦♦77/84 €
♦ Dans un parc arboré, l'orangerie d'une demeure ayant appartenu à un ministre de Napoléon III abrite cinq chambres raffinées et de plain-pied (quatre avec couchage en duplex).

à Haute-Goulaine 14 km par ③ et D 119 – 5 439 h. – alt. 41 m – ✉ 44115

XXX **Manoir de la Boulaie** (Laurent Saudeau) 🕪 ⑂ ⑃ **P** 🆅🆂🅰 ⚙ 🅰🅴
✿✿ *33 r. Chapelle St-Martin – ℰ 02 40 06 15 91 – www.manoir-de-la-boulaie.fr*
– Fax 02 40 54 56 83 – Fermé 1ᵉʳ-26 août, 20 déc.-13 janv., dim. soir, lundi et merc.
Rest – (36 €) Menu 69/130 € – Carte 92/125 €🍴
Spéc. Spirale de spaghettis aux langoustines. Ris de veau et cocos de Paimpol (printemps-été). Cassis, fenouil et olives taggiasches (été-automne). **Vins** Muscadet de Sèvre-et-Maine sur lie, Fiefs Vendéens.
♦ Cette jolie demeure bourgeoise des années 1920, entourée d'un parc et de vignes, est très prisée des Nantais pour sa délicieuse cuisine inventive. Bon choix de muscadets.

à La Haie-Fouassière 15 km par ③, D 149 et D 74 – 4 065 h. – alt. 25 m
– ⊠ 44690

XX **Le Cep de Vigne** 　　　　🚗 🛋 VISA ⓒⓞ AE

à la Gare Nord : 1 km par D 74 – 𝒞 *02 40 36 93 90*
*– Fax 02 51 71 60 69 – Fermé vacances de fév., dim. soir, lundi soir,
mardi soir et merc.*
Rest – (14 €) Menu 21 € bc (sem.)/50 € – Carte 43/74 €
♦ Façade agrémentée de céramiques sur le thème de la vigne. Trois salles à manger : deux
rajeunies, dont une agrandie d'une véranda, et un salon rustique. Sélection de muscadets.

à Vertou 10 km par D 59 sortie porte de Vertou – 21 091 h. – alt. 32 m
– ⊠ 44120

🄳 Office de tourisme, place du Beau Verger 𝒞 02.40.34.94.36,
　　Fax 02 40 34 06 86

XX **Monte-Cristo** 　　　　◁ 🛋 🕉 ⇔ VISA ⓒⓞ AE
🄲🄾
Chaussée des Moines – 𝒞 *02 40 34 40 36 – www.monte-cristo.fr*
*– Fax 02 40 03 26 20 – Fermé 1er-7 août, 24 oct.-4 nov., merc. soir, dim. soir et
lundi*　　　　　　　　　　　　　　　　　　　　　　　　**2**DX**a**
Rest – (16 €) Menu 18 € (déj. en sem.), 25/36 € – Carte 32/54 €
♦ Les premières lignes du "Comte de Monte-Cristo" ont été écrites ici par Dumas. Nouvelle
ambiance contemporaine dans les salles, terrasse ouverte sur la Sèvre et cuisine actuelle.

à Château-Thébaud 18 km par ③, D 149, D74 et D63 – 2 731 h. – alt. 58 m
– ⊠ 44690

X **Auberge la Gaillotière** 　　　　🛋 🕃 P VISA ⓒⓞ
🄲🄾
La Gaillotière – 𝒞 *02 28 21 31 16 – www.auberge-la-gaillotiere.fr*
– Fax 02 28 21 31 17 – Fermé 26 juil.-11 août, 8 fév.-10 mars, mardi soir et merc.
Rest – Menu 13 € (déj. en sem.), 18/25 €
♦ Ancien chai isolé au milieu du vignoble nantais. Plats du terroir mitonnés en fonction du
marché et vins locaux sont proposés dans un cadre rustique sans fioriture.

rte de La Roche-sur-Yon 12 km par ④ et D 178 – ⊠ 44840 Les Sorinières

🏨 **Abbaye de Villeneuve** 🕉 　🄳 🛋 ⌇ 🕉 rest, 🍴 🙇 P VISA ⓒⓞ AE ⑩
rte de la Roche sur Yon – 𝒞 *02 40 04 40 25 – www.abbayedevilleneuve.com*
– Fax 02 40 31 28 45
21 ch – †95/195 € ††95/195 €, ☲ 14 € – ½ P 98/150 €
Rest – (25 €) Menu 35/65 € – Carte 45/85 €
♦ Demeure du 18e s. bâtie sur les vestiges d'une abbaye médiévale. Quelques pierres
tombales décorent le hall. Chambres très classiques, plus petites et rustiques au 2e étage.
Le chemin du restaurant passe par un cloître. Salle à manger "châtelaine" ouverte sur le parc.

à l'aéroport international Nantes-Atlantique sortie 51 porte de Grandlieu
-Bouguenais – ⊠ 44340 Bouguenais

🏨 **Océania** 　　　🛋 ⌇ 🄵 🕉 🕮 🄺 🍴 🙇 P VISA ⓒⓞ AE ⑩
– 𝒞 *02 40 05 05 66 – www.oceaniahotels.com*
– Fax 02 40 05 12 03　　　　　　　　　　　　　　　　**1**BX**e**
87 ch – †89/175 € ††89/175 €, ☲ 15 € – 2 suites
Rest – *(fermé sam. midi et dim. midi)* (15 € bc) Menu 22/26 €
– Carte 28/44 €
♦ Imposante façade contemporaine rythmée par des pilastres. Chambres pratiques et refai-
tes dans un style actuel épuré. Une navette relie l'hôtel à l'aéroport. Sympathique salon avec
cheminée, grande salle à manger et terrasse au bord de la piscine.

à Bouaye 15 km par D 751A - **AX** – 5 632 h. – alt. 16 m – ⊠ **44830**

🛈 Office de tourisme, 2, place du Bois Jacques 𝒞 02 40 65 53 55,
Fax 02 51 70 59 84

Kyriad 🚗 🍃 🏊 ※ 🄰🄲 ⁽¹⁾ 🏊 🅿 🆅🆂🅰 ⬥

rte de Nantes – 𝒞 02 40 65 43 50 – www.champsdavaux.com
– Fax 02 40 32 64 83 – Fermé 24 déc.-3 janv.
44 ch – �$60/74 € ♥♥60/74 €, ⊇ 9 € – ½ P 64/66 €
Rest *Les Champs d'Avaux* – *(fermé dim. soir)* (17 €) Menu 20 € (sem.)/73 €
– Carte 35/70 €
♦ Toutes les chambres de ce bâtiment moderne sont actuelles, avec double vitrage ; certaines ouvrent de plain-pied sur le jardin. Aire de jeux pour enfants. Agréable restaurant orienté sur la verdure. Plats traditionnels et régionaux.

à Coueron 15 km par D 107, sortie porte de l'Estuaire – 18 657 h. – alt. 13 m
– ⊠ **44220**

Le François II 🛖 � ⇔ 🆅🆂🅰 ⬥ 🄰🄴

5 pl. Aristide Briand – 𝒞 02 40 38 32 32 – www.francois2.com
– Fax 02 40 38 32 32 – Fermé 19-25 avril, 26 juil.-18 août, 2-6 janv., dim. soir,
mardi soir, jeudi soir et lundi
Rest – (11 €) Menu 13 € (déj. en sem.), 21/50 € – Carte 33/50 €
♦ L'enseigne rend hommage au duc de Bretagne, père d'Anne, mort à Couëron. Côté décor, un style rustique (pierres apparentes, tapis, tapisseries). Côté cuisine, générosité et tradition.

à St-Herblain 8 km à l'Ouest – 43 901 h. – alt. 8 m – ⊠ **44800**

La Marine ⌂ 🚗 ☎ 📱 å ⁽¹⁾ 🏊 🅿 🆅🆂🅰 ⬥

esplanade de la Bégraisière – 𝒞 02 40 95 26 66 – www.hotel-marine.fr
– Fax 02 40 46 85 70   **1BVm**
24 ch – ♦55/85 € ♦♦61/85 €, ⊇ 9 € – ½ P 54/63 €
Rest – *(fermé sam. midi et dim.)* (14 €) Menu 20/32 € – Carte 26/38 €
♦ Accueil charmant en cette demeure nichée au cœur d'un grand et paisible jardin. Les chambres, vastes et toutes identiques, sont dotées de meubles de style très classique. Salle à manger-véranda ouverte sur des espaces verts ; cuisine traditionnelle.

Les Caudalies 🍃 🆅🆂🅰 ⬥

229 rte de Vannes – 𝒞 02 40 94 35 35 – www.restaurant-lescaudalies.com
– Fax 02 40 95 35 35 – Fermé 26 juil.-26 août, 13-23 fév., dim. soir, lundi et merc.
Rest – Menu 19 € (sem.), 29/42 € – Carte 31/45 €   **1BVv**
♦ Au bord de la route, villa des années 1980 accueillant deux petites salles à manger contemporaines. La cuisine du marché vagabonde à travers les régions françaises.

à Orvault 6 km par N 137 sortie porte de Rennes – 24 218 h. – alt. 45 m
– ⊠ **44700**

Le Domaine d'Orvault ⌂ 🕭 🚗 ☎ ♨ ※ 📱 å 🄰🄲 rest, ⁽¹⁾ 🏊 🅿

24 chemin des Marais-du-Cens – 𝒞 02 40 76 84 02   🆅🆂🅰 ⬥ 🄰🄴 ①
– www.domaine-orvault.com – Fax 02 40 76 04 21   **1BVe**
40 ch – ♦104/146 € ♦♦104/146 €, ⊇ 20 € – ½ P 154/196 €
Rest – *(fermé dim. du 15 oct. au 1er avril)* (26 €) Carte 26/56 €
♦ Noyée dans la verdure, une villa qui, malgré les apparences, ne date que des années 1970. Grandes chambres diversement meublées ; préférez les plus récentes. Restaurant contemporain et terrasse ombragée de tilleuls, pour déguster des plats dans l'air du temps.

Du Parc sans rest ⁽¹⁾ 🅿 🆅🆂🅰 ⬥ 🄰🄴

92 r. de la Garenne – 𝒞 02 40 63 04 79 – www.hotel-du-parc-nantes.com
– Fax 02 40 63 62 99 – Fermé 2-22 août et 25 déc.-3 janv.   **1AVq**
30 ch – ♦68 € ♦♦68 €, ⊇ 8 €
♦ Entouré d'un joli parc boisé, cet hôtel entièrement relooké propose des chambres au sobre décor actuel, bien insonorisées et à la tenue irréprochable. Salon-bibliothèque.

NANTILLY – 70 Haute-Saône – **314** B8 – rattaché à Gray

NANTOUX – 21 Côte-d'Or – **320** I7 – 186 h. – alt. 295 m – ⊠ 21190   7 A3

> ▶ Paris 326 – Dijon 55 – Chalon-sur-Saône 37 – Le Creusot 48

⌂   **Domaine de la Combotte** sans rest ♨   ⇗ ☷ & **P** **VISA** **☒**
r. de Pichot – ℰ *03 80 26 02 66* – *www.lacombotte.com* – Fax 03 68 38 12 48
5 ch ☲ – †90 € ††120 €
♦ Au cœur d'un village viticole, cet ensemble de maisons récentes propose de grandes chambres décorées sur le thème de la vigne. En saison, forfait-découverte de la truffe.

NANTUA ☜ – 01 Ain – **328** G4 – 3 693 h. – alt. 479 m – ⊠ 01130   45 C1
Ⓘ Franche-Comté Jura

> ▶ Paris 476 – Aix-les-Bains 79 – Annecy 67 – Bourg-en-Bresse 52
> 🄳 Office de tourisme, place de la Déportation ℰ 04 74 75 00 05,
> Fax 04 74 75 06 83
> ◉ Église St-Michel★ : Martyre de St-Sébastien★★ par E. Delacroix - Lac★.
> Ⓖ La cuivrerie★ de Cerdon.

⌂⌂   **L'Embarcadère** ♨   ⇐ 🄰🄲 ch, 🍴 ☝ **P** **VISA** **☒**
⁞◫⁞   *av. Lac* – ℰ *04 74 75 22 88* – *www.hotelembarcadere.com* – Fax 04 74 75 22 25
49 ch – †60/74 € ††60/74 €, ☲ 10 € – ½ P 76/79 €
Rest – (fermé 20 déc.-5 janv.) Menu 23 € (sem.)/67 € – Carte 70/84 €
♦ La moitié des chambres offrent une échappée sur le lac, et toutes bénéficient d'un rajeunissement dans des tons chauds. La vue panoramique sur l'eau et la goûteuse cuisine régionale sont les atouts maîtres du restaurant, auquel on accède par une passerelle couverte.

à Brion Nord-Ouest : 5 km par D 1084 et D 979 – 511 h. – alt. 475 m – ⊠ 01460

✗✗   **Bernard Charpy**   ⇗ 🏡 **P** **VISA** **☒**
1 r. la Croix-Chalon – ℰ *04 74 76 24 15* – Fax 04 74 76 22 36
– *Fermé 8-17 mai, 1ᵉʳ août-30 sept., 26 déc.-3 janv., sam. midi, dim. soir et lundi*
Rest – Menu 21 € (déj. en sem.), 25/41 € – Carte 44/62 €
♦ Sous la charpente apparente de la salle à manger relookée version contemporaine, vous dégusterez une attrayante cuisine traditionnelle (très beau choix de poissons frais).

LA NAPOULE – 06 Alpes-Maritimes – **341** C6 – rattaché à Mandelieu

---

NARBONNE ☜ – 11 Aude – **344** J3 – 50 776 h. – alt. 13 m – ⊠ 11100   22 B3
Ⓘ Languedoc Roussillon

> ▶ Paris 787 – Béziers 28 – Carcassonne 61 – Montpellier 96
> ▱ ℰ 3635 et tapez 42 (0,34 €/mn)
> 🄳 Office de tourisme, 31, rue Jean Jaurès ℰ 04 68 65 15 60,
> Fax 04 68 65 59 12
> ◉ Cathédrale St-Just-et-St-Pasteur★★ (Trésor : tapisserie représentant la Création★★) - Donjon Gilles Aycelin★ ❄★ **H** - Choeur★ de la basilique St-Paul - Palais des Archevêques★ BY : musée d'Art et d'Histoire★ - Musée archéologique★ - Musée lapidaire★ BZ - Pont des marchands★.

⌂⌂   **La Résidence** sans rest   ▤ 🄰🄲 🍴 **VISA** **☒** **AE** **①**
6 r. du 1ᵉʳ Mai – ℰ *04 68 32 19 41* – *www.hotelresidence.fr* – Fax 04 68 65 51 82
– *Fermé 15 janv.-15 fév.*   AYr
26 ch – †69/84 € ††75/140 €, ☲ 10 €
♦ Jean Marais, Louis de Funès, Georges Brassens, Michel Serrault : prestigieux livre d'or pour cet hôtel logé dans une demeure du 19ᵉ s. Salons aux notes baroques ; vente de vin.

⌂   **De France** sans rest   🄰🄲 🍴 **VISA** **☒** **AE**
6 r. Rossini – ℰ *04 68 32 09 75* – *www.hotelnarbonne.com* – Fax 04 68 65 50 30
– *Fermé 15 fév.-15 mars*   BZs
15 ch – †32/73 € ††35/73 €, ☲ 7 €
♦ Dans une petite rue calme non loin du centre-ville, voici un hôtel familial tout en sobriété, aux chambres bien tenues réparties autour d'une courette intérieure.

NARBONNE

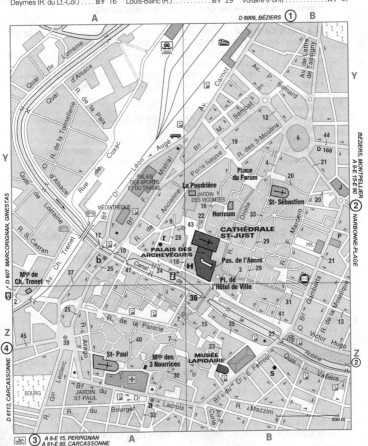

⌂ Le Clos des Chevaliers sans rest ⫶ ⌧ AK (ᵗ)

21 imp. Hélène Boucher, Les Hauts de Narbonne par ③
– ℰ 04 68 41 50 79
– www.leclosdeschevaliers.com
– Fax 04 68 32 37 84
4 ch ⬚ – ✝110/130 € ✝✝110/130 €
◆ Belle surprise que cet îlot de calme en retrait de la ville. La maîtresse de maison a laissé faire son inspiration côté déco dans des chambres ouvrant sur le jardin et la piscine.

XXX **La Table St-Crescent** (Lionel Giraud) 🕭 🄰🄲 ⟷ 🄿 𝚟𝚒𝚜𝚊 ⓒⓞ 🄰🄴 ⓞ
🕸 *68 av. Gén. Leclerc, au Palais du Vin par ③ – ℰ 04 68 41 37 37*
– www.la-table-saint-crescent.com – Fax 04 68 41 01 22 – Fermé dim. soir et
lundi de sept. à mai, lundi midi et dim. de juin à août et sam. midi
Rest – (25 € bc) Menu 42/80 € bc – Carte 59/100 €🗟
Spéc. Raviole d'huître de nos côtes au jambon de la Montagne Noire. Cabillaud poché en "aïgo boulido" légèrement acidulé. Compression d'un vacherin
à la fraise des bois, vanille de Madagascar et basilic. **Vins** Corbières, Minervois.
♦ Élégant décor design à l'intérieur de ce vieil oratoire du Moyen Âge. Terrasse entourée de
vignes. Séduisante cuisine inventive et vins du Languedoc-Roussillon.

XX **Le Petit Comptoir** 🄰🄲 𝚟𝚒𝚜𝚊 ⓒⓞ 🄰🄴
😊 *4 bd Mar. Joffre – ℰ 04 68 42 30 35 – www.petitcomptoir.com*
– Fax 04 68 41 52 71 – Fermé 12-31 juil., 1er-7 janv. AY**b**
Rest – (15 €) Menu 18 € (sem.)/45 €
♦ On savoure de bonnes recettes traditionnelles aux accents du Sud dans ce sympathique
restaurant aux allures de bistrot des années 1930. Cave à vins attenante honorant la région.

X **Le 26** 🄰🄲 𝚟𝚒𝚜𝚊 ⓒⓞ
8 bd Dr-Lacroix – ℰ 04 68 41 46 69 – www.restaurantle26.fr – Fermé sam. midi,
lundi soir et dim. AZ**a**
Rest – (15 €) Menu 20 € (déj. en sem.)/38 € – Carte 37/57 €
♦ Le patron mitonne de bons plats traditionnels qui mettent en appétit et embaument la
salle du restaurant, sobre et tout en longueur (parquet, murs en pierre). Accueil aimable.

à **Coursan** 7 km par ① – 6 121 h. – alt. 6 m – ✉ 11110

🛈 Syndicat d'initiative, 10 bis, avenue Jean Jaurès ℰ 04 68 33 60 86,
Fax 04 68 33 60 86

XX **L'Os à Table** 🍽 🕭 🄰🄲 🄿 𝚟𝚒𝚜𝚊 ⓒⓞ
88 av. Jean Jaurès, rte de Salles d'Aude – ℰ 04 68 33 55 72 – http://
perso.wanadoo.fr/losatable-coursan – Fax 04 68 33 35 39 – Fermé 14-30 sept.,
mardi midi, dim. soir et lundi
Rest – Menu 25/46 € – Carte 32/48 €🗟
♦ Dans une maison particulière bâtie à l'entrée d'un village traversé par l'Aude, lumineuses
salles à manger aux tons pastel. Cuisine traditionnelle et beau choix de vins locaux.

à l'**Hospitalet** 10 km par ② rte de Narbonne-Plage (D 168) – ✉ 11100
– ✉ 11100

🄶🄰 **Château l'Hospitalet** 🗟 🍽 🕭 ⛆ 🄻 🄲 rest, ⁹⁷ 🛁 🄿 𝚟𝚒𝚜𝚊 ⓒⓞ 🄰🄴
rte de Narbonne Plage – ℰ 04 68 45 28 50 – www.gerard-bertrand.com
– Fax 04 68 45 28 78
38 ch – †80/130 € ††90/300 €, � 17 € – ½ P 137/260 €
Rest – (fermé dim. soir et lundi de nov. à mars) Menu 26 € – Carte 28/60 €
♦ Cette hôtellerie liée à un domaine vinicole comprend des ateliers de métiers d'art. Chambres fonctionnelles affichant une décoration intérieure contemporaine. Carte régionale et vins
de la propriété au restaurant, une ancienne bergerie façon bistrot gourmand.

à **Bages** 8 km par ③, D 6009 et D 105 – 817 h. – alt. 30 m – ✉ 11100

🛈 Syndicat d'initiative, 8 rue des Remparts ℰ 0468428176, Fax 0468428176

⌂ **Les Palombières d'Estarac** 🗟 ⟐ 🕭 🍽 🄿 𝚟𝚒𝚜𝚊 ⓒⓞ
Estarac, au Sud-Ouest – ℰ 04 68 42 45 56 – www.palombieres-estarac.com
– Fax 04 68 42 45 56
4 ch ⊆ – †62/122 € ††72/132 € **Table d'hôte** – Menu 27 € bc
♦ "Océane", "Soleillad", "Olivine" : des chambres fraîches et gaies, joliment personnalisées,
habitent ce mas restauré entouré de garrigue. Plats méridionaux servis dans une salle à manger ouverte sur le parc et réchauffée l'hiver par de belles flambées.

☓☓ **Le Portanel** ⟨ AK ⇔ VISA ◉◉
🐷 *la Placette* – ☎ *04 68 42 81 66 – Fax 04 68 41 75 93 – Fermé dim. soir du 15 sept. au 15 juil. et lundi*
😊 **Rest** – Menu 18 € bc (déj. en sem.), 25/40 € – Carte 36/65 €
 ♦ La Méditerranée s'invite à table dans cette ancienne maison de pêcheur que l'on rejoint à pied depuis le centre du village. Cadre néorustique et véranda surplombant le port.

à Ornaisons 14 km par ④, D 6113 et D 24 – 1 157 h. – alt. 34 m – ⊠ 11200

🏨 **Le Relais du Val d'Orbieu** ⌖ 🚗 🚁 ⌛ ☆ ☏ 🛁 ☏ 🅿 VISA ◉◉ AE ⓪
par D 24 – ☎ *04 68 27 10 27 – www.relaisduvaldorbieu.com – Fax 04 68 27 52 44 – Fermé 30 nov.-1ᵉʳ fév. et dim. en nov. et fév.*
18 ch – ♦65/130 € ♦♦85/165 €, � 17 € – 2 suites – ½ P 90/135 €
Rest – (dîner seult) Menu 29/55 € – Carte 58/68 € 🈯
 ♦ Au milieu du vignoble des Corbières, gage de calme absolu, ex-moulin à plâtre dont les plaisantes chambres s'ordonnent autour d'un beau patio. Équipements de loisirs. Cuisine traditionnelle et sélection de vins régionaux servis sous une jolie pergola en été.

LA NARTELLE – 83 Var – 340 O6 – rattaché à Ste-Maxime

NATZWILLER – 67 Bas-Rhin – 315 H6 – 599 h. – alt. 500 m – ⊠ 67130   2 C1
▶ Paris 422 – Barr 25 – Molsheim 31 – St-Dié 43

☓☓ **Auberge Metzger** avec ch 🚗 🚁 ☏ 🛁 🅿 VISA ◉◉ AE
😊 *55 r. Principale* – ☎ *03 88 97 02 42 – www.hotel-aubergemetzger.com*
🍽 *– Fax 03 88 97 93 59 – Fermé 28 juin-6 juil., 20-25 déc., 6-26 janv., dim. soir et lundi sauf juil.-août*
15 ch – ♦59 € ♦♦69/79 €, ⊟ 11 € – ½ P 75/84 €
Rest – (12 €) Menu 21/59 € – Carte 28/45 €
 ♦ Cette façade fleurie abrite une sympathique auberge familiale plébiscitée pour sa goûteuse cuisine régionale. Une cour pavée accueille la terrasse. Confortables chambres.

NAVARRENX – 64 Pyrénées-Atlantiques – 342 H5 – 1 155 h.   3 B3
– alt. 125 m – ⊠ 64190
▶ Paris 787 – Pau 43 – Mourenx 15 – Oloron-Ste-Marie 23
🄸 Office de tourisme, place des Casernes ☎ 05 59 66 54 80, Fax 05 59 66 54 80

🏠 **Du Commerce** 🚁 ☏ 🛁 VISA ◉◉ AE
🐷 *pl. des Casernes* – ☎ *05 59 66 50 16 – www.hotel-commerce.fr – Fax 05 59 66 52 67 – Fermé 1ᵉʳ-10 janv.*
23 ch – ♦59 € ♦♦69 €, ⊟ 9 € – ½ P 52 €
Rest – (11 €) Menu 19/36 € – Carte 25/50 €
 ♦ Demeures béarnaises entièrement rénovées, situées dans une bastide fondée en 1316. On apprécie le charme délicieusement rustique et le confort des chambres. La salle à manger offre un cachet campagnard rehaussé de couleurs vives. Cuisine régionale.

NEAUPHLE-LE-CHÂTEAU – 78 Yvelines – 311 H3 – 2 948 h.   18 A2
– alt. 185 m – ⊠ 78640 ▮ Île de France
▶ Paris 38 – Dreux 42 – Mantes-la-Jolie 32 – Rambouillet 24
🄸 Syndicat d'initiative, 14, place du Marché ☎ 01 34 89 78 00, Fax 01 34 89 78 00

🏨 **Domaine du Verbois** ⌖ ⟨ 🕭 🚁 ☏ 🍽 rest, ☏ 🅿 VISA ◉◉ AE ⓪
38 av. de la République – ☎ *01 34 89 11 78 – www.hotelverbois.com – Fax 01 34 89 57 33 – Fermé 7-19 août et 21-28 déc.*
22 ch – ♦105 € ♦♦115/180 €, ⊟ 12 € – ½ P 149 €
Rest – (fermé dim. soir) Menu 39/49 € – Carte environ 43 €
 ♦ Entourée d'un parc, cette demeure bourgeoise fin 19ᵉ s. domine la vallée de la Mauldre. Chambres personnalisées, meublées d'ancien ou de contemporain. Cuisine traditionnelle dans plusieurs salles raffinées ou sur la terrasse ombragée, face à la nature.

⋔ **Le Clos St-Nicolas** sans rest ॐ   🚗 🛜 **P** VISA ◑◐
33 r. St-Nicolas – ℰ *01 34 89 76 10 – www.clos-saint-nicolas.com*
– Fax 01 34 89 76 10
5 ch ☲ – †90 € ††96 €
◆ Atmosphère familiale très conviviale dans cette belle maison du 19ᵉ s. Jolies chambres thématiques (Jaune, Verte, Rouge) et petit-déjeuner dans la véranda, face au parc fleuri.

NÉGREVILLE – 50 Manche – **303** C3 – 813 h. – alt. 70 m – ⊠ 50260   **32** A1
▶ Paris 342 – Caen 108 – Saint-Lô 72 – Cherbourg 22

au Nord-Est 5 km par D 146 et D 62 - ⊠ 50260 Négreville

⋔ **Château de Pont Rilly** sans rest ॐ   ◑ **P** VISA ◑◐
– ℰ 02 33 40 47 50 – www.chateau-pont-rilly.com
5 ch ☲ – †150 € ††150 €
◆ Château du 18ᵉ s. en parfait état, mis en valeur par son vaste parc à la française. Mobilier de style et cadre rustique font le charme du lieu. Belles chambres avec cheminée.

NÉRIS-LES-BAINS – 03 Allier – **326** C5 – 2 726 h. – alt. 364 m – Stat.   **5** B1
therm. : début avril-fin oct. – Casino – ⊠ 03310 ▯ Auvergne
▶ Paris 336 – Clermont-Ferrand 86 – Montluçon 9 – Moulins 73
🆔 Office de tourisme, carrefour des Arènes ℰ 04 70 03 11 03,
Fax 04 70 09 05 29
🔞 de Sainte-Agathe Villebret, par rte de Montluçon : 4 km, ℰ 04 70 03 21 77

🏨 **Le Garden**   🚗 🛏 ⌺ ch, 🛜 ☖ **P** VISA ◑◐
⊝ *12 av. Marx Dormoy – ℰ 04 70 03 21 16 – http://*
monsite.wanadoo.fr/hotellegarden – Fax 04 70 03 10 67 – Fermé 25 janv.-6 mars
19 ch – †49/66 € ††49/66 €, ☲ 7 € – ½ P 50/56 €
Rest – *(fermé dim. soir et lundi de nov. à mars)* Menu 17/60 € – Carte 20/70 €
◆ Près du centre de la station, grande villa dans un jardin fleuri, transformée en hôtel. Chambres contemporaines régulièrement rénovées. Cuisine simple servie dans une coquette salle à manger appréciée pour sa luminosité et sa gaieté.

NÉRONDES – 18 Cher – **323** M5 – 1 515 h. – alt. 200 m – ⊠ 18350   **12** D3
▶ Paris 240 – Bourges 37 – Montluçon 84 – Nevers 33
🔞 la Vallée de Germigny à Saint-Hilaire-de-Gondilly Domaine de Villefranche,
NE: 9 km par D 6, ℰ 02 48 80 23 43

🍽🍽 **Le Lion d'Or** avec ch   AK rest, **P** VISA ◑◐
pl. de la Mairie – ℰ 02 48 74 87 81 – Fax 02 48 74 92 63 – Fermé 11-24 oct., fév.,
dim. soir, soir fériés et merc.
10 ch – †50 € ††50/56 €, ☲ 8,50 € – ½ P 54 €
Rest – Menu 20/39 € – Carte 41/60 €
◆ Au centre du bourg, cette auberge familiale vous accueille dans sa coquette salle à manger rustique ; cuisine tradtionnelle. Chambres rénovées, plus calmes sur l'arrière.

NESTIER – 65 Hautes-Pyrénées – **342** O6 – 171 h. – alt. 500 m   **28** A3
– ⊠ 65150
▶ Paris 789 – Auch 74 – Bagnères-de-Luchon 45 – Lannemezan 14

🍽🍽 **Relais du Castéra** avec ch   🛏 🛜 ☖ VISA ◑◐ ◉
⊝ *pl. du calvaire – ℰ 05 62 39 77 37 – www.hotel-castera.com – Fax 05 62 39 77 29*
– Fermé 2-10 juin, 13-20 oct., 2-31 janv., dim. soir, mardi soir et lundi
6 ch – †55/65 € ††55/80 €, ☲ 12 € – ½ P 55/75 €
Rest – Menu 20 € (déj. en sem.), 26/50 € – Carte 55/65 €
◆ Auberge de style campagnard où le décor soigné rend l'atmosphère des plus agréables. La cuisine puise son inspiration dans le terroir. Chambres coquettes et calmes.

NEUF-BRISACH – 68 Haut-Rhin – 315 J8 – 2 185 h. – alt. 197 m   2 C2
– ⊠ 68600 ▮ Alsace Lorraine

▶ Paris 475 – Basel 63 – Belfort 80 – Colmar 17

🛈 Office de tourisme, 6, place d'Armes ✆ 03 89 72 56 66, Fax 03 89 72 91 73

à Biesheim Nord : 3 km par D 468 – 2 303 h. – alt. 189 m – ⊠ 68600

🅷🅷 **Aux Deux Clefs**   🍴 🍴 ⅋ rest. 🄰🄲 rest. ⅋ 🛁 🄿 𝓥𝓘𝓢𝓐 ⑳ 🄰🄴 ⓪
50 Grand Rue – ✆ 03 89 30 30 60 – www.deux-clefs.com – Fax 03 89 72 92 94
– Fermé 26 déc.-4 janv.
28 ch – ♦58/68 € ♦♦68/85 €, � 10 € – ½ P 65 €
Rest – (11 €) Menu 21/39 € – Carte 24/50 €
♦ Belle maison régionale donnant sur un accueillant jardin. Les chambres, assez spacieuses,
sont fonctionnelles et bien tenues. Deux cadres pour vos repas : restaurant cossu (plafond en
marqueterie), ou brasserie proposant une carte traditionnelle simplifiée.

NEUFCHÂTEAU ◉ – 88 Vosges – 314 C2 – 7 123 h. – alt. 300 m   26 B3
– ⊠ 88300 ▮ Alsace Lorraine

▶ Paris 321 – Belfort 158 – Chaumont 57 – Épinal 75

🛈 Office de tourisme, 3, Parking des Grandes Ecuries ✆ 03 29 94 10 95,
Fax 03 29 94 10 89

◉ Escalier★ de l'hôtel de ville - Groupe en pierre★ dans l'église St-Nicolas.

🅷🅷 **L'Eden**   🛗 ⅋ ch. 🄰🄲 ch. ⅋ 🛁 🄿 ⌂ 𝓥𝓘𝓢𝓐 ⑳ 🄰🄴
r. 1ère Armée Française – ✆ 03 29 95 61 30 – www.leden.fr – Fax 03 29 94 03 42
27 ch – ♦60/70 € ♦♦80/90 €, ⊃ 8,50 € – ½ P 46/61 €
Rest – (fermé 2-15 janv., dim. soir et lundi midi) (15 €) Menu 25/46 €
– Carte 31/59 €
♦ Ce grand bâtiment propose des chambres confortables de différentes tailles, aux couleurs
chaleureuses. Celles du dernier étage sont équipées de baignoires à remous. Salle à manger d'esprit bourgeois à dominantes de bleu et ocre ; cuisine au goût du jour.

🍴🍴 **Le Romain**   🍴 🄰🄲 🄿 𝓥𝓘𝓢𝓐 ⑳
🕾 74 av. Kennedy – ✆ 03 29 06 18 80 – Fax 03 29 06 18 80
Rest – (12 €) Menu 16 € (déj. en sem.)/31 € – Carte 25/45 €
♦ Un restaurant doté d'un intérieur spacieux, clair et actuel. À la carte : cuisine traditionnelle
rustique, parfois régionale, et fruits de mer. Chambres pour l'étape.

NEUFCHÂTEL-EN-BRAY – 76 Seine-Maritime – 304 I3 – 4 946 h.   33 D1
– alt. 99 m – ⊠ 76270 ▮ Normandie Vallée de la Seine

▶ Paris 133 – Rouen 50 – Abbeville 57 – Amiens 72

🛈 Office de tourisme, 6, place Notre-Dame ✆ 02 35 93 22 96,
Fax 02 32 97 00 62

🏌 de Saint-Saëns à Saint-Saëns Domaine du Vaudichon, SO : 17 km par
D 6028 et D 929, ✆ 02 35 34 25 24

🌳 Forêt d'Eawy★★ 10 km au SO.

🍴🍴 **Les Airelles** avec ch   🍴 ⅋ 🛁 𝓥𝓘𝓢𝓐 ⑳ 🄰🄴
🕾 2 passage Michu, (près de l'église) – ✆ 02 35 93 14 60
– www.les-airelles-neufchatel.com – Fax 02 35 93 89 03 – Fermé vacances de la
Toussaint, de fév., dim. soir de sept. à juin, mardi midi et lundi sauf juil.-août et
sauf hôtel
14 ch – ♦50/68 € ♦♦50/68 €, ⊃ 8 € – ½ P 55/64 €
Rest – Menu 17 € (sem.)/42 € – Carte 39/61 €
♦ Avenante demeure traditionnelle du centre-ville. Au choix : deux salles sobrement modernes, terrasse d'été dressée dans l'agréable jardin, pour déguster une cuisine actuelle.

NEUFCHÂTEL-EN-SAOSNOIS – 72 Sarthe – 310 K4 – 909 h.   35 D1
– alt. 190 m – ⊠ 72600

▶ Paris 200 – Nantes 228 – Le Mans 56 – Alençon 15

Les Étangs de Guibert 🦫   🛏 🕭 ᴦ ch, ୩ 🍴 ⅋ P VISA ⚫⚫

2 km à l'Est par rte secondaire – ℰ 02 43 97 15 38
– www.lesetangsdeguibert.com – Fax 02 43 33 22 99
15 ch – ♦55/100 € ♦♦55/100 €, ☑ 10 €
Rest – Menu 21 € (sem.)/41 € – Carte 30/56 €
♦ En pleine campagne, on apprécie la quiétude de cette ancienne ferme et son étang privé (pêche possible). Chambres coquettes et calmes. Découvrez une cuisine actuelle, rehaussée d'épices et d'exotisme, dans une vaste salle rustique ou en terrasse face au plan d'eau.

NEUFCHÂTEL-SUR-AISNE – 02 Aisne – 306 G6 – 452 h. – alt. 59 m   37 D2
– ✉ 02190

▶ Paris 163 – Laon 46 – Reims 22 – Rethel 33
🏌 de Menneville à Menneville La Haie Migaut, SO : 3 km, ℰ 03 23 79 79 88

XX   Le Jardin   🛏 🕭 AC VISA ⚫⚫ ⓘ

😊 *22 r. Principale – ℰ 03 23 23 82 00 – www.restaurant-le-jardin.com*
– Fax 03 23 23 84 05 – Fermé 2 sem. en sept., 3 sem. en janv., dim. soir, lundi et mardi
Rest – (18 €) Menu 26/55 € – Carte 45/60 €
♦ Sol "gazon", murs fleuris, plantes vertes, véranda tournée vers les massifs de fleurs : tout ici n'est que jardin ! Menus composés selon le marché.

NEUILLÉ-LE-LIERRE – 37 Indre-et-Loire – 317 O3 – 695 h. – alt. 92 m   11 B2
– ✉ 37380

▶ Paris 217 – Amboise 16 – Château-Renault 10 – Montrichard 34

XX   Auberge de la Brenne avec ch   🕭 P VISA ⚫⚫ AE

😊 *19 r. de la République – ℰ 02 47 52 95 05 – www.auberge-brenne.com*
– Fax 02 47 52 29 43 – Fermé 29 nov.-6 déc., 17 janv.-17 fév.
5 ch – ♦60/90 € ♦♦60/90 €, ☑ 12 €
Rest – (fermé dim. soir du 15 sept. au 15 juin, mardi et merc.) (prévenir le week-end) (20 € bc) Menu 29/52 € – Carte 45/70 €
♦ Les charmants propriétaires de cette engageante auberge vous accueillent dans une jolie salle à manger. Plats traditionnels. À 50 m, maison de 1900 aux confortables chambres.

NEUILLY-LE-RÉAL – 03 Allier – 326 H4 – 1 343 h. – alt. 260 m   6 C1
– ✉ 03340

▶ Paris 313 – Mâcon 128 – Moulins 16 – Roanne 82

XX   Logis Henri IV   VISA ⚫⚫

😊 *13 r. du 14 Juillet – ℰ 04 70 43 87 64 – Fermé 1 sem. en sept., 2 sem. en fév., dim. soir et lundi*
Rest – (14 €) Menu 19 € (déj. en sem.), 29/50 €
♦ Charme assuré pour cet ancien relais de chasse à colombages du 16e s. La salle à manger a conservé ses belles tomettes. Au menu, recettes traditionnelles et viande de pays.

NEUVÉGLISE – 15 Cantal – 330 F5 – 1 133 h. – alt. 938 m – ✉ 15260   5 B3

▶ Paris 528 – Aurillac 78 – Espalion 66 – St-Chély-d'Apcher 42
🛈 Office de tourisme, le Bourg ℰ 04 71 23 85 43, Fax 04 71 23 86 40

à Cordesse Est : 1,5 km sur D 921 – ✉ 15260 Neuvéglise

XX   Relais de la Poste avec ch   🛏 🕭 ᴦ rest, ୩ P ᗢ VISA ⚫⚫ AE

😊 *– ℰ 04 71 23 82 32 – www.relaisdelaposte.com – Fax 04 71 23 86 23*
– Ouvert 2 avril-2 nov.
9 ch – ♦50/75 € ♦♦60/75 €, ☑ 10 € – ½ P 60/70 €
Rest – (fermé lundi midi sauf juil.-août) (16 €) Menu 19 € (déj. en sem.), 28/50 € – Carte 23/55 €
♦ Le nouveau décor de cette maison des années 1980 marie rustique et contemporain. À la carte, plats du terroir et viandes à la plancha. Petit kiosque détente dans le jardin.

NEUVES-MAISONS – 54 Meurthe-et-Moselle – 307 H7 – rattaché à Nancy

NEUVILLE-DE-POITOU – 86 Vienne – **322** H4 – 4 706 h. – alt. 116 m   **39** C1
– ⊠ 86170

> ▶ Paris 335 – Châtellerault 36 – Parthenay 41 – Poitiers 16
>
> 🔲 Office de tourisme, 28, place Joffre 𝒞 05 49 54 47 80, Fax 05.49.54.18.66

⛫ **La Roseraie** ⚘   🗔 🏠 🎋 ⁽ᵖ⁾ **P** 𝖵𝖨𝖲𝖠 ⓞⓞ
78 r. A. Caillard – 𝒞 05 49 54 16 72 – www.laroseraiefrance.fr
5 ch 🖙 – ♦71/81 € ♦♦75/85 €   **Table d'hôte** – Menu 28 € bc
◆ Profitez de la roseraie odorante et de la piscine de cette demeure du 19ᵉ s. où vous dormirez dans des chambres adoptant un décor très frais. Cuisine internationale (les patrons viennent du Zimbabwe et d'Angleterre) servie en terrasse ou dans une salle élégante.

✕✕ **St-Fortunat**   🏠 𝖵𝖨𝖲𝖠 ⓞⓞ
4 r. Bangoura-Moridé – 𝒞 05 49 54 56 74 – www.saintfortunat.com
– Fax 05 49 53 18 02 – Fermé dim. soir, lundi et fériés
Rest – (15 €) Menu 22 € (déj. en sem.), 38/57 € – Carte 42/60 €
◆ Une salle au cadre contemporain épuré et une véranda donnant sur une cour-terrasse annoncent l'ambiance charmante de la maison. Plats actuels aux présentations soignées.

NEUVILLE-ST-AMAND – 02 Aisne – **306** B4 – rattaché à St-Quentin

---

NÉVACHE – 05 Hautes-Alpes – **334** H2 – 321 h. – alt. 1 640 m   **41** C1
– ⊠ 05100

> ▶ Paris 693 – Briançon 21 – Le Monêtier-les-Bains 35 – Montgenèvre 25
>
> 🔲 Office de tourisme, Ville Haute 𝒞 04 92 20 02 20, Fax 04 92 20 51 72

🏨 **Le Chalet d'En Hô** ⚘   ← 🏠 ⅙ ch. ⁽ᵖ⁾ **P** 𝖵𝖨𝖲𝖠 ⓞⓞ
hameau des Chazals – 𝒞 04 92 20 12 29 – www.chaletdenho.com
– Fax 04 92 20 59 70 – Ouvert 5 juin-19 sept., 23 oct.-1ᵉʳ nov. et 18 déc.-27 mars
14 ch – ♦100/110 € ♦♦130/147 € 🖙 12 € – ½ P 87/97 €
Rest – (dîner seult) Menu 26 €
◆ Là-haut dans la montagne… Environnement naturel privilégié pour ce chalet cossu où domine le mélèze. Les chambres sont coquettes et bien tenues. Sauna, jacuzzi et massages. La coquette salle à manger évoque les activités montagnardes d'antan. Cuisine de tradition.

NEVERS ℙ – 58 Nièvre – **319** B10 – 38 496 h. – Agglo. 100 556 h.   **7** A2
– alt. 194 m – Pèlerinage de Ste-Bernadette d'Avril à Octobre : couvent St-Gildard
– ⊠ 58000 ▊ Bourgogne

> ▶ Paris 236 – Bourges 70 – Clermont-Ferrand 161 – Orléans 167
>
> 🔟₈ du Nivernais à Magny-Cours Le Bardonnay, E : 2 km par D 200,
>   𝒞 03 86 58 18 30
>
> **Circuit automobile permanent à Magny-Cours** 𝒞 03 86 21 80 00, par
>   ④ : 12 km.
>
> ◉ Cathédrale St-Cyr-et-Ste-Julitte★★ - Palais ducal★ - Église St-Étienne★
>   - Façade★ de la Chapelle Ste-Marie - Porte du Croux★ - Faïences de
>   Nevers★ du musée municipal Frédéric Blandin **M¹**.
>
> ◨ Circuit de Nevers-Magny-Cours : musée Ligier F1★.

Plan page suivante

🏨 **Mercure Pont de Loire**   ← 🕼 ⅙ 🅰🅺 ch, 🕻 🅰 **P** 𝖵𝖨𝖲𝖠 ⓞⓞ 𝔸𝔼 ⓞ
quai Médine – 𝒞 03 86 93 93 86 – www.alpha-hotellerie.com
– Fax 03 86 59 43 29   **Za**
59 ch – ♦94 € ♦♦104 €, 🖙 12 €   **Rest** – Menu 20/31 € – Carte 29/44 €
◆ Hôtel plaisamment situé au bord de la Loire. Chambres agréables, certaines offrant une belle perspective sur le fleuve ; confortable bar doté d'un piano. Salle à manger panoramique et vaste terrasse se prêtent à un repas et une carte des vins inspirées par la région.

NEVERS

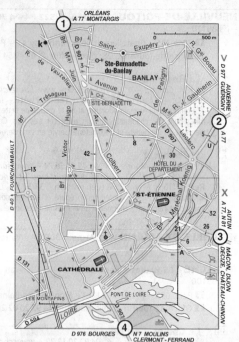

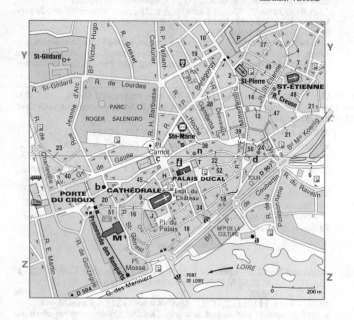

🏨 **De Diane** ⇕ ✗ ((ᵖ)) 👥 VISA MC AE ⓓ
⊜ *38 r. du Midi – ✆ 03 86 57 28 10 – www.bestwesterndiane-nevers.com – Fax 03 86 59 45 08 – Fermé 20 déc.-4 janv.* Z**b**
30 ch – 🚹82/125 € 🚹🚹96/145 €, ☕ 12 €
Rest – *(fermé vend. midi et dim.)* (16 €) Menu 19/29 €
◆ Cette demeure ancienne proche de la gare abrite des chambres de bonne ampleur, rajeunies et meublées avec soin. La salle des petits-déjeuners occupe une tour du 14e s. Au restaurant, cuisine classique et cadre empreint de sobriété.

⌂ **Ibis** ⛱ ♿ ch, 🅰 ch, ((ᵖ)) 👥 🅿 VISA MC AE ⓓ
⊜ *r. du Plateau de la Bonne Dame, par ④ – ✆ 03 86 37 56 00 – www.ibishotel.com – Fax 03 86 37 64 48*
56 ch – 🚹62/100 € 🚹🚹62/100 €, ☕ 8 €
Rest – *(dîner seult)* Menu 10 €, 15/17 €
◆ Hôtel situé sur la rive gauche à proximité du pont de Loire. Les chambres, récemment rafraîchies, sont plus calmes côté parking. Repas traditionnel proposé dans une salle remise à neuf ou en terrasse.

⌂ **Molière** sans rest ☾ ((ᵖ)) 🅿 VISA MC
25 r. Molière – ✆ 03 86 57 29 96 – www.hotel-moliere-nevers.com – Fax 03 86 36 00 13 V**k**
18 ch – 🚹48 € 🚹🚹53 €, ☕ 7 €
◆ Accueil chaleureux, simplicité et propreté caractérisent cet hôtel fonctionnel situé dans un quartier résidentiel. Chambres rustiques ou contemporaines.

✗✗ **Jean-Michel Couron** VISA MC
✿ *21 r. St-Étienne – ✆ 03 86 61 19 28 – www.jm-couron.com – Fax 03 86 36 02 96 – Fermé 12 juil.-3 août, 20 fév.-8 mars, dim. soir, mardi midi et lundi*
Rest – *(nombre de couverts limité, prévenir)* Menu 23 € (sem.)/53 € – Carte 51/80 € Y**r**
Spéc. Tarte de tomates au jambon du Morvan et chèvre frais rôti au piment d'Espelette. Pièce de bœuf charolais rôtie. Soupe tiède de chocolat aux épices et palmiers feuilletés. **Vins** Pouilly-Fumé, Sancerre.
◆ Dans le vieux Nevers. L'une des trois minuscules salles à manger est aménagée sous les voûtes (14e s.) de l'ancien cloître de l'église St-Étienne. Belle cuisine inventive.

✗✗ **La Botte de Nevers** VISA MC
r. du Petit Château – ✆ 03 86 61 16 93 – Fax 03 86 36 42 22 – Fermé dim. soir, mardi midi et lundi Y**n**
Rest – (17 €) Menu 22 € (sem.)/49 € – Carte 35/60 €
◆ La jolie enseigne en fer forgé, le cadre d'inspiration médiévale et les quelques épées ornant l'escalier accentuent la référence à la célèbre estocade du duc de Nevers.

✗ **L'Assiette** 🅰 VISA MC
7 bis r. F. Gambon – ✆ 03 86 36 24 99 – Fermé 15-30 août, le soir du lundi au merc. et dim. Y**d**
Rest – (13 €) Menu 25 € – Carte 22/30 €
◆ Un concept original pour une charmante adresse : des assiettes à thèmes (entrée, plat, fromage), à base de produits frais, servies dans un décor moderne tout bleu et chocolat.

rte d'Orléans par ① – ✉ **58640 Varennes-Vauzelles**

✗✗ **Le Bengy** ⛱ 🅰 ⟳ VISA MC AE
⊜ *25 rte de Paris, à 4,5 km par D 907 – ✆ 03 86 38 02 84 – www.le-bengy-restaurant.com – Fax 03 86 38 29 00 – Fermé 1er-24 août, 1er-4 janv., 20 fév.-8 mars, dim. et lundi*
☺ **Rest** – Menu 17 € (sem.), 21/31 € – Carte 30/47 €
◆ Tons chocolat et beige, lignes contemporaines, cuir, fer forgé et plantes vertes composent l'ambiance japonisante de ce restaurant, qui affiche souvent complet. Cuisine au goût du jour.

Passée en rouge, la mention **Rest** repère l'établissement auquel est attribué une distinction culinaire, ✿ (étoile) ou ☺ (Bib Gourmand).

à Sauvigny-les-Bois 10 km par ③D 978 et D 18 – 1 515 h. – alt. 210 m
– ⌧ 58160

XX **Moulin de l'Étang** ⌂ **P** 𝖵𝖨𝖲𝖠 ⓸⓸
🍸 64 rte de l'Étang – ℰ 03 86 37 10 17 – www.moulindeletang.fr
🍴 – Fax 03 86 37 12 06 – Fermé 1er-20 août, vacances de fév., dim. soir, merc. soir
et lundi
Rest – Menu 19/42 € – Carte 28/36 €
♦ Aux portes du village et près de l'étang, ancienne laiterie abritant une salle à manger d'esprit moderne où trône une vieille horloge. Carte actuelle.

rte de Moulins 3 km par ④, sur N 7 – ⌧ 58000 Challuy

XX **La Gabare** ⌂ **P** 𝖵𝖨𝖲𝖠 ⓸⓸ **AE**
🍸 171 rte de Lyon – ℰ 03 86 37 54 23 – www.restaurant-lagabare.fr
– Fax 03 86 37 64 49 – Fermé 20 juil.-19 août, dim. et merc.
Rest – Menu 17 € (sem.)/26 € – Carte 32/59 €
♦ Cette vieille ferme joliment restaurée abrite deux salles rustiques : poutres apparentes, murs colorés et grande cheminée. Terrasse agréablement fleurie aux beaux jours.

à Magny-Cours 12 km par ④, rte Moulins – 1 455 h. – alt. 205 m – ⌧ 58470

🏨 **Holiday Inn** ⌂ 🏊 ℱ& ℀ 📶 & 🅺 ⟨⟩ 🚿 **P** 𝖵𝖨𝖲𝖠 ⓸⓸ **AE** ⓪
🍸 Ferme du domaine de Bardonnay – ℰ 03 86 21 22 33
– www.holidayinn-nevers.com – Fax 03 86 21 22 03
70 ch – †98/220 € ††98/220 €, ⊡ 18 €
Rest – (13 €) Menu 16 € – Carte 28/75 €
♦ À côté du circuit automobile et du golf. La ferme d'origine a été agrandie d'une aile moderne où se répartissent les chambres ; certaines ont vue sur la piscine ou les greens. Lumineuse salle à manger ouvrant sur une vaste terrasse. Cuisine traditionnelle.

NÉVEZ – 29 Finistère – 308 I8 – 2 605 h. – alt. 40 m – ⌧ 29920 **9** B2
▫ Paris 547 – Rennes 196 – Quimper 40 – Lorient 51
▫ Office de tourisme, place de l'Église ℰ 02 98 06 87 90, Fax 02 98 06 73 09

X **Le Bistrot de l'Écailler** ⌂ ℀ 𝖵𝖨𝖲𝖠 ⓸⓸
au port de Kerdruc, 3 km à l'Est par D 77 et rte secondaire – ℰ 02 98 06 78 60
– Fax 02 98 06 78 60 – Ouvert mi-avril à fin sept. et fermé mardi et merc. sauf le soir en juil.-août
Rest – Menu 43 € – Carte 32/57 €
♦ Un joli bistrot marin et sa petite terrasse sur le port, au bord de l'Aven. Superbes plateaux de fruits de mer, ardoise du jour, homard-frites et carte des vins judicieuse.

à Raguenès-Plage 4 km au Sud par rte secondaire – ⌧ 29920

🏨 **Ar Men Du** ⌂ ⟨ 🚗 ⌂ 🚿 **P** 𝖵𝖨𝖲𝖠 ⓸⓸ **AE**
🌸 – ℰ 02 98 06 84 22 – www.men-du.com – Fax 02 98 06 76 69
– Fermé 4 nov.-18 déc. et 3 janv.-12 mars
14 ch – †80/99 € ††89/159 €, ⊡ 13 € – 1 suite
Rest – (fermé mardi midi et merc. midi) (prévenir) (24 € bc) Menu 37/70 €
– Carte 44/85 €🍷
Spéc. Coques et palourdes au pistil de safran. Bar de ligne en cuisson lente au jus de coquillages. Granité arabica et sorbet chocolat.
♦ Sur une lande sauvage cernée par l'océan (site classé), cette maison néobretonne vibre avec les éléments : décor des chambres façon clipper, isolement, vue sur les flots et l'île Raguenès. La cuisine iodée est au diapason, et certaines associations de saveurs sont décoiffantes.

NEXON – 87 Haute-Vienne – 325 E6 – 2 390 h. – alt. 359 m – ⌧ 87800 **24** B2
▫ Paris 416 – Limoges 27 – Saint-Junien 56 – Panazol 27
▫ Office de tourisme, Conciergerie du Château ℰ 05 55 58 28 44, Fax 05 55 58 23 56

XX **Les Chaumières** avec ch ⑤   🐕 🍸 🛠 🖐 **P** **VISA** 🐷
Domaine des Landes, à 2 km par D 11 – ℰ *05 55 58 25 26*
– www.les-chaumieres.com – Fax 05 55 58 25 25 – Fermé 21 août-8 sept. et
1ᵉʳ-14 janv.
3 ch *–* 🛏80 € 🛏🛏80 €, ☕ 10 €
Rest *– (fermé dim. soir, lundi et mardi) (prévenir)* Menu 35 €
♦ Joli cottage à toit de chaume dans un parc peuplé d'arbres centenaires. Chaleureux intérieur bourgeois, accueil avenant et carte dans l'air du temps, inspirée par les saisons. Chambres d'hôtes dans une dépendance, pour prolonger tranquillement l'étape.

NEYRAC-LES-BAINS – 07 Ardèche – 331 H5 – ✉ 07380   **44** A3
▶ Paris 606 – Alès 92 – Aubenas 16 – Montélimar 56

XX **Du Levant**   🌳 ㄴ 🛠 **P** **VISA** 🐷 **AE**
☺   *Meyras –* ℰ *04 75 36 41 07 – www.hotel-levant.com – Fax 04 75 36 48 09*
– Ouvert 29 mars-21 nov. et fermé mardi sauf le soir en juil.-août, dim. soir et
lundi
Rest – Menu 24/55 € – Carte 30/42 € 🏛
♦ Dans la même famille depuis 1885, cette auberge vous réserve de bons plats du terroir
revisités et une belle carte de vins. Salle panoramique mi-rustique mi-design, terrasse.

NÉZIGNAN-L'ÉVÊQUE – 34 Hérault – 339 F8 – rattaché à Pézenas

Le vieux Nice

NICE

Département : Ⓟ 06 Alpes-Maritimes
Carte Michelin LOCAL : 341 E5
115]26]27
▶ Paris 927 – Cannes 33
– Genova 192 – Lyon 471
Population : 347 060 h.

Pop. agglomération : 888 784 h.
Altitude : 6 m
Code Postal : ⊠ 06000
▌ Côte d'Azur
Carte régionale : 42 E2

RENSEIGNEMENTS PRATIQUES

🛈 OFFICES DE TOURISME

5, promenade des Anglais ℰ 08 92 70 74 07(0.34 €/mn) commun à tous les bureaux

Aéroport Nice Côte d'Azur - Terminal 1

Av. Thiers (Gare SNCF)

TRANSPORTS

🚃 Auto-train ℰ 3635 (dîtes auto-train - 0,34 €/mn)

TRANSPORTS MARITIMES

🚢 Pour la Corse : SNCM - Ferryterranée quai du Commerce ℰ 0 825 888 088 (0,15 €/mn) JZ

🚢 CORSICA FERRIES Port de Commerce ℰ 04 92 00 42 93, Fax 04 92 00 42 94

AÉROPORT

✈ Nice-Côte-d'Azur ℰ 0820 423 333 (0,12 €/mn), 6 km AU

CASINO

Ruhl, 1 promenade des Anglais FZ

Le Palais de la Méditerannée, 15 promenade des Anglais FZ

◉ A VOIR

LE FRONT DE MER ET LE VIEUX NICE

Site★★ - Promenade des Anglais★★
- ⊰★★ du château - Intérieur★ de
l'église St-Martin - St-Augustin HY -
Église St-Jacques★ HZ - Escalier
monumental★ du palais Lascaris HZ V
- Intérieur★ de la cathédrale Ste-
Réparate HZ - Décors★ de la chapelle
de l'Annonciation HZ B - Retables★ de
la chapelle de la Miséricorde★ HZ D

CIMIEZ

Musée Marc-Chagall★★ GX - Musée
Matisse★★ HV M⁴ - Monastère
franciscain★ : primitifs niçois★★ dans
l'église HV K - Site archéologique gallo-
romain★

LES QUARTIERS OUEST

Musée des beaux-Arts (Jules Chéret)★★
DZ - Musée d'Art naïf A.Jakovsky★ AU
M¹⁰ - Serre géante★ du Parc Phoenix★
AU - Musée des Arts asiatiques★★

PROMENADE DU PAILLON

Musée d'Art moderne et d'Art
contemporain★★ HY M² - Palais des
Arts, du Tourisme et des Congrès
(Acropolis)★ HJX

AUTRES CURIOSITÉS

Cathédrale orthodoxe russe St-
Nicolas★ EXY - Mosaïque★ de Chagall
dans la faculté de droit DZ U - Musée
Masséna★ FZ M³

Negresco ≤ 🕮 *Ló* 🖬 Ⓜ ⓣ 🚵 ⌚ VISA ⓞ AE ⓞ
37 promenade des Anglais, (réouverture prévue en juillet après rénovations)
– 🕻 *04 93 16 64 00 – www.hotel-negresco-nice.com – Fax 04 93 88 35 68*
115 ch – ∮290/590 € ∮∮290/590 €, ⌚ 30 € – 9 suites   **3FZk**
Rest *Chantecler* – voir ci-après
Rest *La Rotonde* – Menu 32 € – Carte 30/90 €
● Bâti en 1913 par Henri Negresco, fils d'aubergiste roumain, ce palace, ou plutôt cet "hôtel-musée" mythique et majestueux, regorge d'œuvres d'art exceptionnelles et cultive la démesure. Le bistrot La Rotonde est installé dans un rare décor de carrousel, chevaux de bois et automates.

Palais de la Méditerranée ≤ 🕮 🛏 🖼 *Ló* 🖬 Ⓜ ⓣ ch, Ⓜ ⓣ 🚵 ⌚
13 promenade des Anglais – 🕻 *04 92 14 77 00*
– palais.concorde-hotels.fr/fr – Fax 04 92 14 77 14   **3FZg**
188 ch – ∮180/995 € ∮∮180/995 €, ⌚ 27 € – 8 suites
Rest *Le Padouk* – 🕻 04 92 14 76 00 *(fermé 10 janv.-2 fév., dim. et lundi sauf juil.-août)* Menu 25 € (déj.)/39 € – Carte 38/85 €
Rest *Pingala Bar* – 🕻 04 92 14 76 01 – Menu 25 € (déj.)/39 € – Carte 38/85 €
● Ce légendaire bâtiment doté d'une façade Art déco classée abrite un hôtel-casino aux chambres spacieuses, contemporaines et luxueuses. Carte aux inspirations méridionales et du monde proposée dans une ambiance lounge-bar au Padouk. Cuisine niçoise dans le cadre trendy du Pingala Bar.

Exedra 🖼 🏵 *Ló* 🖬 Ⓜ ⓣ 🚵 ⌚ VISA ⓞ AE ⓞ
12 bd Victor-Hugo – 🕻 *04 97 03 89 89 – www.boscolohotels.com – Fax 04 97 03 89 81*
110 ch – ∮200/600 € ∮∮200/600 €, ⌚ 25 € – 3 suites   **3FYd**
Rest *La Pescheria* – (25 € bc) Carte 50/85 €
● Derrière sa fringante façade Belle Époque, ce magnifique hôtel entièrement refait à neuf vous fait basculer dans un univers ultra-design. Chambres tout en harmonie de blanc. À la Pescheria, ambiance rétro chic avec cuisines visibles et engageantes saveurs actuelles.

Méridien ≤ 🕮 *Ló* 🖬 Ⓜ ⓣ ch, Ⓜ ⓣ 🚵 VISA ⓞ
1 promenade des Anglais – 🕻 *04 97 03 44 44 – www.lemeridien.com/nice*
– Fax 04 97 03 44 45   **3FZd**
316 ch – ∮155/525 € ∮∮155/950 €, ⌚ 23 € – 2 suites
Rest *Le Colonial Café* – 🕻 04 97 03 40 36 – Carte 16/28 €
Rest *La Terrasse du Colonial* – 🕻 04 97 03 40 37 – (27 €) Carte 38/50 €
● Au programme de ce palace : piscine chauffée sur le toit, face à la baie des Anges, chambres majoritairement redécorées dans un esprit tendance et institut de beauté. Au Colonial Café, mobilier épuré, teintes chaudes et lumière tamisée. Superbe vue sur la mer à La Terrasse.

Radisson Blu ≤ 🕮 🛏 *Ló* 🖬 Ⓜ ⓣ ch, Ⓜ ⓣ 🚵 ⌚ VISA ⓞ AE ⓞ
223 promenade des Anglais – 🕻 *04 97 17 71 77*
– www.radissonblu.com/hotel-nice – Fax 04 93 71 21 71   **1AUn**
331 ch ⌚ – ∮172/367 € ∮∮194/389 € – 13 suites
Rest – (31 €) Menu 39 € (déj.)/50 € – Carte 44/60 €
● Architecture moderne abritant un hôtel dans l'air du temps : grandes chambres thématiques soignées (Urban, Chili, Océan), bar design, beau fitness et terrasse-piscine sur le toit. Confortable restaurant égayé de tons azur et citron ; cuisine à l'accent local.

Élysée Palace 🛏 🖬 Ⓜ ⓣ 🚵 ⌚ VISA ⓞ AE ⓞ
59 promenade des Anglais – 🕻 *04 93 97 90 90 – www.elyseepalace.com*
– Fax 04 93 44 50 40   **3EZd**
143 ch – ∮115/285 € ∮∮115/285 €, ⌚ 21 € – 2 suites
Rest *Le Caprice* – (23 €) Menu 29 € (dîner) – Carte 35/58 €
● Une immense Vénus de bronze prise entre deux blocs signe l'originalité architecturale de l'hôtel. Bel intérieur contemporain, grand confort, insonorisation exemplaire, piscine sur le toit. En été, l'attrayante carte régionale s'allège et se déguste en terrasse.

Boscolo Hôtel Plaza 🕮 🛏 Ⓜ ⓣ 🚵 VISA ⓞ AE ⓞ
12 av. de Verdun – 🕻 *04 93 16 75 75 – www.boscolohotels.com – Fax 04 93 88 61 11*
174 ch – ∮280/512 € ∮∮280/512 €, ⌚ 20 € – 8 suites   **4GZu**
Rest – *(fermé dim. et lundi de nov. à mars)* (19 € bc) Carte 39/56 €
● Imposant hôtel jouxtant le jardin Albert-1er. Chambres spacieuses, équipements complets pour séminaires et belle perspective sur la grande bleue depuis le toit. Salle à manger aux tons chaleureux et large terrasse panoramique embrassant la ville.

RÉPERTOIRE DES RUES DE NICE

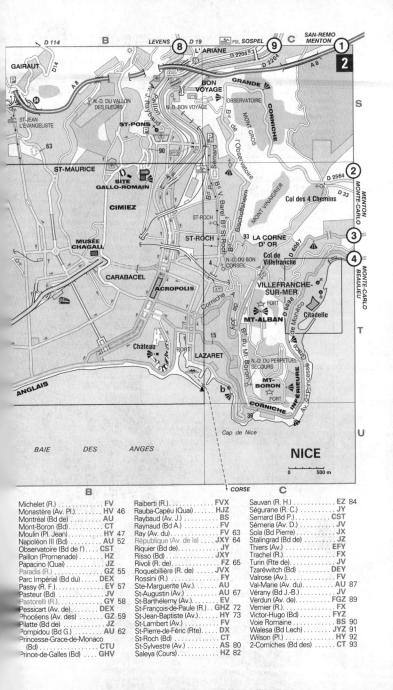

NICE

0   500 m

CORSE

NICE

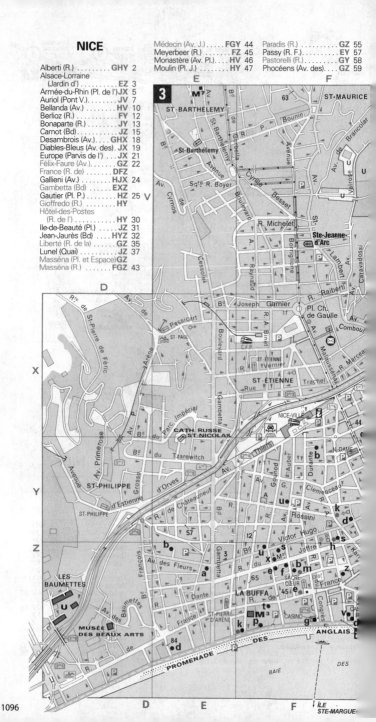

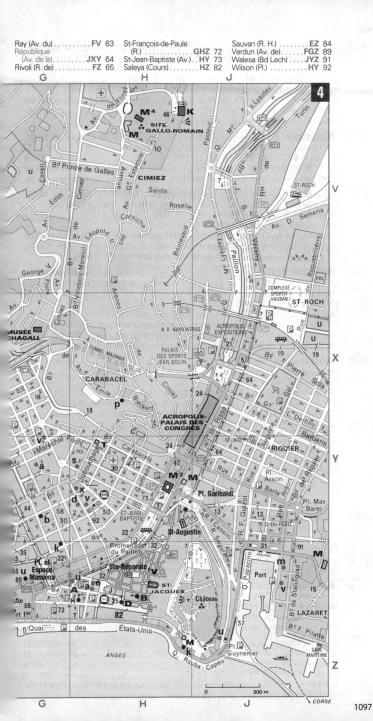

La Pérouse ⌖　　　⟨ 🚗 🍴 ⤢ 🛗 🖥 AC 🔆 📞 🛎 🚗 VISA ⓒ AE ⑩

11 quai Rauba-Capéu ✉ *06300 –* ☏ *04 93 62 34 63 – www.hotel-la-perouse.com*
– Fax 04 93 62 59 41　　　　　　　　　　　　　　　　　　　　**4HZk**
54 ch – ♦175/975 €, ♦♦175/975 €, ☲ 21 € – 6 suites
Rest – *(fermé fin-nov.-début-fév.)* Menu 40 € – Carte 45/55 € le soir
◆ Dans cet hôtel de caractère, arrimé au rocher du château, des chambres provençales très
raffinées côtoient un coquet jardin méditerranéen. Le point de vue inspira Raoul Dufy. Au
restaurant, tables dressées à l'ombre des citronniers et cuisine provençale.

Nice Riviera *sans rest*　　　🖵 🖥 & AC 🔆 📞 🛎 P VISA ⓒ AE

45 r. Pastorelli – ☏ *04 93 92 69 60 – www.hotel-nice-riviera.com – Fax 04 93 92 69 22*
122 ch – ♦98/249 €, ♦♦98/249 €, ☲ 18 €　　　　　　　　　　　　**4GYb**
◆ Cet hôtel confortable et bien entretenu propose des chambres colorées (rouge et
jaune), disposant parfois d'une terrasse ensoleillée. Petite piscine intérieure, sauna et jacuzzi.

Hi Hôtel　　　　　　　　🍴 ⤢ 🛢 🖥 & ch, 🖥 📞 VISA ⓒ AE

3 av. des Fleurs – ☏ *04 97 07 26 26 – www.hi-hotel.net – Fax 04 97 07 26 27*
37 ch ☲ – ♦189/249 €, ♦♦189/249 € – 1 suite　　　　　　　　**3EZa**
Rest – *(dîner seult)* Carte 43/75 €
◆ Attention les yeux ! Cet hôtel conçu par Matali Crasset a adopté un style urbain hors normes. Déco chic, art de vivre résolument contemporain et affiliation Green Globe. "Cantine
bio" et carte de sushis (sans thon rouge) pour manger sain, équilibré et écolo.

Goldstar Resort　　　　🍴 🖵 ⤢ 🖥 🖥 & AC 🔆 📞 🛎 🚗 VISA ⓒ AE
🚗🚗

45 r. Maréchal Joffre – ☏ *04 93 16 92 77 – www.goldstar-resort.com*
– Fax 04 93 76 23 30　　　　　　　　　　　　　　　　　　　　**3FZe**
53 suites – ♦♦200/550 €, ☲ 20 €
Rest – *(17 €)* Menu 18/38 € – Carte 33/53 €
◆ Décor contemporain raffiné et technologie de pointe caractérisent les chambres de cet
hôtel tout neuf et sobrement luxueux. Espace fitness, piscine et solarium sur le toit. Restaurant panoramique au dernier étage ; cadre tendance et cuisine au goût du jour.

Masséna *sans rest*　　　　　　🖥 & AC 🔆 📞 🛎 🚗 VISA ⓒ AE ⑩

58 r. Gioffredo – ☏ *04 92 47 88 88 – www.hotel-massena-nice.com*
– Fax 04 93 62 43 27　　　　　　　　　　　　　　　　　　　　**4GZk**
110 ch – ♦159/339 €, ♦♦159/339 €, ☲ 24 € – 1 suite
◆ Jolie façade Belle Époque bien située. Rajeuni, le décor de l'hôtel offre plus de confort et
de modernité (tons chauds). Chambres personnalisées, romantiques ou méridionales.

Splendid　　　　　　🍴 ⤢ 🛢 ⤢ 🖥 🖥 AC 🔆 📞 🛎 🚗 VISA ⓒ AE ⑩

50 bd V. Hugo – ☏ *04 93 16 41 00 – www.splendid-nice.com*
– Fax 04 93 16 42 70　　　　　　　　　　　　　　　　　　　　**3FZu**
128 ch – ♦175/265 €, ♦♦175/265 €, ☲ 16 € – 15 suites – ½ P 100/125 €
Rest – *(dîner seult)* Menu 22/32 € – Carte 29/52 €
◆ La minipiscine et le solarium qui coiffent cet hôtel offrent une vue sur "Nissa la bella".
Chambres de tailles diverses, refaites et souvent dotées de balcons. Spa. Restaurant et ter-
rasse panoramiques perchés sur le toit.

Mercure Centre Notre-Dame *sans rest*　　　🚗 🖵 🖥 & AC 🔆 🛎

28 av. Notre-Dame – ☏ *04 93 13 36 36*　　　　　　　　　　　VISA ⓒ AE ⑩
– www.mercure.com – Fax 04 93 62 61 69　　　　　　　　　　　**3FXYq**
198 ch – ♦122/212 €, ♦♦142/232 €, ☲ 19 € – 3 suites
◆ Hôtel plaisamment rénové s'ordonnant sur deux bâtiments, dont un au cœur d'un jardin.
Confortables chambres de style contemporain, institut de beauté et piscine sur le toit.

Le Grimaldi *sans rest*　　　　　　　　　🖥 AC 🔆 VISA ⓒ AE

15 r. Grimaldi – ☏ *04 93 16 00 24 – www.le-grimaldi.com – Fax 04 93 87 00 24*
46 ch – ♦85/160 €, ♦♦95/205 €, ☲ 15 €　　　　　　　　　　　**3FYs**
◆ Mobilier provençal, fer forgé et beaux tissus Pierre Frey personnalisent joliment les chambres ; petites terrasses au dernier étage. Espace hall-bar-salon très cosy.

Villa Victoria *sans rest*　　　　🚗 🖥 AC 🔆 P VISA ⓒ AE ⑩

33 bd V. Hugo – ☏ *04 93 88 39 60 – www.villa-victoria.com – Fax 04 93 88 07 98*
– Fermé 14-28 déc.　　　　　　　　　　　　　　　　　　　　**3FZs**
38 ch – ♦75/200 €, ♦♦75/200 €, ☲ 17 €
◆ Bel immeuble ancien aménagé dans un esprit méridional. Préférez les chambres avec balcon donnant sur le très beau jardin méditerranéen ; celles côté rue sont bien insonorisées.

Windsor 🛏 🖥 ⚄ 🕃 🏛 AK ☊ 🇻🇮🇸🇦 ⓪ AE

11 r. Dalpozzo – ℰ *04 93 88 59 35 – www.hotelwindsornice.com*
– Fax 04 93 88 94 57   **3FZf**
57 ch – ♦78/175 € ♦♦90/175 €, � 12 €
Rest *– (fermé dim.) (dîner seult)* Menu 26 € – Carte 30/40 €
◆ Cet hôtel séduit par ses 27 chambres d'artistes imaginées par Ben, Morellet, Honegger, Hains, Viallat… Beau jardin avec volière et espace détente complet (hammam, massages). Cuisine du Sud actualisée, servie en été entre palmiers et bougainvillées.

Mercure Promenade des Anglais *sans rest* 🖥 & AK 🌂 ☊

2 r. Halévy – ℰ *04 93 82 30 88 – www.mercure.com*   🇻🇮🇸🇦 ⓪ AE ⓪
– Fax 04 93 82 18 20   **3FZv**
122 ch – ♦92/252 € ♦♦102/272 €, ⊇ 16 €
◆ Dans cet hôtel jouxtant le casino Ruhl, choisissez une des chambres du 3e étage, relookées dans un style actuel. Salle des petits-déjeuners regardant la Promenade des Anglais.

Petit Palais *sans rest* 🍃 ⟨ 🖥 AK ☊ P 🇻🇮🇸🇦 ⓪ AE ⓪

17 av. E. Bieckert – ℰ *04 93 62 19 11 – www.petitpalaisnice.com*
– Fax 04 93 62 53 60   **4HXp**
25 ch – ♦90/140 € ♦♦100/200 €, ⊇ 15 €
◆ Ce "Petit Palais" où vécut Sacha Guitry se dresse sur la colline de Cimiez. Charme bourgeois et vue plongeante sur la Baie des Anges depuis la plupart des chambres. Agréable terrasse.

Brice 🖥 🖥 🖥 AK ch, ☊ 🏋 🇻🇮🇸🇦 ⓪ AE

44 r. Mar. Joffre – ℰ *04 93 88 14 44 – www.nice-hotel-brice.com*
– Fax 04 93 87 38 54   **3FZx**
58 ch – ♦49/120 € ♦♦59/147 €, ⊇ 13 €
Rest *– (ouvert de juin à sept. et fermé lundi) (dîner seult)* Menu 24 €
◆ Les chambres, protégées des bruits de la circulation par un jardin-terrasse fleuri, sont fonctionnelles et bien tenues. Décor asiatique au bar et borne Internet à disposition. Cuisine familiale sans chichis servie à l'extérieur lorsque le soleil le permet.

Aria *sans rest* 🖥 & AK ☊ 🇻🇮🇸🇦 ⓪ AE ⓪

15 av. Auber – ℰ *04 93 88 30 69 – www.hotel-aria-nice.cote.azur.fr*
– Fax 04 93 88 11 35   **3FYu**
26 ch – ♦74/84 € ♦♦84/124 €, ⊇ 10 € – 4 suites
◆ Hôtel du quartier des musiciens tenu par un passionné de littérature. Chambres de bonne ampleur, au mobilier de style classique ou provençal ; certaines donnent sur un square.

De Flore *sans rest* 🖥 AK ☊ 🇻🇮🇸🇦 ⓪ AE ⓪

2 r. Maccarani – ℰ *04 92 14 40 20 – www.hoteldeflore-nice.fr – Fax 04 92 14 40 21*
64 ch – ♦94/155 € ♦♦105/170 €, ⊇ 13 € – 3 suites   **3FZz**
◆ Meubles en fer forgé, sièges en osier et couleurs du Midi dans des chambres gaies et fonctionnelles. Patio pour prendre le petit-déjeuner dans un cadre azuréen.

Anis Hôtel 🖥 🖥 & AK 🏋 P 🍃 🇻🇮🇸🇦 ⓪ AE

50 av. Lanterne ✉ *06200 –* ℰ *04 93 18 29 00 – www.hotel-anis.com*
– Fax 04 93 83 31 16   **2AUa**
42 ch – ♦85/106 € ♦♦90/118 €, ⊇ 10 €
Rest *– (fermé dim. soir et lundi)* (17 €) Menu 26/47 € bc – Carte 27/38 €
◆ Non loin de la mer et de l'aéroport tout en profitant du calme, cette adresse cumule les atouts : chambres contemporaines teintées d'exotisme, jardin, piscine et prix corrects. Cuisine régionale servie en terrasse ou dans une salle aux teintes méridionales.

Durante *sans rest* 🖥 🖥 AK ☊ P 🇻🇮🇸🇦 ⓪ AE

16 av. Durante – ℰ *04 93 88 84 40 – www.hotel-durante.com*
– Fax 04 93 87 77 76 – Fermé janv.   **3FYb**
28 ch – ♦70/130 € ♦♦90/150 €, ⊇ 10 €
◆ Paisible maison colorée dans une impasse proche de la gare : dormez fenêtres ouvertes dans de coquettes chambres tournées vers un jardin embaumant l'oranger.

Les Cigales *sans rest* 🖥 & AK ☊ 🇻🇮🇸🇦 ⓪ AE ⓪

16 r. Dalpozzo – ℰ *04 97 03 10 70 – www.hotel-lescigales.com*
– Fax 04 97 03 10 71   **3FZb**
19 ch – ♦75/130 € ♦♦80/160 €, ⊇ 11 €
◆ Cet ancien hôtel particulier à la jolie façade ouvragée dispose d'une agréable petite terrasse. Chambres fonctionnelles et colorées, mansardées au dernier étage.

Armenonville sans rest   🖨 📶 🅿 VISA 🟦 AE ⓪

20 av. Fleurs – ℰ 04 93 96 86 00 – www.hotel-armenonville.com
– Fax 04 93 44 66 53   **3EZb**
12 ch – ♦39/110 € ♦♦49/110 €, ⌖ 10 €

♦ Dans l'ex-quartier des émigrés russes, charmante villa 1900 et son jardin méridional. Quelques meubles provenant du Negresco personnalisent les chambres peu à peu rajeunies.

De la Fontaine sans rest   🖨 AC 📶 VISA 🟦 AE

49 r. France – ℰ 04 93 88 30 38 – www.hotel-fontaine.com – Fax 04 93 88 98 11
29 ch – ♦77/105 € ♦♦90/145 €, ⌖ 10 €   **3FZt**

♦ Hôtel bordant une rue commerçante et animée. Pour plus de calme, préférez les chambres donnant sur le minipatio (petit-déjeuner en saison) où murmure une fontaine.

All Seasons Nice Aeroport sans rest   🗔 🖨 ⅙ AC 📶 🅿 VISA 🟦 AE

127 bd René Cassin – ℰ 04 92 29 44 30 – www.all-seasons-hotels.com
– Fax 04 92 29 44 31   **1AUb**
91 ch ⌖ – ♦70/125 € ♦♦80/135 €

♦ Dans un immeuble neuf face à l'aéroport, un hôtel jouant la carte "design tendance". Ses avantages ? Des chambres colorées, des produits de bain bio et des prix attractifs.

XXXX Chantecler – Hôtel Negresco   AC ⇨ VISA 🟦 AE ⓪
✿

37 promenade des Anglais, (réouverture prévue en juillet après rénovations)
– ℰ 04 93 16 64 00 – www.hotel-negresco-nice.com – Fax 04 93 88 35 68
– Fermé 3 janv.-3 fév., le midi sauf dim., lundi et mardi   **3FZk**
Rest – Menu 90/130 € – Carte 86/178 €🕮

Spéc. Langoustines rôties aux piments d'Espelette, croustillant de tête de veau. Tronçon de turbot cuit lentement au beurre d'algues, artichauts barigoule. Pomme verte soufflée en sucre acidulé, sablé breton à la fleur de sel, légèreté calvados. **Vins** Bellet, Vin de pays des Alpes Maritimes.

♦ Somptueuses boiseries, tapisserie d'Aubusson, tableaux de maîtres et rideaux en damas ou en lampas de soie magnifient ce décor Régence. Fine et délicate cuisine créative.

XXX L'Ane Rouge   AC VISA 🟦 AE ⓪

7 quai Deux-Emmanuel ⊠ 06300 – ℰ 04 93 89 49 63 – www.anerougenice.com
– Fax 04 93 26 51 42 – Fermé vacances de fév., jeudi midi et merc.   **4JZm**
Rest – (23 €) Menu 35 € (sem.)/68 € – Carte 55/85 €🕮

♦ Table plaisamment installée face au bassin portuaire vous recevant dans un cadre moderne agrémenté de marines colorées. Mets classiques et belle carte des vins.

XXX Les Viviers   🍴 AC VISA 🟦 AE

22 r. A. Karr – ℰ 04 93 16 00 48 – www.les-viviers-nice.com – Fax 04 93 16 04 06
– Fermé 11 juil.-22 août, sam. midi, dim. et feriés   **3FYk**
Rest – (29 €) Menu 50/65 € – Carte 35/84 €

Rest *Le Bistrot* – (Fermé fériés) (15 €) Menu 32 € (dîner) – Carte 33/71 €

♦ D'un côté, le restaurant vous accueille dans une atmosphère cosy – tableaux contemporains, fleurs et miroirs – pour déguster une belle cuisine de la mer. Au bistrot, autre ambiance, avec un décor de brasserie 1900, et toujours des recettes de poisson.

XX La Réserve   ≼ 🍴 ⅙ AC VISA 🟦 AE

60 bd Franck Pilatte, (rez-de-chaussée) – ℰ 04 97 08 14 80
– www.lareservedenice.com – Fax 04 92 04 23 02 – Fermé 2-25 nov.   **2CTb**
Rest – Menu 30 € (déj. en sem.), 45/100 € – Carte 60/83 €

♦ Décor élégant pour cette Réserve qui prend des airs de paquebot de style Art déco. On savoure une cuisine raffinée (nouveau chef en 2009) sur la superbe terrasse panoramique.

XX Aphrodite (David Faure)   🍴 AC VISA 🟦 AE
✿

10 bd Dubouchage – ℰ 04 93 85 63 53 – www.restaurant-aphrodite.com
– Fax 04 93 80 10 41 – Fermé 1er-24 janv., dim. et lundi   **4HYs**
Rest – Menu 25 € (déj.), 38/95 € – Carte 55/70 €🕮

Spéc. Rouget de roche comme un stockfish. Rascasse rôtie entière aux parfums du Comté de Nice. Tarte au citron du pays revisitée.

♦ Cuisine moderne de belle tenue, où la technique et l'invention servent à dessein l'émotion gustative. Mobilier design épuré, cuir rouge, tables blotties dans des alcôves, mur d'eau : le décor est original et cosy.

✗✗ Flaveur
AC ✗ **VISA** ●●

25 r. Guebernatis – 📞 *04 93 62 53 95 – www.flaveur.net* **4HYx**
Rest – (23 € bc) Menu 30 € (dîner)/50 € – Carte 41/60 € le soir

♦ Passion, fraîcheur et personnalité résument cette adresse créée par trois compères. Cuisine d'esprit canaille empreinte d'exotisme, à découvrir dans une salle au décor futuriste.

✗✗ L'Univers-Christian Plumail
🍴 **AC** **VISA** ●● **AE**
❀

54 bd J. Jaurès ✉ *06300 –* 📞 *04 93 62 32 22 – www.christian-plumail.com*
– Fax 04 93 62 55 69 – Fermé sam. midi, lundi midi et dim. **4HZu**
Rest – (prévenir) (20 €) Menu 44/70 € – Carte 55/90 €

Spéc. Cappuccino aux champignons des bois, salade d'écrevisses et sanguins à l'huile (automne). Loup de ligne rôti à l'orange, pommes de terre braisées et compote d'agrumes au romarin. Soufflé au citron de pays, compote de fruits à la badiane. **Vins** Bellet, Côtes de Provence.

♦ Tableaux et sculptures modernes agrémentent l'intérieur de ce restaurant chaleureux, où l'on vient savourer une authentique et goûteuse cuisine niçoise. Accueil très aimable.

✗✗ Keisuke Matsushima
& **AC** ⇔ **VISA** ●● **AE**
❀

22 ter r. de France – 📞 *04 93 82 26 06 – www.keisukematsushima.com*
– Fax 04 92 00 08 49 – Fermé sam. midi, lundi midi et dim. **3FZe**
Rest – (18 €) Menu 35/78 € – Carte 60/80 €🍷

Spéc. Foie gras de canard du Gers poêlé, figues rôties et coulis de citron. Millefeuille de bœuf simmenthal saisi au wasabi. Chocolat manjari infusé au romarin, glace romarin et salade d'orange. **Vins** Bellet, Coteaux d'Aix-en-Provence.

♦ Décor minimaliste, à la japonaise, tout en bois brut et tons sobres. Mets délicats et inventifs, à base d'excellents produits. Également table d'hôte sur réservation.

✗✗ Les Épicuriens
🍴 **AC** **VISA** ●● **AE**

6 pl. Wilson – 📞 *04 93 80 85 00 – Fax 04 93 85 65 00 – Fermé août, sam. midi et dim.*
Rest – Carte 30/50 € **4HYv**

♦ La carte régionale et l'appétissante ardoise de suggestions du jour attirent une clientèle fidèle dans ce chaleureux restaurant habillé de boiseries. Terrasse sur la place.

✗✗ Les Pêcheurs
🍴 **AC** **VISA** ●● **AE**
☺

18 quai des Docks – 📞 *04 93 89 59 61 – www.lespecheurs.com – Fermé janv.,*
lundi et mardi d'oct. à mai, jeudi midi et merc. de juin à sept. **4JZv**
Rest – Menu 28/38 € – Carte 40/67 €

♦ Cuisine de la mer gourmande, servie sur la terrasse d'été braquée vers le port ou dans une salle à la décoration un brin exotique, avec vue sur les cuisines.

✗✗ L'Aromate (Mickaël Gracieux)
& **AC** **VISA** ●● **AE**
❀

20 av. Mar. Foch – 📞 *04 93 62 98 24 – www.laromate.fr – Fax 04 93 62 98 24*
– Fermé 1 sem. en août, 2 sem. en nov., 2 sem. en janv., dim. et lundi
Rest – (dîner seult) Menu 50/70 € – Carte 60/80 € **4GYv**

Spéc. Tourteau en fine gelée de crustacés, crémeux curry-fenouil. Chipirons dorés au sautoir, aubergine fondante, girolles et amandes fraîches. Agrumes en tube craquant, sorbet mandarine.

Rest *Le Grain de Riz de l'Aromate* – (déj. seult) Carte 35/45 €

♦ Jeune table lancée par un couple amoureux de gastronomie, avec un minimum de moyens. Pari réussi ! Préparations délicates, assiettes graphiques : le chef-patron confirme son talent, mûri dans de grandes maisons. Au déjeuner, plats du marché plus simples autour de l'équation risotto-viande-poisson.

✗✗ Luc Salsedo
AC **VISA** ●●

14 r. Maccarani – 📞 *04 93 82 24 12 – www.restaurant-salsedo.com*
– Fax 04 93 82 93 68 – Fermé le midi en juil.-août, jeudi midi, sam. midi et merc.
Rest – (26 € bc) Menu 44/65 € **3FYh**

♦ Authentique bonbonnière empreinte de quiétude, la salle à manger habillée de tableaux offre une vue sur l'église réformée et son jardin. Recettes actuelles à l'accent du Sud.

✗✗ L'Allegro
AC **VISA** ●●
☺

6 pl. Guynemer ✉ *06300 –* 📞 *04 93 56 62 06 – Fax 04 93 56 38 28 – Fermé*
1er-6 janv., le midi en août, sam. midi et dim. midi **4JZu**
Rest – Menu 18 € (déj. en sem.), 23/54 € – Carte 34/59 €🍷

♦ Pâtes et raviolis préparés à la minute, sous vos yeux, dans un étonnant décor de trompe-l'œil et de fresques évoquant la "commedia dell'arte". Beau livre de cave.

✗ Kamogawa

☒ ⇔ VISA ⚙️

18 r. de la Buffa – ☏ *04 93 88 75 88 – Fax 04 93 87 29 15*   **3**FZ**m**
Rest – (15 € bc) Menu 45/65 € – Carte 35/70 €
◆ Cette adresse typiquement nippone (tout le personnel est japonais) connaît un franc succès grâce à ses recettes traditionnelles et simples, servies dans un cadre sobre.

✗ Lou Pistou

☒ VISA ⚙️

4 r. Raoul Bosio ⊠ *06300 –* ☏ *04 93 62 21 82*
– www.loupistounice.fr
– Fermé 8-15 mars, 1ᵉʳ-15 nov., sam. et dim.   **4**HZ**e**
Rest – Carte 24/40 €
◆ Officiant à côté du palais de Justice, ce petit bistrot sert une cuisine niçoise dans une salle à manger rustique égayée de lithographies anciennes. Accueil tout sourire.

✗ Saison

VISA ⚙️ AE

17 r. Gubernatis – ☏ *04 93 85 69 04*
– www.saison-nice.com – Fax 04 93 27 05 98
– fermé dim. et lundi   **4**HY**x**
Rest – Menu 35/45 € – Carte 33/47 €
◆ Restaurant japonais ouvert en 2009, sous la gérance de Keisuke Matsushima (étoilé au restaurant éponyme). Cadre sobre et simple. Bon choix de vins et sakés.

✗ La Merenda

☒

4 r. Raoul Bosio – Fermé sam. et dim.   **4**HZ**a**
Rest – *(nombre de couverts limité, prévenir)* Carte 26/33 €
◆ Tabourets inconfortables, pas de téléphone et cartes de crédit bannies... Que dire de plus ? Que l'on fait salle comble tous les jours avec une authentique cuisine niçoise !

✗ La Casbah

☒ VISA ⚙️ AE

3 r. Dr Balestre – ☏ *04 93 85 58 81*
– Fermé juil., août, dim. soir et lundi   **4**GY**a**
Rest – Carte 18/35 €
◆ Restaurant familial proposant un choix de couscous, principalement à base d'agneau, de légumes frais et de semoule travaillée dans les règles de l'art. Pâtisseries orientales.

à l'Aire St-Michel Nord : 9 km par bd. de Cimiez – BS ⊠ 06100 Nice

✗ Au Rendez-vous des Amis

🏠 VISA ⚙️ AE

😊 *176 av. Rimiez* ⊠ *06100 –* ☏ *04 93 84 49 66*
– www.rdvdesamis.fr – Fax 04 93 52 62 09
– Fermé 26 oct.-18 nov., 21 fév.-9 mars, mardi sauf juil.-août et merc.
Rest – (19 €) Menu 24 € – Carte 27/43 €
◆ La chaleur de l'accueil et de l'ambiance ne font pas mentir l'enseigne ! Savoureux plats niçois (choix volontairement restreint), coquette salle colorée et terrasse ombragée.

à l'aéroport de Nice-Côte-d'Azur 7 km – ⊠ 06200 Nice

🏨 Park Inn Nice

🏠 �🏊 ₣ᵇ 🛗 & ch, ☒ ⌁ 🐾 🔊 ⌂ VISA ⚙️ AE ⓘ

179 bd René Cassin – ☏ *04 93 18 34 00*
– www.nice-rezidorparkinn.com – Fax 04 93 71 40 63   **1**AU**d**
151 ch – ♦99/160 € ♦♦109/180 €, � 17 € – 1 suite
Rest – Menu 25 € (sem.)/50 € bc – Carte 36/46 €
◆ Vous logerez à deux pas de l'aéroport, dans des chambres agréables, bien contemporaines et personnalisées par une couleur dominante différente selon les étages. Restaurant moderne (carte traditionnelle) et service snack en été au bord de la piscine.

🏨 Novotel Arenas

🛗 & ch, ☒ ⌁ 🐾 P ⌂ VISA ⚙️ AE ⓘ

😊 *455 promenade des Anglais –* ☏ *04 93 21 22 50 – www.novotel.com*
– Fax 04 93 21 63 50   **1**AU**e**
131 ch – ♦80/180 € ♦♦80/180 €, ⊻ 14 €
Rest – (12 €) Menu 16 € – Carte 20/45 €
◆ Les chambres ont toutes été rénovées dans un style tendance : mobilier moderne assorti de teintes gris et chocolat. Bonne insonorisation et multiples salles de conférences. Salle de restaurant plus intime qu'à l'ordinaire et cuisine traditionnelle.

à St-Isidore par ⑦ : 13 km – ✉ 06200

Servotel 🛏 🏊 🎇 ♿ 🅰 💫 👁 🔥 🅿 🚗 VISA ⨯ AE

30 av. A. Verola – ℰ 04 93 29 99 00 – www.servotel-nice.fr – Fax 04 93 29 99 01

84 ch – ▮71/148 € ▮▮81/178 €, ☷ 13 € – 2 suites – ½ P 65/84 €

Rest – (fermé 23-30 déc., dim. midi et sam.) Menu 22/33 € – Carte 45/65 €

◆ Un établissement neuf proche d'un centre commercial. Chambres fonctionnelles bien pensées pour la clientèle d'affaires. Salon-cheminée et équipements pour séminaires. Salle à manger contemporaine aux couleurs du Sud et cuisine traditionnelle simple.

NIEDERBRONN-LES-BAINS – 67 Bas-Rhin – **315** J3 – **4 387 h.**   1 B1
– alt. 190 m – Stat. therm. : début avril-fin nov. – Casino – ✉ 67110

🟩 Alsace Lorraine

▶ Paris 460 – Haguenau 23 – Sarreguemines 55 – Saverne 40

🄵 Office de tourisme, 6, place de l'Hôtel de Ville ℰ 03 88 80 89 70,
Fax 03 88 80 37 01

Mercure sans rest 🦮   🖼 🛗 🅰 🅿 VISA ⨯ AE ⓞ

av. Foch – ℰ 03 88 80 84 48 – www.mercure.com – Fax 03 88 80 84 40

59 ch – ▮79/116 € ▮▮91/132 €, ☷ 11 € – 5 suites

◆ Cet établissement abrite de grandes chambres standardisées et des suites. Décoration épurée (tons pastel, esprit Belle Époque). Bar-salon design. Agréable jardin arboré.

Le Bristol   🛗 🛗 rest, 🎇 ch, 🕯 🅿 VISA ⨯ AE

4 pl. de l'Hôtel-de-Ville – ℰ 03 88 09 61 44 – www.lebristol.com
– Fax 03 88 09 01 20

29 ch – ▮50/55 € ▮▮60/90 €, ☷ 8,50 € – ½ P 60/65 €

Rest – Menu 10 € (déj. en sem.), 15/45 € – Carte 31/53 €

◆ Hôtel familial situé au centre de la station thermale. Les chambres refaites se révèlent chaleureuses et coquettes avec leur mobilier artisanal et leurs couleurs gaies. Salle cossue, agrandie d'une véranda utilisée les jours d'affluence. Carte traditionnelle.

Du Parc   🛏 🕯 🅿 🚗 VISA ⨯ AE

r. de la République – ℰ 03 88 09 01 42 – www.parchotel.net – Fax 03 88 09 05 80

40 ch – ▮50/70 € ▮▮55/80 €, ☷ 9 € – ½ P 49/69 €

Rest – (10 €) Menu 25 € (déj. en sem.)/35 € – Carte 24/50 €

◆ Dans une rue passante, hôtel composé de deux bâtiments pris en main par de nouveaux propriétaires. Chambres régulièrement rénovées, coquettes et très bien tenues. Cuisine traditionnelle servie dans une salle de style alsacien ou sous la tonnelle en été.

L'Atelier du Sommelier   ≼ 🛏 ♻ VISA ⨯ AE

35 r. des Acacias, à 2 km vers complexe sportif – ℰ 03 88 09 06 25
– www.atelierdusommelier.com – Fermé 16 août-1ᵉʳ sept., 15 fév.-1ᵉʳ mars, sam. midi, lundi et mardi

Rest – Menu 20 € (sem.)/51 € – Carte 37/52 € 🐝

◆ Ce lumineux restaurant recèle un charme rustique à la gloire de Bacchus : mobilier en bois blond, vitraux, caisses de vins et crus exposés (en vente). Plats épurés et riche cave.

NIEDERSCHAEFFOLSHEIM – 67 Bas-Rhin – **315** K4 – **1 248 h.**   1 B1
– alt. 185 m – ✉ 67500

▶ Paris 473 – Haguenau 7 – Saverne 35 – Strasbourg 28

Au Bœuf Rouge avec ch   🖼 🛗 rest, 🕯 🅰 🅿 VISA ⨯ AE ⓞ

39 r. du Gén. de Gaulle – ℰ 03 88 73 81 00 – www.boeufrouge.com
– Fax 03 88 73 89 71 – Fermé 12 juil.-5 août et 15 fév.-7 mars

13 ch – ▮74 € ▮▮74 €, ☷ 12 € – ½ P 68/74 €

Rest – (fermé dim. soir, mardi midi et lundi) Menu 31 € (sem.)/75 €
– Carte 66/78 €

◆ Depuis 1880, la même famille vous reçoit chaleureusement dans cette institution alsacienne. Salle élégante et classique (panneaux en bois), cuisine traditionnelle ad hoc.

NIEDERSTEINBACH – 67 Bas-Rhin – **315** K2 – **134 h.** – alt. 225 m   1 B1
– ✉ 67510 🟩 Alsace Lorraine

▶ Paris 460 – Bitche 24 – Haguenau 33 – Lembach 8

🏠 **Cheval Blanc** 🦢 ⬜ rest, ᛗ **P** **VISA** ☯

11 r. Principale – 🕿 03 88 09 55 31 – www.hotel-cheval-blanc.fr
– Fax 03 88 09 50 24 – Fermé 16 juin-1er juil., 15-30 nov., 25 janv.-4 mars
25 ch – †51/68 € ††64/66 €, ⬜ 11 € – 1 suite – ½ P 59/68 €
Rest – (fermé jeudi) Menu 27/56 € – Carte 27/61 €
◆ Auberge traditionnelle et familiale à l'intérieur cossu : chambres coquettes d'une tenue impeccable et salons chaleureux. Copieux petit-déjeuner. À table, vous dégusterez une généreuse cuisine régionale dans un décor rustique alsacien agrémenté de "stubes" boisées.

à Wengelsbach Nord-Ouest : 5 km par D 190 – ✉ 67510

✗ **Au Wasigenstein** ⬜ **VISA** ☯

32 r. Principale – 🕿 03 88 09 50 54 – www.wasigenstein-wengelsbach.com
– Fax 03 88 09 50 54 – Fermé fév., merc. et jeudi de nov. à fév., lundi et mardi
Rest – Menu 12 € (déj. en sem.), 21/30 € – Carte 17/35 €
◆ Adresse familiale dans un paisible village. Salle à manger sur deux niveaux, cadre rustique (poêle en faïence, poutres). Terrasse prisée des randonneurs. Spécialités de gibier.

NIEUIL – 16 Charente – **324** N4 – 927 h. – alt. 150 m – ✉ 16270   **39** C2
▶ Paris 434 – Angoulême 42 – Confolens 24 – Limoges 66

à l'Est 2 km par D 739 et rte secondaire - ✉ 16270 Nieuil

🏠 **Château de Nieuil** sans rest 🦢 ⬅ ⬜ **P** **VISA** ☯ **AE** ⊕

– 🕿 05 45 71 36 38 – www.chateaunieuilhotel.com – Fax 05 45 71 46 45
– Ouvert mars-nov.
12 ch – †121/190 € ††135/280 €, ⬜ 15 € – 2 suites
◆ Ce château Renaissance, ancien rendez-vous de chasse de François Ier, se dresse fièrement dans un vaste parc arboré. Belles chambres de style Empire, Art déco, classique, etc.

✗✗ **La Grange aux Oies** ⬜ **P** **VISA** ☯ **AE**

dans le parc du château – 🕿 05 45 71 81 24 – www.grange-aux-oies.com
– Fax 05 45 71 81 25 – Fermé 2 nov.-3 déc. et 4-15 janv.
Rest – (26 € bc) Carte 40/65 €
◆ Installé dans les écuries du château de Nieuil, ce restaurant associe avec bonheur décoration tendance et vieilles pierres. Cuisine dans l'air du temps, à l'image des lieux.

NIEULLE-SUR-SEUDRE – 17 Charente-Maritime – **324** D5 – 733 h.   **38** A2
– alt. 3 m – ✉ 17600
▶ Paris 503 – Poitiers 170 – La Rochelle 60 – Rochefort 30

🏠 **Le Logis de Port Paradis** ⬜ **P**

12 r. de Port Paradis – 🕿 05 46 85 37 38 – www.portparadis.com
5 ch ⬜ – †67 € ††72 € **Table d'hôte** – Menu 29 € bc
◆ À voir dans les jolies chambres de cette demeure typiquement charentaise : les têtes de lit fabriquées à partir de bois ou d'ardoise récupérés dans des cabanes ostréicoles. Dîner avec les propriétaires, plats du terroir et copieux petit-déjeuner 100 % maison.

NÎMES **P** – 30 Gard – **339** L5 – 144 092 h. – Agglo. 148 889 h.   **23** C3
– alt. 39 m – ✉ 30000 ▮ Languedoc Roussillon
▶ Paris 706 – Lyon 251 – Marseille 123 – Montpellier 58
✈ de Nîmes-Arles-Camargue : 🕿 04 66 70 49 49, par ⑤ : 12 km.
🛈 Office de tourisme, 6, rue Auguste 🕿 04 66 58 38 00, Fax 04 66 58 38 01
🟦 de Nîmes Vacquerolles 1075 chemin du Golf, par D 999 : 6 km,
🕿 04 66 23 33 33
🟦 de Nîmes Campagne Route de Saint Gilles, par rte de l'Aéroport : 11 km,
🕿 04 66 70 17 37
◉ Arènes★★★ - Maison Carrée★★★ - Jardin de la Fontaine★★ : Tour Magne★, ≤★ - Intérieur★ de la chapelle des Jésuites DU **B** - Carré d'Art★ - Musée d'Archéologie★ **M**[1] - Musée du Vieux Nîmes **M**[3] - Musée des Beaux-Arts★ **M**[2].

Plans pages suivantes

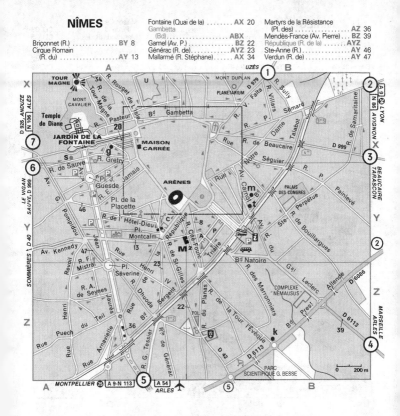

MONTPELLIER

🏨 **Jardins Secrets** sans rest   🚗 🌊 🏖 ❀ 🏧 📶 🛁 🕭 VISA ⑩ 🅰🅴 ①

3 r. Gaston-Maruejols – 𝒞 *04 66 84 82 64* – *www.jardinssecrets.net*
– *Fax 04 66 84 27 47*   BY**m**
12 ch – 🕴195/410 € 🕴🕴195/410 €, ☷ 25 € – 3 suites

◆ Décoration soignée à l'extrême – façon 18e s. revu à la mode d'aujourd'hui –, sublime jardin-piscine planté de mille essences, très beau spa... La perle rare, en plein centre-ville.

🏨 **Imperator Concorde**   🚗 🛎 🏧 💥 📶 🛁 🕭 VISA ⑩ 🅰🅴

quai de la Fontaine – 𝒞 *04 66 21 90 30* – *www.hotel-imperator.com*
– *Fax 04 66 67 70 25*   AX**g**
60 ch – 🕴144/176 € 🕴🕴153/180 €, ☷ 12 € – 3 suites
Rest – Menu 27 € bc – Carte 44/54 €

◆ Demeure 1929 organisée autour d'un agrable patio florentin animé d'un jet d'eau. À l'intérieur, on rénove par étapes : chambres rafraîchies, salon façon palace d'antan, etc. Plaisant restaurant disposé en galerie autour d'une jolie cour. Cuisine classique.

🏨 **Vatel**   ⟨ 🚗 🌊 ❀ 🏖 🛁 🏧 💥 🕭 🛁 🅿 VISA ⑩ 🅰🅴 ①

140 r. Vatel par av. Kennedy AY – 𝒞 *04 66 62 57 57* – *www.hotelvatel.com*
– *Fax 04 66 62 57 50*
46 ch – 🕴140/230 € 🕴🕴150/230 €, ☷ 12 €
Rest Les Palmiers – *(fermé août, dim. soir et lundi) (dîner seult)* Menu 29/54 €
– Carte 43/69 €
Rest Le Provençal – *(20 €)* Menu 25/58 €

◆ Les élèves de l'École hôtelière "planchent" pour votre bien-être. Les chambres, spacieuses et confortables, sont dotées de salles de bains en marbre. Cuisine classique aux accents du Sud et belle vue sur la ville aux Palmiers. Buffets à volonté au Provençal.

NÎMES

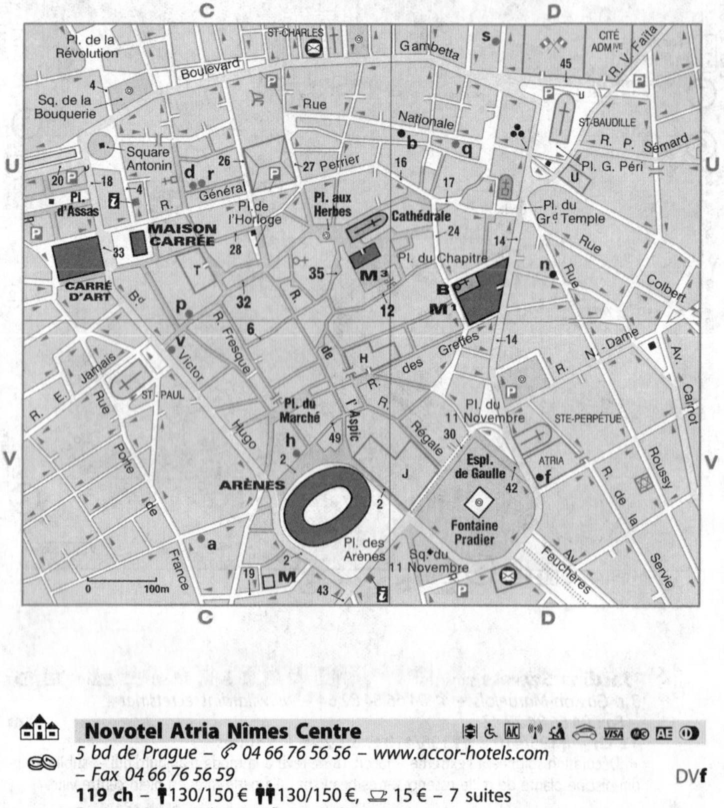

Novotel Atria Nîmes Centre

5 bd de Prague – ✆ 04 66 76 56 56 – www.accor-hotels.com – Fax 04 66 76 56 59 **DVf**

119 ch – 130/150 € 130/150 €, 15 € – 7 suites

Rest – Menu 13/17 € – Carte 18/34 €

◆ Lifting complet pour les chambres de cet hôtel, déjà très apprécié de la clientèle d'affaires pour son centre de congrès. Décor actuel, jolie vue sur Nîmes au dernier étage. Petit-déjeuner dans le patio. Restaurant souscrivant à la philosophie de la chaîne.

La Maison de Sophie sans rest

31 av. Carnot – ✆ 04 66 70 96 10 – www.hotel-lamaisondesophie.com – Fax 04 66 36 00 47 **BYt**

8 ch – 140/230 € 160/290 €, 16 €

◆ Hall en marbre, bel escalier, vitraux d'époque, salons cosy, bibliothèques, etc. : Sophie vous accueille dans sa maison, une demeure bourgeoise imprégnée de l'esprit 1900.

New Hôtel La Baume sans rest

21 r. Nationale – ✆ 04 66 76 28 42 – www.new-hotel.com – Fax 04 66 76 28 45 **DUb**

34 ch – 110/170 € 140/170 €, 10 €

◆ Délicieuse cour carrée à ciel ouvert, salle des petits-déjeuners voûtée, magnifique escalier et chaleureuses chambres refaites avec goût : un ancien hôtel particulier bien agréable.

🏨 L'Orangerie 🚗 🈀 🏖 ᵬ ᵬ ch, AC 📶 🕼 🅿 VISA ⚫ AE ⓪

755 r. Tour-de-l'Évêque – ✆ 04 66 84 50 57 – www.orangerie.fr
– Fax 04 66 29 44 55   BZ**k**
37 ch – ♦79/149 € ♦♦79/149 €, ⏴ 10 €
Rest – (17 €) Menu 24/28 € – Carte 30/45 €
♦ De mignonnes chambres provençales (certaines avec terrasse, d'autres avec bain bouillon-
nant), dont six flambant neuves, caractérisent cette maison aux allures de vieux mas. Au restaurant, carte traditionnelle riche en produits régionaux.

🏨 Le Pré Galoffre sans rest 🏖 ᵬ AC 🍽 🅿 VISA ⚫ AE ⓪

rte de Générac, 6 km au Sud par D 13 - BZ – ✆ 04 66 29 65 41
– www.lepregaloffre.com – Fax 04 66 38 23 49
27 ch – ♦65/85 € ♦♦65/85 €, ⏴ 10 €
♦ Le charme d'une vieille demeure du 17ᵉ s. conjugué à un aménagement contemporain.
Chambres actuelles et sobres à la tenue irréprochable. Belle piscine. Accueil sympathique.

🏠 Kyriad sans rest 🈂 AC 📶 🚗 VISA ⚫ AE ⓪

10 r. Roussy – ✆ 04 66 76 16 20 – www.hotel-kyriad-nimes.com
– Fax 04 66 67 65 99   DU**n**
28 ch – ♦69/95 € ♦♦71/95 €, ⏴ 9 €
♦ Sympathique hôtel de centre-ville : garage bien pratique, petites chambres colorées et
parfaitement isolées (deux avec terrasse et vue sur les toits nîmois), accueil charmant.

XXX Le Lisita (Olivier Douet) 🈀 ᵬ AC ⇔ VISA ⚫ AE
🏵

2 bd des Arènes – ✆ 04 66 67 29 15 – www.lelisita.com – Fax 04 66 67 25 32
– Fermé dim. et lundi   CV**h**
Rest – (22 €) Menu 29/78 € – Carte 71/99 €🕮
Spéc. Brandade de morue à la fleur de thym, marmelade de potimarron à la
noisette. Pigeon rôti au four, pousses de soja et oignons rouges. Fraises poê-
lées au miel des Cévennes, biscuit meringué. **Vins** Costières de Nîmes, Pic
Saint Loup.
♦ Grandiose lever de rideau sur les arènes, salle en pierres ou terrasse sous les platanes : un
décor moderne et soigné, à l'image de l'assiette, finement relevée d'accents du Sud.

XX Aux Plaisirs des Halles 🈀 AC VISA ⚫ AE
🏵

4 r. Littré – ✆ 04 66 36 01 02 – www.auxplaisirsdeshalles.com
– Fermé 8-15 juin, vacances de la Toussaint et de fév., dim. et lundi
Rest – Menu 20 € (déj. en sem.), 27/60 € – Carte 60/75 €🕮   CU**r**
♦ Belle salle à manger contemporaine épurée (boiseries, mobilier design) et joli patio fleuri
pour les repas d'été. Cuisine généreuse et goûteuse ; bon choix de vins régionaux.

XX Le Bouchon et L'Assiette AC VISA ⚫ AE ⓪
🏵

5 bis r. de Sauve – ✆ 04 66 62 02 93
– www.bouchon-assiette.fr – Fax 04 66 62 03 57
– Fermé 14 juil.-15 août, 2-17 janv., mardi et merc.   AX**s**
Rest – (17 €) Menu 27/45 € – Carte 29/41 €
♦ Un décor particulièrement soigné agrémenté de tableaux et d'objets d'antiquité, un
accueil des plus sympathiques et dans l'assiette, une savoureuse cuisine de saison.

XX Le Magister AC ⇔ VISA ⚫ AE

5 r. Nationale – ✆ 04 66 76 11 00
– www.le-magister-a-table.com – Fax 04 66 67 21 05
– Fermé 1ᵉʳ-15 août, 1ᵉʳ-8 janv., merc. midi, sam. midi et dim.   DU**q**
Rest – Menu 25/47 € – Carte 35/45 €
♦ Des expositions de peintures égaient les murs en bois patiné – façon chalet suisse – de ce
restaurant chaleureux à tous points de vue. Appétissants petits plats régionaux.

XX Shogun ᵬ AC VISA ⚫ ⓪
🍱

38 bd Victor-Hugo – ✆ 04 66 27 59 88
– www.shogun-nimes.com – Fax 04 66 64 23 92
– Fermé 2-23 août, 10-16 janv., dim. et lundi   CV**v**
Rest – Menu 14 € bc (déj.), 18 € bc/45 € – Carte 28/50 €
♦ On vient de loin pour découvrir les talentueuses créations du chef et du "maître sushis"
l'inimitable art de recevoir et l'atmosphère "feng shui" de ce restaurant japonais.

XX **Le Darling** 🗚 VISA ⦾

40 r. Madeleine – ℰ 04 66 67 04 99 – www.ledarling.com – Fax 04 66 67 04 99
– Fermé 1er-15 juil., 31 déc.-7 janv., le midi sauf dim. d'oct. à mai et merc.
Rest – *(nombre de couverts limité, prévenir)* Menu 42/45 € CU**p**
– Carte 64/75 €

♦ Ambiance chic et contemporaine pour cette adresse en vue : voûtes en pierre, fresque incrustée de feuilles d'or et cuisine créative osant avec succès des mélanges inédits.

X **L'Exaequo** 🍴 🗚 ⇔ VISA ⦾ AE ⓪

11 r. Bigot – ℰ 04 66 21 71 96 – Fax 04 66 21 77 96 – Fermé 15-25 août, sam.
midi et dim. CV**a**
Rest – (16 €) Menu 20 € (déj. en sem.), 26/75 € bc – Carte 37/43 €

♦ Non loin des arènes : cadre résolument lounge dans les tons rouge-orangé (musique d'ambiance, mobilier design), adorable patio avec brumisateurs et assiettes actuelles.

X **Le Marché sur la Table** 🍴 VISA ⦾

10 r. Littré – ℰ 04 66 67 22 50 – Fax 04 66 76 19 78 – Fermé lundi et mardi
Rest – Carte 32/46 € CU**d**

♦ Nouvelle petite adresse sympathique où l'on propose une cuisine de bistrot qui respire la fraîcheur : chaque matin, le patron fait son marché aux halles voisines.

à Marguerittes par ② et D 981 : 8 km – 8 692 h. – alt. 60 m – ✉ 30320

🏨 **L'Hacienda** ॐ 🚗 🍴 ⅃ 🗚 ch, ⅌ rest, ⅋ 🅿 VISA ⦾

Le Mas de Brignon, Sud-Est : 2 km par rte secondaire – ℰ 04 66 75 02 25
– www.hotel-hacienda-nimes.fr – Fax 04 66 75 45 58 – Ouvert de mi-mars à
fin nov.
12 ch – †82/142 € ††92/162 €, ⅃ 15 € – ½ P 96/136 €
Rest – *(dîner seult)* Menu 34/44 € – Carte 52/65 €

♦ Perdu en pleine campagne, ce mas isolé offre le calme et de spacieuses chambres meublées dans un coquet esprit provençal. Les deux salles à manger (d'hiver et d'été) donnent directement sur les cuisines et sur la piscine. Goûteux plats traditionnels revisités.

à Garons par ⑤, D 42 et D 442 : 9 km – 4 219 h. – alt. 90 m – ✉ 30128

XXXX **Alexandre** (Michel Kayser) 🚗 🍴 🗚 ⇔ 🅿 VISA ⦾ AE ⓪
✿✿ *2 r. X.-Tronc – ℰ 04 66 70 08 99 – www.michelkayser.com – Fax 04 66 70 01 75*
– Fermé 22 août-7 sept., vacances de fév., mardi de sept. à juin, dim. sauf le midi
de sept. à juin et lundi
Rest – (46 € bc) Menu 64 € (sem.)/134 € – Carte 90/140 €⅋

Spéc. Île flottante aux truffes sur velouté de cèpes (sept. à avril). Filet de rouget de petit bateau, ravioles de picholines. L'écrin des desserts. **Vins** Costières de Nîmes, Vin de pays du Gard.

♦ Délicieuse cuisine provençale actualisée, à déguster dans d'élégantes salles résolument contemporaines ouvrant sur un superbe jardin. Bon choix de vins du Languedoc-Roussillon.

NIORT 🅿 – 79 Deux-Sèvres – 322 D7 – 58 066 h. – alt. 24 m 38 B2
– ✉ 79000 ▮ Poitou Vendée Charentes

▶ Paris 408 – Bordeaux 184 – Nantes 142 – Poitiers 76
🛈 Office de tourisme, 16, rue du Petit Saint-Jean ℰ 05 49 24 18 79,
Fax 05 49 24 98 90
🏌 de Niort Chemin du Grand Ormeau, S : 3 km près de l'hippodrome,
ℰ 05 49 09 01 41
◉ Donjon★ : salle de la chamoiserie et de la ganterie★ - Le Pilori★.
🄶 Le Marais Poitevin★★.

🏨 **Mercure** ॐ 🚗 🍴 ⅃ 🗚 ch, ⅌ rest, 🕻 ♨ 🅿 VISA ⦾ AE

80 bis av. de Paris – ℰ 05 49 24 29 29 – www.mercure.com – Fax 05 49 28 00 90
79 ch – †77/125 € ††93/150 €, ⅃ 13 € – 2 suites – ½ P 82/94 € BY**a**
Rest – (20 €) Menu 24 € – Carte 33/52 €

♦ Des chambres soignées et de bonne ampleur vous accueillent dans cet hôtel contemporain à deux pas du centre-ville. Jardin avec piscine. Salle à manger-véranda chaleureuse et moderne, restaurant d'été sous les arbres, carte-menu et suggestions.

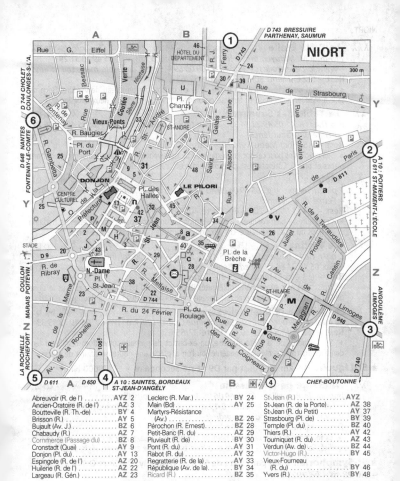

Le Grand Hôtel sans rest

🚗 🛗 AC 📶 🔧 🚘 VISA ⓒⓑ AE

BYv

32 av. de Paris – ℰ 05 49 24 22 21 – www.grandhotelniort.com
– Fax 05 49 24 42 41

39 ch – †66/99 € ††69/102 €, 🍽 9 €

◆ Établissement central équipé de double-vitrage. Les chambres donnant le petit jardin sont malgré tout plus calmes. Buffet de petit-déjeuner complet ; quelques places de garage.

Ambassadeur sans rest

🛗 📶 🔧 VISA ⓒⓑ AE

BZb

82 r. de la Gare – ℰ 05 49 24 00 38 – www.ambassadeur-hotel.com
– Fax 05 49 24 94 38 – Fermé 26 déc.-3 janv.

32 ch – †58/66 € ††58/69 €, 🍽 8 €

◆ Mobilier actuel, tons chaleureux et bonne isolation phonique : les chambres de cet hôtel proche de la gare sont pratiques et bien tenues.

Sandrina sans rest

🛗 AC 📶 P VISA ⓒⓑ

43 av. St-Jean d'Angély, par ④: 200 m – ℰ 05 49 79 28 42
– www.hotel-sandrina.com – Fax 05 49 73 10 85 – Fermé 26 déc.-4 janv.

18 ch – †55 € ††55 €, 🍽 7 €

◆ Adresse familiale du centre proposant des chambres fonctionnelles, colorées et d'une tenue irréprochable. Parking fermé à disposition.

XXX **La Belle Étoile**   🚗 🏠 ✿ 🅿 VISA ⓒ AE
115 quai M. Métayer, près périph. Ouest -AY : 2,5 km – ℰ 05 49 73 31 29
– www.la-belle-etoile.fr – Fax 05 49 09 05 59 – Fermé dim. soir, merc. soir et lundi
Rest – (22 €) Menu 30/67 € – Carte 53/63 €
• Au bord de la Sèvre, maison isolée de la circulation par un rideau de verdure. Élégante salle à manger bourgeoise et terrasse ombragée ; jolie collection de vieux millésimes.

XX **La Table des Saveurs**   🔟 VISA ⓒ AE
🍸 *9 r. Thiers – ℰ 05 49 77 44 35 – www tabledessaveurs.com – Fax 05 49 16 06 29*
– Fermé dim. sauf fériés   AY**n**
Rest – (15 € bc) Menu 19/45 € – Carte 30/60 €
• Beaux volumes pour cet ancien magasin de tissus devenu un restaurant au décor épuré (tons blancs et bruns). Côté papilles : plats modernes et... carte des desserts au chocolat !

X **Mélane**   🏠 🔟 VISA ⓒ AE
1 pl. du Temple – ℰ 05 49 04 00 40 – www.lemelane.com – Fax 05 49 79 25 61
– Fermé dim. et lundi   BZ**a**
Rest – (14 €) Menu 20/35 € – Carte 40/47 €
• Cette adresse bien connue des Niortais propose une carte panachant recettes de tradition et au goût du jour. Nouveau décor aux lignes pures : espace et clarté très zen.

X **La Tartine**   🏠 VISA ⓒ AE
2 bis r. de la Boule-d'Or – ℰ 05 49 28 20 15 – www.la-tartine.fr
– Fax 05 49 24 84 87 – Fermé sam. midi et dim.   BY**e**
Rest – (13 € bc) Menu 20/29 € – Carte 22/41 €
• Trois salles aux atmosphères différentes (bistrot, cosy ou tendance), placées sous le signe de la convivialité, pour savourer une cuisine traditionnelle actualisée. Bar lounge.

X **Le Dîner aux Chandelles**   🏠 VISA ⓒ
74 quai M. Métayer, (près du périphérique Ouest), : 2,5 km - AY – ℰ 05 49 73 33 33
Rest – (12 €) Menu 23/39 € – Carte 37/55 €
• Sur les bords de la Sèvre niortaise, un ex-bistrot de pêcheur converti en restaurant tendance (murs colorés, mobilier moderne) où l'on apprécie une goûteuse cuisine de saison.

à St-Liguaire 4,5 km à l'Ouest par D9 et rte secondaire – ✉ 79000 Niort

XX **Auberge de la Roussille**   🏠 🔟 VISA ⓒ AE
imp. de la Roussille – ℰ 05 49 06 98 38 – www.laroussille.com
– Fax 05 49 06 99 10 – Fermé 8-19 mars, 4-15 oct., 2-15 janv., merc. soir d'oct.
à mars, dim. soir, lundi et mardi
Rest – Menu 22 € (sem.)/59 € – Carte 36/64 €
• Ex-maison d'éclusier isolée au bord de la Sèvre niortaise, prisée aujourd'hui pour sa tranquillité. Salle néo-rustique, terrasse et cuisine traditionnelle aux accents régionaux.

à St-Symphorien 7 km par ④ rte de St-Jean-d'Angély, D 650 et D 174 – 1 721 h.
– alt. 28 m – ✉ 79270

X **Auberge de Crespé** avec ch ⌂   ◑ 🏠 🍽 🕹 ch, 🕪 🕹 🅿 VISA ⓒ
99 rte d'Aiffres – ℰ 05 49 32 97 61 – Fermé 14 juil.-6 août, dim. et lundi
5 ch – †60 € ††60 €, ⊆ 5 €   **Rest** – (16 €) Menu 20 €
• Cuisine traditionnelle confectionnée selon le marché et les saisons ; on grille la côte de bœuf à la cheminée dans la salle à manger rustique. Chambres confortables et meublées d'ancien, dans le ton de cette maison bourgeoise du 18e s. sise dans un parc arboré.

NISSAN-LEZ-ENSERUNE – 34 Hérault – 339 D9 – 3 278 h.   22 B2
– alt. 21 m – ✉ 34440 ▮ Languedoc Roussillon

▶ Paris 774 – Béziers 12 – Capestang 9 – Montpellier 82
🄸 Office de tourisme, square Rene Dez ℰ 04 67 37 14 12, Fax 04 67 37 14 12
◉ Oppidum d'Ensérune★ : musée★, ≼★ NO : 5 km.

🏠 **Résidence**   🚗 🏠 🍽 🔟 ch, 🕪 🕹 🚗 VISA ⓒ AE
35 av. Cave – ℰ 04 67 37 00 63 – www.hotel-residence.com – Fax 04 67 37 68 63
– Fermé 19 déc.-10 janv.
18 ch – †64/74 € ††64/74 €, ⊆ 13 €
Rest – (15 €) Menu 20 € (déj. en sem.), 26/48 € – Carte 35/52 €
• Demeure bourgeoise située au cœur d'un petit village. Chambres peu à peu rénovées dans un style actuel, plus spacieuses à l'annexe (maison de vigneron du 19e s.). Aux beaux jours, les repas sont servis sur la jolie terrasse ombragée, face à la piscine.

NITRY – 89 Yonne – **319** G5 – 403 h. – alt. 240 m – ⊠ 89310   **7** B1

▶ Paris 195 – Auxerre 36 – Avallon 23 – Vézelay 31

🏠 **Auberge La Beursaudière** ॐ   🍽 ও ch, ☝ 🛏 P VISA ◉ AE ①
9 chemin de Ronde – ℰ *03 86 33 69 69 – www.beursaudiere.com*
– Fax 03 86 33 69 60 – Fermé 3-29 janv.
11 ch – †75/115 € ††75/115 €, ☲ 10 €
Rest – (11 €) Menu 26/43 € – Carte 29/60 €🏵
   ♦ Chambres de caractère, salles des petits-déjeuners voûtées et pigeonnier médiéval : reconversion réussie pour cette ancienne dépendance de prieuré. Côté table, décor campagnard
soigné et service en costume régional. Cuisine du terroir et cave fournie.

NOAILHAC – 81 Tarn – **338** G9 – 796 h. – alt. 222 m – ⊠ 81490   **29** C2

▶ Paris 730 – Toulouse 90 – Albi 55 – Béziers 99

✕ **Hostellerie d'Oc**   🍽 AC VISA ◉
av. Charles-Tailhades – ℰ *05 63 50 50 37 – Fax 05 63 50 50 37*
ও *– Fermé 6-20 sept., 4-27 janv., merc. soir et lundi*
(☺) **Rest** – Menu 11 € bc (sem.), 16/33 € – Carte 23/44 €
   ♦ Ancien relais de poste aménagé en restaurant, abritant deux salles à manger rustiques.
Cuisine régionale réservant une place de choix aux produits du terroir.

NOAILLY – 42 Loire – **327** D3 – 735 h. – alt. 240 m – ⊠ 42640   **44** A1

▶ Paris 395 – Lyon 98 – Roanne 13 – Vichy 68

🏠 **Château de la Motte** ॐ   ◊ ☃ ☝ P VISA ◉
La Motte Nord, à 1,5 km – ℰ *04 77 66 64 60 – www.chateaudelamotte.net*
– Fax 04 77 66 68 10 – Ouvert 1ᵉʳ mars-2 nov.
5 ch ☲ – †77/108 € ††85/115 € – ½ P 65/81 €
Table d'hôte – *(fermé dim. soir)* Menu 28 € bc
   ♦ Niché dans un magnifique parc, ce château (18ᵉ-19ᵉ s.) abrite des chambres dédiées à des
écrivains (mobilier d'époque). La "Lamartine", très originale, a une baignoire ronde dans la
tour. La table, traditionnelle, privilégie les légumes du potager. Séjours à thèmes.

NOCÉ – 61 Orne – **310** N4 – **rattaché à Bellême**

NOEUX-LES-MINES – 62 Pas-de-Calais – **301** I5 – 12 111 h.   **30** B2
– alt. 29 m – ⊠ 62290 ▌Nord Pas-de-Calais Picardie

▶ Paris 208 – Arras 28 – Béthune 5 – Bully-les-Mines 8

🏌 d'Olhain à Houdain Parc départemental de Nature, S : 11 km par D 65 et
D 301, ℰ 03 21 02 17 03

✕✕ **Carrefour des Saveurs**   P VISA ◉ AE
94 rte Nationale – ℰ *03 21 26 74 74 – Fax 03 21 27 12 14*
– Fermé 20 juil.-16 août, merc. soir, dim. soir et lundi
Rest – (16 €) Menu 26/60 € – Carte 45/75 €
   ♦ Ce restaurant abrite une salle à manger conviviale, aux murs en pierres et briques, où il
fait bon s'attabler pour déguster une appétissante cuisine au goût du jour.

NOGARO – 32 Gers – **336** B7 – 1 969 h. – alt. 98 m – ⊠ 32110   **28** A2

▶ Paris 729 – Agen 88 – Auch 63 – Mont-de-Marsan 45

🛈 Office de tourisme, 81, rue Nationale ℰ 05 62 09 13 30, Fax 05 62 08 88 21

🏠 **Solenca**   🍴 🍽 ☃ 🛁 ॐ ও rest, AC ☝ 🛏 P VISA ◉ AE ①
ও *rte d'Auch –* ℰ *05 62 09 09 08 – www.solenca.com – Fax 05 62 09 09 07*
48 ch – †62/67 € ††65/72 €, ☲ 9 € – ½ P 57/60 €
Rest – Menu 11 € (déj. en sem.), 16/45 € – Carte 35/66 €
   ♦ Une étape conviviale au cœur du pays gersois. Les chambres, toutes identiques, sont bien
tenues et pratiques. Agréable piscine entourée d'un jardin arboré. Restaurant champêtre et
terrasse face à la verdure proposant une cuisine orientée terroir.

à Manciet Nord-Est : 9 km par N 124 – 788 h. – alt. 131 m – ⊠ 32370

✕✕ **La Bonne Auberge** avec ch   🍽 🛏 VISA ◉ AE
ও *pl. du Pesquerot –* ℰ *05 62 08 50 04 – Fax 05 62 08 58 84 – Fermé 23 déc.-3 janv.,*
dim. soir et lundi
14 ch – †42 € ††52 €, ☲ 8 € – ½ P 58 €
Rest – Menu 13 € (sem.)/50 € – Carte 48/82 €
   ♦ Maison centenaire abritant deux chaleureuses salles à manger : l'une, en véranda, ouverte
sur la terrasse ; l'autre avec cheminée, boiseries et une belle collection d'armagnacs.

NOGENT – 52 Haute-Marne – **313** M5 – **4 075 h.** – **alt. 410 m** **14** C3
– ✉ **52800** Champagne Ardenne

Paris 289 – Bourbonne-les-Bains 35 – Chaumont 24 – Langres 25

Syndicat d'initiative, place du Général de Gaulle ✆ 03 25 03 69 18, Fax 03 25 03 69 18

Musée de la coutellerie de l'espace Pelletier - Musée du patrimoine coutelier.

Du Commerce ch, VISA AE

pl. Gén. de Gaulle – ✆ 03 25 31 81 14 – www.relais-sud-champagne.com – Fax 03 25 31 74 00 – Fermé 20 déc.-2 janv., dim. et fériés

18 ch – †60/65 € ††60/65 €, ☕ 8 € – ½ P 60 €

Rest – *(fermé sam. d'oct. à mars et dim.)* (11 €) Menu 19/29 € – Carte 29/48 €

◆ Bonne étape face à la mairie et près du musée de la Coutellerie. Chambres récemment rénovées et meublées en style Louis-Philippe. La cuisine régionale se déguste dans deux ambiances : un brin bourgeoise au restaurant, plus décontractée à la brasserie.

NOGENT-LE-ROI – 28 Eure-et-Loir – **311** F4 – **3 998 h.** – **alt. 93 m** **11** B1
– ✉ **28210** Île de France

Paris 77 – Ablis 35 – Chartres 28 – Dreux 19

Syndicat d'initiative, Mairie ✆ 02 37 51 23 20

du Château de Maintenon à Maintenon 1 route de Gallardon, SE : 8 km par D 983, ✆ 02 37 27 18 09

Relais des Remparts VISA AE

2 r.du Marché aux Légumes – ✆ 02 37 51 40 47 – www.relais-des-remparts.com – Fax 02 37 51 40 47 – Fermé 4-26 août, 20 fév.-8 mars, lundi soir de nov. à fév., dim. soir, mardi soir et merc.

Rest – (16 €) Menu 20 € (déj. en sem.), 28/35 € – Carte 32/48 €

◆ Les clés du succès de ce restaurant ? Une cuisine traditionnelle et goûteuse, un service aimable et efficace, et une confortable salle à manger harmonieusement décorée.

NOGENT-LE-ROTROU – 28 Eure-et-Loir – **311** A6 – **11 488 h.** **11** B1
– **alt. 116 m** – ✉ **28400** Normandie Vallée de la Seine

Paris 146 – Alençon 65 – Chartres 54 – Châteaudun 55

Office de tourisme, 44, rue Villette-Gaté ✆ 02 37 29 68 86, Fax 02 37 29 68 86

NOGENT-LE-ROTROU

Bouchers (R. des) . . . . Z 2
Bourg-le-Comte (R.) . . . . Z 3
Bretonnerie (R.) . . . . Z
Château-St-Jean (R.) . . . . Z
Croix-la-Comtesse (R.) . . . . . . Y
Deschanel (R.) . . . . YZ
Dr-Desplantes (R.) . . . . Z 8
Foch (Av. Mar.) . . . . Y 9
Fuye (R. de la) . . . . YZ 10
Giroust (R.) . . . . Y 12
Gouverneur (R.) . . . . YZ 13
Marches-St-Jean (R. des) . . . . Z 14
Paty (R. du) . . . . Z 15
Poupardières (R. des) . . . . Z 16
Prés (Av. des) . . . . Y
République (Pl. de la) . . . . Z 17
Rhône (R. de) . . . . Z 18
St-Hilaire (R.) . . . . Y
St-Laurent (R.) . . . . Z 20
St-Martin (R.) . . . . Y
Sully (R. de) . . . . YZ 23
Villette-Gaté (R.) . . . . Y 25

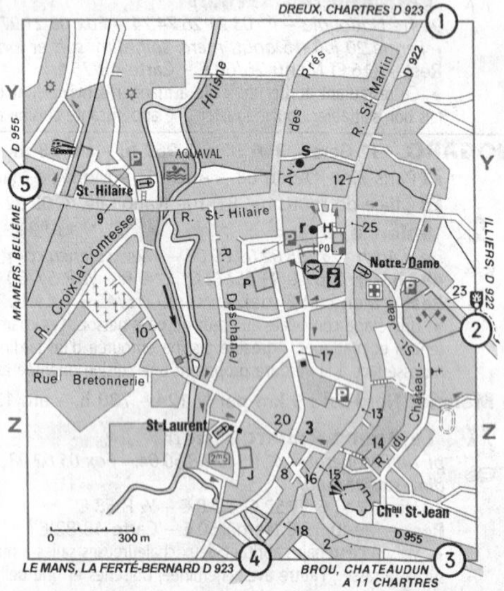

Brit Hôtel du Perche sans rest   🕭 🖾 📶 🅿 🚾 ⚫⚫ 🖭 ⓞ
r. de la Bruyère par ⑤ – ℰ 02 37 53 43 60 – www.hotel-du-perche.com
– Fax 02 37 53 43 69
40 ch – ♥51/58 € ♥♥58/70 €, ⚏ 7 €
♦ Aux avant-postes de la ville, bâtisse moderne aux chambres claires et douillettes, dont le mobilier patiné rappelle la Provence. Petit-déjeuner sous forme de buffet.

Sully sans rest   ▮🗐 📶 🛁 🅿 🚾 ⚫⚫ 🖭
51 r. des Viennes – ℰ 02 37 52 15 14 – www.hotelsullynogent.fr
– Fax 02 37 52 15 20 – Fermé 1 sem. en août   **Ys**
42 ch – ♥59 € ♥♥69 €, ⚏ 7 €
♦ Établissement situé dans un quartier paisible, aux prix raisonnables. L'enseigne se réfère au duc éponyme, dont le cénotaphe est visible dans l'hôtel-Dieu.

Au Lion d'Or sans rest   🛇 📶 🅿 🚾 ⚫⚫
28 pl. St-Pol – ℰ 02 37 52 01 60 – www.hotel-chartres-le-mans.com
– Fax 02 37 52 23 82 – Fermé en août   **Yr**
18 ch – ♥47/67 € ♥♥55/67 €, ⚏ 6,50 €
♦ Place de l'Hôtel de Ville, cet ancien relais de poste dispose de chambres rafraîchies, pratiques et bien tenues (petites salles de bains).

L' Alambic   🏠 🕭 ⇔ 🅿 🚾 ⚫⚫
20 av. de Paris, à Margon 1,5 km par ① – ℰ 02 37 52 19 03
– Fermé 6-25 août, 19 fév.-3 mars, merc. soir, dim. soir et lundi
Rest – Menu 15 € (sem.)/45 € – Carte 36/60 €
♦ Cet ancien routier est devenu un restaurant soigné abritant des salles aux tons acidulés (rouge, vert, jaune). Cuisine traditionnelle et une spécialité : la tête de veau.

NOGENT-SUR-MARNE – 94 Val-de-Marne – **312** D2 – **101** 27 – **voir Paris, Environs**

NOGENT-SUR-SEINE ◈ – 10 Aube – **313** B3 – 5 983 h. – alt. 67 m   **13** A2
– ✉ 10400 ▯ Champagne Ardenne

🖸 Paris 105 – Épernay 83 – Fontainebleau 66 – Provins 19

Domaine des Graviers ⊱   ≤ 𝄞 🏠 ❊ 🕭 ch, 📶 🛁 🅿 🚾 ⚫⚫ 🖭
30 r. des Graviers – ℰ 03 25 21 81 90
– www.domaine-des-graviers.com – Fax 03 25 21 81 91
– Fermé 1ᵉʳ-15 août et 20 déc.-9 janv.
26 ch – ♥73/119 € ♥♥79/124 €, ⚏ 12 € – ½ P 85 €
Rest – (fermé dim.) (dîner seult) (résidents seult) (24 €) Menu 27/39 €
♦ Dans un parc de 17 ha, belle demeure de 1899 et ses dépendances abritant un salon bourgeois et des chambres plaisantes, diversement aménagées. Minigolf. Jolie vue sur les arbres centenaires du domaine et cuisine traditionnelle au restaurant.

Beau Rivage avec ch   ≤ 🏠 📶 🛁 🚾 ⚫⚫
20 r. Villiers-aux-Choux, (près de la piscine)
– ℰ 03 25 39 84 22 – Fax 03 25 39 18 32
– Fermé 16-31 août, 15 fév.-8 mars, dim. soir et lundi
10 ch – ♥62 € ♥♥72 €, ⚏ 9 € – ½ P 75 €
Rest – (16 €) Menu 22/42 € – Carte 40/61 €
♦ Salle à manger contemporaine, terrasse bucolique dressée sur une berge de la Seine, cuisine de saison (avec les herbes du jardin), chambres fraîches : tels sont les atouts de ce Beau Rivage.

NOIRLAC – 18 Cher – **323** K6 – **rattaché à St-Amand-Montrond**

NOIRMOUTIER (ÎLE DE) – 85 Vendée – **316** C6 – **voir à Île de Noirmoutier**

NOISY-LE-GRAND – 93 Seine-Saint-Denis – **305** G7 – **101** 18 – **voir à Paris, Environs**

NOIZAY – **37** Indre-et-Loire – **317** O4 – **1 091 h.** – **alt. 56 m** – ✉ **37210** **11** B2

Paris 230 – Amboise 11 – Blois 44 – Tours 21

Château de Noizay

Promenade de Waulsort – ☎ 02 47 52 11 01 – www.chateaudenoizay.com – Fax 02 47 52 04 64 – Fermé 1er-19 mars et 23 janv.-29 fév.

19 ch – †155/295 € ††155/295 €, ☕ 22 € – ½ P 170/240 €

Rest – *(fermé mardi midi, merc. midi et jeudi midi)* (25 €) Menu 32 € (déj.), 53/78 € – Carte 62/81 €

♦ Ce château du 16e s., niché dans un parc, domine le village et son vignoble. Grandes chambres personnalisées et joliment meublées ; celles de la dépendance sont d'esprit actuel. Au restaurant, charmants salons bourgeois, cuisine d'aujourd'hui et vins de Loire.

NOLAY – **21** Côte-d'Or – **320** H8 – **1 468 h.** – **alt. 299 m** – ✉ **21340** **7** A3

Bourgogne

Paris 316 – Autun 30 – Beaune 20 – Chalon-sur-Saône 34

Office de tourisme, 24, rue de la République ☎ 03 80 21 80 73, Fax 03 80 21 80 73

site★ du Château de la Rochepot E : 5 km - Site★ du Cirque du Bout-du-Monde NE : 5 km.

De la Halle sans rest

pl. des Halles – ☎ 03 80 21 76 37 – www.terroirs-b.com/lahalle – Fax 03 80 21 76 37

13 ch – †55/56 € ††60 €, ☕ 7 €

♦ Face aux halles du 14e s., deux corps de bâtiments de part et d'autre d'une cour intérieure fleurie. Chambres assez modestes mais bien tenues, plus spacieuses sur l'arrière.

NONANCOURT – **27** Eure – **304** H9 – **2 154 h.** – **alt. 117 m** – ✉ **27320** **33** D2

Paris 97 – Alençon 97 – Chartres 51 – Évreux 35

XX **Relais du Vieux Chateau**

39 av. Victor Hugo – ☎ 02 32 58 00 74 – fermé 1 sem. en sept., 3-9 janv., dim soir et lundi

Rest – (20 €) Menu 30/35 € – Carte 30/65 €

♦ Le chef, passé par de belles maisons, prépare une cuisine dans l'air du temps. Lumineuse salle à manger dont les poutres blanches se marient à un mobilier moderne en cuir brun.

LES NONIÈRES – **26** Drôme – **332** G5 – **alt. 282 m** – ✉ **26410** **45** C3

Paris 648 – Die 25 – Gap 84 – Grenoble 73

Le Mont-Barral

– ☎ 04 75 21 12 21 – www.hotelmontbarral-vercors.com – Fax 04 75 21 12 70 – Ouvert 6 mars-12 nov. et fermé mardi soir et merc. hors vacances scolaires

19 ch – †53/61 € ††53/61 €, ☕ 8 € – ½ P 55/61 €

Rest – (16 €) Menu 19 € (déj.), 26/35 € – Carte 26/42 €

♦ Établissement entièrement rénové qui propose des chambres modernes et tout confort. Beau mobilier en fer forgé, tennis, piscine, sauna... Équipe dynamique. Au restaurant, cuisine régionale et menu consacré au terroir qui peuvent se déguster sur la terrasse.

NONTRON – **24** Dordogne – **329** E2 – **3 465 h.** – **alt. 260 m** **4** C1
– ✉ **24300** Limousin Berry

Paris 454 – Angoulême 45 – Libourne 135 – Limoges 68

Office de tourisme, 3, avenue du Général Leclerc ☎ 05 53 56 25 50, Fax 05 53 60 34 13

Grand Hôtel

3 pl. A. Agard – ☎ 05 53 56 11 22 – www.hotel-pelisson-nontron.com – Fax 05 53 56 59 94 – Fermé dim. soir d'oct. à juin

23 ch – †54 € ††66 €, ☕ 8 € – ½ P 64 €

Rest – (16 €) Menu 24 € (sem.)/55 € – Carte 30/60 €

♦ On cultive l'art de recevoir à l'ancienne dans cet ex-relais de poste à l'atmosphère vieille France. Entretien suivi et tenue sans reproche. Plats régionaux servis dans un cadre rustique (poutres, cuivres, cheminée) ou sur une terrasse face à la piscine.

NONZA – **2B** Haute-Corse – **345** F3 – **voir à Corse**

NOTRE-DAME-DE-BELLECOMBE – 73 Savoie – 333 M3 – 498 h. — 46 F1
– alt. 1 150 m – Sports d'hiver : 1 150/2 070 ⚡19 ⚡ – ⊠ 73590 ▯ Alpes du Nord

▶ Paris 585 – Albertville 25 – Annecy 54 – Chambéry 76

🇮 Office de tourisme, Chef Lieu ℘ 04 79 31 61 40, Fax 04 79 31 67 09

🍴 **La Ferme de Victorine**   ☂ P VISA ⓪ AE
(☺) *Le Planay, 3 km à l'Est par rte des Saisies* – ℘ 04 79 31 63 46
– *www.la-ferme-de-victorine.com* – *Fermé 7-25 juin, 11 nov.-16 déc., dim. soir et lundi sauf juil.-août*
Rest – (20 €) Menu 25/40 € – Carte 40/65 €
◆ Réplique parfaite d'une traditionnelle maison montagnarde (décor tout bois, objets anciens). Goûteuse cuisine régionale, fidèle aux saisons : poisson en été, gibier en automne.

NOTRE-DAME-DE-BONDEVILLE – 76 Seine-Maritime – 304 G5 – rattaché à Rouen

NOTRE-DAME-DE-GRAVENCHON – 76 Seine-Maritime – 304 D5 — 33 C2
– 8 300 h. – alt. 35 m – ⊠ 76330 ▯ Normandie Vallée de la Seine

▶ Paris 176 – Bolbec 14 – Le Havre 40 – Rouen 51

🏨 **Pascal Saunier** ॐ   🚗 ☂ 🖭 📶 📺 P VISA ⓪ AE
1 av. Amiral Grasset – ℘ 02 35 38 60 67 – *www.hotelpascalsaunier.com*
– *Fax 02 35 38 30 64*
29 ch – †75/120 € ††75/125 €, ⊑ 11 €
Rest – *(fermé août, vend. soir, sam. et dim.)* (21 €) Carte 35/50 €
◆ Entourée d'un paisible jardin, vaste demeure à colombages (1930) dotée de chambres aux tons pastel, fonctionnelles et claires. La salle à manger de style actuel est prolongée d'une terrasse. Cuisine traditionnelle proposée à l'ardoise et changée chaque jour.

NOTRE-DAME-DE-LIVAYE – 14 Calvados – 303 M5 – 132 h. — 33 C2
– alt. 27 m – ⊠ 14340

▶ Paris 185 – Caen 36 – Le Havre 86 – Lisieux 16

🏠 **Aux Pommiers de Livaye**   🐾 ☂ P
– ℘ 02 31 63 01 28 – *Fermé de mi-nov. à début fév.*
5 ch ⊑ – †76 € ††89 € **Table d'hôte** – Menu 28 €
◆ Une allée de pommiers conduit à cette paisible ferme normande de 1720. Chambres personnalisées et dotées de mobilier dépareillé, ancien ou de style. Bon petit-déjeuner maison. Cuisine régionale servie dans une salle rustique authentique ; petite production de cidre.

NOTRE-DAME-DE-MONTS – 85 Vendée – 316 D6 – 1 772 h. — 34 A3
– alt. 6 m – ⊠ 85690

▶ Paris 457 – Challans 22 – Nantes 72 – Noirmoutier-en-l'Île 26

🇮 Office de tourisme, 6, rue de la Barre ℘ 02 51 58 84 97, Fax 02 51 58 15 56

◉ La Barre-de-Monts : Centre de découverte du Marais breton-vendéen N :
6 km ▯ Poitou Charentes Vendée

🏠 **L'Orée du Bois** ॐ   🏊 ᴚ ch, 🖭 P VISA ⓪ AE ⓪
14 r. Frisot – ℘ 02 51 58 84 04 – *www.oree-du-bois.com* – *Ouvert de Pâques à fin oct.*
30 ch – †55/74 € ††55/74 €, ⊑ 5 € – ½ P 50/70 €
Rest – *(dîner seult) (résidents seult)* Menu 20 €
◆ Les chambres, claires et pratiques, sont logées dans trois bâtiments d'un quartier résidentiel, ordonnés autour d'une piscine. Celles du rez-de-chaussée possèdent une terrasse.

NOTRE-DAME D'ORSAN – 18 Cher – 323 J6 – rattaché au Châtelet

NOTRE-DAME-DU-GUILDO – 22 Côtes-d'Armor – 309 I3 – 3 187 h. — 10 C1
– alt. 52 m – ⊠ 22380

▶ Paris 427 – Rennes 94 – Saint-Brieuc 49 – Saint-Malo 32

🏠 **Château du Val d' Arguenon** sans rest ॐ   🐾 ❈ ❀ VISA ⓪
1 km à l'Est par D 786 ⊠ *22380 St-Cast* – ℘ 02 96 41 07 03
– *www.chateauduval.com* – *Ouvert de Pâques à la Toussaint*
5 ch ⊑ – †85/140 € ††90/150 €
◆ Cette belle demeure de famille (16e-18e s.) se niche dans un parc qui descend jusqu'à la mer. Intérieur plein de cachet avec meubles de style dans les chambres et le salon.

NOTRE-DAME-DU-HAMEL – 27 Eure – 304 D8 – 197 h. – alt. 200 m 33 C2
– ⊠ 27390

▶ Paris 158 – L'Aigle 21 – Argentan 48 – Bernay 28

ⅩⅩⅩ Le Moulin de la Marigotière ⓓ ☏ P VISA ⚫⚫
D 45 – 𝒞 02 32 44 58 11 – www.moulin-marigotiere.com – Fax 02 32 44 40 12
– Fermé 23 fév.-5 mars, lundi soir sauf juil.-août, dim. soir, mardi soir et merc.
Rest – Menu 40/76 € – Carte 45/65 €
♦ Ancien moulin, ce restaurant prête son atmosphère bourgeoise à des repas classiques et jouit d'un agréable environnement : un joli parc traversé par la Charentonne.

NOTRE-DAME-DU-PÉ – 72 Sarthe – 310 H8 – 483 h. – alt. 73 m 35 C2
– ⊠ 72300

▶ Paris 262 – Angers 51 – La Flèche 28 – Nantes 140

⌂ La Reboursière ⑤ ⓓ ☏ ⊼ ⅙ ⑪ P
1 km au Sud par D 134 et rte secondaire – 𝒞 02 43 92 92 41
– www.lareboursiere.fr.st – Fax 02 43 92 92 41
4 ch ⌂ – ♦70 € ♦♦78 € **Table d'hôte** – Menu 27 € bc
♦ Ancienne ferme (milieu 19e s.) restaurée, entourée d'un parc, gage de calme pour les hôtes séjournant dans l'une de ses grandes chambres garnies de meubles anciens. Cuisine traditionnelle servie avec le sourire dans un cadre rustique de bon aloi.

NOUAN-LE-FUZELIER – 41 Loir-et-Cher – 318 J6 – 2 513 h. 12 C2
– alt. 113 m – ⊠ 41600

▶ Paris 177 – Blois 59 – Cosne-sur-Loire 74 – Gien 56

🄸 Syndicat d'initiative, place de la Gare 𝒞 02 54 88 76 75

⌂ Les Charmilles sans rest ⑤ ⓓ ⅌ P VISA ⚫⚫
D 122-rte Pierrefitte-sur-Sauldre – 𝒞 02 54 88 73 55
– www.hotel-les-charmilles.com – Fax 02 54 88 74 55
– Fermé fév.
12 ch – ♦41 € ♦♦51/58 €, ⌂ 7 € – 1 suite
♦ Dans son parc avec étang, cette maison bourgeoise du début du 20e s. vous reçoit dans des chambres de style rustique, assez spacieuses et bien tenues. Viennoiseries maison.

ⅩⅩ Le Dahu ⊟ ☏ P VISA ⚫⚫
14 r. H. Chapron – 𝒞 02 54 88 72 88 – www.restaurantledahu.com
– Fax 02 54 88 21 28 – Fermé 10-31 mars, 15 nov.-10 déc., 7 janv.-4 fév., mardi soir du 1er oct. au 15 avril, merc. et jeudi
Rest – Menu 30 € – Carte 50/65 €
♦ Au milieu d'un exubérant jardin (terrasse en été), ancienne bergerie transformée en restaurant. On se sent vraiment à la campagne dans la salle rustique à charpente apparente.

NOUILHAN – 65 Hautes-Pyrénées – 342 M4 – 181 h. – alt. 196 m 28 A2
– ⊠ 65500

▶ Paris 771 – Pau 47 – Tarbes 24 – Toulouse 144

⌂ Les 3B ☏ ⑪ ⅍ P VISA ⚫⚫ AE
⊖⊖ *8 rte des Pyrénées, D 935 – 𝒞 05 62 96 79 78 – www.hoteldes3b.com*
– Fax 05 62 31 84 52
7 ch – ♦45 € ♦♦45 €, ⌂ 6 € – ½ P 45 €
Rest – (fermé merc.) (11 €) Menu 18 € (sem.)/31 € – Carte 29/40 €
♦ Ancienne ferme familiale en bordure de route convertie en hostellerie. Chambres confortables et bien équipées ; préférez celles avec terrasse tournées sur l'arrière. Recettes traditionnelles à base de produits frais dans la salle champêtre du restaurant.

LE NOUVION-EN-THIÉRACHE – 02 Aisne – 306 E2 – 2 850 h. 37 D1
– alt. 185 m – ⊠ 02170

▶ Paris 198 – Avesnes-sur-Helpe 20 – Guise 21 – Hirson 25

🄸 Syndicat d'initiative, Hôtel de Ville 𝒞 03 23 97 98 06, Fax 03 23 97 98 04

Paix 🚗 🛜 P VISA ⊙⊙ AE

37 r. J. Vimont-Vicary – 𝒞 *03 23 97 04 55 – www.hotel-la-paix.fr*
– Fax 03 23 98 98 39 – Fermé 16 août-1ᵉʳ sept., 25 déc.-2 janv., 14-28 fév. et dim. soir
16 ch – †60/68 € ††60/80 €, ⊏ 10 € – ½ P 56/66 €
Rest – *(fermé sam. midi, dim. soir et lundi)* (15 €) Menu 19 € (sem.)/34 €
– Carte 34/50 €

♦ Hôtel parfaitement tenu dont les chambres sont diversement aménagées ; quelques-unes arborent un style plus moderne. Autre "plus" : l'accueil familial. Briques, miroirs, tons pastel et bibelots composent le plaisant décor du restaurant. Carte traditionnelle.

NOUZERINES – 23 Creuse – **325** J2 – **rattaché à Boussac**

NOVALAISE – 73 Savoie – **333** H4 – **rattaché à Aiguebelette-le-Lac**

NOVES – 13 Bouches-du-Rhône – **340** E2 – **4 906 h.** – **alt. 42 m**   **42** E1
– ✉ 13550 ▮ Provence

▶ Paris 688 – Arles 38 – Avignon 14 – Carpentras 33

🖈 Office de tourisme, place Jean Jaurès 𝒞 04 90 92 90 43, Fax 04 90 92 90 43

Auberge de Noves ⬙ ←🕓 🛖 🗻 ✕ 🍴 🛒 AC 🛜 🕻 P VISA ⊙⊙ AE ⊙

rte de Châteaurenard, 2 km par D 28 – 𝒞 *04 90 24 28 28*
– www.aubergedenoves.com – Fax 04 90 24 28 00 – Fermé 4 janv.-11 fév.
21 ch – †150/400 € ††150/400 €, ⊏ 22 € – 2 suites – ½ P 195/288 €
Rest – *(fermé lundi et mardi d'oct. à mai)* Menu 35 € (déj. en sem.), 68/115 €
– Carte 65/105 €

♦ Cette noble demeure du 19ᵉ s. entourée d'un vaste parc abrite des chambres spacieuses et diversement décorées (dont une dans l'ancienne chapelle). Élégante salle à manger et terrasse abritée de grands arbres ; recettes au goût du jour.

NOYAL-MUZILLAC – 56 Morbihan – **308** Q9 – **2 225 h.** – **alt. 52 m**   **10** C3
– ✉ 56190

▶ Paris 456 – La Baule 44 – St-Nazaire 52 – Vannes 30

Manoir de Bodrevan ⬙ 🚗 ₰ 🛜 P VISA ⊙⊙ AE

2 km au Nord-Est par D 153 et rte secondaire – 𝒞 *02 97 45 62 26*
– www.manoir-bodrevan.com
6 ch – †79/149 € ††79/149 €, ⊏ 14 € – ½ P 165/235 €
Rest – *(prévenir)* Menu 37 €

♦ Ex-pavillon de chasse du 16ᵉ s., charmant hôtel entouré de verdure. Accueil cordial, atmosphère décontractée et chambres personnalisées offrant confort et raffinement.

NOYALO – 56 Morbihan – **308** O9 – **698 h.** – ✉ 56450   **9** A3

▶ Paris 468 – Rennes 116 – Vannes 15 – La Baule 75

✕✕ L'Hortensia avec ch ₰ rest, ✕ VISA ⊙⊙

18 r. Ste-Brigitte – 𝒞 *02 97 43 02 00 – www.lhortensia.com – Fax 02 97 43 67 25*
– Fermé lundi sauf juil.-août
5 ch – †62/76 € ††62/76 €, ⊏ 8 € – ½ P 63/70 €
Rest – Menu 21 € (déj. en sem.), 29/100 € bc – Carte 50/95 €🥂

♦ Ancienne ferme en pierre du 19ᵉ s. reconvertie en restaurant. Plats actuels servis dans un cadre agrémenté de toiles contemporaines, avec vue sur la cave à vins, très fournie. Chambres spacieuses, décorées sur le thème de l'hortensia.

NOYAL-SUR-VILAINE – 35 Ille-et-Vilaine – **309** M6 – **rattaché à Rennes**

NOYANT-DE-TOURAINE – 37 Indre-et-Loire – **317** M6 – **rattaché à Ste-Maure-de-Touraine**

NOYON – 60 Oise – **305** J3 – **14 260 h.** – **alt. 52 m** – ✉ 60400   **37** C2
▮ Nord Pas-de-Calais Picardie

▶ Paris 108 – Amiens 67 – Compiègne 29 – Laon 53

🖈 Office de tourisme, place Bertrand Labarre 𝒞 03 44 44 21 88,
Fax 03 44 93 08 53

👁 Cathédrale Notre-Dame★★ - Abbaye d'Ourscamps★ 5 km par N 32.

Le Cèdre sans rest ⚏ ⁽ᵗᵖ⁾ ♨ 🄿 ⱽᴵˢᴬ ⓿ 🄰🄴 ⓘ
8 r. de l'Évêché – ℰ *03 44 44 23 24 – www.hotel-lecedre.com – Fax 03 44 09 53 79*
35 ch – †69 € ††80 €, ⇆ 8,50 €
♦ Construction récente en briques rouges en parfaite harmonie avec la cité. Les chambres sont chaleureuses et bien rénovées ; la plupart offrent une vue sur la cathédrale.

Saint Eloi avec ch ⁽ᵗᵖ⁾ ♨ ⱽᴵˢᴬ ⓿ 🄰🄴 ⓿
81 bd Carnot – ℰ *03 44 44 01 49 – www.hotelsainteloi.fr – Fax 03 44 09 20 90*
– Fermé 1ᵉʳ-15 août, sam. midi et dim. soir
8 ch – †57 € ††77/92 €, ⇆ 9 € **Rest** – Menu 38/110 € bc
♦ Restaurant aménagé avec élégance dans une belle demeure du 19ᵉ s. En salle : moulures, luminosité et confortables sièges de style Louis XV. Chambres logées dans une annexe.

Dame Journe 🄰🄲 ⱽᴵˢᴬ ⓿
2 bd Mony – ℰ *03 44 44 01 33 – www.damejourne.fr – Fax 03 44 09 59 68*
– Fermé 7-20 sept., 5-12 janv., dim. soir, mardi soir, merc. soir, jeudi soir et lundi
Rest – Menu 22 € (déj. en sem.), 28/39 € – Carte 32/64 €
♦ Fréquenté par des habitués, ce restaurant dispose d'un cadre chaleureux et soigné : fauteuils de style Louis XVI et boiseries. Bon choix de menus ; cuisine traditionnelle.

NUAILLÉ – 49 Maine-et-Loire – **317** E6 – **rattaché à Cholet**

NUEIL-LES-AUBIERS – 79 Deux-Sèvres – **316** M6 – **5 327 h.** 38 B1
– alt. 120 m – ✉ 79250

▶ Paris 364 – Bressuire 15 – Cholet 29 – Poitiers 100

Le Moulin de la Sorinière ⌂ 🚗 ⌂ ⚏ 🄰🄲 rest, ⁽ᵗᵖ⁾ ♨ 🄿 ⱽᴵˢᴬ ⓿ 🄰🄴
2 km au Sud-Ouest par D 33, rte de Cerizay et C 3 – ℰ *05 49 72 39 20*
– www.hotel-moulin-soriniere.com – Fax 05 49 72 90 78 – Fermé 5-19 avril et 25 oct.-8 nov.
8 ch – †47/51 € ††53/58 €, ⇆ 8 € – ½ P 50/62 €
Rest – *(fermé dim. soir et lundi)* (15 €) Menu 26/32 €
♦ Vieux moulin du 19ᵉ s. remanié, ayant su préserver son charme bucolique. Chambres à thème floral ; jardin-potager traversé par une rivière. Cuisine au goût du jour proposée dans l'ex-grange modernisée, ou en terrasse, près de l'eau.

NUITS-ST-GEORGES – 21 Côte-d'Or – **320** J7 – **5 320 h.** – **alt. 243 m** 8 D1
– ✉ 21700 ▮ Bourgogne

▶ Paris 320 – Beaune 22 – Chalon-sur-Saône 45 – Dijon 22
🄸 Office de tourisme, 3, rue Sonoys ℰ 03 80 62 11 17, Fax 03 80 61 30 98

La Gentilhommière ⌂ 🕭 🎣 ⚏ ⁽ᵗᵖ⁾ ♨ 🄿 ⱽᴵˢᴬ ⓿ 🄰🄴
13 vallée de la Serrée, rte Meuilley, 1,5 km à l'Ouest – ℰ *03 80 61 12 06*
– www.lagentilhommiere.fr – Fax 03 80 61 30 33 – Fermé de mi-déc. à fin janv.
31 ch – †98/200 € ††98/200 €, ⇆ 18 €
Rest *Le Chef Coq* – *(fermé merc. midi, sam. midi et mardi)* (24 €) Menu 49 € (dîner), 57/62 € – Carte 65/87 € le soir 🕭
♦ Un pavillon de chasse (16ᵉ s.) et une aile récemment aménagée. Préférez les chambres personnalisées, plus confortables ; certaines donnent sur le parc traversé par une rivière. Au Chef Coq, table actuelle accompagnée de beaux bourgognes (vieux millésimes).

Hostellerie St-Vincent 🎣 🕭 ⚏ ch, 🄰🄲 ⁽ᵗᵖ⁾ ♨ 🄿 ⱽᴵˢᴬ ⓿ 🄰🄴 ⓘ
r. Gén. de Gaulle – ℰ *03 80 61 14 91 – www.hostellerie-st-vincent.com*
– Fax 03 80 61 24 65 – Fermé 19-26 déc.
23 ch – †76/98 € ††84/108 €, ⇆ 11 €
Rest *L'Alambic* – ℰ *03 80 61 35 00 (fermé vacances de Noël , dim. soir hors saison et lundi midi)* (20 €) Menu 23/41 € – Carte 28/53 € le soir 🕭
♦ Maison récente abritant des chambres pratiques et bien insonorisées. Boutique de produits régionaux. Le restaurant, où trône un superbe alambic, occupe un caveau bâti avec des pierres de l'ancienne prison de Beaune ! Cuisine régionale, belle sélection de vins locaux.

La Cabotte ⱽᴵˢᴬ ⓿ 🄰🄴
24 Grande Rue – ℰ *03 80 61 20 77 – Fermé 4-19 janv., lundi midi, sam. midi et dim.*
Rest – *(nombre de couverts limité, prévenir)* Menu 28/49 € – Carte 47/64 €
♦ La salle à manger – poutres et pierres apparentes, éclairage moderne et mobilier sombre – donne sur le spectacle des cuisines. Plats au goût du jour et belle cave.

à Curtil-Vergy Nord-Ouest : 7 km par D 25, D 35 et rte secondaire – 102 h.
– alt. 350 m – ⊠ 21220

🏠 **Manassès** sans rest ॐ ☞ 🅐🅒 🄿 𝚟𝚒𝚜𝚊 ⓒⓒ 🄰🄴 ⓞ
  r. Guillaume de Tavanes – 𝒞 03 80 61 43 81 – www.ifrance.com/hotelmanasses
  – Fax 03 80 61 42 79 – Ouvert de mars à nov.
  12 ch ☷ – †87/112 € ††99/124 €
  ♦ Cette maison régionale abrite une collection de meubles rustiques ainsi qu'un musée de
  la vigne. Le prince de Galles en personne y a séjourné ! Copieux petit-déjeuner bourguignon.

NYONS ⬳ – 26 Drôme – **332** D7 – 7 065 h. – alt. 271 m – ⊠ 26110 **44** B3
▌ Lyon Drôme Ardèche

  ▣ Paris 653 – Alès 109 – Gap 106 – Orange 43
  🛈 Office de tourisme, place de la Libération 𝒞 04 75 26 10 35,
   Fax 04 75 26 01 57
  ◉ Vieux Nyons★ : Rue des Grands Forts★ - Pont Roman (vieux Pont)★.

🏠 **La Caravelle** sans rest ॐ ☞ 🕅 🄿 𝚟𝚒𝚜𝚊 ⓒⓒ
  8 r. Antignans, par prom. Digue – 𝒞 04 75 26 07 44
  – www.lacaravelle-nyons.com – Fax 04 75 26 07 40 – Ouvert 1er avril-31 oct.
  11 ch – †79/99 € ††79/99 €, ☷ 10 €
  ♦ Belle villa années trente d'une surprenante architecture et jardin planté de catalpas.
  Chambres soignées, parfois décorées de hublots provenant d'un ancien navire de guerre.

🏠 **Une Autre Maison** ☞ 🛋 🛆 🕅 🅃 🕪 𝚟𝚒𝚜𝚊 ⓒⓒ
  pl. de la République – 𝒞 04 75 26 43 09 – www.uneautremaison.com
  – Fax 04 75 26 93 69 – Fermé de mi-déc. à fin janv. **d**
  10 ch – †75/140 € ††75/140 €, ☷ 15 € **Rest** – (dîner seult) Menu 38 €
  ♦ Cette "autre maison" allie tout le charme du 19e s. au confort et au bien-être actuels.
  Chambres aux ravissants décors personnalisés, jardin délicieux et piscine. Cuisine actuelle de
  saison servie (le soir uniquement) dans un intérieur plein de cachet ou en terrasse.

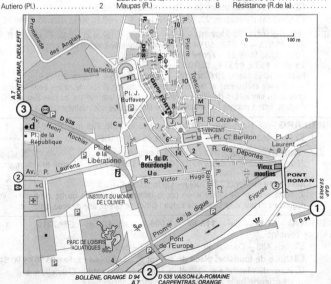

※※ **Le Petit Caveau** AC VISA ∞
*9 r. V. Hugo – ℰ 04 75 26 20 21 – www.petit-caveau.com – Fax 04 75 26 07 28
– Fermé 31 déc.-26 janv., mardi midi et jeudi soir d'oct. à mai, dim. soir et lundi*
Rest – *(nombre de couverts limité, prévenir)* (20 €) Menu 25/55 €   u
– Carte 60/75 € ❀
♦ À deux pas de la place principale, charmante salle voûtée où règne une ambiance inti-
miste et raffinée. Cuisine actuelle aux accents méridionaux. Bon choix de vins au verre.

rte de Gap par ① 7 km sur D 94 – ⊠ 26110 Nyons

※ **La Charrette Bleue** ⌂ AC P VISA ∞
*– ℰ 04 75 27 72 33 – www.lacharrettebleue.net – Fax 04 75 27 76 14 – Fermé
15 déc.-31 janv., dim. soir d'oct. à mars, mardi de sept. à juin et merc.*
Rest – Menu 20 € (déj. en sem.), 26/45 € – Carte 32/45 €
♦ Impossible de rater cet ex-relais de poste (18e s.) en pierres calcaires, avec sa charette
bleue posée sur le toit ! Joli cadre rustique, cuisine régionale et vins choisis.

rte d'Orange par ③ sur D 94 – ⊠ 26110 Nyons

🏠 **La Bastide des Monges** sans rest ⌂ ⇐ ⌂ ⌇ 🕾 P ⌂ VISA ∞ AE
*à 4 km – ℰ 04 75 26 99 69 – www.bastidedesmonges.com – Fax 04 75 26 99 70
– Fermé 11-26 nov. et fév.*
9 ch – †74/87 € ††74/87 €, ⌂ 10 €
♦ Ex-couvent du 18e s. transformé en hôtel aux chambres soignées, joliment décorées dans
divers styles, regardant côté vignoble ou côté jardin. Accueil charmant ; belle terrasse.

à Montaulieu 14 km à l'Est par D 94, D 64 et D 501 – 74 h. – alt. 510 m – ⊠ 26110

🏠 **Les Terrasses** ⌂ ⇐ ⌂ ⌇ 🕾
*au village – ℰ 04 75 27 42 91 – www.lesterrasses-montaulieu.fr – Ouvert
1er avril-15 nov.*
3 ch ⌂ – †150 € ††150 € **Table d'hôte** – Menu 23 € bc/35 € bc
♦ Retirez-vous dans cette maison réhabilitée par des amoureux de vieilles pierres : déco chi-
née, jardins en terrasses, piscine protégée des regards et panorama embrassant une nature
intacte. Cuisine régionale un brin créative et côtes-du-rhône à la table d'hôte.

OBERHASLACH – 67 Bas-Rhin – 315 H5 – 1 740 h. – alt. 270 m   **1 A1**
– ⊠ 67280 ▮ Alsace Lorraine
▶ Paris 482 – Molsheim 16 – Saverne 32 – St-Dié 57
🛈 Syndicat d'initiative, 22, rue du Nideck ℰ 03 88 50 90 15, Fax 03 88 48 75 24

🏠 **Hostellerie St-Florent** ⌷ & ch, 🕾 ⌸ P VISA ∞ AE ①
⊷ *28 r. Nideck – ℰ 03 88 50 94 10 – www.hostellerie-saint-florent.com
〇 – Fax 03 88 50 99 61 – Fermé dim. soir et lundi*
23 ch – †53 € ††53 €, ⌂ 10 € – ½ P 53 €
Rest – (10 €) Menu 19 € bc (déj. en sem.), 34/45 € – Carte 30/45 €
♦ Ambiance chaleureuse et familiale dans cette maison alsacienne nichée entre les montagnes et les vignes. Les chambres, confortables, offrent une vue sur les rues fleuries d'Oberhaslach. Salle à manger habillée de bois où l'on apprécie une cuisine régionale.

OBERLARG – 68 Haut-Rhin – 315 H12 – 146 h. – alt. 525 m – ⊠ 68480   **1 A3**
▶ Paris 462 – Mulhouse 44 – Belfort 46 – Montbéliard 42

※ **Auberge de la Source de la Largue** ⌂ ⌂ P VISA ∞
*19 r. Principale – ℰ 03 89 40 85 10 – Fax 03 89 08 19 86 – Fermé mardi, merc. et
jeudi*
Rest – (18 €) Menu 22 € (déj.) – Carte 23/34 €
♦ Petite auberge de village tenue par la même famille depuis quatre générations. Vous
dégusterez ici une vraie cuisine de terroir : friture de carpes, tête de veau, tripes, etc.

OBERNAI – 67 Bas-Rhin – 315 I6 – 11 009 h. – alt. 185 m – ⊠ 67210   **1 A2**
▮ Alsace Lorraine
▶ Paris 488 – Colmar 50 – Molsheim 12 – Sélestat 27
🛈 Office de tourisme, place du Beffroi ℰ 03 88 95 64 13, Fax 03 88 49 90 84
◉ Place du Marché★★ - Hôtel de ville★ **H** - Tour de la Chapelle★ **L**
- Ancienne halle aux blés★ **D** - Maisons anciennes★.

OBERNAI

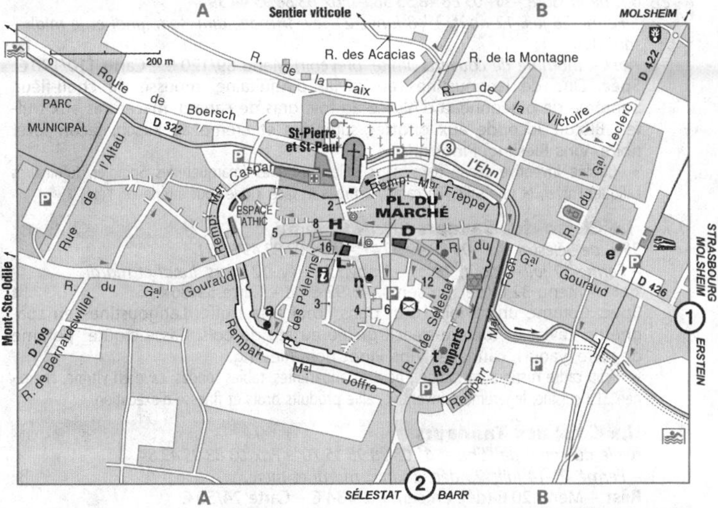

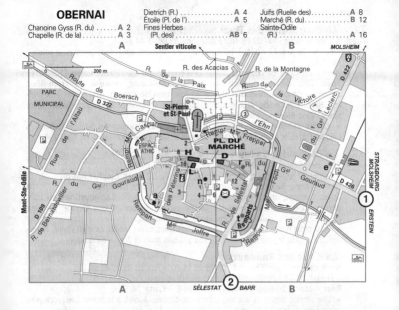

Le Parc
169 rte Ottrott, à l'Ouest par D 426 – ✆ 03 88 95 50 08 – www.hotel-du-parc.com – Fax 03 88 95 37 29 – Fermé 1er-13 juil. et 20 déc.-20 janv.

56 ch – 130/150 € 170/200 €, 18 € – 6 suites

Rest *La Table* – *(fermé dim. soir, lundi et le midi sauf dim.)* Menu 45 € (sem.), 55/73 € – Carte 70/130 €

Rest *Stub* – *(fermé dim. et lundi) (déj. seult)* (25 €) Menu 32 € (sem.) – Carte 25/45 €

◆ Les chambres de cette grande demeure à pans de bois offrent plusieurs niveaux de confort et diverses décorations. Fitness, spa, massages à thèmes (alsacien, latino, indien...). Atmosphère raffinée et cuisine classique à La Table. Spécialités régionales à la Stub.

A la Cour d'Alsace
3 r. Gail – ✆ 03 88 95 07 00 – www.cour-alsace.com – Fax 03 88 95 19 21 – Fermé 24 déc.-26 janv. **Aa**

48 ch – 110/131 € 147/173 €, 18 € – 5 suites

Rest *Jardin des Remparts* – *(fermé 26 juil.-8 sept., jeudi midi, vend. midi, sam. midi, dim. soir, lundi, mardi et merc.)* Menu 48/83 € – Carte 45/71 €

Rest *Caveau de Gail* – *(fermé sam. midi)* Menu 27 € (déj. en sem.)/31 € – Carte 31/48 €

◆ Cette ancienne propriété des barons de Gail, avec sa cour centrale et son extension, propose des chambres confortables aux tons beiges apaisants. Espace bien-être, spa. Au Jardin des Remparts, ambiance feutrée et carte inventive teintée de notes méridionales. Cusine du terroir revisitée au Caveau de Gail.

Le Colombier sans rest
6 r. Dietrich – ✆ 03 88 47 63 33 – www.hotel-colombier.com – Fax 03 88 47 63 39

44 ch – 88/122 € 88/122 €, 11 € – 8 suites **An**

◆ Au cœur de la vieille ville, maison régionale dont le décor contraste par son côté résolument contemporain. Certaines chambres sont dotées de balcons.

Les Jardins d'Adalric sans rest
19 r. Mar. Koenig, par ① – ✆ 03 88 47 64 47 – www.jardins-adalric.com – Fax 03 88 49 91 80

46 ch – 80/125 € 80/125 €, 12 €

◆ Un bâtiment récent légèrement excentré abritant des chambres soignées. Salle des petits-déjeuners cossue avec baie vitrée, prolongée par une terrasse. Piscine, jardin.

XXX **La Fourchette des Ducs** (Nicolas Stamm)   🟥 VISA ⊕⊙ AE

�🔺🔺 *6 r. de la Gare – ℰ 03 88 48 33 38 – Fax 03 88 95 44 39*
– Fermé 26 juil.-12 août, 1ᵉʳ-8 janv., 21 fév.-1ᵉʳmars, dim. soir, lundi et le midi
sauf dim.   B**e**
Rest – *(nombre de couverts limité, prévenir)* Menu 89/120 € – Carte 110/170 €
Spéc. Duo de langoustines au caviar d'Aquitaine, mousse de chou-fleur.
Suprême de pigeonneau d'Alsace au foie gras de canard, macaronis aux truf-
fes. Biscuit Joconde aux griottes sauvages et crème au kirsch, façon forêt
noire. **Vins** Riesling, Pinot gris.
♦ Cuisine inventive servie dans deux salles rustiques (marqueteries Spindler, luminaires
Lalique) l'hiver, et une salle "Baccarat", actuelle et face à une cour intérieure, l'été.

XX **Le Bistro des Saveurs** (Thierry Schwartz)   ⇔ VISA ⊕⊙

🔺 *35 r. de Sélestat – ℰ 03 88 49 90 41 – Fax 03 88 49 90 51*
– Fermé 12 juil.-6 août, 18 oct.-5 nov., 21 fév.-12 mars, lundi et mardi
Rest – Menu 32 € (déj. en sem.), 46/92 € bc – Carte 59/86 €�️   B**t**
Spéc. Comme un ravioli, l'œuf dans l'œuf à la truffe. Langoustines en spa-
ghettis, caviar et tomate-steack grillée au feu de bois. Casse-croûte "pomme
de terre, yaourt, cannelle" **Vins** Pinot noir, Riesling.
♦ Beau cadre rustique et raffiné : poutres apparentes, tables rondes, cave en vitrine, chemi-
née... La cuisine, légèrement inventive, allie produits bruts et finesse d'exécution.

XX **La Cour des Tanneurs**   🟥 VISA ⊕⊙

ruelle du canal de l'Ehn – ℰ 03 88 95 15 70 – Fax 03 88 95 43 84
– Fermé 1ᵉʳ-14 juil., 23 déc.-2 janv., mardi et merc.   B**r**
Rest – Menu 20 € (déj. en sem.), 25/34 € – Carte 24/50 €
♦ Une adresse simple et soignée, sobrement décorée. Accueil à la bonne franquette pour
une cuisine du marché au goût du jour fine et bien faite. Belle carte de vins d'Alsace.

à Ottrott 4 km à l'Ouest par D 426 – 1 622 h. – alt. 268 m – ⊠ 67530

🅸 Office de tourisme, 46, rue Principale ℰ 03 88 95 83 84, Fax 03.88.95.83.84
👁 Couvent de Ste-Odile : ☀★★ de la terrasse, chapelle de la Croix★ SO :
    11 km - pèlerinage 13 décembre.

🏠 **Hostellerie des Châteaux** 🌫   ← 🚗 🖥 ⊕ ♨ 🈴 & ch, 🟥 ⁿ 🛁 🅿

Ottrott-le-Haut – ℰ 03 88 48 14 14   VISA ⊕⊙ AE ⓪
– www.hostellerie-chateaux.eu – Fax 03 88 48 14 18
– Fermé fév.
67 ch – †120/150 € ††135/570 €, � 19 € – ½ P 142/232 €
Rest – *(fermé 26 juil.-10 août et lundi hors saison)* Menu 34 € (déj.), 59/93 €
– Carte 60/98 €
♦ On vient dans cette hostellerie pour un grand moment de détente : spa et soins très complets, superbe piscine intérieure. Chambres à la décoration alsacienne tout en boiseries. Cuisine classique servie dans un restaurant divisé en trois salles feutrées et intimes.

🏠 **Beau Site**   🈴 🖥 ⁿ 🅿 🗺 VISA ⊕⊙ AE ⓪

Ottrott-le-Haut – ℰ 03 88 48 14 30 – www.hotel-beau-site.fr – Fax 03 88 48 14 18
– Fermé fév.
18 ch – †83/98 € ††83/170 €, � 15 € – ½ P 92/135 €
Rest – *(fermé 5-19 juil., dim. soir, lundi et mardi)* (19 €) Menu 34 €
– Carte 31/69 €
♦ Cette grande maison à oriel et colombages est dotée de chambres confortables (certaines
avec balcons). Le must : celles du dernier étage, spacieuses et personnalisées avec goût. Le
restaurant – winstub de luxe, ornée d'œuvres de Spindler – propose une carte terroir.

🏠 **Le Clos des Délices** 🌫   🈴 🚿 🖥 ⊕ 🈴 & ch, 🟥 ⁿ 🛁 🅿 🗺 ⊕⊙

17 rte de Klingenthal, 1 km au Nord-Ouest par D 426 – ℰ 03 88 95 81 00
– www.leclosdesdelices.com – Fax 03 88 95 97 71
20 ch – †99/140 € ††140/180 €, �
驿 18 € – 1 suite – ½ P 99/146 €
Rest – *(fermé dim. sauf fériés)* Menu 29 € (sem.)/59 € – Carte 47/74 €
♦ En bord de route, cette auberge à la façade tapissée de verdure abrite des chambres personnalisées, bien insonorisées. Terrasse donnant sur un parc. Petit spa. Restaurant spacieux et
clair ouvrant sur les bois et carte traditionnelle sagement créative.

🏨 À l'Ami Fritz   🚚 🌳 ⏸ ⎠ ch, 🅰 ch, 📶 💤 🅿 ⌂ 🆅🆂🅰 ⚹⚹ 🅰🅴 ⓞ

*Ottrott-le-Haut – ℰ 03 88 95 80 81 – www.amifritz.com – Fax 03 88 95 84 85
– Fermé 18-31 janv.*
21 ch – †85/115 € ††85/145 €, ⌑ 14 € – 1 suite – ½ P 82/120 €
Rest – *(fermé 28 juin-8 juil. et merc.)* (20 €) Menu 26/63 € – Carte 32/59 €
♦ Maison régionale aux chambres confortables et personnalisées. L'enseigne est un clin d'œil au roman d'Erckmann et Chatrian (1854), mais c'est aussi le nom des propriétaires. Restaurant chaleureux d'esprit winstub servant de goûteux plats du pays.

🏨 Aux Chants des Oiseaux sans rest ⤴   🚚 ⌇ 🅰 📶 🅿 🆅🆂🅰 ⚹⚹ 🅰🅴 ⓞ

*Ottrott-le-Haut – ℰ 03 88 95 87 39 – www.chantsdesoiseaux.com
– Fax 03 88 95 84 85 – Fermé 28 juin-8 juil. et 11 janv.-4 fév.*
16 ch – †79 € ††79/118 €, ⌑ 14 €
♦ Maison typique de la région qui abrite de plaisantes chambres colorées. Salle des petits-déjeuners aux boiseries et poutres apparentes, terrasse côté piscine.

🏨 Domaine Le Moulin   🎿 🌳 ✂ 🍴 ⏸ ⎠ ch, 🅰 rest, 📶 💤 🅿 🅿 🆅🆂🅰 ⚹⚹ 🅰🅴

*32 rte de Klingenthal, 1 km au Nord-Ouest par D 426 – ℰ 03 88 95 87 33
– www.domaine-le-moulin.com – Fax 03 88 95 98 03 – Fermé 21 déc.-20 janv.*
23 ch – †60 € ††72/80 €, ⌑ 14 € – 3 suites – ½ P 67/76 €
Rest – *(fermé sam. midi, dim. soir et lundi midi)* Menu 16 € (déj. en sem.),
28 € bc/57 € – Carte 27/65 €
♦ Ce vaste hôtel entouré d'un parc (rivière, étang) impose sa présence sur la route des vins. Chambres douillettes et, dans l'annexe, grands appartements (duplex) plus modernes. Carte régionale au restaurant et terrasse face à la forêt.

OBERSTEIGEN – 67 Bas-Rhin – 315 H5 – ⊠ 67710 ▊ Alsace Lorraine   1 A1

▶ Paris 466 – Molsheim 27 – Sarrebourg 32 – Saverne 16
◉ Vallée de la Mossig★ E : 2 km.

🏨 Hostellerie Belle Vue ⤴   ⪕ 🚚 🌳 ⌇ 🛁 ⏸ 🅰 rest, 📶 💤 🅿

                                           🆅🆂🅰 ⚹⚹ 🅰🅴

*16 rte de Dabo – ℰ 03 88 87 32 39
– www.hostellerie-belle-vue.com – Fax 03 88 87 37 77 – Ouvert 1ᵉʳ avril-4 janv. et
fermé dim. soir et lundi hors saison sauf fériés*
25 ch – †75/95 € ††80/95 €, ⌑ 10 € – 2 suites – ½ P 75/85 €
Rest – (16 €) Menu 25/40 € – Carte 27/50 €
♦ Au cœur de la forêt de Saverne, cette auberge offre une vue magnifique sur la vallée. Chambres confortables au mobilier de style, espace bien-être, jardin, belle piscine. Grande salle à manger de style régional et terrasse d'été fleurie ; cuisine traditionnelle.

OBERSTEINBACH – 67 Bas-Rhin – 315 K2 – 225 h. – alt. 239 m   1 B1
– ⊠ 67510 ▊ Alsace Lorraine

▶ Paris 458 – Bitche 22 – Haguenau 35 – Strasbourg 68

🍴🍴🍴 Anthon avec ch ⤴   🚚 🌳 🅿 🆅🆂🅰 ⚹⚹

*40 r. Principale – ℰ 03 88 09 55 01 – www.restaurant-anthon.fr
– Fax 03 88 09 50 52 – Fermé janv., mardi et merc.*
10 ch – †48 € ††48/98 €, ⌑ 10 € – ½ P 75 €
Rest – Menu 25/48 € – Carte 35/61 €
♦ Maison à colombages (1860) abritant une élégante salle à manger en rotonde tournée vers le jardin. Cuisine du terroir. Chambres rafraîchies, dont deux conservent une boiserie d'alcôve intégrant les lits.

OBJAT – 19 Corrèze – 329 J4 – 3 400 h. – alt. 131 m – ⊠ 19130   24 B3

▶ Paris 467 – Brive-la-Gaillarde 21 – Limoges 79 – Tulle 45
🄻 Office de tourisme, place Charles de Gaulle ℰ 05 55 25 96 73,
Fax 05 55 25 97 45

🍴 La Tête de L'Art   🌳 🅰 🅿 🆅🆂🅰 ⚹⚹

*53 av. J. Lascaux – ℰ 05 55 25 50 42 – Fermé 21 juin-7 juil., 15-24 fév., mardi soir
et merc.*
Rest – (14 €) Menu 18 € (déj. en sem.), 26/38 €
♦ Histoire de marier l'art et le goût, ce restaurant familial, plutôt sobre, expose des peintures d'artistes locaux. Cuisine traditionnelle rehaussée d'un brin d'originalité.

OFFRANVILLE – 76 Seine-Maritime – **304** G2 – **rattaché à Dieppe**

OGNES – 02 Aisne – **306** B5 – **rattaché à Chauny**

L'OIE – 85 Vendée – **316** J7 – 1 018 h. – **alt. 102 m** – ⊠ 85140   **34** B3

   ▶ Paris 394 – Cholet 40 – Nantes 62 – Niort 94

🏠   **Le Grand Turc**   ⬛ 📶 🅰️ rest, ⚡ 📶 ♨️ **P** 🆅🅸🆂🅰 ⓸ 🅰🅴

    33 r. Nationale – ✆ *02 51 66 08 74 – www.hotel-legrandturc.fr*
    – Fax 02 51 66 14 13 – Fermé 24 déc.-8 janv.
    29 ch – ♦54/77 € ♦♦68/78 €, ⌷ 8,50 €
    Rest – *(fermé sam. soir et dim.)* (12 €) Menu 14/39 € – Carte 33/78 €
    ♦ L'enseigne évoque le mamelouk Amakuc, chef de la garde de Napoléon Ier lors du passage de l'Empereur à l'auberge. À l'arrière, chambres fonctionnelles et bien tenues. Une salle dédiée à la cuisine traditionnelle, une autre à la formule buffet et au plat du jour.

OINVILLE-SOUS-AUNEAU – 28 Eure-et-Loir – **311** G5 – 309 h.   **12** C1
– **alt. 150 m** – ⊠ 28700

   ▶ Paris 77 – Chartres 20 – Montigny-le-Bretonneux 50 – Orléans 88

🏡   **Caroline Lethuillier** sans rest ⬿   ⚡ **P**

    2 r. des Prunus, à Cherville, 2 km à l'Ouest – ✆ *02 37 31 72 80*
    – www.cherville.com – Fax 02 37 31 38 56
    4 ch ⌷ – ♦48/53 € ♦♦59/63 €
    ♦ Poutres, décoration à thèmes et mobilier familial font tout le cachet de ces chambres aménagées dans les anciens greniers de la ferme, datant de 1800. Petit-déjeuner maison.

OISLY – 41 Loir-et-Cher – **318** F7 – 330 h. – **alt. 120 m** – ⊠ 41700   **11** A1

   ▶ Paris 208 – Tours 61 – Blois 27 – Châteauroux 80

❌❌   **St-Vincent**   🏠 🆅🅸🆂🅰 ⓸

    Le Bourg – ✆ *02 54 79 50 04 – Fax 02 54 79 50 04 – Fermé 2-8 sept., 2-26 janv.,
    mardi sauf le midi de Pâques à sept. et merc.*
    Rest – Menu 25/55 € – Carte 41/74 €
    ♦ La cuisine actuelle attire les gourmets en ce restaurant rustique dont l'enseigne célèbre le patron des vignerons. Dégustations de vins du pays. Terrasses aux beaux jours.

OIZON – 18 Cher – **323** L2 – 734 h. – **alt. 230 m** – ⊠ 18700   **12** C2

   ▶ Paris 179 – Bourges 54 – Cosne-sur-Loire 35 – Gien 29

❌   **Les Rives de l'Oizenotte**   ⬅ 🏠 **P** 🆅🅸🆂🅰 ⓸

    à l'étang de Nohant, 1 km à l'Est – ✆ *02 48 58 06 20*
    – www.lesrivesdeloizenotte.fr – Fax 02 48 58 28 97
    – Fermé 30 août-8 sept., 20 déc.-17 janv., lundi et mardi
    Rest – *(nombre de couverts limité, prévenir)* (18 € bc) Menu 29 € bc
    ♦ Au bord d'un étang, table régionale relookée et pourvue d'une jolie terrasse près de l'eau. Salles modernes dotées de panneaux en bois blond ; décor sur le thème de la pêche.

OLEMPS – 12 Aveyron – **338** H4 – **rattaché à Rodez**

OLÉRON (ÎLE D') – 17 Charente-Maritime – **324** C4 – **voir à Île d'Oléron**

OLIVET – 45 Loiret – **318** I4 – **rattaché à Orléans**

OLMETO – 2A Corse-du-Sud – **345** C9 – **voir à Corse**

OLMETO PLAGE – 2A Corse-du-Sud – **345** C9 – **voir à Corse, Olmeto**

OLORON-STE-MARIE ◁ꙶ▷ – 64 Pyrénées-Atlantiques – **342** I5   **3** B3
– 10 947 h. – **alt. 224 m** – ⊠ 64400 ▮ Aquitaine

   ▶ Paris 809 – Bayonne 105 – Mont-de-Marsan 101 – Pau 34

   🄸 Office de tourisme, allée du Comte de Tréville ✆ 05 59 39 98 00,
     Fax 05 59 39 43 97

   ◉ Portail★★ de l'église Ste-Marie.

OLORON-STE-MARIE

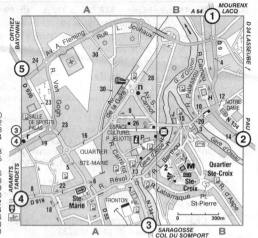

🏨 **Alysson**   🚗 🍴 ⊼ ⅃⃗ 🔊 🖥 ᵴ 🅰 ⁽ᵗᵖ⁾ ⊼ 🅿 𝖵𝖨𝖲𝖠 ⓪ 🄰🄴 ⓪

bd des Pyrénées – ℰ 05 59 39 70 70 – www.alysson-hotel.fr
– Fax 05 59 39 24 47   A**r**
47 ch – ♦72/95 € ♦♦88/109 €, ⊑ 11 € – 1 suite – ½ P 65/85 €
Rest – (fermé 19 déc.-4 janv., 20-28 fév., vend. soir d'oct. à avril, sam. sauf le soir
de mai à sept.) (22 €) Menu 27/50 € – Carte 55/75 €
♦ Hôtel moderne abritant des chambres spacieuses et fonctionnelles (certaines avec baignoire balnéo) et des salles de réunions bien équipées. Boiseries blondes et mobilier contemporain caractérisent la vaste salle à manger ouverte sur le jardin.

🏠 **La Paix** sans rest   🍴 ⁽ᵗᵖ⁾ 🅿 𝖵𝖨𝖲𝖠 ⓪

24 av. Sadi-Carnot – ℰ 05 59 39 02 63 – www.hotel-oloron.com
– Fax 05 59 39 98 20   A**n**
24 ch – ♦48/63 € ♦♦53/67 €, ⊑ 8 €
♦ Cette adresse familiale située dans le quartier de la gare a bénéficié d'une cure de jouvence : chambres gaies, colorées et fort bien tenues.

OMIÉCOURT – 80 Somme – **301** K9 – **235 h.** – alt. 85 m – ⊠ 80320   **37** B2

   ▶ Paris 128 – Amiens 64 – Saint-Quentin 39 – Compiègne 53

🏠 **Château d'Omiécourt** sans rest ⌂   ◿ ⊼ ⅃⃗ ⁽ᵗᵖ⁾ 𝖵𝖨𝖲𝖠 ⓪

4 r. du Bosquet – ℰ 03 22 83 01 75 – www.chateau-omiecourt.com
– Fax 03 22 83 09 56
5 ch ⊑ – ♦70/80 € ♦♦95 €
♦ Château de famille où l'on est accueilli par la 6ᵉ génération. Chambres personnalisées avec
du mobilier chiné. Practice de golf dans le parc ; piscine de nage à contre-courant.

OMONVILLE-LA-PETITE – 50 Manche – **303** A1 – **125 h.** – alt. 33 m   **32** A1
– ⊠ 50440

   ▶ Paris 380 – Barneville-Carteret 45 – Cherbourg 25 – Nez de Jobourg 7

🏠 **La Fossardière** sans rest ⌂   🍴 ⁽ᵗᵖ⁾ 🅿 𝖵𝖨𝖲𝖠 ⓪

au hameau de la Fosse – ℰ 02 33 52 19 83
– www.lafossardiere.fr – Fax 02 33 52 73 49
– Ouvert 15 mars-15 nov.
8 ch – ♦64/77 € ♦♦64/77 €, ⊑ 9 €
♦ Chambres réparties dans plusieurs maisons constituant un paisible hameau. Tout ici est
fait pour le repos des hôtes. Petit-déjeuner servi dans l'ex-boulangerie.

ONZAIN – 41 Loir-et-Cher – **318** E6 – 3 377 h. – alt. 69 m – ⊠ 41150   **11** A1

▶ Paris 201 – Amboise 21 – Blois 19 – Château-Renault 24

🔒 Syndicat d'initiative, 3, rue Gustave Marc ✆ 02 54 20 78 52

🔟 de la Carte à Chouzy-sur-Cisse Domaine de la Carte, SO : 6 km par D 952, ✆ 02 54 20 49 00

Domaine des Hauts de Loire ⌂   🅟 VISA 🌐 AE ①

Rte de Mesland, 3 km au Nord-Ouest par D 1 et voie   🅟 VISA 🌐 AE ①
privée – ✆ 02 54 20 72 57 – www.domainehautsloire.com – Fax 02 54 20 77 32
– Fermé 1er déc.-20 fév.
19 ch – ♦130/300 € ♦♦130/300 €, ⊠ 22 € – 12 suites – ½ P 210/550 €
Rest – (fermé lundi et mardi sauf fériés) (nombre de couverts limité, prévenir)
(55 €) Menu 75/155 € – Carte 91/163 € ⌂

Spéc. Filets d'anguille croustillante à la vinaigrette d'échalote. Poulet bio dans un bouillon crémé à l'oseille. Soufflé au citron vert. **Vins** Touraine, Touraine Mesland.

◆ Castel et ravissant pavillon de chasse du 19e s. dans un vaste parc arboré (étang). Chambres personnalisées de grand caractère, vol en montgolfière, pêche, etc. Séduisante cuisine actuelle servie dans un cadre de charme : tentures, meubles de style, poutres et cheminée.

Château des Tertres sans rest ⌂   🅟 VISA 🌐 AE

11 bis r. de Meuves – ✆ 02 54 20 83 88
– www.chateau-tertres.com – Fax 02 54 20 89 21
– Ouvert 1er avril-18 oct.
18 ch – ♦68/90 € ♦♦80/125 €, ⊠ 10 €

◆ Gentilhommière du Second Empire entourée d'un magnifique parc de 5 ha. Chambres de style Napoléon III ou Louis-Philippe, originales et contemporaines dans un cottage attenant.

OPIO – 06 Alpes-Maritimes – **341** C5 – 2 143 h. – alt. 300 m – ⊠ 06650   **42** E2

▶ Paris 911 – Cannes 17 – Digne-les-Bains 125 – Draguignan 74

🔒 Syndicat d'initiative, route Village ✆ 04 93 77 23 18

🍽🍽 Le Mas des Géraniums   🅟 VISA 🌐 AE

1 km à San Peyre, à l'Est sur D 7 – ✆ 04 93 77 23 23
– www.le-mas-des-geraniums.com – Fax 04 93 77 76 05 – Fermé 2 nov.-18 déc.,
mardi et merc.
Rest – (16 €) Menu 22 € (sem.)/45 € – Carte 30/60 €

◆ Repas traditionnel dans un cadre accueillant ou sur la terrasse ombragée et fleurie, avec le vieux village en toile de fond. Tonnelle, haut palmier et oliviers au jardin.

ORADOUR-SUR-GLANE – 87 Haute-Vienne – **325** D5 – 2 188 h.   **24** B2
– alt. 275 m – ⊠ 87520 ▌Limousin Berry

▶ Paris 408 – Angoulême 85 – Bellac 26 – Confolens 33

🔒 Office de tourisme, place du Champ de Foire ✆ 05 55 03 13 73,
Fax 05 55 03 13 73

◉ "Village martyr" dont la population a été massacrée en juin 1944.

La Glane   🅟 VISA 🌐

8 pl. Gén. de Gaulle – ✆ 05 55 03 10 43
– www.hotel-de-la-glane.oradoursurglane.com – Fax 05 55 03 15 42
10 ch – ♦47 € ♦♦49 €, ⊠ 8 € – ½ P 47 €
Rest – (fermé 15 déc.-28 fév. et sam.) (11 €) Menu 14/25 € – Carte 19/55 €
◆ Sur la place centrale animée du village reconstruit, hôtel abritant des petites chambres simples et sobres mais bien tenues. Restaurant rustique où l'on mange au coude à coude des mets traditionnels.

🍽 Le Milord   VISA 🌐

10 av. du 10-Juin – ✆ 05 55 03 10 35
– www.hotel-le-milord-oradoursurglane.fr – Fax 05 55 03 21 76
– Fermé lundi soir
Rest – (12 €) Menu 14/44 € – Carte 20/50 €
◆ Salle à manger de type brasserie avec banquettes en velours beige, tables simplement dressées et assez serrées. Cuisine traditionnelle sans fioriture mais généreuse.

ORADOUR-SUR-VAYRES – 87 Haute-Vienne – 325 C6 – 1 530 h. — 24 A2
– alt. 322 m – ⊠ 87150

> ▶ Paris 433 – Limoges 40 – Saint-Junien 23 – Panazol 45
>
> 🛈 Office de tourisme, 3, avenue du 8 Mai 1945 ☎ 0555782221, Fax 05 55 78 27 32

La Bergerie des Chapelles ⌖   🖭 ☞ ⛱ ※ ఉ ⁞ ⛡ **P** VISA ⓪ ①
chemin de la Côte, 1 km au Sud par rte de Cussac – ☎ 05 55 78 29 91
– www.domainedeschapelles.com – Fax 05 55 71 70 19 – Fermé en nov. et en janv.
7 ch – †65/90 € ††70/95 €, ⌂ 10 € – ½ P 69/81 €
Rest – *(fermé dim. soir et lundi hors saison)* (15 € bc) Menu 24/29 €
– Carte environ 27 €

♦ En pleine campagne, ancienne bergerie au calme ; cadre d'esprit mi-rustique, mi-contemporain. Belles salles de bains et terrasses ouvrant sur le parc. Petit institut de beauté et mini spa. Cuisine au goût du jour au restaurant.

ORANGE – 84 Vaucluse – 332 B9 – 29 859 h. – alt. 97 m – ⊠ 84100 — 42 E1
▌ Provence

> ▶ Paris 655 – Alès 84 – Avignon 31 – Carpentras 24
>
> 🛈 Office de tourisme, 5, cours Aristide Briand ☎ 04 90 34 70 88,
> Fax 04 90 34 99 62
>
> ▐ d'Orange Route de Camaret, par rte du Mt-Ventoux : 4 km,
> ☎ 04 90 34 34 04
>
> 👁 Théâtre antique★★★ - Arc de Triomphe★★ - Colline St-Eutrope ≼★.

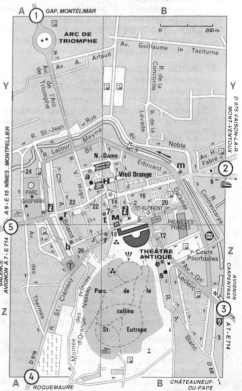

ORANGE

Park Inn � 🍴 ⅏ ch, ⓀⒸ ⁿⓁ ☝ 𝐏 𝚅𝙸𝚂𝙰 ⓮ 𝖠𝖤 ❶

rte Caderousse, par ⑤ – ℰ 04 90 34 24 10 – www.orange.parkinn.fr
– Fax 04 90 34 85 48
99 ch – ♦90/140 € ♦♦90/140 €, ⌷ 12 €
Rest – Menu 22/27 € – Carte 30/50 €

• Cet établissement moderne propose des chambres de style provençal. Agréable salon et service très attentionné séduiront aussi bien la clientèle d'affaires que les touristes. Cuisine ensoleillée servie l'été en terrasse au bord de la piscine.

Arène Kulm 🎰 ch, ⁿⓁ 🍷 𝚅𝙸𝚂𝙰 ⓮ 𝖠𝖤 ❶

pl. Langes – ℰ 04 90 11 40 40 – www.hotel-arene.fr – Fax 04 90 11 40 45
40 ch – ♦56/145 € ♦♦76/170 €, ⌷ 8 €   AY**a**
Rest – *(fermé le soir sauf merc. et dim.) (déj. seult)* (13 €) Carte environ 18 € le midi

• Sur une place piétonne, imposante demeure des années 1800 à l'ombre de majestueux platanes. Chambres provençales ou "executive" (plus contemporaines, confortables et bien équipées). Une petite faim ? Choisissez l'un des deux restaurants : régional ou italien.

Le Glacier sans rest 📶 ⓀⒸ ⁿⓁ 𝐏 𝚅𝙸𝚂𝙰 ⓮ 𝖠𝖤

46 cours A. Briand – ℰ 04 90 34 02 01 – www.le-glacier.com – Fax 04 90 51 13 80
– Fermé 17 déc.-8 janv., vend., sam. et dim. de nov. à fév.   AY**r**
28 ch – ♦49/90 € ♦♦49/130 €, ⌷ 8 €

• Accueil très aimable et ambiance familiale dans cette maison tenue de père en fils depuis trois générations. Coquettes chambres de différentes tailles, toutes personnalisées.

St-Jean sans rest 🚗 ⓀⒸ ⌗ ⁿⓁ 𝐏 𝚅𝙸𝚂𝙰 ⓮ 𝖠𝖤

1 cours Pourtoules – ℰ 04 90 51 15 16 – www.hotelsaint-jean.com
– Fax 04 90 11 05 45 – Fermé 20 déc.-4 janv.   BZ**s**
22 ch – ♦60/70 € ♦♦70/85 €, ⌷ 8 €

• Adossé à la colline St-Eutrope et au cœur de la cité romaine, ancien relais de poste du 17e s. abritant des chambres d'ampleur variée. Original salon taillé dans la roche.

Justin de Provence sans rest ⅏ 🚗 ⌧ ⓀⒸ ⁿⓁ 𝐏 𝚅𝙸𝚂𝙰 ⓮

chemin Mercadier, 2 km par ② – ℰ 04 90 69 57 94
– www.justin-de-provence.com – Fax 04 90 29 67 43
5 ch ⌷ – ♦90/190 € ♦♦110/195 €

• Ambiance de maison de famille, superbes chambres Art déco ou rétro, salon cocooning, bistrot à la Pagnol : ce mas est un pur concentré de Provence.

Le Parvis 🌤 ⓀⒸ 𝚅𝙸𝚂𝙰 ⓮ 𝖠𝖤

55 cours Pourtoules – ℰ 04 90 34 82 00 – Fax 04 90 51 18 19
– Fermé 8 nov.-1er déc., 10 janv.-1er fév., dim. et lundi   BZ**e**
Rest – (18 €) Menu 28/35 €

• Couleurs du Sud, poutres, tableaux contemporains : aucune faute de goût dans ce restaurant servant une fine cuisine provençale à base de terroir, d'épices et de légumes régionaux.

Au Petit Patio 🌤 ⅏ ⓀⒸ 𝚅𝙸𝚂𝙰 ⓮

58 cours Aristide Briand – ℰ 04 90 29 69 27 – Fermé 19 déc.-4 janv.,
13 fév.-1er mars, merc. soir et dim.   AZ**b**
Rest – (18 € bc) Menu 24/35 € – Carte 31/41 €

• Bistrot au décor coloré, d'inspiration provençale, pour déguster une généreuse cuisine au goût du jour, à base de produits régionaux. Excellent rapport qualité-prix.

Le Monteverdi 🌤 ⅏ ⓀⒸ 𝚅𝙸𝚂𝙰 ⓮ 𝖠𝖤

443 bd E. Daladier – ℰ 04 90 29 53 77 – Fax 04 90 29 53 77   BY**m**
Rest – (15 €) Menu 21 € (déj. en sem.)/39 € – Carte 37/54 €

• Moderne et innovant... dans le décor et dans l'assiette. Le chef élabore des recettes bien dans l'air du temps avec des produits de qualité. Tables d'hôte et espace lounge.

Le Forum ⇔ 𝚅𝙸𝚂𝙰 ⓮

3 r. de Mazeau – ℰ 04 90 34 01 09 – Fax 04 90 34 01 09 – Fermé 26 avril-4 mai,
25 août-5 sept., 20 déc.-8 janv., lundi et mardi   BY**t**
Rest – Menu 24/39 € – Carte 28/40 €

• Coquet petit restaurant dissimulé dans une étroite ruelle proche du théâtre antique. Cuisine traditionnelle inspirée du terroir. Élégant décor au charme provençal.

✗ **La Rom'Antique**   😤 AC VISA ⓪ AE

*5 pl. Sylvain – 𝒞 04 90 51 67 06 – www.la-romantique.com – Fax 04 90 51 67 06
– Fermé 17 oct.-3 nov., 2-26 janv., dim. soir d'oct. à mai, sam. midi et lundi*
Rest – (12 € bc) Menu 20/38 € – Carte 16/25 €   BZ**r**
◆ Table aux saveurs ensoleillées et belle carte de desserts à découvrir dans une petite salle joliment relookée. Ardoise du jour à midi. Terrasse avec vue sur le théâtre antique.

par ① N 7 et rte secondaire : 4 km – ⊠ **84100 Orange**

✗✗ **Le Mas des Aigras - Table du Verger** avec ch 🐾   🚗 😤 ⌁

chemin des Aigras, (Russamp Est) – 𝒞 04 90 34 81 01   AC ch, **P** VISA ⓪
*– www.masdesaigras.com – Fax 04 90 34 05 66
– fermé 18 oct.-10 nov., 15 fév.-2 mars, lundi soir, mardi et merc. d'oct. à mars*
10 ch – ♥75/120 € ♥♥75/120 €, ⊇ 13 € – ½ P 81/103 €
Rest – *(fermé lundi (sauf le soir en juil.-août), merc. midi et sam. midi
d'avril à sept.) (nombre de couverts limité, prévenir)* (14 €) Menu 20 € (déj. en
sem.), 28/55 € – Carte 41/82 €
◆ Joli mas en pierre au milieu des vignes et des champs. Le chef réalise, en partie devant ses hôtes, une goûteuse cuisine à base de produits bio. Cadre soigné et agréable terrasse. Chambres égayées de couleurs provençales, en cours de rénovation.

à Sérignan-du-Comtat par ① N 7 et D 976 : 8 km – 2 425 h. - alt. 80 m
– ⊠ **84830**

✗✗✗ **Le Pré du Moulin** (Pascal Alonso) avec ch 🐾   🚗 😤 ⌁ & AC rest,
⊛   *rte Ste-Cécile les Vignes – 𝒞 04 90 70 14 55*   🍸 rest, **P** VISA ⓪
*– www.predumoulin.com – Fax 04 90 70 05 62 – Fermé dim. soir, mardi midi et
lundi de mi-sept. à mai et lundi midi et mardi midi de juin à mi-sept.*
11 ch – ♥90/210 € ♥♥90/210 €, ⊇ 15 € – ½ P 115/170 €
Rest – Menu 39/79 € – Carte 69/100 €
Spéc. Raviole ouverte aux truffes du Tricastin et artichauts sautés à cru (déc. à
mars). Pigeon farci au chou et foie gras. Soufflé chaud au Grand Marnier. **Vins**
Côtes du Rhône, Cairanne.
◆ Moulin à l'origine, puis école communale, cette maison de village séduit par son atmosphère bucolique. Savoureuse cuisine du marché fleurant bon la Provence. Terrasse ombragée. Chambres d'ampleur et de styles variés, spacieuses et calmes.

ORBEC – 14 Calvados – 303 O5 – 2 422 h. - alt. 110 m – ⊠ 14290   33 C2
▮ Normandie Vallée de la Seine

   ▶ Paris 173 – L'Aigle 38 – Alençon 80 – Argentan 53
   ▣ Office de tourisme, 6, rue Grande 𝒞 02 31 32 56 68, Fax 02 31 32 04 37
   ◎ Vieux manoir★.

✗✗✗ **Au Caneton**   VISA ⓪ AE

*32 r. Grande – 𝒞 02 31 32 73 32 – Fax 02 31 62 48 91 – Fermé 1er-15 sept.,
3-16 janv., dim. soir et lundi*
Rest – *(nombre de couverts limité, prévenir)* Menu 23 € (sem.), 29/77 €
– Carte 50/75 €
◆ Au centre du village, maison du 17e s. abritant deux salles à manger feutrées, décorées de cuivres et d'une collection d'assiettes anciennes. Cuisine classique.

✗ **L'Orbecquoise**   🍸 VISA ⓪ AE

⊜   *60 r. Grande – 𝒞 02 31 62 44 99 – Fax 02 31 62 44 99 – Fermé 25 juin-12 juil.,
merc. soir et jeudi*
Rest – (10 €) Menu 17/32 € – Carte 35/45 €
◆ Auberge rustique aménagée dans une demeure du 17e s. Une exposition de photos et de cartes postales anciennes de la ville égaie la salle à manger. Cuisine régionale.

ORBEY – 68 Haut-Rhin – 315 G8 – 3 608 h. - alt. 550 m – Sports d'hiver :   1 A2
voir "Le Bonhomme" – ⊠ 68370 ▮ Alsace Lorraine

   ▶ Paris 434 – Colmar 23 – Gérardmer 42 – Munster 21
   ▣ Office de tourisme, 48, rue du Général-de-Gaulle 𝒞 03 89 71 30 11,
     Fax 03 89 71 34 11

Bois Le Sire et son Motel

20 r. Ch. de Gaulle – ℰ 03 89 71 25 25 – www.bois-le-sire.fr – Fax 03 89 71 30 75
– Fermé 3 janv.-5 fév.
36 ch – †56/84 € ††56/84 €, ⊆ 10 € – 1 suite – ½ P 60/74 €
Rest – *(fermé lundi sauf juil.-août)* (8,50 €) Menu 17/50 € – Carte 25/57 €

◆ Deux bâtiments abritant des chambres fonctionnelles ; choisissez de préférence celles du motel, plus grandes et plus calmes. Espace forme, sauna et jacuzzi. Boiseries et mobilier de style au restaurant, où l'on sert une cuisine traditionnelle toute simple.

Aux Bruyères

35 r. Ch. de Gaulle – ℰ 03 89 71 20 36 – www.auxbruyeres.com
– Fax 03 89 71 35 30 – Ouvert 1er avril-24 oct. et 16-31 déc.
29 ch – †42 € ††42/100 €, ⊆ 8 € – ½ P 42/65 €
Rest – *(fermé merc. midi et jeudi midi en saison)* (10 €) Menu 14/39 € bc
– Carte 19/34 €

◆ Cette maison familiale, qui fait aussi salon de thé, propose des chambres pratiques (trois appartements familiaux). Celles du pavillon offrent une vue sur le jardin. Sobre salle à manger et terrasse d'été où l'on apprécie une cuisine aux accents régionaux.

à Basses-Huttes 4 km au Sud par D 48 – ⌧ 68370 Orbey

Wetterer

– ℰ 03 89 71 20 28 – www.hotel-wetterer.com – Fax 03 89 71 36 50
– Fermé 7-25 mars, 3-25 nov. et 3 janv.-4 fév.
15 ch – †38/43 € ††47/55 €, ⊆ 8 € – ½ P 46/50 €
Rest – *(fermé mardi midi et merc.)* Menu 16/35 € – Carte 18/36 €

◆ Au cœur d'un superbe paysage de montagnes et de forêts – quiétude garantie ! –, cet hôtel des années 1960 dispose de chambres fonctionnelles et bien tenues. Restaurant au cadre rustico-bourgeois (poutres, cheminée et argenterie) et carte traditionnelle.

à Pairis 3 km au Sud-Ouest par D 48II – ⌧ 68370 Orbey

◉ Lac Noir★ : ≼★ 30 mn O : 5 km.

Le Domaine de Pairis

233 lieu-dit Pairis – ℰ 03 89 71 20 15 – www.pairis.fr – Fax 03 89 71 39 90
– Fermé 12-25 nov. et en janv.
14 ch – †55/59 € ††69/89 €, ⊆ 10 € – ½ P 69/89 €
Rest – *(fermé lundi soir et mardi soir et le midi sauf dim.)* Menu 23/40 €
– Carte 25/49 €

◆ Chambres décorées avec goût et simplicité : mobilier aux lignes épurées dans les tons écrus ; tableaux et plaids pour les notes colorées. Produits bio et fermiers, confitures maison. Carte régionale accompagnée notamment de vins d'Alsace, Bourgogne, Bordeaux.

ORCHIES – 59 Nord – 302 H5 – 8 263 h. – alt. 40 m – ⌧ 59310   31 C2

◗ Paris 219 – Denain 28 – Douai 20 – Lille 29

🛈 Syndicat d'initiative, 42, rue Jules Roch ℰ 03 20 64 86 32,
Fax 03 20 64 86 32

Le Manoir

Hameau de Manneville, D 549 : Ouest par route Seclin – ℰ 03 20 64 68 68
– www.manoir.net – Fax 03 20 64 68 69 – Fermé 2-29 août
34 ch – †79/139 € ††79/139 €, ⊆ 9 € – ½ P 61/89 €
Rest – *(fermé 26-31 déc., sam. midi, dim. soir et soirs fériés)* (17 €) Menu 23/43 €
– Carte 32/70 €

◆ Cet établissement pris entre l'A 23 et une route passante propose des chambres actuelles bénéficiant d'une bonne insonorisation. Relié à l'hôtel par un passage couvert, le restaurant du Manoir abrite un bar feutré et trois intimes salles à manger rustiques.

La Chaumière

685 r. Henri Fiévet, 3 km au Sud par D 957, rte Marchiennes – ℰ 03 20 71 86 38
– Fax 03 20 61 65 91 – Fermé 1er-15 sept., fév., dim. soir et lundi
Rest – (13 €) Menu 30/82 € bc – Carte 40/67 €

◆ Des bibelots animaliers (nombreux chevaux) agrémentent le cadre agreste de ce restaurant. Cuisine traditionnelle, beau plateau de fromages et joli choix de bordeaux.

ORCIÈRES – 05 Hautes-Alpes – **334** F4 – 725 h. – alt. 1 446 m – Sports   **41** C1
d'hiver : à Orcières-Merlette 1 850/2 650 m ⚡ 2 ⚡ 26 ⚡ – ⊠ 05170
▮ Alpes du Sud

> ▶ Paris 676 – Briançon 109 – Gap 32 – Grenoble 113
> 🛈 Office de tourisme, maison du Tourisme ☎ 04 92 55 89 89,
>   Fax 04 92 55 89 64
> ◨ Vallée du Drac Blanc★★ NO : 14 km.

à Merlette 5 km au Nord par D 76 Orcieres

✗   **Les Gardettes** avec ch ⌂   ⪇ 🅿 VISA ◑◐
      – ☎ 04 92 55 71 11 – www.gardettes.com – Fax 04 92 55 77 26
      – Ouvert 11 déc.-24 avril et 26 juin-5 sept.
      15 ch – ♦55/98 € ♦♦55/98 €, ⛬ 8 € – ½ P 49/73 €
      Rest – Menu 24/35 € – Carte 24/45 €
      ♦ Restaurant familial abrité dans une ancienne étable : joli décor typiquement montagnard.
Cuisine du terroir et spécialités fromagères (fondues, raclettes). Chambres modestes et bonnes confitures maison au petit-déjeuner.

ORCINES – 63 Puy-de-Dôme – **326** F8 – **rattaché à Clermont-Ferrand**

ORCIVAL – 63 Puy-de-Dôme – **326** E8 – 255 h. – alt. 840 m – ⊠ 63210   **5** B2
▮ Auvergne

> ▶ Paris 441 – Aubusson 82 – Clermont-Ferrand 27 – Le Mont-Dore 17
> 🛈 Office de tourisme, le bourg ☎ 04 73 65 89 77, Fax 04 73 65 89 78
> ◨ Basilique Notre-Dame★★.

🏠   **Roche** sans rest ⌂   🚗 VISA ◑◐
      – ☎ 04 73 65 82 31 – Fax 04 73 65 94 15 – Fermé 11 nov.-20 déc. et lundi hors
saison
      8 ch – ♦35 € ♦♦45 €, ⛬ 6 €
      ♦ Cet établissement situé face à la basilique abrite des chambres petites et bien tenues,
assez simples mais progressivement rafraîchies. Jardinet sur l'arrière.

ORGELET – 39 Jura – **321** D7 – 1 733 h. – alt. 500 m – ⊠ 39270   **16** B3

> ▶ Paris 434 – Besançon 104 – Lons-le-Saunier 20 – Bourg-en-Bresse 68

🏠   **La Valouse**   🚗 ▤ ⚙ ☏ 🅿 VISA ◑◐ AE
⊂⊃   12 r. des Fossés, (face à l'église) – ☎ 03 84 25 54 80
      – www.hotel-restaurant-jura.com – Fax 03 84 25 54 70 – Fermé 24 déc.-20 janv.
et dim. soir
      14 ch – ♦55 € ♦♦78 €, ⛬ 8 € – ½ P 50 €
      Rest – (14 €) Menu 17/68 € bc – Carte 32/55 €
      ♦ Situé face à l'église classée (14ᵉ s.), cet hôtel familial propose des chambres simples, pratiques et bien insonorisées. Cuisine du terroir actualisée et plat du jour sont servis dans la salle à manger du café attenant ou sur la terrasse ombragée.

ORGEVAL – 78 Yvelines – **311** H2 – **101** 11 – **voir à Paris, Environs**

ORGON – 13 Bouches-du-Rhône – **340** F3 – 2 976 h. – alt. 90 m   **42** E1
– ⊠ 13660 ▮ Provence

> ▶ Paris 712 – Aix-en-Provence 58 – Avignon 29 – Marseille 72
> 🛈 Office de tourisme, place de la Liberté ☎ 04 90 73 09 54, Fax 04 90 73 09 54

🏢   **Le Mas de la Rose** ⌂   ⟡ 🚗 ☄ ✕ ▧ ch, ✿ ☏ ⚶ 🅿 VISA ◑◐ AE
      rte d'Eygalières, 4 km au Sud-Ouest par D 24b – ☎ 04 90 73 08 91
      – www.mas-rose.com – Fax 04 90 73 31 03 – Fermé 4 janv.-26 fév.
      8 ch – ♦190/350 € ♦♦190/350 €, ⛬ 22 € – 1 suite
      Rest – (ouvert 13 mai-30 sept. sauf dim. soir et lundi) (résidents seult) Menu 35 €
(déj.)/53 €
      ♦ Dans un site bucolique, anciennes bergeries (17ᵉ s.) joliment réaménagées en maison de charme. Chambres provençales personnalisées. Superbe jardin paysager avec piscine. Menu du marché proposé dans un cadre rustique-contemporain raffiné.

⌂ **Domaine de Saint-Véran** sans rest 🔊 ⌁ ※ �🅟
rte de Cavaillon, 1,5 km au Nord par D 26 – ℰ *04 90 73 32 86*
– www.avignon-et-provence.com/chambres-hotes/domaine-saint-veran
– Fermé janv. et fév.
5 ch ⊇ – ♦70/80 € ♦♦80/100 €
♦ Belle maison nichée dans un vaste parc planté de pins parasols et de cyprès. Intérieur décoré avec goût par la propriétaire, chambres soignées, salon cosy, piscine...

※※ **Auberge du Parc** 🏠 🄰🄺 ※ �🅟 🆅🅸🆂🅰 ⚬⚬ 🄰🄴
rte de la Gare – ℰ *04 90 73 35 85 – www.aubergeduparc.net – Fax 04 90 73 39 60*
– Fermé 15-30 nov., dim. soir et lundi
Rest – *(nombre de couverts limité, prévenir)* (20 €) Menu 38/75 € bc
– Carte environ 48 €
♦ Au pied de falaises rocheuses, premier contrefort des Alpilles, grande demeure chaleureuse entourée de verdure : salle à manger colorée et petite terrasse. Cuisine actuelle.

ORLÉANS �🅟 – 45 Loiret – 318 I4 – 113 130 h. – Agglo. 263 292 h. 12 C2
– alt. 100 m – ⊠ 45000 ▯ Châteaux de la Loire

🛣 Paris 132 – Caen 311 – Clermont-Ferrand 295 – Le Mans 143
🄸 Office de tourisme, 2, place de l'Étape ℰ 02 38 24 05 05, Fax 02 38 54 49 84
🄸🄰 de Limère à Ardon 1411 allée de la Pomme de Pin, S : 9 km par D 326,
    ℰ 02 38 63 89 40
🄸🄰 d'Orléans Donnery à Donnery Domaine de la Touche, E :17 km par N 460,
    ℰ 02 38 59 25 15
🄸🄰 de Sologne à La Ferté-Saint-Aubin Route de Jouy-le-Potier, S : 24 km par
    N 20 et D 18, ℰ 02 38 76 57 33
🄸🄰 de Marcilly à Marcilly-en-Villette Domaine de la Plaine, SE par D 14 et
    D 108 : 18 km, ℰ 02 38 76 11 73
◉ Cathédrale Ste-Croix★★ : boiseries★★ - Maison de Jeanne d'Arc★ **V** - Quai
    Fort-des-Tourelles ≤★ EZ **60** - Musée des Beaux-Arts★★ **M¹** - Musée
    Historique et Archéologique★ **M²** - Muséum★.
◙ Olivet : parc floral de la Source★★ SE : 8 km CZ.

Plans pages suivantes

🏨 **Mercure** ≤ 🏠 ⌁ ⍗ ᕪ ch, 🄰🄺 ch, ⍩ 🎿 �🅟 🆅🅸🆂🅰 ⚬⚬ 🄰🄴 ⓪
44 quai Barentin – ℰ *02 38 62 17 39 – www.mercure.com – Fax 02 38 53 95 34*
111 ch – ♦107/145 € ♦♦122/162 €, ⊇ 15 € DZ**t**
Rest – *(fermé sam. midi, dim. midi et midis fériés)* Menu 20 € – Carte 29/39 €
♦ Les vastes chambres de cet hôtel bénéficient désormais des dernières normes Mercure (mobilier moderne, bonne insonorisation, etc.) ; vue sur la Loire aux étages supérieurs. Restaurant au cadre marin et collection d'assiettes sur le thème de la batellerie.

🏨 **D'Arc** sans rest ⍗ 🄰🄺 ⍩ 🆅🅸🆂🅰 ⚬⚬ ⓪
37 r. de la République – ℰ *02 38 53 10 94 – www.hoteldarc.fr*
– Fax 02 38 81 77 47 EY**g**
35 ch – ♦90/132 € ♦♦104/171 €, ⊇ 13 €
♦ Une élégante façade (arche inspirée de l'Art nouveau) cache des chambres rajeunies, meublées dans le style Louis-Philippe. Ascenseur d'époque digne d'un musée.

🏨 **Des Cèdres** sans rest 🚅 ⍗ ※ ⍩ 🆅🅸🆂🅰 ⚬⚬ 🄰🄴
17 r. du Mar.-Foch – ℰ *02 38 62 22 92 – www.hoteldescedres.com*
– Fax 02 38 81 76 46 – Fermé 24 déc.-11 janv. DY**b**
32 ch – ♦64/69 € ♦♦68/85 €, ⊇ 8,50 €
♦ À l'écart du centre ville, cet hôtel calme dispose de chambres assez spacieuses dotées de mobilier en rotin. Salon-véranda ouvert sur un jardin planté de cèdres.

🏨 **D'Orléans** sans rest ⍗ ⍩ 🚿 🆅🅸🆂🅰 ⚬⚬ 🄰🄴
6 r. A. Crespin – ℰ *02 38 53 35 34 – www.hoteldorleans.fr – Fax 02 38 53 68 20*
18 ch – ♦56 € ♦♦65/85 €, ⊇ 9 € EY**t**
♦ Deux bâtiments disposés autour d'une cour et reliés entre eux par la salle des petits-déjeuners. Rénovation des chambres (literie neuve) et des parties communes.

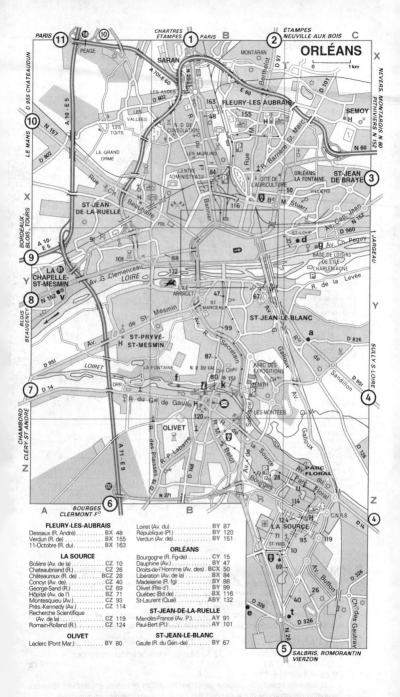

ORLÉANS

0   1 km

ORLÉANS

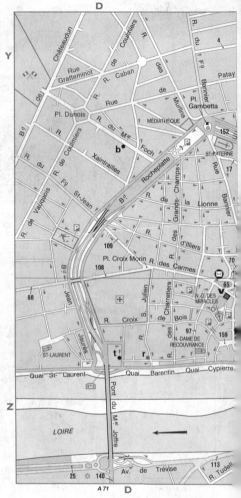

🏠 **Marguerite** sans rest   📺 ✗ (ﾘ) 𝗩𝗜𝗦𝗔 ◑◐
14 pl. du Vieux Marché – ℰ 02 38 53 74 32 – www.hotel-orleans.fr
– Fax 02 38 53 31 56 – Fermé 28 déc.-4 janv.   DZ**f**
25 ch – 🛏55/65 € 🛏🛏64/80 €, ⊊ 7 €
◆ On améliore de jour en jour le confort de cet hôtel : communs et chambres joliment relookés (mobilier contemporain, TV écran plat, wi-fi, etc.), insonorisation sans faille.

🏠 **De l'Abeille** sans rest   (ﾘ) 𝗩𝗜𝗦𝗔 ◑◐ 𝖠𝖤 ◐
64 r. d'Alsace-Lorraine – ℰ 02 38 53 54 87 – www.hoteldelabeille.com
– Fax 02 38 62 65 84   EY**k**
28 ch – 🛏47/95 € 🛏🛏66/95 €, ⊊ 9 €
◆ Cet hôtel du centre-ville propose de coquettes petites chambres entièrement rénovées. Décoration personnalisée grâce au choix des couleurs et aux meubles anciens chinés.

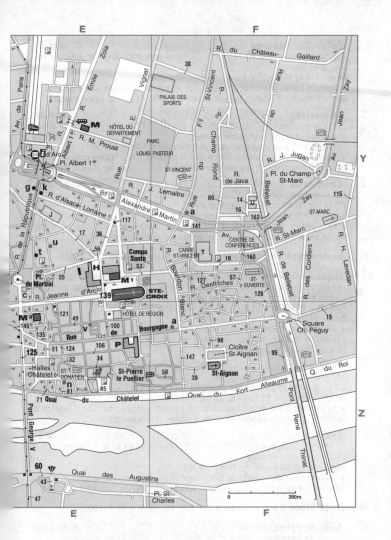

L'Épicurien

AC VISA ◎◎ AE

*54 r. Turcies – ℰ 02 38 68 01 10 – Fax 02 38 68 19 02 – Fermé 1ᵉʳ-10 mai, 3 sem.
en août, 25 déc.-1ᵉʳ janv., sam. midi de juin à sept., dim. et lundi*   DZr
Rest – Menu 25 € (sem.)/65 € – Carte 50/65 €

• Les épicuriens se retrouvent dans cette maison ancienne où tons jaunes, poutres apparentes et dessins à thème fruitier égaient les salles à manger rustiques. Cuisine actuelle.

Eugène

AC ✧ VISA ◎◎ AE ①

*24 r. Ste-Anne – ℰ 02 38 53 82 64 – Fax 02 38 54 31 89 – Fermé 1ᵉʳ-10 mai,
1ᵉʳ-15 août, 25 déc.-3 janv., sam. et dim.*   EYu
Rest – Menu 24/53 € – Carte 31/67 €

• Cette petite adresse est bien connue des Orléanais qui s'y pressent pour déguster une belle cuisine aux saveurs méridionales dans un cadre aussi plaisant que chaleureux.

1135

XX **La Vieille Auberge** 🛜 ✣ 𝚟𝚒𝚜𝚊 ⓸ 𝙰𝙴

2 fg Saint-Vincent – ℰ 02 38 53 55 81 – Fermé sam. midi, lundi en juil.-août et dim. soir FYa

Rest – (16 €) Menu 25 € (sem.)/49 € – Carte 32/65 €

♦ Nouvelle équipe pour cette adresse où l'on déguste désormais une cuisine dans l'air du temps centrée sur le produit... toujours au calme du jardin ou dans un intérieur coquet.

X **La Dariole** 🛜 𝚟𝚒𝚜𝚊 ⓸

25 r. Etienne Dolet – ℰ 02 38 77 26 67 – Fax 02 38 77 26 67 – Fermé 7-30 août, sam., dim. et le soir sauf mardi et vend. EZv

Rest – *(nombre de couverts limité, prévenir)* (18 €) Menu 22 €

♦ Goûteuse cuisine personnalisée servie dans la pimpante salle à manger rustique de cette maison à colombages (15ᵉ s.) et sur la petite terrasse d'été, ouverte sur une placette.

X **Chez Jules** 🛜 𝚟𝚒𝚜𝚊 ⓸ 𝙰𝙴 ⓪

136 r. de Bourgogne – ℰ 02 38 54 30 80 – Fax 02 38 54 08 47 – Fermé 1ᵉʳ-15 juil., lundi midi, sam. midi et dim. FZa

Rest – (19 €) Menu 25/33 € – Carte 38/57 €

♦ Cette petite enseigne, rustique et économique, se distingue des nombreuses tables voisines par son accueil très chaleureux et ses généreux plats traditionnels revisités.

à St-Jean-de-Braye Est : 4 km - CXY – 18 692 h. – alt. 108 m – ✉ 45800

🏨 **Novotel Orléans St-Jean-de-Braye** 🍴 🛜 ⅃ 🏊 🛗 ch, 𝙰𝙲 🛜 🛀

145 av. de Verdun, (N 152) – ℰ 02 38 84 65 65 🅿 🅿 𝚟𝚒𝚜𝚊 ⓸ 𝙰𝙴 ⓪
– www.novotel.com – Fax 02 38 84 66 61

107 ch – ✝75/150 €, ✝✝75/150 €, ⌂ 14 €

Rest – Menu 12/16 € – Carte 25/35 €

♦ Chambres contemporaines dernière génération (concept "Novation"), jardin-piscine, jeux d'enfants et situation en lisière de forêt : tels sont les plaisants atouts de ce Novotel. Carte traditionnelle au restaurant.

🏨 **Promotel** sans rest 🍴 📶 💱 🛜 🅿 𝚟𝚒𝚜𝚊 ⓸ 𝙰𝙴 ⓪

117 r. du Faubourg de Bourgogne – ℰ 02 38 53 64 09 – www.hotelpromotel.net – Fax 02 38 53 13 22 – Fermé 30 juil.-23 août et 21 déc.-3 janv. CYd

83 ch – ✝56/58 € ✝✝59/61 €, ⌂ 9 €

♦ Le bâtiment le plus récent, bien insonorisé, borde un axe fréquenté ; l'autre bénéficie de l'agrément d'un jardin ombragé. Chambres pratiques et de bonne ampleur.

XX **Les Toqués** 🛜 𝚟𝚒𝚜𝚊 ⓸

71 chemin du Halage – ℰ 02 38 86 50 20 – Fax 02 38 84 30 96 – Fermé 15-31 août, dim. et lundi CYg

Rest – Menu 20 € (déj. en sem.), 30/40 €

♦ Au bord de la Loire, ex-auberge très joliment reconvertie : intérieur moderne et convivial, délicieuse terrasse d'été, appétissante carte actuelle... Chapeau Les Toqués !

à St-Jean-le-Blanc 3 km au Sud – 8 229 h. – alt. 95 m – ✉ 45650

🏠 **Villa Marjane** sans rest 🍴 🛜 🅿 𝚟𝚒𝚜𝚊 ⓸ 𝙰𝙴

121 rte de Sandillon, D 951 – ℰ 02 38 66 35 13 – www.villamarjane.com – Fax 02 38 58 51 01 CYa

19 ch – ✝60/67 € ✝✝70/80 €, ⌂ 9 €

♦ Cette maison bourgeoise du 18ᵉ s. ne manque pas de charme : vieux parquet, mobilier chiné, chambres soigneusement décorées et ambiance familiale. Une halte agréable.

à La Source 11 km au Sud-Est - BCZ – ✉ 45100 Orleans

🏨 **Novotel Orléans La Source** 🍴 🛜 ⅃ 💱 📶 🛗 ch, 𝙰𝙲 ch, 🛜 🛀 🅿

2 r. H. de Balzac, (carrefour N20-D326, rte de Concyr) 𝚟𝚒𝚜𝚊 ⓸ 𝙰𝙴 ⓪
– ℰ 02 38 63 04 28 – www.novotel.com – Fax 02 38 69 24 04 CZt

119 ch – ✝79/145 € ✝✝79/145 €, ⌂ 14 €

Rest – (12 €) Menu 16 € – Carte 23/35 €

♦ Un Novotel aux vastes chambres actuelles (mobilier modulable), rénovées selon le dernier concept de la chaîne. Aire de jeux pour enfants. Le restaurant, habillé d'un décor tendance, profite d'une vue sur la piscine et la verdure. Cuisine épurée et diététique.

au parc de Limère Sud-Est : 13 km par N 20 et D 326 – ⊠ 45160 **Ardon**

🏨 **Domaine des Portes de Sologne** ⌂ 🚗 🚖 ⅄ 🛎 🎏 📶 🛗 🖭 🛗
200 allée des 4 vents 🖊 ch, 🛁 rest, 🎖 🗓 **P** 🛏 🍽 🚗 🅰🅴 ⓪
– 🕿 02 38 49 99 99 – www.portes-de-sologne.com – Fax 02 38 49 99 00
117 ch – ✝123 € ✝✝137 €, 🖵 11 € – 14 suites – ½ P 107 €   BZ**e**
Rest – (21 €) Menu 28/50 € – Carte 45/78 €
♦ En pleine campagne, complexe hôtelier proche d'un golf et d'un centre de balnéothérapie. Chambres sobres, charmants cottages (duplex familiaux) et équipements pour séminares. Restaurant moderne et cossu où l'on sert une cuisine dans l'air du temps. Terrasse d'été.

à Olivet 5 km au Sud par av. du Loiret et bords du Loiret – 21 032 h. – alt. 100 m
– ⊠ 45160 ▌ Châteaux de la Loire

🄸 Office de tourisme, 236, rue Paul Genain 🕿 02 38 63 49 68,
Fax 02 38 63 50 45

🍴🍴🍴 **Le Rivage** avec ch ⌂ 🗻 🚗 🚖 🛁 🎖 **P** 🆅🅸🆂🅰 🚗 🅰🅴
635 r. Reine Blanche – 🕿 02 38 66 02 93 – www.lerivage-olivet.com
– Fax 02 38 56 31 11 – Fermé 25 déc.-20 janv.   BY**f**
17 ch – ✝80/90 € ✝✝80/95 €, 🖵 12 € – ½ P 85/103 €
Rest – (fermé sam. midi et dim. soir de nov. au 5 avril) (25 €) Menu 28/65 €
– Carte 18/45 €
♦ Belles villas, vieux moulins... Profitez pleinement du spectacle bucolique des berges du Loiret depuis la lumineuse salle à manger-véranda ou bien la terrasse à fleur d'eau.

🍴🍴🍴 **La Laurendière** 🖊 ⇔ 🆅🅸🆂🅰 🚗 🅰🅴
🌫 *68 av. du Loiret* – 🕿 02 38 51 06 78 – www.lalaurendiere.new.fr
– Fax 02 38 56 36 20 – Fermé 4-21 juil., 21 fév.-2 mars, lundi soir, mardi soir et
merc.   BY**k**
Rest – Menu 23/49 € – Carte 37/55 € 🕮
♦ Cuisine traditionnelle et belle carte des vins (nombreux crus de Loire) vous attendent dans la salle à manger colorée et au cachet ancien de cette maison régionale.

à la Chapelle-St-Mesmin 4 km à l'Ouest- AY – 9 282 h. – alt. 101 m – ⊠ 45380

🏨 **Orléans Parc Hôtel** sans rest ⌂ 🗻 🚳 ⇔ 🎖 🛁 **P** 🆅🅸🆂🅰 🚗 🅰🅴
55 rte d'Orléans – 🕿 02 38 43 26 26 – www.orleansparchotel.com
– Fax 02 38 72 00 99 – Fermé 20 déc.-5 janv.   AY**v**
33 ch – ✝61 € ✝✝77 €, 🖵 10 €
♦ Chambres sobres et de bon confort (à choisir côté Loire), salon et salle des petits-déjeuners accueillants. Le beau parc ombragé qui longe le fleuve invite à la flânerie.

🍴🍴 **Côté Saveurs** 🚗 🚖 ⇔ **P** 🆅🅸🆂🅰 🚗
55 rte d'Orleans – 🕿 02 38 72 29 51 – Fax 02 38 72 29 67 – Fermé 28 mars-5 avril,
1er-15 août et 19-27 déc.   AY**v**
Rest – (19 €) Menu 29 € – Carte 44/50 €
♦ Maison bourgeoise du 19e s. profitant d'un petit parc. Le cadre intérieur mêle classique (moulures, boiseries) et moderne (fauteuils en cuir rouge). Cuisine dans l'air du temps.

ORLY (Aéroports de Paris) – 91 Essonne – **312** D3 – **101** 26 – **voir à Paris, Environs**

ORMOY-LA-RIVIÈRE – 91 Essonne – **312** B5 – **rattaché à Étampes**

ORNAISONS – 11 Aude – **344** I3 – **rattaché à Narbonne**

ORNANS – 25 Doubs – **321** G4 – 4 098 h. – alt. 355 m – ⊠ 25290   **16** B2
▌ Franche-Comté Jura

▶ Paris 428 – Baume-les-Dames 42 – Besançon 26 – Morteau 48
🄸 Office de tourisme, 7, rue Pierre Vernier 🕿 03 81 62 21 50,
Fax 03 81 62 02 63
◉ Grand Pont ≼★ – O : Vallée de la Loue★★ – Le Château ≼★ N : 2,5 km.

De France 🖨 📶 🅿 VISA ⊕ AE

r. P. Vernier – 📞 *03 81 62 24 44 – www.hoteldefrance-ornans.com*
– Fax 03 81 62 12 03 – Fermé 6-22 nov., 18 déc.-25 janv., sam. et dim. de nov.
à avril
25 ch – †65/70 € ††85/90 €, ⊡ 10 € – 1 suite – ½ P 80 €
Rest – *(fermé lundi midi d'avril à nov.)* (19 €) Menu 22 € (sem.)/37 €
♦ Hôtel traditionnel au cœur de la "perle de la Loue". Chambres de tailles variées, peu à peu rénovées, et très belle suite. Parcours privé de pêche à la mouche mondialement réputé. Face à la rivière et son Grand Pont, agréable restaurant au cadre rustico-bourgeois.

Le Jardin de Gustave 🖨 🏠 📶

28 r. Édouard Bastide – 📞 *03 81 62 21 47 – www.lejardindegustave.fr*
– Fax 03 81 62 21 47
4 ch – †70/90 € ††70/90 €, ⊡ **Table d'hôte** – Menu 28 € bc
♦ Accueil des plus sympathiques dans cette authentique maison de charme en bordure de la Loue. Chambres cosy dont les noms (Champêtre, Gustavienne, Jungle) présagent du décor. Confiture maison au petit-déjeuner ; cuisine aux accents régionaux servie au jardin en été.

Courbet 🏠 VISA ⊕ AE

34 r. P. Vernier – 📞 *03 81 62 10 15 – www.restaurantlecourbet.com*
– Fax 03 81 62 13 34 – Fermé vacances de Noël, mi fév.-mi mars, dim. soir, mardi midi et lundi
Rest – Menu 19/39 € – Carte 32/45 €
♦ À deux pas de la maison natale de Courbet, hommage au peintre dans la salle (reproductions de tableaux) et honneur à une délicieuse cuisine actuelle. Terrasse bordant la Loue.

à Saules 6 km au Nord-Est par D 492 – 195 h. – alt. 585 m – ⊠ 25580

La Griotte 🖨 ⅍ ⇔ 🅿 VISA ⊕

3 r. des Cerisiers – 📞 *03 81 57 17 71 – Fax 03 81 57 17 71 – Fermé*
23 août-8 sept., 14 fév.-16 mars, mardi d'oct. à avril, dim. soir, merc. soir et lundi
Rest – *(nombre de couverts limité, prévenir)* Menu 14/30 € – Carte 23/41 €
♦ Pari réussi pour ce récent restaurant installé dans un ancien relais de diligence. Il réserve un accueil tout sourire, un cadre simple et une cuisine régionale à prix doux.

OROUET – 85 Vendée – 316 E7 – rattaché à St-Jean-de-Monts

ORPIERRE – 05 Hautes-Alpes – 334 C7 – 318 h. – alt. 682 m – ⊠ 05700   40 B2
▌ Alpes du Sud

▶ Paris 689 – Château-Arnoux 47 – Digne-les-Bains 72 – Gap 55
🛈 Office de tourisme, le Village 📞 04 92 66 30 45, Fax 04 92 66 32 52

aux Bégües 4,5 km au Sud-Ouest – ⊠05700 Orpierre

Le Céans ⌂ ⇐ 🜚 🜚 📶 🅿 🅿 VISA ⊕ AE

rte des Princes d'Orange – 📞 *04 92 66 24 22 – www.le-ceans.fr.st*
– Fax 04 92 66 28 29 – Ouvert 15 mars-1er nov. et fermé merc. d'oct. au 15 avril
21 ch – †46/50 € ††46/90 €, ⊡ 10 € – ½ P 45/60 €
Rest – Menu 16/37 € – Carte 23/40 €
♦ Au sein d'un hameau du massif des Baronnies, petites chambres et pavillons familiaux dispersés dans un parc agreste descendant jusqu'à la rivière. À table, ambiance pension de famille et cuisine ménagère d'orientation régionale. Terrasse côté rue.

ORSCHWILLER – 67 Bas-Rhin – 315 I7 – 564 h. – alt. 240 m – ⊠ 67600   2 C1
▶ Paris 441 – Colmar 22 – St-Dié 44 – Sélestat 7

Le Fief du Château 🏠 ⅍ ch, 📶 ⅍ 🅿 VISA ⊕ AE

20 Grand'Rue – 📞 *03 88 82 56 25 – www.fief-chateau.com – Fax 03 88 82 26 24*
– Fermé 3-10 mars, 30 juin-5 juil., 27 oct.-3 nov.
8 ch – †40 € ††48 €, ⊡ 7 € – ½ P 48 €
Rest – *(fermé merc.)* (8,50 €) Menu 19 € (déj. en sem.)/26 € – Carte 25/40 €
♦ Jolie façade fleurie pour cette maison régionale (fin 19e s.) d'un village typique de la route des Vins d'Alsace. Chambres simples et rafraîchies. Restaurant d'esprit rustique, accueil sympathique et cuisine alsacienne.

ORTHEZ – 64 Pyrénées-Atlantiques – **342** H4 – 10 329 h. – alt. 55 m   **3** B3
– ⊠ **64300** ▮ Aquitaine

> 🚆 Paris 765 – Bayonne 74 – Dax 39 – Mont-de-Marsan 57
>
> 🚺 Office de tourisme, rue Bourg-Vieux ✆ 05 59 38 32 84, Fax 05 59 69 12 00
>
> 🟦 de Salies-de-Béarn à Salies-de-Béarn Quartier Hélios, par rte de Bayonne :
>   17 km, ✆ 05 59 38 37 59
>
> ◉ Pont Vieux★.

🏠   **Au Temps de la Reine Jeanne** ॐ   🛏 & ch, 🎿 rest, ⁣⁣⁣⁣⁣⁣⁣⁣⁣⁣ 📶
   44 r. Bourg-Vieux – ✆ 05 59 67 00 76 – www.reine-jeanne.fr   🆅🆂🅰 ⊕ 🅰🅴
   – Fax 05 59 69 09 63
   30 ch – ♦58/88 € ♦♦68/110 €, � 8,50 € – ½ P 63/85 €
   Rest – (fermé dim. soir du 18 oct. au 4 avril) (12 €) Menu 22/32 €
   – Carte 32/48 €
   ♦ Demeures des 18e et 19e s. abritant de modestes chambres disposées autour d'un patio.
Préférez celles du bâtiment voisin, plus modernes, amples et confortables. Petit fitness. Plaisant restaurant rustique. Recettes traditionnelles. Dîners jazz en saison.

ORVAULT – 44 Loire-Atlantique – **316** G4 – **rattaché à Nantes**

OSNY – 95 Val-d'Oise – **305** D6 – **106** 5 – **101** 2 – **voir à Paris, Environs (Cergy-Pontoise)**

OSTHOUSE – 67 Bas-Rhin – **315** J6 – 955 h. – alt. 155 m – ⊠ **67150**   **1** B2

> 🚆 Paris 502 – Obernai 17 – Offenburg 35 – Sélestat 23

🏨   **À la Ferme** sans rest   🚗 & 🅿 🆅🆂🅰 ⊕
   10 r. du Château – ✆ 03 90 29 92 50 – www.hotelalaferme.com
   – Fax 03 90 29 92 51
   7 ch – ♦88/90 € ♦♦118/140 €, ⊒ 15 €
   ♦ Calme garanti dans les spacieuses chambres rustiques et épurées (dont une décorée à la japonaise), aménagées dans une ferme (18e s.) et les étables attenantes. Service soigné.

✕✕   **A l'Aigle d'Or**   🅿 🆅🆂🅰 ⊕ 🅰🅴
   14 r. de Gersheim – ✆ 03 88 98 06 82 – www.hotelalaferme.com
   – Fax 03 88 98 81 75 – Fermé 3 sem. en août, vacances de Noël, vacances de fév.,
   lundi et mardi
   Rest – Menu 33 € (sem.)/78 € – Carte 50/75 €🍷
   Rest *Winstub* – Carte 25/35 €
   ♦ Cette maison de village abrite le restaurant de l'hôtel À la Ferme, tout proche. Cadre bourgeois et chaleureux (boiseries, beau plafond à caissons peints) ; table classique. Ambiance détendue et décor assez cossu à la Winstub où l'on propose des plats alsaciens.

OSTWALD – 67 Bas-Rhin – **315** K5 – **rattaché à Strasbourg**

OTTROTT – 67 Bas-Rhin – **315** I6 – **rattaché à Obernai**

OUCHAMPS – 41 Loir-et-Cher – **318** E7 – 808 h. – alt. 92 m – ⊠ **41120**   **11** A1

> 🚆 Paris 199 – Blois 18 – Montrichard 19 – Romorantin-Lanthenay 40
>
> ◉ Château de Fougères-sur-Bièvre★ NO : 5 km ▮ Châteaux de la Loire

🏘   **Relais des Landes** ॐ   🌙 🖥 🎿 🅿 🆅🆂🅰 ⊕ 🅰🅴 ⓘ
   1,5 km au Nord sur D 7 – ✆ 02 54 44 40 40 – www.relaisdeslandes.com
   – Fax 02 54 44 03 89 – Ouvert 26 mars-30 nov.
   28 ch – ♦106/126 € ♦♦106/156 €, ⊒ 15 € – ½ P 108/132 €
   Rest – (fermé lundi et mardi) (dîner seult sauf week-ends et fériés) (résidents
   seult) Menu 42 €
   ♦ Belle gentilhommière du 17e s. et son vaste parc (plan d'eau). Chambres assez amples, de style rustico-bourgeois ; duplex avec terrasse privative. Salon-bar campagnard et cosy. Belle salle à manger agreste (cheminée, fresque) et véranda tournée sur le jardin.

OUCQUES – 41 Loir-et-Cher – **318** E5 – 1 420 h. – alt. 127 m   **11** B2
– ⊠ **41290**

> 🚆 Paris 160 – Beaugency 30 – Blois 27 – Châteaudun 30
>
> 🚺 Syndicat d'initiative, Mairie ✆ 02 54 23 11 00, Fax 02 54 23 11 04

XX **Du Commerce** avec ch   AC rest, ⁴¹ VISA ◑ AE

9 r. de Beaugency – ℰ 02 54 23 20 41 – www.hotel-commerce-oucques.com
– Fax 02 54 23 02 88 – Fermé 20 déc.-5 janv., 2-10 mars, dim. soir et lundi
sauf juil.-août et fériés
10 ch – †66 € ††72 €, � 10 € – ½ P 67 €
Rest – (prévenir le week-end) (15 €) Menu 21/60 € – Carte 49/70 €
♦ Accueil attentionné dans cette salle à manger tendance seventies où l'on déguste une cuisine au goût du jour bien tournée. Chambres très colorées et bien tenues.

OUESSANT (ÎLE D') – 29 Finistère – 308 A4 – voir à Île d'Ouessant

---

OUHANS – 25 Doubs – 321 H5 – 375 h. - alt. 600 m – ⊠ 25520   17 C2

◘ Paris 450 – Besançon 48 – Pontarlier 18 – Salins-les-Bains 40
◙ Source de la Loue ★★★ N : 2,5 km puis 30 mn - Belvédère du Moine de la
Vallée ❄★★ NO : 5 km - Belvédère de Renédale ≼★ NO : 4 km puis
15 mn ▮ Jura

Les Sources de la Loue ℅   ╦ VISA ◑

9 Grande Rue, (au village) – ℰ 03 81 69 90 06 – www.sources-de-la-loue.com
– Fax 03 81 69 93 17 – Fermé 1 sem. fin mars, 1 sem. fin sept., 20 déc.- 1ᵉʳ fév.,
sam. midi et dim. soir hors saison
15 ch – †50 € ††50 €, ⊠ 8 € – ½ P 60 €   **Rest** – Menu 14 €, 26/35 €
♦ Dans le centre du village, grande bâtisse carrée abritant des chambres plutôt grandes,
meublées simplement, bien tenues et bénéficiant d'un double vitrage. Au restaurant, décor
campagnard, terrasse d'été et cuisine franc-comtoise.

OUILLY-DU-HOULEY – 14 Calvados – 303 N4 – rattaché à Lisieux

OUISTREHAM – 14 Calvados – 303 K4 – 9 252 h. - Casino : Riva Bella   32 B2
– ⊠ 14150 ▮ Normandie Cotentin

◘ Paris 234 – Arromanches-les-Bains 33 – Bayeux 44 – Cabourg 20
🛈 Office de tourisme, esplanade Lofi ℰ 02 31 97 18 63, Fax 02 31 96 87 33
◙ Église St-Samson ★.

Du Phare   ⁴¹ P VISA ◑

10 pl. Gén.-de-Gaulle – ℰ 02 31 97 13 13 – www.hotelduphare.fr
– Fax 02 31 97 14 57 – Fermé 23 déc.-1ᵉʳ janv.
19 ch – †54/63 € ††54/63 €, ⊠ 6 €
Rest – (fermé le soir d'oct. à mai et le merc. de mi-sept. à mai) (12 €)
Menu 17/20 € – Carte 11/41 €
♦ Tenu par la même famille depuis six générations, cet hôtel jouit d'un emplacement straté-
gique, face au terminal du ferry et près des écluses. Chambres simples et bien tenues. Carte
de brasserie servie dans une salle à manger réaménagée (véranda) et modernisée.

Le Normandie   ╦ ⅏ P VISA ◑ AE

71 av. M. Cabieu, au port d'Ouistreham – ℰ 02 31 97 19 57
– www.lenormandie.com – Fax 02 31 97 20 07 – Fermé 1ᵉʳ janv.-10 fév.
22 ch ⊠ – †68 € ††68 € – ½ P 70 €
Rest – (17 €) Menu 22/34 € – Carte 22/43 €
♦ En léger retrait du terminal Ferry, maison aux chambres pratiques de taille plutôt modeste.
Petit-déjeuner buffet servi dans un cadre classique. Repensé dans un esprit plus actuel, le restaurant propose des plats au goût du jour mettant à l'honneur les produits de la mer.

XX **La Mare Ô Poissons**   ╦ ⅙ P VISA ◑ AE

68 r. E.-Herbline – ℰ 02 31 37 53 05 – www.lamareopoissons.fr – Fax 02 31 37 49 61
Rest – (15 €) Menu 20 € (déj. en sem.), 25/35 € – Carte 37/55 €
♦ Une épicerie fine à l'entrée, puis le restaurant : salles contemporaines feutrées (tons
taupe-chocolat, exposition de toiles et de sculptures). Recettes marines personnalisées.

X **La Table d'Hôtes**   VISA ◑

10 av. du Gén.-Leclerc – ℰ 02 31 97 18 44 – Fax 02 31 97 18 44 – Fermé
20 juin-3 juil., mardi et merc. sauf le soir du 14 juil. au 15 août
Rest – (19 €) Menu 26 € (déj. en sem.)/31 €
♦ Ce restaurant familial et chaleureux reçoit comme à la maison, dans un cadre simple. Le
chef conçoit chaque jour un menu unique traditionnel, selon la criée et son inspiration.

à Riva-Bella – ✉ 14150 Ouistreham

Mercure
🖼 ⌖ 🛅 **P** 𝓥𝓘𝓢𝓐 ⓪ 𝐀𝐄

37 r. des Dunes – ☎ *02 31 96 20 20* – *www.mercure.com* – *Fax 02 31 97 10 10*
50 ch – †75/80 € ††85/90 €, � 10 €
Rest – (11 €) Menu 16/22 € – Carte 18/38 €

♦ À quelques pas du port, un bâtiment moderne dédié à la mer. Du nom des couloirs menant aux chambres au décor "cabine de paquebot", sans oublier les tableaux, tout évoque le large. Le restaurant, relooké, arbore des tons vifs ; cuisine traditionnelle.

De la Plage *sans rest*
🚉 📶 **P** 𝓥𝓘𝓢𝓐 ⓪ ⓪

39 av. Pasteur – ☎ *02 31 96 85 16* – *www.hotel-ouistreham.com*
– *Fax 02 31 97 37 46* – *Fermé 7-19 fév.*
16 ch – †45/55 € ††64/77 €, ⊇ 9 €

♦ Accueillante villa anglo-normande (fin 19ᵉ s.) située dans une rue calme près de la plage. Chambres coquettes ; quelques-unes plus spacieuses et familiales. Agréable jardin.

St-Georges
≤ 📶 📶 **P** 𝓥𝓘𝓢𝓐 ⓪

51 av. Andry – ☎ *02 31 97 18 79* – *www.hotel-le-saint-georges.com*
– *Fax 02 31 96 08 94* – *Fermé 3-24 janv., dim. soir et lundi midi d'oct. à mars*
18 ch – †60/66 € ††66/77 €, ⊇ 9 € – ½ P 74/75 €
Rest – (15 €) Menu 24/32 € – Carte 26/52 €

♦ Bâtisse de 1894 dont les chambres, plutôt petites mais bien tenues, donnent soit sur le front de mer et le casino, soit sur le jardin. Petit-déjeuner buffet. Restaurant panoramique proposant une cuisine traditionnelle orientée sur les produits de l'océan.

LES OURSINIÈRES – 83 Var – **340** L7 – **rattaché au Pradet**

OUSSON-SUR-LOIRE – 45 Loiret – **318** N6 – **752 h.** – **alt. 158 m**   **12** D2
– ✉ 45250

▶ Paris 165 – Orléans 96 – Gien 19 – Montargis 51

Le Clos du Vigneron
⌖ ch, 𝐀𝐂 ch, 📶 **P** 𝓥𝓘𝓢𝓐 ⓪

18 rte Nationale 7 – ☎ *02 38 31 43 11* – *www.hotel-clos-du-vigneron.com*
– *Fax 02 38 31 14 84* – *Fermé 12 sept.-7 oct., 22 déc.-14 janv., dim. soir, mardi soir et merc.*
8 ch – †57 € ††57 €, ⊇ 8 € – ½ P 66 €
Rest – (20 €) Menu 29/47 € – Carte 45/75 €

♦ Cette maison régionale, qui a subi une rénovation complète, propose des chambres au confort actuel. Celles de l'annexe sont toutes de plain-pied avec l'agréable jardin. Cuisine au goût du jour servie dans une salle à manger sobrement décorée.

OUZOUER-SUR-LOIRE – 45 Loiret – **318** L5 – **2 638 h.** – **alt. 140 m**   **12** C2
– ✉ 45570

▶ Paris 151 – Gien 16 – Montargis 45 – Orléans 54

✕✕ L'Abricotier
🍴 𝓥𝓘𝓢𝓐 ⓪

106 r. Gien – ☎ *02 38 35 07 11* – *Fax 02 38 35 07 11* – *Fermé*
25 juil.-11 août, dim. soir, merc. soir et lundi
Rest – (nombre de couverts limité, prévenir) (16 € bc) Menu 24/40 €
– Carte 42/56 €

♦ Accueil courtois, atmosphère provinciale feutrée et goûteuse cuisine traditionnelle inspirée par le marché sont les atouts de cette auberge située au centre du village.

OYONNAX – 01 Ain – **328** G3 – **23 618 h.** – **alt. 540 m** – ✉ 01100   **45** C1
▌Franche-Comté Jura

▶ Paris 484 – Bourg-en-Bresse 60 – Nantua 19
🛈 Syndicat d'initiative, 1, rue Bichat ☎ 04 74 77 94 46, Fax 04 74 77 68 27

✕✕ La Toque Blanche
𝐀𝐂 ⇔ 𝓥𝓘𝓢𝓐 ⓪ 𝐀𝐄

11 pl. Émile Zola – ☎ *04 74 73 42 63* – *www.latoqueblanche-oyonnax.com*
– *Fax 04 74 73 76 48* – *Fermé 22 juil.-20 août, 2-10 janv., sam. midi, dim. soir et lundi*
Rest – Menu 20 € bc/70 € – Carte 43/57 €

♦ Salle de restaurant au décor soigné, égayé de chaudes tonalités. Confluences géographiques obligent, la table marie la Bresse, le Jura et le Lyonnais.

au Lac Genin Sud-Est : 10 km par D 13 – ⊠ 01130 Charix

◙ Site ★ du lac.

✕ **Auberge du Lac Genin** avec ch ♨ ≼ 斎 ⅍ ch, ⁑ **P** *VISA* ✆ **AE**
– ℰ 04 74 75 52 50 – www.lac-genin.fr – Fax 04 74 75 51 15 – Fermé
18 oct.-3 déc., dim. soir et lundi
3 ch – †48 € ††48 €, � 6 €
Rest – (11 €) Menu 13 € (sem.)/19 € – Carte 19/36 €
♦ Auberge au grand calme, au bord d'un lac : salle à manger coquette avec cheminée et terrasse prisée. Chambres refaites dans un style actuel qui ne renie pas l'esprit montagnard.

OZENAY – 71 Saône-et-Loire – **rattaché à Tournus**

OZOIR-LA-FERRIÈRE – 77 Seine-et-Marne – **312** F3 – **106** 33 – **101** 30 – **voir à
Paris, Environs**

Pour bien utiliser votre guide, consultez son mode d'emploi situé en pages d'introduction : symboles, classements, abréviations et autres signes n'auront plus de mystère pour vous !

PACY-SUR-EURE – 27 Eure – **304** I7 – 4 884 h. – alt. 40 m – ⊠ 27120   **33** D2
▮ Normandie Vallée de la Seine
▶ Paris 81 – Dreux 38 – Évreux 20 – Louviers 33
🛈 Office de tourisme, place Dufay ℰ 02 32 26 18 21, Fax 02 32 36 96 67

🏠 **Altina des Deux Fontaines** 斎 ⁑ ⅍ **P** *VISA* ✆ **AE** ⓞ
rte de Paris – ℰ 02 32 36 13 18 – www.hotelaltina.com – Fax 02 32 26 05 11
29 ch – †57/65 € ††66 €, ⊊ 8 €
Rest – Menu 12 € (déj. en sem.), 17/39 € – Carte 23/46 €
♦ Construit dans une zone commerciale, cet établissement propose de grandes chambres sobrement actuelles. Le plus : musique jazz live au piano-bar le vendredi soir. Menus traditionnels à prix doux et accueil charmant vous attendent au restaurant.

🏠 **L'Étape de la Valllée** 斎 斎 ⁑ **P** *VISA* ✆ **AE** ⓞ
1 r. Edouard Isambard – ℰ 02 32 36 12 77 – www.etapedelavallee.com
– Fax 02 32 36 22 74
15 ch – †58/84 € ††68/92 €, ⊊ 10 € – ½ P 69/74 €
Rest – (fermé dim. soir et lundi) Menu 19 € (déj. en sem.), 29/49 €
– Carte 30/74 €
♦ Grande villa bourgeoise à fière allure bâtie au bord de la rivière. Deux types de chambres : douillettes et personnalisées en façade ; fonctionnelles mais rénovées sur l'arrière. Restaurant traditionnel au cadre chaleureux ; vue sur l'Eure par les baies vitrées.

PAILHEROLS – 15 Cantal – **330** E5 – 165 h. – alt. 1 000 m – ⊠ 15800   **5** B3
▶ Paris 558 – Aurillac 32 – Entraygues-sur-Truyère 45 – Murat 39

🏠 **Auberge des Montagnes** 斎 ⚁ ⊡ ⅙ ⅍ ch, ⁑ **P** *VISA* ✆
– ℰ 04 71 47 57 01 – www.auberge-des-montagnes.com – Fax 04 71 49 63 83
– Fermé 11 nov.-20 déc.
23 ch – †52/80 € ††52/80 €, ⊊ 10 € – ½ P 48/65 €
Rest – (fermé 7 oct.-20 déc. et mardi) Menu 21 € (sem.)/36 € – Carte 21/37 €
♦ De nombreux loisirs (hammam, sauna, mur d'escalade, etc.) sont proposés dans cette ferme restaurée. Jolies chambres d'esprit montagnard. Chaleureuses salles à manger dont une en véranda ; généreuse cuisine du terroir.

Clos des Gentianes 🏠 ≼ ⁑ **P** *VISA* ✆
10 ch – †65/80 € ††65/94 €, ⊊ 10 € – ½ P 58/70 €
♦ Chambres plus spacieuses et actuelles dans cette annexe. Cuisine soignée pour les résidents.

PAIMPOL – 22 Côtes-d'Armor – **309** D2 – **7 788 h.** – **alt. 15 m** **10** C1
– ✉ **22500** Bretagne

Paris 494 – Guingamp 29 – Lannion 33 – St-Brieuc 46

Office de tourisme, 19, rue du Général Leclerc ☎ 02 96 20 83 16, Fax 02 96 55 11 12

Abbaye de Beauport★ 2 km par D 786 - Tour de Kerroc'h ≤★ 3 km par D 789 puis 15 mn.

Pointe de Minard★★ 11 km par D 786.

K'Loys
ch, VISA AE

21 quai Morand – ☎ 02 96 20 40 01 – www.k-loys.com – Fax 02 96 20 72 68

17 ch – †60/180 € ††85/180 €, ☐ 8 €

Rest – Menu 19 € – Carte 25/55 €

◆ Cette ancienne demeure d'armateur, face au port, est devenue un charmant hôtel de caractère : chambres dotées de mobilier ancien, salon bourgeois et petit-déjeuner en véranda. Bistrot marin servant galettes et fruits de mer, en terrasse sur les quais.

Goëlo sans rest
VISA AE

quai Duguay-Trouin – ☎ 02 96 20 82 74 – www.legoelo.com – Fax 02 96 20 58 93 – Fermé 6-17 janv.

32 ch – †45/80 € ††48/80 €, ☐ 7 €

◆ Ce bâtiment récent, amarré sur le port de plaisance, offre une jolie vue sur les mâts. Chambres petites mais pratiques et bien tenues. Petit-déjeuner buffet. Bon accueil.

La Vieille Tour
VISA AE

13 r. de l'Église – ☎ 02 96 20 83 18 – Fax 02 96 20 90 41 – Fermé 20 juin-3 juil., 21 nov.-3 déc., dim. soir et merc. soir sauf juil.-août et lundi

Rest – (17 €) Menu 29/51 € – Carte 53/78 €

◆ Charmante auberge du 16e s. au cœur du vieux Paimpol. Un bel escalier en bois mène à la salle principale, rustique et soignée. Cuisine traditionnelle, formule bistrot à midi.

La Cotriade
≤ VISA

16 quai Armand Dayot – ☎ 02 96 20 81 08 – www.la-cotriade.com – Fax 02 96 55 10 94 – Fermé 20-27 déc., 28 fév.-7 mars, dim. soir hors saison, sam. midi en saison et lundi

Rest – (19 €) Menu 25 € (déj. en sem.) – Carte 42/59 €

◆ Jetez l'ancre dans ce petit bistrot modernisé et zen, ou en terrasse sur le port. L'ardoise, plutôt courte, affiche des plats actuels, rythmés par les marées et les saisons.

à Ploubazlanec 3,5 km au Nord par D 789 – **309** D2 – **3 261 h.** – **alt. 60 m** – ✉ 22620

Les Agapanthes sans rest
VISA AE

1 r. Adrien Rebours – ☎ 02 96 55 89 06 – www.hotel-les-agapanthes.com – Fax 02 96 55 79 79 – Fermé 2-31 janv.

21 ch – †44/75 € ††44/75 €, ☐ 8 €

◆ Une maison de 1768 complétée par un bâtiment neuf propose des chambres au décor marin, bien tenues, plus spacieuses dans la partie récente. Terrasse face à la baie.

PAIMPONT – 35 Ille-et-Vilaine – **309** I6 – **1 614 h.** – **alt. 159 m** **10** C2
– ✉ **35380** Bretagne

Paris 393 – Bruz 37 – Cesson-Sévigné 54 – Rennes 42

Syndicat d'initiative, 5, esplanade de Brocéliande ☎ 02 99 07 84 23, Fax 02 99 07 84 24

La Corne de Cerf sans rest
P

Le Cannée, 2 km au Sud – ☎ 02 99 07 84 19 – corneducerf.bcld.net – Fax 02 99 07 84 19 – Fermé janv. et fév.

3 ch ☐ – †50 € ††56 €

◆ Longère décorée dans l'esprit maison d'artistes à deux pas de la forêt de Brocéliande. Chambres lumineuses et printanières. Pains, brioches et confitures maison, le tout bio...

PAIRIS – 68 Haut-Rhin – **315** G8 – rattaché à Orbey

LE PALAIS – 56 Morbihan – **308** M10 – voir à Belle-Île-en-Mer

---

PALAVAS-LES-FLOTS – 34 Hérault – **339** I7 – 5 974 h. – alt. 1 m   23 C2
– Casino – ⊠ 34250 ▊ Languedoc Roussillon

> ▶ Paris 763 – Aigues-Mortes 26 – Montpellier 17 – Nîmes 60
>
> 🖥 Office de tourisme, Phare de la Méditerranée ✆ 04 67 07 73 34,
>   Fax 04 67 07 73 58
>
> ◉ Ancienne cathédrale★ de Maguelone SO : 4 km.

Brasilia sans rest   ≤ 📶 ｉ° 🚗 ⓥ 🅰️🅴
9 bd Joffre – ✆ 04 67 68 00 68
– www.brasilia-palavas.com
– Fax 04 67 68 40 41
– Fermé mi-déc. à mi-janv.
22 ch – ♦52/108 € ♦♦52/108 €, ⊇ 9 €
♦ Ambiance contemporaine pour cet hôtel relooké, situé face au front de mer. Chambres fonctionnelles rénovées dans l'air du temps, toutes dotées d'un balcon ou d'une terrasse.

Amérique Hôtel sans rest   ⛵ ⃞ ⛄ 📶 ｉ° 🅿️ ⓥ 🚗 🅰️🅴
av. F. Fabrège – ✆ 04 67 68 04 39
– www.hotelamerique.com
– Fax 04 67 68 07 83
47 ch – ♦58/97 € ♦♦58/97 €, ⊇ 8 €
♦ Hôtel composé de deux bâtiments séparés par une avenue conduisant tout droit à la mer. Chambres pratiques, peu à peu refaites dans un esprit moderne. Piscine et jacuzzi.

XX **L'Escale**   ≤ 📶 ⓥ 🚗 🅰️🅴
5 bd Sarrail, (rive gauche) – ✆ 04 67 68 24 17
– www.restaurant-lescale.com
– Fax 04 67 68 24 17
– Fermé merc. de sept. à juin sauf fériés, merc. midi et jeudi midi en juil.-août
Rest – (15 €) Menu 22 € (déj. en sem.), 28/65 € – Carte 48/70 €
♦ L'élégante salle à manger et la véranda offrent une belle perspective sur la plage. Proximité de la mer oblige, la généreuse cuisine au goût du jour s'en inspire largement.

X **Le St-Georges**   📶 ⓥ 🚗 🅰️🅴
4 bd Maréchal-Foch, (à côté du casino) – ✆ 04 67 68 31 38
– Fermé 28 juin-6 juil., sam. midi, dim. soir et lundi
Rest – (19 €) Menu 24/35 € – Carte 36/53 €
♦ Accueil convivial, ambiance décontractée, cuisine traditionnelle "terre et mer" à base de produits frais : trois bonnes raisons de franchir la porte de ce petit bistrot !

X **Le Phare**   ≤ ⛄ 📶 ⓥ 🚗
pl. de la Méditerranée – ✆ 04 67 68 61 16
Rest – (27 €) Menu 32 € – Carte 35/70 €
♦ Il fait tourner les têtes ! Cet ex-château d'eau accueille, à 37 m de haut, une salle tournante qui domine la côte de Sète au Grau-du-Roi (rotation en 90mn). Cuisine de saison.

PALEYRAC – 24 Dordogne – **329** G7 – rattaché au Buisson-de-Cadouin

---

LA PALUD-SUR-VERDON – 04 Alpes-de-Haute-Provence – **334** G10   41 C2
– 312 h. – alt. 930 m – ⊠ 04120 ▊ Alpes du Sud

> ▶ Paris 796 – Castellane 25 – Digne-les-Bains 65
>   – Draguignan 60
>
> 🖥 Syndicat d'initiative, le Château ✆ 04 92 77 32 02,
>   Fax 04 92 77 32 02
>
> ◐ Belvédères : Trescaïre★★, 5 km, l'Escalès★★★, 7 km par D952 puis D 23
>   - Point Sublime★★★, ≤ sur le Grand Canyon du Verdon NE : 7,5 km puis
>   15 mn.

Des Gorges du Verdon 🏕   ← 🚗 🏤 📺 ※ ⁽ᵗ⁾ ⛱ 🅿 🆚 ⓒ 🆎
1 km par rte de la Maline Sud – ☎ *04 92 77 38 26*
– www.hotel-des-gorges-du-verdon.fr
– Fax 04 92 77 35 00
– Ouvert 2 avril-17 oct.
27 ch ⊊ – ♦150/310 € ♦♦160/310 € – 3 suites – ½ P 95/200 €
Rest *– (dîner seult)* Menu 34 €
♦ Hôtel perché sur une colline près d'un village prisé des randonneurs. Les chambres s'égayent de tissus colorés ; duplex familiaux et belles suites. Hamman, jacuzzi, piscine. Menu unique inspiré par la région et servi dans un cadre en harmonie avec la cuisine.

PAMIERS ⬤ **– 09 Ariège – 343** H6 **– 14 830 h. – alt. 280 m – ✉ 09100**   **29** C3
▌ Midi-Toulousain

🢂 Paris 745 – Auch 147 – Carcassonne 76 – Castres 106
🄸 Office de tourisme, boulevard Delcassé ☎ 05 61 67 52 52,
    Fax 05 34 01 00 39

De France   ⚹ ch, 🎟 rest, ⁽ᵗ⁾ ⛱ 🅿 🆚 ⓒ 🆎
5 cours Joseph-Rambaud – ☎ *05 61 60 20 88*
– www.hotel-de-france-pamiers.com
– Fax 05 61 67 29 48
31 ch – ♦50/60 € ♦♦60/75 €, ⊊ 8 € – ½ P 50/63 €
Rest *– (fermé lundi midi, sam. midi et dim.)* Menu 18/60 €
♦ Hôtel proche du centre-ville proposant des chambres aux lignes contemporaines et dotées de mobilier exotique. Au restaurant, nouveau cadre épuré (tableaux et photos) et goûteuse cuisine personnalisée mettant en avant quelques produits bio.

De la Paix   🎟 rest, ⁽ᵗ⁾ 🅿 🆚 ⓒ 🆎
4 pl. A. Tournier – ☎ *05 61 67 12 71*
– www.hoteldelapaix-pamiers.com
– Fax 05 61 60 61 02
15 ch – ♦45/52 € ♦♦52/59 €, ⊊ 8,50 € – ½ P 49/52 €
Rest *– (fermé 20-29 déc., sam. midi et dim.)* (14 €) Menu 18/35 €
– Carte 28/67 €
♦ Sur une petite place proche du centre, cet ancien relais de poste dispose de sobres chambres, équipées de meubles rustiques ou fonctionnels. Chaleureuse atmosphère d'antan dans la salle à manger ornée de remarquables plafonds moulurés d'origine (1760).

PANISSIÈRES – 42 Loire – 327 F5 **– 2 797 h. – alt. 641 m – ✉ 42360**   **44** A1
🢂 Paris 448 – Lyon 62 – Saint-Étienne 65 – Villeurbanne 66
🄸 Office de tourisme, 1, rue de la République ☎ 04 77 28 67 70,
    Fax 04 77 28 82 18

La Ferme des Roses 🏕   🏤 ⛲ ⁽ᵗ⁾ ⛱ 🅿
Le Clair – ☎ *04 77 28 63 63*
5 ch ⊊ – ♦44 € ♦♦54/59 €
Table d'hôte – Menu 17 € bc
♦ Cette ancienne ferme (1813) est connue pour sa grande convivialité et pour les deux passions du patron : les chevaux arabes qu'il entraîne pour la compétition et les roses. Chambres contemporaines très bien équipées. Cuisine du terroir arrosée de vins du Forez.

LE PARADOU – 13 Bouches-du-Rhône – 340 D3 **– rattaché à Maussane-les-Alpilles**

PARAMÉ – 35 Ille-et-Vilaine – 309 J3 **– voir à St-Malo**

La sélection de ce guide s'enrichit avec vous : vos découvertes et vos commentaires nous intéressent. Faites-nous part de vos satisfactions ou de vos déceptions. Coup de cœur ou coup de colère : écrivez-nous !

PARAY-LE-MONIAL – 71 Saône-et-Loire – **320** E11 – 9 042 h.   **7** B3
– alt. 245 m – ✉ 71600 Bourgogne

- ▶ Paris 360 – Mâcon 67 – Montceau-les-Mines 37 – Moulins 67
- 🛈 Office de tourisme, 25, avenue Jean-Paul II ✆ 03 85 81 10 92, Fax 03 85 81 36 61
- ◉ Basilique du Sacré-Coeur★★ - Hôtel de ville★ **H.**

🏨 Terminus   🚗 🏠 📶 **P** 🅿 🚃 *VISA* ⓒ Æ

27 av. de la Gare – ✆ 03 85 81 59 31
- www.terminus-paray.fr
- Fax 03 85 81 38 31
- Fermé vacances de la Toussaint et dim.   **s**
16 ch – ♦47 € ♦♦64 €, ☷ 8 € – ½ P 51 €
Rest – (dîner seult) Menu 14/18 € – Carte 29/48 €
♦ Typique hôtel de gare 1900, bien rénové et facilement repérable à sa façade rose bonbon. Hall d'époque et confortables chambres avec belles salles de bains. Cuisine traditionnelle servie aux beaux jours en terrasse, à l'ombre des tilleuls.

🏨 Grand Hôtel de la Basilique   🛗 🗚 rest, 🅿 🚃 *VISA* ⓒ Æ

18 r. de la Visitation – ✆ 03 85 81 11 13
- www.hotelbasilique.com
- Fax 03 85 88 83 70
- Ouvert 27 mars-30 oct.   **a**
54 ch – ♦35/46 € ♦♦46/57 €, ☷ 7 € – ½ P 42/69 €
Rest – (12 € bc) Menu 15/40 € – Carte 22/60 €
♦ Depuis quatre générations, la même famille tient cet hôtel dont les chambres, refaites par étapes, sont tournées en partie vers la basilique. Repas servis dans une salle à manger lumineuse fleurant bon la campagne et la tradition.

à Sermaize-du-Bas 12,5 km par ③ par D 34 puis D 458 à Poisson
dir. St -Julien-de-Civry – ✉ 71600 Poisson

⌂ M. Mathieu sans rest 🌿   🚗 **P** 🅿

- ✆ 03 85 81 06 10
- Ouvert 15 mars-11 nov.
5 ch ☷ – ♦45 € ♦♦50/60 €
♦ Cet ancien relais de chasse, en pierres dorées, dispose de chambres nettes, personnalisées avec des meubles de famille et desservies par une tour ronde. Accueil sympathique.

PARAY-LE-MONIAL

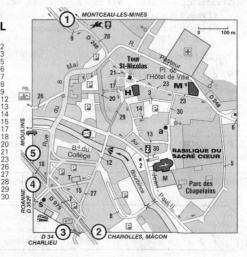

à Poisson 8 km par ③ sur D 34 – 576 h. – alt. 300 m – ⊠ 71600

XX **La Poste et Hôtel La Reconce** avec ch ॐ   🚗 ⌂ ᕼ ch, 🆔 rest, ¶¶
    – 𝒞 03 85 81 10 72 – Fax 03 85 81 64 34   **P** 𝚅𝚒𝚜𝚊 ⊙ᴬᴱ
    – Fermé 1ᵉʳ-15 nov., mardi midi et lundi de juil. à sept.
7 ch – ❶58 € ❶❶70/114 €, � 12 €
Rest – (16 €) Menu 26/70 € – Carte 52/67 €
    ◆ Cette belle bâtisse charolaise propose une cuisine traditionnelle actualisée, valorisant le terroir. Terrasse sous les platanes. Chambres joliment aménagées, au calme.

par ⑤ 4 km sur N 79 – ⊠ 71600 Paray-le-Monial

🏠 **Le Charollais**   🚗 ⌂ 🏊 ¶¶ 🛁 **P** 𝚅𝚒𝚜𝚊 ⊙
    – 𝒞 03 85 81 03 35 – www.lecharollais.fr – Fax 03 85 81 50 31
20 ch – ❶53 € ❶❶59/70 €, ⊥ 7 €
Rest – (16 €) Menu 20 € – Carte 21/50 €
    ◆ Établissement de type motel doté de chambres fraîches bien tenues, diversenent aménagées et tournées vers un parc avec des jeux pour les enfants. Bœuf charolais et pizzas au feu de bois. Agréable véranda et terrasse.

PARC du FUTUROSCOPE – 86 Vienne – **322** I4 – rattaché à Poitiers

---

PARCEY – 39 Jura – **321** C4 – rattaché à Dole

S. Sauvignier/MICHELIN

Métro aérien

PARIS
et ENVIRONS

Département : 75 Ville-de-Paris
Population : 2 182 000 h.
Pop. agglomération : 11 577 000 h.
Altitude : 30 m

Code Postal : ✉ 75000
Carte régionale : 21 D2

RENSEIGNEMENTS PRATIQUES

OFFICES DE TOURISME

25 rue des Pyramides (1er) ✆ 08 92 68 30 00 (0,34 €/mn) commun à tous les bureaux

20 bd Diderot Gare de Lyon (12e)

18 rue de Dunkerque Gare du Nord (10e)

place du Tertre Montmartre (18e)

Anvers sur le terre-plein face au 72 bd de Rochechouard (18e)

Place du 11 Novembre 1918 Gare de l'Est (10e)

Paris Expo Porte de Versaille (en période de salons 11h-19h)

BUREAUX DE CHANGE

Banques ouvertes (la plupart) de 9 h à 16 h 30 sauf sam., dim. et fêtes

à l'aéroport d'Orly-Sud : de 6 h 30 à 23 h

à l'aéroport Paris-Charles-de-Gaulle : de 6 h à 23 h 30

TRANSPORTS

Liaisons Paris Aéroports : Info cars Air France ✆ 0 892 350 820 (0,34 €/mn)(Roissy-C-d-G1 et C-d-G2/Orly) départ Terminal Étoile, Invalides et Montparnasse.

Info Bus R.A.T.P. ✆ 3246 (0,34 €/mn).

Roissy-Bus, départ Opéra 9e Orly-Bus, départ pl. Denfert-Rochereau 14e : par rail (RER) ✆ 3246 (0,34 €/mn).

Bus-Métro : se reporter au plan de Paris Michelin n°56. Le bus permet une bonne vision de la ville, surtout pour de courtes distances.

Taxi : faire signe aux véhicules libres (lumière blanche allumée) - Aires de stationnements - de jour et de nuit : appels téléphonés

Auto-train : renseignements ✆ 3635 (auto-train - 0,34 €/mn)

POSTES-TÉLÉPHONE

Chaque quartier a un bureau de Poste ouvert jusqu'à 19 h, le samedi de 8 h à 12 h - fermé le dimanche

Bureau ouvert 24h/24 : 52 r. du Louvre 1er ✆ 01 40 28 20 00

COMPAGNIE AÉRIENNE

Air France : 49 av. de l'Opéra 2e ✆ 3654 (0,34 €/mn)

DÉPANNAGE AUTOMOBILE

Il existe, à Paris et dans la Région Parisienne, des ateliers et des services permanents de dépannage

Les postes de Police vous indiqueront le dépanneur le plus proche de l'endroit où vous vous trouvez

MICHELIN à Paris

Services de Tourisme

46 av. de Breteuil - 75324 PARIS CEDEX 07 - ✆ 01 45 66 12 34, Fax 01 45 66 11 63. Ouverts du lundi au vendredi de 8 h 45 à 16 h 30 (16 h le vendredi)

Boutique Michelin en ligne : www.michelin.fr rubrique : Cartes et Guides, et Espace Michelin au 1er étage du BHV Rivoli, r. de Rivoli 75004 PARIS (métro Hôtel de Ville)

👁 A VOIR

PERSPECTIVES CÉLÈBRES ET PARIS VU D'EN HAUT

≼★★★ depuis l'Obélisque de la place de la Concorde : Champs-Élysées, Arc-de-Triomphe, Grande Arche de la Défense. - ≼★★ depuis l'Obélisque de la place de la Concorde : La Madeleine, Assemblée Nationale. - ≼★★★ depuis la terrasse du Palais de Chaillot : Tour Eiffel, École Militaire, Trocadéro. - ≼★★ depuis le pont Allexandre III : Invalides, Grand et Petit Palais - Tour Eiffel★★★ - Tour Montparnasse★★★ - Tour Notre-Dame★★★ - Dôme du Sacré-Coeur★★★ - Plate-forme de l'Arc-de-Triomphe★★★

QUELQUES MONUMENTS HISTORIQUES

Le Louvre★★★ (cour carrée, colonnade de Perrault, la pyramide) - Tour Eiffel★★★ - Notre-Dame★★★ - Sainte-Chapelle★★★ - Arc de Triomphe★★★ - Invalides★★★ (Tombeau de Napoléon) - Palais-Royal★★ - Opéra★★ - Conciergerie★★ - Panthéon★★ - Luxembourg★★ (Palais et Jardins) Églises : Notre-Dame★★★ - La Madeleine★★ - Sacré-Coeur★★ - St-Germain-des-Prés★★ - St-Étienne-du-Mont★★ - St-Germain-l'Auxerrois★★ Dans le Marais : Places des Vosges★★★ - Hôtel Lamoignon★★ - Hôtel Guénégaud★★ - Palais Soubise★★

QUELQUES MUSÉES

Le Louvre★★★ - Orsay★★★ (milieu du 19e s. jusqu'au début du 20e s.) - Art moderne★★★ (au Centre Pompidou) - Armée★★★ (aux Invalides) - Arts décoratifs★★ (107 r. de Rivoli) - Musée National du Moyen Âge et Thermes de Cluny★★ - Rodin★★ (Hôtel de Biron) - Carnavalet★★ (Histoire de Paris) - Picasso★★ - Cité des Sciences et de l'Industrie★★ (La Villette) - Guimet★★ - Marmottan★★ (collection de peintres impressionnistes) - Orangerie★★ (des impressionnistes à 1930) - Jacquemart-André★★ - Musée des Arts et Métiers ★★- Musée national des Arts asiatiques - Guimet★★★

MONUMENTS CONTEMPORAINS

La Défense★★ (C.N.I.T., la Grande Arche) - Centre Georges-Pompidou★★★ - Forum des Halles - Institut du Monde Arabe★ - Opéra Bastille - Bercy★ (palais Omnisports, Ministère des Finances) - Bibliothèque Nationale de France - Site François Mitterrand★

QUARTIERS PITTORESQUES

Montmartre★★★ - Le Marais★★★ - Île St-Louis★★ - Les Quais★★★ (entre le Pont des Arts et le Pont de Sully) - St-Germain-des-Prés★★ - Quartier St-Séverin★★

LE SHOPPING

Grands magasins : Printemps, Galeries Lafayette (bd Haussmann), B.H.V. (r. de Rivoli), Bon Marché (r. de Sèvres). Commerces de luxe : Au Faubourg St-Honoré (mode), Rue de la Paix et place Vendôme (joaillerie), Rue Royale (faïencerie et cristallerie), Avenue Montaigne (mode). Occasions et antiquités : Marché aux Puces★ (Porte de Clignancourt), Village Suisse (av. de la Motte-Picquet), Louvre des Antiquaires.

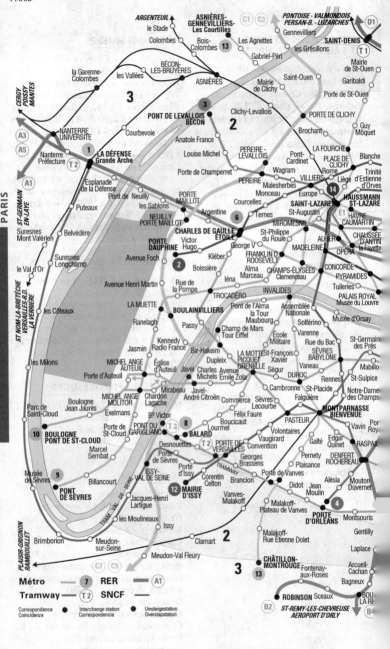

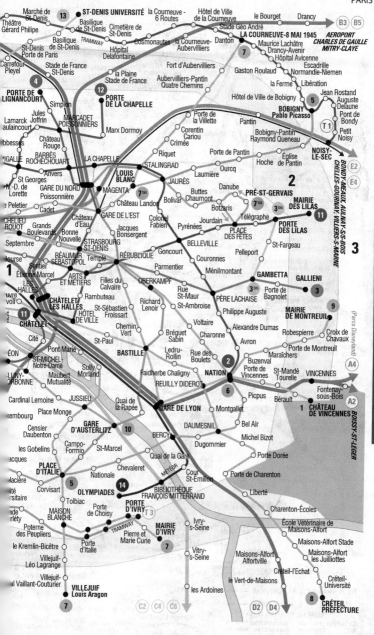

PARIS

GISORS — Chars — Montgeroult-Boissy Courcelles l'Aillerie — BEAUVAIS — Bruyères-sur-Oise — CREIL
Santeuil-le-Perchay — Us — Osny — PONTOISE — Pont-Petit — Chaponval — Auvers-sur-Oise — Valmondois — L'Isle-Adam Parmain — Belloy-St-Martin
A3 — C1 — Épluches — ST-OUEN-L'AUMÔNE — Méry-s/Oise — Champagne-sur-Oise — PERSAN-BEAUMONT — Villaines

VERNON

CERGY-LE-HAUT — Cergy-St-Christophe — Cergy-Préfecture — St-Ouen-l'Aumône-Liesse — St-Ouen-l'Aumône (Église) — Mériel — 5 — Bessancourt — Nointel-Mours — Presles-Courcelles — Montsoult-Maffliers
Neuville-Université — Éragny-Neuville — Frépillon — Taverny — Vaucelles — St-Leu-la-Forêt — Gros Noyer-St-Prix — Bouffémont-Moisselles
CONFLANS STE-HONORINE — Pierrelaye — Montigny-Beauchamp — Ermont-Halte
CONFLANS-FIN D'OISE — 4 — Franconville-le Plessis-Bouchard — ERMONT-EAUBONNE

Port-Villez
Bonnières — Thun-le-Paradis — Maurecourt — Herblay — Cernay — Champ de courses d'Enghien
Meulan-Hardricourt — Vaux-sur-Seine — Andrésy — Achères-Ville — la Frette-Montigny — Sannois — Enghien-les-Bains — la Barre-Ormesson
Rosny-s/-Seine — Juziers — Triel-s-Seine — Chanteloup-les-Vignes — Cormeilles-en-Parisis — St-Gratien
Gargenville — Issou-Porcheville — les Clairières de Verneuil — Maisons-Laffitte — ARGENTEUIL — 3 — Épinay-Villetaneuse
MANTES-LA-JOLIE — les Mureaux — Vernouillet-Verneuil — Achères-Grand Cormier — Val d'Argenteuil — Épinay-s-Seine — Gennevilliers
MANTES-STATION — Aubergenville Elisabethville — SARTROUVILLE — le Stade — les Grésillons
ÉPÔNE-MÉZIÈRES — Villennes-s-Seine — A5 — POISSY — Colombes — Bois-Colombes — Stade de France St-Denis
Ménerville — SEINE — la Garenne-Colombes — les Vallées — ASNIÈRES
Bréval — Nézel-Aulnay — ST-GERMAIN-EN-LAYE Grande-Ceinture — ST-GERMAIN-EN-LAYE — Houilles-Carrières — NANTERRE-UNIVERSITÉ — Clichy-Levallois — 2

ÉVREUX

Maule — St-Germain-en-Laye Bel-Air-Fourqueux — A1 — le Vésinet-le-Pecq — Nanterre-Ville — Courbevoie — BÉCON-LES-BRUYÈRES
Mareil-sur-Mauldre — Mareil-Marly — le Vésinet-Centre — Rueil-Malmaison — Nanterre-Préfecture — LA DÉFENSE — GARE ST-LAZARE — E1
Beynes — Marly-le-Roi — Chatou-Croissy — Puteaux — T2 — HAUSSMANN ST-LAZARE — AUBE
ST-NOM-LA-BRETÈCHE Forêt-de-Marly — l'Étang-la-Ville — Louveciennes — Suresnes Mont-Valérien — TRAM VAL DE SEINE — 1
Villiers-Neauphle Pontchartrain — NOISY-LE-ROI — Bougival — le Val d'Or
Montfort-l'Amaury-Méré — la Celle-St-Cloud — Garches-Marnes-la-Coquette — ST-CLOUD — PONT DU GARIGLIANO — GARE MONTPARNASSE
PLAISIR-GRIGNON — Vaucresson — Sèvres-Ville d'Avray — T3 — T2 — PTE DE VERSAILLES
Orgerus-Béhoust — Garancières-la-Queue — Plaisir-les Clayes — Sèvres-R.G. — Bellevue — ISSY-VAL DE SEINE — 2
Tacoignières-Richebourg — Villepreux-les Clayes — VERSAILLES Rive Droite — Montreuil — Chaville-R.G. — Clamart — Vanves-Malakoff
Houdan — Fontenay-le-Fleury — VERSAILLES-Rive Gauche (Chau de Versailles) — VIROFLAY-R D — Chaville R.G. — Meudon — Arcueil-Cachan
DREUX — ST-QUENTIN-EN-YVELINES Montigny-le-Bretonneux — ST-CYR — C5 — Chaville-Vélizy — Meudon-Val-Fleury — Bagne
C7 — VERSAILLES CHANTIERS — VIROFLAY R.G. — Fontenay-aux-Roses — Sceaux — BOURG LA-REI
Trappes — C8 — Porchefontaine — 3 — ROBINSON — B2 — Parc de Sceaux — TVM
LA VERRIÈRE — Jouy-en-Josas — la Croix-de-Berny — ORLYVAL
Coignières — Petit-Jouy-les Loges — 4 — Vauboyen — ANTONY — Chemin d'Antony
les Essarts-le-Roi — Bièvres — Fontaine Michalon — MASSY-VERRIÈR
le Perray — 5 — Igny — les Baconnets — MASSY-PALAISEAU TGV
Rambouillet — B4 — ST-RÉMY-LÈS-CHEVREUSE — Palaiseau — C2 — Longjumeau — Gravigny-Balizy
Gazeran — Courcelle-sur-Yvette — Gif-sur-Yvette — Palaiseau-Villebon — Chilly-Mazarin
6 — C4 — DOURDAN-LA-FORÊT — la Hacquinière — Bures-sur-Yvette — Lozère — Épinay-s-Or
CHÂTEAUDUN — Dourdan — Orsay-Ville — le Guichet — Ste-Geneviève-des-Bois
Sermaise — St-Chéron — La Norville St-Germain-lès-Arpajon — St-Mic s-O
Breuillet Bruyères-le-Châtel — Égly — Arpajon — Brétigny
CHARTRES — Guillerval — ÉTAMPES — Étréchy — Lardy — Bouray — Marolles-en-Hurepoix
Monnerville — C6 — Chamarande — Bur Giron
Angerville — ST-MARTIN D'ÉTAMPES — D4 — Boig
ORLÉANS — MALESHERBES — Hors Zone tarifaire

RER — A1 — Orlyval
SNCF — Hors région
RÉSEAU TRANSILIEN
La Défense — Montparnasse
Est — Gare de Lyon
Nord — Saint-Lazare
Tramway — T1 — TVM
1....6 — Zones tarifaires

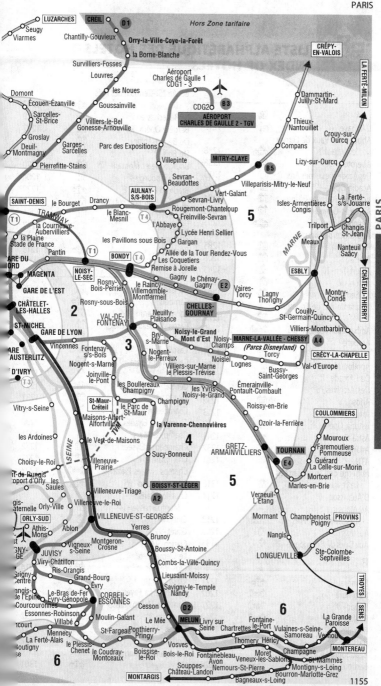

LISTE ALPHABÉTIQUE DES HÔTELS
INDEX OF HOTELS

LISTE ALPHABETIQUE DES RESTAURANTS
INDEX OF RESTAURANTS

PARIS

LES TABLES ÉTOILÉES
STARRED RESTAURANTS

Dominique Bouchet - 8ᵉ	✗	1238
Ducoté Cuisine - Boulogne-Billancourt	✗✗	1284
L'Escarbille - Meudon	✗✗	1300
etc... - 16ᵉ	✗✗	1268
Les Fables de La Fontaine - 7ᵉ	✗	1224
Fogón - 6ᵉ	✗✗	1216
Gaya Rive Gauche par Pierre Gagnaire - 7ᵉ	✗	1224
La Grande Cascade - 16ᵉ	✗✗✗✗	1270
Hélène Darroze - 6ᵉ	✗✗✗	1215
Hiramatsu - 16ᵉ	✗✗✗✗	1265
Il Vino d'Enrico Bernardo - 7ᵉ	✗✗	1222
Jacques Cagna - 6ᵉ	✗✗✗	1215
Jean - 9ᵉ	✗✗	1242
Le Jules Verne - 7ᵉ	✗✗✗	1221
Laurent - 8ᵉ	✗✗✗✗✗	1234
Le Divellec - 7ᵉ	✗✗✗	1221
Les Magnolias - Le Perreux-sur-Marne	✗✗✗	1304
Montparnasse'25 - 14ᵉ	✗✗✗✗	1254
Paris - 6ᵉ	✗✗✗	1214
Passage 53 - 2ᵉ **N**	✗	1201
Passiflore - 16ᵉ	✗✗	1267
Le Pergolèse - 16ᵉ	✗✗✗	1266
Le Pouilly - Sénart	✗✗	1311
Pur' - 2ᵉ	✗✗✗	1200
Relais d'Auteuil - 16ᵉ	✗✗✗	1266
Le Restaurant - 6ᵉ	✗✗	1215
Stella Maris - 8ᵉ	✗✗✗	1235
La Table du Baltimore - 16ᵉ	✗✗✗	1266
La Table du Lancaster - 8ᵉ	✗✗✗	1234
Tastevin - Maisons-Laffitte	✗✗✗	1297
La Tour d'Argent - 5ᵉ	✗✗✗✗✗	1209
35 ° Ouest - 7ᵉ	✗	1225
La Truffe Noire - Neuilly-sur-Seine	✗✗	1302
Vin sur Vin - 7ᵉ	✗✗	1223
Le Violon d'Ingres - 7ᵉ	✗✗	1222
Yam'Tcha - 1ᵉʳ **N**	✗	1197
Ze Kitchen Galerie - 6ᵉ	✗	1216

BIB GOURMAND

Repas soignés à prix modérés
Good food at moderate prices

HÉBERGEMENTS AGRÉABLES
PLEASANT ACCOMODATION

RESTAURANTS AGRÉABLES
PLEASANT ACCOMODATION

PARIS

MENUS À MOINS DE 30 €
MENUS FOR LESS THAN 30 €

Environs

RESTAURANTS PAR TYPE DE CUISINE
RESTAURANTS BY CUISINE TYPE

Bistrot

PARIS

LE PLAT QUE VOUS RECHERCHEZ...
TRADITIONAL DISHES

PARIS

TABLES EN EXTÉRIEUR
OUTSIDE DINING

L'Absinthe - 1er	X	1197
A et M Restaurant - 16e	XX 🙂	1267
L' A.O.C. - 5e	X	1210
Les Arts - 16e	XxX	1267
L'Atelier Berger - 1er	XX	1196
L'Atelier du Parc - 15e	XX	1259
L'Auberge Aveyronnaise - 12e	X 🙂	1250
Au Bourguignon du Marais - 4e	X	1206
Au Relais des Buttes-Chaumont - 19e	XX	1279
Le Bistrot de L'Alycastre - 6e	X	1218
Bistrot Niel - 17e	X	1275
Bistrot Volnay - 2e	X	1202
Bon - 16e	XX	1267
Brasserie La Lorraine - 8e	XX	1237
Le Bristol - 8e	XXXXX ❀❀❀	1233
Café de l'Esplanade - 7e	XX	1223
Café Lenôtre - Pavillon Elysée - 8e	X	1239
Caffé dei Cioppi - 11e	X 🙂	1248
La Cagouille - 14e	X	1256
Caves Petrissans - 17e	X	1276
Chamarré Montmartre - 18e	XX	1278
Chaumette - 16e	X	1268
Chez Casimir - 10e	X	1245
Chez René - 5e	X	1210
Cigale Récamier - 7e	XX	1222
Le Comptoir - 6e	X	1218
Le Congrès - 17e	XX	1274
Copenhague - 8e	XxX	1235
Le Court-Bouillon - 15e	XX	1259
La Cuisine - 7e	XX	1223
D'Chez Eux - 7e	XX	1224
Les Délices d'Aphrodite - 5e	X	1210
Devez - 8e	X	1239
Drouant - 2e	XxX	1200
L'Espadon - 1er	XXXXX ❀❀	1195
Les Fables de La Fontaine - 7e	X ❀	1224
Fontanarosa - 15e	XX	1259
Fontaine de Mars - 7e	X	1225
La Fontaine Gaillon - 2e	XxX	1200
Fouquet's - 8e	XxX	1235
La Gauloise - 15e	XX	1258
Le Gorille Blanc - 7e	X	1226
La Grande Cascade - 16e	XxxX ❀	1270
Le Janissaire - 12e	XX	1250
Jodhpur Palace - 12e	XX	1250
Kaiseki - 15e	X	1261
Laurent - 8e	XXXXX ❀	1234

Lescure - 1er	X	1198
Maison Blanche - 8e	XxX	1235
La Maison de L'Aubrac - 8e	X	1239
Du Marché - 15e	X	1261
Marius - 16e	XX	1267
Marius et Janette - 8e	XX	1237
Mavrommatis - 5e	XX	1209
Millésimes 62 - 14e	X 🙂	1255
Mori Venice Bar - 2e	XX	1201
Les Ombres - 7e	XX	1222
L'Os à Moelle - 15e	X 🙂	1261
L'Oulette - 12e	XxX	1249
Palais Royal - 1er	XX	1196
Pavillon Montsouris - 14e	XX	1255
Le Petit Marius - 8e	X	1239
Pétrus - 17e	XxX	1273
Pharamond - 1er	X	1197
Pierrot - 2e	X	1201
Le Pré Catelan - 16e	XXXXX ❀❀❀	1270
Prunier - 16e	XxX	1265
Le Quinzième - Cyril Lignac - 15e	XxX	1258
Rech - 17e	XX	1273
La Table du Lancaster - 8e	XxX ❀	1234
Terrasse Mirabeau - 16e	XX	1268
Tokyo Eat - 16e	X	1269
Vaudeville - 2e	XX	1201
Veramente - 7e	X	1225
La Villa Corse - 16e	X	1269
La Violette - 19e	X	1279
Zen - 1er	X 🙂	1198

Environs

		page
L'Amphitryon - Noisy-le-Grand	XX	1303
Auberge de la Poularde - Vaucresson	XxX	1314
L'Auberge de l'Élan - Cernay-la-Ville	X	1288
Auberge du Cheval Blanc - Cergy-Pontoise	XX	1288
Auberge Ravoux - Auvers-sur-Oise	X	1282
Au Cœur de la Forêt - Montmorency	XX	1300
La Belle Époque - Châteaufort	XxX ❀	1289
La Bretèche - Saint-Maur-des-Fossés	XxX	1309
Cazaudehore - Saint-Germain-en-Laye	XxX	1309
Chalet du Parc - Yerres	XX	1320

Les Chanteraines		
- Villeneuve-la-Garenne	✗✗	1318
Le Coq de la Maison Blanche		
- Saint-Ouen	✗✗	1310
Ducoté Cuisine		
- Boulogne-Billancourt	✗✗ ❀	1284
Les Écuries du Château		
- Dampierre-en-Yvelines	✗✗	1292
L'Escarbille - Meudon	✗✗ ❀	1300
Gordon Ramsay au Trianon		
- Versailles	✗✗✗ ❀ ❀	1317
La Gueulardière		
- Ozoir-la-Ferrière	✗✗✗	1304
Hostellerie du Nord		
- Auvers-sur-Oise	✗✗✗	1282
L'Idée - Levallois-Perret	✗	1296
L'Île - Issy-les-Moulineaux	✗✗	1295
L'Instinct - La		
Garenne-Colombes	✗✗	1294
Les Jardins de Camille		
- Suresnes	✗✗	1312

La Jument Verte		
- Tremblay-en-France	✗✗ ⌂	1313
Maison Cagna - Cergy-Pontoise	✗✗	1286
Manufacture		
- Issy-les-Moulineaux	✗✗	1295
La Mare au Diable - Sénart	✗✗✗	1311
Moulin de la Renardière		
- Cergy-Pontoise	✗✗	1287
Le Panoramic de Chine		
- Carrières-sur-Seine	✗	1285
Pavillon de la Tourelle - Vanves	✗✗✗	1313
La Petite Marmite - Livry-Gargan	✗✗	1297
Le Pouilly - Sénart	✗✗ ❀	1311
River Café - Issy-les-Moulineaux	✗✗	1295
La Romantica - Clichy	✗✗✗	1290
Tastevin - Maisons-Laffitte	✗✗✗ ❀	1297
Le Valmont - Versailles	✗✗	1317
Van Gogh - Asnières-sur-Seine	✗✗✗	1281
Le Vilgacy - Gagny	✗✗	1294
Villa9Trois - Montreuil	✗✗	1300
Zin's à l'Étape Gourmande		
- Versailles	✗✗	1317

RESTAURANTS AVEC SALONS PARTICULIERS
PRIVATE DINING ROOMS

L 'Acajou - 16ᵉ	✗	1269
Aida - 7ᵉ	✗ ❀	1225
Alcazar - 6ᵉ	✗✗	1216
Ambassade d'Auvergne - 3ᵉ	✗✗ ⌂	1203
L'Ambroisie - 4ᵉ	✗✗✗ ❀❀❀	1205
L'Angle du Faubourg - 8ᵉ	✗✗ ❀	1236
Antoine - 16ᵉ	✗✗✗	1266
Apicius - 8ᵉ	✗✗✗ ❀ ❀	1234
Arpège - 7ᵉ	✗✗✗ ❀❀❀	1221
Les Arts - 16ᵉ	✗✗✗	1267
Astier - 11ᵉ	✗	1247
L'Atelier Berger - 1ᵉʳ	✗✗	1196
Atelier Maître Albert - 5ᵉ	✗✗	1209
Au Bœuf Couronné - 19ᵉ	✗✗	1279
Au Petit Riche - 9ᵉ	✗✗	1243
Au Relais des		
Buttes-Chaumont - 19ᵉ	✗✗	1279
Aux Lyonnais - 2ᵉ	✗ ⌂	1201
Le Ballon des Ternes - 17ᵉ	✗✗	1274
Bastide Odéon - 6ᵉ	✗✗	1215
Benkay - 15ᵉ	✗✗✗	1258
Benoit - 4ᵉ	✗✗ ❀	1205
Bibimbap - 5ᵉ	✗	1211
Le Bistrot de L'Alycastre - 6ᵉ	✗	1218

Bistrot de Paris - 7ᵉ	✗	1225
Bistrot du Sommelier - 8ᵉ	✗✗	1236
Bi Zan - 2ᵉ	✗	1202
Bofinger - 4ᵉ	✗✗	1206
Bon - 16ᵉ	✗✗	1267
Café de la Paix - 9ᵉ	✗✗✗	1242
Café Lenôtre - Pavillon Elysée - 8ᵉ	✗	1239
La Cagouille - 14ᵉ	✗	1256
Carré des Feuillants - 1ᵉʳ	✗✗✗✗ ❀ ❀	1195
Le Céladon - 2ᵉ	✗✗✗ ❀	1200
Le 122 - 7ᵉ	✗	1225
Chamarré Montmartre - 18ᵉ	✗✗	1278
Chez La Vieille "Adrienne" - 1ᵉʳ	✗	1198
Chez Léon - 17ᵉ	✗	1274
Chez les Anges - 7ᵉ	✗✗ ⌂	1222
Le Chiberta - 8ᵉ	✗✗✗ ❀	1234
Le Cinq - 8ᵉ	✗✗✗✗✗ ❀ ❀	1233
Le Clarisse - 7ᵉ	✗✗ ⌂	1222
Le Clos des Gourmets - 7ᵉ	✗ ⌂	1224
Le Clou de Fourchette - 17ᵉ	✗	1276
Cristal Room Baccarat - 16ᵉ	✗✗	1267
La Dînée - 15ᵉ	✗✗	1259
Le Dôme - 14ᵉ	✗✗✗	1254
Dominique Bouchet - 8ᵉ	✗ ❀	1238

PARIS

Restaurant	Rating	Page
Drouant - 2ᵉ	XxX	1200
L'Espadon - 1ᵉʳ	XxXxX ❀❀	1195
Les Fils de la Ferme - 14ᵉ	X	1256
Fontaine de Mars - 7ᵉ	X	1225
La Fontaine Gaillon - 2ᵉ	XxX	1200
Food et Beverage - 3ᵉ	X	1203
Fouquet's - 8ᵉ	XxX	1235
Gallopin - 2ᵉ	XX	1201
La Gauloise - 15ᵉ	XX	1258
Goumard - 1ᵉʳ	XX	1196
La Grande Cascade - 16ᵉ	XxX ❀	1270
Le Grand Véfour - 1ᵉʳ	XxX ❀❀	1195
Guy Savoy - 17ᵉ	XxX ❀❀	1273
Hanawa - 8ᵉ	XX	1237
Hiramatsu - 16ᵉ	XxX ❀	1265
Jean - 9ᵉ	XX ❀	1242
Kaï - 1ᵉʳ	X	1197
Karl et Erick - 17ᵉ	X	1275
Kinugawa - 1ᵉʳ	XX	1196
Lasserre - 8ᵉ	XxXxX ❀❀	1233
Laurent - 8ᵉ	XxXxX ❀	1234
Ledoyen - 8ᵉ	XxXxX ❀❀❀	1233
Lei - 7ᵉ	XX	1223
Macéo - 1ᵉʳ	XxX	1196
La Maison de Charly - 17ᵉ	XX	1274
Du Marché - 15ᵉ	X	1261
La Marée - 8ᵉ	XX	1237
Marty - 5ᵉ	XX	1209
Mavrommatis - 5ᵉ	XX	1209
Maxan - 8ᵉ	XX	1237
Méditerranée - 6ᵉ	XX	1216
Le Meurice - 1ᵉʳ	XxXxX ❀❀❀	1195
Michel Rostang - 17ᵉ	XxXxX ❀❀	1273
Millésimes 62 - 14ᵉ	X 🏠	1255
1728 - 8ᵉ	XX	1235
L'Oriental - 9ᵉ	X	1244
Les Papilles - 5ᵉ	X	1210
Paris - 6ᵉ	XxX ❀	1214
Pavillon Montsouris - 14ᵉ	XX	1255
Le Pergolèse - 16ᵉ	XxX ❀	1266
Pétrossian - 7ᵉ	XxX	1222
Pétrus - 17ᵉ	XxX	1273
Pharamond - 1ᵉʳ	X	1197
Le Pré Catelan - 16ᵉ	XxXxX ❀❀❀	1270
Prunier - 16ᵉ	XxX	1265
P'tit Troquet - 7ᵉ	X 🏠	1225
Relais Louis XIII - 6ᵉ	XxX ❀❀	1215
Saudade - 1ᵉʳ	XX	1196
Senderens - 8ᵉ	XxX ❀❀	1234
Silk et Spice - 2ᵉ	X	1202
Sormani - 17ᵉ	XxX	1273
Stéphane Martin - 15ᵉ	X 🏠	1259
Suan Thaï - 4ᵉ	X 🏠	1207
La Table du Baltimore - 16ᵉ	XxX ❀	1266
La Table du Lancaster - 8ᵉ	XxX ❀	1234
Taillevent - 8ᵉ	XxXxX ❀❀	1233
Tante Louise - 8ᵉ	XX	1236
Tante Marguerite - 7ᵉ	XX	1223
La Tour d'Argent - 5ᵉ	XxXxX ❀	1209
La Truffière - 5ᵉ	XX	1209
Tsé Yang - 16ᵉ	XxX	1266
Un Jour à Peyrassol - 2ᵉ	X	1201
La Violette - 19ᵉ	X	1279
Yanasé - 15ᵉ	X	1260

Environs

Restaurant	Rating	page
L'Amandier - Antony	XX	1281
L'Angélique - Versailles	XX ❀	1317
Auberge de la Poularde - Vaucresson	XxX	1314
Auberge des Saints Pères - Aulnay-sous-Bois	XxX ❀	1282
Auberge du Château "Table des Blot" - Dampierre-en-Yvelines	XxX ❀	1292
Auberge St-Pierre - Dampierre-en-Yvelines	XX	1292
Au Comte de Gascogne - Boulogne-Billancourt	XxX ❀	1284
Aux Saveurs d'Alice - Enghien-les-Bains	X	1293
La Barrière de Clichy - Clichy	XX	1290
Le Bonheur de Chine - Rueil-Malmaison	XX	1306
La Bourgogne - Maisons-Alfort	XX	1297
Le Camélia - Bougival	XxX ❀	1283
Le Canal - Evry	X	1294
Cazaudehore - Saint-Germain-en-Laye	XxX	1309
Le Cénacle - Tremblay-en-France	XX	1313
Chalet du Parc - Yerres	XX	1320
Le Coq de la Maison Blanche - Saint-Ouen	XX	1310
Coquibus - Issy-les-Moulineaux	X	1295
Les Écuries du Château - Dampierre-en-Yvelines	XX	1292
L'Escarbille - Meudon	XX ❀	1300
La Gueulardière - Ozoir-la-Ferrière	XxX	1304
Jarrasse L'Ecailler de Paris - Neuilly-sur-Seine	XX	1302
Pavillon de la Tourelle - Vanves	XxX	1313
La Romantica - Clichy	XxX	1290
La Table des Montquartiers - Issy-les-Moulineaux	XX	1295
Van Gogh - Asnières-sur-Seine	XxX	1281
Villa9Trois - Montreuil	XX	1300

RESTAURANTS OUVERTS SAMEDI ET DIMANCHE
RESTAURANTS OPEN ON SATURDAY AND SUNDAY

Aida - 7ᵉ	XXX	1225
Al Ajami - 8ᵉ	XX	1237
Alcazar - 6ᵉ	XX	1216
Allard - 6ᵉ	X	1216
Ambassade d'Auvergne - 3ᵉ	XXX	1203
Antoine - 16ᵉ	XxX	1266
L' A.O.C. - 5ᵉ	X	1210
L'Assiette - 14ᵉ	X	1255
Astier - 11ᵉ	X	1247
L'Atelier de Joël Robuchon - 7ᵉ	XXXX	1224
L'Auberge Aveyronnaise - 12ᵉ	XX	1250
Au Bœuf Couronné - 19ᵉ	XX	1279
Au Petit Riche - 9ᵉ	XX	1243
Le Ballon des Ternes - 17ᵉ	XX	1274
Bambou - 13ᵉ	X	1253
Banyan - 15ᵉ	X	1261
b4 - 4ᵉ	X	1206
Benkay - 15ᵉ	XxX	1258
Benoit - 4ᵉ	XXX	1205
Bibimbap - 5ᵉ	X	1211
BIOart - 13ᵉ	X	1252
Bistro de la Muette - 16ᵉ	XX	1268
Bistrot du Dôme - 14ᵉ	X	1255
Bofinger - 4ᵉ	XX	1206
Bon - 16ᵉ	XX	1267
Brasserie La Lorraine - 8ᵉ	XX	1237
Le Bristol - 8ᵉ	XXXXX XXXX	1233
Café Constant - 7ᵉ	XX	1226
Café de la Paix - 9ᵉ	XxX	1242
Café de l'Esplanade - 7ᵉ	XX	1223
Café des Musées - 3ᵉ	XX	1204
La Cagouille - 14ᵉ	X	1256
Les Cailloux - 13ᵉ	XX	1252
Caroubier - 15ᵉ	XX	1259
114, Faubourg - 8ᵉ	XX	1235
Chamarré Montmartre - 18ᵉ	XX	1278
Chardenoux - 11ᵉ	XX	1247
Le Cinq - 8ᵉ	XXXXX XXXX	1233
Le Comptoir - 6ᵉ	X	1218
Le Congrès - 17ᵉ	XX	1274
Les Délices d'Aphrodite - 5ᵉ	X	1210
Dessirier - 17ᵉ	XX	1273
Devez - 8ᵉ	X	1239
Diep - 8ᵉ	XX	1238
Le Dôme - 14ᵉ	XxX	1254
Le Dôme Bastille - 4ᵉ	X	1206
Drouant - 2ᵉ	XxX	1200
L'Enoteca - 4ᵉ	X	1206
L'Espadon - 1ᵉʳ	XXXXX XXXX	1195

L'Étoile Marocaine - 8ᵉ	XX	1238
L'Évasion - 8ᵉ	X	1239
Les Fables de La Fontaine - 7ᵉ	XXX	1224
Fermette Marbeuf 1900 - 8ᵉ	XX	1237
Fish La Boissonnerie - 6ᵉ	X	1217
Fogón - 6ᵉ	XXXX	1216
Fontanarosa - 15ᵉ	XX	1259
Fontaine de Mars - 7ᵉ	X	1225
Fouquet's - 8ᵉ	XxX	1235
Les Fous de l'Île - 4ᵉ	X	1206
Gallopin - 2ᵉ	XX	1201
La Gauloise - 15ᵉ	XX	1258
Glou - 3ᵉ	X	1204
Goumard - 1ᵉʳ	XX	1196
La Grande Cascade - 16ᵉ	XXXXX XXX	1270
L'Huîtrier - 17ᵉ	X	1276
Impérial Choisy - 13ᵉ	XXX	1252
Jodhpur Palace - 12ᵉ	XX	1250
Le Jules Verne - 7ᵉ	XxX XXXX	1221
Lao Lane Xang 2 - 13ᵉ	X	1252
Lei - 7ᵉ	XX	1223
Lhassa - 5ᵉ	X	1210
Le Lys d'Or - 12ᵉ	X	1251
La Maison de Charly - 17ᵉ	XX	1274
La Maison de L'Aubrac - 8ᵉ	X	1239
La Marée - 8ᵉ	XX	1237
La Marée Passy - 16ᵉ	X	1269
Marius et Janette - 8ᵉ	XX	1237
Market - 8ᵉ	XX	1236
La Marlotte - 6ᵉ	X	1218
Marty - 5ᵉ	XX	1209
Méditerranée - 6ᵉ	XX	1216
Mer de Chine - 13ᵉ	X	1252
Mon Vieil Ami - 4ᵉ	X	1206
Les Ombres - 7ᵉ	XX	1222
L'Oriental - 9ᵉ	X	1244
Ozu - 16ᵉ	XX	1268
Pavillon Montsouris - 14ᵉ	XX	1255
Petit Marguery - 13ᵉ	XX	1252
Le Petit Marius - 8ᵉ	X	1239
Petit Pontoise - 5ᵉ	X	1210
Pétrus - 17ᵉ	XxX	1273
Pharamond - 1ᵉʳ	X	1197
Pinxo - 1ᵉʳ	XX	1196
Pur' - 2ᵉ	XxX XXXX	1200
Le Relais Plaza - 8ᵉ	XX	1237
La Rotonde - 6ᵉ	X	1217
Royal Madeleine - 8ᵉ	X	1238
Senderens - 8ᵉ	XXX XXXX	1234

RESTAURANTS OUVERTS EN AOÛT
RESTAURANTS OPEN IN AUGUST

Environs

PARIS

RESTAURANTS OUVERTS TARD LE SOIR
RESTAURANTS OPEN LATE

Heure de la dernière commande signalée entre parenthèses
Time of last orders in brackets

Chez Casimir - 10ᵉ (23 h30)	X	1245
Chez Michel - 10ᵉ (0 h)	X 🍴	1245
Le Clou de Fourchette - 17ᵉ (23 h45)	X	1276
Le Congrès - 17ᵉ (2 h)	XX	1274
Devez - 8ᵉ (0 h30)	X	1239
Diep - 8ᵉ (0 h)	XX	1238
Le Dôme - 14ᵉ (23 h30)	XXX	1254
Drouant - 2ᵉ (0 h)	XXX	1200
L'Écaille de la Fontaine - 2ᵉ (23 h30)	X	1202
El Mansour - 8ᵉ (23 h30)	XXX	1235
L'Enoteca - 4ᵉ (23 h30)	X	1206
Fermette Marbeuf 1900 - 8ᵉ (23 h30)	XX	1237
Fogón - 6ᵉ (0 h)	XX ✿	1216
La Fontaine Gaillon - 2ᵉ (23 h30)	XXX	1200
Fouquet's - 8ᵉ (0 h)	XXX	1235
Les Fous de l'Île - 4ᵉ (23 h30)	X	1206
Gallopin - 2ᵉ (0 h)	XX	1201
Goumard - 1ᵉʳ (0 h30)	XX	1196
Il Vino d'Enrico Bernardo - 7ᵉ (0 h)	XXX ✿	1222
Jadis - 15ᵉ (23 h45)	X 🍴	1261
Le Janissaire - 12ᵉ (23 h30)	XX	1250
La Maison de L'Aubrac - 8ᵉ(jour et nuit)	X	1239
Market - 8ᵉ (23 h30)	XX	1236
Mer de Chine - 13ᵉ (0 h30)	X	1252
Momoka - 9ᵉ (2 h)	X	1244
Mori Venice Bar - 2ᵉ (23 h30)	XX	1201
Le Mûrier - 15ᵉ (23 h45)	X	1260
L'Os à Moelle - 15ᵉ (23 h30)	X 🍴	1261
Palace Élysées - 8ᵉ (23 h45)	XX	1238
Pierre au Palais Royal - 1ᵉʳ (0 h)	XX	1196
La Régalade - 14ᵉ (23 h30)	X 🍴	1255
La Rotonde - 6ᵉ (0 h45)	X	1217
La Société - 6ᵉ (0 h30)	XX	1215
Suan Thaï - 4ᵉ (23 h30)	X 🍴	1207
Thoumieux - 7ᵉ (0 h)	XX	1223
Tokyo Eat - 16ᵉ (23 h30)	X	1269
Vaudeville - 2ᵉ (0 h15)	XX	1201
La Villa Corse - 16ᵉ (23 h30)	X	1269
La Villa Corse - 15ᵉ (23 h30)	X	1260
Villaret - 11ᵉ (23 h30)	X 🍴	1247

COURBEVOIE

LEVALLOIS-PERRET

SEINE

D 909

D 908

D 911

D 912

CLICHY

D 13

Pte de
St-Ouen

Bd Bessières

Pte de Clichy

Pte d'Asnières

Av. de St-Ouen

Pte de
Champerret

Berthier

Av. de Clichy

17E ARR.

BATIGNOLLES

Pl. de
Clichy

R. de Clichy

LA DEFENSE

A 14

NEUILLY-S-SEINE

D 913

Bd Gouvion

St-Cyr

Av.

Bd Wagram

de

Villiers

R. d'Amsterdam

PALAIS DES
CONGRÈS
DE PARIS

WAGRAM

Bd de Courcelles

PARC
MONCEAU

GARE
ST-LAZARE

Pte Maillot

Av. de la Gde Armée

de

Bd Malesherbes

Longchamp

Pte
Dauphine

Avenue

Foch

ARC DE
TRIOMPHE

Bd Haussmann

OPÉRA
GARNIER

Allée

de

Lannes

ÉTOILE

CHAMPS-
ÉLYSÉES

8E ARR.

MADELEINE

Bd

Pte de
la Muette

Av.

Mandel

TROCADÉRO

New York

CONCORDE

Rue

Quai
des Tuileries

BOIS
DE
BOULOGNE

Suchet

PALAIS DE CHAILLOT

de

Quai

d'Orsay

MUSÉE
D'ORSAY

A 13

Av. Bosquet

Pte
d'Auteuil

PASSY

TOUR
EIFFEL

INVALIDES

Av. des

7E ARR.

16E ARR.

MAISON DE
RADIO-FRANCE

ÉCOLE
MILITAIRE

Bd de Breteuil

St.

Bd

Murat

de Versailles

SEINE

Q. de Grenelle

Bd de Grenelle

Grenelle

Av. de Suffren

Sèvres

Rennes

6E ARR.

AUTEUIL

Citroën

15E ARR.

Bd Garibaldi

R.

Bd

de R.

Montparnass

PARC DES
PRINCES

Bd

Av.

BEAUGRENELLE

R. de

Lecourbe

Vaugirard

Av.

Rasp

D 907

D 910

Quai

de

Convention

Rue

Rue

VAUGIRARD

GARE
MONTPARNASSE

Pte de
St-Cloud

Quai d'Issy

Bd Victor

PORTE DE
VERSAILLES

DENFERT
ROCHEREAU

BOULOGNE-
BILLANCOURT

Pte de
Sèvres

PARIS EXPO

R. d'Alésia

ALÉ

D 1

Bd Lefèbvre

14E ARR.

Brune

Av. Jean

Moulin

Av. du

D 7

VANVES

Boulevard

D 989

Pte de Châtillon

Périphérique

Pte
d'Orlé

ISSY-LES-MOULINEAUX

MALAKOFF

D 906

MONTROUGE

D 920

0   1 km

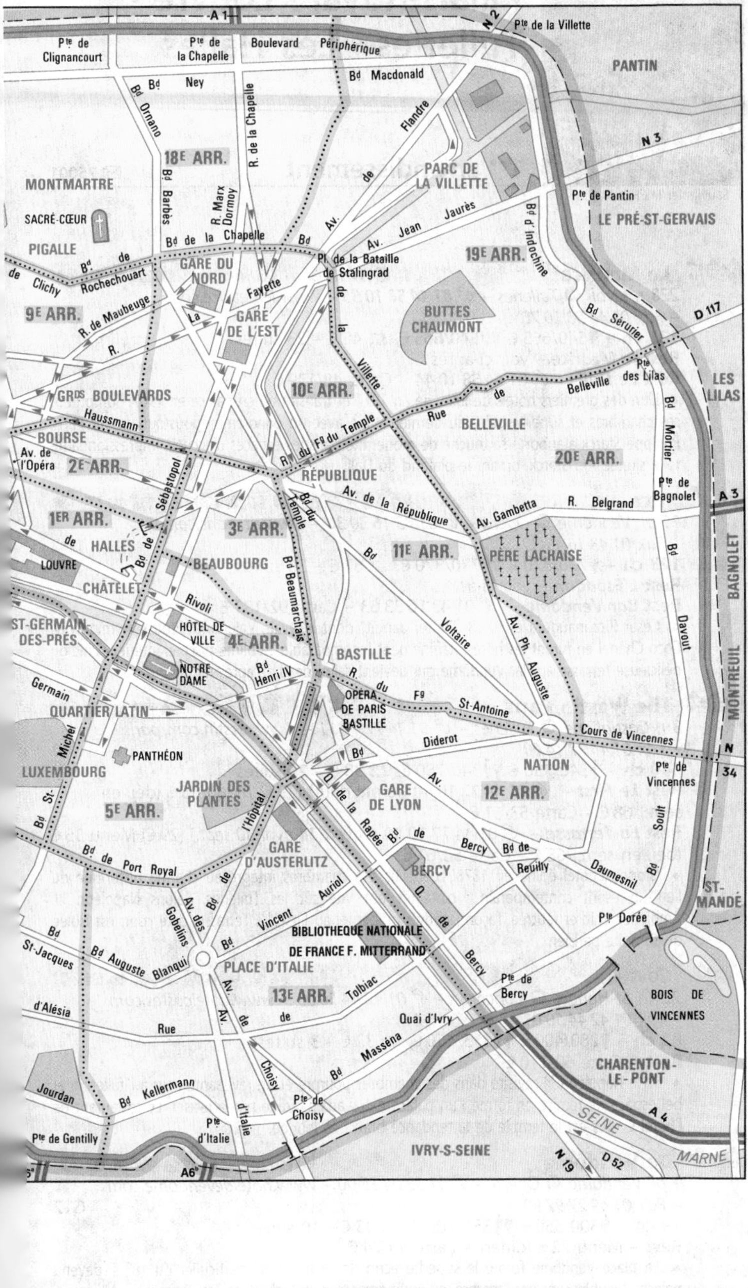
A 1
N 2
Pte de la Villette
Pte de Clignancourt
Pte de la Chapelle
Boulevard Périphérique
PANTIN
Bd Macdonald
Bd Ney
Bd Ornano
R. de la Chapelle
Flandre
N 3
18E ARR.
MONTMARTRE
Bd Barbès
R. Marx Dormoy
Av. de
PARC DE LA VILLETTE
Pte de Pantin
LE PRÉ-ST-GERVAIS
SACRÉ-CŒUR
Av. Jean Jaurès
Bd d'Indochine
PIGALLE
Bd de la Chapelle
Bd
Pl. de la Bataille de Stalingrad
19E ARR.
Bd de Rochechouart
de Clichy
GARE DU NORD
La Fayette
9E ARR.
R. de Maubeuge
GARE DE L'EST
BUTTES CHAUMONT
Bd Sérurier
D 117
R. de la Villette
Pte des Lilas
LES LILAS
10E ARR.
Rue de Belleville
GRDS BOULEVARDS
Haussmann
BOURSE
R. du Fg du Temple
BELLEVILLE
Bd Mortier
PARIS
Av. de l'Opéra
2E ARR.
20E ARR.
RÉPUBLIQUE
Sébastopol
Pte de Bagnolet
Av. de la République
R. Belgrand
A 3
1ER ARR.
Bd du Temple
Av. Gambetta
3E ARR.
11E ARR.
PÈRE LACHAISE
HALLES
Bd de
BAGNOLET
LOUVRE
BEAUBOURG
Bd Beaumarchais
Bd Voltaire
CHÂTELET
Rivoli
ST-GERMAIN-DES-PRÉS
HÔTEL DE VILLE
4E ARR.
Av. Ph. Auguste
Bd Davout
BASTILLE
Germain
NOTRE DAME
Bd Henri IV
R. du Fg St-Antoine
MONTREUIL
OPÉRA DE PARIS BASTILLE
QUARTIER LATIN
Diderot
Cours de Vincennes
N
PANTHÉON
NATION
Michel
Pte de Vincennes
34
LUXEMBOURG
JARDIN DES PLANTES
Bd St-
Bd
GARE DE LYON
12E ARR.
5E ARR.
l'Hôpital
Q. de la Rapée
Av.
Bd Soult
Bd de Bercy
Bd de Reuilly
Bd de Port Royal
GARE D'AUSTERLITZ
Daumesnil
Bd
BERCY
ST-MANDÉ
Av. des Gobelins
Bd de
Auriol
Q. de
Vincent
Pte Dorée
Bd St-Jacques
BIBLIOTHEQUE NATIONALE DE FRANCE F. MITTERRAND
Bd Auguste Blanqui
Bd
PLACE D'ITALIE
Bercy
Tolbiac
Pte de Bercy
BOIS DE VINCENNES
d'Alésia
Av. de
13E ARR.
Rue
de
Quai d'Ivry
Choisy
Bd Masséna
CHARENTON-LE-PONT
Jourdan
Bd Kellermann
Pte de Choisy
d'Italie
SEINE
A 4
Pte de Gentilly
Pte d'Italie
IVRY-S-SEINE
N 19
D 52
MARNE
A6b

S. Sauvignier/MICHELIN

Palais-Royal · Louvre · Tuileries · Les Halles

1er arrondissement ✉ 75001

Le Meurice ⓐ 🛋 🎽 🕸 ch, 🖾 🕸 rest, 🕐 🛱 💳 ⓩ 🅰🅴 ⓪
228 r. Rivoli ⓜ Tuileries – ℰ 01 44 58 10 55 – www.lemeurice.com
– Fax 01 44 58 10 76   G12
137 ch – †540/665 € ††540/665 €, ☑ 48 € – 23 suites
Rest le Meurice – voir ci-après
Rest Le Dali – ℰ 01 44 58 10 44 – Carte 48/139 €
♦ L'un des premiers hôtels de luxe, né en 1817 et transformé en palace en 1907. Somptueu-
ses chambres et superbe suite au dernier étage avec un panorama époustouflant sur Paris.
Philippe Starck a apporté sa touche de modernité dans les espaces d'accueil. Impressionnante
toile signée Ara Starck, ornant le plafond du Dali.

Ritz 🏡 🔲 ⓐ 🛋 🎽 🖾 🕐 🛱 💳 ⓩ 🅰🅴 ⓪
15 pl. Vendôme ⓜ Opéra – ℰ 01 43 16 30 30 – www.ritzparis.com
– Fax 01 43 16 45 39   G12
123 ch – †770/870 € ††770/870 €, ☑ 67 € – 36 suites
Rest L'Espadon – voir ci-après
Rest Bar Vendôme – ℰ 01 43 16 33 63 – Carte 92/131 €
♦ César Ritz inaugura en 1898 "l'hôtel parfait" dont il rêvait. Valentino, Proust, Hemingway,
Coco Chanel en furent les hôtes. Raffinement incomparable. Sublime piscine. Intérieur chic ou
délicieuse terrasse au Bar Vendôme qui devient salon de thé l'après-midi.

The Westin Paris 🎽 🕸 ch, 🖾 🕸 rest, 🕐 🛱 💳 ⓩ 🅰🅴 ⓪
3 r. Castiglione ⓜ Tuileries – ℰ 01 44 77 11 11 – www.westin.com/paris
– Fax 01 44 77 14 60   G12
440 ch – †340/750 € ††340/750 €, ☑ 38 € – 29 suites
Rest Le First – ℰ 01 44 77 10 40 (fermé août) (29 €) Menu 35 € (déj. en
sem.)/68 € – Carte 53/61 €
Rest La Terrasse – ℰ 01 44 77 10 40 (ouvert 14 avril-30 sept.) (29 €) Menu 35 €
(déj. en sem.)/68 € – Carte 53/61 €
♦ Glorieux hôtel édifié en 1878. Le décor des chambres intègre au charme historique du
lieu un esprit contemporain ; certaines ont vue sur les Tuileries. Salons Napoléon III.
Ambiance chic et feutrée, façon boudoir moderne, au First. La Terrasse, côté cour, est isolée
du tumulte parisien.

Costes 🏡 🔲 🛋 🎽 🕸 ch, 🖾 🕐 💳 ⓩ 🅰🅴 ⓪
239 r. St-Honoré ⓜ Concorde – ℰ 01 42 44 50 00 – www.hotelcostes.com
– Fax 01 42 44 50 01   G12
82 ch – †280/400 € ††315/450 €, ☑ 32 € – 3 suites
Rest – Carte 60/110 €
♦ Style Napoléon III revisité dans des chambres pourpre et or, ravissante cour à l'italienne et
bel espace de remise en forme : un palace extravagant, adulé par le jet-set. Le restaurant de
l'hôtel Costes est le temple de la tendance branchée lounge.

De Vendôme 🎽 🕸 ch, 🖾 ch, 🕐 🛱 💳 ⓩ 🅰🅴 ⓪
1 pl. Vendôme ⓜ Opéra – ℰ 01 55 04 55 00 – www.hoteldevendome.com
– Fax 01 49 27 97 89   G12
19 ch – †300/550 € ††350/700 €, ☑ 35 € – 10 suites
Rest – Menu 72 € (dîner) – Carte 59/74 €
♦ La place Vendôme forme le superbe écrin de ce bel hôtel particulier du 18ᵉ s. devenu
palace. Meubles anciens, marbre et équipements high-tech dans les chambres. À l'étage,
confortable restaurant à l'allure de boudoir contemporain ; cuisine de saison.

Renaissance Paris Vendôme ▢ 🛗 ⚕ ⅙ 🅰🅲 ⚡ ☏ 𝑽𝑰𝑺𝑨 ⓿ 🅰🅴 ⓞ

4 r. du Mont-Thabor Ⓜ *Tuileries* – ✆ *01 40 20 20 00*
– *www.renaissanceparisvendome.com* – *Fax 01 40 20 20 01*   G12
97 ch – ♦319/529 € ♦♦319/529 €, ⌴ 29 € – 15 suites
Rest *Pinxo* – voir ci-après
♦ Immeuble du 19e s. métamorphosé en hôtel contemporain revisitant les années 1930-1950. Bois, tons miel et chocolat, équipements de pointe dans les chambres. Beau bar chinois.

Castille Paris 🎄 🛗 ⚕ 🅰🅲 ☏ 🛗 𝑽𝑰𝑺𝑨 ⓿ 🅰🅴 ⓞ

33 r. Cambon Ⓜ *Madeleine* – ✆ *01 44 58 44 58* – *www.castille.com*
– *Fax 01 44 58 44 00*   G12
91 ch – ♦260/1500 € ♦♦260/1500 €, ⌴ 28 € – 17 suites
Rest *L'Assaggio* – 37 r. Cambon, ✆ *01 44 58 45 67 (fermé août, 24-30 déc., sam. et dim.)* (38 €) Menu 48 € (déj.)/95 € – Carte 42/95 €🕮
♦ Côté "Opéra", précieux décor tantôt d'inspiration vénitienne, tantôt épuré ; côté "Rivoli", cadre noir et blanc graphique en écho à la maison Chanel voisine. L'Assaggio sert une cuisine italienne traditionnelle dans une salle façon "villa d'Este" ; patio-terrasse.

Regina 🎄 🛗 ⚕ ch, 🅰🅲 ☏ 🛗 𝑽𝑰𝑺𝑨 ⓿ 🅰🅴 ⓞ

2 pl. des Pyramides Ⓜ *Tuileries* – ✆ *01 42 60 31 10* – *www.regina-hotel.com*
– *Fax 01 40 15 95 16*   H13
120 ch – ♦225/375 € ♦♦225/375 €, ⌴ 32 € – 10 suites
Rest – (28 €) Carte 39/58 €
♦ Cet hôtel 1900 a conservé son atmosphère et son décor Art nouveau. Superbe hall, chambres riches en mobilier ancien – certaines ont vue sur la tour Eiffel – plus calmes côté patio. Salle à manger avec jolie cheminée Majorelle et cour-jardin très prisée en été.

Cambon sans rest 🛗 🅰🅲 ⚡ ☏ 𝑽𝑰𝑺𝑨 ⓿ 🅰🅴 ⓞ

3 r. Cambon Ⓜ *Concorde* – ✆ *01 44 58 93 93* – *www.hotelcambon.com*
– *Fax 01 42 60 30 59*   G12
40 ch – ♦230/285 € ♦♦330/370 €, ⌴ 19 € – 2 suites
♦ Entre jardin des Tuileries et rue St-Honoré, plaisantes chambres où cohabitent mobilier contemporain, jolies gravures et tableaux anciens. Clientèle fidèle.

Royal St-Honoré sans rest 🛗 🅰🅲 ☏ 𝑽𝑰𝑺𝑨 ⓿ 🅰🅴 ⓞ

221 r. St-Honoré Ⓜ *Tuileries* – ✆ *01 42 60 32 79*
– *www.hotel-royal-st-honore.com* – *Fax 01 42 60 47 44*   G12
72 ch – ♦340/390 € ♦♦390/440 €, ⌴ 22 €
♦ Sur le site de l'ancien hôtel de Noailles, immeuble cossu du 19e s. aux chambres raffinées et soignées. Décor Louis XVI dans la salle des petits-déjeuners, bar cosy.

Meliá Vendôme sans rest 🛗 🅰🅲 ⚡ ☏ 🛗 𝑽𝑰𝑺𝑨 ⓿ 🅰🅴 ⓞ

8 r. Cambon Ⓜ *Concorde* – ✆ *01 44 77 54 00* – *www.solmelia.com*
– *Fax 01 44 77 54 01*   G12
83 ch – ♦359/479 € ♦♦359/479 €, ⌴ 28 € – 4 suites
♦ Élégante adresse à l'atmosphère feutrée, tout de rouge et d'or. Chambres au mobilier de style, salon coiffé d'une verrière Belle Époque, bar chic et bel espace petit-déjeuner.

Washington Opéra sans rest 🛗 ⚕ 🅰🅲 ⚡ ☏ 𝑽𝑰𝑺𝑨 ⓿ 🅰🅴 ⓞ

50 r. Richelieu Ⓜ *Palais Royal* – ✆ *01 42 96 68 06* – *www.washingtonopera.com*
– *Fax 01 40 15 01 12*   G13
36 ch – ♦215/335 € ♦♦215/335 €, ⌴ 15 €
♦ Ancien hôtel particulier de la marquise de Pompadour. Chambres de style Directoire ou gustavien. La terrasse du 6e étage offre une belle vue sur le jardin du Palais-Royal.

Mayfair sans rest 🛗 🅰🅲 ⚡ ☏ 𝑽𝑰𝑺𝑨 ⓿ 🅰🅴 ⓞ

3 r. Rouget-de-Lisle Ⓜ *Concorde* – ✆ *01 42 60 38 14*
– *www.hotelmayfairparis.com* – *Fax 01 40 15 04 78*   G12
41 ch – ♦175/500 € ♦♦200/500 €, ⌴ 20 € – 6 suites
♦ Idéalement situé entre deux places royales – Concorde et Vendôme –, élégant hôtel au charme très classique : mobilier de style, tentures à médaillons, lampes sur pied... Parfaite tenue.

Mansart sans rest 🛗 🅰🅲 ⚡ ☏ 𝑽𝑰𝑺𝑨 ⓿ 🅰🅴 ⓞ

5 r. des Capucines Ⓜ *Opéra* – ✆ *01 42 61 50 28* – *www.espritdefrance.com*
– *Fax 01 49 27 97 44*   G12
57 ch – ♦165/365 € ♦♦165/365 €, ⌴ 14 €
♦ Jouxtant la place Vendôme, cet hôtel rend hommage à Mansart, architecte de Louis XIV. Chambres classiques meublées en style Empire ou Directoire. Hall-salon plus actuel.

Opéra Richepanse sans rest   🔲 AC 🛜 VISA ◑◐ AE ⓪

14 r. Chevalier de St-George ⓂMadeleine – ℰ 01 42 60 36 00
– www.richepanse.com – Fax 01 42 60 13 03   G12
38 ch – ⫿250/440 € ⫿⫿250/590 €, � 17 €

♦ Bel établissement au cadre Art déco. Chambres harmonieuses et bien équipées ; certaines donnent sur la Madeleine. Salle voûtée au sous-sol pour le petit-déjeuner.

Novotel Paris Les Halles   🏠 🔲 & AC 📞 ṡ̲å̲ ☁ VISA ◑◐ AE ⓪

8 pl. M.-de-Navarre ⓂChâtelet – ℰ 01 42 21 31 31
– www.novotelparisleshalles.com – Fax 01 40 26 05 79   H14
285 ch – ⫿159/319 € ⫿⫿159/339 €, � 18 € – 5 suites
Rest – (fermé dim. midi et sam.) (16 €) Menu 38 € bc/70 € bc – Carte 25/32 €
♦ Situation centrale, face au Forum des Halles avec l'église St-Eustache à l'horizon, équipements pour séminaires, chambres tendance zen : les bons points de cet hôtel moderne. Carte traditionnelle et à la plancha au restaurant ; bar ouvert jusqu'à 2 h.

Louvre St-Honoré sans rest   🔲 & AC 🛜 VISA ◑◐ AE ⓪

141 r. St-Honoré ⓂLouvre Rivoli – ℰ 01 42 96 23 23
– www.paris-hotel-louvresainthonore.com – Fax 01 42 96 21 61   H14
37 ch – ⫿175/215 € ⫿⫿195/230 €, � 17 €
♦ À deux pas du Louvre, derrière une façade 18e s. classée, cet hôtel a été entièrement rénové en 2008-2009 dans une veine contemporaine colorée. Grand calme dans le bâtiment cour.

Britannique sans rest   🔲 AC ℅ 🛜 VISA ◑◐ AE ⓪

20 av. Victoria ⓂChâtelet – ℰ 01 42 33 74 59 – www.hotel-britannique.fr
– Fax 01 42 33 82 65   J14
39 ch – ⫿135/160 € ⫿⫿160/221 €, � 13 €
♦ Créé sous le règne de Victoria par une famille anglaise, cet hôtel superpose les influences impériales. Chambres cossues à l'exotisme raffiné et charmant salon. "So british" !

Thérèse sans rest   🔲 AC ℅ 🛜 VISA ◑◐ AE ⓪

5 r. Thérèse ⓂPyramides – ℰ 01 42 96 10 01 – www.hoteltherese.com
– Fax 01 42 96 15 22   G13
43 ch – ⫿155/320 € ⫿⫿155/320 €, � 13 €
♦ Le charme de cette adresse tient à son décor contemporain soigné : tableaux, objets chinés, boiseries et tons pastel. Salon cosy, salle des petits-déjeuners dans la cave voûtée.

Relais St-Honoré sans rest   🔲 AC 🛜 VISA ◑◐ AE ⓪

308 r. St Honoré ⓂTuileries – ℰ 01 42 96 06 06 – www.relaissainthonore.com
– Fax 01 42 96 17 50   G12
15 ch – ⫿208 € ⫿⫿208/340 €, � 13 €
♦ Dans cet immeuble du 17e s., le petit-déjeuner est servi uniquement dans les chambres, lesquelles sont calmes, meublées d'ancien et ornées de poutres peintes (sauf au 1er étage).

Molière sans rest   🔲 AC ℅ 🛜 VISA ◑◐ AE ⓪

21 r. Molière ⓂPalais Royal Musée du Louvre – ℰ 01 42 96 22 01
– www.hotel-moliere.fr – Fax 01 42 60 48 68   G13
32 ch – ⫿150/175 € ⫿⫿175/195 €, � 14 €
♦ L'enseigne célèbre Molière qui serait né dans cette rue en 1622. Chambres cosy, assez spacieuses ; mobilier de style, tissus choisis et double-vitrage.

Relais du Louvre sans rest   🔲 AC 🛜 VISA ◑◐ AE ⓪

19 r. Prêtres-St-Germain-l'Auxerrois ⓂLouvre Rivoli – ℰ 01 40 41 96 42
– www.relaisdulouvre.com – Fax 01 40 41 96 44   H14
20 ch – ⫿90/125 € ⫿⫿130/170 €, � 13 € – 1 suite
♦ Étroite façade du 18e s. abritant un hôtel de caractère, paisible et bien tenu. Chambres colorées, conciliant raffinement et confort moderne. Belle suite au dernier étage.

Place du Louvre sans rest   🔲 AC ℅ 🛜 VISA ◑◐ AE ⓪

21 r. Prêtres-St-Germain-L'Auxerrois ⓂLouvre Rivoli
– ℰ 01 42 33 78 68 – www.espritdefrance.com
– Fax 01 42 33 09 95   H14
20 ch – ⫿130/225 € ⫿⫿160/225 €, � 14 €
♦ À l'ombre de l'église St-Germain-l'Auxerrois, chambres coquettes portant chacune le nom d'un peintre. Petit-déjeuner servi dans une cave voûtée (14e s.) jadis reliée au Louvre.

🏠 Aux Ducs de Bourgogne sans rest   🛗 Ⓐ 🌐 🛁 🚻 VISA ©© AE ①

19 r. du Pont-Neuf Ⓜ Châtelet – 𝒞 01 42 33 95 64
– www.paris-hotel-bourgogne.com – Fax 01 40 39 01 25   H14
50 ch – †145/215 € ††195/350 €, � 15 €

• Cet immeuble du 19e s. dispose de petites chambres très bien tenues (mansardées au dernier étage). Salles de bains récentes et mobilier fonctionnel. Agréable salon bourgeois.

🏠 Louvre Ste-Anne sans rest   🛗 ♿ Ⓐ 🌐 🚻 VISA ©© AE ①

32 r. Ste-Anne Ⓜ Pyramides – 𝒞 01 40 20 02 35 – www.louvre-ste-anne.fr
– Fax 01 40 15 91 13   G13
20 ch – †116/130 € ††135/190 €, ⊆ 12 €

• Situé dans la rue des restaurants japonais, cet hôtel vous réserve un accueil charmant. Chambres aux tons pastel, petites mais bien agencées. Salle des petits-déjeuners voûtée.

✕✕✕✕✕ Le Meurice – Hôtel Le Meurice   Ⓐ 💱 ⇔ 🖙 VISA ©© AE ①

❀❀❀ 228 r. Rivoli Ⓜ Tuileries – 𝒞 01 44 58 10 55 – www.lemeurice.com
– Fax 01 44 58 10 76 – Fermé 10 juil.-6 sept., sam. et dim.   G12
Rest – Menu 78 € (déj.)/220 € – Carte 166/249 €🕮

Spéc. Chair de tourteau en feuille de calamar (printemps). Turbot de nos côtes cuisiné aux algues et au foie gras de canard (hiver). Fraises soufflées au citron (été).

• Le décor mirifique ressuscite le Grand Siècle, dans l'esprit des appartements royaux de Versailles. En chef roi-soleil, Yannick Alléno règne sur une carte qui révèle un brillant alliage de classicisme et d'inventivité. Même la saveur du produit le plus simple devient extravagance… Service impérial.

✕✕✕✕✕ L'Espadon – Hôtel Ritz   🔱 Ⓐ 💱 ⇔ 🖙 VISA ©© AE ①

❀❀ 15 pl. Vendôme Ⓜ Opéra – 𝒞 01 43 16 30 80 – www.ritzparis.com
– Fax 01 43 16 33 75   G12
Rest – Menu 70 € (déj. en sem.), 105/340 € bc – Carte 165/250 €🕮

Spéc. Salade de homard tiède à la mélisse. Sole aux cèpes et artichauts rôtis. Millefeuille "Tradition Ritz".

• La salle submergée d'ors et de drapés est éblouissante. Dans ce cadre magique, la cuisine de Michel Roth, d'un classicisme sans faille, atteint sa meilleure expression. Service irréprochable.

✕✕✕✕ Le Grand Véfour   Ⓐ 💱 ⇔ 🖙 VISA ©© AE ①

❀❀ 17 r. Beaujolais Ⓜ Palais Royal – 𝒞 01 42 96 56 27 – www.grand-vefour.com
– Fax 01 42 86 80 71 – Fermé 18-23 avril, 2-30 août, 24 déc.-1er janv., vend. soir,
sam. et dim.   G13
Rest – Menu 88 € (déj.)/268 € – Carte 215/265 €🕮

Spéc. Ravioles de foie gras, crème foisonnée truffée. Pigeon Prince Rainier III. Palet noisette et chocolat au lait, glace au caramel brun et prise de sel de Guérande.

• Dans les jardins du Palais-Royal, somptueux salons Directoire dans cette luxueuse maison chargée d'histoire(s). Nombre de personnalités se sont un jour attablées ici ! Cuisine inventive signée Guy Martin.

✕✕✕✕ Carré des Feuillants (Alain Dutournier)   Ⓐ ⇔ 🖙 VISA ©© AE ①

❀❀ 14 r. Castiglione Ⓜ Tuileries – 𝒞 01 42 86 82 82 – www.carredesfeuillants.fr
– Fax 01 42 86 07 71 – Fermé août, sam. et dim.   G12
Rest – Menu 58 € (déj.), 175 € bc/200 € – Carte 135/175 €🕮

Spéc. Bar de ligne émincé, amandes fraîches, copeaux de poutargue et tomate ancienne (été). Tronçon de turbot sauvage, caviar ébène, semoule de chou-fleur (été). Figues et gingembre caramélisés, croquant aux noix, caillé de brebis en sorbet (automne).

• Sur le site du couvent des Feuillants, restaurant moderne rehaussé d'œuvres d'art contemporaines. Carte dans l'air du temps au bel accent gascon, superbes vins et armagnacs.

✕✕✕ Gérard Besson   Ⓐ 🖙 VISA ©© AE ①

5 r. Coq Héron ✉ 75001 Ⓜ Louvre Rivoli – 𝒞 01 42 33 14 74
– www.gerardbesson.com – Fax 01 42 33 85 71 – Fermé 1er-22 août, lundi midi,
sam. midi et dim.   H14
Rest – (48 €) Carte 110/150 €🕮

• Maison de tradition entre les Halles et la place des Victoires. Cadre feutré d'esprit bourgeois (natures mortes, toile de Jouy), cuisine classique où domine le gibier.

PARIS

PARIS

✗✗✗ Macéo
⇔ VISA ⚬⚬

15 r. Petits-Champs Ⓜ Bourse – ℰ 01 42 97 53 85
– www.maceorestaurant.com – Fax 01 47 03 36 93
– Fermé 1er-17 août, sam. midi, dim. et fériés   G13
Rest – (27 €) Menu 32/38 € – Carte 52/63 €⅜
* Cadre Second Empire vivifié, associant miroirs d'époque et mobilier contemporain. Cuisine au goût du jour, menu végétarien et carte de vins du monde. Salon-bar convivial.

✗✗ Goumard
AC ⇔ ⊡ VISA ⚬⚬ AE ⓞ

9 r. Duphot Ⓜ Madeleine – ℰ 01 42 60 36 07 – www.goumard.com
– Fax 01 42 60 04 54   G12
Rest – (29 €) Menu 39/49 € bc – Carte 38/70 €
* Cette maison plus que centenaire a pris un tournant : décor contemporain, choix de viandes en plus des spécialités de la mer (dégustation d'huîtres au bar du rdc). Ouvert de midi à minuit.

✗✗ Palais Royal
⛲ AC VISA ⚬⚬ AE ⓞ

110 Galerie de Valois - Jardin du Palais Royal Ⓜ Bourse – ℰ 01 40 20 00 27
– www.restaurantdupalaisroyal.com – Fax 01 40 20 00 82 – Fermé 20 déc.-5 janv.
et dim.   G13
Rest – Carte 50/75 €
* Sous les fenêtres de l'appartement de Colette, salle de restaurant inspirée du style Art déco et idyllique terrasse ouverte sur le jardin du Palais-Royal. Cuisine traditionnelle.

✗✗ Pierre au Palais Royal
AC VISA ⚬⚬ AE

10 r. Richelieu Ⓜ Palais Royal – ℰ 01 42 96 09 17 – www.pierreaupalaisroyal.com
– Fax 01 42 96 26 40 – Fermé 1-15 août, sam. midi et dim.   H13
Rest – (33 €) Menu 39/54 €
* Cette institution a évolué avec son époque : salle en noir et blanc, d'un effet chic et sobre, et plats inspirés par le Sud-Ouest, présentés avec passion par le patron.

✗✗ Le Soufflé
AC VISA ⚬⚬ AE

36 r. Mont-Thabor Ⓜ Tuileries – ℰ 01 42 60 27 19 – Fax 01 42 60 54 98
– Fermé 1er-22 août, 21 fév.-7 mars, dim. et fériés   G12
Rest – Menu 24 € bc (déj. en sem.), 31/35 € – Carte 35/45 €
* Cela fait plus de 40 ans que cette maison bourgeoise, proche des Tuileries, se consacre à son péché mignon : le soufflé, salé ou sucré. Un menu lui est totalement dédié !

✗✗ Saudade
AC ⅛ ⇔ VISA ⚬⚬ AE

34 r. des Bourdonnais Ⓜ Pont Neuf – ℰ 01 42 36 03 65 – Fax 01 42 36 30 71
– Fermé août et dim.   H14
Rest – Menu 23 € bc (déj.) – Carte 28/59 €⅜
* Pour un repas au Portugal... en plein Paris, rendez-vous dans cette salle de restaurant décorée d'azulejos. Plats typiques et vins lusitaniens à déguster au son du fado.

✗✗ Pinxo – Hôtel Renaissance Paris Vendôme
AC ⊡ VISA ⚬⚬ AE

9 r. d'Alger Ⓜ Tuileries – ℰ 01 40 20 72 00 – www.pinxo.fr – Fax 01 40 20 72 02
– Fermé 3 sem. en août   G12
Rest – (21 €) Menu 32 € bc (déj.) – Carte 45/55 €
* Mobilier épuré, tons noir et blanc, cuisine à la vue de tous : un décor sobre et chic pour "pinxer" (prendre avec les doigts) des petits plats à la mode Dutournier.

✗✗ Kinugawa
AC ⅛ ⇔ ⊡ soir, VISA ⚬⚬ AE ⓞ

9 r. Mont Thabor Ⓜ Tuileries – ℰ 01 42 60 65 07 – http://kinugawa.free.fr
– Fax 01 42 60 45 21 – Fermé 24 déc.-6 janv. et dim.   G12
Rest – Menu 32 € (déj.), 75/125 € – Carte 65/125 €
* À l'étage, cuisine japonaise servie dans une salle à manger contemporaine très "nippone" : tableaux, lignes épurées et sobres tonalités. Bar à sushis au rez-de-chaussée.

✗✗ L'Atelier Berger
⛲ ⇔ VISA ⚬⚬ AE ⓞ

49 r. Berger Ⓜ Louvre Rivoli – ℰ 01 40 28 00 00 – Fax 01 40 28 10 65 – Fermé
sam. midi et dim.   H14
Rest – Menu 33/66 € – Carte 33/47 €⅜
* Face au jardin des Halles, salle à manger actuelle (à l'étage) où la clientèle du quartier apprécie un menu-carte au goût du jour et un beau choix de vins.

X
🕸 **Yam'Tcha** (Adeline Grattard)   VISA ⓪⓪
4 r. Sauval Ⓜ *Louvre Rivoli –* ℰ *01 40 26 08 07 – fermé août, 1 sem. fin déc.,*
lundi et mardi   H14
Rest – *(nombre de couverts limité, prévenir)* Menu 30 € (déj. en sem.), 45/65 €
Spéc. Moules de bouchot aux arômes asiatiques. Nouilles sautées au king
crab. Glace noisette et fruits rouges.
♦ La table étonnante d'une jeune chef formée à l'Astrance et à Hong Kong. Sens du produit
remarquable, associations simples et saisissantes – entre France et Asie – pensées en accord
avec une sélection d'excellents thés : tout est limpide. Vingt couverts seulement !

X **Au Gourmand**   AC ✀ VISA ⓪⓪
17 r. Molière Ⓜ *Pyramides –* ℰ *01 42 96 22 19 – www.augourmand.fr*
– Fax 01 42 96 05 72 – Fermé 9-23 août, sam. midi, lundi midi et dim.
Rest – (30 €) Menu 28/38 € – Carte 48/60 € 🍷   G13
♦ Près de l'avenue de l'Opéra, un décor éclectique, mi-rococo, mi-moderne, et une cuisine
de tradition avec des touches actuelles servie par de bons professionnels.

X **Willi's Wine Bar**   ✀ VISA ⓪⓪
13 r. des Petits-Champs Ⓜ *Bourse –* ℰ *01 42 61 05 09 – www.williswinebar.com*
– Fax 01 47 03 36 93 – Fermé 9-24 août, dim. et fériés   G13
Rest – (21 €) Menu 27 € (déj.)/35 € 🍷
♦ Bar à vins très convivial, décoré d'affiches spécialement créées par des artistes contempo-
rains. Cuisine bistrot et nombreux crus attentivement sélectionnés.

X **Pharamond**   🍴 ✀ VISA ⓪⓪ AE
24 r. de la Grande-Truanderie Ⓜ *Châtelet-Les Halles –* ℰ *01 40 28 45 18*
– www.pharamond.fr   H15
Rest – (18 €) Menu 28 € – Carte 50/80 €
♦ Ancienne institution des Halles de la grande époque, cette adresse intemporelle
régale toujours de plats traditionnels (spécialités de tripes et abats). Authentique décor 1900.

X **L'Absinthe**   🍴 AC VISA ⓪⓪ AE ⓪
24 pl. Marché-St-Honoré Ⓜ *Pyramides –* ℰ *01 49 26 90 04*
– www.michelrostang.com – Fermé sam. midi, dim. et vacances de Noël
Rest – (31 €) Menu 39 €   G12
♦ Un bistrot néo-rétro plein d'allure, qui rappelle l'époque où la "fée verte" était en vogue
(zinc, carrelage ancien, horloge monumentale). Plats traditionnels de saison.

X **Bistrot St-Honoré**   VISA ⓪⓪ AE
10 r. Gomboust Ⓜ *Pyramides –* ℰ *01 42 61 77 78 – Fax 01 42 61 74 10 – Fermé*
24 déc.-2 janv. et dim.   G13
Rest – Menu 35 € – Carte 39/72 € 🍷
♦ D'allure typiquement parisienne, ce petit bistrot rustique célèbre la Bourgogne à travers
une cuisine généreuse et des vins de terroir. Cadre chaleureux et ambiance décontractée.

X **Kaï**   AC ✀ VISA ⓪⓪ AE
18 r. du Louvre Ⓜ *Louvre Rivoli –* ℰ *01 40 15 01 99 – Fermé 1 sem. en avril,*
3 sem. en août, 1 sem. à Noël, dim. midi et lundi   H14
Rest – (25 €) Menu 69 € (dîner)/135 € – Carte 56/85 €
♦ Décor zen épuré, respect de la tradition japonaise oblige, pour déguster des spécialités de
Tokyo : poissons et grillades sur charbon. Desserts de chez Pierre Hermé.

X **Nodaïwa**   VISA ⓪⓪ AE
🍜 *272 r. St-Honoré* Ⓜ *Palais Royal –* ℰ *01 42 86 03 42 – www.nodaiwa.com*
– Fax 01 42 86 59 97   H13
Rest – Menu 18/65 € – Carte 25/36 €
♦ Table japonaise dont la grande spécialité est l'anguille, préparée avec un soin méticuleux.
Salle tout en longueur et minimaliste, bien à l'image d'une… anguille.

X **Bistrot Mavrommatis**   AC ✀ VISA ⓪⓪
18 r. Duphot, (1ᵉʳ étage) Ⓜ *Madeleine –* ℰ *01 42 97 53 04*
– www.mavrommatis.com – Fax 01 42 97 52 37 – Fermé dim. et fériés
Rest – *(déj. seult)* (19 €) Menu 26 € – Carte 33/43 €   G12
♦ Un petit temple grec à deux pas de l'église de la Madeleine : épicerie au rdc, taverne à
l'étage (photos du pays). Nombreuses spécialités pour se restaurer à bon compte.

PARIS

Les Cartes Postales   AC VISA ◯◯ AE
7 r. Gomboust Ⓜ *Pyramides* – ℰ *01 42 61 02 93* – *Fermé 2 sem. en août, 25 déc.*
au 2 janv., lundi soir, sam. midi et dim.   G13
Rest – (25 €) Menu 70 € – Carte 45/75 €
♦ Savoureuse cuisine française relevée de notes nippones, signée par un chef japonais. Inté-ressante formule et possibilité de commander des demi-portions à la carte. Cadre simple.

Zen   � AC VISA ◯◯
8 r. de L'Échelle Ⓜ *Palais Royal* – ℰ *01 42 61 93 99* – *www.restaurant-zen.fr.cc*
– Fax 01 40 20 92 91 – *Fermé 10-20 août*   H13
Rest – Menu 20 € (déj. en sem.), 30/45 € – Carte environ 22 €
♦ Table japonaise traditionnelle par sa carte (étoffée), et contemporaine par son décor fluide : lignes épurées tout en rondeur, omniprésence du blanc et du vert acidulé.

Crudus   VISA ◯◯ AE
21 r. St-Roch Ⓜ *Pyramides* – ℰ *01 42 60 90 29* – *fermé 3-11 avril, 5-25 août,*
20-27 déc., sam. midi et dim.   G12-G13
Rest – *(nombre de couverts limité, prévenir)* (25 €) Menu 30 € (déj.), 38/52 €
♦ Ce petit restaurant italien cuisine principalement des produits bio. Des saveurs naturelles à déguster dans un décor simple et avenant (parquet, murs blancs, tables en plexiglas).

Baan Boran   AC VISA ◯◯ AE
43 r. Montpensier Ⓜ *Palais Royal* – ℰ *01 40 15 90 45* – *www.baan-boran.com*
– Fax 01 40 15 90 45 – *Fermé sam. midi et dim.*   G13
Rest – Menu 14 € (déj.)/40 € – Carte 30/45 €
♦ Escale asiatique face au théâtre du Palais-Royal : spécialités thaïlandaises préparées au wok et servies dans un cadre contemporain épuré (bois exotique, cuir, tons beige et gris).

Cibus   VISA ◯◯ AE ◯
5 r. Molière Ⓜ *Palais Royal* – ℰ *01 42 61 50 19* – *Fermé 3-12 avril, 5-25 août,*
19-27 déc., lundi midi, sam. midi et dim.   G13
Rest – *(nombre de couverts limité, prévenir)* (30 €) Menu 38 € (déj.)/58 €
– Carte 48/60 €
♦ Cibus : "nourriture", en latin. Auspices millénaires pour ce restaurant italien qui porte haut la gastronomie transalpine (produits bio). Décor très simple et accueil convivial.

Chez La Vieille "Adrienne"   ⇔ VISA ◯◯ AE
1 r. Bailleul Ⓜ *Louvre Rivoli* – ℰ *01 42 60 15 78* – *Fax 01 42 60 15 78* – *Fermé*
1er-25 août, sam. et dim.   H14
Rest – *(prévenir)* Menu 24 € (déj.) – Carte 40/61 €
♦ Maison traditionnelle au cadre patiné, parfait pour déguster des spécialités à la mode de nos grands-mères : foie de veau, rognons, pot-au-feu, blanquette de veau...

Issé   VISA ◯◯
45 r. Richelieu Ⓜ *Pyramides* – ℰ *01 42 96 26 60* – *Fermé dim.*   G13
Rest – Menu 35 € (déj. en sem.)/50 € – Carte 30/60 €
♦ Ici, ce n'est pas la cuisine française qui s'inspire du Japon, mais l'inverse : foie gras au miso ou encore udon (pâtes) au magret, signés par un chef nippon. "Bento box" à midi.

Lescure   ☰ AC VISA ◯◯
7 r. Mondovi Ⓜ *Concorde* – ℰ *01 42 60 18 91* – *Fermé août, vacances de Noël,*
sam. et dim.   G11
Rest – Menu 24 € bc – Carte 30/35 €
♦ Auberge rustique voisine de la place de la Concorde. On y déguste au coude à coude, à la table commune, de copieuses spécialités du Sud-Ouest.

S. Sauvignier/MICHELIN

Bourse · Sentier

2e arrondissement   ✉ 75002

🏨🏨🏨🏨 Park Hyatt   🛜 ⊛ 🛁 🖥 ⟨🦽 AC ⟨🎣 ᵞ⁰ 🏋 🚗 VISA ⟨⟩ AE ⟨⟩

5 r. de la Paix Ⓜ *Opéra* – ⟨𝒫 *01 58 71 12 34* – *www.paris.vendome.hyatt.fr*
– *Fax 01 58 71 12 35*   **G12**
168 ch – 🛉530/800 € 🛉🛉530/800 €, ☷ 48 € – 36 suites
Rest *Pur'* – voir ci-après
Rest *Les Orchidées* – ⟨𝒫 *01 58 71 10 60 (déj. seult)* Carte 75/157 €
◆ Sur la célèbre rue de la Paix, palace des plus contemporains dans une architecture haussmannienne : décor signé Ed Tuttle, collection d'art moderne, spa et équipements high-tech. Carte au goût du jour à déguster sous la verrière des Orchidées.

🏨🏨🏨 Westminster   🛁 🖥 AC ⟨📞⟩ 🏋 🚗 VISA ⟨⟩ AE ⟨⟩

13 r. de la Paix Ⓜ *Opéra* – ⟨𝒫 *01 42 61 57 46* – *www.hotelwestminster.com*
– *Fax 01 42 60 30 66*   **G12**
102 ch – 🛉280/750 € 🛉🛉280/750 €, ☷ 30 € – 22 suites
Rest *Le Céladon* – voir ci-après
Rest *Le Petit Céladon* – ⟨𝒫 *01 47 03 40 42 (ouvert week-end)* Carte environ
55 €
◆ Cet hôtel adopta le nom de son plus fidèle client, le duc de Westminster, en 1846. Chambres et appartements luxueux. Le Céladon devient Petit Céladon le week-end : menu-carte simplifié et service décontracté.

🏨🏨🏨 Édouard VII *sans rest*   🖥 AC ᵞ⁰ 🏋 VISA ⟨⟩ AE ⟨⟩

39 av. Opéra Ⓜ *Opéra* – ⟨𝒫 *01 42 61 56 90* – *www.edouard7hotel.com*
– *Fax 01 42 61 47 73*   **G13**
70 ch – 🛉200/355 € 🛉🛉200/415 €, ☷ 25 € – 7 suites
◆ Le prince de Galles Édouard VII aimait séjourner ici lors de ses passages à Paris. Chambres spacieuses et feutrées, en partie refaites. Bar cosy (boiseries sombres, vitraux).

🏨🏨🏨 Mercure Stendhal *sans rest*   🖥 AC ᵞ⁰ VISA ⟨⟩ AE ⟨⟩

22 r. D. Casanova Ⓜ *Opéra* – ⟨𝒫 *01 44 58 52 52* – *www.mercure.com*
– *Fax 01 44 58 52 00*   **G12**
20 ch – 🛉215/375 € 🛉🛉235/395 €, ☷ 17 €
◆ Sur les traces du célèbre écrivain, séjournez dans la suite "Rouge et Noir" de cette demeure de caractère. Chambres coquettes et personnalisées, bar-salon douillet avec cheminée.

🏨🏨🏨 L'Horset Opéra *sans rest*   🖥 AC ᵞ⁰ VISA ⟨⟩ AE ⟨⟩

18 r. d'Antin Ⓜ *Opéra* – ⟨𝒫 *01 44 71 87 00* – *www.hotelhorsetopera.com*
– *Fax 01 42 66 55 54*   **G13**
54 ch – ☷ – 🛉175/265 € 🛉🛉190/295 €
◆ Tentures colorées, boiseries chaleureuses et mobilier choisi font le cachet des chambres de cet hôtel de tradition situé à deux pas du palais Garnier. Atmosphère cosy au salon.

🏨🏨 Noailles *sans rest*   🛁 🖥 AC ᵞ⁰ 🏋 VISA ⟨⟩ AE ⟨⟩

9 r. de la Michodière Ⓜ *Quatre Septembre* – ⟨𝒫 *01 47 42 92 90*
– *www.hoteldenoailles.com* – *Fax 01 49 24 92 71*   **G13**
58 ch – 🛉175/275 € 🛉🛉185/375 €, ☷ 15 € – 4 suites
◆ Élégance très contemporaine derrière une jolie façade ancienne. Chambres zen et épurées, ouvertes pour la plupart sur le patio-terrasse. Agréables salons trendy.

🏨🏨 États-Unis Opéra *sans rest*   🖥 AC ᵞ⁰ 🏋 VISA ⟨⟩ AE ⟨⟩

16 r. d'Antin Ⓜ *Opéra* – ⟨𝒫 *01 42 65 05 05* – *www.hoteletatsunisopera.com*
– *Fax 01 42 65 93 70*   **G13**
45 ch – 🛉110/192 € 🛉🛉130/225 €, ☷ 12 €
◆ Cet immeuble des années 1930, niché dans une rue calme, propose des chambres confortables d'esprit actuel. Accueillant bar de style anglais où l'on sert le petit-déjeuner.

PARIS

Victoires Opéra sans rest
🏠🏠   🖳 📶 ⚡ 🛜 💳 ⚫⚫ 🅰🅴 ⓪

56 r. Montorgueil ⓜ *Etienne Marcel* – 🖉 01 42 36 41 08
– www.victoiresopera.com – Fax 01 45 08 08 79
                    G14
24 ch – 🛏215/245 € 🛏🛏215/245 €, ⌷ 15 €
• Un établissement dans l'air du temps, situé dans une rue piétonne à la mode et ani-mée. Chambres cosy, sobres et élégantes. Jolie salle voûtée pour les petits-déjeuners.

Malte Opéra sans rest
🏠🏠   🖳 📶 ⚡ 🛜 💳 ⚫⚫ 🅰🅴 ⓪

63 r. de Richelieu ⓜ *Quatre Septembre* – 🖉 01 44 58 94 94 – www.astotel.com
– Fax 01 42 86 88 19
                    G13
64 ch – 🛏165/249 € 🛏🛏165/249 €, ⌷ 15 €
• Face à la Bibliothèque nationale, beau bâtiment du 17ᵉ s. À l'intérieur, séduisant patio, chambres de style classique – très calmes côté cour – et salon feutré et cossu.

Favart sans rest
🏠   🖳 📶 🛜 💳 ⚫⚫ 🅰🅴 ⓪

5 r. Marivaux ⓜ *Richelieu Drouot* – 🖉 01 42 97 59 83 – www.hotel-favart.com
– Fax 01 40 15 95 58
                    F13
37 ch ⌷ – 🛏102/150 € 🛏🛏130/180 €
• Le peintre Goya séjourna dans ce charmant hôtel où règne une atmosphère intemporelle. Les chambres de la façade principale, tournées vers l'Opéra Comique, sont les plus agréables.

Vivienne sans rest
🏠   🖳 💳 ⚫⚫

40 r. Vivienne ⓜ *Grands Boulevards* – 🖉 01 42 33 13 26
– www.hotel-vivienne.com – Fax 01 40 41 98 19
                    F14
45 ch – 🛏64/118 € 🛏🛏80/118 €, ⌷ 11 €
• Hôtel familial à deux pas des Grands Boulevards. Chambres d'ampleur et de style varia-bles ; certaines ont un balcon, d'autres une miniterrasse (une donne sur les toits de Paris).

Pur' – Hôtel Park Hyatt
🍴🍴🍴   ⚡ 📠 💳 ⚫⚫ 🅰🅴
❀

5 r. de la Paix ⓜ *Opéra* – 🖉 01 58 71 10 60 – www.paris.vendome.hyatt.fr
– Fax 01 58 71 12 35 – Fermé août
                    G12
Rest – (dîner seult) Menu 135 € – Carte 96/174 €
Spéc. Gougères au jus de riquette, petits pois et oignons nouveaux. Déclinai-son d'agneau de l'Aveyron, ravioles d'aubergine et citron confit. Fine gelée de rhubarbe et framboise, crème à la vanille de Tahiti.
• Simplicité et raffinement pour cette carte au goût du jour servie au dîner dans une salle en rotonde contemporaine et chic (cuisines théâtralement ouvertes).

Le Céladon – Hôtel Westminster
🍴🍴🍴   📶 ⚡ ♻ 📠 💳 ⚫⚫ 🅰🅴 ⓪
❀

15 r. Daunou ⓜ *Opéra* – 🖉 01 47 03 40 42 – www.leceladon.com
– Fax 01 42 61 33 78 – Fermé août, 1 sem. en déc., sam. et dim.
                    G12
Rest – (43 €) Menu 49/62 € bc – Carte 100/150 €
Spéc. Homard bleu en crêpe de sarrasin et girolles de Sologne (15 juin-15 oct.). Lièvre de la Beauce façon "Royale" (oct. à déc.). Croustillant praliné et mousse de chocolat-noisette, jus de cassis (15 sept.-15 mars).
• Le décor, très raffiné, associe style Régence, tableaux anciens et notes orientales (vases en céladon : porcelaine chinoise vert pâle). Belle cuisine dans l'air du temps.

La Fontaine Gaillon
🍴🍴🍴   🌳 📶 ♻ 📠 💳 ⚫⚫ 🅰🅴 ⓪

pl. Gaillon ⓜ *Quatre Septembre* – 🖉 01 47 42 63 22 – Fax 01 47 42 82 84
– Fermé 7-21 août, sam. et dim.
                    G13
Rest – Menu 43 € (déj.) – Carte 60/90 €
• Superbe hôtel particulier du 17ᵉ s., supervisé par Gérard Depardieu : cadre feutré, ter-rasse autour de la fontaine, cuisine valorisant la mer et plaisante sélection de vins.

Drouant
🍴🍴🍴   🌳 📶 ♻ 📠 💳 ⚫⚫ 🅰🅴

16 pl. Gaillon ⓜ *Quatre Septembre* – 🖉 01 42 65 15 16 – www.drouant.com
– Fax 01 49 24 02 15
                    G13
Rest – Menu 43 € (déj.)/67 € – Carte 67/80 €🕮
• Sous la houlette d'Antoine Westermann, le mythique restaurant du prix Goncourt propose une cuisine traditionnelle actualisée où les produits sont rois. Élégant décor cossu et épuré.

Le Versance
🍴🍴   📶 💳 ⚫⚫ 🅰🅴

16 r. Feydeau ⓜ *Bourse* – 🖉 01 45 08 00 08 – www.leversance.fr
– Fax 01 45 08 47 99 – Fermé août, 24 déc.-5 janv., sam. midi, dim. et lundi
                    F14
Rest – Menu 38 € bc (déj.) – Carte 57/74 €
• Dans un écrin gris-blanc épuré, où l'ancien (poutres, vitraux) rencontre le moderne (mobi-lier design), savourez la cuisine au goût du jour d'un chef globe-trotter.

XX **Gallopin**   🔲 ⇔ 🆅🅸🆂🅰 ⓒⓞ 🅰🅴 ⓞ
40 r. N.-D.-des-Victoires Ⓜ *Bourse* – ℰ *01 42 36 45 38*
– www.brasseriegallopin.com – Fax 01 42 36 10 32   G14
Rest – (23 €) Menu 31/36 € bc – Carte 30/50 €
♦ Du nom des propriétaires de l'époque, brasserie au précieux décor victorien (1876), située face au palais Brongniart. Service dynamique et plats bistrotiers bien maîtrisés.

XX **Vaudeville**   🍽 🆅🅸🆂🅰 ⓒⓞ 🅰🅴 ⓞ
29 r. Vivienne Ⓜ *Bourse* – ℰ *01 40 20 04 62* – *www.vaudevilleparis.com*
– Fax 01 40 20 14 35   G14
Rest – (24 €) Menu 30 € – Carte 40/85 €
♦ Grande brasserie Art déco, dans la pure tradition parisienne. Le jour, "cantine" de nombreux journalistes et le soir, "relâche" des sorties de théâtres. Carte classique du genre.

XX **Mori Venice Bar**   🍽 🔲 🆅🅸🆂🅰 ⓒⓞ 🅰🅴
2 r. Quatre-Septembre Ⓜ *Bourse* – ℰ *01 44 55 51 55* – *www.mori-venicebar.com*
– Fax 01 44 55 00 77 – Fermé sam. midi et dim.   G14
Rest – Menu 40 € (déj.) – Carte 52/90 €
♦ Après New York et l'Uruguay, le chef a souhaité initier Paris à la cuisine vénitienne : les saveurs, sans masques aucuns, convainquent. Décor tendance aux accents carnavalesques.

X **Liza**   🔲 🆅🅸🆂🅰 ⓒⓞ 🅰🅴
14 r. de la Banque Ⓜ *Bourse* – ℰ *01 55 35 00 66* – *www.restaurant-liza.com*
– Fax 01 40 15 04 60 – Fermé sam. midi et dim. soir   G14
Rest – (16 €) Menu 42 € (dîner)/49 € – Carte 35/57 €
♦ Loin des clichés, cette table libanaise, mise en scène par des designers du pays (ambiance lounge et orientale, fond musical), réinterprète finement les recettes traditionnelles.

X **Chez Georges**   🔲 🆅🅸🆂🅰 ⓒⓞ 🅰🅴
1 r. du Mail Ⓜ *Bourse* – ℰ *01 42 60 07 11* – *Fermé août, vacances de Noël, sam.*
et dim.   G14
Rest – Carte 40/79 €
♦ La façade à l'ancienne donne le ton et l'esprit du lieu : un vrai bistrot parisien avec son décor 1900. Cuisine traditionnelle, vins bien choisis et accueil aux petits soins.

X **Aux Lyonnais**   🔲 ⇔ 🆅🅸🆂🅰 ⓒⓞ 🅰🅴 ⓞ
🅐 *32 r. St-Marc* Ⓜ *Richelieu Drouot* – ℰ *01 42 96 65 04* – *www.esprit-bistrot.com*
– Fax 01 42 97 42 95 – Fermé 25 juil.-23 août, 24-31 déc., sam. midi, dim. et lundi
Rest – *(prévenir)* Menu 26 € (déj.)/34 € – Carte 39/58 €   F13
♦ Ce bistrot fondé en 1890 propose de savoureuses recettes lyonnaises intelligemment réactualisées. Cadre délicieusement rétro : zinc, banquettes, miroirs biseautés, moulures.

X **Pierrot**   🍽 🔲 🆅🅸🆂🅰 ⓒⓞ 🅰🅴
18 r. Étienne Marcel Ⓜ *Etienne Marcel* – ℰ *01 45 08 00 10* – *Fax 01 42 77 35 92*
– Fermé dim.   H15
Rest – Carte 36/52 €
♦ Ce bistrot du Sentier vous fera découvrir les saveurs et les produits de l'Aveyron : viande fermière de l'Aubrac, confit de canard, foie gras maison, etc. Terrasse-trottoir.

X **Un Jour à Peyrassol**   ⇔ 🆅🅸🆂🅰 ⓒⓞ
13 r. Vivienne Ⓜ *Bourse* – ℰ *01 42 60 12 92* – *www.peyrassol.com*
– Fax 01 42 60 00 85 – Fermé août, 23 déc.-3 janv., sam. et dim.   G14
Rest – *(réservation conseillée)* (17 € bc) Carte 33/84 €
♦ Une petite maison spécialisée dans la truffe, qui vient relever des plats bistrotiers simples et goûteux. Vins du domaine provençal de Peyrassol, auquel l'adresse est affiliée.

X **Passage 53**   🔲 🆅🅸🆂🅰 ⓒⓞ
🕸 *53 passage des Panoramas* Ⓜ *Grand Boulevards* – ℰ *01 42 33 04 35*
– www.passage53.com – Fermé 3 sem. en août, vacances de fév., dim.
et lundi   F14
Rest – *(nombre de couverts limité, prévenir)* Menu 45 € (déj. en sem.), 60/80 €
Spéc. Menu du marché.
♦ Dans un passage couvert resté dans son jus, un décor minimal et un beau panorama de cuisine contemporaine : au gré du marché, le jeune chef japonais – formé à l'Astrance – délivre des compositions d'une netteté imparable (bons produits, cuissons millimétrées).

Bistrot Volnay
8 r. Volney Ⓜ Opéra – ✆ 01 42 61 06 65 – www.bistrovolnay.fr – Fermé 5-25 août, sam. et dim. G12
Rest – Menu 36 €
◆ Bistrot 1930 repris en 2009 par deux amies qui œuvrent en salle. Le chef prône une cuisine-plaisir, à base de produits de saison accommodés avec simplicité. Très sympathique.

Silk & Spice
6 r. Mandar Ⓜ Sentier – ✆ 01 44 88 21 91 – www.silkandspice.fr G14
Rest – (16 €) Menu 32/52 € – Carte 32/53 €
◆ Dépaysement feutré dans cette table thaïlandaise qui a su créer une atmosphère très intimiste : orchidées sur chaque table, éclairage tamisé, dominante noire, boiseries.

Bi Zan
56 r. Ste-Anne Ⓜ Quatre Septembre – ✆ 01 42 96 67 76 – Fermé 2 sem. en août et dim. G13
Rest – (20 €) Menu 38 € (déj.), 60/150 € – Carte 60/250 €
◆ Bi Zan désigne une région montagneuse du Japon. Adresse connue des amateurs de cuisine nippone, au cadre zen, voire minimaliste. Comptoir et salle à l'étage. Belle carte de sakés.

PARIS

L'Écaille de la Fontaine
15 r. Gaillon Ⓜ Quatre Septembre – ✆ 01 47 42 02 99 – Fax 01 47 42 82 84 – Fermé 7-21 août, sam. et dim. G13
Rest – *(nombre de couverts limité, prévenir)* (23 € bc) Carte 35/45 €
◆ Huîtres et coquillages à emporter ou à déguster sur place, dans une jolie petite salle intimiste, décorée de photos souvenirs de Gérard Depardieu, propriétaire des lieux.

Frenchie
5 r. du Nil Ⓜ Sentier – ✆ 01 40 39 96 19 – www.frenchie-restaurant.com – Fermé 2 sem. en août, vacances de Noël, sam. midi, dim., lundi et mardi G15
Rest – *(nombre de couverts limité, prévenir)* (19 €) Menu 21/35 €
◆ Près du Sentier, petite salle d'esprit loft (briques, poutres, pierres) et cuisine contemporaine signée par un jeune chef au parcours international. Drôlement *savoury*.

Koetsu
42 r. Ste-Anne Ⓜ Quatre Septembre – ✆ 01 40 15 99 90 – Fax 01 40 15 99 59 – Fermé dim. G13
Rest – (14 €) Menu 18/52 € bc – Carte 28/48 €
◆ Au milieu de ses consœurs, cette table japonaise ne déroge pas à la tradition avec son décor sobre, et va à l'essentiel en préparant surtout des sushis, sashimis et yakitoris.

S. Sauvignier/MICHELIN

Le Haut Marais • Temple

3e arrondissement
✉ 75003

Pavillon de la Reine sans rest
28 pl. des Vosges Ⓜ Bastille – ✆ 01 40 29 19 19 – www.pavillon-de-la-reine.com – Fax 01 40 29 19 20 J17
38 ch – †380/490 € ††380/490 €, ☕ 34 € – 16 suites
◆ Derrière l'un des 36 pavillons en brique de la place des Vosges, deux bâtisses, dont une du 17e s., abritant des chambres raffinées côté cour ou jardin (privé).

Murano Resort
13 bd du Temple 🚇 Filles du Calvaire – ⌀ 01 42 71 20 00
– www.muranoresort.com – Fax 01 42 71 21 01   H17
49 ch – †310/650 € ††310/650 €, ☲ 32 € – 2 suites
Rest – (29 €) Carte 45/170 €
• Unique en son genre, cet hôtel tendance, en partie rénové, dénote par son design immaculé ponctué de couleurs vives. Équipements high-tech, bar pop art, services à la carte... Côté restaurant, cadre contemporain, cuisine fusion, musique branchée et nouvelle terrasse couverte.

Du Petit Moulin sans rest
29 r. du Poitou 🚇 St-Sébastien Froissart – ⌀ 01 42 74 10 10
– www.hoteldupetitmoulin.com – Fax 01 42 74 10 97   H16
17 ch – †190/350 € ††190/350 €, ☲ 15 €
• Christian Lacroix a imaginé pour cet hôtel du Marais un décor inédit et raffiné jouant des contrastes entre tradition et modernité. Chaque chambre est "mise en scène" d'une façon différente. Bar cosy.

Little Palace sans rest
4 r. Salomon de Caus 🚇 Réaumur Sébastopol – ⌀ 01 42 72 08 15
– www.littlepalacehotel.com – Fax 01 42 72 45 81   G15
53 ch – †175/235 € ††195/273 €, ☲ 15 € – 4 suites
• Adresse de charme au décor mêlant habilement les styles Belle Époque et contemporain. Jolies chambres, à choisir de préférence aux 6ᵉ et 7ᵉ étages, avec balcon et vue sur Paris.

Des Archives sans rest
87 r. des Archives 🚇 Temple – ⌀ 01 44 78 08 00 – www.hoteldesarchives.com
– Fax 01 44 78 08 10   H16
19 ch – †130/180 € ††130/180 €, ☲ 12 € – 4 suites
• De jolies petites chambres contemporaines pour ce ravissant hôtel proche des Archives nationales. Hall-salon moderne au mobilier rouge.

Austin's sans rest
6 r. Montgolfier 🚇 Arts et Métiers – ⌀ 01 42 77 17 61 – www.hotelaustins.com
– Fax 01 42 77 55 43   G16
29 ch – †108/112 € ††148/154 €, ☲ 9 €
• Dans une rue calme, face au Musée des arts et métiers. Les chambres, rouges ou jaunes, sont chaleureuses et gaies ; certaines ont conservé leurs poutres apparentes d'origine.

Ambassade d'Auvergne
22 r. du Grenier St-Lazare 🚇 Rambuteau – ⌀ 01 42 72 31 22
– www.ambassade-auvergne.com – Fax 01 42 78 85 47   H15
Rest – (20 € bc) Menu 28 € – Carte 30/48 €
• De vrais ambassadeurs d'une province riche de traditions et de saveurs : cadre et meubles auvergnats, produits, recettes et vins du pays.

Pamphlet
38 r. Debelleyme 🚇 Filles du Calvaire – ⌀ 01 42 72 39 24 – Fax 01 42 72 12 53
– fermé 1ᵉʳ-8 mai, 10-25 août, 1ᵉʳ-15 janv., sam. midi, lundi midi et dim.
Rest – Menu 35 € – Carte 50/72 €   H17
• Séduisante adresse du Marais : décor rustique rajeuni par de jolies couleurs, gravures de pamphlets et affiches tauromachiques, cuisine du marché souvent renouvelée, bon accueil.

Food & Beverage
14 r. Charlot 🚇 St-Sébastien Froissart – ⌀ 01 42 78 02 31
– www.foodandbeverage.fr – Fax 01 42 78 02 51 – Fermé août et sam. midi
Rest – (14 €) Menu 32 € – Carte 28/48 €   H16
• Tons orange-marron, vieilles pierres et lignes épurées pour ce restaurant contemporain chaleureux. Cuisine traditionnelle, plats du Sud-Ouest, sélection de vins de Cahors.

Le Carré des Vosges
15 r. St-Gilles 🚇 Chemin Vert – ⌀ 01 42 71 22 21
– www.lecarredesvosges.fr – Fax 01 41 17 09 33
– Fermé 25 juil.-8 août, 14-21 fév., sam. midi, lundi midi et dim.   G17
Rest – (23 €) Menu 29 € (déj.)/40 € – Carte 42/78 €
• À deux pas de la rue des Francs-Bourgeois et des boutiques branchées, sympathique bistrot de quartier aux allures contemporaines. Cuisine du marché soignée, valorisant le poisson.

Ⓧ **Pramil** 　　　　　　　　　　　　　　　　　　　　　 _VISA_ ⓒⓞ AE

9 r. Vertbois Ⓜ Temple – ℰ 01 42 72 03 60 – Fermé 3-9 mai, 17-29 août, dim.
midi et lundi 　　　　　　　　　　　　　　　　　　　　　　　　 G16
Rest – (20 €) Menu 30 € – Carte 30/39 €
♦ La sobriété du décor (orchidées blanches, peintures) de ce bistrot familial contraste avec la
belle générosité de sa cuisine du marché et la gentillesse de son accueil.

Ⓧ **L'Olivier** 　　　　　　　　　　　　　　　　　　　　　 _VISA_ ⓒⓞ

15 bd du Temple Ⓜ Filles du Calvaire – ℰ 01 42 77 12 51
– www.olivier-restau.com – Fax 01 42 77 12 51 – Fermé 10-30 août, 20-28 déc.,
sam. midi et dim. 　　　　　　　　　　　　　　　　　　　　　 H17
Rest – (13 €) Menu 45 € bc – Carte 31/40 €
♦ Toute une famille œuvre dans ce restaurant grec proche de la place de la République. La
cuisine, soignée et faite de bons produits, évite les clichés. Petite salle rustique.

Ⓧ **Glou** 　　　　　　　　　　　　　　　　　　　　　　 _VISA_ ⓒⓞ

101 r. Vieille-du-Temple Ⓜ Saint-Sébastien-Froissart – ℰ 01 42 74 44 32
– www.glou-resto.com 　　　　　　　　　　　　　　　　　　　 H16
Rest – Menu 15 € (déj. en sem.) – Carte 30/55 €
♦ Près du musée Picasso, bistrot contemporain doté de deux grandes tables d'hôte. Cuisine
de saison présentée sur ardoise et belle sélection de vins au verre. Ambiance décontractée.

Ⓧ **Café des Musées** 　　　　　　　　　　　　　　 AC _VISA_ ⓒⓞ AE

49 r. de Turenne Ⓜ Chemin Vert – ℰ 01 42 72 96 17 – Fax 01 44 59 38 68
– Fermé 1ᵉʳ-7 janv. et 7-27 août 　　　　　　　　　　　　　　　 J17
Rest – (13 €) Menu 19 € – Carte 22/45 €
♦ Entre les musées Picasso et Carnavalet, ce bistrot, parisien dans l'âme, met tout le monde
d'accord : convivialité, cuisine maison dans l'esprit du lieu, plats canailles, du marché.

S. Sauvignier/MICHELIN

Île de la Cité · Île St-Louis · Le Marais · Beaubourg

4ᵉ arrondissement 　　　　　　　　　　 ✉ 75004

🏨 **Bourg Tibourg** sans rest 　　　　　 ⧉ AC ✆ ⁽ᵗ⁾ _VISA_ ⓒⓞ AE Ⓞ

19 r. Bourg Tibourg Ⓜ Hôtel de Ville – ℰ 01 42 78 47 39
– www.hotelbourgtibourg.com – Fax 01 40 29 07 00 　　　　　　　 J16
30 ch – ♦180 € ♦♦230/260 €, ☲ 16 €
♦ Chambres personnalisées (néogothique, baroque ou orientaliste) et excellent petit-déjeuner caractérisent cette charmante adresse. Une petite perle en plein Marais.

🏨 **Duo** sans rest 　　　　　　　 ⅃♣ ⧉ ♿ AC ✆ ⁽ᵗ⁾ _VISA_ ⓒⓞ AE Ⓞ

11 r. Temple Ⓜ Hôtel de Ville – ℰ 01 42 72 72 22 – www.duoparis.com
– Fax 01 42 72 03 53 　　　　　　　　　　　　　　　　　　　　 J15
56 ch – ♦130/185 € ♦♦200/340 €, ☲ 15 € – 2 suites
♦ Chaque détail traduit la modernité et l'élégance dans cet hôtel de caractère, tenu par la
même famille depuis trois générations. Tons chauds ou acidulés, bar lounge, fitness.

🏨 **Villa Mazarin** sans rest 　　　　　　　 ⧉ AC ⁽ᵗ⁾ _VISA_ ⓒⓞ AE Ⓞ

6 r. des Archives Ⓜ Hôtel de Ville – ℰ 01 53 01 90 90 – www.villamazarin.com
– Fax 01 53 01 90 91 　　　　　　　　　　　　　　　　　　　　 J15
29 ch – ♦140/380 € ♦♦140/380 €, ☲ 12 €
♦ Parfait pour rejoindre Notre-Dame, la place des Vosges ou Beaubourg. Un hôtel central
qui revisite le style Second Empire sous l'angle contemporain. Quelques duplex.

🏠 **Deux Îles** sans rest   🔲 AC 🛇 ❝¹⁰ VISA ⚫ AE

59 r. St-Louis-en-l'Île 🚇 *Pont Marie –* ☏ *01 43 26 13 35*
– www.hoteldesdeuxiles.com – Fax 01 43 29 60 25   **K16**
17 ch – †139/159 € ††175/195 €, � 13 €

♦ Entièrement rénové, cet hôtel propose des chambres petites mais plaisantes, grâce à leurs couleurs douces (brun, ocre, bronze). Belles salles de bains ornées d'azulejos.

🏠 **Beaubourg** sans rest   🔲 AC VISA ⚫ AE ①

11 r. Simon Le Franc 🚇 *Rambuteau –* ☏ *01 42 74 34 24*
– www.hotelbeaubourg.com – Fax 01 42 78 68 11   **H15**
28 ch – †120/150 € ††120/150 €, ⊆ 9 €

♦ Dans une ruelle derrière le Centre Pompidou. Chambres accueillantes et bien insonorisées ; celles du premier bâtiment sont plus grandes et pour la plupart agrémentées de poutres.

🏠 **Caron de Beaumarchais** sans rest   🔲 AC ❝¹⁰ VISA ⚫ AE

12 r. Vieille-du-Temple 🚇 *Hôtel de Ville –* ☏ *01 42 72 34 12*
– www.carondebeaumarchais.com – Fax 01 42 72 34 63   **J16**
19 ch – †125/150 € ††130/170 €, ⊆ 12 €

♦ Le père de Figaro vécut dans cette rue du Marais historique ; cet établissement, doté de petites chambres, lui rend hommage à travers son décor 18e s.

🏠 **Bretonnerie** sans rest   🔲 🛇 ❝¹⁰ VISA ⚫

22 r. Ste-Croix-de-la-Bretonnerie 🚇 *Hôtel de Ville –* ☏ *01 48 87 77 63*
– www.bretonnerie.com – Fax 01 42 77 26 78   **J16**
29 ch – †135/190 € ††135/190 €, ⊆ 10 €

♦ Les chambres de cet hôtel particulier du Marais (17e s.), aux tailles diverses, adoptent un style plutôt rustique ; plusieurs d'entre elles sont dotées de poutres apparentes.

🏠 **Lutèce** sans rest   🔲 AC ❝¹⁰ VISA ⚫ AE

65 r. St-Louis-en-l'Île 🚇 *Pont Marie –* ☏ *01 43 26 23 52 – www.hoteldelutece.com*
– Fax 01 43 29 60 25   **K16**
23 ch – †155 € ††195 €, ⊆ 13 €

♦ Un emplacement idéal sur l'île St-Louis, pour les amoureux du Paris historique. Belles boiseries anciennes au salon, petites chambres fonctionnelles, tout en sobriété.

🏠 **Castex** sans rest   🔲 ♿ AC ❝¹⁰ VISA ⚫ AE ①

5 r. Castex 🚇 *Bastille –* ☏ *01 42 72 31 52 – www.castexhotel.com*
– Fax 01 42 72 57 91   **K17**
30 ch – †125 € ††155 €, ⊆ 10 €

♦ La clientèle américaine, entre autres, apprécie la mise en scène Grand Siècle de cette demeure. Petites chambres soignées, tomettes, mobilier Louis XIII et rustique.

XXXX **L'Ambroisie** (Bernard Pacaud)   🔲 🛇 ⇆ ⇨ VISA ⚫ AE
❀❀❀ *9 pl. des Vosges* 🚇 *St-Paul –* ☏ *01 42 78 51 45 – Fermé août, 20 fév.-8 mars, dim. et lundi*   **J17**
Rest – Carte 225/290 €

Spéc. Feuillantine de langoustines aux graines de sésame, sauce curry. Volaille de Bresse rôtie au beurre de truffe. Tarte fine sablée au chocolat, glace vanille.

♦ Sous les arcades de la place des Vosges, un décor royal et une cuisine subtile touchant à la perfection : l'ambroisie n'est-elle pas la nourriture des dieux de l'Olympe ?

XX **Benoit**   AC ⇆ VISA ⚫ AE ①
❀ *20 r. St-Martin* 🚇 *Châtelet-Les Halles –* ☏ *01 42 72 25 76 – www.benoit-paris.com*
– Fax 01 42 72 45 68 – Fermé 1er-7 mars et 25 juil.-23 août   **J15**
Rest – Menu 34 € (déj.) – Carte 55/97 €

Spéc. Langue de veau Lucullus, cœur de romaine. Filet de sole Nantua, épinards à peine crémés. Millefeuille classique à la vanille.

♦ Alain Ducasse supervise ce bistrot chic et animé, l'un des plus anciens de Paris. Cuisine classique, respectueuse de l'âme de cette authentique et belle maison.

XX **Le Dôme du Marais**   VISA ⚫ AE

53 bis r. Francs-Bourgeois 🚇 *Rambuteau –* ☏ *01 42 74 54 17*
– www.ledomedumarais.fr – Fax 01 42 77 78 17 – Fermé 1er-24 août, dim., lundi et mardi midi   **H16- J16**
Rest – (19 €) Menu 25 € (déj.)/52 € – Carte 42/54 €

♦ On dresse les tables sous le joli dôme de l'ancienne salle des ventes du Crédit Municipal et dans une seconde salle d'esprit jardin d'hiver. Cuisine actuelle de saison.

Bofinger
XX ⇔ ⌂ soir, VISA ⚌ AE

5 r. Bastille Ⓜ Bastille – ☎ 01 42 72 87 82 – www.bofingerparis.com
– Fax 01 42 72 97 68 J17
Rest – (22 €) Menu 28 € – Carte 35/65 €
• Institution de la vie parisienne au remarquable décor alsacien : coupole, marqueteries, miroirs, peintures signées Hansi. Le charme de cette brasserie créée en 1864 opère toujours.

Mon Vieil Ami
X VISA ⚌ AE ⓞ

69 r. St-Louis-en-l'Île Ⓜ Pont Marie – ☎ 01 40 46 01 35 – www.mon-vieil-ami.com
– Fax 01 40 46 01 36 – Fermé 1er-20 août, 1er-20 janv., lundi et mardi
Rest – Menu 41 € K16
• Vieilles poutres et décor actuel donnent des allures d'auberge tendance à cette adresse. Goûteuses recettes traditionnelles ponctuées de modernité et de clins d'œil à l'Alsace.

Au Bourguignon du Marais
X 🍴 VISA ⚌ AE

52 r. François-Miron Ⓜ St-Paul – ☎ 01 48 87 15 40 – Fax 01 48 87 17 49 – Fermé
10-30 août, 18-31 janv., dim. et lundi J16
Rest – Carte 30/75 €🍷
• Entre l'Hôtel de Ville et Saint-Paul, une enseigne qui résume à elle seule la teneur de ses recettes : régionales et généreuses. Cadre apaisant et jolie carte des vins.

Le Gaigne
X ⇔ VISA ⚌ AE

12 r. Pecquay Ⓜ Rambuteau – ☎ 01 44 59 86 72 – www.restaurantlegaigne.fr
– Fermé août, dim. et lundi H16
Rest – (17 €) Menu 23 € (déj. en sem.), 42/59 € bc – Carte 42/56 €
• Adresse confidentielle dans une ruelle calme du Marais, qui mérite le détour tant sa cuisine actuelle se révèle savoureuse. Côté décor, la petite salle mise sur la sobriété.

Le Dôme Bastille
X AK VISA ⚌ AE

2 r. de la Bastille Ⓜ Bastille – ☎ 01 48 04 88 44 – Fax 01 48 04 00 59 – Fermé
1er-21 août J17
Rest – Carte 30/45 €
• Ce bistrot met à l'honneur les produits de la mer en arrivage direct. Décor signé Slavik ; le rez-de-chaussée est joliment éclairé par les grappes de raisin d'une simili-treille.

b4
X AK VISA ⚌ AE

6 square Ste-Croix-de-la-Bretonnerie Ⓜ Hôtel de Ville – ☎ 01 42 72 16 19
– www.leb4resto.com – Fax 01 42 72 16 19 J15
Rest – (14 €) Menu 55 € (dîner) – Carte 35/50 €
• Au cœur du Marais, restaurant au design très contemporain (mobilier blanc épuré, murs gris, éclairage bleuté le soir). Une modernité qui trouve son écho dans la cuisine.

L'Osteria
X AK VISA ⚌ AE

10 r. Sévigné Ⓜ St-Paul – ☎ 01 42 71 37 08 – Fermé sam. midi, lundi et dim.
Rest – (prévenir) Menu 23 € (déj.) – Carte 35/90 € J16
• Ni enseigne ni menu sur la façade de cette trattoria appréciée par une clientèle fidèle et quelques vedettes (autographes et dessins aux murs). Goûteuse cuisine italienne de saison.

Les Fous de l'Île
X AK VISA ⚌ AE

33 r. des Deux-Ponts Ⓜ Pont Marie – ☎ 01 43 25 76 67 – www.lesfousdelile.com
– Fax 01 55 42 96 04 K16
Rest – (17 €) Menu 23 € (déj.)/26 €
• Au cœur de l'île St-Louis, bistrot actuel dont le décor typique se distingue par des casiers et vitrines aux murs, exposant une collection de poules. Cuisine bien ficelée.

L'Enoteca
X AK VISA ⚌ AE

25 r. Charles V Ⓜ St-Paul – ☎ 01 42 78 91 44 – www.enoteca.fr
– Fax 01 44 59 31 72 – Fermé 1er-23 août, 24-26 déc. J16
Rest – (prévenir) (13 € bc) Menu 28 € (dîner)/43 € bc – Carte 33/45 €🍷
• L'atout de ce restaurant logé dans des murs du 16e s. est sa superbe carte des vins : environ 500 références uniquement transalpines. Plats italiens et ambiance très animée.

Isami
X AK 🍴 VISA ⚌

4 quai d'Orléans Ⓜ Pont Marie – ☎ 01 40 46 06 97 – Fermé août, vacances de
Noël, dim. et lundi K16
Rest – (nombre de couverts limité, prévenir) Carte 50/150 €
• Adresse nippone très discrète où l'on sert un joli choix de poissons crus (spécialités de sushis et sashimis). Décor très sobre : quelques tables et un comptoir, comme au Japon.

Suan Thaï ✂ ⬡ 🅥🅘🅢🅐 ⓒ🅑 🅐🅔
41 r. Ste-Croix -de-la-Bretonnerie Ⓜ *Rambuteau* – ℰ *01 42 77 10 20* J15
Rest – (15 €) Menu 17/28 € – Carte 35/60 €
♦ Retrouvez le goût authentique de la Thaïlande dans un cadre discrètement dépaysant. Vu les prix sages et la bonne réputation de cette table de quartier, pensez à réserver.

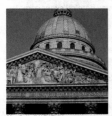

Quartier Latin · Jardin des Plantes · Mouffetard

5e arrondissement ✉ 75005

Ph. Gajic/MICHELIN

PARIS

Des Grands Hommes sans rest ≤ 🄴 🄰🄲 «¡» 🄻🄰 🅥🅘🅢🅐 ⓒ🅑 🅐🅔 ⓞ
17 pl. Panthéon Ⓜ *Luxembourg* – ℰ *01 46 34 19 60*
– www.hoteldesgrandshommes.com – Fax 01 43 26 67 32 L14
31 ch – †140/310 € ††150/310 €, ⌇ 13 €
♦ Hôtel parfaitement entretenu et aménagé dans le style Directoire (meubles chinés). Nombreuses chambres avec vue sur le Panthéon ; balcons et terrasses aux 5e et 6e étages.

Select sans rest 🄴 🄰🄲 «¡» 🅥🅘🅢🅐 ⓒ🅑 🅐🅔 ⓞ
1 pl. Sorbonne Ⓜ *Cluny la Sorbonne* – ℰ *01 46 34 14 80 – www.selecthotel.fr*
– Fax 01 46 34 51 79 K14
67 ch ⌇ – †155/205 € ††235/255 €
♦ Cet hôtel contemporain propose des chambres qui mélangent avec succès poutres apparentes et mobilier moderne. Bar et salons répartis autour d'un patio. Collection de cactus.

Panthéon sans rest ≤ 🄴 🄰🄲 «¡» 🅥🅘🅢🅐 ⓒ🅑 🅐🅔 ⓞ
19 pl. Panthéon Ⓜ *Luxembourg* – ℰ *01 43 54 32 95*
– www.hoteldupantheon.com – Fax 01 43 26 64 65 L14
36 ch – †150/310 € ††150/310 €, ⌇ 13 €
♦ Chambres de style cosy ou d'inspiration Louis XVI avec vue sur le dôme du "temple de la Renommée". Plaisant salon et salle des petits-déjeuners voûtée.

Relais St-Jacques sans rest 🄴 🄰🄲 «¡» 🅥🅘🅢🅐 ⓒ🅑 🅐🅔 ⓞ
3 r. Abbé de l'Épée Ⓜ *Luxembourg* – ℰ *01 53 73 26 00*
– www.relais-saint-jacques.com – Fax 01 43 26 17 81 L14
22 ch – †189/370 € ††189/370 €, ⌇ 17 €
♦ Chambres de styles variés (Directoire, Louis-Philippe, etc.), salle des petits-déjeuners sous verrière, salon Louis XV et bar 1925... Un inventaire (chic) à la Prévert !

Grand Hôtel St-Michel sans rest 🄵🄴 🄴 🄰🄲 «¡» 🅥🅘🅢🅐 ⓒ🅑 🅐🅔 ⓞ
19 r. Cujas Ⓜ *Luxembourg* – ℰ *01 46 33 33 02 – www.grand-hotel-st-michel.com*
– Fax 01 40 46 96 33 K14
45 ch – †179/350 € ††179/350 €, ⌇ 20 € – 2 suites
♦ Rénové en 2008, cet hôtel a fait le pari – réussi – du design et des harmonies de couleurs dans ses chambres confortables. Fitness, hammam et salles voûtées pour le petit-déjeuner.

Villa Panthéon sans rest 🄴 🄰🄲 «¡» 🅥🅘🅢🅐 ⓒ🅑 🅐🅔 ⓞ
41 r. des Écoles Ⓜ *Maubert Mutualité* – ℰ *01 53 10 95 95*
– www.leshotelsdeparis.com – Fax 01 53 10 95 96 K14
59 ch – †160/380 € ††195/450 €
♦ Parquet, tentures colorées et lampes d'inspiration Liberty... Cet hôtel est décoré dans un esprit écossais. Choix de whiskys au bar. Espace détente au patio.

Henri IV sans rest 🄴 🄰🄲 «¡» 🅥🅘🅢🅐 ⓒ🅑 🅐🅔 ⓞ
9 r. St-Jacques Ⓜ *St-Michel* – ℰ *01 46 33 20 20 – www.hotel-henri4.com*
– Fax 01 46 33 90 90 K14
23 ch – †159 € ††185 €, ⌇ 12 €
♦ Les sobres chambres de cet hôtel bien tenu donnent presque toutes sur le chevet de l'église St-Séverin. Tommettes, meubles anciens et cheminée font le charme du salon.

PARIS

Jardin de Cluny sans rest   🔊 AC ✗ 📶 VISA ☎ AE ⓞ
9 r. Sommerard ⓜ *Maubert Mutualité* – ℰ *01 43 54 22 66*
– www.hoteljardindecluny.com – Fax 01 40 51 03 36   K14
40 ch – ✝139/369 € ✝✝169/369 €, ☲ 14 €
• Hôtel certifié Écolabel abritant des chambres joliment aménagées. Petits-déjeuners sous forme de buffet, servis dans une grande salle voûtée aux pierres apparentes.

Du Levant sans rest   🔊 AC 📶 VISA ☎ AE ⓞ
18 r. de la Harpe ⓜ *St-Michel* – ℰ *01 46 34 11 00 – www.hoteldulevant.com*
– Fax 01 46 34 25 87   K14
47 ch ☲ – ✝76/138 € ✝✝120/170 €
• Les chambres de cet hôtel bâti en 1875 sont hautes en couleurs : rouge, jaune, rose vifs aux murs. Emplacement idéal pour partir à la découverte de la capitale. Prix sages.

Royal St-Michel sans rest   🔊 AC ☎ VISA ☎ AE ⓞ
3 bd St-Michel ⓜ *St-Michel* – ℰ *01 44 07 06 06 – www.hotelroyalsaintmichel.com*
– Fax 01 44 07 36 25   K14
39 ch – ✝169/260 € ✝✝179/290 €, ☲ 14 €
• Face à la fontaine St-Michel : toute l'ambiance du Quartier latin est aux portes de cet hôtel chaleureux. Chambres au décor contemporain assez sobre.

Grandes Écoles sans rest ⅏   🚗 🔊 ㊣ 📶 🅿 VISA ☎
75 r. Cardinal-Lemoine ⓜ *Cardinal Lemoine* – ℰ *01 43 26 79 23*
– www.hotel-grandes-ecoles.com – Fax 01 43 25 28 15   L15
51 ch – ✝118/143 € ✝✝118/143 €, ☲ 9 €
• Ces trois maisons au charme bourgeois désuet (chambres sans TV) sont prisées pour leur tranquillité, en plein Quartier latin. L'été, petit-déjeuner servi au jardin.

Albe sans rest   🔊 AC ✗ 📶 VISA ☎ AE ⓞ
1 r. Harpe ⓜ *St-Michel* – ℰ *01 46 34 09 70 – www.albehotel.fr – Fax 01 40 46 85 70*
45 ch – ✝160/180 € ✝✝190/255 €, ☲ 11 €   K14
• Plaisante décoration moderne dans cet hôtel proposant des chambres un peu petites, mais bien agencées et gaies. Quartier latin, île de la Cité... Paris est à vos pieds !

Agora St-Germain sans rest   🔊 AC ✗ 📶 VISA ☎ AE ⓞ
42 r. Bernardins ⓜ *Maubert Mutualité* – ℰ *01 46 34 13 00*
– www.agorasaintgermain.com – Fax 01 46 34 75 05   K15
39 ch – ✝149 € ✝✝189/195 €, ☲ 11 €
• Voisin de l'église St-Nicolas-du-Chardonnet, cet hôtel propose des chambres fonctionnel-les, plus calmes côté cour. Charmante salle des petits-déjeuners (murs en pierre).

Minerve sans rest   🔊 AC 📶 ㏛ 🅿 🖙 VISA ☎ AE ⓞ
13 r. des Écoles ⓜ *Maubert Mutualité* – ℰ *01 43 26 26 04*
– www.parishotelminerve.com – Fax 01 44 07 01 96   L15
54 ch – ✝96/182 € ✝✝107/182 €, ☲ 9 €
• Cet immeuble bâti en 1864 recèle un plaisant salon d'accueil (pierres apparentes et mobi-lier de style) et de petites chambres de caractère fort bien tenues.

Le Petit Paris sans rest   🔊 ㊣ AC 📶 VISA ☎ AE ⓞ
214 r. St-Jacques ⓜ *Luxembourg* – ℰ *01 53 10 29 29 – www.hotelpetitparis.com*
– Fax 01 43 54 00 16   L14
20 ch – ✝240/360 € ✝✝240/360 €, ☲ 16 €
• À chaque chambre une ambiance (Louis XV, seventies, années 1920, etc.) et à chaque étage une couleur : cet hôtel, réouvert en 2009, a su personnalisé ses espaces.

Sorbonne sans rest   🔊 AC ✗ 📶 VISA ☎ AE ⓞ
6 r. Victor-Cousin ⓜ *Cluny La Sorbonne* – ℰ *01 43 54 58 08*
– www.hotelsorbonne.com – Fax 01 40 51 05 18   K14
38 ch – ✝80/350 € ✝✝90/350 €, ☲ 12 €
• Couleurs très vives ou aplats de noir profond, mobilier design ou fauteuils Louis XVI habil-lés d'imprimés flashy, hall gris brillant : le Sorbonne est entré dans le 21e s.

The Five sans rest   🔊 AC ✗ 📶 VISA ☎ AE ⓞ
3 r. Flatters ⓜ *Gobelins* – ℰ *01 43 31 74 21 – www.thefivehotel.com*
– Fax 01 43 31 61 96   M14
23 ch – ✝168/202 € ✝✝198/342 €, ☲ 15 € – 2 suites
• Five, comme le 5e et les cinq sens, d'où est né le concept de ce petit hôtel résolument design. Chambres calmes et très dépaysantes (couleur thématique, ambiance olfactive...).

St-Jacques sans rest
　　　　　　　　　　　　　　　　　　　　⊞ 𝔸ℂ ⌘ ¹⁾ VISA ⊙⊙ 𝔸𝔼 ⓪
35 r. des Écoles Ⓜ *Maubert Mutualité* – ☎ 01 44 07 45 45
– *www.paris-hotel-stjacques.com* – Fax 01 43 25 65 50　　　　　K15
36 ch – ♦102 € ♦♦116/198 €, � 12 €
 ◆ Ce petit hôtel familial propose des chambres traditionnelles, avec moulures au plafond et fresques originales. Les "deluxe" ont été joliment rénovées dans un style plus cossu.

Tour Notre-Dame sans rest
　　　　　　　　　　　　　　　　　　⊞ 𝔸ℂ ¹⁾ 🛁 VISA ⊙⊙ 𝔸𝔼 ⓪
20 r. Sommerard Ⓜ *Cluny la Sorbonne* – ☎ 01 43 54 47 60
– *www.tour-notre-dame.com* – Fax 01 43 26 42 34　　　　　　K14
48 ch – ♦120/176 € ♦♦130/190 €, ⊇ 13 €
 ◆ Très bel emplacement pour cet hôtel qui jouxte le musée de Cluny. Petites chambres sobrement décorées ; celles sur l'arrière sont plus calmes.

St-Christophe sans rest
　　　　　　　　　　　　　　　　　　　　⊞ ⅜ ¹⁾ VISA ⊙⊙ 𝔸𝔼 ⓪
17 r. Lacépède Ⓜ *Place Monge* – ☎ 01 43 31 81 54
– *www.saint-christophe-hotel.com* – Fax 01 43 31 12 54　　　　L15
31 ch – ♦103/126 € ♦♦113/138 €, ⊇ 9 €
 ◆ Le naturaliste Lacépède a donné son nom à la rue, rappelant la proximité du Jardin des Plantes. Petites chambres d'esprit rustique.

Pierre Nicole sans rest
　　　　　　　　　　　　　　　　　　　　⊞ ⅜ ¹⁾ VISA ⊙⊙ 𝔸𝔼 ⓪
39 r. Pierre Nicole Ⓜ *Port Royal* – ☎ 01 43 54 76 86
– *www.hotel-pierre-nicole.com* – Fax 01 43 54 22 45 – Fermé 1ᵉʳ-23 août　M13
33 ch – ♦90 € ♦♦100/115 €, ⊇ 8 €
 ◆ L'enseigne rend hommage au moraliste de Port-Royal. Proche du Val-de-Grâce et du jardin du Luxembourg, cet hôtel simple propose des chambres fonctionnelles à prix sages.

La Tour d'Argent
　　　　　　　　　　　　　　　　　　　≤ 𝔸ℂ ⌘ ⌂ VISA ⊙⊙ 𝔸𝔼 ⓪
15 quai Tournelle Ⓜ *Pont Marie* – ☎ 01 43 54 23 31 – *www.latourdargent.com*
– Fax 01 44 07 12 04 – Fermé août, 21 fév.-8 mars, dim. et lundi　　K16
Rest – Menu 65 € (déj.)/160 € – Carte 250/300 €🕮
Spéc. Quenelles de brochet "André Terrail". Caneton "Tour d'Argent". Crêpes "Belle Epoque".
 ◆ La salle à manger "en plein ciel" offre une vue somptueuse sur Notre-Dame. Cave exceptionnelle, fameux canards de Challans et clients célèbres depuis le 16ᵉ s.

La Truffière
　　　　　　　　　　　　　　　　　　　　　𝔸ℂ ⌘ VISA ⊙⊙ 𝔸𝔼
4 r. Blainville Ⓜ *Place Monge* – ☎ 01 46 33 29 82 – *www.latruffiere.com*
– Fax 01 46 33 64 74 – Fermé 20-28 déc., dim. et lundi　　　　L15
Rest – (24 €) Menu 28 € (déj.), 38/125 € – Carte 50/135 €🕮
 ◆ En plus de bons plats traditionnels, le chef propose une cuisine au goût du jour et quelques créations japonisantes. Cadre intime et rustique. Superbe carte des vins.

Atelier Maître Albert
　　　　　　　　　　　　　　　　　　𝔸ℂ ⌘ ⌂ VISA ⊙⊙ 𝔸𝔼 ⓪
1 r. Maître Albert Ⓜ *Maubert Mutualité* – ☎ 01 56 81 30 01
– *www.ateliermaitrealbert.com* – Fax 01 53 10 83 23 – Fermé 9-22 août, vacances de Noël, sam. midi et dim. midi　　　　　　　　　K15
Rest – (23 €) Menu 32 € (dîner) – Carte 45/55 € le soir
 ◆ Une jolie cheminée médiévale et des rôtissoires (viandes à la broche) trônent dans ce bel intérieur design signé J.-M. Wilmotte. Alléchante carte pensée par Guy Savoy.

Mavrommatis
　　　　　　　　　　　　　　　　　🏠 𝔸ℂ ⅜ ⌘ VISA ⊙⊙ 𝔸𝔼 ⓪
42 r. Daubenton Ⓜ *Censier Daubenton* – ☎ 01 43 31 17 17 – *www.mavrommatis.fr*
– Fax 01 43 36 13 08 – Fermé dim., lundi et le midi en août　　　M15
Rest – (26 €) Menu 34 € bc/48 € – Carte 52/58 €
 ◆ L'ambassade de la cuisine grecque à Paris. Pas de folklore mais un cadre sobre, élégant et confortable où l'accueil se montre attentionné. Terrasse d'été bordée d'oliviers.

Marty
　　　　　　　　　　　　　　　　　　　　𝔸ℂ ⌘ ⌂ VISA ⊙⊙ ⓪
20 av. Gobelins Ⓜ *Les Gobelins* – ☎ 01 43 31 39 51 – *www.marty-restaurant.com*
– Fax 01 43 37 63 70 – Fermé août　　　　　　　　　　M15
Rest – Menu 35 € – Carte 36/75 €
 ◆ Une institution des Gobelins que cette brasserie au décor années 1930. À la carte, on retrouve les plats traditionnels et les incontournables produits de la mer.

PARIS

✗ Moissonnier
VISA ⓪

28 r. Fossés-St-Bernard Ⓜ *Jussieu –* 𝒞 *01 43 29 87 65 – Fax 01 43 29 87 65*
– Fermé août, dim. et lundi   K15
Rest – Carte 28/63 €

◆ Le décor de ce bistrot a résisté à toutes les modes : zinc rutilant, murs patinés, banquettes... Cuisine lyonnaise qui s'aventure parfois jusqu'au terroir franc-comtois.

✗ L' A.O.C.
🏠 ⌨ *VISA* ⓪

14 r. des Fossés St-Bernard Ⓜ *Maubert Mutualité –* 𝒞 *01 43 54 22 52*
– www.restoaoc.com – Fermé 1-17août   K16
Rest – (21 €) Menu 29 € (sem.) – Carte 34/54 €

◆ Une adresse pour les amateurs de viandes, toutes d'origine contrôlée et portées à maturation par le propriétaire lui-même. Rôtissoire à l'entrée et ambiance bistrot sans chichi.

✗ Chez René
🏠 ⌨ soir, *VISA* ⓪ *AE*

14 bd St-Germain Ⓜ *Maubert Mutualité –* 𝒞 *01 43 54 30 23 – Fax 01 43 54 33 57*
– Fermé août, 24 déc.-1ᵉʳ janv., dim. et lundi   K15
Rest – Carte 30/57 €

◆ Dans le décor comme sur la carte, tout fleure bon le bistrot. Cette institution sert depuis longtemps une goûteuse cuisine traditionnelle. L'équipe est fidèle, la clientèle aussi.

✗ Au Moulin à Vent
🍴 ⌨ *VISA* ⓪

20 r. Fossés-St-Bernard Ⓜ *Jussieu –* 𝒞 *01 43 54 99 37 – www.au-moulinavent.com*
– Fax 01 40 46 92 23 – Fermé août, 24 déc.-4 janv., sam. midi, dim. et lundi
Rest – Carte 46/74 €   K15

◆ Depuis 1946, rien n'a changé dans ce bistrot parisien : le joli décor rétro s'est patiné avec les ans et la cuisine traditionnelle s'est enrichie de spécialités de viandes.

✗ Les Papilles
⇔ *VISA* ⓪

30 r. Gay-Lussac Ⓜ *Luxembourg –* 𝒞 *01 43 25 20 79 – www.lespapillesparis.com*
Fax 01 43 25 24 35 – Fermé vacances de Pâques, 1ᵉʳ-21 août, 1ᵉʳ-8 janv., dim., lundi
Rest – (22 €) Menu 31 € – Carte environ 38 € le midi   L14

◆ Bistrot, cave et épicerie : dans cette sympathique adresse, on déguste une cuisine bistrotière entre casiers à vins et étagères garnies de conserves. Menu unique le soir.

✗ Ribouldingue
AC *VISA* ⓪
😊

10 r. St-Julien-le-Pauvre Ⓜ *Maubert Mutualité –* 𝒞 *01 46 33 98 80*
– Fax 01 43 54 09 34 – Fermé 8-31 août, 27 déc.-4 janv., dim. et lundi K14
Rest – (26 €) Menu 32 €

◆ Osé, ce sympathique bistrot d'abats ravit les amateurs de "canailleries" (groins, tétines, cervelles, langues...) mais pense aussi aux autres (nombreux plats classiques).

✗ Les Délices d'Aphrodite
🏠 *AC* 🍴 *VISA* ⓪ *AE*

4 r. Candolle Ⓜ *Censier Daubenton –* 𝒞 *01 43 31 40 39 – www.mavrommatis.fr*
– Fax 01 43 36 13 08   M15
Rest – (20 €) Carte 32/45 €

◆ Cette taverne conviviale régale de spécialités grecques aux parfums ensoleillés. Photos de paysages locaux, lierre dégringolant du plafond... Un avant-goût de vacances !

✗ Coco de Mer
VISA ⓪

34 bd St-Marcel Ⓜ *St-Marcel –* 𝒞 *01 47 07 06 64 – www.cocodemer.fr*
– Fermé 2 sem. en août, lundi midi et dim.   M16
Rest – Menu 30 € – Carte 28/36 €

◆ Lassé par la grisaille ? Direction les Seychelles : ti-punch pieds nus dans le sable fin de la véranda et recettes des îles d'où l'on fait venir du poisson chaque semaine.

✗ Petit Pontoise
AC *VISA* ⓪ *AE* ⓪

9 r. Pontoise Ⓜ *Maubert Mutualité –* 𝒞 *01 43 29 25 20*   K15
Rest – Carte 37/62 €

◆ À deux pas des quais de la Seine et de Notre-Dame, bistrot de quartier décoré dans le style des années 1950. Tables serrées et plats classiques proposés à l'ardoise.

✗ Lhassa
VISA ⓪
😊

13 r. Montagne Ste-Geneviève Ⓜ *Maubert Mutualité –* 𝒞 *01 43 26 22 19*
– Fax 01 42 17 00 08 – Fermé lundi   K15
Rest – (10 €) Menu 13/21 € – Carte 18/26 €

◆ Ce petit restaurant est entièrement dédié au Tibet : tissus colorés, objets artisanaux, photos du dalaï-lama et bons plats parfumés des hauts plateaux tibétains. Accueil tout sourire.

✗ **Bibimbap** ⌖ ⟳ VISA ⚫
32 bd de l'Hôpital Ⓜ *Gare d'Austerlitz* – ℰ *01 43 31 27 42* – *www.bibimbap.fr*
– Fax 01 72 27 18 21 M16
Rest – Menu 26/39 €

♦ Une adresse coréenne simple, sur la forme comme sur le fond. Cuisine typique servie dans un décor qui n'a rien d'exotique mais repose sur la sobriété et l'effet d'espace.

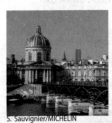

St-Germain-des-Prés ·
Odéon ·
Jardin du Luxembourg

6e arrondissement ☒ 75006

S. Sauvignier/MICHELIN

🏨🏨🏨 **Lutetia** ⅃₅ ⊜ 🆗 ⌖ ¶⁷ ⅏ VISA ⚫ AE ①
45 bd Raspail Ⓜ *Sèvres Babylone* – ℰ *01 49 54 46 46* – *www.lutetia-paris.com*
– Fax 01 49 54 46 00 K12
231 ch – †450/600 € ††460/610 €, � 26 € – 11 suites
Rest *Paris* – voir ci-après
Rest *Brasserie Lutetia* – ℰ *01 49 54 46 76* – (40 €) Carte 46/73 €

♦ Témoin de l'histoire et des arts, ce palace de la rive gauche édifié en 1910 conjugue style Art déco et éléments contemporains (sculptures de César, Arman…). Chambres plus ou moins récentes. Le Tout-Paris se retrouve à la Brasserie dans une ambiance traditionnelle. Soirées jazz.

🏨🏨🏨 **Victoria Palace** sans rest ⊜ & 🆗 ¶⁷ ⅏ 🕾 VISA ⚫ AE ①
6 r. Blaise-Desgoffe Ⓜ *St-Placide* – ℰ *01 45 49 70 00* – *www.victoriapalace.com*
– Fax 01 45 49 23 75 L11
62 ch – †280/625 € ††280/625 €, � 18 €

♦ Petit palace au charme indéniable : tissus choisis, mobilier Louis XVI et salles de bains en marbre dans les chambres ; tableaux, velours rouge et porcelaines dans les salons.

🏨🏨 **L'Hôtel** ⊜ 🆗 ¶⁷ VISA ⚫ AE ①
13 r. des Beaux-Arts Ⓜ *St-Germain-des-Prés* – ℰ *01 44 41 99 00*
– www.l-hotel.com – Fax 01 43 25 64 81 J13
20 ch – †280/370 € ††345/740 €, � 18 € – 4 suites
Rest *Le Restaurant* – voir ci-après

♦ "L'Hôtel", où s'éteignit Oscar Wilde laissant une facture impayée, arbore un vertigineux puits de lumière et un décor exubérant signé Garcia (baroque, Empire, Orient).

🏨🏨 **Le Six** sans rest ⊛ ⊜ & 🆗 ¶⁷ ⅏ VISA ⚫ AE ①
14 r. Stanislas Ⓜ *Notre-Dame des Champs* – ℰ *01 42 22 00 75*
– www.hotel-le-six.com – Fax 01 42 22 00 95 L12
37 ch – †199/300 € ††199/300 €, � 22 € – 4 suites

♦ Hôtel contemporain entre Luxembourg, St-Germain-des-Prés et Montparnasse. Spacieuses chambres, tons chauds et photos des légendes du quartier ; petit spa bien aménagé.

🏨🏨 **D'Aubusson** sans rest ⊜ & 🆗 ¶⁷ ⅏ 🅿 🕾 VISA ⚫ AE ①
33 r. Dauphine Ⓜ *Odéon* – ℰ *01 43 29 43 43* – *www.hoteldaubusson.com*
– Fax 01 43 29 12 62 J13
49 ch – †255/555 € ††255/555 €, � 25 €

♦ Hôtel particulier (17e s.) de caractère : élégantes chambres rénovées, parquets Versailles, tapisseries d'Aubusson… et, en fin de semaine, soirées jazz au Café Laurent.

🏨🏨 **Esprit Saint-Germain** sans rest ⊜ & 🆗 ☏ VISA ⚫ AE ①
22 r. Saint-Sulpice Ⓜ *Mabillon* – ℰ *01 53 10 55 55*
– www.espritsaintgermain.com – Fax 01 53 10 55 56 K13
28 ch – †325/805 € ††325/805 €, � 28 €

♦ Chambres élégantes et contemporaines mariant coloris sobres et motifs léopard, tableaux et meubles modernes, murs en ardoise, poutres anciennes… Très actuel et intime.

L'Abbaye sans rest 🛏️   🖨️ AK ⌘ ⁹ʸ VISA ◯◯ AE
10 r. Cassette Ⓜ *St-Sulpice –* ☏ *01 45 44 38 11 – www.hotel-abbaye.com*
– Fax 01 45 48 07 86   K12
40 ch ⌑ – ♦232/261 € ♦♦427/472 € – 4 suites
• Un hôtel d'un charme rare… Ancien couvent du 18ᵉ s., il abrite des chambres très raffinées, lumineuses et classiques, au grand calme sur la cour-jardin. Service méticuleux.

Relais Christine sans rest 🛏️   ᴸᵃ 🖨️ AK ⁹ʸ ᵴᴬ 🌿 VISA ◯◯ AE ◯
3 r. Christine Ⓜ *St-Michel –* ☏ *01 40 51 60 80 – www.relais-christine.com*
– Fax 01 40 51 60 81   J14
51 ch – ♦300/860 € ♦♦300/860 €, ⌑ 30 €
• On prend son petit-déjeuner sous les voûtes du 13ᵉ s. dans cet hôtel particulier bâti sur
des vestiges médiévaux. Belle cour pavée, espace fitness et chambres de caractère.

Relais St-Germain   🖨️ AK ⁹ʸ VISA ◯◯ AE ◯
9 carrefour de l'Odéon Ⓜ *Odéon –* ☏ *01 44 27 07 97 – www.hotelrsg.com*
– Fax 01 46 33 45 30   K13
22 ch ⌑ – ♦180/220 € ♦♦230/285 €
Rest *Le Comptoir* – voir ci-après
• Trois immeubles du 17ᵉ s. constituent cet hôtel raffiné. Poutres patinées, étoffes chatoyantes et meubles anciens participent au plaisant cachet des chambres.

Bel Ami St-Germain des Prés sans rest   ᴸᵃ 🖨️ & AK ⁹ʸ ᵴᴬ
7 r. St-Benoit Ⓜ *St-Germain des Prés*   VISA ◯◯ AE ◯
– ☏ *01 42 61 53 53 – www.hotel-bel-ami.com*
– Fax 01 49 27 09 33   J13
108 ch – ♦230/620 € ♦♦230/620 €, ⌑ 25 € – 4 suites
• Rien à voir avec le roman de Maupassant. On est bien dans un immeuble 19ᵉ s., mais résolument ancré dans notre temps : luxe minimaliste contemporain et high-tech. Espace détente.

Pas de Calais sans rest   🖨️ AK 📞 VISA ◯◯ AE ◯
59 r. des Saints-Pères Ⓜ *St-Germain-des-Prés –* ☏ *01 45 48 78 74*
– www.hotelpasdecalais.com – Fax 01 45 44 94 57   J12
38 ch – ♦145/160 € ♦♦160/315 €, ⌑ 15 €
• Le hall de l'hôtel surprend avec sa verrière zénithale et son mur végétal (orchidées). Jolies
chambres personnalisées ; poutres apparentes au dernier étage. Tenue sérieuse.

Madison sans rest   ⩽ 🖨️ AK ⁹ʸ VISA ◯◯ AE ◯
143 bd St-Germain Ⓜ *St-Germain des Prés –* ☏ *01 40 51 60 00*
– www.hotel-madison.com – Fax 01 40 51 60 01   J13
52 ch ⌑ – ♦180/430 € ♦♦240/430 €
• Camus aimait fréquenter cet établissement. Chambres élégantes, classiques aux premiers
étages, revues dans un style actuel et cosy aux derniers ; certaines ont vue sur l'église.

Left Bank St-Germain sans rest   🖨️ & AK ⁹ʸ VISA ◯◯ AE ◯
9 r. de l'Ancienne Comédie Ⓜ *Odéon –* ☏ *01 43 54 01 70*
– www.paris-hotels-charm.com – Fax 01 43 26 17 14   K13
31 ch – ♦130/260 € ♦♦140/280 €
• Aux amateurs de bel ancien, cet hôtel offre meubles massifs de style Louis XIII, tapisseries d'Aubusson, damas et colombages… Quelques chambres ouvrent une échappée sur
Notre-Dame.

La Villa d'Estrées et Résidence des Arts sans rest   🖨️ AK ⌘ ⁹ʸ
17 r. Gît le Cœur Ⓜ *Saint-Michel –* ☏ *01 55 42 71 11*   VISA ◯◯ AE
– www.villadestrees.com – Fax 01 55 42 71 00   J14
21 ch – ♦145/325 € ♦♦215/325 €, ⌑ 12 €
• Le style Napoléon III, revisité par un disciple de Jacques Garcia, imprègne chaque détail
du décor de ces deux bâtiments. Chambres ou appartements, cosy et bien équipés.

La Villa sans rest   🖨️ AK ⁹ʸ ᵴᴬ VISA ◯◯ AE ◯
29 r. Jacob Ⓜ *St-Germain des Prés –* ☏ *01 43 26 60 00*
– www.villa-saintgermain.com – Fax 01 46 34 63 63   J13
31 ch – ♦230/305 € ♦♦395/470 €, ⌑ 22 €
• Derrière une façade 19ᵉ s., son décor épuré ravit les amateurs de chic contemporain :
mobilier en wengé, étoffes précieuses et lumières douces au programme.

Le Sénat sans rest   🛗 ㅤ 🅰🅲 ⁽¹⁾ 𝗩𝗜𝗦𝗔 ⓒⓞ 🄰🄴 ⓞ
10 r. de Vaugirard Ⓜ *Luxembourg* – ℰ *01 43 54 54 54 – www.hotelsenat.com*
– *Fax 01 43 54 54 55*   K14
35 ch – ♥190/335 € ♥♥190/335 €, ⌷ 15 € – 6 suites
◆ De cet hôtel, la devanture noire annonce le style : chic, discret et dans l'air du temps. Les chambres, élégantes, sont bien agréables. Petit-déjeuner buffet de qualité.

Ste-Beuve sans rest   🛗 🅰🅲 ⅍ ⁽¹⁾ 𝗩𝗜𝗦𝗔 ⓒⓞ 🄰🄴 ⓞ
9 r. Ste-Beuve Ⓜ *Notre-Dame des Champs* – ℰ *01 45 48 20 07*
– *www.parishotelcharme.com – Fax 01 45 48 67 52*   L12
22 ch – ♥159/255 € ♥♥159/365 €, ⌷ 15 €
◆ L'endroit, par son atmosphère intime, ressemble à une maison particulière. Chambres harmonieusement rénovées, ponctuées de touches raffinées ; salles de bain en noir et blanc.

Millésime sans rest ॐ   🛗 🅰🅲 ⁽¹⁾ 𝗩𝗜𝗦𝗔 ⓒⓞ 🄰🄴 ⓞ
15 r. Jacob Ⓜ *St-Germain des Prés* – ℰ *01 44 07 97 97*
– *www.millesimehotel.com – Fax 01 46 34 55 97*   J13
21 ch – ♥190 € ♥♥220 €, ⌷ 16 €
◆ Tons ensoleillés, mobilier et tissus choisis apportent une note chaleureuse aux ravissantes chambres proposées ici. Bel escalier du 17e s., patio et jolie salle voûtée.

Au Manoir St-Germain-des-Prés sans rest   🛗 🅰🅲 ⁽¹⁾ 𝗩𝗜𝗦𝗔 ⓒⓞ 🄰🄴 ⓞ
153 bd St-Germain Ⓜ *St-Germain des Prés* – ℰ *01 42 22 21 65*
– *www.paris-hotels-charm.com – Fax 01 45 48 22 25*   J12
28 ch ⌷ – ♥150/330 € ♥♥150/330 €
◆ Face au Flore et à l'église millénaire, cet hôtel rénové en 2008 a conservé tout son charme : boiseries, mobilier ancien, confort bourgeois. Optez pour une chambre avec vue !

Buci sans rest   🛗 ㅤ 🅰🅲 ⁽¹⁾ 𝗩𝗜𝗦𝗔 ⓒⓞ 🄰🄴 ⓞ
22 r. Buci Ⓜ *Mabillon* – ℰ *01 55 42 74 74 – www.buci-hotel.com – Fax 01 55 42 74 44*
24 ch – ♥195/360 € ♥♥290/570 €   J13
◆ Situation idéale au cœur de St-Germain-des-Prés pour cet hôtel intimiste. Chambres stylées (ciels de lit, meubles anglais), quelques-unes rénovées de façon plus contemporaine.

Récamier sans rest   🛗 ㅤ 🅰🅲 ⁽¹⁾ 𝗩𝗜𝗦𝗔 ⓒⓞ 🄰🄴 ⓞ
3 bis r. St-Sulpice Ⓜ *St-Sulpice* – ℰ *01 43 26 04 89 -- www.hotelrecamier.com*
– *Fax 01 43 26 35 76*   K13
24 ch – ♥250/420 € ♥♥250/420 €, ⌷ 18 €
◆ Une rénovation remarquable a transmué cette ancienne pension de famille : décors soignés (différents styles 20e s.), équipements high-tech… Chic et exclusif, place St-Sulpice.

Des Académies et des Arts sans rest   🛗 🅰🅲 ⅍ ⁽¹⁾ 𝗩𝗜𝗦𝗔 ⓒⓞ 🄰🄴
15 r. de la Grande-Chaumière Ⓜ *Vavin* – ℰ *01 43 26 66 44*
– *www.hoteldesacademies.com – Fax 01 40 46 86 85*   L12
20 ch – ♥189/294 € ♥♥189/294 €, ⌷ 16 €
◆ Corps blancs peints de Jérôme Mesnager et sculptures de Sophie de Watrigant investissent les murs de cet hôtel dédié à la création. Chambres dans l'air du temps très soignées.

Relais Médicis sans rest   🛗 ㅤ 🅰🅲 ⅍ ⁽¹⁾ 𝗩𝗜𝗦𝗔 ⓒⓞ 🄰🄴 ⓞ
23 r. Racine Ⓜ *Odéon* – ℰ *01 43 26 00 60 – www.relaismedicis.com*
– *Fax 01 40 46 83 39*   K13
16 ch ⌷ – ♥142/172 € ♥♥172/258 €
◆ Des touches provençales et féminines égayent les chambres de cet hôtel proche de l'Odéon ; celles situées côté patio offrent plus de calme. Meubles chinés chez les antiquaires.

Artus sans rest   🛗 🅰🅲 ⁽¹⁾ 𝗩𝗜𝗦𝗔 ⓒⓞ 🄰🄴 ⓞ
34 r. de Buci Ⓜ *Mabillon* – ℰ *01 43 29 07 20 – www.artushotel.com*
– *Fax 01 43 29 67 44*   J13
27 ch ⌷ – ♥195/280 € ♥♥280/415 €
◆ Captant l'air du temps, cet hôtel apporte sa touche intimiste : chambres modernes ornées d'antiquités, bar design, œuvres des galeries voisines exposées. Généreux petit-déjeuner.

De Fleurie sans rest   🛗 🅰🅲 ⅍ ⁽¹⁾ 𝗩𝗜𝗦𝗔 ⓒⓞ 🄰🄴 ⓞ
32 r. Grégoire de Tours Ⓜ *Odéon* – ℰ *01 53 73 70 00 – www.hotel-de-fleurie.fr*
– *Fax 01 53 73 70 20*   K13
29 ch – ♥135/215 € ♥♥155/320 €, ⌷ 13 €
◆ Pimpante façade du 18e s. ornée de statues. Chambres bourgeoises aux tonalités douces (boiseries chaleureuses), calmes sur la cour comme sur la rue, peu passante.

PARIS

🏨 **Prince de Conti** sans rest   🛗 & 🗚 ℅ ⁇ 🏧 ⓥⓢⓐ 🆎 ⓞ
8 r. Guénégaud Ⓜ *Odéon –* ℰ *01 44 07 30 40 – www.prince-de-conti.com*
– Fax 01 44 07 36 34   J13
26 ch – 🛏120/300 € 🛏🛏120/300 €, ⬜ 13 €
♦ Immeuble du 18e s. jouxtant l'hôtel de la Monnaie : charmant salon transformé en cabinet de curiosités, chambres raffinées et duplex lumineux décorés d'objets précieux.

🏨 **Clos Médicis** sans rest   🛗 & 🗚 ℅ ⁇ 🏧 ⓥⓢⓐ 🆎 ⓞ
56 r. Monsieur Le Prince Ⓜ *Odéon –* ℰ *01 43 29 10 80*
– www.hotelclosmedicisparis.com – Fax 01 43 54 26 90   K14
37 ch – 🛏145/300 € 🛏🛏180/300 €, ⬜ 13 € – 1 suite
♦ À quelques pas du jardin du Luxembourg, cet hôtel de 1773 invite à la détente dans un intérieur élégant et sobre, mêlant tons chauds, lumières douces et détails soignés.

🏨 **De Sèvres** sans rest   🛗 ℅ ⁇ 🏧 ⓥⓢⓐ 🆎 ⓞ
22 r. Abbé-Grégoire Ⓜ *St-Placide –* ℰ *01 45 48 84 07 – www.hoteldesevres.com*
– Fax 01 42 84 01 55 – Fermé août   K11-12
31 ch – 🛏99/139 € 🛏🛏115/195 €, ⬜ 13 €
♦ Hôtel au décor contemporain, voisin du Bon Marché. La salle des petits-déjeuners donne sur une courette fleurie. Expositions temporaires au salon. Espace détente "La Bulle".

🏨 **Odéon St-Germain** sans rest   🛗 🗚 ⁇ 🏧 ⓥⓢⓐ 🆎 ⓞ
13 r. St-Sulpice Ⓜ *Odéon –* ℰ *01 43 25 70 11 – www.hotelosg.com*
– Fax 01 43 29 97 34   K13
27 ch – 🛏137/480 € 🛏🛏149/480 €, ⬜ 14 €
♦ Murs du 16e s. mais décor intemporel signé Jacques Garcia : tentures de soie sauvage, mobilier opulent, ciels de lit damassés, ambiances feutrées... Confort et charme indéniables.

🏨 **Prince de Condé** sans rest   🛗 🗚 ℅ ⁇ 🏧 ⓥⓢⓐ 🆎 ⓞ
39 r. de Seine Ⓜ *Mabillon –* ℰ *01 43 26 71 56 – www.prince-de-conde.com*
– Fax 01 46 34 27 95   J13
11 ch – 🛏146/240 € 🛏🛏146/300 €, ⬜ 13 €
♦ Dans le périmètre des galeries de peintures, un hôtel intime : chambres cosy au cachet renforcé par la présence de murs en pierre, belle cave voûtée, salon-bibliothèque.

🏨 **Régent** sans rest   🛗 🗚 ℅ ⁇ 🏧 ⓥⓢⓐ 🆎 ⓞ
61 r. Dauphine Ⓜ *Odéon –* ℰ *01 46 34 59 80 – www.hotelleregent.com*
– Fax 01 40 51 05 07   J13
24 ch – 🛏175 € 🛏🛏175/250 €, ⬜ 14 €
♦ Façade longiligne datant de 1769. Les chambres sont feutrées et bien équipées. La salle des petits-déjeuners, en sous-sol, ne manque pas de charme avec ses pierres apparentes.

🏠 **Mayet** sans rest   🛗 ⁇ 🏧 ⓥⓢⓐ 🆎 ⓞ
3 r. Mayet Ⓜ *Duroc –* ℰ *01 47 83 21 35 – www.mayet.com – Fax 01 40 65 95 78*
– Fermé août et 20-30 déc.   L11
23 ch ⬜ – 🛏100/170 € 🛏🛏130/170 €
♦ Petit hôtel avenant proche du métro Duroc : chambres simples à la déco d'aujourd'hui (murs bordeaux et gris), salle des petits-déjeuners très colorée et accueil tout sourire.

🏠 **Le Clément** sans rest   🛗 🗚 ℅ ⁇ 🏧 ⓥⓢⓐ 🆎 ⓞ
6 r. Clément Ⓜ *Mabillon –* ℰ *01 43 26 53 60 – www.hotel-clement.fr*
– Fax 01 44 07 06 83   K13
28 ch – 🛏126/165 € 🛏🛏126/165 €, ⬜ 11 €
♦ Face au marché St-Germain, une élégante façade grise marque l'entrée de cet hôtel, dans la même famille depuis trois générations. Chambres bien tenues, à prix raisonnables.

🍴🍴🍴 **Paris** – Hôtel Lutetia   & 🗚 ⇵ ⊏⊐ 🏧 ⓥⓢⓐ 🆎 ⓞ
🏵 *45 bd Raspail* Ⓜ *Sèvres Babylone –* ℰ *01 49 54 46 90 – www.lutetia-paris.com*
– Fax 01 49 54 46 00 – Fermé août, sam., dim. et fériés   K12
Rest – Menu 60 € bc (déj.), 80/130 € – Carte 65/160 €
Spéc. Homard breton au tartare de betterave, tétragone à l'huile de noisette. Langoustines dorées, fleurs de courgettes aux girolles et aux amandes fraîches. Fruits rouges et noirs, palet de noix de coco, coque de sucre filé, jus chaud à la fraise.
♦ Fidèle au style de l'hôtel, la salle de restaurant Art déco, signée Sonia Rykiel, reproduit l'un des salons du paquebot Normandie. Talentueuse cuisine au goût du jour.

XXX **Relais Louis XIII** (Manuel Martinez)　　AC ✶ ⇔ ⌂ VISA ⦿ AE ①

⊗ ⊗ *8 r. Grands Augustins* Ⓜ *Odéon* – ℰ *01 43 26 75 96* – *www.relaislouis13.com*
– *Fax 01 44 07 07 80* – *Fermé août, dim. et lundi*　　　　　J14
Rest – Menu 60 € (déj. en sem.), 80/140 € bc – Carte 118/150 € ⦚
Spéc. Ravioli de homard breton, foie gras et crème de cèpe. Caneton challandais rôti entier aux épices, la cuisse confite en parmentier. Millefeuille, crème légère à la vanille bourbon.
◆ Dans une maison du 16e s., trois intimes salles à manger de style Louis XIII où règnent balustres, tissus à rayures et pierres apparentes. Subtile cuisine classique.

XXX **Jacques Cagna**　　　　　AC ⌂ soir, VISA ⦿ AE ①

⊗ *14 r. Grands Augustins* Ⓜ *St-Michel* – ℰ *01 43 26 49 39* – *www.jacques-cagna.com*
– *Fax 01 43 54 54 48* – *Fermé 1er-26 août, lundi midi, sam. midi et dim.*
Rest – Menu 45 € (déj.)/95 € – Carte 82/170 €　　　　　J14
Spéc. Risotto arborio au homard de Bretagne. Aiguillettes de grouse rôties aux airelles fraîches (saison). Paris-brest.
◆ Voici l'une des plus anciennes maisons de Paris. Belle salle à manger (poutres massives, boiseries du 16e s., tableaux flamands) propice à la dégustation de plats de tradition raffinés.

XXX **Hélène Darroze**　　　　AC ⌂ VISA ⦿ AE ①

⊗ *4 r. d'Assas* Ⓜ *Sèvres Babylone* – ℰ *01 42 22 00 11* – *www.helenedarroze.com*
– *Fax 01 42 22 25 40*　　　　　K12
Rest – *(1er étage)* (fermé le midi du 20 juil. au 30 août, dim. et lundi) Menu 52 € (déj.)/145 € bc
Spéc. Foie gras de canard des Landes confit aux épices douces. Grosse langoustine rôtie aux épices tandoori, mousseline de jeunes carottes aux agrumes. Le chocolat, la coriandre, la vanille Bourbon, la chicorée.
Rest *Le Salon* – *(fermé 20 juil.-30 août, dim. et lundi)* (25 €) Menu 105 € bc
– Carte 50/110 €
◆ Décor contemporain, feutré et tamisé (tons aubergine-orange) où l'on savoure une belle cuisine et des vins du Sud-Ouest. Au rez-de-chaussée, Hélène Darroze tient Salon, proposant tapas et petits plats au rustique accent des Landes.

XX **Le Restaurant** – Hôtel L'Hôtel　　　AC VISA ⦿ AE ①

⊗ *13 r. des Beaux-Arts* Ⓜ *St-Germain-des-Prés* – ℰ *01 44 41 99 01*
– *www.l-hotel.com* – *Fax 01 43 25 64 81*
– *fermé août, 21 au 28 déc., dim. et lundi*　　　　　J13
Rest – (42 €) Menu 52 € (déj.), 95/155 € bc – Carte 85/129 €
Spéc. Foie gras de canard cuit et pressé à la sangria, figue et noisettes fraîches. Sole de l'île d'Yeu, oignons doux, coquillages, crevettes grises et vin jaune. Poire crue et en sorbet, meringue, amande et sauce chocolat (automne).
◆ À l'intérieur de "L'Hôtel", table baptisée "Le Restaurant" : décor signé Jacques Garcia et petite cour intérieure. Cuisine dans l'air du temps, démontrant un beau savoir-faire.

XX **La Société**　　　　　AC ⌂ VISA ⦿ AE ①

4 pl. St-Germain-des-Prés Ⓜ *St-Germain-des-Prés* – ℰ *01 53 63 60 60*
– *Fax 01 53 63 60 61*　　　　　J13
Rest – Carte 60/85 €
◆ Les Costes ont ouvert en 2009 cet antre germanopratin stylé et glamour. Un vrai précis d'architecture intérieure et... un manuel de savoir-vivre en société. Cuisine actuelle.

XX **Sensing**　　　　　&. AC VISA ⦿ AE

19 r. Bréa Ⓜ *Vavin* – ℰ *01 43 27 08 80* – *www.restaurant-sensing.com*
– *Fax 01 43 26 99 27* – *Fermé août, lundi midi et dim.*　　　L12
Rest – (25 €) Menu 55 € bc (déj.)/95 € – Carte 63/90 €
◆ Une courte carte, contemporaine et épurée, valorisant d'excellents produits ; un cadre dépouillé ultradesign : ce restaurant piloté par Guy Martin ne manque pas de personnalité.

XX **Bastide Odéon**　　　　AC ⇔ ⌂ soir, VISA ⦿ AE

7 r. Corneille Ⓜ *Odéon* – ℰ *01 43 26 03 65* – *www.bastide-odeon.com*
– *Fax 01 44 07 28 93* – *Fermé 3-25 août, dim. et lundi*　　　K13
Rest – (23 € bc) Menu 32/55 €
◆ Proche du Luxembourg, agréable et confortable salle à manger rappelant l'intérieur d'une bastide provençale. Salon à l'étage. Spécialités méditerranéennes.

XX **Fogón** (Juan Alberto Herráiz)　　　　　AC ☆ soir, VISA ☻

45 quai des Grands-Augustins Ⓜ St-Michel – ℰ 01 43 54 31 33 – www.fogon.fr
– Fermé 15-31 août, 23 déc.-3 janv., lundi et le midi sauf sam. et dim.
Rest – Menu 44/52 € – Carte 45/55 €　　　　　　　　　　　　J14
Spéc. Jambon de porc Ibérique. Riz aux légumes du marché dans une paella.
Sorbet selon la saison.
♦ Cuisine espagnole (tapas, paellas) revisitée avec éclat et créativité, servie par une belle
qualité des produits, et mise en scène dans un cadre design chic des plus tendance.

XX **Méditerranée**　　　　　AC ⇔ ☆ VISA ☻ AE

2 pl. Odéon Ⓜ Odéon – ℰ 01 43 26 02 30 – www.la-mediterranee.com
– Fax 01 43 26 18 44 – Fermé 24-31 déc.　　　　　　　　　　　K13
Rest – (26 €) Menu 30 € – Carte 53/61 €
♦ Rendez-vous avec la grande bleue face au théâtre de l'Odéon : salles à manger agrémen-
tées de fresques évoquant la Méditerranée et cuisine de la mer à la mode du Sud.

XX **Alcazar**　　　　　& AC ⇔ VISA ☻ AE ①

62 r. Mazarine Ⓜ Odéon – ℰ 01 53 10 19 99 – www.alcazar.fr – Fax 01 53 10 23 23
Rest – (26 € bc) Menu 32 € bc (déj.)/38 € – Carte 45/59 €　　　J13
♦ L'adresse de Sir Conran attire les adeptes d'ambiance électro-chic et de goûts dans l'air du
temps. Verrière, mezzanine et vue sur les cuisines créent la personnalité du lieu.

XX **Caméléon**　　　　　VISA ☻ AE

6 r. Chevreuse Ⓜ Vavin – ℰ 0143 27 43 27
– www.cameleonjeanpaularabianparis.com – Fax 01 43 27 03 07
– Fermé 1er-21 août, 24 déc.-5 janv. et dim.　　　　　　　　　L12
Rest – (22 €) Menu 26 € (déj.)/45 € – Carte 45/92 €
♦ Bistrot moderne au cadre sobre et confortable (banquettes en velours, tables en bois ver-
nis, vue sur les fourneaux) ; cuisine de tradition avec, en vedette, le foie de veau.

XX **Les Bouquinistes**　　　　　AC ☆ VISA ☻ AE ①

53 quai des Grands Augustins Ⓜ St-Michel – ℰ 01 43 25 45 94
– www.guysavoy.com – Fax 01 43 25 23 07 – Fermé 5-23 août, 23 déc.-5 janv.,
sam. midi et dim.　　　　　　　　　　　　　　　　　　J14
Rest – (26 € bc) Menu 29 € bc – Carte 60/70 €
♦ Face aux bouquinistes des quais, une cuisine originale dans un cadre moderniste conçu
par le jazzman D. Humair : mobilier design, lampes colorées et peintures abstraites.

XX **Yugaraj**　　　　　AC VISA ☻ AE ①

14 r. Dauphine Ⓜ Odéon – ℰ 01 43 26 44 91 – Fax 01 46 33 50 77 – Fermé août,
lundi midi et jeudi midi　　　　　　　　　　　　　　　　J14
Rest – Menu 27/46 € – Carte 32/58 €
♦ Dépaysement assuré dans ce haut lieu de la gastronomie indienne (boiseries, soieries,
objets anciens, etc.). Large choix de spécialités à la carte.

XX **Emporio Armani Caffé**　　　　　VISA ☻ AE ①

149 bd St-Germain Ⓜ St-Germain-des-Prés – ℰ 01 45 48 62 15
– Fax 01 45 48 53 17 – Fermé dim. et fériés　　　　　　　　　J13
Rest – (35 €) Carte 38/87 €
♦ Au premier étage de la boutique de mode, un "caffé" à l'italienne chic et confortable.
Clientèle "rive gauche" et cuisine transalpine à base de beaux produits frais.

X **Ze Kitchen Galerie** (William Ledeuil)　　　　　AC VISA ☻ AE ①

4 r. Grands-Augustins Ⓜ St-Michel – ℰ 01 44 32 00 32 – www.zekitchengalerie.fr
– Fax 01 44 32 00 33 – Fermé sam. midi et dim.　　　　　　　J14
Rest – (27 € bc) Menu 39/76 € – Carte environ 61 € le soir ℬ
Spéc. Poulpe mariné, agrumes, condiment wasabi-citron-caviar. Lotte grillée, condi-
ment aïoli-gingembre. Pomelos, jus mangue, sorbet orange sanguine-citronnelle.
♦ Séduisante carte fusion influencée par l'Asie, cadre épuré aux airs de loft, tableaux
contemporains, vue sur les cuisines : Ze Kitchen est "Ze" adresse trendy de la rive gauche.

X **Allard**　　　　　AC VISA ☻ AE ①

1 r. l'Eperon Ⓜ St-Michel – ℰ 01 43 26 48 23 – Fax 01 46 33 04 02　　J14
Rest – (22 €) Menu 30/34 € – Carte 43/60 €
♦ On pénètre par la cuisine dans cette institution bistrotière : décor 1900 dans son jus (zinc,
gravures, banquettes) et menus généreux, ponctués de spécialités régionales.

XX **La Rotonde** `AC VISA ⓪⓪ AE`

105 bd Montparnasse Ⓜ *Vavin* – ℰ *01 43 26 68 84*
– Fax 01 46 34 52 40 L12

Rest – (18 € bc) Menu 35 € – Carte 35/68 €

♦ Lisez au verso de la carte l'histoire de cette brasserie parisienne typique qui a reçu, depuis 1903, tant d'hôtes célèbres... Adresse idéale pour souper après le théâtre.

XX **KGB** `AC VISA ⓪⓪ AE`

25 r. Grands Augustins Ⓜ *St-Michel* – ℰ *01 46 33 00 85* – Fax 01 44 07 18 93
– Fermé 1er-23 août, dim. et lundi J14

Rest – Menu 27 € (déj. en sem.)/34 € – Carte 43/54 €

♦ KGB pour Kitchen Gallery Bis : même esprit galerie d'art qu'à la maison-mère, et même manière d'assaisonner la cuisine française aux herbes et racines asiatiques. Un bébé bien né.

XX **L'Épi Dupin** `VISA ⓪⓪`
⊛
11 r. Dupin Ⓜ *Sèvres Babylone* – ℰ *01 42 22 64 56*
– www.epidupin.com – Fax 01 42 22 30 42
– Fermé 1er-24 août, lundi midi, sam. et dim. K12

Rest – *(nombre de couverts limité, prévenir)* (22 €) Menu 33 €

♦ Poutres et pierres pour le caractère, tables serrées pour la convivialité et délicieuse cuisine pour se régaler : ce restaurant de poche a conquis le quartier du Bon Marché.

XX **Yen** `AC VISA ⓪⓪ AE ⓪`

22 r. St-Benoît Ⓜ *St-Germain-des-Prés* – ℰ *01 45 44 11 18* – Fax 01 45 44 19 48
– Fermé 2 sem. en août et dim. J13

Rest – (38 €) Menu 68 € (dîner) – Carte 30/65 €

♦ Deux salles à manger au décor japonais très épuré, un peu plus chaleureux à l'étage. La carte fait la part belle à la spécialité du chef : le soba (nouilles de sarrasin).

XX **Le Carré de Marguerite** `⅔ VISA ⓪⓪`

87 r. d'Assas Ⓜ *Port Royal* – ℰ *01 43 26 33 61* – www.lecarredemarguerite.fr
– Fermé sam. midi, dim. et lundi L13-M13

Rest – (19 €) Menu 22 € – Carte 30/36 €

♦ Il y flotte un air de maison de famille qui met tout de suite à l'aise (meubles chinés, étagères garnies façon épicerie, bibelots). Menu du marché évoluant chaque jour.

XX **La Maison du Jardin** `AC VISA ⓪⓪ AE ⓪`
⊛
27 r. Vaugirard Ⓜ *Rennes* – ℰ *01 45 48 22 31* – Fax 01 45 48 22 31
– Fermé 1er-24 août, sam. midi, dim. et fériés K12

Rest – *(prévenir)* Menu 26/31 €

♦ Entre vieux bistrot et auberge de province, cette maison sert une bonne cuisine traditionnelle revisitée. Courte carte des vins à prix sages.

XX **Wadja** `VISA ⓪⓪`
☙
10 r. Grande-Chaumière Ⓜ *Vavin* – ℰ *01 46 33 02 02* – Fax 01 46 33 02 02
– Fermé sam. midi et dim. L12

Rest – (14 €) Menu 17/22 € – Carte 36/49 €

♦ Décor bistrot affirmé (tables serrées, zinc, miroirs, banquettes, lithographies dans l'esprit montparnassien des années 1930, etc.) et appétissante cuisine de saison.

XX **Fish La Boissonnerie** `AC VISA ⓪⓪`

69 r. de Seine Ⓜ *Odéon* – ℰ *01 43 54 34 69* – Fax 01 46 34 63 41 – Fermé 1 sem. en août, 21 déc.-2 janv. et lundi C1

Rest – (13 €) Menu 26 € (déj.)/35 € 🍷

♦ D'un P devenu B sur sa façade mosaïquée, cette ex-poissonnerie est devenue un chaleureux gastropub. Cuisine de bistrot évoluant au gré du marché. Pas de réservation après 20h30.

XX **Shu** `VISA ⓪⓪ AE`

8 r. Suger Ⓜ *St-Michel* – ℰ *0146 34 25 88* – www.restaurant-shu.com
– Fermé 2 sem. en août, vacances de Pâques et dim. K14

Rest – *(dîner seult) (nombre de couverts limité, prévenir)* Menu 38/56 €

♦ Table nippone dans une cave ancienne du quartier St-Michel. Qualité des produits et maîtrise technique distinguent le chef japonais, maître ès kushiage (petites brochettes frites).

PARIS

✗ **Rôtisserie d'en Face**　　　　　　AK VISA ◎◎ AE ①
2 r. Christine ⓜ Odéon – ☏ 01 43 26 40 98 – www.jacques-cagna.com
– Fax 143545448 – Fermé sam. midi et dim.　　　　　　J14
Rest – (23 €) Menu 37 € (déj.) – Carte 42/65 €
♦ En face de quoi ? Du restaurant de Jacques Cagna qui a créé ici un sympathique bistrot de chef (rôtisserie). Cadre aux tons ocre, sobrement élégant. Atmosphère décontractée.

✗ **La Marlotte**　　　　　　🕉 VISA ◎◎ AE
55 r. du Cherche-Midi ⓜ St-Placide – ☏ 01 45 48 86 79 – Fax 01 44 07 28 93
Rest – (21 € bc) Carte 37/58 €　　　　　　K12
♦ Près du Bon Marché, sympathique bistrot de quartier où l'on croise éditeurs et politiciens. Salle des repas tout en longueur, décor rustique et cuisine traditionnelle.

✗ **L'Épigramme**　　　　　　VISA ◎◎ AE
⊛ 9 r. l'Éperon ⓜ Odéon – ☏ 01 44 41 00 09 – Fax 01 44 41 00 09 – Fermé 3 sem.
en août, une sem. à Noël, dim. et lundi　　　　　　K14
Rest – (nombre de couverts limité, prévenir) (22 €) Menu 28 € (déj.), 30/45 €
♦ Ravissant décor aux tons naturels (pierres blondes, poutres apparentes) et bonne cuisine de bistrot : produits choisis, touches actuelles et prix doux expliquent un succès mérité.

✗ **Le Comptoir** – Hôtel Relais-St-Germain　　　🕉 AK VISA ◎◎ AE ①
9 carr. de l'Odéon ⓜ Odéon – ☏ 01 44 27 07 97 – www.hotelrsg.com
– Fax 01 46 33 45 30　　　　　　K13
Rest – (nombre de couverts limité, prévenir) Menu 50 € (dîner en sem.)
– Carte 30/65 €
♦ Dans ce sympathique bistrot de poche, Yves Camdeborde régale ses clients d'une généreuse cuisine traditionnelle (produits du Sud-Ouest). Authentique décor des années 1930.

✗ **Azabu**　　　　　　AK VISA ◎◎ AE
3 r. A. Mazet ⓜ Odéon – ☏ 01 46 33 72 05 – Fermé 1er-16 août, dim. midi et
lundi　　　　　　J13
Rest – (19 €) Menu 26/59 € – Carte 36/59 €
♦ Bonne cuisine japonaise actuelle servie dans un décor sobre et contemporain, à table ou au comptoir, face au teppanyaki (table de cuisson).

✗ **Le Bistrot de L'Alycastre**　　　🕉 ⇔ VISA ◎◎ AE ①
2 r. Clément ⓜ Mabillon – ☏ 01 43 25 77 66 – Fax 01 43 25 77 66 – Fermé
10-30 août, vacances de fév., dim. midi, lundi midi et mardi midi　　　　K13
Rest – Carte 44/55 €
♦ Face au marché St-Germain, un bistrot chic repris par un chef passionné. Pour preuve, sa cuisine actuelle, simple et savoureuse, et la qualité du service. Terrasse prisée.

✗ **L'Altro**　　　　　　VISA ◎◎
16 r. du Dragon ⓜ St-Germain-des-Prés – ☏ 01 45 48 49 49 – www.laltro.fr
– Fax 01 53 63 44 69 – Fermé 14-23 août, 21-27 déc., dim. et lundi　　　J12
Rest – (17 €) Menu 23 € (déj. en sem.) – Carte 30/60 €
♦ L'Italie sur une assiette, dans un décor mi-bistrot, mi-loft new-yorkais (banquettes noires, carrelage blanc aux murs, cuisines vitrées). Ambiance décontractée et branchée.

✗ **Le Timbre**　　　　　　VISA ◎◎
⊛ 3 r. Ste-Beuve ⓜ Notre-Dame-des-Champs – ☏ 01 45 49 10 40
– www.restaurantletimbre.com – Fermé 1er-7 mai, 23 juil.-24 août, vacances de
Noël, dim. et lundi　　　　　　L12
Rest – (nombre de couverts limité, prévenir) (22 €) Menu 26 € (déj.)/30 €
– Carte 32/38 € le soir
♦ On se bouscule dans ce sympathique petit bistrot, grand comme un timbre-poste. L'ardoise affiche les propositions du jour, réalisées sous vos yeux par un jeune chef britannique.

✗ **Tsukizi**　　　　　　🕉 VISA ◎◎ AE
2 bis r. des Ciseaux ⓜ St-Germain-des-Prés – ☏ 01 43 54 65 19 – Fermé dim. soir
et lundi　　　　　　K13
Rest – (17 €) Carte 30/70 €
♦ Comme au Japon, installez-vous au comptoir de la petite salle, plutôt modeste, de ce restaurant traditionnel. Le chef prépare sous vos yeux sushis et autres spécialités nippones.

S. Sauvignier/MICHELIN

Tour Eiffel · École Militaire · Invalides

7e arrondissement ⊠ 75007

PARIS

Duc de St-Simon sans rest 🕭   📶 👍 VISA ⦿ AE ①
14 r. St-Simon Ⓜ Rue du Bac – ℰ 01 44 39 20 20
– www.hotelducdesaintsimon.com – Fax 01 45 48 68 25   J11
29 ch – †225/250 € ††250/295 €, � 15 € – 5 suites
♦ Tentures, boiseries, objets et meubles anciens : l'atmosphère est celle d'une belle demeure bourgeoise d'autrefois. Accueil courtois et quiétude ajoutent à la qualité du lieu.

K+K Hotel Cayré sans rest   Ⅰ🕭 👍 📶 👍 VISA ⦿ AE ①
4 bd Raspail Ⓜ Rue du Bac – ℰ 01 45 44 38 88 – www.kkhotels.com/cayre
– Fax 01 45 44 98 13   J12
125 ch – †250/430 € ††285/460 €, ⊒ 27 €
♦ La façade haussmannienne contraste avec les salons et les élégantes chambres d'esprit contemporain. Au sous-sol, espace remise en forme avec sauna et salle de massage.

Montalembert   🍴 📶 👍 📶 👍 VISA ⦿ AE ①
3 r. Montalembert Ⓜ Rue du Bac – ℰ 01 45 49 68 68 – www.montalembert.com
– Fax 01 45 49 69 49   J12
52 ch – †240/650 € ††240/650 €, ⊒ 24 € – 4 suites   **Rest** – Carte 43/72 €
♦ Bois sombres, objets design, coloris taupe, prune, brun, etc. : les chambres réunissent tous les ingrédients de la contemporanéité (une douzaine demeure de style Louis-Philippe). Restaurant au cadre moderne, avec terrasse sur la rue.

Pont Royal sans rest   Ⅰ🕭 👍 📶 👍 📶 VISA ⦿ AE ①
7 r. Montalembert Ⓜ Rue du Bac – ℰ 01 42 84 70 00
– www.hotel-pont-royal.com – Fax 01 42 84 71 00   J12
65 ch – †410/550 € ††410/550 €, ⊒ 27 € – 10 suites
♦ Tout l'esprit rive gauche... Un décor chic et plaisant, sans ostentation, pour vivre la bohème germanopratine tout en appréciant le confort d'un "Hôtel littéraire" historique.

Le Bellechasse sans rest   🕭 📶 👍 📶 VISA ⦿ AE ①
8 r. de Bellechasse Ⓜ Musée d'Orsay – ℰ 01 45 50 22 31
– www.lebellechasse.com – Fax 01 45 51 52 36   H11
34 ch – †200/340 € ††240/390 €, ⊒ 21 €
♦ Hôtel griffé Christian Lacroix. Le créateur a signé des chambres design aux touches colorées, anciennes ou contemporaines, souvent oniriques : un "voyage dans le voyage"... très mode !

D'Orsay sans rest   🕭 📶 👍 📶 👍 VISA ⦿ AE ①
93 r. de Lille Ⓜ Solférino – ℰ 01 47 05 85 54 – www.espritdefrance.com
– Fax 01 45 55 51 16   H11
40 ch – †158/175 € ††180/248 €, ⊒ 13 € – 1 suite
♦ L'hôtel occupe deux immeubles de la fin du 18e s. Jolies chambres assez spacieuses, avec mobilier de style. Chaleureux salon avec vue sur un petit patio verdoyant.

St-Vincent sans rest   🕭 📶 👍 📶 VISA ⦿ AE ①
5 r. Pré aux Clercs Ⓜ Rue du Bac – ℰ 01 42 61 01 51 – www.hotel-st-vincent.com
– Fax 01 42 61 01 54   J12
22 ch – †150/220 € ††250 €, ⊒ 13 €
♦ Établissement charmant et calme au cœur du Carré Rive gauche. Cet hôtel particulier du 18e s. abrite des chambres soignées et chaleureuses, qui revisitent l'esprit Napoléon III.

Le Walt sans rest   🕭 👍 📶 👍 📶 VISA ⦿ AE ①
37 av. de la Motte-Picquet Ⓜ Ecole Militaire – ℰ 01 45 51 55 83
– www.lewaltparis.com – Fax 01 47 05 77 59   J9
25 ch – †200/350 € ††200/350 €, ⊒ 19 €
♦ L'originalité de ces chambres confortables et contemporaines ? D'imposantes copies de chefs-d'œuvre de l'art classique en guise de têtes de lit. Agréable patio.

De Suède St-Germain sans rest ⬚ 🄰🄲 🌫 ﹙ᵗ﹚ 🆅🅸🆂🅰 ⓒⓒ 🄰🄴 ⓞ
31 r. Vaneau Ⓜ *Rue du Bac* – 𝒞 01 47 05 00 08 – www.hoteldesuede.com
– Fax 01 47 05 69 27 J11
38 ch – ♦119/240 € ♦♦119/280 €, ⊊ 13 € – 1 suite
♦ Les amateurs d'atmosphères traditionnelle et familiale apprécieront cet hôtel aux chambres de style Louis XVI. Sept d'entre elles offrent une vue sur les jardins de Matignon.

Duquesne Eiffel sans rest ⬚ 🌫 ﹙ᵗ﹚ 🆅🅸🆂🅰 ⓒⓒ 🄰🄴 ⓞ
23 av. Duquesne Ⓜ *Ecole Militaire* – 𝒞 01 44 42 09 09 – www.hde.fr
– Fax 01 44 42 09 08 Q9
40 ch – ♦108/240 € ♦♦108/240 €, ⊊ 12 €
♦ Entièrement rénové en 2008, cet hôtel propose des chambres bien apprêtées et confortables. De celles du 5e étage, vue superbe sur la tour Eiffel et l'École militaire.

Le Tourville sans rest ⬚ 🄰🄲 🌫 ﹙ᵗ﹚ 🆅🅸🆂🅰 ⓒⓒ 🄰🄴
16 av. de Tourville Ⓜ *Ecole Militaire* – 𝒞 01 47 05 62 62
– www.hoteltourville.com – Fax 01 47 05 43 90 J9
30 ch – ♦150/470 € ♦♦150/470 €, ⊊ 15 €
♦ L'union de tons doux et vifs, de mobilier ancien et moderne insuffle un air british à cet hôtel cosy. Quatre chambres avec terrasses. Petit-déjeuner dans une salle voûtée.

Muguet sans rest ⬚ 🄰🄲 🌫 ﹙ᵗ﹚ 🆅🅸🆂🅰 ⓒⓒ 🄰🄴
11 r. Chevert Ⓜ *Ecole Militaire* – 𝒞 01 47 05 05 93 – www.hotelmuguet.com
– Fax 01 45 50 25 37 J9
43 ch – ♦110 € ♦♦145/200 €, ⊊ 11 €
♦ Dans une rue peu passante à deux pas des Invalides, hôtel rafraîchi dans un esprit classique. Chambres parfaitement tenues ; celles donnant sur le jardinet fleuri sont calmes.

Eiffel Park sans rest ⬚ 🌫 ﹙ᵗ﹚ 🆅🅸🆂🅰 ⓒⓒ 🄰🄴 ⓞ
17 bis r. Amélie Ⓜ *La Tour Maubourg* – 𝒞 01 45 55 10 01 – www.eiffelpark.com
– Fax 01 47 05 28 68 J9
32 ch – ♦130/290 € ♦♦130/290 €, ⊊ 15 €
♦ Dans une rue calme, un hôtel aux chambres sobres et fonctionnelles. Leur rénovation est en cours : couleur et originalité au programme. Plaisante petite terrasse sur le toit.

Bourgogne et Montana sans rest ⬚ 🄰🄲 ﹙ᵗ﹚ 🆅🅸🆂🅰 ⓒⓒ 🄰🄴 ⓞ
3 r. de Bourgogne Ⓜ *Assemblée Nationale* – 𝒞 01 45 51 20 22
– www.bourgogne-montana.com – Fax 01 45 56 11 98 H11
28 ch – ⊊ – ♦210 € ♦♦210 € – 4 suites
♦ Raffinement et esthétisme imprègnent cet hôtel du 18e s., qui mêle l'ancien et le contemporain. Les chambres du dernier étage ménagent une belle vue sur le Palais-Bourbon.

De Varenne sans rest ⬚ 🄰🄲 🌫 ﹙ᵗ﹚ 🆅🅸🆂🅰 ⓒⓒ 🄰🄴
44 r. de Bourgogne Ⓜ *Varenne* – 𝒞 01 45 51 45 55 – www.hoteldevarenne.com
– Fax 01 45 51 86 63 J10
25 ch – ♦125/157 € ♦♦135/197 €, ⊊ 10 €
♦ Situation plutôt calme pour cet hôtel bien tenu, garni de meubles de style Louis XVI ou Empire. En été, petits-déjeuners servis dans une courette verdoyante.

Relais Bosquet sans rest ⬚ 🄰🄲 ﹙ᵗ﹚ 🆅🅸🆂🅰 ⓒⓒ 🄰🄴 ⓞ
19 r. du Champ-de-Mars Ⓜ *Ecole Militaire* – 𝒞 01 47 05 25 45
– www.hotelrelaisbosquet.com – Fax 01 45 55 08 24 J9
40 ch – ♦145/220 € ♦♦145/220 €, ⊊ 15 €
♦ Cet hôtel discret dissimule un intérieur joliment décoré et des chambres classiques aux tons chatoyants. Préférez les chambres sur l'arrière, côté courette, plus calmes.

Lenox St-Germain sans rest ⬚ 🄰🄲 ﹙ᵗ﹚ 🆅🅸🆂🅰 ⓒⓒ 🄰🄴 ⓞ
9 r. de l'Université Ⓜ *St-Germain des Prés* – 𝒞 01 42 96 10 95
– www.lenoxsaintgermain.com – Fax 01 42 61 52 83 J12
34 ch – ♦150/190 € ♦♦190/240 €, ⊊ 14 €
♦ Un luxe discret habite cet hôtel : esprit Art déco dans le hall, baroque ou plus classique dans les chambres, toutes rénovées en 2009. Duplex au dernier étage.

Du Cadran sans rest ⬚ 🄰🄲 🌫 ﹙ᵗ﹚ 🆅🅸🆂🅰 ⓒⓒ 🄰🄴 ⓞ
10 r. du Champ-de-Mars Ⓜ *Ecole Militaire* – 𝒞 01 40 62 67 00
– www.hotelducadran.com – Fax 01 40 62 67 13 J9
41 ch – ♦150/270 € ♦♦150/270 €, ⊊ 13 €
♦ Entrée par une boutique de chocolats pour cet hôtel entièrement refait dans un esprit très contemporain : minimalisme étudié dans ses petites chambres aménagées au millimètre.

Londres Eiffel sans rest ⟨icons⟩

1 r. Augereau Ⓜ Ecole Militaire – ℰ 01 45 51 63 02 – www.londres-eiffel.com – Fax 01 47 05 28 96   J8

30 ch – ♦135/195 € ♦♦150/195 €, ⟲ 14 €

♦ Tons chaleureux et ambiance intimiste dans ses petites chambres bien tenues (la moitié ont été rénovées en 2009). La rue est peu passante et le bâtiment sur cour bien calme.

St-Germain sans rest ⟨icons⟩

88 r. du Bac Ⓜ Rue du Bac – ℰ 01 49 54 70 00 – www.hotel-saint-germain.fr – Fax 01 45 48 26 89   J11

29 ch ⟲ – ♦200 € ♦♦220 €

♦ Petites chambres sobrement décorées dans cet hôtel bordant une rue propice au shopping, proche du Bon Marché, des ministères et de Saint-Germain-des-Prés.

Champ de Mars sans rest ⟨icons⟩

7 r. du Champ-de-Mars Ⓜ Ecole Militaire – ℰ 01 45 51 52 30 – www.hotelduchampdemars.com – Fax 01 45 51 64 36   J9

25 ch – ♦90/119 € ♦♦96/119 €, ⟲ 8 €

♦ Entre Champ-de-Mars et Invalides, un hôtel familial aux chambres cosy et assez romantiques : joli décor "Liberty", tout frais dans celles qui ont été rénovées. Prix mesurés.

France sans rest ⟨icons⟩

102 bd de la Tour Maubourg Ⓜ Ecole Militaire – ℰ 01 47 05 40 49 – www.hoteldefrance.com – Fax 01 45 56 96 78   J9

60 ch – ♦90/150 € ♦♦110/150 €, ⟲ 12 €

♦ Chambres fonctionnelles, au décor sobre et bien entretenues. Côté rue, certaines offrent une belle vue sur l'église des Invalides ; côté cour, tranquillité assurée.

St-Thomas d'Aquin sans rest ⟨icons⟩

3 r. Pré-aux-Clercs Ⓜ Rue du Bac – ℰ 01 42 61 01 22 – www.hotel-st-thomas-daquin.com – Fax 01 42 61 41 43   J12

21 ch – ♦140/150 € ♦♦140/150 €, ⟲ 12 €

♦ Dans un immeuble du 18e s., de petites chambres plaisantes, meublées d'ancien, à mi-chemin entre Saint-Germain-des-Prés et le Carré Rive gauche. Mansardes au dernier étage.

XXX ⟨icons⟩
£3
Le Jules Verne

2e étage Tour Eiffel, ascenseur privé pilier sud Ⓜ Bir-Hakeim – ℰ 01 45 55 61 44 – www.lejulesverne-paris.com   J7

Rest – Menu 85 € (déj. en sem.), 165/200 € – Carte 146/232 €

Spéc. Pressé de volaille et foie gras à la truffe noire, pain de campagne aux sucs de rôti. Filet de turbot au sautoir, écrevisses "à la riche". Écrou au chocolat, praliné croustillant et glace noisette.

♦ Au 2e étage de la tour Eiffel, son décor design atteint des hauteurs, vue magique en prime ! Patrimoine français à la carte : grands plats et vins d'excellence en forme de symboles.

XXX ⟨icons⟩
£3
Le Divellec (Jacques Le Divellec)

107 r. Université Ⓜ Invalides – ℰ 01 45 51 91 96 – Fax 01 45 51 31 75 – Fermé 25 juil.-25 août, 25 déc.-2 janv. sam. et dim.   H10

Rest – Menu 50 € (déj.)/150 € – Carte 100/220 €

Spéc. Carpaccio de turbot au caviar osciètre. Homard bleu à la presse avec son corail. Soufflé chaud à la menthe et au chocolat amer.

♦ L'océan (ou presque) à deux pas des Invalides. Un restaurant au décor un brin suranné, voué aux beaux produits de la mer. Prix élevés à la carte mais menus déjeuner plus abordables.

XXX ⟨icons⟩
£3 £3 £3
Arpège (Alain Passard)

84 r. de Varenne Ⓜ Varenne – ℰ 01 45 51 47 33 – www.alain-passard.com – Fax 01 44 18 98 39 – Fermé sam. et dim.   J10

Rest – Menu 120 € (déj.)/320 € – Carte 190/290 €

Spéc. Robe des champs multicolore "Arlequin". Aiguillettes de homard au savagnin. Tarte aux pommes bouquet de roses.

♦ Bois précieux, décor de verre signé Lalique : préférez l'élégante salle contemporaine au caveau, et dégustez l'éblouissante cuisine "légumière" d'un chef-poète du terroir.

PARIS

PARIS

XXX **Pétrossian**　　　　　　　　　AC ⇔ ⊐↑ VISA ⦿ AE ⦿
144 r. de l'Université Ⓜ Invalides – ☎ 01 44 11 32 32
– www.petrossian.fr – Fax 01 44 11 32 35
– Fermé août, dim. et lundi　　　　　　　　　　　　　　H10
Rest – (29 €) Menu 90 € – Carte 57/105 €
◆ Les Pétrossian régalent les Parisiens du caviar de la Caspienne depuis 1920. À l'étage de la
boutique, élégante salle de restaurant et plaisante cuisine de la mer.

XX **Les Ombres**　　　　　　⇐ 斤 ㅤ AC ℁ VISA ⦿ AE ⦿
27 quai Branly, (musée du Quai Branly - 5ème étage) Ⓜ Alma Marceau
– ☎ 01 47 53 68 00 – www.lesombres-restaurant.com
– Fax 01 47 53 68 18　　　　　　　　　　　　　　　　H8
Rest – (25 €) Menu 38 € (déj.), 98/144 € bc – Carte 62/103 €
◆ Aérien, design et tout vitré : sur le toit-terrasse du musée du Quai-Branly, ce restaurant
fait un clin d'œil à la tour Eiffel et à ses jeux d'ombres et lumières. Carte actuelle.

XX **Il Vino d'Enrico Bernardo**　　　　　　　AC ⊐↑ VISA ⦿ AE
✲ 13 bd La Tour-Maubourg Ⓜ Invalides – ☎ 01 44 11 72 00
– www.ilvinobyenricobernardo.com – Fax 01 44 11 72 01 – fermé sam. midi
Rest – (29 €) Menu 70 € bc (déj.), 98 € bc/165 € bc　　　　　H10
– Carte 38/76 €🕮
Spéc. Langoustines en tempura, tombée d'épinards, curry et piquillos (avril à
juin). Selle et côtelettes d'agneau rôties, cocos blancs aux légumes basques
(juil. à sept.). Cannolo aux fruits exotiques, crème d'orange sanguine, sorbet
abricot (juin à sept.).
◆ Choisissez le vin et laissez-vous faire côté cuisine ! Dans son restaurant chic et design, le
Meilleur Sommelier du monde 2004 inverse la tendance en associant les mets aux vins.

XX **Le Violon d'Ingres** (Christian Constant et Stéphane Schmidt)　　AC
✲ 135 r. St-Dominique Ⓜ Ecole Militaire – ☎ 01 45 55 15 05　　VISA ⦿ AE ⦿
– www.leviolondingres.com – Fax 01 45 55 48 42 – Fermé 21-28 déc.　J8
Rest – (29 €) Menu 39 € (déj.), 49/70 € – Carte 53/62 €
Spéc. Millefeuille de langue et petit foie gras. Suprême de bar croustillant aux
amandes et câpres de Sicile. Soufflé chaud à la vanille, caramel au beurre
salé.
◆ Cette salle élégante, style bistrot contemporain, réunit les gourmets, comblés par une cuisine de qualité qui valorise les produits et les saisons sans renier la tradition.

XX **Cigale Récamier**　　　　　　　　🏠 AC VISA ⦿
4 r. Récamier Ⓜ Sèvres Babylone – ☎ 01 45 48 86 58 – Fermé dim.　K12
Rest – Carte 45/65 €
◆ Cuisine traditionnelle et spécialités de soufflés salés et sucrés en cette discrète adresse,
rendez-vous des hommes politiques, avocats et éditeurs. Terrasse au calme très prisée.

XX **153 Grenelle**　　　　　　　　　AC ℁ VISA ⦿ AE
153 r. de Grenelle Ⓜ La Tour Maubourg – ☎ 01 45 51 54 12 – Fax 01 45 51 71 64
– fermé en août, vacances de Noël, dim. et lundi　　　　　　　J9
Rest – (25 € bc) Menu 35 € (déj. en sem.)/59 € – Carte environ 65 €
◆ Cuisine franche et goûteuse qui met en valeur le produit et suit le rythme des saisons.
Décor à la fois sobre et élégant. Accueil chaleureux. Une bien sympathique adresse.

XX **Le Clarisse**　　　　　　　　　　AC ⇔ VISA ⦿ AE
☺ 29 r. Surcouf Ⓜ La Tour Maubourg – ☎ 01 45 50 11 10 – www.leclarisse.fr
– Fax 01 45 50 11 14 – Fermé sam. midi　　　　　　　　　H9
Rest – (29 €) Menu 35 € – Carte 54/70 €
◆ Près des Invalides, un restaurant au cadre épuré, tout de noir, de blanc et d'or. Salon
intime à l'étage. La cuisine, actuelle et parfumée, fait la part belle au poisson.

XX **Chez les Anges**　　　　　　　　　AC ⇔ VISA ⦿ AE
☺ 54 bd de la Tour-Maubourg Ⓜ La Tour Maubourg – ☎ 01 47 05 89 86
– www.chezlesanges.com – Fax 01 47 05 45 56 – Fermé sam. et dim.
Rest – (25 €) Menu 34 € – Carte 60/120 €🕮　　　　　　J10
◆ Décor contemporain épuré et comptoir central où l'on peut s'attabler forment le cadre de
ce restaurant à la cuisine goûteuse et sincère, entre tradition et modernité.

XX **Auguste** (Gaël Orieux) ⚙ AC VISA ⓪⊙ AE ⓪
54 r. Bourgogne ⓜ Varenne – ℰ 01 45 51 61 09 – www.restaurantauguste.fr
– Fax 01 45 51 27 34 – Fermé 1ᵉʳ-22 août, sam. et dim. J10
Rest – Menu 35 € (déj.) – Carte 56/98 €
Spéc. Huîtres creuses en gelée à la diable. Noix de ris de veau croustillante et
cacahuètes, étuvée de girolles aux abricots secs. Soufflé au chocolat pur caraïbe.
♦ Ce restaurant dans l'air du temps, design, coloré et agréable, vous réserve une cuisine qui
ne manque ni de saveurs ni d'inventivité. Prix étudiés à midi, grand jeu le soir.

XX **Tante Marguerite** AC ⇦⇨ VISA ⓪⊙ AE ⓪
5 r. Bourgogne ⓜ Assemblée Nationale – ℰ 01 45 51 79 42
– www.bernard-loiseau.com – Fax 01 47 53 79 56 – Fermé août, sam., dim. et fériés
Rest – Menu 44/54 € – Carte 44/64 € H11
♦ À deux pas du Palais Bourbon, une cuisine traditionnelle qui défend notamment de belles
racines bourguignonnes, escargots compris. Décor cossu de boiseries et chaises Louis XV.

XX **Café de l'Esplanade** 🌳 AC ⇨ VISA ⓪⊙ AE
52 r. Fabert ⓜ La Tour Maubourg – ℰ 01 47 05 38 80 – Fax 01 47 05 23 75
Rest – Carte 50/75 € J9
♦ Belle situation face aux Invalides pour cette adresse des frères Costes. Étonnant décor de
boulets et de canons, très Napoléon III, carte de brasserie tendance et prix élevés.

XX **Vin sur Vin** AC VISA ⓪⊙ ⚙
20 r. de Monttessuy ⓜ Pont de l'Alma – ℰ 01 47 05 14 20
– Fermé 1ᵉʳ-11 mai, août, 24 déc.-6 janv., lundi sauf le soir de sept. à mars, sam.
midi et dim. H8
Rest – (nombre de couverts limité, prévenir) Carte 80/120 €⅜
Spéc. Grosses langoustines. Gros turbot sauvage. Soufflé chaud.
♦ Accueil aimable, élégant décor, atmosphère de maison particulière, délicieuse cuisine clas-
sique et carte des vins très étoffée (600 appellations) : vingt sur vingt !

XX **Thoumieux** AC ⅗ ch, VISA ⓪⊙ AE
79 r. St-Dominique ⓜ La Tour Maubourg – ℰ 01 47 05 49 75
– www.thoumieux.fr – Fax 01 47 05 36 96 H9
Rest – Carte 37/62 €
♦ Jean-François Piège a quitté le Crillon pour redonner vie à cette brasserie de 1923 – dont
le décor a été modernisé. Cuisine personnelle, avec des clins d'œil à l'esprit des lieux.

XX **Lei** ⇦⇨ ⇨ VISA ⓪⊙
17 av. de la Motte-Picquet ⓜ École Militaire – ℰ 01 47 05 07 37
– www.restaurantlei.com – Fax 01 53 63 44 69 J9
Rest – (dîner seult) Carte 40/75 €
♦ Lei, c'est "elle" en italien : hommage aux femmes à travers ce concentré de cuisine italienne. Simplicité, générosité et fraîcheur dans un décor contemporain tout en sobriété.

XX **La Cuisine** 🌳 AC VISA ⓪⊙ AE ⓪
14 bd La Tour-Maubourg ⓜ Invalides – ℰ 01 44 18 36 32
– http://lacuisine.lesrestos.com – Fax 01 44 18 30 42 – Fermé sam. midi
Rest – (24 €) Menu 33/40 € – Carte 44/82 € H10
♦ Cuisine fleurant bon la tradition, accompagnée de petits pains maison et d'un bon choix
de vins au verre ou en carafe. Salle sobre, aux murs jaunes, avec véranda et terrasse.

XX **Nabuchodonosor** AC VISA ⓪⊙
6 av. Bosquet ⓜ Alma Marceau – ℰ 01 45 56 97 26 – www.nabuchodonosor.net
– Fax 01 45 56 98 44 – Fermé 31 juil.-22 août, sam. midi et dim. H9
Rest – (21 €) Menu 27 € (déj.), 31/60 € bc – Carte 36/66 €
♦ L'enseigne célèbre l'une des plus grosses bouteilles de champagne existantes. Murs terre
de Sienne et boiseries, façon bistrot chic. Plats traditionnels, au gré du marché.

XX **Le Bamboche** AC VISA ⓪⊙ AE
15 r. Babylone ⓜ Sèvres Babylone – ℰ 01 45 49 14 40 – www.lebamboche.com
– Fax 01 45 49 14 44 – Fermé 25 juil.-8 août et dim. midi K11
Rest – (25 €) Menu 32 € (sem.)/80 € – Carte 67/78 €
♦ Discrète et séduisante adresse, à côté du Bon Marché. Dans le sobre décor contemporain
des deux petites salles à manger, vous attend une cuisine au goût du jour.

PARIS

PARIS

XX **D'Chez Eux** 🍽 AC ⌂ VISA ⦿ AE
2 av. Lowendal Ⓜ *Ecole Militaire* – ☎ *01 47 05 52 55 – www.chezeux.com*
– Fax 01 45 55 60 74 – Fermé août, dim. et lundi J9
Rest – (29 €) Menu 34 € (déj.) – Carte 50/100 €
♦ Copieuses assiettes inspirées du Sud-Ouest, ambiance d'auberge provinciale et serveurs en tablier de bougnat : la recette séduit depuis plus de 40 ans sans prendre une ride !

X **L'Atelier de Joël Robuchon** AC ⌂ VISA ⦿
🕸🕸 *5 r. de Montalembert* Ⓜ *Rue du Bac* – ☎ *01 42 22 56 56*
– www.joel-robuchon.com – Fax 01 42 22 97 91 – Accueil de 11h30 à 15h30 et de 18h30 à minuit. Réservations uniquement pour certains services : se renseigner
Rest – Menu 150 € – Carte 62/140 €🌸 J12
Spéc. Langoustine en ravioli à l'étuvée de chou vert. Agneau de lait en côtelettes à la fleur de thym. Chartreuse en soufflé chaud avec une crème glacée à la pistache.
♦ Concept original dans un décor chic signé Rochon : pas de tables, mais de hauts tabourets alignés face au comptoir où l'on savoure une belle cuisine actuelle, déclinable en assiettes de dégustation façon tapas.

X **Gaya Rive Gauche par Pierre Gagnaire** AC 🍽 VISA ⦿ AE
🕸 *44 r. du Bac* Ⓜ *Rue du Bac* – ☎ *01 45 44 73 73 – www.pierre-gagnaire.com*
– Fax 01 45 44 73 73 – Fermé dim. J12
Rest – Carte 70/100 €
Spéc. Riz noir venere, oignons fanes au vinaigre de coquelicot. Blanc de saint-pierre raidi au beurre mousseux. Presque une "linzer tarte", sorbet framboise.
♦ Dans ce beau bistrot contemporain et décontracté, au décor gris-bleu conçu par Christian Ghion, on se régale de recettes plus créatives les unes que les autres, sublimant les produits de la mer.

X **Le Clos des Gourmets** ⇔ VISA ⦿
⊛ *16 av. Rapp* Ⓜ *Alma Marceau* – ☎ *01 45 51 75 61 – www.closdesgourmets.com*
– Fax 01 47 05 74 20 – Fermé 1ᵉʳ-25 août, dim. et lundi H8
Rest – Menu 30 € (déj.)/35 € – Carte 35/52 € le midi
♦ Nouveau décor en 2009 : boiseries blanches, panneaux gris, tables bien dressées. C'est simple, élégant et chaleureux. La cuisine actuelle est toujours pleine de jolies saveurs.

X **Au Bon Accueil** AC VISA ⦿ AE
⊛ *14 r. Monttessuy* Ⓜ *Pont de l'Alma* – ☎ *01 47 05 46 11*
– www.aubonaccueilparis.com – Fax 01 45 56 15 80
– Fermé 7-20 août, sam. et dim. H8
Rest – (23 €) Menu 28 € (déj.)/31 € – Carte 50/80 €
♦ À l'ombre de la tour Eiffel, un bistrot au chic discret où l'on sert une appétissante cuisine du marché, sensible au rythme des saisons. Très bon rapport qualité-prix.

X **Les Fables de La Fontaine** (Sébastien Gravé) 🍽 AC VISA ⦿ AE
🕸 *131 r. Saint-Dominique* Ⓜ *Ecole Militaire* – ☎ *01 44 18 37 55*
– www.lesrestaurantsdeconstant.com – Fax 01 44 18 37 57 – Fermé 23-28 déc.
Rest – (nombre de couverts limité, prévenir) (35 € bc) Menu 80 € J8
– Carte 58/70 €
Spéc. Chair de tourteau, crème d'avocat et sorbet basilic (juin à août). Cabillaud rôti au lard, mousseline de haricot au chorizo. Gâteau basque.
♦ Savoureux hommage à la mer dans ce bistrot de poche (tons bruns, banquettes, carrelage) et sur sa terrasse d'été. Courte carte bien pensée et belle sélection de vins au verre.

X **Les Cocottes** VISA ⦿
⊛ *135 r. St-Dominique* Ⓜ *École Militaire – www.lesrestaurantsdeconstant.com*
– Fermé dim. J8
Rest – Carte 28/46 €
♦ Le concept de ce lieu convivial, sans réservation, qui tient plus du comptoir (tables hautes) que du restaurant : une cuisine bistrotière revisitée et servie dans des cocottes.

X **L'Agassin** AC 🌸 VISA ⦿ AE
⊛ *8 r. Malard* Ⓜ *La Tour Maubourg* – ☎ *01 47 05 18 18 – www.agassin-paris.fr*
– Fax 01 45 55 64 41 – Fermé août, dim. et lundi H9
Rest – Menu 22 € (déj.)/34 €
♦ Belle cuisine traditionnelle rehaussée de touches actuelles, servie dans un sobre cadre contemporain agrémenté de photos de la Bretagne, terre natale du chef et patron.

Aida (Koji Aida)

1 r. Pierre Leroux Ⓜ *Vaneau –* ℰ *01 43 06 14 18 – www.aidaparis.com*
– Fax 01 43 06 14 18 – Fermé 1 sem. en mars, 3 sem. en août et lundi
Rest – *(dîner seult) (nombre de couverts limité, prévenir)* K11
Menu 140/160 € 🍷
Spéc. Sashimi de bar de ligne, barbue et maquereau. Teppanyaki de Chateaubriand de bœuf Limousin. Sorbet au sencha.
◆ Ambiance zen dans ce discret restaurant japonais avec comptoir et salon privé. Cuisine nipponne et menus teppanyaki ; cave riche en bourgognes composée par un chef passionné.

35 ° Ouest

35 r. de Verneuil Ⓜ *Rue du Bac –* ℰ *01 42 86 98 88 – Fax 01 42 86 00 65 – Fermé*
1er-23 août, dim. et lundi J12
Rest – *(nombre de couverts limité, prévenir)* (30 € bc) Carte 47/89 €
Spéc. Rémoulade de tourteau et granny smith. Sole poêlée meunière, pommes de terre écrasées. Sorbet vanille au muscat de Beaumes-de-Venise.
◆ Petite salle à manger à la fois simple et moderne, s'effaçant presque devant une cuisine de la mer qui privilégie fraîcheur et saveur des produits. Cap à l'Ouest !

Bistrot de Paris

33 r. Lille Ⓜ *Musée d'Orsay –* ℰ *01 42 61 16 83 – Fax 01 49 27 06 09*
– Fermé août, 24 déc.-1er janv., dim. et lundi J12
Rest – Carte 33/73 €
◆ Bistrot de tradition dans lequel les antiquaires voisins viennent en habitués. Atmosphère rétro à souhait dans un décor 1900. Une institution dans l'arrondissement.

Le 122

122 r. de Grenelle Ⓜ *Solférino –* ℰ *01 45 56 07 42 – www.le122.fr – Fermé*
1er-23 août, sam. et dim. J11
Rest – (17 €) Menu 23/35 € – Carte 35/44 €
◆ Globes lumineux, chaises Starck, aplats de gris et de mauve : le cadre design rehausse des plats inventifs et parfumés, d'un bon rapport qualité-prix (formule du jour).

Fontaine de Mars

129 r. St-Dominique Ⓜ *Ecole Militaire –* ℰ *01 47 05 46 44*
– www.fontainedemars.com – Fax 01 47 05 11 13 J9
Rest – Carte 35/50 €
◆ L'enseigne de ce parfait bistrot des années 1930 (restauré à l'identique) évoque la fontaine voisine dédiée au dieu guerrier. Barack Obama y a dîné en juin 2009.

Firmin Le Barbier

20 r. de Montessuy Ⓜ *Pont de l'Alma –* ℰ *01 45 51 21 55*
– www.firminlebarbier.fr – Fermé 1 sem. en avril, 5-25 août, 20-27 déc., sam.
midi, mardi midi et lundi H8
Rest – *(nombre de couverts limité, prévenir)* Menu 33 € – Carte 36/42 €
◆ À deux pas de la tour Eiffel, un petit bistrot de quartier au décor rétro et aux recettes de toujours, à base de produits frais et de qualité. Bon et sympathique.

L'Affriolé

17 r. Malar Ⓜ *Invalides –* ℰ *01 44 18 31 33 – Fermé 3 sem. en août, dim. et lundi*
Rest – Menu 24 € (déj.), 29/34 € H9
◆ Ardoise du jour et menu-carte mensuel : le chef suit de près les arrivages du marché. Le décor du bistrot a fait sa révolution en 2009 : place au contemporain et au design !

P'tit Troquet

28 r. de l'Exposition Ⓜ *École Militaire –* ℰ *01 47 05 80 39 – Fax 01 47 05 80 39*
– Fermé août, sam. midi, lundi midi et dim. J9
Rest – *(nombre de couverts limité, prévenir)* (20 €) Menu 33 € – Carte 32/42 €
◆ Pour sûr, il est p'tit, ce bistrot ! Mais que d'atouts à son actif : charme nostalgique (vieilles réclames, siphons et zinc d'époque), convivialité, goûteuse cuisine du marché.

Veramente

2 r. Sedillot Ⓜ *Pont de l'Alma –* ℰ *01 45 51 95 82 – www.veramente.fr – Fermé 2*
sem. en août et dim. H8
Rest – (19 €) Menu 21 € (déj.) – Carte 36/63 €
◆ Restaurant italien dans l'air du temps : décor de lounge chic, tout en noir et gris perle, et cuisine pleine de saveurs méditerranéennes, exécutée par un chef napolitain.

PARIS

※ **Le Gorille Blanc**　　　　　　　🛈 *VISA* ⦿ **AE**
11 bis r. Chomel Ⓜ *Sèvres Babylone – ℰ 01 45 49 04 54 – Fax 01 45 49 04 54*
– Fermé dim.　　　　　　　　　　　　　　　　　　　　K12
Rest – (18 €) Carte 29/55 €
• Un refuge accueillant et convivial à deux pas du Bon Marché. Les habitués apprécient son décor bistrotier et sa cuisine traditionnelle à l'accent du Sud-Ouest.

※ **Les Olivades**　　　　　　　　　　　**AK** *VISA* ⦿ **AE**
41 av. Ségur Ⓜ *Ségur – ℰ 01 47 83 70 09 – Fax 01 42 73 04 75 – Fermé août,*
sam. midi, lundi midi, dim. et fériés　　　　　　　　　K9
Rest – Menu 35 € – Carte 50/75 €
• Ce lieu fleure bon l'huile d'olive avec sa cuisine à l'accent du Midi, rehaussée de touches actuelles. De belles photos thématiques relèvent le décor d'inspiration provençale.

※ **Le Bistrot du 7ème**　　　　　　　　　　　*VISA* ⦿
⊜ *56 bd de La Tour-Maubourg* Ⓜ *La Tour Maubourg – ℰ 01 45 51 93 08*
– Fax 01 45 50 33 24 – Fermé sam. midi et dim. midi　　　J10
Rest – (14 €) Menu 16/22 € – Carte 29/44 €
• Zinc, vieilles affiches et nappes en papier : cet authentique bistrot de quartier égrène avec soin toutes les spécialités du genre, de la terrine de lapin au confit de canard.

※ **Café Constant**　　　　　　　　　　　　　*VISA* ⦿
🙂 *139 r. St-Dominique* Ⓜ *École Militaire – ℰ 01 47 53 73 34*
– www.lesrestaurantsdeconstant.com – Fax 01 45 55 48 42 – Fermé lundi
Rest – (16 €) Menu 23 €　　　　　　　　　　　　　J8
• Dans les murs d'un ancien café, une annexe de Christian Constant simple et conviviale. Pour profiter à petit prix d'une cuisine de bistrot gourmande. Pas de réservation.

※ **Florimond**　　　　　　　　　　　　　　　*VISA* ⦿
19 av. de La Motte-Picquet Ⓜ *Ecole Militaire – ℰ 01 45 55 40 38*
– Fax 01 45 55 40 38 – Fermé 26 juil.-15 août, 24-27 déc., 22-27 fév., sam. midi et
dim.　　　　　　　　　　　　　　　　　　　　　　J9
Rest – Menu 21 € (déj.)/35 € – Carte 47/64 €
• Restaurant de poche qui emprunte son nom au jardinier de Monet à Giverny. Cadre de bistrot rafraîchi où la clientèle du quartier se presse pour goûter des plats traditionnels.

※ **Oudino**　　　　　　　　　　　　　　**AK** *VISA* ⦿
17 r. Oudinot Ⓜ *Vaneau – ℰ 01 45 66 05 09 – www.oudino.com*
– Fax 01 45 66 53 35 – Fermé 7-17 août, 25 déc.-2 janv., sam. midi et dim.
Rest – (18 €) Carte 28/40 €　　　　　　　　　　　K11
• Agréable pause gourmande au voisinage des ministères : salle à manger aux discrètes touches Art déco et cuisine bistrotière modernisée. Attractive formule à midi, très courue.

S. Sauvignier/MICHELIN

Champs-Élysées · Concorde · Madeleine

8e arrondissement　　　　　✉ 75008

🏨🏨 **Plaza Athénée**　　　🛈 ⅃♿🛗 **AK** 📶 🧖 *VISA* ⦿ **AE** ⓪
25 av. Montaigne Ⓜ *Alma Marceau – ℰ 01 53 67 66 65*
– www.plaza-athenee-paris.com – Fax 01 53 67 66 66　　G9
146 ch – †595/650 € ††595/650 €, ⊇ 65 € – 45 suites
Rest *Alain Ducasse au Plaza Athénée* et *Le Relais Plaza* – voir ci-après
Rest *La Cour Jardin* – ℰ 01 53 67 66 02 *(ouvert de mi-mai à mi-sept.)*
Carte 70/140 €
• Styles classique ou Art déco dans les chambres somptueuses, thés musicaux à la galerie des Gobelins, étonnant bar design, luxueux institut de beauté Dior : le palace parisien par excellence ! À la belle saison, on ouvre la charmante et verdoyante terrasse de la Cour Jardin.

Four Seasons George V 🐾 📺 🛜 🅰🆘 ⛽ 🅿 ch, 🅰🅺 ⚒ ✂ 💳 ⓦ 🅰🅴 Ⓘ

31 av. George-V Ⓜ George V – ✆ 01 49 52 70 00 – www.fourseasons.com/paris
– Fax 01 49 52 70 10   G8
197 ch – ♦825/1095 € ♦♦825/1095 €, 🍽 49 € – 48 suites
Rest *Le Cinq* – voir ci-après
Rest *La Galerie* – ✆ 01 49 52 70 06 – Carte 107/184 €
♦ Entièrement refait dans le style du 18ᵉ s., le V dispose de chambres luxueuses et immenses (pour Paris s'entend), de belles collections d'œuvres d'art et d'un spa superbe. Les tables de la Galerie sont dressées dans la ravissante cour intérieure en été.

Le Bristol 🐾 📺 🛜 🅰🆘 🅿 🅰🅺 ⚒ 🆘 ✂ 💳 ⓦ 🅰🅴 Ⓘ

112 r. Fg St-Honoré Ⓜ Miromesnil – ✆ 01 53 43 43 00 – www.lebristolparis.com
– Fax 01 53 43 43 01   F10
166 ch – ♦650 € ♦♦750/1370 €, 🍽 55 € – 47 suites
Rest *Le Bristol* et *114, Faubourg* – voir ci-après
♦ Palace de 1925, agrandi en 2009 d'une nouvelle aile, et agencé autour d'un magnifique jardin. Luxueuses chambres de style Louis XV ou Louis XVI, et exceptionnelle piscine "bateau" au dernier étage.

Crillon 🅰🆘 🅿 🅰🅺 ⚒ 🆘 💳 ⓦ 🅰🅴 Ⓘ

10 pl. de la Concorde Ⓜ Concorde – ✆ 01 44 71 15 00 – www.crillon.com
– Fax 01 44 71 15 02   G11
119 ch – ♦770 € ♦♦770/1220 €, 🍽 62 € – 28 suites
Rest *L'Obé* – ✆ 01 44 71 15 15 – Menu 35 € (déj. en sem.)/44 € – Carte 55/70 €
♦ Les salons de cet hôtel particulier du 18ᵉ s. ont conservé leur fastueuse ornementation. Les chambres, habillées de boiseries, sont plus traditionnelles. Le palace à la française !

Fouquet's Barrière 🐾 📺 🛜 🅰🆘 🅿 🅰 ⛽ 🅰🅺 ⚒ 🆘 ✂ 💳 ⓦ 🅰🅴 Ⓘ

46 av. George-V Ⓜ George V – ✆ 01 40 69 60 00 – www.fouquets-barriere.com
– Fax 01 40 69 60 35   F8
86 ch – ♦730/950 € ♦♦730/950 €, 🍽 35 € – 21 suites
Rest *Le Diane* – ✆ 01 40 69 60 60 (fermé 8-30 août, 3-11 janv., sam. midi dim. et lundi) Menu 60 € bc (déj.), 78/125 € bc – Carte 89/137 €
♦ Le dernier-né des hôtels du groupe Barrière a fait appel à J. Garcia pour son décor mixant les styles Art déco et Empire. Confort moderne, salles de séminaire, spa, jardin. Au Diane, la sobriété feutrée est rehaussée de niches lumineuses garnies de fleurs ; agréable terrasse.

Lancaster 🅰🆘 🅿 🅰🅺 ⚒ 🆘 💳 ⓦ 🅰🅴 Ⓘ

7 r. Berri Ⓜ George V – ✆ 01 40 76 40 76 – www.hotel-lancaster.fr
– Fax 01 40 76 40 00   F9
46 ch – ♦320/670 € ♦♦399/670 €, 🍽 35 € – 11 suites
Rest *La Table du Lancaster* – voir ci-après
♦ Boris Pastoukhoff payait ses séjours en peignant des tableaux, contribuant à enrichir l'élégant décor de cet ex-hôtel particulier dont Marlène Dietrich appréciait aussi le luxe discret.

Hilton Arc de Triomphe 🐾 🅰🆘 🅿 ⛽ ch, 🅰🅺 📞 🆘 ✂ 💳 ⓦ 🅰🅴

51 r. de Courcelles Ⓜ Courcelles – ✆ 01 58 36 67 00 – www.hilton.com
– Fax 01 58 36 67 84   E9
463 ch – ♦295/650 € ♦♦295/650 €, 🍽 33 € – 50 suites
Rest *Safran* – ✆ 01 58 36 67 96 – (31 €) Menu 40 € (déj.) – Carte 50/75 €
♦ Inspiré des paquebots des années 1930, cet hôtel en restitue l'esprit luxueux et raffiné : élégantes chambres Art déco signées J. Garcia, patio-fontaine, fitness, etc. Au Safran, carte brasserie française et internationale (influences asiatiques).

Champs-Élysées Plaza sans rest 🅰🆘 🅿 ⛽ 🅰🅺 📞 🆘 💳 ⓦ 🅰🅴 Ⓘ

35 r. de Berri Ⓜ George V – ✆ 01 53 53 20 20 – www.champselyseesplaza.com
– Fax 01 53 53 20 21   F9
35 ch – ♦490/690 € ♦♦490/690 €, 🍽 26 € – 10 suites
♦ Élégance des spacieuses chambres, harmonie des couleurs, union des styles ancien et moderne, services attentionnés, fitness... Cet hôtel est un concentré de luxe trendy chic.

Balzac sans rest 🅿 ⛽ 🅰🅺 ⚒ 🆘 💳 ⓦ 🅰🅴 Ⓘ

6 r. Balzac Ⓜ George V – ✆ 01 44 35 18 00 – www.hotelbalzac.com
– Fax 01 44 35 18 05   F8
57 ch – ♦420/500 € ♦♦470/550 €, 🍽 38 € – 13 suites
♦ Hôtel entièrement refait version grand luxe. Décor néo-classique, tonalités chatoyantes, références à l'écrivain. Les chambres marient mobilier de style et équipements high-tech.

PARIS

Hyatt Regency
24 bd Malesherbes ⓜ Madeleine – ℰ 01 55 27 12 34
– www.paris.madeleine.hyatt.com – Fax 01 55 27 12 35   F11
86 ch – †330/490 € ††330/490 €, ⌷ 42 €
Rest Café M – (42 €) Carte environ 70 €
♦ Un cadre très contemporain, à la fois sobre et chaleureux, habille cet hôtel : hall-salon
sous verrière (réalisée par Eiffel), belles chambres personnalisées. Sauna, hammam. La savoureuse cuisine au goût du jour donne envie de prendre ses quartiers au Café M. Bar à champagnes le soir.

Napoléon
40 av. Friedland ⓜ Charles de Gaulle-Etoile – ℰ 01 56 68 43 21
– www.hotelnapoleonparis.com – Fax 01 47 66 82 33   F8
102 ch – †540/740 € ††540/740 €, ⌷ 26 € – 37 suites
Rest – (fermé le soir, sam. et dim.) Menu 42 € bc – Carte 45/70 €
♦ À deux pas de l'Étoile chère à l'Empereur, hôtel-musée à la gloire de Napoléon (autographes, figurines, tableaux d'époque). Chambres cossues de style Directoire ou Empire. Carte
traditionnelle servie dans le cadre feutré et cosy (belles boiseries) du restaurant.

San Régis
12 r. J. Goujon ⓜ Champs-Elysées Clemenceau – ℰ 01 44 95 16 16
– www.hotel-sanregis.fr – Fax 01 45 61 05 48   G9
41 ch – †350/745 € ††465/745 €, ⌷ 36 € – 3 suites
Rest – (fermé août et dim.) Menu 40 € (déj. en sem.) – Carte 46/73 €
♦ Hôtel particulier de 1857 remanié avec goût : un bel escalier (vitraux et statues) conduit aux
ravissantes chambres garnies de meubles chinés ici et là. Le restaurant traditionnel du San
Régis – une vraie bonbonnière – occupe un luxueux salon-bibliothèque feutré et confidentiel.

Vernet
25 r. Vernet ⓜ Charles de Gaulle-Etoile – ℰ 01 44 31 98 00
– www.hotelvernet.com – Fax 01 44 31 85 69   F8
50 ch – †290/450 € ††290/450 €, ⌷ 30 € – 9 suites
Rest Les Élysées – ℰ 01 44 31 98 98 (déj. seult) (25 €) Carte 35/50 €
♦ Bel immeuble des années folles dont la façade en pierres de taille est agrémentée de balcons en fer forgé. Chambres de style Empire ou Louis XVI. Cuisine traditionnelle d'esprit bistrot chic ; salle sous une verrière et bar, tous deux dans l'air du temps.

Bedford
17 r. de l'Arcade ⓜ Madeleine – ℰ 01 44 94 77 77 – www.hotel-bedford.com
– Fax 01 44 94 77 97   F11
135 ch – †172/354 € ††206/354 €, ⌷ 19 € – 10 suites
Rest – (fermé août, sam., dim. et fériés) (déj. seult) (34 €) Menu 42 € – Carte 63/75 €
♦ Cet élégant hôtel (1860), dont la façade haussmannienne est fleurie de géraniums, dispose de chambres de tailles variées, d'un raffinement tout en sobriété. Cadre 1900 avec profusion de motifs décoratifs en stuc et belle coupole : la salle de restaurant est le vrai joyau
du Bedford.

De Vigny
9 r. Balzac ⓜ George V – ℰ 01 42 99 80 80 – www.hoteldevigny.com
– Fax 01 42 99 80 40   F8
26 ch – †290/395 € ††290/440 €, ⌷ 39 € – 11 suites
Rest Baretto – (fermé 15-24 août) Carte 54/84 €
♦ Près des Champs-Élysées, hôtel discret et raffiné, dont la décoration oscille entre esprit british et contemporain chic. Salon cossu où crépitent de belles flambées. Cuisine méditerranéenne au Baretto ; très belle salle à manger de style Art déco, habillée de boiseries.

Crowne Plaza Champs-Élysées
64 av. Marceau ⓜ George V – ℰ 01 44 43 36 36
– www.crowneplazaparischampselysees.com – Fax 01 42 84 10 30   F8
55 ch – †230/450 € ††250/1600 €, ⌷ 30 €
Rest M64 – ℰ 01 44 43 36 50 (fermé dim. soir) (35 €) Menu 42 € (déj. en
sem.)/64 € – Carte 62/81 €
♦ Luxueux hôtel design à deux pas de la place de l'Étoile. Décor mariant haute technologie,
meubles contemporains et répliques de fresques et de croquis de la Renaissance italienne.
Au M64, esprit lounge ou salle-véranda pour une cuisine au goût du jour.

Marriott ⛁ 👗 ⬚ ⬚ ch. 🖭 ⬚ ⬚ 🖬 ⬚ VISA ⬚ AE ⬚

70 av. des Champs-Élysées ⬚ Franklin D. Roosevelt – ℰ 01 53 93 55 00
– www.marriott.com/pardt – Fax 01 53 93 55 01   F9
174 ch – ⬚300/600 € ⬚⬚350/650 €, ⬚ 29 € – 18 suites
Rest Le Restaurant – ℰ 01 53 93 55 44 (Fermé sam. midi et dim. midi) (35 €)
Menu 45 € – Carte 65/90 €
• Un Américain à Paris : efficacité d'outre-Atlantique et confort ouaté dans les chambres donnant pour partie sur la plus belle avenue du monde. Décor contemporain au Restaurant (tons rouge, chocolat), terrasse ; plats traditionnels et grillades.

La Trémoille 👗 ⬚ ⬚ ch. 🖭 ⬚ ⬚ 🖬 ⬚ VISA ⬚ AE ⬚

14 r. Trémoille ⬚ Alma Marceau – ℰ 01 56 52 14 00 – www.hotel-tremoille.com
– Fax 01 40 70 01 08   G9
88 ch – ⬚330/750 € ⬚⬚330/750 €, ⬚ 35 € – 5 suites
Rest Louis² – (fermé sam. midi, dim. et fériés) (35 €) Menu 48/68 € – Carte 49/70 €
• Hôtel fréquenté par les stars du show-bizz. Le décor contemporain associe ancien et moderne ; équipements de pointe, marbre et céramiques du Portugal dans les salles de bains. Relooké, confortable et doté d'un puit de lumière central, le Louis² sert une cuisine actuelle.

De Sers ⛁ 👗 ⬚ ⬚ ch. 🖭 ⬚ ⬚ 🖬 ⬚ VISA ⬚ AE ⬚

41 av. Pierre 1er de Serbie ⬚ George V – ℰ 01 53 23 75 75
– www.hoteldesers.com – Fax 01 53 23 75 76   G8
49 ch – ⬚450/550 € ⬚⬚480/680 €, ⬚ 35 € – 3 suites
Rest – (fermé août) (29 €) Carte 40/190 €
• Cet hôtel particulier de la fin du 19e s. mélange les styles avec réussite : si le hall a gardé son caractère d'origine, les chambres, elles, sont résolument contemporaines. Produits bio et carte basses calories à l'affiche du restaurant design. Agréable terrasse en été.

François 1er sans rest ⬚ 🖭 ⬚ ⬚ 🖬 ⬚ VISA ⬚ AE ⬚

7 r. Magellan ⬚ George V – ℰ 01 47 23 44 04 – www.hotelfrancoispremier.com
– Fax 01 47 23 93 43   F8
40 ch – ⬚200/350 € ⬚⬚220/490 €, ⬚ 22 € – 2 suites
• Marbre de Carrare, moulures, bibelots chinés, meubles anciens et tableaux à foison : un décor luxueux très réussi, signé Pierre-Yves Rochon. Copieux petit-déjeuner (buffet).

Sofitel le Faubourg ⛁ 👗 ⬚ ⬚ 🖭 ⬚ ⬚ 🖬 ⬚ VISA ⬚ AE ⬚

15 r. Boissy d'Anglas ⬚ Concorde – ℰ 01 44 94 14 14 – www.sofitel.com
– Fax 01 44 94 14 28   G11
163 ch – ⬚310/950 € ⬚⬚310/950 €, ⬚ 42 € – 10 suites
Rest Café Faubourg – ℰ 01 44 94 14 24 (fermé août, sam. midi et dim. midi)
Menu 35 € – Carte 54/69 €
• Ce Sofitel est aménagé dans deux demeures des 18e et 19e s. Chambres équipées high-tech, bar façon années 1930, salon sous verrière, fitness, hammam. Au Café Faubourg, décor tendance, jardin intérieur reposant, terrasse paysagée et cuisine au goût du jour.

Daniel ⬚ ⬚ ch. 🖭 ⬚ ⬚ 🖬 ⬚ VISA ⬚ AE ⬚

8 r. Frédéric Bastiat ⬚ St-Philippe du Roule – ℰ 01 42 56 17 00
– www.hoteldanielparis.com – Fax 01 42 56 17 01   F9
26 ch – ⬚350 € ⬚⬚420/490 €, ⬚ 34 € – 4 suites
Rest – (fermé 31 juil.-31 août, sam. et dim.) (40 €) Carte 45/79 €
• Cet hôtel a le goût des voyages ! Meubles et objets du monde entier, associés à divers tissus à motifs, campent un décor raffiné et chaleureux pour globe-trotters parisiens. Cuisine raffinée influencée par la Méditerranée et suggestions du marché.

Opéra Diamond sans rest ⬚ ⬚ 🖭 ⬚ ⬚ 🖬 ⬚ VISA ⬚ AE ⬚

4 r. de la Pépinière ⬚ St-Lazare – ℰ 01 44 70 02 00
– www.paris-hotel-diamond.com – Fax 01 44 90 04 75   F11
30 ch – ⬚169/350 € ⬚⬚169/390 €, ⬚ 23 €
• Le décor tout en noir et en cristal de cet hôtel ouvert fin 2009 rend hommage à la femme et aux diamants. Chambres modernes d'esprit baroque. Patio avec pelouse et fontaine.

Bradford Élysées sans rest ⬚ ⬚ 🖭 ⬚ ⬚ 🖬 ⬚ VISA ⬚ AE ⬚

10 r. St-Philippe-du-Roule ⬚ St-Philippe du Roule – ℰ 01 45 63 20 20
– www.astotel.com – Fax 01 45 63 20 07   F9
50 ch – ⬚199/349 € ⬚⬚199/349 €, ⬚ 19 €
• Cheminées en marbre, moulures, lits en laiton, jolie salle sous verrière, décor rétro et ascenseur centenaire : un conservatoire du charme parisien... la modernité en plus.

PARIS

PARIS

🏠 Royal sans rest   📶 🅰🅲 📡 VISA ⓪ 🅰🅴 ⓪

33 av.de Friedland Ⓜ Charles de Gaulle-Etoile – ☏ 01 43 59 08 14
– www.royal-hotel.com – Fax 01 45 63 69 92   F8
58 ch – 🛏270 € 🛏🛏270/360 €, � 22 €
◆ Les chambres offrent une atmosphère feutrée (décor classique actualisé, excellente insonorisation) ; certaines ménagent une vue sur l'Arc de Triomphe.

🏠 Radisson Blu Champs-Élysées   🛋 📶 ᰔ ch, 🅰🅲 ⚡ 📡 🚗 VISA ⓪ 🅰🅴

78 av. Marceau Ⓜ Charles de Gaulle-Etoile – ☏ 01 53 23 43 43
– www.radissonblu.fr/hotelchampselysees-paris – Fax 01 53 23 43 44   F8
46 ch – 🛏300/600 € 🛏🛏300/700 €, ⊠ 29 €
Rest La Place – (fermé 1er-23 août, 25 déc.-3 janv., sam. et dim.) (35 €)
Carte 58/79 €
◆ Hôtel récent occupant l'ancien siège social de Louis Vuitton. Chambres contemporaines et reposantes, équipements high-tech, insonorisation performante. Carte internationale dans l'air du temps et petite terrasse côté cour au restaurant La Place.

🏠 Powers sans rest   📶 🅰🅲 📡 VISA ⓪ 🅰🅴 ⓪

52 r. François 1er Ⓜ Franklin D. Roosevelt – ☏ 01 47 23 91 05
– www.hotel-powers.com – Fax 01 49 52 04 63   G9
50 ch – 🛏320/540 € 🛏🛏320/540 €, ⊠ 24 €
◆ Bel immeuble avec quelques bow-windows. Les chambres – certaines relookées, mais dans le même style – ont l'âme bourgeoise (moulures, cheminées...). Salons cosy et bar anglais.

🏠 Franklin Roosevelt sans rest   📶 🅰🅲 ᰔ 📡 🏋 VISA ⓪ 🅰🅴

18 r. Clément-Marot Ⓜ Franklin D. Roosevelt – ☏ 01 53 57 49 50
– www.hrroosevelt.com – Fax 01 53 57 49 59   G9
47 ch – 🛏320/410 € 🛏🛏310/410 €, ⊠ 25 € – 1 suite
◆ Cet hôtel au charme victorien a fière allure : bois précieux, chintz, cuir et marbre – utilisés à profusion – contribuent à créer un décor raffiné. Agréable bar.

🏠 Chateaubriand sans rest   📶 🏋 🅰🅲 📡 VISA ⓪ 🅰🅴 ⓪

6 r. Chateaubriand Ⓜ George V – ☏ 01 40 76 00 50
– www.hotelchateaubriand.com – Fax 01 40 76 09 22   F9
28 ch – 🛏190/320 € 🛏🛏190/355 €, ⊠ 22 €
◆ Peintures, gravures, bibelots, mobilier chiné, salles de bains en marbre : chaque chambre a son charme propre. Petits-déjeuners face à la cour intérieure. Salon asiatique.

🏠 Relais Monceau sans rest   📶 🏋 🅰🅲 ᰔ 📡 VISA ⓪ 🅰🅴 ⓪

85 r. Rocher Ⓜ Villiers – ☏ 01 45 22 75 11 – www.relais-monceau.com
– Fax 01 45 22 30 88   E11
51 ch – 🛏120/240 € 🛏🛏120/240 €, ⊠ 12 €
◆ Entre parc Monceau et gare St-Lazare, établissement aux chambres contemporaines, habillées de bois et de tons doux. Salon-bibliothèque, bar ouvert sur un agréable petit patio.

🏠 Marignan   📶 🏋 🅰🅲 ᰔ 📞 VISA ⓪ 🅰🅴 ⓪

12 r. Marignan Ⓜ Franklin D. Roosevelt – ☏ 01 40 76 34 56
– www.hotelmarignan.fr – Fax 01 40 76 34 34   G9
72 ch – 🛏375/470 € 🛏🛏450/845 €, ⊠ 27 €   **Rest** – Carte 30/50 €
◆ À deux pas des Champs-Élysées, belles chambres personnalisées (mobilier de style Directoire) et confortables duplex pensés pour la clientèle d'affaires (espace de travail). Restaurant de style lounge avec spécialités auvergnates et plats internationaux.

🏠 Chambiges Élysées sans rest   📶 🏋 🅰🅲 📡 VISA ⓪ 🅰🅴 ⓪

8 r. Chambiges Ⓜ Alma Marceau – ☏ 01 44 31 83 83
– www.hotelchambiges.com – Fax 01 40 70 95 51   G9
32 ch ⊠ – 🛏240/320 € 🛏🛏240/320 € – 2 suites
◆ Boiseries, tentures et tissus choisis, meubles de style : atmosphère romantique et cosy dans cet immeuble haussmannien. Salon pour le thé l'après-midi, joli jardinet intérieur.

🏠 Pershing Hall   🏋 📶 🏋 ᰔ ch, 🅰🅲 📡 🏋 VISA ⓪ 🅰🅴 ⓪

49 r. Pierre Charron Ⓜ George V – ☏ 01 58 36 58 00 – www.pershinghall.com
– Fax 01 58 36 58 01   G9
20 ch – 🛏320/470 € 🛏🛏320/470 €, ⊠ 26 € – 6 suites
Rest – (49 €) Menu 59 € (déj. en sem.), 81 € bc/128 € bc – Carte 52/122 €
◆ Demeure du général Pershing, club de vétérans et enfin hôtel tendance scénographié par le designer Andrée Putman. Décor apaisant, jardin vertical très insolite. Rideaux de perles, cristal de Murano et coussins en soie assurent le dépaysement au restaurant-lounge. Carte branchée.

🏨 **Le A** sans rest ◫ & 🅰🄲 ⚅ 🅢🄰 🆅🅸🅂🄰 ⊙⊙ 🄰🄴 ⓞ

4 r. d' Artois Ⓜ St-Philippe du Roule – ✆ 01 42 56 99 99
– www.hotel-le-a-paris.com – Fax 01 42 56 99 90   F9
25 ch – 🛉365/660 € 🛉🛉365/660 €, ⊇ 23 € – 1 suite

♦ Le plasticien Hyber et l'architecte d'intérieur Méchiche ont imaginé cet hôtel(-musée ?) design en noir et blanc. Le salon-bibliothèque et le lounge-bar incitent au cocooning.

🏨 **De l'Arcade** sans rest ◫ & 🅰🄲 ⚅ 🅢🄰 🆅🅸🅂🄰 ⊙⊙ 🄰🄴

9 r. Arcade Ⓜ Madeleine – ✆ 01 53 30 60 00 – www.hotel-arcade.com
– Fax 01 40 07 03 07   F11
48 ch – 🛉150/190 € 🛉🛉175/245 €, ⊇ 13 €

♦ Pierre de Comblanchien, boiseries, coloris tendres et mobilier choisi participent au charme de cet hôtel familial, tenu par la quatrième génération, et proche de la Madeleine.

🏨 **Monna Lisa** ◫ 🅰🄲 ⚅ 🆅🅸🅂🄰 ⊙⊙ 🄰🄴 ⓞ

97 r. La Boétie Ⓜ St-Philippe du Roule – ✆ 01 56 43 38 38
– www.hotelmonnalisa.com – Fax 01 45 62 39 90 – Fermé août   F9
22 ch – 🛉200/250 € 🛉🛉200/250 €, ⊇ 19 €
Rest Caffe Ristretto – (fermé août, sam. et dim.) (35 €) Menu 40 € (dîner)
– Carte 50/70 €

♦ Ce bel hôtel (immeuble de 1860) constitue une vitrine de l'audacieux design transalpin. Chambres décorées de tableaux contemporains (détails de Mona Lisa) ; plus vastes côté rue. Voyage gourmand à travers les spécialités italiennes dans le cadre feutré du Caffe Ristretto.

🏨 **Le 123** sans rest ◫ 🅰🄲 ⚅ 🅢🄰 🆅🅸🅂🄰 ⊙⊙ 🄰🄴 ⓞ

123 r. du Faubourg St Honoré Ⓜ St-Philippe-du-Roule – ✆ 01 53 89 01 23
– www.astotel.com – Fax 01 45 61 09 07   F9
41 ch – 🛉199/420 € 🛉🛉209/450 €, ⊇ 19 €

♦ Décor dans l'air du temps, mélanges des styles, des matières et des couleurs : chambres ornées de croquis de mode, personnalisées, souvent originales et vraiment séduisantes.

🏨 **Le Mathurin** sans rest ⚇ ◫ & 🅰🄲 ⚅ 🅢🄰 🆅🅸🅂🄰 ⊙⊙ 🄰🄴 ⓞ

43 r. des Mathurins Ⓜ Havre Caumartin – ✆ 01 44 94 20 94
– www.le-mathurin.com – Fax 01 44 94 00 44   F11
52 ch – 🛉280/330 € 🛉🛉320/370 €, ⊇ 24 € – 2 suites

♦ Bibliothèques et livres (l'une des thématiques de l'hôtel) garnissent salons et chambres, à choisir entre deux ambiances : élégante et sobre, ou très contemporaine et apaisante.

🏨 **Le Lavoisier** sans rest ◫ & 🅰🄲 ⚅ 🅢🄰 🆅🅸🅂🄰 ⊙⊙ 🄰🄴 ⓞ

21 r. Lavoisier Ⓜ St-Augustin – ✆ 01 53 30 06 06 – www.hotellavoisier.com
– Fax 01 53 30 23 00   F11
27 ch ⊇ – 🛉164/264 € 🛉🛉178/278 € – 3 suites

♦ Chambres contemporaines, petit salon-bibliothèque intime faisant office de bar et salle voûtée pour les petits-déjeuners en cet hôtel du quartier St-Augustin.

🏨 **Élysées Mermoz** sans rest ◫ & 🅰🄲 ⚅ 🅢🄰 🆅🅸🅂🄰 ⊙⊙ 🄰🄴 ⓞ

30 r. J. Mermoz Ⓜ Franklin D. Roosevelt – ✆ 01 42 25 75 30
– www.hotel-elyseesmermoz.com – Fax 01 45 62 87 10   F10
22 ch – 🛉125/220 € 🛉🛉125/250 €, ⊇ 12 € – 5 suites

♦ Cet hôtel rénové propose des chambres de style contemporain, des salles de bains avec boiseries et pierres de lave, un salon lounge, une galerie d'art et une salle "home cinema".

🏨 **Le Vignon** sans rest ◫ 🅰🄲 ⚅ 🅢🄰 🆅🅸🅂🄰 ⊙⊙ 🄰🄴 ⓞ

23 r. Vignon Ⓜ Madeleine – ✆ 01 47 42 93 00 – www.levignon.com
– Fax 01 47 42 04 60   F12
28 ch – 🛉190/330 € 🛉🛉195/360 €, ⊇ 20 €

♦ Hôtel chaleureux et feutré à deux pas de la place de la Madeleine. Chambres cosy ; certaines ont été refaites dans un style résolument contemporain.

🏨 **Opal** sans rest ◫ & 🅰🄲 ⚅ 🅢🄰 🆅🅸🅂🄰 ⊙⊙ 🄰🄴 ⓞ

19 r. Tronchet Ⓜ Havre Caumartin – ✆ 01 42 65 77 97
– www.paris-hotel-opal.com – Fax 01 42 65 66 50   F12
33 ch – 🛉195/290 € 🛉🛉225/350 €, ⊇ 19 € – 1 suite

♦ Entre les grands magasins et la Madeleine, cet hôtel à la façade avenante cache des chambres au décor chaleureux (tissus tendus rayés, têtes de lit rouges et mobilier noir).

PARIS

Mercure Opéra Garnier sans rest 🛗 AC ⁣📶 VISA 🔵 AE ①
4 r. de l'Isly Ⓜ *St Lazare* – 𝒞 *01 43 87 35 50* – *www.mercure.com*
– *Fax 01 43 87 03 29*   F12
140 ch – †160/210 € ††180/270 €, ☲ 16 €
• Hôtel de chaîne pratique, situé entre la gare St-Lazare et les grands magasins. Chambres fonctionnelles et buffet de petits-déjeuners servi dans un jardinet intérieur en été.

St-Augustin Élysées sans rest 🛗 & AC ⁣🅼 📶 VISA 🔵 AE ①
9 r. Roy Ⓜ *St-Augustin* – 𝒞 *01 42 93 32 17* – *www.astotel.com*
– *Fax 01 42 93 19 34*   F11
63 ch – †219 € ††299 €, ☲ 14 €
• Situé dans un quartier calme, un hôtel rénové en 2006, à la décoration harmonieuse et résolument moderne. Agréables chambres contemporaines (bois sombre et couleurs gaies).

Élysées Céramic sans rest 🛗 AC ⁣🅼 📶 VISA 🔵 AE ①
34 av. Wagram Ⓜ *Ternes* – 𝒞 *01 42 27 20 30* – *www.elysees-ceramic.com*
– *Fax 01 46 22 95 83*   E8
57 ch ☲ – †150/200 € ††175/225 €
• La façade Art nouveau en grès cérame (1904) est une merveille d'architecture. L'intérieur n'est pas en reste (meubles et décor de même inspiration) ; quelques balcons.

Atlantic sans rest 🛗 AC ⁣🅼 📶 VISA 🔵 AE ①
44 r. de Londres Ⓜ *St-Lazare* – 𝒞 *01 43 87 45 40* – *www.atlanticparis.fr*
– *Fax 01 42 93 06 26*   E12
82 ch – †110 € ††160/210 €, ☲ 16 €
• Ondulations, aquarelles, maquettes de bateaux... Quelques discrètes touches marines animent le décor contemporain et reposant de cet hôtel. Salon et bar sous une vaste verrière.

Astoria Opéra sans rest 🛗 AC ⁣🅼 📶 VISA 🔵 AE ①
42 r. de Moscou Ⓜ *Rome* – 𝒞 *01 42 93 63 53* – *www.astotel.com*
– *Fax 01 42 93 30 30*   D11
86 ch – †129/229 € ††129/229 €, ☲ 15 €
• La clientèle d'affaires, entre autres, plébiscite ces chambres actuelles du quartier de l'Europe. Salon agrémenté de toiles modernes. Petits-déjeuners servis sous une verrière.

West-End sans rest 🛗 AC ⁣🅼 📶 VISA 🔵 AE ①
7 r. Clément-Marot Ⓜ *Alma Marceau* – 𝒞 *01 47 20 30 78*
– *www.hotel-west-end.com* – *Fax 01 47 20 34 42*   G9
49 ch ☲ – †295/500 € ††295/500 €
• Vieilles lithographies, copies de tableaux de maîtres et équipements actuels vous attendent dans les chambres sobres et chic (certaines voient la tour Eiffel) de cet hôtel.

Arioso sans rest 🛗 & AC 📶 VISA 🔵 AE
7 r. d'Argenson Ⓜ *Miromesnil* – 𝒞 *01 53 05 95 00* – *www.arioso-hotel.com*
– *Fax 01 40 06 04 21*   F10
28 ch – †135/255 € ††135/275 €, ☲ 15 €
• Bien situé, ce bel immeuble haussmannien dispose de chambres cosy (mobilier de style). Agréable salon-bibliothèque et salle des petits-déjeuners donnant sur un patio fleuri.

Cordélia sans rest 🛗 AC ⁣🅼 📶 VISA 🔵 AE ①
11 r. Greffulhe Ⓜ *Madeleine* – 𝒞 *01 42 65 42 40* – *www.cordelia-paris-hotel.com*
– *Fax 01 42 65 11 81*   F12
30 ch – †155/185 € ††185/205 €, ☲ 15 €
• Chambres chaleureuses (de taille variable), sympathique salle voûtée pour les petits-déjeuners et salon réaménagé dans un style baroque-Empire caractérisent cet établissement.

Alison sans rest 🛗 ⁣🅼 📶 VISA 🔵 AE ①
21 r. de Surène Ⓜ *Madeleine* – 𝒞 *01 42 65 54 00* – *www.hotelalison.com*
– *Fax 01 42 65 08 17*   F11
34 ch – †98/174 € ††120/194 €, ☲ 10 €
• Cet hôtel familial situé dans une rue calme près de la Madeleine offre un bon rapport qualité-prix. Chambres fonctionnelles et salle voûtée pour le petit-déjeuner.

XXXXX **Le Cinq** – Hôtel Four Seasons George V ⚠️ 🔥 ♿ 🍽️ 💳 🅅🅢🅐 ⓦ ⓞ

❀❀ *31 av. George V* Ⓜ *George V* – ℰ *01 49 52 71 54* – *www.fourseasons.com/paris*
– *Fax 01 49 52 71 81*   G8
Rest – Menu 78 € (déj.), 160/230 € – Carte 180/335 €🍷
Spéc. Ventrèche de thon rouge en tartare au caviar, gelée de pomme verte,
frit en escabèche acidulée. Tronçon de turbot sauvage aux fins coquillages
(automne). Croustillant glacé chocolat guanaja.
♦ Cuisine de haute volée servie dans une superbe salle à la gloire du Grand Trianon, et
ouverte sur un ravissant jardin intérieur. Impressionnante cave.

XXXXX **Alain Ducasse au Plaza Athénée** – Hôtel Plaza Athénée ⚠️ 🔥

❀❀❀ *25 av. Montaigne* Ⓜ *Alma Marceau* – ℰ *01 53 67 65 00*   🅅🅢🅐 ⓦ ⓞ
– *www.alain-ducasse.com* – *Fax 01 53 67 65 12* – *Fermé 16 juil.-23 août,*
17-30 déc., lundi midi, mardi midi, merc. midi, sam. et dim.   G9
Rest – Menu 260/360 € – Carte 200/250 €🍷
Spéc. Caviar beluga, langoustines rafraîchies. Volaille de Bresse, sauce Albu-
fera (15 oct.-31déc.). Fraises des bois en coupe rafraîchie.
♦ Somptueux décor Régence relooké dans un esprit "design et organza", plats inventifs
d'une équipe talentueuse "coachée" par Ducasse et 1001 vins choisis : la vie de palace !

XXXXX **Ledoyen** ⚠️ 🔥 ♿ 🍽️ 🅿️ 🅅🅢🅐 ⓦ ⓞ

❀❀❀ *8 av. Dutuit (carré Champs-Élysées)* Ⓜ *Champs Elysées Clemenceau*
– ℰ *01 53 05 10 01* – *Fax 01 47 42 55 01* – *Fermé 1ᵉʳ-23 août, lundi midi, sam. et*
dim.   G10
Rest – Menu 88 € (déj.), 199/299 € – Carte 160/285 €🍷
Spéc. Grosses langoustines bretonnes, émulsion d'agrumes. Blanc de turbot
de ligne juste braisé, pommes rattes truffées. Croquant de pamplemousse
cuit et cru au citron vert.
♦ Délicieuse cuisine "terre et mer" signée Christian Le Squer, superbe décor Napoléon III et
vue sur les jardins dessinés par Hittorff en ce pavillon néoclassique édifié en 1792 sur les
Champs-Élysées.

XXXXX **Le Bristol** – Hôtel Bristol 🌳 ⚠️ 🔥 🍽️ 🅅🅢🅐 ⓦ ⓞ

❀❀❀ *112 r. Fg St-Honoré* Ⓜ *Miromesnil* – ℰ *01 53 43 43 00* – *www.lebristolparis.com*
– *Fax 01 53 43 43 01*   F10
Rest – Menu 85 € (déj.)/230 € – Carte 135/280 €🍷
Spéc. Macaronis farcis, truffe noire, artichaut et foie gras de canard, gratinés
au vieux parmesan. Poularde de Bresse cuite en vessie aux écrevisses, royale
d'abats. Précieux chocolat guanaja, sablé craquant, noisettes torréfiées.
♦ Deux salles, l'une d'hiver, habillée de boiseries et de tapisseries ; l'autre d'été, ouverte sur
un jardin rare. De parfaits échos à la cuisine d'Éric Fréchon, toute de classicisme et de… fraîcheur : technicien virtuose, le chef use d'une liberté exigeante vis-à-vis de la grande tradition
et des plus belles saveurs.

XXXXX **Taillevent** ⚠️ ♿ 🅅🅢🅐 ⓦ ⓞ

❀❀ *15 r. Lamennais* Ⓜ *Charles de Gaulle-Etoile* – ℰ *01 44 95 15 01*
– *www.taillevent.com* – *Fax 01 42 25 95 18* – *Fermé 31 juil.-30 août, sam., dim. et*
fériés   F9
Rest – *(nombre de couverts limité, prévenir)* Menu 80 € (déj.)/190 €
– Carte 130/225 €🍷
Spéc. Rémoulade de tourteau, sauce fleurette citronnée. Langoustines royales
croustillantes, marmelade d'agrumes et thé vert. Tarte renversée au chocolat
et au café grillé.
♦ Boiseries, œuvres d'art… L'ex-hôtel particulier (19ᵉ s.) du duc de Morny est devenu un lieu
de mémoire de la haute gastronomie française. Belle cuisine et cave somptueuse.

XXXXX **Lasserre** ⚠️ 🔥 ♿ 🍽️ 🅅🅢🅐 ⓦ ⓞ

❀❀ *17 av. F.-D.-Roosevelt* Ⓜ *Franklin D. Roosevelt* – ℰ *01 43 59 53 43*
– *www.restaurant-lasserre.com* – *Fax 01 45 63 72 23* – *Fermé août, mardi midi,*
merc. midi, sam. midi, dim. et lundi   G10
Rest – Menu 75 € (déj.)/185 € – Carte 130/230 €
Spéc. Macaroni à la truffe et au foie gras de canard. Pigeon André Malraux.
Crêpes Suzette (automne-hiver).
♦ Décor néoclassique, colonnes, lourdes tentures et lustres en cristal : le type du grand res-
taurant parisien, lancé par René Lasserre en 1942. Cuisine classique et service stylé ad hoc.

PARIS (vertical side text)

XXXXX Laurent 🏤 ✿ ⇔ ⇨ 🅿 VISA ⊕ AE ⊙
🕸 41 av. Gabriel ⓜ Champs Elysées Clemenceau – 𝒞 01 42 25 00 39
– www.le-laurent.com – Fax 01 45 62 45 21 – Fermé 23 déc.-5 janv., sam. midi,
dim. et fériés G10
Rest – Menu 80/160 € – Carte 136/225 €🟆
Spéc. Araignée de mer dans ses sucs en gelée, crème de fenouil. Flanchet de
veau de lait braisé, blettes à la moelle (avril à oct.). Glace vanille minute.
♦ À deux pas des "Champs", cet ancien pavillon de chasse de Louis XIV, avec ses élégantes
terrasses ombragées, compte de nombreux fidèles. Cuisine de tradition et belle carte des vins.

XXXX Apicius (Jean-Pierre Vigato) 🚗 AC ✿ ⇨ 🅿 VISA ⊕ AE ⊙
🕸🕸 20 r. d'Artois ⓜ St-Philippe du Roule – 𝒞 01 43 80 19 66
– www.restaurant-apicius.com – Fax 01 44 40 09 57 – Fermé août, sam., dim. et
fériés F9
Rest – Menu 160/180 € – Carte 110/190 €🟆
Spéc. Variation sur le thème des langoustines. Ris de veau rôti nature, mijotée
d'abats et sauce poulette. Soufflé au chocolat et chantilly sans sucre.
♦ Au rez-de-chaussée d'un hôtel particulier classé, avec jardin, belles salles en enfilade au
décor tout à la fois classique, rococo, tendance. Cuisine "vérité" et superbe cave.

XXX Pierre Gagnaire ⅗ AC ⇨ VISA ⊕ AE ⊙
🕸🕸🕸 6 r. Balzac ⓜ George V – 𝒞 01 58 36 12 50 – www.pierre-gagnaire.com
– Fax 01 58 36 12 51 – Fermé dim. midi et sam. F8
Rest – Menu 105 € (déj.)/265 € – Carte environ 300 €
Spéc. Les langoustines. Le turbot. Le grand dessert Pierre Gagnaire.
♦ Le cadre contemporain chic et feutré s'efface devant l'inventivité débordante d'un chef
– amateur de jazz et d'art – qui élabore ses recettes en équilibriste de talent.

XXX Senderens AC ✿ ⇔ ⇨ VISA ⊕ AE ⊙
🕸🕸 9 pl. de la Madeleine ⓜ Madeleine – 𝒞 01 42 65 22 90 – www.senderens.fr
– Fax 01 42 65 06 23 – Fermé 2-22 août G11
Rest – Menu 90/150 € bc – Carte 100/150 €🟆
Spéc. Encornets à la plancha, brunoise de tomates confites et dés de chorizo.
Cochon de lait de Burgos, rougail de poireaux et mangue. Figues en impres-
sion d'épices, glace aux spéculos (saison).
Rest Bar le Passage – 𝒞 01 42 65 56 66 – Menu 34 € – Carte 40/53 €
♦ Mariage réussi du mobilier design et des boiseries Art nouveau signées Majorelle dans
cette luxueuse adresse, toujours très animée. Cuisine créative ; belles associations mets et
vins. Au Bar le Passage : ambiance salon et carte éclectique proposant alcools, tapas et sushis.

XXX Les Enfants Terribles AC ⇨ VISA ⊕ AE
8 r. Lord-Byron ⓜ Charles de Gaulle-Etoile – 𝒞 01 53 89 90 91
– www.enfantsterribles-paris.com – Fax 01 53 89 90 94 – fermé sam. midi et dim.
Rest – Carte 40/73 € F8
♦ Nouvelle adresse très chic proche des Champs : moulures à l'ancienne, verrière métallique,
mobilier moderne et stylé font l'élégance des lieux. Cuisine traditionnelle revisitée.

XXX La Table du Lancaster – Hôtel Lancaster 🏤 AC ✿ ⇔ ⇨
🕸 7 r. Berri ⓜ George V – 𝒞 01 40 76 40 18
– www.hotel-lancaster.fr – Fax 01 40 76 40 35 – Fermé sam. midi VISA ⊕ AE ⊙
Rest – Menu 47 € (déj.), 65/150 € – Carte 85/145 € F9
Spéc. Cuisses de grenouilles poêlées à la poudre du voyage. Pigeonneau de
Bresse au cassis. Dim-sum à l'abricot, jus de soleil.
♦ Cadre élégant (estampes chinoises), cour-jardin zen et inventive cuisine supervisée par
Michel Troisgros, et déclinée par thèmes (produits, saveurs, sens).

XXX Le Chiberta AC ⇔ VISA ⊕ AE ⊙
🕸 3 r. Arsène-Houssaye ⓜ Charles de Gaulle-Etoile – 𝒞 01 53 53 42 00
– www.lechiberta.com – Fax 01 45 62 85 08 – Fermé 2 sem. en août, sam. midi et
dim. F8
Rest – Menu 49/100 € – Carte 72/120 €
Spéc. Crème de carotte citronnelle-gingembre, gambas aux épices (sept. à
fév.). Filet de bœuf de Salers et foie gras de canard poêlé, carottes
fanes et sauce rouge. Poire-caramel aux noix (sept. à fév.).
♦ Lumière tamisée, décor feutré et dépouillé conçu par J.-M. Wilmotte (tons sombres, insolites "murs à bouteilles") : l'écrin chic d'une cuisine inventive supervisée par Guy Savoy.

XXX Maison Blanche ≤ 🏡 AC ⌀ ⌕ VISA ⚫ AE

15 av. Montaigne Ⓜ Alma Marceau – 𝒞 01 47 23 55 99
– www.maison-blanche.fr – Fax 01 47 20 09 56
– Fermé 5-25 août, sam. midi et dim. midi   G9
Rest – (40 €) Menu 55 € (déj.)/69 € – Carte 110/150 €
♦ Sur le toit du théâtre des Champs-Élysées, loft-duplex design dont l'immense verrière regarde le dôme doré des Invalides. Le Languedoc influence la cuisine des Frères Pourcel.

XXX Fouquet's 🏡 ⇄ VISA ⚫ AE ⓪

99 av. Champs Élysées Ⓜ George V – 𝒞 01 40 69 60 50 – www.lucienbarriere.com
– Fax 01 40 69 60 35   F8
Rest – Menu 78 € – Carte 60/149 €
♦ Depuis sa création (1899), cette mythique adresse qui borde "la plus belle avenue du monde" a vu passer le Tout-Paris. Bel intérieur classé, terrasse prisée et carte de brasserie.

XXX Copenhague 🏡 AC ⌕ VISA ⚫ AE ⓪

142 av. des Champs-Élysées, (Maison du Danemark - 1ᵉʳ étage) Ⓜ George V
– 𝒞 01 44 13 86 26 – www.copenhague-paris.com – Fax 01 58 05 44 98
– Fermé 7-21 août, sam. midi et dim.   F8
Rest – Menu 50 € (déj.), 72/110 € – Carte 70/130 €
♦ Situé à l'étage de la Maison du Danemark, ce restaurant offre un décor sobre et apaisant avec vue sur les Champs et terrasse tournée vers un jardin. Cuisine danoise.

XXX El Mansour AC ⌀ VISA ⚫ AE ⓪

7 r. Trémoille Ⓜ Alma Marceau – 𝒞 01 47 23 88 18
– www.elmansour.fr – Fax 01 40 70 13 53
– Fermé lundi midi, sam. midi et dim.   G9
Rest – Carte 48/70 €
♦ Ce restaurant du quartier du Triangle d'Or est une référence en matière de gastronomie marocaine. Boiseries, dorures, tableaux et musique orientale participent à son cadre cossu.

XXX Stella Maris (Tateru Yoshino) AC ⌕ VISA ⚫ AE ⓪
☼
4 r. Arsène Houssaye Ⓜ Charles de Gaulle-Etoile – 𝒞 01 42 89 16 22
– Fax 01 42 89 16 01 – Fermé 10-22 août, sam. midi, dim. et fériés   F8
Rest – Menu 49 € (déj.), 70/130 € – Carte 125/160 €
Spéc. Millefeuille de thon rouge mariné, aubergine, tapenade et caviar français. Selle d'agneau en croûte de pain au sel (mai à oct.). Surprise, sucre pétillant parfumé à la rose.
♦ C'est un brillant chef japonais, épris de gastronomie française, qui signe la carte classique de ce restaurant raffiné, proche de l'Arc de Triomphe. Décor épuré, touches Art déco.

XX 1728 AC ⇄ VISA ⚫ AE

8 r. d'Anjou Ⓜ Madeleine – 𝒞 01 40 17 04 77
– www.restaurant-1728.com – Fax 01 42 65 53 87
– Fermé 5-25 août, dim. et fériés   G11
Rest – (35 €) Menu 55 € (dîner) – Carte 48/95 €🍽
♦ Ambiance romantique et cossue dans les salons d'époque de cet hôtel particulier (18ᵉ s.) où vécut La Fayette. Cuisine actuelle aux touches asiatiques, pâtisserie signée P. Hermé.

XX 114, Faubourg – Hôtel Bristol AC ⌀ VISA ⚫ AE ⓪

114 r. Fg St-Honoré Ⓜ Miromesnil – 𝒞 01 53 43 43 00 – www.lebristolparis.com
– Fax 01 53 43 43 01   F10
Rest – Carte 71/147 €
♦ La nouvelle aile de l'hôtel Bristol vous présente sa brasserie très chic ! Salles colorées et carte mariant tradition et modernité (choix des cuissons : vapeur, plancha, grillé…).

XX Spoon AC ⌀ ⌕ VISA ⚫ AE ⓪

12 r. Marignan Ⓜ Franklin D. Roosevelt – 𝒞 01 40 76 34 44
– www.spoon-restaurants.com – Fax 01 40 76 34 37
– Fermé 26 juil.-22 août, 25 déc.-2 janv., sam. et dim.   G9
Rest – Menu 33 € (déj.)/75 € – Carte environ 58 €🍽
♦ On accède à ce restaurant chic et design (cuisines ouvertes) par le hall de l'hôtel Marignan. Cave internationale en osmose avec le concept culinaire ludique, signé Alain Ducasse.

PARIS

XX ❀ L'Arôme　　　　　　　　　　　AC VISA ◉◎ AE

3 r. St-Philippe-du-Roule ⓜ St-Philippe-du-Roule – ℰ 01 42 25 55 98
– www.larome.fr – Fax 01 42 25 55 97 – Fermé août, sam. et dim.　　　　F9
Rest – (39 €) Menu 73 € (dîner), 89/129 € bc – Carte 64/104 €
Spéc. Poêlée de cèpes, figues de Solliès et fruits secs d'automne (sept.-
oct.). Pigeonneau et foie gras de canard poêlé, betteraves en croûte de
sel. Soufflé chaud à la pistache de Sicile, sorbet fromage blanc et marbré à
la cerise griotte.
♦ Belle adresse menée de main de maître par Éric Martins en salle et Thomas Boullault aux
fourneaux. Confort et ambiance chaleureuse pour le cadre (vue sur les cuisines), carte actuelle.

XX Les Saveurs de Flora　　　　　　　　AC VISA ◉◎ ①

36 av. George V ⓜ George V – ℰ 01 40 70 10 49 – www.lessaveursdeflora.com
– Fax 01 47 20 52 87 – Fermé 1er-15 août, sam. midi, lundi midi et dim.
Rest – (25 €) Menu 34/68 € – Carte 55/90 €　　　　　　　　　　G8
♦ Flora, la maîtresse de maison, vous reçoit dans un cadre tendance et feutré où le contem-
porain côtoie le rétro. Cuisine actuelle métissant tradition et saveurs d'ailleurs.

XX Tante Louise　　　　　　　　　　AC ⇔ VISA ◉◎ AE ①

41 r. Boissy-d'Anglas ⓜ Madeleine – ℰ 01 42 65 06 85
– www.bernard-loiseau.com – Fax 01 42 65 28 19 – Fermé août, sam., dim. et
fériés　　　　　　　　　　　　　　　　　　　　　　　　　F11
Rest – Menu 38 € (déj.), 42/59 € – Carte 60/72 €
♦ L'enseigne évoque la "Mère" parisienne qui tenait naguère ce restaurant au discret cadre
Art déco. Carte traditionnelle agrémentée de quelques recettes bourguignonnes.

XX Citrus Étoile　　　　　　　　　ዼ AC � ⌂? VISA ◉◎ AE

6 r. Arsène-Houssaye ⓜ Charles de Gaulle-Étoile – ℰ 01 42 89 15 51
– www.citrusetoile.fr – Fax 01 42 89 28 67 – Fermé 8-19 août,
23 déc.-4 janv., sam., dim. et fériés　　　　　　　　　　　　　F8
Rest – Menu 49/85 € – Carte 85/97 €
♦ Le chef Gilles Épié vous invite à découvrir une cuisine riche en nouvelles saveurs inspirée
de ses séjours en Californie et au Japon. Déco élégante et épurée. Accueil délicieux.

XX ❀ L'Angle du Faubourg　　　　　AC ⇔ VISA ◉◎ AE ①

195 r. Fg St-Honoré ⓜ Ternes – ℰ 01 40 74 20 20 – www.taillevent.com
– Fax 01 40 74 20 21 – Fermé août, sam., dim. et fériés　　　　　　E9
Rest – Menu 38 € (déj.)/75 € – Carte 54/79 €⅜
Spéc. Sablé de thon aux épices, aubergines fumées. Foie gras de canard
confit à l'ancienne. Poire Williams pochée au café (oct. à janv.).
♦ À l'angle des rues du Faubourg-St-Honoré et Balzac. Le confortable cadre contemporain de
cette table a des airs de bistrot chic et feutré. Cuisine classique actualisée.

XX Bistrot du Sommelier　　　　　　AC ⇔ VISA ◉◎ AE

97 bd Haussmann ⓜ St-Augustin – ℰ 01 42 65 24 85
– www.bistrotdusommelier.com – Fax 01 53 75 23 23 – Fermé 1er-30 août,
24 déc.-3 janv., sam. et dim.　　　　　　　　　　　　　　　F11
Rest – Menu 39 € (déj.), 65 € bc/110 € bc – Carte 45/60 €⅜
♦ Le bistrot de Philippe Faure-Brac, honoré du titre de meilleur sommelier du monde 1992,
compose un hymne à Bacchus, nourri du feu roulant et chantant de dives bouteilles.

XX Market　　　　　　　　　　　AC ⌂? VISA ◉◎ AE

15 av. Matignon ⓜ Franklin D. Roosevelt – ℰ 01 56 43 40 90
– www.jean-georges.com – Fax 01 43 59 10 87　　　　　　　　F10
Rest – (34 €) Carte 45/70 € le soir
♦ Emplacement prestigieux, décor de bois et de marbre, masques africains logés dans des
niches et cuisine métissée (française, italienne et asiatique) : une adresse trendy.

XX Indra　　　　　　　　　　　　AC VISA ◉◎ AE

10 r. Cdt-Rivière ⓜ St-Philippe-du-Roule – ℰ 01 43 59 46 40
– www.restaurant-indra.com – Fax 01 42 25 70 32 – Fermé sam. midi et dim.
Rest – Menu 40 € (déj.), 44/65 € – Carte 40/65 €　　　　　　　F9
♦ L'un des premiers restaurants indiens de France (1976) dont le cadre ravissant – murs en
patchwork, boiseries ouvragées – invite à un voyage culinaire au pays des Maharadjas.

XX **Le Sarladais** [AC] [VISA] [◉◉] [AE] [◉]

2 r. Vienne Ⓜ St-Augustin – ✆ 01 45 22 23 62 – www.lesarladais.com
– Fax 01 45 22 23 62 – Fermé 10-16 mai, août, 24-31 déc., sam. sauf le soir du
20 sept. au 22 avril, dim. et fériés   E11

Rest – Menu 35 € (dîner), 42/68 € – Carte 50/144 €

♦ Lambris, tons chaleureux, compositions florales et expo-vente de tableaux : un cadre qui
se prête à la dégustation des solides recettes périgourdines mitonnées par le chef.

XX **Le Relais Plaza** – Hôtel Plaza Athénée   [AC] [VISA] [◉◉] [AE] [◉]

25 av. Montaigne Ⓜ Alma Marceau – ✆ 01 53 67 64 00
– www.plaza-athenee-paris.com – Fax 01 53 67 66 66 – Fermé 24 juil.-29 août
Rest – Carte 58/140 €   G9

♦ La cantine chic et intime des maisons de couture voisines. Atmosphère intemporelle et
très beau décor des années 1930 inspiré du paquebot Normandie. Cuisine classique épurée.

XX **La Marée** [AC] [⇔] [▱] [VISA] [◉◉] [AE]

258 r. Fg St-Honoré Ⓜ Ternes – ✆ 01 43 80 20 00 – www.lamaree.fr
– Fax 01 48 88 04 04   E8
Rest – (29 €) Menu 34 € – Carte 36/85 €

♦ Institution reprise en 2009 par une nouvelle équipe. Décor classique (boiseries, banquettes, chaises Louis XV, marines) et bonne cuisine de la mer (bouillabaisse le dimanche).

XX **Fermette Marbeuf 1900** [AC] [%] [VISA] [◉◉] [AE] [◉]

5 r. Marbeuf Ⓜ Alma Marceau – ✆ 01 53 23 08 00 – www.fermettemarbeuf.com
– Fax 01 53 23 08 09   G9
Rest – (23 €) Menu 32/48 € – Carte 43/76 €

♦ Le décor Art nouveau de la salle à manger-verrière, où vous réserverez votre table, date
de 1898 et a été retrouvé par hasard lors de travaux de rénovation. Plats classiques.

XX **Marius et Janette** [▱] [AC] [▱] [VISA] [◉◉] [AE] [◉]

4 av. George V Ⓜ Alma Marceau – ✆ 01 47 23 41 88 – Fax 01 47 23 07 19
Rest – Menu 48 € (sem.) – Carte 90/140 €   G8

♦ Une adresse vouée aux produits de la mer dont le nom évoque l'Estaque. Élégant décor
façon yacht et, pour les beaux jours, agréable terrasse sur l'avenue.

XX **Hanawa** [&] [AC] [%] [⇔] [VISA] [◉◉] [AE] [◉]

26 r. Bayard Ⓜ Franklin D. Roosevelt – ✆ 01 56 62 70 70
– www.kinugawa-hanawa.com – Fax 01 56 62 70 71 – Fermé dim.   G9
Rest – (54 €) Menu 85/115 € – Carte 65/125 €

♦ Sur 1100 m², ce restaurant raffiné et zen (bois, fleurs) décline les cuisines japonaise (à
l'étage) et française (au sous-sol) autour des teppanyaki et sushi bar.

XX **Maxan** [AC] [%] [⇔] [VISA] [◉◉] [AE]

37 r. Miromesnil Ⓜ Miromesnil – ✆ 01 42 65 78 60 – www.rest-maxan.com
– Fax 01 49 24 96 17 – Fermé 1ᵉʳ-23 août, 24 déc.-3 janv., lundi soir, sam. midi et dim.
Rest – (30 €) Menu 45 € – Carte 47/71 €   F10

♦ Le décor contemporain signé Pierre Pozzi mélange sobriété et originalité (murs
blancs, rayures multicolores, bandelettes et boules de papier). Plats classiques actualisés.

XX **Chez Catherine** [AC] [%] [VISA] [◉◉] [AE] [◉]

3 r. Berryer Ⓜ George V – ✆ 01 40 76 01 40 – www.restaurantchezcatherine.com
– Fax 01 40 76 03 96 – Fermé 1ᵉʳ-24 août, sam., dim. et fériés   F9
Rest – Menu 37 € – Carte 44/70 €

♦ Élégante salle à manger contemporaine ouverte sur les cuisines et en partie coiffée d'une
verrière : une adresse chic et cosy où déguster des recettes actuelles.

XX **Brasserie La Lorraine** [▱] [AC] [▱] [VISA] [◉◉] [AE] [◉]

2 pl. des Ternes Ⓜ Ternes – ✆ 01 56 21 22 00 – www.brasserielalorraine.com
– Fax 01 56 21 22 09   E8
Rest – Carte 34/70 €

♦ Cadre rétro dans cette brasserie des années 1930 située sur la place des Ternes. La carte
fait honneur aux spécialités du genre et aux fruits de mer (banc d'écailler).

XX **Al Ajami** [AC] [%] [VISA] [◉◉] [AE] [◉]

58 r. François 1ᵉʳ Ⓜ George V – ✆ 01 42 25 38 44 – www.ajami.com
– Fax 01 42 25 38 39   G9
Rest – (16 €) Menu 25 € (sem.)/48 € – Carte 35/60 €

♦ Voici l'ambassade parisienne d'une enseigne libanaise, créée à Beyrouth en1920. La clientèle internationale ne se lasse pas de son charme tout oriental et familial.

PARIS

XX Diep

55 r. Pierre-Charon Ⓜ George V – ☎ 01 45 63 52 76 – www.diep.fr   AC ⌂ 🎨 VISA ⬤⬤ AE

G9

Rest – Carte 30/80 €

• Tons rouge et noir, petites alcôves, fresques d'Asie en relief : un décor typique pour apprécier des plats chinois ou thaïlandais (spécialités de crustacés et de poissons).

XX Palace Élysées

20 r. Quentin-Bauchart Ⓜ Georges V – ☎ 01 40 70 19 17   & AC VISA ⬤⬤ AE

– www.palace-elysee.com – Fax 01 40 70 18 06 – Fermé sam. midi et dim.

Rest – (19 €) Menu 44/120 € bc – Carte 80/150 €   F8

• Lounge s'il en est, ce lieu spacieux illustre le design tendance : mobilier classique et moderne à la blancheur immaculée, éclairages violets, photos, bar... et cuisine ad hoc.

XX L'Étoile Marocaine

56 r. Galilée Ⓜ Georges V – ☎ 01 47 20 44 43 – www.etoilemarocaine.com   AC VISA ⬤⬤ AE

– Fax 01 47 23 53 75   F8

Rest – Menu 24 € (déj. en sem.), 45/78 € – Carte 41/72 €

• Rien ne manque à cette table qui honore la tradition marocaine : salle intimiste, décor oriental (mosaïques, boiseries sculptées, plateaux en cuivre ciselé), musique d'ambiance...

X Dominique Bouchet

⍟

11 r. Treilhard Ⓜ Miromesnil – ☎ 01 45 61 09 46 – www.dominique-bouchet.com   AC ⇆ 🎨 VISA ⬤⬤ AE

– Fax 01 42 89 11 14 – Fermé 1ᵉʳ-22 août, sam., dim. et fériés   E10

Rest – (prévenir) (46 €) Menu 98 € (dîner) – Carte 52/90 €🏵

Spéc. Croustillant de tête de veau, poireaux aux œufs mimosa, tétragones et carottes confites. Gigot d'agneau de sept heures à la cuillère, pomme purée. Macaron aux fruits rouges, crème au parfum de coquelicot, sorbet fruits rouges (mai à oct.).

• Décor contemporain de bon goût, ambiance conviviale et savoureuse cuisine du marché reposant sur des bases traditionnelles : succès mérité pour ce petit bistrot tendance.

X Café Prunier

15 pl. de la Madeleine Ⓜ Madeleine – ☎ 01 47 42 98 91 – www.prunier.com   AC 🎨 VISA ⬤⬤ AE ⓞ

– Fermé août et dim.   F11

Rest – (30 €) Menu 36/95 € – Carte 45/80 €

• Faire sympa, léger et goûteux : mission accomplie pour ce café chic inspiré de la maison mère (16ᵉ) et installé au 1ᵉʳ étage de la boutique. Spécialités de produits de la mer.

X Le Stresa

7 r. Chambiges Ⓜ Alma Marceau – ☎ 01 47 23 51 62 – Fermé août,   AC 🍽 VISA ⬤⬤ AE ⓞ

20 déc.-4 janv., sam. et dim.   G9

Rest – (prévenir) Carte 80/120 €

• Trattoria du Triangle d'Or fréquentée par une clientèle très "jet-set". Tableaux de Buffet, compressions de César... Les artistes aussi apprécient cette cuisine italienne.

X Bistro de l'Olivier

13 r. Quentin Bauchart Ⓜ George V – ☎ 01 47 20 78 63 – Fax 01 47 20 74 58   AC 🍽 VISA ⬤⬤ AE ⓞ

– Fermé août, sam. et dim.   G8

Rest – (nombre de couverts limité, prévenir) (26 €) Menu 35 € – Carte 66/77 €

• Carrés provençaux et tableaux évoquant le Sud égayent la chaleureuse salle à manger de ce bistrot, situé près de l'avenue George V. Copieuse cuisine méridionale.

X Royal Madeleine

11 r. Chevalier-St-George Ⓜ Madeleine – ☎ 01 42 60 14 36   AC VISA ⬤⬤ AE

– www.royalmadeleine.com – fermé 31 déc. au 10 janv. et week-end en juil.-août

Rest – Carte 38/89 €   G12

• Un bistrot des années 1940 (ex-café charbon) avec sa grande salle aux murs blancs égayés de miroirs anciens et de gravures rétro. Carte ancrée dans la tradition bistrotière.

X Chez Cécile - La Ferme des Mathurins

17 r. Vignon Ⓜ Madeleine – ☎ 01 42 66 46 39 – www.chezcecile.com – Fermé   AC VISA ⬤⬤ AE

dim.   F12

Rest – (29 €) Menu 35/59 €

• Plats traditionnels aussi copieux que soignés, délicieuse ambiance bon enfant et clientèle d'habitués : on joue souvent à guichets fermés dans cet authentique bistrot d'antan.

PARIS

Café Lenôtre - Pavillon Elysée

10 av. Champs-Elysées ⓂChamps Elysées Clemenceau – ℰ 01 42 65 85 10
– www.lenotre.fr – Fax 01 42 65 76 23 – Fermé 3 sem. en août, 20 fév.-3 mars,
dim. sauf le midi d'avril à oct. et lundi de nov. à mars   G10

Rest – Carte 54/86 €

♦ Cet élégant pavillon bâti pour l'Exposition universelle de 1900 et bien restauré, abrite,
outre une boutique et une école de cuisine, un restaurant résolument contemporain.

Aoki Makoto

19 r. Jean Mermoz ⓂMiromesnil – ℰ 01 43 59 29 24 – Fax 01 43 59 29 24
– Fermé 1ᵉʳ-11 avril, 5-25 août, 23 déc.-3 janv., sam. midi, dim. et fériés
Rest – (22 €) Menu 40/60 € – Carte 52/90 €   F10

♦ Ne vous fiez pas à l'enseigne trompeuse (il s'agit du nom du chef japonais) de cette
discrète et conviviale adresse, d'allure bistrot. On y déguste une goûteuse cuisine française.

La Maison de L'Aubrac

37 r. Marbeuf ⓂFranklin D. Roosevelt – ℰ 01 43 59 05 14
– www.maison-aubrac.fr – Fax 01 42 25 29 87   G9

Rest – (35 €) Menu 45/50 € – Carte 37/56 €

♦ Décor de ferme aveyronnaise, copieux plats rustiques honorant la race bovine et très belle
cave : un vrai petit coin d'Aubrac... L'animation des Champs-Élysées voisins en plus.

Devez

5 pl. de l'Alma ⓂAlma Marceau – ℰ 01 53 67 97 53 – www.devezparis.com
– Fax 01 47 23 09 48   G8

Rest – (35 € bc) Menu 47 € bc/60 € bc – Carte 36/67 €

♦ Amoureux de sa terre d'origine, le patron – également éleveur – mitonne une cuisine au
goût du jour axée sur la viande d'Aubrac. Bel intérieur contemporain et table d'hôte.

Le Petit Marius

6 av. George V ⓂAlma Marceau – ℰ 01 40 70 11 76 – Fax 01 40 70 17 08
Rest – Carte 45/69 €   G8

♦ Petites tables serrées et simplement dressées, décoration provençale vivement colorée et
cuisine de la mer : on se croirait dans un restaurant du vieux port, peuchère !

L'Évasion

7 pl. St-Augustin ⓂSt-Augustin – ℰ 01 45 22 66 20 – Fax 01 40 75 04 32
Rest – Carte 38/60 €   F11

♦ Ce bistrot-bar à vins au décor typique (zinc à l'ancienne, profusion de bouteilles, ardoise
murale) propose une superbe sélection de grands crus, accompagnés de plats du marché.

Daru

19 r. Daru ⓂCourcelles – ℰ 01 42 27 23 60 – www.daru.fr – Fax 01 47 54 08 14
– Fermé août et dim.   E9

Rest – Menu 28 € (déj. en sem.)/34 € – Carte 60/90 €

♦ Fondée en 1918, la maison Daru fut la première épicerie russe de Paris. Elle perpétue la
tradition slave et vous transporte par son décor nostalgique dans la Russie d'autrefois.

Le Bouco

10 r. de Constantinople ⓂEurope – ℰ 01 42 93 73 33 – www.lebouco.com
– Fermé août, sam., dim. et fériés   E11

Rest – (nombre de couverts limité, prévenir) (22 €) Menu 29 € – Carte 31/50 €

♦ Décor de bistrot moderne pour cette adresse qui revisite avec simplicité et talent la cuisine du Sud-Ouest. Accueil souriant et bon rapport qualité-prix.

Café Sud

12 r. de Castellane ⓂMadeleine – ℰ 01 42 65 90 52 – www.cafesud.com
– Fax 01 42 65 08 68 – Fermé 13-18 août et dim.   F11

Rest – (24 €) Menu 35 € (sem.)/48 € – Carte 45/68 €

♦ Un vrai esprit "café" règne ici, tout en simplicité (tons beige, bibliothèque). La carte marie
plats traditionnels, épices et influences du Sud.

Shin Jung

7 r. Clapeyron ⓂRome – ℰ 01 45 22 21 06 – Fermé dim. midi et midi fériés
Rest – Menu 14/23 € – Carte 20/35 €   D11

♦ Salle de restaurant un rien zen, dont les murs sont agrémentés de calligraphies. Cuisine
sud-coréenne et spécialités de poissons crus. Accueil sympathique.

S. Sauvignier/MICHELIN

PARIS

Opéra · Grands Boulevards

9e arrondissement ✉ 75009

🏨 Intercontinental Le Grand ⊛ Ⅰ♨ 📶 ⅍ 🅰 ℅ 🎙 ⅍ ♒
2 r. Scribe Ⓜ *Opéra* – ℰ *01 40 07 32 32* 🅥🅘🅢🅐 ⊛ 🅐🅔 ⓪
– *www.ichotelsgroupe.com* – *Fax 01 42 66 12 51* F12
442 ch – ✝235/920 € ✝✝235/920 €, ⊑ 38 € – 28 suites
Rest *Café de la Paix* – voir ci-après
♦ Le célèbre palace de la place de l'Opéra, inauguré en 1862 et rénové en 2003, arbore un parfait décor Second Empire, hautement élégant et avec tout le confort d'aujourd'hui.

🏨 Scribe ⊛ Ⅰ♨ 📶 ⅍ 🅰 🎙 ⅍ 🅥🅘🅢🅐 ⊛ 🅐🅔 ⓪
1 r. Scribe Ⓜ *Opéra* – ℰ *01 44 71 24 24* – *www.hotel-scribe-paris.com*
– *Fax 01 42 65 39 97* F12
204 ch – ✝590/750 € ✝✝590/750 €, ⊑ 35 € – 9 suites
Rest *Café Lumière* – (37 €) Carte 45/72 €
♦ Dans un bel immeuble haussmannien, hôtel parfaitement tenu, apprécié pour son luxe discret. En 1895, le public y découvrait en première mondiale le cinématographe des frères Lumière. Carte actuelle au Café Lumière, éclairé par une verrière. Atmosphère feutrée et cosy.

🏨 Millennium Paris Opéra 📶 ⅍ ch, 🅰 ℅ 🎙 ⅍ 🅥🅘🅢🅐 ⊛ 🅐🅔 ⓪
12 bd Haussmann Ⓜ *Richelieu Drouot* – ℰ *01 49 49 16 00*
– *www.millenniumhotels.com* – *Fax 01 49 49 17 00* F13
157 ch – ✝160/500 € ✝✝160/500 €, ⊑ 25 € – 6 suites
Rest *Brasserie Haussmann* – ℰ *01 49 49 16 64* – (19 € bc) Carte 29/55 €
♦ Cet hôtel est né en 1927, pendant les années folles. Chambres garnies de meubles de style ou anciens, et aménagées avec un goût sûr. Équipements modernes. À la Brasserie Haussmann, cadre judicieusement revisité et plats typiques du genre.

🏨 Banke 📶 ⅍ ch, 🅰 🎙 ⅍ 🅥🅘🅢🅐 ⊛ 🅐🅔 ⓪
20 r. Lafayette Ⓜ *Chaussée d'Antin* – ℰ *01 55 33 22 22* – *www.derbyhotels.com*
– *Fax 01 55 33 22 28* F13
94 ch – ✝475/630 € ✝✝630/1200 €, ⊑ 28 €
Rest – (29 €) Menu 36 € (déj.)/54 € bc – Carte 33/68 €
♦ Reconversion originale : cet ancien siège bancaire du début du 20e s. est devenu hôtel de luxe en 2009. Le hall opulent (tons or et cramoisi, immense verrière) mérite le coup d'œil. Le restaurant sert une cuisine actuelle relevée de quelques touches ibériques.

🏨 Ambassador Radisson Blu Ⅰ♨ 📶 🅰 🎙 ⅍ 🅥🅘🅢🅐 ⊛ 🅐🅔 ⓪
16 bd Haussmann Ⓜ *Richelieu Drouot* – ℰ *01 44 83 40 40*
– *www.hotelambassador-paris.com* – *Fax 01 44 83 40 57* F13
294 ch – ✝190/550 € ✝✝190/550 €, ⊑ 28 € – 8 suites
Rest *16 Haussmann* – ℰ *01 48 00 06 38* *(fermé 4-25 août, sam. midi et dim.)*
Menu 37 € (dîner), 39/44 € – Carte 43/56 €
♦ Panneaux de bois peint, lustres en cristal et objets anciens ornent cet élégant hôtel Art déco (années 1920). Certaines chambres rénovées sont plus contemporaines. Au 16 Haussmann, cuisine au goût du jour évoluant avec le marché et les saisons, à savourer en admirant l'animation sur le boulevard.

🏨 Opéra Pavillon sans rest 📶 ⅍ 🅰 🎙 🅥🅘🅢🅐 ⊛ 🅐🅔 ⓪
7 r. Parme Ⓜ *Liège* – ℰ *01 55 31 60 00* – *www.pavillondeparis.com*
– *Fax 01 55 31 60 01* D12
30 ch ⊑ – ✝215/240 € ✝✝270/296 €
♦ Dans une rue tranquille, hôtel contemporain aux chambres peu spacieuses, d'un luxe sobre mais dégageant une atmosphère plaisamment intimiste. Jardin japonais dans la minicour.

Jules sans rest ⛭ 📶 ᕕ 🅰️ ❄️ ❨❩ ᘏ 🆅🅸🆂🅰 ⬤⬤ 🅰🅴 ⓘ
49 r. La Fayette Ⓜ Le Peletier – ☎ 01 42 85 05 44 – www.hoteljules.com
– Fax 01 49 95 06 60   F14
101 ch – ♦135/285 € ♦♦175/325 €, ☕ 18 €
• Cet hôtel a pris le tournant de la modernité sans rien perdre de son élégance. Au sous-sol, salle des petits-déjeuners lumineuse et vitaminée (tons orange, motif floral). Fitness.

Astra Opéra sans rest ⛭ 🅰️ ❄️ ❨❩ ᘏ 🆅🅸🆂🅰 ⬤⬤ 🅰🅴 ⓘ
29 r. Caumartin Ⓜ Havre Caumartin – ☎ 01 42 66 15 15 – www.astotel.com
– Fax 01 42 66 98 05   F12
82 ch – ♦199/349 € ♦♦199/349 €, ☕ 19 €
• Immeuble haussmannien aux chambres assez amples et confortables, rénovées dans un esprit actuel. Lumineux salon sous verrière, décoré de tableaux contemporains.

St-Pétersbourg sans rest ⛭ 🅰️ ❄️ ❨❩ 🆅🅸🆂🅰 ⬤⬤ 🅰🅴 ⓘ
33 r. Caumartin Ⓜ Havre Caumartin – ☎ 01 42 66 60 38
– www.hotelsaintpetersbourg.com – Fax 01 42 66 53 54
100 ch ☕ – ♦141/210 € ♦♦181/267 €   F12
• Grand hôtel traditionnel au fonctionnement familial. Élégante entrée – sol en marbre et lustres –, nombreux salons et salles de réunion. Chambres spacieuses.

Lorette Opéra sans rest ⛭ ᕕ 🅰️ ❄️ ❨❩ 🆅🅸🆂🅰 ⬤⬤ 🅰🅴 ⓘ
36 r. Notre-Dame de Lorette Ⓜ St-Georges – ☎ 01 42 85 18 81
– www.astotel.com – Fax 01 42 81 32 19   E13
84 ch – ♦139/249 € ♦♦139/249 €, ☕ 15 €
• Dans cet hôtel rénové, style contemporain et pierres de taille se mêlent harmonieusement. Agréables chambres actuelles, petit-déjeuner servi dans une salle voûtée.

ATN sans rest ⛭ 🅰️ ❄️ ❨❩ 🆅🅸🆂🅰 ⬤⬤ 🅰🅴 ⓘ
21 r. d'Athènes Ⓜ St-Lazare – ☎ 01 48 74 00 55
– www.atn-hotel-paris-opera.com – Fax 01 42 81 04 75   E12
36 ch – ♦149/349 € ♦♦169/349 €, ☕ 12 €
• À deux pas de la gare St-Lazare. Design tendance, matériaux de qualité et aménagements réfléchis résument l'esprit de cet hôtel contemporain.

9 Hotel sans rest 🅰️ ❨❩ ⬤⬤ 🅰🅴 ⓘ
14 r. Papillon Ⓜ Cadet – ☎ 01 47 70 78 34 – www.le9hotel.com – Fax 01 40 22 91 00
35 ch – ♦140/220 € ♦♦150/230 €, ☕ 15 €   E14
• Établissement au style épuré. Agréable salon avec livres à disposition, chambres peu spacieuses mais fonctionnelles (mobilier contemporain, éclairage modulable).

Caumartin Opéra sans rest ⛭ 🅰️ ❄️ ❨❩ ⬤⬤ 🅰🅴 ⓘ
27 r. Caumartin Ⓜ Havre Caumartin – ☎ 01 47 42 95 95 – www.astotel.com
– Fax 01 47 42 88 19   F12
40 ch – ♦165/249 € ♦♦165/249 €, ☕ 15 €
• Ce petit hôtel, proche des grands magasins, propose des chambres au décor dans l'air du temps et aux salles de bains d'une blancheur immaculée.

Grand Hôtel Haussmann sans rest ⛭ 🅰️ ❄️ ❨❩ ⬤⬤ 🅰🅴 ⓘ
6 r. Helder Ⓜ Opéra – ☎ 01 48 24 76 10 – www.hotelhaussmann.com
– Fax 01 48 00 97 18   F13
59 ch – ♦149/230 € ♦♦165/230 €, ☕ 15 €
• Cette discrète façade dissimule des chambres de tailles variées, douillettes, personnalisées et rénovées par étapes. Presque toutes donnent sur l'arrière.

Anjou Lafayette sans rest ⛭ 🅰️ 🆅🅸🆂🅰 ⬤⬤ 🅰🅴 ⓘ
4 r. Riboutté Ⓜ Cadet – ☎ 01 42 46 83 44 – www.hotelanjoulafayette.com
– Fax 01 48 00 08 97   E14
39 ch – ♦99/190 € ♦♦129/210 €, ☕ 12 €
• Près du square Montholon orné de grilles du Second Empire, chambres de bon confort, insonorisées et décorées dans des tons chaleureux.

Les Trois Poussins sans rest ⛭ ᕕ 🅰️ ❨❩ 🆅🅸🆂🅰 ⬤⬤ 🅰🅴 ⓘ
15 r. Clauzel Ⓜ St-Georges – ☎ 01 53 32 81 81 – www.les3poussins.com
– Fax 01 53 32 81 82   E13
40 ch – ♦100/145 € ♦♦100/200 €, ☕ 13 €
• Élégantes chambres offrant plusieurs niveaux de confort. Vue sur Paris depuis les derniers étages. Salle des petits-déjeuners joliment voûtée. Petite cour-terrasse.

PARIS

Opéra d'Antin sans rest 　🖪 🗚 ⅏ ⁽ᵞ⁾ 𝚟𝚒𝚜𝚊 ⊙⊙
75 r. de Provence Ⓜ *Chaussée d'Antin* – ℰ *01 48 74 12 99*
– www.operadantin.com – Fax 01 48 74 16 14
F12
30 ch – ♦105/195 € ♦♦115/230 €, ⌑ 13 €
• Hôtel proche des célèbres Galeries Lafayette. Salle des petits-déjeuners aménagée sous une verrière et plaisantes chambres optant pour le style Art déco.

Langlois sans rest 　🖪 🗚 ⁽ᵞ⁾ 𝚟𝚒𝚜𝚊 ⊙⊙
63 r. St-Lazare Ⓜ *Trinité* – ℰ *01 48 74 78 24* – *www.hotel-langlois.com*
– Fax 01 49 95 04 43
E12
24 ch – ♦99/120 € ♦♦126/150 €, ⌑ 13 € – 3 suites
• Bâti en 1870, l'immeuble abrita une banque, puis un hôtel à partir de 1896. Art nouveau, Art déco ou années 1950, toutes les chambres ont un caractère bien marqué.

Bergère Opéra sans rest 　🖪 🗚 ⅏ ⁽ᵞ⁾ 🖄 𝚟𝚒𝚜𝚊 ⊙⊙ 🗚 ⊙
34 r. Bergère Ⓜ *Grands Boulevards* – ℰ *01 47 70 34 34* – *www.astotel.com*
– Fax 01 47 70 36 36
F14
134 ch – ♦139/249 € ♦♦139/249 €, ⌑ 15 €
• Entre Grands Boulevards, Opéra et la salle des ventes Drouot. Chambres fraîches, accessibles par un ascenseur panoramique ; certaines donnent sur un jardin d'hiver. Salon spacieux.

Acadia Opéra sans rest 　🖪 🗚 ⅏ ⁽ᵞ⁾ 𝚟𝚒𝚜𝚊 ⊙⊙ 🗚 ⊙
4 r. Geoffroy Marie Ⓜ *Grands Boulevards* – ℰ *01 40 22 99 99* – *www.astotel.com*
– Fax 01 40 22 01 82
F14
36 ch – ♦129/229 € ♦♦129/229 €, ⌑ 15 €
• Dans un quartier animé, près des Folies Bergère, ce petit immeuble abrite des chambres décorées avec goût dans un esprit contemporain, minimal et zen. Tenue sans reproche.

Relais Madeleine sans rest 　🖪 ♿ 🗚 ⅏ ⁽ᵞ⁾ 𝚟𝚒𝚜𝚊 ⊙⊙ 🗚 ⊙
11 bis r. Godot-de-Mauroy Ⓜ *Havre Caumartin* – ℰ *01 47 42 22 40*
– www.relaismadeleine.fr – Fax 01 47 42 22 41
F12
23 ch – ♦175/220 € ♦♦215/450 €, ⌑ 13 €
• Hôtel récemment rénové de pied en cap : décor soigné d'une maison de famille (mobilier stylé, portraits) dans le goût d'aujourd'hui (bons équipements). Service attentif.

Du Pré sans rest 　🖪 ⁽ᵞ⁾ 𝚟𝚒𝚜𝚊 ⊙⊙ 🗚
10 r. P. Sémard Ⓜ *Poissonnière* – ℰ *01 42 81 37 11* – *www.leshotelsdupre.com*
– Fax 01 40 23 98 28
E15
40 ch – ♦105 € ♦♦130/140 €, ⌑ 12 €
• Chambres fonctionnelles et joliment colorées, salon garni de canapés Chesterfield, salle des petits-déjeuners et bar de style bistrot.

XXX **Café de la Paix** – Intercontinental Le Grand 　♿ 🗚 ⅏ ⇔ 𝚟𝚒𝚜𝚊 ⊙⊙ 🗚 ⊙
12 bd Capucines Ⓜ *Opéra* – ℰ *01 40 07 36 36* – *www.cafedelapaix.fr*
– Fax 01 40 07 36 13
F12
Rest – (33 €) Menu 43 € (déj.)/79 € – Carte 45/100 €
• Fresques, lambris dorés et mobilier inspiré du style Napoléon III : ce luxueux et légendaire restaurant, ouvert de 7 h à minuit, reste le rendez-vous du Tout-Paris.

XX **Jean** 　🗚 ⇔ 𝚟𝚒𝚜𝚊 ⊙⊙ 🗚 ⊙
☸ *8 r. St-Lazare* Ⓜ *Notre-Dame-de-Lorette* – ℰ *01 48 78 62 73*
– www.restaurantjean.fr – Fax 01 48 78 66 04 – Fermé sam. et dim.
Rest – Menu 46/95 € – Carte 57/96 €
E12
Spéc. Langoustines juste saisies, spaghettis de courgette, praliné-pistache et arroche rouge. Bar, riz noir venere, caviar d'aubergine, shiso vert et piment niora. Pannacotta au chocolat, praliné givré et "milk shake" au Bailey's (automne).
• Séduisante cuisine actuelle dans ce restaurant à l'atmosphère chaleureuse (tons blanc-rosé, tissus à rayures, motifs fleuris, mosaïque au sol). Salon cosy à l'étage.

XX **Romain** 　🗚 𝚟𝚒𝚜𝚊 ⊙⊙ 🗚
40 r. St-Georges Ⓜ *St-Georges* – ℰ *01 48 24 58 94 – Fax 01 42 47 09 75*
– Fermé août, sam. et dim.
E13
Rest – (24 €) Menu 32 € – Carte 40/60 €
• La carte de ce restaurant, niché derrière l'église Notre-Dame-de-Lorette, propose d'excellents produits transalpins dans un cadre soigné. Livre de cave dans le même esprit.

✗✗ Au Petit Riche   `AC` ⇔ `VISA` `OO` `AE` `①`

25 r. Le Peletier Ⓜ *Richelieu Drouot* – ℰ 01 47 70 68 68 – www.aupetitriche.com
– Fax 01 48 24 10 79 – *Fermé week-end de mi-juil. à fin août et fériés*
Rest – (22 €) Menu 28/34 € bc – Carte 30/60 € 🍷   F13
• Banquettes en velours rouge, miroirs gravés, tables élégantes : voici intact le charme d'un bistrot à la mode du 19ᵉ s. Cuisine d'inspiration tourangelle et beau choix de vins de Loire.

✗ Hotaru   `VISA` `OO`

18 r. Rodier Ⓜ *Notre-Dame-de-Lorette* – ℰ 01 48 78 33 74 – www.hotaru.fr
– *Fermé 1 sem. en août, 24 déc.-3 janv., dim. et lundi*   E14
Rest – (21 €) Menu 37/72 € – Carte 28/61 €
• Décor discret pour cette table nippone installée dans un ancien restaurant de quartier, enrichi à présent de touches japonisantes. Cuisine traditionnelle axée sur le poisson.

✗ Casa Olympe   `AC` ✗ `VISA` `OO`

48 r. St-Georges Ⓜ *St-Georges* – ℰ 01 42 85 26 01 – www.casaolympe.com
– Fax 01 49 70 08 52 – *Fermé 1ᵉʳ-16 mai, 1ᵉʳ-25 août, 23 déc.-3 janv., sam. et dim.*
Rest – *(nombre de couverts limité, prévenir)* (34 €) Carte 40/60 €   E13
• Deux petites salles ocre où l'on déguste à touche-touche les plats traditionnels qu'Olympe – Dominique Versini, égérie culinaire des années 1980 – interprète à sa façon.

✗ La Petite Sirène de Copenhague   `VISA` `OO` `AE`

47 r. N.-D.-de-Lorette Ⓜ *St-Georges* – ℰ 01 45 26 66 66 – *Fermé août,*
23 déc.-2 janv., sam. midi, dim. et lundi   E13
Rest – *(prévenir)* Menu 29 € (déj.)/34 € – Carte 45/60 €
• Une sobre salle à manger – murs chaulés, éclairage tamisé à la mode danoise – pour des recettes originaires de la patrie d'Andersen. Accueil aux petits soins.

✗ Carte Blanche   `AC` `VISA` `OO` `AE`

6 r. Lamartine Ⓜ *Cadet* – ℰ 01 48 78 12 20
– www.restaurantcarteblanche.com – Fax 01 48 78 12 21
– *Fermé 1ᵉʳ-24 août, sam. midi , dim. et fériés*   E14
Rest – (22 €) Menu 35/42 €
• Les patrons ont voyagé et cela se voit : objets et photos ramenés des quatre coins du globe, vaisselle exotique et bonne cuisine métissant influences françaises et étrangères.

✗ Villa Victoria   `AC` `VISA` `OO` `AE`

52 r. Lamartine Ⓜ *Notre-Dame-de-Lorette* – ℰ 01 48 78 60 05
– www.la-villa-victoria.com – Fax 01 48 78 60 05
– *Fermé août et dim.*   E13
Rest – (25 €) Menu 32 € – Carte environ 43 €
• Ce néobistrot au cadre chaleureux (pierres apparentes, petites tables serrées, menus et vins sur de grandes ardoises) propose une bonne cuisine traditionnelle.

✗ I Golosi   `AC` `VISA` `OO`

6 r. Grange Batelière Ⓜ *Richelieu Drouot* – ℰ 01 48 24 18 63 – Fax 01 45 23 18 96
– *Fermé 7-23 août, sam. soir et dim.*   F14
Rest – Carte 32/45 €
• Au 1ᵉʳ étage, design italien dont le "minimalisme" est compensé par la jovialité du service. Au rez-de-chaussée, café, boutique et coin dégustation. Cuisine transalpine.

✗ Le Pré Cadet   `AC` `VISA` `OO` `AE`

10 r. Saulnier Ⓜ *Cadet* – ℰ 01 48 24 99 64 – Fax 01 73 77 39 49
– *Fermé 1ᵉʳ-8 mai, 3-21 août, 24 déc.-1ᵉʳ janv., sam. midi et dim.*   F14
Rest – *(nombre de couverts limité, prévenir)* Menu 30 € – Carte 40/60 €
• Sympathie, convivialité et plats canailles dont la tête de veau, orgueil de la maison, font le succès de cette petite adresse voisine des Folies Bergère. Belle carte des cafés.

✗ Sizin   `AC` `VISA` `OO`

47 r. St-Georges Ⓜ *St-Georges* – ℰ 01 44 63 02 28 – www.sizin-restaurant.com
– *Fermé août et dim.*   E13
Rest – Menu 15 € (déj. en sem.) – Carte 20/33 €
• Gravures anciennes et faïences d'Iznik donnent le ton : c'est du côté de la Turquie et de ses richesses gastronomiques que vous emmène cet accueillant restaurant.

PARIS

Georgette
VISA CO AE

29 r. St-Georges Ⓜ Notre-Dame-de-Lorette – ☏ 01 42 80 39 13 – Fermé vacances de Pâques, août, vacances de la Toussaint, sam., dim. et lundi   E13
Rest – (24 €) Carte 30/48 €

◆ Avec ses tables multicolores en formica et ses chaises en skaï, ce restaurant cultive un cachet rétro des plus sympathiques. Cuisine de bistrot réalisée avec de bons produits.

L'Oriental
AC ⇔ VISA CO

47 av. Trudaine Ⓜ Pigalle – ☏ 01 42 64 39 80 – www.loriental-restaurant.com
– Fax 01 42 64 39 80   E14
Rest – (14 € bc) Menu 28 € – Carte 27/43 €

◆ Sur l'avenue Trudaine, où s'étend une agréable terrasse aux beaux jours, chaleureux et confortable restaurant au décor oriental. Plats marocains parfumés, couscous en tête.

L'Office
AC VISA CO

3 r. Richer Ⓜ Poissonnière – ☏ 01 47 70 67 31 – Fermé août, 24 déc.-4 janv., mardi midi, merc. midi, sam. midi, dim. et lundi   F15
Rest – (nombre de couverts limité, prévenir) (17 €) Carte 29/42 €

◆ Adresse au cadre sobre, qui s'inscrit dans la lignée des tables tendance. Le chef, autodidacte passionné, propose une cuisine du marché bien pensée, à prix serrés.

Radis Roses
AC VISA CO

68 r. Rodier Ⓜ Anvers – ☏ 01 48 78 03 20 – Fermé 1er-15 août, dim. et lundi
Rest – (prévenir) (29 €) Menu 34 €   E14

◆ Cette sympathique petite adresse, un rien tendance, propose une jolie cuisine au goût du jour, avec quelques touches ethniques. Accueil charmant ; décor frais et de bon goût.

Les Diables au Thym
AC VISA CO AE

35 r. Bergère Ⓜ Grands Boulevards – ☏ 01 47 70 77 09 – www.lesdiablesauthym.com
– Fax 01 47 70 77 09 – Fermé 3 sem. en août, sam. midi et dim.   F14
Rest – (22 €) Menu 28 € (déj.) – Carte 38/48 €

◆ Près des Grands Boulevards, une salle toute simple d'esprit bistrot (quelques tableaux contemporains). Cuisine actuelle rythmée par les saisons et suggestions de vins bio à l'ardoise.

Kiku
AC ✻ VISA CO AE

56 r. Richer Ⓜ Cadet – ☏ 01 44 83 02 30 – Fermé sam. midi et dim.
Rest – Carte 30/35 €   F14

◆ Restaurant japonais contemporain façon izakaya (bar à saké servant des petits plats), où l'on savoure une cuisine nippone actuelle, hors des sentiers battus (pas de sushis).

Momoka
AC ✻ VISA CO

5 r. Jean-Baptiste Pigalle Ⓜ Trinité d'Estienne d'Orves – ☏ 01 40 16 19 09
– Fax 01 40 16 19 09 – Fermé août, sam. midi, dim. et lundi   E13
Rest – (20 €) Menu 28 € (déj.), 39/68 €

◆ Pensez à réserver dans ce minirestaurant tenu par un couple franco-japonais. Masayo y cuisine de délicieuses recettes nippones, renouvelées chaque jour. Authentique et familial.

Gare de l'Est ·
Gare du Nord ·
Canal St-Martin

10e arrondissement

Ph. Gajic/MICHELIN

Mercure Terminus Nord sans rest
📷 🕭 AC 🛎 🚲 VISA CO AE ①

12 bd Denain Ⓜ Gare du Nord – ☏ 01 42 80 20 00 – www.mercure.com
– Fax 01 42 80 63 89   E16
236 ch – †108/228 € ††128/248 €, ☐ 15 €

◆ Une habile rénovation a redonné à cet hôtel de 1865 son éclat d'antan. Vitraux Art nouveau, décor british et atmosphère cosy lui donnent un air de belle demeure victorienne.

Eurostars Panorama sans rest
9 r. des Messageries Ⓜ *Poissonnière – ✆ 01 47 70 44 02*
– www.eurostarshotels.com – Fax 01 40 22 91 09 E15
43 ch – 🚹85/545 € 🚹🚹95/550 €, ☕ 15 €
◆ Cet hôtel tout neuf, qui se veut une vitrine du Paris moderne, dénote pour le quartier par son allure très contemporaine. Décor design soigné, références à la culture française.

Paris-Est sans rest
4 r. du 8 Mai 1945 Ⓜ *Gare de l'Est – ✆ 01 44 89 27 00*
– www.bestwestern-hotelparisest.com – Fax 01 44 89 27 49 E16
45 ch – 🚹120/180 € 🚹🚹150/230 €, ☕ 13 €
◆ Bien que jouxtant la gare, cet établissement propose des chambres calmes, car tournées vers une arrière-cour ; elles sont refaites et insonorisées.

Albert 1er sans rest
162 r. Lafayette Ⓜ *Gare du Nord – ✆ 01 40 36 82 40 – www.albert1erhotel.com*
– Fax 01 40 35 72 52 E16
55 ch – 🚹112/130 € 🚹🚹132/150 €, ☕ 16 €
◆ Hôtel dont les chambres, modernes et bien aménagées, sont équipées d'un double vitrage et bénéficient d'efforts constants de rénovation. Atmosphère conviviale.

Du Nord sans rest
47 r. Albert Thomas Ⓜ *Jacques Bonsergent – ✆ 01 42 01 66 00*
– www.hoteldunord-leparivelo.com – Fax 01 42 01 92 10 F16
24 ch – 🚹69/80 € 🚹🚹69/80 €, ☕ 8 €
◆ Dans une rue tranquille, le lieu se distingue par son cachet rustique et le charme de ses petites chambres personnalisées. Salle voûtée pour le petit-déjeuner. Vélo à disposition.

Café Panique
12 r. des Messageries Ⓜ *Poissonnière – ✆ 01 47 70 06 84*
– www.cafepanique.com – Fermé août,1 sem. en fév., sam., dim. et fériés
Rest – (20 €) Menu 35 € – Carte environ 44 € E15
◆ Discret, cet atelier textile reconverti en agréable table actuelle a l'allure d'un loft contemporain : verrière, mezzanine, expositions temporaires et cuisines ouvertes.

Chez Michel
10 r. Belzunce Ⓜ *Gare du Nord – ✆ 01 44 53 06 20 – Fax 01 44 53 61 31 – Fermé 2 sem. en août, lundi midi, sam. et dim.* E15
Rest – Menu 32/55 €
◆ Ce bistrot au look rétro (quelques clins d'œil aux origines bretonnes du chef dans la cave voûtée) est couru pour ses nombreuses et bonnes spécialités de gibier, en saison.

Chez Casimir
6 r. Belzunce Ⓜ *Gare du Nord – ✆ 01 48 78 28 80 – Fax 01 44 53 61 31 – Fermé sam. soir et dim. soir* E15
Rest – (22 €) Menu 26 € (déj.)/29 €
◆ Esprit cent pour cent bistrot dans la cuisine – simple mais franche – et dans le décor (boiseries, cuivres, serviettes à carreaux, etc.) de cette sympathique adresse.

Urbane
12 r. Arthur-Groussier Ⓜ *Goncourt – ✆ 01 42 40 74 75*
– www.myspace.com/urbaneparis – Fermé 2 sem. en août, sam. midi, dim. et lundi F18
Rest – (15 €) Menu 20 € (déj.)/30 €
◆ Une table branchée mais toute simple (murs blancs, mobilier bistrot, banquettes en moleskine, lampes au design industriel) ; plats actuels valorisant les produits.

PARIS

H. Le Gac/MICHELIN

Nation · Voltaire · République

11e arrondissement ✉ 75011

Les Jardins du Marais 🍴 📶 ♿ ch, 🅰️ ✳️ 📶 🔄 VISA ⓪ AE ①
74 r. Amelot Ⓜ St-Sébastien Froissart – ☎ 01 40 21 20 00
– www.homeplazza.com – Fax 01 47 00 82 40   H17
265 ch – ♦160/600 € ♦♦160/600 €, ⊡ 20 € – 8 suites
Rest – (fermé dim.) (19 €) Menu 22/30 € – Carte 25/48 €
♦ Bâtiments en partie classés, tournés vers une belle ruelle pavée abritant des petites terrasses privées. Hall et bar très design ; décor des chambres aux touches Art déco.

Gabriel sans rest 📶 ♿ 🅰️ ✳️ 📶 VISA ⓪ AE ①
25 r. du Grand-Prieuré Ⓜ Oberkampf – ☎ 01 47 00 13 38
– www.hotel-gabriel-paris.com – Fax 01 43 57 97 87   G17
41 ch – ♦160/280 € ♦♦240/280 €, ⊡ 17 €
♦ Cet hôtel ultramoderne joue la carte du haut de gamme dans une atmosphère zen. Chambres blanches, certaines équipées d'un système "NightCove" (jeux de lumière avec musique).

Le Général sans rest 🕥 📶 🅰️ 📶 VISA ⓪ AE ①
5 r. Rampon Ⓜ République – ☎ 01 47 00 41 57 – www.legeneralhotel.com
– Fax 01 47 00 21 56   G17
46 ch – ♦155/175 € ♦♦190/250 €, ⊡ 18 € – 3 suites
♦ Agréable hôtel proche de la place de la République : chambres décorées dans un style contemporain très sobre et épuré. Petit business center ; fitness et sauna au sous-sol.

Le Standard Design sans rest 📶 🅰️ ✳️ 📶 🔄 VISA ⓪ AE
29 r. des Taillandiers Ⓜ Bastille – ☎ 01 48 05 30 97
– www.standard-design-hotel-paris.com – Fax 01 47 00 29 26   J18
36 ch – ♦100/120 € ♦♦120/225 €, ⊡ 15 €
♦ Intérieur dans l'air du temps tout en noir et blanc, rehaussé de notes colorées dans les chambres. Lumineuse salle de petit-déjeuner sous les toits...

Le Patio St-Antoine sans rest 📶 🅰️ ✳️ 🔄 VISA ⓪ AE ①
289bis r. fg St-Antoine Ⓜ Nation – ☎ 01 40 09 40 00 – www.homeplazza.com
– Fax 01 40 09 11 55   K20
89 ch – ♦115/465 € ♦♦115/465 €, ⊡ 18 €
♦ Les chambres, fonctionnelles (équipées d'une cuisinette), bénéficient du calme et de la verdure de deux patios fleuris. Petit-déjeuner servi dans une salle aux tons chaleureux.

Marais Bastille sans rest 📶 🅰️ ✳️ 📶 VISA ⓪ AE ①
36 bd Richard Lenoir Ⓜ Bréguet Sabin – ☎ 01 48 05 75 00
– www.maraisbastille.com – Fax 01 43 57 42 85   J18
36 ch – ♦120/160 € ♦♦120/180 €, ⊡ 13 €
♦ L'hôtel longe le boulevard qui couvre une partie du canal St-Martin depuis 1860. Décoration sobre dans les chambres, à choisir de préférence sur l'arrière car plus au calme.

Le 20 Prieuré Hôtel sans rest 📶 ♿ 🅰️ 📶 VISA ⓪
20 r. Grand Prieuré Ⓜ Oberkampf – ☎ 01 47 00 74 14
– www.hotelgrandprieure.fr – Fax 01 49 23 06 64   G17
32 ch – ♦115/150 € ♦♦130/170 €, ⊡ 8,50 €
♦ Rénové en 2007, cet hôtel s'aligne sur le style citadin contemporain et propose de petites chambres agréables : tons blancs, mobilier design, immenses photos évoquant Paris...

Grand Hôtel Français sans rest 📶 🅰️ ✳️ 📶 VISA ⓪ AE ①
223 bd Voltaire Ⓜ Nation – ☎ 01 43 71 27 57 – www.grand-hotel-francais.fr
– Fax 01 43 48 40 05   K20
36 ch – ♦130 € ♦♦130/160 €, ⊡ 10 €
♦ Hôtel entièrement rénové : ambiance contemporaine pleine de chaleur (beaux matériaux). Bonne literie et moquette épaisse dans de petites chambres agréables.

Nord et Est sans rest
🛗 ⚡ 📶 🅥🅢🅐 ⓿⓿ 🅐🅔 ⓿

49 r. Malte Ⓜ *Oberkampf –* 📞 *01 47 00 71 70 – www.paris-hotel-nordest.com*
– Fax 01 43 57 51 16   G17
45 ch – †110 € ††110 €, � 9 €
♦ Proche de la République, cet hôtel a su fidéliser ses clients grâce à son ambiance familiale et ses tarifs raisonnables. Préférez les chambres rénovées, plus dans l'air du temps.

Croix de Malte sans rest
🛗 ⚡ 🅥🅢🅐 ⓿⓿ 🅐🅔 ⓿

5 r. Malte Ⓜ *Oberkampf –* 📞 *01 48 05 09 36 – www.hotelcroixdemalte-paris.com*
– Fax 01 43 57 02 54   H17
29 ch – †60/100 € ††65/110 €, ⊠ 10 €
♦ Mobilier coloré et grandes affiches représentant des perroquets caractérisent les chambres, plutôt calmes. Agréable salle des petits-déjeuners profitant d'une verrière.

✗✗ Mansouria
🅐🅒 ⚡ 🅥🅢🅐 ⓿⓿

11 r. Faidherbe Ⓜ *Faidherbe Chaligny –* 📞 *01 43 71 00 16*
– www.fatemahalreceptions.com – Fax 01 40 24 21 97 – Fermé 10-18 août, lundi
midi, mardi midi et dim.   K19
Rest – *(prévenir)* Menu 28/36 € – Carte 35/60 €
♦ Tenu par une ancienne ethnologue, figure parisienne de la cuisine marocaine. Fins et parfumés, les plats sont préparés par des femmes et servis dans un décor mauresque.

✗✗ Chardenoux
🅥🅢🅐 ⓿⓿ 🅐🅔

1 r. Jules Vallès Ⓜ *Charonne –* 📞 *01 43 71 49 52*
– www.restaurantlechardenoux.com – Fax 01 43 71 80 89   K20
Rest – Menu 25 € (déj. en sem.) – Carte 39/52 €
♦ Rouvert pour ses 100 ans (en 2008) sous l'impulsion de Cyril Lignac, ce bistrot remet à l'honneur la cuisine de tradition. Comptoir en marbre coloré, zinc et plafond peint.

✗ Astier
⟺ 🅥🅢🅐 ⓿⓿ ⓿

44 r. J.-P. Timbaud Ⓜ *Parmentier –* 📞 *01 43 57 16 35 – www.restaurant-astier.com*
Rest – *(prévenir)* (19 €) Menu 25 € (déj.)/32 € – Carte 29/49 € le soir 🍷   G18
♦ Une ambiance décontractée règne dans ce bistrot traditionnel bien animé. Menu complété par une ardoise de suggestions et impressionnant choix de vins (environ 400 références).

✗ Villaret
🅐🅒 ⌂ soir, 🅥🅢🅐 ⓿⓿ 🅐🅔

13 r. Ternaux Ⓜ *Parmentier –* 📞 *01 43 57 75 56 – Fermé août, 24 déc.-4 janv.,*
sam. midi et dim.   H18
Rest – (20 €) Menu 25 € (déj.)/50 € – Carte 35/55 € 🍷
♦ Dès la porte, les odeurs de bonne cuisine ne trompent pas : ce bistrot convivial propose une savoureuse cuisine rythmée par les saisons. Belle sélection de vins.

✗ Auberge Pyrénées Cévennes
🅐🅒 🅥🅢🅐 ⓿⓿

106 r. Folie-Méricourt Ⓜ *République –* 📞 *01 43 57 33 78 – Fermé 30 juil.-20 août,*
sam. midi, dim. et fériés   G17
Rest – Menu 29 € – Carte 33/81 €
♦ Jambons, saucissons et piments d'Espelette suspendus, cadre rustique, plats canailles et "lyonnaiseries", accueil plus que convivial... Une table destinée aux bons vivants.

✗ Bistrot Paul Bert
🅥🅢🅐 ⓿⓿

18 r. Paul-Bert Ⓜ *Faidherbe Chaligny –* 📞 *01 43 72 24 01 – Fermé août, dim. et*
lundi   K19/K20
Rest – *(prévenir)* (15 €) Menu 17 € (déj. en sem.)/34 € 🍷
♦ Outre sa carte des vins très intéressante, ce sympathique bistrot à l'ancienne séduit par sa cuisine "familiale" – comme l'annonce la devanture – copieuse et parfumée.

✗ Le Chateaubriand
🅥🅢🅐 ⓿⓿

129 av. Parmentier Ⓜ *Goncourt –* 📞 *01 43 57 45 95*
– Fermé 25 déc.-1ᵉʳ janv., dim. et lundi   G18
Rest – *(dîner seult)* Menu 45 €
♦ Cuisine actuelle, produits choisis, menu unique, décor sobrement rétro et personnel looké : tels sont les ingrédients de ce bistrot branché très médiatisé.

✗ Le Temps au Temps
⚡ 🅥🅢🅐 ⓿⓿ 🅐🅔

13 r. Paul-Bert Ⓜ *Faidherbe Chaligny –* 📞 *01 43 79 63 40 – Fax 0143 79 63 40*
– Fermé 2-25 août, 20-29 déc., dim. et lundi   K19
Rest – Menu 18 € (déj. en sem.)/29 €
♦ La simplicité semble être le fil conducteur de cette charmante petite adresse. Atmosphère intime. Plats de saison soignés annoncés à l'ardoise.

PARIS

✗ Au Vieux Chêne
⊗ *VISA* **◉◎**

7 r. du Dahomey Ⓜ *Faidherbe Chaligny –* 𝒸 *01 43 71 67 69*
– www.vieux-chene.fr – Fermé 26 avril-2 mai, 25 juil.-16 août, 24 déc.-3 janv.,
sam. et dim. K19
Rest – (14 €) Menu 17 € (déj.)/33 € – Carte 38/55 € 𝄞

♦ Ce bistrot de quartier ne désemplit pas. Sa cuisine bistrotière et son cadre authentique y
sont pour beaucoup. Sympathique carte des vins proposant des crus à prix très sages.

✗ L'Écailler du Bistrot
⊗ *VISA* **◉◎**

22 r. Paul-Bert Ⓜ *Faidherbe Chaligny –* 𝒸 *01 43 72 76 77 – Fermé août, dim. et*
lundi K19
Rest – (15 €) Menu 17 € (déj. en sem.)/55 € – Carte 35/56 € 𝄞

♦ Le point fort de la maison est de vous régaler de produits de la mer extra-frais. Ambiance
100 % marine, ardoise du jour iodée, menu-homard toute l'année et belle carte des vins.

✗ Caffé dei Cioppi
⊚ 🍴 *VISA* **◉◎**

159 r. du Faubourg-St-Antoine Ⓜ *Ledru Rollin –* 𝒸 *01 43 46 10 14 – Fermé 3 sem.*
en août, 24 déc.-2 janv., lundi soir, mardi soir, sam. et dim. K19
Rest – *(nombre de couverts limité, prévenir)* Carte 22/37 €

♦ Restaurant mini (seize couverts !) et spartiate, mais épatant : elle vient de Milan, lui de
Sicile (et du Relais Plaza) ; tous les deux signent une savoureuse carte italienne.

Bastille · Bercy · Gare de Lyon

12ᵉ arrondissement
✉ **75012**

S. Sauvignier/MICHELIN

🏨🏨🏨 Pullman Paris Bercy
🍴 *Fᴅ* 📶 ⅏ ch, 🅺 ⸬ 🏊 *VISA* **◉◎** 🅰🅴 ⓪

1 r. Libourne Ⓜ *Cour St-Emilion –* 𝒸 *01 44 67 34 00 – www.pullmanhotels.com*
– Fax 01 44 67 34 01 N20
396 ch – ✦145/490 € ✦✦145/490 €, ⴵ 22 €
Rest Café Ké – *(fermé 4-25 août et 22-29 déc.)* (27 €) Menu 33 € (sem.)
– Carte 45/65 €

♦ Imposante façade en verre, cadre contemporain (tons brun, beige et bleu) et équipements modernes. Quelques chambres ménagent une vue sur Paris. L'élégant Café Ké constitue une halte sympathique au cœur du "village" de Bercy ; carte au goût du jour et brunch
le dimanche.

🏨🏨 Novotel Gare de Lyon
📶 *Fᴅ* 📶 ⅏ ch, 🅺 ✂ rest, ⸬ 🏊 🛁

2 r. Hector Malot Ⓜ *Gare de Lyon –* 𝒸 *01 44 67 60 00*
– www.novotel.com – Fax 01 44 67 60 60   *VISA* **◉◎** 🅰🅴 ⓪
253 ch – ✦129/279 € ✦✦129/279 €, ⴵ 16 €   **Rest** – (12 €) Carte 18/43 € L18

♦ Bâtiment récent donnant sur une place calme. Chambres conformes aux dernières normes
Novotel (terrasses au 6ᵉ étage). Piscine, fitness et espace enfant bien aménagé. Décor dans
l'air du temps au restaurant (carte actuelle "Novotel Café").

🏨🏨 Novotel Bercy
🍴 📶 ⅏ ch, 🅺 ⸬ 🏊 *VISA* **◉◎** 🅰🅴 ⓪

85 r. Bercy Ⓜ *Bercy –* 𝒸 *01 43 42 30 00 – Fax 01 43 45 30 60* M19
151 ch – ✦115/260 € ✦✦115/260 €, ⴵ 15 €   **Rest** – (12 €) Carte 18/45 €

♦ Agréable décoration contemporaine pour les chambres lumineuses de ce Novotel. À vos
pieds : le parc de Bercy qui a remplacé la "petite ville pinardière". Bon rapport qualité-prix.
Salle à manger-véranda et terrasse prisée à la belle saison. Carte traditionnelle.

Mercure Gare de Lyon sans rest 　　🏢 ⅄ AK ⁽¹⁾ 🛁 VISA ⚫ AE ⓪
2 pl. Louis Armand Ⓜ Gare de Lyon – ℰ 01 43 44 84 84 – www.mercure.com
– Fax 01 43 47 41 94   L18
315 ch – ♦145/320 € ♦♦160/335 €, ⊇ 17 €
♦ L'architecture récente de cet hôtel contraste avec le beffroi de la gare de Lyon auquel il
s'adosse. Chambres rénovées en 2009 (insonorisation, climatisation). Bar à vins.

Paris Bastille sans rest 　　🏢 AK ⁽¹⁾ 🛁 VISA ⚫ AE ⓪
67 r. Lyon Ⓜ Bastille – ℰ 01 40 01 07 17 – www.hotelparisbastille.com
– Fax 01 40 01 07 27   K18
37 ch – ♦188/310 € ♦♦214/310 €, ⊇ 13 €
♦ Confort moderne, mobilier contemporain en bois exotique et teintes choisies caractérisent
les chambres de cet hôtel, situé face à l'Opéra Bastille. Espace bar.

Le Pavillon Bastille sans rest 　　🏢 ⅄ AK ⁘ ⁽¹⁾ VISA ⚫ AE ⓪
65 r. de Lyon Ⓜ Bastille – ℰ 01 43 43 65 65 – www.pavillonbastille.com
– Fax 01 43 43 96 52   K18
24 ch – ♦125/195 € ♦♦130/195 €, ⊇ 16 € – 1 suite
♦ À deux pas de l'Opéra Bastille, cet hôtel, rénové en 2007, dispose de chambres chaleureuses (bon double-vitrage). Plaisante salle de petit-déjeuner voûtée. Petite bibliothèque.

Claret 　　🎐 🏢 🛁 VISA ⚫ AE ⓪
44 bd Bercy Ⓜ Bercy – ℰ 01 46 28 41 31 – www.hotel-claret.com
– Fax 01 49 28 09 29   M19
52 ch – ♦115/165 € ♦♦135/235 €, ⊇ 12 €
Rest – (15 €) Menu 18 € (sem.)/23 € – Carte 29/37 €
♦ Cet ex-relais de poste est l'un des derniers vestiges du Bercy d'antan. Les chambres ont
du "caractère" grâce à un savant mélange de moderne et d'ancien (poutres apparentes). Au
restaurant, plats de bistrot et recettes lyonnaises.

Color Design sans rest 　　🏢 AK ⁘ ⁽¹⁾ VISA ⚫ AE ⓪
35 r. de Citeaux Ⓜ Faidherbe Chaligny – ℰ 01 43 07 77 28
– www.colordesign-hotel-paris.com – Fax 01 43 46 67 45   K19
46 ch – ♦127/190 € ♦♦127/190 €, ⊇ 15 €
♦ L'enseigne dit tout ! Chaque chambre arbore un mobilier en plexiglas de couleur différente (jaune, vert, bleu, violet...). Belle salle voûtée pour les petits-déjeuners.

Terminus Lyon sans rest 　　🏢 AK ⁘ ⁽¹⁾ VISA ⚫ AE ⓪
19 bd Diderot Ⓜ Gare de Lyon – ℰ 01 56 95 00 00 – www.hotelterminuslyon.com
– Fax 01 43 44 09 00   L18
60 ch – ♦119/129 € ♦♦119/129 €, ⊇ 10 €
♦ Face à la gare de Lyon, adresse familiale bien tenue. Les chambres, sobres, sont plus grandes côté boulevard, mais plus calmes côté cour. Commande possible de plateau-repas.

Quartier Hotel Bercy Square sans rest 🌿 　　🏢 AK ⁽¹⁾ VISA ⚫ AE ⓪
33 bd de Reuilly Ⓜ Daumesnil – ℰ 01 44 87 09 09
– Fax 01 43 07 41 58   M21
57 ch – ♦108/123 € ♦♦123/193 €, ⊇ 13 €
♦ Atout majeur de cet hôtel : son emplacement au calme dans une cour-jardin, en retrait du
boulevard. Les chambres, réparties sur deux bâtiments, arborent un décor contemporain.

Pavillon Bercy Gare de Lyon sans rest 　　🏢 ⅄ ⁽¹⁾ 🛁 VISA ⚫ AE ⓪
209 r. Charenton Ⓜ Dugommier – ℰ 01 43 40 80 30 – www.leshotelsdeparis.com
– Fax 01 43 40 81 30   M20
48 ch – ♦94/225 € ♦♦99/230 €, ⊇ 9 €
♦ Ce récent immeuble d'angle se trouve au pied du métro et à deux pas de la mairie du 12ᵉ
arrondissement. Petites chambres fonctionnelles et gaies, mobilier en bois blond.

L'Oulette 　　🎐 AK VISA ⚫ AE ⓪
15 pl. Lachambeaudie Ⓜ Cour St-Emilion – ℰ 01 40 02 02 12
– www.l-oulette.com – Fax 01 40 02 04 77
– Fermé 7-23 août, sam. et dim.   N20
Rest – Menu 38/90 € bc – Carte 53/96 €
♦ Dans le quartier moderne de Bercy, ce restaurant contemporain à l'élégante façade propose une cuisine actuelle aux accents du Sud-Ouest. Terrasse abritée derrière des thuyas.

PARIS

PARIS

XX **Au Trou Gascon**   AC VISA ⓪ AE
ॐ 40 r. Taine ⓜ Daumesnil – ℰ 01 43 44 34 26 – www.autrougascon.fr
– Fax 01 43 07 80 55 – Fermé août, sam. et dim.   M21
Rest – Menu 38 € (déj.)/49 € – Carte 55/70 €▒
Spéc. Gambas "plancha", royale de foie gras et émulsion de petits pois (printemps-été). Rouget barbet au plat, bohémienne d'aubergine. Sablé rhubarbe,
gariguettes et caillé de brebis en sorbet (été).
♦ Cet ancien bistrot 1900 marie moulures d'époque, mobilier design et tons gris. Cuisine
généreuse et savoureuse à base de produits des Landes, de la Chalosse et de l'océan.

XX **Le Janissaire**   ☕ VISA ⓪ AE ⓪
☕☕ 22 allée Vivaldi ⓜ Daumesnil – ℰ 01 43 40 37 37 – www.lejanissaire.fr
– Fax 01 43 40 38 39 – Fermé sam. midi et dim.   M20
Rest – Menu 13 € (déj.), 25/45 € – Carte 25/44 €
♦ Ambiance et cuisine sous le signe de la Turquie, comme l'indique l'enseigne : un soldat
d'élite de l'infanterie ottomane. Profitez de la terrasse ou franchissez la Sublime Porte !

XX **Jodhpur Palace**   ☕ ⅞ VISA ⓪
42 allée Vivaldi ⓜ Daumesnil – ℰ 01 43 40 72 46 – www.jodhpurpalace.com
– Fax 01 43 40 17 02   M20
Rest – (14 €) Menu 25/39 € – Carte 27/47 €
♦ L'Inde et ses saveurs parfumées s'invitent à la table de ce "palace" oriental au décor exo-
tique, sobre et très rafraîchissant. Calme terrasse. Accueil aimable, prix sages.

X **L'Auberge Aveyronnaise**   ☕ AC VISA ⓪ AE
☺ 40 r. Gabriel-Lamé ⓜ Cour St-Emilion – ℰ 01 43 40 12 24 – Fax 01 43 40 12 15
– Fermé 1er-15 août   N20
Rest – (21 €) Menu 26 € (déj.)/30 €
♦ Ce bistrot-brasserie moderne, solidement ancré dans le terroir rouergat, vous régale de
spécialités aveyronnaises. Grandes salles néo-rustiques et agréable terrasse.

X **La Gazzetta**   VISA ⓪ AE
29 r. de Cotte ⓜ Ledru Rollin – ℰ 01 43 47 47 05 – www.lagazzetta.fr
– Fax 01 43 47 47 17 – Fermé août, dim. et lundi
Rest – (16 €) Menu 38 € (dîner)/50 €▒   K19
♦ Adresse dédiée à la Méditerranée. Son concept "tout en un" – restaurant, bar à vins, café
(presse étrangère à disposition) – en fait un repaire branché. Belle cuisine du Sud.

X **Ô Rebelle**   VISA ⓪
24 r. Traversière ⓜ Gare de Lyon – ℰ 01 43 40 88 98 – www.o-rebelle.fr
– Fax 01 43 40 88 99 – Fermé 4-26 août, 24 déc.-1er janv., sam. midi et dim.
Rest – (29 €) Menu 36 € – Carte 39/60 €   L18
♦ Rebelles ou plutôt originales associations de saveurs pour cette cuisine créative, accompa-
gnée de vins du Nouveau Monde et d'ailleurs. À découvrir dans un cadre cosy.

X **Jean-Pierre Frelet**   AC ⅞ VISA ⓪
☺ 25 r. Montgallet ⓜ Montgallet – ℰ 01 43 43 76 65 – Fermé 3-31 août, sam. midi
et dim.   L20
Rest – (20 €) Menu 28 € (dîner) – Carte 45/65 €
♦ Un décor volontairement dépouillé, des tables serrées invitant à la convivialité et une
généreuse cuisine du marché font le charme de ce restaurant de quartier.

X **Quincy**   AC
28 av. Ledru-Rollin ⓜ Gare de Lyon – ℰ 01 46 28 46 76 – www.lequincy.fr
– Fermé août, sam., dim. et lundi   L17
Rest – Carte 57/68 €
♦ Une ambiance chaleureuse règne dans ce bistrot rustique où vous est servie une cuisine
roborative qui, comme "Bobosse", le jovial patron, ne manque pas de caractère.

X **La Biche au Bois**   VISA ⓪ AE ⓪
45 av. Ledru-Rollin ⓜ Gare de Lyon – ℰ 01 43 43 34 38 – Fermé 20 juil.-20 août,
23 déc.-2 janv., lundi midi, sam. et dim.   K18
Rest – Menu 20 € (déj.), 26 € – Carte environ 27 €
♦ On mange au coude à coude dans ce discret restaurant, mais l'atmosphère animée et le
service attentionné font son charme. Copieuse cuisine traditionnelle et gibier en saison.

✗ ❦ **Le Lys d'Or** AK VISA ©© AE
5 pl. Col-Bourgoin Ⓜ *Reuilly Diderot* – ☏ 01 44 68 98 88 – www.lysdorming.com
– Fax 01 44 68 98 80   L19
Rest – Menu 14,50 € bc/32 € – Carte 29/35 €
♦ Dans ce cadre luxuriant (vrai jardin intérieur avec rivières et fontaines), vous découvrirez l'art culinaire chinois à travers quatre régions : Sichuan, Shanghai, Canton, Pékin.

Place d'Italie · Gare d'Austerlitz · Bibliothèque nationale de France

13ᵉ arrondissement   ✉ 75013

S. Sauvignier/MICHELIN

PARIS

🏨 **Holiday Inn Bibliothèque de France** sans rest   📶 ❤ AK ℉ 🛁
21 r. Tolbiac Ⓜ *Bibliothèque F. Mitterrand*   🚗 VISA ©© AE ①
– ☏ 01 45 84 61 61 – www.holiday-inn.com/paris-tolbiac – Fax 01 45 84 43 38
71 ch – †90/197 € ††90/197 €, ⏛ 14 €   P18
♦ Dans une rue passante, à quelques pas des berges de la Seine, immeuble aux chambres progressivement rénovées : confort contemporain, double vitrage, wifi...

🏨 **Mercure Place d'Italie** sans rest   📶 AK ℉ 🛁 VISA ©© AE ①
25 bd Blanqui Ⓜ *Place d'Italie* – ☏ 01 45 80 82 23 – www.mercure.com
– Fax 01 45 81 45 84   P15
50 ch – †160/220 € ††160/220 €, ⏛ 15 €
♦ À proximité de la place d'Italie, cet établissement dispose de chambres fonctionnelles, chaleureuses et bien insonorisées.

🏨 **La Demeure** sans rest   📶 AK ℅ ℉ VISA ©© AE ①
51 bd St-Marcel Ⓜ *Les Gobelins* – ☏ 01 43 37 81 25
– www.hotel-paris-lademeure.com – Fax 01 45 87 05 03   M16
37 ch – †95/170 € ††145/210 €, ⏛ 13 € – 6 suites
♦ Accueil soigné dans cette maison familiale et de caractère. Chambres pratiques et colorées, salon cosy, petit-déjeuner buffet. Belle collection de vieilles photos de Paris.

🏨 **Résidence Vert Galant** sans rest ❧   ℅ ℉ VISA ©© AE ①
43 r. Croulebarbe Ⓜ *Les Gobelins* – ☏ 01 44 08 83 50 – www.vertgalant.com
– Fax 01 44 08 83 69   N15
15 ch – †90/100 € ††95/130 €, ⏛ 10 €
♦ La campagne au cœur de Paris : plaisante résidence aux chambres coquettes et calmes, donnant presque toutes sur un jardin privé bordé de ceps de vignes.

🏠 **La Manufacture** sans rest   📶 AK ℉ VISA ©© AE ①
8 r. Philippe-de-Champagne Ⓜ *Place d'Italie* – ☏ 01 45 35 45 25
– www.hotel-la-manufacture.com – Fax 01 45 35 45 40   N16
56 ch – †105/165 € ††115/195 €, ⏛ 12 €
♦ Élégant décor, bonne tenue et accueil charmant sont les atouts de cet hôtel chaleureux où les chambres, sans ampleur, sont décorées dans un style cosy et frais.

✗✗ **Chez Jacky**   AK ℅ VISA ©©
109 r. du Dessous-des-Berges Ⓜ *Bibliothèque F. Mitterrand* – ☏ 01 45 83 71 55
– www.chezjacky.fr – Fax 01 45 86 57 73 – Fermé 2-30 août,
23 déc.-3 janv., sam., dim. et fériés   P18
Rest – Menu 34/65 € – Carte 47/85 €
♦ Le sympathique décor rustique (poutres apparentes, tableaux colorés) séduit les Parisiens en quête d'une auberge provinciale. Cuisine respectueuse de la tradition.

XX **Petit Marguery**   AK VISA ⓒⓢ AE

9 bd Port-Royal Ⓜ *Les Gobelins –* ☏ *01 43 31 58 59 – www.petitmarguery.fr*
– Fax 01 43 36 73 34   M15
Rest – (23 €) Menu 35/65 € bc
♦ Cadre rétro, plaisant et convivial. La carte ne refuse pas certains traits de modernité, sans déroger aux grands classiques (gibier). Une adresse qui a une âme.

X **BIOart**   VISA ⓒⓢ

3 quai François-Mauriac Ⓜ *Bibliothèque F. Mitterrand –* ☏ *01 45 85 66 88*
– www.restaurantbioart.fr – Fermé 1er-15 août et 25 déc.-1er janv.   N19
Rest – (28 €) Menu 36 € – Carte environ 48 €
♦ Au pied de la BNF, un immense restaurant bio à la fibre écolo, aménagé sur deux niveaux. Cadre zen façon feng-shui, baies vitrées isolant du bruit et donnant sur la Seine.

X **L'Avant Goût**   AK VISA ⓒⓢ

26 r. Bobillot Ⓜ *Place d'Italie –* ☏ *01 53 80 24 00 – www.lavangout.com*
– Fermé en août, dim. et lundi   P15
Rest – *(nombre de couverts limité, prévenir)* (14 € bc) Menu 31 €
– Carte environ 37 € 🏵
♦ Cuisine du marché assez originale, bon choix de vins au verre et ambiance décontractée : voilà un avant-goût de ce bistrot branché très prisé.

X **Les Cailloux**   VISA ⓒⓢ
ⓢ
🏵 *58 r. des Cinq-Diamants* Ⓜ *Corvisart –* ☏ *01 45 80 15 08 – www.lescailloux.fr*
– Fax 01 53 63 44 69 – Fermé une sem. en août et à Noël   P15
Rest – (14 €) Menu 18 € bc (déj. en sem.) – Carte 29/45 €
♦ Parmi les nombreuses tables de la Butte aux Cailles, il y a ce bistrot italien à l'ambiance décontractée, où l'on se régale sans se ruiner.

X **L'Ourcine**   🏵 VISA ⓒⓢ ①
🏵 *92 r. Broca* Ⓜ *Les Gobelins –* ☏ *01 47 07 13 65 – Fax 01 47 07 18 48*
– Fermé 3 sem. en août, dim. et lundi   N14
Rest – (24 €) Menu 32 €
♦ D'une moderne sobriété, ce petit bistrot sait rester simple tout en proposant une cuisine inspirée et liée aux saisons. En plus du menu du jour, une ardoise "coups de cœur".

X **Impérial Choisy**   AK 🏵 VISA ⓒⓢ
🏵 *32 av. de Choisy* Ⓜ *Porte de Choisy –* ☏ *01 45 86 42 40 – Fax 01 45 83 93 34*
Rest – Carte 25/50 €   R17
♦ Authentique restaurant chinois apprécié par de nombreux Asiatiques qui en ont fait leur cantine. Normal, à en juger par les délicieuses spécialités cantonaises qu'on y sert.

X **Lao Lane Xang 2**   ⅙ AK 🏵 VISA ⓒⓢ AE

102 av. d'Ivry Ⓜ *Tolbiac –* ☏ *01 58 89 00 00*   P16
Rest – (11 € bc) Carte 18/30 €
♦ Ce restaurant familial du Chinatown parisien vous initiera aux saveurs du Laos, du Vietnam et de la Thaïlande. Cadre contemporain sobre, plus asiatique à l'étage.

X **Mer de Chine**   AK VISA ⓒⓢ

159 r. Château des Rentiers Ⓜ *Place d'Italie –* ☏ *01 45 84 22 49*   P17
Rest – (15 €) Menu 25 € – Carte 15/45 €
♦ Les saveurs et les textures de la cuisine cantonaise sont bien présentes dans ce restaurant de poche qui jouxte la place d'Italie. Ambiance musicale chinoise et bon accueil.

X **Variations**   VISA ⓒⓢ AE
ⓢ *18 r. des Wallons* Ⓜ *Saint Marcel –* ☏ *01 43 31 36 04*
– www.restaurantvariations.com – Fermé 8-29 août et dim.   M16
Rest – (14 €) Menu 17 € (sem.) – Carte 33/52 €
♦ Cuisine généreuse et goûteuse dans ce bistrot, avec des "variations" au gré du marché et des saisons. Accueil aimable du patron, ancien pilote de chasse. Prix doux.

X **Sukhothaï**   VISA ⓒⓢ

12 r. Père Guérin Ⓜ *Place d'Italie –* ☏ *01 45 81 55 88 – Fermé 2-22 août, lundi midi et dim.*   P15
Rest – (11,50 € bc) Menu 21/23 € – Carte 20/34 €
♦ Dans une ruelle calme à deux pas de la place d'Italie, savoureuse cuisine thaïe traditionnelle servie dans une petite salle où l'on joue des coudes. Accueil tout sourire.

Bambou
70 r. Baudricourt Ⓜ Les Olympiades – ✆ 01 45 70 91 75 – Fax 01 45 70 00 44 – Fermé 1er-15 oct. et lundi P17
Rest – Carte 15/30 €
◆ On se presse dans cette petite table vietnamienne qui réussit à dépayser ses hôtes rien que par sa cuisine bien parfumée – le décor restant très modeste. Ambiance conviviale.

J.-P. Clapham/MICHELIN

Montparnasse · Denfert Rochereau · Parc Montsouris

14e arrondissement
✉ 75014

PARIS

Méridien Montparnasse ch, VISA AE
19 r. du Cdt Mouchotte Ⓜ Montparnasse Bienvenüe – ✆ 01 44 36 44 36 – www.lemeridien-montparnasse.com – Fax 01 44 36 49 00 M11
918 ch – 159/449 € 159/449 €, 25 € – 35 suites
Rest *Montparnasse'25* – voir ci-après
Rest *Justine* – ✆ 01 44 36 44 00 – (37 €) Menu 34 € (dîner) – Carte 41/69 €
◆ Revues dans un style contemporain avec une touche Art déco, les chambres de ce building en verre et béton sont spacieuses. Belle vue sur la capitale des derniers étages. Au Justine, grande véranda moderne, terrasse verdoyante, formules buffets.

Concorde Montparnasse ch, VISA AE
40 r. du Cdt Mouchotte Ⓜ Gaîté – ✆ 01 56 54 84 00 – www.concorde-montparnasse.com – Fax 01 56 54 84 84 M11
354 ch – 150/450 € 150/500 €, 23 €
Rest – (31 €) Menu 36 € – Carte 48/60 €
◆ Sur la place de Catalogne, cet hôtel propose des chambres de bonne taille, calmes et d'esprit contemporain. Jardin intérieur, bar au cadre tendance. Le restaurant sobre et moderne – bois exotiques, touches colorées – propose une cuisine internationale.

Aiglon sans rest VISA AE
232 bd Raspail Ⓜ Raspail – ✆ 01 43 20 82 42 – www.aiglon.com – Fax 01 43 20 98 72 M12
36 ch – 145/175 € 145/195 €, 12 € – 10 suites
◆ L'Aiglon où vécurent Giacometti et Buñuel se modernise par étapes. Couleurs gaies et détails soignés (mosaïques dans les salles de bains, photos...) signent le nouveau décor.

Villa Royale Montsouris sans rest VISA AE
144 r. de la Tombe-Issoire Ⓜ Porte d'Orléans – ✆ 01 56 53 89 89 – www.leshotelsdeparis.com – Fax 01 56 53 89 80 R12
36 ch – 99/230 € 109/290 €, 14,50 €
◆ Dépaysement garanti dans ce bel hôtel... arabo-andalou. Les chambres, un peu petites mais très cosy, arborent 1 001 détails : tons chatoyants, mobilier et objets du Maroc, bougies.

Lenox Montparnasse sans rest VISA AE
15 r. Delambre Ⓜ Vavin – ✆ 01 43 35 34 50 – www.hotellenox.com – Fax 01 43 20 46 64 M12
52 ch – 165/220 € 165/220 €, 16 €
◆ Cet établissement soigne son élégance : bar et salons intimistes, chambres aux décors variés (mobilier de style, objets anciens), agréables suites au 6e étage.

Nouvel Orléans sans rest VISA AE
25 av. Gén. Leclerc Ⓜ Mouton Duvernet – ✆ 01 43 27 80 20 – www.hotelnouvelorleans.com – Fax 01 43 35 36 57 P12
46 ch – 90/145 € 145 €, 10 €
◆ Cet hôtel proche de la porte d'Orléans jouit d'une tenue parfaite. Mobilier contemporain et chaleureux tissus colorés dans les chambres, plus calmes sur l'arrière.

PARIS

🏨 Mercure Raspail Montparnasse sans rest   📶 ⅗ AK ⁿ⁰
207 bd Raspail ⓂVavin – ℰ 01 43 20 62 94   VISA ⓄⒺ AE ①
– www.mercure.com – Fax 01 43 27 39 69   M12
63 ch – †127/220 €, ††137/220 €, ⌑ 15 €
• Immeuble haussmannien proche des célèbres brasseries du quartier Montparnasse. Chambres bien tenues, sobres et actuelles (meubles en bois vernis, rideaux colorés).

🏨 Delambre sans rest   📶 AK ⅗ ⁿ⁰ VISA ⓄⒺ AE
35 r. Delambre Ⓜ Edgar Quinet – ℰ 01 43 20 66 31
– www.hoteldelambreparis.com – Fax 01 45 38 91 76   M12
30 ch – †85/160 € ††90/160 €, ⌑ 9 €
• André Breton séjourna dans ces murs, à l'abri d'une rue tranquille proche de la gare Montparnasse. Cadre d'esprit contemporain ; chambres simples et gaies, souvent spacieuses.

🏨 Midi sans rest   📶 AK ⁿ⁰ 🚗 VISA ⓄⒺ AE
4 av. René Coty Ⓜ Denfert Rochereau – ℰ 01 43 27 23 25
– www.midi-hotel-paris.com – Fax 01 43 21 24 58   N13
45 ch – †88/108 € ††98/168 €, ⌑ 12 €
• Proximité de la place Denfert-Rochereau, chambres insonorisées, parfois dotées de baignoires balnéo, et petit-déjeuner biologique : ne cherchez plus Midi... à quatorze heures !

🏠 Chatillon Paris Montparnasse sans rest   📶 ⅗ ⁿ⁰ VISA ⓄⒺ AE ①
11 square Châtillon Ⓜ Porte d'Orléans – ℰ 01 45 42 31 17
– www.hotelchatillon.fr – Fax 01 45 42 72 09   P11
31 ch – †85/110 € ††85/130 €, ⌑ 8 €
• Hôtel fréquenté par des habitués, sensibles à son calme : les chambres donnent sur un square au fond d'une impasse. La patronne, qui aime la déco, refait peu à peu les chambres.

🏠 De la Paix sans rest   📶 AK ⅗ ⁿ⁰ VISA ⓄⒺ AE
225 bd Raspail Ⓜ Raspail – ℰ 01 43 20 35 82 – www.hoteldelapaix.com
– Fax 01 43 35 32 63   M12
39 ch – †95/150 € ††99/220 €, ⌑ 9 €
• Ne vous fiez pas à sa façade des années 1970 : cet hôtel rénové en 2009 propose des chambres simples, claires et actuelles, assez avenantes.

🏠 Apollon Montparnasse sans rest   📶 AK ⅗ ⁿ⁰ VISA ⓄⒺ AE ①
91 r. Ouest Ⓜ Pernety – ℰ 01 43 95 62 00 – www.apollon-montparnasse.com
– Fax 01 43 95 62 10   N10-11
33 ch – †80/108 € ††90/129 €, ⌑ 12 €
• Hôtel familial qui se rénove en douceur. Ses principaux atouts : chambres de bon goût, accueil courtois, situation dans une rue assez calme, à deux pas de la gare.

🏠 Cécil sans rest   📶 ⁿ⁰ VISA ⓄⒺ AE ①
47 r. Beaunier Ⓜ Porte d' Orléans – ℰ 01 45 40 93 53 – www.cecilhotel.net
– Fax 01 45 40 43 26   R12
25 ch – †98/148 € ††98/148 €, ⌑ 10 €
• Dans une rue paisible près du parc Montsouris. Meubles et objets chinés confèrent à chaque chambre sa personnalité ("Cuba", "Provence", etc.). Petit-déjeuner dans le jardinet l'été.

XXXX Montparnasse'25 – Hôtel Méridien Montparnasse   AK ⅗ VISA ⓄⒺ AE ①
☼ 19 r. du Cdt René Mouchotte Ⓜ Montparnasse Bienvenüe – ℰ 01 44 36 44 25
– www.lemeridien-montparnasse.com – Fax 01 44 36 49 03 – Fermé 13-16 mai,
12 juil.-31 août, 11-14 nov., 24-30 déc., sam., dim. et fériés   M25
Rest – Menu 59/110 € – Carte 90/137 € ⅜
Spéc. Pigeon et foie gras cuit au torchon (automne-hiver). Homard bleu (hiver). Pêches blanches mi-confites, chibouste gratinée (été).
• La salle à l'ambiance feutrée (décor de laque noire, éclairage tamisé) rend un discret hommage aux "Montparnos", Modigliani en tête. Cuisine au goût du jour réalisée avec d'excellents produits.

XXX Le Dôme   AK ⇔ VISA ⓄⒺ AE ①
108 bd Montparnasse Ⓜ Vavin – ℰ 01 43 35 25 81 – Fax 01 42 79 01 19 – Fermé
dim. et lundi en juil.-août   LM12
Rest – Carte 75/142 €
• L'un des temples de la bohème littéraire et artistique des années folles : son cadre Art déco est plein d'allure, de même que le service fait à l'ancienne. Produits de la mer.

XXX **Le Duc** [AC] [☐✦] [VISA] [●●] [AE] [①]
243 bd Raspail ⑩ Raspail – ☎ 01 43 20 96 30 – Fax 01 43 20 46 73 – Fermé
31 juil.-23 août, 24 déc.-3 janv., sam. midi, dim. et lundi M12
Rest – Menu 49 € (déj.) – Carte 61/153 €
• Cuisine de la mer servie dans un décor de confortable cabine de yacht, avec lambris en
acajou, appliques illustrant des thèmes marins et cuivres rutilants. Un classique.

XX **Pavillon Montsouris** [☂] [✼] [♤] [☐✦] [VISA] [●●] [AE]
20 r. Gazan ⑩ Cité Universitaire – ☎ 01 43 13 29 00 – Fax 01 43 13 29 02 – Fermé
vacances de fév. et dim. soir de mi-sept. à Pâques R14
Rest – Menu 49/67 € bc – Carte 58/100 €
• Ce pavillon créé à la Belle Époque dans le parc Montsouris offre le calme de la campagne
en plein Paris : la terrasse est très prisée en saison. Cuisine au goût du jour.

XX **Maison Courtine** [AC] [✼] [VISA] [●●] [AE]
ⓐ 157 av. du Maine ⑩ Mouton Duvernet – ☎ 01 45 43 08 04
– www.lamaisoncourtine.com – Fax 01 45 45 91 35 – Fermé 3 sem. en août,
1 sem. en fév., lundi midi, sam. midi et dim. N11
Rest – (24 €) Menu 35 €
• Révolution en 2009 : cet ancien bastion de la cuisine du Sud-Ouest a cédé la place à un
restaurant contemporain (tons rose et anis) qui propose une cuisine méridionale du marché.

XX **Monsieur Lapin - Chez Franck Enée** [AC] [VISA] [●●] [AE]
11 r. R. Losserand ⑩ Gaîté – ☎ 01 43 20 21 39 – www.monsieur-lapin.fr
– Fax 01 43 21 84 86 – Fermé août, sam. midi, dim. midi et lundi N11
Rest – (nombre de couverts limité, prévenir) (25 €) Menu 35/45 €
– Carte 46/63 €
• Dans le décor de la salle comme dans l'assiette où il est accommodé à moult sauces, Mon-
sieur Lapin – du Gâtinais – joue les stars, mais le poisson occupe aussi la scène.

X **Millésimes 62** [☂] [♤] [VISA] [●●] [AE]
ⓐ 13 pl. de Catalogne ⑩ Gaîté – ☎ 01 43 35 34 35 – www.millesimes62.com
– Fax 01 43 20 26 21 – Fermé 7-23 août, sam. midi et dim. M11
Rest – (20 €) Menu 22 € (sem.)/28 € – Carte 28/36 €
• Sur la place de Catalogne, avenant restaurant au décor contemporain. Vous y apprécierez
une goûteuse cuisine du marché à prix serrés.

X **La Régalade** [AC] [VISA] [●●]
ⓐ 49 av. Jean-Moulin ⑩ Porte d'Orléans – ☎ 01 45 45 68 58 – Fax 01 45 40 96 74
– Fermé 25 juil.-20 août, 1er-10 janv., lundi midi, sam. et dim. R11
Rest – (prévenir) Menu 31 €[☙]
• Ici, on se régale d'une savoureuse cuisine du terroir dans un cadre informel. L'accueil tout
sourire rend encore plus sympathique ce bistrot jouxtant la porte de Châtillon.

X **L'Assiette** [VISA] [●●] [AE]
ⓐ 181 r. du Château ⑩ Mouton Duvernet – ☎ 01 43 22 64 86
– www.restaurant-lassiette.com – Fax 01 43 20 54 66 – Fermé 3 sem. en août,
lundi et mardi N11
Rest – (prévenir) (23 €) Carte 35/55 €
• Goût d'autrefois dans ce bistrot patiné par les années... Carte courte et belle cuisine classique, un brin bourgeoise, à base de bons produits.

X **La Cerisaie** [VISA] [●●]
ⓐ 70 bd E.-Quinet ⑩ Edgar Quinet – ☎ 01 43 20 98 98 – Fax 01 43 20 98 98
– Fermé 14 juil.-15 août, 20 déc.-4 janv., sam. et dim. N13
Rest – (prévenir) Carte 32/40 €[☙]
• Restaurant de poche situé en plein quartier breton. Le patron écrit sur l'ardoise, chaque
jour et à la craie, les plats du Sud-Ouest qu'il a consciencieusement mitonnés.

X **Bistrot du Dôme** [AC] [VISA] [●●] [AE]
1 r. Delambre ⑩ Vavin – ☎ 01 43 35 32 00
– Fermé dim. et lundi en août M12
Rest – Carte 45/50 €
• L'annexe du Dôme, spécialisée elle aussi dans les produits de la mer. Ambiance décontrac-
tée dans la grande salle à manger au plafond orné de feuilles de vignes.

PARIS

La Cagouille
🔉 🍴 ♻ VISA ⊛

10 pl. Constantin-Brancusi Ⓜ *Gaité – 𝒞 01 43 22 09 01 – www.la-cagouille.fr
– Fax 01 45 38 57 29* M11

Rest – (23 €) Menu 38 € bc – Carte 34/60 €

• Accord parfait entre le cadre feutré (boiseries, poulies, cordages de vieux navires) et les beaux produits de la mer préparés simplement. Terrasse au calme d'une placette.

L'Ordonnance
VISA ⊛

51 r. Hallé Ⓜ *Mouton Duvernet – 𝒞 01 43 27 55 85 – Fax 01 43 20 64 72
– Fermé août, vacances de Noël, sam. sauf le soir en hiver et dim.* P12

Rest – (18 € bc) Menu 25 € (sem.)/32 €

• À quelques pas de la place Michel-Audiard, ce bistrot très chaleureux sert une goûteuse cuisine concoctée avec soin par une jeune chef japonaise formée en France.

La Grande Ourse
VISA ⊛

9 r. Georges Saché Ⓜ *Mouton Duvernet – 𝒞 01 40 44 67 85 – Fermé août, dim. et lundi* N11

Rest – (18 €) Menu 29/37 € – Carte 38/53 €

• Nouvelle constellation dans la galaxie des bistrots du 14ᵉ. Cadre chatoyant (orange et prune) et cuisine actuelle, à base de produits frais travaillés avec soin.

L'Atelier d'Antan
VISA ⊛ AE

9 r. L.-Robert Ⓜ *Raspail – 𝒞 01 43 21 36 19 – Fermé sam. midi et dim.*

Rest – (14 €) Menu 17 € (déj.)/33 € – Carte environ 25 € N12

• Un atelier gourmand et sympathique, tendance sépia et douce France... Allure de bistrot et cuisine traditionnelle simple et bonne, où le produit frais est la règle.

La Cantine du Troquet
VISA ⊛ ⓘ

101 r. de l'Ouest Ⓜ *Pernety – Fermé sam. et dim.* N10

Rest – (23 €) Menu 30 € – Carte 29/35 €

• Petite sœur du Troquet (15ᵉ) en version simplifiée – ni réservation, ni téléphone –, cette cantine respire la convivialité : banquettes rouges, tables en bois, ardoise du jour.

L'Entêtée
VISA ⊛

4 r. Danville Ⓜ *Denfert Rochereau – 𝒞 01 40 47 56 81 – www.myspace.com/entetee
– Fermé août, sam. midi, dim. et lundi* N12

Rest – (nombre de couverts limité, prévenir) (20 €) Menu 26 € (déj.)/30 €

• L'Entêtée ou le pari réussi de la chef qui a repris ce discret bistrot, à deux pas de la rue Daguerre. Elle signe une cuisine du marché teintée d'herbes et d'épices.

Les Fils de la Ferme
♻ VISA ⊛

5 r. Mouton-Duvernet Ⓜ *Mouton Duvernet – 𝒞 01 45 39 39 61
– www.filsdelaferme.com – Fax 01 45 39 39 61 – Fermé 3 sem. en août,
1ᵉʳ-10 janv., dim. soir et lundi* N12

Rest – (19 €) Menu 28 €

• Deux frères tiennent ce restaurant et travaillent à quatre mains de bons produits de saison, dans un style bistrot légèrement modernisé. Cadre rustique, façon auberge.

Le Jeu de Quilles
AC 🍴 VISA ⊛

45 r. Boulard Ⓜ *Mouton Duvernet – 𝒞 01 53 90 76 22 – Fermé 3 sem. en août,
dim., lundi et mardi* N12

Rest – (prévenir) (21 €) Menu 25 € (déj. en sem.) – Carte 39/47 €

• Avec le coin épicerie à l'entrée et la cuisine au fond de la minisalle, ce bistrot "brut", plein de vie, éveille l'appétit. Ardoise courte, bons produits et convivialité sans égal.

L'Amuse Bouche
VISA ⊛

186 r. du Château Ⓜ *Mouton Duvernet – 𝒞 01 43 35 31 61 – Fermé 1ᵉʳ-20 août,
dim. et lundi* N11

Rest – (19 €) Carte environ 32 €

• Tables serrées et murs aux couleurs vives... Ce petit restaurant simple et familial sert des plats traditionnels, parmi lesquels se distinguent des spécialités de soufflés.

Le Bis du Severo
VISA ⊛

16 r. des Plantes Ⓜ *Mouton Duvernet – 𝒞 01 40 44 73 09 – Fermé
17-26 avril, août, 24 déc.-3 janv., vacances de fév., sam. soir, dim. et lundi midi*

Rest – (16 €) Menu 25 € (déj. en sem.) – Carte 29/60 € le soir N11

• Annexe du Severo (au n°8) : même allure de bistroquet, même passion de la viande, mais avec des infidélités, vite pardonnées, côté poisson. Excellents produits.

✗ **Severo** AK VISA ⮾
8 r. des Plantes Ⓜ *Mouton Duvernet –* ✆ *01 45 40 40 91 – Fermé 24 juil.-22 août,*
23 déc.-2 janv., sam., dim. et fériés N11
Rest – (23 €) Carte 26/50 €ﾂ

♦ La qualité de la viande – rassise sur place – et de la charcuterie est l'atout majeur de ce chaleureux bistrot, tenu par un ancien boucher. Spécialités d'Auvergne et du Limousin.

Porte de Versailles · Vaugirard · Beaugrenelle

H. Le Gac/MICHELIN

15e arrondissement ✉ 75015

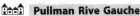

🏨🏨🏨 **Pullman Rive Gauche** ≤ 🖼 Fᵃ 🛗 �
8 r. L. Armand Ⓜ *Balard –* ✆ *01 40 60 30 30* VISA ⮾ AE ⓪
– www.pullman-hotels.com – Fax 01 40 60 30 00 N5
608 ch – †129/430 € ††129/430 €, ⟲ 22 € – 12 suites
Rest Brasserie – ✆ *01 40 60 33 77 –* (20 €) Menu 24,50 € – Carte 38/78 €

♦ Face à l'héliport, hôtel pensé pour la clientèle d'affaires. Chambres contemporaines bien insonorisées. Fitness, points Internet et espaces séminaires. Cuisine simple à la brasserie, bar de style anglais et salle des petits-déjeuners panoramique.

🏨🏨 **Novotel Tour Eiffel** ≤ 🖼 Fᵃ 🛗 ⅆ ch, AK ⓦ 🏊 ⟲ VISA ⮾ AE ⓪
61 quai de Grenelle Ⓜ *Charles Michels –* ✆ *01 40 58 20 00*
– www.novotel-paris-convention.com – Fax 01 40 58 24 44 K6
758 ch – †150/390 € ††150/390 €, ⟲ 22 € – 6 suites
Rest Benkay – voir ci-après
Rest L'Envie – ✆ *01 40 58 20 75 –* Carte 31/58 €

♦ L'hôtel, situé en bord de Seine, dispose de confortables chambres actuelles (bois, teintes claires), majoritairement tournées vers le fleuve. Centre de conférences high-tech. Carte aux accents méditerranéens au restaurant L'Envie.

🏨🏨 **Mercure Suffren Tour Eiffel** Fᵃ 🛗 ⅆ ch, AK ⓦ 🅿 VISA ⮾ AE ⓪
20 r. Jean Rey Ⓜ *Bir-Hakeim –* ✆ *01 45 78 50 00 – www.mercure.com*
– Fax 01 45 78 91 42 J7
405 ch – †175/310 € ††190/310 €, ⟲ 20 € **Rest** – (25 €) Carte 30/45 €

♦ Cet hôtel moderne rénove petit à petit ses chambres ; quelques unes regardent la tour Eiffel. Salle de fitness ouverte 24h/24. Restaurant d'esprit lounge, associé à un bar et une cave à vins.

🏨🏨 **Le Marquis** sans rest 🛗 ⅆ AK ⓦ ⓦ VISA ⮾ AE ⓪
15 r. Dupleix Ⓜ *Dupleix –* ✆ *01 43 06 31 50 – www.lemarquisparis.com*
– Fax 01 40 56 06 78 K8
36 ch – †200/350 € ††200/350 €, ⟲ 19 €

♦ Bonne adresse à proximité du Champ de Mars. Chambres confortables, aménagées avec un certain sens du détail, dans des tons contemporains assez chauds (brun, crème, chocolat).

🏨🏨 **Océania** sans rest 🖼 Fᵃ 🛗 ⅆ AK ⓦ 🏊 ⟲ VISA ⮾ AE ⓪
52 r. Oradour sur Glane Ⓜ *Porte de Versailles –* ✆ *01 56 09 09 09*
– www.oceaniahotels.com – Fax 01 56 09 09 19 P6
232 ch – †270/305 € ††287/322 €, ⟲ 17 € – 18 suites

♦ Cet hôtel récent (2005) a tout prévu pour offrir un confort moderne dans un cadre élégant et actuel. Chambres bien équipées, espace détente complet, terrasse-jardin exotique.

PARIS

🏨 Novotel Gare Montparnasse

17 r. Cotentin Ⓜ *Montparnasse Bienvenüe* – 𝒞 01 53 91 23 75 – Fax 01 53 91 23 76

VISA ◯◯ AE ①
M10

197 ch – †119/350 € ††129/350 €, ☷ 16 € – 2 suites   **Rest** – Carte 20/31 €

♦ Cet hôtel proche de la gare propose des chambres zen d'esprit contemporain (équipements dernier cri, bonne insonorisation). Copieux buffet au petit-déjeuner.

🏨 Holiday Inn Montparnasse sans rest

10 r. Gager Gabillot Ⓜ *Vaugirard* – 𝒞 01 44 19 29 29
– www.holidayinn.fr/paris-mountain – Fax 01 44 19 29 39

VISA ◯◯ AE ①
M9

60 ch – †90/310 € ††90/310 €, ☷ 14 €

♦ Bâtisse moderne située dans une rue calme. Hall spacieux et salon contemporain sous une pyramide de verre. Chambres fonctionnelles, quelques unes avec balcon.

🏨 Eiffel Cambronne sans rest

46 r. Croix-Nivert Ⓜ *Av. Emile Zola* – 𝒞 01 56 58 56 78
– www.eiffelcambronne.com – Fax 01 56 58 56 79

VISA ◯◯ AE ①
L8

31 ch – †109/189 € ††109/189 €, ☷ 13 €

♦ Hall-salon aux fauteuils moelleux (feu de cheminée en hiver) ; chambres simples et bien entretenues, plus calmes sur l'arrière. Copieux petit-déjeuner servi sous la verrière.

🏨 Mercure Paris XV sans rest

6 r. St-Lambert Ⓜ *Boucicaut* – 𝒞 01 45 58 61 00 – www.mercure.com
– Fax 01 45 54 10 43

M7

54 ch – †155/171 € ††160/177 €, ☷ 14 €

♦ Adresse située à 800 m de la porte de Versailles. Accueil et salons sont aménagés dans le style contemporain, de même que les chambres, rénovées en 2009.

🏠 Aberotel sans rest

24 r. Blomet Ⓜ *Volontaires* – 𝒞 01 40 61 70 50 – www.aberotel.com
– Fax 01 40 61 08 31

L9

28 ch – †70/150 € ††80/150 €, ☷ 8 €

♦ Tout l'hôtel est décoré d'objets rapportés de Bali par la directrice ; petites chambres coquettes et cour intérieure où l'on prend le petit-déjeuner en été. Une adresse prisée.

XXX Le Quinzième - Cyril Lignac

14 r. Cauchy Ⓜ *Javel* – 𝒞 01 45 54 43 43 – www.restaurantlequinzieme.com
– Fax 01 45 57 22 96 – Fermé 10-20 août, sam. midi, dim. et lundi

L5

Rest – Menu 45 € (déj.), 110/155 € bc – Carte 87/105 €

♦ Cadre design, ambiance branchée, table d'hôte avec vue sur les fourneaux et goûteuse cuisine actuelle : le restaurant du très médiatique Cyril Lignac s'avère séduisant.

XXX Benkay – Novotel Tour Eiffel

61 quai de Grenelle Ⓜ *Bir-Hakeim* – 𝒞 01 40 58 21 26
– www.restaurant-benkay.com – Fax 01 40 58 21 30

K6

Rest – Menu 32 € (déj.), 90/150 € – Carte 100/200 €

♦ Élégant cadre japonisant au dernier étage d'un hôtel dominant la Seine. Cuisine teppanyaki au comptoir (exécutée devant vous sur plaque chauffante) ou washoku (service à table).

XX Chen Soleil d'Est

15 r. du Théâtre Ⓜ *Dupleix* – 𝒞 01 45 79 34 34 – Fax 01 45 79 07 53
– Fermé août et dim.

K6

Rest – Menu 40 € (déj.)/75 € – Carte 65/95 €

♦ Dans le quartier Beaugrenelle, ce restaurant concocte une fine cuisine chinoise avec de bons produits. Salle dans le plus pur style asiatique. Intéressante sélection de vins.

XX La Gauloise

59 av. La Motte-Picquet Ⓜ *La Motte Picquet Grenelle* – 𝒞 01 47 34 11 64
– Fax 01 40 61 09 70

K8

Rest – (21 €) Carte 32/45 €

♦ Cette brasserie des années 1900 a dû voir passer bon nombre de personnalités, à en juger par les photos dédicacées tapissant les murs. Plaisante terrasse sur le trottoir.

XX Thierry Burlot "Le Quinze"

8 r. Nicolas Charlet Ⓜ *Pasteur* – 𝒞 01 42 19 08 59 – Fax 01 45 67 09 13 – Fermé
15 juil.-15 août, sam. midi, lundi soir et dim.

L10

Rest – (25 €) Menu 29 € – Carte 30/49 €

♦ Salle élégante et épurée, où dominent le jaune et le noir. La carte, renouvelée tous les mois à l'exception de quelques classiques, propose une cuisine au goût du jour soignée.

XX **L'Atelier du Parc** 🛈 🖾

35 bd Lefèbvre Ⓜ *Porte de Versailles –* ☎ *01 42 50 68 85 – www.atelierduparc.fr*
– Fermé 2 sem. en août, lundi midi et dim. N7
Rest – (29 €) Menu 34/43 €
♦ Cet atelier séduit avec une savoureuse cuisine qui s'échappe des chemins "bistrotiers".
Présentations soignées, à l'image de la salle (couleurs vives, beaux matériaux).

XX **Caroubier** 🖾 🗺 🐵 🖾
⊜
🛈 *82 bd Lefèbvre* Ⓜ *Porte de Vanves –* ☎ *01 40 43 16 12*
– www.restaurant-lecaroubier.com – Fax 01 40 43 16 12
– Fermé 24 juil.-25 août et lundi P8
Rest – Menu 18 € (déj. en sem.)/28 € – Carte 27/45 €
♦ Décor contemporain rehaussé de touches orientales, chaleureuse ambiance familiale et
accueil prévenant, au service d'une cuisine marocaine généreuse et gorgée de soleil.

XX **Fontanarosa** 🛈 🖾 🗺 🐵
⊜
28 bd Garibaldi Ⓜ *Cambronne –* ☎ *01 45 66 97 84*
– www.fontanarosa-online.com L9
Rest – Menu 19 € (déj. en sem.)/30 € – Carte 35/77 €🍷
♦ Oubliés le métro aérien et l'agitation urbaine, cap sur l'Italie ! Ici, le soleil s'invite dans l'assiette : honneur aux plats transalpins et aux spécialités sardes. Terrasse d'été.

XX **La Dînée** 🖾 ⇆ 🗺 🐵 🖾 🛈
85 r. Leblanc Ⓜ *Balard –* ☎ *01 45 54 20 49 – www.restaurant-ladinee.com*
– Fax 01 40 60 73 76 – Fermé sam. et dim. M5
Rest – (35 €) Menu 38 €
♦ Cadre actuel, agrémenté de tableaux contemporains, où déguster des recettes au diapa-
son. Cuisine à la plancha servie dans le bistrot attenant.

XX **Erawan** 🖾 🗺 🐵 🖾
⊜
76 r. Fédération Ⓜ *La Motte Picquet Grenelle –* ☎ *01 47 83 55 67*
– Fax 01 47 34 85 98 – Fermé 3 sem. en août, lundi midi et dim. K8
Rest – Menu 12 € bc (déj.), 20/29 € – Carte 22/35 €
♦ Bois sculptés, tons pastel et objets asiatiques composent le cadre feutré de ce restaurant.
Goûteux plats thaïlandais, service assuré en costume du pays et accueil charmant.

XX **L'Épopée** 🖾 🗺 🐵 🖾
89 av. Émile-Zola Ⓜ *Charles Michels –* ☎ *01 45 77 71 37*
– www.lepopee.fr – Fax 01 45 77 71 37
– Fermé 9-17 août, 24 déc.-5 janv. et dim. L7
Rest – (29 €) Menu 35 €
♦ Cuisine traditionnelle – sagement actualisée – et bons vins de propriétaires ravissent les
habitués qui trouvent toujours leur bonheur sur la carte ramassée de ce restaurant.

XX **Le Court-Bouillon** 🛈 🖾 🗺 🐵 🖾
51 r. du Théâtre Ⓜ *Av. Émile Zola –* ☎ *01 45 77 08 18 – www.lecourtbouillon.com*
– Fermé août, vacances de Noël, dim. et lundi K7
Rest – (28 €) Menu 32/45 €
♦ Un couple de bons professionnels a lancé cette table en 2009 : salle élégante tout en
camaïeu de beiges, cuisine actuelle à base de produits choisis, accueil charmant.

X **Stéphane Martin** 🖾 🍴 ⇆ 🗺 🐵
🛈
67 r. des Entrepreneurs Ⓜ *Charles Michels –* ☎ *01 45 79 03 31*
– www.stephanemartin.com – Fermé 25 avril-3 mai, 1er-24 août, 23 déc.-3 janv.,
dim. et lundi L7
Rest – (17 €) Menu 21 € (déj. en sem.)/33 € – Carte 38/48 €
♦ Chaleureux restaurant décoré dans l'esprit d'une bibliothèque (fresque figurant des rayonnages de livres), où l'on propose une cuisine au goût du jour inspirée par le marché.

X **Bernard du 15** 🗺 🐵 🖾 🛈
⊜
62 r. des Entrepreneurs Ⓜ *Charles Michels –* ☎ *01 40 59 09 27*
– Fax 01 40 59 09 27 – Fermé août, sam. midi, lundi midi et dim. L7
Rest – Menu 17/33 € – Carte 36/48 €
♦ Le chef de ce restaurant apporte une touche actuelle à des plats traditionnels, principale-
ment orientés "mer" (bons produits). Prix doux et service agréable.

PARIS

❌ **Bistro d'Hubert** VISA ❶❷ AE ❶

41 bd Pasteur ⓂPasteur – ℰ 01 47 34 15 50 – www.bistrodhubert.com
– Fax 01 45 67 03 09 – Fermé lundi midi, sam. midi, dim. et fériés L10
Rest – (28 €) Menu 32 € – Carte 45/75 €

♦ Bocaux et bonnes bouteilles sur les étagères, nappes à carreaux, vue directe sur les fourneaux et les cuivres rutilants : le cadre de ce bistrot évoque une ferme landaise.

❌ **Yanasé** AC ⌗ ⇔ VISA ❶❷

75 r. Vasco-de-Gamma ⓂLourmel – ℰ 01 42 50 07 20 – www.yanase.fr
– Fax 01 42 50 07 90 – Fermé 2-19 août, 24 déc.- 4 janv., lundi midi et dim.
Rest – (21 € bc) Menu 38 € (dîner), 40/50 € – Carte 32/62 € N6

♦ Décor épuré au Yanasé (cèdre du Japon) qui propose des sushis et des grillades nippones cuites, sous vos yeux autour du comptoir, au "robata", un barbecue au charbon de bois.

❌ **Afaria** VISA ❶❷

15 r. Desnouettes ⓂConvention – ℰ 01 48 56 15 36 – Fax 01 48 56 15 36
– Fermé 2-24 août, 23-28 déc., lundi midi et dim. N7
Rest – (22 €) Menu 38/45 € – Carte 39/55 €

♦ Gros succès pour cette adresse qui met à l'honneur le terroir basque, revisité par quelques apports culinaires "des" cuisines du monde. C'est peu dire qu'il faut réserver.

❌ **Beurre Noisette** ⌗ VISA ❶❷ AE
ⓒ
68 r. Vasco-de-Gama ⓂLourmel – ℰ 01 48 56 82 49 – Fax 01 48 28 59 38
– Fermé 1er-24 août, dim. et lundi N6
Rest – (22 €) Menu 30 € (déj. en sem.), 32/45 € – Carte 40/60 €

♦ Recettes au goût du jour mitonnées avec soin et suggestions, au gré du marché, à découvrir sur ardoise. Bon choix de vins au verre. Deux salles contemporaines aux tons chauds.

❌ **Le Grand Pan** VISA ❶❷
ⓒ
20 r. Rosenwald ⓂPlaisance – ℰ 01 42 50 02 50 – Fax 01 42 50 02 66
– Fermé 1 sem. fin mai, 10-30 août, vacances de Noël, sam. et dim.
Rest – (20 €) Menu 28 € (déj.) – Carte 30/50 € N9

♦ Bistrot parisien à l'ancienne (bar en cuivre, tables en bois, ardoises), chaleureusement baigné dans des tons marron. Spécialités de viandes (gibier en saison), soupe en entrée.

❌ **Le Troquet** VISA ❶❷
ⓒ
21 r. François-Bonvin ⓂCambronne – ℰ 01 45 66 89 00 – Fax 01 45 66 89 83
– Fermé 1 sem. en mai, 3 sem. en août, 1 sem. en déc., dim. et lundi
Rest – (26 €) Menu 30 € (déj.), 32/42 € L9

♦ Authentique troquet parisien : menus proposés sur ardoise, salle à manger de style rétro et goûteuse cuisine du marché. Pour les titis... et les autres !

❌ **Le Cristal de Sel** AC VISA ❶❷

13 r. Mademoiselle ⓂCommerce – ℰ 01 42 50 35 29 – www.lecristaldesel.fr
– Fax 01 42 50 35 29 – Fermé août, vacances de Noël, dim. et lundi
Rest – (18 €) Menu 27 € (déj.) – Carte 35/55 € L8

♦ Dans ce restaurant au cadre simple et convivial, l'ardoise propose de belles recettes au goût du jour réalisées avec des produits frais. Service très attentif.

❌ **La Villa Corse** AC ⌗ ⌟ VISA ❶❷ AE

164 bd Grenelle ⓂLa Motte Picquet Grenelle – ℰ 01 53 86 70 81
– www.lavillacorse.com – Fax 01 53 86 90 73 K8
Rest – (25 € bc) Menu 35 € bc (déj.)/38 € – Carte 40/60 €

♦ La cuisine corse s'exprime avec cœur dans cette attractive Villa parisienne. Les trois salles offrent une atmosphère différente : bibliothèque, bar-salon et "terrasse".

❌ **Le Mûrier** ⌗ VISA ❶❷

42 r. Olivier de Serres ⓂConvention – ℰ 01 45 32 81 88 – Fermé 9-22 août, sam.
midi et dim. N8
Rest – Menu 21/25 €

♦ Sympathique pause-repas dans ce restaurant proche des boutiques de la rue de la Convention. Salle à manger ornée de vieilles affiches et recettes traditionnelles.

❌ **Le Bélisaire** ⌗ VISA ❶❷
ⓒ
2 r. Marmontel ⓂVaugirard – ℰ 01 48 28 62 24 – Fax 01 48 28 62 24
– Fermé 1er-22 août, sam. midi et dim. M8
Rest – Menu 22 € (déj.), 35/42 €

♦ Ce bistrot au cadre soigné s'est bâti une solide réputation dans le quartier Convention grâce à la qualité de son accueil et de sa cuisine bien dans notre époque.

PARIS

Le Dirigeable
✝
VISA ✔✔ AE

37 r. d'Alleray Ⓝ Vaugirard – ℇ 01 45 32 01 54 – Fermé 1er-24 août,
24 déc.-1er janv., dim. et lundi   M9
Rest – (19 €) Menu 22 € (déj.) – Carte 30/52 €
♦ Restaurant de quartier à l'ambiance décontractée et au cadre simple : banquettes, mobilier en bois et murs clairs avec miroirs. Cuisine traditionnelle, menu du midi à prix doux.

Jadis
✝
☺
VISA ✔✔ AE

208 r. de la Croix-Nivert Ⓝ Convention – ℇ 01 45 57 73 20 – Fax 01 45 57 18 67
– Fermé 3 sem. en août, sam. et dim.   M7
Rest – (25 €) Menu 32/65 € – Carte 42/60 €
♦ "Jadis" et pourtant si nouveau ! Ce restaurant d'esprit bistrot est à l'image de son jeune chef-patron, sympathique et prometteur. Menu-carte actuel renouvelé au fil des saisons.

L'Os à Moelle
✝
☺
VISA ✔✔ AE

3 r. Vasco-de-Gama Ⓝ Lourmel – ℇ 01 45 57 27 27 – Fax 01 45 57 28 00 – fermé
3-25 août, dim. et lundi   M6
Rest – (17 €) Menu 28 € (déj. en sem.), 35/43 €
♦ Un refuge pour gourmands. Dans une petite salle aux murs ensoleillés, on choisit ses plats sur l'ardoise du jour. Belle cuisine du marché tendance bistrot.

Du Marché
✝
VISA ✔✔

59 r. Dantzig Ⓝ Porte de Versailles – ℇ 01 48 28 31 55 – Fax 01 48 28 18 31
– Fermé août, dim. et lundi   P8
Rest – (26 €) Menu 31 €
♦ Près du parc Georges-Brassens, cette adresse ne manque pas d'atouts : une goûteuse cuisine de bistrot, une terrasse cachée derrière un rideau de verdure et des prix serrés.

Le Gastroquet
✝
VISA ✔✔ AE

10 r. Desnouettes Ⓝ Convention – ℇ 01 48 28 60 91 – Fax 01 45 33 23 70
– Fermé août et dim.   N7
Rest – Menu 22/59 € – Carte 45/60 €
♦ La cuisine traditionnelle mijotée avec soin en ce "gastronomique troquet" familial séduit gourmands du quartier et visiteurs du parc des expositions de la Porte de Versailles.

Gwon's Dining
✝
VISA ✔✔

51 r. Cambronne Ⓝ Cambronne – ℇ 01 47 34 53 17 – Fax 01 47 34 09 93
– Fermé sam. midi, dim. midi et fériés le midi   L9
Rest – (17 € bc) Carte 33/50 €
♦ Décor contemporain de bon goût, avec ici et là des touches asiatiques : une ambiance douce (malgré l'affluence) propice à la dégustation d'une cuisine coréenne typique.

Kaiseki
✝
VISA ✔✔ AE

7 r. André-Lefebvre Ⓝ Javel André Citroën – ℇ 01 45 54 48 60 – www.kaiseki.com
– Fax 01 45 54 78 38 – Fermé dim.   L5
Rest – (nombre de couverts limité, prévenir) (20 €) Menu 70/220 € – Carte 30/170 €
♦ Resto-labo atypique, parfois déroutant, tant la cuisine japonaise du chef étonne. Décor minimaliste et tables à partager. Expérience insolite pour initiés. Salon de thé.

Le Pétel
✝
AC VISA ✔✔ AE ✔

4 r. Pétel Ⓝ Vaugirard – ℇ 01 45 32 58 76 – www.lepetel.com
– Fax 01 45 32 58 76 – Fermé 25 juil.-15 août, dim. et lundi   L8
Rest – (17 €) Carte 31/38 €
♦ Une adresse de quartier où l'on se presse le soir, dans une chaleureuse atmosphère de bistrot. Cuisine traditionnelle du marché proposée sous forme d'un menu-carte à l'ardoise.

L'Inattendu
✝
☺
AC VISA ✔✔

99 r. Blomet Ⓝ Volontaires – ℇ 01 55 76 93 12 – www.restaurant-inattendu.fr
– Fermé 24 déc.-4 janv., sam. midi et dim.   M8
Rest – (23 €) Menu 29/37 €
♦ Table créée par deux professionnels expérimentés, Loïc en salle et Patrick aux fourneaux. Beaucoup de saveurs dans l'assiette, avec des associations... inattendues, à prix d'amis.

Banyan
✝
AC VISA ✔✔ AE

24 pl. E. Pernet Ⓝ Félix Faure – ℇ 01 40 60 09 31 – www.lebanyan.com
– Fax 01 40 60 09 20 – Fermé dim. en juil.-août   L7
Rest – (14 €) Menu 25 € (déj. en sem.), 35/55 € – Carte 33/52 €
♦ Dépaysement des papilles assuré en ce petit restaurant thaïlandais qui concocte une cuisine subtilement parfumée. Plaisant cadre actuel épuré ; accueil familial.

G. Targat/MICHELIN

Trocadéro · Étoile · Passy · Bois de Boulogne

16e arrondissement ⊠ 75016

PARIS

🏨 Raphael   ⚡ 🛗 ♿ ch, 🅰🅲 ⚙ 🛗 🛗 🅿 🆅🅸🆂🅰 ⬤⬤ 🅰🅴 ⓞ

*17 av. Kléber ⊠ 75116 Ⓜ Kléber – ☏ 01 53 64 32 00 – www.raphael-hotel.com
– Fax 01 53 64 32 01*   **F7**

83 ch – ♂335/505 € ♂♂335/505 €, � 39 € – 37 suites

Rest *La Salle à Manger* – *(fermé août, sam. et dim.)* Menu 55 € bc (déj. en sem.)/65 € bc – Carte 77/90 €

Rest *Les Jardins Plein Ciel* – ☏ 01 53 64 32 30 *(ouvert de mai à sept. et fermé sam. midi et dim.)* Menu 70 € (déj.)/90 € – Carte 77/90 €

◆ Superbe galerie habillée de boiseries, chambres raffinées, toit-terrasse panoramique et bar anglais "mondain" sont les trésors du Raphael (1925). Registre traditionnel à la belle Salle à Manger d'esprit "palace". Exceptionnelle vue sur Paris et cuisine saisonnière aux Jardins Plein Ciel (7e étage).

🏨 St-James Paris ⬳   ⛱ ⛱ ⚡ 🛗 🅰🅲 ⚙ rest, ⚙ 🛗 🅿 🆅🅸🆂🅰 ⬤⬤ 🅰🅴 ⓞ

*43 av. Bugeaud ⊠ 75116 Ⓜ Porte Dauphine – ☏ 01 44 05 81 81
– www.saint-james-paris.com – Fax 01 44 05 81 82*   **F5**

18 ch – ♂300/560 € ♂♂300/560 €, � 32 € – 30 suites – ♂♂460/860 €

Rest – *(fermé sam., dim. et fériés) (résidents seult)* Menu 60 € – Carte 69/100 €

◆ Bel hôtel particulier élevé en 1892 au cœur d'un jardin arboré. Escalier majestueux, spacieuses chambres contemporaines et bar-bibliothèque à l'atmosphère de club anglais.

🏨 Costes K.   ⚡ 🛗 ♿ ch, 🅰🅲 ch, ⚙ 🛗 ⟲ 🆅🅸🆂🅰 ⬤⬤ 🅰🅴 ⓞ

*81 av. Kléber ⊠ 75116 Ⓜ Trocadéro – ☏ 01 44 05 75 75
– www.hotelcostesk.com – Fax 01 44 05 74 74*   **G7**

83 ch – ♂300/550 € ♂♂350/550 €, � 20 €

Rest *Costes K.* – Carte 26/67 €

◆ Signé Ricardo Bofill, cet hôtel dans l'air du temps est une invite discrète à la sérénité. Vastes chambres aux lignes épurées ordonnées autour d'un joli patio japonisant. Cadre lumineux dans la petite salle à manger contemporaine où l'on sert des plats actuels.

🏨 Renaissance Parc-Trocadéro ⬳   ⛱ ⚡ 🛗 🅰🅲 ⚙ 🛗 ⟲

*55 av. R. Poincaré ⊠ 75116 Ⓜ Victor Hugo
– ☏ 01 44 05 66 66 – www.renaissanceleparctrocadero.com – Fax 01 44 05 66 00*
     🆅🅸🆂🅰 ⬤⬤ 🅰🅴 ⓞ   **G6**

116 ch – ♂239/529 € ♂♂239/529 €, � 27 € – 4 suites

Rest *Le Relais du Parc* – ☏ 01 44 05 66 10 *(fermé août, vacances de Noël, sam. midi et dim.)* (33 €) Menu 37 € (déj.)/47 € – Carte 35/60 €

◆ Les chambres, élégantes et délicieusement british, sont bien équipées et réparties autour d'une terrasse-jardin. Décor du bar en partie signé Arman. Salle à manger cosy, tendance "bistrot chic" (plafond tendu représentant un vieux plan de Paris) et terrasse verdoyante pour une cuisine actuelle.

🏨 Baltimore   ⚡ 🛗 🅰🅲 ⚙ 🛗 ⟲ 🆅🅸🆂🅰 ⬤⬤ 🅰🅴 ⓞ

*88 bis av. Kléber ⊠ 75116 Ⓜ Boissière – ☏ 01 44 34 54 54
– www.hotel-baltimore-paris.com – Fax 01 44 34 54 44*   **G7**

102 ch – ♂470/570 € ♂♂470/570 €, � 26 € – 1 suite

Rest *La Table du Baltimore* – voir ci-après

◆ Mobilier épuré, tissus tendance, photos : le décor contemporain des chambres contraste avec l'architecture de cet immeuble du 19e s. Salon-bar cosy et chaleureux.

🏨 Square   ⬤⬤ 🛗 ♿ 🅰🅲 ⚙ 🛗 ⟲ 🆅🅸🆂🅰 ⬤⬤ 🅰🅴 ⓞ

*3 r. Boulainvilliers ⊠ 75016 Ⓜ Mirabeau – ☏ 01 44 14 91 90
– www.hotelsquare.com – Fax 01 44 14 91 99*   **K5**

20 ch – ♂300/560 € ♂♂300/560 €, � 25 € – 2 suites

Rest *Zébra Square* – (25 €) Carte 40/71 €

◆ Architecture récente face à la Maison de la Radio abritant des chambres modernes aux tons gris ou rouges. Équipements high-tech et collection d'art contemporain. Couleurs apaisantes et cadre très actuel au restaurant ; cuisine dans l'air du temps.

Keppler sans rest
10 r. Keppler ✉ 75116 Ⓜ George V – 𝒞 01 47 20 65 05 – www.keppler.fr
– Fax 01 47 23 02 29
F8
34 ch – ♦200/350 € ♦♦240/490 €, ⊇ 24 € – 5 suites
◆ Cet établissement offre un décor tout en luxe et raffinement signé Pierre-Yves Rochon.
Espaces d'accueil et chambres allient styles, matières et lumière : la magie opère...

Dokhan's Radisson Blu sans rest
117 r. Lauriston ✉ 75116 Ⓜ Trocadéro – 𝒞 01 53 65 66 99
– www.radissonblu.com/dokhanhotel-paristrocadero
– Fax 01 53 65 66 86
G6
41 ch – ♦210/450 € ♦♦210/450 €, ⊇ 27 € – 4 suites
◆ Bel hôtel particulier (1910) à l'architecture palladienne et au décor intérieur néoclassique.
Boiseries céladon (18ᵉ s.) dans les salons "cocooning". Bar à champagne très intimiste.

Sezz sans rest
6 av. Frémiet ✉ 75016 Ⓜ Passy – 𝒞 01 56 75 26 26 – www.hotelsezz.com
– Fax 01 56 75 26 16
J6
20 ch – ♦285/720 € ♦♦335/720 €, ⊇ 28 € – 6 suites
◆ Jolie bâtisse de 1913 entièrement relookée dans un style très contemporain (pierre grise,
mobilier original et équipements high-tech). Service personnalisé, hammam, jacuzzi.

La Villa Maillot sans rest
143 av. Malakoff ✉ 75116 Ⓜ Porte Maillot – 𝒞 01 53 64 52 52
– www.lavillamaillot.fr – Fax 01 45 00 60 61
F6
39 ch – ♦190/415 € ♦♦190/415 €, ⊇ 25 € – 3 suites
◆ À proximité de la porte Maillot. Chambres aux couleurs douces bénéficiant d'une bonne
isolation phonique. Petits-déjeuners servis sous une verrière. Sauna et hammam.

Pergolèse sans rest
3 r. Pergolèse ✉ 75116 Ⓜ Argentine – 𝒞 01 53 64 04 04
– www.parishotelpergolese.com – Fax 01 53 64 04 40
E6
40 ch – ♦155/260 € ♦♦175/290 €, ⊇ 17 €
◆ Derrière une sage façade du beau 16ᵉ, un intérieur design et apaisant (murs blancs, mobilier en bois clair). Plaisante salle des petits-déjeuners face à un patio ; bar cosy.

Élysées Régencia sans rest
41 av. Marceau ✉ 75116 Ⓜ George V – 𝒞 01 47 20 42 65 – www.regencia.com
– Fax 01 49 52 03 42
G8
43 ch – ♦175/315 € ♦♦195/335 €, ⊇ 19 €
◆ Hôtel décoré dans un style design : chambres modernes et raffinées (bleu, fuschia ou anis) ;
deux juniors suites provençales dépaysantes. Élégants salon, bar et bibliothèque.

Waldorf Trocadero sans rest
97 r. Lauriston ✉ 75116 Ⓜ Boissière – 𝒞 01 45 53 83 30
– www.hotelswaldorfparis.com – Fax 01 47 55 92 52
G7
44 ch – ♦300/410 € ♦♦320/410 €, ⊇ 20 €
◆ Entre l'Arc de Triomphe et le Trocadéro, ce bel immeuble haussmannien abrite d'agréables chambres d'ampleurs variées et au sobre décor contemporain (mobilier en bois blond).

Le Metropolitan Radisson Blu
10 pl. de Mexico ✉ 75116 Ⓜ Trocadéro – 𝒞 01 56 90 40 04
– www.radissonblu.com/hotel-pariseiffel – Fax 01 56 90 40 03
G6
43 ch – ♦290/1040 € ♦♦290/1040 €, ⊇ 28 € – 5 suites
Rest – (Fermé dim. et lundi) Carte 40/68 €
◆ Cet hôtel ouvert en 2009 propose des chambres au décor contemporain épuré : murs
blancs, parquet brut, mobilier en teck. Certaines offrent une petite vue sur la tour Eiffel.
Salle à manger moderne tout en longueur et cuisine aux accents méditerranéens.

Garden Élysée sans rest
12 r. St-Didier ✉ 75116 Ⓜ Boissière – 𝒞 01 47 55 01 11
– www.paris-hotel-gardenelysee.com – Fax 01 47 27 79 24
G7
46 ch – ♦190/460 € ♦♦200/500 €, ⊇ 22 €
◆ Situé en retrait de la rue dans une cour, hôtel idéal pour les amateurs de calme, à deux
pas du Trocadéro. Chambres sobrement contemporaines et plaisant salon-bar.

PARIS

Bassano sans rest · 🛗 🅰🅲 🕭 🏰 🎯 _VISA_ 🆗 🅰🅴 🅞
15 r. Bassano ⊠ 75116 Ⓜ George V – ℰ 01 47 23 78 23
– www.hotel-bassano.com – Fax 01 47 20 41 22
33 ch – ♦175/295 € ♦♦195/335 €, ⊒ 19 € – 1 suite

G8

• Entièrement rénové en 2008, cet hôtel situé en retrait des avenues passantes arbore un décor ancré dans le 21ᵉ s. : chambres élégantes et fonctionnelles, aux tons bleu et gris.

Duret sans rest · 🛗 🅰🅲 🕭 🏰 _VISA_ 🆗 🅰🅴 🅞
30 r. Duret ⊠ 75116 Ⓜ Argentine – ℰ 01 45 00 42 60 – www.hotelduret.com
– Fax 01 45 00 55 89
25 ch – ♦140/330 € ♦♦160/330 €, ⊒ 16 € – 2 suites

F6

• Atmosphère lounge dans le hall, bar cosy et chambres contemporaines colorées – moulures au plafond – font toute l'ambiance chaleureuse de cet hôtel proche de la porte Maillot.

Passy Eiffel sans rest · 🛗 🏰 _VISA_ 🆗 🅰🅴 🅞
10 r. de Passy ⊠ 75016 Ⓜ Passy – ℰ 01 45 25 55 66 – www.passyeiffel.com
– Fax 01 42 88 89 88
49 ch – ♦96/210 € ♦♦96/210 €, ⊒ 14 €

J6

• Dans une rue animée, hôtel familial disposant de chambres fonctionnelles, aux styles très différents, mais bien tenues. Certaines regardent la tour Eiffel. Petit patio zen.

Trocadéro La Tour sans rest · 🛗 🅰🅲 🏰 🎯 _VISA_ 🆗 🅰🅴 🅞
5 bis r. Massenet Ⓜ Passy – ℰ 01 45 24 43 03 – www.trocaderolatour.com
– Fax 01 45 24 41 39
41 ch – ♦149/260 € ♦♦189/310 €, ⊒ 20 €

J5-J6

• Les chambres offrent un décor plaisant avec murs blancs, mobilier de style Louis XVI et gravures anciennes. Atmosphère de club anglais au salon-bar lambrissé d'acajou.

Étoile Résidence Impériale sans rest · 🛗 🅰🅲 🕭 🏰 _VISA_ 🆗 🅰🅴 🅞
155 av. de Malakoff ⊠ 75116 Ⓜ Porte Maillot – ℰ 01 45 00 23 45
– www.residenceimperiale.com – Fax 01 45 01 88 82
37 ch – ♦100/240 € ♦♦100/240 €, ⊒ 14 €

E6

• À deux pas du Palais des Congrès, chambres soit contemporaines (agréable décor aux tons brun et beige), soit fonctionnelles (1ᵉʳ et 2ᵉ étages). Toutes sont bien insonorisées.

Résidence Foch sans rest · 🛗 🅰🅲 🕭 🏰 _VISA_ 🆗 🅰🅴 🅞
10 r. Marbeau ⊠ 75116 Ⓜ Porte Maillot – ℰ 01 45 00 46 50
– www.residencefoch.com – Fax 01 45 01 98 68 – Fermé 1ᵉʳ mars-10 avril
25 ch – ♦200/250 € ♦♦200/250 €, ⊒ 13 €

F6

• Entre la porte Maillot et l'avenue Foch, ce petit hôtel familial héberge des chambres joliment décorées dans un style classique. Agréable salle des petits-déjeuners.

Nicolo sans rest 🦢 · 🛗 🏰 🅿 _VISA_ 🆗 🅰🅴 🅞
3 r. Nicolo ⊠ 75116 Ⓜ Passy – ℰ 01 42 88 83 40 – www.hotel-nicolo.fr
– Fax 01 42 24 45 41
28 ch ⊒ – ♦140/200 € ♦♦151/200 €

J6

• Nuits calmes dans cet hôtel, auquel on accède par une arrière-cour. Meubles chinés (indonésiens, africains...) et bibelots asiatiques décorent les jolies chambres de caractère.

Du Bois sans rest · 🛗 🅰🅲 🕭 🏰 _VISA_ 🆗 🅰🅴 🅞
11 r. du Dôme ⊠ 75116 Ⓜ Charles De Gaulle-Etoile – ℰ 01 45 00 31 96
– www.hoteldubois.com – Fax 01 45 00 90 05
39 ch – ♦117/245 € ♦♦117/245 €, ⊒ 15 €

F7

• À l'angle de l'avenue Victor-Hugo et d'une rue piétonne, hôtel entièrement rénové proposant des chambres qui marient charme parisien et décor contemporain soigné.

Marceau Champs Élysées sans rest · 🛗 🅱 🅰🅲 🕭 🏰 _VISA_ 🆗 🅰🅴 🅞
37 av. Marceau ⊠ 75016 Ⓜ George V – ℰ 01 47 20 43 37
– www.hotelmarceau.com – Fax 01 47 20 14 76
35 ch – ♦148/188 € ♦♦168/234 €, ⊒ 12 €

G8

• Sur une avenue passante, cet immeuble haussmannien rénové en 2009 abrite des chambres sobres et lumineuses, équipées de salles de bains en marbre. Coin salon moderne.

Victor Hugo sans rest · 🛗 🅰🅲 🕭 🏰 _VISA_ 🆗 🅰🅴 🅞
19 r. Copernic ⊠ 75116 Ⓜ Victor Hugo – ℰ 01 45 53 76 01
– www.victorhugohotel.com – Fax 01 45 53 69 93
75 ch – ♦163/260 € ♦♦182/400 €, ⊒ 19 €

G7

• Hôtel situé dans un quartier calme, face aux réservoirs de Passy. Chambres décorées de mobilier traditionnel et aux derniers étages, balcons offrant une vue dégagée.

Floride Étoile sans rest | AK ⚡ ⁽ᵗ⁾ 🏊 VISA ◑◐ AE ⓪

14 r. St-Didier ✉ 75116 Ⓜ Boissière – ☎ 01 47 27 23 36
– www.floride-paris-hotel.com – Fax 01 47 27 82 87

G7

63 ch – 🛏125/250 € 🛏🛏145/250 €, � 16 €

◆ Une adresse pratique pour son emplacement proche du Trocadéro, de la tour Eiffel et de nombreux musées. Chambres fonctionnelles et sobres, plus calmes côté cour.

Chambellan Morgane sans rest | AK ⁽ᵗ⁾ 🏊 VISA ◑◐ AE ⓪

6 r. Keppler ✉ 75116 Ⓜ George V – ☎ 01 47 20 35 72
– www.hotel-paris-morgane.com – Fax 01 47 20 95 69

G8-F8

20 ch – 🛏100/200 € 🛏🛏120/220 €, ⊃ 13 €

◆ Petit hôtel situé dans une rue calme à deux pas des Champs-Élysées. Les chambres, intimes, devraient bénéficier d'une rénovation début 2010.

Windsor Home sans rest ⚡ ⁽ᵗ⁾ VISA ◑◐ AE

3 r. Vital ✉ 75016 Ⓜ La Muette – ☎ 01 45 04 49 49 – www.windsorhomeparis.fr
– Fax 01 45 04 59 50

H6

8 ch – 🛏100/170 € 🛏🛏115/195 €, ⊃ 15 €

◆ Cette charmante demeure centenaire ressemble davantage à une maison d'hôtes qu'à un hôtel : meubles anciens, moulures, coloris lumineux et touches contemporaines.

Queen's sans rest | AK ⁽ᵗ⁾ VISA ◑◐ AE ⓪

4 r. Bastien Lepage ✉ 75016 Ⓜ Michel Ange Auteuil – ☎ 01 42 88 89 85
– www.hotel-queens-hotel.com – Fax 01 40 50 67 52

K4

22 ch – 🛏95/105 € 🛏🛏125/150 €, ⊃ 11 €

◆ Des tableaux d'artistes contemporains égayent le joli hall ainsi que la plupart des chambres ; leur coquet aménagement fait vite oublier la petitesse des surfaces.

Le Hameau de Passy sans rest ⚓ | ⁽ᵗ⁾ VISA ◑◐ AE ⓪

48 r. Passy ✉ 75016 Ⓜ La Muette – ☎ 01 42 88 47 55
– www.hameaudepassy.com – Fax 01 42 30 83 72

J5-J6

32 ch – ⊃ – 🛏79/138 € 🛏🛏88/199 €

◆ Une impasse mène à ce discret hameau et à sa charmante cour intérieure envahie de verdure. Nuits calmes assurées dans des chambres petites, mais actuelles et bien tenues.

Gavarni sans rest | AK ⁽ᵗ⁾ VISA ◑◐ AE ⓪

5 r. Gavarni ✉ 75116 Ⓜ Passy – ☎ 01 45 24 52 82 – www.gavarni.com
– Fax 01 40 50 16 95

J6

25 ch – 🛏110/170 € 🛏🛏160/200 €, ⊃ 15 €

◆ Dans une rue assez calme, agréable hôtel aux chambres certes petites, mais personnalisées (certaines avec cheminée d'origine). Produits du commerce équitable au petit-déjeuner.

XXXX **Hiramatsu** AK ⇄ ⊏⊐ soir, VISA ◑◐ AE ⓪
❀

52 r. Longchamp ✉ 75116 Ⓜ Trocadéro – ☎ 01 56 81 08 80
– www.hiramatsu.co.jp – Fax 01 56 81 08 81
– Fermé août, 24 déc.-3 janv., sam. et dim.

G7

Rest – (nombre de couverts limité, prévenir) Menu 48 € (déj.), 95/130 €
– Carte 100/152 €🍷

Spéc. Foie gras de canard au chou frisé et jus de truffe. Fines lamelles d'agneau, compotée d'oignons blancs et jus de truffe au thym. Gâteau au chocolat "Hiramatsu".

◆ Sous son enseigne japonaise, Hiramatsu honore la cuisine française avec inventivité et talent. La haute gastronomie dans un cadre très élégant orné de fleurs. Superbes vins.

XXX **Prunier** 🍴 AK ⇄ VISA ◑◐ AE ⓪

16 av. Victor-Hugo Ⓜ Charles de Gaulle-Etoile – ☎ 01 44 17 35 85
– www.prunier.com – Fax 01 44 17 90 10
– Fermé août, dim. et fériés

F7

Rest – Menu 45 € (déj.), 80/150 € – Carte 60/180 €

◆ Institution créée en 1925 par l'architecte Boileau, au superbe décor Art déco classé (marbre noir, mosaïques, vitraux). Excellents produits de la mer (caviars, saumons).

PARIS

Relais d'Auteuil (Patrick Pignol)

ХХХ ॐ

31 bd. Murat ⊠ 75016 Ⓜ Michel Ange Molitor – 𝒞 01 46 51 09 54
– www.relaisdauteuil-pignol.com – Fax 01 40 71 05 03 – Fermé août, vacances de
Noël, sam. midi, dim. et lundi   L3
Rest – Menu 75 € (déj.), 125/149 € – Carte 120/185 € ⅏

Spéc. Fraîcheur de homard au parfum de mélisse et pulpe de tamarin. Grouse
d'Écosse, poitrines et cuisses rôties, saveurs de bruyère et malt (sept.-oct.).
Madeleines cuites minute, glace miel et noix.

♦ Cadre intimiste aux tons neutres mettant en valeur peintures et sculptures modernes.
Belle cuisine au goût du jour (gibier en saison). Superbe livre de cave et beau choix de
champagnes.

La Table du Baltimore – Hôtel Baltimore

ХХХ ॐ

1 r. Léo Delibes ⊠ 75016 Ⓜ Boissière – 𝒞 01 44 34 54 34
– www.hotel-baltimore-paris.com – Fax 01 44 34 54 44
– Fermé août, sam. et dim.   G7
Rest – Menu 51 € bc/78 € – Carte 60/102 €

Spéc. Le tourteau (printemps-été). Le cabillaud (avril à nov.). Le chocolat.

♦ Le cadre du restaurant associe boiseries anciennes, mobilier contemporain, couleurs chaleureuses et collection de dessins. Belle cuisine dans l'air du temps.

Astrance (Pascal Barbot)

ХХХ ॐॐॐ

4 r. Beethoven ⊠ 75016 Ⓜ Passy – 𝒞 01 40 50 84 40 – Fermé 27 fév.-9 mars, août,
1ᵉʳ-8 nov., vacances de Noël, sam., dim. et lundi   J7
Rest – (nombre de couverts limité, prévenir) Menu 70 € (déj.), 120/190 € ⅏

Spéc. Foie gras mariné au verjus, galette de champignons de Paris. Selle
d'agneau grillée, aubergine laquée au miso et curry noir. Vacherin glacé au
miel, crème au beurre à l'huile d'olive.

♦ La dira-t-on "à la Barbot", cette formule qu'il a consacrée et qui fait tant d'émules ? À
chaque service, le chef-artiste réinvente la cuisine pour une représentation unique : sans
carte ni menu, on se laisse surprendre par des créations qui subjuguent les sens, et les produits révèlent leurs plus belles confidences.

Tsé Yang

ХХХ

25 av. Pierre 1ᵉʳ de Serbie ⊠ 75116 Ⓜ Iéna – 𝒞 01 47 20 70 22 – www.tseyang.fr
– Fax 01 47 20 75 34   G8
Rest – Menu 39/49 € – Carte 40/90 €

♦ D'élégantes salles à manger (noir dominant, plafond à caissons doré) servent d'écrin à une
cuisine traditionnelle chinoise de Pékin, de Shanghai et du Sechuan.

La Table de Joël Robuchon

ХХХ ॐॐ

16 av. Bugeaud ⊠ 75116 Ⓜ Victor Hugo – 𝒞 01 56 28 16 16
– www.joel-robuchon.com – Fax 01 56 28 16 78   F6
Rest – Menu 59 € bc (déj.)/150 € – Carte 60/167 € ⅏

Spéc. Langoustines en papillotes croustillantes au basilic. Caille au foie gras
caramélisée, pomme purée truffée. Chocolat-tendance.

♦ La cuisine, d'une inspiration classique subtilement revisitée par Joël Robuchon, met en
avant des produits choisis avec le plus grand soin. Cadre élégant et belle carte des vins.

Antoine

ХХХ

10 av. de New-York ⊠ 75116 Ⓜ Alma Marceau – 𝒞 01 40 70 19 28
– www.antoine-paris.fr – Fax 01 47 23 75 11 – Fermé août   H8
Rest – 48 € (déj.) Carte 65/130 €

♦ Salle à manger lumineuse, vue sur les cuisines et décor contemporain : un cadre agréable
pour une carte largement consacrée aux produits de la mer. Le meilleur de la marée !

Le Pergolèse (Stéphane Gaborieau)

ХХХ ॐ

40 r. Pergolèse ⊠ 75116 Ⓜ Porte Maillot – 𝒞 01 45 00 21 40
– www.lepergolese.com – Fax 01 45 00 81 31
– Fermé 3 sem. en août, sam. midi et dim.   F6
Rest – Menu 45 € bc (déj.)/95 € – Carte 75/90 €

Spéc. Moelleux de filets de sardine marinés aux épices. Noix de ris de veau
dorée au soja. Raviole de feuilles d'ananas aux fruits exotiques (hiver).

♦ Une cuisine d'inspiration classique joliment revisitée par un chef Meilleur Ouvrier de
France. À découvrir dans une plaisante salle à manger mariant boiseries et tons jaunes.

XXX Les Arts 🛋 ⇔ VISA ⑳ AE ⓞ
Maison des Arts et Métiers - 9 bis av. d'Iéna ⊠ *75116* Ⓜ *Iéna –* ☏ *01 40 69 27 53*
– www.sodexo-prestige.fr – Fax 01 40 69 27 08
– Fermé 23 juil.-20 août, 24 déc.-2 janv., sam., dim. et fériés   G7
Rest – Menu 39 € – Carte 49/70 €
◆ Salle à manger intimiste nichée dans un hôtel particulier (1892), siège de la Maison des Arts et Métiers. Aux beaux jours, ravissante terrasse. Cuisine traditionnelle.

XX Cristal Room Baccarat AC ⅜ ⇔ VISA ⑳ AE
11 pl. des Etats-Unis - Maison Baccarat, (1ᵉʳ étage) ⊠ *75116* Ⓜ *Boissière*
– ☏ *01 40 22 11 10 – www.baccarat.fr – Fax 01 40 22 11 99 – Fermé dim.*   G7
Rest – (29 €) Menu 55 € (déj.)/149 € bc – Carte 70/92 €
◆ L'ancien hôtel particulier de Mme de Noailles sert d'écrin à la célèbre maison Baccarat. Magnifique salle (fresque peinte, lustres en cristal) relookée par Philippe Starck. Cuisine actuelle.

XX Bon 🛋 AC ⇔ ⊿ VISA ⑳ AE
25 r. de la Pompe ⊠ *75116* Ⓜ *La Muette –* ☏ *01 40 72 70 00*
– www.restaurantbon.fr – Fax 01 40 72 68 30   H5
Rest – Menu 30 € bc – Carte 45/70 €
◆ Trois salles à manger originales aux ambiances très différentes, imaginées par Philippe Starck : la vinothèque, la cheminée et la bibliothèque. Cuisine fusion axée sur l'Asie.

XX Passiflore (Roland Durand) AC ⊿ VISA ⑳ AE
ⵛ
33 r. de Longchamp ⊠ *75116* Ⓜ *Trocadéro –* ☏ *01 47 04 96 81*
– www.restaurantpassiflore.com – Fax 01 47 04 32 27   G7
– Fermé 20 juil.-20 août, lundi midi, sam. midi et dim.
Rest – Menu 38 € (déj.), 49/75 € – Carte 60/93 €
Spéc. Ravioles de homard dans une nage aux parfums de Siam. Riz noir et langoustines en saté au citron vert. Viennoise en pain perdu, fruits rôtis au miel.
◆ Vous pourrez apprécier une cuisine au goût du jour, parfumée et soignée, dans un cadre contemporain millésimé an 2009 (tons gris et violet, appliques en forme de champignon).

XX Marius 🛋 ⊿ VISA ⑳ AE
82 bd Murat ⊠ *75016* Ⓜ *Porte de St-Cloud –* ☏ *01 46 51 67 80*
– Fax 01 40 71 83 75 – Fermé août, sam. midi et dim.   M2
Rest – Carte 42/65 €
◆ Près du Parc des Princes, une charmante adresse dédiée aux produits de la mer agrémentés de quelques notes provençales. Salle-véranda claire ornée de photos en noir et blanc.

XX 6 New York AC VISA ⑳ AE ⓞ
6 av. New York ⊠ *75016* Ⓜ *Alma Marceau –* ☏ *01 40 70 03 30*
– www.6newyork.fr – Fax 01 40 70 04 77   H8
– Fermé août, sam. midi et dim.
Rest – (30 €) Menu 35 € (déj.), 63/78 € – Carte 42/74 €
◆ L'enseigne vous dit tout sur l'adresse... postale, loin d'une table nord-américaine ! Cuisine en parfaite harmonie avec le cadre : résolument contemporaine et joliment présentée.

XX A et M Restaurant 🛋 ⊿ VISA ⑳ AE
ⵛ
136 bd Murat ⊠ *75016* Ⓜ *Porte de St-Cloud –* ☏ *01 45 27 39 60*
– www.am-restaurant.com – Fax 01 45 27 69 71   M3
– Fermé août, sam. midi et dim.
Rest – (23 €) Menu 30 € – Carte 37/45 €
◆ Un "bistrot de chef" tendance. Cadre contemporain chaleureux et cuisine au goût du jour soignée. Le menu offre l'un des meilleurs rapports qualité-prix de la capitale.

XX Tang AC ⅜ ⊿ soir, VISA ⑳ AE
125 r. de la Tour ⊠ *75116* Ⓜ *Rue de la Pompe –* ☏ *01 45 04 35 35*
– www.restaurant-tang.fr – Fax 01 45 04 58 19   H5
– Fermé 1ᵉʳ-23 août, 24 déc.-4 janv., lundi midi et dim. midi
Rest – (23 €) Menu 39 € bc (déj. en sem.), 65/108 € – Carte 69/149 €
◆ Cuisine chinoise "made in France" : la carte annonce la couleur pour cette table mariant saveurs asiatiques et touches créatives. Agréable salle à manger au sobre décor.

PARIS

XX **Terrasse Mirabeau**   🛠 ⌃📶 VISA ⦿ AE

5 pl. de Barcelone ⊠ 75016 Ⓜ Mirabeau – ℰ 01 42 24 41 51
– www.terrasse-mirabeau.com – Fax 01 42 24 43 48 – Fermé 31 juil.-22 août,
23 déc.-2 janv., sam. et dim.   L5
Rest – (25 €) Menu 31 € (déj.)/65 € – Carte 43/83 €

♦ Sa terrasse sur la place de Barcelone est fort séduisante, autant que sa cuisine simple
et parfumée, appuyée sur de solides bases classiques. Décor moderne dans la salle.

XX **Chez Géraud**   VISA ⦿

31 r. Vital ⊠ 75016 Ⓜ La Muette – ℰ 01 45 20 33 00 – Fax 01 45 20 46 60
– Fermé août, 23 déc.-5 janv., sam. et dim.   H5
Rest – Menu 30 € – Carte 52/75 €

♦ Le menu du jour très attractif (non servi le vendredi soir) est l'un des atouts de ce bistrot
décoré de fresques en faïence de Longwy. Plats traditionnels avec gibier en saison.

XX **etc...**   AC ⌖ ⌃📶 VISA ⦿ AE

2 r. La Pérouse ⊠ 75016 Ⓜ Kléber – ℰ 01 49 52 10 10 – Fax 01 49 52 10 11
– Fermé 1ᵉʳ-22 août, sam. midi et dim.   G7
Rest – Menu 45 € (déj.) – Carte 68/80 €
Spéc. Fantaisie voyageuse. Boudin maison, jus de fruit passion. Caramel au
goût de Carambar glacé.

♦ Cette table menée par Christian Le Squer a été conçue sous la forme d'un bistrot chic
épuré, en noir et gris. Cuisine actuelle de qualité, courte carte misant sur la saisonnalité.

XX **Le Vinci**   AC ⌃📶 VISA ⦿ AE

23 r. P. Valéry ⊠ 75116 Ⓜ Victor Hugo – ℰ 01 45 01 68 18 – Fax 01 45 01 60 37
– Fermé 2-24 août, sam. et dim.   F7
Rest – Menu 35 € (dîner) – Carte 55/65 €

♦ Goûteuse cuisine italienne, sympathique intérieur coloré et service aimable : un établissement très prisé à deux pas de la commerçante et huppée avenue Victor-Hugo.

XX **Conti**   AC VISA ⦿ AE ①

72 r. Lauriston ⊠ 75116 Ⓜ Boissière – ℰ 01 47 27 74 67 – Fax 01 47 27 37 66
– Fermé 3-22 août, 25 déc.-2 janv., sam., dim. et fériés   G7
Rest – Menu 34 € (déj.) – Carte 49/75 €

♦ Les deux couleurs fétiches de Stendhal se retrouvent dans le décor de ce restaurant où
brillent miroirs et lustres de cristal. Cuisine italienne et belle carte des vins.

XX **Ozu**   AC VISA ⦿ AE ①

5 av. Albert de Mun ⊠ 75116 Ⓜ Iéna – ℰ 01 40 69 23 90
– www.ozurestaurants.com – Fax 01 40 69 23 01   H7
Rest – Menu 19 € (déj.), 30/65 € – Carte environ 45 €

♦ Dans le complexe CinéAqua au Trocadéro, environnement atypique : costumes de samou-
raï, écrans plats, aquarium géant, comptoir à sushis et sashimis. Carte traditionnelle japonaise.

XX **Bistro de la Muette**   AC VISA ⦿ AE

10 chaussée de la Muette ⊠ 75016 Ⓜ La Muette – ℰ 01 45 03 14 84
– www.bistrocie.fr – Fax 01 42 88 31 63   J5
Rest – (25 €) Menu 38 € bc

♦ La formule tout compris très attractive est l'un des atouts de cet élégant bistrot prisé par
la clientèle du quartier. Décor moderne et chaleureux aux tons bruns. Véranda.

X **Chaumette**   🛠 ⌃📶 VISA ⦿ AE

7 r. Gros ⊠ 75016 Ⓜ Mirabeau – ℰ 01 42 88 29 27 – Fax 01 42 88 26 89 – Fermé
7-23 août, 23 déc.-3 janv., sam. midi et dim.   K5
Rest – (19 €) Carte 33/59 €

♦ Un beau bistrot à l'ancienne, tel qu'on se l'imagine : boiseries sombres, tables alignées,
comptoir. La clientèle chic du quartier apprécie sa cuisine traditionnelle soignée.

X **Le Petit Pergolèse**   AC ⌃📶 VISA ⦿

38 r. Pergolèse ⊠ 75016 Ⓜ Porte Maillot – ℰ 01 45 00 23 66
– Fax 01 45 00 44 03 – Fermé août, sam. et dim.   F6
Rest – Carte 33/75 €

♦ Le cadre moderne, à la fois bistrot chic et galerie d'art contemporain, crée une atmosphère très conviviale. Cuisine visible de tous et plats traditionnels revisités.

X **Mets Gusto** 𝔛 *VISA* ⓪ AE
79 r. de la Tour ⊠ 75116 Ⓜ *Rue de la Pompe* – ℰ 01 40 72 84 46
– www.metsgusto.com – Fermé 1ᵉʳ-23 août, vacances de Noël, dim. et lundi
Rest – Carte 33/48 € H5
♦ Savoureuse table méditerranéenne, entre Provence, Espagne et Italie : plats limpides, centrés sur des produits choisis, au juste prix. Décor sobre, dans une ancienne boulangerie.

X **La Villa Corse** 🕭 AK 𝔛 ⌂ *VISA* ⓪ AE
141 av. Malakoff ⊠ 75016 Ⓜ *Porte Maillot* – ℰ 01 40 67 18 44 – www.lavillacorse.com
– Fax 01 40 67 18 19 – Fermé dim. E6
Rest – (25 € bc) Menu 35 € bc (déj.) – Carte 40/60 €
♦ Cette villa de la rive droite, petite sœur de celle du 15ᵉ, mixe terroir corse et esprit lounge dans une grande salle à manger surmontée d'une mezzanine. Décontracté et branché.

X **Il Gusto Sardo** *VISA* ⓪ AE
18 r. Chaillot ⊠ 75016 Ⓜ *Alma Marceau* – ℰ 01 47 20 08 90
– www.restaurant-ilgustosardo.com – Fax 01 47 20 09 88 – fermé sem. de
Pâques, août, vacances de Noël, sam. midi, dim. et fériés G8
Rest – Carte 40/68 €
♦ Ici, tout le goût de la Sardaigne rayonne dans les assiettes et dans les verres à vin ! Suggestions du jour à l'ardoise. Ambiance familiale et conviviale.

X **L'Acajou** AK ⇄ *VISA* ⓪ AE
35 bis r. Jean-de-la-Fontaine ⊠ 75016 Ⓜ *Jasmin* – ℰ 01 42 88 04 47
– www.l-acajou.com – Fermé août, sam. midi et dim. K5
Rest – Carte 32/60 €
♦ Recettes contemporaines, grande table d'hôte dans un décor noir laqué et petite salle blanche immaculée : ici, on joue la carte des contrastes et de l'originalité.

X **La Table Lauriston** AC 𝔛 ⌂ *VISA* ⓪ AE
129 r. Lauriston ⊠ 75016 Ⓜ *Trocadéro* – ℰ 01 47 27 00 07 – Fax 01 47 27 00 07
– Fermé 9-30 août, 24 déc.-1ᵉʳ janv., sam. midi et dim. G6
Rest – (25 €) Carte 46/72 €
♦ Cette table des beaux quartiers mise sur la simplicité et la qualité : une cuisine de bistrot à déguster avec bonne humeur dans un décor sans chichi, mais joliment coloré.

X **La Marée Passy** AC ⌂ *VISA* ⓪ AE
71 av. P. Doumer ⊠ 75016 Ⓜ *La Muette* – ℰ 01 45 04 12 81
– www.lamareepassy.com – Fax 01 45 04 00 50 H5
Rest – Carte 40/56 €
♦ Boiseries, tons rouges et objets liés à la navigation : le décor sied parfaitement aux repas iodés de cette adresse vouée à la mer. Atmosphère conviviale.

X **Tokyo Eat** 🕭 ⅃ *VISA* ⓪
Palais de Tokyo - 13 av. du Président Wilson ⊠ 75016 Ⓜ *Iéna*
– ℰ 01 47 20 00 29 – Fax 01 47 20 05 62 – Fermé lundi G8
Rest – Carte 26/68 €
♦ Espace industriel, mezzanine avec DJ, vaste terrasse en été, cuisine fusion, brunch le dimanche... Bienvenue au restaurant du Palais de Tokyo, très branché (service décontracté).

X **Rosimar** AC *VISA* ⓪ AE
26 r. Poussin ⊠ 75016 Ⓜ *Michel Ange Auteuil* – ℰ 01 45 27 74 91
– Fax 01 45 20 75 05 – Fermé août, 24-31 déc., sam., dim., fériés et le soir sauf
vend. K3
Rest – Menu 38 € bc – Carte 30/50 €
♦ Généreuse cuisine espagnole traditionnelle servie dans une salle à manger au décor un brin kitsch (multiples miroirs, nappes roses). Une sympathique petite affaire familiale !

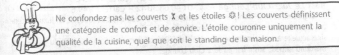

Ne confondez pas les couverts X et les étoiles ✿ ! Les couverts définissent une catégorie de confort et de service. L'étoile couronne uniquement la qualité de la cuisine, quel que soit le standing de la maison.

au Bois de Boulogne – ✉ 75016

Le Pré Catelan
🐜🐜🐜🐜🐜 ⛧⛧⛧ rte de Suresnes ✉ 75016 – ☏ 01 44 14 41 14
– www.precatelanparis.com – Fax 01 45 24 43 25
– Fermé 1ᵉʳ-23 août, 24 oct.-1ᵉʳnov., 21 fév.-8 mars, dim. et lundi   H2
Rest – Menu 85 € (déj. en sem.), 180/230 € – Carte 175/240 € ⌘

Spéc. Crabe préparé en coque, fine gelée de corail et caviar de France. Cabillaud cuit meunière, fondue d'aubergines et crème d'avocat. Pomme soufflée croustillante, crème glacée caramel, cidre et sucre pétillant.

♦ Œil vif, geste sûr : impossible de distinguer, dans les créations de Frédéric Anton, la technique exigeante de l'intuition fulgurante. Si chaque assiette est un chef-d'œuvre, toutes s'érigent en monuments de plaisir – plaisir sensible et communicatif – à déguster, au cœur du bois, dans un décor de fête blanc et argent.

La Grande Cascade
🐜🐜🐜🐜🐜 ⛧ allée de Longchamp ✉ 75016 – ☏ 01 45 27 33 51 – www.grandecascade.com
– Fax 01 42 88 99 06   A2
Rest – Menu 65/185 € – Carte 127/207 € ⌘

Spéc. Chair d'araignée de mer au naturel, petits légumes et pointes de sucrine à la parisienne. Carré d'agneau de Sisteron doré au four, petits farcis méditerranéens. Sphère destructurée chocolat-café-amaretto façon café brûlot.

♦ Charmant pavillon 1850 situé à quelques pas de la Grande Cascade du bois de Boulogne. Cuisine raffinée, servie dans la rotonde ou sur la ravissante terrasse.

Palais des Congrès · Wagram · Ternes · Batignolles

17ᵉ arrondissement   ✉ 75017

S. Sauvignier/MICHELIN

Renaissance Arc de Triomphe
🏠🏠🏠🏠 39 av. Wagram ⓜ Ternes – ☏ 01 55 37 55 37
– www.renaissancearcdetriomphe.com – Fax 01 55 37 55 38   E8
118 ch – †289/1500 € ††289/1500 €, ☲ 28 € – 5 suites
Rest *Makassar* – ☏ 01 55 37 55 57 – (26 €) Menu 39 € (déj.) – Carte 37/53 €
♦ Le théâtre de l'Empire a laissé la place, en 2009, à cet hôtel dessiné par Christian de Portzamparc. Les chambres revisitent la décoration des années 1970. Équipements high-tech. Ambiance lounge au restaurant ; plats d'ici et spécialités indonésiennes.

Le Méridien Étoile
🏠🏠🏠🏠 81 bd Gouvion St-Cyr ⓜ Neuilly-Porte Maillot – ☏ 01 40 68 34 34
– www.lemeridienetoile.fr – Fax 01 40 68 31 31   E6
1025 ch – †175/559 € ††175/559 €, ☲ 29 € – 23 suites
Rest *L'Orénoc* – ☏ 01 40 68 30 40 (fermé 26 juil.-30 août, 1 sem. à Noël, sam. midi et dim. soir) (30 €) Menu 38 € (sem.)/75 € – Carte 41/75 €
Rest *Le Jazz Club Lounge* – ☏ 01 40 68 30 42 – Carte 23/49 €
♦ Gigantesque hôtel comprenant un club de jazz, un bar, des boutiques et un luxueux centre de conférences. Granit noir et camaïeu de beige dans les chambres contemporaines. Cuisine actuelle et chaleureux décor colonial à L'Orénoc (terrasse). Carte au goût du jour et, du mardi au samedi, sushi bar au Jazz Club Lounge.

Concorde La Fayette

3 pl. Gén. Koenig Ⓜ Porte Maillot – ℰ 01 40 68 50 68
– www.concorde-lafayette.com – Fax 01 40 68 50 43
950 ch – ♦165/600 € ♦♦165/600 €, ⌷ 28 € – 21 suites
Rest La Fayette – ℰ 01 40 68 51 19 – Menu 36 € (déj.) – Carte 46/69 €

E6

♦ Intégrée au palais des congrès, cette tour de 33 étages offre une vue imprenable sur Paris depuis la plupart des chambres, spacieuses et confortables, et le bar panoramique. Repas servis sous forme de buffets à volonté au restaurant La Fayette.

Regent's Garden sans rest

6 r. P.-Demours Ⓜ Ternes – ℰ 01 45 74 07 30 – www.hotel-regents-paris.com
– Fax 01 40 55 01 42
39 ch – ♦290/490 € ♦♦290/490 €, ⌷ 19 € – 1 suite

E7

♦ Hôtel particulier en grande partie rénové dans un style contemporain. Chambres mêlant ancien et moderne, délicieux jardin japonais, certification Écolabel. Beaucoup de charme.

Splendid Étoile

1bis av. Carnot Ⓜ Charles de Gaulle-Etoile – ℰ 01 45 72 72 00
– www.hsplendid.com – Fax 01 45 72 72 01
54 ch – ♦320/400 € ♦♦320/400 €, ⌷ 25 € – 3 suites
Rest Le Pré Carré – ℰ 01 46 22 57 35 (fermé 7-22 août, sam. midi et dim.)
Menu 34 € (dîner) – Carte 45/57 €

F7

♦ Belle façade classique agrémentée de balcons ouvragés. Grandes chambres de caractère, meublées Louis XV ; certaines avec vue sur l'Arc de Triomphe. Deux miroirs reflètent à l'infini l'élégant décor du restaurant où le chef propose une cuisine au goût du jour.

Ampère

102 av. de Villiers Ⓜ Pereire – ℰ 01 44 29 17 17 – www.hotelampere.com
– Fax 01 44 29 16 50
96 ch – ♦280/530 € ♦♦280/530 €, ⌷ 17 €
Rest Le Jardin d'Ampère – ℰ 01 44 29 16 54 (fermé août et dim. soir) (24 €)
Menu 28 € (déj. en sem.)/80 € – Carte 38/60 €

D8

♦ Douillettes chambres contemporaines en partie tournées vers la cour intérieure et confortable bar ouvert sur la verdure : un hôtel bien agréable. Cadre soigné, carte traditionnelle revisitée et jolie terrasse au Jardin d'Ampère (dîners-concerts aux beaux jours).

Balmoral sans rest

6 r. Gén. Lanrezac Ⓜ Charles de Gaulle-Etoile – ℰ 01 43 80 30 50
– www.hotel-balmoral.com – Fax 01 43 80 51 56
57 ch – ♦138/148 € ♦♦155/225 €, ⌷ 11 €

E7

♦ Ambiance feutrée, raffinement des décorations intérieures (mobilier de style, boiseries) caractérisent cet hôtel. Chambres au confort douillet, rénovées dans un esprit moderne.

Novotel Porte d'Asnières

34 av. Porte d'Asnières Ⓜ Pereire – ℰ 01 44 40 52 52 – www.novotel.com
– Fax 01 44 40 44 23
139 ch – ♦89/235 € ♦♦89/235 €, ⌷ 16 €   **Rest** – (22 €) Carte environ 30 €

C9

♦ Cette construction moderne proche du périphérique bénéficie de chambres très bien insonorisées ; celles à partir du 7e étage profitent de la vue sur les toits parisiens. Décor contemporain au restaurant où l'on propose des recettes de type brasserie.

Banville sans rest

166 bd Berthier Ⓜ Porte de Champerret – ℰ 01 42 67 70 16
– www.hotelbanville.fr – Fax 01 44 40 42 77
38 ch – ♦175/350 € ♦♦175/350 €, ⌷ 20 €

D8

♦ Immeuble de 1926 aménagé avec beaucoup de goût. Élégants salons, chambres personnalisées et particulièrement raffinées (influences provençales) ; le mardi, soirées jazz au piano-bar.

Hidden sans rest

28 r. de l'Arc-de-Triomphe Ⓜ Charles de Gaulle-Etoile – ℰ 01 40 55 03 57
– www.hidden-hotel.com – Fax 01 45 74 85 87
23 ch – ♦215/465 € ♦♦215/465 €, ⌷ 15 €

E7

♦ Ambiance "nature" revendiquée pour cet hôtel ouvert en 2009 : matériaux nobles comme le bois et l'ardoise ; literie en fibres de coco. Un lieu apaisant et très dépaysant.

PARIS

Waldorf Arc de Triomphe sans rest
36 r. Pierre-Demours Ⓜ *Ternes – ✆ 01 47 64 67 67 – www.hotelswaldorfparis.com – Fax 01 40 53 91 34* D8
44 ch – †320/420 € ††340/420 €, ☐ 20 €
◆ Façade élégante, atmosphère raffinée, sobres chambres contemporaines et espace de relaxation avec petite piscine : détente assurée dès la porte franchie.

Villa Alessandra sans rest
9 pl. Boulnois Ⓜ *Ternes – ✆ 01 56 33 24 24 – www.villa-alessandra.com – Fax 01 56 33 24 30* E8
49 ch – †109/380 € ††129/380 €, ☐ 15 €
◆ Charmant hôtel des Ternes bordant une ravissante placette, apprécié pour sa tranquillité. Chambres aux couleurs du Sud, avec lits en fer forgé et meubles en bois peint.

Amarante Arc de Triomphe sans rest
25 r. Th.-de-Banville Ⓜ *Pereire – ✆ 01 47 63 76 69 – www.jjwhotels.com – Fax 01 43 80 63 96* D8
50 ch – †125/200 € ††125/200 €, ☐ 19 €
◆ Cet hôtel abrite des chambres de style Directoire plébiscitées par la clientèle d'affaires ; certaines s'ouvrent sur le patio et celles du dernier étage sont mansardées.

Princesse Caroline sans rest
1bis r. Troyon Ⓜ *Charles de Gaulle-Etoile – ✆ 01 58 05 30 00 – www.hotelprincessecaroline.fr – Fax 01 42 27 49 53* E8
53 ch – †158/215 € ††158/215 €, ☐ 16 €
◆ Dans une ruelle voisine de l'Étoile, cet établissement rend hommage à Caroline Murat, sœur de Napoléon Ier. Chambres bourgeoises, lumineuses et cosy, très calmes côté cour.

Champerret Élysées sans rest
129 av. Villiers Ⓜ *Porte de Champerret – ✆ 01 47 64 44 00 – www.champerret-elysees.fr – Fax 01 47 63 10 58* D7
45 ch – †99/150 € ††99/150 €, ☐ 15 €
◆ Cet hôtel de la porte de Champerret abrite des chambres colorées (plus tranquilles sur cour). Petit-déjeuner buffet pris devant un trompe-l'œil représentant Paris.

Magellan sans rest
17 r. J.-B. Dumas Ⓜ *Porte de Champerret – ✆ 01 45 72 44 51 – www.hotelmagellan.com – Fax 01 40 68 90 36* D7
72 ch – †110/155 € ††128/180 €, ☐ 15 €
◆ Chambres fonctionnelles et spacieuses, aménagées dans un bel immeuble 1900 et son petit pavillon au fond du jardin où l'on prend le petit-déjeuner en été. Salon de style Art déco.

Mercure Wagram Arc de Triomphe sans rest
3 r. Brey Ⓜ *Charles de Gaulle-Etoile – ✆ 01 56 68 00 01 – www.mercure.com – Fax 01 56 68 00 02* E8
43 ch – †260 € ††260/280 €, ☐ 15 €
◆ Entre l'Étoile et les Ternes, chaleureuse réception et petites chambres douillettes habillées de tissus chatoyants et de boiseries claires évoquant l'univers marin.

Tilsitt Étoile sans rest
23 r. Brey Ⓜ *Charles de Gaulle-Etoile – ✆ 01 43 80 39 71 – www.tilsitt.com – Fax 01 47 66 37 63* E8
38 ch – †145/160 € ††180/220 €, ☐ 13 €
◆ Mignonnes chambres cosy (quelques terrassettes), plaisante salle des petits-déjeuners et salon-bar design... Le tout dans une rue calme du quartier de l'Étoile.

Champlain sans rest
99 bis r. de Rome Ⓜ *Rome – ✆ 01 42 27 49 52 – www.hotelchamplainparis.com – Fax 01.47.63.95.09* D11
51 ch – †170/220 € ††190/270 €, ☐ 16 €
◆ Hôtel récemment rénové, proche de la gare St-Lazare. Bar et salon chaleureux, chambres d'esprit contemporain raffiné ; des deux derniers étages, vue imprenable sur Montmartre.

Monceau Élysées sans rest
108 r. Courcelles Ⓜ *Courcelles – ✆ 01 47 63 33 08 – www.monceau-elysees.com – Fax 01 46 22 87 39* E9
29 ch – †139/189 € ††159/239 €, ☐ 11 €
◆ Près du parc Monceau, cet hôtel propose des chambres personnalisées (couleur saumon et tissus imprimés, ou style plus actuel). Petits-déjeuners sous une voûte en pierre.

Guy Savoy ✕✕✕✕ 🏛️ ☉ ⇄ ⇱ 🅥🅘🅢🅐 ⓿ 🅐🅔 ⓞ

😣😣😣 18 r. Troyon Ⓜ Charles de Gaulle-Etoile – ℰ 01 43 80 40 61
– www.guysavoy.com – Fax 01 46 22 43 09
– Fermé 3 sem. en août, 24 déc.-2 janv., sam. midi, dim. et lundi   E8
Rest – Menu 275/345 € – Carte 150/300 € 🏵
Spéc. Huîtres en nage glacée. Bar en écailles grillées aux épices douces. Noir (dessert).

♦ Verre, cuir et wengé, œuvres signées des grands noms de l'art contemporain, sculptures africaines, cuisine raffinée et inventive : "l'auberge du 21ᵉ s." par excellence.

Michel Rostang ✕✕✕✕ 🏛️ ☉ ⇱ 🅥🅘🅢🅐 ⓿ 🅐🅔

😣😣 20 r. Rennequin Ⓜ Ternes – ℰ 01 47 63 40 77
– www.michelrostang.com – Fax 01 47 63 82 75
– Fermé lundi sauf le soir de sept. à juin, sam. midi et dim.   D8
Rest – Menu 75 € (déj.)/164 € – Carte 128/194 € 🏵
Spéc. Salade de homard bleu cuit au moment et servi entier. Canette au sang en deux services. Tarte moelleuse au chocolat amer.

♦ Boiseries, figurines de Robj, œuvres de Lalique et vitrail Art déco composent le décor à la fois luxueux et insolite. Belle cuisine maîtrisée et magnifique carte des vins.

Sormani ✕✕✕ 🏛️ ☉ ⇱ 🅥🅘🅢🅐 ⓿ 🅐🅔

4 r. Gén. Lanrezac Ⓜ Charles de Gaulle-Etoile – ℰ 01 43 80 13 91
– Fax 01 40 55 07 37 – Fermé 1ᵉʳ-25 août, sam., dim. et fériés   E7
Rest – Menu 60 € – Carte 72/186 € 🏵

♦ Proche de la place de l'Étoile, joli cadre aux influences baroques (dominante rouge) où se sont donné rendez-vous charme latin, ambiance "dolce vita" et cuisine italienne.

Pétrus ✕✕✕ 🏵 🏛️ ☉ ⇱ 🅥🅘🅢🅐 ⓿ 🅐🅔

12 pl. Mar. Juin Ⓜ Pereire – ℰ 01 43 80 15 95 – Fax 01 47 66 49 86
– Fermé 6-24 août   D8
Rest – Carte 45/75 €

♦ L'élégance de la façade se retrouve et dans le cadre (contemporain), et dans l'assiette : on se régale ici d'une cuisine actuelle et soignée. Une belle halte gourmande.

La Braisière (Jacques Faussat) ✕✕ 🏛️ ⇱ 🅥🅘🅢🅐 ⓿ 🅐🅔 ⓞ

😣 54 r. Cardinet Ⓜ Malesherbes – ℰ 01 47 63 40 37 – Fax 01 47 63 04 76
– Fermé août, 24 déc.-2 janv., sam. midi et dim.   D9
Rest – Menu 38 € (déj.) – Carte 56/67 € 🏵
Spéc. Salade de homard breton et œuf de poule Lucullus. Épaule d'agneau des Pyrénées rôtie au thym et à la sarriette. Soufflé chaud aux fruits de saison.

♦ Confortable salle à manger moderne, sobre et de bon goût. La carte a une jolie pointe d'accent du Sud-Ouest, même si elle évolue au gré du marché et selon l'inspiration du chef.

Dessirier ✕✕ 🏛️ 🅥🅘🅢🅐 ⓿ 🅐🅔 ⓞ

9 pl. Mar. Juin Ⓜ Pereire – ℰ 01 42 27 82 14 – www.restaurantdessirier.com
– Fax 01 47 66 82 07 – Fermé sam. et dim. en juil.-août   D8
Rest – (37 €) Menu 46 € – Carte 51/94 € 🏵

♦ Dans ce "bistrot" de Michel Rostang, on apprécie une copieuse cuisine de brasserie orientée vers les produits de la mer. Agréable terrasse et service souriant.

Rech ✕✕ 🏵 🏛️ 🅥🅘🅢🅐 ⓿ 🅐🅔 ⓞ

62 av. des Ternes Ⓜ Ternes – ℰ 01 45 72 29 47 – www.esprit-bistrot.com
– Fax 01 45 72 41 60 – Fermé 25 juil.-23 août, 24-31 déc., dim. et lundi
Rest – Menu 30 € (déj.)/54 € – Carte 46/84 €   E7

♦ Les salles feutrées de ce vénérable restaurant d'esprit Art déco (miroirs, vitraux) augurent d'un agréable moment. Beaux produits de la mer ; une viande en alternative.

Timgad ✕✕ 🏛️ ☉ ⇱ 🅥🅘🅢🅐 ⓿ 🅐🅔 ⓞ

21 r. Brunel Ⓜ Argentine – ℰ 01 45 74 23 70 – www.timgad.fr
– Fax 01 40 68 76 46   E7
Rest – Carte 68/114 €

♦ Retrouvez la splendeur passée de la cité de Timgad dans ce cadre mauresque raffiné (stucs sculptés). Côté assiette, les parfums des couscous et autres tajines sont envoûtants.

XX **La Maison de Charly**   AC 🍴 ⇔ VISA ◑ AE ⓪

97 bd Gouvion-St-Cyr Ⓜ *Porte Maillot –* 𝒞 *01 45 74 34 62*
– www.lamaisondecharly.fr – Fax 01 55 37 90 21 – Fermé 1ᵉʳ-23 août et lundi
Rest – (34 €) Carte 34/42 €   E6
♦ Façade ocre devancée d'oliviers, élégant décor mauresque, palmier sous verrière et trio couscous-tajines-pastillas sérieusement exécuté : une sympathique parenthèse orientale.

XX **Agapé**   AC 🍴 ⇔ midi, VISA ◑ AE ⓪
✿
51 r. Jouffroy-d'Abbans Ⓜ *Wagram –* 𝒞 *01 42 27 20 18 – www.agape-paris.fr*
– Fax 01 43 80 68 09 – Fermé août, sam. et dim.   D9
Rest – Menu 35 € (déj.), 77/110 € – Carte 57/79 €
Spéc. Noix de veau crue fumée au bois de hêtre, citron-vanille. Pêche de petit bateau des côtes bretonnes. Chocolat Oropucce Trinidad, vanille Bourbon.
♦ Un nom grec célébrant l'amour, un lieu chic au décor minimaliste en teintes douces, une carte courte et alléchante. Cette table contemporaine ravit les gourmets.

XX **Graindorge**   VISA ◑ AE
✿
15 r. Arc-de-Triomphe Ⓜ *Charles de Gaulle-Étoile –* 𝒞 *01 47 54 00 28*
– Fermé 1ᵉʳ-15 août, sam. midi et dim.   E7
Rest – (24 €) Menu 28 € (déj.), 35/55 € – Carte 45/68 €
♦ La généreuse cuisine flamande de ce restaurant au joli cadre Art déco continue de ravir la clientèle du quartier. Belle sélection de bières ; bon rapport qualité-prix.

XX **Le Congrès**   🍴 AC VISA ◑ AE ⓪

80 av. de la Grande-Armée Ⓜ *Porte Maillot –* 𝒞 *01 45 74 17 24*
– www.gerard-joulie.com – Fax 01 45 72 39 80   E6
Rest – Menu 35 € bc/58 € – Carte 32/76 €
♦ À deux pas du Palais des Congrès, goûteuse cuisine de brasserie dans un cadre qui répond aux canons du genre : nappes blanches, fauteuils Empire, banc d'écailler, etc.

XX **Meating**   🍴 VISA ◑ AE
✿
122 av. de Villiers Ⓜ *Péreire –* 𝒞 *01 43 80 10 10 – www.restaurantmeating.com*
– Fax 01 43 80 31 42 – Fermé sam. midi et dim.   B2
Rest – (27 € bc) Menu 34 € – Carte 49/85 €
♦ Dans le décor branché de ce steackhouse des quartiers chic, le chef sélectionne de belles viandes et les cuit "au degré près". Plats classiques également.

XX **Samesa**   VISA ◑ AE
⊝
13 r. Brey Ⓜ *Charles De Gaulle-Etoile –* 𝒞 *01 43 80 69 34 – fermé dim.*
Rest – Menu 19 € (déj.)/30 € – Carte 45/60 €   E8
♦ La cuisine transalpine se porte bien dans la salle rénovée en 2009 (murs en pierre, tons beiges, verrière) de ce restaurant proche de la place de l'Étoile. Service tout sourire.

XX **Le Ballon des Ternes**   ⇔ VISA ◑ AE
103 av. Ternes Ⓜ *Porte Maillot –* 𝒞 *01 45 74 17 98 – Fax 01 45 72 18 84*
Rest – Carte 40/60 €   E6
♦ Non, vous n'avez pas bu trop de ballons ! La table dressée à l'envers au plafond fait partie du plaisant décor 1900 de cette brasserie voisine du Palais des Congrès.

X **Bigarrade** (Christophe Pelé)   AC 🍴 VISA ◑ AE
✿ ✿
106 r. Nollet Ⓜ *Brochant –* 𝒞 *01 42 26 01 02 – www.bigarrade.fr*
– Fermé vacances de printemps, août, vacances de Noël, lundi midi, sam. et dim.
Rest – (nombre de couverts limité, prévenir) Menu 35 € (déj.), 45/65 €   C11
Spéc. Menu du marché.
♦ Petit restaurant épuré (blanc et vert pomme), grand ouvert sur la cuisine où l'on admire le ballet de la brigade menée par Christophe Pelé. Prestation de haute tenue, où la simplicité le dispute à l'invention, pour le plaisir du produit. Menus sans choix.

X **Chez Léon**   ⇔ VISA ◑ AE
32 r. Legendre Ⓜ *Villiers –* 𝒞 *01 42 27 06 82 – Fax 01 46 22 63 67*
– Fermé 26 juil.-24 août, 24 déc.-4 janv., sam., dim. et fériés   D10
Rest – Menu 22 € (déj.), 32/48 €
♦ Vieux zinc d'esprit bistrot et touches de déco contemporaines : Chez Léon mêle les époques, et ce dans l'assiette aussi. Ambiance conviviale.

X **MBC - Gilles Choukroun**   AK VISA ⓒⓞ AE
4 r. du Débarcadère Ⓜ *Porte Maillot*
– ℰ 01 45 72 22 55 – www.gilleschoukroun.com
– fermé sam. midi et dim.   E6-E7
Rest – (19 €) Menu 29 € (déj.) – Carte 43/52 € le soir
♦ M pour menthe, B pour basilic et C pour coriandre : trois produits pris comme symbole d'une cuisine créative et métissée. Cadre contemporain, bien dans l'air du temps.

X **Caïus**   AK ⅞ VISA ⓒⓞ AE
6 r. d'Armaillé Ⓜ *Charles de Gaulle-Etoile – ℰ 01 42 27 19 20*
– Fax 01 40 55 00 93 – Fermé 10-25 août, 20-30 déc., sam. et dim.   E7
Rest – (23 €) Menu 39 €
♦ Chaque jour, le chef de ce beau bistrot inscrit sur la monumentale ardoise de nouvelles recettes personnalisées à l'aide d'épices ou de produits "oubliés". Décor moderne épuré.

X **Karl & Erick**   ⇄ VISA ⓒⓞ AE
20 r. de Tocqueville Ⓜ *Villiers – ℰ 01 42 27 03 71 – Fermé 1er-24 août, sam. midi et dim.*   D10
Rest – (25 €) Menu 32 € (déj.) – Carte 35/43 €
♦ Deux jumeaux, l'un en salle, l'autre en cuisine, sont à l'origine de ce bistrot aux airs de loft contemporain. À l'ardoise : plats soignés mi-bistrots, mi-actuels.

X **Bistrot Niel**   ⌂ ⊞ VISA ⓒⓞ AE
75 av. Niel Ⓜ *Pereire – ℰ 01 42 27 88 44 – www.bistrotniel.fr*
– Fax 01 42 27 32 12 – Fermé sam. et dim.   D8
Rest – (30 €) Menu 35 € (déj.) – Carte 44/69 €
♦ Un bistrot moderne à la fois chic et chaleureux. La cuisine est orientée produits de la mer et panache influences bourgeoises, touches modernes et notes épicées.

X **Le Café d'Angel**   AK VISA ⓒⓞ
16 r. Brey Ⓜ *Charles de Gaulle-Etoile – ℰ 01 47 54 03 33 – Fax 01 47 54 03 33*
– Fermé 1er-21 août, 24 déc.-2 janv., sam., dim. et fériés   E8
Rest – (20 €) Menu 24 € – Carte 39/52 €
♦ Cette petite adresse a la nostalgie des bistrots parisiens d'antan : intérieur rétro avec banquettes en skaï, faïences aux murs et plats traditionnels énoncés sur ardoise.

X **Hier et Aujourd'hui**   VISA ⓒⓞ
⊛ *145 r. Saussure* Ⓜ *Pereire – ℰ 01 42 27 35 55 – Fax 01 47 64 30 85*
– Fermé août, 1 sem. fin déc., sam., dim. et jours fériés   C9
Rest – (nombre de couverts limité, prévenir) (19 €) Menu 28 €
– Carte environ 29 €
♦ En face du Racing club de France, bistrot contemporain avec comptoir en zinc, murs en briques et tons gris ; cuisine au goût du jour soignée et généreuse, à prix doux.

X **Le Clou**   VISA ⓒⓞ AE
132 r. Cardinet Ⓜ *Malesherbes – ℰ 01 42 27 36 78*
– www.restaurant-leclou.fr – Fax 01 42 27 89 96
– Fermé 26 juil.-18 août et dim.   C10
Rest – (20 €) Menu 24 € (déj. en sem.), 34 € – Carte 33/40 €
♦ Ce bistrot concilie convivialité et raffinement : tables à touche-touche, plats du terroir (poitevin notamment) revisités selon le marché et la saison, vins prestigieux.

X **L'Accolade**   VISA ⓒⓞ AE
⊛ *23 r. Guillaume-Tell* Ⓜ *Péreire – ℰ 01 42 67 12 67 – www.laccolade.com*
– Fermé août, 1 sem. à Noël, dim. et lundi   D7-D8
Rest – Menu 34 € – Carte 34/45 €
♦ Bistrot mariant l'ancien (banquettes, vieux parquets) et le contemporain (murs d'un vert éclatant) ; cuisine classique et recettes dans l'air du temps.

X **Chez Mathilde-Paris XVII**   VISA ⓒⓞ
41 r. Guersant Ⓜ *Porte Maillot – ℰ 01 45 74 75 27 – www.chezmathilde.fr*
– Fermé août, 24 déc.-1er janv., sam. et dim.   D7
Rest – Carte 22/30 €
♦ Dans ce restaurant de quartier, cuisine bistrotière mitonnée en fonction du marché et affichée sur ardoise. Murs jaune tournesol, banquettes et tables serrées.

PARIS

✗ **Le Clou de Fourchette** ⇦ *VISA* ◑◐ **AE**
121 r. de Rome Ⓜ *Rome* – ✆ *01 48 88 09 97 – Fermé dim.* D11
Rest – (15 €) Carte 26/38 €
◆ Le Clou du spectacle se joue autour "du cochon", "de la plancha", "des brochettes", etc. Bons produits, large choix de vins au verre et convivialité sont les atouts du lieu.

✗ **Kifuné** *VISA* ◑◐
44 r. St-Ferdinand Ⓜ *Porte Maillot* – ✆ *01 45 72 11 19 – Fermé 1er au 10 mai, 2-20 août, vacances de Noël, dim., lundi et fériés* E6
Rest – Menu 30 € (déj.) – Carte 30/60 €
◆ Sushi, sashimi, tempura, yakimono (grillade) et agemono (friture) sont à la carte de ce restaurant japonais où règne une ambiance familiale. Cuisine ouverte sur la salle.

✗ **L'Huîtrier** **AC** ✗ *VISA* ◑◐ **AE**
16 r. Saussier-Leroy Ⓜ *Ternes* – ✆ *01 40 54 83 44 – Fax 01 40 54 83 86 – Fermé août et lundi* E8
Rest – Carte 32/80 €
◆ À l'entrée, le banc d'écailler vous mettra l'eau à la bouche. Vous dégusterez huîtres et fruits de mer, au coude à coude, dans une salle à manger sagement contemporaine.

✗ **La Fourchette du Printemps** *VISA* ◑◐
30 r. du Printemps Ⓜ *Wagram* – ✆ *01 42 27 26 97 – Fermé sam. midi et dim.*
Rest – (20 €) Menu 26 € (déj.)/42 € C9
◆ Voilà un nouveau bistrot contemporain qui sort du lot : une jeune équipe, riche d'un beau parcours, y réalise une savoureuse cuisine aux solides bases classiques. À suivre...

✗ **L'Entredgeu** *VISA* ◑◐
☺ *83 r. Laugier* Ⓜ *Porte de Champerret* – ✆ *01 40 54 97 24 – Fax 01 40 54 96 62 – Fermé 1 sem. fin avril-début mai, 3 sem. en août, 1 sem. à Noël, dim. et lundi*
Rest – (23 €) Menu 32 € D7
◆ Accueil souriant, décor aux accents du Sud-Ouest, ambiance animée, menu sur ardoise et cuisine du marché : entraînez-vous à prononcer son nom, l'Entredgeu en vaut la peine !

✗ **Caves Petrissans** 🗄 ⊏⫶ *VISA* ◑◐ **AE**
30 bis av. Niel Ⓜ *Pereire* – ✆ *01 42 27 52 03 – Fax 01 40 54 87 56 – Fermé août, sam., dim. et fériés*
Rest – (prévenir) Menu 34 € – Carte 40/56 € 🍷 D8
◆ Céline, Abel Gance, Roland Dorgelès aimaient fréquenter ces caves plus que centenaires, à la fois boutique de vins et restaurant. Cuisine bistrotière bien ficelée.

✗ **Zinc Caïus** *VISA* ◑◐ **AE**
11 r. d'Armaillé Ⓜ *Charles De Gaulle-Étoile* – ✆ *01 44 09 05 10 – Fermé 8 au 23 août, dim. et lundi*
Rest – (nombre de couverts limité, prévenir) Carte 30/45 € E7
◆ À deux pas de la maison mère (Caïus), ce bistrot de poche – une dizaine de tables hautes – sert une cuisine de bistrot de bonne tenue. Confort spartiate.

✗ **Le Palanquin** ✗ *VISA* ◑◐
4 pl. Boulnois Ⓜ *Ternes* – ✆ *01 43 80 46 90 – fermé août, sam. midi et dim.*
Rest – (nombre de couverts limité, prévenir) Carte 30/40 € E8
◆ Cadre très modeste pour ce petit restaurant (à peine 20 couverts) tenu en famille. Tout se joue dans l'assiette avec une authentique cuisine vietnamienne bien parfumée.

S. Sauvignier/MICHELIN

Montmartre · Pigalle

18e arrondissement ✉ 75018

PARIS

Terrass' Hôtel 🍽 🛗 & 🅰️ 🕭 🖴 VISA ◎ AE ①
12 r. J.-de-Maistre ⓜ Place de Clichy – ☏ 01 46 06 72 85 – www.terrass-hotel.com
– Fax 01 44 92 34 30
C13
98 ch – †280/550 € ††280/550 €, ☏ 17 €
Rest *Le Diapason* – ☏ 01 44 92 34 00 *(fermé dim. soir du 16 sept. au 30 avril
et sam. midi)* (23 €) Menu 29 € (déj.)/38 € – Carte 45/65 €
♦ Au pied de Montmartre, hôtel au luxe discret, doté de chambres spacieuses meublées
sobrement et parfaitement tenues. Beaux salon et piano-bar ; cheminée en hiver. Cuisine
actuelle servie dans une salle contemporaine ou sur la terrasse du toit, dominant Paris...

Kube 🛝 🖴 🛗 & 🅰️ 🕪 🖴 🚭 🛋 VISA ◎ AE ①
1-5 passage Ruelle ⓜ La Chapelle – ☏ 01 42 05 20 00 – www.kubehotel.com
– Fax 01 42 05 21 01
C16
41 ch – †250 € ††300/900 €, ☏ 18 €
Rest – (19 €) Menu 25 € (déj.)/41 € – Carte 26/54 €
♦ La façade du 19e s. cache un hôtel du 21e s., design et high-tech. Chambres d'esprit
loft, matériaux bruts. Deux bars, dont le glacial Ice Kube (- 10°C, tenue fournie) à l'étage. Restaurant lounge : carte actuelle et "finger food".

Mercure Montmartre sans rest 🖴 & 🅰️ 🕪 🖴 VISA ◎ AE ①
3 r. Caulaincourt ⓜ Place de Clichy – ☏ 01 44 69 70 70 – www.mercure.com
– Fax 01 44 69 70 71
D12
305 ch – †165/235 € ††175/245 €, ☏ 18 €
♦ Bien situé (près de la place Clichy, du Moulin Rouge et du cimetière Montmartre), cet
hôtel totalement rénové propose de confortables chambres actuelles. Personnel accueillant.

L'Hôtel Particulier Montmartre sans rest 🛝 🚋 🖴 🅰️ 🚭 🕪
23 av. Junot ⓜ Lamarck Caulaincourt – ☏ 01 53 41 81 40 VISA ◎ AE
– www.hotel-particulier-montmartre.com – Fax 01 42 58 00 87
C13
5 ch – †390/590 € ††390/590 €, ☏ 20 € – 3 suites
♦ Étonnante, cette demeure Directoire forme un havre de paix au cœur de Montmartre.
Entrée discrète par un passage pavé, jardin luxuriant, atmosphère intime, décors d'artistes.

Relais Montmartre sans rest 🛝 🖴 & 🅰️ 🚭 🕪 VISA ◎ AE ①
6 r. Constance ⓜ Abbesses – ☏ 01 70 64 25 25 – www.relaismontmartre.fr
– Fax 01 70 64 25 00
D13
26 ch – †140/200 € ††140/200 €, ☏ 13 €
♦ À proximité de Pigalle, retrouvez le charme – inattendu dans ce quartier très vivant – d'une
demeure villageoise et paisible. Coquet décor classique et équipements modernes.

Holiday Inn Garden Court Montmartre sans rest 🖴 & 🅰️ 🕪
23 r. Damrémont ⓜ Lamarck Caulaincourt 🛋 VISA ◎ AE ①
– ☏ 01 44 92 33 40 – www.holiday-inn.com/parismontmart – Fax 01 44 92 09 30
54 ch – †110/170 € ††130/190 €, ☏ 13 €
C13
♦ Dans une rue calme, entre la butte Montmartre et la place Clichy. Chambres spacieuses et
fonctionnelles, salle des petits-déjeuners ouverte sur une petite terrasse.

Timhotel sans rest 🖴 🅰️ 🚭 🕪 VISA ◎ AE ①
11 r. Ravignan ⓜ Abbesses – ☏ 01 42 55 74 79 – www.timhotel.com
– Fax 01 42 55 71 01
D13
59 ch ☏ – †75/150 € ††75/180 €
♦ Sur l'une des plus charmantes places du quartier, hôtel coquet et fonctionnel. Les chambres des 4e et 5e étages, rénovées, offrent une vue imprenable sur la capitale.

1277

Chamarré Montmartre   🏠 AK ⟺ VISA ⊙⊙ AE

52 r. Lamarck Ⓜ *Lamarck Caulaincourt –* ✆ *01 42 55 05 42
– www.chamarre-montmartre.com*   C14
Rest – (17 €) Menu 25 € (déj.), 52/115 € bc – Carte environ 60 €
♦ Sur la butte Montmartre, côté Lamarck, confortable salle moderne avec (petite) vue sur les cuisines, bar avec tables mange-debout et agréable terrasse. Cuisine franco-mauricienne.

Bistro Poulbot   🍽 VISA ⊙⊙

39 r. Lamarck Ⓜ *Lamarck Caulaincourt –* ✆ *01 46 06 86 00
– fermé 8-30 août, dim. et lundi*   C14
Rest – (14 €) Menu 17 € (déj.)/35 € – Carte 37/51 €
♦ L'enseigne de ce bistrot évoque les gamins de Montmartre immortalisés par Poulbot. Recettes simples et traditionnelles le midi, cuisine au goût du jour plus élaborée le soir.

Chéri bibi   VISA ⊙⊙

15 r. André-del-Sarte Ⓜ *Barbès Rochechouart –* ✆ *01 42 54 88 96 – Fermé 3 sem. en août et dim.*   D14
Rest – *(dîner seult)* (19 €) Menu 24 €
♦ Lieu branché, animé, un brin bobo. Mobilier chiné des années 1950, vieux zinc. La cuisine marie classiques de bistrot, recettes de grand-mère et touches plus personnelles.

Miroir   🍽 VISA ⊙⊙ AE

94 r. des Martyrs Ⓜ *Abbesses –* ✆ *01 46 06 50 73 – Fermé août, 23-31 déc., dim. soir, lundi et fériés*   D13-D14
Rest – (25 €) Menu 32 €
♦ Cadre typique de bistrot parisien, dont une salle éclairée par une verrière ; ardoise inspirée par le marché et joli choix de vins. Équipe jeune et professionnelle.

La Table d'Eugène   🍽 VISA ⊙⊙

18 r. Eugène-Sue Ⓜ *Jules Joffrin –* ✆ *01 42 55 61 64 – Fermé 1ᵉʳ-25 août, 24 déc.-3 janv., dim. et lundi*   C14
Rest – *(nombre de couverts limité, prévenir)* (18 € bc) Menu 35 €
♦ Bistrot sobre (moulures et tons pastel), cuisine de saison intelligente et soignée, autour d'un joli menu-carte. Réservation vivement conseillée.

L'Oxalis   VISA ⊙⊙

14 r. Ferdinand-Flocon Ⓜ *Jules Joffrin –* ✆ *01 42 51 11 98
– www.restaurantoxalis.com – Fermé en août, dim. et lundi*   C14
Rest – (15 €) Menu 17/27 € – Carte 25/32 €
♦ Restaurant de quartier au fonctionnement familial. Savoureuse cuisine traditionnelle concoctée par un chef au beau parcours. Menu-carte sur l'ardoise. Accueil charmant.

Le Café qui Parle   AK VISA ⊙⊙

24 r. Caulaincourt ✉ *75018* Ⓜ *Lamarck Caulaincourt –* ✆ *01 46 06 06 88
– www.lecafequiparle.com – Fermé 2-20 août, 3-9 janv. et dim. soir*
Rest – Menu 13 € (déj. en sem.)/17 € – Carte 26/50 €   C13
♦ Dans une ambiance conviviale, découvrez une cuisine ancrée sur des bases classiques, mises au goût du jour avec talent. Cadre dans les tons chocolat et clientèle d'habitués.

Ph. Gajic/MICHELIN

Parc de la Villette ·
Parc des Buttes Chaumont

19e arrondissement   ✉ 75019

Holiday Inn La Villette   🏠 ⅃ѕ 🛗 ঌ ch. 🖥 📞 ɨ̇à 🚗 VISA ⓓ AE ①
216 av. J. Jaurès Ⓜ Porte de Pantin – ℰ 01 44 84 18 18
– www.holidayinn-parisvillette.com – Fax 01 44 84 18 20   C21
182 ch ⌂ – †140/600 € ††140/600 €
Rest – (fermé sam. et dim.) Menu 27 € (déj.) – Carte 25/40 €
♦ Construction moderne face à la Cité de la Musique. Les chambres, spacieuses et insonorisées, allient sobriété et confort actuels. Salons pour séminaire, auditorium, fitness. Cuisine traditionnelle servie dans un décor de brasserie moderne.

Canal St-Martin sans rest   🎝 ⁽¹⁾ VISA ⓓ AE ①
5 av. Secrétan Ⓜ Jaurès – ℰ 01 42 06 62 00 – www.hotel-canal-saint-martin.com
– Fax 01 42 40 64 51   D18
69 ch – †90/160 € ††90/160 €, ⌂ 8 €
♦ Entre le canal St-Martin et le bassin de la Villette, chambres récentes pour les "Confort" et "Privilège", traditionnelles pour les "Classiques". Cours fleuries, accueil aimable.

Laumière sans rest   🛗 VISA ⓓ
4 r. Petit Ⓜ Laumière – ℰ 01 42 06 10 77 – www.hotel-lelaumiere.com
– Fax 01 42 06 72 50   D19
54 ch – †56/62 € ††58/63 €, ⌂ 9 €
♦ En manque d'espaces verts ? Cet hôtel, simple et bien tenu, vous invite à profiter de son agréable jardinet (petit-déjeuner) et du parc des Buttes-Chaumont tout proche.

Crimée sans rest   🛗 AC ⁽¹⁾ VISA ⓓ AE ①
188 r. Crimée Ⓜ Crimée – ℰ 01 40 36 75 29 – www.hotelcrimee.com
– Fax 01 40 36 29 57   C18
31 ch – †70 € ††75 €, ⌂ 7 €
♦ À 300 m du canal de l'Ourcq. Les chambres, fonctionnelles, sont bien insonorisées et climatisées, avec vue sur jardinet pour certaines. Service de qualité.

Au Bœuf Couronné   ⇔ ⊂ 🖊 VISA ⓓ AE ①
188 av. Jean-Jaurès Ⓜ Porte de Pantin – ℰ 01 42 39 44 44 – www.rest-gj.com
Rest – Menu 32 € bc – Carte 29/74 €   C20
♦ Succès indéfectible pour cette institution face aux anciennes halles de la Villette. Cuisine copieuse (les amateurs de viande sont à la fête), service aimable et décor rétro.

Au Relais des Buttes-Chaumont   🏠 ⇔ VISA
86 r. Compans Ⓜ Botzaris – ℰ 01 42 08 24 70
– www.aurelaisdesbutteschaumont.com – Fax 01 42 03 20 44 – Fermé août,
24 déc.-3 janv., sam. midi et dim.   E20
Rest – Menu 34 € – Carte 52/74 €
♦ Ce restaurant à l'allure d'auberge provinciale joue la carte du classicisme, tant par sa cuisine que par son décor. Cour intérieure avec terrasse fleurie ou salle avec cheminée.

La Cave Gourmande   AC VISA ⓓ
10 r. Gén. Brunet Ⓜ Botzaris – ℰ 01 40 40 03 30 – Fax 01 40 40 03 30
– Fermé 3 sem. en août, vacances de fév., sam. midi et dim.   E20
Rest – (31 €) Menu 36 €
♦ Casiers à bouteilles, tables en bois et plats du marché font bon ménage dans ce sympathique bistrot voisin du parc des Buttes-Chaumont. Bonne humeur assurée.

La Violette   🏠 ⇔ VISA ⓓ
11 av. Corentin Cariou Ⓜ Corentin Cariou – ℰ 01 40 35 20 45
– www.restaurant-laviolette.com – Fermé 8-16 mai, vacances de Noël, sam., dim.
et fériés   B19
Rest – (nombre de couverts limité, prévenir) (19 €) Carte 40/62 €
♦ Accueil très chaleureux, décor tendance (teintes noir et blanc, banquette violette, murs couverts de casiers à bouteilles) et goûteux petits plats dans l'air du temps.

✕ Que du bon

VISA ⓐⓑ

22 r. du Plateau Ⓜ *Buttes-Chaumont – ℰ 01 42 38 18 65 – Fermé en mai,*
24 déc.-2 janv., sam. midi et dim.
E20
Rest – (14 €) Menu 26/37 € 🍴

◆ Des assiettes toutes bonnes en effet, proposées dans un chaleureux décor de bistrot contemporain, alliant tons gris et collection de tire-bouchons. Vins de petits producteurs.

✕ L'Hermès

VISA ⓐⓑ

23 r. Mélingue Ⓜ *Pyrénées – ℰ 01 42 39 94 70 – Fermé vacances de*
Pâques, août, vacances de fév., merc. midi, dim. et lundi
F20
Rest – (17 €) Menu 33 € – Carte 34/55 €

◆ Délicieuse atmosphère provinciale (tons ocre, bois, nappes fleuries) et généreuse cuisine bistrotière proposée à l'ardoise : une bonne petite adresse aux allures de guinguette.

PARIS

S. Sauvignier/MICHELIN

Cimetière du Père Lachaise · Gambetta · Belleville

20e arrondissement

✉ 75020

🏨 Mama Shelter

🏢 🛏 ⓗ 🗚 🛜 ⚙ 🍽 *VISA* ⓐⓑ *AE*

109 r. de Bagnolet Ⓜ *Gambetta – ℰ 01 43 48 48 48 – www.mamashelter.com*
– Fax 01 43 48 49 49
H22
169 ch – †79/499 € ††89/499 €, ☐ 15 € – 1 suite
Rest – (19 €) Menu 29 € (dîner) – Carte 29/80 €

◆ L'imaginaire de Starck insuffle une originalité au décor, à la fois épuré, design et fantaisiste, de ce nouvel et vaste hôtel, à la pointe de la modernité. Grand bar lounge. Restaurant éclairé par de larges baies vitrées, longue terrasse surplombant la petite ceinture.

🏠 Palma sans rest

🛏 🗚 🛜 *VISA* ⓐⓑ *AE* ⓞ

77 av. Gambetta Ⓜ *Gambetta – ℰ 01 46 36 13 65 – www.palmahotel.com*
– Fax 01 46 36 03 27
G21
32 ch – †70/74 € ††80/89 €, ☐ 7 €

◆ Voisin de la place Gambetta et du cimetière du Père-Lachaise, cet hôtel, rénové en 2009, dispose de petites chambres fraîches, parfaitement insonorisées et très bien tenues.

✕✕ Les Allobroges

VISA ⓐⓑ

71 r. Grands-Champs Ⓜ *Maraîchers – ℰ 01 43 73 40 00 – Fermé 3 sem. en août,*
dim. soir et lundi
K22
Rest – Menu 19 € (sem.)/33 €

◆ Sortez des "quartiers battus" pour découvrir ce restaurant proche de la porte de Montreuil. Fine cuisine traditionnelle à l'excellent rapport qualité-prix. Service attentionné.

✕ La Boulangerie

VISA ⓐⓑ

15 r. des Panoyaux Ⓜ *Ménilmontant – ℰ 01 43 58 45 45 – Fax 01 43 58 45 46*
– Fermé août, 23 déc.-4 janv., sam. midi, dim. et lundi
G20
Rest – (14 €) Menu 17 € (déj.)/32 € 🍴

◆ L'adresse séduit les habitués et les touristes par son décor de bistrot patiné. Plats généreux et jolie carte des vins. Impressionnant choix de cognacs, whiskys et bourbons.

✕ Le Baratin

VISA ⓐⓑ

3 r. Jouye-Rouve Ⓜ *Pyrénées – ℰ 01 43 49 39 70*
– Fermé 1 sem. en mai, août, 1 sem. en janv., sam. midi, dim. et lundi
Rest – (prévenir) Menu 16 € (déj.) – Carte 31/40 €
F19

◆ Une ardoise alléchante, des prix sages, un choix de beaux vins. On comprend le succès de ce petit bistrot de quartier qui semble hors du temps...

Environs de Paris

40 km autour de Paris

cartes 18 à 21

Ph. Gajic/MICHELIN

ANTONY 👁 – **92 Hauts-de-Seine** – **311** J3 – **101** 25 – **60 552 h.**   **20** B3
– alt. 80 m – ✉ 92160

> 🚩 Paris 13 – Bagneux 6 – Corbeil-Essonnes 28 – Nanterre 23
> 🗘 Syndicat d'initiative, place Auguste Mounié ✆ 01 42 37 57 77,
> Fax 01 46 66 30 80
> 🔵 Sceaux : parc★★ et musée de l'Île-de-France★ N : 4 km - Châtenay-
> Malabry : église St-Germain-l'Auxerrois★, Maison de Chateaubriand★ NO :
> 4 km, ▮ Île-de-France

| 🎋 | **De Berny** sans rest | 🎋 & 🅰 🛇 ✙ 🚭 🆚 🕕 🆎 |

129 av. A.-Briand – ✆ 01 46 11 43 90 – www.hotel-berny.com
– Fax 01 46 74 96 46
40 ch – ♦130 € ♦♦140 €, ⌂ 12 € – 4 suites
♦ À proximité de la Croix de Berny, hôtel récent doté d'un salon feutré, de chambres bien
équipées et de quelques suites. Esprit contemporain pour la déco et le mobilier.

XX   **L'Amandier**   🅰 ⟷ 🆚 🕕

8 r. de l'Église – ✆ 01 46 66 22 02 – www.restaurant-lamandier.fr
– Fermé en août, 25 déc.-1er janv., sam. midi, dim. soir et lundi
Rest – Menu 22 € (déj. en sem.)/60 € – Carte 38/50 €
♦ Ce restaurant du vieil Antony abrite une spacieuse et confortable salle à manger mi-clas-
sique, mi-actuelle. La carte, inventive, est renouvelée régulièrement.

X   **La Tour de Marrakech**   🅰 🛇 🆚 🕕 🆎

72 av. Division Leclerc – ✆ 01 46 66 00 54 – www.latourdemarrakech.com
– Fax 01 46 66 12 99 – Fermé août et lundi
Rest – Menu 22 € (déj. en sem.) – Carte 25/45 €
♦ Un voyage bien moins cher qu'un Paris-Marrakech ! Décor délicieusement mauresque,
plats du pays mitonnés avec doigté, sans oublier l'accueil et le service prévenants.

ARGENTEUIL 👁 – **95 Val-d'Oise** – **305** E7 – **101** 14 – **102 683 h.**   **20** B1
– alt. 33 m – ✉ 95100 ▮ Île de France

> 🚩 Paris 16 – Chantilly 38 – Pontoise 20 – St-Germain-en-Laye 19

XXX   **La Ferme d'Argenteuil**   🆚 🕕 🆎

2 bis r. Verte – ✆ 01 39 61 00 62 – www.lafermedargenteuil.com – Fermé
1er-8 mai, 1er-22 août, lundi soir, mardi soir, merc. soir et dim.
Rest – Menu 37/70 € – Carte 55/70 €
♦ Auberge légèrement excentrée tenue par deux sœurs : Amélia s'occupe de l'accueil dans la
salle totalement redécorée, tandis que Marie, en cuisine, prépare des plats actuels.

ASNIÈRES-SUR-SEINE – **92 Hauts-de-Seine** – **311** J2 – **101** 15 – **82 351 h.**   **20** B1
– alt. 37 m – ✉ 92600 ▮ Île de France

> 🚩 Paris 10 – Argenteuil 6 – Nanterre 8 – Pontoise 26

XXX   **Van Gogh**   🎋 ⟷ 🅿 🆚 🕕 🆎 🕕

2 quai Aulagnier, (accès par cimetière des chiens) – ✆ 01 47 91 05 10
– www.levangogh.com – Fax 01 47 93 00 93 – Fermé dim. soir
Rest – Menu 39 € – Carte 55/75 €
♦ Van Gogh immortalisa dans ses tableaux ce bord de Seine. Intérieur façon bateau de plaisance, terrasse d'été face à l'eau et cuisine actuelle (poissons de l'Atlantique).

ⅩⅩ La Petite Auberge *VISA* ⚫⚫

118 r. Colombes – ✆ 01 47 93 33 94 – Fax 01 47 93 33 94 – Fermé 6-24 août, dim. soir, merc. soir et lundi

Rest – Menu 30 € – Carte environ 35 €

● Petite auberge de bord de route à l'ambiance sympathique. Objets anciens, tableaux et collection d'assiettes décorent la salle à manger rustique. Cuisine traditionnelle.

AULNAY-SOUS-BOIS – 93 Seine-Saint-Denis – **305** F7 – **101** 18   **21** D1
– 81 600 h. – alt. 46 m – ⊠ 93600

▶ Paris 19 – Bobigny 9 – Lagny-sur-Marne 23 – Meaux 30

ⅩⅩⅩ Auberge des Saints Pères (Jean-Claude Cahagnet) Ⓐ🆒 *VISA* ⚫⚫ *AE*

212 av. Nonneville – ✆ 01 48 66 62 11 – www.auberge-des-saints-peres.fr
– Fax 01 48 66 67 44 – Fermé 10-16 mai, 9-30 août, 1er-10 janv., merc. soir, sam. et dim.

Rest – Menu 41/85 € bc – carte 55/85 €

Spéc. Télines au jus de coquillages et tomates confites. Saint-pierre en chaleur douce aux cinq saveurs. Craquelin pistache fourré de chocolat blanc, framboise et financier pistache.

● Cette maison offre un cadre épuré d'inspiration zen (matières naturelles). Le chef réalise une cuisine inventive, bien présentée et relevée par les herbes de son jardin aromatique.

AUVERS-SUR-OISE – 95 Val-d'Oise – **305** E6 – **106** 6 – **101** 3 – 6 956 h.   **18** B1
– alt. 30 m – ⊠ 95430 ▌Île de France

▶ Paris 36 – Beauvais 52 – Chantilly 35 – Compiègne 84

🅸 Office de tourisme, rue de la Sansonne ✆ 01 30 36 10 06,
      Fax 01 34 48 08 47

◉ Maison de Van Gogh★ - Parcours-spectacle "voyage au temps des Impressionnistes"★au château de Léry.

ⅩⅩⅩ Hostellerie du Nord avec ch 🍽 Ⓐ ch, ⁽ʸ⁾ 🛁 🅿 *VISA* ⚫⚫

6 r. Gén. de Gaulle – ✆ 01 30 36 70 74 – www.hostellleriedunord.fr
– Fax 01 30 36 72 75 – Fermé dim. soir

8 ch – †99/129 € ††129/189 €, � 13 €

Rest – (fermé sam. midi et lundi) Menu 49 € bc (déj. en sem.), 59/79 €

● Cet ancien relais de poste reçut jadis des peintres de renom. Les œuvres d'art ornant la salle à manger et les chambres témoignent de ce riche passé. Cuisine traditionnelle.

Ⅹ Auberge Ravoux 🍽 🍴 *VISA* ⚫⚫ *AE*

52 r. du Gén. de Gaulle (face à la mairie) – ✆ 01 30 36 60 60
– www.maisondevangogh.fr – Fax 01 30 36 60 61 – Ouvert début mars à mi-nov. et fermé merc. soir, jeudi soir, lundi et mardi

Rest – (nombre de couverts limité, prévenir) (27 €) Menu 32/38 €
– Carte 50/64 €

● Ambiance attachante et généreuse cuisine des cafés d'artistes du 19e s. dans l'auberge où Van Gogh logea au crépuscule de sa vie. La petite chambre du peintre se visite (5 €).

BAGNOLET – 93 Seine-Saint-Denis – **305** F7 – **101** 17 – 34 069 h.   **21** C2
– alt. 96 m – ⊠ 93170

▶ Paris 8 – Bobigny 6 – Lagny-sur-Marne 32 – Meaux 39

🏨 Novotel Paris Est 🛗 🖥 🔥 Ⓐ ⁽ʸ⁾ 🛁 🚗 *VISA* ⚫⚫ *AE* ⓪

1 av. de la République, (échangeur porte de Bagnolet) – ✆ 01 49 93 63 00
– www.novotel.com – Fax 01 43 62 55 58

609 ch – †130/185 € ††130/185 €, ⊇ 14 € – 7 suites

Rest – (12 €) Carte 18/35 €

● En bordure du périphérique, l'un des premiers hôtels de la chaîne (construit en 1973), entièrement rénové dans un style contemporain. Tenue impeccable. Hommes d'affaires, groupes et touristes du monde entier se croisent au restaurant, ouvert assez tard le soir.

BOIS-COLOMBES – 92 Hauts-de-Seine – **311** J2 – **101** 15 – 27 151 h.   **20** B1
– alt. 37 m – ⊠ 92270

▶ Paris 12 – Nanterre 6 – Pontoise 25 – St-Denis 11

X **Le Chefson** VISA ☺☺ AE
😊 *17 r. Ch. Chefson – ☎ 01 42 42 12 05 – Fax 01 47 80 51 68*
– Fermé 1er-28 août,1 sem. en fév., lundi soir, sam. et dim.
Rest – *(nombre de couverts limité, prévenir)* (19 €) Menu 24/35 €
♦ L'ambiance bistrot et la cuisine traditionnelle, simple et généreuse, font le charme du lieu, apprécié de la clientèle locale. Suggestions sur ardoise au gré du marché.

BOUGIVAL – **78 Yvelines** – **311** I2 – **101** 13 – **8 418 h.** – **alt. 40 m**   **20** A2
– ✉ **78380** ▊ Île de France

▶ Paris 21 – Rueil-Malmaison 5 – St-Germain-en-Laye 6 – Versailles 8
🅳 Syndicat d'initiative, 10, rue du Général Leclerc ☎ 01 39 69 21 23,
Fax 01 39 69 37 65

ᐱᐱᐱ **Holiday Inn**   📶 🖧 ⅙ ch, 🅰🅲 📞 🎇 🖅 🚗 VISA ☺☺ AE ⓞ
10-12 r. Yvan Tourgueneff, (D 113) – ☎ 01 30 08 18 28 – www.holiday-inn.com
– Fax 01 30 08 18 38
181 ch – ♂130/240 € ♂♂130/240 €, ⭐ 18 €
Rest – Menu 27 € (déj.) – Carte 23/50 €
♦ Façade "années 1970" mais intérieur totalement rénové et restructuré autour d'un patio. Chambres spacieuses, dont une dizaine au mobilier de style tournées vers la Seine. Côté restaurant, décor ensoleillé, grande terrasse et cuisine traditionnelle aux accents du Sud.

ᐱᐱ **Villa des Impressionnistes** sans rest   🛎 🖧 ⅙ 🖅 🚗 VISA ☺☺ AE
15 quai Rennequin Sualem, (D 113) – ☎ 01 30 08 40 00
– www.villa-impressionnistes.fr – Fax 01 39 18 58 89
50 ch – ♂115/165 € ♂♂135/180 €, ⭐ 15 € – 1 suite
♦ Le charmant décor de cet hôtel – bibelots, mobilier choisi, couleurs vives – évoque les peintres impressionnistes. Chambres spacieuses, bien insonorisées et agréable parc.

ᐱ **La Vasconia** sans rest ⌖   🚗 🖅
7 r. de la Butte-de-la-Celle – ☎ 01 39 69 03 93 – www.la-vasconia.com
3 ch ⭐ – ♂65/75 € ♂♂75/85 €
♦ Au cœur d'un paisible quartier pavillonnaire, on pénètre dans cette maison par un grand jardin arboré et fleuri. Chambres personnalisées et soignées (meubles anciens ou chinés).

XXX **Le Camélia** (Thierry Conte)   🅰🅲 🔄 VISA ☺☺ AE
😊 *7 quai G. Clemenceau – ☎ 01 39 18 36 06*
– www.lecamelia.com – Fax 01 39 18 00 25
– Fermé 1 sem. vacances de Pâques, août, 1 sem. vacances de Noël, dim. et lundi
Rest – Menu 37 € (déj. en sem.), 45/75 € – Carte 97/108 €🕸
Spéc. Salade de homard aux agrumes. Sole bretonne aux olives de Sicile. Millefeuille aux fruits de saison.
♦ L'enseigne évoque le passé artistique de cette charmante auberge. Dans l'élégante salle colorée, vous appréciez l'œuvre du chef : une cuisine inventive réalisée au gré du marché.

BOULOGNE-BILLANCOURT 👓 – **92 Hauts-de-Seine** – **311** J2 – **101** 24   **20** B2
– **110 251 h.** – **alt. 35 m** – ✉ **92100** ▊ Île de France

▶ Paris 10 – Nanterre 9 – Versailles 11
📷 Musée départemental Albert-Kahn★ : jardins★ - Musée Paul Landowski★.

ᐱᐱᐱᐱ **Radisson Blu**   🚤 📶 🛗 🖧 ⅙ 🅰🅲 🍽 📶 🎇 🖅 🚗 VISA ☺☺ AE ⓞ
33 av. E. Vaillant – ☎ 01 46 08 85 00 – www.boulogne.radissonsas.com
– Fax 01 46 08 85 01
170 ch – ♂145/340 € ♂♂145/340 €, ⭐ 24 €
Rest A O C – *(fermé août et vacances de Noël)* (22 €) Menu 28 € (sem.)
– Carte 33/55 €
♦ Respect de l'environnement est le leitmotiv de cet "hôtel vert" : depuis le choix des matériaux (bois exotique) et des équipements jusqu'à la très forte implication du personnel. Cuisine actuelle à l'A.O.C., ouvert sur un patio-terrasse planté de vignes.

ENVIRONS DE PARIS

Mercure Porte de St-Cloud
37 pl. René Clair – ℰ *01 49 10 49 10* – *www.mercure.com* – Fax 01 46 08 26 16
180 ch – †105/250 € ††125/270 €, ⌷ 19 € – 4 suites
Rest *Croisette Café* – ℰ 01 49 10 49 50 *(fermé le soir en août et fériés)* (15 €)
Menu 21 € (sem.) – Carte 21/50 €
♦ Immeuble moderne en verre dont les chambres, toutes rénovées, offrent un bon confort. Business-center complet et lounge bar orné de photos de stars par le studio Harcourt. Des fresques figurant quelque 400 personnalités du monde du spectacle égayent le Croisette Café.

Acanthe sans rest
9 rd-pt Rhin et Danube – ℰ *01 46 99 10 40* – *www.quality-acanthe-paris.com*
– Fax 01 46 99 00 05
69 ch – †195 € ††195 €, ⌷ 15 € – 1 suite
♦ Voisin des studios de Boulogne et des insolites jardins du musée Albert-Kahn, hôtel insonorisé disposant de chambres rénovées dans un style actuel. Agréable patio fleuri.

Sélect Hôtel sans rest
66 av. Gén.-Leclerc – ℰ *01 46 04 70 47* – *www.select-hotel.fr* – Fax 01 46 04 07 77
61 ch – †85/130 € ††95/150 €, ⌷ 12 €
♦ Établissement confortable situé sur la nationale conduisant de Paris à Versailles. Chambres bien insonorisées, de style Art nouveau dans l'aile principale ou Art déco à l'annexe.

Paris sans rest
104 bis r. Paris – ℰ *01 46 05 13 82* – *www.hotel-paris-boulogne.com*
– Fax 01 48 25 10 43
31 ch – †80 € ††88 €, ⌷ 9 €
♦ Dans un secteur calme, hôtel familial simple à la tenue irréprochable. Les petites chambres sont fonctionnelles et bien insonorisées. Accueil sympathique des propriétaires.

Au Comte de Gascogne (Henri Charvet)
₷₷₷
₷₷
89 av. J.-B. Clément – ℰ *01 46 03 47 27* – *www.comtedegascogne.com*
– Fax 01 46 04 55 70
Rest – Menu 45 € (déj. en sem.), 58/78 € – Carte 50/85 € ⅜
Spéc. Foie gras. Ris de veau. Glace vanille.
♦ C'est à la fraîcheur du jardin d'hiver exotique, envahi de plantes luxuriantes, que vous apprécierez l'excellente cuisine au goût du jour mitonnée par le chef-patron. Jolie cave.

L'Auberge
86 av. J.-B. Clément – ℰ *01 46 05 67 19*
– *www.restaurant-boulogne-billancourt.com* – Fax 01 46 05 14 24 – *Fermé*
1er-25 août, sam. midi, dim. soir et lundi
Rest – Menu 38 € – Carte 40/63 €
♦ Tons pastel et ensoleillés, poutres, pierres apparentes caractérisent cette charmante auberge. Le chef revisite les recettes classiques et élabore ses menus au gré des saisons.

Ducoté Cuisine (Julien Ducoté)
₷₷
₷₷
112 av. Victor Hugo – ℰ *01 48 25 49 20* – *www.ducotecuisine.fr* – *Fermé août,*
sam. midi, dim. et lundi
Rest – Menu 43/70 € – Carte 75/100 €
Spéc. Le tourteau décortiqué aux aromates, avocat comme un guacamole (avril à oct.). Le homard rôti au beurre salé, risotto crémeux aux asperges et fèves (juin à oct.). Le soufflé au chocolat noir, crème glacée banane et fruit de la passion.
♦ De discrètes notes modernes ponctuent la cuisine traditionnelle, savoureuse et soignée de ce sympathique restaurant à l'allure contemporaine et dirigé par une jeune équipe.

Chaque restaurant étoilé est accompagné de trois spécialités représentatives de sa cuisine. Il arrive parfois qu'elles ne puissent être servies : c'est souvent au profit d'autres savoureuses recettes inspirées par la saison. N'hésitez pas à les découvrir !

– **14 943 h.** – **alt. 90 m** – ⊠ **77170** ▮ Île de France

    ◪ Paris 30 – Brunoy 10 – Évry 20 – Melun 18

    ◪ Syndicat d'initiative, place Jeanne d'Evreux ℰ 01 64 05 30 09,
    Fax 01 64 05 68 18

    ◪ Clément Ader à Gretz-Armainvilliers Domaine du Château Péreire, NE :
    12 km par D 216, ℰ 01 64 07 34 10

    ◪ de Marolles en Brie à Marolles-en-Brie Mail de la Justice, NO : 6 km,
    ℰ 01 45 95 18 18

    ◪ ASPTT Paris Golf des Corbuches à Lésigny Ferme des Hyverneaux, N : 6 km
    par N 104, ℰ 01 60 02 07 26

    ◪ du Réveillon à Lésigny Ferme des Hyverneaux, N : 6 km par N 104,
    ℰ 01 60 02 17 33

    ◙ Verrière★ du chevet de l'église.

ENVIRONS DE PARIS

▦ **À la Grâce de Dieu**   ⌂ ⁽ᵗ⁾ **P** **VISA** **⊛** **AE** **①**
79 r. Gén.-Leclerc, (D 619) – ℰ *01 64 05 00 76 – www.gracededieu.com*
– Fax 01 64 05 60 57
16 ch – ♦45 € ♦♦52/57 €, � 8,50 € – ½ P 54 €
Rest – *(fermé dim. soir)* (18 €) Menu 22 € (sem.)/39 € – Carte 37/49 €
♦ Ce relais postal du 17ᵉ s. était l'ultime halte avant de possibles rencontres avec les bandits
de grands chemins. Enseigne restée certes fataliste, mais confort actuel. Restaurant aux allures d'auberge provinciale (mobilier de style Louis XIII) et cuisine traditionnelle.

– **alt. 40 m** – ⊠ **94360**

    ◪ Paris 16 – Créteil 12 – Joinville-le-Pont 5 – Nogent-sur-Marne 3
    ◪ Syndicat d'initiative, 2, grande rue ℰ 01 48 82 30 30, Fax 01 45 16 90 02

✕✕ **Auberge du Pont de Bry ''La Grapille''**   **VISA** **⊛**
3 av. du Gén. Leclerc – ℰ *01 48 82 27 70*
– Fermé 15-31 août, lundi et mardi
Rest – Menu 30/50 € – Carte 41/74 €
♦ Cette discrète auberge qui abrite une confortable salle à manger aux tons pastel
et une jolie véranda, propose une carte bien alléchante ! Cuisine actuelle de produits
frais.

– **alt. 52 m** – ⊠ **78420**

    ◪ Paris 19 – Argenteuil 8 – Nanterre 7 – Pontoise 28
    ◪ de l'Île Fleurie Carrières sur Seine, ℰ 01 39 52 61 61

✕ **Le Panoramic de Chine**   ⌂ **AC** ⌀ **P** **VISA** **⊛** **AE**
1 r. Fermettes – ℰ *01 39 57 64 58 – Fax 01 39 15 17 68 – Fermé août, vacances
de fév., dim. soir et lundi*
Rest – Menu 28/48 € – Carte 25/35 €
♦ L'entrée "en pagode" et la décoration intérieure résolument asiatique ne vous surpren-
dront pas pour goûter une cuisine chinoise, thaïlandaise et vietnamienne. Terrasse en été.

– **178 656 h.** – ⊠ **95** ▮ Île de France

    ◪ Paris 35 – Mantes-la-Jolie 40 – Pontoise 3 – Rambouillet 60

    ◪ de Cergy-Pontoise à Vauréal 2 allée de l'Obstacle d'Eau, O : 7 km par
    D 922, ℰ 01 34 21 03 48

    ◪ d'Ableiges à Ableiges Chaussée Jules César, NO : 14 km par rte d'Ableiges,
    ℰ 01 30 27 97 00

    ◪ de Gadancourt à Gadancourt, par rte de Rouen : 20 km,
    ℰ 01 34 66 12 97

Plans pages suivantes

CERGY-PONTOISE

Bougara (Av. Rédouane) . . **BV** 4
Bouticourt (Bd Ch.) . . . . . . **BV** 6

Constellation (Av. de la) . . . . **AV** 13
Delarue (Av. du Gén.-G.) . . . **BV** 15
Genottes (Av. des) . . . . **AV** 28
Lavoye (R. Pierre) . . . . **BV** 40
Mendès-France (Mail) . . . . **AX** 44

Mitterrand (Av. Fr.) . . . . . . **BVX** 45
Moulin à Vent (Bd du) . . . . **AV** 47
Petit Albi (R. du) . . . . **AV** 55
Verdun (Av. de) . . . . **BX** 76
Viosne (Bd de la) . . . . . . **BVX** 83

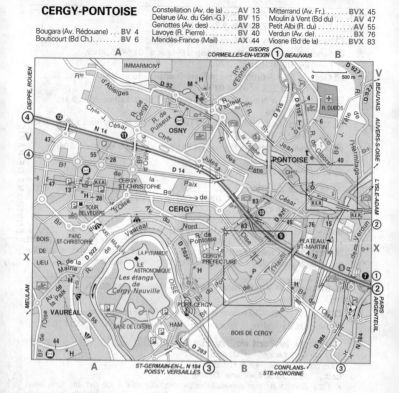

Cergy – 56 873 h. – alt. 30 m – ⌗ 95000

🏨 Mercure sans rest   🖨 & 🅰🅲 (ᵗᵖ) 🎿 🛥 𝘝𝘐𝘚𝘈 ◐◑ 🅐🅔 ⓪
3 r. Chênes Émeraude, par bd de l'Oise – ℰ 01 34 24 94 94 – www.mercure.com
– Fax 01 34 24 95 15   **Y a**
56 ch – †140/150 € ††140/180 €, ⌂ 13 €
♦ Derrière sa façade refaite, construction récente aux vastes chambres très bien équipées et dotées d'un mobilier de style. Celles sur l'arrière profitent d'un plus grand calme.

Cormeilles-en-Vexin par ① : 10 km – 974 h. – alt. 111 m – ⌗ 95830

✗✗ Maison Cagna   🚗 🖨 🅿 𝘝𝘐𝘚𝘈 ◐◑ 🅐🅔
rte de Dieppe – ℰ 01 34 66 61 56
– www.maison-cagna.fr – Fax 01 34 66 40 31
– Fermé 3 sem. en août, 24-28 déc., dim. sauf fériés et lundi
Rest – Menu 32 € (déj. en sem.), 61 € bc – Carte environ 59 €
♦ Les enfants Cagna veillent aux destinées de cette jolie maison du Vexin. Chaleureux cadre campagnard (pierres et poutres apparentes) rehaussé de touches actuelles. Cuisine raffinée.

Hérouville au Nord-Est par D 927 : 8 km – 568 h. – alt. 120 m – ⌗ 95300

✗ Les Vignes Rouges   🅰🅲 𝘝𝘐𝘚𝘈 ◐◑ 🅐🅔
3 pl. de l'Église – ℰ 01 34 66 54 73
– www.vignesrouges.fr – Fax 01 34 66 20 88
– Fermé 1ᵉʳ-10 mai, 1ᵉʳ-23 août, 3-12 janv., dim. soir, lundi et mardi
Rest – Menu 38 € – Carte 45/75 €
♦ L'enseigne de cette maison francilienne évoque une œuvre de Van Gogh. Véranda tournée vers l'église, exposition de tableaux d'un peintre local et plats traditionnels.

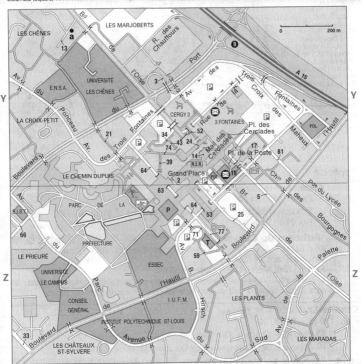

Méry-sur-Oise – 9 178 h. – alt. 29 m – ⌨ 95540

🛈 Syndicat d'initiative, 30, avenue Marcel Perrin ℰ 01 34 64 85 15

XXX Le Chiquito

93 r. de l'Oise, (La Bonneville), rte Pontoise 1,5 km par D 922 ⌨ 95540
– ℰ 01 30 36 40 23 – www.lechiquito.fr – Fax 01 30 36 42 22 – Fermé 2-9 janv.,
sam. midi, dim. soir et lundi
Rest – Menu 56/73 €

♦ Adresse à découvrir le temps d'une escapade champêtre. Trois salles à manger élégantes et une agréable véranda vous accueillent pour déguster une cuisine classique. Beau
jardin.

Osny – 15 996 h. – alt. 37 m – ⌨ 95520

XX Moulin de la Renardière

r. Gd Moulin – ℰ 01 30 30 21 13
– www.moulinrenardiere.fr – Fax 01 34 25 04 98
– Fermé dim. soir et lundi   AVf
Rest – (28 € bc) Menu 36/69 € bc – Carte 28/45 €

♦ Ancien moulin niché dans un parc. Attablez-vous dans la salle à grains égayée d'une belle
cheminée ou sur la terrasse ombragée, au bord de la rivière.

PONTOISE

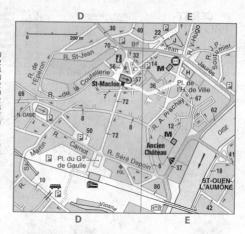

Pontoise – 28 674 h. – alt. 48 m – ⊠ 95000

🛈 Office de tourisme, 6, place du Petit Martroy ✆ 01 30 38 24 45,
Fax 01 30 73 54 84

Syndicat d'initiative, 6, place du Petit Martroy ✆ 01 30 38 24 45,
Fax 01 30 73 54 84

XX **Auberge du Cheval Blanc**   🖙 VISA ◐◐ AE ①
47 r. Gisors – ✆ 01 30 32 25 05 – www.chevalblanc95.com – Fermé 1er-24 août,
sam. midi, dim. et lundi   BVt
Rest – (36 €) Menu 42 € – Carte 55/65 €♨
◆ Restaurant au cadre actuel où sont exposées des peintures d'artistes régionaux (petite terrasse d'été). Cuisine au goût du jour ; belle sélection de vins de petits viticulteurs.

CERNAY-LA-VILLE – 78 Yvelines – **311** H3 – **106** 29 – **101** 31 – **1 652** h.   **18** B2
– alt. 170 m – ⊠ 78720

🖸 Paris 45 – Chartres 52 – Longjumeau 31 – Rambouillet 12
◎ Abbaye★ des Vaux-de-Cernay O : 2 km, 📘 Île-de-France

🏠 **Abbaye des Vaux de Cernay** ⑤   ≤ 🕭 🎄 ⊐ 🏊 🖾 & ch, 🍴 rest,
2,5 km à l'Ouest par D 24 – ✆ 01 34 85 23 00   🕪 🕭 🅿 VISA ◐◐ AE ①
– www.abbayedecernay.com – Fax 01 34 85 11 60
54 ch – †120/315 € ††120/315 €, ⊇ 16 € – 3 suites
Rest – (28 €) Menu 50/88 € – Carte 55/90 €
◆ On accède par un grand parc à cette abbaye cistercienne, magnifique ensemble architectural du 12e s. Salons gothiques, vastes chambres au mobilier ancien ou plus actuel. Cuisine
traditionnelle servie dans l'étonnante salle à manger coiffée de superbes voûtes.

🏠 **La Ferme des Vallées** sans rest ⑤   🚗 & 🕪 🕭 🅿 VISA ◐◐ AE ①
Ouest : 3,5 km par D24 – ✆ 01 30 46 32 42 – www.lafermedesvallees.com
– Fax 01 30 46 32 23
30 ch – †97/187 € ††97/187 €, ⊇ 14 €
◆ Espace et nature pour cette ancienne ferme située sur le domaine de l'abbaye des Vaux
de Cernay. Chambres mansardées diversement meublées, plus simples à la bergerie.

à La Celle-les-Bordes Sud : 4 km par D 72 – 914 h. – alt. 125 m – ⊠ 78720

X **L'Auberge de l'Élan**   🖙 & VISA ◐◐ AE
5 r. du Village (Les Bordes) – ✆ 01 34 85 15 55 – www.laubergedelelan-78.com
– Fax 01 34 85 15 55 – Fermé 10-31 août, 19-26 déc., 20-26 fév., dim. soir, mardi
et merc.
Rest – (28 €) Menu 38/60 €
◆ Maison de village où se mêlent déco rustique et vaisselle moderne. Bon accueil ; cuisine
du marché et de passion concoctée par le chef-patron. Vente de produits régionaux.

CHARENTON-LE-PONT – 94 Val-de-Marne – **312** D3 – **101** 26 – 28 395 h.   **21** C2
– alt. 45 m – ⊠ 94220

> ▶ Paris 8 – Alfortville 3 – Ivry-sur-Seine 4

🏨🏨🏨 **Novotel Atria**   🎣 📶 ଐ 𝔸ℂ ⚡ rest, ¶¹ 🛎 🚗 𝓥𝓘𝓢𝓐 ⦿ 𝔸𝔼 ⓪
☎ 5 pl. Marseillais – ℰ 01 46 76 60 60 – www.novotel.com – Fax 01 49 77 68 01
132 ch – ♦99/208 € ♦♦99/208 €, � 14 € – 1 suite
Rest – (12 €) Menu 16 € – Carte environ 25 €
◆ Cet hôtel propose des chambres conformes au style de la chaîne et des équipements complets pour réunions et séminaires (du bureau individuel à la grande salle de conférences). Salle de restaurant contemporaine et cuisine traditionnelle.

CHÂTEAUFORT – 78 Yvelines – **311** I3 – **101** 22 – 1 409 h. – alt. 153 m   **20** A3
– ⊠ 78117

> ▶ Paris 28 – Arpajon 28 – Chartres 75 – Versailles 15
> 🏌 National à Guyancourt 2 avenue du Golf, NO : 7 km par D 36,
> ℰ 01 30 43 36 00

🍴🍴🍴 **La Belle Époque** (Philippe Delaune)   🎣 𝓥𝓘𝓢𝓐 ⦿ 𝔸𝔼
✿ 10 pl. Mairie – ℰ 01 39 56 95 48 – www.labelleepoque78.fr – Fax 01 39 56 99 93
– Fermé 2-24 août, 21-28 déc., dim. et lundi
Rest – Menu 36 € (sem.), 56/90 € – Carte 60/80 €
Spéc. Salade de rattes, tête et langue de veau au gingembre. Canard sauvage aigre-doux, civet de cuisses en pastilla (mi-août à fin fév.). Soufflé chaud de pommes calville au Grand Marnier.
◆ L'enseigne évoque le style du décor : zinc, poutres, cuivres. On apprécie la cuisine mitonnée au gré des saisons et la terrasse ombragée avec vue sur la vallée de Chevreuse.

CHÂTILLON – 92 Hauts-de-Seine – **311** J3 – **101** 25 – 32 077 h.   **20** B2
– alt. 115 m

> ▶ Paris 10 – Bobigny 25 – Créteil 19 – Nanterre 23

🍴 **Barbezingue**   𝔸ℂ 𝓥𝓘𝓢𝓐 ⦿ ⓪
☺ 14 bd de la Liberté – ℰ 01 49 85 83 50 – www.barbezingue.com – Fermé 3 sem.
en août, dim. soir et lundi
Rest – (19 €) Menu 30 € – Carte environ 30 €
◆ Généreuse cuisine canaille dans ce bistrot qui fait aussi table d'hôte (à l'étage) et barbier. Petite terrasse idéale pour l'apéritif et terrain de pétanque. Un lieu-concept.

CLAMART – 92 Hauts-de-Seine – **311** J3 – **101** 25 – 50 655 h. – alt. 102 m   **20** B2
– ⊠ 92140

> ▶ Paris 10 – Boulogne-Billancourt 7 – Issy-les-Moulineaux 4 – Nanterre 15
> 🄸 Syndicat d'initiative, 22, rue Paul Vaillant Couturier ℰ 01 46 42 17 95,
> Fax 01 46 42 44 30

🏠 **La Brèche du Bois** sans rest   ¶¹ 𝓥𝓘𝓢𝓐 ⦿
7 pl. J. Hunebelle – ℰ 01 46 42 29 06 – www.hotel-brechedubois.com
– Fax 01 46 42 00 05
30 ch – ♦61/64 € ♦♦69/74 €, � 7 €
◆ Dans un quartier verdoyant, cet hôtel propose des chambres pratiques, plus tranquilles sur l'arrière. À deux pas, les sentiers du bois de Clamart vous attendent.

🏠 **Trosy** sans rest   📶 ¶¹ 🄿 𝓥𝓘𝓢𝓐 ⦿ 𝔸𝔼
41 r. P. Vaillant-Couturier – ℰ 01 47 36 37 37 – www.hoteldutrosy.com
– Fax 01 47 36 88 38
40 ch – ♦40/60 € ♦♦40/65 €, ⊗ 8 €
◆ Il règne une ambiance familiale dans cette bâtisse moderne. Les chambres sont fonctionnelles et bien tenues ; préférez celles côté cour pour bénéficier du calme.

CLICHY – 92 Hauts-de-Seine – **311** J2 – **101** 15 – 57 162 h. – alt. 30 m   **20** B1
– ⊠ 92110

> ▶ Paris 9 – Argenteuil 8 – Nanterre 9 – Pontoise 26
> 🄸 Office de tourisme, 61, rue Martre ℰ 01 47 15 31 61, Fax 01 47 15 30 29

Holiday Inn   🖪 🔄 ⓕ 🏧 🎇 ⁽ᵖ⁾ 🏌 ⚓ 𝗩𝗜𝗦𝗔 ◉ 𝗔𝗘

2 r. 8 mai 1945 – ℰ 01 76 68 77 00 – www.holidayinn.com/parisclichy
– Fax 01 76 68 77 01

270 ch ⬛ – †180/280 € ††195/295 €   **Rest** – (16 €) Carte 20/24 €

♦ Malgré la proximité du périphérique, l'excellente insonorisation préserve l'hôtel de tout bruit. L'architecture moderne abrite des espaces harmonieux aux équipements de pointe.

Europe sans rest   🔲 🖪 🔄 ⓕ 🏧 ⁽ᵖ⁾ 🏌 🅿 𝗩𝗜𝗦𝗔 ◉ 𝗔𝗘 ⓞ

52 bd Gén. Leclerc – ℰ 01 47 37 13 10 – www.hotel-residence-europe.com
– Fax 01 40 87 11 06

83 ch – †140/150 € ††140/150 €, ⬛ 10 €

♦ Cet immeuble en briques (1920) a bénéficié d'une cure de jouvence. Les chambres, confortables, arborent un décor reposant et tendance. Espace détente complet et de qualité.

Résidence Europe 🏠 sans rest   🔄 ⁽ᵖ⁾ 𝗩𝗜𝗦𝗔 ◉ 𝗔𝗘 ⓞ

15 r. Pierre Curie – ℰ 01 47 37 13 10 – www.hotel-residence-europe.com
– Fax 01 40 87 11 06

28 ch – †130/150 € ††140/160 €, ⬛ 10 €

♦ Dans une rue tranquille, établissement proposant des chambres rénovées et meublées en bois cérusé. Salle des petits-déjeuners feutrée (buffet).

XXX **La Romantica**   🍴 ⇔ 🌳 𝗩𝗜𝗦𝗔 ◉ 𝗔𝗘

73 bd J. Jaurès – ℰ 01 47 37 29 71 – www.laromantica.fr – Fax 01 47 37 76 32
– Fermé sam. midi et dim.

Rest – (38 €) Menu 45 € (dîner) – Carte 45/110 € ❀

♦ La clientèle d'affaire apprécie la fine cuisine italienne et la superbe cave de cette adresse soignée, mêlant classique, détails romains et rustiques. Terrasse fleurie sur cour.

XX **La Barrière de Clichy**   🏧 ⇔ 𝗩𝗜𝗦𝗔 ◉ 𝗔𝗘

1 r. Paris – ℰ 01 47 37 05 18 – Fax 01 47 37 77 05
– Fermé août, sam., dim. et fériés

Rest – Menu 34/43 € – Carte 60/72 €

♦ Restaurant qui séduit par son cadre élégant, lumineux et épuré. Plats saisonniers et dans l'air du temps ; le menu du marché change chaque jour.

COLOMBES – 92 Hauts-de-Seine – **312** C2 – **101** 14 – 82 026 h.   **20** B1
– alt. 38 m – ✉ 92700

▯ Paris 19 – Nanterre 9 – Boulogne-Billancourt 19 – Montreuil 23

Courtyard by Marriott   🍴 🖪 🔄 ⓕ 🏧 🎇 ⁽ᵖ⁾ 🏌 ⚓ 𝗩𝗜𝗦𝗔 ◉ 𝗔𝗘 ⓞ

91 bd Charles de Gaulle – ℰ 01 47 69 59 49 – www.courtyardcolombes.com
– Fax 01 47 69 59 20

150 ch – †89/159 € ††89/159 €, ⬛ 17 €

Rest – (fermé sam. midi et dim. midi) (14 €) Menu 17 € (dîner)
– Carte 16/31 € le soir

♦ Ce bâtiment neuf est doté de chambres fonctionnelles. Hall-salon moderne, réchauffé par une cheminée, accueillant un "market" (boutique self-service). Salle de musculation. Cuisine méditerranéenne servie au restaurant contemporain. Formule buffet à midi.

CONFLANS-STE-HONORINE – 78 Yvelines – **311** I2 – **101** 3 – 33 671 h.   **18** B1
– alt. 25 m – ✉ 78700 ▮ Île de France

▯ Paris 38 – Mantes-la-Jolie 39 – Poissy 10 – Pontoise 8

🚹 Office de tourisme, 1, rue René Albert ℰ 01 34 90 99 09,
Fax 01 39 19 80 77

◉ ≤ ★ de la terrasse du parc du château - Musée de la Batellerie.

X **Au Bord de l'Eau**   🏧 𝗩𝗜𝗦𝗔 ◉ 𝗔𝗘

15 quai Martyrs-de-la-Résistance – ℰ 01 39 72 86 51
– Fermé 9-27 août, lundi et le soir sauf sam.

Rest – Menu 29 € (déj. en sem.), 42/59 €

♦ Cette ancienne ferme du bord de l'Oise abrite un restaurant familial. L'intérieur rend hommage à la batellerie conflanaise. Sympathique cuisine traditionnelle.

– alt. 37 m – ✉ 91100

> ▶ Paris 36 – Fontainebleau 37 – Créteil 27 – Évry 6
> 🛈 Syndicat d'initiative, 36, rue Saint-Spire ✆ 01 64 96 23 97, Fax 01 60 88 05 37
> 🏌 Blue Green Golf de Villeray à Saint-Pierre-du-Perray, E : 6 km,
> ✆ 01 60 75 17 47
> 🏌 de Greenparc à Saint-Pierre-du-Perray Route de Villepècle, NE : 6 km par
> D 947, ✆ 01 60 75 40 60

au Coudray-Montceaux Sud-Est : 6 km par N 7 – 4 070 h. – alt. 81 m – ✉ 91830

🏨 **Mercure** ⑤ 🔊 🍴 ⒔ ⒔ 🍽 🛗 ⑤ 🍴 ⑨ ⒔ 🅿 VISA ⓪ AE ⓪
rte de Milly-la-Forêt – ✆ 01 64 99 00 00 – Fax 01 64 93 95 55
125 ch – ♦89/199 € ♦♦99/209 €, ⊏⊐ 15 € **Rest** – (16,50 €) Carte environ 30 €
♦ Au cœur d'un parc, cet hôtel dispose d'un complexe sportif (tennis, golf, piscine...) apprécié des hommes d'affaires et des familles, et de chambres décorées avec soin. Le restaurant-
véranda s'ouvre sur la forêt et la campagne et sert des plats traditionnels.

– alt. 28 m – ✉ 92400 🔲 Île de France

> ▶ Paris 10 – Asnières-sur-Seine 4 – Levallois-Perret 4 – Nanterre 5

🏨 **George Sand** sans rest 🛗 🖭 📶 🕾 VISA ⓪ AE ⓪
18 av. Marceau – ✆ 01 43 33 57 04 – www.georgesandhotel.com
– Fax 01 47 88 59 38
31 ch – ♦90/145 € ♦♦90/145 €, ⊏⊐ 12 €
♦ Adoptez cet hôtel à jolie façade Art déco pour son intérieur raffiné évoquant l'univers de
George Sand, son mobilier du 19e s. et son salon romantique où l'on écoute du Chopin.

🏠 **Central** sans rest 🛗 🗱 📶 VISA ⓪ AE
99 r. Cap. Guynemer – ✆ 01 47 89 25 25 – www.central-courbevoie-hotel.com
– Fax 01 46 67 02 21
55 ch – ♦90/117 € ♦♦90/117 €, ⊏⊐ 7 €
♦ Près de la Défense, cet hôtel familial a repris des couleurs. Des espaces communs aux
chambres (insonorisées), il a été relooké dans un esprit actuel agréable.

Quartier Charras

🏨 **Mercure La Défense 5** ⒔ 🛗 ⒔ ch, 🖭 📶 ⒔ 🕾 VISA ⓪ AE ⓪
18 r. Baudin – ✆ 01 49 04 75 00 – www.mercure.com – Fax 01 47 68 83 32
507 ch – ♦69/230 € ♦♦69/230 €, ⊏⊐ 17 € – 5 suites
Rest *Le Bistrot de l'Echanson* – ✆ 01 49 04 75 85 *(fermé août, vend. soir, dim.
midi et sam.)* Menu 21 € – Carte 22/41 €
♦ Originale façade en arc de cercle dissimulant des chambres fonctionnelles récemment
rajeunies ; vue sur Paris ou la Défense pour certaines, à partir du 8e étage. Fitness, hammam
et solarium. Décor design et ambiance chaleureuse au Bistrot de l'Échanson.

au Parc de Bécon

🍴 **Les Trois Marmites** 🖭 VISA ⓪ AE
215 bd St-Denis – ✆ 01 43 33 25 35 – Fax 01 43 33 25 35 – *Fermé août, sam.,
dim. et fériés*
Rest – *(déj. seult)* Menu 39 €
♦ La clientèle d'affaires apprécie ce petit restaurant de quartier proche des quais, face au
parc de Bécon et au musée Roybet-Fould (œuvres de Carpeaux). Carte traditionnelle.

– ✉ 94000 🔲 Île de France

> ▶ Paris 14 – Bobigny 22 – Évry 32 – Lagny-sur-Marne 29
> 🏌 de Marolles-en-Brie à Marolles-en-Brie Mail de la Justice, SE : 10 km,
> ✆ 01 45 95 18 18
> 🏌 d'Ormesson à Ormesson-sur-Marne Chemin du Belvédère, E : 15 km,
> ✆ 01 45 76 20 71
> ◎ Hôtel de ville★ : parvis★.

🏨🏨🏨 **Novotel** ⍉   🛎 🍴 🖥 AC ♿ 🐾 **P** VISA ⓪ AE ①
r. Jean Gabin, (au lac) – ℰ 01 56 72 56 72 – www.novotel.com/0382
– Fax 01 56 72 56 73
110 ch – †59/179 € ††59/179 €, ⊊ 14 €   **Rest** – (16 €) Carte 25/45 €

◆ L'atout majeur de cet hôtel est son emplacement face au lac (base de loisirs et parcours de jogging). Les chambres ont été rénovées selon le concept de la chaîne. Restaurant au cadre résolument design, animé par des écrans plasma. Cuisine traditionnelle.

DAMPIERRE-EN-YVELINES – 78 Yvelines – **311** H3 – **101** 31 – 1 162 h.   **18** B2
– alt. 100 m – ✉ 78720

🛣 Paris 38 – Chartres 57 – Longjumeau 32 – Rambouillet 16

🛈 Office de tourisme, 9, Grande Rue ℰ 01 30 52 57 30, Fax 01 30 52 52 43

⛳ de Forges-les-Bains à Forges-les-Bains Route du Général Leclerc, SE :
14 km, ℰ 01 64 91 48 18

◎ Château de Dampierre★★ ▮ Île de France

🍴🍴🍴 **Auberge du Château "Table des Blot"** (Christophe Blot) avec ch
❀   1 Grande Rue – ℰ 01 30 47 56 56   AC rest, ♿ VISA ⓪
– www.latabledesblots.com – Fax 01 30 47 51 75 – Fermé
22-31 août, 21-29 déc., 20-28 fév., dim. soir, lundi et mardi
11 ch – †80/90 € ††80/120 €, ⊊ 8 €
Rest – Menu 30 € (sem.)/57 € – Carte 57/64 €
Spéc. Escargots de la vallée, pied de cochon, pourpier et pommes de terre grenaille (hiver). Homard poêlé, décortiqué et fumé à la minute. Savarin tiède au chocolat, glace vanille.

◆ La décoration soignée de cette belle auberge du 17ᵉ s. marie l'ancien et le moderne. Le talent du chef et les saisons rythment la créativité des recettes. Accueil chaleureux. Jolies chambres façon maison de campagne.

🍴🍴 **Les Écuries du Château**   ♪ 🛎 ⇔ **P** VISA ⓪ AE ①
2 Grande Rue, (au château) – ℰ 01 30 52 52 99 – www.lesecuriesduchateau.com
– Fax 01 30 52 59 90 – Fermé 15 fév.-3 mars, 2-27 août, mardi et merc.
Rest – (30 €) Menu 45/55 € – Carte 42/55 €

◆ Lieu magique pour ce restaurant installé dans la sellerie du Château de Dampierre. Vous apprécierez une cuisine traditionnelle dans un décor rustique et cosy avec vue sur le parc.

🍴🍴 **Auberge St-Pierre**   ⌀ ⇔ VISA ⓪
1 r. Chevreuse – ℰ 01 30 52 53 53 – Fax 01 30 52 58 57 – Fermé en août, dim.
soir, mardi soir et lundi
Rest – (27 €) Menu 33 €

◆ La façade à colombages qui orne cette typique auberge de campagne donne le ton. Belle cheminée, poutres apparentes dans la salle à manger et, au menu, recettes de tradition.

LA DÉFENSE – 92 Hauts-de-Seine – **311** J2 – **101** 14 – ✉ 92400 ▮ Paris   **20** B1

🛣 Paris 38 – Courbevoie 1 – Nanterre 4 – Puteaux 2

◎ Quartier★★ : perspective★ du parvis.

🏨🏨🏨 **Pullman La Défense**   🛎 🇫🇷 & ch, AC ♨ ♿ 🌬 VISA ⓪ AE ①
11 av. Arche, sortie Défense 6 ✉ 92081 – ℰ 01 47 17 50 00
– www.pullmanhotels.com – Fax 01 47 17 56 78
368 ch – †175/410 € ††175/410 €, ⊊ 22 € – 16 suites
Rest Avant Seine – ℰ 01 47 17 50 99 (fermé 7-30 août, 19 déc.-3 janv., vend.
soir, sam., dim. et fériés) (29 €) Carte environ 55 €

◆ Belle architecture en proue de navire, toute de verre et de pierre ocre. Chambres spacieuses et élégantes, salons et auditorium très bien équipés (avec cabines de traduction). Décor design de qualité et cuisine à la broche au restaurant l'Avant Seine.

🏨🏨🏨 **Renaissance**   🇫🇷 🖥 & ch, AC ⌀ ♨ ♿ 🌬 VISA ⓪ AE ①
60 Jardin de Valmy, par bd circulaire, sortie La Défense 7 ✉ 92918
– ℰ 01 41 97 50 50 – www.renaissancelapdefense.fr – Fax 01 41 97 51 51
324 ch – †159/450 € ††159/450 €, ⊊ 25 € – 3 suites   **Rest** – (fermé sam.
midi, dim. et fériés le midi) (25 €) Menu 33 € (déj. en sem.) – Carte 51/68 €

◆ Luxe et raffinement caractérisent cet immeuble contemporain posé au pied de la Grande Arche : matériaux nobles, confort absolu, chambres chaleureuses parfaitement équipées. Vue sur les jardins de Valmy, plats classiques et suggestions saisonnières à la brasserie.

Hilton La Défense

2 pl. de la Défense ✉ 92053 – ✆ 01 46 92 10 10 – www.hilton.com – Fax 01 46 92 10 50
142 ch – †230/360 € ††230/360 €, ☕ 26 € – 6 suites
Rest *Coté Parvis* – Carte 45/79 €
♦ Hôtel situé dans l'enceinte du CNIT. Certaines chambres ont été pensées pour le bien-être de la clientèle d'affaires : espaces travail, repos, relaxation et salle de bains-jacuzzi. Côté Parvis, cuisine dans l'air du temps et jolie vue sur l'Arche.

Sofitel Centre

34 cours Michelet, par bd circulaire sortie La Défense 4 ✉ 92060 Puteaux – ✆ 01 47 76 44 43 – www.sofitel-paris-ladefense.com – Fax 01 47 76 72 10
150 ch – †205/900 € ††205/900 €, ☕ 41 € – 1 suite
Rest *L'Italian Lounge* – ✆ 01 47 76 72 40 – (45 €) Menu 60/115 € bc – Carte 55/85 €
♦ Architecture en arc de cercle intégrée au paysage des tours de la Défense. Chambres spacieuses et bien équipées, joliment contemporaines. Cadre tendance, table méditerranéenne et beau choix de vins à l'Italian Lounge.

Novotel La Défense

2 bd Neuilly, sortie Défense 1 – ✆ 01 41 45 23 23 – www.novotel.com – Fax 01 41 45 23 24
280 ch – †79/390 € ††79/490 €, ☕ 16 € **Rest** – Carte 22/40 €
♦ Cet hôtel se dresse aux pieds de La Défense, véritable musée de plein air. Chambres rénovées, en partie tournées vers Paris, et bar relooké dans l'esprit Novotel Café. Décor contemporain et cuisine élaborée selon les saisons au restaurant.

ENGHIEN-LES-BAINS – **95 Val-d'Oise** – **305** E7 – **101** 5 – **12 121 h.** – **alt. 45 m** – **Stat. therm. : toute l'année** – **Casino** – ✉ **95880** Île de France **20** B1

Paris 17 – Argenteuil 7 – Chantilly 34 – Pontoise 22
Office de tourisme, 81, rue du Général-de-Gaulle ✆ 01 34 12 41 15, Fax 01 39 34 05 76
de Domont Montmorency à Domont Route de Montmorency, N : 8 km, ✆ 01 39 91 07 50
Lac★ - Deuil-la-Barre : chapiteaux historiés★ de l'église Notre-Dame NE : 2 km.

Grand Hôtel Barrière sans rest

85 r. Gén. de Gaulle – ✆ 01 39 34 10 00 – www.grand-hotel-enghien.fr – Fax 01 39 34 10 01
37 ch – †234/310 € ††234/310 €, ☕ 19 € – 6 suites
♦ Décoration classique et esthétisante pour cet établissement doté d'un des plus grands spas et fitness de France. Chambres élégantes et personnalisées.

Du Lac

89 r. du Gén. de Gaulle – ✆ 01 39 34 11 00 – www.hotel-du-lac-enghien.com – Fax 01 39 34 11 01
138 ch – †112/292 € ††112/292 €, ☕ 15 € – 3 suites
Rest – *(fermé sam. midi)* (22 €) Menu 26 € – Carte 40/60 €
♦ Un hôtel moderne aux airs de villégiature. Chambres confortables, avec vue sur le lac (plus calmes côté jardin). Possibilité d'accès au spa et au fitness. La salle à manger contemporaine préserve l'intimité. Belle terrasse d'été face au plan d'eau.

Aux Saveurs d'Alice

32 bd d'Ormesson – ✆ 01 34 12 78 36 – www.auxsaveursdalice.fr – Fax 01 34 12 22 78 – Fermé dim. soir, merc. soir et lundi
Rest – (16 € bc) Menu 27 € – Carte 28/43 €
♦ On apprécie ce restaurant du centre-ville pour sa cuisine traditionnelle simple, aux produits frais. Décor sagement rustique pour les trois salles à manger.

ÉVRY P – **91 Essonne** – **312** D4 – **101** 37 – ✉ **91000** Île de France **18** B2

Paris 32 – Chartres 80 – Créteil 30 – Étampes 36
Cathédrale de la Résurrection ★ - 5 mai-janv. Epiphanies (Exposition).

All Seasons 🛏️ 👗 ch, 🆔 ⏽⏽ 🏪 🚗 VISA ⦿ AE

52 bd Coquibus, (face à la cathédrale) – ℰ *01 69 47 30 00*
– www.all-seasons-hotels.com – Fax 01 69 47 30 10 – Fermé 30 juil.-22 août et
23 déc.-2 janv.
110 ch ⌂ – †70/105 € ††80/115 €
Rest – *(fermé vend. soir, sam., dim. et fériés)* (18 €) Carte 28 €

♦ Face à la cathédrale de la Résurrection, voici un hôtel contemporain mis en scène avec des couleurs gaies. Chambres à la décoration dans l'air du temps et prix raisonnables. Le restaurant, très mode, propose une cuisine au goût du jour.

à Lisses – 6 911 h. – alt. 86 m – ⊠ 91090

Mercure 🛏️ 👗 🆔 ⏽⏽ 🏪 P VISA ⦿ AE ⓪

8 r. du Bois Chaland, ZAC du Bois Chaland – ℰ *01 60 86 90 00*
– www.mercure.com – Fax 01 60 86 07 90
53 ch – †55/97 € ††65/107 €, ⌂ 12 €
Rest – ℰ *01 60 86 90 00* – (14 €) Menu 25 € – Carte environ 28 €

♦ Rénovation réussie pour cet hôtel au calme, préservé de l'activité environnante par un écran de verdure. Les chambres, confortables et chaleureuses, affichent une décoration actuelle. Salle à manger ouverte sur une terrasse-véranda et cuisine traditionnelle.

à Courcouronnes – 14 409 h. – alt. 80 m – ⊠ 91080

🏌️ de Bondoufle à Bondoufle Départementale 31, O : 3 km, ℰ 01 60 86 41 71

Le Canal 👗 🆔 ⇔ ⊐⏽ VISA ⦿ AE ⓪

31 r. du Pont Amar, (près de l'hôpital) – ℰ *01 60 78 34 72* – *Fax 01 60 79 22 72*
– Fermé août, 24-31 déc., sam. et dim.
Rest – Menu 20 € (sem.)/32 € – Carte 25/45 €

♦ Une adresse d'esprit brasserie un brin rétro. On y sert une cuisine du marché, franche et simple, dont l'incontournable spécialité du patron : le pied de cochon farci.

GAGNY – 93 Seine-Saint-Denis – 305 G7 – 101 18 – 37 729 h. – alt. 70 m – ⊠ 93220   21 D1

🚗 Paris 17 – Bobigny 11 – Raincy 3 – St-Denis 18
🖼️ Syndicat d'initiative, 1, avenue Jean-Jaurès ℰ 01 43 81 49 09

Le Vilgacy 🛏️ P VISA ⦿

45 av. H. Barbusse – ℰ *01 43 81 23 33* – *www.vilgacy.com* – *Fax 01 43 81 23 33*
– Fermé 26 juil.-19 août, 15-25 fév., dim. soir, mardi soir et lundi sauf fériés
Rest – (25 €) Menu 35 € – Carte 50/74 €

♦ Vous serez accueilli dans le décor contemporain et coloré des deux salles (tableaux en exposition-vente) ou dans le jardin-terrasse en été. Recettes traditionnelles.

LA GARENNE-COLOMBES – 92 Hauts-de-Seine – 311 J2 – 101 14 – 27 188 h. – alt. 40 m – ⊠ 92250   20 B1

🚗 Paris 13 – Argenteuil 7 – Asnières-sur-Seine 5 – Courbevoie 2
🖼️ Syndicat d'initiative, 24, rue d'Estienne-d'Orves ℰ 01 47 85 09 90

L'Instinct 🛏️ 🆔 VISA ⦿ AE

1 r. Voltaire – ℰ *01 56 83 82 82* – *www.restaurant-linstinct.com*
– Fax 01 47 82 09 53 – Fermé 7-22 août, lundi soir, sam. midi et dim.
Rest – *(prévenir)* (25 €) Carte 36/43 €

♦ Face au marché couvert, restaurant au cadre résolument moderne et coloré. Salle claire et lumineuse et très beau bar en bois pour l'apéritif. Cuisine au goût du jour.

GRESSY – 77 Seine-et-Marne – 312 F2 – 101 10 – 896 h. – alt. 98 m – ⊠ 77410   19 C1

🚗 Paris 32 – Meaux 20 – Melun 56 – Senlis 35

Le Manoir de Gressy ⬡ 🏊 🖼️ 👗 ch, 🆔 rest, ⏽⏽ ch, ⏽⏽ 🏪 P
– ℰ 01 60 26 68 00 – www.manoirdegressy.com   VISA ⦿ AE ⓪
– Fax 01 60 26 45 46 – Fermé 24 déc.-3 janv.
87 ch ⌂ – †150/280 € ††150/280 € **Rest** – Menu 46 €

♦ Ce manoir, dressé sur le site d'une ferme fortifiée du 18e s., marie joliment les styles. Les chambres, personnalisées, ouvrent sur le jardin et la piscine. Murs patinés et parquets habillent la grande salle de restaurant où buffets et carte évoluent au gré des saisons.

> ◼ Paris 8 – Boulogne-Billancourt 3 – Clamart 4 – Nanterre 11
> ◼ Office de tourisme, esplanade de l'Hôtel de Ville ℰ 01 41 23 87 00, Fax 01
>   41 23 87 07
> ◼ Musée de la Carte à jouer★.

ENVIRONS DE PARIS

XX   **La Table des Montquartiers**   AC ⇦ VISA ◍
5 chemin Montquartiers – ℰ *01 46 44 05 45* – *www.crayeres-montquartiers.com*
– Fax 01 46 45 66 55 – *Fermé août, sam., dim. et fériés*
Rest – *(déj. seult)* (30 €) Menu 35 € – Carte 41/60 € ⅜
♦ Pénétrez dans ce cadre insolite – les galeries d'une ancienne carrière de craie – et découvrez un choix exceptionnel de vins pour accompagner la carte réalisée au fil des saisons.

XX   **River Café**   ⌂ AC ⌲ VISA ◍ AE ⓪
Pont d'Issy, 146 quai Stalingrad – ℰ *01 40 93 50 20* – *www.lerivercafe.net*
– Fax 01 41 46 19 45
Rest – (31 €) Carte 36/63 €
♦ Voyage gourmand ! Embarquement immédiat à bord de cette ex-barge pétrolière, amarrée face à l'île St-Germain. Cuisine du marché dans un décor colonial ; voiturier.

XX   **L'Île**   ⌂ AC ⌲ **P** VISA ◍ AE
Parc Île St-Germain, 170 quai Stalingrad – ℰ *01 41 09 99 99*
– www.restaurant-lile.com – *Fax 01 41 09 99 19*
Rest – (19 €) Menu 44 € bc/60 € bc – Carte 32/60 €
♦ Cette caserne postée sur une île de la Seine invite aujourd'hui au "repos", sans discussion... Un lieu tendance et convivial, où la carte met à l'honneur les produits de saisons.

XX   **Manufacture**   ⌂ AC ⅜ VISA ◍
20 espl. Manufacture, (face au 30 r. E. Renan) – ℰ *01 40 93 08 98*
– www.restaurantmanufacture.com – *Fax 01 40 93 57 22* – *Fermé 5-20 août,*
25 déc.-1er janv., sam. et dim.
Rest – (29 €) Menu 36 €
♦ Reconversion réussie : cette ancienne manufacture de tabac (1904) abrite un restaurant design et sa belle terrasse. Recettes de bistrot revues et corrigées à la mode d'aujourd'hui.

X   **Coquibus**   ⇦ VISA ◍ AE
16 av. de la République – ℰ *01 46 38 75 80* – *www.coquibus.com*
– Fax 01 41 08 95 80 – *Fermé dim.*
Rest – (17 €) Carte 25/52 €
♦ Adresse sympathique où boiseries, tableaux colorés et coqs en terre cuite reconstituent parfaitement un décor brasserie des années 1930. Cuisine traditionnelle au gré du marché.

> ◼ Paris 35 – Briis s/s Forges 4 – Dourdan 20 – Palaiseau 19

XX   **Bonne Franquette**   VISA ◍
1 r. du Marchais – ℰ *01 64 90 72 06* – *www.bonnefranquette.fr*
– Fax 01 64 90 53 63 – *Fermé 25 avril-17 mai, 30 août-27 sept., 20 déc.-10 janv.,*
sam. midi, dim. soir et lundi
Rest – (29 €) Menu 35 €
♦ Ex-relais de poste situé face au château (17e s.) d'un joli village francilien. Deux grandes ardoises annoncent la cuisine du jour servie dans un cadre de bistrot chaleureux.

> ◼ Paris 12 – Créteil 7 – Lagny-sur-Marne 22 – Maisons-Alfort 5
> ◼ Office de tourisme, 23, rue de Paris ℰ 01 42 83 41 16, Fax 01 49 76 92 98

🏢   **Kyriad Prestige**   ⅓ 🖥 ⅚ ch, AC ⅜ rest, ⁽¹⁾ ⅜ ⌂ VISA ◍ AE ⓪
😊   *16 av. Gén. Gallieni* – ℰ *01 48 83 11 99* – *www.kyriadprestige.fr* – *Fax 01 48 89 51 58*
89 ch – †85/138 € ††85/138 €, ⊡ 15 €   **Rest** – Menu 18/27 € – Carte 30/38 €
♦ Architecture contemporaine abritant des chambres spacieuses et insonorisées, agencées avec un coin salon pour la détente ou un bureau pour le travail. Agréable salle à manger moderne et repas proposés sous forme de buffets.

Cinépole sans rest 🛏 & ⦿ 🚗 𝒗𝒊𝒔𝒂 ⓒ AE

8 av. Platanes – ℰ 01 48 89 99 77 – www.cinepole.com
– Fax 01 48 89 43 92

34 ch – †62 € ††62/64 €, ☲ 8 €

• L'enseigne de l'hôtel évoque les anciens studios de cinéma de Joinville. Chambres pratiques et bien tenues. Minipatio où l'on sert les petits-déjeuners en été.

LE KREMLIN-BICÊTRE – 94 Val-de-Marne – **312** D3 – **101** 26 – 25 567 h.   **21** C2
– alt. 60 m – ⌧ 94270

🔼 Paris 5 – Boulogne-Billancourt 11 – Évry 28 – Versailles 23

Novotel Porte d' Italie 🛏 & 🄰 ⦿ 🍴 🏊 🚗 𝒗𝒊𝒔𝒂 ⓒ AE ⓞ

22 r. Voltaire – ℰ 01 45 21 19 09 – www.novotel.com
– Fax 01 45 21 12 60

168 ch – †95/180 € ††95/180 €, ☲ 15 €   **Rest** – (12 €) Carte 21/33 €

• Cette construction récente à la sobre façade de granit poli (à 5 minutes de la place d'Italie) abrite des chambres aménagées selon le dernier concept de la chaîne. Décor actuel pour le restaurant qui sert une cuisine traditionnelle.

Express by Holiday Inn sans rest 🛏 & 🏊 𝒗𝒊𝒔𝒂 ⓒ AE ⓞ

1-3 r. Elisée Reclus – ℰ 01 47 26 26 26 – Fax 01 47 26 16 66

89 ch ☲ – †69/180 € ††69/180 €

• Discrète façade de briques rouges pour cet hôtel situé à proximité immédiate des quartiers sud de la capitale. Petites chambres habillées de bois clair et de tissus chamarrés.

LEVALLOIS-PERRET – 92 Hauts-de-Seine – **311** J2 – **101** 15 – 62 851 h.   **20** B1
– alt. 30 m – ⌧ 92300

🔼 Paris 9 – Argenteuil 8 – Nanterre 8 – Pontoise 27

Evergreen Laurel 🏝 🍴 🛏 & ch, 🄰 🍴 🏊 🚗 𝒗𝒊𝒔𝒂 ⓒ AE ⓞ

8 pl. G. Pompidou – ℰ 01 47 58 88 99 – www.evergreenhotel-paris.com
– Fax 01 47 58 88 99

337 ch – †350/390 € ††350/390 €, ☲ 19 € – 1 suite

Rest *Evervilla* – Menu 22 € – Carte 25/45 €

• Luxe, élégance et luminosité : un hôtel pensé pour la clientèle d'affaires. Les chambres, dotées d'un plaisant mobilier en bois de rose, sont spacieuses. Rencontre de l'Asie et de la cuisine française au restaurant.

Espace Champerret sans rest 🛏 & 🄰 🍴 𝒗𝒊𝒔𝒂 ⓒ AE ⓞ

26 r. Louise Michel – ℰ 01 47 57 20 71 – www.hotel-espace-champerret.com
– Fax 01 47 57 31 39

39 ch – †62/95 € ††68/105 €, ☲ 8,50 €

• Une cour, où l'on sert le petit-déjeuner en été, sépare les deux bâtiments de cet hôtel ; celui sur l'arrière est plus calme. Chambres rénovées, insonorisées et bien tenues.

L'Idée 🏝 𝒗𝒊𝒔𝒂 ⓒ AE

52 av. de la Porte-de-Villliers Ⓜ Louise Michel – ℰ 01 41 05 05 35
– www.restaurant-lidee.fr

Rest – (16 €) Carte 30/55 €

• Décor de bistrot branché (tons gris souris, tables en bois) pour une ardoise traditionnelle relevée de touches épicées et exotiques, notamment asiatiques.

L'Audacieux 𝒗𝒊𝒔𝒂 ⓒ AE

51 r. Danton – ℰ 01 47 59 94 17 – Fermé août

Rest – (13 €) Menu 17 € (déj. en sem.) – Carte 35/50 €

• Accueil tout sourire par une équipe très pro dans ce restaurant de poche à la déco minimaliste égayée de touches colorées. Table actuelle soignée cultivant le goût du produit.

LIVRY-GARGAN – 93 Seine-Saint-Denis – **305** G7 – **101** 18 – 41 556 h.   **21** D1
– alt. 60 m – ⌧ 93190

🔼 Paris 19 – Aubervilliers 14 – Aulnay-sous-Bois 4 – Bobigny 8
🄸 Office de tourisme, 5, place François Mitterrand ℰ 01 43 30 61 60,
   Fax 01 43 30 48 41

XX **La Petite Marmite** 🌿 AC VISA ◉◉

8 bd de la République – 𝒞 *01 43 81 29 15* – *www.la-petite-marmite-93.fr*
– *Fax 01 43 02 69 59* – *Fermé 6-30 août, dim. soir et merc.*
Rest – Menu 35 € – Carte 45/64 € 🕾

♦ Derrière une façade arborant un auvent couvert de chaume, salle confortable avec boiseries. Monsieur fait le marché et madame cuisine (plats traditionnels). Bon choix de bordeaux.

LONGJUMEAU – **91** Essonne – **312** C3 – **101** 35 – 21 048 h. – alt. 78 m   **20 B3**
– ✉ 91160

▶ Paris 20 – Chartres 70 – Dreux 84 – Évry 15

XX **St-Pierre** AC VISA ◉◉ AE ◉

42 r. F. Mitterrand – 𝒞 *01 64 48 81 99* – *www.lesaintpierre.com*
– *Fax 01 69 34 25 53* – *Fermé 26 juil.-17 août, lundi soir, merc. soir, sam. midi et dim.*
Rest – (25 € bc) Menu 32/49 € – Carte 39/59 €

♦ Les patrons aiment à faire partager leur amour des produits du Gers : canard et foie gras en tête, les plats du Sud-Ouest défilent dans un chaleureux cadre d'esprit rustique.

MAISONS-ALFORT – **94** Val-de-Marne – **312** D3 – **101** 27 – 53 233 h.   **21 C2**
– alt. 37 m – ✉ 94700 ▮ Île de France

▶ Paris 10 – Créteil 4 – Évry 34 – Melun 39

XX **La Bourgogne** AC ✥ VISA ◉◉ AE

164 r. J. Jaurès – 𝒞 *01 43 75 12 75* – *www.restaurant94labourgogne.com*
– *Fax 01 43 68 05 86* – *Fermé 9-21 août, 24 déc.-1er janv., sam. midi et dim.*
Rest – Menu 30/46 € bc – Carte 50/65 €

♦ Cette maison fleure bon la province. On y sert une cuisine traditionnelle et des plats d'inspiration bourguignonne. Accueil chaleureux.

MAISONS-LAFFITTE – **78** Yvelines – **311** I2 – **101** 13 – 22 566 h.   **20 A1**
– alt. 38 m – ✉ 78600 ▮ Île de France

▶ Paris 21 – Mantes-la-Jolie 38 – Poissy 9 – Pontoise 17
🛈 Office de tourisme, 41, avenue de Longueil 𝒞 01 39 62 63 64,
 Fax 01 39 12 02 89
◉ Château★.

XXX **Tastevin** (Michel Blanchet) 🍴 🌿 **P** VISA ◉◉ AE ◉
❀ *9 av. Eglé* – 𝒞 *01 39 62 11 67* – *Fax 01 39 62 73 09* – *Fermé 3-26 août,*
22 fév.-8 mars, lundi et mardi
Rest – Menu 45 € (déj. en sem.)/90 € – Carte 80/108 € 🕾
Spéc. Foie gras de canard poêlé. Ris de veau rôti aux câpres. Moelleux de fenouil confit.

♦ À l'orée du parc, cette maison de maître vous réserve un accueil attentionné. Art de vivre et amour des produits nobles sont là pour vous ravir. Belle carte des vins.

X **La Plancha** AC VISA ◉◉ AE

5 av. St-Germain – 𝒞 *01 39 12 03 75* – *Fax 01 34 93 43 46*
– *Fermé 16 juil.-17 août, dim. soir, mardi soir et merc.*
Rest – Menu 33/71 € – Carte 60/75 €

♦ Ambiance "voyage" dans ce restaurant proche de la gare. La carte, assez originale, propose des recettes combinant avec succès les produits français, espagnols et japonais.

MARLY-LE-ROI – **78** Yvelines – **312** B2 – **101** 12 – 16 655 h. – alt. 90 m   **20 A2**
– ✉ 78160

▶ Paris 24 – Bougival 5 – St-Germain-en-Laye 5 – Versailles 9
🛈 Office de tourisme, 2, avenue des Combattants 𝒞 01 39 16 16 35, Fax 01
 39 16 16 01

XX **Le Village** AC VISA ◉◉ AE ◉

3 Grande Rue – 𝒞 *01 39 16 28 14* – *www.restaurant-levillage.fr*
– *Fax 01 39 58 62 60* – *Fermé 3-24 août, sam. midi, dim. soir et lundi*
Rest – (nombre de couverts limité, prévenir) (31 €) Menu 39/75 €
– Carte 95/110 €

♦ Coquette auberge nichée dans le vieux Marly. Le chef, d'origine japonaise, mêle tout en finesse les saveurs du Pays du Soleil Levant aux classiques français...Un joli voyage.

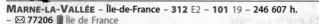

MARNE-LA-VALLÉE – Île-de-France – **312** E2 – **101** 19 – **246 607 h.**   **19** C2
– ✉ 77206 ⃞ Île de France

▶ Paris 27 – Meaux 29 – Melun 40

🚇 de Bussy-Saint-Georges à Bussy-Saint-Georges Promenade des Golfeurs,
𝒞 01 64 66 00 00

🛥 de Torcy à Torcy Base Régionale de loisirs, N : 5 km, 𝒞 01 64 80 80 90

⛳ Disneyland Paris à Magny-le-Hongre Allée de la Mare Houleuse, 𝒞 01 60 45 68 90

à Bussy-St-Georges – 18 772 h. – alt. 105 m – ✉ 77600

🏨 **Tulip Inn Marne la Vallée**   ⬚ & ch, 🔟 ✼ ⟨⟩ 🈳 ⟨⟩ 🅅🅸🆂🅰 ⓿ 🅰🅴 ⓿
44 bd A. Giroust – 𝒞 01 64 66 11 11 – www.tulipinnmarnelavallee.com – Fax 01 64 66 29 05
87 ch ⌷ – ⨙129 € ⨙⨙139 €   x
Rest – (fermé sam. midi et dim.) (17 €) Menu 20 € – Carte 24 €
♦ Intégré à un grand ensemble immobilier, face à la station RER, hôtel doté de chambres
fonctionnelles, bien insonorisées, et d'un bar décoré façon "Louisiane". On apprécie une
carte traditionnelle rehaussée de notes italiennes, dans la salle à manger aux tons pastel.

à Collégien – 3 191 h. – alt. 105 m – ✉ 77090

🏨 **Novotel**   🚗 🍴 🏊 ⬚ & ch, 🔟 🈳 🅿 🅅🅸🆂🅰 ⓿ 🅰🅴 ⓿
2 allée du Clos des charmes, (sortie 12) – 𝒞 01 64 80 53 53
– www.accor-hotels.com – Fax 01 64 80 48 37   s
195 ch – ⨙122 € ⨙⨙135 €, ⌷ 14 €   **Rest** – (13 €) Carte 22/36 €
♦ Hôtel adapté à la clientèle d'affaires et aux séminaires. Chambres au décor actuel (mobilier en bois, belles teintes). Hall et bar "tendance". Restauration traditionnelle dans un cadre
design ou en terrasse, autour de la piscine. Plats simples au Novotel Café.

à Disneyland Resort Paris accès par autoroute A 4 et bretelle Disneyland
– ✉ 77777

🎡 Disneyland Paris ★★★ (voir Guide Vert Île-de-France)-Centrale de
réservations hôtels : 𝒞 (00 33) 08 25 30 60 30 (0,15 €/mn), Fax (00 33) 01
64 74 57 50 - Les hôtels du Parc Disneyland Resort Paris pratiquent des
forfaits journaliers comprenant le prix de la chambre et l'entrée aux parcs
à thèmes - Ces prix variant selon la saison, nous vous suggérons de
prendre contact avec la centrale de réservation.

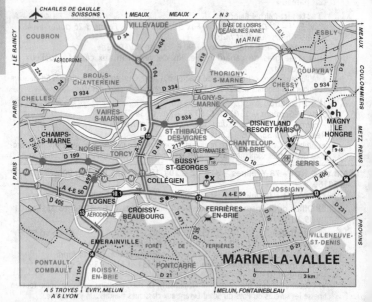

à Magny-le-Hongre – 4 954 h. – alt. 117 m – ⊠ 77700

🏨 **Radisson Blu at Disneyland** ⌂   🚗 🛰 🔲 📶 🔊 ♿ 🅰🅲 ⌧ rest, "¶"
allée de la Mare-Houleuse , (près du golf)   ♨ 🅿 🆅🅸🆂🅰 ⚙ 🅰🅴
– 🕿 01 60 43 64 00 – www.radissonblu.com/golfresort-paris – Fax 01 60 43 64 01
241 ch – †125/205 € ††125/205 €, � 22 € – 9 suites   **r**
Rest – (16 € bc) Carte 31/70 €
♦ Styles design et contemporain caractérisent cet hôtel, dernier né du site Disneyland Paris et situé en plein cœur du golf. Chambres et suites ont vue sur les greens. Cuisine au goût du jour dans la grande salle de restaurant moderne.

🏨 **Magic Circus** ⌂   🚗 🛰 🔲 📶 ♿ 🅰🅲 📶 "¶" ♨ 🅿 🆅🅸🆂🅰 ⚙ 🅰🅴 ①
20 av. de la Fosse des Pressoirs , (Val de France) – 🕿 01 64 63 38 02
– www.vi-hotels.com – Fax 01 64 63 37 39   **h**
396 ch ⊐ – †122/228 € ††112/218 € – 5 suites
Rest – Menu 29 € (dîner) – Carte 15/35 € le midi
♦ Attention, le spectacle va commencer ! Le monde du cirque inspire le décor intérieur haut en couleurs (rénové en 2009) de cet hôtel proche de Disneyland. Piscine couverte. Le soir, entrez en piste sous le chapiteau du restaurant où trône un buffet à thème.

🏨 **Dream Castle** ⌂   🚗 🔲 ⛱ 📶 ♿ 🅰🅲 ⌧ "¶" ♨ 🅿 🆅🅸🆂🅰 ⚙ 🅰🅴 ①
40 av. Fosse des Pressoirs , (Val de France) – 🕿 01 64 17 90 00
– www.dreamcastle-hotel.com – Fax 01 64 17 90 10   **b**
396 ch ⊐ – †108/242 € ††108/242 € – 10 suites
Rest *The Musketeer's* – (dîner seult) Menu 29 €
Rest *Bar Excalibur* – (déj. seult) (15 €) Carte 35/50 €
♦ L'architecture et la décoration de cet hôtel font référence à l'univers des châteaux. Chambres élégantes et spacieuses, jolie piscine et jardin à la française. Le restaurant The Musketeer's propose le soir des buffets inspirés par le marché et les saisons. À midi, carte internationale au bar Excalibur.

à Serris – 6 061 h. – alt. 129 m – ⊠ 77700

🏨 **L'Élysée Val d'Europe**   🛰 📶 ♿ ch, 🅰🅲 ⌧ "¶" ♨ 🅿 🆅🅸🆂🅰 ⚙ 🅰🅴
🏊 *7 cours Danube, (face gare RER)* – 🕿 01 64 63 33 33 – www.hotelelysee.com
– Fax 01 64 63 33 30   **w**
152 ch – †120/165 € ††120/220 €, ⊐ 12 €
Rest – (fermé sam. midi et dim. midi) (15 €) Menu 19 € – Carte 18/31 €
♦ Architecture d'inspiration haussmannienne organisée autour de deux cours intérieures. Belle serre tropicale coiffée d'une verrière façon Baltard. Chambres spacieuses et bien pensées. Carte traditionnelle au restaurant ou, en été, sur la grande place aménagée en terrasse.

ENVIRONS DE PARIS

MASSY – 91 Essonne – 312 C3 – 101 25 – 40 183 h. – alt. 78 m   **20** B3
– ⊠ 91300

▶ Paris 19 – Arpajon 19 – Évry 20 – Palaiseau 4

🏨 **Mercure**   🛰 📶 ♿ 🅰🅲 "¶" ♨ 🛰 🆅🅸🆂🅰 ⚙ 🅰🅴 ①
21 av. Carnot, (gare T.G.V) – 🕿 01 69 32 80 20 – www.mercure.com
– Fax 01 69 32 80 25
116 ch – †69/180 € ††79/190 €, ⊐ 15 €
Rest – (fermé août, vacances de Noël, vend. soir, sam. et dim.) (18 €) Menu 24 €
– Carte 22/33 €
♦ Adresse face à la gare TGV disposant de chambres fonctionnelles et pratiques, les "privilège" ont adopté un style contemporain plaisant. Salon-bar design. Le restaurant propose la grande carte des vins Mercure autour d'une cuisine traditionnelle.

LE MESNIL-AMELOT – 77 Seine-et-Marne – 312 E1 – 101 9 – 682 h.   **19** C1
– alt. 80 m – ⊠ 77990

▶ Paris 34 – Bobigny 25 – Goussainville 15 – Meaux 28

🏨 **Radisson Blu Charles de Gaulle Airport**   🚗 🛰 🔲 ⛱ ⌧ 📶
r. de la Chapelle   ♿ ch, 🅰🅲 ⌧ rest, 🔊 ♨ 🅿 🛰 🆅🅸🆂🅰 ⚙ 🅰🅴 ①
– 🕿 01 60 03 63 00 – www.radissonblu.com/hotel-parisairport – Fax 01 60 03 74 40
240 ch ⊐ – †110/320 € ††130/340 €   **Rest** – (23 €) Carte 33/57 €
♦ Ce bâtiment en verre, proche de l'aéroport de Roissy, multiplie les atouts : équipements de loisirs, espaces séminaires, salon-bar et chambres actuelles. Grande brasserie au décor moderne, ouverte sur la terrasse ; formule buffet pour les entrées.

MEUDON – 92 Hauts-de-Seine – **311** J3 – **101** 24 – 44 745 h. – alt. 100 m **20** B2
– ⊠ 92190 ▮ Île de France

▶ Paris 11 – Boulogne-Billancourt 4 – Clamart 4 – Nanterre 12

◉ Terrasse★ : ⁂★★ - Forêt de Meudon★.

※※ ♧ **L'Escarbille** (Régis Douysset) ⌂ ⇔ 𝘝𝘐𝘚𝘈 ⓿
8 r. Vélizy – ℰ 01 45 34 12 03 – www.lescarbille.fr – Fax 01 46 89 04 75 – Fermé
8-23 août, 24 déc.-2 janv., 21 fév.-8 mars, dim. et lundi
Rest – Menu 44 €, 61/98 € bc
Spéc. Tarte fine aux cèpes cuite et crue, oignons doux des Cévennes (juil. à
nov.). Turbot rôti, endives caramélisées, crème légère à la citronnelle. Truffes
fondantes au chocolat, cône au caramel.
◆ Cure de jouvence pour cette maison centenaire jouxtant la gare. Façade rafraîchie, intérieur soigné et belle cuisine dans l'air du temps variant au gré du marché et des saisons.

MONTMORENCY ◁ꜱ▷ – 95 Val-d'Oise – **305** E7 – **101** 5 – 21 416 h. **18** B1
– alt. 82 m – ⊠ 95160 ▮ Île de France

▶ Paris 19 – Enghien-les-Bains 4 – Pontoise 24 – St-Denis 9

🄸 Office de tourisme, 1, avenue Foch ℰ 01 39 64 42 94, Fax 01 39 34 95 29

◉ Collégiale St-Martin★.

◉ Château d'Écouen★★ : musée de la Renaissance★★ (tenture de David et
de Bethsabée★★★).

※※ **Au Cœur de la Forêt** ⊟ ⌂ ♧ ⇔ 🅿 𝘝𝘐𝘚𝘈 ⓿
av. Repos de Diane, et accès par chemin forestier – ℰ 01 39 64 99 19
– www.aucoeurdelaforet.com – Fax 01 34 28 17 52 – Fermé août, 15-25 fév., jeudi
soir, dim. soir et lundi
Rest – Menu 43 €
◆ Intérieur chaleureux : deux salles rustiques, dont une grande avec poutres au plafond et
cheminée. Terrasse d'été ombragée. Carte traditionnelle simple rythmée par les saisons.

MONTREUIL – 93 Seine-Saint-Denis – **311** K2 – **101** 17 – 101 587 h. **21** C2
– alt. 70 m – ⊠ 93100 ▮ Île de France

▶ Paris 11 – Bobigny 10 – Boulogne-Billancourt 18 – Argenteuil 28

🄸 Office de tourisme, 1, rue Kléber ℰ 01 41 58 14 09, Fax 01 41 58 14 13

🅗 **Franklin** sans rest ▮⌂ & 🄰🄲 ⁽¹⁾ ⌂ 𝘝𝘐𝘚𝘈 ⓿ 🄰🄴
15 r. Franklin – ℰ 01 48 59 00 03 – www.hotel-franklin.com – Fax 01 48 59 54 46
96 ch ⊇ – ✝110/120 € ✝✝130/150 €
◆ Hôtel contemporain, ouvrant au rez-de-chaussée sur un jardin d'esprit zen. Chambres
agréables, avec mobilier en bois exotique. Bons équipements, accueil sympathique.

※※ **Villa9Trois** ⊟ ⌂ & ⇔ 🅿 𝘝𝘐𝘚𝘈 ⓿ 🄰🄴
28 r. Colbert – ℰ 01 48 58 17 37 – www.villa9trois.com – Fermé dim. soir
Rest – Menu 39/44 € – Carte 50/60 €
◆ Havre de verdure en pleine banlieue, cette villa à l'intérieur design vous reçoit pour un
repas chic et décontracté, bien dans l'air du temps. Grande terrasse dans le jardin.

MONTROUGE – 92 Hauts-de-Seine – **311** J3 – **101** 25 – 45 178 h. **20** B2
– alt. 75 m – ⊠ 92120

▶ Paris 5 – Boulogne-Billancourt 8 – Longjumeau 18 – Nanterre 16

🄷🄷🄷 **Mercure** ▮⌂ & ch, 🄰🄲 ⁽¹⁾ 🅂🄰 ⌂ 𝘝𝘐𝘚𝘈 ⓿ 🄰🄴 ⓪
13 r. F.-Ory – ℰ 01 58 07 11 11 – www.accorhotels.com – Fax 01 58 07 11 21
181 ch – ✝95/215 € ✝✝105/225 €, ⊇ 18 € – 7 suites
Rest – (fermé sam. et dim.) (20 €) Menu 24 € – Carte 30/40 €
◆ En léger retrait du périphérique, vaste construction abritant des chambres modernes de
bon goût, climatisées et bien insonorisées. Restaurant rénové dans le style contemporain,
égayé de lithographies sur le thème des légumes. Cuisine traditionnelle.

MORANGIS – 91 Essonne – **312** D3 – **101** 35 – 11 481 h. – alt. 85 m **21** C3
– ⊠ 91420

▶ Paris 21 – Évry 14 – Longjumeau 5 – Versailles 23

XXX **Sabayon**   AC ⌖ VISA ◉ AE ⑩
15 r. Lavoisier – ✆ 01 69 09 43 80 – www.restaurantlesabayon.com
– Fax 01 64 48 27 28 – Fermé 1ᵉʳ-29 août, lundi soir, mardi soir, merc. soir, sam.
midi et dim.
Rest – Carte 38/78 €
♦ Ce restaurant est un vrai rayon de soleil dans une ZI un peu grise : tons jaune et rouge,
toiles contemporaines et plantes vertes. Cuisine dans l'air du temps.

NANTERRE P – **92 Hauts-de-Seine** – **311** J2 – **101** 14 – **88 316 h.**   **20** B1
– alt. 35 m – ✉ 92000

🢒 Paris 13 – Beauvais 81 – Rouen 124 – Versailles 15
🛈 Syndicat d'initiative, 4, rue du Marché ✆ 01 47 21 58 02, Fax 01 47 25 99 02

🏨 **Mercure La Défense Parc**   ▥ & ch, AC ⍩ ⾙ ✆ ⟲ VISA ◉ AE ⑩
r. des 3 Fontanot – ✆ 01 46 69 68 00 – www.mercure.com – Fax 01 47 25 46 24
160 ch – †109/230 € ††109/230 €, ⌑ 16 € – 25 suites
Rest – (fermé 18 juil.-21 août, 24-27 déc., 31 déc.-4 janv., dim. midi, vend. soir et
sam.) (21 €) Menu 27/47 € bc – Carte environ 32 €
♦ Immeuble moderne et son annexe situés à côté du parc André Malraux. Meubles design,
équipement complet : demandez une chambre rénovée. Cuisine du monde à déguster dans
une chaleureuse et confortable salle à manger dotée d'une ligne de mobilier contemporain.

NEUILLY-SUR-SEINE – **92 Hauts-de-Seine** – **311** J2 – **101** 15 – **61 471 h.**   **20** B1
– alt. 34 m – ✉ 92200 ▌Île de France

🢒 Paris 9 – Argenteuil 10 – Nanterre 6 – Pontoise 29

🏨 **Courtyard by Marriott**   ⌂ ⅙ ▥ & ch, AC ⌖ ch, ✆ ⾙ ⟲ VISA ◉ AE
58 bd V. Hugo – ✆ 01 55 63 64 65 – www.courtyard.com/parcy
– Fax 01 55 63 64 66
242 ch – †159/450 € ††159/450 €, ⌑ 22 € – 69 suites   **Rest** – Carte 35/60 €
♦ Près de l'Hôpital américain, imposant hôtel (années 1970) conjuguant confort et modernité.
Belles chambres, atmosphère tendance dans le lobby et le bar, terrasses. Cuisine traditionnelle et brunch le dimanche midi, servis dans un plaisant cadre contemporain.

🏨 **Paris Neuilly** sans rest   ▥ & AC ⍩ VISA ◉ AE ⑩
1 av. Madrid – ✆ 01 47 47 14 67 – www.hotel-paris-neuilly.com
– Fax 01 47 47 97 42
80 ch – †90/240 € ††105/255 €, ⌑ 17 € – 6 suites
♦ Chambres disposées autour d'un atrium de huit étages en balcons. Petits-déjeuners dans
le patio couvert orné de fresques rappelant le château de Madrid bâti par François 1ᵉʳ.

🏨 **Jardin de Neuilly** sans rest ⌖   ⌦ ▥ AC ⍩ ⍩ ⾙ VISA ◉ AE ⑩
5 r. P. Déroulède – ✆ 01 46 24 22 77 – www.hoteljardindeneuilly.com
– Fax 01 46 37 14 60
29 ch – †175/255 € ††220/355 €, ⌑ 16 €
♦ Hôtel particulier du 19ᵉ s. à 300 m de la Porte Maillot. Chambres personnalisées et rénovées. Certaines donnent côté jardin : la campagne aux portes de Paris !

🏨 **De la Jatte** sans rest   ▥ & AC ⍩ VISA ◉ AE ⑩
4 bd du Parc – ✆ 01 46 24 32 62 – www.hoteldelajatte.com – Fax 01 46 40 77 31
69 ch – †82/175 € ††98/195 €, ⌑ 12 € – 2 suites
♦ Charme et tranquillité pour cette élégante maison située sur l'île de la Jatte, aujourd'hui
très prisée des parisiens. Décor original, chambres design et plaisante véranda.

🏠 **Neuilly Park** sans rest   ▥ AC VISA ◉ AE ⑩
23 r. M. Michelis – ✆ 01 46 40 11 15 – www.hotelneuillypark.com
– Fax 01 46 40 14 78
30 ch – †145/165 € ††155/175 €, ⌑ 12 €
♦ Sympathique hôtel du quartier des Sablons, entièrement rénové : mobilier 1900 de style
Art nouveau et tissus tendus personnalisent les menues chambres.

XX **Foc Ly**   AC VISA ◉ AE
79 av. Ch. de Gaulle – ✆ 01 46 24 43 36 – www.focly.com – Fax 01 46 24 70 58
– Fermé 1ᵉʳ-23 août et dim.
Rest – (21 €) Carte 37/60 €
♦ Deux lions encadrent l'entrée de ce restaurant qui dévoile un intérieur contemporain orné
de bois clair et de lithographies. Cuisine goûteuse thaï et chinoise.

ENVIRONS DE PARIS

XX La Truffe Noire (Patrice Hardy) 🔲 VISA ⓒⓄ AE ⓞ

2 pl. Parmentier – 𝒞 01 46 24 94 14 – www.truffenoire.net – Fax 01 46 24 94 60
– Fermé 1er-25 août, sam. et dim.
Rest – Menu 36/270 € – Carte 80/150 €

Spéc. "Croque-œuf" au plat, râpée de truffe fraîche. Pavé de bar cuit en coque d'argile, masqué de truffe. Soufflé truffe, crème glacée truffée.
♦ Cette jolie maison au décor romantique célèbre le "diamant noir" mais aussi – en hommage à Parmentier qui fit aux "Sablons" ses premiers essais de culture – la pomme de terre.

XX Jarrasse L'Ecailler de Paris 🔲 ⇔ VISA ⓒⓄ AE ⓞ

4 av. de Madrid – 𝒞 01 46 24 07 56 – www.jarrasse.com – Fax 01 40 88 35 60
– Fermé sam. et dim. en juil. et août
Rest – (prévenir) Menu 40 € – Carte 47/81 €
♦ Les salles décorées dans un style actuel aux tons pastel procurent une atmosphère reposante. Produits de la mer en provenance des petits bateaux de pêche bretons, banc d'écailler.

X Le Bistrot d'à Côté la Boutarde ⇱ VISA ⓒⓄ AE ⓞ

4 r. Boutard – 𝒞 01 47 45 34 55 – www.bistrotboutarde.com – Fax 01 47 45 15 08
– Fermé sam. midi et dim.
Rest – Menu 28 € – Carte 41/53 €
♦ Un vrai bistrot ! Service décontracté, boiseries, collection de moulins à café, vin "à la ficelle" (on paie ce que l'on boit) et ardoise du jour suivant l'inspiration du chef.

X À la Coupole VISA ⓒⓄ AE

3 r. Chartres – 𝒞 01 46 24 82 90 – Fermé août, sam., dim. et fériés
Rest – Carte 35/45 €
♦ Une collection de véhicules miniatures réalisés à Madagascar à partir de métal récupéré, décore la salle de ce restaurant familial. Cuisine traditionnelle et huîtres en saison.

X Aux Saveurs du Marché 🔲 ⇱ VISA ⓒⓄ AE

4 r. de l' Eglise – 𝒞 01 47 45 72 11 – Fax 01 46 37 72 13 – Fermé 16-22 août, sam. et dim.
Rest – (29 €) Carte 37/53 €
♦ Adresse tendance avec son ambiance bistrot rétro : on est au coude à coude le midi pour apprécier les plats canailles inspirés du marché, à choisir sur ardoises. Service voiturier.

NOGENT-SUR-MARNE 🕸 – **94 Val-de-Marne** – **312** D2 – **101** 27   **21** D2
– 30 632 h. – alt. 59 m – ⊠ 94130 📗 Île de France

▶ Paris 14 – Créteil 10 – Montreuil 6 – Vincennes 6
🛈 Office de tourisme, 5, avenue de Joinville 𝒞 01 48 73 73 97, Fax 01 48 73 75 90

🏛 Mercure Nogentel 🛜 📶 ⅁ ch, 🔲 ch, ⁕ 🛁 🕾 VISA ⓒⓄ AE

8 r. du Port – 𝒞 01 48 72 70 00 – www.lecanotiernogentel.com
– Fax 01 48 72 86 19
60 ch – ♦120 € ♦♦135 €, ⊇ 15 €
Rest Le Canotier – 𝒞 01 48 72 72 26 (fermé 3 sem. en août) Menu 39/59 €
♦ Hôtel des bords de Marne proposant des chambres actuelles. L'esprit de Nogent flotte encore sur la berge, le long de la promenade fleurie. La spacieuse salle à manger du Canotier (décor marin) ouvre sur le port de plaisance ; table traditionnelle.

NOISY-LE-GRAND – **93 Seine-Saint-Denis** – **305** G7 – **101** 18 – 61 341 h.   **21** D2
– alt. 82 m – ⊠ 93160 📗 Île de France

▶ Paris 19 – Bobigny 17 – Lagny-sur-Marne 14 – Meaux 38
🛈 Syndicat d'initiative, 167, rue Pierre Brossolette 𝒞 01 43 04 51 55, Fax 01 43 03 79 48

🏛 Novotel 🛜 ⅃ 📶 ⅁ ⁕ rest, ⁕ 🛁 🕾 VISA ⓒⓄ AE ⓞ

2 allée Bienvenue-quartier Horizon – 𝒞 01 48 15 60 60 – www.accorhotels.com
– Fax 01 43 04 78 83
144 ch – ♦89/171 € ♦♦89/171 €, ⊇ 14 €
Rest – (12 €) Menu 16 € (sem.) – Carte 22/35 €
♦ Dans un quartier d'affaires, ce bâtiment des années 1990 abrite des chambres fonctionnelles et bien tenues. Salle à manger avec une partie café.

✕✕ **L'Amphitryon** 🏠 ⅷ Ⅶ 🎴 ⅷ Ⅶ

56 av. A. Briand – 𝒞 *01 43 04 68 00 – amphitryon.over-blog.com*
– Fax 01 43 04 68 10 – Fermé 5-26 août, vacances de fév., sam. midi et dim. soir
Rest – Menu 26/41 € – Carte 41/56 €

♦ Murs rouge orangé et vaisselle chamarrée donnent le ton de cette élégante salle de restaurant. Cuisine traditionnelle, à base de produits frais.

ORGEVAL – 78 Yvelines – **311** H2 – **101** 11 – 5 456 h. – alt. 100 m   18 B1
– ⊠ 78630

▸ Paris 32 – Mantes-la-Jolie 28 – Pontoise 22 – St-Germain-en-Laye 11
🔾 de Villennes à Villennes-sur-Seine Route d'Orgeval, N : 2 km,
   𝒞 01 39 08 18 18

🏨 **Moulin d'Orgeval** ⌁ 🕭 🏠 ⅻ Ⅶ ⅷ ⅷ Ⅾ Ⅶ ⅷ Ⅶ Ⅾ

r. de l'Abbaye, 1,5 km au Sud – 𝒞 *01 39 75 85 74 – www.moulindorgeval.com*
– Fax 01 39 75 48 52
14 ch – †130 € ††150 €, � 14 €
Rest – *(fermé 21 déc.-4 janv. et dim. soir)* (23 € bc) Menu 39/68 €
– Carte 33/81 €

♦ Cet ancien moulin entouré d'un parc arboré (5 ha) baigné par un étang vous assure calme et détente. Chambres cosy et bar de style anglais. On déguste une cuisine traditionnelle dans la salle de restaurant rustique ou, en été, sur l'agréable terrasse au bord de l'eau.

ORLY (AÉROPORTS DE PARIS) – 91 Essonne – **312** D3 – **101** 26   21 C3
– 21 646 h. – alt. 89 m – ⊠ 94390

▸ Paris 16 – Corbeil-Essonnes 24 – Créteil 14 – Longjumeau 15
✈ Aérogare Sud 𝒞 03 36 68 15 15

🏨 **Hilton Orly** 🎴 🖬 ⅷ Ⅶ ⅷ ⅷ Ⅾ Ⅶ ⅷ Ⅶ Ⅾ

près de l'aérogare, Orly Sud ⊠ 94544 – 𝒞 *01 45 12 45 12 – www.hilton.fr*
– Fax 01 45 12 45 00
340 ch – †99/295 € ††99/295 €, ⊑ 21 €
Rest – (27 €) Menu 35 € (sem.) – Carte 27/64 €

♦ Dans cet hôtel des années 1960 : intérieur design, chambres sobres et élégantes, équipements de pointe pour les réunions et services liés au standing de la clientèle d'affaires. Cadre actuel au restaurant (une salle totalement relookée), cuisine traditionnelle.

🏨 **Mercure** 🖬 ⅷ Ⅶ 🍴 rest, ⅷ Ⅾ Ⅶ ⅷ Ⅶ Ⅾ

aérogare ⊠ 94547 – 𝒞 *01 49 75 15 50 – www.mercure.com – Fax 01 49 75 15 51*
192 ch – †110/195 € ††120/205 €, ⊑ 15 €   **Rest** – (20 €) Carte 27/38 €

♦ Ce Mercure s'avère être une adresse très pratique entre deux vols : accueil souriant, cadre agréable (îlot de verdure), et surtout, chambres soignées, peu à peu rénovées. Restauration de bar ou cuisine plus traditionnelle adaptées aux horaires des voyageurs en transit.

à Orly-ville – 21 197 h. – alt. 71 m – ⊠ 94310

🏨 **Kyriad Air Plus** 🎴 🖬 ⅷ Ⅶ Ⅾ Ⅶ ⅷ Ⅶ Ⅾ
⊗

58 voie Nouvelle – 𝒞 *01 41 80 75 75 – www.hotelairplus.com*
– Fax 01 41 80 12 12
72 ch – †69/85 € ††69/85 €, ⊑ 8,50 € – ½ P 85/98 €
Rest – (14 €) Menu 17 € (sem.) – Carte 24/39 €

♦ C'est ici que loge le personnel des compagnies aériennes. Ambiance aéronautique au pub anglais ; les adeptes du jogging foulent les allées du parc Méliès. Une cuisine classique vous attend dans un décor dédié à l'avion.

*Voir aussi ressources hôtelières à **Rungis***

OZOIR-LA-FERRIÈRE – 77 Seine-et-Marne – **312** F3 – **106** 33 – **101** 30   19 C2
– 20 152 h. – alt. 110 m – ⊠ 77330

▸ Paris 34 – Coulommiers 42 – Lagny-sur-Marne 22 – Melun 29
🛈 Syndicat d'initiative, 43, avenue du Général-de-Gaulle 𝒞 01 64 40 10 20,
   Fax 01 64 40 09 91

XXX **La Gueulardière** ⬡ ☆ ⬦ **P** 🆅🆂🅰 ⓐⓞ 🅰🅴
66 av. Gén. de Gaulle – ℰ 01 60 02 94 56
– www.la-gueulardière.com – Fax 01 60 02 98 51
– Fermé 17 août-2 sept. et dim. soir
Rest – Menu 25 € (déj. en sem.), 35/78 € – Carte 60/116 €
♦ Cette ancienne maison de village, dotée de salles élégantes et feutrées aux tons pastel, propose une cuisine actuelle soignée. Belle terrasse d'été, dressée sous une pergola.

LE PERREUX-SUR-MARNE – 94 Val-de-Marne – **312** E2 – **101** 18 — **21** D2
– 32 067 h. – alt. 50 m – ⌧ 94170

🅿 Paris 16 – Créteil 12 – Lagny-sur-Marne 23 – Villemomble 6
🄸 Office de tourisme, 75, avenue Ledru Rollin ℰ 01 43 24 26 58,
Fax 01 43 24 02 10

XXX **Les Magnolias** (Jean Chauvel) 🄰🄲 🆅🆂🅰 ⓐⓞ 🅰🅴 ⓞ
🕸 *48 av. de Bry – ℰ 01 48 72 47 43*
– www.lesmagnolias.com – Fax 01 48 72 22 28
– Fermé 8-31 août, sam. midi, dim. et lundi
Rest – (41 €) Menu 58/92 €🕮
Spéc. Foie gras de canard confit au pain d'épice, caillé de chèvre. Veau de nos campagnes à la purée d'herbes. Mont-blanc de mangue et cumbawa, lait d'amande et meringue moelleuse.
♦ Une invitation à la découverte d'une cuisine inventive et ludique dans un cadre élégant (boiseries blondes) et lumineux, égayé de tableaux contemporains et de fauteuils amusants.

LE PRÉ ST-GERVAIS – 93 Seine-Saint-Denis – **305** F7 – **101** 16 — **21** C1
– 17 240 h. – alt. 82 m – ⌧ 93310

🅿 Paris 8 – Bobigny 6 – Lagny-sur-Marne 33 – Meaux 38

X **Au Pouilly Reuilly** 🄰🄲 🆅🆂🅰 ⓐⓞ 🅰🅴
68 r. A. Joineau – ℰ 01 48 45 14 59 – Fax 01 48 45 93 93
– Fermé sam. midi et dim.
Rest – (22 €) Menu 29 € – Carte 45/81 €
♦ Décor de bistrot au charme rétro d'avant-guerre, joyeuse ambiance et cuisine roborative, où les abats sont à l'honneur. Le rendez-vous du Tout-Paris.

PUTEAUX – 92 Hauts-de-Seine – **311** J2 – **101** 14 – 42 981 h. – alt. 36 m — **20** B1
– ⌧ 92800

🅿 Paris 11 – Nanterre 4 – Pontoise 30 – St-Germain-en-Laye 17

🏠 **Vivaldi** sans rest 📱 🄰🄲 📶 🆅🆂🅰 ⓐⓞ 🅰🅴
5 r. Roque de Fillol – ℰ 01 47 76 36 01 – www.hotelvivaldi.com
– Fax 01 47 76 11 45
27 ch ⌧ – †77/164 € ††84/198 €
♦ Dans une rue tranquille proche de l'hôtel de ville, cet immeuble abrite des chambres rénovées, équipées d'un mobilier fonctionnel. L'été, petit-déjeuner servi dans le patio.

XX **La Table d'Alexandre** 🄰🄲 🆅🆂🅰 ⓐⓞ 🅰🅴
7 bd Richard-Wallace – ℰ 01 45 06 33 63 – latabledalexandre.9business.fr
– Fax 01 45 06 33 63 – Fermé 30 juil.-23 août, sam., dim. et fériés
Rest – Carte 34/41 €
♦ On repère ce sympathique restaurant à ses murs rouges. Intérieur classique, rehaussé de touches modernes, où l'on apprécie une cuisine au goût du jour évoluant au fil des saisons.

ROISSY-EN-FRANCE (AÉROPORTS DE PARIS) – 95 Val-d'Oise – **305** G6 — **19** C1
– **101** 8 – 2 564 h. – alt. 85 m – ⌧ 95700

🅿 Paris 26 – Chantilly 28 – Meaux 38 – Pontoise 39
✈ Charles-de-Gaulle ℰ 03 36 68 15 15.
🄸 Office de tourisme, 40, avenue Charles-de-Gaulle ℰ 01 34 29 43 14,
Fax 01 34 29 43 33

Z. I. Paris Nord II – ⊠ 95912

🏨🏨🏨 **Hyatt Regency** ▫️ 𝑓ⓢ ✗ 🌐 ⅙ ch, 🔠 ☒ 📞 🛁 **P** 𝘝𝘐𝘚𝘈 ⊕ 🄰🄴 ⓪
351 av. Bois de la Pie – 𝒞 *01 48 17 12 34* – *www.paris.charlesdegaulle.hyatt.com*
– Fax 01 48 17 17 17
376 ch – 🛏105/600 € 🛏🛏105/600 €, ⌕ 23 € – 12 suites   **Rest** – Carte 37/57 €
♦ Architecture contemporaine idéalement située près de l'aéroport. Grandes chambres feu-trées aux équipements ultramodernes à l'attention d'une clientèle d'affaires. Buffets ou carte classique au restaurant, coiffé d'une verrière.

à l'aérogare n° 2

🏨🏨🏨 **Sheraton** ▫️ ⧏ 𝑓ⓢ 🌐 ⅙ ch, 🔠 ✗ 📞 🛁 **P** 𝘝𝘐𝘚𝘈 ⊕ 🄰🄴 ⓪
– 𝒞 *01 49 19 70 70* – *www.sheraton.com/parisairport* – *Fax 01 49 19 70 71*
252 ch – 🛏199/599 € 🛏🛏199/599 €, ⌕ 30 €
Rest *Les Étoiles* – 𝒞 *01 41 84 64 54 (fermé 24 juil.-31 août, 18 déc.-3 janv.)*
Menu 49 € (sem.) – Carte 55/95 €
Rest *Les Saisons* – Menu 31 € (déj. en sem.) – Carte 35/52 €
♦ Descendez de l'avion ou du TGV et montez dans ce "paquebot" à l'architecture futuriste. Décor d'Andrée Putman, vue sur le tarmac, calme absolu et chambres raffinées. Carte au goût du jour et beau cadre contemporain aux Étoiles. Plats de brasserie aux Saisons.

à Roissypole

🏨🏨🏨 **Hilton** ▫️ 𝑓ⓢ 🌐 ⅙ 🔠 ✗ 📞 🛁 🚬 𝘝𝘐𝘚𝘈 ⊕ 🄰🄴 ⓪
– 𝒞 *01 49 19 77 77* – *www.hilton.com* – *Fax 01 49 19 77 78*
385 ch – 🛏159/449 € 🛏🛏159/449 €, ⌕ 25 €
Rest *Les Aviateurs* – 𝒞 *01 49 19 77 95* – Carte 35/75 €
♦ Architecture audacieuse, espace et lumière caractérisent cet hôtel. Ses équipements de pointe en font un lieu propice au travail comme à la détente. Carte de brasserie aux Aviateurs.

🏨🏨🏨 **Pullman** ▫️ 𝑓ⓢ ✗ 🌐 ⅙ ch, 🔠 📞 🛁 **P** 𝘝𝘐𝘚𝘈 ⊕ 🄰🄴 ⓪
Zone centrale Ouest – 𝒞 *01 49 19 29 29* – *www.pullmanhotels.com*
– Fax 01 49 19 29 00
342 ch – 🛏99/475 € 🛏🛏99/475 €, ⌕ 22 € – 8 suites
Rest *L'Escale* – (35 €) Carte 45/64 €
♦ Accueil personnalisé, atmosphère feutrée, salles de séminaires, bar élégant et chambres soignées sont les atouts de cet hôtel bâti entre les deux aérogares. Véritable invitation au voyage au restaurant L'Escale qui célèbre les saveurs du monde.

à Roissy-Ville

🏨🏨🏨 **Marriott** ▫️ 📡 𝑓ⓢ 🌐 ⅙ 🔠 ✗ 📞 🛁 **P** 🚬 𝘝𝘐𝘚𝘈 ⊕ 🄰🄴 ⓪
allée du Verger – 𝒞 *01 34 38 53 53* – *www.parismarriottcharlesdegaulle.com*
– Fax 01 34 38 53 54
296 ch – 🛏150/350 € 🛏🛏150/350 €, ⌕ 22 € – 4 suites
Rest – (24 €) Menu 35 € – Carte 40/70 €
♦ Derrière sa façade blanche à colonnades, cet établissement offre des équipements moder-nes parfaitement adaptés à une clientèle d'affaires transitant par Paris. Carte brasserie autour d'un thème, servie dans la vaste salle à manger au décor soigné.

🏨🏨🏨 **Millennium** ▫️ 📡 🌐 𝑓ⓢ 🌐 ⅙ ch, 🔠 📞 🛁 🚬 𝘝𝘐𝘚𝘈 ⊕ 🄰🄴 ⓪
allée du Verger – 𝒞 *01 34 29 33 33* – *www.millenniumhotels.com*
– Fax 01 34 29 03 05
239 ch – 🛏400 € 🛏🛏400 €, ⌕ 25 €   **Rest** – Carte 25/50 €
♦ Bar, pub irlandais, fitness, belle piscine, salles de séminaires, chambres spacieuses et un étage spécialement aménagé pour la clientèle d'affaires : un hôtel bien équipé. Cuisine inter-nationale et buffets à la brasserie, ou plats rapides servis côté bar.

🏨🏨🏨 **Novotel Convention et Wellness** ▫️ 🌐 ♨ 𝑓ⓢ 🌐 ⅙ 🔠 📞 🛁 **P** 🚬
⊜   *allée du Verger* – 𝒞 *01 30 18 20 00* – *www.novotel.com*   𝘝𝘐𝘚𝘈 ⊕ 🄰🄴 ⓪
– Fax 01 34 29 95 60
282 ch – 🛏95/350 € 🛏🛏95/350 €, ⌕ 18 € – 7 suites
Rest – Menu 12 € – Carte 20/27 €
♦ Le dernier né du parc hôtelier de Roissy offre des services performants : vaste espace séminaires avec régie intégrée, coin enfants et wellness center très complet. Au Novotel Café, une grande salle actuelle, cuisine de brasserie traditionnelle et assez légère.

Mercure 🚗 🏠 📶 ♿ 🅰️🅲 📶 ♿ 🅿️ VISA 🔵 AE ⓪
allée du Verger – ✆ 01 34 29 40 00 – www.mercure.com – Fax 01 34 29 00 18
203 ch – ♦87/280 € ♦♦87/290 €, ☐ 18 €
Rest – (20 €) Menu 24 € (déj. en sem.) – Carte 27/50 €
♦ Cet hôtel offre un décor soigné : cadre provençal dans le hall, zinc à l'ancienne au bar et spacieuses chambres habillées de bois clair. Plats actualisés évoluant selon les saisons à goûter dans une agréable salle à manger ou sur une terrasse dressée côté jardin.

RUEIL-MALMAISON – **92 Hauts-de-Seine** – **311** J2 – **101** 14 – **77 625 h.**   **20** A1
– **alt. 40 m** – ⊠ **92500** 🏛 Île de France

▶ Paris 16 – Argenteuil 12 – Nanterre 3 – St-Germain-en-Laye 9

ℹ️ Office de tourisme, 160, avenue Paul Doumer ✆ 01 47 32 35 75,
Fax 01 47 14 04 48

🏌 de Rueil-Malmaison 25 Boulevard Marcel Pourtout, ✆ 01 47 49 64 67

◉ Château de Bois-Préau★ - Buffet d'orgues★ de l'église - Malmaison :
musée★★ du château.

Le Relais de la Malmaison 🔵 🏠 📺 🏊 🍴 🅸 ♿ 🅰️🅲 📶 ♿ 🅿️
93 bd Franklin-Roosevelt – ✆ 01 47 32 01 33   VISA 🔵 AE
– www.relaismalmaison.fr – Fax 01 47 32 55 60 – Fermé 31 juil.-22 août et
24 déc.-3 janv.
60 ch – ♦100/290 € ♦♦100/290 €, ☐ 15 €
Rest – (25 €) Menu 28 € (déj. en sem.), 38/59 € – Carte 44/60 € le soir
♦ Dans un parc paysager clos, cet hôtel créé en 2008 abrite des chambres contemporaines. Mobilier aux lignes épurées en bois massif et équipement technologique de qualité. Atmosphère chaleureuse au restaurant ; cuisine traditionnelle.

Novotel 🍴 ♿ ch, 🅰️🅲 rest, 📶 🅸 🚗 VISA 🔵 AE ⓪
21 av. Ed. Belin – ✆ 01 47 16 60 60 – www.novotel.com – Fax 01 47 51 09 29
118 ch – ♦105/280 € ♦♦105/280 €, ☐ 15 €   **Rest** – (12 €) Carte 17/34 €
♦ Immeuble moderne du quartier d'affaires Rueil 2000, à deux pas de la gare RER. Les chambres contemporaines bénéficient d'un bon équipement. Centre de conférences. Au restaurant, cadre actuel et cuisine au goût du jour, soucieuse de votre équilibre.

Les Écuries de Richelieu VISA 🔵
21 r. du Dr-Zamenhof – ✆ 01 47 08 63 54 – www.ecuries-richelieu.com – Fermé
31 juil.-1er sept., dim. et lundi
Rest – Menu 31 € – Carte 52/67 €
♦ Deux amis ont uni leur expérience pour créer cette table après un parcours dans des maisons de renom. Jolie salle voûtée intimiste et cuisine traditionnelle pleine de vérité.

Le Bonheur de Chine 🅰️🅲 ♿ ⇔ VISA 🔵 AE ⓪
6 allée A. Maillol, (face 35 av. J. Jaurès à Suresnes) – ✆ 01 47 49 88 88
– www.bonheurdechine.com – Fax 01 47 49 48 68 – Fermé lundi
Rest – (20 €) Menu 38/59 € – Carte 30/65 €
♦ Mobilier et autres éléments de décor en provenance d'Extrême-Orient composent le cadre authentique de ce restaurant où confluent toutes les saveurs de la cuisine chinoise.

RUNGIS – **94 Val-de-Marne** – **312** D3 – **101** 26 – **5 644 h.** – **alt. 80 m**   **21** C3
– ⊠ **94150**

▶ Paris 14 – Antony 5 – Corbeil-Essonnes 30 – Créteil 13

à Pondorly accès : de Paris, A6 et bretelle d'Orly ; de province, A6 et sortie
Rungis – ⊠ 94150 Rungis

Holiday Inn 🅵🅰 🍴 ♿ 🅰️🅲 📶 🅸 🅿️ VISA 🔵 AE ⓪
4 av. Charles Lindbergh – ✆ 01 49 78 42 00 – www.holidayinn-parisorly.com
– Fax 01 45 60 91 25
169 ch – ♦85/270 € ♦♦85/270 €, ☐ 19 €
Rest – (fermé vacances scolaires, vend. soir, sam., dim. et fériés) (24 €)
Menu 27/55 € – Carte 28/55 €
♦ Au bord de l'autoroute, établissement de grand confort. Ses spacieuses chambres, bien insonorisées, offrent un équipement moderne et des teintes harmonieuses. Salle à manger actuelle rehaussée de discrètes touches Art déco ; plats traditionnels.

Novotel 　⛱ 🛗 ⚐ 🅰️ 📶 🆑 🅿️ 🆅🅸🆂🅰️ ⓒⓒ 🅰️🅴 ⓞ
Zone du Delta, 1 r. Pont des Halles – 𝒞 *01 45 12 44 12 – www.novotel.com*
– Fax 01 45 12 44 13
175 ch – †79/179 € ††79/179 €, ⳤ 15 € – 6 suites
Rest – *(fermé dim. midi et sam.)* Carte 24/46 €
♦ Les confortables chambres de ce vaste bâtiment de verre affichent un décor contemporain et sont dotées d'un double vitrage. Piscine bordée d'une terrasse. La salle de restaurant, tout comme le Novotel Café, a opté pour un style design et coloré.

SACLAY – **91 Essonne** – **312** C3 – **101** 24 – **3 003 h.** – **alt. 147 m** **20** A3
– ⊠ **91400**

▶ Paris 27 – Antony 14 – Chevreuse 13 – Montlhéry 16

Novotel 　⚘ 🛖 ⛱ ✖️ 🛗 ⚐ & ch, 🅰️ ✂️ rest, 📶 🆑 🅿️ 🆅🅸🆂🅰️ ⓒⓒ 🅰️🅴 ⓞ
r. Charles Thomassin – 𝒞 *01 69 35 66 00 – www.novotel.com*
– Fax 01 69 41 01 77
138 ch – †99/169 € ††99/169 €, ⳤ 14 € **Rest** – (12 €) Carte 17/33 €
♦ Cour pavée, maison bourgeoise du 19e s. et ancien corps de ferme : vous êtes au Novotel Saclay ! Chambres conformes aux standards de la chaîne, équipements sportifs complets. Agréable restaurant ouvert sur la piscine et le bois planté d'arbres centenaires.

ST-CLOUD – **92 Hauts-de-Seine** – **311** J2 – **101** 14 – **29 385 h.** – **alt. 63 m** **20** B2
– ⊠ **92210** ▊ Île de France

▶ Paris 12 – Nanterre 7 – Rueil-Malmaison 6 – St-Germain 16

🏌️ du Paris Country Club 1 rue du Camp Canadien, (Hippodrome),
𝒞 01 47 71 39 22

◉ Parc★★ (Grandes Eaux★★) - Église Stella Matutina★.

Quorum 　🛗 & ch, 🅰️ rest, 📶 🆑 🅿️ 🌫 🆅🅸🆂🅰️ ⓒⓒ 🅰️🅴 ⓞ
2 bd République – 𝒞 *01 47 71 22 33 – www.hotel-quorum-paris.com*
– Fax 01 46 02 75 64
58 ch – †85/130 € ††85/130 €, ⳤ 10 €
Rest – *(fermé août, sam. et dim.)* *(dîner seult)* Carte environ 32 €
♦ Le beau parc de Saint-Cloud est à deux pas de cet hôtel où vous logerez dans des chambres relookées en 2007 (mobilier épuré dont quelques pièces signées Starck). Repas traditionnel dans une ample salle à manger contemporaine, dotée de sièges violets.

✗ **L'Heureux Père** 🆅🅸🆂🅰️ ⓒⓒ
47 bis Bd Semard – 𝒞 *01 46 02 09 43 – www.lheureuxpere.com*
– Fax 01 46 02 93 28 – Fermé 8-30 août, vacances de Noël et fériés
Rest – (19 €) Menu 24 € (déj. en sem.) – Carte 35/52 €
♦ Les frontières de la cuisine s'effacent, dans la salle et dans l'assiette. Le chef aime surprendre avec les associations de saveurs et d'épices à dominante créole. Terrasse fleurie.

✗ **Le Garde-Manger** 🆅🅸🆂🅰️ ⓒⓒ 🅰️🅴
21 r. d'Orléans – 𝒞 *01 46 02 03 66 – www.legardemanger.com*
– Fax 01 46 02 11 55 – Fermé dim., lundi et fériés
Rest – (15 €) Carte 30/37 €
♦ Cet établissement qui avait déménagé a retrouvé son adresse d'origine et offre à présent un cadre flambant neuf. Cuisine généreuse de bistrot et sympathique carte des vins.

ST-DENIS ⟨⟩ – **93 Seine-Saint-Denis** – **305** F7 – **101** 16 – **97 875 h.** **21** C1
– **alt. 33 m** – ⊠ **93200** ▊ Île de France

▶ Paris 11 – Argenteuil 12 – Beauvais 70 – Chantilly 31

🄸 Office de tourisme, 1, rue de la République 𝒞 01 55 87 08 70,
Fax 01 48 20 24 11

◉ Basilique★★★ - Stade de France★.

Courtyard Paris Saint Denis 　🛖 🄵🅰 🛗 & 🅰️ ✂️ 📶 🆑 🌫
34 bd de la Libération, ZAC Pleyel – 𝒞 *01 58 34 91 10* 🆅🅸🆂🅰️ ⓒⓒ 🅰️🅴 ⓞ
– www.courtyardsaintdenis.com – Fax 01 58 34 91 20
150 ch – †119/330 € ††119/330 €, ⳤ 17 € **Rest** – (17 €) Carte 24/38 €
♦ Près du Stade de France, hôtel ouvert en 2009, au décor tendance, très coloré. Chambres confortables et bien insonorisées. Au restaurant, cuisine méditerranéenne sans prétention, à dominantes italiennes.

ENVIRONS DE PARIS

▶ Paris 25 – Beauvais 81 – Dreux 66 – Mantes-la-Jolie 36

🛈 Office de tourisme, Maison Claude Debussy, 38, rue au Pain
   𝒞 01 34 51 05 12, Fax 01 34 51 36 01

🖼 de Joyenval à Chambourcy Chemin de la Tuilerie, par rte de Mantes : 6 km
   par D 160, 𝒞 01 39 22 27 50

👁 Terrasse★★ - Jardin anglais★ - Château★ : musée des Antiquités
nationales★★ - Musée Maurice Denis★.

ENVIRONS DE PARIS

ST-GERMAIN-EN-LAYE

Bonnenfant (R. A.)	AZ 3	Detaille (Pl. É.)	AY 6
Coches (R. des)	AZ 4	Gde-Fontaine (R. de la)	AZ 10
Denis (R. M.)	AZ 5	Giraud-Teulon (R.)	BZ 9
		Loges (Av. des)	AY 14
		Malraux (Pl. A.)	BZ 16
		Marché-Neuf (Pl. du)	AZ
		Mareil (Pl.)	AZ 19
		Pain (R. au)	AZ 20
		Paris (R. de)	AZ
		Poissy (R. de)	AZ 22
		Pologne (R. de)	AY 23
		Surintendance (R. de la)	AY 28
		Victoire (Pl. de la)	AY 30
		Vieil-Abreuvoir (R. du)	AZ 32
		Vieux-Marché (R. du)	AZ 33

Pavillon Henri IV
21 r. Thiers – 01 39 10 15 15 – www.pavillonhenri4.fr – Fax 01 39 73 93 73
42 ch – 100/270 € 100/270 €, 16 € BYZt
Rest – *(sam. midi et dim. soir)* Carte 60/76 €
◆ Achevée en 1604 sous l'impulsion d'Henri IV, cette demeure vit naître le futur roi Louis XIV. Atmosphère bourgeoise dans les salons et les chambres, joliment rafraîchis. La confortable salle à manger offre un superbe panorama sur la vallée de la Seine et Paris.

Ermitage des Loges
11 av. des Loges – 01 39 21 50 90 – www.ermitagedesloges.com – Fax 01 39 21 50 91 AYx
56 ch – 102/136 € 120/153 €, 12 €
Rest – *(fermé en août)* Menu 26 € bc (déj. en sem.)/35 € – Carte 40/67 €
◆ En lisière de la forêt de St-Germain, hôtel composé de deux bâtiments dont le principal date du 19e s. Les chambres sont plus modernes à l'annexe et ont vue sur le jardin. Grande salle de restaurant décorée sur le thème de l'aéronautique.

par ① et D 284 : 2,5 km – 78100 St-Germain-en-Laye

La Forestière
1 av. Prés. Kennedy – 01 39 10 38 38 – www.cazaudehore.fr – Fax 01 39 73 73 88
27 ch – 165/175 € 205/215 €, 20 € – 3 suites
Rest *Cazaudehore* – voir ci-après
◆ Charme et confort sont au rendez-vous dans cette séduisante maison entourée de verdure. Beau mobilier contemporain et coloris choisis agrémentent les chambres, toutes uniques.

Cazaudehore – Hôtel La Forestière
1 av. Prés. Kennedy – 01 30 61 64 64 – www.cazaudehore.fr – Fax 01 39 73 73 88 – Fermé dim. soir de nov. à mars et lundi
Rest – (30 €) Menu 59 € (dîner) – Carte 52/77 €
◆ Ambiance chic et cosy, décor dans l'air du temps, délicieuse terrasse sous les acacias, cuisine soignée et belle carte des vins... Une vraie histoire de famille depuis 1928.

ST-MANDÉ – 94 Val-de-Marne – **312** D2 – **101** 27 – **22 211 h.** – **alt. 50 m** **21** C2 – **94160**

Paris 7 – Créteil 10 – Lagny-sur-Marne 29 – Maisons-Alfort 6

L'Ambassade de Pékin
6 av. Joffre – 01 43 98 13 82 – Fax 01 43 28 31 93
Rest – Menu 14 € (déj. en sem.), 23/45 € – Carte 18/65 €
◆ Adresse appréciée pour l'originalité de sa cuisine chinoise, vietnamienne et thaïlandaise servie dans une salle revêtue de bois et ornée d'un aquarium à homards et poissons exotiques.

L'Ambre d'Or
44 av. du Gén.-de-Gaulle – 01 43 28 23 93 – Fax 01 43 28 23 93 – Fermé 18-26 avril, août, 24-30 déc., dim. et lundi
Rest – (25 €) Menu 32 € – Carte 67/76 €
◆ Face à la mairie, ce discret restaurant sert une savoureuse cuisine au goût du jour rythmée par les saisons. Salle à manger avec poutres anciennes et mobilier contemporain.

ST-MAUR-DES-FOSSÉS – 94 Val-de-Marne – **312** D3 – **101** 27 **21** D2 – **75 214 h.** – **alt. 38 m** – **94100**

Paris 12 – Créteil 6 – Nogent-sur-Marne 6

à La Varenne-St-Hilaire – 94210

La Bretèche
171 quai Bonneuil – 01 48 83 38 73 – www.labreteche.fr – Fax 01 42 83 63 19 – Fermé 2-16 août, 22 fév.-8 mars, dim. soir et lundi
Rest – Menu 40 € (sem.)/60 € – Carte 98/108 €
◆ Cet établissement au décor classique est situé sur les rives de la Marne. À la belle saison, réservez une table en terrasse. Cuisine au goût du jour.

Entre Terre et Mer
15 r. St-Hilaire – 01 55 97 04 98 – Fermé 19 juil.-20 août, dim. soir et lundi
Rest – Carte 34/56 €
◆ Restaurant de poche où il fait bon jeter l'ancre pour déguster une cuisine de la mer fraîche et bien exécutée. Accueillante salle à manger colorée (tableaux d'artistes locaux).

⚵ **Faim et Soif** 🅰🅲 🆅🅸🆂🅰 ◷◷ 🅰🅴

*28 r. St-Hilaire – ℰ 01 48 86 55 76 – www.faimetsoif.com – Fax 01 48 86 55 76
– Fermé dim. et lundi*
Rest – Carte 50/60 €

♦ Nouvelle adresse typiquement tendance : façade grise, tableaux contemporains, mobilier design, et écran plasma en guise d'ardoise du jour. Plats actuels et épurés.

ST-OUEN – 93 Seine-Saint-Denis – **305** F7 – **101** 16 – **42 950 h.**   **21** C1
– alt. 36 m – ⊠ 93400

🄳 Paris 9 – Bobigny 12 – Chantilly 46 – Meaux 49
🄸 Office de tourisme, 30, avenue Gabriel Péri ℰ 01 40 11 77 36,
Fax 01 40 11 01 70

🄷🄸 **Manhattan** 🛜 🄵ა 🔛 ᬓ 🅰🅲 🆊 rest, ᙁ 🄼 ⌂ 🆅🅸🆂🅰 ◷◷ 🅰🅴 ⓞ

*115 av. G. Péri – ℰ 01 41 66 40 00 – www.hotel-le-manhattan.com
– Fax 01 41 66 40 66*
126 ch – †168/180 € ††180/190 €, ⊑ 14 €
Rest – *(fermé août, sam., dim. et fériés)* (21 €) Menu 25/55 € – Carte 31/55 €

♦ Cette architecture moderne en verre et granit abrite des chambres claires et pratiques ; elles sont plus calmes sur l'arrière. Salle à manger-véranda perchée au 8e étage : vue sur les toits et carte traditionnelle (produits frais).

⚵⚵ **Le Coq de la Maison Blanche** 🛜 🄼 ⇔ 🆅🅸🆂🅰 ◷◷ 🅰🅴

*37 bd J. Jaurès – ℰ 01 40 11 01 23 – www.lecoqdelamaisonblanche.com
– Fax 01 40 11 67 68 – Fermé 14 juil.-15 août et dim.*
Rest – Menu 29 € – Carte 38/53 €

♦ Cuisine traditionnelle (produits frais, saumon fumé sur place), authentique décor de 1950, service efficace et habitués de longue date : on se croirait dans un film d'Audiard !

⚵ **Le Soleil** 🆅🅸🆂🅰 ◷◷ 🅰🅴

*109 av. Michelet – ℰ 01 40 10 08 08 – www.restaurantlesoleil.com
– Fax 01 47 05 44 02 – Fermé août*
Rest – *(déj. seult)* (24 € bc) Menu 32 € – Carte 30/58 €

♦ Sympathique bistrot dont l'amusant décor éclectique (meubles et bibelots chinés) rappelle la proximité du marché aux Puces. Recettes traditionnelles (uniquement des produits français).

ST-PRIX – 95 Val-d'Oise – **305** E6 – **101** 5 – **7 214 h.** – alt. 70 m   **18** B1
– ⊠ 95390

🄳 Paris 26 – Cergy 22

🄷 **Hostellerie du Prieuré** ⌖ ა ch, 🄼 ᙁ 🄿 🆅🅸🆂🅰 ◷◷ 🅰🅴

74 r. A.-Rey – ℰ 01 34 27 51 51 – www.hostelduprieure.com – Fermé en août
8 ch – †115 € ††115 €, ⊑ 15 € – 1 suite
Rest – *(Fermé sam. midi, lundi midi et dim.)* Carte 27/41 €

♦ Ancien café de village dont les murs datent du 17e s. Les chambres, vastes et charmantes, invitent à la rêverie – certaines dédiées à la romance, d'autres aux pays lointains… Petit-déjeuner copieux. Cuisine actuelle servie côté bistrot ou côté salon (plus cosy).

ST-QUENTIN-EN-YVELINES – 78 Yvelines – **311** H3 – **101** 21   **18** B2
– **116 082 h.** 🄸 Île de France

🄳 Paris 33 – Houdan 33 – Palaiseau 28 – Rambouillet 21
🄶🄶 Blue Green Golf St-Quentin-en-Yvelines à Trappes Base de loisirs,
ℰ 01 30 50 86 40
🄶🄶 National à Guyancourt 2 avenue du Golf, ℰ 01 30 43 36 00

Montigny-le-Bretonneux – 33 968 h. – alt. 162 m – ⊠ 78180

🄷🄸 **Mercure** 🛜 🔛 ა ch, 🄼 ᙁ 🆋 🗇 🆅🅸🆂🅰 ◷◷ 🅰🅴 ⓞ

9 pl. Choiseul – ℰ 01 39 30 18 00 – www.mercure.com – Fax 01 30 57 15 22
74 ch – †84/225 € ††94/235 €, ⊑ 16 €
Rest – *(fermé 31 juil.-23 août, 18 déc.-3 janv., vend. soir, sam., dim. et fériés)*
(20 €) Menu 25 € – Carte 26/33 €

♦ Intégré à un ensemble immobilier, hôtel dont la décoration des chambres a été revisitée dans un style actuel épuré. Salon-bar design et feutré avec écran plasma. Le restaurant, refait, propose des plats traditionnels. Terrasse ombragée l'été.

Voisins-le-Bretonneux – 12 366 h. – alt. 163 m – ⊠ 78960

◉ Vestiges de l'abbaye Port-Royal des Champs★ SO : 4 km.

Novotel St-Quentin Golf National ⌖ ⟨◱ ⌂ ⌂ ⏋ ⌂ ⌂ ⌂ ⌂
au Golf National, 2 km à l'Est par D 36 & ch, ⌼ ⌼ ⌼ P ⟨VISA⟩ ⟨◯◯⟩ ⟨AE⟩ ⟨◯⟩
⊠ 78114 – ℰ 01 30 57 65 65 – www.novotel.com – Fax 01 30 57 65 00
131 ch – †69/199 € ††69/199 €, ⟨□⟩ 14 € – 1 suite
Rest – (12 €) Menu 16 € – Carte 20/40 €
♦ Idéalement situé sur le Golf, cet hôtel joue la carte de la modernité. Accueil aimable, chambres au décor contemporain et équipements de détente : piscine, solarium, tennis. Recettes actuelles servies dans un cadre design et ambiance branchée au Novotel café.

Port Royal sans rest ⌖ ⌂ ⌼ P ⟨VISA⟩ ⟨◯◯⟩
20 r. H. Boucher – ℰ 01 30 44 16 27 – www.hotelportroyal.com
– Fax 01 30 57 52 11 – Fermé 30 juil.-18 août et 24 déc.-3 janv.
40 ch – †78 € ††78/84 €, ⟨□⟩ 9 €
♦ À l'orée de la vallée de Chevreuse, calme et convivialité sont les maîtres mots de cette maison. Les chambres, sobres, sont d'une tenue irréprochable. Agréable jardin arboré.

STE-GENEVIÈVE-DES-BOIS – 91 Essonne – 312 C4 – 101 35 – 34 024 h.   18 B2
– alt. 78 m – ⊠ 91700 ▮ Île de France

🢂 Paris 27 – Arpajon 10 – Corbeil-Essonnes 18 – Étampes 30

La Table d'Antan ⌼ ⟨VISA⟩ ⟨◯◯⟩ ⟨AE⟩
38 av. Gde-Charmille-du-Parc, (près de l'hôtel de ville)
– ℰ 01 60 15 71 53 – www.latabledantan.fr
– Fermé 3-24 août, mardi soir, merc. soir, dim. soir et lundi
Rest – Menu 29/47 € – Carte 39/62 €
♦ Vous serez d'abord séduit par un accueil prévenant en ce restaurant d'un quartier résidentiel. On y savoure une cuisine classique et des spécialités du Sud-Ouest de qualité.

SÉNART – 312 E4 – 101 39 – 93 069 h. ▮ Île de France   19 C2
🢂 Paris 38 – Boulogne-Billancourt 50 – Montreuil 39 – Argenteuil 67

Lieusaint – 9 355 h. – alt. 89 m – ⊠ 77127

Clarion Suites ⌂ ⏋ ⌂ ⌂ ⌂ ⌂ ⌼ ⌂ ⌼ P ⌂ ⟨VISA⟩ ⟨◯◯⟩ ⟨AE⟩ ⟨◯⟩
12 allée du Trait-d'Union – ℰ 01 64 13 72 00 – www.clarionsenart-paris.com
– Fax 01 64 13 79 00
144 ch – †165/220 € ††165/220 €, ⟨□⟩ 15 € – 21 suites
Rest – (21 € bc) Carte 25/37 €
♦ Cette solide construction cubique abrite de grandes chambres au style contemporain. Équipements très complets, à l'image du spa et de la salle de fitness. Un bel hôtel. Au restaurant (bistrot moderne), cuisine au goût du jour réalisée avec soin.

le Plessis-Picard – ⊠ 77550

La Mare au Diable ⌂ ⌂ ⏋ ⌼ P ⟨VISA⟩ ⟨◯◯⟩
– ℰ 01 64 10 20 90 – www.lamareaudiable.fr – Fax 01 64 10 20 91 – Fermé dim. soir et lundi
Rest – Menu 25 € (déj. en sem.), 35/60 € – Carte 38/69 €
♦ Cette demeure du 15ᵉ s. tapissée d'ampélopsis fut fréquentée par George Sand. L'intérieur, agrémenté de solives patinées et d'une cheminée, ne manque pas de caractère.

Pouilly-le-Fort – ⊠ 77240

Le Pouilly ⌂ ⌂ P ⟨VISA⟩ ⟨◯◯⟩ ⟨AE⟩
1 r. de la Fontaine – ℰ 01 64 09 56 64
– www.lepouilly.fr – Fax 01 64 09 56 64
– Fermé 16 août-10 sept., 21-27 déc., dim. soir et lundi
Rest – Menu 23 € (déj. en sem.), 43/75 € – Carte 75/95 €
Spéc. Homard jeté dans un bouillon anisé. Canard sauvageon "cuisson cool". Déclinaison autour du chocolat.
♦ En cette vieille ferme briarde, pierres apparentes, tapisseries et cheminée composent un décor plein de charme. Terrasse dressée dans le jardin. Savoureuse cuisine actuelle.

St-Pierre-du-Perray - **7 733 h. - alt. 88 m - ✉ 91280**

18 de Greenparc route de Villepècle, ✆ 01 60 75 40 60

Novotel

golf de Greenparc - ✆ 01 69 89 75 75 - www.novotel.com - Fax 01 69 89 75 50
78 ch - †82/138 € ††82/138 €, ☕ 14 € - 2 suites
Rest - (16 €) Carte 20/43 €
◆ Hôtel moderne assurant repos et détente : golf, piscine, fitness, sauna. Les chambres "Harmonie" donnent pour moitié sur la verdure. Certaines ont un balcon. Salle à manger et salon contemporains, largement ouverts sur le green. Cuisine traditionnelle.

SUCY-EN-BRIE - **94 Val-de-Marne** - **312** E3 - **101** 28 - **26 261 h.** - **alt. 96 m** - ✉ **94370** **21** D2

Paris 21 - Créteil 6 - Chennevières-sur-Marne 4
Château de Gros Bois★ : mobilier★★ S : 5 km Île-de-France

XX **Le Clos de Sucy**

17 r. de la Porte - ✆ 01 45 90 29 29 - Fax 01 45 90 29 29 - Fermé 1er-24 août, 24-25 déc., sam. midi, dim. soir et lundi
Rest - (23 €) Menu 35/45 € - Carte 37/66 €
◆ Cloisons à pans de bois, poutres apparentes et tonalités lie de vin : la salle à manger est à la fois cossue et campagnarde. Cuisine de tradition revisitée.

quartier les Bruyères **Sud-Est : 3 km - ✉ 94370 Sucy-en-Brie**

Le Tartarin

carrefour de la Patte d'Oie - ✆ 01 45 90 42 61 - www.auberge-tartarin.com - Fax 09 55 17 42 61 - Fermé août et dim. soir
11 ch - †57 € ††67 €, ☕ 8,50 €
Rest - *(fermé jeudi soir, lundi, mardi et merc.)* Menu 22/49 € - Carte 36/62 €
◆ Depuis trois générations, la même famille vous reçoit dans cet ancien rendez-vous de chasse posté à l'orée de la forêt. Il y règne une chaleureuse atmosphère campagnarde. Salle à manger très cynégétique (trophées, animaux naturalisés). Cuisine traditionnelle.

SURESNES - **92 Hauts-de-Seine** - **311** J2 - **101** 14 - **44 197 h.** - **alt. 42 m** - ✉ **92150** Île de France **20** B2

Paris 12 - Nanterre 4 - Pontoise 32 - St-Germain-en-Laye 13
Office de tourisme, 50, bld Henri Sellier ✆ 01 41 18 18 76, Fax 01 41 18 18 78
Fort du Mont Valérien (Mémorial National de la France combattante).

Novotel ch,

7 r. Port aux Vins - ✆ 01 40 99 00 00 - www.novotel.com - Fax 01 45 06 60 06
112 ch - †175/195 € ††175/195 €, ☕ 16 € - 1 suite
Rest - (16 €) Carte 19/35 €
◆ Hôtel récemment rénové, situé dans une rue calme proche des quais. L'ensemble arbore un décor contemporain chic ; tons clairs, sobres et reposants côté chambres. Cuisine traditionnelle au restaurant ou formule snack-bar au Novotel Café.

XX **Les Jardins de Camille**

70 av. Franklin Roosevelt - ✆ 01 45 06 22 66 - www.les-jardins-de-camille.fr - Fax 01 47 72 42 25 - Fermé dim. soir
Rest - (28,50 € bc) Menu 42/60 € - Carte environ 58 €
◆ Salle à manger (grandes baies vitrées et jeux de miroirs) et terrasse ménagent une vue magnifique sur Paris et la Défense. Belle carte de bourgognes et de vins du monde.

THIAIS - **94 Val-de-Marne** - **312** D3 - **101** 26 - **29 315 h.** - **alt. 60 m** - ✉ **94320** **21** C2

Paris 18 - Créteil 7 - Évry 27 - Melun 37

X **Ophélie - La Cigale Gourmande**

82 av. de Versailles - ✆ 01 48 92 59 59 - Fermé 4-28 août, 22-31 déc., merc. soir, sam. midi, dim. soir et lundi
Rest - Menu 20 € bc (déj. en sem.), 29/33 €
◆ Un petit coin de Provence aux portes de Paris ! Salle relookée dans les tons lin et taupe, goûteuse cuisine actuelle aux produits frais, mâtinée de saveurs méditerranéennes.

▶ Paris 24 – Aulnay-sous-Bois 7 – Bobigny 13 – Villepinte 4

au Tremblay-Vieux-Pays

XX **Le Cénacle**   AC ✿ VISA ◯◯
   1 r. de la Mairie – ℰ 01 48 61 32 91 – Fax 01 48 60 43 89 – Fermé août, sam.,
   dim. et fériés
   Rest – Menu 38/68 € – Carte 46/60 €
   ◆ Repas traditionnels dans deux salles agréables, dont l'une aux murs tendus de tissu et de
   cuir. On choisit homards et langoustes dans le vivier, et ils sont sitôt cuisinés.

XX **La Jument Verte**   🍴 VISA ◯◯ AE
   43 rte de Roissy – ℰ 01 48 60 69 90 – www.aubergelajumentverte.fr
   – Fermé août, sam., dim. et fériés
   Rest – (20 €) Menu 24/49 € – Carte 47/68 €
   ◆ Près du parc des expositions de Villepinte et de l'aéroport de Roissy, auberge gourmande
   qui sert une cuisine actuelle à base de bons produits. Décor avenant, terrasse d'été.

▶ Paris 39 – Mantes-la-Jolie 27 – Pontoise 18 – Rambouillet 55
◎ Église St-Martin ★.

X **St-Martin**   🍴 VISA ◯◯ AE
   2 r. Galande, (face à la Poste) – ℰ 01 39 70 32 00 – www.restaurantsaintmartin.com
   – Fermé 1ᵉʳ-20 août, vacances de Noël, merc. et dim.
   Rest – *(nombre de couverts limité, prévenir)* (17 €) Menu 22 € (déj. en sem.),
   33/50 € – Carte 40/60 € le soir
   ◆ Proche d'une jolie église gothique du 13ᵉ s., ce restaurant propose une cuisine traditionnelle actualisée, dans un décor contemporain.

▶ Paris 7 – Boulogne-Billancourt 5 – Nanterre 13
🛈 Syndicat d'initiative, 2, rue Louis Blanc ℰ 01 47 36 03 26, Fax 01 47 36 06 63

🏠 **Mercure Paris Porte de Versailles Expo**   🖥 ら ch, AC 🍴 rest,
   36 r. du Moulin – ℰ 01 46 48 55 55   ⁽ᵀ⁾ 🔊 🚗 VISA ◯◯ AE ◉
   – www.mercure.com – Fax 01 46 48 56 56
   388 ch – †89/229 € ††99/239 €, � 17 €
   Rest – (23 €) Menu 25 € – Carte 24/35 €
   ◆ Ce bâtiment abrite un hall-patio, clos jusqu'au toit translucide et baigné de verdure, sur
   lequel s'ouvrent les chambres modernes, décorées dans des tons chauds. Cadre actuel, mobilier contemporain et mise en place simple au restaurant. Carte de style brasserie.

XXX **Pavillon de la Tourelle**   🚗 🍴 ✿ P VISA ◯◯ AE
   10 r. Larmeroux – ℰ 01 46 42 15 59 – www.lepavillondelatourelle.com
   – Fax 01 46 42 06 27 – Fermé 26 juil.-25 août, 1 sem. vacances de fév.,
   2-7 janv., dim. soir et lundi
   Rest – (25 € bc) Menu 41/62 € – Carte 62/75 €
   ◆ Bordant le parc, pavillon surmonté d'une tourelle abritant un élégant restaurant : tons
   pastel, lustres, fleurs, tableaux et tables joliment dressées. Cuisine traditionnelle.

▶ Paris 18 – Mantes-la-Jolie 44 – Nanterre 11 – St-Germain-en-Laye 11
⛳ Stade Francais 129 av. de la Celle St Cloud, N : 2 km, ℰ 01 47 01 15 04
◎ Etang de St-Cucufa ★ NE : 2,5 km - Institut Pasteur - Musée des
   Applications de la Recherche ★ à Marnes-la-Coquette SO : 4 km
   ▮ Île-de-France

voir plan de Versailles

ENVIRONS DE PARIS

🍴🍴🍴 Auberge de la Poularde 　　🛜 ⇔ 🅿 ᴠɪꜱᴀ ⦾ ᴀᴇ

36 bd Jardy, (près de l'autoroute), D 182 – ℰ 01 47 41 13 47 – Fax 01 47 41 13 47
– Fermé août, vacances de fév., dim. soir, mardi soir et merc. 　　　　Ua

Rest – Menu 30 € – Carte 45/68 €

◆ Accueil aimable et service impeccable distinguent cette auberge à la charmante atmosphère provinciale. La carte, classique, met la poularde de Bresse à l'honneur.

VÉLIZY-VILLACOUBLAY – 78 Yvelines – **311** J3 – **101** 24 – 20 030 h. 　　**20** B2
– alt. 164 m – ⊠ 78140

▶ Paris 19 – Antony 12 – Chartres 81 – Meudon 8

🏨 Holiday Inn 　　🔲 ₤₅ ⎁ ᕕ ch, ⱮK ⁽ᵞ⁾ ᵴᴧ 🅿 🍽 ᴠɪꜱᴀ ⦾ ᴀᴇ ⓞ

22 av. de l'Europe, (près du centre commercial Vélizy II) – ℰ 01 39 46 96 98
– www.holidayinn.com/paris-velizy – Fax 01 34 65 95 21

182 ch – ♦250/500 € ♦♦250/500 €, � 20 €

Rest – Menu 28 € – Carte 31/61 €

◆ Les chambres de cet hôtel, rénovées en 2009, sont spacieuses, confortables et bien insonorisées. Préférez celles tournant le dos à l'autoroute. Salle de fitness. Des poutres apparentes coiffent la salle à manger du restaurant.

VERSAILLES 🅿 – 78 Yvelines – **311** I3 – **101** 23 – 87 549 h. – alt. 130 m 　　**20** A2
– ⊠ 78000 ▮ Île de France

▶ Paris 22 – Beauvais 94 – Dreux 59 – Évreux 90

🄸 Office de tourisme, 2 bis, avenue de Paris ℰ 01 39 24 88 88,
Fax 01 39 24 88 89

🅖 du Stade Français à Vaucresson 129 av. de la Celle St Cloud, par rte de
Rueil : 7 km, ℰ 01 47 01 15 04

🅖 de Saint-Aubin à Saint-Aubin Route du Golf, par rte de Chevreuse : 17 km,
ℰ 01 69 41 25 19

🅖 de Feucherolles à Feucherolles Sainte Gemme, par rte de Mantes (D 307) :
17 km, ℰ 01 30 54 94 94

🅖 du haras de jardy à Marnes-la-Coquette Boulevard de Jardy, NE : 9 km,
ℰ 01 47 01 35 80

🄾 Château★★★ - Jardins★★★ (Grandes Eaux★★★ et fêtes de nuit★★★ en
été) - Ecuries Royales★ - Trianon★★ - Musée Lambinet★ Y **M.**

🄲 Jouy-en-Josas : la "Diège"★ (statue) dans l'église, 7 km par ③.

Plans pages suivantes

🏨 Trianon Palace ⤸ 　　⩽ 🌡 🛜 🔲 ⓦ ₤₅ ❦ ⎁ ᕕ ch, ⱮK ch, ⁽ᵞ⁾ ᵴᴧ 🅿 🍽

1 bd de la Reine – ℰ 01 30 84 50 00 　　　　　　　　　　ᴠɪꜱᴀ ⦾ ᴀᴇ ⓞ
– www.trianonpalace.fr – Fax 01 30 84 50 01 　　　　　　　　　　　Xr

199 ch – ♦229/730 € ♦♦229/730 €, ⊑ 33,50 € – 17 suites – ½ P 329/599 €

Rest Gordon Ramsay au Trianon – voir ci-après

Rest La Véranda – ℰ 01 30 84 55 56 – Menu 44 € bc (déj. en sem.)/55 €
– Carte 44/57 €

◆ En lisière du parc du château, luxueux hôtel d'architecture classique. Chambres très confortables, d'esprit contemporain chic. Bel espace bien-être. Carte actuelle, terrasse d'été à la Brasserie Véranda.

🏨 Pullman 　　🛜 ₤₅ ⎁ ᕕ ch, ⱮK ⁽ᵞ⁾ ᵴᴧ 🍽 ᴠɪꜱᴀ ⦾ ᴀᴇ ⓞ

2 bis av. de Paris – ℰ 01 39 07 46 46 – www.pullmanhotels.com
– Fax 01 39 07 46 47 　　　　　　　　　　　　　　　　　Ya

146 ch – ♦125/240 € ♦♦125/240 €, ⊑ 22 € – 6 suites

Rest – (28 €) Menu 35 € (sem.) – Carte 37/45 €

◆ Protégé par son portail d'époque, cet hôtel dispose d'un hall-salon élégant et design. Décoration versaillaise dans les chambres, plus moderne dans les suites. Restaurant et bar aux couleurs chaleureuses ; recettes associant saveurs d'ici et d'ailleurs.

🏨 Le Versailles sans rest ⤸ 　　⎁ ᕕ ⱮK ⁽ᵞ⁾ ᵴᴧ 🍽 ᴠɪꜱᴀ ⦾ ᴀᴇ ⓞ

7 r. Ste-Anne – ℰ 01 39 50 64 65 – www.hotel-le-versailles.fr – Fax 01 39 02 37 85

45 ch – ♦130/155 € ♦♦140/165 €, ⊑ 14 € 　　　　　　　　　Yp

◆ Proche du château et au calme, établissement entièrement revisité façon Art déco. Les chambres à thème (voyage, rêve, amour...), colorées et ornées de maximes, invitent au repos.

VERSAILLES

La Résidence du Berry sans rest

14 r. Anjou – 𝒞 01 39 49 07 07
– www.hotel-berry.com
– Fax 01 39 50 59 40

38 ch – †140/165 € ††150/200 €, ⚏ 14 €

Zs

♦ Entre carrés St-Louis et potager du Roi, ce bel immeuble du 18ᵉ s. abrite des chambres intimes et joliment personnalisées. Espace bar-billard cosy, petit jardinet.

VERSAILLES

ENVIRONS DE PARIS

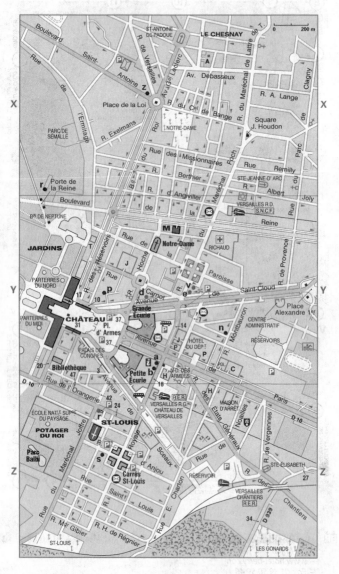

Mercure Versailles Château sans rest 🏨 ⅃ AC ¶ 🛗 🚗
19 r. Ph. de Dangeau – ℰ 01 39 50 44 10 VISA ⓩ AE ①
– www.mercure.com – Fax 01 39 50 65 11 Y**n**
60 ch – †75/135 € ††75/145 €, ⌷ 12 €
• Dans un quartier paisible, établissement dont les chambres sont avant tout pratiques. Hall d'accueil bien meublé, ouvrant sur une agréable salle des petits-déjeuners.

Ibis sans rest 🏨 ⅃ AC ¶ 🚗 VISA ⓩ AE ①
4 av. Gén. de Gaulle – ℰ 01 39 53 03 30 – www.ibishotel.com
– Fax 01 39 50 06 31 Y**b**
85 ch – †77/115 € ††77/115 €, ⌷ 8 €
• À deux pas du château et de l'hôtel de ville, cette enseigne récemment rafraîchie offre le dernier concept d'Ibis. Chambres couleur coquelicot, fonctionnelles et attrayantes.

XXXX **Gordon Ramsay au Trianon** – Hôtel Trianon Palace 🍴 AC 🍽
₿₿ 1 bd de la Reine – ℰ 01 30 84 55 55 VISA ⓩ AE ①
– www.gordonramsay.com – Fax 01 30 84 55 57 – Fermé 3-11 janv., 14-21 fév.,
mardi midi, merc. midi, jeudi midi, dim. et lundi X**r**
Rest – Menu 70 € (déj.), 170/260 € bc – Carte 150/200 € 🐚
Spéc. Raviolo de langoustine d'Écosse, caviar et consommé au fenouil. Carré d'agneau allaiton rôti, panoufle confite, légumes à la provençale et jus au thym. Pomme rôtie aux épices, parfait glacé à l'amande douce.
• En lisière du parc du château, décoration contemporaine pour ce lieu classique, très élégant. On y savoure une cuisine inventive harmonieuse et subtile. Excellent choix de bourgognes.

XX **Le Valmont** 🍴 AC VISA ⓩ AE ①
20 r. au Pain – ℰ 01 39 51 39 00 – www.levalmont.com – Fax 01 39 51 39 00
– Fermé dim. soir et lundi Y**v**
Rest – (23 €) Menu 33 € – Carte 46/80 €
• Une sympathique adresse avec sa façade engageante. Mobilier de style Louis XVI, peintures de paysages franciliens, terrasse d'été pour savourer une cuisine personnalisée.

XX **L'Angélique** (Régis Douysset) ⇄ VISA ⓩ
₿ 27 av. Saint-Cloud – ℰ 01 30 84 98 85 – www.langelique.fr
– fermé 8-23 août, 24 déc.-2 janv., 21 fév.-8 mars, dim. et lundi. Y**e**
Rest – Menu 44/98 € bc
Spéc. Verrine de girolles et lard, jeunes pousses de salade (juil. à nov.). Pomme de ris de veau rôtie, oignons tiges, et jus d'un bœuf carotte. Macaron aux framboises, crème glacée à la menthe fraîche (mai à sept.).
• Le propriétaire de l'Escarbille à Meudon fait coup double. Régis Douysset a placé ici des fidèles au service et au piano. Ambiance sympathique. Cuisine généreuse et bien travaillée.

XX **Le Potager du Roy** AC VISA ⓩ AE
1 r. du Mar.-Joffre – ℰ 01 39 50 35 34 – Fax 01 30 21 69 30 – Fermé dim. et lundi
Rest – (27 €) Menu 34 € (sem.)/42 € Z**r**
• Proximité du potager du roi oblige, ce restaurant au cadre modernisé propose une cuisine mettant à l'honneur les légumes, parfait accompagnement des viandes et poissons.

XX **Zin's à l'Étape Gourmande** 🍴 VISA ⓩ AE
125 r. Yves Le Coz – ℰ 01 30 21 01 63 – www.arti-zins.fr – Fermé 3 sem. en août,
sam. midi, dim. et lundi V**n**
Rest – (nombre de couverts limité, prévenir) (28 € bc) Menu 42 € 🐚
• Voici une étape idéale, dans le quartier de Porchefontaine, pour apprécier une cuisine élaborée selon les produits du jour. Belle carte de vins des producteurs régionaux.

au Chesnay – 29 542 h. – alt. 120 m – ✉ 78150

Novotel Château de Versailles 🏨 ⅃ AC ¶ 🛗 🚗 VISA ⓩ AE ①
4 bd St-Antoine – ℰ 01 39 54 96 96 – www.novotel.com – Fax 01 39 54 94 40
105 ch – †89/175 € ††89/175 €, ⌷ 14 € X**z**
Rest – (fermé sam. midi et dim. midi) (18 €) Menu 23 € (sem.) – Carte 21/40 €
• À l'entrée de la ville, établissement situé face à la place de la Loi. Un atrium aménagé en salon (nombreuses plantes vertes) dessert des chambres fonctionnelles et bien insonorisées. Au restaurant, intérieur moderne de style bistrot et carte traditionnelle.

ENVIRONS DE PARIS

XX L' Armoise   AC VISA ⓒ AE
41 rte de Reuil – ℰ 01 39 55 63 07 – www.restaurantlarmoise.fr
– Fermeture août, 3-10 janv., sam. midi, dim. soir et lundi
Rest – (29 €) Menu 35/46 €

♦ Le jeune chef délivre une cuisine simple mais pas simpliste, qui va à l'essentiel : les saveurs de bons produits frais. Décor contemporain dominé par des murs lie-de-vin.

LE VÉSINET – 78 Yvelines – **311** I2 – **101** 13 – 16 419 h. – **alt. 44 m**   20 A1
– ✉ 78110

🄳 Paris 19 – Maisons-Laffitte 9 – Pontoise 23 – St-Germain-en-Laye 4
🄸 Syndicat d'initiative, 60, boulevard Carnot ℰ 01 30 15 47 00

🏠 Auberge des Trois Marches   🕭 AC rest, ⁽¹⁾ 🕭 VISA ⓒ AE
15 r. J. Laurent, (pl. de l'église) – ℰ 01 39 76 10 30
– www.auberge-des-3-marches.com – Fax 01 39 76 62 58
15 ch – ♦90 € ♦♦100 €, ☑ 10 €
Rest – (fermé 12-21 août, dim. soir et lundi midi) (18 €) Carte 34/54 €

♦ Accueil sympathique dans cette discrète auberge d'un quartier à l'ambiance villageoise (église, marché). Chambres fonctionnelles bien tenues. Cuisine traditionnelle servie dans la salle de restaurant décorée d'une fresque évoquant les années 1930.

VILLE-D'AVRAY – 92 Hauts-de-Seine – **311** J3 – **101** 24 – 11 255 h.   20 B2
– **alt. 130 m** – ✉ 92410

🄳 Paris 14 – Antony 16 – Boulogne-Billancourt 5 – Neuilly-sur-Seine 10

🏠🏠 Les Étangs de Corot 🌢   🍽 🕭 & ch, AC ⁽¹⁾ 🕭 🕭 VISA ⓒ AE
53 r. de Versailles – ℰ 01 41 15 37 00 – www.etangs-corot.com
– Fax 01 41 15 37 99
43 ch – ♦185/285 € ♦♦215/320 €, ☑ 20 €
Rest *Le Corot* – (Fermé 26 juil.-18 août, dim. soir, lundi et mardi) (prévenir)
Menu 39/85 € – Carte 45/80 €
Rest *Le Café des Artistes* – Carte 27/41 €

♦ Ce ravissant hameau bâti au bord d'un étang inspira le peintre Camille Corot. Il abrite aujourd'hui un hôtel de charme (élégantes chambres personnalisées). Décor cosy et carte créative au Corot ouvert sur le jardin ; terrasse avec vue sur l'eau aux beaux jours. Recettes de bistrot au Café des Artistes.

VILLENEUVE-LA-GARENNE – 92 Hauts-de-Seine – **311** J2 – **101** 15   21 C1
– 24 568 h. – **alt. 30 m** – ✉ 92390

🄳 Paris 13 – Nanterre 14 – Pontoise 23 – St-Denis 3

XX Les Chanteraines   ⟨ 🕭 🄿 VISA ⓒ AE
av. 8 Mai 1945 – ℰ 01 47 99 31 31 – www.leschanteraines.net
– Fax 01 41 21 31 17 – Fermé août, sam. et dim.
Rest – Menu 36/100 € bc – Carte 55/80 €

♦ Ce restaurant est aménagé dans le complexe contemporain qui jouxte le parc des Chanteraines. Table actuelle dressée dans une salle avec véranda et terrasse d'été, face au lac.

VILLENEUVE-LE-ROI – 94 Val-de-Marne – **312** D3 – **101** 26 – 18 531 h.   21 C3
– **alt. 100 m** – ✉ 94290

🄳 Paris 20 – Créteil 9 – Arpajon 29 – Corbeil-Essonnes 21

XX Beau Rivage   ⟨ AC VISA ⓒ AE
17 quai de Halage – ℰ 01 45 97 16 17 – beaurivage94290@orange.fr
– Fax 01 49 61 02 60 – Fermé 15 août-4 sept., mardi soir, merc. soir, dim. soir et lundi
Rest – (24 €) Menu 40 €

♦ Comme son nom l'indique, le Beau Rivage borde la rivière ; attablez-vous près des baies vitrées pour jouir de la vue sur la Seine. Cadre moderne et cuisine traditionnelle.

VILLEPARISIS – 77 Seine-et-Marne – **312** E2 – **101** 19 – 23 302 h.   19 C1
– **alt. 72 m** – ✉ 77270

🄳 Paris 26 – Bobigny 15 – Chelles 10 – Tremblay-en-France 5

⌂ **Relais du Parisis**   🕭 ㅅ ⁽¹⁾ ⅍ **P** VISA ⓪ AE

2 av. Jean Monnet – ℰ 01 64 27 83 83 – www.relaisduparisis.com
– Fax 01 64 27 94 49
44 ch – †49/69 € ††49/69 €, ⌷ 9 € – ½ P 59/69 €
Rest – (fermé 1ᵉʳ-28 août) (13 €) Menu 20/28 € – Carte 35/45 €
♦ Pratique et fonctionnel, cet hôtel, situé dans une zone industrielle proche d'une rocade, héberge de petites chambres, meublées simplement et bien tenues. Cuisine entre tradition et Sud-Ouest, servie dans la grande salle à manger ou sur la terrasse d'été.

XX **La Bastide**   VISA ⓪ AE

15 av. J. Jaurès – ℰ 01 60 21 08 99 – www.labastide-villeparisis.fr
– Fax 01 60 21 08 99 – Fermé 3 sem. en août, 27 fév.-6 mars, lundi soir, sam. midi et dim.
Rest – (prévenir le week-end) (25 €) Menu 29/39 € – Carte 40/69 €
♦ Sympathique auberge du centre-ville : décor rustique et gai (poutres, cheminée, murs jaunes), accueil chaleureux et assiette au diapason des quatre saisons.

VINCENNES – 94 Val-de-Marne – **312** D2 – **101** 17 – 47 488 h. – alt. 51 m   21 C2
– ✉ 94300

▶ Paris 7 – Créteil 11 – Lagny-sur-Marne 26 – Meaux 47

🔧 Office de tourisme, 11, avenue de Nogent ℰ 01 48 08 13 00, Fax 01 43 74 81 01

◉ Château★★ - Bois de Vincennes★★ : Zoo★★, Parc floral de Paris★★, Musée des Arts d'Afrique et d'Océanie★ ▮ Paris

🏨 **St-Louis** sans rest   ⇔ ㅅ 瓬 ⁽¹⁾ ⅍ VISA ⓪ AE

2 bis r. R. Giraudineau – ℰ 01 43 74 16 78 – www.hotel-paris-saintlouis.com
– Fax 01 43 74 16 49
25 ch – †98/140 € ††112/160 €, ⌷ 13 €
♦ Cet immeuble proche du château abrite des chambres élégantes au mobilier de style. Quelques-unes, de plain-pied avec le jardinet, ont leur salle de bains en sous-sol.

🏨 **Daumesnil Vincennes** sans rest   ⇔ 瓬 ⁽¹⁾ ⌂ VISA ⓪ AE ①

50 av. Paris – ℰ 01 48 08 44 10 – www.hotel-daumesnil.com – Fax 01 43 65 10 94
50 ch – †89/140 € ††105/199 €, ⌷ 12 €
♦ Une jolie décoration d'inspiration provençale égaye cet hôtel situé sur une avenue passante. Salle des petits-déjeuners aménagée dans une véranda ouverte sur un minipatio.

⌂ **Donjon** sans rest   ⇔ ㅅ 🕏 ⁽¹⁾ VISA ⓪

22 r. Donjon – ℰ 01 43 28 19 17 – www.hotel-donjon-vincennes.fr
– Fax 01 49 57 02 04 – Fermé 20 juil.-25 août
25 ch – †65/70 € ††70/80 €, ⌷ 7 €
♦ Établissement du centre-ville proposant des chambres un peu exiguës, toutes décorées différemment. Salle des petits-déjeuners et salon agréablement meublés.

X **La Rigadelle**   瓬 VISA ⓪ ①

23 r. de Montreuil – ℰ 01 43 28 04 23 – Fax 01 43 28 04 23
– Fermé 27 juil.-25 août, 24 déc.-1ᵉʳ janv., dim. et lundi
Rest – (nombre de couverts limité, prévenir) (24 €) Menu 32/51 €
– Carte 49/65 €
♦ Dans une salle à manger actuelle, ensoleillée et aux notes marines, dégustez des plats au goût du jour privilégiant poissons et produits de la mer (arrivages de Bretagne).

VIRY-CHÂTILLON – 91 Essonne – **312** D3 – **101** 36 – 31 252 h.   21 C3
– alt. 34 m – ✉ 91170

▶ Paris 26 – Corbeil-Essonnes 15 – Évry 8 – Longjumeau 10

XX **Dariole de Viry**   瓬 VISA ⓪

21 r. Pasteur – ℰ 01 69 44 22 40 – www.ladarioledeviry.com – Fermé 3 sem. en août, sam. midi, dim. soir et lundi
Rest – (25 €) Menu 38 €
♦ Les deux associés-cuisiniers réalisent une cuisine du marché sensible au rythme des saisons. Plaisante salle à manger contemporaine. Voilà la bonne adresse du secteur.

Ⅹ **Marcigny** `AC` `VISA` `OO`
27 r. D. Casanova – 𝒞 01 69 44 04 09 – lemarcigny.fr – Fermé sam. midi, dim.
soir et lundi
Rest – Menu 24/34 €
♦ La Bourgogne mise à l'honneur ! Ce petit restaurant à succès porte le nom du village dont
est originaire l'épouse du chef. Plats traditionnels, pain maison et vins régionaux.

YERRES – 91 Essonne – 312 D3 – 101 38 – 28 572 h. – alt. 45 m   21 D3
– ✉ 91330

🖿 Paris 25 – Bobigny 31 – Créteil 12 – Évry 20

ⅩⅩ **Chalet du Parc** `☆ ✿ P` `VISA` `OO`
2 r. de Concy – 𝒞 01 69 06 86 29 – www.chaletduparc.fr – Fax 01 69 06 93 48
Rest – (27 €) Menu 32 € (sem.)/86 € – Carte 45/75 €
♦ Ce parc qui fut la propriété du peintre Gustave Caillebotte (musée) accueille depuis 2009
un agréable restaurant au décor design. Cuisine actuelle à base de bons produits.

PARTHENAY ‹ ⌖ › – 79 Deux-Sèvres – 322 E5 – 10 494 h. – alt. 175 m   38 B1
– ✉ 79200 ▯ Poitou Vendée Charentes

🖿 Paris 377 – Bressuire 32 – Niort 42 – Poitiers 50

🖎 Office de tourisme, 8, rue de la Vau Saint-Jacques 𝒞 05 49 64 24 24,
Fax 05 49 64 52 29

🖸 Château des Forges à Les Forges Domaine des Forges, SE : 23 km par D 59
et D 121, 𝒞 05 49 69 91 77

◉ ≼ ★ du Pont-Neuf – ≼ ★ de la terrasse de l'hôtel de ville - Pont et porte
St-Jacques★ - Rue de la Vau-St-Jacques★ - Église St-Pierre★ de Parthenay-
le-Vieux.

🏠 **St-Jacques** sans rest `🏢 ᯓ AC ⋯ ☄ P VISA OO AE ①`
13 av. 114ᵉ R.I. – 𝒞 05 49 64 33 33 – www.hotel-parthenay.com
– Fax 05 49 94 00 69
46 ch – �['] 48/92 € �['] �['] 48/92 €, ⊆ 8 €
♦ En contrebas de la citadelle, immeuble des années 1980 ayant bénéficié d'une belle rénovation. Chambres très sobres, mais neuves, à préférer sur l'arrière pour plus de calme.

au Nord 8 km par N 149 et D 127

⤊ **Château de Tennessus** sans rest ⌖ `🖅 ⋎ P VISA OO`
– 𝒞 05 49 95 50 60 – www.tennessus.com – Fax 05 49 95 50 62
3 ch ⊆ – �['] 115/140 € �['] �['] 120/145 €
♦ Ce château (forteresse du 14ᵉ, bien rénovée) vous transporte à l'époque médiévale grâce
à sa belle architecture préservée et à son décor rustique qui a beaucoup de caractère.

PARVILLE – 27 Eure – 304 G7 – rattaché à Évreux

PASSENANS – 39 Jura – 321 D6 – rattaché à Poligny

PATRIMONIO – 2B Haute-Corse – 345 F3 – voir à Corse

PAU `P` – 64 Pyrénées-Atlantiques – 342 J5 – 83 903 h. –   3 B3
Agglo. 181 413 h. – alt. 207 m – Casino – ✉ 64000 ▯ Aquitaine

🖿 Paris 773 – Bayonne 112 – Bordeaux 198 – Toulouse 198

✈ de Pau-Pyrénées : 𝒞 05 59 33 33 00, par ① : 12 km.

🖎 Office de tourisme, place Royale 𝒞 05 59 27 27 08, Fax 05 59 27 03 21

🖸 Pau Golf Club à Billère Rue du Golf, 𝒞 05 59 13 18 56

🖸 de Pau-Artiguelouve à Artiguelouve Domaine de Saint-Michel, par rte de
Lourdes : 11 km, 𝒞 05 59 83 09 29

Circuit automobile de Pau-Arnos 𝒞 05 59 77 11 36, 20 km par ⑦.

◉ Boulevard des Pyrénées ✵ ★★★ DEZ - Château★★ : tapisseries★★★
- Musée des Beaux-Arts★ EZ **M.**

Plans pages suivantes

Parc Beaumont ⟨ 🛋 🖼 ⊛ 🕭 🕭 & 🖾 ⸌ 🛠 P 🛋 VISA ⊙⊙ AE ①
1 av. Edouard VII – ℘ 05 59 11 84 00 – www.hotel-parc-beaumont.com
– Fax 05 59 11 85 00   FZ**b**
69 ch – 🛇215/310 € 🛇🛇215/310 €, � 22 € – 11 suites
Rest *Le Jeu de Paume* – (28 €) Menu 38/80 € – Carte 60/90 €
◆ Côté Parc Beaumont ou côté ville, ces chambres sont confortables, élégantes et design ;
certaines familiales. Équipements pour séminaires. Piscine, jacuzzi et spa pour la détente.
Décor chaleureux au restaurant bénéficiant d'une jolie vue sur la verdure. Terrasse plein Sud.

Villa Navarre 🦢   ⟨ 🕭 🛋 ⫶ 🖼 🛇 🕭 & 🕈 ⸌ 🛠 P VISA ⊙⊙ AE ①
59 av. Trespoey – ℘ 05 59 14 65 65 – www.accorhotels.com
– Fax 05 59 14 65 64   BX**a**
26 ch – 🛇116/179 € 🛇🛇129/199 €, ⊃ 19 € – 4 suites
Rest – *(fermé dim. soir)* (18 €) Menu 25/50 € – Carte 45/55 €
◆ Atmosphère délicieusement british dans cette belle maison de maître de 1865 et son aile
récente nichées au cœur d'un parc de 2 ha. Chambres amples et soignées. Salle à manger
raffinée, largement ouverte sur la nature ; registre culinaire actuel.

La Palmeraie 🕭 & 🖾 🕈 ⸌ P VISA ⊙⊙ AE ①
1 passage de l'Europe – ℘ 05 59 14 14 14 – www.paupalmeraie.com
– Fax 05 59 14 14 10   BV**f**
36 ch – 🛇83/109 € 🛇🛇91/131 €, ⊃ 15 €
Rest – *(fermé 24 juil.-16 août, 22 déc.-3 janv., vend. soir, sam. et dim.)* (18 €)
Menu 22 € – Carte 30/42 €
◆ Hôtel moderne dans un environnement verdoyant, à deux tours du roue du Zénith. Chambres spacieuses et fonctionnelles, décorées dans des tons pastel. La salle de restaurant, joli-
ment refaite, donne sur une terrasse ombragée. Cuisine traditionnelle.

De Gramont sans rest 🛇 🕈 VISA ⊙⊙ AE ①
3 pl. Gramont – ℘ 05 59 27 84 04
– www.hotelgramont.com – Fax 05 59 27 62 23
– Fermé 19 déc.-3 janv.   DZ**t**
35 ch – 🛇60/68 € 🛇🛇77/126 €, ⊃ 9 € – 2 suites
◆ Cet ex-relais de poste (17ᵉ s.) serait le plus vieil hôtel de Pau. Chambres redécorées avec
soin, côté rue ou vallée du Hédas. Copieux buffet de petit-déjeuner, salon-billard.

Bosquet sans rest 🛇 📞 VISA ⊙⊙ AE
11 r. V.-Meunier – ℘ 05 59 11 50 11 – www.hotel-bosquet.com
– Fax 05 59 27 22 98   EZ**e**
30 ch – 🛇65 € 🛇🛇70 €, ⊃ 8 €
◆ Proche du centre-ville, cet établissement a fait peau neuve et arbore dorénavant un décor
d'esprit tendance (tons orangé, mobilier en bois clair). Chambres de bon confort.

Le Bourbon sans rest 🛇 🕉 🕈 VISA ⊙⊙ AE
12 pl. Clemenceau – ℘ 05 59 27 53 12 – www.hotel-lebourbon.com
– Fax 05 59 82 90 99   EZ**d**
33 ch – 🛇61 € 🛇🛇70 €, ⊃ 6,50 €
◆ Hôtel situé dans un quartier animé par de nombreux cafés. Les chambres, toutes rénovées, donnent en majorité sur la place, tout comme la salle des petits-déjeuners.

Central sans rest 🕈 VISA ⊙⊙ AE ①
15 r. L. Daran – ℘ 05 59 27 72 75 – www.hotelcentralpau.com
– Fax 05 59 27 33 28 – Fermé 30 déc.-3 janv.   EZ**t**
26 ch – 🛇50/70 € 🛇🛇56/81 €, ⊃ 8 €
◆ Central, cet hôtel l'est en effet ! Ampleur et décor varient suivant les chambres (on rénove
les plus anciennes), dont certaines offrent une connexion wi-fi. Tenue sans faille.

XXX **Au Fin Gourmet** 🕭 🖾 VISA ⊙⊙ AE ①
24 av. G. Lacoste, (face à la gare) – ℘ 05 59 27 47 71
– www.restaurant-aufingourmet.com – Fax 05 59 82 96 77
– Fermé 25 juil.-10 août, vacances de fév., dim. soir, merc. midi et lundi
Rest – Menu 27 € (sem.)/76 € bc – Carte 54/67 €   EZ**v**
◆ Un lieu très agréable au pied du funiculaire : pavillon sous verrière évoquant un jardin
d'hiver et salle plus ancienne revue dans le même esprit. Cuisine au goût du jour.

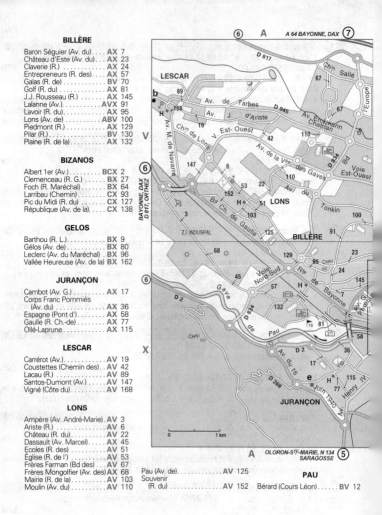

XX **Chez Pierre**   AC ⟷ VISA ⚫⚫ AE ⓪
16 r. L. Barthou – ☏ 05 59 27 76 86
– www.restaurant-chez-pierre.com
– Fax 05 59 27 08 14
– Fermé 1er-14 août, 1er-14 janv., sam. midi, lundi midi et dim. sauf fériés
Rest – Menu 36 € (sem.) – Carte 48/80 €   EZ**x**
♦ Les plus fidèles clients viennent ici pour déguster la poule au pot depuis des années
! Ambiance british au rez-de-chaussée, sobriété à l'étage ; cuisine classique bien faite.

XX **La Michodière**   VISA ⚫⚫ AE
34 r. Pasteur – ☏ 05 59 27 53 85
– Fax 05 59 33 60 09
– Fermé 24 juil.-25 août, dim. et fériés   DY**b**
Rest – Menu 14 € (déj. en sem.)/27 € – Carte 36/70 €
♦ La façade en galets abrite deux salles à manger dont une, lambrissée, est animée par le
spectacle des cuisiniers s'activant aux fourneaux. Cadre actuel et plats du marché.

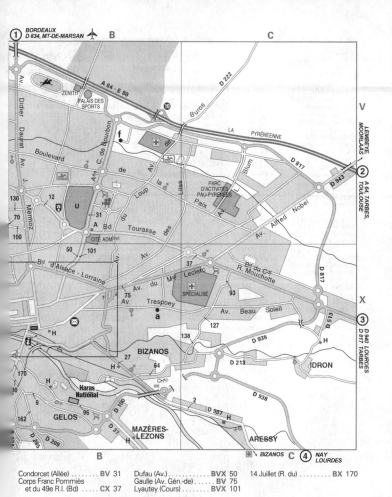

X **Marc Destrade**　　　　　　　　　AC VISA ☻

30 r. Pasteur – ℰ 05 59 27 62 60

– Fax 05 59 27 62 60

– Fermé août, dim. soir, merc. soir et lundi　　　　EYs

Rest – Menu 26/34 € – Carte 29/50 €

♦ Cette avenante maison ancienne donne envie de pousser la porte. Les tables près de la cheminée sont très demandées en hiver. Accueil aimable, cuisine traditionnelle.

X **La Table d'Hôte**　　　　　　　　🍴 VISA ☻ AE

1 r. du Hédas – ℰ 05 59 27 56 06

– Fax 05 59 27 56 06

– Fermé vacances de Noël, lundi sauf le soir en juil.-août et dim.　　　EZk

Rest – (18 €) Menu 23/30 €

♦ Briques, poutres et galets donnent un petit air campagnard à cette ancienne tannerie du 17e s. nichée dans une ruelle médiévale. Ambiance sympathique, cuisine du terroir.

PAU

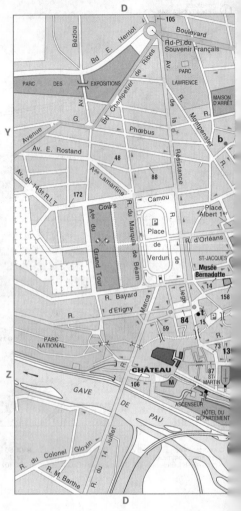

à Jurançon : 2 km – 6 937 h. – alt. 177 m – ⊠ 64110

XXX   **Chez Ruffet** (Stéphane Carrade)   🛱 ✿ VISA ◑ AE ①
⁂   *3 av. Ch. Touzet – ✆ 05 59 06 25 13 – www.restaurant-chezruffet.com*
– Fax 05 59 06 52 18 – Fermé dim. et lundi   AX**e**
Rest – *(prévenir)* (26 €) Menu 40/80 €
Spéc. Morilles au bouillon de céleri, crème de petits pois et raviole de ventrê-
che (printemps). Poitrine de caille rôtie en coffre, sauce salmis et cèpes à
l'ail (automne). Sphère de greuil de brebis, chocolat blanc, pralin et huile de
truffe blanche. **Vins** Jurançon, Madiran.
◆ Délicieuse atmosphère en cette ex-ferme béarnaise, savant mélange d'authenticité (poutres, bois ciré), d'élégance et de décontraction. Belle cuisine régionale actualisée.

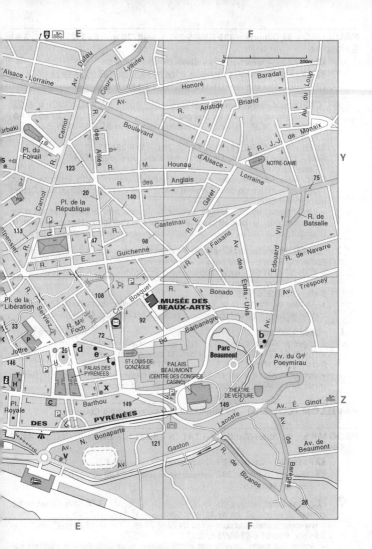

à **Lescar** au Nord-Ouest : 7,5 km par D 817 et D 601 – 9 752 h. – alt. 179 m
– ⊠ 64230

🖼 Office de tourisme, place Royale 🕾 05 59 81 15 98, Fax 05 59 81 12 54

🏠 **La Terrasse** 🗛 🕪 **P** ᴠɪ̄ꜱᴀ **⦿** **AE**
1 r. Maubec – 🕾 05 59 81 02 34 – Fax 05 59 81 08 77 – Fermé 31 juil.-23 août
et 19 déc.-3 janv.   AV**b**
20 ch – 🛏48 € 🛏🛏52 €, ☲ 8 € – ½ P 48 €
Rest – (fermé sam. midi, dim. et fériés) Menu 26 € – Carte 35/48 €
♦ Petite halte sympathique, autrefois étape de pèlerins, nichée dans une discrète ruelle. Les
chambres jouent la carte de la simplicité (solide mobilier en bois brut). Au restaurant, expositions de tableaux régulièrement renouvelées et carte traditionnelle.

▶ Paris 625 – Arcachon 113 – Blaye 16 – Bordeaux 54
🖪 Office de tourisme, La Verrerie ✆ 05 56 59 03 08, Fax 05 56 59 23 38
◎ château Mouton Rothschild★ : musée★★ NO : 2 km.

🏠🏠🏠   **Château Cordeillan Bages** ⊱   🚗 ⊼ ℉ 🖦 & ch. 🅐🅒 ℉ **P**
☆☆   *61 r. des Vignerons, 1 km au Sud par D 2*   **VISA** 🐵 **AE** **①**
      – ✆ 05 56 59 24 24 – www.cordeillanbages.com – Fax 05 56 59 01 89
      – *Fermé 19 déc.-13 fév.*
      28 ch – ♟199/517 € ♟♟199/517 €, ⊇ 28 € – ½ P 251/382 €
      Rest – *(fermé sam. midi, lundi et mardi)* Menu 90 € (déj.)/175 €
      – Carte 120/140 € ❀
      Spéc. Maïs, foie gras sous pression et sorbet granny smith. Embrun marin,
      rouget et semoule de pain. Caramel crème tendre et tuile chiffon. **Vins** Graves
      blanc, Saint-Estèphe.
      ◆ Une chartreuse du 17ᵉ s. alanguie au cœur du vignoble, avec ses belles chambres et son
      atmosphère cosy : le décor est planté. Au restaurant, le chef Thierry Marx joue la carte de
      l'inventivité et de l'audace : une grande technique au service de l'originalité.

🏠   **La Chartreuse du Château Pedesclaux** sans rest ⊱   ≤ 🅐🅒 ℉
      Padarnac, 2 km au Nord par D 2 et rte secondaire   🔒 **P** **VISA** 🐵
      – ✆ 05 57 73 64 64 – www.chateau-pedesclaux.com – Fax 05 57 73 64 65
      – *Fermé 25 déc.-1ᵉʳ janv.*
      5 ch – ♟200/250 € ♟♟200/250 €, ⊇ 13 €
      ◆ Au cœur du vignoble de ce 5ᵉ grand cru classé de Pauillac, chartreuse de 1755 en pierre
      blanche abritant cinq chambres luxueuses dédiées à nos cinq sens. Atelier "ini-sensation".

✗   **Café Lavinal**   🖼 🅐🅒 **VISA** 🐵 **AE** **①**
🐵   *à Bages, pl. Desquet* – ✆ 05 57 75 00 09 – www.villagedebages.com
      – Fax 05 57 75 00 10 – Fermé 24 déc.-30 janv. et dim. soir
      Rest – (13 €) Menu 25/35 € – Carte 23/51 €
      ◆ Joli bistrot néo-rétro créé en 2006 au centre de Pauillac. Savoureuse cuisine de tradition
      ancrée dans le Médoc ; ardoise du jour et vins locaux de propriété.

▶ Paris 896 – Cannes 12 – Draguignan 59 – Grasse 9
🖪 Office de tourisme, 287, avenue de Grasse ✆ 04 92 60 20 70,
    Fax 04 92 60 20 66

🏠   **Le Bosquet** sans rest ⊱   🌢 ⊼ ❀ ℅ ℉ **P** **VISA** 🐵 **AE**
🏠   *chemin des Périssols, rte de Mouans-Sartoux* – ✆ 04 92 60 21 20
      – www.hoteldubosquet.com – Fax 04 92 60 21 49 – Fermé 15 janv.-1ᵉʳ fév.
      23 ch – ♟60/65 € ♟♟60/75 €, ⊇ 7 €
      ◆ Accueil tout sourire, agréable parc planté d'oliviers, tenue méticuleuse et confitures mai-
      son : un hôtel où l'on se sent bien. Chambres et studios rénovés (style contemporain).

✗   **L'Écluse**   🖼 🅐🅒 **P** **VISA** 🐵 **AE** **①**
      chemin de l'Écluse, au bord de la Siagne – ✆ 04 93 42 22 55
      – www.restaurant-lecluse.com – Fax 04 93 40 72 65 – Fermé nov., en sem. du
      30 sept. au 15 avril et lundi du 16 avril au 29 sept.
      Rest – (18 €) Menu 26/34 € – Carte 30/44 €
      ◆ Restaurant apprécié pour son ambiance décontractée et sa grande terrasse au bord de
      l'eau, lui donnant un petit air de guinguette. Cuisine traditionnelle et soignée.

✗   **De Felice**   🖼 🅐🅒 **P** **VISA** 🐵 **AE**
      1 prom. des Prés Vergers – ✆ 04 93 36 08 27 – Fermé dim. et lundi sauf fériés
      Rest – Menu 29 € – Carte 35/50 €
      ◆ Ici, tout respire l'Italie ! On déguste d'excellentes pâtes dans une jolie salle aux tons cha-
      toyants avec vue sur les cuisines. Suivez les conseils avisés et enjoués du chef.

PEILLON – 06 Alpes-Maritimes – **341** F5 – **1 322** h. – alt. **200** m   **42** E2
– ⊠ **06440** ▌ Côte d'Azur

▶ Paris 947 – Contes 14 – L'Escarène 14 – Menton 38

🄸 Syndicat d'initiative, 620, avenue de l'Hôtel de Ville 𝒞 04 93 91 98 34,
    Fax 04 93 79 87 65

◉ Village★ - Fresques★ dans la chapelle des Pénitents Blancs

   Auberge de la Madone (Christian et Thomas Millo) ॐ   ≤ 🚗 🏠
   𝒞 04 93 79 91 17 – www.auberge-madone-peillon.com   ※ 🏊 **P** 𝗩𝗜𝗦𝗔 ◉ 𝗔𝗘
   – Fax 04 93 79 99 36 – Fermé 8 nov.-22 déc. et merc.
14 ch – †98/200 € ††98/200 €, � 20 € – 2 suites – ½ P 115/170 €
Rest – (30 € bc) Menu 52/62 € – Carte 60/92 €
Spéc. Tourte d'herbes fines et escalope de foie gras grillé. Carré d'agneau en
deux cuissons et purée aux pépites de truffe. "Noir et blanc" miroir de chocolat. **Vins** Côtes de Provence.
♦ Cette auberge de caractère entourée d'un jardin fleuri abrite des chambres soignées et
calmes. Belle cuisine régionale servie dans une coquette salle à manger provençale ou sur
une agréable terrasse tournée vers le village médiéval perché sur son piton rocheux.

   Lou Pourtail ॐ   ≤ 🏠 𝗩𝗜𝗦𝗔 ◉ 𝗔𝗘
   3 pl. A. Arnulf, accueil à l'Auberge de la Madone – 𝒞 04 93 79 91 17
   – Fermé 11 nov.-25 déc., 14-31 janv. et merc.
6 ch – †44/68 € ††44/68 €, ⊂ 13 €
Rest – (ouvert mai-sept.) (déj. seult) Menu 18/30 €
♦ Le charme d'une maison ancienne – murs chaulés, voûtes ou hauts plafonds, mobilier
campagnard – à l'entrée du village-crèche. Chambres simples, sans TV. Petite salle à manger
rustique et, à la belle saison, tables dressées dans le jardin. Produits du terroir.

PEISEY-NANCROIX – 73 Savoie – **333** N4 – **642** h. – alt. **1 320** m   **45** D2
– ⊠ **73210** ▌ Alpes du Nord

▶ Paris 635 – Albertville 55 – Bourg-St-Maurice 13

🄸 Office de tourisme, place de Roscanvel 𝒞 04.79.07.94.28,
    Fax 04.79.07.95.34

   La Vanoise ॐ   ≤ 🏠 🏊 🗔 🐾 ☕ ch, 🕯 **P** 𝗩𝗜𝗦𝗔 ◉
   à Plan Peisey – 𝒞 04 79 07 92 19 – www.hotel-la-vanoise.com
   – Fax 04 79 07 97 48 – Ouvert 1ᵉʳjuil.-31 août et 18 déc.-24 avril
33 ch ⊂ – †75/110 € ††104/120 € – ½ P 70/107 €
Rest – Menu 19/31 € – Carte 28/37 €
♦ Jolie vue sur le dôme de Bellecôte depuis ce bâtiment abritant d'agréables chambres au
décor alpin ; celles orientées au sud ont un balcon. Espace bien-être. Chaleureux lambris,
recettes savoyardes et belle flambée : pas de doute, vous êtes à la montagne !

PÉNESTIN – 56 Morbihan – **308** Q10 – **1 777** h. – alt. **20** m – ⊠ **56760**   **10** C3

▶ Paris 458 – La Baule 29 – Nantes 84 – La Roche-Bernard 18

🄸 Office de tourisme, allée du Grand Pré 𝒞 02 99 90 37 74, Fax 02 99 90 47 08

◉ Pointe du Bile ≤★ S : 5 km ▌ Bretagne

   Loscolo ॐ   ≤ 🚗 🏠 **P** 𝗩𝗜𝗦𝗔 ◉
   Pointe de Loscolo, 4 km au Sud-Ouest – 𝒞 02 99 90 31 90
   – www.hotelloscolo.com – Fax 02 99 90 32 14 – Ouvert 24 avril-25 sept.
14 ch – †60/104 € ††68/112 €, ⊂ 15 € – ½ P 85/107 €
Rest – (fermé merc.) (dîner seult) (résidents seult) Menu 36 €
♦ Séjour calme et iodé à la pointe de Loscolo, chez l'inventeur de la machine à ouvrir les
huîtres, dans des chambres sobrement aménagées, presque toutes tournées vers le large.
Salle à manger aux douces tonalités et cuisine aux saveurs océanes.

PENHORS – 29 Finistère – **308** E7 – **rattaché à Pouldreuzic**

PENNEDEPIE – 14 Calvados – **303** N3 – **rattaché à Honfleur**

PENVÉNAN – 22 Côtes-d'Armor – **309** C2 – **2 562** h. – alt. **70** m   **9** B1
– ⊠ **22710**

▶ Paris 521 – Guingamp 34 – Lannion 16 – St-Brieuc 70

🄸 Syndicat d'initiative, 12, place de l'Église 𝒞 02 96 92 81 09

Le Crustacé VISA ●

2 r.de la Poste – ℰ 02 96 92 67 46 – Fermé mardi soir de sept. à juin, dim. soir et merc.
Rest – Menu 17/37 € – Carte 28/56 €

♦ En face de l'église, petit restaurant familial où l'on cultive le sens de l'accueil dans une salle rustique, simple et bien tenue. Cuisine traditionnelle et produits de la mer.

PENVINS – 56 Morbihan – **308** O9 – rattaché à Sarzeau

PERI – 2A Corse-du-Sud – **345** C7 – voir à Corse

PÉRIGNAC – 17 Charente-Maritime – **324** H6 – rattaché à Pons

---

PÉRIGNAT-LÈS-SARLIÈVE – 63 Puy-de-Dôme – **326** F8 – rattaché à Clermont-Ferrand

---

PÉRIGNY – 86 Vienne – **322** H5 – rattaché à Poitiers

PÉRIGUEUX

PÉRIGUEUX P – 24 Dordogne – **329** F4 – **29 558 h. – alt. 86 m** **4** C1
– ✉ **24000** Périgord Quercy

Paris 482 – Agen 138 – Bordeaux 128 – Limoges 96

Office de tourisme, 26, place Francheville ✆ 05 53 53 10 63, Fax 05 53 09 02 50

18 de Périgueux à Marsac-sur-l'Isle Domaine de Saltgourde, par rte d'Angoulème : 5 km, ✆ 05 53 53 02 35

Cathédrale St-Front★★, église Saint-Étienne de la Cité★ - Quartier St-Front★★★: rue Limogeanne★ BY , escalier★ Renaissance de l'hôtel de Lestrade (rue de la sagesse) BY - Galerie Daumesnil★ face au n° 3 de la rue Limogeanne - Musée du Périgord★★ CY **M².**

Mercure sans rest
7 pl. Francheville – ✆ 05 53 06 65 00 – www.mercure.com – Fax 05 53 07 20 33
66 ch – 🚹87/97 € 🚹🚹89/109 €, ☕ 16 € BZ**e**
◆ Adossé à une façade en pierre de taille classée, cet hôtel flambant neuf jouit d'une bonne situation, face à un jardin et à un multiplex. Agréables chambres contemporaines.

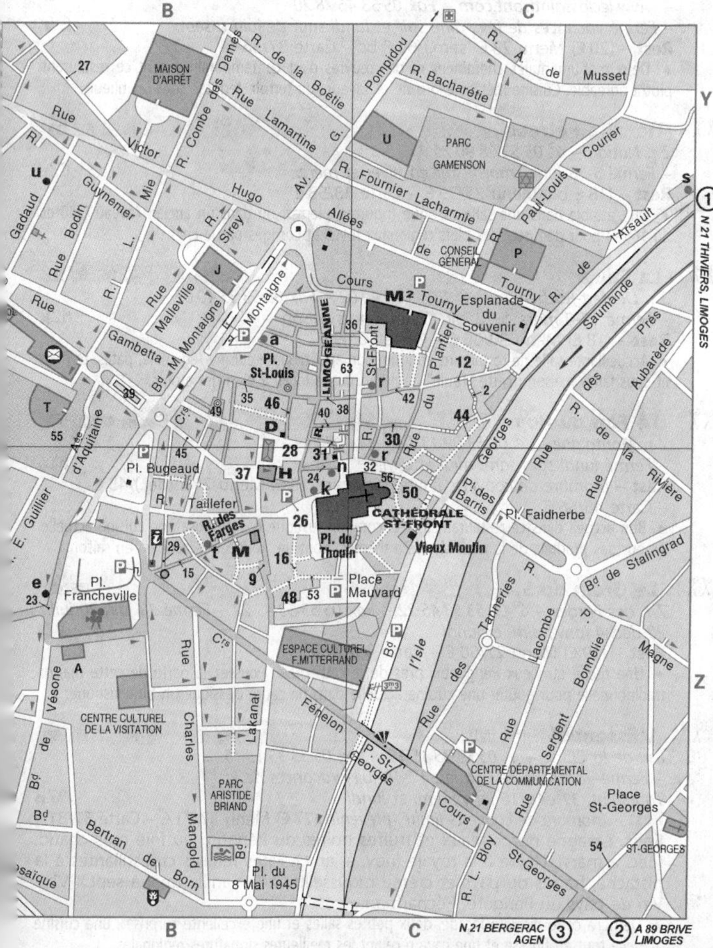

🄰🄷 **Bristol** sans rest   🛗 🄰🄲 🕾 🄿 🆅🅸🆂🅰 ⓪ 🄰🄴

37 r. A. Gadaud – ℰ 05 53 08 75 90
– www.bristolfrance.com – Fax 05 53 07 00 49
– Fermé 19 déc.-2 janv.   BY**u**
29 ch – ✝60/68 € ✝✝66/77 €, ☲ 8 €

◆ Cet hôtel proche du centre et des curiosités touristiques abrite des chambres peu à peu refaites, assez bien insonorisées et de bonne dimension (sauf 6). Tenue exemplaire.

🍴🍴🍴 **Le Rocher de l'Arsault**   ♿ 🄰🄲 ⇔ 🄿 🆅🅸🆂🅰 ⓪ 🄰🄴 ⓪

15 r. L'Arsault – ℰ 05 53 53 54 06 – Fax 05 53 08 32 32 – Fermé 1er-10 janv.,
15 août-5 sept., dim. soir et merc.   CY**s**
Rest – (21 € bc) Menu 30/48 € – Carte environ 35 €

◆ Bâtisse adossée à un rocher. Coquettes salles à manger nouvellement décorées et beaux salons particuliers où l'on sert une bonne cuisine actuelle qui suit les saisons.

🍴🍴 **Le Clos St-Front**   🍴 ⇔ 🆅🅸🆂🅰 ⓪ 🄰🄴

5, 7 r. de la Vertu – ℰ 05 53 46 78 58
– www.leclossaintfront.com – Fax 05 53 46 78 20
– Fermé vacances de fév., dim. soir et lundi sauf de juin à sept.   CY**r**
Rest – (20 €) Menu 28 € (sem.)/62 € bc – Carte 37/56 €

◆ Deux monumentales cheminées et des œuvres d'art contemporain ornent ce restaurant plutôt agréable. Cuisine mêlant exotisme et saveurs du terroir, terrasse sous les tilleuls.

🍴🍴 **Hercule Poireau**   🄰🄲 🆅🅸🆂🅰 ⓪

2 r. Nation – ℰ 05 53 08 90 76
– Fermé 5-18 janv., mardi soir en hiver et merc.   CZ**r**
Rest – (18 € bc) Menu 25/39 € – Carte 38/58 €

◆ On s'attable dans une salle rustique (poutres, pierres) ou dans un ancien caveau (voûtes du 16e s.) pour déguster des plats régionaux revus et corrigés par le chef.

🍴🍴 **La Taula**   🄰🄲 🆅🅸🆂🅰 ⓪ 🄰🄴

3 r. Denfert-Rochereau – ℰ 05 53 35 40 02 – Fax 05 53 35 40 02
– Fermé 1er-8 mars, 5-12 juil. et lundi hors saison   BZ**k**
Rest – (18 €) Menu 30/36 € – Carte 40/49 €

◆ Accueillante salle de restaurant en longueur, appétissante cuisine régionale, pâtés, terrines et cous farcis maison : cette "Taula" (table en patois local) a bien des atouts.

🍴🍴 **Le Fou du Roy**   ⇔ 🆅🅸🆂🅰 ⓪ 🄰🄴 ⓪

2 r. Montaigne – ℰ 05 53 09 43 77
– Fermé lundi soir, sam. midi et dim.   BY**a**
Rest – (nombre de couverts limité, prévenir) (18 €) Menu 21 € (déj.)/43 €
– Carte 45/56 €

◆ Bon accueil dans ce restaurant à la décoration rustique qui propose une cuisine actuelle. Amour des produits de la mer. Menus à thèmes, dont un "tout Saint-Jacques" en saison.

🍴🍴 **Le Grain de Sel**   🆅🅸🆂🅰 ⓪

7 r. des Farges – ℰ 05 53 53 45 22 – Fax 05 53 53 45 22 – Fermé 28 juin-20 juil.,
20 déc.-4 janv., dim. et lundi   BZ**t**
Rest – (19 €) Menu 27/50 € – Carte 45/60 €

◆ Une ruelle du vieux Périgueux, près de la cathédrale. Poussez la porte de cette maison traditionnelle pour goûter une cuisine actuelle dans un cadre classique un brin rustique.

🍴 **L'Essentiel** (Éric Vidal)   🍴 🄰🄲 ⇔ 🆅🅸🆂🅰 ⓪
✿

8 r. de la Clarté – ℰ 05 53 35 15 15 – Fax 05 53 35 15 15
– Fermé vacances de Pâques, 1er-10 juil., vacances de la
Toussaint, 31 déc.-16 janv., dim. et lundi   BZ**n**
Rest – (nombre de couverts limité, prévenir) (27 €) Menu 37/71 € – Carte 37/81 €
Spéc. Lasagne de poireaux et truffes noires du Périgord au foie gras chaud.
(déc. à mars). Lièvre à la royale (nov. à janv.). Fines feuilles croustillantes à la
pistache, fraises du pays et crème mousseline à la vanille (mai à sept.). **Vins**
Vin de pays du Périgord, Pécharmant.

◆ Derrière cette discrète façade, deux petites salles et une excellente surprise : une cuisine actuelle tout en finesse et une cave recelant les meilleures signatures régionales.

à Chancelade par ⑤, D 710 et D 1 : 5,5 km – 4 126 h. – alt. 88 m – ⊠ 24650

◉ Abbaye★.

🏯 **Château des Reynats**   🄰 ⌂ ⌂ ⅀ ♨ ⌘ 🛉 ⅍ 🄿 VISA ⚏ ⒶⒺ ⓪
15 av. des Reynats – ℰ 05 53 03 53 59 – www.chateau-hotel-perigord.com
– Fax 05 53 03 44 84
45 ch – ⅋87/260 € ⅋⅋87/260 €, ⋤ 14 € – 5 suites – ½ P 82/168 €
Rest – (fermé 2-26 janv., lundi midi, sam. midi et dim.) Menu 28 € (déj.)/75 €
– Carte 73/100 €🏵
♦ Dans un parc arboré, beau château du 19ᵉ s. aux chambres très joliment personnalisées ; celles de l'annexe, plus petites et plus sobres, viennent d'être refaites. La salle à manger, typiquement "châtelaine", a fière allure. Plats du terroir actualisés.

PERNAND-VERGELESSES – 21 Côte-d'Or – 320 J7 – rattaché à Beaune

PERNAY – 37 Indre-et-Loire – 317 L4 – 997 h. – alt. 76 m – ⊠ 37230   11 B2
🄳 Paris 256 – Orléans 132 – Tours 21 – Joué-lès-Tours 26

⌂ **Domaine de l'Hérissaudière** sans rest ⅏   🄰 ⅀ ♨ ⅍ 🛉 🄿
3 km au Nord-Est par D 48 – ℰ 06 03 22 34 45   VISA ⚏
– www.herissaudiere.com – Fax 02 47 55 97 45 – Ouvert 15 avril-15 nov.
5 ch ⋤ – ⅋110/120 € ⅋⅋120/135 €
♦ Cet ancien relais de chasse du 17ᵉ s. est blotti dans un parc aux essences rares. Chambres aux meubles d'époque et salons confortables. Buffet très complet (confitures maison).

PERNES-LES-FONTAINES – 84 Vaucluse – 332 D10 – 10 410 h.   42 E1
– alt. 75 m – ⊠ 84210 ▮ Provence
🄳 Paris 685 – Apt 43 – Avignon 23 – Carpentras 6
🄵 Office de tourisme, place Gabriel Moutte ℰ 04 90 61 31 04,
Fax 04.90.61.33.23
◉ Porte Notre-Dame★.

🏨 **L'Hermitage** sans rest ⅏   🄰 ⅀ ⅍ 🛉 ⅍ 🄿 VISA ⚏ ⒶⒺ ⓪
614 Grande Rte de Carpentras – ℰ 04 90 66 51 41 – www.hotel-lhermitage.com
– Fax 04 90 61 36 41 – Ouvert 1ᵉʳmars-15 nov.
20 ch ⋤ – ⅋75/88 € ⅋⅋90/115 €
♦ Belle demeure datant de 1890 au milieu d'un parc. Ambiance méditerranéenne colorée dans les chambres, confort bourgeois et meubles de style dans les salons.

✗ **Au Fil du Temps**   🄰🄺 ⅍
pl. L. Giraud, (face au centre culturel) – ℰ 04 90 30 09 48
– Fermé 20 déc.-20 janv., dim. et lundi
Rest – (nombre de couverts limité, prévenir) (16 €) Menu 25 €
♦ Sur une petite place, restaurant, aménagé dans une ancienne épicerie : décor rustique (murs blancs, poutres) et coquet. Belles saveurs provençales à prix doux. Service efficace.

au Nord-Est 4 km par D 1 et rte secondaire – ⊠ 84210 Pernes-les-Fontaines

✗✗ **Mas La Bonoty** avec ch ⅏   ⌂ ⌂ ⅀ ⅍ 🄿 VISA ⚏
chemin de la Bonoty – ℰ 04 90 61 61 09 – www.bonoty.com – Fax 04 90 61 35 14
– Fermé 7 nov.-10 déc. et 10 janv.-13 fév.
8 ch ⋤ – ⅋70/95 € ⅋⅋70/95 € – ½ P 71/84 €
Rest – (fermé lundi et mardi) (22 €) Menu 41/68 € – Carte 54/78 €
♦ Bergerie du 17ᵉ s. au charme préservé avec ses pierres et poutres dans la salle rustique. Cuisine locale à base de beaux produits de saison. Chambres de style provençal.

PÉRONNAS – 01 Ain – 328 E3 – rattaché à Bourg-en-Bresse

PÉRONNE ⌨ – 80 Somme – 301 K8 – 8 218 h. – alt. 52 m – ⊠ 80200   37 C1
▮ Nord Pas-de-Calais Picardie
🄳 Paris 141 – Amiens 58 – Arras 48 – Doullens 54
🄵 Office de tourisme, 16, place André Audinot ℰ 03 22 84 42 38,
Fax 03 22 85 51 25
◉ Historial de la Grande Guerre★★.

St-Claude 🛜 🍴 🔄 VISA ⬤ AE

42 pl. du Cdt-L.-Daudré – 🕾 *03 22 79 49 49* – *www.hotelsaintclaude.com*
– Fax 03 22 79 10 57
38 ch – ♦60/80 € ♦♦90/105 €, ⌖ 10 € – 2 suites
Rest – Menu 15 € – Carte 18/49 €
◆ Cet hôtel du centre-ville a été entièrement rénové et modernisé. Les chambres, simples et confortables, sont de bonnes dimensions. Joli cadre aux notes actuelles, pour une ambiance feutrée au restaurant. Carte au goût du jour.

à Rancourt 10 km au Nord par ND 1017 – 172 h. – alt. 143 m – ⊠ 80360

Le Prieuré ※ & ⁿ⁺ 🔄 🅿 VISA ⬤ AE

24 rte nationale – 🕾 *03 22 85 04 43* – *www.hotel-le-prieure.fr*
– Fax 03 22 85 06 69
27 ch – ♦65 € ♦♦68 €, ⌖ 8 € – ½ P 65 €
Rest – Menu 22/43 € – Carte 22/65 €
◆ Architecture d'inspiration mauresque abritant des chambres personnalisées, plus spacieuses sur l'arrière. Au détour d'une arche, découvrez le bar écossais. Cuisine traditionnelle et régionale, à apprécier dans une salle élégante habillée de pierres et de briques.

Aire d'Assevillers 15 km au Sud par rte d'Amiens (D 1029) et rte secondaire puis A 1 – ⊠ 80200 Péronne

Mercure 🛜 🍴 & 🔳 🔄 🅿 VISA ⬤ AE ⓘ

– 🕾 *03 22 85 78 30* – *www.mercure.com* – *Fax 03 22 85 78 31*
79 ch – ♦75/115 € ♦♦90/130 €, ⌖ 13 € **Rest** – (11 €) Carte 22/39 €
◆ Imposant bâtiment des années 1970. Grandes chambres fonctionnelles, progressivement rénovées et bien agencées. Bonne insonorisation. Au programme du restaurant : grillades, buffet d'entrées, etc.

PÉROUGES – 01 Ain – 328 E5 – 1 189 h. – alt. 290 m – ⊠ 01800　44 B1
▌Lyon Drôme Ardèche

　▶ Paris 460 – Bourg-en-Bresse 39 – Lyon 37 – Villefranche-sur-Saône 58
　🔢 Syndicat d'initiative, entrée de la Cité 🕾 04 74 46 70 84, Fax 04 74 46 70 84
　🔢 de la Sorelle à Villette-sur-Ain Domaine de Gravagneux, N : 12 km par D 984, 🕾 04 74 35 47 27
　◉ Cité★★ : place de la Halle★★★.

Ostellerie du Vieux Pérouges ◈ 🚗 🔄 🅿 🕾 VISA ⬤ AE

pl. du Tilleul – 🕾 *04 74 61 00 88* – *www.hostelleriedeperouges.com*
– Fax 04 74 34 77 90 – *Fermé 15 fév.-1ᵉʳ mars*
13 ch – ♦127/140 € ♦♦200/240 €, ⌖ 17 € – 2 suites – ½ P 135/175 €
Rest – Menu 35/62 € – Carte 50/70 €
◆ Admirables bâtisses de style gothico-Renaissance réparties dans tout le village. Chambres alliant mobilier ancien (quelques lits à baldaquin) et confort moderne. Cadre médiéval ou ambiance bourgeoise au restaurant ; plats du terroir dont la fameuse galette.

Le Pavillon 🏨 ◈ VISA ⬤ AE
13 ch – ♦84/95 € ♦♦124/156 €, ⌖ 16 € – ½ P 115/138 €
◆ À quelques mètres de l'Ostellerie, chambres plus simplement meublées et avant tout pratiques ; celles de l'annexe offrent un meilleur niveau de confort.

PERPIGNAN Ⓟ – 66 Pyrénées-Orientales – 344 I6 – 115 326 h. –　22 B3
Agglo. 162 678 h. – alt. 60 m – Casino : à Port-Barcarès – ⊠ 66000
▌Languedoc Roussillon

　▶ Paris 848 – Andorra-la-Vella 170 – Béziers 94 – Montpellier 156
　✈ de Perpignan-Rivesaltes : 🕾 04 68 52 60 70, par ① : 3 km.
　🔢 Office de tourisme, place Armand Lanoux 🕾 04 68 66 30 30, Fax 04 68 66 30 26
　◉ Le Castillet★ - Loge de mer★ BY K - Hôtel de ville★ BY H - Cathédrale St-Jean★ - Palais des rois de Majorque★ - Musée numismatique Joseph-Puig★ - Place Arago : maison Julia★.

Plans pages suivantes

Villa Duflot

rd-pt Albert Donnezan, 3 km par ④, dir.autoroute – ℰ 04 68 56 67 67
– www.villa-duflot.com – Fax 04 68 56 54 05
24 ch – ♦150/190 € ♦♦150/190 €, �ュ 17 € – ½ P 118/136 €
Rest – (18 €) Menu 23 € (déj. en sem.)/27 € – Carte 38/55 €
♦ Cadre lumineux et élégant (statues contemporaines), grandes chambres au mobilier Art
déco côté patio ou côté parc : un petit havre de verdure... en pleine zone commerciale !
Charme méridional de la cuisine et du restaurant ouvert sur la piscine.

Park Hôtel

18 bd J. Bourrat – ℰ 04 68 35 14 14 – www.parkhotel-fr.com – Fax 04 68 35 48 18
69 ch – ♦80/140 € ♦♦80/280 €, �ュ 12 €   CYy
Rest Le Chap' – voir ci-après
♦ L'Espagne s'invite dans cet hôtel proche du square Bir Hakeim. Différentes catégories de
chambres colorées et bien tenues (certaines dotées de lits majorquins).

La Fauceille

860 chemin de la Fauceille, par ③, (rocade Sud - CZ) – ℰ 04 68 21 09 10
– www.lafauceille.com – Fax 04 68 54 27 91
35 ch – ♦120/270 € ♦♦120/270 €, ☿ 15 € – ½ P 98/168 €
Rest – (18 €) Menu 25 € (déj. en sem.), 28/50 € – Carte 49/71 €
♦ Un ensemble moderne et élégant, dont les chambres bien équipées et joliment décorées
(mobilier en bois clair, penderie en forme de malle) bénéficient de balcon ou terrasse. Restaurant lumineux avec cave vitrée et cuisine actuelle à base de produits frais.

Le Mas des Arcades

840 av. d'Espagne, par ④ : 2 km sur N 9 ⊠ 66100 – ℰ 04 68 85 11 11
– www.mas-arcades.com – Fax 04 68 85 21 41
62 ch – ♦85/125 € ♦♦85/125 €, ☿ 12 € – 3 suites – ½ P 90/100 €
Rest – (20 €) Menu 28/48 € – Carte 39/70 €
♦ Établissement récemment rénové : réception et salons tendance. Chambres pimpantes, pour moitié dotées d'un balcon et agréablement tournées côté piscine. Au restaurant,
jardin d'hiver, choix traditionnel ou plus actuel et grillades l'été en plein air.

New Christina

51 cours Lassus – ℰ 04 68 35 12 21 – www.hotel-newchristina.com
– Fax 04 68 35 67 01 – Fermé 17 déc.-2 janv.   CYw
25 ch – ♦68/95 € ♦♦75/115 €, ☿ 10 €
Rest – (fermé 16 juil.-1er sept., vend., sam. et dim.) (dîner seult) Menu 21 €
♦ Chambres fonctionnelles d'allure simple (mobilier en bois cérusé) mais régulièrement
rafraîchies. Pour la détente : petite piscine sur le toit, jacuzzi, hammam et bar. Salle à manger façon bistrot moderne et recettes traditionnelles présentées sur ardoise.

Kyriad sans rest

8 bd Wilson – ℰ 04 68 59 25 94 – www.kyriad-perpignan-centre.fr
– Fax 04 68 61 57 70   BYt
38 ch – ♦79/160 € ♦♦79/170 €, ☿ 12 € – 11 suites
♦ Hôtel actuel bénéficiant d'un mobilier fonctionnel en bois roux dans les chambres et
d'une suite décorée à la catalane. Salon-bar cosy et cour intérieure ornée d'une fontaine.

Le Chap' – Park Hôtel

– ℰ 04 68 35 31 16 – www.parkhotel-fr.com – Fax 04 68 35 48 18 – Fermé
25 juil.-11 août, 2-26 janv., sam. midi, dim. et lundi   CYy
Rest – (28 € bc) Menu 30/50 € – Carte 50/70 €
Spéc. Grosse morille farcie au ris de veau, bisque de favouilles au parfum de
réglisse. Pigeon rôti sur l'os, cuisse farcie de béatilles, chartreuse d'aubergine
rafraîchie au romarin. Soufflé au Grand Marnier. **Vins** Côtes du Roussillon.
♦ Cuisine actuelle maîtrisée et légèrement créative, servie dans un décor très contemporain
(harmonie du minéral et du végétal, tons beige et gris, écrans plats...).

Comment choisir, dans une localité, entre deux adresses de même catégorie ?
Sachez que dans chacune d'elles, les établissements sont classés par ordre de
préférence : les meilleures adresses d'abord.

PERPIGNAN

XX   **La Galinette** (Christophe Comes)

23 r. Jean Payra – ✆ 04 68 35 00 90 – Fax 04 68 35 15 20
– Fermé 15 juil.-15 août, 22 déc.-5 janv., dim. et lundi   BY**e**
Rest – Menu 19 € (déj. en sem.)/55 € – Carte 60/80 €

Spéc. Déclinaison de tomates anciennes (juin à oct.). Saint-pierre rôti entier
aux cèpes (sept.-oct.). Dégustation de fraises gariguettes (mars à mai). **Vins**
Côtes du Roussillon, Vin de pays des Côtes Catalanes.

◆ Mobilier actuel, moulures : un décor soigné où l'on se régale de belles spécialités de poisson accompagnées de légumes et herbes du jardin. Choix complet de vins régionaux.

XX   **La Passerelle**

1 cours Palmarole – ✆ 04 68 51 30 65 – Fax 04 68 51 90 58 – Fermé 17-24 mai,
16-23 août, 20 déc.-3 janv., lundi midi et dim.   BY**z**
Rest – Menu 22 € (déj.) – Carte 36/62 €

◆ Agréable restaurant familial au bord de la Basse. Atmosphère marine raffinée (lustre de
Murano), spécialités de poisson (quelques plats régionaux) et service souriant.

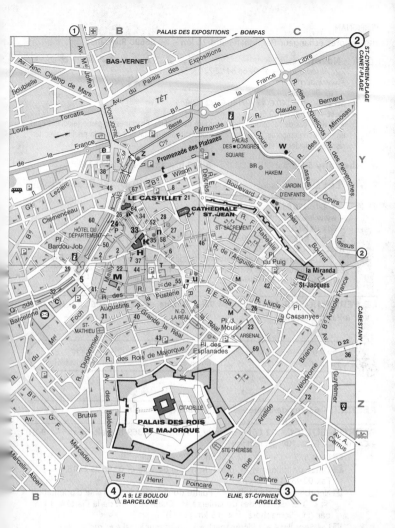

Les Antiquaires

XX · AC VISA ◎ AE ①

pl. Desprès, (r. Michel Torrent) – ℰ 04 68 34 06 58
– www.lesantiquairesperpignan.fr.gd – Fax 04 68 35 04 47
– Fermé 22 juin-14 juil., dim. soir et lundi   BZu
Rest – Menu 24/43 € – Carte 32/62 €
♦ Sympathique adresse du vieux Perpignan décorée d'objets anciens chinés chez les anti-
quaires voisins. Dans l'assiette, cuisine d'inspiration catalane.

Le Garriane

X · AC VISA ◎

15 r. Valette – ℰ 04 68 67 07 44 – Fax 04 68 67 07 44
– Fermé sam. midi, dim., lundi et mardi   AZa
Rest – (nombre de couverts limité, prévenir) Menu 15 € (déj.)/26 €
♦ Salle rustique aux touches colorées, musique d'ambiance jazzy, fine cuisine actuelle et
belle sélection de vins régionaux : une bonne petite adresse près de la gare.

par ① **près échangeur Perpignan-Nord 10 km –** ⊠ **66600 Rivesaltes**

Novotel   🚗 🏖 ⌧ 👤 🛗 AC 🕪 🏊 P P VISA ⓪ AE ⓪
7 r. Alfred Sauvy – ℰ 04 68 64 02 22
– www.accor.com
– Fax 04 68 64 24 27
56 ch – ♦79/140 €, ♦♦79/140 €, ⌧ 13 €
Rest – Carte 16/40 €

♦ À deux pas de l'autoroute, hôtel entouré de verdure. Chambres en partie relookées dans un esprit contemporain zen ; bar à la mode catalane. Restaurant face à la piscine, avec terrasse et grillades en été.

à Cabestany 5 km par ③ et D22ᶜ – 8 360 h. – alt. 35 m – ⊠ 66330

Les Deux Mas   🏖 👤 ch, AC 🕪 🏊 P 🚗 VISA ⓪ AE
1 r. Madeleine Brès, face Médipôle
– ℰ 04 68 50 08 08
– www.les2mas.com
– Fax 04 68 62 32 54
32 ch – ♦65/71 €, ♦♦84/93 €, ⌧ 8 € – 1 suite – ½ P 71/83 €
Rest – (14 €) Menu 22/44 € – Carte 27/51 €

♦ Hôtel orné d'une peinture originale en façade (le visage stylisé d'une femme endormie). Petites chambres colorées et relevées de touches mauresques, entourant un patio andalou. Piscine-jacuzzi. Cuisine catalane simple dans un cadre ensoleillé.

LE PERREUX-SUR-MARNE – 94 Val-de-Marne – **312** E2 – **106** 20 – **101** 18
– voir à Paris, Environs

Se régaler sans se ruiner ? Repérez les Bib Gourmand 🏠. Ils vous aideront à dénicher les bonnes tables sachant marier cuisine de qualité et prix ajustés !

PERRIER – 63 Puy-de-Dôme – **326** G9 – **rattaché à Issoire**

PERROS-GUIREC – 22 Côtes-d'Armor – **309** B2 – 7 369 h. – alt. 60 m   **9** B1
– Casino A – ⊠ **22700** ▮ Bretagne

▶ Paris 527 – Lannion 12 – St-Brieuc 76 – Tréguier 19

🛈 Office de tourisme, 21, place de l'Hôtel de Ville ℰ 02 96 23 21 15,
Fax 02 96 23 04 72

🔘 Nef romane★ de l'église B - Pointe du château ≤★ - Table d'orientation
≤★ B **E** - Sentier des douaniers★★ - Chapelle N.-D. de la Clarté★ 3 km
par ② - Sémaphore ≤★ 3,5 km par ②.

🔲 Les Sept-Îles★★ - Ploumanach★★ : parc municipal★★, rochers★★
- Sentier des Douaniers★★.

L' Agapa 🦢   ≤ 🚗 ⌧ 🌐 ♨ 🛗 AC rest, 🍽 🕪 🏊 P VISA ⓪ AE ⓪
✿   12 r. des Bons-Enfants
– ℰ 02 96 49 01 10
– www.lagapa.com
– Fax 02 96 91 16 36   Ay
47 ch – ♦160/420 €, ♦♦160/420 €, ⌧ 18 € – 1 suite
Rest *Le Belouga* – (fermé 3-27 déc. et 7-31 janv.) (25 € bc) Menu 45/77 € bc
– Carte 58/103 €
Spéc. Saint-Jacques poêlées au cidre (saison). Pintade du Ménez-Bré aux dattes, sauce café. Trilogie de chocolats, glace à la noix de pécan.

♦ Surplombant la mer, cet hôtel tout de verre, granit et acier, propose des chambres au design épuré : confort zen et high-tech propice à la détente (spa Nuxe). Cuisine actuelle aux saveurs flatteuses et à l'inspiration aboutie, où domine la pêche bretonne. Salle panoramique sobre et confortable ; service agréable.

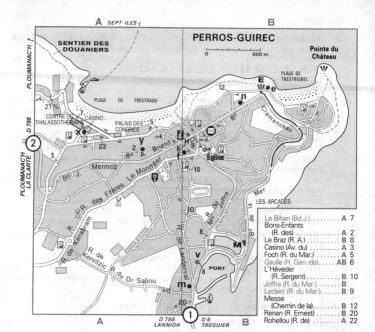

PERROS-GUIREC

SENTIER DES DOUANIERS

PLOUMANAC'H
D 788
PLOUMANAC'H LA CLARTÉ

Pointe du Château

PLAGE DE TRESTRAOU

PLAGE DE TRESTRIGNEL

CENTRE DE THALASSOTHÉRAPIE
CASINO
PALAIS DES CONGRÈS

Mermoz
R. des Frères Le Montréer
R. de Kérabram
R. de Kervilzic
R. du Dr. Saliou

LES ARCADES

PORT

D 788 LANNION
D 6 TRÉGUIER

Le Manoir du Sphinx ⟨⟩　⟨ 🚗 🖥 🖋 📶 P VISA ⟩⟩ AE ⓪
67 chemin de la Messe – ℰ 02 96 23 25 42 – www.lemanoirdusphinx.com
– Fax 02 96 91 26 13 – Fermé 14 nov.-2 déc. et 16 janv.-24 fév.　　**B**e
20 ch – †110/114 € ††110/128 €, ⌕ 10 € – ½ P 104/121 €
Rest – *(fermé dim. soir d'oct. à mars sauf vacances scolaires, lundi midi et vend. midi sauf fériés)* Menu 29/49 € – Carte 45/67 €

♦ Ravissante villa 1900 surplombant la mer. Ses chambres, d'esprit british, contemplent à loisir la baie et les îles, et son charmant jardin dégringole jusqu'aux rochers. Salle à manger-véranda panoramique au cadre bourgeois ; recettes au goût du jour et marines.

Les Feux des Îles ⟨⟩　⟨ 🚗 & ch, ⟩⟩ 📶 P VISA ⟩⟩ AE ⓪
53 bd Clemenceau – ℰ 02 96 23 22 94 – www.feux-des-iles.com
– Fax 02 96 91 07 30 – Fermé 7-20 mars, 30 sept.-9 oct., 21 déc.-4 janv., dim. soir et vend. soir (sauf hôtel) d'oct. à mai　　**B**n
18 ch – †75/80 € ††100/140 €, ⌕ 12 € – ½ P 100/120 €
Rest – *(fermé 15-20 mars) (dîner seult sauf dim.)* Menu 28 € (sem.)/56 € – Carte 42/58 €

♦ Hôtel familial composé d'une maison en pierre et d'une aile récente dont les chambres, plus amples et actuelles, ont vue sur mer et parfois accès direct au jardin. Salle à manger tournée vers les "feux" (phares) îliens ; repas traditionnels et notes marines.

Mercure sans rest 　　🖥 & ⟩⟩ 🛎 VISA ⟩⟩ AE ⓪
100 av. du Casino – ℰ 02 96 91 22 11 – www.accorhotels.com
– Fax 02 96 91 24 78　　**A**x
49 ch – †79/115 € ††84/120 €, ⌕ 13 €

♦ Cet hôtel fonctionnel, tout près de la plage, a conçu chaque étage selon une thématique (oiseaux marins) et une teinte différentes. Les chambres répondent aux normes de la chaîne.

Hermitage ⟨⟩　　🚗 ⟩⟩ rest, P VISA ⟩⟩ AE
20 r. Frères Le Montréer – ℰ 02 96 23 21 22 – www.hotelhermitage-22.com
– Fax 02 96 91 16 56 – Ouvert 20 avril-30 sept.　　**B**f
20 ch – †46/52 € ††54/64 €, ⌕ 6,50 € – ½ P 55/62 €
Rest – *(dîner seult) (résidents seult)* Menu 23 €

♦ Un grand hôtel du centre-ville, dans un jardin arboré. Chambres assez petites mais de bonne tenue. Les habitués viennent ici autant pour le cadre que pour l'ambiance familiale.

🏠 **Le Levant** ⟨ 📶 ⚡ ch, 📞 🅅🅸🅂🄰 ⚫⚫ 🄰🄴 ⓪
⊖ 91 r. E. Renan, (sur le port) – ℰ 02 96 23 20 15 – www.le-levant.fr
– Fax 02 96 23 36 31   **B** m
19 ch – ♦55/58 € ♦♦55/75 €, ⊡ 8 € – ½ P 62/72 €
Rest – (fermé sam. midi, dim. soir et vend. d'oct. à fév.) Menu 19/38 €
– Carte 28/53 €

♦ Cet hôtel récent convient à une clientèle d'affaires. Les chambres petites, fonctionnel-les, toutes dotées de balcon ou terrasse, regardent le port de plaisance. La salle à manger au décor marin jouit d'une jolie vue sur les mâts. Carte traditionnelle de la mer.

✗✗ **La Clarté** (Daniel Jaguin) & 🄿 🅅🅸🅂🄰 ⚫⚫ 🄰🄴
✿ 24 r. Gabriel Vicaire, à La Clarté par ② – ℰ 02 96 49 05 96 – www.la-clarte.com
– Fax 02 96 91 41 36 – Fermé 15 déc.-5 fév., dim. soir, lundi et merc.
Rest – Menu 27 € (déj. en sem.), 42/104 € bc – Carte 62/72 €
Spéc. Huîtres tièdes et velouté de poule aux champignons (oct. à mars). Homard breton rôti au four au beurre salé et ses pinces en ragoût (avril à oct.). Fraise et tomate en tartare, sorbet poivron rouge-framboise (juin à sept.).

♦ Cette jolie maison de granit rose, prisée par la clientèle locale, affiche fièrement son nouveau décor élégant et actuel, dans des tons lumineux. Appétissants menus de la mer.

✗✗ **Au Bon Accueil** 🈺 🄰🄺 🅅🅸🅂🄰 ⚫⚫ 🄰🄴
11 r. Landerval – ℰ 02 96 23 24 11 – www.aubonaccueil-perros.com
– Fax 02 96 23 12 66 – Fermé 15 fév.-2 mars, dim. soir et lundi sauf juil.-août
Rest – (17 €) Menu 27/38 € – Carte 32/52 €   **B** v

♦ Ce restaurant panoramique, au cadre contemporain, occupe un pavillon moderne dominant le port de plaisance. Table traditionnelle.

à Ploumanach 6 km par ② – ⌂ 22700 Perros-Guirec

◉ Rochers★★ - Parc municipal★★.

🏨 **Castel Beau Site** ⟨ 📶 🄿 🅅🅸🅂🄰 ⚫⚫ 🄰🄴
plage St-Guirec – ℰ 02 96 91 40 87 – www.castelbeausite.com – Fax 02 96 91 66 37
33 ch – ♦110/450 € ♦♦110/450 €, ⊡ 15 € – ½ P 100/270 €
Rest – (dîner seult) Menu 34/48 € – Carte 37/72 €

♦ Grande bâtisse en granit rose des années 1930 en bord de plage et presque les pieds dans l'eau. Les chambres, rénovées, offrent un bon confort et une vue sur la mer. Cuisine actuelle. L'été, carte brasserie et fruits de mer servis en terrasse à midi.

🏠 **Parc** 🚗 🈺 ⚡ rest, 📶 🄿 🅅🅸🅂🄰 ⚫⚫
⊖ 174 pl. St-Guirec – ℰ 02 96 91 40 80
– www-hotelduparc.com – Fax 02 96 91 60 48
– Fermé 30 sept.-31 mars, sam. midi et dim. soir sauf vacances scolaires
10 ch ⊡ – ♦59/66 € ♦♦67/74 €
Rest – (12 €) Menu 15 € (déj. en sem.), 20/38 € – Carte 28/60 €

♦ Au centre du village, avec la plage et les célèbres rochers tout proches, une maison familiale en granit rose dotée d'un beau jardin. Chambres petites, mais bien tenues. Produits de la mer servis sur les grandes terrasses ou dans un cadre marin. Coin crêperie.

PERTUIS – 84 Vaucluse – 332 G11 – 18 611 h. – alt. 246 m – ⌂ 84120   **40** B2
▌Provence

▸ Paris 747 – Aix-en-Provence 23 – Apt 36 – Avignon 76
🔼 Office de tourisme, place Mirabeau ℰ 04 90 79 15 56, Fax 04 90 09 59 06

🏨 **Sévan Parc Hôtel** ⟨ 🚗 🈺 ⊼ 🈺 📶 📶 🆑 🄿 🅅🅸🅂🄰 ⚫⚫ 🄰🄴 ⓪
rte de Manosque, 1,5 km à l'Est – ℰ 04 90 79 19 30 – www.sevanparchotel.com
– Fax 04 90 79 35 77
46 ch – ♦81/116 € ♦♦96/162 €, ⊡ 10 €
Rest L'Olivier – ℰ 04 90 79 08 19 (fermé 1er janv.-7 fév., dim. soir, lundi sauf le soir en juil.-août et merc.) (19 €) Menu 31/52 € – Carte 36/48 €
Rest La Paillote – ℰ 04 90 09 63 67 (fermé de mi-déc. à mi-janv. et mardi)
(13 €) Carte 24/46 €

♦ Au pied du Luberon, dans un parc fleuri, cet hôtel profite d'un environnement calme et verdoyant. Chambres ensoleillées d'inspiration provençale. Cuisine régionale à L'Olivier (agréable salle à manger contemporaine). Ambiance décontractée à La Paillote, terrasse au bord de la piscine, grillades et plats tex-mex.

⌂ **Château Grand Callamand** sans rest ⚘   ☰ ⌧ ℘ 🅿 🆅🅸🆂🅰 ⓒⓑ

rte de la Loubière, 2 km par r. Léon-Arnoux – ℰ 04 90 09 61 00
– *www.chateaugrandcallamand.fr* – Fax 04 90 09 61 00
4 ch � – †130/190 € ††130/190 €

♦ Superbe bastide du 16ᵉ s. posée au cœur d'un domaine viticole. Accueil charmant, quiétude, piscine, terrasse face à la montagne Ste-Victoire et déco de bon goût dans les chambres.

🅇 **Le Boulevard**   🄰🄲 🆅🅸🆂🅰 ⓒⓑ 🄰🄴

ⓢ *50 bd Pecout* – ℰ 04 90 09 69 31 – *www.restaurant-le-boulevard.com*
– *Fax 04 90 09 09 48* – Fermé 1ᵉʳ-12 juil., vacances de fév., dim. soir, mardi soir et merc.
Rest – *(nombre de couverts limité, prévenir)* Menu 19/38 € – Carte 35/44 €

♦ Aménagé à l'étage d'une jolie maison ancienne, ce restaurant du centre-ville vous reçoit dans sa salle un brin rustique. Cuisine traditionnelle évoluant au gré des saisons.

PETIT-BERSAC – 24 Dordogne – **329** C4 – 177 h. – alt. 90 m   **39** C3
– ✉ 24600

▶ Paris 501 – Bordeaux 121 – Périgueux 50 – Angoulême 49

🄱🄷 **Château Le Mas de Montet** ⚘   🕫 ⌧ 🅿 🆅🅸🆂🅰 ⓒⓑ 🄰🄴

– ℰ 05 53 90 08 71 – *www.lemasdemontet.com*
– *Fax 05 53 90 66 92*
10 ch ⊟ – †175/345 € ††175/345 € – ½ P 265/435 €
Rest – *(dîner seult)* Menu 45 € – Carte 45/60 €

♦ Abords très soignés pour ce superbe château Renaissance : parc fleuri, piscine, potager, terrasse. L'intérieur séduit tout autant par son romantisme et son raffinement. Cuisine traditionnelle servie dans la salle à manger "chatelaine".

PETITE-HETTANGE – 57 Moselle – **307** I2 – rattaché à Malling

---

LA PETITE-PIERRE – 67 Bas-Rhin – **315** H3 – 605 h. – alt. 340 m   **1** A1
– ✉ 67290 ▯ Alsace Lorraine

▶ Paris 433 – Haguenau 41 – Sarreguemines 48 – Sarre-Union 24
🄸 Office de tourisme, 2a, rue du Château ℰ 03 88 70 42 30,
    Fax 03 88 70 41 08

🄷🄷🄷 **La Clairière** ⚘   🏛 ⌧ 🖵 🕸 🎣 ‖ & ch, 🄰🄲 rest, 🖎 ch, 🌡 🕷 🅿

63 rte d'Ingwiller, 1,5 km par D 7 – ℰ 03 88 71 75 00   🆅🅸🆂🅰 ⓒⓑ 🄰🄴 ⓓ
– *www.laclairiere.com* – Fax 03 88 70 41 05
50 ch – †93/149 € ††120/210 €, ⊟ 19 € – 4 suites – ½ P 121/154 €
Rest – Menu 37 € (dîner), 49/54 € – Carte 37/54 € le midi

♦ Lové au cœur de la forêt, hôtel moderne dédié au bien-être. Spa de 950 m² et piscine ouverte face à la terrasse en teck. "Parcours challenge" pour les clients en séminaires. Bar british. Chambres spacieuses. Au restaurant, cadre actuel, cuisine saine et vins bio.

🄱🄷 **Au Lion d'Or**   ≤ 🖊 🏛 🖵 🕸 🍽 ‖ 🄰🄲 rest, 🌡 🕷 🅿 🆅🅸🆂🅰 ⓒⓑ 🄰🄴

15 r. Principale – ℰ 03 88 01 47 57 – *www.liondor.com*
– *Fax 03 88 01 47 50*
38 ch – †57/150 € ††80/190 €, ⊟ 12 € – ½ P 76/131 €
Rest – (16 €) Menu 31/61 € – Carte 38/68 €

♦ Parfaite adresse pour se ressourcer en pleine nature que cette structure qui a mis au point un centre d'arbrothérapie. Les chambres de la maison ancienne sont très apaisantes. De la salle à manger, on a une vue sur la cité et sur la forêt ; cuisine régionale.

🄱🄷 **Des Vosges**   ≤ 🖊 🏛 🎣 ‖ & ch, 🄰🄲 rest, 🕷 ch, 🕫 🅿 🆅🅸🆂🅰 ⓒⓑ 🄰🄴

30 r. Principale – ℰ 03 88 70 45 05 – *www.hotel-des-vosges.com*
– *Fax 03 88 70 41 13* – Fermé 19-30 juil. et 20 fév.-12 mars
30 ch – †59 € ††69/85 €, ⊟ 10 € – ½ P 64/73 €
Rest – *(fermé mardi hors saison)* (25 €) Menu 30/58 € – Carte 29/58 €

♦ Chambres douillettes, variées (certaines typiquement alsaciennes) et bien tenues, complétées par un agréable espace bien-être. Salle à manger ouverte sur la vallée, spécialités régionales et traditionnelles accompagnées de vins bien choisis (vieux millésimes).

à Graufthal 11 km au Sud-Ouest par D 178 et D 122 – ✉ 67320 **Eschbourg**

XX **Le Cheval Blanc** ⛲ ⅏ **P** VISA ⦿
19 r. Principale – ℰ 03 88 70 17 11 – www.auchevalblanc.net
– Fax 03 88 70 12 37 – Fermé 1er-15 sept., 1er-21 janv., lundi soir, merc. soir et
mardi
Rest – (11 €) Menu 27/52 € – Carte environ 33 €
♦ Cette engageante auberge décorée dans un esprit rustique et hétéroclite (bibelots) sert
des recettes fidèles à la région. Joli poêle en faïence dans l'une des salles à manger.

X **Au Vieux Moulin** avec ch ⅏ ⟜ ⛲ ⅏ ⅃ ⁅ **P** VISA ⦿ AE
7 r. du Vieux Moulin – ℰ 03 88 70 17 28 – www.auvieuxmoulin.eu
– Fax 03 88 70 11 25 – Fermé vacances de fév. et 27 juin-10 juil.
14 ch – †52/70 € ††52/70 €, ⟐ 8 € – ½ P 52 €
Rest – (fermé lundi de sept. à juin sauf résidents) Menu 10 € (déj. en sem.),
16/43 € – Carte 29/52 €
♦ Dans ce hameau dont Erckmann et Chatrian ont vanté la sérénité, maison réservant un
accueil chaleureux. Cuisine familiale à l'accent alsacien servie dans une salle lumineuse.
Chambres simples et confortables, progressivement refaites.

LE PETIT-PRESSIGNY – 37 Indre-et-Loire – **317** O7 – 326 h. **11** B3
– alt. 80 m – ✉ 37350

▶ Paris 290 – Le Blanc 38 – Châtellerault 36 – Châteauroux 68

XXX **La Promenade** (Jacky Dallais) AC VISA ⦿
11 r. du Savoureulx – ℰ 02 47 94 93 52 – Fax 02 47 91 06 03 – Fermé 13-30 sept.,
3 janv.-3 fév., mardi sauf le soir en juil.-août, dim. soir et lundi
Rest – Menu 40/85 € – Carte 50/114 € ⅏
Spéc. Poireaux grillés en vinaigrette et ravioles de jaune de poule truffées.
Géline de Touraine rôtie au citron, beurre d'écrevisses. Fraises soufflées à la
violette (été). **Vins** Montlouis, Chinon.
♦ Une salle très contemporaine (aux airs de vieille halle), une autre plus classique dans cette
auberge. Savoureuse cuisine actuelle aux accents tourangeaux, belle carte des vins.

LE PETIT QUEVILLY – 76 Seine-Maritime – **304** G5 – **rattaché à Rouen**

PETRETO-BICCHISANO – 2A Corse-du-Sud – **345** C9 – **voir à Corse**

PEYRAT-LE-CHÂTEAU – 87 Haute-Vienne – **325** H6 – 1 019 h. **25** C2
– alt. 426 m – ✉ 87470 ▮ Limousin Berry

▶ Paris 409 – Aubusson 45 – Guéret 52 – Limoges 53
🅸 Office de tourisme, 1, rue du Lac ℰ 05 55 69 48 75, Fax 05 55 69 47 82

au Lac de Vassivière – ✉ 23460 **Royère-de-Vassivière**

◉ Centre d'art contemporain de l'île de Vassivière★★ - Centre d'art
contemporain de l'île de Vassivière★★.

🏠 **Au Golf du Limousin** ⅏ ⟜ ⛲ ⅏ **P** VISA ⦿
à Auphelle, (Lac de Vassivière) – ℰ 05 55 69 41 34 – www.hotel-golfdulimousin.fr
– Fax 05 55 69 49 16 – Ouvert 1er fév.-14 nov.
18 ch – †46/56 € ††46/56 €, ⟐ 7 € – ½ P 46/54 €
Rest – (dîner seult) Menu 15/28 €
♦ Idéal pour les familles, hôtel perché à 650 m d'altitude avec vue sur le lac. Les chambres,
simples et bien tenues, offrent suffisamment d'ampleur et sont mansardées au 2e étage. Cuisine traditionnelle servie dans une salle néo-rustique ou sur la terrasse d'été.

PÉZENAS – 34 Hérault – **339** F8 – 8 484 h. – alt. 15 m – ✉ 34120 **23** C2
▮ Languedoc Roussillon

▶ Paris 734 – Agde 22 – Béziers 24 – Lodève 39
🅸 Office de tourisme, place Gambetta ℰ 04 67 98 36 40, Fax 04 67 98 96 80
◉ Vieux Pézenas★★ : Hôtels de Lacoste★, d'Alfonce★, de Malibran★.

XX **L'Entre Pots**   🐾 AC ⟷ VISA ⚙

8 av. Louis-Montagne – ℰ 04 67 90 00 00 – Fax 04 67 90 17 42 – Fermé dim. et lundi

Rest – (21 €) Menu 26 € bc (déj.)/29 € – Carte 35/45 €

♦ Cuisine contemporaine et originale, alliant tradition régionale et modernité, intérieur actuel et intime, paisible cour-terrasse et service souriant : laissez le charme agir...

X **Le Pré St-Jean**   🐾 AC VISA ⚙ AE ①

18 av. Mar. Leclerc – ℰ 04 67 98 15 31 – Fax 04 67 98 89 23 – Fermé jeudi soir sauf juil. août, dim. soir et lundi

Rest – (18 €) Menu 23/45 € – Carte 30/75 €🍷

♦ Bordée par une route passante, cette discrète façade dissimule une salle accueillante, de style jardin d'hiver. Cuisine régionale actualisée et belle sélection de vins du pays.

à Nézignan-l'Évêque Sud : 5 km par D 609 et D 13 – 1 259 h. – alt. 40 m – ✉ 34120

🏨 **Hostellerie de St-Alban** 🍃   🚗 🐾 ⟲ ✗ ♿ ch, 🍴 🎿 🅿

31 rte Agde – ℰ 04 67 98 11 38 – www.saintalban.com   VISA ⚙ AE ①
– Fax 04 67 98 91 63 – Ouvert 14 fév.-14 nov.

13 ch – ♛82/127 € ♛♛98/195 €, ⌑ 15 € – ½ P 96/143 €

Rest – (22 €) Menu 32/42 € – Carte 40/60 €

♦ Jolie maison de maître du 19ᵉ s. nichée dans un coquet jardin fleuri. Espace, couleur et mobilier en fer forgé caractérisent les chambres, parfois très originales. Au restaurant, murs immaculés, œuvres contemporaines et carte traditionnelle à l'accent du Sud.

PEZENS – 11 Aude – 344 F3 – **rattaché à Carcassonne**

PÉZILLA-LA-RIVIÈRE – 66 Pyrénées-Orientales – 344 H6 – 3 052 h.   22 B3
– alt. 75 m – ✉ 66370

🔼 Paris 857 – Argelès-sur-Mer 35 – Le Boulou 25 – Perpignan 12

X **L'Aramon Gourmand**   🐾 AC 🅿 VISA ⚙

127 av. du Canigou, rte Baho, D 614 – ℰ 04 68 92 43 59
– restaurant.aramon.free.fr – Fax 04 68 92 43 59 – Fermé 1 sem. fin sept., 1 sem. fin fév., dim. soir, mardi soir et merc.

Rest – (14 €) Menu 29/39 € – Carte environ 31 €

♦ Mets traditionnels et saveurs du Roussillon à apprécier dans une salle aux couleurs catalanes (rouge et or) ou à l'ombre de mûriers-platanes. Cave visible.

PFAFFENHOFFEN – 67 Bas-Rhin – 315 J3 – 2 663 h. – alt. 170 m   1 B1
– ✉ 67350 ▮ Alsace Lorraine

🔼 Paris 457 – Haguenau 16 – Sarrebourg 55 – Sarre-Union 50

◙ Musée de l'Imagerie peinte et populaire alsacienne★.

XX **De l'Agneau** avec ch   🚗 🐾 🛁 AC rest, ✗ ch, 🍴 🎿 🅿 VISA ⚙ AE

3 r. de Saverne – ℰ 03 88 07 72 38 – www.hotel-restaurant-delagneau.com
– Fax 03 88 72 20 24 – Fermé 8-13 mars, 14-19 juin, 7-23 sept., dim. soir, mardi sauf le midi de sept. à mai et lundi

12 ch – ♛55/61 € ♛♛61/73 €, ⌑ 13 € – ½ P 60/89 €

Rest – (12 €) Menu 27/75 € bc – Carte 42/62 €🍷

♦ Cette auberge de 1769 (tenue par la septième génération) propose une cuisine traditionnelle et une carte des vins étoffée. Terrasse d'été dressée dans une cour intérieure fleurie. Chambres coquettes.

PFULGRIESHEIM – 67 Bas-Rhin – 315 K5 – **rattaché à Strasbourg**

PHALSBOURG – 57 Moselle – 307 O6 – 4 608 h. – alt. 365 m   27 D2
– ✉ 57370 ▮ Alsace Lorraine

🔼 Paris 435 – Metz 110 – Sarrebourg 17 – Sarreguemines 50

ℹ Office de tourisme, 30, place d'Armes ℰ 03 87 24 42 42, Fax 03 87 24 42 87

Erckmann-Chatrian 🎧 📶 & ch, 📠 rest, ⁽ᵗ⁾ 🔱 VISA ©©

pl. d'Armes – ℰ 03 87 24 31 33 – Fax 03 87 24 27 81
16 ch – 🛉64 € 🛉🛉70 €, � 10 €
Rest – *(fermé mardi midi et lundi)* (14 €) Menu 23/47 € – Carte 40/90 €
• Maison ancienne dont la façade fleurie ne manque pas de cachet. Les chambres, de bonnes dimensions, sont pourvues de meubles de style et parfois d'un coin-salon. Repas traditionnel à apprécier dans une salle aux boiseries sombres ou dans une ambiance brasserie.

XXX Au Soldat de l'An II (Georges Schmitt) avec ch 🎧 📶 ch, 🅿 VISA ©© AE
😊
1 rte Saverne – ℰ 03 87 24 16 16 – www.soldatan2.com – Fax 03 87 24 18 18
– Fermé 13-23 avril, 26 oct.-4 nov., 4-20 janv., dim. soir, mardi midi et lundi
7 ch – 🛉150/185 € 🛉🛉150/185 €, ⊃ 22 € – ½ P 185 €
Rest – Menu 40 € bc (sem.)/128 € – Carte 40/85 €🕸
Spéc. Le célèbre foie gras de l'An II. Dos de chevreuil (juin à fév.). Un Monde de Chocolat. **Vins** Gewurztraminer, Riesling.
• Les bibelots et le "soldat" gardant l'entrée de cette ex-grange évoquent l'épopée des patriotes au pantalon tricolore. Plats au goût du jour et belle carte de vins. Des chambres tout confort au décor raffiné vous attendent dans la maison voisine.

à Bonne-Fontaine Est : 4 km par D 604 et rte secondaire
– ⊠ 57370 Danne-et-Quatre-Vents

Notre-Dame de Bonne Fontaine ⌾ 🎧 🔲 📶 ⁽ᵗ⁾ 🔱 🅿
😊
212 rte Bonne-Fontaine – ℰ 03 87 24 34 33 VISA ©© AE ⓪
– www.notredamebonnefontaine.com – Fax 03 87 24 24 64 – Fermé 11-30 janv.
et 14-21 fév.
34 ch – 🛉55/65 € 🛉🛉67/80 €, ⊃ 10 € – ½ P 64/70 €
Rest – *(fermé dim. soir en janv., fév., mars et nov.)* (11 €) Menu 19/48 € bc
– Carte 18/48 €
• La même famille tient depuis plusieurs générations cet hôtel niché dans un site forestier proche d'un centre de pèlerinage. Chambres sobres ; jolies balades sylvestres au programme. Restaurant-véranda et terrasse ombragée ; table traditionnelle régionale.

PHILIPPSBOURG – 57 Moselle – 307 Q5 – 539 h. – alt. 215 m 27 D1
– ⊠ 57230

   ❚ Paris 450 – Haguenau 29 – Strasbourg 58 – Wissembourg 42
   ❚ Office de tourisme, 186, rue de Baerenthal ℰ 03 87 06 56 12,
   Fax 03 87 06 51 48

XX Au Tilleul 🍴 & 🅿 VISA ©©
😊
24 rte de Niederbronn – ℰ 03 87 06 50 10 – www.resto.fr/autilleul
– Fax 03 87 06 58 89 – Fermé janv., lundi soir, mardi soir et merc.
Rest – Menu 12 € (déj. en sem.), 17/51 € – Carte 24/46 €
• L'entrée de cette auberge familiale abrite un bar qui sert des plats du jour, tandis que l'agréable salle à manger de style rustique propose une cuisine traditionnelle.

à l'étang de Hanau Nord-Ouest : 5 km parD 662 et rte secondaire – ⊠ 57230
Philippsbourg

   ◉ Étang★ ▌ Alsace Lorraine

Beau Rivage sans rest ⌾ ∈ 🍴 🔲 🏊 🔱 🅿 VISA ©©

– ℰ 03 87 06 50 32 – www.hotel-beau-rivage-fr.com – Fax 03 87 06 57 46
– Fermé nov. et fév.
22 ch – 🛉40/44 € 🛉🛉60/89 €, ⊃ 8,50 €
• Les chambres de cet hôtel isolé dans la campagne ouvrent sur la forêt ou un étang. Mobilier alsacien dans certaines ; celles tournées vers le "beau rivage" ont souvent un balcon.

PIANA – 2A Corse-du-Sud – 345 A6 – voir à Corse

LE PIAN-MÉDOC – 33 Gironde – 335 H5 – 5 268 h. – alt. 36 m 3 B1
– ⊠ 33290

   ❚ Paris 578 – Bordeaux 20 – Mérignac 18 – Pessac 24

Golf du Médoc Hôtel

chemin de Courmanteau, à Louens – ☏ 05 56 70 31 31
– *www.hotelgolfdumedoc.com* – Fax 05 56 70 78 78
79 ch – ♦85/200 € ♦♦100/215 €, � 17 €
Rest – (21 €) Menu 26 € (déj.)/52 € – Carte 36/52 €

♦ Ensemble hôtelier bâti sur le site renommé du golf du Médoc, abritant des chambres modernes, spacieuses et fonctionnelles. Petit espace bien-être avec piscine. Déjeuner sportif au Club House et dîner à La Table du Médoc. Terrasse face au green.

PIERRE-BUFFIÈRE – 87 Haute-Vienne – **325** F6 – **1 128 h.** – **alt. 330 m**   **24** B2
– ⊠ 87260

▶ Paris 415 – Limoges 22 – Brantôme 84 – Guéret 107
🄸 Office de tourisme, place du 8 Mai 1945 ☏ 05 55 00 94 33, Fax 05 55 00 94 33

La Providence

pl. Adeline – ☏ 05 55 00 60 16 – *www.hotel-limoges.net* – Fax 05 55 00 98 69
– *Fermé janv., dim. soir et lundi midi du 15 nov. au 15 mars*
14 ch – ♦60/90 € ♦♦60/120 €, ⊏ 10 €
Rest – Menu 18/75 € – Carte 36/72 €

♦ Cet établissement familial borde la place centrale d'un village limousin. Les chambres, confortables et actuelles, sont tenues avec soin. Le restaurant propose une cuisine traditionnelle élaborée avec des produits régionaux, dans une salle aux notes rustiques.

PIERREFITTE-EN-AUGE – 14 Calvados – **303** N4 – **rattaché à Pont-L'Évêque**

PIERREFITTE-SUR-SAULDRE – 41 Loir-et-Cher – **318** J6 – **863 h.**   **12** C2
– **alt. 125 m** – ⊠ 41300

▶ Paris 185 – Orléans 52 – Aubigny-sur-Nère 23 – Blois 73
🄸 Syndicat d'initiative, 10, place de l'Église ☏ 02 54 88 67 15, Fax 02 54 88 67 15

Le Lion d'Or

1 pl. de l'Église – ☏ 02 54 88 62 14 – Fax 02 54 88 62 14
– *Fermé 8-16 mars, 30 août-22 sept., 3-19 janv., merc. soir et jeudi soir hors saison, lundi et mardi sauf fériés*
Rest – Menu 31/39 € – Carte 42/54 €

♦ Solognote dans l'âme, cette maison ne badine pas avec la tradition : cadre rustique (murs à pans de bois, poutres, faïences anciennes) et cuisine régionale. Terrasse-jardin.

PIERREFONDS – 60 Oise – **305** I4 – **2 039 h.** – **alt. 81 m** – ⊠ 60350   **37** C2
▌ Nord Pas-de-Calais Picardie

▶ Paris 82 – Beauvais 78 – Compiègne 15 – Soissons 31
🄸 Office de tourisme, place de l'Hôtel de Ville ☏ 03 44 42 81 44,
Fax 03 44 42 86 31
◫ Château★★ - St-Jean-aux-Bois : église★ O : 6 km.

à Chelles 4,5 km à l'Est par D 85 – 422 h. – alt. 75 m – ⊠ 60350

Relais Brunehaut *avec ch*

3 r. de l'Église – ☏ 03 44 42 85 05 – *www.lerelaisbrunehaut.fr* – Fax 03 44 42 83 30
11 ch – ♦62 € ♦♦62 €, ⊏ 9 € – ½ P 69/72 €
Rest – *(fermé 15 janv.-15 fév., mardi midi et lundi du 15 avril au 15 nov., merc. midi et jeudi midi du 16 nov. au 15 avril)* Menu 25 € (sem.)/45 € bc

♦ Le moulin, avec sa roue à aubes, et l'auberge s'ordonnent autour d'une belle cour fleurie. Le premier abrite d'agréables chambres, la seconde, une salle à manger rustique.

à St-Jean-aux-Bois : 6 km par D 85 – 321 h. – alt. 71 m – ⊠ 60350

Auberge A la Bonne Idée *avec ch*

3 r. Meuniers – ☏ 03 44 42 84 09 – *www.a-la-bonne-idee.fr* – Fax 03 44 42 80 45
– *Fermé 3 janv.-3 fév., dim. soir et lundi d'oct. à avril*
21 ch – ♦80/155 € ♦♦80/155 €, ⊏ 12 € – ½ P 85/125 €
Rest – Menu 31 € (sem.)/75 € – Carte 73/109 €

♦ Restaurant situé dans un charmant village. Intérieur campagnard (poutres, vieilles pierres, cheminée), terrasse tournée vers le jardin fleuri et cuisine au goût du jour.

PIERREFORT – 15 Cantal – 330 F5 – 932 h. – alt. 950 m – ⊠ 15230   5 B3

> **D** Paris 540 – Aurillac 64 – Entraygues-sur-Truyère 55 – Espalion 62
>
> **i** Office de tourisme, 29, avenue Georges Pompidou ℰ 04 71 23 38 04,
> Fax 04 71 23 94 55

🏠 **Du Midi**   ❄ ᵛⁱⁱ 🛁 🚗 ꝟꞍꞠꞀ ⓐⓑ

☎️ *5 av. G. Pompidou – ℰ 04 71 23 30 20 – www.hoteldumidi-pierrefort.com*
– Fax 04 71 23 39 34 – Fermé 22 déc.-11 janv.

🍽 **13 ch** – ♦49/51 € ♦♦51/53 €, � 7 € – ½ P 55/58 €
Rest – (10 €) Menu 14 € (sem.)/40 € – Carte 28/54 €

♦ Chambres fonctionnelles, espace réunions, jeux pour enfants, salle à langer : cette adresse centrale convient à la clientèle d'affaires comme aux familles. Salle à manger de caractère dans une ancienne maison de vigneron adjacente, cuisine de terroir actualisé.

PIERRELATTE – 26 Drôme – 332 B7 – 12 315 h. – alt. 50 m – ⊠ 26700   44 B3

▮ Lyon Drôme Ardèche

> **D** Paris 624 – Bollène 17 – Montélimar 23 – Nyons 45
>
> **i** Office de tourisme, place du Champ de Mars ℰ 04 75 04 07 98,
> Fax 04 75 98 40 65
>
> 🖼 Ferme aux crocodiles★, S : 4 km par N 7 jusqu'à l'échangeur avec la D 59.

🏠 **Du Tricastin** sans rest   ᵛⁱⁱ ℙ 🚗 ꝟꞍꞠꞀ ⓐⓑ ꓮꓰ

r. Caprais-Favier – ℰ 04 75 04 05 82 – www.hoteldutricastin.com
– Fax 04 75 04 19 36
13 ch – ♦44 € ♦♦48 €, ⊆ 6,50 €

♦ Dans une rue calme, cet hôtel abrite des chambres bien équipées (climatisées côté jardin). Tenue irréprochable et service attentionné. Façade récemment rénovée côté rue.

🏠 **Du Centre** sans rest   ▯ꓮꓛ ᵛⁱⁱ ℙ ꝟꞍꞠꞀ ⓐⓑ ꓮꓰ

6 pl. de l'Église – ℰ 04 75 04 28 59 – www.hotelducentre26.com
– Fax 04 75 96 97 97 – Fermé 19 déc.-2 janv.
26 ch – ♦55/57 € ♦♦55/59 €, ⊆ 8 €

♦ Toutes simples mais de bonne taille, les chambres de cette ancienne abbaye sont progressivement rénovées. Agréable salle des petits-déjeuners. Accueil très aimable.

PIERRE-PERTHUIS – 89 Yonne – 319 F7 – **rattaché à Vézelay**

PIETRANERA – 2B Haute-Corse – 345 F3 – **voir à Corse (Bastia)**

PIGNA – 2B Haute-Corse – 345 C4 – **voir à Corse (Île-Rousse)**

LE PIN-AU-HARAS – 61 Orne – 310 J2 – 360 h. – alt. 202 m   33 C2
– ⊠ 61310

> **D** Paris 183 – Caen 78 – Alençon 47 – Lisieux 68

ХХ **La Tête au Loup**   🍴 ℙ ꝟꞍꞠꞀ ⓐⓑ

– ℰ 02 33 35 57 69 – www.lateteauloup.fr – Fermé 19 déc.-15 janv.
et 15 fév.-1ᵉʳmars
Rest – (26 €) Menu 28/46 € – Carte 37/96 €

♦ Cadre moderne et lumineux dans la véranda, plus chic dans la salle située à l'arrière. En terrasse, vue imprenable sur la vallée. Cuisine traditionnelle et recettes des îles.

LE PIN-LA-GARENNE – 61 Orne – 310 M4 – **rattaché à Mortagne-au-Perche**

PINSOT – 38 Isère – 333 J5 – **rattaché à Allevard**

PIOGGIOLA – 2B Haute-Corse – 345 C4 – **voir à Corse**

PIRIAC-SUR-MER – 44 Loire-Atlantique – 316 A3 – 2 254 h. – alt. 7 m   34 A2
– ⊠ 44420 ▮ Bretagne

> **D** Paris 462 – La Baule 17 – Nantes 88 – La Roche-Bernard 33
>
> **i** Office de tourisme, 7, rue des Cap-Horniers ℰ 02 40 23 51 42,
> Fax 02 40 23 51 19
>
> 🖼 Pointe du Castelli ≤★ SO : 1 km.

De la Poste   🛏   🛜 📶 ⚡ 🅥🅘🅢🅐 ⓪⑨ 🄰🄴

26 r. de la Plage – *𝒞 02 40 23 50 90* – *www.piriac-hoteldelaposte.com*
– *Fax 02 40 23 68 96* – *Fermé 15 nov.-4 déc., 4 -24 janv. et merc. de sept. à mars*
12 ch – ⚬59/73 € ⚬⚬59/73 €, ⥾ 9 € – ½ P 59/66 €
Rest – (20 €) Menu 27/47 € – Carte 22/42 €
♦ Cette villa des années 1930 aux chambres récemment rafraîchies vous invite à faire halte dans ce petit port de pêche pittoresque (bel ensemble de maisons du 17ᵉ s.). Cuisine traditionnelle à déguster dans la chaleureuse salle à manger ou en terrasse.

PISCIATELLO – **2A Corse-du-Sud** – **345** C8 – **voir à Corse (Ajaccio)**

PITHIVIERS 👁 – **45 Loiret** – **318** K2 – **8 839 h.** – **alt. 115 m**   **12** C1
– ✉ **45300** ▌Châteaux de la Loire

    ▶ Paris 82 – Chartres 74 – Fontainebleau 46 – Montargis 46
    🄸 Office de tourisme, 1, mail Ouest 𝒞 02 38 30 50 02, Fax 02 38 30 55 00

Le Relais de la Poste   📶 🅥🅘🅢🅐 ⓪⑨ 🄰🄴 ⓪

10 Mail Ouest – *𝒞 02 38 30 40 30* – *www.le-relais-de-la-poste.com*
– *Fax 02 38 30 47 79*
41 ch – ⚬54 € ⚬⚬59 €, ⥾ 8 € – ½ P 52 €
Rest – *(fermé dim. soir)* Menu 17/32 € – Carte 28/54 €
♦ Cette grande bâtisse du centre-ville, jadis relais de poste, abrite des chambres de bonne ampleur, toutes lambrissées et garnies de meubles rustiques. Boiseries blondes et cheminée rendent la salle à manger très chaleureuse. Cuisine traditionnelle.

✗ Aux Saveurs Lointaines   ♿ 🅥🅘🅢🅐 ⓪⑨

1 pl. Martroi – *𝒞 02 38 30 18 18* – *www.auxsaveurslointaines.com* – *Fermé dim. soir et lundi*
Rest – Menu 12 € (déj. en sem.) – Carte environ 23 €
♦ Rideaux en bambou, objets en paille tressée et mobilier en teck et fer forgé décorent ce restaurant familial dédié à la cuisine vietnamienne. Spécialités de fruits exotiques.

PIZAY – **69 Rhône** – **327** H3 – **rattaché à Belleville**

PLAGE DE CALALONGA – **2A Corse-du-Sud** – **345** E11 – **voir à Corse (Bonifacio)**

LA PLAGNE – **73 Savoie** – **333** N4 – ✉ **73210**   **45** D2
    ▶ Paris 678 – Bourg-St-Maurice 32 – Grenoble 140 – Lyon 219
    🄸 Office de tourisme, 1004, avenue de la Tarentaise 𝒞 04 79 09 79 79,
    Fax 04 79 09 70 10

Carlina   ⟨ 🛜 ▦ ◉ 🕃 ♿ ⚡ 📶 ⚙ ⌂ 🅥🅘🅢🅐 ⓪⑨ 🄰🄴

– *𝒞 04 79 09 78 46* – *www.carlina-belleplagne.com* – *Fax 04 79 00 76 94* – *Ouvert 4 juil.-20 août et 11 déc.-23 avril*
47 ch – (½ P seult) – ½ P 120/195 €
Rest Carlina – *(dîner pour résidents seult)* Carte 25/45 €
Rest Le C – *(fermé lundi) (dîner seult)* Carte 45/60 €
♦ Situé sur les hauteurs, ce grand chalet tout en pierre et bois bénéficie d'un accès skis aux pieds. Accueil charmant, chambres douillettes d'esprit montagnard et agréable spa. Belle vue sur les sommets depuis la terrasse du Carlina ; plats régionaux et salle rustique. Le soir, ambiance et cuisine modernes au "C".

PLAILLY – **60 Oise** – **305** G6 – **1 646 h.** – **alt. 100 m** – ✉ **60128**   **19** C2
    ▶ Paris 40 – Beauvais 69 – Chantilly 16 – Compiègne 46

✗✗ La Gentilhommière   🅥🅘🅢🅐 ⓪⑨ 🄰🄴

25 r. Georges Bouchard, (derrière l'église) – *𝒞 03 44 54 30 20*
– *lagentilhommiere-plailly.neuf.fr* – *Fax 03 44 54 31 27* – *Fermé 2-23 août, sam. midi, dim. soir, mardi midi et lundi*
Rest – Menu 24 € (déj. en sem.), 34/44 € – Carte 51/60 €
♦ Ex-relais de poste (17ᵉ s.) voisin du clocher. Cheminée, poutres et cuivres soulignent le caractère rustique de la salle à manger. Carte traditionnelle et suggestions du jour.

LA PLAINE-SUR-MER – 44 Loire-Atlantique – **316** C5 – 3 474 h.   **34** A2
– alt. 26 m – ⊠ 44770

    ▶ Paris 438 – Nantes 58 – Pornic 9 – St-Michel-Chef-Chef 7

    🚺 Office de tourisme, square du Fort Gentil 🎧 02 40 21 52 52

    📷 Pointe de St-Gildas★ O : 5 km   🗍 Poitou Charentes Vendée

    Anne de Bretagne (Philippe Vételé) ⑳   ≤ 🍴 ⏱ 🍽 📶 ᇰ ⓦ 🛁 **P**

    au Port de la Gravette, 3 km au Nord-Ouest   VISA ⓪ AE
    *– 🎧 02 40 21 54 72 – www.annedebretagne.com – Fax 02 40 21 02 33 – Fermé de
    début janv. à mi-fév.*
    20 ch – ♦125/325 €, ♦♦125/325 €, ⏛ 19 € – ½ P 146/246 €
    Rest – *(fermé mardi sauf le soir d'avril à sept., dim. soir d'oct. à juin et lundi)*
    (28 €) Menu 35 € (déj. en sem.), 57/115 € – Carte 72/120 € 🕮
    Spéc. Palourdes et couteaux, poireaux, sorbet vinaigre balsamique blanc, huile
    de colza. Bar de ligne "basse température", concassé de sardines et huîtres,
    émulsion iodée. Carottes "nantaise", dacquoise réglisse, crème brûlée, glace
    cumin, pain d'épice. **Vins** Vin de pays de Retz, Muscadet de Sèvre et Maine.
    ◆ Cette maison blanche posée sur une dune abrite des chambres au design épuré (très
    beaux meubles et tableaux contemporains). Au restaurant, ouvert sur la mer, Philippe Vételé
    témoigne d'une grande adresse en s'appropriant recettes classiques et meilleurs produits ;
    accord mets-vin remarquable.

PLAISIANS – 26 Drôme – **332** E8 – 192 h. – alt. 612 m – ⊠ 26170   **44** B3

    ▶ Paris 690 – Carpentras 44 – Nyons 33 – Vaison-la-Romaine 27

    Auberge de la Clue   ≤ 🈺 🗚 **P**

    *pl. de l'Église – 🎧 04 75 28 01 17 – Fax 04 75 28 29 17 – Ouvert 1ᵉʳ avril-17 oct.,
    week-end et fériés de nov. à mars sauf fév. et fermé dim. soir sauf juil.-août et
    lundi*
    Rest – Menu 26/32 € – Carte 32/45 €
    ◆ Les adeptes de cette sympathique adresse viennent parfois de loin pour savourer sa goû-
    teuse cuisine de terroir. Salle aux couleurs provençales, terrasse face au mont Ventoux.

PLANCOËT – 22 Côtes-d'Armor – **309** I3 – 2 934 h. – alt. 41 m – ⊠ 22130   **10** C2

    ▶ Paris 417 – Dinan 17 – Dinard 20 – St-Brieuc 46

    🚺 Syndicat d'initiative, 1, rue des Venelles 🎧 02 96 84 00 57

    Maxime et Jean-Pierre Crouzil et Hôtel L'Ecrin avec ch

    20 les quais – 🎧 02 96 84 10 24 – www.crouzil.com   🗚 rest, **P** VISA ⓪ AE
    *– Fax 02 96 84 01 93 – Fermé 1ᵉʳ-15 oct., 3 sem.
    en janv., dim. soir sauf juil.-août et lundi*
    7 ch – ♦75/120 €, ♦♦75/120 €, ⏛ 23 € – ½ P 85/145 €
    Rest – *(prévenir le week-end)* Menu 35 € (déj. en sem.), 65/130 € – Carte 90/99 €
    Spéc. Saint-Jacques dorées au sautoir, verjus, et pétales de tomates confites
    au basilic. Tronçon de turbot sauvage, pommes mousseline et beurre nantais.
    Moelleux tiède au chocolat noir, crème glacée à la vanille Bourbon.
    ◆ Plancoët, une ville connue pour son eau minérale et… son hostellerie du siècle dernier.
    Cuisine bretonne servie dans une salle à manger élégante. Boutique de produits maison.
    Côté hôtel, des chambres classiques, cossues et d'une tenue excellente.

PLAN-DE-CUQUES – 13 Bouches-du-Rhône – **340** H5 – **rattaché à Marseille**

PLAN-DE-LA-TOUR – 83 Var – **340** O5 – 2 700 h. – alt. 69 m   **41** C3
– ⊠ 83120

    ▶ Paris 859 – Cannes 68 – Draguignan 36 – Fréjus 28

    🚺 Office de tourisme, 1, rue du 19 mars 1962 🎧 04 94 43 01 50,
    Fax 04 94 43 75 08

    Mas des Brugassières sans rest ⑳   🍴 ⏱ 🗚 ⓦ **P** VISA ⓪ AE

    *1,5 km au Sud par rte de Grimaud – 🎧 04 94 55 50 55
    – www.mas-des-brugassieres.com – Fax 04 94 55 50 51 – Ouvert de Pâques à mi-oct.*
    12 ch – ♦78/91 €, ♦♦85/99 €, ⏛ 15 €
    ◆ Joli mas au cœur des Maures. Les chambres, personnalisées, sont décorées avec goût dans
    la note provençale. Certaines disposent d'une terrasse ; d'autres ouvrent sur le jardin.

PLAN-DU-VAR – 06 Alpes-Maritimes – **341** E4 – ⊠ **06670 Levens**   **41** D2

▶ Paris 941 – Antibes 38 – Cannes 48 – Nice 32

◎ Gorges de la Vésubie★★★ NE - Défilé du Chaudan★★ N : 2 km.

◙ Bonson : site★, ⩽★★ de la terrasse de l'église ▮ Côte d'Azur

XX **Cassini**   ⌂ & AC ⇔ VISA ⚫

231 av. Porte des Alpes, D 6202 – ℰ 04 93 08 91 03 – www.restaurantcassini.com
– Fax 04 93 08 45 48 – Fermé 1ᵉʳ-20 août, 10-25 fév., mardi soir du 15 sept. au
15 juin, dim. soir et lundi
Rest – (17 €) Menu 29/52 € – Carte 35/57 €
♦ Sur la traversée du village, auberge tenue en famille depuis quatre générations. Salon
séparé, bar et terrasse ont été rénovés pour passer le cap des 80 ans. Choix traditionnel.

PLANGUENOUAL – 22 Côtes-d'Armor – **309** G3 – 1 736 h. – alt. 76 m   **10** C2
– ⊠ **22400**

▶ Paris 449 – Rennes 96 – Saint-Brieuc 19 – Saint-Malo 89

⌂ **Manoir de la Hazaie** ◈   ⌂ ⴤ ⌘ **P** VISA ⚫ AE

2,5 km au Sud-Est par D 59 – ℰ 02 96 32 73 71 – www.manoir-hazaie.com
– Fax 02 96 32 79 72
5 ch – †116/130 € ††130/240 €, ⊇ 14 €   **Table d'hôte** – Menu 47 € bc
♦ Une bonne adresse pour se mettre au vert que ce manoir en granit du 16ᵉ s. dans son
parc arboré. Chambres aux meubles de style où chaque détail est soigné (baignoires balnéo).

PLAPPEVILLE – 57 Moselle – **307** H4 – rattaché à Metz

PLAZAC – 24 Dordogne – **329** H5 – 686 h. – alt. 110 m – ⊠ **24580**   **4** D1

▶ Paris 530 – Bordeaux 170 – Périgueux 38 – Brive-la-Gaillarde 60

⌂ **Béchanou** ◈   ⩽ ⌰ ⌂ ⌰ ⁎⁎ **P**

4 km au Nord par D 6 et rte secondaire – ℰ 05 53 50 39 52 – www.bechanou.com
5 ch ⊇ – †80 € ††90 €   **Table d'hôte** – Menu 25 € bc
♦ Vieille demeure en pierre située au bout d'un chemin pentu, qui offre tranquillité et panorama de choix sur la vallée. Chambres sobres, préservant le cadre du lieu. Piscine. Alléchante
cuisine familiale servie dans une salle à manger rustique ou en terrasse.

PLÉLO – 22 Côtes-d'Armor – **309** E3 – 3 103 h. – alt. 110 m – ⊠ **22170**   **10** C1

▶ Paris 470 – Lannion 54 – Rennes 118 – Saint-Brieuc 22

X **Au Char à Bancs** avec ch ◈   ⌰ ⌂ ⌘ ch, **P** VISA ⚫

Moulin de la ville Geffroy, 1 km au Nord par D 84 – ℰ 02 96 74 13 63
– www.aucharabanc.com – Fax 02 96 74 13 03 – Fermé janv.
5 ch – †65/100 € ††70/115 €
Rest – (fermé en sem. hors saison et le mardi en juil.-août) Carte 10/20 €
♦ L'auberge vous réserve un accueil familial autour de sa table en bois massif. On y sert une
cuisine concoctée avec les produits de la ferme (potée mijotée dans la cheminée...). Chambres cosy, logées sous des poutres séculaires, et jolies salles de bain rétro.

PLÉNEUF-VAL-ANDRÉ – 22 Côtes-d'Armor – **309** G3 – 3 965 h.   **10** C1
– alt. 52 m – Casino : la Rotonde au Val-André – ⊠ **22370**

▶ Paris 446 – Dinan 43 – Erquy 9 – Lamballe 16

🄸 Office de tourisme, 1, rue Winston Churchill ℰ 02 96 72 20 55,
Fax 02 96 63 00 34

🄸⒙ de Pleneuf-Val-André Rue de la plage des Vallées, E : 1 km par D 515,
ℰ 02 96 63 01 12

au Val-André 2 km à l'Ouest – ⊠ **22370 Pléneuf-Val-André** ▮ Bretagne

◎ Pointe de Pléneuf★ N 15 mn - Le tour de la Pointe de Pléneuf ⩽★★ N 30 mn.

🄷🄸 **Georges** sans rest   ⩥ & VISA ⚫ AE

131 r. Clemenceau – ℰ 02 96 72 23 70 – www.partouche.fr – Fax 02 96 72 23 72
– Ouvert 12 mai-26 sept.
24 ch – †75/81 € ††85/107 €, ⊇ 10 €
♦ Cet hôtel, situé au centre de la station balnéaire, dispose de chambres simples, claires et
fonctionnelles. L'ensemble est décoré dans un style actuel.

Grand Hôtel du Val André ⬠ ⬠ ⬠ rest, ⬠ VISA ⬠ AE

80 r. Amiral Charner – ⬠ 02 96 72 20 56 – www.grand-hotel-val-andre.fr
– Fax 02 96 63 00 24 – Fermé 3-27 janv.
39 ch – ❖73/83 € ❖❖88/108 €, ⬠ 11 € – ½ P 78/103 €
Rest – *(fermé mardi midi, dim. soir et lundi)* (16 €) Menu 26/55 € – Carte 34/95 €
♦ Créé en 1895, cet hôtel face à la mer respire la tradition. Mobilier en rotin dans les chambres, régulièrement rajeunies. Lumineux restaurant et terrasse où vous aurez presque les pieds dans l'eau... Longue carte mettant à l'honneur les spécialités marines.

Au Biniou ⬠ VISA ⬠ AE

121 r. Clemenceau – ⬠ 02 96 72 24 35 – Fermé vacances de fév., mardi et merc.
sauf juil.-août
Rest – (17 €) Menu 26/35 € – Carte 41/54 €
♦ Un décor contemporain vaguement marin, mais une cuisine personnelle tout en saveurs iodées, réalisée à partir des meilleurs poissons et coquillages. Ce Biniou-là sonne juste !

LE PLESSIS-PICARD – 77 Seine-et-Marne – **312** E4 – **voir à Paris, Environs (Sénart)**

PLESTIN-LES-GRÈVES – 22 Côtes-d'Armor – **309** A3 – 3 615 h.   **9** B1
– alt. 45 m – ⬠ 22310 ▮ Bretagne

🄳 Paris 528 – Brest 79 – Guingamp 46 – Lannion 18
🄸 Syndicat d'initiative, place de la Mairie ⬠ 02 96 35 61 93, Fax 02 96 54 12 54
◎ Lieue de Grève★ - Corniche de l'Armorique★ N : 2 km.

Les Panoramas sans rest ⬠ ⬠ P VISA ⬠

rte Corniche Nord : 5,5 km par D 42 – ⬠ 02 96 35 63 76 – www.lespanoramas.fr
– Fax 02 96 35 09 10 – Ouvert 16 mars-30 nov.
13 ch – ❖35/60 € ❖❖42/60 €, ⬠ 6 €
♦ Hôtel fonctionnel face au port de Beg Douar. Presque toutes les chambres sont dotées de bow-windows pour jouir du panorama sur la plage de St-Efflam et la côte des Bruyères.

PLEUDIHEN-SUR-RANCE – 22 Côtes-d'Armor – **309** K3 – 2 717 h.   **10** D2
– alt. 62 m – ⬠ 22690

🄳 Paris 395 – Rennes 59 – Saint-Brieuc 71 – Saint-Malo 22

Manoir de Saint-Meleuc sans rest ⬠ ⬠ ⬠ P VISA ⬠

St-Meleuc – ⬠ 02 96 83 34 26 – www.manoir-de-saint-meleuc.com
4 ch – ❖95 € ❖❖145/190 €, ⬠ 10 €
♦ Petit manoir du 15e s. bien rénové, au cœur d'un parc de 2,5 ha. Petit-déjeuner servi dans une grande salle avec pierres et poutres apparentes et chambres de style ancien.

PLÉVEN – 22 Côtes-d'Armor – **309** I4 – 619 h. – alt. 80 m – ⬠ 22130   **10** C2

🄳 Paris 431 – Dinan 24 – Dinard 28 – St-Brieuc 38
◎ Ruines du château de la Hunaudaie★ SO : 4 km ▮ Bretagne

Manoir de Vaumadeuc sans rest ⬠ ⬠ P VISA ⬠ AE ⬠

– ⬠ 02 96 84 46 17 – www.vaumadeuc.com – Fax 02 96 84 40 16 – Ouvert de
Pâques à la Toussaint
13 ch – ❖90/195 € ❖❖110/210 €, ⬠ 12 €
♦ Manoir du 15e s. niché dans un parc. Boiseries, cheminée et meubles de style composent un majestueux décor de caractère ; les chambres du 2e étage sont cosy et mansardées.

PLEYBER-CHRIST – 29 Finistère – **308** H3 – 3 061 h. – alt. 131 m   **9** B1
– ⬠ 29410 ▮ Bretagne

🄳 Paris 548 – Brest 55 – Châteaulin 47 – Morlaix 12

De la Gare ⬠ ⬠ ch, ⬠ P VISA ⬠ AE

2 r. Parmentier – ⬠ 02 98 78 43 76 – www.hotel-pleyber.com
– Fax 02 98 78 49 78 – Fermé 22 déc.-14 janv. et dim. sauf juil.-août
8 ch – ❖52/56 € ❖❖55/59 €, ⬠ 8 € – ½ P 51/55 €
Rest – *(fermé sam. midi et dim.)* Menu 13 € (déj.)/36 € – Carte 19/39 €
♦ Étape familiale commode située face à la gare. Chambres fonctionnelles, peu spacieuses mais très bien tenues, et sympathique petit salon donnant sur jardin. Cuisine traditionnelle simple et généreuse servie dans une salle sans chichi. Prix serrés.

PLOBSHEIM – 67 Bas-Rhin – **315** K6 – **rattaché à Strasbourg**

PLOEMEUR – 56 Morbihan – **308** K8 – 18 455 h. – alt. 45 m – ⊠ 56270   9 B2
> ▶ Paris 509 – Concarneau 51 – Lorient 6 – Quimper 68
> 🅸 Office de tourisme, 25, place de l'Église *⌀ 02 97 85 27 88*
> 🅶 de Ploemeur-Océan Saint Jude Kerham, O : 8 km par D 162, *⌀ 02 97 32 81 82*

✂   **Le Haut du Panier**   🈴 𝖵𝖨𝖲𝖠 ⓒⓞ 𝖠𝖤 ⓘ
20 bd de L'Atlantique, Le Couregant, 3 km au Sud par D 152 – ⌀ 02 97 82 88 60
– Fermé 15-30 nov., mardi de sept. à juin et merc.
Rest – Carte 28/46 €
◆ Ce panier-là contient de beaux produits de saison, proposés à l'ardoise, que l'on déguste
dans une salle actuelle ou sur une délicieuse terrasse face la plage. Bon accueil.

à Lomener 4 km au Sud par D 163 – ⊠ 56270 Ploemeur

🄷🄷   **Le Vivier** 🈂   ⩽ 📶 𝖯 🚗 𝖵𝖨𝖲𝖠 ⓒⓞ 𝖠𝖤
😊   *9 r. de Beg er vir – ⌀ 02 97 82 99 60 – www.levivier-lomener.com*
– Fax 02 97 82 88 89 – Fermé 18 déc.-4 janv.
14 ch – †82/100 € ††94/112 €, � 10 € – ½ P 100/110 €
Rest – *(fermé dim. soir sauf de Pâques à sept.)* (25 €) Menu 27 € (sem.)/50 €
– Carte 40/60 €🍴
◆ Cette maison ancrée sur un rocher semble vouée à Neptune : superbe vue sur l'océan et
l'île de Groix depuis les chambres modernes et accueillantes (deux avec terrasse). Le restaurant, qui a presque les pieds dans l'eau, privilégie les produits de la pêche.

PLOËRMEL – 56 Morbihan – **308** Q7 – 8 538 h. – alt. 93 m – ⊠ 56800   10 C2
> ▶ Paris 417 – Lorient 88 – Loudéac 47 – Rennes 68
> 🅸 Office de tourisme, 5, rue du Val *⌀ 02 97 74 02 70, Fax 02 97 73 31 82*
> 🅶 du Lac-au-Duc Le Clos Hazel, N : 2 km par D 8, *⌀ 02 97 73 64 64*

🄷🄷🄷   **Le Roi Arthur** 🈂   ⩽ 🌙 🔽 🍴 🕭 ⅏. ch, 🆎 rest, 🍴 rest, 📶 🐾 𝖯
au lac au Duc : 1,5 km par D 8 – ⌀ 02 97 73 64 64   𝖵𝖨𝖲𝖠 ⓒⓞ 𝖠𝖤 ⓘ
– www.hotelroiarthur.com – Fax 02 97 73 64 50 – Fermé 26 fév.-14 mars
46 ch – †87/169 € ††114/214 €, ⊻ 15 € – ½ P 94/146 €
Rest – (27 €) Menu 33/43 € – Carte 34/64 €
◆ En quête du Graal ? Il se cache peut-être ici, entre le lac et le golf. Choisissez une des
chambres récemment rénovées, confortables et d'esprit actuel. Clin d'œil à la légende : prenez place autour d'une table ronde pour déguster des plats bien de notre temps.

🄷   **Le Cobh**   🍴 rest, 📶 𝖯 𝖵𝖨𝖲𝖠 ⓒⓞ 𝖠𝖤
10 r.des Forges – ⌀ 02 97 74 00 49 – www.hotel-lecobh.com – Fax 02 97 74 07 36
– Fermé 19 déc.-11 janv.
12 ch – †63/108 € ††75/126 €, ⊻ 9 € – ½ P 127/152 €
Rest – *(fermé merc. midi, lundi, mardi et dim.)* (17 €) Menu 20 € (déj. en sem.),
28/68 € bc – Carte 47/63 €
◆ Dans le centre-ville, hôtel traditionnel récemment rénové. Les chambres, fonctionnelles,
sont décorées sur le thème des légendes de Brocéliande. Salle à manger classique, à dominante de rouge, où est servie une cuisine dans l'air du temps.

PLOGOFF – 29 Finistère – **308** D6 – 1 410 h. – alt. 70 m – ⊠ 29770   9 A2
> ▶ Paris 610 – Audierne 11 – Douarnenez 32 – Pont-l'Abbé 43

🄷   **Ker-Moor**   ⩽ 🈴 📶 𝖯 𝖵𝖨𝖲𝖠 ⓒⓞ
😊   *plage du Loch, 2,5 km rte d'Audierne – ⌀ 02 98 70 62 06*
– www.hotel-kermoor.com – Fax 02 98 70 32 69 – Fermé 4 janv.-8 fév.
12 ch – †65/90 € ††65/90 €, ⊻ 10 € – ½ P 65/75 €
Rest – *(fermé dim. soir et lundi d'oct. à mars)* (17 €) Menu 19 € (sem.)/36 €
– Carte 25/45 €
◆ Seule la route sépare cette maison néobretonne de l'océan. Le mobilier et la vue varient
selon les chambres ; certaines ont même une terrasse orientée vers les flots. Goûtez le ragoût
de homard au cidre, spécialité maison (sur commande), tout en admirant la baie d'Audierne.

PLOMBIÈRES-LES-BAINS – 88 Vosges – **314** G5 – 1 936 h.   27 C3
– alt. 429 m – Stat. therm. : mi mars-mi nov. – Casino – ⊠ 88370 ▮ Alsace Lorraine
> ▶ Paris 378 – Belfort 79 – Épinal 38 – Gérardmer 43
> 🅸 Office de tourisme, 1, place Maurice Janot *⌀ 03 29 66 01 30, Fax 03 29 66 01 94*
> 🔘 La Feuillée Nouvelle ⩽★ - Vallée de la Semouse★.

Le Prestige Impérial   🍴 🛖 ℅ ⅙ ch, 📞 ⅙ 🅿 VISA 🐵 AE

*av. des Etats-Unis – ℰ 03 29 30 07 07 – www.plombieres-les-bains.com
– Fax 03 29 30 07 08*
80 ch – ✝60/80 € ✝✝90/136 €, ⌧ 11 € – 2 suites
Rest – (16 €) Menu 24/48 € – Carte 25/61 €

♦ On entre dans cet hôtel Napoléon III – relié aux thermes de la ville – par un hall lumineux, sous une immense verrière. Chambres d'esprit Art déco. Le restaurant, entièrement rénové, propose une cuisine au goût du jour.

PLOMEUR – 29 Finistère – **308** F7 – 3 420 h. – alt. 33 m – ⊠ 29120   **9** A2
▌Bretagne

▶ Paris 579 – Douarnenez 39 – Pont-l'Abbé 6 – Quimper 26
🛈 Office de tourisme, 1, place de l'Église ℰ 02 98 82 09 05

La Ferme du Relais Bigouden sans rest ⌘   🍴 🅿 VISA 🐵

*à Pendreff, rte Guilvinec : 2,5 km – ℰ 02 98 58 01 32 – www.hotel-bigouden.com
– Fax 02 98 82 09 62*
16 ch – ✝54 € ✝✝58 €, ⌧ 8 €

♦ Entourée d'un grand jardin ombragé, ancienne ferme du pays bigouden abritant des chambres sobres et confortables. La salle des petits-déjeuners a conservé son cachet d'origine.

PLOMODIERN – 29 Finistère – **308** F5 – 2 122 h. – alt. 60 m – ⊠ 29550   **9** A2

▶ Paris 559 – Brest 60 – Châteaulin 12 – Crozon 25
🛈 Syndicat d'initiative, place de l'Église ℰ 02 98 81 27 37, Fax 02 98 81 59 91
◎ Retables★ de la chapelle Ste-Marie-du-Ménez-Hom N : 3,5 km
  - Charpente★ de la chapelle St-Côme NO : 4,5 km.
◎ Ménez-Hom ※★★★ N : 7 km par D 47 ▌Bretagne

XXX   **Auberge des Glazicks** (Olivier Bellin)   ⇦ VISA 🐵
🏵🏵   *7 r. de la Plage – ℰ 02 98 81 52 32 – www.aubergedesglazick.com
– Fax 02 98 81 57 18 – Fermé en mars, en nov., lundi et mardi*
Rest – Menu 49/135 € – Carte 100/150 €🍷

Spéc. Brochette de langoustines, poêlée de girolles et copeaux de far noir (printemps-été). Dos de bar croustillant, jus pinot noir et raviole tomate-chorizo (automne-hiver). Dentelle de blé noir aux pommes de douze heures, olives noires et jus cacahuète.

♦ Cette ancienne maréchalerie offre une vue plongeante sur la baie de Douarnenez. Tout en mariages osés mais raisonnés, la cuisine d'Olivier Bellin ne sacrifie ni l'équilibre des saveurs à l'invention, ni la terre à la mer.

PLOUBALAY – 22 Côtes-d'Armor – **309** J3 – 2 488 h. – alt. 32 m   **10** C1
– ⊠ 22650 ▌Bretagne

▶ Paris 412 – Dinan 18 – Dol-de-Bretagne 35 – Lamballe 36
◎ Château d'eau ※★★ : 1 km NE.

XX   **De la Gare**   🛖 ℅ VISA 🐵
😊   *4 r. Ormelets – ℰ 02 96 27 25 16 – Fax 02 96 82 63 22 – Fermé
23 juin-2 juil., 1ᵉʳ-10 oct., 15 janv.-7 fév., lundi soir et mardi soir de sept. à juin,
mardi midi et lundi en juil.-août et merc.*
Rest – (15 €) Menu 25/50 € – Carte 38/56 €

♦ Cuisine actuelle "terre-mer", servie dans deux salles : esprit rustique pour l'une et vue sur le jardinet pour l'autre. Accueil et service avenants.

PLOUBAZLANEC – 22 Côtes-d'Armor – **309** D2 – **rattaché à Paimpol**

PLOUER-SUR-RANCE – 22 Côtes-d'Armor – **309** J3 – 3 058 h.   **10** D2
– alt. 62 m – ⊠ 22490 ▌Bretagne

▶ Paris 397 – Dinan 13 – Dol-de-Bretagne 20 – Lamballe 53

Manoir de Rigourdaine sans rest ⌘   ⇦ ℘ ℅ ⅙ 🅿 VISA 🐵 AE

*(à Rigourdaine), 3 km par rte de Langrolay puis rte secondaire – ℰ 02 96 86 89 96
– www.hotel-rigourdaine.fr – Fax 02 96 86 92 46 – Ouvert de début avril à mi-nov.*
19 ch – ✝72/89 € ✝✝72/89 €, ⌧ 8,50 €

♦ Dominant l'estuaire de la Rance, ancienne ferme joliment restaurée où poutres ancestrales, cheminées et mobilier campagnard composent un décor de caractère. Calme garanti !

PLOUGASNOU – 29 Finistère – **308** I2 – 3 240 h. – alt. 55 m – ⊠ 29630   **9** B1

> ▶ Paris 550 – Rennes 198 – Quimper 100 – Lannion 34
>
> 🚺 Syndicat d'initiative, place du Général Leclerc ℰ 02 98 67 31 88, Fax 02 98 67 31 88

⌂   **Ar Velin Avel** ⌖   🕪 ᵗ⁺ᵗ **P** 🗺 ⊚⊚
    4 rte de Kerlevenez – ℰ 02 98 67 81 35 – www.arvelinavel.com – Fax 02 98 67 81 35
    5 ch – †135/270 € ††150/270 €, � 25 €   **Table d'hôte** – Menu 30/60 €
    ♦ Lieu d'exception réservant à ses hôtes un séjour de luxe : salon cossu, chambres thématiques (Asie, mer, romantisme), espace sauna-massage, environnement bucolique. À table, le client est roi : carte "terre et mer" étoffée ; petit-déjeuner haut de gamme (caviar parfois).

PLOUGASTEL-DAOULAS – 29 Finistère – **308** E4 – 12 880 h.   **9** A2
– alt. 113 m – ⊠ 29470 ▌Bretagne

> ▶ Paris 596 – Brest 12 – Morlaix 60 – Quimper 64
>
> 🚺 Office de tourisme, 4 bis, place du Calvaire ℰ 02 98 40 34 98, Fax 02 98 40 68 85

> ◉ Calvaire★★ - Site★ de la chapelle St-Jean NE : 5 km - Kernisi ⁂★ SO : 4,5 km.
>
> ◉ Pointe de Kerdéniel ⁂★★ SO : 8,5 km puis 15 mn.

✕   **Le Chevalier de l'Auberlac'h**   🏯 ᗂ **P** 🗺 ⊚⊚ 🅰🅴 ⓘ
    5 r. Mathurin Thomas – ℰ 02 98 40 54 56 – en cours – Fax 02 98 40 65 16
    – Fermé 1ᵉʳ-10 janv., lundi sauf le midi en juil.-août et dim. soir
    Rest – Menu 17 € (déj. en sem.), 24 € bc/41 € – Carte 34/52 €
    ♦ Vitraux, poutres, cheminée soulignent l'orientation rustique du cadre. Terrasse d'été dans un jardin planté de camélias et de rhododendrons. Cuisine traditionnelle et terroir.

PLOUGONVEN – 29 Finistère – **308** I3 – 3 202 h. – alt. 176 m   **9** B1
– ⊠ 29640 ▌Bretagne

> ▶ Paris 535 – Lannion 38 – Morlaix 12 – Rennes 183

⌂   **La Grange de Coatélan** ⌖   🛏 ᗂ ᗂ ch, **P**
    Coatélan, 4 km à l'Ouest par D 109 – ℰ 02 98 72 60 16
    – www.lagrangedecoatelan.com – Fax 02 98 72 60 16 – Fermé vacances de Noël
    5 ch � – †50/60 € ††60/70 €   **Table d'hôte** – (prévenir) Menu 22 €
    ♦ Située en pleine campagne, cette ferme bretonne du 16ᵉ s. offre un calme absolu. Chambres lambrissées, de tailles variables, aménagées dans les dépendances. À table, menu unique tourné vers le terroir servi dans une ancienne grange (réservé aux résidents).

PLOUGOUMELEN – 56 Morbihan – **308** N9 – 2 200 h. – alt. 27 m   **9** A3
– ⊠ 56400

> ▶ Paris 475 – Vannes 14 – Auray 10 – Lorient 49

✕   **Crêperie de Keroyal**   🛏 ᗂ **P** 🗺 ⊚⊚
    3 imp. Keroyal, 1 km à l'Ouest par rte secondaire – ℰ 02 97 24 03 81
    – www.creperie-keroyal.com – Fax 02 97 24 03 81
    – Fermé 8 mars-1ᵉʳ avril, 2 nov.-16 déc., lundi hors saison et mardi midi
    Rest – Carte 10/23 €
    ♦ Cette ex-chaumière au décor rustique surplombe la ria du Sal. On s'y régale de galettes et de crêpes essentiellement préparées avec des produits bio. Jeux d'enfants.

PLOUGRESCANT – 22 Côtes-d'Armor – **309** C1 – 1 359 h. – alt. 53 m   **9** B1
– ⊠ 22820 ▌Bretagne

> ▶ Paris 514 – Guingamp 38 – Lannion 23 – Rennes 162

⌂   **Manoir de Kergrec'h** sans rest ⌖   🕪 **P** 🗺 ⊚⊚
    – ℰ 02 96 92 59 13 – www.manoirdekergrech.com – Fax 02 96 92 51 27
    8 ch � – †100 € ††110 €
    ♦ Ancien manoir épiscopal (17ᵉ s.) au milieu d'un parc majestueux dégringolant jusqu'à la mer. Salon cossu, chambres dotées de meubles familiaux. Petit-déjeuner soigné (cheminée).

PLOUHARNEL – 56 Morbihan – **308** M9 – 1 883 h. – alt. 21 m   **9** B3
– ⊠ 56340 ▌Bretagne

> ▶ Paris 492 – Rennes 141 – Vannes 32 – Lorient 50
>
> 🚺 Office de tourisme, rond-point de l'Océan ℰ 02 97 52 32 93, Fax 02 97 52 49 87

🏨 **Carnac Lodge** sans rest 🌿   🚗 ⏚ ⅃ 🌐 📶 **P** 📧 ⊕ 🅰🅴
Kerhueno – 𝒞 02 97 58 30 30 – www.carnaclodge.com – Fax 02 97 58 31 33
– Fermé 5 janv.-5 fév.
20 ch – ♦70/110 € ♦♦70/155 €, ⊊ 9 €
♦ Entre Carnac et Plouharnel, cet hôtel, situé dans un calme jardin, propose des chambres dont la décoration mélange habilement mobilier des années 1980 et touches actuelles.

PLOUIDER – 29 Finistère – **308** F3 – 1 899 h. – alt. 74 m – ⊠ 29260   **9** A1
▶ Paris 582 – Brest 36 – Landerneau 21 – Morlaix 46

🏨 **La Butte**   ≤ 🚗 |🛎| ⏚ ch, 📶 🐾 **P** 📧 ⊕ 🅰🅴
10 r. de la Mer – 𝒞 02 98 25 40 54 – www.labutte.fr – Fax 02 98 25 44 17 – Fermé
3 sem. en janv.
24 ch – ♦60/112 € ♦♦65/116 €, ⊊ 12 € – ½ P 72/104 €
Rest – *(fermé dim. soir et lundi midi)* (18 €) Menu 24 € (déj. en sem.), 39/80 €
– Carte 34/98 €
♦ Établissement familial sympathique (deux générations vous accueillent). Belles chambres claires d'esprit contemporain, bénéficiant pour la plupart de la vue sur la baie de Goulven. À table, la cuisine traditionnelle valorise les produits de la mer et du terroir.

PLOUIGNEAU – 29 Finistère – **308** I3 – 4 367 h. – alt. 156 m – ⊠ 29610   **9** B1
▶ Paris 530 – Rennes 177 – Quimper 96 – Lannion 32

🏠 **Manoir de Lanleya** sans rest 🌿   🚗 📞 **P**
4 km au Nord par D 64 et rte secondaire – 𝒞 02 98 79 94 15
– www.manoir-lanleya.com – Fax 02 98 79 94 15
5 ch ⊊ – ♦66 € ♦♦71 €
♦ Sis dans un pittoresque hameau, ce manoir du 16ᵉ s. magnifiquement restauré propose de jolies chambres meublées d'ancien. Délicieux jardin, lavoir, rivière. Accueil exemplaire.

PLOUMANACH – 22 Côtes-d'Armor – **309** B2 – **rattaché à Perros-Guirec**

PLUVIGNER – 56 Morbihan – **308** M8 – 6 315 h. – alt. 87 m – ⊠ 56330   **10** C2
▶ Paris 482 – Rennes 131 – Vannes 36 – Lorient 38
🛈 Syndicat d'initiative, place Saint-Michel 𝒞 02 97 24 79 18, Fax 02 97 24
92 44

🏠 **Domaine de Kerbarh** 🌿   🚗 ⅃ 📶 **P** 📧 ⊕ 🅰🅴
r. de Kerbarh, rte de Ste-Anne – 𝒞 02 97 59 40 15
– www.domaine-dekerbarh.com – Fax 02 97 59 40 15
3 ch ⊊ – ♦100/200 € ♦♦100/200 €   **Table d'hôte** – Menu 28 €
♦ Cette ferme rénovée propose des chambres personnalisées (tons vifs, mobilier oriental, équipements high-tech, poêle à bois). Pour la détente : sauna, hammam, jacuzzi, piscine. Petit-déjeuner copieux à la manière d'un brunch et table d'hôte traditionnelle le soir.

LE POËT-LAVAL – 26 Drôme – **332** D6 – **rattaché à Dieulefit**

POGGIO-MEZZANA – 2B Haute-Corse – **345** F5 – **voir à Corse**

POINCY – 77 Seine-et-Marne – **312** G2 – **rattaché à Meaux**

POINTE DE MOUSTERLIN – 29 Finistère – **308** G7 – **rattaché à Fouesnant**

POINTE DE ST-MATHIEU – 29 Finistère – **308** C5 – **rattaché au Conquet**

POINTE DU GROUIN – 35 Ille-et-Vilaine – **309** K2 – **rattaché à Cancale**

POINTE-DU-RAZ ★★★ – 29 Finistère – **308** C6 – ⊠ 29770 Plogoff   **9** A2
🎎 Bretagne
▶ Paris 614 – Douarnenez 37 – Pont-l'Abbé 48 – Quimper 53
👁 ❄★★.

à La Baie des Trépassés par D 784 et rte secondaire : 3,5 km
– ⊠ Cleden Cap Sizun

🏠 **De La Baie des Trépassés** ॐ ⩽ 𝔸𝕂 rest, 𝒮 **P.** 𝚅𝙸𝚂𝙰 ⓪⓪
– 𝒞 02 98 70 61 34 – www.baiedestrepasses.com – Fax 02 98 70 35 20 – Ouvert
13 fév.-11 nov.
27 ch – †39/70 € ††39/77 €, ⌸ 11 € – ½ P 62/81 €
Rest – (fermé lundi du 15 sept. au 15 juin sauf vacances scolaires) (20 €)
Menu 24/58 € – Carte 20/85 €
♦ Hôtel situé dans un site sauvage très touristique en journée, mais déserté le soir. Préférez
les chambres tournées vers les flots ou celles mansardées du 2e étage. Les tables du restaurant contemplent la pointe du Raz. Cuisine traditionnelle inspirée par la mer.

POINT-SUBLIME – 04 Alpes-de-Haute-Provence – 334 G10   41 C2
– ⊠ 04120 Rougon ▯ Alpes du Sud
  ▣ Paris 803 – Castellane 18 – Digne-les-Bains 71 – Draguignan 53
  ◉ ⩽★★★ sur Grand Canyon du Verdon 15 mn - Couloir Samson★★ S :
     1,5 km - Rougon ⩽★ N : 2,5 km - Clue de Carejuan★ E : 4 km.
  ▣ Belvédères SO : de l'Escalès★★★ 9 km, de Trescaïre★★ 8 km, du
     Tilleul★★ 10 km, des Glacières★★ 11 km, de l'Imbut★★ 13 km.

✗ **Auberge du Point Sublime** avec ch   ⩽ 🏠 𝒮 rest, **P.** 𝚅𝙸𝚂𝙰 ⓪⓪
D 952 – 𝒞 04 92 83 60 35 – Fax 04 92 83 74 31 – Ouvert 25 avril-2 nov.
13 ch – †65 € ††65 €, ⌸ 8 € – ½ P 63 €
Rest – (fermé jeudi midi sauf 14 juil.-31 août et merc.) (16 €) Menu 23/31 €
– Carte 27/60 €
♦ À proximité du belvédère, sympathique auberge familiale dont la cuisine fleure bon le ter-
roir. Cadre rustique (comptoir rétro à souhait), terrasse ombragée. Chambres simples.

POISSON – 71 Saône-et-Loire – 320 E11 – **rattaché à Paray-le-Monial**

POITIERS 𝔓 – 86 Vienne – 322 H5 – 88 776 h. – Agglo. 119 371 h.   39 C1
– alt. 116 m – ⊠ 86000 ▯ Poitou Vendée Charentes
  ▣ Paris 335 – Angers 134 – Limoges 126 – Nantes 215
  ✈ de Poitiers-Biard-Futuroscope : 𝒞 05 49 30 04 40 AV.
  🛈 Office de tourisme, 45, place Charles-de-Gaulle 𝒞 05 49 41 21 24,
     Fax 05 49 88 65 84
  🏌 de Poitiers à Mignaloux-Beauvoir 635 route de Beauvoir, par rte de Lussac-
     les-Châteaux : 8 km, 𝒞 05 49 55 10 50
  🏌 du Haut-Poitou à Saint-Cyr Parc des Loisirs de Saint Cyr, par rte de
     Châtellerault : 22 km, 𝒞 05 49 62 53 62
  ◉ Église N.-D.-la-Grande★★ : façade★★★ - Église St-Hilaire-le-Grand★★
     - Cathédrale St-Pierre★ - Église Ste-Radegonde★ **D** - Baptistère St-Jean★
     - Grande salle★ du Palais de Justice **J** - Boulevard Coligny ⩽★ - Musée
     Ste-Croix★★ - Statue N-D-des-Dunes : ⩽★.
  ▣ Parc du Futuroscope★★★ : 12 km par ①.

Plans pages suivantes

🏨 **Le Grand Hôtel** sans rest ॐ   🖼 ৬ 𝔸𝕂 ☏ 🛁 🅿 🌫 𝚅𝙸𝚂𝙰 ⓪⓪ 𝔸𝔼 ①
28 r. Carnot – 𝒞 05 49 60 90 60 – www.grandhotelpoitiers.fr – Fax 05 49 62 81 89
41 ch – †68/71 € ††78/88 €, ⌸ 12 € – 6 suites   CZ**k**
♦ Central mais bénéficiant du calme d'une cour, l'hôtel présente un chaleureux cadre d'esprit Art déco. Chambres confortables et grande terrasse où l'on petit-déjeune en été.

🏨 **De l'Europe** sans rest   🚗 🖼 ৬ 𝒮 ☏ 🛁 🅿 🌫 𝚅𝙸𝚂𝙰 ⓪⓪ 𝔸𝔼
39 r. Carnot – 𝒞 05 49 88 12 00 – www.hotel-europe-poitiers.com
– Fax 05 49 88 97 30 – Fermé 24 déc.-3 janv.   CZ**n**
88 ch – †55/92 € ††61/97 €, ⌸ 8 €
♦ Cet hôtel du centre-ville a installé ses chambres, rénovées en 2009, dans trois bâtiments (dont un ancien relais de poste de 1810). Décoration de divers styles.

POITIERS

De France　🚗 🛏 ⛓ 🏨 ⬦ 🅰️🅲 rest, ¶¶ ♨ 🅿 𝗩𝗜𝗦𝗔 ⓜ 🅰🅴

215 av. de Paris – ☎ 05 49 01 74 74 – www.hotel-poitiers.fr
– Fax 05 49 01 74 73　　　　　　　　　　　　　　　　BV**b**
58 ch – †75/86 € ††82/95 €, ⛃ 11 €
Rest – (fermé sam. midi et dim. soir) (16 €) Menu 21/25 € – Carte environ 23 €
◆ Une localisation à proximité des axes routiers (notamment en direction du Futuroscope)
fait l'attrait de cet hôtel des années 1970 aux chambres bien tenues. Restaurant à l'atmosphère design où l'on savoure un menu-carte traditionnel complété à l'ardoise.

Le Poitevin　　　　　　　　　　🅰🅲 𝗩𝗜𝗦𝗔 ⓜ 🅰🅴 ①

76 r. Carnot – ☎ 05 49 88 35 04 – http://le-poitevin.fr – Fax 05 49 52 88 05
– Fermé 3-19 avril, 5-25 juil. et dim. soir　　　　　　　　　CZ**r**
Rest – (11 €) Menu 23/35 € – Carte 47/60 €
◆ Restaurant du centre-ville composé de trois salles : deux sont rustiques, la troisième contem-
poraine, toutes sont parées de peintures murales. Plats traditionnels et régionaux.

POITIERS

Abbé-Frémont (Bd) . . . . **DY** 2
Alexandre (R. J.) . . . . **DZ** 4
Blossac (R. de) . . . . **CZ** 10
Boncenne (R.) . . . . **CDY** 12
Bouchet (R. Jean) . . . . **DY** 14
Bretonnerie (R. de la) . . . . **DY** 16
Carnot (R.) . . . . **CZ** 17
Chaine (R. de la) . . . . **DY** 20
Champagne (R. de) . . . . **DY** 21
Clos-des-Carmes (Pl. du) . . . . . **DY** 22
Coligny (Bd) . . . . **DZ** 23
Cordeliers (R. des) . . . . **DY** 25
Descartes (R. René) . . . . **DY** 28
Fg-du-Pont-Neuf . . . . **DZ** 30
Gabillet (R. H.) . . . . **DY** 34
Gambetta (R.) . . . . **DY** 35
Gaulle (Pl. Ch.-de) . . . . **DY** 36
Grand-Rue . . . . **DY**
Grignon-de-Montfort (R.) . . . . **DY** 40
Hôtel-Dieu (R. de l') . . . . **DY** 45
Intendant-le-Nain (R. de l') . . . . **DY** 46
Jeanne-d'Arc (Bd) . . . . **DY** 48
Jean-de-Berry (Pl.) . . . . **DY** 47
Leclerc (Pl. du Mar.) . . . . **DZ** 49
Libération (Av. de la) . . . . **CZ** 50
Liberté (Av. de la) . . . . **BV** 51
Liberté (Pl. de la) . . . . **DY** 52
Macé (R. Jean) . . . . **DY** 53
Marché-Notre-Dame (R. du) . . . . **DYZ** 55
Marne (R. de la) . . . . **CY** 56
Mouton (R. du) . . . . **DY** 63
Oudin (R. H.) . . . . **DY** 67
Puygarreau (R. du) . . . . **DZ** 70
Rat (R. Pierre) . . . . **DY** 71
Riffault (R.) . . . . **DY** 74
St-Cyprien (R.) . . . . **DZ** 76
St-Germain (R.) . . . . **DY** 77
Solférino (Bd) . . . . **CY** 89
Thezard (R. Léopold) . . . . **CZ** 90
Tison (Bd de) . . . . **CZ** 92
Verdun (Bd de) . . . . **CY** 94
3-Rois (R. des) . . . . **DY** 95
125e-R.-I. (R. du) . . . . **CZ** 97

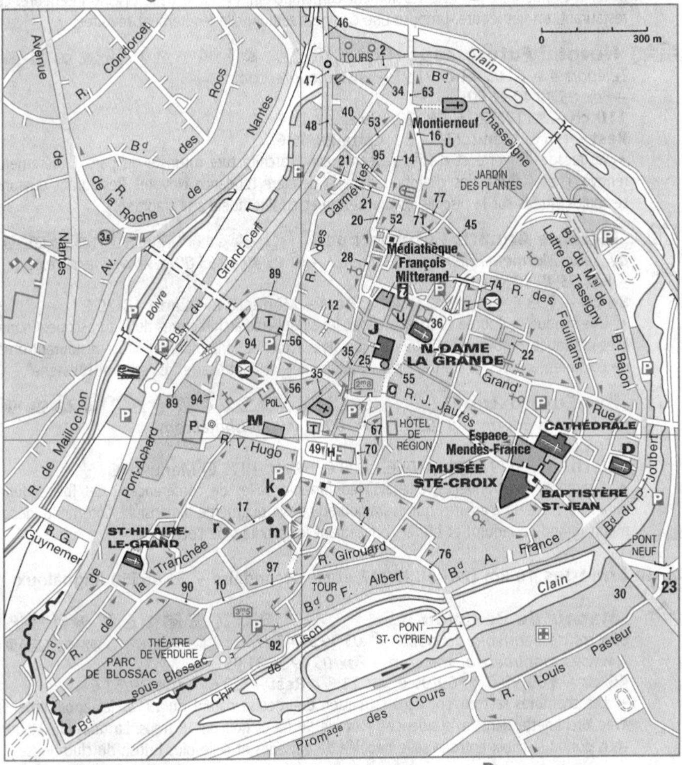

à Chasseneuil-du-Poitou 9 km par ① – ✉ 86360 Chasseneuil-du-Poitou – 4 425 h. – alt. 75 m

Office de tourisme, place du Centre ✆ 05 49 52 83 64, Fax 05 49 52 59 31

Mercure Alisée

D 910, 14 r. du Commerce – ✆ 05 49 52 90 41 – www.mercure.com – Fax 05 49 52 51 72

80 ch – 77/95 € 88/108 €, ☕ 14 €

Rest *Les 3 Garçons* – ✆ 05 49 37 86 09 *(fermé lundi soir, sam. midi et dim.)* (10 €) Menu 13/24 € – Carte 30/40 €

◆ Les couloirs, décorés à la façon d'une rue pavée, vous conduisent à des chambres fonctionnelles et bien tenues, dont une partie bénéficie du calme du jardin. Aux 3 Garçons, carte traditionnelle et suggestions proposées à l'ardoise, salon cosy et belle bibliothèque.

Parc du Futuroscope 12 km par ① – ✉ 86360 Chasseneuil du Poitou

🛏🛏🛏 Plaza Futuroscope   🖥 🕮 📶 ⚿ 🅿 🆚 💳 ᴀᴇ

av. du Futuroscope Téléport 1 – 𝒞 05 49 49 07 07
– www.hotel-plaza-futuroscope.com – Fax 05 49 49 55 49
274 ch – ♦115/140 € ♦♦115/230 €, ⌷ 20 €
Rest *Relais Plaza* – av. du Futuroscope, Téléport 1 *(fermé dim. midi et sam. hors vacances scolaires)* (16 €) Menu 22 € bc (déj.), 29 € bc/40 € bc
– Carte 31/52 €
◆ L'établissement jouxte le palais des congrès. Il dispose de chambres spacieuses dont le décor a évolué vers un style résolument contemporain, et d'une belle piscine intérieure. Le restaurant, un lieu épuré, propose une cuisine traditionnelle légèrement revisitée.

🛏🛏🛏 Novotel Futuroscope   🖥 🕮 📶 ⚿ 🅿 🅿 🆚 💳 ᴀᴇ ⓘ

Téléport 4 – 𝒞 05 49 49 91 91 – www.novotel.com
– Fax 05 49 49 91 90
110 ch – ♦112/120 € ♦♦129/139 €, ⌷ 14 €
Rest – (16 €) Menu 23/34 € – Carte 28/45 €
◆ Sa façade de verre et d'acier s'accorde avec l'architecture futuriste du parc. Entièrement rénové, l'hôtel abrite des chambres dans la dernière tendance Novotel. Restaurant ouvrant ses baies vitrées sur la piscine : cadre design et cuisine fidèle à la tradition.

🛏🛏 Mercure Aquatis Futuroscope   🕮 📶 ⚿ 🅿 🆚 💳 ᴀᴇ ⓘ

av. Jean Monnet, Téléport 3 ✉ 86962 – 𝒞 05 49 49 55 00 – www.mercure.com
– Fax 05 49 49 55 01
84 ch – ♦93 € ♦♦98 €, ⌷ 14 €   **Rest** – Menu 18 € – Carte 18/25 €
◆ Une silhouette épurée contrastant avec les singulières architectures du Futuroscope. Chambres pratiques, rénovées en 2009 dans un style actuel et contemporain. Vaste restaurant orné de colonnes, arcades et statues ; plats traditionnels et petite carte "assiettes et rôtisserie".

🛏 Ibis Futuroscope   🖥 🕮 📶 ⚿ 🅿 🆚 💳 ᴀᴇ ⓘ

av. Thomas Edison – 𝒞 05 49 49 90 00 – www.ibishotel.com
– Fax 05 49 49 90 09
140 ch – ♦59/79 € ♦♦59/79 €, ⌷ 8 €   **Rest** – (15 €) Menu 19 €
◆ Chambres fonctionnelles, bar-salon confortable, salles de conférences... Cet Ibis séduira autant la clientèle d'affaires que les amoureux de la quatrième dimension. Côté table, décor marin (grand aquarium) et buffets privilégiant les produits de l'océan.

rte de Limoges 10 km par ③, N 147 et rte secondaire – ✉ 86550 Mignaloux

🛏🛏🛏 Manoir de Beauvoir   🕮 📶 ⚿ 🅿

635 rte de Beauvoir, au golf – 𝒞 05 49 55 47 47   🆚 💳 ᴀᴇ ⓘ
– www.manoirdebeauvoir.com – Fax 05 49 55 31 95
45 ch – ♦69/99 € ♦♦69/99 €, ⌷ 11 €   **Rest** – (23 €) Carte 29/51 €
◆ Les chambres se trouvent dans la maison bourgeoise datant du 19ᵉ s., les appartements avec kitchenette dans la "résidence". Parc de 90 ha et golf de 18 trous. La table du Manoir vous donne le choix entre la salle habillée de boiseries et celle plus british du club-house.

à St-Benoît 4 km au Sud du plan par D 88 – 6 859 h. – alt. 77 m – ✉ 86280

🅳 Office de tourisme, 18, rue Paul Gauvin 𝒞 05 49 88 42 12,
Fax 05 49 56 08 82

🍴🍴🍴 Passions et Gourmandises (Richard Toix)   🕮 ⚿ 🅿 🆚 💳

6 r. du Square – 𝒞 05 49 61 03 99 – www.passionsetgourmandises.com
– Fermé 2-17 janv., dim. soir, merc. midi et lundi   BXv
Rest – (18 €) Menu 26 € (déj. en sem.), 37/75 €
Spéc. Langoustines et ormeaux de pleine mer, mangue et main de Bouddha, petits pois glacés (printemps). Dos de bar de ligne, lard de Colonnata, ravioles d'ananas et anguille fumée (hiver). Gourmandise autour de la pomme (automne). **Vins** Saumur, Sauvignon du Poitou.
◆ Séduisante cuisine actuelle dans ce restaurant tout en longueur dont l'espace, la clarté et la blancheur résument l'esprit contemporain. Belle terrasse au bord du ruisseau.

rte de Ligugé 4 km au Sud du plan par D 4 – ⊠ 86280 St-Benoît

XX **L'Orée des Bois** avec ch ⁽ᵗ⁾ 𝘝𝘐𝘚𝘈 ⓪ 🄰🄴
  13 r. de Naintré – ℰ 05 49 57 11 44 – www.oreedesbois.free.fr
  – Fax 05 49 43 21 40 – Fermé sam. midi, dim. soir et lundi   AX**s**
  12 ch – ♦49 € ♦♦56 €, ⌷ 7 € – ½ P 59 €
  Rest – (13 €) Menu 17 € (sem.)/58 € – Carte environ 46 €
  ♦ Une maison tapissée de vigne vierge au cœur de la vallée du Clain, où l'on interprète une cuisine traditionnelle, à déguster dans deux salles à manger de style campagnard. Chambres rafraîchies, sobres et propres, habillées de meubles rustiques.

rte d'Angoulême 6 km par ⑤, sortie Hauts-de-Croutelle – ⊠ 86240 **Croutelle**

XXX **La Chênaie** 🚗 🛱 🅿 𝘝𝘐𝘚𝘈 ⓪ 🄰🄴
  Les Hauts de Croutelle, lieu dit La Berlanderie, r. du Lejat – ℰ 05 49 57 11 52
  – www.la-chenaie.com – Fax 05 49 57 11 51 – Fermé 20 juil.-9 août, vacances
  de fév., dim. soir et lundi
  Rest – Menu 20/42 € – Carte 40/60 €
  ♦ Ancienne ferme joliment restaurée, située en léger retrait de la route. Salle à manger assez cossue ouvrant sur un jardin planté de chênes séculaires. Cuisine au goût du jour.

à Aslonnes par ⑤ : 11 km, D 910, N 10 et route secondaire – 936 h. – alt. 121 m
– ⊠ 86340

⋔ **Moulin de Port Laverré** sans rest ⌂ ≼ 🚗 ⌫ 🛁 ⁽ᵗ⁾ 🅿
  17 Le Port Laverré, rte de Vaintray – ℰ 05 49 61 08 38 – www.moulinlaverre.com
  – Fax 05 49 11 94 20
  5 ch ⌷ – ♦65 € ♦♦80 €
  ♦ Chambres d'hôtes au décor moderne aménagées dans de vieux murs en pierre, idéales pour se détendre. Au programme : billard, piscine, pêche et balades en barque sur le Clain.

POLIGNY – 05 Hautes-Alpes – 334 E4 – 285 h. – alt. 1 062 m   41 C1
– ⊠ 05500

  🄳 Paris 658 – Gap 19 – Marseille 199 – Vizille 71

⋔ **Le Chalet des Alpages** ⌂ ⁽ᵗ⁾ 🚗
  Les Forestons, 1,5 km à l'Ouest – ℰ 04 92 23 08 95
  – www.lechaletdesalpages.com – Fermé 6-29 avril
  5 ch ⌷ – ♦70/100 € ♦♦90/120 € – ½ P 70/85 €
  Table d'hôte – Menu 25 € bc
  ♦ Belle propriété de 6 000 m² d'où l'on admire le col du Noyer, la barrière de Faraud et le Vieux Chaillol. Chambres d'esprit montagnard (parfois avec balcon), fitness, bain norvégien à l'extérieur. La cuisine mêle les saveurs locales à celles de la Provence.

POLIGNY – 39 Jura – 321 E5 – 4 318 h. – alt. 373 m – ⊠ 39800 16 B3
▮ Franche-Comté Jura

  🄳 Paris 397 – Besançon 57 – Dole 45 – Lons-le-Saunier 30
  🄸 Office de tourisme, 20, place des Déportés ℰ 03 84 37 24 21,
   Fax 03 84 37 22 37
  ◙ Collégiale★ - Culée de Vaux★ S : 2 km - Cirque de Ladoye ≼★★ S : 2 km.

à Passenans Sud-Ouest : 11 km par D 1083 et D 57 – 292 h. – alt. 320 m
– ⊠ 39230

 Domaine du Revermont ⌂ ≼ 🚗 🌡 🛱 ⌫ ✻ 🕻 ⌷ ch, ⁽ᵗ⁾ 🕭 🅿
  600 rte de Revermont – ℰ 03 84 44 61 02 🕮 𝘝𝘐𝘚𝘈 ⓪ 🄰🄴
  – www.domaine-du-revermont.fr – Fax 03 84 44 64 83 – Fermé 19 déc.-1ᵉʳ mars
  28 ch – ♦73/109 € ♦♦73/109 €, ⌷ 12 € – ½ P 72/91 €
  Rest – (15 €) Menu 24/48 € – Carte 27/52 €
  ♦ Dans un environnement privilégié (champs et vignes), cette demeure rénove progressivement ses chambres dans un agréable style actuel. Bon équipement, accueil attentionné. Salle à manger rustique (poutres, pierres, cheminée) et cuisine franc-comtoise actualisée.

POLLIAT – 01 Ain – **328** D3 – 2 296 h. – alt. 260 m – ⊠ 01310   **44** B1

❱ Paris 415 – Bourg-en-Bresse 12 – Lyon 74 – Mâcon 26

XX   **De la Place** avec ch   🏠 🗚 rest, ⁗⁗ 🅿 💳 ☺
⊛   51 pl. de la Mairie – ℰ 04 74 30 40 19 – Fax 04 74 30 42 34 – Fermé
24 juil.-14 août, 2-15 janv., dim. soir et lundi
7 ch – ⊹48 € ⊹⊹51 €, ⊇ 8,50 € – ½ P 52 €
Rest – (fermé jeudi soir, dim. soir et lundi) (18 €) Menu 25 € – Carte 28/57 €
♦ Un décor aux tons lumineux (mobilier rustique ou en fer forgé) où l'on sert, avec le sourire, une goûteuse et généreuse cuisine du terroir. Chambres rénovées.

POLMINHAC – 15 Cantal – **330** D5 – 1 118 h. – alt. 650 m – ⊠ 15800   **5** B3

❱ Paris 553 – Aurillac 15 – Murat 34 – Vic-sur-Cère 5

🗓 Syndicat d'initiative, rue de la Gare ℰ 04 71 47 48 36, Fax 04 71 47 58 56

🏠   **Au Bon Accueil**   ⇐ 🖙 ⌅ 🗚 rest, ⅍ ⁗⁗ 🅿 💳 ☺
⊛   9 allée des Monts d'Auvergne – ℰ 04 71 47 40 21 – www.hotel-bon-accueil.com
– Fax 04 71 47 40 13 – Fermé 15 oct.-1er déc., dim. soir et lundi
23 ch – ⊹39/49 € ⊹⊹44/56 €, ⊇ 6,50 € – ½ P 39/46 €   **Rest** – Menu 11/26 €
♦ Grande bâtisse blanche plantée au milieu des champs. Les chambres sont simples et fonctionnelles ; celles situées à l'arrière profitent d'une vue sur la vallée de la Cère. Au menu, cuisine familiale qui met à l'honneur les légumes du potager.

LA POMARÈDE – 11 Aude – **344** C2 – 169 h. – alt. 304 m – ⊠ 11400   **22** A2

❱ Paris 728 – Auterive 49 – Carcassonne 49 – Castres 38

XXX   **Hostellerie du Château de la Pomarède** (Gérald Garcia) avec ch 🐾
🏵   Château de la Pomarède   🏠 ⅙ 🗚 rest, ⁗⁗ 🛋 🅿 💳 ☺ 🅰🅴 ⓞ
– ℰ 04 68 60 49 69 – www.hostellerie-lapomarede.fr – Fax 04 68 60 49 71
– Fermé 25 oct.-16 nov. et 28 fév.-15 mars
7 ch – ⊹85/110 € ⊹⊹150/195 €, ⊇ 18 €
Rest – (fermé dim. soir de déc. à avril, lundi et mardi) (20 €) Menu 35 € bc (déj.
en sem.), 43/93 € – Carte 75/90 €🕸
Spéc. Bonbons au foie gras et ormeaux du Cotentin, sauce aigre douce. Pigeonneau en deux cuissons, bouchons croustillant d'oignons, fricassée de cèpes. Blanc-
manger aux olives et tomates confites. **Vins** Corbières, Vin de pays de l'Aude.
♦ Dans la dépendance d'un château "cathare" du 11e s. Cuisine personnalisée et inventive
servie dans une salle à manger mariant avec élégance classique et contemporain, ou sur
une terrasse panoramique. Vins régionaux. Chambres modernes.

Le Presbytère 🏠🐾   ⌅ ⁗⁗ 💳 ☺ 🅰🅴 ⓞ
7 ch – ⊹150 € ⊹⊹200 €, ⊇ 18 €
♦ Nouvelles chambres résolument contemporaines dans le presbytère. Beaux matériaux.

POMMARD – 21 Côte-d'Or – **320** I7 – rattaché à Beaune

POMMERIT-JAUDY – 22 Côtes-d'Armor – **309** C2 – 1 162 h.   **9** B1
– alt. 74 m – ⊠ 22450

❱ Paris 510 – Rennes 157 – Saint-Brieuc 62 – Lannion 20

🏠   **Château de Kermezen** sans rest 🐾   🕭 ⁗⁗ 🅿 💳 ☺ 🅰🅴
2 km à l'Ouest par rte secondaire – ℰ 02 96 91 35 75 – Fax 02 96 91 35 75
5 ch ⊇ – ⊹85 € ⊹⊹90/110 €
♦ Accueil parfait dans ce manoir familial au cœur d'un parc bucolique (avec une chapelle).
Chambres soignées, salle des petits-déjeuners au mobilier rustique breton des 15e-16e s.

POMMEUSE – 77 Seine-et-Marne – **312** H3 – rattaché à Coulommiers

POMMIERS – 69 Rhône – **327** H4 – 2 109 h. – alt. 315 m – ⊠ 69480   **43** E1

❱ Paris 442 – Lyon 32 – Villeurbanne 45 – Vénissieux 45

XX   **Les Terrasses de Pommiers**   ⇐ 🏠 ⅙ 🅿 💳 ☺
⊛   La Buisante – ℰ 04 74 65 05 27 – www.terrasses-de-pommiers.com
– Fax 04 74 65 05 27 – Fermé 26 oct.-10 nov., 22 fév.-9 mars, lundi et mardi
Rest – (19 € bc) Menu 29/54 € – Carte 42/62 €
♦ Coquette salle à manger-véranda pour déguster une fine cuisine. Belle vue sur la vallée de
la Saone et les monts du Lyonnais depuis la terrasse abritée où l'on s'attable en été.

PONS – 17 Charente-Maritime – **324** G6 – 4 454 h. – alt. 39 m   **38** B3
– ⊠ 17800 ▮ Poitou Vendée Charentes

▶ Paris 493 – Blaye 64 – Bordeaux 97 – Cognac 24

🚹 Syndicat d'initiative, place de la République ✆ 05 46 96 13 31,
Fax 05 46 96 34 52

◎ Donjon★ de l'ancien château - Hospice des Pèlerins★ SO par D 732
- Boiseries★ du château d'Usson 1 km par D 249.

De Bordeaux   🏠 🌾 ch, ¶¶ 🆅🅸🆂🅰 ⓒⓑ

*1 av. Gambetta – ✆ 05 46 91 31 12 – www.hotel-de-bordeaux.com
– Fax 05 46 91 22 25 – Fermé vacances de Noël, sam. midi et dim. d'oct. à mars*
16 ch – ¶53/56 € ¶¶65 €, ⊵ 9 € – ½ P 58 €
Rest – (12 €) Menu 16/44 € – Carte 35/50 €
◆ Dans une rue du centre-ville, hôtel centenaire remis au goût du jour proposant de coquettes chambres contemporaines et un bar d'esprit anglais. Le décor du restaurant, ouvert sur
un charmant patio-terrasse, s'accorde avec la créativité de la cuisine. Vaste choix de cognacs.

à Pérignac Nord-Est : 8 km par rte de Cognac – 972 h. – alt. 41 m – ⊠ 17800

✕✕ **La Gourmandière**   🚗 🌾 🆅🅸🆂🅰 ⓒⓑ

*42 av. de Cognac – ✆ 05 46 96 36 01 – www.la-gourmandiere-perignac.com
– Fermé 4-14 juin, 25 janv.-3 fév., mardi et merc. d'oct. à mi-juin sauf fériés et
dim. soir de mi-juin à sept.*
Rest – Menu 14 € (déj. en sem.), 19/58 € – Carte 35/55 €
◆ Une charmante maison de village redécorée par ses propriétaires dans un style actuel et
chaleureux. Agréable terrasse dressée côté jardin et cuisine au goût du jour.

à Mosnac Sud : 11 km par rte de Bordeaux et D 134 – 465 h. – alt. 23 m
– ⊠ 17240

🏨 **Moulin du Val de Seugne** ⌂   🚗 🌾 ⤢ 🛁 rest, 🌾 ch, ¶¶ 🛗

*– ✆ 05 46 70 46 16 – www.valdeseugne.com   🆅🅸🆂🅰 ⓒⓑ 🅰🅴
– Fax 05 46 70 48 14 – Fermé 2 janv.-12 fév.*
14 ch – ¶105/165 € ¶¶105/165 €, ⊵ 13 € – ½ P 89/119 €
Rest – (21 €) Menu 29 € (déj. en sem.), 35/79 € – Carte 41/90 €
◆ Élégante hostellerie au bord de la Seugne. Chambres raffinées décorées de meubles
anciens ; luxueuses salles de bains. Salon ouvert sur la roue du moulin. Au restaurant, terrasse
tournée vers la rivière et cuisine actuelle à base de produits du terroir.

PONT (LAC DE) – 21 Côte-d'Or – **320** G5 – **rattaché à Semur-en-Auxois**

PONTAILLAC – 17 Charente-Maritime – **324** D6 – **rattaché à Royan**

PONT-A-MOUSSON – 54 Meurthe-et-Moselle – **307** H5 – 13 879 h.   **26** B2
– alt. 180 m – ⊠ 54700 ▮ Alsace Lorraine

▶ Paris 325 – Metz 31 – Nancy 30 – Toul 48

🚹 Office de tourisme, 52, place Duroc ✆ 03 83 81 06 90, Fax 03 83 82 45 84

◎ Place Duroc★ - Anc. abbaye des Prémontrés★.

✕ **Le Fourneau d'Alain**   🌾 🆅🅸🆂🅰 ⓒⓑ ⓘ

*64 pl. Duroc, (1ᵉʳ étage) – ✆ 03 83 82 95 09 – www.lefourneaudalain.com
– Fax 03 83 82 95 09 – Fermé 1ᵉʳ-7 mai, 1ᵉʳ-15 août, merc. soir, dim. soir et lundi*
Rest – Menu 28/53 € – Carte 29/45 €
◆ Restaurant contemporain installé sur la place principale, à l'étage d'une des
maisons à arcades du 16ᵉ s. Tables bien dressées et service sans tralala.

PONTARLIER ◉ – 25 Doubs – **321** I5 – 18 778 h. – alt. 838 m   **17** C2
– ⊠ 25300 ▮ Franche-Comté Jura

▶ Paris 462 – Besançon 60 – Dole 88 – Lausanne 67

🚹 Office de tourisme, 14 bis, rue de la Gare ✆ 03 81 46 48 33,
Fax 03 81 46 83 32

🏌 Pontarlier Les Étraches La Grange des Pauvres, E : 8 km par D 47,
✆ 03 81 39 14 44

◎ Portail★ de l'ancienne chapelle des Annonciades.

⛰ Grand Taureau ✳★★ par ② : 11 km.

Plan page suivante

❌❌ L' Alchimie

VISA · AE

1 av. Armée de l'Est – ☎ 03 81 46 65 89 – www.l-alchimie.com
– Fax 03 81 39 08 75 – Fermé 4-14 avril, 18 juil.-1er août., 2-14 janv., dim. soir,
mardi soir et merc.
B e
Rest – (22 € bc) Menu 40/54 € – Carte 54/72 €

♦ Le chef-alchimiste prépare ses petits plats inventifs en "transmutant" produits régionaux, épices et saveurs exotiques. Cadre relooké dans un esprit tendance.

à Doubs par ④ : 2 km – 2 405 h. – alt. 813 m – ⊠ 25300

❌ Le Doubs Passage

P VISA ·

11 Gde Rue, D 130 – ☎ 03 81 39 72 71 – http://
monsite.wanadoo.fr/ledoubspassage/ – Fax 03 81 39 72 71 – Fermé
20 août-1er sept., dim. soir, merc. soir et lundi
Rest – Menu 17/30 € – Carte 22/44 €

♦ Table familiale rajeunie, au bord du Doubs. Parquet à bâtons rompus verni, sièges rouges modernes, mise de table actuelle et nombreuses touches végétales. Choix traditionnel.

PONTAUBAULT – 50 Manche – 303 D8 – 469 h. – alt. 25 m
– ⊠ 50220

32 A3

◼ Paris 345 – Avranches 9 – Dol-de-Bretagne 35 – Fougères 38

Les 13 Assiettes 🚗 🕏 🖭 & rest, ⑪ 🕏 🅿 VISA ⓪ AE ①
6 rte de la Quintine, 1 km au Nord sur D 43^E (ancienne rte d'Avranches)
– ℰ 02 33 89 03 03 – www.hotel-le-mont-saint-michel.com – Fax 02 33 89 03 06
39 ch – ♦75 € ♦♦75/100 €, � 10 € – ½ P 65 €
Rest – Menu 16 € (sem.)/63 € – Carte 23/48 €
♦ Petites chambres dans les bungalows, un peu plus spacieuses dans le bâtiment d'origine (quelques familiales). Lumineuse salle à manger classique, ouverte sur un jardin-terrasse ; plats traditionnels et fruits de mer.

PONTAUBERT – 89 Yonne – 319 G7 – rattaché à Avallon

PONT-AUDEMER – 27 Eure – 304 D5 – 8 761 h. – alt. 15 m   **32 B3**
– ✉ 27500 ▮ Normandie Vallée de la Seine
▶ Paris 164 – Caen 74 – Évreux 68 – Le Havre 44
🛈 Office de tourisme, place Maubert ℰ 02 32 41 08 21, Fax 02 32 57 11 12
◎ Vitraux★ de l'église St-Ouen.

Belle Isle sur Risle ⑤ 🐧 🕏 🍽 🖭 🏋 ⑪ 🅿 VISA ⓪ AE ①
112 rte de Rouen, à l'Est par D 810 – ℰ 02 32 56 96 22 – www.bellile.com
– Fax 02 32 42 88 96 – Ouvert 18 mars-15 nov. et 30 déc.-3 janv.
24 ch – ♦107/172 € ♦♦119/264 €, ☐ 19 € – ½ P 127/216 €
Rest – (fermé lundi midi, mardi midi et merc. midi) Menu 30 € (déj. en sem.), 38/63 € – Carte 45/80 €
♦ Sur un îlot de la Risle, ce joli manoir (1856) couvert de verdure se fond dans le paysage d'un superbe parc (2 ha, pêche fluviale). Chambres d'ampleurs variées, bien personnalisées. Restaurant profitant d'une terrasse aménagée au milieu d'arbres bicentenaires.

Erawan 🐧 🕏 VISA ⓪ AE
4 r. Sëule – ℰ 02 32 41 12 03 – Fermé août, dim. et merc.
Rest – Menu 20 € – Carte 35/45 €
♦ Carte cent pour cent thaïlandaise et cadre aux trois quarts normand : étonnant contraste, et mariage des cultures réussi en ce charmant restaurant des bords de la Risle.

au Sud-Est 5 km par rte de Condé-sur-Risle (D 39)

Au Jardin d'Eden ← 🐧 🕏 🅿 VISA ⓪ AE
rte Condé-s-Risle – ℰ 02 32 57 01 52 – www.aujardindeden.fr
– Fax 02 32 41 42 01 – Fermé 27 sept.-4 oct., 10-31 janv., mardi soir d'oct. à fév., dim. soir et lundi
Rest – (20 €) Menu 27 € (déj. en sem.), 35/58 € bc – Carte 57/76 €
♦ C'est sur une presqu'île artificielle posée au milieu d'un grand lac que se trouve cette belle maison normande convertie en restaurant. Décor contemporain et carte traditionnelle.

à Campigny 6 km au Sud-Est par D 810 et D 29 – 836 h. – alt. 121 m – ✉ 27500

Le Petit Coq aux Champs avec ch ⑤ 🐧 🕏 🍽 ⑪ 🅿 VISA ⓪ AE ①
– ℰ 02 32 41 04 19 – www.lepetitcoqauxchamps.fr – Fax 02 32 56 06 25
– Fermé janv., dim. soir et lundi du 1er Octobre au 31 mars
12 ch – ♦95/139 € ♦♦139/159 €, ☐ 13 € – ½ P 124/132 €
Rest – (29 € bc) Menu 39/68 € – Carte 42/70 €🍷
♦ Accueil chaleureux et joli décor rustique actualisé en cette chaumière normande. Belle terrasse face au parc fleuri. Cuisine classique et carte des vins étoffée. Chambres calmes et confortables, quelquefois rajeunies par des tissus de lin coordonnés.

PONTAUMUR – 63 Puy-de-Dôme – 326 D7 – 761 h. – alt. 535 m   **5 B2**
– ✉ 63380
▶ Paris 398 – Aubusson 49 – Clermont-Ferrand 42 – Le Mont-Dore 49
🛈 Office de tourisme, avenue du Pont ℰ 04 73 79 73 42, Fax 04 73 73 73 36

Poste 🅐🅒 rest, ⑪ 🕏 🚗 VISA ⓪
av. Marronnier – ℰ 04 73 79 90 15 – Fax 04 73 79 73 17 – Fermé 20 déc.-1er fév., dim. soir, lundi et mardi
15 ch – ♦43/45 € ♦♦44/52 €, ☐ 8 € – ½ P 45/48 €
Rest – Menu 17 € (sem.)/45 € – Carte 25/45 €🍷
♦ Une sympathique auberge des années 1970 dotée de chambres au confort standard. Préférez celles de l'arrière, plus au calme. Restaurant rustique où dominent le bois et la pierre. Cuisine traditionnelle à base de produits d'Auvergne.

▌ Bretagne

> ▶ Paris 536 – Carhaix-Plouguer 65 – Concarneau 15 – Quimper 36
>
> 🖪 Office de tourisme, 5, place de l'Hôtel de Ville ☎ 02 98 06 04 70,
> Fax 02 98 06 17 25
>
> ◉ Promenade au Bois d'Amour★.

Les Ajoncs d'Or   🛜 ⁿ⁰ 𝗩𝗜𝗦𝗔 ⓪

1 pl. Hôtel de Ville – ☎ 02 98 06 02 06 – www.ajoncsdor-pontaven.com
– Fax 02 98 06 18 91 – Fermé 17-25 oct., vacances de fév., dim. soir et lundi d'oct.
à mai
20 ch – †58 € ††58/75 €, ⊑ 8,50 € – ½ P 58 €
Rest – *(fermé lundi d'oct. à mai et dim. soir)* (18 €) Menu 25/46 €
– Carte 19/68 €

◆ Gauguin aurait logé dans cette maison bretonne (1892) située sur la place du village. Calmes et coquettes, les chambres portent des noms de peintres. Repas traditionnel dans une salle claire égayée de tableaux (expo-vente) ou en terrasse. Accueil charmant.

Mimosas   🛜 🛉 𝗩𝗜𝗦𝗔 ⓪

22 square Théodore-Botrel – ☎ 02 98 06 00 30 – www.hotels-pont-aven.com
– Fax 02 98 06 01 54 – Fermé 12 nov.-17 déc.
10 ch – †55/85 € ††55/85 €, ⊑ 8,50 €
Rest – *(14 €)* Menu 20/39 € – Carte 20/86 €

◆ Maison bretonne sur le port de Pont-Aven. Les chambres, classiques et bien tenues, profitent d'une vue imprenable sur les bateaux. La salle de restaurant se prolonge en une véranda ouverte sur les quais, en adéquation avec la cuisine traditionnelle et marine.

XXX   Le Moulin de Rosmadec (Frédéric Sebilleau) avec ch ⅏   ⪡ 🛜
   ✿   *près du pont, centre ville – ☎ 02 98 06 00 22*   𝗩𝗜𝗦𝗔 ⓪ 𝗔𝗘
– www.moulinderosmadec.com – Fax 02 98 06 18 00
– Fermé 12 nov.-15 déc. et vacances de fév.
5 ch – †70/90 € ††90/120 €, ⊑ 13 €
Rest – *(fermé lundi midi d'oct. à mai, dim. soir et jeudi)* Menu 35/76 €
– Carte 60/85 €⭗

Spéc. Langoustines en trois façons (avril à oct.). Homard rôti aux pâtes fraîches parfumées à l'estragon, jus de crustacés. Gros macaron à la framboise, crème chibouste au citron vert (avril à oct.).

◆ Ce moulin du 15ᵉ s. cache une salle rustique soignée (nouveaux luminaires), et une terrasse ombragée au bord de l'eau. Séduisante cuisine, entre tradition et modernité. Belles chambres au décor épuré (tons blancs), avec vue sur le bief.

X   Sur le Pont ...   🛜 𝗩𝗜𝗦𝗔 ⓪
   ☺   *11 pl. Paul-Gauguin – ☎ 02 98 06 16 16 – Fermé mardi soir hors saison, dim. soir*
sauf juil.-août et merc.
Rest – *(19 €)* Menu 22 € (déj. en sem.)/28 € – Carte 41/49 €

◆ Un bistrot branché proposant une attrayante cuisine au goût du jour. Ce fut aussi le lieu de tournage du célèbre film "Les Galettes de Pont-Aven" avec J.-P. Marielle.

rte de Concarneau Ouest : 4 km par D 783 – ⊠ 29930 Pont-Aven

XXX   La Taupinière (Guy Guilloux)   🚗 🅰️🅲 🅿. 𝗩𝗜𝗦𝗔 ⓪ 𝗔𝗘
   ✿   *Croissant St André – ☎ 02 98 06 03 12 – www.la-taupiniere.com*
– Fax 02 98 06 16 46 – Fermé 15-23 mars, 20 sept.-14 oct., lundi et mardi
Rest – Menu 53/88 € – Carte 72/88 €⭗

Spéc. Ballotin de foie gras et homard bleu. Escalope de dorade grise aux huîtres. Crème allégée à l'orange, fraises chaudes (printemps-été).

◆ Cette chaumière abrite une salle à manger élégante, animée par le spectacle des fourneaux. Cuisine classique faisant la part belle aux produits de la mer et joli livre de cave.

> ▶ Paris 37 – Dreux 42 – Mantes-la-Jolie 32 – Montfort-l'Amaury 10
>
> 🖫 Isabella à Plaisir Sainte Appoline, E : 3 km, ☎ 01 30 54 10 62
>
> ◉ Domaine de Thoiry★★ NO : 12 km ▌ Île de France.

L'Arpège
P VISA ©© AE ①
41 rte de Paris – ℰ 01 34 89 02 45 – www.arpege78.com – Fax 01 34 89 58 24
– Fermé 2-31 août
11 ch – †80/95 € ††80/95 €, � 10 €
Rest – *(fermé sam. midi, dim. et lundi)* Menu 30 € (déj.) – Carte 45 €
♦ Cet ancien relais de poste propose deux types de chambres : modernes et pratiques ou un brin campagnardes. Salon cosy et piano-bar jazzy le week-end. Plaisante salle à manger où règne une atmosphère feutrée ; carte au goût du jour.

XX Bistro Gourmand
🎅 VISA ©© AE
7 rte Pontel, (N 12) – ℰ 01 34 89 25 36 – Fax 08 72 64 48 31 – Fermé 1er-23 août,
dim. soir, merc. soir et lundi
Rest – Menu 38/46 €
♦ On repère ce restaurant à sa façade Belle Époque. Déco intérieure aux couleurs chatoyantes. La carte fait la part belle aux produits de la mer et change au fil des saisons.

à Ste-Apolline Est : 3 km par N 12 et D 134 – ⊠ 78370 Plaisir

XXX La Maison des Bois
🎋 🎅 P VISA ©© AE
av. d'Armorique – ℰ 01 30 54 23 17 – www.lamaisondesbois.fr
– Fax 01 30 68 92 26 – Fermé 4-25 août, dim. soir et jeudi
Rest – Menu 36 € (déj. en sem.)/45 € – Carte 55/82 €
♦ Dans une demeure rustique, deux salles à manger cossues dont la plus vaste s'ouvre sur le jardin et la terrasse d'été. Carte traditionnelle et suggestions du marché.

PONT-CROIX – 29 Finistère – 308 E6 – 1 695 h. – alt. 25 m – ⊠ 29790   9 A2
▌Bretagne

▶ Paris 602 – Rennes 251 – Quimper 40 – Brest 105
🛈 Office de tourisme, rue Laënnec ℰ 02 98 70 40 38, Fax 02 98 70 40 38

⌂ L'Orée du Cap sans rest
🎏 ⁽ᵗ⁾
29 r. du Goyen – ℰ 02 98 70 47 10 – www.oreeducapsizun.com – Fermé
30 déc.-1er mars
4 ch ⊇ – †45/48 € ††48/60 €
♦ Chambres personnalisées et cosy dans cette maison parfaitement tenue. Paisible jardin fleuri et petits-déjeuners soignés (produits maison). Un charme indéniable.

⌂ Villa les Hortensias 🍃
🎏 ⁽ᵗ⁾ P
rte de Lochrist – ℰ 02 98 70 56 85 – www.villa-leshortensias.com
– Fax 298705685
5 ch ⊇ – †55/70 € ††55/70 € – ½ P 53/60 €   **Table d'hôte** – Menu 25 € bc
♦ Dans son grand jardin, cette villa bretonne entourée d'hortensias abrite cinq chambres à thème (Louis XV, chinois, romantique, charme ou familial). Décoration soignée ; bon accueil et calme garantis. Table d'hôte sur demande hors saison.

PONT-DE-BRIQUES – 62 Pas-de-Calais – 301 C3 – rattaché à Boulogne-sur-Mer

---

PONT-DE-CHAZEY-VILLIEU – 01 Ain – 328 E5 – rattaché à Meximieux

---

PONT-DE-CHERUY – 38 Isère – 333 E3 – 4 778 h. – alt. 220 m   44 B1
– ⊠ 38230

▶ Paris 486 – Belley 57 – Bourgoin-Jallieu 22 – Grenoble 89

⌂ Bergeron
🍴 rest. ⁽ᵗ⁾ P 🕿 VISA ©© AE
3 r. Giffard, (près de l'église) – ℰ 04 78 32 10 08 – www.hotelbergeron.com
– Fax 04 78 32 11 70
17 ch – †31 € ††44 €, ⊇ 6 € – ½ P 40 €
Rest – *(fermé sam. et dim.)* Menu 12/25 €
♦ Adresse modeste mais bien tenue. Chambres rustiques (avec écrans plats), plus spacieuses dans la maison principale et plus calmes côté jardin. Annexe simplement aménagée. Cuisine traditionnelle servie dans la salle à manger campagnarde ou sur la terrasse provençale.

PONT-DE-DORE – 63 Puy-de-Dôme – 326 H7 – rattaché à Thiers

PONT-DE-FILLINGES – 74 Haute-Savoie – 328 L4 – rattaché à Bonne

PONT-DE-L'ARCHE – 27 Eure – 304 G6 – 3 898 h. – alt. 20 m   33 D2
– ⊠ 27340 ▮ Normandie Vallée de la Seine

▶ Paris 114 – Les Andelys 30 – Elbeuf 15 – Évreux 36

De la Tour sans rest   🚗 ⚟ ⁽⁰⁾ **P** **VISA** 🐵 **AE** ⓪
41 quai Foch – ℰ 02 35 23 00 99 – www.hoteldelatour.org – Fax 02 35 23 46 22
– Fermé 8-27 août et 24-31 déc.
18 ch – †68 € ††68 €, ☑ 9 €
♦ Deux pimpantes maisons mitoyennes adossées aux remparts. Dans les chambres personnalisées, couleurs vives, mobilier de style et tenue sans reproche. Accueil familial.

XX **La Pomme**   🚗 🏠 ⚟ **P** **VISA** 🐵
aux Damps 1,5 km au bord de l'Eure – ℰ 02 35 23 00 46
– www.laubergedelapomme.com – Fax 02 35 23 52 09
Rest – (27 €) Menu 42/84 € – Carte 63/75 €
♦ Aménagé dans une belle demeure normande à colombages située sur les bords de l'Eure,
ce restaurant au cadre douillet et gentiment champêtre propose une cuisine au goût du jour.

PONT-DE-L'ISÈRE – 26 Drôme – 332 C3 – rattaché à Valence

LE PONT-DE-PACÉ – 35 Ille-et-Vilaine – 309 L6 – rattaché à Rennes

PONT-DE-ROIDE – 25 Doubs – 321 K2 – 4 639 h. – alt. 351 m   17 C2
– ⊠ 25150 ▮ Franche-Comté Jura

▶ Paris 478 – Belfort 36 – Besançon 77 – La Chaux-de-Fonds 55

X **La Tannerie**   🏠 **VISA** 🐵 **AE**
1 pl. Gén. de Gaulle – ℰ 03 81 92 48 21 – Fax 03 81 92 47 79 – Fermé
25 juin-5 juil., 23 déc.-7 janv., dim. soir, jeudi soir et merc.
Rest – (11 €) Menu 18/24 € – Carte 22/49 €
♦ Ce restaurant familial vous reçoit dans une salle chaleureuse ou sur une terrasse surplombant la rivière. Plats traditionnels et truites du vivier ; suggestions à l'ardoise.

PONT-DES-SABLES – 47 Lot-et-Garonne – 336 C3 – rattaché à Marmande

PONT-DE-VAUX – 01 Ain – 328 C2 – 2 102 h. – alt. 177 m – ⊠ 01190   44 B1
▶ Paris 380 – Bourg-en-Bresse 40 – Lons-le-Saunier 69 – Mâcon 24
🇮 Office de tourisme, 2, rue Maréchal de Lattre de Tassigny ℰ 03 85 30 30 02,
Fax 03 85 30 68 69

XXX **Le Raisin** avec ch   ⚙ **AK** rest, ⁽⁰⁾ **P** **VISA** 🐵 **AE** ⓪
2 pl. M.-Poisat – ℰ 03 85 30 30 97 – www.leraisin.com – Fax 03 85 30 67 89
– Fermé 5 janv.-5 fév., dim. soir sauf juil.-août, mardi midi et lundi
18 ch – †65 € ††65/70 €, ☑ 9 €   **Rest** – Menu 27/68 € – Carte 48/66 €
♦ Cuisine du terroir revisitée et élégante salle à manger au décor rustique pour cette maison régionale de la Bresse savoyarde. Chambres agréables proposées à l'étape.

XX **Les Platanes** avec ch   🚗 🏠 **AK** ch, ⁽⁰⁾ **P** **VISA** 🐵 **AE**
aux Quatre-Vents – ℰ 03 85 30 32 84 – www.hotelplatanes.com
– Fax 03 85 30 32 15 – Fermé 20 fév.-20 mars, vend. midi et jeudi
8 ch – †58/65 € ††62/72 €, ☑ 9 € – ½ P 52/56 €
Rest – (17 € bc) Menu 26/65 € – Carte 27/68 €
♦ Coquette salle à manger rustique, belle terrasse sous les platanes, cuisine bressane généreuse et chambres actuelles font de cette auberge une sympathique étape.

à St-Bénigne Nord-Est : 2 km sur D 2 – 1 072 h. – alt. 208 m – ⊠ 01190

X **St-Bénigne**   🏠 **AK** **P** **VISA** 🐵
– ℰ 03 85 30 96 48 – Fax 03 85 30 96 48 – Fermé 2-9 nov.,
20 déc.-11 janv., 21-28 fév., lundi et le soir sauf sam.
Rest – Menu 13 € (sem.), 21/36 € – Carte 22/47 €
♦ On vient ici pour... les grenouilles, la spécialité maison. Le chef mitonne des plats régio-
naux servis dans une salle à manger rustique ou dans une autre plus coquette.

PONT-D'HÉRAULT – 30 Gard – 339 H5 – rattaché au Vigan

PONT-D'OUILLY – 14 Calvados – **303** J6 – 1 040 h. – alt. 65 m   **32** B2
– ✉ 14690 ▮ Normandie Cotentin

   ▶ Paris 230 – Briouze 24 – Caen 41 – Falaise 20
   🇮 Syndicat d'initiative, boulevard de la Noë ℰ 02 31 69 29 86
   ◙ Roche d'Oëtre★★ S : 6,5 km.

🏠 **Du Commerce**   🍴 ⩗ 🛜 P VISA ◯ AE ◯

   8 r. de la Vᵉᵐᵉ République – ℰ 02 31 69 80 16 – www.relaisducommerce.fr
   – Fax 02 31 69 78 08 – fermé 2-12 oct., 2-27 janv., dim. soir et lundi
   12 ch – †60/70 € ††60/70 €, ⊇ 10 € – ½ P 75 €
   Rest – (16 €) Menu 25/53 € – Carte 38/95 €
   ♦ Dans un charmant village de la Suisse normande, cet hôtel totalement rénové a pris un
   nouveau départ. Vous disposerez de chambres fraîches et bien tenues. Fruits de mer et plats
   traditionnels, comme la tête de veau, à déguster dans une ambiance classique ou en terrasse.

PONT-DU-BOUCHET – 63 Puy-de-Dôme – **326** D7 – ✉ 63770 Les   **5** B2
Ancizes Comps

   ▶ Paris 390 – Clermont-Ferrand 39 – Pontaumur 13 – Riom 36
   ◙ Méandre de Queuille★★ NE : 11,5 km puis 15 mn ▮ Auvergne

🏠 **La Crémaillère** ⤢   ⩗ 🛜 ⅆ 🅿️ VISA ◯
   Pont du Bouchet – ℰ 04 73 86 80 07 – www.hotel-restaurant-cremaillere.com
   – Fax 04 73 86 93 17 – Fermé 19 déc.-26 janv., vend. soir, dim. soir et sam. hors
🍴 saison
   16 ch – †45/48 € ††47/49 €, ⊇ 8,50 € – ½ P 44/49 €
   Rest – Menu 15 € (sem.)/42 € – Carte 23/48 €
   ♦ Respirez en pleine verdure ! Dans cette auberge familiale qui surplombe un lac, accueil
   aimable et écoute de la clientèle marquent le sérieux de la maison. Chambres impeccables.
   Côté restaurant, décor campagnard et plats régionaux.

PONT-DU-CHAMBON – 19 Corrèze – **329** N4 – rattaché à Marcillac-la-Croisille

---

PONT-DU-CHÂTEAU – 63 Puy-de-Dôme – **326** G8 – 10 102 h.   **5** B2
– alt. 365 m – ✉ 63430 ▮ Auvergne

   ▶ Paris 418 – Billom 13 – Clermont-Ferrand 16 – Riom 21
   🇮 Syndicat d'initiative, rond-point de Montboissier ℰ 04 73 83 37 42,
   Fax 04 73 83 37 42

🏠 **L'Estredelle**   ⩗ 🛜 ⅆ ch, 🍴 🛁 🅿️ ⩗ VISA ◯

   24 r. Pont – ℰ 04 73 83 28 18 – www.hotel-estredelle.com – Fax 04 73 83 55 23
   – Fermé 26 juil.-15 août, 23 déc.-5 janv., dim. soir et soirs fériés
   44 ch – †46 € ††48 €, ⊇ 7 € – ½ P 44 €
   Rest – (12 € bc) Menu 19/31 € – Carte 20/39 €
   ♦ Hôtel récent dans l'ancien quartier de la batellerie. Chambres fonctionnelles, réparties
   entre trois pavillons ; huit d'entre elles (à réserver en priorité) dominent l'Allier. Le restaurant
   et la terrasse offrent une jolie vue sur un pont du 18ᵉ s.

🍽🍽 **Auberge du Pont**   ⩗ 🛜 ⟡ 🅿️ VISA ◯
   70 av. Dr Besserve – ℰ 04 73 83 00 36 – www.auberge-du-pont.com
   – Fax 04 73 83 36 71 – Fermé 15 août-7 sept., 1ᵉʳ-15 janv., dim. soir, lundi
   soir, mardi soir et merc.
   Rest – (14 €) Menu 18 € (déj. en sem.), 29/95 € – Carte 52/90 €
   ♦ Ex-relais de batellerie (1809) au bord de l'Allier. Tons beige, gris et parme dans la salle à
   manger. Terrasse tournée vers le pont. Cuisine au goût du jour.

🍽🍽 **Le Calliope**   AC VISA ◯
   6 r. de la Poste – ℰ 04 73 83 50 03 – restaurant-calliope.com
   – Fermé 1ᵉʳ-16 août, 4-18 janv., dim. soir, lundi et merc.
   Rest – (12 €) Menu 27/46 € – Carte 34/44 €
   ♦ Table dans l'air du temps située au centre du bourg, repérable à son élégante façade.
   Côté fourneaux, le chef propose une cuisine mariant tradition et saveurs actuelles.

PONT-DU-GARD – 30 Gard – **339** M5 – ✉ 30210 Vers Pont du Gard   **23** D2
▮ Languedoc Roussillon

   ▶ Paris 688 – Alès 48 – Arles 40 – Avignon 26
   ◙ Pont-aqueduc romain★★★.

🏠 **Le Colombier** ⌂   🛋 🎐 ⚅ ⁿ P ☁ VISA ◑ AE
⊖ *24 av. du Pont du Gard, (rive droite), 1 km à l'Est par D 981*
  – ⌀ 04 66 37 05 28 – www.lecolombierdugard.com
  – *Fax 04 66 37 35 75*
  18 ch – ✝43/48 € ✝✝53/58 €, � 8 € – ½ P 49/51 €
  Rest – *(fermé sam. midi)* Menu 12 € bc *(déj. en sem.)*, 19/28 €
  – Carte 24/32 €
  ♦ Cette maison centenaire cache une adresse simple mais bien pratique, peu chère et sans cesse améliorée (1ᵉʳ étage rafraîchi). Jolie galerie-terrasse pour les petits-déjeuners. Salle à manger au décor provençal et cuisine traditionnelle sans fioriture.

à Castillon-du-Gard Nord-Est : 4 km par D 19 et D 228 – 1 152 h. – alt. 90 m
– ✉ 30210

🏰 **Le Vieux Castillon** ⌂   🛋 🎐 ⌁ ⌂ 🅰 🅶 P VISA ◑ AE ⓪
❀ *r. Turion Sabatier* – ⌀ 04 66 37 61 61
  – *www.vieuxcastillon.com – Fax 04 66 37 28 17*
  – *Fermé 2 janv.-14 fév.*
  33 ch – ✝199/355 € ✝✝199/355 €, ⊒ 20 € – 3 suites – ½ P 186/307 €
  Rest – *(fermé lundi midi et mardi midi)* (35 €) Menu 54/118 €
  – Carte 75/120 € le soir
  Spéc. Fritures de langoustines du Guilvinec en pomme de terre. Selle d'agneau cuisinée, basquaise sur un gâteau de semoule à couscous. Figue noire pochée au vin de framboise, sablé et crème glacée (automne). **Vins** Vin de pays d'Oc, Costières de Nîmes.
  ♦ Patios et terrasses étagées font le charme de cet hôtel situé au cœur d'un village médiéval perché. Belles chambres personnalisées. Poutres apparentes et couleurs provençales président au décor du restaurant où l'on propose de goûteux plats gorgés de soleil.

🍴🍴 **L'Amphitryon**   🎐 🎐 VISA ◑
  pl. 8 Mai 1945 – ⌀ 04 66 37 05 04
  – *Fermé dim. soir du 11 nov. au 15 mars, mardi sauf juil.-août et merc.*
  Rest – Menu 31 € *(déj. en sem.)*, 45/54 € – Carte 57/82 €
  ♦ Voûtes et pierre brute ornent les salles à manger de ces demeures anciennes. Joli patio pour l'été. Cuisine régionale actualisée, ambiance à la fois chic et conviviale.

à Collias Ouest : 7 km par D 981, D 112 et D 3 – 953 h. – alt. 45 m – ✉ 30210

🏘 **Hostellerie Le Castellas** ⌂   🛋 🎐 ⌁ 🅰 ch, ⁿ P VISA ◑ AE ⓪
❀ ❀ *Grand'rue* – ⌀ 04 66 22 88 88
  – *www.lecastellas.com – Fax 04 66 22 84 28*
  – *Fermé 4 janv.-31 mars*
  15 ch – ✝70/210 € ✝✝99/210 €, ⊒ 18 € – 2 suites – ½ P 150/200 €
  Rest – *(fermé 15 nov.-22 déc., 3 janv.-31 mars, mardi et merc.)* Menu 45 € *(déj. en sem.)*, 60/160 € – Carte 90/160 €
  Spéc. Bouillon aux cocos de Paimpol à l'huile de truffe et noix de Saint-Jacques (oct. à janv.). Lièvre de Beauce à la royale, foie gras poêlé et raviole de céleri aux truffes (oct. à janv.). Bœuf de race "Aubrac" en trois versions. **Vins** Costières de Nîmes, Côtes du Rhône-Villages.
  ♦ De solides maisons gardoises en pierres de taille (17ᵉ s.) cernent le patio. Belles chambres d'ampleur et de style variés. Accueil aimable. Salles voûtées ouvertes sur le jardin ; cuisine contemporaine s'appuyant sur des bases classiques parfaitement maîtrisées.

🏠 **Le Gardon** ⌂   ⬅ 🛋 🎐 ⌁ 🎐 🎐 🅰 ⌁ 🅶 P VISA ◑
  Campchestève – ⌀ 04 66 22 80 54
  – *www.hotel-le-gardon.com – Fax 04 66 22 88 98*
  – *Ouvert 27 fév.-4 nov.*
  14 ch – ✝68/78 € ✝✝68/98 €, ⊒ 10 € – ½ P 63/79 €
  Rest – *(fermé le midi du lundi au vend.)* (19 €) Menu 22/44 € – Carte 30/53 €
  ♦ Agréable refuge dans la garrigue, ce récent hôtel en bordure d'une oliveraie assure un séjour serein. Jardin, piscine et chambres confortables (mobilier en fer forgé). Cuisine du Sud aux produits frais à déguster sous la véranda ou en terrasse. Tout est "maison" !

à Vers-Pont-du-Gard 3,5 km au Nord par D 19 et D 112 – 1 566 h. – alt. 40 m – ⌗ 30210

✗✗ Lisa M avec ch ⌂ 🕭 ⌘ ⁽ᵗᵗ⁾ VISA ⌘
3 pl. de la Madone – ✆ 04 66 22 92 12 – www.lisam.fr – Fax 04 66 22 92 12
4 ch ⌣ – †120/140 € ††120/140 €
Rest – (fermé 1ᵉʳ-13 fév., lundi et mardi) (dîner seult) (nombre de couverts limité, prévenir) Menu 52/59 €
◆ Cette maison ancienne est un petit bijou : décoration romantique, tons gris perle et ivoire, tommettes blondes, salons voûtés, patio, minipiscine. Menu unique actuel et créatif. Chambres personnalisées.

PONT-EN-ROYANS – 38 Isère – 333 F7 – 878 h. – alt. 197 m   43 E2
– ⌗ 38680 ▮ Alpes du Nord
▶ Paris 604 – Grenoble 63 – Lyon 143 – Valence 45
🛈 Office de tourisme, Grande rue ✆ 04 76 36 09 10, Fax 04 76 36 09 24

🏠 Du Musée de l'Eau   🕭 ▮ ⌘ AC ⌘ ch, ⁽ᵗᵗ⁾ 🛄 P VISA ⌘
⌘ pl. Breuil – ✆ 04 76 36 15 53 – www.musee-eau.com – Fax 04 76 36 97 32
– Fermé 3-16 janv.
31 ch – †39 € ††49/53 €, ⌣ 7 € – ½ P 46/50 €
Rest – (fermé dim. soir de nov. à mars) (13 €) Menu 15/36 € – Carte 20/41 €
◆ Grand bâtiment rénové surplombant la Bourne. Petites chambres dotées de mobilier design ; certaines ouvrent sur la montagne et le village suspendu. Salle à manger aux lignes épurées, prolongée d'une terrasse avec brumisateurs. Bar à eaux.

LE PONTET – 84 Vaucluse – 332 C10 – rattaché à Avignon

PONTGIBAUD – 63 Puy-de-Dôme – 326 E8 – 768 h. – alt. 735 m   5 B2
– ⌗ 63230 ▮ Auvergne
▶ Paris 432 – Aubusson 68 – Clermont-Ferrand 23 – Le Mont-Dore 37
🛈 Office de tourisme, rue du Commerce ✆ 04 73 88 90 99, Fax 04 73 88 90 09

✗✗ Poste avec ch   AC rest, ⌘ VISA ⌘
pl. de la République – ✆ 04 73 88 70 02 – www.hoteldelaposte-pontgibaud.com
– Fax 04 73 88 79 74 – Fermé 4-11 janv., 15 fév.-8 mars, dim. soir et lundi d'oct.
à mai
10 ch – †41/49 € ††41/49 €, ⌣ 6,50 € – ½ P 45 €
Rest – (12 €) Menu 20/46 € – Carte 30/49 €
◆ Maison régionale séculaire au cœur d'un bourg tranquille. Parquet peint de Hongrie bien ciré, lustres et tables bourgeoises dans la salle à manger ornée de tableaux floraux.

à La Courteix Est : 4 km sur D 941ᴮ – ⌗ 63230 St-Ours

✗✗✗ L'Ours des Roches   🕭 P VISA ⌘ AE ①
– ✆ 04 73 88 92 80 – www.oursdesroches.com – Fax 04 73 88 75 07
– Fermé 2-22 janv., 1 sem. en sept., mardi d'oct. à mars, dim. soir et lundi sauf
fériés
Rest – (19 € bc) Menu 26/68 € – Carte 34/70 € 🍸
◆ Restaurant aménagé sous les voûtes d'une ancienne bergerie. Décor original qui mélange audacieusement les styles rustique et contemporain. Terrasse.

PONTHIERRY – 77 Seine-et-Marne – 312 E4 – ⌗ 77310 St Fargeau   19 C2
Ponthierry
▶ Paris 44 – Corbeil-Essonnes 12 – Étampes 35 – Fontainebleau 20

✗✗ L'Inédit   🕭 P VISA ⌘ ①
20 av. de Fontainebleau, à Pringy - D 607 – ✆ 01 60 65 57 75 – www.linedit.fr
– Fax 01 60 65 48 57 – Fermé 1ᵉʳ-8 mars, 26 juil.-26 août, dim. soir, mardi et
merc.
Rest – (25 €) Menu 38 € – Carte 58/82 €
◆ Sympathique auberge rénovée en 2009 dans un style plus moderne ; terrasse d'été fleurie. Recettes au goût du jour, privilégiant la truffe et les champignons en saison.

▶ Paris 460 – Lorient 59 – Rennes 110 – St-Brieuc 58

ℹ Syndicat d'initiative, 61, rue du Général de Gaulle ✆ 02 97 25 04 10,
Fax 02 97 25 63 69

▣ de Rimaison à Bieuzy, S : 15 km par D 768, ✆ 02 97 27 74 03

◉ Maisons anciennes★.

🏠 Le Rohan sans rest   🛗 📶 ♨ 🅿 VISA ⦿ AE

90 r. Nationale – ✆ *02 97 25 02 01 – www.hotelpontivy.com – Fax 02 97 25 02 85*
16 ch – ♦60/70 € ♦♦74/84 €, ⊑ 12 €   Z**u**

♦ Belle demeure fin 19ᵉ s. sur la rue principale de "Napoléonville". Chambres refaites avec goût dans divers styles et thèmes (oriental, romantique, cinéma, BD...). Cour arborée.

🏠 L'Europe sans rest   🚗 🛗 📶 🅿 VISA ⦿ AE

12 r. F. Mitterrand – ✆ *02 97 25 11 14 – www.hotellerieurope.com*
– Fax 02 97 25 48 04 – Fermé 25-31 déc.   Z**t**
18 ch – ♦60/82 € ♦♦70/140 €, ⊑ 12 €

♦ Avenante maison d'époque Napoléon III. Petit-déjeuner servi dans une salle à manger bourgeoise (sous une verrière l'été). Préférez les chambres sur l'arrière, plus tranquilles.

✕✕ La Pommeraie   VISA ⦿ AE

17 quai Couvent – ✆ *02 97 25 60 09 – Fax 02 97 25 75 93 – Fermé 19-26 avril,
15 août-3 sept., 26 déc.-3 janv., dim. et lundi*   Y**s**
Rest – (18 €) Menu 26/54 € – Carte 33/40 €

♦ Façade jaune, tons chaleureux dans la pimpante salle et courette fleurie : ce restaurant longeant le Blavet est une vraie symphonie de couleurs. Plats au goût du jour.

PONTIVY

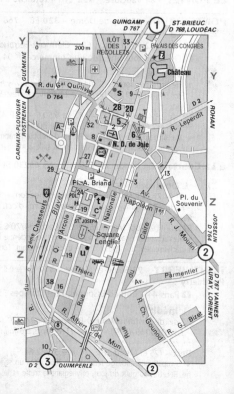

à Quelven par ③, D 2 et rte de Guern (D 2ᴮ) : 10 km – ⊠ 56310 Guern

⌂ **Auberge de Quelven** ⚗   🕭 P VISA ⦿
à la Chapelle – ℰ 02 97 27 77 50 – Fermé merc.
8 ch – †50 € ††50/55 €, ⊊ 6 € **Rest** – Carte 7/17 €
♦ Dans un paisible hameau, face à une chapelle de la fin du 15ᵉ s., longue maison en granit hébergeant des petites chambres sobres et bien tenues. Accueil jovial. La carte du restaurant-crêperie de style rustique est dédiée aux galettes et crêpes bretonnes.

PONT-L'ABBÉ – 29 Finistère – 308 F7 – 8 132 h. – alt. 5 m – ⊠ 29120   **9** A2
▌Bretagne

▶ Paris 573 – Douarnenez 33 – Quimper 20
🗓 Office de tourisme, square de l'Europe ℰ 02 98 82 37 99, Fax 02 98 66 10 82
◳ Manoir de Kerazan★ 3 km par ② - Calvaire★★ de la chapelle
N.-D.-de-Tronoën O : 8 km.

⌂ **De Bretagne**   🕭 VISA ⦿ AE
24 pl. de la République – ℰ 02 98 87 17 22 – www.hoteldebretagne29.com
– Fax 02 98 82 39 31
18 ch – †46/62 € ††51/67 €, ⊊ 8 € – ½ P 66/70 €
Rest – (fermé lundi midi) (12 €) Menu 15 € (déj. en sem.), 25/40 €
– Carte 26/88 €
♦ Sans prétention, les petites chambres de cet hôtel familial du centre-ville, sobrement meublées mais bien tenues, offrent une étape calme et pratique. Cuisine de la mer dans une salle à manger rustique régionale ou sur la terrasse dressée dans la cour intérieure.

PONT-L'ÉVÊQUE – 14 Calvados – 303 N4 – 4 158 h. – alt. 12 m   **32** A3
– ⊠ 14130 ▌Normandie Vallée de la Seine

▶ Paris 190 – Caen 49 – Le Havre 43 – Rouen 78
🗓 Office de tourisme, 16, rue Saint-Michel ℰ 02 31 64 12 77,
Fax 02 31 64 76 96
⛳ de Saint-Julien, SE : 3 km par D 579, ℰ 02 31 64 30 30
◉ La belle époque de l'automobile★ au Sud par D 48.

⌂ **Le Lion d'Or** sans rest   &. 🕭 🕭 P VISA ⦿ AE
8 pl. Calvaire – ℰ 02 31 65 01 55 – www.leliondorhotel.com
– Fax 02 31 64 90 10
25 ch – †69/120 € ††69/180 €, ⊊ 12 €
♦ Cet ancien relais de poste du 17ᵉ s. propose des chambres sobres (mobilier en fer forgé), la plupart en duplex. Petits-déjeuners au salon-bar décoré d'objets chinés.

à St-Martin-aux-Chartrains 3 km par D 677, direction Deauville – 382 h.
– alt. 13 m – ⊠ 14130

⌂⌂⌂ **Mercure**   ⌘ 🍃 🏊 ※ 🖥 &. 🕭 🕭 P VISA ⦿ AE ⓪
ℰ 02 31 64 40 40 – Fax 02 31 64 40 41
63 ch – †86/122 € ††95/135 €, ⊊ 13 €
Rest – (fermé sam. midi et dim. midi sauf en juil.-août) Menu 19 €
– Carte 26/39 €
♦ Au calme d'un parc avec un plan d'eau, un hôtel contemporain aux chambres confortables (certaines plus vastes), meublées classiquement et bien tenues. Nombreux espaces séminaires. Salle à manger aux grandes baies vitrées, où l'on sert des plats de type brasserie. Terrasse.

⌂ **Manoir le Mesnil** sans rest   ⌘ ※ 🕭 P
rte Trouville – ℰ 02 31 64 71 01 – www.manoirlemesnil.com – Fax 02 31 64 71 01
– Fermé en mars et en nov.
5 ch ⊊ – †70/75 € ††70/75 €
♦ Demeure (fin 19ᵉ s.) ouverte sur un petit domaine. Chambres personnalisées et deux studios. L'accueillante maîtresse de maison prépare des petits-déjeuners gourmands servis au salon-bibliothèque.

à Pierrefitte-en-Auge 5 km au Sud-Est par D 48 et D 280^A – 143 h. – alt. 59 m
– ✉ 14130

✗ **Auberge des Deux Tonneaux** ≤ 🛋 🅅🅸🆂🅰 ⓿❾
– ℰ 02 31 64 09 31 – aubergedesdeuxtonneaux-majorwells.blogspot.com
– Fermé lundi soir et mardi
Rest – Carte 26/50 €
◆ Ravissante chaumière avec sa terrasse ombragée face à la vallée. L'intérieur rustique rappelle l'esprit d'un pub anglais. Copieuse cuisine de terroir (boudin, tripes, teurgoule).

PONTLEVOY – 41 Loir-et-Cher – 318 E7 – 1 540 h. – alt. 99 m   11 A1
– ✉ 41400 ▯ Châteaux de la Loire
▯ Paris 211 – Amboise 25 – Blois 27 – Montrichard 9
▯ Syndicat d'initiative, 5, rue du Collège ℰ 02 54 32 60 80, Fax 02 54 71 60 71
◉ Ancienne abbaye★.

✗✗ **De l'École** avec ch 🛏 🛋 🍽 rest, ᵗⁱ 🅿 🅿 🅅🅸🆂🅰 ⓿❾
12 rte Montrichard – ℰ 02 54 32 50 30 – www.hotelrestaurantdelecole.com
– Fax 02 54 32 33 58 – Fermé 19 -25 déc., 1er janv.- 4 fév. et dim. soir d'oct. à mars
11 ch – ♠60/70 € ♠♠60/80 €, ⊑ 13 € – ½ P 67 €
Rest – (fermé dim. soir et merc. sauf juil.-août et fériés) (prévenir le week-end)
(19 €) Menu 24/56 € – Carte 29/61 €
◆ Jolie maison ligérienne abritant deux salles rustiques dont une avec cheminée. En été, jardin fleuri où murmure une fontaine. Plats du terroir. Chambres anciennes.

PONTOISE – 95 Val-d'Oise – 305 D6 – 106 5 – 101 3 – voir à Paris, Environs
(Cergy-Pontoise)

PONT-RÉAN – 35 Ille-et-Vilaine – 309 L6 – ✉ 35580 Guichen   10 D2
▯ Paris 361 – Châteaubriant 57 – Fougères 67 – Nozay 60

✗✗ **Auberge de Réan** 🛋 ⅙ 🄰🄺 🍽 🅅🅸🆂🅰 ⓿❾ 🄰🄴
86 rte de Redon – ℰ 02 99 42 24 80 – www.auberge-de-rean.com
– Fax 02 99 42 28 66 – Fermé dim. soir et lundi
Rest – (15 € bc) Menu 28/55 € – Carte 34/56 €
◆ Maison bretonne postée face au pont de pierre (18e s.) qui enjambe la Vilaine. Plaisante salle à manger aux couleurs ensoleillées et jolie terrasse tournée vers la rivière.

PONT-ST-PIERRE – 27 Eure – 304 H5 – 1 111 h. – alt. 15 m   33 D2
– ✉ 27360 ▯ Normandie Vallée de la Seine
▯ Paris 106 – Les Andelys 20 – Évreux 47 – Louviers 23
◉ Boiseries★ de l'église - Côte des Deux-Amants ≤★★ SO : 4,5 km puis
15 mn - Ruines de l'abbaye de Fontaine-Guérard★ NE : 3 km.

✗✗ **Auberge de l'Andelle** 🅅🅸🆂🅰 ⓿❾ 🄰🄴
27 Grande Rue – ℰ 02 32 49 70 18 – Fax 02 32 49 59 43 – Fermé 22 déc.-6 janv.
et mardi soir
Rest – Menu 21/65 € – Carte 38/73 €
◆ Le cadre rustique égayé d'une cheminée en pierre et un espace recélant de multiples recoins font le charme de cette auberge normande. Sympathique carte traditionnelle.

PONT-STE-MARIE – 10 Aube – 313 E4 – rattaché à Troyes

PONT-SCORFF – 56 Morbihan – 308 K8 – 3 037 h. – alt. 42 m   9 B2
– ✉ 56620 ▯ Bretagne
▯ Paris 503 – Lanester 13 – Lorient 13 – Rennes 152
▯ Syndicat d'initiative, rue de Lorient ℰ 02 97 32 50 27, Fax 02 97 32 59 96

✗✗ **Laurent Le Berrigaud** 🛋 ⅙ 🅿 🅅🅸🆂🅰 ⓿❾ 🄰🄴
Le Moulin des Princes – ℰ 02 97 32 42 07 – laurentleberrigaud.com
– Fax 02 97 32 50 02 – Fermé 27 oct.-3 nov., 1er-12 janv. et lundi
Rest – (39 €) Menu 47/57 € – Carte 55/70 €
◆ Le décor associe joliment vieilles pierres, œuvres d'art et compositions florales. Terrasse au fil de l'eau, appétissante cuisine très inventive et accueil charmant.

X **L'Art Gourmand**   AC VISA ©©

&& *14 pl. Maison-des-Princes* – ℰ 02 97 32 65 08
Rest – *(Fermé merc.) (nombre de couverts limité, prévenir)* (12 €) Menu 18/30 €
• Ce restaurant, repris par un jeune couple, sert une cuisine aux saveurs actuelles. Murs blancs recouverts d'œuvres d'artistes locaux (expositions). Bon rapport qualité-prix.

LES PONTS-NEUFS – 22 Côtes-d'Armor – **309** G3 – ⊠ **22400** Morieux   **10** C2
▶ Paris 441 – Dinan 51 – Dinard 52 – Lamballe 9

XX **La Cascade**   ≼ P VISA ©© AE
4 r. des Ponts Neufs, sur D 786 – ℰ 02 96 32 82 20 – www.restaurantlacascade.
com – Fax 02 96 32 70 74 – *Fermé mardi soir, merc. soir et jeudi soir du 16 sept.
au 14 juin, dim. soir et lundi*
Rest – (23 €) Menu 32/46 € – Carte 38/70 €
• De la salle à manger de ce restaurant, vous profiterez de la vue sur l'étang. Cadre associant joliment le rustique et le contemporain et séduisante cuisine traditionnelle.

PORNIC – 44 Loire-Atlantique – **316** D5 – 13 681 h. – alt. 20 m   **34** A2
– Casino : le Môle – ⊠ **44210** ▌Bretagne
▶ Paris 429 – Nantes 49 – La Roche-s-Yon 89 – Les Sables-d'Olonne 93
🛈 Office de tourisme, place de la Gare ℰ 02 40 82 04 40, Fax 02 40 82 90 12
🏁 de Pornic Avenue Scalby Newby, O : 1km, ℰ 02 40 82 06 69

🏨 **Alliance** ⌂   ≼ 🔲 ⓔ ⅃ℴ ⅍ 🐛 ⅋ ⅃ ℎ AC rest, ⅋ ⁗ ⅏ P VISA ©© AE ⓪
plage de la Source, 1 km au Sud – ℰ 02 40 82 21 21 – www.thalassopornic.com
– Fax 02 40 82 96 08 – *Fermé janv.*
120 ch – ♥125/249 € ♥♥149/269 €, ⏛ 16 € – 8 suites
Rest *La Source* – (22 €) Menu 32 € – Carte 46/54 €
Rest *La Terrasse* – Menu 32 € – Carte environ 34 €
• Centre de thalassothérapie et complexe hôtelier, face à l'océan. Grandes chambres (30 actuelles) dotées de terrasses et transats. Restaurant contemporain en rotonde (ancien casino) avec vue sur le large ; cuisine classique et de terroir. À La Terrasse, carte diététique (produits bio) dans un cadre épuré intimiste.

🏨 **Auberge La Fontaine aux Bretons** ⌂   ≼ ⅃ ⅂ ⅋ ℎ ⅏ P P
chemin des Noëlles, 3 km au Sud-Est par rte de la Bernerie   VISA ©©
– ℰ 02 51 74 07 07 – www.auberge-la-fontaine.com – Fax 02 51 74 15 15
– *Fermé 3 janv.-12 fév.*
11 ch – ♥85/121 € ♥♥85/121 €, ⏛ 12 € – 12 suites – ♥♥135/185 €
Rest – *(fermé dim. soir et lundi hors saison sauf fériés et vacances scolaires)*
(15 €) Menu 29/49 € – Carte 30/53 €
• La fontaine rafraîchissait les pèlerins bretons de St-Jacques. Aujourd'hui, cette auberge propose des chambres agréables avec balcon, aménagées dans une ancienne ferme (1867). Vigne, jardin potager et restaurant de style rustique. Cuisine traditionnelle.

🏨 **Beau Soleil** sans rest   ≼ VISA ©©
70 quai Leray – ℰ 02 40 82 34 58 – www.annedebretagne.com/beausoleil/
– Fax 02 40 82 43 00
17 ch – ♥57/116 € ♥♥57/116 €, ⏛ 9 €
• Bâtisse moderne face au port et au château. Décor associant bois et lumière dans des chambres fonctionnelles. Petit-déjeuner servi dans la vaisselle de la faïencerie de Pornic.

🏨 **Les Alizés** sans rest   ▯ ℎ ⁗ P VISA ©© AE
44 r. Général de Gaulle – ℰ 02 40 82 00 51 – www.hotel-alizes-pornic.com
– Fax 02 40 82 87 32
29 ch – ♥60/75 € ♥♥60/75 €, ⏛ 8 €
• Dans une rue passante, construction récente abritant des chambres avant tout pratiques. Celles donnant sur l'arrière sont au calme, celles côté rue ont un triple vitrage.

XX **Beau Rivage**   ≼ AC VISA ©© AE
plage Birochère, 2,5 km au Sud-Est – ℰ 02 40 82 03 08
– www.restaurant-beaurivage.com – *Fermé 15 déc.-31 janv., mardi sauf juil.-août
et lundi*
Rest – (23 €) Menu 37/80 € – Carte 50/70 €
• Maquettes de bateaux, coquillages et autres bibelots marins décorent ce restaurant ouvert sur l'océan. Produits de la pêche et belle sélection de muscadets. Boutique gourmande.

X **Le Bistrot** 🛜 ☆ VISA ⚫⚫

pl. Petit Nice – ℰ 02 40 82 51 25 – Fax 02 40 64 94 81 – Fermé 11 nov.-11 déc., merc. soir, dim. soir sauf fériés et sauf vacances scolaires et jeudi

Rest – (14 €) Menu 19 € (déj. en sem.)/29 € – Carte 30/36 €

♦ À l'intérieur, décor de bistrot contemporain et touches marines ; à l'extérieur, terrasse dressée face au château. Dans l'assiette, recettes iodées et plats traditionnels.

à Ste-Marie Ouest : 3 km – ⊠ 44210 Pornic

🏠 **Les Sablons** ⌾ 🚗 🛜 ☆ ☆ 📶 P VISA ⚫⚫

13 r. des Sablons – ℰ 02 40 82 09 14 – www.hotelesablons.com
– Fax 02 40 82 04 26

28 ch – ♦56/90 € ♦♦56/90 €, ⊇ 9 € – ½ P 57/75 €

Rest – (fermé 20 déc.-15 janv., dim. soir, mardi midi et lundi sauf du 15 juin au 15 sept.) (15 €) Menu 18/41 € – Carte 31/51 €

♦ Cet hôtel des années 1970 à mi-chemin du village et de la plage propose des chambres simples (certaines avec vue sur mer), dans un esprit pension de famille. Salle à manger colorée et fleurie et, en été, tables agréablement dressées côté jardin.

PORNICHET – 44 Loire-Atlantique – **316** B4 – 10 423 h. – alt. 12 m   **34** A2
– Casino – ⊠ 44380 ▌Bretagne

🄳 Paris 444 – La Baule 6 – Nantes 70 – St-Nazaire 11

🄸 Office de tourisme, 3, boulevard de la République ℰ 02 40 61 33 33,
Fax 02 40 11 60 88

🏨 **Sud Bretagne** 🚗 🛜 ⛴ ▐⧫ 🎛 📶 P VISA ⚫⚫ AE ⓞ

42 bd de la République – ℰ 02 40 11 65 00 – www.hotelsudbretagne.com
– Fax 02 40 61 73 70

30 ch – ♦100/180 € ♦♦120/200 €, ⊇ 14 €

Rest – (fermé dim. hors saison) Menu 35/75 € – Carte 50/85 €

♦ Hôtel géré par la même famille depuis 1912. Chaque chambre est joliment décorée selon un thème précis auquel se réfèrent tissus, meubles et objets. Jacuzzi de nage intérieur et massages sur demande. Salle à manger soignée, coquette terrasse et cuisine iodée.

🏨 **Villa Flornoy** ⌾ 🚗 ▐⧫ & ch, ☆ rest, 🎛 🎛 VISA ⚫⚫ AE

7 av. Flornoy, près Hôtel de Ville – ℰ 02 40 11 60 00 – www.villa-flornoy.com
– Fax 02 40 61 86 47 – Fermé déc. et janv.

30 ch – ♦60/98 € ♦♦60/112 €, ⊇ 10 € – ½ P 57/80 €

Rest – (ouvert 1er avril-30 sept.) (dîner seult) Carte 28/40 €

♦ Dans un quartier résidentiel, grande villa aménagée dans un esprit cottage : tons pastel, mobilier de style, porcelaine anglaise. Jolies chambres personnalisées. Salle à manger claire et spacieuse ; cuisine traditionnelle et suggestions du jour.

🄷🄱 **Ibis** 🛜 ▐⧫ & ch, AC rest, 🎛 🎛 🌀 VISA ⚫⚫ AE ⓞ

66 bd Océanides – ℰ 02 51 73 13 13 – www.hotelibis-labaule.com
– Fax 02 40 61 74 74

88 ch – ♦64/119 € ♦♦64/119 €, ⊇ 10 €

Rest Entre Terre et Mer – (13 €) Menu 22 € – Carte 24/32 €

♦ Ibis aux chambres simples et propres. Son atout : un accès direct au centre de thalassothérapie attenant. Atmosphère de croisière au restaurant, grâce à ses cartes marines, stores en bois et baies vitrées. Assiettes traditionnelles ou diététiques pour les curistes.

🏠 **Le Régent** ≤ & AC rest, 🎛 🎛 P VISA ⚫⚫ AE ⓞ

150 bd Océanides – ℰ 02 40 61 04 04 – www.le-regent.fr – Fax 02 40 61 06 06

23 ch – ♦80/128 € ♦♦80/128 €, ⊇ 11 €

Rest Grain de Folie – (fermé 1er-22 janv.) (15 €) Menu 25/40 € – Carte 28/50 €

♦ Maison familiale du début du 20e s. donnant sur l'Atlantique. Agréables chambres bien tenues. Un "Grain de Folie" a soufflé sur le décor du restaurant, tendance : dominante noire rehaussée de touches vives, véranda en structure métallique face à la mer. Carte actuelle.

PORQUEROLLES (ÎLE DE) – 83 Var – **340** M7 – voir à Île de Porquerolles

---

PORT-CAMARGUE – 30 Gard – **339** J7 – rattaché au Grau-du-Roi

---

PORT-CROS (ÎLE DE) – 83 Var – **340** N7 – voir à Île de Port-Cros

---

PORT-DE-CARHAIX – 29 Finistère – **308** J5 – rattaché à Carhaix

PORT-DE-GAGNAC – 46 Lot – **337** H2 – rattaché à Bretenoux

PORT-DE-LA-MEULE – 85 Vendée – **316** B7 – voir à Île d'Yeu

PORT-DE-SALLES – 86 Vienne – **322** J7 – rattaché à l'Isle-Jourdain

PORT-DE-SECHEX – 74 Haute-Savoie – **328** L2 – rattaché à Thonon-les-Bains

PORTEL-DES-CORBIÈRES – 11 Aude – **344** I4 – 1 097 h. – alt. 32 m   **22** B3
– ⊠ 11490

> ▶ Paris 810 – Perpignan 50 – Béziers 50 – Carcassonne 61

XX   **La Bergerie**   & AC VISA ◑
au Château de Lastours, 2 km au Sud par rte secondaire – ℰ 04 68 48 64 77
*– www.labergerie-corbieres.com – Fermé 1ᵉʳ-20 janv., dim. soir, lundi et mardi
hors saison*
Rest – Menu 24/32 €
◆ Ex-bergerie nichée sur le domaine viticole du Château de Lastours, AOC Corbières. Vins de
la propriété et cuisine actuelle servis dans une belle salle à manger voûtée.

PORT-EN-BESSIN – 14 Calvados – **303** H3 – 1 958 h. – alt. 10 m   **32** B2
– ⊠ 14520 Port-en-Bessin-Huppain ▮ Normandie Cotentin

> ▶ Paris 275 – Bayeux 10 – Caen 41 – Cherbourg 92

> 🛈 Office de tourisme, quai Baron Gérard ℰ 02 31 22 45 80,
> Fax 02 31 51 28 29

🏠🏠🏠 **La Chenevière** ॐ   📞 ஃ ⌁ XX 🖬 & ☏ 🖧 P P VISA ◑ AE ◐
1,5 km au Sud par D 6 – ℰ 02 31 51 25 25 – www.lacheneviere.com
– Fax 02 31 51 25 20 – Ouvert mars à nov.
26 ch – ♦202/372 € ♦♦202/372 €, ⊡ 21 € – 3 suites
Rest – (dîner seult) Menu 35 € (sem.)/90 € – Carte 78/137 €
◆ Cette noble demeure (19ᵉ s.) et ses dépendances entourées d'un beau parc abritent des
chambres soignées aux tons pastel. Salons cossus, bar-caveau à l'insolite décor exotique. La
salle à manger bourgeoise possède l'âme de ces belles maisons qui savent recevoir.

🏠🏠🏠 **Mercure** ॐ   🚗 ஃ ⌁ I5 XX 🖬 🖥 & ☝ P VISA ◑ AE
chemin du Colombier, sur le golf, 2 km à l'Ouest par D 514 – ℰ 02 31 22 44 44
– www.mercure.com – Fax 02 31 22 36 77 – Fermé 17 déc.-15 janv.
70 ch – ♦85/165 € ♦♦95/170 €, ⊡ 13 € – ½ P 74/95 €
Rest – (20 €) Menu 26/35 € – Carte 31/51 €
◆ Complexe hôtelier idéalement situé à l'orée du golf. Nuits calmes dans des chambres
rénovées, pratiques et actuelles. Salle à manger-véranda proposant une cuisine traditionnelle
et club-house où l'on sert une petite carte de type brasserie.

X   **L'Écailler**   🚗 & AC VISA ◑ AE ◐
2 r. Bayeux, (au port) – ℰ 02 31 22 92 16 – Fax 02 31 22 90 38
– Fermé 6 janv.-10 fév., lundi et mardi
Rest – (19 €) Menu 23/29 € – Carte 33/46 €
◆ Joli cadre marin, terrasse tournée vers le port et banc d'écailler à l'entrée pour le plaisir
des yeux ; coquillages, crustacés et poissons frais pour celui des papilles.

X   **Fleur de Sel**   🚗 VISA ◑
☜   *6 quai Félix Faure* – ℰ 02 31 21 73 01 – Fax 02 31 21 73 01 – *Fermé
23 déc.-1ᵉʳ fév., mardi d'oct. à Pâques et merc.*
Rest – Menu 17/86 € – Carte 26/56 €
◆ Ce restaurant face au port concocte des plats simples à partir des produits de la pêche.
Suggestions à l'ardoise ; décor rustique en bas, marin à l'étage (vue sur la Tour Vauban).

PORT-GOULPHAR – 56 Morbihan – **308** L11 – voir à Belle-Île-en-Mer

PORT-GRIMAUD – 83 Var – **340** O6 – ⊠ 83310 Cogolin ▮ Côte d'Azur   **41** C3
> ▶ Paris 867 – Brignoles 63 – Fréjus 27 – Hyères 47
> ◙ ≤★ de la tour de l'Église oecuménique.

Giraglia ⚘   ⟨ 🏠 🛋 📶 🆔 % rest, ⟨¶⟩ 🛝 P VISA ☻ AE

sur la plage – 𝒞 04 94 56 31 33 – www.hotelgiraglia.com – Fax 04 94 56 33 77
– Ouvert mi-mai à fin sept.
49 ch – ♦280/430 € ♦♦280/430 €, ⊇ 21 € – 10 suites   **Rest** – Carte 50/105 €
♦ Côté golfe ou côté marina, chambres lumineuses aux teintes du Sud, le plus souvent avec balcons. En saison, coches d'eau pour se déplacer dans la station. Le restaurant et ses terrasses fleuries ouvrent plein cadre sur la grande bleue ; cuisine méditerranéenne.

Suffren sans rest   🆔 ᵬ 📶 ⟨¶⟩ VISA ☻ AE ⓞ

16 pl. du Marché – 𝒞 04 94 55 15 05 – www.hotelleriedusoleil.com
– Fax 04 94 55 15 06 – Ouvert 2 avril-31 oct.
19 ch – ♦85/165 € ♦♦85/255 €, ⊇ 12 €
♦ Au cœur de la cité lacustre, dans un secteur semi piéton, cet hôtel respire la Provence. Patines à l'ancienne et couleurs vives égayent les chambres, en partie dotées d'un balcon.

PORTICCIO – 2A Corse-du-Sud – **345** B8 – voir à Corse

PORTIRAGNES – 34 Hérault – **339** F9 – 2 992 h. – alt. 10 m – ⌧ 34420   **23** C2

▶ Paris 762 – Montpellier 72 – Agde 13 – Béziers 13

🛈 ?A3B2 twb 0.2w?>Office de tourisme, place du Bicentenaire
𝒞 04 67 90 92 51, Fax 04 67 90 92 51

Mirador   📶 ⟨¶⟩ VISA ☻ AE

4 bd Front-de-Mer, à Portiragnes-Plage – 𝒞 04 67 90 91 33
– www.hotel-le-mirador.com – Fax 04 67 90 88 80 – Ouvert 1er fév.-31 oct.
16 ch – ♦49/130 € ♦♦49/130 €, ⊇ 8 € – ½ P 53/85 €
Rest *Saveurs du Sud* – 𝒞 04 67 90 97 67 *(fermé le midi du lundi au jeudi)*
(15 €) Menu 20/66 € bc – Carte 35/65 €
♦ Près du rivage, hôtel familial proposant des chambres fonctionnelles et bien tenues. Préférez celles dotées de terrasses orientées vers les flots. Cuisine traditionnelle aux accents du Sud servie dans une salle à manger-véranda contemporaine.

PORTIVY – 56 Morbihan – **308** M9 – rattaché à Quiberon

PORT-JOINVILLE – 85 Vendée – **316** B7 – voir à Île d'Yeu

PORT-LA-NOUVELLE – 11 Aude – **344** J4 – 5 553 h. – alt. 2 m   **22** B3
– Casino – ⌧ 11210 ▌ Languedoc Roussillon

▶ Paris 813 – Montpellier 120 – Carcassonne 81 – Perpignan 49

🛈 ?A3B2 twb 0.2w?>Syndicat d'initiative, place Paul Valéry 𝒞 04 68 48 00 51,
Fax 04 68 40 33 66

Méditerranée   ⟨ 🏠 🆔 📶 ch, ⟨¶⟩ 🛋 VISA ☻ AE ⓞ

bd Front-de-Mer – 𝒞 04 68 48 03 08 – www.hotelmediterranee.com
– Fax 04 68 48 53 81 – Fermé 5-20 nov. et 6 janv.-6 fév.
30 ch – ♦78/88 € ♦♦78/94 €, ⊇ 8 € – ½ P 60/77 €
Rest – *(fermé dim. soir et lundi soir du 19 nov. au 1er avril)* Menu 12 € (sem.)/
45 € – Carte 30/63 €
♦ Construction balnéaire bâtie le long de la promenade, face à la plage. Chambres de bonne ampleur et correctement équipées, à choisir avec balcon côté mer pour profiter de la vue. Cuisine axée sur les produits de la pêche au restaurant. Terrasse-trottoir.

PORT-LESNEY – 39 Jura – **321** E4 – 506 h. – alt. 251 m – ⌧ 39600   **16** B2
▌ Franche-Comté Jura

▶ Paris 401 – Arbois 12 – Besançon 36 – Dole 39

Château de Germigney ⚘   🎭 🏠 🛋 🆔 📶 ch, 🛝 P VISA ☻ AE ⓞ

r. Edgar-Faure – 𝒞 03 84 73 85 85 – www.chateaudegermigney.com
– Fax 03 84 73 88 88 – Fermé vacances de fév. et de la Toussaint
20 ch – ♦130 € ♦♦220/350 €, ⊇ 15 € – ½ P 140/250 €
Rest – *(fermé lundi midi et mardi midi)* Menu 39 € (déj.), 66/99 € – Carte 75/100 €
Spéc. Persillé de foie gras et jambon cuit à l'os. Volaille de Bresse cuite en terrine lutée, pommes de terre boulangère au vin jaune. Moelleux au chocolat et praliné croustillant. **Vins** Arbois Savagnin, Côtes du Jura.
♦ Manoir blotti dans un superbe parc doté d'une piscine écologique (eau venant d'un étang et filtrée naturellement). Grandes chambres personnalisées et salon feutré. Cuisine unissant pour le meilleur la Provence au Jura, servie dans une salle voûtée, à l'orangerie ou sur la terrasse.

X
☺ **Le Bistrot Pontarlier** 🛋 **P** 🚗 ⓪⓪
pl. du 8-Mai -1945 – ℰ 03 84 37 83 27 – www.bistrotdeportlesney.com
– Fax 03 84 73 88 88 – Fermé 1er janv.-5 fév., lundi soir et mardi soir d'oct. à avril,
merc. et jeudi sauf juil.-août
Rest – (21 €) Menu 25 € – Carte 29/38 €
♦ Au bord de la Loue, un grand bistrot avec nappes à carreaux et objets chinés, et sa ter-
rasse d'esprit guinguette à l'ombre d'un tulipier de Virginie. Goûteuse cuisine du terroir.

PORT-LEUCATE – 11 Aude – 344 J5 – **rattaché à Leucate**

PORT-LOUIS – 56 Morbihan – 308 K8 – **2 980 h. – alt. 5 m** – ⌧ 56290   9 B2
▶ Paris 505 – Vannes 50 – Lorient 19 – Pontivy 61
🇮 Office de tourisme, 1, rue de la Citadelle ℰ 02 97 82 52 93,
Fax 02 97 82 14 75

XXX
☺ **Avel Vor** (Patrice Gahinet) ⩽ ♿ 🅰🅺 ⇌ 🚗 ⓪⓪ 🅰🅴
25 r. Locmalo – ℰ 02 97 82 47 59 – www.restaurant-avel-vor.com – Fax 02 97 82 47 59
– Fermé 28 juin-6 juil., 27 sept.-13 oct., mardi sauf juil.-août, dim. soir et lundi
Rest – Menu 28 € (sem.)/87 € – Carte 66/104 €
Spéc. Cannelloni de fine ratatouille, rouget de petit bateau poêlé. Homard cuit
dans sa carapace (avril à sept.). Abricot caramélisé, sablé breton, caramel salé
et glace pistache (juin à mi-sept.).
♦ Un "vent de mer" (avel vor en breton) souffle sur cette table : voisinage du port, cadre
contemporain d'esprit nautique, échappée sur les flots, poissons fraîchement pêchés.

PORT-MANECH – 29 Finistère – 308 I8 – ⌧ 29920 Nevez ▮ Bretagne   9 B2
▶ Paris 545 – Carhaix-Plouguer 73 – Concarneau 18 – Quimper 44

🏠
☺ **Du Port et de l'Aven** 🚗 🛋 ⅍ ⒫ 🚗 ⓪⓪ 🅰🅴
30 r. Aven – ℰ 02 98 06 82 17 – www.hotelduport.com – Fax 02 98 06 62 70
– Ouvert 1er avril-30 sept.
☺ **31 ch** – ♦45/65 € ♦♦45/65 €, ⌧ 8,50 € – ½ P 50/62 €
🍽 **Rest** – (fermé le midi hors saison, sam. midi et merc. en juil.-août) Menu 19/50 €
– Carte 30/54 €
♦ Près du port, une adresse familiale sympathique et bien tenue. Chambres rénovées dans
un esprit contemporain, calmes et avec une vue plus dégagée dans l'annexe. Cuisine tradi-
tionnelle servie dans une véranda ou en terrasse, face au port. Spécialités de homard.

PORT-MORT – 27 Eure – 304 I6 – **1 008 h. – alt. 19 m** – ⌧ 27940   33 D2
▶ Paris 89 – Les Andelys 11 – Évreux 33 – Rouen 55

XX
☺ **Auberge des Pêcheurs** 🚗 🛋 🚗 ⓪⓪
– ℰ 02 32 52 60 43 – www.auberge-des-pecheurs.com – Fax 02 32 52 07 62
– Fermé 26 juil.-18 août, janv., dim. soir, lundi soir et mardi
Rest – Menu 16 € (déj. en sem.), 25/35 € – Carte 33/52 €
♦ La Seine méandre à quelques encablures de cette auberge. Grande salle à manger de
style rustique, prolongée par une véranda tournée sur le jardin. Registre traditionnel.

PORT -NAVALO – 56 Morbihan – 308 N9 – **rattaché à Arzon**

PORTO – 2A Corse-du-Sud – 345 B6 – **voir à Corse**

PORTO-POLLO – 2A Corse-du-Sud – 345 B9 – **voir à Corse**

PORTO-VECCHIO – 2A Corse-du-Sud – 345 E10 – **voir à Corse**

PORTSALL – 29 Finistère – 308 C3 – ⌧ 29830 ▮ Bretagne   9 A1
▶ Paris 616 – Rennes 263 – Quimper 98 – Brest 29

🏠
La Demeure Océane sans rest ॐ ⩽ 🚗 ⒫ **P** 🚗 ⓪⓪
20 r. Bar Al Lan – ℰ 02 98 48 77 42 – www.demeure-oceane.fr
– Fax 02 98 48 04 15 – Ouvert 16 fév.-14 oct.
5 ch ⌧ – ♦60/65 € ♦♦65/70 €
♦ Agréable maison bourgeoise du début 20e s., située au-dessus du port. Chambres avec
vue océane, joli salon-véranda côté jardin et salle à manger d'esprit anglais.

✗ **Les Littorines** ⬛ 🍴 🆅🅸🆂🅰 ⓒⓞ 🅰🅴

8 square de l'Aberic – 𝒞 02 98 48 61 85 – www.les-littorines.fr – Ouvert de fév. à oct.
Rest – (15 €) Menu 22/32 € – Carte 25/41 €

♦ Dans une maison néobretonne située sur le port, agréable cuisine au goût du jour servie dans une salle avec tables et chaises en bois. Fonctionnement familial et souriant.

PORT-SUR-SAÔNE – 70 Haute-Saône – 314 E6 – 2 927 h. – alt. 228 m 16 B1
– ✉ 70170

▶ Paris 347 – Besançon 61 – Bourbonne-les-Bains 46 – Épinal 75
🛈 Office de tourisme, rue de la Rézelle 𝒞 03 84 78 10 66, Fax 03 84 78 18 09

à Vauchoux Sud : 3 km par D 6 – 123 h. – alt. 210 m – ✉ 70170

✗✗✗ **Château de Vauchoux** (Jean-Michel Turin) 🔊 🍴 🅿 🆅🅸🆂🅰 ⓒⓞ
❀ *rte de la vallée de la Saône – 𝒞 03 84 91 53 55 – Fax 03 84 91 65 38*
– Fermé 22-27 fév., lundi et mardi
Rest – *(prévenir)* Menu 75/125 €⌀

Spéc. Cappuccino de crustacés au piment d'Espelette. Tronçon de foie gras en farandole. Magie du chocolat noir "fête du miel". **Vins** Charcenne, Champlitte.

♦ Une adresse pleine de charme que cet ancien pavillon de chasse : parc fleuri, belle salle de style Louis XV, cuisine classique généreuse et cave riche, notamment en bordeaux.

PORT-VENDRES – 66 Pyrénées-Orientales – 344 J7 – 4 478 h. 22 B3
– alt. 3 m – ✉ 66660 ▊ Languedoc Roussillon

▶ Paris 881 – Perpignan 32
🛈 Office de tourisme, 1, quai François Joly 𝒞 04 68 82 07 54, Fax 04 68 82 62 95
◐ Tour Madeloc ❄★★ SO : 8 km puis 15 mn.

🏨 **Les Jardins du Cèdre** ⟨ 🚗 🍴 ⊐ 🅰🅲 ch, �️ ch, ᵗᵖ 🆑 🅿 🅿
ⓒⓞ *29 rte Banyuls – 𝒞 04 68 82 01 05* 🆅🅸🆂🅰 ⓒⓞ ⓘ
– www.lesjardinsducedre.com – Fax 04 68 82 22 13 – Fermé 15 nov.-20 déc.
et 7 janv.-1ᵉʳ fév.
19 ch – ♦62/108 € ♦♦62/108 €, ⊑ 9 € – 1 suite – ½ P 66/100 €
Rest – *(fermé lundi midi, merc. midi et mardi)* Menu 18 € (déj. en sem.), 35/46 € – Carte 44/62 €

♦ Vue étendue sur le port et la mer, jolie piscine, palmiers et... vieux cèdre du Liban caractérisent cet hôtel très séduisant. Chambres colorées progressivement rénovées. Coquet restaurant et terrasse ombragée où l'on apprécie une fine cuisine de terroir actualisée.

✗✗ **Côte Vermeille** ⟨ 🅰🅲 ⇆ 🆅🅸🆂🅰 ⓒⓞ 🅰🅴
quai Fanal, direction la criée – 𝒞 04 68 82 05 71 – Fax 04 68 82 05 71
– Fermé 1ᵉʳ-7 juil., 5 janv.-2 fév., dim. et lundi sauf juil.-août
Rest – Menu 29 € bc (déj. en sem.), 36/58 € – Carte 42/60 €⌀

♦ Table ancrée sur le port : le chef n'a que deux pas à faire pour trouver à la criée le meilleur de la marée du jour ! Goûteuses recettes aux saveurs méditerranéennes.

LA POTERIE – 22 Côtes-d'Armor – 309 H4 – rattaché à Lamballe

POUANÇAY – 86 Vienne – 322 F2 – 243 h. – alt. 73 m 39 C1
▶ Paris 348 – Poitiers 75 – Saumur 29 – Bressuire 56

✗✗ **Trésor Belge** 🚗 🍴
1 allée du Jardin Secret – 𝒞 05 49 98 72 25 – www.tresorbelge.com
– Fermé 1ᵉʳ-7 juil., 1ᵉʳ-7 sept., janv., lundi et mardi
Rest – *(nombre de couverts limité, prévenir)* (25 € bc) Menu 29/59 €
– Carte 34/52 €

♦ Une "ambassade" de la cuisine flamande où l'on déguste en toute convivialité de belles spécialités belges arrosées d'incontournables bières (plus de 40 sortes différentes !).

POUGUES-LES-EAUX – 58 Nièvre – 319 B9 – 2 510 h. – alt. 198 m 7 A2
– Casino – ✉ 58320 ▊ Bourgogne

▶ Paris 225 – Auxerre 123 – Bourges 65 – Nevers 12
🛈 Syndicat d'initiative, 42, avenue de Paris 𝒞 03 86 58 75 69, Fax 03 86 90 96 05

Hôtel des Sources sans rest 🔊   🚗 📶 & 📶 **P** 𝑽𝑰𝑺𝑨 ◉ 🄰🄴

r. Mignarderie – ℰ 03 86 90 11 90 – www.hoteldessources.fr – Fax 03 86 90 11 91

29 ch – †62 € ††62 €, ☐ 11 €

♦ Environnement calme, accueil convivial, proximité du casino et bons petits-déjeuners : voilà pour les atouts de cet hôtel familial. Chambres de bonne ampleur et fonctionnelles.

POUILLON – 40 Landes – **335** F13 – 2 746 h. – alt. 28 m – ⊠ 40350   **3** B3

▶ Paris 742 – Dax 16 – Mont-de-Marsan 69 – Orthez 28

🄳 Syndicat d'initiative, chemin de Lahitte ℰ 05 58 98 38 93, Fax 05 58 98 30 67

L'Auberge du Pas de Vent   🎋 ⇄ **P** 𝑽𝑰𝑺𝑨 ◉

281 av. du Pas de Vent – ℰ 05 58 98 34 65 – www.auberge-dupasdevent.com – Fax 05 58 98 34 65 – Fermé 26 oct.-13 nov., 22 fév.-8 mars, dim. soir, lundi soir, mardi soir et merc.

Rest – (12 €) Menu 20/36 € – Carte 38/45 €

♦ Le chef de cette sympathique auberge champêtre réalise une cuisine régionale qui remet à l'honneur de vieilles recettes de grand-mère. Terrain de "quilles de Neuf" attenant.

POUILLY-EN-AUXOIS – 21 Côte-d'Or – **320** H6 – 1 447 h. – alt. 390 m   **8** C2
– ⊠ 21320 ▮ Bourgogne

▶ Paris 270 – Avallon 66 – Beaune 42 – Dijon 44

🄳 Office de tourisme, le Colombier ℰ 03 80 90 74 24, Fax 03 80 90 74 24

🄸🄰 du Château de Chailly Chailly s/Armançon, O : 6 km par D 977, ℰ 03 80 90 30 40

De La Poste avec ch   🎋 📶 𝑽𝑰𝑺𝑨 ◉

pl. de la Libération – ℰ 03 80 90 86 44 – www.hoteldelapostepouilly.fr – Fax 03 80 90 75 99 – Fermé 14 nov.-5 déc., dim. soir et lundi

5 ch – †49/61 € ††49/61 €, ☐ 7 €

Rest – (13 € bc) Menu 19 € (sem.)/41 € – Carte 23/45 €

♦ Auberge en pierre sur la place centrale de cette petite localité bourguignonne. Salle à manger-véranda de style campagnard et choix traditionnel aux accents régionaux. Chambres spacieuses et modestes.

à Chailly-sur-Armançon 6,5 km à l'Ouest par D 977bis – 270 h. – alt. 387 m
– ⊠ 21320

Château de Chailly 🔊   🎵 ⛲ 🛁 🍽 🄸🄰 🚹 & ch, 🄰🄲 ch, 🛗 **P**

– ℰ 03 80 90 30 30 – www.chailly.com   𝑽𝑰𝑺𝑨 ◉ 🄰🄴 ◐

– Fax 03 80 90 30 00 – Fermé 13 déc.-22 janv. et 7-20 fév.

37 ch – †199/299 € ††199/299 €, ☐ 15 € – 8 suites

Rest L'Armançon – (fermé dim. et lundi) (dîner seult) Menu 50/100 € – Carte 65/95 €

Rest Le Rubillon – (fermé le soir sauf dim. et lundi) Menu 29 € (déj. en sem.), 34/42 €

♦ Une riche façade Renaissance, une autre rappelant son rôle défensif au Moyen-Âge : ce château agrémenté d'un vaste parc et d'un superbe golf offre à ses hôtes un cadre fastueux. Table classique et décor au diapason à L'Armançon. Terrasse tournée vers la piscine, buffets et plats traditionnels au Rubillon.

POUILLY-LE-FORT – 77 Seine-et-Marne – **312** E4 – voir à Paris, Environs (Sénart)

POUILLY-SOUS-CHARLIEU – 42 Loire – **327** D3 – 2 659 h.   **44** A1
– alt. 264 m – ⊠ 42720

▶ Paris 393 – Charlieu 5 – Digoin 43 – Roanne 15

Loire   🚗 🎋 ⇄ **P** 𝑽𝑰𝑺𝑨 ◉ 🄰🄴

r. de la Berge – ℰ 04 77 60 81 36 – www.restaurant-loire.fr – Fax 04 77 60 76 06 – Fermé 27 sept.-9 oct., 4-28 janv., dim. soir, lundi et mardi sauf juil.-août

Rest – (16 €) Menu 21 € (sem.)/70 € – Carte 31/82 €

♦ Cette auberge servait jadis fritures et grenouilles ; c'est aujourd'hui un élégant restaurant doté d'une terrasse dressée côté jardin où l'on propose une carte traditionnelle.

POUILLY-SUR-LOIRE – 58 Nièvre – 319 A8 – 1 767 h. – alt. 168 m   7 A2
– ⊠ 58150 ▮ Bourgogne

▶ Paris 200 – Bourges 58 – Clamecy 54 – Cosne-sur-Loire 18

🛈 Syndicat d'initiative, 17, quai Jules Pabiot ℰ 03 86 39 54 54, Fax 03 86 39 54 55

🎛🅱 **Relais de Pouilly**   🚗 🕭 & ch, 🅰🅲 ch, 🖇 🅿 VISA ஐ 🅰🅴 ①
⛓ rte de Mesves-sur-Loire, 3 km au Sud par D 28ᴬ – ℰ 03 86 39 03 00
– www.relaisdepouilly.com – Fax 03 86 39 07 47
24 ch – ♦55/70 € ♦♦74/80 €, ☷ 10 € – ½ P 74/78 €
Rest – (14 €) Menu 19/35 € – Carte 25/45 €
♦ Hôtel voisin de la cité vigneronne et d'une aire d'autoroute (accès piétonnier). Chambres actuelles et insonorisées tournées vers la réserve naturelle de la Loire. Restaurant ouvert sur le jardin, carte régionale, buffets, grillades et sélection de pouillys.

🟰🟰 **Le Coq Hardi-Relais Fleuri** avec ch   ⩽ 🚗 🕭 & ch, 🅰🅲 rest, 🖇 🅿
42 av. de la Tuilerie – ℰ 03 86 39 12 99 – www.lecoqhardi.fr   VISA ஐ
– Fax 03 86 39 14 15 – Fermé 22-29 déc., 16 fév.-8 mars, dim. soir et lundi d'oct. à avril
9 ch – ♦75 € ♦♦75 €, ☷ 11 €
Rest – (19 €) Menu 24 € (sem.)/59 € – Carte 52/93 €
♦ Nouveau départ pour cette vénérable hostellerie dont le charmant jardin borde la Loire : le chef qui a repris les rênes propose une cuisine traditionnelle à base de bons produits. Salle classique, avec de grandes baies vitrées. Chambres en cours de rénovation.

POULDREUZIC – 29 Finistère – 308 E7 – 1 814 h. – alt. 51 m – ⊠ 29710   9 A2

▶ Paris 587 – Audierne 17 – Douarnenez 17 – Pont-l'Abbé 15

🛈 Syndicat d'initiative, rue de la Mer ℰ 02 98 54 49 90

à Penhors Ouest: 4 km par D 40 – ⊠ 29710 Pouldreuzic

🎛🅱 **Breiz Armor** ⬙   ⩽ 🚗 🕭 🐚 🖇 🖇 🏊 🅿 VISA ஐ
⛓ à la plage – ℰ 02 98 51 52 53 – www.breiz-armor.fr – Fax 02 98 51 52 30
– Ouvert 4 avril-15 oct. et 26-31 déc.
36 ch – ♦72/84 € ♦♦72/87 €, ☷ 10 € – ½ P 74/85 €
Rest – (fermé lundi sauf le soir en juil.-août) Menu 15 € (déj. en sem.), 22/55 €
– Carte 26/57 €
♦ Ensemble moderne tourné vers l'océan. Plaisantes chambres rénovées en 2009 dans un style actuel. Nombreux "plus" : billard, solarium, fitness, sauna, vélos, buanderie, etc. À table, belle vue sur le large, saveurs marines et spécialités du pays bigouden.

LE POULDU – 29 Finistère – 308 J8 – ⊠ 29360 Clohars Carnoet   9 B2
▮ Bretagne

▶ Paris 521 – Concarneau 37 – Lorient 25 – Moëlan-sur-Mer 10

🅶 St-Maurice : site★ et ⩽★ du pont NE : 7 km.

🏠 **Le Panoramique** sans rest   & 🖇 🅿 VISA ஐ
🏠 au Kérou-plage – ℰ 02 98 39 93 49 – www.hotel-panoramique.fr
– Fax 02 98 96 90 16 – Ouvert 1ᵉʳ avril-4 nov.
25 ch – ♦49/65 € ♦♦49/65 €, ☷ 8 €
♦ Accueil très souriant dans cet hôtel bien tenu et aux installations de qualité. Petit-déjeuner dans une salle lumineuse avec vue sur mer, salons de lecture. Bar et TV.

POURVILLE-SUR-MER – 76 Seine-Maritime – 304 G2 – rattaché à Dieppe

POUZAY – 37 Indre-et-Loire – 317 M6 – rattaché à Ste-Maure-de-Touraine

LE POUZIN – 07 Ardèche – 331 K5 – 2 668 h. – alt. 90 m – ⊠ 07250   44 B3
▶ Paris 590 – Lyon 127 – Privas 16 – Valence 28

🎛🅰🎛 **La Cardinale**   ⟐ 🕭 🏊 🅰🅲 🖇 🅿 VISA ஐ
– ℰ 04 75 41 20 39 – www.lacardinale.net – Fax 04 75 43 45 66
– Fermé 9 oct.-9 nov. et 21 déc.-7 janv.
10 ch – ♦90/150 € ♦♦120/245 €, ☷ 19 €
Rest – (fermé lundi, mardi et merc. d'oct. à mai) (dîner seult) (prévenir)
Menu 35/38 € – Carte 32/55 €
♦ Cette maison en pierre, avec piscine, est entourée d'un parc aux essences choisies. De plain-pied, les chambres raffinées (superbes salles de bain) donnent sur une terrasse. Cuisine traditionnelle servie dans une salle intime au décor tendance.

PRADES ⚇ – 66 Pyrénées-Orientales – **344** F7 – 6 221 h. – alt. 360 m   **22** B3
– ⊠ 66500 ▮ Languedoc Roussillon

> ▶ Paris 892 – Mont-Louis 36 – Olette 16 – Perpignan 46
>
> ▮ Office de tourisme, 4, r. des Marchands ℰ 04 68 05 41 02, Fax 04 68 05 21 79
>
> ▮ de Marcevol à Arboussols Le Hameau de Marcevol, NE : 10 km par D 35,
> ℰ 04 68 96 18 08
>
> ◉ Abbaye St-Michel-de-Cuxa★★ S : 3 km - Village d'Eus★ NE : 7 km.

🏠 **Pradotel** sans rest   🚗 ⌫ ⅃ ⅃ ♿ 🅿 VISA ◍◍
av. Festival, sur la rocade – ℰ 04 68 05 22 66 – Fax 04 68 05 23 22
39 ch – †50/62 € ††54/72 €, ⊏ 8,50 €
♦ Bâtiment contemporain et fonctionnel. À l'arrière, belle perspective sur le Canigou depuis
les balcons ; terrasses pour les chambres de plain-pied côté piscine.

à Clara au Sud 5 km par D 35 – ⊠ 66500

✗✗ **Les Loges du Jardin d'Aymeric** avec ch ⌂   🚗 ⅃ 🅿 VISA ◍◍
7 rue du Canigou – ℰ 04 68 96 08 72 – Fax 04 68 96 08 72 – Fermé janv.
3 ch ⊏ – †55/75 € ††65/85 €
Rest – (fermé mardi soir et merc. d'oct. à mai) (nombre de couverts limité,
prévenir) Menu 34/50 €
♦ Dans un village au pied du Canigou, jolie bâtisse en pierre où vous serez accueillis comme
à la maison. Fine cuisine à base de beaux produits sélectionnés par le chef passionné. Chambres spacieuses à la fois sobres et colorées. Agréable piscine et jardin fleuri.

LE PRADET – 83 Var – **340** L7 – 10 603 h. – alt. 1 m – ⊠ 83220   **41** C3
▮ Côte d'Azur

> ▶ Paris 842 – Draguignan 76 – Hyères 11 – Toulon 10
>
> ▮ Office de tourisme, place Général-de-Gaulle ℰ 04 94 21 71 69,
> Fax 04 94 08 56 96
>
> ◉ Musée de la mine de Cap Garonne : grande salle★, 3 km au Sud par D 86.

aux Oursinières Sud : 3 km par D 86 – ⊠ 83320 Le Pradet

🏠🏠 **L'Escapade** sans rest ⌂   🚗 ⅃ ⅌ ⌂ VISA ◍◍
1 r. de la Tartane – ℰ 04 94 08 39 39 – www.hotel-escapade.com
– Fax 04 94 08 52 60 – Ouvert 12 mars-7 nov.
9 ch – †125/165 € ††125/300 €, ⊏ 13 € – 1 suite
♦ À 100 m de la mer, petites maisons nichées dans un beau jardin. La jolie salle des petits-
déjeuners borde la piscine. Chambres décorées "à la tyrolienne". Bon accueil.

✗✗ **La Chanterelle**   🚗 ☂ VISA ◍◍
50 r. de la Tartane – ℰ 04 94 08 52 60 – www.hotel-escapade.com
– Fermé 2 nov.-5 déc., 4 janv.-5 mars, lundi et mardi de sept. à avril
Rest – Menu 39/49 € – Carte 50/60 €
♦ Un plafond en bois sculpté agrémente la salle à manger ; aux murs, vitraux colorés repré-
sentant des natures mortes. Plaisant jardin fleuri. Cuisine régionale actualisée.

PRALOGNAN-LA-VANOISE – 73 Savoie – **333** N5 – 738 h.   **45** D2
– alt. 1 425 m – Sports d'hiver : 1 410/2 360 m ⅌1 ⅃13 ⅌ – ⊠ 73710
▮ Alpes du Nord

> ▶ Paris 634 – Albertville 53 – Chambéry 103 – Moûtiers 28
>
> ▮ Office de tourisme, avenue de Chasseforêt ℰ 04 79 08 79 08,
> Fax 04 79 08 76 74
>
> ◉ Site★ - Parc national de la Vanoise★★ - La Chollière★ SO : 1,5 km puis
> 30 mn - Mont Bochor ≤★ par téléphérique.

🏠 **Les Airelles** ⌂   ≤ ☂ ⅃ 🅿 ⌂ VISA ◍◍ AE
les Darbelays, 1 km au Nord – ℰ 04 79 08 70 32 – www.hotel-les-airelles.fr
– Fax 04 79 08 73 51 – Ouvert 5 juin-17 sept. et 18 déc.-15 avril
21 ch – †50/70 € ††75/96 €, ⊏ 8 € – ½ P 53/75 €
Rest – (20 €) Menu 23 € – le midi
♦ Avenante adresse des années 1980 située à l'orée de la forêt des Granges. Les chambres,
redécorées à la façon d'un chalet, offrent une belle vue sur les montagnes. Table régionale
chaleureuse et spécialités fromagères (tartiflettes, fondues, gratins...).

De la Vanoise ⬧   ⟨ 🛜 ⅃ ch. 🔥 P VISA ⬤ AE

– 𝒞 04 79 08 70 34 – www.hoteldelavanoise.fr – Fax 04 79 08 75 79 – Ouvert de
mi-juin à mi-sept. et 20 déc.-20 avril
32 ch ☑ – †40/65 € ††65/85 € – ½ P 55/93 €
Rest – (15 €) Menu 18/38 € – Carte 20/45 €

♦ Au cœur de la station, près des remontées mécaniques. Chambres simples et lambrissées
(dont quelques duplex), toutes dotées d'un balcon. Sauna. Plats traditionnels, savoyards ou
végétariens dans un cadre alpin (bois blond et tissus fleuris).

Du Grand Bec   ⟨ 🚗 🛜 ⅃ 🔥 ⅍ 🎐 🚙 VISA ⬤

– 𝒞 04 79 08 71 10 – www.hoteldugrandbec.fr – Fax 04 79 08 72 22
– Ouvert 1er juin-18 sept. et 19 déc.-13 avril
39 ch – †55/80 € ††60/125 €, ☑ 8 € – ½ P 52/78 €
Rest – Menu 22/45 € – Carte 20/45 €

♦ La crête du Grand Bec veille sur cette construction régionale postée à l'entrée de la station. Chambres montagnardes avec balcon (12 ont un salon). Restaurant aux tons chauds
et terrasse tournée vers le village et les sommets. Table traditionnelle et savoyarde.

PRA-LOUP – 04 Alpes-de-Haute-Provence – **334** H6 – rattaché à Barcelonnette

---

LE PRARION – 74 Haute-Savoie – **328** N5 – rattaché aux Houches

---

PRATS-DE-MOLLO-LA-PRESTE – 66 Pyrénées-Orientales – **344** F8   **22** B3
– 1 141 h. – alt. 740 m – ⊠ **66230** ▌ Languedoc Roussillon

▶ Paris 905 – Céret 32 – Perpignan 64

🛈 Office de tourisme, place du Foiral 𝒞 04 68 39 70 83, Fax 04 68 39 74 51
👁 Ville haute★.

Bellevue   🚗 AC rest. ⅋ P VISA ⬤ AE ①

pl. du Foiral – 𝒞 04 68 39 72 48 – www.hotel-le-bellevue.fr – Fax 04 68 39 78 04
– Fermé 1er déc.-11 fév., mardi et merc. du 6 nov. au 1er avril
17 ch – †42/55 € ††49/67 €, ☑ 10 € – ½ P 43/61 €
Rest – (14 €) Menu 22/50 € – Carte 41/55 €

♦ Bâtisse régionale dominant la place du foirail avec vue sur les remparts de la cité médiévale et la montagne. La moitié des chambres a été rénovée dans un esprit contemporain.
Charmante salle à manger aux tons pastel ; fine cuisine catalane actualisée.

à La Preste : 8 km – ⊠ 66230 Prats-de-Mollo-la-Preste – Stat. therm. : début
avril-mi nov.

Ribes ⬧   ⟨ ⅋ P VISA ⬤

– 𝒞 04 68 39 71 04 – www.hotel-ribes.com – Fax 04 68 39 78 02
– Ouvert 1er mai-24 oct.
16 ch – †47/50 € ††47/56 €, ☑ 8,50 € – ½ P 41/47 €
Rest – (10 €) Menu 17/30 € – Carte 28/48 €

♦ La ferme, isolée au milieu des prés, est devenue une sympathique hôtellerie familiale.
Chambres refaites par étapes, modestes mais bien tenues. Restaurant campagnard tourné
vers la vallée ; cuisine catalane en partie élaborée avec des produits d'élevage maison.

PRATZ – 39 Jura – **321** E8 – 569 h. – alt. 682 m – ⊠ **39170**   **16** B3

▶ Paris 460 – Besançon 130 – Lons-le-Saunier 47 – Genève 113

✗ Les Louvières   🚗 🛜 ⅃ P VISA ⬤ AE

– 𝒞 03 84 42 09 24 – www.leslouvieres.com – Fax 03 84 42 09 24 – Fermé
6-21 sept., 19 déc.-3 fév., dim. soir, lundi et mardi
Rest – (30 €) Menu 38/57 €

♦ Isolée, cette ferme de pays parfaitement rénovée offre un décor très contemporain sans
rien renier de son style montagnard. Cuisine actuelle proposée sur ardoise, vins du monde.

LE PRAZ – 73 Savoie – **333** M5 – rattaché à Courchevel

LES PRAZ-DE-CHAMONIX – 74 Haute-Savoie – **328** O5 – rattaché à
Chamonix-Mont-Blanc

PRAZ-SUR-ARLY – 74 Haute-Savoie – **328** M5 – 1 315 h.   **46** F1
– alt. 1 036 m – **Sports d'hiver : 1 036/2 070 m** ⚡12 ⚡ – ⊠ 74120

> ▶ Paris 602 – Albertville 28 – Chambéry 79 – Chamonix-Mont-Blanc 37
> 🛈 Office de tourisme, ✆ 04 50 21 90 57, Fax 04 50 21 98 08

🏨 **La Griyotire** ⌖   ⟨ ⊃ 🌐 **P** **VISA** **◉◉**
rte La Tonnaz – ✆ 04 50 21 86 36 – www.griyotire.com – Fax 04 50 21 86 34
– Ouvert 13 juin-12 sept. et 13 déc.-5 avril
16 ch – †102/114 € ††102/168 €, ⊊ 11 € – ½ P 91/97 €
Rest – (dîner seult) Menu 29/35 € – Carte 24/40 €
♦ Cet élégant chalet savoyard, à la fois central et paisible, dispose de très belles chambres
cosy et d'un salon-cheminée cossu. Hammam, sauna et massages. Au restaurant : chaleureux
cadre montagnard, spécialités savoyardes et plats classiques.

PREIGNAC – 33 Gironde – **335** J7 – **rattaché à Langon**

PRENOIS – 21 Côte-d'Or – **320** J5 – **rattaché à Dijon**

LE PRÉ-ST-GERVAIS – 93 Seine-Saint-Denis – **305** F7 – **101** 16 – **voir à Paris, Environs**

LA PRESTE – 66 Pyrénées-Orientales – **344** F8 – **rattaché à Prats-de-Mollo**

PRINGY – 74 Haute-Savoie – **328** J5 – **rattaché à Annecy**

PRIVAS **P** – 07 Ardèche – **331** J5 – 8 624 h. – alt. 300 m – ⊠ 07000   **44** B3
▌ Lyon Drôme Ardèche

> ▶ Paris 596 – Montélimar 34 – Le Puy-en-Velay 91 – Valence 41
> 🛈 Office de tourisme, 3, place du Général-de-Gaulle ✆ 04 75 64 33 35,
>   Fax 04 75 64 73 95
> ◉ Site ★.

🏨 **La Chaumette**   ⊃ ⼃ ⒶⒸ 🌐 ⼃ **P** **P** **VISA** **◉◉** **ⒶⒺ** **①**
av. du Vanel – ✆ 04 75 64 30 66 – www.hotelchaumette.fr – Fax 04 75 64 88 25
– Fermé vacances de la Toussaint et 2-15 janv.
36 ch – †59/77 € ††75/94 €, ⊊ 15 € – ½ P 69/90 €
Rest – (fermé sam. et dim. sauf le soir de juin à mi-oct.) (18 €) Menu 35/65 €
– Carte 50/80 €
♦ Cet hôtel à l'ambiance "Sud", établi en face du conseil général, vous réserve un accueil
aimable. Espaces communs aux tons ocre et chambres refaites par étapes. Repas au goût du
jour dans un cadre méridional contemporain ou sur la terrasse dominant la piscine.

🏠 **Les Châtaigniers**   ⼃ ⊃ ⼃ ⒶⒸ 🌐 ⼃ **P** **VISA** **◉◉** **ⒶⒺ** **①**
Côte du Baron, au Sud par D 2 (Plaine du Lac) – ✆ 04 75 66 39 60
⊷ – www.leschataigniers.fr – Fax 04 75 64 68 76
82 ch – †46/51 € ††49/54 €, ⊊ 8 € – ½ P 48/53 €
Rest – Menu 18 € (déj. en sem.), 21/32 € – Carte 26/41 €
♦ Avec ses chambres fonctionnelles et climatisées, cet hôtel constitue une étape toute trou-
vée sur la route du massif du Coiron. Petit-déjeuner servi au bar ou en terrasse. Une carte de
recettes traditionnelles est proposée dans la lumineuse salle à manger.

à Rochessauve 11km au Sud-Est par D2 et D 299 – 368 h. – alt. 300 m – ⊠ 07210

🏠 **Château de Rochessauve** ⌖   ⟨ ⫛ ⼃ ⊃ **P**
– ✆ 04 75 65 07 06 – www.chateau-de-rochessauve.com – Fermé 1er janv. à
Pâques et nov.
5 ch ⊊ – †100 € ††110/120 €
Table d'hôte – (fermé jeudi) Menu 20 € bc/40 € bc
♦ Les montagnes ardéchoises servent d'écrin à ce château très tranquille dont les chambres
dégagent une atmosphère raffinée. Les repas, composés de produits du terroir, sont servis
dans la salle à manger décorée d'objets de collection ou dans le patio en été.

PROJAN – 32 Gers – **336** A8 – 146 h. – alt. 157 m – ⊠ 32400   **28** A2
> ▶ Paris 742 – Pau 42 – Tarbes 60 – Toulouse 169

PROJAN

Le Château de Projan ♨   ⟨ 🕭 🍴 ⚒ ✕ 🌿 ♨ **P** ᴠɪsᴀ ⓪ ᴀᴇ
– ℰ 05 62 09 46 21 – www.chateau-de-projan.com – Fax 05 62 09 44 08 – *Fermé
vacances de la Toussaint, 20-27 déc., 5 fév.-9 mars et dim. hors saison*
7 ch – †95/125 € ††110/160 €, ☲ 13 € – ½ P 95/115 €
Rest – *(dîner seult)* Menu 35/46 €
♦ Ambiance de maison d'hôtes dans ce château blotti dans un parc au sommet d'une colline. Beau mobilier ancien et tableaux contemporains ornent chambres et salons. Lumineuse
salle à manger prolongée d'une terrasse où l'on sert des plats régionaux. Cours de cuisine.

PROPRIANO – 2A Corse-du-Sud – **345** C9 – **voir à Corse**

PROVINS ◁◯▷ – 77 Seine-et-Marne – **312** I4 – 11 871 h. – alt. 91 m   **19** D2
– ⊠ 77160 ▌ Champagne Ardenne

▶ Paris 88 – Châlons-en-Champagne 98 – Fontainebleau 55 – Sens 47

🛈 Office de tourisme, chemin de Villecran ℰ 01 64 60 26 26, Fax 01 64 60 11 97

◉ Ville Haute★★ AV : remparts★★ AY, Tour César★★ : ≼★ , Grange aux Dîmes★
   AV **E** - Place du Chatel★ - Portail central★ et groupe de statues★★ dans l'église
   St-Ayoul BV - Choeur★ de la collégiale St-Quiriace AV - Musée de Povins et du
   Provinois : collections de sculptures et de céramiques★ **M.**

ⓖ St-Loup-de-Naud : portail★★ de l'église★ 7 km par ④.

PROVINS

Alips (R. Guy)	AX	Cordonnerie (R. de la)	BV 24
Anatole-France (Av.)	AV 2	Courloison (R.)	BV 27
Arnoul (R. Victor)	BX 3	Couverte (R.)	AV 28
Balzac (Pl. Honoré-de)	BVX 4	Delort (Rue du Gén.)	BVX 29
Bellevue (Rampe de)	BX	Desmarets (R. Jean)	AV 30
Bordes (R. des)	BX 7	Dromigny (R. Georges)	AX
Bourquelot (R. Félix)	BV 8	Esternay (R. d')	BX
Bray (Rte de)	AX	Ferté (Av. de la)	BV 33
Briand (R. Aristide)	BX	Fourtier-Masson (R.)	BX 35
Canal (R. du)	AX	Friperie (R. de la)	BV 37
Carnot (Bd)	BX	Garnier (R. Victor)	BX 39
Champenoist (Rte de)	BX 13	Gd-Quartier-Gén. (Bd du)	BX 42
Changis (R. de)	BX 14	Hugues-le-Grand (R.)	BV 43
Châtel (Pl. du)	AV 18	Jacobins (R. des)	BV 44
Chomton (Bd Gilbert)	AX 19	Jean-Jaurès (Av.)	BX
Collège (R. du)	ABV 23	Leclerc (Pl. du Mar.)	AX 47
		Malraux (Av. André)	AVY
		Michelin (R. Maximilien)	AX
		Nanteuil (Rte de)	BV
Nocard (R. Edmond)	BVX 54		
Opoix (R. Christophe)	BV 57		
Palais (R. du)	AV 59		
Pasteur (Bd)	BV		
Plessier (Bd du Gén.)	BVX 64		
Pompidou (Av. G.)	BV 67		
Pont-Pigy (R. du)	BV 68		
Prés (R. des)	BV 69		
Rebais (R.)	BV		
Remparts (Allée des)	AV 72		
Ste-Croix (R.)	AV		
St-Ayoul (Pl.)	BV 73		
St-Jean (R.)	AV 74		
St-Quiriace (Pl.)	AV 77		
St-Syllas (Rampe)	BV		
Val (R. au)	BV 79		
Voulzie (Av. de la)	BX 85		
29e-Dragons (Pl. du)	BV 84		

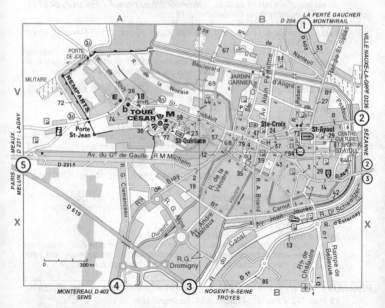

🏨 **Aux Vieux Remparts** 🕸   🛜 🔲 📶 🍴 ᢤ ch, 🆎 ch, ᛚ🏐 ᢤ **P** P
3 r. Couverte - ville haute – ℰ 01 64 08 94 00   𝘝𝘐𝘚𝘈 ⓸ 🆎 🅾
– www.auxvieuxremparts.com – Fax 01 60 67 77 22   **AVb**
40 ch – 🛉90/265 € 🛉🛉115/275 €, � 17 € – ½ P 135/195 €
Rest – Menu 28 € (sem.)/90 € – Carte 60/85 €
Rest *Le Petit Ecu* – ℰ 01 64 08 95 00 – (14 €) Menu 18 € (sem.)/29 €
– Carte 23/31 €
♦ Au cœur de la cité médiévale, cet ensemble de trois maisons propose des chambres au style actuel. Nouvel espace détente (piscine intérieure, sauna...). Cuisine classique servie dans trois salles à la décoration moyenâgeuse, rustique ou contemporaine ; belle terrasse d'été. Au Petit Écu, carte traditionnelle.

PRUNETE – 2B Haute-Corse – **345** F6 – **voir à Corse (Cervione)**

PUGIEU – 01 Ain – **328** G6 – **rattaché à Belley**

PUIMICHEL – 04 Alpes-de-Haute-Provence – **334** E9 – **252 h.**   **41** C2
– alt. 723 m – ✉ 04700

▶ Paris 744 – Avignon 159 – Digne-les-Bains 31 – Marseille 113

✗ **Chez Jules**   🛜 ᢤ 🆎 𝘝𝘐𝘚𝘈 ⓸
pl. du Village – ℰ 04 92 74 98 10 – Fermé 23 oct.-4 nov., 19 fév.-7 mars, le midi sauf vend., sam. de sept. à juin, mardi soir et merc. sauf juil.-août
Rest – Menu 15 € (déj. en sem.)/24 €
♦ Dans ce petit bistrot de village, on se régale d'une cuisine actuelle réalisée avec des produits 100 % terroir. Jolie salle provençale et terrasse ombragée par un acacia.

PUJAUDRAN – 32 Gers – **336** I8 – **rattaché à L'Isle-Jourdain**

PUJAUT – 30 Gard – **339** N4 – **3 881 h.** – **alt. 70 m** – ✉ 30131   **23** D2

▶ Paris 683 – Marseille 117 – Montpellier 95 – Orange 23

✗✗ **Entre Vigne et Garrigue** (Serge Chenet) avec ch   🚗 🛜 🔲 ᢤ rest,
7 chemin des Falaises, 2 km au Sud-Ouest   🆎 🏐 ᛚ🏐 **P** 𝘝𝘐𝘚𝘈 ⓸ 🆎
– ℰ 04 90 95 20 29 – www.vigne-et-garrigue.com – Fax 04 90 95 20 29 – Fermé
3 janv.-6 fév., dim. soir de mai à sept., mardi d'oct. à avril et lundi
4 ch ⊐ – 🛉125/145 € 🛉🛉135/145 €
Rest – (nombre de couverts limité, prévenir) (28 € bc) Menu 39/115 €
Spéc. Nage mousseuse de homard à la réglisse. Menu truffe (déc. à mars). Soufflé au citron, caramel d'orange. **Vins** Lirac, Côtes-du-Rhône Cairanne.
♦ L'alliance d'un cadre authentique – une ferme provençale isolée, entre falaises et vignobles – et d'une savoureuse cuisine classique (deux menus au choix). Décor simple, terrasse. Chambres personnalisées et gérées dans l'esprit d'une maison d'hôtes.

PUJOLS – 47 Lot-et-Garonne – **336** G3 – **rattaché à Villeneuve-sur-Lot**

PUJOLS – 33 Gironde – **335** K6 – **580 h.** – **alt. 60 m** – ✉ 33350   **4** C2

▶ Paris 560 – Bordeaux 51 – Mérignac 68 – Pessac 63

⌂ **Les Gués Rivières**   🚗 🛜 🆎 rest, 🏐 ᛚ🏐
5 pl. du Gén. de Gaulle – ℰ 05 57 40 74 73 – perso.orange.fr/margotte.olivier
– Fax 05 57 40 73 26 – Fermé 22 déc.-4 janv.
4 ch ⊐ – 🛉68 € 🛉🛉68 €   **Table d'hôte** – Menu 20/25 €
♦ Cette maison, ouvrant ses portes sur la place centrale du village, offre des chambres colorées et meublées avec goût. Petits-déjeuners gargantuesques et cuisine régionale servis, si le temps le permet, sur la superbe terrasse face aux vignobles et à St-Émilion.

✗✗ **La Poudette**   🚗 🛜 🏐 **P** 𝘝𝘐𝘚𝘈 ⓸
La Rivière, (sur D17) – ℰ 05 57 40 71 52 – www.lapoudette.com
– Fermé mi fév.-mi mars, dim. soir et mardi sauf juil.-août, mardi midi en juil.-août et lundi
Rest – (29 €) Menu 34 €
♦ Malgré son accès difficile, sa devanture anodine et son intérieur sobre, cette maison entourée d'un jardin sauvage vous réserve une belle cuisine actuelle et de saison.

PULIGNY-MONTRACHET – 21 Côte-d'Or – **320** I8 – **rattaché à Beaune**

PUPILLIN – 39 Jura – **321** E5 – **rattaché à Arbois**

PUTEAUX – 92 Hauts-de-Seine – **311** J2 – **101** 14 – **voir à Paris, Environs**

PUYCELCI – 81 Tarn – **338** C7 – 493 h. – alt. 258 m – ⊠ 81140   **29** C2

▶ Paris 637 – Albi 44 – Gaillac 25 – Montauban 40

🛈 Office de tourisme, chapelle Saint-Roch ℰ 05.63.33.20.47, Fax 05 63 33 19 25

⌂ **L'Ancienne Auberge** ⌚   🛐 𝔸ℂ ch, 🕯 🏊 𝚅𝙸𝚂𝙰 ⓸ 𝙰𝙴
pl. de l'Eglise – ℰ 05 63 33 65 90 – www.ancienne-auberge.com
– Fax 05 63 33 21 12
9 ch (½ P seult) – ½ P 68/85 €
Rest – (fermé dim. soir et lundi) Menu 24/40 € – Carte 26/42 €
♦ Auberge de caractère installée dans les murs d'une demeure du 13ᵉ s., au cœur d'un village fortifié. Chambres personnalisées et magnifique cheminée dans le salon. Arcades en pierre et vitraux (fin 19ᵉ s.) font le cachet du restaurant, par ailleurs assez simple.

LE PUY-DE-DÔME – 63 Puy-de-Dôme – **326** E8 – **voir à Clermont-Ferrand**

LE PUY-EN-VELAY P – 43 Haute-Loire – **331** F3 – 19 321 h.   **6** C3
– alt. 629 m – ⊠ 43000 🗔 Lyon Drôme Ardèche

▶ Paris 539 – Clermont-Ferrand 129 – Mende 87 – St-Étienne 76

🛈 Office de tourisme, 2, place du Clauzel ℰ 04 71 09 38 41, Fax 04 71 05 22 62

🖸 du Puy-en-Velay à Ceyssac Sénilhac, O : 7 km par D 590, ℰ 04 71 09 17 77

◎ Site ★★★ - L'île aux trésors ★★★ BY : cathédrale Notre-Dame ★★★ , cloître ★★ - Trésor d'art religieux ★★ dans la salle des États du Velay - St-Michel d'Aiguilhe ★★ AY - Peinture des arts libéraux ★ de la chapelle des Sacrements - Ancienne cité ★ - Musée Crozatier : collection lapidaire ★, dentelles ★

◎ Polignac ★ : ✳ ★ 5 km par ③.

⌂ **Du Parc**   🛐 𝔸ℂ 🕯 🏊 🚗 𝚅𝙸𝚂𝙰 ⓸ 𝙰𝙴
4 av. C. Charbonnier – ℰ 04 71 02 40 40 – www.hotel-du-parc-le-puy.com
– Fax 04 71 02 18 72   AZ**s**
15 ch – †75/195 € ††75/195 €, ⌂ 12 €
Rest François Gagnaire – voir ci-après
♦ Tout près du beau jardin Vinay, cet hôtel moderne joliment rénové propose des chambres séduisantes et fonctionnelles, dans un esprit design. Espace bar cosy.

⌂ **Regina**   🛐 & ch, 𝔸ℂ rest, 🕯 🏊 🚗 𝚅𝙸𝚂𝙰 ⓸ 𝙰𝙴 ⓪
34 bd Mar. Fayolle – ℰ 04 71 09 14 71 – www.hotelregina.com
– Fax 04 71 09 18 57   BZ**d**
25 ch – †53/110 € ††60/110 €, ⌂ 8,50 € – 3 suites – ½ P 64/120 €
Rest – (fermé dim. soir du 15 nov. au 15 mars) (17 €) Menu 23 € (sem.)/65 € bc
– Carte 35/69 €
♦ Ce bel immeuble (1905) possède un vrai cachet architectural. Chambres contemporaines récemment rénovées, chaleureuses et très souvent spacieuses. Salle à manger colorée ; cuisine traditionnelle avec quelques touches italiennes.

⌂ **Le Brivas**   🛐 ✿ 🛐 & 🕯 🏊 P 𝚅𝙸𝚂𝙰 ⓸ 𝙰𝙴
2 av. Charles Massot, à Vals-près-le-Puy par D 31- AZ ⊠ 43750
– ℰ 04 71 05 68 66 – www.hotel-le-brivas.com – Fax 04 71 05 65 88
– Fermé 17 déc.-10 janv., dim. soir du 15 oct. au 15 avril, vend. soir et sam. midi
48 ch – †58/89 € ††58/89 €, ⌂ 8,50 € – ½ P 52/66 €
Rest – (14 €) Menu 20/43 € – Carte 20/49 €
♦ Ce hôtel moderne d'un quartier résidentiel au sud du Puy propose des chambres fonctionnelles. Agréable jardin-terrasse au bord d'une rivière ; espace bien-être. Restaurant relooké dans un esprit actuel pour une cuisine traditionnelle de produits régionaux.

LE PUY-EN-VELAY

Le Val Vert
&ch, ⁱⁿ P VISA ⚭ AE

6 av. Baptiste Marcet, 1,5 km par N 88 et rte Mende par ② – ℰ 04 71 09 09 30
– www.hotelvalvert.com – Fax 04 71 09 36 49
– Fermé 25 déc.-9 janv.
23 ch – †45/60 € ††47/60 €, ⊑ 9 € – ½ P 53/57 €
Rest – *(fermé sam. midi de nov. à juin)* (15 € bc) Menu 20/40 €
– Carte 44/54 €

♦ Chambres colorées et chaleureuses avec, pour certaines, douche à jets, écran plat et décoration à l'italienne. Bonne insonorisation qui permet d'oublier la rue très passante. Cuisine traditionnelle servie dans une salle à manger coquette, ouverte sur le village.

François Gagnaire – Hôtel Du Parc
& AC VISA ⚭ AE
✿

4 av. C. Charbonnier – ℰ 04 71 02 75 55
– www.francois-gagnaire-restaurant.com – Fax 04 71 02 18 72
– Fermé 25 juin-8 juil., 2-15 nov., vacances de fév., merc. sauf le soir d'avril à oct., dim. midi, lundi midi, mardi midi en juil.-août, dim. soir et lundi AZa
Rest – (30 €) Menu 48/92 € – Carte 68/77 €
Spéc. Gaspacho de lentilles vertes du Puy à la truffe (été). Souris d'agneau "noire du Velay" confite aux écorces d'orange et coriandre (automne-hiver). Perles rouges du Velay et crémeux à la verveine verte (été). **Vins** Côtes d'Auvergne, Saint-Pourçain.

♦ Ce restaurant au cadre contemporain et raffiné, égayé de lithographies de Raoul Dufy, séduit par sa belle cuisine personnalisée, mariant le terroir et les saveurs d'ailleurs.

Tournayre
AC VISA ⚭ AE
☺

12 r. Chênebouterie – ℰ 04 71 09 58 94
– www.restaurant-tournayre.com – Fax 04 71 02 68 38
– Fermé 1ᵉʳ-7 sept., 2-31 janv., merc. soir, dim. soir et lundi AYf
Rest – Menu 23/67 € – Carte 45/80 €

♦ Croisées d'ogives, pierres apparentes, boiseries et fresques composent le décor de cette ancienne chapelle (16ᵉ s.) où l'on goûte une cuisine auvergnate généreuse et bien faite.

Le Poivrier
& AC VISA ⚭ AE

69 r. Pannessac – ℰ 04 71 02 41 30
– www.lepoivrier.fr – Fax 04 71 02 59 25
– Fermé dim. sauf le soir en août, lundi soir et mardi soir AYv
Rest – (16 €) Menu 23/36 € – Carte 33/41 €

♦ Restaurant au style design épuré, assez tendance et non dénué de convivialité. Exposition de photographies. Spécialités de viande de bœuf de Haute-Loire.

Comme à la Maison
VISA ⚭
☺

7 r. Séguret – ℰ 04 71 02 94 73 – www.restaurant-43.com
– Fermé 2-16 janv., 19-26 avril, 20-30 sept., sam. midi, dim. soir et lundi sauf en saison AYu
Rest – (17 €) Menu 23/53 € – Carte 39/53 €

♦ Caché dans la vieille ville, ce bistrot "gourmand" sert une bonne cuisine au goût du jour dans un cadre mi-contemporain, mi-rustique. Agréable patio-terrasse au grand calme.

Bambou et Basilic
VISA ⚭ AE

18 r. Grangevieille – ℰ 04 71 09 25 59 – www.bambou-basilic.com
– Fax 04 71 09 25 59 – Fermé dim. et lundi AYb
Rest – (17 €) Menu 24/45 €

♦ La jeune chef s'inspire des quatre coins du monde pour réaliser une cuisine du marché personnelle et inventive, aidée de son époux pâtissier. Salle intimiste d'esprit bistrot.

à Espaly-St-Marcel 3 km par ③ – 3 586 h. – alt. 650 m – ⊠ 43000

L'Ermitage sans rest
& ⁱⁿ ⅃ P VISA ⚭ AE

73 av. de l'Ermitage, rte de Clermont-Ferrand – ℰ 04 71 07 05 05
– www.hotelermitage.com – Fax 04 71 07 05 00
– Fermé janv. et fév.
20 ch – †50/75 € ††50/75 €, ⊑ 10 €

♦ Un hôtel dont la terrasse offre une vue panoramique sur le site du Puy. Chambres fonctionnelles et calmes ; celles côté sud regardent la campagne.

XX **L'Ermitage** ⌂ **P** *VISA* ⊚⊚
73 av. de l'Ermitage, rte de Clermont-Ferrand – ℰ 04 71 04 08 99
– Fax 04 71 04 25 72 – Fermé 30 août-6 sept., 18-25 oct., 11 janv.-1ᵉʳ fév., dim.
soir et lundi
Rest – (19 €) Menu 23 € (sem.)/53 € – Carte 35/57 €
♦ Cette ferme joliment restaurée a conservé son cachet rustique et dégage une atmosphère cosy. Cuisine traditionnelle, servie sur la terrasse ombragée en été.

PUY-GUILLAUME – 63 Puy-de-Dôme – **326** H7 – 2 668 h. – alt. 285 m   **6** C2
– ✉ 63290

▶ Paris 374 – Clermont-Ferrand 53 – Lezoux 27 – Riom 35

⌂ **Relais Hôtel de Marie** ⌂ |▤| ⅗ ch, % ⁽¹⁾ **P** *VISA* ⊚⊚ **AE**
⊜ *13 av. Edouard Vaillant – ℰ 04 73 94 18 88 – www.hotel-marie.com*
– Fax 04 73 94 73 98 – Fermé vend. soir hors saison, dim. soir et lundi
14 ch – †38/50 € ††48/62 €, ⌂ 6 € – ½ P 40/45 €
Rest – (10 €) Menu 18/36 € – Carte 24/35 €
♦ Pratique pour l'étape, immeuble récemment ravalé et modernisé, abritant des petites chambres actuelles et fonctionnelles, plus calmes côté parking. Salle de restaurant aux couleurs chaleureuses, où l'on sert des plats traditionnels et régionaux.

PUY-L'ÉVÊQUE – 46 Lot – **337** C4 – 2 178 h. – alt. 130 m – ✉ 46700   **28** B1
▋ Périgord Quercy

▶ Paris 601 – Agen 71 – Cahors 31 – Gourdon 41
🅸 Syndicat d'initiative, place de la Truffière ℰ 05 65 21 37 63,
Fax 05 65 21 37 63

⌂⌂ **Bellevue** ⩽ |▤| ⅗ ch, 🄰🄲 *VISA* ⊚⊚
⊜ *pl. Truffière – ℰ 05 65 36 06 60 – www.hotelbellevue-puyleveque.com*
– Fax 05 65 36 06 61 – Fermé 15 nov.-2 déc., 5 janv.-4 fév.
11 ch – †68/96 € ††68/96 €, ⌂ 12 € – ½ P 70/86 €
Rest Côté Lot – *(fermé dim. soir et lundi)* Menu 14 € (déj. en sem.), 21/35 €
– Carte 21/34 € le midi ⊞
Rest L'Aganit – *(fermé dim. soir et lundi)* Menu 14 € (déj. en sem.), 21/23 €
– Carte 21/34 €
♦ L'hôtel, bâti sur un éperon dominant le Lot, mérite bien son nom. Les chambres, spacieuses, sont contemporaines et personnalisées. Cuisine inventive et vue étendue sur la vallée au restaurant Côté Lot. Véranda, plats du terroir et esprit brasserie à L'Aganit.

à Touzac 8 km à l'Ouest par D 8 – 345 h. – alt. 75 m – ✉ 46700

🄶 Château de Bonaguil★★ N : 10,5 km.

⌂⌂ **De la Source Bleue** ⌂ ⏃ ⌂ ⅗ ch, % ⌂ 🅂🄰 **P** *VISA* ⊚⊚ **AE** ⓪
– ℰ 05 65 36 52 01 – www.hotel-sourcebleue.com – Fax 05 65 24 65 69
– Ouvert 5 avril-8 nov.
12 ch – †80/120 € ††90/140 €, ⌂ 10 € – 7 suites – ½ P 82/106 €
Rest – *(fermé le midi sauf dim.)* Menu 25/45 € – Carte 38/48 €
♦ Dans une jolie bambouseraie au bord du Lot, ex-moulins du 14ᵉ s. convertis en hôtel où vous séjournerez dans d'élégantes chambres, claires, épurées, apaisantes. Une dépendance du 17ᵉ s. abrite le restaurant : belle charpente et murs en pierre, carte actuelle.

à Mauroux 12 km au Sud-Ouest par D 8 et D 5 – 500 h. – alt. 213 m – ✉ 46700

🅸 Syndicat d'initiative, le Bourg ℰ 05 65 30 66 70, Fax 05 65 36 49 64

⌂⌂ **Hostellerie le Vert** ⌂ ⩽ ⌂ ⌂ ⏃ 🄰🄲 ch, % ch, ⁽¹⁾ **P** *VISA* ⊚⊚
Lieu dit "Le Vert" – ℰ 05 65 36 51 36 – www.hotellevert.com – Fax 05 65 36 56 84
– Ouvert 1ᵉʳ avril-31 oct.
6 ch – †85/130 € ††85/130 €, ⌂ 10 € – ½ P 83/105 €
Rest – *(fermé dim.)* (dîner seult) Menu 28/45 € – Carte 38/56 €
♦ Ambiance chaleureuse dans cette ferme quercynoise du 14ᵉ s. perdue en pleine nature. Chambres personnalisées où cohabitent mobilier de style et meubles campagnards. Cuisine traditionnelle revisitée servie sous les poutres rustiques de la salle à manger.

à Anglars-Juillac 8 km à l'Est par D 811 et D 67 – 334 h. – alt. 98 m – ⊠ 46140

XX   **Clau del Loup** avec ch ⊗   🍴 🛏 ▦ **P** VISA ⚫⚫

Métairie Haute, D 8 – ℰ 05 65 36 76 20 – www.claudelloup.com
– *Fax 05 65 36 76 29 – Fermé mardi soir et merc. soir hors saison*
4 ch ⊷ – ♦50/110 € ♦♦50/110 € – ½ P 96/107 €
Rest – (18 € bc) Menu 29/55 € – Carte 38/55 €

♦ Accueil familial dans cette belle demeure (1818) dans un jardin arboré. Cuisine actuelle servie dans une ravissante salle à manger ou en terrasse, sous de vieux platanes. Chambres plaisantes et soignées, panachant divers styles de mobilier.

PUYLOUBIER – 13 Bouches-du-Rhône – **340** J4 – 1 671 h. – alt. 380 m   **40** B3
– ⊠ 13114

   🚩 Paris 783 – Avignon 110 – Digne-les-Bains 133 – Marseille 55
   🛈 Syndicat d'initiative, square Jean Casanova ℰ 04 42 66 34 45

X   **Les Sarments**   🍴 AC VISA ⚫⚫ ⓪

4 r. Qui Monte – ℰ 04 42 66 31 58 – Fermé 19 déc.-10 fév., mardi sauf le soir
de juin à sept. et lundi
Rest – Menu 33/45 €

♦ La courte carte de ce restaurant sis dans une charmante maison en pierre du pays cache un vrai savoir-faire au service d'une bonne cuisine créative. Belle terrasse ombragée.

PUYMIROL – 47 Lot-et-Garonne – **336** G4 – 923 h. – alt. 153 m   **4** C2
– ⊠ 47270 ▯ Aquitaine

   🚩 Paris 649 – Agen 17 – Moissac 35 – Villeneuve-sur-Lot 30
   🛈 Syndicat d'initiative, 7, place Maréchal Leclerc ℰ 05 53 67 80 40,
   Fax 05 53 95 32 38

🏠🏠🏠   **Michel Trama** ⊗   🍴 ⃞ AC ⅍ 🚗 VISA ⚫⚫ AE ⓪
❀❀❀ *52 r. Royale* – ℰ 05 53 95 31 46
– www.aubergade.com – Fax 05 53 95 33 80
– *Fermé 2 sem. en nov., dim. soir et lundi hors saison, lundi midi en saison et
mardi midi*
9 ch – ♦270/500 € ♦♦270/500 €, ⊷ 30 € – 1 suite – ½ P 325 €
Rest – Menu 76/160 € – Carte 120/200 €🍷

Spéc. Papillote de pomme de terre en habit vert à la truffe. Hamburger de foie gras chaud aux cèpes. Assiette des cinq sens. **Vins** Buzet, Côtes de Duras.

♦ Murs des 13e et 17e s. (ancienne résidence des comtes de Toulouse), décor opulent signé Jacques Garcia, équipements luxueux : un établissement d'un confort suprême. Au restaurant, richissime livre de cave et assiettes inventives où les effets visuels laissent transparaître le geste du chef.

PUY-ST-PIERRE – 05 Hautes-Alpes – **334** H3 – rattaché à Briançon

---

PUY-ST-VINCENT – 05 Hautes-Alpes – **334** G4 – 285 h. – alt. 1 325 m   **41** C1
– **Sports d'hiver :** 1 400/2 700 m ✂16 ⅍ – ⊠ 05290 ▯ Alpes du Sud

   🚩 Paris 700 – L'Argentière-la-Bessée 10 – Briançon 21 – Gap 83
   🛈 Office de tourisme, les Alberts ℰ 04 92 23 58 42
   ◉ Les Prés ⩥★ SE : 2 km - Église★ de Vallouise N : 4 km.

🏠   **La Pendine** ⊗   ⩤ 🍴 🛏 ⅍ **P** VISA ⚫⚫ AE
⊜⊝ *aux Prés, 1 km à l'Est par D 404* – ℰ 04 92 23 32 62
– www.lapendine.com – Fax 04 92 23 46 63
⊛ – *Ouvert 20 juin-31 août et 16 déc.-6 avril*
25 ch ⊷ – ♦54/70 € ♦♦70/102 € – ½ P 57/71 €
Rest – (14 €) Menu 19 € (déj. en sem.), 24/36 € – Carte 27/49 €

♦ Perché sur les hauteurs, cet hôtel habillé de bois abrite des chambres décorées dans le style montagnard, certaines avec balcon. Au restaurant, on déguste des plats traditionnels en admirant le panorama sur la vallée de la Vallouise et le massif des Écrins.

⌂ **Saint-Roch** ॐ ← 🏠 🍴 ☴ 🛎 ♨ 🛜 *VISA* ⓪
🍴 *aux Prés, 1 km à l'Est par D 404 –* ☎ *04 92 23 32 79*
– www.hotel-st-roch.com – Fax 04 92 23 45 11
– Ouvert 20 juin-31 août et 20 déc.-4 avril
15 ch – ♦90/94 € ♦♦90/94 €, � 12 € – ½ P 75/90 €
Rest – Menu 16 € (sem.)/37 €
♦ Complexe des années 1970 idéalement situé au pied des pistes. Les chambres, amples, simples et fonctionnelles, bénéficient d'un balcon côté sud. Salle à manger et terrasse face aux Pelvoux et à la Barre des Écrins. À midi en hiver, on y propose une formule self.

PYLA-SUR-MER – 33 Gironde – **335** D7 – ✉ 33115   **3** B2
▌ Pays Basque et Navarre

▶ Paris 648 – Arcachon 8 – Biscarrosse 34 – Bordeaux 66
🛈 Syndicat d'initiative, 2, avenue Ermitage ☎ 05 56 54 02 22,
   Fax 05 56 22 58 84
◉ Dune du Pilat★★.

Voir plan d'Arcachon agglomération.

✕✕ **L'Authentic d'Éric Thore** 🏠 **AC** *VISA* ⓪ **AE** ⓪
🍴 *35 bd de l'Océan –* ☎ *05 56 54 07 94*
– Fermé dim. soir et merc. sauf juil.-août   AY**e**
Rest – Menu 18 € (déj. en sem.), 29/60 € – Carte 52/83 €
♦ Une table rénovée dans un esprit chaleureux et contemporain (tons brun et sable). Pergola appréciable aux beaux jours. La cuisine, créative, privilégie les produits du terroir.

QUARRÉ-LES-TOMBES – 89 Yonne – **319** G7 – 716 h. – alt. 457 m   **7** B2
– ✉ 89630 ▌ Bourgogne

▶ Paris 233 – Auxerre 73 – Avallon 18 – Château-Chinon 49
🛈 Syndicat d'initiative, rue des Ecoles ☎ 03 86 32 22 20,
   Fax 03 86 32 23 43

⌂ **Du Nord** 🏠 ♿ **AC** rest, ♚ 🛜 *VISA* ⓪ **AE**
25 pl. de l'Église – ☎ *03 86 32 29 30*
– www.hoteldunord-morvan.com – Fax 03 86 32 29 31
– Fermé 5 nov.-16 fév., lundi et jeudi
8 ch – ♦48/55 € ♦♦58/75 €, ☷ 9 € – 2 suites – ½ P 55/65 €
Rest – Menu 23 € (sem.)/34 € – Carte 30/40 €
♦ Situé face à la célèbre église St-Georges, cet ancien relais de poste a été restauré avec goût. Chambres confortables garnies de jolis meubles anciens. Atmosphère de bistrot rétro au restaurant où l'on apprécie une cuisine traditionnelle.

✕✕ **Le Morvan** avec ch 🚗 🏠 ♿ ch, ♚ **P** *VISA* ⓪ **AE**
☺ *6 r. des Écoles, face au Parc Municipal –* ☎ *03 86 32 29 29*
🍴 – www.le-morvan.fr – Fax 03 86 32 29 28
– Fermé 6 déc.-5 mars, merc. midi sauf juil.-août, lundi et mardi
8 ch – ♦50/70 € ♦♦56/76 €, ☷ 10 € – ½ P 60/70 €
Rest – Menu 23/50 € – Carte 38/65 €
♦ Accueil chaleureux dans cette sympathique auberge et cuisine actuelle soignée, servie dans le cadre plaisant d'une salle aux poutres apparentes. Chambres confortables.

aux Lavaults 5 km au Sud-Est par D 10 – ✉ 89630 Quarré-les-Tombes

✕✕✕ **Auberge de l'Âtre** avec ch ॐ 🚗 🏠 ♿ ♚ 🔊 **P** *VISA* ⓪ **AE** ⓪
– ☎ *03 86 32 20 79* – www.auberge-de-latre.com – Fax 03 86 32 28 25
– Fermé 20 juin-4 juil., 16 fév.-14 mars, mardi et merc.
7 ch – ♦58/60 € ♦♦88/95 €, ☷ 10 €
Rest – (prévenir) Menu 29 € (sem.)/59 € – Carte 49/80 € ❀
♦ En pleine campagne, ferme de pays rustique à souhait (belles cheminées). Cuisine de terroir, spécialité de champignons et carte des vins étoffée. Grandes chambres classiques.

QUÉDILLAC – 35 Ille-et-Vilaine – **309** J5 – 1 036 h. – alt. 85 m – ⊠ 35290   10 C2
- ▶ Paris 389 – Dinan 30 – Lamballe 45 – Loudéac 57

XXX **Le Relais de la Rance** avec ch   🛜 🅿 𝚅𝙸𝚂𝙰 ⦿ 𝔸𝔼
  6 r. de Rennes – ℰ *02 99 06 20 20 – Fax 02 99 06 24 01 – Fermé 20 déc.-20 janv.,*
  vend. soir et dim. soir
  13 ch – †55/75 € ††55/75 €, ☲ 10 € – ½ P 68/78 €
  Rest – (16 €) Menu 20/68 € – Carte 44/60 €
  ♦ Maison villageoise en granit abritant deux élégantes salles à manger et des chambres
  agréablement rénovées. Goûteuse cuisine traditionnelle ; un menu est dédié au terroir.

LES QUELLES – 67 Bas-Rhin – **315** G6 – **rattaché à Schirmeck**

QUELVEN – 56 Morbihan – **308** M6 – **rattaché à Pontivy**

QUEND – 80 Somme – **301** C6 – 1 376 h. – alt. 5 m – ⊠ 80120   36 A1
- ▶ Paris 209 – Amiens 91 – Boulogne-sur-Mer 58 – Abbeville 35
- 🄸 Office de tourisme, 8 bis, av. Vasseur ℰ 09 63 40 47 15, Fax 03 22 23 32 04

▮▯ **Les Augustines** sans rest   ᵫ 🅿 𝚅𝙸𝚂𝙰 ⦿ 𝔸𝔼
  18 rte de la plage Monchaux – ℰ *03 22 23 54 26 – www.hotel-augustines.com*
  – Fax 03 22 24 10 53
  15 ch – †68/80 € ††68/80 €, ☲ 10 €
  ♦ Hôtel aux petites chambres toutes identiques, de plain-pied, décorées dans des tons clairs.
  Une adresse bien sympathique, idéale pour séjourner dans ce beau coin de nature.

QUENZA – 2A Corse-du-Sud – **345** D9 – **voir à Corse**

QUESTEMBERT – 56 Morbihan – **308** Q9 – 6 585 h. – alt. 100 m   10 C3
– ⊠ 56230 ▮ Bretagne
- ▶ Paris 445 – Ploërmel 32 – Redon 34 – Rennes 96
- 🄸 Office de tourisme, 15, rue des Halles ℰ 02 97 26 56 00, Fax 02 97 26 54 55

XXX **Le Bretagne et sa Résidence** (Alain Orillac) avec ch 🛋 ᵫ ch, 🛜
🞧 *r. St-Michel* – ℰ *02 97 26 11 12*   🅿 𝚅𝙸𝚂𝙰 ⦿ 𝔸𝔼 ⓞ
  – www.résidence-le-bretagne.com – Fax 02 97 26 12 37
  – Fermé 16-30 nov. et 11-31 janv.
  9 ch – †70/90 € ††90/150 €, ☲ 15 € – ½ P 125/145 €
  Rest – (Fermé dim. soir et mardi midi d'oct. à avril et lundi) (prévenir) (26 €)
  Menu 32 € (sem.)/105 € – Carte 77/145 €🕮
  Spéc. Huîtres en paquets sous un beurre mousseux à l'estragon. Homard bleu
  rôti au beurre de corail. Sablé aux marrons, pomme cuite façon Tatin, tuile au
  caramel (oct. à fév.). **Vins** Muscadet de Sèvre-et-Maine sur lie, Saumur blanc.
  ♦ Ce restaurant vous reçoit dans son élégante salle habillée de boiseries ou dans son jardin
  d'hiver ; cuisine inventive. Chambres très confortables dans l'annexe.

QUETTEHOU – 50 Manche – **303** E2 – 1 544 h. – alt. 14 m – ⊠ 50630   32 A1
▮ Normandie Cotentin
- ▶ Paris 345 – Barfleur 10 – Cherbourg 29 – St-Lô 66
- 🄸 Office de tourisme, place de la Mairie ℰ 02 33 43 63 21, Fax 02 33 43 63 21

🏠 **Demeure du Perron** sans rest ⤵   🛋 ᵫ 🛜 🕭 🅿 𝚅𝙸𝚂𝙰 ⦿ ⓞ
  rte de St-Vaast – ℰ *02 33 54 56 09 – www.demeureduperron.com*
  – Fax 02 33 43 69 28 – Fermé dim. soir du 15 nov. au 31 mars
  20 ch ☲ – †60 € ††78 €
  ♦ Pavillons disséminés dans un agréable jardin où l'on petit-déjeune en été. Chambres parfaitement tenues, mais diverses en taille et en styles (récentes ou plus rustiques).

X **Auberge de Ket Hou**   𝚅𝙸𝚂𝙰 ⦿ 𝔸𝔼
🞧 *17 r. de Gaulle* – ℰ *02 33 54 40 23 – Fax 02 33 54 02 11 – Fermé dim. soir et lundi*
  Rest – (15 €) Menu 19/43 € – Carte 28/49 €
  ♦ Cette auberge de village située au bord de la route départementale propose une cuisine
  traditionnelle dans un cadre champêtre où dominent les vieilles pierres et le bois.

LA QUEUE-EN-BRIE – 94 Val-de-Marne – **312** E3 – **101** 29 – **voir à Paris,**
Environs

QUÉVEN – 56 Morbihan – **308** K8 – 8 707 h. – alt. 50 m – ⊠ 56530   **9** B2

▶ Paris 505 – Rennes 154 – Vannes 61 – Lorient 9

⌂ **Manoir de Kerlebert** sans rest ֎   🔊 «º» **P**
r. de Kerlebert – ℰ 02 97 80 22 37 – www.manoir-kerlebert.com
– Fax 02 97 80 20 83
4 ch ⌂ – ✝50 € ✝✝60 €
♦ Au milieu d'un parc, cette belle longère du 17ᵉ s., remaniée dans les années 1950, offre un cadre feutré de bon goût. Salon, billard, bibliothèque. Chambres romantiques ou marines.

QUEYRIÈRES – 43 Haute-Loire – **331** G3 – 312 h. – alt. 1 110 m   **6** C3
– ⊠ 43260

▶ Paris 563 – Clermont-Ferrand 149 – Le Puy-en-Velay 22 – Saint-Étienne 67

⌂ **La Boria delh Castel** ֎   🖼
🕏 Le bourg – ℰ 04 71 57 70 81 – www.laboria-queyrieres.com – Fax 04 71 57 70 81
4 ch ⌂ – ✝46 € ✝✝54 €   **Table d'hôte** – Menu 18 € bc
♦ Décoration rustique de qualité dans cette ancienne ferme du 18ᵉ s., au cœur du Meygal et sur le chemin de St-Jacques-de-Compostelle. Idéal pour se ressourcer au calme. À la table d'hôte, cuisine classique actualisée par la patronne.

QUIBERON – 56 Morbihan – **308** M10 – 5 056 h. – alt. 10 m – **Casino**   **9** B3
– ⊠ 56170 📗 Bretagne

▶ Paris 505 – Auray 28 – Concarneau 98 – Lorient 47
🄸 Office de tourisme, 14, rue de Verdun ℰ 08 25 13 56 00, Fax 02 97 30 58 22
◎ Côte sauvage★★ NO : 2,5 km.

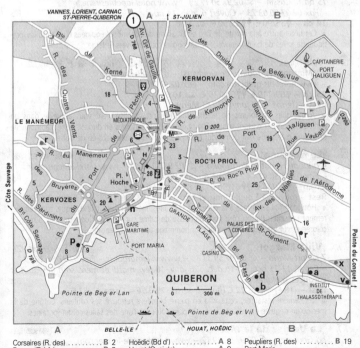

🏨🏨🏨 **Sofitel Thalassa** ⟨ ⟨ 🚗 🛖 🖥 ⊕ 🛏 ✖ 📱 ⊕ ✖ rest, 🛜 ⊈ ⊂⊐ 📦
pointe de Goulvars – ✆ 02 97 50 20 00   🚾 ⊕ AE ⊕
– www.accorthalassa.com – Fax 02 97 50 46 32 – Fermé 3-24 janv.   B**a**
133 ch – ♦147/347 € ♦♦168/441 €, � 25 € – 2 suites
Rest – (38 €) Menu 50 € – Carte 30/70 €
◆ Séjour iodé dans ce complexe hôtelier agréablement situé face à la plage et directement
relié à l'institut de thalassothérapie. Chambres plus spacieuses côté océan. Classique et diététique, la cuisine de cet établissement répond à l'appel du grand large.

🏨🏨🏨 **Sofitel Diététique** ⟨ ⟨ 🚗 🛖 🖥 ⊕ 🛏 ✖ 📱 ⊕ ch, ✖ rest, 🛜 📦
pointe de Goulvars – ✆ 02 97 50 20 00   🚾 ⊕ AE ⊕
– www.accorthalassa.com – Fax 02 97 30 47 63 – Fermé 3-23 janv.   B**v**
78 ch Pension seulement – 2 suites – P 285/315 €   **Rest** – Menu 50 €
◆ Cet hôtel accueille les curistes de l'institut de thalassothérapie (accès direct). Les chambres
sont toutes dotées de loggias et tournées vers la mer. Menus diététiques.

🏨🏨 **Bellevue** ⟨⟨   ⌐ 🛜 📱 🚾 ⊕ AE
r. Tiviec – ✆ 02 97 50 16 28 – www.bellevuequiberon.com – Fax 02 97 30 44 34
– Ouvert avril-sept.   B**d**
38 ch – ♦54/102 € ♦♦60/120 €, � 10 € – ½ P 62/92 €
Rest – Menu 26/30 € – Carte 28/40 €
◆ Architecture passe-partout, mais intérieur printanier : gamme étendue de couleurs dans
des chambres équipées de terrasses ; certaines offrent une échappée sur l'océan. Menu du
jour et petite carte au registre traditionnel servis dans un cadre lumineux.

🏨🏨 **La Petite Sirène** sans rest   ⟨ 🚗 ⊕ 📱 🚾 ⊕
15 bd R. Cassin – ✆ 02 97 50 17 34 – www.hotel-lapetitesirene.fr
– Fax 02 97 50 03 73 – Ouvert 6 mars-14 nov.   B**b**
14 ch – ♦55/90 € ♦♦55/90 €, � 11 €
◆ Cet hôtel ancré à la pointe de Beg er Vil abrite des chambres équipées d'un mobilier pratique, de salles de bains rénovées et de loggias tournées vers le large.

🏨 **Ibis**   🚗 🛖 🖥 🛏 ⊕ ✖ rest, 🛜 ⊈ 📱 🚾 ⊕ AE ⊕
av. Marronniers, (pointe de Goulvars) – ✆ 02 97 30 47 72
– www.hotelibis-quiberon.com – Fax 02 97 30 55 78   B**r**
95 ch – ♦69/119 € ♦♦69/119 €, � 10 €
Rest – (fermé 4-22 janv.) (17 €) Menu 23 €
◆ À quelques encablures de la côte sauvage, cet établissement vous accueille dans un
agréable salon-bar d'esprit actuel. Chambres simples, certaines en duplex. Carte traditionnelle
et cuisine diététique (sur demande) proposées dans une salle habillée de boiseries.

🏨 **Le Neptune**   ⟨ 🛖 📱 🚾 ⊕ AE ⊕
⊖ *4 quai de Houat, à Port Maria* – ✆ 02 97 50 09 62 – www.hotel-leneptune.fr
– Fax 02 97 50 41 44 – Fermé 8 janv.-15 fév.   A**p**
21 ch – ♦52/63 € ♦♦61/80 €, � 8 € – ½ P 62/72 €
Rest – (ouvert 1er avril-5 nov. et fermé merc.) Menu 18/21 € – Carte 31/69 €
◆ Hôtel familial situé face à la criée. Les chambres, meublées en style rustique, sont régulièrement rajeunies. Balcon côté port, promesse de calme sur l'arrière. Coquette salle à manger
colorée et cuisine régionale rendant un hommage appuyé à Neptune.

✖✖ **Villa Margot**   ⟨ 🛖 ⊕ 🚾 ⊕ AE
7 r. Port-Maria – ✆ 02 97 50 33 89 – www.villamargot.fr – Fax 02 97 50 34 79
– Fermé 12-21 oct., 11-16 déc., 26 janv.-18 fév., mardi et merc. sauf juil.-août et
vacances scolaires   A**n**
Rest – (18 €) Menu 22 € (déj. en sem.), 29/36 € – Carte 43/53 €
◆ Totalement restaurée, cette villa en pierre blonde a retrouvé ses couleurs. Cuisine de la
mer qu'on déguste en terrasse face à la plage ou dans l'une des salles contemporaines.

✖✖ **Le Verger de la Mer**   🚾 ⊕ AE
bd Goulvars – ✆ 02 97 50 29 12 – www.le-verger-de-la-mer.com
– Fermé janv., fév., mardi et merc. sauf août   B**x**
Rest – (18 €) Menu 23/36 € – Carte 28/56 €
◆ Cette discrète façade voisine du centre de thalassothérapie cache une plaisante salle à
manger lambrissée et colorée. Cuisine traditionnelle, produits d'une fraîcheur assurée.

à St-Pierre-Quiberon 5 km au Nord par D 768 – 2 204 h. – alt. 12 m – ✉ 56510

Pointe du Percho ≤ ★ au NO : 2,5 km.

De la Plage
25 quai d'Orange – ☎ 02 97 30 92 10
– www.hotel-la-plage.com – Fax 02 97 30 99 61
– Ouvert début avril-fin sept.
37 ch – †54/122 € ††54/122 €, ☐ 11 € – 5 suites – ½ P 59/93 €
Rest – *(fermé le midi sauf dim.)* Menu 32 € – Carte 35/55 €
◆ Enseigne-vérité pour ce sympathique hôtel familial : la plage est à vos pieds ! Chambres agréablement rénovées ; celles s'ouvrant côté baie disposent d'un balcon. Au restaurant, carte traditionnelle, saveurs iodées et beau panorama sur l'Atlantique.

à Portivy 6 km au Nord par D 768 et rte secondaire – ✉56150 St-Pierre-Quiberon

Le Petit Hôtel du Grand Large avec ch
11 quai St-Ivy – ☎ 02 97 30 91 61 – www.lepetithoteldugrandlarge.fr
– Fermé mi-nov. à fin déc.
6 ch – †90/130 € ††90/130 €, ☐ 9 €
Rest – *(fermé mardi et merc. sauf le soir en saison)* (24 €) Menu 38 €
◆ Les produits du terroir (poissons sauvages notamment) ont la faveur du chef-patron de ce bistrot marin. Toutes les chambres de cette charmante auberge familiale, joliment refaites par une décoratrice, donnent sur les flots ou le petit port de la Côte Sauvage.

QUIÉVRECHAIN – 59 Nord – 302 K5 – rattaché à Valenciennes

QUILINEN – 29 Finistère – 308 G6 – rattaché à Quimper

QUILLAN – 11 Aude – 344 E5 – 3 445 h. – alt. 291 m – ✉ 11500 22 A3

Languedoc Roussillon

Paris 797 – Andorra la Vella 113 – Carcassonne 52 – Foix 64

Office de tourisme, square André Tricoire ☎ 04 68 20 07 78, Fax 04 68 20 04 91

Défilé de Pierre Lys★ S : 5 km.

La Chaumière
25 bd Ch. de Gaulle – ☎ 04 68 20 02 00 – www.pyren.fr
– Fax 04 68 20 27 06
18 ch – †60/75 € ††70/85 €, ☐ 10 € – ½ P 65 €
Rest – Menu 24/50 € – Carte 44/50 €
◆ Cette vaste et engageante bâtisse en rotonde abrite des chambres spacieuses et contemporaines (style actuel et équipements modernes). L'ample restaurant a gardé son atmosphère rustique (cheminée, poutres). Cuisine mi-classique, mi-traditionnelle.

Cartier
31 bd Ch. de Gaulle – ☎ 04 68 20 05 14
– www.hotelcartier.com – Fax 04 68 20 22 57
– Fermé 15 janv.-28 fév.
28 ch – †53/62 € ††53/62 €, ☐ 8 € – ½ P 54/65 €
Rest – *(fermé 15 déc.-15 mars)* (15 €) Menu 18/30 € – Carte environ 29 €
◆ Cette adresse familiale attire avec sa façade années 1950 de style "paquebot". Chambres sobres et bien tenues, plus grandes et plus calmes sur l'arrière. Salle de restaurant rustique, plats traditionnels et audois : lapin à l'ail, cassoulet, rouzolle.

Canal avec ch
36 bd Ch. de Gaulle – ☎ 04 68 20 08 62
– www.hotel-canal.com – Fax 04 68 20 27 96
– Fermé 2-31 janv., dim. soir et lundi sauf juil.-août
12 ch – †36/38 € ††42/44 €, ☐ 7 € – ½ P 43/46 €
Rest – *(fermé dim. soir et lundi)* Menu 13 € bc (sem.)/32 € – Carte 24/40 €
◆ Sur l'artère principale de la ville, maison régionale où l'on déguste, en toute convivialité et dans un cadre sobre, une cuisine traditionnelle et locale. Chambres modestes.

▶ Paris 564 – Brest 73 – Lorient 67 – Rennes 215

✈ de Quimper-Cornouaille : ℰ 02 98 94 30 30, par ⑥ : 8 km AX.

🄸 Office de tourisme, place de la Résistance ℰ 02 98 53 04 05,
Fax 02 98 53 31 33

◉ Cathédrale St-Corentin★★ - Le vieux Quimper★ : Rue Kéréon★ ABY
- Jardin de l'Évêché ⩽★ - BZ **K** - Mont-Frugy ⩽★ ABZ - Musée des Beaux-
Arts★★ BY **M¹** - Musée départemental breton★ BZ **M²** - Musée de la
faïence★ AX **M³** - Descente de l'Odet★★ en bateau 1 h 30 - Festival de
Cornouaille★ (fin juillet).

🏠   **Océania**   ⚏ ⛆ ⬚ ⭑ ⎈ ⎙ ⬩ **P** 𝗩𝗜𝗦𝗔 ⬤⬤ 𝖠𝖤 ⓪

17 r. Poher, zone de Kerdrézec par rte de Bénodet ⑤
– ℰ 02 98 90 46 26
– www.oceaniahotels.com
– Fax 02 98 53 01 96
92 ch – ♦78/135 € ♦♦78/135 €, ⬚ 13 €
Rest – *(fermé vacances de Noël)* (17 €) Menu 20/25 € – Carte 19/35 €

♦ Hôtel de chaîne dans un secteur commercial, judicieusement entouré d'un îlot de verdure.
Grandes chambres rénovées ; les "Océane" sont joliment design et très bien équipées. Salle à
manger contemporaine aux tables un peu serrées. Terrasse près de la piscine.

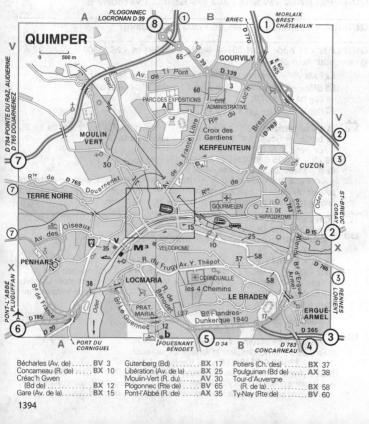

Bécharles (Av. de)	BV 3	Gutenberg (Bd)	BX 17	Potiers (Ch. des)	BX 37
Concarneau (R. de)	BX 10	Libération (Av. de la)	BX 25	Pouhguinan (Bd de)	AX 38
Créac'h Gwen		Moulin-Vert (R. du)	AV 30	Tour-d'Auvergne	
(Bd de)	BX 12	Plogonnec (Rte de)	BV 65	(R. de la)	BX 58
Gare (Av. de la)	BX 15	Pont-l'Abbé (R. de)	AX 35	Ty-Nay (Rte de)	BV 60

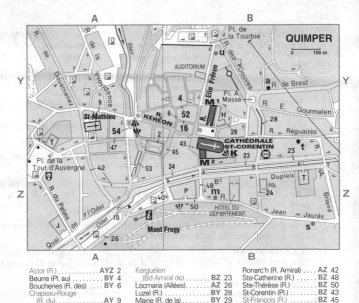

QUIMPER

Manoir-Hôtel des Indes sans rest
1 allée de Prad ar C'hras, par ⑦ et D 765
– ℰ 02 98 554840 – www.manoir-hoteldesindes.com – Fax 02 98 64 82 58
14 ch – †90/260 € ††120/260 €, ⊊ 12 €
♦ Cet hôtel rend hommage à son ancien propriétaire, navigateur de la route des Indes. Belles chambres sur le thème de l'exotisme. Parc, piscine, sauna.

Kregenn sans rest
13 r. des Réguaires – ℰ 02 98 95 08 70 – www.hotel-kregenn.fr
– Fax 02 98 53 85 12   BZt
30 ch – †80/180 € ††95/200 €, ⊊ 13 € – 2 suites
♦ Cet hôtel totalement refait proche du centre de Quimper vous réserve le meilleur accueil. Chambres cossues à la décoration actuelle, certaines disposant de baignoire balnéo.

Gradlon sans rest
30 r. de Brest – ℰ 02 98 95 04 39 – www.hotel-gradlon.com – Fax 02 98 95 61 25
– Fermé 18 déc.-10 janv.   BYa
20 ch – †79/130 € ††92/160 €, ⊊ 12 €
♦ Chambres personnalisées cosy et raffinées donnant en majorité sur un patio fleuri, tout comme la véranda qui sert au petit-déjeuner. Accueil charmant.

Le Logis du Stang sans rest
allée de Stang-Youen, par r. Ch. Le Goffic, à l'Est du plan – ℰ 02 98 52 00 55
– www.logis-du-stang.com – Fax 02 98 52 00 55 – Fermé 20 déc.-5 fév.
3 ch ⊊ – †54/75 € ††70/82 €
♦ Ce manoir du 19ᵉ s. entouré d'un ravissant jardin clos a été rénové avec goût. Trois chambres réellement délicieuses, dont deux dans l'ancienne grange, et accueil aux petits soins.

Les Acacias
85 bd Creac'h Gwen – ℰ 02 98 52 15 20 – www.acacias-quimper.com
– Fax 02 98 10 11 48 – Fermé août, dim. soir et sam.   BXb
Rest – Menu 18 € (sem.)/49 € – Carte 30/60 €
♦ Restaurant aménagé dans une engageante maison contemporaine agrémentée d'un jardin bien fleuri. Cuisine classique servie dans une salle à manger moderne et lumineuse.

L'Ambroisie ※※   📶 ↔ VISA ◉◉

49 r. Elie Fréron – ℰ *02 98 95 00 02 – www.ambroisie-quimper.com
– Fax 02 98 95 00 02 – Fermé dim. soir et lundi*   BY**u**
Rest – Menu 22 € (déj. en sem.), 37/53 € – Carte 42/59 €
♦ Coquette salle à manger contemporaine décorée d'originales peintures sur bois ; on y savoure une cuisine régionale actualisée privilégiant les produits locaux.

Fleur de Sel ※   📶 ※ VISA ◉◉

1 quai Neuf – ℰ *02 98 55 04 71 – www.fleur-de-sel-quimper.com
– Fax 02 98 55 04 71 – Fermé 24 déc.-2 janv., lundi sauf le soir en juil.-août sam.
midi, dim.*   AX**v**
Rest – (22 €) Menu 27 € (sem.)/38 € – Carte 35/50 €
♦ Sur un quai réservé aux piétons, adresse proposant des plats traditionnels dans une salle largement ouverte sur le cours de l'Odet, ou en plein air, au bord de l'eau.

L'Assiette ※   VISA ◉◉

5 bis r. J. Jaurès – ℰ *02 98 53 03 65 – Fax 02 98 53 03 65 – Fermé 9-29 août,
lundi soir, jeudi soir et dim.*   BZ**s**
Rest – (14,50 €) Menu 19 € (déj. en sem.)/21 € – Carte 27/35 € le soir
♦ Sympathique adresse familiale entre gare et centre-ville. Décor mi-bistrot, mi-brasserie et tables gentiment dressées. Recettes traditionnelles simples et fraîches.

La VIIe Vague ※   📶 VISA ◉◉ AE ①

72 r. Jean Jaurès – ℰ *02 98 53 33 10 – Fax 02 98 52 23 85 – Fermé 1er-15 août,
sam. et dim.*   BZ**m**
Rest – (17 €) Menu 21/28 € – Carte 20/38 €
♦ Décor tendance boisé sobre et reposant, paisible terrasse à l'étage, menus-cartes présentés à l'ardoise et cuisine du terroir : cette table a le vent en poupe.

à Ty-Sanquer 7 km au Nord par D 770 – ✉ 29000 Quimper

Auberge de Ti-Coz ※※   ↔ P VISA ◉◉

4 Hent Coz – ℰ *02 98 94 50 02 – www.restaurantticoz.com – Fermé 2 sem.
en sept., mardi soir et merc. soir de sept. à juin, dim. soir et lundi sauf fériés*
Rest – Menu 21 € (déj. en sem.), 29/60 € – Carte 62/68 € 🕮
♦ Charmante petite auberge locale au cadre actuel où le chef concocte une cuisine traditionnelle actualisée (épices, produits du Sud, légumes d'antan, etc.). Vins de propriétaires.

à Quilinen 11 km par ① et D 770 – ✉ 29510 Landrevarzec

Auberge de Quilinen ※   VISA ◉◉

– ℰ *02 98 57 93 63 – auberge.de.quilinen.monsite.orange.fr – Fax 02 98 57 94 49
– Fermé 16-29 août, mardi soir, merc. soir, dim. soir et lundi*
Rest – Menu 18 € (déj. en sem.), 26/36 € – Carte 28/48 €
♦ Coquette maison bretonne située dans un hameau connu pour sa chapelle du 15e s. Plaisante salle rustique au mobilier campagnard et appétissantes recettes du terroir.

au Sud-Ouest 5 km par bd Poulguinan - AX - et D 20 – ✉ 29700 Pluguffan

La Roseraie de Bel Air (Lionel Hénaff) ※※※   🚗 P VISA ◉◉ AE

r. Boissière – ℰ *02 98 53 50 80 – www.roseraie.de.bel.air.com – Fax 02 98 53 50 80
– Fermé 2-11 mai, 5 sept.-1er oct., dim. et lundi*
Rest – Menu 25 € (déj. en sem.), 48/95 €
Spéc. Langoustines "crispy". Poissons de petits bateaux . Fruits rouges de la région (avril à sept.).
♦ Belle maison bretonne du 19e s. La salle à manger en longueur, avec ses murs en pierre et ses deux cheminées monumentales, offre un cadre chaleureux. Cuisine régionale revisitée.

QUIMPERLÉ – 29 Finistère – 308 J7 – 10 725 h. – alt. 30 m – ✉ 29300   9 B2
🏴 Bretagne

▶ Paris 517 – Carhaix-Plouguer 57 – Concarneau 32 – Pontivy 76
🗓 Office de tourisme, 45, place Saint-Michel ℰ 02 98 96 04 32,
     Fax 02 98 96 16 12
◉ Église Ste-Croix★★ - Rue Dom-Morice★.

Le Vintage sans rest 🚗 🕭 ⚓ VISA ☺ AE ①
20 r. Bremond d'Ars – ℰ 02 98 35 09 10 – www.hotelvintage.com
– Fax 02 98 35 09 29
10 ch – †60 € ††87/120 €, ☲ 12 €
◆ Au cœur de la vieille ville, une maison de maître du 19ᵉ s. à la façade ouvragée. Les chambres sont vastes, bien équipées et ornées de fresques d'artistes contemporains.

Le Bistro de la Tour VISA ☺
2 r. Dom Morice – ℰ 02 98 39 29 58 – www.hotelvintage.com
– Fax 02 98 39 21 77 – Fermé 22-28 mars, 26 juin-9 juil., dim. midi en juil.-août, dim. soir hors saison, lundi sauf le soir en juil.-août et sam. midi
Rest – (22 €) Menu 24/61 € bc – Carte 38/53 € 🏵
◆ Ce bistrot rétro et cossu (bibelots, tableaux, bouteilles) sert de généreux petits plats oscillant entre tradition et terroir. Belle carte des vins. Épicerie fine attenante.

La Cigale Egarée 🚗 🚋 P VISA ☺
Villeneuve-Braouic par rte de Lorient – ℰ 02 98 39 15 53
– www.lacigaleegaree.com – Fermé 2 sem. en sept. et en fév., dim. et lundi
Rest – (nombre de couverts limité, prévenir) (16 €) Menu 21 € (déj. en sem.), 35/75 € – Carte 40/68 €
◆ Derrière une zone d'activité, une maison colorée dans un grand jardin planté de pommiers et d'oliviers. Cuisine inventive servie dans un original décor néoprovençal.

au Nord-Est 6 km par rte d'Arzano et D 22 – ⊠ 29300 Arzano

Château de Kerlarec 🦢 🕭 ☲ ※ ✿ rest, P
rte d'Arzano – ℰ 02 98 71 75 06 – www.chateau-de-kerlarec.com
– Fax 02 98 71 74 55 – Fermé 23-27 déc.
5 ch ☲ – †110 € ††115/160 € **Table d'hôte** – Menu 30/50 €
◆ Ce petit château de 1834 est blotti dans un parc ombragé et fleuri, nanti d'une belle piscine. Les chambres comptent de nombreuses antiquités. La table d'hôte (sur demande) propose crêpes, fruits de mer et recettes du terroir. Accueil charmant.

QUINCIÉ-EN-BEAUJOLAIS – 69 Rhône – 327 G3 – 1 164 h. 43 E1
– alt. 325 m – ⊠ 69430

▶ Paris 428 – Beaujeu 6 – Bourg-en-Bresse 55 – Lyon 57

Le Mont-Brouilly 🚗 ☲ 🕭 ch, 🖪 rest, ¹ ⊿ P VISA ☺ AE
Le Pont des Samsons, 2,5 km à l'Est par D 37 – ℰ 04 74 04 33 73
– www.hotelbrouilly.com – Fax 04 74 04 30 10
– Fermé 21-28 déc., 1ᵉʳ fév.-2 mars, dim. soir et lundi d'oct. à mai
28 ch – †65 € ††70/73 €, ☲ 8,50 € – ½ P 66/68 €
Rest – (fermé dim. soir d'oct. à mai, mardi midi et lundi) (17 €) Menu 22/48 €
– Carte 34/54 €
◆ Au pied du mont Brouilly, entouré de vignes, hôtel des années 1980 où l'on s'endort dans des chambres fonctionnelles toutes identiques. Vaste salle à manger offrant une vue sympathique sur le jardin ; à table, recettes traditionnelles.

QUINÉVILLE – 50 Manche – 303 E2 – 302 h. – alt. 29 m – ⊠ 50310 32 A1
▮ Normandie Cotentin

▶ Paris 338 – Barfleur 21 – Carentan 31 – Cherbourg 37

🄳 Office de tourisme, 17, avenue de la Plage ℰ 02 33 21 40 29,
Fax 02 33 21 61 39

Château de Quinéville 🦢 🕭 ☲ 🕭 ch, ✿ rest, P VISA ☺ AE
– ℰ 02 33 21 42 67 – www.chateau-de-quineville.com – Fax 02 33 21 05 79
– Ouvert 1ᵉʳ avril-5 nov.
30 ch – †65/170 € ††65/170 €, ☲ 11 € – ½ P 64/115 €
Rest – (dîner seult) Menu 33 € – Carte 30/50 €
◆ Les chambres du château (18ᵉ s.) arborent un petit côté "Vieille France", celles des anciennes écuries sont plus récentes et plus grandes. Parc et jardin à la française. Cuisine traditionnelle servie dans deux salles avec boiseries d'origine ; vue sur la verdure.

QUINGEY – 25 Doubs – **321** F4 – 1 217 h. – alt. 275 m – ✉ 25440　16 B2

■ Paris 397 – Besançon 23 – Dijon 84 – Dole 36

La Truite de la Loue　　　　　　　　　　゜ VISA ◎◎

2 rte de Lyon – ℰ 03 81 63 60 14 – www.latruitedelaloue.com
– Fax 03 81 63 84 77 – fermé janv. et 15-24 fév.
10 ch – †47/52 € ††47/52 €, ☲ 7 € – ½ P 96 €
Rest – *(fermé merc. de sept. à mai)* Menu 19/47 € – Carte 23/58 €

♦ Cette auberge familiale du bord de la Loue propose des chambres fonctionnelles de tailles diverses. Petite salle de restaurant campagnarde dont les fenêtres ouvrent sur la rivière. Cuisine régionale et spécialités de truites (visibles dans un vivier).

QUINSON – 04 Alpes-de-Haute-Provence – **334** E10 – 420 h.　41 C2
– alt. 370 m – ✉ 04500 ▮ Alpes du Sud

■ Paris 804 – Aix-en-Provence 76 – Brignoles 44 – Castellane 72
🛈 Syndicat d'initiative, rue Saint-Esprit ℰ 04 92 74 01 12, Fax 04 92 74 01 12

Relais Notre-Dame　　　🕭 🕭 ⅃ 🕭 ch, ゜ 🅿 VISA ◎◎

– ℰ 04 92 74 40 01 – www.relaisnotredame-04.com – Fax 04 92 74 02 10
– Hôtel ouvert 30 mars-15 nov. et fermé lundi et mardi sauf haute saison -rest :
fermé 15 déc.-15 fév., lundi soir et mardi
12 ch – †55/63 € ††63/70 €, ☲ 9 € – ½ P 62/68 €
Rest – *(24 €)* Menu 27/43 €

♦ Sur la route des gorges du Verdon, hôtel familial et son joli jardin, voisins du musée de la Préhistoire. Chambres progressivement refaites dans un style provençal actuel. Agréable restaurant et verdoyante terrasse au calme ; plats régionaux, truffe en saison.

QUINTIN – 22 Côtes-d'Armor – **309** E4 – 2 797 h. – alt. 180 m　10 C2
– ✉ 22800 ▮ Bretagne

■ Paris 463 – Lamballe 35 – Loudéac 31 – St-Brieuc 18
🛈 Office de tourisme, 6, place 1830 ℰ 02 96 74 01 51, Fax 02 96 74 06 82

Du Commerce　　　　　　　　　　゜ VISA ◎◎

2 r. Rochonen – ℰ 02 96 74 94 67 – www.hotelducommerce-quintin.com
– Fax 02 96 74 00 94 – Fermé vend. midi du 14 juil. au 18 août, vend. soir du
19 août au 13 juil., dim. soir et lundi
11 ch ☲ – †62 € ††69/80 € – ½ P 58/61 €
Rest – Menu 15 € (sem.)/46 € bc – Carte 42/59 €

♦ Cette maison en granit qui daterait du 18ᵉ s. était autrefois un relais de diligence. Les chambres, traditionnelles et bien tenues, portent toutes un nom d'épice exotique. La salle à manger est décorée de belles boiseries et d'une cheminée aux armoiries bretonnes.

RABAT-LES-TROIS-SEIGNEURS – 09 Ariège – **343** H7 – **rattaché à**
Tarascon-sur-Ariège

RAGUENÈS-PLAGE – 29 Finistère – **308** I8 – **rattaché à Névez** ▮ Bretagne

---

RAMATUELLE – 83 Var – **340** O6 – 2 271 h. – alt. 136 m – ✉ 83350　41 C3
▮ Côte d'Azur

■ Paris 873 – Fréjus 35 – Le Lavandou 34 – St-Tropez 10
🛈 Office de tourisme, place de l'Ormeau ℰ 04 98 12 64 00, Fax 04 94 79 12 66
◉ Col de Collebasse ⩽ ★ S : 4 km.

La Réserve Ramatuelle ⌖　　⩽ 🕭 🕭 ⅃ 🔄 🌐 🗚 📶 🗄 🔑 🅿
chemin de la Quessine, au Sud-Est,　　　　　　 VISA ◎◎ AE ①
direction Plage de l'Escalet et rte secondaire
– ℰ 04 94 44 94 44 – www.lareserve-ramatuelle.com
– Fax 04 94 44 94 45 – Ouvert avril-oct.
7 ch ☲ – †400 € ††650 € – 16 suites – ††850/3500 €
Rest – Carte 50/120 €

♦ Un superbe ensemble tout en transparence, suspendu au-dessus de la mer, où l'eau et la végétation méditerranéenne sont reines. Chambres design avec terrasse ou jardin privatif. Salles intimes zen et grande terrasse esprit lounge pour une cuisine régionale revisitée.

Le Baou ⚜ ← 🚗 🏠 🔻 📶 🅰🅲 ch , % 📶 **P** ⚼ 🆅🆂🅰 ⚫⚫ 🅰🅴
av. Gustave Etienne – ℰ *04 98 12 94 20* – *www.hostellerielebaou.com*
– *Fax 04 98 12 94 21* – *Ouvert début mai-fin sept.*
39 ch – ▮200/370 € ▮▮200/370 €, � 21 € – 2 suites
Rest *La Terrasse* – *(dîner seult)* Menu 56 € – Carte 60/90 €
◆ Le Baou (sommet, en provençal) porte bien son nom : il domine l'anse de Pampelonne. Grandes chambres contemporaines dotées de balcon et profitant du paysage. Élégante salle à manger et terrasse panoramique tournée vers le village et la mer.

La Vigne de Ramatuelle sans rest ⚜ 🚗 🔻 🅰🅲 **P** 🆅🆂🅰 ⚫⚫ 🅰🅴
rte de La Croix-Valmer, à 3 km – ℰ *04 94 79 12 50*
– *www.lavignederamatuelle.com* – *Fax 04 94 79 13 20* – *Ouvert 27 mars-1er nov.*
14 ch – ▮125/295 € ▮▮125/295 €, ⊗ 15 €
◆ Au milieu des vignes, villa conciliant charme, tranquillité et atmosphère de maison privée. Chambres d'esprit contemporain avec terrasse, salon d'été. Piscine dans la verdure.

✗✗ **L'Écurie du Castellas et H. Lou Castellas** avec ch ← 🚗 % 📶 **P**
rte du Moulins de Paillas – ℰ *04 94 79 11 59* 🆅🆂🅰 ⚫⚫
– *www.lecurieducastellas.com* – *Fax 04 94 79 21 04*
11 ch – ▮76/220 € ▮▮76/220 €, ⊗ 15 €
Rest – Menu 28/65 € – Carte 55/70 €
◆ Votre regard se focalisera-t-il sur le décor provençal, sur le panorama de rêve dominant la campagne et la mer, ou sur l'appétissante cuisine régionale ? Les trois, pardi !

✗✗ **La Forge** 🚗 🅰🅲 🆅🆂🅰 ⚫⚫
r. Victor Léon – ℰ *04 94 79 25 56* – *Fax 04 94 43 89 54* – *Ouvert 1er avril-15 oct. et fermé le midi en juil.-août et merc.*
Rest – Menu 38 € – Carte 50/63 €
◆ L'ancienne forge (témoins : le soufflet et l'enclume) abrite désormais une salle de restaurant au cadre méridional soigné. Ambiance conviviale et terrasse en teck côté rue.

à la Bonne Terrasse 5 km à l'Est par D 93 et rte de Camarat
– ✉ 83350 Ramatuelle

✗ **Chez Camille** ← 🚗 **P** 🆅🆂🅰 ⚫⚫
quartier de Bonne Terrasse – ℰ *04 98 12 68 98* – *www.chezcamille.fr*
– *Ouvert 1er avril-3 oct. et fermé vend. midi et mardi*
Rest – *(prévenir en saison et le week-end)* Menu 42/75 €
◆ Depuis 1913, pères et fils se succèdent en cuisine dans ce restaurant agréablement situé les pieds dans l'eau. On y vient pour la bouillabaisse et les poissons grillés.

RAMBERVILLERS – 88 Vosges – **314** H2 – 5 714 h. – alt. 287 m **27** C3
– ✉ 88700

▶ Paris 407 – Epinal 27 – Lunéville 36 – Nancy 68
🛈 Syndicat d'initiative, 2, place du 30 Septembre ℰ 03 29 65 49 10, Fax 03 29 65 25 20

✗✗ **Mirabelle** 🆅🆂🅰 ⚫⚫
6 r. de l'Église – ℰ *03 29 65 37 37* – *Fermé 15 août-15 sept., janv. et merc.*
Rest – *(déj. seult)* (15 €) Menu 38/50 € – Carte 34/73 €
◆ Chaleureux accueil familial dans ce restaurant intimiste aux couleurs de la Lorraine. Vous aurez droit aux grands classiques, comme la tête de veau qui fait la fierté du chef.

RAMBOUILLET ⚬ – 78 Yvelines – **311** G4 – 25 661 h. – alt. 160 m **18** A2
– ✉ 78120 ▮ Île de France

▶ Paris 53 – Chartres 42 – Mantes-la-Jolie 50 – Orléans 93
🛈 Office de tourisme, place de la Libération ℰ 01 34 83 21 21, Fax 01 34 83 21 31
🖥 de Forges-les-Bains à Forges-les-Bains Route du Général Leclerc, E : 22 km par D 906 et D 24, ℰ01 64 91 48 18
◉ Boiseries★ du château - Parc★★ : laiterie de la Reine★ Z **B** - chaumière aux coquillages★ Z **E** - Bergerie nationale★ Z - Forêt de Rambouillet★.

Plan page suivante

RAMBOUILLET

Angiviller (R. d') . . . . **Z** 2
Chasles (R.) . . . . **Z** 3
Commune (R. de la) . . . . **Y** 4
Doumer (R. P.) . . . . **Y** 5
Félix-Faure (Pl.) . . . . **Z** 6
Gaulle (R. du Gén.-de) . . **Z** 8
Humbert (R. Gén.) . . . . . **Z** 9
Libération (Pl. de la) . . . . **Z** 10
Louvière (R. de la) . . . . . **Z** 15
Motte (R. de la) . . . . **Y** 12
Poincaré (R. Raymond) . . . **Y** 13
Providence (R. de la) . . . . **Y** 14

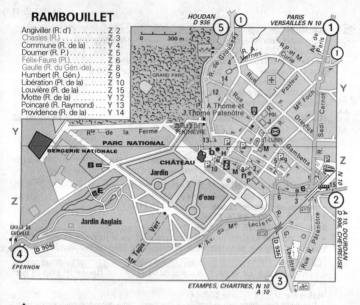

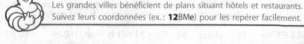

🏨 **Mercure Relays du Château** sans rest   🎐 ⅺ 🅐🅚 ℣ 🎝 🆅🅸🆂🅰 ⓦ 🅰🅴 ⓘ
1 pl. de la Libération – 𝒞 01 34 57 30 00 – www.mercure-rambouillet.com
– Fax 01 30 46 23 91   **Z**b
83 ch – 🛉125/140 € 🛉🛉135/155 €, � 14 €
♦ Face au château, ex-relais de poste du 16ᵉ s. superbement rénové : l'intérieur mêle avec raffinement l'ancien et le moderne. Chambres bien équipées et d'un grand confort.

🍴 **Cheval Rouge**   🅐🅚 🆅🅸🆂🅰 ⓦ 🅰🅴 ⓘ
78 r. Gén. de Gaulle – 𝒞 01 30 88 80 61 – www.cheval-rouge.com
– Fax 01 34 83 91 60 – Fermé mardi soir et merc.   **Z**n
Rest – (28 €) Menu 34 € – Carte 35/59 €
♦ Cuisine traditionnelle et menu-carte rythmé par les saisons proposés dans la véranda, classique et joliment colorée. À midi, en semaine, restauration simple au bar à vins.

🍴 **L'Huître sur le Zinc**   🎐 ⅺ 🆅🅸🆂🅰 ⓦ
15 r. Chasles – 𝒞 01 30 46 22 58 – www.lhuitresurlezinc.fr
– Fermé 1ᵉʳ-21 août, 15-31 déc., dim. et lundi   **Z**e
Rest – Carte 40/80 €
♦ Spécialités exclusivement marines en provenance de… la poissonnerie adjacente tenue par le frère du chef-patron. Agréable décor aux couleurs de la mer et beau jardin-terrasse.

> Les grandes villes bénéficient de plans situant hôtels et restaurants.
> Suivez leurs coordonnées (ex. : **12**BMe) pour les repérer facilement.

à Gazeran 5 km par ④ – 1 162 h. – alt. 162 m – ⊠ 78125

🍴🍴🍴 **Villa Marinette**   🎐 🎝 ⭩ 🆅🅸🆂🅰 ⓦ 🅰🅴
20 av. Gén. de Gaulle – 𝒞 01 34 83 19 01 – www.villamarinette.fr
– Fax 01 30 88 83 65 – Fermé dim. soir, mardi midi et lundi
Rest – Menu 29 € bc (déj. en sem.)/60 € – Carte 52/68 €🕮
♦ La chaleureuse salle à manger et la terrasse dressée dans le délicieux jardin clos invitent à découvrir une cuisine inventive. Belle carte des vins de Bordeaux.

RANCÉ – 01 Ain – **328** C5 – 640 h. – alt. 282 m – ⊠ 01390   **43** E1
◨ Paris 437 – Bourg-en-Bresse 44 – Lyon 32 – Villefranche-sur-Saône 13

X **De Rancé**   🛜 AC P VISA ⚫⊗

– ℰ 04 74 00 81 83 – www.restaurantderance.com – Fax 04 74 00 87 08
– Fermé 5-18 oct., 4-17 janv., dim. soir, mardi soir, merc. soir, jeudi soir de sept.
à mai et lundi
Rest – Menu 17/55 € – Carte 29/79 €
♦ Face à la petite église du village, maison colorée où l'on propose une généreuse cuisine
dombiste (grenouilles...) dans une salle rustique insensible aux effets de mode.

RANCOURT – 80 Somme – **301** K7 – rattaché à Péronne

RANDAN – 63 Puy-de-Dôme – **326** H6 – 1 462 h. – alt. 407 m – ⊠ 63310   6 C2
▌Auvergne

  🖪 Paris 367 – Clermont-Ferrand 41 – Gannat 22 – Riom 26
  🖪 Syndicat d'initiative, 27, place de la Fédération ℰ 04 73 38 59 45,
  Fax 04 73 38 25 15
  ◙ Villeneuve-les-Cerfs : pigeonnier★ O : 2 km.

XX **Du Centre** avec ch   VISA ⚫⊗

pl. de la Halle – ℰ 04 70 41 50 23 – monsite.wanadoo.fr/hotelducentre_randan
– Fax 04 70 56 14 78 – Fermé 18 oct.-4 déc., dim. soir, mardi soir et merc.
sauf juil.-août
8 ch – †40/48 € ††40/65 €, � 8 € – ½ P 38 €
Rest – Menu 12 € (sem.)/33 € – Carte 21/43 €
♦ À deux pas du domaine royal de Randan, belle façade en briques et décor agreste plus ou
moins prononcé (poutres, cheminée) selon les salles à manger. Chambres actuelles.

RÂNES – 61 Orne – **310** H3 – 1 026 h. – alt. 237 m – ⊠ 61150   32 B3
▌Normandie Cotentin

  🖪 Paris 212 – Alençon 40 – Argentan 20 – Bagnoles-de-l'Orne 20
  🖪 Syndicat d'initiative, Mairie ℰ 02 33 39 73 87, Fax 02 33 39 79 77

🏠 **St-Pierre**   🛜 🕪 P VISA ⚫⊗ AE

6 r. de la Libération – ℰ 02 33 39 75 14 – www.hotelsaintpierreranes.com
– Fax 02 33 35 49 23
12 ch – †55 € ††58 €, ⊒ 8 € – ½ P 65 €
Rest – (fermé vend. soir) (10 €) Menu 22 € (sem.)/46 € – Carte 34/41 €
♦ Belle maison régionale dont les petites chambres rustiques soignées sont personnalisées
et chaleureusement colorées. La cuisine, inspirée du terroir, met à l'honneur les tripes et les
cuisses de grenouilles. Accueil charmant.

RANGUEIL – 31 Haute-Garonne – **343** G3 – rattaché à Toulouse

---

RASTEAU – 84 Vaucluse – **332** C8 – rattaché à Vaison-la-Romaine

---

RATTE – 71 Saône-et-Loire – **320** L10 – 371 h. – alt. 201 m – ⊠ 71500   8 D3
  🖪 Paris 386 – Dijon 111 – Mâcon 97 – Chalon-sur-Saône 47

X **Le Chaudron**   ᕼ VISA ⚫⊗

au bourg – ℰ 03 85 75 57 81 – www.restaurant-lechaudron-louhans.com
– Fax 03 85 75 19 35 – Fermé 1 sem. en sept., 2-21 janv., lundi soir en hiver,
mardi et merc.
Rest – (13 € bc) Menu 16 € bc (déj. en sem.), 27/46 € – Carte 30/59 €
♦ Une bonne étape sur une route très fréquentée : accueil aimable, service attentionné et
cuisine traditionnelle caractérisent cette auberge au décor sobre et rustique.

RAULHAC – 15 Cantal – **330** D5 – 346 h. – alt. 740 m – ⊠ 15800   5 B3
  🖪 Paris 571 – Clermont-Ferrand 156 – Aurillac 31 – Saint-Flour 73

🏠 **Château de Courbelimagne** ॐ   ٨ 🛜 P

4 km au Sud par rte de Mur-de-Barrez (D 600) – ℰ 04 71 49 58 25
– perso.wanadoo.fr/courbelimagne – Fax 04 71 49 58 25 – Ouvert 2 avril-30 oct.
5 ch ⊒ – †75 € ††105 € – ½ P 65 €   **Table d'hôte** – Menu 27 €
♦ Dans un parc romantique, un manoir (16e-19e s.) de caractère : mobilier de famille, collection de plantes de la région (1850), certaines disparues... Soins de naturothérapie. Une cuisine du terroir, créative et biologique, est proposée le soir aux résidents.

LE RAULY – 24 Dordogne – **329** D7 – **rattaché à Bergerac**

LE RAYOL-CANADEL-SUR-MER – 83 Var – **340** N7 – **583 h.** **41** C3
– alt. 100 m – ✉ 83820

▶ Paris 886 – Fréjus 49 – Hyères 35 – Le Lavandou 13

ℹ Office de tourisme, place Michel Goy ✆ 04 94 05 65 69, Fax 04 94 05 51 80

◉ Domaine du Rayol Jardin des Méditerranées ★★

🏘 **Le Bailli de Suffren** ≋ ← ☂ 🏊 🏋 ▤ ♿ AC ᯤ 👥 P VISA ⓂⒸ AE
– ✆ *04 98 04 47 00 – www.lebaillidesuffren.com – Fax 04 98 04 47 99 – Ouvert 15 avril-15 oct.*
54 ch – †189/443 € ††189/443 €, ☕ 24 €
Rest ***La Praya*** – *(fermé le midi en juil.-août)* (65 €) Menu 75 € – Carte 70/92 €
Rest ***L'escale*** – *(ouvert de mai à sept.)* Carte 39/55 €
◆ Superbe vue sur les îles d'Hyères depuis ce bel hôtel qui embrasse la mer. Chambres spacieuses et raffinées, dotées de balcons ou de terrasses. Plage privée. Salle à manger feutrée et provençale, terrasse panoramique à la Praya. Cuisine traditionnelle revisitée à L'Escale, dans un cadre actuel et lounge.

✕ **Le Relais des Maures** avec ch ☂ ᯤ VISA ⓂⒸ AE
av. Ch. Koeklin, La Canadel – ✆ 04 94 05 61 27 – www.lerelaisdesmaures.fr – Fax 04 94 05 65 29 – Fermé 7 nov.-31 janv., le midi en juil.-août, dim. soir, lundi et mardi hors saison
12 ch – †65/90 € ††65/90 €, ☕ 8 € **Rest** – Menu 28/48 € – Carte 37/59 €
◆ Petite auberge familiale où la cuisine traditionnelle est proposée à prix raisonnables. Service en terrasse ou dans la salle d'esprit bistrot, avec la mer à deux pas... Les petites chambres, sobres et rustiques, profitent au deuxième étage d'une vue sur la grande bleue.

RÉ (ÎLE DE) – 17 Charente-Maritime – **324** B2 – **voir à Île de Ré**

RÉALMONT – 81 Tarn – **338** F8 – **3 179 h.** – **alt. 212 m** – ✉ **81120** **29** C2

▶ Paris 704 – Albi 21 – Castres 24 – Graulhet 18

ℹ Office de tourisme, 8, place de la République ✆ 05 63 79 05 45, Fax 05 63 79 05 36

✕✕ **Les Secrets Gourmands** ☂ P VISA ⓂⒸ
☺ *72 av. Gén.-de-Gaulle, (D 612) – ✆ 05 63 79 07 67 – Fermé 25-31 août, 10-31 janv., dim. soir et mardi*
Rest – Menu 21 € (sem.), 30/52 € – Carte 36/65 €
◆ Trois petites salles à manger raffinées, rehaussées de tableaux contemporains et ouvertes sur une agréable terrasse d'été. Cuisine actuelle gourmande.

REDON ⟨SP⟩ – **35 Ille-et-Vilaine** – **309** J9 – **9 601 h.** – **alt. 10 m** **10** C3
– ✉ **35600** ▮ Bretagne

▶ Paris 410 – Nantes 78 – Rennes 65 – St-Nazaire 53

ℹ Office de tourisme, pl. de la République ✆ 02 99 71 06 04, Fax 02 99 71 01 59

◉ Tour★ de l'église St-Sauveur.

✕✕ **La Bogue** VISA ⓂⒸ AE
3 r. Etats – ✆ 02 99 71 12 95 – Fax 02 99 71 12 95 – Fermé 28 juin-5 juil., 1 sem. en nov., dim. soir et lundi
Rest – Menu 23/62 € – Carte 32/58 €
◆ Salle à manger avec boiseries moulurées et chaises Louis XIII ; cuisine personnalisée, simple et légère, évoluant au fil des saisons. Expositions de peintures régulières.

rte de La Gacilly **3 km au Nord par D 873** – ✉ **35600 Redon**

✕✕ **Moulin de Via** 🌳 ☂ ⇔ P VISA ⓂⒸ
– ✆ *02 99 71 05 16 – www.lemoulindevia.fr – Fax 02 99 71 08 36 – Fermé 5-22 mars, sept., merc. d'oct. à juin, dim. soir, mardi soir et lundi*
Rest – (15 €) Menu 20/65 €
◆ Mobilier champêtre, poutres et cheminée participent au charme campagnard de cet ancien moulin à eau blotti dans la verdure. Terrasse ombragée grande ouverte sur le jardin.

REICHSTETT – 67 Bas-Rhin – **315** K5 – **rattaché à Strasbourg**

REILHAC – 43 Haute-Loire – **331** C3 – **rattaché à Langeac**

REILHANETTE – 26 Drôme – **332** J8 – 144 h. – alt. 579 m – ⊠ 26570   **45** C3

▶ Paris 710 – Avignon 78 – Lyon 247 – Valence 149

  ✗   **L'Oustau de la Font** avec ch   🛜 📶 VISA ⓪ AE

  ⌘   *Le Village* – 𝒞 04 75 28 83 77 – www.oustaudelafont.com
– *Ouvert 14 fév.-11 nov.*
6 ch � – ♦68/88 € ♦♦75/95 €
Rest – *(fermé merc. midi et jeudi midi de mi-sept. au 11 nov., merc. et jeudi de mi-fév. à Pâques)* (14 €) Menu 18 € (déj. en sem.), 29/39 € – Carte 37/52 €
◆ Cuisine de bistrot bien présentée et réalisée avec des produits locaux. Belle sélection de vins de la vallée du Rhône. La terrasse offre une jolie vue sur le village de Montbrun. L'établissement propose cinq chambres et une maisonnette de bonne tenue. Jacuzzi.

REIMS ⊛ – 51 Marne – **306** G7 – 183 837 h. – **Agglo. 215 581 h.**   **13** B2
– alt. 85 m – ⊠ 51100 ▯ Champagne Ardenne

▶ Paris 144 – Bruxelles 218 – Châlons-en-Champagne 48 – Lille 208

✈ Reims-Champagne : 𝒞 03 26 07 15 15, D 74 : 7 km U.

🛈 Office de tourisme, 2, rue Guillaume de Machault 𝒞 03 26 77 45 00,
Fax 03 26 77 45 19

🖫 de Reims-Champagne à Gueux Château des Dames de France, par rte de Paris : 9 km, 𝒞 03 26 05 46 10

👁 Cathédrale Notre-Dame★★★ - Basilique St-Rémi★★ : intérieur★★★
- Palais du Tau★★ BY **V** - Caves de Champagne★★ BCX, CZ - Place Royale★ - Porte Mars★ - Hôtel de la Salle★ BY **R** - Chapelle Foujita★
- Bibliothèque★ de l'ancien Collège des Jésuites BZ **C** - Musée St-Rémi★★ CZ **M⁴** - Musée-hôtel Le Vergeur★ BX **M³** - Musée des Beaux-Arts★ BY **M²**.

⛰ Fort de la Pompelle (casques allemands★) 9 km par ③.

Plans pages suivantes

 🏠🏠 **Château les Crayères** ⊗   ⪡ 🌙 ✗ 🏢 AK 📶 **P** VISA ⓪ AE ⓪

64 bd Henry Vasnier – 𝒞 03 26 24 90 00
– www.lescrayeres.com – Fax 03 26 24 90 01
– *Fermé 3 sem. en janv.*   CZ**a**
20 ch – ♦325/660 € ♦♦325/660 €, � 28 €
Rest *Le Parc les Crayères* – *(Fermé lundi et mardi)* *(nombre de couverts limité, prévenir)* (65 €) Menu 185/305 € bc – Carte 140/200 €🏵
◆ Dans un grand parc, demeure altière dont les luxueux intérieurs dessinent un univers doré comme… un champagne. Somptueuse carte du dit vin au restaurant, qui voit l'arrivée d'un nouveau chef à l'heure où nous bouclons cette édition : gageons que cet homme de talent saura redonner tout son lustre à cette table de renom.

 🏠🏠🏠 **L'Assiette Champenoise** (Arnaud Lallement) ⊗   🌙 🛜 🖫 🏢 & ch,
 ❀❀ *à Tinqueux, 40 av. Paul Vaillant-Couturier*   AK 📶 🛁 **P** VISA ⓪ AE ⓪
⊠ 51430 – 𝒞 03 26 84 64 64 – www.assiettechampenoise.com
– Fax 03 26 04 15 69   V**e**
54 ch – ♦160/310 € ♦♦160/310 €, � 16 € – 15 suites
Rest – *(fermé 15 fév.-3 mars, merc. midi et mardi)* (59 €) Menu 130 €
– Carte 120/190 €🏵
Spéc. Langoustines bretonnes en déclinaison. Cochon noir de Gascogne, céleri et ventrèche. Goûts et textures du chocolat. **Vins** Champagne, Bouzy.
◆ Belle maison de maître de la fin 19ᵉ s. dans un grand parc clos. Les chambres, récemment refaites, adoptent un style actuel de bon ton (teintes taupe, rouge, blanc). Élégant restaurant, ouvert sur une terrasse, et délicieuse cuisine créative.

 🏠🏠🏠 **De la Paix**   🛜 🖫 🛁 🏢 & AK 📶 🛁 ⌂ VISA ⓪ AE ⓪

9 r. Buirette – 𝒞 03 26 40 04 08 – www.hotel-lapaix.fr
– *Fax 03 26 47 75 04*   AY**q**
168 ch – ♦125/225 € ♦♦125/225 €, � 14 € – 1 suite
Rest *Café la Paix* – 𝒞 03 26 47 00 45 – (19 €) Menu 37 € bc – Carte 27/65 €
◆ Cet hôtel, tenu par la même famille depuis 1912, vit avec son temps : jolies chambres contemporaines (tableaux d'artistes rémois, meubles Starck) et bar pop, très tendance. Cadre design et carte de brasserie (fruits de mer, grillades...) au Café de la Paix.

REIMS

1405

REIMS

Berthelot (Bd M.) . . . . U 5
Brébant (Av.) . . . . U 8
Brimontel (R. de) . . . . U 10
Carré (R. du Gén.) . . . . . . UV 20

Champagne (Av. de) . . . . V 22
Cognacq-Jay (R.) . . . . V 25
Danton (R.) . . . . U 30
Dr-Lemoine (R.) . . . . U 35
Europe (Av. de l') . . . . V 42
Farman (Av. Henri) . . . . V 43
Maison-Blanche (R.) . . . . V 64

Paris (Av. de) . . . . V 69
Pompidou (Av. G.) . . . . V 71
Robespierre (Bd) . . . . V 74
Tinqueux (R. de) . . . . V 87
Vaillant-Couturier (Av.) . . . . . V 89
Witry (Rte de) . . . . V 91
Zola (R. Émile) . . . . U 92

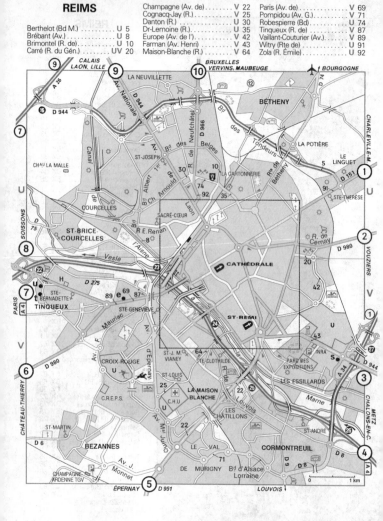

Mercure-Cathédrale　　　　　🛎 AC 📶 🐾 🛏 VISA ⦿ AE ①
31 bd P. Doumer – ℰ *03 26 84 49 49 – www.mercure.com – Fax 03 26 84 49 84*
126 ch – ♠83/159 € ♠♠87/164 €, � 16 €　　　　　AY**v**
Rest – *(fermé sam. midi, dim. midi et fériés)* Menu 28/30 € – Carte environ 35 €
◆ Bordant un boulevard, ce grand bâtiment des années 1970, totalement insonorisé, vous assure des nuits calmes dans des chambres fonctionnelles bien équipées. À l'étage, le restaurant, contemporain, profite d'une vue panoramique sur le canal et les péniches. Cuisine actuelle.

Grand Hôtel des Templiers sans rest ⅁　　　🔖 🛎 ⅃ AC 📶 ⼞ P
22 r. des Templiers – ℰ *03 26 88 55 08*　　　　　VISA ⦿ AE ①
– perso.wanadoo.fr/hotel.templiers – Fax 03 26 47 80 60　　　BX**a**
18 ch – ♠190/280 € ♠♠190/280 €, ⊐ 25 €
◆ Luxe et raffinement sont au rendez-vous dans cette belle demeure du 19ᵉ s. : mobilier de style, opulence des tissus, salon-bar bourgeois et chambres feutrées.

Grand Hôtel Continental sans rest   ⚑ AC 🛜 ♨ VISA 🏧 AE ⓘ

93 pl. Drouet d'Erlon – 𝒞 03 26 40 39 35 – www.grandhotelcontinental.com
– Fax 03 26 47 51 12 – Fermé 24 déc.-10 janv.   AXY**r**
61 ch – †66/185 € ††79/185 €, ⌑ 14 €
◆ La belle façade de 1862 abrite des chambres confortables, insonorisées et décorées dans les styles variés (classique, ancien, actuel, etc.), et un salon bourgeois.

Grand Hôtel de l'Univers   ⚑ AC rest, ♨ 🛜 VISA 🏧 AE ⓘ
🔗

41 bd Foch – 𝒞 03 26 88 68 08 – www.hotel-univers-reims.com
– Fax 03 26 40 95 61   AX**a**
42 ch – †68/101 € ††75/111 €, ⌑ 15 € – ½ P 91/131 €
Rest *Au Congrés* – Menu 18/30 € – Carte 29/50 €
◆ À 150 m de la cathédrale du 13e s., un établissement (1932) d'inspiration Art déco, doté de chambres confortables et bien insonorisées. Salon-bar cosy. Le restaurant est habillé d'élégantes boiseries sombres. Recettes classiques.

Suitehôtel sans rest   ⚑ ⑂ AC ♨ P VISA 🏧 AE ⓘ

1 r. Édouard Mignot – 𝒞 03 26 89 52 00 – www.suitehotel.com
– Fax 03 26 89 52 02   AX**b**
80 ch – †130 € ††130 €, ⌑ 12 €
◆ Hôtel situé dans un nouveau quartier d'affaires, juste derrière la gare. Chambres modernes et spacieuses, bien insonorisées et équipées.

Crystal sans rest   🚗 ⚑ ♨ VISA 🏧 AE

86 pl. Drouet d'Erlon – 𝒞 03 26 88 44 44 – www.hotel-crystal.fr
– Fax 03 26 47 49 28 – Fermé 24 déc.-3 janv.   AXY**n**
31 ch – †60/67 € ††64/76 €, ⌑ 9 €
◆ La maison, située en centre-ville, se trouve au bout d'un passage garantissant calme et tranquillité. Chambres rajeunies et bien tenues, jardinet où l'on petit-déjeune l'été.

De la Cathédrale sans rest   ♨ VISA 🏧 AE

20 r. Libergier – 𝒞 03 26 47 28 46 – www.hotel-cathedrale-reims.fr
– Fax 03 26 88 65 81   BY**e**
17 ch – †56/64 € ††64/74 €, ⌑ 8 €
◆ Situé dans un immeuble d'angle, un hôtel aux chambres simples, bien tenues et rénovées par étape. Le petit-déjeuner est servi dans une salle égayée de tableaux d'artistes locaux.

XXX **Le Millénaire** (Laurent Laplaige)   🪑 AC ⇄ VISA 🏧 AE
🌳

4 r. Bertin – 𝒞 03 26 08 26 62 – www.lemillenaire.com – Fax 03 26 84 24 13
– Fermé sam. midi et dim.   BY**s**
Rest – Menu 32 € (sem.)/82 € – Carte 85/95 €
Spéc. L'escalope de foie gras de canard poêlée aux fruits de saison. Le turbot breton au champagne, variation autour du poireau. La déclinaison de figues et fruits noirs (automne). **Vins** Champagne.
◆ Salle à manger actuelle, rehaussée de couleurs vives et agrémentée de nombreuses toiles contemporaines. Le chef réalise une cuisine savoureuse, bien ancrée dans son époque.

XXX **Le Foch** (Jacky Louazé)   AC VISA 🏧 AE ⓘ
🌳

37 bd Foch – 𝒞 03 26 47 48 22 – www.lefoch.com – Fax 03 26 88 78 22 – Fermé
7-22 fév., 25 juil.-17 août, sam. midi, dim. soir et lundi   AX**a**
Rest – Menu 31 € (sem.)/80 € – Carte 62/100 €
Spéc. Raviole virtuelle de Saint-Jacques et huîtres Marennes Oléron (15 oct.-15 avril). Bar entier en terre d'argile de Vallauris. La part des anges (dessert). **Vins** Champagne blanc de blancs.
◆ Le restaurant borde les Promenades, ces cours ombragés dessinés au 18e s. Salle à manger relookée dans un style actuel et soigné. Cuisine au goût du jour sur une base classique.

XXX **La Vigneraie**   🪑 AC VISA 🏧 AE

14 r. Thillois – 𝒞 03 26 88 67 27 – www.vigneraie.com – Fax 03 26 40 26 67
– Fermé 2-23 août, 20 fév.-7 mars, dim. soir, merc. midi et lundi   AY**a**
Rest – *(nombre de couverts limité, prévenir)* (21 €) Menu 30/66 €
– Carte 50/80 € 🍷
◆ Derrière une façade vigneronne, une salle coquette exposant les tableaux d'un artiste local. Une carte de vins étoffée en champagnes accompagne des plats actuels et de saison.

🍴🍴 **Flo** 🈂 🄰🄲 ⌘ ♻ 🆅🅸🆂🄰 ⓒⓑ 🄰🄴 ⓪

96 pl. Drouet d'Erlon – € 03 26 91 40 50 – www.floreims.com – Fax 03 26 91 40 54
Rest – (23 €) Menu 29/36 € – Carte 28/45 €   AX**v**

• Joli cadre d'inspiration Art déco (sol en mosaïque d'époque dans une salle), boiseries, lustres et terrasse en rotonde prise d'assaut en été. Carte traditionnelle de brasserie.

🍴🍴 **Au Petit Comptoir** 🈂 🄰🄲 🆅🅸🆂🄰 ⓒⓑ

17 r. de Mars – € 03 26 40 58 58 – Fax 03 26 47 26 19 – Fermé dim. et lundi
Rest – (18 € bc) Carte 40/50 € ✍   BX**b**

• Un intérieur contemporain sobre mais égayé de peintures. Dans l'assiette, une généreuse cuisine de bistrot revisitée, assortie de vins de la région et du monde.

🍴 **Le Jardin les Crayères** ♤ 🈂 🄰🄲 🅿 🆅🅸🆂🄰 ⓒⓑ 🄰🄴 ⓪

7 av. du Gén.-Giraud – € 03 26 24 90 90 – www.lescrayeres.com
– Fax 03 26 24 90 91 – Fermé en janv.   CZ**b**
Rest – (28 €) Carte 35/82 €

• La "petite adresse" du Château les Crayères, dans une dépendance du parc. Salle au cadre contemporain, bonne cuisine de brasserie tendance et service souriant.

🍴 **Brasserie Le Boulingrin** 🈂 🄰🄲 🆅🅸🆂🄰 ⓒⓑ 🄰🄴

48 r. de Mars – € 03 26 40 96 22 – www.boulingrin.fr – Fax 03 26 40 03 92
– Fermé dim.   BX**e**
Rest – Menu 18 € bc (sem.)/23 € – Carte 25/35 €

• Dans cette institution rémoise depuis 1925, l'ambiance joviale et le décor de brasserie Art déco s'accordent à merveille avec une cuisine de produits frais sans chichi.

🍴 **Le Jamin** 🄰🄲 🆅🅸🆂🄰 ⓒⓑ 🄰🄴

18 bd Jamin – € 03 26 07 37 30 – www.lejamin.com – Fax 03 26 02 09 64
– Fermé 16-31 août, 19 janv.-2 fév., dim. soir et lundi   CX**n**
Rest – (14 € bc) Menu 21 € bc/31 € – Carte 24/45 €

• Un petit restaurant de quartier simple et généreux, au cadre sobre et actuel. Cuisine traditionnelle et suggestions du jour à l'ardoise, à prix doux. Service aimable et efficace.

🍴 **Les Charmes** 🆅🅸🆂🄰 ⓒⓑ 🄰🄴

11 r. Brûlart – € 03 26 85 37 63 – www.restaurantlescharmes.fr – Fax 03 26 36 21 00
– Fermé 4-13 avril, 29 juil.-22 août, 1er-5 janv., lundi soir, sam. midi et dim. CZ**v**
Rest – (13 €) Menu 30/38 €

• Proche des grandes caves de champagne et de la basilique St-Remi, sympathique salle de restaurant familiale agrémentée de peintures sur bois. Bon choix de whiskies.

🍴 **La Table Anna** 🄰🄲 ♻ 🆅🅸🆂🄰 ⓒⓑ

6 r. Gambetta – € 03 26 89 12 12 – www.latableanna.com – Fax 03 26 89 12 12
– Fermé 1 sem. à Pâques, 20 juil.-20 août, 1 sem. vacances de Noël, dim. soir,
merc. soir et lundi   BY**t**
Rest – Menu 16 € bc (déj. en sem.), 23/38 € – Carte 30/36 €

• Le "chef-artiste-étalagiste" est l'auteur des tableaux exposés en salle et compose lui-même ses vitrines. Il mitonne de bons petits plats. Sa femme, Anna, officie en salle.

rte de Châlons-en-Champagne 3 km vers ③ – ⊠ 51100 Reims

🏨 **Mercure-Parc des Expositions** 🈂 🏊 🛗 ⅋ ch. 🄰🄲 🆈 🕭 🅿

2 r. G. Voisin – € 03 26 05 00 08 – www.accorhotels.com 🆅🅸🆂🄰 ⓒⓑ 🄰🄴 ⓪
– Fax 03 26 85 64 72   V**s**
100 ch – ♦62/138 € ♦♦72/148 €, ⊇ 16 €
Rest – (fermé sam. midi, dim. midi et fériés le midi) Carte 20/55 €

• Cette construction des années 1970, relookée peu à peu, abrite des chambres lumineuses et bien tenues. Véranda, terrasse et piscine agrémentent le restaurant, où l'on propose une carte traditionnelle et l'ardoise du jour.

à Sillery 11 km par ③ et D 8ᴱ – 1 575 h. – alt. 90 m – ⊠ 51500

🍴🍴🍴 **Le Relais de Sillery** 🈂 🈂 🆅🅸🆂🄰 ⓒⓑ

3 r. de la Gare – € 03 26 49 10 11 – www.relaisdesillery.fr – Fax 03 26 49 12 07
– Fermé 15 août-6 sept., 2-9 janv., 20 fév.-7 mars, mardi soir, dim. soir et lundi
Rest – Menu 19 € (sem.), 39/68 € – Carte 44/72 € ✍

• Une auberge élégante (boiseries, tableaux) dont la terrasse domine la Vesle. Beaux produits au service de recettes classiques ; cave impressionnante.

à Montchenot 11 km par ⑤ – ⊠ 51500 Villers-Allerand

XXX **Grand Cerf** (Dominique Giraudeau et Pascal Champion)   🚗 🛜 ⇔ 🅿
£3   *50 rte Nationale* – ✆ 03 26 97 60 07   VISA ◯◯ AE ◯
– www.le-grand-cerf.fr – Fax 03 26 97 64 24 – Fermé 10-31 août, vacances
de fév., dim. soir, mardi soir et merc.
Rest – Menu 28 € (déj. en sem.), 66/82 € – Carte 75/110 €🎇
Spéc. Homard-melon (été) ou homard-poire (hiver) en vinaigrette aigre-
douce. Pied de cochon au ris de veau sauce truffe. Fine tarte chaude aux
pommes, glace bergamote. **Vins** Champagne, Bouzy.
◆ Située au pied de la Montagne de Reims, auberge composée de deux salles élégantes
(boiseries), dont une aménagée en véranda, côté jardin. Belle cuisine classique.

par ⑦ 6 km, autoroute A 4 sortie Tinqueux – ⊠ 51430 Tinqueux

🏨 **Novotel**   🚗 🛜 ⅃ ⅃ ⅃ ch, 🔃 ⁽ᵗ⁾ 🛁 🅿 VISA ◯◯ AE ◯
– ✆ 03 26 08 11 61 – www.novotel.com – Fax 03 26 08 72 05   V u
127 ch – ♦116/148 € ♦♦116/148 €, ⊆ 14 €   **Rest** – (12 €) Carte 22/34 €
◆ Dans une zone commerciale et d'affaires, cet hôtel des années 1970 a retrouvé une
seconde jeunesse : style épuré et concept Novation dans toutes les chambres, impeccables.
Grande salle à manger façon bistrot, tournée vers la piscine. Préparations à la plancha.

🏠 **Tip Top** sans rest   🖹 ⅃ ⅃ ⁽ᵗ⁾ 🅿 VISA ◯◯
1 av. d'A.F.N. – ✆ 03 26 83 84 85 – www.tiptop-hotel.com – Fax 03 26 49 58 25
66 ch – ♦65 € ♦♦70 €, ⊆ 8 €   V t
◆ Proche de l'autoroute, un hôtel récent aux chambres fonctionnelles bien tenues. Salon-
bibliothèque et espace petits-déjeuners (buffet) au cadre contemporain.

REIPERTSWILLER – 67 Bas-Rhin – 315 I3 – 960 h. – alt. 230 m   1 A1
– ⊠ 67340 ▌ Alsace Lorraine

▶ Paris 450 – Bitche 19 – Haguenau 33 – Sarreguemines 48

🏨 **La Couronne**   🚗 ⅃ rest, 🛁 🅿 VISA ◯◯
13 r. Wimmenau – ✆ 03 88 89 96 21 – www.hotel-la-couronne.com
– Fax 03 88 89 98 22 – Fermé 15 juin-2 juil., 2-13 nov., 3-13 fév.
16 ch – ♦45/55 € ♦♦49/63 €, ⊆ 11 € – ½ P 48/62 €
Rest – (fermé merc. midi et jeudi en janv.-fév., merc. soir, dim. soir, lundi et
mardi) Menu 20 € (déj. en sem.), 25/48 € – Carte 33/58 €
◆ Cette maison de style régional joue l'originalité avec une sculpture en fer forgé sur sa
façade. À l'intérieur : chambres sobres, vue plongeante sur la verdure à l'arrière. Carte classique au restaurant dont le décor s'inspire de l'Art nouveau (boiseries en noyer).

LA REMIGEASSE – 17 Charente-Maritime – 324 C4 – voir à Île d'Oléron

---

REMIREMONT – 88 Vosges – 314 H4 – 8 182 h. – alt. 400 m   27 C3
– ⊠ 88200 ▌ Alsace Lorraine

▶ Paris 413 – Belfort 70 – Colmar 80 – Épinal 28
🅳 Office de tourisme, 2, rue Charles-de-Gaulle ✆ 03 29 62 23 70,
Fax 03 29 23 96 79
◉ Rue Ch.-de-Gaulle★ - Crypte★ de l'abbatiale St-Pierre.

Plan page suivante

🏠 **Du Cheval de Bronze** sans rest   🚗 ⁽ᵗ⁾ 🛜 VISA ◯◯ AE
59 r. Ch. de Gaulle – ✆ 03 29 62 52 24 – www.hotechevalbronze.com
– Fax 03 29 62 34 90 – Fermé en nov.   B s
35 ch – ♦32/59 € ♦♦38/65 €, ⊆ 7 €
◆ Hôtel aménagé dans un ancien relais de poste, sous les jolies arcades du centre-ville.
Chambres de style rustique, modestes mais bien tenues, et d'un bon rapport qualité-prix.

XX **Le Clos Heurtebise**   🚗 🛜 ⇔ 🅿 VISA ◯◯
🍃   *13 chemin des Capucins, par r. Capit. Flayelle B* – ✆ 03 29 62 08 04
– www.leclosheurtebise.com – Fax 03 29 62 38 80 – Fermé 1ᵉʳ-15 sept.,
1ᵉʳ-11 janv., jeudi soir sauf juil.-août, dim. soir et lundi
Rest – Menu 17 € (sem.), 26/60 € – Carte 42/50 €
◆ Sur les hauteurs de la ville, ce restaurant au décor ensoleillé propose une carte classique
épurée et nuancée de touches locales et méditerranéennes. Belle terrasse.

REMIREMONT

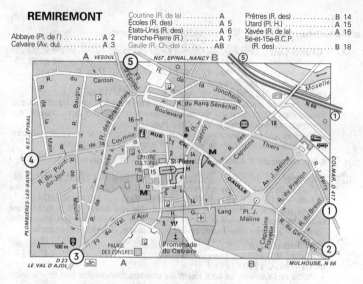

à Girmont-Val-d'Ajol 7 km au Sud-Est par D 23, D 57 et rte secondaire – 245 h.
– alt. 650 m – ⊠ 88340

La Vigotte ⌖   ⟨ 🚗 🛜 🍽 📶 Ⓟ 𝘝𝘐𝘚𝘈 ⓪⑤
131 lieu-dit la Vigotte – 𝒞 03 29 24 01 82 – www.vigotte.com
– Fax 03 29 24 04 55 – Fermé 8-31 mars, mardi et merc.
24 ch – ♥36/88 € ♥♥45/110 €, ⊡ 8 € – ½ P 50/69 €   **Rest** – (17 €) Menu 22 €
♦ Forêt et étangs entourant cette ancienne ferme vosgienne invitent à la promenade. Chambres harmonieuses : murs peints à l'éponge, jolis mobilier et tableaux. Ambiance maison familiale de campagne (grande cheminée, tommettes) pour déguster des plats traditionnels.

REMOULINS – 30 Gard – **339** M5 – 2 296 h. – alt. 27 m – ⊠ 30210   **23** D2
▌Provence

▶ Paris 685 – Alès 50 – Arles 37 – Avignon 23
🅸 Office de tourisme, place des Grands Jours 𝒞 04 66 37 22 34,
   Fax 04 66 37 22 34

à St-Hilaire-d'Ozilhan 4,5 km au Nord-Est par D792 – 650 h. – alt. 55 m
– ⊠ 30210

L'Arceau ⌖   📶 📶 Ⓟ 𝘝𝘐𝘚𝘈 ⓪⑤ 𝘈𝘌
1 r. Arceau – 𝒞 04 66 37 34 45 – www.hotel-arceau.com – Fax 04 66 37 33 90
– Fermé 20 déc.-10 fév., dim. soir, mardi midi et lundi d'oct. à mars
23 ch ⊡ – ♥78/80 € ♥♥78/83 € – ½ P 65 €
Rest – Menu 25/59 € – Carte 30/65 €
♦ Demeure du 18ᵉ s. à la belle façade en pierre dans un village entouré par les vignes et la garrigue. Chambres simples, assez grandes et bien tenues. Restaurant néo-rustique égayé de tons provençaux, terrasse ombragée et cuisine mi-traditionnelle, mi-régionale.

RENAISON – 42 Loire – **327** C3 – 2 834 h. – alt. 387 m – ⊠ 42370   **44** A1
▌Lyon Drôme Ardèche

▶ Paris 385 – Chauffailles 43 – Lapalisse 39 – Roanne 11
🅸 Syndicat d'initiative, 50, route de Roanne 𝒞 04 77 62 17 07
◉ Bourg★ de St-Haon-le-Châtel N : 2 km - Barrage de la Tache : rocher-
belvédère★ O : 5 km.

↑ **La Ferme d'Irène** sans rest ॐ   🚗 🗻 📶 **P**
Platelin – ℰ 04 77 64 29 12 – www.platelin.com – Fax 04 77 62 14 79
3 ch � – †70/85 € ††75/90 €
♦ Calme assuré dans cette ferme du 19ᵉ s. perdue en rase campagne. Salon très cosy (piano à queue, fourneau en faïence). Chambres raffinées aménagées dans les ex-étables et poulailler.

✗✗ **Jacques Cœur**   🏠 🗺️ 💳 **⓪**
15 r. Roanne – ℰ 04 77 64 25 34 – Fax 04 77 64 43 88 – Fermé 3-25 janv., dim. soir, lundi et mardi
Rest – Menu 20 € bc (sem.)/40 € – Carte 35/44 €
♦ "À vaillans cœurs, riens impossible" : ce restaurant illustre la devise du célèbre argentier de Charles VII avec ses fresques de 1946 et son décor design. Jolie terrasse.

St-Haon-le-Vieux 3 km au Nord par D 8 – 860 h. – alt. 424 m – ✉ 42370

✗ **Auberge du Bon Accueil**   🏠 💳 **⓪**
La Croix Lucas – ℰ 04 77 64 40 72 – Fermé 6-13 avril, 23 août-3 sept., 10-23 janv., lundi soir, mardi soir et merc. soir
Rest – Menu 20/45 € – Carte 28/41 €
♦ En bordure de route, cette auberge est devancée par un petit jardin. Salle à manger redécorée dans un style plus actuel et cuisine traditionnelle bien faite.

RENNES **P** – 35 Ille-et-Vilaine – 309 L6 – 209 613 h.   **10** D2
– Agglo. 272 263 h. – alt. 40 m – ✉ 35000 📘 Bretagne

▶ Paris 349 – Angers 129 – Brest 246 – Caen 185
🛫 de Rennes-St-Jacques : ℰ 02 99 29 60 00, par ⑦ : 8 km.
ℹ Office de tourisme, 11, rue Saint-Yves ℰ 02 99 67 11 11, Fax 02 99 67 11 00
🏌 de la Freslonnière à Le Rheu, par rte de Ploërmel : 7 km, ℰ 02 99 14 84 09
🏌 de Cicé Blossac à Bruz Domaine de Cicé-Blossac, par rte de Redon : 10 km, ℰ 02 99 52 79 79
🏌 de Cesson-Sévigné à Cesson-Sévigné Île de Tizé, E : 11 km par D 96, ℰ 02 99 83 26 74
🏌 de Rennes Saint-Jacques à Saint-Jacques-de-la-Lande Le Temple du Cerisier, par rte de Redon : 11 km, ℰ 02 99 30 18 18
◉ Le Vieux Rennes★★ - Jardin du Thabor★★ - Palais de justice★★ - Retable★★ à l'intérieur★ de la cathédrale St-Pierre AY - Musées : de Bretagne★, des Beaux-Arts★ BY **M.**

Plans pages suivantes

🏨 **Mercure Centre Gare**   📶 &. ch, 🔲 📶 🕍 💳 **⓪** 🆎 **①**
1 r. Cap. Maignan – ℰ 02 99 29 73 73 – www.mercure.com – Fax 02 99 29 54 00
142 ch – †60/235 € ††65/250 €, ⊇ 16 €   ABZ**m**
Rest – (dîner seult) Carte 20/40 €
♦ Idéalement situé en centre-ville, ce Mercure a fait peau neuve en 2007. Le décor des hall et bar à vins – restauration simple – évoque la forêt de Brocéliande.

🏨 **Le Coq-Gadby**   🚗 🏠 🌐 📶 &. ch, 📶 🕍 **P** 💳 **⓪** 🆎 **①**
❀ *156 r. Antrain – ℰ 02 99 38 05 55 – www.lecoq-gadby.com – Fax 02 99 38 53 40*
24 ch – †130/280 € ††150/330 €, ⊇ 18 € – 2 suites   DU**x**
Rest La Coquerie – (fermé 11-17 avril, 25 juil.-21 août, 24 oct.-1ᵉʳnov., 26 déc.-3 janv., merc. midi, dim. et lundi) (25 €) Menu 49/79 € – Carte 67/84 €
Spéc. Tomates anciennes et chair de tourteau (printemps-été). Agneau de lait rôti au four, jus au kari-gosse (printemps). Crème légère et macaron au pan massala, quelques mûres (automne).
♦ Charmantes constructions du 17ᵉ s. respectant les normes environnementales, chambres et suites raffinées. Spa écologique et soins bio, cours de cuisine et d'art floral... Cuisine classique à La Coquerie décorée de toiles et de coqs. Piscine et jardin.

🏨 **Anne de Bretagne** sans rest   📶 🔲 📶 🕍 🚗 💳 **⓪** 🆎 **①**
12 r. Tronjolly – ℰ 02 99 31 49 49 – www.hotel-rennes.com – Fax 02 99 30 53 48 – Fermé 23 déc.-4 janv.   AZ**q**
42 ch – †58/105 € ††99/125 €, ⊇ 10 €
♦ Un hôtel des années 1970 à deux pas du centre historique : hall moderne, bar agréable, chambres contemporaines, spacieuses et bien équipées.

RENNES

Bourgeois (Bd L.) . . . . DV 3
Canada (Av. du). . . . . CV 6
Churchill (Av. Sir W.). . . . . . CU 13
Combes (Bd E.) . . . . DV 14
Duchesse-Anne (Bd de la) . DU 15
Guilloux (R. L.) . . . . CU 23
Laennec (Bd) . . . . DU 31
Leroux (Bd Oscar) . . . . DV 36
Lorient (R. de). . . . . CU 38
Maginot (Av. du Sergent) . . DU 39
Mitterrand (Mail Fr.) . . . . . . CU 43
Pompidou (Bd G.). . . . . CV 55
St-Brieuc (R. du) . . . . CU 64
St-Jean-Baptiste de la Salle (Bd) . . . . CU 70
Strasbourg (Bd de) . . . . DU 83
Ukraine (Allée d') . . . . CV 84
Vitré (Bd de) . . . . DU 87
Yser (Bd de l') . . . . CV 88
3-Croix (Bd des) . . . . CU 89

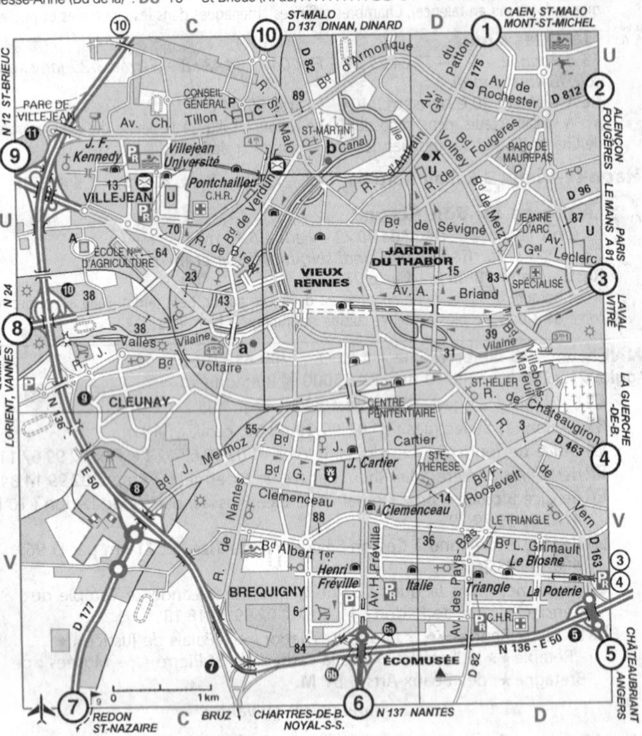

Mercure Place de Bretagne sans rest

6 r. Lanjuinais – ✆ 02 99 79 12 36 – www.mercure.com – Fax 02 99 79 65 76 AY**n**

48 ch – †60/285 € ††62/300 €, ☕ 14 €

◆ Derrière sa façade 19e, un hôtel contemporain du centre-ville. Bois blond et tissus chaleureux agrémentent les chambres fonctionnelles. Quelques-unes ont vue sur la Vilaine.

Britannia sans rest

bd la Robiquette, Z. I. St Grégoire par ⑩ ✉ 35760 St-Grégoire – ✆ 02 99 54 03 03 – www.hotelbritannia.fr – Fax 02 99 54 03 80 – Fermé 24 déc.-4 janv.

29 ch – †51/85 € ††51/85 €, ☕ 11 €

◆ Bâtiment moderne impersonnel, situé dans une zone commerciale sur la route de St-Malo. Les chambres s'y avèrent spacieuses, bien conçues et insonorisées. Clientèle d'affaires.

Des Lices sans rest

7 pl. des Lices – ✆ 02 99 79 14 81 – www.hotel-des-lices.com – Fax 02 99 79 35 44 AY**b**

45 ch – †64 € ††70 €, ☕ 8 €

◆ La fameuse place des Lices, avec ses maisons à colombages et son marché, est à vos pieds. Chambres modernes dotées d'un petit balcon. Sur l'arrière, vue sur les vieux remparts.

RENNES

0   300 m

De Nemours sans rest 📶 Ⓐ ⓒ 💳 ⓒ ⒶⒺ

5 r. de Nemours – ℰ 02 99 78 26 26 – www.hotelnemours.com
– Fax 02 99 78 25 40   AZ**f**
29 ch – †59/80 € ††69/140 €, ⊑ 10 €

◆ Hôtel central refait avec goût. Façade noire, camïeu de tons taupe, camel et ivoire à l'intérieur. Chambres confortables, sobres et actuelles.

La Fontaine aux Perles (Rachel Gesbert) 🚗 🎍 ⓖ ✧ 🅿

96 r. Poterie, (quartier de la Poterie), par ④   💳 ⓒ ⒶⒺ ⓘ
– ℰ 02 99 53 90 90 – www.lafontaineauxperles.com – Fax 02 99 53 47 77 – Fermé
dim. soir et lundi de sept. à juil., dim. et lundi en août
Rest – (20 €) Menu 25 € (déj. en sem.), 36/78 € – Carte 60/95 €
Spéc. Salade gourmande des trois crustacés. Pigeonneau fermier aux cèpes,
façon venaison. Ananas rôti au poivre long, nuage de noix de coco.

◆ Nouveau cadre moderne et raffiné pour ce manoir et ses originaux salons thématiques
(champagne, vin, Stade Rennais). Cuisine personnalisée. Exquise terrasse dans un jardin arboré.

Le Guehennec ⓖ Ⓐ ✧ 💳 ⓒ

33 r. Nantaise – ℰ 02 99 65 51 30 – www.leguehennec.com – Fax 02 99 65 68 26
– Fermé sam. midi, lundi soir et dim.   AY**m**
Rest – Menu 18 € (déj. en sem.), 38/48 €

◆ Boiseries blondes et mobilier contemporain couleur chocolat s'accordent à merveille
pour rendre ce petit restaurant très accueillant. Carte actuelle inspirée du marché.

Le Galopin Ⓐ ✧ 💳 ⓒ ⒶⒺ

21 av. Janvier – ℰ 02 99 31 55 96 – www.le-galopin.fr – Fax 02 99 31 08 95
– Fermé sam. midi et dim.   BZ**v**
Rest – (12 €) Menu 18 € (sem.)/46 € – Carte 30/70 €

◆ Si la façade en bois a un petit air rétro, l'intérieur contraste par son dynamisme : décor actualisé et équipe jeune servant une cuisine de brasserie "terre-mer" (menu homard).

Le Quatre B Ⓐ 💳 ⓒ ⒶⒺ

4 pl. Bretagne – ℰ 02 99 30 42 01 – www.quatreb.fr – Fax 02 99 30 42 01 – Fermé
lundi midi, sam. midi et dim.   AYZ**r**
Rest – (12 €) Menu 16 € (déj. en sem.), 21/27 € – Carte 32/56 €

◆ Agréable véranda, salle épurée, banquettes rouge sombre, chaises design, grandes toiles à
thème floral... Gourmand, le Quatre B impose son style moderne avec succès.

Autre Sens ⋞ 🎍 Ⓐ ✧ 💳 ⓒ

11 r. Armand Rebillon – ℰ 02 99 14 25 14 – Fax 02 99 14 26 00 – Fermé
26 juil.-16 août, 3-10 janv., sam. midi et dim.   CU**b**
Rest – Menu 26/32 € – Carte 27/44 €

◆ Restaurant relooké en bistrot contemporain sur les berges du canal d'Ille et Rance. Deux
terrasses (l'une, plus petite, à l'étage) face à l'eau. Alléchant menu-carte actuel.

Léon le Cochon Ⓐ 💳 ⓒ

1 r. Mar. Joffre – ℰ 02 99 79 37 54 – www.leonlecochon.com – Fax 02 99 79 07 35
– Fermé dim. en juil.-août   BY**x**
Rest – (13 € bc) Carte 23/53 €

◆ Il fait un temps de cochon ? Entrez donc chez Léon : bistrot au nouveau décor décalé
(arbre lumineux, colombages verts pomme) ; cochonnailles et poissons à la plancha.

Le Petit Sabayon 💳 ⓒ ⒶⒺ

16 r. Trente – ℰ 02 99 35 02 04 – Fermé 15-28 fév., dim. et lundi   CU**a**
Rest – (nombre de couverts limité, prévenir) (13 €) Menu 15 € (déj. en sem.),
25/45 € – Carte 30/45 € le soir

◆ Restaurant quasi confidentiel mais bien sympathique avec son élégante salle, à dénicher
dans un quartier calme. Les habitués s'y régalent d'une appétissante cuisine du marché.

Les Carmes ⓖ 💳 ⓒ ⒶⒺ

2 r. Carmes – ℰ 02 99 79 28 95 – Fax 02 99 79 28 95 – Fermé dim. soir et lundi
Rest – (15 €) Menu 19 € (déj. en sem.), 32/70 € bc   BZ**r**
– Carte 35/63 €

◆ Derrière sa devanture couleur cacao, voici une adresse plus que recommandable. Délicieuse
cuisine d'aujourd'hui, élaborée par un jeune chef et servie dans un cadre contemporain.

à St-Grégoire 3 km au Nord par D82 - CU – 8 178 h. – alt. 45 m – ⊠ 35760

XXX   **Le Saison** (David Etcheverry)   🚗 🛜 🕭 ⇔ **P** 🚾 ⓪ 🏧

🕄   *1 imp. Vieux Bourg, (près de l'église)* – ℰ 02 99 68 79 35
– *www.le-saison.com* – *Fax 02 99 68 92 71*
– *Fermé 1er-23 août,1er-10 janv., dim. soir et lundi*
Rest – (25 €) Menu 38/75 € – Carte 63/100 € 🕭
Spéc. Ormeaux rôtis simplement, carotte confite et persil (oct. à juin). Pomme
de ris de veau caramélisée, chocolat blanc et noisettes torréfiées. Compression de betterave, chocolat manjari et pain d'épice.
◆ Cette longère reconstruite à l'identique est entourée d'un jardin. Belle cuisine dans l'air du
temps, tout comme le cadre (tons beige et chocolat) ; agréable terrasse.

à Cesson-Sévigné 6 km par ③ – 15 627 h. – alt. 28 m – ⊠ 35510

🏠   **Germinal** 🕭   ⇐ 🛜 🕭 ¶¶ 🕭 🚾 ⓪ 🏧 ⓪
9 cours Vilaine, au bourg – ℰ 02 99 83 11 01
– *wwwlegerminal.com* – *Fax 02 99 83 45 16*
– *Fermé 23 déc.-4 janv.*
18 ch – †78/100 € ††88/150 €, ⊡ 15 € – ½ P 74/95 €
Rest – *(fermé dim.)* (18 €) Menu 21 € (déj. en sem.), 32/55 € – Carte 60/85 €
◆ Hôtel familial aménagé dans un ancien moulin posé sur un bras de la Vilaine ; on y
accède par un pont. Chambres et espaces communs rénovés. Belle salle à manger-véranda
contemporaine et superbe terrasse moderne, tournées vers la rivière. Table traditionnelle.

X   **L'Adresse**   🛜 🚾 ⓪ 🏧
🕭   *32 cours Vilaine* – ℰ 02 99 83 82 06 – *www.restaurant-ladresse.com*
– *Fermé 2-24 août, 22-28 fév., sam. midi, dim. soir et lundi*
Rest – (12 €) Menu 15 € (déj. en sem.), 20/45 € – Carte 25/43 €
◆ Ce troquet bien dans son époque et sa terrasse au bord de l'eau, ombragée d'une glycine,
donnent le ton de la carte : un répertoire bistrotier qui met la Bretagne en avant.

à Noyal-sur-Vilaine 12 km par ③ – 4 899 h. – alt. 75 m – ⊠ 35530

XXX   **Auberge du Pont d'Acigné** (Sylvain Guillemot)   🛜 🕭 **P** 🚾 ⓪ 🏧
🕄   *rte d'Acigné : 3 km* – ℰ 02 99 62 52 55
– *www.auberge-du-pont-dacigne.com* – *Fax 02 99 62 21 70*
– *Fermé 2-18 août, 3-10 janv., sam. midi, dim. soir et lundi*
Rest – Menu 27 € (déj. en sem.), 38/130 € – Carte 67/123 € 🕭
Spéc. Craquant tiède de homard, betterave rouge confite (hiver). Rouget bar-
bet, céleri et ravioles de pamplemousse au curry de Madras (mai à oct.).
Millefeuille d'asperge verte, sorbet asperge blanche et fraise (printemps).
◆ Belle cuisine régionale revisitée à déguster dans une jolie salle ou sur la terrasse, au bord
de la Vilaine ; vue sur le village. Excellentes propositions de vin au verre.

XX   **Hostellerie Les Forges** avec ch   🕭 ch, ¶¶ **P** 🚾 ⓪ 🏧
🕭   *22 av. du Gén. de Gaulle* – ℰ 02 99 00 51 08 – *Fax 02 99 00 62 02*
– *Fermé 1er-24 août, 19-28 fév., vend. soir, dim. soir et soirs fériés*
12 ch – †43/50 € ††47/60 €, ⊡ 6,50 €
Rest – Menu 14 € (déj. en sem.), 19/35 € – Carte 30/45 €
◆ Une engageante auberge de bord de route, dont l'une des deux salles à manger offre un
décor rustique agrémenté d'une jolie cheminée. Chambres confortables, sobres et actuelles.

rte de St-Nazaire 8 km par ⑦ – ⊠35170 Bruz

🏠   **Kerlann**   🛜 🖰 🕭 ch, 🕭 rest, ¶¶ 🕭 **P** 🚾 ⓪ 🏧 ⓪
– ℰ 02 99 05 95 80 – *www.hotel.kerlann.fr* – *Fax 02 99 05 94 10*
52 ch – †80/115 € ††80/135 €, ⊡ 12 € – 3 suites
Rest – *(fermé août, 24 déc.-3 janv., sam. et dim.)* (15 €) Menu 25/28 €
– Carte 27/45 €
◆ Bâtiment moderne situé entre l'aéroport et le golf de Cicé. Les chambres, réparties autour
d'un patio, sont confortables et colorées. Juniors sur le thème de l'Asie. Petite restauration de
brasserie servie dans un décor aux touches chinoises.

Le Rheu 8 km par ⑧ et D 224 – 6 920 h. – alt. 30 m – ⌂ 35650

🏠 **Le Relais Fleuri** 🛬 ⅋ ch., ¶¶ 🅿 🆅🅸🆂🅰 ⓪⓪
😊 *Les Landes d'Apigné –* 𝒞 02 99 14 60 14 – *www.hotel-restaurant-lerelaisfleuri.fr*
– *Fax 02 99 14 60 03 – Fermé 7-29 août et 24 déc.-3 janv.*
24 ch – ♦48/58 € ♦♦59/74 €, ⌸ 8 €
Rest – *(fermé dim. soir et sam.)* (13 €) Menu 15 € (déj. en sem.), 18/28 €
– Carte 30/38 €
◆ Ce Relais dispose de chambres agréables ; bon confort contemporain (oreillers américains, couverture polaire) et petit-déjeuner sous forme de buffet. Au restaurant, cuisine traditionnelle.

rte de Lorient 6 km par ⑧, N 24 – ⌂ 35650 Le Rheu

🍴🍴🍴 **Manoir du Plessis** avec ch 🔊 🛬 ⅋ ¶¶ 🅼 🅿 🆅🅸🆂🅰 ⓪⓪ 🅰🅴
😊 – 𝒞 02 99 14 79 79 – *www.manoirduplessis.fr* – *Fax 02 99 14 69 60 – Fermé 9-16 août, 27 déc.-3 janv. et 28 fév.-14 mars*
5 ch – ♦95 € ♦♦100 €, ⌸ 12 €
Rest – *(fermé sam. midi, dim. soir et lundi)* Menu 17 € (déj. en sem.), 23/39 €
– Carte environ 48 €
◆ Maison de maître entourée d'un parc. Parquets, boiseries, cheminées, sièges de style Louis XVI et belle terrasse créent les meilleures conditions pour apprécier votre repas.

LA RÉOLE – 33 Gironde – 335 K7 – 4 212 h. – alt. 44 m – ⌂ 33190   4 C2
🄳 Paris 649 – Bordeaux 74 – Casteljaloux 42 – Duras 25
🄸 Office de tourisme, 18, rue Peysseguin 𝒞 05 56 61 13 55, Fax 05 56 71 25 40

🍴🍴 **Aux Fontaines** 🔊 🛬 🆅🅸🆂🅰 ⓪⓪ 🅰🅴
😊 8 r. de Verdun – 𝒞 05 56 61 15 25 – *Fax 05 56 61 15 25 – Fermé 15 nov.-1ᵉʳ déc.,1 sem. vacances de fév., merc. soir hors saison, dim. soir et lundi*
Rest – *(nombre de couverts limité, prévenir)* Menu 21/37 € – Carte 45/59 €
◆ Adossée à une colline, cette grande demeure du centre-ville abrite un restaurant où l'on déjeune l'été sur la terrasse, dressée dans un joli jardin. Cuisine traditionnelle.

LA RÉPARA-AURIPLES – 26 Drôme – 332 D6 – **rattaché à Crest**

RESTIGNÉ – 37 Indre-et-Loire – 317 K5 – **rattaché à Bourgueil**

RESTONICA (GORGES DE LA) – 2B Haute-Corse – 345 D6 – **voir à Corse (Corte)**

RETHONDES – 60 Oise – 305 I4 – **rattaché à Compiègne**

REUGNY – 03 Allier – 326 C4 – 268 h. – alt. 204 m – ⌂ 03190   5 B1
🄳 Paris 312 – Bourbon-l'Archambault 43 – Montluçon 15 – Montmarault 45

🍴🍴 **La Table de Reugny** 🔊 🛬 🍽 🅰🅲 🆅🅸🆂🅰 ⓪⓪
😊 25 rte de Paris – 𝒞 04 70 06 70 06 – *www.restaurant-reugny.com*
– *Fermé 16 août-7 sept., 2-18 janv., dim. soir, lundi et mardi*
Rest – (15 €) Menu 20 € (sem.), 27/45 € – Carte 20/31 €
◆ Derrière l'altière façade en bordure de route, une confortable salle à manger tout de rouge vêtue et sa terrasse donnant sur le jardin. Alléchante et généreuse cuisine actuelle.

REUILLY-SAUVIGNY – 02 Aisne – 306 D8 – 231 h. – alt. 78 m   37 C3
– ⌂ 02850
🄳 Paris 109 – Épernay 34 – Château-Thierry 16 – Reims 50

🍴🍴🍴 **Auberge Le Relais** (Martial Berthuit) avec ch ⪡ 🔊 🅰🅲 ch., 🅿
😴 2 r. de Paris – 𝒞 03 23 70 35 36 – *www.relaisreuilly.com* 🆅🅸🆂🅰 ⓪⓪ 🅰🅴
– *Fax 03 23 70 27 76 – Fermé 16 août-3 sept., 1ᵉʳ fév.-5 mars, mardi et merc.*
7 ch – ♦77/95 € ♦♦82/100 €, ⌸ 16 €
Rest – Menu 29 € (sem.)/84 € – Carte 82/96 €
Spéc. Tartine croustillante de langoustines et champignons de Paris. Ris de veau rôti, jeunes poireaux sauce au cidre. Macaron, ananas en minestrone, griottines et sorbet. **Vins** Coteaux Champenois, Champagne.
◆ Nouvel intérieur actuel et élégant, belle véranda entourée de verdure, fine cuisine mariant habilement tradition et modernité : cette coquette auberge cumule de nombreux atouts.

REVEL – 31 Haute-Garonne – **343** K4 – 8 856 h. – alt. 210 m – ⊠ 31250   **29** C2
▌ Midi-Toulousain

> ▶ Paris 727 – Carcassonne 46 – Castelnaudary 21 – Castres 28
> 🖌 Office de tourisme, place Philippe VI de Valois ✆ 05 34 66 67 68,
>   Fax 05 34 66 67 67

🏨   **Du Midi**   ☆ ⴲ ⵙ ᵛⁱˢᵃ ⵘ ⵝⴻ
34 bd Gambetta – ✆ 05 61 83 50 50 – www.hotelrestaurantdumidi.com
– Fax 05 61 83 34 74 – Fermé 23-29 nov.
17 ch – ♦50/55 € ♦♦55/70 €, ⴲ 8 € – ½ P 53/58 €
Rest – (fermé 23-30 mars, 12 nov.-6 déc., dim. soir et lundi midi d'oct. à juin sauf
fériés) (14 €) Menu 23 € (déj. en sem.), 30/48 € bc – Carte 32/48 €
◆ Situé en centre-ville, ce relais de poste du 19ᵉ s. propose des chambres diversement meublées, plus calmes sur l'arrière. Lumineuse salle à manger où l'on déploie une table alliant
terroir et tradition.

à St-Ferréol 3 km au Sud-Est par D 629 – ⊠ 31250

> ◙ Bassin de St-Ferréol★.

🏠   **La Comtadine** ⠦   🚗 ⵣ ⵘ ch, ⵙ ⴲ ᵛⁱˢᵃ ⵘ ⵝⴻ
Lieu dit l'Hermitage – ✆ 05 61 81 73 03 – www.lacomtadine.com – Fax 05 34 66 53 28
9 ch (½ P seult) – ½ P 60/70 €
Rest – (dîner seult) (résidents seult) Menu 25 € bc
◆ À quelques pas du lac, tranquille petite adresse entre hôtel et maison d'hôtes. Lumineuses
chambres contemporaines agrémentées de meubles chinés. Ambiance familiale et menu
unique d'inspiration terroir servi le soir aux résidents.

REVENTIN-VAUGRIS – 38 Isère – **333** C5 – **rattaché à Vienne**

REVIGNY-SUR-ORNAIN – 55 Meuse – **307** A6 – 3 261 h.   **26** A2
– alt. 144 m – ⊠ 55800

> ▶ Paris 239 – Bar-le-Duc 18 – St-Dizier 30 – Vitry-le-François 36
> 🖌 Syndicat d'initiative, rue du Stade ✆ 03 29 78 73 34, Fax 03 29 78 73 34

🏠   **La Maison Forte** sans rest ⠦   🚗 ⴲ
6 pl. Henriot-du-Coudray – ✆ 03 29 70 78 94 – www.lamaisonforte.fr – Fermé
15-30 mars et 15 déc.-15 janv.
5 ch ⴲ – ♦75/120 € ♦♦75/120 €
◆ Cette demeure du 18ᵉ s. appartint jadis au Duc de Bar puis au Duc de Lorraine. Chambres
de caractère et petit-déjeuner fait maison (confitures, tartes aux fruits du jardin).

RÉVILLE – 50 Manche – **303** E2 – 1 198 h. – alt. 12 m – ⊠ 50760   **32** A1

> ▶ Paris 351 – Carentan 44 – Cherbourg 30 – St-Lô 72
> ◙ La Pernelle ❊★★ du blockhaus O : 3 km - Pointe de Saire : blockhaus
>   ≼★ SE : 2,5 km ▌ Normandie Cotentin

🏨   **La Villa Gervaiserie** sans rest ⠦   ≼ 🚗 ⵣ ⵙ ⵙ ⴲ ᵛⁱˢᵃ ⵘ ⵝⴻ
17 rte des Monts – ✆ 02 33 54 54 64 – www.lagervaiserie.com
– Fax 02 33 54 73 00 – Ouvert avril à mi-nov.
10 ch – ♦85/115 € ♦♦87/115 €, ⴲ 8,50 €
◆ Toutes les chambres bénéficient d'un balcon ou d'une terrasse regardant la mer et l'île de
Tatihou. Plaisant décor actuel et accueil aux petits soins. Beau jardin arboré.

🏠   **Au Moyne de Saire**   ⵣ ⴲ ᵛⁱˢᵃ ⵘ
ⵝⴻ   15 r. Général de Gaulle – ✆ 02 33 54 46 06 – www.au-moyne-de-saire.com
– Fax 02 33 54 14 99
12 ch – ♦50/61 € ♦♦50/85 €, ⴲ 8 € – ½ P 48/56 €
Rest – Menu 16 € (sem.)/31 € – Carte 25/50 €
◆ Auberge située au cœur du village proposant de petites chambres simples et bien tenues ;
agréable véranda pour le petit-déjeuner. Cuisine normande servie au restaurant.

REY – 30 Gard – **339** G4 – **rattaché au Vigan**

REZÉ – 44 Loire-Atlantique – **316** G4 – **rattaché à Nantes**

LE RHEU – 35 Ille-et-Vilaine – **309** L6 – **rattaché à Rennes**

LE RHIEN – 70 Haute-Saône – **314** H6 – **rattaché à Ronchamp**

RHINAU – 67 Bas-Rhin – **315** K7 – 2 580 h. – alt. 158 m – ⊠ 67860   **1** B2

■ Paris 525 – Marckolsheim 26 – Molsheim 38 – Obernai 28

🛈 Office de tourisme, 35, rue du Rhin 𝒞 03 88 74 68 96, Fax 03 88 74 83 28

XXX   **Au Vieux Couvent** (Alexis Albrecht)   *VISA* ◍◍

🕸   *6 r. des Chanoines – 𝒞 03 88 74 61 15 – www.vieuxcouvent.fr*
– Fax 03 88 74 89 19 – Fermé 4-23 juil., 25-29 oct., 2 sem. en fév.-mars, lundi soir,
mardi et merc.
Rest – Menu 35 € (sem.)/92 € – Carte 67/91 €
Spéc. Faux millefeuille d'omble chevalier fumé minute, macédoine de légumes.
Tournedos d'anguille laquée, oignons nouveaux et "gfeldi hardepfle knepfle".
Biscuit chaud au chocolat à la tanaisie, sorbet argouse. **Vins** Riesling, Pinot noir.
♦ L'enseigne de ce restaurant invite au recueillement, le cadre y contribue. Accueil char-
mant. Cuisine inventive utilisant herbes et fleurs cultivées avec passion par le chef.

RIANS – 83 Var – **340** J4 – 4 194 h. – alt. 406 m – ⊠ 83560   **40** B3

■ Paris 770 – Aix-en-Provence 40 – Avignon 100 – Manosque 33

🛈 Office de tourisme, place du Posteuil 𝒞 04 94 80 33 37, Fax 04 94 80 33 37

XX   **La Roquette**   ☆ **P** *VISA* ◍◍

😊   *1 km par rte de Manosque – 𝒞 04 94 80 32 58 – Fax 04 94 80 32 58 – Fermé*
30 juin-7 juil., 2-19 nov., 2-13 janv., dim. soir, merc. et le soir en hiver sauf vend.
et sam.
Rest – Menu 25/48 €
♦ Demeure familiale où l'on déguste une cuisine régionale évoluant au fil des saisons. Trois
salles en enfilade, discrètement provençales, et agréable terrasse sous une tonnelle.

RIANTEC – 56 Morbihan – **308** L8 – 4 898 h. – alt. 4 m – ⊠ 56670   **9** B2

■ Paris 503 – Rennes 152 – Vannes 59 – Lorient 16

⌂   **La Chaumière de Kervassal** sans rest ⌇   ☆ ⁏⁁ **P**

3 km au Nord de Kervassal – 𝒞 02 97 33 58 66 – www.tymaya.com
– Fax 02 97 33 58 66 – Ouvert d'avril à mi-oct.
3 ch ⌷ – †75/110 € ††75/110 €
♦ Cette ancienne maison du vassal, qui a donné le nom de Kervassal, vous accueille dans son
salon cosy et ses chambres classiques ou plus actuelles (au choix). Joli jardin.

RIBEAUVILLÉ ⏍ – 68 Haut-Rhin – **315** H7 – 4 973 h. – alt. 240 m   **2** C2
– Casino – ⊠ 68150 ▮ Alsace Lorraine

■ Paris 439 – Colmar 16 – Mulhouse 60 – St-Dié 42

◙ Grand'Rue★★ : tour des Bouchers★.

◙ Riquewihr★★★ - Château du Haut-Ribeaupierre : ❄★★ - Château de
St-Ullrich★ : ❄★★.

🏚🏚   **Le Clos St-Vincent** ⌇   ⟨ 🚗 ☆ 🖵 ⅃₆ ▮ & ⁁ **P** *VISA* ◍◍ 匨

rte de Bergheim, 1,5 km au Nord-Est par rte secondaire – 𝒞 03 89 73 67 65
– www.leclossaintvincent.com – Fax 03 89 73 32 20 – Ouvert 19 mars-19 déc.
20 ch – †95/220 € ††110/220 €, ⌷ 18 € – 4 suites   B**u**
Rest – (fermé mardi soir) (dîner seult) Menu 40/55 €
♦ Admirez en toute quiétude la superbe vue sur la plaine d'Alsace de cette maison (1960)
cernée par les vignes. Vastes chambres confortables. Espace fitness avec sauna et jacuzzi.
Salle à manger et terrasse offrent un splendide panorama. Cuisine traditionnelle.

🏚   **Le Ménestrel** sans rest   🚗 ▮ & ⁁ 🛁 **P** *VISA* ◍◍ 匨

27 av. Gén. de Gaulle, par ④ – 𝒞 03 89 73 80 52 – www.menestrel.com
– Fax 03 89 73 32 39
29 ch – †63 € ††73/99 €, ⌷ 15 €
♦ Chambres agréablement actuelles, parfois dotées d'un balcon. Le patron, chef-pâtissier,
prépare lui-même ses viennoiseries et confitures du petit-déjeuner.

🏚   **La Tour** sans rest   ⅃₆ ▮ ⁁ **P** *VISA* ◍◍ 匨 ◍

1 r. de la Mairie – 𝒞 03 89 73 72 73 – www.hotel-la-tour.com
– Fax 03 89 73 38 74 – Fermé 3 janv.-12 mars   A**a**
31 ch – †69/92 € ††75/100 €, ⌷ 9 €
♦ Ex-propriété viticole au décor néo-alsacien. Chambres de tailles diverses et, pour celles du
troisième étage, mansardées. Salon feutré au cadre rustique, grand espace fitness.

RIBEAUVILLÉ

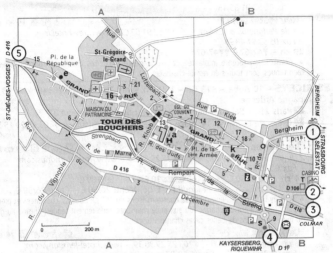

🏠 **Cheval Blanc**　　　　　　　　　　　　　　📶 📡 *VISA* ⓜ AE
122 Grand'Rue – ℰ 03 89 73 61 38 – www.cheval-blanc-alsace.fr
– Fax 03 89 73 37 03 – Fermé 12-22 nov. et 6 janv.-12 fév.　　　　　Ae
23 ch – †56 €, ††56 €, ☕ 8 € – ½ P 55 €
Rest – (fermé mardi midi et merc.) (12 €) Carte 26/52 €
◆ La façade de cette bâtisse régionale se couvre de fleurs en saison. Intérieur de style rustique. Petites chambres offrant un confort fonctionnel ; salon-cheminée. Au restaurant, cadre alsacien un rien original et cuisine régionale au goût du jour.

XX **Au Relais des Ménétriers**　　　　　　　　　　　　　　　　*VISA* ⓜ
🍃 10 av. Gén. de Gaulle – ℰ 03 89 73 64 52 – Fax 03 89 73 69 94
– Fermé 12-26 juil., 6-26 fév., jeudi soir, dim. soir et lundi　　　　Bs
Rest – Menu 11 € (déj. en sem.), 24/37 € – Carte 37/52 €
◆ Vaisselle alsacienne et légumes achetés chez le paysan : le chef concocte une vraie cuisine du pays. À déguster dans une salle rustique ou moderne (mobilier contemporain).

X **Wistub Zum Pfifferhüs**　　　　　　　　　　　　　　　　*VISA* ⓜ
14 Grand'Rue – ℰ 03 89 73 62 28 – Fermé 30 juin-14 juil., 9 fév.-9 mars, merc. et jeudi　　　　　　　　　　　　　　　　　　　　　　　　　　　Bk
Rest – (prévenir) Menu 22 € – Carte 28/50 €
◆ Un charmant wistub qui conjugue convivialité, en particulier lors du Pfifferdaj (jour des fifres), et authenticité. Cadre rétro et appétissantes recettes locales.

rte de Ste-Marie-aux-Mines 4 km par ⑤ sur D 416 – ✉ 68150

XX **Au Valet de Coeur et Hostel de la Pépinière** avec ch　　　📶
☆☆☆ – ℰ 03 89 73 64 14 – www.valetdecoeur.fr　　　& ch, ❧ ℙ *VISA* ⓜ AE ①
– Fax 03 89 73 88 78
16 ch – †55/80 € ††55/99 €, ☕ 10 € – ½ P 85/105 €
Rest – (fermé mardi midi, dim. soir et lundi) Menu 30 € (sem.)/85 €
– Carte 69/83 €❀
Spéc. Terrine de foie gras de canard, réduction de porto. Baeckeofe de homard gratiné. Gourmandises du Valet de Cœur. **Vins** Pinot gris, Pinot noir.
◆ Dégustez dans cette bâtisse régionale, située en lisière de forêt, une cuisine au goût du jour agrémentée de recettes du terroir. Salle à manger lumineuse redécorée avec élégance. Chambres rafraîchies et coquettes.

RIBÉRAC – 24 Dordogne – **329** D4 – 4 107 h. – alt. 68 m – ⊠ 24600   4 C1
▌ Périgord Quercy

    🚹 Paris 505 – Angoulême 58 – Barbezieux 58 – Bergerac 52
    🄯 Office de tourisme, place Charles-de-Gaulle ✆ 05 53 90 03 10,
    Fax 05 53 91 35 13

🏠   **Rêv'Hôtel** sans rest   🔥 🕯 🖳 **P** 𝘝𝘐𝘚𝘈 ⊛
    rte de Périgueux, à 1,5 km – ✆ 05 53 91 62 62 – www.rev-hotel.fr
    – Fax 05 53 91 48 96
    29 ch – 🛏42/62 € 🛏🛏47/67 €, ⊇ 6 €
    ♦ Construction récente implantée dans une petite Z.A.C. Les chambres, fonctionnelles et
bien tenues, sont toutes en rez-de-chaussée.

LES RICEYS – 10 Aube – **313** G6 – 1 367 h. – alt. 180 m – ⊠ 10340   13 B3
▌ Champagne Ardenne

    🚹 Paris 210 – Bar-sur-Aube 48 – St-Florentin 58 – Tonnerre 37
    🄯 Office de tourisme, 14, place des Héros de la Résistance ✆ 03 25 29 15 38,
    Fax 03 25 29 15 38

🏠   **Le Marius**   🍽 ch, 🕯 🖳 **P** 𝘝𝘐𝘚𝘈 ⊛ 𝖠𝖤
    2 pl. de l'Église, Ricey-Bas – ✆ 03 25 29 31 65 – www.hotel-le-marius.com
    – Fax 03 25 29 02 21
    11 ch – 🛏60/160 € 🛏🛏60/160 €, ⊇ 10 € – ½ P 69/109 €
    Rest – (fermé dim. soir et lundi) (13 € bc) Menu 26/50 € – Carte 26/59 €
    ♦ À Ricey-Bas, très bel ensemble de quatre maisons du 16ᵉ s. : poutres, cheminées et pierres
apparentes donnent un charme fou aux onze chambres parfaitement tenues. Cuisine au goût
du jour servie dans de belles caves champenoises.

✕✕   **Le Magny** avec ch ⌂   🖭 ⅀ 🔥 🕯 **P** 𝘝𝘐𝘚𝘈 ⊛
⊛⊛   rte de Tonnerre, (D 452) – ✆ 03 25 29 38 39 – www.hotel-lemagny.com
    – Fax 03 25 29 11 72 – Fermé 18-27 août, 24 janv.-6 mars, mardi sauf de mai
    à sept. et merc.
    – ½ P 65/72 €   **Rest** – Menu 14/40 € – Carte 26/60 €
    ♦ Dans une belle maison de pierre, le chef propose une cuisine traditionnelle actualisée
dont on profite dans une agréable salle rustique. Chambres spacieuses et bien tenues (certaines ont été rénovées en 2009), équipements modernes et piscine chauffée.

RICHELIEU – 37 Indre-et-Loire – **317** K6 – 1 993 h. – alt. 40 m   11 A3
– ⊠ 37120 ▌ Châteaux de la Loire

    🚹 Paris 299 – Joué-lès-Tours 60 – Orléans 175 – Poitiers 66
    🄯 Office de tourisme, 7, Place Louis XIII ✆ 02 47 58 13 62, Fax 02 47 58 29 86

🏠   **La Maison** sans rest ⌂   🖭 **P**
    6 r. Henri Proust – ✆ 02 47 58 29 40 – www.lamaisondemichele.com
    – Fax 02 47 58 29 40 – Ouvert 15 avril-30 sept.
    4 ch ⊇ – 🛏90 € 🛏🛏110 €
    ♦ Beaux volumes, mobilier ancien, papier peint à rayures et grands lits caractérisent les
chambres de cette belle maison bourgeoise. Joli jardin agrémenté d'une bambouseraie.

RIEC-SUR-BELON – 29 Finistère – **308** I7 – 4 129 h. – alt. 65 m   9 B2
– ⊠ 29340

    🚹 Paris 529 – Carhaix-Plouguer 61 – Concarneau 20 – Quimper 43
    🄯 Office de tourisme, 2, rue des Gentilshommes ✆ 02 98 06 97 65,
    Fax 02 98 06 93 73

au Port de Belon 4 km au Sud par C 3 et C 5 – ⊠ 29340 Riec-sur-Belon

✕   **Chez Jacky**   ≤ 🖭 𝘝𝘐𝘚𝘈 ⊛
    port du Belon – ✆ 02 98 06 90 32 – www.chez-jacky.com – Fax 02 98 06 49 72
    – Ouvert Pâques-fin-sept. et fermé dim. soir et lundi sauf fériés
    Rest – (prévenir en saison) Carte 21/86 €
    ♦ Avenante maison d'ostréiculteur au bord du Belon, où l'on ne sert que des produits de la
mer. Terrasse au-dessus des flots. Bassin d'affinage d'huîtres.

RIEDISHEIM – 68 Haut-Rhin – **315** I10 – rattaché à Mulhouse

---

RIEUMES – 31 Haute-Garonne – **343** E4 – 3 159 h. – alt. 270 m   28 B2
– ⊠ 31370

    🚹 Paris 712 – Toulouse 39 – Auch 56 – Foix 75

Auberge les Palmiers ☐ ☐ & ch, 🗚 rest, ❄ ch, 📞 🚾 ⊙ 📧

13 pl. du Foirail – 𝒞 05 61 91 81 01 – www.auberge-lespalmiers.com
– Fax 05 61 91 56 36 – Fermé 23 août-6 sept., 29 oct.-1ᵉʳ nov. et 20 déc.-3 janv.
12 ch – ♦56 € ♦♦62 €, ☐ 8 € – ½ P 63 €
Rest – (fermé dim. soir et lundi) (11 €) Menu 15 € (déj. en sem.), 24/32 €
– Carte 33/53 €
◆ Mobilier rustique et touches contemporaines se marient avec bonheur dans cette accueillante maison du 19ᵉ s. Agréables chambres au décor personnalisé. Cuisine traditionnelle et plats régionaux proposés dans un cadre plutôt coquet.

RIEUPEYROUX – 12 Aveyron – **338** F5 – **2 066 h.** – alt. 750 m   **29** C1
– ✉ 12240

▶ Paris 632 – Albi 54 – Carmaux 38 – Millau 94
🛈 Office de tourisme, 28, rue de l'Hom 𝒞 05 65 65 60 00

Du Commerce ☐ ☐ ☐ 🖳 ❞ 🖧 P ☐ 🚾 ⊙

60 r. l'Hom – 𝒞 05 65 65 53 06 – www.hotel-commerce-aveyron.com
– Fax 05 65 81 43 72 – Fermé 27 sept.-6 oct., 27 déc.-2 fév., vend. soir (sauf hôtel),
dim. soir et lundi sauf du 15 juin au 15 sept.
22 ch – ♦50 € ♦♦60/70 €, ☐ 9 € – ½ P 52/55 €
Rest – (10 €) Menu 18/38 € – Carte 24/38 €
◆ Hôtel familial proposant des chambres fonctionnelles et bien tenues, pour la plupart rénovées dans un esprit contemporain. Au restaurant, salle à manger rustique et plats traditionnels.

RIGNY – 70 Haute-Saône – **314** B8 – **rattaché à Gray**

RILLIEUX-LA-PAPE – 69 Rhône – **327** I5 – **rattaché à Lyon**

RIMBACH-PRÈS-GUEBWILLER – 68 Haut-Rhin – **315** G9 – **rattaché à Guebwiller**

RIMONT – 09 Ariège – **343** F7 – **502 h.** – alt. 525 m – ✉ 09420   **28** B3
▶ Paris 765 – Auch 136 – Foix 32 – St-Gaudens 56

Domaine de Terrac ☜ ☐ 🖒 🖧 ❞ P

4 km à l'Est par D 117 et rte secondaire – 𝒞 05 61 96 39 60
5 ch ☐ – ♦80 € ♦♦95 €   **Table d'hôte** – Menu 30 € bc
◆ Cette ferme merveilleusement restaurée n'aura aucun mal à vous séduire. Ses chambres concilient charme et tranquillité ; deux d'entre elles ont une terrasse dominant la vallée. À la table d'hôte, plats régionaux, végétariens et exotiques.

RIOM ☜ – 63 Puy-de-Dôme – **326** F7 – **18 118 h.** – alt. 363 m   **5** B2
– ✉ 63200 ▌ Auvergne

▶ Paris 407 – Clermont-Ferrand 15 – Montluçon 102 – Thiers 45
🛈 Office de tourisme, 27 place de la Fédération 𝒞 04 73 38 59 45,
Fax 04 73 38 25 15
◉ Église N.-D.-du-Marthuret★ : Vierge à l'Oiseau★★★ - Maison des Consuls★
K - Cour★ de l'hôtel Guimeneau B - Ste-Chapelle★ du palais de justice N
- Cour★ de l'hôtel de ville H - Tour de l'Horloge★ R - Musées : Régional
d'Auvergne★ M¹, Mandet★ M².
🝐 Mozac : chapiteaux★★, trésor★★ de l'église★ 2 km par ④ - Marsat :
Vierge noire★★ dans l'église SO : 3 km par D 83.

Plan page suivante

Le Moulin de Villeroze ☐ P 🚾 ⊙

144 rte Marsat, Sud-Ouest du plan par D 83 – 𝒞 04 73 38 62 23
– www.le-moulin-de-villeroze.fr – Fax 04 73 38 62 23 – Fermé 16 août-2 sept.,
merc. soir, dim. soir et lundi
Rest – Menu 23/49 € – Carte 42/67 €
◆ Ce moulin bâti à la fin du 19ᵉ s. abrite deux chaleureuses salles à manger contemporaines coiffées de poutres apparentes. Terrasse ombragée. Carte dans l'air du temps.

RIOM

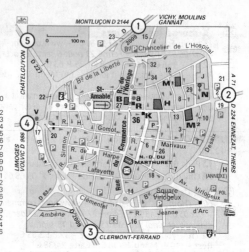

✗✗ Le Flamboyant   🛋 VISA ☺☺ AE

😊 21 bis r. de l'Horloge – ℰ 04 73 63 07 97 – www.restaurant-le-flamboyant.com
– Fax 04 73 64 17 36 – Fermé dim. soir, merc. midi et lundi **a**
Rest – (20 € bc) Menu 26/62 € bc – Carte environ 45 €
♦ Admirez les cours intérieures des hôtels particuliers qui bordent la rue avant d'entrer dans ce restaurant au décor contemporain, sobre et coloré. Cuisine au goût du jour.

✗✗ Le Magnolia   AK VISA ☺☺ AE

11 av. Cdt Madeline – ℰ 04 73 38 08 25 – www.lemagnolia.fr
– Fax 04 73 38 09 29 – Fermé 1er-15 mars, 2-16 août, dim. soir, sam. midi et lundi
Rest – (16 € bc) Menu 23 € (sem.)/43 € – Carte 35/48 € **v**
♦ Ce restaurant affiche un style volontairement moderne : ciment brossé, boiseries exotiques, murs bordeaux et mise en place originale. Cuisine au goût du jour.

RIOM-ÈS-MONTAGNES – 15 Cantal – **330** D3 – 2 727 h. – alt. 840 m   5 B3
– ✉ 15400

▶ Paris 506 – Aurillac 80 – Clermont-Ferrand 91 – Ussel 46
🛈 Office de tourisme, 1, avenue Fernand Brun ℰ 04 71 78 07 37,
Fax 04 71 78 16 87

🏠 St-Georges   📶 ℅ ch, 📶 VISA ☺☺

5 r. Cap. Chevalier – ℰ 04 71 78 00 15 – www.hotel-saint-georges.com
– Fax 04 71 78 24 37 – Fermé 15-30 janv.
14 ch – †32/35 € ††44/52 €, ⏛ 8,50 € – ½ P 38/43 €
Rest – (fermé dim. soir et lundi midi du 15 sept. au 30 juin) (10 €) Menu 14 €
(sem.)/26 € – Carte 20/39 €
♦ Au centre du village, maison en pierre de la fin du 19e s. disposant de petites chambres fraîches, très bien équipées et tenues. Côté restaurant, plats traditionnels et terroir cantalien dans un décor coloré.

RIORGES – 42 Loire – **327** D3 – rattaché à Roanne

RIQUEWIHR – 68 Haut-Rhin – **315** H8 – 1 273 h. – alt. 300 m – ✉ 68340   2 C2
📗 Alsace Lorraine

▶ Paris 442 – Colmar 15 – Gérardmer 52 – Ribeauvillé 5
🛈 Office de tourisme, ℰ 08 20 36 09 22
◉ Village ★★★.

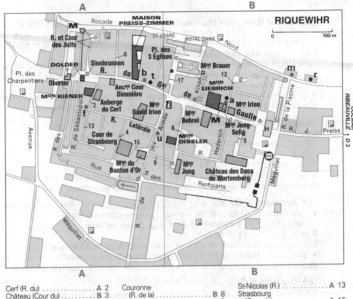

RIQUEWIHR

Le Schoenenbourg sans rest

2 r. de la Piscine – ℰ 03 89 49 01 11
– www.hotel-schoenenbourg.fr – Fax 03 89 47 95 88
– Fermé 4 janv.-15 fév.   Br
58 ch – †79/129 € ††81/135 €, ☐ 13 € – 4 suites

◆ Adossées au vignoble, constructions des années 1980 disposant de chambres confortables, sobrement décorées, et de bons équipements dont une grande piscine chauffée et au calme.

Riquewihr sans rest

rte de Ribeauvillé – ℰ 03 89 86 03 00
– www.hotel-riquewihr.fr – Fax 03 89 47 99 76
– Fermé 1er janv. à mi-fév.
43 ch – †61/107 € ††61/117 €, ☐ 11 € – 6 suites

◆ Vaste maison de style néo-alsacien au bord d'une route traversant les vignes. Chambres fonctionnelles bien tenues, copieux buffet pour le petit-déjeuner et minifitness.

À l'Oriel sans rest

3 r. des Ecuries Seigneuriales – ℰ 03 89 49 03 13 – www.hotel-oriel.com
– Fax 03 89 47 92 87   Ba
22 ch – †69 € ††79/110 €, ☐ 12 € – 1 suite

◆ Dans une ruelle tranquille, jolie façade du 16e s. ornée d'un oriel. Chambres rustiques personnalisées, plus cossues à l'annexe.

Le B. Espace Suites sans rest

48 r. Gén. de Gaulle – ℰ 03 89 86 54 55 – www.jlbrendel.com
– Fax 03 89 47 87 30   At
5 ch – †150/199 € ††150/199 €, ☐ 16 €

◆ Au B. Espace Suites, chambres à la déco contemporaine raffinée – tout en préservant l'ancien. Au B. Cottage, cadre bucolique (petite piscine) et confort complet pour une famille.

XXX **Table du Gourmet** (Jean-Luc Brendel)　　　ⒶⒸ ⚡ VISA ⑳ AE

✿ 5 r. 1ᵉʳᵉ Armée – ℰ 03 89 49 09 09 – www.jlbrendel.com – Fax 03 89 49 04 56
– Fermé 4 janv.-13 fév., merc. sauf le soir d'avril à mi-nov., jeudi midi et mardi
Rest – Menu 41 € (sem.)/92 € – Carte 60/90 €🍸　　　　　　　　　**Au**
Spéc. Déstructuré d'escargot et grenouille en beignet allégé (automne). Ris de
veau caramélisé sur gaufre pomme-barkass, jus passion (automne-hiver). Fri-
cassée de cerise noire et framboise (été). **Vins** Riesling.
◆ La touche décorative contemporaine, en rouge et noir, joue sur la présence de colomba-
ges. Mets créatifs réalisés avec de beaux produits bio issus en partie du potager du chef.

XXX **Auberge du Schoenenbourg**　　　　🍴 ⒶⒸ P. VISA ⑳ AE

r. de la Piscine – ℰ 03 89 47 92 28 – www.auberge-schoenenbourg.com
– Fax 03 89 47 89 84 – Fermé 18-25 août, 2-28 janv., merc. soir et le midi sauf
dim. et lundi　　　　　　　　　　　　　　　　　　　　　　　　**Bm**
Rest – Menu 29 € (sem.)/75 € – Carte 55/69 €🍸
◆ Restaurant chaleureux (tableaux figuratifs, vaisselier et meubles anciens), idéal pour savou-
rer une belle cuisine d'aujourd'hui. Étonnant jardin d'herbes aromatiques rares.

XX **Le Sarment d'Or** avec ch　　　　ⒶⒸ rest, ⁽ʸ⁾ VISA ⑳

☺ 4 r. du Cerf – ℰ 03 89 86 02 86 – www.riquewihr-sarment-d-or.com
– Fax 03 89 47 99 23 – Fermé 15-24 nov. et 2 sem. en mars　　　　　**Af**
9 ch – ∮60/70 € ∮∮70/80 €, � 8,50 €
Rest – (fermé mardi midi, dim. soir et lundi) (14 €) Menu 26/55 € – Carte 38/58 €🍸
◆ Dans cette demeure du 17ᵉ s. (poutres apparentes, cheminée, mobilier choisi), cuisine
classique que l'on accompagne de vin de la région (belle sélection). Chambres douillettes.

X **La Grappe d'Or**　　　　　　　　　　　⇔ VISA ⑳

🍴 1 r. Ecuries Seigneuriales – ℰ 03 89 47 89 52 – www.restaurant-grappedor.com
– Fax 03 89 47 85 91 – Fermé 25 juin-10 juil., janv., merc., jeudi de fév. à mars,
merc. midi et jeudi d'avril à sept.　　　　　　　　　　　　　　　**Ba**
Rest – Menu 18/36 € – Carte 24/42 €
◆ Maison de 1554 au cadre personnalisé d'une foule d'objets agrestes, de poteries, de toiles
contemporaines et d'un magnifique poêle en faïence. Carte actuelle et du terroir.

X **d'Brendelstub**　　　　　　　　　　　ⒶⒸ VISA ⑳ AE

🍴 48 r. Gén. de Gaulle – ℰ 03 89 86 54 54 – www.jlbrendel.com
– Fax 03 89 47 87 30 – Fermé en janv.　　　　　　　　　　　　　**Ab**
Rest – Menu 18/37 € – Carte 23/61 €
◆ Ancienne maison vigneronne à la façade lie-de-vin cachant un cadre tendance déployé sur
deux niveaux. Vue sur les cuisines ; carte à la fois régionale et ouverte sur le monde.

à Zellenberg 1 km à l'Est par D 3 – 394 h. – alt. 300 m – ⊠ 68340

XXX **Maximilien** (Jean-Michel Eblin)　　◁ 🚣 🍴 ⒶⒸ ⚡ ⇔ P. VISA ⑳ ①

✿ 19a rte Ostheim – ℰ 03 89 47 99 69 – www.le-maximilien.com – Fax 03 89 47 99 85
– Fermé 23 août-6 sept., 24 déc.-11 janv., vend. midi, dim. soir et lundi
Rest – Menu 32 € (déj. en sem.), 46/92 € – Carte 71/86 €🍸
Spéc. Goujonnettes de grenouilles en tempura, fricassée de cèpes et escargots au pesto. Schniederspaetle et Saint-Jacques, fumet de crustacés et truffe
(nov. à fév.). Millefeuille fraise et rhubarbe, sorbet fraise au poivre de Sechuan
(avril à juil.). **Vins** Riesling, Pinot noir.
◆ Adossée à la colline, cette demeure offre un cadre élégant avec vue sur le vignoble. Délicieux repas en perspective avec une fine cuisine actuelle et un beau choix de vins.

X **Auberge du Froehn**　　　　　　　　　ⒶⒸ VISA ⑳ AE

5 rte Ostheim – ℰ 03 89 47 81 57 – Fax 03 89 47 81 57 – Fermé 28 juin-7 juil.,
15-24 nov., 1ᵉʳ-15 janv., mardi et merc.
Rest – (12 €) Menu 23/40 € – Carte 30/45 €
◆ Le nom de cette auberge typique évoque le vignoble – et le grand cru éponyme – que
surplombe le village. Décor de caveau rustique et carte mariant cuisines régionale et actuelle.

RISCLE – 32 Gers – 336 B8 – 1 700 h. – alt. 105 m – ⊠ 32400　　　**28 A2**
🔼 Paris 739 – Aire-sur-l'Adour 17 – Auch 71 – Mont-de-Marsan 49
🅸 Syndicat d'initiative, 6, place du foirail ℰ 05 62 69 74 01, Fax 05 62 69 86 07

XX **Le Pigeonneau**   ♿ _VISA_ **©©**

36 av. Adour – ☎ 05 62 69 85 64 – Fax 05 62 69 85 64
– Fermé 22 juin-7 juil., 1 sem. en janv., lundi et mardi
Rest – (15 €) Carte 34/45 €

♦ Sol carrelé à l'ancienne et tons ocre renforcent le côté chaleureux de ce restaurant de la vallée de l'Adour. Cuisine au goût du jour et plats à base de pigeonneau.

RISOUL – 05 Hautes-Alpes – **334** H5 – **643 h.** – alt. 1 117 m – ⊠ 05600   **41** C1
▶ Paris 716 – Briançon 37 – Gap 61 – Guillestre 4
i Office de tourisme, Risoul 1850 ☎ 04 92 46 02 60, Fax 04 92 46 01 23
◎ Belvédère de l'Homme de Pierre ❄✳ S : 15 km ▌ Alpes du Sud

🏠 **La Bonne Auberge** ♮   ≦ 🛒 ⛰ 🅰 rest, ⚃ rest, **P** _VISA_ **©©** **①**
©© _au village – ☎ 04 92 45 02 40 – www.bonneauberge-risoul.com_
– Fax 04 92 45 13 12 – Fermé 1er juin-15 sept. et 26 déc.-31 mars
25 ch – †45/51 € ††60/66 €, ≚ 8 € – ½ P 53/56 €
Rest – _(fermé lundi midi et merc. midi du 1er juin au 15 sept.) (dîner seult en hiver)_ Menu 15 €, 22/24 € – Carte environ 28 €

♦ Chalet en léger retrait du village. Les chambres, bien tenues, offrent une jolie perspective sur la place forte de Mont-Dauphin, créée par Vauban. Ambiance pension de famille dans la salle de restaurant livrant un beau panorama sur le Guillestrois.

RIVA-BELLA – 14 Calvados – **303** K4 – **voir à Ouistreham-Riva-Bella**

RIVE-DE-GIER – 42 Loire – **327** G6 – **14 678 h.** – alt. 225 m – ⊠ 42800   **44** B2
▌Lyon Drôme Ardèche
▶ Paris 494 – Lyon 38 – Montbrison 65 – Roanne 105

XXX **Hostellerie La Renaissance** avec ch   🚌 🏢 **P** _VISA_ **©©** **AE**
41 r. A. Marrel – ☎ 04 77 75 04 31 – Fax 04 77 83 68 58 – Fermé 2 sem. en août, 3-9 janv., dim. soir, merc. soir et lundi
5 ch – †48/56 € ††48/56 €, ≚ 10 €
Rest – (29 €) Menu 29/88 € – Carte 55/80 €🍽

♦ Meubles rustiques, objets contemporains et tableaux colorés composent le décor de cette salle à manger tournée vers le jardin-terrasse. Cuisine au goût du jour.

à Ste-Croix-en-Jarez 10 km au Sud-Est par D 30 – **410 h.** – alt. 450 m – ⊠ 42800

X **Le Prieuré** avec ch ♮   🏢 🅰 rest, ⚃ _VISA_ **©©** **AE**
©© _– ☎ 04 77 20 20 09 – www.hotelrestoleprieure.com – Fax 04 77 20 20 80 – Fermé 1er janv.-13 fév._
4 ch – †50 € ††58 €, ≚ 9 € – ½ P 74 €
Rest – _(fermé lundi)_ Menu 16 € (sem.)/35 € – Carte 30/45 €

♦ Restaurant situé à l'entrée de cet insolite village qui occupe les bâtiments d'une ancienne chartreuse. Salle à manger champêtre. Cuisine régionale et charcuteries maison.

RIVEDOUX-PLAGE – 17 Charente-Maritime – **324** C3 – **voir à Île de Ré**

RIVESALTES – 66 Pyrénées-Orientales – **344** I6 – **8 610 h.** – alt. 13 m   **22** B3
– ⊠ 66600 ▌Languedoc Roussillon
▶ Paris 842 – Carcassonne 108 – Montpellier 146 – Perpignan 11
i Office de tourisme, avenue Ledru-Rollin ☎ 04 68 64 04 04, Fax 04 68 64 56 17

X **La Table d'Aimé**   🏢 ⛰ 🅰 **P** _VISA_ **©©**
©© _4 r. Fransisco-Ferrer – ☎ 04 68 34 35 77 – www.cazes-rivesaltes.com – Fermé dim._
Rest – (16 € bc) Menu 19 € bc (déj.), 28/35 €🍽

♦ Au domaine Cazes, ce nouveau restaurant sert une cuisine du marché actuelle réalisée avec de bons produits bio. Terrasse fleurie donnant sur les caves aux beaux foudres de chêne.

LA RIVIÈRE – 33 Gironde – **335** J5 – **rattaché à Libourne**

LA RIVIÈRE-ST-SAUVEUR – 14 Calvados – **303** N3 – **rattaché à Honfleur**

LA RIVIÈRE-THIBOUVILLE – 27 Eure – **304** E7 – **alt. 72 m**   **33** C2
– ⊠ 27550 Nassandres
▶ Paris 140 – Bernay 15 – Évreux 34 – Lisieux 39

XX **Le Manoir du Soleil d'Or** ⇐ 😤 P VISA ⬥⬥
23 Côte de Paris – ℰ 02 32 44 90 31 – www.manoirdusoleildor.com
– Fax 02 32 44 90 31 – Fermé dim. soir et merc.
Rest – (22 € bc) Menu 26/53 € – Carte 38/59 €
♦ Ce petit castel normand offre une vue imprenable sur la vallée de la Risle depuis sa terrasse et son élégante salle à manger. Cuisine actuelle.

X **L'Auberge de la Vallée** 😤 ℅ VISA ⬥⬥
😊 *7 rte Brionne-Nassandres – ℰ 02 32 44 21 73 – Fermé merc. soir, dim. et lundi*
Rest – Menu 14 € (sem.)/25 € – Carte environ 28 €
♦ Ce restaurant installé dans une belle maison à colombages abrite deux salles à manger champêtres, agrémentées d'une collection de paniers en osier. Cuisine au goût du jour.

RIXHEIM – 68 Haut-Rhin – **315** I10 – rattaché à Mulhouse

ROAIX – 84 Vaucluse – **332** D8 – rattaché à Vaison-la-Romaine

---

ROANNE ◁◮▷ – 42 Loire – **327** D3 – 36 126 h. – Agglo. 104 892 h.   **44** A1
– alt. 265 m – ⊠ **42300** ▮ Lyon Drôme Ardèche

▶ Paris 395 – Clermont-Ferrand 115 – Lyon 84 – St-Étienne 85

🛪 Roanne-Renaison : ℰ 04 77 66 83 55, par D 9 AV : 5 km.

🛈 Office de tourisme, 8, place de Lattre de Tassigny ℰ 04 77 71 51 77,
Fax 04 77 71 07 11

⛳ du Roannais à Villerest, par rte de Thiers : 7 km, ℰ 04 77 69 70 60

◉ Musée Joseph-Déchelette : Faïences révolutionnaires★.

◉ Belvédère de Commelle-Vernay ⇐ ★ : 7 km au S par quai Sémard BV.

🏠🏠🏠 **Troisgros** (Michel Troisgros) 🚗 🔓 🛗 🖵 ⬥⬥ 🌐 VISA ⬥⬥ AE ⓪
❀❀❀ *pl. de la Gare – ℰ 04 77 71 66 97 – www.troisgros.com – Fax 04 77 70 39 77*
– Fermé 3-18 août, 16 fév.-3 mars, lundi midi d'oct. à fév., mardi et merc.
11 ch – ♦190/375 € ♦♦190/375 €, ⊊ 27 € – 5 suites   CX**r**
Rest – *(nombre de couverts limité, prévenir)* Menu 90 € (déj. en sem.),
150/330 € bc – Carte 160/220 €🍷
Spéc. Gnocchettis d'artichaut et coques (automne). Pigeonneau en beignet,
aux figues (automne). Tarte aux fraises cuites, glace au miel (été-automne).
Vins Pouilly-Fuissé, Saint-Joseph.
♦ Un hôtel de gare... façon 21e s. : superbes chambres design, bibliothèque gourmande et collections de toiles contemporaines. Au restaurant Troisgros, trois étoiles depuis 1968, excellence d'une astucieuse cuisine au goût du jour et belle carte des vins.

🏨 **Le Grand Hôtel** sans rest 🏢 🕻 ⚁ P VISA ⬥⬥ AE
⎁ *18 cours de la République, (face à la gare) – ℰ 04 77 71 48 82*
– www.grand-hotel-roanne.fr – Fax 04 77 70 42 40 – Fermé 1er-15 août
31 ch – ♦62/78 € ♦♦72/92 €, ⊊ 12 €   CX**f**
♦ Ce bâtiment du début du 20e s. abrite des chambres correctement tenues, diversement décorées (mobilier actuel, fer forgé, rotin, couleurs ensoleillées). Salon-bar feutré.

XXX **L'Astrée** 🛗 VISA ⬥⬥
17 bis cours de la République, (face à la gare) – ℰ 04 77 72 74 22
– Fermé 15-28 mars, 27 juil.-16 août, sam. et dim.   CX**f**
Rest – (25 €) Menu 31 € (sem.)/70 € – Carte 50/60 €
♦ Confortable et plaisant décor contemporain avec boiseries et œuvres de peintres de la région, cuisine personnalisée : Astrées et Céladons adorent !

XX **Le Relais Fleuri** 🚗 😤 ⅙ 🛗 ℅ P VISA ⬥⬥ ⓪
allée Claude Barge – ℰ 04 77 67 18 52 – http://
perso.wanadoo.fr/lerelaisfleuri/pub – Fermé dim. soir, mardi et merc.
Rest – Menu 20/46 € – Carte 32/55 €   BV**v**
♦ L'une des salles à manger de cette ex-guinguette (1900) est dressée sous un dôme vitré, aménagé récemment. L'été, on profite du beau jardin ombragé. Recettes au goût du jour.

X **Le Central** 🛗 ⇔ VISA ⬥⬥
😊 *20 cours de la République, (face à la gare) – ℰ 04 77 67 72 72*
– www.troisgros.com – Fax 04 77 72 57 67 – Fermé 3-23 août, dim. et lundi
Rest – *(prévenir)* (20 €) Menu 24 € (déj.)/27 € – Carte 40/55 €   CX**r**
♦ Des rayonnages de produits gourmands composent le cadre original de ce "bistrot-épicerie" où vous découvrirez une cuisine simple et goûteuse. Convivialité assurée !

ROANNE

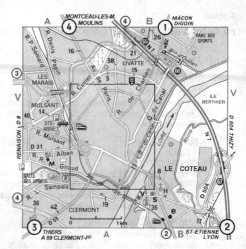

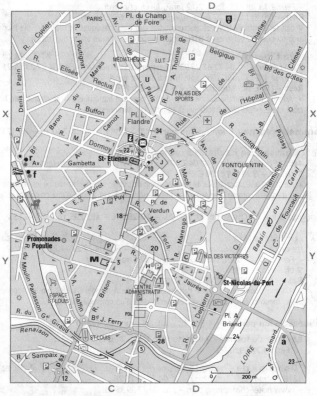

1427

au Coteau (rive droite de la Loire) – 7 065 h. – alt. 350 m – ⊠ 42120

Des Lys
133 av. de la Libération – ✆ *04 77 68 46 44*
– www.hotel-des-lys.com – Fax 04 77 72 23 50
– Fermé 2-24 août, 20 déc.-4 janv., sam. midi et dim.   BVe
17 ch � – **†**79 € **††**88 €   **Rest** – (12 €) Menu 17/27 € – Carte 33/48 €
♦ Une nouvelle équipe a repris cet hôtel où s'étaient succédées trois générations de la même famille. Chambres dans le style des années 1980 ou plus actuelles. Cuisine traditionnelle au restaurant.

Ibis
53 bd Ch. de Gaulle, (ZI Le Coteau - BV) – ✆ *04 77 68 36 22 – www.ibishotel.com*
– Fax 04 77 71 24 99
74 ch – **†**59/74 € **††**59/74 €, � 8 €   **Rest** – (14 €) Menu 25 € – Carte 20/32 €
♦ Pratique pour l'étape, un hôtel mettant à votre disposition des chambres conformes au standard de la chaîne. Les dernières-nées sont plus spacieuses. Restaurant moderne égayé de couleurs vives, terrasse dressée face à la piscine.

L'Auberge Costelloise
2 av. de la Libération – ✆ *04 77 68 12 71*
– www.auberge-costelloise.fr – Fax 04 77 72 26 78
– Fermé 18 juil.-18 août, 2-12 janv., lundi et mardi   DYa
Rest – (20 €) Menu 27 € (sem.)/75 € – Carte 65/85 €
♦ Sur les bords de Loire, ce restaurant sert des plats classiques et copieux. Salle moderne avec moquettes, boiseries et tableaux contemporains ; minivéranda côté trottoir.

Ma Chaumière
3 r. St-Marc – ✆ *04 77 67 25 93 – www.machaumiere.fr – Fax 04 77 23 35 94*
– Fermé 1er-15 août, dim. soir, mardi soir et lundi   BVs
Rest – (14 € bc) Menu 20/46 € – Carte 28/49 €
♦ Adresse toute simple qui mérite le détour pour son atmosphère sympathique, son hospitalité et ses petits plats traditionnels adroitement mitonnés.

à Commelle-Vernay 6 km au Sud par D 43 – 2 849 h. – alt. 340 m – ⊠ 42120

Château de Bachelard *sans rest*
440 rte de Commelle – ✆ *04 77 71 93 67 – www.chateaubachelard.com*
5 ch ⊠ – **†**90 € **††**100 €
♦ Au sein d'une propriété de 18 ha avec étang de pêche, superbe manoir où les hôtes se sentent d'emblée comme chez eux. Chambres personnalisées et accueil d'une grande gentillesse.

à Riorges 3 km à l'Ouest par D 31 - AV – 10 255 h. – alt. 295 m – ⊠ 42153

Le Marcassin *avec ch*
rte de St-Alban-les-Eaux – ✆ *04 77 71 30 18 – Fax 04 77 23 11 22*
– Fermé 17-31 août, vacances de fév., dim. soir et sam.
9 ch – **†**55 € **††**55/63 €, ⊠ 8 € – ½ P 72 €
Rest – (23 €) Menu 25/55 € – Carte 45/55 €
♦ Cuisine traditionnelle servie dans une vaste salle à manger : tables rondes nappées de blanc, meubles cérusés. Terrasse d'été bénéficiant d'un ombrage naturel.

à Villerest 6 km par ③ – 4 392 h. – alt. 363 m – ⊠ 42300

🄩 Office de tourisme, plage du Plan d'Eau ✆ 04 77 69 67 21,
   Fax 04.77.69.67.22

Domaine de Champlong *sans rest*
1218 chemin de Champlong – ✆ *04 77 69 78 78*
– www.hotel-champlong.com – Fax 04 77 69 35 45
– Fermé en fév.
21 ch – **†**58/88 € **††**63/88 €, ⊠ 9 €
♦ Bâtiment récent bénéficiant du calme de la campagne, à deux pas d'un golf. Les chambres, spacieuses et actuelles, disposent de balcons ou de terrasses privatives.

XXX Château de Champlong avec ch

100 chemin de la Chapelle, (près du golf) – ℰ 04 77 69 69 69
– www.chateau-de-champlong.com – Fax 04 77 69 71 08 – Fermé 7 fév.-2 mars,
dim. soir, mardi midi et lundi
12 ch – ♦115 € ♦♦115/175 €, � 12 €
Rest – Menu 23 € (sem.)/78 € – Carte 65/85 €

♦ Dans un parc, belle demeure du 18ᵉ s. rénovée en 2009. La "salle des peintures" vaut le coup d'œil : tableaux d'époque, joli parquet et grande cheminée. Élégants salons. Recettes originales. Chambres pimpantes, créées au-dessus du restaurant.

ROBION – 84 Vaucluse – 332 D10 – 3 941 h. – alt. 140 m – ⊠ 84440   42 E1

🄳 Paris 713 – Aix-en-Provence 69 – Avignon 31 – Marseille 82

🄸 Office de tourisme, Place Clément Gros ℰ 04 90 05 84 31,
Fax 04 90 06 08 79

X L 'Escanson

450 av. Aristide-Briand – ℰ 04 90 76 59 61 – www.lescanson.fr
– Fermé 21 déc.-12 janv., le midi en juil., merc. sauf le soir de mars à oct. et mardi
Rest – *(nombre de couverts limité, prévenir)* (20 €) Menu 27/39 €
– Carte 41/57 €

♦ Tons pastel et fer forgé donnent un cachet provençal à la salle de ce petit restaurant. Fine cuisine traditionnelle relevée d'une pincée de créativité. Terrasse ombragée.

ROCAMADOUR – 46 Lot – 337 F3 – 630 h. – alt. 279 m – ⊠ 46500   29 C1

📕 Périgord Quercy

🄳 Paris 531 – Brive-la-Gaillarde 54 – Cahors 60 – Figeac 47

🄸 Office de tourisme, L'Hospitalet ℰ 05 65 33 22 00, Fax 05 65 33 22 01

🄾 Site★★★ – Remparts ※★★★ – Tapisseries★ dans l'hôtel de ville – Vierge noire★ dans la chapelle Notre-Dame – Musée d'Art sacré★ **M¹** – Musée du Jouet ancien automobile : voitures à pédales – L'Hospitalet※★★ : Féerie du rail : maquette★ par ②.

Plan page suivante

au château

🏰 Château

rte du château – ℰ 05 65 33 62 22 – www.hotelchateaurocamadour.com
– Fax 05 65 33 69 00 – Ouvert 27 mars-7 nov.
AZ**r**
58 ch – ♦66/106 € ♦♦80/110 €, ⊇ 10 € – ½ P 70/92 €
Rest – (14 €) Menu 25/49 € – Carte 29/75 € le soir

♦ Loin de l'agitation touristique, hôtel contemporain aux chambres spacieuses et fonctionnelles. Calme ambiant, piscine, tennis et jardin sont fort appréciés. Le restaurant, à 50 m, sert des plats régionaux ; décor actuel et terrasse sous les chênes truffiers.

dans la cité

🏨 Beau Site

– ℰ 05 65 33 63 08 – www.bestwestern-beausite.com – Fax 05 65 33 65 23
– Ouvert 6 fév.-14 nov.
BZ**a**
38 ch – ♦63/108 € ♦♦74/108 €, ⊇ 12 € – ½ P 71/82 €
Rest Jehan de Valon – Menu 19 € (déj. en sem.), 25/55 € – Carte 38/90 €

♦ Au cœur de la cité, maison du 15ᵉ s. hébergeant un joli hall d'inspiration médiévale et des chambres de caractère. À l'annexe, le décor est plus actuel. Au restaurant, plats traditionnels, vins du Sud-Ouest et du monde, et belle vue sur la vallée de l'Alzou.

🏠 Le Terminus des Pèlerins

– ℰ 05 65 33 62 14 – www.terminus-des-pelerins.com – Fax 05 65 33 72 10
– Ouvert 1ᵉʳ avril-1ᵉʳ nov.
BZ**e**
12 ch – ♦43/56 € ♦♦46/69 €, ⊇ 8 € – ½ P 52/65 €
Rest – Menu 17/35 € – Carte 30/59 €

♦ Au pied de la falaise escarpée, petit hôtel familial à l'accueil chaleureux. Chambres nettes, bien équipées. De la terrasse, profitez du "spectacle" de la vallée. La salle à manger, aérée, invite à s'attabler autour de consistants plats du terroir.

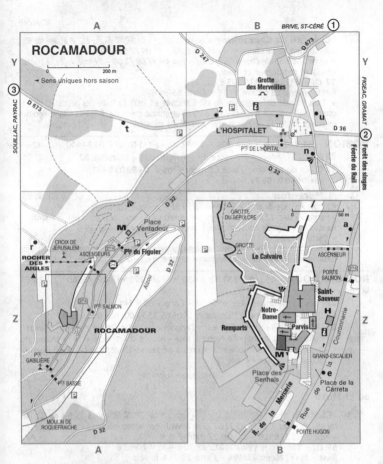

à l'Hospitalet

Les Esclargies sans rest ⌖   🚗 🛋 ゟ 🅰️ ℭ 🅿️ 𝑉𝐼𝑆𝐴 🆗 🅰️🅴 ①
rte de Payrac – ℘ 05 65 38 73 23 – www.esclargies.com – Fax 05 65 39 71 07
– Fermé 20 déc.-5 janv. et 13 fév.-1er mars   AY**t**
16 ch – ♦68/88 € ♦♦70/138 €, ⊡ 11 €
◆ Bel édifice aux lignes modernes situé au calme et en retrait de l'animation, dans une "esclargie" (petite clairière en occitan). Chambres actuelles, soignées et chaleureuses.

Le Belvédère   ← 🖨 🅿️ 𝑉𝐼𝑆𝐴 🆗
– ℘ 05 65 33 63 25 – www.lebelvedere-rocamadour.com – Fax 05 65 33 69 25
– Ouvert 2 avril-31 déc.   BY**n**
17 ch – ♦43/74 € ♦♦43/74 €, ⊡ 8 € – ½ P 49/64 €
Rest – Menu 15/34 € – Carte 28/51 €
◆ Une atmosphère familiale règne dans cet hôtel récemment rajeuni. Chambres aux touches décoratives actuelles ; splendide vue panoramique pour la plupart. Restaurant gastronomique ; brasserie et pizzeria en saison. Terrasse permettant de contempler le site.

Panoramic sans rest   ← 🖨 🛋 🅰️ 🛜 🅿️ 𝑉𝐼𝑆𝐴 🆗 🅰️🅴
– ℘ 05 65 33 63 06 – www.hotelrocamadour.com – Fax 05 65 33 69 26 – Ouvert
15 mars-15 nov.   BY**z**
12 ch – ♦55/65 € ♦♦55/65 €, ⊡ 9 €
◆ Perché sur une falaise, cet hôtel jouit d'une jolie perspective sur Rocamadour. Chambres lumineuses et fonctionnelles, agréable jardin-piscine, bar (réservé aux clients).

rte de Brive 2,5 km par ① et par D 673 – ⊠ 46500 Rocamadour

🏠 **Troubadour** ⌘   ≤ 🚗 🗻 🏖 Ⓚ rest, ⑩ 🎽 P. 𝚅𝙸𝚂𝙰 ⓞⓞ ⒶⒺ ①
– ℰ 05 65 33 70 27 – www.hotel-troubadour.com – Fax 05 65 33 71 99
– Ouvert 13 fév.-15 nov.
10 ch – ♦68/105 € ♦♦68/105 €, ⊇ 12 € – 2 suites – ½ P 72/85 €
Rest – (fermé juil.-août) (dîner seult) (résidents seult) Menu 26/38 €
♦ Un grand jardin assure la tranquillité de cette ancienne ferme joliment rénovée. Chambres plaisantes et bien tenues. Belle salle de billard dans l'ancien fournil, piscine.

✗ **Le Roc du Berger**   🏡 P. 𝚅𝙸𝚂𝙰 ⓞⓞ
ⓢⓢ Bois de Belveyre – ℰ 05 65 33 19 99
– www.rocduberger.fr – Fax 05 65 33 72 46
– Ouvert de fin mars à fin sept. et sam. soir et dim. midi en oct.
Rest – Menu 12/27 € – Carte 14/45 €
♦ Terrasse sous les chênes truffiers, ambiance animée, service à la bonne franquette et, sur la table, des produits fermiers exclusivement régionaux et préparés au feu de bois.

à la Rhue 6 km par ① rte de Brive par D 673, D 840 et rte secondaire
– ⊠ 46500 Rocamadour

🏠🏠 **Domaine de la Rhue** sans rest ⌘   ≤ 🚗 🗻 🏖 P. 𝚅𝙸𝚂𝙰 ⓞⓞ
– ℰ 05 65 33 71 50 – www.domainedelarhue.com – Fax 05 65 33 72 48
– Ouvert 3 avril-16 oct.
13 ch – ♦75/145 € ♦♦75/145 €, ⊇ 8,50 €
♦ Grandes chambres personnalisées aménagées dans d'élégantes écuries du 19ᵉ s. Superbe salon rustique doté d'une cheminée. L'été, petit-déjeuner en terrasse et piscine.

rte de Payrac 4 km par ③, D 673 et rte secondaire – ⊠ 46500 Rocamadour

🏠🏠 **Les Vieilles Tours** ⌘   ≤ 🛏 🏡 🗻 🍴 P. 𝚅𝙸𝚂𝙰 ⓞⓞ ⒶⒺ
– ℰ 05 65 33 68 01 – www.vieillestours-rocamadour.com – Fax 05 65 33 68 59
– Ouvert 29 mars-11 nov.
16 ch – ♦73/155 € ♦♦93/155 €, ⊇ 12 € – ½ P 84/122 €
Rest – (dîner seult) Menu 25/35 €
♦ Accueil avenant, quiétude et ambiance campagnarde raffinée en cet ex-relais de chasse dont le fauconnier (13ᵉ s.) abrite la plus belle chambre. Parc avec vue sur la vallée. Régalez-vous dans la salle "rustique-cosy" ou sur la jolie terrasse. Cuisine du moment.

Un classement passé en rouge met en avant le charme de la maison 🏠🏠 ✗✗✗.

ROCBARON – 83 Var – 340 L6 – 3 264 h. – alt. 376 m – ⊠ 83136   **41** C3
▶ Paris 832 – Marseille 79 – Toulon 35 – La Seyne-sur-Mer 43

↑ **La Maison de Rocbaron**   🚗 🗻 ⑩ P.
3 r. St-Sauveur, (face à la mairie) – ℰ 04 94 04 24 03
– www.maisonderocbaron.com
5 ch ⊇ – ♦80/118 € ♦♦80/118 €
Table d'hôte – Menu 38 € bc
♦ Atmosphère chaleureuse dans cette maison familiale (ex-bergerie) entourée de verdure. Chambres personnalisées ; piscine et calme jardin. Honneur au terroir à la table d'hôte.

LA ROCHE-BERNARD – 56 Morbihan – 308 R9 – 761 h. – alt. 38 m   **10** C3
– ⊠ 56130 ▯ Bretagne
▶ Paris 444 – Nantes 70 – Ploërmel 55 – Redon 28
🅸 Office de tourisme, 14, rue du Docteur Cornudet ℰ 02 99 90 67 98,
Fax 02 99 90 67 99
🅱 de la Bretesche à Missillac Domaine de la Bretesche, SE : 11 km,
ℰ 02 51 76 86 86
◉ Pont du Morbihan★.

Le Manoir du Rodoir 🕭
rte de Nantes – ℰ 02 99 90 82 68 – www.lemanoirdurodoir.com
– Fax 02 99 90 76 22 – Fermé 15 déc.-30 janv.
24 ch – †85/145 € ††85/145 €, � 12 €
Rest – (fermé le midi en juil.-août, sam. midi, lundi midi et dim.) (15 €)
Menu 19 € (déj.)/34 € – Carte 25/40 €
♦ Un parc de 2 ha entoure cette ex-fonderie qui abrite des chambres spacieuses et confortables, mansardées au 2e étage. La courte carte propose une cuisine fusionnant produits et recettes de France, d'Asie, d'Europe méditerranéenne et d'Amérique du Sud. Cadre rustique.

L'Auberge Bretonne (Jacques Thorel) avec ch
2 pl. Duguesclin – ℰ 02 99 90 60 28
– www.auberge-bretonne.com – Fax 02 99 90 85 00
– Fermé 15 nov.-15 janv. sauf hôtel et sauf fêtes
11 ch – †95/230 € ††95/280 €, � 17 € – ½ P 200/265 €
Rest – (fermé lundi midi, mardi midi, vend. midi et jeudi) Menu 30 € (sem.)/
137 €
Spéc. Léger bouillon d'asperges, truffe de Saint-Jacques en surprise (nov. à mars). Homard de nos côtes grillé au beurre de corail. Les délices de Solange.
♦ Trois maisons bretonnes fleuries abritant un élégant restaurant aménagé dans une galerie entourant un potager. Cuisine "terre et mer" ; carte de vins aux références étonnantes.

ROCHECORBON – 37 Indre-et-Loire – 317 N4 – rattaché à Tours

ROCHEFORT ◁🆂🅿▷ – 17 Charente-Maritime – 324 E4 – 26 299 h.   38 B2
– alt. 12 m – Stat. therm. : mi mars-début déc. – ⌧ 17300
▮ Poitou Vendée Charentes

■▶ Paris 475 – Limoges 221 – Niort 62 – La Rochelle 38
Accès Pont de Martrou : passage gratuit.
🆉 Office de tourisme, avenue Sadi-Carnot ℰ 05 46 99 08 60,
Fax 05 46 99 52 64
🆖 du pays Rochefortais à Saint-Laurent-de-la-Prée 1608 route Impériale, NO :
7 km par D 137, ℰ 05 46 84 56 36
🆀 Quartier de l'Arsenal★ - Corderie royale★★ - Maison de Pierre Loti★ AZ
- Musée d'Art et d'Histoire★ AZ **M**² - Les Métiers de Mercure★ (musée)
BZ **D**.

La Corderie Royale 🕭
r. Audebert, (près de la Corderie Royale) – ℰ 05 46 99 35 35
– www.corderieroyale.com – Fax 05 46 99 78 72
– Fermé 18 déc.-20 janv. et dim. soir de nov. à mars   BY**h**
44 ch – †80/175 € ††80/175 €, � 11 € – 3 suites – ½ P 79/158 €
Rest – (fermé sam. midi, dim. soir et lundi de nov. à mars) (24 €) Menu 36/66 €
– Carte 47/78 €
♦ Une étape chargée d'histoire : dans les murs de l'ex-artillerie royale (17e s.), à deux pas du port, profitez de grandes chambres actuelles, calmes et bien équipées. La salle à manger et sa terrasse regardent la Charente ; plats actuels bien cuisinés.

Ibis sans rest
1 r. Bégon – ℰ 05 46 99 31 31 – www.accorhotels.com
– Fax 05 46 87 24 09   BY**a**
66 ch – †64/78 € ††64/78 €, � 7,50 €
♦ Installé dans une vieille maison à la façade crépie, établissement moderne aux chambres en partie rénovées, toutes climatisées, assez spacieuses et bien entretenues.

Roca Fortis sans rest
14 r. de la République – ℰ 05 46 99 26 32
– www.hotel-rocafortis.com – Fax 05 46 99 26 62
– Fermé janv.   BY**t**
16 ch – †49/53 € ††55/69 €, � 6 €
♦ Deux maisons régionales autour d'une cour carrelée et fleurie où peut être servi le petit-déjeuner. Les chambres côté rue sont plus grandes et confortables. Accueil très aimable.

ROCHEFORT

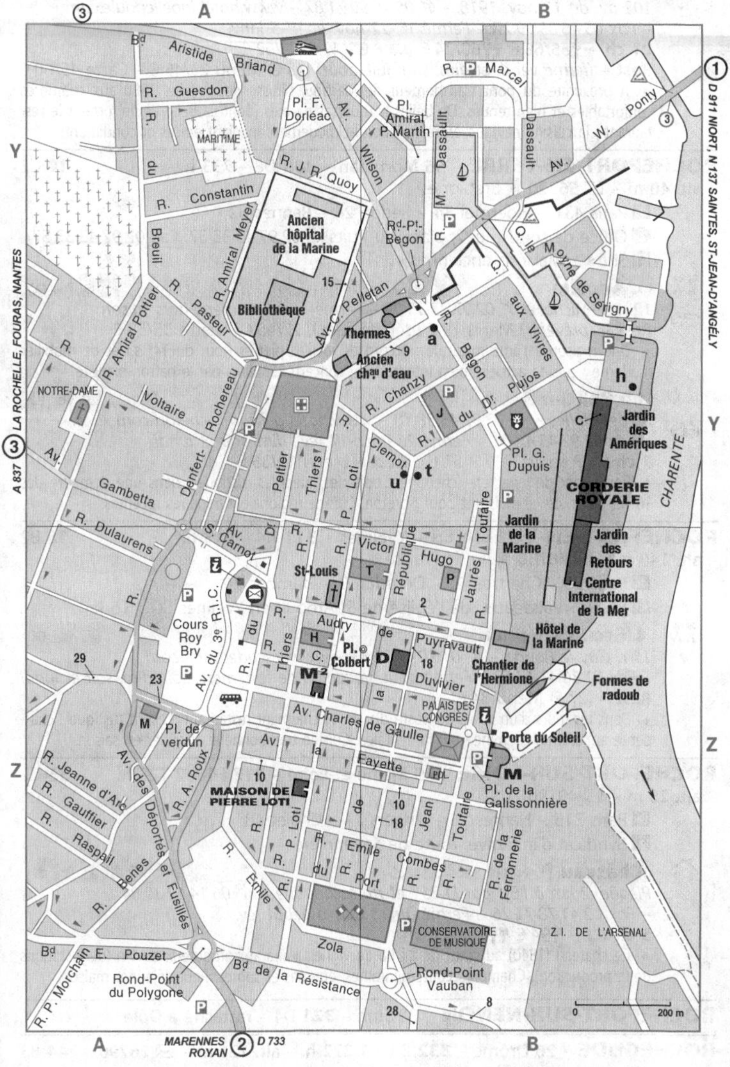

Palmier sur Cour sans rest

55 r. de la République – ✆ 05 46 99 55 54 – www.palmiersurcour.com – Fermé 20 déc.-10 janv. BY**u**

3 ch ☕ – 🚹57 € 🚹🚹62/69 €

◆ Les hôtes n'hésitent pas à revenir dans cette demeure du 19e s., emballés par le calme et le raffinement des chambres, les goûteux petits-déjeuners et l'accueil attentif.

par ② **3 km rte de Royan avant pont de Martrou** – ⊠ **17300 Rochefort**

🏨 **La Belle Poule** 🍴 P VISA ⓿ AE
102 av. du 11 nov. 1918 – ℰ *05 46 99 71 87* – *www.hotel-labellepoule.com*
– Fax 05 46 83 99 77 – Fermé 1ᵉʳ-22 nov. et 1ᵉʳ-5 janv.
21 ch – ♦55/65 € ♦♦60/74 €, ⊆ 8 € – ½ P 56/62 €
Rest – *(fermé vend. et dim. sauf juil.-août)* (15 €) Menu 23/45 € – Carte 45/60 €
♦ À proximité du pont transbordeur de Martrou, bâtisse des années 1980 aux chambres confortables et bien tenues. De belles maquettes navales (dont La Belle Poule) ornent le restaurant ; la cuisine navigue entre tradition et modernité, maniant épices et condiments.

ROCHEFORT-EN-TERRE – 56 Morbihan – **308** Q8 – 733 h. **10** C2
– alt. 40 m – ⊠ 56220 ▌ Bretagne

▶ Paris 431 – Ploërmel 34 – Redon 26 – Rennes 82
🛈 Office de tourisme, 7, place du Puits ℰ 02 97 43 33 57, Fax 02 97 43 33 57
◉ Site★ - Maisons anciennes★.

✗✗ **L'Ancolie** ♿ VISA ⓿
😋 *12 r. St-Michel* – ℰ *02 97 43 33 09 – Fermé mardi et merc. hors saison*
Rest – *(prévenir)* Menu 19 € (déj. en sem.), 27/45 € – Carte 35/58 €
♦ Une maison à l'âme musicale : accord de vieilles pierres (tour du 14ᵉ s.) et de mobilier moderne ; cuisine actuelle bien interprétée ; concerts réguliers par le patron-pianiste.

✗✗ **Le Pélican** avec ch 🍴 rest, VISA ⓿ ①
😋 *pl. des Halles* – ℰ *02 97 43 38 48 – www.hotel-pelican-rochefort.com*
– Fax 02 97 43 42 01 – Fermé 26 janv.-17 fév., dim. soir et lundi
7 ch (½ P seult) – ½ P 51 € **Rest** – Menu 19/35 €
♦ Restaurant de caractère (cheminée, boiseries, meubles rustiques) dans une demeure des 16ᵉ et 18ᵉ s. de ce ravissant bourg breton. Cuisine régionale. Chambres récentes.

ROCHEFORT-EN-YVELINES – Yvelines – **311** H4 – 913 h. **18** B2
– alt. 140 m – ⊠ 78730 ▌ Île de France

▶ Paris 50 – Chartres 43 – Dourdan 9 – Étampes 26
◉ Site★ - Vaisseau★ de l'église de St-Arnoult-en-Yvelines SO : 3,5 km.

✗✗ **L'Escu de Rohan** 🍴 VISA ⓿
15 r. Guy le Rouge – ℰ *01 30 41 31 33 – www.lescuderohan.com*
– Fax 01 30 41 47 52 – Fermé août, vacances de fév., merc. soir, dim. soir et lundi
Rest – (27 €) Menu 34 €
♦ Dans les murs d'un relais de poste du 16ᵉ s., charmant restaurant d'esprit rustique : charpente apparente, cheminée monumentale... Cuisine traditionnelle et gibier en saison.

ROCHEFORT-SUR-LOIRE – 49 Maine-et-Loire – **317** F4 – 2 128 h. **35** C2
– alt. 25 m – ⊠ 49190

▶ Paris 315 – Nantes 95 – Angers 24 – Cholet 48
🛈 Syndicat d'initiative, route de Savennières

⌂ **Château Piegüe** sans rest ⟨ 🚳 ⟨ʳ⟩ P VISA ⓿
Piegüe, 2 km à l'Est par D 751 et rte secondaire – ℰ *06 14 62 30 84*
– Fax 02 41 78 71 26 – Fermé du 15 déc. à début fév.
5 ch ⊆ – ♦94 € ♦♦104 €
♦ Ce château (1840) au cœur de 27 ha de vignes plaira aux amoureux du vin (dégustations de la production). Chambres contemporaines, épurées et sobres. Petit-déjeuner maison.

ROCHEFORT-SUR-NENON – 39 Jura – **321** D4 – **rattaché à Dôle**

ROCHEGUDE – 26 Drôme – **332** B8 – 1 372 h. – alt. 121 m – ⊠ 26790 **44** B3
▶ Paris 641 – Avignon 46 – Bollène 8 – Carpentras 34

🏰 **Château de Rochegude** ⟨ ⟨ 🕭 🍴 ⟨ 🖥 AC ⟨ P VISA ⓿ AE
– ℰ 04 75 97 21 10 – www.chateauderochegude.com – Fax 04 75 04 89 87 – Fermé
dim. soir, mardi midi et lundi de nov. à mars
24 ch – ♦170/430 € ♦♦170/430 €, ⊆ 20 € – 1 suite
Rest *La Table de la Roche Aigue* – (26 €) Menu 39/89 € – Carte 76/141 €
♦ Cette forteresse du 11ᵉ s., remaniée au 18ᵉ s., domine les vignobles des Côtes du Rhône. Chambres décorées en respectant l'authenticité des lieux ; parc (daims en semi-liberté). Cuisine actuelle et très belle sélection de vins servis dans le confortable restaurant.

LA ROCHE-L'ABEILLE – 87 Haute-Vienne – **325** E7 – 588 h. – 24 B2
– alt. 400 m – ⊠ 87800

▶ Paris 423 – Limoges 34 – Saint-Junien 63 – Panazol 34

XXX **Le Moulin de la Gorce** (Pierre Bertranet) avec ch ⅖ ⤇ 🕊 ☎ **P**
⸙ – ☎ 05 55 00 70 66 – www.moulindelagorce.com **VISA ⚫ AE ①**
– Fax 05 55 00 76 57
– Ouvert de mi-mars à mi-nov. et fermé lundi sauf le soir
de mi-juil. à mi-août, merc. midi et mardi
10 ch – ♦95/180 € ♦♦95/180 €, ☲ 18 € **Rest** – (49 €) Menu 70/140 € bc⅖
Spéc. Œufs brouillés aux truffes. Veau Limousin élevé sous la mère. Puits
d'amour aux framboises. **Vins** Bergerac blanc et rouge.
♦ Joli moulin du 16e s. et ses dépendances en bordure d'étang, dans un agréable parc
champêtre. Intérieur de caractère et belle cuisine classique. Chambres personnalisées.

ROCHE-LEZ-BEAUPRÉ – 25 Doubs – **321** G3 – rattaché à Besançon

---

LA ROCHELLE **P** – 17 Charente-Maritime – **324** D3 – 77 196 h. – 38 A2
Agglo. 116 157 h. – alt. 1 m – Casino AX – ⊠ 17000 ▮ Poitou Vendée Charentes

▶ Paris 472 – Angoulême 150 – Bordeaux 183 – Nantes 141

Accès à l'Île de Ré par le pont par ③. **Péage** en 2009 : auto (AR) 16,50
(saison) 9,00 (hors saison), auto et caravane 27,00 (saison), 15,00 (hors
saison), camion 18,00 à 45,00, moto 2,00, gratuit pour piétons et vélos.
Renseignements par Régie d'Exploitation des Ponts : ☎ 05 46 00 51 10,
Fax 05 46 43 04 71.

✈ de la Rochelle-Île-de-Ré : ☎ 05 46 42 30 26, NO : 4,5 km AV.

❧ Office de tourisme, Le Gabut ☎ 05 46 41 14 68, Fax 05 46 41 99 85

▥ de La Prée La Rochelle à Marsilly, N : 11 km par D 105, ☎ 05 46 01 24 42

◉ Vieux Port★★ : tour St-Nicolas★, ⁂★★ de la tour de la Lanterne★ - Le
quartier ancien★★ : hôtel de ville★ Z **H**, Hôtel de la Bourse★ Z **C**, Porte de
la Grosse Horloge★ Z **N**, Grande-rue des Merciers★ - Maison Henry II★,
arcades★ de la rue du Minage, rue Chaudrier★, rue du Palais★, rue de
l'Escale★ - Aquarium★★ CDZ - Musées : Nouveau Monde★ CDY**M⁷**,
Beaux-Arts★ CDY **M²** - d'Orbigny-Bernon★ (histoire rochelaise et
céramique) Y **M⁸**, Automates★ (place de Montmartre★★) Z **M¹**,
maritime★ : Neptunéa C **M⁵** - Muséum d'Histoire naturelle★★ Y.

Plans pages suivantes

🏨 **Champlain-France Angleterre** sans rest 🚗 ▤ 🄰🄲 ⁽ᵗ⁾ 🕊 ⊛
30 r. Rambaud – ☎ 05 46 41 23 99 **VISA ⚫ AE ①**
– www.hotelchamplain.com – Fax 05 46 41 15 19 CY**b**
36 ch – ♦92/125 € ♦♦110/125 €, ☲ 11 € – 4 suites
♦ Cet ancien hôtel particulier est doté d'un romantique jardin de roses. Salons superbes
ornés de très belles toiles d'artistes locaux et chambres spacieuses au mobilier de style.

🏨 **Masqhôtel** sans rest ▤ 🕊 🄰🄲 ⁽ᵗ⁾ 🕊 ⊛ **VISA ⚫ AE ①**
17 r. Ouvrage à Cornes – ☎ 05 46 41 83 83 – www.masqhotel.com
– Fax 05 46 07 04 43 DZ**t**
76 ch – ♦112/170 € ♦♦112/170 €, ☲ 15 €
♦ Un masque africain symbole de fertilité trône dans le hall. Atmosphère minimaliste chic et
high-tech, mobilier design et toiles contemporaines indonésiennes dans les chambres.

🏨 **Novotel** ⅖ 🕊 ⤢ 🕊 🕊 🄰🄲 ⁽ᵗ⁾ 🕊 **P** **VISA ⚫ AE ①**
⊛ av. Porte Neuve – ☎ 05 46 34 24 24 – www.novotel.com
– Fax 05 46 34 58 32 CY**t**
94 ch – ♦115/170 € ♦♦120/170 €, ☲ 14 €
Rest – (fermé sam. et dim. hors saison) (12 €) Menu 16 € – Carte 25/60 €
♦ Rénovation complète et réussie pour cet imposant immeuble en verre entouré d'un parc :
chambres contemporaines et zen, pourvues d'équipements dernier cri. Salle à manger largement ouverte sur la piscine (plats traditionnels) et petite restauration non-stop au bar.

LA ROCHELLE

🏨 **Mercure Océanide** ⬛ & ch, 🆂 🗣 🖫 🅿 💳 🕥 🆎 ⓞ

quai L. Prunier – ℰ *05 46 50 61 50 – www.mercure.com – Fax 05 46 41 24 31*
123 ch – ✝116/140 € ✝✝136/156 €, ⬜ 14 €   DZe
Rest – *(fermé sam. et dim. du 14 nov. au 22 fév.)* Menu 20/49 € bc
– Carte 26/47 €

◆ Cet hôtel posté sur le bassin externe du vieux port jouxte l'Aquarium et le musée mari-time. Chambres à la déco actuelle façon cabine de bateau ; belle structure pour séminaires. Au restaurant, vue panoramique sur le port et carte traditionnelle.

🏨 **St-Nicolas** sans rest ⬛ 🆂 🗣 🖫 🅿 💳 🕥 🆎 ⓞ

13 r. Sardinerie – ℰ *05 46 41 71 55 – www.hotel-saint-nicolas.com*
– Fax 05 46 41 70 46   DZa
86 ch – ✝82/120 € ✝✝82/120 €, ⬜ 10 €

◆ On apprécie son hall design, ses chambres pour la plupart fraîchement rénovées et un petit-déjeuner gourmand. Autres points forts : emplacement central et parking privé.

🏨 **Les Brises** sans rest ⬙ ⬅ ⬛ 🗣 🅿 🖴 💳 🕥 🆎 ⓞ

r. P. Vincent, (chemin de la digue Richelieu) – ℰ *05 46 43 89 37*
– www.hotellesbrises.com – Fax 05 46 43 27 97   AXq
48 ch – ✝72/134 € ✝✝72/134 €, ⬜ 13 €

◆ La terrasse au bord de la mer – où on prend le petit-déjeuner en été – et la vue sur le port sont très agréables. Chambres de style "cabine de bateau" à préférer côté océan.

🏨 **De la Monnaie** sans rest ⬙ ⬛ 🆂 🗣 🔊 🅿 🖫 💳 🕥 🆎 ⓞ

3 r. de la Monnaie – ℰ *05 46 50 65 65 – www.hotel-monnaie.com*
– Fax 05 46 50 63 19   CZz
31 ch – ✝85/98 € ✝✝108/124 €, ⬜ 13 € – 4 suites

◆ Près de la tour de la Lanterne, hôtel particulier du 17ᵉ s. Chambres de bonne ampleur, tournées sur la jolie cour intérieure pavée où l'on petit-déjeune aux beaux jours.

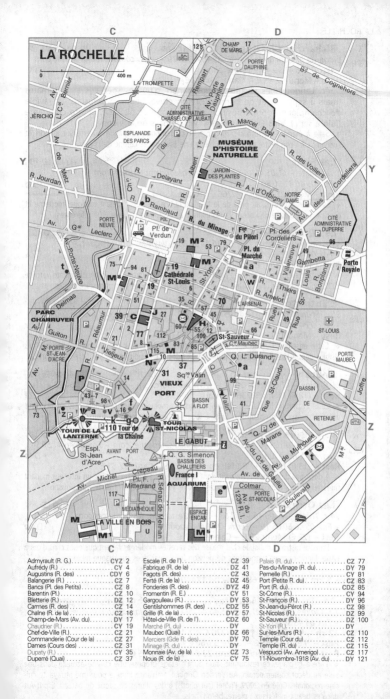

LA ROCHELLE

XXXX **Richard et Christopher Coutanceau**   ⟨ AK VISA ⊕ AE ⊙

⊛ ⊛ *plage de la Concurrence –* ℰ *05 46 41 48 19 – www.coutanceaularochelle.com*
– Fax 05 46 41 99 45 – Fermé dim.   AXr
Rest – Menu 52/95 € – Carte 79/132 €⌂
Spéc. Langoustines vivantes rôties, tartare d'huîtres spéciales aux aromates
(mars a sept.). Civet de homard breton étuvé, beurre de crustacé et raviole
de champignons. Superposition de framboise et pistache, arlette croquante
(juin à sept.). **Vins** Fiefs Vendéens, Vin de pays de la Vienne.
♦ Salle à manger en rotonde, élégante et contemporaine, grande ouverte sur le port et
l'océan : cet écrin feutré et raffiné sublime une savoureuse cuisine de la mer.

XX **Les Flots**   ⟨ ⌂ AK VISA ⊕ AE ⊙
1 r. Chaîne – ℰ *05 46 41 32 51 – www.gregorycoutanceau.com*
– Fax 05 46 41 90 80   CZg
Rest – Menu 25 € (déj.), 37/66 € – Carte 45/83 €⌂
♦ Estaminet du 18e s. au pied de la tour de la Chaîne. Décor mêlant rustique, moderne et
esprit marin. Cuisine de l'océan personnalisée et beau livre de cave (900 références).

XX **Les Quatre Sergents**   ⌂ AK VISA ⊕ AE
⌘ *49 r. St-Jean-du-Pérot –* ℰ *05 46 41 35 80 – www.lesquatresergents.fr*
– Fax 05 46 41 95 64   CZa
Rest – Menu 18/44 € – Carte 30/61 €⌂
♦ Salle à manger façon jardin d'hiver profitant de la lumière d'une impressionnante verrière
1900, pour déguster une cuisine au goût du jour escortée de vins bien sélectionnés.

X **L'Entracte**   ⌂ ⌂ AK VISA ⊕ AE ⊙
⌘ *35 r. St-Jean-du-Pérot –* ℰ *05 46 52 26 69 – www.gregorycoutanceau.com*
– Fax 05 46 41 90 80   CZv
Rest – Menu 19 € bc/26 € – Carte 32/52 €
♦ Cette enseigne Coutanceau offre une ambiance de bistrot contemporain, avec cuisines
visibles depuis la salle à manger principale, et des plats traditionnels aux accents régionaux.

X **André**   ⌂ VISA ⊕ AE ⊙
pl. Chaîne – ℰ *05 46 41 28 24 – www.barandre.com – Fax 05 46 41 64 22*
Rest – (18 €) Menu 33/36 € – Carte 35/45 €   CZf
♦ Cette institution locale vous accueille dans pas moins de sept salles avec des décors (tous
différents) inspirés du nautisme. Cuisine iodée et beaux plateaux de fruits de mer.

X **La Cuisine de Jules**   VISA ⊕
⌘ *5 r. Thiers –* ℰ *05 46 41 50 91 – www.lacuisinedejules.com – Fax 05 46 41 50 91*
– fermé dim. et lundi   DYa
Rest – (13 €) Menu 17 € (déj. en sem.)/27 € – Carte 32/51 €
♦ À deux pas des halles, restaurant dont la façade discrète tranche avec un intérieur mariant
murs en pierre et décoration tendance. Cuisine actuelle largement dédiée au poisson.

X **Les Orchidées**   AK VISA ⊕ AE ⊙
24 r. Thiers – ℰ *05 46 41 07 63 – www.restaurant-les-orchidees.com*
– Fax 05 46 50 05 16 – Fermé 27 juil.-7 août   DYw
Rest – (22 €) Menu 28 € – Carte 42/97 €
♦ Dans ce bistrot familial, le chef réalise des recettes modernes faisant quelques clins d'œil à
l'Asie. Menu-carte et suggestions de poisson frais ; orchidées sur chaque table.

à Aytré 5 km par ② – 8 687 h. – ⌂ 17440

XXX **La Maison des Mouettes** avec ch   ⟨ ⌂ AK rest, ⁞⁞ P VISA ⊕ AE ⊙
1 r. Claires, (1er étage) – ℰ *05 46 44 29 12 – www.lamaisondesmouettes.fr*
– Fax 05 46 34 66 01
12 ch – ♦135/240 € ♦♦165/270 €, ⌂ 18 €
Rest – Menu 36/85 € – Carte 55/80 €
Rest Version Original – Menu 22 € – Carte 25/35 €
♦ Face à la plage, ce restaurant situé au 1er étage propose une cuisine actuelle dans une
salle au décor contemporain. Au Version Original, ambiance lounge pour une attrayante cuisine régionale. Créé en 2009, l'hôtel (sur pilotis) a des allures de proue de bateau. Esprit Art
déco et beaux matériaux : pierre, béton, bois.

LA ROCHE-POSAY – 86 Vienne – **322** K4 – **1 522 h.** – alt. 112 m **39** D1
– Stat. therm. : fin janv.-mi déc. – Casino – ⊠ 86270 ▊ Poitou Vendée Charentes

▶ Paris 325 – Le Blanc 29 – Châteauroux 76 – Loches 49

🄸 Office de tourisme, 14, bld Victor Hugo ℰ 05 49 19 13 00, Fax 05 49 86 27 94

🛈 du Connetable Parc Thermal, S : 2 km par D 3, ℰ 05 49 86 25 10

🏨 **Les Loges du Parc** sans rest ♨ ⏰ 🄻🔊 ⑁ 🕭 🖭 AK ⑁ 🕉 P. 🌌 ⓒⓞ AE
10 pl. de la République – ℰ 05 49 19 40 50 – www.la-roche-posay.info
– Fax 05 49 19 40 51 – Ouvert 2 avril-10 oct.
42 ch – ♦86/108 € ♦♦104/129 €, � 12 € – 2 suites
♦ Vaste ensemble Belle Époque proposant une prestation hôtelière classique ou des séjours en résidence. Deux belles suites sur les thèmes du jazz et de l'Égypte ; nombreux loisirs.

🏨 **St-Roch** 🚃 🔊 🕭 🖭 ⑁ 🕭 ch, ⑁❜ P. 🌌 ⓒⓞ AE
4 cours Pasteur – ℰ 05 49 19 49 00 – www.resorthotel-larocheposay.fr
– Fax 05 49 19 49 40 – Fermé 12 déc.-15 janv.
37 ch – ♦50/80 € ♦♦69/108 €, ⊠ 10 €
Rest – (22 €) Menu 38 € – Carte 37/74 €
♦ Cet établissement central est apprécié pour son accès direct aux thermes St-Roch. Chambres fonctionnelles ; certaines regardent le jardin. Cuisine au goût du jour (plats adaptés aux curistes) servie dans une salle fraîche et actuelle, ou en terrasse.

LE ROCHER – 07 Ardèche – **331** H6 – **rattaché à Largentière**

ROCHESERVIÈRE – 85 Vendée – **316** G6 – **2 691 h.** – alt. 58 m **34** B3
– ⊠ 85620

▶ Paris 415 – La Roche-sur-Yon 34 – Nantes 34 – Saint-Herblain 42

🄸 Office de tourisme, 21, rue du Péplu ℰ 02 51 94 94 05, Fax 02.51.94.94.28

🏠 **Le Château du Pavillon** sans rest ⑁ ← ⑁ ⏰ ⑁ P.
r. Gué-Baron – ℰ 02 51 06 55 99 – www.le-chateau-du-pavillon.com
– Fax 02 51 06 55 99 – Ouvert 29 avril-17 sept.
4 ch – ♦90/230 € ♦♦90/230 €, ⊠ 10 €
♦ Charme, élégance et confort se conjuguent en ce château de 1885, dressé au sein d'un parc avec étang. Chambres romantiques à souhait et détente assurée au bord de la piscine.

ROCHESSAUVE – 07 Ardèche – **331** J5 – **rattaché à Privas**

LA ROCHE-SUR-FORON – 74 Haute-Savoie – **328** K4 – **9 763 h.** **46** F1
– alt. 548 m – ⊠ 74800 ▊ Alpes du Nord

▶ Paris 553 – Annecy 34 – Bonneville 8 – Genève 26

🄸 Office de tourisme, place Andrevetan ℰ 04 50 03 36 68, Fax 04 50 03 31 38

◎ Vieille ville ★★.

🏠 **Le Foron** sans rest ⑁ ⑁ AK ⑁❜ P. 🌧 🌌 ⓒⓞ AE
imp. de l'Étang, (Z.I. du Dragiez), D 1203 – ℰ 04 50 25 82 76
– www.hotel-le-foron.com – Fax 04 50 25 81 54 – Fermé 26 déc.-3 janv. et dim.
26 ch – ♦68 € ♦♦78 €, ⊠ 8 €
♦ Petit hôtel situé dans la zone industrielle de la Roche-sur-Foron, pour une étape avant tout pratique. Chambres fonctionnelles, insonorisées et bien tenues. Terrasse et piscine.

LA ROCHE-SUR-YON ℙ – 85 Vendée – **316** H7 – **50 717 h.** **34** B3
– alt. 75 m – ⊠ 85000 ▊ Poitou Vendée Charentes

▶ Paris 418 – Cholet 69 – Nantes 68 – Niort 91

🄸 Office de tourisme, rue Clemenceau ℰ 02 51 36 00 85, Fax 02 51 36 90 27

🛈 de La Domangère à Nesmy La Roche sur Yon, S : 8 km par D 746 et D 85,
ℰ 02 51 07 65 90

Plan page suivante

🏨 **Mercure** 🚃 ⑁ 🕭 ⑁ ch, AK ⑁❜ 🕉 🌌 ⓒⓞ AE ⓞ
117 bd A. Briand – ℰ 02 51 46 28 00 – www.mercure.com – Fax 02 51 46 28 98
67 ch – ♦75/115 € ♦♦83/125 €, ⊠ 15 € **AZu**
Rest – (21 €) Carte 30/50 €
♦ À mi-chemin entre gare et place Napoléon, cet hôtel abrite des chambres spacieuses, fonctionnelles et bien insonorisées. Petits-déjeuners servis sous la verrière. Recettes traditionnelles à déguster dans une salle d'esprit bistrot ou en terrasse aux beaux jours.

1439

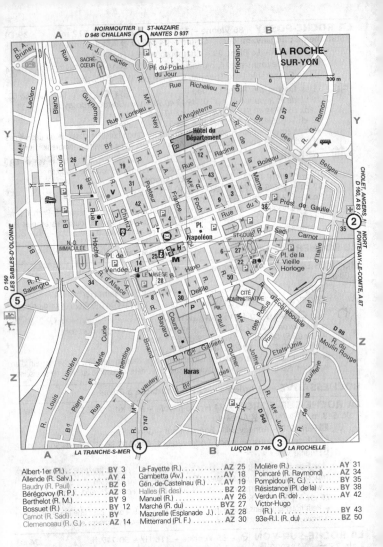

LA ROCHE-SUR-YON

🏨 **Napoléon** sans rest   [symbols] AC 📶 🔊 🛎 VISA 🅰 AE
50 bd A. Briand – ✆ 02 51 05 33 56 – www.hotel-le-napoleon.fr
– Fax 02 51 62 01 69 – Fermé 23 déc.-1er janv.   AY**r**
29 ch – †79/105 € ††89/115 €, ⌷ 10 €
◆ La proximité d'un boulevard ne gêne en rien la tranquillité des chambres, cosy et feutrées, de cet hôtel rénové. Dans la salle des petits-déjeuners : cadre Empire et mobilier
contemporain.

🏠 **De la Vendée** sans rest   [symbols] 📶 🔊 VISA 🅰 AE ①
4 r. Malesherbes – ✆ 02 51 37 28 67 – www.hotel-vendee.com
– Fax 02 51 46 27 08   BZ**a**
32 ch – †60/80 € ††65/85 €, ⌷ 7,50 €
◆ Au cœur du quartier des Halles, hôtel relooké dans un esprit tendance, proposant des
chambres assez petites, mais bien équipées et adaptées à la clientèle d'affaires.

1440

✗ **Le Rivoli** ⬜ VISA ⦾ AE
31 bd A. Briand – ℰ 02 51 37 43 41 – www.le-rivoli.com – Fax 02 51 46 20 92
– Fermé 2-15 août, lundi soir, sam. midi et dim. AYv
Rest – (21 € bc) Menu 30/39 €
♦ Couleurs vives, tête de rhinocéros, banquettes et nappes aux motifs psychédéliques : le décor joue la carte de l'originalité. Et la cuisine reste sage et traditionnelle.

ROCHETAILLÉE – 42 Loire – 327 F7 – rattaché à St-Étienne

LA ROCHETTE – 73 Savoie – 333 J5 – 3 221 h. – alt. 360 m – ⌧ 73110   46 F2
🏔 Alpes du Nord

🚩 Paris 588 – Albertville 41 – Allevard 9 – Chambéry 28
🛈 Office de tourisme, Maison des Carmes ℰ 04 79 25 53 12, Fax 04 79 25 53 12
◎ Vallée des Huiles★ NE.

🏠 **Du Parc** ⬛ 🏔 ❄ 📞 P VISA ⦾ AE
64 r. de la Neuve – ℰ 04 79 25 53 37 – www.hotelduparcrochette.com
– Fax 04 79 65 07 60
10 ch – †62 € ††74/80 €, ⌑ 10 € – ½ P 75 €
Rest – (fermé dim. soir) (14 €) Menu 20 € (déj.), 29/39 € – Carte 28/60 €
♦ Près des parcs naturels et du château, cette accueillante maison dotée de chambres assez confortables constitue un véritable havre de paix. À table, cuisine traditionnelle, terrasse d'été et vue magnifique sur la chaîne des Bellones.

✗ **La Fresque** ⬜ � VISA ⦾
⊛ *6 pl. St-Jean – ℰ 04 79 65 78 05 – www.restaurantlafresque.net – Fermé dim.*
soir, lundi et mardi
Rest – (nombre de couverts limité, prévenir) Menu 15 € (déj. en sem.), 25/55 €❀
♦ Des fresques inspirées d'Alphonse Mucha ornent les murs de cette ancienne pâtisserie. Via un écran, on aperçoit le chef officier aux fourneaux. Carte inventive et vins du monde.

RODEZ P – 12 Aveyron – 338 H4 – 24 028 h. – alt. 635 m – ⌧ 12000   29 C1
🏔 Midi-Toulousain

🚩 Paris 623 – Albi 76 – Aurillac 87 – Clermont-Ferrand 213
🛫 de Rodez-Marcillac : ℰ 05 65 76 02 00, par ③ : 12 km.
🛈 Office de tourisme, place Foch ℰ 05 65 75 76 77, Fax 05 65 68 78 15
🏌 du Grand Rodez à Onet-le-Château Route de Marcillac, N : 4 km par D 901, ℰ 05 65 78 38 00
◎ Clocher★★★ de la cathédrale N.-Dame★★ - Musée Fenaille★★ BZ M¹
- Tribunes en bois★ de la chapelle des Jésuites.

Plan page suivante

🏠 **La Ferme de Bourran** sans rest 🌿 ⬛ ఈ 🗚 📶 P VISA ⦾ AE
r. de Berlin, à Bourran 1,5 km par ③ – ℰ 05 65 73 62 62
– www.fermedebourran.com – Fax 05 65 73 14 15
7 ch – †80/160 € ††80/160 €, ⌑ 12 €
♦ Sept chambres confortables occupent cette ancienne ferme perchée sur une colline. Décoration contemporaine et équipements dernier cri. Copieux petit-déjeuner régional.

🏠 **Mercure Cathédrale** sans rest ⬛ 🗚 📶 ⚙ VISA ⦾ AE
1 av. Victor-Hugo – ℰ 05 65 68 55 19 – www.mercure.com – Fax 05 65 68 17 41
34 ch – †64/89 € ††71/99 €, ⌑ 12 € ABYp
♦ Hôtel 1930 dont on a conservé les parties classées : mosaïques Art déco en façade et sur le sol de l'entrée, grand escalier en bois massif, peintures de Maurice Bompard. Agréables chambres modernes.

🏠 **Biney** sans rest ⬛ 📶 VISA ⦾ AE ⓞ
r. Victoire-Massol – ℰ 05 65 68 01 24 – www.hotel-biney.com
– Fax 05 65 75 22 98 BYk
27 ch – †73 € ††83/141 €, ⌑ 13 € – 1 suite
♦ Meubles en bois peint, jolis tissus colorés, literie confortable... : les chambres, certes parfois un peu petites, sont personnalisées et plutôt coquettes. Hammam et sauna.

RODEZ

Bordeaux (Av. de) . . . . BX 3
Bourg (Pl. du) . . . . BZ 4
Cité (Pl. de la) . . . . BY 5
Denys-Puech (Bd) . . . . BY 6
Douls (R. Camille) . . . . BY 7
Fabié (Bd François) . . . BZ 8

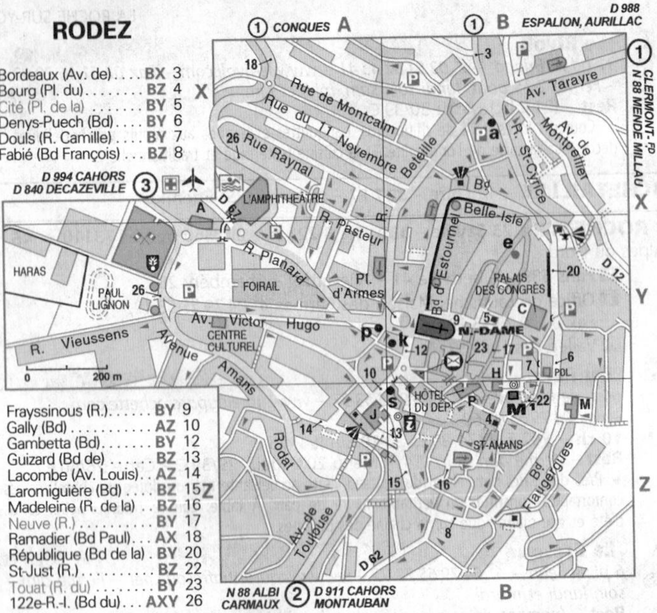

Frayssinous (R.) . . . . . . BY 9
Gally (Bd) . . . . AZ 10
Gambetta (Bd) . . . . BY 12
Guizard (Bd de) . . . . . . BZ 13
Lacombe (Av. Louis) . . AZ 14
Laromiguière (Bd) . . . . BZ 15
Madeleine (R. de la) . . BZ 16
Neuve (R.) . . . . BY 17
Ramadier (Bd Paul) . . . AX 18
République (Bd de la) . BY 20
St-Just (R.) . . . . BZ 22
Touat (R. du) . . . . BY 23
122e-R.-I. (Bd du) . . . AXY 26

La Tour Maje sans rest — VISA AE
bd Gally – ☎ 05 65 68 34 68 – www.hotel-tour-maje.fr – Fax 05 65 68 27 56
37 ch – †55/70 € ††69/90 €, ☕ 10 € – 3 suites — BZ**s**
◆ Hôtel des années 1970 adossé à une tour du 15e s. où sont aménagées des suites de style rustique (murs en pierres apparentes). Chambres sobres, sagement provençales au 5e étage.

Ibis sans rest — VISA AE
46 r. St-Cyrice – ☎ 05 65 76 10 30 – www.ibishotel.com – Fax 05 65 76 10 33
45 ch – †52/64 € ††52/64 €, ☕ 8 € — BX**a**
◆ À proximité de la cathédrale et du palais des congrès, cet hôtel dispose de petites chambres fonctionnelles, parfois dotées d'un balcon. Salle de réunion et salon-bar.

Deltour sans rest — P VISA
6 r. Bruxelles, à Bourran, 1,5 km par ③ – ☎ 05 65 73 03 03 – www.deltourhotel.com – Fax 05 65 73 03 05 – Fermé 21 déc.-7 janv.
39 ch – †52/58 € ††52/58 €, ☕ 7 €
◆ Ce récent hôtel répond aux attentes d'une clientèle d'affaires : les chambres, fonctionnelles et claires, concilient confort, insonorisation et décoration sobre.

Goûts et Couleurs (Jean-Luc Fau) — VISA AE
38 r. Bonald – ☎ 05 65 42 75 10 – www.goutsetcouleurs.com – Fax 05 65 42 75 10 – Fermé 7-31 mars, 29 août-15 sept., merc. soir (sauf de juin à août et déc.), dim. et lundi — BY**e**
Rest – Menu 36/75 € – Carte 48/70 €
Spéc. Carpaccio de gambas à l'huile de fleur de sureau (juin à sept.). Compotée de lièvre à la royale en raviole de châtaigne (nov. à janv.). Le chocolat "temps des cerises" (mai à juil.). **Vins** Marcillac, Entraygues et du Fel.
◆ L'enseigne traduit bien l'assiette, goûteuse et colorée – et mâtinée d'épices. Salle décorée de tableaux du patron, artiste, et terrasse prisée. Belle carte de vins du Sud.

Les Jardins de l'Acropolis — VISA AE
r. Athènes à Bourran, 1,5 km par ③ – ☎ 05 65 68 40 07 – Fax 05 65 68 40 67 – Fermé 1er-15 août, lundi soir et dim.
Rest – (15 €) Menu 19 € (déj. en sem.), 26/48 € – Carte 35/45 €
◆ Dans un quartier affairé, cette adresse doit son succès à sa cuisine au goût du jour et au cachet de ses chaleureuses salles contemporaines (bois exotique, tons lie de vin).

à Olemps 3 km à l'Ouest par ② – 3 133 h. – alt. 580 m – ⊠ 12510

⚅ 🏨   **Les Peyrières** ⚘   ⌂ 🌊 🏢 🕭 🕉 ch, ⁈ 🕍 **P** 🆅🆂🅰 ⓒⓞ 🅰🅴
22 r. Peyrières – ☏ 05 65 68 20 52
– www.hotel-les-peyrieres.com – Fax 05 65 68 47 88
– Fermé dim. soir
60 ch – ♦60/110 € ♦♦60/110 €, � 10 € – ½ P 60/87 €
Rest – (fermé dim. soir et lundi midi) (14 € bc) Menu 19 € (sem.)/39 €
– Carte 34/55 €
◆ Grande villa contemporaine tout en longueur, située dans la banlieue résidentielle de
Rodez. Chambres simples et bien tenues, plus modernes au dernier étage nouvellement
créé. Restauration traditionnelle. Terrasse face à la piscine.

rte de Conques au Nord AX D 901

🏨🏨🏨   **Hostellerie de Fontanges** ⚘   ⌂ 🌊 🌊 🏖 ⁈ 🕍 **P** 🆅🆂🅰 ⓒⓞ 🅰🅴 ⓞ
rte de Conques, à 4 km – ☏ 05 65 77 76 00 – www.hostellerie-fontanges.com
– Fax 05 65 42 82 29
43 ch – ♦62/79 € ♦♦72/89 €, ⊷ 10 € – 5 suites – ½ P 74/83 €
Rest – (fermé sam. midi et dim. soir de nov. à Pâques) (20 €) Menu 22/45 €
– Carte 53/60 €⚘
◆ Belle et vaste demeure des 16ᵉ et 17ᵉ s. blottie dans un parc attenant à un golf. Chambres assez sobres et suites personnalisées par un mobilier de style. Agréable salon-bar. Salle à
manger "châtelaine" avec véranda ; cuisine régionale et carte des vins étoffée.

🏨 🏨   **Château de Labro** sans rest ⚘   ⌂ 🌊 🕍 **P** 🆅🆂🅰 ⓒⓞ ⓞ
Onet Village, à 7 km par D 901 et D 568 – ☏ 05 65 67 90 62
– www.chateaulabro.fr – Fax 05 65 67 45 79
14 ch ⊷ – ♦110/150 € ♦♦110/200 €
◆ Chambres romantiques (beaux meubles chinés), salles de bains modernes, petit-déjeuner
servi parmi des objets de brocante, piscine dans l'ancien verger... Ce château et son parc
sont délicieux.

ROISSY-EN-FRANCE – 95 Val-d'Oise – 305 G6 – 101 – **voir à Paris, Environs**

   Une nuit douillette sans se ruiner ? Repérez les Bib Hôtel 🏠.

ROLLEBOISE – 78 Yvelines – 311 F1 – 407 h. – alt. 20 m – ⊠ 78270   **18** A1
🚩 Paris 65 – Dreux 45 – Mantes-la-Jolie 9 – Rouen 72

🏨 🏨   **Le Domaine de la Corniche** ⚘   ⌕ 🍽 ⌂ 🌊 🌊 🍴 🏢 ⁈ 🕍 **P**
5 rte de la Corniche – ☏ 01 30 93 20 00   🆅🆂🅰 ⓒⓞ 🅰🅴 ⓞ
– www.domainedelacorniche.com – Fax 01 30 42 27 44
34 ch – ♦170/300 € ♦♦170/300 € – 2 suites – ½ P 128/193 €
Rest – (fermé dim. soir de nov. à fin mars) (24 € bc) Menu 37/57 €
– Carte 38/63 €⚘
◆ Dominant la Seine, une "folie" de Léopold II de Belgique pour son dernier amour. Chambres modernes dans le corps de logis et les extensions. Piscine d'été panoramique. Restaurant contemporain et terrasse-belvédère côté fleuve. Cuisine dans l'air du temps.

ROMAGNIEU – 38 Isère – 333 G4 – 1 374 h. – alt. 298 m – ⊠ 38480   **45** C2
🚩 Paris 539 – Grenoble 57 – Chambéry 35 – Lyon 109

🏨   **Auberge les Forges de la Massotte** ⚘   ⌐ ⌂ 🌊 🕉 ⁈ **P** 🏠
655 chemin des Forges, 2 km à l'Ouest, sortie ⑩ sur l'A 43   🆅🆂🅰 ⓒⓞ
– ☏ 04 76 31 53 00 – www.aubergemassotte.com – Fax 04 76 31 53 02
– Fermé vacances de la Toussaint
5 ch – ♦55 € ♦♦65 €, ⊷ 9 € – ½ P 65 €
Rest – (fermé dim. soir) (dîner seult) (résidents seult) Menu 29 €
◆ Dans les murs d'une ancienne forge, coquettes chambres ornées de mobilier savoyard ou
dauphinois en bois massif. Grand calme, accueil charmant, petit-déjeuner copieux. Menu
unique, mi-traditionnel, mi-régional, servi dans une salle à manger campagnarde.

ROMANS-SUR-ISÈRE – 26 Drôme – **332** D3 – **33 138 h.** – **alt. 162 m** **43** E2
– ✉ **26100** Lyon Drôme Ardèche

Paris 558 – Die 78 – Grenoble 81 – St-Étienne 121

Office de tourisme, place Jean Jaurès ✆ 04 75 02 28 72, Fax 04 75 05 91 62

de Valence Saint-Didier à Saint-Didier-de-Charpey, par rte de Crest : 15 km, ✆ 04 75 59 67 01

Tentures★★ de la collégiale St-Barnard - Collection de chaussures★ du musée international de la chaussure - Musée diocésain d'Art sacré★ à Mours-St-Eusèbe, 4 km par ①.

L'Orée du Parc sans rest
6 av. Gambetta, par ② – ✆ 04 75 70 26 12 – www.hotel-oreeparc.com – Fax 04 75 05 08 23 – Fermé 10-17 oct., 26 déc.-2 janv. et 12 fév.-6 mars
10 ch – 🛉83/113 € 🛉🛉86/117 €, ☕ 10 €
◆ Demeure bourgeoise abritant des chambres décorées avec goût dans des tons chauds actuels. Salons confortables et petits-déjeuners servis dans la véranda ou dans le parc (piscine).

ROMANS-SUR-ISÈRE

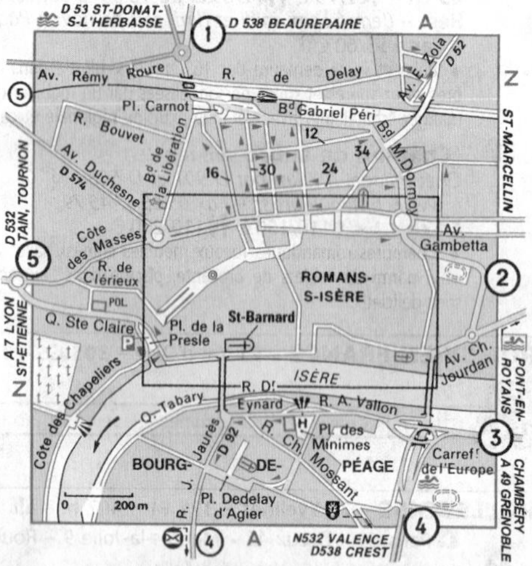

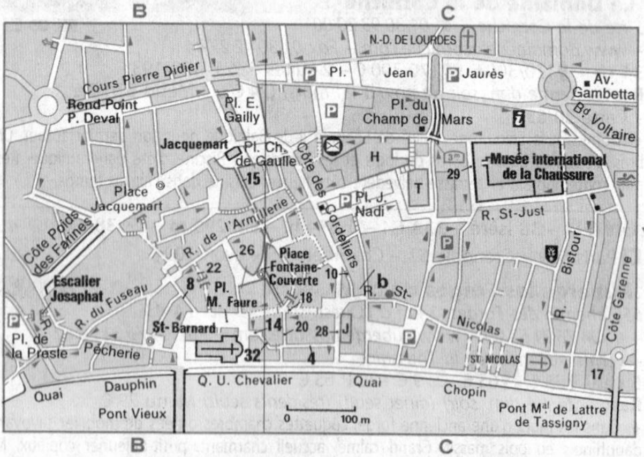

✗ **Mandrin** ⬛ AC ⬛ VISA ⬛ ⬛ AE

70 r. St-Nicolas – ☎ 04 75 02 93 55 – Fax 04 75 02 93 55 – Fermé
3-25 août, 15-23 fév., dim. et lundi CYb
Rest – (17 €) Menu 22/39 € – Carte 24/34 €

♦ Du nom du célèbre contrebandier qui y aurait séjourné, maison au charme ancien (murs à colombages, galets) datant de 1754. Goûteuse cuisine traditionnelle et service attentionné.

à l'Est 4 km par ② et D 92N – ⊠ 26750 St-Paul-lès-Romans

🏠 **Karene** 🖥 ⛵ AC ch. ⬛ ⬛ P VISA ⬛ AE ⬛

quartier St-Verant – ☎ 04 75 05 12 50 – www.hotelkarene.com
– Fax 04 75 05 25 17 – Fermé 22 déc.-2 janv.
23 ch – †58/61 € ††67/73 €, ⊑ 10 €
Rest – *(fermé vend., sam., dim. et fériés) (dîner seult) (résidents seult)* Menu 16 €
– Carte environ 27 €

♦ On oublie vite la façade un peu terne : l'intérieur se révèle moderne et convivial. Chambres fonctionnelles d'une tenue irréprochable et en majorité climatisées. Cuisine familiale servie dans une salle ornée de reproductions de toiles de Van Gogh.

à Châtillon-St-Jean 11 km par ② – 1 179 h. – alt. 198 m – ⊠ 26750

⛺ **Maison Forte de Clérivaux** sans rest 🌿 🖥 ☎ P

2,5 km au nord par D123 direction Parnans et D184 direction St Michel sur Savasse – ☎ 04 75 45 32 53 – www.clerivaux.fr – Fax 04 75 71 45 43
– Fermé 3 janv.-3 mars
4 ch ⊑ – †60/65 € ††60/65 €

♦ Dans un site agreste, ensemble des 16ᵉ et 17ᵉ s. harmonieusement rénové en préservant son cachet ancien. Terrasses et beau jardin où l'on petit-déjeune sous la treille en été.

à Granges-lès-Beaumont 6 km par ⑤ – 951 h. – alt. 155 m – ⊠ 26600

✗✗✗✗ **Les Cèdres** (Jacques Bertrand) 🖥 🖥 AC P VISA ⬛

Le Village – ☎ 04 75 71 50 67 – www.restaurantlescedres.fr – Fax 04 75 71 64 39
– Fermé 12-22 avril, 16 août- 1ᵉʳ sept., 24 déc.-5 janv., dim. soir, lundi et mardi
Rest – *(nombre de couverts limité, prévenir)* Menu 36 € (déj. en sem.), 80/115 €
– Carte 70/90 € 🕮
Spéc. Turbot cuit à la plancha, crème de cresson et coques au citron confit (printemps-été). Trilogie de chasse (saison). Pêche de vigne de la Drôme pochée et laquée au cassis (été). **Vins** Hermitage, Crozes Hermitage.

♦ Maison villageoise accueillante vous conviant aux plaisirs d'un délicieux repas au goût du jour dans un cadre cossu récemment revu. Belle cave rhodanienne. Salon-cheminée et jardin bichonné.

✗ **Les Vieilles Granges** avec ch 🖥 🖥 ⛵ AC P VISA ⬛ AE

rte de Romans et chemin secondaire – ☎ 04 75 71 62 83
– www.vieilles-granges.com – Fax 04 75 71 59 79 – Fermé 19-25 avril, 2-8 août, 25 oct.-7 nov.
11 ch – †44/60 € ††44/60 €, ⊑ 7 €
Rest – *(fermé dim. soir, lundi midi et mardi)* (16 €) Menu 23/40 €
– Carte 30/55 €

♦ Postée entre vergers et Isère, cette maison en pierres de pays vous réserve un accueil sympathique. Salle intimiste avec cheminée où l'on déguste de gourmandes recettes actuelles. Chambres simples à la déco minimaliste (à choisir côté fleuve pour la vue).

à St-Paul-lès-Romans 8 km par ② – 1 626 h. – alt. 171 m – ⊠ 26750

✗✗✗ **La Malle Poste** ⬛ AC ⬛ VISA ⬛ AE ⬛

Le Village – ☎ 04 75 45 35 43 – Fax 04 75 71 40 48
– Fermé 12 juil.-3 août, 2-17 janv., dim. soir, mardi soir et lundi
Rest – Menu 32/62 € 🕮

♦ Cuisine sagement inventive, respectant le terroir et les saisons, accompagnée d'une très belle carte des vins (plus de 350 références). Salle à manger chaleureuse.

ROMILLY-SUR-SEINE – 10 Aube – **313** C2 – 14 059 h. – alt. 76 m 13 B2
– ⊠ 10100

▶ Paris 124 – Châlons-en-Champagne 76 – Nogent-sur-Seine 18 – Sens 65
ℹ Office de tourisme, 27, rue Saint-Laurent ☎ 03 25 24 87 80

Auberge de Nicey

24 r. Carnot – ℰ 03 25 24 10 07 – www.denicey.com – Fax 03 25 24 47 01
– Fermé 17 déc.-4 janv.
23 ch – †86/101 € ††111/126 €, ☐ 13 € – ½ P 98/113 €
Rest – *(fermé sam. midi, dim. midi et lundi midi en août, et dim. soir)* Menu 24 €
(sem.)/48 € – Carte 34/61 €

♦ À deux pas de la gare, établissement de bon confort abritant des chambres fonctionnelles et bien insonorisées. Celles du bâtiment principal sont plus cosy. Espace détente (piscine, fitness). Au restaurant, cuisine traditionnelle mise au goût du jour.

ROMORANTIN-LANTHENAY – 41 Loir-et-Cher – 318 H7 — 12 C2
– 17 572 h. – alt. 93 m – ⌂ 41200 | Châteaux de la Loire

▶ Paris 202 – Blois 42 – Bourges 74 – Orléans 67

🛈 Office de tourisme, place de la Paix ℰ 02 54 76 43 89, Fax 02 54 76 96 24

◎ Maisons anciennes★ **B** - Vues des ponts★ - Musée de Sologne★ **M²**.

Grand Hôtel du Lion d'Or (Didier Clément)

69 r. Clemenceau – ℰ 02 54 94 15 15
– www.hotel-liondor.fr – Fax 02 54 88 24 87 – Fermé 15 fév.-26 mars
13 ch – †170/370 € ††170/400 €, ☐ 24 € – 3 suites   **a**
Rest – *(fermé mardi midi) (nombre de couverts limité, prévenir)* (48 €)
Menu 63 € (déj. en sem.), 98/150 € – Carte 115/170 €♨
Spéc. Cuisses de grenouilles à la rocambole. Pigeon farci façon babylonienne.
Brioche caramélisée, sorbet angélique (printemps-été). **Vins** Cour-Cheverny,
Bourgueil.

♦ Une façade Renaissance, une autre Napoléon III, pour cet établissement fondé en 1774.
Éléments anciens (boiseries, balcons...) se mêlent au mobilier récent dans les chambres. Cuisine actuelle et bons vins de la Loire servis dans trois salles ou en terrasse l'été.

Pyramide

r. Pyramide, par① – ℰ 02 54 76 26 34 – www.hotellapyramide.com
– Fax 02 54 76 22 28
66 ch – †49 € ††59 €, ☐ 10 € – ½ P 46 €
Rest – *(fermé 20 déc.-4 janv. et vend. midi)* (14 €) Menu 17 € (sem.)/34 €
– Carte 29/44 €

♦ Construction moderne voisine d'un complexe culturel. Chambres fonctionnelles et homogènes, de style actuel. Les repas traditionnels sont pris dans la sobre salle à manger ou sur la terrasse dressée sur l'arrière du restaurant.

ROMORANTIN-LANTHENAY

RONCE-LES-BAINS – 17 Charente-Maritime – **324** D5 – ⊠ **17390 La**   **38** A2
Tremblade ▮ Poitou Vendée Charentes

> ▶ Paris 505 – Marennes 9 – Rochefort 31 – La Rochelle 68
> 🛈 Office de tourisme, place Brochard ℰ 05 46 36 06 02, Fax 05 46 36 38 17

🏠 **Le Grand Chalet**   ≤ 🛋 🍽 ⒗ **P.** 𝗩𝗜𝗦𝗔 ⦿ 𝗔𝗘
2 av. La Cèpe – ℰ *05 46 36 06 41 – www.legrandchalet.net – Fax 05 46 36 38 87*
– Fermé 4 nov.-10 fév.
26 ch – †48/88 € ††48/88 €, ⊆ 9 € – ½ P 59/79 €
Rest – *(fermé lundi midi et mardi)* Menu 27/50 €
♦ Hôtel de 1850 surplombant la mer ; accès direct à la plage. Chambres meublées simplement, à choisir avec vue panoramique sur l'île d'Oléron ou tournées sur le jardin. Au restaurant, quelques tables offrent une belle échappée sur le large. Carte traditionnelle.

RONCHAMP – 70 Haute-Saône – **314** H6 – **2 924 h.** – **alt. 380 m**   **17** C1
– ⊠ **70250** ▮ Franche-Comté Jura

> ▶ Paris 399 – Belfort 22 – Besançon 88 – Lure 12
> 🛈 Office de tourisme, 14, place du 14 Juillet ℰ 03 84 63 50 82,
>   Fax 03 84 63 50 82
> ◉ Chapelle Notre-Dame-du-Haut★★.

au Rhien 3 km au Nord – ⊠ 70250 Ronchamp

🏠 **Rhien Carrer** ⊰   🛋 🍴 🍽 ⒗ ch, 🛁 ch, 🛰 🕍 **P.** 𝗩𝗜𝗦𝗔 ⦿
🐾 *14 r. d'Orière* – ℰ *03 84 20 62 32 – www.ronchamp.com – Fax 03 84 63 57 08*
19 ch – †45 € ††56 €, ⊆ 8 € – ½ P 44 €
Rest – *(fermé dim. soir d'oct. à mars)* (8 €) Menu 12 € (sem.)/42 €
– Carte 26/54 €
♦ Hostellerie familiale proche de la chapelle N.-D.-du-Haut (chef-d'œuvre de Le Corbusier).
Les chambres, rénovées en 2009, sont au grand calme ; bon confort. La table valorise le ter-
roir à travers ses spécialités franc-comtoises. Terrasse.

à Champagney 4,5 km à l'Est par D 4 – **3 552 h.** – **alt. 370 m** – ⊠ **70290**

🏨 **Le Pré Serroux**   🛋 🍴 🖥 🎱 🎽 🕍 **P.** 𝗩𝗜𝗦𝗔 ⦿ 𝗔𝗘 ⓪
🐾 *4 av. Gén. Brosset* – ℰ *03 84 23 13 24 – www.lepreserroux.com*
🍽 *– Fax 03 84 23 24 33 – Fermé 22 déc.-12 janv. et dim.*
25 ch – †70 € ††75 €, ⊆ 12 € – ½ P 73 €
Rest – *(fermé sam. midi, le midi en août et dim.)* Menu 15 € (déj.), 23/55 €
– Carte 30/55 € ⸙
♦ Hôtel agréable au décor personnalisé (collection de mobylettes Peugeot, machines à cou-
dre). Chambres confortables, en partie meublées dans le style régional. Piscine couverte. Salle
d'inspiration Art nouveau pour une cuisine de tradition et belle sélection de vins.

LE ROND-D'ORLÉANS – 02 Aisne – **306** B5 – **rattaché à Chauny**

ROOST-WARENDIN – 59 Nord – **302** G5 – **rattaché à Douai**

ROPPENHEIM – 67 Bas-Rhin – **315** M3 – **941 h.** – **alt. 117 m** – ⊠ **67480**   **1** B1

> ▶ Paris 503 – Haguenau 25 – Karlsruhe 41 – Strasbourg 48

🍴 **A l'Agneau**   🍴 𝗩𝗜𝗦𝗔 ⦿
11 r. Principale – ℰ *03 88 86 40 08 – Fermé 18 juil.-12 août, 23 déc.-7 janv., dim.*
et lundi
Rest – *(dîner seult sauf sam.)* Carte 28/60 €
♦ Une maison typiquement alsacienne où l'on apprécie la table généreuse (cuisine traditionnelle et grillades) et l'ambiance très joviale. Vitrine de produits régionaux.

ROQUEBILLIÈRE – 06 Alpes-Maritimes – **341** E3 – **1 614 h.**   **41** D2
– **alt. 650 m** – ⊠ **06450**

> ▶ Paris 889 – Barcelonnette 151 – Marseille 245 – Nice 56
> 🛈 Office de tourisme, 26, avenue Corniglion Molinier ℰ 04 93 03 51 60,
>   Fax 04 93 03 51 60

Ⅹ **Le Provençal** 🛜 𝗩𝗜𝗦𝗔 ⓞⓞ 𝗔𝗘 ⓞ

5 r. des Héros-de-14-18, (face à l'église) – ℰ 04 93 05 13 13
– www.restaurant-le-provencal.com – Fax 493035117 – Fermé 12 nov.-12 déc.,
vacances de fév., mardi et merc. sauf juil.-août
Rest – (12 €) Menu 24/30 € – Carte environ 34 €
◆ Ce restaurant joue la carte provençale côté décor et prône la tradition côté papilles. Le chef privilégie les produits du jardin et du marché, dans le respect des saisons.

ROQUEBRUNE-CAP-MARTIN – 06 Alpes-Maritimes – **341** F5   **42** E2
– 11 692 h. – alt. 257 m – ⊠ 06190 ▮ Côte d'Azur

▷ Paris 953 – Menton 3 – Monaco 9 – Monte-Carlo 7

🛈 Office de tourisme, 218, avenue Aristide Briand ℰ 04 93 35 62 87,
Fax 04 93 28 57 00

◎ Village perché★★ : rue Moncollet★, ☀★★ du donjon★ - Cap Martin
≤★★ X - ≤★★ du belvédère du Vistaëro SO : 4 km.

◎ Site★ de Gorbio N : 8 km par D 50.

Plans : voir à Menton.

🏨 **Victoria** sans rest ≤ 𝗔𝗞 ❞ 𝗩𝗜𝗦𝗔 ⓞⓞ 𝗔𝗘 ⓞ
7 promenade Cap-Martin – ℰ 04 93 35 65 90 – www.hotel-victoria.fr
– Fax 04 93 28 27 02 – Fermé mars et avril   AV**k**
32 ch – ♦69/149 € ♦♦84/149 €, ⊇ 12 €
◆ Hôtel en cours de rénovation, intégré à un immeuble résidentiel cossu. Chambres meublées en rotin et bambou ou relookées design ; balcons côté mer. Salon-bar contemporain.

🏠 **Le Roquebrune** ≤ & 𝗔𝗞 ❞ 𝗣 𝗩𝗜𝗦𝗔 ⓞⓞ 𝗔𝗘 ⓞ
100 av. J. Jaurès, par ③ et rte de Monaco (D 6098) par basse corniche
– ℰ 04 93 35 00 16 – www.le-roquebrune.com – Fax 04 93 28 98 36
5 ch – ♦100/120 € ♦♦110/190 €, ⊇ 10 €
Rest – (dîner seult) (prévenir) Menu 35/135 € – Carte 55/135 €
◆ Cette coquette maison surplombant les flots vous reçoit comme des amis. Les chambres, à dominante blanche, sont raffinées et reposantes (certaines avec terrasse-jardinet). Sur réservation, cuisine traditionnelle servie dans la petite salle à manger.

ⅩⅩ **Les Deux Frères** avec ch ≤ 🛜 𝗔𝗞 ch, ❞ 𝗩𝗜𝗦𝗔 ⓞⓞ 𝗔𝗘 ⓞ
pl. des Deux Frères, au village, 3,5 km par ③ – ℰ 04 93 28 99 00
– www.lesdeuxfreres.com – Fax 04 93 28 99 10
9 ch – ♦75/110 € ♦♦75/110 €, ⊇ 9 € – ½ P 98 €
Rest – (fermé 1 sem. en mars, 15 nov.-15 déc., dim. soir, mardi midi et lundi)
Menu 28 € bc (déj.)/48 € – Carte 48/65 €
◆ Restaurant aménagé dans l'ex-école communale, sur une placette-belvédère en surplomb de la mer ; plats au goût du jour. Jolies chambres thématiques ("Afrique", "Mariage", etc.).

ⅩⅩ **L'Hippocampe** ≤ 🛜 𝗩𝗜𝗦𝗔 ⓞⓞ 𝗔𝗘 ⓞ
44 av. W. Churchill – ℰ 04 93 35 81 91 – l-hippocampe.org – Fax 04 93 35 81 91
– Fermé 5 nov.-28 déc. et le soir de nov. à avril   AV**h**
Rest – (prévenir) Menu 34/42 € – Carte 31/72 €
◆ Cet établissement familial les pieds dans l'eau réserve, à midi, l'une de ses terrasses aux baigneurs. Spécialité de filet de sole en brioche (bouillabaisse et coq au vin sur commande).

ROQUEBRUNE-SUR-ARGENS – 83 Var – **340** O5 – 11 405 h.   **41** C3
– alt. 13 m – ⊠ 83520

▷ Paris 869 – Marseille 141 – Toulon 85 – Antibes 56

🛈 Syndicat d'initiative, 12, avenue Gabriel Péri ℰ 04 94 19 89 89, Fax 04 94
19 89 80

ⅩⅩ **Les Templiers** 🛜 𝗩𝗜𝗦𝗔 ⓞⓞ 𝗔𝗘 ⓞ
3 pl. Alfred-Perrin – ℰ 04 94 45 12 52 – www.hotelregina.ch – Fax 04 94 45 12 52
– Ouvert de mars à oct. et fermé sam. midi et lundi
Rest – (24 €) Menu 38 € (dîner), 68/98 € – Carte 68/95 €
◆ Adresse originale au cœur du village médiéval. Salle à manger au décor de bonbonnière, cuisine personnalisée et vins suisses, pays d'origine des patrons.

LA ROQUE-D'ANTHÉRON – 13 Bouches-du-Rhône – **340** G3   **42** E1
– **4 945** h. – alt. **183** m – ⊠ **13640** ▮ Provence

> ▶ Paris 726 – Aix-en-Provence 29 – Cavaillon 34 – Manosque 60
> 🛈 Office de tourisme, 3, cours Foch ℰ 04 42 50 70 74, Fax 04 42 50 70 76
> ◉ Abbaye de Silvacane★★ E : 2 km.

🏠   **Mas de Jossyl**   🚗 🛋 ⌱ 🗄 ⅙ ch. 🔟 📶 🔐 🅿 ᴠɪsᴀ 💳 ᴁᴇ ⓪
🐾   *av. du Parc – ℰ 04 42 50 71 00 – www.masdejossyl.fr – Fax 04 42 50 75 94*
    – Fermé 22 août-6 sept. et 6-23 fév.
28 ch – �74/132 € ♦♦76/142 €, ⌑ 12 € – ½ P 62/102 €
Rest – *(fermé dim. soir, lundi midi et mardi midi hors saison)* Menu 14 € (déj. en sem.), 20/39 € – Carte 29/54 €
◆ Face au parc du château de Florans (17ᵉ s.), hôtel actuel d'aspect régional, aux grandes chambres fonctionnelles, insonorisées. Nouvelle annexe contemporaine et espace loisirs. Plats traditionnels dans une salle claire ou en terrasse, joliment arborée.

ROQUEFORT – 40 Landes – **335** J10 – **1 903** h. – alt. **69** m – ⊠ **40120**   **3** B2
▮ Aquitaine

> ▶ Paris 667 – Bordeaux 107 – Mont-de-Marsan 23 – Saint-Pierre-du-Mont 31
> 🛈 Syndicat d'initiative, place du Soleil d'Or ℰ 05 58 45 50 46, Fax 05 58 45 53 63

🏠🏠   **Le Logis de St-Vincent**   ⅙ 📶 ᴠɪsᴀ 💳
   76 r. Laubaner – ℰ 05 58 45 75 36 – www.logis-saint-vincent.com – Fax 05 58 45 73 59
    – Fermé 18-25 avril, 25-30 juin, 27-31 août, 24 oct.-1ᵉʳ nov., 27 fév.-6 mars
6 ch – ♦67/114 € ♦♦67/114 €, ⌑ 10 € – 1 suite – ½ P 73/107 €
Rest – *(fermé dim.) (prévenir)* Menu 30/50 €
◆ Cette maison de maître du 19ᵉ s., restaurée avec amour, a retrouvé son éclat. Parquet d'origine, murs en pierres, tonalités douces et mobilier de style personnalisent le lieu. Coquette salle à manger, cour-jardin aux arbres exotiques et menu régional.

ROQUEFORT-LES-PINS – 06 Alpes-Maritimes – **341** D6 – **6 058** h.   **42** E2
– alt. **184** m – ⊠ **06330**

> ▶ Paris 912 – Cannes 18 – Grasse 14 – Nice 25
> 🛈 Syndicat d'initiative, Centre Culturel R D 2085 ℰ 04 93 09 67 54

🏠   **Auberge du Colombier**   🛢 🚗 ⌱ ✕ 🔐 🅿 ᴠɪsᴀ 💳 ᴁᴇ
   au Colombier, rte de Nice, sur D 2085 – ℰ 04 92 60 33 00
    – www.auberge-du-colombier.com – Fax 04 93 77 07 03 – Fermé 5 janv.-12 fév.
19 ch – ♦45/115 € ♦♦55/130 €, ⌑ 10 € – 2 suites
Rest – *(fermé merc. midi et mardi d'oct. à mars)* Menu 23/39 € – Carte 36/60 €
◆ Maison nichée dans un parc arboré dominant la vallée. Les chambres, progressivement refaites, sont garnies de meubles en bois patiné. La salle à manger rustique et l'agréable terrasse tournée vers la végétation servent de cadre à une cuisine traditionnelle.

LA ROQUE-GAGEAC – 24 Dordogne – **329** I7 – **420** h. – alt. **85** m   **4** D3
– ⊠ **24250** ▮ Périgord Quercy

> ▶ Paris 535 – Brive-la-Gaillarde 71 – Cahors 53 – Périgueux 71
> 🛈 Office de tourisme, le Bourg ℰ 05 53 29 17 01, Fax 05 53 31 24 48
> ◉ Site★★.

✕✕   **La Belle Étoile** avec ch   ⇐ 🍽 🔟 rest, ✕ rest, 🛋 ᴠɪsᴀ 💳 ᴁᴇ ⓪
🐾   *Le Bourg – ℰ 05 53 29 51 44 – www.belleetoile.fr – Fax 05 53 29 45 63*
    – Ouvert 1ᵉʳ avril-1ᵉʳ nov.
15 ch – ♦55/65 € ♦♦55/75 €, ⌑ 10 € – ½ P 78 €
Rest – *(fermé merc. midi et lundi)* (23 €) Menu 28/49 €
◆ Plats traditionnels et cuisine au goût du jour à savourer dans de belles salles à manger ou sous la treille de la terrasse dressée face à la Dordogne. Chambres confortables.

✕✕   **Auberge La Plume d'Oie** avec ch   ⇐ ᴠɪsᴀ 💳
   Le Bourg – ℰ 05 53 29 57 05 – www.aubergelaplumedoie.com
    – Fermé 15 nov.-20 déc., 10 janv. à début mars, mardi midi hors saison et lundi sauf le soir en juil.-août
4 ch – ♦85/90 € ♦♦85/90 €, ⌑ 14 €
Rest – *(nombre de couverts limité, prévenir)* Menu 28/38 € – Carte 25/38 €
◆ Cette demeure ancienne bien restaurée abrite un coquet restaurant rustique : pierres, poutres et vue sur le trafic des gabares ; cuisine au goût du jour. Petites chambres feutrées.

rte de Vitrac au Sud-Est par D 703 – ⊠ 24250 La-Roque-Gageac

🏠 **Le Périgord**　　　　🚗 🏡 ⊼ ✻ 🅰🅲 ✻ rest, **P.** ⟨VISA⟩ ⚫⚫

à 3 km – 𝒞 *05 53 28 36 55 – www.hotelleperigord.eu – Fax 05 53 28 38 73*
– Fermé 1ᵉʳ janv.-28 fév.
39 ch – †59/69 € ††59/69 €, ⊃ 8 € – ½ P 58/63 €　　**Rest** – *(fermé lundi et mardi sauf de mai au 15 oct.)* (18 €) Menu 23/40 € – Carte environ 40 €
◆ Au pied de la bastide de Domme, maison d'allure régionale entourée d'un grand jardin. Chambres d'esprit rustique, simples et bien tenues. Recettes actuelles qui – enseigne oblige – reposent sur des bases périgourdines. Salle à manger-véranda et terrasse d'été.

✕✕ **Les Prés Gaillardou**　　　　🏡 🏡 **P.** ⟨VISA⟩ ⚫⚫

⊂⊃ *rte D46 –* 𝒞 *05 53 59 67 89 – www.les-pres-gaillardou.com – Fax 05 53 59 67 89*
– Fermé 15 déc.-13 fév., mardi soir hors saison, merc. sauf le soir de juin à sept. et sam. midi
Rest – Menu 15 € (déj. en sem.), 23/30 € – Carte 31/45 €
◆ Murs en pierres, belle cheminée et poutres agrémentent les trois petites salles à manger de cette ancienne ferme. Jardin clos, agréable terrasse et cuisine du terroir.

ROQUEMAURE – 30 Gard – **339** N4 – **5 163 h.** – alt. 19 m – ⊠ 30150　　**23** D2
▌Provence

🄳 Paris 665 – Alès 76 – Avignon 18 – Nîmes 47
🄸 Office de tourisme, 1, cours Bridaine 𝒞 04 66 90 21 01, Fax 04 66 90 21 01

🏠 **Le Clément V**　　　　🏡 ⊼ ⒤¶ **P.** 🍽 ⟨VISA⟩ ⚫⚫ 🄰🄴

⊂⊃ *6 r. Pierre Semard, rte de Nîmes –* 𝒞 *04 66 82 67 58 – hotel-clementv.com*
– Fax 04 66 82 84 66 – Fermé 20 déc.-28 janv.
21 ch ⊃ – †62/75 € ††68/78 € – ½ P 50/56 €
Rest – *(dîner seult)* Menu 19/25 €
◆ Le château de Roquemaure fut la dernière demeure du pape Clément V. Hôtel peu à peu rénové, aux chambres simples et colorées, plus spacieuses – mais sans balcon – à l'arrière.

LA ROQUE-SUR-PERNES – 84 Vaucluse – **332** D10 – **411 h.**　　**42** E1
– alt. 250 m – ⊠ 84210

🄳 Paris 697 – Avignon 34 – Marseille 99 – Salon-de-Provence 49

🄷🄷 **Château la Roque**　　　　≤ 🚗 🏡 ⊼ ✻ ⒤¶ ⟨VISA⟩ ⚫⚫ 🄰🄴

263 chemin du Château – 𝒞 *04 90 61 68 77 – www.chateaularoque.com*
– Fax 04 90 61 68 78 – Fermé 4 janv.-10 fév.
5 ch – †120/240 € ††120/240 €, ⊃ 18 € – ½ P 112/166 €
Rest – *(fermé dim.)* *(dîner seult)* *(résidents seult)* Menu 40 €
◆ La restauration de ce château du 11ᵉ s. a magnifiquement préservé son authenticité. Chambres spacieuses. Terrasses en restanques et piscine chauffée dominent la vallée. Repas concoctés par le maître des lieux, servis dans la salle templière ou dans le jardin.

ROQUETTE-SUR-SIAGNE – 06 Alpes-Maritimes – **341** C6 – **4 865 h.**　　**42** E2
– alt. 12 m – ⊠ 06550

🄳 Paris 912 – Marseille 165 – Nice 44 – Antibes 20

✕ **La Terrasse**　　　　🅰🅲 **P.** ⟨VISA⟩ ⚫⚫ 🄰🄴

⌂ *484 av. de la République, (quartier Saint-Jean) –* 𝒞 *04 92 19 04 88*
– www.restaurantlaterrasse-06.com – Fermé 24-30 déc., sam. midi, dim. et fériés
Rest – (21 € bc) Menu 29/45 € – Carte 45/68 €
◆ Bois exotiques, plantes vertes et palmiers : dans une lumineuse salle à l'esprit vacances, découvrez une cuisine actuelle et créative très soignée, à prix doux.

ROSAY – 78 Yvelines – **311** G2 – **rattaché à Mantes-la-Jolie**

ROSBRUCK – 57 Moselle – **307** M4 – **rattaché à Forbach**

ROSCOFF – 29 Finistère – **308** H2 – **3 705 h.** – alt. 7 m – Casino　　**9** B1
– ⊠ 29680 ▌Bretagne

🄳 Paris 563 – Brest 66 – Landivisiau 27 – Morlaix 27
🄸 Office de tourisme, 46, rue Gambetta 𝒞 02 98 61 12 13, Fax 02 98 69 75 75
◉ Église N.-D.-de-Croaz-Batz★ - Jardin exotique★.

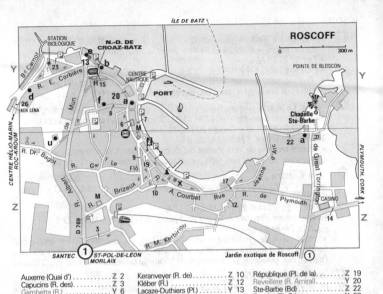

Le Brittany ⚜

⬧⬧⬧ ⬧⬧ ☜ 🛋 ⛱ 🖥 🕴 ᕦ ch, 🕯 ʃᕬ 🅿 VISA ᴄᴏ AE

💮 bd Ste Barbe – ☏ 02 98 69 70 78 – www.hotel-brittany.com – Fax 02 98 61 13 29
– Ouvert 24 mars-11 nov.   Z**a**

24 ch – †140/265 € ††140/265 €, ☐ 19 € – 2 suites

Rest Le Yachtman – (fermé lundi) (dîner seult) (nombre de couverts limité,
prévenir) Menu 59/99 € – Carte 70/110 €🕭

Spéc. Médaillons de homard et ses ravioles de jeunes poireaux, lard paysan et
citron vert (juin à oct.). Lieu cuit au beurre de Vadouvan, pommes de terre
écrasées, émulsion lait ribot (mars à nov.). Dessert autour de l'artichaut (juin
à nov.).

◆ Beau manoir du 17ᵉ s. entièrement démonté puis reconstruit à l'identique sur le port de
Roscoff. Très jolies chambres (mobilier ancien ou contemporain) et accueil aux petits soins.
Vue sur l'île de Batz et belle cuisine de la mer dans l'élégante salle du Yachtman.

Le Temps de Vivre

⬧⬧⬧ 🖥 ᕦ 🕯 VISA ᴄᴏ AE ⓪

pl. de l'Église – ☏ 02 98 19 33 19 – Fax 02 98 19 33 00 – Fermé 1 sem. en oct., 1
sem. en janv., dim. et lundi en hiver   Y**e**

15 ch – †80/268 € ††80/268 €, ☐ 15 €

Rest Le Temps de Vivre – voir ci-après

◆ Grandes chambres très épurées et raffinées (pierre, wengé, chêne), logées dans des maisons de corsaires réparties autour d'un patio fleuri ; certaines regardent la mer.

Talabardon

⬧⬧ ☜ 🖥 🛱 🕯 ʃᕬ 🅿 VISA ᴄᴏ AE

27 pl. Lacaze Duthiers, (près de l'église) – ☏ 02 98 61 24 95
– www.hotel-talabardon.com – Fax 02 98 61 10 54 – Ouvert de mi-fév. à nov.

37 ch – †85/210 € ††95/225 €, ☐ 14 € – ½ P 78/145 €   Y**b**

Rest – (fermé dim. soir et jeudi) (20 € bc) Menu 26/48 € – Carte 60/120 €

◆ Cet hôtel, tenu par la même famille depuis 1890, a adopté un style tout en sobriété
contemporaine. Les chambres les plus prisées jouissent d'une vue sur la mer. Au restaurant,
poissons et crustacés se dégustent dans un cadre agrémenté de tableaux colorés.

La Résidence sans rest

⬧⬧ 🖥 VISA ᴄᴏ

14 r. Johnnies – ☏ 02 98 69 74 85 – Fax 02 98 69 78 63 – Ouvert 1ᵉʳ avril-15 nov.

31 ch – †38/58 € ††45/78 €, ☐ 8 €   Y**f**

◆ Dans un quartier calme proche du port et de l'église, maison aux chambres classiques
bien tenues, pourvues de balcons au Sud. Accueil aimable.

Armen Le Triton sans rest

r. du Dr. Bagot – ✆ 02 98 61 24 44 – www.hotel-le-triton.com – Fax 02 98 69 77 97 Zu

44 ch – 52/55 € 61/72 €, 8 €

◆ Repos garanti dans cet établissement situé à deux pas du centre-ville et des plages. Chambres de divers styles, peu à peu rénovées. Petits-déjeuners face au jardin.

Aux Tamaris sans rest

49 r. Edouard Corbière – ✆ 02 98 61 22 99 – www.hotel-aux-tamaris.com – Fax 02 98 69 74 36 – Ouvert 20 fév.-31 déc. Yd

26 ch – 55/95 € 60/95 €, 9 €

◆ Maison bretonne de 1935 abritant des chambres décorées sur différents thèmes marins ; certaines ont vue sur les flots. Salle des petits-déjeuners avec vue sur l'île de Batz.

Du Centre

le Port – ✆ 02 98 61 24 25 – www.chezjanie.com – Fax 02 98 61 15 43 – Ouvert de mi-fév. à mi-nov. Ya

16 ch – 59/124 € 59/124 €, 10 €

Rest – *(fermé dim. soir et mardi sauf juil.-août)* (13 € bc) Menu 22 € – Carte 24/39 €

◆ Hôtel voisin de l'embarcadère pour l'île de Batz. Les chambres offrent deux expositions – côté port ou côté ville – et un décor actuel, avec des extraits de poèmes aux murs. Fruits de mer, grillades et salades composent la carte du bar-restaurant tourné vers la Manche.

Le Temps de Vivre (Jean-Yves Crenn)

pl. de l'Église – ✆ 02 98 61 27 28 – www.letempsdevivre.net – Fax 02 98 61 19 46 – Fermé 2 sem. en mars, 2 sem. en oct., mardi sauf le soir de mars à déc., dim. soir et lundi Ye

Rest – Menu 35 € (sem.), 54/105 € – Carte 69/115 €

Spéc. Pince de tourteau aux cocos de Paimpol. Pied de porc farci aux oignons rosés de Roscoff. Sablé breton, pomme caramel.

◆ La Manche en toile de fond, un cadre élégant, la cuisine du terroir breton et une belle carte des vins : quatre raisons de prendre le temps de vivre !

L'Écume des Jours

quai d'Auxerre – ✆ 02 98 61 22 83 – www.ecume-roscoff.fr – Fax 02 98 61 22 83 – Fermé 15 déc.-31 janv., merc. sauf le soir en juil.-août et mardi Zx

Rest – (19 €) Menu 29/51 € – Carte 39/80 €

◆ La salle principale de cette ex-maison d'armateur (16e s.) a conservé son caractère d'antan et ses deux cheminées anciennes. Terrasse face au port et cuisine régionale soignée.

Un important déjeuner d'affaires ou un dîner entre amis ?
Le symbole ⌘ vous signale les salles à manger privées.

ROSENAU – 68 Haut-Rhin – 315 J11 – 1 970 h. – alt. 230 m – ✉ 68128 1 B3

Paris 492 – Altkirch 25 – Basel 15 – Belfort 70

Au Lion d'Or

5 r. Village Neuf – ✆ 03 89 68 21 97 – www.auliondor-rosenau.com – Fax 03 89 70 68 05 – Fermé 3-15 mars, 1er-15 juil., vacances de la Toussaint, lundi et mardi

Rest – (12 €) Menu 18 € (déj. en sem.), 26/38 € – Carte 29/46 €

◆ Salle à manger boisée et agréable jardin-terrasse dans cette sympathique auberge tenue par la même famille depuis 1928. Cuisine classique et belle sélection de vins au verre.

ROSHEIM – 67 Bas-Rhin – 315 I6 – 4 708 h. – alt. 190 m – ✉ 67560 1 A2

Alsace Lorraine

Paris 485 – Erstein 20 – Molsheim 9 – Obernai 6

Office de tourisme, 94, rue du Général-de-Gaulle ✆ 03 88 50 75 38, Fax 03 88 50 45 49

Église St-Pierre et St-Paul★.

Hostellerie du Rosenmeer (Hubert Maetz)

45 av. de la Gare, 2 km au Nord-Est sur D 35
– ℰ 03 88 50 43 29 – www.le-rosenmeer.com – Fax 03 88 49 20 57
– Fermé 26 juil.-10 août et 15 fév.-5 mars
20 ch – †40/50 € ††61/98 €, ⊇ 10 € – ½ P 76/90 €
Rest – *(fermé dim. soir, lundi et merc.)* Menu 32 € bc (déj. en sem.), 50 € bc/
110 € bc – Carte 41/68 €
Spéc. Cappuccino, escalope de foie de canard poêlée. Homard bleu breton
rôti dans sa carapace, coulis de corail. Poêlée de quetsches en feuilletage,
crème cannelle (août à nov.). **Vins** Sylvaner.
Rest Winstub d'Rosemer – *(fermé dim. et lundi)* Menu 10 € (déj. en sem.),
30 € bc/38 € bc – Carte 18/42 €
♦ Au bord du ruisseau qui lui a donné son nom, hôtel d'inspiration alsacienne. Chambres
fonctionnelles, certaines classiques, d'autres rustiques ou modernisées. Restaurant lumineux
(bois blond, tons prune-anthracite) pour une cuisine inventive inspirée du terroir. Cadre typiquement régional à la petite winstub.

Auberge du Cerf

120 r. Gén. de Gaulle – ℰ 03 88 50 40 14 – www.aubergeducerf-rosheim.com
– Fax 03 88 50 40 14 – Fermé 18-31 janv., dim. soir et lundi
Rest – Menu 16/40 € – Carte 26/50 €
♦ Au centre de la cité vigneronne, cette auberge fleurie héberge deux petites salles à man-
ger assez plaisantes. Cuisine classique et régionale.

La Petite Auberge avec ch

41 r. Gén. de Gaulle – ℰ 03 88 50 40 60 – www.petiteauberge.fr
– Fax 03 88 48 00 90 – Fermé 1er-21 fév., jeudi soir et merc.
5 ch – †50 € ††50 €, ⊇ 7 € – ½ P 50 € **Rest** – Menu 22/38 € – Carte 25/45 €
♦ Dans la rue principale, maisonnette alsacienne typique abritant un restaurant habillé de
boiseries. Nombreux menus traditionnels et suggestions du jour. À 50 m, hôtel fonctionnel.

LA ROSIÈRE – 14 Calvados – 303 I4 – rattaché à Arromanches-les-Bains

---

LA ROSIÈRE 1850 – 73 Savoie – 333 O4 – alt. 1 850 m – Sports   45 D2
d'hiver : 1 100/2 600 m ✆20 ⓢ – ⊠ 73700 Montvalezan ▮ Alpes du Nord

▶ Paris 657 – Albertville 76 – Bourg-St-Maurice 22 – Chambéry 125

Relais du Petit St-Bernard ⌖

– ℰ 04 79 06 80 48 – www.petit-saint-bernard.com – Fax 04 79 06 83 40
– Ouvert 1er juin-6 sept. et 12 déc.-25 avril
20 ch – †47/56 € ††63/78 €, ⊇ 8 € – ½ P 62/69 €
Rest – (13 €) Menu 15/28 € – Carte 24/50 €
♦ Au ras des pistes, gros chalet abritant également une taverne-restaurant et un magasin de
souvenirs. Chambres rustiques sobres, parfois dotées d'un balcon panoramique. Repas de
type brasserie, avec les sommets enneigés en toile de fond.

LES ROSIERS-SUR-LOIRE – 49 Maine-et-Loire – 317 H4 – 2 281 h.   35 C2
– **alt. 22 m – ⊠ 49350** ▮ Châteaux de la Loire

▶ Paris 304 – Angers 32 – Baugé 27 – Bressuire 66

▯ Syndicat d'initiative, place du Mail ℰ 02 41 51 90 22, Fax 02 41 51 90 22

La Toque Blanche

2 r. Quarte, (rte d'Angers) – ℰ 02 41 51 80 75 – Fax 02 41 38 06 38 – Fermé
12-28 nov., 1er-24 janv., mardi et merc.
Rest – Menu 27 € bc (déj. en sem.), 42/53 €
♦ Salle à manger tout en longueur au décor classique et aux larges fenêtres ouvrant sur le
fleuve. Plats traditionnels, recettes régionales et vins de Loire au programme.

Au Val de Loire avec ch

pl. de l'Église – ℰ 02 41 51 80 30 – www.au-val-de-loire.com – Fax 02 41 51 95 00
– Fermé 15 fév.-15 mars, jeudi soir, dim. soir et lundi
8 ch – †55/65 € ††55/65 €, ⊇ 8 € **Rest** – Menu 14 € (sem.)/42 € – Carte 41/57 €
♦ Plantes aromatiques et fleurs apportent un zeste d'originalité à la cuisine traditionnelle de
cette hostellerie familiale. Salle à manger lumineuse et petit salon. Les chambres, toutes
rénovées et bien tenues, ont opté pour une décoration actuelle.

ROSPEZ – 22 Côtes-d'Armor – **309** B2 – rattaché à Lannion

ROSTRENEN – 22 Côtes-d'Armor – **309** C5 – 3 397 h. – alt. 216 m — **9** B2
– ⊠ 22110

▶ Paris 485 – Quimper 71 – St-Brieuc 58 – Carhaix-Plouguer 22

🛈 Office de tourisme, 6, rue Gilbert ℰ 02 96 29 02 72, Fax 02 96 29 02 72

✗✗ **L'Eventail des Saveurs** ⌂ VISA ⦿

3 pl. Bourg Coz – ℰ 02 96 29 10 71 – Fax 02 96 29 34 75
– *Fermé mardi soir de sept. à mai, dim. soir, merc. soir et lundi*
Rest – (14 €) Menu 28/42 € – Carte 31/45 € le soir
♦ Découvrez un éventail de saveurs bretonnes revisitées par un chef autodidacte passionné. Au choix, élégante salle épurée (tons beige, chocolat) ou cadre d'esprit brasserie.

ROUBAIX – 59 Nord – **302** H3 – 97 952 h. – alt. 27 m – ⊠ 59100 — **31** C2
▌ Nord Pas-de-Calais Picardie

▶ Paris 232 – Kortrijk 23 – Lille 15 – Tournai 20

🛈 Office de tourisme, 12, place de la Liberté ℰ 03 20 65 31 90,
Fax 03 20 65 31 83

▦ du Sart à Villeneuve-d'Ascq 5 rue Jean Jaurès, S : 5 km, ℰ 03 20 72 02 51

▦ de Brigode à Villeneuve-d'Ascq 36 avenue du Golf, S : 6 km,
ℰ 03 20 91 17 86

▦ de Bondues à Bondues Château de la Vigne, par D 9 : 8 km,
ℰ 03 20 23 20 62

◎ Centre des archives du monde du travail BX **M¹** - La Piscine★★, Musée d'Art et d'Industrie★ - Chapelle d'Hem★ (murs-vitraux★★ de Manessier) 5 km, voir plan de Lille JS **B.**

Accès et sorties : voir plan de Lille

✗✗ **Le Beau Jardin "saveurs"** ⌂ VISA ⦿ AE

av. Le Nôtre, (Le Parc Barbieux) – ℰ 03 20 20 61 85 – www.lebeaujardin.fr
– Fax 03 20 45 10 65 AYe
Rest – (22 €) Menu 27 € – Carte 48/64 €※
♦ Environnement unique pour ce restaurant niché au cœur du parc de Barbieux. Jolie salle contemporaine face à un plan d'eau et festival de saveurs dans l'assiette (herbes et épices).

à Lys-lez-Lannoy 5 km au Sud-Est par D 206 – alt. 28 m – ⊠ 59390

🛈 Syndicat d'initiative, 130, rue Jules Guesde ℰ 03 20 82 30 90,
Fax 03 20 82 30 90

✗✗ **Auberge de la Marmotte** ⬦ P VISA ⦿ AE

5 r. J.-B. Lebas – ℰ 03 20 75 30 95 – Fax 03 20 81 16 34
– *Fermé 1 sem. en mai, 3 sem. en août, vacances de fév., lundi et le soir sauf vend. et sam.* **plan de Lille** JSf
Rest – (15 € bc) Menu 19 € (sem.), 27/69 € – Carte 33/65 €
♦ Deux salles à manger – l'une de style rustique, l'autre plus actuelle – et un petit salon intime vous attendent dans cette maison régionale en briques. Plats traditionnels.

ROUDOUALLEC – 56 Morbihan – **308** I6 – 704 h. – alt. 167 m — **9** B2
– ⊠ 56110

▶ Paris 520 – Carhaix-Plouguer 29 – Concarneau 38 – Lorient 64

✗✗ **Bienvenue** P VISA ⦿ AE

84 r. Nicolas Le Grand – ℰ 02 97 34 50 01
– www.restaurant-hotels.com
– *Fermé mardi soir et lundi sauf de juin à août*
Rest – (13 €) Menu 17 € (déj.), 29/59 € – Carte 35/60 €
♦ Hortensias et rhododendrons s'épanouissent aux abords de ce restaurant situé sur la traversée d'un village des Montagnes Noires. Au menu : généreuses spécialités du terroir.

▶ Paris 134 – Amiens 122 – Caen 124 – Le Havre 87

Bac : de Dieppedalle ℰ 02 35 36 20 81 ; du Petit-Couronne ℰ 02 35 32 40 21.

✈ de Rouen-Vallée de Seine : ℰ 02 35 79 41 00, par ③ : 10 km.

🛈 Office de tourisme, 25, place de la Cathédrale ℰ 02 32 08 32 40,
Fax 02 32 08 32 44

🏌 de Rouen Mont-St-Aignan à Mont-Saint-Aignan Rue Francis Poulenc,
ℰ 02 35 76 38 65

🏌 De Léry Poses à Poses Base de Loisirs & de Plein Air, ℰ 02 32 59 47 42

🏌 de la Forêt-Verte à Bosc-Guérard-Saint-Adrien, N : 15 km par D 121 et D 3,
ℰ 02 35 33 62 94

◉ ★★Cathédrale Notre-Dame★★★ - Le Vieux Rouen★★★ : Église St-
Ouen★★, Église St-Maclou★★ Aître St-Maclou★★, palais de justice★★, rue
du Gros-Horloge★★, rue St-Romain★★ BZ, place du Vieux-Marché★ AY,
- Verrière★★ de l'église Ste-Jeanne-d'Arc AY **D**, rue Ganterie★, rue
Damiette★ CZ - 35, rue Martainville★ CZ - Église St-Godard★ BY
- Demeure★ (musée national de l'Éducation) CZ **M¹⁵** - Vitraux★ de l'église
St-Patrice - Musées : Beaux-Arts★★★, Le Secq des Tournelles★★ BY **M¹³**,
Céramique★★ BY **M³**, départemental des Antiquités de la Seine-
Maritime★★ CY **M¹** - Musée national de l'Éducation★ - Jardin des
Plantes★ EX - Corniche★★★ de la Côte Ste-Catherine★★★
- Bonsecours★★ FX, 3 km - Centre Universitaire ☀★★ EV.

◎ St-Martin de Boscherville : anc. abbatiale St-Georges★★, 11 km par ⑦.

Plans pages suivantes

🏨 **Mercure Champ de Mars** 📶 ⅃ ch, 🎞 🛰 🏛 ⌒ 🚾 ⓭ 🕰 ⓪
12 av. A. Briand – ℰ 02 35 52 42 32 – www.rouen-hotel.fr – Fax 02 35 08 15 06
139 ch – ♦85/165 € ♦♦95/175 €, ⌑ 17 € CZ**j**
Rest – (fermé 10 juil.-22 août, sam. midi et dim. midi) (23 € bc) Carte 31/41 €
♦ En bord de Seine, sur un boulevard au trafic dense, hôtel moderne aux chambres tout
confort, fréquentée notamment par une clientèle d'affaires. Restaurant rénové tourné vers le
Champ-de-Mars et proposant des plats traditionnels.

🏨 **Mercure Centre** sans rest 📶 ⅃ 🎞 🛰 🏛 ⌒ 🚾 ⓭ 🕰 ⓪
7 r. de la Croix de Fer – ℰ 02 35 52 69 52 – www.mercure.com
– Fax 02 35 89 41 46 BZ**f**
125 ch – ♦75/200 € ♦♦85/210 €, ⌑ 16 € – 1 suite
♦ Situé dans le quartier piétonnier du vieux Rouen, ce bâtiment à colombages dédie sa
décoration à la littérature. Certaines chambres donnent sur la célèbre cathédrale.

🏨 **Du Vieux Marché** sans rest 📶 ⅃ 🛰 🅿 ⌒ 🚾 ⓭ 🕰 ⓪
15 r. Pie – ℰ 02 35 71 00 88 – www.bestwestern-hotel-vieuxmarche.com
– Fax 02 35 70 75 94 AY**h**
48 ch – ♦111/180 € ♦♦127/180 €, ⌑ 14 €
♦ À deux pas de la place, ensemble de maisons en retrait de la rue ; les chambres chaleureuses, rénovées en 2009, sont décorées à l'anglaise. Salon cosy. Terrasse-solarium.

🏨 **De Dieppe** 📶 🎞 rest, 🛰 🏛 🚾 ⓭ 🕰
pl. B. Tissot, (face à la gare) – ℰ 02 35 71 96 00 – www.hotel-dieppe.fr
– Fax 02 35 89 65 21 BY**z**
41 ch ⌑ – ♦95/105 € ♦♦105/130 €
Rest Le Quatre Saisons – (fermé 21 juil.-10 août et sam. midi) (15 €)
Menu 21/55 € – Carte 35/77 €
♦ Cinq générations se sont succédé depuis 1880 dans cet hôtel situé face à la gare. Chambres diversement meublées, dotées d'équipements complets. Célèbre pour sa recette de
canard à la rouennaise, le Quatre Saisons fait honneur à la tradition.

🏨 **Suitehotel** sans rest 📶 ⅃ 🛰 📞 ⌒ 🚾 ⓭ 🕰 ⓪
10 quai de Boisguibert – ℰ 02 32 10 58 68 – www.suitehotel.com
– Fax 02 32 10 58 69 EV**t**
80 ch – ♦99/135 € ♦♦99/135 €, ⌑ 12 €
♦ Cet hôtel récent abrite d'agréables chambres d'esprit contemporain, vastes et claires,
conçues aussi bien pour les hommes d'affaires que pour les familles (cuisinettes).

ROUEN

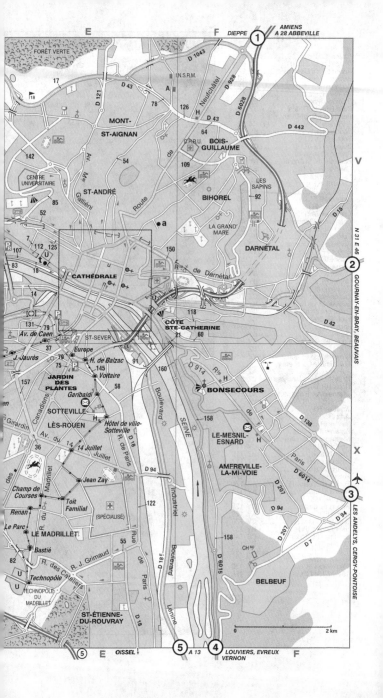

ROUEN

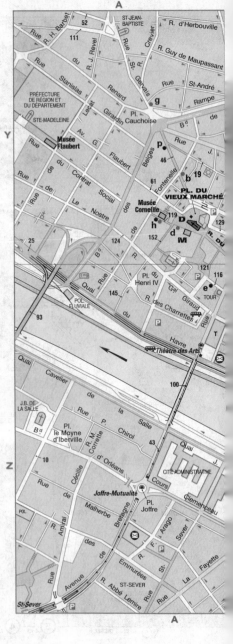

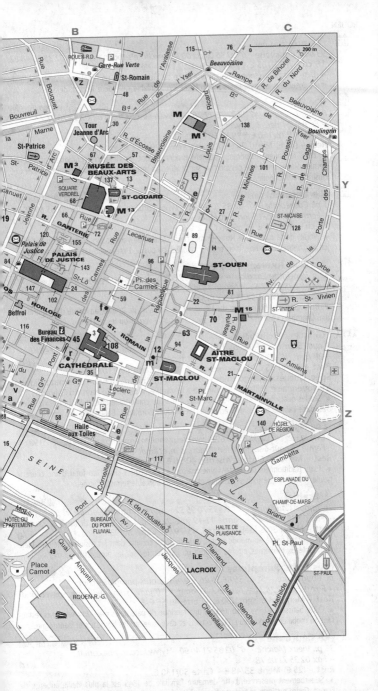

Dandy sans rest

🛗 ⌂ 🚾 ⬥ AE

93 bis r. Cauchoise – ℰ 02 35 07 32 00 – www.hotels-rouen.net – Fax 02 35 15 48 82
18 ch – †80/105 € ††80/105 €, ⌑ 11 €

AY**p**

• Dans une rue piétonne menant à la place du Vieux-Marché, un hôtel aux chambres classiques, meublées en style Louis XV ou Louis XVI. Agréable salle pour le petit-déjeuner.

De l'Europe

🛗 ℀ ch, ⁗⁰ 🚾 ⬥ AE ⓞ

*87 r. aux Ours – ℰ 02 32 76 17 76 – www.h-europe.fr – Fax 02 32 76 17 77
– Fermé 24 déc.-3 janv.*
24 ch – †78/160 € ††98/160 €, ⌑ 11 €

AZ**e**

Rest – (13 €) Menu 24 € (dîner en sem.), 29/33 €

• Dans le Rouen historique, bâtiment moderne dont les chambres, pratiques, offrent, au dernier étage, une belle perspective sur la ville. Au restaurant, tables sobrement dressées et cuisine traditionnelle.

Le Cardinal sans rest

🛗 ℀ ⁗⁰ 🚾 ⬥

*1 pl. Cathédrale – ℰ 02 35 70 24 42 – www.cardinal-hotel.fr – Fax 02 35 89 75 14
– Fermé 25 déc.-15 janv. et fériés*

BZ**r**

18 ch – †59/68 € ††69/96 €, ⌑ 9 €

• Voisin de la cathédrale Notre-Dame, chef-d'œuvre de l'art gothique, établissement familial aux petites chambres bien tenues, colorées en pastel. L'été, petit-déjeuner en terrasse.

Le Clos Jouvenet sans rest ⌂

≤ 🚗 ⁗⁰ P

*42 r. Hyacinthe Langlois – ℰ 02 35 89 80 66 – www.leclosjouvenet.com
– Fax 02 35 98 37 65 – Fermé 15 déc.-15 janv.*

EV**a**

4 ch ⌑ – †80/105 € ††90/115 €

• Belle demeure bourgeoise du 19e s. sur les hauteurs de la ville, au calme d'un grand jardin. Chambres cosy et impeccables, avec vue sur le verger ou les clochers.

XXXX Gill (Gilles Tournadre)

AK 🚾 ⬥ AE ⓞ

✿✿ *9 quai Bourse – ℰ 02 35 71 16 14 – www.gill.fr – Fax 02 35 71 96 91 – Fermé
4-20 avril, 1er-25 août, dim., lundi et fériés*

BZ**a**

Rest – Menu 35 € (déj. en sem.), 65/92 € – Carte 80/110 €⅛
Spéc. Queues de langoustines poêlées en chutney de poivron et tomate. Pigeon à la rouennaise. Millefeuille minute à la vanille. **Vins** Vin de pays du Calvados.

• Sur les quais de la Seine, élégante salle à manger confortable et épurée. La cuisine inventive, dans l'air du temps, met en scène les produits normands. Belle carte des vins.

XXX Les Nymphéas

🏠 🚾 ⬥ AE

*9 r. de la Pie – ℰ 02 35 89 26 69 – www.lesnympheas-rouen.com – Fax 02 35 70 98 81
– Fermé 15 août-6 sept., 20 fév.-7 mars, dim. et lundi sauf fériés*

AY**h**

Rest – Menu 30 € (déj. en sem.), 40/50 € – Carte 57/91 €

• Plats traditionnels servis dans une maison à colombages située au fond d'une courette pavée. Décor soigné mêlant rustique et moderne, agréable terrasse fleurie.

XXX L'Écaille

AK 🚾 ⬥

*26 rampe Cauchoise – ℰ 02 35 70 95 52 – www.restaurant-lecaille.fr
– Fax 02 35 70 83 49 – Fermé 11-19 juil., 22 août-6 sept., dim. et lundi*

AY**g**

Rest – Menu 30 € (déj. en sem.), 45/79 € – Carte 60/93 €

• Restaurant dédié au monde marin, dans le décor comme dans les assiettes : teintes bleu-vert, tableaux modernes, cuisine au goût du jour centrée sur les produits de la mer.

XXX Les P'tits Parapluies

🚾 ⬥ AE ⓞ

*pl. Rougemare – ℰ 02 35 88 55 26 – www.lesptits-parapluies.com
– Fax 02 35 70 24 31 – Fermé 3-23 août, 2-10 janv., sam. midi, dim. soir et lundi*

CY**e**

Rest – Menu 28 € (sem.)/60 € – Carte 40/55 €⅛

• Cette bâtisse du 16e s. n'abrite plus une fabrique de parapluies mais un chaleureux restaurant au mobilier Art nouveau. Plats actuels et cave axée sur les bordeaux et bourgognes.

XXX La Couronne

🏠 ⇔ 🚾 ⬥ AE ⓞ

*31 pl. Vieux Marché – ℰ 02 35 71 40 90 – www.lacouronne.com.fr
– Fax 02 35 71 05 78*

AY**d**

Rest – (25 €) Menu 33/48 € – Carte 50/130 €

• Superbement préservée, cette demeure familiale de 1345 est la plus vieille auberge de France. Cadre rustique et terrasse fleurie, l'été. Le livre d'or reste sans comparaison.

XX **Le Reverbère** Ⓚ VISA ⓄⓄ ⒶⒺ
5 pl. de la République – ℰ 02 35 07 03 14 – Fax 02 35 89 77 93 – Fermé 2-23 août
et dim. BZ**e**
Rest – Menu 40 € bc/55 € – Carte 35/74 € ✦

♦ Sur les quais, la façade de ce restaurant donne le ton de sa décoration intérieure : design,
en rouge et noir avec des meubles de Starck. Recettes selon le marché et bons bordeaux.

X **Minute et Mijoté** 🔾 VISA ⓄⓄ ⒶⒺ
58 r. de Fontenelle – ℰ 02 32 08 40 00 – Fax 02 32 83 01 85 – Fermé dim.
Rest – (16 €) Menu 20/30 € – Carte 37/44 € AY**b**

♦ Derrière sa devanture colorée, cette ex-brasserie du 19ᵉ s. arbore un décor simple, composé de vieux objets, façon bistrot. Menu-carte inspiré par les saisons et le marché.

X **Le 37** Ⓚ VISA ⓄⓄ
37 r. St-Étienne-des-Tonneliers – ℰ 02 35 70 56 65 – Fax 02 35 71 96 91
– Fermé 11-19 avril, 1ᵉʳ-25 août, dim. et lundi BZ**v**
Rest – (18 €) Carte environ 33 €

♦ Bistrot tendance, ambiance décontractée et, au piano, un chef qui prépare une cuisine actuelle et des suggestions à l'ardoise changées chaque jour. Le 37 ? Un numéro gagnant !

à Martainville-Épreville 3,5 km au Sud par D 13, D 43 et rte secondaire
– 681 h. – alt. 152 m – ✉ 76116

⌂ **Sweet Home** ⌖ 🚗 🔾 📶 Ⓟ
534 r. des Marronniers, accès par imp. Coquetier – ℰ 02 35 23 76 05 – http://
jy.aucreterre.free.fr – Fax 02 35 23 76 05
4 ch 🛏 – ✝49/88 € ✝✝53/92 € **Table d'hôte** – Menu 16 € bc/52 €

♦ Au fond d'une impasse, dans un jardin fleuri, imposante maison aux chambres douillettes
et romantiques, personnalisées par une couleur. Bon petit-déjeuner et accueil chaleureux.

au Petit Quevilly 3 km au Sud-Ouest – 22 132 h. – alt. 5 m – ✉ 76140

XXX **Les Capucines** 🔾 Ⓚ ⟷ Ⓟ VISA ⓄⓄ ⒶⒺ
16 r. J. Macé – ℰ 02 35 72 62 34 – www.les-capucines.fr – Fax 02 35 03 23 84
– Fermé 3 sem. en août, sam. midi, dim. soir et lundi DX**s**
Rest – Menu 27/46 € – Carte 45/65 €

♦ Tenue par la même famille depuis 1957, cette maison rouennaise cultive l'art de recevoir. Cadre soigné et terrasse prisés par une clientèle d'affaires. Cuisine actuelle.

à Notre-Dame-de-Bondeville 8 km au Nord-Ouest – 7 239 h. – alt. 25 m
– ✉ 76960

X **Les Elfes** Ⓟ VISA ⓄⓄ
303 r. Longs Vallons – ℰ 02 35 74 36 21 – Fax 02 35 75 27 09
– Fermé 15 juil.-17 août, 26 déc.-2 janv., dim. soir, lundi soir, mardi soir et merc.
soir DV**n**
Rest – (17 €) Menu 20 € (sem.)/40 € – Carte 34/73 €

♦ Un mobilier rustique et des nappes colorées participent au cadre chaleureux de cette
auberge régionale, située en contrebas d'une ligne de chemin de fer. Carte traditionnelle.

ROUFFACH – 68 Haut-Rhin – 315 H9 – 4 620 h. – alt. 204 m – ✉ 68250 **1** A3
▌ Alsace Lorraine

▶ Paris 479 – Basel 61 – Belfort 57 – Colmar 16

ℹ Office de tourisme, place de la République ℰ 03 89 78 53 15,
  Fax 03 89 49 75 30

🏌 Alsace Golf Club Moulin de Biltzheim, E : 2 km par D 8, ℰ 03 89 78 52 12

🏨🏨 **Château d'Isenbourg** ⌖ ≼ 🚗 🔾 🏊 🔲 ⑩ 🎣 🍽 ♨ Ⓚ 🍴 rest, ⑪
rte de Pfaffenheim – ℰ 03 89 78 58 50 🚣 Ⓟ VISA ⓄⓄ ⒶⒺ ⓄⒾ
– www.isenbourg.com – Fax 03 89 78 53 70
40 ch – ✝130/405 € ✝✝130/405 €, 🛏 24 € – 1 suite
Rest – (30 €) Menu 54/68 € – Carte 65/120 €

♦ Ce château du 18ᵉ s., bordé de vignes, domine la vieille ville. Grandes chambres cossues
un peu anciennes ; équipement sportif (tennis) complété par un spa (hammam, sauna...).
Deux ambiances pour les repas : cave voûtée du 14ᵉ s. ou salle à manger classique.

XXX **Philippe Bohrer** 🛎 Ⓚ ♦ Ⓟ 📵 ⓒⓒ Ⓐ€ ①

r. Poincaré – ℰ 03 89 49 62 49 – www.villes-et-vignoble.com – Fax 03 89 49 76 67
– Fermé 8-21 mars et 26 juil.-8 août

Rest – (fermé lundi midi, merc. midi et dim.) Menu 28/85 € – Carte 53/70 €⅜
Spéc. Embeurré d'escargot à la réglisse, jus de volaille au citron confit (printemps). Chateaubriand de veau rôti, poêlée d'artichaut et asperge blanche (saison). Tendre goûter chocolat carambar "sortie d'école". **Vins** Riesling, Pinot Blanc.

Rest *Brasserie Chez Julien* – ℰ 03 89 49 69 80 – Menu 10/29 €
– Carte 25/48 €

♦ Dans un beau décor de bois blond, façon rustique chic, vous dégusterez une cuisine inventive au goût du jour associée à une cave bien composée (nombreux vins d'Alsace). Ambiance élégante et conviviale à la Brasserie Chez Julien, aménagée dans un ancien cinéma.

à Bollenberg 6 km au Sud-Ouest par D 83 et rte secondaire – ✉ 68250 Westhalten

XX **Auberge au Vieux Pressoir** 🛎 Ⓟ 📵 ⓒⓒ Ⓐ€

– ℰ 03 89 49 60 04 – www.bollenberg.com – Fax 03 89 49 76 16 – Fermé 20-27 déc. et dim. soir de mi-nov. à mi-mars

Rest – Menu 28 € bc/76 € bc – Carte 25/80 €⅜

♦ Belles armoires et collection d'armes anciennes président au décor alsacien de cette maison de vignerons. Cuisine régionale soignée et dégustations de vins de la propriété.

ROUFFIAC-TOLOSAN – 31 Haute-Garonne – **343** H3 – **rattaché à Toulouse**

LE ROUGET – 15 Cantal – **330** B5 – **957 h.** – **alt. 614 m** – ✉ 15290   5 A3

🄳 Paris 549 – Aurillac 25 – Figeac 41 – Laroquebrou 15

🏠 **Des Voyageurs** 🛎 🏊 Ⓚ rest, ⁽¹⁾ 🛁 Ⓟ 🚗 📵 ⓒⓒ Ⓐ€

– ℰ 04 71 46 10 14 – www.hotel-des-voyageurs.com – Fax 04 71 46 93 89
– Fermé 1er-8 mars, 10-18 oct., 23-27 déc. et fév.

24 ch – †57/63 € ††57/63 €, ☑ 8 € – ½ P 57/60 €

Rest – (fermé dim. soir du 15 sept. au 1er mai) Menu 13 € (déj. en sem.), 20/31 € – Carte 22/48 €

♦ Cette maison proche de la voie ferrée cultive depuis un demi-siècle la tradition de l'hospitalité. Chambres actuelles décorées suivant trois styles : campagne, moderne ou british. Restaurant avec petite terrasse ouverte sur la piscine et cuisine du terroir.

ROULLET – 16 Charente – **324** K6 – **rattaché à Angoulême**

ROURE – 06 Alpes-Maritimes – **341** D3 – **198 h.** – **alt. 1 130 m**
– ✉ 06420   41 D2

🄳 Paris 892 – Digne-les-Bains 145 – Marseille 260 – Nice 70

X **Auberge le Robur** avec ch ⌂ ← 📵 ⓒⓒ

(accès piétonnier) – ℰ 04 93 02 03 57 – www.aubergelerobur.fr
– Fax 04 93 02 03 57 – Fermé 1er nov.-14 déc. et 16 janv.-4 mars

8 ch – †37 € ††64/76 €, ☑ 7 € – ½ P 61/69 €

Rest – (fermé mardi sauf de mars à mai et oct. et merc.) (20 €) Menu 27/35 €

♦ Cette auberge nichée dans un charmant village tout bien l'ascension à 1 100 m ! Superbe vue panoramique sur la vallée de la Tinée et cuisine mariant tradition et touches actuelles. Pour l'étape, des chambres confortables et accueillantes.

LE ROURET – 06 Alpes-Maritimes – **341** D5 – **3 763 h.** – **alt. 350 m**
– ✉ 06650   42 E2

🄳 Paris 913 – Cannes 19 – Grasse 10 – Nice 28

🏨 **Du Clos** sans rest ⌂ 🛎 🏊 ♿ Ⓚ ⁽¹⁾ 📵 ⓒⓒ Ⓐ€

3 chemin des Écoles – ℰ 04 93 40 78 85 – www.hotel-du-clos.com
– Fax 04 93 70 64 42 – Fermé 20-26 déc.

11 ch – †120/250 € ††120/250 €, ☑ 15 €

♦ Dans le haut du village, bastide provençale et son ex-bergerie entourées d'un parc planté d'oliviers. Chambres personnalisées façon auberge. Piscine nichée dans une restanque.

✂✂ **Le Clos St-Pierre** (Daniel Ettlinger)   🕿 VISA ⬤ AE ⓞ
✿ *5 pl. de l'Église –* 𝒞 *04 93 77 39 18 – www.le-clos-saint-pierre.com
– Fax 04 93 42 48 30 – Fermé 7-29 déc., mardi et merc.*
Rest *– (nombre de couverts limité, prévenir)* Menu 33 € (déj. en sem.), 48/57 €
Spéc. Grosses asperges de Provence, brouillade d'œufs aux herbes potagères
et pousses de salade (mai). Retour de pêche à la plancha (juin à oct.). Vacherin glacé minute aux framboises du pays (mai à sept.). **Vins** Côtes de Provence, Bellet.
♦ Sur la place de l'église, cette conviviale auberge sert une goûteuse cuisine méditerranéenne (menu unique, différent chaque jour). Bel intérieur provençal et jolie terrasse.

LES ROUSSES – 39 Jura – **321** G8 – 3 018 h. – alt. 1 110 m – Sports   **16** B3
d'hiver : 1 100/1 680 m 🎿40 🛷 – ⊠ 39220 ▌Franche-Comté Jura
▶ Paris 461 – Genève 45 – Gex 29 – Lons-le-Saunier 64
🛈 Office de tourisme, Fort des Rousses 𝒞 03 84 60 02 55, Fax 03 84 60 52 03
🏌 des Rousses Route du Noirmont, E : 1 km par D 29, 𝒞 03 84 60 06 25
🏌 du Mont Saint-Jean, E : 1 km par D 29, 𝒞 03 84 60 09 71
◎ Gorges de la Bienne★ O : 3 km.

🏨 **Le Lodge** sans rest   🎿 VISA ⬤ AE
309 r. Pasteur – 𝒞 *03 84 60 50 64 – www.hotellelodge.com – Fax 03 84 60 04 58*
11 ch – ♦78/94 € ♦♦78/94 €, ⊇ 10 €
♦ En plein centre-ville, hôtel de charme au décor de chalet. Chambres petites mais bien
aménagées : mobilier en bois clair, excellente literie et couettes de qualité.

🏨 **Chamois** 🍃   ᐸ🏔 🛗 P VISA ⬤
🐾 *230 montée du Noirmont –* 𝒞 *03 84 60 01 48 – www.lechamois.org
– Fax 03 84 60 39 38 – Fermé 6 avril-2 mai*
11 ch – ♦62 € ♦♦62 €, ⊇ 10 € – ½ P 59/89 €
Rest – Menu 19 € (sem.)/51 € – Carte 32/55 €
♦ Ce chalet, isolé de la station et proche des téléskis, dissimule de grandes chambres
modernes (pour la moitié qui sont rénovées), chaleureuses et bien équipées. Calme assuré.
À table, jolie vue sur la nature, mise en place soignée et cuisine créative.

🏠 **La Redoute**   ᐸ🏔 P VISA ⬤ AE
🐾 *357 rte Blanche –* 𝒞 *03 84 60 00 40 – www.hotellaredoute.com
– Fax 03 84 60 04 59 – Fermé 4 avril-7 mai et 10 oct.-3 déc.*
25 ch – ♦49/68 € ♦♦49/68 €, ⊇ 8 € – ½ P 50/61 €
Rest – Menu 16/35 € – Carte 22/45 €
♦ Situation intéressante dans le village, malgré la proximité de la route, pour cet hôtel familial. Décor sans fioriture dans les chambres propres, lumineuses et insonorisées. Grande salle
à manger rustique avec poutres et lustres en fer forgé ; plats du terroir.

🏠 **Du Village** sans rest   🛏 VISA ⬤
344 r. Pasteur – 𝒞 *03 84 34 12 75 – www.hotelvillage.fr – Fax 03 84 34 12 76*
10 ch – ♦47/53 € ♦♦49/58 €, ⊇ 6,50 €
♦ Dans la rue principale du village, petit hôtel fonctionnel et bien tenu, disposant de chambres simples. Possibilité d'accueillir les familles.

ROUSSILLON – 84 Vaucluse – **332** E10 – 1 265 h. – alt. 360 m   **42** E1
– ⊠ 84220 ▌Provence
▶ Paris 720 – Apt 11 – Avignon 46 – Bonnieux 12
🛈 Office de tourisme, place de la poste 𝒞 04 90 05 60 25, Fax 04 90 05 63 31
◎ Site★★ - Sentier des ocres★★.

🏨 **Le Clos de la Glycine**   ᐸ🕿 🛗 & ch, 🍸 🐾 VISA ⬤ AE
pl. de la Poste – 𝒞 *04 90 05 60 13 – www.luberon-hotel.com – Fax 04 90 05 75 80*
9 ch – ♦105/155 € ♦♦105/175 €, ⊇ 13 € – 1 suite – ½ P 114/149 €
Rest David *– (fermé 15 nov.-15 déc., 15 janv.-13 fév., dim. soir, jeudi midi et
merc. du 15 oct. au 15 avril) (prévenir le week-end)* Menu 33/52 €
♦ Dans le village haut perché, un hôtel plein de charme : chambres fraîches et confortables,
avec une vue magnifique sur la Chaussée des Géants et le Mont Ventoux. Au restaurant
David, agréable terrasse panoramique sous les glycines pour profiter de recettes provençales.

Les Sables d'Ocre sans rest ॐ

rte d'Apt – ℰ 04 90 05 55 55
– www.sablesdocre.com – Fax 04 90 05 55 50
– Ouvert de mars à nov.
22 ch – ♦74/90 € ♦♦74/90 €, ☲ 10 €
♦ Au cœur du pays de l'Ocre, ce mas récent à l'aspect engageant allie confort moderne et décoration provençale. Le mobilier en métal peint apporte une note gaie à l'ensemble.

ROUSSILLON – 38 Isère – **333** B5 – 7 806 h. – alt. 200 m – ✉ 38150   **44** B2

▶ Paris 505 – Annonay 24 – Grenoble 92 – St-Étienne 68
🛈 Office de tourisme, place de l'Edit ℰ 04 74 86 72 07, Fax 04 74 29 74 76

Médicis sans rest

r. Fernand Léger – ℰ 04 74 86 22 47 – www.hotelmedicis.fr – Fax 04 74 86 48 05
15 ch – ♦53 € ♦♦62 €, ☲ 9 €
♦ Dans un quartier pavillonnaire calme, hôtel récent aux chambres spacieuses et fonctionnelles ; bonne isolation phonique. Salon équipé d'une TV grand écran.

ROUTOT – 27 Eure – **304** E5 – 1 314 h. – alt. 140 m – ✉ 27350   **33** C2
▌ Normandie Vallée de la Seine

▶ Paris 148 – Bernay 45 – Évreux 68 – Le Havre 57
◉ La Haye-de-Routot : ifs millénaires★ N : 4 km.

Auberge de l'Écurie

pl. de la Mairie – ℰ 02 32 57 30 30 – Fax 02 32 57 30 30
– Fermé 19 juil.-4 août, dim. soir, mardi soir, merc. soir et lundi
Rest – Menu 14 € (sem.)/40 € – Carte 45/63 €
♦ Cet ancien relais de poste situé face aux halles abrite un salon réchauffé par une belle cheminée en pierre et deux salles (rustique ou actuelle). Cuisine traditionnelle.

ROUVRES-EN-XAINTOIS – 88 Vosges – **314** E3 – 298 h. – alt. 330 m   **26** B3
– ✉ 88500

▶ Paris 357 – Épinal 42 – Lunéville 58 – Mirecourt 9

Burnel ॐ

22 r. Jeanne d'Arc – ℰ 03 29 65 64 10
– www.burnel.fr – Fax 03 29 65 68 88
– Fermé 18-31 déc. et dim. soir hors saison
21 ch – ♦55 € ♦♦65/85 €, ☲ 10 € – 2 suites – ½ P 58 €
Rest – (fermé dim. soir sauf du 12 juil. au 20 sept., sam. midi et lundi midi)
(11 €) Menu 15/50 € – Carte 40/58 €
♦ Chambres spacieuses, très confortables et d'esprit champêtre. Certaines donnent sur le jardinet fleuri de l'établissement. Salon ouvert sur un patio. La cuisine classique, variant selon le marché, est proposée dans une salle à manger refaite selon un style néo-rustique.

ROUVROIS-SUR-OTHAIN – 55 Meuse – **307** E2 – **rattaché à Longuyon** (M.-et-M.)

ROYAN – 17 Charente-Maritime – **324** D6 – 18 202 h. – alt. 20 m   **38** A3
– Casino : Royan Pontaillac A – ✉ 17200 ▌ Poitou Vendée Charentes

▶ Paris 504 – Bordeaux 121 – Périgueux 183 – Rochefort 40
🛈 Office de tourisme, rond-point de la Poste ℰ 05 46 05 04 71, Fax 05 46 06 67 76
🏌 de Royan à Saint-Palais-sur-Mer Maine Gaudin, par rte de St-Palais-sur-Mer : 7 km, ℰ 05 46 23 16 24
◉ Front de mer★ - Église Notre-Dame★ **E** - Corniche★ et Conche★ de Pontaillac.

Plans pages suivantes

⛓ Novotel ⟨ ≤ ⌂ ☰ ♨ 🛗 & 🗚 ⌨ 🛁 🅿 ⌂ VISA ☯ AE ①
6 Allée des Rochers, (Conche du Chay) – ℰ 05 46 39 46 39 – www.novotel.com
– Fax 05 46 39 46 46   A**b**
83 ch – ♦132/199 € ♦♦160/199 €, ☲ 16 € – ½ P 126/146 €
Rest – (18 €) Menu 23/69 € – Carte environ 42 €
♦ Parmi les atouts de cet hôtel : une belle situation en surplomb de la plage, un centre de thalassothérapie et des chambres agréables (avec balcons) au style contemporain. Carte traditionnelle de qualité et vue sur la mer singularisent cette table Novotel.

⛓ Family Golf Hôtel sans rest ⟨ ≤ ♨ ⟨ʔ⟩ 🅿 VISA ☯ AE ①
28 bd Garnier – ℰ 05 46 05 14 66 – www.hotel-family-golf.com
– Fax 05 46 06 52 56 – Ouvert 16 mars-29 nov.   C**m**
30 ch – ♦70/110 € ♦♦85/110 €, ☲ 10 €
♦ Cette adresse du front de mer bénéficie de rénovations régulières. Chambres de bonne ampleur pour moitié tournées vers l'océan ; terrasse pour les petits-déjeuners estivaux.

⌂ Rêve de Sable sans rest ⟨ & 🗚 VISA ☯ AE
10 pl. Foch – ℰ 05 46 06 52 25 – www.revedesable.com – Fax 05 46 06 49 87
– Fermé 1er-18 oct.   C**z**
11 ch – ♦48/80 € ♦♦50/80 €, ☲ 8 €
♦ Hôtel familial près de la plage et du centre-ville. Chambres claires, bien équipées, donnant en partie vue sur la mer. Décor aux accents marins. Patio (petit-déjeuner).

✗✗ Les Filets Bleus 🗚 VISA ☯
14 r. Notre-Dame – ℰ 05 46 05 74 00 – Fermé 28 juin-12 juil., vacances de la
Toussaint, 3-19 janv., lundi sauf le soir en juil.-août et dim.   B**s**
Rest – (14 €) Menu 16 € (déj. en sem.), 25/56 € – Carte 40/90 €
♦ Restaurant dédié aux produits de la pêche et décoré à la façon d'un bateau : tons bleu et blanc, bois, hublots, lampes tempête, etc. Menu spécial homard en saison.

✗✗ Le Relais de la Mairie 🗚 VISA ☯
1 r. du Chay – ℰ 05 46 39 03 15 – Fax 05 46 39 03 15 – Fermé 12 nov.-12 déc.,
jeudi soir, dim. soir et lundi   A**k**
Rest – (12 €) Menu 15/30 € – Carte 29/54 €
♦ Salle rustique, cuisine traditionnelle et service familial : ainsi va cette adresse appréciée par les habitants de la ville.

à Pontaillac – ✉ 17640

⛓ Miramar sans rest ♨ & ⟨ʔ⟩ VISA ☯
173 av. Pontaillac – ℰ 05 46 39 03 64 – www.miramar-pontaillac.com
– Fax 05 46 39 23 75   A**n**
27 ch – ♦68/130 € ♦♦75/145 €, ☲ 12 €
♦ Bâtiment des années 1950 que seule une route sépare de la plage. Chambres de bonne taille, bien tenues et rénovées peu à peu (décor moderne assez sobre), à choisir côté mer.

⌂ Belle-Vue sans rest ⟨ ≤ ⟨ʔ⟩ 🅿 VISA ☯
122 av. Pontaillac – ℰ 05 46 39 06 75 – www.bellevue-pontaillac.com
– Fax 05 46 39 44 92 – Ouvert d' avril à nov.   A**f**
22 ch – ♦49/79 € ♦♦49/79 €, ☲ 7 €
♦ Vaste bâtisse des années 1950 bordant l'avenue du front de mer. Les chambres, très bien tenues, offrent une belle vue pour celles tournées côté plage.

✗ La Jabotière ⟨ ≤ VISA ☯ AE
espl. Pontaillac – ℰ 05 46 39 91 29 – Fax 05 46 38 39 93 – Fermé 1 sem.
en oct., 20-27 déc., janv., merc. soir, dim. soir et lundi   A**x**
Rest – (15 €) Menu 18/52 € – Carte 42/76 €
♦ Sur la plage, un restaurant au décor désuet mais grand ouvert sur l'Atlantique (terrasse). Cuisine traditionnelle à base de produits frais. Formule bistrot.

rte de St-Palais 3,5 km par ④ – ✉ 17640 Vaux-sur-Mer

⛓ Résidence de Rohan sans rest ⟨ ≤ ⚘ ☰ & 🅿 VISA ☯ AE
7 av. de Rohan – ℰ 05 46 39 00 75 – www.residence-rohan.com
– Fax 05 46 38 29 99 – Ouvert 26 mars-10 nov.   44**b**
44 ch – ♦65/126 € ♦♦75/136 €, ☲ 11 €
♦ Jadis salon littéraire de la duchesse de Rohan, jolie demeure du 19e s. complétée de deux pavillons dans un parc dominant la plage. Ambiance feutrée, chambres cosy, mobilier de style.

ROYAN

à St-Georges-de-Didonne **2 km au Sud-Est du plan par Bd F. Garnier - C – 5 059 h. – alt. 7 m – ✉ 17110**

Office de tourisme, 7, boulevard Michelet ✆ 05 46 05 09 73, Fax 05 46 06 36 99

Colinette

16 av. de la Grande Plage
– ✆ 05 46 05 15 75 – www.colinette.fr
– Fermé 15 nov.-7 fév.
14 ch – 49/65 € 49/110 €, ☕ 8 € – ½ P 55/75 €
Rest – *(fermé le midi d'oct. à mars)* (13 €) Menu 17/24 € – Carte 20/40 €
◆ Entre pinède et plage, maison des années 1930 aux allures de pension de famille. Chambres lumineuses et fonctionnelles. Cuisine régionale sans prétention servie dans un cadre marin.

ROYAT – **63 Puy-de-Dôme** – **326** F8 – **4 709 h.** – **alt. 450 m** **5** B2
– Stat. therm. : début avril-mi oct. – Casino B – ✉ 63130 Auvergne

Paris 423 – Aubusson 89 – La Bourboule 47 – Clermont-Ferrand 5

Syndicat d'initiative, 1, avenue Auguste Rouzaud ✆ 04 73 29 74 70, Fax 04 73 35 81 07

9 Nouveau Golf de Charade Village de Charade, SO : 6 km, ✆ 04 73 35 73 09

18 des Volcans à Orcines La Bruyère des Moines, N : 9 km, ✆ 04 73 62 15 51

Circuit automobile de Charade, St Genès-Champanelle ✆ 04 73 29 52 95.

Église St-Léger★.

Accès et sorties : voir plan de Clermont-Ferrand agglomération.

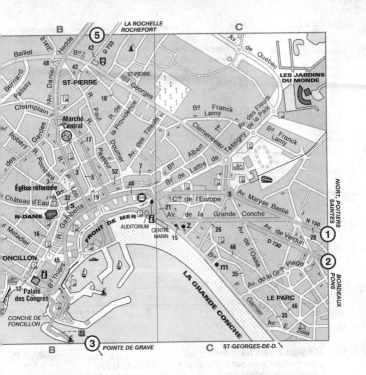

Princesse Flore 🐾 🛎 ⛄ 🅰🅚 ⚙ ♨ 🅥🅘🅢🅐 🐵 🅐🅔 ⓪

5 pl Allard – ℰ 04 73 35 63 63 – www.princesse-flore-hotel.com

– Fax 04 73 35 78 78   B**e**

40 ch – †160 € ††200 €, ⚌ 16 € – 3 suites

Rest *La Table d' Isidore* – Menu 29/39 €

Rest *Le Panoramique* – *(Ouvert juin-sept.)* Carte 25/40 €

♦ Une nouvelle vie commence pour cet hôtel de prestige entièrement rénové. Chambres tout confort et prestations haut de gamme, accès direct au centre thermoludique "Royatonic". À la Table d'Isidore, belle cuisine au goût du jour, servie dans une salle Art déco. Au Panoramique, vue remarquable sur la région.

Royal St-Mart 🏞 🐾 🛎 ⚙ 🅚 🅿 🅥🅘🅢🅐 🐵 🅐🅔 ⓪

av. de la Gare – ℰ 04 73 35 80 01

– www.hotel-auvergne.com – Fax 04 73 35 75 92

– Fermé mi-déc. à mi-janv.   B**n**

55 ch – †59/125 € ††67/130 €, ⚌ 12 € – ½ P 61/95 €

Rest – *(ouvert avril-oct.)* Menu 29/33 € – Carte 26/59 €

♦ Depuis 1853, c'est la même famille qui vous accueille dans cette demeure ombragée de cèdres. Chambres diversement aménagées ; préférez celles côté jardin. Salon bourgeois. Salle à manger-véranda orientée vers la pelouse-terrasse. Registre culinaire classique.

Le Chatel 🏞 🛎 🅰🅚 rest, 🍽 rest, ⚙ 🅿 🅥🅘🅢🅐 🐵 🅐🅔

20 av. Vallée – ℰ 04 73 29 53 00

– www.hotel-le-chatel.com – Fax 04 73 29 53 29

– Fermé mi-déc. à mi-janv.,vend., sam. et dim. de nov. à mars   B**k**

25 ch – †59 € ††65 €, ⚌ 10 € – 5 suites – ½ P 56 €

Rest – (13 €) Menu 24/42 € – Carte 28/47 €

♦ Face à un parc où ruisselle la Tiretaine, bâtisse ancienne abritant des chambres bien tenues. Certaines, plus amples, occupent une maison voisine. Suites rénovées. Plaisante salle à manger. Cuisine traditionnelle et régionale escortée de formules diététiques.

1467

ROYAT

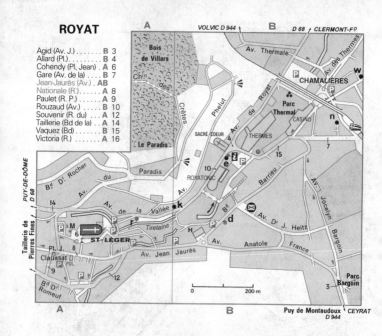

Puy de Montaudoux · *CEYRAT*
D 944

⌂ **Château de Charade** sans rest ⌖ 🄿
  5 km au Sud-Ouest par D 941 et D 5 – ☏ 04 73 35 91 67
  – www.chateau-de-charade.com – Ouvert 31 mars-7 nov.
  5 ch – ♦72/80 € ♦♦72/80 €, ☲ 6 €
  ◆ Château du 17ᵉ s. revu au 19ᵉ s., en lisière du golf de Royat : chambres garnies de meubles anciens regardant toutes le parc. Pour la détente, un agréable salon et un billard.

🍴🍴🍴 **La Belle Meunière** avec ch
  25 av. Vallée – ☏ 04 73 35 80 17 – www.la-belle-meuniere.com
  – Fax 04 73 35 67 85 – Fermé 17-31 août, 15-22 fév., sam. midi, dim. soir et lundi
  5 ch – ♦60/90 € ♦♦70/140 €, ☲ 12 € – ½ P 75/95 €   **A**r
  Rest – (17 €) Menu 25/70 € – Carte 60/90 € 𝆏
  ◆ En bord de Tiretaine, table inventive fusionnant l'Auvergne et l'Asie, dans un cadre d'esprit Napoléon III, semé de notes Art nouveau (vitraux) et de chinoiseries. L'idylle entre la Belle Meunière et le général Boulanger inspire le décor (19ᵉ s.) des chambres.

🍴 **L'Hostalet**
  47 bd Barrieu – ☏ 04 73 35 82 67 – Fermé 1ᵉʳ-15 mars, 17 juil.-13 août, fév., dim. et lundi sauf fériés   **B**d
  Rest – Menu 18 € (déj. en sem.), 25/36 € – Carte 23/38 € 𝆏
  ◆ Les immuables plats traditionnels et la riche carte des vins semblent rassurer les habitués qui fréquentent ce restaurant familial au décor un brin suranné.

ROYE – 80 Somme – 301 J9 – 6 268 h. – alt. 88 m – ⊠ 80700   36 B2
▌ Nord Pas-de-Calais Picardie

❱ Paris 113 – Compiègne 42 – Amiens 44 – Arras 75

🍴🍴🍴 **La Flamiche** (Marie-Christine Borck-Klopp)
  20 pl. Hôtel de Ville – ☏ 03 22 87 00 56 – www.laflamiche.fr – Fax 03 22 78 46 77
  – Fermé dim. soir, mardi midi et lundi
  Rest – Menu 35 € (sem.), 48/134 € bc – Carte 78/115 €
  Spéc. Flamiche aux poireaux (oct. à mars). Saint-Jacques du Tréport mi-cuites (oct. à mars). Soufflé renversé à la chicorée et pain d'épice.
  ◆ Des expositions de tableaux et de sculptures ornent les plaisantes salles à manger meublées dans le style picard. Cuisine au goût du jour à l'accent régional.

XX **Le Florentin Hôtel Central** avec ch — rest, ch, VISA AE

36 r. d'Amiens – ✆ 03 22 87 11 05 – www.leflorentin.com – Fax 03 22 87 42 74 – Fermé 13-30 août, dim. soir et lundi

8 ch – †46 € ††52 €, ☐ 7 € **Rest** – Menu 16/42 € – Carte 30/50 €

◆ Une façade en briques rouges abritant un restaurant au décor d'inspiration italienne : colonnes, moulures, marbres et fresques. Cuisine traditionnelle. Chambres fonctionnelles.

XX **Le Roye Gourmet** — VISA

1 pl. de la République – ✆ 03 22 87 10 87 – Fermé 11-23 août, 2-10 janv., merc. soir, dim. soir et lundi

Rest – (18 €) Menu 18/37 € – Carte 35/50 €

◆ Sur une place sympathique, enseigne célébrant le terroir par une cuisine classique. Une salle au mobilier actuel, une autre, plus grande, aux murs égayés de tableaux.

X **Hostellerie La Croix d'Or** — VISA

123 r. St-Gilles – ✆ 03 22 87 11 57 – www.lacroixdor80.fr – Fax 03 22 87 09 81 – Fermé le soir sauf vend. et sam.

Rest – (12 €) Menu 16/28 € – Carte 23/53 €

◆ Une plaisante atmosphère campagnarde règne en les murs de cette auberge située à l'entrée de la ville. On y déguste une goûteuse cuisine classique.

ROYE – **70 Haute-Saône** – **314** H6 – **rattaché à Lure**

LE ROZIER – **48 Lozère** – **330** H9 – **150 h.** – **alt. 400 m** – ✉ **48150** **22** B1

Languedoc Roussillon

Paris 632 – Florac 57 – Mende 63 – Millau 23

Office de tourisme, route de Meyrueis ✆ 05 65 62 60 89, Fax 05 65 62 60 27

Terrasses du Truel ≤★ E : 3,5 km - Gorges du Tarn★★★.

Chaos de Montpellier-le-Vieux★★★ S : 11,5 km - Corniche du Causse Noir ≤★★ SE : 13 km puis 15 mn.

Grand Hôtel de la Muse et du Rozier — rest, P VISA AE

rte des Gorges, à La Muse (D 907) rive droite du Tarn ✉ 12720 Peyreleau (Aveyron) – ✆ 05 65 62 60 01 – www.hotel-delamuse.fr – Fax 05 65 62 63 88 – Ouvert 3 avril-11 nov. et fermé mardi et merc. en avril, oct. et nov.

38 ch – †85/105 € ††85/165 €, ☐ 13 € – ½ P 83/123 €

Rest – *(fermé le midi sauf dim.)* Menu 33/65 € – Carte 48/68 €

◆ Une plage privée au bord du Tarn est aménagée dans le jardin de ce grand hôtel centenaire. Intérieur contemporain très zen, en harmonie avec les sublimes paysages environnants. Table créative respectueuse du terroir avec, en terrasse, la rivière pour décor.

Doussière sans rest — P VISA AE

– ✆ 05 65 62 60 25 – www.hotel-doussiere.com – Fax 05 65 62 65 48 – Ouvert Pâques-11 nov.

20 ch – †47/57 € ††47/62 €, ☐ 9 €

◆ Dans le village, deux bâtiments situés de part et d'autre de la Jonte. Les chambres de l'annexe sont plus rustiques. Vue plaisante au petit-déjeuner ; espace de remise en forme.

RUE – **80 Somme** – **301** D6 – **3 104 h.** – **alt. 9 m** – ✉ **80120** **36** A1

Nord Pas-de-Calais Picardie

Paris 212 – Abbeville 28 – Amiens 77 – Berck-Plage 22

Office de tourisme, 10, place Anatole Gosselin ✆ 03 22 25 69 94, Fax 03 22 25 76 26

Chapelle du St-Esprit★ : intérieur★★.

à St-Firmin **3 km à l'Ouest par D 4** – ✉ **80550 Le Crotoy**

Auberge de la Dune — ch, ch, P VISA AE

1352 r. de la Dune – ✆ 03 22 25 01 88 – www.auberge-de-la-dune.com – Fax 03 22 25 66 74 – Fermé 29 nov.-31 déc.

11 ch – †68 € ††68 €, ☐ 10 € – ½ P 59 €

Rest – (13 €) Menu 17 € (sem.)/40 € – Carte 20/54 €

◆ Cette petite auberge, isolée au milieu des champs, se trouve à deux tours de roue du parc ornithologique. Sobres chambres actuelles et pratiques ; tenue méticuleuse. Salle à manger campagnarde. Cuisine traditionnelle et quelques spécialités picardes.

RUEIL-MALMAISON – 92 Hauts-de-Seine – **311** J2 – **101** 14 – **voir à Paris, Environs**

RUILLÉ-FROID-FONDS – 53 Mayenne – **310** F7 – **rattaché à Château-Gontier**

RUMILLY – 74 Haute-Savoie – **328** I5 – **12 781 h. – alt. 334 m** **45** C1
– ✉ 74150 Alpes du Nord

Paris 530 – Aix-les-Bains 21 – Annecy 19 – Bellegarde-sur-Valserine 37

Office de tourisme, 4, place de l'Hôtel de Ville ✆ 04 50 64 58 32, Fax 04 50 01 03 53

X **Boîte à Sel** VISA AE

27 r. Pont-Neuf – ✆ 04 50 01 02 52 – Fax 04 05 01 02 52
– Fermé 1er-15 août, 1er-15 janv., jeudi soir, dim. soir et lundi
Rest – (11 €) Menu 25/32 € – Carte 25/44 €

◆ Modeste restaurant d'une rue commerçante proposant une cuisine traditionnelle façon bistrot. Trompe-l'œil paysager en toile de fond et aimable accueil.

RUNGIS – 94 Val-de-Marne – **312** D3 – **101** 26 – **voir à Paris, Environs**

RUOMS – 07 Ardèche – **331** I7 – **2 189 h. – alt. 121 m** – ✉ 07120 **44** A3
Lyon Drôme Ardèche

Paris 651 – Alès 54 – Aubenas 24 – Pont-St-Esprit 49

Syndicat d'initiative, rue Alphonse Daudet ✆ 0475939190, Fax 04 75 39 78 91

Labeaume★ O : 4 km - Défilé de Ruoms★.

X **Le Savel** avec ch P VISA

rte des Brasseries – ✆ 04 75 39 60 02 – www.ardechehotelsavel.com
– Fax 04 75 39 76 02
14 ch – †54/62 € ††58/62 €, ☕ 8 € – ½ P 53/60 €
Rest – *(dîner seult) (nombre de couverts limité, prévenir)* Menu 19/25 €
– Carte 20/31 €

◆ La passion des bons produits du terroir anime les propriétaires de cette demeure bourgeoise (1890) au cœur d'un parc. Repas dans un cadre rétro et chambres proprettes.

RUPT-SUR-MOSELLE – 88 Vosges – **314** H5 – **3 571 h. – alt. 424 m** **27** C3
– ✉ 88360

Paris 423 – Belfort 58 – Colmar 80 – Épinal 38

Centre AC rest, P VISA AE

30 r. de l'Église – ✆ 03 29 24 34 73
– www.hotelrestaurantducentre.com – Fax 03 29 24 45 26
– Fermé 1er-8 mai, 2-9 juin, 6-13 oct., vacances de Noël, sam. midi, dim. soir et lundi
8 ch – †47/57 € ††58/74 €, ☕ 8 € – ½ P 50/58 €
Rest – (13 €) Menu 25/48 € – Carte 36/79 €

◆ Dans cette ville aux portes du parc régional des ballons des Vosges, maison mosellane proche de l'église abritant des chambres propres et confortables. Carte traditionnelle de saison à déguster dans une salle à manger toute simple où trône une rotissoire décorative.

Relais Benelux-Bâle P VISA AE

69 r. de Lorraine – ✆ 03 29 24 35 40 – www.benelux-bale.com
– Fax 03 29 24 40 47 – Fermé 1 sem. en août, 23 déc.-10 janv. et dim. soir
10 ch – †40/52 € ††40/52 €, ☕ 8 € – ½ P 40/63 €
Rest – (11 €) Menu 19/32 € – Carte 30/50 €

◆ En bordure de route, chalet assez avenant, correctement insonorisé. Chambres sobres, lumineuses et bien équipées. Le restaurant, tenu depuis 1921 par la même famille, propose une cuisine traditionnelle et régionale. Agréable terrasse.

RUSTREL – 84 Vaucluse – **332** F10 – **655 h. – alt. 400 m** – ✉ 84400 **40** B2
Provence

Paris 747 – Aix-en-Provence 66 – Marseille 94 – Salon-de-Provence 70

⌂ **La Forge** sans rest ⌂   🚗 ☕ ⬙ ⌂

Notre-Dame-des-Anges, 2 km par rte d'Apt et rte secondaire – ✆ *04 90 04 92 22
– www.laforge.com.fr – Fax 04 88 10 05 76 – Ouvert 1er avril-5 nov.*
5 ch ⌂ – ✝115 € ✝✝120 €

◆ Aux confins du Colorado provençal, ancienne fonderie partiellement réaménagée en accueillante maison d'hôtes. Grandes chambres personnalisées et jardin fleuri.

LES SABLES-D'OLONNE ⬙ *– 85 Vendée –* **316** F8 *– 15 596 h.*   **34** A3
– alt. 4 m – Casinos : des Pins **CY***, des Atlantes* **AZ** *–* ✉ *85100*
▌ Poitou Vendée Charentes

▶ *Paris 456 – Cholet 107 – Nantes 102 – Niort 115*

🛈 *Office de tourisme, 1, promenade Joffre* ✆ *02 51 96 85 85, Fax 02 51 96 85 71*

▦ *des Olonnes à Olonne-sur-Mer, par rte de la Roche-sur-Yon : 6 km,*
✆ *02 51 33 16 16*

▦ *de Port-Bourgenay à Talmont-Saint-Hilaire, S : 17 km,* ✆ *02 51 23 35 45*

👁 *Le Remblai* ★.

🏨 **Mercure Thalassa** ⌂   ⬙ 🛜 ☖ 🌐 Ⅰ₅ 🎐 ⛱ 🅰 ch, ⅀ rest, ⁿ⁰ 🄰 🅿

au Lac de Tanchet, 2,5 km par la corniche – ✆ *02 51 21 77 77*   🆅🅸🆂🄰 ◉◎ 🄰🄴 ◍
– www.accorthalassa.com – Fax 02 51 21 77 80 – Fermé 3-24 janv.   CY**f**
100 ch – ✝80/200 € ✝✝90/200 €, ⌂ 15 € – ½ P 97/129 €
Rest – (19 €) Menu 24/30 € – Carte 35/65 €

◆ Dans un bâtiment intégré au centre de thalassothérapie, chambres fonctionnelles et contemporaines, décorées aux couleurs du Vendée Globe. Vue sur la pinède ou sur le lac. Restaurant et terrasse panoramiques ; plats traditionnels, diététiques ou allégés.

LES SABLES D'OLONNE

Arago (Bd)		BY 4
Baudry (R. P.)		BY 5
Beauséjour (R.)		BY 7
Briand (Av. A.)		CY 9
Castelnau (Bd de)		BY 12
Château-d'Olonne (Rte de)		CY 13
Dr-Canteleau (R. du)		AY 19
Dr-Schweitzer (R. du)		CY 22
Doumer (Av. P.)		CY 23
Estienne-d'Orves (Rd-Pt H. d')	AY 25
Fricaud (R. D.)		BY 26
Gabaret (Av. A.)		BY 27
Godet (Prom. G.)		BY 29
Ile Vertine (Bd de l')		AY 32
Nouch (Corniche du)		AY 43
Nouettes (R. des)		CY 44
Président-Kennedy (Prom.)		CY 48
Rhin-et-Danube (Av.)		CY 50
St-Nicolas (R.)		AY 55
Sauniers (R. des)		AY 57
Souvenir Français (Bd du)	AY 58

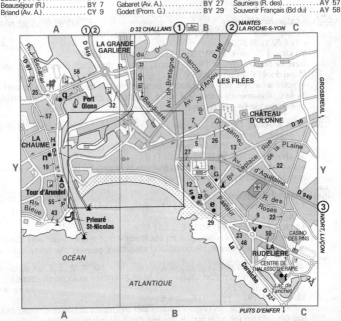

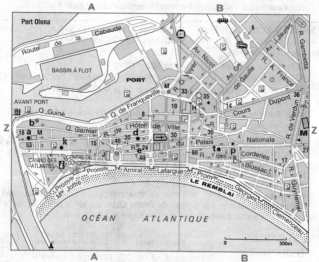

⌂⌂⌂ Atlantic Hôtel ⟨ 🔲 ⧉ 📶 🛁 VISA ⬤⬤ AE

5 prom. Godet – ℰ 02 51 95 37 71 – www.atlantichotel.fr
– Fax 02 51 95 37 30   BY**e**

30 ch – ♦70/160 € ♦♦80/160 €, ⌷ 13 € – ½ P 71/106 €
Rest *Le Sloop* – *(fermé 19 déc.-3 janv., vend. et dim. d'oct. à avril) (dîner seult)*
Menu 35/47 € – Carte 40/65 €
♦ Hôtel des années 1970 aux chambres pratiques très bien tenues ; certaines donnent sur les flots. Salon aménagé autour de la piscine couverte d'un toit vitré amovible. Au restaurant, belle cuisine marine que l'on déguste dans un décor façon cabine de bateau.

⌂⌂ Les Roches Noires *sans rest* ⟨ ⧉ ⧉ 📶 VISA ⬤⬤ AE

12 promenade G. Clemenceau – ℰ 02 51 32 01 71
– www.hotel-lesrochesnoires.com – Fax 02 51 21 61 00   BY**s**
36 ch – ♦65/150 € ♦♦75/150 €, ⌷ 11 €
♦ Au cœur de la baie, chambres claires, pratiques, insonorisées et bien tenues (quelques balcons). La salle des petits-déjeuners offre un joli panorama iodé.

⌂⌂ Arundel *sans rest* ⧉ ⧉ 📶 VISA ⬤⬤ AE

8 bd F. Roosevelt – ℰ 02 51 32 03 77 – www.arundel-hotel.fr
– Fax 02 51 32 86 28   AZ**k**
42 ch – ♦75/135 € ♦♦75/135 €, ⌷ 11 €
♦ Belle situation face au casino pour cet établissement dont le nom évoque celui d'un donjon devenu phare. Chambres fonctionnelles et confortables, pourvues d'un balcon côté mer.

⌂⌂ Admiral's *sans rest* ⧉ ⧉ 📶 🛁 P̄ VISA ⬤⬤ AE ⬤

pl. Jean-David Nau, à Port Olona – ℰ 02 51 21 41 41 – www.admiralhotel.fr
– Fax 02 51 32 71 23   AY**q**
33 ch – ♦67/93 € ♦♦67/93 €, ⌷ 8 €
♦ Construction proche des salines. Chambres bien entretenues, spacieuses et dotées de loggias. Certaines ont vue sur le port de plaisance d'où s'élance le Vendée Globe.

Le Calme des Pins sans rest
🛐 ᝈ ᥫ᭄ 🅿 VISA ◐
43 av. A. Briand – ℰ 02 51 21 03 18 – www.calmedespins.com
– Fax 02 51 21 59 85 – Ouvert 15 mars-15 oct. CYv
45 ch – ♦60/69 € ♦♦65/88 €, � 8,50 € – ½ P 61/75 €
◆ Dans un secteur résidentiel, en retrait du littoral, jolie villa 1900 encadrée par deux imposantes extensions datant de l'après-guerre. Chambres fonctionnelles bien entretenues.

Antoine
᚜ ᝈ ᥫ᭄ VISA ◐
60 r. Napoléon – ℰ 02 51 95 08 36 – www.antoinehotel.com – Fax 02 51 23 92 78
– Ouvert de mi-mars à mi-oct. AZa
20 ch – ♦60/75 € ♦♦60/75 €, � 8 € – ½ P 55/60 €
Rest – (dîner seult) (résidents seult) Menu 23 €
◆ Une ancienne propriété d'armateur (18e s.) située à mi-chemin du port et de la plage. Chambres simples et de bonne ampleur, parfaitement tenues. Atmosphère familiale.

Les Hirondelles sans rest
🛐 ᥫ᭄ ᝈ 🅿 VISA ◐ AE ①
44 r. Corderie – ℰ 02 51 95 10 50 – www.hotelhirondelles.com
– Fax 02 51 32 31 01 – Ouvert 2 avril-10 oct. BZp
31 ch – ♦59/65 € ♦♦64/70 €, � 8,50 €
◆ Hôtel situé au pied d'une longue plage de sable fin. Chambres fonctionnelles et claires, récemment rénovées. Agréable petit patio fleuri ; copieux petit-déjeuner buffet.

Les Embruns sans rest
᚜ ᝈ 🅿 VISA ◐ AE
33 r. Lt Anger – ℰ 02 51 95 25 99 – www.hotel-lesembruns.com
– Fax 02 51 95 84 48 – Ouvert 1er mars-3 nov. AYn
21 ch – ♦51/68 € ♦♦51/68 €, � 8 €
◆ Adresse de qualité dans le quartier pittoresque de la Chaume : belles chambres personnalisées avec goût et bien équipées. Accueil tout sourire et prix raisonnables.

Arc en Ciel sans rest
᚜ ᝈ 🅿 VISA ◐
13 r. Chanzy – ℰ 02 51 96 92 50 – www.arcencielhotel.com – Fax 02 51 96 94 87
– Ouvert 2 avril-26 sept. BZt
37 ch – ♦64/89 € ♦♦64/89 €, � 9 €
◆ À deux pas de la plage, cet hôtel propose des chambres pratiques aux tons pastel et une salle de petit-déjeuner (copieux buffet) au cadre Belle Époque parfaitement préservé.

Maison Richet sans rest
᚜ ᝈ VISA ◐
25 r. de la Patrie – ℰ 02 51 32 04 12 – www.maison-richet.fr – Fax 02 51 23 72 63
– Fermé 1er déc.-31 janv. AZd
17 ch – ♦48/74 € ♦♦58/74 €, � 9 €
◆ Charmante adresse familiale à l'atmosphère de maison d'hôtes. Petites chambres coquettes et reposantes, joli patio et salon douillet avec collections de guides et de globes.

✗✗ Loulou Côte Sauvage
< VISA ◐ AE
19 rte Bleue, à La Chaume AY – ℰ 02 51 21 32 32 – www.louloucotesauvage.com
– Fax 02 51 23 97 86 – Fermé 17 nov.-10 déc., vacances de fév., dim. soir, lundi et merc.
Rest – Menu 23 € (sem.)/64 € – Carte 41/92 €
◆ Ces anciens viviers accrochés au rocher abritent aujourd'hui un restaurant au décor modernisé, largement ouvert sur l'océan et la côte sauvage. Spécialités littorales.

✗✗ Le Clipper
🍴 AK ↔ VISA ◐ AE
19 bis quai Guiné – ℰ 02 51 32 03 61 – www.leclipper85.com
– Fax 02 51 95 21 28 – Fermé 16-29 mars, 20 nov.-17 déc., 17-25 janv.,
15-24 fév., merc. sauf du 15 juin au 15 sept., jeudi midi et mardi AZb
Rest – Menu 18 € (sem.)/36 € – Carte 38/76 €
◆ Parmi les nombreux restaurants du port, cette maison se distingue par son décor marin : parquet acajou et chaises Louis XVI. Plats traditionnels et produits de la mer.

✗✗ La Flambée
ᥫ᭄ AK VISA ◐
81 r. des Halles – ℰ 02 51 96 92 35 – Fax 02 51 96 92 35
– Fermé dim. et lundi AZe
Rest – (20 € bc) Menu 36/45 € – Carte environ 41 €
◆ Dans une rue excentrée du quartier des Halles, restaurant au cadre intime, contemporain et épuré. Menu-carte mettant en valeur les produits de saison. Accueil attentionné.

La Pilotine

7 et 8 promenade Clemenceau – ℰ 02 51 22 25 25 – Fermé dim. soir et mardi sauf juil.-août et lundi

VISA ⓒⓓ

BYa

Rest – *(nombre de couverts limité, prévenir)* Menu 16 € (sem.), 24/47 € – Carte 42/78 €

• Dans ce restaurant en front de mer, cuisine soignée qui privilégie les produits de la pêche. Décor aux tons jaune et saumon ; accueil charmant et prix doux.

à l'anse de Cayola 7 km au Sud-Est par la Corniche – CY – ⊠ 85180 Château-d'Olonne

Cayola

≤ 🍽 ⌁ ⟡ P VISA ⓒⓓ

76 promenade Cayola – ℰ 02 51 22 01 01 – www.le-cayola.com – Fax 02 51 22 08 28 – Fermé janv., dim. soir et lundi sauf fériés

Rest – Menu 39/95 € – Carte 64/110 €

Spéc. Homard aux saveurs de réglisse ou à l'orientale (avril à oct.). Turbot aux picholines du Gard ou aux herbes potagères. Fruits préparés en trois façons. **Vins** Fiefs Vendéens.

• Dans une villa contemporaine sur la côte, cuisine dans l'air du temps à apprécier face aux baies vitrées ouvertes sur la piscine à débordement et embrassant l'Atlantique.

SABLES-D'OR-LES-PINS – 22 Côtes-d'Armor – 309 H3 – ⊠ 22240   **10** C1
Frehel ▌Bretagne

▶ Paris 437 – Dinan 42 – Dol-de-Bretagne 60 – Lamballe 26

▦ des Sables-d'Or à Fréhel Sables d'Or les Pins, S : 1 km, ℰ 02 96 41 42 57

La Voile d'Or - La Lagune (Maximin Hellio)

≤ 🍽 & ch, ⁙ P

allée des Acacias – ℰ 02 96 41 42 49 – www.la-voile-dor.fr – Fax 02 96 41 55 45 – Fermé 21 déc.-15 fév.

VISA ⓒⓓ AE ①

20 ch – †70/180 € ††70/185 €, ⊇ 14 €

Rest – *(fermé mardi midi et lundi)* Menu 39 € (sem.)/98 € – Carte 75/90 €

Spéc. Saint-Jacques au parmesan et tomate (oct. à avril). Homard aux parfums de vadouvan et d'hibiscus. Fraises et meringue à l'angélique (mai à sept.).

• Aux portes de la station, chambres spacieuses décorées dans un plaisant style actuel ; certaines regardent l'aber. Restaurant design, offrant le spectacle de la lagune ou des cuisines. Les recettes s'affirment créatives, privilégiant les produits locaux.

Diane

🍽 🛋 ᐧ & ch, ⁙ 𝕊 P VISA ⓒⓓ AE

allée des Acacias – ℰ 02 96 41 42 07 – www.hoteldiane.fr – Fax 02 96 41 42 67

47 ch – †82/108 € ††82/108 €, ⊇ 11 € – ½ P 78/92 €

Rest – (14 €) Menu 22/59 € – Carte 34/65 €

• Sur l'axe principal de la localité et à deux pas de la mer, grande bâtisse dans le style du pays abritant des chambres fonctionnelles. Plats au goût du jour parfumés aux herbes du jardin, servis dans une salle à manger rustique et sous une véranda.

Le Manoir St-Michel sans rest ⑊

🍽 ⁙ P VISA ⓒⓓ

38 r. de la Carquois, 1,5 km à l'Est par D 34 – ℰ 02 96 41 48 87 – www.hotel-bretagne.de – Fax 02 96 41 41 55 – Ouvert 2 avril-2 nov.

20 ch – †47/118 € ††47/118 €, ⊇ 7 €

• Dominant la plage, beau manoir du 16e s. entouré d'un vaste parc avec plan d'eau (pêche autorisée). Les chambres, spacieuses et douillettes, gardent leur charme d'antan.

SABLÉ-SUR-SARTHE – 72 Sarthe – 310 G7 – 12 602 h. – alt. 29 m   **35** C1
– ⊠ 72300 ▌Châteaux de la Loire

▶ Paris 252 – Angers 64 – La Flèche 27 – Laval 44

🅘 Office de tourisme, place Raphaël-Elizé ℰ 02 43 95 00 60, Fax 02 43 92 60 77

▦ de Sablé Solesmes Domaine de l'Outinière, S : 6 km par D 159, ℰ 02 43 95 28 78

Parfum d'Epices

🍽 & P VISA ⓒⓓ

1 r. Plaisance, rte de Laval – ℰ 02 43 92 94 14 – Fermé 1er-9 mars, 31 août-14 sept. et lundi sauf fériés

Rest – Menu 17 € (sem.)/42 € – Carte 30/40 €

• Le nom évocateur de ce restaurant vous emmène déjà sur des terres lointaines. Cuisine régionale rehaussée d'épices et saveurs créoles dans un décor coloré, sur le thème du jazz.

à Solesmes 3 km au Nord-Est par D 22 – 1 338 h. – alt. 28 m – ⊠ 72300

◉ Statues des "Saints de Solesmes"★★ dans l'église abbatiale★ (chant grégorien) - Pont ⩽★.

Grand Hôtel   *ℒⓈ* 🖻 ⁽⁾ ♨ 🄿 *VISA* ☎ 🄰🄴 ⓪

16 pl. Dom Guéranger – ℰ 02 43 95 45 10
– www.grandhotelsolesmes.com – Fax 02 43 95 22 26
– Fermé 26 déc.-4 janv.
30 ch – †85/106 € ††93/140 €, � 12 € – 2 suites – ½ P 95/107 €
Rest – (fermé sam. midi et dim. soir d'oct. à mars) (20 €) Menu 26/65 €
– Carte 46/80 €
◆ Hôtel confortable, face à l'abbaye St-Pierre où vous pourrez entendre des chants grégoriens. Jolis salons rénovés, chambres spacieuses et gaies, parfois dotées d'un balcon. Au restaurant, salle lumineuse et fraîche pour une cuisine classique modernisée.

SABLET – 84 Vaucluse – **332** D8 – 1 267 h. – alt. 147 m – ⊠ 84110   **40** A2

🖻 Paris 670 – Avignon 41 – Marseille 127 – Montélimar 67
🛈 Syndicat d'initiative, 8, rue du Levant ℰ 04 90 46 82 46,
   Fax 04 90 46 82 46

Les Abeilles avec ch   🕾 🄿 *VISA* ☎ 🄰🄴

4 rte de Vaison – ℰ 04 90 12 38 96 – www.abeilles-sablet.com
– Fax 04 90 12 12 70 – Fermé 1er nov.-27 déc., dim. sauf le midi d' avril à sept. et lundi
5 ch – †38/85 € ††50/120 €, ⊆ 18 €
Rest – (18 €) Menu 30 € (déj. en sem.)/55 € – Carte 49/60 €
◆ Belle salle à manger contemporaine, tout en sobriété, décorée de tableaux réalisés par des artistes locaux. La cuisine, traditionnelle, privilégie les produits frais du marché. Coquettes chambres bien équipées.

SABRES – 40 Landes – **335** G10 – 1 189 h. – alt. 78 m – ⊠ 40630   **3** B2
▌ Aquitaine

🖻 Paris 676 – Arcachon 92 – Bayonne 111 – Bordeaux 94
◉ Écomusée★ de la grande Lande NO : 4 km.

Auberge des Pins ⑤   🔔 🕾 ⅙ ch, ⅜ ch, ⁽⁾ ♨ 🄿 *VISA* ☎ 🄰🄴

r. de la piscine – ℰ 05 58 08 30 00
– www.aubergedespins.fr – Fax 05 58 07 56 74
– Fermé 3 sem. en janv., lundi sauf le soir en juil.-août
et dim. soir sauf juil.-août
25 ch – †60/70 € ††75/150 €, ⊆ 15 € – ½ P 75/110 €
Rest – Menu 19 € (déj. en sem.), 25/68 € – Carte 50/70 €
◆ Grande maison landaise à colombages dans un beau parc arboré. Jolies chambres personnalisées avec du mobilier rustique ; celles de l'annexe sont plus simples. Salon cosy. Boiseries, poutres et cheminée font le cachet du restaurant où l'on sert une cuisine du pays.

SACHÉ – 37 Indre-et-Loire – **317** M5 – rattaché à Azay-le-Rideau

---

SACLAY – 91 Essonne – **312** C3 – **101** 24 – voir à Paris, Environs

---

SAGELAT – 24 Dordogne – **329** H7 – rattaché à Belves

SAIGNON – 84 Vaucluse – **332** F10 – rattaché à Apt

SAILLAGOUSE – 66 Pyrénées-Orientales – **344** D8 – 984 h.   **22** A3
– alt. 1 309 m – ⊠ 66800 ▌Languedoc Roussillon

🖻 Paris 855 – Bourg-Madame 10 – Font-Romeu-Odeillo-Via 12
   – Mont-Louis 12
🛈 Office de tourisme, Mairie ℰ 04 68 04 15 47, Fax 04 68 04 19 58
◉ Gorges du Sègre★ E : 2 km.

Planes (La Vieille Maison Cerdane) 🏨 📶 VISA ⚫ AE ①

6 pl. Cerdagne – ℰ 04 68 04 72 08 – www.planotel.fr – Fax 04 68 04 75 93
– Fermé 10-20 mars et 5 nov.-20 déc.
19 ch – †47/62 € ††57/72 €, ⊆ 7 € – ½ P 55/64 €
Rest – *(fermé dim. soir et lundi hors saison)* Menu 22/48 € – Carte 35/55 €
◆ Cet ex-relais de diligences est une institution. Chambres en grande partie rénovées dans un style actuel. Charmant restaurant rustique (poutres, cheminée) où apprécier une goûteuse cuisine du pays.

Planotel 🏨 ⚶ ← 🖅 🔽 ⅙ **P** VISA ⚫ AE ①
5 r. Torrent – ℰ 04 68 04 72 08 – www.planotel.fr – Fax 04 68 04 75 93
– Ouvert juin-sept. et vacances scolaires
20 ch – †50/64 € ††55/75 €, ⊆ 8 € – ½ P 59/69 €
◆ Bâtisse des années 1980 idéale pour se détendre au calme. Chambres avec balcon, sauna et piscine avec toit coulissant.

à Llo 3 km à l'Est par D 33 – 148 h. – alt. 1 424 m – ⊠ 66800

🔘 Site★.

L'Atalaya ⚶ ← 🖅 ⅃ 📶 **P** VISA ⚫
– ℰ 04 68 04 70 04 – www.atalaya66.com – Fax 04 68 04 01 29
– Ouvert Pâques-15 oct.
13 ch – †85/128 € ††98/130 €, ⊆ 14 € – ½ P 95/115 €
Rest – *(fermé le midi sauf sam. et dim.)* Menu 26/81 € – Carte 58/81 €
◆ Perchée sur la montagne cerdane, jolie auberge restituant le charme raffiné et personnalisé des maisons d'hôtes. Piscine panoramique. Carte classique et du terroir ; cadre romantique (mobilier catalan, piano, jarres de fruits) et magnifique vue jusqu'à l'Espagne.

ST-AARON – 22 Côtes-d'Armor – 309 H3 – rattaché à Lamballe

ST-ADJUTORY – 16 Charente – 324 M5 – 317 h. – alt. 192 m – ⊠ 16310 39 C3
🄳 Paris 472 – Poitiers 134 – Angoulême 33 – Saint-Junien 48

Château du Mesnieux ⚶ 📢 📶 **P**
Le Mesnieux – ℰ 05 45 70 40 18 – www.chateaudumesnieux.com
4 ch ⊆ – †80 € ††90 € **Table d'hôte** – Menu 30 € bc
◆ Ce petit château bénéficie d'un domaine vallonné propice à la promenade, d'un beau salon rustique et de chambres spacieuses très cosy au mobilier ancien chiné. Plats traditionnels servis en table d'hôte dans une salle à manger familiale avec grande cheminée.

ST-AFFRIQUE – 12 Aveyron – 338 J7 – 8 022 h. – alt. 325 m 29 D2
– ⊠ 12400 ▮ Languedoc Roussillon
🄳 Paris 662 – Albi 81 – Castres 92 – Lodève 66
🄸 Office de tourisme, boulevard de Verdun ℰ 05 65 98 12 40, Fax 05 65 98 12 41
🄶 Roquefort-sur-Soulzon : caves de Roquefort★, rocher St-Pierre ≤★.

Le Moderne 📶 VISA ⚫
54 av. Alphonse Pezet – ℰ 05 65 49 20 44 – www.lemoderne.com
– Fax 05 65 49 36 55 – fermé 18-24 oct. et 20 déc.-16 janv.
Rest – (15 €) Menu 20/57 € – Carte 31/69 €
◆ Les amateurs de fromage aimeront cette maison qui propose un plateau d'une douzaine de roqueforts de différentes caves. Salle rustique et colorée, cuisine régionale authentique.

ST-AFFRIQUE-LES-MONTAGNES – 81 Tarn – 338 F9 – 706 h. 29 C2
– alt. 244 m – ⊠ 81290
🄳 Paris 741 – Albi 55 – Carcassonne 53 – Castres 12

Domaine de Rasigous ⚶ 📢 📶 ⅃ & ch, ⚶ 📶 **P** VISA ⚫ ①
2 km au Sud par D 85 – ℰ 05 63 73 30 50 – www.domainederasigous.com
– Fax 05 63 73 30 51 – Ouvert 15 mars-15 nov.
6 ch – †65/95 € ††105/140 €, ⊆ 12 € – 2 suites
Rest – *(fermé merc.) (dîner seult) (résidents seult)* Menu 29 €
◆ La situation isolée, le cadre verdoyant et le nombre limité des chambres font de cette demeure du 19e s. un havre de paix. Peintures et sculptures témoignent de la passion du propriétaire pour l'art.

> ▶ Paris 242 – Autun 53 – Avallon 33 – Clamecy 63

🏠 **La Vieille Auberge** ⌂   ⅋ ch, **P** **VISA** ⓪ **AE** ⓪

⊠ – ℰ 03 86 78 71 36 – www.vieilleauberge.com – Fax 03 86 78 71 57
   – Ouvert 15 fév.-10 nov.
   8 ch – ♦45 € ♦♦47/52 €, ⌷ 8,50 € – ½ P 50/55 €
   Rest – *(fermé lundi et mardi)* Menu 25/44 € – Carte 29/53 €
   ◆ Dans un hameau, près d'un lac, ancien café-épicerie converti en auberge familiale. Les chambres, mignonnes et colorées, possèdent des salles de bains récentes. Restaurant rustique (cheminée en pierres), service aux petits soins et authentique cuisine régionale.

▌ Lyon Drôme Ardèche

> ▶ Paris 582 – Aubenas 68 – Lamastre 21 – Privas 64
> 🛈 Office de tourisme, Grand'Rue ℰ 04 75 30 15 06, Fax 04 75 30 60 93
> ◉ Mont Chiniac ⬚★★.

✕✕ **Domaine de Rilhac** avec ch ⌂   ⬚ ⬚ ⁽ᵖ⁾ **P** **VISA** ⓪ **AE** ⓪
   2 km au Sud-Est par D 120, D 21 et rte secondaire – ℰ 04 75 30 20 20
   – www.domaine-de-rilhac.com – Fax 04 75 30 20 00
   – Fermé 20 déc. à mi-mars, mardi soir, jeudi midi et merc.
   7 ch – ♦95/125 € ♦♦95/125 €, ⌷ 14 € – ½ P 115/121 €
   Rest – (24 €) Menu 39/65 € – Carte 46/70 €
   ◆ Repos assuré dans cette ancienne ferme ardéchoise perdue dans la campagne. Coquettes chambres. Cuisine au goût du jour à savourer face au Gerbier-de-Jonc.

✕ **Faurie** (Philippe Bouissou) avec ch   ⬚ **P** **VISA** ⓪
🍃 *36 av. des Cévennes* – ℰ 04 75 30 11 45 – www.hotelfaurie.fr
   – Ouvert mi-mars à mi-déc.
   3 ch – ♦90/130 € ♦♦90/130 €, ⌷ 25 €
   Rest – *(nombre de couverts limité, prévenir)* Menu 85 €
   Spéc. Le bar, le cèpe et l'oseille (printemps et automne). La langoustine et le cochon. Feuilleté framboise et crème de marron (été). **Vins** Crozes-Hermitage, Saint-Joseph.
   ◆ Une adresse atypique au cadre rétro pimenté de touches décalées. Le chef s'inspire de son potager pour élaborer ses menus quotidiens. Ne manquez pas de réserver !

✕ **Les Cévennes** avec ch   ⬚ rest, **VISA** ⓪
🍃 *10 pl. de la République* – ℰ 04 75 30 10 22 – Fax 04 75 29 83 06
   – Fermé 12-25 nov. et vend.
   6 ch – ♦50 € ♦♦55 €, ⌷ 9,50 € – ½ P 58/68 €
   Rest – (12 €) Menu 14 € (déj. en sem.), 24/36 € – Carte 30/39 €
   ◆ Ambiance conviviale dans cet hôtel-restaurant familial modeste mais bien tenu. Plats du terroir dans la salle "tout bois" ou repas rapides au café. Chambres neuves.

> ▶ Paris 221 – Blois 41 – Châteauroux 65 – Romorantin-Lanthenay 36
> 🛈 Office de tourisme, 60, rue Constant Ragot ℰ 02 54 75 22 85,
>   Fax 02 54 75 50 26
> ◉ Crypte★★ de l'église★ - Zoo Parc de Beauval★ S : 4 km.

🏨 **Les Jardins de Beauval** ⌂   ⬚ ⬚ 🛗 ⅋ 🅐🅚 ⁽ᵖ⁾ 🛊 **P** **VISA** ⓪ **AE**
   (au zoo), parc de Beauval, 4 km par D 675 – ℰ 02 54 75 60 00
   – www.lesjardinsdebeauval.com – Fax 02 54 75 60 01
   – Fermé 3-29 janv.
   92 ch – ♦98/128 € ♦♦98/196 €, ⌷ 12 € – ½ P 101/116 €
   Rest – (30 €) Menu 39/59 € – Carte 47/67 €
   ◆ Complexe neuf constitué de cinq pavillons, dans un jardin paysagé au pied d'un parc animalier. Le décor exotique s'inspire de l'Indonésie. Chambres classiques, suites et club. Restauration sous forme de buffet dans une grande salle à manger ouverte sur une terrasse.

Hostellerie Le Clos du Cher

2 r. Paul Boncour, Nord : 1 km par D 675 ✉ 41140 Noyers sur Cher – ✆ 02 54 75 00 03 – www.closducher.com – Fax 02 54 75 03 79

10 ch – 65/95 € 65 €, ☕ 10 € – ½ P 66/81 €

Rest – *(fermé dim. soir d'oct. à mars)* Menu 14 € (déj. en sem.), 28/38 € – Carte 40/59 €

◆ Dans un parc arboré, cette maison de maître du 19e s. abrite des chambres d'esprit classique et propose des week-ends à thèmes (découverte du vin, St-Valentin...). Ambiance familiale et cuisine traditionnelle au restaurant, baigné dans des tons ensoleillés.

ST-ALBAN-DE-MONTBEL – 73 Savoie – 333 H4 – rattaché à Aiguebelette-le-Lac

ST-ALBAN-LES-EAUX – 42 Loire – 327 C3 – 933 h. – alt. 410 m – ✉ 42370 44 A1

Paris 390 – Lapalisse 45 – Montbrison 56 – Roanne 12

Le Petit Prince

Le bourg – ✆ 04 77 65 87 13 – www.restaurant-lepetitprince.fr – Fax 04 77 65 96 88 – Fermé 16 août-1er sept., dim. soir, lundi et mardi

Rest – (20 €) Menu 27/54 €

◆ Ce charmant restaurant fut fondé en 1805 par les arrière-grands-tantes du patron actuel ! On y accède par une terrasse ombragée de tilleuls. Cuisine inventive soignée.

ST-ALBAN-LEYSSE – 73 Savoie – 333 I4 – rattaché à Chambéry

ST-ALBAN-SUR-LIMAGNOLE – 48 Lozère – 330 I6 – 1 519 h. – alt. 950 m – ✉ 48120 23 C1

Paris 552 – Espalion 72 – Mende 40 – Le Puy-en-Velay 75

Syndicat d'initiative, Rue de l'hôpital ✆ 04 66 31 57 01, Fax 04 66 31 58 70

Relais St-Roch

chemin du Carreirou – ✆ 04 66 31 55 48 – www.relais-saint-roch.fr – Fax 04 66 31 53 26 – Ouvert 15 avril-1er nov.

9 ch – 128/228 € 128/228 €, ☕ 15 € – ½ P 128/178 €

Rest *La Petite Maison* – voir ci-après

◆ Cette gentilhommière du 19e s. en granit rose vous accueille dans de coquettes chambres personnalisées et bien équipées. Confortable salon ; belle piscine chauffée au jardin.

La Petite Maison – Hôtel St-Roch

av. de Mende – ✆ 04 66 31 56 00 – www.la-petite-maison.fr – Fax 04 66 31 53 26 – Ouvert 15 avril-1er nov. et fermé lundi sauf le soir en juil.-août, mardi midi et merc. midi

Rest – (22 €) Menu 28/74 € – Carte 50/120 €

◆ Table régionale à l'ambiance chaleureuse et romantique. Spécialités de viande de bison et de friture de truitelles ; superbe choix de whiskys et de vins du Languedoc-Roussillon.

ST-AMAND-MONTROND – 18 Cher – 323 L6 – 11 642 h. – alt. 160 m – ✉ 18200 Limousin Berry 12 C3

Paris 282 – Bourges 52 – Châteauroux 65 – Montluçon 56

Office de tourisme, place de la République ✆ 02 48 96 16 86, Fax 02 48 96 46 64

Abbaye de Noirlac★★ 4 km par ⑥.

Château de Meillant★★ 8 km par ①.

Mercure L'Amandois ch, rest,

7 r. H. Barbusse, (face pl. de la République) – ✆ 02 48 63 72 00 – www.mercure.com – Fax 02 48 96 77 11

43 ch – 49/65 € 59/75 €, ☕ 10 € **Rest** – Menu 18/25 € – Carte 20/46 €

◆ Relais de chaîne à l'esprit familial, disposant de seize chambres récentes, modernes et fort bien équipées ; les autres, dans l'ancien bâtiment, ont bénéficié d'une rénovation. Salle à manger actuelle. À table, prestations Mercure habituelles, sans prétention.

à Noirlac 4 km au Nord-Ouest par D 2144 (rte de Bourges) et D 35 – ⊠ 18200
Bruere Allichamps

✗
(ⓐ)
Auberge de l'Abbaye de Noirlac   �(ⓐ) AC VISA ⓌⓄ
– ⌀ 02 48 96 22 58 – www.aubergeabbayenoirlac.free.fr – Fax 02 48 96 86 63
– Ouvert 20 fév.-30 nov. et fermé mardi soir et merc. sauf juil.-août.
Rest – Menu 21 € (sem.), 26/34 € – Carte 40/60 €
♦ Petite auberge sise dans une chapelle des voyageurs du 12ᵉ s. Salle à manger avec poutres et tomettes ; terrasse tournée vers l'abbaye cistercienne. Cuisine du terroir.

à Bruère-Allichamps 8,5 km au Nord-Ouest par rte de Bourges (D 2144)
– 576 h. – alt. 170 m – ⊠ 18200

🏠
(ⓐ)
Les Tilleuls   🚕 ⅏ P VISA ⓌⓄ
rte de Noirlac – ⌀ 02 48 61 02 75 – www.hotel-restaurant-tilleuls.com
– Fax 02 48 61 08 41 – Fermé 14-29 nov., 22-29 déc., dim. de mi-sept. à mi-juin et
lundi
11 ch – †56/58 € ††56/58 €, ⊆ 9 € – ½ P 57/59 €
Rest – (18 € bc) Menu 25/90 € bc – Carte 45/64 €
♦ Sur la route touristique longeant le Cher, bâtisse située au calme, face à la campagne.
Chambres petites et sobres, mais bien entretenues. En vous attablant aux Tilleuls, vous vous
offrirez une halte gourmande à un prix très digeste. Terrasse dans le jardin.

ST-AMARIN – 68 Haut-Rhin – **315** G9 – **2 486 h.** – alt. 410 m – ⊠ 68550   **1** A3
  🄳 Paris 461 – Belfort 52 – Colmar 53 – Épinal 76
  🄸 Office de tourisme, 81, rue Charles-de-Gaulle ⌀ 03 89 82 13 90,
     Fax 03 89 82 76 44

🏠
🕮
Auberge du Mehrbächel ⅏   ≼ AC rest, ⅏ ⁽¹⁾ ⅏ P VISA ⓌⓄ AE
4 km à l'Est par rte du Mehrbächel – ⌀ 03 89 82 60 68
– www.auberge-mehrbachel.com – Fax 03 89 82 66 05 – Fermé 28 oct.-9 nov.
23 ch – †50 € ††60/85 €, ⊆ 10 € – ½ P 56/61 €
Rest – (fermé lundi soir, jeudi soir et vend.) (11 €) Menu 18/38 € – Carte 18/46 €
♦ Ambiance "refuge" et confort actuel pour cette ancienne ferme tenue par la même famille
depuis 1886 et bénéficiant d'une situation privilégiée sur le passage d'un GR. Le restaurant
propose quelques spécialités alsaciennes à partager avec les randonneurs.

ST-AMBROIX – 30 Gard – **339** K3 – **3 559 h.** – alt. 142 m – ⊠ 30500   **23** C1
  🄳 Paris 686 – Alès 20 – Aubenas 56 – Mende 111
  🄸 Office de tourisme, place de l'Ancien Temple ⌀ 04 66 24 33 36,
     Fax 04 66 24 05 83

à St-Victor-de-Malcap 2 km au Sud-Est par D 51 – 629 h. – alt. 140 m – ⊠ 30500

✗✗
La Bastide des Senteurs avec ch ⅏   🚕 ⅏ & ch, AC ch, ⁽¹⁾ P
5 r. de la Traverse – ⌀ 04 66 60 24 45   VISA ⓌⓄ AE ⓪
– www.bastide-senteurs.com – Fax 04 66 60 26 10 – Ouvert 1ᵉʳ mars-30 oct.
14 ch – †68/75 € ††68/75 €, ⊆ 10 € – ½ P 86/96 €
Rest – (fermé sam. midi) (18 € bc) Menu 33/75 € – Carte 55/65 € ⅌
♦ Magnanerie au cadre méridional et sa terrasse dégagée, où l'on propose une cuisine dans
l'air du temps. Le vin est à l'honneur : boutique et cave (dégustations). Cinq chambres aux
noms de cépages, confortables et personnalisées. Piscine.

à Larnac 3,5 km au Sud-Ouest par rte d'Alès – ⊠ 30960 Les Mages

🏠🄷
Le Clos des Arts sans rest ⅏   ⅏ & AC ⁽¹⁾ ⅏ P VISA ⓌⓄ AE ⓪
Domaine Villaret – ⌀ 04 66 25 40 91 – www.closdesarts.com – Fax 04 66 25 40 92
13 ch – †54/59 € ††54/59 €, ⊆ 8 €
♦ Cette ancienne filature du 17ᵉ s. accueille des chambres spacieuses, neuves et sobres, une
mignonne salle de petit-déjeuner voûtée et une galerie d'art (sculptures).

ST-AMOUR-BELLEVUE – 71 Saône-et-Loire – **320** I12 – **524 h.**   **8** C3
– alt. 306 m – ⊠ 71570
  🄳 Paris 402 – Bourg-en-Bresse 48 – Lyon 63 – Mâcon 13

🏠 Auberge du Paradis 🛜 ⚎ 🄰🄲 ch, ⊪ 🆅🅸🆂🅰 ⓒⓔ 🄰🄴

Le Plâtre Durand – 𝒞 *03 85 37 10 26 – www.aubergeduparadis.fr – Fermé janv.*
8 ch – †105 € ††130/210 €, � 18 €
Rest – *(fermé dim., lundi et mardi) (dîner seult)* Menu 50 €

◆ Un paradis bien sympathique : chambres originales et contemporaines, décorées avec goût et caractère. Couloir de nage, salon de lecture et excellent petit-déjeuner. Cuisine inspi-rée des quatre coins du monde (menu unique), servie dans un cadre romantique.

🍴🍴 Chez Jean Pierre 🛜 🆅🅸🆂🅰 ⓒⓔ 🄰🄴 ⓞ

Le Plâtre Durand – 𝒞 *03 85 37 41 26 – www.restaurant-jeanpierre.fr*
– Fax 03 85 37 18 40 – Fermé 22 déc.-11 janv., dim. soir, merc. et jeudi
Rest – Menu 20/48 € – Carte 44/60 €

◆ Salle champêtre (cheminée en faïence bleue, gros billot de boucher) et terrasse fleurie, où profiter de plats traditionnels accompagnés de vins du cru.

ST-ANDRÉ-DE-ROQUELONGUE – 11 Aude – **344** I4 – 1 003 h.   22 B3
– alt. 72 m – ✉ 11200

▶ Paris 821 – Béziers 53 – Montpellier 112 – Perpignan 71

⌂ Demeure de Roquelongue 🌿 🛏 🛜 ⊪ 🅿 🆅🅸🆂🅰 ⓒⓔ

53 av. de Narbonne – 𝒞 *04 68 45 63 57 – www.demeure-de-roquelongue.com*
– Ouvert 1er mars-30 nov.
5 ch – †95/135 € ††95/135 €   **Table d'hôte –** Menu 25 €

◆ Cette belle maison de vignerons (1885) possède un ravissant patio verdoyant. Chambres décorées avec un goût sûr, mobilier chiné, salles de bains à l'ancienne et salon cosy.

ST-ANDRÉ-LEZ-LILLE – 59 Nord – **302** G4 – rattaché à Lille

ST-ANDRÉ-LES-VERGERS – 10 Aube – **313** E4 – rattaché à Troyes

ST-ANTHÈME – 63 Puy-de-Dôme – **326** K9 – 773 h. – alt. 950 m – ✉ 63660   6 C2
▶ Paris 461 – Ambert 23 – Clermont-Ferrand 100 – Feurs 50
🅸 Office de tourisme, place de l'Aubépin 𝒞 04 73 95 47 06, Fax 04 73 95 41 06

à Raffiny 5 km au Sud par D 261 – ✉ 63660 St-Romain

🏠 Au Pont de Raffiny ⚎ 🛁 🕍 🅿 🆅🅸🆂🅰 ⓒⓔ

🕸 *–* 𝒞 *04 73 95 49 10 – www.hotel-pont-raffiny.com – Fax 04 73 95 80 21*
– Fermé 1er janv.-16 mars, dim. soir et lundi sauf juil.-août
11 ch – †36/40 € ††47/53 €, ⊇ 8 € – ½ P 49/54 €
Rest – (12 €) Menu 17 € (sem.)/36 € – Carte 24/44 €

◆ Dans la traversée du hameau, auberge campagnarde en pierre hébergeant de douillet-tes chambres lambrissées. À 50 m, deux chalets avec jardinets privatifs. Piscine et espace forme. Spacieux restaurant rustique (poutres, cheminée, fontaine...), recettes régionales.

ST-ANTOINE-L'ABBAYE – 38 Isère – **333** E6 – 959 h. – alt. 339 m   43 E2
– ✉ 38160 ▮ Lyon Drôme Ardèche

▶ Paris 553 – Grenoble 66 – Romans-sur-Isère 26 – St-Marcellin 12
🅸 Office de tourisme, place Ferdinand Gilibert 𝒞 04 76 36 44 46,
    Fax 04 76 36 40 49
◉ Abbatiale ★.

🍴🍴 Auberge de l'Abbaye 🛜 🄰🄲 🆅🅸🆂🅰 ⓒⓔ 🄰🄴 ⓞ

Mail de l'Abbaye – 𝒞 *04 76 36 42 83 – www.auberge-abbaye.com*
– Fax 04 76 36 46 13 – Fermé 5 janv.-5 fév., lundi et mardi sauf le midi du 1er juil.
au 19 sept. et dim. soir
Rest – (20 €) Menu 23/56 € – Carte 40/60 €

◆ Jolie maison (14e s.) au cœur du village médiéval. Chaleureux intérieur de style Louis XIII et terrasse donnant sur l'abbatiale. Cuisine utilisant les produits du terroir.

ST-ARCONS-D'ALLIER – 43 Haute-Loire – **331** D3 – 180 h.   6 C3
– alt. 560 m – ✉ 43300

▶ Paris 515 – Brioude 37 – Mende 87 – Le Puy-en-Velay 34

Les Deux Abbesses ᝰ ⇐ ♨ ☒ ᵫ ch, ⅋ **P** **VISA** ⱺ ﾑ
– ℰ 04 71 74 03 08 – www.lesdeuxabbesses.com – Fax 04 71 74 05 30
– *Ouvert 7 mai-3 oct.*
6 ch (½ P seult) – 6 suites – ½ P 240/340 €
Rest – *(Fermé lundi et mardi sauf juil. et aout) (dîner seult) (nombre de couverts limité, prévenir)* Menu 70 €
• Chambres personnalisées réparties dans plusieurs maisons d'un magnifique village médiéval perché. Ambiance romantique, jardin soigné, salle de massage, piscine-belvédère. Menu du marché servi le soir au château. Mets classiques revisités ou teintés d'exotisme.

ST-AUBIN – 22 Côtes-d'Armor – **309** H3 – **rattaché à Erquy**

ST-AUBIN-DE-LANQUAIS – 24 Dordogne – **329** E7 – 264 h.   **4** C1
– alt. 110 m – ⊠ 24560

▶ Paris 548 – Bergerac 13 – Bordeaux 101 – Périgueux 56

L'Agrybella sans rest ᝰ ⇦ ☒ ⅋ **P**
pl. de l'Église – ℰ 05 53 58 10 76 – www.agrybella.fr.st – *Fermé janv. et fév.*
5 ch ⊡ – †85/90 € ††85/90 €
• Accolée à l'église, cette demeure du 18ᵉ s. abrite d'originales chambres à thème baptisées Coloniale, Rétro, Marine, Périgourdine et Surprise (suite dédiée au cirque). Une pleine réussite.

ST-AUBIN-DE-MÉDOC – 33 Gironde – **335** G5 – 5 550 h. – alt. 29 m   **3** B1
– ⊠ 33160

▶ Paris 592 – Angoulême 132 – Bayonne 193 – Bordeaux 19

Le Pavillon de St-Aubin-Thierry Arbeau avec ch ᝰ ᝰ ⅋ ⁽ᵖ⁾
le Hiou, rte de Picot – ℰ 05 56 95 98 68   **P** **VISA** ⱺ
– www.thierry-arbeau.com – Fax 05 56 95 96 65
12 ch – †70/85 € ††75/85 €, ⊡ 10 €
Rest – *(fermé 16-30 août, 2-7 janv.)* (24 €) Menu 32/59 € ⅋
• Cuisine au goût du jour, alliée à une très belle sélection de Bordeaux. Le cadre est plaisant : tons ensoleillés, cheminée et tables bien dressées. Les chambres de ce bâtiment moderne qui évoque une demeure coloniale sont fonctionnelles et bien tenues.

ST-AVÉ – 56 Morbihan – **308** O8 – **rattaché à Vannes**

ST-AVIT-DE-TARDES – 23 Creuse – **325** K5 – 194 h. – alt. 560 m   **25** C2
– ⊠ 23200

▶ Paris 415 – Limoges 151 – Guéret 55 – Ussel 67

Le Moulin de Teiteix ᝰ ⇦ ᝰ **P**
– ℰ 05 55 67 34 18 – perso.wanadoo.fr/moulin-de-teiteix
5 ch ⊡ – †55 € ††75 € **Table d'hôte** – Menu 25 € bc
• Au grand calme au pied d'une petite rivière poissonneuse, ce moulin du 19ᵉ s. vous accueille dans un cadre rustique. Chambres spacieuses, toutes décorées différemment. La table d'hôte propose une cuisine traditionnelle élaborée à base de produits de la région.

ST-AVOLD – 57 Moselle – **307** L4 – 16 915 h. – alt. 260 m – ⊠ 57500   **27** C1
 Alsace Lorraine

▶ Paris 372 – Metz 46 – Saarbrücken 33 – Sarreguemines 29

🛈 Office de tourisme, 28, rue des Américains ℰ 03 87 91 30 19,
Fax 03 87 92 98 02

🖼 de Faulquemont à Faulquemont Avenue Jean Monnet, SO : 16 km par
D 20, ℰ 03 87 81 30 52

◉ Groupe sculpté★ dans l'église St-Nabor.

◎ Mine-image★ de Freyming-Merlebach NE : 10 km.

au Nord 2,5 km sur D 633 (près échangeur A 4) – ⊠ 57500 St-Avold

Novotel ᝰ ᝰ ☒ ᵫ ch, ⅋ ⁽ᵖ⁾ ᵫ **P** **VISA** ⱺ ﾑ ⓪
RN 33 – ℰ 03 87 92 25 93 – www.novotel.com – Fax 03 87 92 02 47
61 ch – †59/129 € ††59/129 €, ⊡ 14 € **Rest** – (12 €) Carte 17/41 €
• Grandes chambres à choisir de préférence face à la piscine, dans cet hôtel de chaîne établi à l'orée de la forêt. Côté restaurant, l'étape est sans surprise. Terrasse d'été face aux arbres.

ST-AY – 45 Loiret – **318** H4 – 2 986 h. – alt. 100 m – ⊠ 45130   **12** C2

> ▶ Paris 140 – Orléans 13 – Blois 48 – Châteaudun 52
>
> 🖪 Syndicat d'initiative, Mairie ✆ 02 38 88 44 44, Fax 02 38 88 82 14

✗✗   **La Grande Tour**   🏠 ♿ ✿ **P** 𝘝𝘐𝘚𝘈 ◍ 𝘈𝘌

21 rte Nationale – ✆ 02 38 88 83 70 – www.lagrandetour.com
– Fax 02 38 80 68 05 – Fermé 10-25 août, merc. soir, dim. soir et lundi
Rest – (17 €) Menu 25/66 € – Carte 53/73 €

♦ "La Pompadour" séjourna dans cet ex-relais de poste au cachet jalousement préservé. Terrasse ouverte sur le jardin et sa fontaine. Cuisine revue dans un style plus traditionnel.

ST-AYGULF – 83 Var – **340** P5 – ⊠ 83370 ▯ Côte d'Azur   **41** C3

> ▶ Paris 872 – Brignoles 69 – Draguignan 35 – Fréjus 6
>
> 🖪 Office de tourisme, place de la Poste ✆ 04 94 81 22 09, Fax 04 94 81 23 04

🏠   **Cap Riviera** sans rest   ≤ 𝘈𝘒 ᵀᵛ **P** 𝘝𝘐𝘚𝘈 ◍ 𝘈𝘌

21 r. de Clavier, (Plage du Grand Boucharel) – ✆ 04 94 81 21 42
– www.frejus-hotel.com – Fax 04 94 81 72 39 – Ouvert 13 mars-17 oct.
18 ch – ⵜ52/135 € ⵜⵜ52/135 €, � 8 €

♦ Cet hôtel familial, en bordure de la côte, fait face à la mer. Les chambres, récentes et de style actuel, sont plus calmes côté patio. Petite restauration en saison.

ST-BARD – 23 Creuse – **325** L5 – 104 h. – alt. 640 m – ⊠ 23260   **25** D2

> ▶ Paris 423 – Limoges 158 – Guéret 63 – Ussel 54

⤊   **Château de Chazelpaud** ⌚   🎵 🔲 𝑓ₐ ᵀᵛ **P**

D 941 – ✆ 05 55 67 33 03 – http://membres.lycos.fr/chazelpaud/
– Fax 05 55 67 30 25 – Ouvert de mai à sept.
4 ch ⵒ – ⵜ75/85 € ⵜⵜ95/115 €   **Table d'hôte** – Menu 25 €

♦ Mosaïque à l'italienne, hauteurs sous plafond hors normes, grandes chambres personnalisées (fresques dans les salles de bains) : une "folie" néo-Renaissance de toute beauté. Salle à manger lambrissée, ornée d'une magnifique cheminée sculptée.

ST-BAZILE-DE-MEYSSAC – 19 Corrèze – **329** L5 – 156 h.   **25** C3
– alt. 230 m – ⊠ 19500

> ▶ Paris 514 – Limoges 125 – Tulle 37 – Brive-la-Gaillarde 28

⤊   **Le Manoir de la Brunie** sans rest ⌚   ≤ 🚗 ᵀᵛ **P**

La Brunie – ✆ 05 55 84 23 07 – www.manoirlabrunie.com – Fax 05 55 84 23 07
3 ch ⵒ – ⵜ90/110 € ⵜⵜ90/110 €

♦ Manoir du 18ᵉ s. au cœur d'un jardin propice à la détente. Salon avec cantou et salle des petits-déjeuners agrémentés d'un beau mobilier de style. Chambres dans le même esprit.

ST-BEAUZEIL – 82 Tarn-et-Garonne – **337** B5 – 122 h. – alt. 181 m   **28** B1
– ⊠ 82150

> ▶ Paris 631 – Agen 32 – Cahors 55 – Montauban 64

🏠   **Château de l'Hoste** ⌚   🎵 🏠 ♻ & ch, % ch, 🏊 **P** 𝘝𝘐𝘚𝘈 ◍ 𝘈𝘌

rte d'Agen, (D 656) – ✆ 05 63 95 25 61 – www.chateaudelhoste.com
– Fax 05 63 95 25 50
26 ch – ⵜ75/150 € ⵜⵜ75/150 €, ⵒ 12 € – ½ P 85/124 €
Rest – (fermé le midi sauf dim. hors saison) Menu 25/57 € – Carte 37/57 €

♦ Jolie gentilhommière du 17ᵉ s. au cœur d'un parc boisé perdu dans la campagne quercynoise. Chambres plaisantes et confortables. La salle à manger mêle ambiances champêtre et aristocratique ; terrasse dressée dans le parc.

ST-BÉNIGNE – 01 Ain – **328** C2 – rattaché à Pont-de-Vaux

ST-BENOIT – 86 Vienne – **322** I5 – rattaché à Poitiers

ST-BENOÎT-SUR-LOIRE – 45 Loiret – **318** K5 – 1 972 h. – alt. 126 m   **12** C2
– ⊠ 45730 ▯ Châteaux de la Loire

> ▶ Paris 166 – Bourges 92 – Châteauneuf-sur-Loire 10 – Gien 32
>
> 🖪 Office de tourisme, 44, rue Orléanaise ✆ 02 38 35 79 00, Fax 02 38 35 10 45
>
> ◉ Basilique★★.
>
> 🄶 Germigny-des-Prés : mosaïque★★ de l'église★ NO : 6 km.

XX **Grand St-Benoît**   🛋 🔥 AC VISA ⚫ AE

7 pl. St-André – ℰ 02 38 35 11 92 – www.hoteldulabrador.fr – Fax 02 38 35 13 79
– Fermé 16 août-2 sept., 18 déc.-4 janv., sam. midi, dim. soir et lundi
Rest – (nombre de couverts limité, prévenir) (16 €) Menu 27/52 €
– Carte 57/67 €

♦ Poutres apparentes et meubles actuels en salle et terrasse dressée sur une place piétonne
du village où repose le poète Max Jacob. Cuisine au goût du jour soignée.

ST-BERNARD – 01 Ain – 328 B5 – 1 358 h. – alt. 250 m – ⊠ 01600   **43** E1

🔼 Paris 443 – Lyon 29 – Bourg-en-Bresse 57 – Villeurbanne 37

⌂ **Le Clos du Chêne** 🌿   🚗 🏊 🕏 🔥 ⅄ AC ¶ 🕸 P VISA ⚫ AE

370 chemin du Carré – ℰ 04 74 00 45 39 – www.leclosduchene.com
– Fax 04 74 08 03 51 – Fermé 1er fév.-15 mars
5 ch ⊆ – †118/139 € ††124/145 € – ½ P 86/97 €
Table d'hôte – (fermé sam. et mardi) Menu 31 € bc

♦ En bordure de la Saône, superbes chambres romantiques et cosy dans une vaste propriété, alliant esprit de maison de famille, équipements modernes et thématique équestre.

ST-BÔMER-LES-FORGES – 61 Orne – 310 F3 – 977 h. – alt. 250 m   **32** B3
– ⊠ 61700

🔼 Paris 261 – Caen 88 – Alençon 73 – Flers 16

⌂ **Château de la Maigraire** sans rest 🌿   ⬨ P

2 km à l'Est par D 260 – ℰ 02 33 38 09 52
– chateaudelamaigraire.monsite.orange.fr – Fax 02 33 38 09 52
3 ch ⊆ – †90 € ††100 €

♦ Les propriétaires de ce château normand (1860) vous ouvrent leurs salons et leurs chambres au décor ancien soigné ("Marie-Antoinette", "L'oiseau bleu" et "L'échauguette").

ST-BONNET-EN-CHAMPSAUR – 05 Hautes-Alpes – 334 E4   **41** C1
– 1 645 h. – alt. 1 025 m – ⊠ 05500 ▐ Alpes du Sud

🔼 Paris 652 – Gap 16 – Grenoble 90 – La Mure 50
🇮 Office de tourisme, place Grenette ℰ 04 92 50 02 57, Fax 04 92 50 02 57

🏠 **La Crémaillère** 🌿   ≤ 🚗 🛋 🕏 ¶ P 🐾 VISA ⚫

4 rte de la Motte – ℰ 04 92 50 00 60 – www.cremaillere.eu – Fax 04 92 50 01 57
23 ch – †52/63 € ††52/63 €, ⊆ 8 € – ½ P 53/58 €
Rest – (13 €) Menu 20 € – Carte 16/42 €

♦ À l'orée du Parc national des Écrins, grand chalet entouré d'un jardin. Chambres en majorité orientées au sud, face au massif du Champsaur et au pic de l'Aiguille. Repas axé terroir
dans une salle claire et ample ou en terrasse.

ST-BONNET-LE-CHÂTEAU – 42 Loire – 327 D7 – 1 492 h.   **44** A2
– alt. 870 m – ⊠ 42380 ▐ Lyon Drôme Ardèche

🔼 Paris 484 – Ambert 48 – Montbrison 31 – Le Puy-en-Velay 66
🇮 Syndicat d'initiative, 7, place de la République ℰ 04 77 50 52 48,
Fax 04 77 50 13 46
◉ Chevet de la collégiale ≤★ - Chemin des Murailles★.

🏠 **Le Béfranc** 🌿   🛋 ¶ P VISA ⚫

7 rte d'Augel – ℰ 04 77 50 54 54 – www.hotel-lebefranc.com
– Fermé 2-8 nov., 7 fév.-7 mars, dim. soir et lundi sauf juil.-août
17 ch – †43 € ††50 €, ⊆ 7 € – ½ P 48 €
Rest – (12 € bc) Menu 18/37 € – Carte 20/35 €

♦ Aux portes d'une localité surnommée "la perle du Forez", hébergement des plus "honnêtes", mettant à profit les anciens locaux de la gendarmerie ! Chambres proprettes. À l'heure
de passer à table, choix de préparations traditionnelles.

XX **La Calèche**   🕏 VISA ⚫

2 pl. Cdt Marey – ℰ 04 77 50 15 58 – www.restaurantlacaleche.fr
– Fax 04 77 50 15 58 – Fermé 9-17 mai, 23-31 août, 2-16 janv., dim. soir, lundi
soir, mardi soir et merc.
Rest – Menu 22 € (sem.)/55 € – Carte 40/60 €

♦ Le restaurant, aménagé dans une maison classée (17e s.) dispose de trois salles à manger
joliment colorées. Le chef y concocte une cuisine dans l'air du temps personnalisée.

▶ Paris 555 – Annonay 27 – Le Puy-en-Velay 58 – St-Étienne 51

🛈 Office de tourisme, place de la Mairie ℰ 04 71 65 64 41, Fax 04 71 65 64 41

Le Clos des Cimes   🖨 �&ᴋ AC ⁙ ⁙ P VISA ⚭ AE ①

le village – ℰ 04 71 59 93 72 – www.regismarcon.fr – Fax 04 71 59 93 40 – Fermé
23 déc.-13 fév., lundi de nov. à juin et mardi
12 ch – ⋔160/240 € ⋔⋔160/240 €, � 22 €
Rest *Bistrot la Coulemelle* – ℰ 04 71 65 63 62 – (21 €) Menu 27/40 €

♦ Le Clos abrite des chambres personnalisées et confortables, tournées vers la vallée. De
goûteux plats du terroir vous attendent dans le décor rustique et soigné du Bistrot la Coulemelle, annexe du restaurant Régis et Jacques Marcon.

Le Fort du Pré   🖨 🏞 ▦ ᴌ&ᴋ ch, P VISA ⚭ AE

rte du Puy – ℰ 04 71 59 91 83 – www.le-fort-du-pre.fr – Fax 04 71 59 91 84
– Fermé 29 août-2 sept., 5 déc.-3 mars, dim. soir et lundi sauf juil.-août
34 ch – ⋔55/80 € ⋔⋔75/110 €, � 10 € – ½ P 69/75 €
Rest – (18 €) Menu 25/65 € – Carte 45/60 €

♦ Imposante maison de maître en pierre, aux chambres simples et fonctionnelles. Nombreuses activités de loisirs (piscine couverte, fitness...), création d'une école de cuisine. Salle à
manger-véranda ouverte sur la nature ; table de qualité valorisant le terroir.

🕱🕱🕱 Régis et Jacques Marcon *avec ch* ⌂   ⇐ 🍸 & AC ⁙ ⌂ soir, 🖨

😃😃😃 *Larsiallas, sur les hauteurs du village* – ℰ 04 71 59 93 72   VISA ⚭ AE ①
– www.regismarcon.fr – Fax 04 71 59 93 40 – Ouvert 2 avril-19 déc. et fermé
lundi soir de nov. à juin, mardi et merc.
10 ch – ⋔350/500 € ⋔⋔350/500 €, � 25 €
Rest – *(prévenir)* Menu 110/175 € – Carte 160/210 €🍷

Spéc. Brochette margaridou aux ris de veau, morilles et jambon. Cassoulet de
homard aux lentilles vertes du Puy. Le tout chocolat "Saint Domingue". **Vins**
Saint-Joseph, Vin de pays des Coteaux de l'Ardèche.

♦ Le restaurant, associant merveilleusement la pierre, le bois et le verre, a vue sur les massifs
alentour, écrin idéal d'une cuisine envoûtante inspirée par les produits de la terre auvergnate
(champignons). Élégantes chambres ouvertes sur la nature.

🕱🕱 André Chatelard   🖨 AC VISA ⚭

pl. aux Champignons – ℰ 04 71 59 96 09 – www.restaurant-chatelard.com
– Fax 04 71 59 98 75 – Fermé 3 janv.-3 mars, dim. soir, lundi et mardi
Rest – (15 €) Menu 20 € (sem.), 30/72 € – Carte 27/66 €

♦ Solide maison de pays estimée pour sa cuisine régionale goûteuse et soignée. Salles néo-
rustiques, salon-cheminée et jardinet avec terrasse. Tentant chariot de desserts.

au Nord-Ouest 6 km par D 44

⌂ La Maison d'en Haut *sans rest* ⌂   🖨 ⁙ ⁙ P

Malatray – ℰ 04 71 61 96 20 – www.maison-den-haut.com
3 ch � – ⋔75/85 € ⋔⋔75/85 €

♦ Dans un petit hameau au grand calme, ancienne ferme en pierres de taille du 18ᵉ s. abritant des chambres chaleureuses avec leur mobilier de style. Ambiance familiale.

▶ Paris 313 – Clermont-Ferrand 137 – Moulins 60 – Montluçon 44

à Tronçais 2 km au Sud-Est par D 250 – ⊠ 03360

Le Tronçais ⌂   🔊 ⁙ rest, ⁙ 🎿 P VISA ⚭ AE

12 av. Nicolas-Rambourg, par D 978 – ℰ 04 70 06 11 95 – www.letroncais.com
– Fax 04 70 06 16 15 – Ouvert 15 mars-15 nov. et fermé dim. soir, mardi midi et
lundi en mars-avril et oct.-nov.
12 ch – ⋔48/73 € ⋔⋔55/83 €, � 8 € – ½ P 53 €
Rest – Menu 24/37 € – Carte 27/53 €

♦ Un parc, un étang et la magnifique forêt de Tronçais à proximité. Cette demeure et son
annexe possèdent des chambres d'ampleur variée, au grand calme. Côté restaurant, on s'installe dans une grande salle à manger pimpante pour déguster des plats traditionnels.

ST-BRANCHS – 37 Indre-et-Loire – 317 N5 – 2 324 h. – alt. 97 m
– ⊠ 37320

11 B2

> ▶ Paris 259 – Orléans 135 – Tours 24 – Joué-lès-Tours 19

X **Le Diable des Plaisirs**　　　　　　　　　🏠 VISA ☎ ①
2 av. des Marronniers – ℰ *02 47 26 33 44*
– www.restaurant-lediabledesplaisirs.com – Fermé dim. soir et merc.
Rest – (15 €) Menu 20/38 € – Carte 36/48 €
◆ Ce restaurant en retrait du centre du village vous reçoit dans le cadre très coloré,
ludique et nostalgique d'une ancienne salle de classe. Accueil souriant et cuisine actuelle.

ST-BREVIN-LES-PINS – 44 Loire-Atlantique – 316 C4 – 11 750 h.
– alt. 9 m – Casino – ⊠ 44250 ▮ Poitou Vendée Charentes

34 A2

> ▶ Paris 442 – Nantes 57 – Saint-Herblain 62 – Saint-Nazaire 15
> 🄸 Office de tourisme, 10, rue de l'Église ℰ 02 40 27 24 32, Fax 02 40 39 10 34

🏨 **Du Beryl**　　　　　　⟨ 🛗 🛓 🕻 🛡 P 🕿 VISA ☎ AE ①
😔 *55 bd de l'Océan –* ℰ *02 28 53 20 00 – www.groupe-emeraude.com*
– Fax 02 28 53 20 20
94 ch – ♦79/169 € ♦♦79/169 €, ☐ 11 € – ½ P 72/117 €
Rest – (16 €) Menu 19/32 € – Carte 27/42 €
◆ Face à la mer, l'hôtel occupe l'emplacement de l'ancien casino. Les chambres spacieuses
et bien isolées sont dotées de mobilier de bois clair et d'une bonne literie. Décoration épurée
dans l'air du temps et vue sur l'océan au restaurant. Plats traditionnels.

ST-BRICE-EN-COGLÈS – 35 Ille-et-Vilaine – 309 N4 – 2 655 h.
– alt. 105 m – ⊠ 35460

10 D2

> ▶ Paris 343 – Avranches 34 – Fougères 17 – Rennes 57
> 🄸 Office de tourisme, 7, place Charles-de-Gaulle ℰ 02 99 97 85 44

🏠 **Le Lion d'Or**　　　　🚗 🏠 🛓 ch, 🄺 rest, ⁑ ⣩ P VISA ☎ AE ①
😔 *r. Chateaubriant –* ℰ *02 99 98 61 44 – www.hotel-leliondor.fr – Fax 02 99 97 85 66*
30 ch – ♦55/69 € ♦♦55/70 €, ☐ 8,50 € – ½ P 58/68 €
Rest – *(fermé dim. soir d'oct. à avril)* (11 €) Menu 16/30 € – Carte 23/42 €
◆ Dans la rue principale du village, cet ex-relais de diligence à la façade de granit abrite des
chambres de confort simple, régulièrement rénovées. Confortable restaurant et sa véranda
servant des plats traditionnels et du terroir. À midi, espace brasserie.

ST-BRIEUC ℙ – 22 Côtes-d'Armor – 309 F3 – 46 437 h. –
Agglo. 121 237 h. – alt. 78 m – ⊠ 22000 ▮ Bretagne

10 C2

> ▶ Paris 451 – Brest 144 – Quimper 127 – Rennes 101
> ✈ de St-Brieuc-Armor : ℰ 02 96 94 95 00, 10 km par ①.
> 🄸 Office de tourisme, 7, rue Saint-Gouéno ℰ 08 25 00 22 22, Fax 02 96 61 42 16
> 🄶 Club la Crinière à Lamballe Manoir de la Ville Gourio, par rte de Lamballe
> et D 786 : 15 km, ℰ 02 96 32 72 60
> ◎ Cathédrale St-Étienne★ - Tertre Aubé ⟨★ BV.

Plan page suivante

🏨 **De Clisson** sans rest　　　　　🚗 🛗 ⁑ ⣩ P VISA ☎ AE ①
36 r. Gouët – ℰ *02 96 62 19 29 – www.hoteldeclisson.com – Fax 02 96 61 06 95*
25 ch – ♦58/120 € ♦♦72/120 €, ☐ 10 €　　　　　　AYe
◆ Cette bâtisse blanche, à l'écart du centre, vous réserve un accueil charmant. Chambres
diversement meublées ; celles avec baignoire balnéo sont plus spacieuses. Joli jardin.

🏠 **Ker Izel** sans rest　　　　　　🚗 🖳 ⁑ 🕿 VISA ☎ AE
20 r. Gouët – ℰ *02 96 33 46 29 – www.hotel-kerizel.com – Fax 02 96 61 86 12*
22 ch – ♦49 € ♦♦62 €, ☐ 8 €　　　　　　　　　AYa
◆ Au cœur historique de la ville, c'est vraisemblablement le plus vieil hôtel de St-Brieuc.
Chambres plutôt petites, mansardées au 2ᵉ étage, et bien tenues. Jardinet, piscine.

🏠 **Champ de Mars** sans rest　　　　🛗 🛓 ⁑ VISA ☎ AE
13 r. Gén. Leclerc – ℰ *02 96 33 60 99 – www.hotel-saint-brieuc.fr*
– Fax 02 96 33 60 05 – Fermé vacances de Noël　　　　BZs
21 ch – ♦46/52 € ♦♦53/59 €, ☐ 8 €
◆ Emplacement pratique, près d'un grand parking public, pour ces chambres sobres et fonctionnelles, conçues à l'identique. Ici et là, quelques détails personnalisent cet hôtel simple.

XXX **Aux Pesked** (Mathieu Aumont) ⟨ 🏞 🎩 ⟷ 🅿 🚋 ⊗ ⒜⒠

59 r. Légué – ℰ 02 96 33 34 65 – www.auxpesked.com – Fax 02 96 33 65 38
– Fermé 29 avril-4 mai, 30 août-13 sept., 3-18 janv., sam. midi, dim. soir
et lundi   AV**a**
Rest – (19 €) Menu 23 € (déj. en sem.), 38/68 € – Carte environ 62 €⒝
Spéc. Duo de maquereau et homard, vinaigrette au gingembre. Saint-Jacques
et trilogie de betteraves (oct. à avril). Saint-pierre, coco de Paimpol et girolles,
pancetta et jus de légumes. Tiramisu sans sucre nouvelle version.
◆ Avec la vallée du Gouët pour paysage, ce chaleureux restaurant contemporain propose
une fine carte actuelle, du marché, et mettant à l'honneur les Pesked (poissons en breton).

XX **Amadeus** ⟷ 🚋 ⊗ ⒜⒠

22 r. Gouët – ℰ 02 96 33 92 44 – Fax 02 96 61 42 05 – Fermé sam. midi et dim.
Rest – (15 €) Menu 20 € (sem.), 32/55 € – Carte 48/64 €   AY**b**
◆ Ce restaurant familial a préservé son charme ancien (murs de pierre, beau plafond à soli-
ves), tout en modernisant et en épurant son décor. Cuisine dans l'air du temps.

XX **Ô Saveurs** 🚋 ⊗ ⒜⒠

10 r. J. Ferry – ℰ 02 96 94 05 34 – www.osaveurs-restaurant.com – Fermé deux
sem. en août, janv., dim. et lundi   AX**n**
Rest – (15 €) Menu 27/70 € bc – Carte 34/51 €
◆ Derrière la gare, ce restaurant affiche un cadre sobre, tout de noir et blanc, en parfait
accord avec les mets proposés. Carte de saison. Accueil et service charmants.

X **Youpala Bistrot** (Jean-Marie Baudic) 🍴 🚋 ⊗

5 r. Palasne de Champeaux, Sud-Ouest par bd Charner – ℰ 02 96 94 50 74
– www.youpala-bistrot.com – Fax 02 96 75 46 50
– Fermé 31 mai-14 juin, 29 août-13 sept., 1er-25 janv., dim. et lundi
Rest – (nombre de couverts limité, prévenir) (20 €) Menu 23 € (déj. en sem.),
49/59 € bc
Spéc. Produits de saison autour de la mer et des légumes.
◆ Le chef créatif de ce bistrot rustique, contemporain et coloré, conçoit un menu unique
surprise, en fonction des produits du marché, et met à l'honneur la marée bretonne.

X **L'Air du Temps** 🚋 ⊗

4 r. Gouët – ℰ 02 96 68 58 40 – www.airdutemps.fr – Fermé 6-18 avril,
1er-15 sept., 1er-15 janv., dim. et lundi   AY**z**
Rest – Menu 16 € – Carte 27/58 €
◆ Optez pour l'agréable cadre rustico-contemporain du rez-de-chaussée ou l'atmosphère
très épurée de l'étage. Côté cuisine, saveurs ensoleillées relevées d'herbes et d'épices.

à Sous-la-Tour 3 km au Nord-Est par Port Légué et D 24 BV – ⊠ 22190 Plérin

⟑ **La Maison du Phare** sans rest ♿ 🍴 🛰 🚋 ⊗

93 r. de la Tour – ℰ 02 96 33 34 65 – www.maisonphare.com – Fermé
1er-14 sept. et 1er-14 janv.
5 ch – ⸋75/110 € ⸋⸋90/110 €, � 8 €
◆ Adossée à la falaise, près du port, cette maison du 19e s. au cadre cosy, raffiné et actuel
invite à la douceur de vivre. Chambres personnalisées (terrasse, balcon, patio).

XX **La Vieille Tour** (Nicolas Adam) 🎩 🚋 ⊗ ⒜⒠

75 r. de la Tour – ℰ 02 96 33 10 30 – www.la-vieille-tour.com – Fax 02 96 33 38 76
– Fermé 16 août-6 sept., vacances de fév., sam. midi, dim. et lundi
Rest – (nombre de couverts limité, prévenir) (18 €) Menu 27 € (sem.)/67 €
– Carte 59/112 €⒝
Spéc. "Mac'Adam" de foie gras chaud aux cèpes et Saint-Jacques (oct. à avril).
Pigeonneau rôti, légumes en cloche de fumée. Baba perdu flambé au rhum.
◆ Cadre très contemporain jouant sur la lumière et les matières (verre, wengé...), en totale
adéquation avec les saveurs fines et iodées de cette maison de pays, face au chenal.

à Cesson 3 km à l'Est par r. Genève BV – ⊠ 22000

XXX **La Croix Blanche** 🚗 ⟷ 🚋 ⊗

61 r. de Genève – ℰ 02 96 33 16 97 – Fax 02 96 62 03 50
– Fermé 3-24 août, vacances de fév., dim. soir et lundi
Rest – Menu 22/88 € – Carte 50/60 €
◆ Ce restaurant situé dans un quartier résidentiel abrite plusieurs salles à manger conforta-
bles et personnalisées, ouvrant sur le jardin. Menu-carte où le poisson joue la vedette.

XX **Manoir le Quatre Saisons**   🍽 ♻ VISA ⓪⓪
61 chemin Courses – 𝒞 *02 96 33 20 38* – *www.manoirquatresaisons.fr*
– *Fax 02 96 33 77 38* – *Fermé 1ᵉʳ-15 mars, 11-26 oct., dim. soir et lundi*
Rest – (20 € bc) Menu 25/70 € – Carte 62/83 €
♦ Auberge de pays tapie dans un vallon rejoignant la mer. Cuisine traditionnelle servie dans deux pimpantes salles à manger aux jolis détails Art nouveau.

ST-CALAIS – 72 Sarthe – **310** N7 – 3 589 h. – alt. 155 m – ⊠ 72120   **35** D1
▌ Châteaux de la Loire

    ❱ Paris 188 – La Ferté-Bernard 33 – Le Mans 47 – Tours 66
    🄴 Office de tourisme, pl. de l'Hôtel de ville 𝒞 02 43 35 82 95, Fax 02 43 35 15 13
    ◎ Façade★ de l'église Notre-Dame.

Rte de la Ferté-Bernard 3 km au Nord par D 1

⌂ **Château de la Barre** 🏞   🄰 📞 🄿 VISA ⓪⓪
– 𝒞 *02 43 35 00 17* – *chateaudelabarre.com* – *Fax 02 43 35 00 17* – *Fermé 10 janv.-10 fév.*
5 ch – ♦130/145 € ♦♦150/390 €, ⊇ 15 €
Table d'hôte – *(fermé dim. soir, lundi soir, merc. soir et vend. soir)* Menu 65 € bc
♦ Ce beau château entouré d'un parc de 40 ha appartient à la même famille depuis le 15ᵉ s. Les chambres, raffinées et personnalisées, possèdent d'authentiques meubles anciens. Cuisine bourgeoise servie dans une salle à manger agrémentée d'un superbe vaisselier.

ST-CANADET – 13 Bouches-du-Rhône – **340** H4 – ⊠ 13610   **40** B3
    ❱ Paris 765 – Marseille 46 – Aix-en-Provence 18 – Avignon 93

⌂ **Campagne le Bec** sans rest 🏞   🍽 🍸 📞 🄿
– 𝒞 *04 42 61 97 05* – *www.campagnelebec.com* – *Fax 04 42 61 97 05*
4 ch ⊇ – ♦120/150 € ♦♦120/150 €
♦ Isolée dans la campagne, maison de famille (ex-bergerie) à l'ambiance décontractée. Chambres de styles baroque ou personnalisé. Table d'hôtes sur demande. Bassin de nage.

ST-CANNAT – 13 Bouches-du-Rhône – **340** G4 – 5 183 h. – alt. 216 m   **40** B3
– ⊠ 13760 ▌ Provence

    ❱ Paris 731 – Aix-en-Provence 17 – Cavaillon 39 – Manosque 65
    🄴 Syndicat d'initiative, avenue Pasteur 𝒞 04 42 57 34 65, Fax 04 42 50 82 01

au Sud 2 km par rte d'Éguilles et rte secondaire – ⊠ 13760 St-Cannat

⌂⌂⌂ **Mas de Fauchon** 🏞   🍽 🌳 🍸 ⅙ ch, 🆆 ch, 🐾 🄿 VISA ⓪⓪ 🄰🄴
1666 chemin de Berre – 𝒞 *04 42 50 61 77* – *www.mas-de-fauchon.fr*
– *Fax 04 42 57 22 56*
14 ch – ♦125/245 € ♦♦125/245 €, ⊇ 15 € – 2 suites – ½ P 118/188 €
Rest – (19 €) Menu 23 € (déj.), 32/56 € – Carte 50/70 €
♦ Au cœur d'une forêt de pins, cette bergerie du 17e s. ne manque pas de charme avec ses chambres provençales cossues et très confortables, dotées de terrasses. Calme à l'état pur. Coquette salle à manger rustique où l'on savoure une cuisine de tradition.

ST-CAPRAISE-DE-LALINDE – 24 Dordogne – **329** E6 – rattaché à Lalinde

---

ST-CAST-LE-GUILDO – 22 Côtes-d'Armor – **309** I3 – 3 394 h.   **10** C1
– alt. 52 m – ⊠ 22380 ▌ Bretagne

    ❱ Paris 427 – Avranches 91 – Dinan 32 – St-Brieuc 50
    🄴 Office de tourisme, pl. Charles-de-Gaulle 𝒞 02 96 41 81 52, Fax 02 96 41 76 19
    🄶 de Saint-Cast Pen-Guen Chemin du Golf, S : 4 km, 𝒞 02 96 41 91 20
    ◎ Pointe de St-Cast ≤★★ - Pointe de la Garde ≤★★ - Pointe de Bay
    ≤★ S : 5 km.

X **Ker Flore**   VISA ⓪⓪
40 r. Rioust des Villes Audrains, au bourg, près de l'église – 𝒞 *02 96 81 03 79*
– *Fermé 21 déc.-2 fév., dim. soir, mardi soir et merc. soir sauf juil.-août et lundi*
Rest – (13 €) Menu 20/26 € – Carte 24/38 €
♦ Cadre champêtre égayé de murs ensoleillés et d'objets chinés pour ce restaurant où l'on déguste des plats traditionnels, réalisés en fonction du marché.

ST-CÉRÉ - 46 Lot - 337 H2 - 3 540 h. - alt. 152 m - ✉ 46400 — 29 C1

Périgord Quercy

Paris 531 – Aurillac 62 – Brive-la-Gaillarde 51 – Cahors 80

Office de tourisme, 13, avenue Francois de Maynard ✆ 05 65 38 11 85, Fax 05 65 38 38 71

de Montal à Saint-Jean-Lespinasse, O : 3 km par D 807, ✆ 05 65 10 83 09

Site★ - Tapisseries de Jean Lurçat★ au casino - Atelier-musée Jean Lurçat★ - Château de Montal★★ O : 3 km.

Cirque d'Autoire★ : ≤★★ par Autoire (site★) O : 8 km.

Les Trois Soleils de Montal (Frédérik Bizat)

rte de Gramat, 2 km par D 673 ch,
– ✆ 05 65 10 16 16 – www.lestroissoleils.fr.st – Fax 05 65 38 30 66
– Fermé 1er déc.-31 janv.

26 ch – †75/119 € ††86/119 €, ☕ 13 € – 4 suites – ½ P 95/124 €

Rest – *(fermé dim. soir, mardi midi et lundi d'oct. à mars, lundi midi d'avril à sept.)* (27 €) Menu 40/74 € – Carte 62/78 €

Spéc. Lasagne d'escargots de Bourgogne, crème d'oseille. Pigeonneau de grain rôti, petits pois carottes (printemps-été). Tarte renversée au citron. **Vins** Madiran, Côtes de Duras.

♦ Cette grande maison située à proximité du château de Montal profite du calme d'un parc en pleine campagne. Chambres actuelles, de bonne ampleur. Savoureuse cuisine au goût du jour servie dans une élégante salle à manger agrémentée de toiles du 19e s.

De France

av. François de Maynard, rte d'Aurillac – ✆ 05 65 38 02 16 – www.lefrance-hotel.com
– Fax 05 65 38 02 98 – Fermé 20 déc.-25 janv. et vend. soir du 15 oct. au 8 fév.

18 ch – †45/48 € ††50/58 €, ☕ 8,50 € – ½ P 51/54 €

Rest – *(dîner seult sauf dim.)* Menu 25/39 € – Carte 31/67 €

♦ À deux pas du centre, hôtel aux chambres sobres et rustiques ; préférez celles donnant sur le jardin. Restaurant aménagé dans un style rustico-bourgeois, complété par une terrasse ombragée. Plats traditionnels et saveurs du Quercy.

Villa Ric

ch,

rte Leyme, 2,5 km par D 48 – ✆ 05 65 38 04 08 – www.villaric.com
– Fax 05 65 38 00 14 – ouvert 3 avril-14 nov.

5 ch – †79/109 € ††79/109 €, ☕ 10 € – ½ P 75/105 €

Rest – *(dîner seult) (résidents seult)* Menu 36/40 €

♦ Maison accrochée à flanc de colline proposant des chambres d'esprit cosy aux tons pastel. On apprécie son cadre reposant et son ambiance guesthouse. Cuisine au goût du jour servie dans une salle à manger lumineuse. Terrasse avec vue panoramique sur la vallée.

ST-CERGUES - 74 Haute-Savoie - 328 K3 - 2 939 h. - alt. 615 m - ✉ 74140 — 46 F1

Paris 547 – Annecy 54 – Annemasse 9 – Bonneville 25

De France avec ch

1044 r. Allobroges – ✆ 04 50 43 50 32 – www.hoteldefrance74.com – Fax 04 50 94 66 45
– Fermé 9-27 avril, 20 août-7 sept., dim. soir, merc. midi et lundi

18 ch – †54/64 € ††57/67 €, ☕ 9 € – ½ P 60/65 €

Rest – (12 €) Menu 20 € (sem.)/52 € – Carte 35/66 €

♦ Cette maison tenue par la même famille depuis quatre générations soigne son décor, son accueil et sa cuisine. Élégant restaurant, joli jardin-terrasse et chambres simples bien tenues.

ST-CHAMAS - 13 Bouches-du-Rhône - 340 F4 - 7 268 h. - alt. 15 m - ✉ 13250 — 40 A3

Provence

Paris 738 – Arles 43 – Marseille 50 – Martigues 26

Office de tourisme, Place Saint Pierre ✆ 04 90 50 90 54, Fax 04 90 50 90 10

Embarben sans rest

rte de Grans – ✆ 06 84 95 57 16 – www.embarben.fr

6 ch ☕ – †60 € ††80/100 €

♦ Dans un parc bucolique (pré à moutons, bassin), une maison de maître aux chambres de caractère, délicieusement rétro. Jardin potager et fruitier, piscine. Pour un séjour au vert !

✕✕ **Le Rabelais** 🛜 ⒶⒸ ✿ 🆅🅸🆂🅰 ⬤⬤ 🅰🅴

*8 r. A. Fabre, (centre ville) – ℰ 04 90 50 84 40 – www.restaurant-le-rabelais.com
– Fax 04 90 50 84 40 – Fermé dim. soir, merc. soir et lundi*
Rest – Menu 26 € (déj.), 39/60 € – Carte 26/44 €

♦ Près de l'ancienne fabrique de poudre, restaurant installé dans la jolie salle voûtée du
17ᵉ s. d'un vieux moulin à blé. Agréable terrasse fleurie. Cuisine inventive.

ST-CHAMOND – **42** Loire – **327** G7 – **35 608 h.** – **alt. 388 m**   **44** B2
– ⊠ **42400**   ▐ Lyon Drôme Ardèche

▶ Paris 505 – Feurs 55 – Lyon 50 – Montbrison 53

🅳 Office de tourisme, 23, avenue de la Libération ℰ 04 77 31 04 41,
Fax 04 77 22 04 34

🏢 **Les Ambassadeurs** ⒶⒸ rest, 🕭 rest, ⁕⁑ 🆅🅸🆂🅰 ⬤⬤ 🅰🅴

*28 av. de la Libération, (près gare) – ℰ 04 77 22 85 80
– www.hotel-ambassadeurs.fr – Fax 04 77 31 96 95*
16 ch – ♦56/60 € ♦♦56/74 €, � 8 €
Rest – *(fermé 8-11 mai, 27 juil.-25 août, 1ᵉʳ-5 janv., sam. midi, dim. soir et lundi)*
Menu 24 € (déj. en sem.), 29/42 € – Carte 55/68 €

♦ Hôtel-restaurant familial repris par un jeune couple expérimenté. Chambres simples progressivement rafraîchies. Au restaurant, le chef concocte une goûteuse cuisine actuelle avec
des touches inventives. Son épouse veille à la satisfaction des clients en salle.

ST-CHARTIER – **36** Indre – **323** H7 – **rattaché à La Châtre**

ST-CHÉLY-D'APCHER – **48** Lozère – **330** H6 – **4 484 h.** – **alt. 1 000 m**   **22** B1
– ⊠ **48200**

▶ Paris 540 – Aurillac 106 – Mende 45 – Le Puy-en-Velay 85

🅳 Office de tourisme, place du 19 mars 1962 ℰ 04 66 31 03 67,
Fax 04 66 31 30 30

🏠 **Les Portes d'Apcher** ⪡ 🚗 🛜 ⅙ rest, 🕭 ⁕⁑ 🎿 🅿 🚙 🆅🅸🆂🅰 ⬤⬤

*rte de St Flour, 1,5 km au Nord sur D 809 – ℰ 04 66 31 00 46
– Fax 04 66 31 28 85 – Fermé 3-31 janv., dim. soir et lundi midi sauf juil.-août*
17 ch – ♦58 € ♦♦58 €, ⊠ 8 € – ½ P 55 €
Rest – Menu 14 € (déj. en sem.), 21/35 € – Carte 25/45 €

♦ Cette construction proche de l'autoroute a été reprise par de nouveaux propriétaires.
Chambres fonctionnelles, dont la rénovation est programmée. Vue dégagée depuis la salle à
manger, relookée sur le thème de la nature, telle un jardin ; cuisine au goût du jour.

à La Garde 9 km au Nord par D 809 – ⊠ **48200** Albaret-Ste-Marie

🏠 **Le Rocher Blanc** 🚗 ⅀ 🖥 ⅙ ✕ ⒶⒸ rest, ⁕⁑ 🅿 🚙 🆅🅸🆂🅰 ⬤⬤ 🅰🅴

– ℰ 04 66 31 90 09 – www.lerocherblanc.com – Fax 04 66 31 93 67 – Fermé mars
19 ch – ♦55/85 € ♦♦55/94 €, ⊠ 12 € – ½ P 53/79 €
Rest – (17 €) Menu 23 € (sem.)/63 € – Carte 21/49 €❀

♦ Étape de charme où tout incite au repos : chambres à thèmes ("Mille et une Nuits",
"Temps modernes", etc.), jardin, piscine, espace détente... À table, douces tonalités méridionales, saisonnalité, goût du terroir et zestes d'audace.

ST-CHÉLY-D'AUBRAC – **12** Aveyron – **338** J3 – **546 h.** – **alt. 700 m**   **29** D1
– Sports d'hiver : à Brameloup 1 200/1 390 m ✇9 ✦ – ⊠ **12470**

▶ Paris 589 – Espalion 20 – Mende 74 – Rodez 50

🅳 Office de tourisme, route d'Espalion ℰ 05 65 44 21 15, Fax 05 65 48 55 41

✕ **Voyageurs** avec ch 🕭 ch, 🆅🅸🆂🅰 ⬤⬤

*av. d'Aubrac – ℰ 05 65 44 27 05 – www.hotel-conserverie-aubrac.com
– Fax 05 65 44 21 67 – Ouvert 10 avril-25 juin, 3 juil.-15 oct. et fermé merc.
sauf juil.-août*
7 ch – ♦46 € ♦♦46/51 €, ⊠ 8 € – ½ P 47/50 €
Rest – *(fermé merc. sauf le soir en juil.-août)* Menu 17/24 € – Carte 26/39 €

♦ Les villages perdus dans la campagne réservent de belles surprises ! Ici, on déguste une
bonne cuisine familiale à l'accent aveyronnais (tripoux, aligot...). Conserverie artisanale. Pour
l'étape, quelques chambres impeccables, simples et coquettes.

ST-CHRISTOL – 84 Vaucluse – 332 F9 – alt. 856 m – ⊠ 84390   40 B2

▶ Paris 737 – Carpentras 53 – Cavaillon 63 – Marseille 113

🏠 **Le Lavandin**   🚗 🖥 ☂ ♆ ⅍ 🅿 VISA ⓪
☜ rte d'Apt, 3 km au Sud-Ouest – ℰ 04 90 75 09 18 – www.hotel-lavandin.com
– Fax 04 90 75 09 17 – Fermé vacances de Noël et lundi hors saison
32 ch – ♦55/70 € ♦♦65/90 €, ☐ 10 € – ½ P 58 €
Rest – (15 €) Menu 18/25 € – Carte 25/53 €
♦ Sur le plateau d'Albion, entre champs de lavande et forêt de chênes, hôtel aux chambres
propres et fonctionnelles ; certaines s'agrémentent d'une terrasse privative, d'autres peuvent
accueillir les familles. Au restaurant, cuisine traditionnelle et régionale.

ST-CHRISTOPHE-LA-GROTTE – 73 Savoie – 333 H5 – rattaché aux Échelles

ST-CIERS-DE-CANESSE – 33 Gironde – 335 H4 – 767 h. – alt. 40 m   3 B1
– ⊠ 33710

▶ Paris 548 – Blaye 10 – Bordeaux 45 – Jonzac 54
◎ Citadelle de Blaye★ NO : 8 km ▮ Pyrénées Aquitaine

🏠 **La Closerie des Vignes** ⌾   ☜ 🚗 🖥 ☂ ⅃ ♆ ch, ♆ ♆ 🅿 VISA ⓪
village Les Arnauds, 2 km au Nord par D 250 et D 135 – ℰ 05 57 64 81 90
– www.hotel-restaurant-gironde.com – Fax 05 57 64 94 44 – Ouvert 4 avril-31 oct.
9 ch – ♦85/96 € ♦♦85/96 €, ☐ 10 € – ½ P 80/85 €
Rest – (fermé mardi) (dîner seult) Menu 33/39 €
♦ Pavillon au milieu des vignes de Blaye, idéal pour les amoureux de la nature. Chambres
de bonne ampleur, dotées d'un mobilier contemporain. Salle à manger lambrissée avec vue
sur les ceps et le jardin. La cuisine, traditionnelle, joue la carte de la simplicité.

ST-CIRQ-LAPOPIE – 46 Lot – 337 G5 – 215 h. – alt. 320 m – ⊠ 46330   29 C1
▮ Périgord Quercy

▶ Paris 574 – Cahors 26 – Figeac 44 – Villefranche-de-Rouergue 37
🛈 Office de tourisme, place du Sombral ℰ 05 65 31 29 06, Fax 05 65 31 29 06
◎ Site★★ - Vestiges de l'ancien château ≼★★ - Le Bancourel ≼★
- Bouziès : chemin de halage du Lot★ NO : 6,5 km.

🏠 **Auberge du Sombral "Les Bonnes Choses"** ⌾   VISA ⓪ AE
☜ – ℰ 05 65 31 26 08 – www.lesombral.com – Fax 05 65 30 26 37
– Ouvert 26 mars-28 nov. et fermé jeudi sauf juil.-sept.
8 ch – ♦52/80 € ♦♦52/80 €, ☐ 8,50 €
Rest – (fermé jeudi sauf juil.-sept. et le soir sauf vend. et sam.) (16 €) Menu 19 €
(déj.)/38 € – Carte 20/50 €
♦ Au cœur de ce superbe village médiéval perché, auberge familiale abritant des petites
chambres simples. Décor rustique (tommettes, cheminée) pour les petits-déjeuners. Restaurant
proposant de la cuisine du terroir.

✗ **Le Gourmet Quercynois**   🖥 🅰🅲 VISA ⓪
r. de la Peyrolerie – ℰ 05 65 31 21 20 – www.restaurant-legourmetquercynois.com
– Fax 05 65 31 36 78 – Fermé mi-nov. à mi-déc. et janv.
Rest – (15 €) Menu 20/36 € – Carte 32/52 €
♦ Ce restaurant convivial aménagé dans une maison du 17ᵉ s. propose une cuisine du terroir
mettant à l'honneur le canard. Petit musée du vin et boutique de produits régionaux.

à Tour-de-Faure 2 km à l'Est par D 8 – 365 h. – alt. 137 m – ⊠ 46330

🏠 **Les Gabarres** sans rest   🚗 ⅃ ♆ ♆ 🅿 VISA ⓪
– ℰ 05 65 30 24 57 – Fax 05 65 30 25 85 – Ouvert 26 avril-19 oct.
28 ch – ♦56 € ♦♦56 €, ☐ 9 €
♦ Cet édifice récent niché près du Lot, au pied du magnifique village perché, invite à une
halte touristique. Chambres fonctionnelles et pratiques. Le "petit plus" : la piscine.

⌂ **Maison Redon** sans rest   🚗 ⅃ ♆ 🅿
– ℰ 05 65 30 24 13 – www.maisonredon.com – Fermé de mi-nov. à mi-mars
5 ch – ♦59/69 € ♦♦64/74 €
♦ Veillée par le superbe village classé, cette maison de maître (18ᵉ s.) tapissée de lierre reçoit
ses hôtes dans un cadre chaleureux. Chambres récentes au mobilier ancien. Piscine.

ST-CLAIR – 83 Var – **340** N7 – **rattaché au Lavandou**

ST-CLAR – 32 Gers – **336** G6 – 980 h. – alt. 150 m – ⊠ 32380   28 B2

▌ Midi-Toulousain

■ Paris 706 – Agen 49 – Auch 37 – Toulouse 79

🏢 Office de tourisme, 2, place de la Mairie ℰ 05 62 66 34 45, Fax 05 62 66 31 69

⌂ **La Garlande** sans rest

pl. de la Mairie – ℰ 05 62 66 47 31 – www.lagarlande.com – Fax 05 62 66 47 70
– Ouvert 21 mars-2 nov.
3 ch ⊡ – †52/61 € ††61/69 €
◆ Maison du 18ᵉ s. pleine de cachet : on accède aux chambres cosy par un escalier ouvert
sur un puits de lumière. Moulures, parquet et cheminée ajoutent au charme des lieux.

ST -CLAUD – 16 Charente – **324** M4 – 1 094 h. – alt. 144 m – ⊠ 16450   39 C2

■ Paris 437 – Poitiers 111 – Angoulême 44 – Saint-Junien 38

⌂ **Logis de la Broue** ⊗

r. Abbé-Rousselot – ℰ 05 45 71 43 96 – www.logisdelabroue.com
3 ch ⊡ – †80 € ††95 €   **Table d'hôte** – Menu 18 € bc/28 € bc
◆ Ex-propriété viticole, remontant en partie au 15ᵉ s., très bien restaurée. Salon bourgeois
orné d'authentiques tapisseries d'Aubusson. Chambres au charme ancien. Parc, piscine. Cuisine qui revisite le terroir, servie dans une salle à manger rustique.

ST-CLAUDE ⬰ – 39 Jura – **321** F8 – 11 950 h. – alt. 450 m – ⊠ 39200   16 B3

▌ Franche-Comté Jura

■ Paris 465 – Annecy 88 – Genève 60 – Lons-le-Saunier 59

🏢 Office de tourisme, 1, avenue de Belfort ℰ 03 84 45 34 24, Fax 03 84 41 02 72

🏌 de la Valserine à Mijoux La Pellagrue, par rte de Genève : 24 km,
ℰ 04 50 41 31 56

◉ Site★★ - Cathédrale St-Pierre★ : stalles★★ Z - Exposition de pipes, de
diamants et de pierres fines Z **E.**

◉ Georges du Flumen★ - Route de Morez ⬔★★ 7 km.

⌂ **Jura**   🆎 rest, ⁇ 🛜 🆅🆂🅰 🆗 🆎
40 av. de la Gare – ℰ 03 84 45 24 04 – www.jurahotel.com – Fax 03 84 45 58 10
35 ch – †47/59 € ††51/65 €, ⊡ 8 € – ½ P 47/52 €
Rest – (fermé 22 déc.-5 janv. et dim. soir) (13 €) Menu 16 € (déj. en sem.),
24/35 € – Carte 26/37 €
◆ Hôtel surplombant la rivière. Deux catégories de chambres : les meilleures, plus calmes,
ont vue sur la montagne (une avec terrasse). Au restaurant, cuisine traditionnelle bien réalisée, servie dans une salle spacieuse ; beau panorama sur la ville et la Bienne.

ST-CLÉMENT-DES-BALEINES – 17 Charente-Maritime – **324** A2 – **voir
à Île de Ré**

ST-CLÉMENT-LES-PLACES – 69 Rhône – **327** F5 – 630 h.   44 A1
– alt. 625 m – ⊠ 69930

■ Paris 458 – Lyon 54 – Saint-Étienne 69 – Villeurbanne 63

🍴🍴 **L'Auberge de Saint-Clément**   ⬔ 🈂 🅿 🆅🆂🅰 🆗
Le bourg – ℰ 04 74 26 03 83 – Fermé 15-30 août, 25-31 déc., merc. et le soir sauf
vend. et sam.
Rest – Menu 17 € (déj. en sem.)/23 €
◆ Dans les Monts du Lyonnais, paisible auberge avec vue sur la campagne (belle terrasse).
Cuisine de bistrot tout en simplicité, réalisée avec la complicité des producteurs locaux.

ST-CLOUD – 92 Hauts-de-Seine – **311** J2 – 101 14 – **voir à Paris, Environs**

ST-CRÉPIN – 05 Hautes-Alpes – **334** H4 – 583 h. – alt. 910 m   41 C1
– ⊠ 05600

■ Paris 759 – Briançon 26 – Digne-les-Bains 140 – Gap 60

✗ **Les Tables de Gaspard** avec ch ☜   📶 ☒ ⑩

☺   *r. Principale – ✆ 04 92 24 85 28 – fermé mardi hors saison et mercr.*
3 ch ☲ – †44/50 € ††44/50 €
Rest – (17 €) Menu 29 € – Carte 35/60 € le soir
   ◆ Dans le décor suggestif d'une salle voûtée du 16ᵉ s., avec dallage en pierre et mobilier de fer forgé, goûteuse cuisine actuelle mettant en valeur les produits du terroir local. À l'étage, chambres d'hôtes agréables pour l'étape.

ST-CRÉPIN-ET-CARLUCET – 24 Dordogne – 329 I6 – 463 h.   **4 D3**
– alt. 262 m – ⊠ 24590 ▌ Périgord Quercy

  ▶ Paris 519 – Bordeaux 196 – Brive-la-Gaillarde 40 – Sarlat-la-Canéda 12

⛺   **Les Charmes de Carlucet** sans rest ☜   ⇐ 🚗 ⛶ 🄰 📶 **P** 📶 ⑩
   Carlucet – ✆ 05 53 31 22 60 – www.carlucet.com – Fax 05 53 31 22 60 – Ouvert 1ᵉʳmars-12 nov.
4 ch ☲ – †84/119 € ††84/119 €
  ◆ Cette tranquille propriété périgourdine dispose de chambres sobres et spacieuses, dont deux mansardées. Belle véranda pour le petit-déjeuner. Accueil attentionné.

ST-CYPRIEN – 66 Pyrénées-Orientales – 344 J7 – 10 140 h. - alt. 5 m   **22 B3**
– Casino – ⊠ 66750 ▌ Languedoc Roussillon

  ▶ Paris 859 – Céret 31 – Perpignan 17 – Port-Vendres 20
  🅸 Office de tourisme, quai A. Rimbaud ✆ 04 68 21 01 33, Fax 04 68 21 98 33
  🔟 de Saint-Cyprien à Saint-Cyprien-Plage Mas d'Huston, N : 1 km,
    ✆ 04 68 37 63 63

à St-Cyprien-Plage 3 km au Nord-Est par D 22 – ⊠ 66750 St-Cyprien

🏨   **Mas d'Huston** ☜   ⇐ ⚘ 🚗 ⛶ 🏊 ▣ 🖐 ᕦ ch, 🄰 📶 🛠 **P** 📶 ⑩ 🅰🄴 ⑩
   r. Jouy d'Arnaud, au golf – ✆ 04 68 37 63 63 – www.saintcyprien-golfresort.com
   – Fax 04 68 37 64 64 – Fermé 10-22 janv.
50 ch – †125/190 € ††125/190 €, ☲ 16 € – 2 suites – ½ P 108 €
Rest *Le Mas* – (30 €) Menu 35/42 € – Carte 42/49 €
Rest *L'Eagle* – (déj. seult) Carte 20/35 €
  ◆ Cet hôtel, dont la rénovation a été confiée à Henri Quinta, bénéficie de chambres modernes (avec balcon ou terrasse) décorées de ses fameuses "Toiles du Soleil", rayées et très colorées. Carte classique, belle vue sur le golf et décor trendy au Mas. Cuisine simple et cadre contemporain à L'Eagle.

à St-Cyprien-Sud 3 km – ⊠ 66750 St-Cyprien

🏨   **L'Île de la Lagune** ☜   ⇐ 🚗 ⛶ 🏊 🖐 ᕦ 🄰 📶 🛠 **P** 🚗 📶 ⑩ 🅰🄴
☺   *bd de l'Almandin, (par av. Armand Lanoux) – ✆ 04 68 21 01 02*
   – www.hotel-ile-lagune.com – Fax 04 68 21 06 28 – Fermé 8 nov.-1ᵉʳ déc.
18 ch – †155/225 € ††155/225 €, ☲ 18 € – 4 suites – ½ P 136/173 €
Rest *L'Almandin* – Menu 30 € bc (déj. en sem.), 49/105 € – Carte 75/85 €
Spéc. Les blinis aux anchois, tapenade et caviar d'aubergine. Suquet de baudroie et gambas, jus à la picada. Soufflé chaud au Grand Marnier. **Vins** Côtes du Roussillon, Collioure.
  ◆ Architecture récente de style régional posée sur un îlot-marina. Chambres fonctionnelles avec balcon. En été, une petite navette vous emmène à la plage. Au restaurant, goûteuse cuisine de saison revisitant à sa manière le terroir ; terrasse-véranda.

🏨   **La Lagune** ☜   ⇐ 🚗 ⛶ 🐾 🌡 🍽 ᕦ 🄰 ch, 📶 🛠 **P** 📶 ⑩ 🅰🄴
   28 av. Armand Lanoux – ✆ 04 68 21 24 24 – www.hotel-lalagune.com
   – Fax 04 68 37 00 00 – Ouvert 2 avril-6 nov.
49 ch – †94/155 € ††94/155 €, ☲ 13 € – ½ P 85/115 €
Rest – Menu 26/29 € bc
  ◆ Directement sur la plage, hôtel dans un complexe résidentiel conçu pour une clientèle "club". Chambres pratiques avec vue sur la piscine ou la lagune. En saison, animations musicales et repas servis en terrasse. Cuisine actuelle (formules buffet à volonté).

ST-CYR-AU-MONT-D'OR – 69 Rhône – 327 I5 – rattaché à Lyon

ST-CYR-EN-TALMONDAIS – 85 Vendée – **316** H9 – 386 h.　　　　**34** B3
– alt. 31 m – ⊠ 85540

　　■ Paris 444 – La Rochelle 57 – Luçon 14 – La Roche-sur-Yon 30
　　🖪 Syndicat d'initiative, Mairie *𝒞* 02 51 30 82 82, Fax 02 51 30 88 29

✗　　**Auberge de la Court d'Aron**　　　　　　　　🏠 **P** *VISA* ⓿
🕮　*1 allée des Tilleuls – 𝒞 02 51 30 81 80 – www.court-d-aron.com*
　　– Fermé 23 nov.-7 déc., 18 janv.-1ᵉʳ fév., dim. soir hors saison et lundi
　　Rest – (14 €) Menu 17 € (sem.)/43 € – Carte 25/50 €
　　◆ Auberge installée dans les anciennes écuries du château de la Court d'Aron. Selon la sai-
　　son, profitez de la chaleureuse salle à manger rustique, de la terrasse ou du jardin.

ST-CYR-SUR-MER – 83 Var – **340** J6 – 11 797 h. – alt. 10 m　　　　**40** B3
– ⊠ 83270 ▮ Côte d'Azur

　　■ Paris 810 – Bandol 8 – Le Beausset 10 – Brignoles 70
　　🖪 Office de tourisme, place de l'Appel du 18 Juin, les Lecques
　　　　𝒞 04 94 26 73 73, Fax 04 94 26 73 74
　　🔟 de Frégate Route de Bandol, S : 3 km par D 559, *𝒞* 04 94 29 38 00

Les Lecques – ⊠ 83270 St Cyr sur Mer

🔠　**Grand Hôtel des Lecques** ⌂　　　≤ 🐾 🏠 ⌁ ※ 🛗 ㎞ ♨ **P**
　　24 av. du Port – 𝒞 04 94 26 23 01　　　　　　　　　　*VISA* ⓿ **AE**
　　– www.grand-hotel-les-lecques.com – Fax 04 94 26 10 22
　　60 ch – ♦107/179 € ♦♦130/212 €, ⊡ 14 €　**Rest** – Menu 40 € – Carte 43/57 €
　　◆ Élégante demeure Belle Époque au milieu d'un luxuriant parc fleuri. Les chambres aux
　　tons ensoleillés des derniers étages, côté façade, sont plus agréables. Dans un décor de jardin
　　d'hiver ou sur une belle terrasse, dégustez une cuisine traditionnelle.

rte de Bandol 4 km par D 559 – ⊠ 83270 St-Cyr-sur-Mer

🏨　**Dolce Frégate** ⌂　　　≤ 🐾 ⌁ 🔟 ◉ 🎣 ※ 🖼 🛗 ⅙ ch, ㎞ ⁇ ♨ **P** ⌨
　　– 𝒞 04 94 29 39 39 – www.dolcefregate.com – Fax 04 94 29 39 40　　*VISA* ⓿ **AE** ⓪
　　100 ch – ♦250/355 € ♦♦250/355 €, ⊡ 22 € – 33 suites
　　Rest *Le Mas des Vignes* – *𝒞* 04 94 29 39 47 *(fermé dim. et lundi) (dîner seult)*
　　Menu 49 €
　　Rest *La Restanque* – *𝒞* 04 94 29 38 18 *(déj. seult)* Menu 36 €
　　◆ Au grand calme et à flanc de colline, architecture contemporaine d'esprit local. Superbe
　　vue sur la mer, chambres de style provençal, équipements de loisirs et espace séminaire. Au
　　Mas des Vignes, carte traditionnelle actualisée, cadre cosy et chaleureux. Repas plus décon-
　　tracté à la Restanque. Agréable terrasse.

ST-DALMAS-DE-TENDE – 06 Alpes-Maritimes – **341** G3 – rattaché à Tende

ST-DENIS-DE-L'HÔTEL – 45 Loiret – **318** J4 – 2 731 h. – alt. 115 m　　**12** C2
– ⊠ 45550

　　■ Paris 153 – Orléans 19 – Gien 48 – Montargis 52

🏠　**Le Dauphin** sans rest　　　　　　　　　　　　　⅙ ⁇ *VISA* ⓿
　　3 av. des Fontaines – 𝒞 02 38 46 29 29 – www.hotel-le-dauphin.fr
　　– Fax 02 38 59 07 63 – Fermé 2 sem. en août et 26 déc.-3 janv.
　　21 ch – ♦49 € ♦♦57 €, ⊡ 7 €
　　◆ Sur la route des châteaux de la Loire, sympathique hôtel familial proposant des chambres
　　chaleureuses et bien tenues, équipées de meubles fonctionnels.

ST-DENIS-LE-FERMENT – 27 Eure – **304** K6 – rattaché à Gisors

ST-DÉSIRAT – 07 Ardèche – **331** K2 – 747 h. – alt. 130 m – ⊠ 07340　　**43** E2
　　■ Paris 533 – Lyon 71 – Privas 83 – Saint-Étienne 53

🏠　**La Désirade**　　　　　　　　　≤ 🚲 🏠 ⁇ **P** *VISA* ⓿ **AE** ⓪
🕮　*245 rte de la Syrah – 𝒞 04 75 34 21 88 – www.desirade-fr.com – Fermé déc.-janv.*
　　5 ch ⊡ – ♦45 € ♦♦72 € – ½ P 45 €
　　Table d'hôte – *(fermé dim. et merc.)* Menu 19 €
　　◆ À deux pas du musée de l'alambic, maison de famille (1860) et son beau jardin-terrasse
　　ombragé. Coquettes chambres aux noms de fleurs évocateurs. Bonne tenue, accueil char-
　　mant. La maîtresse des lieux propose une table d'hôte valorisant le terroir.

ST-DIDIER – 35 Ille-et-Vilaine – **309** N6 – rattaché à Châteaubourg

ST-DIDIER – 84 Vaucluse – **332** D9 – rattaché à Carpentras

ST-DIDIER-DE-LA-TOUR – 38 Isère – **333** F4 – rattaché à La Tour-du-Pin

ST-DIDIER-EN-VELAY – 43 Haute-Loire – **331** H2 – 3 254 h.   **6** D3
– alt. 830 m – ⌧ 43140

      🚘 Paris 538 – Le Puy-en-Velay 55 – St-Étienne 25 – St-Agrève 45

      🛈 Office de tourisme, 11, rue de l'ancien Hôtel de Ville ℰ 04 71 66 25 72,
Fax 04 71 61 25 83

✗✗   **Auberge du Velay**   🛏 ✿ **VISA** ⍟

    Grand'place – ℰ 04 71 61 01 54 – Fax 04 71 61 15 80
    – Fermé 1 sem. en sept., 1 sem. en janv., mardi soir, merc. soir,
    jeudi soir en hiver, dim. soir et lundi
    Rest – Menu 14 € (sem.)/47 € – Carte 30/55 €

    ♦ Auberge rustique du centre-ville, connue depuis 300 ans pour sa cuisine du terroir,
aujourd'hui teintée de créativité. Cheminées et poutres, mise de table originale (étains).

 Une bonne table sans se ruiner ? Repérez les Bib Gourmand ⍟.

ST-DIDIÉ-DES-VOSGES ⍟ – 88 Vosges – **314** J3 – 21 642 h.   **27** C3
– alt. 350 m – ⌧ 88100 ▯ Alsace Lorraine

      🚘 Paris 397 – Colmar 53 – Épinal 53 – Mulhouse 108

      🛈 Office de tourisme, 8, quai du Mal de L. de Tassigny ℰ 03 29 42 22 22,
Fax 03 29 42 22 23

      ◎ Cathédrale St-Dié★ - Cloître gothique★.

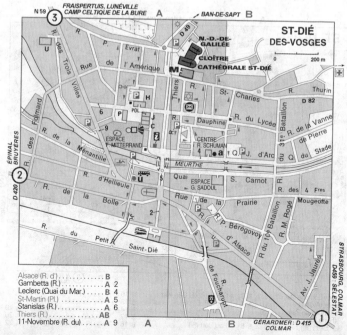

Alsace (R. d') . . . . **B**
Gambetta (R.) . . . . **A** 2
Leclerc (Quai du Mar.) . . . . . **B** 4
St-Martin (Pl.) . . . . **A** 5
Stanislas (R.) . . . . **A** 6
Thiers (R.) . . . . **AB**
11-Novembre (R. du) . . . . . . **A** 9

Ibis
🛏 ♿ ch, 🅰 ch, 🛜 🛁 🚗 VISA ⊕ AE ⊕

5 quai Jeanne d'Arc – ℰ 03 29 42 24 22 – www.ibishotel.com – Fax 03 29 55 49 15
58 ch – †59/79 € ††59/79 €, ☷ 8 €   **Rest** – (dîner seult) Carte 19/28 €   B**a**

♦ Sur les berges de la Meurthe, hôtel aux chambres petites mais optimisées, rénovées dans le style contemporain de la chaîne. Préférez celles côté rivière. Au restaurant, atmosphère de bistrot (bois dominant, esprit bar à bières) et petite carte ad hoc.

Voyageurs
🅰 VISA ⊕ AE

22 r. Hellieule – ℰ 03 29 56 21 56 – Fermé 26 juil.-9 août, dim. soir et lundi
Rest – (17 €) Menu 21/32 € – Carte 22/48 €   A**u**

♦ Dans un cadre égayé de jaune, on se régale de plats traditionnels (desserts maison, produits frais scrupuleusement choisis). Courte carte de vins où l'Alsace figure en tête.

ST-DISDIER – 05 Hautes-Alpes – 334 D4 – 135 h. – alt. 1 024 m   40 B1
– ⊠ 05250 ▮ Alpes du Nord

▶ Paris 643 – Gap 46 – Grenoble 81 – La Mure 41

◎ Défilé de la Souloise★ N.

La Neyrette ⌂
≤ 🚗 🏠 P VISA ⊕ AE

– ℰ 04 92 58 81 17 – www.la-neyrette.com – Fax 04 92 58 89 95
– Ouvert 6 fév.-12 avril et 25 avril-10 oct.
12 ch – †59 € ††71/84 €, ☷ 9 € – ½ P 64/71 €
Rest – (dîner seult) (22 €) Menu 26/32 €

♦ Sympathique petite auberge dans un jardin avec plan d'eau où l'on peut ferrer sa truite pour le dîner ! Chambres décorées sur le thème des fleurs de montagne. La salle à manger rustique occupe les murs d'un ancien moulin. Copieuse cuisine du terroir.

ST-DIZIER ⬡ – 52 Haute-Marne – 313 J2 – 26 972 h. – alt. 147 m   14 C2
– ⊠ 52100 ▮ Champagne Ardenne

▶ Paris 212 – Bar-le-Duc 26 – Chaumont 74 – Nancy 99

🛈 Office de tourisme, 4, avenue de Belle-Forêt-sur-Marne ℰ 03 25 05 31 84, Fax 03 25 06 95 51

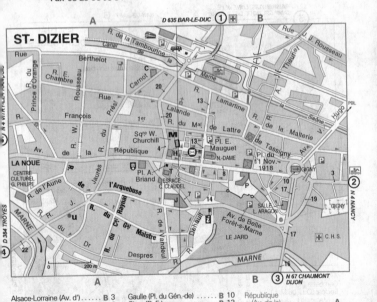

XX   **La Gentilhommière**   ⇔ *VISA* ⚫ AE
29 r. J. Jaurès – ℰ *03 25 56 32 97*
– Fax 03 25 06 32 66
– Fermé 26 juil.-9 août, 17-23 août, sam. midi, dim. soir et lundi   Au
Rest – (18 €) Menu 30 € – Carte 30/60 €
♦ Derrière sa petite barrière de buis, cette maison cache une chaleureuse salle à manger
bourgeoise dans les tons beige et jaune ; lumineuse véranda. Cuisine du marché.

ST-DONAT-SUR-L'HERBASSE – 26 Drôme – **332** C3 – 3 451 h.   **43** E2
– alt. 202 m – ⊠ 26260 ▮ Lyon Drôme Ardèche

◘ Paris 545 – Grenoble 92 – Hauterives 20 – Romans-sur-Isère 13
🔢 Office de tourisme, 32, avenue Georges Bert ℰ 04 75 45 15 32,
Fax 04 75 45 20 42

XXX   **Chartron** avec ch   🔁 🛉 よ AC 🕪 *VISA* ⚫
av. Gambetta – ℰ *04 75 45 11 82*
– www.restaurant-chartron.com
– Fax 04 75 45 01 36
*– Fermé 26 avril-7 mai, 6-23 sept., 2-8 janv., merc. sauf le soir en juil.-août et
mardi*
8 ch – ♦75/95 € ♦♦95/125 €, � 12 € – ½ P 95 €
Rest – (25 €) Menu 35/80 €
♦ Rénovation réussie pour cette grande bâtisse en pierre : élégante salle à manger au décor
raffiné (tons pastel, tableaux colorés). Cuisine actuelle goûteuse et soignée. Chambres
contemporaines.

X   **La Mousse de Brochet**   AC *VISA* ⚫
⊛   *pl. de la Marne –* ℰ *04 75 45 10 47*
– Fax 04 75 45 10 47
*– Fermé 21 juin-13 juil., 22 janv.-12 fév., le soir en sem. de sept. à juin, dim. et
lundi*
Rest – Menu 18/55 €
♦ Après avoir admiré les orgues de la collégiale, faites halte dans cet ancien café au décor
un peu bonbonnière pour y déguster la mousse de brochet, spécialité de la maison.

ST-DYÉ-SUR-LOIRE – 41 Loir-et-Cher – **318** F6 – 1 075 h. – alt. 96 m   **11** B2
– ⊠ 41500 ▮ Châteaux de la Loire

◘ Paris 173 – Beaugency 21 – Blois 17 – Orléans 52
🔢 Office de tourisme, 73, rue Nationale ℰ 02 54 81 65 45,
Fax 02 54 81 65 45

🏠   **Manoir Bel Air** ⊗   ≤ 🐾 🔁 よ ch, ❄ rest, 🕪 🔲 🅿 *VISA* ⚫
1 rte d'Orléans – ℰ *02 54 81 60 10*
– www.manoirbelair.com
– Fax 02 54 81 65 34
– Fermé 20 janv.-1ᵉʳ mars
43 ch – ♦68/86 € ♦♦78/200 €, � 10 € – ½ P 76/84 €
Rest – (28 €) Menu 34/54 € – Carte 42/66 €
♦ Cette maison de maître (17ᵉ s.) fut la propriété d'un courtier en vins puis d'un gouverneur
de la Guadeloupe. Chambres spacieuses et jardin dominent la Loire. Salle à manger panoramique d'inspiration bourgeoise, côté fleuve. Plats traditionnels et vieux millésimes en cave.

SAINTE voir après la nomenclature des Saints

ST-ÉMILION – 33 Gironde – **335** K5 – 2 124 h. – alt. 30 m – ⊠ 33330   **4** C1
▮ Aquitaine

◘ Paris 584 – Bergerac 58 – Bordeaux 40 – Langon 49
🔢 Office de tourisme, place des Créneaux ℰ 05 57 55 28 28,
Fax 05 57 55 28 29
◙ Site★★ - Église monolithe★ - Cloître des Cordeliers★ - ≤★ de la tour du
château du Roi.

Hostellerie de Plaisance ⚘

🟥🟥🟥 ☺☺

5 pl. du Clocher – ℰ 05 57 55 07 55
– www.hostellerie-plaisance.com – Fax 05 57 74 41 11 – Fermé 19 déc.-8 fév.
21 ch – ♦270/650 € ♦♦270/650 €, ⌑ 28 € – 4 suites
Rest – *(fermé dim., lundi et le midi sauf sam.) (menu unique)* Menu 130 €⅞
Spéc. Œuf poché à basse température, jambon jabugo, crumble et mousse de lait. Turbot sauvage saisi, fruits exotiques et bouillon de noix de coco épicé. Mandarine en trompe l'œil, salade d'agrumes épicée. **Vins** Saint-Émilion, Côtes de Castillon.
♦ Au cœur de la cité, luxe et calme en ces deux maisons en pierre blonde du 14ᵉ s., reliées par des jardins et abritant de confortables chambres personnalisées. Au restaurant, le menu unique change chaque jour ; cuisine pleine de saveurs et belle carte de saint-émilions.

Palais Cardinal

🟥🟥

pl. 11-novembre-1918 – ℰ 05 57 24 72 39 – www.palais-cardinal.com
– Fax 05 57 74 47 54 – Ouvert avril-nov.
27 ch – ♦71/180 € ♦♦88/216 €, ⌑ 14 € – ½ P 83/147 €
Rest – *(fermé mardi midi, jeudi midi et merc.)* (19 €) Menu 28/45 €
♦ L'hôtel occupe une partie de la résidence d'un cardinal du 14ᵉ s. Les chambres de l'aile récente sont grandes et décorées avec goût. Joli jardinet et agréable piscine. Au restaurant, mobilier de style, cuisine traditionnelle et saint-émilion de la propriété familiale.

Au Logis des Remparts sans rest

🟥🟥

18 r. Guadet – ℰ 05 57 24 70 43 – www.logisdesremparts.com
– Fax 05 57 74 47 44 – Fermé 15 déc.-31 janv.
17 ch – ♦78/200 € ♦♦78/250 €, ⌑ 14 €
♦ Chambres actuelles au décor soigné, dans deux maisons des 14ᵉ et 17ᵉ s. Véranda pour les petits-déjeuners, terrasses, jardin fleuri et jolie piscine en lisière des vignes.

Auberge de la Commanderie sans rest

🟥

r. des Cordeliers – ℰ 05 57 24 70 19 – www.aubergedelacommanderie.com
– Fax 05 57 74 44 53 – Fermé 20 déc.-20 fév.
17 ch – ♦75/110 € ♦♦75/110 €, ⌑ 11 €
♦ Ancienne commanderie du 17ᵉ s. vous logeant dans de pimpantes petites chambres remises en phase avec l'époque ; celles de l'annexe, plus grandes, conviennent aux familles.

✕✕ Le Tertre

5 r. Tertre de la Tente – ℰ 05 57 74 46 33 – Fax 05 57 74 49 87 – Fermé 12 nov.-10 fév., jeudi en fév.-mars et merc.
Rest – (22 €) Menu 30/70 € – Carte 50/85 €⅞
♦ Accolé à l'église, restaurant champêtre agrémenté d'un vivier à crustacés et, au fond, d'un petit caveau creusé dans la roche. Table régionale et belle carte de saint-émilion.

✕✕ Le Clos du Roy

12 r. de la Petite Fontaine – ℰ 05 57 74 41 55 – www.leclosduroy.fr
– Fax 05 57 43 33 44 – Fermé janv., lundi et mardi
Rest – (20 €) Menu 28/80 € – Carte 60/80 €⅞
♦ Maison en pierre blonde située à l'écart du circuit touristique. Cuisine au goût du jour servie dans d'agréables salles ou sur la terrasse d'été. Beau choix de st-émilions.

rte de Libourne 4 km par D 243 – ✉ 33330 St-Émilion

Château Grand Barrail ⚘

🟥🟥🟥

– ℰ 05 57 55 37 00 – www.grand-barrail.com
– Fax 05 57 55 37 49 – Fermé 15 déc.-1ᵉʳ mars
43 ch – ♦290/330 € ♦♦290/330 €, ⌑ 24 € – 3 suites
Rest – (28 €) Menu 50/65 € – Carte 61/85 €⅞
♦ Château du 19ᵉ s. restauré avec goût, au milieu d'un parc perdu parmi la vigne. Chambres récentes cosy et raffinées, beau spa, fitness et piscine d'été. Décor mauresque dans l'une des trois superbes salles à manger ; cuisine actuelle et riche choix de vins.

Petit déjeuner compris ? La tasse ⌑ suit directement le nombre de chambres.

ST-ÉTIENNE ℙ – 42 Loire – 327 F7 – 177 480 h. – Agglo. 291 960 h. 44 A2
– alt. 520 m – ⊠ 42000 ▌Lyon Drôme Ardèche

> ▶ Paris 517 – Clermont-Ferrand 147 – Grenoble 154 – Lyon 61
>
> ✈ de St-Étienne-Bouthéon : ℰ 04 77 55 71 71, par ⑤ : 15 km.
>
> 🛈 Office de tourisme, 16, avenue de la Libération ℰ 08 92 70 05 42,
> Fax 04 77 49 39 03
>
> 🔞 de St-Étienne 62 rue Saint Simon, par rte d'Annonay et D 501 : 18 km,
> ℰ 04 77 32 14 63
>
> 🔲 Le Vieux St-Étienne★ - Musée d'Art moderne★★ T **M²** - Puits Couriot,
> musée de la mine★ AY - Musée d'Art et d'Industrie★★ - Site de la
> Manufacture des Armes et Cycles de St-Étienne : planétarium★.

Plans pages suivantes

🏨🏨 **Mercure Parc de l'Europe** 🚗 📶 🅰 ⁅⁆ 🖴 🅿 🆚 ⁊⁊ AE ①
r. Wuppertal, Sud-Est du plan, par cours Fauriel – ℰ 04 77 42 81 81
– www.mercure.com – *Fax 04 77 42 81 89* **Va**
120 ch – ♦109/149 € ♦♦119/159 €, ⌿ 17 €
Rest *La Ribandière* – *(fermé 1ᵉʳ-24 août, 24 déc.-4 janv.)* (21 € bc)
Carte 35/60 €

◆ Cure de jouvence réussie pour cet hôtel dont le décor s'inspire de l'art théâtral : chambres personnalisées, salles de bains neuves, joli salon et bar feutré. Le restaurant, contemporain, met en valeur les produits du Forez et les vins des côtes du Rhône.

🏨🏨 **Du Golf** 🐾 ⇐ 🚗 🏊 🛗 ⅙ ch, 📶 ⅍ 🅿 🚗 🆚 ⁊⁊ AE
67 r. St Simon face au golf par r. Revollier T – ℰ 04 77 41 41 00
– www.hoteldugolf42.com – *Fax 04 77 38 28 16*
48 ch – ♦115/149 € ♦♦133/172 €, ⌿ 16 € – 5 suites – ½ P 101/121 €
Rest – (16 €) Menu 21/36 € – Carte 34/46 €

◆ Bien situé face au golf municipal et à la plaine du Forez, l'hôtel a été entièrement relooké dans un style actuel soigné, mêlant design et fonctionnalité. Terrasse côté piscine. La salle à manger moderne en rotonde domine les greens. Cuisine traditionnelle.

🏨🏨 **Du Midi** sans rest 📶 📶 🚗 🆚 ⁊⁊
19 bd. Pasteur – ℰ 04 77 57 32 55 – www.hotelmidi.fr – *Fax 04 77 57 28 00*
– *Fermé 26 juil.-24 août et 27 déc.-5 janv.* **Ve**
33 ch – ♦75/82 € ♦♦84/111 €, ⌿ 11 €

◆ Deux bâtiments reliés entre eux par un plaisant salon doté d'une originale cheminée. Chambres un peu petites, mais pratiques et insonorisées. Tenue sans reproche.

🍴🍴🍴 **Nouvelle** (Stéphane Laurier) 🅰 🆚 ⁊⁊ AE
⁂ *30 r. St-Jean* – ℰ 04 77 32 32 60 – www.nouvelle.fr – *Fax 04 77 41 77 00*
– *Fermé 10-24 août, dim. et lundi* **BYv**
Rest – (34 €) Menu 50/68 € 🍷

Spéc. Saint-Jacques, foie gras de canard et thon (juin-juil.). Filet de bœuf pissaladière, tomates séchées et riz arborio au parmesan (sept.-oct.). Figues rôties au vinaigre balsamique, sorbet romarin (automne). **Vins** Côtes du Forez.

◆ Meubles contemporains, tons gris et marron, verrière et tableaux anciens : un cadre à la fois zen et chaleureux, bien approprié pour découvrir la cuisine inventive du chef.

🍴🍴🍴 **André Barcet** 🅰 ⇔ 🆚 ⁊⁊ AE
19bis cours V. Hugo – ℰ 04 77 32 43 63
– www.restaurantandrebarcet.com – *Fax 04 77 32 23 93*
– *Fermé 14 juil.-8 août, dim. soir et merc.* **BZu**
Rest – (22 €) Menu 36/68 € – Carte 55/80 €

◆ Élégante façade proche des halles. Un salon Chesterfield devance la grande salle, rajeunie en gardant son aspect classique (sièges de style, tables rondes). Carte au diapason.

🍴🍴🍴 **A la Table des Lys** ⇔ 🆚 ⁊⁊ AE ①
5 cours Fauriel – ℰ 04 77 25 48 55 – www.latabledeslys.fr – *Fax 04 77 37 62 75*
– *Fermé 10-16 mai, 2-29 août, sam. et dim.* **CZq**
Rest – Menu 22 € (déj. en sem.), 34/78 € – Carte 35/89 €

◆ En reprenant cette table, le nouveau chef propriétaire a tout repensé : petits salons relookés dans un style contemporain et sobre ; cuisine actuelle, goûteuse et légère.

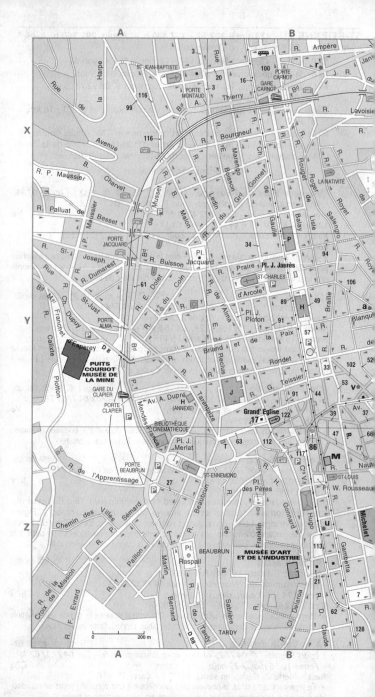

ST-ÉTIENNE

ST-ÉTIENNE

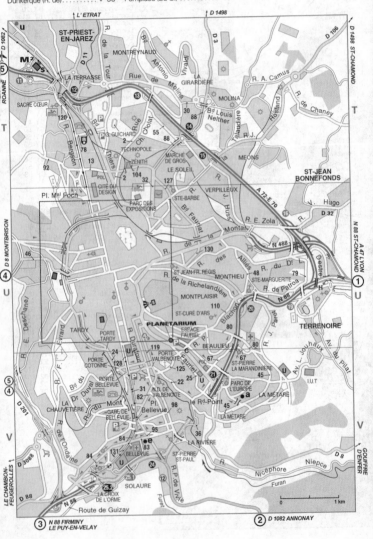

XX **Evohé**   VISA CO AE

10 pl. Villeboeuf – $\mathscr{C}$ 04 77 32 70 22 – Fax 04 77 32 91 52
– Fermé 31 juil.-25 août, lundi soir, sam. midi et dim.   CZ**n**
Rest – Menu 18 € bc/39 € – Carte 29/38 €
♦ Face à un carré de verdure, près de la maison de la Culture. Les murs colorés sont agrémentés de tableaux (exposition-vente) et la disposition des tables préserve l'intimité.

XX **Régency**   AC VISA CO AE

17 bd J. Janin – $\mathscr{C}$ 04 77 74 27 06 – Fax 04 77 74 98 24 – Fermé août, lundi soir,
sam. midi et dim.   BX**r**
Rest – Menu 31/41 € – Carte 45/60 €
♦ Pimpante façade dissimulant une salle colorée : tons acidulés jaune et orangé, belles voûtes en briques rouges. Le marché et la saison influencent la composition de la carte.

X **Corne d'Aurochs**   VISA CO

18 r. Michel Servet – $\mathscr{C}$ 04 77 32 27 27 – www.cornedaurochs.fr
– Fax 04 77 32 72 56 – Fermé 1er-12 mai, 19 juil.-31 août, sam. midi, lundi et dim.
Rest – (15 € bc) Menu 18 € (déj.), 22/42 € – Carte 28/68 €   BY**a**
♦ Ce bistrot à la devanture en bois, offre un intérieur original avec collection de fouets à pâtisserie et lithographies de la fête du livre. "Lyonnaiseries" côté cuisine.

à Sorbiers 10 km au Nord par D 106, N 82 et D 3 – 7 556 h. – alt. 560 m
– ⊠ 42290

🛈 Office de tourisme, 2, avenue Charles-de-Gaulle $\mathscr{C}$ 04 77 01 11 42,
Fax 04 77 53 07 27

X **Le Valjoly**   🔝 P VISA CO

9 r. de l'Onzon – $\mathscr{C}$ 04 77 53 60 35 – www.levaljoly.free.fr – Fermé 1er-14 août,
dim. soir et lundi
Rest – (13 €) Menu 16 € (déj. en sem.), 20/50 € – Carte 26/63 €
♦ Accueil souriant, jolie décoration florale et touches colorées compensent les nuisances de la route et le cadre simple de cette auberge proposant une cuisine traditionnelle.

à Rochetaillée 8 km au Sud-Est par D 8 – ⊠ 42100

XX **Yves Genaille**   ⩻ AC ⅍ VISA CO AE

3 r. du Parc – $\mathscr{C}$ 04 77 32 88 48 – www.restaurant-grenaille.fr
– Fax 04 77 32 88 48 – Fermé 19-27 avril, août, dim. soir, lundi et mardi
Rest – (prévenir) (17 €) Menu 24 € (déj. en sem.), 30/60 € – Carte 47/54 €
♦ Restaurant au cœur d'un village situé sur la ligne de partage des eaux. Des citations sur la gastronomie ornent un mur de la salle panoramique. Cuisine actuelle et rôtissoire.

à St-Priest-en-Jarez 4 km au Nord-Ouest – 6 022 h. – alt. 605 m – ⊠ 42270

XXX **Clos Fleuri**   🔝 ⇧ P VISA CO AE

76 av. A. Raimond – $\mathscr{C}$ 04 77 74 63 24 – www.closfleuri.fr et
www.createur-macarons.com – Fax 04 77 79 06 70 – Fermé 11-18 août, 2-7 janv.
et le soir sauf sam.   T**u**
Rest – (15 €) Menu 27/70 € – Carte 52/66 €
♦ Cette grande villa fleurie vous accueille dans son élégante salle à manger meublée en rotin ou sur ses terrasses ombragées. Registre culinaire contemporain.

X **Du Musée**   🔝 ⇧ P VISA CO AE

musée d'Art Moderne la Terrasse – $\mathscr{C}$ 04 77 79 24 52 – www.nouvelle.fr
– Fax 04 77 79 92 07 – Fermé 10-25 août, merc. soir et dim. soir   T**s**
Rest – (14 €) Menu 17/25 €
♦ Nourritures de l'esprit puis gastronomiques... ou vice-versa selon l'appétit : le bistrot du musée d'Art moderne sert son menu du marché dans un décor résolument contemporain.

ST-ÉTIENNE-DE-BAÏGORRY – 64 Pyrénées-Atlantiques – **342** D5   **3** A3
– 1 602 h. – alt. 163 m – ⊠ 64430 ▮ Pays Basque et Navarre

▷ Paris 813 – Biarritz 51 – Cambo-les-Bains 31 – Pau 116
🛈 Office de tourisme, place de l'Église $\mathscr{C}$ 05 59 37 47 28, Fax 05 59 37 49 58
◉ Église St-Etienne★.

Arcé ⏚ ⟵ ⊟ ⌗ ⌘ ⅏ ⁎ ⁋ P VISA ⑳ AE ⓪

rte du col d'Ispéguy – ℰ 05 59 37 40 14 – www.hotel-arce.com
– Fax 05 59 37 40 27 – Ouvert 2 avril à mi-nov.
20 ch – †70/75 € ††125/145 €, ⌑ 11 € – 3 suites – ½ P 100/105 €
Rest – (fermé merc. midi et lundi midi du 15 sept. au 15 juil. sauf fériés) (prévenir le week-end) Menu 29 € – Carte 43/53 €

◆ En bord de Nivelle, attachante auberge née d'un café de pèlerins où l'on jouait à la pelote. Beau jardin et piscine sur l'autre rive. Grandes chambres bien tenues. Le restaurant occupe un ex-trinquet. Terrasse sous les platanes, table régionale et vins d'Irouléguy.

ST-ÉTIENNE-DE-FURSAC – 23 Creuse – 325 G4 – rattaché à La Souterraine

---

ST-ÉTIENNE-DU-VAUVRAY – 27 Eure – 304 H6 – 704 h. – alt. 13 m   33 D2
– ⊠ 27430

▶ Paris 105 – Rouen 28 – Évreux 35 – Sotteville-lès-Rouen 29

✗ La Ferme   ⌗ ⁎ P VISA ⑳

rte de Crémonville, 2,5 km au Sud-Ouest par D 77 et rte secondaire
– ℰ 02 32 59 14 22 – www.restaurant-ferme-haute.cremonville.com
– Fax 02 32 40 79 32 – Fermé 2-11 avril, 8-22 août et 24 déc.-3 janv.
Rest – (nombre de couverts limité, prévenir) Menu 28 € – Carte 30/50 €

◆ Une belle ferme normande (18e s.) rénovée à découvrir. Plongez dans l'ambiance campagnarde de ce restaurant. Registre traditionnel rythmé par les saisons et menus à l'ardoise.

ST-ÉTIENNE-LA-THILLAYE – 14 Calvados – 303 M4 – 480 h.   32 A3
– alt. 20 m – ⊠ 14950

▶ Paris 198 – Caen 45 – Le Havre 47 – Lisieux 28

⌂ La Maison de Sophie ⏚   ⍟ ⁎ ⁋ P VISA ⑳

Lieu-dit Goguet – ℰ 02 31 65 69 97 – www.lamaisondesophie.com
– Fax 02 31 65 69 98 – Fermé janv., dim. et lundi sauf vacances scolaires
5 ch – ⌑ – †170 € ††170 € – **Table d'hôte** – Menu 60 € bc

◆ Ancien presbytère (1789) en parfait état, parc et petit jardin à la française. Décor très étudié : chambres dépaysantes conçues sur divers thèmes associés à des musiques et senteurs. La médiatique Sophie vous proposera ses fameux cakes. Cours de cuisine.

ST-ÉTIENNE-LÈS-REMIREMONT – 88 Vosges – 314 H4 – rattaché à Remiremont

---

ST-EUTROPE-DE-BORN – 47 Lot-et-Garonne – 336 G2 – rattaché à Cancon

---

ST-EVROULT-NOTRE-DAME-DU-BOIS – 61 Orne – 310 L2   33 C2
– 432 h. – alt. 355 m – ⊠ 61550 ▌Normandie Vallée de la Seine

▶ Paris 155 – Argentan 42 – Caen 91 – Lisieux 52

⌂ Le Relais de l'Abbaye ⏚   ⁎ ch, ⓣ ⅍ VISA ⑳ AE

r. principale – ℰ 02 33 84 19 00 – Fax 02 33 84 19 04
11 ch – †40/50 € ††50/70 €, ⌑ 8 €
Rest – (fermé dim. soir et vend.) (11 €) Menu 19 € (déj. en sem.), 23/37 €
– Carte 23/37 €

◆ Dans la rue principale d'un village connu pour son ancienne abbatiale normande, hôtel entièrement rénové. Chambres fonctionnelles et bien insonorisées. Restaurant logé sous une originale verrière pyramidale. Cuisine traditionnelle.

ST-FARGEAU – 89 Yonne – 319 B6 – 1 660 h. – alt. 175 m – ⊠ 89170   7 A2
▌Bourgogne

▶ Paris 180 – Auxerre 45 – Clamecy 48 – Gien 41

🛈 Office de tourisme, 3, place de la République ℰ 03 86 74 10 07,
Fax 03 86 74 10 07

◉ Château★.

⌂ **Les Grands Chênes** sans rest ⌖ 🔊 ⅍ ⁽ᵗ⁾ 𝗩𝗜𝗦𝗔 ⓪

Les Berthes-Bailly, 4,5 km au Sud par D 18 – ℰ *03 86 74 04 05*
– www.hotel-de-puisaye.com – Fax 03 86 74 11 41 – Fermé 20 déc.-4 janv. et
6-22 fév.
13 ch – ♦69/72 € ♦♦69/72 €, ⌑ 8 €
♦ Entre maison d'hôte et demeure de charme, une bâtisse bourgeoise pleine de cachet aux
chambres colorées, près du "chantier médiéval" (édification d'un château fort) de Guédelon.

ST-FÉLIX-LAURAGAIS – 31 Haute-Garonne – **343** J4 – 1 348 h.   **29** C2
– alt. 332 m – ⊠ 31540 ▌ Midi-Toulousain

▶ Paris 716 – Auterive 46 – Carcassonne 58 – Castres 38
🛈 Syndicat d'initiative, place Guillaume de Nogaret ℰ 05 62 18 96 99
◉ Site★.

XXX **Auberge du Poids Public** avec ch ≼ 🏠 𝗔𝗖 ⁽ᵗ⁾ 🍴 𝗩𝗜𝗦𝗔 ⓪ 𝗔𝗘

rte de Toulouse, fg. St Roch – ℰ *05 62 18 85 00*
– www.auberge-du-poids-public.fr – Fax 05 62 18 85 05 – Fermé 2-30 janv.
et vacances de la Toussaint
12 ch – ♦68/72 € ♦♦72/102 €, ⌑ 10 € – ½ P 73/90 €
Rest – *(fermé dim. soir sauf juil.-août)* Menu 32/72 € – Carte 58/75 €
♦ Vous serez accueillis dans un cadre agréable ouvrant sur la plaine du Lauragais (terrasse
panoramique) ; décor mi-rustique, mi-contemporain et cuisine de terroir revisitée. Chambres
confortables et fraîches.

ST-FERRÉOL – 31 Haute-Garonne – **343** K4 – **rattaché à Revel**

ST-FIRMIN – 80 Somme – **301** C6 – **rattaché à Rue**

ST-FLORENT – 2B Haute-Corse – **345** E3 – **voir à Corse**

ST-FLORENTIN – 89 Yonne – **319** F3 – 5 076 h. – alt. 120 m – ⊠ 89600   **7** B1
▌ Bourgogne

▶ Paris 169 – Auxerre 32 – Chaumont 145 – Dijon 172
🛈 Syndicat d'initiative, 8, rue de la Terrasse ℰ 03 86 35 11 86,
   Fax 03 86 35 11 86
◉ Vitraux★ de l'église.

⌂ **Les Tilleuls** ⌖ 🚗 🏠 ⅍ ch, ⁽ᵗ⁾ 𝗩𝗜𝗦𝗔 ⓪ 𝗔𝗘
⚬⚬
3 r. Decourtive – ℰ *03 86 35 09 09*
– www.hotel-les-tilleuls.com – Fax 03 86 35 36 90
– Fermé 15-22 nov., 24 déc.-4 janv., 14 fév.-14 mars, dim. soir et lundi de mi-sept.
à mi-juin
9 ch – ♦51/55 € ♦♦58/62 €, ⌑ 9 €
Rest – *(fermé lundi de mi-juin à mi-sept.)* Menu 16 € (déj. en sem.), 28/49 €
– Carte 42/60 €
♦ Hôtel familial aménagé dans les murs d'un couvent des Capucins datant de 1635. Petites chambres proprettes donnant parfois sur le jardin ombragé de tilleuls. Agréable restaurant agrémenté de poutres colorées ; verdoyante terrasse. Cuisine traditionnelle.

ST-FLOUR ⟨ɴ⟩ – 15 Cantal – **330** G4 – 6 663 h. – alt. 783 m – ⊠ 15100   **5** B3
▌ Auvergne

▶ Paris 513 – Aurillac 70 – Issoire 67 – Le Puy-en-Velay 94
🛈 Office de tourisme, 17 bis, place d'Armes ℰ 04 71 60 22 50,
   Fax 04 71 60 05 14
◉ Site★★ - Cathédrale★ - Brassard★ dans le musée de la Haute Auvergne H.
   Château d'Alleuze★★ : site★★ S : 12 km Auvergne

Plan page suivante

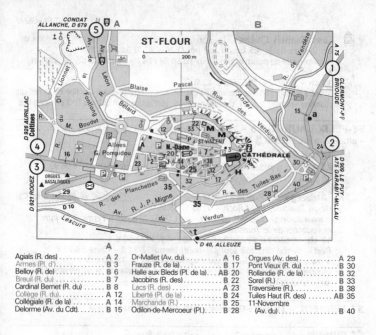

Ville basse

🏨 Grand Hôtel de l'Étape

🔗 ‖‖ ‖‖ 🛜 VISA ⓩ AE ①

18 av. de la République, par ② – ℰ 04 71 60 13 03
– www.hotel-etape.com – Fax 04 71 60 48 05
– Fermé dim. soir sauf juil.-août
23 ch – ‖50/74 € ‖‖56/80 €, � 9 € – ½ P 60/64 €
Rest – *(fermé dim. soir et lundi sauf juil.-août)* (15 € bc) Menu 23/30 €
– Carte 30/50 €
♦ Immeuble des années 1970 au fonctionnement familial. Chambres assez grandes et pratiques ; préférez celles avec vue sur la montagne. L'allure "seventies" du restaurant cache une
authentique table régionale où la majorité des légumes viennent du potager maison.

🏠 L'Ander

‖‖ & ‖‖ P VISA ⓩ

6 av. du Cdt Delorme – ℰ 04 71 60 21 63 – www.hotel-ander.com
– Fax 04 71 60 46 40 – Fermé 20 janv.-10 mars   **Ba**
23 ch – ‖49 € ‖‖49/79 €, ⊻ 9 € – ½ P 49/64 €
Rest – *(fermé dim. soir hors saison)* (12 €) Menu 15/39 € – Carte 20/44 €
♦ Au pied de la ville haute juchée sur sa colline, cet hôtel a retrouvé une nouvelle jeunesse.
Cadre intérieur coloré et douillet ; les chambres affichent une déco personnalisée. Cuisine tra-
ditionnelle axée terroir, servie dans une coquette salle à manger.

🏠 Auberge de La Providence

& ‖‖ P VISA ⓩ AE

1 r. Château d'Alleuze, par D 40 (sud du plan) – ℰ 04 71 60 12 05
– www.auberge-providence.com – Fax 04 71 60 33 94
– Fermé 15 nov.-5 janv.   **Bt**
12 ch – ‖60 € ‖‖62/78 €, ⊻ 9 € – ½ P 50/60 €
Rest – *(fermé dim. midi, vend. et sam. en hiver et dim. soir)* (dîner seult)
(résidents seult) Menu 28 €
♦ Accueil sympathique en cette auberge familiale légèrement excentrée. Chambres modestes mais très bien tenues et insonorisées (deux avec terrasse). L'imposant buffet en bois
patiné donne du cachet au restaurant campagnard ; recettes simples à l'accent régional.

à St-Georges 5 km par ②, D 909 et rte secondaire – 1 128 h. – alt. 860 m
– ✉ 15100

🏨 **Le Château de Varillettes** ⌖ ⬅ 🐕 🏡 ℀ ⅏ rest, 🅿 🆅🆂🅰 ⓿ 🅰🅴 ⓪
– ℰ 04 71 60 45 05 – www.chateaudevarillettes.com – Fax 04 71 60 34 27
– Ouvert mai à sept.
12 ch – †135/195 € ††135/195 €, ⊇ 15 € – 1 suite – ½ P 115 €
Rest – (20 €) Menu 25 € (déj. en sem.)/45 € – Carte 40/65 €
♦ Château du 15ᵉ s., ex-résidence des évêques de St-Flour. Chambres confortables, avec mobilier de style ; l'une d'elles domine le jardin médiéval. Deux salles à manger, l'une voûtée et avec cantou, l'autre ouverte sur la terrasse l'été. Plats traditionnels.

à La Barge 12 km par ③ et D 921, D 116 puis D 10 – 205 h. – alt. 870 m
– ✉ 15100

℀ **Auberge d'Alleuze** 🏡 🆅🆂🅰 ⓿ 🅰🅴 ⓪
♾ – ℰ 04 71 60 96 91
Rest – Menu 16/32 € – Carte 20/40 €
♦ En pleine campagne, sympathique auberge située au cœur d'un hameau. On y sert une appétissante cuisine traditionnelle, cent pour cent maison, à partir de produits frais.

ST-FORT-SUR-GIRONDE – 17 Charente-Maritime – 324 F7 – 932 h.　　38 B3
– alt. 28 m – ✉ 17240
　▶ Paris 518 – Poitiers 186 – La Rochelle 115 – Saintes 45

🏠 **Château des Salles** ⌖ 🐕 ⑨ 🅿 🆅🆂🅰 ⓿ 🅰🅴
61 r. du Gros Chêne, 1,5 km au Nord-Est par D 125 – ℰ 05 46 49 95 10
– www.chateaudessalles.com – Fax 05 46 49 02 81
– Ouvert 1ᵉʳ avril-1ᵉʳ nov.
5 ch – †89 € ††110 €, ⊇ 11 € – ½ P 90/120 €
Table d'hôte – Menu 29/38 €
♦ Joli château du 15ᵉ s. plusieurs fois remanié. Il règne une atmosphère de maison de famille dans les chambres, meublées d'ancien, et au salon (piano et livres à disposition). Cuisine du marché à base de produits du terroir et du potager, et vins du domaine.

ST-FRONT – 43 Haute-Loire – 331 G4 – 475 h. – alt. 1 223 m – ✉ 43550　　6 C3
　▶ Paris 570 – Clermont-Ferrand 156 – Le Puy-en-Velay 27 – Firminy 69
　🄸 Syndicat d'initiative, le bourg ℰ 04 71 59 54 93

🏠 **La Vidalle d'Eyglet** sans rest ⌖ ⬅ 🚲
Vidalle, 7 km au Sud par D 39, D 500 et rte secondaire – ℰ 04 71 59 55 58
– www.vidalle.fr – Fax 04 71 59 55 58 – Ouvert 3 avril-17 oct.
5 ch ⊇ – †90/100 € ††100/115 €
♦ Au bout du monde, jolie ferme restaurée. Chambres très coquettes, salon-bibliothèque, atelier de peinture. Accueil charmant par (et pour) des amoureux de la nature.

ST-GALMIER – 42 Loire – 327 E6 – 5 705 h. – alt. 400 m – Casino　　44 A2
– ✉ 42330 ▯ Lyon Drôme Ardèche
　▶ Paris 457 – Lyon 82 – Montbrison 25 – Montrond-les-Bains 11
　🄸 Office de tourisme, Le Cloître, 3, boulevard Cousin ℰ 04 77 54 06 08,
　　Fax 04 77 54 06 07
　◎ Vierge du Pilier★ et triptyque★ dans l'église.

🏨 **La Charpinière** ⌖ 🐕 🏡 🏊 ℔ ℀ ▮🚶 ⅋ ch, ⑨ 🄲 🅿 🆅🆂🅰 ⓿ 🅰🅴 ⓪
– ℰ 04 77 52 75 00 – www.lacharpiniere.com – Fax 04 77 54 18 79 – Fermé dim.
soir
49 ch – †70/115 € ††75/118 €, ⊇ 13 € – ½ P 68/88 €
Rest *La Closerie de la Tour* – (18 €) Menu 23/48 € – Carte 32/79 €
♦ Un grand parc clos offre un havre de paix à cette gentilhommière tapissée de vigne vierge. Nombreux équipements de loisirs à disposition. Chambres avant tout pratiques. Repas servis dans un agréable jardin d'hiver : cuisine au goût du jour et carte saisonnière.

🏠 **Hostellerie du Forez**   🛜 ⁑ 🕍 🚗 VISA ⓒ AE
💶 *6 r. Didier Guetton – ℰ 04 77 54 00 23 – www.hostellerieduforez.com*
– Fax 04 77 54 07 49
16 ch – †55/59 € ††64/69 €, ⊊ 10 €
Rest – *(fermé 9-29 août, 20-31 déc., dim. soir, mardi midi et lundi)* (12 €)
Menu 15 € (déj. en sem.), 20/35 € – Carte 34/50 €
◆ L'édifice en parfait état qui abrite cette auberge n'est autre qu'un ancien relais de poste du 19ᵉ s. Chambres fonctionnelles bien tenues. Un programme de rénovation suit son cours. Cuisine actuelle servie dans une salle à manger rustique.

✗✗✗ **Le Bougainvillier** avec ch   🛜 AC ⁑ VISA ⓒ AE
Pré Château – ℰ 04 77 54 03 31 – www.restaurant-bougainvillier.com – Fax 04 77 94 95 93 – Fermé 12-21 avril, 1ᵉʳ-23 août, 24 déc.-4 janv., merc. soir, dim. et lundi
4 ch – †90/100 € ††90/100 €, ⊊ 12 €
Rest – *(prévenir)* Menu 40/62 € – Carte 50/62 €
◆ Lignes épurées et décoration contemporaine dans les trois salles du restaurant. Bonne cuisine au goût du jour que l'on peut également déguster sur l'agréable terrasse. À l'étage, même esprit design dans les chambres, créées en mai 2009.

ST-GATIEN-DES-BOIS – 14 Calvados – 303 N3 – 1 312 h.   32 A3
– alt. 149 m – ⊠ 14130
◘ Paris 195 – Caen 58 – Le Havre 36 – Deauville 11

🏨 **Le Clos Deauville St-Gatien**   🛏 🛜 ⌧ 🖥 Ⅰ6 ✗ 🏠 🕭 rest, ⁑ 🕍
4 r. des Brioleurs – ℰ 02 31 65 16 08   🄿 VISA ⓒ AE ⓪
– www.clos-st-gatien.fr – Fax 02 31 65 10 27
58 ch – †81/194 € ††81/194 €, ⊊ 13 € – ½ P 85/140 €
Rest *Le Michels* – (19 €) Menu 31/75 € – Carte 38/63 €
◆ À cœur d'un jardin arboré, cette ancienne ferme et ses dépendances disposent de chambres rafraîchies et de nombreux équipements de loisirs et de séminaires. Le Michels, qui a préservé son cachet (poutres, colombages), propose une cuisine traditionnelle.

ST-GAUDENS – 31 Haute-Garonne – 343 C6 – 11 000 h.   28 B3
– alt. 405 m – ⊠ 31800 ▮ Midi-Toulousain
◘ Paris 766 – Bagnères-de-Luchon 48 – Tarbes 68 – Toulouse 94
🛈 Office de tourisme, 2, rue Thiers ℰ 05 61 94 77 61, Fax 05 61 94 77 50
◙ Boulevards des Pyrénées ≤★ - Belvédères★.

🏨 **Du Commerce**   🛗 🕭 ch, AC ✗ ch, ⁑ 🕍 🚗 VISA ⓒ AE ⓪
2 av. de Boulogne – ℰ 05 62 00 97 00 – www.commerce31.com
– Fax 05 62 00 97 01 – Fermé 17 déc.-10 janv.
48 ch – †59/74 € ††59/75 €, ⊊ 9 € – ½ P 53/63 €
Rest – Menu 21/37 € – Carte 27/53 €
◆ Construction moderne à deux pas du centre-ville, avec garage. Les chambres, fonctionnelles, sont diversement meublées et toutes climatisées. Au restaurant, couleurs ensoleillées, mélange d'ancien et de contemporain et carte où le cassoulet figure en bonne place.

ST-GENIÈS – 24 Dordogne – 329 I6 – 971 h. – alt. 232 m – ⊠ 24590   4 D1
◘ Paris 527 – Bordeaux 200 – Cahors 94 – Périgueux 71

✗✗ **Le Château** avec ch   🛜 AC rest, ⁑ 🄿 VISA ⓒ AE
Le Bourg – ℰ 05 53 28 36 77 – www.restaurantduchateau.com – Fermé fin oct.-début mars
3 ch – †135 € ††135 €, ⊊ 10 €
Rest – Menu 39/69 € – Carte environ 45 €🕏
Rest *La Taverne* – *(fermé janv.)* (18 €) Carte environ 25 €
◆ Beau château en pierres dorées des 13ᵉ-16ᵉ s. hérissé de tours. Au restaurant gastronomique, cheminée monumentale, poutres et pierres, tables en bois brut et fine cuisine actuelle, à base de produits de qualité. À La Taverne, rôtisserie chic et plats du terroir. Chambres dans l'esprit des lieux, très confortables.

ST-GENIS-POUILLY – 01 Ain – 328 J3 – 7 865 h. – alt. 445 m   46 F1
– ⊠ 01630
◘ Paris 524 – Bellegarde-sur-Valserine 28 – Bourg-en-Bresse 100 – Genève 12
🛈 Office de tourisme, 11 rue de Gex ℰ 04 50 42 29 37, Fax 04 50 28 32 94
◙ des Serves Route de Meyrin, E : 2 km par D 984, ℰ 04 50 42 16 48

✕✕ L'Amphitryon
🏠 **P** 📼 ⊙⊙ AE
– ℰ 04 50 20 64 64 – www.saint-genis-pouilly.com/amphitryon – Fax 04 50 42 06 98
– Fermé 1er-20 août, 26 déc.-15 fév., mardi soir, dim. soir et lundi
Rest – Menu 35/55 € – Carte 46/61 €
◆ Derrière la sage façade de ce pavillon récent se cache une surprenante salle à manger :
fresques, voûtes et statuettes de style antique. Cuisine classique et cave fournie.

ST-GENIX-SUR-GUIERS – 73 Savoie – **333** G4 – **2 094 h.** – alt. 235 m   **45** C2
– ✉ 73240

▶ Paris 513 – Belley 22 – Chambéry 34 – Grenoble 58

🖾 Office de tourisme, rue du faubourg ℰ 04 76 31 63 16, Fax 04 76 31 71 30

à Champagneux 4 km au Nord-Ouest par D 1516 – 471 h. – alt. 214 m – ✉ 73240

🏠 Les Bergeronnettes 🌿
≤ 🚗 🏠 🔲 🕴 & ch, 🐾 **P** 📼 ⊙⊙ AE
⊙⊙ Le Bourg, près de l'église – ℰ 04 76 31 50 30 – Fax 04 76 31 61 29 – Fermé
26 déc.-1er janv.
18 ch – ♥70 € ♥♥70/100 €, ⊑ 10 € – ½ P 70 €
Rest – (fermé dim. soir) Menu 14/36 € – Carte 25/46 €
◆ Hôtel de campagne alangui dans un cadre verdoyant abritant des chambres spacieuses et
bien entretenues. Petits-déjeuners sous forme de buffet. Restaurant actuel, cuisine régionale
simple (spécialités de cuisses de grenouilles) et terrasse sous un chapiteau.

ST-GEOIRE-EN-VALDAINE – 38 Isère – **333** G5 – **2 271 h.**   **45** C2
– alt. 410 m – ✉ 38620

▶ Paris 549 – Chambéry 42 – Grenoble 42 – Lyon 90

✕✕ Sylvain Devaux-Auberge du Val d'Ainan avec ch
🏠 & rest,
pl. André-Bonin – ℰ 04 76 06 54 14   ✂ rest, 📼 ⊙⊙
– www.sylvain-devaux.com – Fermé vacances de Noël, dim. soir, lundi et merc.
5 ch – ♥35 € ♥♥35/65 €, ⊑ 5 €
Rest – (15 €) Menu 25/85 € bc – Carte 34/54 €
◆ Dans ce village à deux pas du Parc naturel de Chartreuse, plaisante cuisine soignée qui
fait la part belle aux épices. Salle à manger à l'esprit "brocante". Terrasse aux beaux jours.
La maison compte cinq chambres fraîches et bien tenues, proposées à prix doux.

ST-GEORGES – 15 Cantal – **330** G4 – **rattaché à St-Flour**

ST-GEORGES-DE-DIDONNE – 17 Charente-Maritime – **324** D6 – **rattaché à
Royan**

ST-GEORGES-D'ESPÉRANCHE – 38 Isère – **333** D4 – **2 976 h.**   **44** B2
– alt. 400 m – ✉ 38790

▶ Paris 496 – Bourgoin-Jallieu 25 – Grenoble 92 – Lyon 40

✕✕ Castel d'Espérance
🏠 **P** 📼 ⊙⊙ AE
14 rte Lafayette – ℰ 04 74 59 18 45 – www.castel-esperance.com
– Fax 04 74 59 04 40 – Fermé 27 oct.-8 nov., 9-27 fév., lundi, mardi et merc.
Rest – (17 €) Menu 24/54 € – Carte 45/61 €
◆ Restaurant installé en partie dans une tour de garde du 13e s. dont quelques vestiges
agrémentent les salles à manger. Cuisine régionale et menu "du Moyen Âge".

ST-GEORGES-DES-SEPT-VOIES – 49 Maine-et-Loire – **317** H4   **35** C2
– 638 h. – alt. 83 m – ✉ 49350

▶ Paris 314 – Nantes 127 – Angers 30 – Saumur 27

✕✕ Auberge de la Sansonnière avec ch 🌿
& 🔲 rest, ✂ rest,
⊙⊙ (près de la mairie) – ℰ 02 41 57 57 70   📼 ⊙⊙ AE
🏠 – www.auberge-sansonniere.com – Fax 02 41 57 51 38 – Fermé 9-25 mars, 3 sem.
en nov., 1 sem. en janv., dim. soir et lundi
7 ch – ♥60/80 € ♥♥60/130 €, ⊑ 9 € – ½ P 53/61 €
Rest – (11 €) Menu 17/38 € – Carte 30/59 €
◆ Un vrai bijou d'auberge que cet ex-prieuré joliment restauré : esprit bistrot moderne
(pierres, poutres, couleurs gaies) et appétissante cuisine traditionnelle actualisée. Petites
chambres aussi mignonnes qu'accueillantes.

ST-GEORGES-SUR-CHER – 41 Loir-et-Cher – **318** D8 – **2 268** h.   **11** A1
– alt. 70 m – ⊠ 41400

▶ Paris 225 – Blois 40 – Orléans 102 – Tours 40

⟨↑⟩   **Prieuré de la Chaise** sans rest ॐ   🔌 ⚖ AC 🛜 P VISA ◑◐
    8 r. Prieuré – ℰ 02 54 32 59 77 – www.prieuredelachaise.com
    – Fax 02 54 32 69 49
    5 ch � – ♦60/120 € ♦♦65/130 €
    ♦ Adresse pleine de charme – prieuré du 16e s. – au calme d'un parc. Tomettes et meubles anciens dans les chambres. Salle à manger où crépitent en hiver de belles flambées.

ST-GERMAIN-DE-JOUX – 01 Ain – **328** H3 – **496** h. - alt. 507 m   **45** C1
– ⊠ 01130

▶ Paris 487 – Bellegarde-sur-Valserine 13 – Belley 61 – Bourg-en-Bresse 63

XX   **Reygrobellet** avec ch   ❄ P VISA ◑◐
    D 1084 – ℰ 04 50 59 81 13 – www.hotel-reygrobellet.com – Fax 04 50 59 83 74
    – Fermé 8-23 juil., 26 oct.-10 nov., 16-23 fév., dim. soir et lundi
    10 ch – ♦54/66 € ♦♦54/66 €, � 8,50 €
    Rest – Menu 22 € (sem.)/59 € – Carte 37/79 €
    ♦ Outre son confortable intérieur campagnard, cette maison a pour elle une généreuse cuisine traditionnelle (beau chariot de desserts). Chambres simples en partie rénovées.

ST-GERMAIN-DES-VAUX – 50 Manche – **303** A1 – **428** h.   **32** A1
– alt. 59 m – ⊠ 50440

▶ Paris 383 – Barneville-Carteret 48 – Cherbourg 28 – Nez de Jobourg 7
◉ Baie d'Ecalgrain★★ S : 3 km - Port de Goury★ NO : 2 km.
◉ Nez de Jobourg★★ S : 7,5 km puis 30 mn - ≤★★ sur anse de Vauville SE : 9,5 km par Herqueville, ▮ Normandie Cotentin.

⟨🏠⟩   **L'Erguillère** sans rest ॐ   ≤ 🛏 ⚖ 🛜 P VISA ◑◐ AE
    Port Racine, 1,8 km à l'Est par D 45 – ℰ 02 33 52 75 31
    – www.hotel-lerguillere.com – Fax 02 33 21 29 94 – Fermé 13 fév.-1er mars
    10 ch – ♦75/140 € ♦♦75/140 €, � 12 €
    ♦ Direction le bout du monde... À la pointe de la Hague, au-dessus de la mer et de Port Racine, hôtel très cosy où se réfugier à la suite de Jacques Prévert, qui le fréquenta.

X   **Le Moulin à Vent**   ≤ 🛏 P VISA ◑◐
    10 rte de Port Racine, (Hameau Danneville), 1,5 km à l'Est par D 45
    – ℰ 02 33 52 75 20 – www.le-moulin-a-vent.fr – Fax 02 33 52 22 57
    – Fermé 9-29 déc., jeudi d'oct. à mars et merc. sauf en juil.-août
    Rest – (prévenir) Menu 23/37 € – Carte 39/53 €
    ♦ Cette auberge, isolée au bout de la presqu'île du Cotentin, sert une cuisine actuelle privilégiant les produits de la mer. Cadre épuré et lumineux, ouvert sur un beau panorama.

ST-GERMAIN-DU-BOIS – 71 Saône-et-Loire – **320** L9 – **1 874** h.   **8** D3
– alt. 210 m – ⊠ 71330 ▮ Bourgogne

▶ Paris 367 – Chalon-sur-Saône 33 – Dole 58 – Lons-le-Saunier 29

⟨🏠⟩   **Hostellerie Bressane**   🛜 P VISA ◑◐ AE
⟨⊕⟩   *2 rte de Sens – ℰ 03 85 72 04 69 – www.giot-hostelleriebressane.fr*
    – Fax 03 85 72 07 75 – Fermé dim. soir sauf juil.-août et lundi
    9 ch – ♦48 € ♦♦53 €, � 6 € – ½ P 54 €
    Rest – (13 € bc) Menu 21/38 € – Carte 30/49 €
    ♦ Hôtel particulier du 18e s. dont l'intérieur régional et pittoresque a été rénové avec soin. Chambres de caractère, plus calmes côté cour. Généreuse cuisine traditionnelle, préparée sans fioritures et proposée à des prix raisonnables.

ST-GERMAIN-EN-LAYE – 78 Yvelines – **311** I2 – **101** 13 – **voir à Paris, Environs**

ST-GERMAIN-LÈS-ARLAY – 39 Jura – **321** D6 – **521** h. – alt. 255 m   **16** B3
– ⊠ 39210

▶ Paris 398 – Besançon 74 – Chalon-sur-Saône 58 – Dole 46

XX **Hostellerie St-Germain** avec ch 🛜 🛜 **P** 🆚 ⏨

635 Grande rue – 𝒞 *03 84 44 60 91* – *www.hostelleriesaintgermain.com*
– *Fax 03 84 44 63 64*
7 ch – ♦60 € ♦♦65/78 €, � 9 € – ½ P 64 €
Rest – *(fermé mardi sauf en saison et lundi)* (18 €) Menu 23/74 €
– Carte 40/57 €⌖

◆ Face à l'église, cet ancien relais de poste du 17ᵉ s. propose une cuisine actuelle raffinée, dans un cadre rustico-bourgeois. Belle carte de vins du Jura. Chambres bien tenues, plus calmes côté terrasse.

ST-GERVAIS – 33 Gironde – **335** I4 – 1 398 h. – alt. 39 m – ⊠ 33240   3 B1

▶ Paris 543 – Bordeaux 29 – Mérignac 38 – Pessac 44

XX **Au Sarment** 🛜 🍸 ⇔ 🆚 ⏨ 🅰🅴

50 r. la Lande – 𝒞 *05 57 43 44 73* – *www.au-sarment.com* – *Fax 05 57 43 90 28*
– *Fermé vacances de fév., 2 sem. fin août, sam. midi, dim. soir et lundi*
Rest – (20 € bc) Menu 39/59 € – Carte 47/75 €

◆ Le chef, d'origine martiniquaise, rehausse ses bons petits plats de saveurs créoles. L'intérieur de cette belle maison de pays, clair et sobre, donne sur une terrasse ombragée.

ST-GERVAIS-D'AUVERGNE – 63 Puy-de-Dôme – **326** D6 – 1 341 h.   5 B2
– alt. 725 m – ⊠ 63390   Auvergne

▶ Paris 377 – Aubusson 72 – Clermont-Ferrand 55 – Gannat 41
ℹ Office de tourisme, rue du Général Desaix 𝒞 04 73 85 80 94

🏨 **Castel Hôtel 1904** ⌖ � 🍸 🛜 **P** 🆚 ⏨
⌖

r. du Castel – 𝒞 *04 73 85 70 42* – *www.castel-hotel-1904.com*
– *Fax 04 73 85 84 39* – *Ouvert 1ᵉʳavril-11 nov.*
15 ch – ♦59/79 € ♦♦59/79 €, � 9 € – ½ P 55/65 €
Rest – *(fermé lundi midi)* Menu 31/60 €
Rest *Le Comptoir à Moustaches* – (13 €) Menu 17 € – Carte 24/38 €

◆ Cette demeure de charme du 17ᵉ s. dispose de chambres fraîchement rénovées, dotées de mobilier de style. Chaleureux accueil par la famille qui tient la maison depuis 1904. Repas simples au Comptoir à Moustaches. L'autre restaurant propose des mets traditionnels dans une salle au décor délicieusement suranné.

🏠 **Le Relais d'Auvergne** 🛜 **P** 🆚 ⏨ 🅰🅴
⌖

rte de Châteauneuf – 𝒞 *04 73 85 70 10* – *www.relais-auvergne.com*
– *Fax 04 73 85 85 66* – *Ouvert de mars à nov. et fermé dim. soir et lundi d'oct. à mars*
12 ch – ♦57/60 € ♦♦57/70 €, � 7 € – ½ P 55 €
Rest – (13 €) Menu 20/38 € – Carte 30/43 €

◆ La présence de meubles et de bibelots chinés dans la région (vente à la boutique) évoque une atmosphère d'antan. Chambres personnalisées au mobilier ancien ou de style. Belle salle à manger rustique. Recettes traditionnelles et spécialités locales.

ST-GERVAIS-EN-VALLIÈRE – 71 Saône-et-Loire – **320** J8 – 356 h.   7 A3
– alt. 203 m – ⊠ 71350

▶ Paris 324 – Beaune 16 – Chalon-sur-Saône 24 – Dijon 57

à Chaublanc 3 km au Nord-Est par D 94 et D 183
– ⊠ 71350 St-Gervais-en-Vallière

🏨 **Le Moulin d'Hauterive** ⌖ 🍸 🛜 ⅃ 🛁 🍽 ⅃ ch, 🅐🅒 rest, 🛜 🆚 **P**

8 r. du Moulin – 𝒞 *03 85 91 55 56* 🆚 ⏨ 🅰🅴 ⓪
– *www.moulinhauterive.com* – *Fax 03 85 91 89 65* – *Fermé 3 janv.-11 fév., merc. soir, mardi d'oct. à mai et merc. en juin et sept.*
20 ch – ♦70/179 € ♦♦119/179 €, � 15 € – 7 suites – ½ P 114/174 €
Rest – *(fermé mardi sauf le soir en juil.-août, merc. et jeudi de sept. à juin et lundi midi)* Menu 29 € (déj. en sem.), 39/62 € – Carte 52/94 €⌖

◆ Isolé en pleine nature, ce vieux moulin à farine bordant la Dheune fut bâti au 12ᵉ s. par les moines de l'abbaye de Cîteaux. Chambres personnalisées ; beaux meubles anciens. Deux salles à manger cossues et terrasse au bord de l'eau ; belle carte de bourgognes.

ST-GERVAIS-LES-BAINS – 74 Haute-Savoie – **328** N5 – 5 594 h.   **46** F1
– alt. 820 m – Sports d'hiver : 1 400/2 000 m ⚡ 2 ⚡25 ⚡ – Stat. therm. : toute
l'année – Casino – ⊠ 74170 ▯ Alpes du Nord

▶ Paris 597 – Annecy 84 – Bonneville 42 – Chamonix-Mont-Blanc 25

▦ ℰ 3635 et tapez 42 (0,34 €/mn)

▯ Office de tourisme, 43, rue du Mont-Blanc ℰ 04 50 47 76 08,
Fax 04 50 47 75 69

◪ Route du Bettex★★★ 8 km par ③ puis D 43.

▦ **Val d'Este** sans rest   ⬿ 🛰 VISA 🅾 AE
pl. de l'Église – ℰ 04 50 93 65 91
– www.hotel-valdeste.com – Fax 04 50 47 76 29
– Fermé 5 nov.-15 déc.   **b**
14 ch – ♥55/80 € ♥♥55/86 €, ☲ 8 €
◆ Au cœur de la station, petit hôtel familial à l'accueil chaleureux. Les chambres qui donnent sur les montagnes, plus calmes, sont équipées d'une baignoire.

✗✗ **Le Sérac**   ⬿ 🛋 VISA 🅾
☺ *pl. de l'Église*
– ℰ 04 50 93 80 50
– www.serac-restaurant.com
– Fermé 19 avril-7 mai, 15 nov.-3 déc., merc. sauf le soir en été, jeudi midi et
lundi midi   **b**
Rest – Menu 26/60 € – Carte 39/54 €
◆ Cuisine mariant habilement saveurs régionales et méditerranéennes, avec les sommets en
toile de fond. Les amateurs de chocolat seront séduits par la carte des desserts !

ST-GERVAIS-LES-
BAINS LE FAYET

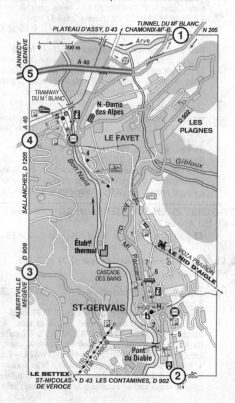

au Fayet 4 km au Nord-Ouest par D 902 – ✉ 74190

🖼 Office de tourisme, 104, av. de la gare ✆ 04 50 93 64 64, Fax 04 50 78 38 48

🏠 **Deux Gares**　　　　　　　　　🔲 🖨 ⚒ 🏋 **P** 🚗 **VISA** 🔵
　　50 impasse des Deux Gares – ✆ 04 50 78 24 75 – www.hotel2gares.com
　　– Fax 04 50 78 15 47 – Fermé 23 mai-3 juin, 25 sept.-3 oct. et 1er nov.-18 déc.
　　28 ch – ♦43/49 € ♦♦53/58 €, � 8 € – ½ P 46/50 €　　　　　　　　s
　　Rest – (dîner seult) (résidents seult) Menu 15 €
　　◆ Face à la gare de départ du fameux tramway du mont Blanc. Petites chambres récemment rénovées ; bon équipement de loisirs. Belle piscine couverte. Excellent rapport qualité-prix.

au Bettex 8 km au Sud-Ouest par D 43 ou par télécabine, station intermédiaire – ✉ 74170 St-Gervais-les-Bains

🏨 **Arbois-Bettex** ⬙　　　　　　　◁ 🏯 🔲 🔵 📶 **P** **VISA** 🔵
　　– ✆ 04 50 93 12 22 – www.hotel-arboisbettex.com – Fax 04 50 93 14 42
　　– Ouvert 28 mai-26 sept. et 20 déc.-19 avril
　　33 ch – ♦50/140 € ♦♦100/300 €, ⊻ 12 € – ½ P 80/195 €
　　Rest – Menu 25/52 € – Carte 34/80 €
　　◆ Superbe vue sur le massif du Mont-Blanc depuis ce chalet voisin des télécabines. Chambres fonctionnelles. Piscine couverte, spa et massage. Cuisine traditionnelle et plats savoyards ; terrasse exposée plein sud.

*Autres ressources hôtelières voir **Les Houches** (au Prarion) et **Megève** (sommet du Mont d'Arbois)*

ST-GILLES – 30 Gard – **339** L6 – 13 234 h. – alt. 10 m – ✉ 30800　　**23** D2
▌ Languedoc Roussillon
　▶ Paris 724 – Arles 18 – Beaucaire 27 – Lunel 31
　🖼 Office de tourisme, 1, place Frédéric Mistral ✆ 04 66 87 33 75,
　　Fax 04 66 87 16 28
　◉ Façade★★ et crypte★ de l'église - Vis de St-Gilles★.

🏠 **Le Cours**　　　　　　　　🏯 🖨 🅰🅲 📶 **VISA** 🔵 🅰🅴 ⓪
　　10 av. François Griffeuille – ✆ 04 66 87 31 93 – www.hotel-le-cours.com
　　– Fax 04 66 87 31 83 – Ouvert 9 mars-14 déc.
　　32 ch – ♦47/63 € ♦♦57/75 €, ⊻ 8,50 € – ½ P 49/60 €
　　Rest – (11 €) Menu 15/36 € – Carte 23/43 €
　　◆ Cet hôtel familial voisin du port de plaisance, aménagé sur le canal du Rhône, propose des petites chambres pratiques, rénovées et bien tenues. Aux beaux jours, fi de la salle à manger-véranda, attablez-vous sur la terrasse à l'ombre des platanes ! Plats du terroir.

🏠 **Domaine de la Fosse** ⬙　　　　🚗 ⬙ 🅰🅲 ch, ⚒ rest, 📶 **P** **VISA** 🔵
　　rte de Sylvéréal, à 7 km par D179, croisement D 202 – ✆ 04 66 87 05 05
　　– www.domaine-de-la-fosse.com – Fax 04 66 87 40 90
　　5 ch ⊻ – ♦100/120 € ♦♦115/145 € – ½ P 100/125 €
　　Table d'hôte – Menu 25 € bc/35 € bc
　　◆ Au cœur d'un domaine rizicole en pleine Camargue, cette commanderie des Templiers (17e s.) abrite des chambres souvent mansardées, au mobilier chiné. Sauna, hammam, jacuzzi.

ST-GILLES-CROIX-DE-VIE – 85 Vendée – **316** E7 – 7 281 h.　　**34** A3
– alt. 12 m – **Casino** : Le Royal Concorde – ✉ 85800 ▌ Poitou Vendée Charentes
　▶ Paris 462 – Cholet 112 – Nantes 79 – La Roche-sur-Yon 44
　🖼 Office de tourisme, boulevard de l'Égalité ✆ 02 51 55 03 66,
　　Fax 02 51 55 69 60
　🏌 des Fontenelles à L'Aiguillon-sur-Vie Route de Coëx, E : 11 km par D 6,
　　✆ 02 51 54 13 94

🍴 **Le Casier**　　　　　　　　　🏯 **VISA** 🔵 🅰🅴
　　pl. du Vieux Port – ✆ 02 51 55 01 08 – www.lecasier.com – Fermé 20 déc.-2 mars,
　　lundi en mars, nov. et déc.
　　Rest – Menu 15 € (déj. en sem.), 19/28 € – Carte 19/43 €
　　◆ Décor de bistrot marin très convivial, cuisine iodée simple et bien faite : le patron de cette ex-charcuterie proche des quais a troqué le tablier pour la toque, avec succès !

X **La Cotriade**   AC VISA ⦿

8 r. Cristau – ℰ 02 51 55 09 62 – Fermé 19 déc.-31 janv., mardi soir, merc. soir, jeudi soir hors saison, dim. soir soir sauf du 11 juil. au 23 août et lundi
Rest – (14 €) Menu 20/34 €

♦ Dans ce restaurant en retrait de l'agitation touristique, séduisante cuisine au goût du jour doublée de quelques recettes asiatiques bien réalisées. Cadre rustique rafraîchi.

à Sion-sur-l'Océan 5 km à l'Ouest par la Corniche Vendéenne – ⊠ 85270

🄱🄷 **Frédéric** sans rest   ≼ ⁕ P ⌂ VISA ⦿ AE

25 r. des Estivants – ℰ 02 51 54 30 20 – www.hotel-frederic.com – Fax 02 51 54 11 68
13 ch – †66/122 € ††66/122 €, ⊊ 11 €

♦ Cette jolie villa des années 1930 a été modernisée tout en conservant son cachet d'antan. Choisir une chambre avec vue sur l'océan. Bar à huîtres au délicieux cadre rétro.

ST-GINGOLPH – 74 Haute-Savoie – 328 N2 – 651 h. – alt. 385 m   **46** F1
– ⊠ 74500 ▮ Alpes du Nord

🄳 Paris 560 – Annecy 102 – Évian-les-Bains 19 – Montreux 21

XXX **Aux Ducs de Savoie**   ≼ ⌂ P VISA ⦿ AE

r. 23 Juillet 44 – ℰ 04 50 76 73 09 – www.ducsdesavoie.net – Fermé 4-26 janv., mardi sauf juil.-août et lundi
Rest – (19 €) Menu 23 € (sem.)/66 € – Carte 36/72 €

♦ Agréable chalet situé en aplomb du village. Cadre bourgeois, terrasse d'été ombragée face au lac et côté cuisine, goûteuses recettes classiques (appétissant chariot de desserts).

ST-GIRONS – ◉ – 09 Ariège – 343 E7 – 6 533 h. – alt. 398 m   **28** B3
– ⊠ 09200 ▮ Midi-Toulousain

🄳 Paris 774 – Auch 123 – Foix 45 – St-Gaudens 43

🄸 Office de tourisme, place Alphonse Sentein ℰ 05 61 96 26 60, Fax 05 61 96 26 69

🄱🄷 **Château de Beauregard** ⑤   ♫ ⌁ ₺ rest, AC rest, ⁕ P VISA ⦿ AE

av. de la Résistance – ℰ 05 61 66 66 64 – www.chateaubeauregard.net – Fax 05 34 14 07 93 – Fermé nov.
10 ch – †60/200 € ††60/200 €, ⊊ 13 € – 3 suites – ½ P 70/140 €
Rest *Auberge d'Antan* – (dîner seult sauf week-ends) Menu 29/38 €

♦ Petit château et ses dépendances (19ᵉ s.), au calme d'un parc. Chambres confortables d'esprit bourgeois (mobilier chiné), suites de caractère et spa original dans une ancienne écurie. À l'auberge, décor rustique et plats de grand-mère préparés au feu de bois.

🄷 **La Clairière** ⑤   ♫ ⌂ ⌁ ₺ AC rest, ⁕ ⚒ P VISA ⦿ AE ⓪

av. de la Résistance – ℰ 05 61 66 66 66 – www.hotel-clairiere.com – Fax 05 34 14 30 30
19 ch – †58/68 € ††58/68 €, ⊊ 9 € – ½ P 63/68 €
Rest – (23 €) Menu 29/64 € – Carte 35/44 € ⅜

♦ Dans un parc, insolite construction moderne dotée d'un toit de bardeaux tombant jusqu'au sol. Chambres fonctionnelles, certaines aménagées pour les familles. Au restaurant, cuisine traditionnelle et salle actuelle ouverte sur une terrasse, face à la piscine.

à Lorp-Sentaraille 4 km au Nord-Ouest par D 117 – 1 242 h. – alt. 361 m
– ⊠ 09190

XX **La Petite Maison**   ⌂ VISA ⦿

rte de Toulouse – ℰ 05 61 66 54 49 – www.lapetitemaison-magnypao.com – Fax 05 61 66 54 49 – Fermé janv., lundi et mardi
Rest – (15 €) Menu 26/100 € bc – Carte 45/60 €

♦ Bien dans l'air du temps, la cuisine de cette maison discrète, située en léger retrait de la route, vous réservera d'agréables surprises. Cadre frais aux teintes ensoleillées.

ST-GRÉGOIRE – 35 Ille-et-Vilaine – 309 L6 – rattaché à Rennes

---

ST-GUÉNOLÉ – 29 Finistère – 308 E8 – ⊠ 29760 Penmarch ▮ Bretagne   **9** A2

🄳 Paris 587 – Douarnenez 47 – Guilvinec 8 – Pont-l'Abbé 14

🄸 Office de tourisme, Pl. du Mar. Davout ℰ 02 98 58 81 44, Fax 02 98 58 86 62

◉ Musée préhistorique★ – ≼★★ du phare d'Eckmühl★ S : 2,5 km
- Église★ de Penmarch SE : 3 km - Pointe de la Torche ≼★ NE : 4 km.

Sterenn ⌖   ⟨ 🛋 AC rest, P VISA ◑◐

plage de la Joie – ℰ 02 98 58 60 36 – www.hotel-sterenn.com
– *Fax* 02 98 58 71 28 – *Fermé janv.*
16 ch – †50/98 € ††50/98 €, ⟳ 11 € – ½ P 70/98 €
Rest – *(fermé lundi)* (15 €) Menu 22/39 € – Carte 26/60 €

◆ Face à la plage, cette construction néobretonne (1978) a changé de propriétaires sans rien perdre de son charme. Fonctionnement familial ; chambres sobres et nettes. Dans la salle ouverte sur la côte, agréable cuisine de la mer au bon rapport qualité-prix.

Les Ondines ⌖   🛋 & ⁀⁀ VISA ◑◐

90 r. Pasteur, rte du phare d'Eckmühl – ℰ 02 98 58 74 95 – www.lesondines.com
– *Fax* 02 98 58 73 99 – *Ouvert 3 avril-15 nov. et fermé mardi sauf juil.-août*
14 ch – †53/68 € ††53/68 €, ⟳ 8,50 € – ½ P 52/62 €
Rest – Menu 16/39 € – Carte 25/40 €

◆ À l'extrême pointe du pays bigouden et à deux pas de la mer, ambiance marine dans cet hôtel parfaitement tenu. Plaisantes chambres avec mobilier en bois. Coin salon-billard. Salle à manger-véranda où l'océan règne sur les repas : même la choucroute n'y échappe pas !

ST-GUILHEM-LE-DESERT – 34 Hérault – 339 G6 – 243 h. – alt. 89 m   **23** C2
– ⊠ 34150

▶ Paris 726 – Montpellier 41 – Lodève 31 – Millau 90
🛈 Office de tourisme, 3, parc d'activités de Calamcé ℰ 04 67 57 58 83

Le Guilhaume d'Orange   🛋 & ch, AC ch, VISA ◑◐

2 av. Guillaume d'Orange – ℰ 04 67 57 24 53 – www.guilhaumedorange.com
– *Fax* 04 67 60 38 56 – *Fermé 15-23 déc. et merc.*
10 ch – †68/98 € ††68/98 €, ⟳ 8 € – ½ P 58/73 €
Rest – Menu 20/28 € – Carte 13/22 €

◆ Face aux gorges de l'Hérault, cette bâtisse restaurée avec goût a su garder son cachet d'origine. Coquettes chambres romantiques à souhait, dotées du confort moderne. En salle ou sur la belle terrasse, vous apprécierez une cuisine simple et familiale.

ST-GUIRAUD – 34 Hérault – 339 F6 – **rattaché à Clermont-l'Hérault**

ST-HAON – 43 Haute-Loire – 331 E4 – 385 h. – alt. 1 000 m – ⊠ 43340   **6** C3
▌Auvergne

▶ Paris 559 – Langogne 25 – Mende 68 – Le Puy-en-Velay 29

✗ **Auberge de la Vallée** avec ch ⌖   ⟨ 🛋 VISA ◑◐

– ℰ 04 71 08 20 73 – auberge-de-la-vallee.fr – *Fax* 04 71 08 29 21
– *Fermé 1er janv.-20 mars, dim. soir et lundi d'oct. à avril*
10 ch – †36/39 € ††43/46 €, ⟳ 7 € – ½ P 46 €
Rest – Menu 16/39 € – Carte 22/51 €

◆ Auberge familiale modeste établie dans un village d'altitude. Grande salle aux tables simplement dressées pour des repas traditionnels connotés terroir. Chambrettes proprettes.

ST-HAON-LE-VIEUX – 42 Loire – 327 C3 – **rattaché à Renaison**

ST-HERBLAIN – 44 Loire-Atlantique – 316 G4 – **rattaché à Nantes**

ST-HILAIRE-DE-BRETHMAS – 30 Gard – 339 J4 – **rattaché à Alès**

ST-HILAIRE-DES-LOGES – 85 Vendée – 316 L9 – **rattaché à Fontenay-le-Comte**

ST-HILAIRE-D'OZILHAN – 30 Gard – 339 M5 – **rattaché à Remoulins**

ST-HILAIRE-DU-HARCOUËT – 50 Manche – 303 F8 – 4 232 h.   **32** A3
– alt. 70 m – ⊠ 50600 ▌Normandie Cotentin

▶ Paris 339 – Alençon 100 – Avranches 27 – Caen 102
🛈 Office de tourisme, place du Bassin ℰ 02 33 79 38 88, Fax 02 33 79 38 89
◉ Centre d'Art Sacré★.

Le Cygne et Résidence 🚗 🕭 ⌘ 🖆 ⧫ ch. 🕯 **P** 🗐 VISA ⬤ AE

99 r. Waldeck Rousseau, rte de Fougères – 𝒞 *02 33 49 11 84*
– www.hotel-le-cygne.fr – Fax 02 33 49 53 70 – Fermé 26 fév.-14 mars
28 ch – ♦56/58 € ♦♦70/72 €, � 9 € – ½ P 68/100 €
Rest – *(fermé dim. soir et vend. d'oct. a Pâques)* (13 €) Menu 18/72 € bc
– Carte 36/80 €

◆ Hébergement familial partagé entre une plaisante résidence bourgeoise et une construction récente. Chambres sobrement agencées, plus calmes sur l'arrière. À table, produits de la mer, recettes normandes et belle carte des vins. Terrasse côté jardin.

ST-HILAIRE-LE-CHÂTEAU – 23 Creuse – **325** I5 – 273 h. 25 C1
– alt. 453 m – ⌗ 23250

▶ Paris 385 – Guéret 27 – Le Palais-sur-Vienne 56 – Limoges 64

à l'Est 3 km par D 941 (rte Aubenas), D10 et rte secondaire
– ⌗ 23250 St-Hilaire-le-Château

⌂ **Château de la Chassagne** ⚘ 🕭 🕯 **P**
La Chassagne – 𝒞 *05 55 64 55 75 – www.chateau-lachassagne.com*
– Fax 05 55 64 55 75
4 ch ⊂welfare – ♦90/120 € ♦♦100/140 €
Table d'hôte – Menu 30 € bc

◆ Robuste château des 15e et 17e s. isolé dans un parc où paissent des chevaux. Un escalier à vis dessert des chambres raffinées, dont une nichée sous une superbe charpente. Table d'hôte. Accueil avenant.

ST-HILAIRE-ST-FLORENT – 49 Maine-et-Loire – **317** I5 – rattaché à Saumur

---

ST-HIPPOLYTE – 25 Doubs – **321** K3 – 936 h. – alt. 380 m – ⌗ 25190 17 C2
▮ Franche-Comté Jura

▶ Paris 490 – Basel 93 – Belfort 48 – Besançon 89
🄴 Office de tourisme, place de l'Hôtel de Ville 𝒞 03 81 96 58 00
◉ Site★ - Vallée du Dessoubre★ S.

⌂ **Le Bellevue** 🕭 🕯 ⧫ **P** 🗐 VISA ⬤
rte de Maîche – 𝒞 *03 81 96 51 53 – www.hotel.bellevue.free.fr*
– Fax 03 81 96 52 40 – Fermé 1 sem. en janv., dim. soir et vend. soir de sept.
à avril
16 ch – ♦56 € ♦♦60 €, ⊂welfare 10 € – ½ P 60/68 €
Rest – *(fermé lundi midi)* (11 €) Menu 25/37 € – Carte 26/56 €

◆ Hostellerie ancienne au bord du Dessoubre. Chambres rénovées par étapes, les plus récentes sont celles aménagées sous les toits. Selon la saison, poisson de rivière ou gibier à déguster dans une charmante salle à manger ou sur une terrasse panoramique.

ST-HIPPOLYTE – 68 Haut-Rhin – **315** I7 – 1 050 h. – alt. 234 m 2 C1
– ⌗ 68590 ▮ Alsace Lorraine

▶ Paris 439 – Colmar 21 – Ribeauvillé 8 – St-Dié 42
🄶 Château du Haut-Koenigsbourg★★ - ⁂★★ NO : 8 km.

⌂ **Le Parc** ⚘ 🕭 ⌘ 🖆 ⧫ ch. 🄺 rest. 🕯 ⧫ **P** VISA ⬤ AE ①
6 r. du Parc – 𝒞 *03 89 73 00 06 – www.le-parc.com – Fax 03 89 73 04 30*
32 ch – ♦75 € ♦♦90/140 €, ⊂welfare 14 € – 3 suites – ½ P 90/125 €
Rest Joséphine – *(fermé lundi et mardi)* Menu 38 € (sem.)/70 €
– Carte 52/71 € ⌗
Rest Winstub Rabseppi-Stebel – *(fermé lundi midi et mardi midi)* (10 €)
Menu 20/27 € – Carte 27/55 €

◆ Profusion de couleurs, à l'intérieur comme à l'extérieur, dans cet hôtel situé face à un parc. Chambres raffinées, progressivement rénovées, et bons équipements de loisirs. Cuisine dans l'air du temps au restaurant. Spécialités et vins du cru à la Winstub.

Hostellerie Munsch Aux Ducs de Lorraine ⟨ 🏠 📶 ⛷ ch,
– ☏ 03 89 73 00 09 🅼 rest, ⚡ ch, 📞 🛁 ℙ 📶 ⊕⊕
– www.hotel-munsch.com – Fax 03 89 73 05 46 – Fermé 8-26 nov. et
4 janv.-12 fév.
40 ch – 🛏50/78 € 🛏🛏80/180 €, � 12 € – ½ P 82/104 €
Rest – (fermé 29 juin-10 juil., mardi soir et merc.) (16 €) Menu 23/56 €
– Carte 23/56 €
♦ Dans cette imposante auberge d'allure régionale, les chambres personnalisées (parfois
avec balcon) donnent sur le château du Haut-Koenigsbourg ou sur les vignes. Boiseries sculptées, terrasse fleurie, plats traditionnels et carte de vins régionaux au restaurant.

ST-HUBERT – 57 Moselle – **307** I3 – **233 h.** – alt. 220 m – ⊠ 57640   27 C1

▶ Paris 336 – Luxembourg 63 – Metz 21 – Saarbrücken 69

La Ferme de Godchure sans rest ⍟   🚗 📶 ℙ
r. Principale – ☏ 03 87 77 03 96 – www.lafermedegodchure.fr
4 ch ⊇ – 🛏80/100 € 🛏🛏80/100 €
♦ Aux portes d'un village agreste, maison d'hôtes logée dans la grange d'une ex-ferme cistercienne. Chambres personnalisées, bon accueil et service aux petits soins. Minispa.

ST-ISIDORE – 06 Alpes-Maritimes – **341** E5 – rattaché à Nice

---

ST-JACQUES-DES-BLATS – 15 Cantal – **330** E4 – **316 h.** – alt. 990 m   5 B3
– ⊠ 15800

▶ Paris 536 – Aurillac 32 – Brioude 76 – Issoire 91

L'Escoundillou ⍟   ⟨ 🚗 ⛷ rest, ℙ 📶 ⊕⊕
rte de la gare – ☏ 04 71 47 06 42 – www.hotel-escoundillou.com
– Fax 04 71 47 00 97 – Fermé 15 nov.-20 déc., vend. soir et sam. du 15 oct. au
15 nov.
12 ch – 🛏44 € 🛏🛏47 €, ⊇ 8 € – ½ P 46/49 €   **Rest** – Menu 14/23 €
♦ Au bord d'une pittoresque route de campagne, petite cachette ("escoundillou" en patois)
idéale pour ceux qui aiment la verdure. Chambres fraîches et nettes. Cuisine cantalienne servie dans une salle claire et sobre.

ST-JEAN – 06 Alpes-Maritimes – **341** C6 – rattaché à Pégomas

---

ST-JEAN-AUX-AMOGNES – 58 Nièvre – **319** D9 – **463 h.** – alt. 230 m   7 B2
– ⊠ 58270

▶ Paris 252 – Bourges 81 – Château-Chinon 51 – Clamecy 61

Le Relais de Bourgogne 🚗 🏠 ⟺ 📶 ⊕⊕
– ☏ 03 86 58 61 44 – Fax 03 86 58 61 44 – Fermé 1er-22 janv., dim. soir et merc.
Rest – Menu 23/40 € – Carte 38/54 €
♦ Derrière la façade rénovée de cette maison de village, chaleureux intérieur campagnard et
véranda ouverte sur un sympathique jardin-terrasse. Plats traditionnels.

ST-JEAN-AUX-BOIS – 60 Oise – **305** I4 – rattaché à Pierrefonds

---

ST-JEAN-CAP-FERRAT – 06 Alpes-Maritimes – **341** E5 – **2 172 h.**   42 E2
– alt. 12 m – ⊠ 06230 ▌ Côte d'Azur

▶ Paris 935 – Menton 25 – Nice 8

🆔 Office de tourisme, 59, avenue Denis Semeria ☏ 04 93 76 08 90,
Fax 04 93 76 16 67

◉ Site de la Villa Ephrussi-de-Rothschild★★ **M** : musée Île de France★★,
jardins★★ - Phare ⁂★★ - Pointe de St-Hospice : ⟨★ de la chapelle,
sentier★ - Promenade Maurice-Rouvier★.

Plan page suivante

ST-JEAN-CAP-FERRAT

Les flèches noires
indiquent les sens
uniques
supplémentaires l'été

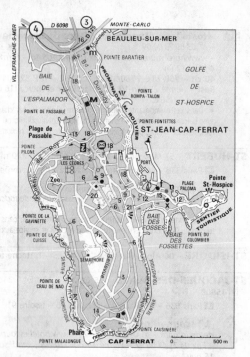

Grand Hôtel du Cap Ferrat ⚜ 〈 ⬥ ⊒ ⅓ 📱 ⅄ 🔳 ⅍ ⅏ ⅍ 🅿
71 bd Gén.de Gaulle, au Cap-Ferrat – ℰ 04 93 76 50 50
– www.grand-hotel-cap-ferrat.com – Fax 04 93 76 04 52
🆚 ⓐ Æ ⓪
a
49 ch – †250/1550 € ††250/1550 €, ⊑ 45 € – 24 suites
Rest Le Cap – (fermé le midi, dim., lundi et mardi d'oct. à avril) Menu 138/188 €
– Carte 141/227 €
Spéc. Fine lasagne au caviar d'Aquitaine, jeunes poireaux à l'huile d'olive. Dos
d'agneau allaiton de l'Aveyron rôti en croûte d'olives noires. Soufflé de fruits
rouges flambés, crème glacée à la myrtille. **Vins** Côtes de Provence, Vin de
Pays du Var.
Rest Club Dauphin – ℰ 04 93 76 50 21 (ouvert d'avril à oct.) (déj. seult)
Menu 59 € – Carte 61/109 €
Rest La Véranda – Carte 58/128 €
◆ Le luxe à l'état pur émane de cette magnifique demeure (1908) entièrement redécorée. Sui-
tes remarquables, funiculaire privé pour rejoindre le bassin à débordement, vue sur la mer.
Restaurant raffiné (murs à l'effigie de Jean Cocteau), superbe terrasse et belle cuisine clas-
sique. Repas face à la piscine au Club Dauphin. La Véranda propose des plats méditerranéens.

Royal Riviera 〈 ⬚ ⊒ ⊕ ⅓ 📱 ⅃ ch, 🔳 ⅏ ⅍ 🅿 🆚 ⓐ Æ ⓪
3 av. Jean Monnet – ℰ 04 93 76 31 00
– www.royal-riviera.com – Fax 04 93 01 23 07
– Fermé 28 nov.-17 janv.
m
94 ch – †255/1645 € ††255/1645 €, ⊑ 30 € – 3 suites
Rest Le Panorama – (dîner seult en juil.-août) Menu 54 € – Carte 70/140 €
Rest La Pergola – (ouvert mi-avril à mi-oct.) (déj. seult) (44 €) Carte 50/100 €
◆ Palace bâti en 1904 et son beau jardin au bord de l'eau. Chambres raffinées, tournées
pour la plupart vers le large (décor provençal contemporain à l'Orangerie). Élégantes salles à
manger feutrées au Panorama. Buffets et grillades à la Pergola (brunch le dimanche).

🏨🏨🏨 **La Voile d'Or** ♨ ← 🚐 🛜 ⅃ 𝕃₆ 🚪 🅰🄲 ☎ 🄰 🚗 **VISA** ◯◯ 🄰🄴 ⓪

7 av. Jean Mermoz, au port – ℰ *04 93 01 13 13* – *www.lavoiledor.fr*
– *Fax 04 93 76 11 17* – *Ouvert de début avril à début oct.* **f**
45 ch ⌕ – ♦206/900 € ♦♦280/900 €
Rest – (53 €) Menu 75 € (dîner)/90 € – Carte 93/166 €🕸

♦ Idéalement situé face au port de plaisance, avec piscines en bord de mer et décor soigné : l'hôtel, ancré sur un rocher, est la promesse d'un agréable séjour. Salle à manger panoramique, belle terrasse d'été et table classique. Petite restauration sur la plage.

🏨 **Brise Marine** sans rest ♨ ← 🚐 🄰🄲 🕉 🎵 🚗 **VISA** ◯◯ 🄰🄴 ⓪

av. J. Mermoz – ℰ *04 93 76 04 36* – *www.hotel-brisemarine.com*
– *Fax 04 93 76 11 49* – *Ouvert de fév. à oct.* **x**
16 ch – ♦150/155 € ♦♦170/178 €, ⌕ 14 €

♦ En surplomb d'une rue calme, jolie villa de style italien (1878) recevant ses clients dans de coquettes chambres. La terrasse des petits-déjeuners domine le jardin en espaliers.

🏨 **Le Panoramic** sans rest ♨ ← 🚐 🕉 🎵 **P** **VISA** ◯◯ 🄰🄴 ⓪

3 av. Albert 1er – ℰ *04 93 76 00 37* – *www.hotel-lepanoramic.com*
– *Fax 04 93 76 15 78* – *Fermé 15 nov.-25 déc.* **s**
20 ch – ♦98 € ♦♦145/175 €, ⌕ 11 €

♦ Enseigne-vérité pour cet hôtel familial des années 1950 : vue exceptionnelle sur le village et la pointe St-Hospice. Chambres au mobilier rustique bien tenues, avec balcons.

✗ **Capitaine Cook** 🛜 **VISA** ◯◯

11 av. J. Mermoz – ℰ *04 93 76 02 66* – *Fax 04 93 76 02 66* – *Fermé 8 nov.-26 déc.,*
jeudi midi et merc. **n**
Rest – Menu 26/31 € – Carte 44/66 €

♦ Adresse discrète à dénicher au-delà du port de St-Jean. On y mange des saveurs traditionnelles iodées au coude à coude dans une salle rustique, ou bien sur la petite terrasse.

ST-JEAN D'ALCAS – 12 Aveyron – **338** K7 – ✉ **12250** **29** D2
🔲 Languedoc Roussillon

▶ Paris 677 – Toulouse 170 – Rodez 118 – Millau 35

⛨ **Le Moulin de Gauty** sans rest ♨ 🚐 ⅃ 🎵 **P**

– ℰ *05 65 97 51 90* – *www.moulindegauty.com*
4 ch ⌕ – ♦70/115 € ♦♦80/125 €

♦ En pleine nature, ancien moulin propice au repos. Chambres de style contemporain épuré et beau jardin traversé par une rivière. Piscine, salle commune avec coin repas, barbecue.

ST-JEAN-DE-BLAIGNAC – 33 Gironde – **335** K6 – 374 h. – alt. 50 m **4** C1
– ✉ **33420**

▶ Paris 592 – Bergerac 56 – Bordeaux 40 – Libourne 17

✗✗ **Auberge St-Jean** 🄰🄲 **VISA** ◯◯

8 r. du Pont – ℰ *05 57 74 95 50* – *Fax 05 57 84 51 57* – *Fermé merc. soir et jeudi*
Rest – (25 € bc) Menu 45 € – Carte 55/70 €

♦ Ex-relais de poste tourné vers la Dordogne. Un salon feutré orné de vieux cuivres donne accès à deux salles de bon goût, dont une terrasse fermée. Repas classique actualisé.

ST-JEAN-DE-BRAYE – 45 Loiret – **318** I4 – **rattaché à Orléans**

ST-JEAN-DE-LUZ – 64 Pyrénées-Atlantiques – **342** C4 – 13 579 h. **3** A3
– alt. 3 m – Casino ABY 🔲 Aquitaine

▶ Paris 785 – Bayonne 24 – Biarritz 18 – Pau 129

🛈 Office de tourisme, place du Maréchal Foch ℰ 05 59 26 03 16,
Fax 05 59 26 21 47

🔲🔸 de Chantaco Route d'Ascain, par rte d'Ascain : 2 km, ℰ 05 59 26 14 22

🔲🔸 de la Nivelle à Ciboure Place William Sharp, S : 3 km par D 704,
ℰ 05 59 47 18 99

◎ Port★ – Église St-Jean-Baptiste★★ – Maison Louis-XIV★ **N** – Corniche
basque★★ par ④ – Sémaphore de Socoa ←★★ 5 km par ④.

Plan page suivante

ST-JEAN-DE-LUZ

Grand Hôtel Loreamar Thalasso et Spa

43 bd Thiers – *☎ 05 59 26 35 36*
– *www.luzgrandhotel.fr* – *Fax 05 59 51 99 84*

BY**d**

52 ch – †170/320 € ††170/320 €, ☲ 26 € – 3 suites
Rest *Le Rosewood* – *(fermé lundi midi et mardi midi)* Menu 39 € (déj.), 59/95 €
– Carte 56/91 €

♦ Ce "grand hôtel" balnéaire de la Belle Époque séduit par son mobilier de style, ses équipements actuels et ses chambres raffinées. Spa haut de gamme. Au Rosewood, décor classique distingué et cuisine au goût du jour.

Parc Victoria ⚜

5 r. Cépé, par bd Thiers et rte Quartier du Lac BY – *☎ 05 59 26 78 78*
– *www.parcvictoria.com* – *Fax 05 59 26 78 08*
– Ouvert 14 mars -15 nov. et 17 déc.-3 janv.

13 ch – †175/330 € ††175/370 €, ☲ 20 € – 6 suites – ½ P 138/233 €
Rest *Les Lierres* – *(fermé le midi sauf week-ends et fériés)* Menu 45/90 €
– Carte 80/105 €

♦ Villa fin 19ᵉ s. et ses annexes au cœur d'un parc très fleuri (piscine, jacuzzi). Décor cossu où le mobilier Art déco est omniprésent. Suites dotées d'un jardinet privé. Salles à manger-véranda logées dans un pavillon verdoyant : ambiance jardin d'hiver ou style 1930.

1520

Hélianthal �ⓐ 🛋🔉ᔆ ⌨ ch, AC ch, ⍟ 🚷 🚗 VISA ⓒⓔ AE ⓞ
pl. M. Ravel – ℰ *05 59 51 51 51 – www.helianthal.fr – Fax 05 59 51 51 54*
– Fermé 29 nov.-19 déc.   BYv
100 ch – ♦68/223 € ♦♦88/273 €, ⌷ 15 € – ½ P 97/140 €
Rest – (24 €) Menu 38 € – Carte 39/52 €
♦ Hôtel associé à un beau centre de thalassothérapie (réservé aux résidents). L'esprit des années 1930 imprègne les chambres, toutes conçues à l'identique et fonctionnelles. Restaurant coloré et lumineux, évoquant un paquebot (fresque) ; grande terrasse face au large.

La Devinière *sans rest* 🚙 ⍟ VISA ⓒⓔ
5 r. Loquin – ℰ *05 59 26 05 51 – www.hotel-la-deviniere.com*
– Fax 05 59 51 26 38   BYf
10 ch – ♦120/180 € ♦♦120/180 €, ⌷ 12 €
♦ Tableaux, bibelots, photos et livres anciens participent au charme de cette maison basque. Chambres coquettes, avec balcons côté jardinet (très fleuri). Salon de thé à l'anglaise.

La Réserve ⌕ ⍖ 🚙 🏊 ⌇ ⌗ 🔉 ᔆ AC ⍟ 🚷 P 🚗 VISA ⓒⓔ AE
rd-pt Ste-Barbe, 2 km au Nord par bd Thiers BY *–* ℰ *05 59 51 32 00*
– www.hotel-lareserve.com – Fax 05 59 51 32 01 – Fermé 15 nov.-4 mars
35 ch – ♦95/220 € ♦♦95/220 €, ⌷ 15 € – 6 suites
Rest – (22 €) Menu 39/65 € – Carte 39/50 €
♦ Au sommet des falaises, le site de cette "réserve" est idyllique. Parc, jardin fleuri ponctué de sculptures, piscine à débordement face à l'océan. Chambres fonctionnelles refaites. Restaurant panoramique avec terrasse ; carte actuelle attractive.

La Marisa *sans rest* ⌕ 🔉 ᔆ ⍕ ⍟ 🚗 VISA ⓒⓔ
16 r. Sopite – ℰ *05 59 26 95 46 – www.hotel-lamarisa.com – Fax 05 59 51 17 06*
– Fermé 2 janv.-10 fév.   BYb
16 ch – ♦75/99 € ♦♦90/160 €, ⌷ 11 €
♦ Accueil chaleureux dans cet hôtel soigné abritant des chambres personnalisées (meubles chinés ou rapportés d'Asie). Délicieux petit-déjeuner face à l'agréable patio fleuri.

De la Plage ⌕ 🔉 ᔆ ch, AC ch, ⍕ ⍟ 🚗 VISA ⓒⓔ
promenade J. Thibaud – ℰ *05 59 51 03 44*
– www.hoteldelaplage.com – Fax 05 59 51 03 48
– Fermé 15 nov.-17 déc. et 3 janv.-18 fév.   AYa
22 ch – ♦78/168 € ♦♦78/168 €, ⌷ 9 €
Rest *Le Brouillarta* – ℰ *05 59 51 29 51 (fermé dim. soir et lundi sauf juil.-août)*
Carte 35/42 €
♦ Comme son nom l'indique, cette grande bâtisse de style régional borde la grande bleue. Cadre actuel et fonctionnel dans les chambres situées en majorité côté mer. Cuisine régionale simple servie dans une ambiance bistrot avec la baie de Saint-Jean-de-Luz pour paysage.

Les Almadies *sans rest* ⍕ ⍟ VISA ⓒⓔ AE ⓞ
58 r. Gambetta – ℰ *05 59 85 34 48 – www.hotel-les-almadies.com*
– Fax 05 59 26 12 42 – Fermé 12 nov.-5 déc.   BYx
7 ch – ♦80/110 € ♦♦95/130 €, ⌷ 12 €
♦ Décor soigné (mélange d'ancien et de moderne) dans ce charmant petit hôtel bien restauré. Chambres impeccables, salle des petits-déjeuners un peu ethnique, miniterrasse fleurie.

Colbert *sans rest* 🔉 AC ⍟ ⍕ VISA ⓒⓔ AE ⓞ
3 bd du Cdt Passicot – ℰ *05 59 26 31 99 – www.hotelcolbertsaintjeandeluz.com*
– Fax 05 59 51 05 61 – Fermé 28 nov.-7 janv.   BZu
34 ch – ♦77/128 € ♦♦81/146 €, ⌷ 13 €
♦ Face à la gare. La nouvelle décoration de l'hôtel mise sur la sobriété contemporaine, le bois clair et les camaïeux de marrons. Chambres confortables. Petit-déjeuner-buffet.

Villa Bel Air *sans rest* ⌕ 🔉 AC rest, ⍕ P VISA ⓒⓔ
60 promenade J. Thibaud – ℰ *05 59 26 04 86 – www.hotel-bel-air.com*
– Fax 05 59 26 62 34 – Ouvert 2 avril-14 nov.   BYh
21 ch – ♦75/160 € ♦♦84/180 €, ⌷ 10 €
♦ Cette grande villa balnéaire basque (1850) cultive un esprit "pension de famille", à la mode d'antan. Petit salon cossu et chambres bien tenues, regardant en majorité la plage.

Les Goëlands ⌘   P VISA ⦿ AE
4 av. Etcheverry – ☏ *05 59 26 10 05*
– www.hotel-lesgoelands.com – Fax 05 59 51 04 02
– Fermé 18-26 déc. BY**k**
30 ch – ⋔60/80 € ⋔⋔79/139 €, � 8 € – ½ P 68/100 €
Rest – *(ouvert 16 avril-4 nov.) (résidents seult)* Menu 24 €
◆ L'atmosphère familiale et le calme propre au quartier résidentiel caractérisent ces deux maisons basques (1902) bien rénovées. Mobilier ancien et cadre coquet.

Zazpi sans rest   🛗 & 🔟 ☎ 🚗 VISA ⦿ AE
21 bd Thiers – ☏ *05 59 26 07 77 – www.zazpihotel.com – Fax 05 59 26 27 77*
– Fermé 4 janv.-11 fév. BY**a**
3 ch – ⋔130/240 € ⋔⋔130/240 €, ⊑ 15 € – 2 suites
◆ En 2010, cet hôtel particulier se mue en maison d'hôtes. Chambres modernes (équipement design et high-tech) et belles suites. Salon de thé en terrasse intérieure ; solarium.

Villa Argi-Eder sans rest ⌘   P
58 av. Napoléon III, 3 km par ① *, D 810 et rte secondaire*
– ☏ *05 59 54 81 65 – www.chambresdhotes-argi-eder.com*
– Fax 05 59 51 26 51
4 ch – ⋔55 € ⋔⋔55 €, ⊑ 6 €
◆ Une adresse conviviale, à deux pas de la plage, loin de la foule. Vastes et paisibles, les chambres de plain-pied ouvrent sur des terrasses privées où il fait bon petit-déjeuner.

XX **Le Kaïku**   🔟 VISA ⦿
17 r. République – ☏ *05 59 26 13 20 – Fax 05 59 51 07 47 – Fermé*
23 nov.-8 déc., mardi et merc. sauf juil.-août AZ**x**
Rest – (25 €) Menu 32 € – Carte 36/63 €
◆ Installé pour partie en sous-sol dans la plus vieille maison de Saint-Jean-de-Luz (16ᵉ s.), ce restaurant est une institution prisée. Cuisine actuelle et plateaux de fruits de mer.

XX **Zoko Moko**   🔟 VISA ⦿
6 r. Mazarin – ☏ *05 59 08 01 23*
– www.zokomoko.com – Fax 05 59 51 01 77
– Fermé 1 sem. en mars et lundi AZ**a**
Rest – (19 €) Menu 24 € (déj. en sem.)/48 € – Carte 40/48 €
◆ Élégant décor contemporain dans une maison du 18ᵉ s. et cuisine méridionale mâtinée d'épices pour ce "coin tranquille" (zoko moko en basque), qui n'en est pas moins très couru.

X **Petit Grill Basque "Chez Maya"**   VISA ⦿ AE ⓪
2 r. St-Jacques – ☏ *05 59 26 80 76 – Fax 05 59 26 80 76 – Fermé 20 déc.-25 janv.,*
jeudi midi, lundi midi et merc. AY**u**
Rest – Menu 20/29 € – Carte 22/55 €
◆ Incontournable, cette auberge authentiquement basque ! Fresques et assiettes de Louis Floutier, cuivres et amusant système de ventilation manuelle. Cuisine régionale immuable.

X **Olatua**   🔟 VISA ⦿ AE
30 bd Thiers – ☏ *05 59 51 05 22*
– www.olatua.fr – Fax 05 59 51 32 99 BY**m**
Rest – (18 €) Menu 28/35 €
◆ Institution locale revisitant le répertoire culinaire basque ; intérieur aux tons beiges habillé de bois exotique, terrasse d'été protégée et fumoir dans un jardinet couvert.

à Urrugne 4 km par ③ – 7 668 h. – alt. 34 m – ✉ 64122

🛈 Office de tourisme, place René Soubelet ☏ 05 59 54 60 80,
Fax 05 59 54 63 49

🏯 **Château d'Urtubie** sans rest   🚗 🔟 ☕ 🔟 🌾 ☎ P VISA ⦿ AE
1 r. B. de Coral – ☏ *05 59 54 31 15 – www.chateaudurtubie.fr*
– Fax 05 59 54 62 51 – Ouvert avril-oct.
10 ch – ⋔75/160 € ⋔⋔80/160 €, ⊑ 11 €
◆ Sur la route de l'Espagne, château fort du 14ᵉ s. remanié au fil du temps. Aujourd'hui musée et hostellerie, il abrite des chambres de caractère garnies de meubles de style.

à Ciboure 1 km par ④ – 6 282 h. – alt. 3 m – ✉ 64500

𝒊 Office de tourisme, 27, quai Maurice Ravel *𝒞* 05 59 47 64 56,
Fax 05 59 47 64 55

◎ Chapelle N.-D. de Socorri : site★ 5 km par ③.

voir plan de St-Jean-de-Luz

XX **Chez Dominique** 🛝 𝐀𝐂 𝐕𝐈𝐒𝐀 ⊚⊚ 𝐀𝐄 ⓪

15 quai M. Ravel – 𝒞 05 59 47 29 16 – Fax 05 59 47 29 16
– Fermé déc., mardi de nov. à mars, dim. soir et lundi   AZ**y**
Rest – Menu 30 € (sem.) – Carte 48/66 €

♦ Le quai abrite la maison natale de Maurice Ravel (n°27) et cet accueillant restaurant au joli cadre marin éclairé de lamparos. Produits de l'océan et vins régionaux.

X **Chez Mattin** 𝐀𝐂 𝐕𝐈𝐒𝐀 ⊚⊚ 𝐀𝐄

63 r. E. Baignol – 𝒞 05 59 47 19 52 – Fax 05 59 47 05 57
– Fermé 1 sem. en juin, 1 sem. en oct., 20 janv.-début mars, dim. sauf du 14 juil.
au 31 août et lundi   AZ**v**
Rest – Carte 25/45 €

♦ Ambiance très familiale pour ce restaurant rustique aménagé dans une vieille maison de pays. Le choix de poissons dépend de la marée ; plats typiquement locaux.

à Socoa 3 km par ④ – ✉ 64122

XX **Pantxoa** 🛝 𝐕𝐈𝐒𝐀 ⊚⊚

au port de Socoa – 𝒞 05 59 47 13 73 – Fax 05 59 47 01 54 – Fermé janv. et mardi
Rest – Menu 23 € (sem.) – Carte 30/80 €

♦ La grande salle à manger offre le spectacle de tableaux basques et les véranda et terrasse (très prisée) celui de la baie. Dans l'assiette, les poissons frais ont le beau rôle.

ST-JEAN-DE-MAURIENNE ◉ – **73 Savoie** – **333** L6 – **8 685 h.**   **46** F2
– alt. 556 m – ✉ 73300 ▯ Alpes du Nord

▶ Paris 635 – Albertville 62 – Chambéry 75 – Grenoble 105

𝒊 Office de tourisme, place de la Cathédrale *𝒞* 04 79 83 51 51,
Fax 04 79 83 42 10

◎ Ciborium★ et stalles★★ de la cathédrale St-Jean-Baptiste.

🏠 **St-Georges** sans rest 📶 🅿 𝐕𝐈𝐒𝐀 ⊚⊚ 𝐀𝐄 ⓪

334 r. de la République – 𝒞 04 79 64 01 06 – www.hotel-saintgeorges.com
– Fax 04 79 59 84 84
30 ch – †52/57 € ††62/67 €, � 10 €

♦ Au calme, cet accueillant hôtel de 1866 proche du centre abrite de nouvelles chambres spacieuses et bien meublées. Confitures maison au petit-déjeuner, prix doux.

🏠 **Nord** 📶 🅿 𝐕𝐈𝐒𝐀 ⊚⊚ 𝐀𝐄 ⓪

pl. Champ de Foire – 𝒞 04 79 64 02 08 – www.hoteldunord.net
– Fax 04 79 59 91 31 – Fermé 10-26 avril, 23 oct.-7 nov., dim. soir
sauf juil.-août et lundi midi
19 ch – †41 € ††58 €, ⊃ 8,50 € – ½ P 49 €
Rest – (14 €) Menu 25/46 € – Carte 30/80 €🍴

♦ A proximité de la cathédrale et du musée Opinel, ancien relais de poste abritant des chambres simples et colorées. Dans une salle voûtée, la délicieuse carte de vins (sélection régionale) se conjugue à merveille aux recettes actualisées, service ad hoc.

ST-JEAN-DE-MONTS – **85 Vendée** – **316** D7 – **7 650 h.** – **alt. 16 m**   **34** A3
– Casino : La Pastourelle – ✉ 85160 ▯ Poitou Vendée Charentes

▶ Paris 451 – Cholet 123 – Nantes 73 – La Roche-sur-Yon 61

𝒊 Office de tourisme, 67, esplanade de la Mer *𝒞* 08 26 88 78 87,
Fax 02 51 59 87 87

▣ de Saint-Jean-de-Monts Avenue des Pays de la Loire, O : 2 km,
𝒞 02 51 58 82 73

⌂⌂⌂ Mercure ⌂ ⊞ ⌂ ☒ ⊕ ⌘ ⌂ ch, ⌂ P VISA ⊚ AE ⓪

16 av. Pays de Monts – ✆ 02 51 59 15 15 – www.mercure-st-jean.com
– Fax 02 51 59 91 03 – Fermé 3-30 janv.
44 ch – ⚊97/173 € ⚊⚊103/181 €, ☲ 15 €
Rest – (fermé dim. midi et lundi midi d'oct. à avril) (16 €) Menu 29 €, 35/38 €
– Carte 32/44 €
♦ Curistes et vacanciers apprécieront la proximité de la plage, du golf et du centre de thalassothérapie. Chambres de bon confort possédant toutes un balcon. Au choix, cuisine traditionnelle ou allégée. La vue sur les pins est comprise dans l'addition !

⌂⌂ Le Robinson ⌂ ⌘ ☒ ⌂ ⌂ ⌂ ⌂ ⌂ VISA ⊚ AE ⓪

28 bd Gén. Leclerc – ✆ 02 51 59 20 20 – www.hotel-lerobinson.com
– Fax 02 51 58 88 03 – Fermé 21 nov.-31 déc., 1er janv.-5 fév.
66 ch – ⚊57/78 € ⚊⚊57/86 €, ☲ 8,50 € – ½ P 58/70 €
Rest – (13 €) Menu 16 € (sem.)/45 € – Carte 28/49 €
♦ Distribuées autour du patio-terrasse, les chambres, rénovées par étape, offrent différents niveaux de confort. Belle piscine intérieure et petite salle de musculation. Trois salles à manger accueillent les convives autour de produits de la mer.

⌂⌂ De la Forêt sans rest ⌂ ☒ ⌂ VISA ⊚

13 r. Pouvreau – ✆ 02 51 58 00 36 – www.hotel-de-la-foret.fr – Fermé janv. et fév.
16 ch – ⚊56/103 € ⚊⚊56/103 €, ☲ 10 €
♦ Paisible hôtel de style "maison de vacances" situé en lisière de forêt. Les chambres, plaisantes et insonorisées, se répartissent dans divers bâtiments autour d'une minipiscine.

⌂⌂ L'Espadon ⌂ ⌂ ch, ⌂ ⌂ P ⌂ VISA ⊚ AE

8 av. de la forêt – ✆ 02 51 58 03 18 – www.hotel-espadon.com
– Fax 02 51 59 16 11
27 ch – ⚊54/79 € ⚊⚊54/79 €, ☲ 9 € – ½ P 55/66 €
Rest – (fermé mi-nov. à début fév., dim. soir et lundi sauf de juin à sept.)
Menu 13 € bc (déj. en sem.), 19/35 € – Carte 25/45 €
♦ Sur une large avenue menant à la plage, cette construction des années 1970 abrite des chambres pour la plupart rénovées et climatisées, presque toutes dotées d'un balcon. Cuisine iodée servie dans deux salles à manger lumineuses, et brasserie le midi.

✗✗ Le Petit St-Jean ⌂ P VISA ⊚

128 rte Notre-Dame-de-Monts – ✆ 02 51 59 78 50 – Fermé dim. soir, lundi soir et
merc. soir
Rest – (16 €) Menu 24/33 € – Carte 26/40 €
♦ Sympathique décor mêlant pierres, poutres, bibelots et meubles anciens dans cette auberge où l'on déguste une cuisine traditionnelle influencée par les produits de la région.

à Orouët 7 km au Sud-Est sur D 38 – ✉ 85160

⌂ La Chaumière ⊞ ⌂ ☒ ✗ ⌂ rest, ⌂ P VISA ⊚ AE

103 av. Orouët – ✆ 02 51 58 67 44 – www.chaumierehotel.fr – Fax 02 51 58 98 12
– Fermé 15 nov.-1er fév.
32 ch – ⚊49/69 € ⚊⚊49/89 €, ☲ 8 € – ½ P 48/65 €
Rest – (fermé dim. soir et lundi d'oct. à mars) (11 €) Menu 18/33 € – Carte 19/48 €
♦ Longue bâtisse aux auvents couverts de chaume, appréciée pour son jardin et sa piscine découvrable. Chambres assez petites, mais fraîches et bien tenues (la moitié avec balcons). Salles à manger d'esprit rustique sous charpente et cuisine traditionnelle.

ST-JEAN-DU-BRUEL – 12 Aveyron – 338 M6 – 683 h. – alt. 520 m 29 D2
– ✉ 12230 ▌ Languedoc Roussillon

▐ Paris 676 – Lodève 43 – Millau 40 – Montpellier 97
▐ Office de tourisme, 32, Grand'Rue ✆ 05 65 62 23 64, Fax 05 65 62 12 82
▐ Gorges de la Dourbie★★ NE : 10 km.

⌂⌂ Du Midi-Papillon ⊞ ☒ P VISA ⊚

pl. du Manège – ✆ 05 65 62 26 04 – Fax 05 65 62 12 97 – Ouvert 27 mars-11 nov.
18 ch – ⚊37/66 € ⚊⚊37/66 €, ☲ 6 € – ½ P 43/59 €
Rest – Menu 15 € (sem.), 24/42 € – Carte 24/44 €
♦ Au bord de la Dourbie, maison ancienne romantique et douillette, alliant le charme du bien recevoir au confort de chambres joliment personnalisées. Savoureuse cuisine du terroir à base de produits maison ; belle vue sur la rivière et le pont médiéval.

ST-JEAN-EN-ROYANS – 26 Drôme – 332 E3 – 2 999 h. – alt. 250 m   **43** E2
– ⊠ 26190 ▮ Alpes du Nord

> ▶ Paris 584 – Die 62 – Romans-sur-Isère 28 – Grenoble 71
> ▯ Office de tourisme, 13, place de l'Église ℰ 04 75 48 61 39, Fax 04 75 47 54 44

au col de la Machine 11 km au Sud-Est par D 76 – alt. 1 011 m – ⊠ 26190

> ◙ Combe Laval ★★★.

🏨   **Du Col de la Machine** ⟋   ⩻ 🚗 🛜 ⌡ ⌓ rest, ⅜ ch, 🏖 **P** 🖭
⊜   – ℰ 04 75 48 26 36 – www.hotel-coldelamachine.com   VISA ◯◯ AE
▧   – Fax 04 75 48 26 32 – Fermé 8-27 mars, 23-30 oct., 28 nov.-27 déc., 4-16 janv., mardi
soir et merc. sauf vacances scolaires
11 ch – ⧖54/57 € ⧖⧖60/62 €, ⌑ 10 € – ½ P 63/67 €
Rest – Menu 18/43 € – Carte 26/53 €

♦ Bâtisse de belle ampleur tenue par la même famille depuis 1848. Atmosphère élégante et
feutrée dans les chambres rénovées (mobilier en bois massif). Jardin en lisière de forêt. Salle
de restaurant d'esprit chalet. Bonne cuisine traditionnelle, service soigné.

ST-JEAN-LE-BLANC – 45 Loiret – 318 I4 – rattaché à Orléans   **12** C2

ST-JEAN-PIED-DE-PORT – 64 Pyrénées-Atlantiques – 342 E6   **3** B3
– 1 513 h. – alt. 159 m – ⊠ 64220 ▮ Pays Basque et Navarre

> ▶ Paris 817 – Bayonne 54 – Biarritz 55 – Pau 106
> ▯ Office de tourisme, 14, place Charles-de-Gaulle ℰ 05 59 37 03 57,
> Fax 05 59 37 34 91

> ◙ Trajet des pèlerins★ de St-Jacques.

🏨🏨   **Les Pyrénées** (Philippe Arrambide)   ⌡ 🛜 🅰🅲 ⅜ ch, 🕽 🏖 🖭
❀❀   19 pl. Ch. de Gaulle – ℰ 05 59 37 01 01   VISA ◯◯ AE ①
– www.hotel-les-pyrenees.com – Fax 05 59 37 18 97 – Fermé 20 nov.-22 déc.,
5-28 janv., lundi soir de nov. à mars et mardi du 20 sept. au 30 juin sauf fériés
14 ch – ⧖105 € ⧖⧖160/250 €, ⌑ 16 € – 4 suites – ½ P 150/220 €   **a**
Rest – (prévenir en saison et le week-end) Menu 42/100 € – Carte 64/95 €
Spéc. Petits poivrons farcis à la morue. Assiette de langoustines sous toutes
ses formes. Soufflé chaud aux fruits de la passion. **Vins** Irouléguy.

♦ Ancien relais de diligences abritant de vastes chambres raffinées (belles salles de bains) et
profitant d'une piscine entourée d'une végétation luxuriante. Séduisante cuisine basque réalisée à quatre mains (père et fils), servie dans la salle contemporaine ou la véranda.

ST-JEAN-PIED-DE-PORT

🏠 **Central**   🛜 ⌘ ch, 📞 🆅🆂🅰 ⓪⓪

pl. Ch. de Gaulle – *𝒞 05 59 37 00 22 – Fax 05 59 37 27 79*
– Ouvert 10 mars-1ᵉʳ déc., et fermé mardi de mars à juin   **s**
12 ch – ♦59/75 € ♦♦64/79 €, � 9 € – ½ P 61/69 €
Rest – Menu 20/46 € – Carte 28/72 €
♦ Enseigne-vérité pour cet hôtel situé à deux pas de la citadelle. Escalier bicentenaire en bois ciré desservant de grandes chambres ancrées dans la tradition. Plats régionaux servis dans la salle à manger-véranda ou sur la miniterrasse au bord de la Nive.

à Estérençuby 8 km au Sud par D 301 – 374 h. – alt. 229 m – ✉ 64220

🏠 **Artzain Etchea** 🐃   ⟪ 🛜 ⌽ 🄿 🆅🆂🅰 ⓪⓪ 🄰🄴

rte d'Iraty, 1 km – *𝒞 05 59 37 11 55 – www.artzain-etchea.com – Fermé 15-27 déc.*
11 ch – ♦50 € ♦♦50 €, ⊐ 6,50 € – ½ P 47 €   **Rest** – Menu 15 € (déj.)/18 €
♦ Cette grande bâtisse blanche postée à flanc de montagne domine la Nive. Chambres sobres et bien tenues, parfois dotées de balcons. Forfaits pêche et chasse. Salle à manger agrémentée d'une charpente apparente et de photos pastorales. Cuisine du Pays basque.

🏠 **Les Sources de la Nive** 🐃   ⟪ 🗳 ⌽ 🄿 🆅🆂🅰 ⓪⓪

à Béherobie – *𝒞 05 59 37 10 57 – www.hotel-sourcesdelanive.com*
– Fax 05 59 37 39 06 – Fermé janv. et mardi hors saison
26 ch – ♦50 € ♦♦50 €, ⊐ 5 € – ½ P 45 €
Rest – Menu 14/30 € – Carte 21/34 €
♦ Ce petit établissement isolé sur les bords de la Nive séduira les amoureux de nature et de calme. Chambres progressivement rénovées, simples et bien tenues. Salle à manger au décor basque et véranda tournée vers la rivière pour déguster des plats régionaux.

à Aincille par ① et D 18 : 7 km – 120 h. – alt. 253 m – ✉ 64220

✗ **Pecoïtz** avec ch 🐃   ⟪ 🗳 🄐 rest, 🄿 🆅🆂🅰 ⓪⓪

rte d'Iraty – *𝒞 05 59 37 11 88 – Fax 05 59 37 35 42 – Ouvert 1ᵉʳ avril-31 déc. et fermé merc. soir et jeudi sauf vacances scolaires*
14 ch – ♦47 € ♦♦47 €, ⊐ 5 € – ½ P 45 €
Rest – Menu 16/33 € – Carte 23/35 €
♦ Dans ce restaurant coloré – une salle profite de la vue sur la campagne –, on mange au coude à coude une cuisine familiale, copieuse et régionale. Chambres simples d'appoint.

ST-JEAN-ST-MAURICE-SUR-LOIRE – 42 Loire – 327 D4   **44** A1
– ✉ 42155 ▌Lyon Drôme Ardèche

▶ Paris 406 – Lyon 95 – Roanne 15 – Vichy 79

⌂ **L'Échauguette** 🐃   🛜 ⌘

ruelle Guy de la Mure – *𝒞 04 77 63 15 89 – www.echauguette-alex.com*
4 ch ⊐ – ♦58/68 € ♦♦68/78 €   **Table d'hôte** – Menu 28 € bc
♦ Ces trois maisonnettes ouvrent sur les eaux paisibles du lac de Villerest. Les chambres, décorées dans des styles différents et toujours avec goût, disposent d'une entrée indépendante. Repas servis directement en cuisine ou sur la terrasse si le temps le permet.

ST-JEAN-SUR-VEYLE – 01 Ain – 328 C3 – 1 009 h. – alt. 200 m   **44** B1
– ✉ 01290

▶ Paris 402 – Bourg-en-Bresse 32 – Mâcon 12 – Villefranche-sur-Saône 45

✗ **La Petite Auberge**   🛜 ⌖ 🆅🆂🅰 ⓪⓪

Le bourg – *𝒞 03 85 31 53 92 – www.chefscuisiniers-ain.com – Fermé 30 août-12 sept., 31 déc.-16 janv., lundi soir, mardi soir, merc. soir, jeudi soir et dim. soir*
Rest – (13 € bc) Menu 26/42 € – Carte 38/53 €
♦ La salle à manger coquette de cette maison à colombages (briquettes rouges, poutres, tableaux d'artistes locaux) sert de décor à la dégustation de spécialités régionales.

ST-JOACHIM – 44 Loire-Atlantique – 316 C3 – 3 915 h. – alt. 5 m   **34** A2
– ✉ 44720 ▌Bretagne

▶ Paris 435 – Nantes 61 – Redon 40 – St-Nazaire 14
◉ Tour de l'île de Fédrun★ O : 4,5 km - Promenade en chaland★★.

XX **La Mare aux Oiseaux** (Eric Guérin) avec ch 🐾   🖼 🕭 🕭 ⌨ 🄿
🕸 *Île de Fedrun –* 𝒞 *02 40 88 53 01 – www.mareauxoiseaux.fr*   VISA ⓒⓞ AE
    – Fax 02 40 91 67 44 – Fermé lundi midi
15 ch – ♦130/250 € ♦♦130/280 €, ⌷ 16 €
Rest – Menu 39/80 € – Carte 70/83 € 🏵
Spéc. Foie gras aux algues et sardines marinées au sel de Guérande (été).
Pigeon rôti miso-muscadet (printemps). Coquine au chocolat, cœur pruneau
et mandarine (hiver).
♦ Avec ses oiseaux en liberté, une halte de charme au cœur du parc de la Brière. Surpre-
nante et parfois déroutante cuisine imaginative qui ne manque pas de séduire. Jolies chambres, salon de lecture et petit spa.

ST-JOSSE – 62 Pas-de-Calais – **301** C5 – 1 170 h. – alt. 35 m – ⌧ 62170   **30** A2
▌Nord Pas-de-Calais Picardie

    🡆 Paris 223 – Lille 144 – Arras 94 – Boulogne-sur-Mer 39

X **Le Relais de St-Josse**   🕭 & VISA ⓒⓞ AE
🕸 *17 Grand'Place, (près de l'église) –* 𝒞 *03 21 94 61 75*
    – www.le-relais-de-st-josse.com – Fax 03 21 84 88 72 – Fermé 10 janv.-13 fév.,
merc. soir et dim. soir hors vacances scolaires et jeudi
Rest – Menu 11 € (déj. en sem.), 30/38 €
♦ Façade colorée et ancien taxi anglais, cette pimpante auberge attire le regard. Cuisine
actuelle soignée, servie dans une avenante salle parquetée et pourvue d'une bibliothèque.

au Moulinel 2 km au Nord-Est par D 145 – ⌧ 62170 St-Josse

XX **Auberge du Moulinel**   AC 🄿 VISA ⓒⓞ AE
    116 chaussée de l'Avant Pays – 𝒞 *03 21 94 79 03 – www.aubergedumoulinel.com*
    – Fax 03 21 09 37 14 – Fermé 5-25 janv., dim. soir, lundi et mardi sauf juil.-août
Rest – (20 €) Menu 28 € (sem.)/49 € – Carte 58/75 €
♦ Cette auberge, située à l'écart des axes fréquentés, vous invite à découvrir dans l'une de
ses trois plaisantes salles une cuisine au goût du jour élaborée selon le marché.

ST-JOUAN-DES-GUÉRETS – 35 Ille-et-Vilaine – **309** K3 – 2 660 h.   **10** D1
– alt. 31 m – ⌧ 35430

    🡆 Paris 398 – Rennes 65 – Saint-Malo 10 – Granville 89

🏨 **La Malouinière des Longchamps** sans rest 🐾   🖼 ⌱ 🏵 ✖ &
    1,5 km à l'Est par D 204 – 𝒞 *02 99 82 74 00*   ✖ 🕭 ⌨ 🄿 🗪 VISA ⓒⓞ AE
    – www.malouiniere.com – Fax 02 99 82 74 14 – Fermé 4 janv.-5 fév.
15 ch – ♦69/198 € ♦♦79/198 €, ⌷ 15 €
♦ Pour un séjour au calme, cette ferme en pleine campagne est parfaite. Jardin fleuri, piscine, espace bien-être. Chambres actuelles ; duplex plus classiques à l'annexe.

ST-JOUIN-BRUNEVAL – 76 Seine-Maritime – **304** A4 – 1 782 h.   **33** C1
– alt. 110 m – ⌧ 76280

    🡆 Paris 202 – Fécamp 25 – Le Havre 20 – Rouen 92

XX **Le Belvédère**   ≤ & 🄿 VISA ⓒⓞ AE ①
    – 𝒞 *02 35 20 13 76 – www.restaurant-lebelvedere.com – Fermé 10 janv.-10 fév.,*
dim. soir, merc. soir et jeudi sauf fériés
Rest – Menu 22 € (sem.)/40 € – Carte 35/71 €
♦ Tout en savourant plats traditionnels et spécialités de la mer, vous jouirez d'une vue panoramique impressionnante sur les falaises et le grand large. Décor contemporain soigné.

ST-JULIEN-AUX-BOIS – 19 Corrèze – **329** N5 – 481 h. – alt. 594 m   **25** C3
– ⌧ 19220

    🡆 Paris 524 – Aurillac 53 – Brive-la-Gaillarde 66 – Mauriac 29

X **Auberge de St-Julien-aux-Bois** avec ch   🖼 🕭 🄿 VISA ⓒⓞ AE
🕸 *1 rte des Pierres Blanches –* 𝒞 *05 55 28 41 94 – www.auberge-saint-julien.com*
    – Fax 05 55 28 37 85 – Fermé vacances de fév., dim. soir, merc. hors saison et
merc. midi en juil.-août
6 ch – ♦43 € ♦♦49/57 €, ⌷ 7 € – ½ P 47/50 €
Rest – (14 €) Menu 17/49 € – Carte 26/42 €
♦ Maison villageoise à l'âme "verte" : cuisine assez originale et saine, à base de produits bio,
desserts à la mode allemande, cadre champêtre. Chambres coquettes et fleuries.

ST-JULIEN-CHAPTEUIL – 43 Haute-Loire – **331** G3 – 1 877 h.   **6** C3
– alt. 815 m – ⊠ 43260 ▌Lyon Drôme Ardèche

> ▶ Paris 559 – Lamastre 52 – Privas 88 – Le Puy-en-Velay 20
>
> 🛈 Office de tourisme, place Saint-Robert ℰ 04 71 08 77 70, Fax 04 71 08 42 20
>
> ◉ Site★ - Montagne du Meygal★ : Grand Testavoyre ❅★★ NE : 14 km puis 30 mn.

XX   **Vidal**   *VISA* 🆗 AE
😊   18 pl. du Marché – ℰ 04 71 08 70 50 – www.restaurant-vidal.com
– Fax 04 71 08 40 14 – Fermé 27-30 juin, 1ᵉʳ-4 sept. et 17 janv.-24 fév.
Rest – *(fermé mardi soir hors saison, dim. soir et lundi)* Menu 27/70 €
– Carte 50/75 €
Rest *Bistrot de Justin* – *(fermé dim. et lundi)* (15 € bc) Menu 20 € bc (sem.)
– Carte 15/25 €
♦ Dans une ambiance familiale, on profite d'une cuisine tournée vers le terroir local et son célèbre bœuf "fin gras du Mézenc". Salle mi-rustique, mi-contemporaine. Au déjeuner, cuisine plus simple au Bistrot de Justin.

ST-JULIEN-DE-CREMPSE – 24 Dordogne – **329** E6 – **rattaché à Bergerac**

ST-JULIEN-DU-SAULT – 89 Yonne – **319** C3 – 2 339 h. – alt. 82 m   **7** A1
– ⊠ 89330

> ▶ Paris 137 – Dijon 187 – Auxerre 40 – Sens 25

XX   **Les Bons Enfants**   *VISA* 🆗 AE
ⓒⓔ   4 pl. de la Mairie – ℰ 03 86 91 17 38 – www.bonsenfants.fr – Fax 03 86 91 14 19
😊   – Fermé 18 janv.-7 fév., mardi midi, dim. soir et lundi
Rest – *(nombre de couverts limité, prévenir)* Menu 39 € (déj. en sem.), 45/77 €
– Carte 53/72 €
Rest *Le Bistrot* – *(fermé dim. soir)* (16 €) Menu 19 € (déj. en sem.)/28 €
♦ Solide maison bourgeoise au centre du village. Carte gastronomique avec une cuisine inventive faisant la part belle aux légumes. Petits plats mijotés et soignés au Bistrot.

ST-JULIEN-EN-CHAMPSAUR – 05 Hautes-Alpes – **334** E5 – 296 h.   **41** C1
– alt. 1 050 m – ⊠ 05500

> ▶ Paris 658 – Gap 17 – Grenoble 95 – La Mure 55

XX   **Les Chenets** avec ch   AC rest, *VISA* 🆗 AE
😊   Le village – ℰ 04 92 50 03 15 – www.les-chenets.com – Fax 04 92 50 73 06
– Fermé avril, 11 nov.-27 déc., dim. soir et merc. hors saison
18 ch – ♥28/32 € ♥♥40/46 €, ☵ 8 € – ½ P 43/46 €
Rest – Menu 22/38 € – Carte 33/52 €
♦ Au cœur du verdoyant Champsaur, restaurant dont le décor associe bois, pierre et verre. Cuisine traditionnelle et spécialités du terroir soignées. Quelques chambres pour dépanner.

ST-JULIEN-EN-GENEVOIS ◉ – 74 Haute-Savoie – **328** J4   **46** F1
– 11 019 h. – alt. 460 m – Casino – ⊠ 74160

> ▶ Paris 525 – Annecy 35 – Bonneville 36 – Genève 11
>
> 🛈 Office de tourisme, 2, place du Crêt ℰ 04 50 04 71 63, Fax 04 50 04 89 76

à Archamps 5 km à l'Est par A 40, sortie 13.1 – 1 636 h. – alt. 535 m – ⊠ 74160

🏣   **Porte Sud de Genève**   🍴 🛜 ▢ Ⅰ₅ 🎴 🛗 AC ⁽ᵞ⁾ 🛁 🅿 🅿 *VISA* 🆗 AE
parc d'affaires international, (site d'Archamps) – ℰ 04 50 31 16 06
– www.bestwesterngeneve.com – Fax 04 50 31 29 71
90 ch – ♥89/119 € ♥♥99/149 €, ☵ 15 € – ½ P 80/105 €
Rest – *(fermé le sam. midi)* Menu 30/39 €
♦ Hôtel moderne installé au cœur d'une technopole franco-suisse. Les chambres, contemporaines, sont à la fois reposantes et idéalement pensées pour la clientèle d'affaires. Salle à manger lumineuse, terrasse dressée dans le jardin et recettes au goût du jour.

à Bossey 7 km à l'Est par D 1206 – 664 h. – alt. 438 m – ⊠ 74160

XXX **La Ferme de l'Hospital** (Jean-Jacques Noguier)
rte du golf – 𝒞 04 50 43 61 43 – www.ferme-hospital.com
– Fax 04 50 95 31 53 – Fermé 1er-16 août, vacances
de fév., dim. et lundi
Rest – (prévenir) (38 €) Menu 50/75 € – Carte 80/92 €
Spéc. Raviolis de faisan au foie gras et truffe (automne-hiver). Filet de bœuf
simmenthal en croûte de moelle, jus à la lie de vin de mondeuse. Tiramisu au
chocolat au lait et arabica, glace au Baileys. **Vins** Chignin-Bergeron, Mondeuse.
♦ Ne vous fiez pas à l'aspect extérieur de cette ferme (ex-propriété de l'hôpital de Genève).
Intérieur de caractère chaleureux, belle cuisine actuelle et vins judicieusement sélectionnés.

rte d'Annecy 9,5 km au Sud par N 201 – ⊠ 74350 Cruseilles

⬚ **Rey** sans rest
131 rte d'Annecy, au Col du Mont Sion – 𝒞 04 50 44 13 29 – Fax 04 50 44 05 48
30 ch – ⚫62/87 €, ⚫⚫62/87 €, ⊡ 8 €
♦ Séparé de la route par un cadre de verdure, l'hôtel abrite des chambres fonctionnelles et
gaies, plus calmes sur l'arrière. Petit-déjeuner servi dans la véranda côté jardin.

ST-JULIEN-EN-VERCORS – 26 Drôme – **332** F3 – 220 h. – alt. 905 m   **45** C2
– ⊠ 26420

▶ Paris 623 – Gap 173 – Grenoble 49 – Valence 69

X **Café Brochier** avec ch
pl. du village – 𝒞 04 75 48 20 84 – www.hotelrestaurantcafebrochier.com
– Fax 04 75 48 20 84 – Fermé 15 nov.-2 déc., mardi et merc.
3 ch ⊡ – ⚫55 € ⚫⚫60 €
Rest – Menu 14 € (déj. en sem.), 20/33 € – Carte 26/39 €
♦ Cette institution renaît grâce à l'arrivée d'un jeune chef dynamique. Sa cuisine revisite les
classiques de la région et s'aventure habilement côté mer. Du bio et du beau. La maison possède trois chambres : confort moderne et décoration minimaliste.

ST-JULIEN-LE-FAUCON – 14 Calvados – **303** M5 – 670 h. – alt. 40 m   **33** C2
– ⊠ 14140

▶ Paris 192 – Caen 41 – Falaise 32 – Lisieux 14

X **Auberge de la Levrette**
48 r. Lisieux – 𝒞 02 31 63 81 20 – Fax 02 31 63 97 05 – Fermé 18-24 mars,
18-24 nov., 22-29 déc., dim. soir et lundi sauf fériés
Rest – (14 € bc) Menu 20/25 € – Carte 23/45 €
♦ Jadis relais de poste, cette maison à colombages (1550), typique du Pays d'Auge, abrite
un petit musée dédié à la musique mécanique. Table traditionnelle sensible aux saisons.

ST-JULIEN-MOLIN-MOLETTE – 42 Loire – **327** G8 – rattaché à Annonay

ST-JULIEN-SUR-CHER – 41 Loir-et-Cher – **318** H8 – 737 h.   **12** C2
– alt. 110 m – ⊠ 41320

▶ Paris 227 – Blois 51 – Bourges 66 – Châteauroux 62

X **Les Deux Pierrots**
9 r. Nationale – 𝒞 02 54 96 40 07 – Fermé août, lundi et mardi
Rest – Menu 29/37 € – Carte 34/42 €
♦ Cette auberge villageoise vous reçoit l'hiver dans une salle rustique (poutres appa rentes) ; profitez l'été de celle côté jardin potager. Simplicité et tradition en cuisine.

ST-JULIEN-VOCANCE – 07 Ardèche – **331** J2 – 257 h. – alt. 680 m   **44** B2
– ⊠ 07690

▶ Paris 553 – Saint-Étienne 56 – Valence 68 – Annonay 18

XX **Julliat**
Le Marthouret – 𝒞 04 75 34 71 61 – www.restaurant-julliat.com
– Fax 04 75 34 79 19 – Fermé 2-9 janv., 14 fév.-13 mars, mardi et merc.
Rest – (20 €) Menu 31/57 €
♦ Heureux mariage d'une décoration contemporaine et des vieilles pierres dans cette mai-
son ancienne joliment restaurée où l'on sert une appétissante cuisine au goût du jour.

ST-JUNIEN – 87 Haute-Vienne – **325** C5 – 11 605 h. – alt. 240 m   **24** A2
– ⊠ 87200 ▐ Limousin Berry

   ▶ Paris 416 – Angoulême 73 – Bellac 34 – Confolens 27
   🖪 Office de tourisme, place du Champ de Foire ℰ 05 55 02 17 93,
      Fax 05 55 02 94 31
   🖪 de Saint-Junien Les Jouberties, O : 4 km, ℰ 05 55 02 96 96
   ◉ Collégiale★.

🏠   **Le Relais de Comodoliac**   🚗 🛖 ॥ 🕍 🄿 🚾 ⬥ 🄰🄴 ⓪
     22 av. Sadi-Carnot – ℰ 05 55 02 27 26
     – *www.comodoliac.fr* – *Fax 05 55 02 68 79*
     – *Fermé 13-21 fév.*
     29 ch – †61 € ††67/77 €, ⌴ 9 € – ½ P 65/70 €
     Rest – *(fermé dim. soir d'oct. à Pâques)* Menu 18 € (sem.)/39 € – Carte 30/53 €
     ◆ Hôtel logé dans une construction des années 1970 séparée de la route par un joli jardin.
     Style contemporain dans l'air du temps pour chambres relookées. Agréable salle à manger-
     véranda ouverte sur une petite terrasse verdoyante. Carte traditionnelle.

au Sud : 2 km par rte de Rochechouart, D 675 et rte secondaire
– ⊠ 87200 St-Junien

🍴🍴   **Lauryvan**   🚗 🛖 ⅙ ⟡ 🄿 🚾 ⬥
     200 allée du Bois au Boeuf – ℰ 05 55 02 26 04
     – *www.lauryvan.fr* – *Fax 05 55 02 25 29*
     – *Fermé 2-10 janv., dim. soir, lundi et soirs fériés*
     Rest – (28 €) Menu 38 € bc – Carte 33/53 €
     Rest L' Auberge – (14 €) Menu 24 € bc (sem.) – Carte 23/38 €
     ◆ Dans cette maison récente, deux ambiances et deux types de restauration s'offrent à vous.
     Cuisine de tradition servie dans une salle à manger lumineuse donnant côté jardin. À L'Au-
     berge, plats bistrotiers plus simples et cadre sobrement actuel.

ST-JUST-ET-VACQUIÈRES – 30 Gard – **339** K4 – 263 h. – alt. 190 m   **23** C1
– ⊠ 30580

   ▶ Paris 699 – Montpellier 104 – Nîmes 54 – Alès 18

🏠   **Mas Vacquières** sans rest   🚗 ⅀ 🏖 ॥ 🄿
     hameau de Vacquières – ℰ 04 66 83 70 75
     – *www.masvac.com*
     5 ch ⌴ – †80/120 € ††85/125 €
     ◆ Dans une ruelle du hameau, maison typique blottie dans un jardin fleuri bien au
     calme. Chambres fraîches et impeccablement tenues. Copieux petit-déjeuner (terrasse).

ST-JUSTIN – 40 Landes – **335** J11 – 841 h. – alt. 90 m – ⊠ 40240   **3** B2

   ▶ Paris 694 – Aire-sur-l'Adour 38 – Casteljaloux 49 – Dax 84
   🖪 Office de tourisme, place des Tilleuls ℰ 05 58 44 86 06, Fax 05 58 44 86 06

🍴   **France** avec ch   🛖 ॥ 🚾 ⬥
     pl. des Tilleuls – ℰ 05 58 44 83 61 – *Fax 05 58 44 83 89*
     – *Fermé 22 nov.-13 déc. et le dim. soir*
     8 ch – †40 € ††40 €, ⌴ 7 €
     Rest – (22 €) Menu 28/42 €
     Rest Bistrot – *(fermé sam. soir, dim., lundi et fériés)* (12 €) Menu 15 € (sem.)/35 €
     ◆ Bâtisse du pays s'ouvrant sous les arcades de la place médiévale où l'on dresse la terrasse
     en saison. Copieuse cuisine traditionnelle. Confitures maison au petit-déjeuner. Au Bistrot,
     ambiance de café de village et menu inscrit sur l'ardoise du jour.

ST-JUST-ST-RAMBERT – 42 Loire – **327** E7 – 14 809 h. – alt. 380 m   **44** A2
– ⊠ 42170

   ▶ Paris 542 – St Etienne 17 – Lyon 81 – Montbrison 18
   🖪 Office de tourisme, place de la Paix ℰ 04 77 52 05 14, Fax 04 77 52 15 91

XXX **Le Neuvième Art** (Christophe Roure)   AC P VISA ⓒ AE ①
ⓒⓒ *pl. du 19 Mars 1962 – ℰ 04 77 55 87 15 – www.leneuviemeart.com
– Fax 04 77 55 80 77 – Fermé 9 août-2 sept., 23-29 déc., 15 fév.-2 mars, dim. et
lundi*
Rest – *(nombre de couverts limité, prévenir)* Menu 67/125 € – Carte 94/118 €
Spéc. Tranche de foie gras rôti, duchesse spéculos au kumquat, émulsion
d'agrumes. Grosse langoustine bretonne pochée dans un bouillon d'infusion.
Mousse chaude chocolat et glace à la vanille Bourbon. **Vins** Saint Joseph.
♦ Concentré de créativité pour une cuisine contemporaine pleine de saveurs. Un cadre
moderne et un service aux petits soins en prime, cette ancienne gare réserve de belles surprises !

ST-LARY – 09 Ariège – 343 D7 – 151 h. – alt. 692 m – ⊠ 09800   28 B3
▶ Paris 786 – Bagnères-de-Luchon 48 – St-Gaudens 36 – St-Girons 24

🏠 **Auberge de l'Isard**   🕯 ¶¶ VISA ⓒ AE ①
ⓒ *r. des Bains – ℰ 05 61 96 72 83 – www.hotel.logis.ariege.com
– Fax 05 61 96 73 71 – Fermé fév. et lundi du 10 juil. au 20 sept.*
🍽 **8 ch** – †42/45 € ††45/55 €, ☑ 7 € – ½ P 46/50 €
Rest – (10 €) Menu 18/29 € – Carte 22/34 €
♦ Sympathique auberge bien tenue où l'on trouve aussi le bar du village et une boutique
de produits du terroir. Décor rustique dans les chambres, fraîches et fonctionnelles. Le restaurant, séparé de l'hôtel par un torrent, sert une carte traditionnelle assez étoffée.

ST-LARY-SOULAN – 65 Hautes-Pyrénées – 342 N8 – 1 073 h.   28 A3
– alt. 820 m – **Sports d'hiver : 1 680/2 450 m ≤ 2 ≤ 30 ⚹** – **Stat. therm. : début
avril-fin oct.** – ⊠ 65170 ▌ Midi-Toulousain

▶ Paris 830 – Arreau 12 – Auch 103 – Bagnères-de-Luchon 44
🅘 Office de tourisme, 37, rue Vincent Mir ℰ 05 62 39 50 81,
Fax 05 62 39 50 06

🏨 **La Pergola** ⬍   ≤ 🚗 🏠 📶 ⟨ ch, 🍴 ¶¶ 🅢 P VISA ⓒ AE ①
ⓒ *25 r. Vincent Mir – ℰ 05 62 39 40 46 – www.hotellapergola.fr
– Fax 05 62 40 06 55*
25 ch – †64/78 € ††71/113 €, ☑ 11 € – ½ P 64/91 €
Rest – *(fermé nov.)* (11 €) Menu 14 € (déj.), 26/51 € – Carte 43/55 €
♦ Jolie maison dans un jardin. Grandes chambres personnalisées avec raffinement ; sept
sont dotées d'une terrasse ou d'un balcon tourné vers les cimes. Accueil aux petits soins.
Carte au goût du jour et menu du terroir à l'Enclos des Saveurs.

🏠 **Les Arches** sans rest   🏊 🅘 ⟨ ¶¶ 🅢 P 🅼 VISA ⓒ AE
*15 av. des Thermes – ℰ 05 62 49 10 10 – www.hotel-les-arches.com
– Fax 05 62 49 10 15 – Fermé 1ᵉʳ-16 nov.*
30 ch – †50/70 € ††50/70 €, ☑ 8,50 €
♦ Architecture moderne abritant de petites chambres fonctionnelles au mobilier contemporain. Salle des petits-déjeuners conviviale et agréable salon avec cheminée.

🏠 **Aurélia** ⬍   🚗 🏠 🏊 14 🍴 ¶¶ 🅘 🅢 P VISA ⓒ
*chemin de St Lary, à Vielle-Aure – ℰ 05 62 39 56 90 – www.hotel-aurelia.com
– Fax 05 62 39 43 75 – Fermé 26 sept.-17 déc.*
20 ch – †42/46 € ††51/57 €, ☑ 8 € – ½ P 50/57 €
Rest – *(résidents seult)* Menu 20 € (dîner)
♦ Près des thermes, hôtel familial prisé pour ses activités de loisirs, sa piscine et son fitness.
Chambres confortables, mansardées au 3ᵉ étage. Deux duplex. Au restaurant, cuisine régio-
nale (réservée aux résidents) élaborée par le jeune fils de la maison.

🏠 **La Neste de Jade** sans rest   🏊 VISA ⓒ
*– ℰ 05 62 39 42 79 – www.hotel-delaneste.com – Fax 05 62 39 58 77
– Fermé 25 mai-13 juin et 10 oct.-3 déc.*
20 ch – †52/65 € ††52/90 €, ☑ 8 €
♦ Cet hôtel actuel jouit d'une belle situation en bordure de rivière, au calme, à côté d'un
centre thermo-ludique. Grandes chambres de bon confort (certaines mansardées).

XX **La Grange** 🔁 🎋 **P** **VISA** ⊚

rte d'Autun – ℰ 05 62 40 07 14 – *hotel-angleterre-arreau.com*
– Fax 05 62 98 69 66 – Fermé 27 avril-10 mai, en juin, en nov., mardi et merc.
sauf le soir en saison
Rest – (12 €) Menu 20/43 € – Carte 44/61 €

• Cette ancienne grange s'est transformée en un confortable et coquet restaurant au chaleureux décor de bois. En hiver, belles flambées dans la cheminée. Menus régionaux.

ST-LATTIER – 38 Isère – 333 E7 – 1 192 h. – alt. 170 m – ⊠ 38840   43 E2
> 🖪 Paris 571 – Grenoble 67 – Romans-sur-Isère 13 – St-Marcellin 15

⛫ **Le Lièvre Amoureux** 🔁 🔁 ⁽ᵗ⁾ **P** **VISA** ⊚ **AE** ⓞ

La Gare – ℰ 04 76 64 50 67 – *www.lelievreamoureux.com* – *Fermé 12-22 août et*
10-20 fév.
5 ch – ♥70 € ♥♥80 €, � 11 €   **Table d'hôte** – *(fermé dim.)* Menu 35/65 €

• Cet ancien relais de chasse a été habilement rénové pour faire place à trois belles chambres, spacieuses et personnalisées, et deux duplex. Une grande cheminée veille sur la table d'hôte où l'on déguste de savoureux produits du terroir dauphinois.

X **Auberge du Viaduc** avec ch 🔁 🔁 ⎬ ⁽ᵗ⁾ **P** **VISA** ⊚

D 1092 (hameau de la rivière) – ℰ 04 76 64 51 65
– www.auberge-du-viaduc.new.fr – Fax 04 76 64 30 93 – Fermé 28 nov.-15 janv.,
dim. soir de nov. à avril, merc. midi de juin à sept., lundi et mardi (sauf hôtel)
7 ch – ♥85/135 € ♥♥85/135 €, ⊡ 12 €
Rest – *(nombre de couverts limité, prévenir)* Menu 32/65 € – Carte 42/64 €

• Demeure familiale ancienne ouverte sur un agréable jardin. Salle à manger intime. Mobilier régional dans les chambres. Piscine de plein air et pool house équipé d'un bar.

X **Brun** avec ch 🔁 ⁽ᵗ⁾ **P** **VISA** ⊚

Les Fauries, D 1092 – ℰ 04 76 64 54 08 – *www.hotel-brun.com*
– Fax 04 76 64 31 78 – Fermé 11-28 oct., 15 fév.-4 mars et dim. soir
10 ch – ♥47 € ♥♥57 €, ⊡ 7 € – ½ P 47 €   **Rest** – (14 €) Menu 29/50 €

• Restaurant champêtre agrandi d'une belle terrasse sous les tilleuls, au bord de l'Isère. Les chambres se trouvent dans un bâtiment distant de 400 m.

ST-LAURENT-DE-CERDANS – 66 Pyrénées-Orientales – 344 G8   22 B3
– 1 299 h. – alt. 675 m – ⊠ 66260 ▮ Languedoc Roussillon
> 🖪 Paris 901 – Céret 28 – Perpignan 60
> 🖪 Syndicat d'initiative, 7, rue Joseph Nivet ℰ 04 68 39 55 75, Fax 04 68 39 59 59

au Sud-Ouest 6,5 km par D 3 et rte secondaire – ⊠ 66260 St-Laurent-de-Cerdans

🏨 **Domaine de Falgos** ⧖ ≤ 🜪 🔁 🔲 ⊛ ⅙ X 🜂 🜥 ⁽ᵗ⁾ 🜧 **P**

– ℰ 04 68 39 51 42 – www.falgos.com 　　　　　　　**VISA** ⊚ **AE** ⓞ
– Fax 04 68 39 52 30 – Ouvert 20 mars-14 nov.
25 ch – ♥82/129 € ♥♥119/207 €, ⊡ 14 € – 7 suites – ½ P 106/149 €
Rest – Carte 30/45 €

• Isolée sur la frontière espagnole, ancienne ferme d'altitude devenue complexe hôtelier : spacieuses chambres cosy bien équipées, parcours de golf et bel espace remise en forme. Carte brasserie à midi et traditionnelle le soir. Terrasse d'été face aux greens.

ST-LAURENT-DE-LA-SALANQUE – 66 Pyrénées-Orientales   22 B3
– 344 I6 – 8 440 h. – alt. 2 m – ⊠ 66250
> 🖪 Paris 845 – Elne 26 – Narbonne 62 – Perpignan 19
> 🖪 Syndicat d'initiative, place Gambetta ℰ 04 68 28 31 03
> 🖪 Fort de Salses★★ NO : 9 km, ▮ Languedoc Roussillon

XX **Le Commerce** avec ch 🆔 rest, 🎋 ⁽ᵗ⁾ 🜥 **VISA** ⊚

⊜ *2 bd de la Révolution* – ℰ 04 68 28 02 21 – *www.lecommerce66.com*
– Fax 04 68 28 39 86 – Fermé 2-24 nov., 15-30 mars, dim. soir sauf juil.-août et
lundi sauf le soir en juil.-août
11 ch – ♥52 € ♥♥52/56 €, ⊡ 8,50 € – ½ P 53 €
Rest – (14 €) Menu 17 € (sem.)/36 € – Carte 43/71 €

• Au centre de la localité, cuisine du terroir servie dans une coquette salle à manger rafraîchie. Petites chambres garnies d'un mobilier catalan.

ST-LAURENT-DE-MURE – 69 Rhône – **327** J5 – 4 855 h. – alt. 252 m   43 E1
– ✉ 69720

▶ Paris 478 – Lyon 19 – Pont-de-Chéruy 16 – La Tour-du-Pin 38

🏠 **Hostellerie Le St-Laurent**   ⚐ 🎧 ᴸ⅙ 🕲 ch. ⁿⁱ 🅿 🅿 ⱽⁱˢᴬ ⚙ ᴬᴱ
8 r. Croix Blanche – ☎ 04 78 40 91 44 – www.lesaintlaurent.fr
– Fax 04 78 40 45 41 – Fermé 1ᵉʳ-22 août, 26 déc.-2 janv., vend. soir, fériés le
soir, sam. et dim.
30 ch – †70/125 € ††70/125 €, ☐ 8,50 €
Rest – Menu 26 € (sem.)/61 € – Carte 45/71 €
♦ Belle demeure dauphinoise du 18ᵉ s. au cœur d'un parc arboré. Chambres au décor personnalisé (mobilier et couleurs actuels). Salle de remise en forme. Une bonne adresse familiale. Salle à manger parée de boiseries et terrasse à l'ombre d'un tilleul tricentenaire.

ST-LAURENT-DES-ARBRES – 30 Gard – **339** N4 – 2 072 h.   23 D2
– alt. 60 m – ✉ 30126

▶ Paris 673 – Alès 70 – Avignon 20 – Nîmes 47

🛈 Office de tourisme, Tour de Ribas ☎ 04 66 50 10 10, Fax 04 66 50 10 10

🏠 **Le Saint-Laurent** sans rest ⌂   ᴶ 🕲 ⁿⁱ 🅿 ⱽⁱˢᴬ ⚙ ᴬᴱ
pl. de l'Arbre – ☎ 04 66 50 14 14 – www.lesaintlaurent.biz – Fax 04 66 50 46 30
7 ch – †95/175 € ††95/175 €, ☐ 16 € – 3 suites
♦ Cette ex-maison de viticulteur, chaleureuse et douillette, a un vrai cachet. Décoration très
soignée, meubles anciens et vieilles pierres, chambres cosy, piscine, solarium...

🏠 **Felisa** sans rest   ⌷ ᴶ ⁿⁱ 🅿 ⱽⁱˢᴬ ⚙
6 r. Barris – ☎ 04 66 33 99 84 – www.maison-felisa.com – Ouvert 3 avril-3 janv.
5 ch ☐ – †120/160 € ††120/160 €
♦ Un esprit zen règne sur cette demeure en pierre (1830) proposant massages variés, yoga,
piscine. Chambres épurées, ambiance jeune et branchée. Table d'hôte en fin de semaine.

ST-LAURENT-DU-PONT – 38 Isère – **333** H5 – 4 489 h. – alt. 410 m   45 C2
– ✉ 38380 ▯ Alpes du Nord

▶ Paris 560 – Chambéry 29 – Grenoble 34 – La Tour-du-Pin 42

🛈 Office de tourisme, place de la Mairie ☎ 04 76 06 22 55, Fax 04 76 06 21 21

◉ Gorges du Guiers Mort★★ SE : 2 km - Site★ de la Chartreuse de Curière
SE : 4 km.

✗✗ **La Blache**   ⌆ ⱽⁱˢᴬ ⚙
2 pl. du 10ᵉᵐᵉ Groupement – ☎ 04 76 55 29 57 – Fermé 1ᵉʳ-15 sept., 4-26 janv.,
dim. soir, lundi et mardi
Rest – Menu 30/58 € – Carte 34/70 €
♦ Sobre restaurant meublé de fauteuils en bois originaux dans cette ex-gare située à proximité des gorges du Guiers Mort. Cuisine du marché concoctée à base de produits frais.

ST-LAURENT-DU-VAR – 06 Alpes-Maritimes – **341** E5 – 30 076 h.   42 E2
– alt. 18 m – ✉ 06700 ▯ Côte d'Azur

▶ Paris 919 – Antibes 16 – Cagnes-sur-Mer 5 – Cannes 26

🛈 Syndicat d'initiative, 18-19, route du Bord de Mer ☎ 04 93 31 31 21,
Fax 04 93 14 92 83

◉ Corniche du Var★ N.

Voir plan de NICE Agglomération

au Cap 3000

🏨 **Novotel**   ⌆ 🎧 ᴶ 🛏 ⅙ ch. 🕲 ⁿⁱ ⚒ 🅿 ⱽⁱˢᴬ ⚙ ᴬᴱ ⓪
40 av. de Verdun - AU – ☎ 04 93 19 55 55 – www.novotel.com
– Fax 04 93 19 55 59
103 ch – †92/132 € ††92/132 €, ☐ 14 €
Rest – (12 €) Menu 16 € – Carte 17/36 €
♦ On choisit cet établissement pour sa situation en bord de mer, dans une zone commerciale proche de l'aéroport de Nice, et pour ses chambres Novation. Restauration de registre
traditionnel dans un cadre moderne et lumineux, avec option terrasse côté piscine.

au Port St-Laurent

Holiday Inn Resort ⟨⟨ 🗝 🗻 ⛰ 📶 ⛰ 🏊 ⛰ ch, 🅰🅲 📶 ⛰ 🆅🆂🅰 ⓿ 🅰🅴 ⓘ
*167 promenade Flots Bleus - AU - ℰ 04 93 14 80 00 - www.holidayinn.com
– Fax 04 93 07 21 24*
124 ch – 🛏120/300 € 🛏🛏120/550 €, ☕ 23 €
Rest *Chez Panisse* – Menu 22/32 € – Carte 30/52 €
♦ Hôtel joignant l'utile à l'agréable : au cœur de la marina, directement sur la plage, confortables chambres côté flots azurés ou arrière-pays. Jardin méditerranéen. Ambiance balnéaire, déco ensoleillée, saveurs provençales et viandes à la broche Chez Panisse.

🍴 **La Mousson** ⛰ 🅰🅲 🆉 🆅🆂🅰 ⓿ 🅰🅴
*promenade Flots Bleus - AU - ℰ 04 93 31 13 30 – Fermé 2 sem. en nov.,
vacances de Noël, lundi midi d'oct. à avril, sam. midi et dim.*
Rest – Menu 25 € (déj.)/45 € – Carte 35/50 € le soir
♦ Saveurs thaïlandaises et épices exotiques vous transportent au royaume de Siam le temps d'un repas, agréablement installé dans ce restaurant situé sur le front de mer.

ST-LAURENT-DU-VERDON – 04 Alpes-de-Haute-Provence 41 C2
– **334** E10 – **92 h.** – **alt. 468 m** – ✉ 04500
▶ Paris 806 – Brignoles 49 – Castellane 70 – Digne-les-Bains 59

🏠 **Le Moulin du Château** 🦢 ⛰ 🍴 ⛰ ch, 📞 🆅🆂🅰 ⓿
*– ℰ 04 92 74 02 47 – www.moulin-du-chateau.com – Fax 04 92 74 02 97
– Ouvert 13 mars-7 nov.*
10 ch ☕ – 🛏80/122 € 🛏🛏95/137 € – 1 suite – ½ P 78/99 €
Rest – *(fermé lundi et jeudi) (dîner seult) (résidents seult)* Menu 31 €
♦ Charmant moulin à huile d'olive (17ᵉ s.) aux chambres actuelles et salon aménagé face à la meule. Ambiance farniente au jardin et éthique écologique (citerne à eau de pluie, produits bio...). Petit-déjeuner régional et dîner provençal (menu unique réservé aux résidents).

ST-LAURENT-EN-GRANDVAUX – 39 Jura – 321 F7 – 1 740 h. 16 B3
– **alt. 904 m** – ✉ 39150 ▮ Franche-Comté Jura
▶ Paris 442 – Champagnole 22 – Lons-le-Saunier 45 – Morez 11
🛈 Office de tourisme, 7, place Charles Thevenin ℰ 03 84 60 15 25,
Fax 03 84 60 85 73

🏨 **Au Moulin des Truites Bleues** 🦢 ⛰ 🍴 🏊 🅿 🆅🆂🅰 ⓿
*4 km au Nord par N5 – ℰ 03 84 60 83 03 – www.truites-bleues.com
– Fax 03 84 60 83 91*
17 ch – 🛏54/70 € 🛏🛏54/75 €, ☕ 10 €
Rest – *(fermé dim. soir et lundi midi)* Menu 22/42 € – Carte 30/50 €
♦ Cette grande bâtisse blanche possède des chambres spacieuses et bien tenues, à l'esprit montagnard (murs en bois clair). Confort moderne (wifi, écrans plats). Dans l'élégante salle rustique ou sur la terrasse dominant la Lemme, recettes aux accents franc-comtois.

ST-LAURENT-LA-GÂTINE – 28 Eure-et-Loir – 311 F3 – 446 h. 11 B1
– **alt. 134 m** – ✉ 28210
▶ Paris 77 – Évreux 66 – Orléans 121 – Versailles 57

🏠 **Clos St-Laurent** sans rest 🦢 🦢 🅿
*6 r. de l'Église – ℰ 02 37 38 24 02 – www.clos-saint-laurent.com
– Fax 02 37 38 24 02 – Fermé 22 déc.-5 janv.*
4 ch ☕ – 🛏70 € 🛏🛏90 €
♦ Cet ancien corps de ferme abrite quatre grandes chambres décorées avec goût dans un style à la fois rustique et chic. Charmante salle des petits-déjeuners et jardin-terrasse.

ST-LAURENT-SUR-SAÔNE – 01 Ain – 328 C3 – rattaché à Mâcon

ST-LÉON – 47 Lot-et-Garonne – 336 D4 – 289 h. – alt. 80 m – ✉ 47160 4 C2
▶ Paris 667 – Bordeaux 107 – Agen 43 – Villeneuve-sur-Lot 44

🏠 **Le Hameau des Coquelicots** sans rest 🦢 🦢 🏊 🍴 🅿
*Lieu dit Goutte d'Or, 2 km au Sud par D 285 – ℰ 05 53 84 06 13
– www.lehameaudescoquelicots.com – Fax 05 53 84 06 13*
5 ch ☕ – 🛏120 € 🛏🛏130 €
♦ Trois maisons en pleine campagne. Au calme du lieu s'ajoutent un accueil charmant et un décor épuré fait de matériaux naturels et d'œuvres d'art. Potager, piscine "naturelle".

ST-LÉONARD-DE-NOBLAT – 87 Haute-Vienne – 325 F5 – 4 634 h. 24 B2
– alt. 347 m – ⊠ 87400 ▮ Limousin Berry

▶ Paris 407 – Aubusson 68 – Brive-la-Gaillarde 99 – Guéret 62

🛈 Office de tourisme, place du Champ de Mars ☏ 05 55 56 25 06,
   Fax 05 55 56 36 97

◉ Église★ : clocher★★.

XXX **Le Grand St-Léonard** avec ch   🔊 ⚘ 🚾 ⑳ 🖭 ⓪
23 av. Champs de Mars – ☏ 05 55 56 18 18
– www.hotelrestaurantlegrandsaintleonard-limousin.com – Fax 05 55 56 98 32
– Fermé 20 déc.-20 janv., lundi sauf le soir du 15 juin au 15 sept. et mardi midi
14 ch – †57/61 € ††57/61 €, ⊆ 11 €
Rest – (16 € bc) Menu 22/61 € – Carte 56/65 €
• Ex-relais de poste à l'ambiance vieille France. Cuisine classique servie dans un cadre rustique soigné ; collections de moules à gâteaux et de vaisselle en Limoges. Chambres au charme provincial, parfois désuètes.

X **Relais St-Jacques** avec ch   ⅏ ch, ⁇ 🚾 ⑳ ⓪
⊗ *6 bd A. Pressemane – ☏ 05 55 56 00 25 – www.lerelaissaintjacques.com*
– Fax 05 55 56 19 87 – Fermé 4 mars-15 avril, dim. soir et lundi midi d'oct. à avril
9 ch – †50 € ††50 €, ⊆ 8 € – ½ P 52 €
Rest – (11 €) Menu 13 € (déj. en sem.), 19/37 € – Carte 31/47 €
• En bordure du boulevard circulaire, voici une adresse familiale tenue par un jeune couple charmant qui propose une cuisine traditionnelle aux saveurs franches. Petites chambres simples, modestement meublées et bien entretenues.

ST-LIGUAIRE – 79 Deux-Sèvres – 322 C7 – rattaché à Niort

ST-LÔ ℙ – 50 Manche – 303 F5 – 19 643 h. – alt. 20 m – ⊠ 50000 32 A2
▮ Normandie Cotentin

▶ Paris 296 – Caen 62 – Cherbourg 80 – Laval 154

🛈 Office de tourisme, place Général-de-Gaulle ☏ 02 33 77 60 35,
   Fax 02 33 77 60 36

▣ Centre Manche à Saint-Martin-d'Aubigny Le Haut Boscq, par D900 : 20 km,
   ☏ 02 33 45 24 52

◉ Haras national★ - Tenture des Amours de Gombaut et Macée du musée
   des Beaux-Arts.

Plan page suivante

🏠 **Mercure**   🕾 🗐 ⛰ ⁇ 🔊 🚾 ⑳ 🖭 ⓪
1 av. Briovère – ☏ 02 33 05 10 84 – www.mercure.com – Fax 02 33 56 46 92
67 ch – †85/105 € ††95/115 €, ⊆ 14 € – ½ P 70/80 €   A**v**
Rest – (fermé dim.) (dîner seult) Menu 23/28 € – Carte 21/34 €
• Cet hôtel proche de la gare dispose de chambres de bon confort, certaines sont plus contemporaines que d'autres. Réservez de préférence face aux remparts pour être au calme. Au restaurant, la cuisine, traditionnelle, prend l'accent régional.

XX **Le Péché Mignon**   🚾 ⑳ 🖭 ⓪
⊗ *84 r. Mar. Juin – ☏ 02 33 72 23 77 – le-peche-mignon.monsite.wanadoo.fr*
– Fax 02 33 72 27 58 – Fermé 14 juil.-1er août, 16-22 fév., dim. soir et lundi
Rest – (13 €) Menu 18/50 € – Carte 35/60 €   B**e**
• L'adresse se trouve à proximité du haras national. Deux petites salles à manger, simples mais confortables, où l'on sert une cuisine traditionnelle mâtinée de modernité.

au Calvaire 7 km par ② et D 972 – ⊠ 50810 St-Pierre-de-Semilly

XXX **La Fleur de Thym**   🕾 ℙ 🚾 ⑳ 🖭
– ☏ 02 33 05 02 40 – www.la-fleur-de-thym.com – Fax 02 33 56 29 32
– Fermé 5-26 août, 2-18 janv., sam. midi, dim. soir et lundi
Rest – (19 €) Menu 33/65 € – Carte 48/103 €
• Cette ancienne ferme possède une terrasse d'été ombragée bien préservée des bruits de la route voisine. Répertoire culinaire classique rehaussé de saveurs du Sud.

ST-LÔ

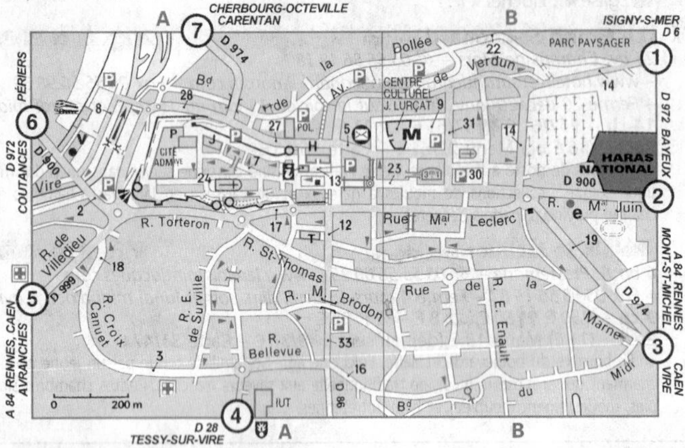

à Agneaux 3 km par ⑥ – 4 095 h. – alt. 60 m – ⊠ 50180

🏨 **Château d'Agneaux** ⬧ 🕊 🎄 ⅙ rest, 🍽 rest, ⁽ⁱ⁾ ⅍ **P** **VISA** ⓿
av. Ste-Marie – ℰ 02 33 57 65 88 – www.chateau-agneaux.com
– Fax 02 33 56 59 21 – Fermé dim. soir d' oct. à avril et du 21 au 26 déc.
11 ch – ♦80/212 € ♦♦80/212 €, � 15 €
Rest *La Tour Carrée* – (ouvert vend. soir, sam. soir et dim. midi d'oct. à avril et
le soir de mai à sept.) (prévenir) Menu 35/62 €
Rest *La Table de Louis* – (fermé le midi du 23 juil. au 13 août, dim. soir, sam. midi
et lundi midi d' oct. à avril et du 21 au 26 déc.) Menu 12/35 € – Carte 25/32 €
♦ En retrait de St-Lô, hôtel logé dans un château du 13ᵉ s. Escalier en pierres de taille
et chambres pleines de cachet (parquet ou tomettes, poutres apparentes et mobilier rustique). Atmosphère intimiste et plats actuels à La Tour Carrée. Cuisine du marché à La Table
de Louis, dans un cadre mariant ancien et moderne.

ST-LOUBÈS – 33 Gironde – 335 I5 – 7 639 h. – alt. 28 m – ⊠ 33450   3 B1
◪ Paris 568 – Bordeaux 18 – Créon 20 – Libourne 18

✗ **Le Coq Sauvage** avec ch ⬧ 🎄 **AC** rest, ⁽ⁱ⁾ ⅍ **P** **VISA** ⓿ **AE** ①
71 av. du Port-Cavernes, à Cavernes, Nord-Ouest : 4 km – ℰ 05 56 20 41 04
– www.hotel-restaurant-coqsauvage.com – Fax 05 56 20 44 76
6 ch – ♦55 € ♦♦55 €, ⊝ 7 € – ½ P 48 €
Rest – (fermé sam. et dim.) (15 € bc) Menu 27/48 € – Carte 32/54 €
♦ Maison au charme rustique installée sur le port de plaisance, avec la Dordogne en toile de
fond. Plats régionaux servis dans un agréable patio en été. Chambres au calme.

ST-LOUIS – 68 Haut-Rhin – 315 J11 – 19 875 h. – alt. 250 m – ⊠ 68300   1 B3
◪ Paris 498 – Altkirch 29 – Basel 5 – Belfort 76

🏨 **Ibis** 🛋 ⅙ ch, **AC** ⁽ⁱ⁾ ⅍ ⌚ **VISA** ⓿ **AE** ①
17 r. Gén. de Gaulle – ℰ 03 89 69 06 58 – www.ibishotels.com – Fax 03 89 69 45 03
65 ch – ♦39/145 € ♦♦39/145 €, ⊝ 8 €
Rest – (fermé dim.) (11 € bc) Carte 10/25 €
♦ Cet hôtel récent à la façade en briques rouges vous mettra à quelques pas des cinémas et
du théâtre de la Coupole. Chambres fonctionnelles, spacieuses et bien tenues. Repas simple
et rapide au restaurant où vous sélectionnerez votre menu sur un écran tactile.

Berlioz sans rest
🕮 r. Henner, (près de la gare) – ℰ 03 89 69 74 44 – www.hotelberlioz.com
– Fax 03 89 70 19 17 – Fermé 24 déc.-3 janv.
20 ch – †63/73 € ††63/73 €, ⌚ 8 €
• Petit immeuble des années 1930 proche de la gare, aux chambres pratiques, bien équipées et parfaitement tenues. Copieux petits-déjeuners à déguster dans un agréable salon.

Le Trianon
46 r. du Mulhouse – ℰ 03 89 67 03 03 – Fermé dim. soir, lundi soir et merc. soir
Rest – Menu 20 € (déj. en sem.), 25/62 € – Carte 34/59 €
• Face à une placette, un ancien centre des impôts devenu restaurant. Tables soigneusement dressées et cuisine au goût du jour influencée par les saisons. Terrasse d'été fleurie.

à Huningue 2 km à l'Est par D 469 – 6 358 h. – alt. 245 m – ⌖ 68330

Tivoli
15 av. de Bâle – ℰ 03 89 69 73 05 – www.tivoli.fr – Fax 03 89 67 82 44
41 ch – †59/86 € ††66/96 €, ⌚ 10 € – ½ P 63/86 €
Rest *Philippe Schneider* – (fermé 26 juil.-16 août et 23 déc.-6 janv.) Menu 13 €
(déj. en sem.), 23/45 € – Carte 32/60 €
• L'hôtel, situé à deux pas des frontières suisse et allemande, propose des chambres actuelles et bien tenues. Celles rénovées adoptent un look contemporain. Restaurant élégant
(carte au goût du jour et bon choix de vins) ou salle plus tendance (menu à l'ardoise).

à Village-Neuf 3 km au Nord-Est par D 66 et D 21 – 3 452 h. – alt. 240 m – ⌖ 68128

🛈 Office de tourisme, 81, rue Vauban ℰ 03 89 70 04 49, Fax 03 89 67 30 80

Au Cerf
72 r. Gén. de Gaulle – ℰ 03 89 67 12 89 – Fax 03 89 69 85 57
– Fermé 14 juil.-10 août, 24 déc.-1ᵉʳ janv., jeudi soir, dim. soir et lundi
Rest – (10 €) Menu 18 € (sem.)/43 € – Carte 25/48 €
• Près de la Petite Camargue alsacienne, auberge familiale au cadre rustique orné de tro-
phées de chasse. Plats traditionnels et, en saison, spécialités d'asperges et de gibier.

à Hésingue 4 km à l'Ouest par D 419 – 2 336 h. – alt. 290 m – ⌖ 68220

Au Boeuf Noir
2 r. de Folgensbourg – ℰ 03 89 69 76 40 – www.auboeufnoir.fr
– Fax 03 89 67 77 29 – Fermé 18-25 mars, 18-31 août, sam. midi, dim. et lundi
Rest – Menu 25/59 € – Carte 48/59 €
• Accueillant restaurant décoré de tableaux réalisés par le patron-artiste. Cuisine classique
revisitée, suggestions du jour et le jeudi formule avec un classique (pot au feu...).

ST-LOUP-DE-VARENNES – 71 Saône-et-Loire – 320 J9 – rattaché à Chalon-sur-Saône

ST-LUNAIRE – 35 Ille-et-Vilaine – 309 J3 – rattaché à Dinard

ST-LUPERCE – 28 Eure-et-Loir – 311 D5 – rattaché à Chartres

ST-LYPHARD – 44 Loire-Atlantique – 316 C3 – 4 030 h. – alt. 12 m – ⌖ 44410 ▪ Bretagne   34 A2

▶ Paris 447 – La Baule 17 – Nantes 73 – Redon 43
🛈 Office de tourisme, place de l'Eglise ℰ 02 40 91 41 34, Fax 02 40 91 34 96
◉ Clocher de l'église ✳★★.

Les Chaumières du Lac et Auberge Les Typhas
rte Herbignac – ℰ 02 40 91 32 32
– www.leschaumieresdulac.com – Fax 02 40 91 30 33 – Fermé 23 déc.-17 janv.
20 ch – †64/95 € ††64/110 €, ⌚ 10 € – ½ P 68/76 €
Rest – (fermé merc. midi et mardi midi) (15 €) Menu 20/44 € – Carte 35/65 €
• Ce hameau de chaumières inscrit dans le Parc naturel régional de Brière dispose de vastes
chambres (certaines refaites). Bons petits-déjeuners à base de produits fermiers. Plaisante salle
à manger ouvrant sur une terrasse et plats dans l'air du temps.

rte de St-Nazaire 3 km au Sud par D 47 – ⊠ 44410 St-Lyphard

XX **Auberge le Nézil**   🚗 🏠 ⇔ **P** **VISA** ◉◉ **AE**
– ℰ 02 40 91 41 41 – www.aubergelenezil.com – Fax 02 40 91 45 39
– Fermé 4-11 oct., 24 déc.-17 janv., merc. soir sauf juil.-août, dim. soir et lundi
Rest – (18 €) Menu 26/50 € – Carte 50/65 €
♦ À la lisière des marais de la Grande Brière, auberge rustique et bien tenue. Goûteuses recettes traditionnelles (produits locaux) servies, l'été, sur l'agréable terrasse-jardin.

à Bréca 6 km au Sud par D 47 et rte secondaire – ⊠ 44410 St-Lyphard

XX **Auberge de Bréca**   🚗 🏠 ⅙ **VISA** ◉◉ **AE**
D 47 – ℰ 02 40 91 41 42 – www.auberge-breca.com – Fax 02 40 91 37 41
– Fermé 3-22 janv., dim. soir et lundi sauf juil.-août
Rest – (18 €) Menu 26/52 € – Carte 32/50 €
♦ Cette chaumière briéronne (1903) abrite un restaurant régional chaleureux, agrandi d'une véranda. Aux beaux jours, profitez du jardin et de la terrasse tournée vers les marais.

ST-MACAIRE – 33 Gironde – 335 J7 – rattaché à Langon

ST-MACLOU – 27 Eure – 304 C5 – 532 h. – alt. 114 m – ⊠ 27210   **32** A3
🔃 Paris 179 – Le Grand-Quevilly 67 – Le Havre 35 – Rouen 73

X **La Crémaillère**   🏠 **P** **VISA** ◉◉ **AE** ⓞ
– ℰ 02 32 41 17 75 – Fax 02 32 42 50 90 – Fermé 15-24 nov., 17 fév.-2 mars,
mardi soir et merc.
Rest – (12 €) Menu 15 € (sem.), 22/40 € – Carte 29/55 €
♦ Charmante petite auberge fleurie située au cœur du village. Boiseries et couleurs gaies dans l'agréable salle à manger ouverte sur la terrasse d'été. Cuisine régionale créative.

ST-MAIXENT-L'ÉCOLE – 79 Deux-Sèvres – 322 E6 – 7 643 h.   **38** B2
– alt. 85 m – ⊠ 79400 🏦 Poitou Vendée Charentes
🔃 Paris 383 – Angoulême 106 – Niort 24 – Parthenay 30
🄳 Syndicat d'initiative, porte Châlon ℰ 05 49 05 54 05, Fax 05 49 05 76 25
🄸🅑 du Petit Chêne à Mazières-en-Gâtine, O : 20 km par D 6, ℰ 05 49 63 20 95
◉ Église abbatiale★ - Musée du sous-officier (série d'uniformes★).

🄱🄷 **Le Logis St-Martin** ⌂   🄰 🏠 🟰 🗑 ⓝⓟ **P** **VISA** ◉◉ **AE**
chemin Pissot – ℰ 05 49 05 58 68 – www.logis-saint-martin.com – Fax 05 49 76 19 93
12 ch – †105/165 € ††110/215 €, 🖙 16 € – 1 suite – ½ P 110/145 €
Rest – (fermé sam. midi, mardi midi et lundi sauf le soir en saison) (27 €)
Menu 45/75 € – Carte 49/82 € ⅛
♦ Au cœur d'un parc bordé par la Sèvre niortaise, cette noble gentilhommière du 17e s. restaurée avec goût dispose de chambres personnalisées. Au restaurant, cadre rajeuni, très raffiné et cosy, mettant en valeur les poutres et l'ancienne cheminée ; plats classiques.

à Soudan 7,5 km à l'Est par N 11 – 407 h. – alt. 155 m – ⊠ 79800

◉ Musée des Tumulus de Bougon★★.

X **L'Orangerie**   🚗 🏠 ⇔ **P** **VISA** ◉◉ **AE**
10 rte de l'Atlantique – ℰ 05 49 06 56 06 – www.lorangerie79.com – Fax 05 49 06
56 10 – Fermé janv., lundi midi en juil.-août, dim. soir et lundi de sept. à juin
Rest – Menu 15 € (sem.)/45 € – Carte 41/59 €
♦ Cuisine au goût du jour actualisée, réalisée par deux frères : l'un en cuisine, l'autre s'occupant de la pâtisserie. Salle à manger ouverte sur le jardin.

ST-MAIXME-HAUTERIVE – 28 Eure-et-Loir – 311 D4 – 417 h.   **11** B1
– alt. 194 m – ⊠ 28170
🔃 Paris 105 – Chartres 31 – Évreux 61 – Orléans 112

🏠 **La Rondellière** ⌂   🚗 ⅙ ⓝⓟ **P**
11 r. de la Mairie – ℰ 02 37 51 68 26 – www.ferme-rondelliere.com
– Fax 02 37 51 08 53
4 ch 🖙 – †33 € ††42 €　**Table d'hôte** – (fermé dim. soir) Menu 15 € bc
♦ Les chambres, spacieuses et bien aménagées, sont logées dans les anciens greniers à foin de cette ferme pratiquant la culture de céréales. Calme garanti et accueil sympathique. Cuisine élaborée avec les produits du potager à la table d'hôte (sur réservation).

ST-MALO ⓢ – 35 Ille-et-Vilaine – **309** J3 – **49 661 h. – alt. 5 m** **10** D1
– Casino AXY – ✉ **35400** ▮ Bretagne

▶ Paris 404 – Avranches 68 – Dinan 32 – Rennes 70

✈ de Dinard-Pleurtuit-St-Malo : ✆ 02 99 46 18 46, par ③ : 14 km.

ℹ Office de tourisme, esplanade Saint-Vincent ✆ 08 25 13 52 00, Fax 02 99 56 67 00

👁 Remparts★★★ - Château★★ : musée d'Histoire de la ville et d'Ethnographie du pays malouin★ **M²**, tour Quic-en-Groigne★ DZ **E** - Fort national★ : < ★★ 15 mn - Vitraux★ de la cathédrale St-Vincent - Mystères de la mer★★ (aquarium) par ③ - Rothéneuf : musée-manoir Jacques-Cartier★, 3 km par ① - St Servan sur Mer : corniche d'Aleth < ★, tour Solidor★,échapées du parc des Corbières★, belvédère du Rosais★.

Plans pages suivantes

Intra muros

🏠🏠 **Ajoncs d'Or** sans rest ⇕ ((•)) VISA ⓜ AE
10 r. Forgeurs – ✆ 02 99 40 85 03
– www.st-malo-hotel-ajoncs-dor.com – Fax 02 99 40 80 70
– Fermé 1er-27 déc. et 2-31 janv. DZ**a**
22 ch – †70/97 € ††85/145 €, ☕ 13 €
◆ Dans une rue tranquille de la vieille ville, chambres personnalisées (marines aux murs). Salle des petits-déjeuners agrémentée de gravures et de boiseries.

🏠🏠 **Hôtel du Louvre** sans rest ⇕ ♿ ⚹ ((•)) ♔ VISA ⓜ AE ⓓ
2 r. des Marins – ✆ 02 99 40 86 62 – www.hoteldulouvre-saintmalo.com
– Fax 02 99 40 86 93 DZ**b**
50 ch – †70/125 € ††79/139 €, ☕ 12 €
◆ Décor contemporain et sobre pour cet hôtel entièrement rénové. Bois sombre, tableaux, tons chauds et murs pastel habillent les chambres et la salle des petits-déjeuners.

🏠 **San Pedro** sans rest ⇕ ⚹ ((•)) VISA ⓜ
😴 *1 r. Ste-Anne – ✆ 02 99 40 88 57 – www.sanpedro-hotel.com*
– Fax 02 99 40 46 25 – Ouvert 1er mars-15 nov. DZ**f**
12 ch – †48/53 € ††57/72 €, ☕ 8 €
◆ À deux pas de la plage de Bon Secours, un hôtel de poche dont l'accueil chaleureux est incomparable. Petites chambres impeccablement tenues et petit-déjeuner très soigné.

🏠 **Le Croiseur** sans rest ⇕ ⚹ ((•)) VISA ⓜ AE
2 pl. de la Poissonnerie – ✆ 02 99 40 80 40
– www.hotel-le-croiseur.com – Fax 02 99 56 83 76
– Fermé 11 nov.-1er janv. DZ**h**
14 ch – †55/69 € ††59/72 €, ☕ 8 €
◆ Cuir brun et mobilier en wengé donnent à cet établissement un style contemporain épuré. En été, on petit-déjeune sur la mignonne place pavée où officie parfois un poissonnier.

XX **Le Chalut** (Jean-Philippe Foucat) AC VISA ⓜ
✿ *8 r. de la Corne de Cerf – ✆ 02 99 56 71 58 – Fax 02 99 56 71 58*
– Fermé mardi sauf le soir en juil.-août et lundi DZ**d**
Rest – *(nombre de couverts limité, prévenir)* Menu 26 € (déj. en sem.), 39/68 € – Carte 53/68 €
Spéc. Filets de rouget barbet à l'huile d'orange. Saint-Jacques au naturel et champignons sauvages (oct. à mai). Délice glacé au pur malt, croquant à l'orange.
◆ Belle façade évoquant la vie des marins, intérieur convivial et cuisine raffinée axée sur les produits de la mer : trois bonnes raisons de ne pas prendre le large !

XX **Delaunay** ♿ VISA ⓜ
6 r. Ste-Barbe – ✆ 02 99 40 92 46 – www.restaurant-delaunay.com
– Fermé de mi-janv. à mi-fév., lundi hors saison et dim. DZ**x**
Rest – *(dîner seult)* Menu 32/80 € – Carte 38/73 €
◆ Entourée de nombreux restaurants, une devanture lie-de-vin abritant une petite salle entièrement rafraîchie, agrémentée de nombreux tableaux. Carte dans l'air du temps.

ST-MALO
PARAMÉ-ST-SERVAN

0   500 m

ILE DU GR⁰ BÉ

FORT NATIONAL

ST-MALO

SARK
GUERNSEY, JERSEY

CORK, PLYMOUTH, POOLE
PORSMOUTH, WEYMOUTH

PARC DES
EXPOSITIONS

BASSIN
DUGUAY-TROUIN

BASSIN
VAUBAN

BASSIN
JACQUES
CARTIER

GARES
MARITIMES

BASSIN
68

BOUVET
Q. du Val

ANSE DES SABLONS

ST-SERVAN
SUR-MER

Fort de la
Cité

Pl.
St. Pierre

TOUR SOLIDOR

Parc des Corbières

BELVÉDÈRE
DU ROSAIS

USINE MAREMOTRICE, DINARD
La Briantais

DOL, RENN
ST-BRIEU
Grand Aquarium-St-M

RANCE

THERMES
MARINS

×× **À la Duchesse Anne** (Serge Thirouard)   ⟨hi⟩ ⟨symbols⟩ VISA ⟨⟩

❀   *5 pl. Guy La Chambre – ℰ 02 99 40 85 33 – Fax 02 99 40 00 28*
    – Fermé déc., janv., dim. soir hors saison, lundi midi et merc.   DZ**e**
    Rest – Menu 78 € – Carte 45/75 €
    Spéc. Filets de maquereaux frais au vin blanc. Homard grillé "Duchesse Anne".
    Tarte Tatin.
    ◆ Découvrez cette institution malouine (1945) et son beau décor de mosaïque et de fres-
    ques. Un vrai conservatoire de la cuisine bourgeoise telle qu'on la faisait il y a cent ans.

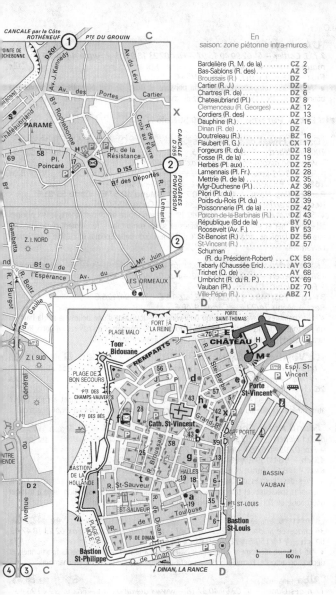

✗ **Gilles**   *VISA* ●③

2 r. Pie qui boit
– ℰ 02 99 40 97 25
– *Fax 02 99 40 97 25*
– *Fermé jeudi hors saison et merc.*   **DZt**
Rest – *(nombre de couverts limité, prévenir)* (22 €) Menu 25/38 €

♦ La superbe promenade sur les remparts vous a ouvert l'appétit ? Ce discret restaurant aux grandes baies vitrées vous régalera de sa cuisine actuelle soignée.

✗ **L'Ancrage** 🛖 ⇆ 𝗩𝗜𝗦𝗔 ⦿
⊖ *7 r. J. Cartier –* ℰ *02 99 40 15 97 – Fax 02 23 18 03 61 – Fermé 4 janv.-4 fév.,*
mardi et merc. sauf juil.-août DZ**r**
Rest – Menu 16/36 € – Carte 37/56 €
♦ Adossé aux remparts, restaurant de poissons et fruits de mer où vous serez servis à la bonne franquette ! Décor marin au rez-de-chaussée ; jolie salle voûtée à l'étage.

St-Malo Est et Paramé – ✉ 35400 St-Malo

🏨 **Grand Hôtel des Thermes** ❀ ≤ 🔲 ⊛ 𝄁ℰ 🛆 🖢 ⑁ ch. 𝗔𝗖 ℃ 𝖘𝖆 🍃
100 bd Hébert – ℰ *02 99 40 75 75* 𝗩𝗜𝗦𝗔 ⦿ 𝗔𝗘 ⓪
– www.thalassotherapie.com – Fax 02 99 40 76 00
– Fermé 3-16 janv. BX**n**
168 ch – †83/340 € ††115/455 €, � 20 € – 7 suites
Rest *Le Cap Horn* – ℰ *02 99 40 75 40* – Menu 30/57 € – Carte 55/85 €
Rest *La Verrière* – (24 €) Menu 34/43 € – Carte 40/50 €
♦ Sur le front de mer, ancien palace du 19e s. et son centre de thalassothérapie (six piscines à l'eau de mer et soins au top). Chambres et suites confortables, récemment rénovées. Jolie vue sur le large et carte classique au Cap Horn. Décor Belle Époque et cuisine diététique à La Verrière.

🏨 **Alexandra** ≤ 🛖 🖢 🖢 𝗔𝗖 ℃ ℃ 𝖘𝖆 𝗣 🍃 𝗩𝗜𝗦𝗔 ⦿ 𝗔𝗘 ⓪
138 bd Hébert – ℰ *02 99 56 11 12 – Fax 02 99 56 11 12*
– Fermé janv. BX**h**
31 ch – †85/148 € ††120/175 €, ⊂ 14 € – ½ P 94/126 €
Rest – Menu 24/72 € – Carte 19/40 €
♦ Les chambres – avec terrasse ou bow-window – jouissent d'une belle vue sur la baie ou sur les toits de la cité. Cadre ensoleillé et fonctionnel, maquettes de navires en déco. Restaurant-brasserie proposant une carte traditionnelle inspirée par la mer.

🏨 **La Villefromoy** sans rest 🖢 ℃ 𝗣 𝗩𝗜𝗦𝗔 ⦿ 𝗔𝗘 ⓪
7 bd Hébert – ℰ *02 99 40 92 20 – www.villefromoy.fr – Fax 02 99 56 79 49*
– Fermé 14 nov.-3 fév. CX**s**
26 ch – †89/179 € ††89/269 €, ⊂ 13 €
♦ Ces deux demeures d'un quartier résidentiel vous réservent un charmant accueil. Douce atmosphère actuelle au salon (dans la villa Second Empire) ; chambres au mobilier acajou.

🏨 **Grand Hôtel Courtoisville** ❀ 🚿 🔲 🖢 🖢 ch. 𝗔𝗖 rest. ℃ 𝗣 🍃
69 bd Hébert – ℰ *02 99 40 83 83 – www.courtoisville.com* 𝗩𝗜𝗦𝗔 ⦿ 𝗔𝗘
– Fax 02 99 40 57 83 – Fermé 1er-17 déc. et 10-31 janv.
45 ch – †84/169 € ††84/169 €, ⊂ 13 € – ½ P 96/112 € BX**a**
Rest – (18 €) Menu 24 € (déj.), 26/29 € – Carte 29/48 €
♦ Près des thermes marins, pension familiale du début du 20e s. entourée d'un jardin. Chambres spacieuses et tranquilles, équipées en majorité de lits à relaxation. Salle à manger bourgeoise où l'on savoure plats traditionnels et produits de l'océan.

🏨 **Mercure** sans rest 🖢 🖢 ℃ ℃ ℃ 𝗩𝗜𝗦𝗔 ⦿ 𝗔𝗘 ⓪
36 chaussée Sillon – ℰ *02 23 18 47 47 – www.mercure.com – Fax 02 23 18 47 48*
51 ch – †74/150 € ††82/160 €, ⊂ 14 € AY**z**
♦ Un Mercure idéalement placé sur le Sillon, face à la mer. Aménagements fonctionnels et décoration actuelle. Formule buffet au petit-déjeuner (servi également en chambre).

🏨 **Alba** sans rest ≤ ℃ ℃ 𝗩𝗜𝗦𝗔 ⦿ ⓪
17 r. des Dunes – ℰ *02 99 40 37 18 – www.hotelalba.com – Fax 02 99 40 96 40*
22 ch – †65/171 € ††79/171 €, ⊂ 12 € BX**t**
♦ Cette villa du 19e s. bénéficie d'un bel emplacement face à la plage. Les chambres sont toutes rénovées et claires (tons crème, bois blond). La moitié donne sur le large.

🏨 **Beaufort** sans rest ≤ 🖢 ℃ 𝗩𝗜𝗦𝗔 ⦿ 𝗔𝗘 ⓪
25 chaussée Sillon – ℰ *02 99 40 99 99 – www.hotel-beaufort.com*
– Fax 02 99 40 99 62 – Fermé 12-25 déc. BX**x**
22 ch – †71/211 € ††71/211 €, ⊂ 13 €
♦ Chambres de style colonial pour cette fière demeure malouine reconnaissable à sa façade couleur moutarde. Celles situées côté rue du Sillon sont moins au calme.

🏠 **Aubade** sans rest   📶 ⚡ 🚫 📶 VISA 🅾 AE ①
8 pl. Duguesclin – 𝒞 02 99 40 47 11 – www.aubade-hotel.com
– Fax 02 99 56 10 49 – Fermé 20-27 déc. et 9-31 janv.   BXY**g**
20 ch – ♦76/113 € ♦♦81/129 €, ☲ 11 €
• Un hôtel pensé selon le concept du "décor comme à la maison" : accueil-bibliothèque, bar
orange et chocolat, mobilier design et une couleur différente par étage (bonne literie).

🏠 **Brocéliande** sans rest   ⚡ 🅿 VISA 🅾 AE
43 chaussée Sillon – 𝒞 02 99 20 62 62 – www.hotel-broceliande.com
– Fax 02 99 40 42 47 – Ouvert 15 mars-15 nov.   BX**v**
9 ch – ♦85/125 € ♦♦98/125 €, ☲ 12 €
• Ancienne demeure bourgeoise tenue comme une maison d'hôte. Chaque chambre, décorée de tapisseries Laura Ashley, porte le nom d'un héros de Brocéliande. Accueil attentionné.

🏠 **La Malouinière du Mont Fleury** sans rest ॐ   🍴 📶 🅿 VISA 🅾
2 r. Montfleury – 𝒞 02 23 52 28 85 – www.lemontfleury.com – Fax 02 23 52 28 85
5 ch ☲ – ♦75 € ♦♦75/110 €   CY**e**
• Cette belle malouinière du 18ᵉ s., dans un jardin au calme, propose des chambres de
charme (deux en duplex) conçues sur divers thèmes : l'Afrique, l'Orient, la Chine, l'Amérique.

à St-Servan-sur-Mer – ✉ 35400 St Malo

🏨 **Le Valmarin** sans rest ॐ   🔈 📶 🅿 VISA 🅾
7 r. Jean XXIII – 𝒞 02 99 81 94 76 – www.levalmarin.com – Fax 02 99 81 30 03
12 ch – ♦95/145 € ♦♦100/145 €, ☲ 11 €   AZ**n**
• Les chambres personnalisées de cette élégante demeure traditionnelle portent le nom de
figures célèbres de la région. Les plus agréables s'ouvrent sur le paisible parc arboré.

🏨 **Manoir du Cunningham** sans rest   ⚡ ⚡ 🅿 VISA 🅾 AE ①
9 pl. Mgr Duchesne – 𝒞 02 99 21 33 33 – www.st-malo-hotel-cunningham.com
– Fax 02 99 21 33 34 – Ouvert de mi-mars à mi-nov., week-ends, vacances de
Noël et de fév.   AZ**a**
13 ch – ♦90/120 € ♦♦130/190 €, ☲ 10 €
• Jolie maison aux allures de manoir anglo-normand, face à l'anse des Sablons. Grandes
chambres baptisées de noms d'îles, plaisantes mais datées ; la plupart donnent sur la mer.

🏠 **L'Ascott** sans rest ॐ   🍴 ⚡ 📶 🅿 🅿 VISA 🅾 AE ①
35 r. Chapitre – 𝒞 02 99 81 89 93 – www.ascotthotel.com – Fax 02 99 81 77 40
– Fermé 5-22 janv.   BZ**s**
10 ch – ♦85/100 € ♦♦100/155 €, ☲ 13 €
• Heureux mariage de meubles contemporains, parfois design, et de multiples objets chinés
(lustres à pendeloques, tableaux) en cette demeure bourgeoise d'un quartier résidentiel.

🏠 **La Rance** sans rest   ⚡ ⚡ 📶 🍴 VISA 🅾
15 quai Sébastopol, (port Solidor) – 𝒞 02 99 81 78 63 – www.larancehotel.com
– Fax 02 99 81 44 80 – Ouvert de début fév. à mi-nov.   AZ**k**
11 ch – ♦60/85 € ♦♦60/85 €, ☲ 8,50 €
• Ici, vous serez reçus comme chez des amis. Hôtel situé dans une anse du quartier Solidor, aux petites chambres face à la mer, personnalisées et peu à peu rénovées.

🍽🍽 **Le St-Placide** (Luc Mobihan)   ⚡ AC ⚡ VISA 🅾 AE
🍃 *6 pl. Poncel – 𝒞 02 99 81 70 73 – www.lesaintplacide.com – Fermé mardi et*
merc. sauf le soir en juil.-août   BZ**a**
Rest – (20 €) Menu 23 € (déj. en sem.), 42/78 € – Carte 51/82 €
Spéc. Bouillon de homard, crumble au curry et fruits secs. Bar au jus de
viande truffé. Chocolat de la princesse Hoptiwa.
• Dans le décor contemporain de son restaurant "de poche", le chef laisse courir son imagination pour faire vivre sa cuisine avec son temps. Accueil et service aimables.

🍽 **La Gourmandise**   VISA 🅾 AE ①
🍃 *2 r. des Bas-Sablons – 𝒞 02 99 21 93 53 – Fax 02 99 21 93 53*
– Fermé 1 sem. en oct., 22-28 déc., 1 sem. en janv., lundi soir et mardi soir hors
saison, sam. midi et dim.   AZ**g**
Rest – (16 €) Menu 26/49 €
• Située derrière l'anse des Sablons (quartier St-Servan), cette table simple mais soignée propose une cuisine de saison aux accents méditerranéens. Accueil souriant.

rte de Rennes 3 km par ③ et av. Gén. de Gaulle – ⌧ 35400 St-Malo

La Grassinais 🛜 🛜 ch, 🅐🅒 rest, ⅏ ch, 🛌 🅿 🆅🅸🆂🅰 ⓐ 🅰🅴
12 allée Grassinais – ℰ 02 99 81 33 00 – www.saint-malo-hebergement.com
– Fax 02 99 81 60 90 – Fermé janv.
29 ch – 🛉59/89 € 🛉🛉59/89 €, ⌧ 8 € – ½ P 63/78 €
Rest – *(fermé sam. midi, lundi de sept. à mi-juil. et dim. soir sauf du 15 juil. à fin août)* Menu 25/39 € – Carte 38/56 €
♦ En périphérie de St-Malo, ancienne ferme rattrapée par l'urbanisation et joliment restaurée. Elle abrite des chambres actuelles, confortables et rajeunies. Chaleureuse salle à manger lambrissée et recettes traditionnelles gourmandes mitonnées avec soin.

ST-MANDÉ – 94 Val-de-Marne – **312** D2 – **101** 27 – **voir à Paris, Environs**

ST-MARC-A-LOUBAUD – 23 Creuse – **325** I5 – 133 h. – alt. 705 m   **25** C2
– ⌧ 23460

▶ Paris 411 – Aubusson 24 – Guéret 54 – Limoges 78

Les Mille Sources 🍴 🛜 ⇆ 🅿 🆅🅸🆂🅰 ⓐ ⓞ
Le Bourg – ℰ 05 55 66 03 69 – Fax 05 55 66 03 69 – Ouvert 14 fév.-début déc. et fermé dim. soir et lundi sauf vacances scolaires
Rest – *(prévenir)* Menu 39/50 € – Carte 43/57 €
♦ Ancienne ferme au joli cachet, dont le jovial patron vous accueille comme des amis. Canards de Challans et gigots rôtissent dans la cheminée d'époque de la salle rustique.

ST-MARCEL-DU-PÉRIGORD – 24 Dordogne – **329** F6 – 141 h.   **4** C1
– alt. 160 m – ⌧ 24510

▶ Paris 538 – Bordeaux 144 – Périgueux 58 – Bergerac 26

Auberge Lou Peyrol 🛜 ⅏ 🆅🅸🆂🅰 ⓐ
au bourg – ℰ 05 53 24 09 71 – www.loupeyrol.com – Fermé 1er-24 mars, 22 nov.-9 déc., 25 janv.-4 fév., merc. en hiver, lundi d'oct. à juin et mardi
Rest – Carte 35/46 €
♦ Auberge périgourdine au charme très rustique prolongée d'une terrasse à l'ombre d'un vénérable tilleul. Cuisine régionale de saison.

ST-MARCEL-EN-DOMBES – 01 Ain – **328** C5 – 1 184 h. – alt. 265 m   **43** E1
– ⌧ 01390

▶ Paris 440 – Bourg-en-Bresse 36 – Lyon 30 – Meximieux 21

La Colonne 🛜 🆅🅸🆂🅰 ⓐ
– ℰ 04 72 26 11 06 – Fax 04 72 08 59 24 – Fermé 23 déc.-18 janv., lundi soir et mardi
Rest – Menu 16 € (déj. en sem.), 20/38 € – Carte 22/47 €
♦ L'enseigne évoque la colonne en pierre du 16e s. qui trône au milieu de la salle à manger (boiseries en chêne et plafond à la française). Cuisine régionale. Jardin-terrasse.

ST-MARCEL-LÈS-ANNONAY – **rattaché à Annonay**

ST-MARCEL-LÈS-SAUZET – 26 Drôme – **332** B6 – **rattaché à Montélimar**

ST-MARCELLIN – 38 Isère – **333** E7 – 7 694 h. – alt. 282 m – ⌧ 38160   **43** E2
▮ Lyon Drôme Ardèche

▶ Paris 570 – Die 76 – Grenoble 55 – Valence 46

🄸 Office de tourisme, 2, avenue du Collège ℰ 04 76 38 53 85, Fax 04 76 38 17 32

La Tivollière ⇆ 🛜 🅿 🆅🅸🆂🅰 ⓐ 🅰🅴 ⓞ
Château du Mollard – ℰ 04 76 38 21 17 – www.lativolliere.com
– Fax 04 76 38 94 51 – Fermé 2 sem. en janv., jeudi soir, dim. soir et lundi
Rest – (16 €) Menu 21 € (déj. en sem.), 30/49 € – Carte 30/58 €
Rest *Face B* – (18 €) Carte 30/45 €
♦ Restaurant au décor moderne assez inattendu, aménagé dans un château du 15e s. dominant la ville. La terrasse ombragée offre une petite échappée sur le Vercors. Au Face B, plats de bistrot au déjeuner en semaine.

ST-MARTIAL-DE-NABIRAT – 24 Dordogne – 329 I7 – 614 h.   4 D2
– alt. 175 m – ⊠ 24250

▶ Paris 556 – Bordeaux 213 – Périgueux 82 – Cahors 43

X **Le St-Martial**   🛋 AC VISA ⊙⊙

*au bourg – 𝒞 05 53 29 18 34 – www.lesaintmartial.com – Fax 05 53 29 73 45
– Fermé 4-14 mars, 2-7 juil., jeudi midi de mi-juil. à fin août, mardi et merc. sauf
le soir du 16 juil. au 31 août*
Rest – (25 €) Menu 32/60 € – Carte 42/75 €
♦ Avec son mobilier en fer forgé, la terrasse sur la place du village invite à s'attabler. À l'in-
térieur : cadre minéral et décor au look actuel pour savourer une cuisine moderne.

ST-MARTIN-AUX-CHARTRAINS – 14 Calvados – 303 N4 – rattaché à Pont-
L'Évêque

ST-MARTIN-DE-BELLEVILLE – 73 Savoie – 333 M5 – 3 079 h.   46 F2
– alt. 1 450 m – Sports d'hiver : 1 450/2 850 m ⅋9 ⅋37 ⅋ – ⊠ 73440
📗 Alpes du Nord

▶ Paris 624 – Albertville 44 – Chambéry 93 – Moûtiers 20

🄘 Office de tourisme, immeuble L'Épervière 𝒞 04 79 00 20 00, Fax 04 79 08 91 71

🏠 **St-Martin** 🔊   ⪡ 🛋 🖹 🖩 ᴦ ch, AC ch, ⅋ ⅋ 🕍 ⌂ VISA ⊙⊙ AE

🔊 *r. des Grangeraies – 𝒞 04 79 00 88 00 – www.hotel-stmartin.com
– Fax 04 79 00 88 39 – Ouvert 18 déc.-19 avril*
27 ch (½ P seult) – 5 suites – ½ P 98/205 €
Rest *Le Grenier* – (17 €) Menu 19 € (déj.)/35 € – Carte 37/60 €
♦ Ce plaisant chalet à toiture de lauzes abrite des chambres douillettes à la mode alpine,
toutes dotées d'un balcon. Au Grenier, cuisine du terroir et suggestions du jour annoncées
sur de grandes ardoises du pays ; cadre savoyard.

🏠 **L'Edelweiss**   ⅋ ⅋ VISA ⊙⊙

*r. St-François – 𝒞 04 79 08 96 67 – www.hotel-edelweiss73.com
– Fax 04 79 08 90 40 – Ouvert 10 juil.-31 août et 20 déc.-26 avril*
16 ch ⌂ – ┆90/110 € ┆┆125/170 € – ½ P 102/118 €
Rest – Menu 30 € (dîner)/45 € – Carte 45/80 €
♦ L'esprit montagnard fleurit à l'Edelweiss, les chambres meublées au bois de pin sont très
bien tenues, sauna et aimable accueil. Le salon-bar est le lieu de rendez-vous des habitués
du village. Table traditionnelle ouverte uniquement en hiver.

XX **La Bouitte** (René et Maxime Meilleur) avec ch 🔊   ⪡ 🛋 ⊛ ⅋ P

✿✿ *à St-Marcel, 2 km au Sud-Est – 𝒞 04 79 08 96 77   VISA ⊙⊙ AE ⊙
– www.la-bouitte.com – Fax 04 79 08 96 03 – Ouvert 1er juil.-3 sept.
et 2 déc.-30 avril*
8 ch – ┆171/204 € ┆┆254/264 €, ⌂ 22 €
Rest – *(fermé lundi en été)* Menu 69/199 € – Carte 100/150 €🍴
Spéc. Omble chevalier au beurre déshydraté, bébés carottes, origan. Ris de
veau caramélisé, pomme de terre agria, sandwich au raifort, fumée de
chêne. La forêt animée, crème reine des prés, poudre et air de chocolat,
crumble, cœur de brioche. **Vins** Chignin-Bergeron, Mondeuse d'Arbin.
♦ Décor de vieux chalet, cuisine "salée-sucrée" inventive (herbes alpestres) et raffinée, service attentif : cette "bouitte" offre aux gourmets avertis un délicieux concentré de Savoie.
Superbes chambres montagnardes et espace détente. Accueil attentif.

XX **Étoile des Neiges**   🛋 ⅋ VISA ⊙⊙

*r. St-Martin – 𝒞 04 79 08 92 80 – www.hotel-edelweiss73.com
– Fax 04 79 08 90 40 – Ouvert 10 juil.-30 août, et 20 déc.-25 avril*
Rest – Menu 25/50 € – Carte 45/80 €
♦ Table traditionnelle se complétant d'une terrasse agréable lorsque perce le soleil. Salles au
cadre montagnard, réchauffées par une cheminée centrale ; mezzanine à l'étage.

X **Le Montagnard**   VISA ⊙⊙

*– 𝒞 04 79 01 08 40 – www.le-montagnard.com – Ouvert 1er juil.-31 août et
5 déc.-1er mai et fermé le midi en juil.-août*
Rest – Carte 30/65 €
♦ Murs chaulés, mobilier massif, vieux outils et bibelots composent le chaleureux décor montagnard
de cette sympathique table perchée dans le haut village. Saveurs régionales ou gastronomiques.

ST-MARTIN-DE-LONDRES – 34 Hérault – 339 H6 – 2 126 h.   23 C2
– alt. 194 m – ⊠ 34380 ▌ Languedoc Roussillon

▶ Paris 744 – Montpellier 25 – Le Vigan 37

🖬 Office de tourisme, Maison de Pays ℰ 04 67 55 09 59, Fax 04 67 55 70 91

XXX **Les Muscardins**   AC P VISA ⚙ AE ①
19 rte des Cévennes – ℰ 04 67 55 75 90 – www.les-muscardins.fr
– Fax 04 67 55 70 28 – Fermé 8 fév.-8 mars, lundi et mardi sauf fériés
Rest – (27 €) Menu 42/72 €
♦ Ravissante salle à manger et son petit salon d'attente décorés dans des tons chaleureux et ornés de tableaux colorés. Cuisine au goût du jour et service traiteur.

au Sud 12 km par D 32, D 127 et D 127^{E6} – ⊠ 34380 Argelliers

XX **Auberge de Saugras** avec ch ॐ   🛋 ⬛ AC ch, P VISA ⚙ AE
Domaine de Saugras – ℰ 04 67 55 08 71 – www.aubergedesaugras.fr
– Fax 04 67 55 04 65 – Fermé 9-25 août, 20 déc.-13 janv., lundi midi en juil.-août, mardi sauf le soir en juil.-août et merc.
7 ch – ♦45/85 € ♦♦45/85 €, ⊇ 7 € – ½ P 59/79 €
Rest – (prévenir) (16 €) Menu 20 € (sem.), 28/60 € – Carte 28/120 €
♦ N'hésitez pas à braver la garrigue sauvage ! Avec à la clé, la découverte de ce mas en pierre du 12ᵉ s. Généreuse cuisine du terroir, jolie terrasse et chambres fonctionnelles.

ST-MARTIN-D'ENTRAUNES – 06 Alpes-Maritimes – 341 B3 – 85 h.   41 C2
– alt. 1 050 m – ⊠ 06470

▶ Paris 778 – Barcelonnette 50 – Castellane 66 – Digne-les-Bains 104

🏠 **Hostellerie de la Vallière**   ≤ 🛋 (ᵗ) P VISA ⚙
le village – ℰ 04 93 05 59 59 – www.hotel-lavalliere.com – Fax 04 93 05 59 60
– Ouvert 15 avril-30 oct., vacances de Noel et fév.
10 ch – ♦46/55 € ♦♦46/55 €, ⊇ 8 € – ½ P 47/55 €
Rest – Menu 20 € – Carte 20/30 €
♦ Randonneurs et chasseurs de repos apprécieront cette auberge colorée tournée vers le massif du Mercantour. Décor champêtre et confort simple dans les chambres (sans TV). Repas de tradition à savourer dans une salle rustique prolongée d'une petite terrasse.

ST-MARTIN-DE-LA-PLACE – 49 Maine-et-Loire – 317 I5 – 1 152 h.   35 C2
– alt. 80 m – ⊠ 49160

▶ Paris 314 – Nantes 147 – Angers 60 – Saumur 11

🖬 Syndicat d'initiative, Mairie ℰ 02 41 38 43 06, Fax 02 41 38 09 93

🏠 **Domaine de la Blairie** ॐ   🛋 ⬛ 🖿 & ch, AC rest, 🖪 P VISA ⚙ AE
5 r. de la Mairie – ℰ 02 41 38 42 98 – www.hotel-blairie.com – Fax 02 41 38 41 20
– Fermé 15 déc.-1ᵉʳ fév. et dim. soir de nov. à mars
44 ch – ♦39/54 € ♦♦58/84 €, ⊇ 9 € – ½ P 51/58 €   **Rest** – Carte 17/31 €
♦ Cette demeure en tuffeau propose des chambres pratiques et bien tenues, réparties sur trois bâtiments. On profite du calme d'un village du Saumurois et d'un grand jardin avec piscine. Cuisine traditionnelle à prix attractifs servie dans un cadre chaleureux.

ST-MARTIN-DE-RÉ – 17 Charente-Maritime – 324 B2 – voir à Île de Ré

ST-MARTIN-DE-VALGALGUES – 30 Gard – 339 J3 – rattaché à Alès

ST-MARTIN-DU-FAULT – 87 Haute-Vienne – 325 E5 – rattaché à Limoges

ST-MARTIN-DU-TOUCH – 31 Haute-Garonne – 343 G3 – rattaché à Toulouse

ST-MARTIN-DU-VAR – 06 Alpes-Maritimes – 341 E5 – 2 463 h.   41 D2
– alt. 110 m – ⊠ 06670

▶ Paris 938 – Antibes 34 – Cannes 44 – Nice 28

XXX **Jean-François Issautier** 　　　　　　　 AK P VISA ᗡ AE
✿ *3 km rte de Nice (D 6202) – ℰ 04 93 08 10 65 – www.issautier.fr
– Fax 04 93 29 19 73 – Fermé 25 oct.-3 nov., début janv. à début fév., dim. soir,
lundi et mardi*
Rest – (25 €) Menu 38/105 € – Carte 68/98 €
Spéc. Pied de cochon croustillant, bouquet de jeunes pousses, réduction bal-
samique. Rognon de veau rôti en casserole, confiture d'oignons rouges.
Délice au chocolat Guanara, crème et glace vanille. **Vins** Côtes de Provence,
Bellet.
♦ Adresse discrète protégée par une haie de conifères. La salle, haute sous plafond et bour-
geoisement décorée, offre une vue sur les cuisines. Recettes classiques ou régionales.

ST-MARTIN-EN-BRESSE – 71 Saône-et-Loire – **320** K9 – **1 826 h.**　　　**8** C3
– alt. 192 m – ⊠ 71620

　　　D Paris 353 – Beaune 48 – Chalon-sur-Saône 18 – Dijon 86

XX **Au Puits Enchanté** avec ch 　　　　　　 ୩ ⅃ P VISA ᗡ
🙂 *1 pl. René Cassin – ℰ 03 85 47 71 96 – www.aupuitsenchante.com
– Fax 03 85 47 74 58 – Fermé 9-17 mars, 21-29 sept., 23 nov.-1ᵉʳ déc., 4-22 janv.,
dim. soir, lundi sauf juil.-août et mardi*
12 ch – †53/63 € ††53/63 €, ☐ 9 € – ½ P 52/58 €
Rest – (15 €) Menu 20/49 € – Carte 27/46 €
♦ Au centre d'un bourg de la Bresse bourguignonne, maison de pays où l'on se met en quatre pour vous faire passer un délicieux moment. Généreuse cuisine à base des produits du
terroir. Chambres pour l'étape.

ST-MARTIN-LA-MÉANNE – 19 Corrèze – **329** M4 – **358 h.**　　　　**25** C3
– alt. 500 m – ⊠ 19320

　　　D Paris 510 – Aurillac 67 – Brive-la-Gaillarde 54 – Mauriac 48
　　　☑ Barrage du Chastang★ SE : 5 km, ▮ Limousin Berry

X **Des Voyageurs**　　　　　　　　　 🚗 🌣 P VISA ᗡ AE
*pl. Mairie – ℰ 05 55 29 11 53 – www.hotellesvoyageurs.com – Fax 05 55 29 27 70
– Ouvert 28 mars-11 nov. et fermé dim. soir et lundi sauf de mai à sept.*
Rest – (17 €) Menu 23/36 € – Carte 40/55 €
♦ Charmante auberge en pierre où le temps s'arrête à la faveur d'une cuisine du terroir ser-
vie dans un cadre campagnard ou, en été, dans le jardin prolongé d'un étang (pêche).

ST-MARTIN-LE-BEAU – 37 Indre-et-Loire – **317** O4 – **2 606 h.**　　　**11** B2
– alt. 55 m – ⊠ 37270 ▮ Châteaux de la Loire

　　　D Paris 231 – Amboise 9 – Blois 45 – Loches 34

XX **Auberge de la Treille** avec ch　　　　　 AK ୩ VISA ᗡ
*2 r. d'Amboise – ℰ 02 47 50 67 17 – www.auberge-de-la-treille.com
– Fax 02 47 50 20 14 – Fermé vacances de la
Toussaint, 18-26 janv., 15-22 fév., dim. soir et merc. sauf juil.-août*
8 ch – †51 € ††55 €, ☐ 8 € – ½ P 56 €
Rest – (14 €) Menu 20/40 € – Carte 34/40 €
♦ À quelques minutes de l'Aquarium de Touraine. Carte aux notes actuelles servie dans
deux salles à manger rustiques avec colombages. Chambres simples, lumineuses et colorées.

ST-MARTIN-LE-GAILLARD – 76 Seine-Maritime – **304** I2 – **326 h.**　　**33** D1
– alt. 60 m – ⊠ 76260 ▮ Normandie Vallée de la Seine

　　　D Paris 168 – Amiens 99 – Dieppe 27 – Eu 12

XX **Moulin du Becquerel**　　　　　　　 🚗 🌣 P VISA ᗡ
*2 r. des Moulins, Nord-Ouest : 1,5 km sur D 16 – ℰ 02 35 86 74 94
– www.moulindubecquerel.fr – Fermé fin janv. à début mars, dim. soir, lundi,
mardi et merc. sauf fériés*
Rest – Menu 20/45 € – Carte 31/52 €
♦ Paisible maison normande longée par une rivière. Intérieur rustique et terrasse dressée
dans le jardin invitent les hôtes à s'attabler autour de plats traditionnels du marché.

ST-MARTIN-VÉSUBIE – 06 Alpes-Maritimes – **341** E3 – **1 331** h.   **41** D2
– alt. 1 000 m – ⌧ 06450 ▯ Côte d'Azur

▷ Paris 845 – Antibes 73 – Barcelonnette 111 – Cannes 83

🛈 Office de tourisme, place Félix Faure ✆ 04 93 03 21 28, Fax 04 93 03 21 44

◉ Venanson : ≤ ★, fresques★ de la chapelle St-Sébastien S : 4,5 km.

◎ Le Boréon★★ (cascade★) N : 8 km - Cirque★★ du vallon de la Madone de Fenestre NE : 12 km.

▦   **Le Boréon** ⌖   🏠 ℀ ch, 📶 **P.** 𝘷𝘪𝘴𝘢 ⊚ 𝖠𝖤
hameau du Boéron, (quartier le Boéron la Cascade), 13 km au Nord-Est
– ✆ 04 93 03 20 35 – www.hotel-boreon.com – Fax 04 93 03 34 53
13 ch – †67 € ††67 €, ⥂ 9 € – ½ P 64 €   **Rest** – Menu 22/34 €
♦ Beau chalet situé aux abords d'un petit lac. Les chambres, douillettes et bien équipées, révèlent un décor de style montagnard contemporain. Salle à manger rustique ornée d'une monumentale cheminée, agréable terrasse colorée et plats traditionnels.

ST-MATHIEU-DE-TRÉVIERS – 34 Hérault – **339** I6 – **4 641** h.   **23** C2
– alt. 81 m – ⌧ 34270

▷ Paris 761 – Marseille 176 – Montpellier 22 – Nice 334

✕✕   **Lennys**   🏠 𝖠𝖢 ⟷ 𝘷𝘪𝘴𝘢 ⊚ 𝖠𝖤
〰   266 av. Louis Cancel, D 17 – ✆ 04 67 55 37 97 – Fax 04 67 54 71 82 – Fermé sam. midi, dim. soir et lundi
Rest – Menu 19 € (sem.)/84 € – Carte 55/69 €🕮
♦ Sympathique auberge proche du pic St-Loup qui donne également son nom au vin local : le pic-saint-loup. Cadre méridional, terrasse ombragée et cuisine inventive bien maîtrisée.

ST-MATHURIN – 85 Vendée – **316** F8 – **1 623** h. – alt. 30 m   **34** A3
– ⌧ 85150

▷ Paris 451 – Nantes 95 – La Roche-sur-Yon 29 – Challans 66

⌂   **Le Château de la Millière** sans rest ⌖   ⟆ ⏚ **P.**
La Millière – ✆ 02 51 22 73 29 – www.chateau-la-milliere.com – Ouvert
1ᵉʳ mai-30 sept.
5 ch ⥂ – †92 € ††100 €
♦ Un vaste parc – piscine, étangs, allées – renforce l'attrait de ce château (19ᵉ s.) qui a préservé son caractère (mobilier d'époque) tout en se dotant d'un confort actuel.

ST-MAUR-DES-FOSSÉS – 94 Val-de-Marne – **312** D3 – **101** 27 – **voir à Paris, Environs**

ST-MAURICE-DE-SATONNAY – 71 Saône-et-Loire – **320** I11 – **415** h.   **8** C3
– alt. 250 m – ⌧ 71260

▷ Paris 400 – Dijon 129 – Mâcon 17 – Chalon-sur-Saône 61

✕   **Auberge des Grenouillats**   🏠 𝘷𝘪𝘴𝘢 ⊚
Le Bourg – ✆ 03 85 33 40 50 – Fermé 1ᵉʳ-9 mars, 25 oct.-5 nov., 20 déc.-4 janv.,
6-22 fév., mardi soir et merc.
Rest – (nombre de couverts limité, prévenir) Carte environ 27 €
♦ Dans l'ancien café du village, petit bistrot proposant, entre autres, des spécialités régionales (grenouilles, bœuf charolais). Terrasse à l'ombre des platanes.

ST-MAXIMIN-LA-STE-BAUME – 83 Var – **340** K5 – **14 183** h.   **40** B3
– alt. 289 m – ⌧ 83470 ▯ Provence

▷ Paris 793 – Aix-en-Provence 44 – Marseille 51 – Toulon 55

🛈 Office de tourisme, Hôtel de Ville ✆ 04 94 59 84 59, Fax 04 94 59 82 92

▦   **Couvent Royal**   🖃 🏠 ▯⑤ 🕭 📶 🕸 **P.** 𝘷𝘪𝘴𝘢 ⊚ 𝖠𝖤
pl. Jean Salusse – ✆ 04 94 86 55 66 – www.hotelfp-saintmaximin.com
– Fax 04 94 59 82 82
67 ch – †89/159 € ††89/159 €, ⥂ 13 € – ½ P 100/120 €
Rest – Menu 27/40 € – Carte 27/40 €
♦ Hôtellerie originale, accolée à une basilique du 13ᵉ s. Chambres douillettes mettant à profit d'anciennes cellules de moines. Repas traditionnel servi dans la belle salle capitulaire. Aux beaux jours, on profite d'une terrasse donnant sur le cloître.

ST-MÉDARD – 46 Lot – **337** D4 – 163 h. – alt. 170 m – ⌧ 46150   **28** B1
> ▶ Paris 571 – Cahors 17 – Gourdon 34 – Villeneuve-sur-Lot 59

XXX   **Gindreau** (Alexis Pélissou)   ≼ 斎 AC VISA ◑ AE ①
❀   – 𝒞 05 65 36 22 27 – Fax 05 65 36 24 54 – Fermé 8-31 mars, 18 oct.-11 nov.,
    merc. midi de déc. à mars, lundi et mardi
    Rest – (prévenir le week-end) Menu 37 € (sem.)/105 € – Carte 52/100 € ❀
    Spéc. Suavité de foie gras de canard. Agneau fermier du Quercy. Soufflé
    chaud aux truffes et au Marasquin. **Vins** Vin blanc de pays du Lot, Cahors.
    ♦ Goûteuse cuisine contemporaine qui met en valeur le terroir, à découvrir dans cette
ancienne école de village. Salles aux couleurs pastel et terrasse sous les marronniers.

ST-MICHEL-EN-L'HERM – 85 Vendée – **316** I9 – 1 958 h. – alt. 9 m   **34** B3
– ⌧ 85580
> ▶ Paris 453 – La Rochelle 46 – Luçon 15 – La Roche sur Yon 47
> 🛈 Syndicat d'initiative, 5, pl. de l'Abbaye 𝒞 02 51 30 21 89, Fax 02 51 30 21 89

XX   **La Rose Trémière**   AC ⇄ VISA ◑
❀   4 r. de l'Église – 𝒞 02 51 30 25 69 – Fax 02 51 30 25 69 – Fermé
    4-20 oct., 15 fév.-4 mars, mardi sauf juil.-août, dim. soir et lundi
    Rest – Menu 16 € (sem.), 24/47 € – Carte 30/47 €
    ♦ Maison ancienne abritant une agréable salle au décor rustique soigné. Plats traditionnels à
savourer autour de la cheminée centrale.

ST-MICHEL-ESCALUS – 40 Landes – **335** D11 – 274 h. – alt. 23 m   **3** B2
– ⌧ 40550
> ▶ Paris 721 – Bayonne 67 – Bordeaux 135 – Dax 30

⋔   **La Bergerie-St-Michel** sans rest ⧖   ⇔ ⁽¹⁾ P
    50 chemin du Plomb, par D 142, rte de Castets – 𝒞 05 58 48 74 04
    – www.bergeriestmichel.fr – Fax 05 58 48 74 04
    4 ch ⌺ – †75/85 € ††95/130 €
    ♦ La forêt landaise entoure cette ancienne ferme à colombages magnifiquement restaurée.
Chambres de grand confort mariant meubles anciens et contemporains. Copieux petits-
déjeuners.

ST-MICHEL-MONT-MERCURE – 85 Vendée – **316** K7 – 1 875 h.   **34** B3
– alt. 284 m – ⌧ 85700 ▌ Poitou Vendée Charentes
> ▶ Paris 383 – Bressuire 36 – Cholet 35 – Nantes 85
> ◉ ✳ ★★ du clocher de l'église.

⋔   **Château de la Flocellière** ⧖   ≼ ◐ 彐 ⁽¹⁾ P VISA ◑ AE
    La Flocellière, 2 km à l'Est – 𝒞 02 51 57 22 03 – www.flocellirecastle.com
    – Fax 02 51 57 75 21
    5 ch ⌺ – †145/205 € ††145/205 € **Table d'hôte** – Menu 50 € bc
    ♦ Ce lieu chargé d'histoire était au Moyen Âge une importante forteresse du bas Poitou. Il
abrite aujourd'hui des chambres vastes et tranquilles avec vue sur le parc ; celles du donjon
sont splendides. Dîners à thème médiéval ou Renaissance dans une époustouflante salle à
manger du 16ᵉ s.

XX   **Auberge du Mont Mercure**   ≼ ⇄ P VISA ◑
❀   8 r. l'Orbrie, (près de l'église) – 𝒞 02 51 57 20 26
❀   – www.aubergemontmercure.com – Fax 02 51 57 78 67 – Fermé vacances de la
    Toussaint, de fév., lundi soir de sept. à juin, mardi soir et merc.
    Rest – Menu 14/34 € – Carte 26/42 €
    ♦ De cette auberge familiale perchée, la vue plonge sur le bocage vendéen. Cuisine tradi-
tionnelle de saison servie dans un joli cadre rustique. Salle de jeux pour les enfants.

ST-MIHIEL – 55 Meuse – **307** E5 – 4 872 h. – alt. 228 m – ⌧ 55300   **26** B2
▌ Alsace Lorraine
> ▶ Paris 287 – Metz 63 – Nancy 66 – Bar-le-Duc 35
> 🛈 Office de tourisme, r. du Palais de Justice 𝒞 03 29 89 06 47, Fax 03 29 89 06 47
> 🏌 de Madine à Nonsard Base de Loisirs, NE : 25 km par D 901 et D 179,
>   𝒞 03 29 89 56 00
> ◉ Sépulcre ★★ dans l'église St-Étienne - Pâmoison de la Vierge ★ dans
>   l'église St-Michel.

à Heudicourt-sous-les-Côtes 15 km au Nord-Est par D 901 et D 133 – 184 h.
– alt. 240 m – ⊠ 55210

◙ Butte de Montsec : ※ ★★, monument★ S : 13 km.

Lac de Madine
🕭 & ch. ☏ ⚿ ℗ *VISA* ⓐ ⒶⒺ

*22 r. Charles de Gaulle – ℰ 03 29 89 34 80 – www.hotel-lac-madine.com
– Fax 03 29 89 39 20 – Fermé 20 déc.-10 fév.*
41 ch – †56/97 € ††67/97 €, ☐ 10 € – ½ P 65/85 €
Rest – *(fermé dim. soir du 25 oct. au 25 avril et lundi midi)* (18 €) Menu 23/34 €
– Carte 38/68 €
♦ Près du lac, maison ancienne rénovée, aux chambres fraîches et actuelles dont dix avec
une baignoire balnéo. Celles de l'annexe donnent sur le jardin. Table traditionnelle dressée
dans une salle à manger lumineuse et coiffée d'une charpente apparente. Terrasse ombragée.

ST-MONT – 32 Gers – 336 B8 – 304 h. – alt. 133 m – ⊠ 32400   28 A2

▶ Paris 719 – Auch 84 – Bordeaux 160 – Mont-de-Marsan 47

Château Monastère de Saint-Mont sans rest ⌂
≤ ⥀ ℑ ⅋ ⅌
(près de l'église) – ℰ 05 62 69 62 80   ℗
– www.chateau-monastere-de-saint-mont.com
5 ch ☐ – †80/120 € ††80/120 €
♦ Sur les hauteurs du village, cet ancien monastère du 11e s. assure d'un séjour au calme
dans ses chambres pleines de charme (cheminée, tommettes). Grand parc, piscine, billard...

À la réservation, faites-vous bien préciser le prix et la catégorie de la chambre.

ST-NAZAIRE ⊕ – 44 Loire-Atlantique – 316 C4 – 68 838 h.   34 A2
– Agglo. 136 886 h. – alt. 4 m – ⊠ 44600 ▌ Bretagne

▶ Paris 435 – La Baule 19 – Nantes 61 – Vannes 79
Accès Pont de Saint-Nazaire : passage gratuit
🛈 Office de tourisme, boulevard de la Légion d'Honneur ℰ 0240224065,
Fax 0240221980
▦ de Savenay à Savenay Le Chambeau, par rte de Nantes : 27km,
ℰ 02 40 56 88 05
▦ de Guérande à Guérande Ville Blanche, par rte de Guérande : 22 km,
ℰ 02 40 60 24 97
◙ Base de sous-marins★ - Forme-écluse "Louis-Joubert"★ - Terrasse
panoramique★ **B** - Pont routier de St-Nazaire-St-Brévin★ par ①.

Le Berry
▤ ⅋ *VISA* ⓐ ⒶⒺ ⓪

*1 pl. Pierre Semard – ℰ 02 40 22 42 61 – www.hotel-du-berry.fr
– Fax 02 40 22 45 34 – Fermé 23 déc.-4 janv.*   AY**r**
27 ch – †78/135 € ††88/145 €, ☐ 12 €
Rest – Menu 19/32 € – Carte 28/60 €
Rest *Brasserie* – *(fermé dim. midi et sam.)* Menu 15/30 € – Carte 24/44 €
♦ Établissement construit après-guerre, face à la gare. Chambres colorées et bien insonori-
sées. Choix de mets classiques au restaurant, clair et agréable. À la Brasserie, plats plus sim-
ples, proposés à l'ardoise, et vins de Loire au pichet.

Au Bon Accueil
⅋ ⅍ *VISA* ⓐ ⒶⒺ ⓪

*39 r. Marceau – ℰ 02 40 22 07 05 – www.au-bon-accueil44.com
– Fax 02 40 19 01 58 – Fermé fin juil.- début août*   AZ**n**
17 ch – †84/165 € ††84/185 €, ☐ 10 € – ½ P 74/114 €
Rest – *(fermé dim. soir)* (17 €) Menu 21 € (sem.)/57 € – Carte 43/63 €
♦ Une bâtisse réchappée de la Seconde Guerre mondiale abrite des chambres simples et
bien tenues. Une construction plus récente propose également des chambres modernes et
des duplex. Jolie salle de restaurant aux tables bien dressées, pour une cuisine traditionnelle.

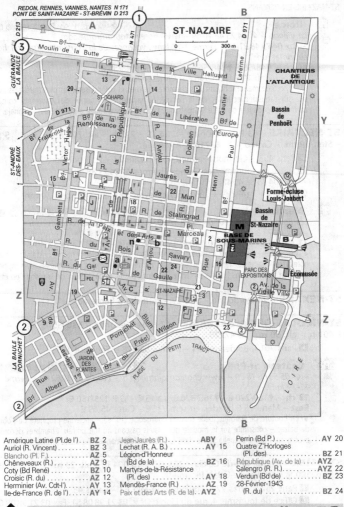

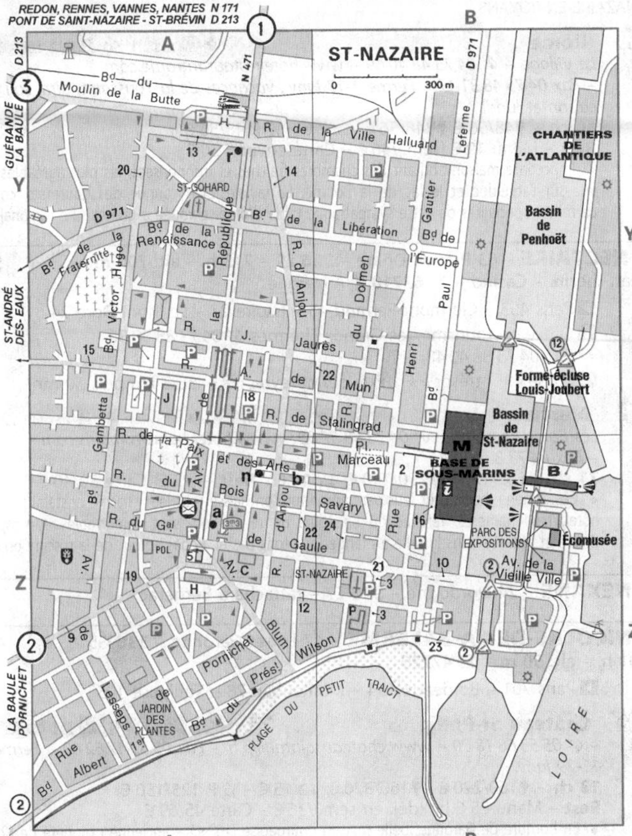
REDON, RENNES, VANNES, NANTES N 171
PONT DE SAINT-NAZAIRE - ST-BRÉVIN D 213
ST-NAZAIRE
0
300 m
A
B
Y
Z
D 213
N 471
D 971
GUÉRANDE LA BAULE
ST-ANDRÉ DES-EAUX
LA BAULE PORNICHET
Bd du Moulin de la Butte
R. de la Ville Halluard
Leferme
CHANTIERS DE L'ATLANTIQUE
Bassin de Penhoët
ST-GOHARD
Bd de la Libération
Bd de l'Europe
Gautier
Bd de la Renaissance
République
Bd de la Fraternité
Victor Hugo
R. d'Anjou
Dolmen
Paul
Henri
R. J. Jaurès
A. de Mun
R. de Stalingrad
Forme-écluse Louis-Joubert
Bassin de St-Nazaire
BASE DE SOUS-MARINS
Gambetta
R. de la Paix et des Arts
Pl. Marceau
R. du Bois Savary
R. du Gal de Gaulle
Rue
PARC DES EXPOSITIONS
Écomusée
Av. de la Vieille Ville
POL
ST-NAZAIRE
Blum
Wilson
Pornichet
Bd du Présl
PETIT TRAICT
PLAGE DU
LOIRE
JARDIN DES PLANTES
Lesseps
Rue Albert 1er
Bd
9
12
13
14
15
16
18
19
20
21
22
23
24

Amérique Latine (Pl.de l') . . . **BZ** 2
Auriol (R. Vincent) . . . . **BZ** 3
Blancho (Pl. F.) . . . . **AZ** 5
Chêneveaux (R.) . . . . **AZ** 9
Coty (Bd René) . . . . **BZ** 10
Croisic (R. du) . . . . **AZ** 12
Herminier (Av. Cdt-l') . . . . **AY** 13
Ile-de-France (R. de l') . . . . . . **AY** 14
Jean-Jaurès (R.) . . . . **ABY**
Lechat (R. A. B.) . . . . **AY** 15
Légion-d'Honneur (Bd de la) . . . . **BZ** 16
Martyrs-de-la-Résistance (Pl. des) . . . . **AY** 18
Mendès-France (R.) . . . . **AZ** 19
Paix et des Arts (R. de la) . . **AYZ**
Perrin (Bd P.) . . . . **AY** 20
Quatre Z'Horloges (Pl. des) . . . . **BZ** 21
République (Av. de la) . . . . . **AYZ**
Salengro (R. R.) . . . . **AYZ** 22
Verdun (Bd de) . . . . **BZ** 23
28-Février-1943 (R. du) . . . . **BZ** 24

De Touraine sans rest

4 av. de la République – ✆ 02 40 22 47 56 – www.hotel-de-touraine.com
– Fax 02 40 22 55 05 – Fermé 21 déc.-2 janv. AZ**a**
18 ch – 33/43 € 33/43 €, ☕ 6,50 €
◆ En plein centre-ville, chambres nettes et meublées simplement, calmes sur l'arrière et disposant de double-vitrage côté rue. L'été, petits-déjeuners dans le jardin. Bon accueil.

Le Sabayon

7 r. de la Paix – ✆ 02 40 01 88 21 – Fax 02 40 22 04 77
– Fermé 1er-20 mars, août, dim. et lundi AZ**b**
Rest – Menu 17/51 € – Carte 26/55 €
◆ Cette maison de 1880 vous régalera de poissons... mais aussi de viandes (gibiers en saison). Cuisine traditionnelle de produits frais. Salle aux tons chauds (jaune, rouge, orange).

ST-NAZAIRE-EN-ROYANS – 26 Drôme – **332** E3 – **677 h.** **43** E2

– alt. 172 m – ✉ **26190** Alpes du Nord
Paris 576 – Grenoble 69 – Pont-en-Royans 9 – Romans-sur-Isère 19

Rome ← 🛏 |☰| AC rest, ⁽¹⁾ 🐕 P ⎙ VISA ⚉ AE

Le Village – ℰ *04 75 48 40 69 – www.hotelrestaurantrome.com*
*– Fax 04 75 48 31 17 – Fermé 4-17 janv., vacances de la Toussaint, dim. soir hors
saison et lundi*
10 ch – ✝48/56 € ✝✝48/56 €, � 7 € – ½ P 48/56 €
Rest – Menu 19 € (sem.)/46 € – Carte environ 30 €
♦ Imposante maison abritant des chambres fraîches et insonorisées, les plus agréables avec
vue sur l'aqueduc et le lac de la Bourne. La raviole, bien connue des gourmets, compte
parmi les spécialités de cette sympathique table drômoise vouée à une cuisine régionale.

ST-NECTAIRE – 63 Puy-de-Dôme – **326** E9 – 713 h. – alt. 700 m   5 B2
– Stat. therm. – Casino – ✉ 63710 ▌ Auvergne

▶ Paris 453 – Clermont-Ferrand 43 – Issoire 27 – Le Mont-Dore 24

🛈 Office de tourisme, les Grands Thermes ℰ 04 73 88 50 86,
Fax 04 73 88 40 48

◉ Église★★ : trésor★★ - Puy de Mazeyres ⁂★ E : 3 km puis 30 mn.

Mercure ⛴ ⌁ ⅃ ₺ |☰| ₺ ch, ⁽¹⁾ 🐕 VISA ⚉ AE ①

Les Bains Romains – ℰ *04 73 88 57 00 – www.hotel-bains-romains.com
– Fax 04 73 88 57 02*
71 ch – ✝85/120 € ✝✝90/140 €, ⊆ 14 €   **Rest –** (23 €) Carte 30/40 €
♦ Ces anciens thermes et leur parc arboretum ont laissé tout leur charme nostalgique à cet
hôtel. Les chambres, refaites ou en cours de rénovation, sont confortables. Atmosphère
douce et raffinée dans la salle à manger aux tons pastel. Repas autour de la piscine en été.

ST-NEXANS – 24 Dordogne – **329** E7 – rattaché à Bergerac

ST-NICOLAS-DE-LA-BALERME – 47 Lot-et-Garonne – **336** G5   4 C2
– 401 h. – alt. 50 m – ✉ 47220

▶ Paris 701 – Bordeaux 154 – Montauban 78 – Toulouse 105

Château St-Philip ⌂ ← ↺ 🐕 ⅃ 🍴 ₺ 🌿 ⁽¹⁾ P VISA ⚉ AE ①

– ℰ *05 53 68 18 00 – www.chateausaintphilip.fr – Fax 05 53 47 62 68 – Fermé
11-29 janv.*
13 ch – ✝160/220 € ✝✝160/320 €, ⊆ 15 € – ½ P 125/150 €
Rest – Menu 25 € bc (déj. en sem.)/36 € – Carte 45/69 €
♦ En bordure de Garonne, belle maison bourgeoise (16ᵉ s.) – ancienne propriété de Robert
de Balzac – construite sur le modèle des castels gascons au toit pointu. Chambres décorées
avec goût. Cuisine actuelle servie dans la sobre salle à manger. Agréable terrasse.

ST-OMER ⊚ – 62 Pas-de-Calais – **301** G3 – 15 004 h. – alt. 23 m   30 B2
– ✉ 62500 ▌ Nord Pas-de-Calais Picardie

▶ Paris 257 – Arras 77 – Boulogne-sur-Mer 52 – Calais 43

🛈 Office de tourisme, 4, rue du Lion d'Or ℰ 03 21 98 08 51, Fax 03 21 98 08 07

🏌 Saint-Omer Golf Club à Acquin Chemin des Bois, par rte de Boulogne-sur-
Mer : 15 km, ℰ 03 21 38 59 90

◉ Quartier de la cathédrale★★ : cathédrale Notre-Dame★★ - Hôtel Sandelin
et musée★ AZ - Anc. chapelle des Jésuites★ AZ **B** - Jardin public★ AZ.

◩ Ascenseur à bateaux des Fontinettes★ SE : 5,5 km - Coupole d'Helfaut-
Wizernes★★, S : 5 km.

St-Louis 🛏 AC rest, 🌿 ⁽¹⁾ P VISA ⚉ AE

25 r. d'Arras – ℰ *03 21 38 35 21 – www.hotel-saintlouis.com – Fax 03 21 38 57 26
– Fermé 18 déc.-5 janv.*   BZ**s**
30 ch – ✝66 € ✝✝76 €, ⊆ 9 € – ½ P 63 €
Rest – (fermé le midi du 13 juil. au 23 août, sam. midi et dim. midi) Menu 16 €
(sem.)/30 € – Carte 22/36 €
♦ À proximité de la cathédrale, ce plaisant hôtel sous arcades a succédé à un relais de
poste. Il abrite des chambres chaleureuses et fonctionnelles, plus récentes à l'annexe. Salle à
manger agencée dans un esprit "brasserie moderne". Carte traditionnelle.

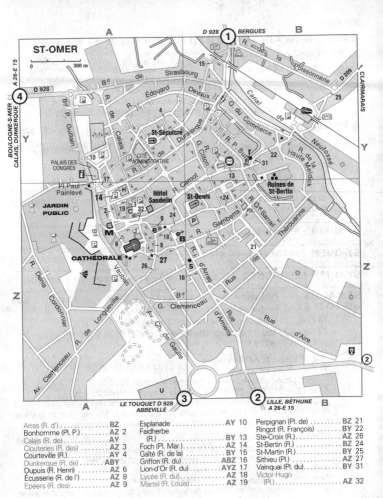

ST-OMER

🏠 **Le Bretagne**   📶 📻 🕎 🅿️ 𝘝𝘐𝘚𝘈 ⊙⊙ 🅰🅴

2 pl. du Vainquai – ℰ 03 21 38 25 78 – www.hotellebretagne.com
– Fax 03 21 93 51 22   BY**r**
69 ch – †75 € ††75/120 €, ⊇ 9 € – ½ P 81 €
Rest – *(fermé 1er-18 janv., sam. midi, dim. et soirs fériés)* (15 €) Menu 28 €
– Carte 30/45 €
♦ Cette imposante bâtisse contemporaine agréablement située en centre-ville possède des
chambres impeccablement tenues. Banquettes en velours rouge, miroirs et appliques don-
nent une allure de brasserie parisienne au restaurant ; cuisine traditionnelle.

🍴🍴🍴 **Le Cygne**   🔝 🅰🅺 𝘝𝘐𝘚𝘈 ⊙⊙

8 r. Caventou – ℰ 03 21 98 20 52 – www.restaurantlecygne.fr
⊗ *– Fax 03 21 95 57 12 – Fermé août, vacances de fév., dim. soir et lundi sauf fériés*
Rest – (15 €) Menu 18 € (sem.)/50 € – Carte 32/64 €   AZ**e**
♦ Lumineuse salle à manger bourgeoise, précédée d'un salon d'accueil (avec cheminée) et
prolongée par une terrasse. Caveau pour les repas commandés. Plats traditionnels soignés.

à Blendecques 4 km par ② et D 211 – 5 087 h. – alt. 25 m – ⊠ 62575

✗ **Le St-Sébastien** ⬙ VISA ◉◎
2 pl. de la Libération – ℰ 03 21 38 13 05 – Fax 03 21 39 77 85 – Fermé 22-30 déc.,
dim. soir et soirs fériés
Rest – (15 €) Menu 16 € (sem.)/28 € – Carte 34/47 €
◆ Sympathique adresse à dénicher dans une petite commune de l'agglomération audoma-
roise : accueil familial, coquet décor rustique et bonnes recettes traditionnelles.

à Tilques 6 km par ④, D 943 et rte secondaire – 1 036 h. – alt. 27 m – ⊠ 62500

🏠🏠 **Château Tilques** ⬙ ⬙ 🛌 ✗ 🍴 Ⓟ 🅰 VISA ◉◎ AE ①
– ℰ 03 21 88 99 99 – www.chateautilques.com – Fax 03 21 38 34 23
53 ch – †125/390 € ††125/390 €, �}⊐ 19 € – ½ P 147/184 €
Rest – (fermé le midi sauf sam. et dim.) (18 €) Menu 35/80 € – Carte 55/85 €
◆ Ce château en briques de 1891 jouit d'un parc arboré (plan d'eau) où évoluent cygnes et
paons en liberté. Chambres dotées de meubles de style, plus contemporaines à l'annexe. Le
restaurant, cossu, occupe les anciennes écuries ; on y sert une cuisine classique.

ST-OUEN – 93 Seine-Saint-Denis – **305** F7 – **101** 16 – **voir à Paris, Environs**

ST-OUEN – 41 Loir-et-Cher – **318** D5 – **rattaché à Vendôme**

ST-OUEN-LES-VIGNES – 37 Indre-et-Loire – **317** O4 – **rattaché à Amboise**

ST-PALAIS – 64 Pyrénées-Atlantiques – **342** F5 – 1 874 h. – alt. 50 m   3 B3
– ⊠ 64120 ▮ Pays Basque et Navarre

▻ Paris 788 – Bayonne 52 – Biarritz 63 – Dax 60
🄸 Office de tourisme, place Charles-de-Gaulle ℰ 05 59 65 71 78,
Fax 05 59 65 69 15

🏠 **La Maison d'Arthezenea** 🚿 🍴 ⬙ Ⓟ
42 r. du Palais de Justice – ℰ 05 59 65 85 96
– www.gites64.com/maison-darthezenea – Fax 05 59 65 85 96
4 ch ⊐ – †63/68 € ††68/73 € – Menu 25 € bc
◆ Dans un joli jardin, demeure en pierre où l'on se sent comme chez soi. Les chambres, aux
meubles anciens ou de style, se distinguent par leur couleur et leur nom. À la table d'hôte,
belles spécialités (foie gras maison, ris d'agneau et palombe flambée en saison).

✗✗ **Trinquet** avec ch 🍴 AC rest, ⬙ VISA ◉◎
31 r. du Jeu de Paume – ℰ 05 59 65 73 13 – www.le-trinquet-saint-palais.com
– Fax 05 59 65 83 84 – Fermé 19 avril-10 mai et 20 sept.-4 oct.
9 ch – †57 € ††58/69 €, ⊐ 7 €
Rest – (fermé dim. soir et lundi) (12 €) Carte 24/43 €
◆ Sur la place centrale, cette maison qui sort d'une cure de jouvence est dotée d'un authen-
tique trinquet (salle de pelote basque) de 1891. Carte régionale servie dans un décor actuel.
Chambres refaites au goût du jour.

ST-PALAIS-SUR-MER – 17 Charente-Maritime – **324** D6 – 3 769 h.   38 A3
– alt. 5 m – ⊠ 17420 ▮ Poitou Vendée Charentes

▻ Paris 512 – La Rochelle 82 – Royan 6
🄸 Office de tourisme, 1, avenue de la République ℰ 05 46 23 22 58,
Fax 05 46 23 36 73
◉ La Grande Côte★★ NO : 3 km - Zoo de la Palmyre★★ NO : 10 km.

🏠 **De la Plage** ⬙ ⬙ ch, ⬙ VISA ◉◎
1 pl. de l'Océan – ℰ 05 46 23 10 32 – www.hoteldelaplage-stpalais.fr
– Fax 05 46 23 41 28 – Ouvert 9 fév.-1er nov.
29 ch – †49/72 € ††49/72 €, ⊐ 8,50 € – ½ P 55/60 €
Rest – (ouvert 9 mars-14 oct. et fermé dim. soir et lundi sauf de mai à sept.)
Menu 19/28 € – Carte 35/50 €
◆ Dans le centre-ville, cet hôtel-restaurant familial propose des chambres sympathiques, certes petites, mais très bien tenues. Aux fourneaux, le fils des patrons réalise une cuisine
actuelle à base de produits frais pour l'essentiel. Accueil proche du client.

⌂ **Ma Maison de Mer** 🕸   🔊 🔊 **P** **VISA** 🐼
21 av. du Platin – 🕿 *05 46 23 64 86 – www.mamaisondemer.com*
– Fax 05 46 23 64 86
5 ch ⊡ – ✝70/100 € ✝✝80/155 €
Table d'hôte – *(ouvert juil.-août)* Menu 35 € bc
♦ Au cœur d'un jardin et d'une pinède, à 200 m de la plage. Une famille anglaise tient cette demeure bourgeoise dont le beau décor marin – entre autres – dégage un charme fou. Petits-déjeuners préparés avec des produits frais du marché.

XX **Les Agapes**   🔊 ⅙ **AK** **VISA** 🐼 **AE**
😊 *8 r. M. Vallet –* 🕿 *05 46 23 10 23 – www.les-agapes.fr – Fax 05 46 23 09 23*
– Fermé vacances de la Toussaint, janv. et lundi
Rest – (17 €) Menu 25/48 € – Carte 48/64 €
♦ Intérieur actuel et agréable terrasse dans cette maison voisine du marché. En cuisine, le chef concocte des recettes traditionnelles bien tournées, avec une pointe d'invention.

X **Le Flandre**   🔊 **P** **VISA** 🐼 **AE**
av. Tamaris, rte de la Palmyre – 🕿 *05 46 23 36 16 – www.leflandre.com*
– Fax 05 46 23 48 95 – Fermé 15 nov.-4 fév., mardi et merc. d' oct. à mars
Rest – (18 €) Menu 23/41 € – Carte 29/45 €
♦ Plafond façon coque de bateau renversée, vivier à homards et produits de la mer dans l'assiette : ce restaurant niché dans une forêt de pins affirme un bel ancrage maritime.

ST-PAL-DE-MONS – 43 Haute-Loire – **331** H2 – 1 960 h. – alt. 840 m   **6 D3**
– ⊠ **43620**

🚘 Paris 516 – Clermont-Ferrand 177 – Le Puy-en-Velay 57 – Saint-Étienne 35

🏨 **Les Feuillantines**   ⇐ 🔊 ⅙ 🕿 🕸 **VISA** 🐼 **AE**
La Vialatte – 🕿 *04 71 75 63 25 – www.lesfeuillantines.com – Fax 04 71 75 63 24*
– Fermé 12-19 avril, 2-22 août, 27-31 déc.
12 ch – ✝59/62 € ✝✝59/62 €, ⊡ 8 € – ½ P 58/61 €
Rest – *(fermé dim. soir et vend.)* (20 €) Carte 31/54 €
♦ Sur les hauteurs du village, construction contemporaine dotée de chambres spacieuses et confortables, ouvertes sur la vallée et les massifs. Certaines disposent d'un balcon. Les grandes baies vitrées du restaurant ménagent un joli panorama agreste.

ST-PATERNE – 72 Sarthe – **310** J4 – **rattaché à Alençon**

ST-PATRICE – 37 Indre-et-Loire – **317** K5 – **rattaché à Langeais**

ST-PAUL – 06 Alpes-Maritimes – **341** D5 – 3 338 h. – alt. 125 m   **42 E2**
– ⊠ **06570** 🃏 Côte d'Azur

🚘 Paris 922 – Antibes 18 – Cagnes-sur-Mer 7 – Cannes 28
🛈 Office de tourisme, 2, rue Grande 🕿 04 93 32 86 95, Fax 04 93 32 60 27
◉ Site★ - Remparts★ - Fondation Maeght★★.

🏨 **Le Saint-Paul** 🕸   ⇐ 🔊 🛗 **AK** 🕸 **VISA** 🐼 **AE** ①
🌸 *86 r. Grande, (au village) –* 🕿 *04 93 32 65 25 – www.lesaintpaul.com*
– Fax 04 93 32 52 94 – Fermé 15 déc.-28 janv.
16 ch – ✝250/400 € ✝✝250/400 €, ⊡ 28 € – 1 suite
Rest – *(fermé mardi et merc. de nov. à mars)* (48 €) Menu 70/100 € Carte 80/115 €
Spéc. Paupiette d'aubergine au cabillaud, émietté de tourteau et graines de caviar. Lasagne de homard et pousses de salade poêlées. Ganache et crème montée au chocolat, glace caramel salé. **Vins** Bellet, Côtes de Provence.
♦ Belles pierres, fresques champêtres, fontaine et meubles colorés : voici le décor raffiné de cette demeure du 16e s. perchée dans le village médiéval. Élégante salle à manger voûtée et terrasse verdoyante ; cuisine pleine de saveurs, rythmée par les saisons.

🏨 **La Colombe d'Or**   🔊 🔊 🏊 **AK** 🕸 ch, 🕈 **P** **VISA** 🐼 **AE** ①
pl. Ch. de Gaulle – 🕿 *04 93 32 80 02 – www.la-colombe-dor.com*
– Fax 04 93 32 77 78 – Fermé 26 oct.-18 déc. et 5-15 janv.
14 ch – ✝220/290 € ✝✝250/290 €, ⊡ 15 € – 11 suites – ½ P 160/200 €
Rest – Carte 35/90 €
♦ Prisé des artistes et des célébrités, cet hôtel-musée abrite une superbe collection de peintures et sculptures modernes. Cadre "vieille Provence" et chambres personnalisées. Terrasse délicieusement ombragée et confortable restaurant décoré avec un goût sûr.

Le Mas de Pierre ♨ 🗕🗕🗕 ⚐🍽🛋⚙🅛♿🅚🕻🏊⚓ VISA ◯◯ 🅰🅔 ①
2320 rte des Serres, 2 km au Sud – 𝒞 04 93 59 00 10 *– www.lemasdepierre.com*
– Fax 04 93 59 00 59
46 ch – †230/770 € ††230/770 €, ⟳ 26 € – 2 suites
Rest *– (fermé lundi et mardi d'oct. à mars)* Menu 44 € (déj.) – Carte 70/115 €
♦ Chambres raffinées, réparties dans cinq bastides, autour d'une superbe piscine agrémentant un beau jardin méridional. Luxe, confort et ressourcement (spa). Repas servis dans deux salles soignées ou en plein air. Choix traditionnel le soir ; rôtisserie à midi.

🍴 **La Toile Blanche** avec ch ♨ 🗕🗕 ⚘🍽 VISA ◯◯
826 chemin Pounchounière – 𝒞 04 93 32 74 21 *– www.toileblanche.com*
– Fax 04 93 32 87 43
5 ch – †150/255 € ††150/255 €, ⟳ 15 €
Rest *– (ouvert 15 juin-15 sept.) (dîner seult) (nombre de couverts limité, prévenir)*
Menu 55 €
♦ Ce restaurant propose, le soir seulement, un alléchant menu, unique mais inventif et moderne. Service en terrasse à la belle saison. Agréable chambres d'hôtes : mobilier et objets contemporains, tons gris et provençaux. Jardin et piscine tout en longueur.

🍴 **Le Tilleul Menthe** 🗕🗕 VISA ◯◯ 🅰🅔 ①
pl. du Tilleul – 𝒞 04 93 32 80 36 *– www.restaurant-letilleul.com*
– Fax 04 93 32 04 80
Rest *– (28 €)* Menu 38 € (dîner) – Carte 35/55 €
♦ Des saveurs traditionnelles aux parfums de Provence proposées à l'ardoise et servies dans un cadre moderne. Le charme de ce bistrot sur une placette du village opère sans mal.

par rte de La Colle-sur-Loup – ✉ 06570 St-Paul

🗕🗕🗕 **Mas d'Artigny** ♨ ⚘🕭⚐🍽⚙🅛♿🍽🛋⚙🅚 ch, 🏊 🅿
chemin des Salettes, 3 km rte des Hauts de St-Paul VISA ◯◯ 🅰🅔 ①
– 𝒞 04 93 32 84 54 *– www.mas-artigny.com – Fax 04 93 32 95 36*
55 ch – †165/799 € ††165/799 €, ⟳ 27 € – 30 suites
Rest *– (25 € bc)* Menu 49 € (dîner), 75/95 € – Carte 61/79 € le soir
♦ Dans la pinède, dominant la baie des Anges, ce complexe hôtelier voit les choses en grand : appartements avec piscine privée, superbe et immense spa, parc orné de sculptures. Salle à manger et terrasse panoramiques ; registre culinaire à dominante littorale.

🗕🗕 **La Grande Bastide** sans rest ⚘🗕🛋🅚 🅿 VISA ◯◯ 🅰🅔 ①
1350 rte de la Colle – 𝒞 04 93 32 50 30 *– www.la-grande-bastide.com*
– Fax 04 93 32 50 59 – Fermé 26 nov.-20 déc. et 15 janv.-15 fév.
14 ch – †145/240 € ††145/240 €, ⟳ 19 € – 2 suites
♦ Préservé dans la verdure, ce mas du 18ᵉ s. vous reçoit dans un décor de style agrémenté de beaux tissus. Chambres avec balcon (trois en duplex), vue sur le village et la mer.

🗕🗕 **Les Vergers de St Paul** sans rest ♨ ⚘🗕🛋🅚⚙🍽 🅿 VISA ◯◯ 🅰🅔
940 rte de la Colle – 𝒞 04 93 32 94 24 *– www.vergersdesaintpaul.com*
– Fax 04 93 32 91 07
17 ch – †110/175 € ††125/245 €, ⟳ 15 €
♦ Hôtel niché dans un jardin à l'entrée du village de St-Paul. Autour de la piscine, chambres harmonieuses (murs blancs, tissus rayés, parquet) avec terrasse ou balcon.

🗕🗕 **Le Hameau** sans rest ⚘🗕🅚 🅿 VISA ◯◯ 🅰🅔
528 rte de la Colle, à 500 m. – 𝒞 04 93 32 80 24 *– www.le-hameau.com*
– Fax 04 93 32 55 75 – Ouvert 13 fév.-15 nov.
15 ch – †105/230 € ††120/230 €, ⟳ 16 € – 2 suites
♦ Cadre rustique, jardin planté d'arbres fruitiers et petites chambres douillettes font le charme de cette ferme entourée de maisonnettes blanches. Confitures maison, boutique.

🗕🗕 **Hostellerie des Messugues** sans rest ♨ ⚘🗕🛋🅚🍽🅛 🅿
allée des Lavandes, 500 m, quartier Gardettes par rte de la VISA ◯◯ 🅰🅔 ①
Fondation Maeght – 𝒞 04 93 32 53 32 *– www.hotel-messugues-saintpaul.com*
– Fax 04 93 32 94 15 – Ouvert 1ᵉʳ avril-25 oct.
15 ch – †95/160 € ††95/160 €, ⟳ 12 €
♦ Au calme d'une pinède, villa provençale, bien rénovée, et son originale piscine. Petite curiosité dans les couloirs : les portes des chambres proviennent d'une prison du 19ᵉ s. !

ST-PAUL-DOUEIL – 31 Haute-Garonne – **343** B8 – rattaché à Bagnères-de-Luchon

ST-PAUL-LÈS-DAX – 40 Landes – **335** E12 – rattaché à Dax

ST-PAUL-LÈS-ROMANS – 26 Drôme – **332** D3 – rattaché à Romans-sur-Isère

ST-PAUL-TROIS-CHATEAUX – 26 Drôme – **332** B7 – 8 214 h.   **44** B3
– alt. 90 m – ⊠ 26130 ▯ Lyon Drôme Ardèche

> ▯ Paris 628 – Montélimar 28 – Nyons 39 – Orange 33
> 🛈 Office de tourisme, place Chausy ✆ 04 75 96 59 60, Fax 04 75 96 90 20
> ◉ Cathédrale St-Paul★ - Barry ≼ ★★ S : 8 km.

🏠 **Villa Augusta** ⚘   🉐 🆓 ⅃ & ch. 🖾 ⓦ **P** 𝘷𝘪𝘴𝘢 ⓪ 🆑
14 r. Serre Blanc – ✆ 04 75 97 29 29 – www.villaaugusta.fr – Fax 04 75 97 29 27
– Fermé 2-24 janv.
23 ch – †120/140 €, ††120/360 €, ⊑ 18 € – 1 suite
Rest *David Mollicone* – *(fermé dim. soir et lundi sauf juil.-août)* Menu 28 € (déj.
en sem.), 48/78 € – Carte 62/90 €

• Belle maison de maître du 19ᵉ s. dans un jardin arboré. La décoration d'esprit méridional
mêle les couleurs vives et les styles ancien et contemporain. Accueil prévenant. Élégante salle
de restaurant rénovée (tons gris, blanc), délicieuse terrasse et cuisine inventive.

🏠 **L'Esplan**   🉐 🖙 🖾 ⓦ 🕏 𝘷𝘪𝘴𝘢 ⓪ 🆑 ⓞ
pl. l'Esplan – ✆ 04 75 96 64 64 – www.esplan-provence.com – Fax 04 75 04 92 36
– Fermé 17 déc.-10 janv.
36 ch – †70/102 € ††70/121 €, ⊑ 11 € – ½ P 79/84 €
Rest – *(fermé dim. soir d' oct. à avril)* (dîner seult) (26 €) Menu 39/54 €
– Carte 48/76 €

• Charme de l'ancien et décor actuel donnent le ton de cet hôtel particulier du 16ᵉ s., situé
au cœur du bourg. Chambres fonctionnelles égayées de couleurs ensoleillées. Au restaurant,
recettes originales valorisant herbes, fleurs et plantes du potager maison.

✗✗ **Vieille France-Jardin des Saveurs**   ≼ 🉐 🖾 **P** 𝘷𝘪𝘴𝘢 ⓪
chemin des Goudessards, 1,2 km rte La Garde Adhémar – ✆ 04 75 96 70 47
– www.restaurant-vieillefrance-jardindessaveurs.com – Fax 04 75 96 70 47
– Fermé 1 sem. en mai, 1 sem. en oct., 11-30 nov., le midi en juil.-août sauf dim.,
dim. soir et mardi hors saison et lundi
Rest – *(nombre de couverts limité, prévenir)* Menu 24 € (déj. en sem.), 38/59 €🍷
• Mas provençal dans la campagne. Chaleureux décor contemporain, plaisante terrasse
ombragée, goûteuse cuisine méridionale et belle carte de côtes-du-rhône. Menu truffe en
saison.

✗ **L et Lui**   🉐 𝘷𝘪𝘴𝘢 ⓪
2 r. Charles-Chaussy – ✆ 04 75 46 61 14 – www.letlui.com – Fermé
15-23 nov., 3-7 janv., merc. soir en hiver, dim. et lundi
Rest – (22 €) Menu 27 € (déj. en sem.), 38/48 €
• Ici, Cathy jardine, Cédric cuisine... Plats inventifs anti-routine, à base des produits du potager maison. Chaque mois, la cave met à l'honneur un vigneron. Cadre acidulé.

à St-Restitut 3 km au Sud par D 59 – 1 347 h. – alt. 150 m – ⊠ 26130

> 🛈 Office de tourisme, place du Colonel Bertrand ✆ 04 75 04 71 27,
> Fax 04 75 04 71 27

✗ **Le Rustic**   🉐 𝘷𝘪𝘴𝘢 ⓪
☖ 9 Grande Rue – ✆ 04 75 96 71 60 – Fermé mardi soir du 15 oct. au 15 mars, dim.
soir et lundi
Rest – Menu 14 € (déj. en sem.), 23/32 € – Carte 33/46 €
• Salle voûtée accueillante, cheminée hivernale, terrasse sur le toit pour les beaux jours et
carte traditionnelle changée régulièrement caractérisent cette sympathique adresse.

ST-PÉE-SUR-NIVELLE – 64 Pyrénées-Atlantiques – **342** C4 – 5 106 h.   **3** A3
– alt. 30 m – ⊠ 64310

> ▯ Paris 785 – Bayonne 22 – Biarritz 17 – Cambo-les-Bains 17
> 🛈 Office de tourisme, place du Fronton ✆ 05 59 54 11 69, Fax 05 59 85 86 38

XX L' Auberge Basque (Cédric Béchade) avec ch
quartier Helbarron,
D 307 (ancienne rte de St-Pée à St-Jean-de-Luz) – *C* 05 59 51 70 00
– www.aubergebasque.com – Fax 05 59 51 70 17
– Fermé 5-9 juil., 15-30 nov., 10 janv.-4 fév.
11 ch – †90/250 € ††90/250 €, ☐ 28 €
Rest – (fermé mardi midi et lundi) Menu 43/85 € – Carte 50/75 €鑑
Spéc. Piperade, œuf poché, omelette, copeaux de jambon Ibérique. Cochon
ibaïona rôti au thym citron, guindillas, pommes de la vallée d'Iraty (juil. à
sept.). Tarte sablée "riz au lait" (août à nov.). **Vins** Irouléguy.
♦ Dans un parc arboré sur une colline face à la Rhune, la vieille ferme s'est transformée en
élégante auberge contemporaine. En cuisine, le chef revisite le répertoire régional… Chambres spacieuses et douillettes.

XX Le Fronton
quartier Ibarron, rte de St-Jean-de-Luz – *C* 05 59 54 10 12 – Fax 05 59 54 18 09
– Fermé 1er fév.-12 mars, dim. soir, lundi, mardi, merc. et jeudi
Rest – Menu 37 € – Carte 43/52 €
♦ Ici, la cuisine rime avec tradition : produits du marché et nombreux poissons frais vous
mettront en appétit. Décor confortable et compassé, façon jardin d'hiver ; terrasse.

ST-PÉRAY – 07 Ardèche – 331 L4 – 7 091 h. – alt. 124 m – ⌖ 07130   **43** E2
- ◪ Paris 562 – Lamastre 35 – Privas 39 – Tournon-sur-Rhône 15
- ◪ Office de tourisme, 45, rue la République *C* 04 75 40 46 75,
   Fax 04 75 40 55 72
- ◉ Ruines du château de Crussol : site★★★ et ⩽★★ SE : 2 km.
- ◉ Saint-Romain-de-Lerps ※★★★ NO : 9,5 km par D 287,
   ▌ Lyon Drôme Ardèche

à Soyons 7 km au Sud par D 86 – 1 952 h. – alt. 106 m – ⌖ 07130

⌂⌂⌂ Domaine de Soyons
D 86, 670 rte de Nîmes – *C* 04 75 60 83 55 – www.ledomainedesoyons.com
– Fax 04 75 60 85 21 – Fermé 26 oct.-2 nov. et 2-10 janv.
28 ch – †96/151 € ††112/188 €, ☐ 18 € – ½ P 99/139 €
Rest – (21 €) Menu 26 € (déj.), 32/63 € – Carte 60/85 €
♦ Une chaleureuse atmosphère règne dans cette belle demeure du 19e s. entourée d'un
parc verdoyant (cèdre tricentenaire). Chambres garnies d'un mobilier de style Empire. Goûteuses recettes actuelles servies dans une agréable salle à manger prolongée d'une véranda.

ST-PÈRE – 89 Yonne – 319 F7 – rattaché à Vézelay

ST-PHILBERT-DE-GRAND-LIEU – 44 Loire-Atlantique – 316 G5   **34** B2
– 7 312 h. – alt. 10 m – ⌖ 44310 ▌ Poitou Vendée Charentes
- ◪ Paris 405 – Nantes 27 – Niort 150 – Rennes 138
- ◪ Office de tourisme, place de l'Abbatiale *C* 02 40 78 73 88,
   Fax 02 40 78 83 42

⌂ La Bosselle
8 r. du Port – *C* 02 40 78 73 47 – www.la-bosselle.fr – Fax 02 40 78 01 85
14 ch – †58 € ††61 €, ☐ 8 € – ½ P 67 €
Rest – (13 €) Menu 18/37 € – Carte 30/40 €
♦ Près de l'abbatiale, cet établissement familial récent propose des chambres simples et
bien conçues, plus calmes à l'arrière. Au restaurant tout rénové, grillades préparées dans la
cheminée, produits du terroir et spécialités de poissons du lac pêchés à la bosselle.

ST-PHILIBERT – 56 Morbihan – 308 N9 – 1 442 h. – alt. 15 m   **9** A3
– ⌖ 56470
- ◪ Paris 489 – Rennes 137 – Vannes 29 – Lorient 50

⌂ **Le Galet** ⌖   🛏 🎋 🎿 ⚡ ✗ & ⚓ 🛁 **P** **VISA** **◉◎**
rte de la Trinité-sur-Mer, 1,2 km au Nord par D 28 et D 781 – ☏ *02 97 55 00 56*
– www.legalet.fr – Fax 02 97 55 19 77
21 ch – ♦80/125 € ♦♦80/125 €, ☑ 12 € – 2 suites
Rest – *(dîner seult) (résidents seult)* Menu 24 €
♦ Pour une escale tranquille à deux minutes de La-Trinité-sur-Mer. Cet hôtel entouré d'un joli jardin a été harmonieusement réaménagé et propose des chambres au design actuel. Sobre salle à manger pour une restauration snack le midi et un menu unique le soir.

ST-PIERRE-CANIVET – **14** Calvados – **303** K6 – **rattaché à Falaise**

ST-PIERRE-D' ALBIGNY – **73** Savoie – **333** J4 – 3 630 h. – alt. 410 m   **46** F2
– ✉ 73250

▶ Paris 596 – Lyon 137 – Chambéry 29 – Annecy 77

🄸 Office de tourisme, place de l'Europe ☏ 04 79 25 19 38, Fax 04 79 71 44 55

⌂ **Château des Allues** ⌖   ≤ ⌕ 🎋 ⚓ **P**
Les Allues – ☏ *06 75 38 61 56 – www.chateaudesallues.com*
– Fermé 21 mars-2 avril et 1er nov.-15 déc.
5 ch ☑ – ♦95/125 € ♦♦120/150 €   **Table d'hôte** – *(fermé lundi)* Menu 44 € bc
♦ On met tout en œuvre pour le bien-être des convives dans ce vieux manoir rénové avec beaucoup de goût. Vue sur les montagnes, grandes chambres d'esprit ancien ou contemporain. Bons petits plats à base de légumes du jardin, servis à la table d'hôte.

ST-PIERRE-DE-CHARTREUSE – **38** Isère – **333** H5 – 851 h.   **46** F2
– alt. 885 m – **Sports d'hiver : 900/1 800 m** 🎿 1 🚠13 🎿 – ✉ 38380 ▮ Alpes du Nord

▶ Paris 571 – Belley 62 – Chambéry 39 – Grenoble 28

🄸 Office de tourisme, place de la Mairie ☏ 04 76 88 62 08, Fax 04 76 88 68 78

◉ Terrasse de la Mairie ≤ ★ - Prairie de Valombré ≤ ★ 0 : 4 km - Site ★ de Perquelin E : 3 km - La Correrie : musée Cartusien ★ du couvent de la Grande Chartreuse NO : 3,5 km - Décoration ★ de l'église de St-Hugues-de-Chartreuse S : 4 km.

⌂🄰 **Beau Site**   ≤ ⌕ 🎿 ▮ & rest, ⚓ 🛁 **VISA** **◉◎**
☜ *Le Bourg* – ☏ *04 76 88 61 34 – www.hotelbeausite.com – Fax 04 76 88 64 69*
– Fermé 2 avril-2 mai et 15 oct.-26 déc.
26 ch – ♦50/58 € ♦♦65/70 €, ☑ 9 € – ½ P 75/83 €
Rest – *(fermé mardi midi, dim. soir et lundi d'oct. à juin)* Menu 15 € (déj.), 19/26 € – Carte environ 28 €
♦ Cette grande maison centenaire recèle une collection d'œuvres du peintre local Peter Rahmsdorf. Chambres sobres et confortables et piscine avec vue sur la vallée. Spacieuse salle à manger, terrasse panoramique et plats traditionnels.

ST-PIERRE-DE-JARDS – **36** Indre – **323** H4 – 128 h. – alt. 148 m   **12** C3
– ✉ 36260

▶ Paris 232 – Bourges 35 – Issoudun 22 – Romorantin-Lanthenay 40

✗✗ **Les Saisons Gourmandes**   ⌕ & **AC** **VISA** **◉◎**
pl. des Tilleuls – ☏ *02 54 49 37 67 – Fax 02 54 49 37 67 – Fermé 17 oct.-3 nov., 3-26 janv., lundi sauf le midi de sept. à juin, mardi soir et merc. sauf juil.-août, dim. soir en juil.-août*
Rest – Menu 22/43 € – Carte 29/47 €
♦ La salle de cette typique maison a conservé ses poutres d'origine, aujourd'hui peintes en "bleu berrichon". Agréable terrasse et carte traditionnelle bien composée.

ST-PIERRE-DE-MANNEVILLE – **76** Seine-Maritime – **304** F5   **33** C2
– 728 h. – alt. 6 m – ✉ 76113 ▮ Normandie Vallée de la Seine

▶ Paris 150 – Évreux 72 – Rouen 18 – Sotteville-lès-Rouen 20

⌂ **Manoir de Villers** sans rest ⌖   ≤ ⌕ ✗ **P**
30 rte de Sahurs – ☏ *02 35 32 07 02 – www.manoirdevillers.com*
– Fax 02 35 32 07 02 – Fermé 15 déc.-15 janv.
4 ch – ♦140/150 € ♦♦140/150 €, ☑ 10 €
♦ Ce fabuleux manoir des 16e et 19e s. ressemble à un musée. Décor d'époque dans les pièces communes ouvertes à la visite. Chambres parquetées garnies de beaux meubles anciens.

ST-PIERRE-DES-CHAMPS – 11 Aude – **344** G4 – 154 h. – alt. 146 m   **22** B3
– ✉ 11220

▶ Paris 808 – Perpignan 84 – Carcassonne 41 – Narbonne 41

🏠 **La Fargo** ⊗   🚗 🕯 ⚒ ⅃ ⅄ ch, % ch, ♈ ⅍ **P** *VISA* ⊚
– ℰ 04 68 43 12 78 – www.lafargo.fr – Fax 04 68 43 29 20 – Ouvert
mi-mars-mi-nov.
12 ch – †75/135 € ††75/135 €, � 10 €
Rest – *(fermé le midi sauf week-ends)* Menu 30 € – Carte 40/60 €
♦ Cette ancienne forge isolée dans les Corbières assure un séjour reposant et oxygénant.
Chambres joliment meublées et épurées, avec des touches indonésiennes. Plaisante terrasse
ombragée et salle à manger d'esprit contemporain, logée dans un bâtiment ancien.

ST-PIERRE-D'OLÉRON – 17 Charente-Maritime – **324** C4 – voir à Île d'Oléron

ST-PIERRE-DU-MONT – 14 Calvados – **303** G3 – 78 h. – alt. 25 m   **32** B2
– ✉ 14450

▶ Paris 291 – Caen 58 – Saint-Lô 58 – Bayeux 29

🏠 **Le Château Saint Pierre** sans rest ⊗   🚗 **P** *VISA* ⊚
1 km à l'Ouest sur D 514 – ℰ 02 31 22 63 79
– www.chambresdhotes-bayeuxarromanchesgrancamp.com
5 ch � – †57 € ††72 €
♦ Adresse idéale pour visiter les plages du débarquement. Entouré d'un jardin, ce château
de 1600 au décor rustique propose des chambres confortables. Petit-déjeuner normand.

ST-PIERRE-DU-PERRAY – 91 Essonne – **312** D4 – **101** 38 – voir à Paris, Environs (Sénart)

ST-PIERRE-LA-NOAILLE – 42 Loire – **327** D2 – rattaché à Charlieu

ST-PIERRE-LÈS-AUBAGNE – 13 Bouches-du-Rhône – **340** I6 – rattaché à Aubagne

ST-PIERREMONT – 88 Vosges – **314** H2 – 159 h. – alt. 251 m   **27** C2
– ✉ 88700

▶ Paris 366 – Lunéville 24 – Nancy 56 – St-Dié 43

🏠 **Le Relais Vosgien**   🚗 🕯 ⅍ **K** rest, ♈ ⅍ **P** 🚬 *VISA* ⊚ **AE**
9 Grande Rue – ℰ 03 29 65 02 46 – www.relais-vosgien.fr – Fax 03 29 65 02 83
– Fermé 10-22 janv.
20 ch – †65 € ††80 €, � 12 € – 6 suites – ½ P 116 €
Rest – *(fermé dim. soir)* (18 €) Menu 26/60 € bc – Carte 55/75 €
♦ Une ambiance familiale règne dans cette ancienne ferme qui fait station-service et bar-
tabac. Les chambres sont régulièrement rénovées – la plupart situées côté jardin. Cuisine traditionnelle alléchante et belle carte des vins à déguster dans un cadre campagnard.

ST-PIERRE-QUIBERON – 56 Morbihan – **308** M9 – rattaché à Quiberon

ST-PIERRE-SUR-DIVES – 14 Calvados – **303** L5 – 3 647 h. – alt. 30 m   **33** C2
– ✉ 14170 ▮ Normandie Cotentin

▶ Paris 194 – Caen 35 – Hérouville-Saint-Clair 34 – Lisieux 27

🛈 Syndicat d'initiative, 23, rue Saint-Benoist ℰ 02 31 20 97 90,
Fax 02 31 20 36 02

✗ **Auberge de la Dives** avec ch   🕯 **P** *VISA* ⊚
27 bd Collas – ℰ 02 31 20 50 50 – Fax 02 31 20 50 50 – Fermé 17 nov.-6 déc.,
15-27 mars, dim. soir du 15 nov. au 30 mars, lundi soir et mardi
5 ch – †37 € ††40 €, � 7 € – ½ P 58 €
Rest – (15 €) Menu 20/32 € – Carte 32/57 €
♦ Cette auberge champêtre, dont la terrasse se trouve au bord de la Dives, propose des
plats traditionnels faisant la part belle aux produits normands. Chambres simples à l'étage.

ST-POL-DE-LÉON – 29 Finistère – **308** H2 – 7 068 h. – alt. 60 m   **9 B1**
– ⊠ 29250 ▮ Bretagne

▶ Paris 557 – Brest 62 – Brignogan-Plages 31 – Morlaix 21

ℹ Office de tourisme, Pavillon du Tourisme ✆ 02 98 69 05 69,
Fax 02 98 69 01 20

◨ de Carantec à Carantec Rue de Kergrist, S : 10 km par D 58,
✆ 02 98 67 09 14

◉ Clocher★★ de la chapelle du Kreisker★ : ⁂★★ de la tour - Ancienne
cathédrale★ - Rocher Ste-Anne : ≼★ dans la descente.

⌂ **France** sans rest   🚗 ⁛ ⚄ **P.** 🎫 🐵 🅰🅴
29 r. des Minimes – ✆ 02 98 29 14 14 – www.hotel-saint-pol.com
– Fax 02 98 29 10 57 – Fermé 5-25 janv.
22 ch – ♦45/55 € ♦♦55/70 €, ☞ 6,50 €
◆ Dans une rue assez tranquille, élégante demeure régionale des années 1930. Chambres fonctionnelles et bien tenues ; optez pour celles ouvrant sur le Kreisker ou le jardin.

✕✕ **Auberge La Pomme d'Api**   🎫 🐵 🅰🅴
49 r. Verderel – ✆ 02 98 69 04 36 – www.aubergelapommedapi.com
– Fax 02 98 29 06 53 – Fermé 12-30 nov., dim. soir et lundi sauf juil.-août
Rest – (15 €) Menu 25 € bc (déj. en sem.), 28/75 € bc
◆ Maison bretonne de 1562 où trône une superbe cheminée ancienne, en harmonie avec un décor contemporain mariant pierre et bois. Table au goût du jour, mettant en valeur de bons produits.

ST-PONS – 07 Ardèche – **331** J6 – 249 h. – alt. 350 m – ⊠ 07580   **44 B3**

▶ Paris 621 – Aubenas 24 – Montélimar 21 – Privas 24

⌂ **Hostellerie Gourmande "Mère Biquette"** 🐾   ≼ 🚗 🎐 ⌱
Les Allignols, 4 km au Nord par rte secondaire   ⁂ **P.** 🎫 🐵 🅰🅴
– ✆ 04 75 36 72 61 – www.merebiquette.fr – Fax 04 75 36 76 25 – Fermé
12 nov.-10 fév., dim. soir d'oct. à mars, lundi midi, mardi midi et merc. midi
15 ch – ♦64/113 € ♦♦64/113 €, ☞ 11 € – ½ P 59/90 €
Rest – Menu 23/41 € – Carte 22/46 €
◆ Les amoureux de nature et de grand calme apprécieront cette ferme ardéchoise nichée entre vignes et châtaigniers. Chambres pratiques, plus spacieuses dans l'aile récente. Au restaurant, plats régionaux servis dans une salle à manger-véranda avec vue sur la vallée.

ST-PONS – 04 Alpes-de-Haute-Provence – **334** H6 – rattaché à Barcelonnette

---

ST-PORCHAIRE – 17 Charente-Maritime – **324** E5 – 1 543 h.   **38 B2**
– alt. 16 m – ⊠ 17250

▶ Paris 474 – La Rochelle 56 – Niort 77 – Rochefort 27

✕✕ **Le Bruant** avec ch   🚗 🎐 ⚹ ⁙ ch, ⚄ **P.** 🎫 🐵
76 r. Nationale – ✆ 05 46 94 65 36 – www.lebruant.com – Fax 05 46 97 25 40
– Fermé dim. soir et lundi
5 ch – ♦45/50 € ♦♦55 €, ☞ 8 €   **Rest** – Menu 20/45 € – Carte 30/45 €
◆ Cette maison charentaise incarne peut-être l'auberge du 21ᵉ s. : décor campagnard chic très tendance, cuisine traditionnelle revisitée et beau jardin ombragé de mûriers platanes. Les chambres sont des nids modernes (tons clairs, sculptures d'animaux, fleurs).

ST-PORQUIER – 82 Tarn-et-Garonne – **337** D7 – 1 271 h. – alt. 95 m   **28 B2**
– ⊠ 82700

▶ Paris 651 – Colomiers 60 – Montauban 18 – Toulouse 55

⌂ **Les Hortensias** sans rest 🐾   🚗 ⌱ **P**
r. Ste-Catherine – ✆ 05 63 31 85 57 – www.chambres-hotes-leshortensias.com
3 ch ☞ – ♦60 € ♦♦60 €
◆ Les chambres de cette maison en briques roses s'égayent de jolies couleurs. Vous apprécierez aussi l'ancien chai où est servi le petit-déjeuner et l'agréable jardin fleuri.

ST-PÔTAN – 22 Côtes-d'Armor – **309** I3 – **764 h. – alt. 55 m** – ⊠ **22550**   **10** C1

▶ Paris 429 – Rennes 79 – Saint-Brieuc 46 – Saint-Malo 35

XX **Auberge du Manoir**   ⅏ 𝒱𝐼𝒮𝒜 ⓪ AE
31 r. du 19 mars 1962 – ℰ *02 96 83 72 58* – *Fermé 2 sem. en nov., 1 sem. en fév., mardi et merc.*
Rest – (13 €) Menu 32/56 € – Carte 35/57 €

♦ Agréable étape gourmande en cette accueillante maison située sur la traversée du village : attrayants plats du jour le midi côté bar et carte traditionnelle plus élaborée à découvrir dans la salle à manger néo-rustique.

ST-POURÇAIN-SUR-SIOULE – 03 Allier – **326** G5 – **5 046 h.**   **5** B1
– alt. 234 m – ⊠ **03500** ▌ Auvergne

▶ Paris 325 – Montluçon 66 – Moulins 33 – Riom 61
🛈 Office de tourisme, 29, rue Marcellin Berthelot ℰ 04 70 45 32 73, Fax 04 70 45 60 27
🖻 de Briailles chemin du Château, E : 3 km, ℰ 04 70 45 49 49
◉ Église Ste-Croix★ - Musée de la Vigne et du Vin★.

🖽 **Le Chêne Vert**   𝄢 ⅏ 𝐬𝐀 𝐏 𝒱𝐼𝒮𝒜 ⓪ AE ⓪
⊖ *bd Ledru-Rollin* – ℰ *04 70 47 77 00* – *www.hotel-restaurant-chene-vert.com* – *Fax 04 70 47 77 39* – *Fermé 4-24 janv.*
29 ch – ♦53/58 € ♦♦53/62 €, ⊡ 8 €
Rest – *(fermé dim. soir hors saison, mardi midi hors saison et lundi sauf le soir en saison)* (14 €) Menu 18 € (sem.)/38 € – Carte 26/46 €

♦ Hôtel de tradition, formé de deux maisons séparées par la rue. Chambres anciennes rajeunies, salles de réunion (dont une avec cheminée) et vitrine de produits régionaux. Chaleureux restaurant et agréable terrasse. Cuisine classique et vins du pays.

ST-PRIEST-BRAMEFANT – 63 Puy-de-Dôme – **326** H6 – **798 h.**   **6** C2
– alt. 290 m – ⊠ **63310**

▶ Paris 365 – Clermont-Ferrand 49 – Riom 34 – Thiers 26

🏠 **Château de Maulmont** ⊗   𝄢 𝐬𝐀 𝐏 𝒱𝐼𝒮𝒜 ⓪ AE
1,5 km au Sud sur D 59 – ℰ *04 70 59 14 95* – *www.chateau-maulmont.com* – *Fax 04 70 59 11 88* – *Ouvert 27 mars-1ᵉʳ nov.*
20 ch – ♦135/185 € ♦♦135/185 €, ⊡ 14 € – 2 suites – ½ P 102/127 €
Rest – *(fermé midi en sem., dim. soir et lundi soir)* (20 €) Menu 42/85 € bc – Carte 57/89 €

♦ On goûte la tranquillité de ce château en faisant un saut dans le 19ᵉ s., époque où Mme Adélaïde, sœur de Louis-Philippe, le redécora. Meubles de style, boiseries, jardin à la française...

ST-PRIEST-EN-JAREZ – 42 Loire – **327** F7 – **rattaché à St-Étienne**

ST-PRIEST-TAURION – 87 Haute-Vienne – **325** F5 – **2 675 h.**   **24** B2
– alt. 255 m – ⊠ **87480** ▌ Limousin Berry

▶ Paris 387 – Bellac 47 – Bourganeuf 33 – Limoges 15
◎ - ≤★ du parc de Montméry N : 9 km par D 44.

X **Relais du Taurion**   𝄢 𝐏 𝒱𝐼𝒮𝒜 ⓪
⊛ *2 chemin des Contamines* – ℰ *05 55 39 70 14* – *Fax 05 55 39 67 63* – *Fermé 13-26 déc., dim. soir et lundi midi*
Rest – Menu 21 € (sem.), 29/39 € – Carte 36/42 €

♦ Un vent nouveau souffle sur ce restaurant tout juste repris par un jeune couple. Vaste maison bourgeoise au cadre sobrement rustique et cuisine de base traditionnelle.

ST-PRIVAT-DES-VIEUX – 30 Gard – **339** J4 – **rattaché à Alès**

ST-PRIX – 71 Saône-et-Loire – **320** E8 – **228 h. – alt. 464 m** – ⊠ **71990**   **7** B2
▶ Paris 308 – Dijon 107 – Le Creusot 41 – Montceau-les-Mines 54

XX **Chez Franck et Francine**   ఉ 𝐏 𝒱𝐼𝒮𝒜 ⓪
Le bourg – ℰ *03 85 82 45 12* – *www.chez-franck-et-francine.fr.st* – *Fermé janv., dim. soir et lundi*
Rest – *(nombre de couverts limité, prévenir)* Menu 38/46 €

♦ Restaurant de village à l'ambiance familiale. Salle à manger au sobre décor, feu dans la cheminée en hiver. Cuisine au goût du jour personnalisée.

ST-PRIX – 95 Val-d'Oise – **305** E6 – **101** 5 – **voir à Paris, Environs**

ST-PUY – 32 Gers – **336** E6 – 570 h. – alt. 171 m – ⊠ 32310   **28** A2

> ▶ Paris 731 – Agen 52 – Auch 32 – Toulouse 107

⛪ **La Lumiane** ⌂   🍴 🏠 ⌛ ⚑ 𝖵𝖨𝖲𝖠 ⦿

Grande rue – ℰ 05 62 28 95 95 – www.lalumiane.com – Fax 05 62 28 59 67
5 ch ⊑ – †42/58 € ††51/67 €   **Table d'hôte** – Menu 24 € bc
♦ Cette maison de notable du 17ᵉ s., voisine de l'église du 12ᵉ s., abrite de belles chambres rustiques chic, un salon de lecture empreint de sérénité et un agréable jardin fleuri. La cuisine servie à la table d'hôte fait la part belle aux produits du terroir.

ST-QUAY-PORTRIEUX – 22 Côtes-d'Armor – **309** F3 – 3 091 h.   **10** C1
– alt. 25 m – Casino – ⊠ 22410 ▮ Bretagne

> ▶ Paris 470 – Étables-sur-Mer 3 – Guingamp 29 – Lannion 54
> 🛈 Office de tourisme, 17 bis r. Jeanne d'Arc ℰ 02 96 70 40 64, Fax 02 96 70 39 99
> ⛳ des Ajoncs d'Or, O : 7 km, ℰ 02 96 71 90 74

🏨 **Ker Moor** sans rest ⌂   ← 🍴 ▯ ⌛ **P** 𝖵𝖨𝖲𝖠 ⦿ ᴀᴇ

13 r. Prés. Le Sénécal – ℰ 02 96 70 52 22 – www.ker-moor.com
– Fax 02 96 70 50 49 – Ouvert 15 mars-15 déc.
27 ch – †109/155 € ††109/161 €, ⊑ 12 €
♦ Cette villa centenaire d'inspiration mauresque est perchée au sommet d'une petite falaise. Les chambres disposent de balcons et d'une jolie vue sur le large.

🏠 **Gerbot d'Avoine**   🍴 ▣ rest, ⌛ **P** 𝖵𝖨𝖲𝖠 ⦿

2 bd Littoral – ℰ 02 96 70 40 09 – www.gerbotdavoine.com – Fax 02 96 70 34 06
– Fermé 2 janv.-13 fév.
18 ch – †62/78 € ††68/125 €, ⊑ 12 € – ½ P 76/105 €
Rest – (fermé dim. soir, lundi et mardi de nov. à mars et le midi du merc. au vend.) Menu 42/150 € – Carte 39/85 €
♦ Dans la station balnéaire, maison bretonne aux chambres donnant en partie sur la Manche. Deux salles à manger dont une profitant d'une échappée sur la mer... Là où, précisément, la cuisine du chef puise son inspiration.

🍴 **Le Saint-Quay** avec ch   ⌘ **P** 𝖵𝖨𝖲𝖠 ⦿

72 bd. Foch – ℰ 02 96 70 40 99 – www.lesaintquay.fr – Fax 02 96 70 34 04
– Fermé 15-30 nov. et 15-30 janv.
7 ch – †48 € ††55/60 €, ⊑ 8 €   **Rest** – Menu 25/59 € – Carte 36/77 €
♦ Petit restaurant familial au sobre cadre néorustique où l'on goûte une cuisine au goût du jour. La carte des vins est... sur le tableau. Chambres simples en bon état.

ST-QUENTIN ⟨⟩ – 02 Aisne – **306** B3 – 56 792 h. – Agglo. 103 781 h.   **37** C2
– alt. 74 m – ⊠ 02100 ▮ Nord Pas-de-Calais Picardie

> ▶ Paris 165 – Amiens 81 – Charleroi 161 – Lille 113
> 🛈 Office de tourisme, espace Victor Basch ℰ 03 23 67 05 00, Fax 03 23 67 78 71
> ⛳ de Saint-Quentin-Mesnil à Mesnil-Saint-Laurent Rue de Chêne de Cambrie, SE : 10 km par D 12, ℰ 03 23 68 19 48
> ◉ Basilique★ - Hôtel de ville★ - Collection de portraits de Maurice Quentin de La Tour★★ au musée Antoine-Lécuyer.

Plan page suivante

🏨 **Le Grand Hôtel** sans rest   ▯ �& ⌛ 🛅 **P** 𝖵𝖨𝖲𝖠 ⦿ ᴀᴇ ⓪

6 r. Dachery – ℰ 03 23 62 69 77 – www.grand-hotel2.cabanova.fr
– Fax 03 23 62 53 52 – Fermé 3 sem. en août et 2 sem. en déc.   BZ**n**
24 ch – †99 € ††114 €, ⊑ 9 €
♦ Cette grande bâtisse construite au pied de la colline propose des chambres spacieuses et fonctionnelles desservies par un ascenseur panoramique.

🏨 **Les Canonniers** sans rest   🍴 ⌛ ᴊᴀ **P** 𝖵𝖨𝖲𝖠 ⦿ ᴀᴇ ⓪

15 r. Canonniers – ℰ 03 23 62 87 87 – www.hotel-canonniers.com
– Fax 03 23 62 87 86 – Fermé 1ᵉʳ-15 août et dim.   AZ**m**
7 ch – †53/92 € ††62/102 €, ⊑ 13 €
♦ On pénètre dans cette demeure bourgeoise par une belle cour pavée. Chambres calmes et personnalisées (avec cuisinette). Salons habillés de boiseries donnant sur un parc.

ST-QUENTIN

🏠 **Ibis** sans rest   📶 ♿ 🅰️ 📶 ♨️ VISA ◉◉ AE ①

14 pl. Basilique – ☎ 03 23 67 40 40 – Fax 03 23 67 84 90   **ABZr**

76 ch – ♦55/73 € ♦♦55/73 €, ⊆ 8 €

♦ Idéalement situé pour une visite du centre ville, cet édifice à l'élégante façade en briques rouges dispose de chambres bien spacieuses pour un Ibis.

🏠 **Mémorial** sans rest   ♒ 📶 P. VISA ◉◉ AE ①

8 r. Comédie – ☎ 03 23 67 90 09 – hotel-memorial.com
– Fax 03 23 62 34 96   **AZb**

18 ch – ♦55/89 € ♦♦55/97 €, ⊆ 8,50 €

♦ Cet ancien hôtel particulier profite d'une grande cour intérieure arborée. Chaque chambre possède sa personnalité (double vitrage côté rue). Rénovations en cours.

XX **Villa d'Isle** 🍴 🏠 ⇔ P VISA ©© AE
111-113 r. d'Isle – ℰ 03 23 67 08 09 – www.villadisle.com – Fax 03 23 67 06 07
– Fermé 1er-15 août, 1er-4 janv., sam. midi, dim. soir et lundi BZ**h**
Rest – (16 € bc) Menu 28 € bc/38 € bc – Carte 22/38 €
♦ Belle verrière, objets d'époque et aménagement moderne : cette maison ancienne a l'art d'associer évocations du passé et touches actuelles. Cuisine bistrotière très alléchante.

XX **Auberge de l'Ermitage** 🍴 ㄜ P VISA ©©
331 rte de Paris, 3 km par ⑤ – ℰ 03 23 62 42 80 – Fax 03 23 64 29 28
– Fermé 2 sem. en août, sam. midi, dim. soir et merc.
Rest – (20 €) Menu 27 € (sem.)/53 € – Carte 43/63 €
♦ Cette auberge a fière allure avec sa façade, sa terrasse et ses extérieurs fraîchement rénovés. Plaisante salle à manger mi-classique mi-champêtre, petits plats traditionnels.

XX **Le Rouget Noir** AC VISA ©© AE
19 r. Victor-Basch – ℰ 03 23 62 44 44 – www.lerougetnoir.com
– Fax 03 23 07 87 98 – Fermé dim. soir AYZ**a**
Rest – (16 € bc) Menu 28/35 € – Carte 37/59 €
♦ Un beau restaurant contemporain tout en "Roug(e) et Noir", orné de tableaux originaux réalisés par une artiste-peintre amie du chef. Cuisine "de produits" pleine de saveurs.

à Neuville-St-Amand 3 km par ③ et D 12 – 849 h. – alt. 82 m – ✉ 02100

🏠 **Château** ⑤ 🎭 🍴 ㄜ ch, ℅ ch, 🎴 P VISA ©© AE
11 r. de la Fontaine – ℰ 03 23 68 41 82 – www.chateauneuvillestamand.com
– Fax 03 23 68 46 02
– Fermé 3-23 août, 23 déc.-6 janv., sam. midi, dim. soir et lundi
15 ch – ♦73 € ♦♦84 €, � 12 €
Rest – Menu 29 € (sem.)/58 € – Carte 32/64 €
♦ Un parc bien entretenu entoure cette maison de maître restaurée, gage d'une bien agréable quiétude. Chambres personnalisées avec salles de bain spacieuses. À l'heure des repas, le chef prépare une cuisine traditionnelle de qualité, à base de produits frais.

à Holnon 6 km par ⑥ et D 1029 – 1 364 h. – alt. 102 m – ✉ 02760

🏠 **Le Pot d'Étain** 🍴 🍴 ㄜ ch, ℅ ch, 🎴 🏠 P VISA ©© AE
D 1029 – ℰ 03 23 09 34 35 – Fax 03 23 09 34 39
30 ch – ♦63/72 € ♦♦85 €, ⊏ 10 € – ½ P 80 €
Rest – (18 € bc) Menu 28 € bc (sem.)/42 € – Carte 35/55 €
♦ À l'entrée du bourg, pavillon aux allures d'hacienda complété d'un motel abritant des chambres fonctionnelles et bien insonorisées. Repas traditionnel actualisé servi dans un décor d'esprit rustique ou l'été en plein air.

ST-QUENTIN-EN-YVELINES – 78 Yvelines – **311** H3 – **106** 29 – **101** 21 – **voir à Paris, Environs**

ST-QUENTIN-LA-POTERIE – 30 Gard – **339** L4 – **rattaché à Uzès**

ST-QUENTIN-SUR-LE-HOMME – 50 Manche – **303** E8 – **rattaché à Avranches**

ST-QUIRIN – 57 Moselle – **307** N7 – **821** h. – alt. 305 m – ✉ 57560   **27** D2
▌Alsace Lorraine
▶ Paris 433 – Baccarat 40 – Lunéville 56 – Phalsbourg 34
ℹ Syndicat d'initiative, Mairie ℰ 03 87 08 60 34, Fax 03 87 08 66 44

XX **Hostellerie du Prieuré** avec ch ㄜ 🎴 🏠 P VISA ©© AE
😊 *163 r. Gén. de Gaulle – ℰ 03 87 08 66 52 – www.saintquirin.com*
– Fax 03 87 08 66 49 – Fermé 10-17 mars, 25 oct.-5 nov., vacances de fév., sam. midi, mardi soir et merc.
8 ch – ♦45 € ♦♦50 €, ⊏ 7 €   **Rest** – (11 €) Menu 28/62 € – Carte 31/65 €
♦ Ancien couvent du 18e s. au cœur de ce village apprécié des randonneurs. Cuisine traditionnelle servie dans des salles à manger colorées. Chambres pratiques pour l'étape, aménagées dans la maison familiale, typique, située à deux pas.

ST-RAMBERT-D'ALBON – 26 Drôme – **332** B2 – 5 086 h.   **43** E2
– alt. 142 m – ⊠ 26140

▶ Paris 522 – Grenoble 93 – Lyon 59 – Valence 53

🏠 **Domaine de Senaud** ⌖   🔊 🛋 🔲 🎦 ㅎ 🖩 ch, ⁕¹ 🏌 **P**
   au golf d'Albon-Senaud, 4 km au Sud par D 26 et D 122   𝐕𝐈𝐒𝐀 ⓒⓞ 𝐀𝐄 ①
   – ℰ 04 75 03 03 90 – www.golf-albon.com – Fax 04 75 03 11 01
   30 ch ⊆ – 🛏104/119 € 🛏🛏113/129 € – ½ P 78/85 €
   Rest – *(fermé le dim. soir)* (14 €) Menu 17/28 € – Carte 22/43 €
   ♦ Modernité et confort résument l'esprit de cet hôtel récent situé en pleine nature. Chambres spacieuses (certaines avec lits king size) en prise avec le jardin. Côté restaurant, agréable salle panoramique, cuisine traditionnelle et formules spéciales "golfeurs".

ST-RAPHAËL – 83 Var – **340** P5 – 33 804 h. – Casino Z – ⊠ 83700   **41** C3
▌Côte d'Azur

▶ Paris 870 – Aix-en-Provence 121 – Cannes 42 – Fréjus 4

🄳 Office de tourisme, rue Waldeck Rousseau ℰ 04 94 19 52 52,
   Fax 04 94 83 85 40

🄲 Esterel Latitudes 745 Boulevard Darby, E : 5 km, ℰ 04 94 52 68 30

🄶 de Cap Estérel, E : 3 km, ℰ 04 94 82 55 00

👁 Collection d'amphores★ dans le musée archéologique **M**.

Accès et sorties : voir plan de Fréjus.

ST-RAPHAËL

La Marina

🏠🏠 🔲 🔍 🛁 📶 ⚐ 🛗 AK °⁰ 🛁 ⚐ VISA ⚙ AE ①

port Santa-Lucia (Palais des Congrès), par ① – ℰ 04 94 95 31 31
– www.hotel-lamarina.fr – Fax 04 94 82 21 46
100 ch – ♦99/179 € ♦♦99/179 €, ☲ 13 €
Rest – Menu 24/34 € – Carte 28/51 €

♦ Les chambres, teintées de bleu ou de rouge, affichent une décoration dans l'air du temps. La plupart ont un balcon et certaines ouvrent sur la piscine ou sur le port de plaisance. Carte simple et traditionnelle à savourer en terrasse en été, au bord du quai.

Continental sans rest

⩽ 📶 ⚐ 🛗 AK °⁰ 🛁 ⚐ VISA ⚙ AE

100 promenade René Coty – ℰ 04 94 83 87 87 – www.hotels-continental.com
– Fax 04 94 19 20 24 – Ouvert de mars à début nov. et 21 déc.-1er janv.
44 ch – ♦79/239 € ♦♦79/239 €, ☲ 13 € **Ze**

♦ Face à la plage, au cœur de l'animation, hôtel occupant le 1er étage d'une vaste bâtisse néoclassique blanche. Chambres claires et confortables à choisir de préférence côté mer.

Excelsior

⩽ 🔲 📶 ⚐ 🛗 °⁰ 🛁 ⚐ VISA ⚙ AE ①

193 bd F. Martin, (prom. R. Coty) – ℰ 04 94 95 02 42 – www.excelsior-hotel.com
– Fax 04 94 95 33 82 **Zh**
36 ch ☲ – ♦62/195 € ♦♦128/195 €
Rest – (23 €) Menu 29 € (déj. en sem.), 35/42 € – Carte 35/74 €

♦ Hôtel de caractère à deux pas du centre-ville avec un petit pub à l'anglaise au rez-de-chaussée. Les chambres donnent sur la baie ou sur la ville. Recettes régionales à déguster en terrasse, aux beaux jours, face à la Méditerranée.

Santa Lucia sans rest

🛁 AK °⁰ °⁰ VISA ⚙ AE

418 Corniche D'Or, par ① – ℰ 04 94 95 23 00 – www.hotelsantalucia.fr
– Fax 04 94 19 49 79 – Fermé 21 déc.-31 janv.
12 ch ☲ – ♦69/139 € ♦♦84/154 €

♦ Adresse familiale au décor de paquebot où chaque chambre, impeccablement tenue, évoque l'atmosphère d'un pays lointain : Louisiane, Chine, Kenya... À l'arrière, vue sur la mer.

Provençal sans rest

📶 AK °⁰ °⁰ ⚐ VISA ⚙ AE

195 r. de la Garonne – ℰ 04 98 11 80 00 – www.hotel-provencal.com
– Fax 04 98 11 80 13 **Yb**
24 ch – ♦55/80 € ♦♦55/80 €, ☲ 8 €

♦ En retrait du port et de son animation, cet hôtel contemporain tout simple dispose de chambres fonctionnelles et colorées, parfaitement tenues. Accueil sympathique.

XXX L'Arbousier

🔲 AK ⇔ VISA ⚙ AE ①

6 av. de Valescure – ℰ 04 94 95 25 00 – www.arbousier.net – Fax 04 94 81 83 04
– Fermé 22 déc.-6 janv., mardi sauf le soir en saison et lundi **Yr**
Rest – (25 €) Menu 30 € (déj. en sem.), 37/59 € – Carte 70/93 €

♦ Aux beaux jours, optez pour la terrasse, véritable oasis de verdure ombragée de magnolias et d'arbousiers. La carte, influencée par la Provence, privilégie les produits de saison.

X La Cave

AK VISA ⚙ AE

23 r. Thiers – ℰ 04 94 95 79 62 – www.la-cave-restaurant.com
– Fax 04 94 53 93 35 – Fermé 1er-7 juin, 6-27 janv., le midi en juil.-août, dim. soir et lundi hors saison **Yt**
Rest – (18 € bc) Menu 29/39 € – Carte 45/60 €

♦ Le chef de ce bistrot contemporain propose une cuisine du marché et des plats d'autrefois, comme les mitonnaient nos grands-mères. Belle cave à vins et épicerie fine attenante.

à Valescure 5 km au Nord-Est – ⊠ 83700

Golf de Valescure ⅋

🏠🏠🏠 🔍 🔲 🔍 ⊛ ⅋ 🛗 📶 ⚐ 🛗 ch, AK °⁰ 🛁 🅿 ⚐

55 av. Paul L'Hermite, (au golf) – ℰ 04 94 52 85 00 VISA ⚙ AE ①
– www.valescure.com – Fax 04 94 82 41 88
62 ch – ♦160/290 € ♦♦160/290 €, ☲ 18 € – 8 suites
Rest Les Pins Parasols – (dîner seult) Menu 37/65 € – Carte 44/80 €
Rest Club House – (déj. seult) Menu 26 € bc – Carte 26/36 €

♦ Face aux greens, hôtel abritant des chambres relookées dans un style actuel (bois clair et wengé, tons beige ou chocolat...), dotées de terrasses privatives. Aux Pins Parasols, recettes provençales revisitées et atmosphère cosy. Repas façon brasserie au Club House, ex-Pavillon de l'Exposition universelle de 1900.

La Chêneraie sans rest 　　　　　　　 🍃 ⌧ AC 📺 P VISA ⊚⊚ AE
167 av. des Gondins – ℰ *04 94 44 48 84 – www.lacheneraie.com
– Fax 04 94 51 21 71 – Fermé 9 nov.-4 déc. et 19 janv.-13 fév.*
10 ch – ♦58/145 € ♦♦73/160 €, ⌥ 12 €
♦ Cette demeure des années 1890 aurait presque des allures de maison d'hôte. Décoration
mêlant l'ancien, le moderne et les tons reposants. Piscine et beau jardin au calme.

Le Jardin de Sébastien 　　　　　　　 🍽 AC 🍴 P VISA ⊚⊚
599 av. des golfs – ℰ *04 94 44 66 56 – Fax 04 94 44 66 56 – Fermé merc.
midi, dim. soir et lundi*
Rest – Menu 28/52 € – Carte 47/65 €
♦ Renouveau pour cette agréable villa (terrasse-jardin, salle de style régional) reprise par un
couple de bons professionnels : cuisine aux parfums de la Provence.

La Table d' Emi 　　　　　　　 🍽 🍴 VISA ⊚⊚
85 r. du Bruant, rte des Golfs – ℰ *04 94 44 63 44 – Fermé 27 déc.-4 janv.,
6-22 fév., dim. soir d' oct. à mai et lundi*
Rest – Menu 22 € (déj. en sem.), 29/45 €
♦ Cuisine traditionnelle et du marché, aux accents du Sud, et ardoise du jour. La salle est
décorée de tableaux peints par la fille des propriétaires. Terrasse verdoyante.

Le Sud 　　　　　　　 🍽 AC P VISA ⊚⊚
16 bd Darby, rte des golfs – ℰ *04 94 44 67 86 – Fax 04 94 44 68 73 – Fermé 3-10 juin,
22 déc.-5 janv., mardi, merc. sauf juil.-août, sam. midi, dim. midi et lundi midi*
Rest – (18 €) Menu 32/42 €
♦ La Provence inspire autant le décor que la cuisine, savoureuse et bien tournée, dans ce
restaurant voisin d'un petit pôle commercial. Expositions de tableaux et de sculptures.

au Dramont 6 km par ① – ⊠ 83530 Agay

Sol e Mar 　　　　　 ≤ 🍴 ⌧ 🌡 & AC ch, 📺 P VISA ⊚⊚ AE ⊙
90 Bd 36 éme Division Texas, rte de la Corniche d'Or – ℰ *04 94 95 25 60
– www.monalisahotels.com – Fax 04 94 83 83 61 – Ouvert 15 mars-11 nov.*
45 ch – ♦59/170 € ♦♦59/170 €, ⌥ 11 € – 5 suites – ½ P 79/124 €
Rest – (dîner seult) Carte 40/53 €
♦ Un vrai hôtel balnéaire : chambres sobres tournées pour la plupart vers l'île d'Or, plage-
solarium et bassin d'eau de mer à débordement creusé dans la roche du rivage. Restaurant
panoramique coiffé d'un toit ouvrant et complété par une belle terrasse surplombant la
grande bleue.

ST-RÉMY – 71 Saône-et-Loire – **320** J9 – **rattaché à Chalon-sur-Saône**

ST-RÉMY – 21 Côte-d'Or – **320** G4 – **rattaché à Montbard**

ST-RÉMY-DE-CHARGNAT – 63 Puy-de-Dôme – **326** G9 – **rattaché à Issoire**

ST-RÉMY-DE-PROVENCE – 13 Bouches-du-Rhône – **340** D3　　　　**42** E1
– **10 203 h. – alt. 59 m –** ⊠ **13210** ▌Provence

🚩 Paris 702 – Arles 25 – Avignon 20 – Marseille 89
🛈 Office de tourisme, place Jean Jaurès ℰ 04 90 92 05 22, Fax 04 90 92 38 52
🏌 de Servanes à Mouriès Domaine de Servanes, SE : 17 km, ℰ 04 90 47 59 95
◉ Le plateau des Antiques★★ : Mausolée★★, Arc municipal★, Glanum★
　　1km par ③ - Cloître★ de l'ancien couvent de St-Paul-de-Mausole par ③
　　- Hôtel de Sade : dépôt lapidaire★ L - Donation Mario Prassinos★ S.
🝰 ❊★★ de la Caume 7 km par ③.

Hostellerie du Vallon de Valrugues ⋗　　　 ≤ 🍴 ⌧ 🌡 ♨ 🍽 🛎 AC
*chemin Canto Cigalo, 1 km par ② 　　　　　　 📺 🔱 P VISA ⊚⊚ AE ⊙
–* ℰ *04 90 92 04 40 – www.vallondevalrugues.com – Fax 04 90 92 44 01 – Fermé
3-27 janv.*
52 ch – ♦170/1310 € ♦♦170/1310 €, ⌥ 23 € – 7 suites
Rest *Marc de Passorio* – voir ci-après
Rest *Bistrot Gourmand* – (déj. seult) (27 € bc) Menu 33 € bc – Carte 25/40 €
♦ Dans un quartier résidentiel, grande villa entourée d'un jardin arboré. Luxueux décor,
chambres refaites et équipements de loisirs complets. Plats méditerranéens au Bistrot.

ST-RÉMY-DE-PROVENCE

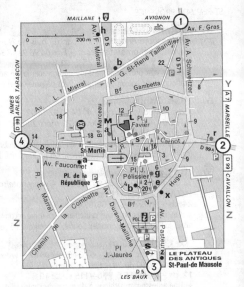

Le Château des Alpilles ⚜ 🐾 🎐 🍴 👺 🗛 ch, 🗛 ch, 🎿 🅿
2 km à l'Ouest par D 31 – 𝒞 *04 90 92 03 33*   VISA ◯◯ ⒶⒺ ⓪
– *www.chateaudesalpilles.com – Fax 04 90 92 45 17 – Fermé 5 janv. au 10 mars*
16 ch ⌾ – ♦185/205 € ♦♦205/355 € – 4 suites
Rest – *(fermé jeudi midi et merc. hors saison)* (20 €) Carte 44/67 € le soir
◆ Superbe demeure du 19ᵉ s. dans un parc aux platanes tricentenaires. Chambres joliment personnalisées : classiques (bâtiment principal) ou contemporaines (annexes). Entre chic bourgeois et design seventies, le restaurant mélange les styles avec goût. Cuisine régionale.

Les Ateliers de l'Image ⚜ 🚅 🐾 🎐 🖿🗛 🗛 ⚜ ⓪
36 bd V. Hugo – 𝒞 *04 90 92 51 50 – www.hotelphoto.com*   VISA ◯◯ ⒶⒺ ⓪
– *Fax 04 90 92 43 52 – Fermé début déc. à fin fév.*
28 ch – ♦165/600 € ♦♦165/600 €, ⌾ 19 € – 4 suites   **Z**x
Rest – *(fermé mardi et merc. hors saison)* (25 €) Menu 44/57 € – Carte 59/67 €
◆ Un parc en plein centre-ville ! C'est le cadre de cet "hôtel-atelier" dédié à la photo (expo, galerie, labo). Chambres zen et raffinées (la moitié avec terrasse). Originale suite-cabane dans un arbre. À table, optez pour le sushi bar ou une carte fleurant bon la Provence.

Gounod sans rest   🎐 🗛 ⚙ 🕯 🎿 🅿 VISA ◯◯ ⒶⒺ
18 pl. de la République – 𝒞 *04 90 92 06 14 – www.hotel-gounod.com*
– *Fax 04 90 92 56 54 – Fermé de nov. à mars*   **Z**a
30 ch ⌾ – ♦130/230 € ♦♦145/230 €
◆ Charles Gounod séjourna ici en 1863 pour composer son opéra Mireille. Atmosphère feutrée, joli décor d'inspiration baroque bien rénové, jardin, piscine et salon de thé cosy.

Le Mas des Carassins ⚜   ≤ 🚅 🐾 🎐 🗛 ch, 🕯 🅿 VISA ◯◯
1 chemin Gaulois, 1 km par ③ – 𝒞 *04 90 92 15 48 – www.masdescarassins.com*
– *Fax 04 90 92 63 47 – Fermé 28 nov.-18 déc. et 3 janv.-7 mars*
13 ch ⌾ – ♦87/126 € ♦♦99/136 € – 3 suites   **Rest** – *(dîner seult)* Menu 30 €
◆ Noyé dans un grand jardin avec piscine (lavandes, thym, lauriers, citronniers, oliviers, fontaines et bassins...), mas du 19ᵉ s. aménagé avec goût. Jolies chambres provençales.

Sous les Figuiers sans rest ⚜   🎐 🗛 🕯 🅿 VISA ◯◯
3 av. Taillandier – 𝒞 *04 32 60 15 40 – www.hotel-charme-provence.com*
– *Fax 04 32 60 15 39 – Fermé 10 janv.-13 mars*   **Y**b
13 ch – ♦65/85 € ♦♦75/145 €, ⌾ 12 €
◆ Petit hôtel de charme chaleureux. Les chambres raffinées (boutis et meubles chinés) disposent d'une terrasse privative ombragée d'un figuier centenaire. Atelier de peinture.

1569

🏠 **L'Amandière** sans rest 🌿   🚗 🔟 **P** 𝗩𝗜𝗦𝗔 ⊚⊚

🗺 *av. Théodore Aubanel, 1 km par ① puis rte Noves – 𝒞 04 90 92 41 00*
– www.hotel-amandiere.com – Fax 04 90 92 48 38
26 ch – †62/75 € ††62/75 €, ⌷ 8 €
♦ Cette villa provençale possède un agréable jardin arboré et fleuri. Chambres paisibles et pratiques avec balcon ou terrasse. Petit-déjeuner servi dans un jardin d'hiver.

🏠 **Van Gogh** sans rest 🌿   🚗 🔟 🍽 ⁽¹⁾ **P** 𝗩𝗜𝗦𝗔 ⊚⊚

1 av. J. Moulin par ② – 𝒞 04 90 92 14 02 – www.hotel-vangogh.com
– Fax 04 90 92 09 05 – Ouvert 20 mars-20 oct.
21 ch – †65/85 € ††65/85 €, ⌷ 8 €
♦ À proximité du centre, petit hôtel simple aux chambres décorées dans la note provençale (celles du 1ᵉʳ étage sont mansardées). On profite d'une belle terrasse devant la piscine.

🏠 **Du Soleil** sans rest 🌿   🔟 🅰🅲 🍽 ⁽¹⁾ **P** 𝗩𝗜𝗦𝗔 ⊚⊚ 🅰🅴 ①

35 av. Pasteur – 𝒞 04 90 92 00 63 – www.hotelsoleil.com – Fax 04 90 92 61 07
– Ouvert 22 mars-11 nov.   **Zz**
24 ch – †68/85 € ††68/85 €, ⌷ 8 €
♦ Ces bâtiments plus que centenaires (ex-usine reconvertie) encadrent une vaste cour (terrasse, fontaine, jardin, piscine). Sobriété et tranquillité sont de mise dans les chambres.

🏠 **Le Chalet Fleuri** sans rest   🚗 🔟 🅰🅲 ⁽¹⁾ **P** 𝗩𝗜𝗦𝗔 ⊚⊚

15 av. Frédéric Mistral – 𝒞 04 90 92 03 62 – www.hotel-lechaletfleuri.com
– Fax 04 90 92 60 28 – Fermé 4 janv.-15 fév.   **Yh**
12 ch – †64/115 € ††64/115 €, ⌷ 10 €
♦ Une adresse sympathique à deux pas du centre-ville. Chambres pratiques et colorées. Aux beaux jours, petit-déjeuner servi au jardin (marronniers, pins, tilleuls et palmiers).

🏠 **Canto Cigalo** sans rest 🌿   🚗 🔟 ⁽¹⁾ **P** 𝗩𝗜𝗦𝗔 ⊚⊚ 🅰🅴

8 chemin Canto-Cigalo, 1 km par ② – 𝒞 04 90 92 14 28
– www.cantocigalo.com – Fax 04 90 92 24 48
– Fermé 2 sem. en nov. et 2 sem. en janv.
20 ch – †59/85 € ††59/85 €, ⌷ 8 €
♦ Dans un quartier résidentiel calme, cette maison cache un intérieur chaleureux aux couleurs éclatantes. Chambres rustico-provençales. Piscine et terrasse face aux Alpilles.

🏠 **La Maison du Village** sans rest   🅰🅲 ⁽¹⁾ 𝗩𝗜𝗦𝗔 ⊚⊚

10 r. du 8 mai 1945 – 𝒞 04 32 60 68 20 – www.lamaisonduvillage.com
– Fax 04 32 60 68 21   **Zb**
5 ch – †150/190 € ††150/190 €, ⌷ 12 €
♦ Jolie maison du 18ᵉ s. située en plein centre historique. Harmonies de couleurs dans la décoration. Les chambres sont toutes superbes et la cour-terrasse délicieuse.

🏠 **Mas de Figues** 🌿   🚗 🍴 🔟 🅖 ch, 🅰🅲 ch, ⁽¹⁾ **P** 𝗩𝗜𝗦𝗔 ⊚⊚ 🅰🅴 ①

Vieux Chemin d'Arles, 3 km par chemin de la Combette – 𝒞 04 32 60 00 98
– www.masdesfigues.com – Fax 04 32 60 00 95
– Ouvert mars à nov.
5 ch – †99/150 € ††130/250 €, ⌷ 22 € – ½ P 95/140 €
Table d'hôte – *(prévenir)* Menu 28 €
♦ Au cœur des lavandes et des oliviers, vieille bastide provençale traditionnelle. Lits à baldaquin dans les chambres aux noms de personnages d'Alphonse Daudet. Cuisine du Sud à base des produits du potager de la ferme. Cadre raffiné (grande table, charpente apparente).

🍴🍴🍴 **Marc de Passorio** – Hostellerie du Vallon de Valrugues   ⇐ 🍴 🅰🅲

🌸 *chemin Canto Cigalo, 1 km par ② – 𝒞 04 90 92 04 40*   𝗩𝗜𝗦𝗔 ⊚⊚ 🅰🅴 ①
– www.restaurant-marcdepassorio.com – Fax 04 90 92 44 01
– Fermé 3-26 janv., dim. soir et lundi hors saison
Rest – *(nombre de couverts limité, prévenir)* Menu 58/98 € – Carte 95/113 € 🍷
Spéc. Escargots aux senteurs d'anis. Épaule d'agneau confite huit heures, le carré rôti à l'ail et au romarin. Millefeuille au basilic citronné, sorbet pêche.
Vins Vin de table des Bouches-du-Rhône blanc, Côtes du Rhône.
♦ Cuisine valorisant le terroir, à base des meilleurs produits régionaux, servie dans un cadre élégant et serein, où classicisme et modernité cohabitent en harmonie. Belle terrasse fleurie.

XX && **La Maison Jaune** (François Perraud)   🛱 VISA ●●

15 r. Carnot – ℰ 04 90 92 56 14 – www.lamaisonjaune.info
– *Fermé 1ᵉʳ déc.-30 janv., dim. soir en hiver, mardi midi de juin à sept. et lundi*
Rest – *(nombre de couverts limité, prévenir)* Menu 36/66 €   Y**s**
– Carte 58/78 €
Spéc. Légumes cuits et crus, jambon noir de Bigorre (avril-sept.). Pigeon rôti
au vin des Baux de Provence. Rhubarbe, fruits rouges, vinaigre balsamique et
sorbet (juin-sept.). **Vins** Les Baux de Provence, Côtes du Rhône.
◆ Belle demeure dotée à l'étage d'une grande terrasse ombragée dominant la vieille ville
(toit de tuiles du pays et meubles en teck). Goûteuse cuisine provençale actuelle.

XX **Alain Assaud**   AC VISA ●● AE

13 bd Marceau – ℰ 04 90 92 37 11 – Ouvert 15 mars-15 nov., vacances de
Noël et fermé jeudi midi, sam. midi, merc. et fériés   Y**a**
Rest – Menu 28/44 € – Carte 45/72 €
◆ Plaisante salle de restaurant rustique (pierres et poutres apparentes, tableaux, vieille hor-
loge et buffet campagnard) où l'on sert une cuisine généreuse à l'accent du Sud.

X **Le Bistrot Découverte**   🛱 AC ⟷ VISA ●● AE

19 bd Victor Hugo – ℰ 04 90 92 34 49 – www.bistrotdecouverte.com
– Fax 04 32 61 09 77 – Fermé 3 sem. en fév., 2 sem. en nov., le soir en hiver et
lundi   Z**e**
Rest – (16 €) Menu 28 € – Carte 33/45 €⅜
◆ Ce bistrot de caractère, avec véranda-terrasse, propose une cuisine de tradition proven-
çale. Belle cave voûtée en pierre ; grands et petits crus à boire sur place ou à emporter.

X **L'Aile ou la Cuisse**   🛱 ⅚ AC VISA ●●

5 r. Commune – ℰ 04 32 62 00 25 – Fax 04 32 62 00 25 – Fermé 3 janv.-16 fév.,
dim. d'oct. à juin et lundi   Z**g**
Rest – (17 €) Carte 48/60 € le soir
◆ Jadis réfectoire d'un ancien couvent, ce lieu ne laisse pas indifférent : intérieur feutré et
chic, ravissant patio-terrasse, savoureuse cuisine bistrotière et vente de pâtisseries.

au Domaine de Bournissac 11 km par ②, D 30 et D 29
– ✉ 13550 Paluds-des-Noves

🏨 && **La Maison de Bournissac** (Christian Peyre) ⚘   ≼ 🚗 🛱 ⅃ ⅚ AC

montée d'Eyragues – ℰ 04 90 90 25 25   🍳 🏖 🅿 VISA ●● AE
– www.lamaison-a-bournissac.com – Fax 04 90 90 25 26 – Fermé 3 janv.-10 fév.
10 ch – †145/210 € ††145/210 €, ⊊ 17 € – 3 suites – ½ P 133/170 €
Rest – *(fermé lundi et mardi d'oct. à avril)* Menu 45/120 € – Carte 73/98 €
Spéc. Tomates anciennes sous toutes ses formes (mi-juin à mi-sept.). Pigeon
fermier rôti sur coffre, la cuisse en pastilla et purée de carottes vichy. Macaron
à la framboise. **Vins** Côtes-du-Rhône Cairanne.
◆ Un lieu assez magique entouré par les vignes et les oliviers. Ce vieux mas domine Luberon, Alpilles et Ventoux. Ambiance cocooning dans les salons et les chambres romantiques.
Fine cuisine régionale, salle chaleureuse et terrasses (une située dans un patio avec figuiers).

à Verquières 11 km par ②, D 30 et D 29 – 786 h. – alt. 48 m – ✉ 13670

XX **Le Croque Chou**   🛱 VISA ●● AE

pl. de l'Église – ℰ 04 90 95 18 55 – www.le-croque-chou.fr – Fermé mardi midi du
15 juin au 15 sept., dim. soir et merc. soir du 15 sept. au 15 juin et lundi
Rest – *(prévenir)* (18 €) Menu 22/67 € bc – Carte 56/85 €⅜
◆ Une cuisine inventive et ensoleillée (beaux produits) vous attend derrière la façade tapissée de lierre de cette bergerie. Intérieur campagnard et terrasse à l'ombre des arbres.

par ④ 4,5 km et rte des Baux D 27 – ✉ 13210 St-Rémy-de-Provence

🏨 **Domaine de Valmouriane** ⚘   ≼ 🕯 🛱 ⅃ ⁂ ♨ AC 🅿 VISA ●● AE

– ℰ 04 90 92 44 62 – www.valmouriane.com – Fax 04 90 92 37 32 – Fermé
17 nov.-4 déc. et 5 janv.-5 fév.
13 ch – †145/340 € ††145/340 €, ⊊ 18 € – 1 suite
Rest – Menu 28 € (déj.), 30/80 € – Carte 55/80 €
◆ Au pied des Alpilles, confortable mas niché entre les pins : bar avec piano et cheminée,
grandes chambres au mobilier de style. Espace détente (massages en plein air). Salle voûtée
et colorée pour une cuisine au goût du jour et à thème (tour du monde des saveurs).

à Maillane 7 km au Nord-Ouest par D 5 – 2 092 h. – alt. 14 m – ⌧ 13910

※※ **L'Oustalet Maïanen**   🛋 AC VISA ⓪ AE
– ℰ 04 90 95 74 60 – www.oustaletmaianen.com – Fax 04 90 95 76 17
– Fermé 6-9 juil., nov., déc., janv., mardi midi en juil.-août, sam. midi et dim. soir
sauf juil.-août
Rest – (18 €) Menu 26/38 € – Carte 35/50 €
♦ Adresse sympathique que ce restaurant situé face à la maison du poète Mistral. On appré-
cie sous la treille une goûteuse cuisine régionale.

ST-RÉMY-DU-PLAIN – 35 Ille-et-Vilaine – **309** M4 – 698 h.   **10** D2
– alt. 108 m – ⌧ 35560
▶ Paris 383 – Rennes 38 – Saint-Malo 58 – Fougères 40

⌂ **La Haye d'Irée** ⌘   🐾 🔆 ⅏ 📶 P VISA ⓪
1,5 km au Sud par D 90 puis D 12 – ℰ 02 99 73 62 07
– www.chateaubreton.com – Ouvert d'avril à oct.
4 ch ⊃ – †70/115 € ††90/130 €   **Table d'hôte** – Menu 25 €
♦ Dans un grand parc (étang, piscine, roseraie), ce manoir en granit vous plonge
dans une atmosphère typique : salon avec cheminée, pierres, poutres, chambres au mobilier
ancien. Repas traditionnels (sur réservation) servis dans une salle à manger rustique.

ST-RESTITUT – 26 Drôme – **332** B8 – rattaché à St-Paul-Trois-Châteaux

ST-RIQUIER – 80 Somme – **301** E7 – rattaché à Abbeville

ST-ROMAIN – 21 Côte-d'Or – **320** I8 – 243 h. – alt. 350 m – ⌧ 21190   **7** A3
▶ Paris 330 – Dijon 59 – Chalon-sur-Saône 41 – Le Creusot 50

※ **Les Roches** avec ch   🛋 📶 VISA ⓪
⌂ pl. de la Mairie – ℰ 03 80 21 21 63 – www.les-roches.fr – Fax 03 80 21 66 93
– Fermé 20 déc.-24 janv., mardi et merc.
8 ch – †65 € ††65 €, ⊃ 10 € – ½ P 85 €   **Rest** – Carte 20/50 €🍴
♦ Une sympathique adresse où l'accueil se veut proche du client. Copieuse cuisine de terroir
et plats canailles à l'ardoise, soignés et servis dans un cadre de bistrot simple. Quelques
chambres sobres et fonctionnelles pour l'étape.

ST-ROMAIN-LE-PUY – 42 Loire – **327** D6 – rattaché à Montbrison

ST-ROME-DE-TARN – 12 Aveyron – **338** J6 – 820 h. – alt. 360 m   **29** D2
– ⌧ 12490
▶ Paris 660 – Millau 21 – Rodez 68 – Toulouse 170
𝐢 Syndicat d'initiative, place du Terral ℰ 05 65 62 50 89, Fax 05 65 58 44 00

⌂ **Les Raspes**   🛋 🛋 🔆 🏊 ⅏ ch, 📶 VISA ⓪
av. Denis Affre – ℰ 05 65 58 11 44 – Fax 05 65 58 11 45 – Fermé vacances de la
Toussaint
17 ch – †45/65 € ††65/85 €, ⊃ 9 € – ½ P 72 €
Rest – (fermé dim. soir d'oct. à mai, lundi midi et merc. midi) Menu 20/45 €
– Carte 25/65 €
♦ Cette maison traditionnelle en pierre, située dans le village perché, était à l'origine un
couvent. Les cellules sont aujourd'hui des chambres douillettes, sobres et soignées. Jolie
salle à manger et terrasse où l'on goûte une cuisine locale aux accents du Sud.

ST-SATUR – 18 Cher – **323** N2 – rattaché à Sancerre

ST-SATURNIN – 63 Puy-de-Dôme – **326** F9 – 1 120 h. – alt. 520 m   **5** B2
– ⌧ 63450 ▮ Auvergne
▶ Paris 438 – Clermont-Ferrand 24 – Cournon-d'Auvergne 18 – Riom 37

⌂ **Château Royal de Saint-Saturnin** ⌘   🔆 📶 P VISA ⓪ AE
Place de l'Ormeau – ℰ 04 73 39 39 64 – www.chateaudesaintsaturnin.com
– Fax 04 73 39 30 86 – Ouvert 26 mars-7 nov.
5 ch – †150/210 € ††150/210 €, ⊃ 14 €
Table d'hôte – (fermé juil.-août) Menu 42 €
♦ On replonge au temps du Moyen-Âge dans ce château du 13e s., dominant le village.
Chambres et suites (Duchesse, Louis III...) raffinées, mobilier ancien. Cuisine familiale, bour-
geoise et régionale, servie aux résidents le soir, dans une salle voûtée.

ST-SATURNIN – 72 Sarthe – **310** J6 – rattaché au Mans

ST-SATURNIN-DE-LUCIAN – 34 Hérault – **339** F6 – rattaché à Clermont-l'Hérault

---

ST-SATURNIN-LÈS-APT – 84 Vaucluse – **332** F10 – 2 587 h. – alt. 420 m — **42** E1
– ⊠ 84490 ▮ Provence

> ◱ Paris 728 – Apt 9 – Avignon 55 – Carpentras 44

XXX **Domaine des Andéols** avec ch ⌂   ⇐ 🐴 🏡 ⅃ & 🎬 ⅌ 🛜 🅿
D2 – ℰ 04 90 75 50 63 – www.domainedesandeols.com   VISA ⊛ AE
– Fax 04 90 75 43 22 – Ouvert 26 mars-14 nov. et fermé mardi
midi, merc. midi et lundi
10 ch – ♥260/1220 € ♥♥260/1220 €, ⊊ 25 €   **Rest** – Menu 39/59 €
♦ Un lieu magique au cœur du Luberon : table actuelle au cadre ultra design (vue sur les cuisines), appartements-maisons soigneusement personnalisés, piscine intérieure et hammam.

ST-SAUD-LACOUSSIÈRE – 24 Dordogne – **329** F2 – 859 h.   **4** C1
– alt. 370 m – ⊠ 24470

> ◱ Paris 443 – Brive-la-Gaillarde 105 – Châlus 23 – Limoges 57

🏨 **Hostellerie St-Jacques** ⌂   🐴 🏡 ⅃ ✗ 🅿 VISA ⊛ AE
– ℰ 05 53 56 97 21 – hostellerie-st-jacques.com – Fax 05 53 56 91 33
– Ouvert 2 mars-30 nov. et fermé lundi midi du 16 juin au 14 sept., dim. soir,
lundi et mardi du 15 sept. au 30 nov.
12 ch – ♥60/70 € ♥♥75/100 €, ⊊ 13 € – 1 suite
Rest – (25 € bc) Menu 30/80 € – Carte 65/85 € 🍷
♦ Ancienne halte des pèlerins de Compostelle, cette maison tapissée de verdure n'est en rien austère : chambres personnalisées par un décor précieux, piscine et jardin fleuri. Salle à manger prolongée d'une terrasse ombragée. Repas traditionnel et belle carte des vins.

ST-SAUVANT – 17 Charente-Maritime – **324** G5 – rattaché à Saintes

---

ST-SAUVEUR-DE-MONTAGUT – 07 Ardèche – **331** J5 – 1 147 h.   **44** B3
– alt. 218 m – ⊠ 07190

> ◱ Paris 597 – Le Cheylard 24 – Lamastre 29 – Privas 24
>
> 🛈 Syndicat d'initiative, quartier de la Tour ℰ 04 75 65 43 13,
> Fax 04 75 65 43 13

X **Le Montagut**   🏡 VISA ⊛
pl. de l'Église – ℰ 04 75 65 40 31 – www.lemontagut.fr – Fermé 20-30 juin, mardi
soir, dim. soir et lundi sauf juil.-août
Rest – (21 €) Menu 28/40 € – Carte 29/45 €
♦ La carte de cette auberge familiale ardéchoise honore les saveurs régionales. En décor, une salle sobre et une vaste terrasse sous auvent. Petites chambres fonctionnelles.

ST-SAVIN – 65 Hautes-Pyrénées – **342** L7 – rattaché à Argelès-Gazost

---

ST-SAVIN – 86 Vienne – **322** L5 – 925 h. – alt. 76 m – ⊠ 86310   **39** D1
▮ Poitou Vendée Charentes

> ◱ Paris 344 – Poitiers 44 – Belac 62 – Châtellerault 48
>
> ◉ Peintures murales★★★ de l'Abbaye★★.

XXX **Christophe Cadieu**   AC ⇆ VISA ⊛ AE
ॐ 15 r. de l'Abbaye – ℰ 05 49 48 17 69 – www.cadieu-86.com – Fax 05 49 48 17 69
– Fermé 4-12 juil., 22 sept.-8 oct., 5-21 janv., merc. sauf le midi de mai à oct.,
dim. soir et lundi
Rest – (21 €) Menu 40 € (sem.)/75 €
Spéc. Foie gras de canard confit. Lièvre à la royale du sénateur Couteau (saison). Ma version de la forêt noire. **Vins** Vin de pays de la Vienne.
♦ Non loin de l'abbaye, ancienne grange convertie en un confortable restaurant. Appétissante cuisine dans l'air du temps, bien présentée et à base de bons produits locaux.

ST-SEINE-L'ABBAYE – 21 Côte-d'Or – **320** I5 – 365 h. – alt. 451 m   **8** C2
– ⊠ 21440 ▮ Bourgogne

> ◱ Paris 289 – Autun 78 – Dijon 28 – Châtillon-sur-Seine 57
>
> 🛈 Office de tourisme, place de l'Église ℰ 03 80 35 07 63, Fax 03 80 35 07 63
>
> 🏌 Dolce Chantilly à Salives Larçon, N : 32 km par D 16, ℰ 03 80 75 68 54

La Poste   🖨 🛏 ⚒ & ch, 📞 🚷 🅿 𝘝𝘐𝘚𝘈 ⚙

17 r. Carnot – ℘ *03 80 35 00 35 – www.postesoleildor.fr – Fax 03 80 35 07 64
– Fermé 20 déc.-8 janv. et dim.*
15 ch – ❶60/75 € ❷❷67/87 €, ⊇ 10 € – ½ P 65/68 €
Rest *– (Fermé le midi hors saison, lundi midi, sam. midi et dim. de Pâques à la
Toussaint)* Menu 20/35 € – Carte 22/50 €
♦ Louis XIV aurait séjourné dans cet ancien relais de poste apprécié pour le calme de son
jardin ombragé. Chambres assez spacieuses (en cours de rénovation), piscine. Le restau-
rant avec sa belle cheminée a conservé son cachet bourguignon. Cuisine traditionnelle.

ST-SERNIN-DU-BOIS – 71 Saône-et-Loire – **320** G8 – rattaché au Creusot

---

ST-SERNIN-SUR-RANCE – 12 Aveyron – **338** H7 – 652 h.   **29** D2
– alt. 300 m – ⌖ 12380 ▍Languedoc Roussillon

  ▶ Paris 694 – Albi 50 – Castres 69 – Lacaune 29
  🛈 Syndicat d'initiative, avenue d'Albi ℘ 05 65 99 29 13, Fax 05 65 97 60 77

Carayon ⚭   ← 🕭 🞉 ⚒ 🔲 🛁 ✖ 🖇 🌡 🅿 🚗 𝘝𝘐𝘚𝘈 ⚙ 𝘈𝘌 ⓪
pl. du Fort – ℘ *05 65 98 19 19 – www.hotel-carayon.fr – Fax 05 65 99 69 26
– Fermé dim. soir, lundi sauf juil.-août et fériés*
73 ch – ❶42/74 € ❷❷42/102 €, ⊇ 8 € – ½ P 49/79 €
Rest – Menu 14 € (sem.)/54 € bc – Carte 20/46 €
♦ Hôtel centré sur les loisirs où divers types de chambres occupent soit le bâtiment principal, soit les annexes du parc (pigeonnier, maison de pêcheur, chalet et pavillon). Copieux
repas du terroir servis dans deux salles claires et amples ou en terrasse.

ST-SERVAN-SUR-MER – 35 Ille-et-Vilaine – **309** K3 – rattaché à St-Malo

---

ST-SEURIN-D'UZET – 17 Charente-Maritime – **324** F6 – 572 h.   **38** B3
– alt. 47 m – ⌖ 17120

  ▶ Paris 516 – Poitiers 183 – La Rochelle 113 – Rochefort 67

Blue Sturgeon ⚭   🖨
3 r. de la Cave – ℘ *05 46 74 17 18 – www.bluesturgeon.com – Ouvert de mars
à oct.*
5 ch ⊇ – ❶95/120 € ❷❷95/120 €   **Table d'hôte** – Menu 35/70 €
♦ Le propriétaire, anglais et décorateur, a joliment restauré cette grange viticole du 17ᵉ s.
Mélange d'ancien et de contemporain (dont des tableaux "maison"), jardin et plan d'eau.
Belle hauteur sous plafond et poutres peintes dans la salle à manger.

ST-SIFFRET – 30 Gard – **339** L4 – rattaché à Uzès

ST-SILVAIN-BELLEGARDE – 23 Creuse – **325** K5 – 220 h.   **25** D1
– alt. 535 m – ⌖ 23190

  ▶ Paris 413 – Limoges 148 – Guéret 53 – Montluçon 75

Les Trois Ponts ⚭   🖨 🕭 ⚒ & ch, 🚷 🅿 𝘝𝘐𝘚𝘈 ⚙
D 9 – ℘ *05 55 67 12 14 – www.lestroisponts.nl – Fax 05 55 67 12 14*
5 ch ⊇ – ❶60 € ❷❷85 €   **Table d'hôte** – Menu 28 € bc
♦ Un couple d'Hollandais a rénové cet ancien moulin au bord de la Tardes en préservant
son authenticité. Douillettes chambres d'esprit provençal, aménagements pour la détente.
Ambiance conviviale garantie autour de la superbe table d'hôte (légumes du potager).

ST-SORLIN-D'ARVES – 73 Savoie – **333** K6 – 336 h. – alt. 1 550 m   **45** C2
– ⌖ 73530 ▍Alpes du Nord

  ▶ Paris 657 – Albertville 84 – Le Bourg-d'Oisans 50 – Chambéry 97
  🛈 Office de tourisme, Champ Rond ℘ 04 79 59 71 77, Fax 04 79 59 75 50
  ◉ Site★ de l'église de St-Jean-d'Arves SE : 2,5 km.
  ◳ Col de la Croix de Fer ❊★★ O : 7,5 km puis 15 mn - Col du Glandon
    ≤★ puis Combe d'Olle★★ O : 10 km.

⌂ 🏠 **Beausoleil** ⌖ ⟨ 🚗 🛁 ♨ 🛜 P VISA ⦿ AE
Le Pré – ☎ 04 79 59 71 42 – www.hotel-beausoleil.com – Fax 04 79 59 75 25
– Ouvert 1ᵉʳ juil.-31 août et 20 déc.-18 avril
21 ch – †50/60 € ††60/70 €, � 11 € – ½ P 60/84 €
Rest – (14 €) Menu 17/30 € – Carte 18/30 €
♦ Au centre de la station au pied des pistes, chalet aux chambres petites ou familiales toutes avec balcon et bien tenues. Espace bien-être avec hammam, sauna, fitness. Carte brasserie le midi au bar ou en terrasse et plats savoyards en salle moderne.

ST-SORNIN – 17 Charente-Maritime – **324** E5 – 307 h. – alt. 16 m   **38** B2
– ⌗ 17600 ▌ Poitou Vendée Charentes

▶ Paris 500 – La Rochelle 56 – Poitiers 167 – Rochefort 26

⛫ **La Caussolière** sans rest ⌖   🚗 ⅃ ዼ P
10 r. du Petit Moulin – ☎ 05 46 85 44 62 – www.caussoliere.com
– Fax 05 46 85 44 62 – Ouvert de mars à oct.
4 ch Ɔ – †61/75 € ††70/89 €
♦ Cette ex-ferme du 19ᵉ s. s'ouvre sur un superbe jardin agrémenté d'un bassin. Les chambres, cosy, disposent toutes d'une entrée indépendante. Accueil convivial.

ST-SULIAC – 35 Ille-et-Vilaine – **309** K3 – 901 h. – alt. 30 m – ⌗ 35430   **10** D1
▌ Bretagne

▶ Paris 396 – Rennes 62 – Saint-Malo 14 – Granville 87

⑂ **La Ferme du Boucanier**   🏠 ዼ VISA ⦿
2 r. de l'Hôpital – ☎ 02 23 15 06 35 – Fax 02 99 19 51 32 – Fermé fin déc. à
début fév., merc. sauf de mai à sept. et mardi
Rest – (dîner seult sauf sam. et dim.) (prévenir) Menu 29/38 €
♦ Deux restaurants en un : l'été, salle rétro et plats actuels relevés d'épices ; l'hiver, cadre régional avec cheminée où l'on rôtit les viandes et cuisine rustique. Un régal !

ST-SULPICE – 81 Tarn – **338** C8 – 7 378 h. – alt. 112 m – ⌗ 81370   **29** C2
▶ Paris 666 – Albi 46 – Castres 54 – Montauban 44
🛈 Office de tourisme, parc Georges Spenale ☎ 05 63 41 89 50,
   Fax 05 63 40 23 30
🏌 de Palmola à Buzet-sur-Tarn Route d'Albi, O : 9km par N 88,
   ☎ 05 61 84 20 50

⑂⑂ **Auberge de la Pointe**   🏠 P VISA ⦿
D 988 – ☎ 05 63 41 80 14 – www.aubergelapointechabbert.com
– Fax 05 63 41 90 24 – Fermé 22-28 mars, 11-26 oct., 29 nov.-5 déc., 24-30 janv.,
jeudi midi en juil.-août, mardi soir de sept. à juin, dim. soir et merc.
Rest – (15 €) Menu 24/48 € – Carte 34/50 €
♦ Ancien relais de poste à la façade rosée et au bel intérieur rustique. La terrasse ombragée dominant le Tarn vaut qu'on s'y attarde ! Plats traditionnels.

ST-SULPICE-LE-VERDON – 85 Vendée – **316** H6 – 726 h. – alt. 65 m   **34** B3
– ⌗ 85260 ▌ Poitou Vendée Charentes

▶ Paris 430 – Nantes 45 – Angers 130 – Cholet 51
🛈 Office de tourisme, Logis de la Chabotterie ☎ 02 51 43 48 18

⑂⑂⑂ **Thierry Drapeau Logis de la Chabotterie**   🚗 🏠 ዼ ⅋ P
✥ *– ☎ 02 51 09 59 31 – www.restaurant-thierrydrapeau.com*   VISA ⦿ AE ①
– Fax 02 51 09 59 27 – Fermé 28 juin-18 juil., 25 oct.-7 nov., dim. soir et lundi
Rest – (37 € bc) Menu 62/125 € bc – Carte 69/83 €🍷
Spéc. Homard cuit au naturel, pommes grenailles. Côte de veau fumée au foin, carottes confites à l'orange. Kamok, chocolat et moka. **Vins** Fiefs Vendéens.
♦ Demeure historique près de laquelle il fut mis fin à la guerre de Vendée (musée). Cuisine actuelle et recherchée, aux harmonies de plus en plus pures. Belle salle rénovée sous une haute charpente.

ST-SULPICE-SUR-LÈZE – 31 Haute-Garonne – **343** F5 – 1 785 h.   **28** B2
– alt. 200 m – ⌗ 31410
▶ Paris 709 – Auterive 14 – Foix 53 – St-Gaudens 66

✗✗ La Commanderie   🚗 🛏 VISA ⨀

pl. Hôtel de Ville – ℰ 05 61 97 33 61 – www.lacommanderie.venez.fr
– Fax 05 61 97 32 60 – Fermé vacances de la Toussaint, 23-30 déc., vacances
de fév., mardi et merc.
Rest – (17 € bc) Menu 19 € (déj. en sem.), 35/60 € – Carte environ 35 €
♦ Salle de caractère avec quelques touches contemporaines, terrasse ouverte sur le jardin et belle cuisine au goût du jour ; le tout dans une ex-commanderie des Templiers (13e s.).

ST-SYLVESTRE-CAPPEL – 59 Nord – **302** C3 – rattaché à Cassel

---

ST-SYMPHORIEN – 72 Sarthe – **310** I6 – 543 h. – alt. 135 m   **35** C1
– ⊠ 72240

▶ Paris 231 – Laval 65 – Le Mans 28 – Nantes 201

✗ Relais de la Charnie   ⟡ P̄ VISA ⨀

4 pl. Louis des Cars – ℰ 02 43 20 72 06 – Fax 02 43 20 70 59
– Fermé 27 juil.-10 août, 21 fév.-1er mars, dim. soir et lundi
Rest – (12 €) Menu 17 € (déj. en sem.), 22/26 € – Carte 30/44 €
♦ Ambiance un brin vieille France dans cet ancien relais de poste avec sa salle rustique dotée de poutres et d'une grande cheminée. Cuisine traditionnelle.

ST-SYMPHORIEN – 79 Deux-Sèvres – **322** D7 – rattaché à Niort

---

ST-THÉGONNEC – 29 Finistère – **308** H3 – 2 523 h. – alt. 83 m   **9** B1
– ⊠ 29410 ▯ Bretagne

▶ Paris 549 – Brest 50 – Châteaulin 50 – Morlaix 13

◉ Enclos paroissial★★ – Guimiliau : Enclos paroissial★★ , SO : 7,5 km.

🏠 Auberge St-Thégonnec   🚗 ᵀ P̄ VISA ⨀

6 pl. de la Mairie – ℰ 02 98 79 61 18
– www.aubergesaintthegonnec.com – Fax 02 98 62 71 10
– Fermé 19 déc.-10 janv. et dim. de sept. à mars
19 ch – †68/85 € ††78/100 €, ⊇ 11 €
Rest – (Fermé dim. sauf le midi et lundi sauf le soir de mai à août et sam. midi)
(18 €) Menu 26/44 € – Carte 34/63 €
♦ Maison bretonne face à l'église et son célèbre enclos. Chambres contemporaines ouvrant, pour la plupart, sur le jardin. Plats traditionnels soignés et décor sobre (tons clairs, tableaux modernes) caractérisent le restaurant.

ST-THIBAULT – 18 Cher – **323** N2 – rattaché à Sancerre

ST-THIERRY – 51 Marne – **306** F7 – 610 h. – alt. 140 m – ⊠ 51220   **13** B2

▶ Paris 149 – Châlons-en-Champagne 64 – Reims 18 – Soissons 66

🏠 Le Clos du Mont d'Hor sans rest ॐ   ≤ 🕉 ໕ ᵀ Ṡ̇ P̄ VISA ⨀

8 r. du Mont-d' Hor – ℰ 03 26 03 12 42 – www.mhchampagne.com
– Fax 03 26 03 02 80
6 ch – †90 € ††90 €, ⊇ 7 €
♦ Partez à la découverte de la vinification du champagne dans cette belle ferme restaurée au sein d'un vignoble clos. Confortables chambres (mezzanine) sur le thème du voyage.

ST-THOMÉ – 07 Ardèche – **331** J6 – 381 h. – alt. 140 m – ⊠ 07220   **44** B3

▶ Paris 628 – Lyon 165 – Privas 46 – Montélimar 19

🏠 La Bastide Bernard sans rest ॐ   ≤ ⊐ ໕

à Chasser, 1,5 km au Sud-Est par D 107 – ℰ 06 83 34 60 54
– www.bastidebernard.com – Fax 04 75 96 45 34
– Fermé 20 déc.-5 janv.
4 ch ⊇ – †90 € ††120 €
♦ Maison perchée sur une colline, avec une belle vue sur Saint-Thomé. Chambres claires, nettes et spacieuses. Agréable terrasse pour les petits-déjeuners ; piscine avec transats.

ST-TROJAN-LES-BAINS – 17 Charente-Maritime – **324** C4 – **voir à Île d'Oléron**

ST-TROPEZ – 83 Var – **340** O6 – **5 612 h.** – **alt. 4 m** – ✉ **83990** **41** C3

Côte d'Azur

Paris 872 – Aix-en-Provence 123 – Cannes 73 – Draguignan 47

Office de tourisme, 40, rue Gambetta ✆ 08 92 68 48 28, Fax 04 94 55 98 59

de Sainte-Maxime à Sainte-Maxime Route du Débarquement, par rte de Ste-Maxime : 16 km, ✆ 04 94 55 02 02

Gassin Golf Country Club à Gassin Route de Ramatuelle, S : 9 km par D 93, ✆ 04 94 55 13 44

Port★★ - Musée de l'Annonciade★★ - Môle Jean Réveille ⋞★ - Citadelle★ : ⋞★ des remparts, ✳★★ du musée de la Citadelle - Chapelle Ste-Anne ⋞★ S : 1 km par av. P. Roussel.

Byblos

av. P. Signac
– ✆ 04 94 56 68 00
– www.byblos.com
– Fax 04 94 56 68 01
– Ouvert 1er avril-24 oct.

Zd

60 ch – †325/500 € ††400/1450 €, ☕ 36 € – 31 suites
Rest Spoon-Byblos – *voir ci-après*
Rest ***Le B*** – ✆ 04 94 56 68 19 *(fermé dim. et lundi sauf juil.-août)* Menu 68 € (dîner) – Carte 53/81 €

◆ Maisons colorées entrelacées de jardins et de patios : un luxueux village dans le village, qui compte parmi les lieux exclusifs de St-Tropez. Très beau spa. Le B propose une restauration dans l'air du temps – finger food au dîner – à déguster autour de la terrasse intérieure. L'alliance du luxe et de la convivialité.

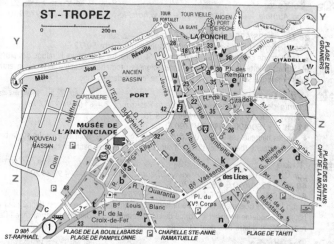

En saison: zone piétonne dans la vieille ville.

Aire du Chemin (R.) . . . Y 2	Herbes (Pl. aux) . . . Y 17	Péri (Quai Gabriel) . . . Z 32
Aumale (Bd d') . . . Y 3	Hôtel de ville (Pl. de l') . . . Y 18	Ponche (R. de la) . . . Y 33
Belle Isnarde (Rte de la) . . . Z 5	Laugier (R. V.) . . . Y 22	Portail Neuf (R. du) . . . YZ 35
Blanqui (Pl. Auguste) . . . Z 7	Leclerc (Av. Général) . . . Z 23	Remparts (R. des) . . . Y 38
Clocher (R. du) . . . Y 9	Marché (R. du) . . . Y 25	Roussel (Av. Paul) . . . Z 40
Commerçants (R. des) . . . Y 10	Miséricorde (R.) . . . Z 26	Suffren (Quai) . . . Y 42
Grangeon (Av.) . . . Z 14	Mistral (Quai Frédéric) . . . Y 28	8-Mai-1945 (Av. du) . . . Z 48
Guichard (R. du Cdt) . . . Y 15	Ormeau (Pl. de l') . . . Y 30	11-Novembre (Av. du) . . . Z 50

Résidence de la Pinède ⌂

← 🚗 🛜 ⌶ 🍽 & ch, AC 🛜 P
VISA 🆎 AE ①

1 km par ①, à la plage de la Bouillabaisse
– 𝒞 04 94 55 91 00 – www.residencepinede.com – Fax 04 94 97 73 64
– Ouvert début mai à début oct.
35 ch – ♦395/915 € ♦♦395/915 €, � 28 € – 4 suites
Rest – (dîner seult) Menu 95/195 € – Carte 115/200 € ⌘
Spéc. « Liéume en boui-abaisso », potager du moment étuvé aux écorces
d'oranges vertes. Turbot au jus de yuzu et chair d'araignée de mer. Nougat
glacé à la rose, framboises et fraises. **Vins** Côtes de Provence, Côtes du Lubéron.
♦ Des pins bien sûr, mais aussi une vue superbe sur le golfe, une plage privée avec son
ponton, des chambres d'un confort imparable… En cuisine, le chef Arnaud Donckele dresse
des plats rares, où dialoguent les saveurs et textures des meilleurs produits méditerranéens ;
service plein d'attention.

La Bastide de St-Tropez ⌂

🚗 🛜 ⌶ AC ch, 🛜 ⚡ P VISA 🆎 AE ①

rte Carles : 1 km par av. P. Roussel - Z – 𝒞 04 94 55 82 55
– www.bastidesaint-tropez.com – Fax 04 94 97 21 71 – Fermé 3 janv.-12 fév.
16 ch – ♦260/1052 € ♦♦260/1052 €, ⊃ 28 € – 10 suites
Rest – Menu 60/80 €
♦ Élégante maison tropézienne et ses quatre mas profitant du calme d'un luxuriant jardin
méditerrannéen (belle piscine). Chambres décorées avec goût, dotées de terrasse ou balcon.
Cadre classique et cuisine actuelle au restaurant en véranda, ouvert sur la verdure.

Pan Deï Palais

🚗 🛜 ⌶ 🍽 & AC 🛜 P VISA 🆎 AE

52 r. Gambetta – 𝒞 04 94 17 71 71 – www.pandei.com – Fax 04 94 17 71 72
10 ch – ♦195/515 € ♦♦195/1040 €, ⊃ 32 € – 2 suites   **Zv**
Rest – (fermé lundi de janv. à mars) (dîner seult) Menu 45/65 €
– Carte 64/116 €
♦ Le maître mot de cette demeure de 1835 construite pour une princesse indienne est la
sérénité : jardin et piscine abrités, intérieur distillant un doux parfum d'exotisme, hammam.
Cuisine inventive proposée dans une salle intimiste ; petite restauration au déjeuner.

Le Yaca

🛜 ⌶ AC 🛜 🍽 VISA 🆎 AE ①

1 bd Aumale – 𝒞 04 94 55 81 00 – www.hotel-le-yaca.fr – Fax 04 94 97 58 50
– Ouvert Pâques-30 oct.   **Ye**
26 ch – ♦225/695 € ♦♦225/695 €, ⊃ 35 € – 2 suites
Rest – (fermé lundi sauf juil.-août) (dîner seult) Carte 50/72 €
♦ Cet hôtel de charme (18e s.), le premier de St-Tropez, fut et demeure le refuge des artistes
(P. Signac, Colette, B. Bardot…). Chambres soignées : tomettes, meubles anciens… Inventive
cuisine italienne servie sur une terrasse intime, autour de la piscine.

Villa Cosy sans rest

🚗 ⌶ AC 🛜 🍽 🛜 P, VISA 🆎

chemin de la Belle-Isnarde, par r. de la Résistance Z – 𝒞 04 94 97 57 18
– www.villacosy.com – Fax 04 94 97 58 30
11 ch – ♦150/490 € ♦♦500/1190 €, ⊃ 20 €
♦ Sur les hauteurs de la ville, un hôtel de style "guesthouse" dont les petites chambres à la belle
déco minimaliste (béton ciré) s'ouvrent sur la piscine. Bar avec petite restauration.

Kube

🚗 🛜 ⌶ 🗲 🍽 & AC 🛜 🍽 VISA 🆎 AE ①

par ① – 𝒞 04 94 97 20 00 – www.kubehotel.com – Fax 04 94 97 34 29
40 ch – ♦250/690 € ♦♦250/1700 €, ⊃ 30 € – 1 suite
Rest – (25 €) Menu 30 € (déj.) – Carte 55/75 €
♦ Un logo de trois mètres, illuminé la nuit, trône dans le jardin. Le ton est donné pour cet
hôtel ultramoderne (mobilier en forme de cube), réservé à une clientèle ultrabranchée ! Deux
restaurants et quatre bars pour varier les ambiances, dont le "Ice Kube" à - 7° C.

La Ponche

🛜 🍽 AC 🛜 🍽 VISA 🆎 AE ①

pl. Révelin – 𝒞 04 94 97 02 53 – www.laponche.com – Fax 04 94 97 78 61
– Ouvert 15 fév.-1er nov.   **Yv**
17 ch – ♦145/230 € ♦♦170/300 €, ⊃ 19 € – 1 suite
Rest – Menu 27/40 € – Carte 44/60 €
♦ Romy Schneider, entre autres personnalités, a séjourné dans ce charmant hôtel composé
d'anciennes maisons de pêcheurs colorées du pittoresque quartier de la Ponche. L'esprit provençal s'épanouit dans le décor et dans l'assiette du restaurant. Terrasse.

Y sans rest · 🏧 ⁽¹⁾ VISA ☎ AE ①

av. Paul Signac – ℰ *04 94 55 55 15 – hotel-le-yaca.fr – Fax 04 94 55 55 19*
– Ouvert 13 mai-3 oct. Y**z**

11 ch – ♦295/500 € ♦♦295/500 €, ☑ 35 € – **2 suites**

♦ Cette bâtisse postée au pied de la citadelle abrite des chambres contemporaines très confortables (meubles d'inspiration années 1960 du designer italien Gio Ponti).

Domaine de l'Astragale ॐ · 🚗 🍽 🎭 🎐 ₺ ch, 🏧 ch, 🎐 rest, ⁽¹⁾

1,5 km par ①, chemin de la Gassine ⊠ 83580 Gassin 🔒 P VISA ☎ AE
– ℰ 04 94 97 48 98 – www.lastragale.com – Fax 04 94 97 16 01 – Ouvert mi-mai
à fin sept.

34 ch – ♦310/455 € ♦♦310/455 €, ☑ 21 € – **16 suites**
Rest – Menu 56 € – Carte 60/95 €

♦ Villa agrandie de bâtiments colorés, agencés autour de deux piscines. Amples chambres avec balcon ou terrasse. Suites récentes, certaines avec jacuzzi. Cuisine traditionnelle servie dans une salle à manger bourgeoise ou sous un pavillon ouvert.

La Mistralée ॐ · 🚗 🎭 🏧 ⁽¹⁾ P VISA ☎ AE

1 av. Gén. Leclerc – ℰ 04 98 12 91 12 – www.hotel-mistralee.fr
– Fax 04 94 43 48 43 – Fermé 5 nov.-26 déc. Z**t**

8 ch – ♦190/460 € ♦♦230/490 €, ☑ 25 € – **2 suites**
Rest – (ouvert 2 avril-29 sept.) Carte 35/70 €

♦ Ex-pied-à-terre d'Alexandre, coiffeur des stars, cette villa (1850) entourée d'un jardin a gardé son empreinte baroque. Chambres personnalisées "Maroc", "Chanel"... Recettes d'inspirations provençale et exotique à savourer dans une salle à manger classique.

La Maison Blanche sans rest · 🏧 ⁽¹⁾ VISA ☎ AE ①

pl. des Lices – ℰ 04 94 97 52 66 – www.hotellamaisonblanche.com
– Fax 04 94 97 89 23 – Fermé fév. Z**k**

9 ch – ♦180/260 € ♦♦180/260 €, ☑ 32 €

♦ Pour fuir l'agitation tropézienne, maison de caractère abritant des chambres à la décoration blanche et douce, très romantique. Bar à champagne lounge et exquise terrasse.

Pastis sans rest · 🎭 🏧 🎐 ⁽¹⁾ P VISA ☎ AE

61 av. Gén. Leclerc, par ① – ℰ 04 98 12 56 50 – www.pastis-st-tropez.com
– Fax 04 94 96 99 82 – Fermé 29 nov.-26 déc.

9 ch – ♦175/650 € ♦♦175/650 €, ☑ 20 €

♦ Chaque pièce de cet hôtel est superbe : mobilier ancien, provençal, contemporain, tableaux, objets d'art. Chambres plus calmes côté piscine et jardin avec palmiers centenaires.

Le Mandala sans rest · ₺ 🏧 🎐 ⁽¹⁾ P VISA ☎ AE

av. P. Signac Z – ℰ 04 94 97 68 22 – www.lemandala.net – Fax 04 94 97 77 48

15 ch – ♦390/650 € ♦♦390/650 €, ☑ 28 € – **1 suite**

♦ Design contemporain aux lignes épurées, tons blanc et gris, ambiance zen : cet hôtel avec terrasse paysagée et petit bassin de nage forme un ensemble bien dans l'air du temps.

Des Lices sans rest · 🎭 🏧 ⁽¹⁾ P VISA ☎ AE ①

av. Augustin Grangeon – ℰ 04 94 97 28 28 – www.hoteldeslices.com
– Fax 04 94 97 59 52 – Ouvert 26 mars-7 nov. et 27 déc.-9 janv. Z**n**

42 ch – ♦90/310 € ♦♦130/385 €, ☑ 16 €

♦ Proche de la place des Lices, cette adresse familiale a su évoluer et restitue une atmosphère pleine de vie. Un style provençal revisité préside au décor des chambres.

La Bastide du Port sans rest · ≤ 🏧 ⁽¹⁾ P VISA ☎ AE

Port du Pilon, par ① – ℰ 04 94 97 87 95 – www.bastideduport.com
– Fax 04 94 97 91 00 – Fermé 5 nov.-31 déc. et 5 janv.-25 mars

28 ch – ♦135/205 € ♦♦135/205 €, ☑ 14 €

♦ Ce vaste hôtel proche du centre propose des chambres fraîches et lumineuses, à choisir avec vue mer, ou bien sur l'arrière pour plus de calme. L'été, petit-déjeuner en terrasse.

Mouillage sans rest · 🎭 🏧 ⁽¹⁾ P VISA ☎ AE

port du Pilon, par ① – ℰ 04 94 97 53 19 – www.hotelmouillage.fr
– Fax 04 94 97 50 31 – Fermé de mi-nov. à mi-déc.

12 ch – ♦100/264 € ♦♦100/264 €, ☑ 17 €

♦ Jetez l'ancre à une encablure du port du Pilon, dans cet hôtel aux chatoyantes couleurs du Sud. La décoration des chambres joue carte du voyage : Maroc, Asie, etc.

⌂ **Playa** sans rest   AC ⚡ 🛜 VISA ⨦ AE
57 r. Allard – ℰ 04 98 12 94 44 – www.playahotelsttropez.com
– Fax 04 98 12 94 45 – Ouvert de mars à oct.   **Zs**
16 ch – †95/134 € ††95/247 €, � 10 €
♦ Établissement profitant d'un emplacement de choix au cœur de St-Tropez. Chambres confortables de style méridional, à préférer sur l'arrière, car plus calmes.

⌂ **Lou Cagnard** sans rest   AC ⚡ 🛜 P VISA ⨦
av. P. Roussel – ℰ 04 94 97 04 24 – www.hotel-lou-cagnard.com
– Fax 04 94 97 09 44 – Fermé 1er nov.-27 déc.   **Zr**
19 ch – †56/140 € ††56/140 €, ⊆ 10 €
♦ Maison tropézienne ancienne à deux pas du centre proposant des chambres colorées d'esprit provençal. Aux beaux jours, petit-déjeuner servi en terrasse à l'ombre des mûriers.

XX **Spoon Byblos** – Hôtel Byblos   🍽 VISA ⨦ AE ⓞ
av. du Mar. Foch – ℰ 04 94 56 68 20 – www.byblos.com – Fax 04 94 56 68 01
– ouvert 10 avril-26 oct.   **Zt**
Rest – (dîner seult) Menu 89 € – Carte 59/213 €🕮
♦ Voici la déclinaison méditerranéenne du "Spoon" parisien, le concept ludique de Ducasse. Cadre design et éclairage tamisé pour se régaler d'une cuisine créative. Vins du monde.

XX **Le Girelier**   VISA ⨦ AE
quai Jean-Jaurès – ℰ 04 94 97 03 87 – www.legirelier.fr – Fax 04 94 97 43 86
– Ouvert 15 mars-30 oct.   **Yu**
Rest – Menu 29 € (déj.)/39 € – Carte 45/75 €
♦ Sur le port, cette cabane de pêcheurs aux couleurs de la mer prend un nouveau départ et tient le cap : poissons et crustacés simplement cuisinés à la plancha, bouillabaisse.

X **L'Auberge des Maures**   VISA ⨦ AE
4 r. du Dr-Boutin – ℰ 04 94 97 01 50 – www.aubergedesmaures.com
– Fax 04 94 97 67 24 – Ouvert 1er mars-15 nov.   **Zb**
Rest – (dîner seult) Menu 49 € – Carte 49/57 €
♦ L'originalité de cette maison sympathique à deux pas du vieux port ? Sa décoration, dans la note rustique, est régulièrement changée par la patronne. Cuisine orientée terroir.

X **Le Banh Hoï**   🍽 AC VISA ⨦ AE
12 r. Petit St-Jean – ℰ 04 94 97 36 29 – Fax 04 98 12 91 47
– Ouvert 1er avril-4 oct.   **Ya**
Rest – (dîner seult) Carte 58/74 €
♦ Lumière tamisée, murs et plafonds laqués de noir et objets décoratifs asiatiques composent le cadre de cette maison où l'on propose une cuisine vietnamienne et thaïlandaise.

au Sud-Est par av. Foch - Z – ⊠ 83990 St-Tropez

🏨 **La Tartane Saint-Amour** ⚘   ◐ 🍽 ⅃ & AC ⚡ rest, 🛜 P
rte des Salins – ℰ 04 94 97 21 23   VISA ⨦ AE ⓞ
– www.hotel-latartane.com – Fax 04 94 97 09 16 – Ouvert Pâques -7 oct.
24 ch – †250/935 € ††250/935 €, ⊆ 29 € – 4 suites   **Rest** – Carte 40/110 €
♦ Une adresse idéale pour se ressourcer : chambres décorées avec soin (thèmes de l'Afrique, du bord de mer...), piscine, petit spa. Cadre mi-baroque mi-lounge pour déguster des spécialités asiatiques. Carte actuelle en terrasse ; bar à sushi le soir à l'apéritif.

🏨 **Benkiraï**   🚃 🍽 ⅃ AC 🛜 P VISA ⨦
11 chemin du Pinet, à 3 km – ℰ 04 94 97 04 37 – www.hotel-benkirai.com
– Fax 04 94 97 04 98 – Ouvert de début avril à mi-oct.
39 ch – †240/650 € ††240/650 €, ⊆ 26 €
Rest – Menu 55/75 € – Carte 64/91 €
♦ La décoration, d'une modernité étudiée, est l'œuvre du designer Patrick Jouin. Chambres conjuguant lignes pures, jeux de lumière et bains intégrés à la chambre. Salle à manger très contemporaine ou terrasse dominant la piscine pour savourer une cuisine thaï.

🏨 **La Bastide des Salins** sans rest ⚘   🚃 ⅃ AC ⚡ 🛜 P VISA ⨦ AE
chemin des Salins, à 4 km – ℰ 04 94 97 24 57 – www.bastidedessalins.com
– Fax 04 94 54 89 03 – Ouvert avril-oct.
14 ch – †220/700 € ††220/700 €, ⊆ 27 €
♦ Cette ancienne bastide à l'ambiance familiale allie le calme d'un jardin arboré et fleuri et le charme de chambres de style provençal. Agréable terrasse autour de la piscine.

au Sud-Est par av. Paul Roussel et rte de Tahiti

Château de la Messardière ✦

à 2 km ⊠ *83990 –* ☏ *04 94 56 76 00*
– www.messardiere.com – Fax 04 94 56 76 01
– Ouvert 2 avril-1ᵉʳ nov.
73 ch – ♦240/890 € ♦♦240/890 €, ☐ 25 € – 45 suites
Rest – *(fermé lundi soir sauf juil.-août)* (48 €) Menu 68 € (déj.)/96 €
– Carte 81/98 € ♨

◆ Dans une pinède de 10 ha dominant la baie, château du 19ᵉ s. et luxueuses villas groupées autour d'un patio. Couleurs ocre et de touches orientales. Espace bien-être, piscine. Élégante salle provençale et terrasse dominant la mer. Carte actuelle.

Ferme d'Augustin sans rest ✦

plage de Tahiti, à 4 km ⊠ *83350 Ramatuelle –* ☏ *04 94 55 97 00*
– www.fermeaugustin.com – Fax 04 94 97 59 76 – Ouvert d'avril à oct.
46 ch – ♦170/680 € ♦♦170/680 €, ☐ 14 €

◆ À 100 m de la plage de Tahiti, une adresse calme et familiale, de style rustique provençal. Chambres logées dans plusieurs maisons profitant d'un jardin. Petite restauration.

St-Vincent ✦

à 4 km ⊠ *83350 –* ☏ *04 94 97 36 90 – www.hotelsaintvincent.com*
– Fax 04 94 54 80 37 – Ouvert 26 mars-10 oct.
20 ch ☐ **–** ♦140/280 € ♦♦140/280 € **Rest –** *(Ouvert mai-sept.)* Carte 35/45 €

◆ Dans la quiétude d'un vignoble, quatre maisons provençales égayées de lauriers-roses. Chambres spacieuses, pourvues parfois de terrasses. Beau jardin. Recettes aux saveurs ensoleillées, grillades et salades à déguster au bord de la piscine.

Mas Bellevue ✦

à 2 km ⊠ *83990 –* ☏ *04 94 97 07 21 – www.masbellevue.com*
– Fax 04 94 97 61 07 – Ouvert 24 avril-2 nov.
40 ch ☐ **–** ♦105/495 € ♦♦105/495 €
Rest – (30 €) Carte 40/58 €

◆ Sur les hauteurs de la baie Pampelonne, mas provençal et bungalows profitant du calme d'un parc. Au choix : grandes chambres avec balcon ou roulottes bohèmes. Salle à manger rustique et terrasse où l'on sert une minicarte à midi et un choix plus étoffé au dîner.

La Figuière ✦

rte de Tahiti, à 4 km ⊠ *83350 –* ☏ *04 94 97 18 21 – www.hotel-lafiguiere.com*
– Fax 04 94 97 68 48 – Ouvert 1ᵉʳ avril-3 oct.
41 ch – ♦110/150 € ♦♦220/300 €, ☐ 13 € **Rest –** Carte 40/60 €

◆ Sur la route des plages au cœur des vignes, cette ancienne ferme provençale propose des chambres de charme dotées de meubles anciens (quelques duplex). Terrasse au bord de la piscine, à l'ombre des mûriers, pour une sobre cuisine traditionnelle.

rte de Ramatuelle par ① **et D 93le –** ⊠ **83350 Ramatuelle**

Villa Marie ✦

chemin Val Rian – ☏ *04 94 97 40 22 – www.villamarie.fr – Fax 04 94 97 37 55*
– Ouvert 30 avril-3 oct.
42 ch – ♦250/480 € ♦♦450/710 €, ☐ 32 € **Rest –** Carte 67/146 €

◆ Raffinement, luxe et charme réunis sous le même toit en cette villa enchanteresse nichée dans une pinède dominant la baie de Pampelonne. Au séduisant restaurant : camaïeu de beige, touche baroque, vue sur les cuisines, terrasse ombragée et plats ensoleillés.

La Romarine ✦

quartier des Marres, (rte des plages), à 3 km sur rte secondaire
– ☏ *04 94 97 32 26 – www.hotel-laromarine.net – Fax 04 94 97 44 45*
– Ouvert 3 avril-4 oct.
18 ch – ♦105/140 € ♦♦160/235 €, ☐ 12 € – 9 suites
Rest – *(ouvert juil.-août)* Carte 12/25 €

◆ Dans un parc conçu pour la détente et les loisirs, hôtel-village de type hacienda. Chambres spacieuses et villas particulièrement bien équipées pour les familles. Restauration simple servie autour de la piscine en juillet et en août.

🏨 Les Bouis ⌖ ← 🚗 🍴 ⬛ 🅰 ch, 🍽 rest, ⬛ 🅿 VISA ⬥ AE ⊙
sur rte secondaire – ☎ *04 94 79 87 61 – www.hotel-les-bouis.com*
– Fax 04 94 79 85 20 – Ouvert 2 avril-31 oct.
23 ch – ♦150/240 €, ♦♦170/270 €, ⊇ 15 €
Rest – *(déj. seult) (résidents seult)* Carte 17/27 €
♦ Sur les hauteurs de l'arrière-pays tropézien, hôtel dans les pins parasols avec la mer pour horizon. Chambres fraîches, d'esprit provençal, dotées de terrasse ou balcon. En saison, plats familiaux et grillades proposés au bord de la piscine.

par ① et rte secondaire – ⊠ 83580 Gassin

🏨 Villa Belrose ⌖ ← 🚗 🍴 ⬛ 🅵 ♿ 🎐 ⬛ ch, ⬛ ⬛ 🅿 🔾 VISA ⬥ AE ⊙
✿ *bd des Crêtes, à 3 km –* ☎ *04 94 55 97 97 – www.villabelrose.com*
– Fax 04 94 55 97 98 – Ouvert 2 avril-24 oct.
40 ch – ♦300/510 €, ♦♦380/590 €, ⊇ 32 € – 3 suites
Rest – *(fermé le midi en juil.-août)* (55 €) Menu 95/125 € bc – Carte 90/150 €
Spéc. Poulpe et foie gras en médaillon, foie gras chaud-froid et lamelles de poulpe. Tronçons de turbot mijotés en cocotte. Palets de pêche blanche, fruits rouges, glace et pistou à la menthe fraîche (juin à sept.). **Vins** Côtes de Provence.
♦ Emplacement exceptionnel pour cet hôtel-villa formant trois terrasses face à la mer. Intérieur cossu et chambres de grand confort. Élégant restaurant décoré dans l'esprit florentin, jolie terrasse offrant un beau point de vue sur le golfe. Fine cuisine actuelle.

ST-UZE – 26 Drôme – **332** C2 – **rattaché à St-Vallier**

ST-VAAST-LA-HOUGUE – 50 Manche – **303** E2 – 2 083 h. – alt. 4 m   **32** A1
– ⊠ 50550 ▐ Normandie Cotentin

▶ Paris 347 – Carentan 41 – Cherbourg 31 – St-Lô 68

🎗 Office de tourisme, 1, place Général de Gaulle ☎ 02 33 23 19 32,
Fax 02 33 54 41 37

🏨 La Granitière sans rest 🚗 ⬛ 🅿 VISA ⬥ AE ⊙
74 r. du Mar.-Foch – ☎ *02 33 54 58 99 – www.hotel-la-granitiere.com*
– Fax 02 33 20 34 91
9 ch – ♦58/112 €, ♦♦58/112 €, ⊇ 10 €
♦ Station balnéaire et port de pêche, "St-Va" abrite cette belle demeure ancienne en granit gris, où l'on se sent comme chez des amis. Chambres personnalisées et salon cosy.

🏠 France et Fuchsias 🚗 🍴 🅰 rest, ⬛ VISA ⬥ AE ⊙
✿ *20 r. du Mar.-Foch –* ☎ *02 33 54 40 41 – www.france-fuchsias.com*
*– Fax 02 33 43 46 79 – Fermé 29 nov.-7 déc., 3 janv.-12 fév., lundi d'oct. à mai
et mardi de nov. à mars*
35 ch – ♦52/132 €, ♦♦52/132 €, ⊇ 11 € – ½ P 62/100 €
Rest – (18 €) Menu 29/60 € – Carte 53/105 €
♦ Fuchsias, palmiers, mimosas et eucalyptus agrémentent le jardin de cet hôtel familial. Les chambres, au confort simple, sont plus spacieuses et récentes à l'annexe. Salle à manger rustique avec véranda et terrasse ; cuisine au goût du jour.

🍴 Le Chasse Marée 🍴 VISA ⬥
✇ *8 pl. du Gén.-de-Gaulle –* ☎ *02 33 23 14 08 – Fermé janv. à mi-fév., lundi et
mardi hors saison*
Rest – Menu 17 € (déj. en sem.), 21/35 € – Carte 33/65 €
♦ Photos de bateaux, fanions laissés par les clients navigateurs, terrasse sur le port, produits de la pêche locale : une charmante petite adresse où l'on se sent simplement bien.

ST-VALERY-EN-CAUX – 76 Seine-Maritime – **304** E2 – 4 546 h.   **33** C1
– alt. 5 m – Casino – ⊠ 76460 ▐ Normandie Vallée de la Seine

▶ Paris 190 – Bolbec 46 – Dieppe 35 – Fécamp 33

🎗 Office de tourisme, Maison Henri IV ☎ 02 35 97 00 63, Fax 02 35 97 32 65

◉ Falaise d'Aval ← ★ O : 15 mn.

Du Casino 🕭 ⚴ ⬛ ⛎ 🅰🅴 ⁽ᵗᵖ⁾ 🕹 🅿 ᴠɪꜱᴀ ⓿ 🅰🅴 ⓪
14 av. Clemenceau – ℰ 02 35 57 88 00 – www.hotel-casino-saintvalery.com
– Fax 02 35 57 88 88
76 ch – ♦79/148 € ♦♦87/148 €, ⭐ 11 € – ½ P 76/81 €
Rest – *(fermé le dim. soir de nov. à mars)* (16 €) Menu 22/31 € – Carte 23/49 €
◆ Face au port de plaisance, cet hôtel récent abrite des chambres contemporaines et fonctionnelles, appréciées par la clientèle d'affaires et touristique. Dans une grande salle claire, on
sert une cuisine du terroir actualisée privilégiant les produits locaux et de la mer.

Les Remparts sans rest ᴠɪꜱᴀ ⓿
4 r. des Bains – ℰ 02 35 97 16 13 – Fax 02 35 97 19 89 – Fermé 1ᵉʳ-10 janv.
15 ch – ♦42 € ♦♦49/60 €, ⭐ 8 €
◆ Sympathique petite adresse proche de la mer et des falaises. Chambres parfaitement
tenues, garnies de meubles anciens (style années 1930). Accueil très aimable.

La Maison des Galets ⁽ᵗᵖ⁾ ᴠɪꜱᴀ ⓿
22 cour Le Perrey – ℰ 02 35 97 11 22 – www.lamaisondesgalets.fr
– Fax 02 35 97 05 83
14 ch – ♦43/50 € ♦♦65/70 €, ⭐ 7 € – ½ P 88/98 €
Rest – *(Fermé merc. et jeudi)* Menu 17/26 €
◆ Face à la plage, hôtel familial agréable (meubles anciens, objets chinés, palmiers, cheminée). Chambres actuelles au décor marin. Ouvert en 2009, le restaurant propose une carte
privilégiant les produits de la mer ; cadre classique ouvert côté flots.

Du Port ⬅ ᴠɪꜱᴀ ⓿
18 quai d'Amont – ℰ 02 35 97 08 93 – Fax 02 35 97 28 32 – Fermé dim. soir, jeudi
soir sauf juil.-août et lundi
Rest – Menu 25/45 € – Carte 45/83 €
◆ Le ballet des bateaux rythme agréablement les repas dans ce restaurant sur le port. Cuisine
de la mer (produits des pêcheurs locaux) ou plus traditionnelle. Cadre classique.

au Sud-Est 7 km par D 20 et D 70 - ✉ 76740 Ermenouville

Château du Mesnil Geoffroy sans rest ⌂ ⬅ 🕭 🅿 ᴠɪꜱᴀ ⓿
2 r. Dame Blanche – ℰ 02 35 57 12 77 – www.chateau-mesnil-geoffroy.com
5 ch – ♦85/120 € ♦♦85/120 €, ⭐ 11 €
◆ Ce château du 18ᵉ s. vous replonge au temps de la Pompadour comme si rien n'avait
changé ! Authentiques chambres Louis XV, objets d'art d'époque, parc à la française, roseraie.

ST-VALERY-SUR-SOMME – 80 Somme – 301 C6 – 2 790 h. 36 A1
– alt. 27 m – ✉ 80230 ▮ Nord Pas-de-Calais Picardie

▶ Paris 206 – Abbeville 18 – Amiens 71 – Blangy-sur-Bresle 45

🇮 Office de tourisme, 2, place Guillaume-Le-Conquérant ℰ 03 22 60 93 50,
Fax 03 22 60 80 34

◉ Digue-promenade★ - Chapelle des Marins ⬅★ - Ecomusée Picarvie★ - La
baie de Somme★★.

Du Cap Hornu ⌂ ⬅ 🕭 🕭 🏊 ⛺ ⛎ ch, ⁽ᵗᵖ⁾ 🕹 ⓿ 🅰🅴
Au Cap Hornu au Nord : 2 km – ℰ 03 22 60 24 24 – www.baiedesomme.fr
– Fax 03 22 26 85 13
91 ch ⭐ – ♦78/88 € ♦♦89/98 € – ½ P 63/72 €
Rest – Menu 28 € – Carte 25/43 €
◆ Dans un immense parc surplombant la baie de Somme, ensemble de maisons régiona-
les aux chambres récentes (certaines avec mezzanine) et respectueuses de l'écologie. Piscine,
tennis. Cuisine de tradition orientée terroir, servie dans des salles à manger classiques.

Du Port et des Bains ⬅ 🕭 🅰🅴 rest, ⛺ ch, ⁽ᵗᵖ⁾ ᴠɪꜱᴀ ⓿ 🅰🅴 ⓪
1 quai Balvet – ℰ 03 22 60 80 09 – www.hotelhpb.fr – Fax 03 22 60 77 90
– Fermé 15 nov.-6 déc. et 2-25 janv.
16 ch – ♦55/90 € ♦♦65/90 €, ⭐ 11 €
Rest – Menu 15 € (sem.), 20/35 € – Carte 25/39 €
◆ Bien situé près du port, cet hôtel offre une jolie perspective sur la baie. Coloris vifs et
meubles en rotin dans les chambres. Des peintures évoquant St-Valery au début du 20ᵉ s.
ornent le restaurant. Plats traditionnels et de la mer.

Picardia sans rest 🛗 ⁽ᵗ⁾ ⛭ 🅿 🆅🆂🅰 ⬤ 🄰🄴

41 quai Romerel – ℰ 03 22 60 32 30 – www.picardia.fr – Fax 03 22 60 76 69
– Fermé 5-30 janv.
18 ch ⊆ – †66/76 € ††109/120 €

♦ Cette accueillante maison de pays jouxte le petit quartier médiéval. Chambres spacieuses et lumineuses. Certaines, dotées d'une mezzanine, accueillent volontiers les familles.

Le Relais Guillaume de Normandy ♨ ⇐ 🈂 🄰🄲 rest, ⅙ ⁽ᵗ⁾ 🅿

46 quai Romerel – ℰ 03 22 60 82 36 🆅🆂🅰 ⬤ 🄰🄴
– www.relais-guillaume-de-normandy.com – Fax 03 22 60 81 82
– Fermé 19 déc.-8 janv. et mardi sauf du 14 juil. au 24 août
14 ch – †56 € ††65/81 €, ⊇ 9 € – ½ P 64/72 €
Rest – *(fermé lundi et mardi du 22 nov. au 13 déc.)* Menu 18/43 € – Carte 28/50 €

♦ Guillaume partit du port valéricain conquérir l'Angleterre. Ce joli manoir en briques face à la baie de Somme abrite des chambres pratiques et rajeunies. Au restaurant : carte classique, salle à manger panoramique dominant les flots ; agréable terrasse couverte.

Le Nicol's 🈂 🄰🄲 🆅🆂🅰 ⬤

15 r. La Ferté – ℰ 03 22 26 82 96 – Fax 03 22 60 97 46 – Fermé 17-27 nov.,
5 janv.-5 fév., merc. soir, jeudi soir 18 nov. au 28 mars et lundi
Rest – Menu 14/45 € – Carte 27/45 €

♦ Dans une rue commerçante du centre, derrière une belle façade régionale, salle rustique et chaleureuse où l'on fait des repas traditionnels enrichis de saveurs iodées.

ST-VALLIER – 26 Drôme – 332 B2 – 4 017 h. – alt. 135 m – ⊠ 26240   43 E2
▮ Lyon Drôme Ardèche

🄳 Paris 526 – Annonay 21 – St-Étienne 61 – Tournon-sur-Rhône 16

🄸 Office de tourisme, avenue Désiré Valette ℰ 04 75 23 45 33,
Fax 04 75 23 44 19

🄸🄸 d'Albon à Saint-Rambert-d'Albon Château de Senaud, N : 9 km par N 7 et
D 122, ℰ 04 75 03 03 90

Le Bistrot d'Albert 🈂 🄰🄲 🆅🆂🅰 ⬤ 🄰🄴

116 av. J. Jaurès, (rte de Lyon) – ℰ 04 75 23 01 12 – Fax 04 75 23 38 82 – Fermé 2
sem. en août et 2 sem. en fév.
Rest – Menu 15/28 € – Carte 26/39 €

♦ Belle hauteur sous plafond, lumineuse véranda et goûteuse cuisine du marché vous attendent dans ce bistrot voisin de la gare. Ambiance conviviale garantie.

au Nord-Est 8 km par N 7, D 122 et D 132 – ⊠ 26140 Albon

Domaine des Buis ♨ ⇐ ♨ 🅸 ⅙ ⁽ᵗ⁾ 🅿 🆅🆂🅰 ⬤

rte de St-Martin-des-Rosiers – ℰ 04 75 03 14 14 – www.domaine-des-buis.com
– Fax 04 75 03 14 14 – Fermé 15 déc.-15 fév.
8 ch – †95/110 € ††95/150 €, ⊇ 12 €
Rest – *(dîner seult) (résidents seult)* Menu 30 €

♦ Dans un parc entouré de collines, demeure du 18ᵉ s. aux senteurs de cèdre et de magnolia. Chambres spacieuses, garnies de mobilier anglais. Atmosphère guesthouse. Plats traditionnels concoctés par la maîtresse de maison et servis dans une salle à manger raffinée.

à St-Uze 6 km à l'Est par D 51 – 1 783 h. – alt. 189 m – ⊠ 26240

Philip Liversain 🄰🄲 🆅🆂🅰 ⬤ 🄰🄴 ⓪

23 r. P. Sémard – ℰ 04 75 03 52 58 – Fax 04 75 03 52 63 – Fermé 13 juillet-4 août,
dim. soir et lundi
Rest – (12 €) Menu 16/36 €

♦ Le soleil et la fraîcheur sont au rendez-vous dans cet ancien relais de poste (19ᵉ s.). Décor aux tons clairs (fer forgé, nappes colorées) et menu-carte inspiré du marché.

ST-VALLIER-DE-THIEY – 06 Alpes-Maritimes – 341 C5 – 3 030 h.   42 E2
– alt. 730 m – ⊠ 06460 ▮ Côte d'Azur

🄳 Paris 907 – Cannes 29 – Castellane 52 – Draguignan 57

🄸 Syndicat d'initiative, 10, place du Tour ℰ 04 93 42 78 00, Fax 04 93 42 78 00

◎ Pas de la Faye ⇐★★ NO : 5 km - Grotte de Beaume Obscure★ S : 2 km
- Col de la Lèque ⇐★ SO : 5 km.

🏠 **Le Relais Impérial** 🕸 🖼 ⁽ᵗ⁾ 🔥 VISA 🅭 AE ⓪
⚘ *2 et 4 pl. Cavalier Fabre, rte Napoléon –* ℰ *04 92 60 36 36*
– www.relaisimperial.com – Fax 04 92 60 36 39
29 ch – †44/62 € ††54/69 €, ⵥ 8 € – ½ P 54/62 €
Rest – (15 €) Menu 20 € (sem.)/42 € – Carte 27/52 €
Rest *Le Grill du Relais* – ℰ *04 92 60 36 30* – (14 €) Menu 18 € – Carte 24/43 €
♦ Petites chambres rustiques rénovées par étapes dans ce relais séculaire posté sur la route Napoléon (l'Empereur s'est arrêté ici le 2 mars 1815). Repas traditionnel dans un décor de style Louis XIII ou côté véranda. Pizzas et plats simples au Grill du Relais.

ST-VÉRAN – 05 Hautes-Alpes – **334** J4 – 286 h. – **alt. 2 042 m – la plus 41 C1
haute commune d'Europe – Sports d'hiver : 1 750/3 000 m** ⛷15 🎿 – ⊠ 05350
🗻 Alpes du Sud
　　　　🄳 Paris 729 – Briançon 49 – Guillestre 32
　　　　🄸 Office de tourisme, la ville ℰ 04 92 45 82 21, Fax 04 92 45 84 52
　　　　◎ Vieux village★★ – Musée du Soum★.

🏨 **L'Astragale** 🌿 ⬅ 🖼 🖼 ⅙ ⁽ᵗ⁾ 🔥 P VISA 🅭
　– ℰ *04 92 45 87 00 – www.astragale.eu – Fax 04 92 45 87 10 – Ouvert
18 juin-31 août et 18 déc.-31 mars*
21 ch – †89/181 € ††102/258 €, ⵥ 15 € – ½ P 75/155 €
Rest – *(dîner seult)* Menu 26 €
♦ Décor de bois d'esprit montagnard, grandes chambres confortables et bien équipées, vue sur les sommets, sauna et piscine couverte : ce robuste chalet ne manque pas de charme. Chaleureuse salle à manger dotée d'une cheminée ; salon de thé.

ST-VIANCE – 19 Corrèze – **329** J4 – 1 573 h. – **alt. 119 m** – ⊠ 19240 24 B3
🗻 Périgord Quercy
　　　　🄳 Paris 479 – Limoges 90 – Tulle 45 – Brive-la-Gaillarde 12

🏠 **Auberge sur Vézère** 🕸 ⁽ᵗ⁾ P VISA 🅭
Le bourg – ℰ *05 55 84 28 23 – www.aubergesurvezere.com – Fax 05 55 84 42 47
– Fermé 20 déc.-31 janv. et dim. sauf juil.-août*
10 ch – †63/68 € ††68/74 €, ⵥ 8,50 € – ½ P 65/68 €
Rest – *(fermé sam. midi, dim. soir et lundi) (prévenir)* Menu 22 € (déj. en sem.),
28/39 €
♦ À l'entrée du village, petite auberge de pays tenue par un sympathique couple franco-britannique. Chambres fonctionnelles et bien équipées. Atmosphère familiale dans la lumineuse salle à manger où l'on propose un menu-carte actuel. Terrasse sous les arbres.

ST-VIATRE – 41 Loir-et-Cher – **318** I6 – 1 188 h. – **alt. 107 m** – ⊠ 41210 12 C2
　　　　🄳 Paris 179 – Orléans 53 – Blois 106 – Vierzon 53

⛺ **Villepalay** sans rest 🌿 ⁂ P
2 km par rte de Nouan le Fuzelier – ℰ *02 54 88 22 35
– www.digikom.fr/villepalay – Fermé mars*
3 ch ⵥ – †58/68 € ††63/73 €
♦ Cette ancienne ferme solognote au charme bucolique – étang pour la pêche et le canotage – vous réserve le meilleur accueil. Chambres soignées et petit-déjeuner biologique.

ST-VICTOR – 03 Allier – **326** C4 – **rattaché à Montluçon**

ST-VICTOR-DE-MALCAP – 30 Gard – **339** K3 – **rattaché à St-Ambroix**

ST-VICTOR-DES-OULES – 30 Gard – **339** L4 – **rattaché à Uzès**

ST-VINCENT – 43 Haute-Loire – **331** F3 – 937 h. – **alt. 605 m** – ⊠ 43800 6 C3
　　　　🄳 Paris 543 – La Chaise-Dieu 37 – Le Puy-en-Velay 18 – St-Étienne 76

🍴🍴 **La Renouée** ⬚ & 🅰 ⇆ P VISA 🅭
à Cheyrac, 2 km au Nord par D 103 – ℰ *04 71 08 55 94 – Fermé vacances de la
Toussaint, 5 janv.-7 mars, mardi soir, merc. soir et jeudi soir du 15 oct. au
31 mars, dim. soir et lundi*
Rest – *(nombre de couverts limité, prévenir)* Menu 25/45 € – Carte 18/45 €
♦ Maison centenaire devancée par un jardinet. Grande cheminée en pierre et beau vaisselier rustique en merisier dans la salle redécorée. Carte régionale teintée de créativité.

ST-VINCENT-DE-TYROSSE – 40 Landes – **335** D13 – 6 785 h.   **3** B3
– alt. 24 m – ⊠ 40230

> ▶ Paris 743 – Anglet 32 – Bayonne 29 – Bordeaux 157
> 🛈 Office de tourisme, placette du Midi ✆ 05 58 77 12 00, Fax 05 58 77 12 00

XXX   **Le Hittau**   🚗 🏠 **P** VISA ◉◉ AE
1 r. du Nouaou – ✆ 05 58 77 11 85 – Fermé 1ᵉʳ-9 juil.,
21 oct.-5 nov., 19 fév.-12 mars, mardi sauf du 14 juil. au 30 août et merc.
Rest – (19 €) Menu 36/75 € – Carte environ 50 €
♦ Cette ancienne bergerie ne manque pas de cachet avec sa charpente apparente et sa cheminée monumentale. Agréable terrasse-jardin. Cuisine actuelle rythmée par les saisons.

ST-VINCENT-SUR-JARD – 85 Vendée – **316** G9 – 1 146 h.   **34** B3
– alt. 10 m – ⊠ 85520 ▯ Poitou Vendée Charentes

> ▶ Paris 454 – Luçon 34 – La Rochelle 70 – La Roche-sur-Yon 35
> 🛈 Syndicat d'initiative, place de l'Eglise ✆ 02 51 33 62 06, Fax 02 51 33 01 23

🏠   **L'Océan** 🌫   🚗 🏠 ⅃ & ch, AK rest, **P** VISA ◉◉
1 km au Sud (près maison de Clemenceau) – ✆ 02 51 33 40 45
– www.hotel-restaurant-ocean.com – Fax 02 51 33 98 15 – Fermé 16 nov.-27 fév.
et merc. d'oct. à mars
37 ch – ♦53/71 € ♦♦53/87 €, ⊡ 8 € – ½ P 54/74 €
Rest – Menu 22/60 € – Carte 25/50 €
♦ Imposante villa balnéaire tenue par la même famille depuis trois générations. Chambres
simples esprit "vieille France", jardin ombragé de pins et véranda pour le petit-déjeuner. Au
restaurant, carte traditionnelle valorisant les produits de l'océan.

ST-YBARD – 19 Corrèze – **329** K3 – **rattaché à Uzerche**

ST-YORRE – 03 Allier – **326** H6 – **rattaché à Vichy**

STE-ANNE-D'AURAY – 56 Morbihan – **308** N8 – 2 102 h. – alt. 42 m   **9** A3
– ⊠ 56400 ▯ Bretagne

> ▶ Paris 475 – Auray 7 – Hennebont 33 – Locminé 27
> 🛈 Office de tourisme, 26, rue de Vannes ✆ 02 97 57 69 16, Fax 02 97 57 79 22
> 👁 Trésor★ de la basilique - Pardon (26 juil.).

🔳   **L'Auberge**   🚗 🏠 🔌 & AK 🕾 **P** VISA ◉◉ AE
56 r. de Vannes – ✆ 02 97 57 61 55 – www.auberge-larvoir.com
– Fax 02 97 57 69 10 – Fermé en nov. et janv.
16 ch – ♦60/89 € ♦♦60/200 €, ⊡ 10 € – 2 suites
Rest – *(fermé merc. midi et mardi en hiver)* (15 €) Menu 22/85 €
– Carte 35/100 €
♦ Deux décors, deux ambiances différentes pour cet établissement. L'hôtel joue la carte Art
déco : palissandre, loupe d'orme ; reproductions de Mucha et Lempicka ; appliques Lalique.
Le restaurant adopte un style breton et sert une cuisine dans l'air du temps.

🏠   **Myriam** sans rest 🌫   🔌 **P** VISA ◉◉
35 bis r. Parc – ✆ 02 97 57 70 44 – www.hotellemyriam.com – Fax 02 97 57 63 49
– Ouvert 1ᵉʳ avril-30 sept.
30 ch – ♦45/60 € ♦♦45/60 €, ⊡ 8,50 €
♦ Construction des années 1970 dans un paisible quartier résidentiel. Chambres simples,
sobrement rajeunies. Salle des petits-déjeuners égayée de bibelots marins.

STE-ANNE-DU-CASTELLET – 83 Var – **340** J6 – **rattaché au Castellet**

STE-ANNE-LA-PALUD (Chapelle de) – 29 Finistère – **308** F6   **9** A2
– alt. 65 m – ⊠ 29550 ▯ Bretagne

> ▶ Paris 584 – Brest 68 – Châteaulin 20 – Crozon 27
> 👁 Pardon (fin août).

De La Plage ⟨ 🚗 🏊 ⚒ 📶 🅰️ rest, 🍴 **P** 🆚 💳 AE

à la plage – 𝒞 02 98 92 50 12 – www.plage.com – Fax 02 98 92 56 54
– Ouvert 3 avril-2 nov.
23 ch – †160/180 € ††187/350 €, ⚏ 19 € – 1 suite – ½ P 169/251 €
Rest – *(fermé lundi midi, mardi midi, merc. midi et vend. midi)* Menu 52/92 €
– Carte 73/114 € 🏵

◆ Belle demeure isolée en bordure de plage. Les chambres (certaines rénovées en 2009) donnent sur la baie ou sur le jardin fleuri. Beaucoup de charme ; prix en conséquence. Au restaurant, cuisine soignée à déguster face à la mer.

STE-CÉCILE-LES-VIGNES – 84 Vaucluse – **332** C8 – **2 179 h.**   **40** A2
– alt. 108 m – ⌧ 84290

🄳 Paris 646 – Avignon 47 – Bollène 13 – Nyons 26

✗ **La Farigoule** avec ch   🏡 🅰️ 🍴 🆚 💳
26 cours M. Trintignant – 𝒞 04 90 30 89 89 – www.lafarigoule.net
– Fax 04 90 30 78 00 – fermé 1er-29 mars et 22 nov.-6 déc.
9 ch – †47 € ††59 €, ⚏ 8 € – ½ P 65 €
Rest – *(fermé dim. soir de sept. à juin)* Menu 18 € (sem.)/39 € – Carte 42/53 €
◆ Au cœur du vignoble des Côtes du Rhône, cette auberge sympathique propose de belles recettes régionales, à déguster sous la tonnelle verdoyante ou dans la salle à manger cosy. Chambres personnalisées et coquettes.

✗ **Campagne, Vignes et Gourmandises**   🏡 🅰️ **P** 🆚 💳
rte de Suze-la-Rousse – 𝒞 04 90 63 40 11 – www.restaurant-cvg.com
– Fax 04 90 63 40 25 – Fermé 25 oct.-4 nov., 20 déc.-5 janv., mardi hors saison, dim. soir hors saison et lundi
Rest – *(nombre de couverts limité, prévenir)* (16 €) Menu 21/53 € – Carte 40/66 €
◆ Dans un paisible quartier résidentiel, ce petit mas respire l'air des vignes. Salle à manger champêtre complétée par une jolie terrasse ; cuisine actuelle aux accents du Sud.

STE-COLOMBE – 84 Vaucluse – **332** E9 – **rattaché à Bédoin**

STE-CROIX – 01 Ain – **328** D5 – **rattaché à Montluel**

STE-CROIX-DE-VERDON – 04 Alpes-de-Haute-Provence – **334** E10   **41** C2
– 149 h. – alt. 530 m – ⌧ 04500 ▯ Alpes du Sud

🄳 Paris 780 – Brignoles 59 – Castellane 59 – Digne-les-Bains 51

✗ **L'Olivier**   ⟨ 🆚 💳
Le village – 𝒞 04 92 77 87 95 – www.l-olivier-restaurant.com – Fax 04 92 77 87 95
– Ouvert de mi-fév. à mi-nov. et fermé lundi et mardi sauf juil.-août
Rest – (22 €) Menu 29/45 € – Carte 47/80 €
◆ Dans un village adossé à la falaise, ce restaurant vous invite à découvrir une cuisine actuelle soignée. Terrasse-véranda avec une vue splendide sur le lac de Sainte-Croix.

STE-CROIX-EN-JAREZ – 42 Loire – **327** G7 – **rattaché à Rive-de-Gier**

STE-CROIX-EN-PLAINE – 68 Haut-Rhin – **315** I8 – **rattaché à Colmar**

STE-ÉNIMIE – 48 Lozère – **330** I8 – **517 h.** – alt. 470 m – ⌧ 48210   **23** C1
▯ Languedoc Roussillon

🄳 Paris 612 – Florac 27 – Mende 28 – Meyrueis 30
🛈 Office de tourisme, village 𝒞 04 66 48 53 44, Fax 04 66 48 47 70
🄶 ⟨ ★★ sur le canyon du Tarn S : 6,5 km par D 986.

🏠 **Auberge du Moulin**   🏡 🍴 ch, **P** 🆚 💳
r. Combe – 𝒞 04 66 48 53 08 – www.aubergedumoulin.free.fr – Fax 04 66 48 58 16
– Ouvert de fin mars à mi-nov. et fermé dim. soir sauf juil.-août et fériés
10 ch – †50/70 € ††55/70 €, ⚏ 8 € – ½ P 52/65 €
Rest – *(fermé lundi sauf juil.-août et fériés)* (14 €) Menu 18/36 € – Carte 22/40 €
◆ Belle demeure en pierre dressée au cœur d'un des plus beaux villages de France. Chambres simples, pour moitié avec terrasse tournée vers le Tarn. Salle à manger ornée d'une cheminée ou terrasse ouverte sur les gorges. Plats traditionnels et légumes du potager.

STE-EULALIE – 07 Ardèche – **331** H5 – 235 h. – alt. 1 233 m   **44** A3
– ⊠ 07510

> ▶ Paris 587 – Aubenas 47 – Langogne 47 – Privas 51
>
> 🄸 Syndicat d'initiative, Mairie ℰ 04 75 38 89 78, Fax 04 75 38 87 37

🏠   **Du Nord** ⦵   🛏 ᴦ rest, ⁙ **P.** 𝚅𝙸𝚂𝙰 ⦿ 𝙰𝙴
– ℰ 04 75 38 80 09 – www.hoteldunord-ardeche.com – Fax 04 75 38 85 50
– Ouvert 7 mars-11 nov.
15 ch – ♦55/65 € ♦♦55/65 €, ⴾ 8,50 € – ½ P 56/60 €
Rest – (fermé mardi soir sauf en juil.-août et merc.) Menu 26/40 €
♦ Sympathique hostellerie appréciée des pêcheurs qui viennent ferrer le poisson dans la Loire toute proche. Chambres confortables, régulièrement rénovées. Cuisine du terroir, ambiance familiale et cadre néo-rustique caractérisent le restaurant.

STE-EUPHÉMIE – 01 Ain – **328** B5 – 1 332 h. – alt. 247 m – ⊠ 01600   **43** E1

> ▶ Paris 435 – Bourg-en-Bresse 49 – Dijon 168 – Lyon 36

✕   **Au Petit Moulin**   🛏 𝚅𝙸𝚂𝙰 ⦿
😊 615 rte d'Ars – ℰ 04 74 00 60 10 – www.aupetitmoulin-01.com
– Fermé 20 janv.-20 fév., jeudi soir, lundi, mardi et merc.
Rest – (15 €) Menu 23/35 € – Carte 27/45 €
♦ Sur la carte de cette modeste auberge de campagne voisine de la Dombes : grenouilles, poissons d'eau douce et volailles, soigneusement mitonnés et généreusement servis.

STE-FEYRE – 23 Creuse – **325** I4 – **rattaché à Guéret**

STE-FLORINE – 43 Haute-Loire – **331** B1 – 3 105 h. – alt. 440 m   **6** C2
– ⊠ 43250

> ▶ Paris 465 – Brioude 16 – Clermont-Fd 55 – Issoire 19

🏠   **Le Florina**   🛏 📶 𝚅𝙸𝚂𝙰 ⦿ 𝙰𝙴 ⦿
😊 pl. Hôtel de Ville – ℰ 04 73 54 04 45 – www.hotel-leflorina.com
– Fax 04 73 54 02 62 – Fermé 19 déc.-10 janv.
14 ch – ♦38/42 € ♦♦42/60 €, ⴾ 6,50 € – ½ P 40/58 €
Rest – (fermé dim. soir) (10 €) Menu 15/28 € – Carte 19/45 €
♦ Située en plein centre-ville, cette adresse familiale propose des chambres fonctionnelles et pratiques. Celles du premier étage viennent d'être rénovées dans un style actuel. Restaurant au cadre contemporain où l'on sert une sobre cuisine traditionnelle.

STE-FOY-LA-GRANDE – 33 Gironde – **335** M5 – 2 588 h. – alt. 10 m   **4** C1
– ⊠ 33220 ▮ Aquitaine

> ▶ Paris 555 – Bordeaux 71 – Langon 59 – Marmande 44
>
> 🄸 Office de tourisme, 102, rue de la République ℰ 05 57 46 03 00,
> Fax 05 57 46 16 62
>
> 🄸 Chateau des Vigiers Golf Club à Monestier, SE : 9 km par D 18,
> ℰ 05 53 61 50 33

✕✕   **Côté Bastide**   ⪜ 🛏 ᴦ 𝙰𝙲 𝚅𝙸𝚂𝙰 ⦿ 𝙰𝙴
8 r. Marceau, (près hôpital) – ℰ 05 57 46 14 02 – Fax 05 57 46 14 02 – fermé dim. et merc.
Rest – (17 € bc) Menu 25/42 € – Carte 37/50 €🥂
♦ Maison au cadre agréable tenue par un couple, madame aux fourneaux et monsieur en salle. Goûteuses recettes modernes allégées en graisses, réalisées avec des produits locaux.

✕✕   **Au Fil de l'Eau**   𝙰𝙲 𝚅𝙸𝚂𝙰 ⦿ 𝙰𝙴
😊 3 r. de la Rouquette, à Port-Ste-Foy – ℰ 05 53 24 72 60
– www.restaurantaufildeleau.com – Fax 05 53 24 94 97 – Fermé
2-16 mars, 8-30 nov., merc. soir d'oct. à mars, dim. soir sauf juil.-août et lundi
Rest – Menu 14 € (déj. en sem.), 21/53 € – Carte 37/68 €
♦ Salle à manger-véranda au décor contemporain (tons gris, photos anciennes du port de Ste-Foy) pour savourer une cuisine actuelle à base de produits du terroir. Vue sur la Dordogne

au Sud-Est 8 km sur D 18 par av. Foch

Château des Vigiers ⚲ ≤ 🕭 🏡 ♨ ⑂ ❄ 🎬 📷 ❖ ch, 🄼 ch, ❖ ⑂
au golf des Vigiers ✉ 24240 Monestier — 👌 P VISA ⚫⚫ AE ①
– 𝒞 05 53 61 50 00 – www.vigiers.fr – Fax 05 53 61 50 20 – Fermé déc., janv.
et fév.
87 ch – †165/330 € ††165/330 €, ☐ 17 € – ½ P 125/235 €
Rest Les Fresques – 𝒞 05 53 61 50 39 *(Ouvert 1ᵉʳ mai-30 sept. et fermé mardi
et merc.) (dîner seult)* Menu 40/59 € – Carte 46/88 €
Rest Brasserie Le Chai – (20 €) Menu 25/35 € – Carte 31/46 €
◆ Situé en bordure du golf, ce château du 16ᵉ s. abrite de grandes chambres personnalisées
et d'autres plus modernes dans une nouvelle aile en bois, façon séchoir à tabac. Cadre chic,
carte actuelle et vins de la propriété aux Fresques. Brasserie occupant l'ancien chai.

STE-FOY-TARENTAISE – 73 Savoie – 333 O4 – 849 h. – alt. 1 050 m — 45 D2
– ✉ 73640 ▮ Alpes du Nord

▶ Paris 647 – Albertville 66 – Chambéry 116 – Moûtiers 40
🛈 Office de tourisme, station 𝒞 04 79 06 95 19, Fax 04 79 06 95 09

Le Monal ≤ 🕭 📶 🕭 ☞ VISA ⚫⚫ AE
Chef Lieu – 𝒞 04 79 06 90 07 – www.le-monal.com – Fax 04 79 06 94 72 – Fermé
sam. et dim. en mai, oct. et nov.
19 ch – †60/80 € ††70/100 €, ☐ 10 € – 2 suites – ½ P 77/85 €
Rest – Menu 16 € (déj. en sem.), 30/35 € – Carte 36/60 €⌘
◆ Cet ancien relais de poste, dans la même famille depuis 1888, abrite aujourd'hui un charmant hôtel. Belles chambres et suites familiales, façon chalet. Décor tout bois et carte traditionnelle au restaurant. Dégustation et vente de vin.

rte de la Station 6 km au SE par rte secondaire – ✉ 73640 Ste-Foy-Tarentaise

La Ferme du Baptieu ⚲ ≤ 🚗 ⑂ P ☞
Le Baptieu, (D 84) – 𝒞 04 79 06 97 52 – www.lafermedubaptieu.com
– Fax 04 79 06 97 52 – Ouvert juil.-août et déc.-avril
5 ch ☐ – †110/170 € ††110/170 € **Table d'hôte** – Menu 37 € bc
◆ Ce chalet du 18ᵉ s. a un charme fou : meubles et objets chinés, boiseries... Chaque chambre possède une superbe salle de bains et un balcon ouvrant sur la montagne. Spécialités
savoyardes et méditerranéennes à la table d'hôte.

STE-GEMME-MORONVAL – 28 Eure-et-Loir – 311 E3 – rattaché à Dreux

---

STE-GENEVIÈVE-DES-BOIS – 91 Essonne – 312 C4 – 101 35 – voir à Paris,
Environs

STE-GENEVIÈVE-SUR-ARGENCE – 12 Aveyron – 338 I2 – 1 020 h. 29 D1
– alt. 800 m – ✉ 12420

▶ Paris 571 – Aurillac 56 – Chaudes-Aigues 34 – Espalion 40
🛈 Syndicat d'initiative, Syndicat d'Initiative 𝒞 0565661975, Fax 0565661975
◉ Barrage de Sarrans★ N : 8 km, ▮ Midi-Toulousain

✗ **Des Voyageurs** avec ch 🚗 VISA ⚫⚫
☞ *r. du Riols* – 𝒞 05 65 66 41 03 – Fax 05 65 66 10 94 – Fermé 20 sept-15 oct.,
20 déc.-10 janv., dim. soir et sam. du 15 oct. au 10 juil.
14 ch – †43/46 € ††43/46 €, ☐ 6 € – ½ P 46 €
Rest – Menu 12 € (déj. en sem.), 14/32 € – Carte 16/36 €
◆ Cet ex-relais de diligences accueille les voyageurs depuis 1872. Décor rustique au restaurant, ouvert sur un jardin ; plats régionaux préparés à l'ancienne. Chambres simples et pratiques.

STE-HERMINE – 85 Vendée – 316 J8 – 2 512 h. – alt. 28 m – ✉ 85210 34 B3
▶ Paris 433 – Nantes 93 – La Roche-sur-Yon 35 – La Rochelle 59
🛈 Office de tourisme, la Gare 𝒞 02 51 27 39 32, Fax 02 51 27 39 32

Clem'otel

parc Atlantique Vendée, 2 km au Sud sur D 137 – ℰ 02 51 28 46 94
– www.clemotel.com – Fax 02 51 28 46 81 – Fermé 24 déc.-3 janv.
49 ch – †52/54 € ††64/66 €, � 8 € – ½ P 51/53 €
Rest – (fermé dim. de nov. à fin mars) (12 €) Menu 15 € – Carte 18/26 €
♦ Hôtel récent au cœur d'une zone artisanale, à la sortie de l'autoroute. Chambres d'ampleurs variables, bien insonorisées ; petits-déjeuners servis dans un patio. À table, régalez-vous de grillades ou de plats du terroir dans un décor mi-contemporain, mi-rustique.

STE-LUCIE-DE-PORTO-VECCHIO – 2A Corse-du-Sud – **345** F9 – **voir à Corse**

STE-LUCIE-DE-TALLANO – 2A Corse-du-Sud – **345** D9 – **voir à Corse**

STE-MAGNANCE – 89 Yonne – **319** H7 – **373** h. – alt. 310 m   **7** B2
– ✉ 89420 ▮ Bourgogne

▶ Paris 224 – Avallon 15 – Auxerre 65 – Dijon 68

◎ Tombeau★ dans l'église.

Auberge des Cordois

D 606 – ℰ 03 86 33 11 79 – Fermé 20-30 juin, 12-19 nov., 3-29 janv., lundi soir,
mardi et merc.
Rest – Menu 27/42 € – Carte 29/58 €
♦ Maison bicentenaire en bord de route, repérable à sa façade jaune. Formule bistrot ou cuisine régionale actualisée servie dans une salle aux tons ocre et violet.

STE-MARGUERITE (ÎLE) – 06 Alpes-Maritimes – **341** D6 – **voir à Île Sainte-Marguerite**

STE-MARIE – 44 Loire-Atlantique – **316** D5 – **rattaché à Pornic**

STE-MARIE-DE-RÉ – 17 Charente-Maritime – **324** C3 – **voir à Île de Ré**

STE-MARIE-DE-VARS – 05 Hautes-Alpes – **334** I5 – **rattaché à Vars**

STES-MARIES-DE-LA-MER – **voir après Saintes**

STE-MARIE-SICCHÉ – 2A Corse-du-Sud – **345** C8 – **voir à Corse**

STE-MARINE – 29 Finistère – **308** G7 – **rattaché à Bénodet**

STE-MAURE – 10 Aube – **313** E3 – **rattaché à Troyes**

STE-MAURE-DE-TOURAINE – 37 Indre-et-Loire – **317** M6   **11** B3
– **3 995** h. – alt. 85 m – ✉ 37800 ▮ Châteaux de la Loire

▶ Paris 273 – Le Blanc 71 – Châtellerault 39 – Chinon 32

🛈 Office de tourisme, rue du Château ℰ 02 47 65 66 20, Fax 02 47 34 04 28

Hostellerie des Hauts de Ste-Maure

av. Gén. de Gaulle – ℰ 02 47 65 50 65
– www.hostelleriehautsdestemaure.fr – Fax 02 47 65 60 24 – Fermé janv., lundi
(sauf hôtel) et dim. d'oct. à mai
19 ch – †109/129 € ††109/180 €, ⊵ 14 €
Rest *La Poste* – (fermé lundi midi et dim. d'oct. à mai) Menu 38/80 €
– Carte 58/80 € ⅜
♦ Ce relais de poste du 16ᵉ s. et sa dépendance bénéficient de chambres confortables,
actuelles et personnalisées. Piscine-balnéo, jardin, potager. L'ancien pressoir abrite le restaurant La Poste. Décor rustique rehaussé de touches modernes et cuisine classique.

Le Grand Menasson sans rest ⬩

lieu dit Le Grand Menasson, 2 km par ancienne rte de Loches et rte secondaire
– ℰ 06 11 08 51 80 – www.augrandmenasson.fr
6 ch ⊵ – †70/90 € ††70/90 €
♦ Au calme, cette ferme ancienne recouverte de vigne vierge vous réserve un accueil chaleureux. Grand parc avec étang, chambres rustiques ou agrémentées de mobilier chiné.

à Pouzay 8 km au Sud-Ouest – 788 h. – alt. 51 m – ⊠ 37800

⚬ **Au Gardon Frit**　　　　　　　　　　　　　　　🛜 VISA ©◎
16 pl. de l'Eglise – ℰ 02 47 65 21 81 – www.au-gardon-frit.com
– Fermé 13-22 avril, 14-29 sept., 18-31 janv., mardi et merc. sauf fériés
Rest – Menu 14 € (déj. en sem.), 18/39 € – Carte 23/70 €
◆ Point de "gardon frit" sur la carte, mais des produits de la mer en direct de l'océan dans ce restaurant familial accolé à un café. Décor marin et jolie terrasse ombragée.

rte de Chinon 2,5 km à l'Ouest : par D 760 – ⊠ 37800 Noyant-de-Touraine

⚬⚬ **La Ciboulette**　　　　　　　　　　　　🛜 **P** VISA ©◎
78 rte de Chinon, (face échangeur A 10, sortie n° 25) – ℰ 02 47 65 84 64
– www.laciboulette.fr – Fax 02 47 65 89 29 – Fermé dim. soir, lundi soir, mardi soir et merc. soir d'oct. à mars sauf vacances scolaires et fériés
Rest – (19 €) Menu 25/56 € – Carte 31/54 €
◆ L'attrait de cette grande maison couverte de vigne vierge ? Son intéressante formule menu-carte de plats classiques. Salle à manger sobrement décorée et terrasse d'été.

à Noyant-de-Touraine 5 km à l'Ouest – 815 h. – alt. 92 m – ⊠ 37800

🏠🏠 **Château de Brou** ⌖　　　　　≤ ⏥ 🛜 ⒶⓀ 🛜 ⅍ **P** VISA ©◎ AE
2 km au Nord par rte secondaire – ℰ 02 47 65 80 80 – www.chateau-de-brou.fr
– Fax 02 47 65 82 92 – Fermé 19-27 déc., 1er janv.-4 fév.
10 ch – ♦115/175 € ♦♦115/175 €, ⏛ 15 € – 2 suites – ½ P 123/208 €
Rest – (fermé dim. et lundi d'oct. à mars) (dîner seult) Menu 40/70 € Carte 50/75 €
◆ Beau château du 15e s. isolé dans un vaste parc. Remarquable décor historique au service d'un très grand confort. Ravissant pigeonnier aménagé en suite. Chapelle du 19e s. Élégante petite salle à manger agrémentée d'une jolie cheminée ; carte traditionnelle.

STE-MAXIME – 83 Var – **340** O6 – 13 739 h. – alt. 10 m – Casino　　**41** C3
– ⊠ 83120 ▯ Côte d'Azur

▶ Paris 872 – Cannes 59 – Draguignan 34 – Fréjus 20
🛈 Office de tourisme, 1, promenade Simon-Lorière ℰ 04 94 55 75 55,
Fax 04 94 55 75 56
🏌 de Sainte-Maxime Route du Débarquement, N : 2 km, ℰ 04 94 55 02 02
🏌 de Beauvallon Boulevard des Collines, par rte de Toulon : 4 km,
ℰ 04 94 96 16 98

Plan page suivante

🏠🏠 **Hostellerie la Belle Aurore**　　　　≤ ⏥ ⅀ ⒶⓀ **P** VISA ©◎ AE Ⓞ
5 bd Jean Moulin, par ③ – ℰ 04 94 96 02 45 – www.belleaurore.com
– Fax 04 94 96 63 87 – Ouvert 3 avril-10 oct.
16 ch – ♦145/440 € ♦♦145/440 €, ⏛ 20 € – 1 suite – ½ P 133/225 €
Rest – (fermé lundi midi et merc. sauf juil.-août) (25 €) Menu 35/88 €
– Carte 100/120 €
◆ Établissement les pieds dans l'eau. Chambres paisibles aux couleurs du Sud et donnant sur golfe de St-Tropez. Terrasse ou balcon pour profiter de la grande bleue. Salle panoramique pour une table soignée honorant la Provence, avec un clin d'œil au Gers.

🏠🏠 **Villa les Rosiers**　　　　　　≤ ⏥ ⅀ ⅍ ⒶⓀ 🛜 **P** VISA ©◎ AE
4 chemin de Guerrevieille Beauvallon-Grimaud, 5 km par ③ – ℰ 04 94 55 55 20
– www.villa-les-rosiers.com – Fax 04 94 55 55 33 – Ouvert 16 mars-31 oct. et
23 déc.-9 janv.
12 ch – ♦160/470 € ♦♦160/470 €, ⏛ 22 €
Rest – (ouvert 1er avril-31 oct.) Carte 41/76 €
◆ Sculptures et tableaux contemporains personnalisent cette villa récente dominant le golfe. Chambres au raffinement actuel, toutes côté jardin, et dotées de terrasse ou balcon. Cuisine du marché servie dans une salle claire et tendance ou sur la terrasse.

🏠 **Martinengo** sans rest　　　　　　　⚏ ⅍ ⒶⓀ ⅍ 🛜 **P** VISA ©◎
34 bd Jean-Moulin, par ③ – ℰ 04 94 55 09 09 – www.hotel-martinengo.com
– Fax 04 94 55 09 10 – Ouvert 2 avril-11 oct.
10 ch – ♦80/137 € ♦♦80/137 €, ⏛ 18 €
◆ Longeant la route côtière, bâtisse portant le nom d'un village de Lombardie, aux chambres de style classique (mobilier ancien et beaux tableaux). Bonne insonorisation.

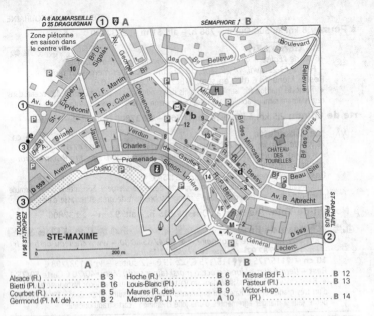

Alsace (R.) .... **B** 3	Hoche (R.) .... **B** 6	Mistral (Bd F.) .... **B** 12
Bietti (Pl. L.) .... **B** 16	Louis-Blanc (Pl.) .... **A** 8	Pasteur (Pl.) .... **B** 13
Courbet (R.) .... **B** 5	Maures (R. des) .... **B** 9	Victor-Hugo
Germond (Pl. M. de) .... **B** 2	Mermoz (Pl. J.) .... **A** 10	(Pl.) .... **B** 14

Les Santolines 🛋 ⅃ AC 📶 P VISA ⑳ AE

la Croisette par ③ – ℰ *04 94 96 31 34* – www.hotel-les-santolines.com
– Fax 04 94 49 22 12
14 ch – †60/243 € ††75/340 €, ⌁ 12 €
Rest *Le Sarment de Vigne* – ℰ *04 94 96 34 99 (fermé 1er nov.-28 fév.)* (20 €)
Menu 27/42 € – Carte 36/62 €
♦ Pimpante maison de style mas provençal en bord de route (double vitrage). Chambres
coquettes dotées de faïences dans les salles de bains, avec vue mer pour celles de l'étage.
Mets régionaux et grillades à apprécier dans un cadre actuel ouvrant sur la piscine.

Montfleuri 🛋 ⛱ ⅃ 🛗 AC ch, 📶 🏋 P VISA ⑳ AE ①

3 av. Montfleuri, par ② – ℰ *04 94 55 75 10*
– www.montfleuri.com – Fax 04 94 49 25 07
– Fermé 7 nov.-23 déc. et 2 janv.-1er mars
31 ch – †45/125 € ††45/235 €, ⌁ 10 € – ½ P 60/155 €
Rest – *(dîner seult)* Menu 24/28 € – Carte 33/48 €
♦ Dans un quartier résidentiel, adresse familiale abritant des chambres bien tenues, à préférer avec terrasse-balcon côté mer. Petit jardin aux essences méditerranéennes. Repas traditionnel servi dans une salle aux notes coloniales ou en plein air.

Le Mas des Oliviers sans rest 🌿 ⬉ 🛋 ⅃ ✂ ₺ AC 📶 P

quartier de la Croisette, 1 km par ③ – ℰ *04 94 96 13 31*   VISA ⑳ AE ①
– www.hotellemasdesoliviers.com – Fax 04 94 49 0146 – Fermé déc.-janv.
20 ch – †59/165 € ††59/165 €, ⌁ 12 €
♦ Au calme sur une colline de pins parasols, hôtel familial aux couleurs du Sud proposant
des chambres spacieuses, avec loggias tournées sur le golfe ou sur le jardin.

Le Petit Prince sans rest 🛗 ₺ AC 📶 P VISA ⑳ AE ①

11 av. St-Exupéry – ℰ *04 94 96 44 47* – www.hotellepetitprince.com
– Fax 04 94 49 03 38   **Ae**
31 ch – †58/118 € ††58/136 €, ⌁ 11 €
♦ Chambres actuelles et bien insonorisées, avec balcons *(sauf deux)*, donnant sur une avenue passante proche des plages. Solariums et terrasse pour les petits-déjeuners.

Croisette sans rest ⌾ 🚗 ⌸ ♨ 🛜 VISA ⦿ AE

2 bd Romarins, par ③ – ℰ 04 94 96 17 75 – www.hotel-sainte-maxime.com
– Fax 04 94 96 52 40 – Ouvert 1er avril-15 oct.
11 ch – †80/174 € ††80/174 €, ⌷ 12 €

◆ Lauriers roses, palmiers et figuiers agrémentent le plaisant jardin entourant cette villa d'un quartier pavillonnaire. Certaines chambres offrent la vue sur le large.

Hôtellerie de la Poste sans rest ⌸ ⌸ ⌷ ☒ ♨ 🛜 VISA ⦿ AE ⦿

11 bd F. Mistral – ℰ 04 94 96 18 33 – www.hotelleriedusoleil.com
– Fax 04 94 55 58 63 – Fermé 6-26 déc. **Bb**
28 ch – †70/140 € ††70/220 €, ⌷ 12 €

◆ Face à la poste, cet hôtel de 1932 vous accueille dans un cadre d'inspiration cubaine. Chambres aux tons chauds, plus calmes sur l'arrière. Petit patio-terrasse avec piscine.

✗✗ La Badiane ☒ VISA ⦿

6 r. Fernand-Bessy – ℰ 04 94 96 53 93 – Fax 04 94 96 53 93 – Fermé 7-14 juin,
22 nov.-6 déc., 23 janv.-10 fév., le midi et dim. soir **Bd**
Rest – Menu 35/80 € – Carte 70/120 €

◆ Sympathique adresse contemporaine du quartier de la vieille ville. Le chef-patron cuisine "à l'instinct" des recettes actuelles tandis que son épouse assure le service.

au Nord-Est par ①, av. Clemenceau et rte du Débarquement
– ✉ 83120 Ste-Maxime

Jas Neuf sans rest 🚗 ⌸ ☒ ♨ 🛜 ⌷ VISA ⦿ AE

112 av. du Débarquement – ℰ 04 94 55 07 30 – www.hotel-jasneuf.com
– Fax 04 94 49 09 71 – Fermé 30 nov.-17 déc. et 4-28 janv.
24 ch – †68/164 € ††68/164 €, ⌷ 10 €

◆ Un ensemble de petites maisons méridionales en retrait de la ville. Chambres fraîches et coquettes aux tons de la Provence, la plupart avec terrasse et balcon.

à La Nartelle 4 km par ② – ✉ 83120 Ste-Maxime

La Plage sans rest ☒ ♨ ⌷ 🅿 VISA ⦿ AE

36 av. Gén.-Touzet-du-Vigier – ℰ 04 94 96 14 01 – www.hotel-la-plage.fr
– Fax 04 94 49 23 53
18 ch – †75/160 € ††75/160 €, ⌷ 10 €

◆ Hôtel des années 1970 bordant la route et la plage. Petites chambres fonctionnelles, insonorisées et rénovées, affichant une décoration dans l'air du temps. Vue sur la mer.

à Val d'Esquières 6 km au Nord-Ouest par ② et rte des Issambres
– ✉ 83120 Ste-Maxime

La Villa 🍴 ☒ ♨ ch, 🛜 🅿 VISA ⦿

122 av. Croiseur Léger Le Malin, (D 559), à la Garonnette – ℰ 04 94 49 40 90
– www.hotellavilla.fr – Fax 04 94 49 40 85 – Fermé 29 nov.-4 mars
8 ch – †65/150 € ††65/150 €, ⌷ 9 € – 4 suites
Rest – *(dîner seult)* Menu 18/28 € – Carte 25/42 €

◆ Face à la plage (route à traverser), établissement familial abritant de petites chambres personnalisées d'esprit provençal ; certaines donnent sur la mer. La table conjugue une ambiance chaleureuse (couleurs vives, meubles en rotin) avec des mets provençaux.

STE-MÉNÉHOULD ⟨⟩ – 51 Marne – 306 L8 – 4 662 h. – alt. 137 m 14 C2
– ✉ 51800 ▮ Champagne Ardenne

▶ Paris 221 – Bar-le-Duc 50 – Châlons-en-Champagne 48 – Reims 80
▮ Syndicat d'initiative, 5, place du Général Leclerc ℰ 03 26 60 85 83,
Fax 03 26 60 27 22
◙ ≼★ de la butte appelée "Le château" - Château de Braux-Ste-Cohière★
O : 5,5 km.

Le Cheval Rouge 🛜 ♨ VISA ⦿ AE ⦿

1 r. Chanzy – ℰ 03 26 60 81 04 – www.lechevalrouge.com – Fax 03 26 60 93 11
– Fermé 1er-10 janv.
24 ch – †50/55 € ††55/65 €, ⌷ 8 € – ½ P 50/60 €
Rest – *(fermé dim. soir et lundi)* Menu 22/60 € – Carte 55/85 €

◆ À deux pas de l'hôtel de ville, cette auberge ancienne, aux chambres impeccablement tenues, assure des nuits paisibles. Dans une salle classique agrémentée de touches rustiques (cheminée, poutres apparentes), on sert un savoureux répertoire traditionnel.

à Futeau 13 km à l'Est par D 603 et D 2 – 152 h. – alt. 190 m – ⊠ 55120

XXX   **L'Orée du Bois** avec ch ⌂   ⟨ 🚗 ⚫ ch, ᵉⁱ P VISA ⚫⚫
1 km au Sud – ℰ 03 29 88 28 41 – www.aloreedubois.fr – Fax 03 29 88 24 52
– Fermé 22 nov.-22 déc., 4-26 janv., lundi et mardi sauf le soir de Pâques à
fin sept. et dim. soir hors saison
14 ch – ♦85/90 € ♦♦90/165 €, ⊇ 14 € – ½ P 98/138 €
Rest – Menu 28 € (déj. en sem.), 45/72 € – Carte 58/80 €
♦ En lisière de la forêt d'Argonne, cette auberge accueillante abrite deux jolies salles à manger tournées vers la campagne. Carte classique. Confort et bonne tenue des chambres.

STE-MÈRE-ÉGLISE – 50 Manche – 303 E3 – 1 612 h. – alt. 28 m   **32** A2
– ⊠ 50480 ▯ Normandie Cotentin

🢂 Paris 321 – Bayeux 57 – Cherbourg 39 – St-Lô 42
🛈 Office de tourisme, 6, rue Eisenhower ℰ 02 33 21 00 33, Fax 02 33 21 53 91
◉ Musée Airborne ★

au Sud-Ouest 6 km par D 67 et D 70 – ⊠ 50360 Picauville

🏠   **Château de L'Isle Marie** sans rest ⌂   🎵 ⚘ ᵉⁱ P VISA ⚫⚫
– ℰ 02 33 21 37 25 – www.islemarie.com – Fax 02 33 21 42 22
– Ouvert 1ᵉʳ mars-15 nov. et 20 déc.-2 janv.
5 ch ⊇ – ♦120/165 € ♦♦150/195 €
♦ Ce somptueux château médiéval qui appartiendrait à la même famille depuis mille ans se dresse dans un immense domaine. Grand confort, romantisme et authenticité : un lieu unique.

STE-NATHALÈNE – 24 Dordogne – 329 I6 – 510 h. – alt. 145 m   **4** D3
– ⊠ 24200

🢂 Paris 538 – Bordeaux 205 – Périgueux 74 – Brive-la-Gaillarde 63

🏠   **La Roche d'Esteil** ⌂   🚗 🎵 ⟰ ᵉⁱ VISA ⚫⚫
La Croix d'Esteil – ℰ 05 53 29 14 42 – www.larochedesteil.com – Ouvert
1ᵉʳ mars-15 nov.
5 ch – ♦64/98 € ♦♦64/98 €, ⊇ 6,50 €   **Table d'hôte** – Menu 25 € bc
♦ Domaine restauré avec goût et dans le respect de la tradition périgourdine par des propriétaires passionnés. Chambres soignées et indépendantes, logées dans les ex-granges. Table d'hôte le soir dans un décor plus contemporain et convivial.

STE-PREUVE – 02 Aisne – 306 F5 – 89 h. – alt. 115 m – ⊠ 02350   **37** D2

🢂 Paris 188 – Saint-Quentin 69 – Laon 29 – Reims 49

🏛   **Domaine du Château de Barive** ⌂   🎵 🚗 🖥 ⊕ ⛱ ⚘ P
3 km au Sud-Ouest – ℰ 03 23 22 15 15   VISA ⚫⚫ AE ①
– www.chateau-de-barive.com – Fax 03 23 22 08 39
18 ch – ♦120/450 € ♦♦140/450 €, ⊇ 14 € – 4 suites
Rest Les Epicuriens – (35 €) Menu 40/83 € – Carte 66/100 €
♦ Cette superbe bâtisse (19ᵉ s.) et son vaste parc profitent du calme de la campagne picarde. Chambres cosy, mansardées au 2ᵉ étage. Nouvelles suites et accueil personnalisé. Salle à manger-véranda rénovée et ouverte sur la verdure. Cuisine actuelle soignée.

SAINTES ◉ – 17 Charente-Maritime – 324 G5 – 26 531 h. – alt. 15 m   **38** B3
– ⊠ 17100 ▯ Poitou Vendée Charentes

🢂 Paris 469 – Bordeaux 117 – Poitiers 138 – Rochefort 42
🛈 Office de tourisme, 62, cours National ℰ 05 46 74 23 82, Fax 05 46 92 17 01
🖿 de Saintonge 43, route du Golf, par rte de Niort : 5 km, ℰ 05 46 74 27 61
◉ Abbaye aux Dames : église abbatiale ★ - Vieille ville ★ - Arc de Germanicus ★ **B** - Église St-Eutrope : église inférieure ★ **E** - Amphithéâtre gallo-romain ★ - Musée des Beaux-Arts ★ : Musée Archéologique : char de parade ★.

SAINTES

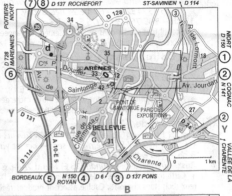

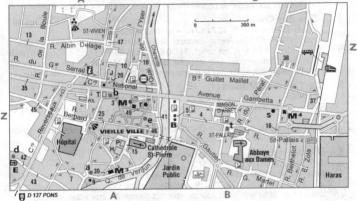

Relais du Bois St-Georges

132 cours Genet, (Parc Atlantique) – ℰ 05 46 93 50 99
– www.relaisdubois.com – Fax 05 46 93 34 93

Yd

30 ch – ♦68/180 € ♦♦74/360 €, ☐ 19 €

Rest – Menu 65/149 € bc – Carte 60/88 €

Rest *La Table du Bois* – (26 €) Menu 29/35 € – Carte 35/44 €

♦ Bâti sur le site d'un ancien chai, cet hôtel propose des chambres personnalisées, parfois très originales : capitaine Némo, Tombouctou, Monte Cristo... Parc avec étangs. Cuisine au goût du jour et salle à manger rustique ouverte sur la nature. À La Table du Bois, ambiance cosy et formule bistrot.

Des Messageries *sans rest*

r. des Messageries – ℰ 05 46 93 64 99 – www.hotel-des-messageries.com
– Fax 05 46 92 14 34 – Fermé vacances de Noël

AZr

34 ch – ♦60/83 € ♦♦65/83 €, ☐ 8 €

♦ Ex-relais de diligences (1792) situé dans le quartier historique. Les chambres arborent un style actuel. Produits du terroir au petit-déjeuner. Accueil charmant.

Passée en rouge, la mention **Rest** repère l'établissement auquel est attribué une distinction culinaire, ⌖ (étoile) ou ⌾ (Bib Gourmand).

L'Avenue sans rest ☝ P VISA ◉◉
114 av. Gambetta – ℰ 05 46 74 05 91 – www.hoteldelavenue.com
– Fax 05 46 74 32 16 – Fermé 24 déc.-3 janv.   BZs
15 ch – ♦45/75 € ♦♦45/75 €, � 8 €

♦ Accueil tout sourire dans cet établissement des années 1970 bordant un axe passant. Les chambres, personnalisées et chaleureuses, donnent sur l'arrière et sont calmes.

Le Bistrot Galant VISA ◉◉ AE
28 r. St-Michel – ℰ 05 46 93 08 51 – www.lebistrotgalant.com
– Fax 05 46 90 95 58 – Fermé une sem. en mars, 15-31 oct., dim. et lundi
Rest – (13 €) Menu 15/38 € – Carte 35/47 €   AZe

♦ Au cœur d'une rue piétonne, la façade vitrée cache deux petites salles à manger dont une relookée dans un style actuel. Cuisine traditionnelle (produits frais du marché).

Saveurs de l'Abbaye avec ch 🍽 ᗢ rest, ☝ VISA ◉◉
1 pl. St Palais – ℰ 05 46 94 17 91 – www.saveurs-abbaye.com
– Fax 05 46 94 47 54 – Fermé 18 sept.-4 oct. et vacances de fév.   BZt
8 ch – ♦49 € ♦♦52 €, ⊋ 8 € – ½ P 59 €
Rest – (fermé dim. et lundi) (15 €) Menu 24/46 € – Carte 31/39 €

♦ Cette maison familiale, à deux pas de l'Abbaye aux Dames, offre un cadre actuel chaleureux (bois, tons chocolat). Cuisine associant produits régionaux, herbes et épices. Chambres modernes avec une touche de personnalisation ("Couleurs d'Asie", "Côté Mer"...).

Clos des Cours 🍽 AK ᗢ VISA ◉◉
2 pl. du Théâtre – ℰ 05 46 74 62 62 – www.closdescours.com
– Fax 05 46 74 62 62 – Fermé vacances de la Toussaint, 23 déc.-8 janv. et dim.
Rest – Menu 13 € (déj. en sem.), 24/30 € – Carte 30/44 €   AZb

♦ Un décor contemporain, une spacieuse terrasse bien agréable en été et une cuisine moderne savamment épicée font le charme de cette table située à proximité du théâtre.

La Table de Marion AK ᗢ VISA ◉◉
10 pl. Blair – ℰ 05 46 74 16 38 – Fermé mardi soir et merc.   AZa
Rest – (nombre de couverts limité, prévenir) Menu 25 € (déj. en sem.), 37/47 €
– Carte 37/50 € 🍷

♦ Sur une placette bordée par la Charente, restaurant actuel où l'on prend place entre des murs en pierre. Cuisine créative évoluant au gré du marché ; belle sélection de vins.

L'Adresse VISA ◉◉
48 r. St-Eutrope – ℰ 05 46 94 51 62 – Fax 05 46 94 16 37 – Fermé sam. et dim.
Rest – (nombre de couverts limité, prévenir) (14 €) Menu 29 €   AZd

♦ Produits du marché et légumes de producteurs locaux, sans oublier... l'adresse du chef : tous les ingrédients sont réunis pour un repas très gourmand. Décor actuel, intimiste.

à St-Sauvant 13 km à l'Est par ② et N 141 – 508 h. – alt. 18 m – ✉ 17610

Design Hôtel des Francs Garçons ⌘ 🛀 🌿 AK ☝ VISA ◉◉ AE
1 r. des Francs-Garçons – ℰ 05 46 90 33 93 – www.francsgarcons.com
– Fax 04 86 68 87 47
5 ch – ♦88/138 € ♦♦88/138 €, ⊋ 12 € – 2 suites
Rest – (dîner seult) (résidents seult) Carte 25/39 €

♦ Dans un village médiéval, maison rénovée par des architectes. Sur plusieurs niveaux : décor moderne, vieilles pierres, mobilier design, jeux de lumières. Piscine face à l'église. Restaurant ouvert le soir pour les clients de l'hôtel.

à Thénac 10 km au Sud par ③ et D 6 – 1 582 h. – alt. 62 m – ✉ 17460

Domaine les Chais de Thénac sans rest ⌘ 🍴 🌿 ☝ P VISA ◉◉
41 r. de la République – ℰ 05 46 91 05 74 – www.domainedeschais.com
6 ch – ♦100 € ♦♦110 €, ⊋ 10 €

♦ Domaine du 18e s. entièrement restauré, abritant un petit hôtel. Profitez du calme de la campagne, du jardin, de la piscine d'été et des spacieuses chambres décorées avec goût.

L'Atelier Gourmand de Jean-Yves 🍽 ᗢ P VISA ◉◉
41 r. de la République – ℰ 05 46 97 84 26 – www.l-ateliergourmand.fr – Fermé 2
sem. en janv., dim. soir et lundi
Rest – (20 €) Menu 23 € (déj. en sem.)/58 € bc – Carte 40/58 €

♦ Ce restaurant installé dans les anciennes écuries d'un chai affiche une belle convivialité. Cuisines ouvertes sur la salle rustique, terrasse face au parc et plats régionaux.

STE-SABINE – 24 Dordogne – **329** F7 – 376 h. – alt. 133 m – ✉ 24440   **4** C2

▶ Paris 565 – Bordeaux 130 – Périgueux 79 – Bergerac 32

XX **Étincelles-La Gentilhommière** (Vincent Lucas) avec ch ॐ
ॐ – *𝒞 05 53 74 08 79 – www.gentilhommiere-etincelles.com*   ﾠ ﾠ ﾠ VISA ❶
– *Fermé 21-30 juin, 20-30 sept., vacances de la Toussaint, vacances de fév.,*
mardi sauf le soir en juil.-août, vend. midi et merc. sauf juil.-août, dim. soir,
jeudi midi et sam. midi
4 ch ☐ – ♦85/100 € ♦♦85/100 € – ½ P 86/94 €
Rest – *(nombre de couverts limité, prévenir la veille)* (29 €) Menu 49 € (dîner)/81 €
Spéc. Tomates pétillantes, courgettes crues aux truffes blanches (été). Pissaladière de canard, embeurrée d'un jus de rouget. Foie gras poêlé en croûte de
noix de coco, mangue compotée et sorbet mangue. **Vins** Bergerac blanc,
Côtes de Bergerac rouge.
♦ Chaleureuse maison périgourdine : mariage du rustique et du contemporain, jardin aux
arbres majestueux et belle cuisine du marché créative servie sous forme de menu unique
(réservez la veille). Chambres personnalisées par thèmes (romantique, oriental, montagnard...).

STE-SAVINE – 10 Aube – **313** E4 – rattaché à Troyes

STES-MARIES-DE-LA-MER – 13 Bouches-du-Rhône – **340** B5   **40** A3
– 2 341 h. – alt. 1 m ▮ Provence

▶ Paris 778 – Marseille 129 – Nîmes 67 – Arles 39

🛈 Office de tourisme, 5, avenue Van Gogh 𝒞 04 90 97 82 55,
Fax 04 90 97 71 15

Plan page suivante

🏠 **Le Galoubet** sans rest   ﾠ 🆒 🆗 ⚙ �📶 🅿 VISA ❶ 🆎
rte de Cacharel – 𝒞 04 90 97 82 17 – www.hotelgaloubet.com
– *Fax 04 90 97 71 20 – Fermé 7-26 déc. et 4 janv.-13 fév.*   **B**s
20 ch – ♦57 € ♦♦57/75 €, ☐ 6,50 €
♦ Ce sympathique hôtel familial abrite des chambres rustico-provençales ; au 1er étage, quatre ont un balcon avec vue dégagée sur la Réserve des Impériaux. Tenue méticuleuse.

🏠 **Mas de Cocagne** sans rest   ﾠ🆒 🅲 🆗 ⚙ 🅿
rte d'Arles – 𝒞 04 90 97 96 17 – www.mas-cocagne.com – Ouvert
25 mars-12 nov.
18 ch – ♦90/140 € ♦♦130/180 €, ☐ 13 €
♦ Proche du centre-ville, cet hôtel a été entièrement rénové pour proposer des chambres
impeccables, au décor actuel et coloré. Petites terrasses privatives. Agréable piscine.

🏠 **Pont Blanc** sans rest ॐ   ﾠ🆒 🅲 🅿 VISA ❶
🔲 *chemin du Pont Blanc, par rte d'Arles – 𝒞 04 90 97 89 11*
– *www.pont-blanc.camargue.fr – Fax 04 90 97 87 00*
– *Fermé 20 nov.-27 déc.*   **A**z
15 ch – ♦48/58 € ♦♦48/66 €, ☐ 6 €
♦ Les chambres de ce petit mas blanc et fleuri encadrent une piscine et disposent d'une
terrasse donnant sur la nature. Belle cabane de gardian au fond du jardin (deux duplex).

🏠 **Le Mas des Salicornes**   ﾠ🆒 🆗 ⚙ 🅿 VISA ❶ 🆎 ①
rte d'Arles – 𝒞 04 90 97 83 41 – www.hotel-salicornes.com
– *Ouvert mars- nov.*   **A**y
24 ch – ♦79/91 € ♦♦79/91 €, ☐ 8 €
Rest – *(fermé dim.)* (dîner seult) Menu 28 € – Carte 23/30 €
♦ Constructions de plain-pied respectant le style local. Certaines chambres sont rénovées, six
occupent une aile récente et toutes bénéficient de terrasses privatives. Restaurant au cadre
rustico-provençal proposant un menu du jour d'inspiration régionale.

🏠 **Le Fangassier** sans rest   🆒 ⚙ VISA ❶ 🆎
12 rte de Cacharel – 𝒞 04 90 97 85 02 – www.fangassier.camargue.fr
– *Fax 04 90 97 76 05 – Fermé 15 nov.-28 déc. et 6 janv.-28 fév.*   **B**e
22 ch – ♦42/54 € ♦♦42/60 €, ☐ 6 €
♦ Maison traditionnelle aux volets bleus et sobre cadre rustique. Au rez-de-chaussée, les
chambres sur l'arrière ont une petite terrasse ; au 2e étage, elles sont mansardées.

STES-MARIES -DE-LA-MER

ARLES ① AIGUES-MORTES

Étang des Petites Launes

↑ ÉTANG DES LAUNES

D 38 ↑ AIGUES-MORTES

Chemin du Pont Blanc

R⁴ Pt M.-M.-Fourcade

Av.

des

Massoucles

Cacharel

R. M. Pagnol

Pl. du 8 Mai

Av. du Dr Cambon

Place J. Moulin

Pl. Vovo

R. du Vibre

Place R. Masson

Pl. Montherlant

Route

de

Pl. des Gardians

Ripert

Pl. des Impériaux

Rue

R. R. Delagnes

Av. du Dr Cambon

R⁴-Pt P. Pastré

R. E.

R. J. Audibert

R. L. Prouvenço

Av.

Louis

Herman C.

Pelletan

Pasteur

Leroy

Pl. des Remparts

Pl. Mireille

Rue

Jean

Roche

Gilbert

Av.

PLAGE DES AMPHORES

Pl. E. Pioch

Pl. H. Pioch

Place des Gitans

Pl. J. d'Arbaud

ÉGLISE

Pl. A. Chabaud

Musée Baroncelli

PALAIS DES CONGRÈS

Espace Paul Ricard

PORT GARDIAN

ARÈNES

POL.

Av. Van Gogh

Av. Maurice

Challe

Promenade Charles de Gaulle

MER   MÉDITERRANÉE

0   100 m

A   B

rte du Bac du Sauvage 4 km au Nord-Ouest par D 38
– ⊠ 13460 Les Stes-Maries-de-la-Mer

Le Mas de la Fouque ⟨ 🕭 🎯 🔄 🌳 👑 🍴 🚾 ch, 🔢 🎯 🛖 **P**
rte du Petit Rhône – ℰ 04 90 97 81 02   𝖵𝖨𝖲𝖠 ⚫⚫ 𝖠𝖤 ⓪
– www.masdelafouque.com – Fax 04 90 97 96 84 – Fermé 3-31 janv.
21 ch – ♦180/320 € ♦♦180/320 €, ⌂ 22 € – 6 suites – ½ P 78 €
Rest – *(fermé du lundi au vend. midi et dim. soir du 1er fév. au 31 mars et du
1er nov. au 17 déc.)* Menu 38 € (déj.)/58 € – Carte 50/70 €
♦ Cadre de rêve pour ce mas entouré d'étangs et isolé dans la Camargue. Spacieuses chambres raffinées. Héliport. Spa épuré. Restaurant au décor exotique et chic, ouvert sur le parc. Plats régionaux à base de produits naturels ou bio. Terrasse sous un gazebo balinais.

L'Estelle ⟨ 🌿 🌳 🍴 ch, 🔢 **P** 𝖵𝖨𝖲𝖠 ⚫⚫ 𝖠𝖤 ⓪
rte Petit-Rhône, (D 38) – ℰ 04 90 97 89 01 – www.hotelestelle.com
– Fax 04 90 97 80 36 – Ouvert 27 mars-20 nov. et 23 déc.-1er janv.
19 ch ⌂ – ♦175/230 € ♦♦190/390 € – 1 suite – ½ P 135/235 €
Rest – *(fermé lundi midi et mardi midi)* Menu 40/85 € – Carte 57/98 €
♦ Ravissant jardin et confortables chambres provençales avec vue sur la piscine à débordement ou les étangs : un hôtel plein de charme, au bord du Petit-Rhône. Cuisine actuelle servie dans le cadre cossu du restaurant ou sur une charmante terrasse. Espace bistrot.

rte d'Arles Nord-Ouest par D 570 – ⊠ 13460 Les Stes-Maries-de-la-Mer

Le Pont des Bannes 🌳 🍴 ch, 🎯 🛖 **P** 𝖵𝖨𝖲𝖠 ⚫⚫ 𝖠𝖤 ⓪
rte d'Arles, à 1 km – ℰ 04 90 97 81 09 – www.pontdesbannes.net
– Fax 04 90 97 89 28 – Fermé 1er fév.-8 mars
27 ch ⌂ – ♦135/175 € ♦♦135/175 €   **Rest** – (18 € bc) Carte 43/49 €
♦ Hôtel de caractère dont les chambres, d'esprit rustique ou contemporain, sont logées dans des cabanes de gardians au milieu des marais. Centre équestre. Tomettes, poutres, cheminée et baies vitrées ouvertes sur la piscine composent le cadre du restaurant.

Mas Ste-Hélène 🏠 ⟨ ℰ 🛖 **P**
à 800 m. – ℰ 04 90 97 83 29 – www.lodge-saintehelene.com – Fax 04 90 97 89 28
13 ch ⌂ – ♦135/175 € ♦♦135/175 €
♦ Le Mas Ste-Hélène, situé sur une presqu'île de l'étang des Launes, abrite des chambres avec terrasse idéale pour observer la faune et la flore. Accueil au Pont des Bannes.

Les Rizières sans rest ⟨ 🌳 🔢 📶 **P** 𝖵𝖨𝖲𝖠 ⚫⚫ 𝖠𝖤
rte d'Arles, à 2,5 km – ℰ 04 90 97 91 91 – www.lesrizieres-camargue.com
– Fax 04 90 97 70 77 – Fermé 12 nov.-1er fév.
27 ch – ♦78/112 € ♦♦78/112 €, ⌂ 8 €
♦ Les chambres de cet hôtel rénové en 2009 se répartissent autour du patio. Décoration actuelle ou rustique.

Hostellerie du Pont de Gau avec ch 🔢 ch, **P** 𝖵𝖨𝖲𝖠 ⚫⚫ 𝖠𝖤
à 5 km – ℰ 04 90 97 81 53 – www.hotelpontdegau.com – Fax 04 90 97 98 54
– Fermé 4 janv.-12 fév. et merc. du 15 nov. à Pâques sauf vacances scolaires
9 ch – ♦53 € ♦♦53 €, ⌂ 8,50 €   **Rest** – Menu 23/55 € – Carte 48/61 €
♦ À côté du parc ornithologique, salle à manger avec poutres apparentes, cheminée et trompe-l'œil, et agréable véranda aux tons bleu et blanc. Goûteux plats du terroir.

STE-VERGE – 79 Deux-Sèvres – **322** E2 – rattaché à Thouars

LES SAISIES – 73 Savoie – **333** M3 – Sports d'hiver : 1 600/1 870 m   **45** D1
↗24 – ⊠ 73620
▯ Paris 597 – Albertville 29 – Annecy 61 – Bourg-St-Maurice 53
▯ Office de tourisme, avenue des Jeux Olympiques ℰ 04 79 38 90 30,
Fax 04 79 38 96 29

Le Calgary ⟨ 🌿 🌳 🖥 ▥ ch, 🌿 rest, 📶 🛋 𝖵𝖨𝖲𝖠 ⚫⚫ 𝖠𝖤
73 r. des Periots – ℰ 04 79 38 98 38 – www.hotelcalgary.com
– Fax 04 79 38 98 00 – Ouvert 19 juin-5 sept. et 11 déc.-25 avril
39 ch – ♦100/120 € ♦♦135/230 €, ⌂ 13 € – 1 suite – ½ P 105/131 €
Rest – *(dîner seult)* (19 €) Menu 26/40 € – Carte 31/40 €
♦ Chalet à la tyrolienne dont le nom rappelle les exploits de F. Piccard, l'enfant du pays, aux JO de 1988. Espace, confort et bois blond dans les chambres rénovées. Sauna, hammam. Cuisine classique et plats savoyards servis dans une grande salle à manger.

SALBRIS – 41 Loir-et-Cher – **318** J7 – 5 777 h. – alt. 104 m – ⊠ 41300   **12** C2
▌Châteaux de la Loire

> ▶ Paris 187 – Blois 65 – Bourges 62 – Montargis 102
> 🛈 Office de tourisme, 1, rue du Général Giraud 𝒞 02 54 97 22 27,
> Fax 02 54 97 22 27
> 🏌 de Nançay à nançay Domaine de Samord, SE : 15 km, 𝒞 02 48 51 86 55

🏠 Domaine de Valaudran ॐ 📶 🕭 ⅃ & ch, 🎣 **P** 🅿 **VISA** ⓿ 🜇
*Sud-Ouest : 1,5 km par rte Romorantin (Proche sortie ④ A71) – 𝒞 02 54 97 20 00
– www.hotelvaludran.com – Fax 02 54 97 12 22 – Fermé 19 déc.-6 janv., mi-fév.
à mi mars et dim. de sept. à mai*
32 ch – †72/110 € ††95/110 €, ☲ 13 € – ½ P 95 €
Rest – *(fermé le midi hors saison, lundi midi et sam. midi en saison)* Menu 35 €
– Carte 45/80 €
◆ Laissez-vous charmer par cette gentilhommière du 19ᵉ s., son vaste parc et sa piscine, propices au farniente. Chambres fraîches et actuelles (certaines mansardées). Au restaurant, les spécialités portent les couleurs de la Sologne et honorent les produits du potager.

🏠 Le Parc 🔔 🕭 🕆 🎣 **P** 🅿 **VISA** ⓿ 🜇
*8 av. d'Orléans – 𝒞 02 54 97 18 53 – www.leparcsalbris.com – Fax 02 54 97 24 34
– Fermé vacances de Noël*
23 ch – †65/72 € ††78/88 €, ☲ 10 € – ½ P 133/142 €
Rest – *(fermé lundi midi, sam. midi et dim. du 15 oct. au 15 avril)* (15 €)
Menu 24/48 € – Carte 48/60 €
◆ Grande demeure bourgeoise entourée d'un jardin arboré. La décoration des chambres reste sobre et profite de fréquentes rénovations. Salons agréables. Le chef mitonne une cuisine maison fleurant bon la tradition et potagère en saison. Cadre rustique ; terrasse.

SALERS – 15 Cantal – **330** C4 – 368 h. – alt. 950 m – ⊠ 15140   **5** B3
▌Auvergne

> ▶ Paris 509 – Aurillac 43 – Brive-la-Gaillarde 100 – Mauriac 20
> 🛈 Office de tourisme, place Tyssandier d'Escous 𝒞 04 71 40 70 68,
> Fax 04 71 40 70 94
> 🖾 Grande-Place★★ · Église★ · Esplanade de Barrouze ⩽★.

🏠 Le Bailliage ॐ 🕭 🕆 ⅃ **P** 🅿 🛪 **VISA** ⓿ 🜇 ①
*r. Notre-Dame – 𝒞 04 71 40 71 95 – www.salers-hotel-bailliage.com
– Fax 04 71 40 74 90 – Fermé 15 nov.-6 fév.*
23 ch – †68/78 € ††78/110 €, ☲ 11 € – 3 suites – ½ P 65/95 €
Rest – *(fermé lundi midi d'oct. à avril)* Menu 22/42 € – Carte 28/50 €
◆ Cette demeure régionale propose de grandes chambres personnalisées avec goût, ouvertes sur le jardin ou la campagne. Celles rénovées arborent un cadre moderne ("Zen", "Marilyn"...). Salle à manger champêtre et jolie terrasse pour une savoureuse cuisine auvergnate.

Demeure de Jarriges 🏠 ॐ 🛪 **P** 🅿 **VISA** ⓿ 🜇 ①
à 300 m – Fermé 15 nov.-6 fév.
26 ch – †49/65 € ††65/140 €, ☲ 10 € – ½ P 65/120 €
◆ Une atmosphère de maison de famille (mobilier ancien, draps brodés main) règne dans les chambres cosy de cette demeure. Agréable jardin, idéal pour le farniente.

🏠 Le Gerfaut sans rest ॐ ⩽ 🛪 ⅃ 🛗 & 🕆 🎣 **P** 🅿 **VISA** ⓿ 🜇 ①
*rte de Puy Mary, 1 km au Nord-Est par D 680 – 𝒞 04 71 40 75 75
– www.salers-hotel-gerfaut.com – Fax 04 71 40 73 45 – Ouvert de mars à nov.*
25 ch – †51/78 € ††51/81 €, ☲ 9 €
◆ L'environnement verdoyant et le calme font l'attrait de cet hôtel moderne situé sur les hauteurs du bourg. Chambres fonctionnelles, certaines avec balcon tourné vers la vallée.

🏠 Saluces sans rest ॐ 🕆 **VISA** ⓿
*r. Martille – 𝒞 04 71 40 70 82 – www.hotel-salers.fr – Fax 04 71 40 71 70 – Fermé
12 nov.-20 déc.*
8 ch – †64/97 € ††64/97 €, ☲ 10 €
◆ Ex-propriété du marquis de Lur Saluces (16ᵉ s.). Les chambres allient matériaux naturels et décor raffiné. Petit-déjeuner servi sous le vieux marronnier avec confitures maison.

à Fontanges 5 km au Sud par D 35 – 223 h. – alt. 692 m – ⌧ 15140

Auberge de l'Aspre ⌂ ⟨ 🖙 🕿 ≋ 🍽 🌐 **P** 🚗 🅿️ **P** **VISA** 🆗 🆎 ⓪
– ℰ 04 71 40 75 76 – www.auberge-aspre.com – Fax 04 71 40 75 27
– Fermé 20 nov.-25 mars, dim. soir, merc. soir et lundi d'oct. à mai
8 ch – 🛏55 € 🛏🛏55 €, ⌧ 9 € – ½ P 59 €
Rest – (15 €) Menu 19/30 € bc – Carte 35/45 €
◆ En pleine nature, cette ancienne ferme propose des chambres simples et fonctionnel-
les (salles de bains en mezzanine), dont une avec vue sur la chapelle monolithe. Carte régio-
nale (légumes issus de l'agriculture bio) servie dans un décor rustique ou en terrasse.

Château de la Fromental ⌂ 📞 📠 **P** **VISA** 🆗 🆎
– ℰ 04 71 40 77 20 – www.chateaulafromental.com – Fax 04 71 40 75 28
5 ch ⌧ – 🛏133/163 € 🛏🛏140/170 €
Table d'hôte – (dîner sur réservation) Menu 35 € bc
◆ Château de 1890 restauré avec goût : plafond peint et moulures dans le hall, mobilier original et objets chinés dans les chambres, baptisées de noms de reines. À la table d'hôte, joli
service en faïence personnalisé par la propriétaire et plats traditionnels.

au Theil 6 km au Sud-Ouest par D 35 et D 37 – ⌧ 15140 St-Martin-Valmeroux

Hostellerie de la Maronne ⌂ ⟨ 📞 ≋ ✂ 🍽 🎖 AC 🌐 **P**
– ℰ 04 71 69 20 33 – www.maronne.com **VISA** 🆗 🆎 ⓪
– Fax 04 71 69 28 22 – Ouvert 9 avril-4 nov.
13 ch – 🛏100/160 € 🛏🛏100/180 €, ⌧ 14 € – 5 suites – ½ P 102/152 €
Rest – (Fermé le midi et lundi soir hors saison) Menu 35/45 €
◆ Ensemble de caractère (19ᵉ s.) en pierre et toit de lauzes, où les chambres et les salons
offrent un cadre confortable. Chemin de randonnée dans le parc, piscine et tennis. Salle à
manger bourgeoise située en contrebas de l'hôtel, proposant une cuisine actuelle.

SALIES-DE-BÉARN – 64 Pyrénées-Atlantiques – 342 G4 – 4 793 h. 3 B3
– alt. 50 m – Stat. therm. : début mars-mi déc. – Casino – ⌧ 64270 ▌ Aquitaine

▶ Paris 762 – Bayonne 60 – Dax 36 – Orthez 17
🄑 Office de tourisme, rue des Bains ℰ 05 59 38 00 33, Fax 05 59 38 02 95
◩ Sauveterre-de-Béarn : site ★, ⟨ ★★ du vieux pont, S : 10 km.

Maison Léchémia ⌂ 🚗 **P**
quartier du Bois, 3 km au Nord-Ouest par rte de Caresse et rte secondaire
– ℰ 05 59 38 08 55 – www.chambresdhoteslechemia.com – Fax 05 59 38 08 55
3 ch ⌧ – 🛏40 € 🛏🛏55/67 € – ½ P 46 €
Table d'hôte – Menu 17 € bc/25 € bc
◆ Cette ferme isolée dans la campagne conjugue accueil chaleureux et confort. Petites
chambres décorées avec goût ; celle qui possède une mezzanine est idéale pour les familles.
Au menu, produits du jardin servis sur la terrasse ou devant la cheminée.

La Demeure de la Presqu'île 🚗 🚿 🐾
22 av. des Docteurs-Foix – ℰ 05 59 38 06 22 – www.demeurepresquile.com
– Fax 05 59 38 06 22
5 ch ⌧ – 🛏69/80 € 🛏🛏69/120 € – ½ P 95 € **Table d'hôte** – Menu 29 €
◆ Cette belle demeure entourée d'un parc, près du centre-ville, dispose de chambres spacieuses, garnies de meubles anciens, et de suites familiales. À la table d'hôte, repas concoctés
par un ancien pâtissier et servis, si le temps le permet, sous un magnifique magnolia.

à Castagnède 8 km au Sud-Ouest par D 17, D 27 et D 384 – 206 h. – alt. 38 m
– ⌧ 64270

La Belle Auberge avec ch 🚗 🕿 ≋ **P** **VISA** 🆗
– ℰ 05 59 38 15 28 – Fax 05 59 65 03 57 – Fermé 1ᵉʳ-14 juin et 14 déc.-31 janv.
14 ch – 🛏42 € 🛏🛏49 €, ⌧ 8 € – ½ P 46 €
Rest – (fermé dim. soir et lundi soir sauf juil.-août) Menu 13/25 €
– Carte 17/30 €
◆ Ce paisible hameau du Béarn abrite une sympathique auberge au cadre campagnard où
l'on sert une copieuse cuisine du terroir. Chambres sobres. Belle piscine et jardin fleuri.

SALIES-DU-SALAT – 31 Haute-Garonne – **343** D6 – 1 936 h. **28** B3
– alt. 300 m – Stat. therm. : début avril-fin oct. – Casino – ✉ 31260 ▯ Midi-Toulousain

➤ Paris 751 – Bagnères-de-Luchon 73 – St-Gaudens 27 – Toulouse 79

🔢 Office de tourisme, boulevard Jean Jaurès ✆ 05 61 90 53 93,
Fax 05 61 90 49 39

🏠 **Du Parc** sans rest ⬛ 🍴 🔥 ⁽⁾ 🔆 **P** VISA ⬤ AE
6 r. d'Austerlitz – ✆ 05 61 90 51 99 – www.hotelduparcsaliesdusalat.com
– Fax 05 61 90 43 07 – Fermé 23 déc.-5 janv.
21 ch – ♦37 € ♦♦49 €, ⌷ 7 €
♦ Dans le parc du casino, construction bien entretenue datant des années 1920. Chambres
pratiques et insonorisées. Formule buffet au petit-déjeuner, service en terrasse l'été.

SALINS-LES-BAINS – 39 Jura – **321** F5 – 3 082 h. – alt. 340 m – Stat. **16** B2
therm. : fin fév.-début déc. – Casino – ✉ 39110 ▯ Franche-Comté Jura

➤ Paris 419 – Besançon 41 – Dole 43 – Lons-le-Saunier 52

🔢 Office de tourisme, place des Salines ✆ 03 84 73 01 34, Fax 03 84 37 92 85

◉ Site★ – Fort Belin★.

🏨 **Grand Hôtel des Bains** 🏛 ⬛ 🍴 AC ⁽⁾ 🔆 **P** VISA ⬤
pl. des Alliés – ✆ 03 84 37 90 50 – www.hotel-des-bains.fr – Fax 03 84 37 96 80
31 ch – ♦71/90 € ♦♦71/90 €, ⌷ 10 € – ½ P 63/75 €
Rest – Menu 21/32 € – Carte 22/51 €
♦ Décoration contemporaine pour cet hôtel de 1860 abritant un salon classé. Chambres
fonctionnelles, piscine thermale et fitness indépendant. Salle à manger moderne et cuisine à
composantes régionales. Espace brasserie pour un repas plus simple.

🏨 **Charles Sander** sans rest 🍴 🔆 ⁽⁾ 🔆 VISA ⬤
📮 26 r. de la République – ✆ 03 84 73 36 40 – www.residencesander.com
– Fax 03 84 73 36 46
14 ch – ♦66/71 € ♦♦71/77 €, ⌷ 8,50 €
♦ Ancienne maison vigneronne dotée de chambres chaleureuses (une seule sans cuisinette).
Les amateurs de produits régionaux feront une halte à l'épicerie fine du rez-de-chaussée.

SALLANCHES – 74 Haute-Savoie – **328** M5 – 15 469 h. – alt. 550 m **46** F1
– ✉ 74700 ▯ Alpes du Nord

➤ Paris 585 – Annecy 72 – Bonneville 29 – Chamonix-Mont-Blanc 28

🔢 Office de tourisme, 32, quai de l'Hôtel de Ville ✆ 04 50 58 04 25,
Fax 04 50 58 38 47

◉ ❊★★ sur le Mt-Blanc - Chapelle de Médonnet : ❊★★ - Cascade
d'Arpenaz★ N : 5 km.

🏨 **Les Prés du Rosay** 🏛 🍴 ⬛ 🔆 ch, AC rest, ⁽⁾ 🔆 **P** VISA ⬤ AE
285 rte de Rosay – ✆ 04 50 58 06 15 – www.lespresdurosay.com
– Fax 04 50 58 48 70
15 ch – ♦71/76 € ♦♦84/90 €, ⌷ 9 €
Rest – (fermé sam. midi et dim.) (16 €) Menu 20/34 € – Carte 30/39 €
♦ Hôtel traditionnel situé dans un quartier résidentiel ; chambres simples et fonctionnelles
(écran plat, wifi) tournées vers les sommets. Espace forme complet. Au restaurant, décor
coquet, vue bucolique sur les prés et cuisine aux accents méridionaux.

🏠 **Auberge de l'Orangerie** ⬅ 🚗 🏛 ⁽⁾ **P** VISA ⬤
📮 carrefour de la Charlotte, 2,5 km par rte Passy (D 13) – ✆ 04 50 58 49 16
– www.orangeriemontblanc.fr – Fax 04 50 58 54 63 – Fermé 21 juin-4 juil.
18 ch – ♦59/72 € ♦♦69/82 €, ⌷ 10 €
Rest – (fermé 20 juin-10 juil., 5-25 janv. et dim. soir) (dîner seult) Carte 37/58 €
♦ Accueil charmant et chambres douillettes à choisir dans le bâtiment principal ou à la nouvelle annexe, dont les balcons sont tournés vers le mont Blanc. Espace bien-être. À table,
convivialité, cuisine traditionnelle et spécialités locales.

🍴 **Le St-Julien** VISA ⬤
53 r. Chenal – ✆ 04 50 58 02 24 – Fax 04 50 58 02 24 – Fermé dim. soir, lundi et merc.
Rest – Menu 25/40 € – Carte 33/39 €
♦ Avenante façade fleurie en été. Salle à manger entièrement lambrissée d'épicéa, où l'on
sert une cuisine axée sur les produits de saison assortie de quelques plats régionaux.

SALLES-LA-SOURCE – 12 Aveyron – 338 H4 – 1 935 h. – alt. 450 m   29 C1
– ✉ 12330 ▯ Midi-Toulousain

▶ Paris 670 – Toulouse 160 – Rodez 13 – Villefranche-de-Rouergue 71

↑↑   **Gîtes de Cougousse** ⚬   ⬚ P
*r. du Père Colombier, à Cougousse 4 km au Nord Ouest par D 901
– ℰ 05 65 71 85 52 – www.gites.cougousse.free.fr – Ouvert 1ᵉʳ avril-15 oct.*
4 ch ⚏ – ♦50 € ♦♦55 €
Table d'hôte – *(fermé lundi, merc. et sam.)* Menu 20 € bc
◆ Belle et grande demeure du 15ᵉ s. agrémentée d'un jardin avec potager baigné par une rivière. Chambres calmes et personnalisées, salon rustique aménagé dans l'ancienne cuisine. Recettes régionales à la table d'hôte, accompagnées de marcillac AOC.

LES SALLES-SUR-VERDON – 83 Var – 340 M3 – 193 h. – alt. 440 m   41 C2
– ✉ 83630 ▯ Alpes du Sud

▶ Paris 790 – Brignoles 57 – Draguignan 49 – Digne-les-Bains 60
🛈 Office de tourisme, place Font Freye ℰ 04 94 70 21 84, Fax 04 94 84 22 57
◉ Lac de Ste-Croix★★.

🏠   **Auberge des Salles** sans rest ⚬   ≼ ⬚ ▯ & ⬙ P ⬚ VISA ⬚ AE ①
*18 r. Ste-Catherine – ℰ 04 94 70 20 04 – www.var-provence.com
– Fax 04 94 70 21 78 – Ouvert 3 avril-26 sept.*
30 ch – ♦50/75 € ♦♦50/75 €, ⚏ 7 €
◆ Paisible hôtel surplombant les rives du lac de Ste-Croix. Mobilier rustique et carrelage dans les chambres, presque toutes dotées de balcon.

SALON-DE-PROVENCE – 13 Bouches-du-Rhône – 340 F4   40 B3
– 40 147 h. – alt. 80 m – ✉ 13300 ▯ Provence

▶ Paris 720 – Aix-en-Provence 37 – Arles 46 – Avignon 50
🛈 Office de tourisme, 56, cours Gimon ℰ 04 90 56 27 60, Fax 04 90 56 77 09
🔝 de Miramas à Miramas Mas de Combe, SO : 10 km, ℰ 04 90 58 56 55
🔝 Pont Royal Country Club à Mallemort Domaine de Pont Royal, NE : 16 km par D 538 et D 17, ℰ 04 90 57 40 79
◉ Musée de l'Empéri★★.

SALON-DE-PROVENCE

Angleterre sans rest 🔊 ᴀᴄ 📶 VISA ⓄⓄ AE
98 cours Carnot – ℰ 04 90 56 01 10 – www.hotel-dangleterre.biz
– Fax 04 90 56 71 75 – Fermé 20 déc.-6 janv. AYb
26 ch – 🛏49/54 € 🛏🛏54/63 €, 🖙 7 €
◆ La proximité des musées fait de cet hôtel une étape bien pratique. Chambres rafraîchies (certaines sont climatisées), salle des petits-déjeuners sous coupole vitrée.

XXX **Le Mas du Soleil** avec ch 🔊 🛬 🏡 🏊 & ch, ᴀᴄ 📶 🅿 VISA ⓄⓄ AE ①
38 chemin St-Côme, (Est par D 17 – BY) – ℰ 04 90 56 06 53
– www.lemasdusoleil.com – Fax 04 90 56 21 52
10 ch – 🛏118/280 € 🛏🛏155/280 €, 🖙 15 € – ½ P 105/195 €
Rest – *(fermé dim. soir et lundi sauf fériés)* (29 €) Menu 33 € (sem.)/87 €
– Carte 70/90 €
◆ Villa méridionale où l'on goûte des plats aux saveurs du Sud dans un cadre moderne et lumineux, face au jardin. Certaines des confortables chambres regardent aussi la verdure.

XX **Le Craponne** 🏡 VISA ⓄⓄ
146 allées de Craponne – ℰ 04 90 53 23 92 – Fax 04 90 53 23 86
– Fermé 24 août-15 sept., 24 déc.-4 janv., dim. soir, merc. soir et lundi
Rest – Menu 23/36 € – Carte 31/52 € BZm
◆ L'enseigne évoque le bienfaiteur de la Crau. Boiseries sombres, murs jaune citron et mobilier campagnard. À la belle saison, repas dans une courette fleurie. Accueil familial.

au Nord-Est 5 km par D 17 BY puis D 16 – ⊠ 13300 Salon-de-Provence

🏠🏠🏠 **Abbaye de Sainte-Croix** 🔊 ⩤ 🐾 🏡 🏊 & ch, ᴀᴄ ch, 💪 🅿
rte du Val de Cuech – ℰ 04 90 56 24 55 VISA ⓄⓄ AE ①
– www.relaischateaux.com/saintecroix – Fax 04 90 56 31 12 – Fermé fin oct. à
fin mars
21 ch – 🛏182/385 € 🛏🛏182/385 €, 🖙 22 € – 4 suites – ½ P 176/280 €
Rest – *(fermé le midi et mardi hors saison)* Menu 71/110 €
◆ Au sein d'un parc isolé dans la garrigue, abbaye du 12ᵉ s. dominant Salon. Chambres actuelles ou ex-cellules d'esprit rustique. Salle à manger provençale et terrasse panoramique ombragée. Cuisine au goût du jour le soir, choix plus limité à midi.

à la Barben 8 km au Sud-Est par ②, D 572 et D 22ᴱ – 706 h. – alt. 105 m
– ⊠ 13330

XX **La Touloubre** avec ch 🏡 ᴀᴄ ch, 📶 💪 🅿 VISA ⓄⓄ AE
29 chemin Salatier – ℰ 04 90 55 16 85 – www.latouloubre.com
– Fax 04 90 55 17 99 – Fermé fév.
12 ch – 🛏68/85 € 🛏🛏68/85 €, 🖙 9 € – ½ P 64/74 €
Rest – *(fermé dim. soir et lundi d'oct. à mars)* (18 €) Menu 21 € (sem.)/42 €
– Carte 38/71 €
◆ Les nouveaux propriétaires ont paré la Touloubre des couleurs du Sud : coquet cadre provençal, délicieuse terrasse sous les platanes, généreuse cuisine régionale... Une réussite ! Chambres joliment refaites et personnalisées.

au Sud 5 km par ②, N 538, N 113 et D 19 (direction Grans)
– ⊠ 13250 Cornillon-Confoux

🏠🏠 **Devem de Mirapier** sans rest 🔊 ⩤ 🐾 🏊 ℀ ᴀᴄ 💪 🅿 ⓄⓄ AE
rte de Grans – ℰ 04 90 55 99 22 – www.mirapier.com – Fax 04 90 55 86 14
15 ch – 🛏82/98 € 🛏🛏102/128 €, 🖙 10 € – 2 suites
◆ Adresse au calme au milieu des pins et de la garrigue. On profite des chambres coquettes et rafraîchies. Les "plus" : une agréable terrasse devant la piscine et un salon-billard.

SALT-EN-DONZY – 42 Loire – **327** E5 – rattaché à Feurs

SALVAGNAC – 81 Tarn – **338** C7 – 1 001 h. – alt. 231 m 29 C2
▶ Paris 657 – Albi 44 – Montauban 33 – Toulouse 49
🄸 Office de tourisme, les Sourigous ℰ 05 63 33 57 84, Fax 05 63 33 58 78

⌂ **Le Relais des Deux Vallées** 🛜 & 🎴 𝘝𝘐𝘚𝘈 ⓒ 𝖠𝖤
Grand'rue – ℰ 05 63 33 61 90 – www.tarn-hotel.com – Fax 05 63 33 61 91
– *Fermé 23 août-2 sept. et 2-10 janv.*
10 ch – †42 € ††46 €, ⌂ 6 € – ½ P 50 €
Rest – *(fermé lundi)* (10 €) Menu 11 € bc (déj. en sem.)/18 € – Carte 19/52 €
♦ Petit hôtel familial situé sur la place du village. Chambres mignonnettes, garnies de meubles en bois ou en fer forgé ; certaines bénéficient d'une terrasse. La salle à manger ouvre ses baies vitrées sur la campagne. Cuisine traditionnelle simple et goûteuse.

SAMATAN – 32 Gers – **336** H9 – **2 130 h.** – alt. 170 m – ⊠ 32130   28 B2
■ Paris 703 – Auch 37 – Gimont 18 – L'Isle-Jourdain 21
🛈 Office de tourisme, 3, rue du chamoine Dieuzaide ℰ 05 62 62 55 40,
  Fax 05 62 62 50 26
🏌 du Château de Barbet à Lombez Route de Sauveterre, SO : 5 km,
  ℰ 05 62 66 44 49

✕✕ **Au Canard Gourmand** avec ch 🛜 & 🎴 ch, 🍸 🅿 𝘝𝘐𝘚𝘈 ⓒ
La Rente, par D 632 – ℰ 05 62 62 49 81 – www.aucanardgourmand.com
6 ch – †65/85 € ††75/120 €, ⌂ 10 € – ½ P 82/92 €
Rest – *(fermé merc. midi, lundi soir et mardi)* (nombre de couverts limité,
prévenir) Menu 13 € bc (déj. en sem.), 26/40 € bc – Carte environ 48 €
♦ Cuisine régionale à déguster dans un cadre mêlant habilement touches design et couleurs vives. Aux beaux jours, la salle s'ouvre sur la terrasse et le jardin fleuri. Chambres confortables décorées dans un esprit cosy pimenté de notes africaines.

✕ **Côté Sud** 🛜 𝘝𝘐𝘚𝘈 ⓒ
2 bis pl. Fontaine – ℰ 05 62 62 63 29 – www.restaurant-cote-sud.com
– *Fax 05 62 62 35 05 – Fermé 1 sem. en mai, vacances de Noël, dim. soir d'oct.
à avril, mardi et merc.*
Rest – (13 € bc) Carte 40/51 €
♦ Élégant restaurant mariant briques rouges, poutres apparentes, tables en bois ciré, bibliothèque et objets décoratifs choisis. Recettes actuelles et accueil aux petits soins.

LE SAMBUC – 13 Bouches-du-Rhône – **340** D4 – ⊠ 13200   40 A3
■ Paris 742 – Arles 25 – Marseille 117 – Stes-Marie-de-la-Mer 50

🏨 **Le Mas de Peint** ॐ 🌙 🛜 ⚒ 🎴 🍸 🅿 𝘝𝘐𝘚𝘈 ⓒ 𝖠𝖤 ⓘ
2,5 km par rte Salins – ℰ 04 90 97 20 62 – www.masdepeint.com
– *Fax 04 90 97 22 20 – Ouvert 19 mars-14 nov. et 19 déc.-5 janv.*
12 ch – †235 € ††235/435 €, ⌂ 22 €
Rest – *(fermé mardi midi, jeudi midi et merc.)* (nombre de couverts limité,
prévenir) (35 €) Menu 59 € – Carte 48/59 € le midi
♦ Dans un vaste domaine, ce superbe mas du 17ᵉ s. cultive avec passion les traditions camarguaises. Chambres douillettes ; jardin avec piscine ; centre équestre, arènes privées. Cuisine "rétro-chic" où le chef réalise sous vos yeux d'appétissants petits plats du terroir.

SAMER – 62 Pas-de-Calais – **301** D4 – **3 377 h.** – alt. 70 m – ⊠ 62830   30 A2
■ Paris 244 – Lille 132 – Arras 112 – Calais 50
🛈 Office de tourisme, rue de Desvres ℰ 03 21 87 10 42, Fax 03 21 06 01 90

✕✕ **Le Clos des Trois Tonneaux** 🌿 ⇔ 𝘝𝘐𝘚𝘈 ⓒ
73 r. de Montreuil – ℰ 03 21 92 33 33 – www.leclosdes3tonneaux.com
– *Fax 03 21 30 50 94 – Fermé 4-26 janv., sam. midi, dim. soir et lundi*
Rest – (15 €) Menu 17 € (déj. en sem.), 25/34 € – Carte 34/67 €
♦ L'ancienne distillerie n'a rien perdu de son caractère, elle s'est juste modernisée avec succès. Salon feutré dans la cave voûtée. Cuisine actuelle, bons vins.

SAMOËNS – 74 Haute-Savoie – **328** N4 – **2 332 h.** – alt. 710 m – **Sports**   46 F1
d'hiver : 720/2 480 m 🚡 8 ⛷70 🎿 – ⊠ 74340 🔲 Alpes du Nord
■ Paris 581 – Annecy 75 – Chamonix-Mont-Blanc 60 – Genève 53
🛈 Office de tourisme, gare routière ℰ 04 50 34 40 28, Fax 04 50 34 95 82
◎ Place du Gros Tilleul★ - Jardin alpin Jaÿsinia★.
🔲 La Rosière ≤★★ N : 6 km - Cascade du Rouget★★ S : 10 km - Cirque du
  Fer à Cheval★★ E : 13 km.

Neige et Roc
$\leqslant$ 🚗 🍸 🏊 📺 ⅃⅍ ✗ 📶 ✤ ⁿ⁄ 🅿 VISA ●● AE

rte de Taninges – ℰ 04 50 34 40 72 – www.neigeetroc.com – Fax 04 50 34 14 48
– Ouvert 13 juin-20 sept. et 19 déc.-11 avril
50 ch – ♦80/165 € ♦♦80/165 €, 🖵 14 € – ½ P 74/140 €
Rest – (19 €) Menu 35/55 € – Carte 42/65 €
♦ Chalet de 1969 abritant de spacieuses chambres dotées de balcons. Un autre bâtiment héberge des studios avec cuisinette. Piscines d'été et d'hiver ; espace bien-être. Vaste salle à manger-véranda rustique (poutres, bois blond, pierres) ; carte régionale.

Gai Soleil
$\leqslant$ 🚗 📺 ⅃⅍ 📶 AK rest, ⁿ⁄ 🅿 VISA ●● AE

– ℰ 04 50 34 40 74 – www.hotel-samoens.com – Fax 04 50 34 10 78
– Ouvert 5 juin-18 sept. et 18 déc.-20 avril
22 ch – ♦53/105 € ♦♦53/105 €, 🖵 10 € – ½ P 56/89 €
Rest – (fermé merc.) (dîner seult) Menu 17/26 € – Carte 17/44 €
♦ À l'entrée du village, ce chalet dispose de chambres sobres, au décor savoyard, et donnant toutes sur un grand balcon. Bar-salon au coin du feu ; activités pour les enfants dans le parc. Le restaurant propose des recettes régionales.

Edelweiss ⌂
$\leqslant$ 🍸 ⁿ⁄ 🅿 VISA ●● AE

La Piaz, 1,5 km au Nord-Ouest par rte de Plampraz – ℰ 04 50 34 41 32
– www.edelweiss-samoens.com – Fax 04 50 34 18 75 – Fermé 10-26 avril,
23 juin-10 juil. et 22 oct.-18 nov.
20 ch – ♦58/70 € ♦♦70/85 €, 🖵 8,50 € – ½ P 63/72 €
Rest – (dîner seult) Menu 19/46 € – Carte 35/45 €
♦ L'edelweiss figure parmi les 5 000 espèces du jardin alpin créé par Mme Cognacq-Jay et situé à proximité de ce chalet-hôtel simple et familial. Vue panoramique sur le village et la vallée. Salle à manger orientée plein sud et prolongée d'une terrasse. Cuisine traditionnelle.

✗ Le Monde à L'Envers
🍸 VISA ●● AE

pl. Criou – ℰ 04 50 34 19 36 – Fermé 29 mai-2 juil., 24 oct.-14 déc., mardi et
merc. sauf juil.-août et vacances scolaires d'hiver
Rest – (17 € bc) Carte 36/52 €
♦ Ambiance sympathique dans ce restaurant dont le chaleureux décor cultive le goût du voyage (objets du monde entier). Cuisine séduisante au goût du jour.

à Morillon 4,5 km à l'Ouest – 533 h. – alt. 687 m – **Sports d'hiver : 700/2 200 m**
🎿 5 💺74 🎿 – ⊠ 74440

ℹ Office de tourisme, Chef-lieu ℰ 04 50 90 15 76, Fax 04.50.90.11.47

Le Morillon
$\leqslant$ 🚗 ⅃ ⅃⅍ 📶 ✗ 🅿 VISA ●● AE

– ℰ 04 50 90 10 32 – www.hotellemorillon.com – Fax 04 50 90 70 08
– Ouvert 5 juin-18 sept. et 18 déc.-15 avril
22 ch – ♦75/175 € ♦♦75/175 €, 🖵 12 € – ½ P 75/145 €
Rest – (dîner seult) Menu 25/38 € – Carte 37/45 €
♦ Chalet à l'atmosphère familiale situé au centre de la station. Deux catégories de chambres ; les plus récentes bénéficient d'un décor d'esprit montagnard actuel. Agréable espace balnéo. Cuisine traditionnelle servie dans une lumineuse salle tout en bois.

SAMOUSSY – 02 Aisne – 306 E5 – **rattaché à Laon**

SANARY-SUR-MER – 83 Var – 340 J7 – 18 023 h. – alt. 1 m   **40** B3
– ⊠ 83110 ▌ Côte d'Azur

▶ Paris 824 – Aix-en-Provence 75 – La Ciotat 23 – Marseille 55
◉ Chapelle N.-D.-de-Pitié $\leqslant$ ★.

Soleil et Jardin Le Parc sans rest
📺 📶 ⅃ AK ⁿ⁄ ✤ 🅿 🛜

445 av. Europe Unie, par ② – ℰ 04 94 25 80 08   VISA ●● AE ⓞ
– www.sanary-hotel-soleiljardin.com – Fax 04 94 26 63 90
42 ch – ♦90/190 € ♦♦110/250 €, 🖵 15 € – 5 suites
♦ À deux pas de la plage, avenante demeure régionale et son extension récente abritant des chambres de qualité et bien équipées. Excellente insonorisation. Accueil tout sourire.

SANARY-SUR-MER

De La Tour

⟨ 🏠 AC 📶 VISA ⦿ AE

quai Gén. de Gaulle – ℰ 04 94 74 10 10 – www.sanary-hoteldelatour.com – Fax 04 94 74 69 49

n

24 ch ⌑ – ♦71/88 € ♦♦80/140 € – ½ P 72/102 €

Rest – *(Fermé 19-27 oct., mardi sauf juil.-août et merc.)* Menu 34/48 € – Carte 32/56 €

♦ Situation agréable pour cette affaire familiale, accolée à une tour de guet du 11ᵉ s. La plupart des chambres donnent sur le port animé. Restaurant dont la terrasse offre une vue sur l'arrivée des pêcheurs et carte orientée poissons, au gré des marées et des saisons.

Synaya sans rest ⤴

🚗 🛋 ⚗ 📞 VISA ⦿ AE ⓞ

92 chemin Olive – ℰ 04 94 74 10 50 – www.hotelsynaya.fr – Fax 04 94 34 70 30 – Ouvert 26 mars-4 nov.

r

11 ch – ♦78/160 € ♦♦78/160 €, ⌑ 11 €

♦ Petit hôtel dans un quartier résidentiel calme, agrémenté d'un jardin planté de palmiers. Chambres fonctionnelles de style contemporain et belles salles de bains.

San Lazzaro

🏠 ৬ AC ⚗ VISA ⦿

10 pl. Albert Cavet – ℰ 04 94 88 41 60 – Fax 04 94 74 07 84 – Fermé le midi sauf dim. de sept. à juin et lundi

t

Rest – Menu 29/60 € – Carte 57/63 €

♦ Sur une charmante place, restaurant au cadre actuel et à l'ambiance conviviale. Le fils de la maison réalise une cuisine inventive inspirée par les parfums de la Provence.

Pour bien utiliser votre guide, consultez son mode d'emploi situé en pages d'introduction : symboles, classements, abréviations et autres signes n'auront plus de mystère pour vous !

SANCERRE – 18 Cher – **323** M3 – 1 789 h. – alt. 342 m – ⊠ 18300   **12** D2
▮ Limousin Berry

▶ Paris 198 – Bourges 46 – La Charité-sur-Loire 30 – Salbris 69

🛈 Office de tourisme, rue de la croix de bois ℘ 02 48 54 08 21,
Fax 02 48 78 03 58

🔟 du Sancerrois, 6 km par D 9 et D4, ℘ 02 48 54 11 22

◉ Esplanade de la porte César ≤★★ - Carrefour D 923 et D 7 ≤★★ O :
4 km par D955.

Panoramic
≤ 🍽 🔲 🖇 🖭 ꝏ 🅿️ VISA ꝏ 🅰🅴

rempart des Augustins – ℘ *02 48 54 22 44 – www.panoramicotel.com*
– Fax 02 48 54 39 55
a

57 ch – 🛏55/95 € 🛏🛏65/205 €, ☲ 12 € – ½ P 80 €

Rest *Les Augustins* – ℘ *02 48 54 01 44 (fermé 1 sem. en déc., 1 sem. en janv.
et lundi midi)* (18 €) Menu 25/53 € – Carte 28/65 €

◆ Le Panoramic n'a pas volé son nom ! Il offre un superbe point de vue sur le vignoble.
Autre atout, sa rénovation complète : confort cosy dans les chambres et salon, boutique de
vins. Atmosphère feutrée et teintes douces au restaurant ; bonne cuisine traditionnelle.

Le Clos Saint-Martin sans rest
🖇 & 🖭 ꝏ 🅰 🅿️ VISA ꝏ 🅰🅴

10 r. St Martin – ℘ *02 48 54 21 11 – www.leclos-saintmartin.com*
– Fax 02 48 54 17 50 – Ouvert de fin mars à mi-nov.

41 ch – 🛏53/125 € 🛏🛏53/125 €, ☲ 10 €

◆ Cet ancien relais de poste (19ᵉ s.), entièrement rénové, a conservé tout son cachet. Salon-
bar cossu, salle de style napoléonien et chambres intimes et sobrement meublées.

XXX La Tour
🅰 VISA ꝏ 🅰🅴

Nouvelle Place – ℘ *02 48 54 00 81 – www.la-tour-sancerre.fr – Fax 02 48 78 01 54*
– Fermé dim. soir et lundi
e

Rest – Menu 27 € (sem.)/80 € bc – Carte 39/64 €🏵

◆ Saveurs et simplicité : cuisine classique plutôt fine dans cette maison surmontée d'une
tour du 14ᵉ s., avec vue sur les vignes de la salle de l'étage. Beau choix de sancerres.

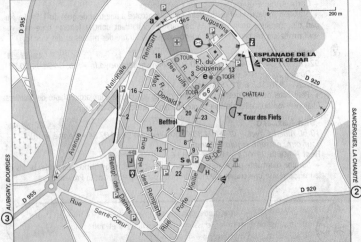

✗ **La Pomme d'Or** *VISA* ⓪⓪
*pl. de la Mairie – ℰ 02 48 54 13 30 – Fax 02 48 54 19 22 – Fermé vacances de
Noël, dim. soir d'oct. à mars, mardi soir et merc.* s
Rest – *(nombre de couverts limité, prévenir)* Menu 20 € (déj. en sem.), 28/43 €
♦ Cette table très prisée est située à deux pas de la mairie. Une jolie fresque évoquant les
collines du Sancerrois égaie la petite salle. Goûteuse cuisine traditionnelle.

à St-Satur 3 km par ① et D 955 – 1 712 h. – alt. 155 m – ⊠ 18300

🚹 Office de tourisme, 25, rue du Commerce ℰ 02 48 54 01 30,
Fax 02 48 54 01 30

⌂ **La Chancelière** sans rest 🖨 📶 🅿 *VISA* ⓪⓪
5 r. Hilaire-Amagat – ℰ 02 48 54 01 57 – www.la-chanceliere.com
5 ch ⊆ – †110 € ††140 €
♦ La terrasse de cette maison de maître (18ᵉ s.) jouit du panorama sur Sancerre et son
vignoble. Tomettes, poutres apparentes et meubles anciens donnent du caractère aux
chambres.

à Chavignol 4 km par ① et D 183 – ⊠ 18300

🏨 **La Côte des Monts Damnés** 🖨 📶 ⅃ 🆎 📶 *VISA* ⓪⓪
– ℰ 02 48 54 01 72 – www.montsdamnes.com – Fax 02 48 78 28 32
10 ch – †85/115 € ††90/175 €, ⊆ 12 € – 2 suites
Rest – *(Fermé fév., mardi et merc.) (prévenir)* Menu 32/56 € ⌖
Rest *Le Bistrot de Damnés* – Menu 12 € (déj. en sem.)/24 € – Carte 20/30 €
♦ Au cœur du village où l'on produit le célèbre fromage et les vins de Sancerre, hôtel doté
de chambres contemporaines, décorées suivant des thèmes régionaux ("Vinothérapie", par
exemple). Ambiance conviviale et plats du terroir au Bistrot. Au restaurant, salle à manger
cossue pour déguster une cuisine régionale.

à St-Thibault 4 km par ① et D 4 – ⊠ 18300

🏠 **De la Loire** sans rest ⪡ 🆎 📶 🅿 *VISA* ⓪⓪
*2 quai de Loire – ℰ 02 48 78 22 22 – www.hotel-de-la-loire.com
– Fax 02 48 78 22 29*
11 ch – †63/91 € ††63/91 €, ⊆ 10 €
♦ En bord de Loire, cet hôtel, où le créateur de Maigret écrivit deux romans, dispose de
chambres personnalisées sur le thème du voyage. Grand choix de pains et confitures maison.

SANCOINS – 18 Cher – **323** N6 – 3 240 h. – alt. 210 m – ⊠ 18600 **12 D3**
▶ Paris 284 – Orléans 172 – Bourges 51 – Nevers 46
🚹 Syndicat d'initiative, 23, rue Maurice-Lucas ℰ 0248746585, Fax 02 48 74
63 62

🏠 **Le St-Joseph** 📶 ⅍ 🅿 *VISA* ⓪⓪
pl. de la Libération – ℰ 02 48 74 61 21 – Fax 02 48 76 88 06
14 ch – †46/56 € ††46/56 €, ⊆ 7 € – ½ P 40 €
Rest – *(fermé jeudi)* (12 €) Menu 15 € (sem.)/32 € – Carte 23/45 €
♦ Sur la place principale du village, cette grande maison propose des chambres confortables
et rénovées. La décoration privilégie le style rustique ; beau bar. Au restaurant, choix entre
cuisine traditionnelle et crêperie.

SANCY – 77 Seine-et-Marne – **312** G2 – 336 h. – alt. 142 m – ⊠ 77580 **19 C2**
▶ Paris 55 – Château-Thierry 48 – Coulommiers 18 – Meaux 13

🏨 **Château de Sancy** 🕭 🍴 ⅃ 📺 ✗ 📶 ✓ ch, 📶 ⅍ 🅿 *VISA* ⓪⓪ 🆎 ⓪
*1 pl. de l'Église – ℰ 01 60 25 77 77 – www.chateaudesancy.com
– Fax 01 60 25 60 55*
21 ch – †135/186 € ††135/258 €, ⊆ 14 € – ½ P 154/180 €
Rest – Menu 30 €
♦ Les nombreux équipements de loisirs proposés sur le domaine de cette gentilhommière
du 18ᵉ s. invitent à la détente. Chambres douillettes, plus fonctionnelles au pavillon. Salle à
manger bourgeoise à l'atmosphère intime pour une cuisine sensible aux saisons.

SAND – 67 Bas-Rhin – **315** J6 – 1 137 h. – alt. 159 m – ✉ 67230   **1** B2

▶ Paris 501 – Barr 15 – Erstein 7 – Molsheim 26

🏠 **Hostellerie la Charrue** ⊗   𝔸�ℂ rest, 🍴 📶 **P** 𝘝𝘐𝘚𝘈 ⬮⬮
4 r. 1er décembre – 𝒞 03 88 74 42 66 – www.lacharrue.com – Fax 03 88 74 12 02
– Fermé 25 août-6 sept. et 21 déc.-8 janv.
23 ch – †55 € ††65 €, ⊇ 9 € – ½ P 58 €
Rest – *(fermé le midi sauf dim. et fériés)* Menu 22/31 € – Carte 28/38 €
♦ Cet ancien relais de charretiers converti en auberge familiale respire la tranquillité. Chambres fraîches, décorées de mobilier peint et bien équipées. Bon accueil. Boiseries et couleurs chatoyantes président au chaleureux décor alsacien des salles à manger.

SANDARVILLE – 28 Eure-et-Loir – **311** E5 – 380 h. – alt. 171 m   **11** B1
– ✉ 28120

▶ Paris 105 – Brou 23 – Chartres 16 – Châteaudun 36

𝕏𝕏 **Auberge de Sandarville**   🚗 🏡 𝘝𝘐𝘚𝘈 ⬮⬮
14 r. Sente aux Prêtres, (près de l'église) – 𝒞 02 37 25 33 18 – Fax 02 37 25 40 34
– Fermé 15 août-1er sept., 4 janv.-23 fév., mardi soir en hiver, dim. soir et lundi
Rest – Menu 28 € (sem.)/57 € – Carte 50/60 €
♦ Dans une ferme beauceronne de 1850, trois charmantes salles campagnardes avec poutres, cheminée, tomettes, meubles et bibelots chinés. Jolie terrasse dans le jardin fleuri.

SANDILLON – 45 Loiret – **318** J4 – 3 578 h. – alt. 101 m – ✉ 45640   **12** C2

▶ Paris 148 – Orléans 13 – Châteaudun 65 – Châteauneuf-sur-Loire 16

𝕏𝕏 **Rest. Saisons d'Ailleurs et H. un Toit pour Toi** avec ch   📶
2 r. de la Villette – 𝒞 02 38 41 00 22   **P** 𝘝𝘐𝘚𝘈 ⬮⬮ 𝔸𝔼 ⬮
– Fax 02 38 41 07 74
12 ch – †49 € ††65 €, ⊇ 9 € – ½ P 65 €
Rest – *(fermé dim. soir, lundi et mardi)* Menu 26 € (déj. en sem.), 42/75 €
– Carte 46/127 €
♦ Une étonnante cuisine inventive aux antipodes de la tradition régionale distingue cette auberge familiale, à l'orée de la Sologne. Espace bistrot pour repas de type brasserie. Chambres en partie mises au goût du jour.

SANILHAC – 07 Ardèche – **331** H6 – **rattaché à Largentière**

SAN-MARTINO-DI-LOTA – 2B – **345** F3 – **Voir à Corse (Bastia)**

SAN-PEIRE-SUR-MER – 83 Var – **340** P5 – **rattaché aux Issambres**

SANTA-GIULIA (GOLFE DE) – 2A Corse-du-Sud – **345** E10 – **voir à Corse**
(Porto-Vecchio)

SANT'ANTONINO – 2B Haute-Corse – **345** C4 – **voir à Corse**

SANTENAY – 21 Côte-d'Or – **320** I8 – 847 h. – alt. 225 m – Casino   **7** A3
– ✉ 21590 ▌Bourgogne

▶ Paris 330 – Autun 39 – Beaune 18 – Chalon-sur-Saône 25
🛈 Office de tourisme, gare SNCF 𝒞 03 80 20 63 15, Fax 03 80 20 69 15

𝕏𝕏 **Le Terroir**   🏡 𝔸ℂ ⇔ 𝘝𝘐𝘚𝘈 ⬮⬮
pl. du Jet-d'Eau – 𝒞 03 80 20 63 47 – www.restaurantleterrroir.com
– Fax 03 80 20 66 45 – Fermé 4 déc.-11 janv., merc. soir de nov. à mars, dim. soir
et jeudi
Rest – Menu 22/46 € – Carte 40/63 €🍷
♦ Cette maison officiant au centre du village vous régale de ses plats du terroir dans une salle rustico-moderne où trône une tapisserie d'Aubusson. Bon choix de crus régionaux.

LE SAPPEY-EN-CHARTREUSE – 38 Isère – **333** H6 – 1 007 h.   **45** C2
– alt. 1 014 m – Sports d'hiver : au Sappey et au Col de Porte 1 000/1 700 m 🎿 11
🎿 – ✉ 38700 ▌Alpes du Nord

▶ Paris 577 – Chambéry 61 – Grenoble 14 – St-Pierre-de-Chartreuse 14
🛈 Syndicat d'initiative, Le Bourg 𝒞 04 76 88 84 05
🅖 Charmant Som ❋★★★ NO : 9 km puis 1 h.

XX **Les Skieurs** avec ch ⌂ ≤ 🚗 🏠 ⛉ ⛱ 🦺 📻 🅿 VISA ⑩ AE
😊 – ℰ 04 76 88 82 76 – www.lesskieurs.com – Fax 04 76 88 85 76 – Fermé vacances
de Pâques, de Noël, mardi midi, dim. soir et lundi
18 ch – ♦85 € ♦♦85 €, ⛌ 11 € – ½ P 73 €
Rest – (16 €) Menu 28 € (sem.), 32/42 € – Carte 27/68 €
♦ Charmante salle à manger de chalet de montagne – murs lambrissés, cheminée et mobilier rustique – pour déguster une cuisine régionale soignée et généreuse. Belle terrasse. Petites chambres pratiques où le bois s'impose (quelques-unes avec balcon).

X **Le Dagobert** 🏠 VISA ⑩ AE ⑩
😊 pl. de l'Église – ℰ 04 76 88 80 26 – Fermé 25 août-2 sept., merc. sauf vacances
scolaires
Rest – Menu 12/29 € – Carte 28/40 €
♦ Précédée d'un petit bar à vin, salle à manger d'esprit rustique agrémentée d'une cheminée. Agréable terrasse ombragée pour les beaux jours. Cuisine traditionnelle.

SARE – 64 Pyrénées-Atlantiques – 342 C5 – 2 271 h. – alt. 70 m **3** A3
– ✉ 64310 ▊ Pays Basque et Navarre
🚩 Paris 794 – Biarritz 26 – Cambo-les-Bains 19 – Pau 138
🅸 Office de tourisme, Herriko Etxea ℰ 05 59 54 20 14, Fax 05 59 54 29 15

🏠 **Arraya** 🚗 🏠 ✗ ch, ⛱ 🅿 VISA ⑩ AE
place du village – ℰ 05 59 54 20 46 – www.arraya.com – Fax 05 59 54 27 04
– Ouvert 28 mars-2 nov.
20 ch – ♦84/94 € ♦♦84/130 €, ⛌ 11 € – ½ P 77/100 €
Rest – (fermé lundi midi, jeudi midi et dim. soir sauf du 1er juil. au 21 sept.)
(16 €) Menu 22/33 € – Carte 40/48 €
♦ Ancien relais de Compostelle d'architecture traditionnelle. Cadre champêtre et coquettes
chambres basques (plus spacieuses et récentes au 2e étage). Jardin. Décor régional bien
marqué au restaurant, terrasse ombragée. Plats du terroir et boutique gourmande.

🏠 **Lastiry** 🏠 AK ✗ ch, ⛱ 🦺 VISA ⑩
pl. du Village – ℰ 05 59 54 20 07 – www.hotel-lastiry.com – Fax 05 59 54 27 35
– Ouvert 15 mars-15 nov.
11 ch – ♦60/70 € ♦♦90/120 €, ⛌ 11 €
Rest – (18 €) Menu 23/35 € – Carte 40/53 €
♦ Murs blancs quadrillés de rouge basque, chaleureuse atmosphère familiale et chambres
confortables caractérisent cet hôtel posé sur la place du village. Au restaurant, l'ambiance
est plus rustique (pierres, poutres) ; cuisine traditionnelle du terroir.

🏠 **Pikassaria** ⌂ 🚗 ⛐ ch, AK rest, 🅿 VISA ⑩
😊 quartier Lehenbiscay – ℰ 05 59 54 21 51 – www.hotel-pikassaria.com
– Fax 05 59 54 27 40 – Ouvert 15 mars-11 nov.
18 ch ⛌ – ♦56 € ♦♦63/65 € – ½ P 49/52 €
Rest – (fermé le midi sauf dim.) Menu 16/21 € – Carte 19/35 €
♦ Bâtisse d'aspect régional située dans la campagne, sur la route de l'Espagne. Elle possède
des chambres plutôt petites, simples et nettes ; certaines regardent la montagne. La table du
Pikassaria défend hardiment les couleurs de la cuisine euzkadienne.

🏠 **Baratxartea** ≤ ⛐ ch, ⛱ 🅿 VISA ⑩
😊 quartier Ihalar, 2 km à l'Est – ℰ 05 59 54 20 48 – www.hotel-baratxartea.com
– Fax 05 59 47 50 84 – Ouvert 15 mars-11 nov.
22 ch – ♦48/68 € ♦♦48/68 €, ⛌ 8 € – ½ P 42/55 €
Rest – (dîner seult) Menu 19/26 € – Carte 24/40 €
♦ À l'écart du bourg, sympathique maison familiale dont le nom signifie "entre les jardins".
Chambres rustiques dans le bâtiment principal, plus fonctionnelles dans l'annexe. Décor
100 % basque dans la salle du restaurant (1505), agrandie d'une véranda ; menus régionaux.

X **Olhabidea** avec ch ⌂ 🏠 ⛐ rest, ✗ 📻 🅿 VISA ⑩
quartier Sainte-Catherine, rte de St-Pée – ℰ 05 59 54 21 85
– www.olhabidea.com – Fermé 5-11 juil., janv., fév.
3 ch ⛌ – ♦70/75 € ♦♦75/89 €
Rest – (fermé le midi sauf dim., dim. soir, mardi de sept. à juin et lundi) (nombre
de couverts limité, prévenir) Menu 35 €
♦ Cette ancienne ferme en pleine verdure possède un charme fou qui la rend unique. Chaque
jour, un nouveau menu est composé selon les produits du marché et du potager. Dans une
atmosphère très personnelle, trois vastes chambres douillettes. Riz au lait au petit-déjeuner.

▶ Paris 526 – Bergerac 74 – Brive-la-Gaillarde 52 – Cahors 60

🛈 Office de tourisme, rue Tourny ℰ 05 53 31 45 45, Fax 05 53 59 19 44

🖸 du Domaine de Rochebois Route de Montfort, S : 8 km par D 46,
ℰ 05 53 31 52 52

◉ Vieux Sarlat★★★ : place du marché aux trois Oies★ Y, hôtel Plamon★ Y ,
hôtel de Maleville★ Y - Maison de La Boétie★ Z - Quartier Ouest★.

◙ Décor★ et mobilier★ du château de Puymartin NO : 7 km.

Clos La Boëtie sans rest   ⬚ ₤₅ 🖣 ₺ 🝙 ℅ 📶 🄿 🆅🆂🅰 ⑩ 🄰🄴
97 av. de Selves – ℰ 05 53 29 44 18 – www.closlaboetie-sarlat.com
– Fax 05 53 28 61 40 – Ouvert 1er avril-15 nov.   **Vb**
11 ch – ♦210/280 € ♦♦210/280 €, ☲ 20 € – 3 suites
♦ Cette maison bourgeoise refaite à neuf abrite un intérieur superbement pensé associant l'ancien et le contemporain. Très confortables chambres à l'ambiance romantique et raffinée.

De Selves sans rest   ⛭ ⬚ 🖣 ₺ 🝙 ℅ 🆂🅰 ⌂ 🆅🆂🅰 ⑩ ⓪
93 av. de Selves – ℰ 05 53 31 50 00 – www.selves-sarlat.com – Fax 05 53 31 23 52
– Fermé 3 janv.-12 fév.   **Vv**
40 ch – ♦83/125 € ♦♦93/145 €, ☲ 12 €
♦ Construction moderne aux chambres actuelles et fonctionnelles ; certaines bénéficient de loggias en bow-windows ouvertes sur le jardin. La piscine se découvre l'été. Sauna.

La Madeleine   ⛫ 🖣 ₺ 🝙 ℅ 🆂🅰 ⌂ 🆅🆂🅰 ⑩ ⓪
∞
1 pl. Petite Rigaudie – ℰ 05 53 59 10 41 – www.hoteldelamadeleine-sarlat.com
– Fax 05 53 31 03 62   **Ye**
39 ch – ♦85/119 € ♦♦85/149 €, ☲ 11 €
Rest – (ouvert 1er mars-20 nov. et fermé lundi midi et mardi midi sauf juil.-août)
Menu 14 € (déj.), 19/27 € – Carte 20/35 €
♦ Cette belle demeure (19e s.) restaurée et située aux portes de la vieille ville compte parmi les doyennes de l'hôtellerie sarladaise. Fringantes chambres bien équipées. Restaurant confortable et aéré, récemment relooké. Cuisine régionale.

Le Renoir sans rest   ⬚ 🖣 ℅ 🆅🆂🅰 ⑩ 🄰🄴 ⓪
2 r. Abbé-Surgier – ℰ 05 53 59 35 98 – www.hotel-renoir-sarlat.com
– Fax 05 53 31 22 32   **Xu**
35 ch – ♦75/95 € ♦♦105/135 €, ☲ 13 € – 1 suite
♦ Établissement accueillant qui possède une piscine dans sa cour centrale. Les chambres sont d'ampleur moyenne mais soignées et joliment décorées de mobilier de style.

Compostelle sans rest   🖣 ₺ 🝙 ℅ 🄿 🆅🆂🅰 ⑩ 🄰🄴
66 av. de Selves – ℰ 05 53 59 08 53 – www.hotel-compostelle-sarlat.com
– Fax 05 53 30 31 65 – Ouvert 1er fév.-15 nov.   **Vr**
23 ch – ♦74/90 € ♦♦74/90 €, ☲ 9 €
♦ À 400 m du centre historique, établissement progressivement rénové vous réservant un accueil familial. Préférez les chambres récentes, d'esprit plus contemporain.

Le Mas del Pechs sans rest ⤫   ⛭ ⬚ ₺ 🝙 ℅ 🕻 🄿 🆅🆂🅰 ⑩ 🄰🄴
1,5 km à l'Est, par chemin des Monges -VX- – ℰ 05 53 31 12 11
– www.sarlat-hotel.com – Fax 05 53 31 16 99 – Fermé 5 janv.-28 fév.
18 ch – ♦52/78 € ♦♦55/78 €, ☲ 8,50 €
♦ Demeure au grand calme à la campagne, sur les hauteurs de Sarlat. Optez pour les chambres récentes, plus coquettes ; toutes sont de plain-pied avec le jardin.

La Maison des Peyrat ⤫   ⛭ ⛫ ⬚ ℅ 🕻 🄿 🆅🆂🅰 ⑩
Le Lac de la Plane, à l'Est par chemin des Monges-VX – ℰ 05 53 59 00 32
– www.maisondespeyrat.com – Fax 05 53 28 56 56 – Ouvert 1er avril-15 nov.
10 ch – ♦55/100 € ♦♦55/100 €, ☲ 8,50 € – ½ P 58/81 €
Rest – (fermé merc. et dim. en saison et la sem. hors saison) (dîner seult)
(résidents seult) Menu 22 €
♦ Belle maison noyée sous la verdure dont le jardin et la piscine à eau salée incitent au repos. Chambres au décor campagnard (pierres, poutres, bois). Accueil très soigné. Le restaurant, qui mêle cadre rustique et mobilier bistrot, sert un menu du terroir. Terrasse.

SARLAT-LA-CANÉDA

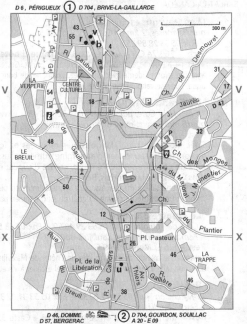

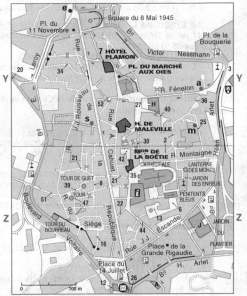

⛫ **Les Peyrouses** ◈ ◁◑ ⌶ & ch, Ⓐ ch, ۩ VISA ◉◉
aux Peyrouses, 2 km à l'Ouest - V – ℰ *05 53 28 89 25 – www.lespeyrouses-24.com*
– Fax 05 53 28 89 25
5 ch – ✝60/74 € ✝✝60/74 €, ⌷ 8 € **Table d'hôte** – Menu 26 €
♦ Étape au calme à deux pas du centre de Sarlat. Cette maison vous accueille dans un agréable salon moderne avec cheminée. Chambres de bonne ampleur, d'esprit joliment rustique. Sur réservation, table d'hôte le soir.

XX **Le Grand Bleu** (Maxime Lebrun) ⌂ Ⓐ VISA ◉◉
✿ *43 av. de la Gare, par ② –* ℰ *05 53 31 08 48 – www.legrandbleu.eu – Fermé mardi midi, merc. midi, dim. soir et lundi*
Rest – Menu 33/85 €
Spéc. Roulé de bœuf, langoustines marinées et foie gras poêlé. Homard rôti et son risotto au caviar d'aubergine fumé, mousse de truffe. Macaron à la noix de coco, fraises du Périgord, crème d'avocat et sorbet cacao (mai à oct.).
Vins Côtes du Marmandais, Bergerac.
♦ Dans une salle à manger associant sobriété (murs en pierre, boiseries claires) et espace, savourez une délicieuse cuisine au goût du jour, rythmée par le marché et les saisons.

XX **Le Quatre Saisons** ⌂ ⇔ VISA ◉◉
2 Côte de Toulouse – ℰ *05 53 29 48 59 – Fax 05 53 59 53 74*
– Fermé mardi et merc. sauf juil.-août Y**s**
Rest – (26 €) Menu 29/49 €
♦ Ancienne maison de pays proche de l'hôtel de Maleville (16ᵉ s.). Plats du terroir servis dans une salle à manger contemporaine. Bel escalier à vis et terrasse entre de vieux murs.

X **Rossignol** VISA ◉◉
⌘ *15 r. Fénelon –* ℰ *05 53 31 02 30 – Fax 05 53 31 02 30*
– Fermé lundi Y**a**
Rest – Menu 17 € (déj. en sem.), 23/60 € – Carte 33/55 €
♦ La salle à manger, bien que rénovée, conserve un petit air champêtre avec son mobilier en bois et ses cuivres accrochés aux murs. Cuisine familiale et régionale.

X **Le Bistro de L' Octroi** ⌂ ⇔ VISA ◉◉
⌘ *111 av. de Selves –* ℰ *05 53 30 83 40 – www.lebistrodeloctroi.fr*
– Fax 05 53 28 36 43 Y**a**
Rest – (13 € bc) Menu 18/26 € – Carte 20/40 €
♦ Dans les murs d'un ancien octroi, ce bistrot régale de bons plats régionaux. Deux salles, l'une rustique (pierres, briques), l'autre traditionnelle ; grande terrasse appréciée.

par ② 5 km rte de Gourdon puis rte de la Canéda et rte secondaire
– ✉ 24200 Sarlat-la-Canéda

⛫ **Le Mas de Castel** sans rest ◈ ⊠ ⌶ ۩ ℗ VISA ◉◉
⌂ *Le Sudalissant –* ℰ *05 53 59 02 59 – www.hotel-lemasdecastel.com*
– Fax 05 53 28 25 62 – Ouvert 10 avril-11 nov.
13 ch – ✝45/65 € ✝✝45/80 €, ⌷ 8 €
♦ À la campagne, ancien corps de ferme aménagé en sympathique hostellerie. Nuits paisibles dans des chambres confortables, rustiques et bien tenues ; six sont en rez-de-jardin.

par② 3 km rte de Bergerac et rte secondaire – ✉ 24200 Sarlat-la-Canéda

⛫ **Relais de Moussidière** sans rest ◈ ≼◁⌶⌸&۩♨℗
Moussidière Basse – ℰ *05 53 28 28 74* VISA ◉◉ 𝔸𝔼
– www.hotel-moussidiere.com – Fax 05 53 28 25 11
– Ouvert d'avril à oct.
35 ch ⌷ – ✝113/163 € ✝✝126/176 €
♦ Calme absolu pour cette maison de caractère bâtie à flanc de rocher, dans un parc en terrasses descendant jusqu'à un étang. Chambres confortables et personnalisées.

SARLIAC-SUR-L'ISLE – 24 Dordogne – **329** G4 – **1 004 h.** – **alt. 102 m** 4 C1
– ✉ 24420

🔼 Paris 473 – Brive-la-Gaillarde 65 – Limoges 86 – Périgueux 15

Chabrol avec ch   🛜 VISA ◑

3 r. de l'Eglise – ℰ *05 53 07 83 39 – Fax 05 53 07 86 53*
– Fermé 30 août-4 oct., dim. soir et lundi
10 ch – †40 € ††50 €, ⊇ 5 €
Rest – Menu 15 € (sem.), 30/60 € – Carte 20/50 €
♦ Modeste auberge familiale composée de deux bâtiments anciens. Plats régionaux miton-nés par la patronne et servis dans une salle rustique. Petites chambres simples (certaines sans sanitaires) d'une tenue méticuleuse, rajeunies à l'annexe.

SARPOIL – 63 Puy-de-Dôme – **326** H10 – **rattaché à Issoire**

SARRAS – 07 Ardèche – **331** K2 – **1 992 h.** – **alt. 133 m** – ⊠ 07370   **43** E2

🛭 Paris 527 – Annonay 20 – Lyon 72 – St-Étienne 60
◉ De la D 506 coup d'oeil★★ sur le défilé de St-Vallier★ S : 5 km,
    Lyon Drôme Ardèche

Le Vivarais avec ch   AC rest, P VISA ◑ AE

– ℰ *04 75 23 01 88 – Fax 04 75 23 49 73 – Fermé 2-25 août, 16 fév.-10 mars, dim. soir, lundi soir et mardi*
6 ch – †45 € ††45/58 €, ⊇ 7 €
Rest – Menu 17 € (sem.)/52 € – Carte 34/54 €
♦ Auberge familiale où l'on déguste une cuisine classique dans une élégante salle à manger égayée de couleurs vives. Chambres pratiques pour une étape sur la route du soleil.

SARREBOURG ◉ – 57 Moselle – **307** N6 – **12 722 h.** – **alt. 282 m**   **27** D2
– ⊠ 57400 ▊ Alsace Lorraine

🛭 Paris 426 – Épinal 86 – Lunéville 59 – Metz 95
🛈 Office de tourisme, place des Cordeliers ℰ 03 87 03 11 82, Fax 03 87 07 13 93
🏌 du Pays de Sarrebourg Route de Winkelhof, O : 2 km, ℰ 03 87 23 01 02
◉ Vitrail★ dans la chapelle des Cordeliers **B.**

Les Cèdres 🍃   🛜 🛗 📶 📶 P VISA ◑ AE

à la zone de loisirs, chemin d'Imling, 3 km au Sud-Ouest – ℰ *03 87 03 55 55*
– www.hotel-lescedres.fr – Fax 03 87 03 66 33 – Fermé 24 déc.-3 janv.
44 ch – †65/72 € ††72/79 €, ⊇ 8,50 € – ½ P 84 €
Rest – (fermé sam. midi et dim. soir) Menu 15 € (déj. en sem.), 26 € bc/49 €
– Carte 25/55 €
♦ Étape tranquille au cœur d'une zone de loisirs, près d'une forêt et d'un étang, dans cet hôtel récent aux chambres claires et fonctionnelles. Salle à manger moderne et spacieuse, largement ouverte sur la nature environnante ; table régionale.

Mathis (Ernest Mathis)   AC 🍽 VISA ◑ AE

7 r. Gambetta – ℰ *03 87 03 21 67 – www.ernest-mathis.fr – Fax 03 87 23 00 64*
– Fermé 27 juil.-6 août, 7-13 sept., 1er-5 nov., 20 déc.-4 janv., dim. soir, mardi soir et lundi
Rest – Menu 29/74 € – Carte 47/90 €
Spéc. Homard tiède en macédoine. Baeckeofe d'agneau de lait des Pyrénées aux copeaux de truffe (mi-janv. à mi-mars). Gratin chaud de framboise et son sorbet. **Vins** Alsace Muscat, Alsace Pinot noir.
♦ Décor de table soigné, comme il se doit au pays du cristal et de la faïence, accueil chaleu-reux et plaisirs d'une assiette inventive : un restaurant aux multiples atouts.

SARREGUEMINES ◉ – 57 Moselle – **307** N4 – **21 733 h.** – **alt. 210 m**   **27** D1
– ⊠ 57200 ▊ Alsace Lorraine

🛭 Paris 396 – Metz 70 – Nancy 96 – Saarbrücken 18
🛈 Office de tourisme, 11, rue rue du Maire Massing ℰ 03 87 98 80 81,
    Fax 03 87 98 25 77
🏌 de Sarreguemines Chemin Départemental n 81 A, O : 3 km par D 81,
    ℰ 03 87 27 22 60
◉ Musée : jardin d'hiver★★, collection de céramiques★ BZ **M.**
🛈 Parc archéologique européen de Bliesbruck-Reinheim : thermes★, 9,5 km
    par ①.

Plan page suivante

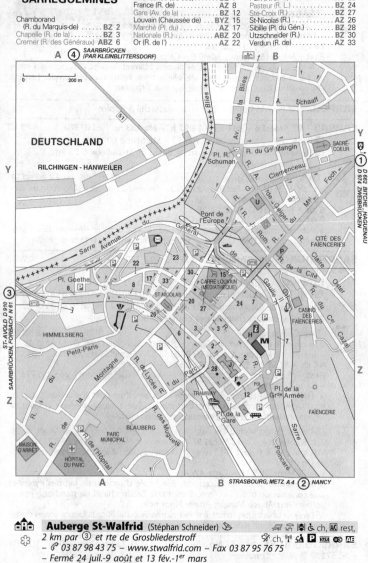

Auberge St-Walfrid (Stéphan Schneider) ⚏   🚗 🛋 📶 ⚒ ch, Ⓜ rest,

2 km par ③ et rte de Grosbliederstroff   🍴 ch, ℡ 🛁 🅿 **VISA** ⚫ ⒶⒺ
– ℰ 03 87 98 43 75 – www.stwalfrid.com – Fax 03 87 95 76 75
– Fermé 24 juil.-9 août et 13 fév.-1er mars
11 ch – †95/158 € ††95/158 €, ⊇ 15 € – ½ P 125/155 €
Rest – (fermé sam. midi, lundi midi et dim.) (30 €) Menu 48/75 €
– Carte 49/105 €
Spéc. Foie gras poêlé, radis du jardin et jus vert de fanes (printemps-été).
Grosse sole de petit bateau rôtie meunière, écrasée de pomme de terre. Esca-
lope de chevreuil poêlée, champignons des bois (mai à janv.) **Vins** Moselle
blanc et rouge.
♦ Belle maison en pierre où, depuis cinq générations, la même famille cultive l'art de recevoir. Le décor associe plaisamment rustique et contemporain. Chambres soignées. Salle à
manger ornée de tableaux colorés et d'objets en faïence. Goûteuse cuisine régionale.

Amadeus sans rest   🛗 ᓀ VISA ⚫ AE ⓪

7 av. de la Gare – ✆ *03 87 98 55 46 – www.amadeus-hotel.fr*
– Fax 03 87 98 66 92 – Fermé 15-21 août et 24 déc.-3 janv.   **BZr**
39 ch – †56 € ††65 €, ⌇ 8,50 €

♦ Cure de jouvence réussie pour cet immeuble des années 1930 situé à côté de la gare. Chambres de tailles diverses, repensées dans un esprit contemporain coloré.

✗ **Le Petit Thierry**   **P** VISA ⚫

135 r. France, 1,5 km par ③ *–* ✆ *03 87 98 22 59 – Fax 03 87 28 12 63*
– Fermé merc. soir et jeudi
Rest – Menu 23/33 €

♦ Discrète auberge abritant une salle de restaurant spacieuse et cossue, habillée de boiseries et de poutres. Cuisine inventive variant avec les saisons et belle sélection de vins.

rte de Bitche 11 km par ① sur D 662 – ⌧ 57200 Sarreguemines

✗✗ **Pascal Dimofski**   🌫 🌫 **P** VISA ⚫ AE

– ✆ *03 87 02 38 21 – Fermé 2 sem. en août, vacances de fév., lundi et mardi*
Rest – (16 €) Menu 26 €, 36/79 € – Carte 48/84 €🦞

♦ À l'orée d'un bois, auberge campagnarde où poutres, cheminée et fauteuils design en cuir composent un décor original. Cuisine personnalisée et carte des vins bien balancée.

SARRE-UNION – 67 Bas-Rhin – **315** G3 – 3 185 h. – alt. 240 m   **1** A1
– ⌧ 67260

▶ Paris 407 – Metz 81 – Nancy 84 – St-Avold 37

rte de Strasbourg 10 km au Sud-Est par N 61 – ⌧ 67260 Burbach

✗✗✗ **Windhof**   🌫 AC **P** VISA ⚫

lieu-dit Windhof – ✆ *03 88 01 72 35*
– www.windhof.fr – Fax 03 88 01 72 71
– Fermé 9-27 août, 3-17 janv., dim. soir, mardi soir et lundi
Rest – (15 € bc) Menu 28/53 € – Carte 33/60 €

♦ Quittez l'autoroute pour une halte gourmande dans cette maison cossue. Une salle agrémentée de boiseries et des plats mi-classiques, mi-traditionnels vous y attendent.

SARS-POTERIES – 59 Nord – **302** M6 – 1 490 h. – alt. 181 m   **31** D3
– ⌧ 59216 ▌ Nord Pas-de-Calais Picardie

▶ Paris 258 – Avesnes-sur-Helpe 12 – Charleroi 46 – Lille 107
🛈 Office de tourisme, 20, rue du Gal-de-Gaulle ✆ 03 27 59 35 49,
  Fax 03 27 59 36 23
◙ Musée du Verre★.

Marquais sans rest ⌂   🌫 ✗ ⁌ **P** VISA ⚫

65 r. du Gén.-de-Gaulle – ✆ *03 27 61 62 72 – www.hoteldumarquais.com*
– Fax 03 27 57 47 35 – Fermé 15-28 fév.
11 ch – †52 € ††62 €, ⌇ 9 €

♦ Deux pétillantes sœurs jumelles – d'environ 70 ans ! – tiennent à la perfection ce petit hôtel. Mobilier ancien et couleurs "bonbon" dans les chambres. Pas de TV : repos garanti.

SARTÈNE – 2A Corse-du-Sud – **345** C10 – **voir à Corse**

SARZEAU – 56 Morbihan – **308** O9 – 7 155 h. – alt. 30 m – ⌧ 56370   **9** A3
▌ Bretagne

▶ Paris 478 – Nantes 111 – Redon 62 – Vannes 23
🛈 Office de tourisme, rue du Père Coudrin ✆ 02 97 41 82 37,
  Fax 02 97 41 74 95
⛳ de Rhuys à Saint-Gildas-de-Rhuys, O par D 780 : 7 km, ✆ 02 97 45 30 09
◙ Ruines★ du château de Suscinio SE : 3,5 km - Presqu'île de Rhuys★.

à Penvins 7 km au Sud-Est par D 198 – ✉ 56370 Sarzeau

XX **Mur du Roy** avec ch ⬙ ⬅ 🍴 🏠 ⬅ rest, **P.** VISA ●●
– ☎ 02 97 67 34 08 – www.lemurduroy.com – Fax 02 97 67 36 23 – Fermé
15 déc.-31 janv., lundi sauf hôtel et mardi midi
10 ch – ♦52/86 € ♦♦52/86 €, ☐ 10 € – ½ P 66/83 €
Rest – Menu 25/42 € – Carte 31/59 €
♦ Cuisine iodée servie dans deux vérandas égayées par un décor marin et agréablement
tournées vers la terrasse, le jardin et l'océan. Petites chambres très calmes.

SASSENAY – 71 Saône-et-Loire – **320** J9 – rattaché à Chalon-sur-Saône

---

SASSETOT-LE-MAUCONDUIT – 76 Seine-Maritime – **304** D3   **33** C1
– 927 h. – alt. 89 m – ✉ 76540

▶ Paris 198 – Bolbec 29 – Fécamp 16 – Le Havre 55

🛈 Office de tourisme, 4, rue des Fusillés ☎ 02 35 29 79 88, Fax 02 35 29 79 88

XX **Le Relais des Dalles** avec ch 🍴 🏠 📶 VISA ●● AE
😊 6 r. Elizabeth d'Autriche, près du château – ☎ 02 35 27 41 83
– www.relais-des-dalles.fr – Fax 02 35 27 13 91 – Fermé 13 déc.-6 janv., lundi et
mardi sauf le soir du 12 juil. au 23 août
4 ch – ♦75/148 € ♦♦75/148 €, ☐ 13 €
Rest – (prévenir le week-end) Menu 29/48 € – Carte 42/64 €🌸
♦ Une sympathique auberge normande, rustique à souhait, où l'on se régale de savoureux
plats traditionnels. Beau choix de vins de Loire et de bordeaux. Chambres cosy.

SAUBUSSE – 40 Landes – **335** D13 – 767 h. – alt. 10 m – Stat. therm. :   **3** B3
début mars-fin nov. – ✉ 40180

▶ Paris 736 – Bayonne 43 – Biarritz 50 – Dax 19

🛈 Syndicat d'initiative, rue Vieille ☎ 05 58 57 76 68, Fax 05 58 57 37 37

XX **Villa Stings** (Francis Gabarrus) ⬅ 📶 ⬙ VISA ●● AE
😊 9 r. du Port – ☎ 05 58 57 70 18 – Fax 05 58 57 71 86 – Fermé
14-21 juin, 8-15 nov., fév., sam. midi, dim. soir et lundi du 6 sept. au 27 juil. et
merc. soir du 8 sept. au 27 avril
Rest – Menu 36/80 €
Spéc. Escalope de foie gras poêlée au gingembre. Lièvre à la royale
(automne). Crème chiboust caramélisée aux olives noires et fruits rouges
(été). **Vins** Pacherenc du Vic-Bilh, Côtes de Duras.
♦ Grande demeure en pierre du 19ᵉ s. posée au bord de l'Adour. Élégante salle à manger où
l'on sert une cuisine au goût du jour privilégiant les produits régionaux de saison.

SAUGUES – 43 Haute-Loire – **331** D4 – 1 917 h. – alt. 960 m – ✉ 43170   **6** C3
▌Auvergne

▶ Paris 529 – Brioude 51 – Mende 72 – Le Puy-en-Velay 43

🛈 Office de tourisme, cours Dr Gervais ☎ 04 71 77 71 38, Fax 04 71 77 71 38

🏠 **La Terrasse** 📶 rest, ⬙ VISA ●● AE
😊 cours du Dr Gervais – ☎ 04 71 77 83 10 – www.hotellaterrasse-saugues.com
– Fax 04 71 77 63 79 – Fermé déc., janv., dim. soir et lundi hors saison
🍽 **9 ch** – ♦55 € ♦♦69 €, ☐ 10 € – ½ P 59 €
Rest – (fermé lundi sauf juil.-août) (15 €) Menu 20 € (sem.), 29/75 €
♦ Au centre du village dominé par la tour des Anglais, maison ancienne tenue par la même
famille depuis 1795. Chambres d'esprit contemporain, fraîches et bien équipées. Le restaurant, au cadre classique et soigné (cheminée), propose une goûteuse cuisine traditionnelle.

SAUJON – 17 Charente-Maritime – **324** E5 – 6 281 h. – alt. 7 m   **38** B3
– ✉ 17600 Saujon

▶ Paris 499 – Poitiers 165 – La Rochelle 71 – Saintes 28

🛈 Syndicat d'initiative, 22, place du Général-de-Gaulle ☎ 0546028377, Fax 05
46 02 14 48

Le Richelieu ♿ ch, AC ch, Wi-Fi VISA MC

pl. Richelieu – ✆ 05 46 02 82 43 – www.hotel-lerichelieu-saujon.com – Fax 05 46 02 82 43 – Fermé 5-24 janv.

20 ch – †55/75 € ††55/75 €, ☕ 11 € – ½ P 82/102 €

Rest *Le Ménestrel* – ✆ 05 46 06 92 35 *(fermé 12-20 oct., 12 janv.-2 fév., dim. et lundi)* Menu 25/69 € – Carte 29/46 €

◆ Cet édifice ancien (18e s.), doublé d'une extension récente, abrite des chambres fonctionnelles d'esprit contemporain. Décor moderne dans le restaurant, où est servie une cuisine actuelle.

SAULES – 25 Doubs – **321** G4 – **rattaché à Ornans**

SAULGES – 53 Mayenne – **310** G7 – **341 h.** – **alt. 97 m** – ✉ **53340** **35** C1

Châteaux de la Loire

Paris 249 – Château-Gontier 37 – La Flèche 48 – Laval 33

Syndicat d'initiative, 4, place Jacques Favrot ✆ 02 43 90 49 81, Fax 02 43 90 55 44

L'Ermitage ♿ ch, Wi-Fi P VISA MC

3 pl. St-Pierre – ✆ 02 43 64 66 00 – www.hotel-ermitage.fr – Fax 02 43 64 66 20 – Fermé 1er oct.-22 nov., 17 déc.-9 janv. et vend. soir d'oct. à avril

35 ch – †72/102 € ††72/102 €, ☕ 10 € – ½ P 77/92 €

Rest – *(fermé dim. soir d'oct. à avril et sam. midi)* (13 € bc) Menu 25/60 € – Carte 42/58 €

◆ Cette maison ancienne abrite de coquettes chambres tournées vers la campagne ou le village. Celles du "Relais", bien rénovées, sont plus modernes. Piscine, minigolf, jardin. Cuisine au goût du jour, servie dans une salle au décor actuel qui donne sur la terrasse.

SAULIEU – 21 Côte-d'Or – **320** F6 – **2 643 h.** – **alt. 535 m** – ✉ **21210** **8** C2

Bourgogne

Paris 248 – Autun 40 – Avallon 39 – Beaune 65

Syndicat d'initiative, 24, rue d'Argentine ✆ 03 80 64 00 21, Fax 03 80 64 00 21

Basilique St-Andoche★ : chapiteaux★★.

SAULIEU

Argentine (R. d') 3
Bertin (R. J.) 4
Collège (R. du) 6
Courtépée (R.) 7
Foire (R. de la) 8
Fours (R. des) 9
Gambetta (R.) 10
Gare (Av. de la) 12
Gaulle (Pl. Ch.-de) 14
Grillot (R.) 15
Marché (R. du) 17
Parc des Sports (R. du) 18
Sallier (R.) 19
Tanneries (R. des) 20
Vauban (R.) 21

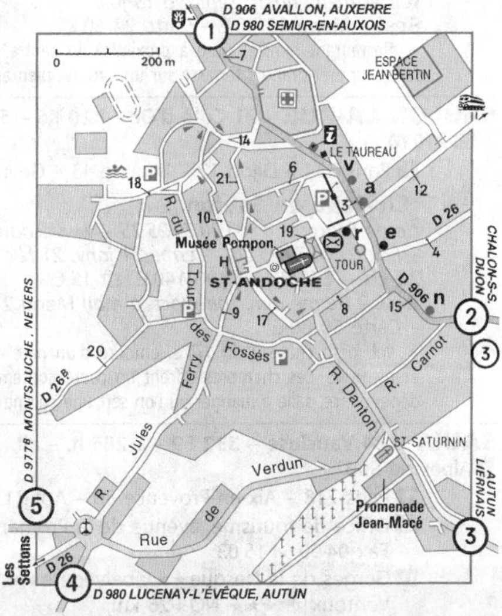

Le Relais Bernard Loiseau ⊗　🖼 ⌇ 🌐 ♨ 🌙 & ch, 🎦 🏊 🚗

✿✿✿ *2 r. d'Argentine –* ℰ 03 80 90 53 53　　　　　　　　　🆅🆂🅰 🅰🅴
– www.bernard-loiseau.com – Fax 03 80 64 08 92 – Fermé 4 janv.-11 fév.
23 ch – †145/345 € ††145/345 €, ⌁ 30 € – 9 suites　　　　　　　　e
Rest *– (fermé mardi et merc. sauf de mai à oct. et sauf vacances de Noël)*
Menu 66 € (déj.), 120/185 € – Carte 128/165 € 🐾
Spéc. Jambonnettes de grenouilles à la purée d'ail et au jus de persil. Filet de
bœuf charolais cuit au foin en croûte d'argile. Rose des sables à la glace pur
chocolat et son coulis d'orange confite. **Vins** Rully, Meursault Charmes.
◆ Ce luxueux Relais (18ᵉ s.), fer de lance de cette ville-étape qui fait honneur à l'hospitalité
bourguignonne, s'illustre par son confort et sa sérénité. Spa bien équipé. Élégantes salles
ouvertes sur le jardin à l'anglaise. Patrick Bertron signe de talentueuses recettes rendant
hommage au maître de Saulieu.

Hostellerie la Tour d'Auxois　　　🖼 🏡 ⌇ ♨ & 🎦 ⚞ rest, 🏊

sq. Alexandre Dumaine – ℰ 03 80 64 36 19　　　　　　　🆅🆂🅰 🆅🆂🅰 🅰🅴 ⓘ
– www.tourdauxois.com – Fax 03 80 64 93 10 – Fermé 17 janv.-12 fév.
6 ch – †99 € ††99 €, ⌁ 12 € – 6 suites　　　　　　　　　　r
Rest *– (fermé mardi midi d'oct. à mai, dim. soir et lundi)* Menu 21/52 €
– Carte 37/50 €
◆ Hôtel charmant mettant à profit un ancien couvent. Jardin paysager avec piscine, chambres cosy et jolie salle aux allures de bistrot pour le petit-déjeuner. Carte au goût du
jour dans la salle en rotonde côté verdure.

La Borne Impériale avec ch　　　　　🖼 🏡 🅿 🆅🆂🅰 🆅🆂🅰

16 r. d'Argentine – ℰ 03 80 64 19 76 *– www.borne-imperiale.com*
– Fax 03 80 64 30 63 – Fermé 10 janv.-10 fév., lundi soir et mardi sauf juil.-août
7 ch – †36 € ††36/60 €, ⌁ 10 € – ½ P 60 €　　　　　　　　v
Rest *– (18 € bc)* Menu 24/48 € – Carte 35/55 €
◆ Cuisine de tradition régionale, copieuse et soignée, servie dans la salle classique ou sur la
belle terrasse ouverte sur un jardin. Hébergement pratique à l'étage.

Auberge du Relais　　　　　　　　　　🏡 🆅🆂🅰 🆅🆂🅰 🅰🅴

8 r. d'Argentine – ℰ 03 80 64 13 16 *– Fax 03 80 64 08 33 – Fermé 16-28 nov.*
Rest *– (19 €)* Menu 22/42 € – Carte 25/49 €　　　　　　　　a
◆ En centre ville, cette auberge à la façade rose propose une carte qui privilégie le terroir.
Décor intérieur un brin rustique et terrasse au calme.

La Vieille Auberge　　　　　　　　　　🏡 🆅🆂🅰 🆅🆂🅰

15 r. Grillot – ℰ 03 80 64 13 74 *– Fermé 1ᵉʳ-8 juil., 14-27 janv., 19-29 fév., mardi*
soir et merc. du 1ᵉʳ sept. au 13 juil.　　　　　　　　　　　　n
Rest *–* Menu 13/40 € – Carte 24/50 €
◆ Restaurant familial situé à proximité du centre. Table régionale, salle rajeunie dans les
tons jaune et orange, terrasse sur un jardinet bien appréciée en saison.

SAULON-LA-RUE – 21 Côte-d'Or – **320** K6 – 561 h. – alt. 215 m　　8 D1
– ✉ 21910

🖪 Paris 324 – Dijon 12 – Beaune 43 – Gevrey-Chambertin 9

Château de Saulon ⊗　　🌙 🏡 ⌇ 🌋 🍴 ⚞ 🏊 🅿 🆅🆂🅰 🆅🆂🅰 🅰🅴 ⓘ

rte de Seurre – ℰ 03 80 79 25 25 *– www.chateau-saulon.com*
– Fax 03 80 79 25 26 – Fermé 31 janv.-21 fév.
32 ch – †75/80 € ††90/140 €, ⌁ 15 €
Rest *– (fermé dim. soir d'oct. à mai)* Menu 21 € (déj. en sem.), 30/55 €
– Carte 50/60 €
◆ Joli petit château du 17ᵉ s. entouré d'un parc arboré agrémenté d'une piscine et d'un
étang privé. Les chambres offrent un cadre contemporain (mobilier fonctionnel). Dans une
dépendance, salle à manger où l'on sert une cuisine actuelle. Boutique de vins ; dégustation.

SAULT – 84 Vaucluse – **332** F9 – 1 285 h. – alt. 765 m – ✉ 84390　　42 E1
▮ Alpes du Sud

🖪 Paris 718 – Aix-en-Provence 86 – Apt 31 – Avignon 69

🖪 Office de tourisme, avenue de la Promenade ℰ 04 90 64 01 21,
Fax 04 90 64 15 03

🖪 Gorges de la Nesque★★ : belvédère★★ SO : 11 km par D 942 - Mont
Ventoux ⁂★★★ NO : 26 km.

Hostellerie du Val de Sault
2 km, rte St-Trinit et rte secondaire – 04 90 64 01 41
– www.valdesault.com – Fax 04 90 64 12 74 – Ouvert 11 avril-8 nov.
6 ch – 60/145 € 60/250 €, 14 € – 14 suites – 233/356 €
– ½ P 97/190 €
Rest – *(fermé jeudi midi et lundi sauf de juin à août)* (28 €) Menu 32 € (déj. en sem.), 43/92 €
◆ Parfum de lavande, vue enchanteresse, chambres avec salon et miniterrasse ou duplex "Provence-Asie": un capital-séduction auquel on ne reste pas insensible ! Apaisante salle à manger mariant les styles, terrasse bien exposée, menu régional honorant la truffe.

SAULXURES – **67 Bas-Rhin** – **315** G6 – **518 h.** – **alt. 535 m** – ✉ **67420** **1** A2
Paris 407 – Épinal 71 – Strasbourg 67 – Lunéville 65

La Belle Vue
36 r. Principale – 03 88 97 60 23 – www.la-belle-vue.com – Fax 03 88 47 23 71 – Fermé 4-20 janv.
11 ch – 92/134 € 92/134 €, 12 € – ½ P 79/100 €
Rest – *(fermé mardi et merc. d'oct. à mai)* Menu 15 € bc (déj. en sem.), 32/50 €
◆ La même famille tient cette auberge depuis quatre générations. Suites, duplex et chambres au décor soigné (charpente apparente, tableaux contemporains). Salle à manger vitrée ouverte sur un jardin et mezzanine servent de joli cadre à des repas dans l'air du temps.

SAUMUR – **49 Maine-et-Loire** – **317** I5 – **28 654 h.** – **alt. 30 m** **35** C2
– ✉ **49400** Châteaux de la Loire
Paris 300 – Angers 67 – Le Mans 124 – Poitiers 97
Office de tourisme, place de la Bilange 02 41 40 20 60,
Fax 02 41 40 20 69
de Saumur 2, route des Mortins, O : 5 km par D 751 et D 161,
02 41 50 87 00
Château★★ : musée d'Arts décoratifs★★, musée du Cheval★, tour du Guet ✳★ - Église N.-D.-de-Nantilly★ : tapisseries★★ - Vieux quartier★ BY : Hôtel de ville★ **H** ,tapisseries★ de l'église St-Pierre - Musée de l'école de Cavalerie★ **M¹** - Musée des Blindés★★ au Sud.

Plan page suivante

Château de Verrières sans rest
53 r. d'Alsace – 02 41 38 05 15
– www.chateau-verrieres.com – Fax 02 41 38 18 18 – fermé 15-30 nov.
10 ch – 150/310 € 150/310 €, 15 € AY**v**
◆ Les châtelains vous reçoivent en amis dans cette séduisante demeure du 19e s. nichée au cœur d'un parc de 2 ha. Luxe et raffinement (salons Napoléon III, mobilier d'époque).

St-Pierre sans rest
8 r. Haute-St-Pierre – 02 41 50 33 00 – www.saintpierresaumur.com
– Fax 02 41 50 38 68 BY**b**
15 ch – 91/130 € 95/162 €, 13 €
◆ Poutres massives, colombages, hautes cheminées en tuffeau, escalier à vis et meubles de style : un bien charmant hôtel installé dans des maisons du 17e s. joliment restaurées.

Anne d'Anjou sans rest
32 quai Mayaud – 02 41 67 30 30 – www.hotel-anneanjou.com
– Fax 02 41 67 51 00 BY**k**
43 ch – 82/155 € 82/210 €, 12 €
◆ Bel hôtel particulier du 18e s. dont les chambres – Empire ou actuelles – sont tournées vers le fleuve ou le château. L'été, petit-déjeuner servi dans une ravissante cour.

Adagio sans rest
94 av. du Gén.-de-Gaulle – 02 41 67 45 30 – www.hoteladagio.com
– Fax 02 41 67 74 59 – Fermé 23-26 déc. BX**t**
38 ch – 75/99 € 89/125 €, 13 €
◆ Au cœur de l'île d'Offard, plaisant hôtel proposant cinq catégories de chambres, toutes joliment décorées dans un style contemporain et coloré ; hall d'accueil Art déco.

SAUMUR

🏨🏨🏨 **Mercure Bord de Loire** sans rest ⌂ ⟨⊞⟩ 🅐🅒 ⟨ⁱ⟩ ♨ 🅟 ⌂

r. du vieux Pont – ✆ 02 41 67 22 42 – www.mercure.com   *VISA* **©©** 🅐🅔 🅞

– Fax 02 41 67 88 80   BY**g**

45 ch – †60/158 € ††69/178 €, ☲ 14 € – 1 suite

♦ Bâtiment moderne situé sur l'île d'Offard. Chambres fonctionnelles rénovées ; certaines offrent une agréable perspective sur le château et la Loire.

🏨 **Kyriad** sans rest   ⟨ⁱ⟩ ⌂ *VISA* **©©** 🅐🅔 🅞

23 r. Daillé – ✆ 02 41 51 05 78 – www.central-kyriad.com – Fax 02 41 67 82 35

29 ch – †50/99 € ††65/120 €, ☲ 9 €   BY**d**

♦ Situation centrale mais calme assuré, accueil particulièrement soigné, chambres décorées avec goût – dont deux très spacieuses et flambant neuves : agréable en tous points.

🏨 **Le Volney** sans rest   ⟨ⁱ⟩ *VISA* **©©** 🅐🅔

1 r. Volney – ✆ 02 41 51 25 41 – www.levolney.com – Fax 02 41 38 11 04 – Fermé

25 déc.-3 janv.   BZ**a**

14 ch – †35/58 € ††35/58 €, ☲ 7 €

♦ Face à la Poste, chambres simples mais bien tenues et régulièrement rafraîchies : un bon point de départ pour les petits budgets souhaitant découvrir la "perle de l'Anjou".

De Londres sans rest
48 r. d'Orléans – ✆ 02 41 51 23 98 – www.lelondres.com – Fax 02 41 51 12 63 BY**t**
26 ch – †40/70 € ††48/70 €, ☕ 8 €
♦ Depuis 2005, un couple passionné rénove cet hôtel de fond en comble : chambres douillettes et fraîches, au décor soigné (confort actuel). Salon-bibliothèque dédié à la BD.

XXX **Les Ménestrels**
11 r. Raspail – ✆ 02 41 67 71 10 – Fax 02 41 50 89 64 – Fermé lundi sauf le soir d'avril à nov. et dim. BZ**u**
Rest – (19 €) Menu 25 € (déj.), 32/68 € – Carte 68/87 €
♦ Un beau choix de vins de Loire escorte la cuisine actuelle de ce restaurant, dont une salle est aménagée dans une chapelle qui daterait du 14e s. Original : le menu marocain.

XX **Le Gambetta** (Mickael Pihours)
12 r. Gambetta – ✆ 02 41 67 66 66 – www.restaurantlegambetta.com – Fax 02 41 50 83 23 – Fermé 26 juil.-26 août, 18 janv.-3 fév., dim. soir, lundi et merc. AY**w**
Rest – (20 €) Menu 27/82 € – Carte 49/82 €
Spéc. Foie gras de canard et langoustines. Trio de cochon noir de Bigorre. Croque-monsieur de gorgonzola, noix et confiture de poire.
♦ Jeux sur les textures, les associations de saveurs et les présentations : le jeune chef bouscule la tradition, avec un certain esprit d'aventure sans doute, beaucoup de réussite sûrement. Salle d'esprit bourgeois, proche du Cadre Noir.

à St-Hilaire-St-Florent 3 km par av. Foch AXY et D 751 – ✉ 49400 Saumur

École nationale d'Équitation★.

Les Terrasses de Saumur
chemin de l'Alat – ✆ 02 41 67 28 48 – www.lesterrassesdesaumur.fr – Fax 02 41 67 13 71 – Fermé 15 déc.-10 janv.
20 ch – †70/90 € ††70/90 €, ☕ 12 € – ½ P 80/90 €
Rest – *(fermé lundi midi et mardi midi)* (20 €) Menu 27/48 € – Carte 35/75 €
♦ Nouveau départ pour cet hôtel dominant Saumur et son château : on rajeunit joliment les chambres (couleurs gaies, beaux équipements), parfois dotées d'une terrasse. Repas traditionnels dans une salle en rotonde donnant sur la ville ou autour de la piscine.

à Chênehutte-les-Tuffeaux 8 km par av. Foch AXY et D 751 – 1 057 h. – alt. 29 m – ✉ 49350

Le Prieuré rest,
– ✆ 02 41 67 90 14 – www.prieure.com – Fax 02 41 67 92 24
20 ch – †146/340 € ††146/340 €, ☕ 23 € – 1 suite
Rest – (24 €) Menu 31 € (déj. en sem.), 33/70 € – Carte 35/67 € le soir
♦ Ce prieuré des 12e et 16e s. domine la Loire. Chambres soignées (meubles de style), profitant toutes de la vue. Restaurant au cadre bourgeois offrant un panorama inoubliable. Légumes, poissons et beau choix de vins du cru.

Les Résidences du Prieuré
15 ch – †130 € ††130 €, ☕ 23 €
♦ Chambres avec terrasse et jardinet privé, réparties dans six bungalows disséminés dans un immense parc boisé.

SAUSHEIM – **68 Haut-Rhin** – **315** I10 – **rattaché à Mulhouse**

Les maisons d'hôtes ne proposent pas les mêmes services qu'un hôtel. Elles se distinguent généralement par leur accueil et leur décor, qui reflètent souvent la personnalité de leurs propriétaires. Celles classées en rouge sont les plus agréables.

LA SAUSSAYE – 27 Eure – **304** F6 – 1 932 h. – alt. 137 m – ⊠ 27370   **33** D2

▶ Paris 130 – Évreux 40 – Louviers 20 – Pont-Audemer 49

🏠 **Manoir des Saules** (Jean-Paul Monnaie) ⊗   🚗 🌤 ᵭ ch, 🅰️ rest, 🛋️
✿ 2 pl. St Martin – ℰ 02 35 87 25 65   **P** 💳 ⓐⓑ 🅰️🅴
– www.manoirdessaules.com – Fax 02 35 87 49 39 – Fermé trois sem. en nov.,
21 fév.-9 mars, dim. soir de sept. à avril, lundi et mardi
9 ch – ♦195 € ♦♦210/295 €, ⊇ 22 €
Rest – (nombre de couverts limité, prévenir) (55 €) Menu 65 € (sem.)/125 €
– Carte 86/126 €🍷
Spéc. Risotto de homard à l'huile de truffe. Mijotée de ris de veau. Macaron
aux fruits de saison.
◆ Accueil charmant dans cet authentique manoir normand avec jardin. Colombages et tourelles ornent la façade ; un beau mobilier décore les chambres. Originales salles à manger où
l'on savoure une cuisine actuelle, privilégiant les produits locaux. Belle cave.

SAUSSET-LES-PINS – 13 Bouches-du-Rhône – **340** F6 – 7 278 h.   **40** B3
– alt. 15 m – ⊠ 13960 ▮ Provence

▶ Paris 768 – Aix-en-Provence 41 – Marseille 37 – Martigues 13
🛈 Syndicat d'initiative, 16, avenue du Port ℰ 04 42 45 60 65,
Fax 04 42 45 60 68

✗✗✗ **Les Girelles**   ⩽ 🌤 🅰️ 💳 ⓐⓑ 🅰️ⓞ
r. Frédéric Mistral – ℰ 04 42 45 26 16 – www.restaurant-les-girelles.com
– Fax 04 42 45 49 65 – Fermé 2-31 janv., dim. soir de sept. à juin, merc. midi et
lundi
Rest – Menu 20 € bc (déj. en sem.), 28/65 € – Carte 40/78 €
◆ Véranda confortable et terrasse tournées vers la grande bleue, salle provençale soignée.
Actuelle, la carte privilégie tout naturellement produits de la mer et accents du Sud.

SAUTERNES – 33 Gironde – **335** I7 – 679 h. – alt. 50 m – ⊠ 33210   **3** B2
▮ Aquitaine

▶ Paris 624 – Bazas 24 – Bordeaux 49 – Langon 11
🛈 Office de tourisme, 11, rue Principale ℰ 05 56 76 69 13, Fax 05 57 31 00 67

🏠 **Relais du Château d'Arche** sans rest ⊗   ⩽ 🚗 📞 **P** 💳 ⓐⓑ
0,5 km au Nord, rte de Bommes – ℰ 05 56 76 67 67
– www.chateaudarche-sauternes.com – Fax 05 56 76 69 76
9 ch – ♦120/160 € ♦♦120/160 €, ⊇ 10 €
◆ Chartreuse du 17ᵉ s. au cœur du domaine viticole du Château d'Arche, dont on peut
déguster les grands crus après une visite. Chambres classiques et cosy, avec vue sur les vignes.

✗✗ **Saprien**   ⩽ 🚗 🌤 **P** 💳 ⓐⓑ 🅰️ⓞ
😊 14 r. Principale – ℰ 05 56 76 60 87 – saprien.free.fr – Fax 05 56 76 68 92 – Fermé
😊 21 déc.-4 janv., 11 fév.-2 mars, dim. soir et merc. soir d'avril à oct., le soir en sem.
de nov. à mars et lundi
Rest – Menu 15 € (sem.), 25/37 € – Carte 39/61 €
◆ Belle maison de vigneron (cheminée rustique, toiles contemporaines), avec terrasse face
aux vignes. Bonne sélection de sauternes et goûteuse cuisine régionale, à prix très doux.

SAUVE – 30 Gard – **339** I5 – 1 836 h. – alt. 103 m – ⊠ 30610   **23** C2

▶ Paris 747 – Montpellier 48 – Alès 28 – Nîmes 40
🛈 Office de tourisme, place René Isouard ℰ 04 66 77 57 51,
Fax 04 66 77 05 99

✗✗ **La Magnanerie** avec ch ⊗   🚗 🌤 🏊 📶 **P** 💳 ⓐⓑ 🅰️
rte de Nîmes – ℰ 04 66 77 57 44 – www.lamagnanerie.fr – Fax 04 66 77 02 31
8 ch – ♦49/57 € ♦♦56/65 €, ⊇ 7 € – ½ P 67/75 €
Rest – (fermé 15-30 nov., merc. soir sauf juil.-août, mardi midi et lundi) (14 €)
Menu 26/50 € – Carte 45/60 €
◆ En bordure de rivière, cette paisible bastide du 17ᵉ s., entourée d'un jardin (avec les vestiges d'un aqueduc), propose des chambres fonctionnelles. Goûteuse cuisine actuelle.

SAUVETERRE – 30 Gard – **339** N4 – 1 793 h. – alt. 23 m – ⊠ 30150   **23** D2

▶ Paris 669 – Alès 77 – Avignon 15 – Nîmes 49

🏨 **Château de Varenne** sans rest ॐ   ♨ ⓘ 🖽 ¶¶ 🏊 **P** 🚗 ⱱⁱˢᵃ ⠛ 🇦🇪
pl. St-Jean – ℰ 04 66 82 59 45 – www.chateaudevarenne.com
– Fax 04 66 82 84 83 – Fermé 6 janv.-28 fév.
13 ch – †98/168 € ††98/198 €, ⊑ 19 €
♦ Le parc à la française ajoute au charme de cette élégante demeure du 18ᵉ s. Chambres
raffinées, personnalisées et agrémentées de riches tissus et objets anciens.

SAUVETERRE-DE-BÉARN – 64 Pyrénées-Atlantiques – **342** G2   **3** B3
– 1 352 h. – alt. 69 m – ⊠ 64390 ▌ Aquitaine

▶ Paris 777 – Pau 64 – Bayonne 60 – Orthez 22
🛈 Office de tourisme, place Royale ℰ 05 59 38 32 86

🏠 **La Maison de Navarre**   🚗 🏡 ⓘ & ch, 🖽 rest, ⅋ ¶¶ **P** ⱱⁱˢᵃ ⠛
⠛   – ℰ 05 59 38 55 28 – www.lamaisondenavarre.com – Fax 05 59 38 55 71
🍽   – Fermé 27 août-4 sept., 3 nov.-4 déc., 12-28 fév.
7 ch – †57/69 € ††60/80 €, ⊑ 8 € – ½ P 57/67 €
Rest – (fermé dim. soir sauf juil.-août et merc.) Menu 19 € bc – Carte 26/38 €
♦ Charmante maison de maître (fin 18ᵉ s.) dans un jardin avec vue sur les Pyrénées. Mobilier
chiné, parquet et couleurs gaies rendent les chambres coquettes. Au restaurant, cadre cosy,
belle terrasse et cuisine créative autour des produits du terroir.

🏡 **Domaine de Betouzet** sans rest ॐ   ♨ ⓘ ¶¶ **P**
Andrein, 3 km à l'Est par D 27 – ℰ 05 59 38 91 40 – www.betouzet.com
– Fax 05 59 38 91 51 – Ouvert 20 mars-30 nov.
5 ch – †150/200 € ††150/200 €, ⊑ 12 €
♦ Des arbres centenaires et des haies de buis bien taillées agrémentent le parc de cette jolie
gentilhommière. Chambres calmes et confortables, boudoir et espace bien-être.

SAUVETERRE-DE-COMMINGES – 31 Haute-Garonne – **343** C6   **28** B3
– 724 h. – alt. 480 m – ⊠ 31510

▶ Paris 777 – Bagnères-de-Luchon 36 – Lannemezan 31 – Tarbes 71

🏨🏨 **Hostellerie des 7 Molles** ॐ   ≤ 🚗 🏡 ⓘ ⅋ 🍴 **P** ⱱⁱˢᵃ ⠛ 🇦🇪 ⓞ
à Gesset – ℰ 05 61 88 30 87 – www.hotel7molles.com – Fax 05 61 88 36 42
– Fermé 15 fév.-15 mars, mardi et merc. d'oct. à juin
18 ch – †92 € ††105/158 €, ⊑ 12 € – ½ P 102/129 €
Rest – (Fermé mardi et merc. sauf le soir de juil. à sept. et jeudi midi d'oct.
à juin) Menu 28/42 € – Carte 47/68 €
♦ Une agréable atmosphère familiale règne dans cette maison. Les chambres, confortables,
bénéficient pour certaines d'un balcon ouvert sur le jardin orné de citronniers et d'orangers.
Salles à manger bourgeoises (faïence du pays sur les tables) et cuisine classique.

SAUVETERRE-DE-ROUERGUE – 12 Aveyron – **338** F5 – 803 h.   **29** C1
– alt. 460 m – ⊠ 12800 ▌ Midi-Toulousain

▶ Paris 652 – Albi 52 – Millau 88 – Rodez 30
🛈 Office de tourisme, place des Arcades ℰ 05 65 72 02 52, Fax 05 65 72 02 85
◎ Place centrale ★.

🏨 **Le Sénéchal** (Michel Truchon) ॐ   🚗 🏡 🖾 🖽 & 🖽 ¶¶ 🏊 ⱱⁱˢᵃ ⠛ 🇦🇪
✿   Le bourg – ℰ 05 65 71 29 00 – www.hotel-senechal.fr – Fax 05 65 71 29 09
– Fermé 1ᵉʳjanv.-15 mars, mardi midi et jeudi midi sauf juil.-août et lundi
8 ch – †140 € ††140 €, ⊑ 16 € – 3 suites – ½ P 150 €
Rest – (nombre de couverts limité, prévenir) Menu 27 € (sem.)/120 €
– Carte 60/150 €
Spéc. Foie gras chaud ou froid. Filet de bœuf d'Aubrac, jus tranché aux truf-
fes. Corne de fruits frais, ses coulis et son sorbet. **Vins** Marcillac, Gaillac.
♦ Une bastide royale du 13ᵉ s. sert de cadre à cette auberge reconstruite dans le style du
pays. Intérieur mariant le moderne à l'ancien. Cuisine actuelle et décor original : poisson
rouge en bocal à chaque table, œuvre d'art contemporain en fer, salon design.

SAUVIAT-SUR-VIGE – 87 Haute-Vienne – **325** G5 – 955 h.   **24** B2
– alt. 450 m – ⊠ 87400

▶ Paris 404 – Limoges 34 – Guéret 49 – Panazol 30

🏠 Auberge de la Poste 〔⁽ᵀ⁾ P VISA ◉◉〕
141 r. Emile Dourdet – 🕾 *05 55 75 30 12 – www.aubergedelaposte.fr*
– Fax 05 55 75 33 60 – Fermé 3-19 janv.
10 ch – †45 €, ††55/65 €, ⌑ 6,50 € – ½ P 50 €
Rest *– (fermé dim. soir et lundi)* (10 €) Menu 13 € (déj. en sem.), 19/36 €
– Carte 27/50 €
♦ Auberge familiale sur l'axe principal du village. Les chambres, fonctionnelles et de style rustique, sont logées dans un bâtiment à l'abri des nuisances de la route. Cuisine traditionnelle servie dans un agréable cadre campagnard (pierres apparentes, poutres, parquet).

SAUVIGNY-LES-BOIS – 58 Nièvre – 319 C10 – rattaché à Nevers

SAUXILLANGES – 63 Puy-de-Dôme – 326 H9 – 1 122 h. – alt. 460 m   6 C2
– ⊠ 63490 ▮ Auvergne

▶ Paris 455 – Ambert 46 – Clermont-Ferrand 45 – Issoire 14

ℹ Syndicat d'initiative, place de l'Ancienne Poste 🕾 04 73 96 37 63,
Fax 04 73 96 87 24

◎ Pic d'Usson ✳★ SO : 4 km.

✕✕ Restaurant de la Mairie 〔AC ⇌ VISA ◉◉〕
11-17 pl. St-Martin – 🕾 *04 73 96 80 32 – www.fontbonne.fr – Fax 04 73 96 89 92*
– Fermé 21 juin-2 juil., 20 sept.-1ᵉʳ oct., 2-17 janv., mardi soir et merc. soir de la
Toussaint à Pâques, dim. soir et lundi
Rest – (14 €) Menu 18 € (sem.), 28/66 € – Carte 25/91 €
♦ Face à la mairie, maison de village datant de 1811 : salles à manger relookées (ambiance plus feutrée) et petit salon intime. Fine cuisine mi-traditionnelle, mi-régionale.

SAUZON – 56 Morbihan – 308 L10 – voir à Belle-Île-en-Mer

SAVERNE ◉ – 67 Bas-Rhin – 315 I4 – 11 907 h. – alt. 200 m – ⊠ 67700   1 A1
▮ Alsace Lorraine

▶ Paris 450 – Lunéville 88 – St-Avold 89 – Sarreguemines 65

ℹ Office de tourisme, 37, Grand'Rue 🕾 03 88 91 80 47, Fax 03 88 71 02 90

◎ Château★ : façade★★ - Maisons anciennes à colombage★ N.

🏨 Europe sans rest 〔⦷ ⅙ AC ⁽ᵀ⁾ ☎ VISA ◉◉ AE〕
7 r. de la Gare – 🕾 *03 88 71 12 07 – www.hotel-europe-fr.com*
– Fax 03 88 71 11 43 – Fermé 19 déc.-2 janv.   Ae
28 ch – †66/71 € ††70/95 €, ⌑ 10 €
♦ Hôtel décoré sur le thème de l'Europe. Chambres sobres, très spacieuses et fonctionnelles, à la tenue parfaite. Salon et bar anglais élégants côté rue. Climatisation générale.

🏨 Chez Jean 〔⦷ ⁽ᵀ⁾ ⅙ VISA ◉◉〕
3 r. de la Gare – 🕾 *03 88 91 10 19 – www.chez-jean.com*
– Fax 03 88 91 27 45   Av
25 ch – †65/75 € ††80/130 €, ⌑ 10 € – ½ P 75/90 €
Rest *– (fermé 20 déc.-10 janv., dim. soir et lundi)* Menu 15 € (déj. en sem.),
31/48 € – Carte 30/65 €
Rest Winstub s'Rosestiebel – (13 €) Menu 15 € (déj. en sem.)
♦ À deux pas du centre piétonnier, un établissement aux chambres claires et bien agencées, d'esprit alsacien : bois patiné, couettes et linge de qualité. Cuisine régionale servie dans une salle à manger habillée de boiseries. Repas conviviaux à la Winstub s'Rosestiebel.

✕✕ Zum Staeffele 〔AC VISA ◉◉ AE〕
1 r. Poincaré – 🕾 *03 88 91 63 94 – www.strasnet.com/staeffele.htm*
– Fax 03 88 91 63 94 – Fermé 27 juil.-17 août, 22 déc.-3 janv., dim. soir, jeudi midi
et merc.   Ba
Rest – Menu 23 € (déj. en sem.), 31/56 € – Carte 45/55 €
♦ Cette maison en pierre des 18ᵉ et 19ᵉ s. située face au château des Rohan possède un intérieur soigné et orné de tableaux. Plats au goût du jour à base de beaux produits.

Églises
(R. des) . . . . **B** 8
Foch (R. Mar.) . . . . **A** 12
Gare (R. de la) . . . . **A** 13
Gaulle (Pl. Gén.-de) . . . . . . **B** 14
Grand'Rue . . . . **AB**
Joffre (R. Mar.) . . . . **B** 15

Bouxwiller (R. de) . . . . **B** 2
Clés (R. des) . . . . **B** 3
Côte (R. de la) . . . . **B** 5
Dettwiller (R. de) . . . . **B** 6

Murs (R. des) . . . . **AB** 16
Pères (R. des) . . . . **B** 17
Poincaré (R.) . . . . **A** 20
Poste (R. de la) . . . . **B** 22
Tribunal (R. du) . . . . **B** 24
19-Novembre
(R. du) . . . . **A** 26

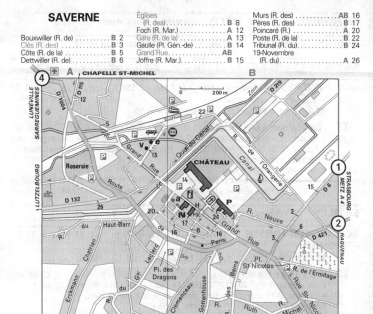

✕✕ **Le Clos de la Garenne** avec ch ⌂ 🔥 ⬚ ⟨⟩ ☂ **P** 📶 ⊕ AE ①

88 rte du Haut-Barr, 1,5 km par rte de Haut Barr – 𝒞 03 88 71 20 41
– www.closgarenne.unblog.fr – Fax 03 88 02 08 86

14 ch – ♦37/40 € ♦♦52/95 €, ⌂ 10 € – ½ P 65 €
Rest – (fermé sam. midi, mardi soir et merc.) Menu 16 € (déj. en sem.), 25/70 €
– Carte 31/85 €

♦ Côté cuisine, des saveurs fraîches et actuelles. Côté décor, une belle atmosphère rustique
et lumineuse. Chambres d'esprit cocooning (boiseries anciennes et tissus à carreaux).

par ② 3 km sur D 421 – ⊠ 67700 Monswiller

✕✕ **Kasbür** 📶 VISA ⊕ AE

8 r. de Dettwiller – 𝒞 03 88 02 14 20 – www.restaurant-kasbur.fr
– Fax 03 88 02 14 21 – Fermé 20 juil.-10 août, vacances de fév., dim. soir, merc.
soir et lundi

Rest – (20 €) Menu 42/58 € – Carte environ 40 €

♦ Cette table de tradition familiale (1932) vous accueille dans une salle à manger contemporaine éclairée par une véranda. Un cadre séduisant pour une carte actuelle bien conçue.

SAVIGNEUX – 01 Ain – 328 C4 – 1 140 h. – alt. 267 m – ⊠ 01480   **43** E1
◗ Paris 444 – Bourg-en-Bresse 44 – Mâcon 51 – Saint-Étienne 102

▥▥ **Domaine de Fontanelle** ⌂ 🔥 ☂ ✕ ⌂ ⟨⟩ **P** 📶 ⊕ AE ①

chemin de la Rose – 𝒞 04 74 08 12 15 – domainedefontanelle.com
– Fax 04 74 08 12 16 – Fermé janv.

3 ch ⌂ – ♦150 € ♦♦250 € – 6 suites – ♦400 €
Rest – (fermé lundi du 15 sept. au 15 mars et mardi) (28 €) Menu 40/55 €
– Carte 43/65 €

♦ C'est le grand jeu dans cette métairie du 17ᵉ s. transformée en hôtel de luxe. Suites à thèmes spacieuses (300 m² pour la plus grande) et suréquipées. Piscine avec jacuzzi et parc de 8
ha. Au restaurant "The Eleutheran", cuisine tournée vers les saveurs exotiques.

SAVIGNEUX – 42 Loire – **327** D6 – rattaché à Montbrison

SAVIGNÉ-L'ÉVÊQUE – 72 Sarthe – **310** K6 – rattaché au Mans

SAVIGNY-LÈS-BEAUNE – 21 Côte-d'Or – **320** I7 – rattaché à Beaune

SAVONNIÈRES – 37 Indre-et-Loire – **317** M4 – 2 558 h. – alt. 47 m   **11** B2
– ⊠ 37510 ▯ Châteaux de la Loire

▶ Paris 205 – Orléans 81 – Blois 17 – Tours 57

XX   **La Maison Tourangelle**   ⌂ ⇔ 𝘝𝘐𝘚𝘈 ●●

☺   *9 rte des Grottes Pétrifiantes* – ℰ 02 47 50 30 05 – www.lamaisontourangelle.com
– Fax 02 47 50 30 94 – Fermé 16 août-2 sept., 25-31 oct., 15 fév.-4 mars, sam.
midi, dim. soir et merc.*
Rest – Menu 28/58 € bc
♦ Joli décor panachant l'actuel et le rustique, délicieuse terrasse sur le Cher et cuisine au
goût du jour soignée résument les attraits de cette maison tourangelle du 18ᵉ s.

SAZILLY – 37 Indre-et-Loire – **317** L6 – rattaché à L'Île-Bouchard

SCEAUX-SUR-HUISNE – 72 Sarthe – **310** M6 – 577 h. – alt. 93 m   **35** D1
– ⊠ 72160

▶ Paris 173 – Châteaudun 75 – La Ferté-Bernard 12 – Mamers 41

XX   **Le Panier Fleuri**   ⇔ 𝘝𝘐𝘚𝘈 ●●

1 av. Bretagne – ℰ 02 43 93 40 08 – Fax 02 43 93 43 86 – Fermé 8-22 juil.,
6-13 janv., 3-10 mars, dim. soir, lundi soir, mardi soir et merc.*
Rest – (13 €) Menu 21/31 € – Carte 24/55 €
♦ Au cœur de la localité, cette maison du 19ᵉ s. abrite un petit salon et une salle tout en
longueur, dotée de poutres et de boiseries. Cuisine actuelle revisitant le terroir.

SCHERWILLER – 67 Bas-Rhin – **315** I7 – 2 958 h. – alt. 185 m   **2** C1
– ⊠ 67750

▶ Paris 439 – Barr 21 – Colmar 27 – St-Dié 42
🄴 Office de tourisme, 30, rue de la Mairie ℰ 03 88 92 25 62

🏠   **Auberge Ramstein**   ⇐ ⌂ ⅋ ch, ⁝⁞ 🄼 🄿 𝘝𝘐𝘚𝘈 ●●

1 r. Riesling – ℰ 03 88 82 17 00 – www.hotelramstein.fr – Fax 03 88 82 17 02
– Fermé 23 déc.-10 janv. et vacances de fév.*
21 ch – †52/62 € ††64/74 €, ⊑ 9 € – ½ P 65/70 €
Rest – (fermé dim., merc. et le midi du 15 juil. au 31 août) (17 €) Menu 27/48 €
– Carte 30/41 € le soir⁑
♦ Sympathique demeure régionale ouverte de toutes parts sur le vignoble alsacien. Cham-
bres spacieuses et bien équipées. Petit-déjeuner servi dans le salon. Chaleureux restaurant
où se déguste une cuisine actuelle accompagnée d'une belle sélection de vins.

SCHIRMECK – 67 Bas-Rhin – **315** H6 – 2 425 h. – alt. 315 m – ⊠ 67130   **1** A2
▯ Alsace Lorraine

▶ Paris 412 – Nancy 101 – St-Dié 41 – Saverne 48
🄴 Office de tourisme, 114, Grand'Rue ℰ 03 88 47 18 51, Fax 03 88 97 09 59
◉ Vallée de la Bruche★ N et S.

aux Quelles 7,5 km au Sud-Ouest par D 1420, D 261 et rte forestière – ⊠ 67130
La Broque

🏠   **Neuhauser** ⌖   ⇐ ⛟ ⌂ 🖵 ⅋ ch, 🄼 🄿 𝘝𝘐𝘚𝘈 ●● 🄰🄴 ①

☺   – ℰ 03 88 97 06 81 – www.hotel-neuhauser.com – Fax 03 88 97 14 29 – Fermé
14 nov.-2 déc. et 19 fév.-10 mars*
17 ch – †72 € ††84/130 €, ⊑ 12 € – ½ P 75/111 €
Rest – (10 €) Menu 19/45 € – Carte 27/55 €
♦ Le calme est garanti dans cette auberge campagnarde au cœur de la forêt proposant
chambres et chalets de style rustique, piscine intérieure et sauna. Au restaurant, bonne cuisine régionale et eau-de-vie de la distillerie familiale en digestif !

LA SCHLUCHT (COL DE) – 88 Vosges – 314 K4 – **voir à Col de la Schlucht**

SECLIN – 59 Nord – 302 G4 – 12 276 h. – alt. 30 m – ⊠ 59113   **31** C2
📗 Nord Pas-de-Calais Picardie

▶ Paris 212 – Lens 26 – Lille 17 – Tournai 33

🚹 Office de tourisme, 70, rue Roger Bouvry ℰ 03 20 90 12 12, Fax 03 20 90 12 00

◎ Cour★ de l'hôpital.

XXX **Auberge du Forgeron** avec ch   📶 VISA ◐ AE ⓪
17 r. Roger Bouvry – ℰ 03 20 90 09 52
– www.aubergeduforgeron.com – Fax 03 20 32 70 87
– Fermé 25 juil.-23 août et 24-30 déc.
16 ch – ♦75/109 € ♦♦80/109 €, ⏑ 12 € – ½ P 85 €
Rest – (fermé sam. midi et dim.) Menu 35/99 € bc – Carte 67/99 € 🍷
♦ On se laisse prendre par le charme de cette auberge familiale. Cadre actuel dans la salle à manger-véranda (cuisine au goût du jour, belle cave) et rustique à la brasserie (plats traditionnels). Chambres confortables pour l'étape.

SEDAN ◁◈▷ – 08 Ardennes – 306 L4 – 19 934 h. – alt. 154 m – ⊠ 08200   **14** C1
📗 Champagne Ardenne

▶ Paris 246 – Charleville-Mézières 25 – Metz 134 – Reims 101

🚹 Office de tourisme, place du Château Fort ℰ 03 24 27 73 73, Fax 03 24 29 03 28

◎ Château fort★★.

SEDAN

Alsace-Lorraine (Pl. d')	BZ 2
Armes (Pl. d')	BY 3
Bayle (R. de)	BY 4
Berchet (R.)	BY 5
Blanpain (R.)	BY 6
Capucins (Rampe)	BY 7
Carnot (R.)	BY 8
Crussy (Pl.)	BY 9
Fleuranges (R. de)	AY 10
Francs-Bourgeois (R. des)	BY 12
Gambetta (R.)	BY 13
Goulden (Pl.)	BY 14
Halle (Pl. de la)	BY 15
Horloge (R. de l')	BY 17
Jardin (Bd du Gd)	BY 18
Lattre-de-Tassigny (Bd Mar.-de)	AZ 21
Leclerc (Av. du Mar.)	BY 24
Margueritte (Av. du G.)	ABY 26
Martyrs-de-la-Résistance (Av. des)	AY 27
Mesnil (R. du)	BY
Nassau (Pl.)	BZ 31
Promenoir-des-Prêtres	BY 33
Rivage (R. du)	BY 34
La Rochefoucauld (R. de)	BY 20
Rochette (Bd de la)	BY 35
Rovigo (R.)	BY 36
Strasbourg (R. de)	BZ 39
Turenne (Pl.)	BY 41
Vesseron-Lejay (R.)	AY 42
Wuildet-Bizot (R.)	BZ 44

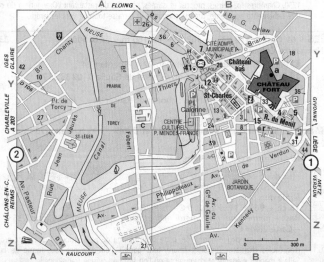

🏨 Hôtellerie le Château Fort 🛎 🖊 ᰪ ⚏ 🛅 P VISA 🆒 AE

dans le château fort : accès Porte des Princes – ℰ *03 24 26 11 00*
– www.hotelfp-sedan.com – Fax 03 24 27 19 00 BY**a**
54 ch – ♥75/114 € ♥♥75/114 €, ☲ 15 € – 10 suites – ½ P 83/102 €
Rest *– (fermé dim. soir et lundi midi)* Menu 25/63 € – Carte 45/66 €
• Ce château fort du 15ᵉ s., aujourd'hui classé, surplombe la ville et abrite un hôtel dans son ancien magasin à poudre. Chambres et suites agrémentées de peintures à thème médiéval. Les repas se déroulent dans l'ex-logis du lieutenant du roi.

🍴 Au Bon Vieux Temps 🗛 VISA 🆒 AE ①

3 pl. de la Halle – ℰ *03 24 29 03 70 – www.restaurant-aubonvieuxtemps.com*
– Fax 03 24 29 20 27 – Fermé 30 août-6 sept., 26 déc.-1ᵉʳ janv., 15 fév.-8 mars,
dim. soir, merc. soir et lundi BYZ**r**
Rest *– (17 €)* Menu 25/45 € – Carte 37/75 €
Rest *Marmiton – (fermé dim. et lundi)* Menu 13 € (déj. en sem.)/15 €
– Carte 14/29 €
• Au rez-de-chaussée d'une maison du 17ᵉ s., restaurant orné de fresques murales : vues de Sedan dans les années 1900 et paysages régionaux. Registre culinaire classique. Décor de bistrot et ambiance décontractée au Marmiton (menu, plat du jour et carte simple).

à Bazeilles 3 km par ① – 1 979 h. – alt. 161 m – ⌧ 08140

🏨 Auberge du Port 🕊 🗊 🖊 ᰪ P VISA 🆒 AE ①

r. de la Gare, 1 km au Sud par rte Remilly-Aillicourt – ℰ *03 24 27 13 89*
– www.auberge-du-port.fr – Fax 03 24 29 35 58 – Fermé août, 18 déc.-5 janv.
20 ch – ♥59 € ♥♥69 €, ☲ 8,50 € – ½ P 62 €
Rest *– (fermé vend. sauf le soir du 1ᵉʳ avril au 30 oct., sam. midi et dim. soir)*
(17 €) Menu 25/53 € bc – Carte environ 47 €🍴
• Atout de cette auberge familiale : son petit jardin qui longe un bras de la Meuse... Calme garanti dans les chambres, simples et fonctionnelles avant tout. La table séduira particulièrement les amateurs de vin avec sa cave richement fournie (dégustation et vente).

🏨 Château de Bazeilles 🕊 🎵 🗊 ᰪ ch. ⚏ 🛅 P VISA 🆒 AE ①

r. Galliéni – ℰ *03 24 27 09 68 – www.chateau-bazeilles.com – Fax 03 24 27 64 20*
20 ch – ♥74 € ♥♥92 €, ☲ 9 € – ½ P 83 €
Rest *L'Orangerie – (fermé 24-30 déc., dim. soir du 15 nov. au 15 mars et sam.*
midi) *(18 €)* Menu 20/38 € – Carte 38/48 €
• Hôtel aménagé dans les dépendances (anciennes écuries) et la conciergerie du château de 1750. Chambres spacieuses, propres et calmes. Le cadre du restaurant l'Orangerie a du caractère : charpente apparente, grande cheminée et terrasse tournée vers les jardins.

SÉES – 61 Orne – 310 K3 – 4 508 h. – alt. 186 m – ⌧ 61500 33 C3
📗 Normandie Cotentin

▶ Paris 183 – L'Aigle 42 – Alençon 22 – Argentan 24
🅳 Office de tourisme, place du Général-de-Gaulle ℰ 02 33 28 74 79,
Fax 02 33 28 18 13
◉ Cathédrale Notre-Dame★ : choeur et transept★★ - Forêt
d'Ecouves★★ SO : 5 km.

à Macé 5,5 km par rte d'Argentan, D 303 et D 747 – 495 h. – alt. 173 m
– ⌧ 61500

◉ Château d'O★ NO : 5 km.

🏨 Île de Sées 🕊 🎵 🗊 ⚏ ᰪ P VISA 🆒

– ℰ *02 33 27 98 65 – www.ile-sees.fr – Fax 02 33 28 41 22 – Ouvert mars-nov. et*
fermé dim. soir
16 ch – ♥69 € ♥♥69 €, ☲ 9 € – ½ P 70 €
Rest *– (fermé lundi midi, mardi midi et merc. midi)* Menu 18 € (sem.)/35 €
– Carte 28/45 €
• En pleine campagne normande, cette belle maison de pays entourée d'un parc propose d'agréables chambres (mobilier lasuré, tons pastel). Petit-déjeuner sous forme de buffet. Salle à manger élégante et chaleureuse où l'on sert une cuisine traditionnelle.

SEGONZAC – 19 Corrèze – **329** I4 – 232 h. – alt. 345 m – ⊠ 19310   **24** B3
▌ Périgord Quercy

    ▶ Paris 506 – Limoges 117 – Tulle 58 – Brive-la-Gaillarde 31

⌂   **Pré Laminon** ⌖   ☷ P̄
   Laurégie – ℰ 05 55 84 17 39 – www.prelaminon.com – Ouvert avril-sept.
   3 ch �æ – ♦40/50 € ♦♦52/60 € – ½ P 44/48 €   **Table d'hôte** – Menu 18 € bc
   ♦ Ancienne grange corrézienne dans un paysage de collines. L'intérieur est aussi chaleureux
   qu'un chalet savoyard : cadre artisanal tout en bois, chambres douillettes. Piscine. La table
   d'hôte sert une bonne cuisine du terroir (confits maison).

SÉGOS – 32 Gers – **336** A8 – **rattaché à Aire-sur-l'Adour**

SEGRÉ – 49 Maine-et-Loire – **317** D2 – 6 671 h. – alt. 40 m – ⊠ 49500   **34** B2
    ▶ Paris 334 – Nantes 83 – Angers 44 – Laval 55

🏠   **Le Segré**   ⏚ 🕸 🖧 🗚 ⏚ ☟ P̄ VISA ◉◉ Æ ①
   r. Gustave-Eiffel – ℰ 02 41 94 81 81 – www.hotel-lesegre.fr – Fax 02 41 94 81 88
   48 ch �æ – ♦58/78 € ♦♦68/88 € – ½ P 57/66 €
   Rest – *(fermé dim.)* Menu 15/30 € – Carte 22/41 €
   ♦ À côté d'une zone industrielle entourée d'espaces verts, complexe tout récent d'esprit
   régional. Les chambres offrent un bon confort et une décoration sobre et contemporaine.
   Au 1ᵉʳ étage, restaurant servant une cuisine traditionnelle (formules buffet et grillades).

SÉGURET – 84 Vaucluse – **332** D8 – **rattaché à Vaison-la-Romaine**

   Envie de partir à la dernière minute ?
   Visitez les sites Internet des hôtels pour bénéficier de promotions tarifaires.

SEIGNOSSE – 40 Landes – **335** C12 – 2 779 h. – alt. 15 m – ⊠ 40510   **3** A3
    ▶ Paris 747 – Biarritz 36 – Dax 32 – Mont-de-Marsan 85
    🛈 Office de tourisme, avenue des Lacs ℰ 05 58 43 32 15,
    Fax 05 58 43 32 66
    ▦ de Seignosse Avenue du Belvédère, O : 4 km par D 86,
    ℰ 05 58 41 68 30

🏠   **Villa de l'Étang Blanc** ⌖   ≼ 🚗 🍴 🗚 rest, ⅌ ch, ☟ P̄ VISA ◉◉
   2265 rte de l'Étang Blanc, 2,5 Km au Nord par D 185 et D 432
   – ℰ 05 58 72 80 15 – www.villaetangblanc.fr – Fax 05 58 72 83 67
   8 ch – ♦70/130 € ♦♦70/130 €, �æ 15 €
   Rest – *(fermé lundi et mardi)* (19 €) Menu 28 € – Carte 30/50 €
   ♦ Ambiance rétro teintée d'exotisme en cette charmante maison posée dans un jardin
   bichonné. Chambres et junior suites soignées. Salle à manger ouverte sur l'étang et belle terrasse près du canal où sont amarrées les barques des pêcheurs ; cuisine actuelle.

SEILH – 31 Haute-Garonne – **343** G2 – **rattaché à Toulouse**

SEILLANS – 83 Var – **340** O4 – 2 489 h. – alt. 350 m – ⊠ 83440   **41** C3
    ▶ Paris 890 – Marseille 142 – Toulon 106 – Antibes 54
    🛈 Syndicat d'initiative, 1 rue du Valat ℰ 04 94 76 85 91, Fax 04 94 39 13 53

🏠   **Des Deux Rocs** ⌖   🍴 ⅌ VISA ◉◉ Æ
   1 pl. Font d'Amont – ℰ 04 94 76 87 32 – www.hoteldeuxrocs.com
   – Fax 04 94 76 88 68 – Fermé 15-30 nov. et 2 janv.-13 fév.
   13 ch – ♦73/78 € ♦♦73/135 €, �æ 13 €
   Rest – *(fermé dim. soir et mardi midi d'oct. à mai et lundi)* (36 €) Menu 40/62 €
   – Carte 51/71 €
   ♦ Sur les hauteurs du bourg, belle bastide du 18ᵉ s. où règnent une atmosphère et un
   charme dignes des maisons d'antan. Chambres personnalisées de meubles chinés. En cuisine,
   recettes traditionnelles goûteuses, parfaitement revisitées par un jeune chef.

✗ **Le Relais** 🛱 ⅙ AC VISA ⊕⊙
1 pl. Thouron – 𝒞 04 94 60 18 65 – www.lerelaisdolea.com – Fax 04 94 60 10 92
– Fermé 2 sem. en nov., 2 sem. en mars, lundi sauf juil.-août et mardi
Rest – Menu 25/45 € – Carte 30/48 €
◆ Cuisine au goût du jour à base de beaux produits dans cet ancien relais de poste, converti
en sympathique restaurant contemporain. Agréable terrasse sous les platanes.

✗ **La Gloire de mon Père** 🛱 VISA ⊕⊙
pl. du Thouron – 𝒞 04 94 76 98 68 – www.lagloiredemonpere.fr
– Fax 04 94 76 98 68 – Fermé 5 janv.-5 fév.
Rest – (20 € bc) Menu 27/37 € – Carte 36/51 €
◆ Dressée sur une place bucolique (fontaine, lavoir), la terrasse de ce restaurant sobrement
rustique est une invitation à s'y attabler. Cuisine traditionnelle.

SEILLONNAZ – 01 Ain – **328** F6 – 141 h. – alt. 530 m – ⊠ 01470 **45** C1
🚹 Paris 498 – Lyon 87 – Bourg-en-Bresse 66 – Villeurbanne 75

✗✗ **La Cigale d'Or** 🛱 ⅍ ⇔ VISA ⊕⊙
😊 au village – 𝒞 04 74 36 13 61 – www.restaurantlacigaledor.fr
– Fax 04 74 36 15 64 – Fermé vacances de la Toussaint, 22-28 déc., lundi soir du
15 oct. au 15 mars, dim. soir, mardi soir et merc.
Rest – (15 € bc) Menu 28/65 € – Carte 32/55 €
◆ Ne manquez pas cette adresse d'un village perché : vous y dégusterez de savoureuses
recettes actuelles dans une salle feutrée et voûtée (pierres). Terrasse dominant la vallée.

SEIN (ÎLE DE) – 29 Finistère – **308** B6 – voir à Île de Sein

---

SÉLESTAT ◉ – 67 Bas-Rhin – **315** I7 – 19 459 h. – alt. 170 m **2** C1
– ⊠ 67600 ▌ Alsace Lorraine
🚹 Paris 441 – Colmar 24 – Gérardmer 65 – St-Dié 44
🚻 Office de tourisme, boulevard Leclerc 𝒞 03 88 58 87 20, Fax 03 88 92 88 63
◉ Vieille ville★ : église Ste-Foy★ , église St-Georges★ , Bibliothèque
humaniste★ **M.**
◉ Ebermunster : intérieur★★ de l'église abbatiale★, 9 km par ①.

🏠 **Hostellerie de l'Abbaye la Pommeraie** 🚘 🛏 AC ⁽¹⁾ ⅍ ⇔
8 bd du Mar. Foch – 𝒞 03 88 92 07 84 VISA ⊕⊙ AE ⊕
– www.relaischateaux.com/pommeraie – Fax 03 88 92 08 71 BYa
12 ch – †150 € ††165/325 €, � 18 € – 2 suites – ½ P 153/205 €
Rest Le Prieuré – (fermé dim. soir et lundi midi) Menu 50/100 €
– Carte 60/100 €
Rest S'Apfelstuebel – (25 €) Menu 34 € bc (déj. en sem.)/52 € bc
– Carte 40/53 €
◆ Dans la vieille ville, noble demeure du 17ᵉ s. : chambres spacieuses, toutes différentes, avec
beau mobilier ancien ou de style. Le Prieuré offre un décor élégant en accord avec la cuisine
au goût du jour. Plats traditionnels et cadre où domine le bois à la winstub S'Apfelstuebel.

🏠 **Vaillant** 🛏 AC ⁽¹⁾ ⅍ ⇔ VISA ⊕⊙ AE
😊 7 r. Ignace Spiess – 𝒞 03 88 92 09 46 – www.hotel-vaillant.com
– Fax 03 88 82 95 01 AZe
47 ch – †64/105 € ††75/105 €, ⊻ 9 € – ½ P 60/75 €
Rest – (fermé 24 déc.-3 janv., sam. midi et dim. soir hors saison) Menu 15 €
(sem.)/35 € – Carte 25/46 €
◆ Beaucoup d'œuvres d'artistes locaux sont exposées dans cet hôtel moderne bordant un
parc fleuri. Spacieuses chambres personnalisées et refaites par étapes. Salles à manger, design
ou classique, proposant plats traditionnels de brasserie et spécialités régionales.

✗✗ **La Vieille Tour** AC ⇔ VISA ⊕⊙
😊 8 r. Jauge – 𝒞 03 88 92 15 02 – www.vieille-tour.com – Fax 03 88 92 19 42
– Fermé 5 juil.-2 août, 19-25 fév. et lundi BYs
Rest – Menu 12 € (déj. en sem.), 18/43 € – Carte 30/51 €
◆ Cadre rustique dans une jolie maison alsacienne flanquée d'une vieille tour. Cuisine tradi-
tionnelle et au goût du jour, arrosée de vins à prix doux.

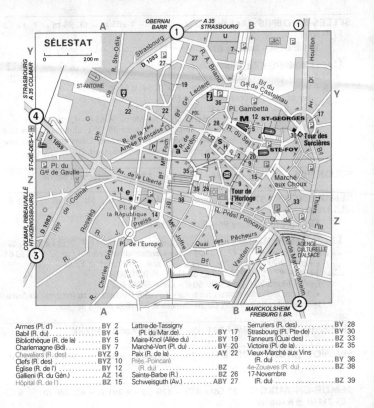

SÉLESTAT

STRASBOURG A 35 COLMAR
COLMAR, RIBEAUVILLÉ HT-KŒNIGSBOURG
ST-DÉ-DES-V.

à Rathsamhausen 5 km à l'Est par D 21 et D 209 – ⌂ 67600 Baldenheim

🏠 Les Prés d'Ondine 🎐   ⟨ 🚲 🕭 🕭 ch. ⁙ 🔥 🅿 🛏 VISA ⑳ AE

5 rte Baldenheim – ℰ 03 88 58 04 60
– www.presdondine.com – Fax 03 88 58 04 61
– Fermé 17-31 janv.
12 ch – ♦62/109 € ♦♦62/139 €, ⌖ 12 € – ½ P 71/91 €
Rest – (fermé dim. soir et merc.) (prévenir) Menu 22 € bc (déj. en sem.)/
32 € bc

♦ On se sent comme chez soi dans cette conviviale maison forestière du début du 20ᵉ s. : salon feutré, bibliothèque et chambres cocooning au mobilier chiné. Plats régionaux (au gré du marché) et vue sur l'Ill sont les atouts principaux de l'élégante table d'hôte.

Le Schnellenbuhl 8 km par ②, D 159 et D 424 – ⌂ 67600 Sélestat

🏠 Auberge de l'Illwald   🌳 🍃 🏊 🕭 ch. 🆔 ch. 🎆 rest. ⁙ 🅿 VISA ⑳ AE

– ℰ 03 90 56 11 40 – www.illwald.fr – Fax 03 88 85 39 18
– Fermé 1ᵉʳ-15 janv.
16 ch – ♦72/125 € ♦♦72/125 €, ⌖ 12 € – 6 suites
Rest – ℰ 03 88 85 35 40 (fermé 24 déc.-15 janv., mardi et merc.) (11 €)
Menu 32/45 € – Carte 32/45 €

♦ Belle bâtisse typiquement régionale bordant une route de campagne. Chambres très confortables, personnalisées avec goût : esprit rustique chic ou contemporain épuré. Chaleureuse winstub ornée de fresques où la cuisine proposée oscille entre modernité et terroir.

SELLES-ST-DENIS – 41 Loir-et-Cher – **318** I7 – 1 205 h. – alt. 98 m   **12** C2
– ⊠ 41300

> ▶ Paris 194 – Bourges 69 – Orléans 71 – Romorantin-Lanthenay 16

XXX   **L'Auberge du Cheval Blanc** avec ch   🛋 & ch, ❄ rest, ☎ 🕿 **P**
     5 pl. du Mail – ℰ 02 54 96 36 36   **VISA** **©©** **AE**
     – www.chevalblanc-sologne.com – Fax 02 54 96 13 96
     – Fermé 1ᵉʳ-13 août, 19-29 déc. et 16 fév.-10 mars
     7 ch – ♦64/78 € ♦♦64/95 €, � 10 € – ½ P 63 €
     Rest – (fermé mardi soir et merc.) (23 € bc) Menu 34/65 € – Carte 45/68 €
     ♦ Derrière la façade à colombages de ce relais de poste du 17ᵉ s., un cadre rustique tout
     en élégance, des salons feutrés et des chambres contemporaines. Cuisine traditionnelle axée
     sur les légumes oubliés. L'été, on profite de la vaste cour intérieure.

SELONNET – 04 Alpes-de-Haute-Provence – **334** F6 – **rattaché à Seyne**

SEMBLANÇAY – 37 Indre-et-Loire – **317** M4 – 1 963 h. – alt. 100 m   **11** B2
– ⊠ 37360

> ▶ Paris 248 – Angers 96 – Blois 77 – Le Mans 70

XX   **La Mère Hamard** avec ch   🛋 ☎ 🕿 **P** **VISA** **©©** **AE**
     pl. de l'Église – ℰ 02 47 56 62 04 – www.lamerehamard.com – Fax 02 47 56 53 61
     – Fermé 2-23 janv., 15 fév.-5 mars, dim. soir, mardi midi et lundi
     11 ch – ♦72/95 € ♦♦75/99 €, ⊆ 12 € – ½ P 79/90 €
     Rest – Menu 20 € (sem.), 29/60 € – Carte 60/75 € 🕸
     ♦ Maisons régionales séparées par la rue : d'un côté, les chambres confortables ; de l'autre,
     le restaurant cossu et soigné. Cuisine classique et bon choix de vins de Loire.

SEMÈNE – 43 Haute-Loire – **331** H1 – **rattaché à Aurec-sur-Loire**

SEMNOZ (MONTAGNE DU) – 74 Haute-Savoie – **328** J6 – **Voir à Montagne du Semnoz**

SEMUR-EN-AUXOIS – 21 Côte-d'Or – **320** G5 – 4 261 h. – alt. 286 m   **8** C2
– ⊠ 21140 ▌Bourgogne

> ▶ Paris 246 – Auxerre 87 – Avallon 42 – Beaune 78
>
> 🛈 Office de tourisme, 2, place Gaveau ℰ 03 80 97 05 96, Fax 03 80 97 08 85
>
> 🏌 du Pré-Lamy à Précy-sous-Thil Le Brouillard, S : 18 km par D980,
>   ℰ 03 80 64 46 83
>
> ◉ Église N.-Dame★ - Pont Joly ≤★.

🏨   **Hostellerie d'Aussois**   ≤ 🛋 ⌫ 🛁 & ch, ▥ ☎ 🕿 **P** **VISA** **©©** **AE**
     rte de Saulieu – ℰ 03 80 97 28 28 – www.hostellerie.fr – Fax 03 80 97 34 56
     42 ch – ♦95/97 € ♦♦110/120 €, ⊆ 13 € – ½ P 86 €   **s**
     Rest – Menu 26/57 € – Carte 42/72 €
     ♦ Cet hôtel propose des chambres toutes rénovées, fonctionnelles et bien insonorisées, au
     cadre design. Agréable hall-salon-bar. Le restaurant d'esprit actuel ouvre sur la piscine et sa
     terrasse, avec les remparts de Semur à l'arrière-plan. Cuisine traditionnelle.

🏨   **Les Cymaises** sans rest   🚗 ☎ 🕿 **P** **VISA** **©©**
     7 r. Renaudot – ℰ 03 80 97 21 44 – www.hotelcymaises.com – Fax 03 80 97 18 23
     – Fermé 4-30 nov. et 7 fév.-1ᵉʳ mars   **u**
     18 ch – ♦58 € ♦♦68 €, ⊆ 8 €
     ♦ Demeure cossue (18-19ᵉ s.) située au cœur de la cité médiévale. Calmes chambres classi-
     quement aménagées, petit-déjeuner sous véranda, cour et jardin de repos.

🏨   **La Côte d'Or** sans rest   🛗 & ☎ 🕿 **VISA** **©©**
     1 r. de la Liberté – ℰ 03 80 97 24 54 – www.auxois.fr
     – Fax 03 80 97 00 18   **a**
     10 ch – ♦70/105 € ♦♦75/115 €, ⊆ 9 €
     ♦ Relais de poste refait à neuf dont les chambres spacieuses et bien insonorisées sont toutes
     personnalisées. Excellente literie et décoration intérieure soignée.

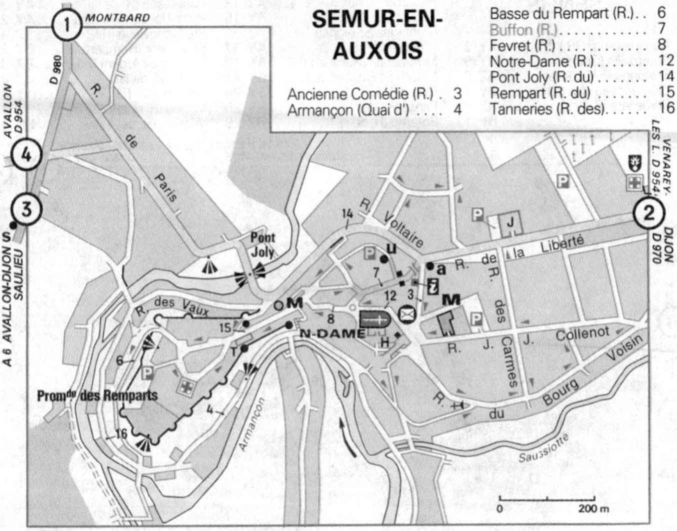
SEMUR-EN-AUXOIS
Ancienne Comédie (R.) . 3
Armançon (Quai d') 4
Basse du Rempart (R.) . . 6
Buffon (R.) 7
Fevret (R.) 8
Notre-Dame (R.) 12
Pont Joly (R. du) 14
Rempart (R. du) 15
Tanneries (R. des) 16
MONTBARD
D 980
AVALLON D 954
A 6 AVALLON-DIJON S SAULIEU
VENAREY-LES L. D 954
DIJON D 970
R. de Paris
R. Voltaire
Pont Joly
R. de la Liberté
R. des Vaux
N-DAME
R. des Carmes
R. J. J. Collenot
R. du Bourg Voisin
Promde des Remparts
Armançon
Saussiotte
0 200 m

SÉNART – 312 E4 – 101 39 – voir à Paris, Environs

SENLIS – 60 Oise – 305 G5 – 16 452 h. – alt. 76 m – ✉ 60300 **36** B3

Île de France

- Paris 52 – Amiens 102 – Beauvais 56 – Compiègne 33
- Office de tourisme, place du Parvis Notre Dame ☎ 03 44 53 06 40, Fax 03 44 53 29 80
- 18 d'Apremont à Apremont CD 606, NO : 5 km par D 1330, ☎ 03 44 25 61 11
- 18 Dolce Chantilly à Vineuil-Saint-Firmin Route d'Apremont, par rte de Chantilly : 8 km, ☎ 03 44 58 47 74
- 27 Château Raray Paris Golf Club à Raray Domaine de Raray, par rte de Compiègne : 26 km, ☎ 03 44 54 70 61
- Cathédrale N.-Dame★★ - Vieilles rues★ ABY - Place du Parvis★ BY - Chapelle royale St-Frambourg★ **B** - Jardin du Roy ≤★ - Musée d'Art et d'Archéologie★.
- Parc Astérix★★ S : 12 km par autoroute A1.

Plan page suivante

Ibis

ch, **P** VISA AE

2 km par ③ sur D 1324 – ☎ 03 44 53 70 50 – www.ibishotel.com – Fax 03 44 53 51 93

92 ch – 65/95 € 65/95 €, ☕ 8 €

Rest – (12 € bc) Menu 17/20 € – Carte 20/44 €

♦ Hôtel pratique car situé juste à la sortie de l'autoroute. L'ensemble des chambres du bâtiment principal et de l'annexe ont été rénovées selon le dernier concept de la chaîne. Restaurant d'allure campagnarde (poutres apparentes, cheminée) où l'on prépare les grillades.

XXX Le Scaramouche

AC VISA AE

4 pl. Notre-Dame – ☎ 03 44 53 01 26 – www.le-scaramouche.fr – Fax 03 44 53 46 14 – Fermé 17 août-2 sept., mardi et merc. BY**e**

Rest – Menu 31/42 € – Carte 53/97 €

♦ Chaleureuse maison à la belle devanture en bois peint. Intérieur feutré agrémenté de tableaux et tapisseries ; jolie terrasse tournée vers la cathédrale Notre-Dame (12e s.).

SENLIS

Un classement passé en rouge met en avant le charme de la maison ⭐ XXX.

SENNECÉ-LÈS-MÂCON – 71 Saône-et-Loire – 320 J11 – **rattaché à Mâcon**

SENNECEY-LE-GRAND – 71 Saône-et-Loire – 320 J10 – 2 961 h.   8 C3
– alt. 200 m – ⌧ 71240 📗 Bourgogne

  🖸 Paris 359 – Dijon 89 – Mâcon 42 – Chalon-sur-Saône 18

  🖪 Office de tourisme, place de l'hôtel de ville ☏ 03 85 44 82 54,
    Fax 03 85 44 86 19

XXX **L'Amaryllis** (Cédric Burtin)   AC ✿ VISA ◑ AE
🏵   78 av. du 4-Septembre – ☏ 03 85 44 86 34 – www.lamaryllis.com
      – Fax 03 85 44 96 92 – Fermé 26 oct.-5 nov., 2-15 janv., dim. soir, lundi midi et
      merc.
      Rest – (19 €) Menu 34/72 € – Carte 60/78 €
      Spéc. Foie gras de canard mi-cuit au pain d'épice, chutney de pomme granny
      smith. Faux-filet de bœuf charolais fumé au foin, pressé de queue de bœuf et
      girolles (15 août-15 nov.). Soufflé chaud aux noix de pécan, cœur au caramel.
      Vins Meursault, Mercurey.
      ◆ Ce restaurant contemporain en face de l'hôtel-Dieu propose une cuisine sérieuse et inven-
      tive, avec quelques clins d'œil à la région. Le menu déjeuner est particulièrement abordable.

à Jugy 4 km au Sud par D 182 – 290 h. – alt. 230 m – ⊠ 71240

⌂ **Crot Foulot** ⌾   🚗 🚻 ⚹ 🅰🅒 ch, ⍟ 🅿
- 𝒞 03 85 94 81 07 – www.crotfoulot.com
5 ch ⫩ – †79/89 € ††89/108 €   **Table d'hôte** – Menu 33 € 🕭
♦ Une auguste maison de vignerons ayant pris le tournant "demeure de charme". Entre pierres et poutres anciennes, la décoration des chambres joue avec réussite la carte contemporaine. À la table d'hôte, cuisine de tradition et vins locaux.

SENONCHES – 28 Eure-et-Loir – 311 C4 – 3 232 h. – alt. 223 m   **11** B1
– ⊠ 28250

🇩 Paris 115 – Chartres 38 – Dreux 38 – Mortagne-au-Perche 42
🇮 Syndicat d'initiative, 2, rue Louis Peuret 𝒞 02 37 37 80 11, Fax 02 37 37 80 11

XX   **La Pomme de Pin** avec ch   🚗 🚻 ⍟ 🆂🅰 🅿 𝖵𝖨𝖲𝖠 ⓒⓄ
🕭   15 r. M. Cauty – 𝒞 02 37 37 76 62 – www.restaurant-pommedepin.com
- Fax 02 37 37 86 61 – Fermé 15-30 juil., 2-18 janv., dim. soir et lundi
10 ch – †50 € ††60/75 €, ⫩ 8 €
Rest – Menu 14 € (déj. en sem.), 25/45 € – Carte 36/55 €
♦ Essayez la spécialité culinaire de cet ancien relais de poste : le pâté de Chartres. Belle façade à colombages, agréable salle à manger, salon de thé, terrasse. Chambres simples.

SENONES – 88 Vosges – 314 J2 – 2 781 h. – alt. 340 m – ⊠ 88210   **27** C2
▌ Alsace Lorraine

🇩 Paris 392 – Épinal 57 – Lunéville 50 – St-Dié 23
🇮 Office de tourisme, 18, pl. Dom Calmet 𝒞 03 29 57 91 03, Fax 03 29 57 83 95
🇬 Route de Senones au col du Donon★ NE : 20 km.

XX   **Au Bon Gîte** avec ch   📞 🅿 𝖵𝖨𝖲𝖠 ⓒⓄ 🅰🅴
🕭   3 pl. Vaultrin – 𝒞 03 29 57 92 46 – www.aubongite.fr – Fax 03 29 57 93 92
▥   – Fermé 1er-21 mars, 6-26 sept., dim. soir et lundi
7 ch – †44/52 € ††44/52 €, ⫩ 7 € – ½ P 58 €
Rest – (11 €) Menu 20/35 € – Carte 35/50 €
♦ Pimpante maison au cœur de l'ancienne capitale de la principauté de Salm. Goûteuse cuisine actuelle servie dans un décor chargé de photographies et de bibelots en tous genres.

SENS ⍟ – 89 Yonne – 319 C2 – 26 961 h. – alt. 70 m – ⊠ 89100   **7** B1
▌ Bourgogne

🇩 Paris 116 – Auxerre 59 – Fontainebleau 54 – Montargis 50
🇮 Office de tourisme, place Jean Jaurès 𝒞 03 86 65 19 49, Fax 03 86 64 24 18
🇬 du Senonais à Lixy Les Ursules, O : 22 km par D 26, 𝒞 03 86 66 58 46
🇴 Cathédrale St-Étienne★ - Trésor★★ - Musée et palais synodal★ M¹.

Plan page suivante

🏨   **Paris et Poste**   🚻 📶 ⚹ ch, 🅰🅒 rest, ⍟ 🍽 𝖵𝖨𝖲𝖠 ⓒⓄ 🅰🅴 ⓄⒾ
97 r. de la République – 𝒞 03 86 65 17 43 – www.hotel-paris-poste.com
- Fax 03 86 64 48 45   **a**
26 ch – †72/152 € ††72/152 €, ⫩ 14 € – 4 suites – ½ P 91/181 €
Rest – (fermé vend. soir, dim. soir et lundi) Menu 38/72 € – Carte 63/87 €
♦ Hostellerie de tradition à l'ambiance provinciale. Chambres de tailles diverses, les plus spacieuses et modernes donnant sur un joli patio. Au restaurant, cuisine classique revisitée servie dans une chaleureuse salle à manger ou dans l'agréable véranda.

XXX   **La Madeleine** (Patrick Gauthier)   🅰🅒 𝖵𝖨𝖲𝖠 ⓒⓄ 🅰🅴
✿✿   1 r. Alsace-Lorraine, (1er étage) – 𝒞 03 86 65 09 31
- www.restaurant-lamadeleine.fr – Fax 03 86 95 37 41 – Fermé 7-22 juin,
9-23 août, 20 déc.-4 janv., mardi midi, dim., lundi et fériés   **d**
Rest – (nombre de couverts limité, prévenir) Menu 49 € (déj. en sem.), 62/110 €
- Carte 100/136 € 🕭
Spéc. Foie gras chaud au cassis. Quasi d'agneau du Quercy. Poêlée d'ananas Victoria, sorbet piña colada (hiver). **Vins** Côtes d'Auxerre, Chablis.
♦ Restaurant cossu aux teintes pastel, apprécié des gourmets qui y dégustent une savoureuse cuisine dans l'air du temps. Fourneau et rayonnages d'épicerie décorent le vestibule.

SENS

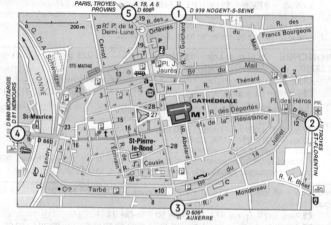

XX Le Clos des Jacobins   AC VISA ◉◉ AE

*49 Gde-Rue – ℰ 03 86 95 29 70 – www.restaurantlesjacobins.com
– Fax 03 86 64 22 98 – Fermé 29 avril-6 mai, 15 juil.-5 août, 23 déc.-5 janv., dim.
soir, mardi soir et merc.*   **t**
Rest – (22 € bc) Menu 30/53 € – Carte 40/72 €

◆ "Relooking" complet pour ce restaurant affichant une nouvelle décoration contemporaine
dans les tons beige et chocolat. Sympathique cuisine au goût du jour.

XX La Potinière   ⇐ 🍽 & AC VISA ◉◉ AE

*51 r. Cécile de Marsangy, par ④ – ℰ 03 86 65 31 08
– www.restaurant-lapotiniere.fr – Fax 03 86 64 60 19 – Fermé dim. soir et lundi*
Rest – (prévenir en saison) Menu 29/47 € – Carte 43/77 €

◆ Ex-guinguette dont la terrasse ombragée au bord de l'Yonne est prisée des touristes flu-
viaux (ponton d'accostage). Salle à manger lumineuse et très tendance. Cuisine actuelle.

X Miyabi   AC VISA ◉◉

*1 r. Alsace-Lorraine – ℰ 03 86 95 00 70 – www.miyabi.fr – Fax 03 86 95 37 41
– Fermé 9-23 août, 19 déc.-4 janv. et dim.*   **d**
Rest – (nombre de couverts limité, prévenir) Menu 24 € (sem.)/75 €🕮

◆ Beau mariage des cultures culinaires japonaise et française : restaurant comptoir occupant
une étroite salle tamisée, bandes de tissus suspendus, musique nippone... Dépaysant.

X Au Crieur de Vin   VISA ◉◉

*1 r. Alsace-Lorraine – ℰ 03 86 65 92 80 – Fax 03 86 95 37 41 – Fermé 7-22 juin,
9-23 août, 20 déc.-4 janv., mardi midi, dim., lundi et fériés*   **d**
Rest – Menu 24/39 € – Carte 47/66 €🕮

◆ Plaisante atmosphère de bistrot, plats traditionnels, viandes cuites à la broche et crus
choisis : "vin sur vin" pour cette sympathique adresse à ne pas crier sur les toits.

à Subligny 7 km par ④ et D 660 – 483 h. – alt. 150 m – ☒ 89100

XX La Haie Fleurie   🚗 🍽 P VISA ◉◉

*30 rte de Coutenay, 2 km au Sud-Ouest – ℰ 03 86 88 84 44 – Fermé 26-31 juil.,
dim. soir, merc. soir et jeudi*
Rest – (17 €) Menu 24/49 € – Carte 44/63 €

◆ Auberge de campagne dans la traversée d'un hameau. Petit salon d'accueil ouvrant sur
une avenante salle à manger rustico-moderne. Terrasse fleurie. Cuisine traditionnelle.

à Villeroy 7 km par ④ et D 81 – 269 h. – alt. 184 m – ⊠ 89100

XXX　　**Relais de Villeroy** avec ch　　　　🗟 🗟 **P** 🆅🆂🅰 ⓪ 🅰🅴
🕾　　rte de Nemours – ☏ 03 86 88 81 77
　　– www.relais-de-villeroy.com – Fax 03 86 88 84 04
　　– Fermé 27 juin-8 juil., 20 déc.-8 janv., 15 fév.-5 mars, dim. soir et lundi
　　8 ch – †50/60 € ††50/60 €, ⊡ 9 €
　　Rest – (Fermé merc. midi, jeudi midi, dim. soir, lundi et mardi) Menu 28/50 €
　　– Carte 36/65 €
　　Rest *Bistro Chez Clément* – ☏ 03 86 88 86 73 (fermé merc. soir, jeudi soir,
　　vend. soir, lundi, sam. et dim.) Menu 17,50 €
　　◆ Coquette maison régionale aux petites chambres confortables. Dans la véranda,
　　on goûte des plats ancrés dans la tradition, les yeux rivés sur l'agréable jardin fleuri. Cuisine
　　de bistrot, cadre rustique et ambiance conviviale Chez Clément.

SEPT-SAULX – 51 Marne – **306** H8 – 560 h. – alt. 96 m – ⊠ 51400　　**13** B2
　　🄳 Paris 167 – Châlons-en-Champagne 29 – Épernay 29 – Reims 26

🏨　　**Le Cheval Blanc** ⌖　　　　🗟 🗟 ℀ & ch, ♨ **P** 🆅🆂🅰 ⓪ 🅰🅴
　　r. du Moulin – ☏ 03 26 03 90 27
　　– www.chevalblanc-sept-saulx.com – Fax 03 26 03 97 09
　　– Fermé 1er-13 fév., merc. midi et mardi de nov. à fév.
　　21 ch – †65/136 € ††71/143 €, ⊡ 13 € – 3 suites – ½ P 96/141 €
　　Rest – (28 €) Menu 33/90 € – Carte 55/65 €
　　◆ Au pied d'une église du 13e s., deux bâtiments récents abritant de confortables chambres
　　qui donnent sur un jardin fleuri, au bord d'une rivière. Le restaurant (ancien relais de diligen-
　　ces) s'ouvre sur une agréable et verdoyante terrasse d'été. Cuisine actuelle.

SÉREILHAC – 87 Haute-Vienne – **325** D6 – 1 644 h. – alt. 322 m　　**24** B2
– ⊠ 87620
　　🄳 Paris 405 – Confolens 50 – Limoges 19 – Périgueux 77

🏠　　**Le Relais des Tuileries**　　　　🗟 ⏃ 🄰🄲 ⁽¹⁾ **P** 🆅🆂🅰 ⓪
🕾　　aux Betoulles, 2 km au Nord-Est sur N 21 – ☏ 05 55 39 10 27
　　– www.relais-tuileries.fr – Fax 05 55 36 09 21
　　– Fermé 15 nov.-2 déc., 15 janv.-5 fév., dim. soir et lundi sauf juil.-août
　　10 ch – †58 € ††63 €, ⊡ 10 € – ½ P 58/65 €
　　Rest – Menu 16 € (sem.)/40 € – Carte 25/60 €
　　◆ En rez-de-jardin, chambres sobres réparties dans deux pavillons. À découvrir dans le parc,
　　les éléments restaurés d'une ancienne tuilerie limousine. Menus du terroir proposés dans une
　　salle à manger rustique agrémentée de poutres apparentes et d'une cheminée.

SÉRIGNAN – 34 Hérault – **339** E9 – 6 522 h. – alt. 7 m – ⊠ 34410　　**23** C2
　　🄳 Paris 770 – Montpellier 70 – Béziers 12 – Narbonne 39
　　🄵 Office de tourisme, place de la Libération ☏ 04 67 32 42 21,
　　Fax 04 67 32 37 97

XX　　**L'Harmonie**　　　　🗟 🗟 & 🄰🄲 ℀ 🆅🆂🅰 ⓪ 🅰🅴
🕾　　chemin de la Barque, parking de la Cigalière – ☏ 04 67 32 39 30
　　– www.lharmonie.fr – Fax 04 67 32 39 30
　　– Fermé 24 oct.-7 nov., mardi soir de sept. à juin, jeudi midi en juil.-août, sam.
　　midi et merc.
　　Rest – (18 € bc) Menu 25/62 € – Carte 55/90 €
　　◆ Ce restaurant a déménagé à quelques mètres de son ancienne adresse. Décor moderne,
　　mobilier en fer forgé, et généreuse cuisine actuelle à base de beaux produits.

SÉRIGNAN-DU-COMTAT – 84 Vaucluse – **332** C8 – **rattaché à Orange**

SERMAIZE-DU-BAS – 71 Saône-et-Loire – **320** F11 – **rattaché à Paray-
le-Monial**

SERMERSHEIM – 67 Bas-Rhin – **315** J6 – 802 h. – alt. 160 m – ⊠ 67230   **2** C1

▶ Paris 506 – Lahr/Schwarzwald 41 – Obernai 21 – Sélestat 14

🏠 **Au Relais de l'Ill** sans rest   🕭 ⚡ (ᵗᵖ) **P** 𝗩𝗜𝗦𝗔 ⚙

11 r. des Remparts – 𝒞 03 88 74 31 28 – www.hotel-au-relais-de-lill.fr
– Fax 03 88 74 17 51 – Fermé 20 déc.-10 janv.
22 ch ⌿ – ♦55/65 € ♦♦65/75 €

♦ Hôtel familial, nullement gêné par les bruits de la voie rapide située à proximité. L'accueil
y est chaleureux et les chambres spacieuses et bien tenues. Abords fleuris.

SERRE-CHEVALIER – 05 Hautes-Alpes – **334** H3 – alt. 2 483 m   **41** C1
– Sports d'hiver : 1 200/2 800 m ⚡9 ⚡67 ⚟ – ⊠ 05330 ▌ Alpes du Sud

▶ Paris 678 – Briançon 7 – Gap 95 – Grenoble 110
🛈 Office de tourisme, Chantemerle 𝒞 04 92 24 98 98, Fax 04 92 24 98 84
◎ ✳★★.

à Chantemerle – alt. 1 350 m – ⊠ 05330 St Chaffrey

◎ Col de Granon ✳★★ N : 12 km.

🏨 **Plein Sud**   ≪ 🚗 🏡 ⅂ (ᵗᵖ) **P** 𝗩𝗜𝗦𝗔 ⚙ 𝖠𝖤

allée des Boutiques – 𝒞 04 92 24 17 01 – www.hotelpleinsud.com
– Fax 04 92 24 10 21 – Fermé 25 avril-31 mai et 1ᵉʳ oct.-10 déc.
41 ch – ♦65/135 € ♦♦100/180 €, ⌿ 10 €   **Rest** – (18 €) Carte 30/44 €

♦ Dans cet hôtel central, optez pour les chambres côté sud, plus grandes et dotées de loggias avec vue sur les forêts de mélèzes. Accès Internet et belle piscine découvrable. Cuisine traditionnelle et formules buffets au restaurant ; carte snack au pub.

🏠 **Les Marmottes**   (ᵗᵖ) 𝗩𝗜𝗦𝗔 ⚙

22 r. du Centre – 𝒞 04 92 24 11 17 – www.chalet-marmottes.com
– Fax 04 92 24 11 17
5 ch ⌿ – ♦59/99 € ♦♦78/132 € – ½ P 60/86 €   **Table d'hôte** – Menu 23 € bc

♦ Il fait bon hiberner dans cette vieille grange convertie en maison d'hôtes : salon au coin
du feu et douillettes chambres personnalisées, tournées vers les sommets alentour. Cuisine familiale bien faite (menu unique changé chaque jour) sur la grande table en bois.

à Villeneuve-la-Salle – ⊠ 05240 La Salle les Alpes

◎ Eglise St-Marcellin★ de La-Salle-les-Alpes.

🏨 **Christiania**   🚗 🏡 ⚡ rest, **P** 𝗩𝗜𝗦𝗔 ⚙

23 rte de Briançon – 𝒞 04 92 24 76 33 – www.le-christiania.com
– Fax 04 92 24 83 82 – Ouvert 12 juin-11 sept. et 18 déc.-11 avril
26 ch ⌿ – ♦109/117 € ♦♦119/127 € – ½ P 80/89 €
Rest – (ouvert 19 juin-4 sept. et 18 déc.-3 avril) (dîner seult) Menu 23/29 €
– Carte 32/44 €

♦ Accueil familial, bar-salon rustique réchauffé par une cheminée et chambres sagement
montagnardes caractérisent cet hôtel sis au bord de la Guisane. Restaurant au cadre alpin
rehaussé de vieux objets et terrasse dressée dans le jardin longé par un torrent.

🏨 **Le Mont Thabor** sans rest   🛏 🖥 🕭 𝗩𝗜𝗦𝗔 ⚙ 𝖠𝖤

1 bis chemin Envers – 𝒞 04 92 24 74 41 – www.mont-thabor.com
– Fax 04 92 24 99 50 – Fermé 26 avril-15 juin et 8 sept.-1ᵉʳ déc.
27 ch ⌿ – ♦85/125 € ♦♦95/160 €

♦ Cet hôtel neuf arbore un décor contemporain d'esprit montagnard. Chambres confortables
et très bien équipées, sauna, jacuzzi...

au Monêtier-les-Bains – 1 062 h. – alt. 1 480 m – ⊠ 05220

🏨 **L'Auberge du Choucas** ⌲   🚗 🏡 (ᵗᵖ) 𝗦𝗔 𝗩𝗜𝗦𝗔 ⚙

17 r. de la Fruitière – 𝒞 04 92 24 42 73 – www.aubergeduchoucas.com
– Fax 04 92 24 51 60 – Fermé 3-29 mai et 2 nov.-4 déc.
12 ch – ♦80/240 € ♦♦100/330 €, ⌿ 17 € – ½ P 90/240 €
Rest – (fermé 17 avril-1ᵉʳ juin, 15 oct.-18 déc., et le midi du lundi au jeudi
en avril, juin, sept. et oct.) (17 €) Menu 29/79 € – Carte 57/100 €

♦ Auberge de caractère voisine de l'église datant du 15ᵉ s. L'intérieur empreint d'authenticité marie élégance et raffinement. Chambres et duplex chaleureux. Salle à manger voûtée, feu dans l'âtre et cuisine au goût du jour.

🏠 Alliey ≤ 🚗 🛖 ⬛ 📶 📞 VISA ⚫
– *ℰ 04 92 24 40 02 – www.alliey.com – Fax 04 92 24 40 60*
– *Ouvert mi juin-début sept. et mi déc.-fin avril*
22 ch – ♦99/129 € ♦♦99/139 €, ⌒ 15 € – ½ P 79/109 €
Rest *Maison Alliey* – *(dîner seult)* Carte 34/48 €🕮
♦ Cette maison de village propose un hébergement de charme : l'omniprésence du bois y crée une ambiance chaleureuse. Douillettes chambres montagnardes et bel espace balnéo. Cuisine actuelle dans la salle de restaurant où pierre et bois se marient subtilement.

✕✕ La Table du Chazal 🛖 ✑ VISA ⚫
Les Guibertes, 2,5 km au Sud-Est par rte de Briançon – ℰ 04 92 24 45 54
– *Fermé 2-25 juin, mardi sauf août et lundi*
Rest – *(dîner seult sauf dim.) (prévenir)* Menu 28/45 €
♦ Maison de pays nichée dans un hameau. Le décor soigné et coquet des salles à manger voûtées est parfait pour déguster une cuisine traditionnelle actualisée.

SERRIÈRES – 07 Ardèche – 331 K2 – 1 163 h. – alt. 140 m – ⌧ 07340   43 E2
📕 Lyon Drôme Ardèche

▶ Paris 514 – Annonay 16 – Privas 91 – St-Étienne 55
🛈 Syndicat d'initiative, quai Jule Roche ℰ 04 75 34 06 01, Fax 04 75 34 06 01

✕✕✕ Schaeffer avec ch 🛖 AC ch, 📞 🛁 🚗 VISA ⚫
D 86 – ℰ 04 75 34 00 07
– *www.hotel-schaeffer.com – Fax 04 75 34 08 79*
– *Fermé 4-18 août, 24 oct.-4 nov., 2-17 janv., sam. midi, dim. soir et lundi*
15 ch – ♦50/60 € ♦♦68/76 €, ⌒ 12 €
Rest – *(24 €)* Menu 35/95 € – Carte 55/65 €🕮
♦ Restaurant cossu prolongé d'une véranda tournée sur le pont suspendu qui enjambe le Rhône. Cuisine classique et belle carte de côtes-du-rhône. Chambres fonctionnelles.

SERRIS – 77 Seine-et-Marne – 312 F2 – voir à Paris, Environs (Marne-la-Vallée)

SERVIERS-ET-LABAUME – 30 Gard – 339 L4 – rattaché à Uzès

SERVON – 50 Manche – 303 D8 – 273 h. – alt. 25 m – ⌧ 50170   32 A3
▶ Paris 352 – Avranches 15 – Dol-de-Bretagne 30 – St-Lô 72

✕✕ Auberge du Terroir avec ch ⌛ 🚗 🛖 ✑ ⬛ ch, ✑ rest, 📞 🅿
Le Bourg – ℰ 02 33 60 17 92 – Fax 02 33 60 35 26   VISA ⚫ AE ①
– *Fermé 15 nov.-15 déc., 20 fév.-10 mars, jeudi midi, sam. midi et merc.*
6 ch – ♦55/64 € ♦♦60/85 €, ⌒ 10 € – ½ P 66 €
Rest – *(prévenir)* Menu 19/45 € – Carte 28/48 €
♦ Un bon repas traditionnel vous sera concocté dans cette charmante auberge villageoise occupant l'ex-école de filles et l'ancien presbytère. Salle rafraîchie et terrasse. Coquettes chambres rénovées en 2009, personnalisées avec du mobilier de famille, d'une tenue exemplaire.

SERVOZ – 74 Haute-Savoie – 328 N5 – 895 h. – alt. 816 m – ⌧ 74310   46 F1
📕 Alpes du Nord

▶ Paris 598 – Annecy 85 – Bonneville 43 – Chamonix-Mont-Blanc 14
🛈 Office de tourisme, ℰ 04 50 47 21 68, Fax 04 50 47 27 06

✕ Les Gorges de la Diosaz avec ch 🛖 📞 VISA ⚫
Le Bouchet – ℰ 04 50 47 20 97
– *www.hoteldesgorges.com – Fax 04 50 47 21 08*
– *Fermé 12 nov.-10 déc., dim. soir et lundi sauf vacances scolaires*
6 ch – ♦60/65 € ♦♦60/70 €, ⌒ 8,50 €
Rest – *(15 € bc)* Menu 18 € bc *(déj. en sem.)*, 25/36 € – Carte environ 43 €
♦ Chalet de village sur la route des gorges. Réception et salle à manger aux typiques boiseries montagnardes ; savoureuse cuisine régionale actualisée. Terrasse avec vue. Chambres pratiques pour l'étape dans l'hôtel entièrement rénové.

SESSENHEIM – 67 Bas-Rhin – 315 L4 – 2 023 h. – alt. 120 m – ⊠ 67770   **1** B1
▮ Alsace Lorraine

▶ Paris 497 – Haguenau 18 – Strasbourg 39 – Wissembourg 44

XX **Au Bœuf**   ⌂ P VISA ⚫⚫ AE
1 r. Église – ✆ 03 88 86 97 14 – www.auberge-au-boeuf.com – Fax 03 88 86 04 62
– Fermé lundi et mardi
Rest – (18 € bc) Menu 28 € (sem.)/57 € – Carte 40/55 €
♦ Des bancs d'église du 18ᵉ s. agrémentent l'une des salles de cette belle maison alsacienne. Jolie terrasse, petit musée dédié à Goethe et boutique de produits du terroir.

SÈTE – 34 Hérault – 339 H8 – 43 008 h. – alt. 4 m – Casino – ⊠ 34200   **23** C2
▮ Languedoc Roussillon

▶ Paris 787 – Béziers 48 – Lodève 63 – Montpellier 35
🛈 Office de tourisme, 60, rue Mario Roustan ✆ 04 67 74 71 71,
Fax 04 67 46 17 54
◉ Mont St-Clair★ : terrasse du presbytère de la chapelle N.-D. de la Salette
⁂ ★★ AZ - Le Vieux Port★ - Cimetière marin★.

🏨 **Le Grand Hôtel**   ▮▮ AK ⸜⸝ ⅗Å 🌀 VISA ⚫⚫ AE ⓪
17 quai Mar. de Lattre de Tassigny – ✆ 04 67 74 71 77
– www.legrandhotelsete.com – Fax 04 67 74 29 27
– Fermé 15-31 juil. et 25 déc.-6 janv.   AYt
43 ch – †77/135 € ††77/135 €, ⊇ 10 € – 1 suite
Rest Quai 17 – ✆ 04 67 74 71 91 (fermé 15-31 juil., sam. midi et dim.) (19 €)
Menu 26/47 € – Carte 29/66 €
♦ Près de la maison natale de G. Brassens et face au canal, élégant hôtel (1882) de style Belle Époque. Chambres raffinées mêlant ancien et moderne, joli patio sous verrière. Cuisine actuelle au restaurant décoré de jolies fresques retraçant l'histoire maritime sétoise.

🏨 **Port Marine**   ⇐ ▮▮ AK ⸜⸝ ⅗Å P 🌀 VISA ⚫⚫ AE ⓪
Môle St-Louis – ✆ 04 67 74 92 34 – www.hotel-port-marine.com
– Fax 04 67 74 92 33   AZd
46 ch – †72/98 € ††83/115 €, ⊇ 10 € – 6 suites – ½ P 75/92 €
Rest – (16 €) Menu 27 € – Carte 34/45 €
♦ Architecture moderne face au môle St-Louis d'où "L'Exodus" prit la mer en 1947. Les chambres, fonctionnelles, disposent d'un mobilier de style bateau. Toit-solarium. Cuisine traditionnelle servie au restaurant ou sur la terrasse avec vue sur la grande bleue.

🏨 **Orque Bleue** sans rest   ▮▮ AK ⸝ ⸜⸝ 🌀 VISA ⚫⚫ AE
10 quai Aspirant-Herber – ✆ 04 67 74 72 13
– www.hotel-orquebleue-sete.com – Fax 04 67 51 20 17
– Fermé janv.   BZe
30 ch – †65/125 € ††65/125 €, ⊇ 9 €
♦ Sur les quais, bel immeuble en pierre doté de balcons en fer forgé. Chambres confortables à choisir côté canal pour découvrir les joutes sétoises ou au calme côté patio.

X **Paris Méditerranée**   AK VISA ⚫⚫ AE
47 r. Pierre-Semard – ✆ 04 67 74 97 73 – Fermé 1ᵉʳ-15 juil., une sem. en fév., sam.
midi, dim. et lundi   BYp
Rest – Menu 25/45 €
♦ L'original décor réalisé par la patronne s'accorde parfaitement aux recettes inventives et gourmandes que vous dégusterez dans ce restaurant un peu "décalé", mais réellement séduisant.

sur la Corniche 2 km au Sud du plan par D 2 – ⊠ 34200 Sète

🏨 **Les Tritons** sans rest   🚗 ▮ ⅗Å AK ⸜⸝ P VISA ⚫⚫ AE
bd Joliot-Curie – ✆ 04 67 53 03 98 – www.hotellestritons.com
– Fax 04 67 53 38 31
56 ch – †40/60 € ††45/89 €, ⊇ 8 €
♦ Bâtiment à la façade ocre dressé sur la corniche. Les chambres, spacieuses, fonctionnelles et colorées, contemplent la mer ou jouissent d'un plus grand calme sur l'arrière.

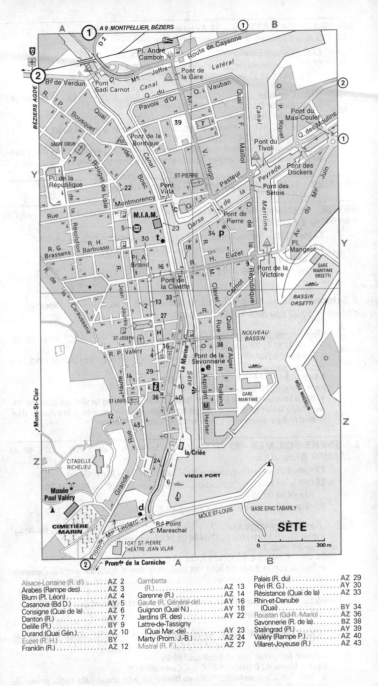

SÈTE

SÉVÉRAC-LE-CHÂTEAU – 12 Aveyron – **338** K5 – 2 409 h. **29** D1
– alt. 735 m – ⊠ 12150 ▮ Languedoc Roussillon

> ◪ Paris 605 – Espalion 46 – Florac 74 – Mende 64
> ◪ Office de tourisme, 5, rue des Douves ℰ 05 65 47 67 31,
>   Fax 05 65 47 65 94

✗ **Des Causses** ⬠ 🄿 𝗩𝗜𝗦𝗔 ⬤ ⓪
⊛ *38 av. Aristide Briand – ℰ 05 65 70 23 00*
   – www.hotel-causses.com – Fax 05 65 70 23 04
   – Fermé 7-22 mars, 27 sept.-26 oct., dim. soir de sept. à juin et lundi
   Rest – Menu 14/37 € – Carte 17/52 €
   ♦ On apprécie une copieuse cuisine du terroir dans le cadre chaleureux d'une salle à manger pimpante ou, dès les premiers beaux jours, sur une terrasse ombragée.

SÉVRIER – 74 Haute-Savoie – **328** J5 – rattaché à Annecy

SEYNE – 04 Alpes-de-Haute-Provence – **334** G6 – 1 426 h. – alt. 1 200 m **41** C2
– ⊠ 04140 ▮ Alpes du Sud

> ◪ Paris 719 – Barcelonnette 43 – Digne-les-Bains 43 – Gap 54
> ◪ Office de tourisme, place d'Armes ℰ 04 92 35 11 00,
>   Fax 04 92 35 28 84
> ◙ Col du Fanget ≼ ★ SO : 5 km.

à Selonnet 4 km au Nord-Ouest par D 900 – 424 h. – alt. 1 060 m – Sports
d'hiver : 1 500/2 050 m ✦12 ✦ – ⊠ 04140

🏠 **Relais de la Forge** ⌂ ⬠ 🔟 𝗩𝗜𝗦𝗔 ⬤ 𝗔𝗘 ⓪
⊛ *– ℰ 04 92 35 16 98 – www.relaisdelaforge.fr*
   – Fax 04 92 35 07 37 – Fermé 16-24 avril, 11 nov.-20 déc., dim. soir et lundi hors
   vacances scolaires
   14 ch – ♦42 € ♦♦48 €, � 8 € – ½ P 45 €
   Rest – Menu 15/28 € – Carte 25/39 €
   ♦ Bâti à l'emplacement de l'ancienne forge du village, cet hôtel familial aux chambres simples et rafraîchies s'est doté d'un nouvel espace sauna. Piscine couverte. Salle à manger d'inspiration rustique agrémentée d'une cheminée ; carte traditionnelle.

LA SEYNE-SUR-MER – 83 Var – **340** K7 – 56 768 h. – alt. 3 m **40** B3
– ⊠ 83500 ▮ Côte d'Azur

> ◪ Paris 830 – Aix-en-Provence 81 – La Ciotat 32 – Marseille 60
> ◪ Office de tourisme, corniche Georges Pompidou ℰ 04 98 00 25 70,
>   Fax 04 98 00 25 71
> ◙ ≼ ★ de la terrasse du fort Balaguier E : 3 km.

🏨 **Kyriad Prestige** sans rest ≼ 🔟 🖪 🕼 & 🄰🄲 ⑪ 🔏 🄿 𝗩𝗜𝗦𝗔 ⬤ 𝗔𝗘
1 quai du 19-Mars-1962 – ℰ 04 94 05 34 00 – www.kyriadprestige.fr
– Fax 04 94 05 34 09
93 ch – ♦99/129 € ♦♦99/129 €, ⊠ 13 € – 1 suite
♦ Face au port se dresse cet hôtel tout neuf, ancré dans la modernité. Intérieur chaleureux, décoré sur le thème des bateaux. Chambres très confortables, toutes avec terrasse.

à Fabrégas 4 km au Sud par rte de St-Mandrier et rte secondaire
– ⊠ 83500 La Seyne-sur-Mer

✗✗ **Chez Daniel et Julia "rest. du Rivage"** ≼ ⬠ 🄿 𝗩𝗜𝗦𝗔 ⬤
   – ℰ 04 94 94 85 13 – Fax 04 94 87 25 25
   – Fermé nov., dim. soir et lundi sauf fériés
   Rest – Menu 40 € (sem.), 52/90 € – Carte 50/81 €
   ♦ Table familiale accueillante nichée au bord d'une jolie crique. Salle rustico-provençale, expo d'outils anciens, terrasse tournée vers le rivage et cuisine axée sur la marée.

aux Sablettes 4 km au Sud-Est – ⊠ 83500 La Seyne-sur-Mer

XX **La Parenthèse de Terrebrune** 🛜 🌆 𝕍𝕀𝕊𝔸 ⊕⊕
*724 chemin de la Tourelle – ℰ 04 94 94 92 34 – www.restaurantlaparenthse.com
– Fax 04 94 87 60 45 – Fermé 21 déc.-4 janv., lundi midi et dim.*
Rest – (12 €) Menu 24 € – Carte 30/41 €
♦ Cuisine d'aujourd'hui servie dans un cadre moderne brun-blanc-rouge ou sur la terrasse estivale meublée en fer forgé, cachée par des claustras en bois et abritée du soleil.

SÉZANNE – 51 Marne – 306 E10 – 5 276 h. – alt. 137 m – ⊠ 51120   13 B2
▌ Champagne Ardenne
  ▶ Paris 116 – Châlons-en-Champagne 59 – Meaux 78 – Melun 89
  🚹 Office de tourisme, place de la République ℰ 03 26 80 51 43,
     Fax 03 26 80 54 13

🏠 **Le Relais Champenois** ⴳ ch, 🌆 rest, 🌾 ch, 🎄 🏠 𝕍𝕀𝕊𝔸 ⊕⊕
*157 r. Notre-Dame – ℰ 03 26 80 58 03 – www.lerelaischampenois.com
– Fax 03 26 81 35 32 – Fermé 16-31 août, 24 déc.-2 janv. et dim. soir*
19 ch – ⧙40 € ⧙⧙58/85 €, ⊇ 10 € – ½ P 78 €
Rest – (18 €) Menu 23/50 € – Carte 29/60 €
♦ Façade champenoise rénovée, joliment fleurie, abritant des chambres fraîches et bien meublées, plus calmes à l'annexe (deux sont climatisées). Salles à manger champêtres agrémentées de boiseries et de poutres apparentes. Bon choix de menus traditionnels.

à Mondement-Montgivroux 12 km par D 951 et D 439 – 48 h. – alt. 188 m
– ⊠ 51120

🏠🏠 **Domaine de Montgivroux** sans rest 🌿 ✆ 🍴 ⴳ 🎄 🏠 𝕍𝕀𝕊𝔸 ⊕⊕
*rte d'Épernay – ℰ 03 26 42 06 93 – www.audomainedemontgivroux.com
– Fax 03 26 42 06 94*
20 ch – ⧙70/100 € ⧙⧙100/110 €, ⊇ 11 € – 1 suite
♦ Au cœur d'un vaste domaine, cette ancienne ferme champenoise (17ᵉ s.) magnifiquement rénovée vous invite à séjourner dans des chambres spacieuses à la décoration personnalisée.

SIERCK-LES-BAINS – 57 Moselle – 307 J2 – 1 730 h. – alt. 147 m   27 C1
– ⊠ 57480 ▌ Alsace Lorraine
  ▶ Paris 355 – Luxembourg 40 – Metz 46 – Thionville 17
  🚹 Office de tourisme, rue du Château ℰ 03 82 83 74 14, Fax 03 82 83 22 10
  ◉ ≤ ★ du château fort.

à Montenach 3,5 km au Sud-Est sur D 956 – 445 h. – alt. 200 m – ⊠ 57480

XX **Auberge de la Klauss** 🚃 🛜 🏠 𝕍𝕀𝕊𝔸 ⊕⊕
⊖⊖ *1 rte de Kirschnaumen – ℰ 03 82 83 72 38 – www.auberge-de-la-klauss.com
– Fax 03 82 83 73 00 – Fermé 24 déc.-7 janv. et lundi*
Rest – Menu 14/52 € – Carte 39/72 €
♦ Ferme de 1869 où palmipèdes et cochons évoluent en plein air. Côté auberge, joli cadre rustique, produits maison (dont un délicieux foie gras) et beau livre de cave. Vente à emporter.

à Manderen 7 km à l'Est par D 654 et D 64 – 403 h. – alt. 290 m – ⊠ 57480

🏠 **Relais du Château Mensberg** 🌿 🚃 🛜 ⴳ ch, 🌾 ch, 🎄 🏠
15 r. du Château – ℰ 03 82 83 73 16 𝕍𝕀𝕊𝔸 ⊕⊕ 𝔸𝔼 ⓪
– www.relais-mensberg.com – Fax 03 82 83 23 37 – Fermé 26 déc.-24 janv.
13 ch – ⧙36/48 € ⧙⧙45/60 €, ⊇ 8 € – ½ P 52/60 €
Rest – (fermé lundi midi et mardi) (15 €) Menu 25/50 € – Carte 9/25 €
♦ Cette ancienne ferme montant la garde au pied du château fort de Malbrouck (15ᵉ s.) vous héberge en toute simplicité dans ses petites chambres avant tout pratiques. Table traditionnelle et de terroir ; salle à manger rustique où trône une cheminée.

SIERENTZ – 68 Haut-Rhin – 315 I11 – 2 647 h. – alt. 270 m – ⊠ 68510   1 A3
  ▶ Paris 487 – Altkirch 19 – Basel 18 – Belfort 65
  🚹 Syndicat d'initiative, 57, rue Rogg-Haas ℰ 03 89 81 68 58,
     Fax 03 89 81 60 49

✕✕✕ � **Auberge St-Laurent** (Marco et Laurent Arbeit) avec ch   🎇 AK ❝♫❞ ⅍ P VISA ☺☺ AE

1 r. Fontaine – ℰ 03 89 81 52 81 – www.auberge-saintlaurent.fr
– Fax 03 89 81 67 08 – Fermé 13-28 juil., 14-22 sept., 15-23 fév., lundi et mardi
10 ch – †80 € ††100 €, ☐ 13 € – ½ P 91 €
Rest – (19 €) Menu 28 € (déj. en sem.), 36/80 € – Carte 62/92 €🕮
Spéc. Foie gras de canard, confiture de choucroute. Pigeonneau de nid fermier, cuisse farcie aux abattis, fricassée de chou. Soufflé chaud au Grand Marnier. **Vins** Sylvaner, Pinot blanc.
♦ Le chaleureux décor mi-rustique mi-bourgeois de cet ancien relais de poste sert de cadre
à une fine cuisine classique misant sur l'équilibre des saveurs. Plaisante terrasse. Jolies chambres personnalisées.

SIGNY-L'ABBAYE – 08 Ardennes – 306 I4 – 1 365 h. – alt. 240 m   13 B1
– ⊠ 08460 ▮ Champagne Ardenne

▶ Paris 208 – Charleville-Mézières 31 – Hirson 41 – Laon 74
🛈 Syndicat d'initiative, cour Rogelet ℰ 03 24 53 10 10, Fax 03 24 53 10 10

✕ **Auberge de l'Abbaye** avec ch   🎇 ❝♫❞ ⅍ P VISA ☺☺

2 pl. A. Briand – ℰ 03 24 52 81 27 – www.auberge-de-labbaye.com
– Fax 03 24 53 71 72 – Fermé 24 janv.-7 mars
8 ch – †50 € ††55/60 €, ☐ 8 € – ½ P 48 €
Rest – (fermé mardi soir et merc.) (11 €) Menu 14/22 € – Carte 14/35 €
♦ Cet ex-relais de poste, dans la même famille depuis 1803, cultive la tradition : cadre rus-
tique, cuisine valorisant les produits terroir (ferme et potager). Chambres sobres.

SIGNY-LE-PETIT – 08 Ardennes – 306 H3 – 1 284 h. – alt. 238 m   13 B1
– ⊠ 08380

▶ Paris 228 – Charleville-Mézières 37 – Hirson 15 – Chimay 959
🛈 Syndicat d'initiative, place de l'Église ℰ 03 24 53 55 44, Fax 03 24 53 51 32

🏨 **Au Lion d'Or**   ⅍ ch, ❝♫❞ ⅍ P VISA ☺☺ AE

pl. de l'Église – ℰ 03 24 53 51 76 – www.lahulotte-auliondor.fr
– Fax 03 24 53 36 96 – Fermé 30 juin-16 juil., 20 déc.-16 janv. et dim.
18 ch – †67/85 € ††67/113 €, ☐ 10 € – ½ P 61/70 €
Rest – (fermé dim. sauf le midi de mars à fin sept., mardi midi, merc. midi et
sam. midi) (prévenir dim.) (15 €) Menu 20/40 € – Carte 25/48 €
♦ Ancien relais de poste situé face à l'église de Signy. Chambres proprettes, toutes différentes, réparties entre la bâtisse principale et les dépendances. Restaurant rustique, tableaux et
bibelots figurant des chouettes (l'emblème de la maison) et cuisine actuelle.

SILLÉ-LE-GUILLAUME – 72 Sarthe – 310 I5 – 2 360 h. – alt. 161 m   35 C1
– ⊠ 72140 ▮ Normandie Cotentin

▶ Paris 230 – Alençon 39 – Laval 55 – Le Mans 35
🛈 Office de tourisme, place de la Résistance ℰ 02 43 20 10 32,
Fax 02 43 20 01 23

✕✕ **Le Bretagne** avec ch   🎇 ⅍ rest, ❝♫❞ P VISA ☺☺

pl. Croix d'Or – ℰ 02 43 20 10 10 – www.hotelsarthe.com – Fax 02 43 20 03 96
– Fermé 26 juil.-15 août, vend. soir, sam. midi et dim. soir
15 ch – †57 € ††62 €, ☐ 6 € – ½ P 58 €
Rest – Menu 17 € (sem.), 28/45 € – Carte 50/60 €
♦ Ancien relais de diligences situé à l'orée du Parc Normandie-Maine. Cuisine traditionnelle
soignée, servie dans une coquette salle. Chambres fonctionnelles, à choisir côté cour.

SILLERY – 51 Marne – 306 G7 – rattaché à Reims

SION-SUR-L'OCÉAN – 85 Vendée – 316 E7 – rattaché à St-Gilles-Croix-de-Vie

---

SIORAC-EN-PÉRIGORD – 24 Dordogne – 329 G7 – 982 h. – alt. 77 m   4 C3
– ⊠ 24170 ▮ Périgord Quercy

▶ Paris 548 – Sarlat-la-Canéda 29 – Bergerac 45 – Brive-la-Gaillarde 73
🛈 Syndicat d'initiative, place de Siorac ℰ 05 53 31 63 51
🖽 de Lolivarie, S : 5km par D 51, ℰ 05 53 30 22 69

Relais du Périgord Noir

pl. de la Poste – ℗ 05 53 31 60 02 – www.relais-perigord-noir.fr
– Fax 05 53 31 61 05 – Ouvert 15 avril-30 sept.
43 ch – †78 € ††78 €, ⊊ 10 € – ½ P 68/78 €
Rest – (dîner seult) (résidents seult) Carte 43/56 €
♦ Maison de 1870 totalement rénovée (bien conçue pour les handicapés). Chambres fonctionnelles. Deux ambiances dans les salons : objets préhistoriques ou billard (snooker). Pour déguster une cuisine de tradition, optez pour la salle ornée de fresques ou la véranda.

SISTERON – 04 Alpes-de-Haute-Provence – 334 D7 – 7 251 h.   40 B2
– alt. 490 m – ⌧ 04200 ▮ Alpes du Sud

▷ Paris 704 – Barcelonnette 100 – Digne-les-Bains 40 – Gap 52
🛈 Office de tourisme, 1, place de la République ℗ 04 92 61 12 03,
Fax 04 92 61 19 57
◉ Vieux Sisteron★ - Site★★ - Citadelle★ : ≤★ - Cathédrale Notre-Dame-des-Pommiers★.

Grand Hôtel du Cours

pl. de l'Église – ℗ 04 92 61 04 51 – www.hotel-lecours.com – Fax 04 92 61 41 73
– Ouvert 1er mars-5 nov.
45 ch – †65/75 € ††75/90 €, ⊊ 10 € – 5 suites – ½ P 62/72 €
Rest – (ouvert 1er mars-10 déc.) (15 €) Menu 25/32 € – Carte 31/48 €
♦ Tenu par la même famille depuis 1932, cet hôtel se trouve en plein centre historique, tout près des tours d'enceinte du 14e s. Chambres refaites, plus spacieuses et calmes sur l'arrière. Véranda et terrasse ombragée côté place. Spécialités d'agneau de Sisteron.

Les Chênes

300 rte de Gap, 2 km au Nord-Ouest par D 4085 – ℗ 04 92 61 13 67
– Fax 04 92 61 16 92 – Fermé 24 déc.-31 janv., sam. sauf d'avril à sept. et dim.
sauf de juin à sept.
23 ch – †56 € ††56/74 €, ⊊ 8,50 € – ½ P 54/62 €
Rest – (fermé sam. sauf juil.-août et dim.) (16 €) Menu 19/25 € – Carte 32/46 €
♦ Adresse pratique pour une étape non loin de la Durance. Les chambres, petites et fonctionnelles, sont insonorisées. Sur l'arrière, piscine et jardin planté de vieux chênes. Recettes traditionnelles à déguster dans un cadre sobre ou sur la terrasse ombragée.

SIX-FOURS-LES-PLAGES – 83 Var – 340 K7 – 34 325 h. – alt. 20 m   40 B3
– ⌧ 83140 ▮ Côte d'Azur

▷ Paris 830 – Aix-en-Provence 81 – La Ciotat 33 – Marseille 61
🛈 Office de tourisme, promenade Charles-de-Gaulle ℗ 04 94 07 02 21,
Fax 04 94 25 13 36
◉ Fort de Six-Fours ✳★ N : 2 km - Presqu'île de St-Mandrier★ : ✳★★ E :
5 km - ✳★★ du cimetière de St Mandrier-sur-Mer E : 4 km.
◎ Chapelle N.-D.-du-Mai ✳★★ S : 6 km.

au Brusc 4 km au Sud – ⌧ 83140 Six Fours les Plages

Le St-Pierre - Chez Marcel

47 r. de la Citadelle – ℗ 04 94 34 02 52 – www.lesaintpierre.fr
– Fax 04 94 34 18 01 – Fermé janv., dim. soir et mardi soir de sept. à juin et lundi
Rest – Menu 19 € (sem.)/34 € – Carte 29/49 €
♦ Située près du port, ancienne maison de pêcheur proposant un choix de préparations de poissons imprégnées de saveurs régionales. À déguster dans un espace très lumineux.

SIZUN – 29 Finistère – 308 G4 – 2 129 h. – alt. 112 m – ⌧ 29450   9 B2
▮ Bretagne

▷ Paris 572 – Brest 37 – Châteaulin 36 – Landerneau 16
🛈 Office de tourisme, 3, rue de l'Argoat ℗ 02 98 68 88 40
◉ Enclos paroissial★ - Bannières★ dans l'église de Locmélar N : 5 km.

🏠 Les Voyageurs   ⅗ ⅗ ch, 🍴 ⅗ 🅿 VISA ◉

2 r. Argoat – ✆ 02 98 68 80 35 – www.hotelvoyageurs-sizun.com
– Fax 02 98 24 11 49 – Fermé 10 sept.-3 oct., vend. soir, dim. soir et sam. d'oct.
à juin
18 ch – †52 € ††55 €, ⌑ 8 € – ½ P 52 €   **Rest** – Menu 14/26 €
♦ Hôtel familial voisin de l'enclos paroissial du village. Les chambres, simples et bien tenues, bénéficient de plus d'ampleur dans le bâtiment principal. Menus traditionnels à prix sages servis près de la cheminée, dans une salle à manger au décor classique.

SOCHAUX – 25 Doubs – 321 L1 – 4 328 h. – alt. 310 m – ⊠ 25600   17 C1
▌ Franche-Comté Jura

▶ Paris 478 – Audincourt 5 – Belfort 18 – Besançon 77

◎ Musée de l'Aventure Peugeot ★★ AX.

Voir plan de Montbéliard agglomération.

🏨 Arianis   ⅗ ⅗ ⅗ AK rest, 🍴 ⅗ 🅿 VISA ◉ AE ①

11 av. du Gén. Leclerc – ✆ 03 81 32 17 17 – www.hotelrestaurantarianis.com
– Fax 03 81 32 00 90   Xu
65 ch – †72 € ††77 €, ⌑ 9 € – ½ P 81 €
Rest – *(fermé dim. soir et sam.)* (17 €) Menu 29/42 € – Carte 36/63 €
Rest *Brasserie de l'Arianis* – *(fermé dim. soir et sam.)* Menu 17/42 €
– Carte 37/52 €
♦ À côté du musée Peugeot, hôtel des années 1990 proposant de grandes chambres sobres et fonctionnelles. Petit-déjeuner sous forme de buffet. Restaurant dans les tons vert et saumon, cuisine traditionnelle. On sert une formule brasserie dans la véranda.

à Étupes 3 km par ③ et D 463 – 3 284 h. – alt. 337 m – ⊠ 25460

✕✕ Au Fil des Saisons   AK VISA ◉ AE

3 r. de la Libération – ✆ 03 81 94 17 12 – www.aufildessaisons.eu
– Fax 03 81 32 36 04 – Fermé 31 juil.-24 août, 25 déc.-3 janv., sam. midi,
dim., lundi et fériés
Rest – Menu 26/35 € – Carte 31/60 €
♦ Enseigne-vérité : c'est une cuisine évoluant "au fil des saisons" et un bon choix de poissons qui composent la carte de ce restaurant familial. Salle agréablement rajeunie.

SOCOA – 64 Pyrénées-Atlantiques – 342 B2 – rattaché à St-Jean-de-Luz

---

SOCX – 59 Nord – 302 C2 – 972 h. – alt. 24 m – ⊠ 59380   30 B1
▶ Paris 287 – Lille 64 – Calais 52 – Dunkerque 20

✕✕ Au Steger   AK ⇄ 🅿 VISA ◉

27 rte de St-Omer – ✆ 03 28 68 20 49 – www.restaurant-lesteger.com
– Fax 03 28 68 27 83 – Fermé 1er-20 août et le soir sauf sam.
Rest – (12 €) Menu 16 € (déj. en sem.), 24/45 € – Carte 23/54 € le midi
♦ L'épicerie familiale convertie en restaurant a été rénovée en 2009 : cadre moderne et mobilier contemporain. Cuisine au goût du jour appréciée dans la région.

SOISSONS ◉ – 02 Aisne – 306 B6 – 28 442 h. – alt. 47 m – ⊠ 02200   37 C2
▌ Nord Pas-de-Calais Picardie

▶ Paris 102 – Compiègne 39 – Laon 37 – Reims 59

🛈 Office de tourisme, 16, place Fernand Marquigny ✆ 03 23 53 17 37,
Fax 03 23 59 67 72

◎ Anc. Abbaye de St-Jean-des-Vignes ★★ - Cathédrale St-Gervais-et-St-
Protais ★★.

✕✕ L'Assiette Gourmande   VISA ◉ AE

16 av. de Coucy – ✆ 03 23 93 47 78 – Fax 03 23 93 47 78 – Fermé 1 sem. à
Pâques, 3 sem. en août, sam. midi, dim. soir et lundi   BYe
Rest – (14 €) Menu 30/51 € – Carte 42/61 €
♦ Cette adresse a conquis sans mal le cœur des Soissonais grâce à son décor élégant, son ambiance feutrée et douce, et sa goûteuse cuisine de tradition revisitée.

SOISSONS

Chez Raphaël

7 r. St-Quentin – ✆ 03 23 93 51 79 – Fax 03 23 93 26 50 – Fermé 18-31 août, 1er-8 janv., 23-28 fév., sam. midi, dim. soir et lundi

BYa

Rest – (18 € bc) Menu 20 € (déj. en sem.), 25/42 € – Carte 38/62 €

♦ Sympathique établissement situé dans une rue commerçante. Salle à manger simple et chaleureuse, aménagée dans l'esprit bistrot, où l'on propose des petits plats du terroir.

à **Belleu** 3 km au Sud par D 1 et D 690 – 3 969 h. – alt. 55 m – ⊠ 02200

XX **Le Grenadin**　　　　　　　　　　　　　　　　⋔ VISA ⚫️
19 rte de Fère-en-Tardenois – ℰ 03 23 73 20 57 – *Fax 03 23 73 11 61* – *Fermé*
15-31 janv., dim. soir, lundi et fériés　　　　　　　　　　　　　　BZf
Rest – (14 €) Menu 23/45 € – Carte 17/46 €
♦ Un angelot veille sur la façade de cette sympathique maison servant une cuisine tradition-nelle soignée. Salles champêtre et rustique ; l'été, tables dressées dans le jardin.

SOLAIZE – 69 Rhône – **327** I6 – 2 527 h. – alt. 232 m – ⊠ 69360　　**44** B2

▶ Paris 472 – Lyon 17 – Rive-de-Gier 25 – La Tour-du-Pin 58

🏠 **Soleil et Jardin**　　　　　　　⋔ 🛉 ⚐ 🆑 ⚑ ⚒ 𝗣 VISA ⚫️ AE
44 r. de la République – ℰ 04 78 02 44 90 – *www.soleiletjardin.fr*
– Fax 04 78 02 09 26
22 ch – 🛉110/190 € 🛉🛉120/190 €, ⊑ 10 €
Rest – *(fermé 23 déc.-3 janv., sam. et dim.)* Menu 26/34 € – Carte 29/45 €
♦ Sur la place centrale du village, cette maison abrite des chambres rénovées en 2008, spa-cieuses et colorées. Trois d'entre elles possèdent une terrasse. Salon-bar lumineux. Dans la salle à manger, cuisine traditionnelle bien composée. Terrasse fleurie.

SOLENZARA – 2A Corse-du-Sud – **345** F8 – **voir à Corse**

SOLESMES – 72 Sarthe – **310** H7 – **rattaché à Sablé-sur-Sarthe**

SOLIGNAC – 87 Haute-Vienne – **325** E6 – 1 454 h. – alt. 251 m　　**24** B2
– ⊠ 87110

▶ Paris 400 – Bourganeuf 55 – Limoges 10 – Nontron 70
🛈 Office de tourisme, place Georges Dubreuil ℰ 05 55 00 42 31, Fax 05 55 00 42 31

🏠 **St-Éloi**　　　　　　　　　　　　🛜 & ch. ⚑ ⚒ VISA ⚫️
66 av. St-Éloi – ℰ 05 55 00 44 52 – *www.lesainteloi.fr* – *Fax 05 55 00 55 56*
– Fermé 31 mai-7 juin, 20 sept.-4 oct., 1ᵉʳ-18 janv., sam. midi, dim. soir et lundi
15 ch – 🛉60/90 € 🛉🛉60/90 €, ⊑ 11 € – ½ P 70/85 €
Rest – (14 €) Menu 17 € (déj. en sem.), 25/45 € – Carte 36/58 €
♦ La façade en pierre et colombages dissimule un intérieur de caractère, avec des chambres actuelles (mobilier de divers styles, tons ensoleillés). Ambiance familiale. Cuisine personnali-sée servie dans une lumineuse salle à manger. Petit patio-terrasse.

SOMMIÈRES – 30 Gard – **339** J6 – 4 505 h. – alt. 34 m – ⊠ 30250　　**23** C2

▶ Paris 734 – Montpellier 35 – Nîmes 29
🛈 Office de tourisme, 5, quai Frédéric Gaussorgues ℰ 04 66 80 99 30, Fax 04 66 80 06 95

🏠 **Auberge du Pont Romain**　　　　⚐ 🛜 ⚑ ⚒ & rest, 𝗣 VISA ⚫️ AE ⓘ
2 r. Emile Jamais – ℰ 04 66 80 00 58 – *www.aubergedupontromain.com*
– Fax 04 66 80 31 52 – *Ouvert 15 mars-31 oct. et 1ᵉʳ déc.-15 janv.*
19 ch – 🛉76 € 🛉🛉125 €, ⊑ 14 € – ½ P 85/110 €
Rest – (18 €) Menu 34/50 € – Carte 45/80 €
♦ Cette belle demeure en pierre du Gard abritait au 19ᵉ s. une fabrique de draps de laine. Grandes chambres rustico-bourgeoises, plus calmes côté jardin. Au restaurant, style campa-gnard chic et tonnelle romantique ; cuisine actuelle.

🏠 **De l'Estelou** *sans rest* 🌿　　　　　　⚐ ⚑ & ⚒ 𝗣 VISA ⚫️ AE
297 av. de la Gare, à 200m par rte d'Aubais – ℰ 04 66 77 71 08
– hoteldelestelou.free.fr – *Fax 04 66 77 08 88* – *Fermé 20 déc.-10 janv.*
24 ch – 🛉48/80 € 🛉🛉56/80 €, ⊑ 8 €
♦ Cet hôtel installé dans l'ex-gare de Sommières (1870) a du cachet : chambres actuelles de bon goût, jolie véranda pour les petits-déjeuners et jardin-piscine au calme.

à Boisseron 3 Km au Sud par D 610 – 1 319 h. – alt. 32 m – ⊠ 34160

XX **La Rose Blanche** 🛱 AC VISA ⚫ AE
51 r. Maurice Chauvet – & 04 67 86 60 76 – www.larose-blanche.fr
– Fax 04 67 86 60 76 – Fermé 12-22 oct., 5-22 janv., dim. soir d'oct. à mars, mardi soir et lundi
Rest – *(18 €)* Menu 27/55 € – Carte 50/58 €
♦ Dans l'ancienne salle de garde du château, meubles, tissus et tableaux contemporains se marient à merveille aux voûtes et murs de pierres apparentes du 12e s. Cuisine actuelle.

SONDERNACH – 68 Haut-Rhin – 315 G9 – 647 h. – alt. 540 m   1 A2
– ⊠ 68380

▶ Paris 466 – Colmar 27 – Gérardmer 41 – Guebwiller 39

X **A l'Orée du Bois** avec ch ⚶ ⟨ 🛱 ⁽ᵗ⁾ P VISA ⚫
4 rte du Schnepfenried – & 03 89 77 70 21 – www.oredubois.com
– Fax 03 89 77 77 58 – Fermé 21-30 juin et 4 janv.-4 fév.
7 ch � – †51 € ††64 € – ½ P 47 €
Rest – *(fermé merc. midi et mardi)* *(8 €)* Menu 11/38 € – Carte 21/40 €
♦ Chaleureuse salle à manger rustique (boiseries, poêle en faïence) ou grande terrasse tournée vers la vallée pour apprécier une carte régionale avec tartes flambées et fondues. Chambres façon chalet : l'Alsace dans toute sa générosité.

SONNAZ – 73 Savoie – 333 I4 – **rattaché à Chambéry**

SOPHIA-ANTIPOLIS – 06 Alpes-Maritimes – 341 D6 – **rattaché à Valbonne**

SORBIERS – 42 Loire – 327 F7 – **rattaché à St-Étienne**

SORÈZE – 81 Tarn – 338 E10 – 2 542 h. – alt. 272 m – ⊠ 81540   29 C2
◗ Midi-Toulousain

▶ Paris 732 – Toulouse 59 – Carcassonne 44 – Castelnaudary 26
🚹 Office de tourisme, rue Saint-Martin & 05 63 74 16 28, Fax 05 63 50 86 61

🏠 **Hôtel Abbaye Ecole Le Logis des Pères** ⚶ ⭘ 🛱 🖃 & ch, ⁽ᵗ⁾
18 r. Lacordaire – & 05 63 74 44 80   ⚶ P VISA ⚫ AE
– www.hotelfp-soreze.com – Fax 05 63 74 44 89
52 ch – †98/153 € ††98/153 €, � 12 € – ½ P 82/110 €
Rest – *(fermé dim. soir de nov. à mars)* Menu 21 € (déj. en sem.), 26/42 €
– Carte 29/46 €
♦ Hôtel installé dans une aile de la célèbre abbaye-école des bénédictins (17e s.), fondée en 754 par Pépin le Bref. Sobres chambres joliment décorées et parc arboré de 6 ha. Repas traditionnels servis dans l'ancien réfectoire ou à l'ombre des platanes.

Le Pavillon des Hôtes 🏠 ⚶ ⚶ VISA ⚫ AE
– & 05 63 74 44 80 – www.hotelfp-soreze.com – Fax 05 63 74 44 89
20 ch – †55/65 € ††55/65 €, � 12 € – ½ P 61/66 €
♦ Chambres simples, réparties autour d'une cour intérieure.

SORGES – 24 Dordogne – 329 G4 – 1 166 h. – alt. 178 m – ⊠ 24420   4 C1
◗ Périgord Quercy

▶ Paris 463 – Brantôme 24 – Limoges 77 – Nontron 36
🚹 Syndicat d'initiative, écomusée de la Truffe & 05 53 46 71 43,
Fax 05 53 46 71 43

🏠 **Auberge de la Truffe** 🛱 🛱 ⅃ AC rest, ⁽ᵗ⁾ ⚶ P VISA ⚫ AE ①
sur N 21 – & 05 53 05 02 05 – www.auberge-de-la-truffe.com
– Fax 05 53 05 39 27
16 ch – †52/59 € ††56/75 €, � 11 € – 6 suites – ½ P 62/89 €
Rest – *(fermé dim. soir et merc. midi de 12 nov. à 30 mars)* *(11 € bc)* Menu 18 € (sem.), 24/100 € – Carte 29/90 €
♦ À proximité de la Maison de la Truffe, accueillante adresse villageoise disposant de chambres assez grandes et bien meublées, parfois en rez-de-jardin. Pimpante salle à manger et cuisine du terroir où "diamant noir" et foie gras tiennent le haut de l'affiche.

SORGUES – 84 Vaucluse – **332** C9 – **18 411 h.** – alt. 24 m – ⌧ 84700   **42** E1

▶ Paris 672 – Avignon 12 – Carpentras 20 – Cavaillon 34

XXX **Alonso**   ⌂ ⅊ ⇔ 𝑽𝑰𝑺𝑨 ⓿

*12 r. 19-Mars-1962, (pl. de l'Hôtel-de-Ville) – ⌀ 04 90 39 11 02
– Fax 04 90 83 48 42 – Fermé 21 déc.-5 janv., dim. et lundi*
Rest – *(nombre de couverts limité, prévenir)* Menu 35 € (déj.)/48 €
♦ Cette charmante maison de maître cache un intérieur bourgeois et une belle terrasse sous les pins. Carte courte très attentive aux produits de saison et renouvelée chaque semaine.

SOUDAN – 79 Deux-Sèvres – **322** F6 – **rattaché à St-Maixent-l'École**

SOUILLAC – 46 Lot – **337** E2 – **3 970 h.** – alt. 104 m – ⌧ 46200   **28** B1

▌ Périgord Quercy

▶ Paris 516 – Brive-la-Gaillarde 39 – Cahors 68 – Figeac 74

🛈 Office de tourisme, boulevard Louis-Jean Malvy ⌀ 05 65 37 81 56, Fax 05 65 27 11 45

🔟 Souillac Country Club à Lachapelle-Auzac, N : 8 km par D 15, ⌀ 05 65 27 56 00

◎ Anc. église abbatiale : bas-relief "Isaïe" ★★, revers du portail★ - Musée national de l'Automate et de la Robotique★.

🏨 **Grand Hôtel**   ⌂ ▯ ⸜⸝ 𝄞 𝑽𝑰𝑺𝑨 ⓿ ①
⚭ *1 allée Verninac – ⌀ 05 65 32 78 30 – www.grandhotel-souillac.com
– Fax 05 65 32 66 34 – Ouvert 23 mars-31 oct.*   **Z**e
29 ch – ✝50/60 € ✝✝50/60 €, ⌓ 8 € – ½ P 58 €
Rest – (11 €) Menu 13 € (déj. en sem.), 16/30 € – Carte 19/47 €
♦ Cet édifice centenaire abrite des chambres contemporaines personnalisées. Un agréable patio, vrai puits de lumière, éclaire la salle des petits-déjeuners. Carte traditionnelle servie dans un décor actuel. L'été : véranda (toit ouvrant) ou terrasse sous les platanes.

SOUILLAC

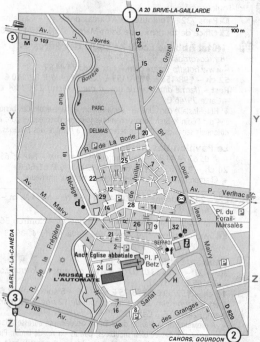

Le Pavillon St-Martin sans rest
5 pl. St-Martin – ✆ 05 65 32 63 45 – www.hotel-saint-martin-souillac.com
– Fax 05 65 32 75 37
11 ch – ♦49/75 € ♦♦75/98 €, ☲ 8,50 €
◆ Face au beffroi, une maison de caractère (16ᵉ s.) possédant des chambres personnalisées alliant éléments classiques et contemporains. Agréable salle des petits-déjeuners voûtée.

Zf

Le Quercy sans rest
1 r. Recège – ✆ 05 65 37 83 56 – www.le-quercy.fr – Fax 05 65 37 07 22
– Ouvert 20 mars-1ᵉʳ déc.
25 ch – ♦50/55 € ♦♦65/69 €, ☲ 8 €
◆ Accueil familial dans cet hôtel confortable, à l'écart du centre. Les chambres, bien tenues, sont pour la plupart dotées d'un balcon tourné vers la terrasse fleurie ou la piscine.

Yd

Belle Vue sans rest
68 av. J. Jaurès, (à la gare) – ✆ 05 65 32 78 23
– www.hotelbellevue-souillac.com – Fax 05 65 37 03 89
26 ch – ♦50 € ♦♦50 €, ☲ 6,50 €
◆ Grande bâtisse des années 1960 proche de la gare. Chambres simples mais propres. Équipements sportifs côté jardin (piscine, tennis) et petite boutique de produits régionaux.

Le Redouillé
28 av. de Toulouse, par ② – ✆ 05 65 37 87 25 – www.leredouille.c.la
– Fermé 8 mars-1ᵉʳ avril, 4-11 janv., dim. soir et lundi
Rest – Menu 19/48 € – Carte 38/70 €
◆ Deux salles de restaurant séparées par un salon ; l'une d'elles, très ensoleillée, affiche les couleurs de la Provence. Cuisine traditionnelle parfois revisitée. Terrasse d'été.

SOULAC-SUR-MER – 33 Gironde – 335 E1 – 2 690 h. – alt. 7 m   3 B1
– Casino : de la Plage – ✉ 33780 ▮ Aquitaine

▶ Paris 515 – Bordeaux 99 – Lesparre-Médoc 31 – Royan 12
ℹ Office de tourisme, 68, rue de la plage ✆ 05 56 09 86 61, Fax 05 56 73 63 76

à l'Amélie-sur-Mer 5 km au Sud-Ouest par D 101ᴱ – ✉ 33780 Soulac sur Mer

Des Pins
92 bd de l'Amélie – ✆ 05 56 73 27 27
– www.hotel-des-pins.com – Fax 05 56 73 60 39
– Ouvert 2 avril-4 nov.
31 ch – ♦55/95 € ♦♦60/115 €, ☲ 10 € – ½ P 48/85 €
Rest – (fermé lundi midi et vend. midi sauf du 15 juin au 15 sept.) (17 €)
Menu 27/39 € – Carte 30/68 €
◆ À 100 m de la plage – sable fin à perte de vue – et en lisière des pins, bâtiment de la fin du 19ᵉ s. doté de deux annexes ; chambres classiques ou plus modernes. Une cuisine régionale est servie dans la salle à manger, rustique et lumineuse.

LA SOURCE – 45 Loiret – 318 I5 – rattaché à Orléans

SOURDEVAL – 50 Manche – 303 G7 – 2 878 h. – alt. 217 m – ✉ 50150   32 B2

▶ Paris 310 – Avranches 36 – Domfront 30 – Flers 31
ℹ Office de tourisme, jardin de l'Europe ✆ 02 33 79 35 61, Fax 02 33 79 35 59
◎ Vallée de la Sée★ O, ▮ Normandie Cotentin

Le Temps de Vivre
12 r. St-Martin – ✆ 02 33 59 60 41 – Fax 02 33 59 88 34
– Fermé 27 sept.-13 oct., 4-18 fév. dim. soir et lundi sauf août
10 ch – ♦36 € ♦♦41/51 €, ☲ 6 € – ½ P 38/42 €
Rest – (10 €) Menu 12 € (sem.)/25 € – Carte 16/34 €
◆ Sur la place du village, à côté du cinéma, façade en granit embellie de jardinières fleuries. Les chambres sont petites, mais bien tenues. Plaisante salle de restaurant invitant à prendre le "temps de vivre" ; cuisine simple à prix sages.

SOURZAC – 24 Dordogne – 329 D5 – rattaché à Mussidan

SOUSCEYRAC – 46 Lot – 337 I2 – 920 h. – alt. 559 m – ⊠ 46190 29 C1

▶ Paris 548 – Aurillac 47 – Cahors 96 – Figeac 41

🛈 Office de tourisme, place de l'Église ℰ 05 65 33 02 20,
Fax 05 65 11 66 19

XX **Au Déjeuner de Sousceyrac** (Patrick Lagnès) avec ch

Le Bourg – ℰ 05 65 33 00 56 – Fax 05 65 33 04 37 _VISA_ **©©** AE ⓪
– Fermé janv., fév., dim. soir et lundi
10 ch – †50 € ††50 €, ⊆ 8 € – ½ P 65 €
Rest – (nombre de couverts limité, prévenir) Menu 18/50 € – Carte 60/70 €
Spéc. Millefeuille de sole au foie gras de canard et tomate confite. Filet
d'agneau du Quercy au poivron rouge et huile de noix. Riz au lait à la truffe
du Quercy. **Vins** Cahors, Vin de pays du Lot.
♦ Cuisine du terroir à l'honneur dans cette avenante maison située sur la place du village.
L'accueil souriant et le plaisant cadre rustique et coloré ajoutent au charme du lieu. Cham-
bres agréables.

SOUS-LA-TOUR – 22 Côtes-d'Armor – 309 F3 – rattaché à St-Brieuc

---

SOUSTONS – 40 Landes – 335 D12 – 6 794 h. – alt. 9 m – ⊠ 40140 3 B2
▌ Aquitaine

▶ Paris 736 – Anglet 51 – Bayonne 47 – Bordeaux 150

🛈 Office de tourisme, grange de Labouyrie ℰ 05 58 41 52 62,
Fax 05 58 41 30 63

⌂ **Domaine de Bellegarde** ⬥ _VISA_ **©©**
23 av. Ch. de Gaulle, dir. N 10 – ℰ 05 58 41 24 06 – www.qsun.co.uk
– Fax 05 58 41 33 60
5 ch – †90/220 € ††110/290 €, ⊆ 15 €
Table d'hôte – Menu 45 € bc (déj. en sem.)/50 € bc
♦ Dressée dans un parc, belle maison mi-landaise, mi-basque abritant des chambres et suites toutes meublées dans le même style (sol en coco, lit en fer forgé...). L'une d'elles possède une terrasse, une autre un sauna privatif. Cuisine familiale au gré du marché.

LA SOUTERRAINE – 23 Creuse – 325 F3 – 5 273 h. – alt. 390 m 24 B1
– ⊠ 23300 ▌ Limousin Berry

▶ Paris 344 – Bellac 41 – Châteauroux 79 – Guéret 35

🛈 Office de tourisme, place de la Gare ℰ 05 55 63 10 06

◉ Église★.

à l'Est : 7 km par N 145, D 74 et rte secondaire – ⊠ 23300 La Souterraine

🏨 **Château de la Cazine** ⬥ _VISA_ **©©** AE
Domaine de la Fôt – ℰ 05 55 89 60 00
– www.chateaulacazine.com – Fax 05 55 63 71 85
– Fermé 23 déc.-14 janv.
20 ch – †60/78 € ††60/78 €, ⊆ 13 € – 2 suites
Rest – Menu 28 € (déj. en sem.), 42/65 € – Carte 75/90 €
♦ Charmant château du 19e s., en briques rouges et calcaire crème, dans un vaste parc, promesse d'un séjour au grand calme. Le restaurant abrite trois salles bourgeoises et une terrasse
face à la nature pour une cuisine actuelle.

à St-Étienne-de-Fursac 11 km au Sud par rte de Fursac (D 1) – 842 h.
– alt. 322 m – ⊠ 23290

XX **Nougier** avec ch _VISA_ **©©** AE
2 pl. de l'Église – ℰ 05 55 63 60 56
– www.hotelnougier.fr – Fax 05 55 63 65 47
– Ouvert de mi-mars à fin nov. et fermé lundi sauf le soir en juil.-août, dim. soir
de sept. à juin et mardi midi
12 ch – †52 € ††63/75 €, ⊆ 10 € – ½ P 63/70 €
Rest – (13 €) Menu 23/55 € – Carte 40/60 €
♦ Depuis trois générations, on cultive l'art du bon accueil et du bien manger dans cette
auberge de village. Cuisine gourmande et soignée ; chambres plaisantes, piscine.

SOUVIGNY – 03 Allier – **326** G3 – 1 958 h. – alt. 242 m – ⊠ 03210　　5 B1

Auvergne
> ▶ Paris 301 – Bourbon-l'Archambault 16 – Montluçon 70 – Moulins 13
> ◎ Prieuré St-Pierre★★ - Calendrier★★ dans l'église-musée St-Marc.

※※　**Auberge des Tilleuls**　　　　　　　　　　🛋 _VISA_ ◉◎
　　pl. St-Éloi – ☏ *04 70 43 60 70*
🍽　*– www.auberge-tilleuls.com – Fax 04 70 43 60 70*
– Fermé 23 août-6 sept., 27 déc.-5 janv., 2 sem. en fév., mardi soir de sept.
à mars, dim. soir et lundi
Rest – (12 €) Menu 16,50 € (déj. en sem.), 23/44 € – Carte 33/58 €
◆ Cette pimpante auberge vous accueille dans deux salles champêtres soignées, dont une
agrémentée de colombages en trompe-l'œil. Étroite terrasse ombragée à l'arrière.

SOUVIGNY-EN-SOLOGNE – 41 Loir-et-Cher – **318** J6 – 468 h.　　12 C2
– alt. 210 m – ⊠ 41600
> ▶ Paris 171 – Gien 43 – Lamotte-Beuvron 15 – Montargis 63

※※　**Auberge de la Grange aux Oies**　　　　　🛋 _VISA_ ◉◎ ⓘ
　　2 r. du Gâtinais – ☏ *02 54 88 40 08* – *Fax 02 54 88 40 08*
– Fermé dim. soir, mardi soir et merc. sauf de juin à août et fériés
Rest – (16 €) Menu 25 € (sem.)/36 € – Carte 34/57 €
◆ Agréable atmosphère campagnarde avec poutres et tomettes dans cette jolie maison à
colombages (17ᵉ et 18ᵉ s.). Plats traditionnels d'esprit solognot et gibier en saison.

SOYAUX – 16 Charente – **324** L6 – rattaché à Angoulême

SOYONS – 07 Ardèche – **331** L4 – rattaché à St-Péray

STEENVOORDE – 59 Nord – **302** D3 – 3 964 h. – alt. 50 m – ⊠ 59114　　30 B1
> ▶ Paris 259 – Calais 73 – Dunkerque 33 – Hazebrouck 12
> 🛈 Syndicat d'initiative, place Jean-Marie Ryckewaert ☏ 03 28 42 97 98

※　**Auprès de mon Arbre**　　　　　　　🚗 🛋 P _VISA_ ◉◎ AE
　　932 rte d'Eecke – ☏ *03 28 49 79 49* – *www.aupresdemonarbre.fr*
🙂　*– Fax 03 28 49 72 29 – Fermé le soir sauf vend. et sam.*
Rest – (16 €) Menu 28/44 € – Carte 32/58 €
◆ Cette jolie ferme recèle une cheminée et un poêle Godin dont on ne voudra plus s'éloigner... Sauf peut-être en été, pour s'attabler dans le délicieux jardin. Cuisine authentique et
soignée.

STELLA-PLAGE – 62 Pas-de-Calais – **301** C5 – rattaché au Touquet

STIRING-WENDEL – 57 Moselle – **307** M3 – rattaché à Forbach

Le vieux Strasbourg

STRASBOURG

Département : P 67 Bas-Rhin
Carte Michelin LOCAL : 315 K5
▶ Paris 489 – Basel 141 – Karlsruhe 81 – Stuttgart 149
Population : 272 975 h.
Pop. agglomération : 427 245 h.

Altitude : 143 m
Code Postal : ⊠ 67000
▌Alsace Lorraine
Carte régionale : 1 B1

RENSEIGNEMENTS PRATIQUES

OFFICES DE TOURISME

🄱 17, place de la Cathédrale ℰ 03 88 52 28 28, Fax 03 88 52 28 29
🄱 Place de la Gare ℰ 03 88 32 51 49

TRANSPORTS

🚃 Auto-train ℰ 3635 (dîtes auto-train - 0,34 €/mn)

AÉROPORT

✈ Strasbourg-International ℰ 03 88 64 67 67 AT

QUELQUES GOLFS

🄶 de La Wantzenau à La Wantzenau C.D. 302, ℰ 03 88 96 37 73
🄶 Le Kempferhof Golf Club à Plobsheim 351 rue du Moulin, S : 15 km par D 468, ℰ 03 88 98 72 72

👁 A VOIR

QUARTIER DE LA CATHÉDRALE

Cathédrale Notre-Dame ★★★ : horloge astronomique★ ≤ ★de la flèche - Place de la cathédrale ★ : maison Kammerzell ★ KZ **Musée★★ du palais Rohan**★- Musée alsacien★★ KZ M¹
Musée de l'Oeuvre Notre-Dame★★ KZ M⁶ - Musée historique★ KZ M⁵

LA PETITE FRANCE

Rue du Bains-aux-Plantes★★ HJZ - Ponts couverts★ HZ - Barrage Vauban❊★★ HZ - Mausolée du maréchal de Saxe★★ dans l'église St-Thomas JZ - Musée d'Art moderne et contemporain★★ HZ M³ - Promenade en vedette sur l'Ill

AUTOUR DES PLACES KLÉBER ET BROGLIE

Place Kléber★ , la plus célèbre place de Strasbourg, bordée au Nord par l'Aubette JY Place Broglie : hôtel de ville★KY H

L'EUROPE À STRASBOURG

Palais de l'Europe★ FGU - Nouveau palais des Droits de l'Hommes GU - Orangerie★ FGU

STRASBOURG AGGLOMÉRATION

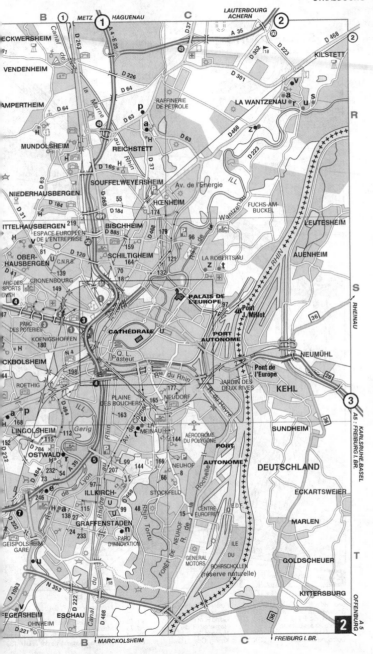

STRASBOURG

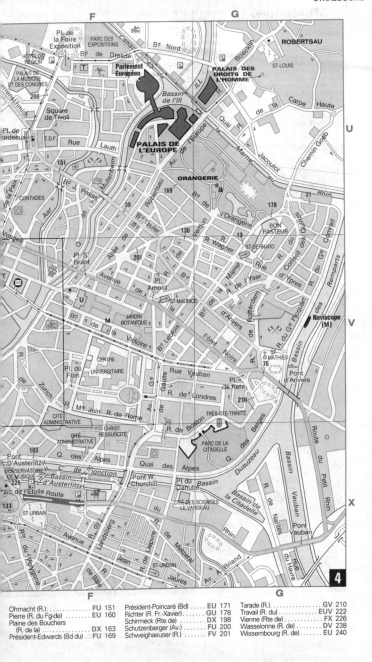

STRASBOURG

Régent Petite France ⚜ ⟨⟩ 🚭 𝟃 🅵 🖥 ⅙ 🅺 ⅍ rest, ⌖ 🆂 ⟨⟩

5 r. des Moulins – ℰ 03 88 76 43 43

– www.regent-hotels.com – Fax 03 88 76 43 76 · 𝖵𝖨𝖲𝖠 ⊛ 𝖠𝖤

66 ch – ⬩265 €, ⬩⬩265 €, � 22 € – 6 suites · **5JZf**

Rest – (fermé dim. et lundi) (dîner seult) Carte 42/50 €

♦ Aménagé dans les ex-glacières des bords de l'Ill, cet hôtel contemporain offre de beaux volumes, confortables et lumineux. Matériel high-tech, terrasse, sauna. Carte actuelle adaptée à l'esprit tendance du restaurant, bar lounge et vue sur la rivière.

Sofitel 🚭 🅵 🖥 🅺 ⌖ 🆂 ⟨⟩ 𝖵𝖨𝖲𝖠 ⊛ 𝖠𝖤 ⓪

pl. St-Pierre-le-Jeune – ℰ 03 88 15 49 00 – www.sofitel-strasbourg.com

– Fax 03 88 15 49 99 · **5JYs**

153 ch – ⬩140/380 €, ⬩⬩140/380 €, � 23 € – 2 suites

Rest – (fermé sam. midi, dim. et fériés) Menu 31 € – Carte 42/80 €

♦ Deux types de chambres – classiques ou design sur le thème de l'Europe politique – vous attendent dans ce Sofitel aux équipements modernes, agrémenté d'un patio et d'un fitness. Air du temps et touches japonisantes caractérisent la table ; service brasserie de luxe.

Hilton 🅵 🖥 ⅙ ch, 🅺 ⌖ 🆂 🅿 ⟨⟩ 𝖵𝖨𝖲𝖠 ⊛ 𝖠𝖤 ⓪

av. Herrenschmidt – ℰ 03 88 37 10 10 – www.strasbourg.hilton.fr

– Fax 03 88 36 83 27 · **3EUe**

238 ch – ⬩99/360 €, ⬩⬩99/360 €, � 24 € – 5 suites

Rest La Table du Chef – ℰ 03 88 37 41 42 (fermé juil.-août, sam. et dim.) Menu 28 € (déj.)/34 € – Carte 33/58 €

Rest Le Jardin du Tivoli – ℰ 03 88 35 72 61 – Menu 31 € – Carte 30/48 €

♦ Ce building de verre et d'acier, bien entretenu, abrite des chambres spacieuses et standardisées. Hall avec boutiques, centre multimédia et bars. Cadre british à La Table du Chef (traditionnelle), qui devient bar à vins le soir. Buffets au Jardin du Tivoli.

Cour du Corbeau sans rest ⚜ 🖥 ⅙ 🅺 ⌖ 𝖵𝖨𝖲𝖠 ⊛ 𝖠𝖤 ⓪

6 r. des Couples – ℰ 03 90 00 26 26 – www.cour-corbeau.com

– Fax 03 90 00 26 36 · **6KZc**

49 ch – ⬩150/265 €, ⬩⬩150/395 €, � 22 € – 8 suites

♦ À deux pas du pont du Corbeau et de la cathédrale, bel hôtel regroupant plusieurs bâtisses du 16ᵉ s. Décoration actuelle et équipement haut de gamme. Accueil souriant.

Régent Contades sans rest 🖥 🅺 ⌖ 🆂 𝖵𝖨𝖲𝖠 ⊛ 𝖠𝖤 ⓪

8 av. de la Liberté – ℰ 03 88 15 05 05 – www.regent-hotels.com

– Fax 03 88 15 05 15 · **6LYf**

45 ch – ⬩195/325 €, ⬩⬩195/325 €, ⊂ 20 € – 2 suites

♦ Hôtel particulier du 19ᵉ s. empreint de raffinement et de classicisme feutré (boiseries, tableaux). Vastes chambres rénovées, salle des petits-déjeuners Belle Époque et sanarium.

Beaucour sans rest 🖥 ⅙ 🅺 ⌖ 🆂 𝖵𝖨𝖲𝖠 ⊛ 𝖠𝖤 ⓪

5 r. Bouchers – ℰ 03 88 76 72 00 – www.hotel-beaucour.com

– Fax 03 88 76 72 60 · **6KZk**

49 ch – ⬩75/110 €, ⬩⬩135/165 €, ⊂ 13 €

♦ Deux maisons alsaciennes du 18ᵉ s. réunies autour d'un patio fleuri. Les chambres les plus agréables disposent d'un cadre douillet avec boiseries, poutres et baignoires balnéo.

Maison Rouge sans rest 🖥 ⅙ 🅺 ⅍ ⌖ 🆂 𝖵𝖨𝖲𝖠 ⊛ 𝖠𝖤 ⓪

4 r. des Francs-Bourgeois – ℰ 03 88 32 08 60 – www.maison-rouge.com

– Fax 03 88 22 43 73 · **5JZg**

140 ch ⊂ – ⬩85/197 €, ⬩⬩85/217 € – 2 suites

♦ Derrière sa façade de pierres rouges, cet hôtel dévoile une atmosphère élégante et cosy. Chambres bien conçues et personnalisées, salons décorés avec soin à chaque niveau.

Monopole-Métropole sans rest 🅵 🖥 ⅙ 🅺 ⌖ 🆂 ⟨⟩ 𝖵𝖨𝖲𝖠 ⊛ 𝖠𝖤 ⓪

16 r. Kuhn – ℰ 03 88 14 39 14 – www.bw-monopole.com

– Fax 03 88 32 82 55 · **5HYp**

86 ch ⊂ – ⬩85/200 €, ⬩⬩85/200 €

♦ Proche de la gare, hôtel partagé en deux ailes : l'une, contemporaine et agrémentée d'œuvres d'art locales, l'autre ancienne et rustique. Pièces d'artisanat dans les salons.

Novotel Centre Halles   ⚑ 🚭 ⅃ ch, 🅰🅒 ☏ 🔌 🚾 🐵 🅰🅔 ①
4 quai Kléber – ℰ 03 88 21 50 50 – www.novotel.com – Fax 03 88 21 50 51
96 ch – †87/198 € ††87/198 €, ☲ 14 €   **5**J**Yk**
Rest – (12 €) Carte 30/50 €
◆ Dans le centre commercial des Halles. Chambres refaites optant pour un plaisant décor actuel et épuré. Fitness avec vue sur la cathédrale au 8ᵉ étage. Relooking du bar dans un style moderne, tout comme le restaurant ; carte simplifiée et pratique.

Chut - Au Bain aux Plantes   🍴 ⅃ ch, 🅰🅒 ch, ☏ 🚾 🐵 🅰🅔
4 r. Bain-aux-Plantes – ℰ 03 88 32 05 06 – Fax 03 88 32 05 50   **6**H**Zv**
8 ch – †95/160 € ††105/160 €, ☲ 12 € – 1 suite
Rest – *(fermé 4-13 avril, 29 août-8 sept., 19-24 déc., 2-11 janv., dim. et lundi)*
(15 €) Carte 24/44 €
◆ Matériaux et mobilier design ou chinés, décoration reposante, chambres spacieuses et ambiance zen font le charme de cet hôtel semblable à une maison d'hôtes. La cuisine, mâtinée d'épices, fuit la routine et change chaque jour. Terrasse intime dans la cour.

Diana-Dauphine sans rest   ⚑ 🅰🅒 ☏ 🚗 🚾 🐵 🅰🅔 ①
30 r. de la 1ᵉʳᵉ Armée – ℰ 03 88 36 26 61 – www.hotel-diana-dauphine.com
– Fax 03 88 35 50 07 – Fermé 22 déc.-2 janv.   **3**E**Xa**
45 ch – †90/150 € ††90/150 €, ☲ 11 €
◆ Au pied du tramway menant à la vieille ville, cet hôtel totalement refait a pris un tournant radical, s'affirmant désormais contemporain et visant à un confort modernisé.

Hannong sans rest   ⚑ 🅰🅒 ☏ 🔌 🚾 🐵 🅰🅔 ①
15 r. du 22 Novembre – ℰ 03 88 32 16 22 – www.hotel-hannong.com
– Fax 03 88 22 63 87 – Fermé 3-10 janv.   **5**J**Ya**
72 ch – †65/162 € ††75/197 €, ☲ 14 €
◆ Mélange des genres (classique, cosy, moderne) dans ce bel hôtel édifié sur le site de la faïencerie Hannong (18ᵉ s.). Parquets, boiseries, sculptures, tableaux. Plaisant bar à vin.

Du Dragon sans rest   ⚑ ⅃ ☏ 🔌 🚾 🐵 🅰🅔 ①
12 r. du Dragon – ℰ 03 88 35 79 80 – www.dragon.fr – Fax 03 88 25 78 95
32 ch – †82/145 € ††93/145 €, ☲ 12 €   **5**J**Zd**
◆ Demeure du 17ᵉ s. tournée sur une courette tranquille. Intérieur résolument contemporain : camaïeu de gris, meubles design, chambres au style épuré et expositions d'art.

Mercure St-Jean sans rest   ⚑ 🅰🅒 ☏ 🚗 🚾 🐵 🅰🅔 ①
3 r. Maire Kuss – ℰ 03 88 32 80 80 – www.mercure.com – Fax 03 88 23 05 39
61 ch – †75/169 € ††75/169 €, ☲ 15 €   **5**H**Ye**
◆ Entre gare et quartier de la Petite France, Mercure au décor zen et relaxant. Des tons café colorent les chambres douillettes et pratiques. Patio agrémenté de minifontaines.

Mercure Centre sans rest   ⚑ ⅃ 🅰🅒 ☏ 🚗 🚾 🐵 🅰🅔 ①
25 r. Thomann – ℰ 03 90 22 70 70 – www.mercure.com – Fax 03 90 22 70 71
98 ch – †87/198 € ††92/208 €, ☲ 16 €   **5**J**Yq**
◆ Situation centrale idéale pour cet établissement revu et corrigé avec des tons vifs et un mobilier design. La salle des petits-déjeuners (7ᵉ étage) jouit d'une vue panoramique.

Le Kléber sans rest   ⚑ ⚡ ☏ 🚾 🐵 🅰🅔 ①
29 pl. Kléber – ℰ 03 88 32 09 53 – www.hotel-kleber.com – Fax 03 88 32 50 41
30 ch – †57/82 € ††67/97 €, ☲ 9 €   **5**J**Yp**
◆ "Meringue", "Fraise", "Cannelle", etc. : les chambres contemporaines de ce confortable hôtel se prêtent à une décoration thématique sucrée-salée, richement colorée.

Couvent du Franciscain sans rest   ⚑ ⅃ 🅰🅒 ☏ 🔌 🅿 🚾 🐵 🅰🅔
18 r. du Fg de Pierre – ℰ 03 88 32 93 93 – www.hotel-franciscain.com
– Fax 03 88 75 68 46 – Fermé 24 déc.-3 janv.   **5**J**Ye**
43 ch – †42/68 € ††74/80 €, ☲ 10 €
◆ Au fond d'une impasse, hôtel assurant un hébergement simple et confortable. Salon lumineux, petits-déjeuners dans un caveau aux faux-airs de winstub (fresque amusante).

Aux Trois Roses sans rest   ⚑ ⚑ ⚡ ☏ 🚾 🐵 🅰🅔 ①
7 r. Zürich – ℰ 03 88 36 56 95 – www.hotel3roses-strasbourg.com
– Fax 03 88 35 06 14   **6**L**Zy**
32 ch – †49/88 € ††69/88 €, ☲ 8 €
◆ Couettes moelleuses et meubles en pin équipent chaleureusement les chambres calmes de cet élégant immeuble posé au bord de l'Ill. Espace de remise en forme, sauna, jacuzzi.

Pax sans rest 🛗 &. AC rest, ⁿ¹ ⅚ VISA ◑◐ AE ◑

24 r. du Fg National – 𝒞 03 88 32 14 54 – www.paxhotel.com – Fax 03 88 32 01 16
106 ch – †59/88 € ††72/88 €, ⌑ 8,50 € **5**HYZ**u**

♦ L'hôtel longe une rue où ne circule que le tramway strasbourgeois. Chambres en partie rénovées et bien tenues. Espaces communs égayés par des objets anciens évoquant la ferme.

La Belle Strasbourgeoise sans rest 🚗 ⁿ¹ VISA ◑◐ AE

13 r. Gén.-Offenstein – 𝒞 03 88 39 68 15 – www.la-belle-strasbourgeoise.fr
3 ch ⌑ – †80 € ††90 € **2**BST**t**

♦ Voici un petit nid douillet entouré d'un charmant jardin, à deux pas du centre. Chambres tout confort, chaleureuses et décorées avec goût. Copieux petit-déjeuner en terrasse.

XXXX **Au Crocodile** AC ⅚ VISA ◑◐ AE ◑

🕸 10 r. Outre – 𝒞 03 88 32 13 02 – www.au-crocodile.com – Fax 03 88 75 72 01
– Fermé 25 juil.-9 août, dim. et lundi **6**KY**x**
Rest – Menu 49 € (déj. en sem.), 74/132 € – Carte 80/110 €⅜

Spéc. Foie de canard poêlé. Cabillaud en viennoise, purée légère à l'ache des montagnes. Forêt noire revisitée. **Vins** Riesling, Pinot gris.

♦ Cette adresse strasbourgeoise a changé de direction en 2009, mais le fameux crocodile, ramené de la campagne d'Égypte par un capitaine alsacien, demeure. Décor très élégant et feutré, bonne cuisine classique.

XXX **Buerehiesel** (Éric Westermann) ≪ AC P. VISA ◑◐ AE ◑

🕸 dans le parc de l'Orangerie – 𝒞 03 88 45 56 65 – www.buerehiesel.com
– Fax 03 88 61 32 00 – Fermé 1ᵉʳ-23 août, 1ᵉʳ-24 janv., dim. et lundi
Rest – Menu 31 € (déj. en sem.), 65/86 € – Carte 52/85 €⅜ **4**GU**a**

Spéc. Schniederspaetle et cuisses de grenouille poêlées au cerfeuil. Poulette pattes noires cuite entière comme un baeckeofe. Brioche caramélisée à la bière, glace à la bière et poire rôtie. **Vins** Sylvaner, Riesling.

♦ À la suite de son père Antoine, Éric Westermann signe une intéressante cuisine à prix doux, chez lui, dans cette belle ferme à colombages, au cœur du parc de l'Orangerie.

XXX **Maison des Tanneurs dite "Gerwerstub"** VISA ◑◐

42 r. Bain aux Plantes – 𝒞 03 88 32 79 70 – www.maison-des-tanneurs.com
– Fax 03 88 22 17 26 – Fermé 27 juil.-11 août, 30 déc.-26 janv., dim. et lundi
Rest – Menu 22 € (déj. en sem.) – Carte 41/61 € **5**JZ**t**

♦ Idéalement située au bord de l'Ill, cette typique maison alsacienne de la Petite France est l'adresse incontournable pour qui veut se régaler d'une choucroute.

XX **La Cambuse** AC VISA ◑◐

1 r. des Dentelles – 𝒞 03 88 22 10 22 – Fax 03 88 23 24 99 – Fermé
1ᵉʳ-10 mai, 1ᵉʳ-23 août, 1ᵉʳ-12 janv., dim. et lundi **5**JZ**a**
Rest – (nombre de couverts limité, prévenir) Carte 43/53 €

♦ Petite salle intimiste – réplique d'une cabine de yacht – où l'on déguste une cuisine de poissons mariant saveurs françaises et asiatiques (épices, herbes, cuissons courtes).

XX **L'Atable 77** AC VISA ◑◐ AE ◑

77 Grand'Rue – 𝒞 03 88 32 23 37 – www.latable77.com – Fax 03 88 32 50 24
– Fermé 25 juil.-16 août, 16-31 janv., dim., lundi et fériés le midi **5**JZ**h**
Rest – (bc) Menu 33/85 €

♦ Un séduisant restaurant tendance qui revendique de bout en bout sa modernité : décor épuré égayé de tableaux, vaisselle design et appétissantes assiettes au goût du jour. À table !

XX **Le Violon d'Ingres** 🌳 VISA ◑◐

1 r. Chevalier Robert, à La Robertsau – 𝒞 03 88 31 39 50 – www.violondingres.com
– Fermé 4-12 avril, 16 août-2 sept., 2-10 janv., sam. midi, dim. soir et lundi
Rest – Menu 29/65 € – Carte 51/60 € **2**CS**z**

♦ Vieille maison alsacienne du quartier de la Robertsau. L'élégante salle à manger et la terrasse ombragée servent de cadre à des repas actuels axés sur les poissons.

XX **Maison Kammerzell et Hôtel Baumann** avec ch 🛗 AC ⁿ¹ ⅚

16 pl. de la Cathédrale – 𝒞 03 88 32 42 14 VISA ◑◐ AE ◑
– www.maison-kammerzell.com – Fax 03 88 23 03 92 – Fermé 5-25 fév.
9 ch – †110 € ††135 €, ⌑ 10 € **6**KZ**e**
Rest – Menu 27/46 € – Carte 28/64 €

♦ Près de la cathédrale, maison strasbourgeoise du 16ᵉ s. dégageant une authentique ambiance moyenâgeuse : vitraux, peintures, bois sculpté, voûtes gothiques. Chambres sobres. Cuisine du terroir, belle carte de brasserie avec en spécialité la choucroute.

XX **La Casserole** (Éric Girardin) `AC` `VISA` `OO` `AE`

☆ 24 r. des Juifs – ℰ 03 88 36 49 68 – Fax 03 88 24 25 12
– Fermé 2-19 avril, 31 juil.-16 août, 24 déc.-5 janv., sam. midi, dim., lundi et fériés
Rest – (prévenir) Menu 39 € (déj.), 59/77 € – Carte 59/75 € 🕸 **6KY**b
Spéc. Fraîcheur de tourteau et céleri rémoulade (hiver et été). Carré d'agneau
cuit au four, polenta aux olives noires. "Choc'amère", crème glacée à l'orange
confite. **Vins** Riesling, Pinot noir.
♦ Le couple de sommeliers qui tient ce restaurant sélectionne judicieusement et avec pas-
sion des vins à prix doux, qu'il marie à une carte inventive épurée. Décor design et original.

XX **Gavroche** `AC` `VISA` `OO` `AE` `O`

4 r. Klein – ℰ 03 88 36 82 89 – www.restaurant-gavroche.com
– Fax 03 88 36 82 89 – Fermé 24 juil.-16 août, 23 déc.-2 janv., sam. et dim.
Rest – (28 €) Menu 38/56 € – Carte 55/70 € **6KZ**g
♦ Le Gavroche s'est installé dans un espace tout neuf, jouxtant l'ancien restaurant. Cadre
contemporain, élégant et sobre. Belle cuisine actuelle et créative, rythmée par le marché.

XX **La Vieille Tour** `AC` `VISA` `OO` `AE`

1 r. A. Seyboth – ℰ 03 88 32 54 30 – Fermé dim. sauf le midi en déc. et lundi
Rest – (25 €) Menu 39 € – Carte 40/60 € **5HZ**e
♦ Couleurs du Sud, compositions florales, jambons entiers et bocaux de fruits égayent la
pimpante petite salle à manger. Recettes du marché inscrites sur ardoise.

XX **Côté Lac** 🕸 & `AC` `P` `VISA` `OO` `AE`

2 pl. Paris, Espace Européen de l'Entreprise ⊠ 67300 Schiltigheim – ℰ 03 88 83 82 81
– www.cote-lac.com – Fax 03 88 83 82 83 – Fermé 23 déc.-3 janv. **2BS**t
Rest – (24 €) Menu 35/52 € – Carte 35/43 €
♦ Les larges baies vitrées de cette architecture contemporaine s'ouvrent sur un petit lac. Original décor néo-industriel chic, terrasse au bord de l'eau et cuisine actuelle.

XX **Umami** (René Fieger) `AC` `VISA` `OO` `AE`

☆ 8 r. des Dentelles – ℰ 03 88 32 80 53 – www.restaurant-umami.com
– Fermé 4-12 avril, 27 août-14 sept., 24 déc.-5 janv., dim. et le midi sauf sam.
Rest – Menu 42/60 € **5JZ**b
Spéc. Carpaccio de Saint-Jacques, marinade aux fruits de la passion (oct. à
mars). Filet de barbue, sue shoy, bouillon d'inspiration thaï. Œuf à la neige
au pavot et jasmin, soupe de mangue, sorbet coco. **Vins** Pinot gris, Riesling.
♦ Umami ? La 5e saveur selon la culture gastronomique japonaise. Le chef de cet établisse-
ment de poche, adepte des conjugaisons de goûts, signe ici une séduisante partition culinaire.

XX **Le Pont aux Chats** 🕸 `VISA` `OO` `AE`

42 r. de la Krutenau – ℰ 03 88 24 08 77 – Fax 03 88 24 08 77 – Fermé 3 sem.
en août, vacances de Pâques, sam. midi et merc. **6LZ**t
Rest – (22 €) Carte environ 50 €
♦ Heureux mariage de colombages anciens et de mobilier contemporain, adorable terrasse sur cour, produits de saisons cuisinés dans l'air du temps : une séduisante petite adresse.

XX **Pont des Vosges** 🕸 `VISA` `OO` `AE`

15 quai Koch – ℰ 03 88 36 47 75 – Fax 03 88 25 16 85 – Fermé dim.
Rest – Carte 30/55 € **6LY**h
♦ À l'angle d'un immeuble ancien, cette brasserie, dont la réputation n'est plus à faire, régale
de bons plats généreux. Vieilles affiches publicitaires et miroirs en décor.

XX **L'Écrin des Saveurs** 🕸 `AC` `VISA` `OO` `AE`

5 r. Leitersperger ⊠ 67100 – ℰ 03 88 39 21 20 – www.ecrinsaveurs.com
– Fax 03 88 39 16 05 – Fermé 18 juil.-9 août, 24 déc.-10 janv., lundi soir, sam.
midi et dim. **2BST**u
Rest – (17 €) Menu 34 €
♦ Simple et sérieuse, cette table sort du lot dans le secteur du stade de La Meinau. Cuisine
actuelle qui tranche avec le look désuet mais coquet de la salle, accueil enjoué.

X **La Cuiller à Pot** 🕸 `VISA` `OO` `AE`

18b r. Finkwiller – ℰ 03 88 35 56 30 – www.lacuillerapot.com – Fermé 2-24 août,
24-26 déc., 1er-4 janv., 14-22 fév., dim., lundi et fériés le midi **5JZ**v
Rest – (18 €) Menu 38/75 € bc – Carte 49/71 €
♦ On se presse dans cet ex-winstub pour goûter une cuisine actuelle et des vins bien sélectionnés. Exposition de tableaux dans la salle à manger contemporaine située à l'étage.

✗ **L'Atelier du Goût**   AC ✗ ↔ VISA ©©

*17 r. des Tonneliers – ℰ 03 88 21 01 01 – www.atelier-du-gout.fr – Fermé
vacances de fév., 28 juil.-10 août, sam. sauf le soir en déc., dim. et fériés*
Rest – (23 €) Menu 34 € – Carte 42/55 €   **6KZd**

• Pensée comme un lieu décontracté dédié au "bien-manger", cette ancienne winstub, colorée et design, propose de petites préparations à base d'excellents produits bio et de saison.

✗ **L'Amuse Bouche**   ↔ VISA ©© AE

*3a r. Turenne – ℰ 03 88 35 72 82 – www.lamuse-bouche.fr – Fax 03 88 36 75 30
– Fermé 1er-15 sept., 1 sem. en janv., dim. et lundi*   **6LYt**
Rest – Menu 35/74 € bc – Carte 40/61 €

• Plus sobre que chic, une salle à manger jaune pâle, ornée de miroirs, pour un répertoire
inscrit dans l'air du temps, d'une grande fraîcheur et sans fausse note.

✗ **La Vignette**   ⌂ VISA ©© AE

*29 r. Mélanie, à la Robertsau – ℰ 03 88 31 38 10
– www.lavignette-strasbourg-robertsau.com – Fax 03 88 45 48 66 – Fermé
26 juil.-8 août, 20 déc.-4 janv., sam. midi, dim. et fériés*   **2CSt**
Rest – Carte 32/45 €

• Fourneau en faïence et vieilles photos du quartier embellissent la salle à manger de
cette charmante maison aux allures de guinguette. Appétissante cuisine du marché.

✗ **La Table de Christophe**   VISA ©© AE

*28 r. des Juifs – ℰ 03 88 24 63 27 – www.tabledechristophe.com
– Fax 03 88 24 64 37 – Fermé 5-12 avril, 26 juil.-17 août, lundi soir, dim. et fériés*
Rest – (prévenir) Carte 32/40 €   **6KYa**

• Petit restaurant de quartier au cadre simple et rustique propice à la convivialité. Le chef
mélange les influences terroir et actuelles tout en respectant les saisons.

LES WINSTUBS : *dégustation de vins et cuisine du pays, ambiance
typiquement alsacienne*

✗ **L'Ami Schutz**   ⌂ VISA ©© AE ①

*1 Ponts Couverts – ℰ 03 88 32 76 98 – www.ami-schutz.com – Fax 03 88 32 38 40
– Fermé 23 déc.-15 janv.*   **5HZr**
Rest – (16 € bc) Menu 27/41 € – Carte 25/55 €

• Entre les bras de l'Ill, winstub typique à l'ambiance chaleureuse (boiseries, banquettes) ; la
plus petite des deux salles offre plus de charme. Terrasse ombragée de tilleuls.

✗ **S'Burjerstuewel - Chez Yvonne**   VISA ©© AE ①

10 r. Sanglier – ℰ 03 88 32 84 15 – www.chez-yvonne.net – Fax 03 88 23 00 18
Rest – (prévenir) Carte 30/60 €   **6KYZr**

• Atmosphère chic dans cette winstub devenue une institution (photos et dédicaces de stars
à l'appui). On y mange au coude à coude des plats régionaux et dans l'air du temps.

✗ **Le Clou**   AC VISA ©© AE
☺

*3 r. Chaudron – ℰ 03 88 32 11 67 – www.le-clou.com – Fax 03 88 21 06 43
– Fermé 26 juil.-8 août, merc. midi, dim. et fériés*   **6KYn**
Rest – (15 €) Carte 27/55 €

• Proximité de la cathédrale, décor traditionnel (esprit maison de poupée à l'étage) et bonne
humeur caractérisent cette authentique et fameuse winstub à la cuisine généreuse.

✗ **Le Tire Bouchon**   ⌂ VISA ©© AE ①

*5 r. des Tailleurs de Pierre – ℰ 03 88 22 16 32 – www.letirebouchon.fr
– Fax 03 88 22 60 88*   **6KZt**
Rest – (14 €) Menu 23/28 € – Carte 23/40 €

• Enseigne-vérité : on vient ici pour faire bonne chère ! Attention, le décor modernisé
dénote par rapport aux autres winstubs, mais l'assiette reste traditionnelle à souhait.

✗ **Fink'Stuebel** avec ch   ☎⁽¹⁾ VISA ©©
🍴

*26 r. Finkwiller – ℰ 03 88 25 07 57 – http://finkstuebel.free.fr – Fax 03 88 36 48 82
– Fermé 9-30 août, dim. et lundi*   **5JZx**
4 ch – †68/90 € ††68/90 €, � 9 €
Rest – Menu 10 € (déj. en sem.) – Carte 30/50 €

• Colombages, parquet brut, bois peints, mobilier régional et nappes fleuries : cet endroit a
tout de la winstub "image d'Épinal". Cuisine du terroir ; foie gras à l'honneur. Chambres
d'hôte refaites récemment, bien équipées et décorées à l'alsacienne.

✗ **Au Pont du Corbeau**   AC VISA ◎◎
21 quai St-Nicolas – ☎ 03 88 35 60 68 – Fax 03 88 25 72 45
– *Fermé août, vacances de fév., dim. midi et sam. sauf en déc.*   **6**KZ**b**
Rest – (12 €) Carte 24/38 € 🏵

♦ Sur les quais de l'Ill, jouxtant le musée alsacien (art populaire), maison réputée dont le cadre s'inspire du style Renaissance régional. Spécialités du terroir.

✗ **S'Muensterstuewel**   🌳 AC VISA ◎◎
∽ *8 pl. Marché aux Cochons de Lait* – ☎ 03 88 32 17 63 – Fax 03 88 21 96 02
– *Fermé dim. et lundi*   **6**KZ**y**
Rest – (15 €) Menu 19 € (sem.)/42 € – Carte 30/45 €

♦ Boucherie convertie en winstub rustique, simplement décorée. Terrasse d'été au bord de la pittoresque place du Marché aux Cochons de lait. Salaisons et charcuteries maison.

Environs

à Reichstett 7 km au Nord par D 468 et D 37 ou par A 4 et D 63 – 4 558 h.
– alt. 141 m – ⊠ 67116

🏠 **L'Aigle d'Or** sans rest   🌐 VISA ◎◎ AE ①
(près de l'église) – ☎ 03 88 20 07 87 – www.aigledor.com – Fax 03 88 81 83 75
– *Fermé 6-22 août et 24 déc.-2 janv.*   **2**BR**a**
17 ch – †59/99 € ††59/99 €, ⊇ 10 €

♦ Belle façade à colombages au cœur d'un village pittoresque. Chambres sans ampleur mais pleines de charme, égayées de tons chaleureux. Coquette salle des petits-déjeuners.

à La Wantzenau 12 km au Nord-Est par D 468 – 5 809 h. – alt. 130 m
– ⊠ 67610

🏨 **Le Moulin de la Wantzenau** 🌿   ⇐ 🚗 📶 📻 🅿 VISA ◎◎ AE
3 impasse du Moulin, 1,5 km au Sud par D 468 – ☎ 03 88 59 22 22
– www.moulin-wantzenau.com – Fax 03 88 59 22 00
– *Fermé 24 déc.-4 janv.*   **2**CR**z**
20 ch – †70/100 € ††75/110 €, ⊇ 12 € – ½ P 74/83 €
Rest *Au Moulin* – voir ci-après

♦ Calme de la campagne, plaisant salon, ravissantes chambres harmonieuses, expositions de peintures et petits-déjeuners soignés sont les atouts de cet ancien moulin posté sur une rive de l'Ill.

✗✗✗ **Relais de la Poste** avec ch   🌳 📻 AC rest, 📶 🅿 VISA ◎◎ AE ①
21 r. Gén. de Gaulle – ☎ 03 88 59 24 80 – www.relais-poste.com
– Fax 03 88 59 24 89   **2**CR**a**
18 ch – †85/95 € ††95/155 €, ⊇ 15 €
Rest – *(fermé 26 juil.-9 août, 5-11 janv., sam. midi, dim. soir et lundi)* (29 €)
Menu 38 € (dîner en sem.), 50/90 € – Carte 62/120 € 🏵

♦ Maison alsacienne au cadre cossu : boiseries, fresques, plafonds à caissons et véranda moderne ouverte sur la verdure. Cuisine au goût du jour et belle carte des vins. Chambres peu à peu rénovées dans un style contemporain.

✗✗✗ **Zimmer**   🌳 VISA ◎◎ AE ①
23 r. Héros – ☎ 03 88 96 62 08
– www.restaurant-zimmer.fr – Fax 03 88 96 37 40
– *Fermé 6-22 oct., 24 fév.-5 mars, dim. soir et lundi sauf fériés*   **2**CR**r**
Rest – (20 €) Menu 25 € (sem.)/60 € – Carte 40/61 €

♦ La carte, étoffée, annonce des recettes au goût du jour et personnalisées, à déguster dans trois petites salles en enfilade au décor parfaitement sobre.

✗✗ **Les Semailles**   🌳 VISA ◎◎ AE
10 r. Petit-Magmod – ☎ 03 88 96 38 38
– www.semailles.fr – Fax 03 88 68 09 06
– *Fermé 11-31 août, 15 fév.-2 mars, dim. soir, merc. et jeudi*   **2**CR**s**
Rest – (22 €) Menu 28 € (déj. en sem.), 41/62 € – Carte 41/47 €

♦ Cure de jouvence pour cette maison du 19ᵉ s. (façade et intérieur). La jolie véranda et la terrasse ombragée permettent de profiter des journées ensoleillées. Menus actuels.

XX **Au Moulin** – Hôtel Au Moulin   🚗 🖼 🅰🄲 🄿 ᵥₛₐ ⚫ 🄰🄴 ⓘ
2 impasse du Moulin, 1,5 km au Sud par D 468 – ⌀ *03 88 96 20 01*
– www.restaurant-moulin-wantzenau.fr – Fax 09 70 625 611 – Fermé 8-28 juil.,
26 déc.-7 janv., 15-22 fév., dim. soir et fériés le soir   **2CRz**
Rest – (18 €) Menu 23 € (sem.)/63 € – Carte 39/77 €
• Restaurant installé dans les dépendances d'un moulin. Élégantes salles à manger modernisées où l'on sert une cuisine actuelle axée sur le terroir avec des spécialités régionales.

X **Le Jardin Secret**   🖼 🄿 ᵥₛₐ ⚫
32 r. de la Gare – ⌀ *03 88 96 63 44 – www.restaurant-jardinsecret.fr*
– Fermé 8-22 mars, 2-16 août, sam. midi, dim. soir et lundi   **2CRv**
Rest – (19 €) Menu 24 € (déj. en sem.), 31/75 € bc
• Accueillant restaurant où l'on déguste une cuisine d'aujourd'hui. Le cadre contemporain et zen expose également des tableaux, pour le plaisir des yeux.

X **Au Pont de l'ill**   🖼 🅰🄲 ᵥₛₐ ⚫ 🄰🄴
🔗   *2 r. Gén. Leclerc –* ⌀ *03 88 96 29 44 – www.aupontdelill.com – Fax 03 88 96 21 18*
– Fermé 9-31 août et sam. midi   **2CRu**
Rest – Menu 13 € (déj. en sem.)/37 € – Carte 22/45 €
• Fruits de mer et poissons jouent les vedettes sur la carte de cette brasserie qui abrite cinq salles aux styles différents : marin, Art nouveau, etc. Terrasse ombragée.

à Illkirch-Graffenstaden 5 km par rte de Colmar BST ou par A 35 (sortie n° 7)
– 26 368 h. – alt. 140 m – ⌀ 67400

XXX **À l'Agneau**   🖼 🅰🄲 🛁 ᵥₛₐ ⚫ 🄰🄴
185 rte de Lyon – ⌀ *03 88 66 06 58 – www.agneau-illkirch.com*
– Fax 03 88 67 05 84 – Fermé 2-31 août, 27 déc.-9 janv., dim. soir, lundi et mardi
Rest – (17 €) Menu 33/45 € – Carte 32/52 €   **2BTa**
• Derrière la façade ornée d'une fresque, trois salles personnalisées (atmosphère contemporaine, traditionnelle ou baroque). Cuisine classique avec des touches créatives.

vers ④ 11 km sur D 1083 – ⌀ 67400 Illkirch-Graffenstaden

🏨 **Novotel Strasbourg-Sud**   🚗 🖼 🏊 🅖 ch, 🍴 🎿 🄿 ᵥₛₐ ⚫ 🄰🄴 ⓘ
Sortie 7, Z. A. de l'Ill ⌀ *67118 Geispolsheim –* ⌀ *03 88 66 21 56*
– www.novotel.com – Fax 03 88 67 21 63   **2BTu**
76 ch – �dag69/149 €, ♦♦69/149 €, ⌑ 14 € – ½ P 92/157 €
Rest – (12 €) Carte 18/36 €
• À proximité des grandes voies d'accès, hôtel de chaîne proposant des chambres spacieuses conformes aux nouvelles normes Novotel. Minigolf. Thématique automobile au bar et cadre contemporain au restaurant. Petit jardin des senteurs et potager.

à Fegersheim 14 km vers ④ par A 35 (sortie n° 7), N 283 et D 1083 – 5 104 h.
– alt. 145 m – ⌀ 67640

X **Auberge du Bruchrhein**   🖼 🅰🄲 ᵥₛₐ ⚫ 🄰🄴
🔗   *24 r. de Lyon –* ⌀ *03 88 64 17 77 – Fax 03 88 64 17 77 – Fermé dim. soir, lundi*
🙂   *soir et jeudi soir*   **1ATx**
Rest – (11,50 €) Menu 15,50 € (déj. en sem.), 23/27,50 € – Carte 28/50 €
• Cuisine sans chichi, réalisée avec de bons produits, dans une veine actuelle teintée d'influences régionales. Cadre simple et petite terrasse où règne une ambiance conviviale.

à Blaesheim 19 km par A 35 (sortie n° 9), D 1422 et D 84 – 1 308 h. – alt. 150 m
– ⌀ 67113

🏨 **Au Bœuf**   📶 ᵫ ch, 🅰🄲 rest, 🍴 🎿 🄿 ᵥₛₐ ⚫ 🄰🄴 ⓘ
🍴   ⌀ *03 88 68 68 99 – www.hotel-au-boeuf.com – Fax 03 88 68 60 07*
– Fermé 26 déc.-13 janv.   **1ATq**
22 ch – ♦59 € ♦♦76 €, ⌑ 11 € – 2 suites
Rest – (fermé sam. et dim.) (12 €) Carte 25/40 €
• Les chambres de cette hostellerie villageoise, conçues à l'identique, ont l'avantage d'être grandes, confortables et bien tenues. Menus régionaux servis dans une salle à manger-véranda actuelle et rustique (assiettes en faïence, poêle et boiseries).

à Entzheim 12 km par A 35 (sortie n° 8), D 400 et D 392 – 1 827 h. – alt. 150 m
– ⊠ 67960

| 🏠🏠 | **Père Benoit** | 🚗 🍽 ‡₅ 🏨 ₺ ch, 🏨 rest, ℅ 👬 ⚿ **P** **VISA** 🅮 **AE** |

34 rte de Strasbourg – ℰ 03 88 68 98 00 – www.hotel-perebenoit.com
– Fax 03 88 68 64 56 – Fermé 26 juil.-15 août et 20 déc.-2 janv.   **1ATh**
60 ch – ❖59/74 € ❖❖65/80 €, ⊊ 8,50 €
Rest Steinkeller – ℰ 03 88 68 91 65 *(fermé sam. midi, lundi midi et dim.)*
(16,50 €) Menu 19/21 € – Carte 22/49 €

♦ Ferme à colombages du 18ᵉ s., délicieusement alsacienne, et sa grande cour fleurie. Cadre traditionnel et chaleureux. Belle salle rustique sous voûtes – d'où l'enseigne qui signifie caveau – et style winstub à l'étage. Carte régionale, "flammkueches" au feu de bois.

à Ostwald 7 km par rte Schirmeck D 392 et D 484 ou par A35 (sortie n° 7) et
D 484 – 10 666 h. – alt. 140 m – ⊠ 67540

| 🏠🏠🏠 | **Château de l'Île** 🕊 | ≤ 🄴 🔲 🌐 🔓 ₺ 🏨 ℅ 👬 **P** **VISA** 🅮 **AE** ⑩ |

4 quai Heydt – ℰ 03 88 66 85 00 – www.chateau-ile.com – Fax 03 88 66 85 49
60 ch – ❖205/490 € ❖❖205/490 €, ⊊ 23 € – 2 suites   **2BTr**
Rest – Menu 47/93 € bc – Carte 50/65 €
Rest Winstub – (23 €) Menu 29/39 € bc – Carte 26/45 €

♦ Manoir du 19ᵉ s. entouré de maisons récentes à colombages dans un parc boisé de 4 ha bordant l'Ill. Chambres soignées, garnies de meubles de style. Salle à manger raffinée pour une cuisine classique ; belle terrasse longeant la rivière. L'élégante winstub ouverte sur la verdure revisite la tradition avec sophistication.

à Lingolsheim 5 km par rte de Schirmeck (D 392) – 16 784 h. – alt. 140 m
– ⊠ 67380

| 🏠🏠 | **Kyriad** sans rest | 🛋 🏨 ℅ 👬 **P** **VISA** 🅮 **AE** ⑩ |

59 r. Mar. Foch – ℰ 03 88 76 11 00 – www.kyriadstrasbourg.com
– Fax 03 88 77 39 31   **2BSa**
37 ch – ❖58/85 € ❖❖58/89 €, ⊊ 9 €

♦ Hôtel intégré à un ensemble résidentiel et commercial proche de l'aéroport. Chambres confortables, fonctionnelles et bien équipées. Plaisant salon-bar contemporain.

| ✗ | **À la Diligence** | ₺ **VISA** 🅮 **AE** |

7 r. Mar. Foch – ℰ 03 88 78 32 24 – Fax 03 88 78 40 48 – Fermé 1ᵉʳ-16 août, dim.
et lundi   **2BSp**
Rest – (25 €) Menu 31 € (déj.) – Carte 30/58 €

♦ Près du parc des Tanneries, une accueillante demeure dotée d'une petite salle rustique et d'une véranda plus claire. Carte courte qui évolue avec le marché et les saisons.

à Mittelhausbergen 5 km au Nord-Ouest par D 31 – 1 775 h. – alt. 155 m
– ⊠ 67206

| ✗✗ | **Tilleul** | **P** **VISA** 🅮 **AE** |

5 rte de Strasbourg – ℰ 03 88 56 18 31 – www.autilleul.fr – Fax 03 88 56 07 23
– Fermé 2-16 août, 15-21 fév., mardi soir, merc. soir, sam. midi et dim. soir
Rest – Menu 16 € (déj. en sem.), 34/40 € – Carte 39/50 € le soir   **2BSv**
Rest La Stub 1888 – Menu 16 € (déj. en sem.), 35/45 € – Carte 16/39 €

♦ Cette auberge traditionnelle de 1888 prévoit un programme de rénovation dans un style contemporain. Cuisine actuelle et cadre feutré au restaurant. Atmosphère néo-rustique et plats du terroir à La Stub.

à Pfulgriesheim 10 km au Nord-Ouest par D 31 – 1 267 h. – alt. 135 m
– ⊠ 67370

| ✗ | **Bürestubel** | 🍴 **VISA** 🅮 |

8 r. Lampertheim – ℰ 03 88 20 01 92 – www.restaurantburestubel.com
– Fax 03 88 20 48 97 – Fermé 1ᵉʳ-17 août, 1ᵉʳ-16 fév., dim. en déc., lundi et mardi
Rest – Menu 18/30 € – Carte 18/45 €   **1ARa**

♦ Jolie ferme à colombages abritant une vaste winstub. Selon les salles, décor rustique ou bourgeois avec plafonds polychromes. Tartes flambées et autres spécialités régionales.

à Plobsheim 17 km par A35 (sortie n° 7) N 283, N 353 et D 468 – 3 651 h.
– alt. 150 m – ⊠ 67115

Le Kempferhof ⊗　　　　⇐ 佘 & ⅏ rest, ⁿ⁰ ⅍ **P** ⅦⅤⅩⅤⅤⅥ ⓞⓞ ⅍Ⅱ ⓞ
351 r. du Moulin, au golf – ℰ 03 88 98 72 72 – www.golf-kempferhof.com
– Fax 03 88 98 74 76 – Fermé 20 déc.-10 janv.
27 ch – ∲165/275 € ∲∲230/450 €, ⊑ 20 € – 7 suites – ½ P 170/280 €
Rest K – (fermé 20 déc.-13 fév., lundi et mardi de nov. à mars) (dîner seult)
Menu 32/50 € – Carte 52/64 €
Rest Le Bistrot – (fermé 20 déc.-13 fév., lundi et mardi de nov. à mars) (déj.
seult) Carte 30/47 €

◆ Cette demeure du 19ᵉ s. jouit d'un domaine boisé de 85 ha, incluant un golf 18 trous.
Chambres personnalisées ; décor actuel et épuré dans celles des annexes. Le restaurant K
propose une cuisine internationale et un beau choix de vins. Courte carte au Bistrot dressé
sous une véranda, avec terrasse face au green.

STURZELBRONN – 57 Moselle – **307** Q4 – 201 h. – alt. 250 m　　　　**27** D1
– ⊠ 57230

◘ Paris 449 – Strasbourg 68 – Bitche 13 – Haguenau 39

Au Relais des Bois　　　　　　佘 佘 **P** ⅦⅤⅩⅤⅤⅥ ⓞⓞ
13 r. Principale – ℰ 03 87 06 20 30 – www.aurelaisdesbois.fr – Fax 03 87 06 21 22
– Fermé fév., lundi et mardi
Rest – Menu 10 € (déj. en sem.), 17/24 € – Carte 20/34 €

◆ Modeste adresse familiale à débusquer au cœur d'un village du Parc naturel régional des
Vosges du Nord. Cadre rustique, cuisine aux accents du terroir, terrasse et jardin.

SUBLIGNY – 89 Yonne – **319** C2 – rattaché à Sens

SUCY-EN-BRIE – 94 Val-de-Marne – **312** E3 – **101** 28 – voir à Paris, Environs

---

SULLY-SUR-LOIRE – 45 Loiret – **318** L5 – 5 795 h. – alt. 115 m　　　**12** C2
– ⊠ 45600 ▮ Châteaux de la Loire

◘ Paris 149 – Bourges 84 – Gien 25 – Montargis 40
◪ Office de tourisme, place de Gaulle ℰ 02 38 36 23 70, Fax 02 38 36 32 21
▨ de Sully-sur-Loire Domaine de l'Ousseau, par rte de Bourges : 4 km,
　　ℰ 02 38 36 52 08
◙ Château★ : charpente★★.

Hostellerie du Château　　　▮◈| & ch, ⅕ ⅏ ch, ⁿ⁰ ⅍ **P** ⅦⅤⅩⅤⅤⅥ ⓞⓞ ⅍Ⅱ
4 rte de Paris, à St-Père-sur-Loire, Nord 1 km par D 948 – ℰ 02 38 36 24 44
– www.hostellerie-du-chateau.fr – Fax 02 38 36 62 40
42 ch – ∲46/68 € ∲∲46/68 €, ⊑ 8 € – ½ P 62 €
Rest – (25 €) Menu 28/46 € – Carte 45/74 €

◆ Construction récente abritant des chambres fonctionnelles assez plaisantes et très bien
tenues ; la moitié a vue sur le château de Sully. Atmosphère un brin "british" dans la confortable salle à manger habillée de boiseries. Table traditionnelle.

aux Bordes Nord-Est 6 km par D 948 et D 961 – 1 678 h. – alt. 132 m
– ⊠ 45460

La Bonne Étoile　　　　　　　佘 ⅕ **P** ⅦⅤⅩⅤⅤⅥ ⓞⓞ
D 952 – ℰ 02 38 35 52 15 – Fax 02 38 35 52 15
– Fermé dim. soir et lundi
Rest – Menu 15/36 €

◆ Engageante petite auberge champêtre au bord d'une route passante. Un vent nouveau
(déco, chaises, mise de table) souffle en salle ces derniers temps. Mets traditionnels.

SUPERDÉVOLUY – 05 Hautes-Alpes – **334** D4 – Sports d'hiver :　　**40** B1
1500/2500m ⅙ 1 ⅗ 28 ⅍ – ⊠ 05250 ▮ Alpes du Sud

◘ Paris 654 – Gap 36 – Grenoble 92 – La Mure 52

🏠 🐚 Les Chardonnelles ⟨ 🛐 ⏚ 🛏 ⎙ ⟨ ⏏ 🍴 🅿 VISA ⦿ AE

– ℰ 04 92 58 86 90 – www.hotel-chardonnelles.com – Fax 04 92 58 87 76
– *Ouvert 20 juin-5 sept. et 17 déc.-18 avril*
32 ch – ♦60/99 € ♦♦74/114 €, ⊑ 7 € – ½ P 64/84 €
Rest – Menu 15 € (déj.), 19/26 € – Carte 26/48 €
♦ Érigé aux portes de la station, ce gros chalet est le point de départ de nombreuses randonnées. Chaleureuses chambres, piscine chauffée, hammam, sauna, jacuzzi. Au restaurant, la cuisine alpine déploie son "écharpe" de tartiflettes, fondues et raclettes.

SURESNES – 92 Hauts-de-Seine – **311** J2 – **101** 14 – **voir à Paris, Environs**

SUZE-LA-ROUSSE – 26 Drôme – **332** C8 – 1 787 h. – alt. 92 m   44 B3
– ⊠ 26790 ▌ Lyon Drôme Ardèche

◼ Paris 641 – Avignon 59 – Bollène 7 – Nyons 28
🛈 Office de tourisme, le village ℰ 04 75 04 81 41, Fax 04 75 04 81 41

🏠 Les Aiguières ⟨ 🌳 🛏

r. Fontaine-d'Argent – ℰ 04 75 98 40 80 – www.les-aiguieres.com – *Fermé 21 déc.-5 janv.*
5 ch ⊑ – ♦75 € ♦♦85 € **Table d'hôte** – Menu 28 € bc
♦ Une adresse à deux pas du château et de son université du vin. Maison du 18ᵉ s. avec jardin, piscine, grand salon (feu de cheminée en hiver) et chambres d'esprit provençal. Cuisine familiale ; menu dégustation "alliances de mets et vins" sur réservation.

TAILLECOURT – 25 Doubs – **321** L2 – **rattaché à Audincourt**

TAIN-L'HERMITAGE – 26 Drôme – **332** C3 – 5 764 h. – alt. 124 m   43 E2
– ⊠ 26600

◼ Paris 545 – Grenoble 97 – Le Puy-en-Velay 105 – St-Étienne 76
🛈 Office de tourisme, place du 8 mai 1945 ℰ 04 75 08 06 81,
   Fax 04 75 08 34 59
◉ Belvédère de Pierre-Aiguille★ N : 4 km par D 241.

Plan page suivante

🏠 Le Pavillon de l'Ermitage 🌳 🛏 ⎙ ⏚ ch, 🆔 ⎙ ⏏ 🅿 VISA ⦿ AE ⓪

69 av J. Jaurès – ℰ 04 75 08 65 00 – www.pavillon-ermitage.com
– Fax 04 75 08 66 05   Ce
40 ch – ♦83/87 € ♦♦91/95 €, ⊑ 11 € – 2 suites
Rest – *(fermé 24 déc.-2 janv., sam. et dim. de nov. à mars)* (13 €) Menu 23/28 €
♦ Chambres spacieuses et colorées garnies de mobilier en bois blond. À préférer avec loggia côté piscine, regardant le coteau de l'Hermitage et les hauteurs de Tournon. Plats traditionnels servis dans la salle d'esprit bistrot chic ou en terrasse.

🏠 Les 2 Côteaux sans rest 🆔 ⎙ 🚗 VISA ⦿ AE

18 r. J.-Péala – ℰ 04 75 08 33 01 – www.hotel-les-2-coteaux.com
– Fax 04 75 08 44 20   Ba
18 ch – ♦54 € ♦♦57/67 €, ⊑ 12 €
♦ Cet hôtel familial rénové se situe au calme face à l'ancien pont enjambant le Rhône. Chambres fraîches et lumineuses ; quelques-unes sont dotées de balcons.

🍴 Le Quai ⟨ 🌳 VISA ⦿ AE ⓪

17 r. J.-Péala – ℰ 04 75 07 05 90 – www.michelchabran.fr – Fax 04 75 06 55 55
Rest – (17 €) Menu 21 € (déj. en sem.)/31 € – Carte 33/40 €   Bv
♦ Au pied de ce restaurant, le Rhône avec au loin la vue sur les vignes. Salle à manger modernisée dans un esprit zen (mobilier en wengé, photos anciennes) et belle terrasse.

rte de Romans 4 km par ② – ⊠ 26600 Tain-l'Hermitage

🏠 L'Abricotine 🌳 🌳 ⎙ 🅿 VISA ⦿

rte de Romans – ℰ 04 75 07 44 60 – www.hotel-abricotine.com
– Fax 04 75 07 47 97 – *Fermé 24 déc.-3 janv.*
11 ch – ♦56 € ♦♦56/65 €, ⊑ 7 € – ½ P 55 €
Rest – *(dîner seult) (résidents seult)* Menu 22/24 € – Carte environ 27 €
♦ Les vergers de la Drôme entourent cette construction contemporaine. Ambiance chaleureuse, chambres coquettes et personnalisées (certaines avec terrasse ou balcon). Le soir, deux menus traditionnels sont proposés dans une sobre salle à manger familiale.

TAIN-L'HERMITAGE

Batie (Quai de la) . . . . C 3
Defer (Pl. H.) . . . . C 8
Église (Pl. de l') . . . . C 12
Gaulle (Q. Gén.-de) . . . . C 14
Grande-Rue . . . . B 16
Jean-Jaurès (Av.) . . . . BC
Michel (R. F.) . . . . C 21
Peala (R. J.) . . . . B 24
Prés.-Roosevelt (Av.) . . . . C 29
Rostaing (Q. A.) . . . . C 30
Seguin (Q. M.) . . . . B 32
Souvenir-Français (Av. du) . . . C 33
Taurobole (Pl. du) . . . . BC
8-Mai-1945 (Pl. du) . . . . BC 39

TOURNON-SUR-RHÔNE

Dumaine (R. A.) . . . . B 9
Faure (R. G.) . . . . B 13
Grande-Rue . . . . B
Juventon (Av. M.) . . . . B 19
Thiers (R.) . . . . B 35

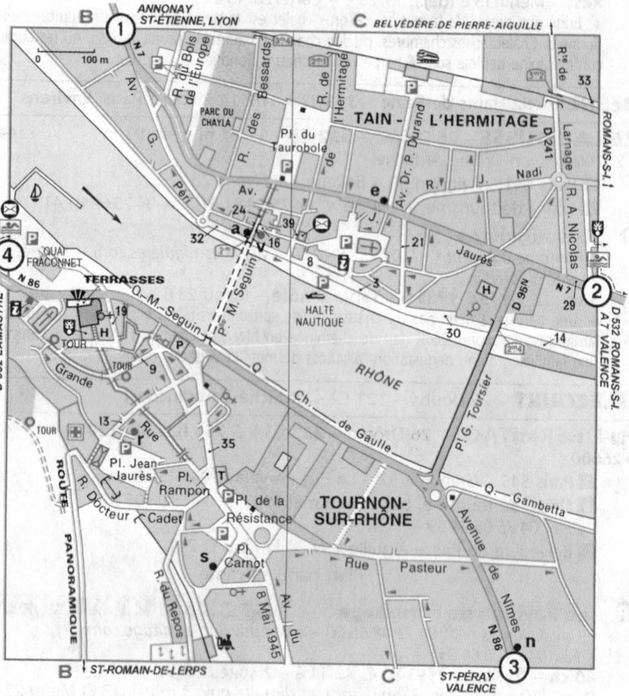

TALANT – 21 Côte-d'Or – 320 J5 – rattaché à Dijon

TALLOIRES – 74 Haute-Savoie – 328 K5 – 1 536 h. – alt. 470 m **46** F1
– ✉ 74290 Alpes du Nord

Paris 551 – Albertville 34 – Annecy 13 – Megève 49
Office de tourisme, rue A. Theuriet ✆ 04 50 60 70 64, Fax 04 50 60 76 59
Site★★ - Site★★ de l'Ermitage St-Germain★ E : 4 km.

L'Auberge du Père Bise (Sophie Bise) ch,
rte du Port – ✆ 04 50 60 72 01 – www.perebise.com – Fax 04 50 60 73 05 – Fermé 20 déc.-13 fév.
VISA AE
19 ch – 240/580 € 240/580 €, 30 € – 4 suites – ½ P 240/450 €
Rest – *(fermé mardi midi et vend. midi de mi-juin à mi-sept., mardi et merc. de mi-sept. à mi-juin)* Menu 76/175 € – Carte 110/160 €
Spéc. La grenouille, royale de persil et ail des ours, sauce poulette (printemps-été). L'écrevisse en gratin façon Marguerite Bise. La marjolaine. **Vins** Chignin-Bergeron, Mondeuse d'Arbin.
◆ Posée sur une rive du lac, cette belle maison accueille depuis plus d'un siècle les grands de ce monde. Salon, bar et chambres luxueusement aménagés. Fine cuisine classique servie dans une salle à manger feutrée ou sur une idyllique terrasse tournée vers les flots.

Le Cottage ⚠️ ≤ 🚗 🏠 🏊 📶 ⚙ rest, ⁀ P VISA ⚙ AE ⚙

Le Port – ℰ 04 50 60 71 10 – www.cottagebise.com – Fax 04 50 60 77 51 – Ouvert fin avril-début oct.
35 ch – ♦140/240 € ♦♦140/250 €, ☷ 18 € – 1 suite – ½ P 120/240 €
Rest – (28 € bc) Menu 45/65 € – Carte 60/72 €
♦ Face à l'embarcadère, maisons des années 1930 de style cottage. Lac, jardin ou montagne sont les différents points de vue des chambres, personnalisées et calmes (trois suites). Carte classique à découvrir dans une salle raffinée ou sur une agréable terrasse.

L'Abbaye ⚠️ ≤ 🚗 🏠 ⁀ 🧖 P VISA ⚙ AE ⚙

chemin des Moines – ℰ 04 50 60 77 33 – www.abbaye-talloires.com
– Fax 04 50 60 78 81 – Ouvert mi-fév. à mi-nov.
31 ch – ♦170/380 € ♦♦170/380 €, ☷ 23 € – 1 suite – ½ P 150/252 €
Rest – *(fermé jeudi midi, lundi, mardi et merc. sauf juil.-août)* Menu 30 € (déj.), 48/80 € – Carte 54/96 €
♦ Cette abbaye bénédictine du 17ᵉ s. accueillit en son temps Cézanne. Chambres raffinées de style classique ; jardin face au lac (ponton privé). Cuisine actuelle servie dans une salle à manger bourgeoise ou en terrasse. Belle carte des vins de Savoie et d'ailleurs.

La Charpenterie ⚠️ 🏠 📶 ⁀ P VISA ⚙

72 r. A. Theuriet – ℰ 04 50 60 70 47 – www.la-charpenterie.com
– Fax 04 50 60 79 07 – Fermé 15 nov.-31 mars
18 ch – ♦75/115 € ♦♦75/115 €, ☷ 11 € – ½ P 74/95 €
Rest – Menu 24/39 € – Carte 39/54 €
♦ Chalet récent orné de balcons ouvragés. Intérieur chaleureux et confortable où le bois s'impose partout. Nombreuses chambres avec terrasse. Salle de restaurant lambrissée, décorée de photos anciennes ; cuisine ancrée dans la tradition (spécialités fromagères).

XX **Villa des Fleurs** avec ch ⚠️ 🚗 🏠 ⁀ 🧖 P VISA ⚙ AE ⚙

rte du Port – ℰ 04 50 60 71 14 – www.hotel-lavilladesfleurs74.com
– Fax 04 50 60 74 06 – Fermé 15 nov.-10 fév., dim. soir et lundi
8 ch – ♦88 € ♦♦135 €, ☷ 13 € – ½ P 100/109 €
Rest – (22 €) Menu 33/60 € – Carte 40/55 €
♦ Dans le bourg mais entourée de verdure, confortable villa savoyarde où l'on déguste une cuisine régionale (poissons du lac d'Annecy). Chambres très calmes et deux appartements dans l'annexe.

à Angon 2 km au Sud par D 909a – ⊠ 74290 Talloires

Les Grillons 🚗 🏊 ⁀ P VISA ⚙ AE

– ℰ 04 50 60 70 31 – www.hotel-grillons.com – Fax 04 50 60 72 19
– Ouvert 22 avril-15 oct.
30 ch (½ P seult) – ½ P 56/83 €
Rest – *(ouvert 1ᵉʳ mai-1ᵉʳ oct.)* Menu 25/48 € – Carte 18/57 €
♦ Établissement de style pension qui bénéficie d'une grande piscine, très agréable l'été. Chambres rafraîchies en 2009 ; la plupart ont vue sur le lac. Salle à manger au style actuel : poutres apparentes neuves, plantes vertes, tons rouge et blanc.

TALMONT-SUR-GIRONDE – 17 Charente-Maritime – **324** E6 – 79 h. **38** B3
– alt. 20 m – ⊠ 17120 ▯ Poitou Vendée Charentes
▶ Paris 503 – Blaye 72 – La Rochelle 93 – Royan 18
◉ Site★ de l'église Ste-Radegonde★.

XX **L'Estuaire** avec ch ⚠️ ≤ 📺 rest, P P VISA ⚙

au Caillaud, 1 av. Estuaire – ℰ 05 46 90 43 85 – www.hotellestuaire.com
– Fax 05 46 90 43 88 – Fermé 16 nov.-13 déc. et 12 janv.-10 fév.
7 ch – ♦60/70 € ♦♦60/70 €, ☷ 8,50 €
Rest – *(fermé lundi et mardi sauf juil.-août)* (18 €) Menu 22/42 € – Carte 25/80 €
♦ Belle situation face à la Gironde pour ce restaurant rustique égayé de tons pastel. Plats régionaux et produits de la pêche locale. Chambres rénovées, claires et bien équipées.

LA TAMARISSIÈRE – 34 Hérault – **339** F9 – rattaché à Agde

TAMNIÈS – 24 Dordogne – **329** H6 – 301 h. – alt. 200 m – ⊠ 24620   4 D3
- ◪ Paris 522 – Brive-la-Gaillarde 47 – Périgueux 60 – Sarlat-la-Canéda 14

🔡   **Laborderie** ⤸   ≤ ⌂ ⌘ 🔟 🎩 rest, **P** 🔟 ⌘
☺   *Le Bourg –* ℰ 05 53 29 68 59 – www.hotel-laborderie.com – Fax 05 53 29 65 31
   – Ouvert 3 avril-1er nov.
   45 ch – ♦38/86 € ♦♦42/94 €, ⌿ 9 € – ½ P 48/76 €
   Rest – *(fermé lundi midi, mardi midi et merc. midi)* Menu 23/45 € – Carte 27/70 €
   ◆ Maison périgourdine, son annexe et son vaste parc tourné vers la vallée, proposant des
   chambres paisibles, rustiques ou actuelles. Cuisine régionale à l'ancienne servie dans une
   salle à manger campagnarde ou en terrasse à la belle saison.

TANCARVILLE – 76 Seine-Maritime – **304** C5 – 1 236 h. – alt. 10 m   33 C2
– ⊠ 76430 ▯ Normandie Vallée de la Seine
- ◪ Paris 175 – Caen 86 – Le Havre 32 – Pont-Audemer 24
- **Pont de Tancarville :** péage en 2009 : autos 2,30 €, auto et caravane 2,90 €,
   camions et autocars 3,50 à 6,10 €, gratuit pour motos ℰ 02 35 39 65 60.
- ◙ ≤★ sur estuaire.

XXX   **La Marine** avec ch   ≤ 🚗 ⌘ 🕪 🎩 **P** 🔟 ⌘ 🔼
☺   *10 rte du Havre, au pied du pont (D 982) –* ℰ 02 35 39 77 15
   – www.lamarine-tancarville.com – Fax 02 35 38 03 30 – Fermé 22 juil.-20 août,
   sam. midi, dim. soir et lundi
   9 ch – ♦65/85 € ♦♦65/85 €, ⌿ 10 € – ½ P 80/95 €
   Rest – Menu 20/65 € – Carte 45/84 €
   Rest *Le Bistro de la Marine* – *(déj. seult)* Menu 13/19 € – Carte 23/38 €
   ◆ Hôtellerie des bords de Seine officiant au pied du célèbre pont de Tancarville. Traditionnelle, la cuisine du restaurant évolue au gré des arrivages du marché et de la pêche. Chambres récemment rafraîchies. Bistrot au décor boisé.

LA TANIA – 73 Savoie – **333** M5 – rattaché à Courchevel

TANNERON – 83 Var – **340** Q4 – 1 453 h. – alt. 376 m – ⊠ 83440   42 E2
▯ Côte d'Azur
- ◪ Paris 903 – Cannes 20 – Draguignan 53 – Grasse 20
- 🄸 Syndicat d'initiative, place de la Mairie ℰ 04 93 60 71 73

XX   **Le Champfagou** avec ch ⤸   🚗 ⌘ **P** 🔟 ⌘ 🔼
☺   *53 pl. du Village –* ℰ 04 93 60 68 30 – www.lechampfagou.com – *Fermé*
   25 oct.-15 nov., mardi soir et merc.
   6 ch – ♦50 € ♦♦50 €, ⌿ 8 € – ½ P 60 €
   Rest – (22 €) Menu 29/50 € – Carte 28/60 €
   ◆ Adresse reprise par un jeune couple du métier qui maintient le cap d'une bonne cuisine
   provençale revisitée. Salle à manger méridionale, terrasse fleurie. Petites chambres simples.

TANTONVILLE – 54 Meurthe-et-Moselle – **307** H8 – 623 h.   26 B2
– alt. 300 m – ⊠ 54116
- ◪ Paris 327 – Épinal 48 – Lunéville 35 – Nancy 29

XX   **La Commanderie**   ⌘ **P** 🔟 ⌘
☺   *1 r. Pasteur –* ℰ 03 83 52 49 83 – www.restaurant-la-commanderie.com
   – Fax 03 83 52 49 83 – Fermé 24 août-10 sept., 2-10 janv., mardi soir, merc. soir,
   dim. soir et lundi
   Rest – Menu 15 € (déj. en sem.), 30/55 € – Carte 26/70 €
   ◆ Cette maison du début du 20e s., ex-siège social de la brasserie Tourtel, abrite un élégant
   restaurant décoré dans les tons chauds. Belle terrasse agrémentée d'une fontaine.

TANUS – 81 Tarn – **338** F6 – 547 h. – alt. 439 m – ⊠ 81190   29 C2
- ◪ Paris 668 – Albi 33 – Rodez 46 – St-Affrique 62
- 🄸 Syndicat d'initiative, 24, avenue Paul Bodin ℰ 05 63 76 36 71,
   Fax 05 63 76 36 10
- ◙ Viaduc du Viaur★ NE : 7 km.

🏠 Des Voyageurs 🛜 Ⓜ rest, ℡ 🏤 🅿 ☕ VISA ☎

11 av. Paul Bodin – ℘ 05 63 76 30 06 – Fax 05 63 76 37 94 – Fermé le soir du 4
au 11 janv., dim. soir et lundi sauf juil.-août
15 ch – ♦44/57 € ♦♦44/57 €, ⊐ 7 € – ½ P 42/46 €
Rest – Menu 15 € (sem.)/30 € – Carte 26/49 €
♦ Près de l'église, hôtel tout simple doté d'un petit jardin ombragé d'un saule pleureur.
Chambres toutes rénovées, peu à peu remeublées dans un style plus actuel. Cuisine traditionnelle et courte sélection de vins servis dans une confortable salle à manger.

TARARE – 69 Rhône – **327** F4 – 10 673 h. – alt. 383 m – ✉ 69170 **44** A1
▌ Lyon Drôme Ardèche

> 🗗 Paris 463 – Lyon 45 – Montbrison 60 – Roanne 40
> 🔢 Office de tourisme, place Madeleine ℘ 04 74 63 06 65, Fax 04 74 63 52 69

🏠 Burnichon 🛜 ⓘ ℡ 🏤 🅿 VISA ☎ AE ①

1,5 km à l'Est par D 307 – ℘ 04 74 63 44 01 – www.hotel-burnichon.com
– Fax 04 74 05 08 52 – Fermé 21-27 déc.
34 ch – ♦43/50 € ♦♦50/58 €, ⊐ 9 € – ½ P 48 €
Rest – (fermé sam. soir et dim.) (15 €) Menu 16/38 € – Carte 18/41 €
♦ Bâtisse hôtelière des années 1980 qui propose des chambres fonctionnelles ayant
conservé leur mobilier d'origine. À 50 m, piscine entourée de verdure. Restaurant-véranda
misant sur un buffet d'entrées et une carte traditionnelle simple. Terrasse d'été.

🍴🍴🍴 Jean Brouilly ⓘ ⇔ 🅿 VISA ☎ AE

3 ter r. de Paris – ℘ 04 74 63 24 56 – www.restaurant-brouilly.com
– Fax 04 74 05 05 48 – Fermé dim. soir et lundi
Rest – Menu 28 € (sem.)/72 € – Carte 38/73 €
♦ Cette belle demeure (1906) au cœur d'un parc vous convie à une halte gourmande. Salle
à manger au décor rajeuni ; cuisine classique et cave honorant les vins de Bourgogne.

TARASCON – 13 Bouches-du-Rhône – **340** C3 – 13 376 h. – alt. 8 m **42** E1
– ✉ 13150 ▌ Provence

> 🗗 Paris 702 – Arles 20 – Avignon 24 – Marseille 102
> 🔢 Office de tourisme, 59, rue des Halles ℘ 04 90 91 03 52, Fax 04 90 91 22 96
> ◎ Château du roi René★★ : ※★★ - Église Ste-Marthe★ - Musée Charles-
> Deméry★ (Souleïado).

🏠 Les Échevins �’ & ch, Ⓜ rest, ℡ ☕ VISA ☎ ①

26 bd Itam – ℘ 04 90 91 01 70 – www.hotel-echevins.com – Fax 04 90 43 50 44
– Ouvert de Pâques à la Toussaint
40 ch – ♦58 € ♦♦65/75 €, ⊐ 11 €
Rest *Le Mistral* – ℘ 04 90 91 27 62 (fermé sam. midi et merc.) (16 €)
Menu 19/25 € – Carte 30/40 €
♦ Les "Tartarins" en route pour l'Afrique feront étape en cette demeure du 17ᵉ s. à l'am-
biance familiale. Bel escalier à rampe forgée et chambres modestes mais bien tenues. Joli
restaurant-véranda très coloré et cuisine traditionnelle caressée par le mistral.

par ① 2 km au Sud par D 35 et D 970 - ✉ 13150 Tarascon

🏡 Le Mas des Comtes de Provence ⌘ ⓘ ℡ Ⓜ 🅿 VISA ☎

petite rte d'Arles – ℘ 04 90 91 00 13 – www.mas-provence.com
– Fax 04 90 91 02 85
9 ch – ♦145/205 € ♦♦145/205 €, ⊐ 13 €
Table d'hôte – Menu 25 € (déj.)/40 €
♦ Tout simplement superbe ! Ce mas du 15ᵉ s. recèle de magnifiques meubles anciens,
dignes d'un musée. Les chambres sont de vrais petits joyaux. Parc et vaste piscine à l'avenant.

TARASCON-SUR-ARIÈGE – 09 Ariège – **343** H7 – 3 489 h. **29** C3
– alt. 474 m – ✉ 09400 ▌ Midi-Toulousain

> 🗗 Paris 777 – Ax-les-Thermes 27 – Foix 18 – Lavelanet 30
> 🔢 Office de tourisme, avenue Paul Joucla ℘ 05 61 05 94 94, Fax 05 61 05 57 79
> ◎ Parc pyrénéen de l'art préhistorique★★ O : 3 km - Grotte de Niaux★★
> (dessins préhistoriques) SO : 4 km - Grotte de Lombrives★ S : 3 km par N 20.

à Rabat-les-Trois-Seigneurs 5,5 km au Nord-Ouest par D 618 et D 223
– ☒ 09400

La Table de la Ramade

✗ 🛏 VISA ☒

r. des Écoles – ☎ 05 61 64 94 32 – www.latabledelaramade.com – Fermé
27 sept.-14 oct., dim. soir et lundi

Rest – Menu 18/35 € – Carte 28/47 €

♦ Restaurant de village dont le jeune chef mitonne une alléchante cuisine actuelle sur base
traditionnelle, relevée d'une touche épicée. Salle en étage et terrasse tropézienne.

TARBES ℗ – 65 Hautes-Pyrénées – 342 M5 – 45 433 h. –
28 A3
Agglo. 109 892 h. – alt. 320 m – ☒ 65000 ▮ Midi-Toulousain

▶ Paris 831 – Bordeaux 218 – Lourdes 19 – Pau 44

🛬 de Tarbes-Lourdes-Pyrénées : ☎ 05 62 32 92 22, par ④ : 9 km.

🚆 ☎ 3635 et tapez 42 (0,34 €/mn)

🛈 Office de tourisme, 3, cours Gambetta ☎ 05 62 51 30 31, Fax 05 62 44 17 63

🏌18 de Tarbes les Tumulus à Laloubère 1 rue du Bois, par rte de Bagnères-de-
Bigorre : 2 km, ☎ 05 62 45 14 50

🏇 Hippodrome de La Loubère à Laloubère Rue de la Châtaigneraie, par rte
de Bagnères-de-Bigorre : 3 km, ☎ 05 62 45 07 10

◎ Jardin Massey★ ABY - Haras★ AZ.

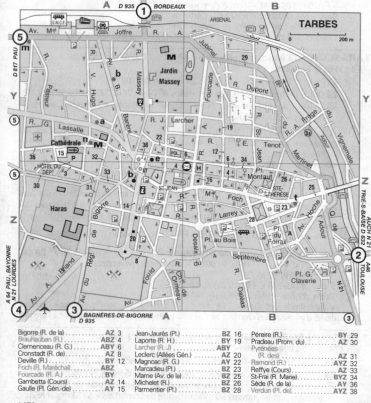

Bigorre (R. de la)	**AZ** 3	Jean-Jaurès (Pl.)	**BZ** 16	Péreire (R.)	**BY** 29
Brauhauban (R.)	**ABZ** 4	Laporte (R. H.)	**BY** 19	Pradeau (Prom. du)	**AZ** 30
Clemenceau (R. G.)	**ABY** 6	Larcher (R. J)	**ABY**	Pyrénées
Cronstadt (R. de)	**AZ** 8	Leclerc (Allées Gén.)	**AZ** 20	(R. des)	**AZ** 31
Deville (R.)	**BY** 12	Magnoac (R. G.)	**AYZ** 22	Ramond (R.)	**AYZ** 32
Foch (R. Maréchal)	**ABZ**	Marcadieu (Pl.)	**BZ** 23	Reffye (Cours)	**AZ** 33
Fourcade (R. A.)	**BY**	Marne (Av. de la)	**BZ** 25	St-Frai (R. Marie)	**BYZ** 34
Gambetta (Cours)	**AZ** 14	Michelet (R.)	**BZ** 26	Sède (R. de la)	**AY** 36
Gaulle (Pl. Gén.-de)	**AY** 15	Parmentier (Pl.)	**BZ** 28	Verdun (Pl. de)	**AYZ** 38

Le Rex Hotel
`[icons] rest, [icons] VISA AE`

10 cours Gambetta – ℰ 05 62 54 44 44 – www.lerexhotel.com
– Fax 05 62 54 45 45

AZ**b**

98 ch – ❙150/380 € ❙❙150/380 €, ☲ 15 €
Rest – *(fermé dim.)* Menu 22/45 € – Carte 37/53 €

♦ Audacieuse architecture en verre et alu dont la façade s'anime de jeux de lumières la nuit. Chambres ultra modernes où cohabitent des créations de Starck et Panton. Lounge-bar et restaurant au cadre design. Cuisine tendance ; fond musical assorti.

Ibis sans rest
`[icons] P VISA AE`

61 av. de Lourdes par ④ – ℰ 05 62 93 51 18 – www.ibishotel.com
– Fax 05 62 93 78 40

76 ch – ❙56/66 € ❙❙56/66 €, ☲ 8 €

♦ Hôtel entièrement rénové aux portes de la ville. Salon-bar lumineux au mobilier moderne en bois clair. Vastes chambres confortables, et, pour l'été, piscine extérieure.

Foch sans rest
`[icons] VISA AE`

18 pl. de Verdun – ℰ 05 62 93 71 58 – Fax 05 62 93 34 59

AYZ**e**

30 ch – ❙52 € ❙❙56 €, ☲ 8 € – 3 suites

♦ En plein centre, établissement bien insonorisé bordant une place animée. Chambres simples, plus spacieuses et ouvertes sur d'agréables balcons aux deux derniers étages.

XXX L'Ambroisie (Daniel Labarrère)
`[icons] VISA AE`

48 r. Abbé Torné – ℰ 05 62 93 09 34
– www.restaurant-lambroisie.com – Fax 05 62 93 09 24
– Fermé 26 avril-12 mai, 21-29 déc., dim. et lundi

AY**n**

Rest – (25 €) Menu 35 € (sem.)/74 € – Carte 60/80 €

Spéc. Foie gras de canard poêlé aux fruits de la passion. Porc noir gascon en grosse côte grillée et haricots tarbais. Biscuit mi-cru-mi-cuit de chocolat noir sur crème anglaise. **Vins** Madiran.

♦ Une "nourriture divine" qui rime avec savoureuse et fine ! Cette maison de 1882 (ex-presbytère) abrite une belle salle à manger bourgeoise et une terrasse ouverte sur le jardin.

X Le Petit Gourmand
`[icons] VISA AE`

62 av. B. Barère – ℰ 05 62 34 26 86 – Fax 05 62 34 26 86
– Fermé 2 sem. en août, début janv., sam. midi, dim. soir et lundi

AY**b**

Rest – Menu 18/30 €

♦ Accueil sympathique et intérieur chaleureux de style bistrot chic. Cuisine au goût du jour à base de produits frais et jolie sélection de vins du Languedoc-Roussillon.

X Le Fil à la Patte
`[icons] VISA`

30 r. G. Lassalle – ℰ 05 62 93 39 23 – Fax 05 62 93 39 23
– Fermé 8-30 août, sam. midi, dim. et lundi

AY**a**

Rest – (14 €) Menu 17/26 € – Carte environ 29 €

♦ Ici pas de chichi et les habitués l'ont bien compris ! L'ambiance est conviviale dans ce restaurant où l'on s'attable au coude à coude autour de plats du terroir et du marché.

X L'Étoile
`[icons] VISA`

1 av. de la Marne – ℰ 05 62 93 09 30
– Fermé 25 juil.-17 août, dim. et lundi

BZ**t**

Rest – (15 € bc) Menu 24/34 € – Carte 30/48 €

♦ Quartier animé, intérieur bistrot, accueil charmant... et pour l'assiette, un chef passionné qui prépare une cuisine bien de son temps mêlant saveurs du sud, herbes et épices.

X L'Isard
`[icons] VISA`

70 av. Mar.-Joffre – ℰ 05 62 93 06 69
– www.lisard.fr – Fax 05 62 93 06 69
– Fermé 1 sem. en mai, 1 sem. en sept., 1 sem. en janv., dim. soir
et lundi

AY**m**

Rest – (10 €) Menu 12 € (déj. en sem.), 18/27 € – Carte environ 30 €

♦ Cette adresse familiale sert des petits plats traditionnels ou gascons (confit, daube, etc.). Aux beaux jours, attablez-vous en terrasse, face au délicieux jardin potager.

rte de Lourdes par Juillan 4 km par ④ sur D 921^A – ⊠ 65290 Juillan

XXX **L'Aragon** avec ch   🛜 ৬ rest, 🛇 rest, 🟥 🅿 🎫 ⑳ 🆎 ①
2 ter rte de Lourdes – ℰ 05 62 32 07 07 – www.hotel-laragon.com
– Fax 05 62 32 92 50 – Fermé 1ᵉʳ-17 août, 1ᵉʳ-19 janv. et dim. soir
12 ch – ♦49 € ♦♦58 €, ⊆ 7,50 €
Rest – Menu 45/61 € – Carte 40/70 €
Rest Bistrot – (15 € bc) Menu 20 € bc – Carte 24/41 €
♦ Recettes au goût du jour servies dans la salle à manger au cadre contemporain et soigné ou sur la terrasse ombragée. Chaque chambre propose un thème différent (rugby, golf, mer, vin, etc.). Au Bistrot : décor actuel, tables simplement dressées et plats régionaux.

rte de Pau 6 km par ⑤ – ⊠ 65420 Ibos

🏠 **La Chaumière du Bois** 🌫   🛒 🛜 🏊 ৬ ch, ⓦ 🅿 🎫 ⑳ ①
🔗   D 817 – ℰ 05 62 90 03 51 – www.chaumieredubois.com – Fax 05 62 90 05 33
22 ch – ♦62 € ♦♦72 €, ⊆ 8 € – ½ P 65 €
Rest – (fermé 25 avril-4 mai, 29 août-7 sept., 19 déc.-11 janv., dim. soir sauf du 14 juil. au 20 août et lundi) (15 €) Menu 18/29 € – Carte 25/60 €
♦ Ambiance champêtre dans cet hébergement de type motel coiffé de toits en chaume. Les chambres, fonctionnelles, donnent sur l'agréable jardin planté de palmiers et de pins parasols. Salle à manger en rotonde sous une haute charpente et terrasse dressée à l'ombre des arbres.

TAVEL – 30 Gard – **339** N4 – 1 688 h. – alt. 100 m – ⊠ 30126   **23** D2
🚗 Paris 673 – Avignon 15 – Alès 68 – Nîmes 41

🏠 **Les Chambres de Vincent**   🛒 🛜 ⓦ
r. Grillons – ℰ 04 66 50 94 76 – www.chambres-de-vincent.com – Ouvert
8 fév.-8 nov.
5 ch ⊆ – ♦60/70 € ♦♦70/80 €)
Table d'hôte – (fermé mardi) Menu 30/75 € bc
♦ Maison de village régionale abritant de petites chambres colorées et fonctionnelles. Essences de garrigue au jardin ; glycine et muscat ombragent la terrasse. La patronne avignonnaise prépare une bonne cuisine familiale (bouillabaisse sur commande).

XX **Auberge de Tavel** avec ch   🛜 🏊 🎛 rest, ⓦ 🅿 🎫 ⑳ 🆎
Voie Romaine – ℰ 04 66 50 03 41 – www.auberge-de-tavel.com
– Fax 04 66 50 24 44 – Fermé 15-20 nov. et 15 fév.-15 mars
10 ch ⊆ – ♦82/97 € ♦♦114/140 € – 1 suite
Rest – (fermé jeudi midi de mi-oct. à mi-avril et merc.) (20 €) Menu 24/72 €
– Carte 45/61 €
♦ Sous les poutres d'une plaisante salle à manger rustique ou en terrasse, vous partirez à la découverte d'une cuisine actuelle explorant avec bonheur le terroir provençal. Chambres simples au mobilier campagnard. Préférez celles sur l'arrière, plus au calme.

TAVERS – 45 Loiret – **318** G5 – rattaché à Beaugency

TEILHÈDE – 63 Puy-de-Dôme – **326** F7 – 400 h. – alt. 500 m – ⊠ 63460   **5** B2
🚗 Paris 401 – Clermont-Ferrand 31 – Cournon-d'Auvergne 32 – Vichy 45

🏠 **Château des Raynauds** 🌫   🛒 🏊 🅿
Les Raynauds, 2 km à l'Ouest par D 17 – ℰ 04 73 64 30 12
– www.chateau-raynauds.com – Fax 04 73 64 30 12 – Ouvert 2 avril-10 nov.
4 ch ⊆ – ♦78 € ♦♦88 €   **Table d'hôte** – Menu 38 € bc
♦ À deux pas des volcans, un château du 11ᵉ-12ᵉ s. reconverti fin 16ᵉ s. en relais de chasse : escalier à vis, cheminée, mobilier ancien et chambres dotées de grands lits. La table d'hôte de style Louis XIII propose une cuisine traditionnelle.

TENCE – 43 Haute-Loire – **331** H3 – 3 232 h. – alt. 840 m – ⊠ 43190   **6** D3
🗺 Lyon Drôme Ardèche
🚗 Paris 564 – Lamastre 38 – Le Puy-en-Velay 46 – St-Étienne 52
🛈 Office de tourisme, place du Chatiague ℰ 04 71 59 81 99,
Fax 04 71 59 83 50

� **Hostellerie Placide** 🍴 🕸 rest, 🅿 VISA ⓪

av. de la Gare, rte d'Annonay – 𝒞 *04 71 59 82 76 – www.hostellerie-placide.fr*
– Fax 04 71 65 44 46 – Ouvert avril-déc. et fermé lundi et mardi de sept. à juin
12 ch – ♦75/105 € ♦♦75/105 €, ⌷ 10 €

Rest *– (fermé lundi midi et mardi midi en juil.-août)* (13 €) Menu 25/50 €
– Carte 42/58 €

♦ Cette demeure (1902) à la façade végétale servit de relais de diligence. Chambres classiques d'esprit bourgeois ; mobilier de style ou actuel. À table, carte au goût du jour sur base classico-traditionnelle. L'été, apéritif au jardin.

🏠 **Les Prairies** sans rest 🦢 🔊 🕭 🅿

1 r. du Prè-Long, (rte de St-Etienne) – 𝒞 *04 71 56 35 80 – www.lesprairies.com*
– Ouvert 15 avril-1ᵉʳnov.
5 ch ⌷ **–** ♦65 € ♦♦73 €

♦ Agréable maison bourgeoise en pierre (1850) dans un beau parc arboré. Grandes chambres fraîches, lumineuses et personnalisées. Tenue impeccable et accueil charmant.

TENCIN – 38 Isère – **333** I6 – 1 150 h. – alt. 257 m – ⊠ 38570 **46** F2

🚩 Paris 604 – Chambéry 38 – Grenoble 25 – Lyon 137
🛈 Syndicat d'initiative, route du Lac - Grangeneuve 𝒞 04 76 13 00 00,
   Fax 04 76 45 71 92

✕✕ **La Tour des Sens** 🍴 🛋 🕭 🄰🄲 🅿 VISA ⓪ 🄰🄴

La Tour, 1 km rte de Theys – 𝒞 *04 76 04 79 67 – www.latourdessens.fr*
– Fax 04 76 04 79 67 – Fermé 18-26 avril, 8 août-1ᵉʳsept., 24-28 oct., 24-30 déc.,
lundi sauf juin-juil., dim. et fériés
Rest *–* Menu 21 € (déj. en sem.), 34/62 € – Carte 40/80 €

♦ De la terrasse du restaurant, vous pourrez contempler le massif de la Chartreuse. À l'intérieur, des touches de couleurs chaudes viennent égayer le mobilier contemporain en bois sombre. Recettes inventives.

TENDE – 06 Alpes-Maritimes – **341** G3 – 2 025 h. – alt. 815 m **41** D2
– ⊠ 06430 ▮ Côte d'Azur

🚩 Paris 888 – Cuneo 47 – Menton 56 – Nice 78
🛈 Office de tourisme, avenue du 16 septembre 1947 𝒞 04 93 04 73 71,
   Fax 04 93 04 68 77
🔞 de Vievola Hameau de Vievola, N : 5 km par D 6204, 𝒞 04 93 04 88 91
◉ Site★ - veille ville★ - Fresques★★★ de la chapelle Notre-Dame des
   fontaines★★ SE : 11 km.

à St-Dalmas-de-Tende 4 km au Sud par D 6204 – ⊠ 06430

🏠 **Le Prieuré** 🦢 🚝 🛋 🕭 rest, 🛗 🅿 VISA ⓪ 🄰🄴
🔗
r. J. Médecin – 𝒞 *04 93 04 75 70 – www.leprieure.org – Fax 04 93 04 71 58*
24 ch – ♦47/63 € ♦♦54/71 €, ⌷ 8 € – ½ P 70/86 €
Rest *– (fermé 25 déc.-1ᵉʳ janv.)* (10 €) Menu 19/24 € – Carte 18/45 €

♦ Le hameau est célèbre pour sa gare monumentale bâtie sur les ordres de Mussolini. Cet ancien prieuré, qui accueille un ESAT, abrite des chambres simples et rustiques. Plats traditionnels servis dans une salle voûtée ou en terrasse, sous la treille.

à la Brigue 6,5 km au Sud-Est par D 6204 et D 43 – 630 h. – alt. 810 m – ⊠ 06430

🛈 Office de tourisme, 26, avenue du Général de Gaulle 𝒞04 93 79 09 34,
   Fax 04 93 79 09 34
◉ Collégiale St-Martin★.

🏠 **Mirval** 🦢 ⟨ 🚝 🅿 VISA ⓪
🔗
3 r. Ferrier – 𝒞 *04 93 04 63 71 – www.lemirval.com – Fax 04 93 04 79 81*
– Ouvert 1ᵉʳ avril-2 nov.
18 ch – ♦47/49 € ♦♦47/75 €, ⌷ 8,50 € – ½ P 47/65 €
Rest *– (fermé le midi sauf week-ends et fériés)* Menu 19/24 €

♦ Un joli pont de pierres enjambant une rivière poissonneuse donne accès à cette accueillante auberge de montagne (19ᵉ s.). Chambres fonctionnelles nettes ; patron randonneur. Salle à manger contemporaine et véranda tournées vers les sommets ; cuisine régionale simple.

à Casterino 15 km au Nord-Ouest par D 91 – ⊠ 06430 Tende

⚏ **Chamois d'Or** ⅋   ⇐ 🚗 🛋 📶 🅿 🚐 VISA ⓪ AE ⓪
Casterino – 𝒞 *04 93 04 66 66 – www.hotelchamoisdor.net – Fax 04 93 04 66 68*
22 ch – ♦75/90 € ♦♦100/130 €, � 13 € – ½ P 95/105 €
Rest – Menu 28 € (sem.)/40 € – Carte 35/40 €
♦ Au cœur de la vallée des Merveilles, ce chalet fait face à la montagne et au torrent. Intérieur cossu et élégant ; chambres spacieuses et bien équipées (certaines avec terrasse). Salle à manger d'esprit rustique dotée d'une belle cheminée, cuisine créative.

✗ **Les Mélèzes** avec ch ⅋   ⇐ 𝒮 ch, 🅿 VISA ⓪
– 𝒞 04 93 04 95 95 – Fax 04 93 04 95 96 – fermé 15 nov.-27 déc.
10 ch – ♦52 € ♦♦52 €, � 7 €
Rest – *(fermé mardi soir et merc. hors saison et vacances scolaires)*
Menu 20/25 € – Carte 29/52 €
♦ Une petite adresse sympathique au décor régional, idéalement située pour randonner dans le massif du Mercantour. On y déguste des plats du terroir faits maison. Chambres simples et bien tenues.

TERRASSON-LAVILLEDIEU – 24 Dordogne – **329** I5 – 6 236 h.   **4 D1**
– alt. 90 m – ⊠ 24120 ▯ Périgord Quercy

❱ Paris 497 – Brive-la-Gaillarde 22 – Lanouaille 44 – Périgueux 53
ℹ Office de tourisme, Rue Jean Rouby 𝒞 05 53 50 86 82, Fax 05 53 50 55 61
◉ Les jardins de l'imaginaire★.

✗✗✗ **L'Imaginaire** (Éric Samson) avec ch ⅋   🛋 AC ch, ºfº 🅿 VISA ⓪ AE
Ⱂ *pl. du Foirail, (direction église St-Sour) – 𝒞 05 53 51 37 27*
– www.l-imaginaire.com – Fax 05 53 51 60 37 – Fermé 3-11 mars,
14 nov.-10 déc., 3-15 janv., mardi midi et dim. soir de sept. à juin et lundi
7 ch – ♦85/155 € ♦♦85/155 €, ⊂ 12 € – ½ P 97/128 €
Rest – (25 €) Menu 31 € (sem.)/65 € – Carte 43/53 €
Spéc. Grillade de foie gras, caramel fruit de la passion et sorbet litchi (mai à sept.). Pomme de ris de veau, câpres-curry-citron confit et légumes nouveaux (avril à oct.). Macaron tendre framboise, mascarpone citron et sorbet basilic (mai à août). **Vins** Côtes de Bergerac, Rosette.
♦ Plaisirs des yeux et du palais rivalisent dans la salle à manger voûtée, ex-hospice du 17ᵉ s. Mise en place élégante et cuisine au goût du jour soignée. Les belles chambres déclinent des tons reposants, allant de l'écru au beige, et offrent un confort moderne.

TERRAUBE – 32 Gers – **336** F6 – 388 h. – alt. 150 m – ⊠ 32700   **28 B2**
❱ Paris 721 – Toulouse 114 – Auch 43 – Agen 48

⌂ **Maison Ardure** ⅋   ⌀ 🚗 ⊼ ⅃₆ & AC ºfº 🅿 VISA ⓪
2 km par D 42 rte de Lectoure – 𝒞 05 62 68 59 56 – www.ardure.fr
– Fax 05 62 68 97 61 – Fermé 3 janv.-1ᵉʳ avril, 3-12 mai, 25-31 mai,
1ᵉʳ oct.-25 déc. sauf vacances de la Toussaint
5 ch ⊂ – ♦85 € ♦♦90 €   **Table d'hôte** – Menu 30 € bc
♦ Superbe manoir gascon du 17ᵉ s. entouré d'un joli parc planté d'arbres fruitiers. Chambres décorées avec goût selon des thèmes régionaux ou voyageurs. Beaux espaces de détente. Le soir, découvrez à la table d'hôte une cuisine créative inspirée du terroir.

TERTENOZ – 74 Haute-Savoie – **328** K6 – rattaché à Faverges

---

TÉTEGHEM – 59 Nord – **302** C1 – rattaché à Dunkerque

TEYSSODE – 81 Tarn – **338** D9 – 345 h. – alt. 270 m – ⊠ 81220   **29 C2**
❱ Paris 699 – Albi 54 – Castres 27 – Toulouse 51

⌂ **Domaine d'En Naudet** sans rest ⅋   🚗 ⊼ ⅃₆ ºfº 𝒮 🅿 VISA ⓪
D 43 – 𝒞 05 63 70 50 59 – www.domainenaudet.com – Fermé 5 janv.-28 fév.
5 ch ⊂ – ♦78/89 € ♦♦89/98 €
♦ Cette demeure de caractère perchée sur une colline domine la campagne et jouit d'une grande tranquillité. Belles chambres rustiques chic, salle de sport, joli jardin. Accueil charmant.

THANN 🔭 – **68** Haut-Rhin – **315** G10 – **7 981** h. – alt. **343** m – ⊠ **68800**   **1** A3
📗 Alsace Lorraine

▶ Paris 464 – Belfort 42 – Colmar 44 – Épinal 87

🔢 Office de tourisme, 7, rue de la 1ère Armée 𝒞 03 89 37 96 20,
Fax 03 89 37 04 58

◎ Collégiale St-Thiébaut★★ - Grand Ballon ❄★★★ N : 19 km.

🏨 **Le Parc** ❀   🚗 🎱 ⌧ ♨ 📶 ⚙ 🅿 VISA ⊕⊕
23 r. Kléber – 𝒞 03 89 37 37 47 – www.alsacehotel.com – Fax 03 89 37 56 23
– Fermé 3-30 janv.
21 ch – †69/169 € ††79/189 €, ⌕ 16 € – ½ P 82/142 €
Rest – (19 € bc) Menu 28/45 € – Carte 49/68 €
♦ Dans un parc arboré, une belle maison bourgeoise du début du 20ᵉ s. aux allures de petit
palais : salon noble et raffiné, jolies chambres personnalisées et bien tenues. Lumineuse salle
à manger, paisible terrasse d'été et cuisine traditionnelle.

🏠 **Aux Sapins** ❀   🎱 ♿ ch, 📶 🅿 VISA ⊕⊕ ⓘ
⊝   3 r. Jeanne d'Arc – 𝒞 03 89 37 10 96 – www.auxsapinshotel.fr
📺   – Fax 03 89 37 23 83 – Fermé 24 déc.-3 janv.
17 ch ⌕ – †42 € ††52 € – ½ P 53 €
Rest – (fermé 1ᵉʳ-16 août, 24 déc.-3 janv. et sam.) (11 €) Menu 19 € (déj. en
sem.), 26/35 € – Carte 21/45 €
♦ Quelques sapins ombragent cette bâtisse construite en 1971, légèrement excentrée.
Accueil soigné et chambres personnalisées aux tons pastel. Vous goûterez une cuisine traditionnelle dans un cadre contemporain ou dans un coquet bistrot façon winstub.

THANNENKIRCH – **68** Haut-Rhin – **315** H7 – **494** h. – alt. **520** m   **2** C2
– ⊠ **68590** 📗 Alsace Lorraine

▶ Paris 436 – Colmar 25 – St-Dié 40 – Sélestat 17

◎ Route★ de Schaentzel (D 48¹) N : 3 km.

🏨 **Auberge La Meunière** ❀   ⬅ 🎱 📶 🏨 ♿ ch, 🏨 🅿 🛰 VISA ⊕⊕ AE
⊝   30 r. Ste Anne – 𝒞 03 89 73 10 47 – www.aubergelameuniere.com
– Fax 03 89 73 12 31 – Ouvert 16 mars-22 déc.
25 ch ⌕ – †62 € ††72/140 € – ½ P 51/85 €
Rest – (12 €) Menu 16 € (sem.)/39 € – Carte 36/55 €
♦ Les styles rustique et contemporain se marient bien dans cette ravissante auberge. Les cham-
bres, spacieuses et souvent dotées d'un balcon, offrent de belles échappées sur la campagne.
Chaleureuse salle à manger, terrasse panoramique et carte saisonnière à l'accent régional.

🏨 **Touring-Hôtel** ❀   ⬅ 🚗 ⌧ 📶 🏨 📶 🏨 🅿 VISA ⊕⊕ AE
⊝   2 rte du Haut Koenigsbourg – 𝒞 03 89 73 10 01 – www.touringhotel.com
– Fax 03 89 73 11 79 – Fermé 4 janv.-20 mars
44 ch – †59/69 € ††59/145 €, ⌕ 10 € – ½ P 59/109 €
Rest – Menu 19/38 € – Carte 21/45 €
♦ Grand hôtel familial blotti dans le village, au pied du massif du Taennchel. Chambres à
l'alsacienne, très coquettes. Espace wellness. Buffet campagnard au petit-déjeuner. À table,
on privilégie recettes et vins régionaux.

LE THEIL – **15** Cantal – **330** C4 – **rattaché à Salers**

LE THEIL – **03** Allier – **326** F4 – **393** h. – alt. **450** m – ⊠ **03240**   **5** B1
▶ Paris 343 – Clermont-Ferrand 92 – Montluçon 46 – Vichy 43

🏠 **Château du Max** ❀   🚗 🅿
2 km au Nord-Ouest par D 129 – 𝒞 04 70 42 35 23 – www.chateaudumax.com
– Fax 04 70 42 34 90
4 ch ⌕ – †60/70 € ††70/90 € – ½ P 80 €
Table d'hôte – Menu 20 € bc/28 € bc
♦ Château des 13ᵉ et 15ᵉ s. entouré de douves. Les chambres et les suites ont été aménagées avec goût par la propriétaire, ancienne décoratrice de théâtre. À table, plats du terroir
servis dans un cadre médiéval de toute beauté.

THÉNAC – **17** Charente-Maritime – **329** D7 – **rattaché à Saintes**

THENAY – 36 Indre – 323 E7 – 873 h. – alt. 120 m – ⊠ 36800 11 B3

▶ Paris 299 – Châteauroux 33 – Limoges 104 – Le Blanc 30

X **Auberge de Thenay** ⌂ VISA ⓪⓪

*23 r. R. d'Helbingue – ℰ 02 54 47 99 00 – www.auberge-de-thenay.fr
– Fermé 29 août-12 sept., 19-31 janv., dim. soir et lundi*
Rest – *(nombre de couverts limité, prévenir)* (11 € bc) Menu 24 € (dîner),
27/34 € bc ⅋

♦ Menus composés autour d'une viande rôtie à la broche et beau choix de vins. Le propriétaire organise régulièrement des soirées irlandaises et écossaises (carte de whiskies).

THÉOULE-SUR-MER – 06 Alpes-Maritimes – 341 C6 – 1 499 h. 42 E2
– ⊠ 06590 ▌ Côte d'Azur

▶ Paris 895 – Cannes 11 – Draguignan 58 – Nice 42

🛈 Office de tourisme, 1, corniche d'Or ℰ 04 93 49 28 28, Fax 04 93 49 00 04

◙ Massif de l'Estérel ★★★.

XX **Chez Philippe** ⌂ VISA ⓪⓪ AE

*au port – ℰ 04 93 49 87 13 – www.restaurantchezphilippe.com – Fermé lundi de
mi-sept. à mi-juin*
Rest – Menu 28 € (déj.), 38/48 € – Carte 35/65 €

♦ Les arrivages journaliers de produits de la mer, en grande partie locaux, garantissent la
fraîcheur des préparations. Salle élégante et baies vitrées ouvrant sur les flots.

à Miramar 5 km par D 6098 - rte de St-Raphaël – ⊠ 06590 Theoule sur Mer
▌ Côte d'Azur

◙ Pointe de l'Esquilon ≤★★ NE : 1 km puis 15 mn.

🏨 **Miramar Beach** ≤ ⌂ ⌂ ☉ ⬜ fᴐ ✗ |✦| & ch. AK 🕭 ḽ P

47 av. Miramar – ℰ 04 93 75 05 05 VISA ⓪⓪ AE ⓪
– www.tiara-hotels.com – Fax 04 93 75 44 83
56 ch – ❶155/800 €, ❶❶155/800 €, � 19 € – 5 suites
Rest L'Étoile des Mers – (29 €) Menu 39/89 € – Carte 78/88 €

♦ Le charme de cet établissement tient à sa superbe situation au creux d'une calanque de
roches rouges. Chambres provençales raffinées et magnifique spa décoré à l'orientale. Cuisine
actuelle servie au restaurant panoramique ou en terrasse l'été.

🏨 **Tiara Yaktsa** ⌂ ≤ ⌂ ⌂ ⬜ fᴐ |✦| 🕭 P VISA ⓪⓪ AE ⓪

*6 bd de L'Esquillon – ℰ 04 92 28 60 30 – www.tiara-hotels.com
– Fax 04 92 28 46 46 – Ouvert 15 fév.-1er nov.*
21 ch – ❶167/1060 €, ❶❶167/1060 €, ⊂ 29 € **Rest** – Menu 55 €

♦ Accrochée à la falaise, cette demeure abrite des chambres luxueuses qui marient l'Orient
et la Méditerranée. Cadre sublime (jardin luxuriant, piscine à débordement). Cuisine inspirée
par les saveurs du monde et terrasse largement ouverte sur la mer.

THÉRONDELS – 12 Aveyron – 338 I1 – 486 h. – alt. 965 m – ⊠ 12600 29 D1

▶ Paris 561 – Aurillac 44 – Chaudes-Aigues 48 – Murat 43

🏠 **Miquel** ⌂ ⌂ ⬜ 🕭 P VISA ⓪⓪
⊜ *le bourg – ℰ 05 65 66 02 72 – www.hotel-miquel.com – Fax 05 65 66 19 84*
16 ch – ❶65/80 €, ❶❶65/80 €, ⊂ 8 €
Rest – Menu 18 € bc (déj. en sem.), 28/36 €

♦ Bâtisse du début du 20e s. aux chambres actuelles, donnant sur le jardin (piscine) ou sur la
place du village. Restaurant au cadre contemporain (tons chocolat), avec une terrasse sous
une tonnelle ; cuisine à l'accent aveyronnais.

THIAIS – 94 Val-de-Marne – 312 D3 – 101 26 – rattaché à Paris, Environs

THIERS ⬤ – 63 Puy-de-Dôme – 326 I7 – 12 194 h. – alt. 420 m 6 C2
– ⊠ 63300 ▌ Auvergne

▶ Paris 388 – Clermont-Ferrand 43 – Lyon 133 – St-Étienne 108

🛈 Office de tourisme, maison du Pirou ℰ 04 73 80 65 65, Fax 04 73 80 01 32

◙ Site ★★ - Le Vieux Thiers ★ : Maison du Pirou ★ **N** - Terrasse du Rempart
⁂★ - Rocher de Borbes ≤★ S : 3,5 km par D 102.

🏠 **L'Aigle d'Or** ⁽ᵖ⁾ 🛎 VISA ◉◉
8 r. de Lyon – ℰ 04 73 80 00 50 – www.aigle-dor.com – Fax 04 73 80 17 00
– Fermé 25 oct.-17 nov., 15 fév.-1ᵉʳ mars, lundi midi, sam. midi et dim.
18 ch – ♦53 € ♦♦59/65 €, ☑ 7 €
Rest – (10 €) Menu 18 € (sem.)/27 € – Carte 27/48 €
♦ Cet établissement fondé en 1836 abrite un confortable salon feutré et des chambres bien insonorisées. Cadre du 19ᵉ s. et meubles rustiques dans la salle de restaurant où l'on propose une cuisine traditionnelle.

à Pont-de-Dore Sud-Ouest 6 km par D 2089 – ⊠ 63920 Peschadoires

🏠 **Eliotel** 🚗 🏠 ⁽ᵖ⁾ 🅿 VISA ◉◉
rte de Maringues – ℰ 04 73 80 10 14 – www.eliotel.fr – Fax 04 73 80 51 02
– Fermé 2-13 août et 24 déc.-12 janv.
12 ch – ♦60/76 € ♦♦60/76 €, ☑ 8 € – ½ P 60/68 €
Rest – (18 €) Menu 20 € bc (sem.)/55 € – Carte 32/53 €
♦ Un établissement sympathique tenu par un passionné de coutellerie thiernoise (vitrine de présentation et site Internet). Chambres de bonne ampleur, demandez les plus récentes. Le chef, originaire d'Armorique, mitonne recettes auvergnates et spécialités bretonnes.

THIÉZAC – 15 Cantal – 330 E4 – 602 h. – alt. 805 m – ⊠ 15800 ▌Auvergne 5 B3
▶ Paris 542 – Aurillac 26 – Murat 23 – Vic-sur-Cère 7
🅸 Office de tourisme, le Bourg ℰ 04 71 47 03 50, Fax 04 71 47 03 83
◎ Pas de Compaing★ NE : 3 km.

🏠 **Le Casteltinet** ⩤ 🏠 ▐♠▌ ⁽ᵖ⁾ 🅿 VISA ◉◉ AE
Grand-Rue – ℰ 04 71 47 00 60 – www.casteltinet.com – Fax 04 71 47 04 08
– Fermé nov.
21 ch – ♦45/55 € ♦♦45/55 €, ☑ 9 € – ½ P 50/55 €
Rest – (fermé mardi midi, dim. soir et lundi) Menu 14 € (sem.)/55 € – Carte 17/52 €
♦ Cure de jouvence réussie pour cette agréable maison. Chambres variées (styles rural, ethnique...), certaines avec balcon et vue imprenable sur les monts du Cantal. Plats traditionnels mis au goût du jour, servis dans une salle rustique tournée vers la vallée.

LE THILLOT – 88 Vosges – 314 I5 – 3 745 h. – alt. 495 m – ⊠ 88160 27 C3
▌Alsace Lorraine
▶ Paris 434 – Belfort 46 – Colmar 72 – Épinal 49
🅸 Office de tourisme, 11, av. de Verdun ℰ 03 29 25 28 61, Fax 03 29 25 38 39

au Ménil 3,5 km au Nord-Est par D 486 – 1 180 h. – alt. 524 m – ⊠ 88160

🏠🏠 **Les Sapins** 🚗 🏠 ⴺ ⁽ᵖ⁾ 🅿 VISA ◉◉ AE
60 Gde Rue – ℰ 03 29 25 02 46 – www.hotel-les-sapins.fr – Fax 03 29 25 80 23
– Fermé 28 juin-8 juil., 22 nov.-17 déc., dim. soir et lundi midi
22 ch – ♦47 € ♦♦54/69 €, ☑ 9 € – ½ P 52/64 €
Rest – (12 €) Menu 19/43 € – Carte 30/45 €
♦ L'architecture originale, l'aménagement des chambres – romantiques ou exotiques –, le bon accueil et la vente de confitures artisanales font l'attrait du lieu. Le restaurant propose une cuisine au goût du jour dans un cadre profitant d'exposition de tableaux.

THIONVILLE ⬲ – 57 Moselle – 307 I2 – 41 127 h. 26 B1
– Agglo. 130 480 h. – alt. 155 m – ⊠ 57100 ▌Alsace Lorraine
▶ Paris 339 – Luxembourg 32 – Metz 30 – Nancy 84
🅸 Office de tourisme, 16, rue du vieux collège ℰ 03 82 53 33 18, Fax 03 82 53 15 55
◎ Château de la Grange★.

Plans pages suivantes

🏠 **Des Oliviers** sans rest 🕸 ⁽ᵖ⁾ VISA ◉◉
1 r. du Four Banal – ℰ 03 82 53 70 27 – www.hoteldesoliviers.com
– Fax 03 82 53 23 34 – Fermé 21 déc.-3 janv. DYn
26 ch – ♦55 € ♦♦60 €, ☑ 8 €
♦ Petit hôtel familial situé dans une rue piétonne du centre. Chambres peu spacieuses mais fonctionnelles, à la tenue irréprochable. L'été, petit-déjeuner en terrasse.

THIONVILLE

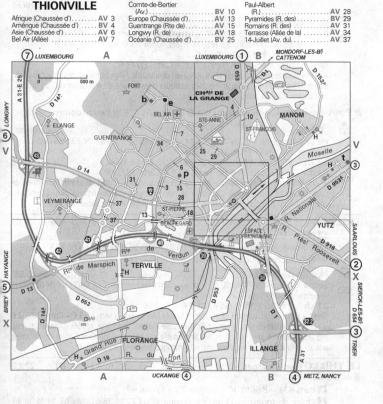

🏠 **Du Parc** sans rest
10 pl. de la République
– ℰ *03 82 82 80 80*
– *www.hoteldu-parc.com*
– *Fax 03 82 82 71 82*   CZ**a**
41 ch – ✝55/62 € ✝✝55/62 €, ☲ 8,50 €
♦ Proche du centre-ville, immeuble du début du 20ᵉ s. tourné vers un petit parc public. Les chambres, pratiques et toutes semblables, se répartissent sur six étages.

XXX **Aux Poulbots Gourmets**
9 pl. aux Fleurs
– ℰ *03 82 88 10 91*
– *www.poulbotsgourmets.com*
– *Fax 03 82 88 42 76*
– *Fermé 14-21 avril, 27 juil.-16 août, 1ᵉʳ-15 janv., sam. midi, dim. soir, merc.
soir et lundi*   AV**p**
Rest – Menu 40/65 € – Carte 41/75 €
♦ La réputation de cette table d'inspiration classique n'est plus à faire. Grandes baies vitrées, chaises Lloyd Loom et lustres modernes participent au charme contemporain du lieu.

X **Au Petit Chez Soi**
23 r. du Luxembourg
– ℰ *03 82 53 62 96*
– *Fermé 1ᵉʳ-25 août, 23 déc.-8 janv., merc. soir, dim. et lundi*   DY**t**
Rest – (19 €) Menu 29/39 € – Carte 52/75 €
♦ Sympathique petit restaurant d'allure bistrot, installé dans une maison ancienne (18ᵉ s.) du centre piétonnier. Cuisine traditionnelle et boutique-traiteur juste en face.

au Crève-Coeur – ⊠ 57100 Thionville

L'Horizon 🕭
50 rte du Crève Coeur – ℰ 03 82 88 53 65
– www.lhorizon.fr – Fax 03 82 34 55 84
– Fermé 20 déc.-20 janv. et dim. soir de nov. à mars   AV**e**
13 ch – ♦98/164 € ♦♦98/164 €, ⊊ 14 € – ½ P 142/172 €
Rest – *(fermé dim. soir de nov. à mars, lundi midi, mardi midi, vend. midi et sam. midi)* Menu 36 € (sem.)/58 € – Carte 52/62 €
♦ Belle demeure tapissée de vigne vierge et entourée de jardins fleuris. Ambiance feutrée, chambres soignées, salons raffinés et bar panoramique. Table classique par sa cuisine et son décor. Tapisserie d'Aubusson en salle ; belle vue dominant la ville.

Auberge du Crève-Cœur
9 Le Crève-Coeur – ℰ 03 82 88 50 52
– www.aubergeducrevecoeur.com – Fax 03 82 34 89 06
– Fermé dim. soir, lundi soir et merc. soir   AV**b**
Rest – (26 € bc) Menu 32/68 € bc – Carte 40/65 €
♦ La même famille tient cette auberge depuis 1899. Décor vigneron (tapisseries, tonneaux, pressoir géant du 18ᵉ s.), généreuse cuisine du terroir et terrasse dominant Thionville.

THIRON-GARDAIS – 28 Eure-et-Loir – **311** C6 – 1 103 h. – alt. 237 m   **11 B1**
– ⊠ 28480

   ◗ Paris 148 – Chartres 48 – Lucé 46 – Orléans 95
   🛈 Syndicat d'initiative, 11, rue du Commerce ℰ 02 37 49 49 01,
    Fax 02 37 49 49 07

✗ **La Forge** 🍴 ⌂ *VISA* ⬤⬤
☙ 1 r. Alfred Chasseriaud – 𝒞 02 37 49 42 30 – www.a-la-forge.com – Fermé lundi
et le soir sauf vend. et sam.
Rest – Menu 13 € (déj. en sem.), 27/88 € – Carte 35/60 €
♦ Le chef, également artiste peintre, expose ses œuvres dans son restaurant occupant les
forges d'une abbaye du 16ᵉ s. Menu du jour en semaine, choix plus étoffé le week-end.

THIVIERS – 24 Dordogne – **329** G3 – 3 163 h. – alt. 273 m – ⊠ 24800   **4** C1
▌ Périgord Quercy

▶ Paris 449 – Brive-la-Gaillarde 81 – Limoges 62 – Périgueux 34
🅳 Office de tourisme, pl. du Marechal Foch 𝒞 05 53 55 12 50, Fax 05 53 55 12 50

🏠 **De France et de Russie** sans rest 🍴 ⁽ᵗ⁾ *VISA* ⬤⬤
51 r. Gén. Lamy – 𝒞 05 53 55 17 80 – www.thiviers-hotel.com – Fax 05 53 55 01 42
10 ch – †45/70 € ††45/70 €, ⊑ 7 €
♦ L'enseigne évoque la russophilie de Thiviers dont le foie gras était fort apprécié à la cour
du tsar. Chambres coquettes, cadre rustique doté de mobilier anglais. Jardinet fleuri.

THIZY – 69 Rhône – **327** E3 – 2 456 h. – alt. 553 m – ⊠ 69240   **44** A1
▶ Paris 414 – Lyon 65 – Montbrison 74 – Roanne 22
🅳 Office de tourisme, r.43, rue Jean Jaurès 𝒞 04 74 64 35 23

🏨 **La Terrasse** 🌿 ⬅ 🍴 🖥 ⬤ ⁽ᵗ⁾ ♨ 🅿 *VISA* ⬤⬤
☙ Le bourg Marnand, 2 km au Nord-Est par D 94 – 𝒞 04 74 64 19 22
🍽 – www.laterrasse-marnand.com – Fax 04 74 64 25 95 – Fermé vacances de la
Toussaint, vacances de fév. et dim. soir sauf été
10 ch – †42 € ††49 €, ⊑ 6 € – ½ P 47 €
Rest – (fermé dim. soir et lundi sauf été) (11 €) Menu 17 € (sem.)/65 €
– Carte 40/61 €
♦ Ancienne usine textile convertie en hôtel. Les jolies chambres, ouvertes sur le jardin, por-
tent le nom de plantes aromatiques et sont personnalisées avec goût. Salles à manger cocooning pour savourer une cuisine actuelle faite à base de produits du jardin.

THOIRY – 01 Ain – **328** I3 – 4 746 h. – alt. 500 m – ⊠ 01710   **45** C1
▶ Paris 523 – Bellegarde-sur-Valserine 27 – Bourg-en-Bresse 99 – Gex 13

🏨 **Holiday Inn** 🍴 ✗ 🖥 ⬤ 🆎 ⁽ᵗ⁾ ♨ 🅿 *VISA* ⬤⬤ 🆎 ⓪
av. Mont-Blanc – 𝒞 04 50 99 19 99 – www.holiday-inn.com/thoiryfrance
– Fax 04 50 42 27 40
95 ch – †99/300 € ††99/300 €, ⊑ 16 €   **Rest** – (fermé sam. midi et dim. midi)
(17 €) Menu 20 € (déj.)/25 € – Carte 25/33 € le soir
♦ Jouxtant la frontière suisse et l'aéroport de Genève, cet hôtel (un peu daté dans son décor
mais bien tenu) constitue une bonne étape pour la clientèle d'affaires internationale. Confortable salle à manger en bois clair ; formules rapides et buffets, semaines à thèmes.

✗✗✗ **Les Cépages** (Jean-Pierre Delessderrier) 🍴 🖥 *VISA* ⬤⬤
❀ 465 r. Briand Stresemann – 𝒞 04 50 20 83 85 – www.lescepages.com
– Fax 04 50 41 24 58 – Fermé dim. soir, lundi et mardi
Rest – (prévenir) Menu 30 € (déj. en sem.), 47/106 € – Carte 70/120 € ❀
Spéc. Nage de homard aux arômes d'Asie. Pigeonneau fermier rôti aux girolles.
Palette de petits desserts. **Vins** Bugey Mondeuse blanche, Bugey Manicle.
♦ Plats classiques soignés à déguster dans une élégante salle contemporaine ou sur la ter-
rasse, face au jardin fleuri, et à escorter d'un cru choisi sur la belle carte des vins.

THOISSEY – 01 Ain – **328** B3 – 1 465 h. – alt. 175 m – ⊠ 01140   **43** E1
▶ Paris 407 – Bourg-en-Bresse 35 – Lyon 55 – Mâcon 19
🅳 Office de tourisme, 37, Grande Rue 𝒞 04 74 04 90 17, Fax 04 74 04 00 67

✗✗ **Côté Saône** 🍴 ✗ 🅿 *VISA* ⬤⬤
☙ au port – 𝒞 04 74 06 62 31 – Fax 04 74 69 79 84 – Fermé 3 sem. en janv., dim.
soir de nov. à avril et lundi
Rest – Menu 13,50 € (déj.), 25/38 €
♦ Belle cuisine traditionnelle qui rend hommage au terroir, servie dans la grande et belle
salle moderne à l'étage ou sur la terrasse, ombragée par des platanes centenaires.

THONES – 74 Haute-Savoie – **328** K5 – 5 813 h. – alt. 650 m – ⊠ 74230   **46** F1

▐ Alpes du Nord

▶ Paris 560 – Lyon 171 – Annecy 21 – Genève 59

🚻 Office de tourisme, place Avet 𝄞 04 50 02 00 26, Fax 04 50 02 11 87

⌂   **Le Clos Zénon** ⌖   ≤ 🖨 ⽤ & ⽤ **P**

rte de Bellossier – 𝄞 04 50 02 10 86 – www.thones-chalet-gite.com
– Fax 04 50 02 10 86 – Ouvert 1ᵉʳ avril-18 déc.

5 ch ⌑ – ⽥55/60 € ⽥⽥65/90 € – ½ P 60/70 €   **Table d'hôte** – Menu 30 € bc

♦ Bonne adresse pour les amoureux de la nature : un chalet récent avec piscine. L'accueil
sympathique, les chambres douillettes, le cadre montagnard sont les autres atouts du lieu.
Repas d'inspiration savoyarde servis dans une salle chaleureuse (belle cheminée).

à La Balme-de-Thuy 2,5 km au Sud-Ouest par D 909 et rte secondaire – 369 h.
– alt. 623 m – ⊠ 74230

⌂   **Le Paddock des Aravis** sans rest ⌖   ≤ 🖨 ⽤

Les Chenalettes, dir. Sappey – 𝄞 04 50 02 98 28 – www.le-paddock-des-aravis.com
5 ch ⌑ – ⽥90/105 € ⽥⽥90/105 €

♦ Haut perchée et isolée, cette ferme jouit d'une belle vue sur la Tournette. Tout y est
douillet et raffiné : intérieur en bois clair et tons écrus, et chambres confortables.

THONON-LES-BAINS 👁 – 74 Haute-Savoie – **328** L2 – 31 213 h.   **46** F1
– alt. 431 m – Stat. therm. : début avril-début déc. – ⊠ 74200 ▐ Alpes du Nord

▶ Paris 568 – Annecy 75 – Chamonix-Mont-Blanc 99 – Genève 34

🚻 Office de tourisme, place du Marché 𝄞 04 50 71 55 55, Fax 04 50 26 68 33

🖼 Évian Masters Golf Club à Évian-les-Bains Rive Sud du Lac de Genève, par
rte d'Évian : 8 km, 𝄞 04 50 75 46 66

◉ Les Belvédères sur le lac Léman★★ ABY - Voûtes★ de l'église St-Hippolyte
- Domaine de Ripaille★ N : 2 km.

Plan page suivante

🏨   **Arc en Ciel** sans rest   🖨 ⽤ ⽤ ⽤ ⽤ **P** ⽤ 🅥🅸🆂🅰 🆟 🅰🅴 🅾

18 pl. Crête – 𝄞 04 50 71 90 63 – www.hotelarcencielthonon.com
– Fax 04 50 26 27 47 – Fermé 25 avril-6 mai et 19 déc.-4 janv.   **BZk**

40 ch – ⽥58/69 € ⽥⽥64/78 €, ⌑ 8 €

♦ Près du centre-ville, hôtel moderne profitant d'un jardin avec piscine. Chambres avec balcon ou terrasse, spacieuses et bien équipées ; certaines disposent d'une kitchenette.

🏨   **À l'Ombre des Marronniers**   🖨 ⽤ ch, ⽤ **P** 🅥🅸🆂🅰 🆟 🅰🅴 🅾
⽤

17 pl. Crête – 𝄞 04 50 71 26 18 – www.hotellesmarronniers.com
– Fax 04 50 26 27 47 – Fermé 25 avril-6 mai et 20 déc.-5 janv.   **BZt**

17 ch – ⽥45/57 € ⽥⽥49/62 €, ⌑ 7 € – ½ P 45/54 €

Rest – (fermé 25 avril-6 mai, 20 déc.-17 janv. et dim. soir du 15 nov. au 21 mai)
Menu 13/33 € – Carte 25/50 €

♦ Les chambres de cet hôtel aux allures de chalet sont quelque peu désuètes, mais fonctionnelles. Salle à manger-véranda et terrasse dressée à l'ombre des marronniers ; cuisine traditionnelle et spécialités montagnardes.

🍴🍴🍴   **Le Prieuré** (Charles Plumex)   ⇔ 🅥🅸🆂🅰 🆟 🅰🅴 🅾
🏵

68 Gde rue – 𝄞 04 50 71 31 89 – Fax 04 50 71 31 09 – Fermé 5-21 avril, 8-24 nov.,
dim. soir, lundi et mardi   **AYf**

Rest – (37 € bc) Menu 38/80 € – Carte 70/95 €

Spéc. Foie gras en fausse poire, acidulée de mûres et canneberges. Arrière de
veau caramélisé, confit de légumes et charlottes rôties. "Soliloque" trois chocolats, mascarpone et purée de pistache. **Vins** Roussette de Savoie Monterminod, Savoie Ripaille.

♦ À l'entrée d'un ancien hôtel particulier, restaurant voûté, habillé de boiseries et décoré de
tableaux contemporains, proposant une cuisine inventive, généreuse et soignée.

🍴🍴   **Les Alpes du Léman**   🅥🅸🆂🅰 🆟

3 bis r. des Italiens – 𝄞 04 50 26 51 24 – Fax 04 50 26 51 24 – Fermé
15 juil.-13 août, dim. soir et merc.   **AZa**

Rest – (nombre de couverts limité, prévenir) (18 €) Menu 25/57 € – Carte 41/62 €

♦ Nouveau décor tendance (tons beige et chocolat) pour ce restaurant familial situé dans
une rue commerçante de la station thermale. Cuisine du marché soignée ; accueil cordial.

Arts (R. des) .... **BZ** 3
Bordeaux (Pl. Henry) ...... **AY** 4
Grande-Rue .... **AYZ**
Granges (R. des) .... **BY** 5
Léman (Av. du) .... **BY** 6
Michaud (R.) .... **AY** 10

Moulin (Pl. Jean) .... **AY** 12
Ratte (Ch.de la) .... **BZ** 13
Trolliettes
  (Bd des) .... **AZ** 15
Ursules (R. des) .... **BY** 16
Vallées (Av. des) .... **BZ** 18

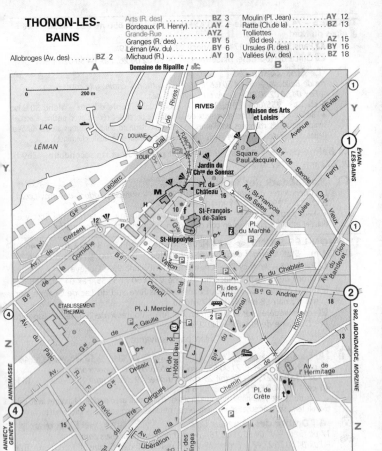

à **Armoy** 7 km au Sud-Est par ② et D 26 – 1 078 h. – alt. 620 m – ⊠ 74200

À l'Écho des Montagnes
– ℰ 04 50 73 94 55 – www.echo-des-montagnes.com – Fax 04 50 70 54 07
– Fermé 4-8 oct., 1ᵉʳ janv.-7 fév.,-7 fév., dim. soir et lundi sauf de juin à août
47 ch – ♦34 € ♦♦52/54 €, ⊇ 8 € – ½ P 52 €
Rest – Menu 16 € (sem.)/40 € – Carte 30/70 €

♦ Accueil familial dans cette imposante maison de la fin du 19ᵉ s. Chambres simples et fonctionnelles, un peu plus grandes à l'annexe. Le restaurant lambrissé est chaleureux et la cuisine régionale copieusement servie. Immense potager et basse-cour.

à **Anthy-sur-Léman** 6 km par ④ et D 33 – 1 866 h. – alt. 400 m – ⊠ 74200

L'Auberge d'Anthy
2 r. des Écoles – ℰ 04 50 70 35 00 – www.auberge-anthy.com – Fax 04 50 70 40 90
13 ch – ♦53/68 € ♦♦65/79 €, ⊇ 8 € – ½ P 63/70 €
Rest – (fermé 5-20 mars, 5-12 oct., dim. soir et lundi) (13 €) Menu 16 € (déj. en sem.), 31/44 € – Carte 28/56 €

♦ "Ici, on mange, on boit, et on dort" ! Telle est la devise de cette auberge de village refusant tout superflu : petites chambres sobres, bistrot campagnard et cuisine du terroir.

aux Cinq Chemins 7 km par ④ – ⊠ 74200 Margencel

Denarié 🚗 🏠 ⅃ ⅋ AC ch, ⑆ 🖁 P VISA ⓒ AE

25 r. de Séchex – ℰ *04 50 72 63 45 – www.hotel-denarie.fr – Fax 04 50 72 30 69*
– Fermé 7-14 juin, 13-20 sept., 23 déc.-20 janv. et dim. soir sauf juil.-août
22 ch – ♦72/97 € ♦♦72/97 €, ⊇ 10 € – 3 suites – ½ P 70/85 €
Rest *Les Cinq Chemins* – *(fermé dim. soir de sept. à juin et lundi sauf le soir*
en juil.-août) (15 €) Menu 17 € (déj. en sem.), 25/41 € – Carte 28/44 €
♦ Proche de la route mais préservé du bruit, cet hôtel distille un charme savoyard simple et
chaleureux. Chambres décorées avec goût et agréable jardin-piscine. Convivialité et authenticité aux Cinq Chemins, autour d'une assiette à l'accent régional.

au Port-de-Séchex 7 km par ④ – ⊠ 74200

XX **Le Clos du Lac** *avec ch* 🏠 P VISA ⓒ

Port de Séchex – ℰ *04 50 72 48 81 – Fax 04 50 72 48 81 – Fermé 28 juin*
-7 juil., 27 sept.-7 oct., 3-26 janv., jeudi soir sauf juil.-août, dim. soir et lundi
3 ch – ♦69 € ♦♦69 €, ⊇ 10 € **Rest** – (22 €) Menu 27/62 € – Carte 40/64 €
♦ Dans cette vieille ferme restaurée, les anciennes mangeoires en pierre cohabitent harmonieusement avec un décor et des tableaux modernes. Cuisine dans l'air du temps, soignée.
Chambres personnalisées au décor contemporain.

à Bonnatrait 9 km par ④ – ⊠ 74140 Sciez

Hôtellerie du Château de Coudrée �️ 🕭 🏠 ⅃ ⅋ ⅋ ⑆ P

– ℰ *04 50 72 62 33 – www.coudree.fr – Fax 04 50 72 57 28* VISA ⓒ AE ⓞ
– Fermé 26 oct.-3 déc.
17 ch – ♦138/386 € ♦♦138/386 €, ⊇ 15 €
Rest – *(fermé mardi et merc. sauf juil.-août)* Menu 42/89 € – Carte 77/101 €
♦ En bord de lac, ce château est un majestueux témoin du Moyen Âge. Chambres aux meubles anciens ; celle du donjon est particulièrement insolite. Élégante salle à manger – boiseries,
tapisseries, cheminée – et carte actuelle (poissons du lac et légumes du potager).

LE THOR – 84 Vaucluse – **332** C10 – 7 675 h. – alt. 50 m – ⊠ 84250 **42** E1
D Paris 696 – Marseille 89 – Avignon 21 – Arles 84

🏠 **La Bastide Rose** 🌿 🕭 ⅃ ⅍ AC ⅋ ⅋ P VISA ⓒ AE

99 chemin des Courpières – ℰ *04 90 02 14 33 – www.bastiderose.com*
– Fax 04 90 02 19 38 – Fermé 9 janv.-13 mars
5 ch – ♦140/200 € ♦♦150/210 €, ⊇ 10 € – 3 suites
Rest – *(résidents seult)* (20 €) Menu 25 € (déj.)/38 €
♦ Cette belle bastide – abritant aussi un musée à la mémoire de Pierre Salinger, journaliste
et conseiller politique – a tout le charme d'une maison de famille : élégance, confort, vue
sur un parc. Sous la verrière ou en terrasse, cuisine aux saveurs provençales.

THORÉ-LA-ROCHETTE – 41 Loir-et-Cher – **318** C5 – 932 h. **11** B2
– alt. 75 m – ⊠ 41100
D Paris 176 – Blois 42 – La Flèche 94 – Le Mans 72

X **Du Pont** 🏠 VISA ⓒ

15 r. du Mar. de Rochambeau – ℰ *02 54 72 80 62 – Fax 02 54 72 70 95 – Fermé*
16 août-2 sept., 16 janv.-10 fév., mardi soir, dim. soir et lundi
Rest – Menu 22 € (sem.)/48 € – Carte 43/59 €
♦ Vins et cuisine du terroir à déguster dans ce petit restaurant tout simple, situé à proximité
de l'arrêt du train touristique de la vallée du Loir.

THORENC – 06 Alpes-Maritimes – **341** B5 – alt. 1 250 m – ⊠ 06750 **41** C2
Andon
D Paris 832 – Castellane 35 – Draguignan 64 – Grasse 40
◉ Col de Bleine ≤ ★★ N : 4 km ▮ Alpes du Sud

X **Auberge Les Merisiers** *avec ch* 🌿 🚗 🏠 VISA ⓒ

24 av. Belvédère – ℰ *04 93 60 00 23 – www.aubergelesmerisiers.com*
Fax 04 93 60 02 17 – Fermé 8-22 mars, 24 oct.-7 nov., 23-26 déc., mardi soir et merc.
12 ch – ♦45 € ♦♦50 €, ⊇ 12 € – ½ P 60 €
Rest – (20 €) Menu 28/35 € – Carte 27/47 €
♦ Pratique pour l'étape dans la montée du col de Bleine, auberge montagnarde proposant
des plats régionaux servis dans un cadre simple et rustique. Petites chambres bien tenues.

THORIGNÉ-SUR-DUÉ – 72 Sarthe – **310** M6 – 1 589 h. – alt. 82 m   35 D1
– ✉ 72160

> ▶ Paris 178 – Châteaudun 80 – Mamers 44 – Le Mans 30
> 🆔 Syndicat d'initiative, Mairie ℰ 02 43 89 05 13, Fax 02 43 89 20 46

🏠 **Le St-Jacques**   �　ฅ ch. ℗ 📶 🅿 VISA ⓒⓞ AE ①
pl. du Monument – ℰ 02 43 89 95 50 – www.hotel-sarthe.fr – Fax 02 43 76 58 42
– *Fermé 1ᵉʳ-15 nov.*
15 ch – ♦54/84 € ♦♦64/98 €, ☲ 10 € – ½ P 78/86 €
Rest – (19 €) Menu 26/52 € – Carte 39/52 €
  ♦ À l'entrée du village, cet hôtel à la façade jaune dispose de chambres rénovées pour la
plupart, claires et bien tenues. Bar-salon cossu ; accueil chaleureux. Au restaurant (salle colorée), cuisine au goût du jour rehaussée d'épices.

LE THORONET – 83 Var – **340** M5 – 2 012 h. – alt. 120 m – ✉ 83340   41 C3

> ▶ Paris 831 – Brignoles 24 – Draguignan 21 – St-Raphaël 51
> 🆔 Office de tourisme, boulevard du 17 août 1944 ℰ 04 94 60 10 94
> 📷 Abbaye du Thoronet★★ O : 4,5 km 📗 Côte d'Azur

🏠 **Hostellerie de l'Abbaye** 🐾   🟦 ฅ ch. 🄰🄲 ch. 🏊 🅿 VISA ⓒⓞ AE
chemin du Château – ℰ 04 94 73 88 81 – www.hotelthoronet.fr
– *Fax 04 94 73 89 24 – Fermé 20 déc.-1ᵉʳ fév.*
23 ch – ♦63/79 € ♦♦63/79 €, ☲ 9 € – ½ P 58/70 €
Rest – *(fermé dim. soir de nov. à mars)* (18 €) Menu 28/38 € – Carte 27/58 €
  ♦ Près de la doyenne des abbayes cisterciennes de Provence, construction contemporaine
ordonnée autour d'une piscine. Chambres fonctionnelles. Deux salles de restaurant (dont une
terrasse-véranda) où l'on sert une cuisine traditionnelle simple.

à l'Est 8 km par D 84 et rte secondaire

🏡 **Bastide des Hautes Moures** 🐾   📶 VISA ⓒⓞ
Les Moures – ℰ 04 94 60 13 36 – www.bastidedesmoures.com
– *Fax 04 94 60 13 36 – Fermé de janv. à mi-fév.*
4 ch ☲ – ♦65/145 € ♦♦70/150 €   **Table d'hôte** – Menu 32 € bc
  ♦ Isolée en pleine campagne, cette ancienne ferme à l'allure de mas provençal ne manque
pas de charme avec sa décoration empreinte de classicisme. Chambres personnalisées, salon
billard. Cuisine de terroir proposée à la table d'hôte.

THOUARCÉ – 49 Maine-et-Loire – **317** G5 – 1 789 h. – alt. 35 m   35 C2
– ✉ 49380

> ▶ Paris 318 – Angers 29 – Cholet 43 – Saumur 38
> 🆔 Syndicat d'initiative, Mairie ℰ 02 41 54 14 36, Fax 02 41 54 09 11
> 📷 Château★★ de Brissac-Quincé, NE : 12 km 📗 Châteaux de la Loire

🍴🍴 **Le Relais de Bonnezeaux**   🍃 🚬 🏡 🄰🄲 ⬦ 🅿 VISA ⓒⓞ AE ①
1 km rte d'Angers – ℰ 02 41 54 08 33 – www.cuisineriesgourmandesanjou.com
– *Fax 02 41 54 00 63 – Fermé 26 déc.-20 janv., mardi soir, dim. soir et lundi*
Rest – (16 €) Menu 27/58 € bc – Carte 30/55 €
  ♦ Sur la Route des vins, restaurant aménagé dans une ex-gare de campagne. Les tables de
la véranda profitent de la vue sur les vignes. Cuisine traditionnelle et crus locaux.

THOUARS – 79 Deux-Sèvres – **322** E3 – 10 256 h. – alt. 102 m   38 B1
– ✉ 79100 📗 Poitou Vendée Charentes

> ▶ Paris 336 – Angers 71 – Bressuire 31 – Châtellerault 72
> 🆔 Office de tourisme, 3 bis, boulevard Pierre Curie ℰ 05 49 66 17 65,
>   Fax 05 49 67 87 58
> 📷 Façade★★ de l'église St-Médard★ - Site★ - Maisons anciennes★.

🏠 **Hôtellerie St-Jean**   🍃 🏡 🄰🄲 📶 🅿 VISA ⓒⓞ AE
ⓒⓞ   *25 rte de Parthenay* – ℰ 05 49 96 12 60 – www.hotellerie-st-jean.com
– *Fax 05 49 96 34 02 – Fermé 15-28 fév. et dim. soir*
18 ch – ♦47 € ♦♦47 €, ☲ 6,50 € – ½ P 45 €
Rest – Menu 16 € (sem.)/46 € – Carte 40/65 €
  ♦ Bâtisse des années 1970 offrant une vue sur la vieille ville. Cadre frais, tons jaune et
orangé dans les chambres impeccablement tenues ; elles sont plus calmes sur l'arrière. Salle
à manger à la fois simple et pimpante, où l'on sert une cuisine classique.

à Ste-Verge 4 km au nord

XX **Le Logis de Pompois** ⌂ P VISA ☺ AE ①
13 r. de la Gosselinière – ℰ 05 49 96 27 84 – www.logis-de-pompois.com
– *Fax 05 49 96 13 97* – *Fermé 26 déc.-12 janv., 26 juil.-9 août, dim. soir, lundi et mardi*
Rest – (20 €) Menu 27/48 € – Carte 51/60 €
◆ Domaine viticole des 18ᵉ-19ᵉ s. abritant un centre d'aide par le travail où l'on réalise et sert une sérieuse cuisine traditionnelle. Salle chaleureuse aménagée dans l'ancien chai.

THOURON – 87 Haute-Vienne – **325** E5 – **465 h.** – **alt. 374 m**   24 B1
– ✉ 87140

▶ Paris 380 – Bellac 23 – Guéret 79 – Limoges 28

⌂ **La Pomme de Pin** ⌂   ⌂ ⌂ & rest, P VISA ☺
étang de Tricherie, 2,5 km au Nord-Est par D 225 – ℰ 05 55 53 43 43
– *Fax 05 55 53 35 33* – *Fermé 1ᵉʳ-23 sept., 12 janv.-20 fév., mardi midi et lundi*
7 ch – †59 € ††59 €, ⌑ 7 € – ½ P 59 €
Rest – (16 €) Menu 28 € – Carte 30/54 €
◆ Chambres confortables aménagées dans un ensemble en pierre qui abrita un moulin et une filature alimentés par la petite rivière traversant le jardin boisé. Salle rustique réchauffée par une cheminée où le patron grille ses viandes limousines au feu de bois.

THUIR – 66 Pyrénées-Orientales – **344** H7 – **7 399 h.** – **alt. 99 m**   22 B3
– ✉ 66300 ▌ Languedoc Roussillon

▶ Paris 897 – Figueres 56 – Montpellier 168 – Perpignan 16

⌚ Office de tourisme, boulevard Violet ℰ 04 68 53 45 86

XX **Le Patio Catalan**   ⌂ ⌘ VISA ☺
☺☺ *4 pl. du Général-de-Gaulle* – ℰ 04 68 53 57 28 – *Fermé 6-28 janv., merc. et jeudi*
Rest – Menu 13 € (déj. en sem.), 19/34 € – Carte 24/50 €
◆ Sur une place face aux caves de Byrrh, restaurant rustique et actuel, doté d'un charmant patio à l'entrée. Cuisine traditionnelle et cave axée sur les Côtes du Roussillon.

X **La Casa Dalie**   ⌂ AC VISA ☺ ①
21 r. de la République – ℰ 04 68 53 03 92 – www.casadalie.fr
– *Fax 04 68 53 03 92* – *Fermé vacances de la Toussaint, de Noël, mardi et merc.*
Rest – (13 €) Menu 25/39 € – Carte 36/65 €
◆ Une adresse conviviale où les clins d'œil à Salvador Dalí se retrouvent dans l'assiette (belle cuisine de terroir un brin inventive) et dans la déco (reproductions de tableaux).

THURET – 63 Puy-de-Dôme – **326** G7 – **721 h.** – **alt. 330 m** – ✉ 63260   5 B2
▶ Paris 379 – Clermont-Ferrand 32 – Vichy 24 – Cournon-d'Auvergne 35

⌂⌂⌂ **Château de la Canière** ⌂   ⌂ ⌂ ⌑ ⌂ ⌂ & ⌂ ⌂ ⌂ P VISA ☺ AE ①
2 km au Nord par D 212 et D 12 – ℰ 04 73 97 98 44 – www.caniere.com
– *Fax 04 73 97 98 42* – *Ouvert 1ᵉʳ avril-15 oct.*
26 ch – †125/325 € ††145/325 €, ⌑ 16 € – 1 suite
Rest – (28 €) Menu 39/62 € – Carte 45/77 €
◆ Château du 19ᵉ s. bien réaménagé, dont la majorité des chambres affiche un décor de style Empire. Piscine, parc arboré et jardin à la française : voici un vrai havre de paix. Une cuisine inventive a rendez-vous avec la science au restaurant, dédié à Lavoisier.

THURY – 21 Côte-d'Or – **320** H7 – **283 h.** – **alt. 382 m** – ✉ 21340   8 C2
▶ Paris 303 – Beaune 33 – Autun 25 – Avallon 80

⌂ **Manoir Bonpassage** ⌂   ⌂ ⌂ ⌑ & ch, ⌘ P VISA ☺
La Grande Pièce, 1 km au Sud par D 36 et rte secondaire – ℰ 03 80 20 26 16
– www.bonpassage.com – *Fax 03 80 20 26 17* – *Ouvert avril-oct.*
9 ch – †59 € ††59/80 €, ⌑ 8,50 €
Rest – *(fermé dim., mardi et jeudi) (dîner seult) (résidents seult)* Menu 24 €
◆ Une halte propice au repos : des chambres sobres, d'une tenue excellente et tournées en partie vers la campagne, une piscine d'été, et une ambiance de maison d'hôte.

THURY-HARCOURT – 14 Calvados – 303 J6 – 1 818 h. – alt. 45 m   32 B2
– ⌧ 14220 ▌Normandie Cotentin

> ▶ Paris 257 – Caen 28 – Condé-sur-Noireau 20 – Falaise 27
> ▌❦ Office de tourisme, 2, place Saint-Sauveur ℰ 02 31 79 70 45,
> Fax 02 31 79 15 42
> ◉ Parc et jardins du château★ - Boucle du Hom★ NO : 3 km.

XX   **Le Relais de la Poste** avec ch   🛜 ṡ⃝ **P** ᴠɪsᴀ ⓿⓿ ᴀᴇ
7 r. de Caen – ℰ 02 31 79 72 12 – www.hotel-relaisdelaposte.com
– Fax 02 31 39 53 55 – Fermé 2 sem. fin mars, 3 sem. en nov., vend. sauf le soir
en saison, dim. soir hors saison et sam. midi
10 ch – ❟67/142 € ❟❟67/142 €, ⌕ 11 €
Rest – (20 €) Menu 22 € (déj. en sem.), 28/64 € – Carte 40/60 €
◆ Ancien relais de poste agrémenté d'une cour et d'un jardin fleuris dès les premiers beaux jours. Petites chambres simples mais rénovées avec goût. Cuisine traditionnelle.

TIERCÉ – 49 Maine-et-Loire – 317 G3 – 3 980 h. – alt. 30 m – ⌧ 49125   35 C2

> ▶ Paris 278 – Angers 22 – Château-Gontier 34 – La Flèche 34
> ▌❦ Syndicat d'initiative, Mairie ℰ 02 41 31 14 41, Fax 02 41 34 14 44

XX   **La Table d'Anjou**   🛜 ᴠɪsᴀ ⓿⓿ ᴀᴇ
∞ *16 r. Anjou – ℰ 02 41 42 14 42 – www.destination-anjou.com/tabledanjou*
– Fax 02 41 42 64 80 – Fermé 19 juil.-12 août, 2-14 janv., dim. soir, lundi et mardi
Rest – (15 €) Menu 17 € (déj.), 27/69 € – Carte 36/64 €
◆ Au centre du village, chaleureux restaurant bénéficiant d'une salle à manger rustique et d'une petite terrasse fleurie dressée sur l'arrière. Accueil aimable ; cuisine actuelle.

TIFFAUGES – 85 Vendée – 316 J5 – 1 460 h. – alt. 77 m – ⌧ 85130   34 B3
▌Poitou Vendée Charentes

> ▶ Paris 374 – Angers 85 – Cholet 20 – Clisson 19

🔒🏠   **Manoir de la Barbacane** sans rest ⌘   ⟰ ⅀ ✿ ⁽⁰⁾ ᴠɪsᴀ ⓿⓿ ᴀᴇ
pl. de l'Église – ℰ 02 51 65 75 59 – www.hotel-barbacane.com
– Fax 02 51 65 71 91
16 ch – ❟64/84 € ❟❟85/105 €, ⌕ 11 €
◆ À côté du château de Barbe-Bleue, ce manoir du 19ᵉ s. vous réserve un accueil familial. Coquettes chambres bien tenues, salon-bibliothèque avec billard, jardin et piscine au calme.

TIGNES – 73 Savoie – 333 O5 – 2 178 h. – alt. 2 100 m – Sports d'hiver :   45 D2
1 550/3 450 m ⛷ 4 ⛷44 ⛸ – ⌧ 73320 ▌Alpes du Nord

> ▶ Paris 665 – Albertville 85 – Bourg-Saint-Maurice 31 – Chambéry 134
> ▌❦ Office de tourisme, Tignes Accueil ℰ 04 79 40 04 40, Fax 04 79 40 03 15
> ▚ du Lac de Tignes Le Val Claret, S : 2 km, ℰ 04 79 06 37 42
> ◉ Site★★ - Barrage★★ NE : 5 km - Panorama de la Grande Motte★★ SO.

🏠🏠🏠   **Les Suites du Montana** ⌘   ⟜ 🛜 ⅀ ⓼ 🖥 ⅋ ch, ⁽⁰⁾ ♨ ⌬
Les Almes – ℰ 04 79 40 01 44 – www.vmontana.com   ᴠɪsᴀ ⓿⓿ ᴀᴇ ①
– Fax 04 79 40 04 03 – Ouvert de mi-déc. à mi-avril
1 ch – ❟108/209 € ❟❟166/318 €, ⌕ 12 € – 27 **suites** – ❟❟366/526 €
Rest – (dîner seult) (20 €) Menu 48 € – Carte 52/61 €
◆ Un "hameau" de chalets abritant de grandes suites raffinées. De style savoyard, autrichien ou provençal, elles sont dotées de saunas privatifs et de balcons orientés au sud. On tourne la broche sous vos yeux dans la rôtisserie "tout bois" ouverte sur les pistes.

🏠🏠   **Les Campanules** ⌘   ⟜ 🛜 ⅀ ⓼ 🖥 ⅋ ⁽⁰⁾ ᴠɪsᴀ ⓿⓿ ᴀᴇ
– ℰ 04 79 06 34 36 – www.campanules.com – Fax 04 79 06 35 78
– Ouvert 8 juil.-26 août et 11 nov.-2 mai
31 ch ⌕ – ❟110/190 € ❟❟150/280 € – 10 **suites** – ½ P 110/190 €
Rest – (25 €) Menu 28 € (déj.), 40/55 € – Carte 50/70 €
◆ Au cœur de la station, joli chalet aux chambres spacieuses et douillettes, en duplex au dernier étage. Piscine extérieure et spa panoramiques. La fresque qui orne les murs du res-
taurant évoque le vieux village, englouti après la mise en eau du barrage de Tignes en 1952.

Village Montana ⚴ ⟨ 🛰 🍴 ☀ 🏨 🚿 rest, ☎ 🎿 🚗 VISA ⓿ AE ⓪

Les Almes – ℰ 04 79 40 01 44 – www.vmontana.com
– Fax 04 79 40 04 03 – Ouvert fin juin à mi-sept. et fin nov.
à début mai
78 ch ⚏ – †108/216 € ††166/330 € – 4 suites
Rest – Menu 32 €
Rest *La Chaumière* – *(ouvert début déc.-début mai)* Carte 20/35 €
♦ Ces splendides chalets conjuguent tradition, confort actuel et calme dans de spacieuses chambres familiales tournées vers le domaine skiable. Carte de brasserie et spécialités savoyardes à la Chaumière (décor façon vieille bergerie).

Le Lévanna ⟨ 🛰 🏨 ☀ 🚿 ☎ 🚗 VISA ⓿ AE

Quartier le Rosset – ℰ 04 79 06 32 94 – www.levanna.com – Fax 04 79 06 33 18
– Ouvert oct.-mai
40 ch (½ P seult) – ½ P 93/166 € **Rest** – Carte 44/63 €
♦ Les chambres de ce chalet récent sont confortables et décorées de boiseries. Toutes possèdent un balcon et certaines aménagées en duplex. Agréable espace sauna-hammam. Au restaurant, cuisine traditionnelle, spécialités fromagères et grande terrasse côté pistes.

Le Refuge sans rest ⟨ 🏨 🚿 ☎ VISA ⓿ AE ⓪

– ℰ 04 79 06 36 64 – www.hotel-refuge-tignes.com – Fax 04 79 06 33 78 – Fermé
8 mai-1ᵉʳ juil. et 8 sept.-18 oct.
33 ch ⚏ – †77/123 € ††118/186 €
♦ Emplacement de choix pour cet hôtel situé face au lac et à seulement 50 m des remontées mécaniques. Chambres simples et fonctionnelles, dotées de balcons orientés au sud.

L'Arbina ⟨ 🛰 🎿 VISA ⓿

– ℰ 04 79 06 34 78 – www.hotel-arbina.com – Fax 04 79 06 32 99
– Ouvert 7 juil.-31 août et 25 oct.-10 mai
22 ch – †48/105 € ††60/125 €, ⚏ 12 € – ½ P 60/104 €
Rest – *(ouvert 20 nov.-10 mai)* (24 €) Menu 30/40 € – Carte 37/69 €
♦ L'Arbina est aussi le nom de la perdrix des Alpes. Cet hôtel familial abrite des chambres confortables, décorées dans un style montagnard simple et contemporain. La terrasse du restaurant donne sur le glacier de la Grande Motte. Bon choix de vins au verre.

Gentiana ⚴ ⟨ 🖥 🎿 🏨 ☀ ☎ 🚿 VISA ⓿ AE

montée du Rosset – ℰ 04 79 06 52 46 – www.hotelgentiana.com
– Fax 04 79 06 35 61 – Ouvert 1ᵉʳ juil.-23 août et 1ᵉʳ déc.-2 mai
40 ch (½ P seult) – ½ P 80/140 € **Rest** – *(dîner seult)* Menu 30/40 €
♦ Les chambres, progressivement rénovées, adoptent un style chalet plutôt chaleureux ; certaines possèdent un balcon. Grand espace bien-être (fitness, hammam, sauna, etc.). À table, plats traditionnels et recettes à base de produits exotiques et épices.

Le Paquis ⚴ ⟨ 🏨 ☀ rest, ☎ 🎿 VISA ⓿

Le Rosset – ℰ 04 79 06 37 33 – www.hotel-lepaquis.fr – Fax 04 79 06 36 59
– Fermé 1ᵉʳ mai-30 juin
33 ch ⚏ – †65/110 € ††95/195 € – ½ P 85/130 €
Rest – *(ouvert de déc. à avril)* (15 €) Menu 18 € (déj.)/26 € – Carte 39/62 €
♦ Sur les hauteurs de Tignes, une robuste bâtisse des années 1960 proposant des chambres fonctionnelles. Préférez les plus récentes, rénovées dans un esprit chalet. Au restaurant, on s'attable autour de plats traditionnels dans un décor montagnard.

✗ La Ferme des 3 Capucines 🛰 P VISA ⓿

Le Lavachet – ℰ 04 79 06 35 10 – Fax 04 79 06 35 10 – Ouvert 15 déc.-5 mai
Rest – *(prévenir)* (25 €) Menu 28 € – Carte 26/38 €
♦ Dans cette ferme-fromagerie, on peut observer les vaches dans l'étable attenante, tout en dégustant une copieuse cuisine familiale et du terroir... Atypique et sympathique.

au Val Claret 2 km au Sud-Ouest – alt. 2 100 m – ✉ 73320 Tignes

Le Ski d'Or ⚴ ⟨ 🏨 ☎ 🎿 P VISA ⓿ AE ⓪

– ℰ 04 79 06 51 60 – www.hotel-skidor.com – Fax 04 79 06 45 49
– Ouvert 24 oct.-2 mai
27 ch ⚏ – †150/215 € ††230/330 € – ½ P 115/220 €
Rest – *(dîner seult)* Menu 39 € – Carte 35/60 €
♦ Entièrement rénové, l'hôtel arbore un joli décor contemporain où dominent le bois et les couleurs crème et taupe. Les chambres sont chic et confortables. Salle à manger grande ouverte sur les montagnes et les pistes ; ambiance chaleureuse et conviviale.

TILQUES – 62 Pas-de-Calais – **301** G3 – rattaché à St-Omer

LES TINES – 74 Haute-Savoie – **328** O5 – rattaché à Chamonix-Mont-Blanc

TONNERRE – 89 Yonne – **319** G4 – 5 322 h. – alt. 156 m – ⊠ 89700   **7** B1
▮ Bourgogne

> ▶ Paris 199 – Auxerre 38 – Châtillon-sur-Seine 49 – Montbard 45
> ▯ Office de tourisme, place Marguerite de Bourgogne ℰ 03 86 55 14 48,
> Fax 03 86 54 41 82
> ▱ de Tanlay à Tanlay Parc du Château, par rte de Châtillon-s-Seine : 9 km,
> ℰ 03 86 75 72 92
> ◉ Fosse Dionne★ - Intérieur★ de l'ancien hôpital : mise au tombeau★
> - Château de Tanlay★★.

⌂ **L'Auberge de Bourgogne**   📶 & ch, Ⓜ rest, 📶 ☎ ℙ. 🆅🆂🅰 ⊚ Ⓐ🅴
D 905, 2 km par rte de Dijon – ℰ 03 86 54 41 41
– www.aubergedebourgogne.com – Fax 03 86 54 48 28 – Fermé 18 déc.-18 janv.
40 ch – †58/62 € ††58/62 €, ⊇ 9 € – ½ P 56 €
Rest – (fermé sam. midi, dim. et lundi midi) Menu 18/28 € – Carte 29/35 €
♦ Bâtiment voisin des vignobles d'Épineuil. Chambres fonctionnelles et rafraîchies ; celles situées sur l'arrière offrent une jolie vue sur la campagne. Wi-fi. Cuisine régionale servie dans une lumineuse salle avec les rangées de ceps en toile de fond.

TORCY – 71 Saône-et-Loire – **320** G9 – rattaché au Creusot

TORNAC – 30 Gard – **339** I4 – rattaché à Anduze

TÔTES – 76 Seine-Maritime – **304** G3 – 1 285 h. – alt. 150 m – ⊠ 76890   **33** D1
> ▶ Paris 168 – Dieppe 34 – Fécamp 60 – Le Havre 80

✗✗ **Auberge du Cygne**   ⬦ ℙ 🆅🆂🅰 ⊚
5 r. G. de Maupassant – ℰ 02 35 32 92 03 – Fax 02 35 32 92 03 – Fermé dim. soir
et lundi soir
Rest – Menu 29/46 € – Carte 39/67 €
♦ Cette auberge de 1611 a toujours eu l'art de satisfaire ses hôtes, souvent illustres. Elle propose un répertoire traditionnel dans deux salles, l'une rustique, l'autre chinoise.

TOUL – ⊚ – 54 Meurthe-et-Moselle – **307** G6 – 16 617 h. – alt. 209 m   **26** B2
– ⊠ 54200 ▮ Alsace Lorraine
> ▶ Paris 291 – Bar-le-Duc 62 – Metz 75 – Nancy 23
> ▯ Office de tourisme, parvis de la Cathédrale ℰ 03 83 64 11 69, Fax 03 83 63 24 37
> ◉ Cathédrale St-Étienne★★ et cloître★ - Église St-Gengoult : cloître★★
> - Façade★ de l'ancien palais épiscopal **H** - Musée municipal★ : salle des
> malades★ **M.**

⌂ **L'Europe** sans rest   📶 ⍐ 🆅🆂🅰 ⊚
373 av. V. Hugo, (près de la gare) – ℰ 03 83 43 00 10 – www.hotel-europe54.com
– Fax 03 83 63 27 67 – Fermé 8-30 août et vacances de Noël   AY**s**
21 ch – †53/55 € ††53/55 €, ⊇ 6 €
♦ Adresse pratique pour ceux qui voyagent par le train. Chambres joliment rétro (parquet d'origine et mobilier Art déco). Tenue sérieuse et accueil familial.

⌂ **La Villa Lorraine** sans rest   📶 ℙ 🆅🆂🅰 ⊚
15 r. Gambetta – ℰ 03 83 43 08 95 – www.hotel-la-villa-lorraine.com
– Fax 03 83 64 63 64 – Fermé vacances de fév.   AZ**a**
21 ch – †46 € ††52 €, ⊇ 7 €
♦ Ancien théâtre, ce petit hôtel du cœur de la cité abrite, derrière sa belle façade, des chambres fonctionnelles et rustiques, ainsi qu'une agréable salle des petits-déjeuners.

à Lucey 5 km par ⑤ et D 908 – 572 h. – alt. 260 m – ⊠ 54200

✗✗ **Auberge du Pressoir**   🚗 📶 ℙ 🆅🆂🅰 ⊚
7 pl. des Pachenottes – ℰ 03 83 63 81 91 – www.aubergedupressoir.com – Fermé
16-30 août, dim. soir, merc. soir et lundi
Rest – Menu 17 € (déj. en sem.), 26/40 € – Carte 31/46 €
♦ Le cadre de ce restaurant aménagé dans l'ancienne grange du village reste sobre ; quelques objets paysans décorent les murs. Terrasse bien ensoleillée.

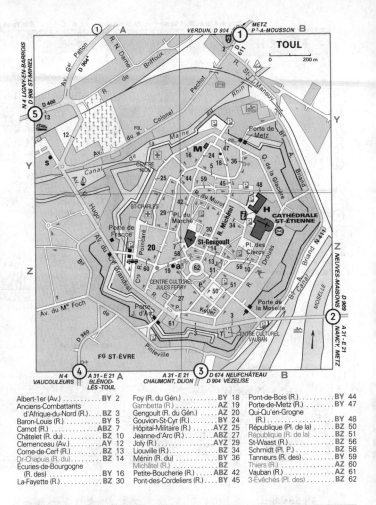

TOUL P – **83** Var – **340** K7 – **167 816** h. – Agglo. **519 640** h.   **41** C3
– alt. 10 m – ⌂ 83000 ▌ Côte d'Azur

▶ Paris 835 – Aix-en-Provence 86 – Marseille 66

✈ de Toulon-Hyères : ℰ 0 825 01 83 87, par ① : 21 km.

▦ ℰ 3635 et tapez 42 (0,34 €/mn)

⛴ pour la Corse : SNCM (avr.-oct.) 49 av. Infanterie de Marine ℰ 3260 dites
   "SNCM" (0,15 €/mn).

🛈 Office de tourisme, place Raimu ℰ 04 94 18 53 00, Fax 04 94 18 53 09

🏌 de Valgarde à La Garde Chemin de Rabasson, E : 10 km par D 29,
   ℰ 04 94 14 01 05

◉ Rade★★ - Port★ - Vieille ville★ GYZ : Atlantes★ de la mairie d'honneur **F**,
   Musée de la marine★ - Porte★ de la Corderie.

◖ Corniche du Mont Facon ≤★ du téléphérique - Musée-mémorial du
   Débarquement en Provence★ et ≤★★★ au Nord.

Plans pages suivantes

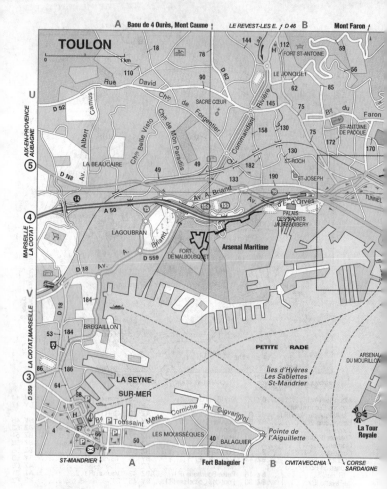

A   Baou de 4 Ourès, Mont Caume ↑   LE REVEST-LES E. / D 46   B   Mont Faron ↗

TOULON

All Seasons 🏠🅱🗿

⛲🛏♿ ch, 🆎 📶 🚡 🚗 VISA ⓒⓢ AE

pl. Besagne – ℰ 04 98 00 81 00 – www.all-seasons-hotels.com
– Fax 04 94 41 57 51   GZ**r**
139 ch ⌂ – †69/101 € ††79/111 €   **Rest** – (dîner seult) Carte 22/35 €
♦ Face au Palais des Congrès, l'établissement entièrement rénové propose des chambres de
standing aux couleurs provençales. Verrières et palmiers égayent la salle à manger spacieuse
et aérée ; cuisine traditionnelle.

Grand Hôtel de la Gare sans rest 🏠

🖥♿🆎📶 VISA ⓒⓢ AE

14 bd Tessé – ℰ 04 94 24 10 00 – www.grandhotelgare.com – Fax 04 94 22 34 82
39 ch – †50/83 € ††50/83 €, ⌂ 9 €   FX**a**
♦ En plein centre, un hôtel confortable et bien tenu : chambres fonctionnelles, homogènes, parfaitement insonorisées et climatisées.

Dauphiné sans rest 🏠

🖥🆎📶 VISA ⓒⓢ AE

10 r. Berthelot – ℰ 04 94 92 20 28 – www.grandhoteldauphine.com
– Fax 04 94 62 16 69   GY**s**
55 ch – †58/60 € ††64/66 €, ⌂ 8,50 €
♦ Adresse familiale idéalement située pour sillonner les ruelles enchevêtrées de la vieille
ville. Chambres contemporaines (bois blond ou cérusé) et salles de bains modernes.

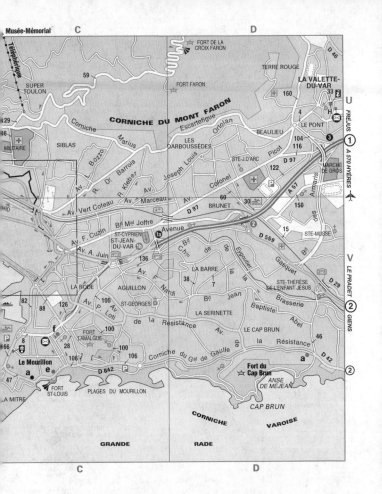

🏠 **Bonaparte** sans rest 📞 *VISA* **◑** *AE* **◐**

16 r. Anatole-France
– ℰ 04 94 93 07 51
– www.hotel-bonaparte.com
– Fax 04 94 93 24 55   FY**f**

22 ch – †53 € ††59 €, ☲ 8,50 € – 3 suites

♦ Cet immeuble napoléonien arbore une décoration provençale assez chaleureuse.
Petit-déjeuner copieux façon table d'hôte. En été, chambres sur l'arrière plus calmes
et fraîches.

✕✕ **Le Jardin du Sommelier** 🆎 *VISA* **◑** *AE*

20 allée Amiral Courbet
– ℰ 04 94 62 03 27
– www.lejardindusommelier.com
– Fax 04 94 09 01 49
– *Fermé sam. midi et dim.*   FY**r**

Rest – (29 €) Menu 38 € – Carte 40/50 €

♦ Dans sa maison vigneronne, le patron-sommelier vous invite à partager sa passion pour
grands et petits crus (de France et d'ailleurs) autour d'une cuisine du marché.

1699

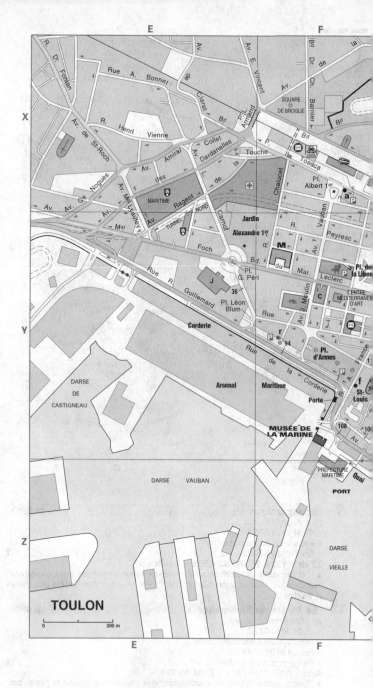

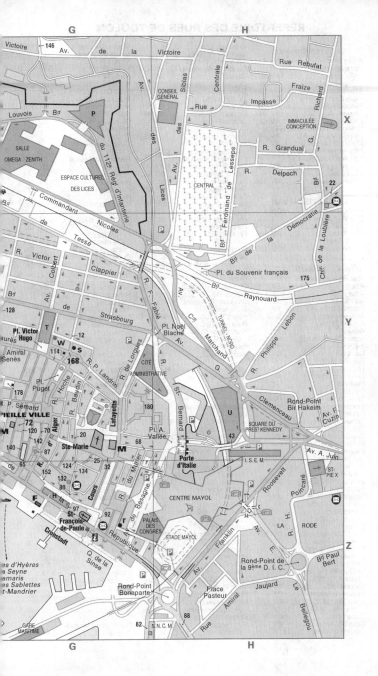

RÉPERTOIRE DES RUES DE TOULON

au Mourillon – ⊠ 83100 Toulon

👁 Tour royale ❋★.

🏨 **La Corniche** sans rest ⟨ 🛗 📟 📶 📶 _VISA_ ⊚ 🆎 ⓪
17 littoral F. Mistral – ℰ 04 94 41 35 12 – www.bestwestern-hotelcorniche.com
– Fax 04 94 41 24 58   CVa
28 ch – ♥95/150 € ♥♥130/180 €, ⊇ 12 €
♦ À deux pas du port St-Louis et des plages du Mourillon, cet hôtel propose des chambres ou des suites élégantes et confortables ; la plupart avec vue panoramique sur la mer.

XX **Le Gros Ventre** 📶 _VISA_ ⊚ 🆎 ⓪
279 littoral F. Mistral – ℰ 04 94 42 15 42 – www.legrosventre.net
– Fax 04 94 31 40 32 – Fermé vend. midi, merc. et jeudi   CVe
Rest – Menu 28/82 € – Carte 42/80 € ⌂
♦ Le chef réalise de savoureux plats en croûte (bœuf ou poisson issu de la pêche locale) et sa fille, sommelière, saura vous conseiller sur les meilleurs accords mets et vins.

au Cap Brun – ⊠ 83100 Toulon

XXX **Les Pins Penchés** ⟨ 🕊 📟 📟 ⇔ 🅿 _VISA_ ⊚ 🆎
3182 av. de la Résistance – ℰ 04 94 27 98 98
– www.restaurant-pins-penches.com – Fax 04 94 27 98 27 – Fermé dim. soir,
mardi midi et lundi   DVa
Rest – (38 €) Menu 58/68 €
♦ Charmant castel du 19ᵉ s. où l'on sert une cuisine traditionnelle dans un cadre cossu. Superbe panorama sur le parc arboré, le Cap Brun et la Méditerranée.

TOULON-LA-MONTAGNE – **51 Marne** – **306** F9 – ⊠ 51130   **13** B2
▶ Paris 128 – Châlons-en-Champagne 40 – Épernay 29 – Reims 58

🏠 **Les Corettes** ⌂ 🍴 🅿
chemin du Pâti – ℰ 03 26 59 06 92 – Fax 03 26 59 06 92 – Ouvert mars-nov.
5 ch ⊇ – ♥65 € ♥♥65 €   **Table d'hôte** – Menu 35 € bc
♦ Au milieu du paisible vignoble, demeure dominant le village viticole. Chambres personnalisées, salon-billard et jardin fleuri. Salle à manger rustique où l'on sert une cuisine traditionnelle escortée de belles bouteilles de la cave familiale.

Bord de Garonne

TOULOUSE

Département : 🅿 31 Haute-Garonne
Carte Michelin LOCAL : 343 G3
▶ Paris 677 – Barcelona 320
  – Bordeaux 244 – Lyon 535
Population : 437 715 h.
Pop. agglomération : 761 090 h.

Altitude : 146 m
Code Postal : ⊠ 31000
▯ Midi-Toulousain
Carte régionale : 28 B2

RENSEIGNEMENTS PRATIQUES

🛈 OFFICE DE TOURISME
donjon du Capitole ✆ 05 61 11 02 22, Fax 05 61 23 74 97

TRANSPORTS
🚆 Auto-train ✆ 3635 (dîtes auto-train - 0,34 €/mn)

AÉROPORT
✈ Toulouse-Blagnac ✆ 0 825 380 000 (0,15 €/mn) AS

QUELQUES GOLFS
🏌 de Toulouse La Ramée à Tournefeuille Ferme du Cousturier, ✆ 05 61 07 09 09

🏌 de Toulouse à Vieille-Toulouse, S : 9 km par D 4, ✆ 05 61 73 45 48

🏌 Saint-Gabriel à Montrabé, par rte de Lavaur : 10 km, ✆ 05 61 84 16 65

🏌 Seilh Toulouse à Seilh Route de Grenade, par rte de Seilh : 12 km,
   ✆ 05 62 13 14 14

🏌 de Borde-Haute à Drémil-Lafage Borde-Haute, par rte de Castres (N126) : 15 km,
   ✆ 05 62 18 84 00

🏌 de Teoula à Plaisance-du-Touch 71, avenue des Landes, SO : 20 km par D 632,
   ✆ 05 61 91 98 80

🏌 de Palmola à Buzet-sur-Tarn Route d'Albi, NE : 22 km par A 68, sortie N°4,
   ✆ 05 61 84 20 50

CASINO
Du théâtre, 18 chemin de la Loge

HIPPODROME
de la Cépière 1 chemin des Courses ✆ 05 34 39 01 45

⊙ A VOIR

TOULOUSE ET L'AÉRONAUTIQUE

Usine Clément-Ader à Colomiers dans la banlieue Ouest par ⑦

QUARTIERS DE LA BASILIQUE ST-SERNIN ET DU CAPITOLE

Basilique St-Sernin★★★ - Musée St-Raymond★★ - Église les Jacobins★★ (vaisseau de l'église★★) - Capitole★ - Tour d'escalier★de l'hôtel de Bernuy EY

DE LA PLACE DE LA DAURADE À LA CATHÉDRALE

Hôtel d'Assézat et fondation Bemberg★★ EY - Cathédrale St-Étienne★ - Musée des Augustins★★ (sculptures★★★) FY

AUTRES CURIOSITÉS

Muséum d'histoire naturelle★★ FZ - Musée Paul-Dupuy★ FZ - Musée Georges-Labit★ DV M²

RÉPERTOIRE DES RUES DE TOULOUSE

TOULOUSE

TOULOUSE

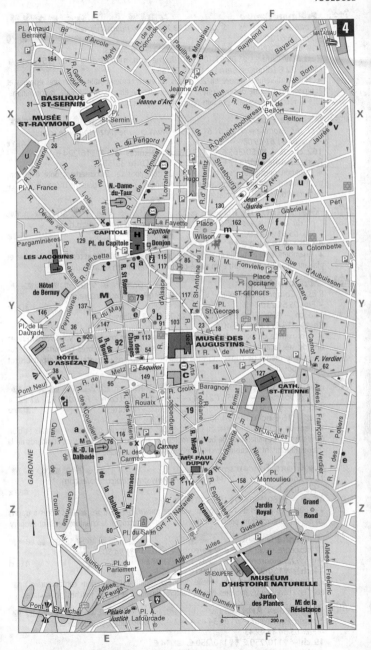

4

MATABIAU

Pl. Arnaud
Bernard
Bd d'Arcole
R. de la Concorde
R. C. Pauilhac
Matabiau
Raymond IV
Bayard
a

4 164
R. Gatien-Arnault
R. Merly
R. Pl. Jeanne d'Arc
Jeanne d'Arc
R. B. de Born

V
t
BASILIQUE
ST-SERNIN
Pl. St-Sernin
Jeanne d'Arc
de
R. de
Pl. de
Belfort
Belfort

31
MUSÉE
ST-RAYMOND
R. du Périgord
Rue
R. Denfert-Rochereau
Jaurès
V

U
26
R. Lautmann
R. des Lois
R. de Rémusat
Pl. V. Hugo
Strasbourg
Allées
g
u

Pl. A. France
N.-Dame-du-Taur
de
Lorraine
R. d'Austerlitz
Jean Jaurès
f

r
R. du Taur
R. Deville
R. La Fayette
130
Gabriel
Péri
f

x
R. Pargaminières
129
CAPITOLE
Pl. du Capitole
H
T
Capitole
Donjon
Place
Wilson
162
m
R. de la Colombette

LES JACOBINS
R. Gambetta
R. Lakanal
t
q
a
Z
115
117
85
R. M. Fonvielle
Rue d'Aubuisson
P

Hôtel
de Bernuy
R. St Rome
R. du May
M
79
e
d'Alsace
117
St-Antoine du T.
ST-GEORGES
Place
Occitane
R. Lazare

137
R. Peyrolières
146
36
147
9
b
91
103
R. St-Georges
Pl. St. Georges
POL
Y

Pl. de la
Daurade
c
20
92
R. des Changes
113
54
R. des
MUSÉE DES
AUGUSTINS
23
18
5
Carnot
F. Verdier
62

HÔTEL
D'ASSÉZAT
38
V
Pont Neuf
R. de Metz
95
Esquirol
149
R. de Metz
18
Allées
François
Verdier

GARONNE
Quai de
Tounis
d
a
R. des Couteliers
116
R. des Filatiers
Pl. Rouaix
R. Croix-Baragnon
19
R. Tolosane
R. Fermat
127
P
CATH.
ST-ÉTIENNE
St-Jacques
e

M
N.-D. la
Dalbade
76
x
Carmes
Pl. des Carmes
V
R. Mage
Mée PAUL
DUPUY
a
R. Perchepinte
R. Ninau
Pl. Montoulieu
158
Z

R. de la Dalbade
R. Pharaon
114
R. Espinasse
R. Ozenne
Jardin
Royal
Grand
Rond
Allées
Frédéric
Mistral

Av. M. Haumont
60
Pl. du Salin
Pl. du Parlement
J
Allées Jules Guesde
U
MUSÉUM
D'HISTOIRE NATURELLE
Jardin
des Plantes
Mt de la
Résistance

Pont St-Michel
Palais de
Justice
Pl. A.
Lafourcade
Allées P. Feuga
ST-EXUPÈRE
R. Alfred Duméril
0   200 m

1711

Pullman Centre 　　　_f5_ 🛗 ⚘ ㎢ ℀ rest, ⅋ ⚲ 🚗 _VISA_ ⓞⓞ ㎒ ⓞ

84 allées Jean Jaurès – 𝒞 05 61 10 23 10 – www.pullmanhotels.com
– Fax 05 61 10 23 20 　　　　　　　　　　　　　　　　　　　4FX**v**

119 ch – ♦105/350 € ♦♦105/350 €, 🖵 22 € – 6 suites
Rest _S W Café_ – 𝒞 05 61 10 23 40 _(fermé sam. midi et dim. midi)_ (15 € bc)
Menu 22 € (dîner en sem.) – Carte 38/55 €

• Hôtel entièrement rénové en 2009 dans un esprit contemporain : chambres épurées et équipements haut de gamme (centre d'affaires, salle de fitness). Au SW Café, décor minimaliste et recettes panachant produits régionaux et épices du monde.

Crowne Plaza 　　　🍴 _f5_ 🛗 ⚘ ch, ㎢ ℀ ⅋ _VISA_ ⓞⓞ ㎒ ⓞ

7 pl. du Capitole – 𝒞 05 61 61 19 19 – www.crowne-plaza-toulouse.com
– Fax 05 61 61 19 08 　　　　　　　　　　　　　　　　　　　4EY**t**

162 ch 🖵 – ♦150/365 € ♦♦173/388 € – 3 suites – ½ P 116/224 €
Rest – _(fermé août)_ (17 €) Menu 26/45 € – Carte 38/58 €

• Situation prestigieuse sur la place du Capitole pour cet établissement doté d'un centre d'affaires. Chambres spacieuses et bien équipées ; certaines regardent l'hôtel de ville. Le restaurant donne sur un agréable patio florentin.

Grand Hôtel de l'Opéra _sans rest_ 　　🛗 ⚘ ㎢ ℀ ⅋ ⚲ _VISA_ ⓞⓞ ㎒ ⓞ

1 pl. du Capitole – 𝒞 05 61 21 82 66 – www.grand-hotel-opera.com
– Fax 05 61 23 41 04 　　　　　　　　　　　　　　　　　　　4EY**a**

49 ch – ♦190/490 € ♦♦260/490 €, 🖵 20 €

• Chambres cossues habillées de boiseries et de velours, salle de réception confortable et plaisant salon-bar : le charme du passé perdure en cet ancien couvent du 17ᵉ s.

Mercure Atria 　　　🍴 🛗 ⚘ ㎢ ⅋ ⚲ 🚗 _VISA_ ⓞⓞ ㎒ ⓞ

8 espl. Compans Caffarelli – 𝒞 05 61 11 09 09 – www.mercure.com
– Fax 05 61 23 14 12 　　　　　　　　　　　　　　　　　　　3DV**k**

136 ch – ♦80/180 € ♦♦90/190 €, 🖵 15 € – 2 suites
Rest – (15 €) Carte 25/40 €

• À proximité du palais des congrès, bâtiment d'allure moderne – vous remarquerez une de ses façades tout en transparence –, disposant de chambres confortables décorées sur le thème de l'opéra. Cuisine actuelle servie dans un restaurant d'esprit bistrot contemporain.

Novotel Centre ⏎ 　　　🍴 ⴲ 🛗 ⚘ ch, ㎢ ⅋ ⚲ 🚗 _VISA_ ⓞⓞ ㎒ ⓞ

5 pl. A. Jourdain – 𝒞 05 61 21 74 74 – www.novotel.com – Fax 05 61 22 81 22
135 ch – ♦103/185 € ♦♦103/185 €, 🖵 14 € – 2 suites 　　　3DV**u**
Rest – (16 € bc) Carte 24/45 €

• Dans un quartier résidentiel du centre, établissement proche d'un jardin japonais et d'un parc, abritant des chambres de bonne ampleur aménagées selon les derniers standards de la chaîne. Restaurant de cuisine traditionnelle ouvrant sur la piscine de l'hôtel.

Le Grand Balcon _sans rest_ 　　　🛗 ⚘ ㎢ ⅋ _VISA_ ⓞⓞ ㎒ ⓞ

10 r. Romiguière – 𝒞 05 34 25 44 09 – www.grandbalconhotel.com
– Fax 05 61 23 50 33 　　　　　　　　　　　　　　　　　　　4EY**x**

47 ch – ♦160/190 € ♦♦160/390 €, 🖵 20 €

• L'hôtel des pilotes de l'aéropostale vient de rouvrir, célébrant ses anciens hôtes à travers un design contemporain plein d'imagination. La n° 32 reproduit la chambre de Saint-Exupéry.

Garonne _sans rest_ 　　　　　　⚘ ㎢ ℀ ⅋ _VISA_ ⓞⓞ ㎒ ⓞ

22 descente de la Halle aux Poissons – 𝒞 05 34 31 94 80
– www.hotelgaronne.com – Fax 05 34 31 94 81 　　　　　　　　4EY**d**
14 ch – ♦150/290 € ♦♦150/290 €, 🖵 25 €

• Bâtisse ancienne dans une venelle du Vieux Toulouse. Bel intérieur contemporain : parquet en chêne teinté, meubles design, tentures soyeuses et petites touches japonisantes.

Des Beaux Arts _sans rest_ 　　　⪡ 🛗 ㎢ ⅋ _VISA_ ⓞⓞ ㎒ ⓞ

1 pl. du Pont-Neuf – 𝒞 05 34 45 42 42 – www.hoteldesbeauxarts.com
– Fax 05 34 45 42 43 　　　　　　　　　　　　　　　　　　　4EY**v**
19 ch – ♦110/250 € ♦♦110/250 €, 🖵 14 €

• Maison du 18ᵉ s. aménagée avec goût aux chambres douillettes et raffinées. La majorité a vue sur la Garonne et la n° 42 possède un atout supplémentaire : une miniterrasse.

Les Capitouls sans rest
29 allées J. Jaurès – ✆ 05 34 41 31 21 – www.bestwestern-capitouls.com – Fax 05 61 63 15 17 4FX**g**
55 ch – †126/208 € ††126/208 €, ☕ 14 € – 2 suites
♦ Un bel immeuble bourgeois : tel se présente cet hôtel central possédant un hall de caractère (voûtes en briques roses) et des chambres fonctionnelles et confortables.

Mercure Wilson sans rest
7 r. Labéda – ✆ 05 34 45 40 60 – www.mercure.com – Fax 05 34 45 40 61
95 ch – †78/185 € ††88/195 €, ☕ 15 € 4FY**m**
♦ Derrière la façade toulousaine, chambres bien équipées et égayées de teintes ensoleillées. Aux beaux jours, petits-déjeuners servis en terrasse. Garage très pratique.

De Brienne sans rest
20 bd du Mar.-Leclerc – ✆ 05 61 23 60 60 – www.hoteldebrienne.com – Fax 05 61 23 18 94 3DV**n**
70 ch – †72/95 € ††72/95 €, ☕ 9 € – 1 suite
♦ Hôtel proche du centre-ville proposant des chambres fonctionnelles sobrement décorées, à choisir sur l'arrière pour plus de calme. Parking gratuit et agréable salon de détente.

Athénée sans rest
13 bis r. Matabiau – ✆ 05 61 63 10 63 – www.athenee-hotel.com – Fax 05 61 63 87 80 4FX**a**
35 ch – †89/137 € ††99/147 €, ☕ 11 €
♦ Voici un immeuble moderne à deux pas du centre-ville abritant des chambres fonctionnelles, sobres et colorées. Pour le côté pratique : garage et parking à disposition.

Mermoz sans rest
50 r. Matabiau – ✆ 05 61 63 04 04 – www.hotel-mermoz.com – Fax 05 61 63 15 64 4DV**f**
52 ch – †128/148 € ††128/148 €, ☕ 14 €
♦ Hôtel en mutation rénové par étapes. Touches décoratives évoquant les pilotes de l'Aéropostale. Salle des petits-déjeuners de style contemporain (verrière ; terrasse verte).

Le Clos des Potiers sans rest
12 r. des Potiers – ✆ 05 61 47 15 15 – www.le-clos-des-potiers.com – Fax 05 61 47 65 75 4FZ**e**
9 ch – †100/220 € ††100/220 €, ☕ 13 €
♦ Dans une rue calme près du centre-ville, maison de maître pleine de charme. Chambres joliment décorées dans un style classique. Une adresse cosy, entre hôtel et maison d'hôtes.

St-Claire sans rest
29 pl. N.-Bachelier – ✆ 05 34 40 58 88 – www.stclairehotel.fr – Fax 05 61 57 85 89
16 ch – †49/108 € ††69/118 €, ☕ 10 € 4FX**u**
♦ Des petites chambres cosy aux teintes pastel, des aménagements soignés (meubles réalisés par un artisan et sols en joncs de mer) : voici une sympathique adresse du centre-ville.

Albert 1er sans rest
8 r. Rivals – ✆ 05 61 21 17 91 – www.hotel-albert1.com – Fax 05 61 21 09 64
47 ch – †55/99 € ††75/119 €, ☕ 10 € 4EX**r**
♦ Adresse familiale pratique pour sillonner à pied la Ville rose. Les chambres, progressivement relookées, sont fonctionnelles et bien équipées ; plus calmes sur l'arrière.

Castellane sans rest
17 r. Castellane – ✆ 05 61 62 18 82 – www.castellanehotel.com – Fax 05 61 62 58 04 4FX**f**
53 ch – †76 € ††76 €, ☕ 8,50 €
♦ Hôtel familial situé en centre-ville. Les chambres, décorées sobrement, sont fonctionnelles, plus paisibles côté patio ; certaines conviennent particulièrement aux familles.

Les Loges de St-Sernin sans rest
12 r. St-Bernard – ✆ 05 61 24 44 44 – Fermé 20-27 déc. et 1 sem. en fév.
4 ch ☕ – †110/125 € ††110/125 € 4EX**t**
♦ Au 2e étage de cet immeuble totalement refait se trouvent des chambres raffinées, mariant l'ancien au confort d'aujourd'hui. Une adresse de charme bien sympathique.

XXX **Michel Sarran** 🛱 🗚 ⇔ 🖨 ᵛⁱˢᵃ ⑳ 🗚

🕄🕄 *21 bd A. Duportal –* 𝒞 *05 61 12 32 32*
– www.michel-sarran.com – Fax 05 61 12 32 33
– Fermé août, 20-28 déc., merc. midi, sam. et dim. **3DVm**
Rest *– (prévenir)* Menu 44 € bc (déj. en sem.), 98/165 € bc – Carte 88/146 €
Spéc. Bar et asperges vertes légèrement marinés, émietté de tourteau, mangue et orange. Foie gras de canard grillé, cannellonis de magret aux cinq parfums. Chocolat biscuit au guanaja et crémeux palmira. **Vins** Gaillac, Fronton.
♦ Cette demeure de charme du 19ᵉ s., à l'atmosphère conviviale et au décor moderne épuré, sublime une belle cuisine inventive. Plaisante terrasse à l'italienne pour les beaux jours.

XXX **Les Jardins de l'Opéra** 🗚 ⇔ ᵛⁱˢᵃ ⑳ 🗚 ⓪

1 pl. du Capitole – 𝒞 *05 61 23 07 76*
– www.lesjardinsdelopera.com – Fax 05 61 23 63 00
– Fermé midi fériés, dim. et lundi **4EYq**
Rest – Menu 29/99 € – Carte 73/81 €
♦ Élégante salle à manger en rotonde coiffée d'une verrière offrant un puits de lumière. La cuisine, actuelle et inventive, valorise de beaux produits. Cour intérieure fleurie.

XX **En Marge** (Frank Renimel) 🗚 ⅏ ᵛⁱˢᵃ ⑳ 🗚

🕄 *8 r. Mage –* 𝒞 *05 61 53 07 24 – www.restaurantenmarge.com*
– Fermé 7-13 avril, 11 août-7 sept., 22 déc.-4 janv., dim., lundi et mardi **4FZv**
Rest *– (nombre de couverts limité, prévenir)* Menu 30 € (déj.), 55/80 €
Spéc. Tartare de Saint-Jacques, crème de potimarron et émulsion de volaille à la truffe (déc. à fév.). Pigeon et caviar du Val d'Aran. Cigare (dessert). **Vins** Côtes du Marmandais.
♦ Accueil attentif, ambiance très conviviale, décor moderne un brin baroque et nombre limité de couverts pour déguster de beaux menus inventifs, renouvelés au gré des saisons.

XX **Metropolitan** 🛱 ⅊ 🗚 ⇔ 🄿 ᵛⁱˢᵃ ⑳ 🗚

🕄 *2 pl. Auguste-Albert –* 𝒞 *05 61 34 63 11*
– www.metropolitan-restaurant.fr – Fax 05 61 52 88 91
– Fermé 1ᵉʳ-21 août, 25-30 déc., sam. midi, dim. et lundi **2CTa**
Rest – (23 €) Menu 30 € (déj. en sem.), 39/85 € – Carte 73/103 €
Spéc. Queues de langoustines dans un fumet safrané. Pièce de veau de l'Aveyron rôti en croûte de roquette. Parfait au miel et pomelos. **Vins** Limoux, Gaillac.
♦ Adresse tendance proche de la Cité de l'Espace. Un cadre contemporain, étudié dans ses choix de design, met en valeur la talentueuse cuisine actuelle du chef. Service sympathique.

XX **Le L** 🛱 🗚 ⇔ ᵛⁱˢᵃ ⑳

24 pl. de la Bourse – 𝒞 *05 61 21 69 05*
– www.restaurantlel.com – Fax 05 61 21 61 79
– Fermé 5-25 août, dim. et lundi **4EYc**
Rest – (19 €) Menu 24/59 € – Carte 24/59 €
♦ Au cœur de la vieille ville, cette table contemporaine propose une carte créative aux influences asiatiques, renouvelée souvent, et plus étoffée au dîner. Terrasse d'été.

XX **Anges et Démons** 🗚 ⇔ ᵛⁱˢᵃ ⑳ 🗚

1 r. Perchepinte – 𝒞 *05 61 52 66 69 – www.restaurant-angesetdemons.com*
– Fermé 3-17 janv., dim. soir, lundi et le midi sauf dim. **4FZa**
Rest – (22 €) Menu 29/53 €
♦ Engageant restaurant de la vieille ville misant sur un concept original : le prix du plat principal choisi correspond à celui d'un menu complet. Salles cosy, sous des voûtes du 16ᵉ au caveau.

XX **Le Fouquet's** 🛱 🗚 ⇔ 🄿 ᵛⁱˢᵃ ⑳ 🗚

18 chemin de la Loge – 𝒞 *05 61 33 37 77 – www.lucienbarriere.com*
– Fax 05 61 33 37 50 **2BUa**
Rest – (21 €) Menu 30 € (déj.)/34 € – Carte 37/75 €
♦ Sur une île de la Garonne, voici le dernier-né de la famille Fouquet's. Feuilles d'or, lumière tamisée, collection de photos servent d'écrin à une cuisine dans l'air du temps.

XX **7 Place St-Sernin**   🛜 AC ⇔ VISA ⚫ AE

7 pl. St-Sernin – ℰ 05 62 30 05 30
– www.7placesaintsernin.com – Fax 05 62 30 04 06
– Fermé sam. midi et dim.   **4**EX**v**
Rest – (19 € bc) Menu 24 € bc (déj. en sem.), 33/75 € bc – Carte 51/78 €
♦ Dans les murs d'une toulousaine, restaurant élégant orné de toiles contemporaines. La
cuisine est à l'image du lieu : de tradition actualisée. Terrasse face à la basilique.

XX **La Corde**   AC ⇔ VISA ⚫ AE

4 r. Chalande – ℰ 05 61 29 09 43 – Fax 05 62 15 25 88 – Fermé sam. midi, lundi
midi et dim.   **4**EY**e**
Rest – (21 €) Menu 37/100 € bc – Carte 51/103 €
♦ Dans la cour intérieure d'une maison du 15ᵉ s., un escalier à vis – avec sa corde ! – mène
au plus vieux restaurant de la ville rose (1881). Cuisine au goût du jour.

XX **Brasserie Flo "Les Beaux Arts"**   🛜 AC ⊏ VISA ⚫ AE ①

1 quai Daurade – ℰ 05 61 21 12 12 – www.brasserielesbeauxarts.com
– Fax 05 61 21 14 80   **4**EY**v**
Rest – (23 €) Menu 38 € bc – Carte 30/45 €
♦ Les Toulousains apprécient l'ambiance et le décor rétro de cette brasserie des bords de la
Garonne, jadis fréquentée par Ingres, Matisse et Bourdelle. Carte très variée.

XX **Chez Laurent Orsi "Bouchon Lyonnais"**   🛜 AC VISA ⚫ ①

13 r. de l'Industrie – ℰ 05 61 62 97 43 – www.le-bouchon-lyonnais.com
– Fax 05 61 63 00 71 – Fermé sam. midi et dim. sauf fériés **4**FY**f**
Rest – Menu 22/36 € – Carte 30/40 €
♦ Grand bistrot où banquettes en cuir, tables serrées et miroirs recréent une attachante
ambiance du passé. Saveurs du Sud-Ouest, du Lyonnais et marée à l'honneur.

XX **Émile**   🛜 AC VISA ⚫ AE ①

13 pl. St-Georges – ℰ 05 61 21 05 56 – www.restaurant-emile.com
– Fax 05 61 21 42 26 – Fermé 24 déc.-11 janv., lundi sauf le soir de mai à sept. et
dim.   **4**FY**r**
Rest – Menu 20 € (déj.)/55 € – Carte 39/61 €🍷
♦ Belle carte des vins, cuisine axée sur le terroir (spécialité de cassoulet) et le poisson : cette
adresse pourvue d'une agréable terrasse est très prisée.

X **L'Adresse**   AC VISA ⚫

4 r. Baronie – ℰ 05 61 22 55 48 – www.adresserestaurant.com
– Fermé 12-19 avril, 2-21 août, sam. soir, dim., lundi et fériés **4**EY**b**
Rest – (15 €) Menu 25 € (sem.)/36 € – Carte 34/45 €
♦ Mobilier contemporain, miroirs, bibliothèque, bouteilles, ardoises de suggestions du
jour... : un décor à la mode pour cette "adresse" servant une cuisine actuelle bien mitonnée.

X **L'Empereur de Huê**   AC VISA ⚫

17 r. des Couteliers – ℰ 05 61 53 55 72 – www.empereurdehue.com
– Fermé dim. et lundi   **4**EZ**a**
Rest – *(dîner seult) (prévenir)* Menu 37 € (sem.) – Carte 46/53 €
♦ Une chef talentueuse, des produits sélectionnés, des herbes aromatiques, ou l'alchimie
d'un concentré de Vietnam au service d'une fine cuisine. Cadre résolument contemporain.

X **Brasserie du Stade**   AC ℙ VISA ⚫ AE ①

114 r. Troënes ⊠ 31200 – ℰ 05 34 42 24 20
– www.stadetoulousain.fr – Fax 05 34 42 24 21
– Fermé 18 juil.-26 août, 20 déc.-1ᵉʳ janv., lundi soir, mardi soir, sam. et dim.
Rest – (21 €) Menu 26 € (déj. en sem.) – Carte 35/48 €   **1**AS**x**
♦ Grande salle de restaurant située dans l'enceinte du temple du rugby toulousain. Entre
photos et trophées, on mange des petits plats soignés d'inspiration brasserie.

X **Rôtisserie des Carmes**   ⇔ VISA ⚫ AE

38 r. Polinaires – ℰ 05 61 53 34 88
– Fermé 31 juil.-29 août, 30 déc.-2 janv., sam., dim. et fériés **4**EZ**x**
Rest – Menu 21 € (déj.), 27 € bc/31 € bc – Carte 40/60 € le soir
♦ Voisinage du marché des Carmes oblige, la petite carte et le menu du jour évoluent selon
les arrivages. Le truculent patron officie dans une cuisine offerte à la vue de tous.

à Gratentour 15 km au Nord par D 4 et D 14 - BS – 3 491 h. – alt. 174 m – ✉ 31150

Le Barry
47 r. Barry – ✆ 05 61 82 22 10 – www.lebarry.fr – Fax 05 61 82 22 38
– Fermé 18 déc.-4 janv., vend., sam. et dim. d'oct. à mars
22 ch – 🛉53 € 🛉🛉60 €, ☕ 8 € – ½ P 61 €
Rest – *(fermé 1er-24 août, vend. soir et sam. soir d'oct. à mars, sam. midi et dim.)* (13 €) Menu 23 € (sem.)/30 € – Carte 17/41 €
♦ Le calme est au rendez-vous dans cette ancienne ferme de briques roses proche du vignoble du Frontonnais. Chambres fonctionnelles, petit jardin et piscine pour la détente. Salle à manger accueillante et soignée ; répertoire culinaire traditionnel.

à l'Union 7 km au Nord-Est - CS – 12 300 h. – alt. 146 m – ✉ 31240

La Bonne Auberge
2 bis r. Autan-Blanc, (N 88) – ✆ 05 61 09 32 26 – Fax 05 61 09 97 53
– Fermé 8-31 août, 19 déc.-4 janv., dim. et lundi
Rest – Menu 27/50 € – Carte 35/60 €
♦ Sur la rue principale, restaurant occupant une ancienne grange : mobilier rustique, poutres et cheminée. Carte dans l'air du temps composée par un chef soucieux du produit.

à Rouffiac-Tolosan 12 km par ② – 1 646 h. – alt. 210 m – ✉ 31180

Ô Saveurs (Daniel Gonzalez et David Biasibetti)
8 pl. Ormeaux, (au village) – ✆ 05 34 27 10 11 – Fax 05 62 79 33 84
– Fermé 2-11 mai, 16 août-7 sept., 15-23 fév., sam. midi, dim. soir et lundi
Rest – Menu 23 € (déj. en sem.), 39/80 € – Carte 75/100 €
Spéc. Fricassée de langoustines et foie gras, pleurotes, émulsion au corail. Saint-pierre cuit au sautoir et saveurs provençales. Poire Belle Hélène contemporaine. **Vins** Côtes de Duras, Pécharmant.
♦ Charmante maison de village sur une petite place pavée. On réalise ici une cuisine à quatre mains avec une bonne dose de tradition relevée d'un zeste de créativité... Savoureux !

à Rangueil 5 km au Sud-Est – ✉ 31400

Mas de Dardagna
1 chemin de Dardagna, près de l'hôpital Rangueil – ✆ 05 61 14 09 80
– www.masdedardagna.com – Fermé août, 26-30 déc., sam., dim. et fériés
Rest – *(prévenir le soir)* Menu 20 € (déj.), 30/58 € **2BUe**
♦ Une cuisine soignée qui oscille entre modernité et tradition, à déguster dans un décor agréable : une ancienne ferme aux murs de briques rouges agrémentée d'un jardin-terrasse.

à Castanet-Tolosan 12 km par ⑤ et N 113 – 10 329 h. – alt. 164 m – ✉ 31320

La Table des Merville
3 pl. Richard – ✆ 05 62 71 24 25 – www.table-des-merville.fr – Fax 05 34 66 18 56
– Fermé 11-19 avril, 1er-16 août, 24 déc.-3 janv., dim. et lundi
Rest – (15 €) Menu 27/39 € – Carte 40/60 €
♦ Séduisante petite adresse familiale du centre du village où gastronomie et convivialité font bon ménage. Les gourmets voient le chef réaliser ses plats de bistrot savoureux.

à Vigoulet-Auzil 13 km au Sud par D4 et D35e - BU – 970 h. – alt. 290 m – ✉ 31320

Château d'Arquier sans rest
17 av. des Pyrénées – ✆ 05 61 75 80 76 – www.arquier.com – Fax 05 61 75 80 76
3 ch ☕ – 🛉90 € 🛉🛉95 €
♦ Posée sur un coteau arboré, maison de famille typiquement toulousaine avec une façade percée de nombreuses fenêtres. Intérieur bourgeois ; peintures murales de Marc Saint-Saëns.

à Lacroix-Falgarde 13 km au Sud par D 4 - BU – 1 873 h. – alt. 154 m – ✉ 31120

Le Bellevue
1 av. des Pyrénées – ✆ 05 61 76 94 97 – restobellevue.free.fr – Fax 05 62 20 96 57
– Fermé 15 oct.-15 nov., 21-27 fév., merc. de sept. à avril et mardi
Rest – Menu 17 € (déj. en sem.)/41 € – Carte 40/64 €
♦ Ancienne guinguette entourée de verdure bordant l'Ariège. Aux beaux jours, la grande terrasse à fleur d'eau a beaucoup de succès. Plats traditionnels et spécialités du Sud-Ouest.

à Tournefeuille 10 km à l'Ouest par D 632 AT – 25 444 h. – alt. 155 m
– ✉ 31170

※※ **L'Art de Vivre** 🛋 ⇔ 🅿 VISA ⚫ AE ①
279 chemin Ramelet-Moundi – 𝒞 05 61 07 52 52
– www.lartdevivre.fr – Fax 05 61 06 41 94
– Fermé vacances de Pâques, 10-31 août, vacances de Noël, dim. soir, lundi soir, mardi soir et merc.
Rest – Menu 25 € (déj. en sem.), 36/58 € – Carte 40/60 €
◆ Maison noyée dans la verdure et terrasse permettant de profiter du charme bucolique du lieu aux beaux jours. Décor dans l'air du temps ; cuisine actuelle sur bases traditionnelles.

à Purpan 6 km à l'Ouest par N 124 - ✉ 31300 Toulouse

🏨 **Palladia** 🛋 ⅃ 𝄇 ⭐ & ch, 🆎 ⚡ rest, ⍟ 🔧 🅿 🚗 VISA ⚫ AE ①
271 av. Grande Bretagne – 𝒞 05 62 12 01 20 – www.hotelpalladia.com
– Fax 05 62 12 01 21   1ATe
90 ch – †99/215 €, ††99/215 €, � 18 € – 3 suites
Rest – *(fermé dim. et fériés)* Menu 25 € bc (déj.), 29/59 € bc – Carte 41/65 €
◆ Cet imposant immeuble à la façade rideau en verre et béton, situé à égale distance de l'aéroport et du centre-ville, est idéal pour les séminaires. Chambres spacieuses, progressivement rénovées. Confortable restaurant profitant d'une terrasse aux beaux jours.

🏨 **Novotel Aéroport** 🚗 🛋 ⅃ ⚡ 𝄇 & ch, 🆎 ⍟ 🔧 🅿 VISA ⚫ AE ①
23 impasse Maubec – 𝒞 05 61 15 00 00 – www.novotel.com
– Fax 05 61 15 88 44   1ATa
123 ch – †79/175 € ††79/175 €, ⊥ 14 €   **Rest** – (18 €) Carte 33/50 €
◆ Équipements de loisirs – jeux pour enfants, tennis, piscine – orientent cette adresse pour la détente autant que pour les affaires. Décor revu selon le dernier concept Novotel. Le restaurant contemporain et la terrasse regardent la piscine ; cuisine traditionnelle.

à St-Martin-du-Touch vers ⑦– ✉ 31300 Toulouse

🏠 **Airport Hôtel** sans rest 🔧 ⁍ ⍟ 🔧 🅿 🚗 VISA ⚫ AE ①
176 rte de Bayonne – 𝒞 05 61 49 68 78 – www.airport-hotel-toulouse.com
– Fax 05 61 49 73 66   1ATs
45 ch – †74 € ††90 €, ⊥ 10 € – 3 suites
◆ À proximité de l'aéroport, hôtel des années 1980 à l'ambiance familiale. Façade colorée en parement de briques ; chambres sobres et fonctionnelles ; garage ; plateaux repas.

※※ **Le Cantou** 🚗 🛋 ⇔ 🅿 VISA ⚫ AE ①
98 r. Velasquez, (D 2B) – 𝒞 05 61 49 20 21
– www.cantou.fr – Fax 05 61 31 01 17
– Fermé 3 sem. en août, vacances de Noël, sam. et dim.   1ATh
Rest – Menu 30/58 € – Carte 42/54 €🍷
◆ La campagne à la ville ! Découvrez cette coquette ferme et sa terrasse entourée d'un immense jardin. Goûteuse cuisine actuelle et remarquable sélection de vins (1 300 références).

à Colomiers 10 km par ⑦, sortie n° 3 puis direction Cornebarrieu par D 63
– 32 110 h. – alt. 182 m – ✉ 31770

※※※ **L'Amphitryon** (Yannick Delpech) 🛋 🆎 ⚡ ⇔ 🅿 VISA ⚫ AE ①
❀❀ *chemin de Gramont – 𝒞 05 61 15 55 55 – www.lamphitryon.com*
– Fax 05 61 15 42 30
Rest – Menu 30 € (déj. en sem.), 69/115 € – Carte 92/139 €🍷
Spéc. Sardine fraîche taillée au couteau, crème de morue et œufs de hareng. Bar de ligne en deux cuissons, parfum de dulse et poutargue. La boîte d'œuf, crème brûlée au thé vert, marmelade de mangue. **Vins** Saint-Mont blanc, Fronton.
◆ Nouvelles ambiances : air (la verrière), terre (la table d'hôtes) et feu (la salle cheminée) pour une brillante cuisine créative, très originale, sublimant les produits du terroir.

à Pibrac 12 km par ⑦, sortie n° 6 – 7 712 h. – alt. 157 m – ⌧ 31820

✗ **Le Pavillon Saint Jean**   ⌕ VISA ⨂ AE ⓘ
⌾ *1 chemin Beauregard* – ℰ *05 61 06 71 71* – *www.lepavillonst-jean.com*
Fax 05 61 86 35 63 – *Fermé 1ᵉʳ-22 août, 15 fév.-1ᵉʳ mars, sam. midi, dim. soir et lundi*
Rest – Menu 18 € (déj. en sem.), 26/46 € – Carte 30/48 €
• En léger retrait du centre, paisible maison régionale proposant une cuisine traditionnelle dans un sobre cadre contemporain, ou en terrasse pour profiter des belles journées.

à Blagnac 7 km au Nord-Ouest – 21 199 h. – alt. 135 m – ⌧ 31700

🏨 **Radisson Blu**   ⌕ 𝓕ᵟ |⌘| 🛎 Ⓐⓒ ⁋ 🔊 🅿 🚗 VISA ⨂ AE ⓘ
2 r. Dieudonné-Costes – ℰ *05 61 16 18 00* – *www.toulouse.radissonsas.com*
– Fax 05 61 16 18 01   1ASx
200 ch – ♦95/210 € ♦♦95/210 €, ⌿ 25 €
Rest – (18 €) Menu 25/35 € – Carte 35/45 €
• À deux pas de l'aéroport, hôtel contemporain reconnaissable à sa façade ponctuée de volets multicolores transparents. Une modernité assumée aussi dans le design des chambres. Le restaurant aux larges baies vitrées sert une cuisine surfant sur l'air du temps (terrasse protégée sur patio).

🏨 **Pullman**   ⌕ 🖥 𝓕ᵟ ✗ |⌘| Ⓐⓒ ⁋ ⁋ 🔊 🅿 VISA ⨂ AE ⓘ
2 av. Didier Daurat, dir. aéroport (sortie n° 3) – ℰ *05 34 56 11 11*
– www.pullmanhotels.com – Fax 05 61 30 02 43   1ASe
100 ch – ♦131/295 € ♦♦131/295 €, ⌿ 22 €
Rest *Le Corridor* – *(fermé 26 juil.-22 août, vend. soir, sam. et dim.)* (20 €) bc)
Carte 40/65 €
• Ne vous fiez pas à l'architecture années 1970 de cet hôtel, il cache des espaces communs tendance et une partie des chambres a adopté le même style (aubergine, rouge). Petite restauration façon tapas au bar ou carte plus traditionnelle en salle.

à Seilh 15 km par ⑧ – 2 812 h. – alt. 133 m – ⌧ 31840

🏨 **Latitudes Golf de Seilh** ⌇   ⟨ ⌕ 🛋 𝓕ᵟ ✗ 🖼 |⌘| ⌖ ch, Ⓐⓒ ⁋ 🔊 🅿
⌾ *rte Grenade* – ℰ *05 62 13 14 15*   🚗 VISA ⨂ AE
– www.latitudes-hotels-toulouse.com – Fax 05 61 59 77 97
172 ch – ♦80/155 € ♦♦80/155 €, ⌿ 15 € – 2 suites
Rest – (14 €) Menu 17 € (déj.), 28/34 € – Carte 24/59 €
• Complexe hôtelier doté de nombreux équipements sportifs (deux parcours de golf 18 trous). Belle capacité pour séminaires ; possibilité de location de studios et d'appartements. Restaurant décoré sur le thème de l'aéropostale ; cuisine aux accents du Sud-Ouest.

TOUQUES – 14 Calvados – 303 M3 – rattaché à Deauville

LE TOUQUET-PARIS-PLAGE – 62 Pas-de-Calais – 301 C4 – 5 438 h.   30 A2
– alt. 5 m – Casino : du Palais BZ, les 4 Saisons AYZ – ⌧ 62520
⬛ Nord Pas-de-Calais Picardie

　　　　▶ Paris 242 – Abbeville 58 – Arras 99 – Boulogne-sur-Mer 30
　　　　ℹ Office de tourisme, place de l'Hermitage ℰ 03 21 06 72 00, Fax 03 21 06 72 01
　　　　▦ du Touquet Avenue du Golf, S : 2 km, ℰ 03 21 06 28 00

🏨 **Westminster**   ⌕ 🖥 |⌘| Ⓐⓒ rest, 📞 ⌖ 🅿 🅿 VISA ⨂ AE ⓘ
❀ *av. Verger* – ℰ *03 21 05 48 48* – *www.opengolfclub.com* – *Fax 03 21 05 45 45*
115 ch – ♦77/350 € ♦♦120/405 €, ⌿ 20 € – 1 suite   BZa
Rest *Le Pavillon* – *(fermé 2 janv.-31 mars et mardi sauf juil.-août)* (dîner seult)
Menu 55/130 € bc – Carte 71/99 €🏵
Spéc. Langoustine à cru, caviar d'Aquitaine, citron vert et pomme granny smith. Bar cuit sur pierre de sel, chou-fleur mariné à l'huile d'argan (mai à août). Nectarine et pêche en soupe de menthe, sorbet abricot, espuma romarin (juin à août).
Rest *Les Cimaises* – ℰ *03 21 06 74 95* – (30 € bc) Menu 35 € – Carte 45/90 €
• Séduisant palace d'architecture anglo-normande (1925-1928), posté entre la mer et la pinède. Hall aux superbes ascenseurs ; chambres de style Art déco ou tout simplement rétro. Terrasse prisée en été. Cuisine classique revisitée et remarquable carte des vins au Pavillon. Buffets et plats de brasserie aux Cimaises.

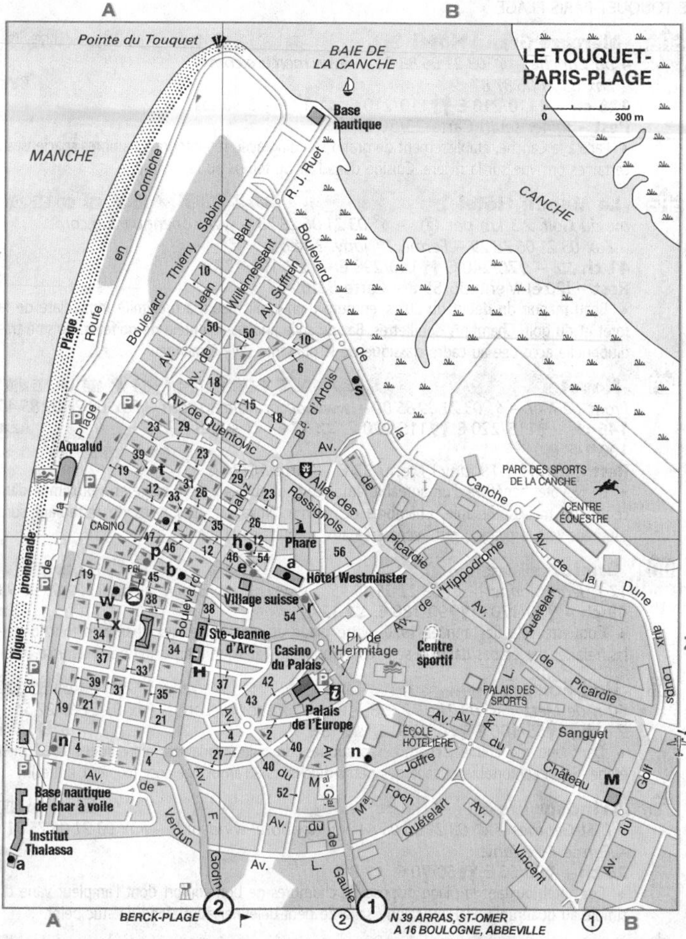

Aboudaram (Av. L.) . . . . **BZ** 2
Atlantique (Av. de l') . . . . . . **ABZ** 4
Bardol (R. E.) . . . . **BY** 6
Bourdonnais (Av. de la) . . . **ABY** 10
Bruxelles (R. de) . . . . **AYZ** 12
Calais (R. de) . . . . **BY** 15
Desvres (R. de) . . . . **ABY** 18
Docteur-J.-Pouget (Bd du) . . . . **AYZ** 19
Dorothée (R.) . . . . **AZ** 21
Duboc (Av. et R. J.) . . . . . . **ABY** 23
Garet (Av. et R. L.) . . . . **ABY** 26
Genets (Av. des) . . . . **ABZ** 27
Hubert (Av. L.) . . . . **ABY** 29
Londres (R. de) . . . . **AYZ** 31
Metz (R. de) . . . . **AYZ** 33
Monnet (R. J.) . . . . **AZ** 34
Moscou (R. de) . . . . **AYZ** 35
Oyats (Av. et R. des) . . . . . **ABZ** 37
Paix (Av. et R. de la) . . . . . . **ABZ** 38
Paris (R. de) . . . . **AYZ** 39
Pins (Av. des) . . . . **BZ** 40
Recoussine (Av. F.) . . . . **BZ** 42
Reine-May (Av. de la) . . . . . . **ABZ** 43
St-Amand (R.) . . . . **AZ** 45
St-Jean (Av. et R.) . . . . **ABZ** 46
St-Louis (R.) . . . . **AZ** 47
Tourville (Av. de l'Amiral) . . **ABY** 50
Troènes (Av. des) . . . . **BZ** 52
Verger (Av. du) . . . . **BZ** 54
Whitley (Av. J.) . . . . **BZ** 56

Holiday Inn ch,

av. Mar. Foch – 03 21 06 85 85 – www.holidayinnletouquet.com – Fax 03 21 06 85 00 BZ**n**

88 ch – 125/245 € 125/245 €, 17 € – 2 suites – ½ P 105/160 €

Rest ***Le Picardy*** – (18 €) Menu 23 € – Carte 35/53 €

◆ En lisière de forêt, bâtiment récent dont les chambres, fonctionnelles, sont desservies par une galerie fleurie. Parquet et plantes vertes apportent une petite touche d'originalité à la belle salle à manger en rotonde. Carte traditionnelle.

Mercure Grand Hôtel 🕭   🖃 🕭 🔲 🕭 🎋 🔢 🎵 🕭 🅿 🗸🗚🗚 🚥 🗚🗚 🕐

4 bd Canche – ℰ *03 21 06 88 88* – *www.mercure.com*
– *Fax 03 21 06 87 87*   BY**s**
128 ch – ♦110/210 € ♦♦110/210 €, � 17 € – 5 suites
Rest – *(dîner seult)* Carte 25/50 €
• Face à la Canche, établissement de grand standing avec spa intégré. Chambres spacieuses ; certaines ont vue sur la rivière. Cuisine dans l'air du temps au restaurant.

Le Manoir Hôtel 🕭   🖃 🕭 🔟 🕮 🎋 🎵 🅿 🗚🗚 🚥 🗚🗚 🕐

av. du Golf, 2,5 km par ② – ℰ *03 21 06 28 28* – *www.opengolfclub.com*
– *Fax 03 21 06 28 29* – *Fermé 1er janv.-3 fév.*
41 ch ⊯ – ♦70/240 € ♦♦140/290 € – ½ P 102/177 €
Rest – *(20 €)* Menu 35/55 € – Carte 52/65 €
• Beau manoir du début du 20e s. entouré d'un jardin fleuri, à proximité immédiate de la forêt et du golf. Chambres douillettes. Bar de style anglais. Clientèle de golfeurs. Cuisine traditionnelle accordée au cadre classique de la plaisante salle à manger.

Novotel   ≤ 🕭 🔲 🕮 🎋 🕭 🖕 rest, 🎵 🎋 🅿 🗚🗚 🚥 🗚🗚 🕐

Front de Mer – ℰ *03 21 09 85 00* – *www.accorthalassa.com* – *Fax 03 21 09 85 40*
146 ch – ♦115/220 € ♦♦115/220 €, ⊯ 17 € – 3 suites – ½ P   AZ**a**
100/148 €
Rest – *(fermé 4-18 janv.)* Menu 33 € – Carte 16/26 €
• Ce Novotel bénéficie d'un agréable emplacement au bord de la plage et à proximité d'un centre de thalassothérapie. Chambres de norme "Novation". Les baies du restaurant sont tournées vers le rivage ; carte consacrée aux produits de la mer.

Bristol sans rest   🕮 🎋 🅿 🗚🗚 🚥 🗚🗚 🕐

17 r. Jean Monnet – ℰ *03 21 05 49 95* – *www.hotelbristol.fr* – *Fax 03 21 05 90 93*
49 ch – ♦70/170 € ♦♦90/180 €, ⊯ 12 €   AZ**x**
• Coquette villa des années 1920, entre plage et centre-ville, aux chambres fonctionnelles, refaites par étapes dans un style contemporain. Bar-salon intime, joli patio-terrasse.

Red Fox sans rest   🕮 🔢 🎵 🕭 🗚🗚 🚥 🗚🗚 🕐

60 r. de Metz – ℰ *03 21 05 27 58* – *www.hotelredfox.com* – *Fax 03 21 05 27 56*
71 ch – ♦55/100 € ♦♦65/100 €, ⊯ 13 €   AY**r**
• Dans une rue animée, chambres pratiques, de tailles variables, mansardées au dernier étage. Salon confortable et salle des petits-déjeuners à l'ambiance cosy (copieux buffet).

Windsor sans rest   🕮 🎋 🅿 🗚🗚 🚥 🗚🗚

7 r. St-Georges – ℰ *03 21 05 05 44* – *www.hotel-windsor.fr* – *Fax 03 21 05 75 81*
– *Fermé 4-28 janv.*   AZ**w**
28 ch – ♦50/60 € ♦♦60/70 €, ⊯ 8 €
• Cet hôtel jouxtant la plage dispose de chambres de bon confort dont l'ampleur varie du simple au quadruple. Plaisant salon ; salle de petit-déjeuner au plafond de stuc peint.

La Forêt sans rest   🗚🗚 🚥 🗚🗚

73 r. de Moscou – ℰ *03 21 05 09 88* – *www.letouquet.com/hotel-laforet*
– *Fax 03 21 05 59 40* – *Ouvert 1er avril-30 sept.*   AZ**b**
10 ch – ♦45/59 € ♦♦53/59 €, ⊯ 7 €
• Des chambres bien tenues, fonctionnelles et tranquilles et une sympathique salle des petits-déjeuners font le succès de cet hôtel familial idéalement situé en centre-ville.

Villa Fierval sans rest   🎵 🗚🗚 🚥 🗚🗚 🕐

6 av. Léon-Garet – ℰ *06 08 33 20 07* – *www.flavio.fr* – *Fax 03 21 05 91 55*
– *Fermé 10 janv.-5 fév.*   BZ**h**
4 ch ⊯ – ♦49/69 € ♦♦69/98 €
• Serge Gainsbourg séjourna dans cette maison familiale, entre autres hôtes célèbres... Élégante façade cachant un spacieux intérieur aux chambres confortables et bien équipées.

XXX   **Flavio**   🕭 🗚🗚 🚥 🗚🗚 🕐

1 av. Verger – ℰ *03 21 05 10 22* – *www.flavio.fr* – *Fax 03 21 05 91 55*
– *Fermé 12 janv.-10 fév. et lundi sauf juil.-août*   BZ**r**
Rest – *(20 €)* Menu 26/153 € – Carte 58/114 €
• Cette adresse soignée vous proposera à coup sûr sa pêche du jour aux produits magnifiques, par laquelle on se laisse volontiers tenter. Piano, lustres, meubles de style en décor.

XX **Le Village Suisse**

52 av. St-Jean – ✆ 03 21 05 69 93 – www.levillagesuisse.fr – Fax 03 21 05 66 97 – Fermé 24 nov.-8 déc., 3-15 janv., dim. soir d'oct. à avril, mardi midi et lundi de sept. à juin BZ**e**

Rest – Menu 25 € (sem.)/80 € bc – Carte 35/72 €

◆ Cette villa construite en 1905 pour la fille d'un richissime Suisse abrite un plaisant restaurant et une belle terrasse aménagée sur le toit de boutiques d'antiquités.

XX **Le Paris**

88 r. de Metz – ✆ 03 21 05 79 33 – Fermé 1 sem. fin juin, 1 sem. mi-nov., 1 sem. mi-mars, dim. soir hors saison, mardi soir et merc. AZ**p**

Rest – (15 €) Menu 18 € (sem.)/40 € – Carte 37/60 €

◆ Situation très centrale et décor contemporain mariant avec bonheur tons rouge et chocolat pour ce restaurant où vous savourerez des recettes dans l'air du temps.

XX **Côté Sud**

187 bd du Dr Pouget – ✆ 03 21 05 41 24 – www.le-touquet-cote-sud.com – Fax 03 21 86 54 48 – Fermé 8 mars-1er avril, 14-20 juin, 22 nov.-9 déc., dim. soir hors saison, lundi midi et merc. AZ**n**

Rest – (14 €) Menu 18 € (sem.)/53 € – Carte 41/58 €

◆ Cadre minimaliste, tout blanc, et soigné pour ce restaurant situé le long de la digue du Touquet, face à la mer. La cuisine, au goût du jour, fait la part belle aux poissons.

X **Ricochet**

49 r. de Paris – ✆ 03 21 06 41 36 – www.ricochet-letouquet.com – Fermé janv., mardi et merc. AY**t**

Rest – Menu 12 € (déj. en sem.), 28 € – Carte 28/40 €

◆ Adresse branchée du centre de la station : atmosphère design, salle sous une verrière, service jeune et suggestions à l'ardoise de mets épurés et bien variés.

à Stella-Plage 7 km par ② – ✉ **62780 Cucq**

Office de tourisme, Place Jean Sapin ✆ 03 21 09 04 32, Fax 03 21 84 49 88

Des Pelouses

bd E. Labrasse – ✆ 03 21 94 60 86 – www.lespelouses.com – Fax 03 21 94 10 11 – Fermé 20 déc.-16 janv.

26 ch – †52/65 € ††65/70 €, ☕ 8,50 € – ½ P 56 €

Rest – Menu 18/27 € – Carte 24/36 €

◆ Nombreuses rénovations entreprises dans cette construction cubique située à 1 800 m de la plage. Chambres nettes, plus spacieuses sur l'arrière. Les recettes régionales figurent en bonne place sur l'appétissante carte proposée dans la sobre salle à manger.

TOURCOING – 59 Nord – **302** G3 – **92 357 h.** – **alt. 37 m** – ✉ **59200** **31** C2

Nord Pas-de-Calais Picardie

Paris 234 – Kortrijk 19 – Gent 61 – Lille 17

Office de tourisme, 9, rue de Tournai ✆ 03 20 26 89 03, Fax 03 20 24 79 80

des Flandres à Marcq-en-Baroeul 159 boulevard Clémenceau, par D 670 : 9 km, ✆ 03 20 72 20 74

Accès et sorties : voir plan de Lille

Altia

r. Vertuquet, au Nord près échangeur de Neuville-en-Ferrain (sortie 18) – ✆ 03 20 28 88 00 – www.altia-hotel.com – Fax 03 20 28 88 10 **plan de Lille** HR**e**

108 ch – †69/135 € ††69/145 €, ☕ 13 € **Rest** – Carte 23/48 €

◆ Situé proche de la frontière belge (300 m), rénovation complète pour cet hôtel repris récemment. Chambres colorées et partie séminaire lumineuse et bien équipée. Agréable jardin. Au restaurant, salle ouverte sur la terrasse et la piscine ; cuisine traditionnelle.

XX **La Baratte**

395 r. Clinquet – ✆ 03 20 94 45 63 – www.la-baratte.com – Fax 03 20 03 41 84 – Fermé 1 sem. en août, sam. midi, dim. soir et lundi **plan de Lille** HR**d**

Rest – Menu 22 € (sem.), 29/57 € – Carte 53/65 €

◆ Agréable salle à manger d'esprit actuel (tons bleu gris, chaises en cuir), en partie ouverte sur le jardin, alliée à une cuisine généreuse et gourmande : l'assurance d'un bon moment.

LA TOUR-D'AIGUES – 84 Vaucluse – **332** G11 – 3 912 h. – alt. 250 m   40 B2
– ⊠ **84240** ▯ Provence

> ▶ Paris 752 – Aix-en-Provence 29 – Apt 35 – Avignon 81
>
> ▯ Office de tourisme, le Château ℰ 04 90 07 50 29, Fax 04 90 07 35 91

▯ **Le Petit Mas de Marie** ⟗ ⟗ ⟗ ⟗ ⟗ ⟗ ch, 🄺 ⟗ P VISA ◖◗ AE ◑

quartier Revol, 1 km, rte de Pertuis – ℰ 04 90 07 48 22
– *www.lepetitmasdemarie.com* – Fax 04 90 07 34 26 – *Fermé vacances de la Toussaint et de fév.*
15 ch (½ P seult) – ½ P 76 €   **Rest** – *(résidents seult)*

♦ Cette accueillante maison du pays d'Aigues est ceinte d'un jardin fleuri. Chambres provençales impeccablement tenues. Cuisine aux accents du Sud dans une salle à manger spacieuse et claire ou sur l'agréable terrasse, lorsque le temps le permet.

TOUR-DE-FAURE – 46 Lot – **337** G5 – rattaché à St-Cirq-Lapopie

---

LA TOUR-DU-PIN ⟨⟩ – 38 Isère – **333** F4 – 7 431 h. – alt. 350 m   45 C2
– ⊠ **38110** ▯ Lyon Drôme Ardèche

> ▶ Paris 516 – Aix-les-Bains 57 – Chambéry 51 – Grenoble 67
>
> ▯ Office de tourisme, rue de Châbons ℰ 04 74 97 14 87, Fax 04 74 97 34 74
>
> ▯ du Château de Faverges à Faverges-de-la-Tour, E : 9 km par D 1516,
> ℰ 04 74 88 89 51

▯ **Mercure** ⟗ ⟗ ⟗ ⟗ 🄻♨ ▦ ⟗ rest, ⟗ 🄰 P VISA ◖◗ AE ◑

439 av. Gén. de Gaulle, face centre nautique – ℰ 04 74 83 31 31
– *Fax 04 74 97 87 01*
59 ch – ♦80 € ♦♦95 €, ⊡ 12 €
Rest – *(fermé sam. midi et dim.)* (15 €) Menu 18/35 € – Carte 25/50 €

♦ Ce grand bâtiment des années 1970 domine la ville. Les chambres, actuelles et fonctionnelles, bénéficient du calme jardin et de la piscine extérieure. Fitness. Décor tendance au restaurant (boiseries sombres, mobilier design). Carte au goût du jour.

✕ **Le Bec Fin** VISA ◖◗

pl. Champs-de-Mars – ℰ 04 74 97 58 79 – Fax 04 74 97 58 79 – *Fermé 2-23 août, dim. soir et lundi*
Rest – (16 €) Menu 28/47 €

♦ Ex-maison de négociant en vins tenue par un jeune couple accueillant. Généreuses recettes régionales proposées sous forme de menus, dans deux salles aux tons vert et jaune.

à St-Didier-de-la-Tour 3 km à l'Est par N 6 – 1 630 h. – alt. 380 m – ⊠ 38110

✕✕✕ **Ambroisie** ← ⟗ 🄺 ⟗ P VISA ◖◗

64 rte du lac, (au bord du lac) – ℰ 04 74 97 25 53
– *www.restaurant-ambroisie.com* – *Fermé dim. soir, mardi soir et merc.*
Rest – Menu 28/55 € – Carte environ 40 €

♦ Pavillon bordant un lac vous accueillant dans une salle au décor modernisé (tons grège et chocolat) et sur une terrasse sous les platanes. Cuisine actuelle aux notes provençales.

à Rochetoirin 4 km au Nord-Ouest par N 6 et D 92 – 980 h. – alt. 449 m
– ⊠ 38110

✕ **Le Rochetoirin** ← ⟗ 🄖 P VISA ◖◗

10 rte de la Tour du Pin, (au village) – ℰ 04 74 97 60 38 – *www.lerochetoirin.fr*
– *Fermé 30 août-12 sept., 20 déc.-11 janv., mardi soir et merc. soir d'oct. à avril, dim. soir et lundi*
Rest – (17 €) Menu 22 € (sem.)/52 € – Carte 32/50 €

♦ Ce restaurant a le mérite de proposer deux styles culinaires : traditionnel ou inventif (renouvelé à chaque saison). Une petite salle conviviale, une autre plus cossue ; terrasse.

TOURNEFEUILLE – 31 Haute-Garonne – **343** G3 – rattaché à Toulouse

---

TOURNON-SUR-RHÔNE ⟨⟩ – 07 Ardèche – **332** B3 – 10 582 h.   43 E2
– alt. 125 m – ⊠ **07300** ▯ Lyon Drôme Ardèche

> ▶ Paris 545 – Grenoble 98 – Le Puy-en-Velay 104 – St-Étienne 77
>
> ▯ Office de tourisme, 2, place Saint-Julien ℰ 04 75 08 10 23, Fax 04 75 08 41 28
>
> ◉ Terrasses★ du château B - Route panoramique★★★ B.

Plan : voir à Tain-l'Hermitage

Les Amandiers sans rest   🛗 �& ॥ 🛰 ⓦ 🄿 🆅🆂🄰 ☎ 🄰🄴 ⓪

13 av. de Nîmes – ☏ 04 75 07 24 10 – www.hotel-amandiers.com
– Fax 04 75 07 06 30 – Fermé 18 déc.-3 janv.   C**n**
25 ch – †59 € ††69 €, ⚌ 8,50 €

◆ Pavillon moderne fréquenté par la clientèle d'affaires en semaine. Chambres climatisées, bien insonorisées et équipées de grandes salles de bains. Bon entretien.

Azalées   🛖 �& ch, 🄰🄲 🛰 ch, ॥ 🅂🄰 🄿 🆅🆂🄰 ☎

6 av. Gare – ☏ 04 75 08 05 23 – www.hotel-azalees.com – Fax 04 75 08 18 27
– Fermé 25 oct.-1ᵉʳ nov. et 20 déc.-2 janv.   B**s**
37 ch – †59 € ††59/69 €, ⚌ 8,50 € – ½ P 51 €
Rest – *(fermé dim. soir du 15 oct. au 15 mars)* (12 € bc) Menu 20/27 €
– Carte 19/33 €

◆ Entre gare et centre-ville, chambres aménagées dans deux bâtiments situés de part et d'autre d'une cour ; choisir les plus récentes. Gratin de ravioles, picodon, senteurs de thym, etc. : la table affiche ouvertement son attachement au terroir. Petite terrasse.

Tournesol   🛖 ⇄ 🆅🆂🄰 ☎ 🄰🄴

44 av. Mar. Foch par ④ – ☏ 04 75 07 08 26 – www.letournesol.net – Fermé
1ᵉʳ-24 août, vacances de la Toussaint, de fév., de Pâques, dim. soir, mardi et merc.
Rest – (17 €) Menu 26/34 € – Carte 27/38 € 🍃

◆ Cuisine au goût du jour, produits frais et belle sélection de vins des Côtes du Rhône rangés dans une cave vitrée, sont à l'affiche de ce restaurant au cadre actuel. Terrasse.

Le Chaudron   🛖 🆅🆂🄰 ☎ 🄰🄴

7 r. St-Antoine – ☏ 04 75 08 17 90 – Fax 04 75 08 06 61 – Fermé 2-24 août,
23 déc.-6 janv., mardi soir, jeudi soir et dim.   B**r**
Rest – Menu 27/36 € – Carte 33/56 € 🍃

◆ Boiseries foncées, banquettes en moleskine verte et agréable terrasse composent le cadre de ce sympathique bistrot. Goûteuse cuisine du terroir et riche carte de côtes-du-rhône.

TOURNUS – 71 Saône-et-Loire – **320** J10 – 5 892 h. – alt. 193 m   **8** C3
– ✉ 71700 ▌ Bourgogne

🖸 Paris 360 – Bourg-en-Bresse 70 – Chalon-sur-Saône 28 – Mâcon 37
🖪 Office de tourisme, 2, place de l'abbaye ☏ 03 85 27 00 20, Fax 03 85 27 00 21
◉ Abbaye ★★.

Plan page suivante

Hôtel de Greuze 🦢   🕼 🄰🄲 ॥ 🅂🄰 🄿 🆅🆂🄰 ☎ 🄰🄴 ⓪

5 pl. de l'Abbaye – ☏ 03 85 51 77 77 – www.hotelgreuze.com
– Fax 03 85 51 77 23   **e**
19 ch – †110/195 € ††140/225 €, ⚌ 26 € – 2 suites
Rest Greuze – voir ci-après

◆ Entre l'abbaye de St-Philibert (10ᵉ s.) et le centre-ville, une belle demeure bressane. Spacieuses chambres raffinées de styles variés : Louis XVI, Directoire, Empire...

Le Rempart   🛖 🕼 �& 🄰🄲 ॥ 🅂🄰 🚗 🆅🆂🄰 ☎ 🄰🄴 ⓪

2 av. Gambetta – ☏ 03 85 51 10 56 – www.lerempart.com – Fax 03 85 51 77 22
23 ch – †95/155 € ††125/170 €, ⚌ 16 € – 11 suites – ½ P   **x**
105/135 €
Rest – Menu 32/67 € – Carte 48/80 €
Rest Le Bistrot – Menu 18/27 € – Carte 26/42 €

◆ Sur l'ancien rempart de Tournus, maison du 15ᵉ s. aux chambres presque toutes refaites dans un esprit contemporain (matériaux nobles, beaux équipements). Cuisine d'inspiration régionale à déguster dans un restaurant cossu (vestiges romans). Toit ouvrant et petits plats sympathiques au Bistrot.

La Tour du Trésorier sans rest 🦢   ⇐ 🚗 ॥ 🄿 🆅🆂🄰 ☎

9 pl. Abbaye – ☏ 03 85 27 00 47 – www.la-tour-vialle.com – Fax 03 85 27 00 48
– Fermé 4 janv.-8 fév.   **a**
5 ch ⚌ – †120/170 € ††130/180 €

◆ Cette belle maison médiévale, flanquée d'une puissante tour, fait face à l'abbaye. Accueil charmant, salon cossu, chambres personnalisées avec goût et magnifique jardin.

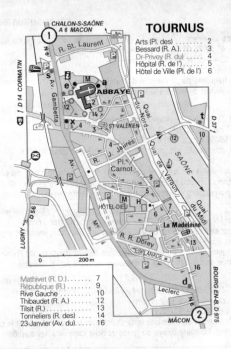

TOURNUS

Arts (Pl. des) 2
Bessard (R. A.) 3
Dr-Privey (R. du) 4
Hôpital (R. de l') 5
Hôtel de Ville (Pl. de l') .. 6

Mathivet (R. D.) 7
République (R.) 9
Rive Gauche 10
Thibaudet (R. A.) 12
Tilsit (R.) 13
Tonneliers (R. des) 14
23-Janvier (Av. du) 16

XXX   **Rest. Greuze** (Yohann Chapuis) – Hôtel de Greuze   🕭 🗛 ⇄ 𝒱𝒾𝒮𝒜 ⓒ 🗚 🗍
❀   *1 r. A. Thibaudet –* ℰ *03 85 51 13 52*
   – www.restaurant-greuze.fr – Fax 03 85 51 75 42
   – Fermé 2 janv.-8 fév., mardi sauf le soir de mai à sept. et merc.   **e**
   Rest – Menu 36/85 € – Carte 80/100 €
   Spéc. Cuisses de grenouilles en deux façons. Volaille de Bresse pochée-rôtie.
   Soufflé chaud au Grand Marnier. **Vins** Rully blanc, Mercurey.
   ◆ Vénérable maison (vieilles pierres, poutres) rendue célèbre par Jean Ducloux. Fine cuisine
   actuelle signée par un jeune chef qui jongle entre tradition régionale et modernité.

XX   **Aux Terrasses** (Jean-Michel Carrette) avec ch   🍴 🗛 🕪 🅿 𝒱𝒾𝒮𝒜 ⓒ 🗚
❀   *18 av. 23-Janvier –* ℰ *03 85 51 01 74*
   – www.aux-terrasses.com – Fax 03 85 51 09 99
   – Fermé 31 mai-7 juin, 15-29 nov., 3-25 janv., dim. soir, mardi midi et lundi
   18 ch – †66/79 € ††66/79 €, ⊇ 12 €   **d**
   Rest – Menu 24 € (déj. en sem.), 30/75 € – Carte 46/100 €
   Spéc. Escargots de Bourgogne à la tomate, émulsion coco-persil et mousseline d'ail. Saint-pierre clouté au citron beldis sur jambon pata negra. Soufflé
   chaud coco et sorbet rhum-ananas. **Vins** Rully, Mâcon-Vinzelles.
   ◆ Étape de charme : salles à manger alliant touches classiques, baroques et modernes, beau
   jardin intérieur, cuisine traditionnelle complice du terroir, et chambres insonorisées.

XX   **Meulien**   🗛 🅿 𝒱𝒾𝒮𝒜 ⓒ
   1 bis av. Alpes – ℰ *03 85 51 20 86*
   – www.meulien.com – Fax 03 85 51 20 86
   – Fermé dim. soir, mardi midi et lundi   **t**
   Rest – Menu 21 € (sem.)/56 € – Carte 38/81 €
   ◆ Ce restaurant de la rive gauche s'agrémente d'une décoration contemporaine aux tons
   crème et chocolat. Chaleureuse atmosphère familiale et cuisine au goût du jour soignée.

XX **Le Terminus** avec ch 🛱 🔐 💷 P VISA ⚫ AE
😊 *21 av. Gambetta – € 03 85 51 05 54 – www.hotel-terminus-tournus.com*
– Fax 03 85 51 79 11 – Fermé jeudi midi et merc. s
11 ch – ♦69 € ♦♦69 €, ⚏ 10 €
Rest – Menu 18 € (déj. en sem.), 26/50 € – Carte 37/69 €
♦ Cette maison du début du 20ᵉ s., à deux pas de la gare, abrite des chambres au décor contemporain. Salle des petits-déjeuners délicieusement rétro. Cuisine actuelle.

au Villars 4 km au Sud par N 6 et D 210 – 240 h. – alt. 184 m – ⊠ 71700

X **L'Auberge des Gourmets** 🛱 & P VISA ⚫ AE
😊 *pl. de l'Église – € 03 85 32 58 80 – www.aubergedesgourmets.fr*
– Fax 03 85 51 08 32 – Fermé 2-9 juin, 3-12 nov., 23-26 déc., 9 janv.-2 fév., dim. soir, mardi soir et merc. sauf fériés
Rest – Menu 22 € (sem.), 28/48 € – Carte 37/68 €
♦ Sympathique petite auberge à la façade rénovée, dont la salle conviviale accueille des expositions de peintures. On y sert des repas traditionnels personnalisés.

à Ozenay 6 km au Sud-Ouest par D 14 – 219 h. – alt. 250 m – ⊠ 71700

XX **Le Relais d'Ozenay** 🛱 & VISA ⚫
😊 *Le Bourg – € 03 85 32 17 93 – www.le-relais-dozenay.com*
– Fax 03 85 51 37 70 – Fermé 1ᵉʳ-21 janv., 20-30 oct., mardi soir hors saison et merc.
Rest – (19 €) Menu 24/47 € – Carte 41/78 €
♦ Bâtisse en pierre d'un village pittoresque. Cuisine actuelle (à prix sages) et vins du Mâconnais servis dans une élégante salle ; espace café ; grande terrasse sur l'arrière.

à Brancion 14 km à l'Ouest par D 14 - ⊠71700 Martailly-les-Brancion

🔘 Donjon du château ≼★.

🏨 **La Montagne de Brancion** ⧓ ≼ 🛱 🏊 & rest, ☝ 🏖 P VISA ⚫
au col de Brancion – € 03 85 51 12 40 – www.brancion.com – Fax 03 85 51 18 64
– Fermé 4 janv.-5 mars
19 ch – ♦85/147 € ♦♦147/230 €, ⚏ 18 € – ½ P 122/164 €
Rest – (fermé mardi midi, merc. midi et jeudi midi) (25 €) Menu 48/75 €
– Carte 60/85 €
♦ Cette charmante demeure perchée sur la colline face au vignoble offre une vue agréable sur les monts du Mâconnais. Chambres calmes. Beau panorama au restaurant où l'on propose une cuisine traditionnelle, généreuse et goûteuse.

TOURRETTES – 83 Var – 340 P4 – 2 551 h. – alt. 350 m – ⊠ 83440 **41** C3
📗 Côte d'Azur

🅳 Paris 884 – Castellane 56 – Draguignan 31 – Fréjus 35

au Sud 6 km sur D 56 – ⊠ 83440 Tourrettes

🏨 **Four Seasons Resort Provence at Terre Blanche** ⧓ 🎐
Domaine de 🛱 🏊 🖥 ☁ 🏋 🍽 🎦 & rest, 🔐 ☝ 🏖 P 🌀 VISA ⚫ AE ⓞ
Terre Blanche – € 04 94 39 90 00 – www.fourseasons.com/provence
– Fax 04 94 39 90 01
114 suites ⚏ – ♦♦380/2105 €
Rest *Faventia* – voir ci-après
Rest *Gaudina Lounge* – (38 €) Menu 48 € – Carte 45/65 €
Rest *Tousco Grill* – (ouvert de mi-juin à mi-sept.) (déj. seult) Menu 39/65 €
– Carte 25/65 €
Rest *Infusion* – (déj. seult) Menu 40 € – Carte environ 68 €
♦ Sur un domaine comprenant deux golfs 18 trous, spa et aire de jeux, un magnifique complexe hôtelier avec une solide demeure provençale et 45 villas (vastes suites). Large éventail culinaire de saveurs du Sud au Gaudina. Grill et buffet côté piscine au Tousco Grill. Cadre zen et confortable à l'Infusion ; plats diététiques raffinés.

XXXX **Faventia** – Hôtel Four Seasons Resort Provence at Terre Blanche
🕸 🕸 *Domaine de Terre Blanche*
– ℰ 04 94 39 90 00 – www.fourseasons.com/provence – Fax 04 94 39 90 01
– Fermé 1er-23 mars, 7 nov.-31 déc., dim. et lundi
Rest – *(dîner seult)* Menu 72/135 € – Carte 99/140 €
Spéc. Homard breton rôti, espuma de pomme de terre ratte à l'huile vierge
au citron. Carré d'agneau cuit en cocotte au foin, courgette fleur et piquillos
farcis. Le chocolat aux éclats de fruits croustillants, fondant tiède et glace pis-
tache. **Vins** Côtes de Provence, Bandol.
♦ Le chef, Meilleur Ouvrier de France, signe ici une cuisine subtile et savoureuse. Salle à
manger cossue et agréable terrasse offrant de belles échappées sur les villages perchés.

TOURRETTES-SUR-LOUP – 06 Alpes-Maritimes – **341** D5 – **4 272** h.   **42** E2
– alt. 400 m – ✉ 06140 ▌ Côte d'Azur

🟦 Paris 929 – Grasse 18 – Nice 29 – Vence 6

🟦 Office de tourisme, 2, place de la Libération ℰ 04 93 24 18 93,
Fax 04 93 59 24 40

👁 Vieux village★ - ≼★ sur le village de la route des Quenières.

🏠 **Résidence des Chevaliers** sans rest ◎
521 rte du Caire – ℰ 04 93 59 31 97 – Fax 04 93 59 27 97
– Ouvert 1er avril-1er oct.
12 ch – †100 € ††130/210 €, � 14 €
♦ Cette bâtisse en pierre, joliment fleurie, ménage une vue sur le village médiéval et sur la
côte. Chambres de style rustique. Petit-déjeuner servi sur une plaisante terrasse.

🏠 **Auberge de Tourrettes**
11 rte de Grasse – ℰ 04 93 59 30 05 – www.aubergedetourrettes.fr
– Fax 04 93 59 28 66 – Fermé déc. et janv.
9 ch – †96/136 € ††102/140 €, ⊇ 12 €
Rest – *(fermé dim. soir, mardi midi et lundi)* (20 €) Menu 25 € (déj.)/30 €
– Carte 30/56 €
♦ Décor provençal revu à la mode scandinave et ambiance guesthouse pour ce petit hôtel
de charme. Salon cossu, chambres simples et élégantes. Cuisine régionale préparée par un
chef danois et servie dans un cadre sans fioriture.

↑ **Histoires de Bastide** sans rest ◎
chemin du Moulin à Farine – ℰ 04 93 58 96 49 – www.histoiresdebastide.com
– Fax 04 93 59 08 46
4 ch – †150/210 € ††150/210 €, ⊇ 15 €
♦ Ambiance provençale raffinée dans cette bastide pétrie de charme. Ravissantes chambres
nommées d'après l'œuvre de Pagnol. Terrasse, belle piscine et oliviers vénérables au jardin.

✗ **Clovis**
21 Grand-Rue – ℰ 04 93 58 87 04 – www.clovis-gourmand.fr – Fermé lundi et
mardi
Rest – *(déj. seult)* (30 €) Menu 35/48 €
♦ Cuisine actuelle sensible aux saisons proposée à l'ardoise, avec mise en valeur d'un même
produit en entrée et plat principal. Bistrot contemporain dans des murs anciens.

✗ **Le Médiéval**
6 Grand-Rue – ℰ 04 93 59 31 63 – Fermé déc., merc. et jeudi
Rest – Menu 25/38 € – Carte 45/68 €
♦ Restaurant familial situé dans une ruelle du ravissant vieux village investi par artistes et
artisans. Longue salle rustique où l'on sert une généreuse cuisine traditionnelle.

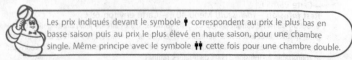

Les prix indiqués devant le symbole † correspondent au prix le plus bas en
basse saison puis au prix le plus élevé en haute saison, pour une chambre
single. Même principe avec le symbole †† cette fois pour une chambre double.

▶ Paris 237 – Angers 124 – Bordeaux 346 – Le Mans 84

🛬 de Tours-Val de Loire ℰ 02 47 49 37 00, NE : 7 km U.

🔋 Office de tourisme, 78-82, rue Bernard Palissy ℰ 02 47 70 37 37, Fax 02 47 61 14 22

🔋 de Touraine à Ballan-Miré Château de la Touche, SO : 10 km par D 751, ℰ 02 47 53 20 28

🔋 d'Ardrée à Saint-Antoine-du-Rocher, N : 12 km par D 2, ℰ 02 47 56 77 38

👁 Quartier de la cathédrale★★ : cathédrale St-Gatien★★, musée des Beaux-Arts★★ - La Psalette (cloître St-Gratien)★, Place Grégoire-de-Tours★ - Vieux Tours★★★ : place Plumereau★ , hôtel Gouin★, rue Briçonnet★ - Quartier de St-Julien★ : musée du Compagnonnage★★, Jardin de Beaune-Semblançay★ BY **K** - Musée des Équipages militaires et du Train★ V **M⁵** - Prieuré de St-Cosme★ O : 3 km V.

Plans pages suivantes

🏨🏨🏨 De l'Univers   📶 ₺ ch, 🆔 🛜 🚿 🚐 🚗 🗚 ⓪

5 bd Heurteloup – ℰ 02 47 05 37 12 – www.oceaniahotels.com
– Fax 02 47 61 51 80   CZ**u**
85 ch – ♦115/270 € ♦♦115/270 €, ⌁ 15 € – 7 suites
Rest *La Touraine* – *(fermé sam. et dim. sauf le soir en juil.-août)* (22 €)
Menu 28 € (sem.)/39 € – Carte 34/51 €

♦ Fleuron de la grande galerie : les superbes fresques représentant les visiteurs célèbres de l'hôtel depuis 1846. Esprit "petit palace", chambres cossues, luxueuses suites. Cuisine traditionnelle servie dans une salle à manger claire et confortable ; bar feutré.

🏨🏨 Central Hôtel sans rest   🚗 📶 ₺ 🛜 🅿 🚿 🚐 🚗 🗚 ⓪

21 r. Berthelot – ℰ 02 47 05 46 44 – www.bestwesterncentralhoteltours.com
– Fax 02 47 66 10 26 – Fermé 24 déc.-2 janv.   CY**r**
35 ch – ♦112/145 € ♦♦112/170 €, ⌁ 14 € – 2 suites

♦ Parmi les atouts de cet hôtel "central" : garage, chambres régulièrement entretenues – certaines donnent sur le jardin intérieur –, belles salles de bains et terrasse d'été.

🏨🏨 Mercure Centre sans rest   📶 ₺ 🆔 🛜 🅿 🚐 🚗 🗚

29 r. E. Vaillant – ℰ 02 47 60 40 60 – www.mercure.com – Fax 02 47 64 74 81
92 ch – ♦98/230 € ♦♦118/230 €, ⌁ 15 €   DZ**f**

♦ À deux pas de la gare, une adresse bien pratique : chambres fonctionnelles aux teintes douces, donnant côté rue ou voie ferrée (bonne insonorisation), petit-déjeuner complet.

🏨🏨 Kyriad sans rest   📶 🆔 🛜 🚿 🚿 🚐 🚗 🗚 ⓪

65 av. Grammont – ℰ 02 47 64 71 78 – www.kyriad-tours-centre.fr
– Fax 02 47 05 84 62   V**s**
50 ch – ♦80/100 € ♦♦90/105 €, ⌁ 10 €

♦ Style et équipements actuels caractérisent les chambres de cet hôtel, joliment rénovées. Salon de style (cheminée, boiseries) et salle des petits-déjeuners façon jardin d'hiver.

🏨🏨 L'Adresse sans rest   🎥 🛜 🚐 🚗 🗚

12 r. de la Rôtisserie – ℰ 02 47 20 85 76 – www.hotel-ladresse.com
– Fax 02 47 05 74 87   AY**u**
17 ch – ♦50 € ♦♦70/110 €, ⌁ 9 €

♦ Ses petites chambres douillettes, mêlant harmonieusement contemporain et ancien (poutres), font de cette demeure du 18ᵉ s. une bien charmante "adresse" du quartier historique.

🏨🏨 Le Grand Hôtel sans rest   📶 🆔 🛜 🚿 🚐 🚗 🗚 ⓪

9 pl. du Gén.-Leclerc – ℰ 02 47 05 35 31 – www.legrandhoteltours.com
– Fax 02 47 64 10 77 – Fermé 15 déc.-15 janv.   CZ**z**
104 ch – ♦80/120 € ♦♦80/120 €, ⌁ 12 €

♦ Le propriétaire a entrepris de redonner à cet hôtel son cachet d'antan, insufflé par l'architecte français Pierre Chareau en 1927. Optez pour les chambres rénovées.

🏨 Du Manoir sans rest   📶 🛜 🅿 🚐 🚗 🗚

2 r. Traversière – ℰ 02 47 05 37 37 – Fax 02 47 05 16 00   CZ**a**
19 ch – ♦52/64 € ♦♦58/72 €, ⌁ 9 €

♦ Cette demeure du 19ᵉ s. abrite des chambres classiques (quelques meubles anciens, ciels de lit) et bien tenues. Produits maison au petit-déjeuner, dans une jolie salle voûtée.

TOURS

Amandiers (R. des) . . . . CY 4
Berthelot (R.) . . . . BCY 7
Bons Enfants (R. des) . . . . BY 8
Bordeaux (R. de) . . . . CZ
Boyer (R. Léon) . . . . AZ 10
Briçonnet (R.) . . . . AY 13
Carmes (Pl. des) . . . . BY 16
Châteauneuf (Pl. de) . . . . . . BY 17
Châteaunuef (R. de) . . . . . . AY 18
Coeur-Navré (Passage du) . CY 21
Commerce (R. du) . . . . BY
Constantine (R. de) . . . . BY 24
Corneille (R.) . . . . CY 25
Courier (R. Paul-Louis) . . . . BY 27
Courteline (R. G.) . . . . AY 28
Cygne (R. du) . . . . CY 29
Descartes (R.) . . . . BZ 33
Dolve (R. de la) . . . . BZ 35
Favre (R. Jules) . . . . BY 38
Fusillés (R. des) . . . . BY 41
Gambetta (R.) . . . . BZ 43
Giraudeau (R.) . . . . AZ 46
Grammont (Av. de) . . . . CZ
Grand-Marché (Pl. du) . . . . AY 49

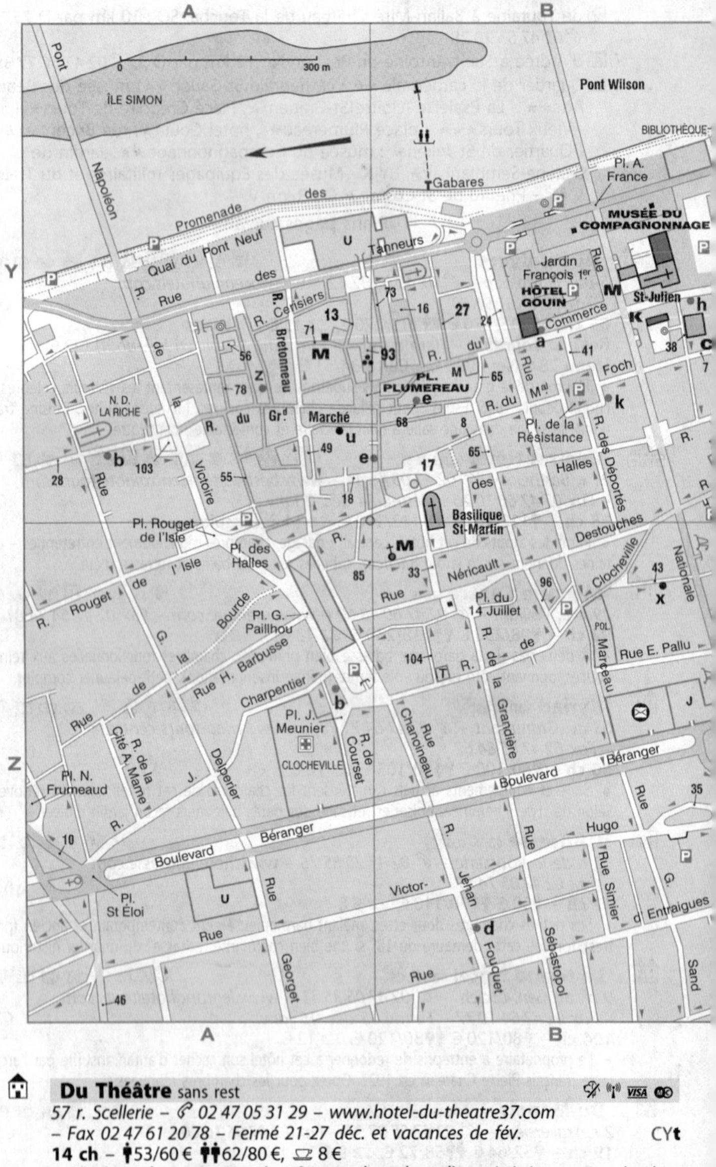

Du Théâtre sans rest

57 r. Scellerie – ☎ 02 47 05 31 29 – www.hotel-du-theatre37.com – Fax 02 47 61 20 78 – Fermé 21-27 déc. et vacances de fév. CY**t**

14 ch – 🚹53/60 € 🚹🚹62/80 €, ☕ 8 €

◆ L'intérieur de cette maison du 15e s. a quelque chose d'assez intimiste : petites chambres chaleureuses et bien tenues (plus calmes côté cour), vieilles poutres et colombages.

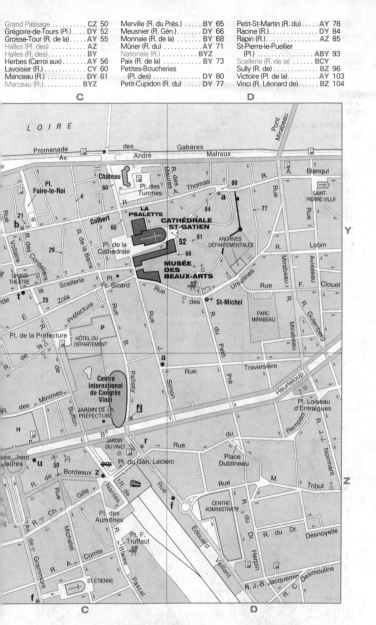

🏠 **Châteaux de la Loire** sans rest 📶 📡 VISA ⚫ AE ①
12 r. Gambetta – ℰ 02 47 05 10 05 – www.hoteldeschateaux.fr
– Fax 02 47 20 20 14 – Ouvert 16 mars-14 déc. BZ**x**
30 ch – ♦48/58 €, ♦♦48/68 €, � 8 €
♦ Cet hôtel central, situé à mi-chemin de la gare et du vieux Tours, propose des chambres contemporaines et fonctionnelles, rénovées par étapes.

La Roche Le Roy (Alain Couturier) 🛋 **P** VISA ◉ AE
55 rte St-Avertin – ✆ 02 47 27 22 00 – www.rocheleroy.com – Fax 02 47 28 08 39
– Fermé 1er-26 août, 20 fév.-8 mars, dim. et lundi   X**r**
Rest – Menu 33 € (déj.), 55/75 € – Carte 56/92 €
Spéc. Fraîcheur de homard, mesclun à la mangue et vinaigrette de corail.
Pigeonneau de Racan rôti "Apicius", tartine de foie et pastilla de légumes.
Miroir chocolat "Caraïbes", framboises pépin et sorbet cacao. **Vins** Saint-Nico-
las-de-Bourgueil, Chinon.
♦ Cette charmante gentilhommière tourangelle vous invite à goûter, dans une atmosphère
intime, des spécialités culinaires renouvelées au fil des saisons. Agréable terrasse.

Charles Barrier (Hervé Lussault) 🛋 AC ⇔ **P** VISA ◉ AE ⓘ
101 av. Tranchée – ✆ 02 47 54 20 39 – Fax 02 47 41 80 95 – Fermé sam. midi et
dim. sauf fériés   U**e**
Rest – Menu 32 € (sem.)/90 € – Carte 69/123 €
Spéc. Langoustines croustillantes au curry de Madras et légumes confits.
Pigeonneau de Racan rôti. Soufflé chaud aux fruits de la passion. **Vins** Vouvray, Chinon.
♦ Les recettes personnalisées du jeune chef font revivre l'illustre passé gastronomique de
cette belle demeure bourgeoise. Jolie véranda et paisible jardin-terrasse fleuri.

La Chope AC VISA ◉ AE ⓘ
25 bis av. de Grammont – ✆ 02 47 20 15 15 – www.lachope.info
– Fax 02 47 05 70 51 – Fermé 26 juil.-9 août   CZ**f**
Rest – Menu 19/23 € – Carte 28/55 €
♦ Brasserie chic décorée dans l'esprit Belle Époque : banquettes en velours rouge, miroirs
et lampes tulipes. Large choix de poissons et fruits de mer, quelques grands bordeaux.

Rive Gauche 🛋 AC VISA ◉ AE
23 r. du Commerce – ✆ 02 47 05 71 21 – www.toursrivegauche.com
– Fax 02 72 22 05 76   BY**a**
Rest – (24 €) Menu 30 € (sem.)/69 € bc – Carte 57/83 € 🕸
♦ Décor tendance : une salle bistrot chic, une autre contemporaine, donnant sur la paisible
cour de l'école des Beaux-Arts. Cuisine à la mode d'aujourd'hui.

La Deuvalière AC 🍴 VISA ◉
18 r. de la Monnaie – ✆ 02 47 64 01 57 – Fax 02 47 64 01 57 – Fermé sam. midi,
dim. et lundi   BY**e**
Rest – (14 €) Menu 29 € – Carte environ 31 €
♦ Heureux mariage entre les vieilles pierres d'une maison tourangelle du 15e s. et le style
contemporain (tons blanc cassé). Appétissante carte traditionnelle actualisée.

L'Odéon AC ⇔ VISA ◉ AE
10 pl. du Gén.-Leclerc – ✆ 02 47 20 12 65 – www.restaurant-lodeon.com
– Fax 02 47 20 47 58 – Fermé 1er-16 août et dim.   CZ**r**
Rest – Menu 24/49 € – Carte 41/66 €
♦ Le même chef officie dans ce restaurant ouvert en 1893 – l'un des plus anciens de Tours
– depuis plus de vingt ans. Esprit brasserie sobrement Art déco, plats traditionnels.

L'Atelier d'Akrame AC ⇔
18 pl. de la Résistance – ✆ 02 47 34 02 55 – Fermé août, dim. et lundi
Rest – (16 €) Menu 20/55 €   BY**a**
♦ Surprise dès la porte franchie : un espace monumental, aménagé dans l'esprit le plus
contemporain. Le jeune chef signe une cuisine pétillante, selon l'inspiration du jour.

Le Saint-Honoré 🛋 ♿ VISA ◉
7 pl. des Petites-Boucheries – ✆ 02 47 61 93 82 – Fermé 1er-15 août,
23 déc.-4 janv., sam. et dim.   DY**a**
Rest – (nombre de couverts limité, prévenir) Menu 25/40 €
♦ Dans le vieux Tours, ex-boulangerie datée de 1625 : salle coquette et rustique (four à
pain, poutres), cuisine actuelle délicate, à base de produits frais. Accueil agréable.

La Trattoria des Halles AC 🍴 VISA ◉
31 pl. G.-Pailhou – ✆ 02 47 64 26 64 – Fax 02 47 20 14 65 – Fermé août, dim. et
lundi   AZ**b**
Rest – Carte 30/50 €
♦ Ambiance chic et décontractée dans ce bistrot contemporain situé face aux Halles. La chef,
d'origine russe, prépare une appétissante cuisine aux couleurs de l'Italie.

Barju
VISA *CO* *AE*

15 r. du Change – ℰ 02 47 64 91 12 – www.barju.fr
– *Fermé 1 sem. vacances de printemps, de la Toussaint, de Noël, dim. et lundi*
Rest – *(prévenir)* (18 € bc) Menu 45 € (dîner) – Carte 38/68 €   AY**e**

♦ Sous l'égide d'un jeune couple de bons professionnels : un cadre rustique et sobre, une cuisine simple et savoureuse (dominée par la mer), un accueil convivial et des prix sages…

Olivier Arlot
℀ *VISA* *CO* *AE*

33 r. Colbert – ℰ 02 47 66 33 08
– *Fermé 3 sem. en août, sam. et dim.*   BY**h**
Rest – *(nombre de couverts limité, prévenir)* (23 €) Menu 29/59 €

♦ À proximité du musée du Compagnonnage, salle façon bistrot contemporain, sobre et conviviale. Cuisine dans l'air du temps variant au gré des saisons ; intéressants vins au verre.

Casse-Cailloux
VISA *CO*

26 r. Jehan-Fouquet – ℰ 02 47 61 60 64 – www.casse-cailloux.fr
– *Fermé 2 sem. en août, merc. midi, sam. midi et dim.*   BZ**d**
Rest – *(nombre de couverts limité, prévenir)* (16 €) Menu 26 €

♦ Ce bistrot de poche (à peine 20 couverts), situé à proximité de la place du Palais et du jardin des Prébendes, sert une goûteuse cuisine dans l'air du temps à prix doux.

L'Atelier Gourmand
ﾠ *℀* *VISA* *CO*

37 r. Étienne Marcel – ℰ 02 47 38 59 87 – www.lateliergourmand.fr
– *Fax 02 47 50 14 23 – Fermé 20 déc.-15 janv., sam. midi, dim. et lundi*
Rest – (12 €) Menu 22 € – Carte 28/35 €   AY**z**

♦ Cette maison (15e s.) du vieux Tours héberge une charmante salle mariant poutres et cheminée à un décor plutôt design. Plaisante terrasse dressée dans une cour intérieure.

Les Linottes Gourmandes
℀ *⇔* *VISA* *CO*

22 r. Georges-Courteline – ℰ 02 47 38 34 82 – www.leslinottesgourmandes.com
– *Fermé 2 sem. en août, 4-9 janv., lundi midi et dim.*   AY**b**
Rest – *(nombre de couverts limité, prévenir)* (12 €) Menu 23/30 €

♦ À chaque saison, un chef étoilé vient concevoir le menu-carte bistrotier proposé par la maison. Une idée novatrice à découvrir dans un cadre rustique typiquement tourangeau.

Le Bistrot de la Tranchée
AC *VISA* *CO* *AE* *O*

103 av. de la Tranchée – ℰ 02 47 41 09 08 – Fax 02 47 41 80 95
– *Fermé 26 juil.-24 août, dim. et lundi*   U**s**
Rest – Menu 14 € (déj. en sem.), 18/25 € – Carte 19/28 €

♦ Belle façade en bois, décor simple et chaleureux, vue sur les cuisines, plats soignés et ardoise du jour : ce sympathique bistrot gourmand fait souvent salle comble.

Le Rif
AC *VISA* *CO*

12 av. Maginot – ℰ 02 47 51 12 44 – www.le-rif.fr – Fax 02 47 51 14 50
– *Fermé 20 juil.-20 août, merc. soir du 20 sept. au 20 juin, dim. sauf le midi du 20 juin au 20 sept. et lundi*   U**f**
Rest – (12 €) Menu 26 € bc/30 € bc – Carte environ 20 €

♦ Tajines et couscous tiennent la vedette sur la carte de ce restaurant marocain où l'on est reçu avec une grande gentillesse. Sobre décor égayé de bibelots et lampes-poteries.

Le Petit Patrimoine
VISA *CO*

58 r. Colbert – ℰ 02 47 66 05 81
– *Fermé 1er-15 juil., 23 déc.-3 janv., dim. et lundi*   CY**b**
Rest – (11 €) Menu 18 € (dîner), 21/25 € – Carte 25/40 €

♦ Intérieur rustique tout en longueur, plats du terroir comme les préparaient nos grands-mères, accueil sympathique : une adresse à inscrire au "petit patrimoine" tourangeau.

par ② 9 km

L'Arche de Meslay
AC *P.* *VISA* *CO* *AE*

14 r. Ailes ⊠ 37210 Parçay-Meslay – ℰ 02 47 29 00 07 – Fax 02 47 29 04 04
– *Fermé 3-25 août, dim. et lundi sauf fériés*
Rest – (13 €) Menu 24/44 € – Carte 41/67 €

♦ Colonnade dressée au centre de la salle à manger, grands miroirs et cuisines visibles de tous caractérisent ce cadre séduisant. Menus régionaux variant selon les saisons.

à Rochecorbon 6 km par ④ – 3 213 h. – alt. 58 m – ⊠ 37210

🖬 Office de tourisme, place du Croissant 𝒞 02 47 52 80 22

🏠🏠 **Les Hautes Roches**   ⇐ 🚗 🏡 ⅏ 🛎 🔥 **P** 🆅🅸🆂🅰 ⚙ 🅰🅴 ⓪
☃ 86 quai Loire – 𝒞 02 47 52 88 88 – www.leshautesroches.com
– Fax 02 47 52 81 30 – Fermé 24 janv.-18 mars
14 ch – †150/295 € ††150/295 €, ⊆ 20 € – ½ P 160/233 €
Rest – (fermé dim. soir et lundi) (55 € bc) Menu 52/90 € – Carte 61/78 €
Spéc. Marbré de lapin et foie gras. Dos de sandre au beurre blanc nantais. Tarte fine aux pommes caramelisées. **Vins** Vouvray, Bourgueil.
♦ Cet insolite castel du 18ᵉ s. surplombant la Loire était autrefois un monastère. Belles chambres parfois troglodytiques. Élégante salle de restaurant et sa délicieuse terrasse panoramique tournée vers le fleuve. Recettes dans l'air du temps.

✗✗ **L'Oubliette**   🏡 **P** 🆅🅸🆂🅰 ⚙
34 r. des Clouets – 𝒞 02 47 52 50 49 – Fax 02 47 52 85 65 – Fermé 25 août-3 sept., 27 oct.-3 nov., 23 fév.-15 mars, dim. soir, lundi et merc. hors saison
Rest – (19 €) Menu 24 € (sem.)/45 € – Carte 39/63 €
♦ Une cour fleurie précède cette maison nichée au cœur du village. Cuisine au goût du jour préparée au gré des saisons et servie dans une salle à manger creusée dans la roche.

à Joué-lès-Tours 5 km au Sud-Ouest, par rte de Chinon – 36 233 h. – alt. 65 m – ⊠ 37300

🖬 Office de tourisme, 39, avenue de la République 𝒞 0247800597, Fax 0247800597

🏠🏠 **Château de Beaulieu** ॐ   ⇐ 🜂 🏡 🅰🅲 🎙 🔥 **P** 🆅🅸🆂🅰 ⚙ 🅰🅴
67 r. Beaulieu – 𝒞 02 47 53 20 26 – www.chateaudebeaulieu37.com
– Fax 02 47 53 84 20   X**b**
18 ch – †75/130 € ††90/170 €, ⊆ 12 € – ½ P 85/130 €
Rest – Menu 25 € (déj. en sem.), 39/75 € – Carte 55/65 €
♦ Un parc paysagé entoure cette gentilhommière du 18ᵉ s. dont la vue s'étend jusqu'à la cité tourangelle. Mobilier de style dans des chambres spacieuses (10 dans un pavillon). Élégante salle à manger bourgeoise, cuisine classique et bon choix de vins.

🏠🏠 **Chéops**   🛎 ♿ ch, 🅰🅲 rest, 🎙 🔥 **P** ⚙ 🆅🅸🆂🅰 ⚙ 🅰🅴 ⓪
☃ 75 bd J. Jaurès – 𝒞 02 47 67 72 72 – www.inter-hotel-cheops.fr – Fax 02 47 67 85 38
58 ch – †58/78 € ††58/78 €, ⊆ 8 € – ½ P 55/60 €   X**a**
Rest – (fermé 24 déc.-3 janv., vend., sam. et dim. d'oct. à avril) (dîner seult) Menu 11 € bc/17 € – Carte 17/36 €
♦ Au centre de Joué, hôtel intégré à un ensemble résidentiel et commercial. Couleurs vives et fer forgé donnent un air provençal aux petites chambres, pour moitié climatisées. Salle à manger agréablement lumineuse et garnie d'un mobilier moderne.

à Vallières 8 km par ⑬, rte de Langeais - ⊠37230 Fondettes

✗ **Auberge de Port Vallières**   🅰🅲 🍴 🆅🅸🆂🅰 ⚙
☃ D 952 – 𝒞 02 47 42 24 04 – www.auberge-de-port-vallieres.fr
🕭 – Fax 02 47 49 98 83 – Fermé 17-31 août, 2-7 janv., 18-28 fév., dim. soir et lundi
Rest – Menu 18 € (déj. en sem.), 24/52 € – Carte 45/70 €
♦ Une cuisine d'inspiration tourangelle vous attend dans cette ancienne guinguette transformée il y a bien longtemps en auberge. Objets chinés en décor. Table d'hôte à disposition.

TOURTOUR – 83 Var – 340 M4 – 533 h. – alt. 652 m – ⊠ 83690   41 C3
🟦 Côte d'Azur

🔼 Paris 827 – Aups 10 – Draguignan 17 – Salernes 11
🖬 Syndicat d'initiative, Château communal 𝒞 04 94 70 59 47, Fax 04 94 70 59 47
🔲 Église ✳ ★.

🏠🏠 **La Bastide de Tourtour** ॐ   ⇐ 🜂 🏡 🜁 🔥 ✗ 🛎 ♿ ch, 🅰🅲 🎙 🔥
rte de Flayosc – 𝒞 04 98 10 54 20   **P** 🆅🅸🆂🅰 ⚙ 🅰🅴 ⓪
– www.bastidedetourtour.com – Fax 04 94 70 54 90
25 ch – †110/350 € ††150/350 €, ⊆ 21 €
Rest – (fermé le midi en sem. sauf juil.-aout) Menu 28/68 € – Carte 58/76 €
♦ Cette bastide provençale juchée sur une colline bénéficie d'une vue imprenable sur le massif des Maures. Chambres personnalisées, parfois dotées d'une loggia. Cuisine au goût du jour dans la belle salle à manger voûtée ou sur l'idyllique terrasse ombragée.

La Petite Auberge ⑧ ⊱ 🛁 ♨ 🛏 AC ch, ⁇ P VISA ◑ AE ⓪
rte de Flayosc, 1,5 km par D 77 – ⌀ *04 98 10 26 16 –* www.petiteauberge.net
– Fax 04 98 10 26 50 – Ouvert 2 avril-14 nov.
11 ch – †77/115 € ††85/255 €, ⌷ 13 € – ½ P 88/174 €
Rest *– (fermé lundi) (dîner seult)* Menu 35/38 €
◆ En retrait du village, construction de type mas entourée de végétation. Chambres spacieuses, assez romantiques ; quatre d'entre elles, de plain-pied, donnent sur la piscine. Élégante salle à manger et terrasse tournée vers le massif des Maures. Plats traditionnels.

Auberge St-Pierre ⑧ ⊱ 🍴 ♨ 🛁 🛏 ƒ♨ ℅ P VISA ◑ AE ⓪
534 chemin de Fonfiguière, 3 km à l'Est par D 51 et rte secondaire
– ⌀ *04 94 50 00 50 –* www.guideprovence.com/hotel/saint-pierre/
– Fax 04 94 70 59 04 – Ouvert 1er avril-17 oct.
16 ch – †84/99 € ††84/107 €, ⌷ 11 € – ½ P 78/90 €
Rest *– (dîner seult sauf sam., dim. et fériés)* Menu 26/45 €
◆ Au sein d'un domaine agricole, paisible auberge du 16e s. aménagée près d'une ancienne bergerie. Chambres avec loggia face à la nature. Piscine et petit fitness. Salle à manger rustique et belle terrasse tournée vers la campagne. Cuisine régionale.

Le Mas des Collines ⑧ ⊱ 🍴 ♨ 🛁 AC P VISA ◑ AE
chemin des collines, 2,5 km par rte de Villecroze (D 51) et rte secondaire
– ⌀ *04 94 70 59 30 –* www.lemasdescollines.com *– Fax 04 94 70 57 62 – Ouvert du 24 avril au 11 nov.*
7 ch – †90 € ††90 €, ⌷ 6 € – ½ P 74/76 €
Rest *– (dîner seult)* (20 €) Menu 28/30 €
◆ Nom évocateur pour cet hôtel situé en pleine nature, à deux pas de Tourtour. On admire le splendide panorama depuis le balcon des chambres, sobrement décorées, et la piscine.

✕✕ Les Chênes Verts (Paul Bajade) avec ch ⑧ 🍴 ♨ AC rest, P VISA ◑
✿✿ *rte de Villecroze, 2 km par D 51 –* ⌀ *04 94 70 55 06 – Fax 04 94 70 59 35*
– Fermé 1er juin-20 juil., mardi et merc.
3 ch – †100 € ††110 €, ⌷ 20 €
Rest *– (nombre de couverts limité, prévenir)* Menu 56/145 € – Carte 80/170 €
Spéc. Écrevisses juste sautées aux herbes. Truffes fraîches du pays (nov. à mars). Le grand dessert. **Vins** Côtes de Provence, Coteaux Varois en Provence.
◆ Maison provençale isolée dans un joli cadre forestier. Cuisine régionale forte en caractère (spécialités de truffes) servie dans deux confortables salles à manger ou en terrasse.

✕ La Table ⊱ AC VISA ◑
1 Traverse du Jas, Les Ribas – ⌀ *04 94 70 55 95 –* www.latable.fr *– Fax 04 94 70 55 95*
– Fermé 27 juin-4 juil., lundi et mardi sauf du 15 juil. au 15 août
Rest – Menu 28/39 € – Carte 46/78 €
◆ Décor contemporain et sobriété dans ce tout petit restaurant situé à l'étage de la maison. Menu végétarien et appétissante carte valorisant les produits du marché.

LA TOUSSUIRE – 73 Savoie – 333 K6 – alt. 1 690 m – Sports d'hiver :   **46** F2
1 800/2 400 m ⚡19 ⚞ – ⌂ 73300 ▊ Alpes du Nord

▶ Paris 651 – Albertville 78 – Chambéry 91 – St-Jean-de-Maurienne 16

Les Soldanelles ⊱ 🍴 🛁 ƒ♨ 🚻 ℅ rest, ⁇ P VISA ◑
r. des Chasseurs Alpins – ⌀ *04 79 56 75 29 –* www.hotelsoldanelles.com
– Fax 04 79 56 71 56 – Ouvert 28 juin-31 août et 21 déc.-19 avril
38 ch – †53/113 € ††77/145 €, ⌷ 10 € – ½ P 77/115 €
Rest – (15 €) Menu 28/45 € – Carte 32/58 €
◆ Hôtel familial perché sur les hauteurs de la station. Accueil chaleureux, chambres spacieuses avec balcon (jolie vue pour celles côté sud), piscine, hammam... Plats traditionnels et spécialités fromagères servies dans un élégant restaurant panoramique.

Les Airelles ⊱ 🏠 🚻 ℅ ⁇ P VISA ◑
– ⌀ *04 79 56 75 88 –* www.hotel-les-airelles.com *– Fax 04 79 83 03 48 – Ouvert 15 déc.-20 avril*
31 ch – ⌷ – †35/55 € ††42/62 € – ½ P 80/90 €   **Rest** – Menu 20 €
◆ Imposant chalet au pied des remontées mécaniques, décor chaleureux et contemporain; préférez les chambres rénovées ! Repas simple le midi au bar ; au restaurant, les pensionnaires goûtent aux plats traditionnels et au spectacle offert par le ballet des skieurs.

TOUZAC – 46 Lot – **337** C5 – rattaché à Puy-l'Évêque

TRACY-SUR-MER – 14 Calvados – **303** I3 – rattaché à Arromanches-les-Bains

TRAENHEIM – 67 Bas-Rhin – **315** I5 – 630 h. – alt. 200 m – ⊠ 67310   **1** A1

▶ Paris 471 – Haguenau 54 – Molsheim 8 – Saverne 22

✗ **Zum Loejelgucker**   🍴 *VISA* ⦿

17 r. Principale – 𝒞 03 88 50 38 19 – www.loejelgucker-auberge-traenheim.com
– Fax 03 88 50 36 31 – Fermé 25 déc.-3 janv., 15-22 fév., lundi soir et mardi
Rest – (12 €) Menu 20/53 € bc – Carte 27/47 €

◆ Dans un village au pied des Vosges, cette ferme alsacienne du 18ᵉ s. séduit par ses plats régionaux et par son cadre (boiseries sombres, fresques, cour fleurie l'été).

LA TRANCHE-SUR-MER – 85 Vendée – **316** H9 – 2 644 h. – alt. 4 m   **34** B3
– ⊠ 85360 ▮ Poitou Vendée Charentes

▶ Paris 459 – La Rochelle 64 – La Roche-sur-Yon 40 – Les Sables-d'Olonne 39
🛈 Office de tourisme, place de la Liberté 𝒞 02 51 30 33 96, Fax 02 51 27 78 71
🅖 Parc de Californie★ (parc ornithologique) E : 9 km.

🏠 **Les Dunes**   ⇐ 🏞 ⅃ʓ ㎞ rest, ⅗ ㎑ 🅿 *VISA* ⦿ 🅐🅔 ⓘ

🏚 68 av. M. Samson – 𝒞 02 51 30 32 27 – www.hotel-les-dunes.com
– Fax 02 51 27 78 30 – Ouvert avril-sept.
45 ch – ♦41/58 € ♦♦60/109 €, ⊇ 9 € – ½ P 56/83 €
Rest – (14 €) Menu 19/34 € – Carte 20/50 €

◆ Établissement apprécié pour sa situation calme, sa tenue parfaite et sa superbe piscine sous verrière tournée vers la mer. Certaines chambres avec balcon profitent de la vue. Au restaurant : poissons et fruits de mer, dont les langoustes et homards du vivier.

à la Grière 2 km à l'Est par D 46 – ⊠85360 La-Tranche-sur-Mer

🏠 **Les Cols Verts**   🍴 🏞 ⅃⃒ ㎞ rest, ⅋ *VISA* ⦿ 🅐🅔

48 r. de Verdun – 𝒞 02 51 27 49 30 – www.hotelcolsverts.com
– Fax 02 51 30 11 42 – Ouvert 3 avril-2 oct.
31 ch – ♦50/70 € ♦♦63/142 €, ⊇ 10 € – ½ P 61/101 €
Rest – (14 €) Menu 33 € – Carte 27/47 €

◆ Près de la plage, hôtel des années 1970 abritant des chambres bien tenues, plus calmes et plus petites à l'annexe de l'autre côté du jardin. Piscine dans un bâtiment voisin. À table, cuisine actuelle avec quelques produits bios et des touches asiatiques.

TRANS-EN-PROVENCE – **340** N4 – 5 312 h. – alt. 140 m – ⊠ 83720   **41** C3

▶ Paris 866 – Marseille 137 – Toulon 75 – Cannes 58
🛈 Office de tourisme, 1, avenue Notre-Dame 𝒞 04 94 67 76 17,
Fax 04 94 67 76 48

🏠 **Domaine de St-Amour** sans rest   ⅊ ⅂ ㎑ 🅿

986 rte de la Motte, au Sud-Est par D 47 – 𝒞 06 81 33 43 80
– www.domainedesaintamour.com – Fax 04 94 70 88 92 – Ouvert 3 avril-2 oct.
3 ch ⊇ – ♦82/88 € ♦♦82/88 €

◆ À quelques pas du village, une bastide du 18ᵉ s. posée au milieu d'un parc bucolique (prairies, lac, rivière...). Belles chambres thématiques : Océane, Afrique et Provence.

TRAVEXIN – 88 Vosges – **314** I5 – rattaché à Ventron

TRÉBEURDEN – 22 Côtes-d'Armor – **309** A2 – 3 733 h. – alt. 81 m   **9** B1
– ⊠ 22560 ▮ Bretagne

▶ Paris 525 – Lannion 10 – Perros-Guirec 14 – St-Brieuc 74
🛈 Office de tourisme, place de Crec'h Héry 𝒞 02 96 23 51 64,
Fax 02 96 15 44 87
🅞 Le Castel ⇐★ 30 mn - Pointe de Bihit ⇐★ SO : 2 km - Pleumeur-Bodou : Radôme et musée des Télécommunications★, Planétarium du Trégor★, NE : 5,5 km.

Manoir de Lan-Kerellec ⟩ ⟨ ⟨ ⟨ 🛜 ⁽ℹ⁾ **P** 𝗩𝗜𝗦𝗔 ⓿⓿ 𝗔𝗘 ⓪

Allée de Lan-Kerellec – 𝒞 02 96 15 00 00 – www.lankerellec.com
– Fax 02 96 23 66 88 – Ouvert 13 mars-14 nov.
19 ch – ♦145/375 € ♦♦180/465 €, ⊑ 19 € – ½ P 157/255 €
Rest – *(fermé le midi du lundi au jeudi)* Menu 55/69 € – Carte 64/110 €
Spéc. Araignée décortiquée, foie gras et émulsion de pomme verte (mi-mars
à mi-juin). Homard bleu rôti, aubergine grillée et artichauts violets au gingembre. Barre glacée à la fève de tonka aux framboises, glace Chartreuse verte.
♦ Dominant les îles de la côte de granit rose, ce noble manoir breton du 19ᵉ s. déborde de
charme : vastes chambres aux tissus chatoyants, avec balcons ou terrasse. Une splendide charpente en carène de bateau coiffe le restaurant ; carte de la mer attentive aux saisons.

Ti al Lannec ⟩ ⟨ ⟨ ⟨ ⟨ 🛜 🖥 ⊚ Ⅰ𝟒 ⁽ℹ⁾ 🛁 **P** 𝗩𝗜𝗦𝗔 ⓿⓿ ⓪

14 allée de Mezo Guen – 𝒞 02 96 15 01 01 – www.tiallannec.com
– Fax 02 96 23 62 14 – Ouvert de mars à mi-nov.
26 ch – ♦92/136 € ♦♦172/302 €, ⊑ 17 € – 7 suites – ½ P 145/264 €
Rest – (20 €) Menu 39/80 € – Carte 65/162 €
♦ Paisible maison familiale juchée sur une colline surplombant la mer. Les chambres coquettes regardent en partie le parc descendre jusqu'à la plage. Au restaurant, le spectacle vaut le
coup d'œil et les produits de la pêche valent... le coup de fourchette ! Belle cave.

Toëno sans rest ⟨ ⟨ ⟨ ⁽ℹ⁾ **P** 𝗩𝗜𝗦𝗔 ⓿⓿ 𝗔𝗘

1,5 km par rte de Trégastel – 𝒞 02 96 23 68 78 – hoteltoeno.com
– Fax 02 96 15 42 54 – Fermé 4 janv.-1ᵉʳ fév.
17 ch – ♦55/105 € ♦♦55/105 €, ⊑ 10 €
♦ Construction récente aux chambres lumineuses et fonctionnelles, sobrement décorées et
dotées de balcons ou terrasses face à la Manche. Confortable salon.

Le Quellen avec ch 𝗩𝗜𝗦𝗔 ⓿⓿ 𝗔𝗘

18 corniche Goas Treiz – 𝒞 02 96 15 43 18 – www.le-quellen.com
– Fax 02 96 23 64 43 – Fermé 1ᵉʳ-28 mars, 15 nov.-5 déc., dim. soir hors saison,
lundi et mardi
6 ch – ♦40/50 € ♦♦50/60 €, ⊑ 8 € – ½ P 46/55 €
Rest – (13 €) Menu 25/55 € – Carte 34/66 €
♦ Sur la route principale de Trébeurden, mais non loin de la mer. Cuisine traditionnelle servie dans une grande salle lumineuse. Chambres simples.

TRÉBOUL – 29 Finistère – **308** E6 – rattaché à Douarnenez

TREFFORT – 38 Isère – **333** G8 – 208 h. – alt. 618 m – ⊠ 38650   **45** C2
   ◪ Paris 598 – Grenoble 36 – Monestier-de-Clermont 9 – La Mure 43

au bord du lac 3 km au Sud par D 110ᴱ – ⊠ 38650 Treffort

Le Château d'Herbelon ⟩ ⟨ 🚗 🛜 🍽 ⁽ℹ⁾ 🛁 **P** 𝗩𝗜𝗦𝗔 ⓿⓿

– 𝒞 04 76 34 02 03 – www.chateau-herbelon.fr – Fax 04 76 34 05 44 – Ouvert
5 mars-15 nov. et fermé lundi et mardi sauf juil.-août
10 ch – ♦70/140 € ♦♦70/140 €, ⊑ 11 € – ½ P 74/109 €
Rest – Menu 24/52 € – Carte 30/72 €
♦ Au bord du lac de Monteynard, demeure du 17ᵉ s. à la façade recouverte de vigne vierge
et de rosiers grimpants. Chambres spacieuses. L'hiver, une imposante cheminée réchauffe la
salle à manger rustique ; aux beaux jours, on dresse des tables sur la pelouse.

TREFFORT – 01 Ain – **328** F3 – 2 000 h. – alt. 280 m – ⊠ 01370   **44** B1
   ◪ Paris 436 – Bourg-en-Bresse 18 – Lons-le-Saunier 57 – Mâcon 51

L'Embellie 🛜 ⟨ rest. ⁽ℹ⁾ **P** 𝗩𝗜𝗦𝗔 ⓿⓿

pl. du Champ-de-Foire – 𝒞 04 74 42 35 64 – Fax 04 74 51 25 81 – Fermé
1ᵉʳ-5 janv.
8 ch – ♦40 € ♦♦49 €, ⊑ 6 € – ½ P 55 €
Rest – *(fermé dim. soir hors saison)* (12 €) Menu 16/29 € – Carte 20/35 €
♦ Cette jolie maison en pierre se trouve sur la place centrale du village. Accueil sympathique
dans de petites chambres toutes simples, peu à peu rafraîchies. Cuisine traditionnelle et
plats bressans servis dans un agréable décor actuel ou sur la terrasse.

▶ Paris 526 – Lannion 11 – Perros-Guirec 9 – St-Brieuc 75

ℹ Office de tourisme, place Sainte-Anne ℰ 02 96 15 38 38, Fax 02 96 23 85 97

📷 de Saint-Samson à Pleumeur-Bodou Avenue Jacques Ferronière, S : 3 km,
ℰ 02 96 23 87 34

◎ Rochers★★ - Île Renote★★ NE - Table d'Orientation ≼★.

Park Hotel Bellevue ⌂   ≼ 🚗 🛱 ¶¹ ⁂ P 🆚 ⚈ AE
20 r. Calculot – ℰ 02 96 23 88 18
– www.hotelbellevuetregastel.com – Fax 02 96 23 89 91
– Ouvert 15 mars-11 nov.
31 ch – †66/86 € ††76/153 €, ⌘ 14 € – ½ P 81/120 €
Rest – (ouvert 15 avril-30 oct.) (dîner seult) (23 €) Menu 30/63 € – Carte 45/95 €
◆ Une grosse bâtisse des années 1930, dans un site calme et verdoyant. Les chambres simples et bien tenues sont plus petites dans l'annexe. Billard au salon. Bon accueil. Au restaurant, nappes colorées, sièges exotiques et terrasse face à la mer. Cuisine classique.

Beau Séjour   ≼ 🛱 ⁂ rest, ¶¹ P 🆚 ⚈ AE ①
⊕ 5 plage du Coz-Pors – ℰ 02 96 23 88 02
– www.beausejoursarl.com – Fax 02 96 23 49 73
– Fermé 12 nov.-15 déc. et 5 janv.-5 fév.
16 ch – †45/69 € ††55/89 €, ⌘ 10 € – ½ P 79 €
Rest – (fermé lundi) (9 €) Menu 18 € (déj.), 21/35 € – Carte 25/46 €
◆ Situation idéale près du Forum et de la plage, nombreuses chambres avec vue sur la mer, petit-déjeuner buffet : un beau séjour en perspective ! Salle à manger dont le décor, en trompe-l'œil, représente la Côte de Granit rose. Cuisine actuelle.

De la Mer et de la Plage sans rest   🛗 ⁂ ¶¹ 🆚 ⚈ AE
plage du Coz-Pors – ℰ 02 96 15 60 00
– www.hoteldelamer-tregastel.com – Fax 02 96 15 31 11
– Ouvert 28 mars-15 nov.
19 ch – †45/110 € ††45/110 €, ⌘ 8,50 €
◆ Maison traditionnelle en bordure de la plage, à côté du Forum. Préférez les chambres du troisième étage, modernes et conçues à la façon d'une cabine de bateau.

à la plage de Landrellec 3 km au Sud par D 788 et route secondaire
– ⌂ 22560 Pleumeur-Bodou

✗ Le Macareux   ≼ 🛱 🆚 ⚈
21 r. des Plages – ℰ 02 96 23 87 62 – Fax 02 96 15 94 97 – Fermé 1ᵉʳ janv.-13 fév., dim. soir, mardi midi sauf juil.-août et lundi
Rest – Menu 24/57 € – Carte 32/77 €
◆ Rendez-vous dans cette auberge bretonne pour déguster des spécialités (homards, ormeaux) et d'autres produits issus de la pêche locale. Terrasse face à la mer. Ambiance conviviale.

▶ Paris 509 – Guingamp 28 – Lannion 19 – Paimpol 15

ℹ Office de tourisme, 67, rue Ernest Renan ℰ 02 96 92 22 33

◎ Cathédrale St-Tugdual★★ : cloître★.

Aigue Marine   ≼ 🚗 🛱 ⌚ 🐟 ⁑ 🛗 ㅎ ch, ¶¹ rest, ¶¹ ⁂ P P 🆚 ⚈ AE
5 r. M. Berthelot, (sur le port) – ℰ 02 96 92 97 00 – www.aiguemarine-hotel.com
– Fax 02 96 92 44 48 – Fermé 21-25 déc., 4 janv.-28 fév. et dim. de nov. à mars
33 ch – †74/99 € ††80/99 €, ⌘ 14 € – 15 suites – ½ P 80/95 €
Rest – (fermé sam. midi, dim. soir et lundi le midi sauf dim. de juin à sept.) (21 €) Menu 34/64 € – Carte 56/64 €
◆ Hôtel doté de chambres fonctionnelles côté port ou côté piscine et jardin ; certaines ont un balcon, d'autres sont prévues pour les familles. Buffet soigné au petit-déjeuner. Table au goût du jour dans un cadre actuel, lumineux et fleuri.

rte de Lannion 2 km au Sud-Ouest par D 786 et rte secondaire – ✉ 22220 Tréguier

Kastell Dinec'h sans rest
rte de Lannion – ✆ 02 96 92 92 92 – www.kastelldinech.com – Fax 02 96 92 34 03 – Fermé 15 déc.-1er mars
15 ch – 70/80 € 80/130 €, ☕ 13 €
◆ Ancienne ferme fortifiée profitant du calme de la campagne et d'un jardin. Petites chambres soignées et cosy, réparties dans la maison principale et ses dépendances. Restauration possible.

TRÉGUNC – 29 Finistère – **308** H7 – **6 704 h.** – **alt. 45 m** – ✉ **29910** **9** B2

Paris 543 – Concarneau 7 – Pont-Aven 9 – Quimper 29
Office de tourisme, Kérambourg ✆ 02 98 50 22 05, Fax 02 98 50 18 48

Auberge Les Grandes Roches ch,
r. Grandes Roches, 0,6 km au Nord-Est par rte secondaire – ✆ 02 98 97 62 97 – www.hotel-lesgrandesroches.com – Fax 02 98 50 29 19 – Fermé déc. et janv.
17 ch – 90/145 € 90/145 €, ☕ 14 € – 1 suite – ½ P 85/110 €
Rest – *(fermé mardi et merc.)* Menu 25/47 € – Carte 60/68 €
◆ Une ferme et des chaumières réunies dans un parc de 5 ha où se dressent dolmens et menhirs. Rustiques ou actuelles, les chambres sont ravissantes et très bien tenues. Élégante salle de restaurant, avec cheminée en granit, où apprécier une cuisine de notre temps.

TREIGNAC – 19 Corrèze – **329** L2 – **1 376 h.** – **alt. 500 m** – ✉ **19260** **25** C2

Paris 490 – Limoges 102 – Tulle 40 – Brive-la-Gaillarde 74
Office de tourisme, 1, place de la République ✆ 05 55 98 15 04, Fax 05 55 98 17 02

Maison Grandchamp
9 pl. des Pénitents – ✆ 05 55 98 10 69 – www.hotesgrandchamp.com – Ouvert avril-déc.
3 ch ☕ – 72/84 € 72/84 € **Table d'hôte** – Menu 27 € bc/32 € bc
◆ Dans cette maison familiale de la fin du 17e s. décorée de meubles anciens, de portraits des aïeux et de souvenirs de voyages, les chambres sont coquettes et fraîches. Menu unique du terroir servi dans une salle à manger ou dans la cuisine devant le cantou.

TRÉLAZÉ – 49 Maine-et-Loire – **317** G4 – **rattaché à Angers**

TRÉLON – 59 Nord – **302** M7 – **2 965 h.** – **alt. 188 m** – ✉ **59132** **31** D3
Nord Pas-de-Calais Picardie

Paris 218 – Avesnes-sur-Helpe 15 – Charleroi 53 – Lille 115
Office de tourisme, 3, rue Clavon Collignon ✆ 03 27 57 08 18, Fax 03 27 57 06 80

Le Framboisier
rte Val Joly – ✆ 03 27 59 73 34 – www.framboisier.terascia.com – Fax 03 27 57 07 47 – Fermé 15 fév.-1er mars, 16 août-6 sept., dim. soir, mardi soir et lundi
Rest – (14 €) Menu 18 € bc (déj. en sem.)/50 € – Carte 34/55 €
◆ Ancien corps de ferme bordant un axe passant. Accueillante façade, salles à manger intimes, meublées dans le style rustique et cuisine renouvelée au fil des saisons.

TREMBLAY-EN-FRANCE – 93 Seine-Saint-Denis – **305** G7 – **101** 18 – **voir à Paris, Environs**

LE TREMBLAY-SUR-MAULDRE – 78 Yvelines – **311** H3 – **931 h.** – **alt. 132 m** – ✉ **78490** **18** A2

Paris 42 – Houdan 24 – Mantes-la-Jolie 32 – Rambouillet 18
du Domaine du Tremblay Place de l'Eglise, S : par D 34, ✆ 01 34 94 25 70

XXX **Laurent Trochain** 🕭 ✿ VISA ☎
3 r. Gén. de Gaulle – ℰ 01 34 87 80 96 – www.restaurant-trochain.fr
– Fax 0134 87 91 52 – Fermé août, lundi et mardi
Rest – (29 €) Menu 35 € (déj. en sem.), 60/78 € bc – Carte 49/63 €
Spéc. Homard au beurre d'algues à la purée de pomme de terre. Pavé de
bœuf façon "ch'ti". Fromages marinés dans des huiles différentes.
♦ Poutres et cheminée créent une ambiance chaleureuse dans cette coquette maison au
décor mi-rustique, mi-bourgeois assez cossu. Belle cuisine au goût du jour personnalisée.

TRÉMOLAT – 24 Dordogne – **329** F6 – **666** h. – alt. 53 m – ⊠ 24510   **4** C3
▌Périgord Quercy

🖸 Paris 532 – Bergerac 34 – Brive-la-Gaillarde 87 – Périgueux 46
🄸 Syndicat d'initiative, îlot Saint-Nicolas ℰ 05 53 22 89 33, Fax 05 53 22 69 20
◉ Belvédère de Racamadou★★ N : 2 km.

🏠 **Le Vieux Logis** ⌂ ≤ 🖥 🐾 🕭 ⊼ ⓚ ch, ⁐ ⓢ 𝐏 𝐏 VISA ☎ AE ①
Le Bourg – ℰ 05 53 22 80 06 – www.vieux-logis.com
– Fax 05 53 22 84 89
18 ch – ♥185/390 €, ♥♥185/390 €, ⊇ 22 € – ½ P 182/284 €
Rest – Menu 39 € (déj. en sem.), 42/92 € – Carte 80/120 € le soir
Spéc. Pomme de terre et truffe noire comme un millefeuille, œufs de caille.
Escalope de foie gras poêlé, émulsion de pomme de terre, girolles et aman-
des fraîches (juin à sept.). Vacherin aux fraises, sorbet fraise, citron et basilic
(mi-mai à fin sept.). **Vins** Bergerac, Pécharmant.
♦ Ancien prieuré (16e-17e s.), cette maison raconte l'histoire de famille des actuels propriétaires, vieille de 450 ans ! Chambres cosy, salons douillets et superbe jardin. Insolite salle à
manger aménagée dans un ancien séchoir à tabac ; terrasse. Délicieuse carte classique.

X **Bistrot d'en Face** 🕭 VISA ☎
Le Bourg – ℰ 05 53 22 80 69 – Fax 05 53 22 84 89
Rest – (14 €) Menu 24 € – Carte 26/48 €
♦ Une adresse pour se régaler dans le village où Chabrol tourna Le Boucher (1970). Vieilles
pierres, poutres et goûteuse cuisine du terroir : andouillette, confit de canard...

TRÉMONT-SUR-SAULX – 55 Meuse – **307** B6 – rattaché à Bar-le-Duc

---

LE TRÉPORT – 76 Seine-Maritime – **304** I1 – **5 698** h. – alt. 12 m   **33** D1
– Casino – ⊠ 76470 ▌Normandie Vallée de la Seine

🖸 Paris 180 – Abbeville 37 – Amiens 92 – Blangy-sur-Bresle 26
🄸 Office de tourisme, quai Sadi Carnot ℰ 02 35 86 05 69, Fax 02 35 86 73 96
◉ Calvaire des Terrasses ≤★.

🏠 **Golf Hôtel** sans rest ⌂ 🖥 ⁒ 𝐏 VISA ☎
102 rte de Dieppe, (D 940) – ℰ 02 27 28 01 52 – www.treport-hotels.com
– Fax 02 27 28 01 51 – Fermé 20-28 déc.
15 ch – ♥46/49 €, ♥♥49/88 €, ⊇ 8 €
♦ Demeure de style normand proposant des petites chambres meublées dans un esprit
anglais. Coquette salle rustique et sa cheminée pour les petits-déjeuners.

XX **Le St-Louis** AK VISA ☎
43 quai François 1er – ℰ 02 35 86 20 70 – Fax 02 35 50 67 10
– Fermé 20 nov.-20 déc.
Rest – Menu 19 € (sem.), 26/60 € – Carte 40/70 €
♦ La grande baie vitrée donnant sur les quais dévoile une sympathique salle de style bras-
serie. Carte et menus évoluent au gré de la pêche et du marché. Ambiance conviviale.

TRÉVOU-TRÉGUIGNEC – 22 Côtes-d'Armor – **309** B2 – **1 414** h.   **9** B1
– alt. 56 m – ⊠ 22660

🖸 Paris 524 – Guingamp 36 – Lannion 14 – Paimpol 27
🄸 Syndicat d'initiative, 28, rue de Trestel ℰ 02 96 23 74 05, Fax 02 96 91 73 82

Kerbugalic ⮕ 🚗 **P** VISA ⮾ ⓞ
1 Vieille Côte de Trestel – ℰ *02 96 23 72 15* – *www.kerbugalic.fr*
– *Fax 02 96 23 74 71*
18 ch – †56/66 € ††56/92 €, ⮂ 9 € – ½ P 70/90 €
Rest – *(fermé le midi en sem. et lundi)* Menu 21/33 € – Carte 30/47 €
♦ La situation de cette maison posée sur les hauteurs de la baie de Trestel est plus qu'agréable : on peut profiter du jardin et de la vue sur la mer. Belle salle à manger panoramique dominant la plage ; carte traditionnelle où l'océan est roi.

TRIEL-SUR-SEINE – 78 Yvelines – **311** I2 – **101** 10 – **voir à Paris, Environs**

TRIGANCE – 83 Var – **340** N3 – **158** h. – alt. 800 m – ⮂ 83840   **41** C2
▶ Paris 817 – Castellane 20 – Digne-les-Bains 74 – Draguignan 43
ℹ Office de tourisme, RD 955 - ferme de la Sagne ℰ 04 94 85 68 40,
Fax 04 94 85 68 40

Château de Trigance ⮕ 🍴 **P** VISA ⮾ AE ⓞ
rte du château, accès par voie privée – ℰ *04 94 76 91 18*
– *www.chateau-de-trigance.fr* – *Fax 04 94 85 68 99* – *Ouvert avril-oct.*
10 ch – †117/127 € ††127/197 € – ½ P 118/161 €
Rest – *(fermé merc. midi sauf fériés)* Menu 27/48 € – Carte 50/75 €
♦ Hôtel de caractère occupant les murs d'un château fort dominant la vallée. Chambres personnalisées avec lits à baldaquin. Une adresse originale à l'esprit médiéval. Restaurant installé dans la salle d'armes creusée dans la roche. Cuisine au goût du jour.

Le Vieil Amandier sans rest 🛎 ⅏ **P** VISA ⮾ AE ⓞ
Montée de St-Roch – ℰ *04 94 76 92 92* – *Fax 04 94 85 68 65*
12 ch – †61/74 € ††61/91 €, ⮂ 10 €
♦ Au pied du village, construction récente entourée d'un jardin méditerranéen. Chambres impeccables, avec terrasse pour certaines. Sauna et jacuzzi à disposition.

TRILBARDOU – 77 Seine-et-Marne – **312** F2 – **rattaché à Meaux**

LA TRINITÉ-SUR-MER – 56 Morbihan – **308** M9 – **1 531** h. – alt. 20 m   **9** B3
– Casino – ⮂ 56470 ▯ Bretagne
▶ Paris 488 – Auray 13 – Carnac 4 – Lorient 52
ℹ Office de tourisme, 30, cours des Quais ℰ 02 97 55 72 21,
Fax 02 97 55 78 07
◎ Pont de Kerisper ≼ ★.

Le Lodge Kerisper sans rest ⮕ 🛎 ⅏ ⅌ **P** VISA ⮾
4 r. Latz – ℰ *02 97 52 88 56* – *www.lodge-kerisper.com* – *Fax 02 97 52 76 39*
17 ch – †95/150 € ††95/290 €, ⮂ 15 € – 3 suites
♦ Ces deux longères du 19e s. offrent un intérieur chaleureux et épuré, associant matériaux nobles, meubles chinés et tissus choisis. Plusieurs chambres disposent d'une terrasse.

Petit Hôtel des Hortensias ≼ 🍴 ⅏ rest, ⅌ VISA ⮾
4 pl. de la Mairie – ℰ *02 97 30 10 30* – *www.leshortensias.info*
– *Fax 02 97 30 14 54* – *Fermé janv.*
6 ch – †99/160 € ††99/160 €, ⮂ 12 €
Rest *L'Arrosoir* – ℰ 02 97 30 13 58 *(ouvert fin fév. à mi-nov. et fermé mardi midi, merc. midi et lundi)* Carte 35/50 €
♦ La silhouette scandinave de cette charmante villa (1880) domine le port. Intérieur nautique chic, meubles et bibelots anciens, ambiance guesthouse... Une perle rare ! Coquet décor de bistrot marin, belle terrasse panoramique et cuisine océane à L'Arrosoir.

Les Chambres Marines sans rest ⅌ VISA ⮾ AE
3 r. du Men-Dû – ℰ *02 97 30 17 00* – *www.les-chambres-marines.com*
– *Fax 02 97 55 87 63*
6 ch – †60/130 € ††60/130 €, ⮂ 12 €
♦ Petite maison typique à proximité du port. Les chambres personnalisées (certaines dans l'esprit de cabines de bateau) portent des noms de phares bretons. Accueil prévenant.

XXX **L'Azimut** 🍴 VISA ⊕ AE
1 r. Men-Dû – 𝒞 02 97 55 71 88 – Fermé 16-27 nov., 16-27 fév., mardi et merc. sauf juil.-août
Rest – (20 €) Menu 25 € (déj. en sem.), 35/60 € – Carte 55/80 € ❀
♦ Ambiance maritime tous azimuts dans la salle à manger, agréable terrasse offrant une échappée sur le port et carte actuelle orientée poisson.

TRIZAY – 17 Charente-Maritime – **324** E4 – 1 252 h. – alt. 20 m   **38** B2
– ☒ **17250**

▶ Paris 475 – Rochefort 13 – La Rochelle 52 – Royan 36

🛈 Syndicat d'initiative, 48, rue de la République 𝒞 05 46 82 34 25, Fax 05 46 82 19 64

au Lac du Bois Fleuri 2,5 km à l'Ouest par D 238, D 123 et rte secondaire – ☒ 17250 Trizay

XXX **Les Jardins du Lac** avec ch ❦   ≤ ⌂ 🍴 ⏞ & ch, 🏧 rest, ⁗ ⅏ P
3 chemin Fontchaude – 𝒞 05 46 82 03 56   VISA ⊕ AE
– www.jardins-du-lac.com – Fax 05 46 82 03 55 – Fermé vacances de fév., dim. soir, lundi et mardi de nov. à mars
8 ch – †101/107 € ††101/107 €, ☲ 13 €
Rest – (34 €) Menu 38/55 € – Carte 55/75 €
♦ Dans un parc au-dessus du lac, deux pavillons reliés par une passerelle enjambant un ruisseau. La cuisine, traditionnelle, fait la part belle aux produits régionaux. Chambres avec terrasse ou balcon offrant une vue sur le plan d'eau.

LES TROIS-ÉPIS – 68 Haut-Rhin – **315** H8 – alt. 658 m – ☒ **68410**   **2** C2
▌Alsace Lorraine

▶ Paris 445 – Colmar 11 – Gérardmer 51 – Munster 18

🛈 Office de tourisme, 2, Impasse Poincaré 𝒞 03 89 49 80 56, Fax 03 89 49 80 68

🏠 **Villa Rosa** ≤ ⌂ 🍴 ⏞ ⁗ P VISA ⊕
4 r. Thierry Schoeré – 𝒞 03 89 49 81 19 – www.villarosa.fr – Fax 03 89 78 90 45 – Fermé 1ᵉʳ janv.-12 fév., 15-24 nov.
8 ch – †60/62 € ††62/65 €, ☲ 8 € – ½ P 62/65 €
Rest – (dîner seult) Menu 25 €
♦ Ambiance guesthouse dans cette maison 1900 entourée d'un jardin fleuri. Chambres coquettes portant des noms de roses ; séjours à thèmes. Au restaurant, Anne-Rose concocte des plats régionaux à partir de produits bio et de son potager.

TRONÇAIS – 03 Allier – **326** D3 – rattaché à St-Bonnet-Tronçais

---

LE TRONCHET – 35 Ille-et-Vilaine – **309** K4 – 960 h. – alt. 65 m   **10** D2
– ☒ **35540** ▌Bretagne

▶ Paris 391 – Saint-Malo 27 – Dinan 19 – Fougères 56

🏨 **Golf & Country Club** ❦   ≤ ⌂ 🍴 🖼 ≣ & ch, 🏧 ⅏ P VISA ⊕ AE
⊗ *Domaine Saint Yvieux – 𝒞 02 99 58 98 99 – www.saintmalogolf.com – Fax 02 99 58 10 39 – Fermé 20 nov.-1ᵉʳ mars*
29 ch – †88/145 € ††88/145 €, ☲ 11 €
Rest – (14 € bc) Menu 17 € (déj.)/29 € – Carte 29/43 €
♦ Au sein d'un golf, cet ancien prieuré du 19ᵉ s. abrite de grandes chambres dans des tons clairs (jolis tissus), disposant d'une loggia ou d'une miniterrasse. Le restaurant donne sur l'étang et offre une vue panoramique sur les greens. Cuisine traditionnelle.

🏠 **Le Mesnil des Bois** sans rest ❦   ⌂ P
2 km au Sud-Ouest par D9 et D3 – 𝒞 02 99 58 97 12 – www.le-mesnil-des-bois.com – Fermé de mi-nov. à fin fév.
5 ch ☲ – †95/125 € ††95/125 €
♦ Cette belle ferme-manoir (16ᵉ s.) isolée dans la campagne, en lisière de forêt, appartenait aux descendants du corsaire Surcouf. Jolies chambres aux meubles anciens.

TRONGET – 03 Allier – **326** F4 – 931 h. – alt. 460 m – ⌧ 03240   **5** B1

▶ Paris 317 – Bourbon-l'Archambault 24 – Montluçon 53 – Moulins 30

🏠 **Du Commerce**   & ch, ॐ ८ **P** ⬚ *VISA* ◍◐

16 rte départementale 945 – ℰ 04 70 47 12 95 – Fax 04 70 47 32 53
11 ch – ♦43 € ♦♦50 €, ⌑ 10 € – ½ P 61 €
Rest – Menu 16 € (sem.), 22/38 € – Carte 29/55 €
♦ Au cœur du bourg, établissement composé de deux bâtiments. La maison mère abrite le café-restaurant ; les chambres, fonctionnelles et bien tenues, occupent l'annexe récente. Salle à manger de style classico-rustique et répertoire culinaire traditionnel.

TROUVILLE-SUR-MER – 14 Calvados – **303** M3 – 4 992 h. – alt. 2 m   **32** A3
– Casino AY – ⌧ 14360 🛈 Normandie Vallée de la Seine

▶ Paris 201 – Caen 51 – Le Havre 43 – Lisieux 30

🛫 de Deauville-St-Gatien : ℰ 02 31 65 65 65, par ② : 7 km BZ.

🛈 Office de tourisme, 32, boulevard Fernand-Moureaux ℰ 02 31 14 60 70,
Fax 02 31 14 60 71

🏌 de l'Amirauté à Tourgéville Route Départementale 278, par rte de Pont-
L'Évêque et D 278 : 5 km, ℰ 02 31 14 42 00

◉ Corniche ≼★.

🏨 **Hostellerie du Vallon** sans rest ॐ   ▣ ⭐ ⬚ & ⦙⦙ ⛰ **P**

12 r. Sylvestre Lasserre – ℰ 02 31 98 35 00   *VISA* ◍◐ AE ◑
– www.hostellerieduvallon.com – Fax 02 31 98 35 10   BZ**v**
64 ch – ♦110/200 € ♦♦120/200 €, ⌑ 15 €
♦ Cette hostellerie de style normand offre un joli panorama sur les hauteurs de la ville. Chambres spacieuses, la plupart rénovées. Salon-bar cosy, billard, piscine, fitness.

🏨 **Le Flaubert** sans rest   ≼ ⬚ ⦙⦙ **P** *VISA* ◍◐

2 r. Gustave Flaubert – ℰ 02 31 88 37 23 – www.flaubert.fr – Fax 02 31 88 21 56
– Ouvert de mi-fév. à mi-nov.   AY**t**
33 ch – ♦80/140 € ♦♦80/140 €, ⌑ 10 €
♦ À deux pas des célèbres "planches", villa à colombages de 1936 très romantique : mobilier chiné, affiches anciennes, tons doux. Chambres souvent rafraîchies (la moitié côté mer).

🏨 **Le Fer à Cheval** sans rest   ⬚ & ⦙⦙ *VISA* ◍◐

11 r. Victor Hugo – ℰ 02 31 98 30 20 – www.hotel-trouville.com
– Fax 02 31 98 04 00   AY**u**
34 ch – ♦51/94 € ♦♦75/99 €, ⌑ 10 €
♦ Deux bâtisses mitoyennes abritant des chambres fonctionnelles et de douillettes suites familiales. Viennoiseries maison au petit-déjeuner et salon de thé l'après-midi.

🏨 **Le Central**   ⛩ ⬚ ⦙⦙ *VISA* ◍◐ AE

5 et 7 r. des Bains – ℰ 02 31 88 80 84 – www.le-central-trouville.com
– Fax 02 31 88 42 22   AY**n**
22 ch – ♦83/90 € ♦♦83/125 €, ⌑ 8,50 € – ½ P 72/82 €
Rest – Menu 19/28 € – Carte 16/71 €
♦ Au cœur de Trouville, des chambres feutrées tout en sobriété (tons harmonieux, mobilier en bois blanc patiné). Vues sur le port, les hauteurs de la ville ou la rue piétonne. Le cadre de la brasserie, très touristique, s'inspire des années 1930. Vaste terrasse chauffée l'hiver.

🏠 **Les Sablettes** sans rest   ॐ *VISA* ◍◐

15 r. P.-Besson – ℰ 02 31 88 10 66 – www.trouville-hotel.com
– Fax 02 31 88 59 06 – Fermé 15 nov.-7 déc.   AY**r**
18 ch – ♦40/45 € ♦♦48/68 €, ⌑ 7 €
♦ Une adresse familiale, proche du Casino et de la plage. Chambres simples, plutôt calmes, donnant sur la cour ou la rue ; deux sont aménagées dans l'annexe. Bon accueil.

✕ **La Petite Auberge**   *VISA* ◍◐

7 r. Carnot – ℰ 02 31 88 11 07 – www.lapetiteaubergesurmer.fr
– Fermé 1er-15 déc., mardi et merc.   AY**f**
Rest – (prévenir) (21 €) Menu 33/52 € – Carte 45/70 €
♦ Dans une petite rue du centre-ville, à l'écart de la foule, cette auberge conviviale, au cadre simple et avenant, valorise le terroir et les produits régionaux.

✗ **Les Mouettes**   🛜 VISA ◉◉ AE

🍽 11 r. Bains – ☎ 02 31 98 06 97 – www.brasserie-les-mouettes.com
– Fax 02 31 88 42 22   **AYd**
Rest – Menu 14/27 € bc – Carte 19/42 €
♦ Ambiance et décor de bistrot, carte typique du genre, joli plafond peint et terrasse-trottoir
abritée pour cette table conviviale naguère fréquentée par Marguerite Duras.

▷ Paris 170 – Dijon 185 – Nancy 186

🛫 de Troyes-Barberey ℰ 03 25 71 79 00, NO : 5 km AV

🛈 Office de tourisme, 16, boulevard Carnot ℰ 03 25 82 62 70, Fax 03 25 73 06 81

▦ de la Forêt d'Orient à Rouilly-Sacey Route de Geraudot, par rte de Nancy :
11 km, ℰ 03 25 43 80 80

▦ de Troyes à Chaource Château de la Cordelière, par rte de Tonnerre
(D 444) : 31 km, ℰ 03 25 40 18 76

◉ Le Vieux Troyes★★ BZ : Ruelle des Chats★ - Cathédrale St-Pierre-et-St-
Paul★★ - Jubé★★ de l'église Ste-Madeleine★ - Basilique St-Urbain★ BCY
B - Église St-Pantaléon★ - Apothicairerie★ de l'Hôtel-Dieu CY **M⁴** - Musée
d'Art Moderne★ CY **M³** - Maison de l'Outil et de la Pensée ouvrière★★
dans l'hôtel de Mauroy★★ BZ **M²** - Musée historique de Troyes et de
Champagne★ et musée de la Bonneterie dans l'hôtel de Vauluisant★
BZ **M¹** - Musée des Beaux-Arts et d'Archéologie★ dans l'abbaye St-Loup.

🏠 La Maison de Rhodes 🐾   🚗 🕍 ₺ ch, 🛜 ℙ 🚗 VISA ⓐⓑ AE

18 r. Linard Gonthier – ℰ 03 25 43 11 11 – www.maisonderhodes.com
– Fax 03 25 43 10 43   CY**e**
8 ch – †160/255 € ††160/255 €, ⊊ 17 € – 3 suites
Rest – *(fermé dim.) (dîner seult)* Carte 52/66 €

◆ Belles demeures du 17ᵉ s. nichées dans une ruelle pavée. Poutres, pierres, torchis, tommettes, mobiliers ancien et contemporain se marient avec élégance dans ce délicieux hôtel.
Charmante salle à manger rustique ; plats traditionnels à base de poduits bio.

🏠 Le Champ des Oiseaux sans rest 🐾   🚗 ₺ 🛜 🚗 VISA ⓐⓑ AE ①

20 r. Linard Gonthier – ℰ 03 25 80 58 50 – www.champdesoiseaux.com
– Fax 03 25 80 98 34   CY**e**
12 ch – †135/230 € ††135/230 €, ⊊ 17 € – 1 suite

◆ Ces trois maisons des 15ᵉ-16ᵉ s., dont le nom viendrait de cigognes ayant niché ici, encadrent une cour pavée verdoyante. Chambres confortables et cosy (boiseries).

🏠 Mercure sans rest   🎰 🖸 ₺ 🅰 🕻 🎝 🚗 VISA ⓐⓑ AE ①

11 r. Bas-Trévois – ℰ 03 25 46 28 28 – www.mercure-troyes.com – Fax 03 25 46 28 27
70 ch – †94/124 € ††105/154 €, ⊊ 14 €   CZ**h**

◆ Chambres spacieuses, reposantes (moquette, teintes beiges) et modernes (écrans plats et
connexions haut-débit) : cet hôtel – une ancienne bonneterie – conserve un certain charme.

🏠 Le Relais St-Jean sans rest 🐾   🎰 🖸 ₺ 🅰 🛜 🎝 🚗 VISA ⓐⓑ AE ①

51 r. Paillot-de-Montabert – ℰ 03 25 73 89 90 – www.relais-st-jean.com
– Fax 03 25 73 88 60   BZ**s**
25 ch – †95/145 € ††95/145 €, ⊊ 15 €

◆ Décorations personnalisées dans les chambres (objets anciens et actuels), salles de bains
spacieuses, salle de fitness avec sauna : ce Relais, bien tenu, ne manque pas de cachet.

🏨 Royal Hôtel   🖸 ₺ ch, 🅰 🛜 🚗 VISA ⓐⓑ AE ①

22 bd Carnot – ℰ 03 25 73 19 99 – www.royal-hotel-troyes.com
– Fax 03 25 73 47 85 – Fermé 17 déc.-10 janv.   BZ**n**
40 ch – †68/78 € ††81/93 €, ⊊ 11 € – ½ P 72/85 €
Rest – *(fermé sam. midi, lundi midi et dim.)* (18 €) Menu 25/30 € – Carte 50/62 €

◆ Bien situé près de la gare, cet hôtel dispose de chambres simples, fonctionnelles et bien
tenues. Celles de la catégorie supérieure (décor classique) sont plus spacieuses. Agréable
salon-bar feutré et élégante salle à manger actuelle ; cuisine traditionnelle.

🏠 Ibis sans rest   🖸 ₺ 🅰 🛜 🎝 🚗 VISA ⓐⓑ AE ①

r. Camille Claudel – ℰ 03 25 75 99 99 – www.ibishotel.com – Fax 03 25 75 90 69
77 ch – †63/77 € ††63/77 €, ⊊ 8 €   CZ**w**

◆ Au cœur d'un espace de loisirs (bowling, patinoire, cinéma), cet établissement bénéficie
de chambres climatisées de bonne taille. Véranda pour les petits-déjeuners.

🍴🍴🍴 La Mignardise   🕍 ₺ ✨ VISA ⓐⓑ AE

1 ruelle des Chats – ℰ 03 25 73 15 30 – www.lamignardise.net
– Fax 03 25 73 15 30 – Fermé dim. soir et lundi   BZ**e**
Rest – (23 €) Menu 29/59 € – Carte 59/93 €

◆ Élégant intérieur (pierres, briques, bois et touches modernes), cuisine au goût du jour et
service attentionné : on passe un bon moment dans cette maison à colombages du 16ᵉ s.

TROYES

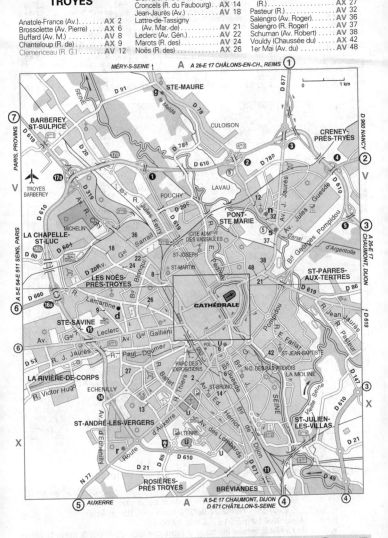

Valentino
××

🛋 *VISA* 🅾 AE

*35 r. Paillot-de-Montabert – ℰ 03 25 73 14 14 – Fax 03 25 41 36 75 – Fermé
16 août-2 sept., 1ᵉʳ-17 janv., dim. et lundi*   BZ**s**
Rest – Menu 25 € (déj.)/55 € – Carte 50/77 €

♦ Cette maison à colombages propose, dans sa salle contemporaine ou sur sa jolie terrasse
fleurie, une goûteuse cuisine centrée sur les produits de la mer. Service attentionné.

Au Jardin Gourmand
×

🛋 *VISA* 🅾

*31 r. Paillot-de-Montabert – ℰ 03 25 73 36 13 – Fax 03 25 73 36 13
– Fermé 7-21 mars, 5-26 sept., lundi midi et dim.*   BZ**s**
Rest – (17 €) Carte 35/55 €

♦ Cadre intimiste et romantique dans ce restaurant du vieux Troyes. De bons plats du terroir – dont l'andouillette ! – côtoient des recettes plus créatives. Terrasse sous les glycines.

1745

TROYES

à Ste-Maure 7 km par D 78 – 1 472 h. – alt. 111 m – ✉ 10150

🍴🍴🍴 Auberge de Ste-Maure
*99 rte de Mery – ☎ 03 25 76 90 41 – www.auberge-saintemaure.fr
– Fax 03 25 80 01 55 – Fermé 21 déc.-10 janv., dim. soir et lundi* **AV g**
Rest – Menu 20 € (sem.)/54 € – Carte 44/66 €🏵

♦ C'est sur l'agréable terrasse qui borde la rivière que vous apprécierez le mieux la cuisine au goût du jour qui se joue habilement de la tradition. Salle intérieure classique.

à Pont-Ste-Marie 3 km par D 77 – 4 813 h. – alt. 110 m – ✉ 10150

🍴🍴🍴 Hostellerie de Pont-Ste-Marie (Christian Chavanon)
*34 r. Pasteur, (près de l'église) – ☎ 03 25 83 28 61
– Fax 03 25 81 67 85 – Fermé 2-25 août, 3-13 janv., dim. soir, mardi soir et merc.* **AV n**
Rest – Menu 43/119 € bc – Carte 63/97 €
Spéc. Saumon fumé à l'eucalyptus, granité de whisky tourbé. Homard rôti, sucs déglacés au ratafia de champagne, risotto au jus. Composition gourmande. **Vins** Rosé des Riceys, Champagne.

♦ Dans le village, chaleureuse salle à manger mêlant ancien et contemporain. Le chef signe, à base de bons produits, d'appétissantes recettes actuelles qui marient bien les saveurs.

※ **Bistrot DuPont** 　　　　　　　　　　 🛦 AC VISA ⓪⓪
😊 *5 pl. Ch. de Gaulle – ℰ 03 25 80 90 99 – Fermé 1 sem. à Pâques, 2-24 août,*
24 déc.-5 janv., jeudi soir, dim. soir et lundi 　　　　　　　AV**s**
🈐 **Rest** – *(prévenir)* Menu 19/30 € – Carte 31/60 €
◆ Tout à côté de la Seine, sympathique établissement de type bistrot proposant une cuisine copieuse et soignée. Ne ratez pas la spécialité maison : l'andouillette.

à Moussey 10 km par ④, D 671 et D 444 – 471 h. – alt. 131 m – ⊠ 10800

⌂ **Domaine de la Creuse** sans rest ⦦ 　　　　　　　🚗 ⑨° 🅿
D 444 – ℰ 03 25 41 74 01 – www.domainedelacreuse.com – Fermé 20 déc.-5 janv.
5 ch � – ●105/120 € ●●110/125 €
◆ Demeure champenoise du 18ᵉ s. Adorables chambres de plain-pied disposées autour d'une cour intérieure aménagée en jardin. Délicieux petits-déjeuners et accueil parfait.

à St-André-les-Vergers 5 km au Sud-Ouest – 11 264 h. – alt. 112 m – ⊠ 10120

🛈 Syndicat d'initiative, 21, avenue Maréchal Leclerc ℰ 03 25 71 91 11,
Fax 03 25 49 67 71

※※ **La Gentilhommière** 　　　　　　　　🛦 ⇔ 🅿 VISA ⓪⓪
180 rte d'Auxerre – ℰ 03 25 49 35 64 – www.lagentilhommiere10.fr
– Fax 03 25 75 13 55 – Fermé 3 sem. en août, sam. midi, dim. soir et lundi
Rest – *(19 €)* Menu 23/57 € – Carte 39/48 € 　　　　　　AX**r**
◆ Les salles à manger de ce pavillon moderne ont été agréablement rafraîchies (tissus orangés, murs clairs). Cuisine au goût du jour bien réalisée ; bon rapport qualité-prix.

à Ste-Savine 3 km – 10 442 h. – alt. 116 m – ⊠ 10300

🏠 **Motel Savinien** ⦦ 　　　　🛦 🖥 🎬 & ch, ⑨° 🆚 🅿 VISA ⓪⓪
😊 *87 r. Jean de la Fontaine – ℰ 03 25 79 24 90 – www.motelsavinien.com*
– Fax 03 25 78 04 61 　　　　　　　　　　　　AX**d**
49 ch – ●53/58 € ●●59/76 €, ⊃ 9 €
Rest – *(fermé dim. soir et lundi)* (13 €) Menu 17/32 € – Carte 25/43 €
◆ Rénovation de qualité (style contemporain, mobilier en bois foncé) dans la plupart des chambres de ce motel. Confort moderne (écrans plats) et salles de bains parfaitement équipées. Espace détente. Cuisine simple au restaurant.

TRUN – 61 Orne – 310 J1 – 1 322 h. – alt. 90 m – ⊠ 61160 　　　　**33** C2
　🚃 Paris 198 – Caen 63 – Alençon 60 – Lisieux 47
　🛈 Syndicat d'initiative, place Charles-de-Gaulle ℰ 02 33 36 93 55

⌂ **La Villageoise** 　　　　　　　　　　　　🚗 🍃
66 r. de la République – ℰ 09 71 38 56 87 – www.lavillageoise.fr
– Fax 02 33 39 13 07
5 ch ⊃ – ●70/90 € ●●70/90 € 　**Table d'hôte** – Menu 30 € bc
◆ Cette maison abrite un beau salon ouvert sur une grande cour-jardin, autour de laquelle sont aménagées la plupart des chambres, sobres mais remplies de bibelots. Bon accueil. Des petits plats du terroir vous sont proposés dans un décor rustique.

TULETTE – 26 Drôme – 332 C8 – 1 857 h. – alt. 147 m – ⊠ 26790 　　　**44** B3
　🚃 Paris 657 – Lyon 195 – Valence 95 – Avignon 56
　🛈 Syndicat d'initiative, place des Tisserands ℰ 04 75 98 34 53,
　　Fax 04 75 98 36 16

⌂ **K-Za** ⦦ 　　　　　　　　　🚗 🖥 AC ch, ⑧ ⑨° 🅿
rte du Moulin – ℰ 04 75 98 34 88 – www.maison-hotes-k-za.com
– Fax 04 97 47 49 70
5 ch ⊃ – ●130 € ●●130/150 €
Table d'hôte – *(fermé dim. soir)* Menu 30/100 € bc
◆ "Che bella casa !" La patronne de cette K-Za, Elizabeth, est italienne. Maison en galets roulés du Rhône (17ᵉ s.) au superbe intérieur design, tout en sophistication contemporaine. À la table d'hôte, cuisine familiale méditerranéenne de qualité et vins locaux.

TULLE ℙ – 19 Corrèze – **329** L4 – 15 734 h. – alt. 210 m – ⊠ 19000   25 C3
🏳 Limousin Berry

> ◘ Paris 475 – Aurillac 83 – Brive-la-Gaillarde 27 – Clermont-Ferrand 141
> ℹ Office de tourisme, 2, place Emile Zola ℰ 05 55 26 59 61,
>   Fax 05 55 20 72 93
>
> ◎ Maison de Loyac★ Z **B** - Clocher★ de la Cathédrale Notre-Dame.

🏨 **Mercure** sans rest   📧 🔟 🛜 💪 ⅥⅤ ⑥ ⅉ ①
16 quai de la République – ℰ 05 55 26 42 00 – www.mercure.com
– Fax 05 55 20 31 17   Zb
48 ch – †70/74 € ††80/85 €, ☐ 12 € – 1 suite
♦ Hôtel doté d'un bar confortable et de chambres chaleureuses et insonorisées, plus spacieuses côté quai de la Corrèze. Vue sur la rivière depuis la salle des petits-déjeuners.

𝕏𝕏𝕏 **Le Central**   🔟 ⇔ ⅥⅤ ⑥
12 r. Barrière – ℰ 05 55 26 24 46 – Fax 05 55 26 53 16 – Fermé 1er-15 août, dim.
soir et sam.   Za
Rest – Menu 27/60 € – Carte 62/74 €
♦ Ce restaurant traditionnel, logé dans une maison à colombages du 18e s, vous sert le tourtou corrézien et les rillettes d'oie en guise de bienvenue. Brasserie au rez-de-chaussée.

𝕏𝕏 **La Toque Blanche**   🔟 ⇔ ⅥⅤ ⑥ ⅉ
pl. M. Brigouleix – ℰ 05 55 26 75 41
– www.hotel-latoqueblanche.com – Fax 05 55 20 93 95
– Fermé 1 sem. en juil., 15-26 fév., dim. soir et lundi   Zz
Rest – (19 €) Menu 27/32 € – Carte 55/65 €
♦ Installée au cœur de la ville, cette toque-là vous mijote une copieuse cuisine régionale à base de produits du terroir. À déguster dans la grande salle au décor chaleureux.

TUNNEL DU MONT-BLANC H.-Savoie – 74 H.-Savoie – **328** O5 – voir à
Chamonix-Mont-Blanc

TUNNEL SOUS LA MANCHE voir à Calais.

LA TURBALLE – 44 Loire-Atlantique – **316** A3 – 4 341 h. – alt. 6 m   34 A2
– ⊠ 44420 🏳 Bretagne

> ◘ Paris 457 – La Baule 13 – Guérande 7 – Nantes 84
> ℹ Office de tourisme, place du Général-de-Gaulle ℰ 02 40 23 39 87,
>   Fax 02 40 23 32 01

🏠 **Les Chants d'Ailes** sans rest   ⩽ ⅏ 🛜 ℙ ⅥⅤ ⑥
11 bd Bellanger – ℰ 02 40 23 47 28
– http://laturballe.free.fr/hotel-chantsdailes/ – Fax 02 40 62 86 43
– Fermé 14 nov.-17 déc. et 17 janv.-6 fév.
19 ch – †39/52 € ††47/69 €, ☐ 8 €
♦ Bordant une longue plage, chambres fonctionnelles peu à peu rénovées. Celles situées en façade bénéficient d'une vue sur l'océan. Lumineuse salle des petits-déjeuners.

🏡 **Le Manoir des Quatre Saisons** sans rest   🖼 ⅃ ℙ
744 bd de Lauvergnac – ℰ 02 40 11 76 16
– www.manoir-des-quatre-saisons.com – Fax 02 40 11 76 16
5 ch ☐ – †65/70 € ††75/89 €
♦ Vraie réussite que cette longère, fidèlement reconstituée ! Ses chambres colorées possèdent souvent un petit salon. Gargantuesque petit-déjeuner servi l'hiver devant la cheminée.

𝕏𝕏 **Le Terminus**   ዼ 🔟 ⅥⅤ ⑥ ⅉ
🈂 18 quai St-Paul – ℰ 02 40 23 30 29
– Fermé 1 sem. en oct., vacances de fév., dim. soir, mardi soir et merc. sauf
vacances scolaires
Rest – (19 € bc) Menu 23/70 € – Carte 32/80 €
♦ Dans ce restaurant au nouveau décor contemporain, toutes les tables ont vue sur le port de La Turballe. Cuisine spécialisée dans les produits de la mer.

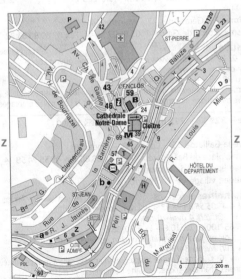

GUÉRET
A 89 LIMOGES ①

② A 89, D 1089
CLERMONT-FERRAND

X

BRIVE
PÉRIGUEUX ④ D 1089

D 940
ST-CÉRÉ ③

D 1120
AURILLAC

L'ESPINAT

LA GARENNE-DU-CHAT

BOIS-MANGER

HAUT-MONTEIL

Cathédrale
Notre-Dame

Quai de Righy

Corrèze

Av. du Cel Montal

Lunade

TULLE

0   300 m

ST-PIERRE

L'ENCLOS

Cathédrale
Notre-Dame

Cloître

HÔTEL DU
DÉPARTEMENT

CITE
ADM^{VE}

POL

Z

0   200 m

à Pen-Bron 3 km au Sud par D 92 – ⊠ 44420 La Turballe

🏨 **Pen Bron** 🕊️ 　　　　　　≤ 🕊 ⛩ 🕴 ⚄ ⁹⁰ 🔥 **P** 🚾 ⚋
　– 🕿 02 28 56 77 99 – www.hotels-aptitudes.com – Fax 02 28 56 77 77 – Fermé
4 nov.-6 janv.
45 ch – ♦55/185 € ♦♦55/260 €, 🍴 10 € – ½ P 64/130 €
Rest – *(fermé lundi et mardi en hiver)* Menu 30 € – Carte 28/69 €
♦ Maison bretonne remarquablement située à la pointe d'une presqu'île, face au Croisic. Le
"plus" : l'aménagement a été pensé pour l'accueil des personnes à mobilité réduite. Cuisine
traditionnelle servie dans un agréable restaurant tourné vers les flots.

LA TURBIE – 06 Alpes-Maritimes – **341** F5 – 3 155 h. – alt. 495 m　　　　**42** E2
– ⊠ 06320

　　🗗 Paris 943 – Monaco 8 – Menton 13 – Nice 16

XX　**Hostellerie Jérôme** (Bruno Cirino) avec ch　　≤ 🕾 🅰🅲 ch, ⁹⁰ 🚾 ⚋
🕸🕸　20 r. Comte de Cessole – 🕿 04 92 41 51 51 – www.hostelleriejerome.com
　　– Fax 04 92 41 51 50 – Fermé 2 nov.-13 fév., lundi et mardi sauf de juil. à sept.
5 ch – ♦95/160 € ♦♦95/160 €, 🍴 18 €
Rest – *(dîner seult)* Menu 70/130 € – Carte 90/130 € 🍷
Spéc. Spaghettis pilés aux truffes, foie gras et blettes. Scampi en croûte d'amande
à la verveine. Galette soufflée au citron à la mentonnaise. **Vins** Bellet, Bandol.
♦ Ancien réfectoire des moines cisterciens (13ᵉ s.), la salle à manger est aujourd'hui confor-
table, illuminée par des teintes pastel et de jolies fresques. Délicieuse cuisine méridionale.
Les chambres sont spacieuses, l'une d'elle aurait hébergé Napoléon.

X　**Café de la Fontaine**　　　　　　　　　　　🕾 🅰🅲 🚾 ⚋
😊　4 av. Gén. de Gaulle – 🕿 04 93 28 52 79 – www.hostelleriejerome.com – Fermé
lundi de nov. à mars
Rest – Menu 25 €
♦ Une adresse sympathique où l'on passe un agréable moment autant pour l'ambiance que
pour l'assiette. Goûteuse cuisine du marché aux nuances provençales, proposée à l'ardoise.

TURCKHEIM – 68 Haut-Rhin – **315** H8 – 3 714 h. – alt. 225 m　　　　**2** C2
– ⊠ 68230 ▌ Alsace Lorraine

　　🗗 Paris 471 – Colmar 7 – Gérardmer 47 – Munster 14
　　🛈 Office de tourisme, Corps de Garde 🕿 03 89 27 38 44, Fax 03 89 80 83 22

XX　**À l'Homme Sauvage**　　　　　　　　　　🕾 ↔ 🚾 ⚋
　　19 Grand'Rue – 🕿 03 89 27 56 15 – www.restaurant-hommesauvage.com
　　– Fermé mardi soir de nov. à avril, dim. soir et merc.
Rest – (18 €) Menu 28/48 € – Carte 38/48 € 🍷
♦ Cette auberge accueille les amateurs de bonne chère depuis 1609. Cuisine actuelle à
déguster dans un cadre mi-rustique mi-contemporain, ou l'été, dans la cour pavée ombragée.

TURENNE – 19 Corrèze – **329** K5 – 795 h. – alt. 350 m – ⊠ 19500　　**24** B3
▌ Périgord Quercy

　　🗗 Paris 496 – Brive-la-Gaillarde 15 – Cahors 91 – Figeac 76
　　🛈 Office de tourisme, place du Belvédère 🕿 05 55 24 08 80, Fax 05 55 24 58 24
　　◎ Site★ du château et ⚜★★ de la tour de César.
　　🄶 Collonges-la-Rouge : village★★ E : 10 km.

X　**Maison des Chanoines** avec ch 🕊️　　　🕾 🅰🅲 rest, 🕸 rest, 🚾 ⚋
　　r. Joseph Rouveyrol – 🕿 05 55 85 93 43 – www.maison-des-chanoines.com
　　– Fax 05 55 85 93 43 – Ouvert 4 avril-10 oct.
7 ch – ♦56/70 € ♦♦65/100 €, 🍴 10 € – ½ P 70/86 €
Rest – *(fermé merc. soir en juin et le midi sauf dim. et fériés)* *(nombre de
couverts limité, prévenir)* Menu 34/80 €
♦ Charmante maison du 16ᵉ s. : porte d'entrée sculptée, escalier à vis, salle à manger voûtée
(meuble d'esprit Marjorelle), chambres coquettes. Carte traditionnelle et créative.

TURQUANT – 49 Maine-et-Loire – **317** J5 – 516 h. – alt. 68 m　　　　**35** C2
– ⊠ 49730

　　🗗 Paris 294 – Angers 76 – Châtellerault 68 – Chinon 21

🏠 **Demeure de la Vignole** sans rest ⬧ ⬧⬧⬧⬧⬧⬧⬧⬧⬧ 🅿
imp. Marguerite d'Anjou – ℰ 02 41 53 67 00 VISA 🆗 AE
– www.demeure-vignole.com – Fax 02 41 53 67 09 – Ouvert 15 mars-15 nov.
12 ch – ♦96/121 € ♦♦96/121 €, ⬧ 10 € – 6 suites
♦ Ambiance guesthouse dans cette belle demeure bâtie à flanc de coteau. Chambres bien décorées, dont plusieurs troglodytiques, comme la piscine ! Terrasse face au vignoble.

TUSSON – 16 Charente – **324** K4 – 302 h. – alt. 125 m – ⬧ 16140   **39** C2
◗ Paris 421 – Angoulême 41 – Cognac 49 – Poitiers 83
🛈 Office de tourisme, le bourg ℰ 05 45 21 26 70

✗✗ **Le Compostelle**   ⬧ VISA 🆗 AE
– ℰ 05 45 31 15 90 – monsite.orange.fr/le-compostelle – Fax 05 45 31 15 90
– Fermé 26 sept.-9 oct., 2-25 janv., dim. soir, lundi et jeudi
Rest – (15 € bc) Menu 28/41 € – Carte 40/51 €
♦ Au cœur du village et sur l'antique route des pèlerins, un sympathique restaurant rustique où la carte, variée, revisite avec simplicité la tradition régionale.

TY-SANQUER – 29 Finistère – **308** G6 – **rattaché à Quimper**

UBERACH – 67 Bas-Rhin – **315** J3 – 1 156 h. – alt. 175 m – ⬧ 67350   **1** B1
◗ Paris 473 – Baden-Baden 59 – Offenburg 64 – Strasbourg 38

✗✗ **De la Forêt**   AK VISA 🆗 AE
⬧ 94 Grande Rue – ℰ 03 88 07 73 17 – Fax 03 88 72 50 33 – Fermé
1ᵉʳ-15 août, 15-21 fév., lundi soir, mardi soir et merc.
Rest – (9 €) Menu 15 € (déj. en sem.), 25/65 € bc – Carte environ 40 €
♦ Ancienne brasserie convertie en restaurant soigné. À l'image de l'ambiance chaleureuse, la cuisine, concoctée avec les légumes du jardin, se révèle traditionnelle et sincère.

UCHACQ-ET-PARENTIS – 40 Landes – **335** H11 – **rattaché à Mont-de-Marsan**

UCHAUX – 84 Vaucluse – **332** B8 – 1 373 h. – alt. 80 m – ⬧ 84100   **40** A2
◗ Paris 645 – Avignon 40 – Montélimar 45 – Nyons 37

🏠 **Château de Massillan** ⬧   ⬧ ⬧ ⬧ ⬧ ch, AK ch, 🅿 VISA 🆗 AE ①
Hauteville, 3 km au Nord par D 11 et rte secondaire – ℰ 04 90 40 64 51
– www.chateau-de-massillan.com – Fax 04 90 40 63 85 – Ouvert 1ᵉʳ avril-30 oct.
13 ch – ♦210/655 € ♦♦275/655 €, ⬧ 19 € – 1 suite
Rest – (32 €) Menu 56/82 €
♦ Beau château du 16ᵉ s. au cœur d'un magnifique parc entouré de vignes. Séduisante décoration contemporaine associée aux pierres et poutres d'époque. Cuisine au goût du jour servie dans un très joli cadre : meubles design, murs blancs et lustres à pendeloques.

✗✗ **Côté Sud**   ⬧ ⬧ ⬧ 🅿 VISA 🆗
rte d'Orange – ℰ 04 90 40 66 08 – www.restaurantcotesud.com
– Fax 04 90 40 64 77 – Fermé 19 oct.-4 nov., 21 déc.-6 janv., lundi soir et mardi sauf juil.-août et merc.
Rest – (nombre de couverts limité, prévenir) Menu 24/47 € – Carte 44/59 €
♦ Garrigue, colline... Les noms des menus, tout comme la cuisine, célèbrent la Provence. Ambiance cosy au sein d'une charmante maison en pierre et ravissant jardin.

✗✗ **Le Temps de Vivre**   ⬧ AK 🅿 VISA 🆗
Les Farjons – ℰ 04 90 40 66 00 – Fax 04 90 40 66 00 – Fermé 27 oct.-12 nov.,
vacances de fév., jeudi midi de sept. à avril et merc.
Rest – Menu 18 € (déj. en sem.), 29/38 € – Carte 42/59 €
♦ Chant des cigales, garrigue et vignes alentour... Une maison en pierre du 18ᵉ s. à l'ambiance campagnarde, avec terrasse ombragée. Cuisine actuelle qui séduit par sa générosité.

UGINE – 73 Savoie – **333** L3 – 7 004 h. – alt. 484 m – ⬧ 73400   **45** C1
◗ Paris 581 – Annecy 37 – Chambéry 63 – Lyon 162
🛈 Office de tourisme, 15, place du Val d'Arly ℰ 04 79 37 56 33,
Fax 04 79 89 01 69

XXX La Châtelle ⟨ 🛜 🅿 VISA ⦿ AE

3 r. Paul Proust – ℘ 04 79 37 30 02 – www.lachatelle.com – Fermé dim. et lundi sauf fériés

Rest – Menu 18 € (déj. en sem.), 23/45 € – Carte 40/60 € ❀

♦ Une maison forte du 13e s. prolongée d'une véranda-terrasse avec vue panoramique. Cuisine actuelle assortie d'une belle carte de vins régionaux et d'ailleurs.

L'UNION – 31 Haute-Garonne – **343** G3 – rattaché à Toulouse

---

UNTERMUHLTHAL – 57 Moselle – **307** Q5 – rattaché à Baerenthal

---

URÇAY – 03 Allier – **326** C3 – 288 h. – alt. 169 m – ⊠ 03360   **5** B1

🄳 Paris 297 – La Châtre 55 – Montluçon 34 – Moulins 66

X L'Étoile d'Urçay 🚙 🛏 VISA ⦿

42 rte Nationale – ℘ 04 70 06 92 66

– Fermé 24 nov.-3 déc., 16 fév.-11 mars, mardi soir, merc. soir et jeudi soir d'oct. à juin, dim. soir et lundi

Rest – Menu 11 € (sem.)/32 € – Carte environ 37 €

♦ Dans la traversée du bourg, ce restaurant à l'agréable décor rustique propose une cuisine traditionnelle. Ressource simple et conviviale à proximité de la forêt de Tronçais.

URDOS – 64 Pyrénées-Atlantiques – **342** I7 – 67 h. – alt. 780 m   **3** B3
– ⊠ 64490

🄳 Paris 850 – Jaca 38 – Oloron-Ste-Marie 41 – Pau 75

🄶 Col du Somport★★ SE : 14 km ▌ Aquitaine

🏠 Voyageurs-Somport 🚙 🖾 🅿 VISA ⦿

– ℘ 05 59 34 88 05 – www.hotel-voyageurs-aspe.com – Fax 05 59 34 86 74

– Fermé 18 oct.-30 nov., dim. soir et lundi sauf vacances scolaires

28 ch – †33/36 € ††39/45 €, ⊇ 6 € – ½ P 39/46 €

Rest – (12 €) Menu 12/28 € – Carte 19/41 €

♦ Ancien relais de diligences sur le chemin de St-Jacques, dans la vallée d'Aspe. Outre un accueil chaleureux et familial, il propose des chambres rustiques, plus calmes sur l'arrière. Salle à manger campagnarde où l'on sert une cuisine traditionnelle sans prétention.

URIAGE-LES-BAINS – 38 Isère – **333** H7 – alt. 414 m – Stat. therm. :   **45** C2
fin janv.-début déc. – Casino : Palais de la Source – ⊠ 38410 ▌ Alpes du Nord

🄳 Paris 576 – Grenoble 11 – Vizille 11

🄵 Office de tourisme, 5, avenue des Thermes ℘ 04 76 89 10 27, Fax 04 76 89 26 68

🄶 Uriage à Vaulnaveys-le-Haut Les Alberges, au Sud, ℘ 04 76 89 03 47

🄾 Forêt de Prémol★ SE : 5 km par D 111.

🏬 Grand Hôtel ⟨ 🛜 🖥 ⦿ 🖼 🖿 AK 🕈 🖾 🅿 VISA ⦿ AE ⓪

pl. Déesse Hygie – ℘ 04 76 89 10 80 – www.grand-hotel-uriage.com

– Fax 04 76 89 04 62 – Fermé 15-29 août et 19 déc.-17 janv.

39 ch – †108/189 € ††135/217 €, ⊇ 25 € – 3 suites

Rest Les Terrasses – (fermé dim. sauf juil.-août, mardi sauf le soir de sept. à juin, vend. midi en juil.-août, merc. midi, jeudi midi et lundi) Menu 78 € bc (déj.), 95/176 € – Carte 130/155 € ❀

Spéc. Homard rôti, tomate noire de Crimée, bouillon et sorbet aux épices (printemps). Truite du Vercors pochée, velouté d'oignon doux et brioche estragon-menthe (hiver). Fraises des bois, menthe glaciale et sirop de Sechuan (été). **Vins** Gringet de Savoie, Saint-Joseph.

♦ Naguère fréquentée par Coco Chanel ou Sacha Guitry, cette belle hostellerie Napoléon III, reliée au centre thermal, abrite des chambres très élégantes et personnalisées. Au restaurant, cuisine créative valorisant les produits du Vercors et du Dauphiné ; cadre raffiné et délicieuse terrasse.

🏨 Les Mésanges 🐾 ⟨ 🚗 🛁 🍴 ☂ 📶 P VISA ⚬⚬ AE
*94 rte des Mésanges, 1,5 km rte St-Martin-d'Uriage et rte de Bouloud
– ℰ 04 76 89 70 69 – www.hotel-les-mesanges.com – Fax 04 76 89 56 97 – Ouvert
1ᵉʳ fév.-20 sept.*
33 ch – ♦60/70 € ♦♦65/85 €, ☱ 9 € – ½ P 65/75 €
Rest – *(fermé dim., lundi et mardi) (dîner seult) (résidents seult)* Menu 25/52 €
◆ Un lieu très tranquille sur un plateau dominant la vallée et la station. Chambres pratiques
et bien tenues, dotées de terrasses ou de petits balcons. Lumineuse salle à manger, mi-provençale, mi-montagnarde ; terrasse ombragée. Plats traditionnels.

🏠 Le Manoir 📶 ☂ P VISA ⚬⚬
*62 rte Prémol – ℰ 04 76 89 10 88 – www.hotel-manoir.fr – Fax 04 76 89 20 63
– Ouvert mi fév.-mi nov.*
15 ch – ♦36 € ♦♦46 €, ☱ 8 € – ½ P 45/55 €
Rest – *(fermé le midi en sem. d'oct. à mars et dim. soir)* (14 €) Menu 21 €
(sem.)/44 € – Carte 26/61 €
◆ Une façade colorée signale aux passants cette maison 1900 postée à l'entrée de la station. Grandes chambres au 1ᵉʳ étage, plus petites et rénovées dans un esprit actuel au 2ᵉ.
Agréables salles à manger, salon chaleureux et véranda ouverte sur une plaisante terrasse.

au Sud 2 km par D 524 - ⊠ 38410 Uriage-les-Bains

🏠 Le Manoir des Alberges 🐾 ⟨ 🚗 🛁 🍴 📶 P VISA ⚬⚬ AE
251 chemin des Alberges – ℰ 04 76 51 92 11 – www.lemanoirdesalberges.com
5 ch ☱ – ♦110/130 € ♦♦110/130 € **Table d'hôte** – Menu 30 € bc
◆ Cette maison, dont le corps central date de 1903, surplombe un golf et abrite cinq chambres de styles différents : bavarois, indien, ethnique, Art déco... La patronne concocte une
cuisine inventive servie en salle ou en terrasse aux beaux jours.

URMATT – 67 Bas-Rhin – 315 H5 – 1 427 h. – alt. 240 m – ⊠ 67280   1 A2
    🚩 Paris 487 – Molsheim 15 – Saverne 37 – Sélestat 49
    📷 Église★ de Niederhaslach NE : 3 km ▮ Alsace Lorraine

🏨 Clos du Hahnenberg 🍴 ☂ 📺 ᐸ ch, 📶 🎵 P VISA ⚬⚬ AE
*65 r. du Gén.-de-Gaulle – ℰ 03 88 97 41 35 – www.closhahnenberg.com
– Fax 03 88 47 36 51*
33 ch – ♦40/60 € ♦♦48/70 €, ☱ 10 € – ½ P 50/58 €
Rest Chez Jacques – (14 €) Menu 20/38 € – Carte 25/48 €
◆ Sur la rue principale du village, hôtel accordant un soin particulier à ses chambres, plus
spacieuses, claires et insonorisées dans la partie moderne. Chez Jacques, cadre rustique et
cuisine traditionnelle étoffée de quelques spécialités alsaciennes.

🏠 La Poste 🚗 📺 rest, ☂ ch, 📶 🎵 P VISA ⚬⚬ AE ①
*74 r du Gén.-de-Gaulle – ℰ 03 88 97 40 55 – www.hotel-rest-laposte.fr
– Fax 03 88 47 38 32 – Fermé 13-28 juil., 24 déc.-4 janv. et vacances scolaires de fév.*
14 ch – ♦42/50 € ♦♦49/60 €, ☱ 8 €
Rest – *(fermé dim. soir et lundi)* (11 €) Menu 18/40 € – Carte 25/60 €
◆ Ambiance familiale garantie dans cette auberge villageoise centenaire située face à la
mairie. Chambres confortables et bien tenues ; certaines ont été soigneusement rénovées.
Vitraux et boiseries rehaussent le décor des salles à manger. Cuisine régionale.

URRUGNE – 64 Pyrénées-Atlantiques – 342 B4 – rattaché à St-Jean-de-Luz

---

USCLADES-ET-RIEUTORD – 07 Ardèche – 331 G5 – 119 h.   44 A3
– alt. 1 270 m – ⊠ 07510
    🚩 Paris 590 – Aubenas 45 – Langogne 41 – Privas 59

à Rieutord -⊠07510 Usclades-et-Rieutord

🍴 Ferme de la Besse P
*– ℰ 04 75 38 80 64 – www.aubergedelabesse.com – Fax 04 75 38 80 64 – Ouvert
2 fév.-11 nov.*
Rest – *(prévenir)* Menu 30/40 €
◆ Dans les murs d'une authentique ferme du 15ᵉ s. au beau toit de lauzes. Intérieur rustique
superbement préservé, avec pierres, poutres et cheminée. Cuisine du terroir.

USSAT – 09 Ariège – 343 H8 – rattaché à Tarascon-sur-Ariège

USSEL ◁ SP ▷ – **19** Corrèze – **329** O2 – 10 250 h. – alt. 631 m – ⊠ 19200   **25** D2
▌ Limousin Berry

> ▣ Paris 444 – Aurillac 99 – Clermont-Ferrand 83 – Guéret 101
> ▯ Office de tourisme, place Voltaire ℰ 05 55 72 11 50, Fax 05 55 72 54 44
> ▣ de Neuvic à Neuvic Legta Henri Queuille, S : 14 km, ℰ 05 55 95 98 89
> ▣ du Chammet à Peyrelevade Geneyte, NO : 42 km, ℰ 05 55 94 77 54

✗ **Auberge de l'Empereur**   ☐ **P** *VISA* ◉◉
　La Goudouneche, (parc d'activité de l'Empereur), 5 km au Sud-Ouest par D 1089
　– ℰ 05 55 46 04 30 – www.aubergedelempereur.com – Fermé 2-11 fév., dim. soir
　et lundi
　Rest – *(prévenir)* Menu 21 € (déj. en sem.), 26/55 € – Carte 34/50 €
　◆ Cette auberge, une ancienne grange (vaste hauteur sous plafond, poutres, lambris et
　décor hétéroclite), bénéficie d'un site calme près de la zone industrielle. Cuisine actuelle.

USSON-EN-FOREZ – **42** Loire – **327** C7 – 1 410 h. – alt. 925 m   **44** A2
– ⊠ 42550

> ▣ Paris 472 – Issoire 86 – Montbrison 41 – Le Puy-en-Velay 52
> ▯ Office de tourisme, place de la Mairie ℰ 04 77 50 66 15, Fax 04 77 50 66 15

✗ **Rival** avec ch   ☐ *VISA* ◉◉ AE
◉◉ *r. Centrale – ℰ 04 77 50 63 65 – Fax 04 77 50 67 62 – Fermé 21 juin-6 juil.,*
　11-31 janv., dim. soir et lundi
　8 ch – ♦42/44 € ♦♦44/52 €, ⊇ 7 € – ½ P 42 €
　Rest – Menu 12 € (sem.)/41 € – Carte 22/42 €
　◆ Simple affaire familiale proche de l'écomusée du bourg, sur le chemin de Compostelle.
　Menus régionaux et salle des repas rustique. Chambres rafraîchies. Tarif spécial pèlerins.

UTELLE – **06** Alpes-Maritimes – **341** E4 – 660 h. – alt. 800 m – ⊠ 06450   **41** D2
▌ Côte d'Azur

> ▣ Paris 883 – Levens 24 – Nice 51 – Puget-Théniers 53
> ◉ Retable★ dans l'église St-Véran - Madone d'Utelle ☀★★★ SO : 6 km.

✗ **Bellevue**   ≤ ☐ ⤢ **P** *VISA* ◉◉ AE
◉◉ *rte de la Madone – ℰ 04 93 03 17 19 – Fax 04 93 03 19 17 – Fermé 4 janv.-13 fév.*
　et merc. sauf juil.-août
　Rest – *(déj. seult)* Menu 17 €, 21/33 € – Carte 21/47 €
　◆ Décor agreste, vue sur les montagnes et terrasse à l'ombre des platanes caractérisent
　cette maison située dans un village d'altitude. Cuisine régionale (potager familial).

UZER – **07** Ardèche – **331** H6 – 385 h. – alt. 165 m – ⊠ 07110   **44** A3
> ▣ Paris 663 – Lyon 196 – Privas 44 – Alès 63

⌂ **Château d'Uzer** ⌘   ⤢ ☐ ⤢ **P**
　– ℰ 04 75 36 89 21 – www.chateau-uzer.com – Fermé 20 déc.-4 fév.
　5 ch ⊇ – ♦105/135 € ♦♦105/135 €
　Table d'hôte – *(fermé mardi, jeudi, sam. et dim.)* Menu 32 € bc
　◆ La fibre décorative des propriétaires, leur belle hospitalité, le mélange des styles ancien et
　moderne, le jardin semi-sauvage, la piscine, le petit-déjeuner maison… Ce château médiéval
　a tout pour plaire. Plats régionaux, servis en terrasse aux beaux jours.

UZERCHE – **19** Corrèze – **329** K3 – 3 182 h. – alt. 380 m – ⊠ 19140   **24** B3
▌ Limousin Berry

> ▣ Paris 444 – Brive-la-Gaillarde 38 – Limoges 57 – Périgueux 106
> ▯ Office de tourisme, pl. de la Libération ℰ 05 55 73 15 71, Fax 05 55 73 88 36
> ◉ Ste-Eulalie ≤★ E : 1 km.

⌂ **Teyssier**   ☐ AK ❞ **P** *VISA* ◉◉
　r. Pont Turgot – ℰ 05 55 73 10 05 – www.hotel-teyssier.com – Fax 05 55 98 43 31
　– Fermé 23 déc.-2 janv.
　14 ch – ♦54/59 € ♦♦54/59 €, ⊇ 8 € – ½ P 54/60 €
　Rest – Menu 20/32 € – Carte 30/46 €
　◆ Près de la Vézère, cette auberge du 18e s. à la façade blanche propose des chambres tout
　confort ; certaines avec vue sur la rivière. Cuisine épurée aux accents du Sud servie dans
　une salle à manger moderne et panoramique.

à St-Ybard 6 km au Nord-Ouest par D 920 et D 54 – 643 h. – alt. 320 m – ✉ 19140

Auberge St-Roch

2 r. du Château – ✆ 05 55 73 09 71 – www.auberge-saint-roch.fr
– Fax 05 55 98 41 63 – Fermé 29 juin-6 juil., 18 déc.-18 janv., le soir de nov. à avril sauf sam., dim. soir et lundi
Rest – (10 €) Menu 13 € (sem.), 19/40 € – Carte 20/65 €
◆ Au centre du village, auberge campagnarde comprenant deux belles salles et un bar à clientèle locale. Agréable terrasse ombragée avec vue sur l'église. Recettes régionales.

UZÈS – 30 Gard – **339** L4 – **7 935 h.** – **alt. 138 m** – ✉ **30700** Provence **23** D2

Paris 682 – Montpellier 83 – Alès 34 – Arles 52
Office de tourisme, place Albert 1er ✆ 04 66 22 68 88, Fax 04 66 22 95 19
d'Uzès Mas de la Place, par rte d'Avignon : 5 km, ✆ 04 66 22 40 03
Ville ancienne★★ - Duché★ : ✻★★ de la Tour Bermonde - Tour Fenestrelle★★ - Place aux Herbes★ - Orgues★ de la Cathédrale St-Théodorit **V.**

Hostellerie Provençale

1-3 r. Grande-Bourgade – ✆ 04 66 22 11 06 – www.hostellerieprovencale.com – Fax 04 66 75 01 03 A**a**
9 ch – †79/92 € ††121/142 €, ☕ 11 € – ½ P 103/113 €
Rest – *(fermé 15 nov.-15 déc., lundi et mardi)* Menu 36 €
◆ À deux pas de la place aux Herbes, maison ancienne joliment rénovée où pierres apparentes, tomettes et mobilier chiné créent une ambiance chaleureuse. Quelques jacuzzis. Menu du marché servi dans une plaisante salle à manger colorée.

UZÈS

Alliés (Bd des) . . . . . . A 2
Boucairie (R.) . . . . . . B 4
Collège (R. du) . . . . . . B 6
Dampmartin (Pl.) . . . . . . A 7
Dr-Blanchard (R.) . . . . . . B 8
Duché (Pl. du) . . . . . . A 9
Entre les Tours (R.) . . . . . . A 10
Évêché (R. de l') . . . . . . B 12
Foch (Av. Mar.) . . . . . . A 13
Foussat (R. Paul) . . . . . . A 14
Gambetta (Bd) . . . . . . A
Gide (Bd Ch.) . . . . . . AB
Marronniers (Prom. des) . . . . . . B 16
Pascal (Av. M.) . . . . . . B 17
Pelisserie (R.) . . . . . . A 18
Plan de l'Oume (R.) . . . . . . B 19
Port Royal (R.) . . . . . . B 20
Raffin (R.) . . . . . . B 21
République (R.) . . . . . . A 23
St-Étienne (R.) . . . . . . A 25
St-Théodorit (R.) . . . . . . B 27
Uzès (R. J.-d') . . . . . . A 29
Victor-Hugo (Boulevard) . . . . . . A 32
Vincent (Av. Gén.) . . . . . . A
4-Septembre (R.) . . . . . . A 35

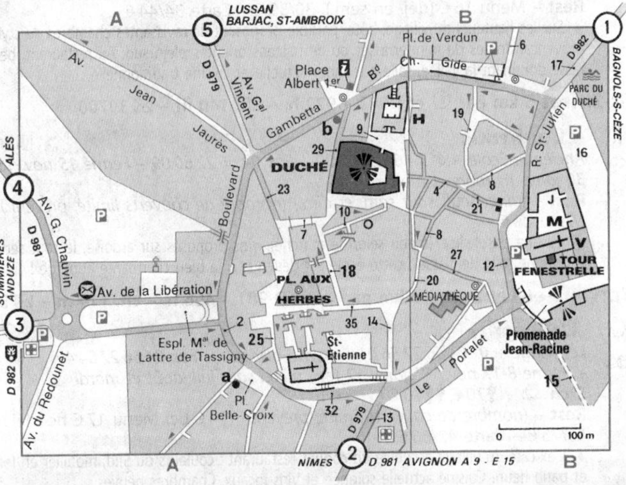

Best Western Uzès Pont du Gard 🚗 🍸 🍽 🏨 ⚙ 🕎 🏊 **P** 🅥🅘🅢🅐 ⓐ 🅐🅔 ⓞ
rte de Nîmes, par ② : 0,5 km – 𝒞 04 66 03 32 22
– www.bestwestern-uzes-pont-du-gard.com – Fax 04 66 03 32 10
65 ch – 🛏80/105 € 🛏🛏80/115 €, ⌷ 10 €
Rest – *(ouvert avril-oct.)* Carte 22/32 €
• Ambiance plus "familiale" que "chaîne" pour ce petit hôtel situé aux portes d'Uzès : plusieurs bâtiments autour d'une piscine et d'une terrasse ombragée, chambres fraîches. Salle à manger d'esprit provençal et tables dressées dehors à la belle saison.

Le Patio de Violette 🍸 🕎 🅐🅘 🕎 🏊 **P** 🅥🅘🅢🅐 ⓐ
chemin Trinquelaïgues par ⑤, (lieu dit la Perrine) – 𝒞 04 66 01 09 83
– www.patiodeviolette.com – Fax 04 66 59 33 61
25 ch – 🛏60/80 € 🛏🛏60/80 €, ⌷ 8,50 € – ½ P 62/72 €
Rest – *(ouvert d'avril à oct.) (dîner seult)* Carte 16/30 €
• Le patio moderne et son agréable terrasse constituent le cœur de cette maison récente et contemporaine. Décoration épurée. Restaurant dans l'air du temps avec des plats simples proposés à l'ardoise et des vins locaux.

Le 80 Jours 🕎 ⓒ 🅥🅘🅢🅐 ⓐ
2 pl. Albert-1er – 𝒞 04 66 22 09 89 – Fermé fév., dim. et lundi de nov. à mars
Rest – (13 €) Menu 19 € (déj. en sem.), 26/46 € – Carte 42/56 € **Ab**
• Voûtes et vieilles pierres, décor ethnique, joli patio ombragé : il fait bon s'attabler dans cette brasserie moderne dont l'enseigne évoque Jules Verne et les voyages du patron.

à St-Victor-des-Oules 7 km par ①, D 982 et rte secondaire – 249 h. – alt. 168 m – ⌷ 30700

Villa St-Victor 🍷 🚗 🍸 🕎 🍽 rest, 🍽 🏊 **P** 🅥🅘🅢🅐 ⓐ 🅐🅔
pl. du Château – 𝒞 04 66 81 90 47 – www.villasaintvictor.com
– Fax 04 66 81 93 30 – Fermé 2 janv.-5 mars
16 ch – 🛏85/190 € 🛏🛏100/230 €, ⌷ 15 €
Rest – *(fermé sam. midi, dim. et lundi)* (18 €) Menu 35 € (dîner)
• Ambiance familiale dans ce petit château 19e s., entouré d'un parc arboré. Décor personnalisé : mobilier chiné, style rétro ou boudoir, toile de Jouy... Deux pavillons indépendants. La table (le soir, sur réservation) propose une cuisine du marché, teintée terroir.

à St-Quentin-la-Poterie 5 km par ① et D 5 – 2 869 h. – alt. 113 m – ⌷ 30700

Clos de Pradines 🕭 ⟨ 🚗 🍸 🍸 🕎 ch, 🅐🅘 ch, 🍽 🏊 **P** 🅥🅘🅢🅐 ⓐ
pl. du Pigeonnier – 𝒞 04 66 20 04 89 – www.clos-de-pradines.com
– Fax 04 66 57 19 53 – Fermé 15-28 nov. et 10-30 janv.
18 ch – 🛏73/175 € 🛏🛏73/175 €, ⌷ 12 € – ½ P 75/126 €
Rest – Menu 16 € (déj. en sem.), 30/39 € – Carte 34/44 €
• Sur les hauteurs du village, hôtel paisible proposant de ravissantes chambres de style néo-provençal dotées de miniterrasses ou de balcons orientés plein sud. Au restaurant, belle terrasse dominant la vallée, salle à manger actuelle et cuisine traditionnelle.

à St-Siffret 5 km par ① et D982 – 922 h. – alt. 140 m – ⌷ 30700

L'Authentic 🕎 🅐🅘 🅥🅘🅢🅐 ⓐ
Ancienne École – 𝒞 04 66 22 60 09 – Fax 04 66 22 60 09 – Fermé 15 nov.-15 déc., 30 janv.-1er mars et merc.
Rest – *(dîner seult sauf sam. et dim.) (nombre de couverts limité, prévenir)* Menu 28 €
• Cuisine ensoleillée (menu selon le marché), vins proposés sur ardoise, le tout servi dans l'ancienne salle de classe : cette école est devenue une bien charmante auberge !

à Serviers-et-Labaume 6 km par ④ et D 981 – 466 h. – alt. 114 m – ⌷ 30700

L'Olivier avec ch 🕎 🅥🅘🅢🅐 ⓐ
Le Village – 𝒞 04 66 22 56 01 – www.l-olivier.fr – Fax 04 66 22 54 49
– Fermé 8-17 nov., 1er janv.-12 fév., merc. sauf juil.-août et mardi
5 ch ⌷ – 🛏70 € 🛏🛏70 €
Rest – *(nombre de couverts limité, prévenir)* (14 € bc) Menu 17 € bc (déj.), 45/75 € – Carte 42/66 € 🍷
• L'ex-café du village accueille un coquet restaurant : couleurs du Sud, mobilier en fer forgé et patio fleuri. Cuisine actuelle soignée et vins locaux. Chambres neuves.

à Montaren-et-St-Médiers 6 km par ④ et D 337 – 1 351 h. – alt. 115 m
– ⌧ 30700

⌂ **Clos du Léthé** sans rest ॐ   🖪 🖫 📞 🖳 **P** 🆅🆂🅰 ⓪
Hameau de St-Médiers – ⌀ 06 07 09 01 21 – www.closdulethe.com
5 ch ⌧ – †190/290 € ††200/300 €
♦ Intimité, confort luxueux, décor design, accueil adorable, calme, piscine à débordement, hammam, cours de cuisine... Cette belle maison en pierre (ex-prieuré) a tout pour plaire !

VAAS – 72 Sarthe – 310 K8 – 1 635 h. – alt. 41 m – ⌧ 72500   35 D2
▌ Châteaux de la Loire
   ▶ Paris 237 – Angers 77 – Château-du-Loir 8 – Château-la-Vallière 15

🏠 **Le Vedaquais**   � & ch, 🖳 **P** 🆅🆂🅰 ⓪ 🅰🅴
🐾 *pl. de la Liberté* – ⌀ 02 43 46 01 41 – www.vedaquais-72.com
– Fax 02 43 46 37 60 – Fermé vend. soir, dim. soir et lundi
12 ch – †52/62 € ††52/62 €, ⌧ 8 € – ½ P 45/60 €
Rest – (11 € bc) Menu 16 € (sem.)/31 € bc – Carte 46/60 €
♦ Du nom des habitants de Vaas, l'ancienne mairie-école du village abrite des chambres personnalisées, récentes et pratiques (quelques-unes plus rustiques occupent l'annexe).

LA VACHETTE – 05 Hautes-Alpes – 334 I3 – rattaché à Briançon

VACQUEYRAS – 84 Vaucluse – 332 C9 – 1 048 h. – alt. 117 m   42 E1
– ⌧ 84190
   ▶ Paris 662 – Avignon 35 – Nyons 34 – Orange 19
   🄸 Syndicat d'initiative, place de la Mairie ⌀ 04 90 12 39 02, Fax 04 90 63 83 28

🏠 **Le Pradet** sans rest ॐ   🖫 🖪ヶ & 🛇 🖳 **P** 🆅🆂🅰 ⓪ 🅰🅴
rte de Vaison – ⌀ 04 90 65 81 00 – www.hotellepradet.fr – Fax 04 90 65 80 27
32 ch – †57/61 € ††63/80 €, ⌧ 9 €
♦ À l'entrée du village, cette maison récente héberge des chambres fonctionnelles et insonorisées. Certaines possèdent une terrasse ou un balcon. Salle de jeux, fitness.

à Montmirail 2 km à l'Est par rte secondaire – ⌧ 84190

🏢 **Montmirail** ॐ   🖭 🖙 🖫 & ch, 🖳 **P** 🆅🆂🅰 ⓪ 🅰🅴
Château des Eaux – ⌀ 04 90 65 84 01 – www.hotel-montmirail.com
– Fax 04 90 65 81 50 – Ouvert 22 mars-20 oct.
39 ch – †59/70 € ††82/117 €, ⌧ 12 € – ½ P 84/102 €
Rest – (fermé jeudi midi et sam. midi) Menu 22 € (déj. en sem.), 33/42 €
– Carte 40/49 €
♦ Au pied des célèbres Dentelles de Montmirail, demeure de caractère (19e s.) au milieu d'un plaisant jardin arboré. Chambres bien tenues, en partie rénovées. Salle de restaurant cosy et terrasse couverte vous attendent pour déguster une appétissante cuisine traditionnelle.

VACQUIERS – 31 Haute-Garonne – 343 G2 – 1 231 h. – alt. 200 m   28 B2
– ⌧ 31340
   ▶ Paris 658 – Albi 71 – Castres 80 – Montauban 35

🏢 **La Villa les Pins** sans rest ॐ   🕭 🖳 🆓 **P** 🆅🆂🅰 ⓪
1660 rte de Bouloc, 2 km à l'Ouest par D 30 – ⌀ 05 61 84 96 04
– www.villa-les-pins.fr – Fax 05 61 84 28 54
15 ch – †63 € ††73 €, ⌧ 7 €
♦ Vaste villa bénéficiant du calme d'un parc arboré. Un escalier en marbre dessert des chambres bourgeoises et confortables. Petite restauration sur place. Une adresse familiale.

VAGNAS – 07 Ardèche – 331 I7 – 515 h. – alt. 200 m – ⌧ 07150   44 A3
   ▶ Paris 678 – Alès 38 – Aubenas 37 – Mende 112

🏢 **La Bastide d'Iris** sans rest ॐ   🖫 & 🄰🄲 🆓 🖳 **P** 🆅🆂🅰 ⓪ 🅰🅴
D 579 – ⌀ 04 75 88 44 77 – www.labastidediris.com – Fax 04 75 38 61 29
12 ch – †69/90 € ††69/120 €, ⌧ 11 €
♦ Murs joliment colorés, tissus assortis, mobilier personnalisé et salles de bains gaies caractérisent les chambres de cette charmante bastide flambant neuve. Agréable jardin.

VAGNEY – 88 Vosges – 314 I4 – 3 940 h. – alt. 412 m – ⊠ 88120　　27 C3
- ◨ Paris 437 – Metz 163 – Épinal 40 – Belfort 99
- ◪ Syndicat d'initiative, 11, place Caritey ℰ 03 29 24 88 69, Fax 03 29 61 82 36

Ⅹ **Les Lilas**　　🍽 🅿 ⱽⁱˢᵃ 🄾🄾

12 r. Général-de-Gaulle – ℰ 03 29 23 69 47 – www.restaurantleslilas.fr – Fermé 17 août-1ᵉʳ sept., 25 janv.-9 fév., mardi soir et merc.

Rest – (nombre de couverts limité, prévenir) (13 €) Menu 18 € (sem.), 21/37 € – Carte 34/48 €

♦ Les lilas ont inspiré la décoration, classique et actuelle, de cette maison, colorée de tons doux et parme. Excellent accueil. Plats traditionnels avec des notes terroir.

VAIGES – 53 Mayenne – 310 G6 – 1 157 h. – alt. 90 m – ⊠ 53480　　35 C1
- ◨ Paris 255 – Château-Gontier 35 – Laval 24 – Le Mans 61

🏨 **Commerce**　　🚗 🕭 ⌁ 🛗 ⼕ ch, 🄰🄲 rest, 🍽 📶 ⸝⸝ 🅿 🕭 ⱽⁱˢᵃ 🄾🄾 🄰🄴

r. du Fief aux Moines – ℰ 02 43 90 50 07 – www.hotelcommerce.fr – Fax 02 43 90 57 40 – Fermé 24 déc.-18 janv., dim. soir et vend. soir d'oct. au 1ᵉʳ mai

32 ch – †65/100 € ††70/110 €, ⌑ 9 € – ½ P 65/85 €

Rest – (15 €) Menu 21/50 € – Carte 35/45 €

♦ Dans un village du bocage mayennais, hôtel tenu par la même famille depuis 1883 proposant des chambres correctement tenues et bien équipées. Billard, sauna. Salles à manger rustiques aux belles charpentes massives et cheminées ; véranda façon jardin d'hiver.

VAISON-LA-ROMAINE – 84 Vaucluse – 332 D8 – 6 313 h.　　40 B2
– alt. 193 m – ⊠ 84110 ▮ Provence
- ◨ Paris 664 – Avignon 51 – Carpentras 27 – Montélimar 64
- ◪ Office de tourisme, place du Chanoine-Sautel ℰ 04 90 36 02 11, Fax 04 90 28 76 04
- ◉ Les vestiges gallo-romains★★ : théâtre antique★ , musée archéologique Théo-Desplans★ M - Haute Ville★ - cloître★ B.

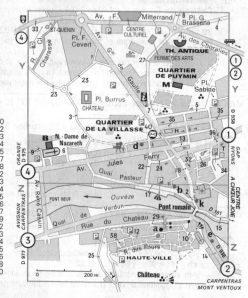

VAISON-LA-ROMAINE

Hostellerie le Beffroi ⌂

r. de l'Evêché, (Haute Ville) – ℰ 04 90 36 04 71
– *www.le-beffroi.com* – *Fax 04 90 36 24 78*
– *Fermé 20 janv. à fin mars et 21-26 déc.*   **Za**
22 ch – ⌑75/90 € ⌑⌑90/145 €, ⏦ 12 € – ½ P 74 €
Rest – *(ouvert 2 avril à fin oct. et fermé mardi et le midi en sem.)* Menu 26/45 €
– Carte 30/56 €
◆ Au pied du château et dominant la cité, deux demeures des 16ᵉ et 17ᵉ s. au cachet préservé. Chambres joliment décorées ; beau jardin en terrasses. Tables dressées dans une salle rustique ou dans la jolie cour. Carte classique, saladerie et salon de thé.

Le Moulin à Huile (Robert Bardot) avec ch

quai Mar. Foch – ℰ 04 90 36 20 67 – *www.moulin-huile.com* – *Fax 04 90 36 20 20*
– *Fermé dim. soir et lundi*   **Ze**
3 ch – ⌑130/150 € ⌑⌑130/150 €, ⏦ 20 €
Rest – *(prévenir)* Menu 40 € (déj. en sem.), 60/75 € – Carte 77/104 €
Spéc. Lucullus de foie gras. Carré d'agneau soubise (janv. à juin). Millefeuille à la crème vanillée (sept. à juin). **Vins** Côtes du Ventoux, Côtes du Rhône-Villages.
◆ Cet ancien moulin à huile des bords de l'Ouvèze est rempli de charme. Belle cuisine actuelle à base d'épices, servie en véranda face à la terrasse ou dans l'élégante cave voûtée. Chambres décorées avec soin où l'on se sent comme chez soi. Petite piscine.

Le Brin d'Olivier

4 r. du Ventoux – ℰ 04 90 28 74 79 – *www.restaurant-lebrindolivier.com*
– *Fax 04 90 28 13 36* – *Fermé 4-11 nov., sam. midi et merc. midi de juil. à sept. et
merc. d'oct. à juin*   **Zb**
Rest – (18 €) Menu 24 € (déj. en sem.), 29/39 € – Carte 40/63 €
◆ Cette charmante adresse abrite trois petites salles champêtres (cheminée pour l'hiver) et, pour l'été, un patio fleuri, planté d'un bel olivier. Cuisine provençale généreuse.

Leonardo

55 r. Trogue-Pompée – ℰ 04 90 28 79 10 – *www.ristoranteleonardo.fr* – *Fermé
1ᵉʳ-8 mars et 20-28 juin*   **Yd**
Rest – (18 €) Menu 28 € – Carte 30/50 €
◆ Installé sur la terrasse ou dans la coquette salle à manger, difficile de faire son choix parmi les spécialités italiennes listées sur l'ardoise. À midi, salades et bruschetta.

Le Bateleur

1 pl. Théodore-Aubanel – ℰ 04 90 36 28 04 – *www.le-bateleur.com*   **Zk**
Rest – (17 €) Menu 22 € (déj. en sem.), 26/45 € – Carte 38/55 €
◆ Décor provençal, avec fleurs coupées. Au menu, spécialités du Sud relevées d'épices ; herbes et légumes proviennent du potager familial. Demandez une table avec vue sur l'Ouvèze.

au Crestet 5 km par ②, D 938 et D 76 – 467 h. – alt. 310 m – ⌂ 84110

Mas d'Hélène ⌂

quartier Chante Coucou – ℰ 04 90 36 39 91 – *www.lemasdhelene.com*
– *Fax 04 90 28 73 40* – *Fermé 1ᵉʳ janv.-20 mars et 10 oct.-31 déc.*
13 ch – ⌑79/115 € ⌑⌑79/115 €, ⏦ 13 € – ½ P 74/95 €
Rest – *(dîner seult)* Menu 39 €
◆ En pleine campagne, un mas coloré dressé autour d'une piscine et d'un jardin parfumé des fragrances du Midi. Séduisant décor provençal. Chambres avec terrasse (sauf deux).

à Entrechaux 7 km par ②, D 938 et D 54 – 989 h. – alt. 280 m – ⌂ 84340
▮ Alpes du Sud

St-Hubert

Le Village – ℰ 04 90 46 00 05
– *www.restaurantsthubert.free.fr* – *Fax 04 90 46 00 06*
– *Fermé 4-16 oct., 31 janv.-12 mars, mardi et merc.*
Rest – Menu 16 € (déj. en sem.), 27/52 € – Carte 27/80 €
◆ Depuis 1929, la même famille vous reçoit dans ce restaurant d'esprit rustique. L'été, repas sous la treille où grimpe une glycine. Cuisine généreuse et gibier en saison.

à Séguret 10 km par ③, D 977 et D 88 – 904 h. – alt. 250 m – ✉ 84110

🏨 **Domaine de Cabasse** ⌂   ⇐ 🚗 🛜 ⊐ ⅋ ch, ⅋ **P** **VISA** **⬤⬤**
     rte Sablet – ℰ *04 90 46 91 12 – www.cabasse.fr – Fax 04 90 46 94 01*
     – Ouvert d'avril à oct.
     13 ch – †75/85 € ††100/110 €, ☑ 13 €   **Rest** – *(dîner seult)* Menu 27 €
     ♦ Au pied des Dentelles de Montmirail, hôtel intégré à un domaine viticole (visite, dégusta-
     tion). Les chambres, sobres et nettes, bénéficient du silence du vignoble. Spacieuse salle à
     manger, terrasse ombragée, cuisine traditionnelle et vins de la propriété.

🍴🍴🍴 **La Table du Comtat** avec ch ⌂   ⇐ 🛜 ⊐ **AC** rest, ⅋ **P** **VISA** **⬤⬤** **AE**
     Le Village – ℰ *04 90 46 91 49 – www.table-comtat.fr – Fax 04 90 46 94 27*
     – Fermé fin oct.-début nov.,16 fév.-8 mars, mardi soir et merc. sauf juil.-août
     8 ch – †60/90 € ††70/110 €, ☑ 13 € – ½ P 75/100 €
     Rest – (20 €) Menu 34/48 € – Carte 20/35 €
     ♦ Nouveau départ pour cette maison offrant un superbe panorama sur la plaine et les Den-
     telles de Montmirail. Intérieur relooké dans un esprit actuel ; cuisine généreuse et goûteuse.

🍴 **Le Mesclun**   🛜 ⇄ **VISA** **⬤⬤**
😊   *r. Poternes, (accès piétonnier) –* ℰ *04 90 46 93 43 – www.lemesclun.com*
     – Fax 04 86 38 03 33 – Fermé janv., mardi sauf juil.-août et lundi
     Rest – *(nombre de couverts limité, prévenir)* (19 €) Menu 27/47 €
     – Carte 39/51 €
     ♦ Sympathique adresse nichée au cœur d'un charmant village. Salles à manger provençales
     aux tons colorés, douce terrasse ombragée et cuisine personnalisée aux accents du Sud.

à Rasteau 9 km par ④, D 975 et D 69 – 742 h. – alt. 200 m – ✉ 84110

     🖪 Syndicat d'initiative, place du Village ℰ 04 90 46 18 73

🏨 **Bellerive** ⌂   ⇐ 🚗 🛜 ⊐ **AC** ch, **P** **VISA** **⬤⬤** **AE** **①**
     rte Violès – ℰ *04 90 46 10 20 – www.hotel-bellerive.fr – Fax 04 90 46 14 96*
     – Ouvert d'avril à mi-oct.
     20 ch – †80/180 € ††80/180 €, ☑ 15 € – ½ P 95/145 €
     Rest – *(fermé mardi midi, vend. midi et lundi)* Menu 28/54 € – Carte 62/87 €
     ♦ Au milieu des vignes, cette grande villa vous invite à la détente autour de sa piscine.
     Chambres dotées d'agréables loggias ouvrant sur la vallée de l'Ouvèze. Le cru de Rasteau se
     déguste avec le même plaisir dans la salle à manger provençale et sur la terrasse.

à Roaix 5 km par ④ et D 975 – 606 h. – alt. 168 m – ✉ 84110

🍴🍴 **Le Grand Pré** (Raoul Reichrath)   🛜 ⅋ **P** **VISA** **⬤⬤** **AE**
🏵   *rte de Vaison-la-Romaine –* ℰ *04 90 46 18 12 – www.legrandpre.com – Fermé*
     mi-déc. à mi janv., merc. midi et mardi
     Rest – *(prévenir)* Menu 35 € (déj. en sem.), 55/110 € – Carte 70/100 € 🍷
     Spéc. Salade de truffes de la Saint-Jean (mai à août). Aïgo-boulido de lan-
     goustines et escargots. Croustillant de café, sauce caramel. **Vins** Côtes du
     Rhône Séguret, Côtes du Rhône Roaix.
     Rest *Préface –* ℰ *04 90 36 07 95 (Fermé mi-déc. à mi janv., merc. midi et*
     mardi) (21 €) Menu 29 € – Carte environ 38 €
     ♦ Cuisine gorgée de soleil et beau choix de côtes-du-rhône à déguster dans l'élégant décor
     blanc d'une ancienne ferme ou sur une grande terrasse verdoyante. Au bistrot Préface, décor
     contemporain (banquettes et murs gris) et saveurs méditerranéennes à moindre coût.

VAÏSSAC – 82 Tarn-et-Garonne – **337** F7 – 704 h. – alt. 134 m   **29** C2
– ✉ 82800

     🖪 Paris 620 – Albi 60 – Montauban 23 – Toulouse 76

🏠 **Terrassier**   🛜 ⊐ ⅋ 🍴 **P** **VISA** **⬤⬤** **AE**
     – ℰ *05 63 30 94 60 – www.chezterrassier.net – Fax 05 63 30 87 40 – Fermé 1 sem.*
     en nov., 1ᵉʳ-15 janv., vend. soir et dim. soir
     18 ch – †67/85 € ††67/85 €, ☑ 8 € – ½ P 50/65 €
     Rest – (11 €) Menu 20/42 € – Carte 35/50 €
     ♦ Cette auberge familiale, pratique pour rayonner dans le Quercy et l'Albigeois, propose des
     chambres bien tenues. Préférez celles de l'annexe récente. Salle de restaurant lumineuse
     (teintes jaunes) et actuelle, pour une cuisine régionale.

LE VAL – 83 Var – **340** L5 – 3 867 h. – alt. 242 m – ⊠ 83143

▶ Paris 818 – La Seyne-sur-Mer 63 – Marseille 70 – Toulon 55

🖈 Office de tourisme, place de la Mairie ℰ 04 94 37 02 21, Fax 04 94 37 31 96

✕ La Crémaillère   🕱 AC VISA ⬤⬤
23 r. Nationale – ℰ 04 94 86 40 00 – Fax 04 94 86 40 00 – Fermé 27 juin-3 juil.,
24 nov.-10 déc., vacances de fév., dim. soir du 8 nov. au 31 mars, merc. sauf le
soir en juil.-août et lundi
Rest – (18 €) Menu 26/34 € – Carte 27/43 €
◆ Dans le centre de ce joli village, accueillant restaurant familial où la Provence tient la
vedette, tant dans le décor que dans l'assiette. Petite terrasse.

VALADY – 12 Aveyron – **338** G4 – 1 380 h. – alt. 350 m – ⊠ 12330

▶ Paris 625 – Decazeville 20 – Rodez 20

✕✕ Auberge de l'Ady   AC VISA ⬤⬤
🕸
1 av. du Pont-de-Malakoff, (près de l'église) – ℰ 05 65 72 70 24
🐿 – www.auberge-ady.com – Fax 05 65 72 68 15 – Fermé 4-25 janv., merc. soir
d'oct. à avril, dim. soir, mardi soir et lundi
Rest – Menu 16 € (déj. en sem.), 28/62 € bc – Carte 44/65 €
◆ Au cœur d'un village rural de l'Aveyron, sympathique auberge transformée en table
contemporaine. Le chef, de retour au pays, compose de savoureuses recettes dans l'air du
temps.

LE VAL-ANDRÉ – 22 Côtes-d'Armor – **309** G3 – voir à Pléneuf-Val-André

VALAURIE – 26 Drôme – **332** B7 – 531 h. – alt. 162 m – ⊠ 26230

▶ Paris 622 – Montélimar 21 – Nyons 33 – Pierrelatte 14

🏠 Le Moulin de Valaurie ⟡   🌙 🕱 ⊼ ✕ ₰ ch, 🕻 ⅏ P VISA ⬤⬤ AE
Le Foulon – ℰ 04 75 97 21 90 – www.lemoulindevalaurie.com
– Fax 04 75 98 63 72 – Fermé vacances de la Toussaint, fév. et dim. soir d'oct.
à avril
16 ch – ♦105/215 € ♦♦105/215 €, ⊡ 12 €
Rest – (fermé dim. soir hors saison, merc. midi en juil.-août, mardi midi et lundi)
Menu 25 € bc (déj. en sem.), 36/42 €
◆ Ce moulin du 19ᵉ s. transformé en hôtel de caractère vous séduira par son cadre buco-
lique et ses grandes chambres provençales aux objets et meubles chinés. Cuisine tradition-
nelle revisitée servie dans la lumineuse salle à manger ou sur la terrasse ombragée.

🏠 Domaine Les Mejeonnes ⟡   🚗 🕱 ⊼ ₰ ch, 🕯 ⅏ P VISA ⬤⬤
2 km rte de Montélimar – ℰ 04 75 98 60 60 – www.mejeonnes.com
– Fax 04 75 98 63 44
25 ch – ♦78/108 € ♦♦78/108 €, ⊡ 9 € – ½ P 72/87 €
Rest – (20 €) Menu 25 € – Carte environ 25 €
◆ Sur un coteau, charmante ferme récemment agrandie. Nouvelles chambres spacieuses aux
lignes épurées et dotées de tout le confort moderne. Mobilier en bois exotique. Au restaurant, courte carte constituée de plats bien faits qui changent chaque semaine.

VALBERG – 06 Alpes-Maritimes – **341** C3 – alt. 1 669 m – Sports
d'hiver : 1 430/2 100 m ✚26 ✚ – ⊠ 06470 Peone ▌Alpes du Sud

▶ Paris 803 – Barcelonnette 75 – Castellane 67 – Nice 84

🖈 Office de tourisme, Centre Administratif ℰ 04 93 23 24 25,
Fax 04 93 02 52 27

🏌 Valberg Golf Club Route de la Colle, ℰ 06 86 69 97 26

◉ Intérieur★ de la chapelle N.-D.-des-Neiges.

🏠 Le Chalet Suisse   🕱 🕻 ⭘ ⌂ VISA ⬤⬤
4 av. Valberg – ℰ 04 93 03 62 62 – www.chalet-suisse.com – Fax 04 93 03 62 64
– Ouvert de mi-juin à sept. et de mi-déc. à mars
23 ch (½ P seult) – ½ P 80/97 €   **Rest** – Carte 32/50 €
◆ Confort, détente, chambres agréables, grande terrasse, sauna et hammam agrémentent ce
joli chalet d'allure helvétique, situé au centre de la station. Le restaurant propose des recettes
traditionnelles sans prétention et des plats montagnards.

🏨 **L'Adrech de Lagas**   ⟨ 🛜 £6 ⬚ ℃ ⬚ P VISA ⲙ AE
63 av. Valberg – ℰ *04 93 02 51 64 – www.adrech-hotel.com – Fax 04 93 02 52 33*
– Ouvert juin-sept. et déc.-mars
20 ch – ♦73/101 € ♦♦79/122 €, � 10 € – ½ P 75/96 €
Rest – Menu 20 € (déj.)/25 € – Carte 21/42 € le midi
♦ L'enseigne de ce chalet bien rénové, situé au pied des pistes, rappelle l'esprit catalan de son origine. Chambres colorées, avec loggias exposées au sud et peu à peu refaites. Une cuisine traditionnelle et copieuse vous attend dans la lumineuse salle à manger.

🏠 **Blanche Neige**   🛜 ℃ P ⌂ VISA ⲙ
10 av. Valberg – ℰ *04 93 02 50 04 – www.hotelblancheneige.fr*
– Fax 04 93 02 61 90 – Fermé 2 mois en automne et 2 mois au printemps
17 ch – ♦77/110 € ♦♦79/110 € – ½ P 74/120 €   **Rest** – *(dîner seult)* Menu 25 €
♦ Coquet chalet bien rénové qui évoque la maison des sept nains avec ses petites chambres douillettes, rehaussées de tissus fleuris. À l'heure des repas, on se restaure d'une cuisine niçoise au coin du feu l'hiver ou en terrasse l'été.

VALBONNE – 06 Alpes-Maritimes – **341** D6 – **12 114 h.** – alt. 250 m   **42** E2
– ⊠ 06560 📖 Côte d'Azur

▶ Paris 907 – Antibes 14 – Cannes 13 – Grasse 11

🛈 Office de tourisme, 1, place de l'Hôtel de Ville ℰ 04 93 12 34 50,
Fax 04 93 12 34 57

🏌 Victoria Golf Club Chemin du Val Martin, S : 4 km, ℰ 04 93 12 23 26

🏌 Opio Valbonne à Opio Route de Roquefort les Pins, N : 1 km,
ℰ 04 93 12 00 08

🏨 **La Bastide de Valbonne** sans rest   🚗 ⬚ AC ⌘ ℃ P VISA ⲙ AE
107 rte Cannes – ℰ *04 93 12 33 40 – www.bastidevalbonne.com*
– Fax 04 93 12 33 41
34 ch – ♦95/125 € ♦♦95/155 €, ⊇ 12 €
♦ Agréable demeure provençale où vous dormirez dans des chambres pastel cosy, spacieuses et confortables. Mention pour les petits-déjeuners, servis dans une salle tutoyant la piscine.

🏨 **Les Armoiries** sans rest   🖥 AC ℃ VISA ⲙ AE ①
pl. des Arcades – ℰ *04 93 12 90 90 – www.hotellesarmoiries.com*
– Fax 04 93 12 90 91
16 ch – ♦99/168 € ♦♦99/168 €, ⊇ 12 €
♦ Cette bâtisse du 17ᵉ s. dotée d'une belle décoration intérieure se trouve dans le secteur piétonnier de ce pittoresque village. Chambres coquettes, progressivement rajeunies.

✕ **Le Bistro de Valbonne**   🛜 AC VISA ⲙ AE
11 r. Fontaine – ℰ *04 93 12 05 59 – www.bistro-valbonne.com*
– Fax 04 93 12 05 59 – Fermé dim. et lundi hors saison
Rest – *(nombre de couverts limité, prévenir)* (18 €) Carte 45/55 €
♦ Miroirs, banquettes, éclairages tamisés, tableaux et photos anciennes composent le cadre chaleureux et feutré de cette coquette salle voûtée. Généreux plats traditionnels.

au golf d'Opio-Valbonne Nord-Est : 2 km par rte de Biot (D 4 et D 204)
– ⊠ 06650 Opio

🏰 **Château de la Bégude** ⌂   ⟨ ① 🛜 ⬚ ✕ 🏌 AC ch, ℃ ⬚ P
rte de Roquefort les Pins – ℰ *04 93 12 37 00*   VISA ⲙ AE ①
– www.opengolfclub.com/begude – Fax 04 93 12 37 13
– Fermé 16 nov.-27 déc.
28 ch – ♦100/200 € ♦♦120/240 €, ⊇ 17 € – 6 suites
Rest – *(fermé le soir du 16 nov. au 27 déc. et dim. soir du 1ᵉʳ oct. au 31 mars)*
(24 €) Menu 34 € (déj.), 38/65 € – Carte 34/70 €
♦ Bordée d'un rideau de chênes-lièges, sur l'un des golfs les plus réputés de la région, une charmante bastide du 16ᵉ s. et sa bergerie. Chambres superbes, romantiques à souhait. Salle à manger-véranda et agréable terrasse dominant le trou n° 9 du parcours.

rte d'Antibes au Sud par D 3 – ⊠ 06560 Valbonne

ᐁᐁ **Castel Provence** sans rest 🚗 ⤢ ※ ⅘ 🎧 ⟨ι⟩ P P ⟨vısa⟩ ⓭ ⟨ᴬᴱ⟩ ⓞ
30 chemin Pinchinade, à 2,5 km – ℰ 04 93 12 11 92
– www.hotelcastelprovence.com – Fax 04 93 12 90 01
36 ch – ❖85/130 € ❖❖95/170 €, � 15 €
♦ Cette construction récente de style régional abrite des chambres spacieuses et joliment décorées ; certaines offrent une vue sur la piscine et le jardin.

✗✗✗ **Daniel Desavie** 🎧 🎧 ⟨ᴬᴷ⟩ P ⟨vısa⟩ ⓭
1360 rte d'Antibes – ℰ 04 93 12 29 68 *– www.restaurantdanieldesavie.fr*
– Fax 04 93 12 18 85 – Fermé 2 sem. en nov., dim. et lundi
Rest – Menu 35 € (déj. en sem.), 40/55 € – Carte 58/78 €
♦ Belle cuisine classique aux accents provençaux à déguster dans une lumineuse salle à manger contemporaine ou sous les arcades d'une galerie tournée vers le jardin fleuri.

à Sophia-Antipolis 7 km au Sud-Est par D 3 et D 103 - ⊠ 06560 Valbonne

ᐁᐁᐁ **Sophia Country Club Grand Mercure** ⑤ 🚗 🎧 ⤢ ⅘ ※ 🎀
Les Lucioles 2 - 3550 rte Dolines ⅘ ⟨ᴬᴷ⟩ ⅗ ⟨ι⟩ ⅗ 🄿 P ⟨vısa⟩ ⓭ ⟨ᴬᴱ⟩ ⓞ
– ℰ 04 92 96 68 78 *– www.webtvnice.com/grand-mercure-sophia*
– Fax 04 92 96 68 96 – Fermé 21 déc.-3 janv.
155 ch – ❖110/300 € ❖❖120/350 €, ⊇ 19 €
Rest *Le Club* – ℰ 04 92 96 68 98 – (20 €) Carte 25/50 €
♦ Complexe hôtelier doté d'un centre sportif très complet : club de tennis, practice de golf, fitness, piscines. Préférez les nouvelles chambres, spacieuses et soignées. Restaurant-brasserie et terrasse tournée vers la piscine. Cuisine actuelle.

ᐁᐁᐁ **Novotel** ⑤ 🚗 🎧 ⤢ ※ 🎀 ⅘ ⟨ᴬᴷ⟩ ⟨ι⟩ ⅗ P ⟨vısa⟩ ⓭ ⟨ᴬᴱ⟩ ⓞ
Les Lucioles 1, 290 r. Dostoievski – ℰ 04 92 38 72 38 *– www.novotel.com*
– Fax 04 93 95 80 12
97 ch – ❖112/172 € ❖❖112/172 €, ⊇ 14 € **Rest** – (16 €) Carte 18/35 €
♦ Cet établissement tout juste sorti d'une cure de jouvence propose des chambres refaites selon les derniers canons Novotel. Côté détente : piscine et tennis entourés d'arbres. Restauration au goût du jour servie à toute heure dans un cadre plaisant (terrasse verte).

ᐁᐁᐁ **Mercure** ⑤ 🚗 🎧 ⤢ 🎀 ⅘ ⟨ᴬᴷ⟩ ⟨ι⟩ ⅗ P P ⟨vısa⟩ ⓭ ⟨ᴬᴱ⟩ ⓞ
Les Lucioles 2, r. A. Caquot – ℰ 04 92 96 04 04 *– www.mercure.com*
– Fax 04 92 96 05 05
104 ch – ❖92/212 € ❖❖102/222 €, ⊇ 17 € **Rest** – (23 €) Carte 31/40 €
♦ Ensemble moderne aux couleurs provençales niché sur le plateau boisé du Sophia-Antipolis. Toutes les chambres sont rénovées. Piscine et essences méridionales au jardin. Côté restaurant : menu du marché à l'accent du pays et rafraîchissantes salades estivales.

ᐁᐁᐁ **Relais Omega** 🚗 ⤢ 🎀 ⅘ ⟨ᴬᴷ⟩ ⟨ι⟩ ⅗ P ⟨ᴬᴱ⟩ ⟨vısa⟩ ⓭ ⟨ᴬᴱ⟩ ⓞ
Les Lucioles 1, 49 r. L. Van Beethoven – ℰ 04 92 96 07 07
– www.hotelomega.com – Fax 04 92 38 98 08 – Fermé 17 déc.-2 janv.
60 ch – ❖102/112 € ❖❖112/122 €, ⊇ 14 € – 4 suites **Rest** – (18 €) Menu 22 €
♦ Une décoration provençale raffinée et des équipements complets (climatisation, wi-fi, salle de séminaires) vous attendent dans ce confortable hôtel entièrement refait. Au restaurant, plats traditionnels simples et tons méridionaux.

VALCEBOLLÈRE – 66 Pyrénées-Orientales – **344** D8 – 40 h. **22** A3
– alt. 1 470 m – ⊠ 66340
▶ Paris 856 – Bourg-Madame 9 – Font-Romeu-Odeillo-Via 27 – Perpignan 107

ᐁᐁ **Auberge Les Ecureuils** ⑤ 🚗 🎧 ⅗ ⅖ ⅘ ⟨vısa⟩ ⓭
Caer de la coma – ℰ 04 68 04 52 03 *– www.aubergeecureuils.com*
– Fax 04 68 04 52 34 – Fermé 5 nov.-5 déc.
19 ch – ❖72/89 € ❖❖72/106 €, ⊇ 12 € – ½ P 68/89 €
Rest – (fermé lundi et mardi) (19 €) Menu 25/50 € – Carte 32/53 €
♦ Ex-bergerie convertie en coquette auberge rustique. Agréables chambres personnalisées. Jardin au bord du torrent. Organisation de randonnées ; skis et raquettes à disposition. Restaurant de caractère, carte classique et plats catalans. Petite crêperie.

VAL-CLARET – 73 Savoie – **333** O5 – **rattaché à Tignes**

VALDAHON – 25 Doubs – **321** I4 – 4 728 h. – alt. 645 m – ⊠ 25800   **17** C2

🚗 Paris 436 – Besançon 33 – Morteau 33 – Pontarlier 32

Relais de Franche Comté   🛏 🏡 ⁇ 🖧 🅿 VISA ⚫ AE

*1 r. Charles Schmitt – 𝒞 03 81 56 23 18 – www.relais-de-franche-comte.com
– Fax 03 81 56 44 38 – Fermé 29 avril-3 mai, 25-30 août, 18 déc.-10 janv., vend.
soir, sam. midi sauf juil.-août, et dim. soir de sept. à juin*
20 ch – †46/48 € ††55/60 €, ⏃ 8 € – ½ P 55/60 €
Rest – Menu 13 € (sem.)/47 € – Carte 21/45 €

♦ Cet hôtel imposant situé à l'entrée de la ville abrite des chambres actuelles et pratiques,
aux tissus colorés. Restaurant lumineux, où l'on sert des menus traditionnels suivant le
rythme des saisons (gibier en période de chasse).

Si vous recherchez un hébergement particulièrement agréable pour un séjour
de charme, réservez dans un établissement classé en rouge : 🟥, 🏠...🏨🏨.

LE VAL-D'AJOL – 88 Vosges – **314** G5 – 4 178 h. – alt. 380 m   **27** C3
– ⊠ 88340 ▮ Alsace Lorraine

🚗 Paris 382 – Épinal 41 – Luxeuil-les-Bains 18 – Plombières-les-Bains 10
🅸 Office de tourisme, 17, rue de Plombières 𝒞 03 29 30 61 55,
Fax 03 29 30 56 78

La Résidence 𝒮   🏊 🏡 ⌃ ☒ ⁇ & ch, ⁇ 🖧 🅿 VISA ⚫ AE ①

*5 r. des Mousses, par rte de Hamanxard – 𝒞 03 29 30 68 52
– www.la-residence.com – Fax 03 29 66 53 00 – Fermé 26 nov.-26 déc.*
49 ch – †53/65 € ††65 €, ⏃ 11 € – ½ P 69 €
Rest – *(fermé dim. soir d'oct. à mai sauf vacances scolaires et fériés)* (15 €)
Menu 26/52 € – Carte 35/60 €

♦ Au cœur d'un parc arboré, cette belle maison bourgeoise du milieu du 19ᵉ s. et ses deux
annexes abritent des chambres simples et bien tenues. Le chef vous réserve une originale
carte axée terroir, tantôt traditionnelle tantôt novatrice.

VAL-D'ESQUIÈRES – 83 Var – **340** P5 – **rattaché à Ste-Maxime**

VAL-D'ISÈRE – 73 Savoie – **333** O5 – 1 710 h. – alt. 1 850 m – **Sports**   **45** D2
d'hiver : 1 850/2 560 m ⛷ 6 ⛷ 45 ⛷ – ⊠ 73150 ▮ Alpes du Nord

🚗 Paris 667 – Albertville 86 – Chambéry 135
🅸 Office de tourisme, 𝒞 04 79 06 06 60, Fax 04 79 06 04 56
🅶 du Lac de Tignes à Tignes Le Val Claret, par rte de Bourg-St-Maurice :
14km, 𝒞 04 79 06 37 42
◎ Rocher de Bellevarde ❄ ★★★ par téléphérique - Route de l'Iseran ★★★.

Les Barmes de l'Ours 𝒮   ⬅ ☒ ⚙ 🛁 🖱 & 🆔 rest, ⁇ ⁇ 🛏

chemin des Carats – 𝒞 04 79 41 37 00   VISA ⚫ AE ①
– www.hotel-les-barmes.com – Fax 04 79 41 37 01 – Ouvert 5 déc.-25 avril
56 ch ⏃ – †290/1240 € ††320/1270 € – 20 suites   **A**b
Rest *La Table de l'Ours* – *(fermé dim.)* *(dîner seult)* Menu 85/175 €
– Carte 90/160 €🍴

Spéc. Tartiflette repensée à la poitrine de cochon truffée. Agneau cuit en
terre d'argile au citron de Menton, polenta valdotaine. Harmonie banane-
café sur crunchy de confiture de lait glacé, café aux épices. **Vins** Vin de pays
d'Allobrogie, Mondeuse.
Rest *Le Pas de l'Ours* – Menu 55 € (déj.)/75 €

♦ Dans ce vaste chalet, quatre ambiances président au décor des chambres : scandinave,
grand Nord, savoyarde et contemporaine. Salon, bar et spa. Cuisine créative ou rôtisserie,
selon le lieu choisi…

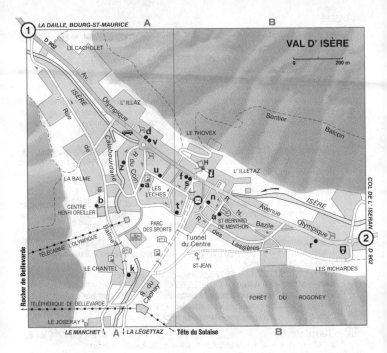

LA DAILLE, BOURG-ST-MAURICE

VAL D' ISÈRE

0   200 m

LE CACHOLET

L'ILLAZ

LE THOVEX

Sentier   Balcon

LE THOVEX

L'ILLETAZ

LA BALME

LES LÈCHES

CENTRE
HENRI OREILLER

ISÈRE

PARC
DES SPORTS

ST-BERNARD
DE MENTHON

Avenue   Olympique

Bazile

des   Lessières

Tunnel
du Centre

ST-JEAN

LE CHANTEL

LES RICHARDES

FORÊT   DU   ROGONEY

TÉLÉPHÉRIQUE DE BELLEVARDE

LE JOSERAY

LE MANCHET   LA LÉGETTAZ   Tête du Solaise

COL DE L'ISERAN   D 902

🏨🏨🏨 **Christiania** ❄   ≤ 🏠 🔲 ⅙ 🛗 ⅙ ch, ⚡ ⓦ 🔬 🅿 VISA ⦿ AE ①

- ☎ 04 79 06 08 25
- www.hotel-christiania.com – Fax 04 79 41 11 10
- *Ouvert mi-déc. à mi-avril*   A**a**

68 ch ⇌ – ♦310/918 € ♦♦324/932 € – 1 suite – ½ P 198/502 €

Rest – (38 €) Menu 65 € (dîner) – Carte 51/170 €

♦ Grand chalet offrant une vue sur les pistes. Chambres toutes différentes arborant, pour certaines, un chaleureux décor alpin. Espace de remise en forme. Salle de restaurant montagnarde, terrasse panoramique et plats traditionnels.

🏨🏨🏨 **Le Savoie** ≤ 🏠 🔲 ⦿ 🛗 ⅙ ⓦ ⤳ VISA ⦿ AE ①

av. Olympique – ☎ 04 79 00 01 15
- www.lesavoie.com – Fax 04 79 00 06 80
- *Ouvert de déc. à avril*   A**d**

14 ch (½ P seult) – 11 suites – ½ P 220/375 €

Rest – (35 €) Menu 65 € (dîner) – Carte 65/100 € le soir

♦ Ce chalet rivalise de luxe discret et de charme : salons intimes, chambres à l'esprit montagnard épuré (suite "royale" sous une superbe charpente), spa complet. Agréable restaurant avec terrasse-panorama : cuisine type brasserie à midi, plus raffinée et classique le soir.

🏨🏨 **Le Blizzard** ≤ 🏠 🔲 ⦿ 🛗 ⚡ rest, ⓦ 🔬 VISA ⦿ AE ①

r. Principale – ☎ 04 79 06 02 07
- www.hotelblizzard.com – Fax 04 79 06 04 94
- *Ouvert 11 déc.-2 mai*   B**f**

71 ch ⇌ – ♦390/1016 € ♦♦390/1016 € – ½ P 319/558 €

Rest – Menu 58 € (dîner) – Carte 46/91 €

Rest *La Luge* – ☎ 04 79 06 69 39 *(dîner seult)* Carte 44/56 €

♦ Le bois règne en maître dans ce joli chalet abritant de ravissantes chambres, parfois dotées d'une cheminée. Espace de remise et forme et très beau spa. Carte traditionnelle au restaurant. La Luge propose viandes rôties à la broche et recettes fromagères.

Le Tsanteleina ⟨⟩ 📶 🈂 🗖 ⊚ 🖪 🕪 🕪 🅿 🆅🆂🅰 ⏀ 🅰🅴

av. Olympique – 𝒸 04 79 06 12 13
– www.tsanteleina.com – Fax 04 79 41 14 16
– Ouvert 2 juil.-29 août et 3 déc.-1ᵉʳ mai   B**s**
71 ch ⌑ – †143/411 € ††206/605 € – ½ P 134/333 €
Rest – (22 €) Menu 29 € (déj.)/72 € – Carte 43/80 €

◆ L'enseigne évoque le point culminant de Val d'Isère. Chambres contemporaines ou lambrissées ; côté sud, elles donnent sur la piste olympique de Bellevarde. Bar moderne, spa, piscine à débordement... Cuisine actuelle (quelques spécialités fromagères) servie dans une grande salle chaleureuse.

Grand Paradis ⟨⟩ 🈂 🗖 🍽 rest, 🖪 🕼 🆅🆂🅰 ⏀ 🅰🅴 ⏀

– 𝒸 04 79 06 11 73 *– www.hotelgrandparadis.com – Fax 04 79 41 11 13 – Ouvert début déc. à début mai*   B**t**
40 ch (½ P seult) – ½ P 100/350 €
Rest – Menu 25 € (déj.)/57 € – Carte 30/60 €

◆ L'hôtel jouxte la spectaculaire Face de Bellevarde, "Grand Paradis" des skieurs. Selon les étages, les chambres affichent un cadre savoyard ou autrichien (balcons plein sud). Carte brasserie à midi (plus étoffée le soir), carnotzet et weinstub au restaurant.

La Savoyarde 🖪 🕼 🆅🆂🅰 ⏀ 🅰🅴 ⏀

r. Noël Machet – 𝒸 04 79 06 01 55 *– www.la-savoyarde.com – Fax 04 79 41 11 29*
– Ouvert 11 déc.-5 mai   A**u**
50 ch ⌑ – †178/242 € ††270/538 € – ½ P 175/309 €
Rest – Menu 45 € (dîner) – Carte 25/65 €

◆ Les chambres, redécorées à la mode alpine (belles boiseries), sont très douillettes. Un fitness et un salon-cheminée cosy vous attendent également dans cet agréable hôtel. Au restaurant, cuisine au goût du jour et ambiance musicale.

Kandahar 🖪 🕼 ♿ ch, 🖪 🕼 🆅🆂🅰 ⏀

av. Olympique – 𝒸 04 79 06 02 39 *– www.hotel-kandahar.com*
– Fax 04 79 41 15 54 – Ouvert début déc. à début mai   A**v**
41 ch ⌑ – †138/250 € ††170/340 €
Rest – (dîner seult) Carte 31/50 €

◆ L'enseigne évoque soit l'Orient, soit une prestigieuse épreuve de ski autrichienne. Les chambres, typiquement montagnardes, sont coquettes et très chaleureuses. L'Alsace et la Savoie se partagent les honneurs de la carte, dans le décor tout bois de la taverne.

Les Lauzes sans rest 🕼 ♿ 🍽 🕪 🆅🆂🅰 ⏀

pl. de l'Église – 𝒸 04 79 06 04 20 *– www.hotel-lauzes.com – Fax 04 79 41 96 84*
– Ouvert 27 nov.-2 mai   B**a**
23 ch ⌑ – †115/177 € ††136/187 €

◆ À deux pas de l'église. Simplicité, tenue sans faille et décoration façon chalet dans les chambres offrant, au dernier étage, une vue sur les toits du village.

Altitude ⚘ ⟨⟩ 🈂 🗖 🖪 🕼 🍽 rest, 🔥 🅿 🆅🆂🅰 ⏀ 🅰🅴 ⏀

– 𝒸 04 79 06 12 55 *– www.hotelaltitude.com – Fax 04 79 41 11 09*
– Ouvert 4 juil.-31 août et 2 déc.-2 mai   A**k**
40 ch ⌑ – †125/190 € ††180/290 € – ½ P 115/180 €
Rest – (28 €) Menu 30/32 €

◆ Cet hôtel profite d'une situation pratique au départ des remontées mécaniques. Chambres habillées de belles boiseries sombres ou simples et fonctionnelles. Hammam, fitness, sauna. Repas traditionnels ou régionaux au restaurant.

La Becca ⚘ 🈂 ♿ ch, 🍽 🕪 🆅🆂🅰 ⏀ 🅰🅴

Le Laisinant, rte de l'Iseran, 0,8 km par ② *–* 𝒸 04 79 06 09 48
– www.labecca-val.com – Fax 04 79 41 12 03 – Ouvert de mi-juin à août et de déc. à mai
11 ch (½ P seult) – ½ P 145/195 €
Rest – (ouvert de déc. à fin avril) (29 €) Menu 35 € (déj.)/68 €
– Carte 40/75 €

◆ Authentique et sympathique chalet au cœur d'un hameau tranquille. Les chambres, fidèles au style décoratif local (fresques et meubles peints), sont confortables et charmantes. Cuisine traditionnelle et régionale à midi ; carte au goût du jour et inventive le soir.

Bellier ⚜   🚗 🔊 🗂 **P.** 🆚 ⓩ 🖭

– ℰ 04 79 06 03 77 – www.hotelbellier.com – Fax 04 79 41 14 11 – Ouvert
5 déc.-2 mai   A**z**

22 ch (½ P seult) – ½ P 100/165 €

Rest – *(fermé 15 avril-2 mai et 5-20 déc.) (dîner seult) (résidents seult)*
Menu 27 €

♦ Bâtisse des années 1950 proche du centre-ville, mais au calme. Chambres fonctionnelles, rénovées par étape, la plupart avec balcon. Détente au coin du feu du salon ; sauna. Si le temps le permet, on prend ses repas sur la terrasse plein sud ouverte sur le jardin.

La Galise sans rest   🆚 ⓩ

r. de la Poste – ℰ 04 79 06 05 04 – www.lagalise.fr – Fax 04 79 41 16 16 – Ouvert
15 déc.-25 avril   B**n**

30 ch ⌑ – †70/160 € ††115/190 €

♦ Situation privilégiée, prix doux et ambiance familiale sont les atouts de cet hôtel. Chambres simples, en partie lambrissées, et petit-déjeuner sous forme de buffet.

L'Avancher sans rest   ও ¶⁰ 🆚 ⓩ

rte du Prariond – ℰ 04 79 06 02 00 – www.avancher.com – Fax 04 79 41 16 07
– Ouvert 6 déc.-1er mai   B**r**

17 ch ⌑ – †78/180 € ††136/200 €

♦ Au pied des pistes de Solaise et légèrement excentré, ce chalet dispose de chambres pratiques ; les plus récentes sont spacieuses et décorées dans le style montagnard.

✕✕ **L'Atelier d'Edmond**   ≼ 🖭 🆚 ⓩ 🖭

au Fornet, rte de l'Iseran, 2 km par ② – ℰ 04 79 00 00 82
– www.atelier-edmond.com – Fax 04 79 00 00 82
– Ouvert 15 déc.-15 avril et fermé dim. soir et lundi soir

Rest – (26 €) Menu 59 € (dîner), 61/69 € – Carte 31/44 € le midi

♦ Hommage au grand-père du propriétaire dans ce chalet de montagne. Bel intérieur reconstituant un refuge, un atelier de menuiserie, etc. Cuisine simple, plus élaborée le soir.

à la Daille 2 km par ① - ✉ 73150 Val-d'Isère

Le Samovar   ¶⁰ 🆚 ⓩ 🖭 ⓞ
☺

– ℰ 04 79 06 13 51 – www.lesamovar.com – Fax 04 79 41 11 08
– Ouvert 10 déc.-18 avril

18 ch ⌑ – †120/280 € ††130/320 €

Rest – (14 €) Menu 18/39 € – Carte 26/45 € le soir

♦ Ce grand chalet, situé au pied des pistes, propose des chambres au décor montagnard assez cosy, quelques-unes familiales. Restauration traditionnelle (spécialités savoyardes, pizzas).

VALENÇAY – 36 Indre – **323** F4 – **2 641 h.** – alt. 140 m – ✉ 36600   **11** B3
📗 Châteaux de la Loire

   ▶ Paris 233 – Blois 59 – Bourges 73 – Châteauroux 42

   🖼 Office de tourisme, 2, avenue de la Résistance ℰ 02 54 00 04 42,
     Fax 02 54 00 27 67

   🔲 Château★★★.

à Veuil 6 km au Sud par D 15 et rte secondaire – 366 h. – alt. 140 m – ✉ 36600

✕✕ **Auberge St-Fiacre**   🖭 🆚 ⓩ

5 r. de la Fontaine – ℰ 02 54 40 32 78 – Fax 02 54 40 35 66 – Fermé
31 août-24 sept., janv., mardi de sept. à juin, dim. soir et lundi

Rest – Menu 20 € (sem.)/45 € – Carte 29/61 €

♦ Maison du 17e s. et sa terrasse sous les marronniers bercées par le murmure d'un ruisseau. Bel intérieur rustique et cuisine au goût du jour.

Une bonne table sans se ruiner ? Repérez les Bib Gourmand ⊕.

▶ Paris 558 – Avignon 126 – Grenoble 96 – St-Étienne 121

✈ de Valence-Chabeuil : ℰ 04 75 85 26 26, par ③ : 5 km AX.

ℹ Office de tourisme, 11, boulevard Bancel ℰ 08 92 70 70 99,
Fax 04 75 44 90 41

🏌 des Chanalets à Bourg-lès-Valence Route de Châteauneuf sur Isère, par rte
de Lyon : 6km, ℰ 04 75 83 16 23

🏌 New Golf du Bourget à Montmeyran, S : 17 km par D 538, ℰ 04 75 59 48 18

◉ Maison des Têtes★ CY - Intérieur★ de la cathédrale St-Apollinaire BZ
- Champ de Mars ⩤★ BZ - Sanguines de Hubert Robert★★ au musée des
Beaux-Arts BZ.

☑ Site★★★ de Cruzol 5 km O.

Plans pages suivantes

🏨🏨🏨 **Pic** (Anne-Sophie Pic)   ⌕ ⌇ 🏋 ♿ ch, 🆎 ⚇ ⓦ 🖧 🅿 ⌦ 🚾 ⓒⓓ 🅰🅴 ⓞ
✿✿✿ 285 av. Victor-Hugo – ℰ 04 75 44 15 32 – www.pic-valence.com
– Fax 04 75 40 96 03 – Fermé 3-26 janv.   AX**f**
12 ch – ♦260/290 € ♦♦260/410 €, ⌒ 28 € – 3 suites
Rest Le 7 – voir ci-après
Rest – (fermé dim. et lundi) (prévenir le week-end) Menu 85 € (déj. en sem.),
195/320 € – Carte 144/268 €🕮
Spéc. Tarte fine de petits légumes, coulant de parmigiano reggiano (mars à
nov.). Turbot à la vapeur, fine mousseline de concombre, beurre anis vert
(avril à juin). Chocolat taïnori comme un finger, ganache ivoire à la violette,
sorbet chocolat. **Vins** Saint-Péray, Crozes-Hermitage.
♦ Cette belle demeure familiale modernisée est une institution valentinoise. Élégantes chambres contemporaines, au luxe discret. La chef de qui tenir : après son grand-père et son père, elle atteint
à son tour le sommet étoilé avec une cuisine délicieusement inventive. Prestigieuse carte des vins.

🏨🏨🏨 **Novotel**   ⌕ ⌑ 🏋 ♿ ch, 🆎 ⓦ 🖧 🅿 🚾 ⓒⓓ 🅰🅴 ⓞ
217 av. Provence – ℰ 04 75 82 09 09 – Fax 04 75 43 56 29   AX**a**
107 ch – ♦94/155 € ♦♦94/155 €, ⌒ 13 €
Rest – (19 €) Menu 24 € – Carte 25/51 €
♦ Rénovation complète pour cet établissement moderne situé en lisière d'un parc
boisé. Les chambres bénéficient des dernières normes de la chaîne (bois blond, lits
avec couette). Carte Novotel Café servie dans un environnement lumineux ou sur une terrasse bucolique.

🏨🏨 **Clos Syrah**   ⌕ ⌑ 🏋 🆎 ch, ⓦ 🖧 🅿 ⌦ 🚾 ⓒⓓ 🅰🅴 ⓞ
Quartier Maninet, bd Pierre Tézier, (rte Montéléger) – ℰ 04 75 55 52 52
– Fax 04 75 42 27 37   AX**b**
38 ch – ♦78/93 € ♦♦88/105 €, ⌒ 10 € – ½ P 99/149 €
Rest – (fermé 15 déc.-2 janv., sam., dim. d'août à mai et sam. midi en juin-juil.)
(17 €) Menu 22/33 €
♦ Bâtiment néo-provençal des années 1980 situé à proximité du centre hospitalier. Mobilier contemporain dans les chambres orientées vers la piscine et le parc. Confortable salle à
manger, belle terrasse et recettes traditionnelles.

🏨🏨 **De France** sans rest   ▮● ♿ 🆎 ⓦ 🖧 🅿 🚾 ⓒⓓ 🅰🅴 ⓞ
16 bd du Gén.-de-Gaulle – ℰ 04 75 43 00 87 – www.hotel-valence.com
– Fax 04 75 55 90 51   CZ**w**
46 ch – ♦80/85 € ♦♦90/135 €, ⌒ 11 €
♦ Un hôtel en pleine évolution : agrandissement et rénovation complète, chambres élégantes, sobres et dans l'air du temps, salle de séminaires, bar, terrasse, parking fermé.

🏠 **Atrium** sans rest   🛗 ▮● ♿ ⓦ 🖧 🅿 ⌦ 🚾 ⓒⓓ 🅰🅴
20 r. J.-L. Barrault – ℰ 04 75 55 53 62 – www.atrium-hotel.fr
– Fax 04 75 55 53 68   DY**c**
63 ch – ♦64/69 € ♦♦72/77 €, ⌒ 9 €
♦ Hôtel d'aspect moderne, idéal pour les longs séjours car un coin cuisine équipe chaque
chambre. Au dernier étage, duplex tournés vers le Vercors ou l'Ardèche.

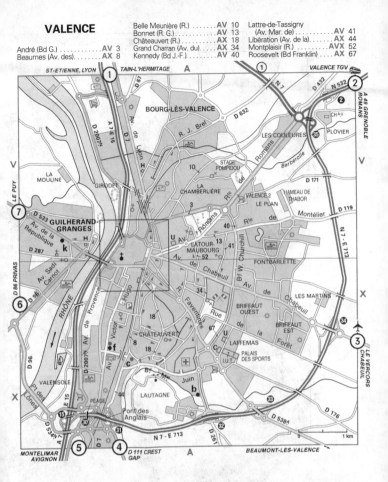

VALENCE

André (Bd G.) . . . . **AV** 3
Beaumes (Av. des). . . . . . . **AX** 8

Belle Meunière (R.) . . . . . . **AV** 10
Bonnet (R. G.) . . . . **AV** 13
Châteauvert (R.) . . . . **AX** 18
Grand Charran (Av. du) . . . **AX** 34
Kennedy (Bd J.-F.) . . . . . . **AV** 40

Lattre-de-Tassigny
(Av. Mar. de) . . . . **AV** 41
Libération (Av. de la) . . . . . **AX** 44
Montplaisir (R.) . . . . **AVX** 52
Roosevelt (Bd Franklin) . . . **AX** 67

🏠 **Les Négociants**　　　　　　　　　🈸 🅰🅺 📶 🔥 🍽 VISA ⓴ AE ①
♨️
27 av. Pierre-Sémard – ☎ 04 75 44 01 86 – www.hotel-lesnegociantsvalence.com
– Fax 04 75 44 77 57　　　　　　　　　　　　　　　　　　　　　CZ**a**

37 ch – ♦40/71 € ♦♦49/78 €, � 7 €
Rest – (fermé 11-17 août, 26-31 déc., sam., dim. et fériés) (12 €) Menu 14 €
(sem.) – Carte 22/37 €

◆ Un hôtel sympathique à deux pas de la gare, pour les adeptes de sobriété contemporaine.
Chambres aux tons taupe et marron, climatisées. Copieux petit-déjeuner. Le restaurant sert
une cuisine familiale et simple dans un décor actuel.

🍴🍴🍴 **Flaveurs** (Baptiste Poinot)　　　　　　　　　🅰🅺 VISA ⓴
✿
32 Grande Rue – ☎ 04 75 56 08 40 – Fax 04 75 43 41 76
– Fermé 1er-24 août, 1er-7 janv., dim. et lundi　　　　　　　　　　CY**b**
Rest – (nombre de couverts limité, prévenir) Menu 28 € (déj. en sem.), 35/70 €
Spéc. Sucette de foie gras de canard des Landes, "confiote" de melon et anis
vert (15 juin au 15 sept.). Dos de bar de ligne cuit à 50°C, bouillon de coquillages, nuage iodé. Cube de chocolat jivara, écorces de citron, sorbet fram-
boise-piquillos. **Vins** Crozes-Hermitage blanc, Beaumes-de-Venise rouge.

◆ Dans une petite rue près de la place des Clercs, une salle tout en longueur au décor sobre
et élégant. Cuisine contemporaine qui sonne juste dans la réalisation et l'harmonie des goûts.

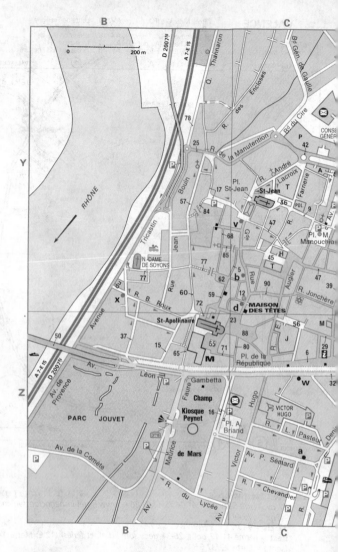

XX **L'Épicerie** 🛋 _VISA_ **⚫⚫** **AE**
18 pl. St-Jean, (ex Belat) – ℰ 04 75 42 74 46 – Fax 04 75 42 10 87 – Fermé
1er-10 mai, 28 juil.-18 août, 23-31 déc., sam. midi, dim. et fériés CYv
Rest – (16 €) Menu 26/68 € – Carte 44/60 € 🏵
♦ Maison du 16e s. dont chaque salle représente un style différent : rustique chaleureux, design, ou bistrot (pour la formule du jour). Terrasse sur la place. Plats traditionnels.

XX **La Petite Auberge** _AK_ _VISA_ **⚫⚫**
1 r. Athènes – ℰ 04 75 43 20 30 – www.lapetiteauberge.net – Fax 04 75 42 67 79
– Fermé 22 juil.-24 août, 2-6 janv., lundi soir, merc. soir et dim. sauf fériés
Rest – (17 €) Menu 25/49 € – Carte 26/59 € DYt
♦ Sobre façade abritant un restaurant familial au cadre rustique patiné, climatisé. La plus petite salle est réservée pour les repas commandés. Cuisine traditionnelle à prix sages.

✗ L'Origan
🍃 🏡 🌊 🅿 VISA 🌐 AE

58 av. Baumes – ℰ 04 75 41 60 39 – www.squashclubvalence.fr
– Fax 04 26 50 32 60 – Fermé 4-27 août, 24 déc.-2 janv., sam. et dim.
Rest – Menu 18/40 € – Carte 35/45 €   **AXc**

♦ Une cuisine régionale personnalisée est proposée à l'intérieur de ce restaurant contemporain ou sur sa terrasse réaménagée, bordant un ruisseau.

✗ Le Bistrot des Clercs
🍃 📺 VISA 🌐 AE ①

48 Grande Rue – ℰ 04 75 55 55 15 – www.michelchabran.fr
– Fax 04 75 43 64 85   **CYd**
Rest – (17 €) Menu 21 € (déj. en sem.)/30 € – Carte 33/40 €

♦ Napoléon Bonaparte fit un passage dans ces murs, près de la "maison des têtes". Bistrot à la mode parisienne, cuisine copieuse, cadre nostalgique et terrasse sur la place.

X **La Cachette** (Masashi Ijichi) `HiT` `VISA` `CO`
⊞ *16 r. des Cévennes – ℰ 04 75 55 24 13 – www.lacachette-valence.com*
– Fax 04 75 55 24 13 – Fermé 12-19 avril, 29 juin-14 juil., 3-19 janv., mardi midi
et merc. midi en juil.-août, dim. et lundi BY**x**
Rest – Menu 27 €, 35/60 €
Spéc. Pâté de gibier en croûte (oct. à déc.). Pavé de thon et foie gras poêlé,
purée fine de pomme de terre aux épices douces. Passion chocolat (nov.
à avril). **Vins** Saint-Péray, Cornas.
◆ Dans la ville basse, cette "cachette" gagne à être découverte pour la fine et délicate cuisine du chef, d'origine japonaise. Décor plein de sobriété.

X **Le 7** – Hôtel Pic `HiT` `&` `AK` `P` `VISA` `CO` `AE` `①`
☺ *285 av. Victor-Hugo – ℰ 04 75 44 53 86 – www.pic-valence.com*
– Fax 04 75 40 96 03 – Fermé 3-27 janv. AX**f**
Rest – (17 € bc) Menu 28 € – Carte 38/69 €
◆ L'autre table de la maison Pic – enseigne en référence aux voyageurs gastronomes – propose une cuisine actuelle sur une base classique. Décor contemporain et patio ombragé.

à Pont de l'Isère 9 km par ① – 2 620 h. – alt. 120 m – ⊠ 26600

🏠 **Michel Chabran** `HiT` `AK` `☞` `P` `VISA` `CO` `AE` `①`
⊞ *N 7 – ℰ 04 75 84 60 09 – www.michelchabran.fr*
– Fax 04 75 84 59 65
11 ch – †150/220 € ††175/350 €, ⊠ 23 € – ½ P 290/395 €
Rest – Menu 35/99 € – Carte 95/160 €🕮
Spéc. Plats autour de la truffe (nov. à mars). Dos d'agneau de Sisteron. Soufflé chaud au Grand Marnier. **Vins** Hermitage, Saint-Péray.
◆ Maison à la façade ocre rouge dotée de chambres plaisantes et confortables, décorées avec goût dans un style contemporain. À table, une savoureuse cuisine classique assortie d'une belle sélection de côtes-du-rhône ; décor sobre et élégant, véranda face au jardin.

XXX **Auberge Chalaye** `☎` `HiT` `⇔` `P` `VISA` `CO` `AE`
17 r. 16-août-1944 – ℰ 04 75 84 59 40 – Fax 04 75 58 27 06
– Fermé le midi sauf dim. et fériés, lundi, mardi et merc.
Rest – Menu 33 € (dîner), 50/60 € – Carte environ 50 €
◆ Auberge dissimulée par un rideau de verdure. Cuisine classique servie dans trois petites salles d'esprit rustique ou, aux beaux jours, sur l'agréable terrasse du jardin.

à Guilherand-Granges (07 Ardèche) – 10 716 h. – alt. 130 m – ⊠ 07500

🏠 **Alpes-Cévennes** sans rest `⛶` `☎` `☎` `VISA` `CO` `AE`
641 av. de la République – ℰ 04 75 44 61 34 – www.hotelalpescevennes.com
– Fax 04 75 41 12 41 – Fermé dim. AV**k**
26 ch – †38/42 € ††48/64 €, ⊠ 6 €
◆ Étape ardéchoise sur la rive droite du Rhône. Les chambres, spacieuses, équipées de meubles de série, sont régulièrement rénovées. Insonorisation efficace. Accueil aimable.

VALENCE-SUR-BAÏSE – 32 Gers – 336 E6 – 1 193 h. – alt. 117 m 28 A2
– ⊠ 32310

▣ Paris 734 – Agen 50 – Auch 36 – Condom 9
🛈 Syndicat d'initiative, rue Jules Ferry ℰ 05 62 28 59 19, Fax 05 62 28 97 66
◎ Abbaye de Flaran★ NO : 2 km, ▮ Midi-Pyrénées

🏠 **La Ferme de Flaran** `☎` `HiT` `☎` `✕` `ch` `P` `VISA` `CO` `AE`
rte de Condom – ℰ 05 62 28 58 22 – www.fermedeflaran.com
– Fax 05 62 28 56 89 – Fermé 18 déc.-15 janv.
15 ch – †49/59 € ††55/65 €, ⊠ 8 € – ½ P 56/61 €
Rest – (fermé mardi midi d'oct. à mai, dim. soir et lundi sauf juil.-août) (16 €)
Menu 20/38 € – Carte 38/46 €
◆ Ancienne dépendance de l'abbaye cistercienne, cette ferme garde une agréable rusticité. Les chambres, champêtres et confortables, sont plus tranquilles côté piscine. Authentique salle à manger agreste, jolie terrasse et cuisine soignée à l'accent du Gers.

– **Agglo.** 357 395 h. – alt. 22 m – ⊠ 59300 ▌ Nord Pas-de-Calais Picardie

🖸 Paris 208 – Arras 68 – Bruxelles 105 – Lille 54
🚺 Office de tourisme, 1, rue Askièvre 𝒞 03 27 28 89 10, Fax 03 27 28 89 11
🔞 de Mormal à Preux-au-Sart Bois Saint Pierre, par rte de Maubeuge : 13 km,
𝒞 03 27 63 07 00
🔞 de Valenciennes à Marly Rue du Chemin Vert, E : 1 km, 𝒞 03 27 46 30 10
◉ Musée des Beaux-Arts★ BY **M** - Bibliothèque des Jésuites★.

Plan page suivante

▲▲▲   **Le Grand Hôtel**   📶 🖳 ⒸⒷ 🔊 ⌂ 🅿 _VISA_ ⦾ 🅐🅔 ⓞ
8 pl. de la Gare – 𝒞 03 27 46 32 01 – www.grand-hotel-de-valenciennes.fr
– Fax 03 27 29 65 57   AX**d**
95 ch – ♦82/93 € ♦♦94/105 €, � 15 € – 8 suites – ½ P 107 €
Rest _Les Quatre Saisons_ – (22 €) Menu 30 € (sem.), 39/48 € bc
– Carte 37/62 €
Rest _Brasserie Hans_ – (15 €) Carte 20/47 €
♦ La même famille cultive depuis plusieurs générations le sens de l'hospitalité dans ce bel
établissement bâti au début du 20ᵉ s. Confortables chambres au look actuel. Restaurant tra-
ditionnel avec rôtissoire et flambage en salle. Esprit alsacien à la Brasserie Hans.

▲▲   **Auberge du Bon Fermier**   📶 ⑴ _VISA_ ⦾ 🅐🅔 ⓞ
64 r. Famars – 𝒞 03 27 46 68 25 – www.bonfermier.com
– Fax 03 27 33 75 01   AY**n**
16 ch – ♦85/110 € ♦♦105/130 €, ⊇ 10 €
Rest – Menu 26/49 € – Carte 22/56 €
♦ Cet authentique relais de poste du 17ᵉ s. a préservé son cachet : vieilles pierres et briques
en façade, chambres de caractère (beaux meubles chinés) et jolie cour pavée. Restaurant-
rôtisserie occupant d'anciennes écuries, terrasse et gibier en saison.

▲▲   **Le Chat Botté** sans rest   🖳 ⓒ ⒸⒷ ⌂ _VISA_ ⦾ 🅐🅔 ⓞ
25 r. Tholozé – 𝒞 03 27 14 58 59 – www.hotel-lechatbotte.com
– Fax 03 27 14 58 60   AX**p**
33 ch – ♦75/82 € ♦♦75/91 €, ⊇ 11 €
♦ Fer forgé, bois, mobilier contemporain et couleurs gaies : décor ludique et ambiance chaleureuse dans une sympathique maison abritant des chambres paisibles et douillettes.

XX   **L'Endroit**   📶 🅐🅒 _VISA_ ⦾ 🅐🅔
69 r. du Quesnoy – 𝒞 03 27 42 99 23 – www.restaurant-lendroit.fr
– Fax 03 27 42 99 23 – Fermé sam. midi, dim. soir et lundi   BY**f**
Rest – Menu 27 € – Carte 45/60 €
♦ Un écran TV trône dans la salle et retransmet en direct l'activité des brigades en cuisine.
Élégant décor contemporain, ambiance branchée, carte réduite et suggestions du marché.

à Quiévrechain 12 km au Nord-Est par D 630 – 5 750 h. – alt. 32 m – ⊠ 59920

XX   **Le Manoir de Tombelle**   🌳 📶 ⇄ 🅿 _VISA_ ⦾
135 av. J. Jaurès – 𝒞 03 27 35 12 30 – Fax 03 27 26 27 61 – Fermé 1ᵉʳ-15 août,
26 déc.-1ᵉʳ janv. et le soir sauf sam.
Rest – (20 €) Menu 25 € (déj. en sem.), 29/54 € – Carte 40/68 €
♦ Villa années 1920 de style anglo-normand, dans un grand jardin avec étang. Cuisine traditionnelle servie dans de confortables salles à manger (cheminées) ou sous la tonnelle.

à Artres 11 km par ④, D 958 et D 400 – 1 059 h. – alt. 65 m – ⊠ 59269

▲▲   **La Gentilhommière** ♨   🍸 📶 ⑴ 🔊 🅿 _VISA_ ⦾ 🅐🅔 ⓞ
(face à l'église) – 𝒞 03 27 28 18 80 – www.hotel-lagentilhommiere.com
– Fax 03 27 28 18 81 – Fermé dim. soir et fériés
10 ch – ♦85 € ♦♦100 €, ⊇ 11 €
Rest – Menu 36/62 € – Carte 39/80 €
♦ Deux hectares de verdure entourent cette ferme seigneuriale de 1756 joliment restaurée,
dont les chambres, spacieuses et calmes, regardent le jardin intérieur. Généreuse cuisine
actuelle dans un séduisant restaurant voûté où affleurent les briques rouges.

VALENCIENNES

VALESCURE – 83 Var – **340** P5 – rattaché à St-Raphaël

VALGORGE – 07 Ardèche – **331** G6 – 421 h. – alt. 560 m – ⊠ 07110   44 A3
▮ Lyon Drôme Ardèche

◻ Paris 614 – Alès 76 – Aubenas 37 – Langogne 46

⌂   **Le Tanargue** ॐ   ≤ 🖧 🖹 **P** 🍴 🚾 ⚫⚫ 🄰🄴
       – 𝒞 04 75 88 98 98 – www.hotel-le-tanargue.com – Fax 04 75 88 96 09
       – Ouvert 20 mars-21 nov. et fermé dim. soir et lundi sauf du 28 mars au 27 sept.
       et vacances de la Toussaint
       22 ch – †37/51 € ††48/60 €, ⊡ 8,50 € – ½ P 49/56 €
       Rest – (9 € bc) Menu 16/35 € – Carte 33/50 €
       ♦ Hôtel familial situé au pied du massif du Tanargue. Les chambres cossues et scrupuleuse-
       ment tenues, disposant parfois d'un balcon, ouvrent sur le parc ou la vallée. Salle à manger
       d'inspiration rustique agrémentée de vieux objets. Vente de produits du terroir.

VALIGNAT – 03 Allier – **326** F5 – rattaché à Charroux

VALLAURIS – 06 Alpes-Maritimes – **341** D6 – rattaché à Golfe-Juan

VALLERAUGUE – 30 Gard – **339** G4 – 1 072 h. – alt. 346 m   23 C2
– ⊠ 30570 ▮ Languedoc Roussillon

◻ Paris 684 – Mende 100 – Millau 75 – Nîmes 86

🄸 Office de tourisme, quartier des Horts 𝒞 04 67 82 25 10, Fax 04 67 64 82 15

⌂   **Hostellerie Les Bruyères**   🖧 🍴 🍴 🚾 ⚫⚫
       Quai A. Chamson – 𝒞 04 67 82 20 06 – Fax 04 67 82 20 06 – Ouvert
       1ᵉʳ mai-5 oct.
       20 ch – †49 € ††49/62 €, ⊡ 8 € – ½ P 49/56 €
       Rest – Menu 16/30 € – Carte 30/47 €
       ♦ Ancien relais de poste situé dans un pittoresque village cévenol. Un bel escalier dessert
       des chambres simples et très propres (en partie rénovées en 2009). La salle de restaurant
       champêtre est complétée par une charmante terrasse d'été surplombant la rivière.

rte du Mont-Aigoual 4 km sur D 986 – ⊠ 30570

⌂   **Auberge Cévenole** ॐ   🖧 🍴 **P** 🚾 ⚫⚫
       La Pénarié – 𝒞 04 67 82 25 17 – Fax 04 67 82 26 26 – Fermé 22 nov.-19 déc.,
       lundi soir et mardi sauf juil.-août
       6 ch – †42 € ††42 €, ⊡ 7 € – ½ P 47 €
       Rest – (13 €) Menu 18/29 € – Carte 21/50 €
       ♦ L'Hérault musarde au pied de cette sympathique auberge de pays située sur la route du
       mont Aigoual. Petites chambres fraîches et garnies d'un mobilier régional. Coquette salle à
       manger (poutres, cheminée, objets agrestes) et terrasse qui domine la rivière.

VALLET – 44 Loire-Atlantique – **316** I5 – 7 906 h. – alt. 54 m – ⊠ 44330   34 B2

◻ Paris 375 – Ancenis 27 – Cholet 36 – Clisson 10

🄸 Syndicat d'initiative, 1, place Charles-de-Gaulle 𝒞 02 40 36 35 87,
Fax 02 40 36 29 13

⌂   **Château d'Yseron** sans rest ॐ   ⏀ 🖧 **P** 🚾 ⚫⚫
       4 km au Nord-Est par D 116 – 𝒞 06 10 76 54 28 – www.yseron.net – Fermé déc.
       et janv.
       5 ch ⊡ – †80/120 € ††90/120 €
       ♦ En plein vignoble, charmante demeure de 1830 : chambres au mobilier d'époque 18ᵉ-19ᵉ s.,
       galerie ornée de ravissantes fresques, et dégustation du Muscadet produit au domaine.

⚹   **Don Quichotte** avec ch   🖧 🖧 🄺 rest, 🍴 **P** 🚾 ⚫⚫ ⑴
       35 rte de Clisson – 𝒞 02 40 33 99 67 – Fax 02 40 33 99 72 – Fermé 21 juil.-4 août,
       21 déc.-5 janv., dim. soir et lundi midi
       12 ch – †55 € ††59/63 €, ⊡ 9 € – ½ P 58 €
       Rest – (14 €) Menu 16 € (déj. en sem.), 20/33 € – Carte 21/40 €
       ♦ De grandes fresques parent les murs de cet ex-moulin, au cœur du vignoble. Salle à man-
       ger-véranda ; plats traditionnels composés selon les produits du marché (de préférence bio).

VALLIÈRES – 37 Indre-et-Loire – 317 M4 – rattaché à Tours

VALLOIRE – 73 Savoie – 333 L7 – 1 287 h. – alt. 1 430 m – Sports   45 D2
d'hiver : 1 430/2 600 m ✔2 ✔31 ✔ – ✉ 73450 ▮ Alpes du Nord

> ▶ Paris 664 – Albertville 91 – Briançon 52 – Chambéry 104
>
> ▮ Office de tourisme, rue des Grandes Alpes ✆ 04 79 59 03 96,
> Fax 04 79 59 09 66
>
> ◉ Col du Télégraphe ≤ ★ N : 5 km.

🛅 Grand Hôtel de Valloire et du Galibier ≤ 🚗 🏠 🎿 🏊 📶 🛎 ♨

r. des Grandes-Alpes – ✆ 04 79 59 00 95   **P** **VISA** **◎◎** **AE** **◑**
– www.grand-hotel-valloire.com – Fax 04 79 59 09 41 – Ouvert 13 juin-12 sept. et
19 déc.-10 avril

44 ch – †70/90 € ††70/100 €, ☑ 14 € – ½ P 75/105 €
Rest L'Escarnavé – Menu 23/66 € – Carte 38/68 €

♦ Oubliez la façade un peu défraîchie de cet imposant hôtel. Face aux pistes, il abrite des chambres rénovées, boisées de bonne dimension et une piscine d'été. Salle en rotonde, cheminée en cuivre pour le "feu de joie" (escarnavé en patois) et cuisine classique.

🛅 Christiania 🎿 📶 **VISA** **◎◎**

av de la Vallée d'Or – ✆ 04 79 59 00 57 – www.christiania-hotel.com
– Fax 04 79 59 00 06 – Ouvert 15 juin-15 sept. et 15 déc.-15 avril
24 ch – †60/75 € ††65/80 €, ☑ 10 € – 2 suites – ½ P 62/80 €
Rest – Menu 18/36 € – Carte 29/59 €

♦ Chalet fleuri situé sur l'avenue où se déroule l'insolite concours de sculptures sur neige. Chambres bien tenues et rajeunies dans un esprit montagnard. Accueil familial. Restaurant habillé de bois s'ouvrant sur une terrasse, façon brasserie le midi au bar.

aux Verneys 2 km au Sud-✉ 73450 Valloire

🏠 Relais du Galibier ≤ 🚗 📶 **P** **VISA** **◎◎**

Les Verneys – ✆ 04 79 59 00 45 – www.relais-galibier.com – Fax 04 79 83 31 89
– Ouvert 12 juin-5 sept. et 18 déc.-5 avril
26 ch – †54/59 € ††59/67 €, ☑ 10 € – ½ P 58/81 €
Rest – Menu 15/33 € – Carte 30/36 €

♦ Engageant chalet familial à 100 m des pistes de ski l'hiver. Chambres simples, nettes, certaines avec vue sur le Grand Galibier. Dans une salle aux larges baies vitrées on se régale des généreuses recettes régionales élaborées avec des produits de qualité.

VALLON-EN-SULLY – 03 Allier – 326 C3 – 1 728 h. – alt. 192 m   5 B1
– ✉ 03190 ▮ Auvergne

> ▶ Paris 318 – Bourges 86 – Clermont-Ferrand 119 – Moulins 89

✗ Auberge des Ris 📶 **AC** **VISA** **◎◎**

Les Ris, D 2144, rte de Bourges – ✆ 04 70 06 51 12 – www.aubergedesris.com
– Fermé janv., 10 jours en sept., lundi soir, mardi et merc.
Rest – (16 €) Menu 22/55 € – Carte 25/52 €

♦ Adresse tenue par un jeune couple dynamique. Cuisine traditionnelle inventive servie dans une salle aux allures de chai, avec tonneaux et pressoir. Bacchus est bien à l'honneur.

VALLON-PONT-D'ARC – 07 Ardèche – 331 I7 – 2 470 h. – alt. 117 m   44 A3
– ✉ 07150 ▮ Lyon Drôme Ardèche

> ▶ Paris 658 – Alès 47 – Aubenas 32 – Avignon 81
>
> ▮ Office de tourisme, 1, place de l'ancienne gare ✆ 04 75 88 04 01,
> Fax 04 75 88 41 09
>
> ◉ Gorges de l'Ardèche ★★★ au SE – Arche ★★ de Pont d'Arc SE : 5 km.

🛅 Le Clos des Bruyères 🚗 🏠 🎿 ♿ ch, **AC** rest, 💅 ch, 🛎 **P** **VISA** **◎◎** **AE**

rte des Gorges – ✆ 04 75 37 18 85 – www.closdesbruyeres.fr – Fax 04 75 37 14 89
– Ouvert avril-sept.
32 ch – †60/75 € ††63/80 €, ☑ 8,50 € – ½ P 60/68 €
Rest – ✆ 04 75 37 20 92 (fermé merc. midi sauf juil.-août) (12 €) Menu 24/30 €
– Carte 24/37 €

♦ Hôtel récent situé à 100 m de l'Ardèche (location de canoës). Les chambres, avec balcon ou en rez-de-jardin, sont spacieuses et simplement décorées. Au restaurant, coiffé d'une charpente apparente, vous goûterez une cuisine traditionnelle orientée terroir.

🏠 **Le Manoir du Raveyron** ॐ   🛋 🎭 🕱 ch, VISA ⓪ AE
r. Henri Barbusse – ℰ 04 75 88 03 59 – www.manoir-du-raveyron.com
– Fax 04 75 37 11 12 – Ouvert de mi-mars à mi-oct.
8 ch (½ P seult) – ½ P 68/80 €
Rest – (dîner seult sauf dim.) Menu 29/48 € – Carte 36/54 €
♦ Cette demeure du 16e s. située dans une rue calme abrite des petites chambres coquettes et personnalisées. Agréable cour ombragée et fleurie. Plaisante salle à manger voûtée où l'on déguste des plats au goût du jour préparés avec des produits du terroir.

VALLOUX – 89 Yonne – **319** G6 – rattaché à Avallon

VALMONT – 76 Seine-Maritime – **304** D3 – 975 h. – alt. 60 m   **33** C1
– ✉ 76540 ▮ Normandie Vallée de la Seine
🚘 Paris 193 – Bolbec 22 – Dieppe 58 – Fécamp 11
🚹 Syndicat d'initiative, Mairie ℰ 02 35 10 08 12, Fax 02 35 10 08 12
📷 Abbaye★.

✕✕ **Le Bec au Cauchois** avec ch   🛋 📞 P VISA ⓪
😊 22 r. A.-Fiquet, 1,5 km à l'Ouest par rte de Fécamp – ℰ 02 35 29 77 56
🍽️ – www.lebecaucauchois.com – Fax 02 35 29 77 52 – Fermé 5-30 janv.
5 ch – †75 € ††75 €, ☲ 10 €
Rest – (fermé merc. sauf le soir de mai à sept. et mardi) (18 €) Menu 28/58 €
– Carte 44/61 €
♦ Idéale pour une halte gourmande, cette auberge propose deux ambiances – rustique ou contemporaine – pour faire honneur à sa cuisine actuelle de produits locaux. Les chambres, toutes de plain-pied, simples et lumineuses, donnent sur le jardin ou sur l'étang.

VALOGNES – 50 Manche – **303** D2 – 7 274 h. – alt. 35 m – ✉ 50700   **32** A1
🚘 Paris 336 – Caen 103 – Cherbourg 19 – St-Lô 64
🚹 Syndicat d'initiative, place du Château ℰ 02 33 40 11 55, Fax 02 33 40 00 04
🏌 de Fontenay-sur-Mer à Fontenay-sur-Mer, E : 18 km par N 13 et D 42,
ℰ 02 33 21 44 27

🏠 **Agriculture**   🎐 🕍 P VISA ⓪
😊 18 r. L.-Delisle – ℰ 02 33 95 02 02 – www.hotel-agriculture.com
– Fax 02 33 95 29 33 – Fermé 24 déc.-5 janv.
30 ch – †52/55 € ††59/76 €, ☲ 11 € – ½ P 52/60 €
Rest – Menu 15 € (déj. en sem.), 18/38 € – Carte 25/53 €
♦ Dans le centre de Valognes, cet hôtel familial à la façade recouverte de vigne vierge propose des chambres simples mais bien tenues. Restaurant au cadre rustique. Sur la carte, les grillades au feu de bois s'associent à la spécialité de la maison : la tête de veau.

🏡 **Manoir de Savigny** sans rest ॐ   🛋 🕱 🎐 P VISA ⓪
lieu-dit Savigny, au Sud-Est – ℰ 02 33 08 37 75 – www.manoir-de-savigny.com
5 ch ☲ – †75/95 € ††80/110 €
♦ Une allée de peupliers conduit à ce manoir du 16e s. en pleine campagne, qui abrite des chambres décorées sur divers thèmes. Agréable salle des petits-déjeuners avec cheminée.

VALOJOULX – 24 Dordogne – **329** H5 – 236 h. – alt. 75 m – ✉ 24290   **4** D1
🚘 Paris 523 – Bordeaux 195 – Périgueux 65 – Brive-la-Gaillarde 53

🏡 **La Licorne** ॐ   🛋 🕱 ☴ P
– ℰ 05 53 50 77 77 – www.licorne-lascaux.com – Fax 05 53 50 77 77
– Ouvert avril-oct.
5 ch ☲ – †58 € ††90 €
Table d'hôte – (Fermé dim., lundi et mardi) Menu 22 € bc
♦ Vous rêvez d'un séjour alliant tranquillité, découverte du terroir périgourdin et convivialité ? Cette charmante demeure est idéale. Chambres joliment rustiques, grand jardin. Belle table d'hôte sous une magnifique charpente en bois.

VALRAS-PLAGE – 34 Hérault – **339** E9 – 4 298 h. – alt. 1 m – **Casino**   **23** C2
– ✉ 34350 ▮ Languedoc Roussillon
🚘 Paris 767 – Agde 25 – Béziers 16 – Montpellier 76
🚹 Office de tourisme, place René Cassin ℰ 04 67 32 36 04, Fax 04 67 32 33 41

Mira-Mar
⪕ 🛋 📶 ⅗ ch, 🅰️🄲 ch, 💬 ♨️ 🅿️ VISA ⚉ AE

bd Front de Mer – ☏ 04 67 32 00 31 – www.hotel-miramar.org
– Fax 04 67 32 51 21 – Ouvert mars-oct.
27 ch – ♦61/103 € ♦♦61/103 €, ☲ 8 € – 3 suites – ½ P 56/83 €
Rest – (fermé dim. soir sauf juil.-août) (16 €) Carte 28/57 €

◆ Nul doute : la majorité des chambres de cet immeuble "mira el mar" ("regarde la mer" en espagnol). Hébergement clair et pratique ; quatre spacieux appartements. Bar-glacier. Salle à manger feutrée, terrasse face à la grande bleue et carte traditionnelle.

Albizzia sans rest 🕭
� 🍽 ⅗ 💬 🅿️ VISA ⚉ AE ①

bd Chemin Creux – ☏ 04 67 37 48 48 – Fax 04 67 37 58 10
27 ch – ♦47/79 € ♦♦50/79 €, ☲ 7 €

◆ À 200 m de la plage, sympathique hôtel aux abords assez cossus, agrémentés d'un jardinet méditerranéen et d'une piscine. Chambres fonctionnelles, certaines avec loggia.

Le Delphinium
🛋 🅰️🄲 VISA ⚉

av. Élysées, (face au casino) – ☏ 04 67 32 73 10 – Fax 04 67 32 73 10 – Fermé vacances de la Toussaint et lundi
Rest – (21 € bc) Menu 28/49 € – Carte 48/73 €

◆ Discrète façade voisine du casino abritant une salle à manger claire et lumineuse, meublée en fer forgé. Terrasse d'été et cuisine au goût du jour gorgée de soleil.

La Méditerranée
🛋 🅰️🄲 VISA ⚉

32 r. Ch. Thomas – ☏ 04 67 32 38 60 – Fax 04 67 32 30 91 – fermé 12-30 nov., 5-23 janv., mardi sauf le soir en saison et lundi.
Rest – Menu 16 € (sem.)/42 € – Carte 32/70 €

◆ Petit restaurant familial situé dans une rue piétonne tout près de l'embouchure de l'Orb. Cadre rustique, grande terrasse et cuisine traditionnelle orientée poisson.

VALS-LES-BAINS – 07 Ardèche – 331 I6 – 3 716 h. – alt. 210 m – Stat. therm. : fin fév.-début déc. – Casino – ✉ 07600 ▌ Lyon Drôme Ardèche   44 A3

▶ Paris 629 – Aubenas 6 – Langogne 58 – Privas 33

🛈 Office de tourisme, 116 bis, avenue Jean Jaurès ☏ 04 75 89 02 03, Fax 04 75 89 02 04

Grand Hôtel de Lyon
🛋 🍽 📶 🅰️🄲 ch, 💬 🐾 VISA ⚉

11 av. P. Ribeyre – ☏ 04 75 37 43 70
– www.grandhoteldelyon.fr – Fax 04 75 37 59 11
– Ouvert 2 avril-3 oct.
34 ch – ♦60/72 € ♦♦68/94 €, ☲ 9 € – ½ P 58/71 €   s
Rest – (22 €) Menu 26/45 € – Carte 30/58 €

◆ Situation très centrale, à 100 m du parc à la source intermittente, pour ces chambres spacieuses et bien tenues. Piscine découvrable. De grandes baies vitrées éclairent l'agréable salle à manger ornée d'une fresque originale.

Helvie
🛋 🍽 ⅗ 🅰️🄲 💬 ♨️ 🅿️ VISA ⚉ AE

5 av. Expilly – ☏ 04 75 94 65 85
– www.hotel-helvie.com – Fax 04 75 37 47 63
– Fermé 1er-22 mars, dim. soir et lundi   b
27 ch – ♦69/150 € ♦♦69/150 €, ☲ 13 € – ½ P 45 €
Rest – (18 €) Menu 26 €, 37/54 € – Carte 61/108 €

◆ À proximité du parc et du casino, cet hôtel rénové a retrouvé son éclat grâce à un décor classique, chic et feutré. Chambres confortables, salon-bar cossu, belle piscine. Cuisine dans l'air du temps au restaurant, soigné et élégant.

Château Clément 🕭
⪕ 🕭 🛋 🍽 💬 🅿️ VISA ⚉

La Châtaigneraie – ☏ 04 75 87 40 13 – www.chateauclement.com
– Fermé 15 déc.-15 mars   a
5 ch ☲ – ♦155/235 € ♦♦155/235 €
Table d'hôte – (fermé mardi, merc. et dim.) Menu 60 € bc/65 € bc

◆ Sur les hauteurs de la ville, dans un parc aux essences exotiques, cette demeure (19e s.) vous ouvre ses salons élégants. Superbes chambres – et une suite – décorées avec goût. Cuisine traditionnelle de produits bio et régionaux servis à la table d'hôte.

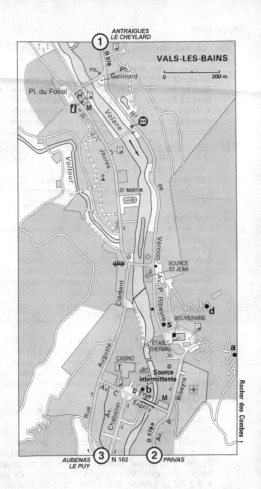

VALS-LES-BAINS

ANTRAIGUES
LE CHEYLARD

⌂ **Villa Aimée** ⌖ ⟨ 🚗 🛋 P VISA ⓒⓞ
8 montée des Aulagniers – 🕾 *04 75 88 52 75 – www.villaaimee.com*
– Fax 04 75 88 52 75 **d**
4 ch ⌂ – †94/129 € ††94/129 € – 2 suites
Table d'hôte – *(réservation indispensable)* Menu 30 € bc
♦ Sur les hauteurs de la station, cette grande villa jouit de la tranquillité et d'une belle vue.
Chambres et suites personnalisées, piscine en contrebas et accueil charmant. Table d'hôtes
proposée dans un salon rustique.

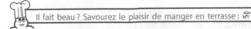

Il fait beau ? Savourez le plaisir de manger en terrasse : 🍴

VAL-THORENS – 73 Savoie – **333** M6 – alt. 2 300 m – Sports d'hiver : **46** F2
2 300/3 200 m 🚡 4 🚠 25 – ⊠ **73440 St Martin de Belleville** ▯ Alpes du Nord

▶ Paris 640 – Albertville 60 – Chambéry 109 – Moûtiers 36

🛈 Office de tourisme, immeuble Eskival 🕾 04 79 00 08 08,
Fax 04 79 00 00 04

◉ Cime de Caron�★★★ (accès par le téléphérique de Caron).

1779

Le Val Thorens ⟨ icons ⟩
– ℰ 04 79 00 04 33 – www.levalthorens.com – Fax 04 79 00 09 40
– Ouvert 5 déc.-26 avril
80 ch ⌷ – †80/162 € ††160/324 € – 1 suite
Rest *Le Bellevillois* – (ouvert 7 déc.-19 avril) (dîner seult) Menu 48 € – Carte 44/69 €
Rest *La Fondue* – (ouvert 22 déc.-14 avril) (dîner seult) Menu 23 € – Carte 29/46 €
♦ Au cœur de la station, cette construction assez récente abrite de grandes chambres à la mode alpine avec balcons. Équipement complet de remise en forme, ski room et boutique. Cuisine gastronomique au Bellevillois. Ambiance et recettes montagnardes à la Fondue.

Mercure ⟨ icons ⟩
pl de la Lombarde – ℰ 04 79 00 04 04 – www.mercurevalthorens.com
– Fax 04 79 00 05 93 – Ouvert 28 nov.-30 avril
105 ch (½ P seult) – ½ P 120/160 € **Rest** – (22 €) Carte 30/51 €
♦ Au pied des pistes, confortable hôtel dont les chambres offrent de belles échappées sur les glaciers. Bar d'ambiance, boutique d'articles de ski.

Le Sherpa ⟨ icons ⟩
r. de Gébroulaz – ℰ 04 79 00 00 70 – www.lesherpa.com – Fax 04 79 00 08 03
– Ouvert 29 nov.-3 mai
52 ch (½ P seult) – 4 suites – ½ P 75/155 €
Rest – (20 €) Menu 33 € (dîner) – Carte 35/50 €
♦ Chalet récent avec les pistes de ski à portée de bâton. Chambres et duplex rénovés : lambris, murs blancs et meubles en pin. Salon-bar au coin du feu et espace Internet. Au restaurant, chaleureuse ambiance de chalet savoyard et recettes de tradition.

Des Trois Vallées ⟨ icons ⟩
Grande Rue – ℰ 04 79 00 01 86 – www.hotel3vallees.com – Fax 04 79 00 04 08
– Ouvert 20 nov.-9 mai
29 ch ⌷ – †80/160 € ††120/230 € – ½ P 89/149 €
Rest – (dîner seult) Menu 24/29 € – Carte 32/54 €
♦ Le plus grand domaine skiable des Alpes a prêté son nom à ce bâtiment moderne. Chambres d'esprit montagnard (rénovation en 2009), dont quelques "familiales". Du salon-bar, vue sur les cimes. Salle à manger couleur locale ; carte traditionnelle.

XXX **L'Oxalys** (Jean Sulpice) ⟨ icons ⟩
⟨ ⟩ (entrée station) – ℰ 04 79 00 12 00 – www.jean-sulpice.com – Fax 04 79 00 24 10
– Ouvert 6 juil.-31 août et 1ᵉʳ déc.-30 avril
Rest – Menu 48/110 € – Carte 80/110 € ⟨ ⟩
Spéc. L'œuf de caille poché, gelée de concombre, féra fumée, bourrache et oxalis (été). Le ris de veau, caramel de citron à la cardamome verte, légumes de saison et salade d'herbes. La pomme meringuée, miel de montagne et parfum d'antésite. **Vins** Chignin-Bergeron, Vin de pays d'Allobrogie.
♦ À 2 000 m d'altitude, cette cuisine atteint des sommets : meilleurs produits savoyards, cuissons et assaisonnements parfaits, innovation réfléchie, harmonie des saveurs, sous la baguette de Jean Sulpice et de son épouse, excellente sommelière.

LE VALTIN – 88 Vosges – 314 K4 – 95 h. – alt. 751 m – ⊠ 88230   27 D3
◘ Paris 440 – Colmar 46 – Épinal 55 – Guebwiller 55

XX **Auberge du Val Joli** avec ch ⟨ icons ⟩
⟨ ⟩ 12 bis le village – ℰ 03 29 60 91 37 – www.levaljoli.com – Fax 03 29 60 81 73
– Fermé dim. soir, lundi soir, mardi midi sauf vacances scolaires et lundi midi sauf fériés
10 ch – †82 € ††82/140 €, ⌷ 12 € – ½ P 72/90 €
Rest – Menu 22 € (sem.), 31/62 € – Carte 50/75 €
♦ Deux salles à manger : l'une de style rustique, l'autre dotée d'une large verrière ouverte sur la terrasse, face à la nature. Cuisine du terroir actualisée. Chambres pour l'étape.

LA VANCELLE – 67 Bas-Rhin – 315 H7 – rattaché à Lièpvre

VANDOEUVRE-LÈS-NANCY – 54 Meurthe-et-Moselle – 307 H7 – rattaché à Nancy

VANNES Ⓟ – 56 Morbihan – **308** O9 – 53 079 h. – Agglo. 118 029 h. 9 A3
– alt. 20 m – ⊠ 56000 ▯ Bretagne

> ▶ Paris 459 – Quimper 122 – Rennes 110 – St-Brieuc 107
>
> ℹ Office de tourisme, 1, rue Thiers 𝒞 08 25 13 56 10,
>   Fax 02 97 47 29 49
>
> ▨₁₈ de Baden à Baden Kernic, par rte d'Auray et D 101 : 14 km,
>   𝒞 02 97 57 18 96
>
> ◉ Vieille ville★★ AZ : Place Henri-IV★ AZ 10, Cathédrale St-Pierre★ **B**,
>   Remparts★, Promenade de la Garenne⩽★★ - La Cohue★ (anciennes
>   halles) - Musée archéologique★ - Aquarium océanographique et tropical★
>   - Golfe du Morbihan★★ en bateau.

🏠🏠🏠 **Mercure** ⩽ 📶 🛗 ♿ 🗚 ⚐ 🍴 📶 Ⓟ 🚗 VISA ⓪ 𝔸𝔼 ①
19 r. Daniel Gilard, Le parc du Golfe, 2 km au Sud rte de Conleau - AZ
– 𝒞 02 97 40 44 52 – www.mercure-vannes.com
– Fax 02 97 63 03 20
89 ch – ♦71/115 € ♦♦79/159 €, ⊊ 14 €
Rest *Brasserie Edgar* – 𝒞 02 97 40 68 08 – (18 €) Menu 21/34 €
– Carte 29/49 €
◆ Construction moderne en arc de cercle située près de l'Aquarium. Chambres spacieuses et
insonorisées (douze nouvelles), bénéficiant d'une vue sur le golfe du Morbihan. Les baies
vitrées du restaurant ouvrent sur la terrasse et sur un petit coin de verdure.

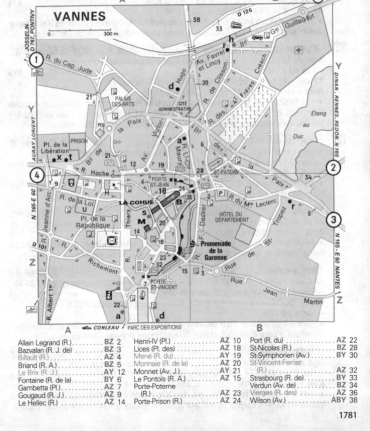

Allain Legrand (R.)	BZ 2	Henri-IV (Pl.)	AZ 10	Port (R. du)	AZ 22
Bazvalan (R. J. de)	BZ 3	Lices (Pl. des)	AZ 18	St-Nicolas (R.)	BZ 28
Billault (R.)	AZ 4	Mené (R. du)	AZ 19	St-Symphorien (Av.)	BY 30
Briand (R. A.)	BZ 5	Monnaie (R. de la)	AZ 20	St-Vincent-Ferrier	
Le Brix (R. J.)	AY 12	Monnet (Av. J.)	AZ 21	(R.)	AZ 32
Fontaine (R. de la)	BY 6	Le Pontois (R. A.)	AZ 15	Strasbourg (R. de)	BY 33
Gambetta (Pl.)	AZ 7	Porte-Poterne		Verdun (Av. de)	BZ 34
Gougaud (R. J.)	AZ 9	(R.)	AZ 23	Vierges (R. des)	AZ 36
Le Hellec (R.)	AZ 14	Porte-Prison (R.)	AZ 24	Wilson (Av.)	ABY 38

Villa Kerasy sans rest 🛋 ᵹ 🔟 ⅀ 📶 🄿 🆅🅸🆂🅰 ⓿ 🄰🄴
20 av. Favrel et Lincy – ℰ 02 97 68 36 83 – www.villakerasy.com
– Fax 02 97 68 36 84 – Fermé 4-31 janv. et 14 nov.-12 déc. BY**r**
15 ch – †97/188 € ††128/228 €, ⅁ 14 €

• Le décor de chaque chambre vous transporte dans une escale de la compagnie des Indes, pour un voyage plein de charme et d'attentions. Excellent petit-déjeuner, jardin japonais.

Best Western Vannes Centre 🍴 🖪 🕿 ᵹ 🔟 📶 🅲🄰 🛳
6 pl. de la Libération – ℰ 02 97 63 20 20 🆅🅸🆂🅰 ⓿ 🄰🄴 ⓪
– www.bestwestern-vannescentre.com – Fax 02 97 63 80 22 AY**t**
58 ch – †71/155 € ††71/155 €, ⅁ 13 €
Rest – (16 €) Carte environ 23 €

• Hôtel récent tout proche du centre historique et des commerces. Chambres contemporaines au cadre sobre et épuré. Salle de réunion pour la clientèle d'affaires. Fitness. Cuisine traditionnelle au restaurant, dont le décor s'aligne sur celui du lieu, actuel.

Marébaudière sans rest 🖪 📶 🅲🄰 🄿 🆅🅸🆂🅰 ⓿ 🄰🄴 ⓪
4 r. A. Briand – ℰ 02 97 47 34 29 – www.marebaudiere.com – Fax 02 97 54 14 11
41 ch – †76/108 € ††76/108 €, ⅁ 10 € BZ**r**

• À 5 mn à pied des remparts, bâtisse régionale coiffée d'ardoises, aux chambres colorées (tons bleu, jaune et rouille), très pratiques et bien équipées. Tenue irréprochable.

Manche-Océan sans rest 🖪 📶 🅲🄰 🆅🅸🆂🅰 ⓿ 🄰🄴 ⓪
31 r. du Lt-Col. Maury – ℰ 02 97 47 26 46 – www.manche-ocean.com
– Fax 02 97 47 30 86 – Fermé 18 déc.-10 janv. AY**a**
41 ch – †51/75 € ††61/95 €, ⅁ 8,50 €

• Nouveaux atouts pour cet hôtel rénové de pied en cap : grandes chambres bien équipées (literie "king size", mobilier fonctionnel), bonne insonorisation et salle de séminaires.

Kyriad Image Ste-Anne 🖪 ᵹ ch. 🔟 📶 🅲🄰 🄿 🆅🅸🆂🅰 ⓿ 🄰🄴
8 pl. de la Libération – ℰ 02 97 63 27 36 – www.kyriad-vannes.fr
– Fax 02 97 40 97 02 AY**x**
33 ch – †68/80 € ††68/80 €, ⅁ 10 € – ½ P 60/66 €
Rest – (16 €) Menu 21/27 € – Carte 34/43 €

• Cet établissement central recèle des chambres de bon confort, climatisées et bien insonorisées, ainsi qu'un bel espace séminaires flambant neuf. Chaleureux restaurant au décor breton (boiseries ouvragées, peintures d'une artiste locale) et carte traditionnelle.

France sans rest 🖪 ᵹ 🔟 📶 🅲🄰 🄿 🆅🅸🆂🅰 ⓿ 🄰🄴
57 av. Victor Hugo – ℰ 02 97 47 27 57 – www.hotelfrance-vannes.com
– Fax 02 97 42 59 17 – Fermé 21 déc.-5 janv. AY**d**
30 ch – †55/67 € ††59/82 €, ⅁ 8 € – 1 suite

• On reconnaît aisément cet hôtel à sa façade de bois et de zinc. Chambres fraîches et fonctionnelles, rénovées il y a peu dans un plaisant style contemporain. Salon-véranda.

XX **Régis** 🆅🅸🆂🅰 ⓿
24 pl. de la Gare – ℰ 02 97 42 61 41 – Fax 02 97 54 99 01 – Fermé dim. et lundi
Rest – Carte 33/54 € BY**h**

• Décoration soignée de style médiéval avec vitraux, copies de blasons anciens, murs en tuffeau et cheminée sculptée d'un chevalier en armure. Cuisine personnalisée.

X **Roscanvec** 🔟 ⅀ 🆅🅸🆂🅰 ⓿
17 r. des Halles – ℰ 02 97 47 15 96 – www.roscanvec.com – Fax 02 97 47 86 39
– Fermé lundi sauf sauf juil. -août et dim. AZ**s**
Rest – (nombre de couverts limité, prévenir) (20 €) Menu 30/60 €
– Carte 54/70 €

• Maison à colombages d'une pittoresque ruelle piétonne. Quelques tables au rez-de-chaussée offrent le coup d'œil sur la cuisine. Salle principale à l'étage. Carte inventive.

X **Le Carré Blanc** 🆅🅸🆂🅰 ⓿ 🄰🄴
⊶ 28 r. du Port – ℰ 02 97 47 48 34 – www.lecarreblanc-vannes.com
– Fax 02 97 47 48 34 – Fermé sam. midi, dim. soir et lundi AZ**a**
Rest – Menu 14 € (déj.)/25 € – Carte environ 29 €

• Un Carré Blanc carrément séduisant, dans une maison à colombages où tableaux et meubles contemporains égayent un intérieur immaculé. Cuisine actuelle simple et bien tournée.

Le Vent d'Est

23 r. Ferdinand Le Dressay – ✆ 02 97 01 34 53 – Fax 02 97 01 34 53 – Fermé 11-19 avril, 20 juil.-10 août, dim. sauf le midi d'oct. à mars merc. soir et lundi AZ**d**

Rest – (14 €) Menu 24 € – Carte 23/45 €

◆ Décor de winstub pour cette table située à l'étage d'une maison ancrée face au port de plaisance. Les Bretons y savourent des spécialités alsaciennes copieusement servies.

à St-Avé par ① et D 767, Nord : 6 km (près centre hospitalier spécialisé) – 9 883 h. – alt. 50 m – ✉ 56890

Le Pressoir (Bernard Rambaud)

7 r. de l'Hôpital, (par rte de Plescop), à 1.5 km – ✆ 02 97 60 87 63 – www.le.pressoir-st-ave.com – Fax 02 97 44 59 15 – Fermé 1er-16 mars, 28 juin-6 juil., 4-19 oct., dim. soir, lundi et mardi

Rest – Menu 35 € (déj. en sem.), 56/94 € – Carte 63/130 €

Spéc. Langoustines crues à la crème acidulée au caviar d'Aquitaine. Galette de rouget aux pommes de terre et au romarin. Fin feuilleté de pomme poêlée, caramel au lambig. **Vins** Muscadet de Sèvre et Maine sur lie.

◆ Une auberge séduisante à plus d'un égard : belle carte inventive honorant l'Armor, joli choix de vins, accueil chaleureux et nouveau décor contemporain semé de touches florales.

à Conleau Sud-Ouest : 4,5 km - AZ ✉56000Vannes

Presqu'île de Conleau ★ 30 mn.

Le Roof

10 allée des Frères Cadoret – ✆ 02 97 63 47 47 – www.le-roof.com – Fax 02 97 63 48 10

40 ch – †89/130 € ††113/158 €, ☕ 13 € – ½ P 95/118 €

Rest – (25 € bc) Menu 29/56 € – Carte 45/85 €

Rest *Café de Conleau* – (14 €) Menu 20 € – Carte 22/44 €

◆ Le charme de cet hôtel tient à son emplacement, sur une presqu'île dominant une anse peuplée de voiliers. Chambres fonctionnelles (certaines profitent de la vue). Le restaurant offre un beau panorama sur le golfe du Morbihan. Esprit bistrot au Café de Conleau.

rte d'Arradon par ④ et D 101 : 5 km – ✉ 56610 Arradon

L'Arlequin

parc d'activités de Botquelen, (3 allée D. Papin) – ✆ 02 97 40 41 41 – Fax 02 97 40 52 93 – Fermé sam. midi, dim. soir et merc.

Rest – (18 €) Menu 21/41 € – Carte 40/50 €

◆ Belle salle en rotonde coiffée d'une charpente, vue verdoyante et recettes actuelles alternant clins d'œil à la tradition et touches "fusion" : pensez à réserver !

à Arradon par ④, D 101, D 101A et D 127 : 7 km – 5 125 h. – alt. 40 m – ✉ 56610

Syndicat d'initiative, 2, place de l'église ✆ 02 97 44 77 44, Fax 02 97 44 81 22

★.

Le Parc er Gréo sans rest

9 r. Mane Guen, au Gréo, 2 km à l'Ouest (dir. le Moustoir) – ✆ 02 97 44 73 03 – www.parcergreo.com – Fax 02 97 44 80 48 – Ouvert 19 mars-13 nov. et 14 fév.-7 mars

14 ch – †70/140 € ††85/140 €, ☕ 14 € – 1 suite

◆ Maison entourée de verdure, aux intérieurs très soignés : agréable salon (maquettes de bateaux, belles aquarelles), chambres douillettes et personnalisées. Piscine chauffée.

Les Vénètes

ch,

à la pointe, 2 km – ✆ 02 97 44 85 85 – www.lesvenetes.com – Fax 02 97 44 78 60 – Fermé 4-20 janv.

10 ch – †90/210 € ††90/210 €, ☕ 12 € – ½ P 80/130 €

Rest – *(fermé dim. soir de sept. à juin)* Menu 35 € – Carte 56/97 €

◆ "Les pieds dans l'eau" : les chambres, joliment aménagées, bénéficient d'une vue exceptionnelle sur le golfe (balcons au 1er étage). Agréable salle à manger au décor marin, superbement située au bord de la "mor bihan" (petite mer en breton).

X **Le Médaillon** 🛜 VISA ⬤ AE

10 r. Bouruet Aubertot – 𝒞 02 97 44 77 28 – lemedaillon.chez-alice.fr – Fax 02 97 44
79 08 – Fermé 21-26 déc., dim. soir, mardi soir et merc. sauf du 14 juil. au 31 août
Rest – Menu 16/35 € – Carte 35/61 €

◆ Aux portes du village, ancien bar converti en restaurant. Poutres et pierres apparentes
agrémentent la sobre salle à manger. Terrasse d'été sous la tonnelle et jeux d'enfants.

LES VANS – 07 Ardèche – 331 G7 – 2 827 h. – alt. 170 m – ⊠ 07140 44 A3
Lyon Drôme Ardèche

▶ Paris 663 – Alès 44 – Aubenas 37 – Pont-St-Esprit 66

🛈 Office de tourisme, place Ollier 𝒞 04 75 37 24 48, Fax 04 75 37 27 46

🏠 **Le Carmel** ॐ 🚗 🛜 ⛲ ☷ ch, ᵗ⁰ 🏄 P VISA ⬤ AE

montée du Carmel – 𝒞 04 75 94 99 60 – www.le-carmel.com
– Fax 09 59 61 80 37 – Ouvert 15 mars-11 nov.
26 ch – †45/55 € ††65/85 €, ⬤ 10 € – ½ P 60/78 €
Rest – (ouvert avril-sept.) Menu 28/42 € – Carte 42/54 €

◆ Dominant le bourg médiéval, ex-couvent carmélite abritant des chambres rénovées : tissus
provençaux, murs ocres, mobilier en fer forgé et salles de bains neuves. Joli jardin. Salle à
manger aux couleurs ensoleillées et terrasse ombragée. Plats du marché.

au Sud-Est 6 km par D 901 – ⊠ 07140 Les Vans

🏠 **Mas de l'Espaïre** ॐ 🚗 🛜 ☷ ᵗ⁰ 🏄 P VISA ⬤ AE

Combe de Mège – 𝒞 04 75 94 95 01 – www.hotel-espaire.fr – Fax 04 75 37 21 00
– Ouvert 3 avril-15 nov.
30 ch – †50/74 € ††50/99 €, ⬤ 9 € – ½ P 58/82 €
Rest – (dîner seult) (résidents seult) Menu 25 €

◆ À l'orée du bois de Païolive, ex-magnanerie bercée par le chant des cigales. Les murs des
vastes chambres laissent apparaître çà et là la pierre d'origine. Lits "king size". Agréable salle
de restaurant et cuisine familiale.

VANVES – 92 Hauts-de-Seine – 311 J3 – 101 25 – voir à Paris, Environs

---

VARADES – 44 Loire-Atlantique – 316 J3 – 3 527 h. – alt. 13 m – ⊠ 44370 34 B2

▶ Paris 333 – Angers 40 – Cholet 42 – Laval 95

🛈 Syndicat d'initiative, place Jeanne d'Arc 𝒞 02 40 83 41 88

XX **La Closerie des Roses** ⩽ VISA ⬤ AE ①

La Haute Meilleraie, 1,5 km au Sud par rte de Cholet – 𝒞 02 40 98 33 30
– www.lacloseriedesroses.com – Fax 02 40 09 74 23 – Fermé 4-20 oct.,
17 janv.-9 fév., dim. soir, lundi soir, mardi soir et merc.
Rest – Menu 16 € (déj. en sem.), 27/58 € – Carte 45/62 €

◆ Table ancrée depuis 1938 face à la Loire et à l'abbatiale de St-Florent-le-Vieil. Le chef
achète ses poissons de rivière aux pêcheurs du coin et concocte une cuisine régionale.

VARENGEVILLE-SUR-MER – 76 Seine-Maritime – 304 F2 – 1 071 h. 33 D1
– alt. 80 m – ⊠ 76119 Normandie Vallée de la Seine

▶ Paris 199 – Dieppe 10 – Fécamp 57 – Fontaine-le-Dun 18

◉ Site★ de l'église - Parc des Moustiers★ - Colombier★ du manoir d'Ango,
S : 1 km - Ste-Marguerite : arcades★ de l'église O : 4,5 km - Phare d'Ailly
⩽★ NO : 4 km.

à Vasterival 3 km au Nord-Ouest par D 75 et rte secondaire
– ⊠ 76119 Varengeville-sur-Mer

🏠 **De la Terrasse** ॐ ⩽ 🚗 🛝 🏖 rest, ᵗ⁰ 🏄 P VISA ⬤

rte de Vasterival – 𝒞 02 35 85 12 54 – www.hotel-restaurant-la-terrasse.com
– Fax 02 35 85 11 70 – Ouvert 20 mars-10 oct.
22 ch – †53/64 € ††53/64 €, ⬤ 8 € – ½ P 52/58 €
Rest – (17 €) Menu 22 € (sem.)/35 € – Carte 25/39 €

◆ Au terme d'une route bordée de sapins, belle demeure (1902) entourée d'un jardin
ombragé. La moitié des chambres offre une vue plongeante sur la mer. Salon avec jeux de
société. Cuisine traditionnelle dans la salle à manger tournée vers la Manche.

LA VARENNE-ST-HILAIRE – 94 Val-de-Marne – **312** E3 – **101** 28 – **voir à** Paris, Environs (St-Maur-des-Fossés)

VARENNES-SUR-ALLIER – 03 Allier – **326** H5 – 3 855 h. – alt. 245 m   6 C1
– ⊠ 03150

    ▶ Paris 327 – Digoin 59 – Lapalisse 20 – Moulins 31
    🛈 Office de tourisme, pl. de l'Hôtel de Ville ℰ 04 70 47 45 86, Fax 04 70 47 45 86

à Boucé 8 km à l'Est par N 7 et D 23 – 546 h. – alt. 310 m – ⊠ 03150

  XX **Auberge de Boucé**   🛋 VISA ◉◉
    1 rte de Cindré, (Le Bourg) – ℰ 04 70 43 70 59 – *Fermé 27-31 déc., dim. soir, lundi et merc.*
    Rest – (14 €) Menu 27/35 € – Carte 27/47 €
    ♦ Auberge villageoise à la chaleureuse ambiance campagnarde. Jolie terrasse et salle à manger ensoleillée décorée de tableaux peints par le chef ; cuisine traditionnelle.

VARENNES-SUR-USSON – 63 Puy-de-Dôme – **326** G9 – **rattaché à Issoire**

VARETZ – 19 Corrèze – **329** J4 – **rattaché à Brive-la-Gaillarde**

VARS – 05 Hautes-Alpes – **334** I5 – 597 h. – alt. 1 650 m – ⊠ 05560   41 C1
📗 Alpes du Sud

    ▶ Paris 726 – Barcelonnette 41 – Briançon 46 – Digne-les-Bains 126
    🛈 Office de tourisme, cours Fontanarosa ℰ 04 92 46 51 31, Fax 04 92 46 56 54

à Ste-Marie-de-Vars – ⊠ 05560 Vars

  🏠 **Alpage**   🛋 ℔ 🖎 ※ 🐾 **P** VISA ◉◉
    – ℰ 04 92 46 50 52 – www.hotel-alpage.com – Fax 04 92 46 64 23 – *Ouvert 15 juin-1er sept. et 15 déc.-15 avril*
    17 ch ⊠ – ♦54/74 € ♦♦70/148 € – ½ P 55/92 €
    Rest – Menu 20/26 € – Carte 23/29 €
    ♦ Vieille ferme de village rénovée en chalet-hôtel. Les chambres, spacieuses et agréables à vivre, arborent une mignonne décoration régionale. Une sympathique cuisine traditionnelle vous attend au restaurant, logé sous les voûtes de l'ancienne étable.

  🏠 **Le Vallon**   ≼ 🛋 🛋 ♈ **P** VISA ◉◉
  ☜ – ℰ 04 92 46 54 72 – www.hotelvallon.com – Fax 04 92 46 61 62
    – *Ouvert juil.-août et 19 déc.-19 avril*
    34 ch – ♦42/72 € ♦♦62/107 €, ⊠ 8 € – ½ P 52/76 €
    Rest – (13 €) Menu 18/22 € – Carte 20/34 €
    ♦ Un séjour tout schuss ! Emplacement idéal au pied des pistes, accueil convivial, ambiance et décor montagnards, chambres ouvertes sur la nature, billard et ping-pong. Le restaurant, égayé de photos représentant le pays, propose des plats traditionnels.

aux Claux – ⊠ 05560 Vars – **Sports d'hiver :** 1 650/2 750 m ᛋ2 ⑮56 🎿

  🏠 **L'Écureuil** sans rest   ≼ ♈ **P** VISA ◉◉ AE
    Les Claux – ℰ 04 92 46 50 72 – www.hotelecureuil.com – Fax 04 92 46 62 51
    – *Ouvert 18 juin-12 sept. et 12 déc.-24 avril*
    21 ch ⊠ – ♦85/190 € ♦♦102/198 €
    ♦ À 150 m des pistes, chalet dans le plus pur style savoyard. Bois omniprésent depuis le chaleureux salon-cheminée jusqu'aux chambres feutrées (la plupart avec balcon). Sauna.

  🏠 **Les Escondus**   🛋 🛋 ♈ **P** VISA ◉◉ AE
    – ℰ 04 92 46 67 00 – www.hotel-les-escondus.com – Fax 04 92 46 50 47 – *Ouvert 1er juil.-31 août et 1er déc.-30 avril*   **Rest** – Menu 20 € (déj.)/29 € – Carte 12/40 €
    22 ch (½ P seult) – ½ P 68/118 €
    ♦ Tout pour se ressourcer : accès direct aux pistes, espace détente, piano-bar et chambres pratiques. Les amateurs d'insolite choisiront celle occupant une cabane dans les arbres ! Plats traditionnels dans la grande salle lambrissée ou en terrasse, côté forêt.

  X **Chez Plumot**   🛋 VISA ◉◉
    – ℰ 04 92 46 52 12 – *Ouvert juil.-août et déc.-avril*
    Rest – Menu 20 € (déj.)/30 € – Carte 24/60 €
    ♦ Un incontournable de la station. Le cadre rustique s'accorde bien avec les plats traditionnels proposés ici. Carte allégée à midi, en hiver (snack, spécialités du Sud-Ouest).

VASSIVIÈRE (LAC DE) – 23 Creuse – **326** i6
– rattaché à Peyrat-le-Château (87 H.-Vienne)

VASTERIVAL – 76 Seine-Maritime – **304** F2 – rattaché à Varengeville-sur-Mer

VAUCHOUX – 70 Haute-Saône – **314** E7 – rattaché à Port-sur-Saône

VAUCHRÉTIEN – 49 Maine-et-Loire – **317** G5 – 1 558 h. – alt. 67 m   **35** C2
– ⊠ 49320

■ Paris 313 – Nantes 119 – Angers 22 – Cholet 66

🛈 Syndicat d'initiative, Mairie 𝒞 02 41 91 24 18, Fax 02 41 91 20 06

⌂ **Le Moulin de Clabeau** sans rest ⊗   🖾 **P**
5 km au Nord par D 55 puis D 123 – 𝒞 02 41 91 22 09 – www.gite-brissac.com
4 ch ⊑ – †65 € ††70 €
♦ Moulin (1320) des bords de l'Aubance abritant des chambres avec poutres et pierres apparentes. Confitures et gâteaux maison au petit-déjeuner. Expositions, vente de produits locaux.

VAUCRESSON – 92 Hauts-de-Seine – **311** I2 – **101** 23 – voir à Paris, Environs

VAUDEVANT – 07 Ardèche – **331** J3 – 209 h. – alt. 600 m – ⊠ 07410   **44** B2
■ Paris 558 – Lyon 96 – Privas 89 – Saint-Étienne 67

✗ **La Récré**   🖾 **P** 𝑽𝑰𝑺𝑨 ⓿⓿
🍴 – 𝒞 04 75 06 08 99 – www.restaurant-la-recre.com – Fax 04 75 06 08 99
– Fermé déc., janv. et le soir sauf sam. de sept. à mars, dim. soir, lundi et mardi
Rest – (nombre de couverts limité, prévenir) (12 €) Menu 18/55 € – Carte 26/33 €
♦ Ex-école villageoise devenue restaurant, ce qui explique enseigne et décor (tableau noir,
photos d'écoliers, cartes murales). Cuisine actuelle soignée ; ambiance cordiale.

VAUGINES – 84 Vaucluse – **332** F11 – 557 h. – alt. 375 m – ⊠ 84160   **42** E1
■ Paris 736 – Digne-les-Bains 112 – Apt 23 – Cavaillon 36

⌂ **L'Hostellerie du Luberon** ⊗   ≤ 🖾 🖾 ⫯ **P** 𝑽𝑰𝑺𝑨 ⓿⓿
cours St-Louis – 𝒞 04 90 77 27 19 – www.hostellerieduluberon.com
– Fax 04 90 77 13 08 – Ouvert mars-oct.
16 ch ⊑ – †90/93 € ††99/118 € – ½ P 63/70 €
Rest – (fermé mardi midi et merc. midi) Menu 22/30 € – Carte 28/49 €
♦ Face à la Vallée de la Durance, un hôtel familial qui dispose de jolies chambres provençales. Bibliothèque et jeux variés pour la détente des petits et grands. Restauration de style
brasserie servie dans une salle à manger lumineuse, ou en terrasse, au bord de la piscine.

VAULT-DE-LUGNY – 89 Yonne – **319** G7 – rattaché à Avallon

VAULX – 74 Haute-Savoie – **328** I5 – 803 h. – alt. 530 m – ⊠ 74150   **46** F1
■ Paris 539 – Annecy 19 – Genève 50 – Lyon 158

✗ **Par Monts et Par Vaulx**   🖾 ⚅ ⟺ 𝑽𝑰𝑺𝑨 ⓿⓿
🍴 – 𝒞 04 50 60 57 20 – www.restaurant-vaulx.fr – Fax 04 50 60 59 65
– Fermé 10 jours fin août, 10 jours début janv., dim. soir, lundi soir et mardi soir
en hiver et merc.
Rest – (nombre de couverts limité, prévenir) Menu 14 € bc (déj. en sem.),
27/29 € – Carte 27/37 €
♦ Sur la route qui traverse le village, auberge ancienne reprise par un jeune couple. Cadre
rustique, terrasse ombragée et goûteuse cuisine de bistrot (excellent paris-brest).

VAUX-EN-BEAUJOLAIS – 69 Rhône – **327** G3 – 946 h. – alt. 360 m   **43** E1
– ⊠ 69460
■ Paris 443 – Lyon 49 – Villeurbanne 58 – Lyon 03 51

✗✗ **Auberge de Clochemerle** avec ch   🖾 ⚅ 𝑽𝑰𝑺𝑨 ⓿⓿
🍴 r. Gabriel-Chevallier – 𝒞 04 74 03 20 16 – www.aubergedeclochemerle.fr
– Fax 04 74 03 20 74
7 ch – †65/70 € ††70/75 €, ⊑ 10 €
Rest – (fermé lundi et mardi sauf de juin à août) Menu 30/65 € – Carte 59/78 €
♦ Auberge d'un village rendu célèbre par le roman "Clochemerle" de Gabriel Chevallier. Le
chef écrit un menu actuel et captivant, mariant les beaux produits avec une sensibilité crois-
sante. Agréable cadre néorustique. Chambres fraîches au mobilier de famille.

VAUX-LE-PÉNIL – 77 Seine-et-Marne – 312 F4 – rattaché à Melun

VAUX-SOUS-AUBIGNY – 52 Haute-Marne – 313 L8 – 662 h. 14 C3
– alt. 275 m – ⊠ 52190

> 🚊 Paris 304 – Dijon 44 – Gray 43 – Langres 25

XX **Auberge des Trois Provinces** ⇔ 𝗩𝗜𝗦𝗔 ⓒ
⊜ r. de Verdun – ✆ 03 25 88 31 98
– Fermé 4-25 janv., dim. soir et lundi
Rest – (prévenir) Menu 19/29 € – Carte 41/58 €
♦ Fresques, poutres peintes et beau pavement composent le plaisant décor de ce restaurant familial installé dans une maison ancienne en pierre. Cuisine au goût du jour.

🖾 **Le Vauxois** 🏠 ⏾ 🛠 📶 🅿 🖾 𝗩𝗜𝗦𝗔 ⓒ
r. de Verdun – ✆ 03 25 84 36 74 – Fax 03 25 84 25 61
– Fermé 4-25 janv., dim. soir et lundi
9 ch – ♦48 € ♦♦55 €, � 6,50 €
♦ Chambres fonctionnelles situées à 50 m de l'Auberge des Trois Provinces et à deux pas de l'église. Lumineuse salle des petits-déjeuners.

VELARS-SUR-OUCHE – 21 Côte-d'Or – 320 J6 – rattaché à Dijon

VÉLIZY-VILLACOUBLAY – 78 Yvelines – 311 J3 – 101 24 – voir à Paris, Environs

VELLÈCHES – 86 Vienne – 322 J3 – 371 h. – alt. 69 m – ⊠ 86230 39 C1

> 🚊 Paris 302 – Poitiers 58 – Joué-lès-Tours 60 – Châtellerault 21

X **La Table des Écoliers** 🖾 𝗔𝗞 🅿 𝗩𝗜𝗦𝗔 ⓒ
⊜ 1 bis r. de l'Étang – ✆ 05 49 93 35 51
– www.latabledesecoliers.com
Rest – (fermé mardi et merc.) Menu 15 € bc/42 €
♦ On replonge en enfance dans une ancienne salle de classe (tables d'écoliers, porte-manteaux...), pour une intéressante leçon gustative. Accueil sympathique et plats actuels.

VELLUIRE – 85 Vendée – 316 K9 – rattaché à Fontenay-le-Comte

VENAREY-LES-LAUMES – 21 Côte-d'Or – 320 G4 – 3 068 h. 8 C2
– alt. 235 m – ⊠ 21150 ▌ Bourgogne

> 🚊 Paris 259 – Avallon 54 – Dijon 66 – Montbard 15
> 🛈 Office de tourisme, place Bingerbrück ✆ 03 80 96 89 13, Fax 03 80 96 13 22

à Alise-Ste-Reine 2 km à l'Est – 695 h. – alt. 415 m – ⊠ 21150

> 🎦 Mont Auxois★ : ⁂★ - Château de Bussy-Rabutin★.

XX **Cheval Blanc** 🅿 𝗩𝗜𝗦𝗔 ⓒ
⊜ r. du Miroir – ✆ 03 80 96 01 55 – www.regis-bolatre.com
– Fermé 8-23 mars, 6-15 sept., 2 janv.-10 fév., mardi sauf le midi en juil.-août, dim. soir et lundi
Rest – Menu 20 € (sem.), 32/45 € – Carte 40/63 €
♦ Bâtisse en pierre où l'intérieur, rafraîchi et actuel, est agréablement réchauffé l'hiver par un bon feu de bois. Généreuse cuisine à composantes bourguignonnes.

à Mussy-la-Fosse 3 km à l'Ouest par rte secondaire – 320 G4 – 82 h.
– alt. 280 m – ⊠ 21150

⌂ **Clos Mussy** ⏾ 🖾 🗴 📶 🅿
8 r. du Château – ✆ 03 80 96 97 87 – www.closmussy.fr
– Fermé 24 déc.-3 janv.
3 ch ⊵ – ♦65 € ♦♦75 € **Table d'hôte** – Menu 35 € bc
♦ Face au site d'Alésia, cette maison forte (16ᵉ s.) témoigne de l'architecture militaire du Moyen Âge. Vastes chambres personnalisées ; grange aménagée en salon rustique. Table d'hôte proposée dans une grande salle médiévale dotée d'une cheminée monumentale.

VENASQUE – 84 Vaucluse – **332** D10 – 1 131 h. – alt. 310 m   **42** E1
– ⊠ 84210 ▮ Provence

- ▶ Paris 690 – Apt 32 – Avignon 33 – Carpentras 13
- 🖪 Office de tourisme, Grand 'Rue 𝒞 04 90 66 11 66,
  Fax 04 90 66 11 66
- ◉ Baptistère★ - Gorges★ E : 5 km par D 4.

🏠 **Auberge La Fontaine** ⊗   🗚 ch, 🅿 Ⅵ𝖲𝖠 ⚹ AE
pl. de la Fontaine
– 𝒞 04 90 66 02 96
– www.auberge-lafontaine.com
– Fax 04 90 66 13 14
4 suites – ♥♥125 €, ⬚ 10 €
Rest – (fermé merc.) (dîner seult) (nombre de couverts limité, prévenir) (25 €)
Menu 40 €
♦ Auberge, façon maison d'hôtes, dédiée à l'art culinaire et musical ; duplex au style épuré
et design (cuisinette, cheminée) avec vue sur le patio ou les toits. Appréciez dans une
ambiance rétro, de fines saveurs provençales ; cours de cuisine et dîners-concerts.

🏠 **La Garrigue** ⊗   🚗 ⅃ ⅌ rest, ⁇ 🅿 Ⅵ𝖲𝖠 ⚹ AE
rte de l'Appié – 𝒞 04 90 66 03 40
– www.hotel-lagarrigue.com
– Fax 04 90 66 61 43
– Ouvert 15 fév.-15 nov.
16 ch – ♥57/60 € ♥♥60/71 €, ⬚ 8 € – ½ P 57/64 €
Rest – (dîner seult) (résidents seult) Menu 20 €
♦ Aux portes d'un village haut perché, hôtel familial, entièrement rénové, aux chambres
bien tenues ; certaines sont climatisées. Salle des petits-déjeuners de style provençal.

VENCE – 06 Alpes-Maritimes – **341** D5 – 18 931 h. – alt. 325 m   **42** E2
– ⊠ 06140 ▮ Côte d'Azur

- ▶ Paris 923 – Antibes 20 – Cannes 30 – Grasse 24
- 🖪 Office de tourisme, 8, place du Grand Jardin 𝒞 04 93 58 06 38,
  Fax 04 93 58 91 81
- ◉ Chapelle du Rosaire★ (chapelle Matisse) - Place du Peyra★ B **13**
  - Stalles★ de la cathédrale B **E** - ≼★ de la terrasse du château N. D. des
  Fleurs NO : 2,5 km par D 2210.
- 🖸 Col de Vence ❄★★ NO : 10 km par D 2 - St-Jeannet : site★, ≼★ 8 km
  par ③.

🏨🏨🏨🏨 Château St-Martin & Spa ⊘ ＜🕊🏠🎋🍴♨♨🚻🔥ch, 🆔 ♨
✿✿ av. des Templiers, 2,5 km par rte du col de 🕯 ᴋ̇Á 🛏 🆔 ᵛⁱˢᵃ ⓐ AE ①
Vence (D 2) A – 𝒞 04 93 58 02 02 – www.chateau-st-martin.com
– Fax 04 93 24 08 91 – Fermé 13 déc.-13 fév.
45 ch ⊇ – ♦325/780 € ♦♦325/780 € – 6 suites
Rest Le St-Martin – (fermé lundi et mardi hors saison et le midi du 15 juin au
15 sept.) Menu 62 € (déj.), 70/170 € – Carte 99/200 €
Spéc. Mystère de l'œuf en neige. Carré d'agneau en habit vert. Poire Williams
pochée dans son jus de cassis. **Vins** Vin de pays des Alpes Maritimes, Bellet.
Rest La Rôtisserie – (fermé merc. et jeudi sauf de mai à sept.) Menu 60 € bc
– Carte 50/75 €
Rest L'Oliveraie – (ouvert 1ᵉʳ juin-19 sept.) (déj. seult) Menu 48 €
♦ Cadre d'exception pour ce luxueux palace provençal dominant Vence et la mer. Au restaurant, l'inventif Yannick Franques marie la délicatesse à la puissance, les saveurs les plus subtiles et les plus entêtantes. À La Rôtisserie, grillades et recettes à la broche. Déjeuner servi l'été
en terrasse au grill L'Oliveraie.

🏨🏨🏨 Cantemerle ⊘ 🚗🏠🎋🔲🍴♿ch, 🕯♨🅿 ᵛⁱˢᵃ ⓐ AE
258 chemin Cantemerle, au Sud-Est par av. Col. Meyère B – 𝒞 04 93 58 08 18
– www.hotelcantemerle.com – Fax 04 93 58 32 89 – Ouvert d'avril à mi-oct.
26 ch – ♦210/260 € ♦♦210/260 €, ⊇ 16 € – 1 suite
Rest – (fermé mardi midi et lundi de sept. à mi-juin et dim. soir) (22 €)
Menu 28 € (déj. en sem.), 45/53 € – Carte 50/65 €
♦ Villa méridionale agencée autour d'un jardin ombragé avec piscine. Chambres élégantes
et spacieuses, la plupart en duplex, et bel espace bien-être pour une détente complète ! Restaurant aux tons chocolat et terrasse dans la verdure ; cuisine traditionnelle.

🏨🏨🏨 Diana sans rest 🎋🛏🆔🕯🏠 ᵛⁱˢᵃ ⓐ AE ①
79 av. des Poilus – 𝒞 04 93 58 28 56 – www.hotel-diana.fr – Fax 04 93 24 64 06
27 ch – ♦79/110 € ♦♦89/160 €, ⊇ 12 € Aa
♦ Hôtel central aux chambres confortables, peu à peu relookées dans un style actuel (toiles
d'artistes locaux). Belle véranda ; fitness, solarium et jacuzzi sur le toit-terrasse.

🏨🏨 Floréal 🚗🏠🔲🛏🆔🕯 ᴋ̇Á🅿 ᵛⁱˢᵃ ⓐ AE
440 av. Rhin et Danube, par ② – 𝒞 04 93 58 64 40 – http://www.hotel-floreal.fr
– Fax 04 93 58 79 69
41 ch – ♦60/112 € ♦♦78/137 €, ⊇ 12 € – ½ P 62/86 €
Rest – (fermé dim. hors saison) (dîner seult) (résidents seult) (21 €) Menu 26 €
♦ Un jardin d'essences méditerranéennes entoure cet hôtel situé aux portes de Vence. Les
chambres, dotées de balcons, bénéficient peu à peu d'une cure de jouvence. Cuisine traditionnelle servie dans une salle à manger prolongée d'une terrasse face à la piscine.

🏨🏨 Mas de Vence 🚗🏠🔲🛏ᴋ̇🆔🕯 ᴋ̇Á🅿🏠 ᵛⁱˢᵃ ⓐ AE ①
539 av. E. Hugues – 𝒞 04 93 58 06 16 – www.azurline.com/mas
– Fax 04 93 24 04 21 Ar
41 ch – ♦65/88 € ♦♦85/110 €, ⊇ 10 € – ½ P 79/86 €
Rest – (17 € bc) Menu 30 € bc – Carte 28/42 €
♦ Cette construction récente aux tons ocre surplombe un axe passant. Chambres bien insonorisées, à la tenue impeccable, souvent avec loggia. Hall sous verrière. Vaste salle à manger
et terrasse à arcades bordant la piscine. Plats traditionnels et méditerranéens.

🏨🏨 Miramar sans rest ＜🚗🔲🛏🕯🅿 ᵛⁱˢᵃ ⓐ AE ①
167 av. Bougearel, (plateau St-Michel), au Sud-Est par av. Col. Meyère B
– 𝒞 04 93 58 01 32 – www.hotel-miramar-vence.com – Fax 04 93 58 20 22
– Fermé 20 nov.-10 déc.
18 ch – ♦68/88 € ♦♦78/158 €, ⊇ 12 €
♦ Jolie maison des années 1920 aux chambres coquettement personnalisées. Charmant jardin-terrasse pour les petits-déjeuners, pris devant le panorama des baous et de la valiée.

🏠 Villa Roseraie sans rest 🚗🔲♨🅿 ᵛⁱˢᵃ ⓐ AE
128 av. Henri Giraud – 𝒞 04 93 58 02 20 – www.villaroseraie.com
– Fax 04 93 58 99 31 – Fermé 9 nov.-17 déc. et 6 janv.-11 fév. Ax
12 ch – ♦87/147 € ♦♦87/147 €, ⊇ 12 €
♦ Agréable villa 1900 paressant au milieu d'un jardin conçu comme une oasis. Petites chambres d'inspiration typiquement régionale : tissus Souleiado, lits ouvragés et fleurs séchées.

⌂ **La Maison du Frêne** sans rest   AC ⁽ᵗ⁾ VISA ◯◯

1 pl. du Frêne – 𝒞 06 88 90 49 69 – www.lamaisondufrene.com   B**t**
4 ch ☲ – ♦100/140 € ♦♦140/165 €

◆ Demeure 18ᵉ s. du vieux Vence où vous partagerez, le temps d'un séjour, la passion de l'art et du design contemporains. Une adresse de standing à l'atmosphère furieusement arty.

XXX **Auberge Les Templiers**   🛱 AC ⇔ VISA ◯◯ AE ①

39 av. Joffre – 𝒞 04 93 58 06 05 – www.restaurant-vence.com
– Fax 04 93 58 92 68 – Fermé 22 nov.-5 déc., 24 janv.-6 fév., mardi midi
en juil.-août, merc. sauf le soir en juil.-août et lundi   A**k**
Rest – (29 €) Menu 39/59 € – Carte 52/76 €

◆ Cette auberge ancienne est devancée par une avenante terrasse ombragée. Cadre rénové et frais de style provençal. Cuisine au goût du jour dans la note méridionale.

XX **Le Vieux Couvent**   🍃 VISA ◯◯ AE

🏵 *37 av. Alphonse Toreille – 𝒞 04 93 58 78 58*
– www.restaurant-levieuxcouvent.com – Fax 04 93 58 78 58 – Fermé 5 janv.-12 fév.,
mardi midi en juil.-août, merc. sauf le soir en été et jeudi midi   B**f**
Rest – (nombre de couverts limité, prévenir) Menu 26/38 € – Carte 32/50 €

◆ Cadre élégant pour le restaurant installé dans un ancien séminaire du 17ᵉ s. Peintures et sculptures modernes contrastent avec les voûtes et murs en pierre. Cuisine régionale.

X **Les Bacchanales** (Christophe Dufau)   🛱 ⇔ P̲ VISA ◯◯ AE

🏵 *247 av. de Provence – 𝒞 04 93 24 19 19 – www.lesbacchanales.com – Fermé*
1ᵉʳ-9 juin, 7-27 déc., mardi et merc.   A**v**
Rest – (34 €) Menu 50/75 €

Spéc. Poulpe et anchois du pays marinés à la figue de Barbarie (été). Saint-pierre de Méditerranée à la vapeur, pastèque et citron confit au basilic. Composition de noisette du Piémont et argouses sauvages. **Vins** Vin de pays des Alpes Maritimes, Bellet.

◆ Le chef signe une cuisine créative pleine de spontanéité, qui fait la part belle aux légumes, dans ce restaurant lumineux et contemporain (œuvres d'art). La chapelle Matisse à deux pas.

X **Auberge des Seigneurs** avec ch   🛱 VISA ◯◯ AE

1, rue du Dr Binet – 𝒞 04 93 58 04 24 – www.auberge-seigneurs.com – Fermé janv.
6 ch – ♦65 € ♦♦85/95 €, ☲ 9 € – ½ P 95 €   B**s**
Rest – (fermé dim. et lundi) (22 €) Menu 32/43 € – Carte 38/62 €

◆ François 1ᵉʳ, Renoir, Modigliani... Cette auberge historique sise dans une aile du château de Villeneuve eut de célèbres convives. Plats provençaux, agneau à la broche.

X **L'Armoise**   🛱 AC VISA ◯◯ AE ①

9 pl. du Peyra – 𝒞 04 93 58 19 29 – www.larmoise.com – Fermé
21-27 juin, nov., 1 sem. en fév., le midi en juil.-août, dim. soir hors saison, mardi
midi et lundi   B**a**
Rest – (nombre de couverts limité, prévenir) (23 €) Menu 36 € – Carte 40/53 €

◆ Ce restaurant dédié aux saveurs de la mer occupe une ancienne poissonnerie et dresse sa terrasse sur la jolie place du Peyra. Grands classiques (bouillabaisse) et recettes maison.

X **La Litote**   🛱 VISA ◯◯ AE

5 r. Evéché – 𝒞 04 93 24 27 82 – www.lalitote.com – Fermé 3 nov.-7 déc.,
14 janv.-5 fév., mardi d'oct. à avril, dim. soir et lundi   B**e**
Rest – (16 €) Menu 20 € (sem.), 25/30 € – Carte environ 35 €

◆ Adresse située sur une placette du vieux Vence, réservée aux piétons. Accueil et service avenants, cadre chaleureux, terrasse et carte actuelle à composantes provençales.

VENDÔME ◈ – 41 Loir-et-Cher – **318** D5 – 17 029 h. – alt. 82 m   **11** B2
– ✉ 41100 �ꕤ Châteaux de la Loire

▶ Paris 169 – Blois 34 – Le Mans 78 – Orléans 91

🛈 Office de tourisme, parc Ronsard 𝒞 02 54 77 05 07, Fax 02 54 73 20 81

🏌 de La Bosse à Oucques La Guignardière, par rte de Beaugency : 20 km,
    𝒞 02 54 23 02 60

◉ Anc. abbaye de la Trinité★ : église abbatiale★★, musée★ BZ **M** - Château :
terrasses ≤★.

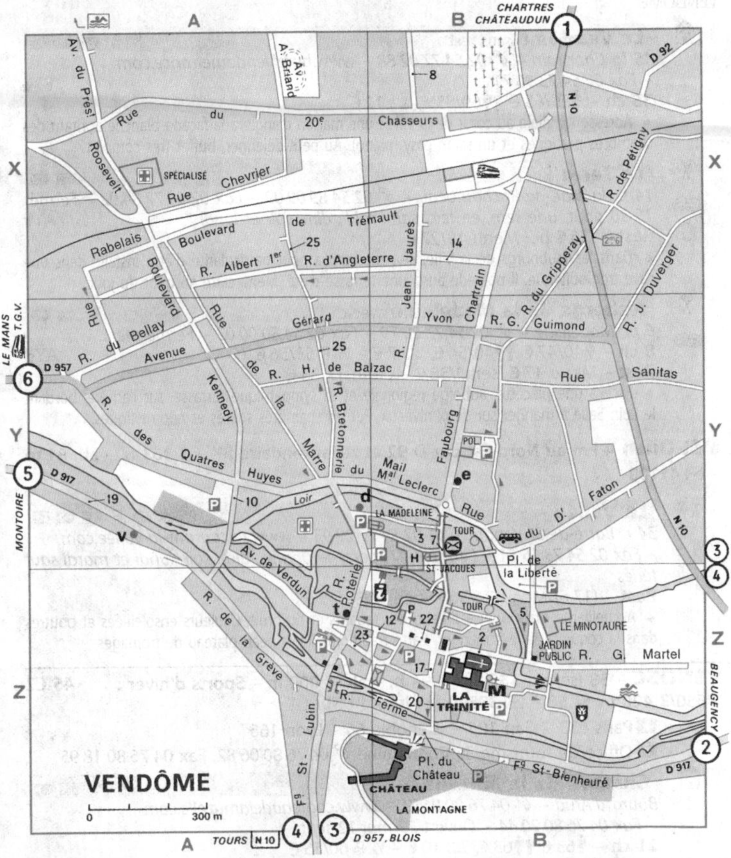

Abbaye (R. de l') . . . . **BZ** 2	États-Unis (R. des) . . . . **AY** 10	Rochambeau (R. Mar.) . . . . . **AY** 19
Béguines (R. des) . . . . **BY** 3	Gaulle (R. Gén.-de) . . . . **BZ** 12	St-Bié (R.) . . . . **BZ** 20
Bourbon (R. A) . . . . **BZ** 5	Italie (R. d') . . . . **BX** 14	St-Martin (Pl.) . . . . **BZ** 22
Change (R. du) . . . . **BY** 7	Poterie (R.) . . . . **AZ**	Saulnerie (R.) . . . . **AZ** 23
Clemenceau (Av. G.) . . . . . . **BX** 8	République (Pl. de la) . . . . . **BZ** 17	Verrier (R. Cdt) . . . . **AXY** 25

Le St-Georges

ch, ch,

14 r. Poterie – ✆ 02 54 67 42 10 – www.hotel-saint-georges-vendome.com – Fax 02 54 67 42 20 AZ**t**

28 ch – 69/120 € 89/120 €, 9 €

Rest – *(fermé dim. soir sauf fériés)* (18 € bc) Menu 25/39 € – Carte 27/48 €

◆ Cet immeuble du centre-ville, en angle de rue, cache un hôtel bien dans l'air du temps. Chambres fonctionnelles de style actuel, certaines avec baignoire balnéo. Au restaurant, cuisine aux saveurs des quatre continents sur fond de décor ethnique. Bar lounge africain.

Mercator

ch, rest,

rte de Blois, 2 km par ③ – ✆ 02 54 89 08 08 – www.hotelmercator.fr – Fax 02 54 89 09 17

53 ch – 52/61 € 58/64 €, 8 €

Rest – *(fermé 26 juil.-22 août, sam. et dim.)* Menu 17 €

◆ Proche d'un rond-point mais bordé d'espaces verts, hôtel dont les petites chambres chaleureuses affichent un style actuel. L'accueil familial est soigné. Au restaurant, cadre contemporain épuré et recettes traditionnelles.

⌂ **Le Vendôme** sans rest   📶 📶° VISA ⓒⓞ AE
*15 fg Chartrain – ℰ 02 54 77 02 88 – www.hotelvendomefrance.com
– Fax 02 54 73 90 71*   BYe
35 ch – ♦59/65 € ♦♦69/85 €, � 12 €
♦ Adresse familiale au cœur de la ville : une maison d'angle à la façade blanche abritant des chambres pratiques et un salon cosy (piano). Au petit-déjeuner, buffet très complet.

✗ **Le Terre à TR**   VISA ⓒⓞ
🍴 *14 r. du Mar.-de-Rochambeau – ℰ 02 54 89 09 09 – Fax 02 54 77 84 92 – Fermé
15-30 août, une sem. en fév., sam. midi, dim. soir et lundi*   AYv
🌼 **Rest** – (16 € bc) Menu 19/27 €
♦ Dans les faubourgs de la ville, ce restaurant a pour particularité d'être installé dans une cave troglodytique. Il possède aussi une terrasse d'été. Menu-carte au goût du jour.

✗ **Auberge de la Madeleine** avec ch   📶 VISA ⓒⓞ
🍴 *6 pl. Madeleine – ℰ 02 54 77 20 79 – Fax 02 54 80 00 02 – Fermé merc.*
8 ch – ♦40/47 € ♦♦40/54 €, ⊃ 7 € – ½ P 53/56 €   AYd
Rest – Menu 17 € (sem.)/38 € – Carte 17/38 €
♦ Face à une placette, auberge régionale et sa sympathique terrasse, sur l'arrière, bordant le Loir. Salle à manger sur deux niveaux. Petites chambres sobres et néo-rustiques.

à St-Ouen 4 km au Nord-Est par D 92 et rte secondaire BX – 3 363 h. – alt. 81 m
– ✉ 41100

✗✗ **La Vallée**   📶 ⅏ ✿ P VISA ⓒⓞ AE
*34 r. Barré-de-St-Venant – ℰ 02 54 77 29 93 – www.restaurant-la-vallee.com
– Fax 02 54 73 15 51 – Fermé 8-21 mars, 4-10 janv., dim. soir, lundi et mardi sauf
fériés*
Rest – (17 €) Menu 24/36 € – Carte 38/45 €
♦ Accueillante maisonnette à l'abri des regards et du bruit. Couleurs ensoleillées et poutres dans la coquette salle à manger. Carte traditionnelle et beau plateau de fromages.

VENOSC – 38 Isère – 333 J8 – 894 h. – alt. 1 000 m – Sports d'hiver :   45 C2
1 650/3 420 m ⅀ 58 – ✉ 38520 ▮ Alpes du Nord
▶ Paris 633 – Gap 105 – Grenoble 66 – Lyon 166
🛈 Office de tourisme, la Condamine ℰ 04 76 80 06 82, Fax 04 76 80 18 95

⌂ **Château de la Muzelle** ⌖   🖉 📶 ⅏ rest, P ⌂ VISA ⓒⓞ
*Bourg d'Arud – ℰ 04 76 80 06 71 – www.chateaudelamuzelle.com
– Fax 04 76 80 20 44 – Ouvert 29 mai-12 sept.*
21 ch – ♦63 € ♦♦63 €, ⊃ 10 € – ½ P 60/65 €
Rest – Menu 22/42 € – Carte 29/54 €
♦ De pimpants volets rouges égayent la sobre façade de ce petit château du 17ᵉ s. Chambres fonctionnelles et bien tenues, mansardées au deuxième étage. Ambiance familiale. Bonne cuisine traditionnelle mettant à profit les légumes du potager.

VENTABREN – 13 Bouches-du-Rhône – 340 G4 – 4 842 h. – alt. 210 m   40 B3
– ✉ 13122 ▮ Provence
▶ Paris 746 – Aix-en-Provence 14 – Marseille 33 – Salon-de-Provence 27
🛈 Syndicat d'initiative, 11, boulevard de Provence ℰ 04 42 28 76 47,
Fax 04 42 28 96 92
◉ ≤ ★ des ruines du Château.

✗✗ **La Table de Ventabren** (Dan Bessoudo)   ≤ 📶 VISA ⓒⓞ
🌼 *r. F. Mistral – ℰ 04 42 28 79 33 – www.latabledeventabren.com
– Fax 04 42 28 83 15 – Fermé 23 déc.-31 janv., merc. soir d'oct. à mars, dim.
soir d'oct. à avril et lundi*
Rest – (prévenir en saison et le week-end) Menu 41/50 € – Carte 50/89 €
Spéc. Maquereau cuit au sel, fenouil au citron, coulis de poivrons grillés et crème d'avocat (été). Loup sauvage vapeur, mousseline de pois chiches, figatelli et jus d'agneau (hiver). Mousse au chocolat tiède, bonbons de banane croustillants. **Vins** Palette, Vin de pays des Bouches du Rhône.
♦ Au cœur du pittoresque village perché, convivialité assurée dans les jolies salles voûtées de ce restaurant ou sur la terrasse dominant la vallée. Séduisante cuisine actuelle.

VENTRON – 88 Vosges – **314** J5 – 928 h. – alt. 630 m – Sport
850/1 110 m 8 – ✉ 88310

Paris 441 – Épinal 56 – Gérardmer 25 – Mulhouse 51

Office de tourisme, 4, place de la Mairie ✆ 03 29 24 07 02, Fax 03 2

Grand Ventron ★★ NE : 7 km Alsace Lorraine

à l'Ermitage-du-Frère-Joseph 5 km au Sud par D 43 et D 43E – Sports d'hiver : 850/1 110 m 8 – ✉ 88310 Ventron

Les Buttes rest, VISA AE

Ermitage Frère Joseph – ✆ 03 29 24 18 09 – www.frerejo.com
– Fax 03 29 24 21 96 – Fermé 7 nov.-17 déc.

26 ch – 145/220 € 145/220 €, 14 € – 1 suite – ½ P 104/144 €

Rest – *(fermé le midi sauf dim. et fériés)* Menu 27/30 €

♦ Décoration montagnarde chic et images d'Épinal partout, chambres douillettes (certaines avec jacuzzi), salon très cossu : un chalet-hôtel bien agréable ! Chaleureux restaurant ouvert sur les pistes et carte traditionnelle renouvelée chaque quinzaine.

à Travexin 3 km à l'Ouest – ✉ 88310 Cornimont

Le Géhan VISA AE

9 rte de Travexin – ✆ 03 29 24 10 71 – www.legehan-charlemagne.com
– Fax 03 29 24 10 70 – Fermé 26 juil.-10 août

11 ch – 50 € 50 €, 9 € – ½ P 55 €

Rest – *(fermé dim. soir et lundi)* (12 €) Menu 18/40 € – Carte 25/43 €

♦ Des tons jaune et bleu égaient les chambres fonctionnelles et bien insonorisées de cette maison ancienne située à un carrefour. Tenue exemplaire et accueil attentionné. Salle à manger lumineuse et rénovée ; menus traditionnels et quelques plats régionaux.

VERBERIE – 60 Oise – **305** H5 – 3 442 h. – alt. 33 m – ✉ 60410 **36** B3

Paris 70 – Beauvais 56 – Clermont 31 – Compiègne 16

Auberge de Normandie avec ch VISA AE

26 r. Pêcherie – ✆ 03 44 40 92 33 – www.auberge-normandie.fr
– Fax 03 44 40 50 62

3 ch – 55 € 55 €, 7 € **Rest** – *(fermé dim. soir)* (17 €) Menu 22/44 €

♦ Auberge de campagne fleurie s'ordonnant autour d'une cour. Intérieur chaleureux avec poutres, boiseries et cheminée. Demandez une table dans la salle côté jardin.

VERDUN – 55 Meuse – **307** D4 – 19 374 h. – alt. 198 m – ✉ 55100 **26** A1
Alsace Lorraine

Paris 263 – Metz 78 – Bar-le-Duc 56 – Châlons-en-Champagne 89

Office de tourisme, place de la Nation ✆ 03 29 86 14 18, Fax 03 29 84 22 42

Ville Haute★ : Cathédrale Notre-Dame★, BYZ Palais épiscopal★ (Centre mondial de la paix) BZ - Citadelle souterraine★ : circuit★★ BZ - Les champs de bataille★★★ : Mémorial de Verdun, Fort et Ossuaire de Douaumont, Tranchée des Baïonnettes, le Mort-Homme, la Cote 304.

Plan page suivante

Hostellerie du Coq Hardi ch, VISA AE

8 av. Victoire – ✆ 03 29 86 36 36 – www.coq-hardi.com
– Fax 03 29 86 09 21 CY**v**

33 ch – 79/95 € 104/137 €, 19 € – 2 suites – ½ P 105/125 €

Rest – *(fermé de mi-fév. à mi-mars, sam. midi, dim. soir et vend.)* Menu 42/97 € – Carte 65/95 €

Rest *Le Bistrot* – *(fermé dim. soir et vend. de sept. à avril)* (14 € bc) Menu 21/39 € – Carte 30/42 €

♦ Maison de tradition (1827) teintée de charme rétro : collection de coqs dans le hall, salon-cheminée, mobilier lorrain et quelques chambres dotées de superbes lits à baldaquin. Au restaurant, vénérables boiseries et cuisine classique. Repas simple et rapide au Bistrot.

Montaulbain sans rest VISA

4 r. de la Vieille-Prison – ✆ 03 29 86 00 47 – Fax 03 29 84 75 70 BCY**e**

10 ch – 35 € 42 €, 6 €

♦ Dans une rue semi-piétonne, cet hôtel propose des petites chambres simples, propres et au calme. Le hall, rustique, fait office de salle des petits-déjeuners.

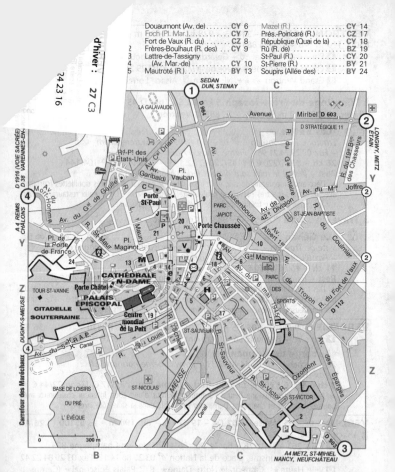

aux Monthairons 13 km par ④ et D 34 – 361 h. – alt. 200 m – ⌧ 55320

🏭 Hostellerie du Château des Monthairons ⧉ ≤ ⚐ 🛜 🎐
- ℰ 03 29 87 78 55 ⚲ ch., ⚐ 🎐 🅿 𝖵𝖨𝖲𝖠 ◉◉ 𝖠𝖤 ◉
- www.chateaudesmonthairons.fr – Fax 03 29 87 73 49
- Fermé 1ᵉʳjanv. au 12 fév., dim. et lundi du 15 nov. au 31 mars
22 ch – †69/190 € ††69/190 €, ⌧ 15 € – 3 suites – ½ P 85/145 €
Rest – *(fermé lundi sauf le soir du 15 juin au 15 sept. et mardi midi)* (23 € bc)
Menu 40 €, 54/92 € – Carte 54/83 €
◆ La Meuse forme un joli méandre au bord du parc qui entoure ce château (19ᵉ s.). Chambres élégantes, suites et duplex confortables. Hammam, sauna, jacuzzi, pour la détente. Décor bourgeois ou terrasse aux abords soignés pour un repas actuel.

à Charny-sur-Meuse 8 km au Nord par D 38 – 543 h. – alt. 197 m – ⌧ 55100

🛈 Syndicat d'initiative, 4, place de la Mairie ℰ 03 29 84 33 44, Fax 03 29 84 85 84

⌂ Les Charmilles sans rest ⚐ 🅿
12 r. de la Gare – ℰ 03 29 86 93 49 – www.les-charmilles.com
- Fax 03 29 86 37 65 – Fermé janv.
3 ch ⌧ – †45 € ††55 €
◆ Anciennement café de village, puis hôtel, cette accueillante adresse, très bien tenue, propose de grandes chambres aux couleurs pimpantes. Pâtisseries maison au petit-déjeuner.

VERDUN-SUR-LE-DOUBS – 71 Saône-et-Loire – **320** K8 – 1 150 h.   **7** B3
– alt. 180 m – ⊠ 71350 ▮ Bourgogne

> ◘ Paris 332 – Beaune 24 – Chalon-sur-Saône 24 – Dijon 65
> ◘ Office de tourisme, 3, place Charvot ℰ 03 85 91 87 52

XX   **Hostellerie Bourguignonne** avec ch   🚗 🛱 Ⓜ ch, **P** 🔤 ⓒⓒ 📧 ⓞ
2 av. du Président Borgeot – ℰ 03 85 91 51 45
– www.hostelleriebourguignonne.com – Fax 03 85 91 53 81
– Fermé fév., vacances de la Toussaint, dim. soir hors saison, mardi sauf le soir
de mai à sept. et merc. midi
8 ch – ♦95 € ♦♦95/116 €, ⊇ 14 € – ½ P 100 €
Rest – Menu 20 € (déj. en sem.)/75 € – Carte 60/110 €
♦ Hostellerie charmante proposant une carte traditionnelle valorisant le terroir. Spécialité de
"pôchouse", superbe sélection de bourgognes, décor rustique raffiné, belle terrasse. Chambres personnalisées.

VERGÈZE – 30 Gard – **339** K6 – 3 930 h. – alt. 30 m – ⊠ 30310   **23** C2

> ◘ Paris 724 – Montpellier 43 – Nîmes 20
> ◘ Office de tourisme, 4, rue Basse ℰ 04 66 35 45 92, Fax 04 66 35 45 92

🏠   **La Passiflore** sans rest ॐ   🙾 **P** 🔤 ⓒⓒ 📧
1r. Neuve – ℰ 04 66 35 00 00 – www.hotel-lapassiflore.com – Fax 04 66 35 09 21
11 ch – ♦46/68 € ♦♦46/68 €, ⊇ 8 €
♦ Avenante façade pour cette ancienne ferme datée du 18ᵉ s. abritant de petites chambres
simples, tournées sur une jolie cour.

 Un classement passé en rouge met en avant le charme de la maison 🏠🏠 XXX.

VERGONCEY – 50 Manche – **303** D8 – 215 h. – alt. 70 m – ⊠ 50240   **32** A3

> ◘ Paris 352 – Caen 120 – Saint-Lô 86 – Saint-Malo 60

🏠   **Château de Boucéel** sans rest ॐ   🌗 🙾 **P** 🔤 ⓒⓒ 📧
4 km à l'Est par D 108, D 40 et D 308 – ℰ 02 33 48 34 61
– www.chateaudebouceel.com – Fax 02 33 48 16 26 – Fermé 11 janv.-8 fév.
5 ch ⊇ – ♦125/175 € ♦♦125/175 €
♦ Entouré d'un parc à l'anglaise et d'étangs, château de famille (1763) au décor raffiné :
mobilier de style, parquet à caisson, portraits d'ancêtres. Chambres personnalisées.

VERGONGHEON – 43 Haute-Loire – **331** B1 – 1 758 h. – alt. 440 m   **6** C2
– ⊠ 43360

> ◘ Paris 470 – Clermont-Ferrand 60 – Le Puy-en-Velay 72 – St-Flour 51

X   **La Petite École**   🛱 🔤 ⓒⓒ 📧
⊛   à Rilhac, 3 km au Sud-Est par D 174 – ℰ 04 71 76 97 43
– www.restaurant-lapetiteecole.com – fermé en janv., en juin, dim. soir, mardi
midi et lundi
Rest – (prévenir) Menu 28 €
♦ Bureau de la maîtresse, plumiers et ardoises sont encore là... Dans cette ancienne école, la
cuisine, fine et savoureuse mérite un A sans hésitation. Accueil adorable.

LA VERNARÈDE – 30 Gard – **339** J3 – 367 h. – alt. 345 m – ⊠ 30530   **23** C1

> ◘ Paris 708 – Montpellier 124 – Nîmes 74 – Alès 29

X   **Lou Cante Perdrix** avec ch ॐ   🚗 🛱 Ⓜ rest, ⅍ rest, 🙾 🛁
Le Château – ℰ 04 66 61 50 30 – www.canteperdrix.fr   🔤 ⓒⓒ 📧 ⓞ
– Fax 04 66 61 43 21 – Fermé 2 janv.-13 fév.
13 ch – ♦52/73 € ♦♦52/58 €, ⊇ 7 € – ½ P 55 €
Rest – (fermé dim. soir, lundi et mardi hors saison) Menu 20 € (déj. en sem.),
28/60 €
♦ Perdue au milieu des pins, cette imposante maison en pierre (1860) abrite une coquette
salle à manger (cheminée, plantes, tableaux...) où l'on sert une cuisine traditionnelle.

VERN-D'ANJOU – Maine-et-Loire – **317** E3 – 1 700 h. – alt. 50 m   **35** C2
– ⊠ 49220

▶ Paris 327 – Angers 36 – Laval 68 – Nantes 77

✗✗ **Le Pigeon Blanc**   ⎙ 🅰️Ⓚ ⌘ ⅏ 🆅🆂🅰️ 👓
    13 r. de l'Église – ℰ 02 41 61 41 25 – www.lepigeonblanc.com
    – Fax 02 41 61 41 25 – Fermé 26 juil.-5 août, mi- janv.-mi- fév. et merc.
    Rest – (15 €) Menu 19/45 € – Carte 40/80 €
    ♦ Cuisine gourmande et généreuse réalisée par le jeune chef – au parcours déjà riche – qui
    reprend la maison familiale. Ambiance contemporaine et mobilier épuré. Accueil charmant.

VERNET-LES-BAINS – 66 Pyrénées-Orientales – **344** F7 – 1 488 h.   **22** B3
– alt. 650 m – Stat. therm. : mi mars-fin nov. – Casino – ⊠ 66820
▌Languedoc Roussillon

▶ Paris 904 – Mont-Louis 36 – Perpignan 57 – Prades 11

🅘 Office de tourisme, 2, rue de la chapelle ℰ 04 68 05 55 35, Fax 04 68 05 60 33

◉ Site★ - Abbaye Saint-Martin-du-Canigou 2,5 km S★★.

🏠 **Princess** ॐ   ⎙ 🛗Ⓚ rest, ⅏ ch, 🦽 🅿️ 🐾 🆅🆂🅰️ 👓
    r. des Lavandières – ℰ 04 68 05 56 22 – www.hotel-princess.fr
    – Fax 04 68 05 62 45 – Ouvert 20 mars-22 nov.
    40 ch – †46/99 € ††55/99 €, ☑ 8,50 € – ½ P 40/75 €
    Rest – (14 €) Menu 18/33 € – Carte 26/41 €
    ♦ Au pied du vieux Vernet. Chambres actuelles aux coloris pastel ; certaines ont un balcon
    tourné vers les montagnes, d'autres donnent sur les toits du village. Vaste restaurant avec ter-
    rasse où l'on sert plusieurs menus dont un "du terroir".

VERNEUIL-SUR-AVRE – 27 Eure – **304** F9 – 6 699 h. – alt. 155 m   **33** C3
– ⊠ 27130 ▌Normandie Vallée de la Seine

▶ Paris 114 – Alençon 77 – Argentan 77 – Chartres 57

🅘 Syndicat d'initiative, 129, place de la Madeleine ℰ 02 32 32 17 17,
    Fax 02 32 32 17 17

🅖 de Center Parcs Center Parcs, par rte de Mortagne : 9 km, ℰ 02 32 60 50 02

◉ Église de la Madeleine★ - Statues★ de l'église Notre-Dame.

🏠🏠 **Le Clos**   ⌬ ⎙ 🅛🅐Ⓚ ch, ⁇ 🦽 🅿️ 🆅🆂🅰️ 👓 🅰🅔 ⓪
    98 r. de la Ferté-Vidame – ℰ 02 32 32 21 81 – www.leclos-normandie.com
    – Fax 02 32 32 21 36 – Fermé 3-29 janv.
    7 ch – †180 € ††180 €, ☑ 22 € – 3 suites – ½ P 190 €
    Rest – (fermé mardi sauf le midi d'avril à sept. et lundi sauf fériés) (30 €)
    Menu 45 € (déj. en sem.), 60/85 € – Carte 70/102 €🕮
    ♦ Entouré d'un parc, ce castel normand en briques rouges, coiffé d'ardoises, offre un cadre
    d'une grande élégance. Confortables chambres personnalisées (mobilier de style). Salles à
    manger au décor raffiné, charmante terrasse, cuisine actuelle et bon choix de bordeaux.

🏠 **Du Saumon**   ⅏ ch, ⁇ 🦽 🆅🆂🅰️ 👓
    89 pl. de la Madeleine – ℰ 02 32 32 02 36 – www.hoteldusaumon.fr
    – Fax 02 32 37 55 80 – Fermé 19 déc.-10 janv. et dim. soir de nov. à mars
    29 ch – †49/70 € ††49/70 €, ☑ 8 €
    Rest – (11 €) Menu 17/52 € – Carte 32/50 €
    ♦ Ex-relais de poste (18e s.) tourné sur une cour intérieure. Les chambres du bâtiment prin-
    cipal, plus grandes, sont garnies de meubles anciens. En tartare, fumé, mariné, poêlé, grillé... :
    le saumon est ici chez lui ! Salle rajeunie et terrasse-trottoir.

à Bâlines 4 km par rte de Dreux – 423 h. – alt. 150 m – ⊠ 27130

✗✗ **Le Moulin de Bâlines** avec ch   ⎙ ⎙ ᴄ ⁇ 🅿️ 🆅🆂🅰️ 👓
    rte de Courteilles, RN 12 – ℰ 02 32 39 40 78 – www.moulindebalines.com
    – Fax 02 32 39 30 83
    11 ch ☑ – †80 € ††90 €
    Rest – (fermé 12-23 nov., 2-15 janv. et dim. soir) (21 €) Menu 35/51 €
    – Carte 41/65 €
    ♦ Ce moulin du 18e s. bénéficie d'un cadre agréable au bord de l'Avre, malgré la N12 toute
    proche. Cuisine actuelle servie dans deux salles rustiques et en terrasse aux beaux jours. Côté
    hôtel, chambres fonctionnelles bien tenues. Accueil charmant.

VERNON - 27 Eure - **304** I7 - 24 018 h. - alt. 32 m - ✉ 27200 **33** D2

Normandie Vallée de la Seine

Paris 77 - Beauvais 66 - Évreux 34 - Mantes-la-Jolie 25

Office de tourisme, 36, rue Carnot ✆ 02 32 51 39 60, Fax 02 32 51 86 55

Église Notre-Dame★ - Château de Bizy★ 2 km par ③ - Giverny★ 3 km.

Normandy

1 av. P.-Mendès-France – ✆ 02 32 51 97 97 – www.le-normandy.net
– Fax 02 32 21 01 66 BY**t**

50 ch – 79 € 79 €, 10 € – ½ P 60/74 €

Rest – *(fermé sam. midi, lundi midi et dim.)* (15 €) Menu 23/30 € – Carte 20/44 €

♦ Situé au centre-ville, cet hôtel propose des chambres bien tenues, garnies d'un mobilier fonctionnel. Salon et bar à l'ambiance cosy. Au restaurant, cuisine traditionnelle à déguster dans un plaisant décor de style brasserie-pub.

Les Fleurs

71 r. Carnot – ✆ 02 32 51 16 80 – www.restaurant-lesfleurs.fr
– Fax 02 32 21 30 51 – Fermé dim. soir, lundi et mardi BX**a**

Rest – *(nombre de couverts limité, prévenir)* (18 € bc) Menu 28/43 € – Carte 38/64 €

♦ Dans une ruelle du centre-ville, vénérable maison dont l'arrière-corps présente de beaux colombages. Agréable salle contemporaine à l'ambiance feutrée et carte traditionnelle.

Côté Marine

2 pl. Chantereine – ✆ 02 32 51 01 95 – Fax 02 32 51 68 91 BX**d**

Rest – Menu 18/38 € – Carte environ 40 €

♦ En bordure de Seine, face au "Vieux Moulin" et au château des Tourelles, ce bâtiment année 1970 cache une agréable salle panoramique dans les tons pastel. Cuisine traditionnelle.

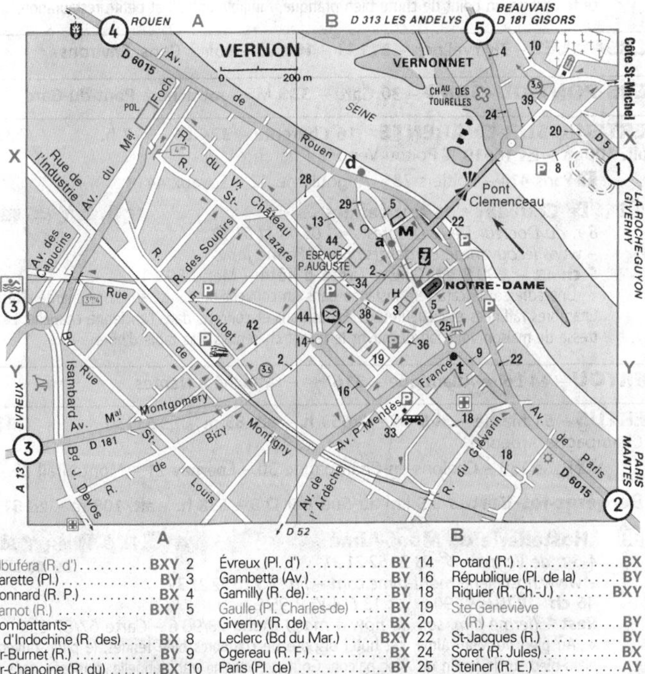

Albuféra (R. d') .... BXY 2
Barette (Pl.) .... BY 3
Bonnard (R. P.) .... BX 4
Carnot (R.) .... BXY 5
Combattants-d'Indochine (R. des) .... BX 8
Dr-Burnet (R.) .... BY 9
Dr-Chanoine (R. du) .... BX 10
Écuries-des-Gardes (R.) .... BX 13
Évreux (Pl. d') .... BY 14
Gambetta (Av.) .... BY 16
Gamilly (R. de) .... BY 18
Gaulle (Pl. Charles-de) .... BY 19
Giverny (R. de) .... BX 20
Leclerc (Bd du Mar.) .... BXY 22
Ogereau (R. F.) .... BX 24
Paris (Pl. de) .... BY 25
Point-du-Jour (R. du) .... ABX 28
Potard (R.) .... BX 29
République (Pl. de la) .... BY 33
Riquier (R. Ch.-J.) .... BXY 34
Ste-Geneviève (R.) .... BY 38
St-Jacques (R.) .... BY 36
Soret (R. Jules) .... BX 39
Steiner (R. E.) .... AY 42
Victor-Hugo (Av.) .... BX 44

✕ **Le Bistro**   ۩ ۩ VISA ◑◐
⮿ *73 r. Carnot –* ℰ *02 32 21 29 19 – Fax 02 32 21 29 19 – Fermé 1ᵉʳ-9 mars,*
1ᵉʳ-24 juil., dim. et lundi   BX**a**
Rest – Menu 18 € bc/35 € bc – Carte 21/31 €🕮
♦ Cet ancien bar a conservé son comptoir aujourd'hui réservé aux clients pressés. Plats traditionnels à découvrir sur l'ardoise du jour et excellent choix de vins au verre.

à Douains 8 km par ③, D 181 et D 75 – 464 h. – alt. 128 m – ⊠ 27120

🏰 **Château de Brécourt** ॐ   ← ⌖ 🛏 🖼 ✕ 🎿 🐾 **P** VISA ◑◐ AE ①
– ℰ *02 32 52 40 50 – www.chateaudebrecourt.com – Fax 02 32 52 69 65*
– Ouvert mai-oct.
26 ch – †105/245 € ††105/245 €, � 14 € – 4 suites – ½ P 115/305 €
Rest – (25 €) Menu 48/78 € – Carte 50/85 €
♦ En pleine campagne normande, château du 17ᵉ s. entouré de douves et d'un vaste parc.
Décor Grand Siècle avec poutres, tomettes et cheminées. Chambres personnalisées. Bar amé-
nagé dans l'ancienne salle des gardes et restaurant empreint d'une certaine noblesse.

VERNOUILLET – 28 Eure-et-Loir – **311** E3 – **rattaché à Dreux**

VERQUIÈRES – 13 Bouches-du-Rhône – **340** E2 – **rattaché à St-Rémy-de-Provence**

VERRIERES – 86 Vienne – **322** J6 – 869 h. – alt. 115 m – ⊠ 86410   39 C2
 🖸 Paris 368 – Poitiers 31 – Châtellerault 68 – Buxerolles 33

🏠 **Les Deux Porches** sans rest   VISA ◑◐ AE
1 pl. de la Mairie – ℰ *05 49 42 83 85 – www.hotel-des-deux-porches.fr*
– Fax 05 49 42 83 79
16 ch – †45/51 € ††48/54 €, ⊑ 7 €
♦ Sa situation centrale et ses chambres fonctionnelles décorées dans un style actuel font de
cette adresse un point de chute bien pratique. Aimable accueil et petite restauration.

VERSAILLES – 78 Yvelines – **311** I3 – **101** 23 – **voir à Paris, Environs**

VERS-PONT-DU-GARD – 30 Gard – **339** M5 – **rattaché à Pont-du-Gard**

VERTEUIL-SUR-CHARENTE – 16 Charente – **324** L4 – 717 h.   39 C2
– alt. 100 m – ⊠ 16510 🛈 Poitou Vendée Charentes
 🖸 Paris 414 – Poitiers 78 – Angoulême 42 – Soyaux 44

⌂ **Le Couvent des Cordeliers** ॐ   🛏 🖼 🎿 🐾 🕭 VISA ◑◐
8 r. du Docteur Deux Després – ℰ *05 45 31 01 19*
– www.lecouventdescordeliers.com – Fermé janv.
5 ch ⊑ – †90 € ††100 € **Table d'hôte** – Menu 30 € bc
♦ Une adresse de caractère installée dans un couvent du 15ᵉ s., au passé chargé d'histoire.
Chambres raffinées et chaleureuses. Expositions et concerts dans l'ancienne chapelle. La maîtresse de maison vous fait découvrir le terroir charentais à sa table d'hôte.

VERTOU – 44 Loire-Atlantique – **316** H4 – **rattaché à Nantes**

VERTUS – 51 Marne – **306** G9 – 2 653 h. – alt. 85 m – ⊠ 51130   13 B2
🛈 Champagne Ardenne
 🖸 Paris 139 – Châlons-en-Champagne 30 – Épernay 21 – Montmirail 39

à Bergères-les-Vertus 3,5 km au Sud par D 9 – 538 h. – alt. 108 m – ⊠ 51130

🏨 **Hostellerie du Mont-Aimé**   🛏 🖼 🕭 ₤ 🅰 rest, 🐾 🎿 **P**
4-6 r. de Vertus – ℰ *03 26 52 21 31*   VISA ◑◐ AE ①
– www.hostellerie-mont-aime.com – Fax 03 26 52 21 39
46 ch – †70 € ††90 €, ⊑ 13 € – ½ P 95 €
Rest – *(fermé dim. soir de nov. à mars)* Menu 28/90 € – Carte 67/87 €🕮
♦ Au pied du Mont-Aimé, cet hôtel dispose de chambres bien tenues, le plus souvent de
plain-pied sur le jardin ou avec balcon. Goûteuse cuisine traditionnelle proposée dans l'élégante salle à manger fleurie, dotée d'une verrière. Belle carte de vins (champagnes).

LES VERTUS – 76 Seine-Maritime – **304** G2 – rattaché à Dieppe

VERZY – 51 Marne – **306** G8 – 1 067 h. – alt. 210 m – ⌧ **51380**   **13** B2
▮ Champagne Ardenne

▶ Paris 163 – Châlons-en-Champagne 32 – Épernay 23 – Reims 22

🛈 Syndicat d'initiative, place de l'Hôtel de Ville ℰ 03 26 97 93 65,
  Fax 03 26 97 95 74

◉ Faux de Verzy★ S : 2 km.

✕✕   **Au Chant des Galipes**   🛒 ⅍ 𝘝𝘐𝘚𝘈 ⓪❸
🞋   2 r. Chanzy – ℰ 03 26 97 91 40 – Fax 03 26 97 91 44 – Fermé 15-30 août,
   20 déc.-20 janv., lundi soir, mardi soir, jeudi soir, dim. soir et merc.
   Rest – (13 €) Menu 18 € (déj. en sem.), 24/35 € – Carte 35/48 €
   ♦ Au cœur du bourg vigneron, une table sympathique (tons chauds, peinture au plafond représentant le ciel), où l'on peut écouter le chant des Galipes. Recettes dans l'air du temps.

VESCOUS – 06 Alpes-Maritimes – **341** D4 – rattaché à Gilette

LE VÉSINET – 78 Yvelines – **311** I2 – **101** 13 – voir à Paris, Environs

VESOUL 🅿 – 70 Haute-Saône – **314** E7 – 16 370 h. – alt. 221 m   **16** B1
– ⌧ **70000** ▮ Franche-Comté Jura

▶ Paris 360 – Belfort 68 – Besançon 47 – Épinal 91

🛈 Office de tourisme, 2,rue Gevrey ℰ 03 84 97 10 85, Fax 03 84 97 10 84

VESOUL

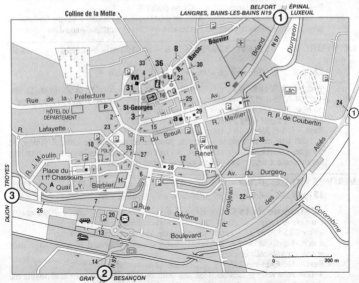

Du Lion sans rest 🖐 📶 **P** VISA ⚫ AE ①

4 pl. de la République – ℰ 03 84 76 54 44 – www.hoteldulion.fr
– Fax 03 84 75 23 31 – Fermé 1ᵉʳ-15 août et 26 déc.-3 janv.   a
18 ch – ♦53 € ♦♦53/60 €, � 7 €

• Petit hôtel familial à proximité des rues commerçantes du centre-ville. Chambres simples scrupuleusement tenues.

Le Caveau du Grand Puits 📶 VISA ⚫ AE ①

r. Mailly – ℰ 03 84 76 66 12 – Fax 03 84 76 66 12 – Fermé
en mai, en août, 24 déc.-3 janv., merc. soir, sam. midi, dim. et fériés
Rest – Menu 17 € (sem.)/36 € – Carte 20/65 €   u

• Dans une ruelle de la vieille ville, cave voûtée aux murs de pierres, complétée d'une seconde salle avec mezzanine. Courette intérieure où l'on sert les repas aux beaux jours.

à Épenoux 5 km par ①, rte de St-Loup-sur-Semouse et D10 – 479 h. alt. 240 – ⊠ 70000 Pusy-et-Épenoux

Château d'Épenoux 🔈 ⌇ 📺 📶 **P** VISA ⚫

5 r. Ruffier d'Épenoux – ℰ 03 84 75 19 60 – www.chateau-epenoux.com
– Fax 03 84 76 45 05 – Fermé 2-8 janv.
6 ch ⊆ – ♦87/110 € ♦♦87/110 €   **Table d'hôte** – Menu 27 €

• Petit château du 18ᵉ s. protégé par son parc planté d'arbres centenaires. Meubles et lustres anciens personnalisent les chambres spacieuses. Grand salon feutré. Les dîners ont pour cadre une élégante salle à manger tout de jaune décorée. Cuisine bourgeoise.

VEUIL – 36 Indre – **323** F4 – rattaché à Valençay

VEULES-LES-ROSES – 76 Seine-Maritime – **304** E2 – 586 h.   **33** C1
– alt. 15 m – ⊠ 76980 ▌ Normandie Vallée de la Seine

🄳 Paris 188 – Dieppe 27 – Fontaine-le-Dun 8 – Rouen 57
🄸 Office de tourisme, 27, rue Victor-Hugo ℰ 02 35 97 63 05,
   Fax 02 35 57 24 51

Les Galets AC ⇆ VISA ⚫ AE

à la plage – ℰ 02 35 97 61 33 – Fax 02 35 57 06 23 – Fermé mardi et merc. sauf
le soir en juil.-août
Rest – Menu 36 € (sem.)/80 € – Carte 60/85 €

• Bâtisse en briques proche d'une plage de galets typique de la Côte d'Albâtre. Confortables salles à manger-véranda, tables soigneusement dressées et recettes d'aujourd'hui.

LE VEURDRE – 03 Allier – **326** F2 – 550 h. – alt. 190 m – ⊠ 03320   **5** B1
▌ Auvergne

🄳 Paris 272 – Bourges 66 – Montluçon 73 – Moulins 36

Le Pont Neuf 🕸 🔈 🍃 ⅃ 🛉 ⁶ 🍴 ⅃ ch, 📶 🅂🄰 **P** VISA ⚫ AE ①

– ℰ 04 70 66 40 12 – www.hotel-lepontneuf.com – Fax 04 70 66 44 15 – Fermé
mi-nov. à mi-fév. et dim. soir du 15 oct. au 31 mars
46 ch – ♦51/81 € ♦♦56/96 €, ⊆ 9 € – ½ P 53/77 €
Rest – (14 €) Menu 19 € (sem.)/41 € – Carte 35/50 €

• Hôtel traditionnel modernisé, apprécié pour ses équipements de loisirs. À l'arrière, les chambres bénéficient du silence du parc ; les plus récentes sont dans l'annexe. Au restaurant, des suggestions saisonnières étoffent carte et menus classiques.

VEUVES – 41 Loir-et-Cher – **318** D7 – 220 h. – alt. 62 m – ⊠ 41150   **11** A1
🄳 Paris 205 – Bourges 135 – Orléans 84 – Poitiers 137

L'Auberge de la Croix Blanche 🚗 🔈 **P** VISA ⚫ AE

2 av. de la Loire – ℰ 02 54 70 23 80 – www.cuisine-en-loir-et-cher.fr
– Fax 02 54 70 21 47 – Fermé vacances de fév., merc. midi de Pâques
à oct., merc. soir de nov. à Pâques, mardi soir du 15 janv. à Pâques, lundi sauf
le soir en juil.-août et dim. soir
Rest – (16 €) Menu 23/34 € – Carte 28/52 €

• Dans cette auberge familiale (1888) des bords de Loire, une savoureuse et généreuse cuisine traditionnelle, avec des produits de saison. Joli cadre rustique ; terrasse au jardin.

VEYNES – 05 Hautes-Alpes – **334** C5 – 3 164 h. – alt. 827 m – ⊠ 05400   **40** B1

▶ Paris 660 – Aspres-sur-Buëch 9 – Gap 25 – Sisteron 51

🖪 Office de tourisme, avenue Commandant Dumont ℰ 04 92 57 27 43,
Fax 04 92 58 16 18

XX **La Sérafine**   🛒 🍴 VISA ⚫⚫

Les Parois, 2 km à l'Est par rte Gap et D 20 – ℰ 04 92 58 06 00
– Fax 04 92 58 09 11 – Fermé lundi et mardi
Rest – *(nombre de couverts limité, prévenir)* Menu 25/32 € 🛎

♦ Jolie bâtisse (18ᵉ s.) où vous serez reçu comme à la maison. Cuisine du marché proposée
oralement (deux menus changés chaque jour), accompagnée de bons vins. Terrasse en saison.

VÉZAC – 15 Cantal – **330** D5 – rattaché à Aurillac

VÉZELAY – 89 Yonne – **319** F7 – 473 h. – alt. 285 m   **7** B2
– Pèlerinage (22 juillet). – ⊠ 89450 🏛 Bourgogne

▶ Paris 221 – Auxerre 52 – Avallon 16 – Château-Chinon 58

🖪 Office de tourisme, 12, rue Saint-Etienne ℰ 03 86 33 23 69, Fax 03 86 33 34 00

◙ Basilique Ste-Madeleine★★★ : tympan du portail central★★★,
chapiteaux★★★.

🏥 **Poste et Lion d'Or**   🛒 AC 🛜 **P** VISA ⚫⚫ AE ①

pl. du Champ de Foire – ℰ 03 86 33 21 23 – www.laposte-liondor.com
– Fax 03 86 32 30 92 – Fermé 3 janv.-25 fév.
38 ch – †72/107 € ††76/111 €, 🖵 12 €
Rest – *(fermé mardi en nov., déc. et mars et lundi)* (18 €) Menu 22/58 €
– Carte 35/65 €

♦ Cet ex-relais de poste cossu accueille les voyageurs depuis plus de 200 ans ! Confortables
chambres de style classique ; celles ouvertes sur la campagne sont très prisées. Cuisine régionale revisitée au restaurant et vente de produits du terroir à la boutique.

🏠 **Compostelle** sans rest   🛒 🛜 VISA ⚫⚫ AE

pl. du Champ de Foire – ℰ 03 86 33 28 63 – www.lecompostellevezelay.com
– Fax 03 86 33 34 34 – Fermé 1ᵉʳ-23 déc. et 3 janv.-20 fév.
18 ch – †49/64 € ††49/64 €, 🖵 10 €

♦ Petit hôtel familial dont certaines chambres, fonctionnelles, en rez-de-jardin ou avec balcon, donnent sur la vallée. Salle des petits-déjeuners panoramique.

XX **Le St-Étienne**   VISA ⚫⚫ AE

39 r. St-Étienne – ℰ 03 86 33 27 34 – www.le-saint-etienne.fr
– Fermé 10 janv.-28 fév., merc. et jeudi
Rest – Menu 25/49 € – Carte 47/90 €

♦ Cette bâtisse du 18ᵉ s. borde la rue principale conduisant à la basilique. À l'intérieur : chaleureux décor rajeuni avec belles poutres peintes. Cuisine au goût du jour.

X **Le Bougainville**   VISA ⚫⚫

28 r. St-Étienne – ℰ 03 86 33 27 57 – Fax 03 86 33 35 12 – Ouvert mi-fév. à
mi-nov. et fermé lundi hors saison, mardi et merc.
Rest – Menu 21/29 € – Carte 36/45 €

♦ Dans une maison ancienne sur la rue montant à la basilique, un restaurant familial au
cachet rétro proposant une cuisine du terroir accompagnée de vins de la région.

à St-Père 3 km au Sud-Est par D 957 – 385 h. – alt. 148 m – ⊠ 89450

◙ Église N.-Dame★.

🏨 **L'Espérance** (Marc Meneau) 🌿   ← 🛒 🛝 AC rest. 🛜 🍴 🐾 **P**
❀❀ *rte de Vézelay – ℰ 03 86 33 39 10*   VISA ⚫⚫ AE ①
– www.marc-meneau-esperance.com – Fax 03 86 33 26 15 – Fermé mi-janv. à
début mars, lundi midi, merc. midi et mardi sauf fériés
19 ch – †150/300 € ††150/300 €, 🖵 25 € – 8 suites – ½ P 250/350 €
Rest – *(prévenir)* Menu 57 € (déj. en sem.), 95 € bc/210 € – Carte 110/190 € 🛎
Spéc. Oignon blanc farci aux cèpes et jaune d'œuf de poule, en cuisson lente
(saison). Bar de ligne cuit doucement en cocotte de verre, nage de légumes
aux condiments. Fraises "Marie-Antoinette" Sofia Coppola (saison). **Vins** Bourgogne Vézelay, Chablis.

♦ Chambres élégantes et rénovées dans la maison de maître, actuelles avec terrasse privative au Pré des Marguerites, d'esprit cottage au Moulin : un choix cornélien ! Restaurant sous
verrière ouvrant sur le parc. Table classico-créative et superbe sélection de bourgognes.

à Fontette 5 km à l'Est par D 957 – ⊠ 89450 Vézelay

Crispol ⅏
≤ 🚗 🛱 ⅍ ch, 🅿 🚗 VISA ⚫⚫

rte d'Avallon – ℰ 03 86 33 26 25 – www.crispol.com – Fax 03 86 33 33 10
– Fermé janv., fév. et lundi de nov. à avril
12 ch – ♦78 € ♦♦78 €, �‍ 10 € – ½ P 78 €
Rest – (fermé mardi midi et lundi) Menu 21/56 € – Carte 32/55 €

♦ Maison en pierre à l'entrée du village, avec la colline éternelle en toile de fond. L'annexe cache de vastes chambres décorées d'œuvres de la patronne-artiste. Lumineuse salle à manger dont les baies ménagent une belle vue sur la basilique.

à Pierre-Perthuis 6 km au Sud-Est par D 957 et D 958 – 118 h. – alt. 220 m – ⊠ 89450

Les Deux Ponts
🛱 ⅍ ch, ⁽ᵗ⁾ 🅿 VISA ⚫⚫

1 rte de Vézelay – ℰ 03 86 32 31 31 – Ouvert 6 mars-30 nov.
7 ch – ♦55/60 € ♦♦55/65 €, �‍ 7 € – ½ P 60 €
Rest – (fermé merc. d'oct. à mai et mardi) (nombre de couverts limité, prévenir)
Menu 23/39 € – Carte 31/45 €

♦ Maison de pays avenante et fleurie au bord d'une route de campagne. Chambres simples (sans TV) dotées d'une bonne literie et de salles de bains bien équipées. Originale salle à manger dont le cadre épuré est égayé d'amusants lustres hollandais en verre.

VIA – 66 Pyrénées-Orientales – 344 D8 – rattaché à Font-Romeu

VIADUC DE GARABIT ★★ – 15 Cantal – 330 H5 – ⊠ 15100   5 B3
█ Auvergne

▯ Paris 520 – Aurillac 84 – Mende 74 – Le Puy-en-Velay 90
🗺 Maison du paysan★ à Loubaresse S : 7 km - Belvédère de Mallet
≤★★ SO : 13 km puis 10 mn.

Beau Site
≤ 🚗 🛱 ⅏ ✗ 🅰🄲 rest, ⁽ᵗ⁾ 🅿 🚗 VISA ⚫⚫ 🄰🄴

N 9 – ℰ 04 71 23 41 46 – www.beau-site-hotel.com – Fax 04 71 23 46 34
– Ouvert 1ᵉʳ avril-3 nov.
17 ch – ♦48/62 € ♦♦50/67 €, �‍ 10 € – 3 suites – ½ P 52/68 €
Rest – (14 €) Menu 18/48 € – Carte 39/54 €

♦ Viaduc, lac ou jardin : à vous de choisir la vue ! Les chambres, coquettes et confortables, arborent une déco moderne et colorée. Tennis, piscine, aire de jeux. Au restaurant, on apprécie une cuisine régionale tout en admirant le célèbre ouvrage de Gustave Eiffel.

Anglards-de-St-Flour 3 km au Nord – 321 h. – alt. 840 m – ⊠ 15100

La Méridienne
🛱 🛱 ⅏ ⁽ᵗ⁾ 🏊 🅿 🚗 VISA ⚫⚫

– ℰ 04 71 23 40 53 – www.hoteldelameridienne.com – Fax 04 71 23 91 05
– Fermé 20 déc.-6 fév.
16 ch �‍ – ♦42/57 € ♦♦42/57 € – ½ P 50/55 €
Rest – (fermé dim. soir et lundi midi d'oct. à avril) (dîner seult) (résidents seult)
Menu 16 € (sem.)/24 €

♦ Accueil tout en gentillesse dans cette maison récente. Chambres pratiques, sans fioritures mais très bien tenues ; choisir celles avec terrasse donnant sur le grand jardin. Carte régionale au restaurant.

VIBRAC – 16 Charente – 324 J6 – rattaché à Jarnac

VIC-EN-BIGORRE – 65 Hautes-Pyrénées – 342 M4 – 5 092 h.   28 A2
– alt. 216 m – ⊠ 65500

▯ Paris 775 – Pau 47 – Aire sur l'Adour 53 – Auch 62

Réverbère ⅏
🛱 🅰🄲 rest, ✗ rest, ⁽ᵗ⁾ 🅿 VISA ⚫⚫ 🄰🄴

29 bd d'Alsace – ℰ 05 62 96 78 16 – www.lereverbere.fr – Fax 05 62 96 79 85
– Fermé vacances de Noël
10 ch – ♦49 € ♦♦49 €, �‍ 7 € – ½ P 45 €
Rest – (fermé sam. sauf le soir de juin à sept. et dim. soir) (13 €) Menu 21/35 €
– Carte 42/50 €

♦ En léger retrait de la route, cet hôtel accueillant bénéficie de chambres confortables, bien équipées et dotées d'un agréable mobilier en bois blond. Cuisine traditionnelle servie dans une salle lumineuse aux tons ocre, égayée de subtiles touches colorées.

↑↑ **La Maison d'Anaïs** ⌂ ☷ ⁽ᵗᵗ⁾ **P**
3 r. Pasteur – ☏ *05 62 96 84 04*
– www.chambres-d-hotes-pyrenees.com
3 ch ⌂ – **†**60 € **††**65 €
Table d'hôte – Menu 20 € bc, 25 € bc
◆ Ferme typiquement régionale entourée d'un jardin. Grandes chambres personnalisées, salon, bibliothèque et terrasse sous pergola ouverte sur la verdure. Petit-déjeuner et dîner servis autour de la table en bois massif de la cuisine.

VICHY ⊚ **– 03 Allier – 326** H6 **– 26 108 h. – alt. 340 m – Stat. therm. :** 6 C1
1ᵉʳ mars-fin nov. – Casinos : Le Grand Café BZ**, Elysée Palace –** ⌧ **03200**
▌Auvergne

▶ Paris 353 – Clermont-Ferrand 55 – Montluçon 99 – Moulins 57

🄸 Office de tourisme, 19, rue du Parc ☏ 04 70 98 71 94, Fax 04 70 31 06 00

▥ du Sporting Club de Vichy à Bellerive-sur-Allier Allée Georges Baugnies, ☏ 04 70 32 39 11

▥ la Forêt de Montpensier à Bellerive-sur-Allier Domaine du château de Rilhat, par rte de Clermont-Ferrand : 8 km, ☏ 04 70 56 58 39

◉ Parc des Sources★ - Les Parcs d'Allier★ - Chalets★ (boulevard des États-Unis) BYZ - Le quartier thermal★ - Grand casino-théâtre★.

Plan page suivante

🏛🏛🏛 **Les Célestins** ☷ ☖ ☒ ⊚ *Ló* ⌷ ⁽ᵗᵗ⁾ *ŚÀ* ☁ *VISA* ⊙⊙ *AE* ⓪
111 bd États-Unis – ☏ *04 70 30 82 00 – www.destinationvichy.com*
– Fax 04 70 30 82 01 BY**e**
131 ch – †200/265 € **††**242/308 €, ⌂ 21 € – 5 suites
Rest N 3 – *(dîner seult)* (32 €) Menu 43/140 € – Carte 69/100 €
Rest Le Bistrot des Célestins – *(fermé dim. soir et fériés)* Menu 25 €
– Carte 37/68 €
◆ Cet hôtel moderne jouxte les fameux chalets qui accueillirent Napoléon III. Chambres actuelles, centre de remise en forme complet et piscine panoramique. Cuisine inventive, cadre contemporain et belle terrasse d'été au N 3. Plats traditionnels et grillades au Bistrot.

🏛🏛 **Aletti Palace Hôtel** ☒ *Ló* ⌷ ⁽ᵗᵗ⁾ *ŚÀ* *VISA* ⊙⊙ *AE* ⓪
3 pl. Joseph Aletti – ☏ *04 70 30 20 20 – www.hotel-aletti.fr*
– Fax 04 70 98 13 82 BZ**u**
129 ch – †125/173 € **††**143/191 €, ⌂ 12 €
Rest La Véranda – ☏ *04 70 30 21 21 –* (18 € bc) Menu 23 € – Carte 30/50 €
◆ Face au Grand Casino, élégant hôtel du début du 20ᵉ s. alliant modernité et charme d'antan. Mobilier d'inspiration Art déco dans les chambres, peu à peu rajeunies. Fitness. Agréable salle à manger agrandie d'une véranda ; carte traditionnelle.

🏛 **Les Nations** ⌷ ⌶ rest, ⌇ rest, ⁽ᵗᵗ⁾ *ŚÀ* *VISA* ⊙⊙ *AE*
13 bd Russie – ☏ *04 70 98 21 63*
– www.lesnations.com – Fax 04 70 98 61 13
– Ouvert 1ᵉʳ avril-20 oct. BZ**c**
70 ch – †60/85 € **††**60/105 €, ⌂ 12 € – ½ P 54/78 €
Rest – (15 €) Carte 27/39 €
◆ Situation centrale pour ce bel immeuble 1900 à la façade finement ouvragée. Chambres et salles de bains profitent d'une bénéfique cure de jouvence. Cuisine traditionnelle servie dans deux salles à manger chaleureuses au décor actuel.

🏛 **Pavillon d'Enghien** ☖ ☒ ⌷ ⁽ᵗᵗ⁾ *ŚÀ* *VISA* ⊙⊙ *AE*
∞ *32 r. Callou –* ☏ *04 70 98 33 30 – www.pavillondenghien.com*
– Fax 04 70 31 67 82 – Fermé 20 déc.-1ᵉʳ fév. BY**b**
22 ch – †50/81 € **††**50/81 €, ⌂ 8,50 € – ½ P 54/62 €
Rest Les Jardins d'Enghien – *(fermé vend. soir de nov. à avril, dim. soir et lundi)* (15 €) Menu 19/27 € – Carte 17/25 €
◆ Cette sympathique adresse dispose de coquettes chambres personnalisées, diversement meublées et peu à peu refaites. Accueil aimable. Décor actuel, petite terrasse entourée de verdure et cuisine traditionnelle au restaurant.

BELLERIVE-SUR-ALLIER

VICHY

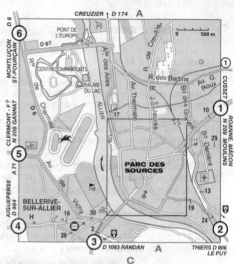

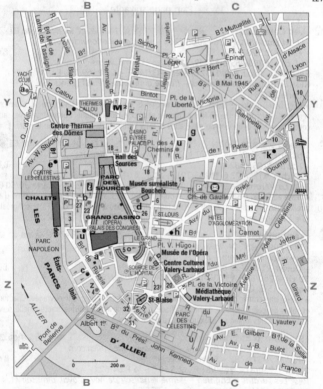

🏨 Chambord 🛗 🗚 rest, 🍴 � 🗷🗷 🐵 🗛🗈 🟊

82 r. de Paris – ℰ 04 70 30 16 30 – www.hotel-chambord-vichy.com
– Fax 04 70 31 54 92 – Fermé 20 déc.-30 janv. CY**k**
27 ch – 🛏45/54 € 🛏🛏52/64 €, ☑ 10 € – ½ P 52/62 €
Rest *L'Escargot qui Tette* – *(fermé dim. soir et lundi)* Menu 24 € (sem.)/45 €
– Carte 36/60 €
• Depuis trois générations, la même famille vous accueille dans cet hôtel aux chambres pratiques et bien insonorisées. Un amusant escargot qui "tette" une bouteille de vin rouge est devenu l'emblème du restaurant, sagement contemporain.

🏠 Arverna sans rest 🛗 🍴 🖉ӓ 🗷🗷 🐵 🗛🗈 🟊

12 r. Desbrest – ℰ 04 70 31 31 19 – www.hotels-vichy.com – Fax 04 70 97 86 43
– Fermé 6-28 fév. et 30 déc.-4 janv. CY**g**
26 ch – 🛏45/52 € 🛏🛏50/70 €, ☑ 8 €
• Un hôtel familial aux petites chambres doucement rénovées, orientées sur la rue ou sur la cour intérieure où l'on petit-déjeune en été.

🏠 Kyriad sans rest 🖡⑯ 🛗 🍴 🖉ӓ 🗷🗷 🐵 🗛🗈

6 av. Prés. Doumer – ℰ 04 70 31 45 00 – www.centralh.fr – Fax 04 70 97 67 37
35 ch – 🛏65/100 € 🛏🛏65/100 €, ☑ 9 € CZ**h**
• Dans le quartier commerçant de la célèbre station, hôtel proposant des chambres de taille variable, pratiques et bien insonorisées. Formule buffet au petit-déjeuner.

XXX Maison Decoret (Jacques Decoret) avec ch 🛗 ❺ 🗚 🍴 🗷🗷 🐵 🗛🗈 🟊
❀
15 r. du Parc – ℰ 04 70 97 65 06 – www.jacquesdecoret.com – Fax 04 70 97 80 11
– Fermé mi-août à début sept., 26 fév.-4 mars, mardi et merc. BZ**b**
5 ch – 🛏180 € 🛏🛏180 €, ☑ 18 €
Rest – (40 €) Menu 65/115 € – Carte 90/125 €
Spéc. Foie gras de canard froid, eau de navet et cube de cidre fermier. Poitrine de pigeon poêlée, crème de chicorée et jus de carcasse. Le lait en mousse, craquant et glacé. **Vins** Saint-Pourçain blanc et rouge.
• Bâtisse (1850) dans un quartier historique : voici le nouveau terrain d'expression de Jacques Decoret. Audacieuse cuisine inventive proposée dans une salle à manger au décor épuré. Chambres actuelles ponctuées de clins d'œil à Napoléon III et esprit maison d'hôtes.

XX L'Alambic 🗷🗷 🐵
☺
8 r. N.-Larbaud – ℰ 04 70 59 12 71 – Fax 04 70 97 98 88
– Fermé 8 août-1ᵉʳ sept., 15 fév.-3 mars, dim. soir, lundi et mardi CY**u**
Rest – *(nombre de couverts limité, prévenir)* Menu 26/67 € bc – Carte 30/50 €
• Appétissante carte actuelle, service soigné et ambiance intime vous attendent dans cette adresse de poche, près du quartier commerçant. Sobre décor aux tons verts et gris.

XX La Table d'Antoine 🈸 🗚 🍴 🗷🗷 🐵

8 r. Burnol – ℰ 04 70 98 99 71 – www.latabledantoine.com – Fax 04 70 98 99 71
– Fermé 21-26 juin, 22 fév.-10 mars, jeudi soir en hiver, dim. soir et lundi sauf fériés BZ**d**
Rest – (20 €) Menu 28/60 € – Carte 45/69 €
• Carte dans l'air du temps à déguster dans un décor "Baltard" (verre et fonte) rajeuni avec bonheur. Beau plateau de fromages auvergnats. Terrasse sur rue piétonne.

XX La Table de Marlène ≼ 🈸 ❺ 🗚 ⇔ 🗷🗷 🐵
😊
😊
bd de Lattre-de-Tassigny, La Rotonde – ℰ 04 70 97 85 42
– www.restaurantlarotonde-vichy.com – Fax 04 70 97 85 43 – Fermé en janv., lundi et mardi BY**a**
Rest – Menu 27 € (déj. en sem.), 29/52 € – Carte 47/60 €
Rest *Le Bistrot de la Rotonde* – *(fermé lundi)* (15 €) Menu 17 € (déj. en sem.)/ 22 € – Carte environ 25 €
• Vaisseau futuriste tout de verre et d'acier posé sur le lac d'Allier. À l'étage, La Table propose une cuisine actuelle fine et généreuse, dans un décor très contemporain ; belle vue. Au Bistrot, situé à fleur d'eau (terrasse), cuisine traditionnelle.

X Brasserie du Casino 🈸 ⇔ 🗷🗷 🐵

4 r. du Casino – ℰ 04 70 98 23 06 – www.allier-hotels-restaurants.com
– Fax 04 70 98 53 17 – Fermé 26 oct.-20 nov., 23 fév. -5 mars , mardi et merc.
Rest – (16 €) Menu 26 € – Carte 31/48 € BZ**a**
• L'authentique cadre 1920 de cette brasserie est agrémenté de photos d'artistes lyriques ayant fait les beaux soirs de l'opéra tout proche. Terrasse-trottoir.

✕ **Michelangelo.s** AC VISA MC

44 av. Eugène-Gilbert – ✆ 04 70 32 85 15 – www.michelangelo-s.fr – Fax 04 70 32 85 15 – Fermé 15-30 août, 1 sem. en janv., dim. soir, mardi soir, merc. soir et lundi CZ**b**

Rest – *(nombre de couverts limité, prévenir)* (17 €) Menu 23/40 € – Carte 24/49 €

◆ Dans cette maison familiale, simple et accueillante, le chef, d'origine piémontaise, prépare des recettes qui célèbrent toute l'Italie. Belle carte des vins. Coin épicerie.

✕ **L'Hippocampe** VISA MC AE ⓓ

3 bd de Russie – ✆ 04 70 97 68 37 – Fax 04 70 97 68 37 – Fermé en juin, 16-30 nov., mardi midi, dim. soir et lundi BZ**z**

Rest – (18 € bc) Menu 28/56 € – Carte 30/55 €

◆ Le boulevard est jalonné de somptueuses et excentriques villas. Cadre simple et cuisines visibles depuis la salle. Les produits de la mer ont l'honneur de la carte.

à Abrest 4 km par ② – 2 530 h. – alt. 290 m – ✉ 03200

✕✕ ☺ **La Colombière** avec ch ‹ 🪑 AC rest, 📶 🧑‍🏫 P VISA MC AE

136 av. de Thiers, par D 906 – ✆ 04 70 98 69 15 – www.restaurantlacolombiere.fr – Fermé 2 sem. en oct., mi- janv. à mi-fév., dim. soir et lundi

3 ch – 🚹40/43 € 🚹🚹56/65 €, ☕ 9 €

Rest – Menu 20 € (sem.)/45 € – Carte 24/53 €

◆ À flanc de colline, charmante villa des années 1950, son colombier et son jardin en terrasses courant jusqu'à l'Allier. Superbe panorama sur la vallée, cuisine traditionnelle. Chambres personnalisées et parfaitement tenues ; accueil aimable.

à St-Yorre 8 km par ② – 2 745 h. – alt. 275 m – ✉ 03270

🏠 **L'Auberge Bourbonnaise** ⛱ 🏊 ♿ ch, 🧑‍🏫 🅿 VISA MC

2 av. Vichy – ✆ 04 70 59 41 79 – www.auberge-bourbonnaise.fr – Fax 04 70 59 24 94 – Fermé 24 sept.-4 oct., 15-29 nov., 18 janv.-8 fév., dim. soir et lundi

16 ch – 🚹54/62 € 🚹🚹54/78 €, ☕ 9 € – ½ P 52/56 €

Rest – Menu 22/45 € – Carte 27/61 €

◆ Malgré la proximité de la route, les chambres sont tranquilles car bien insonorisées. L'annexe abrite de spacieux duplex au décor frais et soigné. Salle à manger-véranda rustique et terrasse ; bon choix de menus traditionnels.

✕✕ ⊜ **Piquenchagne** 🪑 ⛱ ♿ P VISA MC

Domaine des grands Jarraux, 2 km au Sud par rte de Thiers – ✆ 04 70 59 23 77 – Fax 04 70 59 23 77 – Fermé 21 juin-5 juil., 24 janv.-7 fév. et lundi

Rest – Menu 19/37 € – Carte 30/55 €

◆ Cette ex-ferme restaurée abrite deux salles à manger sobres et accueillantes ; terrasse dressée face au jardin à l'anglaise. Cuisine du terroir à prix sages.

VIC-LE-COMTE – 63 Puy-de-Dôme – **326** G9 – **4 583 h.** – **alt. 472 m** – ✉ **63270** ▮ Auvergne **5** B2

▶ Paris 433 – Ambert 56 – Clermont-Ferrand 23 – Issoire 16

◉ Ste-Chapelle★ - Château de Busséol★ N : 6,5 km.

à Longues 4 km au Nord-Ouest par D 225 - ✉ 63270 Vic-le-Comte

✕✕ **Le Comté** AC ⇔ P VISA MC

186 bd. du Gén. de Gaulle – ✆ 04 73 39 90 31 – www.restaurantlecomte.com – Fermé 30 août-13 sept., merc. soir, dim. soir et lundi

Rest – Menu 21/38 €

◆ Une maison régionale du début du 20e s. qui voisine la Banque de France. Décor classique. Quartier oblige : on y croise les notables locaux amateurs de plats au goût du jour.

VIC-SUR-CÈRE – 15 Cantal – **330** D5 – **1 971 h.** – **alt. 678 m** – **Casino** – ✉ **15800** ▮ Auvergne **5** B3

▶ Paris 549 – Aurillac 19 – Murat 29

ℹ Office de tourisme, avenue André Mercier ✆ 04 71 47 50 68, Fax 04 71 47 58 56

Bel Horizon ⌂ 〈 ⌂ ⌂ ⌃ ⌘ 🅿 VISA ⊕
r. Paul Doumer – ☎ 04 71 47 50 06 – www.hotel-bel-horizon.com
– Fax 04 71 49 63 81 – Fermé 16 nov.-6 déc.
24 ch – †45/57 € ††47/57 €, ⌷ 8 € – ½ P 45/52 €
Rest – (15 €) Menu 19/36 € – Carte 25/60 €
♦ La perspective sur le Carladès justifie l'enseigne de cet établissement traditionnel proche de la gare. Chambres simples et fonctionnelles. Généreuse cuisine appuyée sur le terroir régional ; belle vue sur les monts du Cantal à travers de larges baies.

Family Hôtel 〈 ⌂ ⌘ ⌘ ❄ ⌘ ⌘ ch, ⌃ 🅿 VISA ⊕
av. E. Duclaux – ☎ 04 71 47 50 49 – www.family-hotel.fr
– Fax 04 71 47 51 31
55 ch – †45/69 € ††55/79 €, ⌷ 7 € – 16 suites – ½ P 44/57 €
Rest – (fermé 15 nov.-15 déc.) Menu 16/30 € – Carte 16/27 €
♦ Idéal pour les familles, cet ensemble hôtelier propose au choix des chambres fonctionnelles ou des studios, et diverses activités : piscines, tennis, animations, excursions... Restaurant de type pension, vue panoramique sur la vallée ; carte traditionnelle.

au Col de Curebourse 6 km au Sud-Est par D 54 – alt. 994 m – ⌗ 15800
St Clément

Hostellerie St-Clément ⌂ 〈 ⌂ ⌘ ❄ ⌃ 🅿 VISA ⊕
– ☎ 04 71 47 51 71 – hotelstclementcantal.com – Fax 04 71 49 63 02
– Fémé 4 janv.-28 fév., dim. soir et lundi sauf juil.-août
21 ch – †60 € ††60 €, ⌷ 8 € – ½ P 60 €
Rest – Menu 27/96 € – Carte 47/69 €
♦ Longue bâtisse sise à 1 000 m d'altitude. Depuis les chambres – certaines aménagées avec un balcon en bois –, belle vue plongeante sur la vallée ou sur le jardin. Au restaurant : beau panorama, terrasse sous une tonnelle et cuisine classique à dominante poisson.

VIDAUBAN – 83 Var – **340** N5 – **9 569 h.** – alt. 60 m – ⌗ 83550   **41** C3
◗ Paris 841 – Cannes 63 – Draguignan 19 – Fréjus 29
◘ Office de tourisme, 56, avenue du Président Wilson ☎ 04 94 73 10 28,
Fax 04 94 73 07 82

La Fontaine ⌃ 🎬 rest, ❄ ⌘ 🅿 ⌂ VISA ⊕ AE
60 rte Départementale 84, rte du Thoronet : 1,5 km
– ☎ 04 94 99 91 91 – http://hotelfontaine.monsite.orange.fr
– Fax 04 94 73 16 49
13 ch – †65 € ††72/75 €, ⌷ 8 € – ½ P 130 €
Rest – (dîner seult) Menu 20/29 € – Carte 28/34 €
♦ Cet hôtel familial, posté à un carrefour, dispose de chambres identiques, fonctionnelles et impeccablement tenues. Restaurant au cadre actuel agrémenté de nombreuses plantes vertes ; cuisine simple et traditionnelle, rehaussée d'une petite touche indienne.

La Bastide des Magnans avec ch ⌂ ⌘ ⌃ 🅿 VISA ⊕ AE ⊙
20 av. de la Résistance, rte La Garde-Freinet – ☎ 04 94 99 43 91
– www.bastidedesmagnans.com – Fax 04 94 99 44 35
– Fermé 25 juin-4 juil., 24-31 déc., dim. soir, merc. soir et lundi hors saison
5 ch – †75/85 € ††85/95 €, ⌷ 10 € – ½ P 90/105 €
Rest – (19 €) Menu 30/78 € – Carte 68/90 €
♦ Cette ancienne magnanerie abrite deux lumineuses salles à manger décorées dans un style campagnard chic. Carte traditionnelle bien composée. Intérieur soigné pour les cinq chambres de charme, toutes imaginées sur un thème et une ambiance différents.

Concorde ⌂ VISA ⊕
9 pl. G. Clemenceau – ☎ 04 94 73 01 19 – Fax 04 94 73 01 19
– Fermé mardi soir en hiver et merc.
Rest – (18,50 € bc) Menu 31 €, 48/58 € – Carte 45/90 €
♦ Sur la place du village, ce restaurant typiquement provençal propose une généreuse cuisine cent pour cent terroir avec, en saison, des spécialités de gibier et de champignons.

VIEILLEVIE – 15 Cantal – **330** C7 – 115 h. – alt. 220 m – ⊠ 15120　　5 B3

▶ Paris 600 – Aurillac 45 – Entraygues-sur-Truyère 15 – Figeac 44

🏠　**La Terrasse**　　🚗 🛏 🏊 ℀ 🅿 ⅤⅠＳＡ ⚫⚫ ＡＥ ⓪
　 – ℰ 04 71 49 94 00 – www.hotel-terrasse.com – Fax 04 71 49 92 23
　 – Ouvert 2 avril-7 nov.
24 ch – †50/55 € ††54/66 €, � 10 € – ½ P 54/63 €
Rest – (fermé dim. soir et lundi sauf juil.-août, et week-end fériés) (12 €)
Menu 26 € (sem.), 32/42 € – Carte 36/49 €
♦ Au bord du Lot, hôtel familial (depuis 1870) aux chambres anciennes mais bien tenues. Belle piscine avec vue sur des collines arborées. Côté restaurant, salle rustique (pressoir à vis) et terrasse ombragée sous une glycine. Généreuse cuisine actuelle axée sur la mer.

VIENNE ◀▷ – 38 Isère – **333** C4 – 30 092 h. – alt. 160 m – ⊠ 38200　　44 B2
▌Lyon Drôme Ardèche

▶ Paris 486 – Grenoble 89 – Lyon 31 – St-Étienne 49

🛈 Office de tourisme, cours Brillier ℰ 04 74 53 80 30, Fax 04 74 53 80 31

◉ Cathédrale St-Maurice★★ - Temple d'Auguste et de Livie★★ **R** - Théâtre romain★ - Église★ et cloître★ de St-André-le-Bas - Esplanade du Mont Pipet ⩽★ - Anc. église St-Pierre★ - Groupe sculpté★ de l'église de Ste-Colombe AY - Cité gallo-romaine de St-Romain-en-Gal★★ (musée★, site★).

Plan pages 1810-1811

🏨🏨　**La Pyramide** (Patrick Henriroux)　　🚗 🛏 🛗 ᴕ ch, 🖥 ᐧᐧ 🏋 🅿 🛎
❀❀　14 bd F. Point, cours de Verdun, sud du plan　　ＶＩＳＡ ⚫⚫ ＡＥ ⓪
　 – ℰ 04 74 53 01 96 – www.lapyramide.com – Fax 04 74 85 69 73
　 – Fermé 15 fév.-12 mars et 17-25 août
21 ch – †190/225 € ††200/240 €, ⊇ 25 € – 4 suites
Rest – (fermé mardi et merc.) Menu 57 € bc, 95/158 € – Carte 115/150 €𝄐
Spéc. Crème soufflée de crabe "dormeur" au caviar, émietté de tourteau et croquant d'artichaut. Cul de veau de lait, mijotée de légumes et vrai jus à l'ancienne. Piano au chocolat-praliné, amandes, noisettes, sauce café grillé. **Vins** Vins de pays des collines Rhodaniennes.
Rest L'Espace PH3 – (23 €) Carte 32/40 €
♦ En son agréable jardin, belle maison régionale aux chambres vastes et très élégantes (tendance provençale). Au restaurant gastronomique, fine cuisine aux saveurs actuelles, mise en valeur par quelques rares flacons... Intéressant menu du marché à midi en semaine. Au bistrot PH3, cadre cosy ouvert sur les cuisines.

🍴🍴　**Le Bec Fin**　　🛏 🖥 ℀ ⅤⅠＳＡ ⚫⚫
　7 pl. St-Maurice – ℰ 04 74 85 76 72 – Fax 04 74 85 15 30
　 – Fermé merc. soir, dim. soir et lundi　　　　　　　　　　　　AYr
Rest – Menu 24 € (sem.)/62 € – Carte 38/75 €
♦ À l'image de son jovial patron, la cuisine mi-régionale, mi-traditionnelle de ce restaurant ne manque pas de caractère. Décor sobre ; terrasse dressée sur la place en été.

🍴🍴　**Le Cloître**　　🛏 🖥 ⇔ ⅤⅠＳＡ ⚫⚫ ＡＥ
　2 r. Cloîtres – ℰ 04 74 31 93 57
　 – www.le-cloitre.net – Fax 04 74 85 03 51
　 – Fermé 10-17 août, sam. et dim.　　　　　　　　　　　　　BYn
Rest – (15 €) Menu 21 € (déj. en sem.), 24/41 € – Carte environ 49 €𝄐
♦ Aimable maison au pied de la cathédrale St-Maurice. Vitraux, pierres et poutres forment le cadre de la salle à manger principale. Recettes au goût du jour et bon choix de vins.

🍴　**Saveurs du Marché**　　🖥 ⅤⅠＳＡ ⚫⚫
☜　34 cours de Verdun - AZ - ℰ 04 74 31 65 65
　 – www.lessaveursdumarche.fr – Fax 04 74 31 65 65
　 – Fermé 17 juil.-16 août, 23 déc.-3 janv., sam., dim. et fériés
Rest – (15 €) Menu 18 € (dîner)/38 € – Carte 37/50 € le soir𝄐
♦ Petite salle à manger colorée près de la pyramide de l'ancien cirque romain. Menu du marché à midi ; cuisine au goût du jour plus élaborée le soir. Carte de côtes-du-rhône.

✗ **L'Estancot** VISA ⦿

4 r. Table Ronde – ℰ 04 74 85 12 09 – Fax 04 74 85 12 09 – Fermé 1ᵉʳ-16 sept.,
Noël à mi-janv., dim., lundi et fériés BYe
Rest – (12 €) Menu 20/28 € – Carte 22/39 €
♦ Sympathique adresse, genre bistrot, fréquentée par une clientèle d'habitués. Carte traditionnelle et régionale ; spécialités de criques (galettes de pommes de terre) le soir.

à Chasse-sur-Rhône 8 km par ① (Échangeur A7 - sortie Chasse-sur-Rhône)
– 4 981 h. – alt. 180 m – ⊠ 38670

🏠🏠🏠 **Mercure** 📶 🎧 ᵠ 🛅 P VISA ⦿ AE ⓪

1363 av F. Mistral – ℰ 04 72 49 58 68 – www.mercure.com – Fax 04 72 49 58 88
115 ch – †69/129 € ††79/139 €, � 14 €
Rest – (fermé sam. midi, dim. midi et fériés) Menu 17/25 € – Carte 23/34 €
♦ Grand bâtiment proche de l'autoroute. Les chambres, conçues pour être pratiques, sont décorées sur le thème du jazz, clin d'œil au célèbre festival de Vienne. Au restaurant, cadre contemporain et cuisine traditionnelle assortie de quelques "lyonnaiseries".

à Estrablin 8 km par ② et D 41 – 3 300 h. – alt. 223 m – ⊠ 38780

🏠🏠 **La Gabetière** sans rest 🌙 🏊 ᵠ P VISA ⦿

269 Le Logis Neuf, sur D 502 – ℰ 04 74 58 01 31 – www.la-gabetiere.com
– Fax 04 74 58 08 98 – Fermé 25 déc.-17 janv.
12 ch – †54 € ††60/72 €, ⊔ 10 €
♦ Dans un parc, charmant manoir du 16ᵉ s. joliment restauré et ses annexes. Chambres diversement décorées (styles "bonbonnière", provençal, ancien...). Piscine et aire de jeux.

à Reventin-Vaugris (village) 9 km par ④, N 7 et D 131 – 1 649 h. – alt. 230 m
– ⊠ 38121

✗✗ **La Maison de l'Aubressin** ≼ 🍽 🏠 ⬥ P VISA ⦿

847 chemin Aubressin, 1 km au Nord par rte secondaire – ℰ 04 74 58 83 02
– Fermé avril, sept., 24-31 déc., dim. soir, lundi et mardi
Rest – (nombre de couverts limité, prévenir) Menu 48 € bc/78 € bc – Carte 35/75 €
♦ Maison tapissée de lierre, perchée sur une colline avec vue sur le Pilat. Cuisine de tradition servie au milieu de reproductions de tapisseries du musée de Cluny ou en terrasse.

à Chonas-l'Amballan 9 km au Sud par ④ et N 7 – 1 461 h. – alt. 250 m
– ⊠ 38121

🏠🏠 **Hostellerie Le Marais St-Jean** sans rest 🌿 🍽 & ᵠ 🛅 P

chemin du Marais – ℰ 04 74 58 83 28 VISA ⦿ AE ⓪
– www.domaine-de-clairefontaine.fr – Fax 04 74 58 80 93
– Fermé 20 déc.-15 janv.
10 ch – †82/90 € ††82/90 €, ⊔ 14 €
♦ Cet ancien corps de ferme restauré possède un intérieur ultra sobre et de bon ton. Terrasse orientée plein sud (pour les petits-déjeuners en saison) et jardin aromatique.

✗✗✗ **Domaine de Clairefontaine** (Philippe Girardon) avec ch 🌙 🏠 ✾
ξ³ *chemin des Fontanettes* & ch, 🎧 ✾ rest, P ⦿ AE ⓪
– ℰ 04 74 58 81 52 – www.domaine-de-clairefontaine.fr – Fax 04 74 58 80 93
– Fermé 18 déc.-18 janv., lundi et mardi sauf le soir en saison
7 ch – †57/90 € ††57/90 €, ⊔ 16 € – ½ P 95/108 €
Rest – Menu 33 € bc (déj. en sem.), 78/107 € – Carte 93/105 €
Spéc. Homard rôti, tagliatelles de racines, jus des têtes préssées. Pigeon des terres froides de l'Isère et foie gras de canard en croustille. Stradivarius au chocolat pur caraïbes, lait de poule aux noix torréfiées du Dauphiné. **Vins** Saint-Joseph, Côte Rôtie.
♦ Cette élégante demeure nichée dans un parc de 3 ha, jadis maison de repos des évêques de Lyon, est de nos jours un rendez-vous gourmand : cuisine soignée et au goût du jour.

Les Jardins de Clairefontaine 🏠🏠🏠 🌿 📶 & 🎧 ᵠ 🛅
– Fermé 18 déc.-18 janv. VISA ⦿ AE ⓪
18 ch – †125/128 € ††125/128 €, ⊔ 16 € – ½ P 113/115 €
♦ Tranquillité, espace et verdure : un environnement de choix pour ces chambres dotées de balcon ou de terrasse. Accueil au Domaine.

au Sud au Mas de Gerbey, 10 km par ④ et D 4 - ⊠ 38121 Chonas-l'Amballan

  L'Atelier d'Antoine   ⌂ Ⓟ VISA ⓪

2176 Mas de Gerbey - CD4
– ℰ 04 74 56 41 21
– www.atelier-antoine.fr
– Fax 04 74 56 41 21
– Fermé dim. soir, mardi soir et merc.
Rest – Menu 17 € (déj. en sem.), 28/45 € – Carte 47/54 €

♦ Dans son atelier, le chef réalise une cuisine traditionnelle revisitée et teintée d'exotisme.
Décor classique ou tendance (suivi en direct des cuisines via un écran), terrasse.

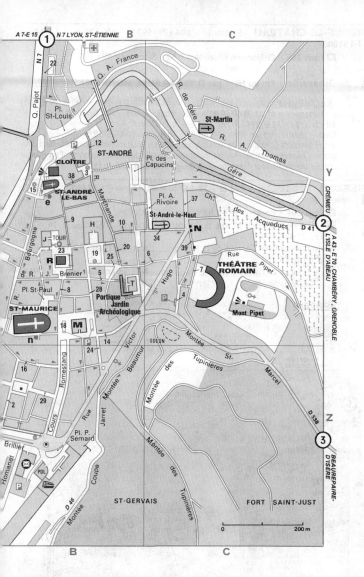

VIENNE-EN-VAL – 45 Loiret – **318** J5 – **1 692** h. – alt. 112 m
– ⌧ 45510

12 C2

> ▶ Paris 157 – La Ferté-St-Aubin 22 – Montargis 57 – Orléans 23

Auberge de Vienne   📶 & AC 🍴 VISA ⓪ AE
2 rte d'Orléans – 𝒞 02 38 58 85 47 – www.aubergedevienne.com
– Fax 02 38 58 63 29 – Fermé 30 août-13 sept., 18 janv.-9 fév., dim. soir, lundi et mardi sauf fériés
Rest – (25 €) Menu 35 € (sem.)/61 € – Carte 45/57 €
♦ Maison ancienne d'un village situé aux portes de la Sologne. Plaisante salle à manger rustique cloisonnée de colombages et agrémentée d'une cheminée. Cuisine traditionnelle.

VIENNE-LE-CHÂTEAU – 51 Marne – **306** L7 – 597 h. – alt. 129 m   14 C2
– ✉ 51800

       🔼 Paris 236 – Châlons-en-Champagne 52 – Saint-Memmie 50 – Verdun 49

rte de Binarville 1 km au Nord par D 63 – ✉ 51800 Vienne-le-Château

  🏢 **Le Tulipier** ⚜   🔔 🖃 📺 🗐 ᖆ AC rest, ᖻ ᵇᵃ P VISA ⓪⓪
  🐾 r. St-Jacques – ℰ 03 26 60 69 90 – www.letulipier.com – Fax 03 26 60 69 91
      38 ch – ✦57/73 € ✦✦68/82 €, ⇆ 9 € – ½ P 60/68 €
      Rest – *(fermé dim. en hiver)* Menu 15 € (déj. en sem.), 26/58 €
      ♦ Les amateurs de calme et de nature apprécieront cet hôtel moderne bordant la forêt d'Argonne. Chambres fonctionnelles, piscine couverte et salle de fitness. Plaisante salle à manger actuelle agencée autour d'une cheminée design. Cuisine au goût du jour.

VIERZON 👓 – 18 Cher – **323** I3 – 28 147 h. – alt. 122 m – ✉ 18100   12 C2
▌Limousin Berry

      🔼 Paris 207 – Bourges 39 – Châteauroux 58 – Orléans 84

      🛈 Office de tourisme, 11, rue de la Société Française ℰ 02 48 53 06 14,
      Fax 02 48 53 09 30

      📷 de la Picardière Chemin de la Picardière, par rte de Gien : 8 km,
      ℰ 02 48 75 21 43

      📷 de Nançay à Nançay Domaine de Samord, NE : 18 km par D 926 et D944,
      ℰ 02 48 51 86 55

VIERZON

	Foch (Pl. du Mar.)	**B** 7	Péri (Pl. Gabriel)	**A**
	Gaucherie (R. de la)	**A** 8	Ponts (R. des)	**B**
	Gaulle (R. Gén.-de)	**A** 9	République (Av. de la)	**A** 16
Baron (R. Bl.)	**A** 2	Joffre (R. du Mar.)	**B** 12	Roosevelt (R. Th.)	**B** 18
Briand (Pl. Aristide)	**B** 3	Larchevêque		Voltaire (R.)	**B** 20
Brunet (R. A.)	**B**	(R. M.)	**A** 13	11-Novembre-1918	
Dr-P.-Roux (R. du)	**B** 6	Nation (Bd de la)	**A** 14	(R. du)	**A** 22

🔠 **Continental** 📶 🛜 🕍 P 🅿️ 🚗 VISA ⑧⑨
104 bis av. Ed. Vaillant, par ① : 1,5 km – 𝒞 *02 48 75 35 22*
– www.hotelcontinental18.com – Fax 02 48 71 10 39 – Fermé 24-31 déc.
37 ch – ♦48/54 € ♦♦60/70 €, ⊇ 7 €
Rest *– (dîner seult) (résidents seult)* Carte 12/30 €
♦ "T'as voulu voir Vierzon et on a vu Vierzon…" : une étape "obligée", rendue confortable par cet hôtel aux chambres régulièrement rajeunies. Restauration très simple.

🏠 **Arche Hôtel** 🛜 📶 🕍 🚗 VISA ⑧⑨ AE ①
😊 *13 r. du 11 Novembre 1918 –* 𝒞 *02 48 71 93 10 – www.arche-hotel.fr*
– Fax 02 48 71 83 63 **Ab**
41 ch – ♦50/72 € ♦♦61/80 €, ⊇ 8 €
Rest *– (fermé dim.) (dîner seult)* Menu 18 €
♦ Derrière cette façade de verre moderne près des arches du vieux pont sur l'Yèvre, un décor axé sur la culture pop américaine. Chambres fonctionnelles, bien équipées et soignées. Repas sans prétention, orientés "salades et grillades", servis dans une salle actuelle.

🍴🍴🍴 **La Maison de Célestin** (Pascal Chaupitre) 🛜 AC ✥ VISA ⑧⑨ AE
😊 *20 av. P. Sémard –* 𝒞 *02 48 83 01 63 – www.lamaisondecelestin.com – Fax 02 48 71 63 41 – Fermé 12-18 avril, 9-31 août, 4-19 janv., dim. soir, lundi et mardi*
Rest *– (23 €)* Menu 26 € *(déj. en sem.)*, 35/110 € bc – Carte envi- **Av** ron 50 €
Spéc. Terrine de foie gras. Brochet comme un millefeuille, purée de chou au lard, et girolles (automne). Petits pots de crème brûlée. **Vins** Menetou-Salon blanc, Sancerre.
♦ Cette maison de maître du 19ᵉ s. dissimule un bel intérieur façon loft, très contemporain. Véranda et terrasse s'ouvrent sur un jardin public. Cuisine au goût du jour maîtrisée.

rte de Tours 2,5 km par ⑤ – ⊠ 18100 Vierzon

🍴🍴 **Le Champêtre** 🛜 P VISA ⑧⑨
😊 *89 rte de Tours –* 𝒞 *02 48 75 87 18 – Fax 02 48 71 67 04 – Fermé 25 juil.-15 août, une sem. en fév., lundi soir, merc. soir, dim. soir et mardi*
Rest *–* Menu 20 € *(sem.)*, 23/44 € – Carte 33/53 €
♦ Petite maison sympathique à la salle à manger sagement champêtre. Au programme des réjouissances : de savoureuses recettes classiques et régionales.

VIEUX-MOULIN – 60 Oise – **305** I4 – **rattaché à Compiègne**

VIEUX-VILLEZ – 27 Eure – **304** H6 – **rattaché à Gaillon**

LE VIGAN ◉ – 30 Gard – **339** G5 – **4 059 h.** – **alt. 221 m** – ⊠ 30120 **23** C2
▌Languedoc Roussillon
▶ Paris 707 – Alès 66 – Lodève 50 – Mende 108
🛈 Office de tourisme, place du Marché 𝒞 04 67 81 01 72, Fax 04 67 81 86 79
◉ Musée Cévenol ★.

au Rey 5 km à l' Est par D 999 – ⊠ 30570 St Andre de Majencoules

🔠 **Château du Rey** ◈ 🏇 🛜 🎿 P VISA ⑧⑨ AE
𝒞 *04 67 82 40 06 – www.chateaudurey.fr – Fax 04 67 82 47 79 – Ouvert d'avril à sept.*
13 ch – ♦75/98 € ♦♦75/98 €, ⊇ 8 € – 1 suite – ½ P 68/104 €
Rest *– (fermé dim. soir et lundi sauf juil.-août)* (15 €) Menu 23/46 €
– Carte 31/52 €
♦ Forteresse médiévale restaurée par Viollet-le-Duc au cœur d'un parc longé par une rivière. Chambres personnalisées, garnies de meubles anciens. Salle à manger voûtée aménagée dans l'ex-bergerie (13ᵉ s.) du château ; agréable terrasse.

à Pont d'Hérault 6 km à l' Est par D 999 – ⊠ 30570 Valleraugue

🔠 **Maurice** ◈ 🏊 🛜 🎿 🈴 AC rest, 🍽 rest, P VISA ⑧⑨
– 𝒞 *04 67 82 40 02 – www.hotelmaurice.fr.st – Fax 04 67 82 46 12 – Fermé janv.*
14 ch – ♦69 € ♦♦90 €, ⊇ 8 € – ½ P 69/89 €
Rest *– (résidents seult)* Menu 39/62 € – Carte 59/69 €
♦ Auberge traditionnelle tenue par la même famille depuis trois générations sur la jolie route longeant l'Hérault. Chambres confortables, plus tranquilles côté rivière. Salle à manger colorée et plaisante terrasse surplombant la piscine et la vallée.

VIGNOUX-SUR-BARANGEON – 18 Cher – **323** J3 – 2 020 h.   **12** C3
– alt. 157 m – ⊠ 18500

> ◗ Paris 215 – Bourges 26 – Cosne-sur-Loire 69 – Gien 70
> ⓘ Office de tourisme, 23, rue de la République ℰ 02 48 51 11 41,
>   Fax 02 48 51 11 46

XXX **Le Prieuré** avec ch ॐ   🚗 ㋨ ⌇ 🄰🄲 ch, **P** 𝗩𝗜𝗦𝗔 ⓿ 🄰🄴
r. Jean Graczyk – ℰ 02 48 51 58 80 – www.leprieurehotel.com
– Fax 02 48 51 56 01 – Fermé vacances de la Toussaint et de fév., mardi et merc.
hors saison
6 ch – †63/76 € ††68/80 €, ⌒ 8 € – ½ P 72/78 €
Rest – (14 €) Menu 22 € (sem.)/71 € – Carte 37/69 €
◆ Dans un presbytère du 19ᵉ s., restaurant au décor sagement contemporain et belle terrasse au bord de la piscine ; cuisine au goût du jour. Petites chambres rénovées.

VIGOULET-AUZIL – 31 Haute-Garonne – **343** G3 – rattaché à Toulouse

---

VILLAGE-NEUF – 68 Haut-Rhin – **315** J11 – rattaché à St-Louis

---

VILLAINES-LA-JUHEL – 53 Mayenne – **310** H4 – 3 106 h.   **35** C1
– alt. 185 m – ⊠ 53700

> ◗ Paris 222 – Alençon 32 – Bagnoles-de-l'Orne 31 – Le Mans 58
> ⓘ Syndicat d'initiative, boulevard du Général-de-Gaulle ℰ 02 43 03 78 88,
>   Fax 02 43 03 77 92

🏠 **Oasis** sans rest   🕊 ㋨ ⑩ 🅑 𝗩𝗜𝗦𝗔 ⓿ 🄰🄴 ①
La Sourderie, 1 km par rte de Javron – ℰ 02 43 03 28 67 – www.oasis.fr
– Fax 02 43 03 35 30
14 ch – †48 € ††58/85 €, ⌒ 9 €
◆ Cette vieille ferme au cachet rustique recèle d'agréables chambres ornées de poutres et
de murs en briquettes. Petit parc (plan d'eau, minigolf) ; restauration rapide au bar.

VILLARD-DE-LANS – 38 Isère – **333** G7 – 4 088 h. – alt. 1 040 m   **45** C2
– **Sports d'hiver :** 1 160/2 170 m ⦸ 2 ⦿ 27 ⦿ – Casino – ⊠ 38250
▌ Alpes du Nord

> ◗ Paris 584 – Die 67 – Grenoble 34 – Lyon 123
> ⓘ Office de tourisme, 101, place Mure Ravaud ℰ 08 11 46 00 15,
>   Fax 04 76 95 98 39
> 🄸🄶 de Corrençon-en-Vercors, S : 6 km par D 215, ℰ 04 76 95 80 42
> ◉ Gorges de la Bourne★★★ – Route de Valchevrière★ O par D 215ᶜ.

VILLARD-DE-LANS

Le Christiania
≤ 🚗 🏡 🍴 🔲 📶 ⁷⁷ 🎿 VISA ⚫ AE ⓿

av. Prof. Nobecourt – ℰ 04 76 95 12 51
– *www.hotel-le-christiania.fr* – *Fax 04 76 95 00 75*
– *Fermé 18 avril-20 mai et 1ᵉʳ oct.-16 déc.*   **k**
5 ch – ♦55/92 € ♦♦70/165 €, ⊆ 10 €
Rest *Le Tétras* – *(fermé 1ᵉʳ avril-20 mai et 1ᵉʳ sept.-16 déc.)* (18 €) Menu 25 €
(dîner)/35 € – Carte 40/80 € le soir

◆ Hôtel familial dont les vastes chambres personnalisées évoquent parfois un chalet de montagne ; presque toutes possèdent un balcon et regardent les sommets. Piscine couverte. Restaurant orné de bibelots et de trophées de chasse ; cuisine à l'accent du pays.

La Roseraie
≤ 🚗 🏡 📶 ⁷⁷ 🅿 🚗 VISA ⚫

309 av. Nobecourt – ℰ 04 76 95 11 99
– *www.hotellaroseraie.com* – *Fax 04 76 95 19 70*
– *Fermé 23-30 avril et 4 oct.-15 déc.*   **d**
22 ch – ♦65/90 € ♦♦75/110 €, ⊆ 10 € – ½ P 75/90 €
Rest – *(fermé 18 avril-21 mai et 18 sept.-18 déc.)* (25 €) Menu 28/45 €

◆ À deux pas du centre du village, affaire familiale récemment rénovée. Les chambres, bien équipées et à la tenue impeccable, bénéficient d'un balcon côté Sud. Ambiance montagnarde et mobilier contemporain dans la salle à manger. Cuisine régionale (menu unique).

Les Trente Pas
🏡 VISA ⚫

16 r. des Francs-Tireurs – ℰ 04 76 94 06 75 – *Fax 04 76 95 80 69*
– *Fermé 15 avril-1ᵉʳmai, 15 nov.-15 déc., jeudi soir, lundi et mardi*
sauf fériés   **b**
Rest – Menu 15 € (déj. en sem.), 28/52 € bc – Carte 35/45 €

◆ À quelques pas – une trentaine ? – de l'église du village, petit restaurant proposant une généreuse cuisine traditionnelle. Les œuvres d'un peintre local décorent la salle.

au Sud-Ouest par D 215 et rte du col du Liorin – ✉38250 Villard-de-Lans

Auberge des Montauds 🍃
≤ 🚗 🏡 ⚫ ⁷⁷ 🅿 VISA ⚫

aux Montauds : 4 km – ℰ 04 76 95 17 25
– *www.auberge-des-montauds.fr* – *Fax 04 76 95 17 69*
– *Fermé 14 avril-1ᵉʳ mai et 4 nov.-18 déc.*
12 ch ⊆ – ♦58/64 € ♦♦72/78 € – ½ P 58/62 €
Rest – *(fermé lundi et mardi sauf juil.-août)* Menu 19 € (sem.)/34 €
– Carte 24/43 €

◆ Pittoresque adresse installée dans une ancienne ferme, à l'extrémité d'un hameau d'altitude. Chaleureuses petites chambres de style chalet. Plats traditionnels, spécialités du Vercors, raclettes et fondues servis devant les flambées de la salle ou en terrasse.

La Ferme du Bois Barbu avec ch 🍃
≤ 🏡 ⁷⁷ 🅿 VISA ⚫

à Bois- Barbu : 3 km – ℰ 04 76 95 13 09 – *www.fermeboisbarbu.com*
– *Fermé 22 mars-3 avril, 4-9 oct., 15 nov.-11 déc.*
8 ch – ♦52 € ♦♦60 €, ⊆ 9 € – ½ P 56 €
Rest – *(fermé dim. soir et merc.)* (9 €) Menu 19/34 €

◆ Non loin des pistes de ski de fond, agréable restaurant rustique (lambris, cheminée, etc.). Cuisine traditionnelle à l'accent du terroir. Chambres d'inspiration montagnarde.

au Balcon de Villard rte Côte 2000, 4 km au Sud-Est par D 215 et D 215ᴮ
– ✉ 38250 Villard-de-Lans

Les Playes 🍃
≤ 🚗 🏡 ⁷⁷ 🅿 VISA ⚫

Les Pouteils Côte 2000 – ℰ 04 76 95 14 42
– *www.hotel-playes.com* – *Fax 04 76 95 58 38*
– *Ouvert 13 mai-19 sept. et 18 déc.-12 avril*
22 ch – ♦55/70 € ♦♦65/95 €, ⊆ 11 € – ½ P 66/80 €
Rest – *(ouvert 13 juin-5 sept. et 18 déc.-31 mars)* (dîner seult en hiver)
Carte 22/40 €

◆ Robuste chalet aux chambres progressivement rénovées dans un esprit montagnard actualisé ; quelques balcons face au massif de la Grande Moucherolle. Restaurant et terrasse ménagent une belle vue sur les sommets ; plats régionaux en hiver, traditionnels en été.

à Corrençon-en-Vercors 6 km au Sud par D 215 – 367 h. – alt. 1 105 m
– ⊠ 38250

🛈 Office de tourisme, place du Village *𝒞* 04 76 95 81 75, Fax 04.76.95.84.63

🏠 **du Golf** 🐾 ≤ 🚗 🛜 ⌧ 🎱 P 𝖵𝖨𝖲𝖠 ⬤⬤ ℻
❀ *Les Ritons – 𝒞 04 76 95 84 84 – www.hotel-du-golf-vercors.fr – Fax 04 76 95 82 85
– Ouvert 1er mai-18 oct. et 19 déc.-28 mars*
16 ch – †80/105 € ††100/200 €, ⌧ 13 € – 6 suites – ½ P 95/145 €
Rest – *(fermé le midi sauf sam., dim. et fériés)* Menu 32/95 € – Carte 69/86 € ⅛⅛
Spéc. Velouté de Saint-Jacques au bleu du Vercors, sorbet betterave et balsamique (printemps). Veau biologique du Vercors cuisiné selon les saisons. Mousse fromage blanc du village, rhubarbe, pomme, crumble gingembre et sorbet céleri (automne). **Vins** Châtillon en Diois, Vin de pays des Balmes Dauphinoises.
♦ Chambres coquettes, superbe extension "tout bois", beau bar cosy, sauna et jacuzzi flambant neufs, copieux petit-déjeuner : nouveau départ réussi pour cet hôtel familial ! Cuisine inventive soignée (produits du terroir), servie au coin du feu ou sur la jolie terrasse.

VILLARD-RECULAS – 38 Isère – **333** J7 – 63 h. – alt. 1 450 m **45** C2
– ⊠ 38114

🄳 Paris 626 – Lyon 168 – Grenoble 58 – Échirolles 50
🛈 Office de tourisme, 1, rue des pistes *𝒞* 04 76 80 45 69, Fax 04 76 80 92 34

❌ **Bonsoir Clara** ≤ 🛜 𝖵𝖨𝖲𝖠 ⬤⬤
*23 rte des Alpages – 𝒞 04 76 80 37 20 – www.bonsoirclara.fr
– Fax 04 76 80 37 20 – Ouvert 15 juin-1er sept. et 15 déc.-1er mai*
Rest – *(prévenir le week-end)* Menu 32/38 € – Carte 29/67 €
♦ Pour une copieuse cuisine actuelle mariant produits du terroir et notes orientales, rendez-vous chez Clara, la patronne de ce chalet surplombant le village. Bon choix de vins.

LE VILLARS – 71 Saône-et-Loire – **320** J10 – **rattaché à Tournus**

VILLARS – 84 Vaucluse – **332** F10 – 718 h. – alt. 330 m – ⊠ 84400 **42** E1
🄳 Paris 739 – Marseille 112 – Avignon 58 – Aix-en-Provence 96

❌ **La Table de Pablo** 🛜 � ⅗ P 𝖵𝖨𝖲𝖠 ⬤⬤
😊 *Hameau des Petits-Cléments – 𝒞 04 90 75 45 18 – www.latabledepablo.com
– Fermé 1er janv.-12 fév., jeudi midi, sam. midi et merc. de sept. à mai*
Rest – *(nombre de couverts limité, prévenir)* (16 €) Menu 28/50 €
– Carte 32/55 €
♦ Pour goûter une cuisine délicate et volontiers créative, n'hésitez pas à faire étape dans ce restaurant isolé entre vignes et cerisiers. Cadre "couleur locale", paisible terrasse.

VILLARS-LES-DOMBES – 01 Ain – **328** D4 – 4 303 h. – alt. 281 m **43** E1
– ⊠ 01330 █ Lyon Drôme Ardèche

🄳 Paris 433 – Bourg-en-Bresse 29 – Lyon 37 – Villefranche-sur-Saône 29
🛈 Office de tourisme, 3, place de l'Hôtel de Ville *𝒞* 04 74 98 06 29,
Fax 04 74 98 29 13
🄳⒙ du Clou RN 83, S : 3 km par D 1083, *𝒞* 04 74 98 19 65
🄳㉟ du Gouverneur à Monthieux Château du Breuil, SO : 8 km par D 904 et
D 6, *𝒞* 04 72 26 40 34

◎ Parc des oiseaux★★ : Spectacle d'oiseaux en vol★★ S : 1 km.

🏠 **Ribotel** 🛜 ⅏ & ch, ⅗ 🎱 ⅘ P 𝖵𝖨𝖲𝖠 ⬤⬤ ℻
😊 *rte de Lyon – 𝒞 04 74 98 08 03 – www.ribotel.fr – Fax 04 74 98 29 55 – Fermé
22 déc.-3 janv.*
45 ch – †52 € ††60 €, ⌧ 8,50 € – ½ P 52 €
Rest *La Villardière* – *𝒞* 04 74 98 11 91 *(fermé dim. soir de nov. à fevrier et
lundi)* Menu 17 € (déj. en sem.), 20/35 € – Carte 35/54 €
♦ Une bonne adresse aux portes du parc ornithologique : chambres rénovées et petit salon pour la détente (fauteuils club, écran LCD). Au restaurant La Villardière, cuisine traditionnelle servie dans la salle à manger en rotonde.

à Bouligneux 4 km au Nord-Ouest par D 2 – 302 h. – alt. 282 m – ✉ 01330

XX **Auberge des Chasseurs**   🛱 VISA ⚫⚫
Le Village – ℰ 04 74 98 10 02 – Fax 04 74 98 28 87 – Fermé 1er-10 sept.,
20 déc.-20 janv., lundi soir, mardi et merc.
Rest – Menu 29 € (sem.)/65 € – Carte 32/70 €
• Près de l'église, cette maison accueille chaleureusement les chasseurs... et les autres. Cuisine bressane et dombiste servie dans une salle campagnarde et, en été, au jardin.

X **Hostellerie des Dombes**   🛱 ⇔ P VISA ⚫⚫
Le Village – ℰ 04 74 98 08 40 – www.hostelleriedesdombes.com
– Fax 04 74 98 16 63 – Fermé 20-31 août, vacances de fév., jeudi sauf le midi
de mai à oct. et merc.
Rest – Menu 23 € (sem.)/43 € – Carte 32/53 €
• Maison traditionnelle qui abrite une salle à manger d'esprit champêtre, remplie par l'alléchant parfum d'une cuisine de terroir (grenouilles, gibier). Agréable terrasse.

X **Le Thou**   🚗 🛱 ᴋ AC VISA ⚫⚫
Le Village – ℰ 04 74 98 15 25 – www.lethou.com – Fax 04 74 98 13 57 – Fermé
vacances de la Toussaint et de fév., dim. soir, lundi et mardi
Rest – Menu 29/58 € – Carte 38/60 €
• Lumineuse entrée sous verrière pour cette ex-auberge de village superbement fleurie, dont la carte célèbre les terroirs de la Bresse et de la Dombes (grenouilles toute l'année).

VILLARS-SOUS-DAMPJOUX – 25 Doubs – **321** K2 – 407 h.   **17** C2
– alt. 362 m – ✉ 25190

▶ Paris 482 – Baume-les-Dames 50 – Besançon 81 – Montbéliard 24

à Bief 3 km au Sud – 116 h. – alt. 362 m – ✉ 25190

X **L'Auberge Fleurie**   🛱 P VISA ⚫⚫ AE
4 chemin de Dampjoux – ℰ 03 81 96 53 01 – Fax 03 81 96 55 64 – Fermé lundi et
mardi sauf fériés
Rest – (11 €) Menu 20/36 € – Carte 24/45 €
• Face à une chapelle et surplombant le Doubs, petite auberge de village où l'on propose une cuisine panachant tradition et terroir dans une jolie salle à manger colorée.

VILLÉ – 67 Bas-Rhin – **315** H6 – 1 676 h. – alt. 260 m – ✉ 67220   **2** C1
▌Alsace Lorraine

▶ Paris 445 – Lunéville 82 – St-Dié 48 – Ste-Marie-aux-Mines 27
🗉 Office de tourisme, place du Marché ℰ 03 88 57 11 69, Fax 03 88 57 24 87

🏠 **La Bonne Franquette**   🛱 ᵗᵗ VISA ⚫⚫
〒 *6 pl. Marché – ℰ 03 88 57 14 25 – www.hotel-bonne-franquette.com*
– Fax 03 88 57 08 15 – Fermé 2-9 juil., 23 oct.-8 nov. et 20 fév. 6 mars
10 ch – †40/53 € ††45/58 €, � 10 € – ½ P 50/57 €
Rest – (fermé sam. midi, dim. soir et lundi) (12 €) Menu 20/38 € – Carte 28/53 €
• Sur une placette du centre-ville, auberge familiale, abondamment fleurie en saison. Chambres bien tenues, meublées dans le style rustique. Accueil chaleureux. La clientèle locale apprécie le restaurant pour ses petits plats traditionnels servis "à la bonne franquette".

LA VILLE-AUX-CLERCS – 41 Loir-et-Cher – **318** D4 – 1 287 h.   **11** B2
– alt. 143 m – ✉ 41160

▶ Paris 159 – Brou 41 – Châteaudun 29 – Le Mans 74
🗉 Syndicat d'initiative, Mairie ℰ 02 54 80 62 35, Fax 02 54 80 30 08

🏠🏠 **Manoir de la Forêt** ⬟   ⟨ ⟩ 🛱 ᴋᴀ P VISA ⚫⚫ AE ⓞ
r. Françoise de Lorraine, à Fort-Girard, Est : 1,5 km par rte secondaire
– ℰ 02 54 80 62 83 – www.manoirdelaforet.fr – Fax 02 54 80 66 03 – Fermé
3-14 janv., dim. soir et lundi d'oct. à avril
16 ch – †56/85 € ††58/90 €, ⊐ 12 € – 2 suites – ½ P 85 €
Rest – (18 €) Menu 27/51 € – Carte 46/76 €
• Pavillon de chasse du 19e s. isolé dans un parc. Les chambres (préférez celles du 1er étage, rénovées) aux meubles de style et le salon avec cheminée composent un cadre cossu. Répertoire culinaire classique à découvrir dans une salle à manger confortable et feutrée.

LA VILLE-BLANCHE – 22 Côtes-d'Armor – **309** B2 – rattaché à Lannion

---

VILLECOMTAL-SUR-ARROS – 32 Gers – **336** D9 – 801 h. **28** A2
– alt. 177 m – ⌑ 32730

> ▶ Paris 760 – Pau 70 – Aire-sur-l'Adour 67 – Auch 48

XXX   **Le Rive Droite**   ⌑ ⌑ 🅅🅸🆂🅰 ⌑⌑
1 chemin Saint Jacques – ℰ 05 62 64 83 08 – www.lerivedroite.com – *Fermé lundi, mardi et merc. sauf du 12 juil. au 23 août*
Rest – (25 € bc) Menu 34 € – Carte environ 34 €
♦ George Sand séjourna dans cette élégante chartreuse (18ᵉ s.) située au bord de la rivière. Décor mariant avec brio l'ancien et le contemporain ; belle cuisine au goût du jour.

VILLECROZE – 83 Var – **340** M4 – 1 093 h. – alt. 300 m – ⌑ 83690   **41** C3
▌ Côte d'Azur

> ▶ Paris 835 – Aups 8 – Brignoles 38 – Draguignan 21
> 🛈 Office de tourisme, rue Amboise Croizat ℰ 04 94 67 50 00,
> Fax 04 94 67 50 00
> ◉ Belvédère★ : ☀ ★ N : 1 km.

XX   **Le Colombier** avec ch   ⌑ ⌑ ⅋ ch, 🄰🄲 ch, 🅿 🅅🅸🆂🅰 ⌑⌑
rte de Draguignan – ℰ 04 94 70 63 23 – www.lecolombier-var.com
– *Fax 04 94 70 63 23 – Fermé 20 nov.-14 déc.*
6 ch – ♦70/80 € ♦♦90/130 €, ⌑ 13 € – ½ P 75/80 €
Rest – (fermé jeudi soir en hiver, dim. soir et lundi) (20 €) Menu 29/55 €
– Carte 51/88 €
♦ Cette maison régionale propose une appétissante carte traditionnelle servie l'hiver dans un plaisant cadre provençal, et l'été sous la véranda. Chambres aux accents du Sud avec balcon.

au Sud-Est 3 km par rte de Draguignan et rte secondaire – ⌑ 83690 Salernes

X   **Au Bien Être** avec ch ⌑   ⌑ ⌑ 🄸 🄰🄲 ⅋ 🅿 🅅🅸🆂🅰 ⌑⌑
chemin du Bien-être – ℰ 04 94 70 67 57 – www.aubienetre.com
– *Fax 04 94 70 67 57 – Fermé 15 oct.-1ᵉʳ mars, lundi midi, mardi midi et merc. midi*
8 ch – ♦50/79 € ♦♦50/79 €, ⌑ 9 € – ½ P 53/68 €
Rest – (19 €) Menu 28/68 € – Carte 48/62 €
♦ Le bien-être au cœur d'un joli parc : cadre repensé dans une dominante de rouge et de blanc, agréable terrasse ombragée donnant sur le jardin et plats orientés terroir.

VILLE D'AVRAY – 92 Hauts-de-Seine – **311** J3 – voir à Paris, Environs

---

VILLEDIEU-LES-POÊLES – 50 Manche – **303** E6 – 3 920 h.   **32** A2
– alt. 105 m – ⌑ 50800 ▌ Normandie Cotentin

> ▶ Paris 314 – Alençon 122 – Avranches 26 – Caen 82
> 🛈 Office de tourisme, place des Costils ℰ 02 33 61 05 69,
> Fax 02 33 91 71 79
> ◉ Fonderie de cloches★.

🄷🄷   **Le Fruitier**   ⌑ ⅋ 🄰🄲 rest, ⌑ 🄸 ⌑ 🅅🅸🆂🅰 ⌑⌑ 🄰🄴 ⓪
⌑⌑   *pl. Costils* – ℰ 02 33 90 51 00 – www.le-fruitier.com
– *Fax 02 33 90 51 01*
48 ch – ♦50/92 € ♦♦53/92 €, ⌑ 8 € – ½ P 56/78 €
Rest – (fermé 24 déc.-17 janv.) (16 €) Menu 26/34 € – Carte 27/52 €
Rest *La Poêle de Gargantua* – ℰ 02 33 90 51 03 (fermé 24 déc.-3 janv.)
Menu 13/15 € – Carte environ 25 €
♦ Dans le centre de Villedieu-les-Poêles, hôtellerie familiale aux chambres fonctionnelles et bien tenues, certaines en duplex. Cuisine traditionnelle tournée vers les produits de l'océan servie dans la salle de restaurant au cadre contemporain sobre et chic. Snack à toute heure à La Poêle de Gargantua.

XXX **La Ferme de Malte** 🖨 🕭 ⌛ VISA ☜ ⓿

11 r. Jules Tétrel – 𝒞 02 33 91 35 91 – www.lafermedemalte.fr
– Fax 02 33 91 35 90 – Fermé 13 déc.-16 janv., dim. soir, merc. soir et lundi
Rest – Menu 18/55 € – Carte 35/50 €

♦ Cette ancienne ferme de l'ordre de Malte abrite des salles à manger chaleureuses donnant sur une terrasse. Cuisine traditionnelle et quelques préparations dans l'air du temps.

XX **Manoir de l'Acherie** avec ch 🕭 🖨 ఉ ch, 🛰 ⓥ 🕭 😝 P VISA ☜ AE

37 r. Michel de l'Epinay, à l'Acherie, 3,5 km à l'Est par D 975 et D 554 (autoroute
A 84 sortie 38) – 𝒞 02 33 51 13 87 – www.manoir-acherie.fr – Fax 02 33 51 33 69
– Fermé 12 nov.-2 déc., 28 fév.-14 mars, dim. soir du 15 oct. au 5 avril et lundi
sauf le soir du 7 juil. au 31 août
19 ch – ♥55/110 € ♥♥55/110 €, ☞ 9 € – ½ P 71/98 €
Rest – (15 €) Menu 18/40 € – Carte 35/45 €

♦ Au cœur du bocage normand, manoir du 17ᵉ s. et petite chapelle groupés autour d'un jardin. Un cadre authentique pour se régaler de plats du terroir et de grillades sur la braise. Les chambres, bien tenues et au calme, garantissent un séjour serein.

VILLEFARGEAU – 89 Yonne – 319 E5 – rattaché à Auxerre

VILLEFORT – 48 Lozère – 330 L8 – 639 h. – alt. 600 m – ⊠ 48800   23 C1
▮ Languedoc Roussillon

▶ Paris 616 – Alès 52 – Aubenas 61 – Florac 63
🆔 Office de tourisme, rue de l'Église 𝒞 04 66 46 87 30, Fax 04 66 46 85 33

X **Balme** avec ch   🕼 🕭 VISA ☜

pl. Portalet – 𝒞 04 66 46 80 14 – Fax 04 66 46 85 26 – Fermé 15-20 oct.,
15 nov.-15 fév., dim. soir et lundi sauf juil.-août
16 ch – ♥49/56 € ♥♥49/56 €, ☞ 9 € – ½ P 59 €   **Rest** – Menu 21 €, 29/38 €

♦ Sympathique maison régionale située dans un bourg comptant parmi les portes d'entrée du Parc national des Cévennes. Cadre rustique et cuisine aux accents cévenols, un brin créative. Chambres simples pour l'étape.

VILLEFRANCHE-DE-CONFLENT – 66 Pyrénées-Orientales – 344 F7   22 B3
– 237 h. – alt. 435 m – ⊠ 66500 ▮ Languedoc Roussillon

▶ Paris 898 – Mont-Louis 31 – Olette 11 – Perpignan 51
🆔 Office de tourisme, place de l'Église 𝒞 04 68 96 22 96, Fax 04 68 96 07 66
◉ Ville forte★ - Fort Liberia : ≼★★.

XXX **Auberge Saint-Paul**   🕼 VISA ☜ AE ⓿

7 pl. de l'Église – 𝒞 04 68 96 30 95 – http://perso.wanadoo.fr/auberge.stpaul
– Fax 04 68 05 60 30 – Fermé 15-20 juin, 23 nov.-3 déc., 5-29 janv., mardi hors
saison, dim. soir et lundi
Rest – Menu 19/75 € bc – Carte 55/80 € ⌛

♦ Cette chapelle du 13ᵉ s. abrite un restaurant soigné. Salle rustique et terrasse ombragée. Cuisine féminine et subtile ; bon choix de vins de Bourgogne et du Roussillon.

VILLEFRANCHE-DE-ROUERGUE ◉ – 12 Aveyron – 338 E4   29 C1
– 12 040 h. – alt. 230 m – ⊠ 12200 ▮ Midi-Toulousain

▶ Paris 614 – Albi 68 – Cahors 61 – Montauban 80
🆔 Office de tourisme, promenade du Guiraudet 𝒞 05 65 45 13 18,
Fax 05 65 45 55 58
◉ La Bastide★ : place Notre-Dame★, église Notre-Dame★ - Ancienne
chartreuse St-Sauveur★

XX **L'Épicurien**   🕼 ఉ AC VISA ☜

8 bis av. Raymond-St-Gilles – 𝒞 05 65 45 01 12 – Fax 05 65 45 01 12 – Fermé dim.
soir et mardi hors saison et lundi
Rest – Menu 13,50 € (déj. en sem.), 26/36 € – Carte 31/44 €

♦ Vous apprécierez l'atmosphère chaleureuse de cette ex-droguerie, à moins que la fraîcheur du soir ne vous attire vers sa terrasse. Goûteuse cuisine axée sur le poisson et la région.

✗ L'Assiette Gourmande ⬭ 🏛 🆅🅸🆂🅰 ⓒⓞ 🅰🅴

pl. André Lescure – ℰ 05 65 45 25 95 – www.lassiettegourmande.com – Fermé 17-31 mars, 9-16 juin, 8-15 sept., 15 déc.-5 janv., dim. sauf le midi de sept. à juin, mardi soir et merc. sauf juil.-août

Rest – (12 €) Menu 14/35 € – Carte 25/40 €

♦ Emplacement privilégié au cœur de la vieille ville pour cette maison du 13e s. rénovée dans un esprit mi-rustique, mi-moderne. Grillades et recettes régionales.

---

au Farrou Nord 4 km par D 1E – ✉ 12200 Villefranche de Rouergue

🏨 Relais de Farrou ⬭ 🛋 🏊 🏛 🛎 ⅍ ch, 🏛 ⁿ 🚿 🅿 🚗 🆅🅸🆂🅰 ⓒⓞ

– ℰ 05 65 45 18 11 – www.relaisdefarrou.com – Fax 05 65 45 32 59 – Fermé 8-22 mars, 2-16 nov., 21-27 déc.

26 ch – �60/70 € ♦♦65/110 €, � 10 € – ½ P 85/91 €

Rest – *(fermé sam. midi, dim. soir et lundi hors saison)* (14 €) Menu 22/48 € – Carte 48/68 €

♦ Ancien relais de poste de 1792 entièrement rénové dans un esprit actuel. Chambres confortables de tailles variables et équipements de détente (tennis, minigolf, piscine, fitness). Salle à manger vaste et claire ouverte sur un patio ; cuisine au goût du jour.

VILLEFRANCHE-DU-PÉRIGORD – 24 Dordogne – 329 H8 – 774 h. 4 D2
– alt. 220 m – ✉ 24550 ▯ Périgord Quercy

▶ Paris 575 – Agen 77 – Sarlat-la-Canéda 41 – Bergerac 68

🅸 Syndicat d'initiative, rue Notre-Dame ℰ 05 53 29 98 37, Fax 05 53 30 40 12

🏠 Petite Auberge ⬭ ⬭ 🛋 🏊 ⁿ 🅿 🆅🅸🆂🅰 ⓒⓞ

– ℰ 05 53 29 91 01 – www.la-petite-auberge.com – Fax 05 53 28 88 10 – Fermé 19 nov.-3 déc., merc. et dim. soir d'oct. à avril

10 ch – ♦46/50 € ♦♦50/54 €, ⊒ 6 € – ½ P 72/75 €

Rest – (12 €) Menu 20/36 € – Carte 25/50 €

♦ Dans un environnement verdoyant, maison régionale située à 500 m du village renommé pour ses marchés aux châtaignes et aux cèpes. Chambres simples et bien tenues. Cuisine régionale servie au choix dans une salle rustique, sous la véranda ou en terrasse.

VILLEFRANCHE-SUR-MER – 06 Alpes-Maritimes – 341 E5 42 E2
– 6 610 h. – alt. 30 m – ✉ 06230 ▯ Côte d'Azur

▶ Paris 932 – Beaulieu-sur-Mer 3 – Nice 5

🅸 Office de tourisme, jardin François Binon ℰ 04 93 01 73 68, Fax 04 93 76 63 65

◉ Rade★★ - Vieille ville★ - Chapelle St-Pierre★ - Musée Volti★.

Accès et sorties : Voir plan de Nice

🏨 Versailles ⬉ 🛋 🏊 📶 ⅍ rest, 🏛 ch, ⁿ 🚿 🅿 🆅🅸🆂🅰 ⓒⓞ 🅰🅴 ⓞ

7 bd Princesse Grace de Monaco – ℰ 04 93 76 52 52 – www.hotelversailles.com – Fax 04 93 01 97 48 – Ouvert 1er avril à mi-oct. **k**

46 ch – ♦120/160 € ♦♦150/170 €, ⊒ 15 €

Rest – *(fermé lundi et mardi)* (31 €) Menu 44 € – Carte 44/55 €

♦ Hôtel rénové dans un style actuel, bénéficiant d'une situation idyllique face à la mer. Les chambres, au décor épuré, jouissent d'un panorama unique sur la rade. Salle à manger moderne et vaste terrasse tournée vers la grande bleue ; carte régionale.

🏨 Welcome sans rest ⬉ 📶 🏛 ⁿ 🆅🅸🆂🅰 ⓒⓞ 🅰🅴 ⓞ

3 quai Courbet – ℰ 04 93 76 27 62 – www.welcomehotel.com – Fax 04 93 76 27 66 – Fermé 15 nov.-26 déc. **n**

35 ch – ♦74/99 € ♦♦98/340 €, ⊒ 11 € – 1 suite

♦ Jean Cocteau fréquenta ce charmant hôtel et décora la chapelle Saint-Pierre également située sur le port. Plaisantes chambres personnalisées avec balcon et vue sur la mer.

🏨 La Flore sans rest ⬉ 🏊 ⅍ 🏛 🏊 ⁿ 🚿 🅿 🚗 🆅🅸🆂🅰 ⓒⓞ 🅰🅴 ⓞ

5 bd Princesse Grace de Monaco – ℰ 04 93 76 30 30 – www.hotel-la-flore.fr – Fax 04 93 76 99 99 **e**

31 ch – ♦52/98 € ♦♦52/217 €, ⊒ 12 €

♦ Cette bâtisse ocre rouge domine agréablement la rade de Villefranche. Les chambres, coquettes et peu à peu rafraîchies, sont souvent pourvues d'une loggia.

VILLEFRANCHE-SUR-MER

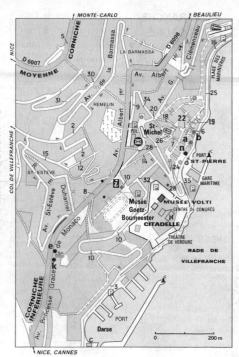

XX **L'Oursin Bleu**   ≤ 斧 AC VISA OO AE
11 quai Courbet – ℰ *04 93 01 90 12*
– Fax 04 93 01 80 45
– Fermé 10 janv.-10 fév. et mardi du 1er nov.
au 30 mars   **b**
Rest – Menu 41 € (sem.) – Carte 50/90 €
♦ Aquarium, hublots, jeux d'eau, fresques et belle terrasse installée sur les quais, face aux
bateaux : la mer célébrée dans le décor autant que dans l'assiette, fine et actuelle.

XX **La Mère Germaine**   ≤ 斧 ও VISA OO AE
9 quai Courbet – ℰ *04 93 01 71 39*
– www.meregermaine.com
– Fax 04 93 01 96 44
– Fermé 7 nov.-24 déc.   **a**
Rest – Menu 42 € – Carte 66/85 €
♦ Emplacement idéal sur le port de pêche pour ce restaurant de produits de la mer. Salle style
paillote tahitienne et terrasse sur le quai. Navette pour plaisanciers en escale.

VILLEFRANCHE-SUR-SAÔNE ◄⑤► – **69** Rhône – **327** H4 – **34 188** h.   **43** E1
– alt. 190 m – ⊠ 69400 ▮ Lyon Drôme Ardèche

▶ Paris 432 – Bourg-en-Bresse 54 – Lyon 33 – Mâcon 47

▮ Office de tourisme, 96, rue de la sous-préfecture ℰ 04 74 07 27 40,
Fax 04 74 07 27 47

▮₁₈ du Beaujolais à Lucenay, S : 8 km par D 306 et D 30,
ℰ 04 74 67 04 44

Plans pages suivantes

VILLEFRANCHE-SUR-SAÔNE

Barbusse (Bd Henri)	CX	2
Beaujolais (Av. du)	CX	3
Berthier (R. Pierre)	DX	7
Chabert (Ch. du)	CX	12
Charmilles (Av. des)	CX	14
Condorcet (R.)	DX	15
Desmoulins (R. Camille)	DX	17
Écossais (R. de l')	DX	18
Joux (Av. de)	DX	25
Leclerc (Bd du Gén.)	CX	27
Libération (Av. de la)	CX	28
Maladière (R. de la)	CX	30
Nizerand (R. du)	CX	35
Paradis (R. du)	CX	37
Pasquier (Bd Pierre)	DX	39
Plage (Av. de la)	DX	40
St-Roch (Montée)	CX	43
Salengro (Bd Roger)	CX	46
Savoye (R. C.)	DX	48
Tarare (R. de)	CX	54

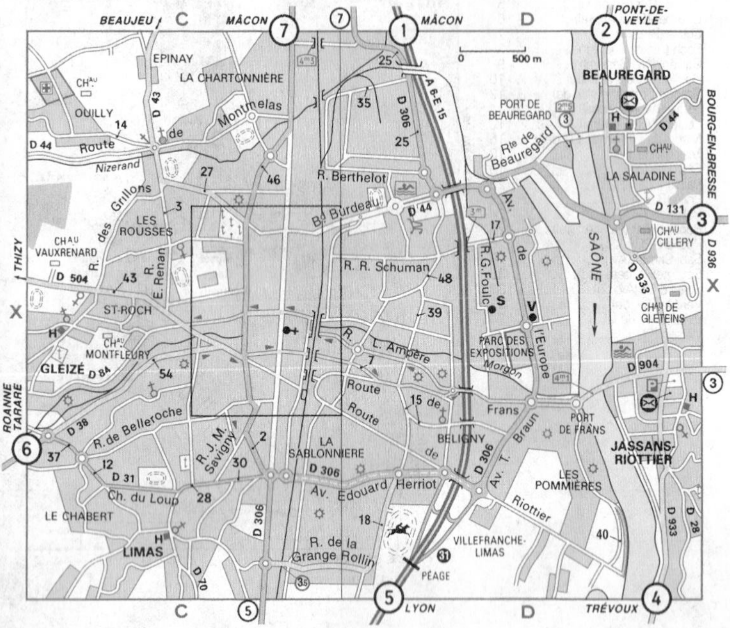

La Ferme du Poulet
ch,

180 r. Mangin, (Z.I. Nord-Est) – ✆ 04 74 62 19 07 – www.lafermedupoulet.com – Fax 04 74 09 01 89 – Fermé 2 sem. en août, 1 sem. en déc., dim. soir et lundi DX**s**

9 ch – †105 € ††105 €, ☕ 14 €

Rest – (28 €) Menu 42/68 € – Carte 63/105 €

◆ Solide ferme du 17e s. joliment rénovée, où se marient le rustique et le contemporain. Chambres spacieuses et lumineuses. Élégant restaurant coiffé d'un plafond à la française.

Plaisance
rest,

96 av. de la Libération – ✆ 04 74 65 33 52 – www.hotel-plaisance.com – Fax 04 74 62 02 89 – Fermé 24 déc.-3 janv. AZ**n**

68 ch – †67/100 € ††67/100 €, ☕ 11 € – 5 suites

Rest – ✆ 04 74 68 10 37 *(fermé 1er-21 août, 23 déc.-6 janv., sam. de nov. à mars et dim.)* (15 €) Menu 25/40 € – Carte 27/41 €

◆ Immeuble des années 1970 situé au cœur de la capitale du Beaujolais. Jolies chambres et suites au look récemment actualisé. Parking et garage pratiques. Salle à manger agrémentée de fresques ; cuisine traditionnelle.

Newport
ch,

610 av. de l'Europe, (Z.I. Nord-Est) – ✆ 04 74 68 75 59 – Fax 04 74 09 08 89 – Fermé 24 déc.-4 janv. DX**v**

48 ch – †62 € ††73 €, ☕ 7 € – ½ P 58 €

Rest – *(fermé sam., dim. et fériés)* (16 €) Menu 29 € (sem.)/44 € – Carte 18/51 €

◆ Ce gros pavillon proche d'axes passants et jouxtant le parc des expositions, dispose d'une insonorisation efficace. Chambres plus récentes dans l'annexe. Restaurant décoré de vieilles plaques émaillées ; plats traditionnels, menu du terroir et vins du cru.

Arts (Pl. des) .... **AZ** 49
Belleville (R. de) .... **BY** 5
Carnot (Pl.) .... **BZ** 9
Faucon (R. du) .... **BY** 19
Fayettes (R. des) .... **BZ** 20
Grange-Blazet (R.) .... **BZ** 23
Marais (Pl. des) .... **BZ** 32
Nationale (R.) .... **BYZ**
République (R. de la) .... **AZ** 41
Salengro (Bd Roger) .... **AY** 46
Savigny (R. J.-M.) .... **AZ** 47
Sous-Préfecture (R.) .... **AZ** 50
Stalingrad (R. de) .... **BZ** 52

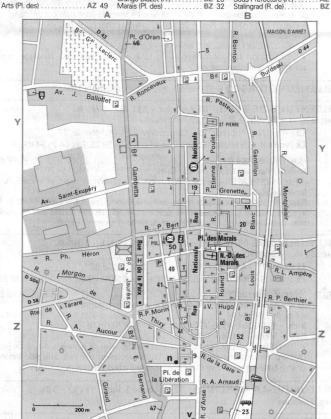

✗ Le Juliénas 🅰🅲 VISA ⊕⊙

😊 236 r. d'Anse – ℘ 04 74 09 16 55 – www.restaurant-lejulienas.com
– Fermé 2-21 août, lundi soir, sam. midi et dim. **BZv**
Rest – (18 €) Menu 26/48 € – Carte 53/61 €

♦ Dans ce petit restaurant, murs pâtinés recouverts de miroirs, luminaires rétro et tables bien espacées composent un cadre charmant. Carte actuelle de mets fins et savoureux.

VILLEMAGNE-L'ARGENTIÈRE – 34 Hérault – **339** D7 – rattaché à Bédarieux

---

VILLEMONTAIS – 42 Loire – **327** C4 – 941 h. – alt. 466 m – ⌧ 42155 **44** A1

▶ Paris 404 – Lyon 95 – Roanne 13 – Vichy 77

⌂ **Domaine de Fontenay** sans rest ⌘ 🚲 ⁽¹⁾ **P** VISA ⊕⊙

– ℘ 04 77 63 12 22 – www.domainedufontenay.com – Fax 04 77 63 15 95
4 ch ⌷ – ♦58 € ♦♦68 €

♦ Au cœur des vignes, découvrez une maison viticole et sa chapelle abritant un retable du 15ᵉ s. Chambres voûtées à la déco simple et cosy. Vue plongeante sur la plaine de la Loire.

VILLEMOYENNE – 10 Aube – **313** F4 – **651 h. – alt. 130 m** – ✉ **10260**   **13** B3

▶ Paris 184 – Troyes 21 – Bar-sur-Aube 46 – Châtillon-sur-Seine 51

※ **La Parentèle**   ᐟᐟ ⇔ 🝙 *VISA* ◎◎
32 r. Marcellin Lévêque – 𝒞 *03 25 43 68 68 – www.la-parentele-caironi.com*
– Fax 03 25 43 68 69 – Fermé 26 juil.-12 août, vacances de fév., jeudi soir, dim.
soir, lundi et mardi
Rest – (24 € bc) Menu 28 € bc/63 € – Carte 28/44 €🐝

♦ Salle à manger au décor contemporain et terrasse s'étirant sur la place du village ; cuisine
aux influences méditerranéennes.

VILLENEUVE-D'ASCQ – 59 Nord – **302** G4 – **rattaché à Lille**

VILLENEUVE-DE-BERG – 07 Ardèche – **331** J6 – **2 789 h.**   **44** B3
– alt. 320 m – ✉ **07170** 🏛 Lyon Drôme Ardèche

▶ Paris 628 – Aubenas 16 – Largentière 27 – Montélimar 27

🛈 Syndicat d'initiative, Grande Rue 𝒞 04 75 94 89 28, Fax 04 75 94 89 28

※※ **La Table de Léa**   🚗 🝙 �& 𝔸ℂ 🅿 *VISA* ◎◎
Le Petit Tournon, 1,5 km au Sud-Ouest par D 558 – 𝒞 *04 75 94 70 36*
– Fax 04 75 94 26 91 – Fermé 1ᵉʳ-11 mars, 27 oct.-27nov., merc. et le midi du
lundi au jeudi
Rest – *(nombre de couverts limité, prévenir)* Menu 26/55 € – Carte 54/62 €

♦ Cette ancienne grange modernisée profite d'une belle terrasse dressée sous les marronniers. Dans l'assiette, produits de saison et du terroir et recettes régionales.

VILLENEUVE-DE-MARSAN – 40 Landes – **335** J11 – **2 306 h.**   **3** B2
– alt. 80 m – ✉ **40190**

▶ Paris 701 – Auch 88 – Langon 81 – Marmande 86

🛈 Syndicat d'initiative, 181, Grand'Rue 𝒞 05 58 45 80 90, Fax 05 58 45 88 38

🏛🏛🏛 **Hervé Garrapit**   🚗 🍽 𝔸ℂ ⁿ🅟 🅿 *VISA* ◎◎ 𝔸𝔼 ⓪
21 av. Armagnac – 𝒞 *05 58 45 20 08 – www.herve-garrapit.com*
– Fax 05 58 45 34 14
8 ch – †55/220 € ††55/220 €, ☷ 12 € – ½ P 62/167 €
Rest – Menu 22/45 € – Carte 40/50 €

♦ Dans la famille depuis plusieurs générations, ancien relais de poste et son agréable jardin.
Chambres personnalisées et très raffinées, toutes avec balcon côté cour. Belle salle à manger
de style Louis XVI tournée vers une place plantée d'arbres centenaires.

VILLENEUVE-LA-GARENNE – 92 Hauts-de-Seine – **311** J2 – **101** 15 – **voir à**
Paris, Environs

VILLENEUVE-L'ARCHEVÊQUE – 89 Yonne – **319** E2 – **1 237 h.**   **7** B1
– alt. 111 m – ✉ **89190** 🏛 Bourgogne

▶ Paris 135 – Troyes 44 – Auxerre 58 – Sens 24

🛈 Syndicat d'initiative, 38, rue de la République 𝒞 03 86 86 74 58,
Fax 03 86 86 76 88

※※ **Auberge des Vieux Moulins Banaux** avec ch 🛏   🕭 🝙 ⁿ 🛁
1 km au Sud par D 84 – 𝒞 *03 86 86 72 55*   🅿 🅟 *VISA* ◎◎ 𝔸𝔼
– www.bourgognehotels.fr – Fax 03 86 86 78 94 – Fermé 1ᵉʳ-10 juin et
24 oct.-27 nov.
15 ch – †46 € ††46/68 €, ☷ 8,50 € – ½ P 58/61 €
Rest – *(fermé lundi midi)* (20 € bc) Menu 26/28 € – Carte environ 27 €

♦ Moulin du 16ᵉ s. dans un parc traversé par la Vanne. Machinerie préservée, terrasse au
bord de l'eau, poutres et pierres font le charme du restaurant. Chambres simples.

VILLENEUVE-LA-SALLE – 05 Hautes-Alpes – **334** H3 – **rattaché à Serre-**
Chevalier

VILLENEUVE-LE-COMTE – 77 Seine-et-Marne – **312** F3 – **1 755 h.**   **19** C2
– alt. 126 m – ✉ **77174**

▶ Paris 40 – Lagny-sur-Marne 13 – Meaux 19 – Melun 38

※※※ A la Bonne Marmite 🚗 🍴 P VISA ◎◎ AE

15 r. Gén.-de-Gaulle – ☎ 01 60 43 00 10
– www.restaurant-labonnemarmite.com – Fax 01 60 43 11 01
– Fermé 8-27 août, 16 janv.-8 fév., dim. soir, lundi et mardi
Rest – (25 €) Menu 31 € (sem.)/72 € – Carte 50/80 € 🕸

♦ Superbe maison briarde du 16ᵉ s., autrefois ferme puis relais postal. Salles bourgeoises, belle terrasse d'été fleurie sous une treille, cuisine actuelle et beau choix de vins.

VILLENEUVE-LE-ROI – 94 Val-de-Marne – **312** D3 – **101** 26 – **voir à Paris, Environs**

VILLENEUVE-LÈS-AVIGNON – 30 Gard – **339** N5 – **12 471 h.**   23 D2
– **alt. 23 m** – ✉ **30400** 🛡 Provence

▶ Paris 678 – Avignon 8 – Nîmes 46 – Orange 28

🖪 Office de tourisme, 1, place Charles David ☎ 04 90 25 61 33, Fax 04 90 25 91 55

◎ Fort et Abbaye St-André★ : ⩽★★ AV - Tour Philippe-le-Bel ⩽★★ AV
- Vierge★★ au musée municipal Pierre de Luxembourg★ AV **M**
- Chartreuse du Val-de-Bénédiction★ AV.

Plan : voir à Avignon

🏨 Le Prieuré 🚗 🍴 🏊 ※ 🎐 & 🖿 🛎 🔏 P VISA ◎◎ AE ⓪
❀

7 pl. Chapitre – ☎ 04 90 15 90 15 – www.leprieure.com – Fax 04 90 25 45 39
– Fermé nov. et déc.   AV**t**
26 ch – †145/155 € ††205/220 €, � 19 € – 13 suites
Rest – (fermé dim. soir, mardi midi et lundi sauf de juin à sept.) (32 € bc)
Menu 45 € bc (déj. en sem.), 65/92 € – Carte 80/100 € 🕸
Spéc. Méli-mélo de légumes primeurs, fraîcheur de brousse et herbes folles. Filets de rougets de roche juste saisis, fines ravioles aux olives cassées. Mousseux chocolat pur ghana, nuage de noisette.

♦ Ce prieuré du 14ᵉ s. a été réaménagé dans un esprit résolument contemporain : ses espaces feutrés et stylés enchantent. À table, place aux saveurs du Sud : le chef réalise une cuisine délibérément simple, pleine des parfums de saison. Salle élégante et terrasse face au jardin de curé.

🏠 La Magnaneraie ⌖ 🚗 🍴 🏊 & 🗚 ※ 🔏 🌣 VISA ◎◎ AE ⓪

37 r. Camp de Bataille – ☎ 04 90 25 11 11
– www.hostellerie-la-magnaneraie.com – Fax 04 90 25 46 37   AV**b**
30 ch – †142/459 € ††142/459 €, ⊠ 18 € – 2 suites
Rest – (fermé merc. du 1ᵉʳ nov.-30 avril, sam. midi, dim. soir et le midi en juil.-août) (22 €) Menu 35 € (dîner), 51/89 € – Carte 64/88 €

♦ Cette élégante demeure du 15ᵉ s. renaît avec éclat grâce à un rafraîchissement général : chambres raffinées (styles romantique, colonial...), salon-bar cosy, jardin fleuri, etc. Restaurant rehaussé de fresques et de colonnes ; délicieuse terrasse verdoyante.

🏠 L'Atelier sans rest ※ 🌣 VISA ◎◎ AE

5 r. Foire – ☎ 04 90 25 01 84 – www.hoteldelatelier.com – Fax 04 90 25 80 06
– Fermé 18 janv.- 8 fév.   AV**e**
23 ch – †59/69 € ††59/115 €, ⊠ 10 €

♦ Une vraie maison de charme (16ᵉ s.) : bel escalier, chambres dotées de meubles anciens, poutres apparentes, objets d'art et patio ombragé pour petit-déjeuner aux beaux jours.

※ L'Estaminet 🍴 VISA ◎◎

r. Francis Pouzl – ☎ 04 32 6 112 74 – www.restaurant-estaminet.com
– Fermé 22-29 août, 1ᵉʳ-21 janv., 21 fév.-4 mars, mardi et merc. sauf le soir
d'avril à oct., dim. et lundi   AV**r**
Rest – (nombre de couverts limité, prévenir) (18 € bc) Menu 30 € (dîner)
– Carte 35/52 €

♦ Ce haut mur en pierre cache une cour-terrasse bien fleurie, ombragée par un if, et une petite salle d'hiver. Goûteuse cuisine du marché aux accents du Sud, axée sur la mer.

aux Angles AV – 8 115 h. – alt. 66 m – ⊠ 30133

XX **Fabrice Martin**   ⌂ AC P VISA ◉◎
22 bd Victor-Hugo – ☎ 04 90 84 09 02 – Fax 04 90 84 09 02
– Fermé 6-12 avril, 23 août-5 sept., 26 oct.-2 nov., 15-21 fév.,sam. midi, dim. soir,
lundi
Rest – (nombre de couverts limité, prévenir) (18 €) Menu 26/65 €
– Carte 55/65 €
♦ Cadre contemporain épuré, agréable terrasse ombragée, fine cuisine dans l'air du temps
évoluant au gré du marché et des saisons : cette villa colorée s'avère fort séduisante !

VILLENEUVE-LÈS-BÉZIERS – 34 Hérault – **339** E9 – **rattaché à Béziers**

VILLENEUVE-LOUBET – 06 Alpes-Maritimes – **341** D6 – **14 104 h.**   **42** E2
– alt. 10 m – ⊠ 06270 ▯ Côte d'Azur

▶ Paris 915 – Antibes 12 – Cannes 22 – Grasse 24

🛈 Office de tourisme, 16, avenue de la Mer ☎ 04 92 02 66 16,
Fax 04 92 02 66 19

▨ de Villeneuve-Loubet Route de Grasse, par D 2085 : 4 km, ☎ 04 93 22 52 25

◉ Musée de l'Art culinaire★ AX **M²**.

Voir plan de Cagnes-sur-Mer-Villeneuve-Loubet Haut-de-Cagnes.

XX **L'Auberge Fleurie**   ⌂ AC VISA ◉◎
au village, 13 r. Mesures – ☎ 04 93 73 90 92 – Fax 04 93 73 90 92
– Fermé 15 nov.-10 déc., jeudi sauf le soir en juil.-août et merc.   AX**u**
Rest – (prévenir) Menu 25/38 € – Carte 36/66 €
♦ Dans le village natal du célèbre cuisinier Auguste Escoffier, sympathique auberge propo-
sant des plats inspirés du terroir. Poutres, pierres, tableaux modernes et terrasse d'été.

XX **La Flibuste-Martin's**   ⌂ AC VISA ◉◎ AE
Port Marina Baie des Anges – ☎ 04 93 20 59 02
– www.lerepairedelaflibuste.fr – Fax 04 92 13 25 61
– Fermé dim. soir et lundi d'oct. à mars   AY**e**
Rest – (25 €) Menu 30/35 € bc – Carte 36/82 €
♦ Cuisine de la mer mettant en valeur la qualité des poissons (pêche de petits
bateaux). Cadre chic et élégant, avec en toile de fond le port de plaisance.

à Villeneuve-Loubet-Plage – ⊠ 06270

🛏 **Galoubet** sans rest �´   ⇴ 🛏 ᶜ AC 🛜 🛜 P VISA ◉◎ AE
174 av. Castel – ☎ 04 92 13 59 00 – www.hotellegaloubet.com
– Fax 04 92 13 59 29   AY**s**
22 ch – ♦76/95 € ♦♦76/95 €, ☲ 10 €
♦ Le son du galoubet (instrument à vent méridional) ne viendra pas troubler votre repos
dans ces chambres actuelles meublées en rotin et dotées d'une terrasse ou d'une loggia.

VILLENEUVE-SUR-LOT ◉ – 47 Lot-et-Garonne – **336** G3 – **23 466 h.**   **4** C2
– alt. 51 m – ⊠ 47300 ▯ Aquitaine

▶ Paris 622 – Agen 29 – Bergerac 60 – Bordeaux 146

🛈 Office de tourisme, 3, place de la Libération ☎ 05 53 36 17 30,
Fax 05 53 49 42 98

▨ de Villeneuve-sur-Lot à Castelnaud-de-Gratecambe, par rte de Bergerac :
12 km, ☎ 05 53 01 60 19

🛏 **La Résidence** sans rest   🛜 🚐 VISA ◉◎ AE
17 av. L. Carnot – ☎ 05 53 40 17 03 – www.hotellaresidence47.com
– Fax 05 53 01 57 34 – Fermé 27 déc.-5 janv.   BZ**s**
18 ch – ♦31/54 € ♦♦31/61 €, ☲ 7 €
♦ Aux portes de la bastide médiévale, hôtel convivial offrant un hébergement simple. Les
chambres côté cour, claires et calmes, ont l'avantage de donner sur les jardins voisins.

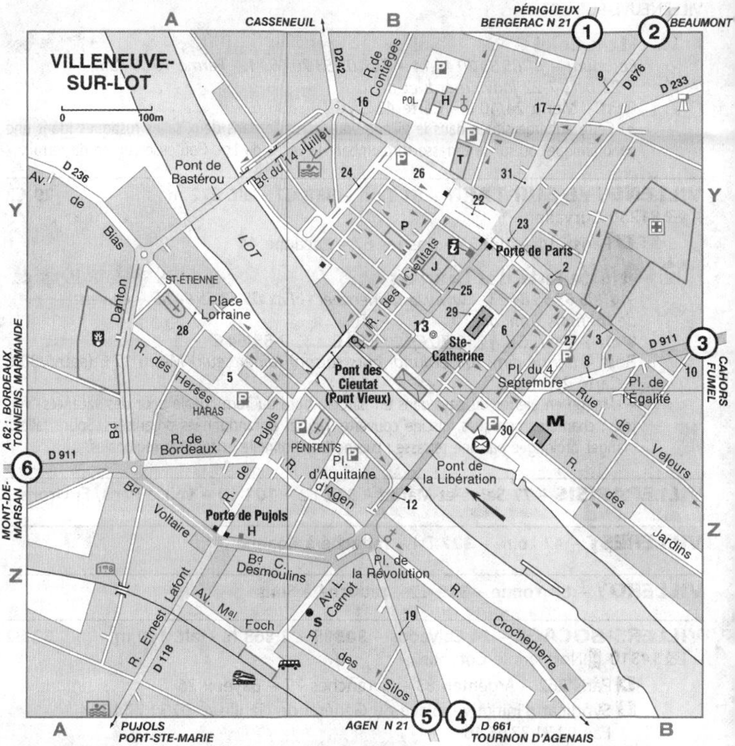

VILLENEUVE-SUR-LOT
0
100m
A
B
Y
Z
CASSENEUIL
PÉRIGUEUX
BERGERAC N 21
BEAUMONT
A 62 : BORDEAUX
TONNEINS, MARMANDE
MONT-DE-MARSAN
CAHORS
FUMEL
PUJOLS
PORT-STE-MARIE
AGEN N 21
D 661
TOURNON D'AGENAIS
D 236
D 242
D 676
D 233
D 911
D 118
Av. de Bias
Pont de Bastérou
Bd du 14 Juillet
R. de Contièges
POL.
LOT
ST-ÉTIENNE
Place Lorraine
R. Danton
R. des Herses
HARAS
R. de Bordeaux
Bd Voltaire
R. de Pujols
PÉNITENTS
Pl. d'Aquitaine
R. d'Agen
R. des Cieutats
Pont des Cieutat (Pont Vieux)
Ste-Catherine
Porte de Paris
Pl. du 4 Septembre
Pl. de l'Égalité
Rue de Velours
R. des Jardins
Pont de la Libération
Porte de Pujols
Bd C. Desmoulins
Pl. de la Révolution
Av. L. Carnot
Av. Mal Foch
R. Ernest Lafont
R. des Silos
R. Crochepierre
M

Bernard-Palissy (Bd) .... BY 2	Goudounèche (Av. A.) ..... BY 10	Paris (R. de) .... BY 25
Darfeuille (R.) .... BY 3	Jeanne-de-France (Av.)..... BZ 12	République (Bd de la) ...... BY 26
Droits-de-l'Homme (Pl. des) .... AYZ 5	Lamartine (Allée) .... BY 16	Ste-Catherine (R.) .... BY 29
La-Fayette (Pl.) .... BY 13	Lattre-de-T. (Av. Mar.-de) .. BY 17	St-Cyr-Cocquard (Bd) .... BY 27
Fraternité (R. de la) .... BY 6	Leclerc (Av. Gén.) .... BZ 19	St-Etienne (R.) .... AY 28
Gambetta (Av.) .... BY 8	Leygues (Bd G.) .... BY 22	Valmy (Allées de) .... BZ 30
Gaulle (Av. Gén.-de) .... BY 9	Libération (Pl. de la) .... BY 23	Victor-Hugo (Cours) .... BY 31
	Marine (Bd de la) .... BY 24	

à Pujols **4 km au Sud-Ouest par D 118 – 3 657 h. – alt. 180 m – ✉ 47300**

ℹ Office de tourisme, place Saint Nicolas ✆ 05 53 36 78 69, Fax 05 53 36 78 70

◉ ≤★.

Des Chênes sans rest

Bel Air – ✆ 05 53 49 04 55
– www.hoteldeschenes.com – Fax 05 53 49 22 74
– Fermé 24 déc.-17 janv. et dim. de nov. à avril
21 ch – 51/78 € 67/94 €, ☕ 11 €

◆ Face au village perché de Pujols, bâtisse inspirée de l'architecture régionale, égayée par sa piscine et sa terrasse. Chambres fraîches, bien tenues, d'une tranquillité assurée.

XXX **La Toque Blanche**

– ✆ 05 53 49 00 30
– www.la-toque-blanche.com – Fax 05 53 70 49 79
– Fermé 6-21 juin, 14-29 nov., 17-25 janv., dim. et lundi
Rest – Menu 23 € (sem.)/85 € – Carte 65/123 €

◆ Pavillon tourné vers le bourg. Service à midi dans une véranda panoramique, le soir dans une élégante salle à manger. Cuisine de tradition avec des touches actuelles.

XX **Lou Calel**   ⇐ 🍴 𝓥𝓘𝓢𝓐 ⓒⓞ

😊 *Le bourg – 𝒞 05 53 70 46 14 – Fax 05 53 70 46 14 – Fermé 10-17 juin,*
7-22 oct., 7-22 janv., mardi et merc.
Rest – Menu 24/40 € – Carte 42/54 €
♦ Cette auberge située dans le village vous accueille dans deux salles rustiques (dont une panoramique) ou sur sa terrasse surplombant la vallée du Lot. Goûteuse cuisine du terroir.

VILLENEUVE-SUR-TARN – 81 Tarn – **338** G7 – **alt. 272 m**   29 C2
– ✉ 81250 Curvalle

▶ Paris 714 – Albi 33 – Castres 67 – Lacaune 44

🏠 **Hostellerie des Lauriers**   🔔 🍴 🗑 🕸 ch, 🛎 **P** 𝓥𝓘𝓢𝓐 ⓒⓞ

📞 *– 𝒞 05 63 55 84 23 – www.leslauriers.net – Fax 05 63 55 94 85 – Ouvert*
de mi-mars à mi-oct.
9 ch – ♦45/56 € ♦♦56/70 €, ⊑ 8,50 € – ½ P 55/64 €
Rest – *(fermé dim. soir et lundi hors saison) (dîner seult)* Menu 17 € (sem.)/30 €
– Carte 20/45 €
♦ Maison en pierres du pays dans un parc au bord du Tarn, idéale pour des vacances "vertes" : chambres pratiques, piscine couverte, jacuzzi et randonnées organisées. Sobre salle à manger prolongée par une terrasse ; cuisine traditionnelle et recettes régionales.

VILLEPARISIS – 77 Seine-et-Marne – **312** E2 – **101** 19 – **voir à Paris, Environs**

VILLEREST – 42 Loire – **327** D4 – **rattaché à Roanne**

VILLEROY – 89 Yonne – **319** C2 – **rattaché à Sens**

VILLERS-BOCAGE – 14 Calvados – **303** I5 – **2 868 h.** – **alt. 140 m**   32 B2
– ✉ 14310 ▌ Normandie Cotentin

▶ Paris 262 – Argentan 83 – Avranches 77 – Bayeux 26
🛈 Syndicat d'initiative, place du Général de Gaulle 𝒞 02 31 77 16 14,
Fax 02 31 77 65 46

XXX **Des Trois Rois** avec ch   🚃 🍴 🛎 **P** 𝓥𝓘𝓢𝓐 ⓒⓞ 𝖠𝖤 ⓪

2 pl. Jeanne d'Arc – 𝒞 02 31 77 00 32 – www.trois-rois.fr – Fax 02 31 77 93 25
– Fermé dim. soir et lundi midi d'oct. à avril
13 ch – ♦68/90 € ♦♦75/90 €, ⊑ 10 € – ½ P 71/90 €
Rest – *(22 €)* Menu 29/60 € – Carte 56/66 €
♦ Cette maison familiale, à la salle à manger bourgeoise et classique (tons jaunes, tableaux), propose des menus dans l'air du temps. Chambres rajeunies, sobres et actuelles.

VILLERS-COTTERÊTS – 02 Aisne – **306** A7 – **10 128 h.** – **alt. 126 m**   37 C3
– ✉ 02600 ▌ Nord Pas-de-Calais Picardie

▶ Paris 81 – Compiègne 32 – Laon 61 – Meaux 41
🛈 Office de tourisme, 6, place Aristide Briand 𝒞 03 23 96 55 10,
Fax 03 23 96 49 13
◎ Château de François 1er : grand escalier★.
◉ Forêt de Retz★.

🏠 **Le Régent** sans rest   🛎 🔐 **P** 𝓥𝓘𝓢𝓐 ⓒⓞ 𝖠𝖤

26 r. du Gén. Mangin – 𝒞 03 23 96 01 46 – www.hotel-leregent.com
– Fax 03 23 96 37 57 – Fermé 25-31 déc.
30 ch – ♦67/70 € ♦♦78/85 €, ⊑ 8 €
♦ Relais de poste du 18e s. bâti autour d'une cour pavée où trône un bel abreuvoir. Chambres au charme d'antan (meubles anciens) peu à peu rajeunies dans le style contemporain.

VILLERSEXEL – 70 Haute-Saône – **314** G7 – **1 423 h.** – **alt. 287 m**   17 C1
– ✉ 70110 ▌ Franche-Comté Jura

▶ Paris 386 – Belfort 41 – Besançon 59 – Lure 18
🛈 Office de tourisme, 33, rue des Cités 𝒞 03 84 20 59 59, Fax 03 84 20 59 59

Le Relais des Moines ch, ch, VISA

1 r. 13 Septembre 1944 – ✆ 03 84 20 50 50 – www.lerelaisdesmoines.fr – Fax 03 84 20 59 57 – Fermé 21 déc.-5 janv. et dim. soir

24 ch – †49/65 € ††49/79 €, ☕ 8 €

Rest – (12 €) Menu 26/34 € – Carte 24/56 €

♦ Hôtel familial composé de plusieurs bâtiments. Chambres pratiques, rénovées par étape (les plus récentes sont logées dans une ancienne maison bourgeoise). Cuisine d'influence régionale, pizzas et salaisons maison, servis dans l'une des salles à manger ou sur la terrasse.

La Terrasse VISA

rte de Lure – ✆ 03 84 20 52 11 – www.laterrasse-villersexel.com – Fax 03 84 20 56 90 – Fermé 20 déc.-7 janv., vend. soir et dim. soir d'oct. à mars

13 ch – †43/46 € ††48/58 €, ☕ 8 € – ½ P 53/55 €

Rest – (12 €) Menu 14 € (sem.)/34 € – Carte 24/57 €

♦ Dans la même famille depuis 1921, cette auberge, bordée par une rivière tranquille, dispose de chambres fonctionnelles, en cours de rénovation. Carte traditionnelle au restaurant ; agréable terrasse ombragée et fleurie en saison.

VILLERS-LE-LAC – 25 Doubs – 321 K4 – 4 339 h. – alt. 730 m – ✉ 25130 Franche-Comté Jura **17** C2

Paris 471 – Basel 116 – Besançon 68 – La Chaux-de-Fonds 18

Office de tourisme, rue Pierre Berçot ✆ 03 81 68 00 98, Fax 03 81 68 00 98

Saut du Doubs★★★ NE : 5 km - Lac de Chaillexon★ NE : 2 km - Musée de la montre★.

Le France (Hugues Droz) VISA

8 pl. Cupillard – ✆ 03 81 68 00 06 – www.hotel-restaurant-lefrance.com – Fax 03 81 68 09 22 – Fermé 27 oct.-5 nov. et 22 déc.-4 fév.

12 ch – †55/65 € ††60/100 €, ☕ 9 € – ½ P 60/90 €

Rest – *(fermé mardi midi d'oct. à mai, dim. soir et lundi)* Menu 19 € (déj.), 29/70 € – Carte 40/70 €

Spéc. Foie chaud de canard caramélisé aux pommes et vinaigre de Buchain. Crevettes tigres, risotto au cumbawa, marmelade de fruits au curry et fumée au gingembre. Sphère de chocolat guanaja aux griottines. **Vins** L'Étoile, Arbois-Trousseau.

♦ Cet établissement accueillant perpétue la tradition familiale : quatre générations s'y sont succédé depuis 1900. Chambres au décor actuel. Belle salle à manger avec boiseries et collection d'ustensiles de cuisine ; délicieux plats au goût du jour et vins d'Arbois.

VILLERS-SUR-MER – 14 Calvados – 303 L4 – 2 541 h. – alt. 10 m – Casino Normandie Vallée de la Seine **32** A3

Paris 208 – Caen 35 – Le Havre 52 – Deauville 8

Office de tourisme, place Jean Mermoz ✆ 02 31 87 01 18, Fax 02 31 87 46 20

Domaine de Villers rest, VISA

chemin Belvédère – ✆ 02 31 81 80 80 – www.domainedevillers.com – Fax 02 31 81 80 70

17 ch – †130/245 € ††130/245 €, ☕ 15 €

Rest – *(fermé le midi du lundi au jeudi)* Menu 31/49 € – Carte 46/82 €

♦ Manoir récent entouré d'un parc, avec vue sur la baie de Deauville. Ses chambres luxueuses, déclinent les styles contemporain, nautique, Art déco ou Directoire. Séduisante carte au goût du jour servie au coin du feu, dans une salle confortable, piano.

VILLERVILLE – 14 Calvados – 303 M3 – rattaché à Honfleur

VILLETOUREIX – 24 Dordogne – 329 D4 – 823 h. – alt. 67 m – ✉ 24600 **4** C1

Paris 510 – Angoulême 59 – Bordeaux 119 – Périgueux 35

Le Moulin de Larcy sans rest VISA

– ✆ 05 53 91 23 89 – www.le-moulin-de-larcy.com – Fax 05 53 91 51 93

5 ch ☕ – †160/220 € ††160/220 €

♦ Le murmure d'une rivière, une nature généreuse, un intérieur élégant mis en scène par un propriétaire décorateur : les bienfaits d'un oasis de calme. Chambres avec cuisines privées.

VILLEURBANNE – 69 Rhône – **327** I5 – rattaché à Lyon

VILLIÉ-MORGON – 69 Rhône – **327** H3 – 1 740 h. – alt. 262 m   **43** E1
– ⊠ 69910 ▯ Lyon Drôme Ardèche

    ▶ Paris 412 – Lyon 54 – Mâcon 23 – Villefranche-sur-Saône 22
    ◉ La Terrasse ✳ ★★ près du col du Fût d'Avenas NO : 7 km
      ▯ Lyon Drôme Ardèche

✗   **L'Atelier du Cuisinier**   🛆 VISA ⓒⓞ
  17 r. Baudelaire – ℰ 04 74 62 20 76 – Fax 03 85 36 78 33
  Rest – Menu 14 € bc (déj.)/23 € – Carte 21/33 €🕸
  ◆ À l'ardoise de ce bistrot à l'ancienne plein de charme, des suggestions appétissantes aux
couleurs du terroir (pâté maison) et un grand choix de vins locaux. Terrasse ombragée.

à Morgon 2 km au Sud par D 68 – ⊠ 69910

✗   **Le Morgon**   🛆 VISA ⓒⓞ ①
  – ℰ 04 74 69 16 03 – Fax 04 74 69 16 03 – Fermé 15 déc.-1er fév., soirs fériés,
mardi soir, dim. soir et merc.
  Rest – Menu 13 € (sem.), 20/40 € – Carte 20/47 €
  ◆ Restaurant villageois disposant d'une salle à manger rajeunie dans un style restant assez
classique, avec une petite cheminée et des tableaux colorés. Cuisine du terroir.

VILLIERS-LE-MAHIEU – 78 Yvelines – **311** G2 – 692 h. – alt. 127 m   **18** A2
– ⊠ 78770

    ▶ Paris 53 – Dreux 37 – Évreux 63 – Mantes-la-Jolie 18

🏠🏠🏠   **Château de Villiers le Mahieu** sans rest ॐ   🔊 🖺 ⊛ 🗛 ✗ 🕭 🐾
  r. du Centre – ℰ 01 34 87 44 25   📻 🛦 🅿 VISA ⓒⓞ 🗚 ①
  – www.chateauvilliers.com – Fax 01 34 87 44 40 – Fermé 24 déc.-4 janv.
et 21 fév.-8 mars
  95 ch – †210 € ††210 €, � 19 €
  ◆ Bordé de ses douves en eau, ce château fort du 13e s. trône au milieu d'un parc boisé.
Charme du passé et modernité côté chambres, bien-être grâce à l'espace spa de 700 m².

VILLIERS-SOUS-GREZ – 77 Seine-et-Marne – **312** E6 – 763 h.   **19** C3
– alt. 86 m – ⊠ 77760

    ▶ Paris 75 – Corbeil-Essonnes 42 – Évry 43 – Savigny-sur-Orge 52

🏠   **La Cerisaie** sans rest ॐ   ≤ 🚲 📻
  10 r. Larchant – ℰ 01 64 24 23 71 – www.cerisaie.fr – Fax 01 64 24 23 71
  4 ch ⊇ – †75/85 € ††75/85 €
  ◆ Remarquablement restaurée, cette ferme du 19e s. est un vrai paradis. Ses chambres personnalisées portent des noms évocateurs : Photographe, Orientale, Musicale, Voyageur.

VILLIERS-SUR-MARNE – 52 Haute-Marne – **313** K4 – ⊠ 52320   **14** C3

    ▶ Paris 282 – Bar-sur-Aube 41 – Chaumont 31 – Neufchâteau 52

✗✗   **La Source Bleue**   🚲 🛆 ⇄ VISA ⓒⓞ
  2 km au Sud par D 194 – ℰ 03 25 94 70 35 – Fax 03 25 05 02 09
  – Fermé 21 déc.-20 janv., dim. soir, lundi et mardi
  Rest – Menu 18 € (déj. en sem.), 30/50 € – Carte 50/60 €
  ◆ Moulin du 18e s. entouré d'un grand parc longeant la rivière où l'on cueille le cresson.
Intérieur sobre et plaisant, terrasse les pieds dans l'eau et cuisine au goût du jour.

VINAY – 51 Marne – **306** F8 – rattaché à Épernay

VINCELOTTES – 89 Yonne – **319** E5 – rattaché à Auxerre

VINCENNES – 94 Val-de-Marne – **312** D2 – **101** 17 – voir à Paris, Environs

---

VINCEY – 88 Vosges – **314** F2 – rattaché à Charmes

VINON-SUR-VERDON – 83 Var – **340** J3 – 3 734 h. – alt. 280 m   40 B2
– ✉ 83560

> ▶ Paris 775 – Aix-en-Provence 47 – Brignoles 52 – Digne-les-Bains 70
>
> 🖾 Syndicat d'initiative, rue Saint-André ℰ 04 92 78 84 45, Fax 04 92 78 83 74

✗ **Relais des Gorges** avec ch   ⇆ ⬆ 🅿 VISA ◐ 🆎

☜ 230 av. de la République – ℰ 04 92 78 80 24 – Fax 04 92 78 96 47
– Fermé 26 oct.-9 nov.,19-29 déc. et dim. soir d'oct. à mars
9 ch – †42 € ††51 €, ⊑ 6,50 € – ½ P 48 €
Rest – Menu 18/40 € – Carte 41/63 €

♦ Aux portes des grandioses gorges du Verdon, faites halte dans cette auberge où l'on sert une appétissante cuisine traditionnelle. Chambres pour l'étape, en partie rénovées.

VIOLÈS – 84 Vaucluse – **332** C9 – 1 538 h. – alt. 94 m – ✉ 84150   42 E1

> ▶ Paris 659 – Avignon 34 – Carpentras 21 – Nyons 33

🏠 **Mas de Bouvau**   ⇆ ⅍ ⬆ 🅿 VISA ◐

2 km rte Cairanne – ℰ 04 90 70 94 08 – www.mas-de-bouvau.com
– Fax 04 90 70 95 99 – Fermé 26 sept.-6 oct., 14 nov.-15 mars, 1 sem. en juin
6 ch – †65 € ††65 €, ⊑ 9 € – ½ P 67 €
Rest – (dîner seult) (résidents seult) Menu 27 €

♦ Isolé au milieu des vignes, un authentique mas à l'hospitalité chaleureuse. Chambres personnalisées, décorées dans l'esprit maison d'hôte. Recettes inspirées de la Provence servies dans un charmant cadre campagnard ou dans la grange, convertie en terrasse.

VIRE ◐ – 14 Calvados – **303** G6 – 12 347 h. – alt. 275 m – ✉ 14500   32 B2
▌ Normandie Cotentin

> ▶ Paris 296 – Caen 64 – Flers 31 – Laval 103
>
> 🖾 Office de tourisme, square de la Résistance ℰ 02 31 66 28 50,
> Fax 02 31 66 28 55
>
> 🖾 de Vire la Dathée à Saint-Manvieu-Bocage Ferme de la Basse Haie, SE :
> 8 km par D 150, ℰ 02 31 67 71 01

🏢 **De France**   ▐ ᕒ ⅍ ⬆ VISA ◐

☜ 4 r. d'Aignaux – ℰ 02 31 68 00 35 – www.hoteldefrancevire.com
– Fax 02 31 68 22 65 – fermé 6 déc.-4 janv. et dim. soir
20 ch – †60/70 € ††60/70 €, ⊑ 8,50 € – ½ P 69 €
Rest – (fermé lundi midi) Menu 16/29 €

♦ Maison en pierre du centre-ville récemment rénovée, pour un résultat plaisant : des chambres contemporaines et épurées. Restaurant relooké (tableaux, poutres blanchies). Carte actuelle aux bases traditionnelles ; l'andouille est mise à l'honneur.

rte de Flers 2,5 km par D 524 – ✉ 14500 Vire :

✗✗ **Manoir de la Pommeraie**   ◐ ⇆ 🅿 VISA ◐ 🆎

– ℰ 02 31 68 07 71 – www.manoirdelapommeraie.com – Fax 02 31 67 54 21
– Fermé dim. soir et lundi
Rest – (17 €) Menu 30/76 € bc – Carte environ 38 €

♦ En retrait de Vire, petit manoir du 18ᵉ s. isolé dans un parc aux arbres centenaires. Le nouveau chef propose une alléchante cuisine actuelle à base de bons produits de saison.

VIRÉ – 71 Saône-et-Loire – **320** J11 – 1 056 h. – alt. 225 m – ✉ 71260   8 C3

> ▶ Paris 378 – Mâcon 20 – Cluny 23 – Tournus 19

🏢 **Frédéric Carrion Cuisine Hôtel**   ▐ ᕒ 🆎 ⅍ VISA ◐ 🆎

✿ pl. A. Lagrange – ℰ 03 85 33 10 72 – www.relais-de-montmartre.fr
– Fax 03 85 33 98 49 – Fermé 10-24 janv.
10 ch – †130/220 € ††130/220 €, ⊑ 16 €
Rest – (fermé 30 août-6 sept., 10-31 janv., sam. midi, dim. soir et lundi) (22 €)
Menu 36/70 € – Carte 54/86 €

Spéc. Langoustines de Loctudy saisies, pâte de pistache, artichaut et émulsion d'aromates (printemps-été). Volaille de Bresse cuisinée en cocotte, parfum d'argan, légumes confits à la vanille. Soufflé chaud au Grand Marnier. **Vins** Viré-Clessé, Mâcon-Burgy.

♦ Décor contemporain et couleurs acidulées dans les chambres et la suite de cette belle bâtisse en pierre. Petit-déjeuner dans les vignes, fitness. Cuisine traditionnelle personnalisée, servie dans une élégante salle à manger (drapés, lustres en verre de Murano).

VIRIVILLE – 38 Isère – **333** E6 – **1 291** h. – alt. 380 m – ⊠ 38980   **43** E2

▶ Paris 549 – Lyon 92 – Grenoble 62 – Saint-Priest 73

🏨 **Hostellerie de Chambaran** ॐ   🚗 🕭 ⚒ ᵞᵖ 🕸 🅿 🆅🅸🆂🅰 ⓜ
185 Grande-Rue-Jeanne-Sappey – 𝒞 04 74 54 02 18
– www.hostelleriedechambaran.com – Fax 04 74 54 11 83
19 ch – †65/70 € ††85/90 €, � 8 € – ½ P 85/90 €
Rest – (fermé sam. midi, dim. soir et lundi) Menu 24/55 € – Carte 25/56 €
♦ Au cœur d'un pittoresque village aux maisons en galets roulés, affaire familiale dont les
chambres, sans fioriture mais rafraîchies, donnent sur un grand jardin-piscine. Chaleureuse
salle à manger, terrasse ombragée et cuisine traditionnelle au restaurant.

VIRY-CHÂTILLON – 91 Essonne – **312** D3 – **101** 36 – **voir à Paris, Environs**

VISCOS – 65 Hautes-Pyrénées – **342** L7 – **44** h. – alt. 800 m – ⊠ 65120   **28** A3

▶ Paris 880 – Pau 75 – Tarbes 50 – Argelès-Gazost 17

🏠 **La Grange aux Marmottes** ॐ   ≤ 🚗 ⚒ 🕭 ᵞᵖ 🆅🅸🆂🅰 ⓜ 🅰🅴 ⓞ
au village – 𝒞 05 62 92 88 88 – www.grangeauxmarmottes.com
– Fax 05 62 92 93 75 – Fermé 11 nov.-15 déc.
14 ch – †70/106 € ††70/106 €, � 10 € – ½ P 62/86 €
Rest – (10 €) Menu 21/40 € – Carte 23/54 €
♦ Ceux qui recherchent le calme absolu seront séduits par cette ancienne grange en pierre
située aux portes du Parc national des Pyrénées. Chambres amples et douillettes. Atmosphère campagnarde dans la salle à manger où l'on sert une cuisine honorant la région.

VITERBE – 81 Tarn – **338** D8 – **330** h. – alt. 141 m – ⊠ 81220   **29** C2

▶ Paris 693 – Albi 62 – Castelnaudary 52 – Castres 31

🍴🍴 **Les Marronniers**   🚗 🕭 🅰🅲 🅿 🆅🅸🆂🅰 ⓜ 🅰🅴 ⓞ
2 Grand Rue – 𝒞 05 63 70 64 96 – www.lesmarronniers-viterbe.com
– Fax 05 63 70 60 96 – Fermé 3-24 nov., 24-26 fév., lundi soir d'oct. à mars, mardi
soir et merc.
Rest – (11 €) Menu 19 € (sem.), 25/42 € bc – Carte 27/43 €
♦ Salle contemporaine dans les tons sable et chocolat, éclairage étudié, chaises à médaillon
ajouré, salon-cheminée et plaisante terrasse face au jardin. Carte traditionnelle.

VITRAC – 24 Dordogne – **329** I7 – **831** h. – alt. 150 m – ⊠ 24200   **4** D3

▶ Paris 541 – Brive-la-Gaillarde 64 – Cahors 54 – Périgueux 85
🛈 Office de tourisme, lieu-dit le bourg 𝒞 05 53 28 57 80
🏌 du Domaine de Rochebois à Sarlat-la-Canéda Route de Montfort, SE :
2 km, 𝒞 05 53 31 52 52
◎ Château de Montfort★ NE : 2 km - Cingle de Montfort★ NE : 3,5 km
📗 Périgord Quercy

🏨🏨 **Domaine de Rochebois** sans rest ॐ   ≤ 🝙 ⚒ 🕭 🛁 🕭 🅰🅲 🕸 🅿
rte de Montfort, 2 km à l'Est par D 703 – 𝒞 05 53 31 52 52   🆅🅸🆂🅰 ⓜ 🅰🅴 ⓞ
– www.rochebois.com – Fax 05 53 29 36 88 – Ouvert début mai à fin sept.
10 ch – †165/350 € ††165/350 €, ⊆ 18 € – ½ P 295/350 €
♦ Vaste parc, golf de 9 trous, joli jardin étagé, belle piscine, décoration intérieure raffinée :
cette demeure du 19ᵉ s. est un petit paradis au cœur du Périgord Noir.

🏨 **Plaisance**   🚗 🕭 🝙 🍴 🕭 🕭 ch, 🅰🅲 ᵞᵖ 🕸 🅿 🆅🅸🆂🅰 ⓜ 🅰🅴 ⓞ
au port – 𝒞 05 53 31 39 39 – www.hotelplaisance.com – Fax 05 53 31 39 38
– Ouvert 2 mars-11 nov.
48 ch – †54 € ††54/110 €, ⊆ 9 € – ½ P 63/80 €
Rest – (fermé dim. soir et vend. d'oct. à avril, vend. midi et sam. midi de mai
à sept.) Menu 15 € (déj. en sem.), 25/44 € – Carte 30/68 €
♦ Bâtisse régionale construite en 1808 à flanc de rocher, aux chambres bien tenues. Annexe
occupant un ex-moulin. De l'autre côté de la route, jardin bordant la Dordogne. Salle à manger classique et terrasse sous des tilleuls ; copieuse cuisine du pays.

🏨 Le Clos Roussillon sans rest ↝ 🛏 🔄 📵 💷 📶 P VISA ☎ AE ⓞ
1 km à l'Ouest par D703 et rte secondaire – ✆ 05 53 28 13 00
– www.closroussillon-perigord.com – Fax 05 53 59 40 25 – Ouvert 3 avril-31 oct.
31 ch – †55/75 € ††65/90 €, � 10 €
♦ Cet hôtel des années 1980 a été entièrement rénové. Chambres modernes et de bon confort, parfois pourvues de balcons et de kitchenettes. Agréable et paisible parc arboré.

✕✕ La Treille avec ch 🏠 📵 ch, 📶 VISA ☎ AE
Le Port – ✆ 05 53 28 33 19 – *www.latreille-perigord.com – Fax 05 53 30 38 54*
Fermé 15 nov.-15 déc., 15 fév.-5 mars, mardi sauf soir du 15 juin au 15 oct. et lundi
8 ch – †40/47 € ††47/55 €, ⊆ 8 € – ½ P 68 €
Rest – (15 €) Menu 26/45 € – Carte 48/58 €
♦ Les Latreille tiennent cette maison depuis 1866. Façade tapissée de vigne vierge, salle à manger, véranda, terrasse ombragée d'une treille et immuables recettes périgourdines.

VITRAC – 15 Cantal – 330 B6 – 292 h. – alt. 490 m – ⊠ 15220   5 A3
🚩 Paris 561 – Aurillac 26 – Figeac 44 – Rodez 77

🏨 Auberge de la Tomette ↝ 🛏 🏠 🔄 📶 P VISA ☎ AE
– ✆ 04 71 64 70 94 – *www.auberge-la-tomette.com – Fax 04 71 64 77 11*
– Ouvert Pâques-12 nov.
16 ch – †76/94 € ††76/94 €, ⊆ 10 € – ½ P 70/80 €
Rest – *(dîner seult) (résidents seult)* Menu 29/40 €
♦ Agréable auberge mise en valeur par ses nouveaux propriétaires : chambres claires et actuelles, jardin fleuri avec jeux pour enfants, espace relaxation (sauna, hammam). La salle à manger rustique ouvre sur une terrasse-pergola. Cuisine traditionnelle.

VITRÉ – 35 Ille-et-Vilaine – 309 O6 – 16 156 h. – alt. 106 m – ⊠ 35500   10 D2
▮ Bretagne

🚩 Paris 310 – Châteaubriant 52 – Fougères 30 – Laval 38

🛈 Office de tourisme, place Gal-de-Gaulle ✆ 02 99 75 04 46,
Fax 02 99 74 02 01

🏌 des Rochers Sévigné Château des Rochers, par rte d'Argentré : 6 km,
✆ 02 99 96 52 52

◉ Château★★ : tour de Montalifant ≼★, tryptique★ – La Ville★ : rue Baudrairie★★ A 5, remparts★, église Notre-Dame★ B – Tertres noirs ≼★★ par ④ – Jardin du parc★ par ③ – ≼★★ des D178 B et D857 A – Champeaux : place★, stalles★ et vitraux★ de l'église 9 km par ④.

Plan page suivante

🏨 Ibis sans rest 🔄 🔄 📵 📶 🛁 📶 VISA ☎ AE
1 bd Chateaubriant, par ③ – ✆ 02 99 75 51 70 – *www.ibishotel.com*
– Fax 02 99 75 51 71
62 ch – †54/90 € ††54/90 €, ⊆ 8 €
♦ Ce nouvel Ibis à proximité du centre médiéval dispose de chambres au mobilier fonctionnel (minidressing). Pour plus de calme, préférez celles donnant sur le parc à l'arrière.

✕✕ Le Pichet 🛏 🏠 VISA ☎ AE
👄 *17 bd de Laval, par ①* – ✆ 02 99 75 24 09 – *www.lepichet.fr – Fermé merc. soir, jeudi soir et dim.*
Rest – *(nombre de couverts limité, prévenir)* Menu 18 € (déj. en sem.), 26/50 € – Carte 42/55 €
♦ Demeure d'allure régionale prolongée par un joli jardin arboré où l'on dresse la terrasse l'été (barbecue). Lumineuse et confortable salle à manger-véranda.

✕✕ Le Potager VISA ☎ AE
👄 *5 pl. Gén. Leclerc* – ✆ 02 99 74 68 88 – *www.restaurant-lepotager.fr*
– Fax 02 99 75 38 13 – Fermé 9-23 août, sam. midi, dim. soir et lundi
Rest – Menu 17 € (sem.)/32 € – Carte 21/37 €   Bt
♦ Décor frais composé d'un charmant espace bistrot et d'une salle contemporaine dans les tons aubergine, orange et vert. Cuisine actuelle ; un petit menu différent chaque midi.

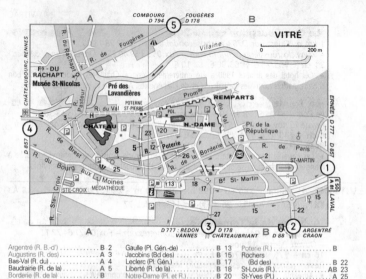

VITRY-LE-FRANÇOIS ⟨SP⟩ – 51 Marne – 306 J10 – 15 086 h.　　13 B2
– alt. 105 m – ⊠ 51300 ▌ Champagne Ardenne

▶ Paris 181 – Bar-le-Duc 55 – Châlons-en-Champagne 33 – Verdun 96
🖪 Office de tourisme, place Giraud ℰ 03 26 74 45 30, Fax 03 26 74 84 74

🏨 **La Poste**　　　　🖺 ⁽ᵗ⁾ 🆚 🄿 VISA ⓸⊗ AE ⓪
pl. Royer-Collard – ℰ *03 26 74 02 65 – www.hotellaposte.com*
– Fax 03 26 74 54 71 – Fermé 21 déc.-4 janv. et dim.
27 ch – †63/78 € ††71/95 €, � 10 €
Rest – *(fermé 2-23 août)* (20 €) Menu 23/75 € bc – Carte 55/70 €
◆ Face à la collégiale Notre-Dame, cet hôtel abrite des chambres pratiques, bien entretenues
(certaines avec baignoire balnéo), et un agréable coin salon. Cuisine dans l'air du temps au
restaurant.

🏨 **De la Cloche**　　　　🍽 🄰🄺 rest, ⁽ᵗ⁾ 🆚 🕭 VISA ⓸⊗ AE ⓪
34 r. A. Briand – ℰ *03 26 74 03 84 – www.hotel-de-la-cloche.com*
– Fax 03 26 41 35 12 – Fermé 23 déc.-3 janv. et dim. soir du 1ᵉʳ nov. au 30 avril
22 ch – †52/85 € ††56/115 €, � 8 € – ½ P 65/75 €
Rest *Jacques Sautet* – Menu 27/60 € – Carte 54/138 €
Rest *Vieux Briscard* – (11 €) Menu 18/24 € – Carte 52/72 €
◆ Établissement du centre-ville disposant de chambres fonctionnelles et de bonne ampleur
(une dizaine rénovées) ; deux sont plus spacieuses et cossues. Chez Jacques Sautet, cui-
sine classique dans un cadre bourgeois. Carte de brasserie au Vieux Briscard.

VITTEAUX – 21 Côte-d'Or – 320 H5 – 1 100 h. – alt. 320 m – ⊠ 21350　　8 C2
▌ Bourgogne

▶ Paris 259 – Auxerre 100 – Avallon 55 – Beaune 64
🖪 Office de tourisme, 16, r. Hubert Languet ℰ 03 80 33 90 14, Fax 03 80 33 90 14

🍴 **Vieille Auberge**　　　　🖩 VISA ⓸⊗
🆎 *19 r. Verdun –* ℰ *03 80 49 60 88 – Fax 03 80 49 68 14*
– Fermé 21-30 juin, 9-22 janv. et lundi
Rest – *(déj. seult sauf sam.)* (12 €) Menu 15/28 € – Carte 19/43 €
◆ Un bar à l'ambiance rurale dessert les deux salles rustiques de cette auberge familiale vil-
lageoise où l'on sert une cuisine traditionnelle. Petite terrasse et boulodrome.

VITTEL – 88 Vosges – **314** D3 – 5 684 h. – alt. 347 m – Stat. therm. :   **26** B3
début avril-mi déc. – Casino AY – ⊠ **88800** ▯ Alsace Lorraine

▶ Paris 342 – Belfort 129 – Chaumont 84 – Épinal 43

🛈 Office de tourisme, place de la Marne ℰ 0329080888, Fax 0329083799

▨ de Vittel Ermittage Hôtel Ermitage, ℰ 03 29 08 81 53

▨ du Bois de Hazeau Centre Préparation Olympique, SO : 1 km,
ℰ 03 29 08 20 85

◙ Parc★.

🏠 **Providence**   ▭ 🛜 🄿 VISA ◉ AE
▨ *125 av. Châtillon – ℰ 03 29 08 08 27 – www.hotelvittel.com*
– Fax 03 29 08 62 60 – Fermé 1ᵉʳ-4 janv.   AYa
24 ch – ♦60/80 € ♦♦70/110 €, ⊇ 9 €
Rest – *(fermé 8-17 mars, 1ᵉʳ-6 janv. et 1ᵉʳ-10 fév.)* (15 €) Menu 22/38 €
– Carte 28/52 €

♦ Cet établissement vittellois a fait peau neuve. Jolies petites chambres dans des tons
chauds et junior suites plus spacieuses et bien équipées (grande baignoire). Cuisine traditionnelle servie au restaurant.

à l'Ouest 3 km par r. de la Vauviard AZ – ⊠ **88800** Vittel

🏠 **L'Orée du Bois**   🚗 🍴 🔲 ◉ ℎ 💆 ※ � ⅙ ch, 🏊 🄿 VISA ◉ AE
🄶◑ *– ℰ 03 29 08 88 88 – www.loreeduboisvittel.fr – Fax 03 29 08 01 61*
57 ch ⊇ – ♦62/98 € ♦♦83/107 € – ½ P 61/73 €
Rest – Menu 16 € (sem.)/35 € – Carte 34/50 €

♦ Face au golf, un établissement conçu pour la détente : balnéothérapie, massages, sauna,
hammam. Chambres soignées ; testez les bio ou les familiales. Cuisine traditionnelle qui tend
à plus de modernité tout en restant attaché au terroir. Jardin-terrasse.

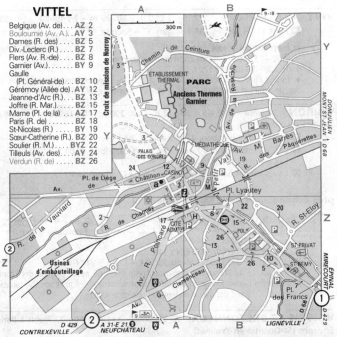

VITTEL

Belgique (Av. de)... **AZ** 2
Bouloumié (Av. A.).. **AY** 3
Dames (R. des) .... **BZ** 5
Div.-Leclerc (R.).... **BZ** 7
Flers (Av. R.-de).... **BZ** 8
Garnier (Av.)...... **BY** 9
Gaulle
    (Pl. Général-de).. **BZ** 10
Gérémoy (Allée de). **AY** 12
Jeanne-d'Arc (R.).. **BZ** 13
Joffre (R. Mar.)..... **BZ** 15
Marne (Pl. de la) ... **AZ** 17
Paris (R. de) ...... **BZ** 18
St-Nicolas (R.) ..... **BY** 19
Sœur-Catherine (R.). **BZ** 20
Soulier (R. M.)..... **BYZ** 22
Tilleuls (Av. des).... **AY** 24
Verdun (R. de) ..... **BZ** 26

VIVÈS – 66 Pyrénées-Orientales – **344** H7 – rattaché au Boulou

---

VIVIERS – 07 Ardèche – **331** K7 – 3 841 h. – alt. 65 m – ⊠ 07220   **44** B3

▶ Paris 618 – Lyon 163 – Marseille 167 – Montpellier 158

🛈 Office de tourisme, 5, place Riquet ✆ 04 75 52 77 00,
Fax 04 75 52 81 63

XX   **Le Relais du Vivarais** avec ch   🚗 🛏 ៤ 🅰🅒 ch, ⁏⁏⁏ 🅟 𝘝𝘐𝘚𝘈 ☯

😊 *31 rte Nationale 86* – ✆ 04 75 52 60 41 – www.relaisduvivarais.fr
– *Fermé 15 mars-3 avril, 23 déc.-5 janv.*

📶 **5 ch** – ♦72/75 € ♦♦72/95 €, �</ 9,50 €

Rest – *(fermé dim. soir sauf résidents)* (16 €) Menu 28/47 €
– Carte 38/67 €

◆ Non content de vous servir une belle cuisine du terroir revisitée, ce sympathique restaurant familial vous réserve un charmant accueil. Salles pleines de cachet et terrasse ombragée. Jolies chambres au décor sobre ; pain et confiture maison au petit-déjeuner.

VIVONNE – 86 Vienne – **322** H6 – 2 975 h. – alt. 103 m – ⊠ 86370   **39** C2

▮ Poitou Vendée Charentes

▶ Paris 354 – Angoulême 94 – Confolens 62 – Niort 67

🛈 Office de tourisme, place du Champ de Foire ✆ 05 49 43 47 88,
Fax 05 49 43 34 87

🏠   **Le St-Georges**   ៤ 🅰🅒 rest, ⁏⁏⁏ 🏊 𝘝𝘐𝘚𝘈 ☯

Grande Rue, (près de l'église) – ✆ 05 49 89 01 89 – www.hotel-st-georges.com
– *Fax 05 49 89 00 22*

31 ch – ♦49/60 € ♦♦56/64 €, ⊂⊃ 7 € – ½ P 53/57 €

Rest – *(fermé 20 déc.-4 janv.)* (10 €) Menu 21/29 € – Carte 26/39 €

◆ Ravaillac eut à Vivonne la terrible vision qui le conduisit au régicide. Dormez tranquille dans cet hôtel disposant de chambres fonctionnelles et bien tenues. Salle à manger contemporaine (cuisine traditionnelle) et espace bistrot pour le menu du jour.

VIVY – 49 Maine-et-Loire – **317** I5 – 2 050 h. – alt. 29 m – ⊠ 49680   **35** C2

▶ Paris 311 – Nantes 144 – Angers 57 – Saumur 12

🏠   **Château de Nazé** sans rest 🌿   ♤ 🏊 ⁏⁏⁏ 🅟

– ✆ 02 41 51 80 91 – www.chateau-de-naze.com

4 ch ⊂⊃ – ♦110 € ♦♦120 €

◆ En plus du château avec sa belle cour, ce domaine comprend une piscine dans un jardin clos, un verger et une prairie. Décor élégant et romantique, salle châtelaine et salons.

VOIRON – 38 Isère – **333** G5 – 20 672 h. – alt. 290 m – ⊠ 38500   **45** C2

▮ Alpes du Nord

▶ Paris 546 – Chambéry 43 – Grenoble 29 – Lyon 85

🛈 Office de tourisme, 30, cours Becquart Castelbon ✆ 04 76 05 00 38,
Fax 04 76 65 63 21

◙ Caves de la Chartreuse★ - Massif de la Chartreuse★★.

près échangeur A 48   3 km par sortie n° 10

🏨   **Palladior**   🛏 🏊 🛗 ៤ 🅰🅒 ⁏⁏⁏ 🏊 🅟 𝘝𝘐𝘚𝘈 ☯ 𝘈𝘌

4 r. A. Bouffard Roupé – ✆ 04 76 06 47 47 – www.hotel-palladior-voiron.fr
– *Fax 04 76 06 48 48*

82 ch – ♦69/89 € ♦♦69/89 €, ⊂⊃ 11 €

Rest – *(Fermé dim.)* (20 €) Menu 28/39 € – Carte 30/47 €

◆ À proximité de l'échangeur autoroutier, cette hôtellerie neuve propose des chambres fonctionnelles contemporaines et très bien équipées. Intérieur design et agréable terrasse au restaurant. On y sert des menus du terroir et une carte actuelle.

VOISINS-LE-BRETONNEUX – 78 Yvelines – **311** I3 – **101** 22 – **voir à Paris,
Environs** (St-Quentin-en-Yvelines)

VOITEUR – 39 Jura – **321** D6 – 773 h. – alt. 260 m – ⌧ 39210   **16** B3

> ▶ Paris 409 – Besançon 79 – Dole 51 – Lons-le-Saunier 12
>
> 🛈 Office de tourisme, 1 place de la Mairie *ℰ* 03 84 44 62 47, Fax 03 84 44 64 86

⌂   **Château Saint-Martin** sans rest ⌂   ♫ **P.**
  – *ℰ* 03 84 44 91 87 – www.juranatura.fr – Fax 03 84 44 91 87 – Fermé déc.-janv.
  4 ch ⌛ – ♦90 € ♦♦100 €
  ♦ Un apéritif accueille les hôtes de ce château classé monument historique. Ses chambres, de styles différents, donnent parfois sur le parc et la chapelle du 14ᵉ s. Piano à disposition.

VOLLORE-VILLE – 63 Puy-de-Dôme – **326** I8 – 707 h. – alt. 540 m   **6** C2
– ⌧ 63120

> ▶ Paris 408 – Clermont-Ferrand 58 – Roanne 63 – Vichy 52

⌂   **Château de Vollore** sans rest ⌂   ≤ ♫ ⌛ ✕ **P.** **VISA** **©©**
  – *ℰ* 04 73 53 71 06 – www.chateaux-france.com/vollore – Fax 04 73 53 72 44
  5 ch ⌛ – ♦110/210 € ♦♦130/230 €
  ♦ Château "avec vue" appartenant aux La Fayette. L'arrière-petit-fils du personnage historique avait épousé la fille des propriétaires. Chambres et suites au mobilier d'époque.

VOLNAY – 21 Côte-d'Or – **320** I7 – rattaché à Beaune

VONNAS – 01 Ain – **328** C3 – 2 623 h. – alt. 200 m – ⌧ 01540   **43** E1
▌ Bourgogne

> ▶ Paris 409 – Bourg-en-Bresse 23 – Lyon 69 – Mâcon 21
>
> 🛈 Syndicat d'initiative, rue du Moulin *ℰ* 04 74 50 04 47, Fax 04 74 50 09 74

🏨🏨🏨 **Georges Blanc** ⌂   ⊠ ⌛ 🖻 ◉ ♨ ✕ 🖨 **AC** ♈ ♨ 🚗 **VISA** **©©** **AE** **①**
✿✿✿ *pl. du Marché* – *ℰ* 04 74 50 90 90 – www.georgesblanc.com – Fax 04 74 50 08 80
  – Fermé janv.
  33 ch – ♦180/450 € ♦♦180/450 €, ⌛ 27 € – 8 suites
  Rest – *(fermé merc. midi, lundi et mardi)* *(nombre de couverts limité, prévenir)*
  Menu 120/205 € – Carte 125/205 € ⇗
  Spéc. Crêpe vonnassienne au saumon et caviar, beurre battu aux zestes de citron vert. Duo de ris de veau, l'un braisé, l'autre meunière. Palet de chocolat pur caraïbe au vieux maury, un beurre de miel. **Vins** Mâcon-Azé, Fleurie.
  ♦ Le luxe au bord de la Veyle. Cette demeure régionale (colombages et briquettes rouges), dans son parc aménagé, abrite de grandes chambres cossues. La délicieuse cuisine bressane distingue cette table comme l'un des fleurons de la gastronomie française. Superbe cave.

🏨   **Résidence des Saules** sans rest ⌂   **AC** **VISA** **©©** **AE** **①**
  pl. du Marché – *ℰ* 04 74 50 90 51 – www.georgesblanc.com – Fax 04 74 50 08 80
  – Fermé janv.
  6 ch – ♦150/180 € ♦♦150/180 €, ⌛ 27 € – 4 suites
  ♦ Cette très jolie maison fleurie de géraniums est un peu l'annexe de l'hôtel Georges Blanc situé de l'autre côté de la place. Au-dessus de la boutique, chambres confortables.

✕   **L'Ancienne Auberge**   🖼 **VISA** **©©** **AE** **①**
  pl. du Marché – *ℰ* 04 74 50 90 50 – www.georgesblanc.com – Fax 04 74 50 08 80
  – Fermé janv.
  Rest – (20 € bc) Menu 30/52 € – Carte 35/56 €
  ♦ Bistrot au décor rétro en mémoire de l'auberge – ex-fabrique de limonade – ouverte par la famille Blanc à la fin du 19ᵉ s. (photos et affiches anciennes). Cuisine régionale.

VOSNE-ROMANEE – 21 Côte-d'Or – **320** J7 – 444 h. – alt. 242 m   **8** D1
– ⌧ 21700

> ▶ Paris 330 – Chalon-sur-Saône 49 – Dijon 21 – Dole 71

🏨🏨🏨 **Le Richebourg** sans rest   ⌸ ⌛ **AC** ♈ ♨ **P.** 🚗 **VISA** **©©** **AE** **①**
  ruelle du Pont – *ℰ* 03 80 61 59 59 – www.hotel-lerichebourg.com
  – Fax 03 80 61 59 50 – Fermé 22-27 déc.
  24 ch – ♦125 € ♦♦125/185 €, ⌛ 18 € – 2 suites
  ♦ Au cœur du célèbre village, hôtel contemporain offrant tout le confort moderne et un espace détente (soins, sauna, hammam) pour rendre votre séjour agréable. Chambres spacieuses.

VOUGEOT – 21 Côte-d'Or – **320** J6 – 216 h. – alt. 239 m – ⊠ 21640   8 D1
▌ Bourgogne

    ◩ Paris 325 – Beaune 27 – Dijon 17
    ◎ Château du Clos de Vougeot★ O.

🏠 **Le Clos de la Vouge**   🖳 🎄 🏊 🎧 🔄 🅿 VISA 🐵 AE
   1 r. du Moulin – ℰ *03 80 62 89 65* – www.hotel-closdelavouge.com
   – *Fax 03 80 62 83 14* – *Fermé 20 déc.-31 janv.*
   10 ch – ♦69 € ♦♦69 €, ⊆ 9 € – ½ P 68 €
   Rest – (15 €) Menu 22/37 € – Carte 21/56 €
   ♦ À proximité du célèbrissime château du Clos de Vougeot, cette bâtisse dispose de chambres personnalisées et bien tenues. Ambiance familiale. Cuisine traditionnelle.

à Gilly-lès-Cîteaux 2 km à l'Est par D 251 – 595 h. – alt. 227 m – ⊠ 21640

🏰 **Château de Gilly** ⤳   🐦 🏊 🍴 🏮 & ch, 🍴 rest, 🛱 🅿 VISA 🐵 AE
   – ℰ *03 80 62 89 98* – www.chateau-gilly.com – *Fax 03 80 62 82 34*
   37 ch – ♦165/321 € ♦♦165/321 €, ⊆ 23 € – 11 suites
   Rest *Clos Prieur* – *(fermé le midi sauf dim.)* Menu 46/69 € – Carte 60/104 €🕮
   Rest *Côté Terroirs* – *(fermé le soir et dim.)* Menu 19/24 €
   ♦ Calme et raffinement caractérisent cet ancien palais abbatial cistercien abritant de spacieuses chambres personnalisées. Agréables jardins à la française. Le Clos Prieur occupe un superbe cellier voûté d'ogives du 14ᵉ s. Plats classiques, superbe carte des vins. Au Côté Terroirs, formule bistrot et ambiance conviviale.

🏠 **L'Orée des Vignes** sans rest ⤳   🖳 & 🎧 🔄 🛱 🅿 VISA 🐵 AE
🍽   *6 rte d'Épernay* – ℰ *03 80 62 49 77* – www.oreedesvignes.com
   – *Fax 03 80 62 49 76* – *Fermé 19 déc.-11 janv.*
   26 ch – ♦68/125 € ♦♦68/125 €, ⊆ 10 €
   ♦ Ferme du 16ᵉ s. encadrant une belle cour aménagée en jardin. Chambres calmes, assez grandes et équipées de meubles fonctionnels. Bel espace petit-déjeuner.

à Flagey-Échezeaux 3 km au Sud-Est par D 971 et D 109 – 500 h. – alt. 227 m
– ⊠ 21640

🏠 **Losset** sans rest ⤳   AK 🍴 🎧 VISA 🐵
   10 pl. de l'Église – ℰ *03 80 62 46 00* – www.hotel-losset-bourgogne.com
   – *Fax 03 80 62 46 08*
   7 ch – ♦85 € ♦♦85/130 €, ⊆ 10 €
   ♦ Hôtel récent aux chambres confortables diversement aménagées : certains meubles réalisés par un ébéniste, parquet, poutres au plafond, parfois un petit salon avec cheminée.

🏠 **Petit Paris** sans rest ⤳   🐦
   6 r. du Petit-Paris – ℰ *03 80 62 84 09* – www.petitparis.bourgogne.free.fr
   – *Fax 03 80 62 83 88*
   4 ch ⊆ – ♦85 € ♦♦85 €
   ♦ Accueil chaleureux et chambres personnalisées dans cette maison (17e s.) entourée d'un parc. Artiste, la propriétaire expose ses œuvres et vous initiera à la peinture (cours).

🍴🍴 **Simon**   AK ⟷ VISA 🐵 AE ①
   12 pl. de l'Église – ℰ *03 80 62 88 10* – www.restaurantsimon.com
   – *Fax 03 80 62 88 10* – *Fermé 23-28 déc., 10-25 fév., dim. soir et merc.*
   Rest – *(nombre de couverts limité, prévenir)* Menu 20 € bc (déj. en sem.),
   36/85 € bc – Carte 49/95 €
   ♦ Au centre d'un village viticole, un élégant restaurant contemporain apprécié par une clientèle fidèle. Appétissante cuisine actuelle à base de beaux produits. Accueil aimable.

VOUGY – 74 Haute-Savoie – **328** L4 – **rattaché à Bonneville**

VOUILLÉ – 86 Vienne – **322** G5 – 3 200 h. – alt. 118 m – ⊠ 86190   39 C1
    ◩ Paris 345 – Châtellerault 46 – Parthenay 34 – Poitiers 18
    🄸 Office de tourisme, 10, place de l'Eglise ℰ 05 49 51 06 69,
    Fax 05 49 50 87 48

XX **Cheval Blanc** avec ch
3 r. Barre – 𝒞 05 49 51 81 46 – www.blondinhotel.fr – Fax 05 49 51 96 31
– Fermé 28 juin-11 juil. et vacances de fév.
13 ch – †53/57 € ††53/57 €, ⌑ 6,50 € – ½ P 47 €
Rest – (12 €) Menu 18/44 € – Carte 23/46 €
♦ Au cœur du bourg, plusieurs salles à manger contemporaines (dont une avec cheminée)
donnant sur une rivière, tout comme la paisible terrasse d'été. Chambres pratiques.

Clovis 🏠
29 ch – †53/57 € ††53/57 €, ⌑ 6,50 € – ½ P 47 €
♦ À 100 m de la maison mère, construction récente aux chambres aménagées simplement.
Petits-déjeuners proposés sous forme de buffet.

VOUTENAY-SUR-CURE – 89 Yonne – **319** F6 – **196 h.** – alt. 130 m   **7** B2
– ✉ 89270

🚗 Paris 206 – Auxerre 37 – Avallon 15 – Vézelay 15

XX **Auberge Le Voutenay** avec ch
– 𝒞 03 86 33 51 92 – www.aubergelevoutenay.com – Fax 03 86 33 51 91
– Fermé 16-24 juin, 1er-21 janv., dim. soir, lundi et mardi
7 ch – †50/65 € ††50/65 €, ⌑ 9 €
Rest – (nombre de couverts limité, prévenir) Menu 25/55 €🏵
♦ Longeant la route, demeure du 18e s. tournée vers son agréable parc. Salle rustico-bour-
geoise, coin bistrot et petite boutique de produits du terroir. Chambres rétro.

VOUVRAY – 37 Indre-et-Loire – **317** N4 – **3 083 h.** – alt. 55 m   **11** B2
– ✉ 37210 ▯ Châteaux de la Loire

🚗 Paris 240 – Amboise 18 – Blois 51 – Château-Renault 25

🈺 Office de tourisme, 12, rue Rabelais 𝒞 02 47 52 68 73, Fax 02 47 52 70 88

⌂ **Domaine des Bidaudières** sans rest ⌑
r. Peu Morier, rte de Vernou-sur-Brenne par D 46 – 𝒞 02 47 52 66 85
– www.bidaudieres.com – Fax 02 47 52 62 17
7 ch ⌑ – †80/110 € ††120/135 €
♦ Toiles de Jouy et meubles chinés ornent les confortables chambres de ce beau castel du
18e s. (ex-domaine viticole), ouvertes sur un parc somptueux. Un lieu plein de charme.

XX **Le Grand Vatel**
8 av. Brûlé – 𝒞 02 47 52 70 32 – Fax 02 47 52 74 52 – Fermé 10-16 janv.,
1er-8 fév., dim. soir et lundi
Rest – Menu 20/80 € bc – Carte 45/75 €🏵
♦ Cette maison tourangelle en pierre abrite deux salles à manger dont une décorée dans le
style des années 1920. Cuisine inspirée du terroir et belle sélection de vouvrays.

VOVES – 28 Eure-et-Loir – **311** F6 – **2 910 h.** – alt. 146 m – ✉ 28150   **12** C1
🚗 Paris 99 – Ablis 36 – Bonneval 23 – Chartres 25

🏠 **Le Quai Fleuri** ⌑
15 r. Texier Gallas – 𝒞 02 37 99 15 15 – www.quaifleuri.com – Fax 02 37 99 11 20
21 ch – †70/90 € ††80/140 €, ⌑ 10 € – 4 suites – ½ P 73 €
Rest – (fermé dim. soir) (19 €) Menu 24/62 € bc – Carte 50/60 €
♦ Cet hôtel récent, flanqué d'un moulin reconstitué – emblème beauceron –, abrite de petites chambres personnalisées. Celles logées dans l'annexe sont plus spacieuses et de plain-
pied avec le parc. Au restaurant, lumineux décor contemporain et cuisine traditionnelle.

VRON – 80 Somme – **301** D6 – **820 h.** – alt. 15 m – ✉ 80120   **36** A1
🚗 Paris 211 – Abbeville 27 – Amiens 76 – Berck-sur-Mer 17

🏠 **L'Hostellerie du Clos du Moulin** ⌑
1 r. Maréchal Leclerc – 𝒞 03 22 23 74 75
– www.leclosdumoulin.fr – Fax 03 22 23 74 76
15 ch ⌑ – †99 € ††139 € – ½ P 96 €
Rest – (20 €) Menu 26/55 € – Carte 40/70 €
♦ Les ex-écuries de ce domaine ceint d'un joli jardin abritent des chambres personnalisées
et cosy (décor à l'ancienne, confort moderne) ; certaines disposent d'un coin salon. Les salles
à manger aménagées dans des étables du 16e s. ont beaucoup de caractère.

WAHLBACH – 68 Haut-Rhin – 315 I11 – **rattaché à Altkirch**

LA WANTZENAU – 67 Bas-Rhin – 315 K5 – **rattaché à Strasbourg**

WENGELSBACH – 67 Bas-Rhin – 315 K2 – **rattaché à Niedersteinbach**

WESTHALTEN – 68 Haut-Rhin – 315 H9 – 904 h. – alt. 240 m   1 A3
– ⊠ 68250 ▮ Alsace Lorraine

▶ Paris 480 – Colmar 22 – Guebwiller 11 – Mulhouse 28

XXX   **Auberge du Cheval Blanc** (Gilbert Koehler) avec ch ⌂   🕭 |۩| ᵫ ch,
❀   20 r. Rouffach – ℰ 03 89 47 01 16   AC ⁽ᵞ⁾ ᵫ̲ Ῥ ₥₅ₐ ◎◎
– www.auberge-chevalblc.com – Fax 03 89 47 64 40 – Fermé
10 janv.-3 fév., mardi midi, dim. soir et lundi
11 ch – ♦63/120 € ♦♦68/120 €, ⌸ 12 € – ½ P 92/106 €
Rest – (24 €) Menu 37/71 € – Carte 50/94 € ⅋⅋
Spéc. Dégustation de nos foies gras en trois services. Perdreau en salmis,
griesknäpfla aux morilles (sept. à janv.). Trilogie de glaces et sorbets. **Vins**
Riesling, Pinot blanc.
♦ Voici une élégante maison, tenue par la même famille de vignerons depuis 1785. Cuisine
à la fois classique et créative ; belle carte de vins d'Alsace dont ceux de la propriété. Les
chambres, spacieuses, sont confortables et modernes.

WETTOLSHEIM – 68 Haut-Rhin – 315 H8 – **rattaché à Colmar**

WEYERSHEIM – 67 Bas-Rhin – 315 K4 – 3 098 h. – alt. 140 m   1 B1
– ⊠ 67720

▶ Paris 486 – Haguenau 18 – Saverne 49 – Strasbourg 21

X   **Auberge du Pont de la Zorn**   🕭 🕭 ⅋ Ῥ ₥₅ₐ ◎◎ ◎
⌂⌂   2 r. République – ℰ 03 88 51 36 87 – Fax 03 88 51 32 67
– Fermé 18 août-5 sept., 27 janv.-12 fév., sam. midi, merc. et jeudi
Rest – (11 €) Menu 14 € (déj. en sem.)/33 € – Carte 14/35 €
♦ Reproductions de dessins signés Hansi, poutres apparentes, poteries régionales : un
concentré d'Alsace ! Bucolique terrasse en bord de Zorn. Tartes flambées servies le soir.

WIERRE-EFFROY – 62 Pas-de-Calais – 301 D3 – 777 h. – alt. 28 m   30 A2
– ⊠ 62720

▶ Paris 262 – Calais 29 – Abbeville 88 – Boulogne-sur-Mer 14

🏠   **La Ferme du Vert** ⌂   🕭 🕭 ⅋ rest, ᵫ̲ Ῥ ◎◎ AE
⌂⌂   r. du Vert – ℰ 03 21 87 67 00 – www.fermeduvert.com – Fax 03 21 83 22 62
– Fermé 17-25 mars, 19 déc.-20 janv. et dim. sauf juil.-août
16 ch – ♦61/100 € ♦♦66/130 €, ⌸ 12 € – 2 suites – ½ P 69/100 €
Rest – (fermé sam. midi sauf juil.-août, dim. et lundi) Menu 28/48 €
– Carte 28/57 €
♦ Le calme et la campagne réunis dans cette ancienne ferme du Boulonnais. Chambres de
taille variable, décorées avec goût et simplicité. À table, régalez-vous de petits plats traditionnels élaborés avec des produits maison. Vente de fromages.

WIHR-AU-VAL – 68 Haut-Rhin – 315 H8 – **rattaché à Munster**

WILLIERS – 08 Ardennes – 306 N4 – 44 h. – alt. 277 m – ⊠ 08110   14 C1
▶ Paris 277 – Châlons-en-Champagne 174 – Charleville-Mézières 57
– Arlon 44

🏢   **Chez Odette** ⌂   🕭 ⁽ᵞ⁾ ₥₅ₐ ◎◎ AE ◎
– ℰ 03 24 55 49 55 – www.chez-odette.com – Fax 03 24 55 49 59
9 ch – ♦170/260 € ♦♦170/260 €, ⌸ 19 €
Rest – (Fermé 29 mars -7 avril, 23 août-15 sept., lundi, mardi midi et dim. soir)
Menu 58 € – Carte 59/68 €
♦ Odette tenait autrefois cette auberge convertie aujourd'hui en un hôtel plein de charme.
Meubles contemporains et chinés dans les chambres, parfaitement équipées. Table gastrono-
mique et café où l'on sert les mêmes plats et boissons qu'à l'époque d'Odette...

WIMEREUX – 62 Pas-de-Calais – 301 C3 – 7 410 h. – alt. 7 m — 30 A2
– ✉ 62930 Nord Pas-de-Calais Picardie

Paris 269 – Arras 125 – Boulogne-sur-Mer 7 – Calais 33

Office de tourisme, quai Alfred Giard ✆ 03 21 83 27 17, Fax 03 21 32 76 91

Du Centre
rest, VISA

78 r. Carnot – ✆ 03 21 32 41 08 – www.hotelducentre-wimereux.fr – Fax 03 21 33 82 48 – Fermé 21 déc.-30 janv.

21 ch – 68 € 68/88 €, 10 €

Rest – *(fermé lundi)* (17 €) Menu 23/31 € – Carte 22/40 €

◆ Bâtisse ancienne bordant la rue principale de cette station balnéaire de la Côte d'Opale. Les chambres, toutes rénovées, sont parfois dotées d'une mezzanine. Le restaurant affiche un sympathique look bistrot ; plats traditionnels et produits de la mer.

Liégeoise et Atlantic Hôtel avec ch
ch, VISA

digue de mer – ✆ 03 21 32 41 01 – www.atlantic-delpierre.com – Fax 03 21 87 46 17 – Fermé fév., dim. soir et lundi midi

18 ch – 130/170 € 130/170 €, 13 € – ½ P 138/158 €

Rest – Menu 36/65 € – Carte 60/75 €

◆ Bien situé sur la digue-promenade, face à la Manche. Belle salle à manger panoramique, joliment meublée dans le style Louis XVI. Chambres neuves, à choisir côté mer.

Epicure (Philippe Carrée)
VISA

1 r. Pompidou – ✆ 03 21 83 21 83 – Fax 03 21 33 53 20 – Fermé 25 août-10 sept., 20 déc.-10 janv., merc. soir et dim.

Rest – *(nombre de couverts limité, prévenir)* Menu 25/40 € – Carte 37/64 €

Spéc. Homard côtier, raviole d'aubergine et tomate (mai à sept.). Turbot sauvage, épeautre crémé aux champignons (sept. à déc.). Fines feuilles framboise, framboises et sauce mangue (juin à oct.).

◆ En centre-ville, derrière une façade discrète, toute petite salle à manger au cadre intime et feutré. Attrayante cuisine au goût du jour, axée sur les produits de la mer.

WINKEL – 68 Haut-Rhin – 315 H12 – 382 h. – alt. 575 m – ✉ 68480 — 1 A3

Paris 466 – Altkirch 23 – Basel 35 – Belfort 50

Au Cerf avec ch
VISA

76 r. Principale – ✆ 03 89 40 85 05

6 ch – 45/48 € 49/52 €, 7,50 € – ½ P 48/52 €

Rest – *(fermé lundi et jeudi)* (12 €) Menu 25/55 € – Carte 29/35 €

◆ Accueillante auberge à la façade rouge située à deux pas de la source de l'Ill. Salles à manger cossues dont une aux allures de winstub. Plaisantes chambres sous les combles.

WISEMBACH – 88 Vosges – 314 K3 – 399 h. – alt. 500 m – ✉ 88520 — 27 D3

Paris 413 – Colmar 54 – Épinal 69 – St-Dié 16

Blanc Ru avec ch
P VISA

19 r. du 8 mai 45 – ✆ 03 29 51 78 51 – Fax 03 29 51 70 67 – Fermé 22 sept.-7 oct., 2 fév.-9 mars, dim. soir, lundi et mardi sauf fériés

7 ch – 51 € 51/62 €, 9 € – ½ P 52/62 €

Rest – (17 €) Menu 24/44 € – Carte 35/65 €

◆ Installez-vous au choix dans le joli jardin d'hiver ou la grande salle rustique pour déguster une cuisine traditionnelle (spécialités de grenouilles). Chambres simples.

WISSEMBOURG – 67 Bas-Rhin – 315 L2 – 8 008 h. – alt. 157 m — 1 B1
– ✉ 67160 Alsace Lorraine

Paris 512 – Haguenau 33 – Karlsruhe 42 – Sarreguemines 80

Office de tourisme, 9, place de la République ✆ 03 88 94 10 11, Fax 03 88 94 18 82

Vieille ville★ : église St-Pierre et St-Paul★.

Village★★ d'Hunspach 11 km par ②.

Plan page suivante

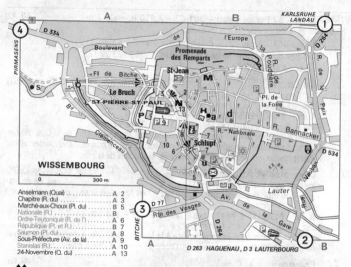

WISSEMBOURG

Au Moulin de la Walk 🌿

2 r. Walk – *𝒞 03 88 94 06 44* – *www.moulin-walk.com* – *Fax 03 88 54 38 03*
– *Fermé 7-27 janv.*
25 ch – †55/69 €, ††64/69 €, ⊇ 8 € – ½ P 70 €   **As**
Rest – *(fermé 16-30 juil., 7-27 janv., vend. midi, dim. soir et lundi)* Menu 32/50 €
– Carte 30/50 €

♦ Au bord d'une rivière, bâtiments aménagés sur les vestiges d'un moulin dont la roue
tourne encore. Décor chaleureux et épuré avec du bois brut pour rappeler le style local.
Carte classique et régionale (spécialité de foie gras), vins choisis. Jolie terrasse d'été.

Hostellerie du Cygne avec ch

3 r. Sel – *𝒞 03 88 94 00 16* – *www.hostellerie-cygne.com* – *Fax 03 88 54 38 28*
– *Fermé 5-19 juil., 8-22 nov. et 15 fév.- 1ᵉʳ mars*
23 ch – †50/150 €, ††50/250 €, ⊇ 10 € – ½ P 52/90 €   **Ba**
Rest – *(fermé jeudi midi, dim. soir et merc.)* (20 €) Menu 27/65 € – Carte 30/70 €
♦ Cuisine traditionnelle servie dans des salles à manger habillées de boiseries ou dans le
patio organisé autour de ces deux maisons du centre-ville. Chambres cosy.

L'Ange

2 r. de la République – *𝒞 03 88 94 12 11* – *www.restaurant-ange.com*
– *Fax 03 88 94 12 11* – *Fermé 16-26 juin, 10-18 nov., 16 fév.-3 mars, dim. soir en
hiver, lundi et mardi*   **Bu**
Rest – Menu 28/55 € – Carte 23/50 €
♦ Agréable petite cour-terrasse pavée à l'entrée, puis deux salles à manger en enfilade, dont
une plus rustique, façon winstub-bistrot. Cuisine classique aux notes régionales.

Le Carrousel Bleu

17 r. Nationale – *𝒞 03 88 54 33 10* – *www.le-carrousel-bleu.fr*
– *Fax 03 88 54 33 10* – *Fermé 1ᵉʳ-15 août, dim. soir, lundi et merc.*   **Bd**
Rest – (13 €) Menu 26/48 € – Carte 30/45 €
♦ Ce sympathique et intimiste restaurant, situé dans une maison du 18ᵉ s., propose des
recettes actuelles, originales et dépaysantes, à mille lieues de la "Petite Venise".

à Altenstadt 2 km par ② – ✉ 67160

Rôtisserie Belle Vue

1 r. Principale – *𝒞 03 88 94 02 30* – *Fax 03 88 54 80 14* – *Fermé 9 août-2 sept.,
1ᵉʳ-4 mars, dim. soir, lundi et mardi*
Rest – Menu 25/55 € – Carte 30/60 €
♦ Grande maison familiale où l'on sert une cuisine traditionnelle dans deux salles à manger
bourgeoises tournées sur le joli jardin. Plats du jour servis au bar.

XONRUPT-LONGEMER – 88 Vosges – **314** J4 – rattaché à Gérardmer

YERVILLE – 76 Seine-Maritime – **304** F4 – **2 260 h.** – **alt. 156 m** – ⊠ **76760**   33 C1

 ▶ Paris 164 – Dieppe 44 – Fécamp 48 – Le Havre 69
 🖸 de Yerville 367 rue des Acacias, NO : 0,5 km, ☏ 02 32 70 15 49

※※   **Hostellerie des Voyageurs**   🚗 **P** 𝚟𝚒𝚜𝚊 ⓒⓔ
🌰   3 r. Jacques Ferny – ☏ 02 35 96 82 55 – www.hostellerie-voyageurs.com – Fermé
dim. soir et lundi sauf fériés
Rest – Menu 15 € (déj. en sem.), 25/45 € – Carte 45/55 €
 ♦ Ex-relais de poste (1875) proposant une cuisine traditionnelle dans une grande salle rustique en deux parties. Terrasse côté jardin utilisée pour l'apéritif et le café.

YEU (ÎLE D') – 85 Vendée – **361** BC7 – **voir à Île d'Yeu**

YGRANDE – 03 Allier – **326** E3 – **756 h.** – **alt. 333 m** – ⊠ **03160**   5 B1

 ▶ Paris 310 – Clermont-Ferrand 111 – Moulins 34 – Montluçon 41

🏠🏠   **Château d'Ygrande** ⌖   ≤ 🕭 🏖 ⏚ 🛠 ᴪ ⬩⍩ 🅿 𝚟𝚒𝚜𝚊 ⓒⓔ 𝔸𝔼
Le Mont, 4 km à l'Est par D 192 et rte secondaire – ☏ 04 70 66 33 11
– www.chateauygrande.fr – Fax 04 70 66 33 63 – Fermé 6-10 déc., 2 janv.-25 fév.,
dim. soir et lundi sauf juil.-août
19 ch – ✝125/225 € ✝✝125/225 €, ⏞ 16 € – ½ P 126/176 €
Rest – (fermé dim. soir et lundi sauf juil.-août) (dîner seult) Menu 28/69 €
– Carte environ 53 €
 ♦ Belle maison du 19ᵉ s. au charme romantique, dont le parc de 40 ha se fond dans la paisible campagne bourbonnaise. À l'intérieur, tout respire l'élégance et le bon goût. Salle à manger de style Directoire et carte actuelle utilisant les produits du potager.

YSSINGEAUX ⬥⬥ – 43 Haute-Loire – **331** G3 – **6 888 h.** – **alt. 829 m**   6 C3
– ⊠ **43200** 📗 Lyon Drôme Ardèche

 ▶ Paris 565 – Ambert 73 – Privas 98 – Le Puy-en-Velay 27
 🖪 Office de tourisme, 16, place Foch ☏ 04 71 59 10 76, Fax 04 71 56 03 12

🏠   **Le Bourbon**   𝔸ℂ rest, ᴪ⍩ 🛠 🅿 𝚟𝚒𝚜𝚊 ⓒⓔ 𝔸𝔼
5 pl. Victoire – ☏ 04 71 59 06 54 – www.le-bourbon.com – Fax 04 71 59 00 70
– Fermé 24 juin-7 juil., 7-21 oct., 22 déc.-20 janv., dim. soir, mardi midi et lundi
11 ch – ✝65/75 € ✝✝65/75 €, ⏞ 12 € – ½ P 60/65 €
Rest – (16 €) Menu 22/56 € – Carte 42/50 €
 ♦ Petite auberge accueillante établie sur une place agréable. Chambres fonctionnelles colorées et dotées de jolies salles d'eau récentes. Au restaurant, cuisine régionale traditionnelle à base de produits en provenance des petits producteurs locaux.

YVETOT – 76 Seine-Maritime – **304** E4 – **10 943 h.** – **alt. 147 m**   33 C1
– ⊠ **76190** 📗 Normandie Vallée de la Seine

 ▶ Paris 171 – Dieppe 57 – Fécamp 35 – Le Havre 58
 🖪 Office de tourisme, 8, place Maréchal Joffre ☏ 02 35 95 08 40,
 Fax 02 35 95 08 40
 🖸 de Yerville à Yerville 367 rue des Acacias, NE: 13 km, ☏ 02 32 70 15 49
 ◉ Verrières★★ de l'église St-Pierre.

🏠   **Du Havre**   ᴪ⍩ 𝚟𝚒𝚜𝚊 ⓒⓔ 𝔸𝔼
🏨   pl. des Belges – ☏ 02 35 95 16 77 – www.hotel-du-havre.fr – Fax 02 35 95 21 18
23 ch – ✝53/66 € ✝✝53/78 €, ⏞ 9 € – ½ P 54/64 €
Rest – (fermé vend. soir et sam. soir en hiver et dim.) (10 €) Menu 21 € (sem.)/
25 € – Carte 40/55 €
 ♦ Une ambiance conviviale vous attend dans cet hôtel familial du centre. Chambres personnalisées de bon confort. Repas traditionnels à déguster dans une salle classique, où le décor évolue au gré de l'actualité, sportive notamment.

   Le Manoir aux Vaches 🏠 ⌖   ⏚ 𝔸ℂ ᴪ⍩ 🅿 𝚟𝚒𝚜𝚊 ⓒⓔ 𝔸𝔼
2 r. Guy de Maupassant – ☏ 02 35 95 65 65 – www.lemanoirauxvaches.com
– Fax 02 35 95 21 18
9 ch ⏞ – ✝86/96 € ✝✝96/116 €
 ♦ Belles chambres à mezzanine au décor original sur le thème des bovidés.

au Sud-Est 5 km sur D 5 – ✉ **76190 Yvetot**

X **Auberge du Val au Cesne** avec ch

rte Duclair – ☎ 02 35 56 63 06 – www.valaucesne.fr – Fax 02 35 56 92 78 – Fermé 23 août-5 sept. et 10-30 janv.

5 ch – †90 € ††90 €, ☕ 9 €

Rest – *(fermé lundi et mardi)* Menu 28 € – Carte 44/68 €

◆ En pleine campagne, ravissante auberge normande du 17e s. proposant, dans cinq salles à manger rustiques (meubles anciens, cheminées), une cuisine traditionnelle et du marché. Mobilier de divers styles dans les chambres (régional, Art nouveau ou actuel). Bon confort.

à Motteville **9 km à l'Est par D 929 et D 20 – 719 h. – alt. 160 m –** ✉ **76970**

XX **Auberge du Bois St-Jacques**

à la gare – ☎ 02 35 96 83 11 – www.aubergebsj.com – Fax 02 35 96 23 18 – Fermé 3 sem. en août, 15-21 fév., dim. soir, lundi soir et mardi

Rest – (11 €) Menu 17 € (sem.)/46 € – Carte environ 36 €

◆ Ex-buffet de gare offrant le choix entre deux salles : l'une rustique (poutres, cuivres), l'autre actuelle, dans les tons rouges, en forme de rotonde. Cuisine au goût du jour.

Un nom d'établissement passé en rouge désigne un « espoir ».
Le restaurant est susceptible d'accéder à une distinction supérieure : première étoile ou étoile supplémentaire. Vous les retrouverez dans la liste des tables étoilées en début de guide.

YVOIRE – **74 Haute-Savoie** – **328** K2 – **810 h.** – **alt. 380 m** – ✉ **74140** **46** F1

Alpes du Nord

Paris 563 – Annecy 71 – Bonneville 41 – Genève 26

Office de tourisme, place de la mairie ☎ 04 50 72 80 21, Fax 04 50 72 84 21

Village médiéval★★ : jardin des Cinq Sens★.

Villa Cécile

156 rte de Messery, par D 25 – ☎ 04 50 72 27 40 – www.villacecile.com – Fax 04 50 72 27 15 – Fermé 3 janv.-4 fév.

15 ch – †100/185 € ††100/185 €, ☕ 15 €

Rest – *(fermé lundi) (dîner seult)* Menu 35/47 € – Carte 52/63 €

◆ Piscines, jacuzzi, sauna et hammam invitent à la détente dans cette paisible villa en léger retrait de la cité médiévale. Chambres claires ornées de toiles d'artistes locaux. Cheminée l'hiver et terrasse ensoleillée aux beaux jours pour une cuisine traditionnelle.

Les Flots Bleus

– ☎ 04 50 72 80 08 – www.flotsbleus-yvoire.com – Fax 04 50 72 84 28 – Ouvert Pâques à mi-oct.

17 ch – †110/195 € ††110/195 €, ☕ 11 € – ½ P 91/129 €

Rest – Menu 22 € (sem.), 34/88 € – Carte 33/63 €

◆ Vue imparable sur le lac, terrasse ou balcon, confort moderne et équipements au top... Des chambres actuelles au cadre élégant. Beau mobilier contemporain ou montagnard. Cuisine de qualité 100% maison à l'esprit brasserie.

Le Pré de la Cure

pl. de la Mairie – ☎ 04 50 72 83 58 – www.pre-delacure.com – Fax 04 50 72 91 15 – Ouvert 27 fév.-11 nov.

25 ch – †72/96 € ††84/115 €, ☕ 10 € – ½ P 82/88 €

Rest – Menu 19 € (sem.)/47 € – Carte 35/52 €

◆ À l'entrée de la cité médiévale. Les grandes chambres, rénovées dans un esprit actuel, bénéficient de la vue sur le lac ou du calme côté jardin. Accueil attentionné. Cuisine régionale (pêche locale), salle-véranda et terrasse face à Yvoire et au Léman.

XX **Vieille Porte** 🛋 🖼 VISA ⚫⚫
2 pl. de la Mairie – 𝒞 *04 50 72 80 14 – www.la-vieille-porte.com*
– Fax 04 50 72 92 04 – Fermé 1ᵉʳ déc.-5 fév. et lundi sauf juil.-août
Rest – (19 €) Menu 25/40 € – Carte environ 43 €
♦ Maison du 14ᵉ s. appartenant à la même famille depuis 1587 ! Bel intérieur avec tomettes, poutres et pierres. Terrasse à l'ombre des remparts, face aux flots. Plats régionaux.

XX **Du Port** avec ch ⬅ 🛋 🛋 ⏸ AC ch, ⅙ ch, ⁕ VISA ⚫⚫ AE
r. du Port – 𝒞 *04 50 72 80 17 – www.hotelrestaurantduport-yvoire.com*
– Fax 04 50 72 90 71 – Ouvert 26 fév.-3 nov.
7 ch – ⅋120/220 € ⅋⅋120/220 €, ⏛ 17 € – ½ P 105/155 €
Rest – *(fermé merc. sauf de mai à sept.)* (25 €) Menu 32 € (sem.)/52 €
– Carte 48/66 €
♦ Terrasse au bord du lac et plaisante façade fleurie pour cette maison idéalement située sur le port de plaisance. Spécialités de poissons. Belles chambres de style lacustre.

YVOY-LE-MARRON – 41 Loir-et-Cher – **318** I6 – 595 h. – alt. 129 m **12** C2
– ✉ 41600
▶ Paris 163 – Orléans 35 – Blois 45 – La Ferté-St-Aubin 13
🗓 Syndicat d'initiative, route de Chaumont 𝒞 02 54 88 07 14,
Fax 02 54 88 07 14

🏨 **Auberge du Cheval Blanc** 🛋 ⅙ ch, ⁕ 🅿 VISA ⚫⚫ AE
1 pl. Cheval Blanc – 𝒞 *02 54 94 00 00 – www.aubergeduchevalblanc.com*
– Fax 02 54 94 00 01 – Fermé 3-18 mars et 2-10 janv.
15 ch – ⅋70 € ⅋⅋95 €, ⏛ 14 € – ½ P 90 €
Rest – *(fermé mardi midi, merc. midi et lundi sauf juil.-août)* Menu 28/46 €
– Carte 33/68 €
♦ Au centre du petit village, cette avenante maison solognote propose des chambres de qualité, chaleureuses et raffinées (tons ocre, rouge et jaune). Colombages et tomettes judicieusement préservés font le cachet de la salle à manger. Carte actuelle.

YZEURES-SUR-CREUSE – 37 Indre-et-Loire – **317** O8 – 1 467 h. **11** B3
– alt. 74 m – ✉ 37290
▶ Paris 318 – Châteauroux 72 – Châtellerault 28 – Poitiers 65

🏨 **La Promenade** ⅙ ⁕ VISA ⚫⚫
⊛ *1 pl. du 11 Novembre –* 𝒞 *02 47 91 49 00 – http://www.genevievelapromenade.fr*
– Fax 02 47 94 46 12 – Fermé 20 déc.-25 janv., lundi et mardi
15 ch – ⅋54 € ⅋⅋58 €, ⏛ 10 € – ½ P 51 € **Rest** – Menu 16/30 €
♦ Ancien relais de poste datant de 1880, au cœur de ce petit village du Sud Touraine. Chambres au décor soigné et ambiance familiale. Poutres, pierres apparentes et imposante cheminée participent au cachet rustique du restaurant ; cuisine traditionnelle.

ZELLENBERG – 68 Haut-Rhin – **315** H7 – **rattaché à Riquewihr**

ZIMMERSHEIM – 68 Haut-Rhin – **315** I10 – **rattaché à Mulhouse**

ZONZA – 2A Corse-du-Sud – **345** E9 – **voir à Corse**

ZOUFFTGEN – 57 Moselle – **307** H2 – 667 h. – alt. 250 m – ✉ 57330 **26** B1
▶ Paris 341 – Luxembourg 20 – Metz 48 – Thionville 18

XXX **La Lorraine** (Marcel Keff) avec ch 🌿 🚗 🛋 AC rest, ⁕ 🅿 VISA ⚫⚫
🌼 *80 r. Principale –* 𝒞 *03 82 83 40 46 – www.la-lorraine.fr – Fax 03 82 83 48 26*
– Fermé lundi et mardi
3 ch – ⅋115 € ⅋⅋150/180 €, ⏛ 18 €
Rest – (26 €) Menu 42/110 € – Carte 67/115 € 🍷
Spéc. Fricassée d'escargots de Cleurie, coulis de persil, émulsion de pommes de terre ratte. Cochon de lait de Kanfen rôti sur sa peau croustillante. L'œuf tiède au chocolat, sabayon au rhum. **Vins** Moselle blanc et rouge.
♦ Table frontalière estimée pour sa cuisine actuelle. La cave s'expose sous vos pieds, à travers des hublots. Véranda et terrasse sur jardin agrandissent la salle, contemporaine. Chambres amples et cossues, de style lorrain. Petit-déjeuner gastronomique.

Cyrillus/Fotolia.com

Principauté d'Andorre

ANDORRE – 343 H9 – 83 137 h. ▯ Midi-Toulousain

La Principauté d'Andorre, d'une superficie de 464 km², est située au cœur des Pyrénées, entre la France et l'Espagne. Depuis 1993, la Principauté est un État souverain membre de l'ONU. La langue officielle est le catalan mais la majorité de la population parle aussi le français et l'espagnol. La monnaie locale est l'euro. Pour se rendre en Andorre, les citoyens de l'Union Européenne ont besoin d'un passeport ou d'une carte d'identité en cours de validité.

Transports

Accès depuis la France : RN 22 passant par le tunnel d'Envalira.

Liaison par autocars :

Depuis l'aéroport de Toulouse-Blagnac par la Cie Novatel, renseignements ℰ (00-376) 803 789 et la Cie Nadal ℰ (00-376) 805 151.

Depuis les gares SNCF de l'Hospitalet et Latour-de-Carol par la Cie Hispano-Andorranne, renseignements ℰ (00-376) 807 000.

ANDORRA-LA-VELLA Capitale de la Principauté – 343 H9 – 23 587 h. – alt. 1 029 m

28 B3

▶ Paris 861 – Carcassonne 165 – Foix 102 – Perpignan 170

ℹ 13 rue du Dr-Vilanova ℰ 00 376 82 02 14, Fax 00 376 82 58 23

◉ Vallée du Valira del Nord★ N.

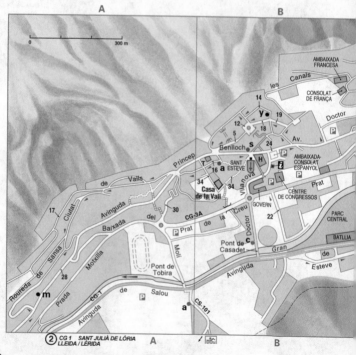

Plaza
ch, rest,

María Pla 19 – ✆ 00 376 87 94 44 – www.plazandorra.com
– Fax 00 376 87 94 45 **Ca**

45 ch – 104/222 € 124/264 €, 17,20 € – 45 suites

Rest – Menu 28,50 €

◆ Cet hôtel à l'élégance classique se distingue par son hall de réception, de mise sobre, mais qui dispose de deux ascenseurs panoramiques et offre une vue sur les couloirs menant aux chambres. Le restaurant sert également un buffet au petit-déjeuner.

Arthotel
ch,

Prat de la Creu 15-25 – ✆ 00 376 76 03 03 – www.arthotel.ad
– Fax 00 376 76 03 04 **Cd**

125 ch – 78/183 € 98/228 €

Rest – Menu 19 €

Rest *Plató* – Carte 27/46 €

◆ Grand professionnalisme pour cet établissement d'esprit actuel, offrant des chambres assez spacieuses. Une cafétéria vient compléter les parties communes. Aménagement fonctionnel et entrée indépendante pour le restaurant Plató.

President
rest,

av. Santa Coloma 44 – ✆ 00 376 87 72 77 – www.janhotels.com
– Fax 00 376 87 62 22 **Am**

100 ch – 60/126 € 80/165 €, 7,30 € **Rest** – Menu 18,75 €

◆ Ce complexe hôtelier mi-classique, mi-actuel, propose de bonnes parties communes et des chambres confortables, dotées de parquet. Piscine couverte et solarium au 7 e étage. Correctement aménagé, le restaurant arbore un cadre au modernisme épuré.

ANDORRA LA VELLA

Baixada del Molí . . . . . A
Bonaventura Armengol . . . . . C 2
Bonaventura Riberaygua C
Canals . . . . . BC
Casadet (Pont de) . . . . . B
Ciutat de Valls . . . . . A
Consell d'Europa (Av. del) C
Creu Grossa . . . . . C 4
Doctor Mitjavila (Av.) C
Doctor Molines . . . . . BC
Doctor Néqui . . . . . B 5
Doctor Vilanova . . . . . B
Escaler (Pl.) C
Esteve Dolça Pujal . . . . . BC
Fener C
Fiter i Rossell . . . . . C 10
Guillemó (Pl.) . . . . . B 12
Joan Maragall C
Llacuna . . . . . B 14
Major (Antic Carrer) . . . . . B 16
Maria Pla C
Meritxell (Av.) C
Mestre Xavier Plana . . . . . A 17
Mossèn Cinto Verdaguer . . . . . B 18
Mossèn Tremosa . . . . . B 19
Obac C
Pere d'Urg C
Pompeu Fabra . . . . . C 20
Prada Casadet . . . . . B 22
Prada de la Creu . . . . . BC
Prada Motxilla . . . . . A
Prat de la Creu (Pont) C
Príncep Benlloch (Av. de) . . . . . AB
Rebés (Pl.) . . . . . B 24
Roda . . . . . C 26
Rotonda (Pont de la) C
Roureda de Sansa . . . . . A
Salou (Av.) . . . . . A
Santa Coloma (Av. de) . . . . . A 28
Sant Andreu C
Sardana C
Tarragona (Av. de) . . . . . BC
Toriba . . . . . A 30
Toriba (Pont de) . . . . . A
Unió C
Vall . . . . . B 34

Diplomatic
🏨 ⚇

av. Tarragona – ✆ 00 376 80 27 80 – www.diplomatichotel.com
– Fax 00 376 80 27 90
Cm

83 ch ☲ – †49/116 € ††60/165 € – 2 suites   **Rest** – Menu 18,50 €

• Situé au cœur d'un centre commercial et d'affaires, cet établissement abrite des chambres fonctionnelles qui conviendront aussi bien à une clientèle d'affaires qu'aux touristes. Cuisine internationale sans prétention servie dans un cadre sagement contemporain.

Florida sans rest
🏨

Llacuna 15 – ✆ 00 376 82 01 05 – www.hotelflorida.ad – Fax 00 376 86 19 25

27 ch ☲ – †41/67 € ††54/96 €
By

• Cet hôtel familial à la façade actuelle dispose de parties communes réduites, de confortables chambres parquetées, d'un petit gymnase et d'un sauna.

Borda Estevet
XX

carret. de La Comella 2 – ✆ 00 376 86 40 26 – www.bordaestevet.com
– Fax 00 376 86 40 26
Aa

Rest – Carte environ 40 €

• Les magnifiques murs de pierre de cette ancienne grange abritent plusieurs salles à manger au décor rustique, dont une dispose d'une cheminée. Cuisine traditionnelle du marché et catalane.

La Borda Pairal 1630
XX

Doctor Vilanova 7 – ✆ 00 376 86 99 99 – www.labordapairal1630.com
– Fax 00 376 86 66 61 – Fermé dim. soir et lundi
Bc

Rest – Carte 25/38 €

• Cette ancienne borda en pierre se distingue par son décor rustique. Bar d'accueil, salle à manger avec cave vitrée et salle de réception au premier.

Taberna Ángel Belmonte
XX

Ciutat de Consuegra 3 – ✆ 00 376 82 24 60 – www.tabernaangelbelmonte.com
– Fax 00 376 82 35 15
Cb

Rest – Carte 40/56 €

• Un restaurant agréable aux allures de taverne, qui arbore une mise en place impeccable et un beau décor où domine le bois. À la carte, produits du terroir, poissons et fruits de mer.

Can Benet
XX

antic carrer Major 9 – ✆ 00 376 82 89 22 – www.restaurant_canbenet.com
– Fax 00 376 82 89 22 – Fermé 15-30 juin et lundi sauf fériés
Ba

Rest – Carte 35/46 €

• Petit espace doté d'un bar d'accueil au rez-de-chaussée. À l'étage, la salle principale, avec ses murs de pierre et son plafond en bois, arbore un style andorran.

CANILLO – 343 H9 – 4 633 h. – alt. 1 531 m
29 C3

🚩 Andorra la Vella 12

◎ Crucifixion ★ dans l'église de Sant Joan de Caselles NE : 1 km – Sanctuaire de Meritxell ★ SE : 3 km.

Ski Plaza
🏨

carret. General – ✆ 00 376 73 94 44 – www.plazandorra.com
– Fax 00 376 73 94 45 – 11 avril-30 juin et nov.

121 ch – †73/222 € ††94/264 €, ☲ 17,20 €   **Rest** – Menu 26 €

• Perché à 1600 m d'altitude, cet établissement bien équipé propose des chambres de style montagnard extrêmement confortables, dont certaines possèdent un jacuzzi et d'autres sont réservées aux enfants. Ce vaste restaurant propose principalement ses repas sous forme de buffet.

ENCAMP – 343 H9 – 13 225 h. – alt. 1 313 m
29 C3

🚩 Andorra la Vella 8

ℹ️ pl. Consell ✆ 00 376 73 10 00, Fax 00 376 83 98 78

◎ Casa Cristo ★ - Musée National de l'Automobile ★.

Coray
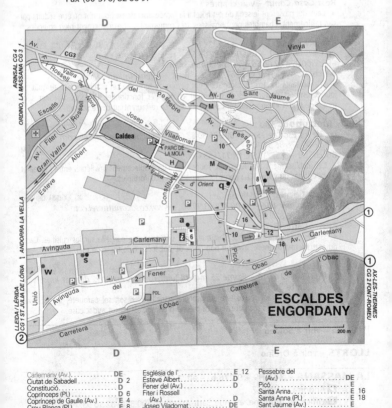
≤ ⌂ ♦ AK rest, ⅍ ☎ VISA ⦿

Caballers 38 – 𝒞 00 376 83 15 13 – Fax 00 376 83 18 06 – Fermé nov.

85 ch ⊆ – ♦29/39 € ♦♦48/68 €   **Rest** – *(buffet seult)* Menu 10,50 €

♦ Bel emplacement pour cet hôtel perché sur les hauteurs de la localité. Parties communes actuelles et chambres fonctionnelles donnant, pour la plupart, sur la campagne environnante. Dans cette salle à manger vaste et lumineuse, les repas sont principalement servis sous forme de buffet.

Univers
|♦| ⅍ ⁽ᵗ⁾ P VISA ⦿

René Baulard 13 – 𝒞 00 376 73 11 05 – www.hoteluniversandorra.com – Fax 00 376 83 19 70 – Fermé nov.

31 ch – ♦38/42 € ♦♦65/75 €, ⊆ 8 €   **Rest** – Menu 14 €

♦ Posé sur les berges du Valira d'Orient, cet hôtel familial sympathique, d'esprit classique et fonctionnel, abrite des chambres exiguës mais de bon confort. Une carte réduite aux saveurs traditionnelles est proposée dans la salle à manger toute simple.

ESCALDES-ENGORDANY – 343 H9 – 16 078 h. – alt. 1 105 m   28 B3

▶ Andorra-la-Vella 2

🛈 Office de tourisme, place dels Co-Princeps 𝒞 (00-376) 82 09 63, Fax (00-376) 82 66 97

Roc de Caldes ⌖   ≼ 🔲 🛏 ፟ ch, 🅰️ rest, 🍴 rest, 🛎 🅿 🚗 𝘝𝘐𝘚𝘈 ◑ 🆎

carret. d'Engolasters, par ① carretera de l'Obac – 𝒞 00 376 87 45 55
– www.rocdecaldes.com – Fax 00 376 86 33 25
45 ch – ♦110/230 € ♦♦120/240 €, � 15 €   **Rest** – Menu 30 €

♦ L'architecture contemporaine de ce luxueux hôtel bâti à flanc de montagne se fond dans le paysage naturel. Les chambres, décorées avec goût, jouissent d'une superbe vue. Cadre classique et superbe panorama au restaurant.

Roc Blanc   🔲 𝑓ᵇ 🛏 ፟ ch, 🅰️ 🍴 🕻 🛎 🚗 𝘝𝘐𝘚𝘈 ◑ 🆎 ①

pl. dels Co-Prínceps 5 – 𝒞 00 376 87 14 00 – www.rocblanchotels.com
– Fax 00 376 87 14 44   D**a**
157 ch ⊒ – ♦90/232 € ♦♦120/310 € – 3 suites
Rest *L'Entrecôte* – Carte environ 40 €

♦ Situé au centre de la localité, ce complexe composé de trois bâtiments reliés entre eux propose des espaces communs complets et des chambres accueillantes au mobilier mi-classique, mi-actuel. Correctement aménagé, le restaurant l'Entrecôte dispose d'une entrée indépendante.

Casa Canut   🛏 ፟ 🅰️ 🍴 🕻 🚗 𝘝𝘐𝘚𝘈 ◑ 🆎

av. Carlemany 107 – 𝒞 00 376 73 99 00 – www.casacanuthotel.com
– Fax 00 376 82 19 37   D**s**
33 ch – ♦♦120/250 €, ⊒ 18 €
Rest *Casa Canut* – voir ci-après

♦ Ceux qui passeront le seuil de cet hôtel à la façade discrète ne pourront qu'être séduits par son raffinement. Chambres personnalisées, très confortables et extrêmement bien équipées.

Espel   🛏 ፟ ch, 🅰️ rest, 🍴 🚗 𝘝𝘐𝘚𝘈 ◑

pl. Creu Blanca 1 – 𝒞 00 376 82 08 55 – www.hotelespel.com
– Fax 00 376 82 80 56 – Fermé 3 mai-3juin   E**v**
84 ch ⊒ – ♦51/77 € ♦♦67/111 €   **Rest** – *(menu unique)* Menu 16 €

♦ D'importants travaux de rénovation ont permis de remettre cet établissement au goût du jour. Chambres confortables avec parquet et mobilier fonctionnel. Un petit-déjeuner sous forme de buffet et un menu sont proposés dans ce restaurant au cadre sobre.

Metropolis sans rest   🛏 🅰️ 🍴 🕻 🚗 𝘝𝘐𝘚𝘈 ◑ ①

av. de les Escoles 25 – 𝒞 00 376 80 83 63 – www.hotel-metropolis.com
– Fax 00 376 86 37 10   E**q**
68 ch ⊒ – ♦57/135 € ♦♦71/155 €

♦ Cet établissement à la décoration sobre jouit d'un emplacement privilégié, entre Caldea et les boutiques duty-free. Chambres fonctionnelles et confortables.

XXX Casa Canut – Hotel Casa Canut   🅰️ 🍴 𝘝𝘐𝘚𝘈 ◑ 🆎

av. Carlemany 107 – 𝒞 00 376 73 99 00 – www.casacanuthotel.com
– Fax 00 376 82 19 37   D**s**
Rest – Carte 45/75 €

♦ Plusieurs salles à l'élégance classique, dont une avec vue partielle sur les cuisines. Carte du marché traditionnelle, avec un bon choix de poissons et de fruits de mer.

XX Gínjol   🅰️ 𝘝𝘐𝘚𝘈 ◑

– 𝒞 00 376 82 67 16 – Fermé 25 mai-14 juin, 10 jours en nov., dim. et lundi soir
Rest – Carte 36/50 €   D**w**

♦ Ce petit restaurant recrée une atmosphère actuelle avec son sol parqueté, ses lumières tamisées et ses tables bien dressées. La cuisine proposée est plutôt audacieuse.

INCLES – voir à Soldeu

LLORTS – voir à Ordino

LA MASSANA – 343 H9 – 9 276 h. – alt. 1 241 m   **28** B3

🅳 Andorra la Vella 7

🄸 Office de tourisme, avenue Sant-Antoni 𝒞 (00-376) 82 56 93,
Fax (00-376) 82 86 93

◎ Casa Areny-Plandolit ★.

🏨 **Rutllan** ⟨ 🛏 🏊 🎂 ch, 🅰 rest, 🍴 rest, 🍴 🚗 VISA ⚫ AE
av. del Ravell 3 – 𝒞 00 376 83 50 00 – www.hotelrutllan.com
– Fax 00 376 83 51 80
96 ch ⌷ – ♦50/135 € ♦♦80/160 € **Rest** – Menu 28 €
♦ Une adresse familiale, logée dans un bâtiment où le bois est omniprésent. Chambres confortables, dotées de balcons joliment fleuris à la belle saison. Restaurant de mise classique, décoré de nombreux vases en cuivre ou en céramique.

🏨 **Abba Xalet Suites H.** 🌄 🏊 🔌 🍴 rest, 🍴 **P** 🚗 VISA ⚫ AE
carret. de Sispony, Sud : 1,8 km – 𝒞 00 376 73 73 00
– www.abbaxaletsuiteshotel.com – Fax 00 376 73 73 01
47 ch ⌷ – ♦67/208 € ♦♦84/208 € – 36 suites **Rest** – Menu 22 €
♦ La particularité de cet établissement composé de deux bâtiments : l'un ouvre toute l'année et dispose de chambres classiques, tandis que l'autre, fermé hors saison, propose exclusivement des suites. Chaque bâtiment possède son propre restaurant, tous deux correctement aménagés et servant matin, midi et soir.

🍴🍴🍴 **El Rusc** 🅰 🍴 **P** VISA ⚫
carret. de Arinsal 1,5 km – 𝒞 00 376 83 82 00 – www.elrusc.com
– Fax 00 376 83 51 80 – Fermé 15 juin-15 juil., dim. soir et lundi
Rest – Carte 40/58 €
♦ Cette jolie maison en pierre abrite une élégante salle à manger rustique. Plats traditionnels, spécialités basques et bonne cave.

MERITXELL – 343 H9 – alt. 1 527 m 28 B3
▶ Andorra la Vella 11 – Canillo 4 – La Seu d'Urgell 31 – Foix 91

🏨 **L'Ermita** 🛁 🔌 🎂 ch, 🍴 🚗 VISA ⚫
Meritxell – 𝒞 00 376 75 10 50 – www.hotelermita.com – Fax 00 376 85 25 10
– Fermé 11 juin-16 juil. et 15 oct.-19 nov.
27 ch ⌷ – ♦33/52 € ♦♦57/94 € **Rest** – Menu 19 €
♦ Joli cadre montagnard pour cet hôtel familial, situé à proximité du sanctuaire de Meritxell. Agréables espaces communs et chambres fonctionnelles. Le restaurant arbore un style rustique et propose une carte complète de spécialités régionales.

ORDINO – 343 H9 – 3 309 h. – alt. 1 304 m – Sports d'hiver : 1940/ 28 B3
2 640 m ⚡14
▶ Andorra la Vella 9

🏨 **Coma** 🌄 ⟨ 🛏 🏊 🍴 🔌 🎂 ch, 🅰 rest, 🍴 🍴 **P** 🚗 VISA ⚫
– 𝒞 00 376 73 61 00 – www.hotelcoma.com – Fax 00 376 73 61 01
48 ch ⌷ – ♦35/80 € ♦♦70/100 € **Rest** – (Fermé 2-26 nov.) Menu 20 €
♦ Une même famille gère cet hôtel accueillant depuis 1932. Mobilier fonctionnel d'esprit actuel et baignoire avec hydromassage dans les chambres, qui disposent pour la plupart d'une terrasse. Le restaurant, spacieux et polyvalent, sert une savoureuse cuisine traditionnelle.

à Llorts

🍴🍴 **La Neu** 🍴 VISA ⚫
carret. General, Nord-Ouest : 5,5 km – 𝒞 00 376 85 06 50
– www.restaurant-laneu.com – Fermé 1-15 mai, 1-15 oct. et merc.
Rest – Carte 25/46 €
♦ Belle décoration et jolie vue sur les montagnes dans ce petit restaurant vitré. La carte, annoncée oralement, présente de séduisants plats personnalisés.

Comment choisir, dans une localité, entre deux adresses de même catégorie ? Sachez que dans chacune d'elles, les établissements sont classés par ordre de préférence : les meilleures adresses d'abord.

PAS-DE-LA-CASA – 343 I9 – alt. 2 085 m – Sports d'hiver : 1710/2640 m 🎿 4 🚠 67   29 C3

> 🖪 Andorra-la-Vella 29

> ◎ Site ★

> ⓒ Col d'Envalira ★★

rte de Soldeu Sud-Est : 10 km

🏨 Grau Roig 🦢   ← 🛎 🖪 ፲፮ 🎢 ᵫ ch, 🍴 rest, 🕪 **P** 💳 ◎ ᴀᴇ

Grau Roig ⊠ AD200 – ℰ 00 376 75 55 56
– *www.hotelgrauroig.com* – *Fax 00 376 75 55 57*
– *Fermé 19 avril-17 juin et 13 oct.-26 nov.*
42 ch ⌑ – ♦120/315 € ♦♦170/400 €
Rest – Carte 42/60 € 🏵

◆ Le cirque de Pessons sert de cadre à cette typique construction montagnarde aux chambres coquettes et bien équipées. Agréable restaurant paré d'un plafond à caissons, de murs en pierre et d'objets anciens.

SANT JULIÀ DE LÒRIA – 343 G10 – 9 207 h. – alt. 909 m   28 B3

> 🖪 Andorra-la-Vella 7

> ◎ Musée du Tabac ★.

au Sud-Est : 7 km

🏨 Coma Bella 🦢   ← 🛎 ፲ ፲፮ 🎢 rest, 🖾 **P** 💳 ◎ ①

carret. de La Rabassa - alt. 1 300 ⊠ AD600 – ℰ 00 376 74 20 30
– *www.hotelcoma-bella.com* – *Fax 00 376 84 14 60* – *Fermé 12-21 avril et 1ᵉʳ-24 nov.*
30 ch ⌑ – ♦44/64 € ♦♦60/92 €   **Rest** – Menu 13 €

◆ Belle situation en pleine forêt de la Rabassa pour cet hôtel très reposant. Vastes parties communes et chambres fonctionnelles, dotées de salles de bain actuelles. Un honnête restaurant qui offre une vue magnifique sur les montagnes environnantes.

SOLDEU – 343 H9 – 698 h. – alt. 1 826 m – Sports d'hiver : 1710/2640 m 🎿 4 🚠 67   29 C3

> 🖪 Andorra la Vella 20

🏨 Sport H. Hermitage   ← 🖪 ፲፮ 🎢 ᵫ ch, 🖾 🎢 🕪 🖾 🐾 💳 ◎ ①

carret. de Soldeu – ℰ 00 376 87 06 70 – *www.sporthotels.ad*
– *Fax 00 376 87 06 71*
114 ch ⌑ – ♦135/160 € ♦♦180/500 € – 6 suites
Rest – Carte environ 50 €

◆ Cet établissement au cadre luxueux, qui combine les styles zen et contemporain, offre un vaste spa, une gamme complète de services thérapeutiques et une superbe vue sur les montagnes. Au restaurant, deux thématiques : la Méditerranée et l'Asie.

🏨 Xalet Montana   ← 🖪 ፲፮ 🎢 ᵫ ch, 🎢 🕪 **P** 💳 ◎

– ℰ 00 376 73 93 33 – *www.xaletmontana.net* – *Fax 00 376 73 93 31*
– *15 déc.-15 avril*
40 ch ⌑ – ♦86/109 € ♦♦117/147 €
Rest – *(buffet seult) (résidents seult)* Menu 20 €

◆ Hôtel à la décoration soignée dont toutes les chambres offrent une vue sur les pistes de ski. Cadre nordique au salon et agréable espace de détente.

à Incles Ouest : 1,5 km – 538 h. – ⊠ AD100

🏨 Galanthus   ፲፮ 🎢 ᵫ ch, 🖾 🎢 🕪 🖾 🐾 💳 ◎

carret. General – ℰ 00 376 75 33 00
– *www.somriuhotels.com* – *Fax 00 376 75 33 33*
– *Fermé 5 mai-5 juil. et 15 oct.-15 nov.*
55 ch – ♦30/174 € ♦♦60/232 €, ⌑ 15 €
Rest – Menu 25 €

◆ Plusieurs salons viennent compléter les parties communes de cet établissement aux lignes actuelles. Les chambres parquetées sont pourvues d'un mobilier fonctionnel et d'une douche à l'italienne. Carte créative agrémentée de quelques spécialités japonaises au restaurant.

à El Tarter Ouest : 3 km – 1 052 h. – ✉ AD100

ᇝ **Nordic** ← ⚓ ▨ ᵇ⁶ ᵇ⁶ ⁂ rest, ✾ ☖ ᵇ⁶ ᵖ ☁ 𝘷𝘪𝘴𝘢 ⓪
✉ AD100 – ℰ 00 376 73 95 00 – www.grupnordic.ad – Fax 00 376 73 95 01
– Fermé nov.
120 ch ☞ – ♥♥45/127 €   **Rest** – (buffet seult) (dîner seult) Menu 22 €
  ◆ Cet hôtel se distingue par son vaste hall agrémenté d'une collection de voitures et de
motos anciennes. Toutes dotées d'une terrasse, les chambres offrent une vue sur le village
ou sur les montagnes. Restaurant assez spacieux dont les repas sont principalement servis
sous forme de buffets.

EL TARTER – voir à Soldeu

MONACO – 341 F5 – 115]27]28 – **32 020 h.** – **alt. 163 m** ▮ Côte d'Azur

État souverain, enclavé dans le département français des Alpes-Maritimes et bordant la Méditerranée, la principauté de Monaco s'étend sur 1,5 km². Il comprend le Rocher de Monaco (la vieille ville) et Monte-Carlo (la ville neuve), réunis par la Condamine (le port), Fontvieille à l'Ouest (l'industrie) et Larvotto à l'Est (la plage). Depuis 1993, la principauté est un état souverain membre de l'O.N.U.

Transports

Depuis l'héliport de Monaco-Fontvieille, liaisons quotidiennes avec l'aéroport de Nice-Côte d'Azur. Renseignements : Héli Air Monaco
*(00-377) 92 05 00 50

MONACO Capitale de la Principauté – MCO Monaco – 341 F5   **42** E2
– 32 020 h. – alt. 163 m – ✉ 98000

■ Paris 949 – Menton 11 – Nice 23 – San Remo 41

🛈 Office de tourisme, 2, boulevard des Moulins, Monte Carlo
*(00-377) 92 16 61 16, Fax (00-377) 92 16 60 00

Circuit automobile urbain.

◉ Jardin exotique★★ CZ : ≼★ - Grotte de l'Observatoire★ CZ **D** - Jardins St-Martin★ DZ - Ensemble de primitifs niçois★★ dans la cathédrale DZ - Christ gisant★ dans la chapelle de la Miséricorde D **B** - Place du Palais★ CZ - Palais du Prince★ : musée napoléonien et des Archives du palais★ CZ - Musées : océanographique★★ DZ (aquarium★★, ≼★★ de la terrasse), d'anthropologie préhistorique★ CZ **M³**, - Collection des voitures anciennes★ CZ **M¹**.

Plans pages suivantes

XX **Castelroc**   ≼ 𝔸�ℂ 𝚟𝚒𝚜𝚊 ⦿ 𝔸𝔼 ⦿
pl. du Palais – *(00-377) 93 30 36 68 – www.restaurant-castelroc.com*
– Fax (00-377) 93 30 59 88 – Fermé 18 déc.-25 janv., sam. et le soir de mi-sept. à mi-mai   CZ**p**
Rest – (29 €) Menu 55 € (déj.) – Carte 40/75 €
♦ Dans la même famille depuis les années 1950, ce restaurant traditionnel est doté d'une élégante véranda d'où vous pourrez observer à loisir le Palais. Cuisine régionale.

à Fontvieille

🏨 **Columbus**   ≼ 𝕔 𝟦𝟨 🛉 𝔸ℂ ⟨⟩ 𝚜𝔸 🚗 𝚟𝚒𝚜𝚊 ⦿ 𝔸𝔼 ⦿
23 av. Papalins – *(00-377) 92 05 90 00 – www.columbusmonaco.com*
– Fax (00-377) 92 05 91 67   AV**s**
170 ch – ♦285/320 € ♦♦285/320 €, � 26 € – **11 suites**
Rest – (22 € bc) Menu 40 € (dîner) – Carte 40/66 €
♦ Entre le port et la roseraie Princesse Grace, l'hôtel abrite des chambres cossues agrémentées de meubles contemporains aux lignes épurées et, pour la plupart, d'un balcon. Cuisine actuelle au restaurant chic ou sur l'agréable terrasse.

XX **Amici Miei**   ≼ 𝕔 𝔸ℂ 𝚟𝚒𝚜𝚊 ⦿ 𝔸𝔼
16 quai J.-C. Rey – *(00-377) 92 05 92 14 – www.monte-carlo.mc/amici-miei*
– Fax (00-377) 92 05 31 74   AV**t**
Rest – (16 €) Menu 30 € (déj. en sem.) – Carte 35/60 €
♦ Ce restaurant familial propose une cuisine italienne traditionnelle dans une salle décorée de tableaux naïfs. En été, préférez la terrasse dominant le port de Fontvieille.

XX **Beefbar**   ≼ 𝔸ℂ 𝚟𝚒𝚜𝚊 ⦿ 𝔸𝔼
42 quai Jean-Charles-Rey – *(00-377) 97 77 09 29 – www.beefbar.com*
– Fax (00-377) 97 77 09 30   AV**a**
Rest – (14 € bc) Menu 39 € bc (dîner) – Carte 44/90 €
♦ Nouveau concept autour de la viande (argentine, américaine et française) cuite au four, sans ajout de matière grasse. Cadre tendance, très couru à midi par la clientèle locale.

▶ Paris 947 – Menton 9 – Monaco 2 – Nice 20

🏧 Monte-Carlo , par rte de la Turbie : 11 km, ℰ (33) (0) 4 92 41 50 70

◉ Terrasse★★ du Grand casino DXY - Musée de poupées et automates★
DX **M⁵** - Jardin japonais★ U.

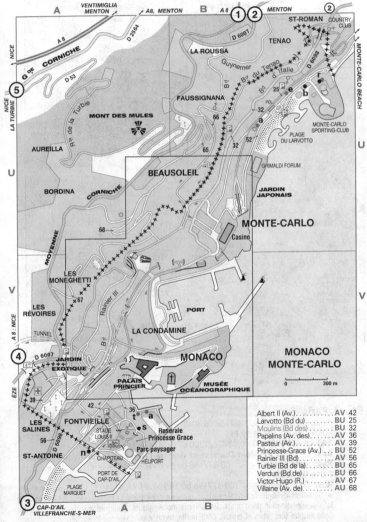

1859

MONACO MONTE-CARLO

Albert II (Av.) . . . . CZ 42
Albert I (Bd) . . . . CYZ
Armes (Pl. d') . . . . CZ 2
Basse (R.) . . . . CDZ 3
Castro (R. Col.-de) . . . . . . CZ 7
Comte-Félix-Gastaldi (R.) . . . . DZ 10
Crovetto-Frères (Av.) . . . CZ 12
Gaulle (Av. du Gén.-de) DX 14
Grimaldi (R.) . . . . CYZ
Kennedy (Av. J.-F.) . . . . DY 23
Larvotto (Bd du) . . . . . . DX 25
Leclerc (Bd du Gén.) . . DX 26
Libération (Pl. de la) . . . DX 27
Madone (Av. de la) . . . . DX 28
Major (Rampe) . . . . CZ 29
Monte-Carlo (Av. de) . . . DY 30
Moulins (Bd des) . . . . . . DX 32
Notari (R. L.) . . . . CYZ 33
Ostende (Av. d') . . . . DY 34
Palais (Pl. du) . . . . CZ 35
Papalins (Av. des) . . . . . CZ 36
Pêcheurs (Ch. des) . . . . DZ 40
Porte-Neuve (Av. de la) . . . . . DZ 41
Princesse-Antoinette (Av.) . . CY 46
Princesse-Caroline (R.) . . . . . . CZ 48
Princesse-Charlotte (Bd) . . DXY
Princesse-Marie-de-Lorraine (R.) . . . . DZ 54
Prince-Pierre (Av.) . . . . CZ 44
République (Bd de la) . . . . . . DX 58
Ste-Dévote (Pl.) . . . . CY 63
Spélugues (Av. des) . . . . DX 62
Suffren-Reymond (R.) . . . . . CZ 64

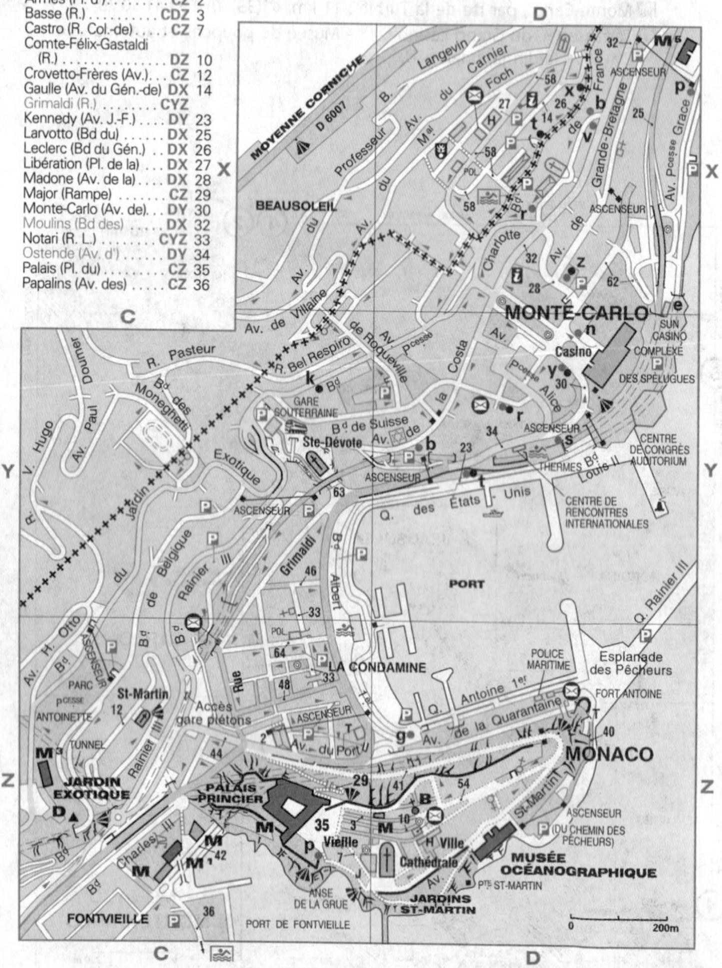

Paris

pl. du Casino – ✆ (00-377) 98 06 30 00 – www.hoteldeparismontecarlo.com – Fax (00-377) 98 06 59 13

DYy

143 ch – 🛉425/1200 € 🛉🛉425/1200 €, ☕ 42 € – 39 suites

Rest *Le Louis XV-Alain Ducasse et Grill de l'Hôtel de Paris* – voir ci-après

Rest *Salle Empire* – ✆ (00-377) 98 06 89 89 *(ouvert juil.-août) (dîner seult)* Carte 98/188 €

Rest *Côté Jardin* – ✆ (00-377) 98 06 39 39 *(déj. seult)* (49 €) Carte 65/98 €

◆ Situation idyllique, aménagements somptueux, riche passé et clients célèbres : entrez dans la légende du plus prestigieux des palaces monégasques, inauguré en 1864. Majestueuse Salle Empire (ors, stucs et cristal). Côté Jardin, terrasse avec vue sur le Rocher.

Métropole

4 av. Madone – ✆ (00-377) 93 15 15 15 – www.metropole.com
– Fax (00-377) 93 25 24 44 DX**z**
126 ch – †420/800 € ††420/800 €, ☕ 37 € – 15 suites
Rest ***Joël Robuchon Monte-Carlo*** et **Yoshi** – *voir ci-après*
◆ Luxe et raffinement à tous les étages de ce palace (1886) relooké par Jacques Garcia. Cour-jardin à l'italienne, bar feutré, magnifique spa.

Hermitage

rest,
square Beaumarchais – ✆ (00-377) 98 06 40 00 – www.montecarloresort.com
– Fax (00-377) 98 06 59 70 DY**r**
252 ch – †380/525 € ††380/525 €, ☕ 37 € – 28 suites
Rest ***Vistamar*** – (réouverture prévue en mai après rénovation),
✆ (00-377) 98 06 98 98 *(dîner seult en juil.-août)* Carte 88/150 €
Rest ***Limun Bar*** – ✆ (00-377) 98 06 48 48 – Carte 32/60 €
◆ Fresques et loggias à l'italienne ornent la splendide façade tournée vers le port. Hall très élégant, jardin d'hiver sous la coupole signée Eiffel, chambres luxueuses. Cure de jouvence au Vistamar pour une réouverture au printemps. Petite restauration au Limun Bar (salon de thé l'après-midi).

Monte Carlo Bay Hôtel and Resort

– ✆ (00-377) 98 06 02 00
– www.montecarlobay.mc – Fax (00-377) 98 06 00 03 BU**r**
323 ch – †320/895 € ††320/895 €, ☕ 34 € – 11 suites
Rest ***Le Blue Bay*** – ✆ (00-377) 98 06 03 60 *(fermé le midi de mai à sept.)* (30 €)
Menu 65 € (dîner)/75 € – Carte 61/108 €
Rest ***L'Orange Verte*** – ✆ (00-377) 98 06 03 60 – Carte 35/80 €
Rest ***Las Brisas*** – ✆ (00-377) 98 06 03 60 *(Ouvert de mai à sept.) (déj. seult)*
(30 €) Carte 46/91 €
◆ Ce palace monégasque s'étend sur 4 ha en bord de mer. Chambres, suites et duplex affichent un style résolument contemporain. Piscine-lagon. Cuisine riche en épices sur les tables du Blue Bay. À L'Orange Verte, tartares et carpaccios. Carte au goût du jour au Las Brisas.

Méridien Beach Plaza

ch,
22 av. Princesse Grace, à la plage du Larvotto
– ✆ (00-377) 93 30 98 80 – www.lemeridien.com/montecarlo
– Fax (00-377) 93 50 23 14 BU**b**
403 ch – †199/529 € ††199/529 €, ☕ 33 € – 6 suites
Rest ***L'Intempo*** – ✆ (00-377) 93 15 78 88 – (42 €) Carte 68/110 €
Rest ***Muse*** – *(Ouvert fin mai-début oct.)* Carte 60/95 €
◆ Grand hôtel de style moderne. Chambres panoramiques dans deux tours de verre côté mer, superbes suites au mobilier design, centre de conférences, piscines et plage privée. Recettes du bassin méditerranéen à L'Intempo (ouvert 24 h/24). Espace plein air et ambiance balnéaire au Muse.

Port Palace

7 av. J. F. Kennedy – ✆ (00-377) 97 97 90 00 – www.portpalace.com
– Fax (00-377) 97 97 90 08 DY**t**
50 ch – †195/540 € ††195/1765 €, ☕ 26 €
Rest Mandarine – voir ci-après
◆ Hôtel dans l'air du temps, intime et luxueux, tourné vers la Méditerranée et les yachts. Chambres épurées, salles de bains en marbre et minispa au sous-sol.

Fairmont-Monte-Carlo

ch,
12 av. Spélugues – ✆ (00-377) 93 50 65 00 – www.fairmont.com/montecarlo
– Fax (00-377) 93 30 01 57 DX**e**
572 ch – †329/2160 € ††329/2160 €, ☕ 35 € – 30 suites
Rest ***L'Argentin*** – *(dîner seult)* Carte 60/140 €
◆ Vaste complexe hôtelier bâti sur pilotis. Chambres pour la plupart rénovées dans un style marin, avec superbe vue côté mer. Galerie marchande, centre de conférences. Recettes au goût du jour et intérieur contemporain à l'Argentin.

Novotel 🛜 ⌧ 🛴 ⅙ 🎧 ᴪ 🕭 🅿 VISA ⬤ 🅐🅔 ①
16 bd Princesse-Charlotte – ✆ *(00-377) 99 99 83 00 – www.novotel.com/5275*
– Fax (00-377) 99 99 83 10 CYk
201 ch – ♥125/460 € ♥♥125/460 €, ⌁ 17 € – 17 suites
Rest *Les Grandes Ondes* – Carte 45/65 €
Rest *Novotel Café* – (25 €) Carte 35/51 €
♦ Sur les hauteurs de la Principauté, nouvel établissement d'architecture contemporaine profitant d'un cadre lumineux. Vastes chambres fonctionnelles, souvent dotées d'une loggia. Aux Grandes Ondes, restaurant clair et épuré, vous attend une cuisine provençale.

ⅩⅩⅩⅩⅩ **Le Louis XV-Alain Ducasse** – Hôtel de Paris 🛜 🎧 🍴 🕭 🅿
❀ ❀ ❀ *pl. du Casino –* ✆ *(00-377) 98 06 88 64* VISA ⬤ 🅐🅔 ①
– www.alain-ducasse.com – Fax (00-377) 98 06 59 07
– Fermé 30 nov.-30 déc., 22 fév.-9 mars, merc. sauf le soir du 7 juil. au 25 août et mardi DYy
Rest – Menu 140 € bc (déj.), 210/280 € – Carte 210/350 €⌖
Spéc. Légumes des jardins de Provence à la truffe noire, huile d'olive taggiasche. Poitrine de pigeonneau et foie gras de canard sur la braise, polenta, jus aux abats (15 oct. au 15 mars). Le Louis XV au croustillant de pralin. **Vins** Bandol, Côtes de Provence.
♦ Étonnant, merveilleux… Harmonie parfaite entre ce somptueux décor classique, la terrasse ouverte sur le casino, des saveurs méditerranéennes sublimées et une cave exceptionnelle.

ⅩⅩⅩⅩ **Joël Robuchon Monte-Carlo** – Hôtel Métropole 🕭 🛜 🎧 🍴
❀ ❀ *4 av. de la Madone –* ✆ *(00-377) 93 15 15 10* VISA ⬤ 🅐🅔 ①
– www.metropole.com – Fax (00-377) 93 25 24 44 DXz
Rest – *(dîner seult du 12 juil. au 26 août)* (39 €) Menu 60 € (déj.)/180 €
– Carte 71/360 €
Spéc. La langoustine en raviolis truffés à l'étuvée de chou vert. La caille caramélisée avec une pomme purée à la truffe. La bigarade aux écorces d'orange confite et sorbet fraise. **Vins** Côtes de Provence, Vin de pays des Bouches du Rhône.
♦ La salle à colonnades offre une vue sur les cuisines où s'élabore une carte inventive aux associations inattendues. En terrasse, panorama sur les toits monégasques.

ⅩⅩⅩⅩ **Grill de l'Hôtel de Paris** – Hôtel de Paris ⊲ 🎧 🍴 🕭 🅿
❀ *pl. du Casino –* ✆ *(00-377) 98 06 88 88* VISA ⬤ 🅐🅔 ①
– www.hoteldeparismontecarlo.com – Fax (00-377) 98 06 59 03
– Fermé 10 janv.-7 fév. et le midi en juil.-août DYy
Rest – Menu 68 € bc (déj.) – Carte 98/268 €
Spéc. Foie gras de canard grillé. Poussin fourré d'aromates. Sélection des soufflés. **Vins** Bellet blanc et rouge.
♦ Au 8e étage de l'hôtel, entre ciel et mer, vous serez aux premières loges pour admirer la Principauté. Rôtissoire ouverte sur la salle ; soufflés "à toutes les sauces" en dessert.

ⅩⅩⅩ **Mandarine** – Hôtel Port Palace ⊲ 🎧 VISA ⬤ 🅐🅔 ①
❀ *7 av. J.F. Kennedy –* ✆ *(00-377) 97 97 90 00*
– Fermé 1er nov.-13 déc. DYt
Rest – (32 €) Menu 43 € (déj. en sem.)/95 € – Carte 68/106 €
Spéc. Fleur de courgette au goût truffé et champagne (avril à sept.). Filet de bœuf en parillada, sauce vino tinto. Transparence à la rose, crèmeux framboise, sorbet mojito (avril à oct.). **Vins** Bellet, Coteaux Varois en Provence.
♦ Au 6e étage de l'hôtel, salle panoramique avec vue sur le port à travers de grandes baies vitrées, cadre contemporain et grande terrasse. Cuisine raffinée dans l'air du temps.

ⅩⅩ **Le Saint-Benoit** ⊲ 🛜 🎧 VISA ⬤ 🅐🅔 ①
10 ter av. Costa – ✆ *(00-377) 93 25 02 34 – www.monte-carlo.mc/lesaintbenoit*
– Fax (00-377) 93 30 52 64 – Fermé 20 déc.-7 janv. DYb
Rest – (22 €) Menu 26/37 € – Carte 50/70 €
♦ Trouver ce restaurant n'est pas aisé, mais la belle vue sur le port et le Rocher, de la terrasse, récompensera votre peine. Salle à manger spacieuse et spécialités de la mer.

XX 🥂 **Yoshi** – Hôtel Métropole   🗚 ❄ 𝒱𝐼𝒮𝒜 ⓩ 🗚 ⓘ
4 av. Madone – ℰ (00-377) 93 15 15 15 – www.metropole.com
– Fax (00-377) 93 25 24 44   OX**z**
Rest – (fermé lundi) (49 €) Menu 100/148 € – Carte 59/316 €
Spéc. Sélection de sushi et sashimi. Black cod mariné et cuit. Filet de bœuf Wagyu.
♦ La deuxième table de Joël Robuchon au Métropole rend hommage à la cuisine nippone : Yoshi ("bonté") propose des saveurs subtiles et délicates dans un décor cousu d'harmonie, sous la conduite d'un chef japonais.

XX **Café de Paris**   🍴 🗚 𝒱𝐼𝒮𝒜 ⓩ 🗚 ⓘ
pl. Casino – ℰ (00-377) 98 06 76 23 – www.montecarloresort.com
– Fax (00-377) 98 06 59 30   DY**n**
Rest – Carte 50/110 €
♦ En 1897, Édouard Michelin y fit une entrée remarquée... au volant de sa voiture ! Décor d'une brasserie de la Belle Époque. Terrasse très prisée en saison.

XX 🐚 **Avenue 31**   🍴 🗚 𝒱𝐼𝒮𝒜 ⓩ 🗚 ⓘ
31 av. Princesse Grace – ℰ (00-377) 97 70 31 31 – www.avenue31.mc
– Fax (00-377) 97 98 36 60   BU**a**
Rest – Menu 14 € bc (déj. en sem.), 17 € bc/22 € bc – Carte 40/80 €
♦ Une cuisine de style brasserie moderne vous attend à cette adresse branchée, dont le décor fait rimer minimalisme et bon goût. Grande terrasse devant la plage du Larvotto.

XX **La Maison du Caviar**   🍴 🗚 𝒱𝐼𝒮𝒜 ⓩ 🗚
1 av. St-Charles – ℰ (00-377) 93 30 80 06 – Fax (00-377) 93 30 23 90
– Fermé août, sam. midi et dim.   DX**r**
Rest – (15 € bc) Menu 25 € (déj. en sem.), 30/46 € – Carte 30/250 €
♦ Adopté par les Monégasques, ce restaurant familial propose depuis 1954 une cuisine traditionnelle dans un décor mariant ferronneries, casiers à bouteilles et meubles rustiques.

XX 🐚 **La Romantica**   🍴 🗚 𝒱𝐼𝒮𝒜 ⓩ 🗚
3 av. Saint-Laurent – ℰ (00-377) 93 25 65 66 – Fermé 1er-12 août, 15-22 fév. et dim.   DX**b**
Rest – Menu 18 € (déj. en sem.), 32/45 € – Carte environ 45 €
♦ Agréable restaurant situé en centre-ville. La petite salle est parfaite pour apprécier une cuisine authentique entre spécialités du nord de l'Italie et saveurs marines.

X **Loga**   🍴 🗚 𝒱𝐼𝒮𝒜 ⓩ 🗚 ⓘ
25 bd des Moulins – ℰ (00-377) 93 30 87 72 – www.leloga.com
– Fax (00-377) 93 25 06 41 – Fermé 6-22 août et dim.   DX**v**
Rest – (déj. seult) (24 € bc) Carte 32/46 €
♦ Sympathique petite adresse familiale proposant des recettes régionales et une ardoise du jour appréciée des habitués. Décor intérieur modernisé et terrasse-trottoir.

à Monte-Carlo-Beach (France Alpes-Mar.) 2,5 km au Nord-Est BU – ✉ 06190 Roquebrune-Cap-Martin

🏨 **Monte-Carlo Beach Hôtel** ﴾   ≤ 🍴 ⊐ ❄ 📶 ᶘ ch. 🗚 🛶 ♨ 🄿
av. Princesse Grace – ℰ 04 93 28 66 66   𝒱𝐼𝒮𝒜 ⓩ 🗚 ⓘ
– www.montecarlobeachhotel.com – Fax 04 93 78 14 18 – Fermé 3 janv.-29 mars
31 ch – ♦310/830 € ♦♦310/830 €, ⊑ 30 € – 9 suites
Rest Elsa – ℰ 04 93 28 66 72 – Menu 40 € bc (déj.)/85 € – Carte 60/152 €
Rest Le Deck – ℰ 04 93 28 66 42 (ouvert mai à oct.) (déj. seult) Carte 39/107 €
Rest La Vigie – ℰ 04 93 28 66 44 (ouvert 25 juin-30 août) Carte environ 55 €
Rest Le Sea Lounge – ℰ 04 93 28 66 43 (ouvert 8 mai-30 oct.) (dîner seult) Carte 35/99 €
♦ Petit hôtel de luxe entièrement rénové en 2009. Ambiance marine de grand standing (tissus bleu et blanc, mobilier sur mesure) dans les chambres, ouvertes sur la mer. Services haut de gamme. La Méditerranée est à l'honneur à l'Elsa. Brasserie au Deck. Poisson grillé à la Vigie. Tapas et DJ au Sea Lounge.

*Voir aussi ressources hôtelières à **Beausoleil** et **Cap d'Ail***

Localité possédant au moins

- •   un hôtel ou un restaurant
- ✿   une table étoilée
- ⊕   un restaurant « Bib Gourmand »
- 🏨   un hôtel « Bib Hôtel »
- 🏵   un restaurant agréable
- ⌂   une maison d'hôte agréable
- 🏨   un hôtel agréable
- ✎   un hôtel très tranquille

Place with at least

- •   a hotel or a restaurant
- ✿   a starred establishment
- ⊕   a restaurant « Bib Gourmand »
- 🏨   a hotel « Bib Hôtel »
- 🏵   a particularly pleasant restaurant
- ⌂   a particularly pleasant guesthouse
- 🏨   a particularly pleasant hotel
- ✎   a particularly quiet hotel

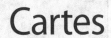

Cartes

Cartes régionales des localités citées

Maps

Regional maps of listed towns

La France en 46 cartes

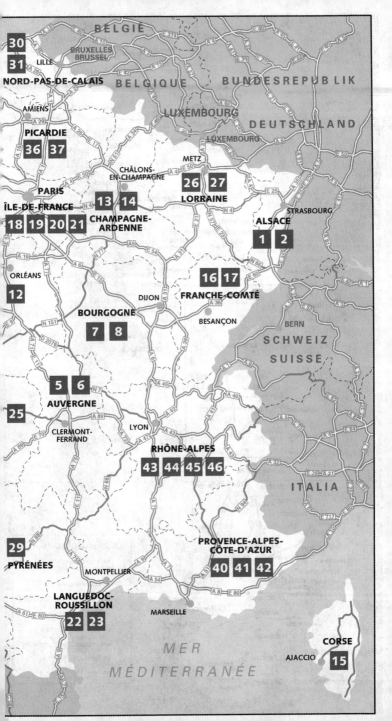

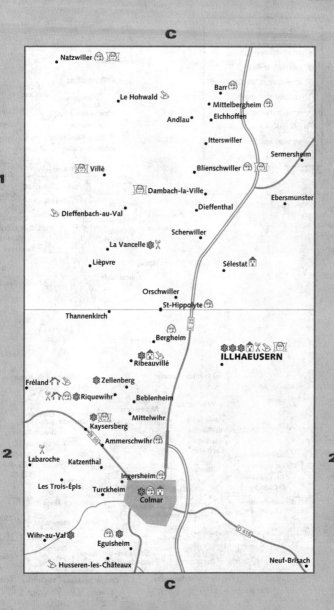

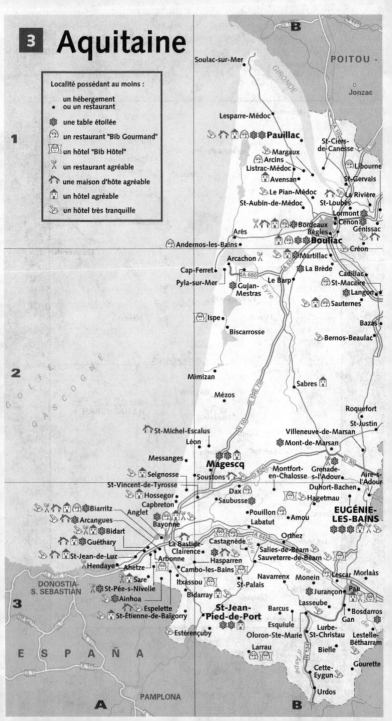

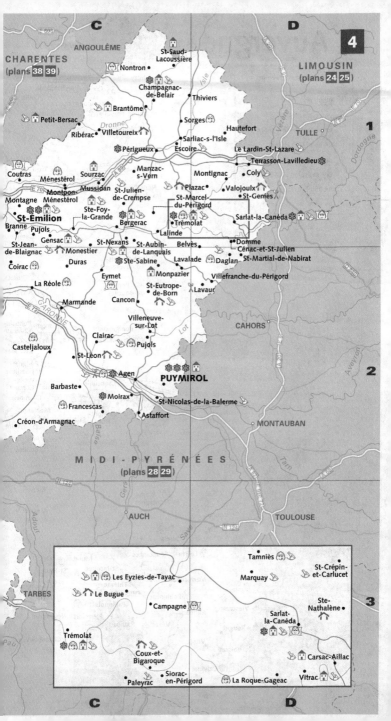

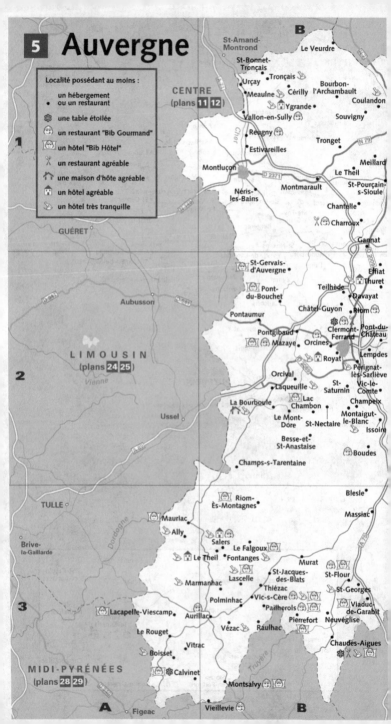

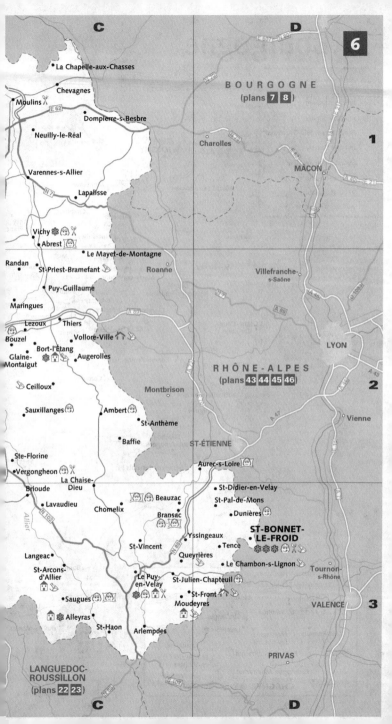

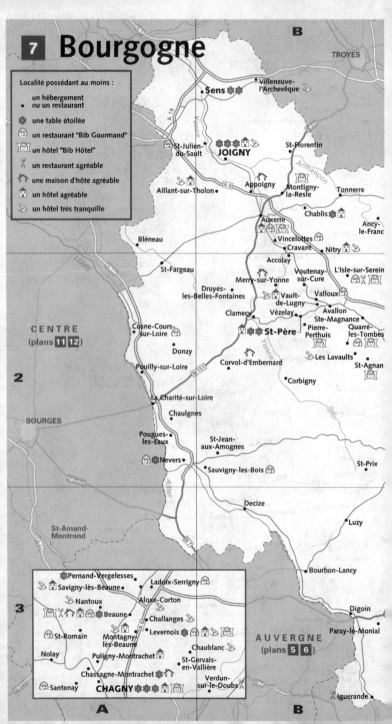

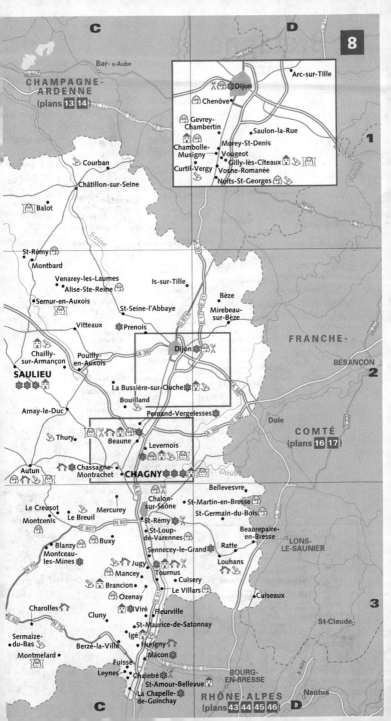

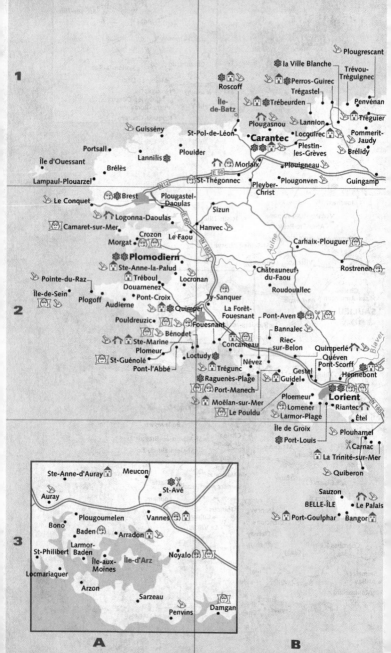

9 Bretagne

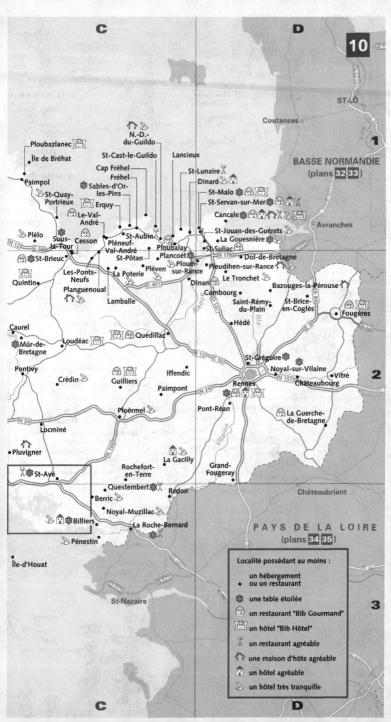

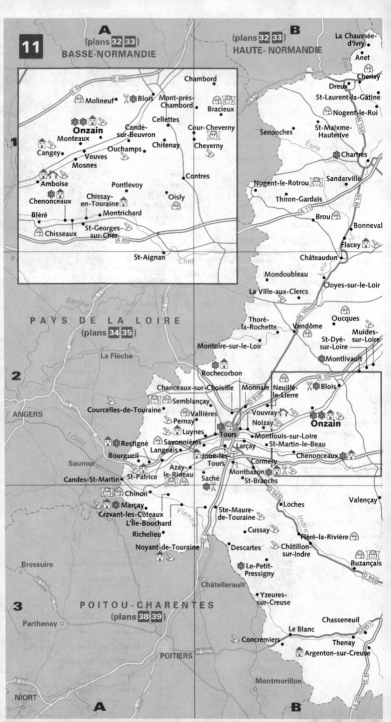

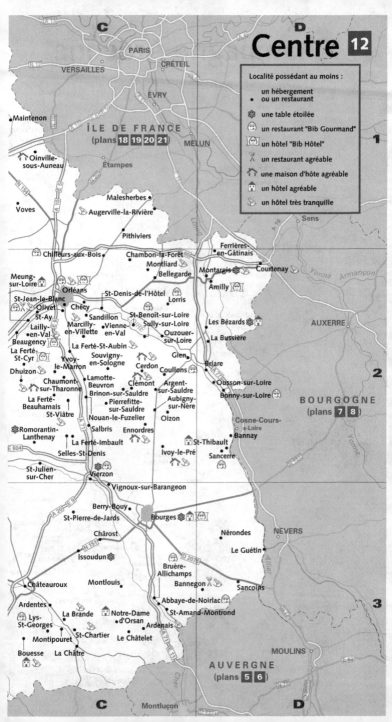

Champagne Ardenne

Localité possédant au moins :
- un hébergement
• ou un restaurant
❀ une table étoilée
☺ un restaurant "Bib Gourmand"
🏨 un hôtel "Bib Hôtel"
✗ un restaurant agréable
↑ une maison d'hôte agréable
🏠 un hôtel agréable
🌊 un hôtel très tranquille

Oise

Signy-le-Petit

Vervins

Charleville-Mézières

PICARDIE
(plans 36 37)

Fagnon •

Signy-l'Abbaye

LAON

Aisne

Compiègne

Soissons

St-Thierry • Lavannes

Senlis

Fismes
Crugny

Reims ❀❀❀🏠🌊

Château-Thierry

❀☺Montchenot
Ludes • Sept-Saulx
Champillon • Verzy
Bouzy

Meaux

Épernay
🏠❀Vinay

Mutigny ↑↑
Ay ↑↑✗

Châlons-en-Champagne ❀

CRÉTEIL

ÎLE DE FRANCE
(plans 18 19 20 21)

Provins

Toulon-la-Montagne •

Vertus

Mondement-Montgivroux 🏠🌊

Sézanne

Vitry-le-François

Seine

MELUN

Fontainebleau

Romilly-sur-Seine

Nogent-sur-Seine
☺🏨

Aube

Brévonnes

Troyes 🏠 • Pont-Ste-Marie
Estissac •❀ Dolancourt

Sens

Moussey ↑↑
Villemoyenne • Fouchères

Mesnil-St-Père

Eaux-Puiseaux

Chaource • Bar-sur-Seine
Essoyes •

Montargis

Les Riceys 🏠

Armançon

AUXERRE

BOURGOGNE
(plans 7 8)

Montbard

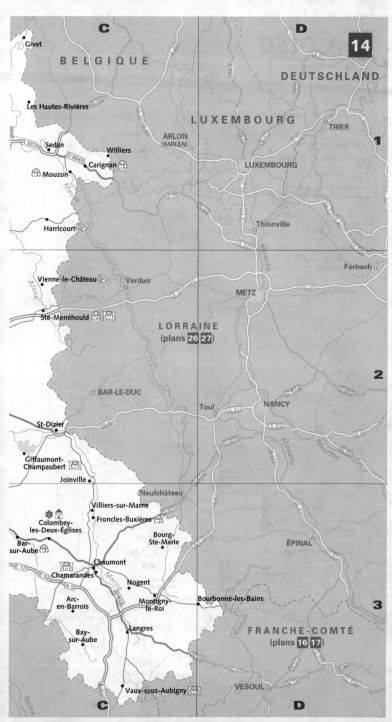

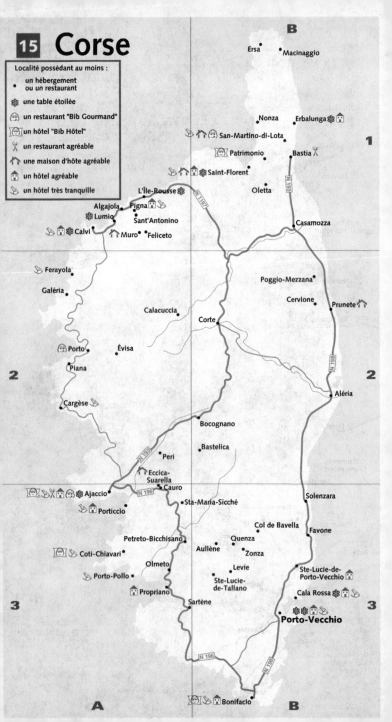

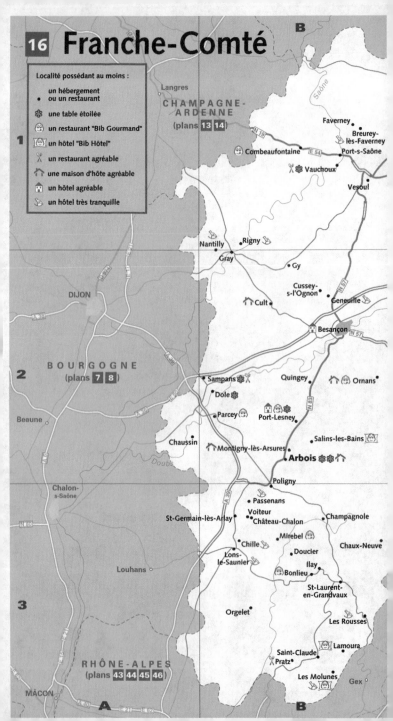

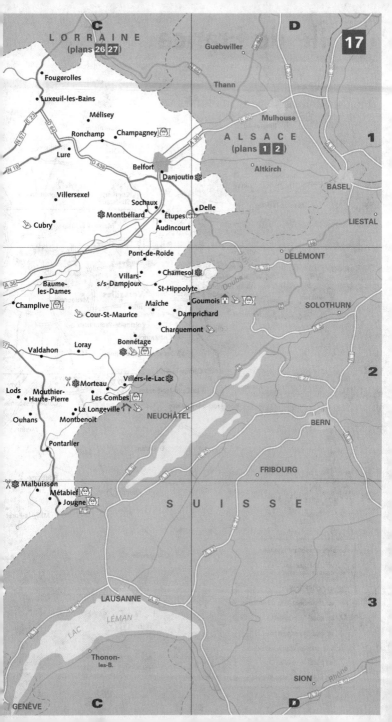

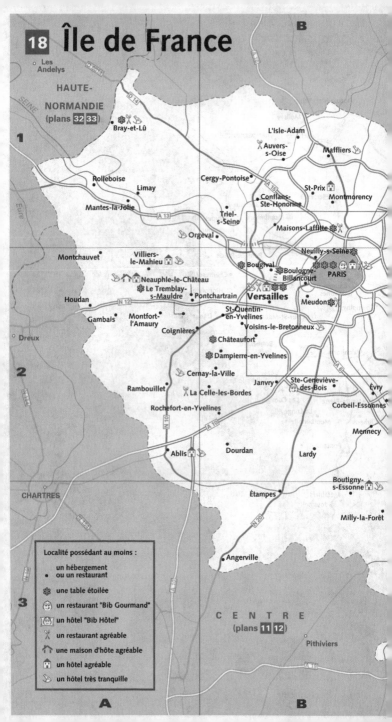

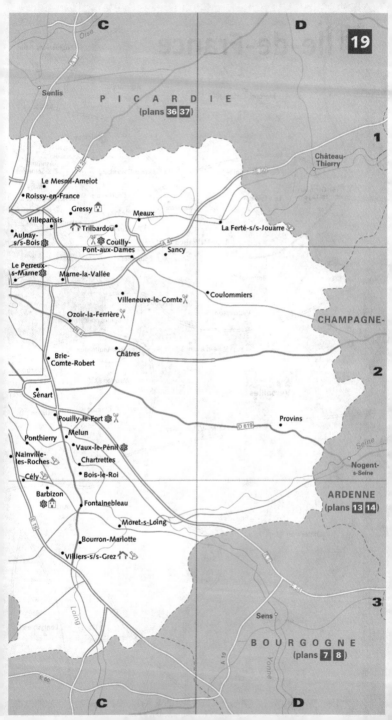

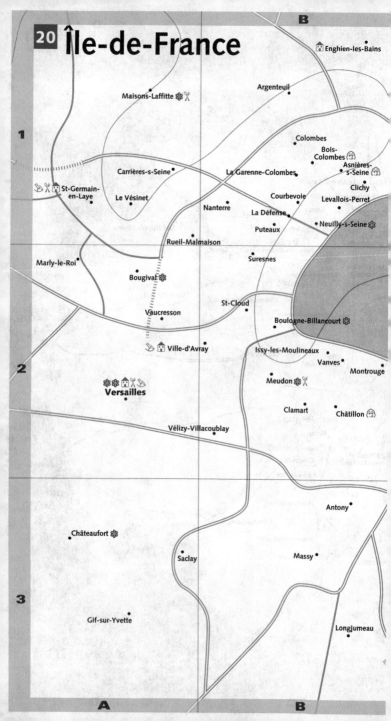

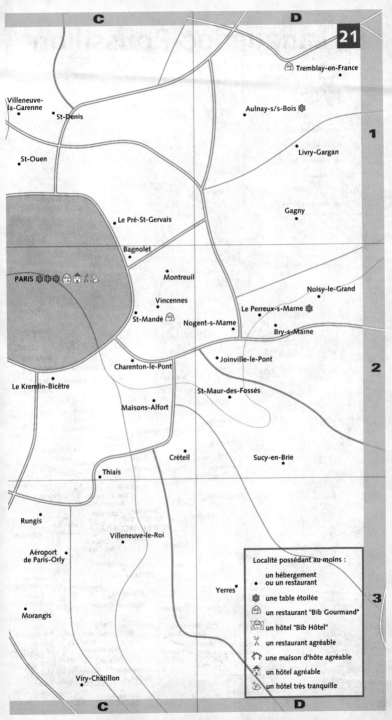

Languedoc-Roussillon

A   **B**

Localité possédant au moins :
- • un hébergement
- • ou un restaurant
- 🌸 une table étoilée
- 😊 un restaurant "Bib Gourmand"
- 🏠 un hôtel "Bib Hôtel"
- ✕ un restaurant agréable
- ⋔ une maison d'hôte agréable
- 🏠 un hôtel agréable
- ⤳ un hôtel très tranquille

La Garde

St-Chély-d'Apcher

Figeac

Villefranche-de-Rouergue

RODEZ

Le Rozier

Millau

MONTAUBAN

ALBI

MIDI-PYRÉNÉES
(plans 28 29)

Avène

Lunas

Bédarieux

Villemagne-l'Argentière

Lamalou-les-Bains

Hérépian

Magalas

TOULOUSE

Castres

Béziers

Muret

La Pomarède

Lastours

Bize-Minervois

Castelnaudary

Aragon

Conques-sur-Orbiel

Lézignan-Corbières

Nissan-Lez-Enserune

Pézens

Lespignan

Bram

Montredon

Conilhac-Corbières

Ornaisons

Canet

Carcassonne

Narbonne

Pamiers

Brugairolles

St-André-de-Roquelongue

Bizanet

Bages

FOIX

Limoux

St-Pierre-des-Champs

Lagrasse

Gruissan

FONTJONCOUSE

Portel-des-Corbières

Port-la-Nouvelle

Couiza

Cascastel-des-Corbières

Quillan

Cucugnan

Leucate

Maury

Rivesaltes

St-Laurent-de-la-Salanque

Gincla

Montner

Canet-en-Roussillon

Pézilla-la-Rivière

Perpignan

PRINCIPAUTÉ-D'ANDORRE

Molitg-les-Bains

Villefranche-de-Conflent

Prades

Thuir

Laroque-des-Albères

Canet-Plage

Font-Romeu-Odeillo-Via

Mont-Louis

Brouilla

St-Cyprien

Le Boulou

Argelès-s-Mer

Vernet-les-Bains

Céret

Collioure

Latour-de-Carol

Llo

Amélie-les-Bains-Palalda

Maureillas-las-Illas

Port-Vendres

Saillagouse

Las Illas

Banyuls-s-Mer

ESPAÑA

Valcebollère

La Preste

Prats-de-Mollo-la-Preste

St-Laurent-de-Cerdans

1

2

3

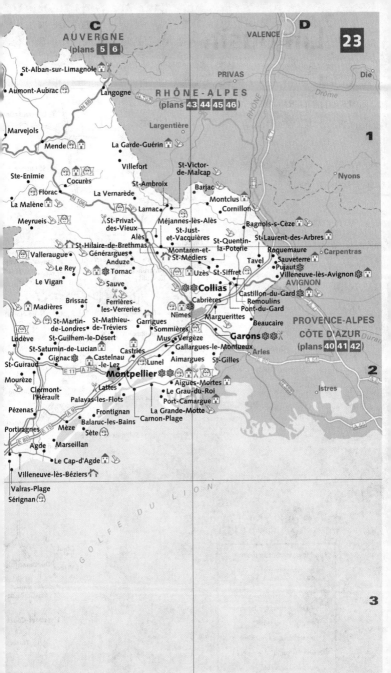

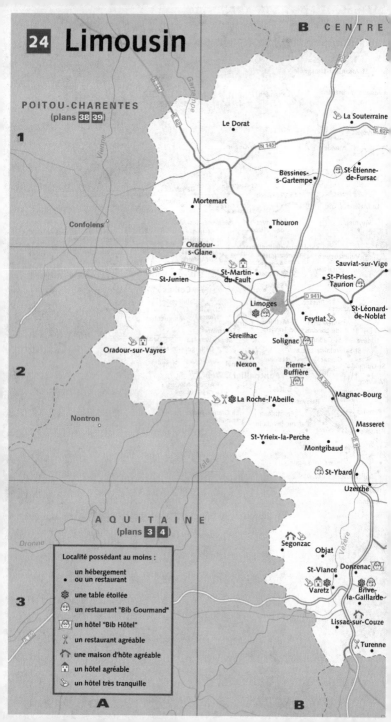

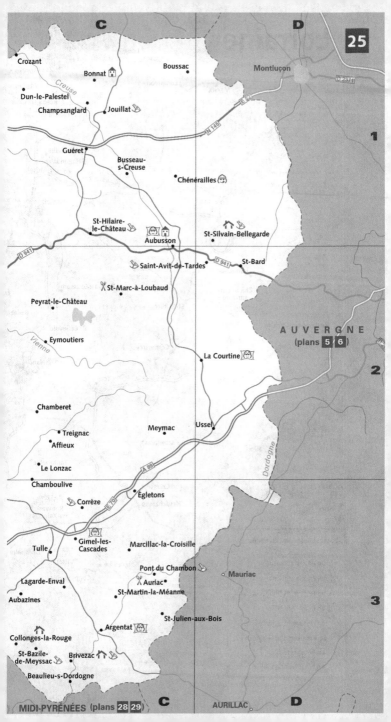

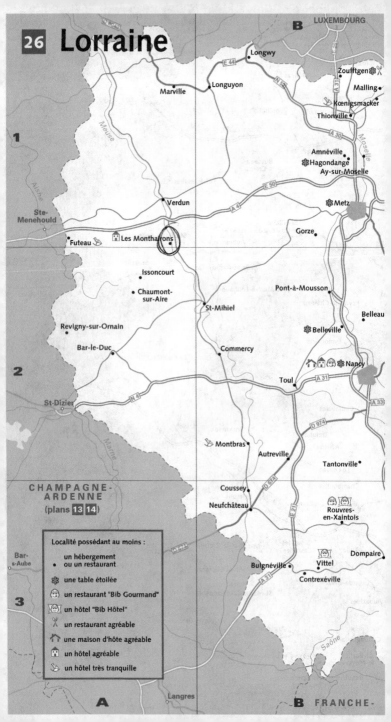

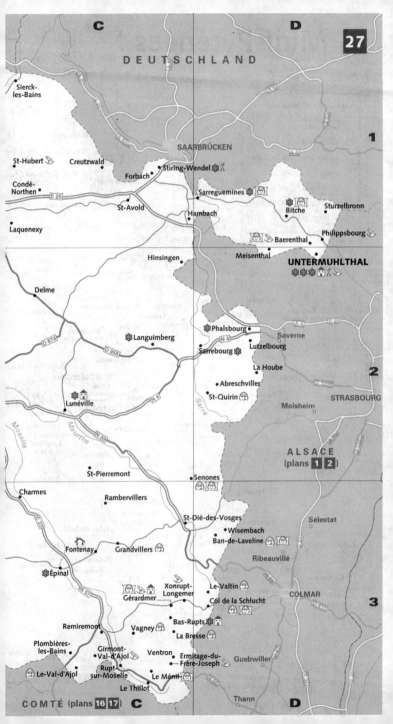

27

DEUTSCHLAND

Sierck-les-Bains

St-Hubert

Creutzwald

Condé-Northen

Forbach

Stiring-Wendel

SAARBRÜCKEN

Sarreguemines

Bitche

Sturzelbronn

St-Avold

Hambach

Baerenthal

Philippsbourg

Laquenexy

Meisenthal

UNTERMUHLTHAL

Hinsingen

Delme

Languimberg

Phalsbourg

Saverne

Sarrebourg

Lutzelbourg

La Hoube

Abreschviller

St-Quirin

Molsheim

STRASBOURG

Lunéville

ALSACE
(plans 1 2)

St-Pierremont

Senones

Charmes

Rambervillers

St-Dié-des-Vosges

Sélestat

Wisembach

Ban-de-Laveline

Fontenay

Grandvillers

Ribeauvillé

Épinal

Xonrupt-Longemer

Le-Valtin

COLMAR

Gérardmer

Col de la Schlucht

Remiremont

Vagney

Bas-Rupts

La Bresse

Plombières-les-Bains

Girmont-Val-d'Ajol

Ventron

Ermitage-du-Frère-Joseph

Guebwiller

Le-Val-d'Ajol

Rupt-sur-Moselle

Le Ménil

Le Thillot

Thann

COMTÉ (plans 16 17)

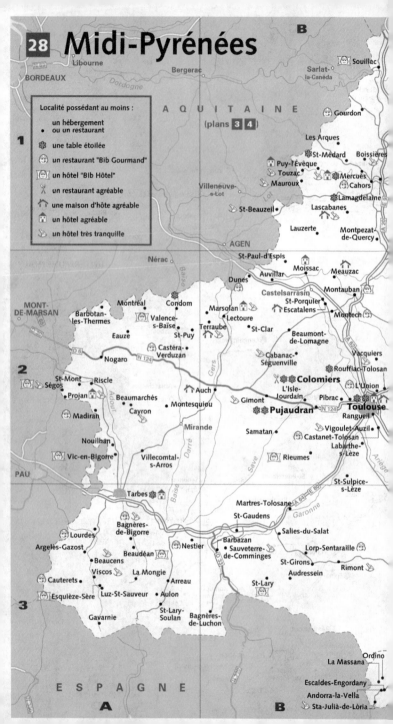

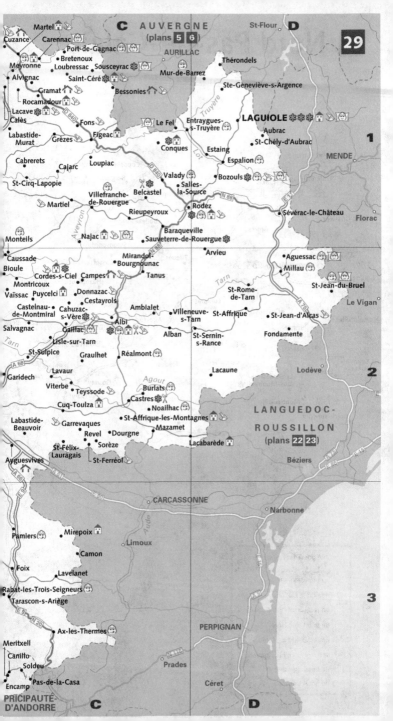

30 Nord Pas-de-Calais

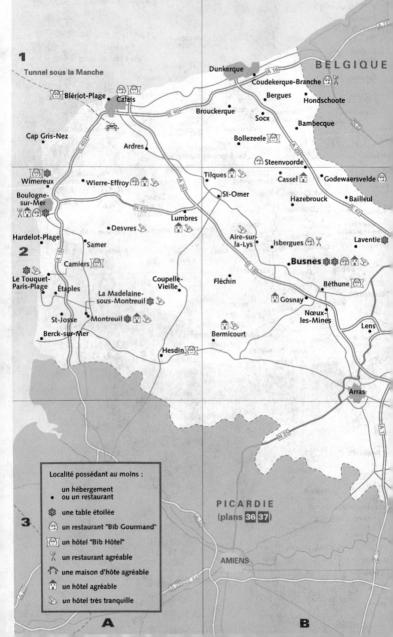

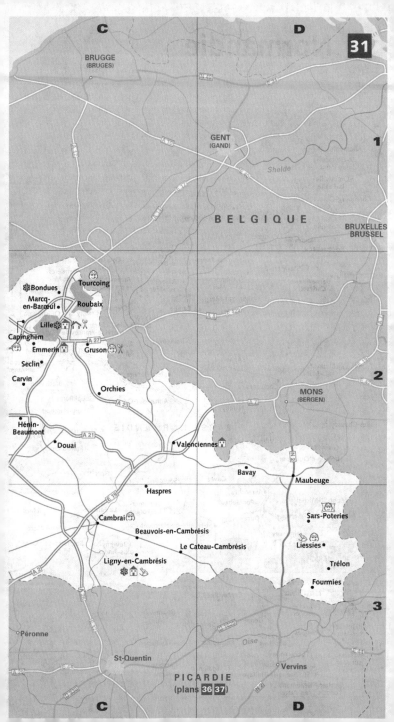

32 Normandie

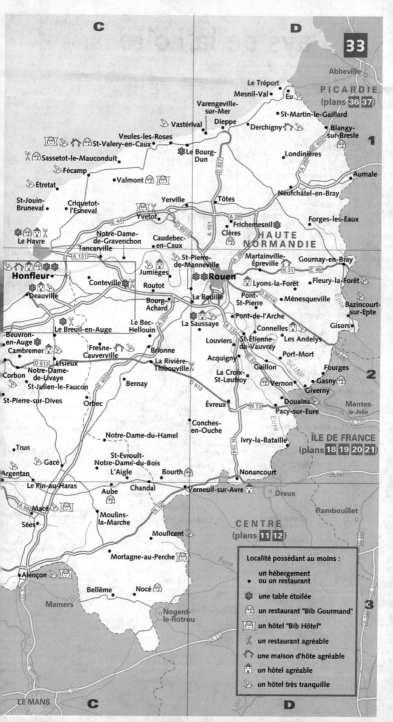

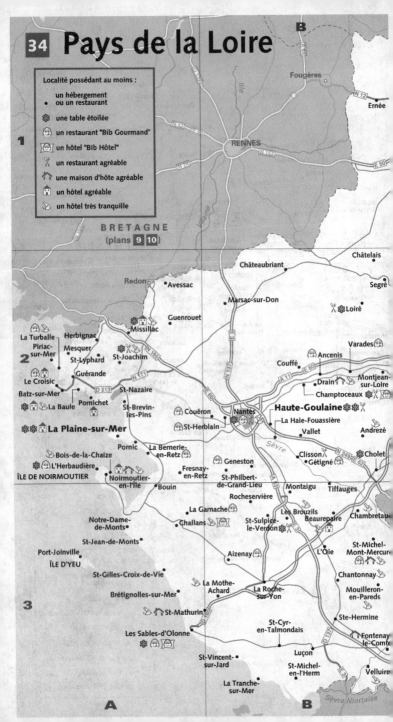

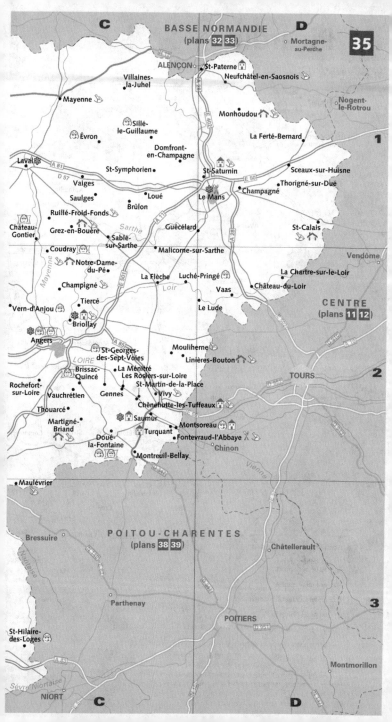

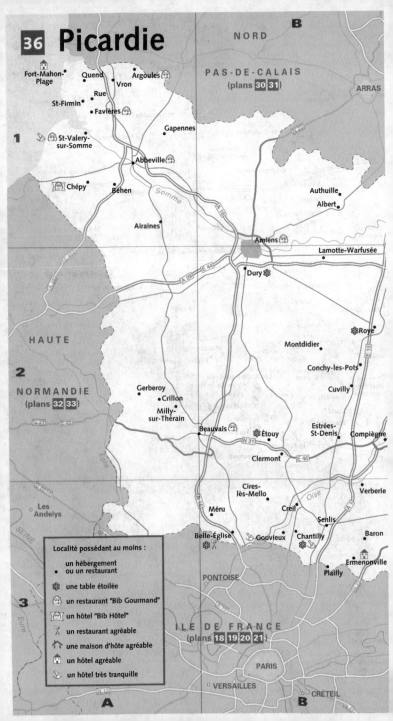

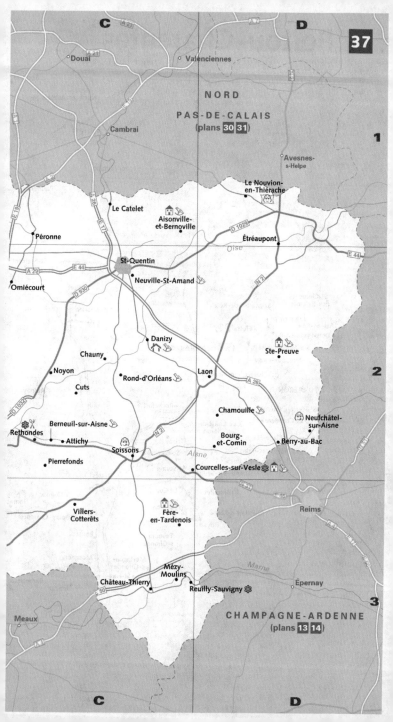

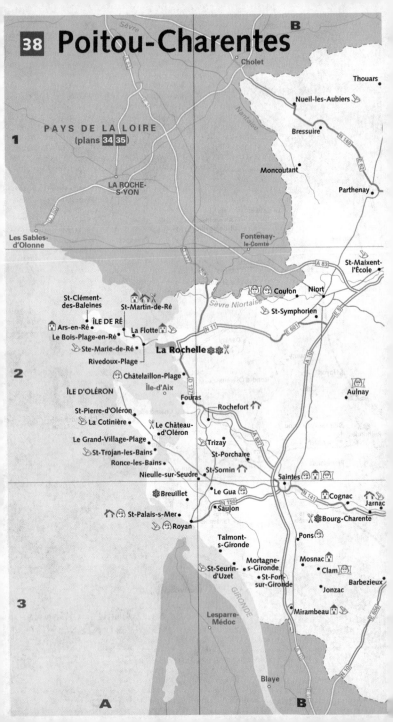

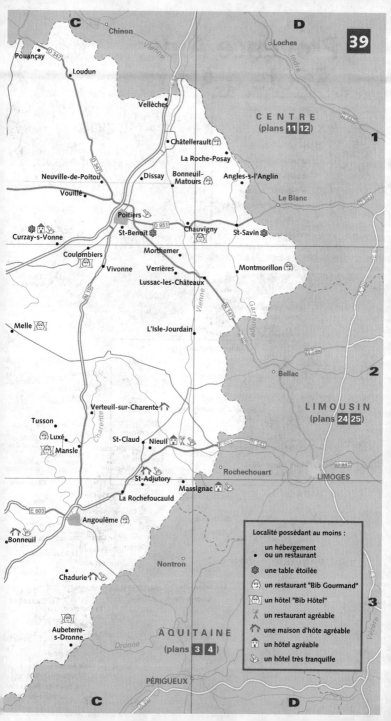

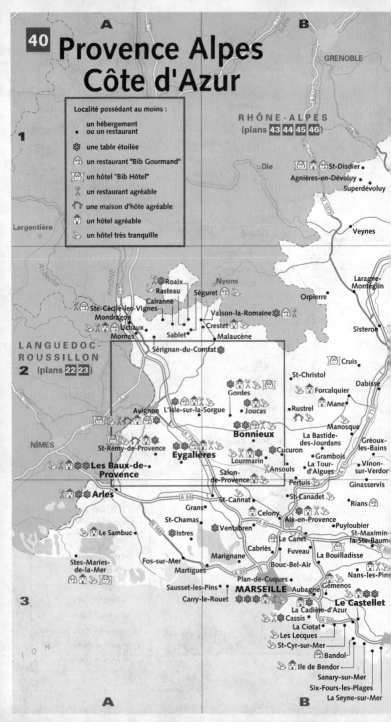

40 Provence Alpes Côte d'Azur